红军长征纪实丛书·副编

南方三年游击战争卷

1

中共中央党史研究室 编

中共党史出版社

图书在版编目(CIP)数据

红军长征纪实丛书．南方三年游击战争卷/中共中央党史研究室编．—北京：中共党史出版社，2016.10（2021.9 重印）

ISBN 978-7-5098-3865-5

Ⅰ.①红… Ⅱ.①中… Ⅲ.①中国工农红军长征—史料 Ⅳ.①K264.406

中国版本图书馆 CIP 数据核字(2016)第 246078 号

出版发行：中共党史出版社
协调编辑：潘　鹏
协理编辑：李晓倩
责任编辑：韩冬梅　吕佳音　李亚平　王世聪　宋静雯
责任校对：龚秀华
责任印制：谷智宇
责任监制：贺冬英
社　　址：北京市海淀区芙蓉里南街6号院1号楼
邮　　编：100080
网　　址：www.dscbs.com
经　　销：新华书店
印　　刷：北京盛通印刷股份有限公司
开　　本：170mm×240mm　1/16
字　　数：1831 千字
印　　张：138.5
印　　数：3001—5000 册
版　　次：2016 年 10 月第 1 版
印　　次：2021 年 9 月第 2 次印刷

ISBN 978-7-5098-3865-5
定　　价：280.00 元(全四册)

《红军长征纪实丛书》编纂说明

编纂《红军长征纪实丛书》，是党中央部署的党史工作重点项目。在中央领导同志亲切关怀和有力指导下，在各方面的大力支持下，经过十年艰苦努力，在中国共产党成立95周年、红军长征胜利80周年之际，这项工作终于完成。现将这套丛书有关编纂情况说明如下。

一、编纂过程

2006年11月5日，时任中共中央政治局常委李长春同志在《文献与研究》第45期刊载的《关于毛泽东亲自发起、集体编纂的〈红军长征记〉（上）》一文上批示："长征精神是我党光荣革命传统的集中体现，是中华民族伟大民族精神的生动展现"，为弘扬伟大的长征精神，建议"重编'长征纪实'，作为完整的党史、军史的一部分"。

根据李长春同志指示精神，中共中央宣传部召集有关单位举行协调会议，决定由中共中央党史研究室牵头承担此项任务。时任中央党史研究室主任李景田同志和室委会对此高度重视，立即进行了认真研究、全面统筹，确定该项工作为室重点工作，决定由室副主任李忠杰同志分管，第一研究部具体承担编纂任务。2006年11月下旬，第一研究部拟出初步方案，提出《红军长征纪实丛书》拟集中编纂长征亲历者回忆录、长征日记等文献资料。经专家论证和室领导修改审定后，以中共中央党史研究室名义将工作方案报中共中央宣传部。

2006年至2010年，第一研究部向全国各地党史工作部门和中央、军队的其他研究机构发函，征集相关文稿线索。在此基础上，收集了散存于各种书籍报刊中的有关长征文献，从中筛选、整理、编辑文稿900余万字，并一一撰写了作者简介，形成丛书初稿。初稿曾经中央党史研究室和解放军军事科学院、国防大学、中国人民革命军事博物馆、解放军后勤指挥学院等单位党史、军史专家审阅。随后按照专家意见和建议进行了调整和修改。

2013年7月，第一研究部进一步调整编纂体例，扩大资料收集范围，增加编纂内容，再次对全国各类党史、军史、文史刊物，以及其他社科期刊、老干部报刊、港台书刊等，进行系统排查和资料补充，最后共整理编纂文稿1600余万字。2014年初，曲青山同志担任中央党史研究室主任后，室委会明确提出必须在纪念红军长征胜利80周年之际完成该套丛书的编纂出版。同年10月，在张树军副主任具体指导下，该书进入最后的编辑、审核阶段。在第一研究部共同努力和中共党史出版社的大力配合下，终于在纪念红军长征胜利80周年之际，完成此书的编辑工作。全书共分十卷42册。

在长达十年的编纂过程中，中央党史研究室室委会多位领导同志和有关工作人员付出很多的精力和心血。丛书编纂过程中，三任室主要领导同志李景田主任、欧阳淞主任和曲青山主任，始终对这项工作给予认真指导；两任分管室领导李忠杰副主任和张树军副主任对这项工作高度负责，亲自进行工作部署、把关和审查；第一研究部积极组织力量攻坚克难，保证了工作的顺利开展。第一研究部先后参与编纂工作的有：原主任霍海丹，原副主任刘益涛、李蓉，以及王新生、覃艺、杨青、王继凯、王树林、魏雪莲、刘慧娟、光新伟、黄亚楠、徐嘉等同志。第一研究部主任蒋建农同志具体主持了2013年7月以来的编辑工作，并逐篇审阅修订了全部书稿。第一研究部副主任孙丽萍同志审核了全书的编辑体例和文稿的作者简介。各卷责任编辑在出版社三审三校基础上再次进行文稿通读和审校。中共甘肃省委党史研究室李荣珍、孙瑛等同志参加了本丛书副编中《西路军卷》书稿的编辑工作。其他曾对这项工作给予支持、作出贡献的中央党史研究室和军队方面的党史、军史老专家主要有韩泰华、叶心瑜、阎景堂、姜廷玉、朱玉、肖甡、徐占权、陈力、王健英等同志。

二、稿件来源

20世纪50年代以来，为继承发扬党和人民军队的光荣传统，解放军总政治部曾按照中央军委指示精神，组织力量陆续编辑出版革命回忆录《星火燎原》丛书，至2009年完成《星火燎原全集》20卷，共1066万字，文稿1705篇，其中有关长征的文章约400篇。几乎在同一时期，中国青年出版社也陆续编辑出版了《红旗飘飘》丛书共32集，约400篇文章，包括回忆录、传记、小说、诗歌、日记等，其中与红军长征相关的文章约有五分之一。这些丛书中收集的革命回忆录包括长征回忆录，不仅史料价值高，而且记述生动，真实感人，数十年来成为党史、军史教育的生动教材，影响和激励着一代代青年献身祖国建设事业。

专门编辑红军长征回忆录的权威资料书，主要是20世纪90年代由中国人民解放军历史资料丛书编审委员会编辑出版的《红军长征·回忆史料》两册，共120篇，约100万字。该书大部分文章是丛书编审委员会约请参加过长征的老同志撰写，部分是选用党和红军一些领导人及其他老同志过去发表过的，系统记载了红军长征的光辉历程，具有很高的学术价值和宣传教育意义。

实际上，反映长征历史的回忆录和回忆文章十分丰富，散见于境内外各类书籍、报刊、杂志和内部资料中。在新的历史时期，很多老同志、老红军还相继撰写发表了新的回忆文章或专著。因此，编纂一部能够更全面反映长征历史的大型纪实丛书十分必要。我们在编纂《红军长征纪实丛书》过程中，尽最大努力从各部门、各地方、各方面搜集了所有能够找到的相关资料，主要包括以下几方面：

一是境内出版的综合性回忆文集。如《中国工农红军第一方面军长征记》《星火燎原》《红旗飘飘》《红军长征·回忆史料》《革命回忆录》《回顾长征》《苦斗十年》《红六军团征战记》《艰苦的历程》《红二十五军长征纪实》《钢铁子弟兵》《长征女战士》《女兵列传》《中国工农红军西路军·回忆录卷》等。

二是党的领导人、红军将领和其他老红军个人文集、回忆录、日记和关于他们的纪念文集。如《毛泽东选集》《毛泽东自述》《周恩来选集》《周恩来自述》《朱德自述》《任弼时选集》《陈云文集》《张闻天文集》《杨尚昆回忆录》《叶剑英选集》《彭德怀自述》《刘伯承回忆录》《聂荣臻回忆录》《杨成武回忆录》《杨得志回忆录》《张宗逊回忆录》《李坚真回忆录》《萧克回忆录》、徐向前《历史的回顾》、《康克清回忆录》《陈锡联回忆录》《洪学智回忆录》《程子华回忆录》《张震回忆录》《刘华清回忆录》《王诚汉回忆录》等；林伯渠、陆定一、陈伯钧、赖传珠、彭绍辉、韦国清、李黎林、张南生、赵镕、伍云甫、童小鹏、林伟、萧锋、莫休、关向应、张子意、王恩茂、吴德峰等的长征日记；《回忆贺龙》《无名英雄蔡威》《徐海东纪念文集》《卓越的青年将领：纪念吴焕先同志牺牲五十周年专辑》《刘英纪念文集》等。

三是中央、军队有关部门编写的内部资料集或公开出版物。如中共中央宣传部党史资料室编《红四方面军和鄂豫皖边区、川陕边区史料》（1945年版）、《党史资料》（1953—1955年版）；中共中央文献研究室编《文献与研究》；中共中央党史研究室编《中共党史资料》《党史资料通讯》；中国人民解放军历史资料丛书编审委员会编《军史资料》；沈阳军区政治部编研室编《红军将士忆长征》；成都军区党史资料征集委员会办公室编《红军长征回忆与研究》；解放军北京部队后勤部政治部编《为了红色中华》；解放军兰州部队党史资料征集办公室编《戎马春秋》等。

四是各地方党史资料集和地方党史部门提供的内部资料。如《中国工农红军北上抗日先遣队》（中共福建省委党史研究室等编）、《江西党史资料》《红军长征过云南》《峥嵘岁月：红军长征在湖南专号》《甘肃党史资料》《红旗漫卷：红军长征西征在宁夏》、《豪情忆征程》（中共新疆区委组织部编）、《红军长征在通道》《红军长征过扎西暨扎西会议资料（选编）》《定西地区党史资料汇编》《酒泉地区党史资料汇编》、《红西路军史料》（中共张掖地委党史资料征集办公室编）、《滇黔桂边区革命根据地》（中共广西百色地委党史办公室等编），以及有关省、市、县党史研究室采编收集的当地红军的内部资料等。

五是全国和地方政协部门编写的文史资料。如全国政协编辑的《文史资料选辑》《文史资料存稿选编》，广西、云南、四川、甘肃、青海、陕西、山西、宁夏、新疆等省区编辑的《文史资料选辑》，以及有关市、县如遵义、兴义、威信、晋宁、成都、江安、叙永、岷县、稷山、高台、乌鲁木齐、酒泉、霍县等地区编辑的文史资料。

六是新中国成立前后的有关期刊杂志和报纸。新中国成立前的期刊有《自由中国》（1938年）、《北方文化》（1946年）等。新中国成立后，五六十年代的报刊有《解放军文艺》《民族团结》《新观察》《人民空军》《中国工人》《中国青年》《人民文学》《边疆文艺》《红岩》《山花》《新港》《延河》《新文萃》《旅行家》等；

改革开放新时期以来的期刊有《学习与研究》《党的文献》《中共党史研究》《百年潮》《纵横》《军事历史》《人民铁道》《近代史研究》，以及各地党史、档案部门和高校出版的期刊等；报纸主要有《人民日报》《光明日报》《解放军报》《工人日报》《中国青年报》《人民铁道报》以及有关省、自治区、直辖市、地级市出版的日报等。

七是境内外出版的有关国民党将领长征回忆录和长征日记。如大陆出版的《围追堵截红军长征亲历记：原国民党将领的回忆》《白崇禧回忆录》《万耀煌将军日记》等；台湾出版的《陈诚先生回忆录》《陈布雷回忆录》《万耀煌先生访问记录》等。

三、编辑体例

（一）关于丛书的主要内容和卷次。《红军长征纪实丛书》是红军长征历史亲历者回忆录、口述史料、长征日记等的大型历史文献资料集辑。在选材内容上，要求必须是亲历者自己撰写或本人口述资料，以保证文献的史料价值。在卷次分类上，主要以参加长征的各路红军和有关亲历者为专题，分为《红一方面军卷》《红二方面军卷》《红四方面军卷》《红二十五军卷》《沿途亲历者忆长征卷》《日记卷》《中国工农红军北上抗日先遣队卷》《南方三年游击战争卷》《西路军卷》《国民党军围追堵截卷》共十卷。

（二）关于各卷文章的编排顺序。各卷主要按历史发展过程分为若干阶段，每个阶段拟定一个标题作为一部分。第一部分一般为各专题概述，不便划入各阶段的文章以“其他”为标题编在最后一部分。有些卷次由于内容繁杂，又单独列出小专题，如“女红军忆长征”“回忆长征人物”等。每一部分的文章仍主要按历史时间顺序编排，并把重要领导人的文章排在前面。

（三）关于文章内容的处理。对所选文章坚持力求保持原貌，尽量不作改动。对史实错误等问题，一般采取在页下加注释的方式予以说明。文中注明编者对原文有修订的，主要是以下内容：一是删去一些与长征无关或关系不大的部分；二是明显的提法错误；三是逻辑不清、前后矛盾之处；四是语句不通、字词标点错误。为便于查阅利用，文末按照学术规范注明文章来源或出处。

（四）关于所选文章的作者简介。丛书各卷在作者第一次出现时，在文末附作者简介。简介主要写明作者姓名、女红军性别、少数民族族别、出生年、籍贯、参加中国工农红军和加入中国共产党时间、红军长征时（或相应历史时期）任职、新中国成立后主要任职和最高职务、卒年卒地等。由于缺乏相关资料，有些作者简介信息还不完整。

（五）关于具体编辑规范。由于所选文章来源多样，原有编辑规范不统一，现全部按照一般通行标准重新修订，具体如下：

1.关于数字用法。记数词：除引文外，十（包括十）以内用汉字，十以上用阿拉伯数字；概数一律用汉字。时间数字：表示公历时间的，包括年、月、日、时，均用阿拉伯数字；表示农历的，月份和日期用汉字，年和钟点用阿拉伯数字。部队番号：统一用汉字；表示部队番号的“廿”不作改动，但“红廿五军”一律改为“红二十五军”。

2.关于固定术语。除引文外的历史事件、会议等固定术语的写法作规范修改，不加引号、圆点等符号，如：九一八事变、八七会议。

3.关于混用字。除引文外的常见字混用，按规范写法修改。如：“的地得”“底的”“呆待”“象像”“份分”“枝支”“它他”等的混用，均作修改。对于《日记卷》，为保持文献原貌，固定术语和混用字等，尽量不作修改。

4.关于口述者和整理者的编辑。原版本中注有口述者和整理者的，将口述者名字放在文章标题下，不出现“口述”字样，整理者放在文末最后一行加括号注明，如：（××整理）。

由于我们水平有限，加之时间紧、任务重，丛书编纂难免有一些疏漏和不妥之处，恳请读者批评指正。

中央党史研究室

2016年9月15日

目　录

一、概况

二、赣粤边游击区

三、闽赣边游击区

四、闽西游击区

五、闽北游击区

六、闽东游击区

七、闽中游击区

八、闽粤边游击区

九、皖浙赣边游击区

十、浙南游击区

十一、湘赣边游击区

十二、湘鄂赣边游击区

十三、湘南游击区

十四、鄂豫皖边游击区

十五、鄂豫边游击区

十六、琼崖游击区

十七、川滇黔边游击区

十八、滇黔桂边游击区

本册收入第一至第四部分文章 31 篇

一、概况

南方三年游击战争的回顾

陈丕显　叶飞

1934 年 10 月，中央苏区的第五次反“围剿”因“左”倾冒险主义的错误领导,而遭致失败。中共中央领导机关和中央红军(红一方面军)主力被迫撤离中央苏区，进行举世闻名的二万五千里长征。在此前后，南方其他苏区的红军主力，也相继退出原来的根据地，作远距离的战略转移，被留下的部分红军和游击队，奉命就地坚持斗争。从这时起，迄 1937 年秋，留在南方各红色区域的红军和游击队，在极其艰苦的条件下，以百折不挠的革命精神，坚持了长达三年之久的游击战争。

南方红色游击区分布在江西、福建、广东、浙江、湖南、湖北、安徽、河南八省 15 个地区①。这些地区是:项英、陈毅以及李乐天、杨尚奎、陈丕显等领导的赣粤边游击区，赖昌祚等领导的闽赣边游击区，张鼎丞、邓子恢、谭震林、方方等领导的闽西游击区，黄会聪、何鸣等领导的闽粤边游击区，关英等领导的皖浙赣边游击区，刘英、粟裕等领导的浙南游击区，黄道、吴先喜、黄立贵、曾镜冰等领导的闽北游击区，叶飞、马立峰、詹如柏等领导的闽东游击区，王于洁等领导的闽中游击

① 此外，在福建的安（溪）南（安）永（春）德（化）地区、广东的东江地区、滇黔桂边、川滇黔边、川陕边、皖西北等地区都曾有红军游击队开展和坚持游击战争——编者注。

区，陈寿昌、傅秋涛、徐彦刚、严图阁等领导的湘鄂赣边游击区，谭余保、彭辉明等领导的湘赣边游击区，彭林昌等领导的湘南游击区，高敬亭等领导的鄂豫皖边游击区，张星江、周骏鸣等领导的鄂豫边游击区，冯白驹等领导的琼崖游击区。

南方三年游击战争，在中国革命史上谱写了光荣的一页。

(一)

红一方面军撤离中央苏区后，云集在中央苏区周围的50万敌军，除一部分被抽调去追堵长征的红军外，绝大部分兵力仍然留下，继续向苏区腹地进攻。而奉命留在中央苏区的红二十四师和十几个独立团及其他地方部队，连同党政机关工作人员，共计约三万余人，其中还包括大批伤病员。敌我力量对比更为悬殊，形势险恶。南方八省红色区域就是在这种空前的险境中开始了十年内战中最为艰苦卓绝的三年游击战争。

面临如此严重的危局，很显然，南方各苏区都有一个实行战略转变的问题，即由苏区变为游击区，由正规战转变为游击战。然而，为“左”倾冒险主义统治的临时中央，却没有作出符合客观实际的周密的部署，只是在中央红军主力即将转移之际，仓促决定在中央苏区成立中共中央分局和中华苏维埃中央政府办事处，领导根据地军民坚持斗争，随后，中央革命军事委员会（简称“中革军委”）又决定成立中央军区，作为中央苏区和邻近苏区红军游击队的统率机关。中央分局由项英、瞿秋白、陈毅、陈潭秋、贺昌等同志组成，项英任书记；中央政府办事处以陈毅为主任，梁柏台为副主任；中央军区由项英兼司令员。临时中央赋予中央分局的任务是：领导苏区军民在中央苏区及其周围坚持游击战争，打击进犯苏区的敌人，保卫中央苏区，保卫土地革命胜利果实；准备将来配合主力红军在有利条件下进行反攻，恢复苏区。

项英、陈毅等负责同志受命于危难之际，置个人安危于度外。在主力红军长征之初，他们领导中央苏区军民，钳制和消耗了国民党军队的大量兵力，有力地策应了主力红军的战略转移，建树了不可磨灭的功绩。但由于项英和中央分局为临时中央赋予的“保卫中央苏区”的任务所约束，对当时整个斗争形势估计不足，把希望寄托在主力红军远征大捷和等待主力回师反攻上，没有适时地实行由正规战向游击战、由苏区向游击区的战略转变，反而不适当地提出“创造新的师、新的军团”，进行大兵团作战，结果使自己越发陷于被动。至 1934 年 11 月下旬，中央苏区的县城和交通要道均陷于敌手。1935 年 1 月下旬，牛岭战斗的失利，红二十四师和部分独立团遭到重大损失，形势更趋恶化。

血的教训迫使项英和中央分局正视现实，牛岭战斗后即认真考虑转变战略方针问题，并将自己的设想电告党中央，急请中央给予新的指示。经过遵义会议纠正了“左”倾冒险主义错误的党中央，于 2 月 5 日明确电复中央分局 :“要立即改变你们的组织方式与斗争方式。使与游击战争的环境相适合。”接着，又于 13 日、23 日迭示分局，再次强调要由原来的苏区方式转变为游击区方式，占领山地，灵活机动地开展游击战争，以打破敌人的堡垒主义与“清剿”政策。项英和中央分局根据中央指示精神，毅然决定实行彻底的战略转变，组织坚守中央苏区的机关、部队分九路突围。分别转移到赣粤边、闽西、闽赣边和湘南，会合当地革命武装转入游击战争。

1935 年 3 月底，项英、陈毅等历尽艰险，抵达赣粤边，与中共赣粤边特委和军分区会合于油山地区。随后，蔡会文等率领的从赣南突围出来的部队，也到达油山与项、陈会合。4 月上旬，项英、陈毅等在大余县长岭召集负责干部会议，制定了“依靠群众，坚持斗争，积蓄力量，创造条件，迎接新的革命高潮”的正确方针，同时作出了进一步的分兵部署，广泛开展游击战争。至此，中央分局最终实现了由正规战到游击战的战略转变，为长期坚持南方游击战争，确定了正确的方向。在此前后，南方八省其他各块根据地也都先后实行了由苏区斗争方式向游击区斗争方式的战略转变。

由于失去了电台通讯设备，加之敌人重兵包围分割，中央分局与党中央以及各游击区之间失去联系，从此形成了各个红色区域独立坚持斗争的格局。

（二）

南方八省游击战争的开展，成了蒋介石的心腹之患。1934 年底至 1935 年春，他重新调整兵力部署，将闽赣两省划分为 12 个“绥靖区”。同时，又在鄂豫皖地区增加兵力，对红军游击队进行分区“清剿”。1935 年 7 月，又成立“闽赣浙皖四省边区清剿总指挥部”，妄图一举扑灭南方各红军游击队。

国民党对南方各游击区的“清剿”，采取所谓“三分军事，七分政治”、“剿抚兼施”的方针，军事、政治、经济三管齐下，无所不用其极。在军事上，国民党军以几倍、十几倍于红军游击队的兵力，对各游击区重重封锁。分区进行“驻剿”、“搜剿”、“清剿”。在政治上，采取“隔离政策”和“瓦解政策”，强化保甲制度，实行“一人通‘匪’，十家连坐；一家窝‘匪’，十家同祸”的联保连坐法，以图隔断红军游击队与群众的联系。同时，还制定《共产党人自首法》，企图诱骗共产党员和游击队员自首变节投降。在经济上，实行严密封锁。对居民实行“计口购粮”和配给日用品制度，控制圩场集市，妄图将红军游击队冻死、饿死、困死在深山密林里。

当时游击战争环境之险恶，斗争之酷烈，生活之艰辛，在中国革命史上是罕见的。红军游击队不仅要同强大的敌人作殊死的斗争，而且要同内部的动摇变节分子作不懈的斗争。至于游击生活，更是苦不堪言，在那极其艰难的岁月里，我们长年累月被围困在深山密林里，粮食断绝是常事，只好以野果、野菜、竹笋充饥。在住宿方面，更是“野营已自无篷帐，大树遮身待天明，几番梦不成”。如果没有党的坚强领导和同志们对革命的坚定信念，没有群众舍生忘死的支援，要胜利地度过这漫长的岁月，是不可想象的。

在军事上，红军游击队采取高度灵活的游击战术。利用各省边界地区的有利地形，以山地为依托，避强击弱，昼伏夜击，化整为零，集零为整，声东击西，神出鬼没。在斗争中各游击区都摸索出一套对付敌人的办法。正如陈毅在《赣南游击词》中所描述的:“讲战术,稳坐钓鱼台，敌人找我偏不打，他不防备我偏来。乖乖听安排。”

在政治上，红军游击队实行灵活的斗争策略，把合法斗争和非法斗争、公开斗争与秘密斗争有机地结合起来。例如发展革命“两面政权”，就是成功的一例。各地党组织派一些没有暴露身份的共产党员、革命群众和开明绅士，去担任保甲长；对有悔改表现的保甲长既往不咎，并逐步争取他们挂着国民党的招牌，实际为共产党办事；至于个别极端反动、坚决与红军游击队为敌的保甲长，则坚决给以严惩。这样，国民党反动的保甲制度也就不灵了。而我们则在工作上打开了新的局面。

在经济上，采取保护工商业，红白区来往自由贸易的政策，打破敌人的经济封锁。

在那艰难的岁月里，军民关系至关重要。那时，红军游击队与广大群众融为一体，生死与共，患难相依。在战斗中，群众想方设法为我们侦察敌情，送情报，当向导。在游击队活动的基本地区，只要红军游击队员一进村，当地青壮年便自动为游击队员站岗放哨。最难能可贵的是，有的群众被敌人逮捕后，虽遭严刑拷打，也不吐半句真情，以鲜血乃至生命保护红军游击队的安全。群众不仅与我们一起战斗，而且还冒着生命危险机智地把大米、食盐和药品送上山，接济游击队，使我们得以打破敌人长期的经济封锁而生存下来。陈毅曾满怀深情地歌颂道："靠人民，支援永不忘。他是重生亲父母，我是斗争好儿郎。革命强中强。"

（三）

1936 年 12 月，西安事变的和平解决，成为时局转换的枢纽。在我党抗日民族统一战线的政策推动下，蒋介石表面上接受我党"停止内战，一致抗日"的政治主张，被迫在西北停止了对红军和边区的进攻。但在南方却继续调兵遣将，实行"北和南剿"的反动方针。蒋介石任命刘建绪为闽赣浙皖四省"剿共"总指挥，卫立煌为鄂豫皖督办公署督办，集中兵力，采取"大抄山、大烧山、大砍山"和"篦梳式"搜山等凶恶的手段，企图给南方各游击队以"最后的一击"。

然而，这时的南方红军游击队已积累了丰富的斗争经验，战略战术更加巧妙，政策更加灵活，意志更加坚定。尽管国民党使出浑身解数，但其图谋始终未能得逞。我们不仅没有被消灭，而且顺应全国抗日潮流，壮大了力量，扩大了影响。

为了适应新的形势，各游击区一方面坚决粉碎敌人的军事"清剿"，一方面密切注视形势的发展变化，特别是想方设法获取来自党中央的信息。为此，我们用各种办法收集国民党的报刊，从字里行间去揣摩和分析政治形势，研究和领会党中央有关方针政策精神。同时还派人到香港、上海、武汉，找地下党建立联系，或转道去陕北，直接与党中央联系。

1937 年 7 月全国抗日战争爆发后，党中央先后派周恩来、博古、叶剑英、董必武、林伯渠、张云逸、李克农等在南京和武汉，就南方红军游击队问题，同国民党政府代表进行谈判；张云逸还奉命到南方与各地方当局谈判。在这前后，一些游击区又从不同渠道得到《抗日救国十大纲领》、《国共合作宣言》等文件。据此，南方各游击区进一步转变策略方针，由“抗日反蒋”改为“联蒋抗日”，正式向各地国民党地方军政当局发出“停止内战，一致抗日”的呼吁。

这时，国民党迫于形势，表示愿意与我们进行和平谈判，但一些国民党反共顽固派仍缺乏诚意，在谈判中使用诱降（即“收编”）和分化瓦解政策。他们或者以“谈判”掩护军事进攻,或者诱我下山“收编”。“收编”和“改编”虽只是一字之差，却是谈判斗争的焦点。国民党妄图通过谈判把我们“收编”过去，以实现其在“清剿”中未能实现的目的。因此，在和平谈判过程中，形成了尖锐复杂的斗争。南方红军游击队坚持国共合作抗日及独立自主政策，在谈判中根据不同的情况，进行针锋相对的斗争。对进犯的国民党军队，坚决进行自卫还击；对搞阴谋诡计的反共顽固派，予以严正的揭露，坚持改编，反对收编；对肯坐下来进行谈判者，则以诚相待。经过艰苦斗争，红军游击队终于同国民党地方当局，达成了若干和平协议。

1937 年 9 月中旬，陈毅在国民党大余县县长彭育英的陪同下到达赣州，与国民党江西省政府的代表谈判，初步达成合作抗日的协议。9 月下旬，项英前往南昌继续就停战和合作抗日问题与国民党当局进行谈判。同时，中共中央代表与国民党代表，在南京达成了将南方红军游击队改编为新四军的协议。

根据国共两党达成的协议，南方八省的红军游击队（琼崖红军游击队除外）改编为国民革命军新编第四军。叶挺任军长，项英任副军长，张云逸任参谋长，袁国平任政治部主任，周子昆任副参谋长，邓子恢任政治部副主任。新四军下辖四个支队。另外，以闽中和湘南部分红军游击队编为新四军特务营。随后琼崖红军游击队也通过同国民党当局谈判达成协议，改编为广东琼崖民众抗日自卫团独立队。后来发展成为琼崖抗日独立纵队。

南方红军游击队经过三年艰苦卓绝的斗争，终于胜利完成了党和人民赋予的历史任务。尤其可贵的是，保存了党在南方的战略支点和革命火种，锻炼出一支坚不可摧的革命武装。如同长征的红军发展成为强大的八路军一样，坚持南方游击战争的八省红军游击队会合成为驰骋大江南北的新四军。对此，中共中央曾给予高度评价。1937年12月13日，中央政治局《对于南方游击区工作的决议》中指出："项英同志及南方各游击区的同志在主力红军离开南方后，在极艰苦的条件下，长期坚持了英勇的游击战争，基本上正确地执行了党的路线，完成了党所给予他们的任务，以至能够保存各游击区在今天成为中国人民反日抗战的主要支点，使各游击队成为今天最好的抗日军队之一部。这是中国人民一个极可宝贵的胜利。"

南方三年游击战争已经过去半个世纪了。当我们每每回忆往事，总是激起我们对在三年游击战争中光荣牺牲的先烈们的无比怀念。他们在南方三年游击战争中开创的那种艰苦奋斗、百折不挠的革命精神，将激励我们坚定不移地贯彻执行党在社会主义初级阶段的基本路线，深化改革、开放，沿着建设有中国特色的社会主义道路胜利前进。

选自《人民日报》1998年9月8日。

陈丕显，曾用名陈家煜，化名阿丕，1916年生，福建上杭人。1929年参加革命，同年加入中国共产主义青年团，1931年转为中国共产党党员。南方三年游击战争时，任共青团中央苏区分局委员、少共赣南省委书记。新中国成立后，曾任华东军政委员会委员，中共中央华东局书记处书记，中共上海市委第四书记、第二书记、书记处书记、第一书记，上海市政协主席，中共云南省委书记，中共湖北省委第一书记兼武汉军区政治委员，湖北省人大常委会主任，中共中央政法委员会书记，第六届全国人大常委会副委员长，中共第八届中央候补委员，第十一届、十二届中央委员，中共第十二届中央书记处书记，中央顾问委员会常务委员等职。1995年在北

京逝世。

叶飞，原名叶启亨、曾用名叶英，祖籍福建南安，1914 年出生于菲律宾奎松省。1918 年归国，1928 年参加革命，同年加入中国共产主义青年团，1932 年转为中国共产党党员。南方三年游击战争时，任中共闽东特委书记，闽东军政委员会主席兼红军闽东独立师政治委员、独立师师长，闽东苏维埃政府主席。新中国成立后，曾任华东军政委员会委员，南京军区副司令员兼福建军区司令员，福建省人民政府代主席、福建省省长，中共福建省委副书记、第一书记，福州军区司令员、政治委员，中共中央华东局书记处书记，交通部部长，海军第一政治委员、司令员，第六届、七届全国人大常委会副委员长，中共第八届、十一届、十二届中央委员等职。1955 年被授予上将军衔。1999 年在北京逝世。

三年来坚持的游击战争[①]

（1937年12月7日）

项英

一、开始的话

1934年，中央红军在粉碎敌人五次“围剿”中，作了最英勇的战斗，为保卫中央苏区和土地革命胜利而奋斗。正因为我们在战略上违背了革命军队作战的基本原则，采取单纯的军事防御路线，虽然在五次战役中动员了全苏区的工农群众，集中一切财力人力为了战争，虽然英勇无比的红军作了最猛勇壮烈的牺牲，终于不能挽救战略的错误，最后为了保存红军有生力量和突破敌人的包围，不得不被迫而离开了中央苏区，冲破敌人的堡垒封锁线，而企图新的发展，于是中国红军创造了世界的空前的二万五千里长征的伟大事业，创造了西北新的苏区，取得了进行抗日民族革命战争前进的阵地，促进了全国反日的民族统一战线的告成，开展了当前的抗日的民族革命战争。

当着红军主力组织野战军准备冲破敌人的封锁和包围进行远征时，为了保卫中央苏区和土地革命的胜利，留一部分红军和干部在中

① 项英在1937年12月9日至14日在延安举行的中共中央政治局会议上的报告。为保持文献原貌，编者对文中必须修订处均用符号标明：改正的字用〔〕标出，脱漏的字用［］标出，多余的字用□框出，无法辨认的字用□代替。

央苏区来领导地方武装和工农群众，以游击战争来保卫苏区反抗敌人进占我们的苏区，无论如何，应当在苏区及其周围进行坚持的游击战争，使进占苏区的敌人，不能顺利地统治下去，以准备将来配合野战军在某种有利的条件之下进行反攻，这是当时领受党中央给予我们的任务。

1934 年 10 月 10 日野战军正式向南开动，10 月 12 日，党中央与红军总司令部同我们在西江县①之梅坑②作最后之分手，20 日野战军将敌人在金鸡、新田、安息、固坡③的封锁线突破向西前进，从此与党中央及主力红军分别，直到今年（1937 年）卢沟桥事件发生，对日抗战发动，我们与国民党取得和平之后，我于 10 月 23 日到南京会见博古④同志，十月革命节（11 月 7 日）到达延安，才恢复党中央对于我们的指导关系，算起来分别的时间是整整三年了。在这整整三年中，开首还能靠无线电的通讯取得中央对于我们的指导，随后无线电的失掉，使我们脱离了党中央的领导，失掉了与各方的联系，形成了各个区域的独立的各自为战，来坚持与敌人作最顽强的斗争。

我们这三年坚持的游击战争，因为开始对于当时整个斗争形势估计不足，使我们对于整个工作没有及时转变，受到了很多的损失，影响任务全部完成。可是在继续长期的坚持的游击战争中，由于不断血的教训，使我们的斗争方式和游击战术不得不随斗争的环境与敌人进攻手段的转变而转变，所以在敌人长期的继续不断的残酷进攻中，终使敌人消灭各游击区和游击队的企图归于最后失败，使我们的敌人不得不向我们屈服，而我们终于最后战胜了我们的敌人。因此，这三年的坚持游击战争，无论在斗争的策略和方式，无论在游击战术和群众工作，无论在党

① 西江县，位于江西省会昌、瑞金、雩都三县交界地带。
② 梅坑，是当时中共中央机关和红军总部所在地，属江西省瑞金县。
③ 金鸡、新田、安息、固坡，是江西省信丰县东部的四个乡。
④ 博古，即秦邦宪，当时是中共中央派往南京同国民党谈判的代表。

的领导和党内斗争，都有很多可宝贵的经验与教训。这种经验与教训，对于今后斗争，特别对于当前的持久的抗日民族革命战争有极大的帮助。目前，全党应当研究这些经验和教训，运用到今后的工作和斗争中去，是非常必要而且必需的。

这三年，南方各地区的游击战争，虽在极端困难和困苦中，能不屈不挠百折不回地坚持斗争到底，虽然中央及其周围的苏区被失掉，武装力量有了大的削弱，但终能最后战胜了敌人，保持我们经过十年血战在南方的许多战略支点；保持了经过最艰苦所锻炼出来的各地游击队。因此，我们可以说，三年的坚持游击战争，在基本上是完成了党所给予我们的任务。同时，我们要说的各地坚持三年的游击战争，正是为了党的路线而奋斗到底。

这三年坚持的游击战争，是最残酷而最尖锐的斗争。这种残酷性和尖锐性，不单反映在与敌人的斗争中，而且反映于党内斗争，充分表现是我们十年血斗中的最尖锐的阶段，因为依靠党的正确路线和正确领导，终于打败敌人获得最后的胜利，终于使一部分为了个人利益而违背党的利益的家伙，以及只知为个人前途计算而不肯为党的路线而斗争的人，在每一次斗争达到最紧张关头，就不断地、陆续地先后离开了党离开了革命，一部分变成工农阶级的敌人，一部分为了他们的狗命而逃生。可是，为了党的路线而奋斗到底的英勇战士们，终于获得胜利，高唱最后的凯歌。

这三年坚持的游击战争，却获得最多宝贵的实际斗争的经验和教训，应当把它所有的材料收拾起来，加以整理，成为全党的财产，成为今后斗争的一种新式武器，这是迫切而必要的工作。但是，因为我们各个区域在过去互相不能联络的各自为战的特殊状况下，目前不能把所有区域的斗争经验汇集起来，作成一个总的结论，仅仅是将我们在赣粤边一个地区的经验与教训写出来，这是一个很大的缺点，等候我们将各地经验总结以后，再写一个东西以供全党的参考和研究。

二、三年来各个时期的形势和斗争

在三年的坚持游击战争中，因各个时期政治形势的不同，使进攻我们的敌人随着变动进攻的方法和手段的采取也不一样。同时我们反对敌人进攻所采取的策略和斗争方式以及战术都不相同，因此，为了便于大家明确了解这三年的坚持斗争实际内容起见，把它分成几个阶段来说。

甲、第一阶段——自敌人进占苏区到第一步的“清剿”

（一）当时的环境和敌人的进攻

这时，正当野战军从南方突破敌人封锁线向西出动，北面及东面进攻中央苏区的敌人，除了薛纵队、周纵队①被吸引随野战军跟踪追击外，其他未动，并乘机地迅速占宁都、汀州、石城、兴国，并调樊纵队②由兴国进占雩都城，李纵队③由汀州进占瑞金、会昌。南方的敌人，当野战军突破封锁线后就全部撤退集结于广东边境，不久时间，野战军进入湘南更向西进时，仍旧回防赣南各地，配合北面敌人进行堵截。这时敌人的进攻的步骤和手段，是先以集团兵力迅速占领各个城市和交通要点，继续堡垒的封锁政策，将苏区截断为无数的大块，在每大块内构筑纵横的封锁线划成无数的小块，企图将我们的主力部队围困在狭小地区内，实行“瓮中捉鳖”，达到消灭，然后分区“清剿”以肃清我弱小的武装，完成他彻底消灭苏区的企图。另一方面，在政治上极力造谣，

① 薛纵队、周纵队，指薛岳为总指挥的国民党军第六路军，周浑元为指挥官的国民党第八纵队。

② 樊纵队，指樊崧甫为指挥官的国民党军第三纵队。

③ 李纵队，指李延年为指挥官的国民党军第四纵队。

说红军逃跑以及〔至〕于被消灭来影响群众的斗争热情，更用自新自首的欺骗政策来引诱一般不坚定的分子为他进行“清剿”和镇压群众的走卒。同时，进占一地即组织民团铲共义勇队，以建立地主武装力量，建立保甲制度，以地主富农充当保甲长来恢复国民党的统治。这是当时大概的情况。

（二）我们的对策和其错误

当时，我们接受党中央所给予的训令，执行保卫苏区的任务，可是没有明确的深刻的对于当时的情况和整个斗争的前途有一个正确的估计，以为野战军出动在湘西建立了新的苏区，必然使中央苏区的周围环境有个大的变化，进攻的敌人要大部被吸引到湖南去，这样便于我们战胜敌人的进攻。我们的估计，敌人只能占领城市和大的圩场，最低限度可保持许多不相联系而偏于乡村的苏区，准备在适当条件下配合野战军举行反攻，恢复被敌人占领的城市和已失的苏区。因为这样的估计和认识，自然不能正确的确定我们整个方针，甚至对于游击战争的认识，还是保持井冈山时代的观点。虽然中央的训令中提出群众游击战争的中心口号，正因为对斗争形势的估计的不足，自然不能彻底了解这一新的反对敌人的斗争方式，更不能充分的正确的来执行和运用。

因为对斗争形势估计有了错误，就不能迅速转变我们在军事上群众斗争上应有的转变，以迎接新的斗争，必然照旧的继续过去大规模的作战方式来反对敌人新的进攻。游击战争的口号虽然叫得很响，但是，真的游击战争没有在各地广泛的发动起来，这样，在敌人新的进攻之下就遭受了不断的打击和损失。

当野战军开始出动之时，我们的布置只着重在依照敌人占领城市及其交通要道的可能发生的形势，为了便于各个地区独立作战的原则下，积极建立和健全各地作战分区和党的特委组织，建立和健全各个作战分区的主力——独立团，对于地方游击队与群众武装的建立和加强表现得极其不够，甚至在开始为了加强各独立团，将地方的许多游击队改编到独立团，削弱原有的地方游击队，这是一个严重的错误。同时，依照军委的指示，把瑞金、会昌、雩都、宁都四个城之间的三角地位〔区〕，划为最基本的地区和我们最后的坚持阵地，中央曾留下了一个廿四师（当时只有2000余人），以及建立三个独立团（独三团、独七团、独十一团）归我们直接指挥，我们并集中力量来争取伤病兵充足廿四师和三个独立团，对于地方游击队和群众武装的建立不得不放在次要地位了。

至于在部队和群众中的政治动员，正因为保持军事秘密起见，在野战军未突击〔围〕以前，没有公开的宣传，野战军突围以后，才正式宣布进行解释，自然这样的解释是不充分的不明确的，特别是进行游击战争的教育，更是差得很，甚至有些地方（如江西省苏①之博生、兴国、洛口等县区及石城、赤水一带）我们的宣传与解释还没有进行和深入群众之前，敌人即进占这些地区，一切工作自然不能及时转变遂遭打击，而很快的失败下去。最后，在碰钉子挨打的下面开始努力于群众教育和地方武装建立，可是已经迟了，这对于在中央苏区及坚持游击战争的局面有决定的意义和影响。

在军事上，正因为对于斗争形势的估计有了错误，必然使游击战争不能正确的实际的开展起来，对于群众游击战争的领导和发动更是差得很，虽然我们已放弃了阵地的防御战转变为运动战，放弃了李德的“短促突击”的战术，转为游击战术，但是在总的方面仍然是采取大兵团的作战的方针，实际上是消极的防御，在战略上说是迟滞敌人前进，争取时间以期待野战军到达湘西以后，争取胜利的开展，以便配合野战军进行反攻。所以当时在部队有一个中心宣传口号是“创造新的师，新的军团”，“准备配合野战军进行反攻”，而且在事实上我们的军事重心也放

① 省苏，即省苏维埃政府。

在这一方面。于是以廿四师为主力配合各独立团“在三角地区”周围阻止敌人的前进，破坏敌人封锁线的构筑，而地方游击战争的发动反而居于次要地位。至于在敌人后方与翼侧开展群众的游击战争更属微弱。当着野战军由南方突破敌人封锁线后，广东军队全部向广东边境撤退，南方大块地区都空出来了，最有利于我们的发展，特别是开展以后游击战争新的基础，虽然我们当时对这一有利时机非常重视，曾动员一部分武装力量和工作人员到安远、信丰一带，去争取这一地区。可是我们的主力和基干部队仍然集结在“三角地区”周围作消极的防御，没有转向这一地带实行进攻，消灭这一带地主武装，争取群众造成将来开展游击战争的一个重要根据地，这是我们一个很大的失策，也是我们在第一个阶段中转变的最大的关节，影响于中央苏区游击战争的坚持和发展。由于在战略上及整个军事方针上不能及时彻底转变，等到敌人新的进攻到来，在遭受不断打击中感觉自己的错误而力求转变的时候在空间时间上都来不及了，而表现手慌脚乱而遭受了最大的损失，这种损失是我们最悲痛的损失！是我们不能忘掉的血的教训。

党的工作，在组织上虽有相当布置，但党的政治动员在开始是非常不够，主要是没有明确的指出当时整个斗争的前途，没有更具体的实际的迎接新的斗争的教育。党的秘密工作的准备十分不够，不能提高全党对于坚持斗争的信心，反而依靠主力红军，期待主力红军转来的心理在干部中群众中相当浓厚，反映着在党内的两种倾向，主要是失败的情绪增长，另一方面是空洞乐观。我们当时虽然集中火力反对失败主义，打击空洞乐观，由于自己对整个斗争形势的估计不足，斗争前途没有明确的指出，自然不能把这些倾向完全克服下去，而提高和增强全党的自信心和坚决斗争的决心，因此一遇敌人进攻到来，使我们的阵线溃乱，使我们很多地方组织和部队一遭打击就瓦解，逃跑现象非常严重，这都是必然的结果。

（三）我们对抗敌人的进攻与几个战斗

当着野战军在南方突破封锁线后，当时北面广昌之敌即乘机占领博生城，协同兴国之敌对筑由兴国至樟木山、青塘至博生之线的封锁线，赤水、驿前之敌进占石城，河田之敌进占汀州，并以一部进占瑞金。这时，我们以廿四师在汀州之南阻止河田之敌前进，以江西军区之独立团阻滞广昌前进之敌，以独三团监视兴国之敌，以独七团阻滞石城之敌前进，以赣南独立团配备大部工作人员随野战军后跟进，争取赣南一带地区来掩护和配合野战军的出动。

野战军即已突围西进，北面之敌除周薛两纵队向西转移追截野战军以外，进占博生之敌向东韶洛口之线延伸堡垒线，以与宜乐封锁线衔接。另以一个师进占黄陂、小布，构筑纵横的封锁线。瑞金之敌，以温坊战斗而被消灭一部之第三师（后经补充）向会昌挺进。这时，我们鉴于敌人对于我们之轻视以及在运动中之敌，同时为了兴奋苏区的群众，提高他们的信心，于是以主力廿四师伏于谢坊左侧来侧击行进之敌，同时会昌之地方部队作正面的扼制，另命令福建独立团驻置于瑞金河东岸，以阻止和牵制敌人左翼前进和增援。这次谢坊战斗的结果，是将敌人一旅人击溃消灭一半，但因福建独立团未达到指定地区，使敌人从左翼便利的占领了会昌城，这是野战军出动后第一次的大胜利，同时也成为我们唯一的大胜利。

自谢坊战斗后，敌发觉了我们仍有正规红军留在中央苏区，于是由急进改为缓进，很小心的筑垒前进，一方构筑由会昌经瑞金至博生的封锁线，当以四个师在博生以北依据交通线构筑封锁线。寻找我独〈立〉团决战，当时江西军区和省委因为敌人的急进，对于地方的布置来不及，同时仍然集结独立团阻止和破坏敌人构筑堡垒，这样在每次战斗的结果不但无效而且遭受了一些损失，最后被敌逼近在一个狭小的地区。当时见此情况，即令军区和省级机关一部分领导地方武装进行坚持游击战，负责人带领独立团，以流动的突袭方式到公略①去联系和领导各地武装和斗争。这时不知何种原因，只有曾山同志一人率领二团又没有带去无线电，穿过龙冈的封锁线达到东固一带与十四团会合。以后我们就与曾山失了联络，后来曾派少共分局的李鹤鸣穿封锁线到公略特委找曾山传达对于游击战争的指示，最后又派胡海同志回东固，可是以后的情形无从知道（据报胡海同志回到东固领导游战②中被捉而牺牲了）。

这时，北面之敌将封锁线筑成之后即进行“清剿”。在这一“清剿”中，地方武装就遭到了大的打击和消灭，一切组织很快的瓦解，省一级负责人被捉而牺牲（如省主席刘启□、军区司令李赐凡、省委组织部长刘□□等），使我们在北面的游击战争从此不能继续坚持而失败下去。

我们经过这次失败血的教训的警惕，引起我们对于地方武装的加强和进行群众中游击战争的教育，提出“独立作战”和坚持斗争的口号，开始增派得力干部到各地区去领导斗争（如张鼎丞、范乐春派回闽西），钟循仁调闽赣，胡海回东固，李鹤鸣先调胜利后调公略，并增调一部分干部到地方部队，加紧对于“三角地区”的党内和群众中的动员，部队中对于游击战术的教育，于是瑞金兴国一带的地方武装渐渐能进行游击战争了。整理长胜的独立营仍然编入原有地区以内（博生之东南）进行游击战，闽赣军区的部队也向宁、石、广③一带开展游击战，可是这种转变仅仅是局部的，而主力廿四师和几个基干团，仍然采取大兵团作战方式，仍然进行消极防御阻滞和破坏敌人对于“三角地区”的筑垒前进。于是在丁陂战斗（即敌人由瑞森塞向丁陂至大柏地之线筑垒）中，张政筑垒敌人而受到一点损失，廿四师经常转移各地区待机，企图截击筑垒和前进之敌，均未获得成就，这时敌人已进占雩都并岭背向雩都河上游

① 公略，指中华苏维埃共和国临时中央政府为纪念黄公略烈士，划江西吉安县东固、水南等地成立的公略县。

② 游战，即游击战争。

③ 宁、石、广，即江西省之宁都、石城、广昌。

构筑封锁线以与瑞林塞衔接，使胜利与我们的联系被截断了。

南部的粤敌回防后，我们分布在安信之部队和工作人员，遭受不断的打击退回粤南地区，粤敌由东南两面一部进占茶樟、乱石庄埠以至占领仁风，以一师由韩坊进占牛马岭，由大小廖、大埠进占长洛口。经常以挺进游击的动作不断袭击赣南省驻地之畚岭，小奚以至梨村附近，弄得风声鹤唳，草木皆兵，群众大批向白区逃跑，地主武装深入内地扰乱。赣南部队屡战屡败的结果，对于广东军阀十分畏惧，安寻①一带游队②退回雩南。这时，为了巩固赣南地区，曾派几个基干团到雩南打击广东军队的进扰，同样遭受一些打击和损失。而北面之敌进行“清剿”之后，以罗纵队的主力和第八师调到雩都与会昌，准备向我们最基本的西江、宽田、公馆一带进攻。这时，为巩固赣南与保持会昌河两岸的联系，即以廿四师调到赣南，配合独三团、独十一团打击粤敌，不料在牛岭战斗的结果，遭受最严重的惨败，影响整个部队的战斗情绪，造成以后分批挺进中的失败前提。

牛岭战斗是不应有的惨败，而且是不应有的战斗。事前曾侦察粤敌向牛岭一带游击，(约一营到二营之数)准备在其附近埋伏或袭击。可是部队达到目的地以后，敌人已回到约距20里地之牛岭。这时时间已到下午，士兵也很疲劳，应该择地宿营，再行侦察情况，决定行动。不料独立团团长徐鸿这个冒死鬼，要跟踪追击，当时廿四师师长周建屏负总指挥之责，也不考虑随意应允，最儿戏的，除以一团埋伏于唐村至牛岭大道旁打击增援之敌，可是又将兵力分散，后来被敌人各个击破，进攻牛岭的主力约四团，到达牛岭附近，也不将部队展开，仍以行军纵队(独三团为前卫)直向牛岭圩场冲去。敌人占据房子不动，等到我们冲到面前，敌人即以反冲锋将全团冲塌，退回时自己将后续部队冲散，敌人跟踪追击，将全部冲塌，一直冲到指挥阵地，周建屏带花，幸而杨

① 安寻，即江西省之安远、寻乌两县。

② 游队，即红军游击队。

英率领直属队顽强抵抗，才把敌人打退，收容溃兵，直到二天之久才将全部队集合起来，可是已受了大的损失，以五团兵力被一团上下之敌而各个击破，这次打败，是我们红军空前未有的败仗，而且绝对不应该打的败仗，简直是把打仗当儿戏的必然结果。这一败仗可以说动摇部队作战的信心，增强对于广东军阀的害怕心理，同时也成为结束我们大兵团作战的最后一仗。

（四）反对逃跑现象和失败主义的斗争

当着敌人乘野战军出动，向基本苏区急进时，继续构筑封锁线，于是被进攻或占领的地区，退却逃跑的现象非常严重，部队和干部均退向“三角地区”集中，失败情绪十分浓厚，加以动摇分子的不断叛变，使敌人进占一个地区，很便利的统治着，得以集中兵力向“三角地区”进攻。这时，我们就开始反对退却逃跑的斗争，从政治上开展对革命的失败主义提出坚决斗争，“独立作战”的口号。经过斗争以后，一方面整理退出的部队加以补充，增调一部分军事干部进去，加强党的领导，仍然派回原有地区,进行游击战争。这对当时的逃跑现象稍有制止。可是，由于对整个形势和其前途的错误估计，新的战略方针也未彻底转变。虽然这时我们已放弃期待野〈战〉军的观念，已正式提出“独立自主”的口号，对于当时整个斗争的严重性也有进一步的认识，我们在另一方面反对忽视当时斗争的严重性，轻视敌人进攻的左倾机会主义，空讲乐观，可是对于迎接新的斗争方式，群众的游击战争的了解仍不够，没有把武装与群众的斗争密切联系成为当时整个斗争形势反对敌人的进攻和“清剿”。这个基本问题没有彻底解决，自然不能提高干部的信心和斗争的坚持性，也就是不能在反逃跑斗争中彻底的转变新的斗争方式，真正的把群众的游击战争开展起来。

当我们正在进行反对逃跑斗争中，发现曾宏毅〔洪易〕的右倾机会主义路线。曾宏毅〔洪易〕自随抗日先遣队出动到浙皖边违反中央命令把部队拖回赣东北后，由对敌人进攻的恐慌而至动摇，自野战军出动之后，于是对于中国革命前途完全悲观失望。他的理论："野战军出动必然被消灭，游击战争不能保卫苏区，也不能坚持斗争，而要失败下去，中国革命已失败而告结束，我们目前应该退却。"这完全是十足的取消主义。他的行动是积极布置到白区的交通路线。开设底子，准备到白区逃命（最后这个可耻的家伙就逃到国民党方面，成为阶级的敌人）。中央分局遂领导全党开展反宏毅〔洪易〕路线的斗争，揭发宏毅〔洪易〕路线取消当时的游击战争和中国革命的实质。指出中国革命并未遭失败，而在新的矛盾上更向前开展，野战军不但不能被消灭而必然要创造新的苏区和新的发展。将要推动中国革命更大的开展，游击战争在党的正确领导之下，定能坚持斗争下去，定是能战胜敌人取得最后胜利，反对一切悲观失望，反对因敌人进攻而动摇，无论如何要坚持斗争到底，利用无线电将分局决议传达到赣东北、闽北、闽西及中央苏区各省，并撤销宏毅〔洪易〕的省委书记。这一斗争的开展，对于以后各地坚持斗争是有大的意义与作用。

（五）最后的出动

自从北面苏区遭受最沉痛的打击和失败，以及牛岭战斗惨败，北面之敌已将主力转移到雩都河南和会昌河右岸之珠兰埠，企图来筑沿河的封锁线将我们主力及中央机关封锁在狭小地区内，一鼓而歼灭之，开始我们曾企图以两个营，基本团位置于潭头及珠兰埠之两端，以阻止和打击敌人封锁，企图保持河两岸的联系，自牛岭战斗的惨败，使我们这种企图不得不放弃。这时我们虽然已放弃依赖主力胜利的心理，确定我们独立自主坚持斗争的方针，但大兵团作战的方式还未放弃，还企图进行我们红军占领长沙以前的大部队的游击战争。可是，当时敌人继续用严密的堡垒政策，基本地区已被截成数块，南方粤敌日益进逼，会昌河南岸配合北面敌人进攻，集团部队的活动不但受了极大的限制，而且有被迫在狭小地区完全［被］消灭的危险。在这样的矛盾下，使我们当时发生今后行动方针确定的问题。在中央分局经过无数次的讨论而不能得到一个具体决定，于是有部分同志主张集中基干的部队向西突击，转到河西井冈山一带另图发展。这一意见虽然不合于中央给予我们的任务，而且粤敌正集结两师之众在信河沿崖堵截，要达到目的地必须通过两道河流（信丰与大庾河）。当时正当春季涨水，不能徒涉而有全被消灭的危险；至于背靠雩南向南发展，因为有劲敌粤军，自牛岭战斗后，对粤敌恐慌心理很重，易于受打击以致消灭。北面东南均有严密的堡垒封锁线，穿插成为很大的问题。这时我对全部向西是绝对不赞成，同时对于新的方案又无具体的妥当办法，表现迟疑和犹豫的状态，但坚决主张报告中央决定，如果变动中央给予我们的任务，只有得到中央的批准才能执行，故无数的会议均无结果，但确定在当前以后的斗争形势，为了保证各地坚持游击战争，必须加强各地领导。同时庞大的中央机关，无论如何是不可能打游击战争。当时对各地指导主要依靠无线电，于是将中央机关人员分发各地和各部队中去，中央分局委员只留三人保持领导，派潭秋①及邓子恢、谭震林到闽西，派毛泽覃到福建省，派李才莲到闽赣将来传到江西，调赖昌祚到瑞金成立瑞西特委（不久前调钟循仁到闽赣换赖昌祚回瑞金），派王孚善到安寻，派杨上魁②到南雄油山（并带了一营人去）。这时所有后方及伤兵经几个月的时间已安置妥善，瑞西地方工作也有相当准备。这时北面之敌十一师及六十七师，由雩都对河向潭头、梓山花桥跃进，第八师配合第四师由珠兰埠向赤俄跃进，企图将我们封锁在西江与宽田、黄龙之间的狭小的地区内。在这样紧急关头中，我们的行动方针还未确定，中央的回电也未来，于是只得暂时决定转移到雩南以脱离被封锁的危险，等候中央的回电，当我们退至河南的当天晚上，敌人已跃进赤俄与雩南之敌对筑沿河封锁线。

① 潭秋，即陈潭秋。

② 杨上魁，即杨尚奎——编者注。

我们退至雩南即整理部队，等候中央的回电，经过几天之久，中央始有电来，“反对大兵团出动的方针”。指示“应在苏区及其周围坚持的进行游击战争”，以团为单位分散各区域为基干，“另以其余部队去加强各地方武装”（大意如此）。中央分局遂全部接受中央指示来布置工作，而将集团出动的企图全部打消。可是，这时敌人正从四面包围，北面及东面的封锁线已严密布置，必须迅速出动才好。我们依照中央的指示，当时的布置是：

（1）以独立七团随李才莲同志由会昌穿插封锁线到汀瑞线①边转至闽赣军区进行游战，如有可能再穿至博生以北，去领导和恢复该地一带游战；

（2）以廿四师之四个连随潭秋同志到闽西与张鼎丞部会合，在闽粤边坚持游战；

（3）以廿四师之四个连由汪金祥率领到寻南和平焦武②一带进行游战；

（4）以廿四师之四个连由李天柱、孙发力指挥，依靠寻南原有的游区③向东江发展，以与古大存取得联系；

（5）以廿四师之二个连向三南④挺进游击，建立游区，并与信南⑤游击区打成一片；

（6）以廿四师之七十一团（约九个连）由龚楚、石友生领导由安南经油山转至湘南收容卅四师（中央有电要我们派队收容），并在该地发展游区；

（7）派独立三团由徐鸿、张凯两同志指挥，并派曾在湘赣和湘鄂

① 汀瑞，即福建省长汀和江西省的瑞金两县。

② 寻南和平焦武，寻南指江西省寻乌南部，平焦武指广东省的平远、蕉岭，福建省的武平。

③ 游区，即红军游击队进行游击战争的区域。

④ 三南，指江西省的龙南、定南、全南。

⑤ 信南，江西信丰南部。

赣工作的同志，过信〈丰〉河到湘赣传达指示和留在该地领导游战；

（8）留独立六团在雩南[①]由赣南军区（蔡会文及阮啸仙、刘伯坚同志领导）指挥进行坚持游战；

（9）司令部直接统率七十团（周建屏为团长、杨英为政委）在苏区穿插游击并与各苏区取得联系和指导工作。

在这一新布置下，把所有的工作人员分配于各部队行动或派到其他地区加强领导，中央分局只留三人（我及陈毅、贺昌）随七十团行动。

如是各部队根据上面的计划，分途向目的地出动。开始调七十团从雩南向信南挺出，李天柱、汪金祥两部由安会[②]之间插出安寻，独三团由信江渡过河西，然后其他部队继续出动。当时我们已知道的，龚楚已达到信南游区，李天柱等已通过安会之间，潭秋等已到福建省委，独三团因不守秘密被敌人发觉未能抢渡过河全团被截断为两部，我们得着情报后，即电令独三团迅速转向雩南出动，跟随龚楚之后经油山上崇转至湘赣。

自各部队出动以来，已使敌人发觉我们的企图，南部粤敌进行严密的堵截、截击，北面之敌由北而南压迫，使我们不能久留在雩南狭小地区，于是决定我们率七十团穿过会昌的封锁线，首先转至长汀地区，然后依情况决定以后的行动，或向闽西，或转江西地区。

我们出动的夜间，正逢下雨，天空黑暗得很，我为报告我们的行动和方向于中央，唯恐无线电失掉，以后使中央无法与我们取得联络，不料我们久听中央电台不应，部队已整装待发。这时贺昌与周建屏等不待我们来，就将部队开动，等到陈毅同志发觉出来制止时，只截留后尾一部，等我们同行，差不多迟延了两小时之久，我们才随后跟进到田心圩。休息时，遭敌人的截袭，将部队冲散（这是由于周建屏前行时已被敌人发觉），至天亮才将部队收容一部，我与陈毅分散。这时粤敌正以几团兵在安远河两岸截击，遥闻河东有严密的枪声，大概周建屏渡河后，与

---

① 雩南，指江西省于都南部。

② 安会，指江西安远、会昌。

敌人激战不能继续前进，于是我带领所集中一部分人只有倒转到赣南军区找陈毅同志，走到半途会合陈毅。当时决定我们只有依靠赣南军区，但到赣南军区以后，敌人正在四面进攻，渐渐逼近，雩南已无巩固地区了。独立六团决定分散为三个支队由蔡会文、刘伯坚、吴兰菊三人统率进行游击战和绕圈，我们决定抓一部分部队去进行游击战，不宜集中一切人在雩南，敌人集中进攻的狭小地区。我与陈毅同志遂与赣南军区分开，迅速转至油山抓住龚基汉、徐鸿两部，依靠油山游区进行游击战，并与雩南、湘赣取得联系，以保持对于各地的领导。

自野战军出动之后，我们在苏区与敌人坚持斗争，不到半年之久，不得不被迫转移至附近游区，坚持游战，但从此以后，与各方失了联系，而不能执行指导的责任，仅仅单独的作坚持的斗争而已。

（六）我们血的教训

我们转移地区以后，第一阶段遂转告结束。这一阶段是我们三年斗争当中最重要的阶段，换句话说，是由有阵地的转变为游击战，由大兵团作战方式转变为纯粹的游击战争的转变关节。

在革命斗争的过程中，每每到达由旧的形势转变为新的局面时，一切的错误和损失的发生多在这一转变中，如若能够正确了解这一转变的实质和内容，正确的决定我们的方针来领导全部工作的转变，就可能使整个斗争在转变中得着新的开展，奠定今后发展的基础，否则，错误必然发生，革命要遭受大的损失，影响以后的斗争前途，即在中途发觉，力图改正，也不能挽救全局。我们在这第一个斗争阶段中的实例和教训，是我们应当研究的教训，在我个人是一个永远不能忘记的教训。

第一个阶段虽不到半年之久，但关于南方的游击战争发展有极大的关系，毫无疑义的，我们在这一阶段中受到最大的损失，特别是武装力量的大大削弱，主要原因，由于我们有了错误而必然发生的结果。

据我个人的认识，这种错误主要是：

第一，对于当时整个斗争形势估计不足，没有清楚的估计到当野战军出动后，敌人绝不能根本放弃对于苏区的进攻，特别是彻底消灭的企图，固然野战军出动到湘西以后，进行反攻，建立苏区有大的发展的前途，很有可能将进攻中央苏区的敌人大部分被吸引到那方面去，便利于我们的斗争。可是，另一个很大的可能，而显明的摆在我们当前，就是如若野战军不能在湘西立脚或进行反攻不利时，就不能大大吸引敌人离开苏区，即或一部分敌人被吸引但仍然有相当力量来坚决消灭苏区和武装，这是极大可能而且是敌人必然的企图。敌人是很清楚知道这一点的，红军主力虽出动，但苏区的群众和武装力量，是始终对于他的生存有极大的威胁，若不一鼓作气的彻底消灭，以后对于他的危害甚大（事实上也是如此），我们对于这一可能没有估计到，即或估计也是非常不够。

任何事态是包括两种可能性的，只看那种可能所包含的因素强而再加以主观努力，就可争取那种可能实现，否则，另一因素加强和各种条件的变换，而转向另一方面发展。我们没有这种估计，这是错误的基本原因。

同时，对于主客观形势的估计，没有着重站在当时白区的地位，来估计主客观形势的可能发展，失掉了自己的独立性，把当前事态发展的重心依托在野战军方面。因此野战军一遇不能实现预定计图及时转变局势时，就影响我们整个斗争，造成不可挽救的局面，历史的事实，正是教训了我们这一点。固然我们应当从总的形势及一切可能和因素来估计，可是这时我们主要的应当站在自己的地位——独立自主的基础上，来估计斗争形势可能的发生，来决定适应某种可能而发生的行动方针，以迎接立即到来的新的斗争。如要有新的情况变动，对于我们的斗争不但无害而且有利的，这是我们发生错误的另一个原因。

正因为我们对于斗争形势估计的错误，没有深刻的明确的估计到，敌人有决心的消灭苏区和留在苏区的武装，自然忽视了当时斗争的严重性，自然不能估计到敌人一切可能进攻的手段，更不能明确的估计到斗争中可能的变化，和可能发生的前途，所以不能确定正确的行动方针。没有明确的方针，就不能决定正确的适应新的斗争方式，即或有了正确方针也不能正确的运用到实际斗争中去以致造成不利的局势，影响整个斗争的前途，遭受最大的损失。

第一阶段开始就忽视了敌人彻底消灭苏区的企图，反而带着空洞乐观，重视和依赖野战军转变局势的作用，失掉独立自主的精神，同时我认为我们的〈确〉是在当时对于整个斗争的前途始终没一个明确的估计，甚至少数同志故意夸张乐观前途，但当时一切行动的表现上可说是带着失败情绪，各为各的现象。现在我想起来这种说法除带有一种打吗啡的作用以外，就无别的意义了。

第一阶段的损失最大，影响我们在苏区地域内游击战争的发展和坚持，使我们武装受到最大的损失和空前的牺牲，正是这一基本错误的必然结果。

第二，由于上面的基本错误，直接影响到当时总的斗争方针执行。虽然中央给我们以游击战争来保卫苏区的方针指示，但是我们对于这一方针的实际了解是肤浅的极不深刻的。正因为对于整个斗争形势估计不足，也不可能的有深刻的了解，特别是对于这一斗争的实际内容是模糊不清。虽然我们放弃了过去的阵地的防御战，转为运动战，由正规作战逐渐转向游击战争，在战术上采用游击队的动作，但在基本上没有认识当时整个斗争的实质，不能彻底转为纯粹的游击战争，还保留大兵团作战的方式，还偏于单纯的消极防御，更没有从各个时代的特性与变化来认识当时游击战争的实质及其战术的特点，仍继续过去井冈山时代的观点（军委所给的对于游击战争的指示，是运用井冈山时代和苏区的配合主力中作战的游击战术）去进行游击战争。这样，在新的斗争环境下，就不能适应新的斗争。开始不感觉严重,等到最后,就感觉他的危险性，这时力图改正已是来不及而不能挽救了。

党的中央曾提出群众的游击战争，可是我们没有了解其内容，也没有认识这一斗争方式，是当时反对敌人新的斗争方式，仅仅了解是偏于群众斗争的形式，把部队的游击战争与他分离起来，所以群众的游击战争在第一阶段中没有真正的发动起来，还是陷于武装部队的片面的游击战争，所以武装部队一遇敌人打击和失败，游击战争就失败下去，这是显然的一个教训。

第三，当着每一革命斗争达到转变的紧急关头，不仅要有转变的正确的方针，而且要有适当的准备工作，特别是教育工作，是非常的重要而必需的，如若忽视这一工作，或者对于这一工作做得不够充分，都要影响整个工作的转变，以致使整个工作不能继续斗争下去，第一阶段就是我们血的教训。

野战军出动的准备工作，确实做得相当的充分而周到（在基本上虽有错误，但在错误的准备上是充分的）。对于苏区的各种准备，特别使他能适应新的时期到来，继续的保持斗争下去，这些最低的必要工作，可说事前没有计划到的，即我有些布置也是极其微弱，固然我们为保持军事秘密保证野战军的安全出动，不能公开的进行各种准备，最低限度也需有必要的布置，人员准备和一切新陈交代的布置，党内和群众中事前的准备，和一切部队的加强和必要的军事准备，这是必要而可能的，可是事实上是处在相反地位。当野战军要出动的前一月才调我回来负责，各省负责人都是等到野战军临出动时全部换动，县一级也是临时调换得的相当多，这样新陈交替不能不影响党的各方面的领导。在军事上也是如此，只有福建军区政委未调，其余都是生手，地方部队不但未加强，反而把更有基础的地方部队改编到独立团，一部分有基础的独立团，改为廿一师随野战军出动了，这样使得地方武装的削弱，新的成分占多数，于是在敌人打击之下，不会灵活进行游击战而瓦解和失败下去，这是显然的一个事实。

最主要还是政治上准备不够，始终只有一次会议的讨论——而且还是以野战军为主体的附带讨论，并且也偏于组织上的解决，对于苏区斗争的前途，及其斗争内容的讨论，是没有的，至于群众的宣传准备，更因在保持军事秘密的原则下除了半明半暗的几篇论文外（这些论文群众是无法了解的）事前及当时均没有的。直等到野战军已突围西进，才开始在党内，在群众中进行宣传和解释，可是不但表示太迟，而且有些地方不待我们进行解释工作，而敌人猛然进攻立即到来，使得许多苏区和游击队在一击之下而失败下去，使干部和群众中的失败情绪增长，缺乏信心，而不能坚持斗争下去。历史的事实已摆得清清楚楚，江西省苏地区来不及进行宣传解释和各种工作的及时转变，一遇敌人的进攻就遭受最大的牺牲，而失败下去，游击战争就不能继续的坚持下去，不能保持一个游击区域不能不说这是一个原因，瑞金游击区能坚持到现在，也不能不说这是原因之一。

第四，在政治上如若对于斗争形势估计的错误，也不能确定正确方针，即或有了一个正确的方针，也不能够正确的执行。在军事上同样的因战略的错误，即或战役的胜利或战术的转变，也不能挽救战略上的失败。我们第一阶段的经过和结果，就是一个实际例子。

党中央虽然给了我们一个游击战争来保卫苏区的方针，虽给了群众游击战争的内容，可是由于我们对于形势估计的错误，没有明确认识新的斗争的实质，也就是不能了解和正确执行党的方针，由于把整个斗争的关节依靠在野战军的胜利上面，而失掉独立自主的精神，也就不能彻底转变迎接新的斗争。这样的结果自然不能使整个斗争的重心迅速的彻底的转为全部的游击战争，始终保留在大兵团作战的方式，反而努力于创造新的师、新的军的口号下，阻碍广大的游击战争的开展。随后，虽然我们打破了依靠红军主力转移局势的错误，树立独立自主的斗争原则，可是对于新的斗争实质但认识还不够，由此对于群众的游击战争的开展渐渐注意，但基本部队仍然继续过去的错误，而未全部转变，以致造成最后时期严重的困难环境。最后虽得到中央新的指示，力图纠正，可是已经不可能挽救全局，反而因此在最后各部队分途挺进中遭到最大惨痛的损失（据现在调查挺出队伍绝大部分被消灭），是无可讳言的。

正因为对当时新的斗争形势估计不够，特别是对于这一新的斗争形势的特点了解太差，在军事上、群众斗争上，不能依照新的特点来决定群众斗争的方式，不能在转变中保存我们的力量和其组织基础，不能依照新的条件来运用游击战术，所以在军事上保持井冈山时代的观点，来进行游击战争，来运用游击战术，自然在斗争中要遭受无数的打击和失败。

井冈山时代的游击战争，同我们时代的游击战争，不仅在时代上而且在当时主客观的条件上迥然各不相同，阶级斗争的尖锐程度，更在程度上大有区别。井冈山时代有广大的地域，便于我们进行游击战，那时我们没有这种条件，井冈山时代开始创造有巩固的根据地向外发展，后来又有许多半苏区的基地为依托，我们那时处在相反的条件下，敌人集中力量四面包围而要决心的消灭我们的根据地，特别是构筑严密的堡垒线也是一个最大的特点。因此井冈山时代大部队的游击战争不大相宜，在战术上的运用和发挥不尽相同。这种特点，当时我们不了解，直到后来才了解清楚，才彻底转变，而能与敌人坚持到底，使我们在第一阶段上在军事上受到大的损失不能不认为这是一个基本原因。

第一阶段血的教训是很多的，而且很宝贵的，我仅仅提出四个大的问题来，希望大家更进一步的来研究这些教训，是有很大的意义的。

乙、第二阶段——自转到雄庾①游区到龚楚叛变

（一）当时一般的情况

1935 年 3 月，我们转移到江西广东交界之南岭山脉的油山（即大庾梅岭等峰），蔡会文也带了少数部队在敌人截击下，冲到油山与我们会合，龚楚带了八连部队经过油山转移到北山去了（油山附近一个游

① 雄庾，指广东南雄和江西大庾（1957年改为大余县）。

区），独三团还未过来，当时要信康赣雄[①]分区（野战军出动后我们新设的军分区）派游队到信丰与安远一带去迎接独三团及收容被击散的部队，先要蔡会文同志带队过北山追龚楚，并将龚楚的被截留下的二个连改编，我们随后同军分区司令部过北山，会合他们，决定我们整个行动。

信康赣雄的游区，是有很长的斗争历史，是依托南岭由南雄向信丰、南康、大庾三县交界一带山脉节〔接〕粤弓形的一个山地。自1930年信丰暴动有些地方建立过苏维埃政府，分配过土地，1931年遭失败而变成游区，群众基础很好，可是没有很好的群众工作，同时因为经常失掉了中央对于他们的领导，游击主义的习气是很浓厚，特别在南雄县委所领导的地区之群众工作最差，土匪主义倾向重，原分两个县委，互相不发生关系，直到后来（1934年6月）李乐天到中央苏区，中央决定建立军政委员会统一党军的领导，并派几个干部和一连游击队去扩大游区，以准备野战军出发时之各种有利条件。野战军出动后我们又加派一部军事的、党的领导干部和一营部队到该地扩大游击战，配合中区行动成立军分区和特委。

这时大庾、南雄之间的北山已成游区，山势很好，但群众甚少，有一部〈分〉群众被国民党强迫出山了，工作基础很薄弱，多偏于单纯的军事活动。

这个游区当野战军出动，经过该区域之后，粤敌曾严密的举行一次“搜剿”，干部中发生很多叛变，使党与群众工作受了一些损失，我们去的时候正在恢复中，南雄地区才开始了群众工作。

这个游区被信雄[②]、庾雄两条公路截断为三块，以信康赣地区为基本地区，崇仙和北山都是不久发展的。自1931年以后，敌人不断的“搜剿”，群众受到最大口的摧残和牺牲。基本地区的群众有长久斗争的经验，阶级的仇恨最深，可惜当时党的领导不正确，没有很好的把群众组

① 信康赣雄，指江西省信丰、南康、赣州和广东省南雄之边界地区。

② 信雄，指江西信丰、广东南雄。

织起来，开展斗争。

这个游击基本地区，因处在南雄、信丰、大庾、南康四个城市之间，加以两条公路直贯其间，基本地区的范围不大。除山地外都是平坦大段，敌人周围包围、扼守附近一切圩场（南雄之乌迳、大塘、邓坊、里东，大庾之青龙、黄龙、池江、新城、文龙、洋江，南康之贤女埠、龙回、禾桥、黄泥港、李村，赣县之王母渡、大龙，信丰之西牛、黄泥排、大小窝、禾锹坡、九渡水、小江、崇仙等）进行长期的“进剿”，粤军在游击区内开了很多的军队，以便于军队“进剿”。当我们部队在雩南分途向外挺进时，粤敌曾调大批部队到河东堵截，随后仍然回防，我们部队转该区时，敌人将部队以连为单位，进占油山游区的各屋场。一面控制各要道“驻剿”，一面各方协同“抄剿”，企图将游区作最后的消灭。同时进行欺骗宣传，加以过去有些地方工作的错误，于是发生了某些地方群众一受反动的欺骗就起来组织民团反对我们，特别是一部分反水（这个地方叫叛变为反水）分子坚决的反动，使我们的工作和活动增加大的困难。

游击队是单纯的打土豪，没有发动群众的工作。游击主义的习气很浓厚，散漫，纪律不严，自由行动等等，打土豪又未执行阶级路线，甚至圩上的商店都任意没收，肃反政策的错误，造成群众中及党内的恐怖现象。所谓群众工作，仅是为了便于打土豪（调查土豪、带路）及群众同情我们就完了（如报告消息、不向反［动］派报告、代购东西）。大吃大喝的现象，在指导机关中某些负责人特别厉害。党的组织在信康赣基础较好，南雄最薄弱，这是当时该地的一般情况。

（二）长岭会议与当时的方针

我们到油山不久，敌人的进攻就来了。对于反对敌人的“清剿”稍布置后，我们就随司令部转移至北山，以与蔡会文会合，这时龚楚的部队已到湘南去了，将全部队伍改编成为四个大队及几个小队，开了一个干部的全体会议，决定我们的行动方针。

这个会议主要的是：

在政治上反对失败情绪。指出中国革命正在新的条件下向前开展，苏区虽被失掉，但主力红军存在和游战进行，不仅有新的发展，而且将推动新的形势到来。反对一切悲观失望，特别指出认为中国革命失败了，完全是右倾机会主义的取消主义，我们要坚决的进行游战，为恢复苏区而斗争。

在军事上以南岭山脉为依托，以北山、油山为主要根据地，以进行坚持的游击战争，不能再转移他处。军队的布置，以原在油山的基干部队，脱离敌人"清剿"范围，向崇仙、安远、三南发展。同时加强大龙的领导恢复工作，向河东长演坝一带发展，这样从两方面与河东苏区和部队取得联系。另一方面由蔡会文统率两个大队到崇庾[①]边境向湘东南（汝城桂东一带）发展游战，建立游区，并设法与龚楚及湘赣省委取得联系，以一个大队到文英、古亭一带发展游战建立游区，使北山与蔡会文连成一片，为打破敌人的"清剿"，以一个大队将〔到〕了红石〔洪水〕寨及娘娘庙一带游击，以一个小队到南雄之西的山地活动，以一个小队保护进行当地的地方工作。我们随司令部在北山行动指挥各地，积极建立交通路线，保持与各方面的联系，在战术〈上〉，以保存有生力量为主体，反对与优势敌人决战，打击弱小之敌；反对硬打强敌，采用袭击动作。对敌人的"清剿"，采用打圈子和挺进游击。

这个会议特别提出反对游击主义、反对土匪主义的倾向。游击战争应以发动和领导群众斗争为主体，反对单纯的打土豪，打土豪要执行阶级路线。

这次会议对于以后坚持游战是有很大的意义的。

---

① 崇庾，指江西省的崇义、大庾两县。

（三）棚洞受袭击和新的方式发现

当着我们达到北山的时候，粤敌已配合周文山①的匪部进行“清剿”。长岭会议后各部队已分途出动，我们就随司令部的直属队在这一带打圈子。不料不遵守军事秘密的原则，在运粮食中，被游击“进剿”的敌人发觉，跟踪追来，直到我们的宿营地的警戒哨前才发觉，哨兵打了一枪警报后毫不抵抗地自己跑了，敌人一直冲到房面前才发觉，一切人员像鸟一样四飞而散，无论怎样命令要他们抵抗掩护退出去，可是各自逃命置之不理。我们无法，只有向左〈边〉山〈跑〉。这时真危险，我们爬的一个山是光山，目标最显明，敌人集中火力向这一地带射击。走在我前面的陈毅同志之特务员被打伤而自行枪杀，一个地方工作人员被打死了。幸而敌人不敢追击，我们始得安全脱险，然后与司令部部队会合，派人侦察敌情，知道敌人已退走了，于是又回到原地好收容被打散的部队。但群众已跑光了，歇了一夜，部队都收齐了，只牺牲两个，未拂晓以前出发到一个森林中隐蔽起来，计划以后的行动。

经过这次的被袭击以后，我们才了解他们的游队这样散漫，不听命令的现象确实时时有被消灭全部的危险，加以我们在中区②多年，很少经常行军爬山，体力不够支持，尤其从河东转移至北山时已使人疲劳不堪，陈毅花口③将好，我又是一只半脚的人，在这样部队和环境下随同行动更难支持。这时敌人进攻的形势日益紧张（特别是周文山是当地土匪，情形最熟），加以该地群众工作没有真正建立起来，党员非常少，有一个支部中只三个同志，一个鸦片鬼，二个工作人的伙计婆（上海叫姘头）。群众组织完全未有，群众对于周文山匪害怕得最厉害，对于我们不敢十分接近。经过大家的商议，认为照旧行动下去有被全部消灭的可能，对于整个工作领导的保持无保证，于是发现他们从前创造的搭棚

① 周文山，是当地的土匪头目。

② 中区，指中央苏区。

③ 花口，即伤口。

子的打拼办法（打拼是躲的土话），遂决定采用此法对付敌人的“清剿”和意外袭击。但搭棚打拼，大的部队不方便而不易保守秘密，于是我们同司令部负责人带侦探班、特务班一同行动，其他部队由王赤领导向北面活动与到文英去的一个大队会合，暂时脱离敌人的“清剿”；另派一部分工作人员随小游队，以打拼的方式来进行和恢复群众工作。

从此（1935 年 4 月间），我们住棚子而与房子告别，来过山林的流浪生活了。

这种打拼的方式，游区中是从以前暴动失败，与敌人继续斗争时，经过群众与斗争中创造出来的。

由于敌人的“清剿”，注重屋场的包围和袭击，使工作人员和群众中积极分子，不敢居房屋而寄宿于山林，由此发展成为搭棚子的打拼方式。

“搭棚子的打拼”必须有如下三个条件：

1. 有群众基础才能保守秘密隐蔽得住。
2. 依靠有森林而复杂的山（土话叫塞山）。
3. 遵守一切秘密原则。

第一个条件是最基本的条件，如若没有群众对于我们的掩护，那么秘密不易保持而且给养的供给也困难，为了找给养以及运输时必然易于暴露目标，而遭受袭击和包围。如若群众条件好，就是山势不好，没有塞山，只要能守秘密原则来行动，也可以有相当保证。

本地的工作人和游队以至群众，他们都懂得运用这一新的方式，来进行游战和工作。可是他们仅凭许多血的教训和自己的经验照样的做，不能根据情况的变化来转变和改进新的方法，老守成规而不变，时时遭到不应有的打击。比如对于敌人进攻就很紧张起来，一见敌人退走就太平无事，乐观大意起来，特别忽视经常的秘密条件的遵守，常常受到敌人突然袭击而牺牲很多的同志。

我们自决定采用这一新的方式和脱离进攻敌人，于是带着一部分直属队由长岭、河洞转到大庾与南雄交界之帽子峰以西的山地。山很塞，又复杂又是没有群众的一座岭山（此地是游区所有群众被赶至山外和山边），找给养很困难，最近的在20里以外，远则50里往往约百里去购买和运输粮食，消息也不很灵通。但好的地方是山大山塞，我们有这些困难，敌人也同样感受这些困难，使敌人不能进内山“驻剿”，只能采取游击战，要道埋伏，寻找目标，进行突然的袭击。

我们为了指挥各地游战，特别是为取得湘赣、湘东南部队的联系（龚楚和蔡会文），这个地区较适中，对于河东苏区的联系也便当（可惜始终没取得河东的联系，因为很多的部队很快被敌人消灭），于是要坚持的留在这一地区。

最初第一次的棚子，是芒杆为材料的人字棚子，又小又窄，加以我们很多从苏区来的人，从未搭过棚，自然搭得不好。当地游区的人，小团体和本位主义很重，只顾己，很少帮助别人，第一次的棚当然很不好，只有鼓励河东来的同志和特务员学习搭棚，不久大家会了，而且搭的棚也就与本地人搭的差不多一样。

我们根据游区同志的经验和当时敌人进攻情形，规定几个搭棚打拼的原则，以及活动方式。

1. 位置的选择必须要退路好而能隐蔽的退。

2. 要有很好观察的哨位（因无群众更要依靠观察）。

3. 要有很好的出进道路，不至易于暴露目标。

4. 要经常转移，不能久住一地。

5. 应当绝对遵守的秘密原则：

a. 不出烟（生火弄饭不出烟，以免敌人在山上望见）。

b. 不出响声（说话要小声无事不准谈话）。

c. 出进要不留脚印，以免敌人寻得脚迹跟进（走小路，走无路的地方，走水沟）。

d. 各机关不得任意互相往来，无工作直接关系绝对不准往来。

6. 行军和行动应遵守的规则：

a. 选择时间，不能随便行动（因敌人多在上午游击，夜间埋伏，多以 12 点以后出去，如在内山行军多在夜间转移）。

b. 不走大路，专找山路，最好没有人走□的路，以避免敌人的埋伏。

c. 过山坳最好从旁山爬过。

d. 随时注意路上所发现的征象判断敌情。

e. 夜晚行军要慢，以避失联络，绝对禁止打电筒，只有找路时一个人在避亮方面用手电找路。

f. 行军距离要短，但行军时尖兵须距离在十米开外，如发现敌情便于后队逃走和在附近森林隐蔽起来。

g. 行军时绝对禁止讲话。

7. 警觉性要高，遇有一点征兆，不要大意放过，即加以判断决定自己的行动（如瞭望哨见有一个人，所以至一点响声和行路时路上有点异样以及群众中的谣传都要警觉起来）。

8. 要经常的战备生活，不准脱衣困睡，衣被东西时时捆好，以便有情况发生立即行动，未天光前全部起来，早饭要在天光吃完，哨兵未天亮出哨，夜间要有夜哨等等。

这些原则完全是由当地游战中许多经验加以整理和发挥起来，成为我们游击战术之一部。若能严格遵守这些原则，就不至遭受意外和不应有的损失，而能得到相当的保证，特别是对于领导机关的保障和领导的保持更有他的意义，相反的谁个不能遵守和破坏这些原则，就易受打击，最低限度也受到许多惊慌和物质的损失。

（四）龚楚的叛变及我们第二度的转移

我们完全脱离房子生活转到山林住棚的孤僻生活中，开始曾感觉十分不惯，好像学佛修道一样。于是有些好动而不能静止的人，加以刚受河东的失败，以及当前敌人的进攻和打击而不可免的要发生不愿这种生活，希望脱离这种苦闷孤僻的环境，是必然要发生的。有了坚持斗争必须把个人的利益和性〔兴〕趣完全牺牲，来适合于当前的斗争环境。在政治上，要同企图当逃兵的人作斗争，才能保证斗争的坚持，尤其领导者自己作模范，才能在这样困难关头领导和团结干部以及进行长期的斗争。这一方面我们获得了成绩，奠定我们长期的坚持斗争的基础。

过去游区的生活是带着大吃大喝的腐化现象，一到这种困难条件下，易于发生问题。虽然常吃干菜（海带、腌鱼、腌菜等）不能调和胃口，可是我们从苏区来的人，觉得比苏区的缺油缺盐的饮食好得多，在生活上有大大改善。而游区的同志，特别是领导经常有酒吃、鸡吃、肉吃的同志感觉痛苦，而不愿过这种生活。这样我们在宣传上极力说这种生活比苏区好，同时自己以身作则来教育游区同志，来转变和感化这些同志，而能共同的坚持斗争，这一工作也是很重要的。

这时向外挺出的部队，因领导者不愿向外活动而灵活的发展游战，一遇敌人或有部分群众被欺骗而反对我们时，就纷纷跑回游区，回来后又遭受敌人的袭击"搜剿"，而受到大的损失，发生一些叛变。有几个小队几乎全部被消灭，两个大队也受三分之一的损失，蔡会文也带部队回来找我们，因敌人进攻和无饭吃又倒回原地活动。这时北山的周文山匪帮更积极进攻，强迫群众起民团筑堡垒来反对我们。由于过去的许多错误，这时失掉了群众对于我们的积极帮助，一些工作人员被牺牲或逃跑了，稍大的部队不但活动不便吃饭成问题，于是将跑回部队以大部回到文英一带找蔡会文，另以一个大队留在北山周围活动。但吃饭成很大问题，幸而我们从苏区退出时曾带有一部分钱，来作为当时的伙食等等费用。留在北山的一个大队又暂暂〔渐渐〕向河洞[①]一带活动，逐渐与群众发生关系。后方人员很多，将残废送回一部分，一切给养要他们特务队设法筹款。不料反革命的何长林家伙（后来龚楚叛变他就同龚楚一路，一直向我们进攻到现在）大做其反革命活动，乱打土豪引起群众对

① 河洞，位于江西省大庾县境内。

我们的仇视，同周文山一路坚决反对我们，直到现在工作不能恢复，见我们的部队和工作人就打就跑,用一切方法却不能恢复从前的亲密关系。

油山地区自粤敌占领一切大屋场“进剿”以来，党与群众工作完全停顿，有些大地方的群众完全在叛徒与反动派领导之下坚决反对我们，机关常受袭击，许多当地工作人反水，县委仅是消极的打拼，大部队已到崇仙，当地小游击队因挺到进西华山①方面而受损失。

这时敌人对于信康赣区域的进攻，较油山差点，大龙的工作有恢复而且有大的发展。虽然这一地带多小山，不便进行游战，因为群众的拥护，游队及工作人员还能坚持活动，扩大了游击区域，而引起以后对于这一区域不停地长期的进攻。□崇仙和南山，敌人注意还差，便于我们发展，而且原来由苏区过来之一游击支队（约200人），在这一地区有发展，消灭很多地主武装，开展新的活动区域，但因为反革命向湘林的（前七十团团长，受伤成为半残废，调到军分区当参谋长。我们到达要他带支队与何王取联络，最后到油山休养被粤军捉去，反水来捉群众）军阀主义，对部队的打骂，任意枪杀士官干部，强令硬打强攻，使部队削弱，特别强迫群众，任意毒打枪杀引起群众害怕，见了向（向湘林）就跑，使我们还不能在这样有利条件下大大开展工作。后来发觉将其撤职，此时他又带了花，叫他到油□山休养，被捉而反水。

这个时候鉴于地方工作得差，不能把群众组织和斗争起来，要各地加紧地方工作。同时调袁大郊②到北山去建立党和群众工作，首先是将靠庾雄公路附近和内山工作建立而得到一点成绩。

蔡会文同志到7月间派了一个大队带了报告来，他们已在桂汝之间四都、沙田与崇义边之上下庄、上堡一带建立成为游区。李宗保和旷朱权两个可耻东西，在野战军出动后带部队就叛变了，工作坍台。他们去了后，范树德也带枪逃跑投敌，渐渐恢复群众关系，依靠东西两面山

① 西华山，位于江西省大庾县境内。

② 袁大郊，即袁达郊，中共南雄县委书记。

为基础，发展游战并与湘赣一部分队伍会合。方维夏此时随队在该地工作，他们正派人到湘赣与龚楚方面取联络并有可能达到目的，要我与陈毅到他那里去，我们的指示：可依靠现有基点发展游战，但以一部分向庾崇发展以与北山联系，努力去找湘赣省及龚楚，并把交通线建立起来。我们决定仍在现在的地区不到他那里去，主要的为了取得对河东部队的联系，并抽调一个小队随蔡派来的交通队一同去，走熟路线，担任以后武装的交通任务，可是从此以后部队也不回来，与蔡的关系断了。一方面由于龚楚叛变使我们将河东失掉，同时蔡找得湘赣后就不来与我们发生关系，而将交通队改编到当地游队中去。

正当野战军出发的周年纪念日（10 月 24 日）就是我们几被叛徒龚楚所消灭的一天。原来龚楚与石友生①带队达到湘南乐昌、宜章附近，龚楚就带一营叛变，投向广东军阀。为了邀功及其进攻革命，于是带了广东军队化装为红军，除了很少数的长枪外全是一色快枪和驳壳，由仁化②边的长口到北山，企图捉阮啸仙、李乐天等，而消灭该区的游队（当龚楚出动时我们曾决定啸仙同志到油山负责，要龚楚与他取联系并受其指导，后来啸仙不愿去，调在赣南当省委书记他不知，也不晓我们转到此地），首先与周文山的匪假装打了一打，以坚信我们的信心，并贴一些标语，欺骗群众说他是湘南来的红军，来找关系，这时正当后方采买出来买东西看见，也不考察即刻与他会面并回去找后方主任何长林及贺敏学会他（此贺原随龚楚出动充当参谋长，回部队在半途截断留在北山，自己的手枪走火又带伤，留在后方休养）。不料何长林这个家伙会见龚楚就立即叛变，将我们的情形完全告诉他，可是他不知我们的现住地方，于是由何通知游击队及后方的人假说开联欢会，游击队的队长、政委也不加考察，把部队开来。龚楚事先已准备好，等到游击队达到毫无准备被包围，只冲出不到十个人，其余不是被打死就被捉，但贺敏学

① 石友生，时任红二十四师七十一团政委。

② 仁化，指广东省仁化县。

冲出来了。

这时我们还不知，第二天（20日）何长林于拂晓〈带〉着龚楚及广东军队来抄我们交通的棚子，幸而交通前几天已移了，他不知道。于是继续转到担煤的交通站去捉交通和工作人员，好找我们的地方来捉我们。可是恰当我们派了一班人到大梅坑担粮食及东西倒回时，在半途与他们相遇，幸而一人在前，大队在后甚远，当我〈们〉的侦察员很远发现敌人，即呼问谁人，叛徒何长林他就答应是自己人，“我是何长林，现在湘南红军龚参谋长专来找项主席做报告的”。侦察员以为自己人就不隐蔽，后面的人见有敌情就将东西抛弃了，在两旁隐蔽观察动静。叛徒见了我们的侦察员就将驳壳缴去，于是我们的侦察员提出反对说：“你们是红军为什么缴我们自己人的枪，恐怕是反动派吧！”这时叛徒为取信与他，以便利欺骗他引路到我们的棚子，不得不还一支枪给他。可是还的枪是被打死的游击队队长的枪，侦察员认得就发生怀疑，还是继续引他前进。走到半路遇见一个工作人他们就开枪打，未被打着而逃走了，更加引起我们侦察员的警觉，断定他们是反动派。但此时已引到我们住的后山，正向下山到我们棚子的时候，侦察员就故意说，此间有哨兵看见人多就要打枪，自己人打起来不好，你们暂停止在步哨外，等我先告诉哨兵，然后再到棚子。这时叛徒以为到了我们的后山还怕什么，许他先到哨位报告，于是这个侦察员跑到哨位就大喊反动派来了（哨位距叛徒不到50米远），哨兵就开枪，叛徒及广东军集中火力向哨兵射击并实行冲锋，哨兵及侦察员就向森林逃走了。

当这一天上午我们曾得哨兵的报告，附近发现枪声（正是龚楚抄交通站时）即派人到交通〈站〉附近去侦察而未回，突听我们后山发生严密枪声，而且集中火力向我们棚子射击，大家就向山坑外冲出，但龚楚、何长林叛徒的情形还不知道，只见哨兵告诉侦察员反水，我们冲到对面山埂上，遇见后方来人及交通才清楚龚楚叛变，于是转移到一个森林隐蔽起来。这时什么东西都丢了，饭也未吃，许多人都冲散，派人找交通站及弄饭吃，饿到第三天连水都未吃（因在山顶无水），才找到交通站弄点饭吃。可是情形也未弄清，并判断叛徒有可能到油山及信康赣再欺骗一下，立即派了两个侦察员连日连夜潜行到油山报告，要他们防备。这时我们估计敌人和叛徒，知道我与陈毅两人在此以后必然的拼命进攻，我们依靠有好的山林，还不怕水，主要是粮食问题，何长林这个叛徒完全知道我们一切行动和粮食来源，必然要用围困严密封锁起来，这样却有饿死危险。于是决意转移地区，到马鞍山附近有群众弄清情况（此地属北山靠马县〔路〕很近尽有群众）。但大路不敢走，而且小路又因何长林知道也不敢走，以免遭敌人的埋伏。于是从无路的山峰山坡爬走，以及何长林不知道的路，宁可多弯路走，白天当不敢走，多半是夜间走来,未天亮前隐蔽起来。这种半饥半寒到处困觉,吃冷饭喝冷水，经过三天到达马鞍山下，从群众方面知道叛徒将反动派带到这地方交通〈站〉抄棚，因为路上被打的工作人员跑到此地告诉交通站，可是他们又不远离，只隐蔽在附近山上。叛徒知道这一套，同反动派就埋伏在附近，加以交通站工作人员不能多挨饿一下，跑下山来去找饭吃，就被敌人包围，一个被打死而牺牲，一个被捉走，同时叛徒何长林就所知道的群众关系通通将群众捉去，而打靶了。一部分工作人员遂恐惧而逃走，只剩区两个负责同志。另外敌人已大出布告出赏格捉我们，判断我们要转向油山，沿马路日夜派队巡察封锁。这时我们本想转油山，看见这种情形，通过马路非常危险，交通站已破坏，又无人带路，决定暂在这一带隐蔽一时，俟形势稍缓和后再决定行动。极力找区委同志，最后找着了，同他商量去收容被冲出〔散〕的部队及工作人员，以及今后工作的布置。可是何长林叛徒又带敌人到这方面将群众捉去，严刑拷打，追问我们的行迹，使我又不得不离开这个地方，为弄明真相，暂移背后一个山窝隐蔽观察情况。到第二日我们的哨兵听见原住的山窝有人声吵闹又见出火光烟子，以为敌人抄山，不得不带饭未吃完又转移地方。这时感觉在这一区域不妥，同时群众一提吃饭又成问题，决定无论如何转至油山区域，虽然我们知道敌人对于油山的进攻未停止，情况不清，只要我们谨慎，找着群众就有办法。于是带饿的走了一夜到达马鞍山（很高的山）西边露营，到第二天下午再前进。可是如何通过马路成了问题，向导又找不到，只有选择敌人不注意的地方通过，朝着梅关方面走，达到那边再来找定方向到梅山，就可找着工作人员。这样一来，由这山下到马路，通过马路再往山上爬，简直无路，真要是山就好了。这样乱爬乱走,爬到第二天早三点钟时,才到达梅关（张九龄修的梅关）最高峰上，大家沿途跌跤乱爬，已是疲劳不堪而不能继续走路了，于是大家就在梅关高峰露营，我们久已闻名的梅关，不料这夜我们高卧上面，赏玩无穷的妙境。

大家仅仅悟昧一个多钟头就起来，因为天亮了光山上易于暴露目标而被敌人注意，立即就附近找着了一个竹林隐蔽，等到下午三点钟，又动身到梅山去，因为天黑不易找方向。此地离大庾坊〔城〕不过 15 里到 20 里，可是这一条大山都是光的，不能隐蔽，于是采取分批的屈身跃进的方法前进，经过一点钟才通过不到二里路的山坡，这样直到晚上才到梅山。

我们的运幸真不好，一到梅山就知道敌人刚才游击走了，并决定村〔封〕山将群众赶走到外山，一些群众正在料里东西准备搬走，后见我们在此地的工作人，更详细知道这是敌人总的计划和布置，县委也未给我们的指示，仅仅是他们不要群众搬走，甚至用恐吓方法威胁群众不走。我们判定敌人继续北山之后，一个总的进攻，阻止群众出山是不可能的，只有提出有组织的领导群众出坑到大坡，借此发展工作，并与群众约定许多接头的办法，要群众留一批米在内山供给我们的粮食，工作人员应设法随群众一同出外领导群众，发展大坡工作。决定我在此休息一下再作最后的行止，于是又转移附近隐蔽，防止敌人游击的遭遇和侦察。这时北山游队及后方特务队一共不过 11 人逃到梅山来了。目前情形，他们又不宜在此活动，仍派他们回北山。因为判断敌人进攻的重心改转到这方，北山的紧张的环境有很快变化的可能，他们依靠马鞍山一带为支点，吃饭不成问题，并可帮助区委恢复工作。

我们为迅速指示县委来布置反对敌人封锁的斗争，先派上魁、阿丕①二人到南雄县委传达并转知信康赣县委准备建立和我们的交通。他们走了后，我们即向连山附近转移，达到蓝田附近大庾境内。这一带群众同样在向外搬，预备选择一个地方暂代〔住〕一时再等候南雄县的回信。可是在露营的第二天早上，李乐天的特务员带了枪及子弹逃跑（本地人）及至我们发觉时已经逃了好久，判断必然反水，迅速转移地区，决定找南雄县委去，又回到扬梅，群众大部走了，找着一个带路的交通连夜到连山，到半路打了一个□□（因为一个交通及工作人由区山到梅山半途相遇，却以为是敌人互相掉头走，后来渡河见两人，我们人多就追上，不料逃了好远），这一夜就到连山露营。这一带群众也在搬家。第二日，群众正在替我们弄饭时，粤敌有一连来游击，将群众替我们弄的饭菜吃了一半，幸而还未发觉我们的目标。等待敌走后又继续到油山去找县委，到中途遇见我们派去的侦察员，一方面知道信康赣区也在赶群众搬家。南雄县委搬到信康地区去了，沿途经常有敌人打埋伏，会见他们后就好了，有人知道路及一切关系。可是走到将要天亮人又疲劳，于是在油山的半山顶露营，到第二天下午向南雄县委住地去。不料到了该地，县委又走了，找了很久才将交通站长找着，他也不知道县委的地方，但知道信康赣是县委的地方，敌人今天分四路来“抄剿”，刚刚才走。这样只有到信康赣县委，走到半夜达到县委住地附近露宿，知道敌人又到该地追击我们的人，信康赣□县委已转移走了，但是县委和书记仍在这坑布置工作，于是到第二天会见县委的同志，遂结束了我们的第二阶段，开始第三个阶段的斗争。

---

① 上魁、阿丕，即杨尚奎、陈丕显，杨时任中共赣粤边特委书记。陈原为赣南少共省委书记，时参加赣粤边特委领导工作。

丙、第三阶段——由敌人的封坑到两广事变

（一）敌人的封坑与我们的对抗方法

我们由北山转移到信康赣区域时，正是余汉谋举行封锁整个游区的开始，因为他很了解我们取得群众拥护不易消灭，故采用这种办法：凡是我们活动而有同样的地方——山地，将群众全部强迫出境，一切粮食均要搬出，如若不肯出去，即以通匪论枪决，同时以后在山内见有人即以匪论枪决，使我们陷在无人无粮的空山中。将赶出境的群众并于山边山外大屋场居住，由保甲长严密监视，不许坑内群众互相往来，以与我们断绝联系。各坑口及要道经常由军队巡察埋伏，阻止我们出外，每夜突然包围房屋搜查，使我们无法在外活动，同时侦察了同样举行“包剿”。

敌人这样进一步的进攻，两个县委并不警觉这一形势的严重，也不报告我们，除了简单的要群众反对出境的口号以外，没有任何布置，等到我们转移到该区域时，油山的群众几乎全体出境完了，信康赣区将开始向境外搬。于是召集一个联席会议，指出敌人封坑是进一步的进攻，把群众与我们隔离，便于“进剿”，一方面是陷我们于空山而饿死，另一方面使我们不得不离开游区，向白区找给养便于敌人来消灭我们。认为过去忽视敌人进一步的进攻以及对敌人封坑的估计不足，空喊反对出境是不对的。目前不是空喊反对出境，而是有计划有组织领导出境的群众到大段的白区去发展工作，争取群众，有计划地分配党团员去随同出境的群众一路居住，在群众中起核心作用，按党员团〈员〉分布的区域来改编支部小组。另一方面动员群众借谷、借米留在游区埋藏，以保证我们的给养，建立群众秘密交通保持与我们的联〈系〉。区委工作人员取消住棚子（这时区委的人都住棚子），到山边山外采用打拼的方式去进行群众工作，按出境群众的移居地方指定各人的工作范围，规定用砍柴的时间进行支部小组会议和接洽的方法，利用群众出境后的各种不

便，如住房不够、无柴砍，不自由等发动群众斗争，要求回境。指示这是敌人利用群众出境帮助土豪收租，使他们失掉我们的保护并影响白区群众宣传游击队和共产党的主张，发动抗租抗债，实行共同斗争来反对敌人的封锁和包围房屋、捉人等等斗争。游击队深入敌人的后方（迫近南康、潭口、信丰城附近），进行挺进游击和扰乱，以打破敌人对于沿山的封锁，便利我们向周围发展工作，以群众的游击小组砍电线、造谣破坏等等来配合游击队迷惑敌人，牵制敌人的行动。这一计划，在信康赣有相当的执行，在外面的工作有开展，区委人员大多数的随群众脱离棚子生活，向外活动，但南雄的群众早出，事前无准备，许多关系不能建立起来，有些地方形成停顿现象。

（二）领导机关的分散以加强各县的领导

我们转移到信康赣区后，鉴于山势并不大，但有很好的群众基础，加以敌人封坑的结果，大的队伍和机关的给养困难，各县领导太弱，特别鉴于这时游战更要依靠群众力量，开展真正的群众工作，才能有力地对抗敌人，决定我与陈毅到信丰县委。李乐天带直属队到崇仙去加强该地领导，采取进攻扩大新游区（因敌人对该地一带注意差），上魁及阿丕到南雄县委，特委书记由我兼。另一原因就是我们俩到特委以后，鉴于李乐天同志不以同志态度对我们，而以下级官对上级长官方式的官僚态度，尤其他同我们一路不便大吃大喝，自由行动，甚为不愿，屡屡要求随队伍行动，公家无伙食，就设法逼我们带来的钱。实际他们暗埋很多钱不告诉河东来的人。我们同他相处几个月任何事上都觉得不痛快，虽用种种转弯抹角的方式去教育他、争取他，如若留他同我们一起，反而增加他的不满，这也是领导机关分开的一个原因。

（三）党的工作转变和党内斗争的发动

我们到了信康赣县委后，进一步地了解游区实际状况和党内情形，深深感觉许多严重现象的存在，有碍于长期的坚持斗争。

第一，在政治上有两种倾向存在：

1. 希望大红军回来，才能转变形势，开展工作，不相信自己的力量。

2. 经过长期的游战，形成一种无前途过一天混一天的现象，最标本的游击主义，就是以李乐天为代表的："这个游区久远不可能变为苏区，如若此地变为苏区，要求党派我到另外游区去工作。"这两种倾向的实质是一样的，都是取消自己的前途，最危险的右倾机会主义。

第二，把游击战争变为单纯的打土豪筹款，甚至将各种工作的重心建筑在为了打土豪筹款。于是打土豪不执行阶级路线乱没收东西，不去发动群众，组织和领导群众的斗争，使游击战争没有把群众利益作为斗争的中心。

第三，因此对于群众工作，最好的是停滞于同情地位，只要群众不反对我们，不帮助反动派就够了，甚至用恐吓的种种办法（如不要乱说话，乱谈话就要小心杀脑壳、杀全家等等）代替党争取群众工作。土匪主义的成分重。群众组织不仅很少，而且都是形式而无工作，更谈不上对于群众利益的争取，即或打土豪动员群众一路去，完全是最基本的少数群众。这样一来，打土豪就不分青红皂白乱拿一顿就跑，引起白区群众对于我们的反感和恐慌，增加我们发展的最大困难。

第四，党的发展完全选择群众中最老实（所谓要忠实）胆小不敢做坏事的吸引入党，稍调皮而有活动的人都认为不可靠。青年团专向成人发展，因青年的人"嘴不稳"、"不可靠"。把党陷于麻木不仁的无能地位。党的支部，无自己的工作，一切工作由区委同志包办，但区委对于支部指示的工作，只是调查土豪和反动分子这一类，对于群众的斗争就不谈。

第五，肃反问题的严重错误。把落后的群众与反动分子混为一谈，把干部的错误与反革命同样看待，动辄杀头、杀全家，造成党内外的极端恐怖现象。甚至工作人员和党员中，假反动名义以报私仇，领导者的愤怒，就有蒙反动之名而杀头。因此，在群众中常因说错一句话而生恐惧，在干部一受批评感觉生命的危险，而促成叛变逃跑现象发展，使坑外的群众不敢进坑。这样的肃反现象，是最严重而最危险的现象。

第六，提拔干部完全离开政治立场。只要他愿意做事就提拔起来担任工作。用据伙食（发伙食的土话）来动员党团员做工作，形成党的金钱的雇佣现象，领伙食才做工作，做工作就为领伙食钱。更严重的是专找以前自过新、叛过党的分子做干部，这简直是离开了阶级立场。平时对干部没有教育，许多小的倾向也不注意纠正，等到犯了较重的错误就实行解决（解决就是杀的意义）。

第七，领导机关的腐化现象十分严重。我们初见李乐天大吃大喝的现象，还以为他们在失掉上级领导和长期游击战的条件下而养成，不料到信康赣县委领导同志多是河东过来的而且时间不过一年，当然不至大的腐化。岂料事实相反，以王龙光（野战军出动前派去的）为首的腐化现象，比李乐天有些地方还要超过。我们初到几天，只见鸡鸭鱼肉大批地吃，有了新的菜，就是吃了饭还要弄好白吃，简直无荤不下饭。他们的理论是“打游击战争应当吃好”，王龙光动辄说身体不好，要吃补药和有滋养的东西，其实他比我们任何人的身体都强些，借此拿公家的钱大吃大喝。每人做七八件罩衣，样子不好再从做，一切的用品都是赶好的买，游击队只要送东西来吃就好，他们如何乱打土豪也不管，架子真大，威风十足，也可说土匪主义的精神也就十足。于〈是〉讲〈吃〉喝的空气，在机关中浓后〔厚〕得很，但是，下面的人敢怒不敢言。这样的现象，真出于我们当时意料之外。南雄县委少数同志较甘〔艰〕苦，但抱独善其身，不去反对和纠正这种现象而让它发展。

第八，党的领导方式就是在苏区的老的一套，长期大篇，毫无内容，并不传〔讲〕具体问题。一点自我批评精神没有，总是人家不对，自己是天下的好老。不是说服同志，而是威吓和惩办制度，于是形成干部对于领导同志的恐惧和不满（如大龙书记较有办法，能力强，而能甘〔艰〕苦工作，是县委不能好好的指导，反而总是不问理由批评〈他〉不对，但又不能具体解决问题等）。这是信康赣的现象。可是南雄的领导上的特点，就是不去积极领导，而表现消极的打拼形式。

以上的现象产生，一方面由于长期的游击战争和农村的落后意识（如自私自利、个人主义、短见狭隘观念、报复主义等等）的反映，如若在缺乏正确领导之下，易于使他发展起来。另一方面是经常失掉上级对于他的领导，加以领导分子的恶化，更造成既成的现象。这种现象包含严重的土匪主义实质，再向前发展有完成〔全〕走入土匪的道路或被敌人完全消灭的极大的危险。

虽然有以上的严重现象，但有另一方面好的基础。首先是有了经过长期斗争而有最明确的阶级意识和仇恨的群众，他们有大部分直接得过土地革命的利益，苏维埃和大红军的影响最深，固然群众对于当时的领导不满意和恐惧，无论如何对于共产党和游击队是始终爱护的，这是一个好的基础。再加许多地方的干部和苏区来的干部在革命的基本意识上还是好的，尤其是当地斗争中所产生的干部，真是与敌人斗争到底而不屈服。因为在这些基础上，使这个游击队虽在最严重的错误领导下能与敌人持久斗争而不失败下去，的确这是一个基本的主要原因。

这是我们当时的认识和估计，认为最基本的中心问题是领导的转变和党的正确路线的建立，只有这样才能够转变和开展工作，才能适应敌人残酷进攻而能坚持斗争到底。

于是从政治上反对等待红军和无前途的机会主义，指出红军是从土地斗争特别是游击战争中创造出来的，我们同样能从游击战争中创造红军和苏区，这是我们的前途，我们要力争这一前途。

坚决的反对土匪主义和游击主义，反对单纯打土豪筹款。游击战争主要是发动和组织群众的斗争，发动和开展土地革命的斗争，游击队要以他们的行动来发动群众组织群众，领导和配合群众的斗争。打土豪要绝对执行阶级路线，禁止任何人乱向富农捐款（这时乱写捐款），没收土豪的东西，除金银外，尽量发给当地群众，游击队要有严紧的纪律。

纠正过去肃反的错误，肃清存在的恐怖现象，要将落后群众与反动分子清楚地分别起来，争取群众中落后分子在党内纠正□□犯错误的同志与反革命严格分开，极力从政治上教育同志，改正错误，不得到上级批许不准杀人。

党要大大地发展，路线要以斗争为基础，吸收群众中斗争最积极分子大批入党，反对专找老实人。健全支部生活和建立支部独立工作，反对区委代替支部，区委主要是在工作〈上〉来领导和帮助支部同志去进行工作。干部的提拔，应当从斗争中提拔新积极分子充当干部，反对党内的雇佣现象，坚决肃清找自新、自首过的分子当干部，加紧反叛徒斗争，提高阶级仇恨。

反对腐化现象，要甘〔艰〕苦斗争。我们只有甘〔艰〕苦斗争才能持久斗争。游击区的生活不能超过普通农民生活程度以上，严厉反对贪污现象，建立党的预决算制度。

从群众利益上去组织群众领导群众的斗争，把群众从同情我们的地位，在斗争中提高到与我们共同斗争。大大地发展农村工会和农民协会的组织。建立游击小组，来配合游击队及群众开展游击战争。

党的领导方式转变，注意实际解决问题，反对空泛的论调，改用活的领导，帮助下级干部，建立经常的巡视制度，实际去了解和指导下属工作。

我们就坚持以上的路线，经过几次会议的讨论和斗争，以至二年以来我们还毫无动摇地坚持这一路线。在基本上说，我们已把这些现象打击下去，建立党的正确路线。虽然在某些地方的有土匪主义的倾向（如信南游区），游击主义习气还存在于游击队和工作人员中，大吃大喝在某些部分人中多少存在着（如信南某些同志及游击队少数领导者），雇佣现象虽然未完全消灭，但在大体上我们已把他克服下去，特别是肃反错误的纠正，恐怖现象的消灭，这在群众中发生很大的影响；以及争取游区周围的群众对于我们的同情（游区群众一般说，现在共产党不同了，领导已改变，还能处处注意群众的利益），对于我们以后反对敌人残酷进攻上有大的意义。没有这一转变，我们就不能最后战胜敌人。同时党内恐怖大大消除（在信康赣县委直接指挥区域中几乎全部消灭，所以在最后残酷斗争中很少发生叛变，也是原因之一），〈干〉部团结上有大的改善。

但为保证这一路线的实行，必须转变党的领导。于是陈毅同志到南雄，我与他名义是指导和帮助县委，实际上就成为南雄和信康赣两个县委的书记，只有这样，才能保证转变。

在这一斗争中，我们鉴于这些同志中毒的深和毫无自我批评的精神，在这样斗争的环境，不得不这样耐心地教育，避免直接批评，用闲谈的方式，绕圈子的说法和暗示以争取他们。同时自己以身作则，无论在斗争中、在生活上、在纪律上作模范来感化他们及全部工作人员，其结果有很大的成就，只有不可挽救的少数家伙终于叛党脱离革命。

（四）敌人的大举抄山以及这时期所受的打击

我们为了反对敌人的封坑和封锁，要游击队经常在敌人后方挺进游击，于是将两个小队合并为一个大队（约 60 人）到外面活动，准备遇着敌人可以作战，才可以吸引敌人，破坏敌人的包围和封锁。可是，这时我们还没有□□了解敌人的后方多是小山大坂〔段〕，较大部队的行动易于暴露目标，加以敌人电话网的密布，一发现敌情，敌人即可四面包围，不易脱离敌人。特别没有了解游击队的干部弱，勇敢而无深谋远虑，粗心大意，在白区行动易于误事而遭受损失。直到这次遭受大的损失后，使我们更进一步地了解这一带的游战（在没有大山依靠的地区活动）愈小愈好，特别与群众连成一片，却是从血的教训中得来的。

到 1935 年年底，游击队正向敌人后方收缴地方武装，因为关系未弄好，而隐蔽在禾锹坡与九渡水①之间停留数天。部队住在群众房子的楼上，又分为两个房子分住，群众替我们放哨，但不注意隐蔽目标，有人向外跑，被一个不好的分子看见告诉敌人，立即四面八方包围来了，冲到房子面前才发觉。于是前一房子向外冲，后房子的部队冲不出，使整个部队损失了将近五分之四，仅仅少数的冲出跑回，大多数英勇牺牲，但敌人的连长被打死，士兵也死伤一些。这时有少数被捉而叛变的分子，带着粤军包围交通站，抄棚子，捉群众，在工作上受到一些损失，使群众对于叛变分子非常痛恨，不敢接近生人（即新的工作人）以免又受打击。

这时，使我们在战术〈上〉不得不进一步地研究而求改善。同时，鉴于一个坏分子叛变而影响整个机关和工作，由于过去不遵守秘密原则，以后禁止各机关互相知道游队，不应住交通站，一切队员不应个个知道我们群众组织和关系，以免一个叛变波及全部。

刚刚受了这样打击的不久，得着敌人一些新的进攻的文件，内容是构筑各地堡垒，组织民团，实行连坐法，举行联防，强迫群众放哨，以配合敌军的进攻。于是我们经过一次会议，决定我们的对策。一方面反对筑垒编民团，反对连坐法，同时组织工农同盟（群众组织方式）来反对敌人的联防和连坐法。实行互相救济，一致行动，规定各种办法，以便利我们通过步哨，提高支部的独立性来领导群众斗争。不过敌人的计划，因为广东军阀不合作的关系，仅仅在保安团所“进剿”的南康赣县交界之大龙就个实行，直到两广事变以后蒋介石部队接防，才普遍地实行起来。

这时正是 1936 年春天，农民的春耕到了，我们发动出坑群众要求回坑春耕的运动。敌人因为在封坑中我们游队虽受了一次损失，但在外山有些工作发展，敌人借此来饥困瓦解我们而未达到目的，知道农民一

① 禾锹坡、九渡水，即江西省信丰县境内的禾锹、九渡。

回坑内对于我们有利而增加他们进攻的困难，遂在准许回坑春耕以前来一次大的“搜剿”,〈企图〉将我们全部消灭。我们虽然估计敌人在农民回坑时，一定有新的进攻来，否则绝不轻易放手，但因敌人不露声色突然来一个抄山，使我们无所防备，事前很难得到一点消息，直到敌人正式强令群众编队；才清楚了解敌人的企图，可是准备已来不及了。

我们在紧急情形下，判断敌人强迫群众以配合军队抄山。同时鉴于南康、大庾和信丰的敌人不统一建制（南康是保安队，大庾属第一师，信丰属第二师）绝不能同时举行和协同动作，根据这一估计来决定我们对抗敌人抄山的布置：

1. 在信丰境内的机关（主要机关都在信丰境内），分散于大庾、南康境界内暂时隐蔽，工作人员到山边山外去，一切棚子动员群众全部拆毁，消灭目标，如若大庾、南康抄山时则转移到信丰境内照样办理。

2. 游击队当着敌人进山“抄剿”时，突然挺到外山游击和袭击敌人的后方机关，吸引敌人出境。

3. 动员党员领导游区群众在抄山时大声呼喝，以通知所要抄的地方好迅速转移，抄山中故意扰乱、迟缓、造谣、打妖〔吆〕喝，扰乱敌人、故意少带米粮，闹饭吃，使敌人不能按计划“抄剿”。

4. 动员游击小组在外面大砍电线，买些鞭炮乱放，故意造谣红军到外面了，以乱扰敌人后方，吸引敌人回到外面，保护后方。

此次敌人抄山，强迫游区出坑的群众及其附近白区的群众，每一队有群众二三百人，配合粤军一连一共有七八路从两方面入山到上乐（我们最基本的地区）会合搜抄。抄的方法：沿山埂走，认为可疑的窝子，军队站在上面，要群众带鸟枪、土炮、梭镖下窝抄，可是抄的结果并未捉得一个人，仅仅是抄捉一个棚子（因为大意未拆）。群众沿途乱打呼喝，粤军要他们大窝抄，故意与粤军闹，〈说〉既你们有枪不敢去抄，要我们去送死，不肯去。下窝抄，故意在下面不动，有的看见我们的人要他们快躲。对于非游区群众进行宣传说，我们送死不要抄，红军也不反对穷人，我们为什么替土豪来送死，同时，外面游队和游组的活动大造谣言，游队和共产党都出来了，你们抄山，反赶他们到外面来了。抄山的群众借此大闹，我们抄山，现在他们抄到我们家里去了，我们不抄了，要回去保家，使得反动派无法，仅仅抄了两天不得不将群众解散，回到外面对付我们的游队。

信丰抄山停止，群众纷纷回到坑内，但南康的保安队又继续在南康、赣县境内进行抄山。但保安队较厉害，抄得比较严，整整抄了几天也无效果。南雄、大庾均未举行抄山，将群众放回，敌人此次抄山可说是失败了。

我们此次反对敌人的抄山，可说是胜利了。但不幸的是，当游队挺出山外扰乱敌人时，发生一个副队长叛变投敌，积极带反动军队到处埋伏，围房子，捉我们的人。敌人得到这一叛徒反有很大的收获，使我们受到了一些损失。少共县委书记①和大小窝②区委委员到禾锹坡附近去召集支部会议，知道副队长叛变，正隐蔽在屋背山上，因天雨浑身打湿，以为敌人不来了，想到房内烤火，不料刚到房子内，敌人四面包围，将少共书记打死，区委被捉去而枪决了。支部也完全坍台，随后又到坑口打埋伏，将该区少共书记打死。将交通站包围，打死几个，捉去几个。捉去几个，〈其〉中有一个叛变，又到我们油山机关包围，一切东西被抄去，幸而人都冲出。这时我们正住在交通站对面坑内，大受惊吓，不得不转变地方，这一时期经常如此。

这时□是一波未平一波又起，南康之敌（保安队）在抄山失败之后则以一团保安队集中逐段抄山，日夜埋伏，利用叛徒带路。大龙中心区区委书记曾纪才同志正在等人开会，没有注意转移地方，被敌人发觉，四面包围而被捉去杀了，这对于我们是最大的损失，使该区工作从此以后失掉领导中心。

---

① 少共县委书记，指少共信康赣县委书记黄凯明。

② 大小窝，位于江西省信丰县境内。

在敌人还未抄山以前，李乐天同志在信南回到南雄讨论工作后转回崇仙，因贪图口食，在这一富农家里吃东西过迟而不能回到住地，在房子后山露营而被粤敌包围带花自己枪杀死了。但少共县委书记牺牲后，而两中区①的区委又被包围而全部捉去，该区工作全部坍台。

这时迭次遭打击，考察原因，主要的由于发生叛徒，同时由于活动方式不好，以及缺乏警觉性。于是在党内、群众中开展反叛徒斗争，并进行党的教育，巩固内部，赞扬光荣的牺牲；在群众中援救被捕和坚决分子的运动。另一方面，反对保守的办法，改用每日转移地方，提倡参加生产的办法，在山外山边进行工作，教育全党同志要吃苦耐劳，不要图一时舒服而受不应有的牺牲。

这时，信丰知道我们在外山有工作，利用叛徒，组织民团协同，日夜在工作内地区打埋伏，围房，以捕捉我们的工作人员，消灭我们外面的组织，使我们在山外孤立。对于坑内，反而放松，但听有消息就突然来一个抄袭，可是南康之敌就不同，一方面照蒋介石的办法筑堡垒，小屋并大屋，一切壮丁编为“剿共义勇队”，每日集中壮丁，在要道口放哨。并假冒游击队，试探群众是否与我们有关，到处捉打群众以致枪杀罚款，收买落后分子做侦探等等，不准土豪交款，被捉土豪要登记，交了款要枪决，以断绝我们的经济来源。以一团之众的保安队，一方面扼住于各交通要道；另一方面随时配合进行“抄剿”，烧山、强迫群众砍山埋伏。结果代理大龙书记的彭得敖同志去又以不遵我们的原则而被敌人包围打死，接连李村区委书记和大龙游击队政委也被包围尽打死。南康赣的工作，在这样打击和保安队残酷的镇压下，许多支部的同志逃到西华山挖砂子去了。群众也不敢接近我们，而且群众中互相怀疑有侦探，只有少数群众继续赞助我们（很恐惧的）。几个苏区来的同志吓得也跑回家去了，工作几乎倒台。这时主要坚定所剩的几个工作同志要坚

① 两中区，指大龙和小江两个中心区。

持斗争，不离该区，逐渐恢复工作，要努力争取落后的群众，以打破敌人收买内奸的企图。设法援助被捉被杀的群众家属，重新恢复支部。将游击队分两个（此时约有 30 人上下），一个向河东、长演坝、韩坊①一带去活动，争取群众发展新游区；一个向南康、潭口附近挺进，打圈子来吸引敌人，削弱对于游区的进攻。工作人员以大部向四周发展新的工作，少数的工作人员领导基地群众，帮助支部建立自己的独立工作，以领导群众，使我们的力量大部向外发展，又可避免许多损失，活动方法彻底转变，采用每日更换地区，废除木料棚改用易于拆架的布棚；后方采用游击的方式，如敌人“搜剿”某地，则以脱离敌人，转至敌人未抄或已搜的地方隐蔽，使敌人找不着目标而扑空。

在这样坚持斗争以来，大龙中心区的工作才暂渐渐恢复，与群众的关系逐暂〔渐〕建立起来。敌人所采用的群众放哨完全失效。虽然敌人对于这个区域的进攻从未停止，在两广事变发生，广东军队退走，而保安队仍不停止进攻。可是因为这一区域的工作同志甘〔艰〕苦的坚持斗争，任何困难不怕（如每日□地区吃饭走路都成问题，风雨寒冷都不□□能将该区保持，将工作逐渐恢复）。

在这个时期，我们利用敌人对于南雄、龙南之间地区的不注意，游队积极活动发展游区。自李乐天同志牺牲后，调罗同志②去到该区成立中心区委后，改为信南县委，收缴很多地方武装，争取几个地区（如龙南、虔南、信丰之间）成为游区。在经济〈上〉也得到解决，维持了整个区域的斗争经费。

南雄因敌人的进攻不十分紧张，争取群众的工作和发展新区都有一些成绩。但主要弱点，党与群众组织建立很差，多数只争取群众对于我们的同情，加以地大人稀，北山工作靠马路边有发展，并在白区发展党与群众工作，在乌迳、大段也有发展，成立了一个新的小游队。

① 河东、长演坝、韩坊，河东、长演坝位于赣县桃江东面，韩坊，位于赣县南部地区。
② 罗同志，即罗世珍，曾先后担任南雄和信南两县的县委书记。

这个时期，我们在基本地区受到很大的打击，尤其是很多的当地群众领导的牺牲，是我们最大的损失而不能补偿的，但在其他方面得到新的发展和成绩。

（五）两广事变的发生和我们的活动

当我们由苏区转移至这北山游区后，曾在政治上指出我们苏区虽被侵占，中国革命并未失败。而在日本积极侵占中国的主要问题上，更大的向前发展；其次蒋粤的冲突更要加深起来。以后，日本侵占华北，我们就积极提出抗日救华北的口号，实行全国联合一致抗日，在群众中宣传。我们以前曾决定将游击队改为粤赣边抗日义勇军，并拟了一张布告，但在交通被击全部被抄，油印的东西也被打掉，随后主力红军由陕北打山西，我们当时提出“红军为保卫华北西进打日本！反对国民党阻止红军打日本！全国军队联合一致同打日本”等，在群众中进行宣传。

当着两广事变发生以前，正是广东军队积极向我们“进剿”，报纸也买不到了。开始突然见广东军队停止进攻，谣言甚多，不明真相，极力设法买报纸打听消息，一直等到余汉谋投蒋回师广东时才明白真相。当时我们的估计，主要由于日本进攻华北与红军出山西打日本，更加推动了全国抗日运动的高涨和对于南京政府不抵抗主义的反对，同时两广军阀与蒋的冲突的加紧，于是两广军阀利用抗日的名义实行反蒋。当时我们党的宣传的主要口号是反对军阀战争，实行抗日战争，变军阀的战争为抗日的革命战争，指出军阀战争是帮助日本侵略中国等等，同时积极进行反对军队拉夫来动员群众，号召群众武装起来打倒军阀，恢复苏区。将信丰两个游队合并起来，到信丰基本地区来消灭团匪，发动群众。另将北山游队调到油山。消灭团匪恢复工作，信南游队向南雄马路一带活动，可是因为不能正确运用袭击动作，反而强攻堡垒，仅仅给团匪的打击而不能将其消灭，不能乘机大大地开展工作。可是为时不久，广东陈济棠的失败，于是蒋介石的军队开到赣南及南雄，继续向我们进攻了。

丁、第四阶段——自蒋军接防到最后猛烈的“清剿”

（一）第一次“清剿”和新的进攻办法

自蒋军接防后，首先分路向内山游击“抄剿”，然后以一部扼守周围圩场，另一部采用游击寻找游队决战。这样办法当然是幼稚的，结果自然一无所得，于是蒋介石一套的把戏就来了，主要是到处筑堡垒、起民团、编“铲共义勇队”；严密保甲，将民选保甲长取消，代以指定专找最反动的土豪、富农充当保甲长，每保设一办事处，给保长的津贴，专负责清查群众和指挥民团经常打埋伏抄山来捉我们的工作人员。同时使群众与我们脱离，奖励自新自首，收买落后分子做侦探，通缉我们的干部强迫群众出赏钱等等。蒋介石的正式军队扼守各要道路及圩场，发现游队就配合民团“围剿”。至于埋伏、围房子也运用，但大体方面与广东军阀进攻的手段不同了。

（二）我们 9 月的决议（1936 年）

当着两广事变解决和敌人新的进攻开始，于是一部分动摇分子认为蒋介石的胜利了，革命无办法，敌人新的进攻以来，游区就会失败，于是发生逃跑，同时我们估计蒋军换防以后，不仅有新的进攻，而且是长期最残酷的进攻，以达到彻底消灭我们的企图；认为为了对抗蒋介石的进攻对于全党的指导和巩固自己的营垒应有一个正式的决议，决议的内容分为三大部分，就我所能记忆的大意是：

1. 对于政治形势的估计。认为中日矛盾在日本增兵华北以来，抗日革命运动更加急进的开展；红军出兵山西以后，使党的抗日主张更在全国取得广大群众拥护，统一战线日益进展；两广事变的解决，证明陈济棠的假抗日的失败，反映全国民众和士兵抗日的要求，蒋介石余汉谋利用这一点而使陈济棠的势力瓦解，虽然蒋介石表面上取得胜利，但在日本积极的进攻与国民党的继续卖国，必然使抗日的革命运动猛烈开展；加以红军一、四方面军会合，建立陕甘新的苏区和发展以及当时各地兵变，上海罢工的发展，却〔都〕说明中国革命新的高潮快要到来，这一高潮主要的内容是抗日的民族革命的运动。

2. 对于敌人新的进攻的分析和估计。认为蒋介石与广东军阀不同是，采用堡垒政策，收买和组织民团、义勇军来配合军队作长期的进攻，以至完全消灭我们(其办法可参看第一次进攻一段)。同时指出，我们近一年以来，党的领导转变和党的正确路线建立，在我们周围取得白区群众对于我们的同情，使我们的工作得有一些新的发展。虽然因为工作转变得不够，特别是群众工作转变更差，游击战术还未正确运用起来，一切活动方式未能依照环境转变，老守旧法遭受打击和损失，但我们相信依靠群众基础和成绩以党的正确领导，一定能够战胜敌人新的进攻。

3. 我们的总任务，认为是动员和组织广大群众去开展抗日的统一战线，反对对于日本的投降，全国联合一致抗日实行对日的战争。因此我们要在这一总方针下来进行统一战线与游击战争的配合，争取抗日高潮迅速来到。当前主要是打破敌人新的“进剿”，来扩大游区，争取周围白区群众和进行进攻的白军士兵，来配合西北红军去开展全国抗日的统一战线运动。我们对于国民党蒋介石的估计仍是旧的观点而未改变。

中心工作是动员和领导群众配合游队反对敌人新的进攻，指出群众工作是我们反对敌人新的进攻的基础，在群众中进行最大动员巩固和发展工农同盟，破坏敌人筑造堡垒政策和建立民团编义勇队的企图。如若不能反对下去，应当有计划去夺武装在我们基本群众手中，积极争取民团、义勇队中的工农群众，在我们影响下利用群众与士兵接近的机会，采用一切方法去进行抗日宣传和争取他们对于我们的同情。游击队应向周围白区进行游击的活动，创造许多新的基点，便于转移，配合群众打破敌人对于基本地区新的进攻，建立支部工作，教育支部同志能独立地进行工作，领导群众，从新教育我们的干部和党员，学习真正的群众工作与工作方式，而彻底肃清依靠大红军和无前途的机会主义的残余，要独立地争取游区发展的前途——创造和恢复苏区，创造新红军；肃清游击主义和土匪主义的倾向，严格执行阶级路线，正确地执行肃反政策，反对敌人进攻就悲观失望和逃跑，巩固党和我们整个阵地，来坚持地与敌人斗争，战胜敌人新的进攻。

这一决议是我们第四阶段也可以说是我们最后一个阶段反对敌人最后进攻的方针，依靠这一方针卒至战胜敌人最后的猛烈进攻。

当着蒋介石军队到各地掩护筑堡起民团时，我们曾领导群众反对筑堡垒起民团，卒因敌人的武力强迫，于是采取消极的抵抗，迟延筑堡的时间，有的花了二三个月才将堡垒筑成，有的筑了一半始终未筑成。关于编队特别是买枪起民团，因为群众不出钱和反对外人来托枪而要自己托枪，使敌人不能普遍组织起来。于是敌人主要的只有集中叛徒编民团，最后也因经费问题，使民团人数减少。不过有南雄、油山方面，因为群众工作差，加以叛徒多，使很多地方民团建立，而将旧的工作坍台。但得着在大庾方面新的发展，但信丰基本地区，虽然筑了堡垒起了民团，我们还能继续工作，保持对于群众领导关系，信丰游击队也能挺到河东长演坝及河边重村一带去建立新的工作基础。北山工作，这时有大的进步，最后我们将南山游击与北山游队合编，重新创造了一个新南山队。这样以来，北山队曾给附近民团以大的打击，缴获一批枪，使北山沉闷一年的现象打破,不断地得着新的胜利。信南更在安远与信丰之间建立了一个新的基点，整个说来在敌人新的第一次进攻没有受到什么大的损失。

（三）西安事变发生及我们的估计

当我巡视到南雄，检查他们的工作，因为南雄的基本地区失了很多，不断发生叛徒，新发展的区域很大，但党与群众工作没有很好地建立起来。另外因为信丰敌人进攻，使做白军工作的人，不能到信丰来讨论工作，约在南雄县委讨论工作并将这一工作以后交陈毅同志负责。我到达南雄县委驻地后，同他们开会讨论工作，白区的人也会见，分派走了。我因走得过于疲劳（因为不是走路而是爬山的埂走，不断地上下走了四天，人的身体吃不消，其实走大路顶多一天半就够了，因为防止叛徒和敌人的埋伏，故我们的走路都是走无路的山，爬无路的山），正在休息时，突然听见大庾县谣传蒋介石在西安被捉，加以我们住地距大庾县城不过 20 里，就很快得着报纸看，知道事变大概情形，那真喜得大家舞手跳脚的，高兴得不可以言喻。我于是以西安事变为题目写了一篇长文来分析西安事变以及它的意义和前途，指出我们的态度和任务，这篇文章的大意是：

从国际形势说明法西斯的侵略战线与和平阵线的斗争，以及〈反〉法西斯人民战线的发展和胜利，使世界已走入革命与战争的阶段。指出西班牙是世界在西欧的爆发点，中国成为世界在东方的爆发点，西安事变的爆发正是表示这一意义。

我们分析西安事变的原因，主要的在这几个条件下而爆发的：

（1）日本帝国主义对于中国不断的侵占，使全国民族意识日益增强，全国抗日的运动随日本的进攻而急进而开展，是最基本的条件。

（2）国民党的不抵抗使民众的反对，以至深入到士兵群众中去。

（3）我们党的主张取得全国群众的拥护，统一战线的开展和形成。

（4）红军到西北后与东北军作战，直接影响东北士兵和军官，张学良等在士兵的威迫下而参加，在这些条件而爆发的，绝不是什么偶然事件，更不是军阀内部的冲突（虽然张学良与蒋介石有矛盾，这不是问题的中心）。我们对于西安事变本身意识认为是：中国革命新的局势开展，西安事变的爆发使中国统一战线特别是军事上已经成功而正式开展起来，这一形势继续开展，就要使抗日的革命高潮马上到来。但我们这时对于国民党和蒋介石的估计仍然保持一贯的老观念，因此认为今后中国有造成西班牙的形势，蒋介石的走狗有与德王宣统成为日本在中国的佛朗哥。我们的任务，是把这一新的局势开展到抗日战争的实现，指出这一新的局势继续开展和统一战线的巩固，主要的决定于我们党的正确领导。当前我们要向广大群众宣传和解释西安事变的政治意义和实际真相，打破当时国民党把西安事变宣传为张学良与蒋介石私人的冲突，号召群众特别是士兵起来拥护东北军与红军联合抗日，参加这一抗日的联合，来挽救中国保卫中国领土的完整。

我们这篇文章指出，各地在群众中进行大的动员，同时计划集中游击队加以整理，准备在这一形势发展中首先消灭周围的团匪，来开展南方联合抗日的新局面。

这时敌人正规军队已停止进攻，但团匪仍在不断地骚乱，于是又发生叛变，使南雄所存留的一个群众领导被打死而牺牲，区委书记被捉，少共书记逃走，南雄两三个区的工作坍台。积极设法恢复，开始将北山游队与乌迳游队合并一个到油山打击团队，将信丰各小游队集中到信丰适中地方加以整理，准备与北山会合行动，命令信南游击队准备集中加以整理，来进行大规模的活动。

当我由南雄动身返信丰，去动员和布置一切工作，由于叛徒和团匪的扰乱，又从新走的路爬新的山才回到信丰（这时蒋已放出，我们还不知道）。知道该地一带敌人又在积极进攻，团匪更是到处埋伏、抄山，实际上是敌人在蒋介石放后的第二次进攻来了。

（四）敌人第二次的进攻与大砍山烧山

我到信丰后观察这一现象，即判断第二次进攻来了。指示各地准备新的进攻，大龙、信丰游队很久才会合起来在大山训练，但北山游队与乌队合编后即在南雄行动。我在南雄时曾决定，要用突然的袭击和伏击达到彻底消灭团匪，反对乱动，暴露目标和只求打一下敌人来吓一吓的办法，这只有打草惊蛇反被咬一口。可是一部分游队首长不了解这一意义，当着团匪游击已走过了，他们就从后面追击，远远地打了一顿枪，吹一顿号，将敌人吓一吓，使着零星团匪固然不敢出来，但他已知道我们游队来了，于是集合一二百团匪来与我们决战。这不仅失掉消灭敌人的机会，而且与敌决战，势力悬殊，只有不利于我们的。遂严厉反对违反我们的原则，加以敌人第二次的进攻形势已到了，南雄的一部分同志只看西安事变发生，认为敌人无力来进攻，忽视当前向敌人进攻形势快到来，表示空洞乐观，这是非常危险。那时曾不断写信给他们，严重引起他们注意，迅速做各种准备以迎接第二次斗争，大龙游队还未归来，北山队在油山已被敌人知道。故决定回转北山，努力筹一批款，以准备这时斗争经费。

我们不久便由信丰基本地区转移到我们最基本的上落，以避团匪的骚扰和袭击。同时得着许多敌人的谣传，反动派说坑内到有红军千余要出来大打土豪，遂判断敌人借此动员群众来进攻。但信丰两个游队这时正会合整理，立即命令他们队伍的伤病兵及少数士兵留所在地，大部队星夜的□□的转移到北山与北队会合，在那一地区开展游战筹款，令信丰各机关积极准备布置。二天后（这时正是旧历腊月二十六日下午），我正在哨位附近远眺时，忽发现对山中出烟，心知有异，因为深山无人烟，判断是敌烧山，命特务员侦察。接着有枪声、有吹号声，遂判断敌人在抄山，估计到敌人要〔有〕继续来我们南边山抄搜可能，就连夜转移到附近大庾坑内一个山上隐蔽。但敌人虽未来上乐〔落〕，可是南康与信丰、大庾三县交界大山中，一方强迫群众砍山砍路，同时大放火烧，以两连白军配合四个中队（中队即连）在这一大山日夜“抄剿”埋伏，直到正月初一过旧年才停止了一天，以后又继续抄。这一次虽发现我们游击队会合地点，而未找着游队（因游队大部已走了）仅仅交通站被抄，失掉一些东西。

我们与县委机关隐蔽在大庾坑内高山中，因农民过年的习惯买东西不容易，而且消息不灵通，因这一带农民过年时半月不出门往来，虽用各种方法动员农民去打听消息，而不能达到。加以这个山如过初五以后有很多外人来砍柴，我们在此就不妥当了。正在筹划不定，不过接着大山窝的报告，已知集团的敌人再进行“抄剿”。到初五日，我们正在山上隐蔽，天气很冷，正在找柴生火，哨兵即看见对面山上发现很多人，无疑义是敌人，迅速将火捕灭，观察动静。等一会有一连白军下到坑来，到群众房子去了（我们正在屋背大山），人的讲话大部听得清楚，随后又见白军到了一个房子去了（这是我们一个支部书记的家），不到五分钟，看见我们左边山顶上发现敌人来抄，这时我们的哨兵又发现对山发烟而有很多人，又无疑义是敌人了。加以我们隐蔽的山顶四周都是光的，一切东西和动静，对面敌人都看得清清楚楚，虽然左边附近（不到一里路）已发现敌人，可是这时不好转移，于是命令大家镇静不动，如若敌人迫到我们面前横走，不迫近不动，以免使对面敌人看见，就无法脱险，幸而该支部书记虽在敌人强迫带路抄山，他就将敌人带到别的山窝去抄。这时天气也不早了，约到三点钟，听见对面山上吹集合号，抄山的敌人就打转归队。可是突然从右边坑尾出来一连人，随抄的敌人上路归队，于是知道敌人有三个连，一连下坑抄，一连埋伏在坑尾，一连在此对山做预备队。当时敌人在左面抄山，如若我们不镇静，仓皇紊乱，一定发现目标，遭受敌人的包围和截击，而有被消灭的危险，所以镇静是很重要的。

敌人走了以后，我们到黄昏时，就转移到隔壁一个大坑去，又不敢走有路的地方，只有爬山又摸不到地方向〔方〕向，跌脚的，滚倒的，爬了半夜才达到坑，只能休息到拂晓，又转到坑口一个山窝藏起来。这时还是阴历正月初八的。农民不过正月半也不出外，也不开圩。这一带农民少田，多砍柴做工为生活，食的米要圩上买，使我们在粮食上感觉一些困难。消息又不灵通，山势虽大而不复杂，大多数是光山，砍柴的特别多，不便隐蔽，只有一安〔点〕好，这一地带山敌人不注意。因此隐蔽目标，保守秘密成为最有保证的条件了。于是为了保持秘密，就要时常转移，当我们转到隔窑一个芒杆窝（因为无山林也隐蔽了）内，周围都是光山，只有坑窝有一些芒杆，专靠鸦雀无声的隐蔽才能保持秘密。到了第二天，很多砍柴的人，在四周山上，走的走，砍的砍，等到正午时，不知哪一个砍柴人不小心，放火掉在草里，而着火起来，噼噼啪啪烧起来，很像开火的枪声一样。但火烧迫近我们不远，因为砍柴的人未走，不敢转移，以避暴露目标，只有等到二点钟以后才好转移。这个火开始蔓延很慢，等到最后，火势就汹涌起来，又迫近我们的面前，估计这时砍柴的人走了，可以转移，再迟恐怕被火包围就不好跑出，大家刚刚跑到山顶，山下的火被一阵风吹火势向窝里猛扑一样全部着火了，当时大家都惊慌相顾而笑地说“运气好，险得很”。

我们又转移到坑内去。一方面靠近群众解决给养，一面打听信丰的敌情，并在这样生活中又缺粮食，不能在这一带久打圈子，如若信丰情形好，准备向仍回坑口最基本地方去。第二天县委在信丰收□的同志来了，说南雄已送款来，这时信丰全县已无钱了，非常恐慌，来人要交老周亲收（老周是我的假名）。坑口一带无动静，我就同他先回坑口，其他的人第二天回。我的估计，敌人对于坑口一定要来一次猛攻，要工作人、支部及群众注意侦察敌情。不料我们回到坑口未住三天，又［遇］到敌人。这时正是上午十时上下，我们正准备吃午饭去，忽见一个农民带着柴刀从山上爬下来。我们一见就知道发生敌情，这个农民是同志，很急促地告诉我们，营前两坑（坑口圩下的屋场）刚才到了一营反动派，要每甲交谷，马上送去。我们根据该保共十六甲应交的米计算，估计敌人有三连到四连人，所要的米可以维持四五天的粮食；判断敌人必要在这条大坑大抄几天山。遂决定一切机关分散，几个人为一组，向大庾山边择地隐蔽，买干粮准备敌人日夜动作。一切棚子动员群众拆了，写信通知各地及南雄县委，要他们同样准备。到下午就分途出发，我们当时估计敌人抄内山，一定对外山和边山大概不注意，于是夜晚转移，到大庾河边群众家中隐蔽，时常转移住地，过了三四天听见敌人已出坑到洋口驻扎，我们又回到原地。此次敌人首先来侦察情形，迷惑我们，严密查户口，强迫群众砍路，乱打群众（很多农民挨打），在山上乱跑一顿，就花了三天就突然地向坑外开。另外有一部分同志隐蔽在靠洋口附近山边，不料敌人突然从坑内出来，好像来包抄他们，弄得抛东丢西乱跑一顿，幸而未被〈敌〉所发觉，不然又要受损失。

敌人的退出完全是迷惑我们，使我们不备，突然□□一个抄袭。我们已有估计，但未估计来得这样快。果然我们转回不到三天，天刚拂晓，哨兵突然发现，我们住的山窝的主埂上发现敌人，接连发出喇叭声（敌人不用号用喇叭），喇叭使我们不警觉。起来，知道敌人“抄剿”来了，立刻登山，则见对面山上也有敌人，于是迅速由山这边用匍匐的爬法，爬过山的那一边再转他处。这天敌人有三个连分两路包抄，在对面的小坑后放火烧山，幸未下这面坑，否则最低限度我们交通站定要被抄着（交通站恰恰在敌人指挥阵地下面的一个小窝），我们也要被追击一下。

敌人大抄大烧一下，又无回河边圩场上去了。我们这时估计敌人还要继续抄山砍山的，因为今天仅只抄了一个山，决定各关系人只再分散，一部分转移到敌人已抄过的信康交界的一带山去，一部分成更小单位（两三人一组）在坑口边附近隐蔽。果然不到几天，敌人强令各坑群众到曹里砍山，将许多塞山砍开检查许多横直的路，大概便利他以后好来“抄剿”包围进击，砍山以后又退回河边休息。这时，敌人对于大龙和信康交界一带山，仍时常游击埋伏“搜剿”。有一次，保安队与我们留在〈这〉一带的一个小小游队遭遇着，给敌人一个猛打而坍下，于是第二〈天〉敌人又集中几连围抄，也未抄得什么。可是这时候如某处发现一点目标，敌人就集中力量来一个“围剿”，否则驻在周围不动。

敌人第二次的进攻，差不多时断时续地搞了两个多月，直到 3 月农民到了青黄不接的时候，加以去年收成并不好，蒋介石接防以后，派兵到处帮助地主收租，强迫出仓米，使农民更无余粮维持到秋收。我们决定组织春荒斗争，扩大这一斗争到最广大区域去。我们当时的决定，为了使这一斗争深入到白区，造成一个最广大的群众斗争，事先必须在群众中有很好的宣传和组织工作，必须采用最群众的斗争方式，游击队仅仅配合行动。开始要求发还征收的粮食济荒，要地主无利的借米，然后发展到抢仓米、抢地主的米。必须使这一斗争不与游击队的打土豪相连起来。只有这样才能使落后群众特别是白区的群众吸引他们同我们基本区群众共同斗争。

可是，我们的干部不了解这一策略的意义，始终保持最狭隘的局部的斗争方式，同时也不了解游队的打土豪要与群众的春荒斗争不能混淆一起，完全是使这一斗争发展成为最广大的群众斗争，只有广大群众发动起来，必然走上打土豪与更大的游击战争。因此他们只注意组织基本区的群众配合游击队去抢仓谷和地主的谷，同时又捉土豪。这样一来，基本地区群众发动了，各处抢起米来，敌人非常恐慌，于是用武力来强迫大批的将抢米的群众捉去拷打，追还抢的米。但因这一斗争本是整个农民的斗争，敌人很清楚这一点，也不敢过于严厉镇压，以免激起更大的群众暴动，不得不以欺骗的方法来缓合〔和〕群众的斗争。一方面对于抢米的群众，只要群众他们秋收后照数偿还，再不追究办罪；同时将未抢的仓谷，开仓借给农民，但要出利息，特别是敌人始终不提及是共产党游击队来领导群众抢米的。

这一春荒斗争，我们的干部如能依照党的指示正确执行，必然开展最广大的群众斗争。因为将打土豪与抢米混在一起，加以反动派动辄以共产党游击队来屠杀和捉打群众，使那些落后的和白区无斗争经验的群众不敢参加，将游击区群众陷于孤立斗争，一经敌人武力摧残就要被镇压下去。并且这一斗争仅在信康赣区域发动起来，其他各县忽视这一斗争。但这次斗争虽有错误而没有成为大的群众斗争，可是已得到大的收获，就是在这一斗争中壮大了一批游击队员，这是我们在信丰二年来的一个稀少的成绩。

梅岭遇险

当着敌人第二次进攻向坑口之曹里抄山砍山时，我们几被发觉，于是决定将人更分散，我就带了两个特务员到南雄。正在动身的时候，接着一批香港的《工商日报》，上面登载在〔有〕国民党的三中全会及党中央给三中全会的电报，同时敌人在群众中造谣，说共产党投降了，你们这些小土匪还不投降。当时我们为答解这一问题和揭破敌人的欺骗，到南雄时就写了一封信指示各地，主要内容是：

西安事变因张杨向蒋投降（当时我们不知解决情形），使这一事变在表面上暂告一段落，但西安事变的意义和内容正因这一解决正在继续向前发展，统一战线运动更进一步的展开，我们党在全国民众中取得更大的拥戴。日本帝国主义虽在西安事变中采用暂时停止进攻，以缓和当时的抗日的潮流，但必然采用其他新的进攻。因此抗日的革命高潮一经事变激荡就要到来。

对于我党而与三中全会的电，认为是真的，绝不是反动派的造谣。我们电中提议完全是正确的，而必要的。一方面使广大群众更认识我党是真正抗日救国的领导者，同时国民党三中全会的拒绝提议以及根绝“赤祸”的决议，更加暴露他的不愿抗日（这时我们对于国民党的估计的未改变，因此不能更正确去了解党的提议及国民党三中全会的转变），必然更使广大群众在我党领导之下，迅速开展抗日的民族战争。并着重指出，国民党对于我们游区的必然猛烈进攻，以达到消灭的目的。目前敌人的进攻，正是进行他的企图。我们要坚决与敌人斗争，战胜敌人，以与全国抗日运动配合，以争取革命新的形势更大开展。

我到南雄县委同他们讨论工作，这时陈毅同志去到北山巡视去了，于是约定陈毅同志到梅岭附近开会，并顺带检查白军工作。我们赶到梅岭与陈毅同志会合后，〈做〉白军工作的人也来了。对于他的工作作了一个详细的检查，并计划作大的布置，弄一批士兵同志到游区训练，约定他将工作布置后再来谈一谈。

在这个地方我来补充一点是白军工作情形，原来湘鄂赣派出做白军工作的二人（陈桂华、陈宏）他们到五十师当兵，在进行工作时被发觉而逃到赣南，此时湘赣已成游区找不到。陈宏原在油山当过游击队长，情形甚熟悉，于是来找关系，结果找到信康赣县委，要求他们帮助经济，指示工作。这时正是龚楚叛变，我们通知各地防备，遂怀疑将他扣留起来，准备将他解决。恰好我们县委转移到信丰，经过考察没有叛变和侦探嫌疑，就把他放了，并要他们进行〔入〕粤军进行士兵运动，经费由我们维持，主要在士兵中主要是以抗日为中心，进行抗日士兵会和党的支部建立，可是得到一些成绩，在粤军一师、二师都有党和士兵会的组织。到 1936 年上海派人与六军团派的一个（上海派的叫张赋；六军团派来的叫吴俊卿，是粤暴来的）做白军工作建立抗日士兵军委会，找着两陈把工作合并于他们，与我们发生横的关系。这时我们屡次约他们到游区谈一谈，主要是要他们替我们带信给中央或派人同他们去上海。但他们害怕到游区，始终不敢来，仅仅只求得我们的经济帮助外，什么不理我们。自从龚楚的教训后，也不敢轻易将自己的真面目告诉人。后来我写两封秘密信，请他带到上海中央，可是不幸的很，他又将信退回来，说不晓得使用什么药水写的（他们同我们写信都是写秘密信，这次突然以不知道是什么写的理由退回），我又写信去告诉他，并将前信一并送去。真不幸得很，这时陈桂华被捕，他们慌忙地由赣南移到湘南。我们要陈宏派交通追到湘南，他们整个机会主义被破获，而无法找了。当时大家很高兴地以为，这一次一定可以找到党的关系，岂知结果如此，使大家只有叹气而已。

这样以来白军工作又归我们直接指导。在两广事变时本计划等举行一个兵暴，拖到游区，只因敌人进攻，消息不通，使粤军开走后，我们才知道已来不及了。加以该师开到广东，于是停止兵〈暴〉建立经常的交通关系，继续以抗日和联合红军共同抗日为中心扩大工作。蒋介石军队接防，我们又在□□师建立了支部，发展了士兵委〈员〉会。这时我们依照全国抗日运动的发展情形，准备更大规模发展兵运，放弃争取小的兵变兵暴，以抗日的统一战线去争取赣粤两省的白军士兵，准备在全国形势突变中来一个大的举动，以争取联合抗日的民族战争实现，不料“五二”陈宏叛变，使一年多的成绩一下子被毁灭待〔殆〕尽。

我与陈毅会见以及与白军士兵工作人讨论后，就同陈毅同志到北山巡视（因北山有些问题）。真是巧遇得很，我们一到北山，蒋军就猛烈进攻。原因有两个：一是我们游击队在这一方面最近积极活动，缴了一些枪，捉了一批大土豪，经常在南雄城附近游击；另一个直接原因，就是驻防山地边堡里的白军与我们有了关系，拖枪找我们。敌人于是分两路进攻，大放火烧山。我们刚找到中心区委，可是我们的游队与白军打了一下，撤退走了，敌人到处游击“抄剿”。此间山大群众少，在敌人进攻中吃饭成问题，不得不暂时回梅岭一带。因为游队已到其他地方去了，这时有一个大森林被敌人放火烧，一二天不熄，夜间火光照耀如白天一样明亮。当我们夜间由北山转至梅岭通过马路时，因为敌人在该路放哨、巡哨，要弯路走。带路的是一个小孩，一时走错不得不在马路上走。幸而刚刚下马路向对山对走时，敌人的巡哨队就走来了，问口令，可是他还未看见，这是危险中的幸遇！

我们回到梅岭后，群众就报告我们，梅山归南雄县管的团匪进攻来了，到处抢群众的东西。同时，到南雄县委的交〈通〉站去，发现逃跑而投敌了，使交通中断，不得停留这一带等候县委来人。同时再约白军工作的陈宏谈一谈，不久陈宏进来了，暂在广州替我们买了一批书回，我们说不出的快乐，大家就大谈其书，陈宏谈了工作以后就出走了，我们也就转移到交通站在等县委交通来带路回去。刚刚五一，这天交通来了，准备第二天晚上动身。一到第二天早晨，由该地一个工作人员写过信来说陈宏又来了，听说上海有人来了，并要他去。陈毅在群众家中得着这消息后，真是欢喜过度，也不加考察，自己亲身跑到大庾县城去找他们。我知道这一消息后非常担心，可是在这不久的时间中，最危险的事就发生了。

交通站为了避免敌人的注意，于是就在一个水沟中两面都是很高而光的山，窝子里只有一堆小小的树和芦箕草可以隐蔽，但是一有事变不易退走，仅仅是依靠当地群众的条件，和敌人不注意为保证。这时天刚下雨后仍未晴，我正在担心陈毅同志的危险，突然发现枪声，继之人声嘈杂，知道有了动〔敌〕情，大家立即爬山向外冲，原来敌已占领两个高山，将轻机关都架好，一部向我们前面来包围，另一部便衣队已迫近棚子了。在冲的时候，敌两处的火力集中来射击，我在爬山时有一个多马坡一下爬不上。即我爬上也冲不出了，只得退回到一堆芦箕草中隐蔽起来。听见敌人到棚子内抢东西大喊发洋财，特别是听见几个很热心〔熟悉〕的声音在讲话，并且说跑那里去了，要好好搜一搜。这时已到我们隐蔽的上面不过几尺远了，这时我的手枪已拿出来，准备到来就打。正在最紧张的关头，突然听到敌人的集合号声，知道要走了，但还不敢动,恐怕敌人欺骗我们的。事实上敌人竟走了,这时正下细雨，过了一点钟，我们的特务员来找了，我就同他一路出来，会见陈毅，竟使我喜外出〈望外〉。虽然此次受了惊吓，可是主要人没有受到损失就是我们的胜利。大家会见后，才知道我们打死敌人一个，敌人捉了交通站一个女交通，捉了一些群众去。陈毅同志跑到大庾城一个店子（是我们叫一个同志开的，为了便于买□与白军工作的接头）即发现有侦探，他就出来，同一个支部同志跑到陈宏家里找他们。这时只会见他的老婆，说上海有两个人来已于昨天到我们店子去了。他见此情形，即刻回坑，说到我们住的附近看见山上有敌人，问他是什么人，幸而敌人中有人说他是向导才不注意，使他乘机跑开，等到敌人□就来找我们。这时我们对这次敌人来包围的〈真〉相还不明，估计当地工作同志有问题，为了把问题弄清和设法援救被捉的群众，暂不离此。于是我到对面一个大山中困觉。明日隐蔽一天，夜间再到群众中把问题弄清楚。等到第二天拂晓时，即发现附近有吹喇叭的声音，断定有敌人，于是爬到半山顶隐蔽着观察情形，见对面大山□上有很多人，大家只好宵〔销〕声惹〔匿〕影睡在树林内。等到天将晚，听到有人在对山讲话，在边山上有人走，断定敌人走了。等到天黑，我们就走出这一个山，到群众家中去，一问群众，才知道昨天是一营人包围，今天来了很多（也有一营至二营人），又捉了一些群众，是否走了还不知道，听说在四面山上打埋伏，该地工作人和陈宏均捉去，这两个东西叛变是无疑义了。同时见四面山上的电光闪闪，毫无疑义是敌人在山上包围和阻截我们，如若再继续留在此地是不妥了，而且吃饭成问题（我们白天已饥了大半天），遂决定向南雄县委去。这是按照路走是不行了，只有爬山坡不照路走才可，不至中敌人的埋伏。可是这一带的山又高又陡，爬上去就不易，爬下山更困难。陈毅在下山时不断打筋斗，使我当时非常担心，真有跌死的危险。一夜爬到天亮，不过爬了 20 多里，人疲倦不能走了，只有在山上休息，困一下，再走到一个有树林的地方困觉，等到下午再走。这一天无饭吃，大家饿得不得了，于是找菜及树叶子煮吃。这时大家饿了，吃起来也渐渐有味了。到了下午再向前走，到夜晚才将一个交通站找着，吃了饭在一个山顶上睡觉。据交通说，这两天他们地方发现了有侦探，于是傍晚再走到县委地方去，又爬山下山走了一夜，到达另一个交通站，可是他们移走了，找了很久未找着，只有等早晨去找有群众的一个地方吃点饭。这时天有〔又〕下雨，大家都疲劳不堪，到对面一个窑洞里困，得遇见的县委的人来打听我们的消息，派他回去找县委来，因我们是再不能走了。到了第二天县委还未来，听得对面远处有枪声，并说昨天有敌人从内山通过隔壁的坑到外面圩场休息，还要到那一条坑来游击，等到下午三四点钟进圩的农民回来报告，说敌人又要准备出发，恐怕要到坑内来。这样以来使我们又不得不走，刚刚爬上山顶，见对屋背山上有几个人下来，还有几个站在山上等。这时大家正惊慌未定，以为又是敌人到了，于是又走（其实是县委来找我们的）。刚好碰见交通引到交通站吃了一顿饭，乘夜又走到信丰去，走到天亮，〈会见〉阿丕，知道坑口住有一营保安队，但未行动，可不要紧。这时大家休息一二天到信丰，到第三天我们又转地方住，同时派人到信丰送信弄清〈情〉况，并要他们的人来接我们。据交通讲，信庾交界有敌人打埋伏已有好几天了，不好找信丰交通。第二日有敌人从油山经过我们住的坑内外走，断定油山敌人已退，交通也去了。第三天信丰来人，我就与陈毅分手回到信丰。事后打听清楚，由于北山一个工作人员在路上被叛徒何长林看见，捉着后叛变，在路上拦路将做白军工作的陈宏捉着他又叛变，于是何长林知道我在梅岭附近，同四十六师师长计划派一营兵包围，以为完全将我们捉住，不料包围结果未捉着。于是四十〈六〉师第二天调了四个营，二营在梅山周围“剿搜”，以一营由南雄过连山到青龙山，一营在油山与大庾交界要路截堵，为鼓励士兵捉住项英可以有几万的赏，可从使敌人疲劳了一天还是落了空，而我们安全脱险。当着我们遇险，有一个交通冲出告诉〈雄〉县委负责同志，并转告信丰负责同志，使他们吃惊，但不敢宣布。我们脱险以后，使大家高兴了不得，确实是我们胜利，使叛徒与反动派□□□□垂头丧气。

（五）敌人第三次的进攻——最后的进攻

我们脱险以后，估计敌人知道我们的行踪以后，必然要继续猛攻，于是我们布置迎接敌人的进攻。为了知道敌人的动态，从各方面来打听消息。同时，当我们出险后，南雄不断发生逃跑。首先，为巩固自己的阵线，在全党及部队中进行反叛徒逃跑的斗争，特别进行政治教育，提高他们的信心、与敌人斗争的决心。这一运动在信丰、南雄有相当的成绩，在信南就差得很。这时我们从一保长方面得到敌人新的计划：将我们的游区划为三个绥靖区（北山没有）。准备 40 天内彻底肃清，每区一营人配合当时〔地〕团匪，每区最少出 30 支枪，又带 40 天内伙食费。于是我们就准备 40 天的粮食，各机关分开，采用在敌人进攻中打圈子的办法（因为敌人的兵力不够，只能集中行动，抄此地我们就转彼地）。我们移在路边不远的半山上住，不住山窝，易于观察情形和转移；完全吃冷饭，不许白日生火；一切服装从简，以便行动；组织群众侦察敌情，灵通消息，了解敌人的举动；积极争取落后群众，使敌人失掉耳目；禁止各机关乱跑，以保守秘密，交通行路完全爬山。另外，要信南游队向龙虔边[①]及龙安边[②]挺进以吸引敌人，要北山游队积极行动以分散敌人进攻的力量。

果然敌分区“清剿”了。这次敌人对于信南进攻最猛。我们与他们交通都被截断，在南雄境内之乌迳南山（介子附近），到处强迫群众起民团捉群众，枪杀群众。由于信南同志忽视敌人的进攻，对于我们的指示，因为估计〈敌人〉不会进攻，于是应布置和动员工作忽略了。在游队中（本地新起的）发生叛变分子，带着敌人进攻，使群众遭受最大的摧残，一切工作人员和队伍都到信丰、龙南边界与支队、县委会合行动，使南山的工作较停顿起来，一切关系也失掉。我们不断地给他们的指示，都因交通不通而停搁于油山交〈通〉站。直到我们与国民党和平谈判以后，敌人的封锁才解除，我们与他们的关系才恢复。不过游击队在龙信虔[③]一带活动有些成绩，消灭了一些民团和堡垒，而在群众工作上反没有什么发展。

对于大龙区域（赣康[④]区）的进攻，因为游队早已转移到北山，只有工作人员与交〈通〉站，易于分散。但他们很艰苦对付敌人的连续的日夜埋伏和“抄剿”，因为山小不塞（许多山都被敌人砍光了），差不多天天转移地区。无论晴雨都这样，否则停留不动，就易被敌人发动〈觉〉和包围。可是他很努力去建立群众的游击小组，领导这些游击组积极活动，而且打土豪维持经费。开始枪很少，用木造的枪去打土豪，收缴地主武装，这方面他们获得好的成绩。因为不脱离生产的游击组，行动时集中，不行动就分散回家作田，这样使敌捉摸不定，空费精力。

---

① 龙虔边，指江西省龙南县和虔南县（1957年改为全南县）交界处。

② 龙安边，指江西省龙南、安远两县交界处。

③ 龙信虔，指江西省龙南、信丰、虔南三县交界之处。

④ 赣康，指江西省的赣县、南康交界地区。

对于我们最基本的信康地区，此次敌进攻反较松。主要对于大小窝一带的山地抄击侦察埋伏，特别是压迫群众，以清查户口的名义把我们一个最基本的一个坑内群众被全部捉起严刑毒打，将青年妇女捉在一个房子内，让士兵轮占，强迫群众及保甲写保单，担保这一带无土匪。随后转至坑口也是同样做，但没到山上抄，再转至信康交界一带抄。经过各地以后，就结束他们的“清剿”。因为敌人在这些地方，各种“抄剿”办法都已用尽，知道“抄剿”无作用，只有拿群众来出出他的气，以表示他们的胜利。

对于油山的地区反没有去，北山也未进行。我们北山游队在这一时期有了大的发展，开辟了一些新地区。恢复失掉很久的靠栏〔南〕河、白云、天仙洞①，配合一带的群众关系，打开了一些土围，缴了一些枪，自身也扩大了，特别捉了一大批的土豪，解决经费的困难，使我们在这方面得着很大的成绩。

敌人在这次“清剿”后，即将保安团改编为各县的政治警察队，准备作新的进攻。可是，卢沟桥事变爆发了，敌人不得不放弃这一企图，同时使敌人的第三次的进攻成为他们最后的进攻，也可说是他们对于我们的最后进攻的失败！

戊、最后和平的取得

卢沟桥事件的爆发，我们较迟地看到报纸，加以报纸时断时续，很迟才弄清卢沟桥事件的真相。当时，我们没有做决议，仅由我写一篇文章，题目是：《卢沟桥事变与抗日革命高潮》，大意是：

1. 指出卢沟桥事变是日本帝国主义继续绥东进攻之事前有计划的夺取平津，以达到占领华北的既定步骤，企图再施沈阳事件的故技，而

① 南河、白云、天仙洞，均位于广东省南雄县境内。

夺取平津，进而占领华北。可是遭着中国军队的顽强抵抗，日本必然继续以武力夺取平津。

2. 中国士兵在卢沟桥的英勇抵抗，正由于绥东战争特别是西安事变的和平解决，更推进抗日潮流高涨。廿九路士兵在这影响，提高他们的民族意识与抗日热情，于是自动地与日寇抵抗，表现中国士兵的英勇。

3. 国民党在全国民众抗日热潮压迫之下，不得不放弃不抵抗主义，蒋介石不得不宣布在被迫情形下更要应战，否则不能继续维持他的统治，但企图和平解决以暂时苟安的存在，而在可是在进一步事变发展，使国民党不得不被逼对日本进攻〔行〕防御战。

4. 宋哲元、张自忠等本不愿抵抗，但因士兵自动抵抗以及全国民众抗日热潮的威逼之下，这个时候不敢公开做德王，极力企图暂时以和平方式来缓和事变的发展，因此在全国抗日高潮之下，可以使宋哲元不敢公开投降。

5. 指出西安事变的和平解决，以及我党对国民党三中全会的提议，正是为实行联合抗日，挽救中国的危险。

6. 根据这一分析，我们估计，在此事变的发展，发动全国对日抗战的可能性多，但和平妥协的可能性还存在。

7. 因此，我们的任务是力争抗日的前途，动员和领导最广大的群众来威迫南京政府实行对日宣战。

8. 我们在宣传上，保卫平津是保卫华北，保卫华北就是保卫中国，要保卫华北就得对日实行抗战；反对一切和平妥协，我们愿意联合抗战，为保卫祖国而奋斗。

这时，我把一切工作转向这方面，全部游击队再改为抗日义勇军，到处进行武装宣传。

我们对于国民党的估计，已有改变，但不彻底。对于国共合作，早已料定在进行，但无实际材料，不敢在党内提出。因为这半年来的敌人残酷进攻和尖锐性，没有实际材料的，最大的政治问题，就不敢凭空地讲，以免在党内发生不好影响，特别是影响对于反对当前敌人的进攻。

使我们最幸运的事，就是在这个时候，因为环境的变化使我们在这时机中，利用同情者替我们买一些新文化的书籍。真巧的事，替我们买书的人将他买的一本《新学识》给我们看。而且更巧遇的，中有□□□的一篇关于各党派的论文，说到毛泽东已代表中国共产党承认三民主义了，引证毛泽东同志在5月7日会议的政治报告的结论中三个小段（“第一二次代表大会的所宣布政〈纲〉在基本上不相冲突……三大目标而奋斗。”“对于我们社会主义共产主义的理想不放弃……我们民主政纲，在国内任何党派要彻底”。“对于红军苏维埃领导的保持……超过这些限度是不允许”）。这三个政治的材料，真是宝贝一样的东西，我们看见如获至宝，那时欢喜的状态真是不可言喻形容。好了，我们有材料，有根据，来正式宣布国共合作。为慎重起见，由我个人名义写了一篇《中国新的革命阶段与党的路线》的文章，来解释党的路线转变。大意是：

1. 分析中国革命的发展为三个阶段：（一）第一次国共合作的大革命时期；（二）国共分裂后苏维埃运动的阶段；（三）当前抗日的民族统一战线与国共两党重新合作。指出各个阶段的发生和变化，主要由于中国社会阶级的关系变化而产生以及各个阶段中的教训和经验。

2. 指出中国是半殖民地国家，帝国主义是主要的敌人，打倒帝国主义是中国革命中心，是实现中国革命任务的中心关节。日本帝国主义是最主要最凶猛的敌人，不打倒日本帝国主义就不能达到中国民族解放，也不能完成中国资产阶级民主革命的一切任务，更不能达到社会主义的胜利。

3. 日本帝国主义之不断地侵占中国，是这阶段发展的最主要因素，这一因素发展改变了各方面的关系。

一使英美日的矛盾加深，特别是英国，为保持它的利益，不得不改变对日的态度，相当扶植了国民党，增强国民党对日本的硬性。

二使中国广大民众的民族觉悟突飞猛进的增长与□□，开展全国抗日动向热潮。

三使中国民族资产阶级在日本进攻危及它的生存，为保全自己的生存不得不放弃和平妥协而倾向抗日。

因此，遂反映于国民党内部分化一部反对不抵抗主义的继续，加以我们的党抗日主张取得全中国民众们拥护，使国民党不得不放弃不抵抗政策，逐渐走向抗日准备。

4. 国共重新合作，就是在抗日的前提下与国民党转向抗日的基础进行合作，没有这一前途〔提〕，是决不会有国共合作的事。

5. 国共合作，正是我们联合全国力量对日抗战以削弱日本帝国进攻中国的力量，保证中国抗日民族革命战争胜利。

6. 国共合作并未改变或放弃我们的目的，也未改变资产阶级革命的性质，仅仅是我们达到目的的路线改变。

7. 我党放弃苏维埃运动和土地政策，取消红军的名称，即为取得全国团结一致抗日，而迅速达到革命的目的，仅仅是达到目的的手段有改更，实行任务分先后，并未放弃这一阶段中的各种革命任务。

8. 指出我们实行三民主义，是依第一二次代表大会宣布的政纲，这一政纲的实现,对于争取抗日革命战争的胜利和民族解放是有利益的。

9. 指出这一次合作与第一次不完全相同，我们有红军，这是最大的特点，而且在独立性上更不同（党外合作）。

10. 指出我们在这统一战线的严格遵守三个条件：（1）党的独立性保持。（2）批评自由。（3）领导权的争取。这是大革命失败的教训，如若违反这三个基本条件，就要重蹈陈独秀主义的覆辙。

11. 争取广大群众充实统一战线，才能巩固统一战线，实现党的领导权。

12. 我们遵照党的路线来进行合作抗日，在上面三个条件下进行与国民党的谈判。

13. 我们要彻底转变我们的工作，力求公开、半公开开展群众工作，从各方面进行统一战线，争取其中的领导权。

但我在这一篇文章中郑重声明，这是我个人的意见，再〔在〕没有得到中央文件和指示前，我们可依照这方针做。如若中央有文件和指示来，我们很〔绝〕对执行。这篇文章中如有错误，将来中央文件来则作无效，完全照中央指示执行。

于是，我们在党内进行讨论，开始转变我们的工作，遂于8月8日用赣粤边党与游击队名义发表一个短的宣言，内容：（1）指出卢沟桥事件是日本侵占华北的既定步骤，正为了〈保卫〉华北和中国，就要实行全国抗战，反对和平妥协。（2）中央政府既宣布抗战，我们拥护政府抗战，要求政府宣布实行抗战。（3）我们党中央红军一贯为抗日、西安事变和平解决，为了统一全国实行抗战。（4）我们游区遵照党中央和红军的与政府合作一致抗日。（5）要求立即停止“进剿”，准许抗日自由，采取最低限度安定民生的办法。

随后又写了几封信〈给〉江西省政府及四十六师，可是这个宣言发出以后，周围驻军和民团区署，他们借此宣传我们要投降，写了很多的信要出来自新，部队速下山改编，不愿去的回家耕田，豪绅地主更乘机大造谣言。这时，使我们不得不首先进行新的斗争，就是打破敌人一切造谣，争取在政治的胜利，才能取得有利条件进行谈判。这时由枪战转为笔战，严厉指斥他们违反国共两党合作精神，完全是破坏国共合作和统一战线，希望他们改变那种“剿匪主义”的谬见，从政治上承认合作抗日，力争他们承认共产党的代表地位进行谈判，否则拒绝接洽。同时，在群众〈中〉进行国共合作宣传及解释合作意义、抗日救国与工农群众解放的关系。这样经过很久的斗争，才由大庾县长快邮代电承认合作抗日，并愿与我们真正正式协定合作条件，我们才开始和平谈判。

我们在准备谈判中，主要原则是依照毛泽东同志在报告中所提出的三个条件为基础：〈（1）〉决定部队的独立性和领导的保持，改番号都可，但须独立的一个建制单位。（2）抗日运动与党的自由取得。（3）释放政治犯。（4）游区的保甲制度实行民选。（5）不准敌追以前租税和债。以后的再行谈判，根据这一原则去谈判。另外，在谈判前要求打电报给毛泽东同志告诉我们的情形。

陈毅同志为党的全体代表，到赣州与江西省政府的代表谈判，结果：对于部队问题，当时决定接受我们的办法，暂就原名（抗日义勇军），在军中对供给伙食衣被，将来改编番号点验后，照保安队待遇，其余问题允许报省府作最后决定。但他担保可能实行，一切军队和保安队撤退了，和平告成，我们党的这一带并取得公开的地位。但电报他们不发，借口有国际关系。同时他们要和我们解决其他区域游区问题，要我去解决。这样我才到南昌，首先得到打电报给叶剑英及毛泽东同志。从此以后，我们与中央取得关系，以至得到中央的领导，使我们失掉中央领导，困居在山林中过野人的生活而与敌人斗争三年的我们，结束了旧的斗争生活，好似重见天日，直接在党中央领导之下，而为当前的抗日民族革命战争的胜利而奋斗。

三、游击队与游击战术

这三年，我们是处在游击战争的时代。可是因为在第一阶段中，对于斗争形势估计得不正确，对于斗争内容和实质没有明确的了解，因此由大规模的正规战转为游击战的过程中，不能彻底地转变，使我们的部队受到大的损失。等到我们进入第二阶段才正式转入纯粹的游击战，但因对主客观条件认识不够，不能使我们不能很适时地灵活地转变我们的战术，正式运用起来，直到继续受打击，使游击战争更趋于群众性，使我们适合于这个斗争环境的战术，发展起来，形成起来。

游击战争是农民性的战争，是革命战争中一种初期发展形势和正规战的一种辅助方式。但这种战争的实际性质，因当时主观条件的不同而形成各种的性质和不同的特点。我们大概把他分为三种：

第一，井冈山时代的游击战争。这是农民战争初期发展走向大规模国内战争的游击战，一方面有相当巩固的根据地；另一方面有广大的幅员进退自如，便于进行大规模的游击战。固然我们是在创造时代，可是敌人更加幼稚无经验，加之阶级斗争的尖锐程度不深，还没有成为国内主要矛盾，使我们能依靠根据地向四周进行大规模的游击战。即或被迫离开根据地也可以在广大幅员内打圈子和进行游动的活动。在部队行动上，可以采用大兵团的行动，在战术上说是游击战术，这种战术是带正规性的运动战、山地战。

第二，在江西苏区进行大规模革命战争中周围的游击战争。这时的游击战是配合主力军队战〈争〉，争取整个战争的胜利，他是革命战争的辅助力量。因此，他不与敌人决胜负，而在给敌人的打击，破坏敌人的后方，牵制和分散敌人的兵力，以削弱敌人的决战力量，便于我们红军主力争取决战的胜利。因此，他依靠苏区为巩固的后方，向敌人后方侧翼以及交通线，进行挺进的游击动作，便利时随便活动，不利时转回苏区休息和补充。在战术多采用突然的袭击和埋伏袭击，多是进攻，而敌人完全处于防御地位。

第三，是我们在南方的三年游击战争。这时，主客观条件完全主要同上两种的游击战争完全不同。这时阶级斗争已进行到最尖锐的阶段，阶级矛盾成为主要矛盾，又加以在长期国内战争的主要作战区和苏维埃运动的根据地，虽然主力红军出动离开江西苏区而转入到西北，但斗争的性质和形势并未消除。正因敌人取得了优势，企图铲草除根，以最大的决心来将我们的力量彻底消灭。因此，形成长期的进攻和包围，加以敌人利用堡垒封锁的特点，更使我们活动受到最大的限制。因为敌人进攻中央苏区的结果，使汽车公路普遍建筑起来。敌人的追击和增援很迅速地、便利地适应进攻的要求，到处组织民团，增加他们进攻力量和耳目作用。这样，使我们不能有巩固的根据地，同时也不能作大部队的游击战，否则，只有被消灭和不断地打击。这样的游击战争，只有更带群众性的游击战，是游击队与群众密切联系的共同斗争方式，才能长期的抵抗和对抗敌人不断的进攻。

我们开始没有这样的了解，也不能根据这些特点来确定我们的方针和战术，反而以井冈山和有苏区的游击战看待，由于这一错误而受大的损失，直到后来在不断的斗争中逐暂〔渐〕了解了，而实行整个的转变，才能与敌人坚持斗争到底。

现在我们总结一切经验与教训来说明我们的战术：

（一）我们根据斗争的性质与任务，是要与敌人进行坚持的斗争。因此我们的抗战方针（也可说是我们的战略）是依靠群众，保持有生力量，与敌人进行坚持的游击战争。因为对付敌人长期包围和残酷进行〔攻〕，没有群众力量不能对抗敌人，如若不好好保存自己的武装力量，拼一拼就说不打败仗，总是打胜仗，但每次作战不可免有损伤，在长期战斗中的不断损伤，不要打败仗就要把自己力量耗费殆尽。因为在这一斗争环境，扩大游队较困难，如若将武装力量消失，就谈不上坚持斗争了，游区失了武装力量，就要迅速被消灭。即或有一个小的武装力量能团结群众，就要能作长期的坚持斗争。这一方针的确定很〔重〕要的，而且才能在这一方针下确定我们正确的战术。

（二）我们的战术是根据上面的总方针来确定的，同时加以各个时期的形势和进攻敌人的特点来决定我们对于战术的运用。战术的基本原则是：

1. 赚钱的就打，赔本的就不来；
2. 不打硬仗，不攻坚；
3. 打不赢就走，走不了就拼（即躲）；
4. 反对只吓敌人，要歼灭敌人；
5. 有利时集中消灭敌人，不利时就分散。

我们曾写一个战术的歌诀，便于一般不识字首长记忆，不过还未包括整个的战术原则在内。

附录游击战术的歌诀：

团结群众，配合行动，支配敌人，自己主动；硬打强攻，战术不忌，优势敌人，决战要避；敌人正面，力量集中，攻打费力，又难成功；敌人侧翼，力量虚空，集中力量，坚决猛攻；驻止之敌，施行袭击，行进之敌，采用伏击；动作突然，敌难防范，不行火线，白刃来干；行迹飘忽，敌难追踪，死板不动，挨打最痛；胜利要诀，进攻进攻，保守主义，革命送终。

另外，还有关于行军宿营、侦察警戒、袭击伏击动作的歌诀，我们不能有秩序地记清把它写出来，只能大意地讲一讲。

对于行军，主要是利用夜间或敌人不常出的时间，大路不走，专走小路，以及严重时找无路的山爬。行军前先问群众，将敌人弄清再出发，行军中要寂静，好静听路上的动静，如有敌情，也不致被发觉而好转移或后退却他路。

对于宿营，完全不住房子，如部队到垠无山时才住屋。主要是绝对秘密，不许外人知道，仅仅是有关系而必须要他报告消息的人知道。住山要选择有树的山，还要退路好而便于侦察。宿营时要寂静无声，经常以战备姿势，注意出进目标经常转变，一有征兆就要立即移走，转移要消灭宿营地一切目标，不致使敌人发觉。如无山窝，也可在光山的小树宿驻，因为敌人不注意这种山，但要保证秘密。在平原里宿营，一定要依靠有后山的地方，主要封锁消息，而且要转远的地区转移。

侦察完全依靠群众，教育群众侦察方法，以及侦察什么。部队及机会本身主要靠自己的观察哨。

警戒是建立在群众的保证基础上，只警戒自己的宿营地。如有远处敌情和侦察敌人，依靠群众掩护和报告，因此就很大〔少〕使敌人突然进迫宿营地，只有叛徒带路那是例外。在紧张情况下，日夜有哨兵警戒，夜间是靠听动静，白日靠观察，所不有步哨多是隐蔽哨。如若敌人不向自己四方而来就不动，只报告首长发生的情况，如果向自己面前则鸣枪报警，哨兵以复哨最好。

袭击分伪装袭击和突然的战斗袭击。袭击时不行火战，突然实行白刃战，袭击不成迅速退走。埋伏依靠侦察工作，确切判断，选择敌人不好退走的地势是消灭敌人的必要条件，应从翼侧出击，在适当时事先将部队展开，对于相等之敌侧击后卫，弱小敌人取歼灭包围。

在执行战术原则中，依照敌人的特性来灵活的应用，是非常的重要而保证胜利的条件。我们对于任何敌人，首先就要了解他的特性，部队性格，战斗力和作风和部队团结，特别是他在作战中运动，关于善于和惯于使用那些手段，然后才能针对敌人的长处和弱点来决定我们的战术和行动。

如广东军队的特点，是顽强而有战斗力，动作快，武装好，在袭击和追击时的动作迅速，好用埋伏。因此我们避免与他决战，只有被迫而掩护退却时才进行战斗，主要迅速脱离他，如遇粤敌的行踪，立即转移他去，注意他的埋伏，即走新路。如蒋军四十六师虽是正规军，但战斗力不强，武装不好，动作慢，尤其无“抄剿”的经验。我们对他仍然是避免决战，因为战斗损失对于我们不利的，但对于他的“进剿”又要掩蔽好，不动，不露目标，可不必转变〔移〕，只有在包围内才迅速脱离。保安队的战斗力更弱，不堪一击，但多以集团行动，善于抄山，而且抄得最严。因此,我们对于保安队在一中队(即一连)可以打他一下，使他不敢分散，如遇集团行动则避免作战，以免受包围和损失。但遇保安队在搜山时，就要迅速脱离被损的地区。民团最弱，要打击，但他地形熟，是配合白军部队行动，在这一情形就不宜打，同时注意在民团行动时虽无军队配合，但军队很近，很快发现目标，使敌军集团包围。特别在打击敌人，要注意群众的利害关系，在群众地方打击后，使大批敌人到该地来摧残群众，使群众蒙受大的损失，则我们就不应在该地打。任何战斗情况或暴露目标后，要立即转移地区，以避包围，这是非常重要的。各地敌人相距很近，一得消息即四面包围“抄剿”。但我们的经验和教训：埋伏，无论敌我，很难获得效果，因为山路多，双方都是突然行动。与群众相邻，易于发现目标。同样，我们只有一次，在北山先埋伏好，然后以少数部队诱敌出外而遇埋伏，同时敌人的埋伏我们很少中伏，多以突然袭击收效。在信南游击即有侦察班事先伪装袭击（侦察队），夺取堡垒，在松山因无短枪多以强袭收效。

这一区域的游击队以河东过来为主体，本地成分占少数，经过两三年来，河东人初〔仍〕占主要成分。一方面，表现土地革命出来的战士忠实勇敢，只有很少数叛变，多数是英勇牺牲，更无三人以上叛变的事；另一方面，因此与当地群众的联系上，外地人不如本地密切，特别对于地势、道路的熟习更觉重要。因此，我们认为游队到一地应吸收当地人愈多愈好，才能增加部队的耳目，才能迅速取得与群众联系。

游击队因为经常分散的结果，使部队涣散，如若政治领导弱，各种严重现象就易于发生（如破坏纪律、腐化等等事情都发生了）。在这样的游击战争条件下，游击队主要是靠最坚强的政治领导和以身作则为重要。军事首长差一点还不要紧，士兵很好，一切观念都由于首长发生而影响全体士兵，是表现得很明显。

游击队主要是依靠经常的政治工作。但这种政治工作是利用一切机会来进行，不能采取一种公式，为了保守秘密进行分组的教育和上课，利用本身一切发生事件作材料是最有效的。

经过长期游战的游击队，游击主义的习气是很重的。一方面，由于客观失败的斗争条件（如不规则的生活和行动，经常的政治工作不能建立，以及农民成分为主体），另一方面，因为分散的独立行动，经常与上级关系不密切，加以领导干部的弱，使游击主义的习气日益发展和增长。这样发展的结果，使土匪主义的倾向易于发生。游击主义的发展根本的例子是涣散，纪律松懈，首长执行纪律马马虎虎，群众进行纪律也就马马虎虎，小团体观念重，执行任务的坚持性差，随意损坏武器和服装，自由行动，不听指挥，不愿学习（无论政治、军事）。土匪倾向最主要是脱离群众，以讲嫖赌□□，只打土豪筹款就行动，不做群众工作，也不愿发动群众，乱杀群众等等。我们在二年中间同这倾向做了不断的坚持斗争，大体上才把他打击下去。但是在较远出的部队，或多或少还存在，因为斗争的客观条件，使我们不能将部队集中行动，也不能经常去指导。在游击战争中，对于游击主义的克服，防止土匪倾向的，是保证游击队执行任务的重要前途〔提〕，这就依靠有坚强的、经常的政治工作和党的领导，才能保证这种现象的不发展起来。

在游击队中易于发生两种现象。一是领导干部能力较弱，使部队中极端民主的现象严重，相反，领导干部强而政治又较差，则军阀习气军阀主义的生长，这两种现象对于游击队的团结和执行任务时有极大妨碍。

我们游击队因分散地区与环境不同，养成两个不同的特长，一是信南后坡山游队善于打仗，信丰及南山善于拼而善于打，但能在远离地方打土豪。

对于游击队的扩大，我们的经验，在长期的游击区域中较困难。因为敌人对于群众的监视过严，对于红军家属压迫最凶残，将老婆强卖掉，一□见某某有人当游击队，立即杀全家或父母，拉去拷打、追问、罚款。但新区域较容易，因为斗争没有这尖锐。不过无论白区游区，如若我们能把群众本身斗争发动起来，以后极多群众一经听鼓动时就易于扩大部队。

我们对于部队的教育，开始缺乏具体办法，故无多大的成效。以后采用各种方法进行，如□□任务纪律等等，使每个队都了解遵守建立士兵委员会，辅助首长维持纪律，帮助学习，管伙食，反对贪污。部队休息时，派负委〔责〕人到部队去指示和帮助他们的党与政治工作，在军事以老战士传新战士，注意射击和刺杀动作，养成紧张的战斗习惯和敏捷动作，制定各种政治军〈事〉教材供给他们，这样在信丰和南雄方面收有成效，信南较差些。

我们对于游击队的任务和纪律规定如下：

1. 游击五大任务：（1）做群众工作；（2）打土豪分田地；（3）消灭反动武装；（4）建立苏维埃；（5）创造新红军。

2. 游击五大纪律：（1）一切行动听指挥；（2）不准侵犯群众的利益；（3）打土豪执行阶级路线；（4）爱惜武装同自己的生命一样；（5）不准打人骂人。

3. 十项注意：（1）武器不能离身；（2）说话要小声；（3）行军不能掉队；（4）没有勤务不准离开队伍；（5）打土豪要归公；（6）说话要和气；（7）买卖要公平；（8）借东西要还，损坏东西〈要〉赔；（9）不搜俘虏的腰包；（10）对同志要友爱。

另外编了红色指挥员必读与红色战士必读。

指挥员必读的内容：（1）指挥员的职责；（2）战术要诀；（3）游队的政治工作；（4）行军宿营要诀；（5）侦察警戒要诀；（6）袭击要诀；（7）埋伏要诀。

红色战士必读的内容：（1）歌（红军歌，杀敌歌，拥护苏联歌，游击队歌）；（2）共产党十大政纲；（3）红色战士的职责；（4）五大任务；（5）五大纪律；（6）十项注意；（7）射击要领；（8）刺杀要领；（9）士兵委员会的组织与工作。

四、群众工作的经验

我们这两年多的游击战争是一种群众性的游击战争，主要的基础是依靠在群众力量上。没有群众的拥护和参加，不能战胜敌人长期的不断的“进剿”。不能对付敌人大规模的抄搜，不能打破敌人的封锁线，保证长期的给养的供给，使我们清楚了解敌人的情形而敌人不知我们的实际行踪，也不能在敌人集中和交通便利的狭小山地与敌人坚持斗争到底，以至最后战胜敌人。这些一切我们都能得到，毫无疑问的主要是依靠群众的力量，不仅取得群众对于我们的拥护，而且我们与群众打成一片的共同斗争，使我们与群众的利害关系联成一气。游击队打了胜仗，群众等于自己的遇着喜事，游击队受了打击，群众感受非常的悲愤，一听见对于我们不利的消息，非常耽〔担〕心探问；敌人对于我们的进攻等于向他们的进攻，不仅十分关切，而且用一切力量去保障我们，无时无刻不在注意侦察敌人的行动，探听消息，迅速告诉我们。在敌人的进攻中，特别关心我们的行动是否妥当，要早警惕我们应注意的地方，用尽一切方法，在敌人进攻中替我们购买粮食和一切东西，设法送给我们。替我们工作和部队放哨、送饭，反动〔复〕侦察敌人的侦探，一有生人发觉，立即告诉我们注意，自动地把侦探和反动分子捉起，只要得着我们的批准，他们就动手干，甚至在路上发现胶皮鞋的脚印（群众穿草鞋及布鞋，我们及白军穿胶皮鞋）即警觉起来。有敌人夜间进攻，打埋伏，要我们不要走这些地方或叫我们行路注意。因此，敌人长期的不断的埋伏，没有收到什么成功，正是这一原因。敌人将他们捉着，用毒刑拷打以至枪杀来追问我们的行踪，他们宁可自己身体打伤、坐牢以至牺牲性命，绝不说出我们一个字来。这样为保护我们而牺牲的，在最基本地区的群众是很多的，替我们搭棚、拆棚特别是在敌人进攻，冒险替我们拆棚消灭目标。至于打土豪、筹款、消灭敌人武装，完全是群众替我们调查，侦察情［况］、带路［队］。敌人进攻时，要他们带路，总是向没有我们的地方带去抄山。要他们抄山时，故意怠工和乱吼，使我们知道好走，敌人放火烧山，他们有机会将火扑灭。遇见我们时，告诉我们怎样去躲，敌人强迫砍山，不是表现不去，去了就怠工，配合游击队们来扰乱敌人对于内山的“搜剿”。我们最困难无钱时，基本地区的群众赊米、赊菜、借钱给我们，以度过困难。群众对于我们的爱护真是无所不至，所以敌人很清楚这一点，用一切方法使我们失掉群众的拥护，才好便利消灭我们。封坑就是为了使群众与我们脱离，可是群众留粮食设〈法〉通消息。敌人围房子，使我们不敢与群众发生关系。建立民团、堡垒，是以土豪反动分子充当队长。为了监视和阻止群众与我们发生关系，在南康赣县将一切壮丁每夜集中在哨位放哨，一方面放哨，一方面使群众不能与我们工作人接头报告消息。但是群众告诉我们的记号未通过他们的哨位，使敌人还不知。敌人用残酷的压迫手段使群众害怕不敢接近我们，可是敌人的一切都归于失败。所以我们能在敌人附近驻，能在道路旁住，看见敌人通过，能在对面山看见敌人抄山，敌人完全是瞎子、是聋子，我们有千里眼、有顺风耳。正是我们有了群众的拥护与参加，这是我们战胜敌人的最基本力量，使我们的敌人不得不最后向我们屈服。

群众对于我们这样的爱护，好像爱护他们自己一样，绝不是偶然的。正因为这些基本地区的群众，他们在1930年暴动后，得到土地革命的实际利益，后来虽遭了失败，土地被地主夺回去了，但因我们继续在该地领导游击战争，与敌人坚持斗争，事实上就使地主收回的土地，不敢直接收回去的仍保持在农民手里，地主只有依靠反动武装的保护才能进坑收租，除此以外，只能当农民出到外面场上阻拦□追索，农民一进坑就不敢来了。有少数逼使狡猾而聪明的地主，常常用可怜的请求的方式，请求农民多少给点谷他们充饥，这样在农民的怜悯心下给点租他们。为什么这样？就是我们党和游击队坚持的，在这些基本地区来反抗反动派，来反对地主收租收债，保护他们的利益。在我们最基本地区的地区，实质上是不还租的，只有在武装的压迫下才被迫而还租。土地的所有权在外表上是归地主所有，实际很多是照以前暴动时的分配而未变更。至于耕种权的变更，完全经过我们党的批准。常常因人口变动或是外面要进坑做田，一定请求我们的党来分配或允许。至于地主的山林竹木，成为农民公共的享受。正因为这样，使这些基本地区的农民，深刻了解我们是为了他们的利益，知道我们的胜利与失败，就是他们的利益的保持和失掉。明白我们能够坚持在这些地区继续斗争，就是对于他们利益最有力的保证。所以他们爱护我们与他们自己一样，宁可牺牲自己的性命财产，绝不愿使我们遭敌人消灭和打击。这是一个最基本的原因。虽然有一时期发生肃反的错误，农民对于这种行动不满意以至害怕我们某些人，但绝不投向敌人而反对我们，也正是这一基本原因。同时，我们在这一基础上与农民连成一体，依靠他们的拥护和爱戴而能与敌人坚持斗争到底以至战胜敌人，也是一个主要原因。不仅基本地区如此，而且直接影响周围的工农群众的兴奋，增加对于我们的同情，特别威胁了周围的地主，使他们在剥削农民时发生惧怯。农民常常依靠我们来威胁地主，使他不敢残酷的剥削，有时，在秋收时有此要求我们工作人员和游击队到他们那里，使地主不敢进来收租，即或收租时也不敢凶狠恶逼，这是造成我们争取基本地区周围群众的有利条件。

当然，非基本地区的群众，对于斗争的经验当然差些，斗争的顽强性也较弱，一经摧残，害怕起来，不敢积极动作。基本地区的群众就好得多，乃因一方面是斗争的经验有高低，一方面主要的还是直接享受土地利益与否，而影响他们斗争的程度。

我们深知道没有群众的拥护和参加，就不能进行坚持的游击战争，群众是我们游击战争的基础，只有巩固和加强这一基础，才能保证在任何情况下能与敌人继续斗争。因此我们把群众工作作为我们最主要的工作之一。以最大的力量去进行这一工作。有些同志不认识这一点，常常企图削弱地方工作力量去加强游击队。当然加强游击队是很重要，可是在我们人力不够分配时，放弃地方工作去加强游击队是极不对的。因为在这种游击战争中，不能有大部队的经常活动，不得不分开活动，也不能如井冈山时代游击部队到某一地，可以住一些时便利进行群众工作。我们这时候就不同了，一方面部队小，不便长期地直接做群众工作，同时，敌人的进攻，使我们游队不可能停留一地或久驻一地，只能在行动中来传播我们的影响和主张，打土豪消灭反动派时来发动群众斗争，争取群众对于我们的同情，便利于我们去进行地方工作。因此，进行群众工作主要的是依靠地方工作，在这种群众性的游击战争与敌人作长期的坚持斗争，放弃群众工作就等于削弱自己的力量。那时，我们坚持这一原则，反对这种倾向，完全是必要的。事实上的表现，群众工作的好坏，成为我们发展的测量尺。

我们的群众工作主要方针，是建立在为争取和拥护群众利益的基础上来开展群众运动，把群众的利益当我们自己的利益一样，一方面坚决反对离开群众切身利益的单纯军事行动；另一方面反对任何妨碍群众利益以及不顾及群众利害的行动。

我们初到时期，我们的游击战争和地方工作，主要限于打土豪筹款，对于群众利益争取的不大注意。曾作了无情斗争，把这种现象打下去，渐渐注意群众切身利益的拥护。可是因为群众工作没有很好的转变，还不能取得大的成绩。过去工作人员及游击队不顾群众的利害和打击敌暴露目标，引起敌人摧残群众。只要自己本身不受打击，群众的〈被〉摧残和损失将好像与他无关。我们曾不断地斗争，消灭这一现象，处处以群众利益为主，以群众利害关系决定我们的行动，总是使群众不受大的打击和消灭、摧残。对于群众被捉被打，我们用一切方法援救，发动群众实行互济，这样使群众认识我们处处关切他们，一切行动都是为了他们的利益。对于一切脱离群众的行为严厉打击，特别对于肃反错误的纠正，使群众大大兴奋，更亲密地密切与我们联系起来，这对于周围的群众争取更有大的影响。对于打土豪，绝对执行阶级路线，在长期的游区周围，很多真正土豪，不是□了就是逃到城里住，这样打土豪筹款不得不打，打富农以至打到中农、商人身上，如继续下去是非常危险。我们首先反对这样打土豪，宁可自己受困难，另由其他方面去打土豪，严厉禁止这样破坏我们的现象。对于富农捐款也禁止。在我们游区，得到富农的中立，对于我们反对敌人的“进剿”是有帮助的，不致使富农坚决反动，帮助敌人来进攻我们。同时我们对于富农应有戒心，信南很多同志曾忽视这一点而受到不应有的牺牲（如李乐天牺牲等等）。

群众斗争中对于落后分子的争取，是巩固团结，对抗敌人各种进攻的最主要工作。这些落后分子，只有我们努力争取，是很可能站在我们这一边反对敌人，而只有把这些落后分子争取过来，才能巩固自己，使敌人失掉了耳目，失掉了领导而变成软弱无力的进攻。许多人把落后分子当成反动分子一样看待，必然遭受打击和失败，敌人正希望我们这样做，他才可以增加进攻我们的力量。因此我们在敌人进攻特别注意争取落后分子，用一切方法向他解释，即或他偶然透露了消息，我们不应把他当反动分子看待，而用阶级教育去说服，使他感动，站在我们方面。有些对于我们工作人的不满意，我们应该实行自我批评或向他解释误会。常常在敌人进攻中，发现我们过去工作中对于落后分子的不好的处置而受敌人引诱来进攻我们。受到一些打击，使我们在血的教训中注意了这一工作，而且收到了大的成效。

为了分散敌人的力量，特别打破敌人的企图，以自新分子做死走狗进攻我们，因此我们对于仅仅自新而未做任何反动事情的分子，使他消极中立，对于叛徒和反动的分子采用坚决的反对态度和必要的办法。群众对于自新和叛变是最痛恨的，对于许多光荣牺牲和被捉的坚决分子十分爱敬，并用各种方法去帮助他们，群众常常对于工作人说，你们不要做“反水鬼”，反水要不得。

对于农民群众的组织是感觉很大困难。一方面由于农民的散慢性，同时加以在残酷的斗争中，敌人对于加入组织的采用屠杀，使我们对群众组织不易建立。过去工作中又把群众组织变成第二党的形式，后来我们采用工农同盟的组织，把基本地区的群众组织起来。可是为了使他们加入组织时，一定使他〈们〉明白组织的意义，主要的还是与他们的利害联系。开始，我们以反对敌人进攻，实行互助为动员他们加入工农同盟，有些地方不正式提出组织的名称，只说我们联合一致反对敌人，以后再使他们了解我们，更用群众中日常问题以及群众互相的问题，都在这一组织中来讨论来解决，使他们直接感觉这种组织对于他们的利益，保持组织的作用。有很多地方不注意这一方面来运用组织实际教育群众，使成立的组织无形坍台下去。总之，在农民中，特别在斗争严重环境中，组织工作较困难进行，处处要以用各种方法和耐心的进行，才能使群众组织发展起来，巩固起来。这一方面由于我们的干部多是农民成分，更缺组织能力，不注意组织工作，没有得到应有的成绩，很多同情和拥护我们的群众，但没有把他们很好地组织起来。

对于群众斗争的教育是很重要的，特别是新的区域群众，他们有很高的热情，而无斗争的经验，常受敌人的欺骗（如冒充游队工作人员用各种欺诈方法等等），遭受打击，影响他们继续斗争的热情。因此我们把敌人一切手段和其他直接斗争的经验告诉他们，而且不断地教育，受打击后还要教育，使他了解而接受，因为农民无经验的事是不相信。我们在敌人新的进攻和对其他区域所用的手段，常常告诉和教育全区的群众，经过几次事实后，农民才相信我〈们〉的一切话，如告诉群众如何侦察敌情，如何做标记表示有无敌人、如何传达消息等等，都是要进行教育，才能在实际中获得更多的对于我〈们〉的帮助。

我们做群众工作的干部能力太弱，旧的方式不易转变，我们若用大的力量去进行教育，还没有达到应有的成绩，仅仅是将他们从前只争群众同情，而不注意群众切身利益的争取，以及组织工作的认识转变了，可是许多群众工作的方法没有多的改变，也是群众工作不能做得更好的一个主要原因。

五、党的领导作用

一切斗争的胜利和失败，对于党的领导正确与否是有密切关系，也可说党的领导决定斗争的前途。

我们转到信康赣雄游区，能够坚持与敌人进行最后的斗争，正是因为首先建立党的正确领导。如若能继续过去错误的领导，这个游区在敌人残酷的长期进攻〈中〉有可能消灭的可能，即或没有全部消灭，也不能保持原状，更谈不上发展游击区和土匪主义的继续发展，有可能走上脱离党而为土匪的危险（当然名义还是游击队,但实际变成土匪）。特别在长期的坚持斗争，每一斗争的紧张中，发生不断的叛变和逃跑，没有党的正确的领导，也不能巩固自己的营垒，与敌坚持斗争到底。至于在对［付］敌人进攻和转变我们一切斗争方式以及战术运用，克服许多的不正确倾向，更依靠党的正确领导来解决。

在失掉中央的领导，陷于孤立斗争的环境，保障党的领导正确，以我们的经验，必须依靠以下几个条件：

（一）要时时学习马克思列宁主义的理论，以加强对于整个斗争形势的估计和分析的正确性，来保证党的方针正确。这一方面我们曾进行过学习理论的运动（我们曾带有少数的理论书籍,如“列宁主义概论”、“国际纲领”、“‘左’派幼稚病”、“两个策略”、“政治常识”、马克思共产党宣言等等）。

（二）要用尽一切方法取得报纸看，能够了解全国形势，不致弄成狭隘的局部的观念，并在干部中进行政治教育，提高他们的政治水平。这方面对于县一级的干部政治水平有相当提高，但对于区一级干部成绩少，由于文化程度低，不识字，加以环境不允许经常集会和谈话。在估计政治形势和确定自己的方针时，应该依据全国形势，确定我们的总方针。随时依照自己当地的斗争形势来决定一切执行方针和反对敌人进攻的方法和策略，这样才不致使我们与全国斗争脱离，同时可以力求我们的斗争与全国斗争的联系。

（三）要在斗争中时时检查自己的方针和策略是否有错误，在斗争中学习一切经验与教训来帮助对于以后斗争的领导。

（四）以最高警觉性注意时事和敌人一切动态，以敏锐的观察和分析，以判断事先布置我们的工作以迎接敌人每一次的进攻。

（五）以最坚韧不挠的意志来坚持党的正确方针，任何困难情形绝不动摇地而改变自己的方针。

（六）领导者自己的模范作用。任何纪律，任何困难，领导者自己要绝对遵守，不怕任何苦，如二年多不住房子，吃冷饭饮冷水。任何危险和困难，坚持不动，才不致受埋伏包围而影响全党，特别是最有力的。这种模范可以帮助克服□□现象，巩固自己的阵线。这在环境的最艰难最困苦的时候有左右全局的意义。

（七）领导者要常在斗争前线的地区观察一切征兆，才能事先指出全党的工作。

在党的领〈导〉方式上，开始，我们曾极力集体领导和会议生活，不久因环境日益吃紧，使会议困难，各处干部不断的牺牲，党的组织极不健全，常常一个区只有党团工作人一个。为了加强各地的党直接领导力量，把许多干部分派各地作经常的指导工作，形成个人负责制，同时成为绝对集中制，这是为了保证在最紧张的斗争环境中党的正确领导实现，直到和平以后才恢复集体领导，实现民主生活。

我们对于每次敌人进攻，事前已知道，迅速判断，各地的负责人如找来谈话时，用直接谈话的方式指示对抗敌人一切工作，否则用信指示。遇有任何问题都给予具体指示和回答，并将某地方发生的问题和指示转抄其他地方以供他们的参考。这样具体的指示方法，对于工作和干部是有大的帮助的。

区委的组织极不健全，只有几个中心区域较强，斗争的过程中，事实上县委的同志成为区委的书记，真正起区委的作用仅是中心区委。

支部工作一般说来没有很好的建立，形成区委同志代替支部的许多工作，这样使支部离开区委就不能独立工作，但在斗争的要求，是要支部有独立工作能力，只在基本地区的几个支部达到相当的程度，其他成绩较少。

六、党内教育和斗争

在这样残酷的长期斗争中，以及经过长期的游击战争的环境中，敌人不断地进攻，各种困难与困苦，特别是与各方失掉关系的孤力〔立〕战斗的状况下，加以干部成分几乎全属农民，很易于发生各种各色的倾向和现象。最严重而且最主要的就是叛变、逃跑。几乎在每一斗争达到紧张关头，或是全国某一事变结束，都要或多或少的发生叛变、逃跑事件。这一现象，一方面可以直接影响我们当时的斗争（如叛变后即带敌人进攻）；另一方面间接影响我们内部的巩固，所以反叛变和逃跑的斗争可成为整个斗争中的一个主要斗争。这种叛变（以当地人居多）逃跑的（以河东苏区的人多）发生是有两个来源的。

1. 最主要的是政治的动摇。只见眼前的严重现象，没看见整个革命形势的发展，所以在敌人严厉进攻中以及两广事变和西安事变的解决，认为革命无希望，于是叛变逃跑。

2. 由于个人主义的发展不能牺牲自己来为革命，如是就不能吃苦耐劳，尤其是许多干部当着未被敌人捉着时表现很坚决斗争，到被捉后就实行叛变。还有一种尤其生活腐化，把革命意志消磨和丧失，而在斗争紧张环境到来就实行叛变逃跑，以图个人出路。

这两种是互相关连而不易分清，同时客观上由于长期艰苦的环境，干部以农民成分为主，再加以党的政治教育差，于是促进这一现象的发展。

我们研究很多叛变逃跑的分子，绝不是一时的动摇，而是有他的长久根源。如在政治上由某种倾向到动摇以致叛变逃跑，如开始很纯洁，由于到独立工作时即无经常的监督和教育，在某种环境下由贪污腐化发展到脱离群众，镇压群众，最后叛变革命。因此，我认为要消灭这一现象，就不仅从消极方面开展反叛徒逃跑的斗争，还应从积极方面加强党的政治教育，从政治上来坚定动摇分子。同时注意每个人的开始的各种倾向与不好意志和行动，用教育方式进行斗争，使他不致发展起来。这种积极方面的工作和斗争是能争取许多动摇分子，能坚定起来坚持斗争，可能的克服这一严重现象的发展和增长。事实上我们在信丰已获得大的成绩，叛变逃跑现象大大减少，县委机关内从未发生过这一现象。谁不了解这一点而不努力于这一工作，也就使叛变逃跑的现象日益严重起来。南雄和信南因为不注意积极〈做这〉方面工作，造成在最后时期的严重现象，而影响整个工作的发展。

当着我们由河东转移到游区时，主要的是反对失败情绪和企图脱离当时的艰苦斗争，以及反对在长期斗争中不耐心的忍耐的进行艰苦斗争是很重要的，才能把内部巩固起来，保证坚持斗争到底。

在政治上易于发生几种倾向：一是，只看见全国形势发展而忽视当前自己的斗争的形势而发生空洞乐观，结果放弃自己的斗争准备和布置，易于受到敌人的打击。另一种是右倾，只有〔看〕自己当前的严重形势，而不看见全国形势和革命实际的发展，就要发生悲观失望，大家依靠天吃饭的倾向。只希望全国的形势来改转自己的斗争现况，不了解要用主观的斗争来取形势的改变，一遇全国某些事变的结束，就要悲观失望，这种右倾机会主义的观点是最危险的。

在游击战争中不相信群众，只希望单靠军事力量来战胜〈敌〉人，以及在资产阶级在敌人长期进攻中不能忍耐，企图将部队集中去同敌人拼一拼的冒险主义也有发生。至于游击主义和土匪倾向更成为主要的现象和斗争，在群众工作中的雇佣观念，脱离群众，欺压群众（如好多的干部开始做工作也就像自己当了官一样，公开向群众宣布这条坑为我管，一切事都归我说话）以及假公报私仇、乱罚□子等等。

在生活中贪污腐化现象特别创造□多腐化的理论（如游区应当吃好些，不吃不喝就要准备逃，不吃不喝不穿死了也不值得，找伙计婆更普遍），至于怕困难，消极怠工更属普遍。

因此，我们为了克服这种倾向和现象，作了坚持的无情斗争，同时采用了各种教育方法，如将各种现象写成教材或在全党游队中进行政治教育，如遇有新的现象，毫不放弃把他轻轻放过，但这斗争主要是教育的性质。

因为在我们这样环境和条件，使我们一方面同各种现象作斗争，同时不得不采取群众的教育的方式，一切简单的斗争方式在这样斗争的环境中只有害而无利。但有一个主要标准，一切错误分子只要他不投降敌人，我们于是用耐心去教育去争取他。相反的，我们对他应该提高最高的警觉性心，否则就是帮助了敌人。

这三年斗争是在最残酷的、最尖锐的环境，同我们敌人苦打奋斗，同时不断在党内进行残酷的斗争，依靠党的政治教育去克服一切现象来巩固我们自己的力量，我们是在这样内外的斗争中最后战胜了我们的敌人。

1937 年 12 月 7 日于延安

选自中国人民解放军历史资料丛书编审委员会编：《南方三年游击战争·综合篇》，解放军出版社1995年12月第1版，第483—556页。

项英，原名项德隆，曾化名江俊、江钧、张成、韩应等，1898 年生，湖北武昌人。1922 年加入中国共产党。曾任中共中央职工运动委员会负责人，中华全国总工会执委会副委员长、委员长，中共江苏省委书记，全国总工会党团书记、主任，中共第三届、四届、五届、六届中央委员，第六届中央政治局委员、常委、书记处书记，共产国际监察委员会委员，中共中央长江局书记，中共苏区中央局委员、代理书记，中华苏维埃中央

革命军事委员会主席、副主席、中华苏维埃共和国中央政府副主席等职。南方三年游击战争时，任中共苏区中央分局书记、中央革命军事委员会中央苏区分会主席、中央军区司令员兼政治委员。1937 年 10 月起任新四军副军长，12 月起任中共中央长江局委员、东南分局书记，中共中央军委新四军分会委员、书记。1938 年 11 月起任中共中央东南局书记。1941 年 1 月，皖南事变发生后率部突围，辗转隐蔽，同年 3 月 14 日在安徽泾县殉难。

忆三年游击战争

陈毅

一

从 1934 年九十月间红军主力长征，到 1937 年抗日战争爆发，在这为时约有三年的期间，留在南方各苏区的红军部队和苏区人民一道，进行了艰苦卓绝的敌后游击斗争。这段斗争，通常叫作三年游击战争。

三年游击战争是从红军主力撤离苏区开始的。

中央苏区第五次反“围剿”的战争，由于当时的教条主义、“左”倾机会主义分子没有重视中央苏区实际斗争经验，机械搬运教条，拒绝了毛主席的正确方针，而遭致了惨痛的失败，最后不得不退出中央苏区。这个退出，是逃跑主义的，没有进行充分的准备；而对于如何坚持苏区的斗争，更是没有准备。当时，虽然也留下了党的中央分局（项英同志负责），和中央政府的办事处（我任主任），但对整个苏区敌后斗争，在政治上、军事上、组织上都没有布置。一时，苏区处于紊乱状态。

这时，在苏区军民面前，摆开了一个新的形势：过去，中央苏区是个大块的根据地，堂堂之府，正正之区，和反动统治形成了大规模的政治对立。这种战争的对峙局面持续了七年，红军取得了四次战役的胜利，革命由低潮日益转入高潮。而今，这块辛勤缔造的苏区在教条主义者手里被断送了，苏区赖以生存的数万主力红军离家远征了，敌人大军压境，整个苏区被一片乌云笼罩着，一场大的风暴随时可以袭来。

在这样的情势下，苏区的斗争应该怎样进行呢？

其实，这个问题是不难回答的。敌人即将进入苏区，革命又落于低潮，苏区失败已成定局。失败就是失败，应该承认这个失败。承认失败还可以不失败或少失败些。承认失败并不是悲观失望，而是政治上坚强的表现。应当冷静地面对现实，认真地组织这次退却，迅速地、坚决地适应形势，抛弃旧有的一套，实行彻底的转变。在政治上，要准备迎接大风暴，进行艰苦的长期的敌后斗争；在军事上，要坚决分散，展开广泛的群众性的游击战争；在组织上，要改变我们的领导方式、工作方法。从正规战到游击战，从集中到分散，从统治到被统治，从公开活动到秘密隐藏，这样转变过来，退却下来，保存自己的力量，长期坚持，给形势以若干影响，准备条件迎接新的革命高潮。

这是唯一正确的出路。实行这个转变是艰苦的，但是必须的。只有彻底实行了这一转变，才能度过这个风暴，转入胜利；不能实行这个转变，就要失败。

但是，对于面前的严重局势和转变的必要性，并不是每个人都理解的。“左”倾机会主义的错误仍然“阴魂不散”、“余孽犹存”，影响着一些同志的行动，继续葬送着中央苏区。

他们不能清醒地估计当时的政治形势，不敢承认失败，而把希望寄托在野战军转移之后的打胜仗上。他们认为主力一出动，在湘桂边连打几个大胜仗，敌人就会撤走，中央苏区就会恢复，轰轰烈烈的局面又会到来。当然，如果是在正确路线领导下的外线作战，胜利并不是不可能的，在一至四次反“围剿”战争中，红军在毛主席的指挥下，就连续取得了胜利，粉碎了敌人的“围剿”，保持并发展了苏区。但现在情势却起了根本的变化，五次反“围剿”在冒险主义、保守主义的错误指导下，和敌人打硬仗、拼消耗的结果，已使红军的战斗力大大减弱了。特别是转移时所表现的逃跑主义，坛坛罐罐什么都带上，五六万军队就带了两三万非战斗人员，丧失了军队的机动性；如果不彻底改变领导，要想打胜仗是很困难的。

由于不肯承认失败，把希望放在红军大捷上，他们便不肯从事这个适应形势的转变，甚至讥笑这种主张是“悲观失望”。当时，还留下了一个主力二十四师，另有八个独立团[①]。按正确的做法，这部分力量应该立即化整为零，分散到苏区几十个县去，作为游击战争的骨干，这样当可保存一批相当可观的力量。但他们主张把这些部队全部集中起来训练，准备打大仗。他们说：“我们主力一个师，再加上七个团，这十个团可以消灭敌人一个师。”而且还打算搞军事学校，搞兵工厂，搞正规军团……总之，还是迷恋着旧的形式，企图用旧的一套再搞起大苏区，来“旧梦重温”。但他们忘记了，正是这种死打硬拼的战术才把一个大苏区搞垮了的。当红军主力在的时候尚不能粉碎敌人的“围剿”，而不得不撤出，这十几个团又怎能拼得过？而且，部队在苏区失败之后，战斗力、战斗意志已不比从前了。记得主力撤出后不久，广东军阀部队一个营把雩都南部的一个口子占领了，我们要去夺回来。去了八个团近一万人去打，打了四天四夜没有打下来。

这时，实行转变，不仅是必要的，而且也是可能的。主力撤出之后，在历次战役中被我们打怕了的国民党军队，并没有敢贸然进入苏区，他们对红军的转移作了种种的判断，担心这是一个圈套，只好小心翼翼地试探前进。直到 1935 年 2 月，苏区才完全沦于敌手。从 1934 年 10 月到 1935 年 2 月，这五个多月的时间，正是形势转折的一个过渡时期。如果当时不是把希望寄托在野战军打胜仗上，不是追求旧形势的再现，而是立即实行转变，是可以转过来的。在党的领导下战斗了七年的苏区人民，是十分顽强的，还有各县区的党政机关和 1.6 万人的军队，只要很好地组织起来，这几十个县，每个县都有二三百人，

① 八个独立团，指江西军区独立一、二、三、四、十一、十二团和原属江西军区后划归赣南军区的独立第十三、十四团。

那么，在三年游击战争中，就可以保存几千人甚至上万人的革命武装；这几十支游击队的活动，就可以保持更多的游击根据地，牵制更多的敌人，给局势以更有力的影响。但是，由于“左”倾机会主义的影响，却转变得迟了。

当然，也并不是所有的苏区都转变迟了。像闽西苏区，那里早已是敌后，有了一些游击斗争的经验，在邓子恢、张鼎丞、谭震林等同志的领导下，及早地转入了游击战争。湘赣、湘鄂赣、赣东北①、鄂豫皖等苏区，虽然也遭受了一些挫折，但也大都先后完成了这个转变。

二

到了 11 月底，敌人已经探明了主力红军的动向，开始向苏区的中心推进。我们在错误指导下，几个战斗都没有得手，再坚持下去是不行了，受错误路线影响的同志这时才同意实行这个转变。当时，曾拟制了一个指示，在这个指示里，说明了从正规到游击、从集中到分散的必要性，要求各地改变旧有的大摊子作风，分散成小组，打埋伏；这样避敌锐气，度过这个大的风暴，保存力量，在政治上要击破敌人初入苏区时所搞的政治阴谋，夺取敌人搞的“自首大队”的领导权，保护群众，避免无谓的损失。但是，已经来不及了，许多地方已经垮了，电台也叫不通，这个精神没有传达下去。最后只有距离较近的瑞金县委接到了这个指示，钟得胜等同志按照这个精神做了应变的准备，坚持了下来，在三年游击战争中保存了一支一百多人的游击队。

这时我们便着手收拾中央苏区的摊子。要隐蔽苏区的资财，要动员群众疏散，要安排伤员，分散部队……中央苏区是一个国家，物资很多，

① 赣东北，在1933年赣东北苏区改称闽赣苏区，三年游击战争时期称皖浙赣边区。陈毅在文中是沿用早期的称谓。

长征部队去的时候尽量带了一些，但留下的还是不少，如书籍、机器、医药器材，还有苏区最宝贵的财产钨砂，都要掩埋起来。

尤其难以处理的是伤员。在历次反“围剿”战斗中负伤住院的有一万多伤员，一些轻伤的随队去了，重伤的还有2000多人。看来不改变办法是埋伏不下去了。当时因为我也是伤员，便指定我去动员他们疏散。没有别的办法，只有把真实的情况告诉他们。我对他们说：“江西根据地是失败了，但革命不会失败。革命的火种不断，革命的高潮一定会来。现在是险恶的时候，同志们回家或者到老百姓家去，种田也好，打游击也好，等革命发展了再回来。但是同志们千万珍重，做失败形势下的英雄。万一遇到敌人，牺牲只能牺牲一个，不要叛变，不要拉拉扯扯。只要有的同志还活着，将来一定会给我们报仇的！”讲这番话的心情是沉重的。但伤员们都静静地听着。有的喊：“只要告诉我们就行！”有的说：“只要革命有希望，我们就安心了！”至今，每当忆及这一情景，还仿佛听到这种喊声。只有最坚强的战士，在面临如此严重危险的时候，才有这种英雄的气概。

我们和地方党的同志，把这些伤员交给了当地的群众。对他们说：“你们把这些同志抬回去，做儿子也好，做女婿也好，他们伤好了，多一个劳动力，也多一个报仇的人！”群众和红军战士是血肉相关的。于是又是一个动人的场面：老大爷、老大娘，你驮一个，我抬一个，半天的工夫，两三千伤员全被抬走了。

这些疏散工作就绪之后，敌人已经深入到了苏区的腹部，我们被迫撤到了山上。这时候四面是敌人，到处是枪声，这里喊捉，那里喊杀，老百姓满坑满谷，东边枪响往西跑，西边枪响往东拥，一片国破家亡的景象。到了这时，才更深刻地体验到错误路线所造成的全部后果。

敌人对中央苏区的压力特别大，实在难以坚持下去了，便决定突围。部队十几个团，分成五路向外突。但是，因为行动迟了，敌人已经形成了强固的包围圈，突围的部队对新的斗争形式缺乏了解，没有独立活动的能力，结果突围部队除少数冲了出去，大都失败了。

项英、贺昌同志和我是最后突围的。往哪里突呢？曾经有过分析：第一条路是往东，到福建去，那里是老苏区，且距潭州、香港较近，便于找到长征部队的关系，但高山大岭，又逢雨季，敌人封锁太严。第二条路是到东江去，那里距离较近，两天两夜可以赶到，但那里是沿海地区，公路网、电话网交织，敌人交通便利，军阀和地主武装都很强，而且没有根据地可依托，站不住脚。第三条路是到井冈山去，这里地跨两省，地形很好，过去毛主席就在这里建立过最初的红色根据地，估计还有游击队，但要过赣江，敌人控制得很严，过不去。还有一条路是过五岭，到粤赣边界去，这里敌人虽强，我群众基础也强，过去的红二十二军就是在这里建立的。二十二军进入中央苏区之后，李乐天同志曾经在这里坚持游击斗争，于是最后决定到粤赣边界去。

突围的日期是 2 月 10 日①。动身之前，我们和中央通了一次电报。我们向中央报告了中央苏区的情况和突围的决定。接到了中央的回电，谈到了遵义会议的情况，告诉我们毛泽东同志参加了中央的领导。关于中央苏区的斗争，中央指示：要根据情况处理，主要是游击战争。这是最后一次与中央通报，此后电报机破坏了，整个三年游击战争期间，我们便与中央断了联系。

中央的来电，遵义会议的召开，特别是以毛泽东同志为首的党中央领导的确立，对于我们这些深受“左”倾机会主义之害的人来说，是一个莫大的鼓舞。但是，我们的突围却是很不顺利的。在过会昌河时，政治部主任贺昌同志牺牲了。继续突围中，我们一个不足数的营也被打散了，最后只剩我和项英同志等几个人，几经辗转，化装到了粤赣边境的油山。

至此，我们总算是完成了这个转变，转入了游击战争。但是，这个

---

① 突围的日期是2月10日，实际时间是3月4日下达突围命令，5日开始突围的。

转变所付出的代价是巨大的。像瞿秋白、何叔衡、贺昌、阮啸仙、刘伯坚、李天柱等很多党的优秀的干部，在这大变动中牺牲了，上万人的部队垮了，整个中央苏区连最后一个村庄也落于敌手。这是“左”倾机会主义的恶果，是沉痛的教训。

三

油山，是粤赣交界处的一座大山。粤赣边区的三年游击战争，基本上就是以这个山为中心进行的。这里原有党的粤赣特委，由李乐天、杨尚奎、刘建华等同志带领着特委机关和一支游击部队在这里坚持。此外，在上犹、崇义地区，蔡会文、陈丕显同志带领 300 余人在活动，钟得胜同志带有 200 余人在汀（州）瑞（金）一带活动。至此，整个轰轰烈烈的中央苏区就剩下了这几块山头，上万的军队，就剩下了这 1000 多人。

艰苦的敌后游击战争开始了。

这时，敌人已经完全占领了苏区，我们遭到了惨痛的失败。但是，就连敌人也知道，这并不是他们的胜利。他们懂得红军的主力向西走了，革命之火会随着长征部队的行动而蔓延开来；他们也懂得，留在苏区的游击队虽然人数不多，但火种不灭，终必燎原。因此，蒋介石亲自出马，指挥消灭长征的部队；又指令一部分正规部队会同各省的军阀、地主武装，全力消灭战斗在南方 14 个地区的游击队。

敌人对付游击队的手段是最残酷、最疯狂、最无人性的。

他们知道游击队的生存条件是依靠群众，因此，他们便想尽一切办法切断游击队与群众的联系。具体的办法，除了疯狂地屠杀镇压群众之外，对游击队便是封山、封坑。他们把山区和邻近山区的村子里所有的老百姓都集中到山外去，实行并村，用密集的碉堡把山封锁起来。然后在群众中实行保甲制①，搞连坐法，并利用地主民团加强乡村的统治，经常点名、检查。检查的方法也是多种多样的，有时天天查，一天查几次，有时几天不查，突然袭击一下。在经济上，对于主要的生活用品，如粮食、盐等，实行定量分配，以断绝游击队的物质供应。

这样还怕控制不住，对挨近山区的村子，便派人化装成游击队员或红军的伤兵，半夜拍门“我是分散的游击队，讲讲阶级友爱，弄点饭给吃吧！”老百姓答了话，立即抓起来，以此挑拨游击队与群众的关系。

此外，还搞种种欺骗宣传，在我们内部组织叛变等政治手段。

这样，在遮断我们与群众的联系之后，在军事上便是大规模“清剿”，频繁地搜山。几路队伍，带上猎犬，围攻山区，到处打枪，到处喊叫，后来甚至连探照灯也搬到山里来了。

搜山搜不到我们，便将山林倒上洋油，纵火烧山，烧得野猪、山牛满山吼叫，长蛇到处乱窜。这样还找不到我们，便化装成老百姓，找个地主婆娘弄个饭篮子带着走前头，满山喊，游击队同志，反动派去了，给你们送饭来了，或者装成砍柴的、打猎的、种香菇的、烧炭的来欺骗我们。要不就派人到高山上去瞭望，看哪里有我们烧饭的烟；或是派人躲在山林草丛里，听有没有我们的动静；派人到小道上，看草，看山石，有没有我们的足迹……一发现痕迹，立即就追。

在这样的情况下，游击队几乎失去了一切正常生活的条件。

房子是没有的。开始还能搭茅棚子，很简单，弄点树枝茅草，就搭起来了。如果条件许可还可以用竹子搭，把竹子破成两半，在棚顶上排起来，像琉璃瓦。后来因为棚子目标大，不能住了，就用雨伞。下雨天，大树底下把伞一支，背靠背便睡起来。天晴，就往坟山的石板上一躺，卧看星星月亮，与天地同归了。大庾岭上的雨季十分讨厌，于是又想出了新办法：

① 保甲制，是国民政府1934年11月7日决定实行的封建法西斯统治的基层政治制度，规定以户为单位，户设户长，十户为甲，甲设甲长，十甲为保，保设保长，实行联保连坐法，以及各种强迫劳役法。

弄几块雨布，四只角上钉上绊子，往树上一挂，便可遮露挡雨，搬起来也方便，把雨布一解，地上扫扫，每班都有勺子，泼上点水，把痕迹灭掉。

在敌人“清剿”紧张的时候，断粮是常有的事，这时就来上个“靠山的吃山”，吃竹笋、吃野菜、吃杨梅、吃各种野水果。有时还可以打野猪，打山鸡，或是干脆抓蛇吃。好在山是大山，只要胃口好，吃的东西总不愁的。比方马蜂的蛹，就是一种美味。大树棵里，马蜂多得很。搞个竹篾背斗护着头脸，把蜂窝一烧，马蜂飞去了，然后将幼虫搞下，把来一炒，跟蚕蛹一样香脆。做汤吃，白的像牛奶。夏天，山里的田鸡很肥，晚上弄个松明，一照一大堆，又可以对付几天了。

情况比较好的时候，有群众送来米粮，也可以煮点饭吃。不过部队流动性大，煮饭的家具就要事先筹备，有机会搞些小锅子来，在野草丛中东丢一只，西丢一只，用时就去找。或者干脆将米和水装到鲜竹筒子里，丢到火里烧。此外，山上也不会完全断人，春天有造纸的来，冬天有烧炭的来，他们是反动派持许进山的，带的有配给的粮食，请他们匀出一点来，可以略作补助。所以，完全挨饿的时候也并不多。三年的时间，我真正吃不上一点东西的时候只有三天，那是与敌人猝然遭遇，被打散了，带的一小包盐，一天吃完了，只能爬到水沟里喝点水，嚼点野草，第三天便遇到了自己的同志。

走路也不能不非常诡秘。不能走路，只能拣没有路的地方走；不能讲话，不能咳嗽，更不能留下脚印。为了消灭行迹，走过之后要把踩倒的草扶起来。落雨天走路，走走又退回来，或者干脆就在河沟里走，而且不能失落任何东西，否则东西顺流而下，敌人发现又要跟踪而至了。

四

斗争是艰苦而残酷的。在这样的条件下坚持斗争，一个正确的方针和统一的意志、巩固的团结具有头等的意义。

正确的方针是以对政治形势的正确分析为依据的。当时对政治局势的基本认识是：红军撤走，敌人进占苏区，这是一个大失败，是革命的低潮，是一次退却。但是革命是有希望的。希望在哪里？回答不尽相同。有人认为："主力红军会派队伍回来。"这是不切实际的想法。主力正在进行艰苦的长征，无暇顾及我们：即使站住了脚，也要发展新的根据地。这种情势下，我们南方是在援助主力；而主力的胜利和成功，就是对我们最大的支援。但要直接派队伍回来是不可能的。有人说："是不是再由小到大，搞个大苏区？"这也不可能，形势有了新的发展，已经不是1927年了。

我们所说的希望就在于革命高潮必然要到来。形势的发展已经出现了新的矛盾，这便是日益增长的民族矛盾，日本帝国主义占领了东北，一定要进攻华北，一定要进攻全中国。一个全面的民族战争或早或迟，是一定要到来的。统治阶级内部的矛盾不是缓和了，而是日益加深了。我们红军还有强大的力量。抗日战争爆发，革命又会走向新的高潮。

基于这种政治估计，敌后游击战争的斗争方针，就不可能是进攻的，而是退却的。退下来，转变过来，保存革命力量，长期坚持，在革命受到挫折的时候保存党的骨干，牵制一部分敌人，提高群众的斗争信心，给时局以若干影响，准备迎接新的革命高潮。这样坚持到抗日战争爆发，那时，有几个人就可以成立几百人的队伍，有几百人就可以成立几千甚至上万人的队伍。那时，只有我们共产党的武装才是抗日的主干。在党的领导下，和北方的主力红军夹击，打垮日本帝国主义。事后看来，这一分析是正确的。基于这种分析，当时对游击战争的前途是乐观的。记得我们曾经对同志们讲过："有那么一天，国民党会派军乐队欢迎我们下山的。"

这是对形势的基本认识，是说明问题的出发点。由这一点出发，便可以说服同志们忍耐艰苦，坚持斗争；由这一点出发，便确定了：长期坚持，保存自己，积蓄力量，等待时机的方针。

当然，这种从大处着眼的政治分析和论点，也不是每个同志都认识得了的，因此，贯彻这一方针就不能不充满着斗争。

这时，一部分同志存在着盲动主义的情绪，主张拼。他们认为："苏区失败了，我们躲在这里打埋伏是可耻的。拼掉几个算几个。"这种主张形式上很"左"，实际是右的，他们不相信革命高潮必然要到来，不相信自己的力量。他们不懂得，这些留下来的同志虽然数量不多，但这是革命的"血本"，是经过大风暴锻炼过的革命的种子。保存下一个战士，将来局面开展了，可以当连长、营长；保存下一个县委书记，将来可以搞一个省委，怎么能放在炮筒子里轰掉呢？其实，这样做正符合了敌人消灭我们的意图：他们最希望你来拼，拼掉一个少一个。

另一种人则是神经衰弱，被暂时强大的敌人吓倒了，经受不住失败的考验而悲观失望，丧失了信心。他们借口怕暴露，而主张消极的打埋伏，找个山深林密的地方蹲起来，不露面，不做工作，不进行战斗，坐等新形势的到来。由于斗志消失，慢慢地就走上了土匪主义的道路，搞点吃的，搞点钱，丧失了共产党的政治面目，变成了土匪，或者动摇逃跑，叛变革命。这是右倾机会主义的，是政治上脆弱的表现。他们不了解，我们到这里来打埋伏，不是为了逃命，不是消极的保存，而是为了发展。而要真正保持自己的力量，就必须发展，必须要有鲜明的政治目标，响亮的斗争口号，插一杆红旗在山上，才能动员广大群众，坚持长期艰苦的斗争，贡献自己的力量，给形势以影响，推进革命高潮；任何悲观消极，不但不能保存，而且会导致灭亡。

为了使正确的方针得以贯彻，就要不断地进行两条路线的斗争：反对盲动，反对悲观消极。正确地分析形势，不断地阐明我们的方针，天天讲，大会小会都讲，成了当时政治工作的中心的内容。

经过这一番工作，绝大部分的同志接受了这个方针。他们相信党、相信革命一定会胜利，积极地投入了游击斗争，在这残酷的斗争中，我们茹苦含辛，流血牺牲，表现了最大的勇敢和坚定。他们是阶级的硬骨头。但是，也总有那么一小部分人，他们是随着土地革命的高潮卷进来的，在残酷的斗争面前动摇了，随潮而退。有的不辞而别了，有的留帖告别了，有的干脆叛变了。

当时，对于如何巩固部队内部的问题上，也有两种方式。一种是强制的，有的表现不好，讲些怪话，便开斗争会；对动摇逃跑的，采取极端的手段镇压。夜间放哨，怕一个人靠不住，便放两个三个。

显然，这种方式是极端错误的。这样做恰恰造成了内部的恐怖、疑忌，破坏了团结。有的地方就是因为这种方式而垮了的。当然，对于那些危害革命的叛徒应当坚决予以镇压。但对队伍内部，主要是强调民主，强调自愿，强调说服。革命是自愿的，决不强迫。对于那些思想动摇的人，应该用说服的办法，劝说他留下来坚持；能坚持当然好，经过这段考验和锻炼，将来在新的革命斗争中是骨干。但如果他一定要走，就让他走，甚至帮助他走，发给路费，帮他换好便衣，找好路线，让他安全地到达家中，甚至他路上被反动派抓住，还要组织黄色村庄的人去保他出来。这样公开的处理动摇问题，做到仁至义尽，这种政策很好，公开了之后，有的本来动摇得要命，也坦白出来不走了；有的走出去，也不会翻脸为仇，危害革命了。更重要的是，这样做提高了全体指战员的政治认识，巩固了团结。

民主，是革命军队内部生活的重要准则。越是在艰苦困难的情况下，越要充分地发扬民主。游击队严格地保持着红军的传统，坚持官兵平等，实行经济民主，打土豪得来的钱大家分着背，有什么开支经过民主讨论，定期公布账目，人人都是这个执行政治任务的武装集团的成员，人人都对集体负责。

还有重要的一条，便是保持艰苦朴素的生活。这在那种困难条件下更有着特殊的意义。那时钱很少，但大家一样忍受艰苦，吃草根，打赤脚，上上下下谁也不特殊，这样，保持党的作风，表现在日常生活上，不让党的政治面目受到损害，才能加强内外的团结。自然，最重要的还是正确地阐明局势，进行正面积极的政治教育。有人说打游击没法做政治工作，三年游击战争的实践否定了这种谬论。要做，要用各种各样的方式去做，只要条件许可，我们就搞起各种学习，讲游击战术，讲军事，讲苏维埃运动的总结，学文化。那时从外面搞到一些书报和小册子，便拼命地学，这也是为将来局面开展进行的必要的准备。分析形势更是随时地进行，讲日本帝国主义与中国人民的矛盾，讲抗日战争的必然到来，讲我们坚持斗争的意义和前途，使全体人员的意志在对客观的正确分析的基础上牢固地统一起来。这里必须注意的是，由于处境的艰苦、险恶，在指明前途的时候，特别要强调目前的困难。只有对目前困难有充分估计和思想准备的人，才能对革命前途有不可动摇的信念。只有把真实的情况公开出来，把命运交给群众自己掌握，才能战胜这些看来似乎无法克服的困难。

五

坚持敌后游击战争，是一种新的斗争形式，它不仅要有正确的方针、统一的意志，还需要有正确的斗争策略、鲜明准确的政治口号和灵活的游击战术。

敌人对各游击区的进攻是疯狂的，但敌人内部的矛盾却暴露得更清楚了。这时，日本帝国主义已经进占了华北，抗日战争势在必发。1936夏，又爆发了两广事变①，这个事变虽然以两广军阀投靠蒋介石而结束，但蒋桂、蒋粤之间依然存在着矛盾。此外当地土豪与军阀之间、土豪与

---

① 两广事变，指1936年6月广东地方实力派陈济棠和广西地方实力派李宗仁、白崇禧等通电宣布“北上抗日”，反对蒋介石。蒋介石采取分化利诱等手段，迫使陈济棠在这年9月下台，接着又同李宗仁、白崇禧取得妥协，事变遂告解决。

土豪之间，都存在着矛盾。领导上就要正确地分析掌握这些矛盾，利用这些矛盾，根据这些矛盾制定出新的斗争策略。

当时的主张是：对于重大的政治事件，游击队一定要以党的名义，表示态度，发表宣言，及时提出斗争口号。像两广事变，即发表了《为两广事变告群众书》，华北自治事件①就发表《为日本侵占华北告群众书》、《告士兵书》等。并派队伍出去，到很远的地方去展开宣传活动。

在那样的条件下，发传单并不是件容易事。没有印刷条件，只能用笔抄写十几份，还要派交通员冒很大的危险跑到公路口、桥梁、乡镇去张贴。影响呢，最直接的影响就是把敌人引进山来了。这种活动当即遭到了右倾主义者的非难。他们借口避免暴露、反对提任何政治口号。他们说，有什么影响？自找麻烦！

我们回答这种讥笑说："现在是有点麻烦，对将来却有很大好处。麻烦点不要紧，多走几步就是了。"

事实如此，鲜明而又及时的政治口号，震惊了敌人，在广大群众中发生了很大的影响。党的政治主张通过这些传单，印在了人民的心里，指导和鼓舞了他们的斗争，群众说："国民党天天说游击队垮了，其实人家还在，共产党还在。"

游击斗争必须和群众斗争和地下党的活动结合，把公开、半公开和隐蔽斗争结合起来。结合的方式是多种多样的，游击队与群众秘密联系，组织群众的合法斗争，在城镇建立白区工作，进行国民党士兵的工作，甚至在南雄、大庾城里也建立起秘密工作机关。在实际斗争中，游击队摸索到了一种进行合法、半合法斗争的方式，便是搞"黄色村庄"。

在游击斗争开始的一段时间里，是赤白尖锐对立的局面——山上和

---

① 华北自治事件，指1935年国民党政府一再屈服于日本帝国主义的压力，使中国在河北、察哈尔的主权大部丧失的情况下，日本帝国主义策动汉奸制造所谓"华北五省自治运动"，妄图剥夺中国政府对河北、察哈尔、绥远、山东、山西五省所行使的主权，使中国面临被肢解的危险。

靠近山区的村庄，凡游击队力量所及之处，搞起赤色区域，和反动派控制的白色区域对立。对白区的国民党政权人员和土豪劣绅，不加区别，一律镇压，并且不断扩大赤色区域。在当时条件下，这是错误的。因为游击斗争是长期的，敌人的力量过于强大，搞一次赤色村庄，群众就受一次摧残。结果游击队成了祸害之源，成了“火神”（游击队一来，敌人就烧房子、杀人），这是不能长期巩固与人民的团结的。于是便改变方式利用敌人的保甲制度，结合军事压力，搞革命的两面派，从政治上争取反动保甲为我们工作,应付敌人,搞“白皮红心”。这样,既保护了群众,又保证了游击队与群众的联系，并且可以通过黄色村庄与比较进步的地主、开明士绅及其知识分子建立抗日的统一战线，推动抗日工作。

这个策略很重要。但是在搞这种两面派时，除了警惕争取对象可能“反水”之外，在内部还必须同另一种倾向作斗争，那便是单纯做地下工作,下山去到“黄色村庄”搞半公开斗争,而忽视坚持武装的重要性。因为斗争实在是太艰苦了，以我为例，在三年中我只两次进了房子，四次看到了老百姓。这长期的山林生活，餐风饮露，忍饥耐寒，有的人厌倦了,现在有了“黄色村庄”的条件,便插枪到村镇里去。这是很危险的。因为这就削弱以致取消了武装力量。经验证明，游击队是只能加强不能削弱的,政治旗帜必须坚持。党的武装,这是敌后游击斗争的主要方面,是我们的本钱。抗日高潮毕竟是要到来的。共产党在未来的抗日战争中的地位，取决于党的武装力量的强弱、武装的多少；只有有了枪杆子，我们才有发言权。

打游击,必须要有一整套的游击战术。在 1927 年大革命失败之后,毛泽东同志在领导游击战争中，创造了系统的宝贵的经验。这些经验，在三年游击战争中继续起着重大的指导作用。

毛主席曾经反复地告诫我们，“叫化子打狗靠面墙”，进行游击战争，必须要有一个根据地。粤赣边的游击斗争，一开始便是以油山地区为根据地，并且一直坚持了下来。在有根据地作依托的前提下，还要有一套灵活的战术。首先，我们打仗不是盲目的有仗就打，是有政治任务的。因为我们的斗争方针既不是开辟大苏区，又不是消极埋伏，因此进行战斗的原则也很明确：不常打，也不是长期不打。要打能发动群众的仗，打能扩大政治影响的仗，打能得到物资补充的仗，打没有损失或很少损失的仗。

既然是打这样的仗，就有这种仗的打法。游击队人少，枪弹少，打硬仗是蚀本的，因此伏击、袭击便是作战的主要形式。游击队三五个人、十来个人，分散活动，和人民结合，把情报、时间、地点搞清楚、弄准确，出其不意，隐蔽接敌，枪一响，几分钟就解决战斗，解决了就走。或者远途奔袭，一夜急行几十里、百把里，插到敌后去，来一个“摸冬瓜”，一下子把敌人的区公所、乡公所搞掉，土豪抓来。这样的战斗，再加上发传单，写标语，地下党的策应，代价小，收获多，影响大，造成对敌人的威胁。

当然，也不可能每次战斗都能取得主动，在奔袭战斗或者在敌人“围剿”中跳圈子的时候，也有时和敌人遭遇，或者遭到敌人的袭击。这是最讨厌的情况。因为不成对手，一打就只好分散隐蔽。这时，最要紧的是沉着。好在山深林密，你躲起来，只要敌人看不见你就别动。敌人是很狡猾的，看看搜不到，骂一声：“哼，土匪都跑了，集合，回去！”哨子一吹，故意弄得人马杂乱，其实一个连走了不过一个排，三分之二留下来了。但我们是打埋伏的老祖宗，懂得他这一套，就给他个不出来。两个钟头以后，倒是敌人沉不住气了，当官的一跳出来，又是一阵咒骂：“嗬，土匪真沉着。告诉你这次真走了。”又是吹哨子，集合，喊口令，叮叮当当，看样子真走了，但走过不一会，一个回马枪，又包围上来了。我们还是一样，树不摇，草不动。当官的这次更火了，跳着脚骂：“好，有你的！你有本事出来干！”于是机关枪、迫击炮往山里胡打一气，一边打一边乱叫：“看，那里一个，大石头底下。出来，出来，看见你了。”再不弄个人假充游击队员：“别打了，我讲：那边还有几个同志……”

有时我们的人也会在这乱枪中受伤，但不管伤多重，都忍住不哼。敌人胡搞一气，只好灰溜溜地走了。

就凭着这套办法，游击队才能做到打得对，打得巧，杀伤了敌人，保存了自己。

六

我们的全部地盘就是这么几个“岛子”，但是我们有着浩瀚的海洋作依托，那便是广大的人民群众。在那样艰苦残酷的长期斗争中，没有人民的积极支持，没有与人民群众生死与共的团结，要想坚持下来是不可能的。

粤赣边的人民有长期革命斗争的经验。还在北伐战争中，这里就在共产党的领导下搞起过农民暴动，大革命失败，又暴动，搞起苏区，苏区又失败。在这长期斗争中，人民不但有成功的经验，也有失败的经验。这一带差不多每个庄子都被烧过，反动派的恐怖手段、改良主义……什么阴谋他们都懂得。他们和反动统治，和地主阶级结下了很深的冤仇；和共产党结成了生死的同盟。他们坚信革命只是暂时的失败，将来一定能够胜利，因此，不管条件如何，总是舍死忘生地支持我们。

群众对敌斗争的方式是多种多样的。

有时便衣游击队员或地下党员被捕了，群众便千方百计地去营救，组织起来去请求释放，打官司，告状，用钱赎，动员和尚、道士、老太婆去哭……样样都来。群众的积极分子被捕了，他明知一切情况，但受尽各种酷刑，就是不讲。他们从切身的体验知道，讲了，敌人还要追查；要死就死一个，决不害共产党。这是全体群众的共同信念。儿子被捕了，母亲就给反动连长送老母鸡，又哭又叫，哭得敌人不耐烦了，骂一句："去劝劝你儿子！"儿子被打得半死了，母亲一面擦抹着儿子身上的血，一面哽咽着说："连长大人要我劝劝你，你要知好歹，千万别乱说，要讲实话，连长大人会开恩的。"儿子听了这样的嘱咐，心里明白了，更坚定。

敌人实行移民并村、封山封坑，群众与游击队联系不上了，老百姓就到敌人那里去闹；没有饭吃，没有柴烧，要进山去种地、打柴。敌人是不会掏腰包养活老百姓的，只好派出队伍押着进山去，于是，种田的带上干粮，打柴的把竹杠子打通，装满粮食、盐、报纸、咸鱼、腊肉，和敌人活动的情报，到深山里，四处一丢。我们得到消息，晚上去一摸，便得到了供给。这个办法后来被敌人晓得了，敌人便利用这个机会，到老百姓活动过的地方去伏击我们。但我们也很警觉，一定要看准了才去拿，或者乘机调动部队打他一下。有时，敌人也用丢东西的办法侦察游击队的踪迹，但我们早已从群众那里得到了情报，根本不动他的。过几天，敌人看看东西还在，误以为游击队不在这山，倒可以过几天太平日子。这时只是怕便宜了老虎，老虎把东西吃掉，游击队倒跟着倒霉了。

对于靠近山区的村子，敌人知道游击队常常出没，便来个突然袭击，把庄子包围起来，等待游击队的来人。通知游击队是来不及的，但群众有的是办法。这时候，庄前庄后、庄里庄外、树梢、墙头，场坝边、窗户旁，到处是暗号。比方一位老太太在村头放牛或打猪草，反动派喊一声："土匪在哪里？""不知道！""回去！""回去就回去。"她随手把鞭子往草堆上一插，或是把草帽挂到竹头上，我们的交通员一见，就不进去了。

总之，群众的智慧是无穷的，群众支援游击队的动人故事是数不完说不尽的。

他们这种忠心不二地支持游击队的行为，直接教育了我们，"人家那样对我们，我们要好好地干，不要辜负人家"。这成了全体游击队员的决心。有时，我们带些同志到老百姓家看看，谈谈，见到他们被敌人打断手、打断脚，房子被烧了，东西被抢光了，但毫无怨言，这等于给我们上一堂生动深刻的阶级教育的课。同样的，我们在山上吃草、吃树根，冒着大风大雪打赤脚、睡树林，牺牲一个又一个，这也使老百姓很受感动。再加我们对群众无微不至的照顾，反动派把老百姓的房子烧了，我们拿打土豪得来的钱给修，反动派打死了老百姓，我们派人送钱去慰问。这样就巩固了我们与群众的生死同盟。就是这种始终不渝的生死同盟，保证了我们得以生存，走向胜利。

七

西安事变，出现了国共合作的新局面，但在南方各省，和平却是在卢沟桥事变以后才实现的。

蒋介石被释放不久，表面上答应谈判，但实际上却集中了大量部队向各游击区疯狂地进攻。敌人的阴谋十分明显，是要消灭我们这些武装力量，把你搞完了，还谈什么？因此，从 1937 年 1 月开始了三年来最紧张的时期，天天打，日日夜夜打，我们看出了敌人的意图，决心熬过这艰苦的日子。终于，这一天来到了，七七事变爆发了。7 月 11 日、12 日，日子一天比一天平静，国民党军队撤走了，接着大庾、南康、信丰、南雄各县统统派出代表和我们联络，说什么“中共同志素主抗日救国”呀，什么“爱国志士，无任钦佩”呀，腔调大变。

于是，又一个新的大转变开始了。

游击队一面趁机扩大自己的力量，准备迎接大发展的局面，一面派人到大庾、赣州去探听虚实。派下山的人一路被国民党大拍马屁，他们希望游击区能派一个负责同志去谈判。

我们和中央断了联系，已经在山里面壁三年了，对中央的政策不了解。没经请示中央，便擅自下山和阶级敌人谈判是不行的，但缩手缩脚又要丧失发展的机会。南方各省的游击队要能联合起来，会成为一支重要的力量，而要联合，就得充分利用这个谈判的机会。经过反复研究考虑，决定利用这个谈判的机会。谈判的原则是：可以同意南方各游击区停止武装冲突，国民党应尽量给予交通的方便，以便能迅速和各游击区联络。至于武装冲突停止后，政治上和行动上怎样处理，由中央负责，游击队无权谈论。

于是，我们便派出代表，到赣州、到南昌和敌人谈判，最后会合了党中央派来的同志，在中央的指示下，和国民党订了一个协定，又派出人到各个游击区去，传达中央指示，沟通联系。停战全面实现了。

从坚持敌后斗争到国共合作，这又是一个大的转变。它像开始转入游击战争一样，并不是每个人都能正确地完成了这个转变的。

这时，最主要的危险便是政治上的右倾，走向投降主义。由于形势来得突然，游击区思想准备不足，因此在新形势下便过分相信敌人，敌我不分，以为合作了便是一家人，从而丧失了政治警觉，丧失了政治上的独立性。这种人认为统一战线就是一切服从国民党，说什么“拥护蒋委员长”呀，“国家利益高于一切”呀，只走上层路线，取消统一战线内部的斗争，而在政治上陷于被动。而宣扬这一错误路线的结果，便使得本来就缺乏思想准备的某些人、某些地区，政治上更加松懈，在敌人的阴谋袭击面前，手足无措。像闽南何鸣①领导的游击队，就由于对敌人丧失警惕，而陷于失败。

另一种便是对新形势缺乏认识，拒绝新事物，固执旧的一套。有的发牢骚说：“我们辛辛苦苦搞了这多年，现在却要与阶级敌人合作了，要编成国民革命军了。”这种想法本质上是好的，表现了坚定的阶级立场，但这是机械的阶级斗争观念，不能适应新的高潮，不能更好地发动群众，容易陷于孤立。

---

① 何鸣（1910—1939），广东万宁人。曾任中共闽粤边特委代理书记、闽粤边红军独立第三团团长，作为特委谈判代表，同国民党军第一五七师就合作抗日问题谈判达成协议。1937年7月，他根据协议率领红军游击队近千人进驻第一五七师指定防地漳浦城接受改编，由于存在右倾思想，缺乏应有警惕，被背信弃义的国民党军队包围缴械。

因此，坚持正确路线，就必须向这两种倾向进行斗争，批评这种右的倾向，说服那些不愿合作的同志。特别是要在这个转变中扩大自己的力量，发展游击武装。

艰苦的三年游击战争结束了。我们真的在国民党欢迎的军乐声中走下了高山密林，告别了游击区的群众，走向了抗日的敌后战场。

1959 年 2 月

选自陈毅：《陈毅军事文选》，解放军出版社1996年3月第1版，第593—615页。

陈毅，1901 年生，四川乐至人。1922 年加入中国社会主义青年团，1923 年加入中国共产党，1927 年参加南昌起义，1928 年参与领导湘南起义任工农革命军第一师党代表。南方三年游击战争时，任中共苏区中央分局委员、中华苏维埃共和国中央政府南方办事处主任、中华苏维埃人民共和国中央革命军事委员会委员、中华苏维埃人民共和国中央政府南方办事处主任。新中国成立后，曾任中央人民政府人民革命军事委员会副主席，上海市市长，中共上海市委第一书记，国务院副总理，国防委员会副主席，外交部部长，政协第三届、四届全国委员会副主席，中共第七届、八届、九届中央委员，第八届中央政治局委员，中央军委委员、常委、副主席等职。1955 年被授予元帅军衔。1972 年在北京逝世。

二、赣粤边游击区

艰难的岁月[①]

杨尚奎

一

中央红军主力长征以后，中共中央分局、赣南省委为加强赣粤边的斗争，成立了赣粤边特委和军分区，原在赣粤边坚持斗争的李乐天同志任特委书记兼军分区司令员，我任特委副书记，并且调配了一批领导干部。随后，即由李乐天同志带一个营和一批干部，从雩都出发，开赴赣粤边，任务是会合当地武装，开展游击战争。

赣粤边游击区的工作基础好，群众觉悟高，又是蒋介石反动势力和广东地方军阀势力的接合部，他们反共虽一致，但存在着矛盾。广东军阀已经插足到赣南来，在大庾（今大余县）、信丰各住一个师，蒋介石正戒备他们继续向北发展。敌人存在矛盾，就可资我们利用，再加上这个地区的地形复杂，丛山密林，活动方便，更便于我们生存和发展。

当时，长征的主力红军，刚从赣南和五岭山区一带经过，我们开赴赣粤边时，敌人惊魂未定，因之，情况对我有利。在赣南军区的主力部队的配合下，我们以突然的行动向西疾进，西渡桃江，顺利地到达了油山，与坚持这个地区斗争的县委书记刘符节、工作组的叶明魁、游击大

① 编者对本文文字和史实作了一些修订。

队长曾彪等同志会合了。

1935 年 1 月，主力红军已到达湘西黔东，这时蒋介石一面指挥主力追堵长征的红军，一面又集中很大力量回头对付中央革命根据地，中央革命根据地的情况更加紧张了。赣粤边的情况也随着紧张起来。广东军阀余汉谋带着一军人马又回到了大庾、信丰、南雄地区。三四月间，对游击区的大举进攻开始了。

赣南军区的部队从中央革命根据地突围时，赣南省委书记阮啸仙同志不幸牺牲，军区政治部主任刘伯坚同志伤重被俘，后遭敌人杀害。原来 1000 多人的部队，只剩下 300 多人，由司令员蔡会文同志和少共省委书记陈丕显同志带领，也来到油山。

在这以前，项英、陈毅等同志也到达这里。至此，整个中央革命根据地全部被敌人占领，斗争的焦点也随之转向赣粤边。

项英、陈毅同志了解赣粤边的全面情况后，在大岭下（属南雄）、长岭（属大庾）两地先后召开了干部会议。会议对整个形势作了估计，指出：红军退出中央革命根据地后，整个革命形势走向低潮。目前，我们正处在两个革命高潮之间，国民党不抵抗日本帝国主义而坚决反共，将更加在全国人民面前暴露其卖国的本质，激起人民群众的反抗，抗日战争必然要爆发，人心归向共产党，新的高潮就会到来，中国革命形势就会大大发展。现在中国革命虽然暂时遭受挫折，但革命的前途是光明的。我们要对新的形势有足够的认识，采取新的斗争方式，积极开展游击战争。积蓄和保存力量，壮大自己。

这次会议，确定了“依靠群众，坚持斗争，积蓄力量，创造条件，迎接新的高潮”的方针，这个方针是在敌我力量悬殊的形势下决定的。它的战略意义就在于：在革命遭受挫折的时候，保存党的骨干；在赣粤边一角牵制一部分敌人，配合各游击区，配合全国革命斗争；创造条件，迎接新的高潮。根据这一方针，又作了相应的决议，印发到基层组织。会后，又立即调整了部署，把部队分为三个大队，大队下面就是分队。

十几人、二十几人一个分队。到处活动，以军事工作与政治工作、军事工作与群众工作、军事工作与教育工作相结合，打击敌人，宣传政策，组织群众，坚持斗争。环境恶劣的时候，特委和军分区的同志也分散到小分队中去，组成短小精悍的“随队工作组”，带着一个小分队到一个地区去，独当一面地工作。

与分散活动相适应，即以油山为中心建立了一整套的联系制度——秘密交通站，一条线由油山伸向三南，一条线由油山伸向梅山，再由梅山到北山，这是干线，各个地区还有自己的联络路线。这一套联络系统在当时就是我们的生命线，因此都派了最忠诚、最可靠的同志来负责。

这样我们有了明确的斗争方针，有了政治思想上和组织上的统一，有了雄厚的群众基础，也就有了充分的信心去迎接更艰巨的任务了。

二

1935 年是南方三年游击战争中最艰苦的一年。

敌人加在赣粤边的压力是很大的，除了广东军阀余汉谋的一个军外，还有江西省保安团，两广事变以后又调来四十六师。有时集中到十多个团，对游击区重重包围。赣粤边游击根据地虽然长达 100 多公里，但不开阔。是狭长的带形地区，东面是桃江，北面是章水，南面是浈水。敌人扼守碉堡，构成了第二道封锁线，又从公路到山脚下，村村筑堡垒，安据点。又把堡垒线从山脚伸进山里，构成了第三道封锁线，把油山、北山、上犹、崇义区、信康赣区分割包围在当中。敌人不断搜山、伐林、烧山，实行“树砍光、屋烧光、人杀光”的惨无人道的三光政策，并且采取经济封锁政策。首先是并村，强迫山里人民搬到敌人据点里去。企图断绝我们与人民的联系，困死和饿死我们。其次是严格控制圩场上的买卖，规定了一个人只能买一定数量的粮食油盐和日用品，多买了就以

“通匪”论罪。在军事进攻和经济封锁的同时，又提出了所谓“三分军事、七分政治”，严密控制了保甲制度，加强了基层反动统治力量，到处撒传单、贴标语，诬蔑我们是土匪；到处张贴布告，说什么捉到特委负责人，可得到一笔大赏钱。再就是用欺骗手段来瓦解游击队，如说拖去一支枪是多少钱，一发子弹、一颗手榴弹是多少钱；有时抓我们的家属又故意释放，企图动摇我们的意志。我们采取了小规模的、分散的、群众性的游击战，以游击队为骨干，与不脱离生产的游击小组、革命群众三者结合。山里的年轻人，大都参加了游击小组。游击小组主要有四个任务：一是配合游击队活动。游击队每到山下活动时，就带领一些游击小组人员，一起去打土豪，袭击敌人。二是担任岗哨放哨。许多重要地方都有哨。白天，在很高的地方放着瞭望哨，看见敌人来即发出信号，开始是放炮（土铳），以后改为打暗语，如果是晚上，就烧火为号。三是作侦察。这是以革命群众为主的普遍活动，群众赶圩镇进据点，总是带些情报回来，山里群众经常通过外山的亲戚去探消息，敌人何时进攻，多少人马，分几路等，只要有一点响动，马上就来报告。四是保护群众，保卫生产。

游击队的武装活动，以突然袭击和伏击为主。敌人来搜山，常是拂晓来黄昏走，游击队就事先隐蔽在敌人回去的路上打埋伏，截尾子，打掉队的，选择到有利地形时，也打整股敌人，趁敌人在村子里只顾抢劫的时候，枪弹和手榴弹突然落到他们头上，等他们清醒过来，我们早无影无踪了。在敌人重重封锁和包围的困难情况下，游击队就跳到敌人的封锁线以外去活动，奇袭敌人的中心据点和后方。因为这些地方比较空虚，游击队曾对南雄的乌迳、大庾的青龙、池江等据点进行过奇袭。乌迳战斗的影响很大，当时是敌人进行“清剿”最紧张的时候，游击队在地下党的呼应下，隐蔽急行 100 多里，在拂晓前走到乌迳，击毙了伪靖卫团团总邱光华，又用几支队、几大队等各种番号，在四乡张贴传单、写标语，再加上群众有意识地推波助澜，闹得敌人草木皆兵。国民党不知道究竟到了多少游击队，只好在里山收兵，开回来进行防守。等国民党部队开回来以后，袭击队却一个都不见了。战斗经验多了，办法也就更加巧妙，像秘密埋伏在敌人的堡垒周围，然后派人把敌人逗引出来，突然占领敌人的堡垒，迫使其无依托作战，消灭敌人；化装成小商贩诱敌人出堡垒，然后歼灭之……采取了这些战斗手段，就使我们掌握了斗争的主动性，在暂时的敌强我弱的形势下，以小部队的灵活动作不断地迷惑敌人，分散敌人，打击敌人，达到以少胜多，积小胜为大胜的目的。

这种战斗手段牵涉到一连串行动方式的转变。游击队改穿便衣，头上裹着毛巾，穿草鞋，就像当地农民一样。背长枪困难，把枪把子锯短，别在长袍和上衣里面。行动要精确地算好时间，要在当夜能够回到隐蔽地点，否则离开了革命群众的掩护，敌人联络迅速，随时可以调集部队赶来包围，容易发生危险。如果在行动中需要过河，就必须控制渡口，派人到船夫中进行工作，否则渡口被切断，就会遭受损失。

敌人为了寻找我们，总结了三条经验，听响动、看烟火、跟脚迹。我们也随机应变，采取各种新的斗争方法。比如走路，由于敌人常在交通要道口伏击，我们由大路改走小路。以后敌改变到小路上设伏，小路也不能走了，就改走没有路的地方。特别注意消灭脚迹，踏过的草扶起来，在上山时反穿鞋子，扰乱痕迹，迷惑敌人。在溪水里走，不易露出痕迹，下雨就更好了。开始，还可以在偏僻处找些小房子住，以后敌人把小房子都放火烧了，我们就用竹子、杉树皮、茅草，搭成棚子。敌人到处搜山、烧山。草棚目标大，也不能住了，每人就发一把伞，下雨天，大树底下把伞一支，背靠背就睡了，天晴就找古坟，坟前有石板，往石板上一躺，也是很好的住处。

打破敌人的经济封锁，也采取了多种办法。经济封锁给予我们最大的困难就是吃饭问题，敌人并村政策的主要目的也就在这里。然而在并村时，我们的地下党团员和革命群众也并到大村据点里去了，只要有机会，他们就带粮食、油盐和日用品出来支援我们，他们把东西放在鱼篓里，压在担子下，送到指定地点，我们派人在那里给钱。国民党军队来搜山时，逼着群众一起来，群众就把竹杆打空，在里面装满粮食、食盐，进了山，趁敌人不防备，一面把竹竿丢在山里，一面唱着山歌通知游击队。每到耕种季节，群众要回来耕田，也可以带些粮食出来。我们也可以通过关系，深入据点去购买。留地是个大据点，敌人对这里不太注意，我们就住到离留地五里的山上，晚上就进去买一批粮菜油盐和鞋子、电池等。有时也利用商人，只要有利可图，商人就愿冒险。另有一种“商人”，事实上是给国民党官僚和军官做生意的，虽然他们恨透了我们，但只要有大钱可赚，也是我们可以利用的很好的“采办员”。

再是靠打土豪劣绅解决。打土豪劣绅的主要意义是为了在政治上打下他们的气焰，使他们不敢对人民为非作歹，对于那些特别反动的坚决予以镇压，以便于发动群众。一般的则不杀，抓住以后只要肯悔过，肯缴纳战争经费，仍然放他回家。较大的土豪，都和官僚军阀勾结在一起，或者本身就是官僚，都有武装，但多少只眼睛盯住他，总是有机会的。大庾有个大土豪名叫郭德清，是全县的联防团总，敲诈勒索也是全县闻名的，我们多次下不了手，那次他刚回到池江圩野老婆那里，就有人赶来报告，我们手枪队连夜赶去捉了来。群众就反映：“共产党壁头上也有耳，郭德清好久不回来，刚一回来就捉去了。”郭德清的民愤太大，我们一连收到许多封几十人具名的控诉信，为了满足群众要求，我们把他枪毙了。大庾人民说：“杀了一个郭德清，等于打了一场太平醮。”在南雄邓坑，捉到了大土豪江碧山，就给我们送来了几十匹布，二三十支驳壳枪，大批西药和款子。土豪劣绅最爱惜金钱，然而他们明白自己有多大罪恶，更怕杀头，总是愿意罚款，愿意给我们代办“违禁品”。

此外就是袭击军用汽车。虽然公路上到处是堡垒，然而堡垒之间总有空隙，只要依靠群众把情报弄确实，突然袭击总可得手。1935 年 9 月 7 日，曾彪同志率领油山游击队在雄庾公路上一下就截获了三辆国民党的军用汽车，缴获了大量的弹药和药品。我们又向司机进行了宣传教育，释放时又给了他们许多宣传品带回韶关。由于司机的辗转传说，弄得韶关满城风雨，到处都议论红军游击队神出鬼没，有些土豪竟吓得搬到广州去了。在缴获的汽车上有一个土豪要回大庾，他认为有兵护送非常保险，花钱找门路才坐上了这个汽车。却被我们顺手牵羊弄来了，游击队员们诙谐地给这个土豪取了个诨名“老霉子”。

虽然这样在“清剿”最紧张的时候，还是常常没有饭吃。在平时，从领导干部到每个游击队员，都背五斤干粮，一般情况下，任何人都不准动，只有在最困难时才可食用。但是连续“清剿”，很少空隙，常常得不到补充。好在山是大山，可以充饥的东西很多，春天就挖竹笋吃，夏天摘野杨梅吃，冬天就找山果，如果能捉到些小鱼、虾子和石鸡，那就是难得的美味了。

游击根据地经过敌人严重的摧残，房屋烧毁、田园荒芜、人口锐减，在反复的斗争中，群众经历了锻炼，提高了阶级觉悟，更加积极支持游击队，使我们终于克服了无数难以想象的困难，取得了丰富的斗争经验，胜利地度过了 1935 年。

三

在那些艰苦的日子里，绝大部分同志都表现了最大的勇敢和坚定，他们相信党，相信革命一定会胜利，积极投入斗争。但也有一小部分人，在残酷的斗争面前动摇了，被敌人吓倒了，叛徒龚楚就是这样一个人。

龚楚原为中央军区参谋长，1935 年春，他奉命带领红军七十一团去湘南坚持斗争，不久，他叛变了。因为交通不便，又没电台联系，油山、北山方面还不知道。1935 年 10 月，广东军阀陈济棠就利用他来破坏我赣粤边特委，他领着反动派给他配备的 30 多个人的卫队，假装成红军游击队来到了赣粤边。

当时，我们特委机关都到了北山，重要的机关、仓库、修械所、被服厂等都在北山帽子峰一带。龚楚一帮匪徒顺着他原走过的路来到了北山，碰到后方主任何长林，开始何长林不知道龚楚已叛变，加上两人原来相识，就把后方的很多情况都给暴露了。龚楚叫何长林召开干部会议，通知游击小队长也来参加。何长林没有请示特委就擅自召开干部会议。干部到会后，龚楚所带的匪徒就把会场包围起来，他大放狂言，说共产党没有出路，劝大家投降。许多同志听到这里，肯定他是一个无耻的叛徒，控制不住胸中的怒火，拿起枪就打，但是在叛徒的火力封锁下，许多同志当场牺牲，少数同志跑出来。有一个游击小队长，他是有名的“猛张飞”，从衣襟上撕下一块布，裹住脚上的枪伤，从血泊中爬起来，拼命冲出了包围，滚下山坡，敌人射击了一阵，以为他已牺牲，没有追来。他在山林中跑了一气，跑不动了，歇了歇又走，后来走不动了，歇一歇又爬，一心要把这个消息赶快通知特委，好让特委转移。经过两天两夜，他在几乎昏厥的时候，被我们交通站的同志发现，才抢救了他。这个游击小队长是一个很好的同志，可惜一时把他的姓名忘记了。

革命意志不坚定的何长林也随龚楚叛变了。这两个叛徒搞掉了我们的后方，仍然继续伪装着，准备把我特委机关一网打尽。可是他们不知道特委机关究竟住在什么地方，只是像瞎子似的到处乱摸。一天，他们摸到我们住的山上，被我哨兵看见，觉得他们可疑，就朝坡下打了三枪，向山上发出警报。

当时，项英同志和陈毅同志正在下象棋，听到三枪报警，急忙转移，我和陈丕显、李乐天同志以及两个警卫员也都来不及收拾东西就赶忙散开。到第二天，我们才在预定的几个地点把特委的人联络上，大家分析情况，估计叛徒怕我们上面实力雄厚，不敢上来，无可奈何地逃遁了。后来派人去原驻地侦察。果然一切原封未动。

但是，我们估计到敌人发现了特委的所在地，一定要对北山大肆“清剿”，便马上把北山的工作做了布置，把被打散了的五支小游击队加以整理，配备好干部，然后带着交通站及一些后方机关向油山转移。

果然敌人在大、小路口以及高山要点上布下了层层岗哨，简直像一张罗网。我们在离大梅关 40 里处隐蔽了两天三夜，估计敌人的麻痹情绪可以利用了，就按照已侦察好的情况，避开荒山小路，走上大路，从离敌人驻地两三里路的地方，出其不意地顺利通过了。

北山事件给了我们深刻的教育，使我们懂得了在艰难的岁月里，必须有坚强的政治思想领导，必须巩固和纯洁内部，要加强革命前途的教育，同时也要指出目前的困难，只有对目前困难有足够的认识，才能对革命前途有不可动摇的信念，才能经得起一切考验。陈毅同志最善于用生动具体的事实，说明中国革命的规律以及当前革命斗争的意义，启发群众的自觉，组织群众性的巩固内部的政治思想工作。他说：“革命的前途是光明伟大的，但革命的现实是困难的，更困难的局面也还可能出现。我们这座山上，能坚持到底的，是将来革命的骨干，我们留下一点星火，也要烧遍万里江山，不要看这点力量小，这是新生的力量，它会发展壮大的。”特委还特地编写了形势任务的讲话材料、阶级教育和气节教育的提纲，印发给每个小游击队和每个工作人员。此外，我们又做了许多具体、严格的规定：不论什么人，没有一定的关系，任何人不能随便接头，而要提高警惕，注意考察，不能把他们带到后方，更不能为他们召开会议。这是从烈士们的鲜血中吸取的沉痛教训。同时，我们号召所有的同志和叛徒作斗争。

罗绍增同志是泰和县人，原在南雄做青年工作。1935 年冬天，环境严重时，交通线被切断，有一封要件和几百元钱要送往信丰（当时信丰的经费困难，主要由南雄调拨）。组织上认为罗绍增同志机智勇敢，可以完成这项任务，便派新战士薛二头跟着他去。薛二头原在钨矿工作时，三番五次要求参加游击队，来了以后工作表现还不错，谁知他竟是一个伪装积极的坏蛋。他知道罗绍增同志带有钱，出发前到厨房里偷了一把菜刀藏在身上。出发以后，两人一前一后地走了 30 多里路，罗绍增同志决定天亮前通过敌人的封锁线，快到小梅关时，便招呼薛二头快走，薛二头却嘀嘀咕咕地说累得要死，要歇一会，罗绍增为了照顾他，就勉强同意了。可是，刚坐下来，薛二头就乘他不备，抽出菜刀，从罗绍增同志的头猛劈上去，幸好罗绍增同志的头一偏，只伤了耳门，薛二头又一刀砍中了他的肩膀。罗绍增一看是薛二头，就不顾疼痛，跃起夺刀，并抱住他往山下滚，罗绍增同志虽然负了重伤，但终于把菜刀夺了过来，还了他两刀。薛二头见势不妙，撒腿就跑，罗绍增同志终于把文件和经费保存了下来，但由于流血过多，他已不能起身，又怕薛二头引来反动派，便咬紧牙根向后爬，爬了六七里路，终于昏倒了。天明以后，被我们的基本群众发现和保护起来了（后脱离革命）。

与叛徒作斗争，这是整个游击战争中重要的任务之一。经验告诉我们，最重要的是要经常进行政治教育，说清道理，激发战士们的革命英雄主义精神，使大家能够紧密地团结起来，坚持斗争。此外，纯洁组织也是很重要。至于那些叛变了革命的，对我们威胁最大，因为他们了解情况，对那种人，一经侦察到，那是不能丝毫留情的。

四

赣粤边的三年游击战争，没有人民的积极支援，没有革命群众的同生死共患难，是很难坚持的。

敌人虽然占领了我们的根据地，但是人民群众并没有屈服。他们曾经多次地派人与红军联系，但都因为敌人的严密封锁而没有成功。敌人不断进行欺骗宣传，但是他们坚信革命一定会胜利。他们认定了敌人的反动统治长久不了。共产党不会被消灭，红军一定会重返根据地。因此，他们不顾生命危险，千方百计地把革命物品：枪支、子弹、红旗、党证、《红色中华报》、各种文件、工农民主政府发行的钞票、银币、各种衣物用具……保存下来，准备迎接最后胜利。

里山是游击根据地，这里的群众，所表现的坚韧性和顽强性也是十分感人的。

有一个时期，敌人“清剿”很严重，在只有两户人家的黄坑也住了军队。我们就住在黄坑旁边的樟树窝山上的棚子里，不能生火煮饭，只是靠我们的一些基本群众送饭给我们。当时北山和油山都很紧张，转移也困难，粮食全靠他们一点一点送来。青黄不接时，米没有了，老乡就把米果煮软了，放在篮子下面，盖上些草，装着割草，送来给我们吃。

这里靠近大庾城，通过群众去买东西比较方便。他们总是千方百计地把我们所需要的东西买回来。有的妇女，挑着一担柴，一早赶进大庾城，把柴卖掉，就去买布鞋、水鞋、电池等。然后又买了些青菜、辣椒盖在上面，做一担挑回来。国民党军队和警察看她们是个挑担的农村妇女，不予注意，她就顺利地回到里山了。

如何发动群众支持游击战争，需要根据不同的地区采取不同的斗争策略和办法。赤白交界地区的群众由于长期处于拉锯局面，斗争形势变化多端，情绪不稳，容易摇摆，但是由于经常遭受国民党反动派的摧残，只要很好地组织他们，经过斗争的锻炼，就能靠向游击队，做好赤白交界地区的工作，争取这些地区的群众，是巩固和发展游击根据地的重要问题。我们以公开与半公开的方法展开工作。从群众的迫切要求出发，提出了五抗的口号，即抗租、抗粮、抗债、抗税、抗丁，并积极领导群众进行斗争。军事活动也予以配合。在敌人抓丁最厉害的时候，警告抓丁的反动保长，使他不敢为非作歹；有时发现敌人把壮丁关在一起，游击队就突然袭击，把壮丁营救出来。哪里厘金税卡勒索过重，逼得群众喘不过气来，我们就敲掉它。割禾的时候，地主带着狗腿子来收租，把粮食运走，我们就中途袭击，帮助群众夺回谷子。经过一系列的工作之后，群众就很快靠向游击队，当我们攻击敌人据点时，许多群众都带着鸟枪、梭镖来参加战斗。

对于白色地区，主要是扩大影响，争取群众。游击队经常到敌后活动，散发传单，张贴标语，揭穿国民党的欺骗宣传。到白区去捕捉民愤极大的土豪，为民除害，扩大革命影响。通过里山、外山的群众亲友关系和职业关系进行宣传是很有效的，我们在大庾城、新城附近的地下关系就是这样建立起来的。

为了广泛地进行赤白交界地区和白区群众工作，我们提了干部群众化和职业化，和群众打成一片等要求，干部打赤脚，和群众一起劳动是起码的要求，每个人都学一种手艺，像赖文泰同志就会打铁，挑着家伙到处补锅补盆；朱赞珍、朱赞容就学做裁缝，到各地做衣服；梅山的工作人员杜富标就会腌鸡，从这个屋场到那个屋场，到处可去。不会手艺的，就打零工，帮人家耕田、割禾。这样就可以广泛地交朋友，认老庚，扩大革命影响，逐步发展组织，团结群众，并且也派了一些人到西华山、漂塘等处的钨矿去挖钨砂，进行活动。我自己会编篾器的，这也是很好的掩护。记得我在黄坑工作时，外人来了，问起我是什么人，群众就说："请来的篾匠。"他们看看我编的篾篓的确又细又密，也就相信了。

保甲制度是国民党反动统治的基层组织，他们推行这种制度，便于进一步压榨人民和严格控制人民的进步活动。但是，保甲长并不都是坚决的反动分子，因此我们针对着不同地区，不同对象，采取分别对待的政策。在里山，保甲长基本上是我们掌握的，派一些没有暴露的地下党员或革命群众去担任，或者以一些年纪大的，开明一些的人去担任，使他为我们工作。有时敌人召集会议，他们也去应付一下，回来就向我们报告开会情况。敌人来了，也采取一些应付办法，其实给我们作了情报工作。在外山，对于最反动的保长、联保主任，就非整不可，整掉一个，其他的就规矩一些了；对于一些开明的，区别对待，逐渐争取其为我们工作。在梅山，我们镇压了反动保长廖桂山等，争取了大庾城附近的联保主任吴其瑞。以后吴其瑞有时给我们送些情报来，也能给我们代购一些一般群众难以买到的东西。

我们的工作从里山推向外山，从外山推向白区，又从白区逐步伸进敌人的据点里去。我们在大庾城的街口梅风桥头开了个糖铺，取了个店号“广启安”；在雩都城开了裁缝铺，在赣州城开了纽扣工厂，作为我们工作的据点。

五

三年游击战争是艰苦的，同志们在同生死共患难的斗争中产生的阶级友爱和深厚的革命情谊是非常感人的。

五岭深山里的天气是很凉的，陈毅同志在一首词里这样写道：

天将晓，队员醒来早；
露浸衣被夏犹寒。
树间唧唧鸣知了；
满身沾野草。

我们住的棚子里，是一个大通铺，特委负责同志加上警卫员、炊事员等，十几二十人住在一起，每人只有一条毯子，垫的垫，盖的盖，两三个人合着睡。当时，不分等级，每人每月一块钱的“鞋子费”。我们这些领导干部路走得少，一个月穿不了一双鞋，战士就不够了，一双鞋补了又补。我们常常用自己的“鞋子费”买来鞋，给战士们穿，也没有什么你的我的。衣、被、鞋、袜等用品，不分彼此，谁需要谁就用。行军中，干部战士互相帮助，充分表现了阶级友爱的精神。

陈毅同志很爱写诗。每到一山一水，就即兴吟诗。这些诗里都很生动地描写了当时的艰苦生活。像：

叹缺粮，三月肉不尝。
夏吃杨梅冬剥笋，
猎取野猪遍山忙。

捉蛇二更长。

捉野猪的次数不多，因为打枪容易暴露目标。在情况较稳定的时候，陈毅同志常在夜里带我们几个人去捉蛇和石拐（蛙类），有时还带我们去捣马蜂窝，捉马蜂的蛹吃。

陈毅同志在第五次反“围剿”时，大腿盘骨负伤，伤口时常复发，爬山越岭很不方便，然而他不以为苦，不让人家知道。当时药品很少，主要用草药治疗。我们有一盒万金油，算是“万灵药膏”，不管什么病都用万金油抹一下。陈毅同志的伤口化了脓也用万金油抹一抹。有一次伤口发得更厉害，他把大腿绑在树上，叫人拼命挤，挤出了血水，扯些白布条抹上万金油，用竹签子一点一点塞进伤口去，旁边的人都不敢看，他却仍然谈笑自若。

我们也很注意学习，一有重要时事问题，就组织讨论。就是书太少，一本《共产主义运动中的“左派”幼稚病》和一本《列宁主义问题》，翻得破破烂烂，大家把它当宝贝。封面裱了又裱，里面补了又补。行军的时候抢着背，住下的时候抢着读。很多时间是组织讲故事。讲故事能手要数陈毅同志，他的故事真多，永远讲不完，讲起故事来，还联系实际，加以阐说，真是有声有色。战士们常常被他吸引得忘却了时间，不断要求他：“再讲一个。”

游击队的生活既紧张也愉快，只要是情况允许，终日歌声不断。除了少数中央革命根据地来的同志唱兴国山歌，主要是唱本地山歌，很多人唱采茶戏里的爬山调是非常出色的。而大家经常唱的是《十二月革命歌》，我还记得其中一些词句：

正月革命是新年，
无产阶级笑连连。
好比笼中放鸟子，
脱了笼背出头天。
……

六

1936年，日本帝国主义对中国的侵略越来越深重，而国民党反动派，却对日本帝国主义一再妥协投降。全国人民对此极为愤怒，一致要求抗日。这一年6月，广东军阀陈济棠，也打着“反蒋抗日”的旗帜，在两广闹起来了。两广事变说明了统治阶级内部矛盾愈来愈尖锐了，全国形势很快就要起变化，抗日高潮就要形成。这时，特委召开了会议，对当前形势作了透彻的分析。项英、陈毅同志要求大家认清两广事变的本质，也要从这件事中看出局势的变化，抓紧有利时机积极行动，并且提出了“停止内战，一致抗日”等政治口号。

这一次，我们也就抓紧时机，积极进行活动，开展工作。首先是广泛宣传，到处散发传单，张贴标语。当时，我在梅山安背坑一带发动群众。一个白天就写了许多标语和传单，肖文添等人带着这些五颜六色的标语和传单连夜赶到莲花梁街上（在大庾城南），贴得满牌坊满墙壁都是。

等到天亮群众看到标语传单，便到处传说：“昨夜过了大队红军啦！”“共产党并没有失败，还贴标语传单哪！”在此之前，白区曾有一些人受到反动派的欺骗宣传，认为红军真的垮了，共产党真的失败了。这一下敌人的欺骗宣传全揭破了，大大鼓舞人心。

武装斗争也积极展开，我们把部队一次集中一两百人，向游击区周围的敌区进击，摧毁敌人据点，扩大游击区，先后攻击了大庾的新城、青龙、池江、长江、留地，南雄的里东、水口、乌迳等地，大大振奋了人心。每次战斗，不脱产的游击小组和革命群众都直接参战。攻打池江时，数百群众配合游击队包围了圩镇，游击队以集束手榴弹炸开了伪区公所，俘获靖卫团一部，接着便火烧碉堡，摧毁工事，一时火光冲天，呐喊声响成一片，游击队的声势大振。

过了个把月，两广事变失败了。根据情况的变化，我们又迅速地改变了活动方式。果然，反动派新的进攻开始了。过去是广东军，现在来的是“中央军”，他们地形不熟，加上整个形势有了变化，我们的力量也有了增加，更利于我们积极活动，坚持斗争。这时候，在毛主席的领导下，主力红军长征到达陕北的消息传来了。同志们奔走相告，欢喜若狂，更充满胜利信心去迎接新的胜利。

不久，西安事变爆发了。西安事变，我们是从香港《工商日报》上看到的。知道蒋介石被张学良、杨虎城抓起来了，大家非常高兴。但是过了几天，又看到放了蒋介石，大家都很奇怪，以为张学良、杨虎城在搞什么把戏，干部和群众都议论纷纷。

后来，又从香港的进步杂志上看到了毛主席在瓦窑堡会议上报告的摘要。这个报告给了大家新的启发和很大鼓舞。特委考虑到新形势已经迎面而来，必须重新决定游击战争的方针。在干部和部队中进行教育，积极做好思想准备。研究后，由项英同志起草了一个文件，并且在油山召开了干部会议。

项英同志指出：“从中国革命的形势发展看，已经到了新的阶段。西安事变表明了在日本帝国主义进攻面前，民族矛盾已经超过了阶级矛盾。形势很快就要起急剧变化，抗日高潮已在形成。”另一方面，也指出了不能片刻松懈，必须继续提高警惕。因此决定，为了迎接新形势的到来，必须积极准备力量。在农村、在城市积极开展抗日救亡活动，展开广泛的宣传，并提出了“停止内战，一致对外，国民党应停止对游击区的进攻，让游击队开到抗日前方”的口号。

国民党反动派顽固地执行着反动政策。对赣粤边的进攻不仅没有减少，反而增加了。蒋介石阴谋在国内和平实现以前，集中力量，消灭南方各省的游击队。继续战斗中，我们失去了不少优秀的同志。

武装斗争继续到了 7 月 11 日，忽然国民党正规军队大部分撤离了里山，从征候上看，一定发生了重大事变。

原来，卢沟桥事变爆发了，日本帝国主义又对上海发动了猖狂进攻。但是国民党反动派反共、反人民的政策并未放弃。“驻剿”赣粤边游击区的国民党军队，虽然作了调动，但仍未停止对游击区的进攻。我们一面提高警惕，继续战斗，一面扩大部队，开展广泛的抗日活动。

我们以中共赣粤边特委和赣粤边游击队的名义发表了呼吁团结抗战宣言，获得了群众的热烈拥护，到处掀起了蓬蓬勃勃的抗日救亡运动，纷纷要求国民党停止内战，一致抗日。在全国抗日高潮及群众的压力下，国民党广东部队首先有了反应，接着大庾、南康、信丰三县的国民党县长，也被迫发表了“和平谈判”声明。

特委对当时情况作了分析，又经过反复考虑，决定利用机会，进行谈判。同时，积极准备抗日力量。至于政治上和行动上等重大原则问题，请示中央，由中央决定。于是陈毅同志下山谈判，负责联系分散的游击队。

在此过程中，我们会合了中央派来的同志，与中央取得了联系。在中央的指示下，经过谈判，解决了国民党军队从游击区撤走，释放政治犯，红色游击队改编为新四军等等问题，并派人到各游击区传达了中央的指示，停战全面实现了。

赣粤边的游击队集中了，开始在潭塘坑，随着局势的好转，逐步移向平原，先移到板棚下，再移到池江，用新四军的名义在池江、吉安等地组织通讯处，在南昌组织了办事处，一面训练部队，一面组织了宣传队到城里去宣传抗日，与中央革命根据地的一些老关系建立了联系。在赣州、瑞金、雩都、兴国、吉安、泰和、万安等地都建立了地下工作的阵地。

赣粤边游击队，经过长期艰苦的斗争，留下的都是久经考验的革命战士，党的宝贵财产。停战实现以后，除了留下部分同志继续坚持赣粤边的斗争外，其余武装部队编成了新四军的一部分。

南方八省的红色游击队汇集成为一支巨大的力量，高举着新四军的红旗，开赴大江南北的敌后战场，在党中央和毛主席领导下坚持了八年抗战，在抗日战争中建立了功勋，有了很大的发展。

选自中国人民解放军战士出版社编:《星火燎原》选编之四，中国人民解放军战士出版社1980年11月第1版，第174—194页。

杨尚奎，曾用名杨上魁，1905 年生，江西兴国人。1928 年参加革命，1929 年加入中国共产党。南方三年游击战争时，任中共赣粤边特委副书记、书记，中共（南）雄（大）余中心县委书记等。新中国成立后，曾任中共江西省委书记、省委第一书记，中共中央华东局书记处书记，江西省军区政治委员，福州军区第三政治委员，江西省政协主席，江西省人大常委会主任，第五届全国人大常委，中共中央顾问委员会委员等职。1986 年在南昌逝世。

赣粤边三年游击战争①（节选）

陈丕显

第一章 突围

一

1935 年 2 月下旬，大风暴临头了。党的中央分局、中华苏维埃共和国中央政府办事处、中央军区和赣南省的机关和部队已被敌人围困在狭小的雩南地区，形势非常紧张。战士和群众正在山腰上，在深谷里挖战壕、筑工事、埋藏物资，坚壁清野。

这天傍晚，我向山腰里走去，走着走着，忽然听到赣南军区政治部的宣传鼓动员唐大炮的声音，他正提高嗓子向战士们说话：现在是国民党政府和中华苏维埃政府的最后一次决战，等红军主力大捷，我们就要反攻，打到南京去，直捣蒋介石的老窝！听他说话的声音，就可以知道他是相信他自己的话的。他一转身发现我已经站在他的身旁，情绪显得更加活跃。

战士们纷纷围拢前来，问这问那。有个战士问：敌人到底有多少？我们能不能赶走它？唐大炮一听这话就开炮了：你这个脑袋，我看真该检查检查了。你要知道，不怕敌人千军万马，只怕自己脑袋有问题。

---

① 陈丕显著《赣粤边三年游击战争》由人民出版社于1982年10月出版第1版，全书共15章。这里节选了6章，作者在节选中还作了一些删节和修改。

这时一个久经风霜的老战士、老党员黄兴洪说话了。他说："大炮说的脑袋问题很值得注意。但是，到底谁个的脑袋有问题，需要辨别。我看大炮的决战呵，反攻呵，都看成是他自己的马列主义，是否也需要检查检查呢？"

唐大炮显然被激怒了，他立即反驳：什么是我的马列主义？什么是你的马列主义？黄兴洪吸一口旱烟回答：讲道理我不行，讲打仗还可以说一点，我们白手起家，创造了苏区，靠的是敌进我退，敌退我进，发展游击战争，积小胜为大胜，我们声东击西，都是成功经验。现在把各地部队拉到这里来集中，让敌人包围我们，没有游击队牵制敌人，我们这样硬拼行吗？

两人一争，我很受感动。我就说：目前的环境是困难的，你们讨论的问题很有意思，我看是要面对现实，才能战胜困难，兴洪同志的意见我以为是对的。唐大炮未免过分乐观了。到底怎样行动？仗怎样打？听候项英、陈毅同志的指示吧。他们在中央苏区人民中有威望，是群众信得过的领导人。

我回到营地后，那个晚上睡得很迟，翻来覆去睡不着，我脑袋里也尽是傍晚的争论问题。唐大炮是学生出身，他看过党的六届五中全会的指示，说的话也并不是乱说的。黄兴洪同志是瑞金武阳附近的农民，经过长期游击战争和土地革命战争的锻炼，他提出部队过分集中的问题，值得深思，他是我们赣南军区直属团的一个连长。那个晚上我百感丛生，但我至今还鲜明地记得我是反对唐大炮，赞成黄兴洪的意见的。

第二天清早起来，就听到东南方传来了隆隆炮声，敌人已迫近我们的指挥中心了。我赶到了工农剧社那里去开一个会，因为忘记了开路条，半路还给儿童团的岗哨喊住，受了他们一顿盘查。

会议一开始，赣南军区政治部主任刘伯坚同志作报告，我记得他说的是"目前的战争，要求我们的一切工作都来一个大转变"。

我真没想到在一夜之间，局势已急转直下。

我开完会回到赣南军区司令部，迎面见到军区司令员蔡会文。他已派了几个通讯员去找过我了。他拉着我的手走进一间屋子里，给我传达了党中央发给中央分局的两份电报。正是在这个危急的关头，党中央的声音先后越过崇山峻岭而来到了。

党中央的一份电报是通报中央政治局在贵州遵义召开扩大会议的情况；另一份电报是指示中央分局："放在你们及中央苏区全党面前的任务是坚持游击战争"；"要立即改变你们的组织方式与斗争方式"等等。

蔡会文同志对我说：中央分局昨天晚上开了紧急会议，反复讨论了中央的电报指示。陈毅同志说了"留得青山在，不怕没柴烧"，事到如今，只有突围，冲杀出去，才有希望。中央分局根据党中央指示，决定将部队分九路向外突围，开展游击战争。蔡会文同志对我望了一望，象征求我的意见似的说："你跟我一路走，你高兴吗？" 我高兴得几乎跳起来，连说："好极了，好极了。"

3 月 3 日午后 1 点多钟，赣南省军区司令部吹起了紧急集合号。我匆匆地跟着大家奔向司令部对面的山坡上。这里有高大的松树，稀疏的毛竹，还有数不清的杂乱的灌木和茶梓，是个天然的林荫地带。在这里听报告，不易被敌机发现，比较安全。

这次到会的人特别多。司令部、政治部、直属团队都到了，还有少先队、儿童团和一些基本群众。

项英、陈毅都讲了话，他们指出：目前的形势是险恶的，但革命的前途是光明的，我们要杀开一条血路，突到敌人包围圈以外去，开展游击战争，争取新的胜利。

二

3 月 4 日，我们赣南党政军机关率领独立六团这一路突围部队 1800 多人，离开雩南地区开始突围。我也在这一路中间。

突围前，作战经验丰富、机敏勇敢的蔡会文司令员对大家说：这次突围的任务很艰巨。由马岭到观音渡一线的敌人是广东军余汉谋部，在数量上五倍于我，装备很好。他们用堡垒严密控制的地方，正是我们必经之路。我们要冲过马岭和牛岭等主要关口，尤其是牛岭敌人的堡垒，可能要付出重大的代价，部队才能通过。

蔡司令员决定，以一部分队伍为先头部队，并指定重机枪连到牛岭就要抢占制高点，以掩护先头部队，拿下敌人堡垒；军区司令部、省级机关和警卫连，编在队伍中间，另一部分队伍，在后面担任后卫和做收容工作。

接着，蔡司令员把在高虎脑战斗中立过功、光荣连的一班班长余虎同志找来，推着他的胳膊对赣南省委书记阮啸仙说："啸仙同志，你是上了年纪的人，身体不大好，行军不大方便，我给你多找了一个警卫员。"余虎一个立正敬礼，啸仙同志连说："好极了，好极了！"

3 月 4 日下午，部队刚刚出发，就遇上了倾盆大雨。我们在黎板桥吃过晚饭后，没有怎么休息就继续前进。夜里，天空布满了乌云，没有一点星光，伸手不见五指。战士们一个跟着一个，走进了山谷，又翻过了山腰,沿着羊肠小道蜿蜒前进。当走近一个村庄时,突然响起了"砰"、"砰"的枪声，我们先头部队马上向两旁散开，做好战斗准备。后来，侦察班进入村庄搜查，才知道那是一些流氓地痞组成的"靖卫团"，误以为我们是白军，鸣枪以示"欢迎"。

蔡司令员听了侦察班的报告，笑了一笑，说："在白军进攻时，神神鬼鬼都出来了。好吧，我们来个'顺手牵羊'，把他们一网打尽。"黄兴洪连长说："已经解决了。俘虏了二三十人，还有几支烂枪。请司令员指示如何处理。"蔡司令员说："为首作恶的从严，胁从的从宽。"

队伍继续前进。

天黑、路滑，山路实在难走。有的同志爬上去又滑下来，但没有叫苦的。队伍到达马岭附近时，已是凌晨 3 点多钟。稍事休息，吃了点干粮，即进入战斗准备。

东方刚刚露出曙色，战斗就打响了。我们以猛烈的火力压住敌人的堡垒。机关枪的枪声和手榴弹的爆炸声，震耳欲聋。先头部队如龙似虎，猛打猛冲，迅速地越过了马岭、牛岭这两道关口。

但是，当紧跟在他们后面的省党政军机关这一部分队伍越过牛岭时，却遭到敌人的伏击。敌人凭借他的优势兵力和堡垒群，以猛烈的火力交叉射击，弹如雨下。接着，敌人从堡垒后面蜂拥而出，像疯狗似的猛扑过来，把我们的队伍拦腰切断了。

在众寡悬殊的情势下，很多同志倒在血泊中。年轻英俊的蔡司令员，沉着而机智地指挥作战。他命令早已抢占牛岭以东高地的重机枪连，用炽烈的火力从侧背打击敌人，接应后续部队前进；命令狙击班从西面斜刺里插向敌人的堡垒，坚决把它摧毁。

出发前调到狙击班的唐大炮和战士们，匍匐前进，登上山坡，趁敌人寻找目标的间隙，紧冲十来步，迅速挨近堡垒。唐大炮把绑在一起的两枚手榴弹，塞进了堡垒。随着轰隆一声，堡垒就哑然无声了。

“这下干得够本啦！起码 50 个。”唐大炮手里拿着一挺机枪，朝着溃退的敌人大声地说。

他的话音刚落，“砰”的一声枪响，我们英勇的唐大炮应声倒下了！

悲恸呵！唐大炮牺牲了。狙击班班长拿过唐大炮遗留下来的武器，向反扑过来的敌人一阵猛扫。这个突然的反击，顿时使堡垒前敌尸累累。敌人这时已感到侧面的严重威胁，就用机关枪、步枪向堡垒的缺口密集射击，子弹像飞蝗一样，落在我们的前后左右。我跟着蔡司令员，时而匍匐，时而跃进。突然，他举起手臂，往西一挥，发出命令：“朝这个方向冲，猛冲！”黄兴洪连长和警卫班的战士们照着蔡司令员指挥的方向，拼死杀开一条血路，占领了东面的高地，然后用机枪、步枪组成的火力，接应后续部队突围。

正在这个时候，赣南军区政治部主任刘伯坚同志不幸负伤了。他个子魁伟，本来目标就不小，加上骑着一匹白马，更加引起敌人的注意。

先是他骑的马负伤，他迅速跳下来，带着同志们向敌人猛烈扫射，一鼓作气冲过了堡垒。当他们冲出山坳到达安远的鸭婆坑时，不幸，他的左腿又被一颗流弹击中，失去了行走的能力。这时，他的警卫员准备架着他走，可是，还没有来得及把他的手搭上自己的肩膀，警卫员也中弹倒下了。刘伯坚就向蜂拥而来的敌人射击，最后子弹打光了，他落入敌人的魔掌，后于 3 月 21 日在大庾金莲山英勇就义。

黄昏，枪声渐渐稀落。经过一天的激战和急行军，马岭和牛岭已经远远地抛在后面了。

天黑了，雨还在下着。像头天晚上一样，没有一点星光，找不到任何可以辨别方向的天然目标，蔡司令员凭着风雨刮来的方向，看着指北针上微弱的荧光，来确定前进的路线。我紧紧跟在蔡会文同志的后面，幸亏他个子高，依稀看得见他的身影。我就跟着他的身影前进。羊肠小道上满是泥浆、断树、草丛和石块，战士们一路跌跌爬爬地向前走去。天色将明，部队来到一片密林里，蔡司令员命令停下来休息，布置警卫班在山上警戒、侦察班下山侦察。这时，大家身上的衣服都是湿的，顿时感到饥肠辘辘，寒气砭骨。经过一天激战，又走了一夜的路，无力的双眼，不时地自动瞌下来。大家随便吃了点干粮，就地铺一层松毛作床，摆一块石头作枕，倒头便睡了。

天亮了，侦察班和跟随阮啸仙同志的警卫员余虎，从山间小径飞奔而上。余虎见到蔡司令员，抽噎着断断续续地说："报告司令员，我们首长牺牲了。"他的两个眼深陷，满脸血污，泪和着血，滚滚而下。

蔡司令员听了一惊，跨前几步，紧握余虎的手，忍着悲痛说："什么？快说！"

"首长长期带病，身体本来虚弱，连日急行军，十分劳累。当他冲过牛岭后，气喘病又发作了，不得不停了下来。战斗开始时，首长带病指挥，鼓励战士们奋勇作战。忽然一颗流弹击中了他的胸口。他喘着气，高呼'为革命战斗到底'！倒下了。我摸摸他的脉搏已经停止跳动，地上流着一大摊血……”

蔡司令员望着远方，脸色阴沉。他轻声地说：“圣地埋忠骨，浩气贯长虹。阮啸仙同志和光荣牺牲的烈士们，同我们永别了。让他们留在苏区的土地上吧！他们将永远活在我们的心里。”

经过几天几夜的战斗，我们这支1800多人的队伍被打散，只剩下80多人了。我对蔡司令员说：“你这个司令员，变成个连长了。”他用坚毅的眼光望着我，笑了笑。

我们冲破了敌人的重重包围，夜行晓宿，行进在桃江之畔的丛山中。这一带是白区和游击区的交界地，到处有反动地主的堡垒，“靖卫团”在前面拦路，强敌在后面跟踪追击。敌人在盲目搜山，乱放冷枪，为自己壮胆；入夜，地主武装的岗哨活动起来，庄庄火把通明，处处鸣锣呐喊，有时还放上一阵土炮。蔡司令员指挥部队避实就虚，翻山越岭，朝西南方向前进。夜深了，我们继续不停地走着。饥饿疲乏，又是黑里摸路。我的双腿再也撑不住了。忽然脚尖好像碰到了什么东西，摔了一跤，倒清醒了不少。忍痛爬起来，强使双腿不断向前移动。这时大家都很疲劳，队伍里走在后面的同志，撞了前面同志的脊梁，只觉得脑袋里“咕咚”一响，猛然醒来，才晓得自己还在走路。

天将破晓，远处传来鸡鸣，我们从山径陡坡走下平地，浑身觉得轻松得多了。侦察员回来报告说，离这里不远就是桃江了。

国民党反动派为了阻挠红军渡江，把渡船都破坏了。我们找到当地的老表们，他们说：“我们这里过去红军常来常去。前些时候，地主豪绅回来，说是红军被消灭了。这就没有天理了，我们就是不信。果然你们红军回来了。”

在老表们的热情帮助下，我们好不容易找到几只渡船。大家高兴极了，饥饿、疲乏、瞌睡，一股脑儿飞散了。

黎明，我们在王母渡顺利地渡过了桃江。一过江，就是赣粤边游击区了。部队在挨近赣信公路的一个小山包停下来休息。经过几天的连续行军作战，战士们疲劳不堪，往地上一倒，就睡得“鼾声起，梦儿迢”了。

一觉醒来，已是日上三竿。抬头望见蔡司令员在屋场外挺直身子踱来踱去，频频向四处探望。啊！他不顾疲劳，亲自负起警戒任务呢！

我悄悄地走到他面前，低声地说：“你也应该休息一下了！”

“阿丕同志，我们可找到了大龙区委。余虎已经出去联系了！”他面露喜色，好像根本没有听见我说什么，只管告诉我这个令人振奋的消息。

过了片刻，余虎引来大龙区委负责同志，蔡司令员和我会见了他，他对我们说：“只要两天的路程，就可以到达油山的中心区了！”

油山，梦寐以求的油山，在那蜿蜒不尽的梅岭山脉中，已经不远了。大伙儿的眼角上挂着喜悦的泪珠，心里真有说不出的高兴。

大龙区委负责同志还亲切地说：“这里是游击区，群众已给你们弄来一些吃的东西。”

果然，不一会儿工夫，我们吃上了群众送来的米饭、稀饭、红薯，大家已经挨了几天饿，吃起来感到格外香甜。

刚吃罢饭，区委负责同志又送来了十几包香烟，笑嘻嘻地说：“我知道大家很需要这个东西，是托人往大庄里弄来的，可惜只弄到这一些。”

“好极了！你真想得周到啊！”

战士们分吸了香烟，精神一振，轻声地说笑，沉浸在一片欢乐中。

经过一夜休整，黎明时部队继续行军，越过了赣信公路，沿途都有交通员和群众带路，逢山爬山，遇水涉水，夜行晓宿，向着赣粤边的中心地区行进。

又是艰苦的长行军，4 月初的一天下午，我们终于到达油山，与原来坚持在油山战斗的同志们会合了。虽然大家满身是战火的烟尘，但是眉宇间依然闪现着坚定的、胜利的光辉。油山的同志们抢上前来替我们背东西，一边走，一边问长问短。许多同志的眼角里挂着晶莹的泪花，附近的群众，也放下手中的活计，纷纷拥上前来，热烈地欢迎我们。

在苍茫的暮色中，部队来到一片密密的丛林里，赣粤边特委机关就设在松竹掩映的几间房子里，赣粤边特委书记李乐天、副书记杨尚奎、少共特委书记刘新潮等同志，都在特委机关附近热烈地欢迎我们。特别令人高兴的是，在特委机关还见到了项英、陈毅等领导同志。我们紧紧地握手，互相拍着对方肩膀，一股股暖流涌上心头。离开雩南地区的这些天来，我们一直为项英、陈毅等领导同志的安全担心，谁知他们却比我们先到达油山，悬在我们心上的一块石头顿时落了地。我有千言万语要对他们诉说，可是由于过分激动，嗓子里像是被什么东西哽着，一时又说不出话来。项英、陈毅同志对我们表示亲切的慰问，陈毅同志还豪迈地说："国民党吹牛说已经把我们消灭在雩南山区了！嘿，我们却在油山上说话啦！"大家都为他的这种革命乐观主义精神所感染，房子里充满着胜利的喜悦。但是，胜利的喜悦同沉痛的心情是交织在一起的，谁也不会忘记，我们赣南省这一路突围部队，出发时有 1800 多人，到达大龙时，只剩下 80 多人！以后，陆续来到油山会合，总共才 300 多人，而大部分同志被打散了，或者壮烈地牺牲了，大家对牺牲的同志，无不表示深切的悼念。

部队会合以后，从油山转移到北山。4 月上旬在长岭村召开一次军政干部会议。项英同志在会上作了报告，陈毅同志在会上讲了话。项英同志指出：中央苏区虽然丧失了，但红军主力中存在和游击战争的进行，必将推动新的形势的到来，中国革命正在新的条件下向前发展。那种认为中国革命失败了的悲观情绪是错误的。他还针对指战员中存在的游击主义倾向，强调指出：游击战争应以发动和领导群众斗争为主体，反对单纯地打土豪，打土豪要执行党的阶级路线。陈毅同志根据中央电报指示精神，提出了迅速转变斗争方式和工作作风的问题。会议根据中央指示精神和项英、陈毅同志的报告和讲话，制定了"依靠群众，坚持斗争，积蓄力量，创造条件，迎接新的革命高潮"的方针，决定以南岭山脉为依托，以保存有生力量为主体，长期坚持在赣粤边开展游击战争。长岭会议还根据敌我力量的态势，进行了分兵部署。

长岭会议是一次非常重要的会议。会上确定的方针和措施，是毛泽东同志的战略战术原则的具体运用，长岭会议成了我们的新起点。

第二章　反“清剿”

一

1935 年春夏之交，国民党军全部占领中央苏区以后，便调遣兵力，气势汹汹地对赣粤边游击区进行全面“清剿”。除广东余汉谋的一个军外，还有江西的保安团、铲共团，共集中几十个团队，约 50 倍于游击队的兵力，对赣粤边部署了三道封锁线。

在东面的桃江、北面的章水、南面的浈水，控制了所有的渡口，构成第一道封锁线；

在大庾、南雄、南康、信丰的公路沿线，驻军队，设据点，修碉堡，构成第二道封锁线；

在游击区周围的一系列圩镇，驻军扼守，构成第三道封锁线。

敌人以为布下了天罗地网，消灭红军游击队易如反掌。余汉谋曾向报界夸下海口：“3 个月内消灭共产党和游击队。”还疯狂地叫嚣，“这一次‘清剿’，不把‘共匪’打死，也要把他们烧死，烧不死的就把他们饿死、困死。”

为了粉碎敌人的“清剿”，根据长岭会议确定的方针和项英、陈毅关于红军游击队分散隐蔽，保存力量的指示精神，红军游击队组成“武装工作队”，以三五人为一组，分赴各游击区，化装为群众，以职业为掩护，宣传党的方针政策，组织群众参加和支援游击战争。

为了便于在赤白交界地区和白区进行群众工作，游击队提出了干部群众化和职业化的口号，要求干部战士学会一门手艺，以做手艺为名，深入各地进行串联活动。杨尚奎同志会编篾器。他有时就以此作掩护，开展工作。生人来了，问他是什么人？群众回答说：“请来的篾匠。”生人见他编的篾笼又细又密，也就相信了。赖文泰同志是个铁匠出身，经常挑着担子走屋场，串圩镇，通常为群众补锅补盆来进行工作。至于游击战士中不会做手艺的，就打赤脚，和群众一起劳动，帮助群众莳田、割禾。这样，就可以和群众打成一片，交朋友，结同庚，扩大革命影响，争取团结群众，逐步发展组织。

广大群众纷纷参加了不脱产的游击小组。仅在油山和北山游击根据地内，就组织了以党员为核心的游击小组 50 多个。他们配合游击队站岗放哨，作侦察，搞情报，保卫生产，发挥了很大的作用。

乌迳，是雄（南雄）信（信丰）公路上的一个大圩镇，是敌人认为最可靠的地方。当敌人开到山里进行“清剿”最紧张的时候，游击队在党组织的密切配合下，在一个万籁无声的黑夜里，突然跳出了敌人的包围圈，隐蔽急行军 100 多里，在天亮以前赶到了乌迳。这时，反共靖卫团团总邱光华和国民党区长，还在镇公所里打麻将，守卫在门口的团丁，夜里喝醉了酒，这时正在酣睡。游击队摸清情况后，神速地打进了镇公所，当游击队员出现在他们面前时，他们像丈二和尚摸不着头脑：“红军游击队在离这里很远很远的深山里，怎么会跑到我们乌迳来呢？”这一次袭击，全歼了靖卫团，打死了靖卫团团总邱光华。随后，红军游击队把写着红军游击队第 × 支队第 × 大队等番号的红绿标语，贴遍了乌迳镇。天色微明，群众看到标语，很快就传开了。有的还推波助澜，大张红军游击队的声势，搞得敌人手忙脚乱，草木皆兵，敌人只好连忙从山里把“清剿”游击队的力量，调回乌迳。

接着，攻打大庾游仙圩，这一仗也打得非常巧妙。游仙圩有个又高又厚的土围子，土围子里的碉堡很坚固，密密麻麻地布满了枪眼，而土围子外面又横着一条很宽的水沟。这年 5 月的一个夜晚，朦胧的夜色笼罩着游仙圩，游击队长曾彪按照我和他商定的部署，带着 40 余名队员悄悄地来到这里。他根据白天侦察的情况，让战士们在土围子附近山坡的树林里隐蔽着。然后他带一个班，大摇大摆地从离敌人土围子不远的地方通过。通过时，又是大声咳嗽，又是打手电筒，想方设法逗引敌人。果然，土围子的敌人朝他们开枪了。伴随着枪声，他就“哎哟”、“痛啊！”大声呼喊起来。随后，战士们拥上去，扶着他向山坡树林走去，边走边大声说：“不好了，大队长带花了，快背着走！”土围子里的敌人听了，以为大队长真的负伤了，就立刻打开土围子的门，越过那条宽沟，冲了出来。事先埋伏在山坡树林里的游击队员，看到“蛇已出洞”，就猛烈开火，直打得敌人哇哇地叫。这一仗，全歼敌人一个班，缴获长短枪十余支，炸毁了碉堡，顺利结束了战斗，我游击队员无一伤亡。

这年秋天的一个夜晚，南雄县委给游击队送来一份紧急情报：广东敌军有三辆满载军火的汽车，明天要从曲江（韶关）开往大庾。油山游击队得到情报后，连夜巧妙地穿过敌人的碉堡群，于拂晓前赶到南雄、大庾公路边一条狭长的小山沟里埋伏下来，监视着公路上来往的车辆。第二天中午时分，果然有三辆军车在国民党士兵的护送下开过来了。离伏击地点只有百把米的地方，游击队就向军车猛烈开火，打得车上的国民党士兵一个个抱头鼠窜，三辆军车全被游击队缴获。游击队一面忙着运送车上的军用物资，一面给三个司机做工作，然后把他们释放。临走时，红军游击队还给了他们一沓宣传品。那三个司机回到曲江后，红军游击队神奇般袭击军车的事，便像一阵风似的传开了，吓得一些土豪劣绅四处逃奔。有的逃到广州去了。在军车上，游击队还逮到一个从南雄回大庾的土豪。这个土豪，花钱找门路，好容易坐上了有国民党士兵护送的军车，满以为此行万无一失，谁知半路上却碰到了这么个“倒霉”事，游击队员诙谐地给他起了个诨名“老霉子”。

正当敌人大举“清剿”油山、北山游击队时，三南游击队政委张日清同志奉命带领队伍乘虚南下，袭击了信丰崇仙，捕杀了反共团总张校麟和白师爷。接着，他们乘胜深入到青龙山一带开展游击战争。青龙山山高林密，反动势力根深蒂固，地主山霸主宰一切。游击队紧紧依靠群众，采用“神出鬼没，出敌不意，麻雀战法，老鹰抓鸡”的战术，打击了当地的反动民团，镇压了那些血债累累的土豪劣绅。

二

由于敌我力量悬殊，在一般情况下，我们尽量避免和敌人正面交手，以免陷入被动，遭受损失。但是，有些时候，或者是由于事先没有联系好，或者是由于时间没有算准，或者是由于难以觉察到的疏忽，也常常要和敌人遭遇。

有一次，我和油山区委书记丁祖贻以及交通员、警卫员一行四人，从南雄大兰地区检查工作后回到驻地去。因连天阴雨，山间小路实在难走，就拣较大一点的路走。当我们转过一个山头的拐角时，发现距我们约百来米的地面，来一支南雄“铲共团”的队伍。警卫员眼尖手快，叭叭地打了两枪，就从斜刺里溜走，躲进荆棘丛中隐蔽起来。我随着枪声转身同老丁等招呼了一声，也火速跨过左边的围埂，钻进了深山密林。敌人鸣枪追赶。当我刚上山时，就听得树叶瑟瑟作响，原来敌人已窜到山脚。我就从山腰爬到山顶，钻进更加茂密的森林里，观察着敌人的动静。当敌人追到山腰，因不知道我们的虚实，没敢往更深的密林里追，只对山腰打了一阵乱枪，就灰溜溜地撤走了，就连隐蔽在他们脚跟边的警卫员也没有被发现。我们四人走散后，却不约而同悄悄地摸回原来从大兰出发时的区委交通站，当我们重新会合时，真有说不出的高兴。可惜的是，警卫员在朝敌人打枪时，把我的那个旧阴丹士林布包和一只口缸，丢失在路边被敌人拾走了。当天下午，“铲共团”用枪刺挑着我的那个旧阴丹士林布包和那只口缸，大摇大摆地从大兰走过。大兰的彭祖庭同志，过去在红军里干过几天会计工作，对红军游击队的感情特别深厚，同我更是十分亲近，他见到敌人枪刺上挑着我的那个布包和那只口缸，却不见我的影子，暗地里为我的安全捏一把汗。过了一段时间，当我们重新见面时，他惊喜地说：“天啦！我还以为你牺牲了。”

三

敌人在“清剿”中，为了寻找红军游击队，曾总结了三条经验：听响声、看烟火、跟脚印。他们组织谍报队、守望队、观火队，派出便衣侦探，装扮为打猎的、采香菇的、烧炭的、砍柴的和挖竹笋的，窜到山里探听动静。他们在路旁沟边察看有无游击队的足迹；到山顶上观察有无游击队烧饭的火烟，躲在山林草丛窃听有无游击队说话或咳嗽的声音。他们一发现“情况”，马上向上级报告，调来军队，把游击队包围起来。

敌人的这些做法，使我们的行动受到很大的限制。然而我们也有一套反“清剿”的办法。“有路不走，没路就走”，一般不走公路、大路，而是设法穿插过去；有时就连小路也不走，专找无路的山爬，不管山高坡陡，总是奋勇地翻越过去，以免留下脚印，暴露目标。特别是下雨天，为了走路不留脚印，我们干脆在水沟里走。在水沟里走时，决不能失落东西。否则，失落的东西顺流而下，敌人发现了，又会跟踪而来，至于行军必经之路，后面专门有人处理脚印。晚上走路，不点火把，不打手电筒。为了不致走散，有时每人头上扎一条白手巾，一个紧跟一个走。煮饭时，尽量做到“白天做饭不冒烟，夜里烧火不透光”。还严格规定行军不许大声说话，不得大声咳嗽。

当然，我们有时也制造假象，迷惑敌人。例如，走路倒穿鞋子，故意留下脚印，让敌人跟“踪”寻找。到离我们驻地较远的山上点火，让敌人来“围剿”。有时故意在野草丛中丢锅，把“目标”暴露给敌人，让敌人在深山里捉迷藏。

敌人“三个月消灭游击队”的“清剿”计划彻底破产了，只好把期限从三个月展为半年，以后半年不行，又展为一年，最后改为长期“清剿”了。

在我们红军游击队方面，却在反“清剿”斗争中，积累了丰富的经验。项英、陈毅同志曾把这些经验概括为这样一些基本原则，即不是盲目地有仗就打，而是有目的地打；要打能扩大政治影响的仗，打能发动群众的仗，打能得到物资补充的仗；不打硬仗，不攻坚，而是“赚钱就来，赔本不干”，以最小的代价取得最大的战果。在这些原则指导下，坚持公开斗争与半公开斗争相结合，武装斗争与地下党的内线工作相结合，武装斗争与群众斗争相结合，非法斗争与合法斗争相结合。在武装斗争中，必须坚持游击战争的灵活战术，时而集中，时而分散，时而活动，时而隐蔽，声东击西，神出鬼没，使敌人捉摸不定，而我们处处主动；善于运用夜袭的战术，努力做到把敌人搞掉，而我们一个不伤；利用地形地物打伏击战，打得敌人晕头转向。后来，随着游击战争的持久开展，各个游击队在游击战术的运用上，更是达到了“最精彩的阶段”。

第三章　扎根

一

严寒的冬季来到了，红军游击队的处境更加艰难了。

1936年初，我和油山区委的几个同志，根据项英、陈毅同志关于“巩固老游击区，发展新游击区”的指示，到彭坑、黄种一带开辟工作。我们和当地群众一样的装扮，蓝衣服，黑头巾，避开大路，穿过山崖小涧，去到了那里。

彭坑、黄种地区，在油山西北方向。拨开油山的云雾北望，目光掠过群山之巅，可以看到一线平原。曲折的章水，时隐时现地从大庾流来，绕过青龙、池江、新城，向赣州方向流去。冬季的南方平原，绿一块，红一块，黄一块，我们看到这样开阔肥沃的平原，不禁赞美道：“真是一个好地方啊！”

由于敌人的封锁和欺骗宣传，以及我当地党组织过去执行错误政策的影响，至今在赤白交界地区，山里山外的人还存在着对立的情绪。山里的人外出很麻烦，山外的人进坑，没有保人也不会顺利。而这条山沟，这时只有有数的几户人家，离敌人又近。反动军队驻扎在弓里，那些当官的只要心血来潮，口哨一吹，一个跑步就可以到山沟来搜个遍。在这种情况下，我们活动不便，物资补给尤为困难，要立脚、发展，并不是容易的。这就要求我们在工作中努力做到细致、周密、坚定和灵活。

我们到达目的地后，就根据上级指示精神召开了干部会议。那天，北风呼啸，寒气袭人。我和廖正文、吕新洪、彭妹子、曹秀英等同志，秘密地挤在葵花坑的茅棚里。茅棚四周全是枯藤荒草，杳无人迹。我们拟订了一个工作方案，确定：第一，巩固立足点；第二，建立贫农团，依靠贫雇农，做好赤白交界地区的群众工作；第三，发展大塅（平原）的工作。

我对大家说：我们的工作要像钉钉子一样，一步一步地钉牢在这一带，深深地扎下根子，把赤白交界区变为游击区，把工作推向平原。在实际工作中，必须严格遵守红军的群众纪律，努力消除赤区的人民与白区的人民之间的隔阂。敌人非常残暴，动不动就是一番烧杀，加上欺骗宣传，不少人暂时会迷失方向。我们应该理解和体谅人民群众在这种严重情况下的困难，争取一切可以争取的群众，团结一切可以团结的力量来从事革命斗争。

我的话音刚落，长期在这个地区坚持斗争的游击队长曹水清同志说：“对！我完全拥护！过去那些做法，给我们吃的苦头，已经够了。现在我们就按照新的政策来干吧！”他把手一挥，指着山下说：“就拿彭坑来说，刘汉光是忠实可靠的；他的妻子三娣经常给我们送饭。还有魏良洪，是红军伤员，现在还被关在大庾监狱里，我们要马上设法把他保出来，使他成为我们依靠的力量。我们可以通过他们，串联发动，着手建立贫农团。”接着，大家都发了言，提了建议；最后，分头奔向彭坑和各个屋场（村庄）去了。

二

在群山环抱、密林遮天的彭坑沟边，有所单门独户的房子，就是刘汉光的家。我们把他的家当作“立足点”,他们全家更把我们当作亲人。刘汉光的妻子三娣子30多岁，已是几个儿女的母亲。她为人忠厚，又很能干，还懂得许多革命道理。除担负繁重的田间劳动和家务外，她还给我们送饭、买东西。我们请她办的事，她都努力去办。

有一段时间，陈毅同志和我住在三娣嫂家后山上的草棚里。三娣嫂每天总是提个竹篮子，借口上山打猪草，把油、盐、菜、米送到草棚来。端午节那天，三娣嫂还提着一篮粽子送给陈毅同志吃。陈毅同志看着这些充满革命情谊的粽子，非常激动，亲切地问她：“表嫂，你叫什么大号呀？”

“我姓周，妇娘们没有大号，小名叫三娣子。”她回答说。

“闹革命嘛，男女平等，你也该有个名字啊？”陈毅同志风趣地说。

“好是好，只是我没文化。你给我起个名字吧！”她说。

“这样好吧，你天天给我们送饭、买东西，手里少不了一个篮子，就叫周篮吧！”陈毅同志想了想，爽朗地笑道。

大家赞同这个名字，认为很有纪念意义，周篮自己也很满意她的新名字。

一天，陈毅同志坐在周篮家屋后的石板上看书，警卫员宋生发和聋牯坐在旁边擦枪。突然，周篮家的猪狂叫起来，原来是一群国民党兵窜到彭坑来了。这时，周篮嫂正在门前河沟洗东西，发现敌人时，要赶回屋后通知陈毅同志，已来不及了。她急中生智，用石头打猪，边打边大声叱骂：“你这只死猪，还不快跑回厩去？这么多兵来了，会一下子把你打死的。”陈毅等同志听了，连忙转移到深山里去。敌人搜查了周篮的家，但什么也没有捞着，就溜回去了。事后陈毅同志感激地说：“大嫂，你真有法子。”

我们在彭坑后山的草棚子住时，有事常要找刘汉光，而国民党反动派又常来搜山。我们白天去他家吧，怕暴露目标，晚上去呢，又怕他家的狗叫。外加他们住房外面还有一堵土围墙。叫门也不方便。后来这个情况被周篮知道了。一天早上，她又提着只篮子，送东西到我们的棚子来，还跟来一条狗。狗见了生人，夹着尾巴唔唔地叫。周篮嫂对游击队员肖明朗同志说："你们拿点东西给它吃吧，以后它就认得你们了。晚上你们来也方便。"接着，她又说："每天晚上我关门的时候在土围墙脚放一条凳子，你们可以踩着凳子翻墙过来，就不会惊动别人。"我们照着她讲的做，联系工作就比较方便了。

周篮同志对我们的支持与帮助，我们一直铭记在心。1962 年中央在北京召开七千人大会时，陈毅同志在看望参加会议的大庾县委书记时，问起彭坑的周篮还在不在？县委书记回去，果然找到了周篮，并表彰了她在艰苦的三年游击战争中支援红军游击队的功绩。1975 年她去世时，我特地派人给她献了花圈，对她表示深切的哀悼。

三

我们有了这样的落脚点，就开始组建贫农团。当时参加贫农团，被反动派知道了，是要杀头的。可是，只要我们工作做到的地方，不管有多么大的危险，总会有人参加。

1936 年初春的一天，油山中心区委在蛇子坑的棚子里筹备弓里贫农团的成立大会。这是紧接着小汾贫农团成立后的又一个盛会，它表明这时我们的工作已经向山外展开，并已伸展到平原的边缘。这一天，据了解没有敌情，大家一早起来就忙着布置警戒，愉快地生火，安排"会场"。

我们正忙着，忽然听到山鸡叫了，叫声由远而近。这是信号，有人来了。廖正文连忙向我招呼一声："来啦！"

我隐蔽到石咀后面，透过树丛往山下一看，果然有一个人，挑着一副空柴担，缠着黑头巾，穿着一件大棉袄，这件棉袄几乎吐满黄乎乎的棉絮，也不知传过几辈人了。这人大约十六七岁，样子很机灵。他在坑口左看看，右看看，两手抓住柴担，猛一窜进了林子，躲躲闪闪地向我们山上奔来。在他身后，并没有拖着国民党的“尾巴”。

他上来后，我就招呼他：“黄克连，你早哇！从兰村来吗？”

他抬头看见我，惊喜地答道：“阿丕老陈，你更早哩。你还记得我住在兰村？”他摘下头巾，头上热气腾腾。

“怎么不记得？头年你进坑割晚禾的时候，克廷不是介绍过吗？”

“对，对！从那以后，同志们还给我讲了许多革命道理哩！昨天晚上通知我开会，我高兴得一夜没有睡好，今天天麻麻亮就起来了，生怕误了大事。”

人来多了。克廷、克连、克纪、克扶、克轮和传仕等，几乎全是姓黄的，一共十几个人。人一多，冷僻的山坑顿时热闹起来，到这里来开会是不容易的，每道封锁线上，国民党都贴着命令、布告，纸上写着黑字：“通匪、济匪、窝匪者，杀无赦！”但是，觉醒的农民，为了寻找自己的组织，为了闹翻身，早已把生死置之度外，他们回答反动派“杀头”、“满门抄斩”威胁的是：“来吧，摘下脑壳也要把你们砸碎！”于是，有的背着筐子，有的挑着柴担，三三两两地登上山来。

人到齐了，我对廖正文说：“找几个同志帮他们打柴吧，等他们开完会，好下山。”

几个游击队员应声拥过来，七手八脚地把柴担、柴筐搬着就走，来开会的人急忙起身阻止，双方互相友爱地争执起来。我说：“打几担柴算得了什么，这不也是应该的吗？要不，大家空着担子下山，反动派盘查起来，怎么回答？”他们才没有话讲，围着炭火坐了下来。

这时，曹水清向我示意，岗哨没有发现敌情。

弓里贫农团的成立大会就这样开起来了。在这个会上，许多人都激动地倾谈自己的认识，表示决心：决不反水，永远跟着共产党走，和地主豪绅阶级斗争到底。气氛是那么肃穆庄严，每一个人的每一句话，都像山盟海誓，激动人心！他们站立起来，像漫山的青松翠竹，敢傲雪霜！

贫农团成立了，黄克廷当选为负责人。选举后，我高兴地对大家说：你们参加了自己的组织，要努力工作。“天下穷人是一家”，大家都有责任向贫苦农民宣传，介绍好的对象加入组织，人多，力量就大了。工作要秘密，不能暴露。发展对象要谨慎，好吃懒做的不要，二流子不要，土豪劣绅更不要；要贫苦、勤劳、有觉悟的人。对于那些来自外地的“客户”，不能歧视，要团结帮助。我还告诉大家，运用多种多样活动的方式，交朋友，结同庚，或者通过宗族关系、社会关系广泛地团结群众，一起战斗。

散会的时候，大家挑起了游击队员打好的柴禾，兴致勃勃地挑下山去。他们下山坡，过小桥，有说有笑，十几个人一行，柴禾沉甸甸，扁担闪悠悠，走在坎坷不平的道路上，快步如飞。他们挑着、背着柴禾，心里惦记着自己的誓言，将把自己懂得的道理，带回各自的屋场，使它在群众中传播，让革命的火苗在平原上燃烧。

四

几天后的一个深夜，廖正文突然叫醒了我。他说：黄克连找好了一个对象，约定明天进山打柴。

看来这似乎是一桩小事，但是在当时，我们把它看成是打破敌人封锁、创造生存条件的一个重要步骤。为了争取一个对象，我们不遗余力地工作。因此，当晚我们作了周密的布置。

黄克连约好的对象是兰村的老邓。他是从南康搬来的“客户”，到兰村后，人生地不熟，家又穷，一天到晚没着没落的。黄克连看中他是个老实人，先跟他打招呼。以后，在谈吐中不时流露对他的关怀与同情，话很投机。后来，两人议论起共产党和红军游击队来，老邓说：“共产党好是好，就是没有路子，弄不好要出事的。”黄克连说：“我也想联系。我想只要认识清楚了，总会有路子的。”分手的时候，两人约定第二天一同进山打柴。随后黄克连就给我们带来了信，希望我们接头考察。我们也认真地研究了这个情况，作了布置。

第二天一早，黄种的山坑里来了两个人，一大一小，一前一后，都挑着担子。小个子的一举一动，早已使游击队员认出他就是黄克连。他们一进入山林，游击队员和区委干部就出来和他们见面，攀谈，并且帮助他们打柴。从谈话中了解到老邓确是一个好对象，与黄克连所谈的基本上一致，区委干部暗中向黄克连点点头。不久，天下起雨来，游击队员赶紧给他俩把柴捆好，并且送给每人一件蓑衣，对他们说："雨大了，下山吧！"

老邓已经觉察到这就是自己一心想找的红军游击队，挑起担子来的时候，眼角里闪着感激的泪光，好像有满腔的话要向我们倾吐。

过了一些日子，贫农团又开会了，会场里增加了几个新会员，其中一个就是老邓。

五

由于敌我力量悬殊，我们遵照项英、陈毅同志的指示，在政策上做了一些调整。对贴"反共"标语应付敌人的群众，不予追究。对个别反水的农民，采取宽大的教育政策，除造成很大危害的以外，一般就让他们回家生产；万不得已需要镇压的，对他们的家属也给予生活出路。

政策上的调整，得到了群众的热烈拥护，说："共产党、红军游击队真是顺天理，合人情，仁至义尽啊！"而且一传十，十传百，使党和红军游击队的影响日益扩大。一些被迫搬出山坑的群众也纷纷回来，坑里的人多了，贫农团的发展就快，不久好几个地方都成立了贫农团，每人每月还交三五个铜板的团费，表示对组织的忠诚和爱护。他们知道山上粮食困难，秘密开会作出决定，把弓里的 25 石公堂赈谷打成米，通知游击队员夜里去挑，他们为红军游击队送情报，割断敌人电线，勇敢地参与了火热的斗争。在这个基础上，我们把其中的优秀分子吸收入党，把青年中的先进分子吸收入团，逐步建立和发展了党、团组织，把广大群众紧密地团结在党的周围，渐渐形成一个坚强的整体。

以后，整个斗争形势起了很大的变化，组织也有了很大的发展。就在这一年的重阳时节，我们进一步发展大塅（平原）工作。在大洋坑举行集会，检阅了自己的队伍。

这时，晚稻已经开镰收割，但漫山的松杉依然是那么苍翠。一天早晨，游击队员们穿过茫茫重雾下到屋场，布下了隐蔽的岗哨，并且宰掉了买来的一只大白鹅，回到山坑，大家把鹅肉放到盆里炖起来，等待着来到这里集会的人们。

不久，彭坑、黄种、小汾、平田坳、弓里、兰村，还有板棚下、露箕坑的人，陆续来到山坑，有的从大路上来，有的是从山砭上来，有的从林子里穿过来，方圆数十里的人，聚会在一起，汇报了情况，研究了工作。最后决定，彭坑、小汾、平田坳、弓里各成立一个贫农团。蓝玉辉老伯被推选为小汾贫农团的负责人。黄克廷为弓里贫农团负责人。其他各贫农团都推定了适当的人负责。黄克连则负责杨村、兰村一带的工作。

散会了，将锅盖揭开，喷香喷香的美味就冒了出来。我们把炖好的鹅肉端上来，大家围坐在一起聚餐，迎接革命转折点的到来。

第四章　骨肉情谊

一

敌人采用移民、并村、搜山等手段来困死、扼杀游击队。因此，在三年游击战争期间，我们在给养上所遇到的困难，是人们难以想象的，在那种情况下生存下来是一件很不容易的事情。

游击队只有为数不多的步枪，而且多是“单响枪”，不是没有“抓子钩”，就是没有“顶子簧”，打了一枪，子弹壳退不出来，要用通条捅了以后，才能打第二枪。

到敌人后方去执行任务，一般说短枪是不可少的。但是，那时要弄到支短枪，是多么难啊！我们有时只好把长枪的枪柄锯短，别在长袍和上衣里面，当短枪使用。

在这种情况下，游击队主要靠打伏击战，从敌人手里缴获枪支弹药，解决补给上的困难。同时，也靠打土豪，迫使土豪为我们购买枪支弹药。另外，我们还发动群众到敌人那里去“偷”。但往往“偷”到了枪，却“偷”不到子弹。所以，我们每支枪配备的子弹很少，一般只有三五发。

吃饭的困难更大。特别是在敌人“清剿”、“搜山”最紧张的时候，断粮是常有的事，大家只好用野菜充饥。

买到米的时候，大家就拿两块石头搭个灶，用脸盆或茶缸烧饭。为了避免暴露目标，炊事员和游击队员们还想出了种种巧妙的办法来做饭。拣枯枝，劈细柴，白天烧火不出烟。夜晚烧火的时候，上下左右都围以军毯，不透火光。有时，没有锅做饭，大家就地取材，从山上取来一截竹筒，捅开竹节，装进米和水，用泥巴封住两头，横放在火堆中，等到竹筒将要燃着时，劈开竹筒就是熟饭。正是：“一根竹子大又长，捅开竹节把米装；烤上一堆闷星火，掏出米饭喷喷香。”

我们经常吃不上菜，就用盐水泡饭吃。有时能吃上点广东海带、咸鱼和信丰的萝卜干，就算很不错了。不过，情况不太紧张时，我们也积极想办法“改善生活”。“靠山吃山，靠水吃水。”山上好吃的东西多着呢！油山有杨梅、竹笋，都可以吃。有一种叫作“椰”的野果，类似香蕉，又香又甜，既能解渴，还可以充饥。北山、梅山有一种名叫石鸡的山田鸡，大的一只有半斤重，也是改善生活的美味，情况好些时，我们夜里出去捉蛇和石鸡。火光一闪，蛇就缩作一团，很好捉。电筒一亮，石鸡就跳到亮处来，一动也不动，一捉一大篓。这种山田鸡，可以炒了吃，也可以做汤吃，汤白得像牛奶，味道很鲜。我们有时还出去掏马蜂窝，掏蜂蛹吃。在大树林里，马蜂很多。但掏的时候，老蜂要来叮，我们就用竹筐套在头上护着，然后点着干草，对准蜂窝口熏，老蜂子被火烧死或者飞走，我们就把里面的蜂蛹掏出来，炒了吃，又香又脆，山上还有山牛、山羊、野猪、豹子、老虎等各种野生动物。要是能打上只野猪和山羊、山牛，那就太好了，可惜有时因怕打枪暴露了目标，即使它们来到身边，我们也不敢开枪，只好同它们“和平共处”。

初到油山时，我们还可以在偏僻的地方找些小房子住，后来房子被敌人烧掉了，有一段时间，就只好风餐露宿。雨天，大家撑把伞在大树底下，背靠背地坐着睡。晴天，就往古坟的石板一躺，仰卧着看星星月亮，与天地同归了。

赣南一开春就是雨季，几乎天天下雨，靠把伞撑着。人整天泡在雨里，夜里简直无法入睡。特别是深山密林，春寒长，秋凉早，夏天也往往是夜凉如水，露浸肤寒，冷得人被冷醒。

在情况较为稳定的时候，为了不在大树底下撑把伞过夜，大家因地制宜，“就地取材”，自己动手搭棚子住，有时又搭成竹棚、杉皮棚和布棚。我们用竹子搭棚时，先把竹子剖成两半，然后在棚顶上把竹子一根根排列起来，就像一排排“玻璃瓦”。可是由于剖竹子时，响声很大，容易被敌人听见，便改用杉树皮搭棚。但是，杉树剥皮以后，白花花的一大片，也容易暴露目标。于是，大家又想出了新办法：发给每人一块蓝布，蓝布的四角钉上绊子，往四周树上一挂，便可遮露挡雨，搬起来也方便，只要把蓝布一解，把地扫干净就行。游击队每个班都有一把杓，搬家时只要用杓泼水，就可以消灭地上的痕迹。当然，遇上山洞的地方，我们就在洞里过夜。

1935年冬，赣南下了一场几十年未有过的大雪，树枝上、茅草上，到处挂着一串串冰凌，粗得像一根根冰棍。冷风吹来，相互撞击，发出“叮叮当当”的响声，有的碰断了，就“哗——嗞——”一直溜到山下。突围上油山时，我的背包和衣服都丢光了。到达油山后，要添点衣服，也难以办到。有一年，我就只穿一件夹背心，两条短裤，度过了寒冬。有很长一段时间没有被子盖。那年冬天，我就和杨尚奎同志合盖一床薄薄的毯子。你拉过来，我拉过去，怎么也盖不严。那凛冽的寒风，钻进了棚子，我们翻来覆去，浑身像打摆子似的，一刻不停地打战，上下牙齿碰击得又酸又痛。我们就这样在森林和石洞里，度过无数的风雪之夜。

那个时候，“风击悬冰碎万瓶，野营人对雪光横”（陈毅诗《雪中野营闻警》），不能说是不难；“恶风暴雨住无家，日日野营转战车”（陈毅诗《野营》），不能说是不苦；日搜夜“剿”“满山抄”，不能说是不险。但是，项英、陈毅等领导同志，与大家同甘共苦，共患难，亲密无间；绝大多数共产党员和游击战士，从不叫苦。不论是在杳无人烟的深山里，还是在昏暗潮湿的森林中，不论是遇到狂风暴雨的袭击，还是遭受饥寒交迫的冻馁，大家总是谈笑风生，乐趣融融。而且只要情况许可，大家就小声唱起红军歌曲、新山歌和赣南采茶调来。特别是陈毅同志，更是胸怀坦荡，泰然处之。他当时写下的《赣南游击词》，充分地反映了他那镇定自若、坚毅顽强的高昂革命斗志，对革命前途始终充满必胜的信心。

二

在粉碎敌人搜山封坑的斗争中，我们游击队员固然能想出种种办法来对付困难；但是，我们之所以能够战胜困难，最根本的还是由于我们游击队员对党始终怀有坚强的信念，并得到了群众的积极支持。

记得在 1935 年冬，下了那场大雪之后，我们被困在深山里，与山外群众的联系，几乎完全隔断。粮食已经吃光，野菜也没法寻找，大家都在发愁。

正在这时，指挥机关派出去搞给养的事务长回来了。他历尽艰险带回来一布袋的大米和干菜，真是使大家高兴得不得了。当他从布袋里往外掏大米和干菜时，他还喜冲冲地说：“不用发愁了。山林里到处有小仓库，要米有米，要盐有盐，老表都替我们准备好了。”大家听了都跑进树林里去找“仓库”。有的找到一根作了记号的竹杠子，拉开杠头的塞子,果然淌出了白花花的大米。有的扒开小土堆,取出一只陶瓷缸子,揭开盖子，香气扑鼻，原来是黄澄澄的茶油。当炊事员老黄找到了一缸子盐时，有的同志又叫了起来：“呵，辣椒、萝卜，还有咸鱼、牛肉干巴呢！”

这些粮、油、菜、盐是哪里来的呢？后来了解，是这么一回事。随着移民并村搬到山外去的群众，同游击队联系不上，也非常着急，就到敌人那里去闹，说我们从山里搬了出来，在山外没有饭吃，没有柴烧，让我们进山去种地打柴。敌人是不会掏腰包养活老百姓的，就不得不答应群众进山。除了在初一、十五“开禁日”，允许群众自由上山打柴外，平日也只好派出队伍押着群众进山。群众就趁机把干粮、食盐、干辣椒、咸鱼、腊肉、报纸和敌人活动的情报，带到深山里，四处一丢。我们得到消息，晚上去一摸，便得到了供给。

这个办法，渐渐地被敌人发觉了，敌人对进山群众搜查很严。于是群众又想出了新的办法，他们把挑柴的竹杠的竹节打通，里面装上米、盐和其他食物，然后把这根竹杠丢在山上，下山时另砍一根竹子当竹杠，挑柴回去。

这个办法，又被敌人知道了。狡猾的敌人就躲在群众打过柴的地方，伏击游击队。我们吃过亏后，也就特别警觉，一定要看准了才去拿，或者乘机调动部队打他一下。有时，敌人也用丢东西在山里的办法来诱使我们上当，但我们早已从群众那里得到了情报，根本不动他的。过了几天，敌人看看他们丢的东西还在，以为这山没有游击队了，就不来搜山，我们倒可以过几天太平日子了。要是偶尔山上的老虎把敌人丢在那里的东西吃掉，游击队反而非赶紧转移不可。

群众不仅冒着生命危险给我们送粮食、送干菜，而且想方设法为我们送情报，作掩护。

有时，国民党军队突然封锁一个庄子，挨门挨户地清查，随便捕人。被捕的群众从切身的体验中知道：在敌人的淫威下，硬是顶住不讲，也许还可以活；如熬刑不过讲了，讲一个就会追十个，一牵一大串，最后是自己死得更惨，而遭殃的人也更多。因此，就是被敌人打断手，打断脚，打得死去活来，也是不吐半句真情，要死就死一个，决不害共产党。有的儿子被捕了，母亲就给国民党连长送老母鸡，连长收下老母鸡，在母亲身上踢一脚："滚你妈的。"母亲倚在门槛上哭，哭得连长不耐烦了，骂了一句："他妈的，去，劝劝你的儿子。"儿子被吊在屋梁上，早已被打得半死。母亲一面擦抹着儿子身上的血，一面哽咽着对儿子说："连长大人要我劝劝你，你要知道好歹，千万别乱讲。"那儿子听了这样的嘱咐，也就心里明白，更加坚定了。

有时，敌人对靠近山区在他们看来是"最不可靠"的庄子，采用"欲擒故纵"法。在那些庄子里敌人知道游击队常常出没，却故意不驻一个兵，也不来清查户口。过了几个月，他以为游击队麻痹，不再警惕了，就突然把那些庄子包围起来，等待游击队的来人。这时群众通知游击队是来不及的，但群众有的是办法。庄前庄后，庄里庄外，场坝外边，窗户里边，树梢墙头，到处都有群众与游击队约定的暗号。比如，敌人见到在村头放牛或打猪草的群众，就喝问："'土匪'在哪里？"群众说："不知道。"敌人说："回去！"群众说："回去就回去。"群众随手把赶牛的鞭子往草堆上一插，或者把割草的篮子往竹篙上一挂，游击队看到这些暗号就不进村了。到了夜晚，群众放哨，也和我们约好了口令。如果国民党的兵来了，答不对我们的口令，群众就故意一面叫喊："'土匪'来了！"一面就向他们放土炮、鸟枪。有时，狡黠的敌人故意蓄着长发，留着长胡子，穿着破烂衣服，蓬头垢面，装成游击队员或红军伤兵，在游击队驻地附近或赤白交界区，深更半夜敲老百姓的门："同志，同志，请开门，我是打散的游击队，讲讲阶级友爱，弄点饭吃吃……"老百姓要是答了话，开了门，马上就会被抓起来。不过，那时，群众的警惕性也很高。对陌生人叫门，固然不答应；就是很熟的人，夜里也不随便开门。只有听出口音，听出是自己人才开门。

有一次，在一个漆黑的夜晚，敌人装扮成游击队，到离我们驻地不远的王老头家喊门。斗争经验丰富的王老头，一听装模作样的喊门声，心里便有底了。他根本不理睬。那些家伙死命地叫了一气，不见开门，就使劲把门打开，擅自闯进屋里来了。他们见了好吃的东西，就拿来吃，边吃边说什么他们经过了多少艰难困苦，好不容易才来到这里的。

王老头见这光景，心里完全明白了。于是，他就咒骂起来："你们是'土匪'，快给我滚开。要不，我就要去报告国军了。"那些家伙装模作样地说："不，不！别误会。我们真的是红军。"王老头听了，骂得更凶了。他老婆拿起扫帚，警告那些家伙："你们快给我滚！再不走，我就要把你们赶出门了。"

厚颜无耻的敌人，挨了一顿臭骂之后，竟窃窃私语，哈哈大笑，还伸出大拇指，连声称赞说："你们呱呱叫，呱呱叫！……"随后，像狗一样夹着尾巴溜了。老两口倚在门口，指着敌人的背影，愤怒地骂道："什么呱呱叫，呸！——"

在赣粤边三年游击战争中，群众舍生拼死地支援游击队的故事是说不完的。群众与游击队的这种情谊，是经受了长久的战火锻炼，决不是偶然的。陈毅同志在《赣南游击词》里，满怀革命激情，热烈地歌颂了这种骨肉情谊：

靠人民，支援永不忘。
他是重生亲父母，
我是斗争好儿郎。
革命强中强。

第五章　“两面政权”

一

蒋介石解决了两广事变之后，派出嫡系部队四十六师接替粤军，再次向我游击区发起了新的“清剿”。

1936 年 9 月，为了部署粉碎敌四十六师的“清剿”，项英、陈毅等同志分析了形势，研究了策略，并作了一个“九月决议”。决议除要求我们坚决依靠群众，积极开展对敌斗争外，还为我们制订了对敌斗争的政策和策略，要我们放手搞“两面政权”。会后，我们在游击区派了一些没有暴露身份的共产党员、革命群众和年纪大的开明人士，去担任保、甲长，使他们成为革命的“两面派”。

在赤白交界区，我们根据项英、陈毅同志的意见，主要是搞“黄色村庄”。这是一种进行合法、半合法斗争的方式。具体做法是，我们依靠群众先把联保主任、保甲长的底子摸清楚，利用他们互相之间的矛盾，争取多数，把掌握实权的联保主任或保长孤立起来。然后，在漆黑的夜晚或阴雨天，对他们突然进行访问，坐下来同他们谈判，宣传党的政策，晓以厉害。给他们讲约法八章：不准危害红军游击队员及其家属，不准摧残群众；敌人命令带路搜山时，可以照办，但必须事先通知游击队，或打枪让游击队知道；不准走漏红军游击队的消息，当游击队通过屋场时，不得阻止，等游击队走后，可以朝天开枪，好向敌人交代。同时，要他们代购粮食、药品，在限定的时间内送到指定的地点，照价付款。谈判告成时，要他们签字盖章。在这种情况下，这些浑身颤抖、魂不附体的保、甲长们，只好满口答应，乖乖地照办。限定的时间到了，药品、粮食等，一样不差地送到了指定地点，我们也按价付了钱。这样一来，所谓“通匪、济匪者杀”的命令，也就被丢到茅坑里去了。经过多次工作，有的几乎完全听命于我们，成了“白皮红心”的“两面派”——挂着国民党的牌子，为共产党干事情。

二

由于敌人的严密封锁，山里与平原的消息不通，我们又没有电台，也无法与外面通讯，长期得不到党中央的指示，我们对全国整个斗争形势，就很难进行比较深入的分析研究。在这种情况下，我们要设法继续搞报纸，搞不到自己的报纸，也要搞些敌人的报纸。不管江西的、广东的、香港的报纸都要。

为了搞报纸，我们就把弓里贫农团的人找来，叫大家出主意，想办法。大家认为，报纸本来谁都可以订阅，但我们订就不行，必须找一个具有相当文化水平和一定社会地位的人订，才不致引起怀疑。同时，在送报纸时，我们还要能秘密地接上头，把报纸拿到手，送上山。

谁能承担这个任务呢？贫农团提出，黄老拐这个人比较合适。黄老拐名叫黄承祥，他左腿有点毛病，走起路来总是一拐一拐的，所以大家给他起了个诨名：黄老拐。他是弓里保学校的名誉校长，在国民党那边还吃得开，常在大庾、池江一带活动。

为了做黄老拐的工作，当即研究了一个方案，由黄克廷和几个游击队员分头进行准备。

一天下午，黄老拐刚回到家，黄克廷就去请他过来喝酒。黄老拐白天走了点路，感到有些困倦，歪倒在靠椅上，但他一听到请喝酒，顿时眉开眼笑。他假意推让了一番后，就拿起文明棍，一拐一拐地来到了黄克廷的家。

他们喝了一阵子酒。黄老拐有了几分醉意，得意洋洋地扯了黄克廷一把，遮着嘴角说道：“唉！这次到大庾，都劝我出任池江区长。本来嘛，为乡梓出力，义不容辞。克廷，你看怎样？哈哈，哈哈！……”

笑声未了，房门突然咿啊一声，闪出20多个游击队员，手上的短枪卡嚓一声,全上了顶门火。黄老拐被吓得两腿瘫软,手里的酒杯落地,跌得粉碎。他慌张地问:“这，这，这是干什么？”一个游击队员上前一步，和蔼地说道:“黄先生，惊动你了，请不要怕，我们是共产党领导的红军游击队。”

黄老拐迭连声说:“是！是！我知道你们好，有什么吩咐，我姓黄的一定效劳。”

于是，游击队就同他谈判订报纸的事，他满口答应，并签了字。从此，黄老拐按时给我们送来江西、广东等地的国民党报纸。

报纸到手，给了我们一个很大的启示，只要我们的工作做到了，敌人内部有些人也是可以利用的。

过了些时候，黄老拐想活动当池江区长，但他有一个强劲的对手，活动得很厉害。在势均力敌的情况下，他是有求于人的。为了进一步争取他成为“两面派”，我决定亲自去和他谈谈，做些工作。当时，国民党保安团一个连驻扎在弓里保学校，周围岗哨密布，要和黄老拐接头是不容易的。首先,他不便到山里来,也不肯到山里来,因为一旦暴露了,对他对我们都不利，何况他对我们的看法究竟怎样，还值得研究。“不入虎穴,焉得虎子”。我决定出敌不意,到弓里去,突入到敌人心脏里去。

这天晚上，我先派了几个同志潜入弓里，作了必要的布置。然后，我由黄克廷带领，亦步亦趋地向弓里走去。天色很黑，路不好走，好在黄克廷是土生土长的，由他带路，等于长了一双“夜眼”。

我们走到弓里村头一座十多米长的木桥上，操着本地方言，一面走，一面讲。敌人的哨兵发现了，喝问道:“口令！”

黄克廷从容地答:“老百姓。”

“干什么的？”

“归来。”

敌人用电筒一照，看了看，放过了。

我们进到弓里，向右一转，躲过敌人第二道岗哨，翻过短墙，跨过两条路，穿过老百姓五六栋屋，到了黄克廷家。接着就把黄老拐找来，由黄克廷作了介绍。我赞扬了他帮助游击队订报纸、买东西，并鼓励说：“请放心吧，红军游击队的事不会连累别人，但是你也不要暴露目标。为游击队多做些事情，将来总是有好处的，游击队不会亏待你。谁来当池江区长，自然是会有人选择的。”

谈话进行了将近半个小时，游击队员进屋来，要我为已经集合好的20来个群众讲话。我讲话后，又对黄老拐说：“在全国人民要求停止内战，团结抗日的呼声日益高涨，反共和卖国的罪行是联系在一起的，谁要蛮干到底，谁就会丧失人心；谁要团结抗日，谁就会得到民众的拥戴。‘识时务者为俊杰’，我们衷心希望黄先生珍惜和红军游击队的关系，珍惜自己的前途！”

黄老拐是个有社会阅历的人，自然会理解这些话的含义。于是他赔笑说道：“陈先生，常言道：‘受人点水之恩，须当涌泉而报。’承先生的栽培，兄弟自然竭尽绵薄，为红军游击队效劳。”

我们回来后，也为黄老拐做些工作，暗中帮黄老拐作点宣传，对他的政敌施加压力，并公开揭露他的政敌的罪恶，在群众中造成一种舆论。不久，池江进行投票选举时，黄老拐以24票对23票，险胜了他的政敌，当上了池江区长。

黄老拐当上区长后，见到国民党的官兵喊“老总”，见到红军游击队喊“同志”，两边应付。他对红军游击队不得不履行诺言，为我们作了些掩护。比如上犹有个姓孔的同志在池江被国民党军抓去了，黄老拐就代我们去保释出来。国民党军队要搜山，他就对山里赶圩（赶集）人说:“喂！明天不要乱跑呀，有军队去搜山。”他用这种办法带信给游击队。

我们还派人到池江购买游击队迫切需要的东西。对这，黄老拐也是睁一只眼，闭一只眼，装不知道。后来，我们又派黄种的赖信仁同志进池江的胡泰兴布店，以做裁缝为掩护，给红军游击队做联络工作。另外，我们还与池江曹聚隆百货商店建立了比较好的联系。

从此，做“两面派”工作的经验进一步为油山中心区委的干部所接受，他们在平原的工作比以前更加活跃了。

三

在开展“两面政权”工作的同时，我们还采取“孙行者钻到牛魔王肚皮里去”的战术，到国民党军队里去开展兵运工作，到白区去开展工运工作。我们从游击区党组织和群众基础较强的地方，抽了一些骨干打进敌人的心脏里去，同那里的士兵、工人交朋友，积极开展分化瓦解敌人的工作。

我们在漂塘钨矿局经过一段时间的工作，“赤色细胞”在工人群众中不断扩散，矿山几乎到处都有红军游击队的耳目。每当夜幕降临，闪烁的灯火便在矿区漫山游动，使党组织的指示及时传到工人骨干的耳里。以后，不仅许许多多工人站到我们这一边来了，就连那国民党严密控制的矿警队里也有 11 个矿警成了我们的人。

在一些驻防的国民党军队里，有些士兵和下级军官，常常冒着生命的危险给我们送情报。这样，国民党军队要到哪里去“清剿”，我们很快就知道了，可以从容不迫地转移，或乘机伏击，打他个措手不及。而那些国民党军官被打得晕头转向、气急败坏地回到驻地时，红军游击队的宣传品，早已摊在他们的办公桌上：“……应该给自己留条后路。”

由于有了正确的对敌斗争的政策和策略，群众斗争和武装斗争就能广泛地开展起来。敌人强迫群众在山里修碉堡，红军游击队和党组织就动员群众一拖再拖，在敌人的武力强制下不得不去时，就动员一些老弱和妇女去应付，以延宕时间。等到碉堡快要筑成时，游击队夜里就去把它炸掉。结果是许多地方修了几个月的碉堡，始终没有筑起来，有的仅筑了一半，也只得停工。敌人毫无办法，最后只得由国民党派军队去筑。

群众对国民党买枪办“民团”的命令，也实行拖延和抗拒。一些地方把“民团”搞起来，游击队设法派人打进去，掌握枪支，使它不为国民党所用。

在这段时间里，红军游击队以一部分力量在游击区内发动群众，而以大部分力量向外出击，转移敌人对游击区的注意力。比如，当敌人进攻游击区时，信丰游击队挺进到河东长演坝一带，建立新的工作基础。北山游击队向广东边境挺进，消灭了一部分“民团”，缴获了一些枪支。后来，南山游击队与北山游击队合编，重新创造了一个新南山游击队。信南游击队向信丰、安远边境挺进，建立了一个新的基点。游击队在游击区外的胜利出击，使敌人不得不抽出进攻游击区的军队去追击，而游击队又伺机转回游击区。

在敌人的包围分割之下，我们几个游击区，好像大海里的几个“岛屿”。但是，我们紧紧地依靠基本群众，组织和领导群众开展斗争，同时，又积极去做“两面派”的工作，这样，我们这么几个“岛屿”，就有着人民的海洋作依托，尽管敌人对我们严加封锁，却没有办法把我们困死、饿死。1936 年冬天，天气很冷，但防冻的生活必需品，如棉衣、被毯、鞋袜和其他物品，陆续从池江送进山坑。昔日“饥同飞鸟争余粒，倦向丛茅索绣衾”的情景已成过去，出现了人们所料想不到的新局面。

第六章　集中待命抗日

一

1937 年 7 月 7 日卢沟桥事变爆发后，国民党被迫开始“由内战独裁和对日不抵抗的政策，向着和平、民主和抗日的方向转变”，中国革命已发展到抗日民族统一战线与国共两党重新合作的阶段。我们终于度过了三年游击战争的艰难岁月，把工作转向抗日，并把红军游击队改名为江西人民抗日义勇军。

我们在游击区内外，广泛开展抗日救国的宣传教育工作，并与国民党地方当局多次进行了接触。项英和陈毅同志先后到大庾、池江、赣州和南昌，与国民党地方当局的代表谈判。

南昌谈判达成协议后，项英同志经南京，转赴延安。陈毅同志到南方其他游击区联系游击队集中整训和下山等事宜。赣粤边游击区由杨尚奎同志和我负责集中整训部队、扩大部队和准备物资，待命开赴抗日前线。

我们在集中训练部队时，始终保持革命警惕性，坚持独立地靠山近水扎营的办法。为了防止国民党军队的突然袭击，油山和北山地区的游击队，先后下山，在信丰的潭塘坑等地集中。随着形势的发展变化，部队逐步进到平原的边缘，但仍不驻县城和圩镇，而是驻在大庾的弓里、板棚下和池江一带的农村里。这里背靠油山，面对章水，进退方便。为了防止意外，还在从板棚下到池江一线，同国民党驻军接近的地方，画一条非军事线，规定双方都不得驻兵。

游击队集中整训时，三南游击队由于交通断绝，无法传达国共合作的指示，还在那里作战。我按照项英、陈毅同志临走前交代的任务，到三南去联络部队。

1937 年 10 月下旬，我和乌迳区委书记肖星鹏、交通员游爵连等同志，拿着项英写的介绍信，先去找国民党大庾县县长彭育英。不巧，彭育英到南昌办事去了，由秘书接待我们。当时，我用过一个名字，叫“陈春芬”，这是我参加革命前，家里唤我的小名。我是公历 1916 年 3 月 20 日即春分那天生的。农村里“男尊女卑”的思想更重一些，以为女的要比男的贱些，容易养活些。我的父母指望把我拉扯大，特意把我取名为“春芬”，有时还叫我“春芬妹子”。

大庾县政府秘书陪我们一同到南雄，会见了国民党南雄县县长曾绳点，他把我们安顿在“岭南酒家”住下，对我们比较客气。当时正处在时局的转折时期，一些躲在县城、赣州的豪绅地主纷纷回到游击区来，向群众收取以前的旧租旧债，强要花利利谷。这些旧债算起来是很厉害的，农民哪里还得起。特别是南雄与大庾交界的一些“铲共义勇队”中的顽固分子，还寻机报复，多次挑起事端。为此，我以“江西抗日义勇军代表”的身份，向国民党南雄县长曾绳点写了一封信，向他提出了八条要求：一、解除游击区域内所有“铲共义勇队”的枪械；二、将“铲共义勇队”调作征兵；三、将“铲共义勇队”首要分子朱礼和、彭乙生、陈得全、刘义义、彭章权、彭木生、赖孬孬等人押解县府惩办；四、在游击区域内之旧账、旧租取消，新债新租应与民众及政府协商办理，并严禁武力征取；五、以后如有报复分子，可由抗日义勇军押送政府办理；六、一切税捐，非有政府命令，一概免除；七、所有以前“铲共”标语，应予以取消；八、所有被捕的共产党人一律释放。

曾绳点对我提的“六、七、八”三条要求，表示可以照办，其余各项则不敢答应。我们严正指出，“铲共义勇队”有意破坏国共合作，应以汉奸惩办，以保障游击区人民的生命安全和利益。曾绳点说，他将报告上司“定夺”。后来了解到，为了避免冲突，曾绳点已将朱礼和等“铲共分子”传到县府，并让他们“暂迁住所”。这样，“铲共义勇队”的嚣张气焰，很快就给压下去了。另外，曾绳点对我们到三南地区去寻找游击队，答应给以交通上的便利，并派人保护。

二

我们三人从乌迳出发到三南去，当我们翻越崇山峻岭，到达新龙时，天色已经不早，就在一家旅店住了下来。随后，肖星鹏同志就出去打听游击队的消息。他见到国民党保安队的院子里绑着一个妇女，就向附近一个铺子的老板探问这是怎么一回事。那个老板说：“是梅三子的老婆。”肖星鹏又问：“她犯了什么罪？”老板说：“她老公当红军。”肖星鹏听了十分气愤，回来跟我谈了这个情况，我立即去找保安队交涉。开始，那个保安队长盛气凌人，蛮横无理，不肯释放。我就严正警告他，无理扣押红军家属，是违背国共合作协定的，我要打电话找你们的师长追究责任。那个队长听了着慌起来，马上换了一副笑脸，恳求说：“陈先生，请不要打电话，我放人就是了，马上就放。”

任意关押和屠杀红军游击队及其家属，这在当时并不是个别的情况。特别是由于国民党地方当局的封锁，许多地方还不知道国共停战的消息。针对这种情况，我们在寻找三南游击队的过程中，沿途开展宣传工作。我们写了好些标语和传单，到圩镇上张贴，宣传联合抗日的主张，以扩大我政治影响。

我们在南雄没有找到三南游击队，后来还是从一个国民党乡长嘴里，得到了一点关于游击队已转移到陂头去的消息。于是，我们就转到陂头去找。

三南游击队究竟在哪个山头呢？我们几乎跑遍了陂头的各个村庄，都没有打听到结果。正在焦急的时候，肖星鹏发现有个向群众买菜的人很面熟，上前一看，原来是三南游击队事务长张三木同志。肖星鹏高兴地问他：部队在哪里？张三木同志推说不知道。肖星鹏把他引到我们住的屋里，我对他说，现在国共两党已经合作，项英、陈毅同志派我来找你们，把部队带下山整训，准备上前线去打日本鬼子。

张三木同志回到山上，向三南游击队政委张日清同志作了报告。张日清同志问：“他们可带有证明？”他说：“没有。”张日清同志想：“我虽认识阿丕同志，但他没有带来一个字，空口无凭。何况我们分别已两年多了，他今天究竟是……”游击队几个负责人反复研究后，决定再派张三木同志带两个战士来探明虚实，并索取证件。我即把《国共合作宣言》、《抗日民族统一战线》等文件和一张《抗日义勇军进行曲》，交给张三木同志，并向他详细讲解了全国革命的新形势。后来，张三木同志就来带我们去到杨梅石游击队驻地，会见了张日清同志。我把项英、陈毅同志写的一封亲笔信交给他。他看到信，激动得说不出话来，晶莹的泪珠夺眶而出。在这一刹那间，这喜悦的泪珠，真是比任何语言都更有力地表达了我们心坎里的革命情谊。

我在杨梅石住了两天，同他们谈了当前形势及项英、陈毅同志下山谈判的情况，要他们集中部队休整，准备整编抗日，并要他们把捉来的土豪全部释放，枪也归还，并认真搜集国民党的档案和报纸。他们听了感到耳目为之一新，并认真执行党的抗日民族统一战线的政策。不久，三南游击队在张日清等同志率领下，开到池江整训。

三

在联络各地红军游击队时，常常遇到国民党的阴谋诡计。

1937 年 9 月中旬，项英、陈毅同志在池江时，坚持战斗在红都瑞金一带的红军游击队派彭胜标同志到池江向他们汇报工作。他们随即作了指示。彭提出要求说，我回去传达党的抗日救国的指示，怕讲不清楚，同志们听了可能不会相信，最好派个代表去传达一下。项英、陈毅同志研究了彭胜标的意见,决定派我到瑞金向闽赣边的红军游击队进行传达。

我一到瑞金，就去拜会国民党县长，把项英、陈毅同志写的介绍信交给他。我从国民党县政府出来，刚在一家旅馆住下，国民党保安大队的一个军官，挂着三角皮带，腰别手枪，到旅馆求见。一见面，他自我介绍了一番，也讲了几句赞成国共合作、团结抗日的话，还对我到瑞金联系红军游击队表示欢迎。接着，他就心怀鬼胎地提出，要我告诉瑞金的游击队快快下山，和他们一起合作抗日。我立即觉察到他们是企图借机吃掉游击队，又见他神色中露出威胁之意，便正言厉声地回答说:“根据项英、陈毅和国民党江西省政府主席熊式辉达成的协议，你们有义务为我提供方便，及时与瑞金红军游击队取得联系，我是奉项英、陈毅之命而来，瑞金红军游击队的行动，当然只能听命于项英、陈毅。”这个国民党保安大队军官，用含着敌意的言语，和我争辩起来。恰好这时那个国民党县长到旅馆看我，见此情景，连忙对我说:“陈先生，不要误会，不要误会！”又当着我的面训斥了那个军官两句，那个军官灰溜溜地走掉了。事情很清楚，那个军官分明是国民党县长派来试探我的；后来，国民党县长又以回拜为名，出来打了个圆场，他们串演的这幕企图消灭红军游击队的双簧丑剧，就这样收场了。

第二天，在瑞金党组织的帮助下，我顺利到达闽赣边游击队司令部驻地，见到了瑞金县委书记胡荣佳同志和红军游击队负责人钟德胜、彭胜标和张开荆等同志。他们和我紧紧地握手，对项英、陈毅同志派我来同他们联系，感到无比的温暖和兴奋。他们认为，三年来流血牺牲终于取得了胜利，他们的斗争与整个党的斗争是紧紧连在一起的。

我到达游击根据地的消息，很快就在部队里传开。游击队员们纷纷拥到司令部向我热情问候，探听消息，其中就有来自我的家乡福建长汀县南阳的同志，使我倍感亲切。在洋溢着胜利喜悦的欢聚中，我向大家讲了党中央和毛泽东同志在延安的一些指示精神，传达了项英、陈毅同志的指示。这时，战士们个个欢欣若狂，跳着笑着，流着热泪，唱起了当时瑞金流传的一首民歌："黄田府，粟坑县，白竹寨是金銮殿。白竹寨上飘红旗，白军到处受我歼。"

我从山上下来，途经瑞金县城时，国民党县长得知我是长汀人，劝我坐汽车回汀州城看看，还说可以保证我的安全。我考虑我已完成了传达的任务，应当赶快回去向组织汇报；同时，我想起那个国民党保安大队军官居心叵测的那番话语，便断然谢绝国民党县长的"好意"，赶快回到赣粤边红军游击队的集中地点。

当我回到赣粤边不久，一支由王赤同志领导的红军游击队，也从桂东开到池江整训。

四

赣粤边和湘南各路游击队分批来到池江以后，除继续进行整顿和扩编外，还派出宣传队，四出开展党的抗日救国宣传活动。每逢池江的圩日，杨尚奎同志等还都跑到街头去演讲。

我们还趁此机会，派人到中央苏区去联络那里的党员，恢复党的关系，组织红色战士归队。在赣州、瑞金、雩都、兴国、吉安、泰和、万安等地，还陆续建立了地下工作阵地。

赣粤边游击区和赣南老苏区的干部和群众，看到自己的子弟兵下了山，真有说不出的高兴。他们络绎不绝地前来池江探望。其中，有刚刚出狱的光荣战士，有亡命在外一直在寻找组织的共产党员，有在国民党白色恐怖下隐藏下来的党员干部，有饱尝辛酸的烈士家属。他们远道来到池江，就像儿女回到久别的母亲怀抱一样，多么高兴啊！游击区的群众，老老少少，更是像走亲戚一样，带着吃的东西，来到池江探望亲人，表达他们的心意。

这时，池江上空，抗日义勇军的鲜红旗帜，迎风飘扬。章水两岸，嘹亮激越的歌声，伴着滔滔的江水欢唱。

“吃菜要吃白菜心，当兵要当义勇军。”游击区的群众热烈响应党的抗日救国的号召，发扬光荣的革命传统，纷纷动员亲人参加义勇军。我在信丰、大庾等地亲眼看到母送子、妻送夫、兄弟争相参军的动人情景。赣粤边的群众纷纷冲破国民党当局设置的障碍，加入了义勇军。在短短几个月内，部队比原来扩大了一倍多。

1938 年初，我们与其他兄弟游击队一起，正式编入了新四军，待命北上抗日。历史又翻开了新的一页。

1987年12月删改定稿。

选自《南方三年游击战争·赣粤边游击区》，第187—220页。

艰难的历程[①]（节选）

张日清

一、初到油山

1934年10月，中国工农红军的主力被迫离开红都瑞金长征后，在中央革命根据地留下了中央分局和中华苏维埃共和国临时中央政府办事处。项英同志任中央分局书记、中央军区司令员兼政治委员，陈毅同志任办事处主任，并留下一部分红军野战部队和地方武装，继续坚持根据地的斗争。为了加强赣粤边的工作，中央分局和赣南省委决定，于12月成立了信康赣雄特委和信康赣雄军分区，任命长期在油山地区坚持游击战争的李乐天同志为特委书记、军分区司令员兼政治委员，杨尚奎同志任特委副书记，向湘林任军分区司令部参谋长，并从各部队抽调一些干部组成军分区领导机关。我原在红军学校任指导员，红军长征前调赣南军区，这次也分配到军分区司令部工作。

12月底，特委和军分区领导机关，带着一支700多人的部队，从雩都县的小溪出发，西进油山，要与一直在那里坚持斗争的部队汇集一处，巩固和发展游击根据地，以互相呼应的态势，配合中央根据地坚持长期的对敌斗争。

---

① 张日清著《艰难的历程》，由战士出版社于1982年10月出版第1版。编入本书时作者进行了删节和修改。

经过几天的连续行军，一个明月当空的夜晚，部队借着透过丛林洒落地上的月光，沿着弯弯曲曲的盘山小路，来到了赣县的桃江边，只见江水像一条巨龙，翻腾咆哮着挡住了前进的道路。没有船，我们只得徒涉过江，为了涉水时不被激流冲倒卷去，干部战士三人一组，五人一伙，将枪支弹药和衣物扛在肩上，顶在头上，手挽着手慢慢向对岸运动，涉至江心，水深齐胸，冰冷的江水像一支支穿心箭直往心里钻，不由人全身肌肉骤然紧缩，牙齿“咯咯”打战。但谁也不吱一声冷，都默默地、坚毅地向着对岸拍浪而进。

上岸后又行了一程路，来到信丰县境。尖兵报告：“前面有敌人一个哨卡！”

敌哨卡设在两山之间的一条通道上，绕开它太费周折，只好打掉，扫清前进的障碍。先头部队接到命令后，没费多少气力，就干净利落地把它收拾了。

第三天清晨，旭日从东方冉冉升起，部队迎着朝霞，走进油山地区的一个村庄。群众见我们浩浩荡荡进了村，喜得不得了，拉着战士们问这问那，有的送米送柴，有的围拢来向我们打听主力红军的消息，一时间，整个山村热闹非常。

我们到油山前，这里的基本群众刚刚送走长征经此路过的主力红军，还在想念着红军，盼望着亲人早日打回来；不少穷苦群众牵挂着李乐天同志。

李乐天同志在这一带群众中很有影响，他是南雄人，1928 年领导了南雄暴动，随后长期坚持油山地区的斗争。不久前，李乐天同志到中央分局组建信康赣雄边特委和信康赣雄军分区，群众不晓得他哪里去了，有的猜他跟大部队走了，有的担心他出了问题。这天，竟然见他带着红军大部队回来，都喜出望外，高兴极了。

不几天，“红军回来了”、“红军大队人马到了油山”的消息，就像绽春的山风一样，在山里刮遍了，很快就传到了这一带的几个县城。

粤军军长余汉谋的指挥部就设在大庾县城。这个广东军阀得到情报后，当即命令驻在信丰、大庾、南雄一带的三个师进入战备状态，同时调动部队进山，搜寻我们的行踪。

面对强大的敌人，我们应该采取什么斗争的方针，来巩固和扩大游击根据地，以配合中央苏区坚持长期斗争？这个问题从上到下都不很明确，机关的干部以为特委和军分区的领导同志早有决策。哪知他们也是心中无数。

李乐天同志长期的军事斗争生活，主要是率领游击队打游击。他从多年在油山地区与敌人周旋的经验出发，想将部队化整为零，几百人分成若干个游击队，在油山、北山两地，利用良好的群众基础和复杂的地形，开展游击战争，以达长期坚持斗争之目的。

参谋长向湘林则另有一番想法。他认为，把部队分散开来打游击是躲躲藏藏，不是个积极的办法，主张集中兵力与敌人刀枪相对地硬干，以扩大革命影响，随时准备迎接主力红军打回来。

形势也确实使人难以看得清楚，大家只知道中央主力红军从苏区转移到湖南去了，现在究竟在哪里？仗打得怎么样？什么时候可以打回来？都不得而知。当时我们很多同志想的都很乐观：中央主力红军到湖南后，一定打了不少胜仗，可能正在那里建立新的苏区，要不了多久就会打回来，做梦也没想到他们长征北上了，更没有水平看出中央主力红军撤出苏区，是撤退，是反“围剿”斗争的失败，而且标志着革命已由高潮转入了低潮。因此，根本不懂得为了适应形势的变化，我们的策略应该由向敌人进攻转为积蓄力量，利用敌人的薄弱环节，坚持长期的敌后斗争。

部队仍然集中行动，司令部每天的第一项工作就是拟定转移计划，整个部队与在中央苏区时一样，吹号集合，吹哨开饭，有板有眼地过日子，只要一听敌军来了，就背起背包转移，每天多则四五十里，少则20来里，被动地在油山与北山两地几十平方公里的崇山峻岭间转来转去，谁也不晓得这样转是为什么。不过，余汉谋也没有对我们这支红军部队实行重兵“清剿”，我们没感到有多大压力，因而，也就没有人觉得这样转法有什么不对，一天三餐饭，走路也不多，更没有打什么仗，有的人觉得日子过得还蛮好。

光阴似箭，一晃三个多月过去了，我们700多人的队伍，军事上没与敌人交过锋，政治上也没能好好地扎下根来开展群众工作，干部战士对这种无所作为的状况有点不满意了，互相议论着：“这样长此下去不行！”

二、长岭分兵

正当我们在油山急切盼望改变被动局面的时候，传来了一个令人沮丧的消息：整个中央苏区已经被敌人占领了，项英、陈毅等同志带着部队正向油山突围。

这个坏消息，起初我们不大相信。大家算了算，中央主力红军走后，留下的野战部队和省军区、军分区的一些独立团、独立营，加在一起大约有三万人，这么多部队，怎么会在三个月中就把苏区全部丢给敌人了呢？同志们希望这个消息最好是敌人编造的谣言。

可是，这毕竟是事实。几天后，项英、陈毅同志化装成当地群众的模样，在地下交通员引领下，来到了我们的宿营地。

项英、陈毅同志到了油山看到我们还是正正规规地活动，立即指出：“这样不行，应该马上分散开来，开展小规模的、群众性的游击战争”。但是，这时人们思想还很不一致，有主张分的，有不主张分的，更多的是不晓得该怎么办才好。

4月初，项英、陈毅同志主持召开了汇集在油山的红军干部会议，会议先在南雄县的大岭下召开，中途转入到大庾县的长岭村继续进行，我们都称这次会议为“长岭会议”。会上，项英同志作了报告，陈毅同志讲了话。项英、陈毅在报告和讲话中，总结了前段斗争的经验和教训，分析了革命斗争形势，指出了今后开展游击战争的方针和斗争策略，在政治上反对失败情绪，指出：中国革命正在新的条件下向前发展，中央苏区虽然已经丧失，但主力红军的存在和游击战争的进行，不仅会有新的发展，而且将推动新的革命形势的到来。会议由此提出了依靠群众，坚持斗争，积蓄力量，创造条件，迎接新的革命高潮的方针。在军事上，会议确定以南岭山脉为依托，以油山、北山为主要根据地，队伍分散到各地开展游击战争。在军事战略战术上，会议提出了以保存有生力量为主体，反对与优势敌人决战，反对硬打强敌，采取袭击动作，以打圈子和推进游击战术对付敌人的“清剿”。会议还特别强调，游击战争应以发动和领导群众斗争为主体，反对单纯打土豪，打土豪要执行党的阶级路线。为了适应分散游击的需要，还针对部队的实际情况，提出了外地同志要向本地同志学习，向当地群众学习，要求大家很快变成“油山通”，同时要求本地籍的干部战士注意克服游击主义倾向，注意做群众工作，要求大家要加强内外团结，互相支援，长期坚持斗争。

会议还作出了分兵游击的决定，分兵时，所有机关都撤销了。项英、陈毅和李乐天、杨尚奎、陈丕显等同志率领少数工作人员和警卫战士，在北山地区隐蔽活动，以赣粤边特委的名义，掌握和指挥各游击区的斗争。

蔡会文同志率领一部分部队到崇义、上犹边境，朝湘东南的汝城、桂东一带发展，并派出一部分同志到文英、古亭一带建立游击区，设法与北山连成一片。

一部分同志留油山，坚持南雄、信丰、大庾、南康地带的斗争和扩大老游击区的活动。

黄成则同志和我奉命带着几十个人组成的三南游击队，到油山东南方向的龙南、虔南、定南三个县去，开辟新的游击区，配合油山中心区的斗争，黄成则同志当游击队队长，我担任政委职务。

我们三南游击队，是在信康游击队的基础上调整、扩充而成的。信康游击队的成员，是中央主力红军长征路过油山时留下的 20 多名伤病员，这些同志都是革命的硬汉子，大部队走远了，他们的伤、病好些后无法追赶队伍，便就地坚持革命斗争。黄成则同志也是伤病员，这时，病尚未好，身体很弱，他以极大的毅力带着大家打土豪，帮穷人，在信丰、南康交界的地域搞得很活跃。长岭分兵时，特委考虑到三南是个白区，群众基础差，便做了一些调整，将身体差的同志调了出去，又补充了十几个身强力壮，军事、政治素质都较好的同志；调拨了一些好点的枪支，调整充实后的游击队，是一支比较精干的游击队，除了队长、政委、司务长、炊事员和一个通讯员外，30 余人编成了三个战斗班，全队配有三条花机关，十多支驳壳枪，其余都是长枪，一支枪只有 30 多发子弹，人虽不多，但战斗力比较强，有的班长在正规部队中的职务是连长，有的战士过去当过排长，党团员一共十多名，同志们对革命有着坚强的信念。

长岭分兵是赣粤边革命斗争史上具有重大历史意义的一次转折，是使坚持在赣南进行艰苦斗争的党组织和红军从此摆脱了王明“左”倾路线的影响，迈上正确道路的标志。从此，赣粤边的斗争画卷，便展开了崭新的一页。

三、向三南挺进

长岭会议后，各种人马都在为分兵做准备，纷纷攘攘，军分区一片忙碌景象。

一天上午，我和黄成则同志奉命来到特委书记李乐天同志的驻地，他招呼我们俩坐下后，便关切地说：

“你们很快要到三南，今天向你们说点三南的情况，让你们思想上有个准备。”

李乐天同志坐下来，从三南的地理位置讲起，将他所知道的三南的政治情况、群众基础、开展游击战争的有利条件和不利因素都较详细地作了介绍和分析，大约谈了个把钟头，使我们了解到不少情况。

三南三个县，成鼎足之势处于赣粤边，东近江西安远，西邻广东南雄，南接粤北和平，北靠赣南信丰，是九连山脉西北端的一片山区，黄牛石、大鹅峰等千米高峰耸立其间，蜿蜒数百里的桃江就发源于此。这里山连山，水连水，自然条件非常有利于游击队的活动，这个地区开辟出来后，对于牵制油山东南方的敌人，减轻中心区的压力，有着重要的意义。

三南地形对我打游击有利，其他条件都对我不利，我们党的活动在这一带虽有过，但影响不大，群众基础比较差。

这种情况，使我们深切地感觉到：面临的是一个十分困难的局面，进而能不能站住脚就将是第一个严重的考验。

李乐天同志谈到最后问我们：“怎么样，有信心吗？”

黄成则同志站起来回答：“请特委放心，困难再大，我们也要向三南挺进，也要想方设法在那里站住脚、扎下根，把特委交给的任务担当起来。”

“你呢？”

“我想，只要斗争的方针明确，领导得力；只要大家团结一致；只要善于发动群众，依靠群众，经过努力，困难总是可以克服的。”我也站起来回答了李乐天同志的问话。

李乐天同志满意地说：“好！你们有信心，我对你们去三南也充满了信心，希望你们两位担负领导责任的同志一定要搞好团结，认真领会长岭会议关于分兵决策的战略意图，做好最坏的思想准备，带领你们的队伍，不论遇到什么样的艰难险阻，也要把斗争坚持下去，把革命的火种保存下来。”

随后，李乐天同志征求我们的具体意见，问我们还有什么要求。

我们很希望特委能给一张三南的地图，哪怕简易的也好。但是，这个希望落空了。

我们知道特委的困难也很多，不提什么了。

李乐天同志在我们离开他的驻地时，还告诉我们：

“不但没有地图给你们，钱也没多的给你们。昨天研究了，你们原来还有六七十块现洋，走的时候，只能再给你们30块，往后的给养就全靠你们自己解决了。另外，还给你们一个任务：到三南站住脚后，从打土豪筹来的款子中，每月上缴100块现洋，给特委作活动经费，上缴的钱由特委管财经的刘帮华同志去取。”

从李乐天同志处回来后的第二天早饭后，在一个枝叶茂盛的大枫树下，新成立起来的三南游击队的同志们席地而坐，召开了第一次全体会议。

我把李乐天同志给我们讲的情况和要求向大家作了传达，并进行了思想动员。要求大家一定要铭记特委的指示和希望，三十几个人要像三十几把尖刀，无论困难怎么多，情况怎么复杂，斗争如何艰苦，都要死死地插在敌人心窝里，要像“孙悟空钻进铁扇公主肚子里”一样，在敌人控制严密的三南搞得反动派不得安宁，以完成特委交给的开辟新区，牵制敌人，配合油山游击中心区斗争的任务。

5月上旬的一天早饭后，根据特委决定同志们收拾好行装准备出发。全队集合在一条小溪边的草坪上，等待着特委领导同志临行前的指示。

不一会儿，李乐天同志来到我们面前，全队立即响起了热烈的掌声。

李乐天同志给大家讲话，他说：我是代表项英、陈毅同志为大家送行，项英、陈毅同志要我转达大家，你们的任务不是去三南堂堂正正地打仗，不是去攻城夺池、建立苏维埃政权，不是去扩大红军，而是要借助山区的有利地形，宣传和发动群众，开辟游击活动区，配合油山坚持长期的斗争。当前，在军事上只能取守势，找机会打击敌人，要千方百计地保存有生力量，打仗要打赚钱的仗，不做赔本生意，不要和敌人硬拼，一个人换敌人十个也算赔本。但是，他要求我们在政治上要积极进攻，革命的口号要公开、明确，在任何情况下，都要保持党的旗帜，给群众以希望。

李乐天同志还指示我们说：你们这一去，特委会想办法经常同大家保持联系，但情况是复杂的，几个月，半年联系不上的情况也可能出现，如果是这样，同志们就要保持冷静的头脑，不要有任何动摇，要紧紧地团结在一起，自觉、主动按照长岭确定的斗争方针去开展活动，要严格执行党和红军的政策，用政策的威力争取群众，战胜敌人。他还鼓励说：你们 38 个人，都是革命的种子，相信大家不会辜负党的期望，到三南站住脚、扎下根，完成特委交给的任务，预祝同志们胜利，等待你们的好消息。

特委领导同志的指示和关怀，进一步激励了同志们的斗志。

当天傍晚，我们 38 个人，心装党的嘱托，身背杀敌的钢枪，手拿助行的树棍，在淡淡的月光映照下，向三南挺进了。

我们不能白天行军，不能走大路，只能避开敌人，踩着崎岖不平的羊肠山路，从大庾绕道向三南挺进。一路上跋山涉溪，夜行晓宿，偷越敌人三道封锁线，第五天黎明，在信丰、崇仙靠近虔南县境的丛林中，见到了崇仙游击队的同志们。

在崇仙游击队的协助下，就近活动了一个多月，捕杀了反动团总张校麟和白师爷，还打了一个土豪，补充了一些给养。

经过调查了解，我们决定先到虔南县青龙山地区开辟工作，然后再向纵深推进。

青龙山如蟒蟒苍龙，蜿蜒伏卧在九连山脉西北部，纵横数十里，山高林密，峰回路转，社迳、陂头、江口、内半、炉迳、鸭卵洞等大大小小的圩镇、山村，龙鳞般地镶嵌其间，构成了一幅大自然的美丽画卷。这里盛产水稻、竹、木、松油、土纸、香菇、茶叶、油茶、药材等等，被人们称为“四季有收的万宝山”，其北面紧靠信丰，南面与南雄接壤，背靠老游击区，面向三南纵深，是个很合适的预想地区。

但是，听崇仙游击队邓队长介绍，这里除了国民党反动派的反动营垒外，对打游击不利的还有三多：土匪多、土围子多、民间的枪多。

邓队长关切地对我们说，青龙山的情况比崇仙这边复杂得多，要多加小心。

从油山出发的两个月以后，已是仲夏时节了。一个闷热的夜晚，我们握别了崇仙游击队的战友们，满怀信心地向青龙山地区运动。

经过一个星期的夜间迂回行军，全队人不知鬼不觉地踏上了青龙山的腹地。此时，我们首先碰到的是给养发生了困难，钱还有一些，粮食快没有了，得赶快想办法解决。然而，一连几天夜间行动，连个群众的影子都没见到，这里的情况还无从了解，不敢贸然到圩镇去采购，怎么办？

在密密的丛林中，我们召开了一次干部会议，发动大家献计献策，不少同志主张打土豪，我和黄成则同志考虑，当前我们还没有一个落脚的地方，工作还没开头，打土豪解决粮食问题，该是个不坏的办法，一来土围子里都住有土豪，容易确定目标。二来攻破一个土围子，给养问题就可以解决相当一段时间，这对我们全力以赴开辟工作，无疑是个很重要的物质保证。但是，又一想，攻破一个土围子，我们就马上暴露了，敌人一定会迅速派兵来找我们，这将迫使我们在没有站稳脚跟的情况下，一上来就要被动应付敌人的“清剿”。那时，问题就更多了，可能要不了多久就会被敌人逼出去，我越想越觉得现在打土豪不是时候，黄成则同志也认为还是应该先接近群众，找个落脚点，有了群众的支持，我们才能鱼而得水，什么事情都好办。

经过军事民主，确定了这条方针原则之后，我们又研究了一下，决定当晚派一个小分队下山，到山脚下的小村子去找群众。

我和队长商量，派吴继德同志带三四个人同司务长张三木一起去，吴继德同志是我们的一班长，过去当过连长，很有战斗经验，让他去比较牢靠。

夜幕刚刚降临，吴继德同志带着人下山了。我和队长把接应的部队布置好后，到一个小山包上隐蔽观察，将近一个小时了，村子里没有动静，周围也很寂静。

突然，“叭！叭”几声，村东头响起了枪声，紧接着，四面八方一些小村子也都噼里啪啦响起枪来,还有“呜！呜！”的呼号声。朦胧中，不少人尾随我们的小分队追了过来，这是怎么回事？我们摸不着头脑，只好边还击边撤离，在林子里钻了好一阵，才把他们甩掉，费了好一段时间把部队集中起来，还算好，三十几个人都安然无恙。

后来，我们才弄清楚，这天晚上到的那个小村子叫河田口，因山里常有土匪出没，有时摸进村子抢东西，为了对付土匪，群众预先有约：“一家有难，四邻相助”。我们进到村中，群众以为是土匪来抢东西，所以就闹起来了。

于是，我们在山间继续往西走，到深山老林中找落脚点，每日里，白天在山上隐蔽观察，寻点野菜野果充饥，晚上向前推进。

一天，我们在半山上发现一片竹林旁有个做土纸的茅草棚子，里面有几个人正在做纸，周围没有村庄，我们吸取了在河田口的教训，不莽撞行事，不匆匆忙忙接近他们。

天擦黑，队员们把下山路口封锁起来，我和队长带着几个人进了纸棚，做纸的人见五六个身背枪支的人黑夜临门，拔腿就跑。

“不准跑，进棚子里去！”棚子外面的队员横枪命令着。

“老表，不要怕，我们不是土匪抢你们的东西来了，我们是红军游击队，是穷人的军队……”

我说了好一阵，几位做纸的群众根本不理睬，几双眼睛直瞪瞪地盯着端枪的队员。

我接着说:“老表，对不起你们，让你们受惊了，我们也是没法子，一些老表听信了坏人的话，把我们当土匪，见面就跑，我们只好用这个办法把你们留住说说话，我们不是土匪，我们是共产党领导的红军游击队，是穷人的队伍，难道你们就没听说过雩都、兴国那边穷人闹翻身的传闻吗？我们就是从那边过来的……”

经过一段解释和宣传，他们的情绪才渐渐稳定下来。但是，他们仍不讲话，看样子对我们还是半信半疑。这也难怪他们，长期以来，国民党的造谣宣传都说共产党“共产共妻”，红军“杀人放火”，我们的解释怎么能使他们一下子完全相信呢？

到晚上，我们又进到纸棚，和昨晚大不一样了。他们以朋友相待，向我们介绍了一些他们个人的情况，说他们是住在离纸棚几里路外一个叫鸭卵洞村子的农民，由于家里穷，在这里替一家土豪打短工。

我们也推心置腹地告诉他们，正因为看到他们是穷人才找上门来，我们也是穷苦人出身，穷人对穷人不说假话，我们不是为别的而来，是想向你们打听一下，这山里哪家豪门最大、最坏，我们要打他为穷人出气，分他家的浮财给穷人过日子。

一个年轻的小伙子盯着黄队长，不大相信地问：“你们敢打豪门？”

“只要他欺负穷人，穷人都恨他，再大也敢打！”黄队长给了小伙子十分肯定的回答。

交谈中，他们发现我们口缸里装着煮熟的野菜，衣袋里放着充饥的野果，知道是断粮了，一位年纪较长的老表说：“地里有的是萝卜青菜，你们弄点吃怎比这野菜好下肚哇！”

“没有得到老表们的同意，是不能随便动的，这是我们红军的纪律。”战士笑着作了回答。

“好人啊！”一个小伙子说着，顺手从床下拉出一个布口袋，推给了我，我打开一看，是半布袋白花花的大米，对于已经断粮几天的我们来说，还有什么比这更宝贵的呢？

灶膛里的火，熊熊燃烧着，锅盖上的热气“吱吱”直冒，司务长高兴地叫着："熟了，饭熟了，大家快来美餐一顿吧！"

我在心里想着：是啊，我们在三南总算是寻到了一个能和群众坐在一起吃饭的地方！

我们有了一个落脚点了，挺进三南的第一个任务，经过一番小小的周折，总算实现了。

四、在青龙山腹地站住了脚

初结识的这些基本群众告诉我们，纸棚离鸭卵洞村只有四五里路，这一带处在青龙山主峰下周布、社迳两圩西南约 40 里的群山中，由于物产丰富，土豪山霸不少，最坏的要算船寨的黄家兄弟。

黄家兄弟，大的叫黄运镇，小的叫黄运伯，占有良田 2000 多担，茶林千亩，大部分租给穷人耕种。家里雇了五个长工，豢养着几个狗腿子看家护院，每年收租稻谷几百担，茶油近千斤，还做放木排生意，黄家兄弟不仅盘剥，而且作恶多端，大的当保长，与保安团勾结，欺压百姓；小的中学毕业后，整日游手好闲，与一帮狐群狗党到处为非作歹，群众既怕他们又恨他们。

我们决定头一炮先打船寨，为民除害，扩大影响，借以发动群众，打下扎根的基础。

10 月初，侦察班化装侦察了船寨的地形和黄家兄弟的行踪，船寨，离社迳圩 20 多里，原是一个山区的自然村，为防土匪抢劫，用土墙把所有的房舍围了起来，形成了一个大土围子。这个土围子像一只大木船搁在一个小山包上，船寨之名由此而得。土围子的围墙五尺来厚，一丈多高，四角筑有炮楼，设专人守卫，白天，人在炮楼里可瞭望很远，不好接近，围子前后开了三个门，夜来，双层厚木门一关，谁也休想进得去。

"就是狡兔有三个窟，也要把它掏出来。"同志们个个摩拳擦掌，要打个好开头。一天深夜，全队秘密运动到船寨背后的山林里埋伏，拂晓前，短枪班奉命悄悄摸到围门边潜伏，待机而入。

少顷，东方渐渐露出了鱼肚白。正在这时，围门里发出了响声。“有人开门”，紧贴门边的一个队员低声告诉同伴，队员们立即警觉起来，全神贯注着里边的动静。不一会儿，围门朝里打开，一个瘦小个子的中年人从里面钻了出来，潜伏在门边的队员闪电似的把这个人劈胸揪住，随手将枪顶在他的腰间低声严厉警告道：

“不准喊，喊一声就打死你！”

开门人叫黄西斗，吓得直打哆嗦，粗气也不敢出，捣蒜似的点着头。

“黄运镇兄弟住在哪间屋里？说老实话，不然饶不了你。”队员核对着日前侦察的情况。

黄西斗听见问声，忙抬起抖动的右手，指着西南边两间瓦房战战兢兢地小声说：“那边是老大，这边是运伯。”

队员们确认侦察的情况没错，便敏捷地鱼贯而入，冲到二黄的卧房，从被窝里将两个坏蛋拉出来，严令他们不准炮楼上的家丁开枪，统统到场子上集合。

黄运镇、黄运伯此时还不知道我们是红军游击队，满以为是土匪下山找他们敲竹杠，便大声叫起来：

“谁也不要开枪，快过这边来，爷们有事好商量！”

我和队长在后山脚见破寨得手，立即带十多个人进围，缴了寨丁的枪。

围子里的男女老少听到黄运镇的喊声，也都出了门，站在各自门前，神情紧张地看着我们。我放开嗓子说：

“老表们，大家不要怕，我们不是土匪打抢来了。我们是共产党领导下的红军游击队，是来打豪门、杀恶霸，为民除害的。”

黄家兄弟听说是红军游击队，腿一软，双膝点地，哀哀求饶。

我没有理睬他，继续说：“老表们，我们访了好久，知道黄运镇、黄运伯两条毒蛇在山里无恶不作，把穷人害苦了，我们马上就要镇压他们。从今往后，你们哪家哪户欠他的钱、短他的粮，就一笔勾销了，哪个有胆量的向你们讨债，我们访出来就砍他的脑壳。”

镇压了黄运镇、黄运伯，我们用“三南游击队”的名号出了事先准备好的布告，宣布了他们的罪状；接着打开黄家的粮仓，并没收了大批浮财，给群众分粮分物。边分边对看新奇的人说:“你们也是穷苦人，不要怕。大家也来分点东西拿回去帮补家用吧。”

有些胆大的小伙子真的过来了，有的拿件衣服，有的拿点粮食。

我们趁此机会，散发传单，大力宣传红军游击队的任务和宗旨，一时，群众激奋，热闹非凡。

红军游击队镇压黄家兄弟，开仓济贫，在青龙山地区成了特号新闻，群众到处议论纷纷。

红军游击队真是天兵天将，一来就晓得二黄是坏家伙，不费吹灰之力就把他们杀了，实实在在为山里人除了一大害。

打了船寨之后，群众普遍反映我们是好人，但是也都担心我们闹一阵就走，丢下老百姓吃豪门的亏。我和队长反复琢磨着怎样才能解除群众的后顾之忧呢？怎样才能使群众与我们团结起来同敌人进行坚决斗争呢？

我们决定了暂不公开大张旗鼓的活动，以造成游击队打完船寨就走了的假象，使敌人下不了派兵进山“清剿”的决心，暗地里分成几个小分队，深入群众中间做细致的宣传工作。

一天傍晚，我分工带着一个班到离船寨不远的上芜坝，看好退路，放好哨，同两名队员来到村头一个茅草屋前，小小茅屋，见方不到三四十平方米，门缝里透出微弱的灯光，知道屋里人尚未睡下，我便走上前去叩门。

刚刚把手抬起，突然从里面传出一个年轻人粗犷声音：

“怕嘛个！”

我吃了一惊，立即放下叩门的手，侧耳细听。

“他们来抓，我就跑去找游击队，跟着游击队打豪门，以后回来杀他个表仔。”

“千不该，万不该，你不该去拿那件衣服！明朝把衣服送回去，提只鸡去赔个礼算了。”

听了好一阵子，原来是父子两个为游击队打船寨那天，儿子拿了黄家的一件衣服，担心我们走后，黄家的人找他算账。

我轻轻地叩了叩门，叫道：

“老表，请开门！”

屋内鸦雀无声了。

不一会,门呀的一声大开了,小伙子惊奇地叫了一声:“是游击队！”

我们被让进屋，老人客气地请我们坐下，小伙子忙着替我们端茶。我接过茶碗问:“你们在屋里说的话我们都听见了，是哪个要来抓你？”

“我姓钟,”小伙子自我介绍说，“蕃薯和黄老三两个表仔想找我的麻烦。”

“两个家伙是干什么的？怎么找你的麻烦？”

原来，蕃薯和黄老三都是替船寨的黄运镇看围子的，蕃薯的真名叫黄永刚。我们镇压黄运镇兄弟，给群众分东西那天，小伙子大着胆子上前要了件棉衣，被蕃薯和黄老三看见了，近些天两个家伙见我们没展开活动，以为我们不在山里了，一天见着小伙子便恶狠狠地说：“你穷仔不要喜得太早了，红军游击队能在山里一辈子不走？你小心点！”小伙子回到家里把这事给父亲讲了，老人怕极了，劝儿子把衣服送还番薯，向他赔不是。

这件事说明一些年纪大的群众与年轻后生不同，他们慑于反动势力的淫威，加之敌人的欺骗宣传，对我们还有戒备，而争取这部分基本群众，使他们相信红军游击队，把游击队当成自己人，这对我们在这里能否站稳脚跟至关重要。于是，我反复说明红军和老百姓是一家人，坚决维护穷人的利益，并向他们明确表示我们决定长期留在山里坚持斗争，和穷苦百姓风雨同舟，谁要欺负穷兄弟，我们绝对不依。

经过好一阵的工作，老人总算放了点心，说："不走就好，就怕你们一走，他们来抓人，我就这么个仔，要是抓走，我还怎么活哟！"

小伙子见他父亲宽了点心，也不管老人同意不同意，坚决要求当红军，跟我们上山打土豪。

为了不挫伤他要求参军打土豪的积极性，我和黄成则同志商量了个办法，对他说："你就算是我们不在名册的游击队员吧。只要实心实意同我们一起打豪门，杀反动，在山上山下都一样，光我们在山上，山下没有耳目也不行。你想想，只是山上有人，山下的坏蛋干什么坏事连个情况都不晓得怎么行？"

小伙子不吭声了。

我接着说："你要是实心实意向着我们，从现在起，你就是我们的同志了！你就听我们的话，悄悄找些要好的朋友串通一下，大家拉起手来闹革命。"

他马上毫不含糊地表态："山里人说话算数，我全听你们的，明天就找朋友说去……"

经过一段时间的艰苦工作，周围群众帮我们采购生活用品，收集情报，传递消息，不在名册的"游击队员"越来越多了。

没过多久，我们二进船寨，镇压了黄永刚，黄老三侥幸逃跑了。在杀黄永刚的布告上，我们列了他一罪状："坚决与红军游击队和穷苦百姓作对，为黄运镇、黄运伯倒后账，四处进行破坏活动。"布告不长，但内容十分明确，起到了杀一儆百的作用。

了解游击队的群众日益增多，我们的生活也越来越方便了，白天在山上隐蔽，晚上进村做群众工作，调查了解土豪情况，有计划、有步骤地开展打土豪、帮穷人，组织基本群众的活动。

以后的一段时间里，我们又先后在罗坑、鸭卵洞、坪岗山打了三个土豪，接济了一些无米下锅的群众，争取和团结了一批苦大仇深的人家成为我们的落脚户，尤其是在打坪岗山土围子的过程中，游击队和三南人民结下了共同战斗的深情。

坪岗山土围子是劣绅黄步清的巢穴，黄步清本人在社迳开商店，乡下数千担农田全租给穷人耕种，派两个本家侄子代管。这两个家伙，忠实执行主子的旨意，不仅严守围子，而且常给主子通风报信，成了敌人在山里的坐探。

我们决定采取里应外合的办法拔掉这个钉子，杀掉这两个坐探。

一天，天刚破晓，我们来到坪岗山，当即派了两名与当地群众很熟的队员到围前喊话，要黄步清的本家侄子黄迷眼和萝卜头快开围门，让红军游击队到围子里做顿饭吃，还说：开门，吃完饭走路；不开，打进去全部杀光。两名队员这样喊，是给这天夜里放哨的钟打铁、钟贱妹两个基本群众的信号。

钟打铁、钟贱妹听到信号，立即大声嚷了起来："快叫迷眼开门吧，游击队人多枪好，打进来不得了。"这一嚷，围里的群众也跟着吵嚷起来。

黄迷眼、萝卜头看势头不对，便叫："吵什么，天都亮了，还怕游击队？"

这两个家伙说是这么说，其实心虚得要命，既不敢开门，又不敢开枪。这时，人们吵吵嚷嚷地挤到门边，卸掉了门闩，两个队员乘势闯进围子，真真切切地找人做起饭来。

黄迷眼、萝卜头看不出什么异常，也大方起来，收起枪，在人前摇来晃去。冷不防，被我们第二批进围的队员逮住了，接着几个寨丁的枪被缴了，马卵炮也给拆除了。围子里翻腾起来，人们集中在围心一块平地上，看着墙壁上贴出的一张大布告，听游击队宣布黄迷眼、萝卜头的罪行。

除掉了黄迷眼、萝卜头，人心大快。钟打铁、钟贱妹这两个立了功的基本群众见到我们高兴地说："你们真有办法，不费一枪一弹就把两个坏蛋除掉了。"

"这不也有你们两个人的一份功劳吗？没有你们在里面，光是我们在外面强攻，是不会这么顺当的，这叫作里应外合，军民共破坪岗山！”我这样一说，在场的人都哈哈大笑起来。

部队转移到山里一条小溪旁做午饭，趴在树杈上瞭望的哨兵见上芜坝姓钟的小伙子同另一个挑着东西在半山一条僻静的小道上张望，“呜呜！”两声暗号传去，两个人喜笑颜开地上来了，两人从箩筐一件件把东西往外拿：“这是盐，这是米，这是菜，这是电油（电池），这是洋烟，这是胶鞋，这是……”说着拿着，在地上摆了一大堆。

“还有呢！”一个小伙子拿出一个布袋子说，“这是我阿爸给你们带来的干豆豉。”另一个也拿出一个布袋子说：“这是我阿妈要我拿来的小干鱼，她说干鱼下饭，吃了打豪门有劲。”

见此情景，队员们个个跑上前来握着两个青年群众的手，激动得只是一迭声地连呼同志，两个青年也欢快得热泪夺眶而出。

通过半年多艰苦细致的工作，游击队在船寨、上芜坝、社口、塘坑子、小姨坑、南芜、坪岗山等村寨，都建立起基本群众网，我们有了一个活动基地，站住脚了。

1935 年底，我们在基本群众中秘密建立了贫农小组，在积极分子中发展了一些党员。

同时，信南县委的工作团也来到青龙山地区开展工作。

项英、陈毅同志和特委的领导同志，了解到我们在三南开辟新区的情况后很高兴。领导同志也敏锐地预见到敌人是不会放过这块新的游击区域的。为了加强我们的战斗力，特地将特委的警卫班调拨给我们，班长吴少华同志带着警卫班，于 1936 年 1 月来到了青龙山，我们把这个班改为侦察班，这个班在以后的斗争中，成为我们三南游击队战斗力量强的一个集体。

在特委领导的关怀下，我们三南游击队的队伍扩大了，力量增强了，同志们的斗志更旺了。

不久，传来了一个不幸的消息。一天凌晨，突然听到三四里外传来一阵激烈的枪声，“怎么回事？”同志们警惕起来，我在想着发生了什么问题。

侦察班长吴少华来到跟前说：“我带两个人去看看吧？”

下午，少华同志带回一个农民打扮的青年，一见面我们就认出来了，他的乳名叫狗仔，是李乐天同志身边的警卫员。

狗仔见到了我，泣不成声地说：“老曹同志，李司令到三南来找你们，今天早上牺牲了。”

我晓得他说的是李乐天同志，忙问：“怎么出的事？”

狗仔伤心地向我作了汇报。事情是这样：

前不久，项英、陈毅同志分析了当前的紧张形势，提出领导同志分散到各游击队去检查一下工作，确定李乐天同志到三南，他带着五六个人从北山出发，准备由崇仙、焦山一线进三南。牺牲的头天晚上，到了信丰县凹背村，在群众家里做了一顿饭吃，拂晓前准备赶路，哪知道有坏蛋“点了水”，村子被广东军包围了，藏也藏不住，只好突围，跟随李乐天同志的几个人，护卫着李乐天同志边打边撤到村后的树林中，准备从那里突围出去。战斗打响不久，就倒下了几个，只剩下狗仔跟着李乐天同志往外冲，眼看快要脱离虎口了，突然，李乐天同志不幸腿部负重伤，他为掩护战友突围，一连击毙几个敌人后，用最后一颗子弹结束了自己的生命。

队员们听说李乐天同志是来三南游击队的途中牺牲了，无不为失去这样一位好党员、好领导、好同志而万分悲痛，一个个沉重而严肃地站起来，面朝李乐天同志遇难的方向，默默地哀悼。

五、1936年的春节

我们在青龙山腹地闹得轰轰烈烈，敌人对我实行“清剿”的部署也已完成，广东军阀余汉谋咬牙切齿地叫嚣："要迅速消灭进入青龙山的共产党游击队。"

此时，驻龙南县的江西保安团第十二团姓邹的团长，已部署他的第一大队300多人在小江、龙下、东坑一带驻防；三大队的三个中队分别驻陂头、社迳、江口一线，与龙下形成夹击态势；邹团长自带二大队坐镇龙南县城，堵住游击队南去道路。余汉谋也从信丰、南雄各调一个营的兵力到龙下、陂头、社迳，与保安团配合，专门对付我三南游击队。青龙山地区的区、乡民团和地主武装也加入了这个反革命"清剿"行列。

1936年元旦前夕，斗争展开了，敌人从四面八方朝我围来，气势汹汹，真有点欲将我一口吞掉之势。

社迳、陂头、龙下之敌，首先向船寨、坪岗山、鸭卵洞"进剿"。他们依仗人多，采取篦梳式战术，逐山逐岭"清剿"，挨家挨户搜查，并派出"听声队"、"看烟队"、"观火队"、"查路队"等便衣队，昼夜在山间探听，发现我目标便鸣枪报告，随后，四面的大股敌人就包抄而到。

在军事"清剿"的同时，敌人还大力进行欺骗宣传，他们在群众中散布：游击队是正规红军丢下不要了的，是一些"散匪"。敌人还宣布：抓到一个红军游击队员，赏现洋50块；替政府军报个准信赏现洋10块。

对敌人的重兵"清剿"，游击队早有思想准备。此时，我们的队长黄成则同志因病已被特委安排住院治疗去了，我带着大家遵照特委的指示，不与敌人硬拼，采取灵活机动的措施与其周旋。

敌人进山"清剿"大都早出晚归，搜过的山头和村寨，一般第二天不再重搜，在群众的密切配合下，我们掌握了敌人这个特点，便用捉迷藏的办法对付，根据群众提供的线索，敌人昨天在东山搜查，我今天到东山隐蔽；他今天到张寨寻找，我明天来这里做饭。

同样，对小股便衣队的明察暗访，我们也总结了一套办法。

我们不在树林中生火，白天无烟，晚上无光，敌人的"看烟队"、"观火队”就没有目标。

我们行军尽量走溪水，不给敌人留脚印，凡从路旁进山，注意不把草踩倒，万一有人踩倒了，后卫便仔细地扶起来，有时故意把鞋倒过来系在脚上,踩出脚印迷惑敌人。这样,敌人的“查路队”便无迹可查了。

游击队不在山上大声说话和砍树,敌人的“听声队”便失去了作用。

敌人是很狡猾的，有时全凭队员们的勇敢沉着来逢凶化吉。1936年1月上旬的一天午后，全队分成十多个小组隐蔽在三个紧密相连的山岭上，我和两个队员分散在一个山嘴的土坎灌木丛中。太阳刚刚西移，敌人突然搜来，两个贼眉鼠眼的家伙端枪走到队员老索牯隐蔽的灌木丛附近，咋呼着 :“出来，不出来老子开枪了！”

我吃了一惊，心想糟了，老索牯被敌人发现了，只见他虎视眈眈地把枪口对准敌人，在这千钧一发之际，坚定沉着地一动不动，我也就严密注意敌人的动向，随时准备援救。

敌人咋呼了一阵，无所发现，转向右边的山头去了，我这才长舒了一口气。打心眼里钦佩索牯同志勇敢沉着、临危不惧的大无畏精神。

和敌人捉了一个多月的迷藏，全队没有损失一兵一弹，同志们觉得敌人声势虽大，但并不像想象的那样难对付，紧张的心情略略放松了，我也为躲过了敌人“清剿”的第一锤子而高兴，就在这迷藏捉不胜捉的节骨眼上，迎来了1936年的春节，这个春节过得实在使人终身难忘。

“腊月三十了？”我小声地问司务长，整天在山里转来转去，满脑子想的都是怎么避开敌人的锋芒，过年过节早不知忘到哪里去了。

司务长屈指算了算说 :“真是腊月三十了，在苏区今天可热闹了。在兴国的时候，连队打牙祭还吃米粉鱼哩！”

我看了看满山的积雪，又看看队员们的身上，不仅衣衫单薄，而且还被雨雪打湿了，心里很不是滋味。战士们念叨今天是除夕，未必是想像模像样地过个年，大概也不是奢想打牙祭吃顿鱼肉鸡鸭，只是身上无衣，肚里无食，连个避风避雨的处所都没有，如能寻个棚子落落脚，再捧碗热汤填填肚子、暖暖身子，这就是最大的满足了。我理解这些患难与共的战士们，作为领导，我应该想方设法创造条件，让同志们在这十分艰难困苦的逆境中也尽可能高高兴兴过个年，辞旧迎新齐奋力，吃饱喝足打白军。

傍晚，来到竹子坑一个叫老虎脚下的小村子，放好警戒后，我就叫司务长带着几个人到各户买买东西，准备就在这宁静萧疏的小山村里过个年，不一会儿，买来了米、菜，还有十来只鸡、鸭。

大家兴致勃勃地忙碌起来，有的杀鸡宰鸭，有的做饭、炒菜，有的在堂屋里烧火烤衣服……来到三南半年多，从没打过牙祭，也没有住过房子，大家为能够在群众家里热烘烘地吃一餐，再开个地铺甜甜地睡上一夜而笑逐颜开。不少同志边干边哼着红军歌曲、家乡小调，乐呵呵地为过年做准备。我看着大家这样，心里热烘烘的。

孰料就在这美好的时刻，意外的情况发生了。

“报告！”一个队员气喘吁吁地跑来向我报告敌情，“敌人大约两个连的兵力，分两路正朝我们这边摸来！”

这时，饭还没熟，肉还没烂，我叫大家迅速把半生不熟的饭菜带上，同志们拿起口缸、毛巾，装的装，包的包，只留下少许鸡鸭在锅里炖着，装作群众自己过年的样子，以搪塞敌人，保护群众。然后从村后上山，奔跑着转移了七里多路，登上一个大山头。

尽管在冰天雪地里吃着冻饭过年，但队员们一个个都情绪高昂，一边吃还一边开心地嬉笑打闹。若不是怕把敌人引来，他们真还要满怀激情高歌一曲哩！斗争不畏苦，革命不怕难，正是红军战士的这种豪情壮志，使我们这支小小的游击队伍，历经艰险而愈战愈强。

这时，我的一缸子冻饭还没吃完，我一边吃着，一边听着，也一边想着：在这样艰苦的日子里，一个个还这样乐天派，世界上什么人能有这种气概呢？恐怕只有中国共产党领导的红军战士了。想着想着，突然一个念头跳进我的脑海：我们吃着半生不熟的冻饭过年，我们的基本群众现在怎样了呢？

船寨、坪岗山周围一些小村子里群众的情况我们是了解的，去年12 月中旬就有人断粮了，有的人家把喂的几只鸡都拿到圩镇上换了米。近些日子，由于敌人常到那里搜查，群众进山弄点山货到圩镇变卖就更难了，过年想吃上米饭和肉类怕是很困难的。能不能让群众把这个年过得好一点，不是一般的群众工作问题，而是节骨眼上与敌人争夺群众、争夺新开辟出来的这块小小的立脚点的一场紧迫的政治斗争，我决心打个土豪为我们的基本群众弄点东西过个年。

我的想法得到了各班长的赞同。侦察班长吴少华同志还提出了一个具体行动意见。他说：

“早禾坪那个土豪，我们已经侦察过，离船寨 20 多里，可以去找他要粮，但是，弄到粮食如何运到船寨这边来是个问题，游击队一来有战斗任务，二来也没有那么多口袋。我想，今天晚上到上芜坝去让几个基本群众分头通知就近村子里靠得住的人，叫他们拿着布袋，到早禾坪的后山上集合，我们把土豪抓住后，让他们下山拿粮食，拿了粮食就悄悄回家，这样群众的困难解决了，我们的行动也灵便。”

于是，我派司务长和侦察班的一个战士下山通知上芜坝的基本群众，其余同志准备天一擦黑就出发。

午夜 12 点左右，游击队来到早禾坪的后山上，雪后的天空，显得格外晴朗，繁星眨着眼睛，明亮的蛾眉月高挂空中，早禾坪清晰地映入我们眼帘。

吴少华同志指着一栋白墙灰瓦的大房子对我说：

“那就是土豪家。”

看来，这个土豪不算大，他家的周围没有修土围子，要抓他还是不难的，于是我对少华同志说：

“你对这里地形和这家土豪的情况做过侦察了解，还是由你带着侦察班去，我组织人从旁配合你，要记住，这个土豪是几年前才发成富户的，民愤不大，我们的目的是找他要粮，不是打反动。”

“你放心吧，我们会注意政策的。”少华同志说完就低声招呼，“侦察班，跟我下山！”

侦察班一行动，我令吴继德同志带着他的班到山脚下隐蔽接应，以防万一。

约一个小时过后，吴少华同志派人来报告：“得手了！”我迅速进村到土豪家，只见他全家人都被枪压着挤在一间厢房里，一个个哆哆嗦嗦地望着持枪的哨兵求饶。

我大步走到房门口问：

“哪个是当家的？”

“老总，这家是我当着。”一个50多岁的男人声音发抖地对我说。

“不要怕，我有话跟你说，现在还没有发现你有血债，按政策，我们不是来杀你的，只要你献点粮食。”

土豪保命要紧，连连说：“要粮食好说，家里有，要多少你们随便拿。”

“你的底细我们知道，不多要，让乡亲们过个年就够了。”我说着，要他从房间里出来，带我们看了米缸、米柜，随后叫两名战士把全家集中在厢房里看管起来。

过后，随我们来的基本群众由游击队领着，来到了土豪家的仓房，在游击队员的指挥下，一点不乱，每人装了半口袋米就上山去了。

我见群众都走了，队员们的米袋也装满了，便命令准备撤离，吴少华来到跟前说：

“牛栏里有几头水牛。”

我知道他的意思，对他点了点头。

吴少华转身对站在身边的一个战士说：“还站着等什么？快去！”

一头水牛被拉上了山，在一个隐蔽的小溪旁，队员们七手八脚将牛杀了，把牛肉分成三四斤一块，连夜赶到船寨周围，分放在基本群众的门口。天快亮时，我们给群众送完年货，又赶紧返回山上。

第二天晚上，全队分成几个小组悄悄到基本群众家里拜年，群众还招待我们吃了一顿牛肉炖萝卜，虽然已是大年初三了，但是大家像除夕夜守岁一样，整整交谈了一个晚上。

六、靠人民，支援永不忘

敌人在军事“清剿”、政治隔离的同时，还在经济上对我们进行了严密的封锁，妄图把我们困死、饿死在山上。

敌人严密控制圩场，限制群众购买粮食和日用品的数量。他们把陂头、社迳、周布、江口、龙下等青龙山地区的圩镇，用长长的圆木筑成栏杆，出入口派兵把守，严查赶圩群众。谁要多买一点东西，便以“通匪”论处，轻者坐牢，重者杀头，从货源上卡住群众对游击队的支援。与此同时，敌人还用封坑并村的办法，强迫小村子的人搬到大村子里住，隔离群众与游击队的联系；敌人还惨无人道地洗劫村寨，制造白色恐怖，妄图使群众屈服，放弃对游击队的支持，从而陷我于孤立无援的境地。

然而，人民群众与游击队结下的鱼水深情有着同生共死的深厚阶级基础，不是反动势力凭借威逼、利诱和恫吓所能切断隔开的。就在最困难的日子里，就是在敌人以“通匪”的罪名狂杀滥捕无辜群众的严重时刻，我们的生活日用品，仍然几乎全靠基本群众在圩镇代买，敌人盘查再严，群众总有办法应付，替游击队买胶鞋。他们光着脚进圩，穿着新鞋出来。电池是严禁出圩的，男人容易使敌人犯疑，妇女们就想法子往外带，他们把电池放在头发里，包上头巾，沉着地混过敌人的哨卡。香烟不允许整包往外带，群众就抽 1 支，给游击队 19 支。油、盐在一个地方买多了怕引起敌人的怀疑，他们就跑到几十里外的县城去买，千方百计保障游击队的需要。

敌人在圩镇上卡不死我们，便把重点放在封山上，在重兵追踪我们的同时，派兵把住各进山口，不让群众进山，这给我们造成了供给上的极大困难。

1936 年三四月间，正当我们的粮食吃光了、盐也没有了的时候，一天，突然间从半山腰传来两声基本群众与游击队联系的信号。

“老乡进山了！”队员们高兴地相互悄声转告着。可是当紧接着又慢慢两声“呜！呜！”自远而近传来时，同志们立即紧张起来，知道是群众向我们发出的敌情警报，大家很快做好了撤离的准备。

我们知道这是群众被敌人押着进山砍柴了，我们断定，只要群众能进山，他们就会想法支援我们。

夜深人静，司务长带着十几个人下到半山，分头到白天砍柴的地方去寻找情报，过了一个多小时，去的人都喜气洋洋地扛回一两根群众挑柴用的竹杠子。

“老曹，我们有吃的了。”一个队员把杠子往地下一放，笑嘻嘻地告诉我。

我拿起一根竹杠向里一看，好家伙，第一关节是用松香粘住的，将关节打开，里面塞着一团破布，把布拿掉，白花花的大米便滚了出来，同志们将杠子里的东西倒出来，里面有熟咸鱼、干咸菜、干豆豉、干辣椒，还有重要的情报……

“这里还有一条大鱼哩！”一个队员扛着碗口粗的半截茅竹说。

我走上前去将茅竹的一头放在地上，一头拿在手里，掀掉第一个竹节盖，一看，全是一粒粒海盐，倒出来约有 10 斤，可把我喜坏了，忙对司务长说：“要想法把这个送盐的群众打听到，好好谢谢他。”

司务长频频点头，表示记在心上了。

后来，我们弄清楚了这个送盐的人，是龙下茶山的一个基本群众，叫兰祥浩。一天夜里，我和司务长专程去兰祥浩家感谢他的深情厚谊。

斗争是残酷的，敌人困不死我们，便把兽性发作在群众身上。噩耗传来了：鸭卵洞遭敌洗劫，抓去十多人，钟北斗、钟明燕等五位常替游击队买东西的革命群众被敌人抓到龙下杀害了；炉迳的谢天来在社迳买东西被敌查出拉到圩口杀害了。

听到基本群众被抓被杀，全队同志心如刀剜，纷纷要求为受害的群众报仇。

这个仇一定要报。不报，队员们谁也咽不下这口气；不报，对不起群众；不报，游击队会失去民心。

怎么报法？拉上队伍到龙下、社迳去与敌人拼个你死我活是绝对不行的，与敌人拼命很简单。但是，长岭分兵确定的任务怎么办？作为指挥员，我不能这样做，不拼又怎么办？我搜肠刮肚地想着办法，想来想去一筹莫展，心里憋得难受极了。

过了两天，信南县委工作团的同志和我们取得了联系，从他们那里得知，驻龙下的粤军洗劫鸭卵洞。离鸭卵洞不远的磜上，土豪曾纪裕的两个儿子曾广义、曾广元向粤军“点了水”，敌人这才杀人的，炉迳的谢天来同志被害，是社迳的联保主任李志坚和劣绅叶南山干的。

经与县委工作团研究，我们决心先除曾家兄弟，后找李志坚、叶南山算账。

1936 年 5 月的一天，经过周密侦察后，派了一个班，突然进到磜上，抓住了曾广义、曾广元，当众宣布了这两个反革命的罪行，就地处决了。

接着，我们再打社迳的主意。侦察班长吴少华同志带着一个队员化装成买卖人到社迳圩进行了仔细侦察。

社迳，是这片山区中较大的一个圩场，住着百十户人家，开有近 40 个店铺，每逢圩日，方圆几十里内的群众就来这里赶圩，十分热闹。这里有一座独木桥架到圩的西门外，圩的四周用六七尺长的圆木筑成篱笆，东西各一圩门，早开晚闭，东门外的风树头上围子里，驻着保安团一个中队，中队长童新是个流氓兵痞，无恶不作。西门里是劣绅叶南山的家，筑有炮楼，李志坚常出入叶家，特别是每逢圩日，李志坚头天晚上定要去叶家住宿。

吴少华同志带着侦察班，借着黎明前黑暗的掩护，爬过圩栏杆，悄悄来到叶南山的围墙门外，正准备越墙而过，忽然听到门里面响起一阵哗啦哗啦开锁解链的声音。队员们机警地在门两旁潜伏下来。不一会儿，大门果真开了，开门人一脚踏在门槛上，并有气无力地说："好黑的天！"话音未落，嘴巴便被我们的队员用毛巾堵上了，紧接着吴少华带人直奔叶南山的卧房。

叶南山听到门外有响动，慌忙爬起床来，衣服还没扣好，房门已被踢开，吓得他边喊边往里屋窜。转身没跑两步，一根绳子套上了他的脖子，接着被捆了起来。

"李志坚在哪里？"吴少华厉声问。

叶南山这个顽固的家伙不作回答。

李志坚像个狡猾的狐狸躲进了炮楼。他把炮楼门关上，在枪眼里朝外"砰砰"放了两枪。

吴少华见李志坚在炮楼里不出来，打又打不进去，便叫人找来木柴，淋上煤油，向炮楼纵起火来。

这时，天快亮了。保安队 100 多人全部出动向我们背后迂回过来，企图把我们围在鲤鱼山一口吃掉。我只好派人通知吴少华撤离。

吴少华气愤地骂道："李志坚你这狗崽子，老子早晚要来敲碎你的脑壳！"随后,命令身边的队员:"把叶南山带走！"叶南山见有人来救，怎么也不肯跟着走。吴少华狠狠地给了他两枪，他像个死猪一样躺在地上了。

进圩的同志全部撤过了桥，我们一起避开保安队的主力，从侧后转移上山，安全地离开了社迳。

游击队刀劈曾家兄弟，枪打叶南山为群众报仇，很快在青龙山地区传遍了，一些群众把这两次行动编成故事，像说书一样在人民群众中间流传，我军民之间的深厚革命感情，随着两个故事的传播而日益加深，党和红军的影响在白区群众心目中日益扩大，游击队的威望也日益提高。

七、心中燃烧着革命的烈焰

1936 年上半年，坏消息一个接一个传到三南。

年初，特委通报了龚楚叛变的情况。龚楚原是中央军区参谋长，1935 年 2 月奉命带领红二十四师的七十一团，从雩都向南突围到湘南，不久就叛变投敌，带领广东军袭击了我特委后方机关，制造了“北山事件”。

一波未平，一波又起。一个晚上，特委交通和信南县委的一位同志带着几个人进山来找我们，这几个同志原是跟着军分区参谋长向湘林在油山一带活动的，他们给我们带来了向湘林也被俘叛变的消息。

向湘林在长岭分兵后，带着 300 多人的队伍在油山一带活动，他害怕部队分散，拒不执行长岭会议分散打游击的正确方针，与余汉谋硬拼。在南雄附近的一次战斗中，被敌人彻底打垮了，自己也受伤被俘。这个曾经革命口号喊得震天价响的家伙，经不住反动派的威胁利诱，当了可耻的叛徒。向湘林叛变后，在南雄县城门口辨认过往行人，看谁是化装的游击队员，看谁支持过游击队，并带着敌军到处搜山，捉拿游击队，寻找项英、陈毅和特委的领导同志，成了一条断了脊梁的癞皮狗。

向湘林叛变投敌的可耻行径，很快被打散了的同志们知道了，无不恨得咬牙切齿。300 多人的队伍，被向湘林拼来拼去，损折大半，剩下的不足 50 人，他们很快地聚拢起来，由曹水清同志领着，成立了一个游击大队，继续坚持对敌斗争。随后，他们又受到了一些损失，经过重重艰难险阻，剩下的同志终于与特委取得了联系。由于特委处在隐蔽状态下，便指示他们到了三南，加入了我们的战斗行列。

此时，我们正在和敌人“捉迷藏”，情况本已十分艰苦，龚楚叛变，向湘林投敌，更给我们思想上增添了压力。

那么，在赣粤边打游击能不能继续坚持下去？有没有胜利的希望？整个革命形势究竟如何？每一个同志都在思考着这些问题。我想得最多的则是与这些问题紧密相关的一个实际问题：我们几十个人当中会不会也出叛徒，怎么才能防止，万一出了怎么办？

一天中午，同志们都在休息，我把党团员找在一起，做骨干的工作，同大家一块研究如何防止出叛徒的问题。

吴继德同志首先发言，他说："现在不仅领导上担心，大家都在担心。我想，凡出叛徒，一是对革命失去了信心，二是骨头软。根据我们现在的情况，应该加强思想工作，按照长岭会议项英、陈毅同志讲的道理，说服大家相信革命一定会由低潮转入高潮，困难再大，时间再长，只要挺住腰杆坚持下去，像目前这种艰难困苦的局面总是要过去的，好日子一定会到来，问题是要把大家坚持斗争、迎接胜利的信心鼓得足足的。再就是要防治软骨头，软骨头不是天生的，主要是认识模糊，立场不够坚定，只要加强艰苦细致的思想教育，摆明革命前途与个人翻身解放的利害关系，认清国民党反动派的本质，提高同志们的阶级觉悟，增强革命斗志，就不难克服动摇情绪。"

一个党员骨干补充说："还要注意关心体贴同志们的实际困难，干部和党员要处处以身作则，站岗放哨，侦察敌情，破寨打土豪，都要抢挑重担，实心实意团结周围的同志，使每个人都切实感到我们这个集体是个温暖的革命大家庭，这就能使大伙抱成一团，同生死，共患难。"

同志们的发言，使我很受感动。在艰难困苦的情况下，大家心中装着革命，想着胜利，自觉挑重担，为坚持斗争群策群力，这是多么好的革命战士，多么可亲可爱的战友，多么高尚的革命情操啊！

综合同志们的意见，结合多天的想法，我提出了几点办法。

一、立即在全队进行一次思想教育，主要认清当前的形势和我们的光明前途，使大家在黑暗中看到光明，不怕失败，不畏逆境，对革命充满信心，任何情况下都保持高度的革命乐观主义精神。

二、在坐的同志要自觉地处处为人表率，不叫苦，不怕死，不叛变。

三、加强组织纪律性，游击队暂不搞大分散活动，外出执行任务的同志要按时归队，逾时不归的要如实讲明情况，并愉快地接受队里审查。

统一了骨干的思想认识后，我把全队集合起来，搞了一次大讨论，题目是怎样看待当前的形势，怎样看待我们的前途。当时，没有中央文件，由于失掉联系，也没有特委的近期指示，连国民党的报纸都见不到，大家也没有多少大道理好说，都是实实在在的，发言十分热烈，纷纷表示一定要始终如一坚决执行长岭会议的正确方针和领导同志在我们出发时的嘱咐。紧紧地依靠群众，谨慎从事，巧妙周旋，创造随机应变的生存条件，我们就能够在任何情况下都拖不垮，打不烂，就一定能够渡过难关，迎来斗争的胜利！

说叛徒，果真有叛徒来了。4 月中旬的一个晌午，特委管财经的刘帮华同志终于时隔半年又来三南收款了。这次与往常不同，不是只身一人，而身后还跟着一个彪形大汉，帮华同志是个胆大心细、精明强干的好同志，他总是化装成商人来往各游击队间为特委提取经费。常常腰缠巨款出入敌人严密封锁的圩镇，安全地完成任务，从来未出过差错。

我急着要帮华同志给我们“广播”“新闻”。而帮华同志却不是往日见面时的痛快劲，笑笑说：“你这个人好小气呀，先给点饭我们吃吧，今天还粒米未下肚哩！”

吃罢饭，帮华同志乘跟来的人到队员中聊天的机会对我说：“老曹，跟我来的不是个好东西，是南雄人，参加过游击队，早已叛变了。他以为我们没有发现他的狼心狗肺，几天前在陂头附近碰到我要跟我去找特委，这家伙学过武术，又五大横粗，在路上我一个人不好对付，就绕圈子带到你们这里来了，估计后面有人吊线，要赶快除了他，部队还要立即转移。”

叛徒来到了我们身边，我抑制不住心中的怒火，马上叫来吴少华和索牯，给他们交待了任务。然后，平静下来，和刘帮华等人凑到那个家伙聊天的圈子里，虚与周旋，向他打听南雄向湘林叛变的情况。谈话中，他调子唱得很高，说向湘林叛变了，他好险也被捉，逃出来要找组织继续坚持斗争。

正当他得意洋洋，以为这么轻而易举就打进了三南游击队，白花花的赏银转眼就装入腰包的时候，冷不防腿弯上被人蹬了一脚，双膝不由自主地跪到地上，紧接着两臂被人反捆了起来。

经过连续审问，正如帮华同志说的，是一个货真价实的叛徒反革命。被封为什么中队副，对党对人民欠下了血债。这次跟定刘帮华同志，就是想打进三南，把我们搞垮。

听了他的交代，队员们一个个肺都气炸了，一个队员冲上去先是一顿耳光，接着就是两枪托。

我对索牯说："快结果算了，部队还要转移哩！"

索牯"唰"地一下从背上拉出马刀，只听"咔嚓"一声，叛徒受到了应有的惩罚。

八、在两广事变的隙缝中发展

发生了一个出人意料的情况。

1936 年 6 月初，青龙山周围的广东军不知为什么都撤走了。

敌人耍什么新花招，是对我"清剿"劳而无功而被撤走呢，还是集中兵力去应付油山中心区？不管是什么原因，未雨绸缪，应该及早做好对付敌人新阴谋的一切准备，以防不测。

我把部队带到船寨背后的大岭山上，派三个小组下山继续侦察敌情，并令人与信南县委的同志联系，请他们通过地下交通向特委请示我们下一步的行动。

一天午后，刘帮华同志又来了，离我们丈把远就高兴地说："政委同志，这回可有好消息给你们喽！"

"是不是又带个叛徒送给我们处理？"我开玩笑地搭着腔。

到跟前，帮华同志告诉我们，国民党反动派内部爆发了两广事变，这使我们弄清了广东军撤走的真相。

第二天，信南县委的同志交给我们一封特委的信件，还有一小叠手抄的传单和标语，特委在信中指出，两广事变是当前国内一个重大的政治事件，游击队要以党的名义表明态度，向人民群众揭露两广事变的实质，唤醒人们丢掉对陈济棠的幻想，响应中国共产党的号召，团结抗日。

特委还估计，两广事变在时间上不可能持续很长，要我们抓住敌人内部矛盾激化，广东军撤走，地方武装心神不定的有利时机，放手扩展新区，发展壮大自己的力量。

那一叠传单，是项英同志亲自撰写的《为两广事变告群众书》的抄件和"反对军阀战争，实行抗日战争，变军阀战争为抗日民族战争"等简短有力的标语口号。

我们这时对当前时局和斗争形势总算心明眼亮了，于是立即按特委的指示精神行动起来。

正如特委在信中判断的那样，余汉谋一走，敌人内部惊慌不定，保安团把脖子缩起来了，土豪劣绅失去了靠山，也不敢那么嚣张，这对我们向三南纵深发展是一个极好时机。

当天傍晚，我们分头到船寨、坪岗山、上芜坝等村寨找基本群众开会，我拿出《为两广事变告群众书》念给群众听，告诉他们：陈济棠、余汉谋不是真心抗日，只是在全国人民要求抗日的呼声中，打出抗日的牌子，扩大自己的影响，想叫那些要抗日的人跟着他们走。

我进一步向群众宣传，只有共产党和共产党领导的红军才是真正抗日的。我说：我们红军主力离开江西到哪里去了？都到西北去了，到抗日最前线去了。我们目前虽有很多困难，但有全国人民支援，像游击队在山里有你们支援一样，我们什么困难都是可以克服的。从现在起，游击队要和你们一起到山里大力作抗日的准备工作。通过打土豪，杀反动，救穷人，把老表们都联合起来，与国民党反动派斗争，与广东军阀斗，不让他们腾出手来打我们的主力红军，让我们的主力红军集中力量打日本鬼子。

几天时间里，我们帮助基本群众进一步扩大了贫农团组织，成立了秘密游击小分队，制定了贫农团、游击小分队的保密守则和纪律，并确定了秘密调查土豪情况，散发和张贴标语传单，必要时配合游击队打击保安队和反动地主武装等战斗任务。

考虑在向纵深发展时，游击队需要有个关押土豪和存放粮食的地方，我们在船寨背后的大岭山一处很隐蔽的地方搭了个茅草棚。这个茅草棚是游击队到三南后一年多来搭起的第一个落脚点。它坐落在半山腰一个泉水洞口的左侧，上方是一个大土坎，土坎上四五蓬紫竹歪斜着身子正好严严实实地将棚顶掩盖着，四周的参天大树像无数把雨伞，又像无数名卫士保护着草棚。砍柴、打猎的人一般不会到这里来，就是到了跟前也不容易发现，安顿好这个小小的“后方基地”后，我们全队人马便向纵深行动了。

一个早晨，晨曦初露，部队到达陂头地面的酒饼山，站在山咀部朝下望去，一块群山环抱下的盆地展现眼前，面积约二三平方公里，人们把这个盆地称作“杨梅石”。杨梅石四周坐落着窖湾子、学堂下、枫树下、上坎、沙前、岗头六个自然村，大的20来户人家，小的只有三四户，总共40来户，里面有两户土豪，一个叫钟恒全，一个叫钟庭海，游击队今早就是抓钟恒全来了。

钟恒全不是大土豪，民愤也不算大，住的房子也没有土围墙，他听见狗叫，披着衬衣从房子里走到侧门边。

刚刚拉开门，“不准动”一支枪顶到了他的肚子。

“我们是红军游击队，来找钟恒全商量点事。”队员单刀直入，说明来意。

一听说来找钟恒全的，开门人全身筛糠似的哆嗦起来，牙齿打着架说：

“我……我……我是……”吞吞吐吐好一阵子不敢回答。

向导在门外点了点头，证明这个吓得真魂出窍的人就是钟恒全。

为了保护群众，游击队的向导是不让土豪见着的。

“钟恒全，你不要害怕，跟我们到山里走一趟，只要老老实实，绝对不杀你，红军游击队说话算数的。”

钟恒全被蒙着眼睛带上山，转了几个大弯，在一棵树下停了下来，我叫他坐在一块石头上，随手递过一个水壶说道：“喝点水吧！你不用怕，我们红军游击队眼下的政策是保贫打富，除恶安民，但是，打富户我们不是瞎来的。根据这山里的情况，凡一年收租谷150担以上的，我们才罚他的款，没有血债，民愤不大的，我们是不会伤害他的性命的。进入三南以来，这是我们一贯的做法，对你也不例外，对你这样的人同对船寨黄运镇、黄运伯就不一样，他们是大土豪、大恶霸，在山里无恶不作，把穷老表欺苦了，我们抓到了当然不客气，你算小土豪，我们只罚款，希望你同那些相交的富户谈谈，叫他们不要和游击队作对，红军游击队不是打家劫舍的土匪，对你采取的措施，也根本不同于土匪绑票。”

“是！是！我一定照办。”钟恒全表示了态度，接着带上我们的人到他家如数交了罚款。

在学堂下，游击队以同样的方式罚了土豪钟庭海的款。

在打土豪的同时，游击队在杨梅石各村子秘密宣传、组织群众，这里的群众早已风闻游击队在船寨打土豪、帮穷人的事，见到我们纪律严明，说话体贴穷人，加上对揭不开锅的就给上三四块钱救急，群众很快心向游击队，使我们比较顺利地打开了局面。

随后，信南县委的同志也来了，他们同游击队一起开展工作。十多天里，这里的群众就秘密组织贫农团、游击小分队，钟恒全、钟庭海明知游击队在这里活动，他们睁只眼、闭只眼，只当没看见也没听见，谁也不去向保安团报告。其实，他们早有经验，跟保安团打交道，等于是烧香引鬼，弄不好就会赔了夫人又折兵，与其吃哑巴亏，还不如与游击队相安无事好。

于是，这里很快变成我们的游击活动区。

6 月下旬，已是闷夏时节。游击队把杨梅石一带的情况向信南县委汇报后，不辞辛劳又朝东南方继续向纵深进军。

行前，我们书写了大量揭露两广事变真相的标语、传单，抄写了好几大张《为两广事变告群众书》的布告，准备沿途散发和张贴。

7 月初，我们在增口又打了一个土豪，接着在楠木山、过路场、落湖凹、茶坑、东坑圩一带打土豪、除反动，把革命的影响从虔南扩大到了龙南。

8 月中旬，暑热更炽，游击队顶着炎阳，一鼓作气完成了以楠木山为中心的一大块新游击区的开辟工作。信南县委书记罗世珍带着工作团随后在这一带发展党员、建立组织、巩固斗争成果的活动也展开了。

十多天后，游击队不怕疲劳，再接再厉，绕过龙南东坑圩，插到了虔南、龙南、定南三县交界处，开始了以凉伞迳、下山围、望半天、上山等村寨为中心的新游击区的开辟工作。

这一带，离东坑圩只有 20 多里山路，进龙南县城一天也可赶回。邓金莲、赖水石同志曾带领崇仙、南山游击队来活动过，先后除掉了反动的伪保长华辉煌、陈容彬;同广东军、江西保安团以及流氓组织“十八兄弟会”展开过激烈斗争,在群众中有一定影响。但是,由于敌强我弱，斗争多采取打一下就走的方式，没有在群众中扎下根来。

到三南交界处半个月光景，游击队就初步打开了局面。一天，我们得到情报，敌人见游击队很活跃，派了一个保安中队百十人想进山咬我们一口。两广事变以来，我们还没与保安团交过锋，队里几个干部研究之后，决定在下山围打个伏击战，打死敌人十四五个，缴获一批枪支弹药，可谓旗开得胜。一个回合就扫掉了敌人的威风。

下山围伏击战的胜利，大大地鼓舞了人民群众，提高了游击队的威望，我们趁热打铁，在更大范围内积极开展宣传工作，组织群众支援游击队。

我们三南游击队和南山游击队、南雄游击队、崇仙游击队在一起活动，互相支援，共同歼敌，在三南地区深深扎下了根。这时，根据特委指示，几支游击队进行合并，改称为三南游击支队，邓金莲、赖水西同志分别担任正副支队长，我仍为支队政治委员，刘震英为副政委。

随着游击活动区域的扩大，地下党的工作也迅速发展。地方工作团的工作由虔南发展到龙南、定南。在凉伞迳、下山围、月子江等地发展了一批群众积极分子入党，相继在各地成立了 20 多个党支部，并成立了小江中心区委、陂头、龙下分区委。

我们按照特委的指示，利用两广事变的空隙，在政治上、军事上同时向敌人主动展开攻势，到 9 月初，三南游击区和油山、南雄、大庾、信丰等老游击区联系起来了，同志们摩拳擦掌，枕戈待旦，准备在新的形势下，迎接新的斗争，争取新的胜利。

九、你打你的，我打我的

“敌人又进山‘清剿’了，这次来的不是广东军，而是蒋介石的嫡系第四十六师。”9 月下旬，侦察员回山这样报告。

原来，两广事变这场闹剧，演了不到四个月，就被蒋介石施展诡计，把其中的一个主角余汉谋收买过去而拆台收场了，四十六师取代余汉谋部，一到赣南，就全力对付我赣粤边游击区了。

四十六师一蠢动，江西保安团、赣南各地的地主武装也跟着嚣张起来，这三股敌人纠集了1000多人，对我青龙山中心区实行“清剿”。

还没摸到四十六师的脾气，我们拉到崇仙一带山中暂避锋芒。没想到，信丰保安团已在这一带“驻剿”，我不能久待，只得又回到青龙山腹地游击中心区来。

短短的几天，这里已不是走时的景象，摆到游击队面前的是一片惨状，鸭卵洞的民房被敌人烧光了；船寨、坪岗山土围子附近的所有村寨也烧光了，小姨坑的废墟还冒着余烟。此情此景，使同志们一个个心如刀剜，大家两眼盯住烧焦的屋场，心里想着：“老表们，你们受苦了，你们现在哪里呢？”

老表们被敌人赶到土围子里押起来了，所有群众每天都只能在匪兵监视下到田里干活；进山砍柴的，不仅严格检查，而且还划定区域，太阳西斜就得进围子。

不能同群众沾边，我们比什么都难受。我也有点急躁，准备采取“老鹰抓鸡”的办法，闪电袭击坪岗山的敌军，教训教训一下四十六师。

队里几个干部碰了碰头，有同意打的，也有不同意打的，在大家的议论中，我慢慢冷静下来。这时，陈毅同志“要打赚钱仗，不做赔本生意”的嘱咐又在耳边响起，把我带入了深深的沉思中：打坪岗山为群众报仇，这在政治上是有意义的，但在军事上只能是突袭一下就走，不可能从这一仗中得到什么补充，这无疑是个消耗仗，打这样的仗不仅人赔不起，就是弹药也赔不起。

想到这里，我暗暗警告自己：“老曹呀老曹，你可不能感情用事啊！”

我做了自己的工作，又做同志们的工作：“现在的形势还不允许我们面对面地和敌人较量，更不能硬拼。我们只能把一口口闷气吞到肚子里，让他在胸中变成烈火，有机会喷出来烧死这些狗杂种。”

又过了几天，我们还是一筹莫展，见群众见不着，打敌人又打不得，怎么办呢？我们几个队干部成天商量着、研究着。最后，比较一致的意见是去捅敌人的老窝。

现在敌人重兵在我中心区，老窝肯定空虚，不妨来个你打你的，我打我的，捅到敌人背后去，打得赢就打，打不赢就进山。

中秋节前夕，我们迅速把分散隐蔽的分队收拢，在一个秋风爽爽的深夜钻出了敌人的封锁区，来到陂头东北面的丛林中，随即派人到基本群众中了解情况，准备突袭陂头。

陂头，是虔南县一个重要圩镇，圩内住着200多户人家，70多个店铺，是伪区政府的所在地；保安团一个大队部也在这里，东面的田螺寨驻着四十六师一个营，敌人控制十分严密。

据侦察，敌人虽将大部人马调往山中“剿”我去了，但还有两个连的兵力留守，后方并不十分空虚，我们感到不好动手，有些进退维谷。

正当举棋不定时，群众又冒险跑来报告：吴保长要回家过中秋节。

吴保长是陂头地面的一霸，乡下有良田千石，圩里开着店铺，这家伙一贯仗着反动政府的势力敲诈勒索，鱼肉乡民，无恶不作。群众几次要求游击队为民除害，皆因他经常待在圩里而无从下手。

中秋这天，吴保长果真回家过节了，掌灯时分，十几个队员借着山脚树林掩护，突然闯进了吴家的土围子，正在吃团圆饭的吴保长一家，吓得乱成一团，筷子酒杯掉了一地，鸡鸭鱼汤溅了满桌。吴保长到底是个狡猾的狐狸，见游击队登门“拜访”转身就往屋后跑，妄图从后门逃掉。队员韩德顺早盯住了他，飞步抢上去，顺势在背后猛击一掌，“咕咚”一声，吴保长嘴啃泥，摔得鼻青面肿，接着被两个队员捆绑起来，我们立时鸣锣召集群众大会，听说游击队抓住了吴保长，群众很快蜂拥而至，这个死有余辜的地头蛇，来不及辞堂别妾，就被我们当众镇压了。

镇压了吴保长，我们用“中国工农红军三南游击支队”的名号，到处张贴布告，意在使敌人知道游击队到了陂头，好调虎离山，叫他从我游击根据地中心撤兵。

不久，在凉伞迳打听到定南县政府的第一科科长钟国容回老家了，这个专与我游击队作对的家伙，家住在嶂上，一回来就授意保长如何防范游击队。

一天黎明，队员们在向导的引导下，顺利地将他的房屋包围起来，索牯同志带着三个战士，撞开大门，直捣钟国容的住房。钟国容这个与游击队长期为敌的反革命，听到响动，知情不妙，拉开房门闪进厨房，在厨房小窗口朝外一望，见游击队已封锁了全部通道，无法逃脱，便顺手拿起一把菜刀对抗。此时，在卧房找不到他的两个队员端枪来到厨房，子弹送进了钟国容的胸膛。

在外线闹了两个多月，估计敌人在中心区见不着游击队，会撤兵到外线找我。于是，全队回戈青龙山进行短暂时间的休整。

果然，敌人的封坑并村稍有松动，船寨、坪岗山一带的群众进山砍柴、下田劳动已没有匪兵监视了，县委工作团的同志能够在山上见到基本群众了。

见此情景，队员们都很高兴，准备稍加休整，再度向敌人打去。这时，特委来了一个命令，要我们迅即打到敌人背后去，“牵牛出山”，配合特委组织的反“清剿”、反“搜山”，粉碎蒋介石妄图三个月把赣粤边游击队吃掉的阴谋。并指示我们接到命令后立即出发。

我们作了一次认真的研究后出发了，目的地是南雄。这时，1937年元旦刚刚过去。

一个寒气袭人的夜晚，天色乌黑，伸手不见五指，加上毛毛细雨，道路泥泞，行进十分困难。有的队员没有鞋，脚底上绑着笋壳，每人拄一根棍子，手腕系条白毛巾，一个跟着一个，深一脚浅一脚地默默向前移动。走到半夜，队员们的衣服湿透了，肚子又饿，真有点寸步难行。但大家深知，统一的军事行动比不得小分队的零敲碎打，贻误战机是会招致满盘皆输的，再苦再累，这时也是不能停下来休息的。

路越来越难走，路边的泥土被雨水浸透后变成稠稠的泥浆，看上去可踩，踏着就陷。不少同志踩上去摔了一跤又一跤，全身滚得像泥人。

天亮之后，同志们你看看我，我看看你，互相取笑着。

“小残废，看你那个泥猴子样！”老索牯笑小残废。

“还笑我哩。你到溪水里照照，和那饿瘦了的泥菩萨差不差？”

满身泥水，湿漉的衣服贴着皮肤，寒风一吹，人们冻得牙齿咯咯作响，有的同志还被山石划破了脚，淌着血，走起来一瘸一拐。苦吗？饥寒交迫，疲惫不堪，的确够苦的。但是，对队员们来说，这已是家常便饭了，对一个革命战士来说，艰苦奋斗，乃是本色。同志们无一字怨言，相反倒是步履更坚。

经过三个昼夜的艰难行军，终于到了南雄的水口圩附近。水口，东靠虔南，西接大庾。从社迳向西百十里路，这里本来驻有敌军一个连和一个保安中队。此时，都调往青龙山和油山“清剿”我游击队去了。圩里只有保安队留守的两个班，每逢圩日便设卡收厘金税。群众买斤把竹笋、蔬菜、买只鸡鸭也要被他们卡去几成，老百姓敢怒不敢言。

一个圩日的上午，游击队的长枪班埋伏在圩边的山上，短枪班化装成赶圩的群众，有的将枪藏在捆好的柴里，有的将枪放在米箩内，分批进了圩镇。两三个一伙，三四个一帮，有目的地接近哨卡，跟定保丁，联保处的门口也蹲上了人，规定了统一信号，内外配合。

上午十点钟，一声枪响，队员们听到信号，迅速取出枪支，犹如出山的猛虎，奋勇扑向各自的目标。长枪班消灭了哨兵之后，也迅速奔进圩场。不一会儿，税卡的枪被下了，保丁的枪被缴了，联保处的人被堵在房子里，不到 20 分钟，整个战斗结束了。

接着，我们一路上又在水口附近的南亩、马前迳打了两个土豪，每行动一次换一个名号，弄得敌人虚实不明，搞得土豪劣绅惶惶不可终日。

特委给我们的任务是“牵牛出山”，“牛”不出山，牵牛的绳子就紧紧拽住，而且越拽越紧。将近 20 天，敌人沉不住气了，调回两个保安中队在我后面尾追。

一周后，我们转到了虔南刁公坑，发现敌人已到山下，企图分东西两路对我“围剿”。我佯装不知，80 余人分成几组在山间割草、砍树，搭棚宿营。还生火做饭，故意将目标暴露给敌人，并安排基本群众向敌人报告，说在山里发现游击队搭棚，促敌夜来劫营。

半夜，我全队悄悄撤离，留下两名队员作金钩，钓敌人狗咬狗。

次日凌晨三四点钟，敌人果然分两路劫营来了。我两名队员不慌不忙转到侧翼观察，只见敌人慢慢地爬上山顶，朝我搭棚处运动。“轰隆”一声，一枚手榴弹在左后方敌群中炸响。“叭叭”两枪，右路敌群中有人中弹倒下，几乎在同一时间，两路敌群中都喊起来了“打”的命令。霎时间，“噼噼啪啪”、“轰轰隆隆”的枪弹声燃放鞭炮似的在山岭上响起，越来越激烈……

两个队员见敌人已上钩，高兴地说：“好热闹哇！”随后，在树林中迅速追上部队安全转移了。

大约走了三四里路，敌人的枪声才停下来，后来听基本群众说，这一夜敌人互相打死 20 多人。

敌人封坑并村卡不死我，游动寻衅占不着便宜，便改为集中兵力分区“围剿”，企图用收网战术将我困住。根据特委的指示，“牵牛出山”，我们跳出敌人“清剿”区，在他的背后放开手脚打土豪，毙民团，伏击小股寻衅的敌军，几个月里在各地筹集了 5000 余块光洋，缴获了一批枪支弹药。

敌人在我们中心区分片“清剿”，见不到游击队，自家老窝反而受到威胁，土豪劣绅们请求派兵保护，无奈何，只好撤兵回驻地看家。与此同时，特委组织的其他方向的游击队，也以各种方式迫使敌人撤出了游击中心区域。蒋介石在西安事变后亲自部署的三个月消灭我游击队和地方组织的阴谋被我粉碎了。

我们返回青龙山腹地，用缴来的枪支进一步在上芜坝、坪岗山、船寨、炉迳、塘子、白石下、杨梅石、东坑圩等地，武装了秘密游击小分队，我们的游击活动区域不仅没因敌人的“清剿”而缩小，反而由点连成了片，并且大大地扩展了。北面完成了与信丰老区相连的计划，西面取得了与油山、南雄老区相接的成果，南面不仅到了虔南、定南与广东的分界线，而且还能到广东的和平县进行活动。这可算是三南游击队的全盛时期了。

这一段时间，我们从实际出发，随着敌人“清剿”手段的变化，采取敌变我变的方针。你打你的，我打我的，以己之长，击敌之短，有效地粉碎了敌人的“清剿”，完成了特委交给的任务。

十、胜利出山

到 1937 年六七月，三南敌人的兵力部署，发生了一个令人捉摸不透的变化。四十六师进山显著减少，而江西保安团的骚扰却比以往任何时候都频繁，特别是其中的两个中队，总像幽灵似的围着我们晃来晃去。

此时，我们与特委又失去了联系快三个月了，不知山外发生了什么事，只得按老办法与敌人周旋。

一天，部队在白石下打尖。上午十时许，侦察员报告：保安团 200 多人又尾随我们而来，这时，我们三南游击支队共有 80 多人，加上县委工作团的同志和当地游击小分队，约有 120 余人可以参加战斗。于是，经过紧急磋商，决定利用白石下石云头的有利地形打它一个伏击。一来教训教训狐假虎威的保安团，二来抓两个“舌头”掏点情况，解解近来的疑团。

石云头是一个狭长山凹，一条小路从凹底通过，对面正前方一条山谷把大山劈成两半。两半山脚伸至凹底，山上长满了树木和灌木丛。匆匆吃过午饭，队员们分头埋伏在山谷两侧和左右山脚下，张开了口袋嘴，单等敌人往里钻。

不多时，敌分三路从西北方向懒洋洋地走来，有一路成一字长蛇形，蠕动到了凹底，进入伏击圈。我扭头向身边的队员使了个眼色，只听“叭”的一声，走在前面的匪兵脑壳开了花，就在这同时，邓金连支队长在右侧山脚的梅子树下也指挥队员们打响了。一时间山凹里开了锅，遭到这突如其来伏击的敌人，一个个呼爹喊妈，连滚带爬，抱头往灌木丛中乱窜。

凹上的两路敌人见凹底的一路遭到伏击，仗着人多武器好，从正面和左右两侧向我包围过来。我向邓支队长打了一个手势，分别带着部队边打边向山里撤离。撤退中，邓支队长不幸中弹牺牲，队员杨飞、韩德顺同志也应声倒下了。

这次伏击战由于指挥不当，打得很不理想，反使敌人更加嚣张起来，保安队很快又从龙下增调一个中队跟踪我们的行动，迫使我们再次采取外线出击，与敌人周旋于崇山峻岭中。

9 月中旬，在虔南与信丰交界的山岭上，哨兵报告：听到山下有人不断重复喊叫：“游击队的兄弟们，千万别开枪，我是给你们送信来的。”

我们感到奇怪，敌人搞什么名堂？我一边想着，一边派两个队员把喊话的人带来。

在一块石头上，副支队长赖水石同志和我并肩坐着，来人被蒙着眼睛带到了跟前。

这家伙自称是保安团团部的副官，说找了我们多天，今天总算碰上了，说着，从口袋里掏出一封信和一张国民党的报纸递了过来。

信封上写着：交游击队队长收。

抽出信笺，大意是：游击队的弟兄们，现在国共两党已经合作了，红军“归顺”中央军，改编为第八路军。朱德当总司令。由蒋总裁统一指挥。陈毅将军已经“归顺”了，正在赣州和中央军一起开会，你们也不必在山里躲躲藏藏了，下山“归顺”吧！望接信后，立即派人来信丰联系具体事宜。落款是江西保安团第十二团团长邹某人。

再看看报纸，登着陈毅同志在赣州与国民党谈判的消息，还有照片。

据这个送信的保安团的副官吞吞吐吐提供的线索，看来“国共合作”也许有这么回事。但“收编”绝不可能。从情理上分析，既然“合作”就不是“归顺”；若已“归顺”，又何须“谈判”？我们估计，形势肯定发生了新的变化。这个保安团长送信招降的把戏，少不了与这个形势直接有关。但是目前究竟是个什么形势呢？这个变化对我有利还是不利呢？

为了摸准形势的变化，为了正确制定对敌斗争策略，我们立即把部队拉回坪岗山，一面派出侦察小分队化装下山探听情况，一面千方百计争取与特委取得联系。

在没有得到特委新的指示以前，我们仍按过去的方针行动，继续打土豪，缴地主武装，更积极地宣传、组织群众，不久，又转回到虔南境内的杨梅石一带。

11 月下旬的一天，天气特别晴朗。同志们在杨梅石后山上擦拭武器，准备晚上二进社迳抓联保主任李志坚。到山下群众家里做饭的司务长张三木兴冲冲跑来报告：特委来人了。

谁来了。人呢？我和赖水石同志正为多时找不到特委而伤脑筋，听到这个消息，自是喜出望外，便不约而同问着。

司务长见我们惊喜急切的样子，便卖起关子叫我们猜。可是，还没容我们猜第二遍，就忍不住高兴地说：“阿丕来了！”

阿丕就是陈丕显同志，原是少共赣南省委书记，长岭分兵后，他一直跟随项英、陈毅同志在一起活动，我多么想快点见到他啊！但是，他怎么早不来，晚不来，偏偏在保安团长劝降不成之后突然跑来呢？特委的领导派人亲临三南，这太不寻常了，而更令人难以猜测的是，为什么他刚一见到司务长就打出“国共合作”的旗号呢？这跟那个保安团的腔调不是如出一辙吗？听到特委来人而引起的一阵欣喜过后，我冷静地思考着陈丕显同志此番前来的使命和如何万全地接待他，艰难曲折的斗争环境，使我们学会了不能单纯凭感情用事，要时刻保持高度的革命警惕性。

打发三个同志下山迎接阿丕后，我们在山上做好了应变的准备，以防不测。

不到半个时辰，下山的两个队员兴高采烈地返回来了，他们拿着项英、陈毅同志亲笔给我们的信，还有《国共合作宣言》、《抗日民族统一战线》等文件和《抗日义勇军进行曲》。我和几个队干部递来递去反反复复地看着，嘀咕着。终于肯定信和文件都是真的，阿丕是代表特委专程来三南看望我们的。我抑制不住内心的喜悦，立即带领全队，一路小跑，奔到学堂下，热烈迎接陈丕显同志的到来。

陈丕显同志在梅杨石住了两天，给我们讲了许多情况。这时，才打破了困扰我们几个月的闷葫芦，对整个形势有所了解。

陈丕显同志还传达了特委的指示，要我们下山休整，待命整编，随时准备开赴抗日战争的第一线，投入新的火热斗争。

三年来，我们第一次堂堂正正地在学堂下住进了民房，同志们欢天喜地地搭床铺、理发、洗澡、整理卫生，一个个像飞出笼子的鸟雀。是呀，最艰难困苦的时刻过去了。项英、陈毅同志在长岭会议上明确提出一定会到来的革命高潮，经过三年艰苦卓绝的斗争，在敌人碉堡围困、经济封锁、移民并村、保甲连坐、疯狂“清剿”的严重摧残下，终于以前仆后继，不畏牺牲，敢于斗争，敢于胜利的革命英雄气概所赢来。同志们盼望这一天的到来，盼了三年之久，而且付出了血的代价。这一天多么来之不易呀！难怪侦察班的赵理顺同志抑制不住内心的激动，将埋藏了三年的军号挖出来，站在山头上，嘀嘀嗒嗒地吹个不停。我们红军的胜利号声，终于在苍山翠谷中回荡不已。

在嘹亮的军号声中，三南游击队过起了正规红军的生活。政治上，学习党的抗日民族统一战线政策，学唱革命歌曲；军事上，练队列、练瞄准、练刺杀，一丝不苟地严格训练。在热火朝天的学习、训练中，等待着上级的命令。

11 月下旬的一天，万里晴空突然飘来一片乌云，似乎要下暴雨了。

游击队员们紧忙着帮群众在禾场上收拾晾晒的稻谷。就在这时，哨兵带着一个国民党士兵来找我。

“政委，陂头保安队派人来了。”这时，我们各级领导已经不用化名了。“长官，肖队长派我给你们送封信来。”来人一边说着，一边从口袋里掏出一封信给我。

信是驻陂头的保安大队长肖丽文写的，写得很简单，只是说现在“国共合作”了，请我们去陂头谈判。我当即回话给他：“有诚意的话，请肖队长来杨梅石。”

第二天，肖丽文果然来了。可是，不像个谈判的样子，只见他身着崭新的国民党军服，腰系武装带，别着手枪，坐着一乘四人抬的轿子，在四五个卫兵的簇拥下，来到我们的队部门前。屁股还没落板凳就气势汹汹地问：“谁是这里的长官？”

见他这个神气活现的样子，我没好气地说：“有什么话你就说吧！”

“共产党归降国民党，红军归降蒋委员长统一指挥，你们知道吗？现在你们归我收编了。明天就开到陂头去，粮饷、军装由我们发，今后行动听我指挥。”

“啪”的一声，我在桌子上猛击一掌，震得茶杯跳了起来，茶水溅了满桌。“肖丽文，你放明白点。现在是抗日民族统一战线，一切应按《抗日救国十大纲领》办。国共两党是合作抗日。你懂吗？我们共产党不是与国民党合并，而是两党平等合作，团结抗战；我们游击队是共产党领导的革命军队，你拉队伍、抢地盘，妄想趁机捞一把。搜罗了一股土匪、团丁还嫌不够，如意算盘居然打到我们共产党的头上来，简直是利令智昏，白日做梦，你这样胡作非为，就是破坏抗日，我们可以按照十大纲领的章程，把你抓起来以汉奸治罪。”

肖丽文见我们义正词严，而且十分了解“国共合作”的政策，看来捞不到什么油水，便老老实实地坐下来谈判了。

经过一番舌战，肖丽文不得不接受了我们的条件。接着双方约定：

两天后我们部队到陂头、社迳。届时由当地保长为代表接洽、安排食宿，保安队不得上街，以免发生误会。

约定后的第三天早晨，万里晴空飘荡着几片花絮似的白云。朝阳给山山水水披上了金色的盛装。聚集在杨梅石的80多名游击队员，全副武装，帽缀鲜艳的红五星，威风凛凛地经杨梅凹、香蕉园等村寨向陂头前进。一路上，人群熙攘，争相嘘寒问暖。

走着走着，忽听得锣鼓咚咚，鞭炮齐鸣。仔细一看，原来是陂头的保长带着一群穿长袍子的人，手拿“欢迎抗日将士下山”的红、绿小三角旗，夹道迎接。

在陂北头约半公里路的一个叫丰庆围的土围子里住下后，保长领着人送来了几挑东西，有大米、猪肉、蔬菜，说是慰劳品。我们毫不客气，全都收下了。

次日上午，队员们出操、训练、在街上张贴抗日救国的标语，搞得热火朝天。午饭后，往社迳进发。

社迳的保长们已等候多时了，一见我尖兵的影子，鞭炮、锣鼓就响了起来。赶圩的群众闻声拥到圩头看热闹，正在田间地头劳动的人们也纷纷朝路边奔来。一个个笑逐颜开地目迎着雄赳赳、气昂昂的红军战士，战士们抑制不住内心的激动，个个热泪纵横，边走边向群众招手致意。

在圩中心一个戏台周围，群众越集越多，像听书一样静静地听着索牯同志的演讲：“老表们，现在日本帝国主义已经向中国发动进攻了，要想灭亡我们中国，想让全国人民都当他们的亡国奴，我们共产党人和共产党领导的军队，以国家兴亡为重，以人民大众不当亡国奴为重，主动提出与国民党合作，建立了抗日民族统一战线，共同打日本鬼子。有人说，‘国共合作’是共产党向国民党投降，这是造谣，这是破坏抗日民族统一战线。大家不要听那一套。现在，我们的主力红军已经整编为八路军，开到西北抗日的最前线去了。我们三南红军游击队下山，不是向国民党‘归顺’，而是准备抗日。不久，我们就要开往前线打击日本侵略者去了。我们希望各界爱国同胞都在抗日民族统一战线的旗帜下联合起来，有钱出钱，有力出力，反对内战，支持抗日，早日把日本鬼子赶出中国去。”

我们达到了向人民群众讲清游击队下山是为了抗日，“国共合作”不是“共产党向国民党投降”的目的后，返回了杨梅石。

一个月后，在学堂下接到特委指示：“到大庾的板棚下整训。”

全队立即收拾行装，告别同生死、共患难的乡亲，群众舍不得我们离开，男女老少送了一程又一程。一些年轻小伙子要求参加红军，在队伍后头跟着不肯离去。到板棚下，经上级批准，接收了部分青年入伍，其中十来个还只是十二三岁的娃娃。

1938 年初，上级又指示：三南游击支队到池江与赣粤边各地游击队会合，集中整编。

火红的太阳高高挂起，三南游击队的健儿们，在通往池江的大路上，迈着整齐的步伐，高唱着《抗日义勇军进行曲》，浩浩荡荡地向前迈进！

部队到池江后编入新四军一支队二团二营，我被调到南昌新四军教导队学习。

1938 年 2 月，二营随部队开往江南抗日前线，投入了新的、挽救中华民族危亡的伟大斗争。

选自《南方三年游击战争·赣粤边游击区》，第221—262页。

张日清，原名张家珍，1917 年生，福建长汀人。1930 年参加中国工农红军，1931 年加入中国共产主义青年团，1932 年转为中国共产党党员。南方三年游击战争时，任信康赣雄游击司令部信康游击支队副政治委员、

连山游击支队副政治委员，全南、龙南、定南游击支队政治委员。新中国成立后，曾任华东军政大学福建分校政治委员，第十四步兵学校政治委员，陆军第二十三军副政治委员，陆军第二十四军副政治委员兼政治部主任、政治委员，山西省军区第二政治委员，北京军区副政治委员兼山西省军区第二政治委员，武汉军区顾问，中共第九届中央候补委员等职。1955 年被授予少将军衔。2004 年在武汉逝世。

难忘的三年

刘建华

1934 年冬，由于“左”倾冒险主义错误的领导，中央红军第五次反“围剿”遭到失败。红军主力于 10 月被迫撤离中央革命根据地，突围西进，开始长征。本来蓬勃发展的南方革命形势，自此便进入了低潮时期。留下的部分红军和地方武装，开始了以游击战争为主要形式的革命斗争。

红军主力长征前夕，中共中央决定成立了以项英为书记的中共中央分局和以陈毅为主任的中华苏维埃共和国中央政府办事处，还成立了中央军区，项英任司令员，领导留在南方各根据地的红军游击队坚持斗争。

为了加强赣粤边游击战争的领导，1934 年 12 月初，赣南省委根据中央分局的决定，在雩都小溪成立了信康赣雄特委（即赣粤边特委）和军分区。任命长期坚持在赣粤边斗争的李乐天为特委书记兼军分区司令员、政委，调原中共赣南省委宣传部长杨尚奎任特委副书记兼宣传部长，王龙光为组织部长（后动摇脱党），向湘林为军分区参谋长（后叛变），李国兴为政治部主任，我（那时名叫刘新潮）由少共赣南省委白区工作部长调任少共特委书记。

领导机关组成后，还配备一个营的部队，加上干部有 700 余人，还有两挺重机枪。连以上干部都配有手枪。特委和军分区以及所属部队，在雩都小溪大约住了 20 多天时间，集中训练，待命出发。一部分干部还在小溪周围地区开展群众工作，进行调查研究，学习到新的地区如何开展工作的本领。12 月中旬，我们接到了向赣粤边转移的命令，并立即在小溪开了动员大会。特委书记李乐天同志指出，中央根据地大部丧失，形势非常严重。他号召大家跳出敌人包围圈，转到外围，到赣粤边去开展游击战争。

到油山去

1934 年 12 月下旬，我们这支 700 余人的队伍从小溪出发，进入赣县桃江边。桃江虽然河面不宽，但水深流急，敌人碉堡林立，我们既没有炮兵掩护，又没有船只可渡，要渡江是很困难的。但是我们事先作了侦察，选择了一个敌人设防空虚，河水较浅的地方，星夜渡江。我们在激流中艰难地行进着。大家互相支撑着，高的架着矮的，身体强壮的扶瘦弱的，慢慢地探着向前走去。我到了河中心，水深齐了腰，站不住脚了，被水往下直冲到浅滩上。上岸一看，后头没有部队了，我跑步向前赶，最后跟上了部队。过江后，经过峰山刚好天亮。峰山很高，可以俯瞰赣州全城，章江、贡江有如两条白带，蜿蜒在赣州城的北面。队伍前进到达大龙宿营。第二天，派到王富圩采购物资的小部队，和敌人打了一个遭遇仗。我们伤了几个同志，敌人兵力不多，不敢尾追我们。紧接着我们急行军，于当晚通过信康公路，第三天又穿过信庾交界的大山区，到达了上乐。上乐的房子被敌人烧了，村民被敌人赶走了，一打听才知道红军主力经过时留下很多伤病员在这里休养，都被国民党反动派杀害了。李乐天、杨尚奎同志感到这个地方被摧残得太重，给养困难，不能久留。于是，第四天我们又从上乐出发，到达离油山不远的槽里。

驻槽里的游击队和当地群众看见大部队到来，都朝我们跑来，一边招手一边喊着 :“李司令回来啦！”李乐天调转头对我们说 :“油山的同志来欢迎我们了。”于是，大家一窝蜂地拥上前去，又拉手又拥抱，互相问候着,亲切交谈着。李乐天同志还把两方面的干部,一一作了介绍。他指着一位身材魁梧、腰插短枪的同志说:“这是信康赣县委书记刘符节同志,紧靠刘符节身旁的是朱赞珍同志……”刘符节同志兴奋地说:“增加了这一大批力量,赣粤边的斗争一定会出现新的局面。”会合后,李乐天和刘符节同志在这里召开了军民联欢会。李乐天、杨尚奎同志都在会上讲了话,号召军民团结起来,坚持游击战争,巩固与发展革命根据地。会上有的唱兴国山歌,有的唱信丰山歌,整个山村洋溢着一片欢乐。在槽里休息一天后,我们经上下坪到达油山廖地村。至此,我们胜利完成了转移的任务,在油山开始了艰苦卓绝的游击斗争生活。

长岭会议前后

我们到达油山后,直到1935年3月,形势还不那么紧张。因为敌人的主要注意力是,一方面追击长征中的红军,妄图消灭我主力红军;另一方面疯狂“扫荡”我中央革命根据地,企图消灭我留守的红军和地方武装,并采取惨无人道的烧、杀、抢的手段镇压苏区人民。油山地区暂时是个空隙地带。由于环境较好,我们思想上有些盲目乐观情绪,对于这一时“平静”的后面,潜伏着即将来临的敌人对我大规模的“清剿”认识不足。特别是军分区参谋长向湘林又以“左”的思想指挥部队,一切工作按正规化制度进行。集合、点名、出操都吹号。强调集中行动。除派了一个大队到信康赣活动外,大部分还在油山转来转去,没有在有利的形势下,分兵到各地去长期坚持斗争的打算。

油山地区表面平静,但中央革命根据地的形势却非常紧张,留守部队被敌人压缩在雩都南部的狭小地区。中央分局领导同志项英、陈毅根据遵义会议后党中央的电报指示精神,组织部队分批突围。1935年2月,中央军区参谋长龚楚(后叛变)带领红二十四师的七十一团,突围来到了油山，和我们会合后，留下两个连在北山，其余的转移到湘南去了。项英、陈毅同志在雩都南部地区突围后，由原代英县委书记曾纪财同志带路，于3月下旬胜利到达油山。在这远离党中央的偏僻山区，在严重白色恐怖的日子里，党的负责同志来到油山，直接领导我们的斗争，给了我们很大的鼓舞和力量。我们感到无比的欣慰。他们的到来，也是赣粤边三年游击战争一个极其重要的转折点。

项英、陈毅到达油山后，于4月上旬，在南雄境内大岭下村召开了特委、军分区和部队中的领导干部会议。会议先由特委书记李乐天同志汇报了部队突围经过和当时的敌我情况，杨尚奎同志汇报了当地党组织的情况，群众情绪和我们的打算。接着，项英、陈毅同志讲话，他们在讲话中，一方面表扬我们安全来到了油山，保存了力量；另方面，也语重心长地批评了我们的缺点，指出不能过于集中，搞大部队行动；机关要缩小，部队要分散；作风要迅速改变，尽快适应新的斗争环境。针对敌人将要对我全面进攻的形势，领导机关要立即转移到北山。这是一次很重要的会议，使我们从思想上弄通了转移、分散的必要性，从作风上认识到适应新的环境的重要性。

在中央革命根据地的时候，我只听过项英、陈毅的名字，从未见过面。到达油山后，项英同志化名老周，陈毅同志化名老刘。会上听了他们的讲话，感到他们站得高，看得远，水平高，分析事物准确果断。陈毅同志给我最深刻的印象是性格豪爽，有魄力。会后，陈毅同志看到我个子不高，年纪又小，亲切地走过来，摸摸我的头，拍拍我的肩，和蔼地问：“你叫什么名字？”杨尚奎同志接过话头说：“他叫刘新潮，是少共特委书记。”陈毅同志接着问：“哪里人？打过仗吗？”等等，我都一一作了回答。陈毅同志接着鼓励我：“好好干吧，没有打过仗可以边打边学，边学边打，一切都可以学会的。”短短几句话，指出了我努力的方向，给了我力量。

大岭下会议后，紧接着，赣南军区司令员蔡会文、少共赣南省委书记陈丕显等同志率领部队，突破敌人的重重包围，也来到了油山，并立即转移到北山。接着，项英、陈毅同志和特委机关、军分区司令部都转移到北山。

鉴于当时的严重形势，特委在大庾县河洞乡的长岭村召开干部会议，特委负责同志、蔡会文同志、陈丕显同志和连以上的干部参加了会议。会议由项英、陈毅同志主持，并作了报告。他们对形势作了精辟的分析。项英同志指出，中央革命根据地虽然丧失了，但红军主力的存在和游击战争的进行，必将推动新的形势的到来。中国革命正在新的条件下向前发展，那种认为中国革命失败了的悲观情绪是错误的。他还指出，游击战争应以发动和领导群众斗争为主体，反对单纯打土豪。打土豪要严格执行阶级路线和政策。陈毅同志着重讲了光明的前途。他说，中国革命虽然遭到挫折，但革命的前途是光明的。我们要对这种形势有足够的认识，既要反对盲目乐观思想，又要反对悲观失望情绪。要提高信心，坚定信念，加强团结，要迅速转变斗争方式和工作作风。不能和敌人死打硬拼，要依靠群众，发展游击战争，积蓄和保存革命力量。会议根据项英、陈毅同志讲话的精神，确定了“依靠群众，坚持斗争，积蓄力量，创造条件，迎接新的革命高潮”的方针。

在军事上，会议确定分兵行动，以南岭为依托，以油山、北山为中心，把赣粤边游击根据地分成五块游击区，即油山区（信、雄、庾边境山区）；北山区（大庾、南雄间）；信康赣区；信南区（即信丰和龙南、虔南、定南）；上（犹）、崇（义）区。部队按上述区域，分成几个大队和许多小分队，分散进行游击战争。

长岭会议是一个很重要的会议，是由正规战转为游击战，由苏区工作作风转为游击区工作作风的转折点。会议精神的贯彻，对胜利坚持三年游击战争有着重大意义。

长岭会议后，果然不出所料，形势骤然起了很大变化。国民党余汉谋所率的第一军由东“进剿”中央苏区留守部队，突然由东转西，向赣粤边游击区大举“进剿”。当时，这个军下辖三个师:一个师驻大庾，兵力分布在大庾、南康、上犹、崇义一带。一个师（师长叶肇）驻信丰、三南一带。还有一个师（师长李振球）驻南雄、始兴、韶关一带。军部设在大庾县城,军长余汉谋坐镇指挥。加上地方保安团和“铲共团”、“民团”等地主武装，国民党的兵力达五六万人，他们布下了三道封锁线。第一道封锁线是沿江和所有渡口，信丰的桃江、大庾，南康的章江，两岸都派重兵驻防；第二道封锁线是沿公路驻兵，雄信、雄庾、信康三条公路，几乎沿途所有圩镇和较大的村庄都驻了兵，团部、营部也大都分布在沿公路线上；第三道封锁线是沿山区周围布防设点，筑碉堡，驻兵把守。信丰的牛颈、黄泥排、禾秋、长安、九渡、中坝、崇仙以及游击根据地中心的锡坑、下坪，大庾的杨柳坑、长江、留地、内良、河洞，南雄的横水、白云、上嵩、邓坊、大塘、珠玑、里东，以至油山内的黄地、圩林、茶头背，南康的贤女埠、龙回、窝窖，赣县的王母渡、王富等地，敌人都以排或连为单位驻守在那里。龙南、虔南、定南等县一部分地区，也是这样。

敌人的军事部署就绪后，便开始了对我们的大规模“清剿”。对于进山的一切行人，严加控制，人人盘问，个个搜身。对于山区，白天在山上到处穿插，寻找目标，到处开枪。晚上，在深山路口或山坳上打埋伏，或到山顶看火光，听声音，还乔装打扮成老百姓，佯称上山砍柴，进坑走亲戚，或冒称游击队员，叫群众做饭，以寻找游击队的行踪。

在政治上,大造反动舆论。先是在群众中进行欺骗宣传,说什么“朱毛的红军已经向西跑了，这里的不是红军，是外地窜来的一股土匪”，还到处贴标语、布告，悬赏捉拿我游击队的领导同志。其次，就是挑拨本地干部与外来干部的关系，企图在我们内部制造混乱，讲什么：“现在是河东人到我们河西来当家，要小心，别上他们的当。”敌人在这里所指的河东，就是桃江以东，河东人就是从中央革命根据地突围转移来的红军。河西是指桃江以西，也就是信丰、大庾、南雄和三南一带的本地干部和游击队员。第三个花招，就是引诱游击队自首自新，提出什么“自首自新无罪，杀了匪首有奖”。规定拖出一支枪奖多少钱，打死我一个领导人奖多少钱等毒辣手段，妄图瓦解我游击队。

在行政上，实行严密的保甲制度，挖空心思，提出所谓“五家连坐”法，提出“一家出事，五家同当，一户通匪，五户同罪”等一套毒辣手段。

在经济上，敌人想尽一切办法企图把我们困死饿死在山上。他们知道游击队最需要的是粮食、油、盐、布匹和药材等物品。所以严格控制这些物品的定量，规定群众留粮，限制群众买油、买盐、买布匹，查到多买的，便寻根究底，轻则坐牢，重则杀头，还到处张贴布告：“通匪者杀，济匪者杀，窝匪者杀”。这些恐怖政策，笼罩山里山外，确实给我们造成了很大困难。

敌人还采取一个阴险毒辣的手段，就是移民封坑，制造无人区。逼迫山里人民，特别是我们中心地区的群众，挑着铺盖、粮食，牵牛、抬猪，到敌人的据点内或山外平原地区去借屋居住，妄图割断群众与游击队的联系。

对于敌人的疯狂“清剿”，我们采取了针锋相对的斗争。在军事上，我们把队伍分成多支多点的小分队，采取机动灵活的战略战术，避免与强敌硬拼，以保存有生力量。我们主动寻找机会，打赚钱的仗，不打赔本的仗，声东击西，扰乱敌人，迷惑敌人。我们还采取打得赢就打，打不赢就走，走不及就藏的办法，经常袭击和伏击敌人。信康赣庾的游击队曾先后袭击大庾的新城，信丰的长安，南康的龙回、贤女埠等地，取得了战斗的胜利。

在经济上，我们同样用针锋相对的政策，粉碎敌人的经济封锁。那时我们没有政权，在敌人的严密封锁下，既无法收税，也不能生产自给，只有向地主阶级要钱要粮来解决供给问题。当时采取的办法是，在我们控制的地区，就向地主派粮派款，发出通知书，规定期限交来。这是一件很细致而且政策性很强的工作。先要摸清情况，做到适可而止，不能随便摊派，也不能无限度地派。在我们不能控制的地方，就把土豪抓来，然后派代表商谈，确定交粮交款数量，待交清后给予释放。打土豪在当时来说，解决经济问题只是一个重要的方面，除此以外还有三个作用：一是削弱地主对农民的封建剥削，每抓一个土豪，我们都要警告他，不准残酷收租、逼债。二是要他们代买农民难以买到的东西，如油墨、蜡纸、电池等。有的还替我们买过子弹。三是争取他们中立，不死心塌地倒向敌人，充当鹰犬，这也很有成效。三年中，凡经过游击队抓过的土豪，大都能保持中立。有的土豪说："人也抓了，钱也出了，可以享太平了，何必还去做坏事。"

由于我们采取了一系列措施，造成敌人大部队进山，吃住困难，不能持久，小股之敌，又怕被游击队吃掉，不敢轻易进山。

然而，敌人的"清剿"也的确给我们带来许多困难，甚至使我们受过严重损失。

在信庾康边地区

根据长岭会议分兵的部署，部队和干部迅速转移到各地，我那时随特委和分区司令部行动，留在北山。5 月，广东军阀在当地的地头蛇周文山的配合下，向我北山地区进行疯狂的"清剿"，司令部在棚洞受到敌人的袭击。根据这次受袭的教训，项英、陈毅和特委决定，领导机关和部队进一步分散。项英、陈毅和李乐天等领导同志带领侦察班和警卫人员由河洞山区转到大庾与南雄交界之帽子峰山区指挥各地斗争。我那时被分配在一支有四五十人的游击队里，队长是徐赤民，游击队中有一个随队工作团，我任工作团主任，到南雄、大庾、仁化、崇义四县交界的山区建立新的游击区，准备与蔡会文同志率领的游击队取得联系。

敌人天天追击我们这支队伍，战斗接连不断。1935 年 5 月的一天，当我们摆脱敌人转到一个山窝的香菇棚子里时，大家都疲劳极了，有的同志躺下就睡着了。正当我和徐赤民同志商量如何开展下一步工作时，哨兵发出了枪声。我和徐赤民发觉敌人正向我们包围过来。敌人居高临下，形势对我十分不利，于是，立即指挥队伍突围，并约定了会合地点。在突围中，队伍被冲散，我和通信员叶满德（后改名叶树林，南雄人）跑在一起，也被冲散，我只身跑进树林，敌人拼命向我追来，大肆叫喊："不准打枪，抓活的！"我边跑边还枪，加上满山横直放着香菇树干，敌人不易追来。敌人见追不上了，又大叫："不要活的，打死他！"于是枪声大作，子弹呼啸，但毕竟距离远了，我脱离了危险。夜深了，山大林密，野猪、野牛到处乱叫，这一切我都不感到害怕，我只是想如何找到失散的同志。我摸上约定联络的山头，轻轻拍三下巴掌，可是久久没有回响，心里不觉纳闷起来。难道同志们牺牲了吗？不，我明明看见大家冲了出去。于是打定主意，坐了下来，观察动静，等待失散的同志。说来也巧，天刚亮，突然发现树后伸出一个人头，定眼一看，心中大喜，脱口叫了起来："满德，是你呀！"通信员叶满德跑了过来，两人抱在一起，兴奋得说不出话来，喜悦的泪珠夺眶而出。我们谈起昨天晚上的情况，才知道隐蔽的地方靠得很近，彼此都把对方的响动当作野兽了。

两人会合后，在山上等了半天，没找到其他同志，决定去找特委，走到大庾县内良的李树下，见有两户人家，有个老表坐在门前编竹器。我看看附近没有敌情，就下山去，向那位老表打听情况，他说这里情况很紧张，国民党军队经常来来往往。这个老表非常好，叫我们在牛栏楼上藏好，给我们做饭吃，走时还送了几斤炒米给我们路上吃。我们两人跨出门没走几步，老表又在后面呼喊："同志，等一下。"我回头一看，只见他手拿两个斗笠，交到我们手上，关切地说："送给你们遮遮风雨。"我把斗笠戴在头上，心里感到无限的温暖，十分感谢这位老表。

特委在哪里？我并不知道具体的位置，只晓得一个大概的方向。两人走呀走呀，饿了吃把炒米，渴了喝口泉水，倦了在树丛中就地而睡。

在帽子峰大山林中辗转了三天三夜，还没有找到特委。炒米吃完了，又找不到人家,只好吃野菜。很凑巧,偶然发现路上一只刚死了的小麂子，用手一摸，还是热的。于是把它提到一个烂纸棚里，把麂皮剥下来，找到一个破坛子,煮熟,两人饱吃一顿。吃过麂肉后,考虑下一步怎么办?两人想来想去，还是到岔路口隐蔽起来，看看有没有人来往。果然，我们后方医院的一个管理员经过这里。相见后，说不出的高兴，我们问他特委在哪里，他说不知道，只听说有个后方医院。我心里明白，在这种环境下，为了保守机密，他对我们的疑虑还没有完全消除。经我再三说明，才同意把我带到了后方医院。我写了一封信送到特委，特委立即派人把我们接回去。我们见到了项英、陈毅、李乐天、杨尚奎等领导同志，他们亲切地问长问短，还给我们做了一顿丰盛的饭菜。吃饭时，尚奎同志告诉我，失散的同志先后都会合了，你可放心了。并安排我在特委机关（帽子峰）休息了一段时间。

一驻下来,就是个把月时间,在领导同志身边,受到很深刻的教育，特别是陈毅同志经常给我们讲形势，分析目前的处境，指出坚持游击斗争的有利条件和困难因素，要我们做好充分的思想准备，迎接更大风暴的到来。我向陈毅同志表示，一定排除一切困难，迎接更大的风暴，去争取最后的胜利。

7 月的一天,尚奎同志找我谈话。他给我介绍了信康赣地区的情况，说那里的基础很好，目前的情况也比较稳定，需要加强领导，积极开展工作。接着，他就说要我到信康赣县委去协助工作。我二话没说，表示服从组织决定。第二天，我就带着通信员叶树林和一个交通员到达油山，住在南雄县委（油山李下龙的山上）。第三天，经过廖地到达信丰潭塘坑信康赣县委。

在县委工作了一段时间以后，大约 11 月间，项英、陈毅同志到了信康赣县委,鉴于“北山事件”的教训,领导同志需要进一步分散活动，决定分配王龙光到大龙地区（后动摇逃跑），我到上乐地区工作。我接受任务后，立即转到上乐，并以上乐为中心，负责信庾康边的长安、新城、贤女埠这一片的工作。曾日三（后叛变）则负责大小窝、星村那一片工作。从这以后，我一直坚持在这个地区。

上乐是信丰长安乡的一个村，是信庾康边的中心地区，住着七八十户人家，共 200 多人口，周围群山环抱。这里距油山主峰五六十里，向南 20 里是潭塘坑（信康赣县委常驻地）；向东 20 里是长安圩，有敌人据点；向西 30 里是大庾新城平原；北与南康莲花窝山区连接，是信庾康边最基本的游击根据地之一。

上乐村到处残墙断壁，见不到青壮年，尽是些妇女和老人、小孩，一片凄凉景象。这是怎么回事？我问一位老婆婆："娘娘，年轻人哪里去了？"她长叹一声，缓缓地说："屋里不敢住，都上山了。"我又问："怎么荒了这么多田呀？"老婆婆顾虑重重地回答："不敢做工夫呀！捉住了杀头，还分不清是白杀的还是红杀的呢！"老婆婆的话引起了我对问题的思考。在这以前，我已知道上乐人民曾经连续遭到敌人的烧杀镇压，敌人为了割断群众与游击队的联系，强迫上乐人民搬到山外，把这里变成无人区。上乐人民不肯搬。敌人就把房屋烧个片瓦不留，但群众还是不屈服，他们在瓦砾堆上用毛竹、杉皮搭棚子住。敌人恼怒了，就大肆捉人，见到青壮年，都捉去关班房，甚至加上"为匪"罪名，拉去杀头。搞得年轻人不敢落村，但是老婆婆说的"分不清白杀还是红杀"是什么原因呢？经过调查，终于把事情真相弄清楚了。

原来，在敌人的残酷镇压下，革命队伍内部有的人产生了一种盲动情绪，不顾党的政策，不顾群众利益，乱扣反动帽子，乱杀人。那时少共新城区委书记林毓留就是一个典型。这个人平时对群众的态度很粗暴，经常违反党的政策，借群众的钱，有借无还，要群众无代价给他种田，曾经受到党的批评。形势险恶时遇上敌人进攻，他不信任群众，毫无根据地怀疑别人勾结敌人，见到外来的人就认定是敌探，捉到后不作调查，就随便杀掉，因而错杀了一些好人，群众敢怒不敢言，严重地损害了党在群众中的信誉。

情况搞清楚了，我们立即整顿了党团组织，在党内开展积极的思想斗争，批评了林毓留的错误，免了他代管上乐工作的职务。我在党内和团内反复强调做好群众工作的重要性。相信群众，依靠群众是我们党的一贯传统。如果我们脱离了群众，就会寸步难行，就会站不住脚。党团员从前段时间的教训，认识到要依靠群众，还必须认真贯彻党的政策，时时刻刻关心群众的利益，更不能侵犯群众利益，在行动上，我们要严格执行党的纪律，吃饭给钱，借物要还，买东西要给钱。群众生活有困难,我们尽可能给予帮助,解决燃眉之急。被国民党抓去坐牢的青壮年，我们通过保、甲长，动员群众，联名取保，并出钱保释出来。经过这一系列的工作，群众越来越靠近我们，越来越相信我们，男女老少都动员起来了。保、甲长有事开会，都请我们参加，有些群众都知道谁是党团员。上乐村，可以说是一个很好的红色村庄。这里有坚强的群众组织，青壮年大多数参加了游击小组。游击小组是不脱产的群众性武装组织，主要任务，一是配合游击队行动，打土豪由他们带路。二是担任警戒，轮流放哨，监视敌人，保护群众，保护干部，保护生产。上乐的妇女也很活跃，每逢新城圩日，安妹子、朱叶妹、邓坑婆等就挑柴上圩去卖，买回游击队需要的生活日用品。当时敌人严格控制圩场，买卖限量，进出圩场要检查，多买就会认作“通匪”。安妹子她们就把游击队要买的东西分到各家各户，到商店去购买，这样就不会超过限量，游击队要搞情报。妇女就穿上新衣,装扮成走娘家串亲戚,出去打听消息,遇到“清剿”最紧张的时候，妇女还担任送信的任务，把信藏在头发结里，柴杠子里，安全通过敌人的岗哨，送到目的地。小孩子们在父母的教育下，也能为我们保守秘密。敌人用糖果引诱，也不会说出任何情况，敌人问什么，总是一句话回答：“不晓得。”

上乐人把我们当亲人看待，用尽一切办法全力支持我们，保护我们的安全。我们要转移，他们就帮助我们选择地点，送工具搭棚子。我们要粮食、蔬菜，他们送到我们驻地。上乐塔下村的邓坑娘娘，对我们就像自己的亲生儿女，每次到她家，总要弄点好菜给我们吃，你不吃，她就会不高兴地说："这样就不像自家人呀！"碰上雨天，看到我们的衣服湿了，就生一盆火，替我们把衣服烘干，看见我们的衣服脏了破了，她硬要我们把衣服脱下来，给我们洗洗补补。几天没有看见我们，她就放心不下，要打听我们哪里去了，一听到敌人要来，她马上跑来告诉我们，嘱咐我们："千万要小心！"有一次，已经是下半夜了，邓坑娘娘突然来到我们棚子里，唤醒我们，说明天一早敌人会来抄山。当晚，我们就转移到别的山头，第二天敌人果然来了，扑了个空。像这样的例子在游击区是举不胜举的。

在斗争中学习

项英同志在信康赣县委时，我向他请示、汇报工作较多，他的学习精神、工作作风和生活作风，给我留下了极为深刻的印象。他身边只有《列宁主义概论》和《共产主义运动中的"左派"幼稚病》两本书。看了又看，都翻烂了，后来托了一个小学老师买了一些《唯物史观》之类的书，还想尽一切办法买了许多香港报纸和省的报纸来看。他喜欢静，除在棚子周围散散步之外，不是看书报就是思考问题，谁来了就和谁谈话，问情况、谈工作。他非常重视做好群众工作，并要我们在斗争中学习，不断提高斗争艺术。他说："我们进行的游击战争，是群众性的游击战争。我们要坚持，要生存，要发展，主要靠群众力量，敌人妄图消灭我们，也想尽一切办法隔断我们与群众的联系。"他还教导我们怎样做好群众工作，并把游击队中做群众工作的好经验以及不注意做群众工作的一些不良现象，归纳起来，理论联系实际，编写了一本《群众工作必读》的小册子，发给游击队员和工作人员。有一次，他征求我们的意见，说：要研究一下基本地区的群众和非基本地区的群众用什么组织形式去把群众组织起来，在基本地区，能不能用工农同盟的组织方式把游击区的群众组织起来。我说：游击区没有工人，怎么叫工农同盟呢？项英同志说：游击队就是工，因为游击队是中国共产党领导的，而且有很多党员，共产党员是工人阶级队伍中的先进分子，可以叫工。农就是农民群众，组织工农同盟的意思，就是把游击队和农民很好联合起来，共同对付国民党的“清剿”。后来我们根据项英同志的意见，在有些基本地区用工农同盟的方式组织起来了。可是没有坚持下去，组织起来也流于形式，没有起到很好的作用。

项英同志每次向我们布置任务时，不但交代工作方法，而且很重视我们的安全。他给我们讲过一个很生动的事例。他说山里有野猪、有麂子，野猪这种东西，它会损坏庄稼。但它有个特点，就是活动没有规律性，出去觅食，来去不走同一条路，不容易被人捕杀。麂子就不一样，它的活动有规律，出去回来都是走老路，容易被人逮住。游击队的同志要学野猪的活动方式，不要学麂子走老路，专走老路是很危险的，讲得大家都笑了起来。

项英、陈毅同志非常重视干部战士的教育工作。1935 年冬，正遇到罕见的大雪封山，许多大树被大雪压倒，树枝被压断了，野草也被雪结成冰棒似的。我们信康赣县委被大雪困在离上乐不远的大山中，这时山区群众被敌人赶到平原去居住了，我们就要断粮了，可是上乐群众却给我们想得很周到，把大量的粮食、油、盐以至干菜早已隐蔽在山上，做上记号，告诉我们可以随时去取用，吃饭问题也就在群众的支援下解决了。这时正好项英、陈毅同志都在一起，他俩给我和县委书记刘符节等同志谈当前形势。项英同志说，敌人的“清剿”是不会放松的，今后必将限期“清剿”转向长期“清剿”，我们还要准备迎接更大的困难，准备持久的斗争。从我们内部来说，经过一年的考验，比较稳定了。我们的战略战术转变，游击队的分散活动，干部工作作风的转变，更适应游击战争的环境了。现在主要问题是我们的干部和战士大多数来自工农出身，文化水平低，很多还是文盲，政治素质差。今后要下功夫加强教育，提高政治、思想和文化水平，提高战斗力，提高工作能力，才能战胜敌人，保存和发展自己的力量，取得最后胜利。陈毅同志说，加强政治思想教育十分必要，我们要使部队指战员、地方工作人员，看到革命的前途，树立战胜敌人的信心，部队指战员要做到有勇有谋，才能以少胜众，以弱胜强，壮大自己。地方工作要有胆略、有办法，利用群众关系，敢于跳出狭小山区，深入平原地带，扩大回旋地区，才能打破敌人的长期“清剿”。这次虽然没有会议名称，没有会议记录，但项英、陈毅同志谈的都是有关全局性的问题，实际上可以说是一次“谈形势、论教育”的小会，在极艰苦的游击战争环境下，这种会议是常有的。

从此以后，项英、陈毅同志用了很大的精力抓政治思想教育工作，经常给我们分析形势，讲解政策，指明前途，鼓励我们坚持斗争。项英同志写了不少文章、教材和宣传材料，如《红色指挥员必读》、《红色战士必读》、《群众工作必读》、《反对五大坏现象》，还有时事教材等等。为了解决文盲问题，还写了几册识字课本。材料写好后都念给身边的干部、战士听，听不懂又改，一直改到听懂看懂为止。我记得识字课本的大意是：第一册是写“人”，男人、女人、大人、小人、工人、农民、贫农、中农、富农、地主、资本家等等。第二册是写“地理常识”，国内省、市名称、主要的高山、河流，世界上有多少海洋，多少大陆等等。第三册是写“阶级斗争”，什么人是剥削阶级，什么人是被剥削阶级，为什么会产生阶级斗争，为什么要革命等等。这样写既能识字又能增加知识。我看过项英同志手把手地耐心教长安区委书记朱赞珍同志识字、写字，经常学习文化，后来他可以看书看报，写简单的信了，陈毅同志爱“动”，到一个地方他喜欢爬爬山，常备一支铅笔，一个本子，走到山头上四周一望，诗兴就来了，写了许多诗词。

当时的游击生活是艰苦的，但我们感到精神上很愉快，干部、战士学习情绪都很高。通过学习，部队指战员和工作人员的素质都大有提高，为坚持长期斗争打下了扎实的思想基础。项英、陈毅同志对我来说，他们不仅是我尊敬的好领导，而且是我很好的老师，我受到深刻的教育。我那时水平很低，只知道打土豪、分田地，要革命，要艰苦奋斗，要打倒剥削压迫阶级，社会主义、共产主义只知道一个名称。所以项英、陈毅同志写的教材，给我学到了不少东西，增加很多知识。

油印处和交通站

我在信庾康边地区工作时，还负责一个油印处和交通站的工作。

那时，我们印刷文件和学习材料的条件是很差的。特委的油印处虽然设在山上，但由于群众条件好，我们一直围绕上乐村子周围转，与群众成为上下邻居。油印处有三个人，一个叫谭延年，广西人，20多岁，是一个多才多艺的青年知识分子，一手字写得很漂亮，刻钢板刻写得清清楚楚。天晴时用竹子当台子来写，下雨时就在棚子内，行李上面垫上一块板来写，油印也是如此。塔下山边有个小土地庙，情况好时，那里就成了我们的油印室，刻写、油印都在那里，那算最好的工作条件了。谭延年同志工作是很辛苦的，我在那里可帮他校对，我不在，就全靠他自己写自己校对。他还喜欢雕刻，经常用竹筒刮去竹青，画上一枝花，刻上几个吉祥的字，送给群众，很受欢迎，上乐村家家户户都有他的作品。一个叫黄老伯，吉安人，年近50，是一个勤劳朴实会做手艺的人。他每天除做饭和帮助印发文件外，就砍些竹子，做些群众喜爱的篾器，无代价地送给群众。还有一个叫郭洪传，他是本地的一个农民，年近30，是我们联系上乐群众的桥梁。他负责油印、发行和采购。山区有纸棚，纸张可以就地解决，但是油墨、蜡纸的来源却很困难。一般托群众去买，容易暴露目标。起初靠各地的保长、小学教师以及抓来的土豪去购买，后来找到了一个同我们有关系的、在新城开店的董和昌老板帮助购买，解决了油墨、蜡纸的供应问题。这个董老板不但帮游击队购买许多物资，还保释过许多革命群众。就这样，油印处按上级要求，把一批批宣传品和学习材料印好，分送到各游击区。

交通联络是游击队与敌人作斗争的一个至关重要的问题。敌人想尽一切办法企图割断我们游击队上下之间的通信联络，从而把我们一个点一个点孤立起来，各个击破，所以建立绝对可靠的交通线，可以说是我们生存发展的生命线。基于这一情况，特委决定以油山为中心，建立三条交通联络的干线，一条经梅山，通过雄庾公路伸到北山，一条经南雄乌迳地区通向三南，一条经信丰的上乐、莲花窝，到南康龙回和赣县的大龙。每条线在相隔二三十里的山头上设立交通站，每站设交通员三人左右。交通员是从游击队中挑选最勇敢、最能吃苦又最坚定的同志担任。交通总站设在潭塘坑的山上，站长李绪龙。他是摇钱排人，30 岁左右，身体强壮，机智灵活。红军长征经过油山时，他在长安区委工作，曾经护理过 100 多名红军伤、病员。项英同志由北山转移到油山后，由刘符节同志找李绪龙同志谈话，要他担负特委的交通联络工作，他愉快地接受了任务。以后，他不分春夏秋冬，不管狂风暴雨，日夜奔波在高山密林间，传送着特委的指示和各地上下来往的信件。

做交通工作是非常艰苦的。上乐交通站有二男一女，一个是福建人，一个是瑞金人，一个女同志是信丰人，都很年轻，工作很负责任，一有任务，就不分白天黑夜，也不管刮风下雨，单枪匹马出没在深山老林，爬山涉水，穿越平原去完成通讯任务。郭洪传虽然不是交通站的交通员，但是有特别重要的任务，我还是交给他去完成。有一次，敌人大搜山，我把一封紧急信交给他，要他送到贤女埠（今浮石）区委。我告诉他这封紧急信是特委关于反搜山的工作部署。必须天黑之前送到，天亮以前带回贤女埠区委的报告来，不能出任何差错。郭洪传接受任务后，说了一声“坚决完成任务”，立即起身就走，从上乐到贤女埠区委驻地往返近百里，经过深山密林，日夜兼程赶路，才能按时完成任务。他虽然走了，我心里总是不踏实，因为时间紧，敌情严重，信丰、大庾、南康三县的保安团已经开始行动。万一出了问题，贤女埠区委得不到上级指示，就可能出险。但是我的顾虑是多余的，第二天天亮时，郭洪传就出现在我的面前。我看到他衣服被挂破，双脚还有血迹，可想而知，他是冒了多大的风险才完成任务。

交通站不仅是联络站，也是情报站，又是物资供应站。除此之外，各个地区还有不脱产的联络点，由地下党员或群众中的积极分子担任，一段一段短距离地联系。这种脱产与不脱产相结合的办法，保证了上下畅通，也保证了各地区之间的联系。同时还可以利用交通站，开开小型会议和小型的短期训练班，因此搞好交通站的工作非常重要。

巩固老区，发展新区

在三年游击战争中，我们设法做好巩固老区的工作，同时积极创造条件，发展新的游击区。

游击根据地的人民，与我们同甘苦、共患难，风雨同舟，坚持斗争。人民是我们粉碎敌人“清剿”取得胜利的基本力量。背靠根据地，面向丘陵、平原发展，广泛开展群众工作，是我们坚持游击战争的重要任务之一。巩固老区的工作比较好做，因为老区人民觉悟比较高。但做好平原地区的群众工作是不容易的，只能一个一个地、一屋一屋地争取群众。发展党、团员只能一个一个地发展。为了开辟一个新区，开始的时候，能争取一个群众做桥梁是非常可贵的。当时我们想了很多办法开展群众工作。例如利用群众进山砍柴的机会，在他们休息的地方做宣传，散传单。这样，经过几次，就可以看出群众的政治态度，从中结识一些朋友。我们还利用山里山外的手工业工人来往做桥梁，通过他们做宣传，争取群众。我们在开展大庾新城河南平原地区的工作时，就是采取这些办法进行的。先是做好两个理发工人的工作，一个是坑里的邱南生，一个是新城平原的吕振球（又名八斤子），发展他俩为党员，再通过他俩做桥梁，一个一个地争取群众，一个村子一个村子串连。在鹅湾里和犁头炉下都发展了党员，成立了党的支部。这样就把大庾新城河南、上至长江、下至水南，20多里范围内，除两个大屋场外，其余的村庄都搞开了,变成了白皮红心的“黄色”地区。八斤子每次进山理发，总要给我们带些急需的日用品和情报，出去时就带去宣传品，情况紧张时，他实际上起了交通员的作用。游击队去新城活动，他就当向导。我和陈丕显同志领导的池江河南地区中间隔了一个长江圩（又称杨口圩）驻有敌人，不然就可联成一片了。

南康贤女埠地区的工作亦是后来开辟的。开始利用大山脑几户人家，通过他们联系了窝坑。首先通过一个叫“缺嘴子”（忘记了真名）的人去打开局面的。这个人有点文化，口才很好，自己编歌子，到处唱古文。通过考察,我们发展他为党员。从此以后,他利用唱古文的身份，到处活动，把井里和河坑贯通在一起。井里通往窝窖圩的大路上有个小杂货店，一个老头在那里做点油盐杂货买卖。我们去贤女埠地区工作，这个小杂货店就是我们的落脚点，我们约好记号半夜三更敲门，他都热情接待我们，没有吃的就拿出糕饼招待。我们还在梅林坑设立了一个交通站，它的主要任务是和大龙地区取得联系。我们在贤女埠一带的工作，逐步扩大，发展了一批党、团员，成立了三个党团支部，后来建立了贤女埠党、团区委，河坑的李承丰任中共区委书记。李树浩任少共区委书记。这期间发生了一件很痛心的事。1936年秋，交通员给我送来消息，说李承丰病了。我带着游击队仅有的一个姓陈的医生和通信员叶树林从上乐出发，去给李承丰治病。这个医生是福建人年纪很轻，有文化，虽然医术不很高明，但在当时条件下，是很难得的。他不但替人看病，其他的事也干，既是医务员又是战斗员。这个小伙子还很活跃，喜欢说笑话，大家给他取了个诨名："乱弹琴"。这天下着蒙蒙细雨，我们三人刚走到一个名叫茶园凹的地方，他去小便，我同叶树林边走边等，但老是不见他来，叶树林回头去找，不见人。真奇怪，时间这么短，他到哪里去了呢？叶树林东找西找，只见一只老虎在路旁不远的树林里吃东西，他立即回身惊叫起来。对我说："不好了，乱弹琴被老虎吃掉了！"我走前去，发现药袋子撒在路旁，附近血肉模糊。我看到眼前的惨景，心情沉痛极了，含着泪水，大声喊着战友的名字，可是再也听不到他的声音！

除了做群众工作，还要认真做好争取保甲长的工作。保甲组织是国民党政府最基层的组织。保长是地方上有权势的人物，甲长也是一村一屋说话算数的头头。国民党企图消灭我游击队，在三年游击战争时期想尽一切办法加强保甲制度，总是挑选他们认为最可靠的人担任保甲长。我们为了对付敌人的保甲制度，也想了许多办法去争取保甲长。在游击根据地，对于为非作歹，同我们作对的反动保长，就发动群众给予镇压，这是极少数，多数是做争取工作，使他们同情、中立以至靠向我们。在根据地内的保甲长，表面上为国民党办事，实际上为游击队服务，起到了"两面政权"的作用。如信丰的上坪、下坪、潭塘坑、上乐、中村、古同坑，南康的井里、窝坑、河坑，大庾的杨柳坑、宰子坑等地的保甲长，就属于这种类型。上下坪的保长游爵治就是我们在伪政权的内线人物，经常替我们送情报、搞粮食、买东西，遇到国民党乡公所要他去开会，他总要先来征求我们的意见，回来后还及时向我们汇报开会情况。碰上敌人前来"清剿"，他把所知道的行动计划通知我们。他说："对国民党采取阳奉阴违，对待游击队要真心实意。"上乐村的保甲长一有事开会，就请我们参加，共同商量对策。还有一种类型，就是游击根据地外围的保甲长，我们考虑到他们的处境，照顾他们的安全，也尽可能争取他们对我游击队同情和中立，要他们不替反动派卖命，不欺压群众，不破坏我们的活动。信丰的大阿、大庾的新城等平原地区的一些保甲长，不但同情我们，有的还支援我游击队，这样的地区就是陈毅同志所说的“黄色”地区。发展这样的地区，对我们最有利。

对民团、铲共团，我们也派可靠的群众到其内部去工作。如信丰潭塘坑的锡坑村，敌人筑了炮楼，驻了民团，我们就派了一个姓李的人（名字记不起）去参加民团。他进去以后，为我们送情报，敌人一有行动，就托人告诉我们，他的情报非常准确、及时，对我们帮助很大。

两广事变和第四十六师对赣南“清剿”

1936 年 6 月，进攻我赣粤边游击队的广东军突然从赣粤边游击区撤走了，停止了对游击区的进攻。这是怎么一回事呢？起初我们都搞不清楚，后来才知道发生了两广事变。项英、陈毅同志和特委立即在信康赣县委驻地召开了县委负责同志、游击队长、交通站长和就近区委负责人会议，统一思想认识，部署新的战斗。项英同志提出了“反对军阀战争，实行抗日战争，变军阀战争为抗日战争”的革命口号，发表了《为两广事变告民众书》。项英、陈毅同志还提出应抓住这个时机，把游击队适当地集中起来，狠狠打击国民党地方保安团队和地主武装，扩大我游击根据地。

根据项英、陈毅同志的指示，信康赣县委把两个游击队合并，经过整训后，积极寻找战机，打击国民党地方反动团队。

首战大庾新城保安队。据新城地下党员吕振球的调查汇报说：新城圩从广东军队调走后，只剩下一个保安队在那里固守，人数不到 30 人，而且现在去歼灭他还有一个很好的机会。初九是新城圩日，作恶多端的一个姓曹的大土豪家娶媳妇，准备大摆喜筵，可以一举二胜。于是部队派了一名灵活、机警、坚强的同志由吕振球同志引路，打扮成赶圩的样子进一步侦察敌情和察看地形，回来汇报，情况确实，地形也搞清楚了，决定当晚行动，还找了几个游击小组同志配合。分兵两路，潜入圩内，一路袭击保安队驻地新城区署，一路直奔曹家。结果两路告捷，我队无一伤亡，敌人除外出几个人外全部被俘，缴枪 20 余支，镇压了姓曹的大土豪，没收了他家的财产，除金银现款作部队经费外，其他物资分发给当地群众和参加战斗的游击小组同志。这一仗出敌不意，天降神兵似的，冲入敌营，打得干净利落，而且新城是大庾一个较大的集镇，对大庾震动很大，扩大了政治影响。群众纷纷传颁，红军游击队大部队出动啦！

赣县大龙地区游击队，还渡过桃江，挺进到河东的长演坝一带开展宣传活动，建立了新的工作基点，各区委、支部的工作也搞得很活跃，利用党、团员和一切社会关系，到新地区开展工作，争取更广泛的群众同情和支援，这一时期是三年来最好的发展时期。

但是，这种好的形势为时不长，到了 1936 年 9 月间，情况又很紧张。原来广东军阀陈济棠的部属余汉谋投靠了蒋介石。两广事变宣告结束。蒋介石为了消灭我游击队，派出他的嫡系部队第四十六师，接替广东军阀的防务，向我游击区发起了新的“清剿”。针对这一新的情况，项英、陈毅同志就在油山作出了“九月决议”，分析形势，研究对策。决议提出了摆在游击队面前的中心任务是，动员和领导群众配合游击队粉碎四十六师对我们发动的新的“清剿”。指出，群众工作是我们粉碎敌人新的进攻的基础，只有依靠群众，我们才能求得生存和发展，才能创造出许多新的游击斗争的基点。这个决议，成为我们粉碎敌四十六师新的“清剿”的指导方针，又是迎接抗日高潮到来的指导思想。

蒋军四十六师在发动对我游击区的“清剿”中，除了沿用广东军对我进行封坑、搜山、“抄剿”等手段外，还采取了新的毒辣手段。政治上强化保甲制度，把游击区许多原来的保甲长撤掉，换上新的保甲长。军事上，特别强调筑碉堡，强迫群众在交通要道、在山头、在圩镇构筑工事，把游击队封锁在山区，然后逐山逐山地“抄剿”，妄图把游击队消灭。但是敌人的阴谋再一次破产。我们根据项英、陈毅同志的指示，紧紧依靠群众，粉碎了敌人筑堡垒的阴谋。当时信丰长安一带，我们动员群众，起初是拖延时间，延误筑堡垒的日期，进而又发动群众在深夜把堡垒破坏掉。我们信康游击队又分为多支的小分队，采取“你进山，我出山”的战术，深夜出去，挺进到信康赣敌后，贴标语、散传单，声东击西，扰乱敌人，使敌人顾此失彼，手忙脚乱，最后只好固守在各据点。

1936 年 12 月，西安事变发生，当我们得知蒋介石在西安被东北军将领张学良，西北军将领杨虎城抓起来了以后，高兴得不得了。可是，过不久又得到消息：蒋介石被释放了。大家不知道是怎么回事，议论纷纷，有的人怀疑张、杨在搞什么鬼把戏。在这个历史的转折关头，特委召开了会议。项英同志为我们解答了难题，写了一篇《关于西安事变》的文章，指出西安事变的爆发，使抗日民族统一战线已经成功而正式开展起来。这一形势的继续发展，就要使抗日的革命高潮马上到来。陈毅同志也指出：“从中国革命发展形势来看，已经到了一个新的阶段。抗日高潮马上就要到来。”项英同志还告诫我们，在新的形势下，国民党反动派对我游击区的进攻，对人民的镇压，还不可能停止，我们思想上不能有任何松懈，要求我们做好粉碎敌人新的进攻的准备，去迎接抗日高潮的到来。特委根据项英、陈毅同志的指示，把游击队加以整理，加强教育，从思想上、行动上做好准备，粉碎敌人新的进攻，以迎接南方联合抗日的新的局面。

果然不出所料，在西安事变发生后，敌四十六师对我游击区的进攻只停止了一段很短的时间，不久又重新开始了新的“清剿”。妄图在和平局面实现之前，消灭游击队。

敌四十六师对我游击区发动了三次大规模进攻，都被我游击队粉碎了。在这个时期里，我们虽然还非常困难，但相对来说，比 1935 年和 1936 年上半年要好得多。1937 年 2 月，四十六师在保安团第十一团的配合下，强迫群众，从信丰、南康、大庾三个方向向我信康赣游击区的大山脑、莲花窝、竹篙岭、山焦坑、李家山、邓坑、东坑等地寻找我游击队，实行大砍山、大抄山、大烧山。但我们依靠群众，粉碎了敌人的大抄山。我们加强政治攻势，到处张贴标语，揭露反动派的阴谋。敌人进山抄山，游击队则转移到外山袭击敌人的后方。机关工作人员分散到山外去择地隐蔽。动员组织群众与敌人周旋，向保甲长提出警告，不得胡作非为。当时，项英和信康赣县委书记刘符节带着几个警卫人员，跳出敌人的包围圈，深入到新城平原，在地下党员和群众的掩护下，安全度过了这次大抄山。人民群众总是和我们心连心。在这次大抄山中，想了许多办法，在敌人未进山时，向我们报告消息；进山时，就唱山歌，“打哟哎”，示意敌人来了；砍树时，当敌人在身边时砍几下，敌人一离开就用刀背砍，声音不停，其实砍不倒树；烧山时，故意把火柴弄湿，或是隔断火路。敌人毫无办法，抄了三天，就撤回了据点。我游击队胜利地粉碎了敌人这次大抄山。

这一年春天，我们还组织了信康赣部分地区的群众广泛开展闹春荒斗争。在大庾、信丰游击区周围的群众，要求国民党的乡、保长发还被征收的粮食，要地主无息借米谷给群众度春荒，结果，这一斗争取得了胜利。

四十六师一接防余汉谋在赣南的“防务”，就以大军压境之势，来势汹汹，连续三次大规模的进攻，企图一口吃掉游击队，但都被我们游击队和广大支援我们的人民粉碎了。敌人用他的强大优势和压力，吓不倒我们，施行高压手段也压不服广大人民，最后还是以失败告终。

和平谈判联合抗日

1937 年 7 月，卢沟桥事变爆发后，我们对我党同国民党实行联合抗日的消息已有所传闻，但是不知道详情。有一次，项英、陈毅同志偶然在一个小学教师那里得到一本小册子，其中有毛泽东同志在瓦窑堡会议上的讲话。经过分析，知道当前正处于国共两党联合抗日的新形势。为了配合党中央促进南方抗日形势的发展，在项英、陈毅同志领导下，赣粤边特委立即采取了积极的步骤和措施。

为了让赣粤边各级党组织和游击队都知道新发生的情况，以适应新形势的需要，项英同志写了《卢沟桥事变与抗日斗争高潮》和《中国新的革命阶段与党的路线》等文章，分析了中国革命的形势。指出“中国革命已发展到抗日民族统一战线与国共两党重新合作的阶段。现阶段的主要敌人是日本帝国主义。现阶段的中心任务是打倒日本帝国主义”。项英同志还指出，在没有得到党中央指示以前，一方面和国民党地方当局进行谈判，推动合作抗日的新局面，一方面又要提高警惕，防止国民党新的阴谋。我们信康赣县委根据领导同志的指示，在党内和群众中广泛地开展宣传教育。当时思想非常活跃，大家议论纷纷，有的说：“国民党和我们打了十年内战，还能跟他们合作抗日！？”“同国民党合作，可不能上他们的当。”也有的说：“这下可好了，不用打仗了。”这些议论说明，在历史的转折关头，提高思想觉悟，统一认识是多么必要。我们在特委领导下，经过学习和讨论，逐步弄通了思想，提高了对国民党地方当局进行谈判停止敌对行动和联合抗日的信心。

8 月 8 日，中共赣粤边特委和赣粤边游击队发表了停止内战，联合抗日的宣言，提出了“反对内战”、“反对国民党进剿游击区！”“国共两党重新合作，打倒日本帝国主义！”等口号。我们特委油印处，刻蜡纸的，搞油印的，写标语口号的，忙得不可开交。把特委的宣言和标语口号尽快地搞出来，分送到各地散发、张贴，并寄给国民党江西省政府、赣州专员公署和大庾、南雄、信丰、南康、赣县等县政府。还寄给国民党第四十六师和保安团队，广泛深入地进行宣传，使我党联合抗日的主张深入人心，广大人民群众无不热烈拥护。

在国民党内部，出于形势所迫，也开始有了反响。首先，驻南雄里东的广东军唐营长会见了我方派去的代表，表示愿意同我们谈判。接着大庾县长彭育英于 8 月 27 日向我们发出“感秘代电”邀我领导机关派出代表下山商谈合作抗日事宜。项英、陈毅等领导同志根据大庾县当局的态度，经过研究，以陈毅同志的名义复函大庾县长彭育英。表示愿按约定日期进行谈判，并于 9 月 9 日以陈毅同志为我方的全权代表先到大庾后到池江同彭育英的代表鲁炯雯谈判合作抗日事宜，初步达成了一些协议，但在某些重大问题上，鲁不敢表态。陈毅同志为了早日实现联合抗日，又于 9 月 11 日，在大庾县长彭育英陪同下前往赣州，同国民党江西省政府代表熊滨（省保安处参谋长）、赣州专员公署马葆珩、四十六师师长戴嗣夏等进行谈判。经过陈毅同志在谈判桌上有理、有利、有节地进行斗争，基本上达成了协议。

赣州谈判后，陈毅同志立即返回赣粤边游击根据地，向我们传达了赣州谈判的情况和初步达成的协议，并着手部署各地游击队集中整训事宜。

9 月 24 日，项英同志应国民党江西省政府的邀请，前往南昌洽谈有关南方其他地区游击队下山改编问题。到达南昌后，项英同志尽快地与延安党中央取得了联系，还会见了八路军驻南昌办事处代表颜建业，得到了《国共合作宣言》和《告全党同志书》等中央文件。事毕后，于 9 月 29 日启程返回赣粤边游击区。

10 月 23 日，项英同志为接洽成立新四军事宜，奉命到南京，并见到了博古同志。接着，由南京转赴延安，向党中央汇报了我们坚持三年游击战争的情况。与此同时，陈毅同志也转赴湘赣边等游击区，负责召集游击队下山改编。赣粤边地区（包括湘南）游击队的集中整训工作，则由杨尚奎、陈丕显同志负责。

赣粤边特委根据项英同志“要派人到各地去联系游击队下山整编”的指示，决定由陈丕显同志去瑞金联系闽赣游击区的游击队，由我到寻邬去联系游击队。寻邬南部地区在 1932 年被敌占领后就一直有寻南工委和游击队在活动，加上红军长征突围时，由罗屏汉率领一支部队到寻邬、兴宁一带活动，坚持游击战争。当时由于失去联系，不知道他们的情况，我是寻邬人，对罗屏汉（兴宁县人）和寻南工委的领导人我都熟悉，所以杨尚奎同志叫我去。我接受任务后，带着一些有关国共合作抗日的文件和项英给游击队的信以及国民党大庾县长彭育英的介绍信，从部队中抽出一个班长作为我的随员。从池江坐汽车到安远，由安远徒步经高云山、三标到达寻邬县城，找到一家旅店住下后，第二天，持彭育英的介绍信见了国民党寻邬县长吕日东。吕日东兴国人，比较开明，对我们的态度还好。我说明来意后，他表示欢迎，并说："我来寻邬的时间不长，还没有听说什么地方有游击队，我一定帮忙、设法打听，有消息就告诉你们。"三天后，吕县长回话说没有打听到哪里有游击队。我自己通过其他途径去了解，也一直没有了解到还有游击队活动，只听到有的同志被打死，有的被捕自新了。于是在寻邬待了五六天时间就走另一条路返回安远，再从安远乘车回到池江，向杨尚奎同志作了汇报。

我赣粤边游击队根据党中央的指示精神和南昌谈判达成的协议，进行集中整训，待命开赴抗日前线。在集中部队时，为了防止国民党军的突然袭击，根据形势的发展，由山区逐步向平原集中。由信丰的潭塘坑到大庾的杨柳坑，再到章江两岸的长江、板棚下和弓里一带。三年来分散坚持对敌斗争的各地红军游击队，如北山游击队和三南游击队都陆续开到池江集中整训，并编为江西抗日义勇军。

部队下山整训期间，在弓里设立了江西抗日义勇军第一支队司令部，由杨尚奎、陈丕显同志负责整训工作。这时，在弓里、板棚下驻地都开辟了练兵场。游击队战士情绪饱满，斗志昂扬，苦练杀敌本领，准备待命开赴前线，打击日本侵略者。在池江圩花园里还设立了办事处，由贺敏学同志任主任。办事处除负责各地联络工作外，还广泛开展抗日宣传活动，建立了抗日救亡社和抗日宣传队，每逢圩日，杨尚奎等负责干部还亲自上街向群众演讲，宣传队还到县城和附近圩镇进行宣传演出活动。1938 年春节，在司令部驻地——弓里，还开展了“军民同乐会”，军民除在一起聚餐外，还在屋背矮岭上搭了戏台，演出了宣传抗日救亡的节目，这对广大群众教育很大。

在这期间，赣粤边革命根据地人民，听说红军游击队下山改编为抗日部队，络绎不绝地来到池江探望。其中有刚从监狱释放出来的共产党员和苏区干部。有逃亡在外，无家可归，一直在寻找组织的党员和红军战士，有饱尝辛酸痛苦的烈士家属，有隐蔽下来的党的骨干，等等。他们远道来到我们的驻地，像儿女回到母亲怀抱一样，说不尽的话语，感到无限的温暖。游击区的群众也像走亲戚一样，三三两两，成群结队，来探望亲人。地方党组织还动员广大群众送慰问品，写慰问信，做鞋子，送年糕、果子等给自己的子弟兵。信丰的长安、潭塘坑、上下坪、上乐一带的革命群众，由李桂花率领，一次就送来慰问品数百担。远在三南和南雄一带游击区的群众，也派人挑了许多慰问品来。游击区周围的青年，踊跃报名参加抗日义勇军，在集中整训到改编为新四军开赴抗日前线的三个多月中，游击队由原来的 300 多人扩大到 500 多人。

1938 年 1 月中旬，项英同志从延安回到赣粤边，我们见到项英同志从党中央回来，高兴得不得了。项英同志对我们说，他到延安回到了党的怀抱，像久别的孩子找到了母亲一样高兴和激动，百感交集。我们失掉了中央领导，长期坚持在赣粤边进行独立自主的游击战争从此结束。在党中央的领导下，做好一切准备，去迎接新的战斗任务。项英同志在板棚下河坝里召开的军人大会上传达了中共中央关于抗日民族统一战线等文件，并宣布南方八省红军游击队改编为国民革命军新编陆军第四军。赣粤边红军游击队改编为新四军第一支队第二团第二营。1938 年 2 月 15 日，这支新建的队伍奉命从池江出发，开赴皖南抗日前线。这天，位于赣庾公路的池江各地，成千上万的群众，敲锣打鼓，燃放鞭炮，热烈欢送自己的子弟兵。

由于革命的需要，党组织决定把我留下担任信丰县委书记，主要任务是巩固和发展党的组织，做好统一战线工作，开展抗日救亡运动，发动全民抗战和保护游击区人民群众的既得利益。从此，我们结束了三年游击战争的战斗生涯，迎来了新的战斗任务。

艰苦卓绝的赣粤边三年游击战争，在远离党中央的敌后，我们在项英、陈毅同志和赣粤边特委的领导下，紧紧地依靠群众，克服了一切艰难困苦，粉碎了装备优良、人数超过我几十倍的敌人一次又一次的“清剿”，取得了一次一次的宝贵胜利。这个胜利是来之不易的，它是多少游击队的英雄儿女抛头颅、洒热血，用鲜血和生命换来的。三年中，为了党和人民的利益，许许多多的共产党员、共青团员和人民群众，献出了宝贵的生命。特委书记李乐天同志，在游击战争极其艰难的 1936 年 1 月，前往三南游击区指导工作，在崇仙游击区被敌包围，在突围中身负重伤，宁死不屈，光荣牺牲。当时少共赣粤边特委，除我外，宣传部长杨联邦同志，组织干事罗亦纯同志，宣传干事曾柏青同志都在反“清剿”中英勇牺牲，把鲜血洒在赣粤边的土地上。还有长安区委书记朱赞荣同志，少共信康赣县委书记黄开明同志等，都是在反“清剿”斗争中和敌人英勇斗争，壮烈牺牲。像这样英勇顽强、不怕牺牲的革命同志和革命群众是很多的，他们的革命精神和不朽的业绩，将永远留在赣粤边人民心中。

胜利的由来

赣粤边三年游击战争所以能坚持下来，取得宝贵胜利，有着极其丰富的经验，我体会，集中起来有如下几点：

首先，是始终保持了党对游击战争的领导。在中央分局项英、陈毅同志的直接领导下，特委、县委、区委、支部四级党组织始终保持、发挥了坚强的领导作用。特委自长岭会议后，领导机关和部队，作了较大的分散。但项英、陈毅和李乐天、杨尚奎、陈丕显等同志率领机关转入北山帽子峰区，领导整个游击区的工作。1935 年北山事件后，敌人发现项英、陈毅同志和特委机关在帽子峰山区，集中兵力，以北山为重点进行疯狂的“清剿”。为了适应新的情况，领导同志由相对集中转到更加分散。项英同志到信康赣县委，陈毅、杨尚奎、陈丕显到南雄县委，以后为了开辟新区，陈丕显同志又到大庾以彭坑、小汾为中心向青龙河南建立游击区，李乐天同志负责三南地区的工作。就是在这样分散的情况下，项英、陈毅同志以及特委领导同志还可以不定期的取得联系，重大问题上还保持了党的集体领导。特别是项英、陈毅同志经常保持联系和来往交谈，使县委、区委和各游击队在每项重大事件面前，始终能得到明确的指示。特委对县委的联系和领导也一直没有中断过。开始时，赣粤边特委下有两个县委。一个是南雄县委，书记罗世珍，领导南雄、大庾之间的北山区，信丰、大庾、南雄之间的油山区以及南雄的乌迳、水口等四个区委和所在地的游击队。一个是信康赣县委，书记刘符节，领导信丰的大小窝、星村、长安，大庾的新城区委，南康的贤女埠区委和大龙中心区委（书记曾纪财同志，下辖龙回、大龙、王母渡区委和崇仙中心区委，后划归信南县委），以及所在地的游击队。当时，县委和区委干部不多，一般只有三五个干部（其中一个团的书记参加领导），短小精悍，便于领导。我是 1935 年 7 月间受特委派遣到信康赣县委工作的，信康赣县委大约有 20 多个支部，100 多名党员。在极其困难的日子里，有的区委、支部被敌人破坏，领导人牺牲后，很快又重新组建起来。有党支部的地方，大多数都有团支部，有近百名团员，团的任务就是为游击战争服务，组织青年积极分子参加游击小组，夜间参加打土豪，反“清剿”的斗争，到处散传单、虚张声势，扰乱敌人，起了不小的作用。1936 年后，有些地区有了扩大，工作有了发展，党的组织也有了壮大，例如大庾章江两岸平原，南康章江下游南岸井里、河坑一带，就是信康赣县委新发展的地区。特别是三南地区，就是在崇仙中心区委的基础上成立了信南县委（由原南雄县委书记罗世珍调去担任书记）领导信丰南部和三南地区的党组织和游击队，游击队则根据各个不同阶段的斗争形势，人数有多有少，队伍大小不同，但不论人数多少，都设立了政治委员，代表党领导部队工作，这就使地方和部队，都始终保持了党的坚强有力的领导。这是坚持三年游击战争直到最后胜利的根本保证。

第二，是部队内部的团结，特别是外来部队和本地部队，外来干部和本地干部的团结，以及发扬艰苦奋斗的革命精神，是取得三年游击战争胜利的又一个重要的因素。在那种极端艰苦的情况下，游击队、地方干部之间的团结，亲如手足。谁有缺点错误，便开展善意的批评和自我批评，既坚持党性，又不伤害同志感情。那时候大家的信念主要是怎样对付敌人，打击敌人，保存和壮大自己，很少去考虑个人的问题。组织分配干什么就干什么，分配到哪里就到哪里，党分配的任务，不论怎样艰巨，不讲价钱，想尽一切办法去完成。在大敌面前，环境极端困难的情况下，没什么好享受的，有饭大家一起吃，无饭大家一起饿。不论领导、干部、战士，都过一样的生活，谁也不叫苦，谁也不埋怨，大家勒紧裤带共同想办法解决困难。项英同志会抽烟，一个烟头也舍不得丢掉，买不到香烟就抽黄烟丝，陈毅同志吃不上饭时，和我们一起摘野果充饥。领导同志的艰苦作风,是我们学习的榜样。可以说在整整三年中，我们几乎没有住过房子,没有脱过衣服睡觉,也几乎没有喝过开水。苦，已经习惯了，但苦中有乐。政治上很乐观，精神上很愉快。大家满怀必胜的信心，相信我们的事业一定会取得最后胜利。

第三，人民群众无私无畏的大力支援，是游击队战胜敌人，立于不败之地的根基。可以说，三年游击战争，实际上是在党的领导下的人民群众的游击战争。在游击根据地，游击队和人民群众的血肉关系，时时刻刻都能得到体现，人民群众对游击队的支援，都做出了出色的贡献。我们吃的饭、穿的衣服和日常用品,群众给我们采购。我们要了解敌情，群众做我们的耳目，为我们送情报。我们粉碎敌人的“清剿”，群众总是千方百计地予以配合。我们每到一个村子去开展工作，群众为我们保密、放哨，保护我们的安全。我们要打土豪或向地主派粮派款，群众替我们调查、介绍情况。我们的伤病员，群众搭好棚子，给予治疗。总之，我们办一切事情，没有人民群众的支持就寸步难行，有了人民群众的支持，就无往而不胜。游击根据地的人民群众，许许多多的人为了支持游击队而献出了他们宝贵的生命。例如，信丰上乐的朱叶妹，一天傍晚，她挑着水去浇菜，发觉敌人进村来了，她不顾一切，放下水桶，往村子里跑，大声叫喊："白狗子来啦！快走！”在村子里的游击队员听到喊声，迅速转移。朱叶妹大娘保护了游击队员，而自己却壮烈地牺牲在敌人的枪弹下。人民群众就是这样用血汗和生命，为游击队开辟出一条胜利的道路。

在那艰难的岁月里，我们也以实际行动爱护群众，保护群众，维护群众的切身利益。例如，在游击根据地，我们不准地主收租收债，有的群众生活特别困难，我们尽可能给予经济上的帮助。在条件允许的情况下，帮助劳动生产。尽可能地避免在根据地内打仗和暴露目标，防止敌人制造借口，摧残和屠杀根据地的人民群众。我们就是这样同人民群众心连心，同甘苦、共患难，度过了艰难的岁月。

三年的岁月里，我们克服了重重困难，战胜了强大的敌人，锻炼了自己，保存了党的骨干。这一切成就，都要归功于党的坚强领导，归功于有高度无产阶级觉悟的广大指战员，更要归功于广大群众对我们冒着生命危险的全力支援。

三年啊！多么难忘的三年！三年的峥嵘岁月，三年的坎坷历程，它使我认识到一个颠扑不破的真理：只有相信人民、依靠人民，得到广大人民的支持，我们的事业就一定能胜利。

1986 年 12 月

选自《南方三年游击战争·赣粤边游击区》，第263—286页。

刘建华，1916 年生，江西寻乌人。1930 年参加革命并加入中国共产主义青年团，1932 年转为中国共产党党员。南方三年游击战争时，任少共赣粤边特委书记、雄余崇挺进队工作团主任、中共赣粤边特委特派员等职。新中国成立后，曾任中共赣西南区党委组织部部长，赣州地委副书记兼组织部部长、书记，赣南区党委副书记、第二书记、第一书记，江西省委常委、组织部部长，江西省委党校党委书记，政协江西省第四届、五届委员会副主席，政协第六届全国委员会委员等职。2014 年在南昌逝世。

游击战争的好领导项英同志

丁上淮

在赣粤边三年游击战争极其艰难困苦的岁月里，我担任项英同志的警卫员，一直在他身边工作，三年中，他风餐露宿，昼伏夜行，在不停地同国民党的残酷“清剿”斗争中，像“野人”般生活，度过常人难以想象的困苦，经历过数不尽的艰险。我跟随他三年的时间，在历史的长河中不过是一瞬间，但有些往事却使我终生难以忘怀。

(一)

项英同志爱学习，爱思考问题，爱写些东西。尤其是在三年游击战争那么极其艰难的环境中能坚持做到，确实是一件不容易的事。

我们跟随项英、陈毅到达油山后，学习材料少得可怜，只能看看从苏区带来的几张《红色中华报》、一本《共产主义运动中的“左”派幼稚病》和一本《共产国际纲领》。这点书报，他和陈毅两人不知翻看过多少遍，那几张《红色中华报》被翻破了，还舍不得丢掉。记得有一天下雨，柴被淋湿了，没法煮饭，我和炊事员就把它拿来引火。项英知道了，就对我们说：“在这山上什么都没有看的，这点书报就是很宝贵的精神食粮呀！那两本书以后你们可要好好地保管了，可不要随便丢掉啊！”后来，我们对那两本书也就当成宝贝一样地保管了。看到书翻烂了，我们就把它设法补好、裱好。在这期间里，有时能得到一张、半张包东西来的国民党的旧报纸，也是如获至宝。就在这些旧报纸中也确实能看到些有趣的“消息”。记得 1935 年秋我们在北山活动时，项英同志捡到一小片报纸，那是事务长外出买东西包回来的国民党的旧报纸。他看着看着，便大笑着叫我们去看，他说：“你们来看，我真的长着三头六臂呐！”我们走拢一看，那破旧报纸上登着一条“消息”：“匪首”项英在江西 ×× 山上被抓获，现已关押在监狱里……我们看了，对国民党的造谣感到十分气愤。项英却大笑不止，还摸摸脑袋，幽默地说：“莫非山上这个项英是假的？”

1935 年冬发生了北山事件（即由于叛徒的出卖，领导机关遭到袭击，项英、陈毅等机智脱险）。我们转移到油山地区后，项英、陈毅就利用这一地区群众基础好的条件，交代去赶圩的群众，设法找些报纸包着购买的东西带回来，哪怕是很旧的报纸也好。还利用地下党员、小学教员到附近县邮局去订报纸送来给项英、陈毅看。这样消息就不再那么闭塞了。从 1936 年春、夏起，还通过做“兵运”工作的陈海（后叛变）从广州、香港搞来一些书刊。如《西游记》、《唐诗三百首》和不成套的《红楼梦》、《水浒》等书籍；同时也搞到少量的理论书籍和刊物、杂志等。这些书刊、杂志成了游击战争中的宝贵精神食粮。项英、陈毅不仅看了又看，还教我们看，我就是在这个时候读了一些书。

中央分局从中央苏区突围到赣粤边后，与党中央失去了联系，党中央的正式指示、文件和真实消息都无法得到。主要领导项英、陈毅同志独当一面地掌握斗争方向，如何才能实施正确领导，指挥部队呢？好在他们有丰富的经验，并从实际出发不断总结经验，以指导复杂的斗争；他们从国民党的报刊里寻找线索，从中得到一些启示。国民党的报刊上登载的消息虽然很不真实，但确能起到一点参考作用。如：1936 年春，有一天国民党的报纸上透露出瑞金县附近山上有游击队活动，于是项英与陈毅同志商量好后，就派黄明镜（杨尚奎的警卫员，瑞金县人）去联系。因国民党控制太严没有联系上。

国内每次发生较大的事件，项英、陈毅都能在国民党的报纸上找到一些线索，以作出相应的对策。如：1935 年 11 月的华北事变发生后，项、陈就提出了“抗日救华北”、“实行全国联合一致抗日”等口号，并写了将游击队改为赣粤边抗日义勇军的布告，油印了传单在群众中进行抗日宣传。1936 年 6 月两广事变发生后，项英写了《为两广事变告群众书》，提出了“反对军阀混战，实行抗日战争，变军阀混战为抗日的革命战争”等口号。1936 年 12 月西安事变发生后，项、陈立即召开了干部会议，讨论分析西安事变的背景和发展趋势。在这次会上有争议的一个问题是：“蒋介石是杀还是放”的问题，所有到会的人除项英外，都说是会“杀”,“该杀！”绝不会“放”。只有项英一个人说:“还是有‘放’的可能”，有人说除非是叫你项英处理才有可能放，别人处理就不会有可能。项英说：“要叫我处理，我就放，因为是为整个国家民族有利的问题……”听了项英的意见，会后有的人甚至发牢骚似的说：“这是右倾机会主义的论调。”但不久蒋介石真的放了,有意见的同志才佩服,说:“还是项英的水平高,看得准。”项英还写了《关于西安事变》的文章，阐明西安事变发生的原因及其意义。1937 年 7 月中旬，在卢沟桥事变爆发后，项英就写了《卢沟桥事变与抗日斗争高潮》的文章，指出卢沟桥事变的实质，号召广大民众联合抗战，反对和平妥协，为保卫祖国而奋斗。接着，又写了《中国新的革命阶段与党的路线》的文章，指出中国革命已经发展到抗日民族统一战线与国共两党重新合作的阶段。我们知道卢沟桥事变的消息，大概是在 7 月 10 日后一份国民党的报纸上看到的。我记得标题好像是用的“日军炮轰宛平城”几个字的。但项英、陈毅两人看到后就说：“我们要准备下山了！准备到大城市去了！”接着两人就聚精会神地研究起来。过了几天他们就写出了号召……他们两人每逢看到了较重要消息都要仔细地进行分析研究，作出自己的决策。

项英、陈毅还写了不少的内部教材：在政治教材中写了《红色指挥员必读》、《群众工作必读》、《反对十大坏现象》等等；在军事教材中还写了《步哨守则》、《战士必读》等等；在出现了叛徒、变节分子的时候，他们就写了《反叛徒斗争讨论大纲》；他们还编写了文化、识字课本。

他写的教材有个特点，就是同一个内容的教材都有深、有浅。有的适合干部和文化较高的同志阅读，有的适合战士和文化较低的同志阅读。还有个特点是：他每写好一份教材的初稿都要叫与教材水平相当的同志先看，并讲解给他们听，如果他们听不懂，就再作修改，直到听得懂，才定稿印发给游击队学习。他们写的文化识字课本也是很有趣的。从“人、男人、女人、穷人、富人、阶级、无产阶级、资产阶级”开始，一直写到“什么叫革命，为什么要革命，革谁的命……”等等。

项英对我们这些警卫员的学习是很关心的，也抓得很紧。我们中有个别不识字、不会写字的，他就手把手地教。他经常给我们布置学习任务，有时还抽查和考试我们的学习情况。

（二）

项英同志性情温和，平易近人，和蔼可亲，但有时少言寡语，很少表露自己的忧患。当遇有烦恼事的时候，也总是自己一人到僻静的地方静静地坐上一会就冷静下来了，从不发脾气。他与陈毅同志的感情是很深厚的，特别是在分开行动或遇到有事无处找人商量的时候更为突出。从1936年起他俩人就分开行动，项英负责以油山为中心的信（丰）、（南）康、赣（县）地区的领导工作；陈毅负责以北山为中心的（南）雄、（大）庾地区的领导工作。时间稍一隔久不见面时，就常听到项英同志的念叨：“大老刘（陈毅同志的代号）现在不知怎样了，又好久没有见面，心里真想得慌呢！”实际上他们不见面的时间并不是很久，有时最多也不会超过三个月，但他们之间总是相互惦念着。我还记得 1937 年初项英接到陈毅从北山写来的一封信，知道了陈毅工作很忙，也很想念他。于是就决定到北山走一趟，并建议陈毅同志召集一个干部会谈谈工作，交流交流情况，顺便看看陈毅同志。3 月下旬由交通站的同志带路，一行四人就到北山去了。到了北山刚同陈毅见了面，就传来了国民党进山的消息。当时不知发生了什么事，一打听才知道，是国民党驻南雄里东的部队里有三个人（一个班长两个士兵）带了一挺轻机枪、一支步枪、一些子弹，准备偷偷地卖给游击队，国民党军队发现丢枪后，即派部队到处查找，因此引起了一场我们和国民党互找机枪的闹剧。于是原先定的干部会就转移到梅山地区去开了。接着，就发生了梅山事件。在梅山事件中，两人分别还不到 12 小时，双方脱险后一见面就像阔别多年的亲兄弟一样亲热，互相拥抱了起来。领导同志的这些生死情谊，给我们警卫员印象很深，也使我们受到一次既深刻又生动的教育。

项英同志对我们这些警卫员、侦察员和一般的勤杂人员也是兄弟、叔侄般地相待，从不摆首长架子。就拿他对自己身边的警卫员来说吧，曾忠山、张春富是红军主力长征开始前就跟随他的。张春富在突围中牺牲了，此后就是曾忠山和我两人跟随他。一直到 1937 年 9 月项英同志离开赣粤边去延安时，我才离开他。在那样艰苦的战争年代的游击环境中，两个警卫员共同照顾一位首长，两年半不换一个人是不大容易的，当然还要靠警卫员本身相互间的感情融洽，相互关照、帮助、配合，相互谅解，才能做到不闹别扭。我和曾忠山正是做到了这几点，才和睦共事了那么长的时间，完成了党交给我们的光荣任务。但是，仅此单方面的努力是不行的，还要有首长对警卫员的宽宏大量，不计较小事，平等待人，关心、教育和帮助下级等条件，我们才能做到和睦共事，完成任务。这一点，项英同志是做得比较好的。首先是他能了解我们，信任我们，大胆地使用我们，再就是能体贴、关心我们，教育、帮助我们，在艰难的游击战争时期，他与我们真正做到了同甘苦共患难，同吃同住同床睡，虽是上下级，但思想感情非常融洽、亲切。

那时，我们经常缺粮，吃不饱饭。在这种情况下，我们总是想方设法弄点“副食品”给项英同志吃，如石鸡（石蛙、田鸡）以及好吃一点的野菜、野果等。但弄来了，他总是不肯一个人吃。不仅如此，他还常常是饭没有吃饱就不吃了，有意留给我们多吃一些。他还说：“我少吃一点没关系，你们不吃饱不行，因为你们经常要走路、爬山。”记得在梅岭事件时，我们一天一夜没有吃东西了，天亮时到了一个毛竹山窝里休息。这时我们聚集在一块的七个人除曾忠山之外，个个都是又困又饿，曾忠山是因为被打散后向老百姓买到一斤米煮来吃了一餐，还剩余几两米。我们住下后就安排轮流值班、放哨。项英、陈毅同志都争着值班放哨。我们不让他们参加，可他们坚持要值班，无奈，只好安排他们值头一班，其余的人睡觉。每个轮到值班的人就从曾忠山剩余的那点米中抓一把，放在一个茶缸里煮点稀饭吃。由于谁都怕后面值班的同志吃不着，都不愿多煮一点米，最后七个人都轮了一遍，仅有的几两米还剩一些，又用它煮了一茶缸稀饭，可谁也不肯吃。最后只得到水沟边采了一点野菜放进去和着煮，煮熟后，大家一起用树枝当筷子，你一口我一口地才把这缸稀饭吃完。

由于国民党对我们的严密封锁（包括食品、布匹、药品、书报等的封锁），我们衣服紧缺，冬天只穿着仅有的两件单衣和一件夹衣过冬。这样，项英、曾忠山和我三人只好轮换着洗衣服。棉衣、棉裤就根本不敢想了。盖的是一人一条夹被。夏天还勉强可以。冬天，我们只好三个人挤在一起，把被子横着重叠起来盖。直到1936年才通过做“兵运”工作的人弄到两条丝棉被，项英和陈毅每人使用一条。那年冬天，我们警卫员不肯与他们挤在一起睡了，生怕他们睡不好。但他们不愿意，非要我们同他一起睡不可，并说：“挤在一起更暖和。”后来，我们只好同他们挤在一起睡了。

项英同志有着吃苦耐劳精神，从不愿意拖累大家。生病也总是忍着，不表露出来，几次拉肚子都是我们发现的。叫他吃药，但他总是不肯吃，说是留着急用。因当时药品紧缺，所谓的药也只有几盒“万金油”，几瓶“济众水”和几包“八卦丹”。拉肚子也就吃“济众水”。

项英同志是在城市里长大的，不会走山路、夜路、泥泞的路。因此每当行军时，我和曾忠山总是一前一后地跟着他，看到打滑要跌跤时我们就赶紧扶住他，当遇到敌情时，我们就挽着他走，或是背着他走。他有脚气病，还很严重，不能泡洗生水，因此遇到有水的地方，我们就背着他过水。起初他不让我们背，硬是要自己过水，过了几次，脚气病更加严重了。无奈他只好让我们背着他过水了。但他总是很歉意地说：“你们背着那么多东西，走路就很辛苦了，还要背我，真感谢你们。”

（三）

项英同志在领导和指挥赣粤边的游击斗争中，结合当地的实际，紧紧依靠人民群众，采取灵活机动的战略战术，战胜了国民党军队的一次又一次“清剿”，始终立于不败之地。

1937 年春节期间，项英同志与信康赣县委机关的同志在上乐村附近山中活动。这里群众有一个习惯，就是元宵节前不做买卖，也不出门做工。因此，这段时间不容易买到东西，消息也不灵通。就在这个时候，国民党军第四十六师在保安团的配合下，强迫群众，从信丰、南康、大庾三面向我信康赣游击区的连花窝、山焦坑、李家山、邓坑等地进行大规模搜山烧山，企图采用突然袭击来搞掉我们，国民党军的行动计划虽然十分诡秘，但交通站很快搞到了敌人的计划。项英决定采用“有把握就打，无把握就走”的原则，同敌人周旋。同时，针对敌人集中力量进坑抄山，山外特别是平原地区空虚的情况，风趣地对我们说：“好呀，敌人进山，我们出山，同他们换个防好了。”并周密布置了反抄山措施。

在敌人进山搜山的同时，游击队转到山外去袭击敌人的后方，发动与组织群众中的秘密游击小组在外边骚扰敌人，机关人员也分散到山外去择地隐蔽。农历正月十二三，项英同志由信康赣县委书记刘符节同志陪同，带领警卫班长胡大炳、警卫员曾忠山和我一行五人，到大庾县新城平原、章水两岸的一个名叫鹅湾里的村子里。村子隔河对岸就是大庾有名的大集镇——新城。新城周围都是开阔地，素有山区平原之称。这里是国民党驻有重兵的地方，也是国民党的区公署所在地。我们就在敌人的眼皮底下住了三天三夜。第一天，我们在天黑以后进村，来到一个老表家里。在此之前，刘符节同志曾派人向这个老表交代了要保守秘密，不要让任何人知道。可是，我们刚刚住下来，就有人来看望我们。紧跟着，来看我们的人越来越多，向我们问寒问暖，问这问那；有的人送红薯干、有的送花生、黄元米果，来的人都像亲人一样关心我们。有的说："反动派说你们在深山密林住久了，骨瘦如柴，满身长满了毛，像野人一样。现在看到你们，我们放心了。反动派是会造谣。"群众对我们的热情和关心，使我们感到温暖和鼓舞，但是我们几个警卫人员看到人这么多，又七嘴八舌，觉得这样很危险，就悄悄向项英同志建议让刘符节同志带我们转移到别处去。刘符节同志也有同感，但他同房东商量时，房东说："不要紧，你们放心，这里没有坏人。"项英同志也认为在这种情况下转移不妥，于是我们只好怀着忐忑不安的心情住下来了。

当天晚上平安无事地过去了。第二天上午 10 点钟左右，听到村南狗叫得厉害。不一会儿，有个老表跑来说，南面村口有几个白狗子来了。我们听了不觉紧张起来，因为我们的力量实在太薄弱，五个人带的都是手枪，离敌人据点又近。项英同志却很镇静，他要我去找房东。房东听了一点也不慌，沉着地对我们说："不要怕，白狗子来了不要紧，有地方躲藏。"边说边叫我们跟他上楼去。到了楼上，只见他走到角落里揭开一块楼板，用手指了指说："你们先到下边躲一躲，我到外面去看看就来。"我们往下一看，下面黑乎乎的，一股霉气冲鼻而来。我们不觉犹豫起来，下去还是不下去呢？下去了，如果有坏人告密，我们就像笼里的鸡一样，要想同敌人拼，也是英雄无用武之地呀！但看看眼前的房东，一副沉着、诚恳的眼神，我们的疑虑消除了，按照他的意图沿着楼梯走了下去，房东随即把楼板盖上，并在上面堆上了东西。我们用手摸了摸周围才知道是一道很窄的隔墙，是房东准备防匪藏东西用的。五个人站在里面要想转个身都很困难，霉气熏得人直恶心。大约过了二三十分钟，房东回来了。他把上面堆的东西搬开，揭开楼板，叫我们上去，对我们说："刚才是几个白狗子路过这里，抢了几只鸡就走了，没事。"

这次惊吓虽然过去了，但是我们觉得这样很危险，因而又向项英同志建议立即转移到别的地方去。项英同志与刘符节同志商量，刘符节说离这里北面四五里路有个名叫周屋的村子，有我们的地下党员，先去联系一下，要他们帮助找个隐蔽的地方。说后，刘符节同志就化装成农民出去了。晚饭后，他回来告诉项英同志：联系好了，周屋有个开明绅士，以往帮助过我们，我找到他，说明了来意，起初他有些害怕，说他这里离国民党军驻地太近，太危险，劝我们到别的村子去住。我对他说：正是因为这里离他们近，才不至于注意，所以我们才考虑到你这里来住。后来他答应了，约我们当晚就去。项英同志听了刘符节同志的汇报，同意了。这天深夜，我们向房东道谢后，悄悄离开这个村子，来到村外的约定地点，同周屋来的一个地下党员接上了头。在地下党员的带领下，转弯抹角走了好久，来到了一个绅士家里。绅士把我们安置在他家的过道间的楼上住，这间楼上堆放着很多甘蔗渣。我们把一个角的甘蔗渣扒平一些，就在上面睡。楼的下面是过路间，白天过往的人很多，门口是个晒场，当时刚过春节，正是农民一年忙到头，唯一休息的时间。很多人在晒场上晒太阳，有的在缝补衣服，有的在拉家常，有的则说笑、打闹。而我们五个人在楼上除了能坐能躺之外，连话也不敢说，嗽也不敢咳，大小便也无处解。偏偏项英同志这几天拉肚子，怎么办呢？我们急中生智，把屋面上的瓦轻轻取下一片给他接大便，我们几个人小便也憋得难受，到中午绅士来送饭时，我们要绅士提了一只尿桶到楼上来，谁知他不注意，竟提了只有漏的尿桶，拉的小便漏在楼板上，又透过楼板漏了下去，滴在一个过路人的头上，这人大叫起来："上面什么人屙尿，漏到我头上来了？"这时，幸好绅士在隔壁房里休息，他听了回答："噢！不是人屙尿，是前几天房子漏雨，我提了只尿桶接漏，忘了把尿桶提下来。"那人说："不是水，是尿，有尿臊气哩！"绅士连忙说："当时桶里是还有些尿没有倒掉就提上去了。我现在就去把尿桶提下来。"我们听了下面的对话，真是又惊又好笑。后来绅士上楼来把有漏的尿桶换了，这场虚惊才算过去了。

我们住在这个绅士家里是很安全的，吃的也不错，他叫家里人做饭时，不说我们是什么人，只说是本地某某财主的少爷邀了几个人躲在楼上打麻将，不能让人知道，所以家里的人把饭菜做好后，就用篮子装好盖上，由绅士亲自送给我们。送饭时，他先看看附近有没有人，看了没有人就把饭菜提到楼下，咳嗽两声，我们就到楼口把饭菜接上来。送茶水也是先打招呼，我们将事先准备好安有钩子的绳子放下去，他来到跟前把茶壶一拴，就吊上来了。

我们在这个绅士谨慎细心而又热情的照顾下度过了两天两夜，没有出门一步，但是项英同志依然在指挥战斗。他布置刘符节同志出去联系与指挥当地的地下党员，组织群众中的游击小组到河对岸砍断敌人的电线、散传单、贴标语，还把标语贴到新城区公署门口。第三天，我们得到消息，进山的敌人已撤回据点。我们从容地离开周屋回到了游击区。

为什么敌人这次封山搜山这样快就结束了呢？原来是因为敌人部署这次搜山的期限是五天，但因搜山是强迫群众走在前面，国民党部队在后面，群众不甘愿拖延了两天的时间。国民党的部队进到山里没有发现什么，群众又埋怨"新年乱走不吉利"，吵着要回去。加上传说山外出现了游击队，因而进山的第三天就撤兵回营了。

回忆起项英同志在赣粤边三年游击战争期间的件件往事，就好像他还生活在我们中间，我真想再为他洗洗衣服，再为他煮一茶缸野菜稀饭，让他美美地饱餐一顿，再陪他回到三年游击战争期间我们出生入死战斗、生活过的地方去看看……但是这一切愿望都是不可能实现了，只有珍贵的记忆伴随我这年迈体衰的老年人，给我以生活的力量。

1987 年 11 月

选自《南方三年游击战争·赣粤边游击区》，第322—330页。

丁上淮，1912 年生，江西兴国人。1931 年加入中国共产主义青年团，1933 年参加中国工农红军，1934 年加入中国共产党。南方三年游击战争时，任项英同志的警卫员。新中国成立后，曾任云南盐务管理局滇中盐场公署盐务管理处处长，云南省工人疗养院院长、党总支书记。

在项英同志身边

肖平权　曹秀英

三年游击战争期间，我们曾在项英同志身边工作，担任炊事员和交通员。在经常接触中，我们觉察到项英同志是一位远见卓识、水平很高的游击战争领导者。

1935 年 10 月北山事件后，国民党政府军发现了项英、陈毅和赣粤边特委领导同志在北山地区的行踪，加紧了对北山地区的“清剿”，形势非常严重。项英、陈毅同志果断决定，领导机关立即转移，于 11 月间到达信康赣县委驻地潭塘坑，在这里召开了重要会议，确定了巩固老区，发展新区和领导同志分散活动的重大决策。

会议以后，项英同志留信康赣县委，陈毅同志到南雄县委活动的地区，李乐天同志到信丰县的崇仙游击区。从此以后，我们跟随项英同志，一直到国共合作，胜利下山。

项英同志在极艰苦的环境中坚持学习的精神十分可贵。我们什么时候见到他，不是在看书就是在看报。当时的书籍不多，带在身边的只有《共产党宣言》、《列宁主义概论》等几本书，他经常翻看，有时在书上圈圈点点，有时还做些笔记，有的书翻得连封面都没有了，有的补了又补。我们文化水平低，看不懂他读的什么书，就问他，他说，是革命导师马克思列宁写的书，是告诉穷人闹革命求解放的道理。一个革命者只有懂得革命的道理，才能懂得怎样去革命。不论环境好坏，项英同志总是想尽一切办法取得报纸，有通过国民党政府的乡长和保长弄来的，有通过商人买来的，有打土豪时没收的，有基本群众搞来的。报纸到手以后，他就聚精会神、埋头细看，有时我们叫他吃饭，他说看完这张报纸再吃，有时一边看报，一边抽烟，香烟烧痛了手指头才把烟头丢掉。我们问他，国民党政府办的报纸，经常诬蔑红军游击队，为什么还去看它，他说国民党的报纸造谣诬蔑我们党和红军游击队，但从中也可以了解情况，分析动向。国民党报纸吹嘘他们在什么地方消灭了我们多少游击队，就从反面告诉我们那个地方有游击队在活动，等于给我们通风报信。不看报，就不晓得全国的形势，不了解形势就不能针锋相对地同国民党斗争。他看过的报纸舍不得丢掉，一张一张叠好，整整齐齐放在他的床边，转移地方时，他总是告诉身边工作人员不能把报纸丢掉。

项英同志十分关心干部和战士的学习，他经常对我们说：我们的干部和战士，文化水平都很低，没有一定的文化水平，不能很好学习马克思列宁主义，不能很好地领会党的方针政策，也很难挑革命的重担。他和我们开玩笑，说将来革命胜利了，组织上委任你当一个大官，没有文化你就当不了。他还亲自动手，编写了许多教材和识字课本，他每编一篇东西，都先念给身边的工作人员听，问懂不懂，不懂就修改，直到听懂为止。他耐心地教身边的同志学文化，一个字一个字教。有一次，肖平权到项英住的棚子里去玩，项英一见就问：平权，有什么事？我来教你认字写字。肖说:我没有读过书，一字不识。项英同志说:一字不识，从头学起，从一、二、三学起，说完握着肖平权的手，一笔一笔地写，一个字一个字教。许多同志就是在项英同志耐心帮助下，学到了文化，由一字不识到能够写信，能够看懂文件。

项英同志善于分析形势。三年游击战争的大部分时间，是在和党中央失去联系的情况下度过的。每当重大历史转折关头，项英同志能够根据全国的政治形势，结合游击战争的实际，正确地确定每个时期的行动方针。1936 年 6 月初，当得到两广事变发生的消息后，项英同志把陈毅同志和特委领导同志找来，共同分析这个新情况，研究在新的形势下游击队怎样开展活动。项英同志指出：两广事变是两广军阀利用抗日的名义实行反对蒋介石的战争，它说明全国抗日高潮就要到来。我们的态度是反对军阀战争，实行抗日战争，变军阀的战争为抗日的战争。要抓住这个时机，向广大群众进行抗日反蒋宣传，打击国民党保安团继续对游击区的进攻，推动抗日高潮的到来。赣粤边特委根据项英同志的上述指示，重新部署力量，积极开展活动，出现了三年游击战争时期少有的好形势。

1936 年 12 月，得知西安事变发生的消息后，项英同志和我们一样，非常高兴，对我们说：在我党中央的领导和推动下，抗日的革命高潮马上到来了，我们在南方坚持游击战争的同志，要在党中央领导下，配合西北地区的斗争，广泛开展抗日民族统一战线，推动南方联合抗日的新局面。当时领导同志都聚集在一起，开会讨论蒋介石被扣后的新形势，作出了重大决策。会后大家对蒋介石会不会释放的问题争论得很热烈，多数同志认为，抓住蒋介石，杀掉蒋介石是全国人民的心愿，放掉他等于放虎归山，怎么能放呢？项英同志则认为可能放掉蒋介石。为此，个别同志还在背后说项英同志是右倾。可是过了不久，蒋介石真的被释放了。这时，一些前一段思想不通的同志才说：“还是项英同志看得准。”项英同志从报纸上看到卢沟桥事变的消息后，立即写信，让交通员迅速送给陈毅同志，陈毅同志接到信，立即赶到项英同志住地，两人商量之后，召开了特委会议，确定了同国民党地方当局进行谈判、联合抗日的方针。项英、陈毅等领导同志非常繁忙，特别是项英同志更忙，写宣言，起草谈判条件，给国民党地方当局和驻军写信，找人谈话。

一天傍晚，项英、陈毅同志找警卫班长胡大炳谈话，要胡大炳送信给信丰县大小窝区国民党的区长，胡大炳以为领导同志在和他开玩笑，陈毅同志严肃地说：这不是开玩笑，是真的，是一件光荣的政治任务，必须明天一早出发，中午送到，晚上赶回。胡大炳按时完成任务后，高兴地向项英、陈毅同志汇报了国民党区长如何热情款待他的经过。项英同志笑着说："大势所趋嘛！区长怎敢怠慢你。"陈毅同志也说："国民党敲锣打鼓欢迎我们下山抗日的时刻就要到来了。"

项英同志很注意党的政策。他经常告诫大家，我们进行的游击战争，是群众的游击战争，没有人民群众的拥护和支持，游击队就不能战胜困难，不能打败国民党军的"清剿"。游击队要十分注意防止单纯的军事行动，要处处考虑到群众的利益，凡是对群众有益的事，我们要努力做好，凡是侵害群众利益的事，我们就坚决反对。他注意总结经验教训，从实际出发，制定了许多具体的政策。他要求游击队员严格执行党的阶级路线，打土豪必须调查清楚确实是豪绅地主才能打，向富农捐款也应该禁止，更不能损害中农的利益，商人的合法利益也应当保护。

有的时候由于国民党对游击区封锁严密，游击队的经济和粮食发生困难。项英同志对我们说，越是困难的时候，越要注意执行政策，情愿自己多受苦，也不能加重群众的负担。他还告诉我们，向群众借钱借粮，一定要打欠条，有借有还。有一次，我们向群众借米时，群众知道游击队困难，就送了一些蔬菜给我们。项英同志问：都记账了吗？我们回答：粮食记了，菜没有记账，是群众送的。项英同志严肃地指出：菜也应当记账，待我们有了钱时，如数归还。两广事变发生后，游击队活动范围更大了，到游击区外打土豪的机会也多了。有一天没收了土豪一头牛，项英同志知道后，对我们说：你们了解一下，看附近群众耕田缺不缺耕牛，如果缺，就送给群众。我们到驻地附近了解以后向项英同志建议，眼下群众不缺牛，就把这头牛杀了，改善一下大家的生活吧！项英同志表示，牛可以杀，但有福大家享，游击队一半，群众一半，每家每户都能吃上一点牛肉。

项英同志处处以身作则，用自己的模范行动来影响大家，三年时间里，项英等领导同志的生活是非常艰苦的，衣食住行和普通战士完全一样。当时按规定干部战士发一样的伙食津贴，月底结账，可以分点伙食尾子，分到项英同志名下的伙食尾子，他总是放在警卫员或炊事员手里，过了几个月，就拿出来买点菜加加餐，大家吃上一顿。项英同志喜欢吃霉豆腐（豆腐乳）。他说：这种菜味道好，香得很，很好下饭。地下党员李绍仁知道后，经常送一些来，次数多了，项英同志问：绍仁，这些都是哪里弄来的？花多少钱？绍仁回答他：这个东西，山区群众家家户户都有，过年的时候做的，便于保存，可以一年吃到头。给你的这一点点，都是群众真心实意送的，不必花钱。项英同志说：不给钱，我就不吃了。

1936 年的端午节，家家户户都做粽子吃。李绍仁知道项英不喜欢吃带咸味的粽子，就特意做了几个白水粽子送去。项英同志见粽子和大家吃的不一样，问绍仁是怎么一回事，绍仁告诉他，是自己亲手做的，没有咸味，你喜欢吃。项英同志非常高兴，边吃边说：感谢你们，感谢人民。有一次，项英同志在转移时，把穿的鞋子丢掉了，打赤脚走路。肖平权发现了，就把自己的一双布鞋送给项英同志。项英同志说：这个使不得，女鞋怎能男穿，何况我穿了，你可怎么办？肖平权回答说：你这个领导还有封建思想，分什么男的女的，我有两双，一人一双，有福共享嘛！经过劝说，项英同志收下了，穿上正合适。

项英同志抽烟很厉害，环境好时能抽上香烟，环境恶劣时，抽黄烟。他抽过的香烟头，有规律地丢在一堆。起初，警卫员总是把它扫掉。有一次，他到处找香烟头，我们感到奇怪，事后才发现，香烟供应不上了他就把剩下的烟头剥开，卷成喇叭烟又抽起来。一次，肖平权做饭时，火放大了，锅底有些饭烧焦了，想把它丢掉。这事被项英发现，对肖平权说：你做饭技术好，遇上一两次烧焦了一点，也是常事，那不要紧，把它晒干，用来煮着吃，味道还更香。项英同志就是这样，艰苦奋斗，勤俭朴素，以身作则，带领大家渡过一个又一个难关，粉碎国民党一次又一次“清剿”，迎来了抗日革命高潮。

1986 年 12 月

选自《南方三年游击战争·赣粤边游击区》，第331—335页。

肖平权，曹秀英，南方三年游击战争时分别在项英同志身边担任炊事员、交通员。

陈毅同志在我家

周篮

我家住在大庾县池江的彭坑，是两省交界的地方；往南可到广东南雄的大兰、平田凹；往东可到信丰油山的黄坑口；往北经小汾、弓里出坑，可到大庾池江圩。这里坑深林密，便于游击队活动。三年游击战争时期，这是游击根据地，陈毅同志经常到彭坑、小汾一带开展工作，常在我家里落脚。

有一天，陈丕显陪同一位身材高大的同志到我家里来，并对我说，这位同志过去作战时，腿部负了伤，现在伤口复发，要我帮助他找些药医治伤口。当时，我不知道他就是陈毅，只知道大家叫他“老刘”。同时，见有一个挎驳壳枪的小鬼常跟着他，心里暗想，他一定是游击队的一个大官。

为了安全，他们在屋背岭的松树下面搭了个茅草棚。白天，到我家来换药；晚上，回棚子里住。那时国民党军队封锁山区，在坑口的弓里村扎了军队。进坑、出坑的人都要盘查，很难到外面买到什么好药，只好用土办法采草药给他治疗。每天，我从田圳上拔回一些辣蓼草、狗贴耳等草药。将辣蓼草加盐放到锅里熬煮，煮出药味后，就用水桶舀起，请老刘过来洗伤口，并用围裙盖住桶面，让药水热气薰伤口。然后，把狗贴耳和从田埂上挖回的蚂蚁窝一起捣烂，制成药饼，敷贴在伤口上，再用布条捆扎好，每给他薰洗一次，就痛得他冒一身汗。因为辣蓼草加了盐，洗的时候，药水渗入伤口是很痛的。老刘却紧咬牙关，还给我鼓劲说：“大嫂，不怕，尽管洗得去！”就这样给他薰洗过几次，红肿的伤口竟慢慢地好了。老刘高兴地对我说：“大嫂，没有想到你还有这一手，你用的是啥子灵丹妙药呀！”说着，我就领他到屋外田埂路上，指点着路边长着的那些辣蓼草和狗贴耳对他说：“看，医好你的腿，就是这些灵丹妙药呀！”

那时，扎在坑口的国民党军队，难隔几天就会进坑来抄山，万一不注意，就有被抓去的危险。有一天傍晚，老刘坐在屋背桐子树下看书，他的警卫员潘聋牯坐在那里擦枪。当时，我在门前的一条水圳边洗衣服，突然发现几十名国民党士兵进坑，已经快到我家门口了。情况万分危急，怎么办呢？上去叫他们已经来不及了，要是在门口喊起来，又会被敌人听到，也是急中生智吧，我朝着门前的一头猪骂起来：“瘟猪仔，还不快回去，士兵老爷来了，不走就会一枪打死你！”老刘他们一听，知道敌人来了，赶紧从屋背上山，钻进了树林子里。晚上，老刘下山来，跷着大拇指对我说：“大嫂，你真有法子，当得一个诸葛亮哟！”我也开玩笑地对他说：“我有什么法子呀，还不是你的时运好！”说得老刘哈哈大笑起来。

后来，为了防止敌人的突然袭击，又便于游击队活动，我给他们想了个法子，有什么活动就到门前那座阁楼上去。这座阁楼前面有一个窗口，透过窗口可以看到外面三条路上的动静，加之阁楼旁边还有一条侧门，侧门边摊了一块桥板，可通后山。这样，万一在窗前发现了情况，就可以打开侧门，安全地转移到后山去。

有一次，老刘和几个同志在楼上吃午饭，站在窗前的瞭望哨发现坑外来了国民党军队。有个同志急忙拉着老刘走，但老刘却走近窗前瞄了一下外面，不慌不忙地说：“不要慌，还远着哩！把肚子填饱了再走也不迟。”说罢，他又端起饭碗，边挟菜边扒饭。还说：“慢慢吃吧！不要嘎住了喉咙。”引得大家都笑了起来。吃完饭，我赶紧收拾碗筷，他们便从侧门过桥钻进了后山。老刘在山上看到敌人走了，又下山来，还蛮有兴趣说："别看敌人这么气势汹汹，但我们有了群众就好办！他要打我们，摸不着；我们要打他，他跑不了。"

老刘在这里熟悉了，对我们总是有说有笑，就像自家人一样。有天晚上，下着瓢泼大雨，雷鸣电闪。老刘带着几个游击队员冒雨到我家来。他戴个斗笠，嘴里还轻声地哼着歌儿："正月革命是新年，无产阶级笑连连，好比笼中放鸟子，脱了笼子出头天……"我点灯出来一看，他们从头到脚都是湿淋淋的。老刘头发上的水还在不停地顺着鼻梁往下淌，可他却还喜滋滋地笑着说："今天晚上洗了个冷水澡，真清爽！"我赶快架柴生火，让他们烤干衣服，并问他们说："饿得蛮苦了吧！"老刘却从口袋里掏出些水汪汪的杨梅来，说："你看，这不是很好吃的吗？山里要多少有多少，大城市的水果店还买不到哩！"听他说得那么轻松有趣，我却唉声叹气地说："你们这些好人，天天在山里钻来钻去，饭没吃，衣没穿，什么时候才能熬出头呀！"老刘说："大嫂子，你不要急呀！等你娶了儿媳抱了孙子的时候，我们就出头了。到那时，我还要到你家喝喜酒哩！"听他说得这样开心，我也开玩笑地说："我没有这个福气，你也没有那个福分，看你这脑袋只好戴斗笠，钻山坑！"他听了，哈哈大笑地说："革命成功了，我这顶斗笠就要进博物馆，那时我戴的是礼帽了。"想不到他的话以后真的兑了现。

在那艰难的日子里，他们的生活真是艰苦。老刘总是跟游击队员一样。他穿便衣，着草鞋，打赤脚，最好时穿双布鞋；有时戴顶帽子，有时不戴帽子。他比队员多一样的，就是一件长褂子，不过平时很少见他穿，听游击队的同志讲，他穿上长褂子，装成"教书先生"或"郎中先生"，进过大庾城，到过乌迳圩。在山上没有衣服换洗，天晴就脱下自己洗，等衣服晒干了再穿起来，下雨没办法只能刷一刷，他喜欢吃麂子肉和泥鳅干，感冒了就喝姜辣汤。有时候，还和游击队的同志一道去捉蛇、捉石鸡、掏黄蜂蛹来加餐。

我家丈夫会打猎。有一次，打到了一只野猪，知道他喜欢吃辣椒，就炒了一大盘辣椒炒野猪肉请他们来吃。老刘吃得津津有味，还边吃边对我说："我们在这里给你添了不少麻烦，有好吃的还要留给我们吃，你可要记下账来呀！等革命成功后，我们是要来还账的哟！"听他说要"还账"，我生气地对他说："老刘呀！你把话说到哪里去了，要不是干革命的话，像你这样有墨水的人，我抬轿来请也请不到哩！"可不是吗？过去我们单家独户住在坑里，不是保长进坑派款，就是地主进屋逼债，每逢过年过节，还有土匪来抢东西，搞得我们日夜不得安宁。但是，自从坑里有了游击队后，这些家伙都不敢来了。游击队保护了我们群众利益，我们还有什么舍不得拿出来支援游击队哩！

老刘喜欢下棋。有一次，他和几个同志在我家阁楼上下棋，正下得起劲的时候，我把饭菜端上去了。老刘连忙摇手阻止我说："慢点，慢点，我要吃'老蒋'了。"我端着两碗饭菜，站在他一旁好一会儿，老刘赢了这盘棋，高兴地说："我吃掉了'老蒋'，来，开饭！"我把菜放在桌子上说："要真的捉住了老蒋才好哩！"老刘说："别看我们现在蹲在山沟子里，老蒋肯定要打倒的，星星之火，可以燎原嘛！一点星火要烧红万里江山。人民拥护共产党，我们一定要胜利的！"

老刘和游击队的同志们同我们真是心连心。大家在一起无话不说，慢慢地，我知道了这个老刘就叫陈毅，是游击队的高级领导。最使我难以忘怀的是，我"周篮"这个名字还是陈毅同志给我取的哩！有段时间，坑里情况紧张，他们已搬到较深的坑里搭棚住了。但是，一有机会，我就提一个竹篮装成进山打猪菜的样子，把饭食送到坑里去。这年，过端午节，我家包了许多粽子。但想起来坑里的亲人，我就提了一篮粽子进坑去。路上不小心，踩着一块石头滑了一跤，脚板划破了皮，血不停地流。我挣扎起来继续走，总算走到了游击队住地。大家见到我，左一个"大嫂"，右一个"大嫂"，一起围拢过来叫我，陈毅同志一眼看出我跌了跤，亲切地走了过来对我说："大嫂，我们还不知道你叫什么大名呢？将来革命成功了，我们才好报答你呀！”我说:“乡下的妇娘子有什么大名，我姓周，小名叫三娣。”说到这里，陈毅同志就提着这个竹篮凑到我身边说：“我看这样吧！你经常提这只篮子给我们送东西，我提议你取名叫周篮，行不行？”他这一提议，大家都说好。我也就掩着嘴巴笑着回答:“叫这个名字也做得。”从此,大家就叫我“周篮”了。直到解放后，陈毅同志还记得我的名字叫周篮。陈丕显同志还派人来找过我哩！

陈丕显同志多在小汾一带工作，也经常会进坑来活动。那时他很年轻，只 20 岁左右，人很活跃，顶会说话，喜欢打比方。说起话来两只手不停地做着手势，我们这一带群众很喜欢听他讲话。因为他和群众的关系好，在群众中深深地扎下了根，大家都喜欢叫他“陈阿丕”。他到坑里来,不是跟我们到田里做工夫,就是跟着上山砍柴,还会做针线活。有一次，国民党军队开进小汾，来得很突然，他却一点不慌张，安安稳稳地坐在裁缝师傅身边锁扣眼。敌人见他蛮像裁缝师傅，问都没问一声就走了。

阿丕同志在我们坑里工作很久,工作出色。在平田凹、彭坑、黄种、小汾、弓里等几个村庄，群众组织发动起来了，对游击队的支援很大，经常给游击队送粮食，搞情报，割断敌人的电话线，扰乱敌人的抄山行动，使游击队能在艰难困苦的环境中得以生存和发展。后来，阿丕还把工作伸展到山外平原上,并把一些保长、区长争取过来,为我们做工作。

1937 年秋，赣粤边红军游击队跟国民党政府谈判，达成合作抗日的协议后，陈毅、陈丕显等率领游击队下了山，在小汾、弓里、板棚下等地集中整训，准备开赴抗日前线。临走时，陈毅同志还送了一张半身脱帽的相片给我，并要我给游击队讲几句话。我说我不晓得讲。他就对我说:“这几年,多亏了你们的支援,使我们度过了艰苦的岁月,这一走，就不知道什么时候能见面了。能不说几句话吗？”听他说得这么恳切，我就大着胆子说：“你们游击队到前方去抗日，要英勇杀敌人，要不怕流血牺牲。我们留在后方一定搞好生产支援你们，上了前线要放心，你们的亲属我们一定会照顾好，前方后方，互相挑战，好消息天天往家里传，等赶走日本鬼子后回家再团圆。”

时间过得真快，一眨眼就几十年了。1962 年，陈丕显同志在北京开七千人大会时，还托我们县里去开会的王书记、蔡县长回县后来看望我，真使我十分感动。

1971 年 9 月

选自《南方三年游击战争·赣粤边游击区》，第336—340页。

周篮，女，原名周三娣，1914 年生，江西大余人。南方三年游击战争时，为赣粤边游击区大余彭坑地区的革命群众，她为游击队员送饭、购买物资、探听敌情，陈毅、陈丕显等人曾在其家中养伤、落脚。新中国成立后，曾任大余县人民委员会委员、人大代表、政协常委。1975 年逝世。

跟随陈毅同志打游击（节选）

宋生发

1934 年 10 月，开始了举世闻名的二万五千里长征。

当时，我在红军一军团二八师二营当通信班长，因为生病，组织上留我在油山休养。在红军出发的前一天，一个副官模样的同志，把留在油山上的六七十个休养员组织起来，成立了临时支部，每人还发了八个月的津贴费（八块钢洋）。他说 ：“红军要走很远很远的路，你们身体不好，怕跟不上队，组织上决定留你们在油山休养。希望你们在这里坚持斗争，等到红军胜利回来。”

从此，我们就和红军失去了联系。

在油山上坚持了一个时期，带在身边的粮食都吃光了，大家很着急。有的想回中央革命根据地，有的想去追赶红军。支部书记说 ：“哪里也不能去。要是在中央苏区能够休养的话，党还会花那么多的人力物力，把我们抬着、背着送到油山上来吗？大家别着急，我到山下去看看再说。”

山下全都“白”了，到处都是“围剿”的白匪。他们到处烧杀掳掠，奸淫妇女，真是无恶不作。

支部书记到了山下，正巧遇到一个前来寻找伤病员和掉队人员的地方干部。他说 ：“这里的情况很紧张，党怕你们出危险，特派我来带你们去莲山（属北山）。那里有医务人员，有药品……”

莲山虽然不像油山那样恐怖，但同样是缺吃少穿，生活非常艰苦。没办法，支部书记只好动员身体较好一点的同志去打游击。他说："听说油山有游击队，能走动的同志都找游击队去吧！这里的粮食不多了，省下来给重伤病员吃。"大家都同意了他的意见。

当时，我的病很重，浑身肿得像发面饼一样，用手一按，就是一个青亮的小窝；同时，一走路就喘不过气来。支部书记说："宋生发，你病很重，留在山上继续休养吧。"我不肯答应，因为我虽然走起路来发喘，但毕竟还能走哇！于是，我跟着同志们走一阵，爬一阵，在同志们的搀扶下，整整走了一天一夜，终于回到油山。不久，我们就找到了李乐天司令。

李乐天同志是南雄县新径乡人，1928 年南雄暴动的领导人之一，他一直坚持赣粤边的革命斗争。

当时，他奉特委的命令，把留在油山上的一、五军团的休养员和少数掉队人员共 50 来人组织起来，成为油山上的一支游击队。全队共有湖北造、广东造步枪 40 来支，马刀 30 把左右，马尾手榴弹 200 多个。这支游击队由于党的正确领导，人民的热烈支援，到 1935 年末，曾冲破敌人无数次的残酷"清剿"，发展壮大到 500 多人，活动在油山、北山、南山、信康等地，使那一带到处都燃起了反"清剿"的火焰。

我到游击队里不久，病就被老百姓针灸好了。这时，我给李司令当特务员。一天，李司令高兴地对我说："宋生发，陈毅等同志到咱们油山上来了，你知道吗？"

"啊！这是真的吗？"我又惊又喜地看着他，"在哪座山包上，我们能捞到看看他吗？"

"当然可以啰。"李司令的口气十分肯定，认真地说，"陈毅同志没有特务员，叫我替他找一个，你去怎么样？"

"我去？"我不由得打了一个愣，"那谁来照顾你呐？"

"这个，你就放心好了。"他握住我的两只手，亲切地说，"陈毅同志的工作特别忙，腿上又带了花，你可要好好地照顾他啊！明天我要去向特委汇报工作，咱们一起去吧。”

这天夜里，我一直没睡好，脑子里老是想象着陈毅同志的模样儿：身材高大，态度严肃，腿上带着花，走起路来，一跛一跛……

第二天，我跟李司令来到了特委驻地。这里，沿着山涧边搭了两个草棚子，靠右边的一个草棚子前面，放着一块长条石，陈毅同志正坐在条石上看书。他见我们来了，非常高兴，走过来热烈地和李司令握手。

当时，我并不认识陈毅同志。他穿着一身黑色的便服，戴着旧毡帽，道道地地的广东普通农民的装束。

为了更好地照顾陈毅同志，这天，我特别注意观察他的生活习惯。谁知，一切都很简单：早饭和中饭，都是米饭、干咸菜；饭后抹抹嘴，把碗一洗就了事。我心里暗暗地想：“啊！特委领导同志的生活，还不如我们游击队的条件好哩！”

下午 3 点钟，李司令突然对我说：“宋生发，把东西整理一下，跟我到三南①去。”

“去三南？”我惊异地睁大眼睛，心里暗暗地想，“不是要我跟陈毅同志当特务员吗？怎么又要我去三南呐？唔！也许我不行……”

李司令见我迟迟疑疑的样子，刚想对我说什么，陈毅同志过来和他握手告别了。直到山下，他才对我说：“宋生发，我本想把你留下来的，可是，陈毅同志不同意，怕我路上出危险，非叫你送我不可。唉，首长对我们太关心了。你一到三南，就赶快回来吧！如今形势很紧张，情况千变万化，陈毅同志三天两头出发，没有特务员可不行啊！”

谁知到了三南，就回不来了：广东军阀余汉谋调动几个团的兵力，对三南游击区大举进攻，到处砍树搜山。直到一个月后，形势缓和下来，我才带着罗士福指导员给我打的介绍信，高高兴兴地回到陈毅同

① 三南，指龙南、全南、定南地区。

志的身边。

当天晚上，陈毅同志找我谈话了。我见他还是穿着那一身黑色便服，只是显得稍微破旧些；头发、胡子可比一月前长得多了，看上去真有点叫人害怕。

他盘腿在草棚底下的一条破被单上，微笑着让我坐在他的对面。

“你是哪里人？”陈毅同志问。

“江西分宜县人。”我有些不自然地回答。

“家里有些什么人？”

“姐姐、哥哥、嫂嫂和我。”

陈毅同志笑了笑。他掏出一支烟，点燃后又问：

“你在家做什么？”

“学木匠。”

“噢！你会打床吗？”

“会。”

“好，那我们今后可以不睡地铺，睡你打的床啰！”他开朗地笑起来，我也跟着笑了。

谈到这里，我的拘束心情没有了。他又问我：

“你为什么要参加红军呢？”

“红军是穷人，我也是穷人。”我未加思索地说了出来。

“那穷人遇穷人，不就更穷了吗？”

当时，我明知他是在说笑话，可是我还是一本正经地说：

“不，穷人团结起来力量大，可以打土豪分田地。”

等我的话一落地，他又接着问道：

“你打过土豪吗？”

“打过。”我说着，就把怎样打土豪、怎样参加农民协会、自卫队和 1929 年 8 月朱总司令带着红军到分宜县时，我又参加了红军等，一五一十，详详细细地对他讲了一遍。我见他非常注意地倾听着我的谈话，心里感到很高兴。

“好”！陈毅同志站起来，双手拍着我的肩臂，“今天就谈到这里，以后我们有时间再好好谈，工作上有什么不惯地方，多问问老同志。”他对另一个棚子喊道：

“潘聋牯！”

“到！”

“到”字还没落音，棚子里就跑出来一个圆脸蛋，大眼睛，年纪顶多不过十三四岁的小鬼，他呼扇着长长的眼睫毛，立正站在陈毅同志的面前。

陈毅同志说：“我先给你们介绍一下吧：他叫宋生发，江西人，刚来的新同志；他叫——”陈毅同志拉长了声音，看了看那个偷看我的小鬼：“他有两个名字，真名叫潘益明；外号——因他耳朵有些沉，大家都叫他聋牯，是我的勤务员。”

那个小鬼的脸，顿时红得像个熟透的苹果。

就这样，我给陈毅同志当了特务员。我高兴得一宿也没睡好。

第二天早上，天还墨墨黑的，陈毅同志就起来了。他先到山洞边捧着水洗了脸，然后走上来，一边甩着手上的水，一边说：“聋牯，把东西整理一下，准备出发。”

那时候，陈毅同志到处跑，亲自检查县委、区委、游击队和交通站的工作。即使这样忙，有时间，还教我们学文化，记得我跟他当特务员的第三天上午，他问我：

“宋生发，你识字吗？”

我红着脸说：“在家没读过书，不识字。”

“噢！在家没钱读书，现在可要好好学习啰！”他兴奋地说：“来，我们订个包教包学的合同吧！一天学一个字，一年 365 天，就可以学 365 个字。”

我高兴地说：“一天学一个字，我能学会。”

“好！从现在就开始吧？”他捡起一根竹叉子，在地上正正规规地写了个碗口大的“宋”字。他指着字问我：

“这是什么字？”

我难为情地摇摇头。

“你姓什么？”他温和地问。

“是宋字吗？”我不敢肯定地回答。

“对，就是你姓宋的那个宋字。”

接着，他又教我“宋”字的写法。我写“宋”字总喜欢先写秃宝盖，再写木字，然后才点宝盖头上的一点。他说：“噢，不是这个写法，要这样写……”于是，他把着我的手，边写边说：“先写这一点……再写下面的……你看，庙里塑菩萨，有先塑脚，后塑头吗？”

姓名学会了，他又教我写“革命”、“红军”、“三大纪律八项注意”等字。每天他总抽些时间来测验我。有次我因贪玩，没学会；他没有批评我，只讲了个故事给我听：“从前有一个跛子和一个瞎子上山。跛子骗瞎子说：你脚边有一条蛇，瞎子不信，跛子就用脚把草搞得沙沙响，瞎子吓得又跳又叫：啊呀！真有蛇，这不是蛇爬的声音吗？……”

讲完这个故事，陈毅同志笑着说：“不识字就等于睁眼瞎子，是容易受人家骗的。再说，要干好革命，没有文化怎么行呢？”

我听了只觉得脸上火辣辣的，很后悔，觉得自己不应贪玩。

陈毅同志不光教我们学文化，有时还和我们一起下象棋，讲中国革命的特点。他常常对我们说：“中国革命是不会失败的，国民党反动派是没有力量消灭我们的。现在，你看国民党的力量大，将来我们的力量要比他大无数倍。我们不但要下山到农村去住，而且要到城市，到大城市去……”有时，他给同志们讲马列主义，讲俄国十月革命胜利的道理。我们文化水平低，听不太懂，他又专给我们讲列宁革命的故事，以及其他一些历史故事，如《三国演义》中的故事等，讲得有声有色，而且联系实际，往往引得大家忘记了饥饿和疲劳，每次总要求他再讲一个。

赣粤边的局势虽然阴云漫天，暗无天日，白匪到处搜山烧山，有时逼得我们几天不见一粒米，但是，绝大多数的同志在首长们的关怀、教导影响下，都是乐呵呵地坚持斗争。

记得有一天，陈毅同志要到大庾岭下去开紧急会议。上午，我见他脚跷在一块石头上，轻轻地抚摸着，同时在大腿根上一个劲儿地抹当时唯一的好药品——万金油，我悄悄地走过去说："刘同志，你的腿怎么啦？"

"噢，有点痛。"

"痛？"

我不由得一愣，忙走去看，可是，没等我走到跟前，他就把腿拿下来了，若无其事地说："我这条腿呀，就是个活的气象台，刮风下雨，它总是先给我报个信哩！哈哈，东西准备好了？"

"准备好了。"我说。

"好，告诉聋牯，下午出发。"

"是。"我一面和他讲话，一面偷眼瞅他的腿，心里迷惑不解："活的气——象——台——是什么意思呢？"

吃过午饭，出发了。当时的天气很好，没有刮风也没有下雨，我们翻山越岭，大约走了十几里路的样子，陈毅同志就走不动了。

过去走路，他总是走在我们的前面，有时看我们走累了，还转过身来鼓励我们说："啊！你们年轻人，还走不过我老头子啊！"可今天，他倒走不过年轻人了。

"刘同志怎么啦？"聋牯小声地问我。

"谁知道啊！"我着急地回答。

"你看，他走得多吃力！"

"是啊！"

我们两人不时转过脸，交头接耳地小声议论。陈毅同志在后面提高嗓门说："你们两个在捣什么鬼呀？天还早呐，休息一会儿再走吧！"

奇怪！过去行军他是很少主动提出休息的；有时我们提出来，他还用商量的口吻说："我看再走几里吧！天不早了。"可是今天……我和聋牯不由得停住了脚。他见我们站住了，就靠着石壁坐下，两手按着膝头，十分疲惫地喘着气，聋牯走过去说：

"刘同志，你不舒服吧？你的脸色多难看。"

"哼！还笑话我"，陈毅同志笑道："你的脸色比我好看不了多少！又黄又瘦，像个没长熟就枯萎了的苹果。"说得我们都笑起来。

休息了十几分钟，我们又向前走。陈毅同志的腿越走越不灵活了。我们要扶他走，他不要，一跛一跛地跟在我们后面，为了让我们放心，一路上他看到什么野兽，就指着叫我们看，并和我们说说笑笑，不让我们看出有病的样子。

黄昏的时候，我们到达了大庾岭下。趁开会的人还没到齐，陈毅同志叫聋牯去县委棚子里给他舀盆水。聋牯以为他要洗脸，所以盆里还放条毛巾。陈毅同志接过盆说："你们两人搞铺去吧，有事我叫你们。"

我们在县委棚子东南角找到一块较为平坦的地方。聋牯去找干草，我掏出小刀把地面刨平，刨着刨着，我忽然想起陈毅同志还没喝水，便放下小刀，从饭包里取出缸子，正要到县委棚子里去舀水，聋牯抱着一抱干草回来了。我把缸子交给他说："聋牯，快舀些水给刘同志送去吧，走了这么远的路，他还没喝一口水呢！"聋牯伸了一下舌头，转身向县委棚子跑去。

去不多久，聋牯慌慌张张地跑回来，话都说不连贯了："老宋，老宋，不好了，刘同志腿上生了个大疮！"

"啊！你看见了？"

"看见啦。我送水去的时候，他正蘸着盆子里的水在洗呢！哎呀！那条大腿全部红肿啦！"

他涨红着脸，急得打转转。我拉住他说："快，快动手铺铺。"

铺很快搞好了，我们就忙去请陈毅同志来休息，可是，走过去一看，他不在原来的地方了。我们两人不由一愣，正要分头去找，听见不远的树林里传来“海吱，海吱”的声音。这声音多么熟悉啊，我拉着潘聋牯转身就往树林里跑。

“啊！”我们不约而同地惊叫起来。

陈毅同志坐在两棵相距约一米远的杉树当中，把受伤的腿横绑在树干上，脊背靠着另一棵树，两手按着大腿上的伤口，一点一点地拼命挤着，血水顺着伤口一股一股地向外流，下面的一大片黄泥地都被血水浸透了。

他见我们来了吃惊地抬起头，但仍满不在乎地说：“咦，我没叫你们，你们怎么来了？好吧！来了就闲不着，过来帮我挤挤脓血，伤口反攻了。”

他的脸黄得像一张蜡纸，豆粒大的汗珠簌簌地直往下滚，身上的单衣全部被汗水湿透。我的心顿时像刀绞一样难受，泪珠夺眶而出，蹲下来抚摸着他那烫手的大腿，看着他那溃烂的伤口，不由自主地叫了一声：

“刘同志……”

“挤呀！”他无力地靠着树，拿着我的手说：“这次挤不干净，下次还会反攻。好同志，你愿意让我挤第二次吗？”

“是呀，绝对不能让他再挤第二次了”，我的心又是一阵刀绞。捧起他的腿，轻轻地挤着。其实，脓血已经被他挤光了。

我对吓愣了的潘聋牯说：“你呆什么呀，快快找根带子来吧！”

唆！这个吓糊涂的家伙，却把手电筒套上的圆线绳子解下拿来了。

陈毅同志笑道：“你呀，要是当护士，准得不到伤员的表扬，再去找一根布带来吧！”

第二次，聋牯把背伞的带子解来了，这虽然是一根布带子，但由于长期背伞，已经拧成条条了。陈毅同志一点一点地把它理平，抹上万金油，又用竹签子一点一点地塞进伤口里，他浑身颤抖，脸上的汗珠再一次沁了出来。聋牯吓得把脸转到一边，连看也不敢看一眼。

伤口包扎好了，开会的人也到齐了。我和聋牯扶他走出树林，来到县委的草棚底下。他坐下来，打开皮包，取出纸和笔，一面记着大家的汇报，一面和大家谈笑自若地研究问题。

游击队的生活是十分艰苦的，饿，是常有的事。饿，也是难受的事。1937 年 5 月的一天，为躲避陈海叛徒领兵搜捕，我们翻山越岭，来到了一座大山，已经一天一夜没吃什么，疲劳和饥饿一起袭来。陈毅同志叫我打开用绳子缝了又缝的破皮包后，他又开始工作。我和聋牯默默地趴在他的身旁，一句话也不想说，心里直迷迷糊糊，想睡觉，但是又不敢睡，生怕发生什么突然事故，然而，不一会儿，还是睡着了。

当我醒来的时候，太阳已经偏西，陈毅同志还在聚精会神地看书。

"睡醒了？"陈毅同志搁下书本，温和地微笑着问我。

"嗯！"我用手揉了揉眼睛，心里有些不好意思，忽然，我看见潘聋牯枕在陈毅同志的腿上打鼾，口水把陈毅同志的单裤子打湿了一片。

"潘聋牯！"我竟失去警惕，大声地喊起来。潘聋牯被我叫醒，他眨巴眨巴惺忪的眼睛，一看自己枕在首长的腿上睡觉，脸唰地红了。陈毅同志抚摸着他长长的头发，活动着被压麻了的腿，深情地看着潘聋牯的眼睛。

肚子才怪哩，睡着了不觉饿；一醒，又饿起来。哎呀！只觉得肚子里火烧火燎的，眼前天旋地转，浑身直流虚汗，我抬头看看陈毅同志。啊！他满脸豆粒大的汗珠一条条线一样，顺着络腮胡子直往下流，黑色的土布便服，全被汗水浸透。

我们不知不觉地睡了几个小时，可是陈毅同志却一直在工作着，他该用了多大的克制精神忍受着这难以忍受的饥饿啊！

"刘同志，你饿了吧！"我们眼里蓄满了泪水。但我知道，就是问这么一句话，也是百分之百的废话。

"要是搞点米……煮一碗粥吃……多美呀！"潘聋牯眨巴眨巴眼睛，小声对我说。

“唔，你们饿了吗？为啥不早说呢，我们面前就有好吃的东西嘛！”陈毅同志看着我和潘聋牯，神秘地说：“潘聋牯，替我来上一碗！”

听说前面有好吃的东西，我心里乐开了花。可是，有什么好吃的东西呢？石头、泥土、野草能吃吗？

“怎么，你们还没有看见呐？”陈毅指了指山涧里一眼看到底的清水。

“喝水？”我和聋牯都失望地叫起来，陈毅同志微微笑道：“水是人身上不可缺少的东西，我们流了这么多汗，不喝点水补充补充还行？潘聋牯，舀上一碗嘛！”

听他这么一说，我们都笑了。潘聋牯跑到沟边舀了满满的一碗，陈毅同志接过来一口气喝干了，并像品茶似的啧啧说：“这水不错，又温又甜，你们两人也喝上些吧！老宋，你再替我舀上一碗。”

陈毅同志一连喝了五六碗；我和潘聋牯也喝了不少。可是，越喝汗流得越多，陈毅同志脸上的汗水，巴答巴答地往下滴。

等呀等呀，好容易等到太阳落山，打柴的，砍竹的人都回家了，陈毅同志才停止工作，把破皮包从膝头上取下，站起来蹒跚地向山涧走去。

他那瘦长的身躯显得越发高大，脸又黄又瘦，眼窝也深深地塌了下去……看他这样，我的心里不由得一酸，泪水险些流了出来。

不一会儿，他抱着一大包青草，眉开眼笑地走过来，说：“好了好了，米来了！”

“米！？”我和潘聋牯都高兴地睁大眼睛。

陈毅同志坐在一块青石上，一边劈着草叶子，一边兴冲冲地对我们说：“这叫糯米草，江西人民把它当作喂猪的好饲料……”他摘了一大把叶子，拿到山涧里洗了，然后对我说：“老宋，生火，我们煮上一碗，吃了好赶路。”

潘聋牯找来些干竹叉和干野草，我把揉成拳头大小的一团糯米草塞进瓷缸里，放好水，就架在石头上煮起来。煮了不一会儿工夫，糯米草就在缸里咕都咕都地直冒泡，水变成鲜绿鲜绿的。

陈毅同志捞起一些，放进嘴里嚼着，连连说："好吃好吃"，并叫我们两人也赶快煮上两碗充饥。

我本想先尝尝再去煮的，一听说好吃，又见他的确吃得很香，就顾不得尝了，慌手慌脚也煮了两缸子，我捞起一些向嘴里一放，哎呀！除了一股刺鼻的青草味外，又麻、又苦、又涩，还嚼不动。潘聋牯刚沾着嘴唇就想呕，我们两人跑到一边，咧着嘴，你看我，我看你，谁也不想咽下去。

"吃饱了没有……"我向潘聋牯挤了挤眼睛回答。

"好吃吧！"

"哎！好……"

我们刚说出个"好"字，陈毅同志就笑了，我们也跟着笑起来。

后来我们又扒了几棵野竹笋吃，不过，说实话，生竹笋还不如煮熟的糯米草好吃，只是拿它再一次填填肚子罢了。

天黑了，我们开始赶路。从江西的大庾，一直转到广东的南雄，一连跑了好几天，连草鞋都磨穿了，才把身后的敌人甩掉。

在艰苦的斗争中，陈毅同志总是处处关照着我们。有一次，我跟陈毅同志去信丰收款，共收了 300 块光洋，分装在三个米袋子里。陈毅同志递给我一根竹扁担说：

"担者 200，背者 100，你愿干哪样？"

我头一扬说：

"三袋合成两袋，都给我担好了。"

陈毅同志笑道：

"你担得动吗？"

我胳膊一挥，说：

"300 块光洋，别说担，就是背，我也背走了。"

陈毅同志看我那个不自量力的趾高气扬的劲头，又笑了：

"你呀，可别吹牛啰，还是我背 100，你担 200，把你的枪也给我背吧。”

到底是陈毅同志有经验呐，初担起来，我倒不觉得重，一颠一颠地总是走在陈毅的前头，陈毅同志跟在后面不时地嘱咐：“走慢点吧，路还远呢，留些力气后面使，走稳啰，别把米袋颠破了！”我嘴里答应着“好，好”，可心里却暗暗地高兴：

“让你看看，我是不是吹牛！”

走了十几里，翻了几个山头之后，我的两条腿就不那么灵了，汗水像小溪一样顺着两腮直往下流，只觉得担子越来越重，想颠也颠不起来了。陈毅同志却还像刚出发时一样，右手抓住肩上的钱袋，甩开左臂，大步大步地向前走。他脸上堆满微笑，可就不说“休息”两个字。我有心要求一下，又觉得不好意思，索性再跑它一阵子再说。

又走了五六里路，翻过几个山包，我的确是走不动了，气喘呼呼，汗流浃背，两条腿像拴了两块大石头一样，拉不开，陈毅同志这会儿才微笑着说：

“休息休息吧！今后说话，不要不知天多高地多厚地乱吹牛啰！”

一听说休息，我的心里霎时乐得不知东南西北，得救似的把担子猛往山坡上一放，只听得“哗啦”一响，啊！糟透了！我听得目瞪口呆，呼吸一时停止了。原来后头那个钱袋，被我连颠加摔——摘破了。100块光洋，哗哗啦啦骨骨碌碌，滚得半山坡到处都是，有的滚到山缝里去了，有的滚到草丛里去了，我的心几乎跳到喉咙上。要知道，这些光洋是信丰游击队冒着生命危险从土豪那里搞来的，确实来之不易，更重要的是我们急需用它买粮充饥，开展宣传活动。我心想：两年来，刘同志很少批评我，这一次他一定要狠狠批评了。但是，我的想法错了，陈毅同志一见光洋撒了一地，先是吃惊地看我一眼，接着就蹲下去捡光洋，看不出一点批评我的意思，等到再也找不到光洋，他才一面扎袋子上的破洞，一面小声地说：“再走，可要走稳当些，一跳一蹦的，又累人，袋子又容易破。”

尽管他说得温和、亲切，我的脸简直像火烤一样发烫，感动、后悔、难过，一齐涌上心头，泪水扑簌簌地滚了下来。

跟随陈毅打游击的岁月里，得到了锻炼，受到了教育，多么想一辈子和他在一起。可是，1937 年七八月份，陈毅同志返回池江圩不久，就找我谈话了。

那是在一个凉风习习的晚上，我拿着根蜡烛送到陈毅同志的办公室去，刚一脚门里一脚门外，陈毅同志一见我就说："老宋，你坐下，我给你谈谈。"

他点燃一支烟，坐到办公桌的椅子上，脸上堆满了笑纹，我把蜡烛点着，放在窗台上。站在办公桌边，眼睛眨巴眨巴地望着他那亲切的面容。

"老宋，我过去对你说的话，你还记得吗？"

"记得！"我像小学生背书似的滔滔不绝："革命是不会失败的，国民党是没有力量消灭我们的……将来我们的力量要比他们强大无数倍……我们不但要下山，到农村去，还要到城市去，到大城市去……"

他听了站起来，连连笑道："很好，很好，还要记住，革命是长期的、艰苦的"，接着，他又意味深长地说："老宋啊！你跟我在一起好几年了，各方面你都有些进步，但还要更好地加强锻炼，我想把你送到游击队去……"

"去游击队！"我的心里不由得扑通起来，脸也红了，心里难过得真想哭。

陈毅同志走过来，微笑地抚摸着我刚剃过的光头，温和地说："怎么？不想去吗？"

"不想，坚决不想"，我下意识地挖着指甲，泪水像断了线的珠子一样涌了出来。

过了一会儿，陈毅同志突然拍拍我的肩头说："好吧，你回去想想吧，想通了再来告诉我。"

回到宿舍，浑身像发了高烧一样，翻来覆去，怎么也睡不着，一想到要离开陈毅同志，我的心就像跳到喉咙上来了。这一夜，我几乎没有睡着，我想得很多很多。在这三年的艰苦日子里，陈毅同志每时每刻都无微不至地关怀着我，对我进行了亲切的教育和培养，使我提高了文化，懂得了不少的革命道理，知道应该怎样去革命，怎样对待敌人和自己的同志……

现在，我要离开他，不！我要和他在一起。

第二天，我又照样工作，由于昨夜失眠，眼睛有些红肿，精神自然萎靡些，送早饭的时候，陈毅同志看看我的眼睛说："老宋，你病了？看，你的脸色多不好看。" 我强笑着说："没有病，我吃了好几碗干饭呢！" 陈毅同志不信，转过身来对聋牯说："聋牯，老宋病了，你今天替他值班吧！叫他休息一天。"

又过了五六天，陈毅同志也没有提去游击队的事，我心里暗暗地高兴，刘同志可能把这回事忘了。可是，就在我高兴的那天晚上，陈毅同志又找我谈话了。

"老宋啊！你想通了吗？" 他偏着头，微笑地看着我，我的心禁不住猛地一蹦，又紧张地跳了起来。

我生气地说："什么通不通，你叫我去，我就去好了！"

他听了，突然朗朗地笑起来，可我又哭了！

这一次，他给我谈了好几个小时，谈到国共合作的方针政策；谈到革命形势的发展；谈到游击队里如何需要党的坚强干部，谈到参加战斗锻炼的必要……最后，他问我还有什么要求，我说："排长干不了，我要当兵。" 他只是笑笑，没有说什么。

这一夜，我又失眠了。第二天上午，他亲笔给我开了介绍信，还是让我去当排长。他说："要大胆，不要怕，干什么都要锻炼呀！" 说着，又从箱子里拿出早就买好的两条花毛巾，两双袜子，一双力士鞋，一把牙刷，一瓶牙膏，一个白底红花的刷牙缸，还有两个厚厚的笔记本。他说：“这些东西送给你到游击队里用，以后要经常给我写信。”

就这样，我和敬爱的陈毅同志分别了。

节选自宋生发：《跟随陈毅同志打游击》，解放军文艺社1960年3月第1版，第2—93页。

宋生发，1907 年生，江西分宜人。1929 年参加中国工农红军，1932 年加入中国共产党。南方三年游击战争时，先后担任李乐天、陈毅同志的警卫员。新中国成立后，曾任江苏扬州军分区副司令员、山东胶州军分区副司令员、司令员等职。1970 年在宜春逝世。

“游击司令”——李乐天

叶树林

红军主力长征以前，我跟随李乐天同志在赣粤边山区打游击。李乐天同志领导的油山游击队，是中央革命根据地边境的一支有名的游击队。这支游击队长期同国民党广东军开展了顽强的斗争，牵制了一部分广东军队对中央革命根据地的侵扰，有力地配合了中央革命根据地的反“围剿”斗争；主力红军长征时，这支游击队积极活动，支援了长征部队突破国民党军设置的第一道封锁线。

1934 年红军主力长征后不久，李乐天同志接到上级指示，离开了赣粤边去接受新的任务。当时我们不知道他到什么地方去，也不知道会不会返回来领导我们坚持革命斗争。生死与共的战斗情谊，多么盼望我们的“游击司令”再回来啊！盼呀，盼呀，这一天终于到来了。12 月初的一天，我们游击队在油山的槽里宿营时，游击队长曾彪同志对大家宣布：告诉同志们一个好消息，李乐天同志率领大部队回油山啦！今天我们就在这里迎接他们。多么振奋人心的消息，我们打扫房子，杀猪做饭，做好各种准备，迎接大部队的到来。傍晚时刻，李乐天同志带领的队伍来到了，李乐天同志离开后，虽说才个把月时间，就像久别重逢一样，握手拥抱，问长问短。在欢迎会上，李乐天说：主力红军长征后，中央革命根据地的主要城镇被国民党军占领了，为了坚持革命斗争，赣南省委根据中共中央分局的指示，决定组建了赣粤边特委和军分区，派出一个营的部队，加强赣粤边区的力量，长期在这里坚持游击战争。我们原在这里坚持斗争的同志和这次新到的部队要互相学习，加强团结。他还向我们一一介绍了特委和军分区的领导，接着，特委副书记杨尚奎同志也讲了话。听了领导同志的讲话,看到这么多部队,大家斗志昂扬，满怀胜利的信心去迎接新的战斗任务。

1935 年 3 月，形势更加严重，在中央革命根据地坚持斗争的部队陆续突围，分散到各地开展游击战争。4 月初，项英、陈毅同志也从雩都县仁风山区突围来到赣粤边的油山。从此，我们这支队伍就在项英、陈毅同志的直接领导下开展活动。项英、陈毅来到以后，即转到大庾县的长岭村，在这里召开了全体干部会议。会后，李乐天同志告诉我们，项英、陈毅同志是我们党和军队的高级干部，他们的水平都很高。会议制定的方针和政策，关系到游击队今后的生存，关系到游击区的巩固。长岭会议的方针最根本的一条就是积蓄力量，保存自己。现在对付我们的国民党广东军队一个军和许多保安团，加上地方反动武装，比我们多几十倍的兵力。在强敌面前，我们不能和敌人硬打硬拼，要避其锋芒，打得赢就打，打不赢就溜，用突然袭击和伏击战等办法和敌人周旋。乐天同志讲的这些办法，是他长期坚持游击战争的经验总结，过去他领导我们就是用这些办法，打了许许多多的漂亮仗，所以能在白色恐怖中求得生存和发展。今后，只要我们认真贯彻长岭会议精神，采取更加灵活机动的战略战术，也一定能打破国民党军队的"清剿"。

5 月下旬的一天，李乐天同志找油山游击队长曾彪同志谈话，两人谈了很久。从曾彪同志的表情中可以看出，他们是在商量重要事情，一定有重大的军事行动。傍晚，曾彪同志率领队伍从油山出发，跳出广东军队的包围圈，夜行百里，直奔南雄县乌迳镇国民党军的据点，击毙靖卫团团总邱光华，缴枪十多支。第二天早上，游击队胜利返回驻地，我们问起昨晚的战斗情景，大家都说曾彪队长有本事。而曾彪却说：是李乐天司令员的神机妙算。

乐天同志既是指挥员，又是战斗员，重大的战斗都亲自参加。有一次，乐天同志随游击小分队到南雄县的孔江一带打土豪，筹集经费，在完成任务返回游击根据地的途中，傍晚，在南雄县的孔坑突然和国民党军遭遇。战斗打响后，有枪声也有炮声，有的同志说遇上了广东军队，有的说是地方反动武装，乐天同志十分肯定地说：是地方民团，人不少，枪不多，还有土炮，民团怕夜战，我们这次的任务是筹款，不和民团纠缠，边打边走，到前面的布庄村吃晚饭，然后返回油山。果然不出乐天所料，我们在消灭了一部分民团后，从容地在布庄村吃了一顿饱餐。大家佩服乐天同志有勇有谋，善于判断敌情，乐天同志则说是归纳同志们的意见得出的结论。

1935 年冬，国民党军加紧了对赣粤边的军事“清剿”和经济封锁。游击队的生活遇到极大的困难。乐天同志通过南雄县地下党的关系，找到南雄县大塘圩的一家裁缝店的胡老板，帮助游击队缝制一批衣服，商定交货以后再付款。这位胡老板说话算数，按时送来了定制的几十套衣服。乐天同志非常高兴，对身边的工作人员讲：这位胡老板不错，对游击队支持很大，我们游击队可不能失信，一定要按时把钱送给胡老板。他对交通员陈妹子说：你这个女交通，前几年你还没有参加游击队的时候，我们游击队的一位筹款员带着一批打土豪得来的光洋，被反动派追到你家，你既掩护了这个游击队员，又保存了这批光洋，蛮机灵。陈妹子听得出来，司令员的表扬，既是鼓励，也是鞭策，连忙说：“司令员，如果你信得过，我去送这批款子，保证完成任务。”乐天同志笑呵呵地说：“信得过，信得过，就劳你的驾！”陈妹子接受任务后，装扮成山里妇女，把二三百个光洋用纸卷成一筒筒，塞进一根毛竹内，乘大塘圩日，赴圩“卖”毛竹，一路通过国民党军设置的关卡，来到胡老板的店内，对胡老板说：“这根竹子卖不掉，到你房内寄放一下。”胡老板拉着陈妹子的手，细声细气地说：“游击队讲信用，说话算数，下次有什么吩咐尽管叫我。”就这样，顺利地完成了任务。乐天同志称赞说：“陈妹子蛮有主意。”

乐天同志对部队的要求非常严格，经常对我们说：敌情严重，环境艰苦，我们都有办法对付，怕就怕我们脱离群众，怕游击队纪律松弛。一次，他发现有个同志在采购蔬菜时，没有付钱，很生气，严厉提出批评，说：我们不是土匪，也不是国民党的军队，而是人民的队伍，人民的部队决不能损害人民的利益，并要这个同志当天付钱给群众，向群众赔礼道歉。一次，他的警卫员刘燕贵因事请假回家，乐天同志说：“应该按时返回，超过了时间我就不客气啰！”刘燕贵笑着说：司令员，如果超过了时间，就枪毙我。乐天同志严肃地指出：明明知道超假是违犯纪律，就不应该这样干。在游击战争环境中，没有严格的纪律，部队就会垮掉。他不但对部队要求严格，而且自己以身作则，对上级指示，认真执行，毫不含糊。北山事件后，部队分散行动，领导分开活动，他根据项英、陈毅同志的指示和特委决定，到信丰县的崇仙和三南地区指导工作，扩大游击区。临行前，他的爱人吴炳秀对他说：“老李，我和你一同去，也可以协助你做点工作。”李乐天同志回答说：“那不行，领导和组织没有决定的事不能干，分配你在那里就在那里，把工作做好，就是对我的支持。”有一次，部队行动路过南雄县的新迳村，我对乐天同志说：司令员，到了你的家乡，应该回家去看看。乐天同志笑着回答：事先没有向组织说明，不能随意行动，这次不回去。

1936 年 1 月，国民党军队对赣粤边游击区实行移民封坑，妄图把游击队冻死、饿死、困死在山上，乐天同志来往于油山和崇仙、三南之间，向项英、陈毅同志汇报情况，传达项英、陈毅和特委关于反对封坑的指示，领导三南游击队和当地群众积极开展反封坑斗争，取得了重大的胜利，但游击队也付出了很大的代价。1936 年 1 月底，乐天同志和随行人员在信丰县的凹背村，被国民党广东军队一个营包围。在突围中，乐天同志腿部受伤，流血不止，他毅然甩开我们，大声命令：你们快走，我来掩护！他举枪击毙了几个追上来的国民党军以后，用最后一颗子弹射向自己，为革命英勇捐躯，时年仅30岁。

我们的好司令李乐天同志为赣粤边人民英勇献身的消息传开后，当地群众冒着生命的危险，连夜隐藏好他的遗体，安葬在南雄县的人子山上，以永远怀念这位人民的英雄，李乐天同志的光辉业绩将长留在赣粤边人民的心中。

1982年3月

选自《南方三年游击战争·赣粤边游击区》，第352—355页。

叶树林，南方三年游击战争时，为油山游击队战士。

三、闽赣边游击区

红军长征以后

袁血卒

（一）

1934 年 10 月，人们永远不会忘记这个 10 月。由于王明“左”倾冒险主义者的错误领导，中央红军未能打破敌人对中央苏区的第五次“围剿”，被迫离开中央苏区，突围转移。

当时，我在红二十四师代理政治部主任。中央决定留下红二十四师在中央苏区坚持斗争，保卫苏区。这样，我也被留在中央苏区了。

红二十四师师长是周建屏，政委黎林。红军主力突围转移后，师长仍然是周建屏，政委由杨英接任，我继续代理政治部主任。全师三个建制团，即七十团、七十一团和七十二团。七十团政委游士雄，七十一团政委姓钟，七十二团政委姓张。这三个团都是大团。每团有三个营，人员是比较充足的。但是，从指挥员到战斗员，大部分是一、三、五、八、九军团留在中央苏区的伤病员，伤愈病好归队补充进来的。因此，战斗力并不强。

主力红军突围转移前夕，中央决定成立中央分局、中央政府办事处和中央军区。中央分局书记项英，中央政府办事处主任陈毅，副主任梁柏台。中央军区司令员和政委都由项英兼任，龚楚任中央军区参谋长（后叛变，很坏）。中央军区政治部主任是贺昌同志。政治部下设组织部，负责人史犹生；宣传部，部长李翔梧；地方游击政治部和破坏部，这两部的工作由我负责（我从红二十四师政治部调中央军区政治部工作）；还设有秘书处，负责人是林中伯。

政治部主任贺昌同志是大革命时期共青团湖北省委书记，在党的第五次代表大会上被选为中央委员，还在党的长江局工作过。到了中央苏区后，他曾任兴国县委书记，把兴国创造成模范县。初见他时，他给人的印象好似个只会板着脸孔、根本不会笑的人。其实，他待人很诚恳。由于操劳过度，营养不足，他的脸色焦黄，显得更严肃。我第一次到政治部开会，只见他躺在椅子上，合着眼像睡熟了。待大家汇报完，他扼要地指出问题的关键,却是那样的深刻而明确。因此,大家都很尊重他。他和陈毅同志的关系很好。陈毅同志的腿在兴国老营盘战斗中负伤，这时还没有完全好。贺昌同志的腿也负了伤。他们俩常在一起。我那时年轻，精力足，便在他们俩中间跑腿，有时给他们弄些吃的。中央军区政治部的一般日常事务工作，也主要是我处理。他们两人待我都很好，常叫我“小袁”，或叫我“丘八”（因为我原来一直在军队工作）。政治队开办了一个游击干部训练班，开始由刘梦槐同志主办。后来他被肃反肃掉了，这个训练班就由我兼管。贺昌、陈毅有时到训练班讲讲课。

（二）

1934 年 9 月下旬,原在东线作战的红九军团撤离长汀南部,往瑞金、会昌方向集结。红二十四师奉令接替，九军团防守阵地，阻击东路敌人前进。10 月间，红二十四师一直在福建与东路敌人作战，掩护主力突围转移。11 月 1 日，敌人占领了长汀县城。11 月 10 日，敌人又占领了瑞金县城。红二十四师这时已撤退至瑞金的九堡一带待机。

敌人占领瑞金城后，趾高气扬，继续向会昌推进。二十四师的指战员们，眼看着“红都”瑞金遭受着敌人的蹂躏，气得直跺脚，纷纷要求狠狠打击敌人，压一压他们的嚣张气焰。根据敌人的行动情况，师部领导进行了讨论，意见是一致的，都主张打一个伏击战。项英也极力主张打一个大胜仗。根据侦察，我们获悉进攻会昌的敌人是东路第三师，师长李玉堂。在 9 月初的温坊战斗中，我们二十四师配合红一军团，曾痛击该敌，歼灭其第八旅两个团，俘虏近 2000 人。温坊战斗后，该师撤至后方进行补充整顿。现在，敌东路司令蒋鼎文又将它调来进攻会昌。11 月 22 日，李玉堂这个红军手下的败将、红二十四师的老对手，率领全师由瑞金向会昌推进。军区命令二十四师赶到谢坊附近的湾塘岗埋伏。湾塘岗距会昌县城 20 里，其右侧是起伏的山岗，左侧是瑞金河，中间一条大道直通会昌城，是设伏的理想战场。中央军区命令二十四师三个团埋伏在湾塘岗右侧山丘后面，命福建独立团在瑞金河左岸阻击敌人前进。敌全师三个旅分成三个梯队，各相距十余里沿大路前进，同时派有一个营沿瑞金河左侧与主力平行前进，以作掩护。中午时分，敌先头旅大摇大摆地进入红军埋伏圈。二十四师师长周建屏一声令下，全师指战员朝敌人猛扑过去。敌人遭此突然袭击，顿时晕头转向，不到半个钟头，敌人一个旅便被歼一半。但是，由于红军兵力不足，福建独立团又未能及时赶到指定地点，加上周建屏未等敌人全部进入伏击圈，就下令部队突击，结果将歼灭战打成了击溃战。这次战斗虽然我们胜利了，但严格说来不能算是大胜利，因为本来可以消灭更多的敌人。战斗结束后，中央分局给中央发了电报，说是打了一个大胜仗，消灭敌人一个师，《红色中华》报也发了消息。我在这次战斗中负责收容俘虏，原来准备大量俘获敌人，因为打成了击溃战，俘敌不多，只缴获许多骡马牲口。

“谢坊战斗”后，还有一个“洋陂战斗”。这次战斗也是二十四师打的，没有打好。这次战斗我没有参加。

自“谢坊战斗”后，敌人发现我中央苏区仍然留有主力红军，便不再像原来那样长驱直入，而是一方面加紧构筑堡垒封锁线，对中央苏区实行分割包围，同时寻找红二十四师决战。这样，形势越来越紧张。

在这种情况下，中央分局开了一次会议。这次会议我没有参加，但是当时听到一点情况，知道会上有两种意见。一种意见是以项英同志为代表。他认为主力红军突围到湖南后，必定会打几个大胜仗，那时“围剿”中央苏区的敌人就会撤退，中央苏区就可恢复，因而主张在中央苏区坚持斗争，保卫苏区，等待主力回师反攻。另一种是以陈毅同志为代表的，他认为敌人对中央苏区重重包围，我们要面对现实，转变战略思想，分散打游击，保存有生力量，保存骨干，待机而动。当时我们都认为陈毅同志的意见是对的。贺昌同志也支持陈毅同志的意见。

大约在 1934 年 12 月中下旬或 1935 年 1 月上旬，中央分局又开了一次会议。这次会议我参加了，但我不是以分局委员的身份，我是政治部工作人员，有工作任务要我承担，就是决定我兼任地方游击政治部工作。这次会议是陈潭秋同志主持的，陈毅同志作中心发言，主要内容是开展群众游击战争问题。会议结束时，陈潭秋同志征询瞿秋白同志的意见，瞿秋白同志说没有意见了。这次会议召开前后，中央军区政治部经过部务会讨论，连续发出了几个文件。一个是《中共中央给中央分局训令的讨论提纲》；一个是《节省子弹和收集子弹壳》的“五分钟报告大纲”和为此发出的《通令》；一个是政治课教材《巩固我们的部队》。这几个文件都是由贺昌同志和李翔梧同志起草的。他们俩天天工作到深夜，眼睛熬得血红血红，真够辛苦。我这个壮小伙子，就给他们端水、搞夜饭。那时也没有什么好吃的，有时能搞一点牛肉就是最好的了。

根据中央分局会议决定，中央军区政治部开展了广泛的宣传动员工作，要求广大军民做好充分思想准备，广泛开展群众游击战争。

一天早晨，还不到 6 点钟，起草动员报告奋战了一个通宵的贺昌同志，就来到我面前，对我说：“剧团的小孩子们太天真了，整天‘胜利的号炮’（歌词中的一句重句）。你去告诉他们，中央苏区的形势是紧张的，任务是艰巨的，过分乐观的宣传脱离实际，没有好处。告诉他们，要准备吃苦，准备爬山，准备背包袱打仗……”确实，主力红军离开中央苏区突围转移时，王明“左”倾冒险主义领导者对红军的战略大转移实行严格保密，根本没有在苏区军民中进行思想动员。因此，在苏维埃政权下生活和战斗的人们，满以为红军出征，也不过跟往常一样，一个月或两个月，打了胜仗，带着缴获的武器和俘虏，胜利归来，开个祝捷大会，大家欢欢喜喜。工农剧社天真的演员们，为此正努力创作，排演，操琴，练歌，准备胜利后的演出。他们还不知道当时形势的紧张和严重。

剧团和政治部各住一个小山头。如果吹一声哨子，他们都可以听到，但如果要往返一次，最少要费几个钟头。贺昌同志将这任务分配给我，也有关怀我的意思，他知道我爱人在剧团工作。我遵照贺昌同志的吩咐来到剧团，传达了贺昌同志的指示。同时，我也见到了在剧团工作的爱人。

我还奉命到医院去动员伤病员疏散转移。红军主力离开中央苏区时，留下了约7000名伤病员，经过治疗，有一半左右出了院，补充到了红二十四师和各独立团，剩下几千名。由于环境险恶，形势严重，这些伤病员不能集中在医院里，需要疏散到群众家中去，有些还要转移到外地隐蔽。为此，中央军区政治部和卫生部制订了疏散方案，还逐个地确定了伤病员中一些负责干部的疏散名单。我去动员的医院，驻在一个三合院的龙王庙里，有四五百个床位，几百名伤病员在这里治疗休养。为了配合动员疏散，工农剧社的同志也来了。演出之前，我传达了疏散的政治动员报告。不一会儿，伤病员们要我转交给政治部的意见就有几百件，有毛笔写的，有钢笔写的，大部分是铅笔写的。有的简单介绍了战斗经历，有的在一张纸上写着“立即上前线，保卫苏维埃政权”两行大字，下面签上许多名，盖上手印。连躺在床上的重伤病员也表示：“死也不离开部队！”这许多意见，表示一个共同的意志：为红色政权战斗到底！可是，这个神圣的意志，与残废的、不健康的身体相矛盾，与严重的客观形势相矛盾，也直接与我来医院的任务相矛盾。我想，这些伤病员都是忠于共产主义事业的，只要将道理说清，能够做通工作。于是，我首先找到周副团长，把政治部决定的疏散名单给他看（疏散名单中包括医院的院长和政委，周副团长排在第三名），动员他带头服从党的决定，并且一起说服别的同志。经过反复动员，周副团长的思想通了。就这样，整个医院的伤病员迅速疏散到了老百姓家中，有些则动员回到了他们自己的家乡。

这期间，中央政府办事处秘书长谢然之叛变了。谢然之原是中央政府的秘书长。主力红军突围转移后，又任中央政府办事处的秘书长。他有病，被安排在瑞金农村养病。后来他就叛变了，还发表了反党的宣言。谢然之叛变后，贺昌同志要李翔梧写一篇社论，在《红色中华》报上发表。李翔梧奋笔疾书，写了《给叛徒们以无情的打击》。《红色中华》报为此发了专版。我也在以后的回忆文章中这样写道："……比粪臭，比蛆脏，比狼狠，比蛇毒，真正的两脚兽，那就是共产主义的叛徒……"

（三）

1935 年 2 月上旬，中央书记处给中央分局拍来电报，指示要改变斗争方式，化整为零，分散队伍，分散机关，开展群众性的游击战争。中央分局接到电报后，立即在驻地井塘村召开会议，进行讨论。这次会议，分局大部分领导同志都参加了，项英、陈毅、贺昌、陈潭秋、何叔衡、谭震林、毛泽覃、邓子恢、汪金祥、李才莲都在。会议主要是研究部署突围，将中央分局、办事处和军区人员，疏散到各地去打游击。

分局紧急会议后，在分局机关驻地，由工农剧社的"火星"、"战号"、"红旗"三个剧团，举行了一次规模盛大的文艺会演。会演在晚上进行，戏台搭在一个山窝里，用松柴点火照明。分局和办事处领导同志都观看了演出。演出的节目中，有《牺牲》、《王大嫂》等。《王大嫂》这个剧本，是石联星同志写的，我给她修改了。石联星同志说是我写的，她这是谦虚。

这次会演后，机关人员开始分头疏散到各地打游击。因为教育部艺术局局长赵品山、工农剧社的石联星和其他演员同志，都被安排到赣南军区打游击，因此，我便到赣南军区驻地黎板桥去，与赣南军区政治部主任刘伯坚同志进行具体安排。黎板桥是当时赣南省的一个比较大的圩镇，也是中央苏区剩下的最后一个比较大的圩镇。省、县领导机关都驻在这里，我骑着一匹骡子往黎板桥走去，沿途看到的是一派紧张的游击战争的气氛。背枪的、拿梭镖的、挑担的大人、小孩们，在大路小路上穿梭般的匆匆来去。人们的表情是严肃的，又是镇静的。这一切都表明，在战火中生活的苏区人民，经受得住任何严峻的考验。

赣南军区政治部驻地在离圩镇几里路的一个村子里。我来到军区政治部办公的地方，刘主任很热情地招呼着我："好快呀，刚听说你们要来，你马上就来了。"不等我开口，他又说："中央军区政治部的动员报告和贺主任的指示，我们已经照着执行了。我觉得还应加上一条群众性的对敌宣传。"我坐到刘伯坚同志面前，好像有许多话要说，但一时又说不出来。我和刘伯坚同志早就相识。我们谈完了工农剧社演员的疏散问题后，刘主任关切地询问贺昌同志的伤腿好了没有？我说："还是那样，一颠一跛，看来走路是有困难。"刘主任很为贺昌同志担心。我提出想为贺昌同志选一匹好骡子，刘主任满口答应，说他们有好几匹，让我挑。于是，我挑选了一匹较好的，告别刘伯坚同志，回到了中央军区政治部驻地。

（四）

1935 年 2 月下旬，形势紧张到了极点。根据中央的指示和中央分局的部署，留在中央苏区的部队和机关人员，陆续出发，分头突围。

当时，龚楚、史犹生和石衡中率七十一团到湘南去打游击；李天柱、孙发力带七十二团的大部分，往闽粤赣边打游击。毛泽覃、张凯等同志，都分别带了部队去闽赣边开展游击战争。

3 月上旬，各路突围部队都走了，最后剩下项英、陈毅、贺昌同志率领的红二十四师七十团和中央军区直属队。他们根据中央的指示，率部穿过会昌封锁线，往福建长汀地区突围。突围前，对部队进行了整编，共编为四个大队（红七十团番号同时取消）。贺昌、周建屏、杨英、郭如岳等编在第三大队。我和李翔梧等编为第四大队，我任大队政委。我们大队的任务是掩护其他大队突围。项英、陈毅等携带电台，分别编在另外两个大队。这是中央苏区战斗到最后的全部"财产"。

突围前夕，陈毅同志打算加强我们的队伍，将会昌独立营也归我指挥。一天，陈毅同志找到我，说："老袁，广东敌人经常到小溪一带来骚扰，气焰嚣张，你看打它一家伙，行不行？"我说："行！"我率部队来到小溪，准备在拂晓前给敌人一个痛击，打了后马上往回撤。天亮前，战斗正准备打响，项英就通知我们说不要打。于是，我们只好将部队撤回到原阵地的一座高山上。

在这座高山一间老百姓用来放香菇的破烂棚子里，贺昌同志向我们布置了突围的任务，作了突围的动员。当时，我们突围的方向和路线，是经乱石圩（原属会昌县，1934 年春后属苏区登贤县，现属于都县），渡过安远河（濂江），越过会昌的天门嶂山脉，到福建长汀地区去。军区给我们分发了到白区去的活动经费——白洋和钞票。贺昌同志扶着他那残废的右腿，翘在长凳上，向大家说："同志们！主力红军已经胜利地进入贵州的第二个大城市，并在那里召开了政治局扩大会议，批评了中央在五次反'围剿'中的错误，并给了我们今后斗争的指示。现在，我们是在敌人重重包围之中，弹缺粮缺，特别在这深山之中，孤军作战，形势是严重的。这是考验每个共产党员，尤其是干部对党对人民忠心的时候，也是考验每个同志对共产主义事业忠心的时候……”

3 月 9 日下午 3 时许，突围开始了。贺昌、周建屏、杨英等所在的第三大队，先行从上坪山区出发。我和李翔梧带领第四大队随后跟进。我们的任务是抢渡安远河，然后占领会昌天门嶂山，掩护第三大队和项英、陈毅等同志突围。我们出发时，项英正在向中央发电报。当天晚上，我们安全渡过了安远河，到达天门嶂。我们过河后，由于当地的“铲共团”报告，敌人已发觉我们的突围行动，当晚从仁风开来一个团，将安远河封锁了。这时，天下大雨，河水猛涨。项英、陈毅他们没有追上我们，被阻在河西。我们在天门嶂停留了一阵，但一直没有同项英、陈毅他们联系上。

在天门嶂山上，我们受到敌人包围合击。战斗打得很激烈，部队全被打散了。贺昌同志在晓龙的归庄被敌人包围。他负了伤，誓死不当俘虏，用手枪做了壮烈的自我牺牲。周建屏、杨英等同志不知去向，其他大部分同志牺牲了，最后剩下我和李翔梧、何侠（即周子桢）、陈松林、廖得标、唐继章和钟伟生七人。我们七人藏在水沟的深处，敌人就在附近搜索，他们说话的声音听得清清楚楚。李翔梧说：“每个人都顶上子弹，准备万一。”我补充说：“如果被敌人发觉，就一齐冲出去。打死一个够本，打死两个赚一个！”就这样，我们在水沟中从天亮坚持到天黑。当晚，我们踏着月光，顺山沟摸着前进。这时，白军和“铲共团”在大路小路都布满岗哨。我们几个人研究了一下，商量了三条办法：一是与闽西红军取得联系；二是返过安远河，找中央分局的领导机关；三是万不得已时，到上海找党的关系。为了避开敌人，我们专找没有路的地方走。已经一天一夜没有吃东西了，肚子饿得很。两个小同志饿得走不动了。我们只好冒险向一幢残破的屋子里摸去。幸运得很，找到了一些充饥的食物。就这样，我们白天在山上隐蔽，晚上摸着向前走。摸呀摸，一次，摸进敌人哨所，敌兵鬼叫一声，我们马上缩回来绕道走了。又一次，陈松林同志走前面，摸进敌人的驻地，被敌人抓住牺牲了。

敌人更残暴了，漫山遍野放起火来。我们分析了情况，决定到上海去。于是，我们又冒着春雨摸黑前进。由于过分疲劳和紧张，我们都想休息一下再走。顺着山脚走了一段路，看见路边有一间标准的江西式的房子，房子有两层，上层是搁东西的楼房，低矮得进出都要低头，下层好像长期没人住过，我们关着门，烧火烤衣服。天快亮了，我们爬上楼去，准备歇到天黑再上路。

大约上午 9 点钟，雨过天晴，太阳出来了。但是，我们已被敌人发现，被 200 多“铲共团”包围了。敌人嚣张得很，号叫着要我们“缴枪”。是时候了，犹豫就等于死亡！我向廖得标同志，也是向大家说：“为了革命，冲吧！”廖同志第一个冲下去，放了一梭子弹。他背心中了一弹，仆倒在地上。唐继章同志向敌群投掷了一颗手榴弹。我放了半梭子弹，冲了下去。李翔梧也冲下去，接着都冲下去了，一直向对山冲过去。何侠、唐继章、钟伟生等冲到对山的棱线上，我也赶上了，李翔梧却负了伤。这里地势较高，我们停下来，掩护李翔梧同志的到来。李翔梧同志勉强跑到山脚下，大声喊道：“为革命流最后一滴血，同志们，前进吧！”他就这样在伤势沉重的情况下，举起手枪，自我牺牲了。他的鲜血，在我们心中留下沉痛的记忆。

包围我们的是广东敌人。他们兵力众多，企图将我们搜捕干净，彻底消灭。为了避开敌人，我们既不能走大路，也不能走小路，专门走那些深山老林。没有向导，没有指北针，只好在朦胧的月色下，大体估计着方向，向南走去，因为南方敌人较少，到海边乘船去上海较方便。一路上，我们忍着寒冷，忍着饥饿，爬过敌人放火烧过的山岭，钻过敌人设置的鹿寨和铁丝网，蹚过冰凉的河水，衣裳被撕烂了，手脚也被挂破了，脸上也有条条伤痕。何侠同志的脚被竹签戳穿，拄着半截树枝一拐一拐的。这样昼伏夜行，整整经过 15 天，终于走出�门岭，来到广东梅县的衢潭圩。天大明了，相互一看，只见每个人闪着一双通红的大眼睛，衣衫褴褛，骨瘦如柴，脸黑得像挖煤的炭古佬一样。大家不禁笑了起来。我们这四个人（我和何侠、唐继章、钟伟生）经过千辛万苦，终于胜利地突出敌人的重围，于 1935 年 3 月 31 日早晨到了上海。后来，我们接上了组织关系，在严重的白色恐怖下又继续战斗了。

选自中共中央党史资料征集委员会编：《中共党史资料》第22辑，中共党史资料出版社1987年6月第1版，第131—144页。

袁血卒，原名袁汉澄，1908 年生，陕西宁陕人。1926 年参加革命，1927 年加入中国共产党，1931 年宁都起义领导人之一。南方三年游击战争时，任红二十四师代理政治部主任，中央军区政治部地方游击政治部和破坏部负责人、中央军区红军第四大队政治委员。新中国成立后，曾任西南军区教导总队总队长兼政治委员、解放军总后勤部干部学校校长、国家民政部副部长、第六届全国政协委员等职。2004 年在北京逝世。

血洒铜钵山区

——关于中共瑞西特委的一些情况①

钟民

主力红军在 1934 年 10 月出动长征后，中央苏区留下项英等同志组织了中央分局，主力红军则留下二十四师。

敌人知道主力红军出动后，很快侵占中央基本苏区，占领博生、石城、兴国、汀州，11 月占领了瑞金、会昌、于都。这样把所有的县城都占领了。我们的部队转入到了乡村。但是，敌人占领城市后，就建立封锁线，把我们根据地割作几块，进行分区“搜剿”；同时，建立反动武装，恢复豪绅地主的反动政权，残酷屠杀革命的工农群众，帮助地主豪绅收回土地。

1934 年 12 月成立瑞金特委②，领导西江、瑞西等县坚持斗争。中央分局把闽赣省委书记赖昌祚同志调来任瑞金特委书记，同时组织军区，刘连标同志任司令，杨世珠同志任主席兼政委，钟天禧同志任保卫局长，钟德胜任团特委书记。

当时在瑞金特委领导下的地方武装，每县有一个独立营，共 1000

① 本文录自《瑞金党的斗争简史》中的一部分。这份材料是陈奇涵同志于1959年转交给中共江西省委党史研究室的。材料未署名，作者系钟民（钟德胜）同志，写于延安整风期间。题目为编者所加。个别地方标点符号和文字有修订。

② 项英在1937年12月7日所作《三年来坚持的游击战争》报告中称为“瑞西特委”。

多人。每个区有区游击队，每队有 100 人左右。当时还有中央局领导下的二十四师，也还在瑞金地区活动。

1935 年春，敌人集中很大的兵力（六个师）来“围剿”我们。当时情况很严重，中央分局领导二十四师突围到敌人后面活动，但在突围时就被损失了。

留下瑞金特委坚持杨坝山①的游击战争。敌人集中三个师的兵力来“搜剿”杨坝山。当时特委决定暂时突围到安治前地区活动，以后再转移到杨坝山；决定把独立营和保卫队侦察连编成三个大队分三路突围。刘司令带三大队。独立营部带一大队。党团特委带二大队，钟德胜兼政委。突围到安治前会合时，第三大队全部被损失了，刘司令牺牲了，杨世珠投降敌人了。第一大队损失一部分。第二大队安全到达安治前。这时李才莲同志受中央分局委派到闽赣省去，当时情况变化了，找不到闽赣省委了，随我们一起行动。

敌人在杨坝山杀了许多残废②和难民及工农群众后，又集中兵力来“围剿”安治前。于是，决定钟德胜和钟天禧同志带二大队先转移到杨坝山去恢复工作，赖昌祚同志带一大队暂时在观音崃活动。但是，我们到杨坝山后，敌人把杨坝山的小村子集中到大村子，以地主豪绅为骨干，组织了反动武装。因此，我们到杨坝山后活动是很困难的，要作一顿饭吃都要打开一个村子，才能做成。

敌人知道我们到了杨坝山，又集中兵力来“搜剿”。当时，我们看到这种情况，知道要在杨坝山坚持是很困难的，如果我们不马上离开杨坝山转移到别的地区去活动，就有被消灭的可能。我与天禧同志便决定转移到大柏地一带活动。我们转移时被敌人发觉，敌人以两个团来包围我们。这时大队长投敌了。我们同敌人血战三个钟头，钟天禧同志牺牲

① 杨坝山又名铜钵山，在今瑞金县西部，与于都县接壤。

② 红军主力长征出发时，留下一批伤病员在中央苏区，其中一部分疏散隐蔽在铜钵山区。

了，部队伤亡很大，只留下 30 余人，由我带领突围出来到罗汉岩活动。

赖昌祚、李才莲二同志都被敌人包围，营政委朱位莫投敌，部队被消灭了，以后赖昌祚、李才莲同志又牺牲了。

中央基本苏区的部队，除闽赣军区一小部分部队跑到闽西与张、邓会合，赣南省委少数干部和项英、陈毅等同志突围到大余坚持游击战争外，江西、赣南、闽赣、福建等军区都在 1935 年春被损失了。

钟德胜领导的部队经过 1935 年春血的教训，才转变以前硬打硬拼的战术，即没有建立根据地的教训，开始在江西福建边界观音崃、黄竹岭、石城、博生县边界大柏地、罗汉岩等地建立立足地①。

选自中共江西省委党史资料征集委员会、中共江西省委党史研究室编：《江西党史资料》第2辑，1987年7月编印，第204—206页。

钟民，原名钟德胜，1911 年生，江西瑞金人。1930 年加入中国共产主义青年团，同年参加中国工农红军，1931 年转为中国共产党党员。南方三年游击战争时，任少共瑞西特委书记、中共汀（州）瑞（金）特委委员、瑞金游击队负责人等职。新中国成立后，曾任中共赣西南区委委员，江西省赣西南区行政公署副主任兼财政经济委员会主任，中共赣南区委第二书记、赣南行署主任、中共江西省委委员等职。1954 年在杭州逝世。

① 1937年冬，钟德胜同志领导的红军汀瑞边游击队，奉命改编到新四军二支队，并于1938年春开赴抗日前线。

难忘的岁月与血的教训

——忆三年游击战争初期的福建省委、军区活动

温必权

1934 年 10 月上旬，中央红军和江西、福建军区领导的地方武装、独立师、团，坚持了整整一年的第五次反“围剿”战争，最后遭受失败。红一方面军撤离中央革命根据地，进行战略转移。福建军区领导的独立师、团，奉命留守中央根据地，在闽赣边领导开展游击战争。

中共福建省委书记刘少奇也奉命随主力红军转移，省委书记由福建军区政委万永诚担任。在转移前夕，刘少奇对省委工作作了部署，强调：加强领导，准备在被敌人切断联系后，能独立作战；加强对地方武装的领导，广泛开展游击战争；加紧粮食的储运，发动群众参加游击战争。为了适应游击战争，决定精简机构，省委、省苏维埃政府、军区及直属机关联合办公，由省委书记兼军区政委万永诚负全责。

万永诚，江西吉安人，刨烟工人出生，毕业于红军学校，身材魁梧，直人快语，坚决执行上级命令，抗御敌人。红九军团转移后，他指挥红二十四师、军区十九、二十团在松毛岭、南山坝、河田、白叶岭等地阻击敌人，确保了长汀县城在 10 月底之前未陷于敌手和主力红军的胜利转移。

省委为了全面展开游击战争，全力扩充武装，实行战时军事编制，

从各县独立营抽调部分人员到军区十九、二十团，各县成立游击司令部，我兼任长汀县游击司令部司令员，张洪恭任政委；赖观正任汀东县游击司令部司令员，政委俞志平；兆征县游击司令部司令员邱轩勋，政委 ×××，政治部主任赖荣光；汀西县游击司令部司令员卢凤鸣，政委曾洪辉。新杭、武平两县也成立了游击司令部。各县游击司令部都编有三个游击大队，有二三百人，他们都分散在各地开展游击战争。

这时，国民党集中了第三师、九师、十师、三十六师、五十三师、七十五师、八十师、八十三师等八个正规师，采用边开公路，边筑碉堡，步步为营地向我苏区进攻。在敌强我弱的情况下，长汀县城于 11 月 1 日，被国民党军占领。

10 月下旬，福建省委、省苏维埃政府、军区，从长汀县城先后迁至梁屋头、东陂岗、四都。

四都，与江西瑞金、会昌毗邻，是一个群山环抱的山村集镇，约有 200 多户人家，粮食自给有余。并与素称“粮仓小长汀”——濯田区相连接。早在 1929 年 3 月，红四军首次入闽时，就在这里播下了革命火种。1930 年 3 月 18 日，四都暴动成功，组建了汀西游击队，成立了四都区苏维埃政府，开始了轰轰烈烈的土地革命斗争，人民群众当了家，做了主人。因此，省级机关迁至四都，不但有供给的条件，而且有很好的群众基础。在这里坚持游击战争，进可攻，退可守。

年底，省级机关和军区十九、二十团、兵工厂、红军医院、被服厂等共 4000 余人迁至四都。在四都区苏维埃政府的领导下，群众非常热情，帮助解决困难，把粮食卖给红军吃，住房让给红军住，还组织人员到外地为红军采买粮食、日常用品等，使四都成了游击战争的大后方。

1935 年 1 月，国民党反动派对我红军游击队发动了第一次大“清剿”，采用“以十换一就是胜利”的作战办法，向四都进攻。开始，军区十九、二十团还打了一些胜仗，消灭了不少敌人，后来暴露了我们的实力和目标，国民党便疯狂地组织第八、九、十、三十六师包围四都，企图把红军游击队困死在四都。

这时，张鼎丞、温仰春等人来到四都。按项英的指示，万永诚同意张鼎丞回杭、永、岩领导游击战争。但没给武装，而张鼎丞、温仰春、刘永生、范乐春、陈茂辉等迅速离开了四都，在杭、永边建立了游击根据地。

面对敌人的“清剿”，万永诚仍然坚持“保卫四都，等待主力回头”的方针，继续与敌人拼消耗。因此，2 月份四都丢失了，人员减少到 1000 余人。1000 多名战友为革命牺牲了，其中，闽西革命根据地创始人之一阮山、陆定一的爱人唐义贞（中央卫生材料厂厂长）等也被国民党杀害。

3 月初，省级机关先后转移到谢坊、琉璃、汤屋、小金、乌泥一带。在琉璃村，毛泽覃主持办了一期“白区工作训练班”，并计划派出部分人员深入敌后开展地下活动。毛泽覃、罗化成又向省委提出建议：“放弃四都地带，将部队编成几个支队，四处分散袭击敌人。”但是又被万永诚拒绝，仍然死守四都。

3 月中旬，省级机关、军区十九、二十团仅剩五六百人。同时，省委与上级组织失去了联系，万永诚才组织召开军事会议，共同商讨军事行动。决定兵工厂、被服厂、红军医院的人员和器械化整为零，机关人员和部队再次实行战时编制，组成三支游击队，每队 100 余人。第一支队由龙腾云任队长，第二支队由罗化成任队长，第三支队由毛泽覃任队长，计划向闽粤边的永定方向突围，试图与张鼎丞带领的游击队会合。

但是这个会议开得太迟了，这时游击队已陷入国民党军的重重包围之中。几次突围，人员伤亡惨重，留在深山老林的伤病员都因无法医治而死亡，已进入弹尽粮绝的境地。到 4 月初游击队仅剩下 100 余人。9 日，在长汀腊口的分水坳再一次被包围。在分散突围中，万永诚、龙腾云率领部分游击队向武平方向突围；毛泽覃带一部分游击队向会昌方向突围；吴必先率一部分游击队向长汀濯田方向突围。为了保存党的机密，万永诚又命令各人所带的枪支、材料、印章等都必须埋藏，剩余的钱全部发给每个指战员。如果突围分散成功后，各自再组织游击队，要相信红军一定会回来。

4 月 10 日，万永诚率领五六十人，突围来到武平县大禾区梅子坝大山中。由于连续几天大家粒米未进，饥肠咕咕，无法行走，万永诚已全身浮肿，由两位战士架着走，也无法支撑。因此，计划隐蔽山中，派出人员下山寻找食物。在战士们急切的等待下山人员回来时，搜山的国民党部队又包围上来了。这时，万永诚虽然病重，仍然坚持指挥游击队突围。由于战士们不忍心丢下万书记，而迟迟不肯分散突围。当敌人包围快到眼前时，万永诚为了不连累大家和自已免遭落入敌手，决然拔出手枪饮弹自尽，献出了宝贵的生命。司令员龙腾云、团长吴楚云和大部分游击队员在突围中壮烈牺牲。

毛泽覃带领的游击队转移到江西会昌田心附近，遭国民党军包围，在突围中 40 余名游击队员光荣牺牲，最后只剩十几人，转移到瑞金县安治黄鳝口，又被国民党军二十四师一团兵包围，在突围战斗中毛泽覃壮烈牺牲。

吴必先、罗化成带领的游击队突围后，来到长汀县濯田乡园当的鸡冠山。经数天休整，准备向江西会昌转移，在途中遇敌，全部被俘，押解至瑞金。吴必先因被叛徒出卖，暴露身份后，被押往九江，不久被国民党枪杀。罗化成、梁国斌等人在押回长汀途中的山箭脑，借口大便之机，滚下山崖，两人逃脱敌手。

至此，福建省委、省苏维埃政府、军区组建的游击队，在敌强我弱的形势下，加上万永诚没有及时地组织分散游击，导致在闽赣边坚持游击战争半年之久后而遭受失利。

我原是福建省苏维埃政府副主席兼福建军区武装动员部长，本是四都人，目睹游击队损失严重，无数革命战友献身在国民党的刀枪下，心里非常痛心。现在回忆起来历历在目，确实终生难忘。当然，战友们的鲜血没有白流，在毛泽东的正确路线指引下，中国革命取得了胜利。我这个幸存者已是心安理得，望九泉的战友安息吧!

选自《南方游击战争·闽赣边游击区闽中游击区》，第244—247页。

温必权，福建长汀人。1927年参加革命，1930年加入中国共产党，曾任福建省苏维埃政府副主席。南方三年游击战争时，任长汀县游击司令部司令员，后先后编入新汀游击队、汀西游击队、汀瑞游击队等，最后转入地下工作。新中国成立后，曾任长汀县人民政府四都工作团主任。

三年游击战争是怎样坚持的[①]

胡荣佳

1934 年 8 月，我在中央苏区瑞金马列学校学习结束后回到了瑞金县委，开始在合龙区和官仓区帮助建立游击队。9 月底返回县委，负责同志介绍情况说：国民党军即将进攻长汀城（距瑞金城 80 华里），上级估计国民党军也很快要进攻瑞金城，县级机关准备向九堡方向转移。县委要我到桃阳区委，除传达县委的指示并帮助工作外，顺便回家关照一下母亲及家里。

9 月底，瑞金县桃阳区成立了游击大队，杨正辉为大队长，区委书记林光祚兼任政委，刘步权为参谋长，下分三个中队，共有 140 多人。我到桃阳区时，国民党军已进占瑞金县城。在这种情况下，该区委请示并得到县委的同意，把我留在桃阳区担任游击大队司令员，指挥区乡游击队（主要是区）的游击活动。

为了便于坚持同敌人展开广泛的游击战争，11 月间，上级指示江西省瑞金县桃阳区划归福建省兆征县管辖，与兆征县古城区合并为桃古区，并成立桃古区委和区游击大队，我任副书记兼司令员，彭胜标任书记兼政委，大队长林太福，参谋长刘步权，分四个中队，共 300 余人。

① 此文是编者根据胡荣佳所写《自传》、《被捕经过详情报告》（1945年10月）和《三年游击战争是怎样坚持的》（1960年11月，原载《赣南区革命斗争回忆录》）等整理而成的。

这样，桃古区游击队活动在汀瑞边地区，开展了艰苦的游击战争。

一、克服一切困难，坚持斗争到底

三年游击战争的斗争，是非常残酷和艰苦的。特别是1935年的上半年，国民党军进占中央苏区各县城后，一方面到处建立保甲制度，组织保甲自卫队等反动地方武装，修起炮楼防备红军游击队的进击，同时到处捉人和没收红军家属及在外干部的家产等，搞得家破人亡，暗无天日；另一方面，国民党军把重要的山头、要隘都修筑起碉堡、篱笆，架起电话，重兵把守，层层封锁。同时，在地方保安团队和区乡保甲自卫队等反动武装配合下，连续几个月每天到山上“清剿”，一天有时好几次，好像倒竹麻似的，从山顶到山窝，或者从山窝到山顶，漫山遍野地“搜剿”并进行跟踪追击。还到处放火烧山，把能烧起的山都放火烧毁，把山里的房子和纸槽几乎都烧光，把老百姓全部押到较大的村庄去住，即采取移民并村的办法，弄得汀瑞交界山区周围好几十里无人烟，企图用上述种种残酷办法，来达到完全消灭我红军游击队之目的。

我们这支游击队，是由赤卫军、区乡干部和男女青壮年组织起来的，武器除少数步枪和很少的子弹外，多数都是梭镖、大刀、火药枪和土造的马尾手榴弹等。说到打游击，从未干过，毫无作战经验，因此，在国民党军大规模的残酷跟踪“清剿”中，开始吃了些亏，除少数叛变的外，主要是被追散后找不到队伍，被国民党军俘去一些，也牺牲了一些同志。如1935年2月间，我们桃古区游击队从岑背山转移到猪子崃。不久，由于缺乏游击斗争经验和思想上的麻痹，在突遭国民党军的“清剿”袭击下，牺牲了七八个同志，大部分人员被冲散，队伍集中起来只剩100多人。最后，我们这支游击队只剩下几十人。但在这种极端艰难困苦的情况下，我们决心克服一切困难，坚持斗争到底。

为了保存自己的有生力量，坚持斗争取得最后胜利，我们特别注意在与国民党军“清剿”的斗争中吸取教训，总结经验，后来摸索了一套行之有效的办法。如：在白天隐蔽时，我们不说话，必要时亦非常小声地说；不咳嗽，万一要咳嗽时，嘴靠地上，或用手把嘴捂紧，不让咳出声音，不使国民党军发现我们。在行动或转移时，尽量分散，特别注意和伪装好行踪，不走大路或不走道路，使其无法跟踪我们。每到达隐蔽目的地时，都规定并宣布下次的第二个集中地点及联络方法、记号，以备在被国民党军袭击追散后集合和联系。在国民党军找上的时候，我们采取“一打二走”的办法，口号是：人不死，枪不丢。

三年游击战争时期，最大的困难，就是有时几天没有米吃，我们就找野菜（如白萝菜、野芋苗、野芹菜等）、采野果子（如树上的青果）、挖竹笋、捡山菇，用旧口盅、脸盆等煮来当饭吃，只能在夜晚或大雾天才可烧火，否则就会暴露目标。因此，在肚子饿得难受时，吃生的或喝冷水充饥。冬天没有棉衣和棉被，就烤火过夜，一夜过后每人都弄得像灰人似的。另外，就是没有房子住，白天黑夜都在山中树林里，天不下雨时在地面上睡一睡，下雨时就靠在树兜下坐一坐，有时用蓑衣或树叶、树皮等垫睡，后来条件许可时在山上搭小棚子住，如被国民党军发现或烧掉了，就另找地方再搭新棚，直到 1937 年 10 月间同国民党地方当局进行和平谈判时为止。

1935 年上半年，由于整天在山上穿来走去，脚上没有绑带，加上没有热水洗脚，有时用冷水洗脚也困难，因此烂脚的人特别多。开始时还可用保存的一些药品、纱布等，但是到后来没有药品了，只好找些山上的草药敷治。因没有热水等消毒，有的人脚上烂得连骨头都能看得见，要扶着树棍才能行走，晚上转移地方或碰上国民党军时，就用手爬着走，或者从山上往山下滚。

在上述极端艰难困苦的情况下，虽然斗争生活非常紧张、危险，但我们的精神是愉快的，坚持的决心大，胜利的信心足。这主要来自两个方面：一是为了恢复苏维埃政权，夺取土地革命的胜利果实，不愿受国民党反动统治和豪绅地主的剥削与压迫，誓死坚持斗争；二是坚信在共产党领导下的工农红军一定不会失败，红军主力部队一定会胜利地打回中央苏区来。大家常把俗话说：“落多阵雨定有大天晴，上多高山定有平路行。”

二、依靠群众，积极打击消灭保甲武装，粉碎国民党军的“清剿”

三年游击战争期间，我们不但注意保存自己的力量，而且还利用有利时机打击国民党地方保甲制度和消灭反动武装，不断取得反“清剿”斗争的胜利。从 1935 年的秋冬开始，到 1936 年的夏秋止，我们通过积极的武装行动，并从一般群众工作入手，起初建立个别联系点，进而建立零星的地下党组织，到建立以刘辉山同志为书记的桃阳分区委（下有二三个支部）。一方面对群众进行宣传解释，争取和团结群众参加对敌斗争，逐步地恢复和扩大地下党的组织；另一方面地下组织积极为游击队搜集情报，并收买了许多子弹（因为当时子弹最为缺乏）、电池和日用必需品，特别是帮助解决粮食困难的问题和配合游击队的武装行动。

1936 年的夏秋间，由于国民党军“清剿”主力部队撤走，重要山头、要隘上的碉堡没人守了，地方上的国民党保安团队和区、乡的保甲自卫队等反动武装，虽然仍常到山上来“搜剿”，但气势大大减弱了。我们的困难减少了，活动就由被动转为主动，积极打击保甲制度，消灭保甲武装。但是我们活动地区周围的保，特别是联保，都筑有坚固的碉堡或炮楼，当时按我们的力量感到硬攻是不成的。因此，我们首先派人出去分头找关系，了解详情，进行群众工作。八九月间的一天傍晚，我带了两个人到桃阳区兰田附近的小村子陈坑，想找群众了解情况，建立联系等，但是由于国民党反动派的欺骗宣传，造谣说："红军变了"，"红军杀人不眨眼"等，加上当地保甲长、反动分子的威胁与监视，因此老百姓看见我们进村子，男女老少都往山上跑，害怕见我们，有的人还大声叫唤"土匪下山了"等。看到这种情况，实感意外与气愤。后来我们回队研究，采取全队武装有计划地在夜晚一起出动，到一地先把村庄包围起来，尽量使群众不受惊和跑散，一方面搜查反动武装枪支，打击保甲制度，镇压反动分子，决不让保甲长和反动分子跑掉；另一方面向群众进行宣传解释，了解周围那些保甲长最坏（有无枪支）以及地主富农的情况，同时向群众，特别是向保甲长、反动分子征集粮食，解决生活困难。随着群众工作和武装行动的展开和深入，扩大了游击队在当地的影响，群众的观念有了转变，有的积极为游击队送情报、送粮食等。

我们在地下组织和群众的密切配合下，消灭了不少地方反动保甲武装。一天晚上，在地下党组织的报告和积极配合下，我游击队摸进距长汀古城五六里路的苦竹联保办事处，打死了联保主任等几个叛徒分子，缴获了几支步枪和其他东西。不久，我们接到地下党送来情报后，又派部队带干粮埋伏在兰田至古城的半路上（兰子坑），守了三四天，把所谓的"模范保"兰田第一任保长、最坏的家伙曾昭波打死了，缴获了几支长短枪和不少子弹、现钞及金戒指等。又一天下午，太阳还很高，我们的队伍突然出现在黄鳝口保长家的后山，保长等未及进炮楼，就被我们包围了村庄，把群众恨之入骨的反动保长邱达捉住杀掉了，除没收了他家的粮食、衣物外，还缴获三四支步枪。这样，不仅解了群众的恨，而且给保甲长等反动气焰以很大的打击。

此后，有想当保长的人，不和我们讲妥条件，就不敢出来当保长。我们就决定利用这有利时机做争取工作，要求出任保长的人应首先答应：1. 不压迫群众，并设法减少穷苦人民的苛杂负担；2. 国民党军或保安团队来搜山前给我们通消息；3. 替我们买子弹、电池和日用必需品等条件后，才允许其做保长。这样，在国民党军和地方反动武装来"清剿"

时，不仅消息灵通，部队可以及时转移，而且在群众的帮助和掩护下，可以安全地驻在村子附近的山上，粮食等由老百姓办理送给我们。

在上述有利的形势下，我们又进一步开展了对所谓的“模范保”兰田常备班的内线工作。1936 年秋冬的一天，在该地秘密组织和常备班内线配合下，我们进攻了该保办事处，把第二任联保长曾广辉和常备班曾昭波的弟弟等打死了，并缴获了步枪、马枪 10 多支，对其修筑坚固的碉堡亦一并彻底摧毁了。兰田第三任保长是我们预先布置好，由一位姓钟的同志当了。原来像把刀似的所谓“模范保”就这样被我们拿掉了。这不仅给予各地的保甲长以很大恐慌，而且瑞金城等国民党地方当局也是很大的不安。因此，江西瑞金和福建长汀等县国民党地方当局纠集了几个保安团队和广东军的一个营，联合对我们这支仅 40 余人的游击队进行“会剿”，驻扎在重要的山隘、道路上，并到处张贴传单和标语，说什么：一个星期不消灭“残匪”不回营等。我们知道这一情况后，在一个晚上就跳出了他们的包围圈，转移到福建长汀陂坑、楼子坝和江西瑞金桃阳大塘面等地，继续灵活机动地打击保甲办事处和捉杀保甲长等反动分子，收缴保甲武装。结果国民党的“清剿”计划被我彻底粉碎了，尽管他们花了很大力量“清剿”了半个月，也未拣到我游击队的一只破草鞋，只好偷偷地把队伍撤回去了。

打掉了兰田这个所谓的“模范保”的消息传开后，使在汀瑞地区坚持游击战争的钟德胜（钟民）游击队、刘国兴游击队和我们这支游击队本来互无联系，亦于 1937 年春互相取得了联系，会合起来共有 80 余人。三支游击队平时仍按原队分别驻扎，行动时联合在一起，互相配合和支持，后来取得了几次影响较大的战斗胜利。

1937 年 6 月间的一天下午，太阳还未落山，三支游击队化装成国民党保安队，到汀瑞公路上的青山铺，收缴了保安队十多支枪，并烧掉其炮楼，没收了许多东西。接着不久，回头就去打瑞金的武阳区公所。武阳是瑞金县的一个大集镇。这次战斗完全是在地下组织同志的配合下进行的。选了十七八个精壮能打会走的同志由曾玉诚同志带领（他是背花机枪的），头一天晚上从下山坝摆渡过去，隐蔽在武阳区公所房子隔壁的邹日祥家中。余下的游击队员由钟德胜、刘国兴和我带领，分别埋伏在武阳老店圩、破碉堡和一小店铺内。第二天不到 8 点就冲进了区公所，结果消灭了保安队一个排，打死了七八个保安队员和区长的“太太”，但区长钻进灰堆里后来逃掉了，还缴获了 20 多支枪和许多子弹、手榴弹及其他东西。在这次战斗中，我们牺牲了一个同志。埋伏在老店圩附近的队伍听到枪声后，立即包围老店圩并冲进街内，本想捉一批大地主，但因时间太早了些，在途中来赶圩的地主一听到枪声就跑了，结果捉到几个不大的地主。这一打，使当地广大群众欢欣鼓舞，瑞金城等国民党地方政府惶恐万状，不敢派兵增援，龟缩在县城并加强警戒。此后到处传说：“项英的队伍打回来了！”

后来，我们汀瑞边游击队又在汀瑞公路上之九里岭山箭脑处伏击了国民党汀州专员的汽车，把汀州专员的“太太”等人打死了，这更使国民党汀瑞当局震惊，扩大了我们游击队在汀瑞地区的影响，鼓舞了当地广大人民群众的胜利信心。

三、恢复联系，下山改编，合作抗日

1937 年卢沟桥事变后，全国进入合作抗日新时期。张鼎丞、邓子恢、谭震林等同志领导的闽西红军游击队与该省国民党地方当局和平谈判合作抗日时，曾经提出派人把我们找下山去。但是国民党地方当局不承认汀瑞地区有红军游击队的存在。由于前述我们闽赣边游击队积极行动的结果，特别是山箭脑伏击汀州专员的汽车，使得国民党汀瑞地方当局感到无奈和不安，加上全国合作抗日大局已定的情况下，他们不得不写信给闽西红军游击队张、邓等领导同志说：“汀瑞地区还有红军游击队"，要求派人把我们找"下山"。因此，在八九月间，张、邓等领导派肖忠全等人来到汀瑞地区并找到我们，带来邓子恢同志的亲笔信，大家真是欢喜若狂，因为我们和上级党失去联系近三年了。闽赣边红军游击队领导同志即开会研究决定，要我同来人一起到龙岩的雁石与福建（闽粤赣）省委联系，并向张、邓等同志汇报闽赣边游击队情况和请示今后工作，得到了他们的具体指导。

我从闽西回来后，召集闽赣边游击队负责同志传达省委的指示决定，确定：一方面派出代表与国民党瑞金地方当局洽谈和平合作抗日事宜；另一方面抓紧扩大部队力量，并根据省委决定成立了汀瑞会特委，张悌为书记，钟德胜为副书记，委员有我（组织部长）、张开荆（宣传部长）、彭胜标等同志，特委办公地点设在兰田曾屋一小房间里（丘屋斜对口）。当时的主要任务是：①布置开展地方工作，积极广泛地宣传合作抗日，口号是："拥护国共合作抗日"、"拥蒋抗日"等，开展抗日统一战线工作，争取合法地位；②发动群众起来抗日，保家卫国，积极参加抗日部队，因此我们的部队在很短时间内由 80 多人扩大到 300 余人；③建立和扩大党的组织及群众组织，仅瑞金方面，就建立了以刘家祁为书记的黄柏区委，刘辉山为书记的桃阳区委，刘国兴兼书记的武阳区委，合龙区等地也建立了党的支部。

11 月间，经国民党瑞金县长到兰田石水湾"点编"，我们的队伍改编为中国人民抗日义勇军第一支队①（1938 年 2 月改编为新四军第二支队第三团第二营），支队长兼政委钟德胜（钟民），副支队长彭胜标，参谋长周桂生，辖三个中队（除妇女和留地方工作者外），有二百三四十人，并有长短枪 200 余支。第一中队长杨洪才，第二中队长胡承德②，第三中队长刘国兴兼。同时，在瑞金城溪子下建立了办事处，负责合作抗日等具体事宜。

① 应为抗日义勇军第五支队。

② 应为林太福。

由于合作抗日，因而坚持了闽赣边三年的游击战争宣告结束，并进入了抗日的历史新阶段。

1938 年 1 月间，谭震林同志带一班警卫人员从福建往南昌新四军军部，途经瑞金城住我办事处，由张开荆同志（到闽西汇报请示工作随同返回）写信来，要我们所有负责人到县城开会。当天晚上，会议正在开着，国民党军黄镇中派部队突然包围我办事处，即发生“瑞金事件”。肖忠全见情况不妙相机冲出包围，但不幸被他们枪杀；负责警卫的警卫员想举枪进行自卫，被谭震林同志当即制止，并指示不能开枪，还严正地向黄镇中部指出：“中国人不打中国人！”“枪口一致对外，国共合作抗日”等。但黄镇中部借检查之名，把我们参加会议的所有人员（包括谭震林及随行人员和办事处人员）全部扣留。第二天，从南昌新四军军部返回福建的温仰春、邓振询等干部和报务、机要人员，路经瑞金也被扣留。恰巧温仰春同志带有蒋介石委任谭震林为新编陆军第四军第二支队副司令员的委任状和新四军军部发给闽西游击队的一部电台、部分经费等，所以第三天国民党地方当局为谭震林等设酒宴，表示歉意和欢送，并归还了武器、款项、电台等。但把我和钟德胜等十余人继续扣押。虽有谭震林和温仰春（到福建后来信）等交涉，要求释放所有被扣人员；后来，叶（挺）、项（英）又有两次电报来，均无效。

不久，黄镇中部把我和张悌、钟德胜、张开荆四个押到天后宫，说我们合作没有诚意，把人枪留山上，对蒋介石不尊重，标语不称“蒋委员长”，而称“蒋先生”等。我说：我们部队经县长“点验”后按规定地区驻扎，不是把人枪留在山上，且是负责维护地方治安，积极设法破获“土匪”案件送交政府办理，表明合作是诚意的。后来，黄镇中部把张开荆叫去（因他是谈判代表），要他喝血酒宣誓，上山把部队带给他们，然后就给他当大队长。经我们商量，同意张开荆同志就利用这机会出去，把部队转移走，避免遭到损失，所以张开荆出去了。

谭震林等从军部返回经瑞金城时（当时他已是新四军二支队副司

令员），根据军部的指示，又向他们交涉，撤销了瑞金办事处，改为新四军瑞金通讯处，把原办事处人员放出做通讯处工作，张悌以到通讯处当文书为名亦出去了，留下我和钟德胜俩人不放。谭震林在离开瑞金返福建时还会见了我们,安慰我们并指示部队怎样处理等。此后，当地的反动地主们还极力向国民党地方当局要求杀我们，但在全国国共合作之高潮下，他们也要考虑，只好继续关押我们。直到新四军第二支队（包括闽赣边游击队也编在其中）从福建开赴抗日前线，经瑞金城附近时，在二支队领导与他们交涉后，才把其余人枪放还，把我和钟德胜俩人转送到南昌国民党江西省保安处看守所。我们在南昌设法打听新四军军部和办事处地址，得知新四军办事处设在南昌三眼井，就立即写信给办事处。办事处接到我们的信后，涂振农同志①打电话给看守所所长，要他们优待我们。第二天，涂振农还来到看守所看望我们，要我们放心，临走时给我们五元钱买菜吃。大约过了七天时间，经南昌新四军办事处与国民党江西省有关当局交涉，才把我两人用黄包车送到新四军军部。这时已是3月底4月初了。我们到了军部，找见了项英同志，他很高兴，并叫军需处的同志带我俩人到南昌街上澡堂洗澡,还换了新服装。在军部干部大会上,我们受到项英同志的表扬。几天后，项英同志要钟德胜跟军部到江南抗日前线，要我到曾山同志处（中共东南分局）分配工作。我先后任莲花、安福等县县委书记，主要是恢复和建立党的组织，发动群众组织抗日团体，进行合法斗争，开展抗日救国工作。

选自《南方三年游击战争·闽赣边游击区闽中游击区》，第95—103页。

① 后叛变。

胡荣佳，1905 年生，江西瑞金人。1930 年参加革命，1931 年加入中国共产党。南方三年游击战争时，任瑞金县桃阳区游击大队司令员、中共兆征县桃古区委副书记兼桃古区游击队司令员、中共汀瑞会特委组织部长等。新中国成立后，曾任中国人民银行华东区银行人事处处长、中国人民银行总行人事司副司长等职。1968 年在北京逝世。

战斗在闽赣边区

彭胜标

在艰苦卓绝的南方三年游击战争中，我一直坚持在闽赣边游击区，活动在江西瑞金的桃阳、兰田、黄膳口及福建长汀的四都、古城、楼子坝等地，先后担任过兆征县苏维埃政府主席、桃古区党委书记、桃古游击队政委①、汀瑞县委副书记、汀瑞游击支队副支队长等职。在这三年中，我游击队和人民群众粉碎了国民党军的反复“清剿”，最后游击队改编为新四军，开赴抗日前线。

一

1934年10月，由于王明“左”倾冒险主义的错误领导，中央苏区的第五次反“围剿”遭到失败，主力红军被迫离开中央苏区，实行战略转移，中央苏区的形势急剧恶化。10月下旬，进攻中央苏区的国民党军，除薛（岳）纵、周（浑元）纵尾追主力红军外，樊（嵩甫）纵、李（延年）纵从北东两路向中央苏区紧缩，先以集团兵力迅速占领各县城和交通要道，继续以堡垒封锁政策将苏区分割为许多小块，企图将留下

① 彭胜标在任中共桃古区委书记兼桃古游击队政治委员之后任兆征县苏维埃政府主席。——编者注。

的红军部队和游击队包围在狭小的地区，然后分批“清剿”我地方武装、颠覆苏区。11 月 1 日，李延年部占领长汀，11 月 10 日，国民党东路第十、三十六师占领瑞金。至 11 月下旬，整个中央苏区全部陷入敌手。国民党部队进占苏区后，迅速占领交通要道，日夜不停地构筑碉堡、炮楼，大量搜罗豪绅地主，组织民团，建立保甲制度，恢复国民党区、乡公所，驻扎武装力量，对苏区人民实行大屠杀，仅 80 余天内，瑞金被残害 1800 多人。长汀四都楼子坝村全村 143 人，除残存一位 80 多岁的老太婆外，全部被屠杀。在“茅草过火，石过刀，人换种”的反动口号下，很多地方成了“无人村”。

10 月下旬，中共中央分局根据当时的形势，将闽赣边游击区以绵江河为界，划分为河东、河西区。我一直战斗在河东游击区，在福建军区的领导下开展活动。河西游击队由瑞西特委领导。中央分局、中央政府办事处突围到赣粤边以后，坚持在闽赣边的游击队就与上级组织隔断了联系，失去了领导，游击队各自为战，坚持独立自主的游击战争。

二

1934 年 11 月，国民党陆军第十师、三十六师先后占领汀州、瑞金。福建省委、省政府、福建军区指示，将瑞金县桃阳区、兆征县古城区合并为桃古区，古城游击队与桃阳游击队合并组成桃古游击队，共有队员 100 来人，调我任区委书记兼游击队政委，胡荣佳同志任区委副书记兼游击队司令员。胡荣佳同志是瑞金安治（现泽覃乡）人，曾任瑞金县委书记，很有地方工作经验。两区合并后，我们奉命带领这 100 来人活动在汀瑞边陶朱、古城、四都一带。这样，我们回旋就有余地了。当国民党江西驻军“清剿”我们时，我们就往福建区域躲，当国民党福建驻军“清剿”我们时，我们就往江西范围藏，一有战机就和他们干。

1935 年春的一天，接到兆征县委一封急信，要调我到兆征县任县苏主席。那时，我真是丈二和尚摸不着头脑，莫非又有新情况？我带着疑团，向胡荣佳同志交代了工作，和县委交通员一道来到了密密的丛林中，县委政治部主任张悌同志笑着对我说："老彭，快坐下！快坐下！"接着对我说，"最近县独立营和游击队遭到很大损失，全县各游击队，只有古城区比较健全，因此，县委决定，把县独立营和你们合并起来，统一指挥，为了加强领导，组织决定你来担任县苏维埃主席。这个担子很重呀！"我难为情地说："我恐怕不行吧！"张主任仿佛猜到了我的心思，没等我开口，他就说道："只要把武装抓在手里，群众就有了依靠，苏维埃就垮不了。所以，在游击环境下，党和苏维埃的中心任务就是武装斗争，组织上决定你来当这个主席，也就是要你负责抓军事。当然，担子要大家一起来挑。我这个残废人也出一条腿，两个肩膀，希望你先把独立营带进深山，与你们的部队合并起来，我随后就来。"张悌同志是位秀才，湖南人，个子不高，瘦瘦的，能说会道，右脚残废，意志很坚强。

实际上，我这个县苏主席一没有离开游击队，二没有单独开展县苏工作。我接县委指示，将兆征县独立营带到陶朱和桃古游击队合并，组成一支近 200 人的队伍。

1935 年 8 月，瑞金县游击司令部司令员张开荆同志带领瑞金县游击队前来会合。他们是张开荆、周桂生、张志辉、刘昆、曾永生、傅家洪、张招娣、黄永安。八个人编成一个班，张志辉任班长，统一归桃古游击队领导。游击队开领导会议，张开荆同志都参加。张开荆同志是黄埔军校出身的同志，游击战争开始前担任过福建省动员武装部部长，有较丰富的斗争经验。跟他一道来的周桂生、张志辉等都是曾担任过领导职务的同志。跟随兆征县独立营一道活动的，几乎有一半是县委、县委机关干部。这时，无论是领导，还是一般干部、战士，每人都是一支长枪、一条米袋；每人都是一名坚强的普通队员，生活在一起、战斗在一起。召开党员大会时，除少数党外同志，几乎全队人员一齐到会。大家开玩笑说：我们的游击队是“干部队”、“党员队”。1935年冬，我们根据敌情和部队的实际情况，进行了一次整顿，成立了党委。组织整顿后，党委专门召开了一次会议，制定了游击队当前的斗争方针：继续避开国民党军的主力“清剿”，以保存革命力量，待机打击敌人。党委还决定把部队带到胡荣佳的家乡瑞金的岭背山、火星崃一带活动。

三

岭背山、火星崃像一条鲸鱼脊背，蜿蜒在江西、福建两省边界上，数九寒天，冰雪封山，我们突破国民党军的重重封锁，三天的昼夜兼程，迂回曲折，终于转移到火星崃山区。

火星崃一带本来就人烟稀少，经过国民党军队的洗劫，到处是一片残墙断壁，更加凄楚荒凉。同志们砍下树干、松枝、茅草，搭起一座座茅棚，蜷曲着疲惫不堪的身子躺在棚子里，一副凹陷的眼睛贴在瘦削的脸上，印记着战士们经受的千磨百难。没有粮食，怎么办？饥饿严重威胁着我们。

有一天，负责管给养的黄存安同志带了几个队员，在山沟里转了半天，回来后，空着手愁眉苦脸地报告说：“这个穷地方，别说捉土豪了，连烧炭老表也找不到。不能让大伙老是饿着肚子，老彭，让我带一个排下山，搞一些粮食来吧！”我说：“山下的国民党正是想把我们引出山，你们这样做，不是送肉上砧板吗？俗话说，靠山吃山，傍水吃水，能不能在山上打点主意呢？”

饥不择食。就这样，山上的竹笋、野果，成了游击队员们的粮食，支撑着游击队员们去冲破国民党军队的经济封锁。

当我们平静了一些日子后，江西的国民党军又加紧搜山了，我们只好系紧裤带，跃过省界，到福建猪仔崃一带活动。

猪仔崠经过国民党火烧、血洗，和火星崠一样荒凉、凄惨。自从我们撤出猪仔崠以后，国民党部队实行了所谓“抽干池塘水，捉尽水底鱼”的毒辣手段，移民并村，把分散在山坳的居民，全部逼进蚮里的大村庄去了。在这些大村庄的周围，遍筑碉堡，派兵驻守，企图割断游击队和人民群众之间的鱼水关系，把游击队困死、饿死在山上。

摆在我们面前的主要任务是想尽一切办法与群众恢复联系。只要找到群众，就会有战胜国民党军“清剿”的办法。

我们派出侦察员一次又一次摸下山去，不是进不得村，就是被国民党反动派截住，有的同志冒着极大的危险摸进“移民村”，好心的群众什么也不敢说，便将游击队员偷偷地送出村来。个别同志埋怨群众“变心了”、“反水了”，我们只好耐心说服教育这些同志，要相信群众的觉悟，群众的心是向着我们的，眼下群众一定有难言的苦衷，我们必须设法了解群众的难处，采取各种办法接近群众。

鉴于上述情况，游击队党委决定，让熟悉当地群众的领导干部下山做群众工作。因为我对这里的情况熟悉，被派往苦竹村。

一天深夜，漆黑一团，我顺着山路摸进苦竹村，来到一户贫雇农门前，他家只有老夫妇俩，儿子在红军中作战牺牲了。我轻轻地叫开门，两位老人看到我又惊又喜，忙问:“老彭,从哪里来？”我说:“从山上来，这次来就是来找你们。近来群众为什么躲着我们？不敢接近我们……”没等我细说清楚，老公公急忙催促我说：“老彭啊！这里是虎口！联保办事处在村里，快走吧，我送你。”我说：“有群众的掩护怕什么！”老公公为了使我尽快脱离虎口，从墙上摘下一块纸牌送到我的手中，我捏亮手电看了看，纸牌的正面上端横写着“户口证”三个黑字，下面登记着全家人的姓名、性别、年龄、职业和特征，纸牌的背面竖印着血淋淋的四个大红字：“十杀条例”，内容是：“窝匪者杀，济匪者杀，向匪提供情报者杀，匪来不报者杀，匪去不追者杀……一户通匪，十户问罪。”

这分明是“生死牌”，我完全理解了老人的心情，不是群众怕我们，不敢接近我们，而是怕连累左邻右舍，十家遭斩啊。

这天晚上，我和两位老人说了许多，从国民党的疯狂屠杀，谈到大恶霸胡子垣对我家眷的杀害，一直谈到黎明前夕，我告别了老人，回到山上。

几天以后，下山的同志都回到了山上，调查了敌人的罪行和群众的疾苦，每个游击队员的心中都燃起了强烈的复仇怒火，曾经埋怨群众“变心”的队员，痛苦地检查了自己的错误想法，强烈要求领导上允许他们下山向敌人讨还血债。

四

为了给敌人沉重的打击，更有效地保存我们的有生力量，必须继续做好群众工作，发展党组织，建立“两面政权”，揭穿国民党反动派的“剿共”阴谋。

1935 年冬，国民党部队停止了大规模军事行动，我们立即派出一批队员前往苦竹、梁坑、青山埠、兰田等地了解情况。我们一进村，就向群众宣传：“我们是红军游击队。”不讲还好，一听到是红军游击队，老表们就吓得直跑，关门闭户，把我们拒之门外。

群众的态度为什么变得这样快，简直叫人不能相信。我又派了一名胆大心细的侦察员刘国焕下山了解情况，要他在有可能的情况下请一位群众到山上来谈谈。

刘国焕回来告诉我，是国民党部队进山后，对群众对行了欺骗和残杀，他们到处伪装成红军去“打土豪”，找群众带路，当群众真的带了路，得到的却是刺刀和子弹。保、甲长、地主等也到处造谣说：“红军变了，杀人不眨眼！”来破坏我们和群众之间的血肉关系。

这个阴谋不戳穿，我们和群众之间的血肉关系将遭到严重破坏，使群众和游击队对立起来，威胁我们的生存与发展。于是，我们一面继续警惕国民党部队的大规模军事“清剿”，一面组织若干个精干的游击小组，突破封锁，深入到群众中去宣传我党的一贯政策，揭露国民党的阴谋。

做群众工作，一是采取隔着窗户宣传解释，一次不行，二次，三次，直到相信为止；二是埋伏在小路上，采取“抓”群众做工作。

就这样，首先在金竹坑打开了局面，迅速地开展了群众工作，建立了秘密党支部。随后在兰田、荣坑、楼子坝等地，恢复并加强了与群众的秘密联系，建立了第一批地下党支部。

到 1936 年春天，是我们游击队从保存革命力量到发展革命力量的转折点。虽然国民党部队继续从军事、政治、经济各方面对我们实行猖狂进攻和严密封锁，但在局部地区，我们已经从被动转入主动了。

游击队党委在总结下山几个月来的斗争经验之后，制定出新的斗争方针：打土豪要与发动群众相结合，杀恶霸要与建立“灰色政权”相结合。大家认为部队下山初期，怒火万丈，注重报仇雪恨，只破未立，有些反动派政权虽被暂时搞垮，由于没有新的政权代替，游击队离开不久，国民党又重新建立反动政权。因此，群众工作扎不下根子。所以国民党部队伪装成游击队的政治阴谋，一时间迷惑了不少人，这是一条严重的教训。

所谓“灰色政权”，就是挑选一些罪恶不大的联保主任、保长，先捉住他，跟他订出条件后，再放掉，让他明当反动派的联保主任、保长，暗给游击队办事。

要想找一个较开明的联保主任、保长，实在是不容易。经过多方面调查了解，研究确定花桥乡的联保主任王狗佬为对象。抓上山后，对他进行了宣传教育，向他提出了五个条件：1. 随时给游击队送情报；2. 红军到花桥一带活动，不许马上向国民党报告，离开之后，可以报告；3. 不准欺压老百姓；4. 保证红军家属的安全；5. 帮助游击队购买弹药、药品、手电等物品。王狗佬全部接受了我们的条件后,便立即释放回去。

紧接着，我们又向许多联保办事处和区公所写信，发传单，警告他们；不准和游击队作对，不许迫害老百姓，只要做到这一点，红军游击队可以保证他们的生命安全。同时，又捕杀了一批顽固不化的反动分子，用事实说明我们的政策。

这一来，靠近游击队活动地区的反动派基层政权，便被分化、瓦解了。有些保甲长、联保主任为了保命，便主动给我们写信表示态度，愿意暗地替游击队做事；一些罪恶大的联保主任和保甲长，怕杀头，吓跑了。我们便鼓励群众暗暗把自己人推举出来，接任他们的“空缺”，少数地方的保甲长，甚至换上了秘密共产党员。

“灰色政权”一步一步扩展着。这时，我们又发觉一些国民党统治比较严密的地区，群众仍然顾虑重重。我们把打土豪没收的东西分配给他们，被拒绝了。于是，我们便吸收群众中的积极分子参加没收委员会工作，按照他们的意见，在分配果实时，把土豪全家隔开，分配完毕，再把他们放出。这样，既让受苦的基本群众得到利益，又可以避免土豪向群众报复。

有时，我们缺乏食盐、手电等生活必需品，而这些物品国民党又严加控制，群众很难买到，我们便通过土豪给我们购买。同时，我们特地把他们供给的物品向群众公开，使这些土豪背上“接济红军游击队”的包袱，以后即使他们看见同村的基本群众和游击队有来往，也因为害怕别人在国民党军队面前揭他的底，而不敢向国民党军队报告了。

这时，我们真像龙归大海一样，腾跃在群众的海洋里。国民党部队进山，我们便钻进深山，或干脆躲在靠近联保办事处的地方，国民党部队的一举一动，我们都会及时得到准确情报。他们一走，我们又四出活动，打击地方反动势力，建设和扩大我们的游击根据地。

我们的游击区北面扩大到梁坑附近，南面发展到楼子坝、荣坑、武阳围、白竹寨、兰田一带；东面可以化装走进长汀城；西面可以攀上笔架山头，俯视红都瑞金。

1936年6月间，驻扎在瑞金、长汀一带的国民党军突然撤走，保安团则退至县城和重要集镇。敌情变化的突然，使我们感到十分奇怪。在这种形势下，我们应该采取什么样的斗争方针呢？此时此刻，我们非常思念党中央，迫切希望上级党组织给我们指明正确的斗争方向。我们曾派人去闽西南寻找张鼎丞同志，但没有找到。又派人到瑞金北部去联络钟德胜同志，想问他们是否得到上级的指示，也没有联络上。怎么办呢？我们召开了全体游击队员大会，把问题提交全体队员来讨论。大家一致认为不管国民党撤兵的原因是什么，反正对游击区的军事压办大大减轻了，应该抓紧时机发展我们的力量。最后确定游击队现阶段的中心任务是深入发动群众，继续摧毁地方反动政权，积极发展群众性的游击小组，配合游击队的斗争；增派一批队员下山做群众工作，组织群众抗租；同时，利用可靠关系，在反动民团内部秘密发展党员，建立秘密党支部，待条件成熟时，发动兵变。

游击队虽然还住在山上，但群众性的对敌斗争，还是蓬勃地发展起来了。

一批又一批被敌人强迫集中到移民村的基本群众，通过合法斗争，以回家种田、上山砍柴等各种理由，脱离移民村的囚禁环境，回到山区，重建家园。

各地基本群众在秘密党组织的领导下，向地主、保长授灾，公开要求减租，减田赋。如地主、保长不答应，秘密情报小组就把送粮、送租的日期，路线报告我们，我们便准时派队伍去"拦截"，使地主一粒租也收不到。

通过这些斗争，基本群众和游击队的关系更密切了，他们也想出了许多巧妙的方法跟反动势力作斗争，支援和掩护了游击队。

11月，我们在猪仔峠成立了中共汀瑞县委。这次成立县委，没有得到上级的批示，是根据队伍和当前形势成立的。当时召开了会议，会议由张悌主持，会上选举产生了县委领导。胡荣佳同志任书记，我任副书记。县委委员有张悌、张开荆、曾玉成。在会上，还将桃古游击队改名为汀瑞游击队，队长曾玉成。会上还成立了一个没收委员会，由黄存安负责，主要是掌握政策，负责打土豪，财产没收分配和部队给养等工作。

1937 年 4 月间，钟德胜带着瑞金游击队员在猪仔岽与我们会合了，两支游击队分散配合活动，我们力量更大了，连续打了一些胜仗。如 6 月的青山铺战斗，在一枪未发的情况下，俘虏敌人 20 余人，缴获枪支 30 多支，子弹千余发。之后，我们又与刘国兴领导的武阳游击队取得了联系。8 月 8 日，我们三支游击队攻打了武阳围区公所，经过激战，打死乡丁五人，俘虏 20 多人，缴获长短枪 30 余支，子弹 9000 多发，手榴弹 60 余枚；8 月中旬，游击队在九里岭山箭脑，伏击国民党汀州秦专员汽车一辆，汽车被打翻，乘员被打死、打伤，其中有秦专员的妻子，并缴获了金银首饰。这几次战斗，是我们三支游击队会合后一起打的，震慑了敌人，鼓舞了我们的士气，提高了游击队在人民群众中的声誉。

五

国民党地方当局抓住“山箭脑战斗”大做文章，一面派人到龙岩向张鼎丞告状；一面登报诽谤游击队破坏抗日。这时，上级党组织从国民党报纸上看到汀瑞边游击队还在，国民党的“告状”、“诽谤”，成了游击队与上级党组织发出的“联络信号”。1937 年 9 月，闽西南军政委员会派肖忠全到猪仔岽与游击队取得了联系。9 月中旬，游击队派我前往大余池江，向中央分局项英、陈毅等请示汇报工作。我到了池江，向项英、陈毅汇报了情况，当时杨尚奎同志也在那里。汇报情况后，首长当即作了指示。我提出要求，说我回去传达中央指示怕说不清楚，请陈毅、项英派一个同志和我一起到游击队去，陈毅、项英同意了我的意见，决定派陈丕显同志和我一道到闽赣边游击队来进行传达。陈丕显同志还带了许多文件，都是油印的。

我们一到端金，就去会见国民党瑞金县长，把项英、陈毅写的介绍信交给他。我们从国民党县政府出来，刚在一家旅馆住下，国民党保安大队的一个军官，挂着三角皮带，腰别手枪，到旅馆求见。那个军官自我介绍了一番，也讲了几句赞成国共合作，团结抗日的话，还对陈丕显同志到瑞金联系游击队表示欢迎。接着，他就心怀鬼胎地提出，要陈丕显告诉闽赣边游击队快快下山，和他们一起合作抗日。陈丕显当即识破了他们企图借机吃掉游击队的阴谋，便正言厉色地回答说："根据项英、陈毅和国民党江西省政府主席熊式辉达成的协议，你们有义务为我方提供方便，及时与闽赣边游击队取得联系，我是奉项英、陈毅之命而来，闽赣边游击队的行动，当然只能听命于项英、陈毅。"这个国民党保安大队军官和陈丕显争辩起来。恰好这时国民党县长谢寿如到旅馆看陈丕显，见此情景，连忙对陈丕显说："陈生先，不要误会，不要误会！"又当着陈丕显的面训斥了那个军官几句。那个军官灰溜溜地走了。

第二天，在瑞金党组织的帮助下，我和陈丕显到了闽赣边游击队驻地。陈丕显向大家讲了党中央和毛主席在延安的一些指示精神，传达了项英、陈毅的指示，同时听取了闽赣边游击队关于三年游击战争情况汇报。战士们听了陈丕显同志的传达，高兴得很，热烈鼓掌，激动得流下了热泪。

后来，根据中央分局的指示，陈丕显决定以中央分局代表的身份，到国民党瑞金县政府、县党部，就游击队改编、部队给养、部队集中地以及在瑞金县城设办事处等问题进行交涉时，还吵了起来。陈丕显义正词严地批驳了他们。在陈丕显的敦促下，我和其他代表与国民党瑞金当局进行了谈判。双方就我方提出的方案达成了协议，还同意我们在县城河背街设立办事处。办事处实际上是联络处，傅家洪为主任（后由谢华一接任)，部队集结在兰田。

11 月份，部队进行点编，地点在兰田的石水湾。点编时我们又动员一些青壮年参加，编为七个连。点编后，部队改为抗日义勇军游击支队，支队长钟民，我是副支队长。党代表胡荣佳，参谋长周桂生，下设三个大队：第一大队长杨洪才，政委温华桂；第二大队长林太福，政委黄存安；第三大队长是刘国兴，政委张志辉。三个大队分别在兰田和武阳围镇驻扎，一边发动群众，宣传群众，扩大队伍。这时正值 1938 年元旦。支队成立以后，我又到池江去了一趟，向陈毅同志汇报了部队点编情况，接受命令，准备把部队带到陈毅那里去。命令接到后，回到赣州，我到河边等候项英，当时他到南昌去了，从南昌回来，路过赣州，中午 12 时左右等到了项英同志，我见到项英后，非常高兴。项英同志也亲热地招呼我，到一家饭店坐下搞饭吃。项英同志说："没有酒，搞个四菜一汤，还得艰苦朴素啊。"正准备吃饭，闽赣边来人报告，说游击支队出事了。国民党黄镇中的一个营包围了正在瑞金办事处开会的游击队领导同志，并开枪打死了肖忠全同志。项英要我赶紧回去带部队。

六

我回到闽赣边后，在兰田找到了部队。这时，部队剩下 200 多人，不过都是骨干，我把命令拿出来，叫部队赶快走。原来准备把部队带到陈毅、项英那里去，从兰田出发要经会昌、于都，国民党知道我们要到陈毅那里去，仍想消灭游击队，在会昌、于都组织部队拦截。得知这一消息后，我们立即研究，决定把部队向东带到张鼎丞那里去。1938 年 2 月在龙岩白土同张鼎丞部队会合。当时张鼎丞部已编为新四军第二支队。我们到达后，编为二支队三团二营，少数编入四团二营，部分同志担任了排以上干部。当时，我没有安排职务，开始要我到延安学习，同部队一起出发，以后路上情况变化，张鼎丞同志找我谈，说现在不要去学习了，将来学习还有机会。我说行，没有意见。他说，那是不是回部队去。我说行。这样我到四团二营任政委。那时对内是政委，对外是副营长。四团团长卢胜。

整编以后，部队从白土出发，经过龙岩、小池、古田、新泉、长汀、古城、到瑞金。到瑞金时，国民党王才堤部不准我们进城。到武阳时，部队首长动员我们要防止扒手，我们的枪都不挑了，一个人背两条枪，还有背三条的。背起来防止扒手。大家警惕性非常高。有船也不坐，就走路。以后到了赣州才坐船到樟树，从樟树坐火车到玉山。玉山下火车后步行了，经常山、开化，翻马金岭到屯溪，然后在岩寺驻扎了 20 多天，整顿部队，学习水网地区游击战术和打骑兵。集中没几天，国民党又来点编，除熟悉的外，我们都造了花名册。我们支队司令张鼎丞、副司令谭震林（后调三支队，粟裕任副司令员）、政治部主任王集成，参谋长罗忠毅。部队开到田坊，在这里又整训一个多月，继续学习水网战术，打骑兵、划船、游泳等，开展群众工作。之后，在党的领导下进军江南，开始了艰苦卓绝的抗日战争。

选自《南方三年游击战争·闽赣边游击区闽中游击区》，第104—114页。

彭胜标，原名彭佑先，1909 年生，福建长汀人。1929 年参加中国工农红军，同年加入中国共产党。南方三年游击战争时，任中共兆征县桃古区委书记兼桃古区游击队政治委员、兆征县苏维埃政府主席、中共汀瑞县委副书记、汀瑞游击支队副支队长等。新中国成立后，曾任苏南军区政治部主任，江苏省军区政治部副主任，安徽省军区政治部主任、副政治委员等职。1955 年被授予少将军衔。2003 年在合肥逝世。

坚持闽赣边三年游击战争

张开荆

(一)

1934 年 9 月，我由原来担任的福建军区动员武装部部长改任福建军区司令部通讯主任。红军主力离开中央苏区后，有一天，司令员龙腾云、政委万永诚找我谈话，内容是：由于第五次反“围剿”失败，主力红军进行战略转移，离开中央苏区。各苏维埃地区的党政军民要团结起来，坚持原地斗争，为保卫苏维埃，流尽最后一滴血。根据这个精神，龙腾云、万永诚亲自领导组建了瑞会县游击司令部和瑞会县独立营。

1934 年冬，组织上任命我为瑞会县游击司令部司令员，县委书记谢炳煌兼任政治委员，周桂生为参谋长，还动员了医院中的红军伤病员归队，组建了一个 300 多人的县独立营。一位姓陈的任独立营营长，张志辉任政委，下辖三个连，每个班配有几支枪，大部分武器是大刀、梭镖等。瑞会县游击司令部和独立营组建后，在长汀、瑞金、会昌三县交界的山区开展游击战争。

瑞会县游击司令部及独立营组建后，由于斗争形势十分紧张，时间紧迫，来不及组织部队训练，国民党军的大规模“清剿”就开始了。1935 年 1 月间，国民党军沿着武夷山脉，凭借重兵，把山重重包围起来，对我红军游击队进行严密封锁和残酷“清剿”。国民党军每天派出大批

“清剿”部队，分段分山沟，采用“梳篦战术”，反复来回“搜剿”、“清剿”我红军游击队。对山下各村庄的群众，则实行“移民并村，十家联保，计口购粮”等残酷政策，企图隔断群众与我红军游击队的联系，达到饿死、困死、冻死我红军游击队之目的。

在这种恶劣的艰苦环境下，瑞会县游击司令部和独立营开始以营为单位活动了几天。国民党军进占瑞金、长汀以后，我们为了保存自己，改以连为单位活动。当国民党军向武夷山区派兵据守各山，实施堵击、“搜剿”、“清剿”时，我们又改以排，最后以班为单位分散隐蔽。当时，我们采取的斗争军事原则是：保存自己的有生力量，消灭可以消灭的敌人，保证游击队不作无谓的牺牲。我们能打的就打，不能打的就跑，避实击虚，灵活机动。只要坚持下来，就是我们最后的胜利。但是，尽管如此，国民党军力量数倍于我，我们瑞会县游击队损失惨重，许多同志不是被抓，就是被杀，或被冲散。谢炳煌同志就是在国民党军搜山“清剿”时被捕，后光荣牺牲了。

在分散活动时，我所带的部分队伍被冲垮，只剩下三个人，一名是管理员，一名是通讯员。不久管理员也被冲散。一次，在我睡着时，通讯员带着枪跑了，只剩我一个人了。白天，不能出来活动，晚上才能出来找其他游击队员，找点吃的东西。不久，在山上碰到韩成德、黄永安、傅家洪、张昭娣等同志，后来又和张志辉、周桂生、曾福生、刘时亮（即刘昆）等同志在瑞金岭背会合了。这时瑞会县游击队集中起来有十几个人，两支破旧步枪和一支小手枪。一次，我们正在山上的一个造纸寮里烧水、煮山芋，搜山的国民党军和民团突然来到纸寮门前，我们十几个人冲出包围，两支破步枪也丢了，只有我身上保存了一支小左轮手枪，最后集中起来，只有我、周桂生、张志辉、傅家洪、张昭娣、曾福生、刘时亮、黄永安等八个人了。

我们这支游击队，在瑞金、长汀交界的武夷山区坚持斗争，过着极其艰苦的游击生活。当时，我们与上级完全失去了联系，国民党部队封锁又那么严密，斗争是非常艰难的。没有饭吃，没有衣穿，没有房子住，整天都在大山里隐蔽，晚上出来寻找吃的东西。下雨下雪，衣服打湿了，没有可换洗的衣服，男同志只好把衣服脱下，拧干、晾干后穿上，饿了喝溪水，或吃野菜、野草充饥，白天不敢活动，更不敢烧火，否则被国民党部队发现，就会马上来搜山。我们只好在夜晚煮野菜吃。没有火柴，张志辉同志很有办法，他用石头取火。没有碗、筷，就用烂盘子当碗，折树枝当筷。直到国民党正规军撤走后，我们游击队的行动才更方便一些，当地国民党的民团、土匪等地方武装也更好对付了。

（二）

我们八个人，一边在山上坚持斗争，一边继续寻找其他红军游击队，经过多次寻找，终于在一天晚上，我们在长汀猪仔崃附近的山上与桃古游击队联系上了。这支游击队是由瑞金的桃阳区和兆征（今长汀）的古城区两支游击队合并而成的，分三个班，共30多人，其中女队员有六人，共有十多支枪。我们瑞会县游击队八个人与桃古游击队会合后，单独编为一个班（第四班），张志辉为班长。

桃古游击队司令员是胡荣佳同志兼党支部副书记，政委是彭胜标同志并任党支部书记，支部委员有张悌（原兆征县政治部主任，湘南人）、曾玉成（原古城区游击队长）、张小超（原兆征县保卫局长，永定县人，1936年被处决）、林太福，还有一位姓曾的同志。当时，我作为瑞金县游击队八个人的代表，参加党支部会议和游击队领导人员会议。

1936年春，国民党正规军撤走后，只剩下国民党地方保安部队和当地的民团等反动武装。这时，我们游击队的日子好过些，经常下山活动。一是找老党员、团员、干部，发动群众，组织群众，做群众工作，积极开展宣传教育。二是恢复和建立党、团组织和开展农会活动。三是打击土豪劣绅，没收他们的粮食和衣服，罚他们的款，解决游击队吃饭、穿衣等问题。当时，游击队员的衣服，破破烂烂，长长短短，大大小小，真是五花八门，穿起来像舞台上的演员。但游击队员们并不在乎这些，只要能御寒、能穿就行了。在没有地主、豪绅的村庄，我们采取写条子向群众借的办法，解决游击队的粮食等生活困难；在形势好转的情况下，我们在山上用菜刀、锯子等工具把竹子砍下，劈成两半，盖竹棚，搭竹床，两个人一棚一床，就算是有房子有床铺了。三年来，我们就是在这样艰苦的条件下，生活着战斗着。

1937 年 1 月，我们与瑞金游击队联络上了。这支游击队由钟德胜（钟民）同志领导，共有 20 多人，基本上都是 20 来岁的小伙子，年轻力壮，有战斗力，大部分队员每人都带有一长一短两支枪。钟德胜同志很有领导指挥才能，领导瑞金游击队在瑞宁公路线上多次伏击国民党军汽车，给国民党反动派以沉重打击。

不久，刘国兴（原武阳区军事部长）领导的武阳游击队也同我们联系上了。武阳游击队共有 20 多名队员，其中女队员有七八名。这样，几支游击队会合起来，共有 80 余人。

闽赣边红军游击队经过几年来的组织宣传发动工作，农村群众发动起来了，恢复和发展了党团组织和农会、妇救会等活动。特别是闽赣边几支游击队会合后，联合进行了几次较大的行动。如攻打武阳围区公所，智取青山铺，山箭脑伏击汽车等战斗，都打得很成功，打击了国民党反动派的气焰，从而扩大了闽赣边红军游击队的政治影响，使闽赣边区广大人民群众看到了希望，增强了革命胜利信心。从此，闽赣边区的革命力量也一天天发展壮大起来。

（三）

1937 年 9 月，坚持闽西三年游击战争的张鼎丞、邓子恢、谭震林等领导，派肖忠全同志来汀瑞边，找到了我们闽赣边游击队。他介绍了当前国内形势，并传达了张、邓、谭领导关于游击队下山同国民党谈判，改编为新四军的指示。闽赣边游击队派了张志辉同志随肖忠全到福建龙岩，带回了张、邓、谭领导的亲笔指示信。与此同时，坚持在赣粤边的中共中央分局领导项英、陈毅也派陈丕显同志来到瑞金，传达了党中央关于国共合作抗日、游击队下山改编的指示，并与国民党瑞金当局进行了谈判。因此，闽赣边游击队在一个月内迅速扩大队伍，由 80 余人发展到 300 多人，并整编为汀瑞游击支队，下分三个大队，分别驻扎在瑞金兰田等地区整训，待命北上抗日。

1938 年 1 月上旬，游击支队领导委托我到龙岩，向张、邓、谭领导汇报游击支队的情况及请示对当前行动的指示。

中旬，谭震林同志接到上级电报，要去南昌新四军军部开会。谭震林要我作随员，另外还有两名副官、一名管理员和两名警卫员一同前往。我们乘坐一辆汽车从龙岩出发，当天抵达瑞金办事处。谭震林同志指示："今晚，召集游击支队负责人在瑞金办事处开会。"我们便通知游击支队负责人下山来开会。除杨洪才、周桂生、曾玉成等留在山上掌握游击队外，钟德胜、胡荣佳、温端兴（即温华桂）、张志辉等同志都在晚上 9 点钟前到达瑞金办事处。

当时，我们关起门来开会，由于缺乏警惕性，没有作什么防范，门外未放流动哨。深夜，国民党驻瑞金保安团王才堤（黄镇中）部的一个营，悄悄地把瑞金办事处团团围住，我们无法出去。钟德胜的警卫员钱胜仁、朱镇中拔枪准备反击，被钟德胜制止。钟德胜大声喝问国民党兵：

“你们想干什么？”国民党兵回答：“你们来了这么多人，也不打个招呼，今天我们要好好检查检查。”就这样，参加开会的 40 多名同志和邓振询、李坚贞夫妇也一起被国民党保安团扣押，把谭震林和我先押走，并关在一起。

在我们被关押不久，国民党保安团的一名营长就说：现在国共合作，游击队派代表与我们“结拜”兄弟为好。这时，我们警惕起来，意识到国民党地方军要我游击队派代表与他们“结拜”的阴谋企图及险恶目的，是想利用我们的代表，把游击队诱骗下山，借机消灭我游击队，进而破坏国共合作抗日。我向谭震林反映了自己的看法：游击队人多枪少，并且大多数是新成员，战斗力还不强，国民党军一旦调集兵力“围剿”，游击队就危险了。因此，为了避免游击队遭受无谓损失，我们可以将计就计，答应与国民党地方军“结拜”，这个任务由我来承担。在国民党保安团放我出去后，由我把游击队带到龙岩整编，这样即使我个人名誉受到影响，我也是心甘情愿的。谭震林同志听了我的汇报和请求，经过一番思考，然后对我说：“这个任务可以由你去完成。在你和国民党地方军‘结拜’后，尽快上山找到游击队，先把情况和问题向山上的游击队负责人讲清楚，尔后向全体人员进行动员，转移准备工作要做好，由你带领游击队迅速转移到龙岩整编。”

第四天黄昏，国民党驻军的营长第三次派兵前来，把我押出去。国民党驻军的营长见到我，便问：“你考虑得怎么样？”我说：“既然国共合作了，那我们就是兄弟部队，彼此之间应是团结友爱，亲密无间，不需要再搞什么‘结拜’了，搞了反倒不好。”彼此争论了约半小时，国民党营长始终坚持要搞“结拜”，出于无奈，我只好说：“你一定坚持要搞，那就搞吧。”我的话音刚落，国民党营长马上就叫人拿来一只公鸡要杀。我说：“且慢，我还有几句话要说明。第一，明天一定要让我回游击队去；第二，要我回游击队做说服工作，一人去有困难，要有一个帮手，帮我抄写点东西。”国民党营长说：“你要哪个人做帮手？”我说：

"要张悌，他是游击队的文书，另外一个叫张昭娣，她是瑞金办事处做饭的伙夫。"国民党营长答应照办。然后，杀鸡，将鸡血冲入酒内，双方喝血酒，就算完事。国民党两名士兵把我押回，我就将上述与国民党营长辩论及喝血酒的情况，如实向谭震林同志作了汇报。

第五天早饭后，国民党军两名士兵前来释放我，把我和张悌两人遣送到山脚下，让我俩自己走。当天中午，我和张悌开始登山，下午回到游击队驻地兰田。我把与国民党营长"结拜"的情况和谭震林的指示向杨洪才、周桂生等同志传达了。当即，我们就研究决定，事不宜迟，做好转移准备。第二天晚上，我和杨洪才等同志一起带领游击支队，迅速离开兰田地区，奔赴龙岩。到达龙岩后，汀瑞游击支队改编为新四军第二支队第三团第二营，杨洪才同志任营长。我调二支队司令部作战科工作（不久任作战科长）。

1938 年 3 月初，新四军第二支队第三、四团由龙岩白土出发，经江西瑞金、于都、赣州、吉安、樟树、玉山等地，后到达安徽岩寺，经过整训，开赴抗日前线。

（四）

闽赣边红军游击队为什么能坚持艰苦的三年游击战争呢？主要因素是，中央军区和福建军区号召各地党政军民要团结起来，不让国民党军摧毁苏区，必须坚持原地斗争，有力地打击国民党反动派，为保卫苏维埃流尽最后一滴血。游击队员都有坚定的信心。我们游击队员确认，主力红军转移，一定还会打回来，中国革命一定能取得最后胜利。是共产党员的，应该忠诚党的事业，永不叛党，坚定革命意志，不怕苦，不惜流血牺牲，为党的事业奋斗到底；不是党员的，也是革命战士，也要坚持游击战争，要为人民的解放事业奋斗到底，不管形势怎样恶劣，条件怎样艰苦,也要坚持斗争。在艰苦的游击战争中,就是这种革命精神,使大家抱定将革命进行到底的宗旨,耐心等待主力红军打回来,寻找机会打击国民党反动派,不断经受游击战争实践的考验与洗礼,不怕艰难困苦,宁死不屈,不动摇变节,做一名忠于党和人民的坚贞不屈的革命战士。这种精神力量,支配着我们的行动,使我们战胜任何艰难困苦,战胜国民党反动派。

在三年游击战争中,闽赣边红军游击队主要是保存有生力量,保持革命的火种不灭,国民党反动派要困死、饿死、消灭我们,我们就采取灵活多变的斗争方式,依靠广大人民群众的掩护与支援,想方设法生存下来。如国民党军放火烧山、搜山,我们在山上发现国民党军的行动,就设法从这个山沟躲到另一个山沟,他们往山顶上搜,我们就往山下钻;他们在山下搜,我们就往山上爬,找地方把自己隐蔽起来,保存自己,保存革命的火种不被熄灭。这就是我们胜利的根本原则。

三年来的艰苦游击战争,为支援主力红军长征,保存中央苏区的革命火种,为抗日战争准备了力量。当年为游击战争献出了自己可贵生命的战友们,永远值得我们铭记,他们的精神永垂不朽!

选自《南方三年游击战争·闽赣边游击区闽中游击区》,第115—121页。

张开荆,1905年生,江西吉水人。1925年参加革命,1927年加入中国共产党,1930年参加中国工农红军。南方三年游击战争时,任福建军区司令部通讯主任、瑞(金)会(昌)县游击司令部司令员、闽赣边游击司令部参谋长、汀瑞游击支队政治委员、中共汀瑞会特委宣传部长等职。新中国成立后,曾任华北军区平原省军区副司令员、察哈尔省军区副司令员,黑龙江省军区司令员,沈阳军区副参谋长,吉林省副省长、省政协副主席、省人大常委会副主任等职。1955年被授予少将军衔。1991年在长春逝世。

在闽赣边游击区的日子里

温华桂

1934年10月，由于党内王明机会主义路线的领导，中央苏区第五次反“围剿”失败了，我主力红军被迫撤出中央苏区北上，进行了史无前例的长征。而留在南方各省的部分红军和游击队，与党中央完全失去了联系。赣粤边、闽赣边等15个地区的红军游击队，依靠苏区人民的支持和对革命事业的无限忠诚，在到处都是白色恐怖下，顽强地坚持了南方三年的游击战争。经受了各方面的考验，牵制和消耗了敌人的力量，打击了敌人的嚣张气焰，捍卫了红军的旗帜，保存了革命的火种，支援了主力红军北上抗日，在艰苦卓绝的游击战争中用鲜血和生命书写出了红军战士无比坚毅的英雄气概。

一、艰难突围

1934年，我在石城县政治保卫局任执行科长，敌人占领石城时，调到瑞金县政治保卫局任侦察科长。当时正在进行第五次反“围剿”，红军损失惨重。看到一批批从前方抬下来的伤员，听到前方某某地区又被敌人占领了，心里真不是个滋味。在农历九月初的一个下午，国民党军在占领长汀古城后，又继续向瑞金进犯，其先头部队离瑞金县城只有

30 多华里了。我们保卫局的同志们接到命令，迅速到县城附近的铜锣湾一带集中；当晚随同县委、县苏维埃政府、各级党政机关的同志在县独立营的掩护下离开县城，撤往九堡地区。到达九堡后，各机关分别驻扎下来，我们保卫局驻在坝滨圩花门兜。

12 月，根据中央分局的指示，在瑞金九堡铜钵山区成立了瑞西特委，原闽赣省委书记赖昌祚同志任特委书记，钟德胜为少共瑞西特委书记。

为了更好地发动群众，打击敌人，保存自己，在瑞西特委的组织领导下成立了瑞金游击大队。这支游击大队主要以瑞金保卫局政治保卫队和侦察连为基础，加上部分县委机关干部、工作人员共有 200 多人组成。特委任命刘德胜同志为大队长，我任政治委员。

在蒋介石“宁可错杀一千，绝不漏掉一个”的血腥镇压下，中央苏区遭到了残暴的烧杀，仅瑞金失陷后的十几天内，就有 1800 多人惨遭杀害，区、乡党组织全部遭到破坏。据不完全统计，光是在瑞金惨遭杀害的无辜群众竟达数万人，真是“茅草过火，石头过刀，筷子过斩”，很多地方成了“血洗村”、“无人村”，到处是一片白色恐怖。

敌人的血腥镇压吓不倒红军战士！在瑞西特委关于组织起来，积极开展游击战争，为打击敌人，配合主力红军北上，恢复中央苏区而战的指示下，瑞金游击大队准备在瑞金九堡地区开展游击战争。特委委员钟天禧、钟德胜两位同志都是九堡人，也奉命和我们游击队一起，在该地区恢复党的组织，开展地下斗争。

瑞金九堡区原是中央苏区的模范区，但在敌人的血腥镇压下，地方党组织遭到了严重破坏，国民党反动地主豪绅组织“还乡团”、“铲共团”，建立保甲制度，实行“五家一联，十甲一保”，“一家通匪，十家连坐”，还恢复了伪区、乡、保公所等反动组织，对苏区人民进行疯狂清算报复。不要说红军的亲属，就是曾与红军有过联系的人，都受到了牵连，重则满门抄斩，轻则毒刑拷打。敌人还到处建碉堡，强迫“移民并村”，强制执行“计口购粮”、“计口购盐”，凡是交通要道、路口都层层设卡，对往返行人重重盘查，妄图达到饿死、困死红军游击队的目的。除此外，他们还到处散布什么“红军被消灭了，干部投降了”等谣言，张贴布告、标语，进行欺骗宣传。这些毒辣的手段，使苏区内大部分地区都成了“无人区”，使人民群众受到了极大的摧残。

游击队到达九堡地区后，由于有的群众听信了反动宣传，不敢与我们接触，致使游击队处境非常困难。由于红军游击队的出现，引来了数万名敌人。1935 年 2 月，国民党以三个师的兵力向汀瑞地区进行疯狂的“进剿”，包围了我们游击队所在的九堡地区。瑞西特委书记赖昌祚同志决定向绵江河东突围，游击队一部分由我带领，掩护瑞西特委以及县政府机关向武阳方向突围，另一路由刘德胜同志率领，掩护县委机关向石罗岭方向突围，约定在武阳白竹寨集合，而后向福建转移。

首次突围，除刘德胜、钟天禧、钟德胜同志带领的一部分人冲出敌人包围外，其余人员又折回铜钵山区。经稍事休整后，又分三路突围，这次突围虽然成功了，但在突围中，司令员刘连标同志为掩护战友英勇牺牲，许多同志也被冲散了，我们突出敌人重围与刘德胜、钟天禧、钟德胜同志带领的队伍会合时，游击队只剩下 100 多人了，其中还有不少伤员。敌人的“围剿”又使我们被迫取消去福建的打算，决定仍留在瑞金地区与敌人周旋。

为了保存革命力量，使游击队在极为残酷的环境中生存下去，赖昌祚同志在丝茅坪召集我们几个游击队领导开会决定，特委和游击队分散行动。赖昌祚同志带领一部分人留守丝茅坪，我们游击队到竹岭、罗汉岩一带活动。

当游击队开到观音崃地区时，有不少同志因长期行走，鞋早就烂了，光着的双脚被尖利的山石磨破、发炎、溃烂了，加上在历次战斗中的伤员，行走非常艰难，严重影响了整个部队的行动。一天晚上，我和刘德胜、钟天禧、钟德胜几个同志碰头研究，鉴于伤病员情况日益严重，队里又无药物，不利于伤病员身体恢复健康，必须立即把伤员转移到一个安全的地方。由于我对当地的地形熟，所以决定让我把十多名重病号和伤员送到丝茅坪赖昌祚同志那里隐蔽休养。不料第二天，我们途经暗山的山凹附近时，与国民党搜山队遭遇了。当时我们没有几件武器，而大多数又是行动不便的伤病员，战斗中大多数同志牺牲了，有部分同志被俘了，有的同志被冲散了，直到半夜，我才只身突出重围，找到特委。

留守丝茅坪保护特委的同志们，在游击队出发后不久，也遭到敌人的袭击，伤亡惨重，特委书记赖昌祚身边只剩下警卫员颜炳南和全胜仁两位同志。赖昌祚同志听我汇报后，立即指示我赶回部队，命令游击队迅速转移。当晚，我忍饥挨饿连夜返回游击队驻地，没有想到，游击队因当时情况紧急撤离原地，北进九堡地区了，无奈，我只好又返回特委。为了防止意外，我和赖昌祚及颜炳南、全胜仁四同志离开了丝茅坪，进了观音崃及暗山，一面设法寻找游击队，一面作群众工作，恢复党的组织。

这是一段非常困难的时期，敌人使用“一人通匪，十家抵罪”的卑劣手段，迫使群众不敢接近我们，想把我们困死、饿死在山里。记得有一天，天下着大雨，我们四个人悄悄到一户老乡家住宿，不料，房东家青年报告了当地“还乡团”来抓我们。我们刚刚睡下不久，就听见外面有人使劲敲门，事觉不妙，由于事前都有思想准备，观看好了撤退的路线，规定了走散后集合地点，我们冲了出去。虽说我们没有受到损失，但从此再没有轻易地住进老乡的房子了。白天，我们东跑西藏，晚上，就在竹林中栖身。没有粮食，就挖野菜、采野果充饥；没有衣物，就在干草堆、树叶中御寒。由于敌人胁迫群众天天搜山，我们长期吃不到粮食和盐，同志们身体骨瘦如柴，浑身无力。可是，当时我们所以能在那样残酷的环境中坚持下来，主要是靠对革命事业的无限忠诚，靠为革命奋斗终生的坚强信念！同时，也靠真心诚意地拥护革命的人民群众。

在1935年五六月间的一个傍晚，我和颜炳南一同下山打听游击队的消息，途中我的左脚尾指被青竹蛇咬伤，不一会儿整个脚都肿了起来，第二天清晨整条腿全都肿了起来，完全不能走路了，我感到浑身不适，就连神志都有些不清楚。怎么办？如不及时治疗就会有生命的危险，当时颜炳南心急如焚，他不顾一切地冒险把我背到暗山附近一姓刘的老大爷家，这位老大爷家陈设简陋，加上“还乡团”、“搜山队”反复抢劫，家中就连一口锅都没有了，日子过得非常艰难。即使如此，加上还有全家株连的危险，但他还是收留了我。刘大爷找来草药为我敷上，经过几天的精心治疗，红肿逐渐消失了。但是，由于伤口恢复得较慢，一连几个月活动不方便，刘大爷和全胜仁、颜炳南同志就把我隐藏在一片茂密的毛竹林中，每天为我送饭、送水，直到我身体痊愈。从我的脚被蛇咬伤之后，赖昌祚和颜炳南、全胜仁同志也到这片竹林中隐蔽起来。平日里，刘大爷全家省下自己的口粮给我们，还在敌人严密的封锁下，想方设法地为我们搞来衣服、盐和一些生活必需品，而他们自己却长期吃着野菜、南瓜……在那极端艰难的环境中，刘大爷家不顾任何危险，不取任何报酬，积极地为红军做事，充分说明苏区人民群众热爱红军，热爱游击队，和游击队同生死、共命运。我们深深地感谢苏区人民群众对游击队的无私支援！他们的哺育之恩使我们永远难以忘怀。

二、找到了游击队

1935 年秋天，当我左脚上的蛇伤养好之后，刘大爷又给我们带来了好消息：游击队有音信了！听到这个消息之后，我们四个人高兴极了，真巴不得立刻就见到同志们。与部队分离半年时间，每天都在盼望着能早一天与同志们团聚，这一天终于来到了！

原来，在我带领十多名伤病员离开驻地不久，游击队也遇到敌人搜山队的袭击，游击队突围出去以后，也是每天都变换宿营地，处境很困难。由于红军游击队的出现，引来了瑞金、长汀附近数万名国民党军和“还乡团”不断的“清剿”。仅一个多月，游击队就遭到敌人的数次围攻，每一仗都打得非常苦、非常惨。尤其在四五月间冬瓜窝一仗，游击队陷入数倍敌人的重重包围之中，同志们顽强地与敌人搏斗拼杀一天一夜，100多人的游击队，最后只有20多人突围出来。瑞西特委委员（原国家保卫局执行部长）钟天禧同志就是在那次战斗中壮烈牺牲的。这20多名同志返回大柏地一带，寻找特委、开辟新游击区。经过休整，瑞西特委委员、少共瑞西特委书记钟德胜同志被大家推为瑞金游击队大队长兼政委。

游击队返回大柏地后，认识了某村一个名叫廖森章的人。游击队不但通过他购买粮食、药品、衣物等急需用品，还通过他四处打听我们的消息。在一次偶然的机会里，刘大爷认识了廖森章，得到了游击队的消息。经过周密谨慎的准备之后，赖昌祚同志指示我与钟德胜派来的人接头。

在约定接头的那天，我装扮成当地的农民，在离刘大爷家不远的梯田上收稻子。不一会儿，只见刘大爷带来一个人，对过暗语之后，我们边干活边互相介绍情况。来人离开之前，我交给他一封赖昌祚同志写给钟德胜同志的亲笔信。这以后，我又几次到大柏地与钟德胜同志见了面。

我们终于找到游击队了。虽然只有20多个人，但她毕竟是一支工农武装，一支让人民振奋的革命力量！赖昌祚同志仍以特委书记的身份领导这支游击队。游击队领导重新进行了分工，钟德胜同志仍任大队长兼政委，我为党支部书记。大队下设三个分队，一分队长杨洪才，二分队长梁桂荣，三分队长刘德胜。部队以汀瑞交界的观音崃及瑞金县的壬田区、罗汉岩、黄柏区和大柏地乌坑等主要地区为基点，开始了新的斗争。

三、攻打乡公所

国民党反动派在中央苏区反复“清剿”了一年，自以为红军被消灭干净，于1935年深秋，将其正规军陆续撤走，各县、乡只留下了一些地方武装，游击队的行动方便了一些。我们瑞金游击队的同志们纷纷要求搞几次大的行动，打击当地反动武装的气焰，变被动躲避敌人为主动打击敌人，扩大声势让苏区人民知道红军并没有被反动派“斩尽杀绝”，而是在他们周围战斗，壮大！我们根据特委书记赖昌祚同志的指示精神，经过侦察和分析敌情，决定先打瑞金合龙市的乡公所。这个乡公所在国民党反动派“清剿”山区时，非常卖劲，又经常盘查进出山的群众，无端地寻衅闹事。拔掉他，就是敲掉反动派嘴上的一颗门牙，同时也可以解决游击队所急需的枪支、弹药、给养等困难。战斗前，我们多次派人进行了侦察：乡公所有 20 多个乡丁，但一到晚上没有人站岗，只在大门口挂一盏汽灯，以示太平无事。战斗选在一个没有月亮的晚上，我们先派人在乡公所两侧警戒，其余的人埋伏在周围，以枪声为号同时发起进攻。由于缺乏战斗经验，加上敌我力量相当，未能全歼敌人，只打死四五个乡丁，缴枪四支及一批物资，我方无一伤亡。战斗结束后，我们第一次以“中国工农红军汀瑞游击大队”的名义在乡公所的墙上贴上标语，连乡丁的尸体上也贴上了告示。这次战斗虽未全歼敌人，但对国民党是一次沉重的打击，扩大了红军游击队的影响，使汀瑞地区的敌人大为震惊，急忙调集数千人来“围剿”我们，而我们早已转移到别的地方去了。当地群众纷纷暗中相传：咱们的红军还在，咱们的队伍还在！

四、伏击汽车

合龙市乡公所战斗的胜利，使我们游击队在汀瑞地区活动的局面打开了。原来受反动派欺骗的群众觉悟起来了，主动为我们送衣、送粮、送情报。乡亲们来到游击队诉说着国民党反动派的罪行，都盼望着我们多打几个胜仗。

1935 年 10 月，游击队返回大柏地一带活动，发现在宁（都）瑞（金）

公路上，常有国民党军车来往，除少量的汽车是运送人员外，主要是运送各类物资和武器弹药，这些物资和装备正是我们游击队所急需的。为了继续给敌人以打击，游击队领导研究决定打国民党的汽车，我们一面派人查看地形，了解情况，一面研究战斗方案。

当时，宁（都）瑞（金）公路是国民党一条重要的交通干线，为了保证公路的安全，国民党在公路边每隔三五里地就修建一座岗楼，还经常派人在公路上巡逻，警戒森严。为了使战斗能速战速决，我们在公路靠近山脚处，选择了一个又上坡又转弯的地点为伏击区。这既可以隐蔽接近敌人，又可迅速撤出战斗，公路两边岗楼上的敌人还不易观察到，作战方案确定之后，对全体同志进行了明确、细致的分工。要求大家听到命令后先集中火力打汽车的驾驶员和汽车发动机，待汽车不能动时，再各个消灭车上的敌人。同时对警戒、断敌退路、阻击援敌等进行了部署，一切准备就绪。

过了几天，我们得到廖森章转来的情报，告之近一二天内就有一辆汽车经过伏击点，全队立即整装出发。同志们不顾气候寒冷，埋伏在伏击区。第一天过去了，公路上静悄悄的，第二天上午又过去了，还是毫无动静，有的同志怀疑这次打不上汽车了。约莫到了下午三四点钟光景，北边传来汽车发动机的声音，不大一会儿，就见一辆汽车远远驶来，我们隐蔽在公路两侧，待汽车刚进入我们的伏击圈，就听钟德胜同志一声高喊：“打！”顿时间，步枪、手枪、手榴弹声响成一片。汽车一下子就不动了。车上十多个敌人还来不及反抗，就都被打死了。击毙的敌人中，有一名是国民党江西省党部书记谢存道，一名是国民党军的一个团长王世金。这次漂亮的伏击战，前后只进行了十几分钟，我方无一伤亡。我们缴获了十多支枪，数百发子弹，几百块银元，还有毛毯、布匹等一批物资。当公路两侧岗楼内的敌人闻声赶来增援时，我们早已安全地撤离了战场。反动派非常恼火，纠集两个多团的兵力对大柏地一带山区进行了数天“扫荡”。可游击队早在当地群众的掩护下，安全地转移到其他地区了。

国民党反动派为了防止游击队的再次袭击，除了增强了公路两侧的防御，还强迫老百姓将宁瑞公路两旁50米以内的树木砍烧得精光。

这次打汽车，是瑞金游击队在中央主力红军撤出苏区以后，第一次在宁瑞公路上击毁敌人的汽车。过了不久，我们又听到消息，敌人的汽车要再次路过宁瑞公路。由于敌人第一次失败有了教训，所以事先在有山和公路拐弯处都派了岗哨和加强了巡逻。我和钟德胜研究后，决定在一处易于转移的平坦地段上，再次教训一下敌人。

1935年12月的一天夜里，我们在得到廖森章送来的可靠情报后，部队立即行动，提前到预定的潜伏地点，在公路两旁的田埂、水沟、灌木丛和草丛之中埋伏了下来。同志们在寒夜中站在冰冷的水中，为了取得战斗的胜利，没有一个人乱动，也没有一个人叫苦。一直等到天完全大亮了，才看到一辆国民党军运输车开来，进入伏击圈后，同志们单等一声令下就会立即开火。但我们忽然发现，这辆车上只有两个人，一个司机、一个国民党士兵，端着枪十分惊慌地东张西望，车上空空的，什么东西也没有。我们想这一定是辆试探车，放他们过去了。大约又过了十分钟，开过来了第二辆汽车，车开得飞快，车上除去一个机枪射手趴在车头上外，其余约30余名国民党军官兵都坐在车厢里一摇一晃地打瞌睡。我们高兴极了，因为这是一条“大鱼”，大家紧握枪，单等下命令了。当汽车一开进“口袋”里，只听到钟德胜一声枪响，接着就是枪声、手榴弹爆炸声响成一片，汽车像泄了气的皮球一样，冒着浓烟躺在地上不动了。一时间，30多个国民党军死伤一大半，其余的人吓得不敢回击，把枪丢下，争先恐后地跳车而逃。这次战斗，共毙伤敌人20多人，其中毙敌16人。缴获机枪一挺，左轮手枪、驳壳枪各一支，步枪数支及一些弹药。

接连两次打汽车，狠狠地打击了敌人的反动气焰，政治上揭穿了敌人“红军消灭光了”的谎言。通过这两次战斗，不但锻炼了自己，还用缴获来的武器武装了自己，丰富了我们的作战经验，提高了我们的战斗力。我们的行动给周围广大人民群众以极大的鼓舞，汀瑞边红军游击队的声威从此大振。

五、处决恶霸保长

在国民党军“清剿”部队逐渐撤离瑞金之后，随着瑞金游击队活动的日益频繁，国民党地方保安团队越来越坐立不安了。他们不惜用重金收买、悬赏游击队领导人的头，收集游击队的消息，并常常派出大部队进山“清剿”，妄图把游击队一网打尽。但活动在闽赣边区的瑞金游击队，时而在江西境内，时而又到了福建境内，敌人到处跟着我们跑啊，转啊，就是摸不到游击队的踪迹。

1936年初春，我们游击队在大柏地附近山区活动时，每次出山执行任务，都要经过太阳山脚下的一个挨近公路的小山村。这个隘口，是游击队和往来客商的必经之路。可在这个小山村里有一个保长非常反动，他不但威胁那些愿意与我们接近的群众，还偷偷派人跟踪我们，向敌人告密，带人来“清剿”，使村里群众遭受很大损失，也给游击队的活动带来极大的不利。他依仗有几个家丁，欺压百姓，为非作歹。由于他的影响，就连临近几个村子的保甲长们，也跟着猖狂起来，如果不打击一下这些反动分子的气焰，就不可能有效地在这一地区开展活动。游击队领导研究后，决定除掉这个恶霸保长。

刚过春节不久的一天晚上，游击队轻装下了山，先围住了这个保长的住宅。保长住宅的大门口挂着两个大红灯笼，门的两边贴着对联，院内的厢房里不时地传出家丁们喝酒行令的呼喊声。几名同志先悄悄地跳进院墙，打开大门，引游击队其他同志进了院子，除四个人守住保长的住屋子外，其余的人一起冲进了家丁住的厢房。家丁们有的在睡觉，有的在喝酒赌钱，当我们冲进去下了他们的枪时，他们还愣在那里，不知发生了什么事。我们让被俘的家丁把保长诱出房门，这个保长察觉苗头有些不对，刚想夺路而逃，就被几个游击队员结结实实地捆了起来。钟德胜同志列举了他的种种罪行之后，当着那些被俘家丁的面，宣布把他处决了。为了扩大影响，壮大声势，我们把几个罪行较轻的家丁放了。一时间，“中国工农红军汀瑞游击大队”处决了“恶霸保长”的消息，在方圆数十里内，不胫而走，一下子一传十，十传百，把我们游击大队越传越神，简直就成了来无踪、去无影的“天兵天将”。

在这以后，游击队经常四处活动，接连不断地向地方武装发动进攻。我们在壬田区夺取了大地主李秀珍的粮仓，把粮食分给了乡亲们；接着，游击队大闹壬田联保办事处，枪决了大恶霸、联保办事处主任熊秀仰。游击队根据乡亲们提供的消息，还捉杀了三个罪大恶极的叛徒、土豪。这些胜利，使乡亲们人人喜上眉梢，而那些想仗势欺压百姓的保、甲长、土豪们的嚣张气焰却大大收敛了。

六、特委书记赖昌祚的不幸牺牲

随着游击队活动的日益活跃，更多的群众主动和我们联系了。我们从乡亲们的口中得知，在闽赣边区除了我们这支让敌人闻风丧胆的“汀瑞游击大队”以外，还活跃着其他几支红军游击队，主要有两支：一支是活跃在江西桃阳区与福建长汀古城区一带的桃古游击队；另一支是活跃在江西瑞金武阳一带的武阳游击队。赖昌祚同志曾多次派我下山寻找，但由于敌人的严密封锁，几次寻找均无结果。

1936 年 6 月的上旬，有情报传来，敌人要对上温一带山区我游击队根据地发动一次大规模的“清剿”，为了搞清敌情，我和熊德效、刘维吉以及另外两名同志下山侦察。没走多远，就与观音崃北面大山据点出来“清剿”的敌人相遇了。敌人约有一个连，而我们只有五六个人，其中一个人还没有枪。敌强我弱，情况紧急，回去告诉部队转移是来不及了，我决定把敌人引开。我和其他几个同志简单地交换了意见，规定了会合地点，便从不同方向，隐蔽接敌，突然向敌人射击，而后向游击队驻地相反的方向且战且退，一直把敌人引到山中。由于我们地形熟，人少行动方便，几个人几个方向，东一枪、西一枪，在山林中和敌人周旋了整整一个下午，直到天黑，敌人也没有找到我们。

这次与敌遭遇，虽然我们没有损失，但说明游击队的驻地已被敌人察觉，他们肯定还要来报复，必须研究对策。这段时期，赖昌祚同志正在患病，不宜跟部队长途行军，赖昌祚和钟德胜研究后，决定抽几个人跟赖昌祚同志转移到罗汉岩安全地区。经赖昌祚同志同意，钟德胜同志率领部队仍在观音崠一带活动，由我和颜炳南、熊德效、傅伯全四个人保护赖昌祚同志到罗汉岩山中隐蔽养病。当部队离开驻地不久，就听说敌人纠集了重兵上山“围剿”，但留给敌人的，只是几间空荡荡的草屋而已。

转眼几个月过去了，赖昌祚同志的身体康复了，我们也估计敌人已撤回据点。1936 年 10 月的一天，赖昌祚同志一面派熊德效同志到附近去找群众了解情况，采购食物，另外派我和颜炳南同志到上温地找钟德胜同志汇报赖昌祚同志身体情况，但是意外的情况发生了。第二天，当我和颜炳南同志从上温地区返回罗汉岩驻地时，远远地闻到一股血腥味，急忙上前察看，发现一个人躺在一块大青石板上，身上盖着一条毛毯，石板下流了一地血，掀开毛毯，才发现是赖昌祚同志牺牲了。我看了一下周围环境，没有战斗过的痕迹，又找不到其他人，赖昌祚同志身上的枪和随带经费全不见了。我和颜炳南同志立即返回上温地，正好熊德效同志也回到部队，一齐向钟德胜同志汇报。钟德胜同志命我和颜炳南立即赶赴罗汉岩。到了那里，我们把赖昌祚同志就地安葬了。钟德胜主持了追悼会。对赖昌祚同志的不幸牺牲，我们全体队员万分悲痛。他是个好同志，思想作风正派，工作能力很强，没有架子，善于做思想工作，是我们党的好干部，是游击队的好领导。他的牺牲，是游击队的重大损失。

把赖昌祚同志安葬后，分析赖昌祚同志是被傅伯全暗害的。凶手如投敌将会给游击队带来更大损失。钟德胜同志让我和颜炳南、熊德效等人到处查找凶手。第三天，我们几个人下山后回部队途中与傅伯全相遇，当即将他抓获，并在他的身上搜到赖昌祚同志的手枪、游击队的金子等物，经请示钟德胜同志后，把他枪毙了。

七、和上级取得了联系

1937 年早春，我们在瑞金地下党和群众的帮助下，历尽千辛万苦，终于与桃古游击队和武阳游击队取得联系，并与胡荣佳、彭胜标、刘国兴、张开荆等游击队领导人见了面。从此，我们这三支游击队会合了，经常互通情报，配合行动，我们时而集中、时而分散，全都以“中国工农红军汀瑞游击大队”的名义，运用灵活机动的游击战术，积极主动地打击敌人。先后攻打了青山铺和武阳围区公所，镇压了一批恶霸、土豪；同时，我们还注意恢复党的组织，深入开展群众工作。随着全国形势的不断好转，我们的队伍不断扩大，在闽赣边一带方圆 100 多里的范围内，我们一次又一次粉碎了敌人的“清剿”，取得了斗争的胜利。

七七事变发生后，全国各地掀起巨大的抗日救国浪潮。但在闽赣边游击区，由于国民党军的“清剿”没有停止，封锁没有解除，因而游击队也没有停止游击斗争。

1937 年 8 月，我们三支游击队联合行动，在汀（州）瑞（金）公路上山箭脑战斗中，击毁一辆汽车。击毙的人中有国民党汀州专员秦振夫的太太，国民党地方当局抓住这件事大做文章。派人到龙岩，向闽西南军政委员会主席张鼎丞“告状”，还登报诽镑“汀州瑞金边界地区的红军游击队破坏国共合作”。这样，敌人成了帮助我们与上级取得联系的“通信员”。张鼎丞、邓子恢、谭震林等领导同志在与国民党地方当局谈判时，得知闽赣边还有红军游击队在战斗的消息后，立即派了闽西南军政委员会特派员肖忠全同志到安治（今泽覃乡）、猪仔崃等地寻找闽赣边游击队。通过地下党组织的帮助，肖忠全找到了我们，他来到部队驻地向闽赣边游击队领导讲了西安事变及我党为联合起来抗日所采取的和平解决方针，讲了要与国民党实行第二次国共合作，还谈到了在南方坚持斗争的红军游击队准备改编为“国民革命军新编第四军”等问题。这一切，我们当初听起来既新鲜，又怀疑，若不是通过瑞金地下党组织介绍来的，我们说什么也不会接待他。事后，肖忠全同志又多次来游击队，并带来了张、邓、谭等几位首长的亲笔信。此后，陈丕显同志又受项英、陈毅同志的委托，带来了许多份油印的中央分局的文件，这才使我们打消了疑虑。经三支游击队领导研究，派彭胜标同志去江西大庾（今大余）新四军池江办事处项英、陈毅同志那里汇报情况。

10 月，彭胜标与张志辉两同志分别从大庾和闽西返回瑞金游击区。他们带回了中央分局的指示，使我们真正了解了当前的形势和党中央的意图。三支游击队领导人根据中央分局的指示，在一起研究决定，派彭胜标同志跟随陈丕显同志前往瑞金县城，与国民党瑞金县县长谢寿如和独立三十三旅黄镇中部代表进行交涉。尔后又派钟德胜、胡荣佳等同志代表闽赣边游击队与国民党瑞金当局谈判。在谈判桌上，国民党瑞金当局否认国共合作的事实，散布“共产党投降”的谬论。我方代表针锋相对，据理驳斥，揭露他们企图利用红军游击队改编的时候消灭游击队的阴谋。经过反复斗争，国民党瑞金当局不得不承认红军游击队的合法地位，在合作协议书上签了字，确定了我方的编制、番号、驻地等事宜和我游击队独立自主的地位。

11 月，我游击队在瑞金县城河背街溪子下成立了“汀瑞抗日游击队驻瑞金办事处”，傅家洪为主任（后为谢华一）。是月，这三支游击队下山,在兰田石水湾进行“点编”,并正式改称为“汀瑞抗日游击支队”。支队长钟德胜，党代表胡荣佳，副支队长彭胜标，参谋长周桂生，支队下辖三个大队。一大队（原瑞金游击队），队长杨洪才，政委温华桂；二大队（原桃古游击队）队长林太福，政委黄存安；三大队（原武阳游击队）队长刘国兴，政委张志辉。

“点编”结束后，一、二大队驻扎在兰田，三大队驻扎在武阳的桃树排，开始整训，待命北上抗日。

八、瑞金事件

我们在谈判中取得了胜利，部队顺利地进行改编。然而国民党瑞金当局表面上赞同国共合作、共同抗日，暗中却企图消灭我游击队，想利用改编集中的机会消灭游击队。他们的企图被我们识破后，不甘心失败，一边拖延给养，一边派持务化装成游击队员到瑞金的武阳、谢坊一带抢劫商人财物，骗走群众小孩，奸淫妇女，无恶不作，妄想损坏我游击队的声誉，然后以“为民除害”之名将游击队消灭掉。我游击队派出人员，揭露了他们的罪恶行径，一举粉碎了他们的阴谋活动。他们置国家危亡于不顾，还蓄意制造了震惊闽赣两省的“瑞金事件”。

1938 年 1 月中旬，中共闽粤赣省委派谭震林同志前往赣南，向项英、陈毅汇报部队改编情况。途经瑞金时，在溪子下办事处召集了汀瑞抗日游击支队连以上干部和地下党负责人会议，参加会议的人员共 30 多人，那天，我们接到开会的通知后，我就和钟德胜、胡荣佳两同志及警卫员等十多人，下午由驻地出发，到达瑞金办事处时，大约是四五点钟。吃过晚饭后，谭震林把我们三名游击队领导叫去听取了我们的汇报。晚上 10 点左右会议正式开始，谭震林同志传达了中央关于国共两党合作、团结抗日的有关指示，要求我们严防国民党瓦解和消灭我军的阴谋诡计，并指示我们在达成停战协议后，抓紧一切时间进行整训，各部队和地下党组织要做好北上抗日的一切准备，处理好部队集结、留守等问题，接到命令，立刻奔赴抗日前线。会议开到11点钟左右，外面的狗突然叫得非常厉害，我们还没有搞清是怎么回事，就听见有人在外面用力敲门，靠近门旁的同志刚把门打开，一群荷枪实弹的国民党独立三十三旅黄才悌（黄镇中）部官兵就闯了进来，以查户口为名，悍然包围了瑞金办事处。他们一进来就翻箱倒柜，逐个盘查。肖忠全同志见情况不对，想冲出去，不幸刚冲出大门不远就被枪杀。面对国民党军的所作所为，参加会议的同志和警卫员，都拔出枪来，把谭震林等领导护在中间。与他们对峙起来，并纷纷向谭震林同志建议打出去。谭震林同志摇了摇手，十分沉着，示意大家不要硬拼。如果真硬拼，将会带来更大损失，对抗日斗争不利。谭震林同志还对国民党士兵们讲了不要打内战，要以民族存亡为重，联合起来共同抗日的道理。

国民党黄才悌（黄镇中）的队伍叫我们到办事处前的大空地上集中，并搜去了每个人身上的枪支、财物。谭震林等同志出面与他们交涉，并提出抗议，但毫无结果。他们以查清问题为由，把我们分别关押了起来。把谭震林等七人关严屋的一间房子里，把我和朱镇中、张志辉、邓有朋等同志关在下半田的一个大祠堂里，其余的人被关到别处。第二天，到新四军军部领取电台返回闽西的二支队秘书长温仰春同志，及随之同行的十多名军部干部（内有李坚贞夫妇）、机要员、报务员也被扣押。事件发生后，国民党军黄才悌部抢去了钟德胜、胡荣佳同志印章，伪造汀瑞抗日游击队的命令，企图把游击队骗进瑞金县城来缴械，以实现他们消灭游击队的阴谋。与此同时，黄才悌又派兵会两路袭击我武阳、兰田等驻地。在这万分危急的情况下，办事处副官余玉辉设法逃了出来，提前将这一情报送到了游击队。闽赣边红军游击队立即向福建龙岩方向转移，粉碎了国民党军黄才悌部妄图消灭游击队的阴谋。游击队到达龙岩顺利与张鼎丞部队会合，后编为新四军二支队三团二营，另有部分同志编入二支队四团二营。

瑞金事件发生后，新四军赣南池江办事处、龙岩办事处分别向国民党江西省政府和瑞金当局提出强烈抗议。项英同志还给国民党江西省政府主席熊式辉和赣州行政督察专员马葆珩发出急电，抗议黄才悌部蓄意制造的流血事件，要求立即无条件释放我方被扣押的全体人员。并指示各地游击队迅速做好自卫准备，严防国民党军队的突然袭击。经过新四军军部与国民党地方当局的多次交涉和闽粤赣各界舆论的严厉谴责，黄才悌不得不分批释放了扣留的我方人员，归还了电台、枪支和个人财物。我归队后，留在二支队政治部工作。1938年3月初，部队从龙岩出发，经江西的瑞金、于都、赣州，在樟树镇乘火车经东乡、弋阳、上饶，在玉山下车，而后北进，到达安徽岩寺、屯溪地区，在那里整训后，开赴抗日前线。

1934年10月至1938年3月，在这三年多的艰苦岁月中，我们瑞金游击队在完全失掉上级党的联系和指挥之后，缺衣少食，风餐露宿，许多同志为革命事业流尽了最后一滴血，一支开始有1000余人的队伍，在无数次与敌人进行的殊死战斗中，只剩下了20多名同志。但这支队伍的存在却像一把插在敌人心脏上的钢刀，使他们闻风丧胆，同时又像一束在茫茫黑夜中燃起的火把，在充满白色恐怖的瑞金、汀州一带地区的人民心中，播撒了希望的火种，坚定了必胜的信念。我们这支游击队之所以能在恶劣的环境中，以坚强的毅力战胜种种难以想象的艰难困苦，打破国民党的残酷“清剿”，顽强地坚持了三年游击战争直至最后的胜利，回想起来，就是因为我们是一个坚强的战斗的团结如钢的集体，因为我们得到了苏区人民群众的无私支援和帮助，因为我们坚信红军是不可战胜的！人民是不可战胜的！

正义必胜！革命必胜！共产主义事业必胜！

选自《南方三年游击战争·闽赣边游击区闽中游击区》，第122—136页。

温华桂，1907 年生，江西吉安人。1929 年参加革命，1930 年加入中国共产党，同年参加中国工农红军。南方三年游击战争时，任瑞金游击大队政治委员、党支部书记，汀瑞游击支队一大队政治委员。新中国成立后，曾任上海市公安总队政治部主任、副政治委员，南京军区干部文化学校政治委员，江苏省军区徐州军分区政治委员等职。2004 年在北京逝世。

地下党和交通站

刘辉山

1934 年 10 月，中央主力红军长征前夕，瑞金县各区乡都组建了游击队，准备主力红军长征后坚持游击斗争。我当时是瑞金桃阳区的区苏维埃主席，奉命担负起组建游击队的任务，并担任了区游击队队长。

中央主力红军长征后，国民党军队大军压境，对留下的部分红军和游击队进行残酷的“清剿”，豪绅地主卷土重来，组织“还乡团”、“铲共团”，叫嚣“屋换石头，人换种”，对革命人民进行反攻倒算，实行烧、杀、抢“三光”政策，许许多多的革命家庭被搞得妻离子散，家破人亡，成千上万的革命人民被杀害，大批大批的红军战士、苏维埃政权的各级干部被抓被杀，红色首都遭受空前的浩劫，人民遭受空前的苦难。

国民党反动派的疯狂烧杀，动摇不了人民的革命斗争意志。革命人民坚信主力红军一定会回来，革命斗争一定能胜利。在险恶的日子里，人民跟随游击队离开家乡，上山打游击。桃阳区游击队的人数也增加到 200 多人。在同国民党军和豪绅地主的斗争中，我们这支游击队虽然打了一些胜仗，也给了敌人以打击，但终因敌我力量过分悬殊，加上失去了上级的联系和领导，游击队人数逐渐减少，处境一天比一天困难。11 月，我们桃阳游击队同福建省的古城游击队会合在一起，经两支游击队领导人的协调，决定将两支游击队合并为桃古游击队，胡荣佳任队长，彭胜标任政委。

两支游击队在战斗中合并以后，对于今后的斗争怎样开展进行了讨论。决定在强敌进攻面前，游击队要分散行动，采取灵活机动的战术与敌人周旋，不能同敌人硬打硬拼，消耗自己的力量。还决定要开展地下活动来配合游击队的斗争，要派一部分同志到游击区周围的村庄发动群众，组织群众，支援游击队，经过艰苦的工作，恢复和建立地下党的组织，以担负起领导群众斗争的重担。

当时随同我在游击队的有我的老母亲，有我爱人和刚出生不久的小儿子，在频繁的战斗中显然是个拖累。领导上考虑到我家人的安全，也考虑到游击队活动的方便，决定由我负责护送他们回到老家。1935 年 4 月的一天，游击队司令员胡荣佳找我谈话，把组织的决定通知我，并叮嘱说，如果情况允许，就隐蔽下来，在村里站稳脚跟，开展地下斗争，支援山上游击队。

5 月，正当早稻插秧季节，我遵照组织决定，带着母亲和妻小，离开了游击队，回到了自己的家乡开展地下工作。当时，家乡的情况大不一样，少数豪绅地主神气十足，耀武扬威；绝大多数贫苦农民忍气吞声，满肚仇恨。我回去后，好在我们这里除了豪绅地主以外，家家户户都有人参加了红军，或者有人参加了党和政府的工作，在国民党大屠杀过后，一部分党员和干部隐蔽下来了，我也在村子里站稳了脚跟。

我回家后的第一件工作就是联络可靠的党员，成立地下党的支部。我的家乡叫陶朱，是山区，有几个村子，原来就有党的支部，国民党军侵占后，有的党员被杀害，有的外逃，剩下几个党员不敢公开露面。我经过一段时间的观察，发现刘兆山、兰永禄两位老共产党员的表现很好，就有意同他们接近。在那血雨腥风的日子里，开展地下工作和在游击队一样，如果被敌人发现，是同样要杀头的。可是当我把恢复和建立陶朱党组织，积极开展地下斗争，支援游击队的想法告诉他俩时，他俩都坚决表示，尽早恢复组织，为了革命的胜利，为了推翻地主阶级的反动统治，牺牲自己也在所不惜。就这样，陶朱党支部成立了，大家推选我当党支书记。经过一段时间工作，逐步发展陈辉诚、张旺山、钟彬英（女）三位同志入党。我把回家后恢复了陶朱党支部，打下了工作基础等情况向游击队领导作了汇报，得到了游击队领导的赞赏，并指示我要向外扩展，扩大党的组织，建立交通站，积极支持游击斗争。

当时，陶朱村有一个苏区时入党的党员刘文宣，我们动员他参加地下党的活动，他显得有些犹豫，表示等一些时候再看，我们当然也不勉强。有一天，他上山砍柴，碰上了国民党的“清剿”部队。国民党军把他抓了起来，发现他身上有块伤疤，就一口咬定他是游击队，把他枪杀了。通过这一血的教训，教育了不少人，陶朱村的群众在党支部领导下，组织起来了，积极同国民党展开多种形式的斗争。我们党支部也通过这件事，向群众开展宣传，告诉群众共产党没有被消灭，红军没有被消灭，游击队在山上坚持斗争，地下党在村子里开展活动，只有贫苦农民团结和组织起来，才能保住自己生命财产的安全。经过艰苦的思想工作和严密的组织工作，我们在兰田和安治前等地发展了一些党员，分别成立兰田和安治前党支部。到 1936 年割早稻时节,成立了桃阳区委（又叫瑞中区委），我担任区委书记，宋英（后张旺山）的组织委员，陈辉诚的宣传委员。区委由游击队党组织直接领导。

为了沟通地下党和游击队的联系，解决游击队给养的困难，游击队领导还指示我们要挑选可靠人员，选择适当地点，建立地下交通站。我和陶朱党支部的同志经过多次慎重的讨论，先后建立了两个交通站。一个在龙圳背，它在陶朱村旁边不远的一间过往旅店内，开店的就是地下党员刘兆山和他的妻子钟彬英，两人都是共产党员，钟彬英担任这个交通站的交通员；另一个设在火星崃脚下的岑背山，交通员是赵叔钦（共产党员）。交通站建立后，游击队就有了耳目，消息非常灵通。交通站还是游击队的给养站，游击队急需的粮食、食盐和日用品，许多是通过交通站一站一站地送上山的。

陶朱村的朱宗堂，当上了国民党安治前的联保主任，这个家伙作恶多端，经常向国民党密报我游击队和地下党的情况，还杀害了我一名游击队员。不除掉这个地头蛇，游击队的活动很难开展。游击队领导和地下党早就想除掉他，但总没有机会下手。1936 年 7 月割早稻时，朱宗堂要从安治前回老家，地下党得到这个消息后，通过交通站告诉游击队。游击队领导胡荣佳带着 30 多名游击队深夜潜到陶朱村，当朱宗堂刚踏进自己的家门时，就被我埋伏的游击队员抓住，当晚被我游击队镇压。

国民党为了消灭我游击队，除了军事上长期进行“清剿”外，还在经济上采取封锁的政策，使我游击队处于无粮的困难境地。地下党想方设法替游击队解决困难，有时发动群众家家户户献出自己的口粮，地下党的同志情愿自己少吃，也要把粮食送上山去。自 1936 年下半年起，游击队的粮食和其他日用品得到了保障，就是地下党和革命群众舍生忘死支援的结果。我们陶朱党支部送粮上山，便是通过交通站一站一站送去的，由陶朱送到曹堆坑，再由曹堆坑送到岑背山游击队驻地，来回七八十里。

为了解决游击队生活上的一些急需，如药品、香烟、火柴等，地下党还在福建楼子项圩上开了一家小商店，由地下党员张旺山当老板。这个小商店帮了游击队的大忙。

地下党还千方百计替游击队搞些步枪子弹，弥补弹药的不足。地下党员陈辉诚的妹夫叫杨石子，这个人忠厚老实，贫农出身，对革命有一定认识，原在欧阳江的保安团当过兵，跟保安团的士兵混得很熟，后来回家耕田，做小买卖，挑货郎担走门串户。地下党经过慎重研究，由陈辉诚出面做好杨石子的工作。杨石子在保安团的士兵中收购了不少子弹，一次就搞到 300 多发，送到游击队，胡荣佳同志高兴得很，说:“真是雪中送炭。”

西安事变后，瑞金的形势有所好转，游击队和地下党的活动更加频繁，有时还主动出击，打击国民党的地方武装和乡、保基层政权。1937 年夏天，游击队袭击兰田保，是影响最大、最为出色的一个战斗。瑞金兰田保是国民党的有名“模范保”，也是游击队活动的障碍。这个保的保长曾广辉，曾经担任瑞金县苏维埃黄沙区的裁判部长，国民党一来，他摇身一变，成了叛徒。为了邀功，一次就捉杀了我游击队员张俊坤等三人。他经常派出特务，监视人民群众的一举一动，发现有人上山就跟踪，发现游击队员就立即报告国民党军队。游击队为了拔掉这个钉子，派出一名地下党员打进了该保当保丁，还担任了班长。时机成熟以后，一天晚上，在地下党的引领下，游击队袭击兰田保，活捉保长曾广辉等六名反动分子，缴枪十余支。游击队袭击兰田保，镇压反动分子曾广辉，给国民党以严重的打击，特别是对那些为非作歹的豪绅地主和乡、保长，更是一个有力的警告。一时间，游击区周围的一些保甲，没有人敢出头当保甲长了，或者当上了保甲长也是表面上应付国民党，暗地里支持游击队。

全国抗日战争爆发后，坚持长期游击斗争的游击队同国民党地方当局达成了合作抗日的协议。游击队在集中整训的时候，组织上考虑到工作的需要，派出了一些同志出任国民党的保长，我根据组织的安排，担任了陶朱保的保长，以合法的身份开展工作。直到游击队编入新四军开赴抗日前线，组织上仍然叫我留在地方，投入抗日救亡运动。

三年游击战争的艰苦历程，我深深感到没有共产党的坚强领导，没有人民群众真心实意的支持，游击战争是难以坚持的。我还深深感到游击队的公开斗争和地下党的隐蔽斗争的互相支持的极端重要性，没有游击队的活动，地下党的隐蔽斗争就失去靠山，失去支持；没有地下党对游击队的全力支持，游击队也难以生存和发展。这是闽赣边游击区所以能长期坚持的一个重要因素。

选自《南方三年游击战争·闽赣边游击区闽中游击区》，第214—218页。

刘辉山，江西瑞金人。南方三年游击战争时，任瑞金桃阳区苏维埃主席兼游击队队长、中共桃阳区委书记。新中国成立后，曾任中共瑞金县委副书记、县长等职。

新的使命

陈丕显

1937 年 7 月 7 日，卢沟桥事变爆发后，国民党政府在全国人民强大的政治压力下，被迫接受中国共产党的主张，同意两党合作抗日。8 月间赣粤边游击区的党和红军游击队，在项英、陈毅同志的直接领导下，为贯彻党的抗日民族统一战线政策，开始同国民党江西地方当局进行谈判。经过尖锐复杂的斗争，于 9 月中旬正式达成合作抗日的协议。从此，赣粤边游击区的革命斗争进入了一个新的阶段。

为适应由游击战争到合作抗日的转变，赣粤边游击区的党组织和红军游击队进行了大量的工作，部队的思想教育和军事训练抓得很紧，扩大部队的工作积极地进行，对各阶层群众的宣传工作在深入展开。还在大余县的池江圩设立了特委办事处，项英、陈毅和特委的领导同志从游击根据地中心——油山来到池江。

池江，这个不出名的圩镇，一下子变得热闹起来。人民群众来看望子弟兵的，各游击区来联系工作的，红军战士来找部队的，共产党员来寻找党组织的，三三两两，成群结队。项英、陈毅和特委领导同志应接不暇，十分繁忙。池江，成了人民向往的地方，成为赣粤边抗日的中心。

9 月下旬的一天，坚持在红色故都瑞金和长汀一带的闽赣边红军游击队，派出的代表彭胜标同志来到池江，向项英、陈毅同志汇报请示工作。项英、陈毅同志对于来自中央苏区腹地瑞金的同志非常关怀，亲自接待。在听取彭胜标同志的汇报时，还把我和特委书记杨尚奎同志也叫去。项英同志听了彭胜标同志的汇报后指示：我们离开瑞金以后，整整三年，闽赣边游击区的人民和红军游击队，经受了严峻的考验，付出了巨大的代价，终于渡过了难关，迎来了新的局面。红军游击队虽然只剩下百把人，但这是革命的骨干，是中国人民抗日的中坚力量。陈毅同志在介绍了与国民党江西地方当局谈判的经过和双方达成的协议后指出：同国民党地方当局进行停战谈判并不是一帆风顺，而是一场尖锐的斗争，他们在谈判中，花样很多，手段不一，其目的只有一个，就是企图实现他们在长期“清剿”中未能实现的消灭我红军游击队的目的。陈毅同志还着重指出：闽赣边游击区，由于国民党驻军是黄才悌（黄镇中）的保安团，黄镇中是个叛徒，由于他的反动本性所决定，看来斗争还相当尖锐，谈判不会是风平浪静的。项英、陈毅同志还叮嘱彭胜标同志，回到游击根据地后，要抓住有利时机，抓紧部队的思想政治教育和军事训练，积极扩大部队，壮大自己的力量，在和国民党地方当局谈判时，要提高警惕，谨防上当。彭胜标同志听了领导同志的指示后，表示在实际工作中切实贯彻，尽早开创闽赣边游击区的合作抗日新局面。彭胜标同志深感自己肩负的责任重大，向领导提出了恳切的请求。他说：我们游击区独立自主地坚持游击战争已经整整三年，现在要转向国共两党合作抗日，这个弯转得太大，部队的思想能否尽快适应这个转变，取决于能否正确地传达我党的抗日救国的重要指示。对于这个重大的任务，我怕讲不清楚，因此，请领导同志选派个代表赴闽赣边游击区，去传达党中央的指示。

项英、陈毅同志研究了彭胜标同志的请求，同意派人随同彭胜标同志去瑞金。派谁去呢？当天晚上，项英、陈毅同志把我找去。陈毅同志对我说：“阿丕同志，有个重要的使命交给你，就是到瑞金去一趟，向闽赣边游击区的同志传达党中央关于国共合作、建立抗日民族统一战线的方针和政策，介绍赣粤边游击区关于合作抗日谈判的情况和达成协议的主要内容，使那里的同志尽快开创合作抗日的新局面。在完成这个任务的同时，也可以同国民党瑞金当局打通关系，要他们认清形势，立即停止对红军游击队的进攻，为双方谈判创造条件。”项英同志也交代说：告诉瑞金的同志们，要正确理解党中央的指示精神，在实行战略的转变关头，既要看到民族矛盾，集中力量打击主要的敌人，又要看到阶级矛盾依然存在，对于国民党可能危害抗日的行为，不能丧失警惕。陈毅同志还把写给国民党赣州专员和瑞金县县长的介绍信交给我，风趣地说：拿着这个东西，可以走遍赣南，国民党的县长和专员都不敢亏待你。

我接受任务后，带着两个随员，和彭胜标同志从池江出发，路经赣州时，找了国民党赣州行政区督察专员马葆珩。马专员对我很客气，再三说：贵党陈毅先生和我们刚刚谈判结束，双方达成了协议，今后要携手抗日。会见结束时，还应我的要求，给瑞金县县长打了电话，通知我们到达的日期；替我们写了一封给瑞金县长的介绍信；表示我们来回，将一路派员护送，并给以各种方便。马专员的这些行动，同不久前陈毅同志到赣州谈判时的情景形成鲜明的对照，这是我党同国民党地方当局斗争的结果。

我们到达瑞金后，就去找了国民党县长，把项英、陈毅同志以及马专员写的介绍信交给他。这个县长叫谢寿如，他看了介绍信后，连声说：陈先生的到来，没有远迎，对不起！对不起！我说：这次到瑞金的任务，是奉项英、陈毅之命，向闽赣边的红军游击队传达上级指示的，你们应该根据赣州谈判达成的协议，为我们提供一切便利，并保证我们的安全。谢县长频频点头，表示一定做到。他还替我们安排住宿。

当我们刚在一家旅馆住下，国民党保安大队的一个军官，挂着三角皮带，腰别手枪，到旅馆求见。一见面，他自我介绍了一番，也讲了几句赞成国共合作、团结抗日的话，还对我到瑞金联系红军游击队表示欢迎。接着，他就心怀鬼胎地提出，要我告诉瑞金的游击队赶快下山，编入保安大队，和他们一起合作抗日。我立即觉察到他们是企图借机吃掉游击队，又见他神色中露出威胁之意，便正言厉色地回答说：我是奉项英、陈毅之命而来，瑞金红军游击队的行动，当然只能听命于项英、陈毅，我个人无权决定。瑞金的红军游击队要下山抗日，这是大势所趋，但不能编进你们的保安部队，这是不能含糊的。不管是什么人，不论采取什么手法，妄图借机吃掉红军游击队，历史证明这是办不到的。这个保安大队长听了我的驳斥，极力辩解，说什么，你是奉命行事，我也是奉命行事。正当我和这个大队长激烈争辩时，县长谢寿如到旅馆看我，见此情景，连忙对我说："陈先生，不要误会，不要误会！"还当着我的面训斥了那个军官，那个军官灰溜溜地走了。事情很清楚，那个军官分明是国民党县长派来试探我的。后来，国民党县长又以回访为名，出来打了个圆场。他们串演的这幕企图吃掉红军游击队的双簧丑剧，就这样收场了。这件事告诉我们，闽赣边的红军游击队在和国民党地方当局实现合作抗日的谈判斗争中，将是艰巨而复杂的。

第二天，在彭胜标同志的陪同下，顺利地到达闽赣边游击队驻地，见到了红军游击队负责人钟德胜、胡荣佳、刘国兴、张开荆等同志。他们和我紧紧地握手，对项英、陈毅同志派我来同他们联系，传达上级指示，感到无比的温暖和兴奋。三年了，久别重逢，有许许多多心里话要说，有许许多多情况要交流，回忆往事，畅谈未来，一致认为，三年来流血牺牲取得的胜利，来之不易，是靠党的正确领导，靠人民群众的全力支援，靠红军游击队战士的顽强意志，才迎来了今天的局面。

我到达游击根据地的消息，很快在部队里传开。游击队的指战员们纷纷拥到队部向我热情问候，探听消息，其中就有来自我的家乡福建长汀县南阳的同志，使我倍感亲切。在洋溢着胜利喜悦的欢聚中，我向大家讲了党中央和毛泽东同志有关建立抗日民族统一战线的指示精神，传达了项英、陈毅同志的指示，还把中共赣粤边特委和赣粤边红军游击队8月8日发表的《停止内战，联合抗战》宣言，8月15日发表的《告赣南民众书》以及陈毅同志与江西地方当局谈判达成协议的内容等文件作了扼要的传达，然后把这些油印的文件分发给大家。战士们听了传达以后，个个欢欣若狂，跳着笑着，流着热泪，沉浸在欢乐的气氛中。

我从山上下来，途经瑞金县城时，国民党瑞金县长来给我送行，他得知我是长汀县人，劝我坐汽车回长汀去看看，还说可以保证我的安全。我考虑我已经完成了领导委托的使命，应当赶快回去向组织汇报。同时，我想起那个国民党保安大队长居心叵测的那番话语，便断然谢绝了县长的“好意”，于10月上旬返回到大余县池江镇。

1990年5月

选自《南方三年游击战争·闽赣边游击区闽中游击区》，第91—94页。

四、闽西游击区

闽西三年游击战争

张鼎丞　邓子恢　谭震林

“左”倾路线给闽西带来严重恶果

第三次“左”倾路线对党的统治，在 1934 年 1 月召开的六届五中全会上发展到了顶点。六届五中全会盲目地判断“中国的革命危机已到了新的尖锐阶段——直接革命形势在中国存在着”；判断第五次反“围剿”斗争是争取中国革命完全胜利的斗争，说这一斗争将决定中国的“革命道路与殖民地道路之间谁战胜谁的问题”。因而便在政治上、军事上、经济上和组织上造成了系统的错误，严重地危害了革命。

“左”倾机会主义者在政治上实行了许多超越民主革命的所谓“阶级路线”的过左的政策。例如在根据地实行地主不分田，富农分坏田；从肉体上消灭地主，经济上消灭富农；反对资产阶级，盲目地提高工人工资等等。在军事上不能客观地考察敌我力量对比，无视当时敌强我弱的基本形势，而以寸土必争的阵地战，代替了毛主席一贯坚持的、多年来行之有效的游击战和运动战相结合的战略方针；不注意地方武装建设，在根据地大量扩军，武器集中，单纯依靠主力进行所谓“正规战”。在经济上，动员根据地全部财力、物力，支持同强大敌人拼消耗的战争，致使根据地社会经济遭受严重困难。在组织上，则在反对“主要危险的右倾机会主义”和反对“用两面派的态度在实际工作中对党的路线怠工”等口号之下，发展了宗派主义的过火斗争和打击政策，并继续推行“逼供信”的肃反政策。“左”倾机会主义者在闽西所发动的反王明路线的斗争，更造成了党内恐惧心理和社会的不安，造成了党群之间、上下级之间严重的脱节现象。“左”倾机会主义者在边区和接敌区，除了采用和中心区同样的错误政策外，还拒绝利用两面政策，过分强调人力、财力、物力的集中上缴等等。在群众对敌斗争上，则拒绝游击战和利用合法斗争相结合的方针。他们骂群众一时上山一时下山的跑反斗争为“动摇”，骂群众对待敌人某些不得已的应付行动为“反水”（意为叛变）；他们不是让群众坐受敌人摧残，便是迫使群众作无希望的斗争，因而使群众在对敌斗争中长期陷于左右为难、进退失据的境地，大大地便利了敌人的进攻。

第三次“左”倾路线在中央根据地统治的最大恶果，就是导致第五次反“围剿”战争的失败和红军主力被迫退出中央根据地，进行长征。在红军主力长征后，当时中央根据地还留有部分红军主力和地方武装，加上伤病员总数达三万多人，如果能有计划地及早布置游击战争，与敌人作长期周旋，那么中央根据地将出现一个较好的局面，红军主力和地方武装也将会保存一个较大的力量。但是江西中央分局主要负责同志没有根据敌人的兵力超过我多倍的实际情况，改变王明路线规定的“保卫根据地、保卫土地革命果实”的任务，迅速地把干部和部队分散，开展广泛的灵活的游击战争，却仍然采取“保卫苏区等待主力回头”的方针。在这个错误方针下，把县区地方武装的人员、武器绝大部分集中，编成红军二十四师，并将能勉强出院的伤病员都动员到主力部队中去，同敌人打硬仗。这样做的结果，不仅没有加强地方武装，反而大大削弱了地方武装。虽然 11 月间红军二十四师在瑞金与会昌之间歼灭了敌人一个旅，但是，这对于当时的基本形势并没有丝毫改变，雩都南部和会昌城两次战役，红军二十四师终于全部被歼，中央根据地至此全部沦入敌手。

福建省委主要负责同志也同样执行了“左”倾路线。当敌人占领汀州城，省级机关退守四都的时候，军区还直辖两个主力团（红十九和二十团），各县区还有些地方武装；如果及早布置，分散进行游击战，那么闽西也将会出现一个更好的局面。但省委并不作此打算，而是将这些部队集中到四都山上狭小的圈子里，继续进行“保卫苏区”的战争。当时毛泽覃、罗化成两同志建议“放弃四都，将部队编成几个支队，四出袭击敌人，领导中心退到闽粤赣边深山中去”。但省委拒绝了这个建议，天天将部队埋伏山头，等待敌人进攻，企图打一个歼灭战，以改变当时的不利形势，结果事与愿违，部队被敌人歼灭，毛泽覃等许多同志光荣牺牲了。

由于扩军过多，大量损耗了根据地人民的人力、财力、物力；红军长征后又把县区队人员武器集中，县区赤少模范队（即赤卫军少先队联合挑选组成的模范队，这是当时县区主要武装）只留下一些土枪、梭镖、土炮，加上当时整个根据地党在思想上没有游击战争准备，又缺乏有作战经验的部队和军事骨干，因此，在红军二十四师和福建军区两个团及地方武装被歼灭瓦解之后，根据地人民差不多陷于无抵抗状态。从旧县河以西地区一直到赣江以东，除了汀瑞边境有钟德胜、彭胜标、胡荣佳、刘国兴诸同志所领导的汀瑞游击队百把人外，几百里路范围内的广大地区，长期没有人民武装活动。敌人很快便建立起白色恐怖的统治，到处修马路、筑碉堡，在乡村成立壮丁队，配合敌军作战。1935 年 3 月间，震林、子恢从根据地带队伍回到上杭、永定时，沿途都遭受这些壮丁队的袭扰，找不到向导，买不到粮食。沦陷不久的根据地竟形成这种极端不利的局面，这不能不说是“左”倾路线统治的另一严重恶果。

“左”倾路线统治的又一严重恶果，是在部队中相当长期地残存着他们的影响。许多留下来的部队善于打仗，不善于做群众工作；善于强攻硬打，猛打猛冲，而不善于避实击虚，避强攻弱，不善于与敌人“兜圈子”，进行灵活的游击战；习惯于单纯军事行动，而忽视游击基点和游击根据地的逐步建立。这就是我们转到敌后的许多部队受到严重损失的根本原因。

艰苦卓绝的1935年

1935 年春天，我们转入敌后，闽西游击战争全面开始的时候，我们面临着极端严重的困难。

首先是敌人大军压境，仅在龙岩、上杭、永定、长汀、宁化、清流、连城、宁洋、漳平、南靖、平和等县，就布置了八个正规师（即三师、九师、十师、三十六师、八十师、八十三师、五十二师、七十五师），以李默庵、李玉堂为指挥官，并纠集地方民团、壮丁队、“铲共团”等一切反动武装，对我们进行“清剿”。敌人对付我们的手段，主要是利用它已经建立起来的反动统治，强迫群众到处修公路、筑碉堡，一发现我们队伍，敌军主力便跟踪“追剿”、“围剿”；而驻守碉堡的民团、壮丁队则据守碉堡进行堵击；有时则沿山隘伏击，放冷枪，配合敌军主力进行“搜剿”。

在政治上，敌人主要是采取“隔离政策”和“瓦解政策”。特别在 1935 年 8 月、9 月以后，敌人看到我军与群众的亲密关系，单靠军事行动无法消灭我们，便采取了“移民并村”、“计口购粮”、“保甲制度”、“连坐法”等极端毒辣的办法来对付我们。“移民并村”就是将山区 50 户以下的小村庄居民，全部移到大乡村居住。并且限制人民自由行动，特别在敌军“清剿”期间，绝对不准居民进山，否则“格杀勿论”。“计口购粮”，就是要“清剿区”群众按人口购粮，多买者以“济匪”论罪。“保甲制度”，就是一村编为一保，十户编为一甲，居民外出或移居，都要得到保甲长允许，有外客来要向他们报告。“连坐法”就是要群众互相保证“不藏匪、不济匪”，如果一家“济匪藏匪”不报告，十家全杀光。上杭有个村子就在这种“连坐法”的名义下全村30多口人全被杀光了。此外，敌人还强迫群众组织壮丁队，日夜放哨，看见我军过境时便鸣锣报警，以便敌军追击我们。另一方面又对群众造谣挑拨说我军要来报仇。所有这些办法，主要是企图把我们与群众隔离开来，便于消灭我们。敌人把这个办法叫作“抽水捕鱼”。

敌人的“瓦解政策”就是积极推行“自新自首条例”。这是从1935年以后敌人很厉害的一着。由于敌情紧张，斗争困苦，党和军队中都有个别意志薄弱、立场不坚定的人以及阶级异己分子被敌人引诱出去。敌人便用各种办法，强迫、利诱这些人自首、叛变，并破坏我们的党组织、交通站、接头处、采购站等。为了瓦解我们的部队，敌人还胁迫红军家属到山区来喊他们的子弟回去。

其次，当时闽西各地，群众对敌斗争的力量也大大削弱了。岩（龙岩）杭（上杭）永（永定）老区群众，在对敌斗争中有相当长一个时期存在着无所适从的状态。1935年夏间，中央根据地全部沦陷，岩、杭、永各县在江西的难民被押送回来，他们说：“老红军一天天去远了，根据地被敌人占领了。”这个消息很快在群众中传开，地主、富农、坏分子很高兴，而雇、贫、中农则心灰意冷，增长着失败情绪。

由于情况紧张，敌人又实行“瓦解政策”，各县都出现了一些叛徒。这些叛徒叛变后立即带引敌人来摧残革命群众。敌人还经常在夜间化装成红军向群众叫门，叫开了门就捕人。这样更增加了群众的恐惧情绪，以致真红军去叫门群众往往也不敢开门。

这时闽西一般群众情绪普遍表现消沉。特别是“左”倾路线统治较久的地区，群众消极情绪就更严重。这些地区反革命统治很快复辟，农民在土改中分得的土地大部分被地主富农收回，并猖狂地进行反攻倒算。我们当时活动的主要地区还是岩杭永老区。这些老区群众不仅阶级觉悟比较高，具有丰富的斗争经验，懂得运用各种斗争方式与敌人周旋，而且沦陷较早受“左”倾路线统治时间较短，影响不深。当时群众的主要要求是避免敌军烧杀迫害，抵抗敌人苛捐杂税，保持土地不被收回。为了实现这些要求，就必须把游击战争与群众的合法斗争结合起来，这是我党与农民群众的共同要求，也就是游击战争能够广泛发展的群众基础。

再次，在我们党和部队方面，情况也相当严重，闽西部分地区的游击战争，从 1934 年便已开始。当时为了牵制敌人向中央根据地的进攻，配合红军主力粉碎敌人的第五次“围剿”，红军独立八团在邱金声、邱织云、魏金水、伍洪祥诸同志率领下，于 1934 年春便到达龙岩，在漳岩公路沿线积极活动。在永安、宁洋、漳平、连城之间，又有吴胜、方方、谢育才诸同志率领的红九团在活动。1934 年冬，敌人进占长汀前后，又由罗忠毅、赖荣传、贺万德诸同志率领明光独立营转入岩、连、宁边界配合红九团活动。红十七、十八团在大田被敌人击溃后，还有百把人由温含珍、丘尚聪两同志率领到达龙岩溪口与方方同志会合。上杭、永定、龙岩的地方武装，也在敌占地区分头活动。为了打开永定局面，上杭独立营亦于是年冬间由黄火星同志率领向永定挺进，以后又转回上杭与廖海涛同志会合，在上杭坚持游击战争。1934 年年底，鼎丞奉命回永定活动。当时省委未给武器，鼎丞只在永定留汀难民中动员了一些人，带少数步枪、手榴弹，同范乐春、刘永生、简载文、陈茂辉诸同志回到永定。1935 年 3 月间，经陈毅同志建议，项英才派震林、子恢率领一个支队，经过四都、河田、朱畲、才溪、紫金山、旧县、岩下山、白沙、双髻山、大岭下，突破敌人重重封锁围攻，回到永定与鼎丞会合，组成闽西南军政委员会。至此，闽西各县游击战争才逐渐地全面开展起来。

由于“左”倾路线的错误领导，不仅留给闽西坚持游击战争的武装部队很少（当时除了红八团、红九团、明光独立营、谭、邓带回的支队，红十七、十八团残部等共约 1200 人以外，岩、永、杭三县各只有近百条步枪），而且这些部队除了红八团转入敌后较早，作战比较灵活外，其余部队受“左”倾路线影响都较深，在初期作战中损失也较大。

如谭、邓带回的支队，虽是一个主力加强营，近 500 人，但沿途经敌人截击追击，损伤过半，支队长中途牺牲，到永定大阜遭敌包围，最后只剩下 100 多人。红九团战斗力比较强，前期作战比较灵活，在岩、连、宁边界消灭了华仰桥、周焕文等许多地主武装，建立了一小块基地。但后期转到闽南后则经常集中行动，猛打硬攻，伤亡较大，长期不注意建立游击根据地，缺乏群众工作，政策上缺乏灵活性，结果遭受很大损失。

由于敌人大军压境，闽西全境沦陷，我们没有自己的根据地，没有后方机关，兵源无法补充，俘虏一个也不敢收留，部队是打一个少一个；给养也全靠打土豪、筹款，医药补给则依靠群众代买代制，伤员只能隐藏在山寮上，靠群众草药治疗。

当时部队有一个共同缺点，就是军事活动多，发动群众少，不善于做群众工作，不善于组织群众进行合法的斗争，不善于利用两面派。

根据上述敌情民情我情的分析，可以看出当时闽西阶级力量的对比，显然是敌强我弱，因此，我们的战略方针就是开展广泛的、灵活的、群众性的、胜利的游击战争。在军事上粉碎敌人“清剿”，保存有生力量，锻炼现有部队；在政治上保持党的旗帜，保持党与群众的密切联系；在组织上保持党的纯洁性、战斗性，保持各地领导骨干的安全与团结，这些都是为了从保持、积蓄、发展壮大革命力量，等待有利时机到来，从局部恢复小片根据地到大面积恢复发展根据地，以开展新的局面。这就是闽西南军政委员会第一次会议所决定的斗争方针和基本任务，这也就是我们在大胆改变“左”倾路线以后所制定的新方针和新任务。所谓“广泛性”，是指游击战争的范围不限于狭小地区，而是依靠现有地区，不断向新区发展，使得烽烟遍地，敌人疲于奔命，无法应付，逐渐削弱，而我们则日益发展壮大，最后形成新的有利形势。所谓“灵活性”，是指游击战争的战术，时而集中，时而分散，时而活动，时而隐蔽，声东击西，神出鬼没，使得敌人捉摸不住，而我军则处处主动，立于不败之地。所谓“群众性”，是要使游击战争不限于部队的军事活动，而要协同地方党去领导群众斗争，使群众从利用合法的斗争转到非法斗争，从和平斗争转到武装斗争，从游击小组的秘密活动转到游击队的公开活动，这样从多方面牵制敌人，打击敌人，配合部队作战，并且使部队逐渐发展壮大起来。所谓“胜利的”，就是奉行毛主席多年来规定的游击队作战原则，即敌情不明不打，无胜利把握之仗不打，有胜利把握但伤亡过大的仗不打。不仅要打全胜之仗，而且打后要使群众不受摧残或少受摧残。

为了便于掩护部队活动，掩护群众斗争，我们当时还注意运用两面政策，用各种办法消灭保甲长中的最反动分子，争取中间分子成为“脚踏两只船”的两面派。有些地区则布置“身在曹营心在汉”、“白皮红心”的革命两面派去充当保甲长和壮丁队长。这是闽西群众在长期斗争中行之有效的斗争方式，在当时最困难的环境中，这种斗争方式更有其重要作用。

方针任务定下来了，靠谁去执行呢？我们当时采取了如下的布置：

（一）在军事部署上，以红九团的第二营和岩连宁独立营（即原明光独立营）成立闽西南第一军分区，以罗忠毅为司令员，方方为政治委员，温含珍为政治部主任。这个分区仍在岩连宁（即龙岩、连城、宁洋）一带活动。红八团和龙岩游击队成立闽西南第三军分区，以邱金声兼司令员，邱织云为政治委员，伍洪祥为政治部主任。这个分区仍在岩南漳（即龙岩、南靖、漳平）一带活动。这两个分区的任务，是要尽可能扩大游击区，选择条件较好的地区发展和建立新的游击根据地。以红九团的第一营、第三营和永东游击队成立闽西南第二军分区，以吴胜兼司令员，谢育才兼政治委员，赖荣传兼政治部主任。这个分区的任务是开辟永定、平和、大埔、饶平、云霄、漳浦各县边区，与闽南红三团取得联系。谭、邓带回来的支队除编入上杭、永定两县游击队以外，还拨出一个重机枪排编入红八团。岩、永、杭各县游击队则在本县境内活动。

（二）在党的组织上，成立四个县委：永定县委书记范钦洪（以前是黄火星，以后是范乐春、刘永生）、永东县委书记马发贤、上杭县委书记廖海涛、龙岩县委书记魏金水（以后是吴作球）。

（三）军政委员会内部分工是：鼎丞任主席、震林任军事部长、子恢任财政部长兼民运部长、原杭永地委（原福建第二军分区）书记郭义为同志任党务部长（郭同志不久被俘牺牲）、朱森任参谋长（后来叛变）。

（四）在交通联系上，把原来的工农通讯社改为闽西南交通站，保持与上海中央机关的联系，并与各分区各县委建立便衣武装的交通联络，交通站站长是雷德兴同志。

（五）为了深入下层，传达上述方针政策，并避免领导人过分集中可能遭受意外损失，我们几个人也分开活动，方方仍回岩连宁一分区，震林到上杭，子恢到永东，鼎丞留在永定，谢育才与吴胜向闽南活动。

第一次军政委员会会议是 1935 年 4 月间在永定溪南里召开的。当时正是大阜战斗部队受损失以后，敌八十三师在溪南里一带连续进行搜山，情况异常紧张，因此会议结束后大家便分头出发，但不久便发生朱森叛变事件。朱森是奉命到龙岩去同红八团联络的，他到龙岩后叛变投敌，并带领敌人来破坏岩永、岩宁沿线的交通站和接头处，使群众受到摧残。岩永、岩宁交通线被切断，龙岩局面也紧张起来。敌人以为这一下可以依靠朱森这个叛徒来彻底破坏我们的组织，消灭我们的军队。但是，这完全是个梦想。相反地，红八团却正在这个时候在龙岩、漳平两县之间积极活动，他们时而集中，时而分散，常常穿插于马路碉堡周围。他们往往早晨在龙岩的黄坊、白土之间，而晚上却转到了适中的三坪头、竹子坂一带，过几天又出现在紫金山麓之赤水、石牌前一带；白天在山坑马路上埋伏打军车，晚间又在东桥坂放火烧飞机场；时而化装敌军，喊开碉堡楼门，一下子将民团枪支全部收缴，时而又化装挑担农民把抽收货担捐的反动派打死。竹子坂铁鸡岭一仗，把李默庵主力一个团杀得尸横遍野，死伤惨重。是年秋天，正当李默庵在龙岩准备开“剿匪祝捷大会”的前夕，邱金声团长亲率一连人，“夜袭龙岩城”，占领了西门外的虎岭，控制其碉堡，进入敌军医院，没收其药品，向伤兵宣传红军政策。临走时邱金声同志还在电话中与李默庵通话，警告他小心一点，不要乱吹牛。弄得李默庵目瞪口呆，慌忙派兵出援。但等到援兵到时，红八团早已扬长而去，无影无踪了。

朱森叛变前曾住过白土，知道白土是红八团的重要据点。因此李默庵便派了一个旅驻扎白土，每天搜山抓人。但就在这样严重的情况下，我红八团一支12个人的岩永游击队却仍然驻在白土。他们经常在夜间贴标语，杀反动派，毁碉堡，打哨兵，弄得这个旅日夜不安，束手无策，他们完全与群众打成了一片。敌人一有行动，群众就告诉他们。12个人整整与敌人周旋了几个月，弄得敌人毫无办法。

除了红八团灵活地活动于岩南漳之外，红九团和岩杭永地方武装也在各地积极地行动起来，化装袭击、伏击的战例不胜枚举。永定游击队一部分由刘永生同志率领，也积极活动于金砂、合溪、丰稔市、蓝家渡、芦丰以至峰市一带；另一部分则由范钦洪同志率领，以溪南里西溪为中心向东溪、湖雷和永定城郊活动。他们横冲直撞，弄得八十三师和杭永民团无法应付。岩连宁一分区的部队，一直挺进到连城的姑田、小陶、清流和永安的边界，消灭了许多地主武装。

红九团的一、三营部队，从1935年夏就执行闽西南军政委员会"关于开辟新的游击区与闽南红三团连成一片"的指令，常采用远程奔袭的战术，配合便衣短枪活动。他们在永定、平和、南靖、大埔、饶平几县边境上消灭了许多反动基点。由于红九团勇猛善战，经常活动于闽粤之间，同红三团取得了联系，并在饶平之下善击溃了广东军李汉魂部一个营；在平和之刺牛岗击溃八十师一个团；在大小芦溪击溃敌数路进攻，震动了闽粤边敌人。但也由于红九团硬打猛攻，缺乏灵活性，缺乏群众工作，缺乏根据地思想，所以军事上虽然获得不少胜利，但始终未建立游击基点，长期在群众基础较差地区孤军作战。1935年11月间，他们被敌人跟追了11天之久，却仍然集中行动，不知分头摆脱敌人。最后由于得不到群众的支援，一连三天部队没有吃饭，没有睡觉，终于粮尽弹缺，人困马乏，而在永定之湖雷一带被敌人击溃，损伤过半，团长吴胜、政治部主任赖荣传两同志光荣牺牲。

这个时期，红军部队实际上是一支武装政治工作队，部队流动性大，接触群众多，因而党的政策通过他们得以影响广大地区。当时，红八团、红九团以及各县红军游击队都严格地执行了“三大纪律八项注意”，以实际行动来影响、争取群众。如果不是这样，就很难在那样困难的条件下，在群众中立住脚跟。龙岩外山前十八乡的群众，因受反动派的欺骗宣传，害怕我们，当红八团第一次到那里时，群众都上了山。那一天恰巧下雨，又是收割稻子的时候。战士们看见稻子还晒在场上，就帮助收藏起来，又给群众喂猪喂鸡。他们在群众家里煮了饭吃，也按价给钱，还留下信。部队走了，群众回来一看，非常高兴。第二次去时，大多数群众不跑了；第三次去时，群众不但不跑，还拉红军在家里住。

1935 年的下半年，在游击队积极活动、不断胜利的鼓舞下，群众斗争也开始活跃起来，合法斗争与非法斗争相结合，和平斗争与武装活动相结合，反迫害斗争与保持土地和反捐税斗争相结合。在这些斗争中，各地群众创造了许多出色的经验。

例如在龙岩白土（即东肖区），敌人到处放火烧山。有些乔木林，树高烧不着，敌人便要乡保长强迫群众去砍树，这不利于我军的活动，对群众更不利。当时东肖区委和岩永游击队便动员一些老人到乡公所去请愿，要求免砍，乡长不允许则拖，拖不过则派一些妇女老弱去磨洋工，并与游击队约好，在砍到中午时，游击队在山上打几枪，老百姓便借此一哄而散，砍树便停顿下来。

当时，驻白土敌人知道后田是主要红色据点，要后田保长强迫群众修炮楼。党支部书记张溪兜同志，便动员群众向保长要求免修，照例不准，便一拖再拖。后来拖不过，便动员一批老人、小孩、小脚婆，扛着破锄头，漏粪箕，慢慢磨。等炮楼盖到丈把高时，又通知游击队夜间去把它扒掉。这样盖了几个月，炮楼也没盖成。敌人明知是我们搞的鬼，但无法对付，只好派了一个营，自己动手才盖起来。

为了阻挠游击队活动，并挑拨我军与群众关系，敌人下令各乡村群众，见红军来就“鸣锣报警”。群众明知不利，但无法反对。后与我们商量好，我们来时不打锣，等我们走远了才打锣，敌人跑来扑个空。有时候我们没来群众也打锣，甚至一夜打几次，弄得敌人来回跑个不停。敌人明知这是群众故意作弄他们，但又无法责备群众，只好取消这个命令。

岩杭永敌人都实行“计口购粮”，实际上是限制农民购粮，使我们不可能再通过农民之手买到粮食。农民不能坐视红军得不到粮食，就告诉我们一个办法：由游击队突然到保长和地富家里，要他们出卖或代购粮食，我们照价给钱。这样保长和地富自己就先犯了“济匪”之罪，再也不敢追究别人。以后我们再逐渐到一般群众家里去买粮，敌人的禁粮令便失去作用。

开始，我们在村子里贴了布告、标语、传单，群众就要受摧残。后来，我们干脆把布告和标语交给群众，要他们晚上贴，拂晓撕下来送给联保主任，沿途还高喊布告内容：“不好了，红军出布告了，收租的要杀头！”这样我们的口号就由群众公开宣传出去了。群众要我们杀几个收租的，我们就杀。有一次，我们在永定西溪乡杀了几个收租的。事后，国民党来了一个营包围了西溪李田坝村，捉去群众 100 多人，说他们“通匪”，要杀头。群众据理申辩说：“红军早有布告，我们也报告了联保主任，地主们不顾红军布告，自作自受，与我们何关，有什么理由说我们通匪？”驳得国民党区乡长无话可说，无可奈何，只好将群众放回。

初期，部队在没收反动地主粮食的时候，只注意维持自己的给养，没有注意到吸收群众参加分粮。有时虽然以部分粮食分给群众，群众怕地主报复，也不敢要。后来才改变办法：在没收粮食时把反动地主家里人都关在一间屋子里，不准他们出来，再叫贫苦群众不声不响地去搬取粮食，群众走完后才将地主放出来。这样群众得到了实惠，而又不致被反动地主察觉。这个办法在岩、南、漳一带，特别是在新区，深受群众欢迎。群众经过了几次秘密参加分粮斗争以后，便慢慢组成了游击小组，最后又逐渐变成了公开的游击队，或者参加到红军中来。

对待保甲长、壮丁队的政策，我们也是从维护群众利益出发。1935年春，我们曾提出粉碎保甲制度，当保长者杀。这在当时曾给游击战争造成一时的有利条件。但后来敌人用威胁、屠杀的办法，压迫群众组织保甲，如果群众坚决抗拒，就要遭到严重摧残。在这种情况下，我们为了保存革命力量，允许群众“白皮红心”，应付敌人。我们也了解到保甲长中有不少两面派分子，真正忠实于国民党的是少数人。因此，决定争取保甲长，利用保甲制度来掩护群众工作和群众斗争，对壮丁队也作了同样的争取工作。我们的政策是区别对象,晓以利害关系,争取好的，团结中间，打击坏的。并给他们约法三章：不准危害我们的工作人员和红军家属，不准摧残群众；敌人命令带路搜山时，可以照办，但必须事先通知我们，或打枪让我们知道；当红军通过乡村时，不得阻止，等红军走远，可以朝天打枪，好向敌人交代。这样，我们便利用了敌人的组织形式，为我们服务；利用了敌人内部矛盾，争取了许多保甲长和壮丁队来掩护游击活动和群众斗争。对那些罪大恶极的反动分子，群众恨之入骨要求我们杀掉的，我们就去杀。杀掉以后，又叫群众去报告联保主任，使群众不致受到牵累。有些地方则利用借刀杀人的办法，写密信告他“通匪”，假手敌人将他除掉。后来，一般地、富及坏分子都不敢当保甲长，而硬要红军家属或者和我们有关系的人来充当保甲长，并且事前取得我们同意。敌人也知道这种情况,但他们无可奈何,如果不这样，他们的保甲制度就要垮台，因此也只好睁一只眼，闭一只眼。

这个时期，岩、永地区许多老土匪都被敌人消灭或者收编，有些收编后又跑回来。我们对土匪的政策则是晓以大义，指出革命出路，并告诫他们不得抢农民，不打我们，这样我们也可以不打他们。在岩、连、宁地区这个工作做得很好。龙岩雁石地区有一帮土匪不听我们告诫，仍然在那里打家劫舍，牵牛抓人，红八团把他们消灭了，人心大快。

这个时期，傅柏翠部虽然投到敌人那边，听敌人指挥，但他也知道，他是生存于国共斗争的间隙之中，如果我们失败，他也难以幸存。古蛟区正在我上杭双髻山游击根据地的背后，又是我岩杭交通线的侧翼，我们也需要争取他。这就形成了我们与傅柏翠之间的微妙关系；双方互不侵犯，我们不打他，也不到古蛟区公开活动；他对我们平时不禁粮，敌人向我进攻时不积极配合，只是虚作声势，敷衍了事。

除了红色据点外，我们还有意识地保存了一部分灰色据点，故意不在那里打仗，不在那里贴标语，不在那里公开发动群众斗争，使敌人不注意这个地方，以便于我们刺探敌情，休整部队，安置伤员，采购物资。

由于闽西党采取了正确的方针和灵活的政策，密切联系群众，到1935年冬，情况便逐渐好转。我们的武装力量保存下来了，而且更加强大了。除了红八团、红九团和岩连宁独立营外，永定、上杭、龙岩等县，都有百多人的游击队，还有不少游击小组。一个时期我们拖住了敌人八个师的兵力，配合了中央红军长征。除红九团南进部队受损失外，部队也熟练了集中打击敌人，分散发动群众，以及声东击西，出奇制胜等种种灵活的游击战术。

党的组织系统恢复了，县以下有区委，许多乡村有支部。上杭西部工作以岩下山为基础，也向旧县河以西发展了。各县之间，都建立了武装交通队，将整个闽西地区联系起来。除了个别干部叛变，极少数的党组织被破坏外，绝大部分都被保存下来。

群众则因为我游击活动，敌人无能为力，我们的政策正确，处处维护他们的利益，因而情绪日趋稳定。不仅老区的群众和我们血肉相连，新区的群众也处处给我们帮助。党的政策能够如此深刻地为群众接受，并且能够动员群众和我们一起灵活地贯彻执行，这是我们能够在极端严重的环境下，坚持红旗不倒，在艰苦复杂的斗争中战胜敌人，保存并且发展了革命力量的最根本的因素。

抗日反蒋新局面

1935 年最艰苦的时期过去了，闽西游击战争进入比较发展的 1936 年。

当时，日本帝国主义发动华北事变，在占领东北之后又兵不血刃地囊括了冀察两省。严重的民族危机，激发了人民的抗日情绪。一二·九运动爆发，更促进了全国性的抗日救国高潮。中央红军已经胜利地结束了震动世界的二万五千里长征，于 1935 年冬进到抗日前线之陕北根据地，随即又挥戈东指，向山西抗日前线挺进。在这期间，鉴于民族危机日益深重，我党发布了《八一宣言》，号召全国军民团结一致，枪口对外，共御外侮。但国民党蒋介石的回答却仍然是“抗日必先剿共，攘外必先安内”，仍然坚持其反动政策，继续调集大军，一再向红军围攻，阻止红军东进抗日。

这时闽西的情况也有很大变化：国民党李默庵主力第十师、九师、八十三师、三十六师等先后调走，敌军主力只剩下第三师、八十师、七十五师、五十二师，另从闽中调来一个由保安团改编的新十师。敌人的武装力量大大减弱了，我们的武装活动却更加开展。敌新十师初到龙岩，便在增援白土民团的时候被红八团击败，缩回龙岩城，等到八十师从邻县调来时才敢出动。各地的民团壮丁队也都动摇，地富极为恐慌，群众斗争日益高涨。我各县游击队也更加积极活动，如上杭部队在杭城以北之草鞋岭，夜袭敌第三师一个排获得全胜。

正在这个时候，鼎丞、子恢移到上杭，在双髻山与震林会合。我上海联络站也在此时与党中央交通站取得了联系，得到了中央《关于开展抗日反蒋统一战线》的指示。我们接此指示，如获至宝。乃于 1936 年春节前后在双髻山驻地召开了闽西南军政委员会第二次会议。到会者除了张、邓、谭外，还有简载文、谢育才、范乐春、廖海涛、黄火星等同志。会议讨论了中央指示，分析了闽西局势，确定了开展抗日反蒋统一战线的新方针新政策，并推举子恢和震林为军政委员会副主席。

抗日反蒋统一战线是我党领导中国革命斗争的新纲领。为了贯彻执行这个新的纲领，我们根据闽西具体情况，在政策上作了一系列的新规定。

（一）对各阶层、各党派，包括地主、富农、国民党在内，只要他们爱国有心，赞成抗日反蒋，不再进攻红军游击队，不再破坏我党组织，不再压迫工农群众，我们就联合他们共同抗日，过去仇怨，既往不咎。并且保护地主、富农身家性命安全，不再没收其财产，以示团结。

（二）对国民党军队，包括中央军、保安团，只要他们停止对我们的“清剿”，停止摧残群众，我们也不进攻他们。

（三）对国民党区乡长，只要他们不危害红军工作人员，不摧残群众，不破坏我党组织，我们也将与之弃嫌修好，不打死他们。

（四）1935 年后，闽西“保甲制度”已经普遍建立。保甲长大部分是两面派，一部分是革命的两面派，坏分子只是极少数。因此我们提出“争取保甲长、改变保甲制度为赤色联盟”的口号。

（五）民团、壮丁队，也是早已普遍化了。其中大部分是可以争取的。因此我们提出“争取壮丁队为农民抗日自卫队”，“争取白色碉堡为荫蔽的赤色碉堡”。即所谓“旧瓶装新酒”，这是利用旧形式的新发展。

（六）对商人、手工业主，我们仍旧贯彻保护自由交易、公平买卖的政策，不没收他们的货物，不动他们的财产。

（七）对绿林好汉，则劝告他们改邪归正，不为敌人利用，不抢农民，我们对他们也贯彻宽大政策。

（八）抗日反蒋的主力是工农红军。为适应新方针，我们把闽西队伍改称为中国工农红军闽西南抗日讨蒋军，岩连宁为第一支队，红八团为第三支队，红九团为第五支队，上杭游击队为第七支队。各县游击队则编为人民抗日义勇军。这些红军、义勇军要大力发展壮大。游击小组成长为义勇军游击队，再逐步升编到红军主力中来。在停止打土豪后，暂时采取向富豪募捐的办法，以维持部队给养。

（九）开展抗日反蒋统一战线，需要团结一切可能团结的力量，但应该肯定抗日反蒋的基本力量仍然是工农基本群众。因此，我们一切政策仍然应该从维护工农群众的根本利益出发，仍然应该积极领导群众维护自身利益，开展反迫害反捐税以至反对收回土地、收租逼债等斗争；斗争方式仍应是合法的与非法的相结合，和平的与武装的相结合。

会后，军政委员会即根据这些新方针、新政策，发布了一个《六言布告》，宣布了闽西南人民抗日反蒋纲领，号召各阶层、各党派、各团体、各部队，在此日寇侵凌、国家危急之秋，大家不计前仇，团结一致，以挽救国家危亡，争取民族之生存与发展。

同时，又打通了已断联系一年的岩连宁边区，传达了这个政策。并调方方同志回军政委员会工作。

由于上述各种方针政策，是一个全新的东西，各阶层人民不容易理解，因此会议以后，便积极开展抗日反蒋的宣传和组织工作。先在部队和地方党中以《六言布告》和《抗日反蒋四字经》为课本，组织学习，然后即依靠他们向外扩大宣传：到处贴布告、贴标语；在乡村开群众大会；到学校去讲演；在圩镇中举行飞行集会；向碉堡民团喊话；并在拦船、拦汽车过程中向城市商人散发传单进行宣传。

除了宣传以外，我们还在实际行动中改变过去的做法。

首先，对守碉堡的民团只喊话不打枪，这在过去是没有过的。

其次，对乡保长的反动行为，我们采取先写信劝告、警告的办法，不是一下子就把他们打死。对他们的要求，也限于他们力所能及的范围，保存他们的位置，并且派人同他们谈判。

再次，对城市商人贩运货物坚决保护。这在过去虽一再宣布过，但各地方部队并没有坚决执行，许多军队在打汽车或拦船的时候，常常误把他们当作反动派，没收他们的货物，现在则不动一丝一毫。

又次，停止没收地富财产，停止打土豪，改为向富豪劝募抗日捐。

经过我们新方针新政策的广泛宣传和行动上的实际转变，顽固分子更加孤立了，两面派增加了，民团不敢猖獗了，地主富农比以前老实了。但是不是国民党就不向我们进攻了呢？不！他们在1936年仍然积极进行所谓第三期“清剿”。为挽救新十师受挫后龙岩的动荡局面，他们增调八十师、三师到龙岩、漳平来对付红八团。3月间，在白土东坑红八团与八十师一个团打了第一次遭遇战。这次战斗我只牺牲一人，而敌人死伤近百，枪炮声震动龙岩城。第三师从永定开来漳平之永福，几次搜山也一无所得。岩连宁部队，在此次反“清剿”中，先后消灭了五十二师沿连城来配合作战的一个加强连；还攻下了溪口、涂潭，消灭了地主武装200余人；并在铜钵山后消灭了第三师一个排。各地作战配合很好。许多民团都缩到碉堡中去，不敢下乡。所谓三次“清剿”，显然是强弩之末了。在这种情况下，我们部队仍然采取灵活的游击战术，但行动比前较为集中，部队也比以前发展了。有不少青年纷纷参加到红军、义勇军中来。地方的游击小组也逐渐变成公开的游击队，而最后发展成为红军、义勇军。到了七八月间，闽西各个支队都发展到三四百人，各县义勇军也发展到一两百人。

这个时期的群众斗争，在部队武装活动和利用两面政策的配合下，利用合法的斗争更是大规模地开展起来。许多乡村群众连同保长一起去进行要求免捐、减捐，以至拖捐、抗捐、瞒报壮丁、逃避征兵等斗争。收租逼债、收回土地的现象差不多已经没有了。在山区小村庄里过去被“移民并村”的群众也逐渐搬回来了。在一般山区，我们部队可以公开往来和驻扎。大乡村我们便衣武装也可以经常居住。马路上的碉堡在我们夜间经过时不打枪，有些地方我们的人员还可以住到碉堡中去，只是瞒住区、乡长少数人。

这个时期党的组织经过了整顿也发展起来了。经过1935年的艰险斗争，考验了党员，也考验了党支部。在这严重斗争的考验中，我们发现:有些党的支部工作活跃，斗争坚决，游击小组发展，群众扬眉吐气。可是，另外一些支部，则工作消沉，虽不做坏事，也不做好事，群众情绪冷淡，敌人耀武扬威。根究原因，与支部的领导成分有很大关系。前一种支部，领导成分多系贫雇农，他们本身“一穷二白”，需要斗争；而另一方面，地主反动派的刀口也主要是对着他们，逼着他们红起脸来干。后一种支部的领导成分多系中农，对1935年的惊涛骇浪，他们是相顾失色，而对1936年的好转形势，却又有重重隐忧，因而畏首畏尾，和和平平。问题一经发现，我们立刻进行了一次整党工作，主要是改变落后支部的领导成分，扩大贫雇农成分的党员在领导中的比重，将主要工作交给那些经过考验、斗争坚决、有工作魄力的优秀党员担任。经过这次整顿，改变了过去发展不平衡的状况，推动了落后地区的工作，从而使闽西对敌斗争的红旗，插在更加坚实的基础上。党支部是群众斗争的领导核心，党支部经过了整顿而健壮地发展起来，群众斗争便随之取得更大的胜利。

随着形势的发展，我们在龙岩的适中和漳平的永福一带，成立了岩南漳县委，向漳平、南靖发展。县委书记魏金水。另以上杭岩下山为基地，成立了汀河工委，向汀河两岸发展。工委书记是张思垣同志。在永定、大埔之间，成立永埔工委，书记是郑树昌同志。为便于领导开展新局面，1936年夏，军政委员会移到龙岩办公，张、邓、谭、方住在一起。

1936年6月，两广事变爆发。我们从报纸上看到陈济棠等发布的抗日反蒋宣言;接着又获得情报，说:蒋介石从各地抽调大批军队入粤。敌三师、九师、八十师、八十三师由李延年指挥，都由闽西向广东逼进，形势急转直下。闽西南军政委员会当即开会讨论。大家认为：两广事变是敌人内部的分裂，反蒋抗日的口号，我们应该予以支持。蒋介石大军南下，战争可能像过去的军阀战争那样延续下去。因此，我们的军事方针便是集中力量截击蒋军后方及其后续部队，促其在事变中失败。

那时，闽西部队已有很大发展，一、三、五、七支队，连同各县义勇军、游击队将近 2000 人。如果我们趁敌人内部分裂、闽西空虚之际，动员全部力量猛烈扩展新地区，闽西南局面将会大大改观。可惜当时我们只估计蒋陈战争可能持久，而没有估计另一个可能，即战争会很快结束。因此便坐失了有利时机。那时，邱金声同志率领三支队主力正向漳平、南靖一带活动，并在继续扩展中。我们反命令他集中待命。他不同意这样做，拒不执行命令，因而军政委员会予以撤职处分。这从组织上来说邱是不对的，但他主张向外发展是对的，而我们要他集中待命坐失时机则是错误的。邱被撤职后表现很好，这证明邱是一个好同志。

当时在政治上开始了“左”倾的错误政策。组织白色碉堡暴动，就是这时候的事。有些民团、壮丁队，事实上已完全听从我们的命令；有些就是我们的人，只是穿着敌军的衣服，驻在碉堡里而已。我们却要他们举行暴动，把队伍拉出来参加红军游击队，把碉堡平毁。其实这仅是暴露我们自己，而替敌人肃清内部。我们又在山区分田，已经分了田的也进行调整。乡保长、地主豪绅，被我们杀掉的也有。这种种政策，在当时来说，都是“左”倾的，同时也违反了我们自己关于建立抗日反蒋统一战线的诺言，多树了敌人。于是，上半年开始和缓的形势又逐渐紧张起来。

两广事变，由于蒋介石的奸诈权术而结束得很快。9 月间陈济棠宣告下野。10 月底，蒋介石便调广东军一五七师三个旅和一五八师一部到闽西南地区来。粤军在战术上比之蒋军要灵活一些，但其反动面貌一经在群众面前暴露后，同样是无能为力的。

一切为了实现和平推动抗日

粤军入闽后，闽西游击战争发生了一个新的转折点。

这个时期，全国政局起了根本变化。双十二西安事变，蒋介石被张学良、杨虎城拘留。以汪精卫、何应钦为首的亲日派，阴谋发动一次规模更大的内战，讨伐东北军和西北军，炸死蒋介石，以配合日寇进窥中原，吞并全中国。我党中央为了击破这种恶毒阴谋，说服张、杨释放蒋介石，并迫使蒋介石答应放弃内战政策，准备抗日。蒋回南京后就背信弃义地扣留了张学良。由于全国掀起了抗日高潮，东北军、西北军与我党合作，蒋对陕北红军的进攻在军事上、政治上都无能为力。接着，1937 年 2 月 10 日，国民党召开三中全会，我党中央向国民党提出了停止内战、实行民主自由、召开国民大会、迅速准备抗日和改善人民生活等五项要求，并且在不损害人民根本利益的原则下，作了适当让步，提出了停止以武力推翻国民党政权、红军改变名称、在革命根据地实行新民主制度和停止没收地主土地等四项保证，与国民党开始了合作抗日的谈判，最后促成抗日民族统一战线之建成。但蒋介石一方面与我党中央拖延谈判，另一方面对我南方游击队却更加积极进攻，严令各地限期肃清，企图在此短暂时间内消灭我们，这是蒋介石一贯玩弄的反革命的两面手法。

粤军来闽就是执行蒋介石这种反革命政策。黄涛所率的一五七师以一个旅驻龙岩、永定，两个旅驻闽南；一五八师曾友仁部驻上杭、武平;一五五师李汉魂部驻大埔。粤军一到，便立即开始对我们“清剿”。他们除了继续保持“中央军”搞的那一套（如移民并村，筑碉封锁等）以外，还着重采取了分散伏击的战术，一个连，一个营，经常拉到山上去过夜，晚上看灯火，白天看炊烟，发现目标立即包围搜山。这个时期我们不少机关和后方工厂等被破坏了，不少同志被捕被杀，如原上杭县政府主席陈必亨，区委书记范瑞章、蓝荣喜，原代英县政府主席杨伟林等同志都在这个时期牺牲。龙岩几个有名的女烈士，如张溪兜（名张秋玉）、娇（张生娇）、曹溪仔（名林景春）、张巷口仔（名张水地）等同志，也在这个时期被敌人捕去而壮烈牺牲。粤军战术比较灵活，政治上又着重利用叛徒、自首分子，专攻我们的要害。当地反动派见粤军活跃，都蠢然而动，积极配合，于是反革命气焰又一度嚣张起来。

当时我们与党中央失去联系达一年之久，得不到中央指示，对全国情况与政局变化只靠看香港、汕头以及国民党方面的报纸，从有关我党的报道中去推测、揣摩中央的意图。香港、汕头的华侨报纸，经常登载我们的活动消息。关于西安事变，张学良释放蒋介石系出于中共主张的消息，也是从这些报纸上看到的。我们立即决定派方方同志去西安找中央办事处转赴延安，向中央汇报和请示工作（他回来时，已是1937年九十月间了）。方方同志启程后不久，闽南红三团转来了驻在香港的南方工委给闽西南军政委员会的信，从此我们知道中央的方针已从抗日反蒋进到联蒋抗日。

这时，军政委员会已迁往永定。子恢率三支队留龙岩坚持，并向南靖、漳平一带活动。部队仍然时分时合，灵活机动，在军事斗争与群众斗争结合、合法斗争与非法斗争结合的方针下，开展广泛的灵活的游击战争，以对付敌人的“清剿”。5月间，又接到南方工委来信。军政委员会立即在永定召开紧急会议，研究中央文件，讨论当前形势与新形势下我们的行动方针。会议一致拥护中央的方针，并决定在闽西积极活动，以推动国民党抗战，推动全国的抗日高潮。

我们印刷了大批标语、口号以及告粤军书、告群众书等文件，提出“国共合作，停止内战，枪口对外”、“闽西南红军愿与粤军和平合作共同抗日”等口号。当然，也有“拥护蒋委员长抗日”和“实行革命的三民主义”之类的口号。红军部队和地方干部，人人宣传，处处宣传。在公路上拦汽车，在河道边拦船，也分头进行宣传，散放传单。有时还到市镇上，举行飞行集会。

许多新编的山歌、小调在群众中流传开来，成为群众自我教育的武器。还记得当时传唱最广的一支宣传抗日的小调，名叫《七劝救国歌》，歌词如下：

第一劝来劝农民，国家要粮来养兵，

你是有心来救国，耕田种地爱认真！
第二劝来劝劳工，铁厂打铁爱烧红，
制造刀枪送前线，打得鬼子叫阿公！
第三劝来劝商家，贩卖日货差又差，
拿出银钱帮鬼子，制造枪炮打自家。
第四劝来劝学生，敌人凶狠唔使（不要）惊，
宣传大家打鬼子，收回失地好名声！
第五劝来劝军人，莫怕死来莫贪生，
开到前线打鬼子，勿再来打自家人。
第六劝来劝女人，唔使烧香去求神，
你是有心救中国，劝郎劝子当红军。
第七劝来劝大家，人唔（不）团结十分差，
大家武装来抗日，要知有国才有家。

这时候，我们在军事上是：全力进行武装宣传活动。除被迫自卫外，不主动进攻粤军主力。粤军本来不是蒋介石嫡系，现在日军逼境，厦门危在旦夕，而我们又宣传“愿与粤军合作”，“中国人不打中国人”，他们在政治上便陷于被动地位。

除了向群众宣传外，我们又用鼎丞、子恢的名义，分别向漳州、厦门、汕头、潮州、香港、广州、南雄、赣州各地的同乡会、知名人士、同学、亲友等写信，说明我们顾全大局，愿停止内战，停止土改，希望他们多方推动当局和平谈判，共同抗日。连自诩反共20年的龙岩大绅士郑笔山，我们也写信给他，请他斡旋和谈。我们的主张深得各地旅外同乡拥护，他们写信给粤军劝和，有些并汇款接济我们。向富户要钱时，也改名为筹募抗日捐，请他们维持我军抗日军费。

联蒋抗日政策在部队中最初曾遇到很多人的反对。抗日谁也没有意见，可是对打了我们十年的“蒋该死”，现在却忽然要拥护他，许多人思想不通。6月间，又传来闽南漳浦事变的消息，红三团受粤军的欺骗

而被缴械，这件事更使部队哗然。我们一方面公开申斥粤军背信弃义，严正声明不准漳浦事件重演，要粤军发还人枪；另方面，又在部队中进行说服解释工作。由于我们开展了宣传，在群众中造成了一股声势，街谈巷议，到处是抗日之声，迫得敌人不得不稍稍敛迹。接着我们又开展与一些区、乡保长订立和平协定的活动，向国民党的区、乡、保长晓以大义，保证互不侵犯，并为他们保守秘密，订立口头协定。他们非常欢迎这种办法。于是许多过去与我们为敌的人，现在也中立了。经过这种种活动，形势逐渐缓和下来，广大群众情绪提高了，并且都拥护“联蒋抗日”的政策。部队也从实际工作中看到，只有这样才能联系广大群众，因而从思想上转变过来。

与这些工作开展的同时，我们设法与粤军联系。龙岩适中有个谢再发（即谢光辉），大革命时期是个左派，曾经与我党合作过，大革命失败后，他跑到广东军去了。这时，他在漳、厦一带，听到我们的主张，便回到龙岩适中，找到谢开华，表示他愿意介绍我们与广东军谈判。那时，谢育才同志正在龙岩，军政委员会便派他随谢再发去漳州与一五七师师长黄涛会谈，表示我们愿意与粤军合作共同抗日，作战时可以受粤军指导。黄涛表示欢迎，并介绍谢育才同志去龙岩见旅长练惕生，谢育才同志同样地表明了我们的态度。练惕生表示要张、邓两人中来一人才好正式谈判。谢育才同志就在 6 月底回到白土区，写信通知我们。这时，他已经在那一带公开活动了。

军政委员会接信后，便由永定迁回龙岩，并决定由子恢去龙岩与练惕生谈判。7 月 9 日，子恢与谢育才同志到适中洋邦谢再发家，驻适中的粤军吴营长前来洋邦迎接，当晚在他的营部里住了一夜，翌晨坐汽车进城。一路上只见大批粤军向漳州开拔。进了龙岩城，由龙岩商会会长李联昆、县财委主任郭荣圻（都是九中同学）陪同去见练惕生。群众闻讯，夹道欢迎。这一天正好东北军收复卢沟桥，加上国共双方进行和谈，群众情绪很高，满城鸣放鞭炮庆祝。

到达旅部，练惕生亲来迎接，表现很客气。谈判开始了，在座的我方是子恢和谢育才同志，对方是练惕生和他的参谋主任。在谈判中，我方保证和平停战，停止打土豪，停止土改，取消红军番号，取消军政委员会，部队分两地（永定和龙岩）集中，作战时可以受粤军指导等等。我们要求对方履行的条件是：停止敌对行动，供给我军经费，释放政治犯，不准收回土地，共产党公开活动。

在停止敌对行动等方面，没有什么争论，军费推到点编以后再讨论，只是在集中地点的问题上，费了一番唇舌。他们要我们在一个地方集中，而我们则坚持分两地集中。子恢说："由于贵军背信弃义，制造了漳浦事件，部队很不放心，因此坚决主张分地集中。兄弟个人是相信在闽西不会有漳浦事件发生，但对部队很难说服。"集中地点也经过了一番争执。他们要我们开到龙岩白土集中，这里前后有公路可通，易受敌人包围；我们却选在离龙岩城东 90 里的白沙和永定之金丰，这里没有公路，国民党部队不可能一下子开来。争执很久，练惕生会后又派商会会长等人来说项，子恢仍据理力争，说得他们也责怪黄涛做事太岂有此理。经过反复商谈，双方终于同意，口头订下协定，定于 8 月 13 日分两地集中。

第二天，子恢在龙岩城的《闽西日报》发表谈话，表明我们的态度。略谓大敌当前，我们愿意顾全大局，与国民党合作，停止敌对行为，取消红军番号，实行革命的三民主义等等。同时，该报又将子恢的革命斗争历史作了公开介绍。这一来，惹得国民党龙岩专员张策安大发雷霆，把该报记者痛斥一顿。以后关于我们的事，报上就一字不提了。

从谈判过程中，我们看出了张策安与粤军有矛盾。原来福建行政上是国民党 CC 系当权，张策安是 CC 重要分子。他妄想将我们部队编为省保安团，充实陈仪的实力，因而极力想破坏我们与粤军的谈判。7 月 9 日晚上，张策安还派白土民团去子恢家里抓人，企图破坏谈判。粤军和我们谈判，也不怀好意，也是想将我们吃掉。我们则利用这个矛盾，坚持和粤军谈判。

7月11日,谈判结束的第二天下午,子恢与谢育才同志仍返回乡间。

闽西南红军终于开赴抗日前线

卢沟桥的炮声，震动了祖国的每一个角落，抗日战争的序幕已经揭开，多少爱国男儿慷慨悲歌，奔赴战场。第二次国共合作成功，我八路军开赴前线，平型关首战告捷，击破了国民党所散播的恐日病，击破了人们的自卑感和怀疑论，抗日浪潮，正风起云涌。可是南方各省的红军游击队，却由于蒋介石的阻挠，迟迟不能开赴前线。蒋介石虽然在全国舆论压迫下答应抗日，但却没有一时中断他消灭我军的阴谋。他根本不愿我党再成立第二个八路军，妄想通过各个收编，来消灭我们。我们有些地区的同志疏于戒备，轻易相信国民党，因而吃了大亏。如闽南红三团在漳浦城被缴械；闽中莆田、仙游一带的游击队编为特务大队后也被缴械，工委书记刘突军同志牺牲，这些都是极其沉痛的教训。

当时，我南方各省游击队都十分警惕敌人这种阴谋，坚持单独编成一支由我党领导的部队。闽西七月和谈成功后，粤赣边游击队和湘赣边游击队，也在南昌与熊式辉谈判成功。鄂豫皖、湘鄂赣红军则在汉口进行谈判。前线一日失地千里,而国民党却逼着我们在谈判桌上消磨时间。

我们决定一、三、七支队及龙岩上杭、岩连宁、岩南漳各县的地方武装，在白沙集中；五支队与永定、永东、永埔县的地方武装，在金丰集中。部队指战员因漳浦事件，警惕性都很高，同时对改变红军番号，思想上很难接受。因此,在集中以前,我们又分头到各部队去进行动员，交代了政策。8月13日，各部队便全部集中完毕。

这时漳厦吃紧，粤军部队早已陆续开赴前线。8月间，练惕生的旅部也开走了。8月底，陈仪匆忙派人来点编，并事先发下新的服装，要我们点编时穿戴整齐，这又给我们出了个难题。战士们见了国民党军装都是一肚子火。他们说："五角星"同"十二角星"打了十年仗（五角星指红军红五星帽徽，十二角星指国民党军的青天白日帽徽），现在忽然要摘下红五星，换上"青天白日"，谁愿意呢？！有的战士气得哭起来，认为这是向敌人投降，怀疑被出卖了。经过我们说服教育，战士们才勉强换上国民党军装。陈仪的代表由闽西南军政委员会办事处（他们叫作"张邓部队办事处"）主任谢育才同志陪同来集中地点点编，全军上下都是怒目而视。

自从练旅调走后，国民党在龙岩成立了师管区，司令是涂思宗。点编后，9月初，我们就和涂思宗、张策安谈判番号及经费问题。他们这次明确地提出要我们编为省保安团。我们不答应，提出一个具体的番号，叫作"闽西人民抗日义勇军第一支队"，支队长谢育才，参谋长罗忠毅。他们见我们态度坚决，只好承认了这个临时番号。经费问题，双方相距甚远，根据1500人，我们每月要2万元，他们不肯，争执多时，最后才答应给1.2万元。

我们知道敌人心怀叵测，因此一面与他们周旋，一面作了种种应变的准备。这时，敌人主力已走，我们的力量也扩大了，壮丁队、区乡保长大部分已与我们订立个和平协定，不愿也不敢与我们为敌。与此同时，我们又布置了秘密工作，特别对白沙、龙岩、适中等地的电话员做了工作，要他们一有消息，马上通知我们，以免遭受敌人偷袭。发动群众的工作，仍然没有放松，主要是反对收回土地，反对收租。10月初，方方同志已经从延安回来，震林也从永定来了，便在白沙召开闽粤边区党代会，接受中央的指示，取消了军政委员会，改为闽粤边特区委。鼎丞为特区委书记，方方为组织部长，子恢为宣传部长，震林为军事部长。

10月底，陈仪通过黄涛转来了一份电报，要"张邓部队立刻开赴漳厦前线"。黄涛又加了一个电报，说他准备派汽车来接。我们知道他们不怀好意，可能把我们调到前方，"借刀杀人"；也可能把我们拉到漳州城缴械。但如果拒绝不去，又在政治上不利。特区委研究后，决定去，但不按照敌人安排的路线走。于是，我们一面回电黄涛，要点有四：

一、知道前线紧张，立即整装待发。

二、行军路线：取道永定、平和转漳浦，到达东山前线，不经过漳州城。

三、我们步行，请不必派汽车来。

四、请划出一定防线，以便与粤军并肩作战。

另一方面，我们立即大量印发《告别闽西父老书》，以示决心。黄涛接到我们的电报后，知道我们不易就范，假如依照我们这样行动，不仅不能吃掉我们，相反地我们还可能将闽西南地区联成一大片，因此只好打消吞并的念头，而把我们让与陈仪，三天后，就赶忙来电，叫我们不要去了。

11 月间，陈仪又匆忙派人来龙岩，写了信又打来电话，要子恢将队伍带到龙岩城去，给他们检阅。我们知道他又找麻烦来了，便托言已经点编过，不拟再去。以后，龙岩商会会长出面再三说项，谢育才同志也主张应付一下。因此，子恢便与邱金声同志率领白沙部队的一个营，开到龙岩南门外溪南一带，与龙岩城隔河相望。这时，龙岩城里已没有什么军队，他们要消灭我们，只有从漳州派兵来。因此，我们把排哨直派到几十里路以外，以监视漳州来路。漳州如果来队伍，坐上汽车几个钟头就可以到达。因而这一晚相当紧张，部队都作了战斗准备。

第二天早晨，陈仪派的人来了。部队仍然怒目而视，那人心虚，不敢久留，向子恢面约去城里谈话后，便匆匆回去了。这时，来机场欢迎我们的千百个龙岩群众都说："他一个人为什么不能到白沙去呢，何必这样劳师动众？"都交口称赞我们顾全大局。

我们怕他绑架，预先把部队布置在公路两侧，子恢与谢育才同志这才乘车进城会谈。那人开头就要子恢跟他去福州见陈仪，又劝我们受编为保安团。子恢婉言拒绝说："我们是服从上级党的，编制大事，我们特区委无权决定，兄弟个人更不能做主。既然陈主席有这种意思，最好请他转请蒋委员长与我党中央商定，兄弟一定服从。”他见话不投机，我们意志坚决，只好作罢。当天他就黯然离开了龙岩城。

以后，张策安去省城，就通知专署不给我们发经费。我们便找到商会，揭露张策安扣饷不发的无理行为，并请商会垫支。商会借给5000元，不够，又以抗日义勇军一支队的名义，印了借款条，向各地富豪借款，说明等当局发钱后再还。这样又借了钱，解决了军费，又揭露了国民党的罪恶。

我们的队伍离开溪南后，就驻到龙岩城东40里之雁石；留在白沙的部队也移驻苏邦，向雁石靠拢。专员公署又散布流言蜚语，说我们“未奉命令即进驻雁石，企图进攻龙岩城”。同时派人将城东的见龙桥烧毁，诬赖为我们所烧，弄得城内人心惶惶。

这时候，我们的处境真是进退两难：国民党把我们搁浅在这里，根本不让去抗日。即便让我们去了，与国民党军队一起作战，又凶多吉少；留在后方，政治上又不好说话；如果再打内战，又怕违反党的政策。就在这时候，党中央代表张云逸同志找我们来了。大家好像漂泊多日，突然脚踏着了实地，连忙请他传达中央指示。他说：“中央准备在南方也编一个军。一定要保持我们队伍的独立性，不编给国民党。他要打，就打，不怕他；他要编我们，那做不到，不然就再上山和他们干！当然，为了顾全抗日大局，我们还是应该尽量地争取和平。”他这么一说，使我们都放心了。张云逸同志来闽西以前，已经和陈仪、黄涛会谈过，要他们退还闽南、闽中被缴械的人员和枪支。后来，闽中的游击队不肯编入保安团，国民党没办法，只好送到闽西来；闽南的枪支粤军也交还了一部分，失散的人员也收集了100多人，由卢胜同志带来闽西。

张云逸同志来传达中央指示很适时。我们根据中央指示的精神，研究了当前形势，肯定龙岩专署是在制造磨擦，我们如果小不忍，一放枪，他们就会立刻调队伍来。雁石地势复杂，工作又缺乏基础，打起仗来对我们不利，撤出雁石对我们有利，对巩固和平也有好处。因此，我们决定将雁石队伍撤回苏邦，并向龙岩城商会及群众说清道理 :“如果我们要进攻，为什么要从溪南撤到 40 里以外的雁石？我们要攻城，为什么要自己烧桥断路？城里没有武装，连保安团都没有一个，1000 多人对付一座空城，如探囊取物，如要进攻，也不待今日 ；国民党初则要编，再则扣饷不发，三则造谣滋事，居心何在？虽然如此，但我们为了和平，情愿从雁石再后退 30 里，撤到苏邦。”这样一来，满城风雨，顿时烟消云散，群众都交口称赞我们，而国民党的阴谋却成了“司马昭之心，路人皆知”了。

从 9 月间开始，闽粤边特区委机关公开出版了一种周刊《前驱报》，通过报纸公开揭露和批判国民党的恶政和无理行为。例如批判国民党抓壮丁，批判苛捐杂税不合理，主张合理负担，国民党阴谋收回土地，我们就强调谈判规定维持现状，没有土改的地方则主张二五减租，强调抗战依靠人民，需要改善人民生活 ；另一方面，又通过报纸宣传我们的抗日主张，号召一切力量在抗日的旗帜下团结起来。同时也提出“万一漳厦失守，军事上须作必要防备”之类的一般建议。龙岩专员张策安看了我们的报纸，很恼火。那时，子恢住在城里，他就亲自找子恢谈话，怪我们事先没有给他看看。子恢说 :“言论自由嘛，我们有不对的言论，也希望你们批评。”驳得他直瞪眼。

到 11 月，在龙岩的部队集中苏邦以后，特区委便迁往永定金丰的下洋去了，部队一面休整，一面进行宣传。当时国民党到处抓壮丁，不少群众跑到我们队伍来了。国民党赶来要人，并且指责我们破坏合作，破坏兵役。我们指责他们用绳子捆壮丁，迫得壮丁逃跑，不能怪我们不合作，更不能说是破坏兵役。

为着适应工作的开展，特区委又接收了归侨侨生及漳、厦、潮、梅来的 200 余青年学生（不少是党团员），在龙岩开训练班，培养干部。

到 1937 年 12 月，我们接到南昌新四军军部来电说，军部成立了，我们终于战胜了国民党的重重阻挠破坏，组织了我党独立领导的第二支抗日部队。特区委立即派震林去南昌接受命令。震林回来时，带来了关防、电台，我们被编为新四军第二支队，鼎丞任支队司令，震林任副司令，罗忠毅任参谋长，王集成为政治部主任，子恢调军部任政治部副主任。支队下率三、四两团。三团由白沙集中的部队编成，丘金声同志任团长，廖海涛同志任副团长。四团则由金丰下洋集中的队伍编成，并加上闽南收集回来的部队，汀瑞游击队也编入四团，卢胜同志任团长，黄火星同志任副团长。雷光熙同志所率领的闽中游击队约百余人则编为支队部的特务连，全支队约 2000 人。

1938 年 1 月，我们将部队全部集中到龙岩白土，宣布了番号，调整了编制，并进行开赴前线的动员。

为了防备部队离开根据地后，地方党的组织、红军家属和革命群众会遭受意外，因而组织了留守处。并留下了一个连，一部分武装和一些素为群众信仰的军政干部，如方方、谢育才、范乐春、魏金水、刘永生、马发贤、伍洪祥、吴作球、罗炳钦等同志，继续领导群众进行斗争。

3 月 1 日，闽西人民的子弟兵，终于实现了开赴前线抗日的夙愿，告别了亲爱的父老兄弟，告别了可爱的家乡，离开了洒遍自己血汗的土地，结束了三年艰苦奋战的游击生活，激昂慷慨，挥泪高歌，踏上了新的征途。

毛泽东路线的胜利

综观闽西三年游击战争的结果，我们基本上胜利地完成了党所赋予的历史任务。

首先，在政治上，我们始终坚持党的旗帜，从而鼓舞了广大群众的斗争勇气和胜利信心，也给了敌人以严重打击。我们坚决贯彻了党的政治主张，并制定了适合闽西情况的各种具体政策，而在新的形势下，这些政策又能作及时的转变。特别是抗日民族统一战线政策在闽西的灵活运用，不仅动员了广大工农群众，而且争取了保甲长，争取了民团壮丁队，并与许多区乡地方实力派订立了互不侵犯的和平协定。最后在与国民党谈判过程中不卑不亢，高度原则性与充分灵活性相结合，这样就从政治上打击和孤立了当时最反动的敌人CC系，团结了一切可以团结的力量，扩大了党的政治影响。闽西2000名子弟兵开赴抗日前线，广大地区农民群众始终保持了土地不被收回。这许多胜利，都强烈地表明了共产党和人民的力量是不可战胜的！

其次，在军事上，我们粉碎了几十倍于我的敌人的残酷而持久的“清剿”，我们不但保存了部队的有生力量，而且更加发展壮大了。部队从实际锻炼中学会了灵活的游击战，能进攻，也能退却；能集中作战，也能分散活动；能打仗，也能筹款和做群众工作；能进行武装活动，也懂得利用两面派。部队真正成为广泛的群众性游击战争的核心力量。在持久的游击战争中，培养了大批密切联系群众、善于做地方工作和具有灵活游击战术素养的军事干部，他们后来就成了新四军和华南纵队的一部分有力骨干。

再次，在组织上，我们保持了党的战斗性和纯洁性，保持了各级领导骨干的安全与团结。三年来，闽西县、区以上的领导骨干，大部分保存了下来。整顿支部的工作，进一步增强了党的战斗性，贫雇农党员的成分增多了，在对敌斗争中涌现出大量积极勇敢的党员，加强了基层组织的领导，密切了党和群众的联系。党员和群众同甘共苦，坚决维护群众利益，与群众一起出主意、想办法，取得群众的高度信任，因而能够胜利地领导群众跟敌人进行斗争。

三年游击战争是闽西展开革命斗争以来最艰苦、最复杂的阶段，也是闽西党和人民经受最严重考验并获得伟大胜利的阶段。为什么能够在“左”倾路线造成的极端严重的形势下，坚持了三年游击战争，并取得了伟大的胜利呢？最基本的原因是闽西党经过了强烈的两条路线的斗争，在克服了“左”倾路线，恢复了正确的毛泽东路线以后，游击战争才顺利地开展起来，取得了最后胜利。

当时，闽西的敌我力量对比是强弱悬殊。在这种形势下，如果继续执行“左”倾路线的战略战术，与敌人拼消耗，那无疑地是只有失败，而不可能有什么胜利。正由于过去接二连三的失败，使“左”倾路线的错误实质愈来愈为明显，受“左”倾路线影响的一些同志也逐渐觉悟过来，急于要抛弃它，而回到党的正确路线上来。闽西南军政委员会的成立，在帮助干部克服“左”倾路线回到正确路线方面来是起了积极作用的。因此闽西南军政委员会的成立，可以说是党的正确路线在闽西恢复的开始，也是闽西游击战争顺利发展的开始。

但由于“左”倾路线在党内统治了四年之久，而遵义会议批判“左”倾路线的错误我们当时又不知道，中央也没有指示，我们虽然意识到“左”倾路线不对，但又不好公开反对，只能从正面解释毛主席一贯坚持的游击战的战略战术原则。在这种情况下，要使所有干部从思想上彻底认清“左”倾路线的错误，而站到正确的毛泽东路线的立场上来，并不是一件容易的事，更非短期所能奏效。闽西南军政委员会进行了长期的耐心的教育说服和批评斗争，最后还经过了许多挫折和痛苦的教训，才逐渐使干部的思想转变过来，保证了三年游击战争的开展和胜利。

在闽西游击战争过程中，两条路线的斗争在军事上表现为：是依靠部队单纯的军事活动，还是依靠群众性的多方面的斗争配合，使敌人陷于草木皆兵、应付不暇的境地呢？是猛打猛冲或坚守一地，还是避实击虚、避强攻弱、时分时合、机动灵活的游击战争呢？福建军区红十九、二十团、红十七、十八团的失败和红九团的最后挫折，是执行“左”倾路线的恶果；闽西其他游击部队则是在恢复了毛泽东同志的游击战争的指导思想之后，才保持与发展起来的。

在政治上，则特别尖锐地表现在阶级政策的执行上。是不分青红皂白打倒一切，还是具体分析，把最反动的敌人、一般敌人和真正的朋友、暂时性的朋友区别对待呢？在对待敌人时，是一直打到底，根本不给敌人低头服罪的机会，还是在经过严重斗争后敌人已经低头屈服，便可以拉一拉以便利用他们更好地进行新的斗争呢？“左”倾机会主义者是坚持前者，一定要在那样严重的环境中，将我游击根据地内的地富分子加以捕杀，拒绝接受那些充当保甲长的人向我低头和利用他们替我做事。我们则采取后一种政策，这对于闽西三年游击战争的顺利开展，是有很大影响的。

两条路线的斗争也表现在群众工作路线方面。是一开始就提出不可能实现，群众也不敢想的过高要求，还是领导群众从当前最迫切的比较低的要求开始，而后看主客观情况变化再逐步转到基本要求呢？在斗争方式上是一开始就组织群众进行非法斗争和武装斗争，还是通过利用合法斗争与和平斗争，而后根据斗争的需要和条件，再转到非法斗争和武装斗争呢？“左”倾机会主义者是不相信群众的。他们不愿意分析当时当地的阶级力量对比，不了解群众当前情绪和迫切要求。他们不懂得群众斗争的曲折性，有时可以进攻，有时又需要退却。他们更不懂得利用合法与非法斗争相结合的道理。他们常常骂群众暂时与敌人妥协的应付行为为“反水”，骂领导群众向敌人进行迂回斗争的同志为“叛徒”。而毛泽东路线的群众工作则是一切都应当根据当时当地阶级力量的对比，应当从广大群众最迫切的要求出发，而后相机提高到基本利益，这样来制定方针政策，提出口号，并通过群众的自觉行动，引导群众向敌人进行各式各样的斗争；在斗争中进一步教育群众，组织群众，使群众斗争由小到大，由非武装的合法斗争，转到秘密的隐蔽的武装斗争，在时机成熟时，再发展成为公开的武装斗争。由于我们坚持了毛泽东路线的群众工作，这样的武装斗争便成为闽西游击战争中的主要方式。在反迫害斗争时，在镇压地主反攻倒算时，在赶走国民党武装收捐逼税时，这样的武装斗争起了主要作用。

闽西南军政委员会从一开始，就要求各级主要负责干部分头深入到群众中去，协同当地干部领导群众斗争。这些干部不仅在感情上、语言上、生活习惯上能和群众打成一片，更重要的是他们都是在当地群众武装斗争中锻炼出来的，群众知道他们的一切，他们也知道群众的一切。同时，不论在任何严重的情况下，干部从不离开群众，始终领导着他们进行斗争。干部地方化，深入群众与群众同甘苦共患难，这也是闽西三年游击战争取得胜利的一个重要关键。

很清楚，在我们抛弃了“左”倾路线以后，闽西的游击战争就生龙活虎般地发展起来，并且取得伟大胜利。这说明了闽西三年游击战争的胜利，是闽西党内两条路线斗争的胜利，是毛泽东路线的伟大胜利！

选自中国人民解放军战士出版社编：《星火燎原》选编之四，中国人民解放军战士出版社1980年11月第1版，第200—239页。

张鼎丞，1898 年生，福建永定人。1927 年加入中国共产党，1928 年参加领导龙岩、永定、上杭等县农民武装起义，参与创建闽西革命根据地。南方三年游击战争时，任中共苏区中央分局委员，闽西、闽西南军政委员会主席，中共闽西南特委书记。新中国成立后，任中共福建省委书记、第一书记，福建省人民政府主席，福建省军区政治委员，中共中央华东局第四书记，华东行政委员会副主席兼政法委员会主任，中共中央组织部副部长，最高人民检察院检察长，全国人大常委会副委员长，中共第七届、八届、九届、十届、十一届中央委员等职。1987 年在北京逝世。

邓子恢，1896 年生，福建龙岩人。1926 年加入中国共产党，1928 年参加领导龙岩、永定、上杭等县农民武装起义，参与创建闽西革命根据地。南方三年游击战争时，任中共苏区中央分局委员、闽西南军政委员会财政部部长兼民运部部长，闽西南军政委员会副主席兼财政部部长。新中国成

立后，曾任中央人民政府委员会委员，中央人民政府人民革命军事委员会委员，中南局第三书记、第二书记、代第一书记，中南军政委员会副主席，中南行政委员会副主席，中共中央农村工作部部长兼政务院财政经济委员会副主任、国家计划委员会副主任，国务院副总理，政协第四届全国委员会副主席，中共第七届、八届、九届中央委员等职。1972 年在北京逝世。

谭震林，1902 年生，湖南攸县人。1926 年加入中国共产党，1927 年随工农革命军参加创建井冈山革命根据地。南方三年游击战争时，任闽西南军政委员会军事部部长，闽西南军政委员会委员、副主席。新中国成立后，曾任华东军区副政治委员，中共浙江省委书记，浙江省人民政府主席，中共中央华东局第三书记、代理书记，江苏省人民政府主席，华东军政委员会副主席，中共中央副秘书长，国务院副总理兼农林办公室主任，中共中央委员、中央政治局委员、中央书记处书记，第四届、五届全国人大常委会副委员长，中共中央顾问委员会副主任等职。1983 年在北京逝世。

坚持三年游击战争
（1935—1937 年）

张鼎丞

一、主力红军长征后的政治环境

由于王明的“左”倾错误未能粉碎国民党的第五次“围剿”，中央主力红军于 1934 年 10 月，在江西会昌、雩都一带突围，离开中央苏区，开始进行长征。当时在中央苏区还留有部分主力红军和地方部队，由项英同志领导，坚持“保卫苏区”的方针。长征的主力红军已远离苏区后，国民党仍然保有很大的兵力在中央苏区进行“清剿”。我们的红军虽然在瑞金、会昌之间进行过顽强的战斗，并消灭敌军第三师的一个旅，但是由于仍然采用硬拼硬打的办法，因而不仅未能挽回严重的局势，而且整个中央苏区都被敌人占领了。在硬拼硬打中，指战员伤亡严重，武器弹药消耗很大，造成给养困难，补充竭蹶。留在中央苏区的一万多红军，没有多久时间就被敌人打垮了。

在敌人大举“清剿”的情况下，项英、万永诚等同志仍然坚持王明路线。他们不是根据具体情况，作战略的退却，及时考虑如何坚持游击战争，与敌人作长期的周旋，而是在所谓“保卫中央苏区”的方针下，一切措施仍是与敌人作殊死决战的部署。所以福建省级机关迁到长汀的四都后，军区虽然保有两个主力团（十九团和二十团）和许多游击队，但是他们不是分散打游击，却集中在四都区的狭小的圈子里，进行“保卫苏区”的战斗。由于乱拼乱打，在很短的时间内即全部失败了。

主力红军被迫长征前，毛泽东同志对鼎丞同志说：“你还是回到闽西去，那里你熟悉，可以坚持，可以发展。”1934 年 12 月，项英和万永诚等同志也同意让鼎丞同志回到闽西的岩、永、杭地区领导游击战争，当时要鼎丞以中共福建省委代表的资格去指导工作。但项、万等同志只给任务，并没有给武装部队，鼎丞和刘永生、范乐春、陈茂辉同志从永定留汀难民中，动员了一些人带上八支步枪和一些手榴弹回到闽西。当时在敌人层层封锁下，我们夜行日宿，赶回岩、永、杭。我们经过上杭才溪附近的山上时，碰到上杭独立营剩下的一些同志。他们缺乏游击战争经验，而且给养十分困难，产生了悲观失望情绪。因此，我们把他们带到永定地区，帮助他们解决冬衣和给养，然后又把他们送回到才溪附近的山上，坚持斗争。可是后来万永诚同志还来信，就这件事情严厉地批评了我们，说我们把上杭独立营的同志带走是错误的。

当时在岩、永、杭地区坚持游击战争的，主要是由邱金声、邱织云、魏金水、伍洪祥、王胜等同志领导的红军独立第八团和各县区的游击队；此外，在宁洋和连城地区坚持游击战的还有方方、吴胜、谢育才、罗桂华等同志率领的红军独立第九团。独立第八团是在 1934 年夏，由中央军委派遣到敌人后方——龙岩至漳州的交通线上活动的，主要任务是破坏敌人的交通运输，牵制敌人向苏区前进。独立第八团是一支很好的部队，他们已经在龙岩、永定、南靖等地建立了游击基地。我们达到后就与红八团取得联系，并以这支部队为骨干，布置坚持长期的游击战。1935 年春，陈潭秋、邓子恢、谭震林率领红军第二十四师一个营从江西突围，冲过敌人的重重封锁到达永定西溪赤寨，和鼎丞同志会师。这时候红军独立第九团也由宁、连一带转移到岩、永地区。由于红八团和红九团已重新会合，便能互相配合对付敌人的“清剿”。

二、敌人的“清剿”部署和手法

在中央主力红军长征后，国民党反动派妄图彻底摧毁苏维埃政权，“一劳永逸”地镇压人民的革命运动，以恢复豪绅地主的反动统治，于是集中了一切力量对红军游击队，进行空前残酷的“清剿”。

敌人在1935年1年中，仅在闽西南地区就布置了正规军第三师、九师、十师、三十六师、五十二师、七十五师、八十师、八十三师等八个主力师,并纠集了一切地主武装进行“清剿”。经过一年的严重斗争，到12月间，敌人开始将第十师、七十五师、八十三师、三十六师先后调走。但在两广事变后,国民党又从广东调来三个广东师接替“中央军”继续“清剿”。这种情况,一直延续到1937年8月国共合作抗日时为止。

国民党“清剿”军的指挥部设在龙岩城，以李默庵、李玉堂为指挥官。敌人的“清剿”计划，在三年中分为五期进行：1935年1月至5月为第一期；7月至12月为第二期；1936年3月开始为第三期（两广事变爆发后不久就停顿了);两广事变后，第三、第九等师进行“清剿”为第四期；1936年11月粤军入闽“清剿”为第五期。

在“清剿”初期,敌人曾扬言:要在三个月内消灭闽西“残匪”。在“清剿”开始时期，敌人的战术特点，是集中使用兵力，采取分进合击的战术。如进攻岩、漳边区时，集中了三个旅的兵力进行“搜剿”；如发现我部队，则不论地形如何险要，死伤多重，都要猛打猛追。在竹子板战斗时，敌人采用密集冲锋，我们则据险反击。在一个山沟里，敌人就死伤了100多人。但是敌军官不顾伤亡惨重，还是强迫士兵冲锋，拼命地进行“追剿”。敌人的口号是“以十换一，就是胜利”，妄图与我拼消耗来消灭我军有生力量。

到了第一期末和第二期初，敌人的战术改变了。在这以后敌人采取

“驻剿”、“堵剿”、“搜剿”、“追剿”同时并用的战术，比初期更为残酷。敌人的部署是将部队分为“搜剿”、“驻剿”部队，将“搜剿”部队放在机动地点，经常四处活动，进行所谓“搜剿”；而将“驻剿”部队分散在各地，建筑炮楼、堡垒，以封锁我们的交通，限制我们的活动，并配合“搜剿”部队的行动。整个闽西地区，不论城镇和乡村，不论高山或要道都布满了炮楼和碉堡。如龙岩的白土，方圆不过十多里的地方，就有 70 多个碉堡。龙、漳公路沿线，每隔几百米就筑起炮楼碉堡，驻守部队，而且各炮楼碉堡的火力都可以交叉射击。敌人并修筑公路，架设电话，企图以此来围困我们，全面进攻我们。

1935 年八九月后，敌人又组织保甲制度，实行连坐法。蒋介石集古今中外的一切反动办法，来对付共产党和红军游击队。保甲制度，是以十户为一甲，设甲长，一村为一保，设保长，十户为一联保，设联保主任，在有保甲的乡村内，实行连坐具结，互相监视。如发现共产党不报告，就要杀头。不但许多群众遭受屠杀，连伪保甲长也难幸免。如龙岩的白土一次就杀了十多个保甲长。实行“连坐法”的具体规定是：如有一家通红军被发觉，连坐的十家都要遭杀害。永定的内山，有一个村子，30 多口人，被连坐杀光了；上杭县坑口乡的连塘村，有 28 户，全村 80 余人全部被杀光。其次，实行移民并村，在所有接近山地的乡村，强迫群众迁到大乡镇去，筑起土围子把群众限制起来，以防止他们所谓“通匪、窝匪、济匪”。再次，纵火烧山。如龙岩的白土、肖坑周围的大山小山均被烧得竹木全无。永定的金丰大山，堵树坪的大山则因树大山深放火烧不了，就强迫老百姓砍树。最后，实行经济封锁。强迫实行计口购粮、购物。群众从土围子里出来赶集购粮购物，或到山地种田，一定要有良民证。购买粮食和物品只能限在一定的数量。群众外出耕田只准每人带够自己个人吃的饭，防止所谓“济匪”。此外每个山头都有岗哨，组织“守望队”守望，山上、山下、隘口、坑口均有人把守。敌人梦想借助于诸如此类的暴虐手段来困死、饿死红军游击队。

敌人还实行自首政策，散发所谓“自首自新条例”，引诱红军中的动摇分子出来投降，如果有人投降了，则利用他进行造谣惑众；或引诱红军家属叫他们或她们的儿子、丈夫回家。在实行自首政策的同时，又实行屠杀政策，颁布所谓“十杀”口号，凡是所谓“通匪、窝匪、济匪……”的都要杀。

敌人的所谓“清剿”计划和手段，大体上就是这样。尽管敌人的计划是严密的，手段是极端残酷的，但是，由于他们与人民为敌，最后胜利的并不是他们，而是共产党和人民。

三、坚持游击战争的方针

中央主力红军长征后，我们指出了闽西的严重局面，同时也指出了有利条件。闽西的有利条件主要是：各级党的组织依然存在，并且还保有相当数量的从土地革命斗争中成长起来的干部和红军游击队；经过土地革命教育和战争锻炼的广大群众仍是倾向我们的；独立第八团和第九团，在游击战争中已经建立了基地，他们与广大群众的关系是血肉相联的；闽西有崇山峻岭、茂林密竹，是适合开展游击战争的。反之，国民党反动统治与广大人民之间则存在着严重矛盾，豪绅地主回乡后要反攻倒算、夺土地、收老租、逼老债、强迫回婚等，这就势必引起广大群众的强烈反对。此外，反动派内部存在许多矛盾，日本帝国主义在加紧进攻中国，广大人民的革命运动正在逐渐展开，这些都是对我们有利的。

因此，我们根据当时的形势，决定坚持游击战争的方针：即“开展群众性的游击战争，保存有生力量，争取广大群众，在群众支援下，运用灵活的游击战术打破敌人的‘清剿’计划。”

根据这一方针，我们首先把红军游击队、独立第八团和第九团变为武装的政治工作队——会打仗，会筹款，会做群众工作的部队，以适应新的更加艰苦复杂的游击战争环境。我们做了如下的工作：

（一）争取群众。争取群众是艰苦细致的工作。争取的方法是多种多样的

1. 我们一切都为了群众，把保护群众的利益作为我们的出发点。游击队需要有起码的给养，没有粮食是不能生存的。但是，敌人极为残暴，如果群众卖粮食给我们被发现，是要被杀头的。所以，游击队开始采取突然到保长、地主、富农家里买粮食的办法，买了照样给钱，使他无话可说。而且在群众中造成这样的观感和影响："保长自己也卖粮食给红军"。这就使"窝匪"、"济匪"不得不成为保长、地主们要保守的"秘密"。随后，我们才到群众那里去买，并向他们进行宣传解释工作，经过反复多次，我们就逐渐与群众建立了联系，有时还可以去开会做工作。保长、地主们卖粮食给我们，群众也卖粮食给我们，谁都不说谁，大家心照不宣。于是，"通匪"、"窝匪"或"济匪"的条规和严刑峻法就统统被抛到粪坑里去了。

2. 我们利用群众到城里买东西的机会，让游击队化装在路上等候，将群众买的油、盐、肉等东西，照价给钱转买过来，又向他们宣传解释，并且教他们去向反动派报告，说：被"匪"抢了。这样，使群众既得钱又安全，做个"白皮红心"的拥护红军的工作者。因此，群众很乐意为我们购买东西。

3. 红军游击队处处为人民。如游击队在山上，自动帮助群众做纸，帮助群众砍竹麻、砍木料而不要工钱，群众当然喜欢我们，愿意为我们送消息。我们用各种办法去联系群众，又通过我们联系的群众再去联系其他群众，像滚雪球般越滚越大，始终同广大群众心心相印，血肉相连。

4. 群众要求我们撑腰的事，尽力去办。例如，群众受不了反动派的摧残，要求我们去镇压那些反动分子，特别是罪大恶极的反动分子，我们就去除暴安良。镇压顽凶得手以后，叫群众去报告联保主任说："红

军来杀人啦！”这样杀了反动分子，又可以使群众不受牵累，不受军阀摧残，愈来愈多的群众就更加相信我们了。

5. 做好“壮丁队”的工作，同他们约定：当他们奉命来烧山、搜山时，预先秘密通知我们或朝天打枪，以便我们能够及时地转移。

总之，我们时时刻刻为群众谋利益，替群众想办法对付敌人，我们就可以克服各种困难，红军游击队也就能生存和发展起来。

我们是在极端困难的条件下坚持斗争的，所以，红军游击队的纪律是非常严明的，每个指战员都要自觉地遵守纪律，以实际行动来争取群众。譬如龙岩的十八乡，过去在立三路线时期曾被我们烧杀过的，又受反动派的欺骗宣传，群众害怕我们。当红八团第一次到那里的时候，各村群众都上山去了；红八团的同志们虽然做了许多宣传工作，但群众还是躲在山上不敢下来。有一天恰巧是下雨，又是农忙收稻子的时候，战士们看见群众的稻子还晒在场上，就自动地收起来；又给群众喂猪、喂鸡……秋毫不犯。战士们在群众家里煮了一些饭吃，也按价给钱，还留下一封信说：“我们打扰你们了。天下雨，稻子已收起了，猪也喂过了。我们煮了饭吃，钱留下，请收起。”红八团走了，群众回家后看到，稻子果然收起了，猪也果然喂饱了，留下的钱也是从优给价，因而十分高兴。红军第二次去时，大多数群众不跑了，看见红军没有损害一点东西，更加相信红军了。第三次去时，群众不但不跑，还欢迎红军，要求红军在那里住。这就说明，为了维护群众的利益，红军自觉遵守纪律的重要性。我们的指战员就是这样做的。

我们争取群众，向群众进行宣传工作，办法是多种多样的。在山上帮助群众砍竹麻做纸是一种宣传，向群众购买物品又是一种宣传。但还有更巧妙、机智的办法，就是当地主将要收租时，我们决定发动群众抗租：首先和群众商量，征得他们同意，将写好的标语交给他们去张贴，标语内容是“收租者杀”。晚上由他们贴好，天一亮又由他们去报告联保主任，并沿途喊叫：“昨天‘共匪’贴了标语说，收租者杀”。于是，我们的口号就由群众宣传出去了，又由群众去报告联保主任，当然群众的安全也就不会有什么问题了。但是，仅仅宣传还不能保证地主不收租，群众要求我们严厉镇压几个收租者，我们也就这样做了。比如，我们的游击队在永定的西溪乡打埋伏，打死了几个从城里出来收租的人，事后国民党军来了一个营包围西溪礼田坝时，抓去100多名群众，说是“通匪”要杀头。被捕群众据理申辩说：“红军早有布告、标语，又由我们报告联保主任，为何说我们‘通匪’呢？”国民党一无道理，二无证据，无可奈何，结果只得把群众释放。自此以后，大多数地主不敢随便收租了，而群众因为不必交租就更加拥护我们。

我们还提出了保护商人，争取商人的政策。这不但是一种政治影响，同时也是一种实际需要，因为争取商人为我们购买物品器材，就可以解决我们的困难。先前我们的游击队住在山上，没有群众基础，曾打过商人载货的汽车，没收了一些物品。后来纠正了这种做法，提出保护商人的口号，接收他们的物品照价给钱。这样我们就逐渐与商人建立了联系，也就有了很多方便。

对待保甲长和“壮丁队”，也有个政策问题。1935年春，我们曾提出粉碎保甲制度的口号，这在当时曾给游击战争造成了一时的有利条件。但后来敌人采取凶残屠杀的办法，迫使群众再组织保甲制度，不然就要毁灭全乡全村。在这种情况下，我们为了群众利益，为了保存革命力量，允许群众以“白皮红心”应付敌人。我们从各方面了解，保甲长中不少人是“两面派”分子，而真正忠实于国民党的只是少数人，因此，我们决定争取保甲长，利用保甲制度来掩护群众工作和保护群众利益。由于许多炮楼、碉堡都是由地主的“壮丁队”驻守，而农民被迫参加“壮丁队”，为地主看家，并非他们所愿。所以我们决定争取“壮丁队”。争取保甲长和“壮丁队”的工作是十分重要的，也是可能的。我们对保甲长的办法，是分别对象，晓以利害关系。我们采取的政策是争取好的，团结中间，打击坏的。我们告诉保甲长们不许危害红军工作人员，不许摧残群众。如国民党军队要保甲长带路搜山，他们可以照办，但事先必须通知我们或先打枪让我们知道，甚至故意把路带错，使敌人扑空。对于“壮丁队”则通过他们的家属或其中较好的分子，采取多种方法争取。并告诉他们，当红军通过乡村时，不能阻止，让红军通过后，可以朝天打枪，以应付敌人。我们争取保甲长和壮丁队的工作，获得了显著的成绩。我们利用敌人的组织形式及其矛盾进行统一战线工作，争取了不少保甲长为我利用，争取了不少“壮丁队”守卫的白色碉堡变为我们掌握的秘密的“赤色碉堡”。

（二）采取主动灵活的游击战术

三年游击战争是在异常困难的环境中坚持下来的。我们以4000多人的红军游击队与数十倍于我们的敌人作长期的斗争，这是很不容易的。敌人经常用五六个师的正规军来“清剿”，而手段又是那样的残酷，除军事“进剿”外，还移民并村，遍筑炮楼和碉堡。但我们终于坚持了斗争，保存了有生力量，取得了胜利。

没有正确的指导方针，要坚持游击战争是不可能的。我们指导游击战争，始终保持着主动性和灵活性。我们的部队真正做到了迅速地集中和迅速地分散。集中以打击敌人，分散以争取群众。集中时如急雨骤临，分散时如疾风顿逝；根据情况的变化而变化，采取“化整为零，集零为整”的游击战术，经常是来无影，去无踪，神出鬼没，打击敌人。

1935年以前，我们接受的任务是在敌人后方积极地牵制和拖住敌人，借以掩护主力红军进行长征。那时红八团和红九团都比较集中地行动，到1935年春夏之间，已吸引了八个师的敌人在游击区的周围。这时，我们从报纸上看到主力红军已到了云、贵、川一带，而留在中央苏区的红军又因项英坚持“左”倾错误的领导遭受了失败。于是，我们感到所面临的迫切问题已经不再是吸引敌人，而是应该设法保存自己，坚持下去。因此，我们确定了游击战争的方针，并进行了周密的作战部署，采取广泛的、灵活的游击战术来达到我们胜利的目的。

在反对敌人第二期“清剿”中,我们的部队分散成一个连,一个排,甚至一个班单独活动。分散不是消极躲藏或不动，而是为了便于活动，便于争取群众，更好地配合地方党的工作。同时，可以经常在敌人的碉堡网中穿梭活动，捕捉敌人的哨兵、通讯员和地方上的反动分子，使敌人不敢轻易出来骚扰，使反动派不敢轻易收捐收税。这一切都受到群众的欢迎。

我们采取迅速集中或迅速分散的战术，常常出奇制胜。在 1935 年六七月间，红八团在强敌跟踪“追剿”下，边打边退，迅速地分散，摆脱了敌人的“追剿”。团长邱金声同志就经常带着一个基干连，机动灵活地打击敌人。1935 年 12 月某日，正当李默庵大肆宣传红八团被消灭了，闽西“残共”不可怕的时候，邱金声同志率领部队巧妙地进入龙岩城，奇兵突起，袭击了敌人的陆军医院；不久又消灭了驻龙岩崎濑的敌军一个营部，毫无伤亡地取得了胜利，从而粉碎了敌人所谓红八团“已被消灭”的欺骗宣传。

出奇制胜的例子是很多的。如敌人第三期“清剿”时，情况非常严重。我们活动在上杭的部队化装成便衣队，巧妙地袭击了上杭城的敌人,活捉了不少俘虏,并缴获了一批药品。另一次,利用夜晚,出敌不意,袭击了上杭草鞋岭敌人的据点。当我们的部队进入据点抓住敌人的机关枪时，敌人才发觉，因而我们又毫无伤亡地消灭了敌人，缴获不少战利品。有时我们一方面广泛地发动游击小组到处活动，转移对方注意力，以牵制和分散敌人，另一方面则机动地集结一定数量的主力部队奇袭大股顽敌，聚而歼之；或以游击小组引诱敌人进入我们埋伏圈，由主力部队迅速地干脆地予以歼灭。这种例子在龙岩或永定举不胜举。此外，我们还采取长距离的突然袭击的战术。如红九团经过几十里的急行军，突然袭击平和三莱洲的敌人。红八团还曾巧妙地混入敌人内部歼灭敌人。这些都是相当出色的战例。

我们的战术是灵活的,游击区是宽广的。我们不仅在原龙岩、上杭、永定、平和、漳平、连城、宁洋等县保持老的游击区，并且还发展了华安、南靖和广东大埔等县的新游击区。当着敌人集中力量在我们的游击区“清剿”时，我们将部队向四面八方分散挺进出击，敌人始终奈何我们不得。因为我们是群众性的游击战争,一切是为了群众的利益,所以，有时候为了群众不受摧残，明知可以消灭的敌人也暂时不去消灭。我们既要确有把握地消灭敌人，又要照顾到群众。因此，不仅过去苏区的群众拥护我们，把红军看成他们的保护者，与红军结成血肉相联的关系；而且在新区也无例外地得到了群众的热诚帮助。如果不是一切为了群众，如果不是有广大群众作基础，那么，坚持三年的游击战争是不可想象的。

（三）加强党、政、军统一领导

1935 年春，陈潭秋同志到达闽西后，为了统一领导指挥闽西南地区党政军民，开展游击战争，4 月在永定的赤寨乡召开会议。陈潭秋同志代表中央决定成立闽西南军政委员会，委员有张鼎丞、邓子恢、谭震林、方方、邱金声、范乐春、廖海涛、刘永生、邱织云、伍洪祥、魏金水、郭义为等同志,鼎丞任主席,震林任军事部长,子恢任财政兼民运部长、郭义为任党务部长。会议讨论和部署了开展游击战争的战略战术。为了加强各县区的工作指导，会议决定方方同志到龙岩、连城、宁洋等地；谭震林同志到上杭；邓子恢同志到永定以东的金丰、湖雷；鼎丞则留在永定的西溪、金砂、合溪等地。后来形势稍有好转时，各负责同志又回到军政委员会，实行集中领导。1936 年 2 月间，闽西南军政委员会又在上杭双髻山召开第二次会议，总结了反“清剿”斗争的经验教训，并根据党中央、毛泽东同志提出建立抗日民族统一战线的口号，确立在闽西南开展抗日反蒋统一战线工作的方针。会议还决定邓子恢、谭震林任军政委员会副主席。由于当时处于地区分散的游击战争状况，军政委员会还建立了武装交通队，保持同各县的联系，规定了内交通和外交通的规则，通讯联络的组织是非常严密的。军政委员会机关的生活制度、工作规则大家都要绝对遵守。因为我们的领导机关是敌人袭击的主要目标，又处在敌人碉堡网之中，晚上忌火光，白天怕冒烟，这些都是我们时刻所警惕的。情况紧张时，就及时将机关转移到敌人的碉堡底下去指导工作。因为我们有了群众，又积累了自己的经验，所以三年来我们的领导工作是正常的，领导机关是安全的。

闽西各县党组织是严密和坚强的，广大的党员干部是积极和勇敢的。在敌人长期的白色恐怖和残酷摧残下，闽西党组织经受了最严重的考验，克服了无数困难，始终与群众血肉相联，所以经过三年游击战的锻炼，我们的党组织更加巩固了。

四、主要经验与缺点

闽西的党和人民，坚持了三年游击战争，获得了伟大的胜利与光辉的成绩：我们保持和发展了红军游击队，成为抗日战争时期新四军的组成部分；我们保持并发展了党组织，保存了广大干部，始终保持了党与群众的密切联系；我们保住了广大地区和广大群众的土地革命果实；我们积极开展统战工作,争取了中间势力与我合作,有利于反对敌人的“清剿”。这些成绩最重要的还表现在巨大的政治影响之上：共产党和人民的力量是不能战胜的。

我们取得胜利的主要经验是：

第一，坚持发展游击战争、争取广大群众、保存有生力量的方针及其许多具体政策，都是正确的。我们执行这一方针和灵活地运用政策，粉碎了敌人的“清剿”再“清剿”。

第二，实行统一战线政策。当“两广事变”时，我们发布了抗日讨蒋纲领，发表了宣言，提出建立联合阵线，为民族解放而斗争。因而，我们争取了反蒋的地方实力派（如张河山等），便利我们开展工作。我们在争取保甲长和“壮丁队”的工作上也是成功的。

第三，干部地方化是保持党与群众联系的重要经验。闽西的许多主要干部始终是与群众在一起的，即使外来的干部，如谭震林等同志，也是地方化了，所以完全得到了群众的信任。广大群众所熟悉的许多干部，都和群众同甘苦，共患难，不论在任何严重情况下，都没有离开过他们，都能始终坚持斗争，因而，大大地提高了群众的斗争信心，共同坚持到最后胜利。

但是，我们也存在一些缺点，主要是较长期间仍存在着“左”的影响，没有及时地彻底地纠正过来。如红九团在平和城外打炮楼连打了四五天之久，遭受了严重损失，在回师闽西的途中又受到敌人的包围，仍然硬攻硬打受到了损失。其次，在执行政策上也有“左”的地方，如在两广事变时仍然实行土地革命，有些地方一段时间里仍执行“地主不分田，富农分坏田”等过左的政策。此外，在党内斗争上，也有某些“左”的错误。如对红八团团长邱金声同志的个人英雄主义，对团政治委员伍洪祥同志的自由主义的斗争中，都不是从教育出发，而是采取不适当的撤职处分，影响了红八团的团结，削弱了战斗力。这些都是重要的教训。

选自张鼎丞：《中国共产党创建闽西革命根据地》，福建人民出版社1982年6月第1版，第65—81页。

三年游击战争①

方方

一、到敌人后方去

从全苏大会（1934 年 1 月）后，我已经三个月未到瑞金了。这次瑞金之行，是因为昨晚中央军委来电话，要我去重新分配工作。

到了瑞金，已是万家灯火，夜色苍茫。离中央军委所在地的叶坪还有 15 里，只好摸黑路了。

第二天上午开会，有朱总司令、周恩来同志、刘伯承同志、贺昌同志。他们指出：为着粉碎敌人的五次“围剿”，中央军委决定派几个独立团到敌人后方去发展游击战争。随后对我说：“你的任务是带着独九团到永安，和七军团接防，然后在这一带发展游击战争，破坏敌人漳宁筑路计划，最后再向泉州推进。在你的右侧翼漳龙公路一线，尚有独八团和你呼应行动。”

会议以后，总司令又对我单独作一次谈话，勉励说：“彭老总从井冈山下来的时候，所带的兵连武器都没有。你这次出发，带的武器这样多，这样好，应该利用这样好的条件，好好地干。”我点着头说，我会好好向彭老总学习的。

① 此文原载《红旗飘飘》第18集，中国青年出版社1979年11月第1版。编入本书时略有删节。

接着，周恩来同志告诉我，游击战争是主要的，应该有高度的警惕性，不要“死猪不怕烫”。刘伯承同志告诉我如何进行外线作战，如何配备队伍，组织战争。贺昌同志告诉我如何进行部队的政治工作。

接受了中央几位领导同志的指示，心中倍觉振奋。

我们一行 20 几人先到连城第三作战区，接收宁化独立营到前方去补充，并把全部干部都放在独立营中去，和士兵们共同生活，加强教育，整顿党的工作。

由连城到永安，共 240 里，中间要经过姑田、小陶、洪田几个市镇，这些地方尚有华仰侨的团匪和反动地主用欺骗手段组织的童子兵、大刀队，总计有反动武装二三千人，时常会出来截击我们。宁化独立营只有 200 余人，因此这个行军的战斗性便极为浓厚，一大意便要吃大亏。

走了三四天，已经接近了主力部队，我们安全地到达了永安城。会合了已经完成了接收七军团任务而驻守永安城的独九团。新兵老兵，新干部老干部，少不得联欢一番。

二、退出永安

永安是福建省的一个二等县城，三面环水，一面大陆；而大陆这一面，就是敌人主力的来路。在红七军团转移作战地区以后，这个县城和苏区的联络，只靠西北的安沙，那里尚有独七团驻防。

永安城尚有缴获的钢铁、盐、布，都是当时苏区的急需品。我们的任务必须保证这批物资安全地后撤。因此，在我到后的第二天，便召集了一个营级以上的干部会议，传达了中央军委的指示，并讨论今后的工作。

我们这个班子的角色是这样：

团长吴胜，是个年轻的军人，永定人，牧童出身，能打仗也能练兵，具备着勇敢、机警、果断、忠实等各种优点；惟英雄主义很厉害，瞧人不起。经过部队的教育，进步很大，文化上已能写普通文件。但遇到不识的字，他就弯几弯撇几撇。

政委兼政治处主任陈仁，是个漂亮的小伙子，受到批评的时候，他会和小姑娘一样的红着脸，羞答答，但是忠实、积极，有军队政治工作经验，军事上也懂得一些。不过论起做事的魄力来，就远落在吴胜的后面了。他是江西赣县人。

总支委书记罗桂华，是湖南的一个矿工，参加彭老总部队后到江西来。党性很强，工作切实，深入下层，特点是好喝两盅酒。

一营长赵群，湖南人，骁勇善战，服从命令，说干就干，不讲价钱，从来不晓得什么叫作困难。

二营长刘汉，湖南人，也骁勇善战，是红三军团的老干部，资格很老，也有一些军事经验。

三营长郑树昌，永定人，是一个煤矿工，红军到龙岩消灭陈国辉部队时，他参加红四军的。打仗沉着，但脾气很坏。

因为我们部队是远离苏区单独作战的一个单位，因此在中央军委讨论的时候，刘伯承同志提出根据他在苏联远东参加游击战争时期的经验，应该成立一个军事委员会，由我担任主席，到新开辟的地区开展建党、建军、建政的工作。同时，为着使队伍能够直接在军委指挥下团结得更加紧密，又要我兼政委，由陈仁同志担任副政委兼政治部主任，把政治处提高为政治部，这是为了便于单独作战时统一集中领导，统一行动，政治部以下又分设各室各科，真是“麻雀虽小，五脏俱全”。

会议上，我除了传达党五中全会政治决议及中央军委命令外，还请大家对工作和我个人多提意见，不要有任何顾虑，因为我担负的是新的革命工作，领导得好不好，只是看我能否和大家一道好好来干。会议一一做了一些决定以后，便进行如下的行动：

把全团的老、弱和女看护都送回后方。将宁化独立营补充为第三营，把捉到永安县长时所缴获的二挺重机枪连同原有二挺轻机枪编成一个机枪连。

派第二营出发洪田，扫清童子兵、大刀队。

派第三营向敌人来路贡川游击。

大约是 5 月 9 日，敌卢兴邦所属三个团，于清晨时分，分两路向我进攻。我们命令第三营向洪田扫清退路障碍，第二营随着司令部爬上阵地，掩护在城内的第一营与县革委会及工人纠察队撤退过河，然后将渡河的浮桥破坏；阻止敌人前进。

这时炮火连天，机枪手打起大仗来有点乱，射击不是太高便是太低，敌人已经有一个班抢渡过河了，幸亏后来机枪手镇定下来，瞄准射击，才把他们一个个的打翻落水，暂时阻住了他们的前进，渡过河的十多个敌人也都被我们歼灭了。

队伍撤退后，我们离开阵地就跑，敌人也乘隙过河占领了高山，向我们射击。因令第一、二营轮番掩护退却，一些新兵，在敌射击中慌张起来，高呼："敌人来了，快走、快走！"我本着红军规定政委退却在后的条例，走回去跟在后撤部队后面，高呼不要慌，慢慢走，才使这个乱哄哄的局面镇静下来。

因为几天前童子兵已经吃了亏，又受了我们的政治教育，都不愿替军阀、地主当炮灰，拦阻我们后撤，因此我们安全到达洪田宿营。这次战斗，敌人死伤百余，我们也伤亡 20 余人。

三、建立了根据地

党的指示，永远是引导我们前进的灯塔。

为着决定新的行动，我把公文袋中的中央军委命令拿出来详细研究。我想：如不把小陶、姑田华仰侨的团匪消灭，把童子兵争取过来，我们便要和苏区完全隔断，前进便失了依托力量。这个意见立即获得了吴胜、陈仁同志的同意，因此我们便回头向着姑田出发。

华仰侨的团匪是吃过九团的苦头的。因此我们一到达姑田，敌人便向着深山逃走了。我们驻了三天，做了些群众工作和部队本身的教育工作。第三天的下午，即放出回连城的谣言，叫战士到街上买东西，让华匪的坐地侦探去报告；然后我们像煞有介事似地整队向连城出发。

走了十多里路，太阳落山，队伍就在路旁休息，放哨戒严。随后召集干部谈话，口授命令，指出夜袭华匪，直捣华匪老巢的意义，决定以第三营第七连为突击连，不准打枪，活捉其哨兵和华匪本人，第一营随着本部、第二营做后卫。政治部工作人员也立即协同连队政工人员，在战士中作十分钟的宣传鼓动——一个跟一个，不要掉队，跌倒不要出声；不许抽烟打火；不许说话、咳喉；扎好草鞋带；水壶、刺刀不要弄出响声；如失掉联络，到三岔路口时，可向着有白纸的方向行进。

华匪虽然自称团长、有四五百个武装，可是他们经常分散在各地，鱼肉乡民，驻在老巢的不过三四十人，因此当七连摸到他的家里，活捉他的哨兵和四个卫队以后，因天色漆黑，对面不见人，其余的都逃脱登山，一路乱放冷枪。七连的战士尽力在匪巢附近搜索，捉到福建省保安处派来收编华匪的一个上校参谋，但华匪却偷偷溜走了。

第二天天亮，打扫战场，统共俘敌八人，战马四匹，步枪 30 余支，驳壳短枪四支，子弹万余发。这个胜利虽不大，但我们不血刃而得，也弥觉可贵。尤其是在连城被华匪袭击而牺牲的、我的亲密战友李明光同志的一支钢笔，也回到我手中来，作为故人的纪念。

打击华匪以后，又继续扫荡连城的赖源，宁洋的大吴地，永安的西洋、林田、苦竹、大陶、小陶等地团匪，缴获步枪 200 余支。可是我们带花的战士也有十多人，都是抬在路上走，很不便当。在小陶时，听说红七军团在沙县湖源打了一个大仗，因此想去和他们取得联系，借用他们的电台和中央军委取得联络，听取新的指示。

这时，正是旧历的九月天，行军当然是一件苦事，因此只有早晚行军，中午六小时休息。可是到了湖源时，七军团已经转移战场（后来才知道是抗日先遣队出发闽浙赣边）。为着避免受永安之敌在我来路截击，只得从永北绕到安沙再回洪田。

十多副伤兵的担架，加上远行军的病号又增加了七八副担架，以及缴获的许多枪械、盐、布等物资，尾巴越拉越长。东线敌人又已向清流、连城两县进攻，送回后方已没有办法，因此感觉非建立据点不能解决问题了。

开了一个会，决定在连城、宁洋、龙岩这三县的边界，建立一个据点，以便向漳平、宁洋突击，完成军委交给我们的第二个任务。

在两个月中，就以宁洋的成达社、陈东坑、凤村为中心，将周围的团匪完全肃清，建立了横直300余里，人口四万至五万的根据地，成立了革委会，分了田，组织了游击队与赤卫队，而且还架设了百多里路的电话线，设立了干部学校，加紧练兵。敌保安队李敬慎团向我们进攻了两次，但都在邹家山被我们打得落花流水。

为着破坏敌人漳宁筑路计划，军政委决定派第二营和机枪连挺进到宁洋的溪口中村，发展游击。有一天晚上，我做了一个梦，梦见和吴胜同志在阵地上指挥作战，结果包围了敌人，俘虏70余人。第二天早饭时，我刚对吴胜同志说起这件事的时候，二营来了报告，说是在中村打了胜仗，并送了60多名俘虏来，大家都说："政委再做几次梦多好！"

9月中秋，在陈东坑自筑的红场上，开了一个团圆大会，进行整军的总结。除全团部队外，尚有地方游击队政工人员以及受训的100多名俘虏，检阅的项目有劈刀，刺枪，投弹，射击，政治测验，文化测验，墙报，卫生，伙食，戏剧，唱歌。

不久，敌人东进纵队攻占我连城、清流等许多城镇，向着汀州扑来，福建军区第三作战分区司令部带着明光独立营也转移到我们新地区来。

四、党内思想斗争

三分区司令员兼政治委员朱森，是从白军俘虏来的中级军官，湖南桃源人，有相当的军事常识，担任过红二十四师的参谋长，旧军官的恶劣习气尚未铲除。副司令员兼参谋长罗忠毅，原是孙连仲部队手枪旅的班长，湖北襄阳人，宁都暴动过来的；他沉着、忠实、刻苦耐劳，是个品质优良，埋头苦干、不愿多说话的共产党员。政治部主任赖荣传，出身青年学生，永定人，很忠实，积极苦干，曾经在我领导下做过游击支队政治委员，但个性软弱，政治斗争经验少一些。明光独立营营长贺万德，湖南人，井冈山的老干部，打仗勇敢，和赵群、刘汉一样，是个出色的射击手。

朱森没有打游击战争的经验，因此一出苏区大门，便在朋口附近受团匪袭击，损失了工作人员和战士百数十人，因此对中央军委给他在朋口莒溪坚持游击战的任务没有信心，不顾下层的反对，急忙忙地转到我们的地区来。

吴胜同志和我到他的驻地去看他们，并送他们1000多斤盐，几十匹布，部分款项和粮食，慰劳他们，鼓励他坚决执行军委的命令，互相策应，开展游击战。他说："我已到军委去请求增兵，如果不增兵我是不能回去的。"我当时听了，感到他这种请兵的要求不妥，但因彼此是兄弟部队，不便多说。

过了十多天，他派人送来一封信，信里说：看到了你们的政治课本，说敌人可能进攻汀州、瑞金，这是一个完全错误的估计，因为我们的口号是不让敌人侵略苏区寸土，假如连汀州、瑞金都给敌人占领了，那革命还有什么希望呢？又说，现在敌人内部宁粤矛盾很尖锐，根据他从敌人报上收集材料的估计，到今年11月至12月间，广东一定会出兵打到武汉去，那时便可粉碎敌人对于我们的“围剿”。

我和吴胜、陈仁同志看完信后，都觉得有点不对头，因此，决定由我起草一封复信。

信内说：不让敌人侵略苏区寸土，是一句动员群众起来自卫作战的政治口号，军事上如果采用平均主义的分兵守口，一定要吃亏。过去粉碎敌人四次“围剿”，可以证明：敌人虽能强占我苏区，但只要我能集中使用兵力，在外线消灭了敌人，则敌人为避免全军覆灭只有溃退，苏区仍是我们的，有什么悲观理由？至于敌人内部虽有矛盾可以利用，但主要矛盾仍是阶级矛盾、敌我矛盾；敌人仍会一致向我们进攻，我们没有理由可以把胜利寄托在敌人内部的矛盾上，你如果不同意我们这一意见，我们可以联合召集一个营级以上干部会议来讨论一番。

谁知由于这一封信，却惹出一个大乱子来。他说：保卫苏区寸土，是中央的决定，你这样说，无异于违抗中央的决议，又说：你要求召集营级以上干部会议来讨论这一个问题，显然是不尊重我的领导，闹独立性。我们就只好再回信叫他慢慢研究考虑，至于领导问题，应待军委指示解决，目前应该很好联合作战。

过了半个多月，我们看他没有决心和勇气回连南活动，军政委开了一个会议，主张将原来据点交给他领导，我们执行军委命令向闽南挺进。

他听到这个意见以后，又不同意，怕我们一走，敌人向他进攻，很难支持，要求我们留下一营人给他指挥。我们出击后仍须回来，因此我们便将这个行动改为试探性的出击，准备弄清情况，联系闽南游击队，以便决定最后的远征。

在洋平、安溪、永春等县边界行动的一个多月，消灭一些散匪，并建立起一些群众组织，队伍便又回到根据地来。在这个时期，留守根据地的一营和明光独立营，也分头向宁洋、连城、龙岩等地边界出击，把根据地又扩大了一些，同时与福建军区派来补充明光独立营的一个连及谢同志[1]接上了头。

谢同志告诉我："军委、军区接到朱森的报告，说：独九团伤病员100多人，打了许多败仗，干部不团结，活动不积极，非调干部改造不可。军委和军区认为你是地方工作干部，可能不熟悉部队工作，同时为着准备布置福建苏区的游击战争，故征得中央同意，将你调回省委工作，要我来代替你的工作，将军政委组织取消，独九团直接由三分区朱森领导。"

当时我听了虽然有点莫名其妙，一股火从丹田冒起来，但是我想到，闹是解决不了问题的，故对谢同志说："你来很好，一切问题，等你到下层干部、士兵、医院去调查一番，同时和吴、陈详谈，然后再召集会议来传达和讨论。"

谢同志经过了一个星期的工作，召集了一个联席会议，传达了军委的指示，然后说：

"独九团每次战斗的记录我都看过了，半年来兵力的消耗与扩大相等，缴获敌人600多步枪，军委所给的任务基本上是完成了。医院我也巡视过，90多个伤病员，有60多个是三分区的；干部相互间虽有一些意见，但并不怎么严重；至于你们争论的政治问题，我也不能解决，留待当事人自己回到军区去报告解决。"

朱森听后，跳起来拍着桌子说不行，应该给我以违抗命令、闹独立性的处分，其他干部一声不响。谢同志说：

"我既无权力而且也没有理由作出这个结论。"

会议僵了。

在通讯员叫吃饭时结束了这个会议。

---

① 谢同志，即谢育才。

五、被迫转移

我把工作交代好以后，因一时没有办法回苏区，便和政治部磋商暂时派我去做地方工作。我想：已经有了四个区革委会了，如何加强下层基础，建立和群众的密切联系，巩固党的组织，成立县革委以统一领导，该是时候了。

当我协同工作团到各处去进行基层工作的时候，朱森命吴胜、谢同志带着独九团打下白沙以后，向龙岩西北一带游击。因敌情不明，在铜钵遭遇敌十师李默庵的截击，后又错认独八团为敌军而误打了一仗，回程在天宫山一带又受土匪的骚扰，结果，除抬了 30 多个伤兵回来外，又死 70 余人。吴胜、谢同志和一些干部碰到我的时候，摇着头，有的战士竟说：“搞什么鬼！”

十月革命纪念日，在沙田开县革委成立大会。会后，我和吴胜、谢同志在房子里，破柴烤火，敲冰煮茶，纵论时局。此时敌人已进入汀州、瑞金，但我们仍不知有长征这一回事。吴胜、谢同志说：“我们几次提议让队伍护送你回去，但朱森都不肯，老是这样下去，是没有好结果的。我们想自已派一连兵护送你回去作报告，你的意见怎样？”

我说：“你们在这里，我想没有什么问题，只是担心你们和分区朱森的团结问题。至于我，随处都是工作，如果朱森能同意你们派一连人送我回去，我可以一路打游击回老家，就是路不通，也会到处放种生根，横竖这一带一直到苏区，我都有群众关系。”

过不了几天，敌人八十师全师由连城到赖源，配合着由宁洋来的一个保安团，向着我们作第一次的全面进攻，敌人以沙田的独九团和县革委会为进攻目标，可是我们溜走了；明光独立营并向敌人后方赖源进攻，俘虏了他们三四十个病兵和几箱子弹，敌人很快就撤退了。

形势一天天紧张，朱森主张将部队全数撤回苏区。我听知这消息以后，坚决反对，写了一封信分送给朱森、罗忠毅、赖荣传、吴胜、谢同志。信上说："敌人大部主力正摆在苏区中心，而且建立了许多碉堡，我们回苏区等于去钻火圈。军委给独九团的任务第三条是挺进闽南，有进无退，回苏区显然是违背命令，违背军委的战斗部署。这是一件大事，我向你们建议召集一个会议来讨论，我要求参加这个会议，发表我的意见。"

会议在油水司令部召开，我也出席，吴胜、谢同志、赖荣传同意我的意见。朱森说，基本上同意我的意见，不过必须解决下面几个问题——第一，请示军委；第二，筹一笔款；第三，等待伤病员痊愈。我再向他解释：请示军委来不及，敌情紧张不能一等再等；只要我们打出去，有了枪不怕没饭吃；伤病员可分散托请沿途老百姓藏在山上，这样损失更小，他的结论是，让他再考虑。

敌人可不让我们考虑，隔不上半个月，第二次的进攻又来了，除了八十师外还有第三师的两个团及漳平、宁洋的两个保安团。此时朱森不得不让独九团向闽南前进，并要我随军去做地方工作。司令部和独立营在原地和敌人打游击。

在旧历年过后不久几天，又召集一个会议来研究如何行动。我提出：向南发展，与独八团取得联系，然后转到上杭、永定、大埔，与红三团会合，展开南靖、诏安、云霄闽粤赣边的游击战争，以此为基地坚持斗争。这是山形地势、群众条件、经济补给都具备的地区。这个意见，在会上顺利地一致通过了，又决定独九团第二营向着小陶打出去吸引敌人，其余全部人员——包括地方游击队、革委工作人员，一律向龙岩挺进。

夜过龙门公路，吴胜、谢同志主张派出精干部队，在公路两旁警戒，让队伍有秩序缓缓通过，即使打起来也不致措手不及。朱森则主张让精干队伍先通过占领对面高山，掩护后续部队。结果前卫营和司令部过去以后，敌人便在中间截打起来。我和赖主任把子弹上了膛，叫王思源跟着，夹在部队中间也冲过去了，可是所有伙夫担子和罗忠毅所带的明光独立营尚未冲过。天已大亮，敌人的飞机嗡嗡地在头上叫，龙岩城敌人也已用汽车载兵出来增守据点。

吃力地爬上龙门对面高山茫荡洋。吴胜、谢同志顿着脚说朱森处理不当。我劝他们不要吵，一齐去找朱森，请他下命令派机枪连到高峰对面打两夹子弹,使罗忠毅知道我们在等他,并壮壮他们的勇气。这一天，因为敌人尚不敢出击，给我们一个很好的休息机会，但吴胜、谢同志始终不和朱森说一句话。

晚上，罗忠毅带着明光独立营冲过来了，可是独九团的全部伙夫担子却掉队落在敌人的手里。这一次，损失了 200 余人。

天亮的时候，吴胜、谢同志公开骂朱森捣鬼，说丢掉独九团伙夫担子是罗忠毅和明光独立营不负责任。朱森则大骂吴胜、谢同志不服从指挥。我分头问他们应如何行动，答复都是 :“你去问他们好了！”

在山上,有过去一个工农通讯社的队员认得我,他说张主席（鼎丞）已经回到永定打游击。我大喜过望，马上写了一封信，叫他专人送到金砂给张主席说:队伍意见蛮多,非你来不能解决。一面又对朱森和吴胜、谢同志说 :“你们尽管有意见，但不能把队伍放在这里置之不理，如果你们不指挥的话，我以一个老共产党员的资格对阶级负责任来指挥。现在，我已经找到张主席，我主张向他靠近去解决问题。”他们这才开了一个会，决定向着金砂方面行动。

张主席第二天派了郭义为同志带了他的亲笔信给我，说他因身体不好，不能行动，派郭同志来慰问队伍，并要队伍开金砂休息整理。突围工作到此告一小结束。

六、统一指挥系统

永定的金砂，是张鼎丞同志的老家，闽西苏维埃运动的发源地。

张鼎丞同志第一次和我谈话时，告诉我省委、军区给他的任务是指挥杭永岩的游击战争，对三分区的问题不便过问，只能在可能条件下协助。我说："今日省委、军区都已撤到山上打游击，与我们完全隔断，请示已不可能。你是闽西的领袖，又是省委负责人之一，我和谢同志也都是省委的常委。我们对党对人民负责，应该机动而权宜地处理这些问题。"最后，他答应召集一个会议来讨论。

出席会议的有张鼎丞、朱森、罗忠毅、赖荣传、吴胜、谢同志、郭义为和我八人，经过报告讨论以后，强调团结一致对敌，对于过去的政治争论及军事行动意见分歧，留待以后解决。为着统一军事政治领导，决定成立闽西军政委员会，以张鼎丞同志为主席，并吸收独八团团长邱金声，政委邱织云，政治部主任魏金水（后为闽粤边人民游击纵队政治委员），上杭县委书记廖海涛（后在新四军任旅政委时牺牲）参加为委员。决定三分区武装向着永东行动，以便与八团在龙岩的行动配合，打开一个新的局面。

会议后张鼎丞和我都随着部队向永东歧岭陈东坑出击。在陈东坑消灭了团匪 50 余人，缴到一支自动步枪和数十支步枪，转回头又在埔永交界的下洋打了一个胜仗。然后又决定独九团向南靖、山城游击，在可能的情况下袭击南靖县城。

这时，留在中央苏区坚持游击战争的陈潭秋、邓子恢、谭震林诸同志带着红二十四师的一个营冲过了重重封锁线，南下来了。他们在长汀、武平交界的水口渡河时，遭受敌人的袭击，瞿秋白、何叔衡同志或被捕或牺牲。陈潭秋跌得耳破趾断。

开了一个比较大的会议，由陈潭秋同志传达遵义会议中央的指示，[①] 说：

"反五次'围剿'的战争，因为我们开始的时候犯了进攻中的冒

① 这一时期中共中央给中央分局的各电文中，未提及遵义会议的情况，此会陈潭秋不可能传达遵义会议中央的指示。

险主义，继则犯了防御中的保守主义，在被迫退出苏区时，又犯了退却时的逃跑主义，现在这个错误军事路线，已经在毛泽东同志领导下纠正了……”

陈潭秋继续说：“现在苏区中央局指出：我们的任务是继续牵住敌人的尾巴，让长征红军大踏步前进。闽西南成立一个军政委员会，以指挥一切党政军民的工作。——听说你们已经成立了一个闽西军政委，很对，但仍须扩大加上一个‘南’字。”

经过了讨论以后，认为长征大军既已入川，我们游击战争直接配合作战的作用已经不大，如果以我们仅有的宝贵主力去和敌人拼消耗，会上敌人的当，目前主要是如何坚持中央苏区游击战争，保卫人民，尽可能保卫土地，以待机恢复苏区。因此，当前的方针应该是：发展广泛的、胜利的、群众性的游击战争。不广泛发展则易受敌人的包围；没有胜利把握而去打硬仗则会消耗主力；不紧密地联系群众、落地生根，则不能得到群众拥护，游击战争便不能长期坚持。这个方针取得了一致的通过。

对于闽西南军政委的组织，则一致选出张鼎丞同志为主席，邓子恢、谭震林同志为副主席①。分工是邓子恢兼财政部长，谭震林兼军事部长，我任政治部主任，郭义为任组织部长，朱森为作战参谋②。

因为敌情很紧张，进攻中央苏区的敌东路纵队第十师李默庵部，第三师李延年部，第九师李玉堂部，第三十六师宋希濂部，已经转回头来对付我们，因此我们又具体决定：以留在宁洋、连城游击的独九团第二营合同明光独立营成立第一作战分区，以罗忠毅同志为司令员，我兼政委，回头去活动。独九团的两个营向着闽南挺进，与红三团取得联系，成立第二作战分区，以吴胜同志为司令员，谢同志为政委。以独八团及龙岩、漳平游击队成立第三作战分区，以邱金声同志为司令员，邱织云同志为政委。邓子恢同志回龙岩直接领导。以二十四师的一个营及杭永

① 实际情况是到1936年1月，闽西南第二次军政委员会议上，邓、谭才选为副主席。

② 朱森应为参谋长。

游击队成立第四作战分区，由张鼎丞、谭震林同志直接领导。强调分散发展，独立自主作战，以渡过这个极为艰苦的难关。

会后，又决定陈潭秋同志出汕头去医伤（后来他赴沪转到苏联）。我和王思源同志出发去会同罗忠毅接收明光独立营，准备重新打回岩连宁漳边去。

到了金丰大山，罗忠毅和明光独立营都在那里，我传达了军政委命令后，便和他们一起计划如何打回头去。上次过公路时受到了一些损失，为了顺利通过封锁线，我们要求三分区派一个连来带路，因为他们在封锁线上走惯了，不算一回事。

我们还没有出发，敌第三师的三个团已经到了永东，准备来进攻金丰大山雨顶坪我们的驻地。那一天，当哨兵发现敌人约一团兵力在陈东坑向我们进攻的时候，左翼也有群众来报告，说是另有一团敌人从拍拉坑向我们侧击。罗忠毅主张靠背登山。我估计敌人这样行动，一定有一团在我背后，如登山，刚好进入敌人包围圈，更难摆脱敌人，所以主张从半山腰森林中斜插出去，和敌人“调防”。果然，当我们斜插到拍拉坑的时候，拍拉坑敌人已到雨顶坪和陈东坑的来敌会合。当我们从拍拉坑登上天子崃的时候，由高地村登天子崃伏击我们登山的一团敌人也下雨顶坪去会合了。我们这样行动很灵活，使敌人扑了一个空，又因为当天下了大雨，天公有意帮忙。

15 倍于我之敌在永东挡住我们的去路，我便和罗忠毅、贺万德磋商，不如向着永定大埔边界出击，将敌调到西面来，然后我们回头再穿过。他二人都同意这个主张。于是我们立即从天子崃背后向着下洋出发，在附近袭击几个反动乡公所，并通知独九团和我策应。果然，敌人三个团都在我们屁股后跟到永埔边界来了，而且目标向着独九团。我们和吴胜、谢同志打了招呼以后，又穿回金丰大山，碰到了独八团派来接我们的向导，便不停脚地向岩永边界出发。这一次有了熟识路线的八团四连作向导，又有了上次过公路的经验，队伍又小又精悍，毫不吃力地在龙岩城与适中中间穿过了公路，安全地进入了岩东的十八乡独八团的游击据点来了。

七、朱森叛变

在岩东十八乡一带休息几天，独八团从漳平方面游击回来，可是后面却跟着第五师的敌人；龙岩方面，敌第十师也有出动模样。因此决定，他们向着雁石的天宫山一带活动，独八团则绕过适中，挺进龙岩、永安、南靖边界去，让敌扑个空。

到了天宫山以后，和敌第十师捉了几次“迷藏”，敌人捡到一些破草鞋回岩城去了。这几天得到永定来信，知道九团第二营又退出原来活动地区，转到杭永寻找团部，军政委已决定他们再回头来与我们会合后归我们指挥，我们必须等待他们；这时，部队吃饭已发生问题，因此我和罗忠毅磋商决定：罗忠毅先带明光独立营到溪口、白沙一带活动，我则带20几个短枪队在岩城附近筹一部分款项，并且待第二营回来再去恢复建制。

我们和龙岩县革委游击队在公路打了一两次第十师护送物资的汽车以后，即发出几封信，向龙岩大商家借款，一面从附近一些乡村的地主那里筹募征借了一笔款项，对大商家的借款正在谈判中，龙岩县革委传来了朱森叛变的消息。

这个消息对于我们，显然是一个意外的严重打击，因为我们全部虚实以及未来军事计划，他都是知道的。特别是我们活动的地区以及所带的部队，他更是了如指掌。我在一个小院子里，为着这个问题伤脑筋，打了大半天的转子，然后召集龙岩县革委及工作团许多同志开会，对他们说：

“朱匪的叛变对于我们诚然是一个严重威胁，但是我们应该认识到，我们是阶级的队伍，人民的战士；苏维埃养大了我们，我们将为苏维埃流尽最后一点血！朱匪虽然具有军事常识，又了解我们的虚实和计划，但这只能在阶级的队伍中结合了群众的帮助才能起作用。朱匪一旦叛党叛人民，必然会回到他的腐朽的反革命的旧军官生活里头去。他既不能和我们一样地刻苦走路饿饭，更不能大胆灵活地行动。他的叛变，就是腐化与怕死的集中表现，只要我们更团结，更依靠农民，更灵活、刻苦地战斗，我们一定可以活捉朱匪来审判的。"

开会后，我们又挑选几个狙击手，专门找机会去捕杀他，并通知独八团同样组织这种"打狗队"。

一天下午，岩城突然有敌人两个团经铜钵大道到溪口。得到这个情报的时候已经黄昏，我们想敌人是会去袭击明光独立营的，因此深夜带着短枪班由小路爬上山弯到斜背。第二天早晨碰到地方工作团，才知昨晚我军曾和敌军接触，但因天黑了，敌人没有追上。在高山的纸厂找到了老罗，他说：

"刘汉带第二营已经回来了，昨夜和明光独立营正在集合讲话，岩城敌人就来袭击。敌人从村头来，我们从村尾退，后卫打了一夹机枪子弹后，敌人不敢追，我队转到另一村，决定今晨渡过溪河口去活动。不过敌情很紧张，八十师的一个团，仍在我据点'清剿'，第九师又有一个团开到白沙，现在第十师又来了两个团，你看如何应付？"

说完，他又掏出一封信来，我一看，原来是朱匪写给我们二人和贺万德的信，信里说："现在主力红军已在四川被歼，蒋东路纵队决心驻剿闽西南游击队，然后准备对日作战，你们如果来降，绥署保证职升一级，否则……"

"呸，滚你娘的！"看到这里，我立即把信扯碎，叫王思源划着一根火柴把它烧光了。

我对老罗说："暂时通知各方，分散隐蔽，避免战斗，让敌人巡行一周，如果他撤退，我们就集中打他的尾巴，如果他分散，胆敢以班排为单位行动，我们就坚决吃掉他。"老罗点着头，我又继续说："吃饭的问题，我已搞到一笔款子，可以支持一个月，那边还有条件可再筹，将短枪队交黄参谋带回去活动，司令部找个机动地位来指挥，暂时在山寮当‘山大王’。”

第二天早晨，当我们在发命令的时候，哨兵带来了几个熟人，原来是闽赣军区宁化分区的政委温含珍及参谋长丘尚聪。吃了饭，他们坐下来一口气说下去：

“敌人占领宁化以后，军区司令宋渊泉、政委钟循仁和我们带着独立十七、十八团，向着泉州前进，准备去会合安南永的游击队，以便在那里发展游击战争。到了大田县附近，敌人派商会出来，假说县内没有驻军，欢迎我们入城。宋司令、钟政委和政治部主任彭祜误以为真，带了部分队伍入城，结果给第九师包围了。宋司令、钟政委、彭主任下落不明，我们在后头接到这一消息后，立即撤退。敌人在后猛追，走了30多天的夜路，没有吃过一餐饱饭，没有睡过一晚好觉。到了陈东坑一带，看见该地敌人的碉堡林立，较之中央苏区还要密。问了乡民，才知道你们今年1月已经撤出，后来碰到你们游击小队，才找到这里来。”

我和老罗都不约而同地说，难怪周围敌情这样严重，原来他们想来捉你们这条大鱼。接着，我扼要地向他们传达了遵义会议及目前我们的方针和敌情以后，提出立即和他们去联络十七、十八团部队，以免受敌攻击。

第三天，大家又摸过几座山，找到一个小村庄，家家户户都在过端午节。我们买到了咸水粽，也买到了甜酒，可是买不到肉，听说所有的猪、鸡、鸭，都给白匪抢光了。大家只好过一个“素节”，然而却吃得特别有味。

八、重建根据地

山风的凉快，吹不开我心头的烦闷。敌人在四面“驻剿”，使我们无法寻找十七、十八团，老的地方又被朱匪带兵烧杀破坏，“三光”政策使得我们无法再回去立足。岩城的情况也很紧张，黄参谋参加击死叛徒陈倍材后，没有完成经济任务，空着手回来了。通讯员虽然兴高采烈地在破竹搭寮，杀猪会餐，我却始终呆坐在山石上，寻思一个解决当前斗争的方案。

一个早晨，刘汉于夜晚渡河来了，他的报告是：

“十七团团长郭清义（也是从白军俘虏来的军官）带队叛变，十八团政委丘乐生带花被俘，我营与其联系太迟，挽救不及，现只收容七八十人。”

我回头对老温、邱尚聪说：“看这个情形，十七、十八团是完了，你们还是留在这里和我们一起工作吧。老温暂时担任司令部副政委兼政治部主任，老邱担任副司令兼参谋长。”

他们点着头，大家也同意。

开了一个会，讨论我们目前的方针任务，最后我做出如下的结论：

“根据军政委的指示与目前形势，我们要出击已不可能，收复老的根据地也无必要。目前最中心的任务是如何保存主力，如何收容十七、十八团的落伍伤病人员。因此决定：第二营向着敌人的后方永安、清流交界游击；明光独立营在连南、宁洋山地行动。主要任务专打华仰侨、周焕文两部分团匪及地方反动地主武装，不和敌正规军正式作战，同时加紧组织群众，落地生根。在目前，对于基本地区群众，粉碎敌人的保甲制度与堡垒政策已不可能的时候，应该提出‘变敌人的保甲政策为赤色联防，变敌人的堡垒政策为赤色据点’，白皮红心，应付敌人，避免遭受敌人‘三光’政策的残害。至于土匪工作，应在不受敌人收编、不抽收据点内群众保护费、不强奸妇女等三个口号下，取得互不侵犯，逐渐教育争取他们为人民做事。就这样来建立据点，避过风浪，再图后举。司令部则带同警卫排、通讯班、侦察班在敌人包围内和敌周旋，开展岩西北的新据点，在敌情发生变化、形势缓和后，再会合作新的决定。”

大家没有异议地通过了。分配工作的时候，决定我和老罗留在司令部，掌握全盘，开辟新据点；老温跟明光独立营行动；老邱跟第二营行动。

刘汉、温含珍、邱尚聪等出发以后，敌人也已撤回溪口、雁石、白沙、梅村几个大据点。经过了四五天奔走，我们的侦察班、通讯班又收集了十七、十八团40多个伤病人员，其中有许多是主力军团长征时留在闽赣军区的负伤干部，这是我们革命的宝贵财富。为着保护他们，必须找到一个安定地区来治疗。

黄参谋治平，他虽然是长汀南阳人，可是他过去在这一带做泥水匠，地理熟，和老百姓也熟，他通过老百姓的关系和土匪头结拜兄弟，吃血酒，订盟约，把土匪占据的地方让出一两个小村庄，给我们做疗养所。

原来岩东北一直到漳平、安溪这一带地方，山高林密，敌人薄弱，官匪不分，官兼为匪，而匪一经收编就可为官。（福建的卢兴邦、郭凤鸣、陈国辉、詹方珍、钟绍奎、华仰侨等蒋军师、旅、团长，原来就是当地的土匪头。）岩东这一地区的土匪，是赤美山、林雨膏的部下。林雨膏过去曾经受过红四军的收编，后因吃不得苦，仍然逃回来为匪。林虽死去，但他的部下仍成群活动，而且和附近的区乡长以至县政府的一些科长都有关系，因此形成不可忽视的力量。过去九团从铜钵回来，就曾经吃过他们的小亏，这次我们对待他们，是以礼往来，以义说服，以刚强的部队的威力作为后盾，因此很快和他们建立起有条件的友谊关系。

把伤病员安置妥善以后，司令部除派几个政工人员到"土匪"据点周围活动，骚扰敌人，捕捉敌人的通讯兵，几次去埋伏打朱匪（都未打着），向地主富户筹借经费，肃杀敌人派来的特务暗探，进行秘密的群众组织，加强与龙岩县革委联系的各个乡村的工作。经过了半个月左右，敌人新的进攻又开始了。此时"土匪"区的群众，因我们到后，"土匪阿哥"不收保护费、做事又和气得多，因此群众很靠紧我们，所以我们决定将司令部搬进"土匪"区去，计划如何打破敌人新的"围剿"。

九、空城计打破敌人的进攻

这个新据点和原来的据点只有一河之隔、也是产米区，还出产着纸和木材，而且周围有雁石、溪口、白沙、小溪几个圩集，经济条件和军事上的重要性,较之原来地区更为优越,更容易接近敌人,又更容易转动。

司令部搬进这个地区以后，为了弄清楚敌人进攻的计划，即命令侦察班配合着“土匪阿哥”，由黄参谋带到雁石和白沙公路活动，捕捉敌人的通讯兵，收集情况；又命令通讯班分兵去联系温、贺和邱、刘，要他们准备前来接受新任务。

7 月底的时候，在雁白公路①上，敌人第十师的一个通讯排，果然遭遇到我们的伏击。消灭了他们一班人，缴到了八支步枪和几担服装，还有一个绝对机密的文件。把服装和四支步枪送给“土匪阿哥”，取回文件来研究，对敌人进攻的部署、企图，完全弄清楚了。

敌人的部署是：白沙驻一个团，向我们的中心大罗坪出击，并拦阻我们出击漳平；雁石驻一个团，向我们天官山搜索，并防止我们突过十八乡与独八团联络；溪口驻一个团，向我们赤高坪焦洋坑进攻，并防止我们向连南挺进。时间则定 8 月份一个月完成任务。

敌人这种部署，显然还摸不出我主力在什么地方，是一种“迫虎上叉”的办法。因此，我们决定：不上敌人的当，不和敌人打仗。把队伍仍然布置在外线隐蔽整训，以待机找敌弱点；同时应准备敌人可能突然转移对我主力突击。因此，队伍应以班排为单位，便于灵活行动，又配备上能单独行动的军事、政治、群众工作干部，并派给他们熟悉地方情况的向导。规定每个士兵必须有米袋、盐罐、菜筒，每个班有两个大面

① 雁白公路，指龙岩雁石至白沙的公路。

盆可以煮饭吃，尽量做到短小精悍，灵活、迅速，这样才能适应当前战斗的要求，可以分散，可以集中。各单位并另组小部队出击活动，迷惑敌人。司令部则决定仍在据点内和敌人周旋。

对于敌人妄图利用团匪、土匪来打我们的“以毒攻毒”的阴谋，我们通过已经和我们有友谊关系的“土匪阿哥”去警告他们，说服他们，要他们不要上反动派的当，和我们采取互不侵犯政策。

对据点内的群众工作，我们则召集乡保长、士绅、耆老开会，教育他们如何应付敌人，敌人不是要群众报告“匪”情吗？我们会指示他们如何报告——假造情况去哄骗敌人，说部队从某方向去了。敌人不是要移民吗？我们先行将粮食、应用东西坚壁清野；让壮丁登山，老弱妇孺去敷衍一下。敌人不是要具结吗？大家可以和他赌咒说辖内并无“匪”踪。而我们的活动，则一定保证能与他们所说的话配合，绝对不致使敌人有所借口而与他们为难。但是,如果哪一个不顾大众利益,泄漏秘密，害及老百姓及部队的伤病人员的，则一概严厉执行纪律制裁。

8 月中旬左右，敌人果然依照原来所定的计划，向着我们各个地区进攻了，朱匪也跟随雁石这一路的敌人来了。各路敌人都来了，带有伙食担子、锅头、帐幕，表示要来这个地区“驻剿”了。我们判断敌人一进来，后方一定空虚，因此把伤病员和司令部都移到敌人白沙据点旁边去。敌人占内线，我们占外线，让出几个大山头，让他们去扑个空。

过了几天，司令部命令黄参谋带着侦察班和警卫排，配合“土匪阿哥”，在雁白公路旁边伏击雁石的民团中队长，先消灭为虎作伥的地头蛇，然后集中力量去佯攻白沙，又分出一部分力量去骚扰雁石，完成任务之后，就由“土匪阿哥”携带大批传单，向着漳平、安溪一路散发，把敌人的目标吸引过来，我们再秘密分散潜伏回去。

这个反“清剿”工作做得很好，可以说是全部完成了计划，因此我们又组织这一条路线的乡保长，依照地点先后去向敌人报告，说晚上发现大批红军经过，向东而去。恰好此时独八团又由漳平地区回来，误以为我们真的去打白沙，因此他们便集中力量来打雁石，以便与我们策应。敌人入山以后，情况不明，外线紧张，因此不出十天，各路都纷纷撤退。这样的空城计，把敌人的进攻很顺利地完全粉碎了，不仅群众说："红军的计划真好，下了命令把敌人调走了！"连"土匪阿哥"也说："司令真是孔明先生。我们现在打仗有了红军做靠山，不怕了！"

但是我们毕竟太天真，经验不够，以为敌人的进攻既然预订为一个月，现在时间已过，再来一定要经过一个短时期的重新部署。却没有想到敌人的反复"扫荡"，更没有应付反复"扫荡"的准备与经验，因此来不及指示第二营与明光独立营领导人提高警惕，结果他们采取了错误的措施，遭受到敌人的打击。

十、三年中最苦的一页

敌人撤退以后，很快就知道上了我们的当，因此调动全部力量，又回头来向我"扫荡"。不过敌人这次在部署上，是把主要的力量，放在龙岩的白沙、溪口，宁洋的小溪，连城的姑田，永安的小陶。撒开了一面大网，互相配合，逐步向着我据点推进，一面把据点纵横三四百里的乡村的群众，全部移到周围的大乡村市镇，建栅筑垒，限制群众的出入于五里地内，晚出早归，不允许带着粮食、饭包出去，以防济"匪"。

明光独立营营长贺万德，在敌人进攻中，不转移阵地去打击敌人弱点，而和敌人硬打冲锋，结果中弹牺牲。部队为敌人冲散，邱尚聪与第一连连长丘立生，只各带数十人冲出重围，分散活动。独九团二营营长刘汉，因自己带着侦察班出去侦察敌情，不掌握队伍，继而温含珍在刘汉未返，又带着一个通讯班过河来与我们联系。谁知在他们二人离开部队时，敌人即向第二营袭击，队伍因无人指挥作战，各自分散。在旧历八月中秋的晚会上，我和老罗得到这个消息后，立即决定老罗到连城南部，我到宁洋西南，去收集部队。

溃败的部队，幸亏事先布置了以班排为单位进行活动，因此每个干部都能带住一班半班，各自活动。经过两个月的时间和无数的困难，老罗才集结了明光营五六十人，我也收集了第二营七八十人。整个主力部队损失了三分之二，这是一个最惨痛的失败。然而要在这“无人地带”生存下来，也是一件不容易的事情。下面就来叙述当时和敌人斗争，保存自己的奇迹。

敌人用尽心机要侦察每个大山是否有我部队潜伏，白天看火烟，夜间看火光，观察水坑中是否有菜叶、米粒、粪尿，观察河流是否有人来往，在各个路口遍糊泥浆，看山路上的茅草向内还是向外，修直还是凌乱，清晨则试探有无露水，密林则以机枪扫射，草山则放火焚烧，搜山则先以主力配署高峰，然后由下面逐渐搜上去。

我们的战士学会了捡枯枝、破细柴，白天烧火不出烟，夜晚烧火的时候，上下左右都围以军毡，不透火光;洗米、洗菜、洗碗筷不掉片菜、粒米,不把油腻污水泼在干地上,大小便随屙随埋。有香味的葱蒜不吃，出入水坑不踏掉石头上的青苔，通过泥浆地时倒穿鞋子，或赤脚倒行，探路的棍子倒戳，或是过去以后再重敷完整的泥浆，使它恢复旧观。踏过山路的茅草后，再把它们拨转修直，早晨通过时，注意保存露水蛛丝，过河到对岸先擦干脚，再走沙滩或上岸。敌人扫射密林时，则卧倒不理他，敌人迫近，多则飨以手榴弹，少则活抓。过草地就躲在石头边，以免被火烧着。敌人追击则直插山腰而过，在山里则和他捉迷藏，到了晚上再溜开……总之，敌人有一套杀人的办法，战士就有一套求生存的办法去应付。

明光独立营的炊事班长广昌佬（江西广昌人）和两个炊事员同志，与队伍失了联系以后，三个人只剩下一根火柴，别的什么东西都丢掉了，但他们就用那根火柴烧下火堆，埋起了火种，一个多月以野菜山果过活，最后他们都归队来了。

第二营的一班战士，在清流地方和队伍失了联系，他们用了一只洋铁桶，到处烧火煮饭，昼伏夜出，一个多月走了三四百里路，通过了几十次敌人的伏击，最后全部安全归队。

司令部的通讯员陈胜辉，大腿带花，掉了一块肉，伤口腐烂，但他始终跟着队伍行动战斗，永不掉队。伤口只用开水洗洗，贴上一种退炎的野菜（苦菜），谁知竟然结疤生肌。

这种旺盛的阶级意志，顽强的战斗精神，除了共产党所领导的武装做得到以外，古今中外历史都很难找得到的。

战争越残酷，动摇叛变的坏分子越容易暴露，在重阳节那一天，有一个老百姓假装扫坟，偷偷从溪口进入山地来找我们，一见面，便对我说："你们的同志被捕好多，'劈面鬼'朱森知道你住在这里，今早已叫各保派向导。请你注意，恐怕不日他会来这里搜山。"说完后便匆匆地走了。

当晚我们便下命令：半夜吃饭，每人带饭一包，将一切炊具藏好，把灶头淋湿灭迹，又搬了一些烂稻草到寮子里的床上，并派两个侦察员到乡村去侦察。敌人果然于半夜到达乡村，拂晓时以两个连配以机枪四挺，在我所驻大坑的左右高峰监视，另一个连从坑口搜索前进。此时我们完全处在敌人火力监视底下，只得匍匐蛇行，爬上石壁，拿出手榴弹准备和敌人肉搏。敌人到了寮子以后，果然中计，都说："走了走了，大约走了几天了。"这一次我们真是"险过剃头"。

旧历十一月尾，敌人又来了，企图在山地全面大"扫荡"，并扬言说，即使我们是一条针，也要把我们找出来，此时我们对应付"扫荡"已经有了经验，以静对动，我们就驻在离敌人防地一里的地方，让敌人在大海里摸针。结果敌人白白驻了一个礼拜便撤走了。

此时刘汉也单枪孤身回来联系，他说："我所带的侦察班，因为在小陶行动的时候，找到几张报纸，敌人在报上造谣，说我们的政治委员已被捕牺牲，我虽向同志们解释政治委员有办法，敌人绝不能轻易把他捉到……但大家都不相信,都感觉没有主心骨了,因此都想回家去当‘土匪’,在一个夜晚都走光了。”我们和他检查了工作,批评他不应轻离部队,并叫他好好休息一个时期,再行分配工作。

十二月,敌人虽已全部撤退,但部队苦无粮食和冬衣,因此只好将队伍分成四股,每股四五十人,分别由罗忠毅、刘汉、温含珍、邱尚聪和我带领,单独活动。主要任务是进行筹款就食,休养将息,整理教育,打击那些在这次敌人进攻中的反动分子,并帮助移民回来的群众整理家务,安慰群众,巩固和群众的联系,以待机再决定新的行动。三年中最艰苦的一页,就这样度过了。

十一、春风吹又生

在一个月的整训期间,我们采取了这样的政策:先行打击据点以外反动势力,让据点群众得以复员生息、不受摧残;打绝对有胜利把握的小仗,使士兵们的战斗情绪及胜利的信心逐步提高;对据点周围不太顽固的反动分子施以政治攻势,说服他们暗中和我们合作;对极端反动、曾经杀害我们人员及群众的无可救药的分子,则以“老鹰捉鸡”或“摸瓜”办法,在市镇路上或他们的驻所把他们杀掉;同时,我们到处为群众修理房屋,整理田园,偿还在敌人“清剿”时我们吃掉的群众杂粮,给群众拜年,进行慰问。因此我们的队伍虽然缩小了,但我们在群众中威信依然很高,敌人一撤退,整个的“世界”仍是我们的。

元宵节过后,因为敌人大部已撤退,留在周围的不过一个团,我们部队已整训完毕,因此决定四股立即集合,编成一个支队,以刘汉为支队长,邱尚聪兼政委,并决定向敌人空虚的间隙出击,打出一个新的局面。另外,抽调部分干部,配以两个班的武装,向着杭、岩、连边界的贴长及梅花十八洞,开展地方工作,建立新据点。在会议上,我们认为:

我们不能单纯地为打仗而打仗，必须做好群众工作，我们将来要恢复苏区，便不应只是在将来出一支兵马，我们还要创造出一个新的苏区，以此来联系与扩大老苏区。——贴长与梅花十八洞，就是过去上杭、龙岩老苏区向外发展的绊脚石，这个地区的工作一做开，老苏区就可以向外发展成数百里，老苏区和新苏区就能连成一片。假如目前敌人再来向我们进攻，我们又多了一个回旋地区，行动更灵活。目前我们的队伍虽然不大，但大家都同意应该抽出部分力量来进行这一工作。

会议后，罗忠毅、邱尚聪、刘汉带着部队，由溪口附近出发，一直向着宁洋、连城、清流几个县城的边界打出去，一来可以补充物资给养，二来可以鼓励民心，再则可以提高士气，老温则带着工作团及部分武装，去开展贴长及梅花十八洞的工作；我和黄参谋及通讯班，在老区附近布置情报、粮食及展开统一战线的工作，以便部队回来时，可以打几个漂亮仗。

敌人进攻苏区的东进纵队，这时已经开始向着福州一带撤退的有第十师的李默庵部、第九师的李延年部、第三十六师的宋希濂部，留守连城一带的有卢兴邦的五十二师，留守上杭一带的有李玉堂的第三师，龙岩师则由陈德法的新十师换防，敌人兵力已较前空虚，所以他们着重于守点整训。

支队这次出击，很顺利地扫掉了许多敌人进攻时新组织起来的团匪，并在小陶截击了敌人东撤部队的后方辎重队，缴获了几十匹马和大量弹药。又在陈东坑大河祠伏击五十二师一个营，歼灭一营敌人，缴获轻机枪、步枪百余支。同时，我们对溪口敌人情况已完全弄清，并已拟订好袭击溪口的战斗计划，绘就战斗图表，因此部队乘着胜利余威，秘密运动到溪口旁边，一举袭击溪口镇，消灭、俘虏敌人100余人，缴获步枪60余支，花机枪两挺，我们只轻伤一人。驻上杭的敌人第三师，虽然派了两个团来“扫荡”，但因找不到我们，兼之兵力薄弱，不敢久留，游行一周便仓皇撤退。

到 5 月底，不只整个地区完全恢复，而且贴长、梅花十八洞一带的工作也已建立起来，还成立了数十人的新的游击队，真是气象一新，声威大振。永安、连城、宁洋等县商会，自动派代表来谈判，请求我们保护他们的交通，缴纳保护费给我们。可惜我们当时只懂得保护正当工商业政策，而不懂得税收政策，以为收保护费是土匪的行为，因此拒绝他们的要求，没能利用时机打开更大的局面。

在这个时期，我们感到最苦闷的问题是和外界完全隔绝，与军政委的联系也已中断一年。在很难得到的《厦门日报》上，虽然也零星地看到一些长征部队的行动及张鼎丞、邓子恢同志的一些消息，但都是敌人的反动宣传，造谣污蔑；然而有一点令我们兴奋的，是看到全国抗日高潮的兴起，特别是在一次袭击上下车的团匪的战斗中，居然获得几份《大众生活》与《永生》之类的周刊，知道全国学生抗日运动的英勇斗争，深觉他们赤手空拳还如此奋不顾身以卫国，作为革命军人的我们，应该更好地支持他们。因此，我们立即将这些材料在部队中、群众中、士绅中作广泛的宣传教育，并自动停止打土豪的政策，改为募借抗日救国基金；抗日统一战线的政治口号，开始逐步贯彻在我们的行动中。

我们计划要筹募一笔款项，足以使我主力能到达龙岩、永定和找军政委取得联系。这时候，独八团的一部分已奉军政委命令，游击到我们地区来找我们，并带来许多文件，其中一份是从白区的地下党得来的，主要是指出“蒋介石力量削弱一分，即是中国人民力量增强一分，抗日必须倒蒋”的意思，这对于我们是一个很宝贵的收获，好像在黑夜摸索崎岖山道中突然出现了一盏明灯一样。同时，西南事变已发生，两广标榜反蒋抗日，福建蒋系部队，都全部出发入粤。当时应该如何决定我们作新的行动，已是很急迫的了。因此我和温含珍同志商定，一同到军政委去报告工作，讨论工作，部队由罗忠毅指挥，并临时下命令宣布，我离开时由罗忠毅兼代理政治委员职务。

十二、全部度过了苦难

和温含珍一行六人，第一天走到了斜背，老百姓很远看见来了生疏人，打了一声“呵呵”，大家都纷纷上山躲避。王思源急忙走上前去，大声喊道：

“是老头子① 来啦！”

我也上前打招呼，他们才回身走下山来。一个老太婆对我说：

“秘书长②，吓死人啊！前半个月白鬼子总来抢东西哟！”

我忙向他赔不是，说没有叫一人先行来通知，吓了大家，真对不起。

第二天，到了铜钵附近的石山圆，因为有了昨天的经验，便先派人通知了老百姓。因此，一到的时候，茶啊水啊都送来了，大家围成一圈来拉话。

半夜的时候，我们通过白土到达后田——这是龙岩的“小莫斯科”。天亮时，碰到许多地方工作人员和游击队，知道这一带敌人如果没有一二百人是不敢来的，因此大家都公开地行动，他们说，再走一天，可到达军政委的机关了。

第五天我们到了军政委的机关，碰见子恢同志，知道鼎丞同志回永定上杭去巡视工作，谭震林同志到独八团去了，很快就会回来。阔别一年，其中经过种种艰苦斗争，这样的会晤，其甜蜜的滋味，欢乐的气氛，真是笔墨难以形容。

和子恢同志谈话中，知道了一年多来各个革命地区、革命队伍，同样度过了残酷的“清剿”，在最近同样都有了新的发展。

---

① 老头子，当时方方曾暗下决心，“不粉碎敌人的‘清剿’不剃须”，日久天长，须长及胸，所以群众背后称他“老头子”。

② 秘书长，当时为了行动方便，部队称方方是司令部的秘书长，群众也这么叫。

我和温含珍也把我们那边艰苦斗争的局面，作了一个报告。子恢同志说：你们的政治口号宣传品，我们时时通过商人弄到手，你们做得很好，而土匪工作，更做得出色，我们曾经仔细研究，指示各地向你们学习。

过了几天，震林同志回来了，开会讨论后，认为我们应该利用蒋与粤桂的战争，急速发展，以加强与巩固自己的阵地。因此决定留温含珍在军政委政治部做政治工作，要我立即回头去领导岩连宁边的开展工作，并把第二支队调去，加重我的任务为军政委的全权代表，指挥第一、二支队向北发展。但当我走的时候，鼎丞同志还未回来，未免美中不足。

十三、“短命”的西南事变

当我从军政委回防地的时候，路经铜钵，知道敌人留守龙岩第三师的一团，一听到有红军活动或工作人员经过，就会派一个排的兵力出来游击，除步枪外，并携有两架轻机枪。敌人每次出来，不是扑空，就是遭到失败。这个消息引起我对轻机枪的“兴趣”，决定停留一天，和地方工作人员研究如何去调动敌人出来，并和他们化装去寻找伏击的地形，布置好后，随即回去调动队伍来“接收”轻机枪。

该死的敌人，从老百姓那里得到有“共匪”五六人到乡来召集开会的情报以后，果然派了一个排的兵力前来搜索。当敌人进入我们伏击圈内，一阵手榴弹以后，我们随即上起刺刀冲锋，不出十分钟，敌人全部死的死，缴械的缴械，我们连一个轻伤都没有，便从敌人手上接过来崭新的轻机枪两挺，步枪20余支，子弹三四千发。从刘汉到每个战士，都笑得嘴巴合不拢，说：龙岩敌人的枪这样容易缴，真是“相见恨晚”了。

消灭了敌人第三师的一个排兵力以后，第二支队已经开到我们活动的地区来了。当即举行干部会议、士兵大会，第一、二支队的全体联欢大会。我代表军政委对全体红色指战员致敬、慰问，向他们报告了当前一般形势和敌情，以及应该如何去完成军政委交给我们的光荣任务。

会议后，队伍立即分开去攻击搬到涂潭大土楼的溪口区公所和连城县的梅村乡公所，前者用坑道作业挖至土楼下把它炸毁，后者即以袭击方式歼灭之，共计缴到花机枪两挺，步枪 60 余支。然后又向连城朋口、莒溪等大市镇出击，此时根据地周围四五百里全无敌踪，群众开始在热烈酝酿进行土地改革了。

与此同时，在上杭的七支队，也突然袭击上杭城，并在石灰岭敌人第三师的排哨阵地上，以摸哨方式得到轻机枪一挺。三支队则出击漳平、华安，开展新地区，四支队则由岩永靖向着南靖的山城发展。五支队则深入平和大小芦溪活动，建立了永和靖县革委。永定游击队则发展到河西的武平、蕉岭的五寿山脉活动。整个闽西南都展开了全面的胜利的反攻。

但是，西南的陈济棠、白崇禧、李宗仁的反日倒蒋是假的，在余汉谋的叛变及失“机”以后，一幕丑剧便都烟消云散。我们虽然也知道这些军阀不可靠，但没有想到他们的命运竟这样短促，因而过早地在各个游击区进行土地改革，陷于孤立。同时在“蒋介石的力量削弱一分，就是中国人民的力量增长一分”的口号下，我们也多少想“帮帮”西南的忙，因此也用了一部分兵力去扯住由闽入粤的蒋军尾巴，而没有全力来进行自己的发展与巩固工作。西南的“倒蒋抗日”的假面具一揭穿，敌人的全部兵力又回头压在我们头上了。

鼎丞同志从上杭、永定巡视工作回军政委以后，知道与我们的交通线已经打通，写了一封信，要我马上回去讨论工作。并说，为着适应新形势的发展，必须加强军政委的集体领导，过去那种分散领导的方式，目前已经不适用了，希望我回去后就在军政委工作，在可能的时候，将一支队带到龙岩去集中，准备打一两个比较大的胜仗，原地区留二支队开展工作。此时已经是 1936 年 9 月了。

10 月，留下第二支队、岩连宁县革委及游击队在原地工作，我与罗忠毅、刘汉、邱尚聪带着一支队，浩浩荡荡由龙岩向着雁石公路进发。经过岩南漳县革委地区，与张鼎丞、邓子恢、谭震林等大会合，决定将全闽西南部队编为两个纵队，以罗忠毅为第一纵队司令员，温含珍为政委，带领第一、二、三支队，在龙岩、漳平、宁洋、连城、南靖、华安一带活动；邓子恢为军政委全权代表，驻龙岩指挥这些队伍。以刘汉为第二纵队司令员，带领第四、五、七支队（此时准备将闽南红三团改编为第六支队），在永定、上杭、南靖、平和、云霄、诏安、大埔一带活动，由军政委直接指挥。以张鼎丞、谭震林及我组织军政委常委，搬到永东指挥全部工作，以开展人口稠密、更接近漳厦潮汕等大市镇的工作，准备一旦抗日战争爆发，能够站在国防的最前线，给日本帝国主义以迎头痛击。

这个准备，在政治任务上来说，完全是必要的；但在军事部署上来说，未免过早集中。因此，当广东军阀三个师入闽配合蒋军向我进攻的时候，我们的困难又开始增加了。

十四、粉碎广东军阀的进攻

广东军阀在余汉谋叛陈济棠投靠蒋介石以后，其部下也甩掉了抗日的假招牌，接受反动头子蒋介石的命令，入闽来进攻准备抗日的人民武装。参加到这一内战战线上来的，有敌军一五五师的李汉魂部，一五七师的黄涛部，一五八师的曾友仁部。

广东军阀比蒋军的长处是：战斗力强，善爬山，打死不缴枪，但是他们的短处是：语言不通，与当地反动派隔阂，到处放火焚毁了闽西人民生产资料——竹山，使各阶层都普遍反对；而且广东军队的下层干部及士兵，在陈济棠抗日时期，多少受了点抗日教育，对蒋介石的投降出卖民族利益给日本帝国主义，孕育着不满情绪，被迫入闽打内战，很多人都感觉是不得已的。

因此我们决定：和广东军阀打政治仗应该比打军事仗更为重要。我们要用宣传品和实际行动来唤醒他们的下级军官和士兵，停止内战，一致抗日。我们要号召全闽西南各阶层人民起来制止广东军阀烧毁竹山，破坏闽西南农村经济及造纸的工商业。我们出版了许多抗日小册子、传单，一再写了许多致粤军官兵公开信及闽西南各阶层人士绅商公开信，要求停止内战，要求停止毁灭闽西南的农村，要求公开谈判和平，一致抗日，要求地方人士首先和我们谈判和平方案，然后以群众力量去压制广东军队不得不和我们谈判和平。我们并宣布改换闽西南苏维埃军政委员会为闽西南人民军政委员会，改换闽西南工农红军为闽西南人民红军，停止土地改革，释放被捕的地主富农，保护各种工商业及华侨，把打土豪罚款改为说服他们自动征借抗日基金。同时，对于广东军的进攻，决定适当的退让而不主动出击，如果他们胆敢再深入进逼，则坚决消灭其一部分以抑其锋。

军政委在龙岩搬到永定的时候，广东军队已源源入闽，并开始向我们进攻。我们带着第四支队，在岩永靖的科岭地方，和他们打了一整天，敌人伤亡惨重，被迫撤退。在这次战斗中，我们的消耗也很大，而且没有缴获。因此，我们决定以后不再打这种消耗仗，而采取“散兵群”的方式，粉碎敌人的进攻。我们通令各部队，挑选特等射击手和观察员，配以熟识地方情况和地形的工作人员，以七八人为一组，当敌人进攻的时候，由敌人的门口一直打到山里，几组轮番地向着敌人射击，给敌人以最大的杀伤，阻挡敌人的前进；另外配合机动部队，于有利地区，伏击敌人，歼其一部。

经过了一二个月的时间，战争显然已成胶着状态，敌人既不能入山向我们进攻，我们也不能摧毁敌人的据点，驱敌出境。但我们的政治攻势，已经起了很大的作用。敌人下级军官，部分开始以消极态度，拒绝执行向我进攻的命令；而士兵则于搜山碰到我地方工作人员或士兵时，许多都不开枪，叫我们躲到他们搜过的地方去。闽西南的烟纸厂主，漳厦商家，地方士绅，回国富侨，则纷纷与我们来往，答复我们的信件，同意谈判和平，甚至龙岩籍的福建省参议会副议长郑笔山，也开始动摇他十年“剿共”的信心，同意策动和平。闽西南的形势，就要出现一个新的局面了。但这局面，还须经过黎明前的一段黑暗时期，还需要我们更艰苦的斗争。

12 月中旬，山雨淋漓的一天，我正在寮子里编写《抗日通讯》的稿件，忽然从岐岭来了一个身披蓑衣，和我熟识的老百姓，手提一壶酒，边行边叫：

“蒋介石被捉住了啊！同志，今晚请你喝酒吃鸡肉。”

我说：“到底是怎么一回事，为何这样大惊小怪？”

他从身上掏出一份汕头的《星华日报》，印着赫然的特大字：“蒋介石西安被扣，张学良主张抗日。”此时鼎丞、震林同志虽然出发，但整个寮子里的工作人员、通讯员、炊事员都欢呼起来，有的说：“这回蒋介石真是将该杀了！”有的嫌那个老百姓买来的酒和鸡太少，马上凑份子、派光洋，请他再去买酒和肉，准备大吃一顿。我也很快把《抗日通讯》改出了一个特刊。

当晚，每个人都喝得醉熏熏，我也喝了半斤高粱酒，而且大家立即叫来了理发员，强迫着把我的胡子剃光。

年底的时候，那个老百姓垂头丧气地又拿了一份《星华日报》来，说：

“蒋介石从西安飞回南京了。”

有许多人真是不相信自己的耳朵，一再问他：“真的吗？”

他答道：“大埔、湖雷都放了炮仗了，还有假？——看看报纸吧！”

王思源说：“报凶报吉都是你。”

我叫他们平静下来，对他们作了一个报告，指出：“革命不是决定于某一个人，而是决定于整个的群众行动，今天可捉蒋可放蒋，将来也一样可捉蒋可杀蒋，这取决于人民的意志；蒋虽放了，但群众要求抗日，要求和平的情绪提高了，我们的抗日主张，不只是获得群众的拥护，而且也获得了友军的拥护，这便是一个很大的胜利。”

过了一个多月，闽南特委经过了救国会的关系，派了黄会聪同志到了上海找到党的关系，由交通送了许多中央的文件来。此时，我们对于党的政策有了更明确的认识，但如何去找到党中央报告工作，请求中央对闽西南斗争给予新的指示，大家都感觉到是一个异常迫切的问题。张鼎丞、谭震林要我亲自走一趟，他们认为他们对于白区生活不熟悉，恐怕出了岔子，误了大事。大家既然认为我比较适合一点，我当然也义不容辞地准备就道。

十五、（略）

十六、（略）

后　记

三年（1935—1937 年）游击战争，是革命运动遭受极大挫折后的自卫求生的战斗。它不仅不同于目前轰轰烈烈的风起云涌的反三征减租减息的游击战争，它甚至也比不上朱毛在井冈山周围的“冷清清打江山”那个时候的形势。因此，假如有人毫不加以批判而拿来作为当前游击战争的指导，那一定要犯了原则性的错误。

那么，在现在发表三年游击战争的笔记，有什么意思呢？——意思是有的。我们要告诉每一个民主战士，每一个参加农村群众斗争的战士，说：“你看，在那样革命时机不利的状况下，在那样强大的敌人的压迫下，在那样狭小的地区的活动下，在那样群众斗争情绪低落、内部不断分化叛变下，在那样长期毫无外援，交通消息隔绝下，在那样毛泽东思想遭受抑制、未能发扬为全党的路线下，……还能够胜利地坚持三年游击战争，拿来和现在的情况比一比，你对于游击战争，还没有胜利的信心吗？”

而且，也正如前面所说的一样，如果你能批判地来吸收三年游击战争的好的经验，那对于当前游击战争的指导，仍然是有益的。

三年游击战争最光辉的一点，是它的指导方针的正确。当长征大军进入四川以后，当时所决定的“发展广泛的、胜利的、群众性的游击战争”（见第六节），是一个最出色的正确的方针。这在今天来说，仍然是全部适用的。

其次，三年游击战争的一切军事行动，是和群众利益紧密地联系着。尽管当时的群众斗争情绪低落，对革命前途感觉茫然，但红军游击队分了田给他们，为他们的保田求生而战，而牺牲，他们是清楚的。因此，才有龙岩老百姓的“我的头可杀，红军不能饿死”，“红军比我们的祖宗还要好，分了田给我们，还要生生死死为我们保田”。这在今天来说，也是应该好好学习的东西。——虽然今天的政策是反三征，减租减息，救荒救灾，增加生产。

又其次，三年游击战争能胜利坚持的另一特点是干部地方化。所谓地方化是强调要使用本地干部，及改造外来干部使之地方化。外地干部要虚心向本地干部学习，热爱工作地人民的生活习惯，和他们打成一片，决心把工作地看成自己的家乡。其次是干部和士兵，军队与群众，必须有共同甘苦、休戚相关的精神，才能一致对敌，这在革命艰苦时期尤为重要。

最后，三年游击战争在粉碎粤军的进攻中，在谈判改编新四军二支队的过程中，对于坚持自己的立场，孤立敌人，“磨而不裂”的斗争，其策略的运用的灵活适当，是应该值得深刻研究与学习的。

当然，三年游击战争所表现的共产党员的英勇气概，不怕困难，不怕牺牲，不计成败利钝，一心一意为工农解放流尽最后一滴血的精神，是构成这一篇史诗的主要因素。我想这是不必经我的介绍大家都可以了解的了。

三年游击战争的错误缺点表现在什么地方呢？根据我个人及一些比较接近的朋友的看法，也可以初步指出以下各点。

首先，在于没有估计到主力红军退出中央苏区以后，群众斗争情绪正是低落的时期，敌人的凶焰，正在嚣张的时期，因此我们的政策，应该尽可能的温和一点，镇压穷凶极恶的反动派是必要的，但对于可能争取联合的分子应该尽最大力量去联合争取。因此，在那个时期进行土改政策，显然是太左的错误政策，孤立自己。

其次，游击战争的方针虽然正确，但游击战术的运用常常会发生偏向。大部分干部的牺牲与队伍的损失,或则是强攻硬打（如独九团），或则是被迫应战（如明光独立营），或则是过早集中使用兵力（如粤军入闽初期），或则是消极分散隐蔽（独九团后期），这些都是违背了革命导师毛泽东同志的游击战争思想指导的。

又其次，对于干部的错误的处分，多采取组织手续，少用弄通思想帮助其克服错误。不知在那样艰苦的环境里，一切问题在于依靠群众坚持对敌斗争，除此以外，什么错误都是小的非原则性的问题，应该从团结干部，爱护干部出发，耐心地去帮助干部的改造，随便处分干部是不应该的。

总之，三年游击战争，在中国革命斗争史上，是和二万五千里长征同样的辉煌昭亮，表示工农阶级的子弟不可屈服，同样的在抗日阶段以及当前的爱国民主革命阶段，发挥了中华民族优秀子弟的丰功伟绩，是不可磨泯的一页。

今天，整个的南方的游击战争又在飞快地发展了。闽粤赣边，这个三年游击战争的基地，也一样地开着灿烂之花。刘永生、魏金水与许多干部，就是这个园地的老园丁，假如说，过去他们走了许多曲折迂回的道路，那么今天，他们是已经懂得怎样走到最后胜利的大道了。——全国的战争在支持他们，全广东的战争在策应他们，不久的将来，全南方的战争也将与他们配合起来。

因为朋友的怂恿，大胆地执笔写下了这个笔记。时间久远，遗忘太多，加以本人所了解的情况仍是局部的，本人工作地区在当时也不是好的典型地区，因此很难写得全面周详，不过编者一宣布是连载，使执笔者就“欲罢不能”，只好硬着头皮写下去。我想：这倒是编者迫人献丑的好办法。希望将来有参加三年游击战争的领导者，另外写一本较完全的东西，那这篇笔记就可以叫作“抛砖引玉”了。

1984 年 8 月 1 日

选自《南方三年游击战争·闽西游击区》，第354—384页。

方方，原名方思琼，1904 年生，广东普宁人。1925 年加入中国共产主义青年团，1926 年转为中国共产党党员。南方三年游击战争时，任闽西红军独立第九团政治委员，闽西军政委员会委员、政治部主任兼闽西南第一军分区政治委员，闽西南军政委员会常务委员、组织部部长等。新中国成立后，曾任中共中央华南分局第三书记，广东省人民政府副主席，中共中央统战部副部长，中华人民共和国华侨事务委员会党组书记、副主任，全国侨联副主席等职。1971 年在北京逝世。

坚持闽西三年游击战争的红八团

伍洪祥

一、接受中革军委任务　挺进敌后

1934年4月，为了粉碎敌人对中央苏区的第五次“围剿”，中革军委派出几支部队，深入到东线敌后，开展远殖游击战争。福建军区所属的独立八团的基本任务是，深入到敌人主要交通运输线——漳龙公路，破坏敌人的后方运输，牵制迟滞敌人向苏区的进攻，同时广泛发动群众，开展游击战争，建立游击根据地。红八团原是福建军区第三分区指挥的一支地方主力部队，由岩、永、杭三县的独立营合编而成，团长刘永生，全团400余人。为了加强领导，中革军委命令邱金声为团长，邱织云为政委，魏金水为副政委兼政治部主任。一连连长阕树槐，指导员林丁文（后是高维汉），二连连长詹昌坤，指导员李东卿（后是姜茂生），三连连长陈麟振（后是江德贵），指导员赖井英（后是游和顺）。我在少共福建省委担任宣传部长，也被调到红八团工作，同时调到红八团的还有龙岩、永定县籍的干部20余人，组成一个随军地方工作团。

中革军委要求红八团补充到800人，由于时间紧迫，还没来得及补充就出发了。随后，福建军区将四都医院伤病员100多人，组成一个连队由王胜带队，还有阮文松带来的上杭河西游击队70余人，编入八团，成立第四连，连长阮文松，指导员王荣春，后是王才胜。以后又由朱传喜和游玉山带来一个机枪连（汉阳造的两挺重机枪），加上通讯排、卫生队、参谋处、政治处，全团指战员共有600余人。为了在敌后建党、建军、建政、建立游击根据地，根据中央军委命令，成立了团军政委员会，由邱织云任主席，邱金声、魏金水等为委员。

5月1日在永定县古木乡召开全团誓师大会，邱织云同志作了政治形势报告并宣布红八团新的光荣任务。全团指战员受到很大的教育和鼓舞，打消了种种思想顾虑。

5月4日，红八团向白色区域开进，当天晚上通过敌人控制的封锁线——永定到湖雷公路，到了园头山，与当地党组织领导人谢仁山取得联系。次日晚，我们一路经过上墩、石牌前、调河进到金丰大山的万里石。部队隐蔽休息了几天，与金丰地区的秘密区委和一支十几个人的游击队会合了，他们要求部队给金丰反动势力以坚决的打击，并帮助建立地方武装。邱织云政委、邱金声团长深思熟虑后决定，先由各连抽调党团员骨干组织一支几十人的精干武装侦察队，由林辉才、王伟分任正副队长，在邱团长率领下，深入龙岩侦察敌情，并和龙岩县秘密党组织取得联系；八团主力则暂以金丰大山为中心进行游击活动，打击敌人，打土豪筹款，待侦察队回来后即向龙岩挺进。

主力在金丰地区开展游击活动近一个月，在这一段时间里，我们积极地打击和消灭了岐岭、笙竹、大溪、陈东坑一带反动民团，还到大埔县的枫朗及平和县长乐一带开展游击活动，与饶和埔苏区中心县委取得联系，完成了中央委托护送几个干部到饶和埔工作的任务。

金丰大山周围都是老苏区，地势险要，是一个非常重要的游击战争战略要地，也是红八团深入到敌人后方开展游击战争，保持与上级联系的重要游击基地。因此，红八团除在军事上开展游击战争之外，还抽调一批党团员骨干，以廖庆兴、蒋绍贵、王权跃、陈友连、李天辉等同志组成地方工作团开展地方工作，成立了永定县永东特区委，领导恢复永东地区党的组织；并帮助建立金丰游击大队，由李天辉、陈友连分任队长和政委，用缴获的敌人武器武装他们，建立起金丰游击区。

不久，邱金声团长率领先遣侦察队回到金丰大山，他们已经和龙岩县委取得联系，县委还有一支 20 余人的龙岩游击队，由陈水泉任队长。县委领导下有东肖、铁山、山马、红坊等区委。同时也了解到国民党军第三师、第九师、第三十六师、第十师，先后到达龙岩，然后开往连城方向，只留第八十师陈明仁部驻守龙岩。敌人正在龙岩、小池、大池、古田加紧抢修龙岩到新泉的公路。除正规军外，地方保安团队、民团更是遍布全县。除了民团守卫碉楼外，敌人还在交通要道、圩集要隘检查过往行人。

6 月中旬，红八团向龙岩挺进，进行了白土战斗，首战告捷，全歼该镇民团 40 余人。然后我们又转移到漳龙公路沿线活动，开始了一系列破袭敌人交通运输线的战斗。从 7 月到 10 月，红八团在漳龙公路沿线的王庄、崎獭、马坑、颜祠、新祠、适中、板寮、南靖、和溪等地共进行九次埋伏袭击战斗，破坏公路桥梁十多座，击毁敌军车 40 多辆。其中较大的战斗有：在马坑打了四五辆军车，俘虏了一名敌营长，缴了一批物资。在颜祠村，原准备截击敌人车队缴获物资，结果遇到敌人新兵补充团，不仅击毁敌人十余辆汽车，还俘虏新兵成千人。这次战斗政治影响大，但经济上却是一次“亏本生意”，一个俘虏发了三块大洋，造成部队经费困难。再就是和溪伏击战，打坏敌人运输汽车十余辆，缴到很多子弹，布匹等物资，搬不走的除分给群众外，只好放火烧掉。每次伏击战后，敌人都出动了一个团以上的兵力来追击我们，可是，都一无所获。这些战斗使敌人运输线受到很大威胁，交通经常中断，迫使敌人用了整整一个正规师驻守在龙岩大池到南靖和溪公路沿线，建筑碉堡，防守公路，以阻止我军的行动，保卫其交通运输的安全。

红八团在挺进敌后的八个月时间里，在永定、龙岩、南靖、漳平、平和等县敌人统治的广大地区，开展了广泛的游击战争，进行了大小战斗成百次，俘敌 2000 余人，缴枪 1000 多支。我们缴获大批敌人武装装备了自己，部队也得到扩充，力量加强了。更重要的是在短短的八个月里，建立起以金丰大山为中心的永东游击根据地，以朗车为中心的岩南漳游击根据地和以科岭为中心的岩永靖游击根据地。在这些游击根据地，我们发动群众开展打土豪、分粮、抗捐、抗税斗争，建立起公开的或半公开的革命组织和革命政权，特别重要的是，建立了几支地方游击队。如龙岩游击队，由 20 多人发展成 200 余人的游击大队。永东游击队也由十多人发展到近 200 人的游击大队。还建立了岩南漳边区游击队和岩永靖边区游击队。

二、独立自主地开展游击战争

1935 年 1 月下旬，邱织云政委召开了全团干部会议，讨论研究主力红军退出中央苏区后的斗争形势问题，决定将红八团和龙岩游击大队集中到岩、南、漳边区的朗车整训，主要是进行政治形势教育，同时总结部队到敌后进行游击战争以来的经验教训。

1935 年 2 月春节期间，我们部队正集中在朗车村头整训，敌人“清剿”便开始了。敌第八十师进攻朗车地区，原估计敌人仅以一个团的兵力分二路向我合围进攻，当时红八团加上龙岩游击大队和岩南漳游击队约有千人，所以，我们决定以红八团主力部队埋伏在杨梅坪山谷，利用有利地形，以歼灭敌人较弱的一路；另以龙岩游击大队在敌人主攻方向牵制敌人；结果敌人出动了一个旅分三路来进攻，单杨梅坪这一路，就用了一个团的兵力，并出动飞机配合战斗。9 时许，我部队开始与敌接触，打了两个多小时尚未击退敌人。我们发现敌人不止一个营，而是一个团，只好边打边撤出战斗。这次战斗因我们占据有利地形，敌人伤亡 200 多人，我们也伤亡 50 余人。群众看到敌人伤亡大很高兴，都传说红军打胜仗了。但实际上这次仗是可以不打的，打消耗战对我们不利。

部队撤退到象山，敌人追击而来。我们留下一支小部队迷惑牵制敌人，大部转移到龙漳公路以西大山隐蔽休息。

正在这个时候，得到红九团从岩（龙岩）连（连城）宁（宁洋）边区向龙岩西北移动的消息，我们决定向龙岩西北地区行动，策应红九团。部队夜行军经富溪过河，天亮前到达铜钵，由于没有联络好，在铜钵与红九团误打了一仗。而后我们转至山后村住下。第二天上午 9 时，敌八十师出动大约两个团的兵力向我进攻，还有两架飞机对我阵地轮番轰炸扫射，掩护步兵攻击。与敌激战到天黑，我军撤出战斗到牛眠石村休息。这次战斗敌人伤亡很大，据群众报告，敌人抬了 100 多伤兵到龙岩城。但我军也伤亡 40 多人。牛眠石是游击基点村，我们把 20 多名伤员安置在这里，然后向白土转移。这时，张鼎丞派郭义为到龙岩县白土后田找到我们，指示我们红八团，立即向永定转移。这时，魏金水调任龙岩县委书记，我接替担任红八团政治部主任，王胜任副团长兼参谋长。

三、艰苦转战　粉碎敌人第一次“清剿”

第一次闽西南军政委员会会议之后，决定红八团与龙岩游击队在岩南漳地区成立第二作战分区。我们红八团由永定转回龙岩，尔后在岩南漳边易宝村进行短期休整。不久，部队挺进漳平县城附近的拱晨一带游击，抓土豪、筹款，结果敌人调动了几个团的兵力到岩南漳边。当时，邱金声同志因病到后方休养了，部队由邱织云、王胜同志指挥。我们还缺乏分兵游击活动的经验，在易宝村住了几天，敌人跟踪“追剿”来了，退到老厝村，敌人又紧追上来，为了摆脱敌人，我们决定分兵行动，以分散目标。邱织云同志指定以我为主，詹昌坤、阮文松为副，带领两个连往罗桥、陈坑方面行动，边打边撤，吸引敌人，以便掩护团部和一、三、五连（新兵连）、机枪连以及伤兵（当时还押了一些土豪跟着部队走）

向安全方向撤离。我们采取边打边退的办法，把敌人都引了过来。当时不知道方方同志率领明光独立营在陆家地隐蔽，准备回岩连宁地区去。我们把敌人引向这边，也给他们增添了麻烦。当天晚上，我们一起转到陈坑山上隐蔽，第二天，敌人进占了罗桥、陈坑、陆家地。我们和方方同志率领部队当晚渡龙川河，到富溪山上隐蔽。方方同志领部队立即回岩连宁边去了。我带领红八团二、四连向铜钵地区转移，在山后村住下，与龙岩县游击大队会合。在后山住了两天，计划和龙岩县游击大队一同转移到紫金山，再由紫金山转到白土附近，设法与团部取得联系。转移一定要通过汀龙公路，原来得到情报说，公路线上的考塘没有敌人驻守，但是出乎预料，不但考塘驻有敌人，而且从龙门到小池，公路上都有敌人布防。部队接近考塘，前卫侦察兵报告说敌人守在桥头上，在桥头还架了重机枪。我军已暴露在敌人面前，形势十分危急，如果退回山后，可能遭到敌人的包围进攻，危险性更大。我立即召开连队领导干部会议，要求大家沉着、坚定、听指挥，不许乱动。公路上还有敌人在调动，说明敌人布防未好，采取分段同时猛扑的战术，是可以冲上紫金山的。多数同志赞成我的方案。部队沿公路发起多点猛冲，敌人措手不及，退到村子里，乱开枪，乱打照明弹（我们部队第一次看到照明弹，许多战士害怕，以为是打毒气弹）。我们利用闪光识别地形道路，向紫金山前进。天亮后部队胜利地到达了目的地。

部队转移到紫金山，目标暴露了，敌人迅速地调集几个团的兵力对我进行“围剿”，从龙门到小池及从龙门到南阳坝到坎市的两条公路沿线上都用重兵防守、封锁，并分兵几路向紫金山进攻。部队处境困难，我们急中生智，把部队在靠近敌人重兵驻守的龙门附近的山区隐蔽起来，准备突出重围。为了转移目标，由二连副指导员姜茂生同志带领小分队占领几个山头与敌人纠缠，牵制和打击敌人。部队要突出敌人包围，只有一个口子，那就是赤水、龙门方向。赤水驻有敌人一个营，龙门驻有敌人一个团，我们决定利用黑夜，从这两地之间突围。晚上，我们二连、四连和龙岩县游击大队一共 400 余人，突出了敌人的包围圈。经肖坑后山到天子崠，安全地完成了转移。

留在紫金山上的姜茂生同志领导的小分队，任务完成得很漂亮。他们灵活机动地打麻雀战，活跃在紫金山上，牵制、打击了敌人。我们转移之后，他们还进行了两天两夜的战斗，然后才向桃坑方向突围，未受损失。我们回队后，邱织云同志特地帮助小分队总结这次斗争的经验，用以教育部队。

在此期间，邱织云政委、王胜副团长等带领团部和一、三、五连分散在龙漳公路两侧和岩南漳边区活动。他们神出鬼没，声东击西，机动灵活地打击、消灭敌人，致使敌人胆战心惊，草木皆兵，惶惶不安。

四、分散行动　打破敌人第二次“清剿”

敌人在第一期“清剿”宣告破产后便用“三分军事，七分政治”的策略，布置了第二期“清剿”。

1935 年七八月间，红八团和龙岩游击大队又集中到朗车整训，总结粉碎敌人第一期“清剿”的经验教训。通过检查总结，使部队认识到，在根据地被占，敌人残酷“清剿”的环境中，要更加采取灵活的战略战术。部队游击活动必须以分散为主，要准备分散到以连为单位，甚至以排为单位行动。

9 月初，部队集中向漳平、华安县方向开进。为什么没有立即分散以连为单位行动，还集中全团部队向华安行动呢？当时考虑的是，利用敌人新的“清剿”部署还未展开之际，挺进到敌人薄弱的白区去，扩大政治影响，打土豪筹款，以充裕经费给养。同时，继续执行闽西南军政委员会的决定，完成相机向华安、漳州方面出击的任务。但实际上敌人新的“清剿”部署已经展开，当我们部队向漳平县城行动时，发现敌情变化，敌第九师的一个团已进驻漳平县城，部队转向华安方向行动，准备相机夺取华安县城。我们部队夜行军到达赤水附近的一个村子，遇到驻守土楼的国民党军一个连阻击。我们还误以为是民团，部队只好绕过敌人据点前往梅营，敌人已经对我有防备，华安自卫队七八百人集结在梅营上隘阻击我们，邱团长带领一个连向敌进攻。这群乌合之众一冲即垮,我们缴获子弹几担,枪数十支。接着邱团长带了一连乘胜追击敌人，梅营地势好，我们部队就在此宿营。部队经一夜行军非常疲劳，吃过饭有的就睡觉了。午后 2 时左右，忽然发现敌情，敌第十师一个团从我们后面袭击，我军被迫与敌人展开激战。因为邱团长不在，我和副团长王胜到三连阵地去查明情况和指挥，后来邱织云政委也来了，他用望远镜观察前方敌情。敌人打了一排机枪子弹，邱织云政委中弹受重伤，我要扶他回去，他叫我赶快去指挥战斗，顶住敌人。邱政委由警卫员扶着离开阵地，不久就牺牲了。全团指战员非常悲痛，我当时是政治部主任，政委牺牲后，按照中央规定，团党委开了紧急会议，决定由我代理政治委员的职务。

部队在梅营激战到天黑后撤出战斗，撤到一个叫初溪的小村子，群众因为害怕都走光了。人生地不熟，情况对我们十分不利。我们好不容易才找到几个群众，经过宣传，他们才消除疑虑，愿意为我们当向导。当晚，部队紧急向永福方向转移，目的是迅速回到老游击区。那天行军上百里，深夜才到距永福七华里的后盂村，指战员们虽然疲劳极了，但是心情都感到宽慰。因为这里是我们的老游击区，有秘密党组织和秘密游击小组。我们与地方同志联系后得悉朗车一带都被敌人占了，永福圩驻敌一个团，也就是说，我们周围都是敌人。地方游击小组配合部队战斗小组到永福圩附近监视敌人。我们面临的环境是非常严重的，要迅速选择敌人的薄弱方向突出敌人的包围圈，估计敌人第二天早晨会发动进攻，我命令部队赶紧煮饭吃，在下半夜 3 点以前离开后盂村；并命令前卫连在凌晨的 4 时前，占领小肖坑隘口的凉亭，掩护全团部队开进，摆脱敌人。

天亮前，部队按预定计划进到了山隘，团部到达了隘口凉亭，真是高兴极了，因为只要部队能在天亮前进到山隘口，就能摆脱被包围的险境。突然前卫连和敌人打起来了，而且敌人已逼进凉亭边。原来是部队太疲劳，尖兵班进到隘口休息时打瞌睡，敌人到了跟前才发现，结果敌人一个猛冲，已经接近隘口凉亭。在这万分紧急关头，邱团长率领团部侦察排、重机枪连拼力抢占东面山峰。到山顶时，看到敌人也快到山顶了，邱团长毫不畏惧，勇敢、沉着地命令机枪连长朱传喜同志把重机枪架起来，团长亲自使用机枪，他连打了两带子弹，把敌人一个营的冲锋压下去了。敌人伤亡很大，这样就掩护全团部队安全占领了有利地形。敌人的凶猛进攻被阻止了，我军且战且退，最后摆脱了敌人的追击，部队撤到附近的一个小山村，就在那里休息了一夜。当天，团党委决定部队以连为单位分散行动，当时我们五个连队，一连分布在以永福地区为中心的岩南漳边区（即龙岩县的中甲、适中、漳平县的永福、南靖县的和溪之间广大地区）；二连分布在龙岩至适中公路沿线两侧地区，与团部基干连经常配合行动；三连分布在岩永靖边区（即龙岩县适中以西，南靖县的梅林、桂洋，永定县的抚溪、苦竹等地区）；四连分布在永东地区（即永定县的湖雷区和金丰区的岐岭、下洋南溪以及抚溪以西的四方山）等地；团部基干连活动在龙岩城附近。部队分散行动后，我们把重机枪藏起来，以机枪连为主，再加上团直属队、侦察排、通讯班等，组成一个基干连，由团长直接指挥，这样可以保持一支比较强的突击连队，以便于不失时机地在龙岩城附近和龙漳公路线上，有力地打击和消灭敌人。分散行动后，我军在军事上完全由被动转变为主动了。敌人第二期“清剿”在龙岩、永定、上杭和永和埔边区、岩永靖边区、岩南漳边区、岩连宁边区，横直三四百里的地区，使用了六七个师的兵力，尤其在岩、南、漳、永地区集中百倍于我的优势兵力来对付我们。但是，由于我们采取化整为零、分散行动的战略战术，使敌第二期“清剿”归于失败。

我们分散活动后，经常以一个排、一个班、一个战斗小组与县委、区委、乡村游击小组一起活动，全团差不多都成了武装工作队。我们团部指挥中心设在龙岩城附近，团部掌握的基干连是一支机动突击力量，能够在有利时机给敌人以打击。有一次，我们在地方党组织的配合下，夜袭驻守龙岩崎獭的敌第十师补充团第三营营部，敌人这个营大部分驻守在漳龙公路线上，只有一个机枪连和一个警卫排驻守在崎獭村。村里的另一个炮楼是壮丁队驻守着，这个壮丁队经过做工作，已在我们秘密党员控制之下,整个崎獭村都用竹篱笆围起来,好像筑起了城墙。因此，敌营部没有驻进炮楼，而是驻在炮楼前面的群众房子里，我们部队绕过壮丁队驻守的那个炮楼冲进去，直捣敌人营部，给予突然袭击，营部及一个排兵力全部被我们消灭了，敌营长、副营长被击毙，缴了不少枪。这次袭击战斗的胜利给了敌人一个狠狠的打击，敌人的欺骗宣传破灭了。在这期间，红八团分散在永东地区和岩永靖边区的三、四连及分散在岩南漳边区的一连也不断奇袭敌人，取得了许多胜利。岩永靖边区是敌人集中很大兵力采取轮番“搜剿”最严重的地区，敌人常常派出部队驻在山头观察情况，看到火光、烟雾就进行包围、“搜剿”、烧山。在这种情况下，三连分散成三五人的战斗小组与敌周旋。在敌人看来，我们是被打散了的散兵,可是敌人却处处挨打。有一次,三连选了17个战士，分成四个战斗小组，隐蔽埋伏在敌人经过的路边和便于射击杀伤敌人的据点，待敌人经过时，向敌射击，东面打几枪，西面放几枪。四个战斗小组以200多发子弹的代价，击毙敌连长一名、排长三名、士兵20余人，我们把这个例子报告谭震林同志，他很高兴，通报表扬了，并给取名为“散兵群战术”。用这个战术对付强大的敌人进攻，确实是个很好的办法。从此，许多部队都学这种战法，单岩永靖地区两个多月时间，敌人挨我散兵袭击伤亡就有几百人，这种战术弄得敌人防不胜防，难以应付。我们以一胜百，打得敌人死伤累累。特别是邱金声带队夜袭龙岩城，对敌震动极大。

五、开展抗日统战的新工作

1936 年春节期间，红八团、龙岩游击大队和岩南漳游击支队（原龙岩游击队扩大为支队），又一次集中在朗车村头、四旺山村整训。传达贯彻闽西南军政委员会第二次会议精神，开展抗日讨蒋活动。这时，国民党第十师、三十六师、八十三师由闽西南调走，敌人在岩南漳边区的兵力空虚，永福只驻有国民党保安团一个连及永福民团 100 多人，敌人力量虽然薄弱，但保安团刚从外地调来，不明情况很嚣张，经常出来侵扰。因此，我们决心采取引蛇出洞的办法消灭它。我们部队神不知鬼不觉地从朗车到达距永福圩二三华里的一个山窝里埋伏起来，天亮后派出小股部队化装成地方游击小队模样到永福圩抓土豪，袭击敌军的哨所。敌人看到是小股的游击队，就出动追击，我游击队与敌人抵抗，我们一抵抗，敌人就派出更多的兵力来追击。我游击队边打边撤，诱敌进入我军埋伏圈。这次伏击战共消灭敌人百余名，缴获长短枪百余支，俘敌 60 余人。永福圩民团很狡猾，大部分没有出来，守在土楼里，所以永福圩没有被我占领。这次战斗我们也伤亡十多位同志，三连指导员赖井英和岩南漳游击支队长陈水泉同志光荣牺牲了，这两位同志都是很出色的指挥员。

1936 年春敌人调防基本结束，第三期“清剿”又开始了。敌以新十师接管龙漳公路的防务，在白土驻有一个营部和二个连，新调来的敌军不知红军的利害，经常出动数十人到冷水坑、后田村、肖坑一带骚扰，压迫群众。国民党当局还提出以白土区为试点，准备全面丈量土地，收回土地革命时分配给农民的土地，国民党省政府派出了一批丈量土地督察员到白土来，群众非常愤怒。2 月 9 日，红八团由岩南漳边区很隐蔽地转移到了白土的冷水坑一带老革命基点村，敌人毫无发觉，每天照样出来骚扰摧残群众。我们利用敌人的麻痹思想，布置了一次伏击战斗，同样用“引蛇出洞”的办法,派游击小组到白土镇去抓国民党税收人员，诱敌出击。敌人出动一连多的兵力，分两路追赶游击小组。敌中我计，进到龙岩坑头，我埋伏在村子里和东坑口的部队前后夹击敌人，当场毙敌 17 人，当地反共反人民的叛徒朱文昭、张百五及福建省土地督察员都被我击毙了，敌连长和三个排长也被击毙。这一仗俘敌 70 余人，缴枪 100 余支，机枪 1 挺。我们发动群众把白土周围国民党第十师强迫群众构筑的 70 多个碉堡，全部摧毁。到下午 4 时敌八十师两个团增援，我军向东坑撤退。接着又进行了东坑、炎山头战斗，消灭敌人 100 余。

在红军不断胜利的鼓舞下，地方党的秘密组织和群众游击小组积极活动起来，用各种形式开展斗争，出现了很多乡村群众性的肃反和抗捐分粮斗争。

群众工作做好了，于是争取壮丁队，争取保甲长，也获得了很大成效。许多地方保长和壮丁队在我们政策的感召下，秘密与我联系，站到我们这方面来。他们的碉堡便成为赤色碉堡，他们放哨是为我们放哨，而保甲长也唯我们之命是听，去敷衍、应付甚至玩弄国民党的县区政府。在联合抗日的口号下，一部分地方势力消除了与我们对立情绪，如南靖的张河山。张河山部原是一股土匪，发展成为称霸一方的地方势力。我们表示停止在他活动地区打土豪，分田地，他欢迎我军进入他控制的地区行动。又如永定抚市黄豺狗，也是一股地方势力，他们找到抚市工作团，要工作团派人去指导，要求接受改编。我们报告张鼎丞同志后，接受了他的要求，给了他闽西人民抗日讨蒋军二十三大队的番号。

红八团的争取敌军工作也很有成绩，在敌人“清剿”、环境最困难的时候，我们就坚持开展争取瓦解敌军的工作。在敌人第二期“清剿”时，我们分散行动，在漳龙公路沿线不间断地骚扰敌军，使敌军龟缩在堡垒里不敢轻易出来。晚上，我们就分成小分队接近敌军碉堡，在其经过路上散传单，进行宣传喊话，有时还带上胡琴唱歌唱戏。通过我们宣传，有的国民党士兵表示拥护红军的革命主张，有的将内部消息告诉我们，不少人不愿为国民党送死而逃跑。特别值得提起的一件事，经过我们深入细致的工作，争取了驻新祠炮楼的国民党军一个班起义。

六、两广事变后反对粤军"清剿"的斗争

由于闽西南军政委员会对两广事变的意义、作用作了过高的估计，因而对我军行动作了些错误部署，提出了进行局部反攻到总反攻的口号，成立几支主力部队，准备作为进行反攻的力量。全闽西南部队进行统一整编，取消了游击作战分区的建制，成立纵队。以岩连宁边区活动的明光独立营和十七团、十八团留下的部分部队，编为第一支队及龙岩游击支队合编为第一纵队；红八团、红九团加永东游击大队合编为第二纵队。

红八团部队一分为二，以一、二连，加上岩南漳游击支队编为第三支队；三、四连与红九团一大队合编为第四支队；永和埔游击队编为第五支队，全闽西红军共编成为七个支队。随着部队大整编，干部进行了调整，邱金声和我调第二纵队部工作，王胜同志也调离了红八团。

当时，许多同志对部队实行这样改编意见不一致。成立纵队后，由于建制改变，大批干部调动，不但没有达到加强统一指挥，提高战斗力的要求，反而造成部队思想和战斗作风的削弱。我离开红八团后，到新成立的第二纵队，任政治部主任，简载文任政治委员，司令员原由谭震林兼任，由于谭要指挥全军，就没有到纵队来，副司令邱金声也没到职，军事指挥实际上由参谋长郑树昌负责。我们率领红四、五支队和新成立的（平）和北游击大队（都是新兵）在永和埔地区活动。两广事变结束后，敌第三师大举向我"进剿"，我们就和敌人兜圈子。永和埔边的部

分地方是新开辟的游击区，群众工作基础比较差，在敌人大举“进剿”面前，简载文很不沉着，甚至慌张起来。看到这种情况，我建议部队分兵行动，简同意我的意见，他要我带四支队一大队和新成立的和北游击大队一起转移到金丰地区活动。但是，敌人发现我们部队转移，就集中兵力向金丰大山“清剿”。此时，闽西南军政委员会还在金丰大山，我带部队到金丰大山，吸引了敌人来进攻“搜剿”。为了转移敌人进攻目标，我又带着部队转移到岩永靖地区，这样，我就与简载文纵队分开了，与谭震林副主席直接联系，单独依靠岩永靖游击根据地开展游击战争。

部队改编之后，红三支队支队长是阙树槐，政委邱成贤，政治部主任邱尚聪（原十八团政委）。在他们率领下三支队活动于漳龙公路，他们在新祠伏击敌三十七旅的一个排，把敌人歼灭，并缴到一挺机枪，但打了胜仗就有些骄傲起来了。接着集中兵力去强攻占据象山的敌人（适中的民团两个中队共200多人），打了一个晚上，给了敌人很沉重的打击。适中民团大部分被歼，但剩余敌人据守楼房拼死顽抗，没有解决战斗，敌第三师一个团增援。天亮后，红三支队被迫撤出战斗。虽然敌伤亡过半，但是，我军也损失严重，伤亡50多人，政委邱成贤牺牲。在红八团的历史上没有打过这种“强攻”硬打的战斗，也没有造成这样严重的伤亡。可是战斗后，我们没有认真地总结经验教训。红三支队象山战斗后，敌人新的大规模“清剿”开始了。

象山战斗后，闽西南军政委调邱尚聪同志任三支队政委，三支队奉命开到上杭，目的是援助上杭打开局面。在上杭的大岭下、大和坑，与上杭独立营等部队会合了。敌第三师的一个团来进攻，在大和坑与敌激战一日后，三支队又奉命转回龙岩地区活动。部队转移中在灌洋至曾坑之间，与敌第三师遭遇，被迫与之激战，我方伤亡十余人，以后部队到岩永边的赛背炉村。赛背炉是我们的根据地，群众基础很好，但是，三支队行动目标暴露了，敌第三师跟踪“追剿”，而支队领导轻敌麻痹，驻在村子里，警戒疏忽，遭敌人的袭击，造成了一次严重的失利。阙树槐支队长、邱尚聪政委牺牲，伤亡20余人，支队被冲垮了。由于支队主要领导干部牺牲，部队失去统一指挥，但几个连队在连长指导员带领下边战边退撤出了战斗，没有受大的损失。三支队并没有因此垮掉，支队的人员除牺牲和重伤被俘的同志以外，几天之后，所有人员都自动归队，不约而同地到冷水坑、炎山头一带集中起来。部队受到损失后，我受命去整顿部队。

1936年11月，蒋介石调派广东军一五七师黄涛部、一五八师曾友仁部进驻闽西南接替蒋系军阀。

粤军一入闽，便立即对我们"清剿"，敌一五七师驻龙岩、永定，敌一五八师进驻上杭、武平，岩连宁地区则为敌五十二师，他们继续采取中央军搞的那一套惨无人道的"清剿"办法，实行"移民并村"，构筑碉堡封锁、"驻剿"和"搜剿"。也和中央军一样不顾其部队的疲劳，几天几夜驻在山头上，晚上看灯光，白天看炊烟，发现我们就包围搜山。但粤军比蒋介石"中央军"更狡猾，在军事战术上经常整团、整营进行合围奔袭，且长于爬山和夜间伏击。在这个期间里，我们有好些地方领导干部在敌人的袭击或伏击中牺牲了。如连长江德贵同志、闽西南军政委员会参谋长郑树昌同志、四支队队长赵群同志（准备调三支队当支队长还未到任）、岩永靖军政委员会副主席李明康同志等，他们大多是在少数人行动时遇敌埋伏袭击牺牲的。在敌人这种狡猾的计谋下，我们一些伤兵寮、看守所，还有被服厂等后方机关及一些部队受到损失。

粤军比蒋系军阀在政治上也更善于欺骗，蒋介石"中央军"对地方实力派，不服从调遣的，都加以武力的压制打击，而广东军阀则不同，采取各种手腕收买、拉拢地方势力，有的地方实力与我有联系，他们千方百计进行离间破坏。更狡猾的是他们打着抗日救国的招牌，说"中央军"不抗日，广东军是抗日的，以欺骗群众。一些开明人士受骗，认为广东军比中央军好，有一些地方实力派，曾与我们有统战关系，在广东军的欺骗宣传下，上了圈套，如南靖县地方势力派张河山就受骗收编为独立团，被利用来进攻我们。因此，斗争更加残酷和艰苦。

在这期间，广东军阀部队也同蒋系军阀部队一样，不断受到我游击队的打击。12 月间，红三支队和四支队联合，由邱金声同志指挥，在西溪的大高地打了一仗，歼灭了敌人一个排，缴获机枪一挺。经过这次战斗，粤军初来时那种目中无人，四出分散出击的气势有所收敛。同时，我们展开了广泛的政治攻势，揭穿广东军阀的各种欺骗宣传，指出广东军阀和中央军一样惨无人道，反对粤军放火烧山，屠杀镇压人民。我们广泛地联合抗日救亡的宣传对粤军士兵影响很大，以至敌连、排长也受到我们“停止内战，共同抗日”的宣传，在进攻我们时消极抵抗“清剿”命令，甚至在包围乡村，认出我工作人员时，也任其逃走。

1937 年春节过后，从闽粤边特委转来中共中央关于民主共和国的决议以及中共中央南委给闽粤边区特委的指示信。4 月 25 日，闽西南军政委员会在南靖科岭召开常委扩大会，接受中央的新方针：实行联蒋抗日。决定在闽西开展和平运动，以推动国民党抗战，迎接全国的抗日高潮。到 7 月，闽西和谈成功，三年游击战争以胜利宣告结束。

写于 1988 年 5 月

选自中国人民解放军历史资料丛书编审委员会编：《南方三年游击战争·闽西游击区》，解放军出版社1991年5月第1版，第385—397页。

伍洪祥，1914 年生，福建上杭人。1929 年参加闽西农民武装起义，1930 年加入中国共产主义青年团，1932 年转为中国共产党党员。南方三年游击战争时，任闽西红军独立第八团政治部主任、政治委员，闽西南军政

委员会委员，闽西南第三作战区政治部主任、政治委员，闽西南红军第二纵队政治部主任等。新中国成立后，曾任中共福建省委组织部部长、省委党校校长，福建省军区政治委员，福建省代理省长，中共福建省委书记，福建省政协主席等职。2005 年在福州逝世。

红军独立第九团下闽南

谢育才

中央苏区红军主力北上抗日之后，闽西成立闽西南军政委员会，统一领导闽西南的党和红军（闽南特委，原属上海中央局领导，因闽南游击区和闽西苏区相隔有 500 余里的白色区域，再则当时上海中央局已被破坏）。闽西南军政委员会为执行这一任务,特设立闽西南第二军分区，领导闽西红军独立第九团和闽南红军独立第三团，作统一的行动，争取闽西与闽南游击区打成一片，恢复苏维埃政权。

1935 年我任红九团政委兼闽西南第二军分区政治委员，负责执行中央苏区中央局所交给予闽西南军政委的政治任务。第二军分区和红九团，当时执行此任务是相当艰巨的，因为闽西的老苏区根据地是在张鼎丞的家乡，永定县以西的上、下溪南，在永定界以东的地区全是反动的白色区了。闽南红军独立第三团的主要根据地是接近闽南沿海地带，在漳浦县的西北部三坪山一带，两处相隔五六百华里之远，且从来没有过信息和交通关系。要查问红三团的消息是很难得到的。甚至当时要找到一张地图都不容易。红九团当时广泛向闽南开展游击战争，把游击区逐渐推向闽南地区，争取游击区连成一片。红九团执行此计划，是分为几个时期来进行的：第一步是 1935 年上半年，打开永东县的局面，首先攻下湖雷、陈东坑、崎岭下的反动大土楼，消灭了当地的民团。继而进攻下洋市的炮楼，占领大溪、南溪、月流、调何、太平寨，打下永靖岩边的苦竹、灯心洋等重要乡村市镇，然后以金丰大山为中心，开展永东县各个乡村的工作，以之作为向闽南开展的第一基地。同时建立起永东县工作委员会，马发贤、罗炳钦、范元辉等同志为永东县工委的领导人，创立永东游击支队。

第二步是消灭平和县的大、小卢溪、大寮、小连城、西洋、平和县城以北以及大埔县的上下王沙、上漳溪、沿田、青溪以及大埔县的北区所有反动势力，开创了永和埔的游击根据地，建立了永和埔县工委会，领导这个地区的工作，并成立永和埔游击支队，以李天辉为县工委的领导人兼支队长。与此同时，在岩（龙岩）永（永定）靖（南靖）三县边境，以灯心洋、崎岭铺作为从东北面由龙岩、南靖向闽南漳浦方面发展的第一步基地，曾建立中共区委会来领导该地区工作。这个地区同时又是红九团和红八团联络配合会师接头的一个纽带。

但红九团下闽南的主要路线，是沿闽粤交界线向南开展游击活动，步步接近红三团，以至直捣闽南的政治中心——漳州城附近。所以红九团以饶（饶平）和（平和）埔（大埔）边区为前进基地。该区在闽南平和县之正西，大埔县之正东，饶平县之北，本来是 1930 年红军四十七团、四十八团的老活动地区，但四十七、四十八团北上中央苏区后，反动派恢复了统治。红九团从永东基地远程便衣袭击大埔县的重镇大产市，一下子干净地消灭了该区的民团总部，大大地兴奋和鼓舞了这一带革命老区的人民。红九团就选择了平和县境内小礤作为中心点，清除附近残余反革命势力，打土豪分果实，重新建立地下的地方党的组织。最初留下红九团的政治干部张全福为工作委员会书记，后来正式成立饶和埔县委。该地区是老区、群众基础好，有阶级仇恨心，有斗争经验，故作为红九团的中间站，是红九团的前进基地又是后方，为伤病员的收容和转运基地。饶和埔边区，在闽南特委领导下，本来有一个和饶和埔边区相等的县委级的工作委员会，并有一支有 24 人的比较老的游击队，但他们受到广东军阀李汉魂部的残酷进攻，已经退到云霄北部。只是在饶平上善下善一带乡村有些个别联系的地下基础组织而已。他们与小磜尚有200余里的距离，所以红九团最初在小磜地区活动了几个月，转战了整个平和以北，尚得不到红三团的任何消息，因此，大约在1935年秋季，红九团又第四步向南推进。红九团从小磜附近出发，经大埔的大产、上清溪，饶平的上善、下善，从庙埔附近直下云霄境内，第一天就在云霄县之小段、大溪停宿下来。这次出动，沿途同地方反动民团武装接触和展开战斗十多次，几乎每过一个乡村都打一打，将敌人驱逐之后才能通过。特别在小段，红九团遭遇了很大的抵抗，因为当地不知来的是什么军队，群众受了地主的欺骗，所以都出来抵抗我们，几乎漫山遍野都是人，每个山头都有枪弹打过来，一直打了几个钟头。我们估计到这种情况，特采用迂回突破一个山头，捕捉到了几名受反动派欺骗参加抵抗的农民。对他们进行战地宣传教育，说明我们是红军，是专打地主土豪分田地，解放穷苦农民的，同时也教训他们说，你们要抵抗是没有用的。经教育之后立即以每支枪奖赏三元光洋给他们，就地释放他们，叫他们回去劝大家不要抵抗红军。果然，这一政策很有效用，满山的人群立即停止了战斗，我们也就下村庄，加倍戒备地在小段驻宿。当晚就调查出一家大土豪，立即没收其粮食、猪、鸭、财物等，当夜红军战士就秘密分送给贫苦的农民，并分头进行个别谈话。红九团这一行动，政治影响很大，次日红九团从小段出发继续前进，并抬了十名左右的伤员，经大溪等地乡村走了几十里路，均没有遭到抵抗，顺利进入红三团所属的饶和埔边区游击队活动的地区。部队经过很多小村庄，看到被国民党烧毁的断壁残垣，还看到了红军所写的笔迹很陈旧的各种标语，所以我们在大青山下的一个小村庄里宿营下来，进行调查访问，才知原来这里就是饶和埔游击队的根据地。由于这里群众斗争经验很丰富，警惕性很高，我们调查了半天，毫无红军的消息，群众不承认他们这里有红军和游击队，因为他们尚不相信我们是红军，他们也估计不到红军从何而来。昨天他们整天都听到了机枪由远而近在响，他们半信半疑地对待我们，后来看到我们的服装、纪律和行动（我们停下来就写标语），不相信也要相信的。有些老年妇女说，你们要找红军，你们就去攻打对面村（一个大村庄）里的那个土楼，就可以找得到红军啊！我们认为这是取得他们信任的一个好举动，便派出一部分队伍去包围那个土楼，展开攻击。这一进攻，使他们信任了，一个隐藏在村庄里的游击队工作人员就出来同我们接头了。原来他们县工委和游击队员，就驻在大青山下，我们通知他们来会师。当晚即在营地召开了简单而庄严的红九团与闽南饶和埔游击队的会师会议，我们和县工委书记余丁仁同志、游击队长吴文富（原中央苏区游击队训练班毕业的学员）同志和头发长长的 24 名游击队员相见之后，尽情地握手、拥抱，战士们真像哥哥弟弟久别重逢，其欣喜情景是难以形容的。我们就在这里住了两天，开了两次小型联席会议，参加会议的有饶和埔县工委书记余丁仁同志，还有一位常委（名字已记不起），红九团方面出席的有我（分区政委兼红九团政委）、吴胜（分区司令员兼红九团团长）、赖荣传（分区政治部主任兼红九团政治部主任），听取了他们的工作、游击活动、政治军事力量和斗争情况，以及闽南特委领导的肃反工作等某些有关内部情况介绍；我也传达了闽西南军政委员会的指示精神，介绍了红九团几个月在此地区开展游击战争的活动情况，提出了要与红三团和闽南特委取得联系的要求。当时我们在那里休息了两天，而云霄、平和、漳浦各方面的敌人约有三个团的兵力又向红九团急速的扑来，这样我们决定红九团不能继续停留该地，也不能再前进，就带着游击队和余丁仁等同志，迅速地经原路退回饶和埔边。当红九团退回到上下善时，广东军阀李汉魂部又从饶平县城茂芝方面出动五六百人来截击我们，因此就在上下善展开很激烈的战斗，击溃了李汉魂的截击，共歼灭敌人一个连的兵力，使敌人仓皇连夜逃回饶平城。红九团为了扩大政治影响，次日又派一个营兵力向饶平城方面做威力性的游击活动，这样，给余丁仁等同志的工作活动以有力的帮助。

红九团经过这样强烈的活动和战斗之后，需要一个短期的休整，所以上下善战斗后在该地继续活动了两天，就回到永和埔方面来休整了一个很短时间。大约是1935年的秋季,红九团又作第五次向闽南进军，这次因永和埔、永东方面敌人的进攻也很紧张，所以红九团分为两部分，当时在策略上也应这样来分散敌人的目标，以达到我们目的要求。这次是由吴胜司令员和赖荣传政治部主任率领一个营进军闽南，我率领一个营，坚持永和埔、饶和埔地区的斗争。这次红九团有了闽南游击队员带路，但行动路线是更长远了，敌人的兵力分布在闽南是更加密集了。红九团这次行动，迅速通过小磜、上下善方面，直插入饶平县的凤凰山区，经过浮山游击区又突进到云霄、诏安间的乌山。当各方敌人注意到这方面来时，红九团又迅速地向东跃进到漳浦县的三坪山红三团的老根据地，终于红九团与红三团在三坪山老根据地大会师了。红九团传达中央苏区中央局的指令精神给闽南特委，我个人也写了一封私信给闽南特委书记黄会聪同志（因为他是我的表弟），提出若干（主要是作风方面的）建议意见。吴、赖等同志也同会聪同志开过座谈会交换了一些今后双方协同开展斗争的初步意见，红九团也带回了特委意见，同时带回特委的一部分主要文件，其中有一个文件是特委书记写的联合国民党军队抗日组成统一战线的文章。红九团到红三团基地后，为了吸引了敌人向三坪山方面调动，因此只在三坪山停留了几天，就赶紧离开闽南。红九团为使敌人不致留在红三团地区内，在返回时故意直冲向漳州附近，威迫漳州敌人，然后又公开地由南向北直迫平和县城，把各路敌人带着走。当我军迫近平和城附近时，那里的敌人因为领教过红九团的厉害，得知红九团直向县城方面扑来时，十分害怕，谁知红九团却忽然折向西，抢渡平和河而回到小磜基地里来了。总之，红九团在这将近一年的时间里，转战于闽西南七八个县内，开辟了永东县、永和埔边区、岩永靖边区、饶和埔、平和、南靖边区，建立这些地区党的组织、工作委员会，建立了某些地方地下党组织基础。近一年来，共缴获敌人武器约几百件，均将这些武器发给地方勇敢的青年，建立起永东游击支队、岩永靖游击队、永和埔游击支队、饶和埔游击队、埔北游击队等武装队伍，共约有近千人。在西南事变时期，我们又在永和埔边区大南溪、小卢溪实行分田，建立苏维埃政府。张鼎丞曾到这个地区来巡视工作，并参加主持这一带的分田斗争。红九团这一年转战闽粤边各县，大大动摇了闽粤两省的军阀统治，汕头、厦门、香港等地的《星华报》、《星光报》、《星岛报》上经常有攻占何处何地的消息。

写于 1957 年

选自《南方三年游击战争·闽西游击区》，第398—402页。

谢育才，1904 年生，海南万宁人。1926 年加入中国共产党，1927 年参加领导琼崖农民武装起义。南方三年游击战争时，任闽西南军政委员会委员、闽西南第二作战区政治委员兼红军独立第九团政治委员等。新中国成立后，曾任广东省汕头市市长，华南农垦总局秘书处处长、供应处处长，海南农垦局局长兼党组书记，海南行署副主任等职。1977 年逝世。

忆红九团一、三营战斗片断

王直　熊兆仁　李德安

1934年春，中央根据地进行第五次反“围剿”时，中央军委决定派几个红军独立团到敌后去，开展游击战争，配合中央红军反“围剿”，其中就有我们中国工农红军独立第九团。在团长吴胜、政委罗桂华（1934年六七月间方方接任政委）带领下，全团1500余人深入岩连宁地区，经半年多的艰苦奋斗，在龙岩、连城、宁洋、永安等县边区建立了根据地，完成了中央军委交给的破坏敌人漳宁筑路计划。中央主力红军被迫转移后，我们红九团和闽西革命根据地的军民一样，转入了艰苦的三年游击战争。

1935年1月，国民党的第一期“清剿”开始了。国民党军第八十师由一个保安团配合，由连城到赖源，向我们发起了第一次进攻。这次进攻被我们粉碎以后，敌八十师、三师、八十三师各一个团和省保安第十、十二两个团又向我们红九团邹家山、苏一田根据地发起了第二次进攻。形势一天天紧张起来，我们该如何行动？指战员们都在关注着领导的决策。这时，方方提出：九团向龙岩方向发展，争取与红八团联系，团的其他领导同意了方方的意见，决定派出二营向着小陶打出去吸引敌人，其余人员（包括地方游击队，革委会工作人员）向龙岩转移。

经过近一个月的艰苦行军和数十次战斗，我们红九团一、三营和明光独立营终于到达永定金砂，与张鼎丞会合，不久又在下洋与红八团会合。

会合后，在方方的提议下，由张鼎丞主持召开了会议，决定在同省委、军区的联系被隔断的情况下，为了适应斗争形势的需要，建立统一的指挥系统，成立闽西军政委员会负责领导党的军事和政治工作。会议还决定明光独立营和九团向东出击。

1935 年 3 月，张鼎丞和方方等几个领导同志，率领九团两个营和明光独立营进入永定岐岭，打响了铲除陈东坑民团的战斗。陈东坑镇位于金丰大山山麓的东南侧，镇上有一座大土楼，楼高三层，墙厚丈余，有卢坤善民团约五六十人驻扎。还有两三座土楼，住着周围数十里跑来的地主恶霸、土豪劣绅。它是国民党安在永东革命根据地的一个钉子。我们要开辟南靖、平和与广东大埔一带游击根据地，一定要先扫除这个障碍。九团的一、三营担负拔除这个钉子的主攻任务。那天，部队1100 多人沿蕉坑进入了陈东坑，占领了陈东坑四周有利地形。战斗开始后，在火力掩护下，主攻连从巷道、民房中打开一条通路，在主楼和另一座土楼的墙基上挖洞，炸开口子后，突击队冲进主楼。经过半个小时激战，主楼被我攻下了，民团主力被歼，剩下的敌人吓得胆战心惊。我们趁机利用俘虏和敌属亲友喊话，在我强大攻势下，各楼的敌人被迫先后打开大门投降。战斗结束，共消灭民团 50 余人，缴获轻机枪一挺，长短枪数十支，子弹数万发。

陈东坑战斗之后，我们又乘胜向广东大埔和永定交界的下洋镇进军，包围了太平寨之敌，经过两天的攻坚战斗，将守敌大部歼灭，接着又在三层岭打了个胜仗。三层岭是福建和广东大埔间的交通线，战斗的胜利，减少了敌人对这一交通线的威胁。下洋、中坑等地群众传说我们是从江西过来的主力红军，都很高兴，积极帮助部队筹粮筹款，解决了部队的被服、装备困难，部队斗志更加高昂。3 月中旬，红九团又转移到永定与平和交界的山村——月流、长岭下和平和小芦溪一带，继续开展游击战争。

1935 年 4 月，陈潭秋、邓子恢、谭震林等从赣南突围到闽西，召开了闽西南第一次军政委员会会议，根据当时敌强我弱的实际情况，会议提出了“开展广泛的、灵活的、群众性的、胜利的游击战争”的战略方针。决定红九团一、三营与永东游击队组成第二作战分区，继续向闽南发展，开辟福建永定、平和、云霄、漳浦和广东大埔、饶平等边区根据地，并与红三团、闽南特委取得联系。

正当我们准备离开月流时，敌第三师李玉堂部的三个团已经从龙岩和南靖边界直逼永定的东部，向我红九团压来。方方、罗忠毅带领的明光独立营进入宁、岩、连边界的路线被切断了。吴胜、谢育才决定将敌人向南吸引，给方政委他们让开一条路。

发现敌情的当天晚上，我们部队进驻初溪。团首长决定利用这里的有利地形袭击敌人。

次日上午 8 时，敌数百人从新楼方向沿山腰道路向初溪开进。在相距七八百米时，敌人也发现了我们，其先头部队跑步冲下山，企图抢占我们前山高地。待敌人冲到我火力有效射程时，我们突然开火，同时组织部分兵力反击，将敌先头连打退。敌主力赶到后又向我猛扑过来，同样被我一线部队顶了回去。敌后继营一听到枪响，跑步前来增援，正好暴露在我重机枪火力下，也被我打得无法向前运动。到了 10 时左右，敌调了五挺重机枪,并以五个连的兵力,在 500 米宽的正面地形上展开。我虽处在梯田低处，但在我们前山高地重机枪火力控制下，敌不敢向我发动集团冲击。战斗形成僵持状态，我们也因地形关系，只能把特等射手组织起来，捕捉运动目标，冷枪射击，消耗敌有生力量。一直持续到晚 8 时，敌人只得无可奈何地退回初溪。

据派出的各路侦察员向团首长报告说，初溪这一仗敌人伤亡 200 多人，还丢下 30 多具尸体；昨天战斗一打响，驻湖雷境内的敌三师的两个团都被调遣出来增援，今早赶到初溪，扑了个空；我第一作战分区罗忠毅司令员和方方政委率领的明光独立营，由红八团同志带路，已安全脱离金丰大山，开向宁、岩、连根据地了，策应第一作战分区的任务完成后，吴、谢首长便开始筹划向南挺进的准备工作。

南下准备工作，头一桩就是解决吃饭问题。当时，敌情复杂，经济条件又困难，给养完全要自筹，团首长决定奇袭南靖县书洋镇，解决给养。

李德安当时是团部侦察排排长，他带着十来人的便衣突击队，化装成挑柴、卖菜、经商的。上午10时，跟着赶墟的人群混进书洋镇。镇上有一条小河把街道分成东西两个部分。他们过了河上的桥，经东街，拐弯离开了墟场，向土楼接近，在距离十来米处时，土楼门口有个反动民团丁喊道："干什么的？""货郎"摇动了拨浪鼓回答说："卖时新小百货的，你们楼里小姐准要买的。""滚！到墟上去。"那家伙边吆喝边过来动手搜查。李德安抽出驳壳枪从背后顶住了他的脊梁骨，那家伙便呆若木鸡，守楼门口的其他团丁见状惊叫着："不得了，红军来啦！"慌忙向后山跑去占领高地；有的慌慌张张边开枪，边躲进楼内关门顽抗。顿时一阵混乱。突击队趁势退到街道，依着墙角向敌射击。对峙了一会儿，敌发现我只有十来个人，便壮起胆子组织反击，双方对峙到10时半，我后续部队赶到，捉了地主和土豪劣绅30多人，搜缴到八九十两黄金，一万多块光洋。

当天下午，团领导就在书洋镇召开了群众大会，把从土楼里缴获的粮食、衣物分发给群众，还向镇上的富户借到一部分款子，全团1000多人的吃饭问题解决了，每人保存50块光洋，装在干粮袋里，沉甸甸地背着，向南挺进。

1935年5月中旬，部队离开书洋镇，进入莽莽林海，翻过永定与平和交界处的象湖山以后，便到了白区。国民党反动派为便于严密控制，切断群众和红军的联系，采取了野蛮的"移民并村"政策，所有村镇，都住有反动民团。我们下了象湖山，进入平和县境，山坡路旁到处有反动民团扛着国民党旗，敲着锣大喊大叫，小股的民团和壮丁队向我们打冷枪，大股的就打排子枪和土炮。

走了几天以后，团领导为了避免暴露目标，造成不必要的损失，决定改变行军路线，专走高山密林。但是，由于白军控制很严，有时找不到向导，我们又没有地图，只靠看太阳、星星的位置判定方位，不免经常迷失方向，所以前进的速度很慢。

我们向平和的秀峰山前进正值闽南雨季，狂风暴雨袭来，山洪常常阻住我们的去路。山上没有民房，大家只得在大树底下避雨，几天几夜淫雨不停，衣服淋得透湿。有几个伤员同志伤口开始溃烂，伤势日益严重。山雨时下时停，山洪时涨时落，部队在风雨中走走停停，半个月衣服没有干。草鞋整天在水里泥里泡着，多数同志的脚都烂了，还是一瘸一拐地往前走。

在大青山，我们与饶和埔县工委书记余丁仁同志领导的游击队接上了头，从大青山到红三团的老根据地——平和县三坪山还有 200 多华里，且沿途都有敌兵。正当我们要继续前进时，云霄、平和、漳浦方向敌约三个团的兵力又向我们扑来。我们只得经原路先退回到饶和埔边，再深入新区，开辟以古竹、白花洋、中心洋、崎岭铺、堵树坪等地为中心的龙（岩）、南（靖）、平（和）、永（定）四县边境根据地，发展党团组织，建立四县边界工作委员会，组建了一支 50 多人的游击队，并以此根据地为依托，再下闽南，最终与红三团在三坪山会师。会师后，与红三团商定了今后协同作战的意见。当时平和的敌情严重，所以会师后，我们便立即向广东饶平边界发展。

7 月底，部队进到了饶平的上、下善，突然发现广东军阀李汉魂部的一个加强营（四个步兵连、一个重机枪连），连同地方乡团共 600 余人，从饶平县城出动，要来拦截我们。这个部队武器装备精良，战斗力较强。敌人开到大片里，主力向大文凹、水波楼、下善方向前进，避开已经来不及了，团首长果断命令一营一连占领下善东北面的石马坑，一营主力占领六一六高地和茅铁里北高地，担负抗击敌人的主要任务；三营以一个连占据岩下、黄坡料，主力扼守坑子里两侧。团部和余丁仁同志带领的游击队在六〇八高地。8 时许，我一连警戒部队在石马坑北侧与敌先头部队接触，敌先头排向石马坑北侧高地连续发起两次攻击，均被我打退。到 9 点来钟，敌在一挺重机枪和三挺轻机枪的火力掩护下，以两个排的兵力猛扑高地，敌夺取石马坑北侧阵地后，立即修筑火力掩体工事，重新组织战斗。10 点半左右，敌以一个连的兵力，气势汹汹地向我一连方向冲击。我隐蔽待命的二连，在赵营长亲自带领下，突然跃起，端着刺刀，喊着杀声，冲向敌阵。敌遭这一意外反击，被杀得狼狈不堪，当即死伤 20 多人，被俘 15 人，丢下二三十支枪，子弹数千发，退到石马坑北侧高地抵抗。

三营方向从 8 时半打到下午 1 时，战斗非常激烈，敌发起四次冲锋，遭三营全体指战员的英勇抗击。敌曾两次突破我阵地，但三营利用团重机枪火力对敌压制的机会，组织二梯队及时投入反冲击，夺回了阵地。经反复争夺，坚守住了坑子里两侧的高地；但弹药消耗大，重机枪子弹几乎打光了，步枪子弹和手榴弹也所剩无几。最后，敌人倾全力，300 多人一齐发起冲击。在这危急关头，一营赵营长率领二、三连带着缴获的枪弹赶到坑子里，扼守在坑子里高地的重机枪连和三营，得到了子弹和手榴弹的补充。正当敌人突破了七连阵地时，指战员们以密集的火力封锁住突破口，九连投入反冲击，夺回了阵地，敌掉转屁股往回跑，我以火力追击之。至此，战斗成了僵持状态。吴胜团长从敌俘虏口中得知，敌人这次出动了一个加强营，昨天急行军跑了一天，今天又打了一天，部队得不到休息，已是疲惫不堪，加上伤亡惨重，士气十分低落。他想抓住战机，再给敌人一点厉害看，便亲自指挥重机枪在山头隐蔽处做好压制敌人的射击准备。敌人阵地两侧的部队已经收回，准备撤走，只留下正面一个班作警戒，但他们在我制高点火力控制下，没有人敢露出头来。我一营一个排沿着高地西侧运动到距离 50 米时，即以迅猛的动作扑将过去，击毙敌人大部警戒，抢占阵地，而后迅即向凹部敌集结处猛烈开火。敌遭这一突然袭击，顿时乱作一团，几百人争相夺路逃命，敌营长拦在退路上，毙倒了几个，把队伍逼转回来。双方对峙了片刻，此时，我们的弹药快消耗殆尽，敌人发现我后面没有部队跟上，就集中全部的兵力、火力，大喊大叫地向我猛扑过来。担负掩护的同志把剩下的手榴弹都扔了出去，阻住敌人，趁此瞬间，我们安全撤到了山的后侧。一撤离敌阵地，团长亲自指挥的几挺重机枪立即开火，把抢占山头的敌人压制住了。战斗结束已是满天星斗，团留下一个侦察班了解情况和打扫战场，部队全部撤离阵地。第二天才知道，这一仗共击毙、击伤敌官兵近 200 人，俘敌 15 人，缴获步枪 27 支，子弹 6000 余发，手榴弹数百枚。残敌当晚仓皇逃回饶平城。

下善战斗不久，我们又在平和县的刺牛岗击溃敌八十师一个主力团的进攻；在永定、平和、大埔三县交界处与福建省保安三团打了一个对峙战；在平和的大小芦溪打退敌八十三师的数路夹击；随后，又扫除了周围的一些区乡公所和民团武装，我们每摧毁一处反动政权，便派出部队组织和发动群众，打土豪分田地，发展党团组织，组建游击队，并开辟了以小磜为中心的饶和埔边工作区域，留下团政治处干事张全福为工作委员会书记，并留下一些骨干，配备部分武器，发展游击战争。但是在频繁的战斗中，部队也受到许多损失，伤亡增加，行动困难。此时，敌人的第二期“清剿”已经开始，我们在撤回永东途中，敌已从宁洋、龙岩、连城、永定方向向我们包抄而来。敌第十师跟踪尾随，已经到达湖雷，形势十分险恶。当部队向永定堵树坪山上转移时，永、和、靖县委负责同志建议我们部队迅速分散隐蔽，减少大部队行动目标。红九团的主要领导同志没有采纳。结果在途中与敌十师主力遭遇，部队被冲散了，幸好我们有过周密的安排，冲散后很快又在预定地点集中了起来。团派出三个便衣小组四出寻找兄弟部队均未找到，却得知粤军一五七师黄涛部队两个旅已进驻诏安乌山、宫陂一带；一五五师李汉魂部队已进到大埔、饶平、平和三县边界。团首长立即决定兵分两路：一路由吴团长率领一营向东佯动，将敌引向漳州；一路由谢政委率领三营从西北方向跳出去，摆脱敌人。但次日凌晨，部队还未及分散，就被敌尾追上了，接连七八天的苦战，我们几乎到了弹尽粮绝的地步，但仍然没能跳出敌人的包围圈。

为了生存和革命的未来，团首长决定利用深山密林作掩护，分散突围。团里的几个领导都分别下到部队作动员工作，要求大家保证革命气节，战胜眼前的困难，并指明分散突围后，到永定的金丰大山会合。吴胜团长、谢育才政委各带一部分人向北，朝永定堵树坪方向突围，一、三营的干部分别带着部分人向西，从永定陈东坑与岐岭之间冲向金丰大山。

不久，传来了吴胜团长和赖荣传主任牺牲的消息，人人都为红九团遭受到的损失而难过。

1936 年初，分散在各地的游击战斗小组及一营长赵群从刺牛岗休养所带回来的几十个养好伤的同志，还有留在永和埔地区坚持斗争的红九团三营的一部分同志会合了。不久，原一营教导员张清辉又带着几位收拢来的同志来到了金丰大山。闽西南军政委员会派阮文松同志传达了军政委员会的决定，将原红九团保存下来的几十人编为军政委员会特务大队，下辖三个班，赵群为大队长，张清辉为政治委员，特务大队虽只有七八十人，但都是骨干，战斗力很强。特务大队成立不久，我们正在平和官山一带活动，敌八十师一个团左右的兵力从大小芦溪方向，紧紧追赶而来，我们利用黑夜急行军穿过老吴子山，才摆脱了敌人。当天吃过中午饭，大家都感到非常困乏了，便放了警戒哨，在林子里躺下来休息。下午 3 点多钟，敌人绕过了我们的警戒线，突然窜到我驻地附近，王直一觉醒来，发现敌人，立即喊醒大家。可是敌人已从四面八方向我们包围过来，机关枪、迫击炮一齐向我射击。在这紧急关头，李德安带领一个班迅速占领有利地形，抗击敌人，掩护突围。熊兆仁立即带着侦察班抢占了制高点，依着岩山作掩护，同敌人展开对射。正在危急中，张政委中弹倒地，鲜血从他的面颊上直淌下来，但他使尽全身力气挣扎着仰起头喊道："同志们！为了党的事业，你……你们赶快突围，冲呀！”说完垂下了脑袋，停止了呼吸。此时，敌人距离山顶仅六七十米了，大队长赵群顿时清醒过来，他向四周观察了一遍，判定老吴子凹方向是敌人的薄弱点，便指着那个方向，发出命令：“同志们！为张政委报仇，冲呀！”全体指战员按照大队长指的方向，向着老吴子凹猛冲下去。老吴子凹上一个排的敌人，正端着碗，拿着筷子在吃饭，突然被我们扫了一阵枪，乱作一团，扔下枪支子弹就跑。我们缴到三支步枪，四箱机枪子弹，胜利地冲破了敌人的重围，钻到敌人包围圈外的大山上。

敌人仗着超过我们几十倍兵力的优势，气势汹汹地重新包围了我们所在高地——仙洞山，妄图一举将我全歼。但我居高临下，地势险要，又有了一批缴获来的枪弹，他们几次进攻都被我们压了下去。敌人眼看无奈，只好撤了。这次战斗除大队政委张清辉同志牺牲外，其余全部突出了重围。

夜深了，冷月不时从云缝里透出寒辉，把群山照得忽明忽暗，显得十分凄清。赵大队长想念牺牲的战友，放心不下，他叫邱如富排长和熊兆仁带上几个精明的战士，摸回老吴子凹上的山头去掩埋张政委的尸体。当他们含泪把张政委就地掩埋好后，经老吴子凹上回来，见山崖边一个草丛里好像有什么东西，忙伸手一摸，把一挺捷克轻机枪给摸出来了。同志们还不甘罢休，再往草丛中摸，又把轻机枪的预备枪管摸到了。大家喜出望外，乐呵呵地扛着机枪回到大队。

虽是白天打了胜仗，但还没有摸清敌人的虚实，估计敌人没有把我们吃掉，是不会善罢甘休的，我们不敢轻易突围，决心利用仙洞山的有利地形，再坚持一会儿。于是我们天不亮就吃饭，抢先登上仙洞山，控制制高点，将所有的枪弹都搬到山峰顶上，利用有利地形，分开隐蔽。果然，到第二天上午八九点钟的时候，敌人又是兵分三路，向山顶包围。但由于地形所限，无法展开，只好从一个凹部上来。待敌拥挤到凹部时，机枪手李炳炎抱着那挺缴获来的捷克式机枪，先试了一个点射，果然不错，打得“嗒嗒……”响，这一下他可来劲了，一梭梭地猛扫。每一梭子，就要撂倒冲在前面的一排敌人。过一阵子，后面的敌人又冲锋，一到凹部又被撂倒，这凹部简直成了敌人的大坟坑，他们冲一次，就死伤一批。敌人一个上午冲了几次，都被我们死死压住，到了正午时分敌人不得不撤兵。

敌人撤退了，阵地上仍是硝烟弥漫，到处散发出一股焦臭难闻的气味。我们幸存着的20多个同志正忙着掩埋牺牲的战友和收拾敌人丢下的枪枝弹药，突然哨兵报告说，西北侧的山坡下上来了一个人，“有点像谢政委！”一个眼尖的同志这样轻声地猜测说。“是他！”“是他！”看清楚的同志随即附和证实。于是阵地上响起一阵“谢政委……！”的呼喊声。谢政委还离着老远，我们全都按捺不住激动的心情，一齐扑了下去，扶他上来。谢育才政委两眼噙着泪水，急喘喘地一个个抚摸、端详着围住他的同志，急切地问说：“怎么样，损失大吗？”“还好！”我们回答的声音虽有些沙哑，但都充满力量。谢政委这才长长地舒了口气说：“这回可真把我吓坏了，我以为你们全都报销了哩！”

太阳落山的时候，派出的侦察员全都回来了，听了情况的报告，谢政委同大家商量后决定立即向原永和埔县委所在地茶寮方向转移。2月间，我们巧袭了永定南端三莱洲。三莱洲虽只有七八十户人家，但它位于闽、粤两省，永、和、埔三县的交界处，敌人在这里设立了联防局，局长是永定县罪恶累累的大财主赖光辉，他手下有七八十人、50余支长短枪。敌人开展大规模“清剿”以来，永和埔根据地的革命群众被抓了不少关在这里，地方党要求我们要打掉联防局，救出被抓的革命群众；谢政委和赵大队长也认为，这正是我们打击敌人，以实际行动向世人宣布“九团还在，红旗不倒”的好机会。大队领导决定，侦察班充实到15人，化装巧袭三莱洲。侦察班这次化装跟过去差不多，也是一队挑柴、卖菜、货郎担的，所不同的是根据这里敌人惯于糟蹋、侮辱妇女的特点，增添了一出“小两口子回娘家”的节目。

趁着逢墟，约9时许，侦察班从西南方向进入三莱洲。在接近炮楼时，三个徒手的敌兵看到有“女人”就走近来刁难，“新郎”故意放开喉咙大声吵嚷，将土楼内的敌兵引出来围观。趁着这吵吵嚷嚷的机会，我们立即抽枪开火，打掉哨兵，控制楼口。枪声一响，楼外赤手空拳的敌兵在一阵“红军来了！红军来了！”的喊叫声中各逃各的命。我们一、二组同志很快冲进楼去，楼内的敌兵搞不清我们的虚实，一听“红军”就吓得魂不附体，少数拿枪抵抗，多数挤出后门逃命。联防局长赖光辉，带着两个护兵逃出了土楼，敌兵 20 多人也逃出，向后背山高地上爬，企图抢占有利地形对我抗击。这时，我后续部队到了，架起机枪朝着爬山的敌人扫射，敌人一个个都趴倒在地上不敢动，我部队冲了过去，他们全都当了俘虏，连赖光辉也没有能够跑掉。

战斗结束，歼敌俘敌 70 余人，缴获长短枪 50 余支，子弹 5000 余发。下午开了一个群众大会，罪大恶极的恶霸、联防局长赖光辉在群众的要求下当场枪毙。这一大快人心的消息就像长了翅膀似的在永和埔边传开，人们奔走相告“红九团又回来了！”

巧袭三莱洲后不久，于 1936 年 3 月间，特务大队根据闽西南军政委员会的指示，与饶和埔、永东游击队合编为闽西南抗日讨蒋军第四支队。阮文松为支队长，李赤标为政委。下辖三个大队，一大队由特务大队组成，二大队由永东游击队组成，三大队由饶和埔游击队组成。王直任支队总支书记，熊兆仁任三大队长，李德安任支队部侦察排排长。谢育才政委，郑树昌、赵群营长都调走了。四支队成立后第一仗就是攻占南靖的下板寮。

下板寮位于南靖、平和、永定三县的交界处，为了在永和靖站稳脚跟，必须拔掉这颗钉子。下板寮约有三四百户人家，凭着驻在镇上的 80 多个民团匪徒，百把长短枪支的保护，附近的地主、恶霸都龟缩到这里。

那一天下午，部队由黄腊坑出发，经蛟墉于下午 4 时到达下板寮西南侧的板寮圩，当地的群众一见红军要攻打下板寮，纷纷主动跑来向我们报告敌情。

敌人在我优势兵力的逼迫下，收缩进了预有准备的三座大土楼。这三座土楼位于镇中心，相距约有二三百米，形成了三角形，互为依托。每座土楼都是三层楼，墙厚一米多，很是坚固。楼里除了原有二三十户住家百姓外，有敌一个排的兵力和20户外来的地主、恶霸，五六十支长短枪和一些土枪鸟铳。敌人依仗着土楼这坚固的建筑，充足的粮食和武器弹药，气势十分狂妄嚣张。

支队首长的作战部署是用两个排牵制南楼敌人并做好攻击准备，用四个排攻打中间的楼，以一个连加强一挺机枪主攻敌民团团长所在的楼，侦察排担任突击队。任务是从窗口爬进楼去，打开大门，保证后续部队进楼。

临近午夜，突击队在一连火力掩护下，沿着预定的路线隐蔽运动到敌主楼墙根下，对准正在射击的窗口一侧架好竹竿，分成几组，迅速爬竿而上。当突击队员爬进楼时，十几个敌人从走廊两侧拥了过来，但随后登楼的队员有效地控制了楼梯口，并直捣底层，迅速打开了大门。后续部队在火力掩护下冲进土楼，午夜结束了战斗，抓到了20多个俘虏，民团团长被击毙。

1936年底，红四支队转移到南靖科岭附近，科岭是南靖县北部的一个山村，与龙岩适中、永定龙潭相毗邻，上科岭有一座三层的圆形大楼,驻着一个由当地恶霸纠集起来的30多个人的民团。这股反动势力，经常残害当地的革命群众和接头户，奸淫掳掠，杀人放火，无恶不作。我们一到科岭附近的中心洋，当地的党组织和革命群众就纷纷要求我们消灭这个民团。

支队领导召开了干部会议，决定接受当地党和群众的要求，坚决为民除害。那天晚上，部队从中心洋出发，拂晓前到达上科岭，将大圆楼包围了起来。那圆楼楼高墙厚，枪眼密布，不易进攻。圆楼内的反动民团头子倚仗着乌龟壳坚实，指挥团丁们用步枪和土枪土炮向我们不断轰击。我们一面用机枪、步枪把土楼的大门封锁起来；一面向守敌喊话，叫他们交出武器，保证一个不杀。可是这伙亡命之徒，顽固不化，不仅不交出武器，还不断地向我们射击。

天黑后，领导决定趁黑夜实行强攻。并向各班组布置了具体作战任务，攻击信号一发出，火力组的机枪、步枪一起开火，把土楼大门正面的窗口、枪眼，全部封锁得严严实实。突击组的同志在强火力的掩护下，迅速地将竹梯架上了敌楼，从窗口爬进去，攻破了土楼。从此，我们在科岭一带打开了局面，扎下了深根。

1937 年春，闽西南军政委员会得知党中央的方针已从抗日反蒋转到联蒋抗日，建立抗日民族统一战线。我们返回闽西革命老根据地整训待命，以迎接新的革命高潮的到来。可是粤军一五七师黄涛部、一五八师曾友仁部积极执行蒋介石的反革命政策，倾注全力对我游击根据地进行疯狂“清剿”。为了打击敌人的嚣张气焰，巩固和发展抗日民族统一战线，闽西南军政委员会决定给粤军以坚决的回击，粉碎其“清剿”阴谋。

当时，粤军一五七师一个团驻在永定县城，其中一个营驻扎在湖雷至坎市一线。军政委员会军事部负责人刘汉，要支队长阮文松同志亲自带领侦察队到永（永定）湖（湖雷）公路侦察敌人汽车来往的规律。经过一个星期的观察，发现敌人每天早上由永定开出一部卡车经湖雷到坎市，下午 4 点钟返回永定县城，车上有时载一个排，有时载一个班的敌人。

刘汉根据敌人卡车活动的规律要我们在黄岭下、莲塘之间的公路上伏击敌人，支队长阮文松同志根据刘汉的指示，决定把伏击卡车的战斗任务交给一大队。

可是在公路上打敌车，还是头一回，部队没有经验，绝大多数同志连汽车是啥模样都不知道，经过各班讨论，决定采用拦阻伏击的打法。

这一天夜晚，我们支队冒着蒙蒙细雨从草子湖出发，翻过仙人挽古大山，沿着山沟的羊肠小道，拂晓前赶到了预定的埋伏地点——黄岭下与莲塘之间的森林地带待机。

侦察班的几个同志还带了一条狼狗，迅速下到公路，布下路障，一大队的战士们占领有利地形，随时准备投入战斗。

等了三个多钟头,远处传来一阵隆隆的马达声,卡车从永定方向开来。

敌人的卡车遇到了公路上的乱石堆，只好停车。待部分敌人下车清除路障时，阮支队长一声令下："打！"

"轰，轰，轰！"手榴弹接二连三地在卡车的车头、车厢爆炸。

"嗒嗒嗒……"枪弹像瓢泼大雨，向卡车泻去。

汽车的油箱被打着了，燃起了熊熊烈火。

这场伏击战只打了十多分钟，缴获捷克式步枪14支、机枪一挺、手枪一支、子弹1000多发。

战斗一结束,部队马上撤离公路。当我们登上山巅,敌人才从永定、湖雷两头赶来。敌人从贵人崃、大雪崃，直插到石城坑、大坪里，连续搜山大半个月，什么也没捞到。

在敌人疯狂搜山想寻机报复的时候，红四支队已按预定计划，急行军100多华里，赶到了闽粤边，不久，又在曲潭附近的分水岭打了一个漂亮仗。

分水岭上驻着粤军一个分队，约30多条枪，他们在分水岭上设立税务所，敲诈勒索，群众恨透了他们。

为了进一步摸清敌情，支队首长派出了侦察班。侦察班新任班长胡小红是广东饶平人，机智灵活，化装侦察很有办法。他带着侦察员尹小妹，装扮成归国华侨，绕道从潮州、汕头方向到分水岭，给税务所粤军一点好处，利用时机，把分水岭的地形、敌情搞清楚后，大摇大摆地返回驻地。

阮支队长听了小胡的汇报后，决定立即行动。

当天下半夜两点，部队分兵两路从驻地出发。突击队绕道新楼，越过广东境内的上连过桥，迂回到分水岭侧面；掩护突击队的大部队穿过漆黑的原始森林,正面直插分水岭。拂晓前,两路人马全部赶到伏击地点。

突击队趁着晨雾，摸到桥头，抓住敌哨兵，随即冲过桥去，打开大门。这时，敌兵还呼噜呼噜地睡大觉。胡小红冲了进去，大喝一声："睡着不要动，谁敢乱动就打死谁！"

"砰、砰！"小胡打死两个摸枪的敌兵，高声喊道："缴枪不杀，红军优待俘虏！"随手把桌子上一挺机枪缴了过来。其他敌人只好举手投降。

这一仗，我们没费大劲就缴获了步枪30多支，机枪一挺，子弹4000发，还缴获1000多元现款。

分水岭战斗的胜利，再次教训了疯狂围攻红军的粤军，震动了闽粤边的敌人。当地群众高兴地说，红军替我们打死了一只拦路虎，除了一害。从而进一步扩大了红军的政治影响，鼓舞了群众的革命热情。

在一年多的时间里，以红九团一、三营为主组成的红四支队，转战于闽西南七八个县份，开辟了永东、永和埔、岩永靖、饶和埔等游击根据地，在上述地区建立了近千人的地方游击队。红四支队最鼎盛期达800余人。同时为1936年5月间组建红五支队时输送了一批力量。并在大南溪、小芦溪进行了土地改革。1937年冬，我们这支部队以崭新的面貌迎来了国共合作的新局面。12月，闽西南红军游击队改编为新四军第二支队，红四、五支队，分别编入二支队三团三营和四团二营，结束了艰苦的三年游击战争，奔向苏皖抗日前线。

1988年4月

选自《南方三年游击战争·闽西游击区》，第403—415页。

王直，1916年生，福建上杭县。1931年参加中国工农红军，1932年加入中国共产主义青年团，1934年转为中国共产党党员。南方三年游击战

争时，任闽西红军独立第九团政治处组织干事，闽西红军第四支队党总支书记，闽西南军政委员会秘书处文书、交通总站站长，闽西红军第一团四连政治指导员等。新中国成立后，曾任陆军第三十一军副政治委员兼政治部主任，福州军区公安军政治委员，福建省军区副政治委员，福州军区政治部副主任、副政治委员等职。1955 年被授予少将军衔。2014 年在福州逝世。

熊兆仁，1912 年生，福建永定人。1929 年参加中国工农红军，1931 年加入中国共产主义青年团，1933 年转为中国共产党党员。南方三年游击战争时，任闽西南游击支队三大队大队长等。新中国成立后，任皖北军区副司令员，福建省军区司令部副参谋长，福建生产建设兵团政治委员，福州军区副参谋长，政协福建省第二届、第四届委员会副主席等职。1955 年被授予少将军衔。

李德安，1916 年生，福建连城人。1931 年参加中国工农红军，1932 年加入中国共产党。南方三年游击战争时，任闽西红军独立第九团侦察排排长。新中国成立后，曾任福建军区福安军分区参谋长，第二十八军守备第八师师长兼政治委员，闽南指挥部参谋长，第二十九军参谋长，福建生产建设兵团参谋长，福建省军区副司令员、顾问等职。2008 年在福州逝世。

跟随张鼎丞打游击

温仰春

一、炮火声中撤出汀州城

1934年9月底，福建汀州城的门户松毛岭失守。这时，驻扎在汀州的中共福建省委和省苏维埃政府，一面组织支援前线，一面领导当地群众加紧进行坚壁清野。不久，中央主力红军长征，我随省委、省苏机关撤离汀州城，前往四都。

到了四都，万永诚要我到独立20团当政治部主任，我结束了省委秘书长的工作，到部队上任。没有多久，万永诚又叫我把省府机关的200多个干部，组建为随军干部团，由我兼任团长。随后，我带干部团到汀杭武边境上的米西角、小澜一带活动。

正当敌情越来越严重之时，闽西革命根据地的几位领导干部，张鼎丞、邓子恢、谭震林等同志先后转移到闽西老苏区领导开展游击战争，这对闽西红军坚持三年游击战争起了决定性的作用。我也是在这时前往闽西跟随张鼎丞打游击的。

邓子恢、何叔衡、瞿秋白等同志疏散到长汀四都，尔后由万永诚派交通员护送过敌封锁线，准备送到龙岩、永定地区，不料过汀江时，被国民党保安队钟绍癸部发觉，在水口展开了激烈的战斗。最后，何叔衡光荣牺牲，瞿秋白、张亮等被俘。邓子恢脱险，回到四都福建省委驻地。

几天后，陈潭秋、谭震林等率领红二十四师七十一团二营，由中央苏区来到四都，他们也是要到龙岩永定去和张鼎丞会合。突然，接到万永诚通知，叫我速回四都。我到了四都，他告诉我省委决定叫我和邓子恢跟随陈潭秋一起前往闽西南张鼎丞处工作。听说跟两位老首长一起去闽西南，我心里很高兴。此时，汀江已被敌三十六师封锁，要去闽西南，非横渡汀江不可。我们从四都出发，经过濯田，晚上到达汀江边上的水口。宽阔的江面展现在我们的面前，对岸有敌兵守卫，谭震林命令机枪猛扫敌人，在前头开路。我们跟着冲过汀江，天亮时到达河田，转向涂坊。一路上都有敌人，我们边打边走，伤亡不少。从涂坊翻过一座大山，到达南阳柴树下才休息。

为了避免队伍被敌人围攻袭击，我们分两路行进：一路由谭震林、邓子恢率领，经上杭双髻山转到永定的大阜地区和张鼎丞会合；另一路由陈潭秋率领，经过上杭的天门岭、紫金山、黄螺地，再转入永定的大阜和张鼎丞会合。我跟陈潭秋一路，当时敌人到处封锁，我们夜行晓宿，从柴树下到大阜走了 20 多天。到达上杭旧县附近大山时，陈潭秋跌伤了，耳朵被岩石划破，脚骨跌断，由战士抬着走。我们攀藤附葛，经过紫金山、黄螺地，走了不少羊肠小道，克服了重重困难，才到达大阜，和张鼎丞等同志会合了。

次日拂晓，国民党土匪军陈荣光部突然向我驻地袭击。部队被敌人冲散，刘永生带领游击队掩护同志们撤退，张鼎丞、邓子恢登山，敌人企图冲上山来，刘永生在山上用重机枪扫射把敌人压了下去。这时才发现陈潭秋和许多同志在另一个山包上被敌人包围俘虏了。他们被押在一块草坪上，当时陈潭秋同志耳朵受伤，还绑着纱布，敌人没有发觉他是谁，问他："你是干什么的？"潭秋答道："我是管伙食的，是个炊事员。"他急中生智，把随带的旅费 200 多块光洋撒在草地上，说："你们看，我还带有伙食费。"敌人视财如命，只顾抢钱，大吵大闹，互相打架，陈潭秋和一些同志乘敌不备，躲进草丛里。当天下午，敌人押着其他同志走了，范乐春动员群众到那个山包去找到了他。

二、临危受命成立军政委员会

在大阜受到敌人袭击之后，敌人发现我们的目标，立即调了第十师、八十师、八十三师，共六个团，一万多人来大阜围攻。

为了统一指挥闽西南地区的游击战争，在中央代表陈潭秋的主持下，1935 年 4 月 10 日在永定上溪南赤寨村召开了闽西南军政委员会第一次会议。参加这次会议的有陈潭秋、张鼎丞、谭震林、邓子恢、方方、朱森、简载文、魏金水、邱金声、刘永生、范乐春、郭义为、罗忠毅、廖海涛、谢育才等，我担任会议的秘书工作。闽南同志因为交通关系，没有人出席，会后派谢育才带部队到闽南去传达。

会议是在赤寨村一个被敌人烧过的断墙残壁的灰房中开的，开了两天一夜，饭由范乐春从山下挑来吃。

会议先由陈潭秋代表中央讲话，他说，最近党中央来电指示，留在中央根据地的红军，要就地分散坚持游击战争，不要采取大兵团行动。他还指出闽西南地处三省边界，境内丛山峻岭，地形很好，是坚持游击战争的好环境。同时，张鼎丞、邓子恢等一批领导干部和群众有血肉相联的关系，各个红军游击队又有长期的游击战争的经验，只要我们依靠群众，游击战争一定能胜利地坚持下去。

陈潭秋讲话之后，会议展开了讨论，焦点是斗争的任务和策略问题。由于当时还没有对王明的“左”倾冒险主义影响进行清除，会议中，有些同志认为敌人表面上是占领了我们苏区，但不等于第五次反“围剿”战争的失败，不能放弃“保卫苏区”这个口号。在强敌压境的情况下，我们不要害怕，只要把留在根据地里的地主、富农一概消灭光，把叛徒、自首分子消灭光，造成赤色堡垒，就能坚持游击战争，保卫苏区。有的同志对中央给的“牵制敌人”配合主力红军粉碎敌人“围剿”的任务，不敢取消，思想还停留在长征前的状态。接着张鼎丞对上述的问题作了客观分析，他说，陈潭秋传达的中央指示，我们要认真地研究贯彻。但中央苏区已经失守，主力红军已去贵州、云南，还提“牵制敌人”，不仅没有实际意义，而且不利于保存有生力量。项、陈同志那边的情况不明，万永诚同志那边的情况也不明，苏区被敌人占领了，我们还保卫什么苏区？他认为要面对现实。红八团、红九团和各地游击队的主要任务，不是“牵制敌人”向苏区进攻，而是摆脱敌人的跟踪追击，按照毛泽东“敌进我退，敌驻我扰，敌疲我打，敌退我追”和集中以消灭敌人、分散以发动群众的游击战术，保护群众利益，保卫土地革命成果，保存我们的有生力量，消灭敌人的有生力量。只有这样，才能恢复和发展革命根据地，坚持胜利的游击战争。对于游击地区的反动派，他主张区别对待。他说，地主、富农以及自首分子中勾结反动派破坏革命的要镇压，其他的不能因为他是富农、地主就乱抓乱杀。只要他们没有反对我们，我们就要争取他们做“两面派”，守中立，保护群众，掩护群众，掩护我们，以便进行合法斗争和非法斗争。

张鼎丞的发言，得到与会多数同志的赞成和拥护。谭震林表示完全赞成张鼎丞的意见。他说，我们不是空谈家，要面向现实。我们现在连房子都没得住了，不是保卫苏区，而是如何开展游击战争，发动群众，恢复苏区的问题。

为了统一领导闽西南游击战争，会议最后宣布成立了闽西南军政委员会。委员会由张鼎丞、邓子恢、谭震林、方方、魏金水、邱金声、邱织云、刘永生、范乐春、郭义为、朱森、简载文、谢育才等组成，张鼎丞为主席，邓子恢为财政部长，谭震林为军事部长，方方为政治部主任，郭义为为党务部长，青年部长是丘相田（不是委员），我任军政委员会秘书长（不是委员）。

三、“琉璃瓦”房中众战友

军政委员会机关起先仅有张鼎丞、邓子恢、谭震林、范乐春、温仰春、事务长张富贵、秘书杨汝才，加上五六个警卫员总共不到 20 个人，当时没有电台，全靠秘密交通联络。为了保卫领导干部的安全，我们不称职务，而称代号，张鼎丞叫苏德元，邓子恢叫老李，谭震林叫王权，范乐春叫大姐，我叫大广东，警卫员也有代号。这些代号都通知到下级机关。说“老苏那里来的”，就是指从军政委员会张鼎丞那里来的。这些代号群众也知道一些。有一次我们出发到只有四五户人家的大河坑，肚子饿了，想找点东西吃，警卫员朱春明到一家接头群众那里，群众问：“你是哪里来的人啊！”朱答：“我们首长是姓苏的。”群众听了热情地叫大家进去休息，给我们每人煮了三个鸡蛋，还留我们吃饭。群众对我们说：“最近敌人造谣说张鼎丞被活捉啦！”我说：“他们骗鬼呀！张鼎丞谁能捉得到啊？”接着我问他：“你认得张鼎丞吗？”他说：“张鼎丞是姓苏的，怎么不认得。”其实张鼎丞正在场，大家笑而不语。张富贵是一个了不起的同志，他原是省苏维埃政府的事务长，他身边的一把柴刀叫作“万能柴刀”，靠它建起寮子住，靠它切野菜，割腊肉，还有盐筒、菜筒也靠它制造出来。我们军政委的寮子，就是用这把万能柴刀砍毛竹建筑起来的。六根毛竹撑着一片片“琉璃瓦”（把毛竹破成两片，中间节子除去，交互相接，什么暴雨也不会淋下来）。在三年游击战争中，敌人最注意我们指挥机关。因此，我们不能固定住在一个地方，常常和敌人兜圈子，今天住这个山头，明天住那个山头。走路要拣没人走过的羊肠小道，走过不能留半点足迹，晚上不能打火光照路。下雨了，靠撑着一把雨伞睡觉。在敌人“清剿”时，一个人背一个米袋，吃光了供应不上，饿一两天肚子是平常的事。好在福建四季如春，找一些野菜、野果充饥还比较容易。杨梅、竹笋是山区的土特产，有时还可弄到山珍香菇和石卵（石鸡）。煮饭也不是容易的事，白天怕冒烟，晚上怕冒光，因为到处都有敌人的堡垒，但我们也有办法。山上有许多死了的毛竹和干枯的树木，砍下来烧就不会冒烟。我们不但要和强大的敌人作斗争，而且还要同野兽、毒蛇作斗争，南方有很多毒蛇。万一被它咬伤，我们缺医少药，很可能导致死亡。当时采取的办法，是行军中走在前面的人，手持一支长木棍，在路的两旁先打过，叫作“打草惊蛇”，然后大伙跟进。遇到老虎时，不能开枪以免惊动敌人，造成被动，只好向老虎来一个“装腔作势”的冲锋，把老虎吓跑。机关和部队同艰苦，共患难，主席和警卫员只是职务上的分工，生活上和战斗上没有任何不同。战士们互相理发，自己缝补衣服，编织草鞋。我们还学政治，学文化。有时也讲故事、聊天，邓子恢最喜欢听我讲故事，所以我常常编上一些讲给他们听。有时也下象棋，有一次我和方方下棋，逗引了许多同志来看。方方喜欢开玩笑，待我转身喝开水时，他立即换了一个子，由车换成了炮，向我将了一军，在旁观战的同志暗暗发笑。谭震林风趣地说：“你们两个广东佬，谁有真本事？要待棋下到最后，才能见高低。”我们的生活是艰苦的，精神是愉快的。

闽西南军政委员会机关办公没有凳子、桌子，我们就用石头当凳子，膝盖当桌子，一坐就是几个小时，腿麻得站不起来。山沟里蚊子、黑虫多，叮得脸部、手上、双脚红肿痒痛。敌人四面封锁，没有油印机、油墨、蜡纸、纸张、布匹等物资，我们还得通过同乡、同学等各种关系从外地买回。我当秘书长，不论机关工作，搞情报，购物资，买粮食，都得关心过问。我红军战士经过土地革命斗争的锻炼，对革命忠心耿耿。比如，交通员王友光和陈宝三同志，在一次送文件经过石城坑时，遇到敌人的埋伏。他们非常机警。王友光先向敌人扔出一颗手榴弹，把敌人引开，陈宝三背着文件袋迅速跳进丈深的沟里，手脚被乱石扎破，鲜血直流。他们圆满地完成了任务。

敌人的第一期“清剿”被我们粉碎了。虽然溪南苏区和杭永地区受到一些损失，但各个主力部队在战斗中取得了胜利，更加坚强起来。红九团在平和县的长乐、大埔县的埔东、饶平县的上下善一带打了不少胜仗，并和闽南的红三团取得了联系，部队也有一定的发展；红八团在岩南漳一带活动，打了不少胜仗，缴获了不少武器，武装了地方游击队。在胜利的游击战中，我们创造了岩连宁、岩南漳、饶和埔等新的支点。

国民党反动派不甘心失败，又在1935年下半年，发动了第二期“清剿”。在这期间，闽西南军政委员会的领导干部都分散到各地去直接指导斗争。谭震林到上杭廖海涛、丘相田处。邓子恢到龙岩魏金水、吴作球处。张鼎丞带了警卫人员住在永定县下溪南的古木督乡，在距敌人堡垒只有六七十米的山脚下的一个窑洞里研究敌情，指挥战斗，达十余天之久。每天早上敌人出操、吹号，喊反动口号：“活捉张鼎丞！”他们哪知张主席就在山脚下，听得清清楚楚。那时，我和范乐春就住在附近的另一条山沟里，配合张主席工作，搞粮食供给、与各方联系搞情报。群众和红军心连心，我们在群众的掩护下安全地躲过了敌人的“搜剿”。

四、打开游击战争的新局面

1936年初在双髻山召开闽西南军政委员会第二次会议。

会议之后，军政委员会为了开展抗日讨蒋的宣传和组织工作，决定把机关中能够做地方工作的同志尽可能分配到基层去，以恢复在一、二期反“清剿”中被敌割断的关系，做好新方针政策的解释工作。我被分配到永（定）、（平）和、（南）靖县委任组织部长。这次会议打开了局面，发展了城市和大市镇的工作。

这一年的春、夏两季，各地发生粮荒。我们广泛发动群众破仓、分粮、吃大户。如永定的东溪参加分粮斗争的群众就有200多人。那里白天是敌人的世界，晚上是我们的天下。其他地方还开展了反移民并村和焚毁炮楼的斗争。群众斗争的胜利，推动了我们争取壮丁队、保甲长、绿林土匪的工作。有的壮丁队变成了红军的秘密游击队，活动在敌人的心脏里。有的干脆举行暴动，如东溪等地的民团壮丁队，把反动区乡公所所长、联保主任杀了，举行暴动，打土豪，抗捐税。有的绿林被争取过来，如南靖的张河山，永定抚市的黄豺狗等被我们争取后常为红军侦察消息，采办粮食，并和国民党展开斗争。一些敌士兵和部分中下级军官也同情革命。如看见红军游击队往来不开枪，表示赞同抗日救国的主张。还有驻永定的一个连把反动长官杀死后举行暴动。这使得地主豪绅极度恐慌，不敢大胆收回土地了。

总之，这个时期我们把土地革命与抗日讨蒋的民族革命的总任务密切联系起来，扩大了政治影响。

1936 年夏天，两广事变发生，形势有了新的发展，我们称之为“锦上添花”。这时闽西南出现了一个急速发展的局面。由方方任军政委员会的全权代表，指挥一、二支队向北发展。他们在铜砵消灭敌第三师的一个排，接着炸毁溪口和梅村两个伪乡公所，并向连城朋口、莒溪出击，使根据地周围四五百里无敌踪，开始酝酿进行土地革命分田了；上杭的七支队，也突然袭击上杭城、石灰岭，缴敌轻机枪一挺；三支队出击漳平、华安，开展新地区；四支队则由岩永靖向南靖山城发展；五支队则深入平和大、小芦溪活动，建立了永和靖县革委；永定游击队活动在到河西的武平，蕉岭的王寿山一带。整个闽西南展开了全面反攻。

但是，西南事变在余汉谋被蒋介石收买之后，便告结束。不久，粤军被蒋介石派进闽西南向我“清剿”。为了适应新形势的发展，必须加强军政委员会的领导，决定方方同志回军政委员会工作，并于 1936 年 10 月，在永定金丰大山召开军政委员会会议，检讨了西南事变中的问题。

这次会议决定将闽西南部队编为两个纵队，以罗忠毅为第一纵队司令员，温含珍为政委，带领第一、二、三支队，在龙岩、漳平、宁洋、连城、南靖、华安一带活动，邓子恢为军政委员会全权代表，驻龙岩指挥这些部队。以刘汉为第二纵队司令员，带领第四、五、七支队（此时准备将闽南红三团改编为第六支队），在永定、上杭、南靖、平和、云霄、诏安、大埔一带活动，由军政委员会直接指挥。以张鼎丞、邓子恢、谭震林、方方组织军政委员会常委。

这次会议说到简载文的逃跑问题。简载文当时任闽西南军政委员会政治部主任，三分区政治委员，他对军政委员会在粤军入闽之后的策略上有不同见解，认为闽西南已由法西斯蒂的统治转到粤军的统治，向南发展不利，应该向北发展。他的这个意见被军政委员会否定后，简载文回到三分区，不执行军政委员会的军事部署，任意调走部队，消极避战，在士兵中造成恐慌情绪。在这种情况下，被敌人钻了空子。军政委员会决定撤销简载文的一切职务，调岩连宁方方处工作，他不去，便逃跑了。

此后，张鼎丞尤为关心干部的培养工作，他深入杭永各地巡视工作，对如何培养干部，选拔干部和克服干部的不良作风，做了指示。他曾谈到闽西南党所以能坚持斗争而不败，主要是干部路线上已经克服了过去的非阶级路线，当他发现有的干部以“功臣”、“老革命”自居，有的自命为“英雄”，而脱离群众，有的没有组织能力，只会“诚恳的说空话”，有的思想动摇等问题时，强调必须对干部进行教育，提出了五条干部标准，即干部必须是布尔什维克的，顽强的，刻苦的，群众的，阶级的，认为只有这样的干部才能完成闽西南党的光荣任务。

五、江西之行

1937 年 12 月中旬，为了向项英、陈毅同志汇报闽西南三年游击战争的情况和国共地方谈判合作的经过，并请示解决给养、干部、电台等问题，闽西南军政委员会决定由我前往江西执行这个任务。

我从龙岩白土出发，带了张、邓署名的介绍信以及国民党龙岩专员张策安的一张通行证和警卫员江石坤一起上路。从龙岩坐公共汽车到汀州，住在靠近汽车站的一家旅社里。第二天，我们前往瑞金，当晚找到了瑞金通讯处，肖忠全告诉我顽固派黄才娣对通讯处如何施加压力，要我代他向项英、陈毅同志汇报请示解决办法。第三天，我们又坐上汽车，往赣州进发，是夜抵达大余县池江镇项、陈办事处，党的中央赣南特委设在这里。项、陈两同志外出未归，由杨尚奎、陈丕显接待了我们。为了等待项、陈回来，我们住了一个多月。后来才知道，项英同志去延安，向党中央汇报，商议南方八省红军游击队的建制问题。

1938 年 1 月上旬，杨尚奎同志告诉我，可以去南昌新四军军部找项英、陈毅同志汇报。我就和警卫员江石坤还有贺怡等同志乘车直趋南昌。新四军南昌办事处主任黄道同志把我们安置在军部招待所。

几天后，陈毅同志接见了我们。

当时陈毅同志的办公地点设在西大街民德路口新大方旅馆二楼。我向陈毅同志详细汇报了闽西南三年游击战争的情况。他要我回去以后，赶快集中部队，开赴前线。要求我们坚决贯彻党的抗日民族统一战线政策。返回闽西前，军部交给我电台一部，军费七万元，以及给张鼎丞、邓子恢、谭震林的委任状。委任张鼎丞为新四军第二支队司令员，谭震林为政委，邓子恢为新四军政治部副主任。

随后，我们就日夜兼程赶回闽西。1 月 15 日，我们路过瑞金，却发生了“瑞金办事处被袭事件”。江西国民党军委会别动队黄才娣部袭击办事处，肖忠全同志英勇牺牲。我们所带的电台、干部、军费全部被扣留。后来，经过新四军军部和第二支队司令部的交涉，我们才于 1 月 19 日获释，一切物资如数送还。随后，我们带了物资回到汀州，梁国斌、廖成美、丘立生率一连武装在汀州迎接我们。在他们的保卫下，顺利回到龙岩。这时部队已全部集中在龙岩白土，宣布了番号，调整了编制，并进行开赴抗日前线的动员。

不久，张鼎丞同志又派我去福州，作为助手配合新四军副军长兼参谋长张云逸同志与国民党福建省主席陈仪交涉处理“漳浦事变”问题。我们要求陈仪交还人枪，结果获得了解决。3 月 1 日，我随第二支队告别闽西革命根据地，慷慨激昂地踏上北上抗日的征途。

1988 年 5 月

选自《南方三年游击战争·闽西游击区》，第419—427页。

温仰春，1904 年生，广东大埔人。1926 年加入中国共产党，1927 年后参与创建工农革命军饶（平）（平）和（大）埔独立支队，后编入中国工农红军。南方三年游击战争时，任闽西红军独立第二十团政治部主任、随军干部团团长，闽西南军政委员会秘书长，中共永（定）（平）和（南）靖县委组织部长等。新中国成立后，曾任华东人民革命大学副校长兼党委副书记、华东纺织工学院院长等职。1981 年在上海逝世。

共擎南方一角天

陈茂辉

一

1934年秋，我在福建长汀四都红军医院养伤，天天听到红军败退的消息，心头焦急得如被火焚一般。眼看伤口基本痊愈，福建省军区决定派我到一分区当组织科长，我盼望赶快走上新的岗位，好为保卫苏区出一份力。

10月的一天，省军区政治部主任兼青年部长李萍来到红军医院通知我立即出院，说是省军区改派我去担任以汀州工人纠察队为骨干，刚组建起来的独立第十七营的政委，并要我马上和他一起去汀州城去动员群众，进行"坚壁清野"。正在此时，听罗化成说张鼎丞从江西回来了，并由他带我见到了张鼎丞。一见张鼎丞，我就要求跟他回杭永岩打游击，并得到他的同意。几天之后，我跟着张鼎丞出发了。同行的仅十多个人，多数是从永定留汀难民中动员来的，干部只有范乐春、刘永生、简载文和我等几个。范乐春当时为中央工农民主政府优待红军局局长，她是永定县金沙区人，当过县苏维埃政府主席、福建省苏土地部长，是个很精明能干的女干部。刘永生是上杭县稔田严坑人，1928年参加了张鼎丞领导的永定暴动，后来历任永定县赤卫团团长，福建省军区独立第八师第八团（亦称太拔独立团）团长、警卫营营长，是个英勇善战的指挥员。简载文是湖南宜章县人，红四军的老干部。我们一行只有八支步枪，几十颗手榴弹。原来，张鼎丞向万永诚汇报了毛主席和苏区中央局要他回岩、永、杭边坚持游击斗争的指示，请他在组建队伍、武器装备方面给予支持。当时，福建省军区在四都还有十九团、二十团两个主力团和许多支游击队，完全有可能派一支队伍，配备必要的武器由张鼎丞同志带到杭永岩边去；可是，万永诚这时仍然坚持王明的“左”倾路线，借口要“保卫中央苏区”，把部队集中在四都狭小的地区内，准备同即将占领汀州、瑞金的敌人决战，不愿根据情况变化，作战略退却和战术转变，因此，一兵一卒也没给张鼎丞，只同意张鼎丞到永定留汀难民中去动员那些愿意跟着走的人。

第三天，我们到达长汀县南部的南山坝，当时那里还没有被敌军占领，长汀、连城等县苏维埃政府的干部和赤卫队武装共二三百人都集中在那里，他们原计划遵照万永诚的指示，准备迎击南北两路会合的敌军，张鼎丞如实地把主力红军已经撤离中央苏区作战略大转移的消息告诉了他们，并劝导他们立即转变斗争战略和策略，迅速分散队伍打游击。他们听了张鼎丞的话，认为极有道理，便迅速分散回各自县境的山区去了。我们一行人，继续日夜兼程，经过涂坊、南阳等地的山区，进入上杭县北部地区才溪。

才溪是中央苏区内著名的模范区，此时，国民党调集了大量军队进驻那里，建立起反动区乡政权和保甲制度，残酷镇压苏维埃干部和红军家属。我们到达那里，只见四周山头，火光冲天，原来敌军害怕红军藏在山上打游击，便纵火烧毁各处山林，妄想使红军游击队无藏身之处。见此情形，张鼎丞叫大家改变过去为了隐蔽行踪专找深山密林走的做法，因为那样走，随时都有葬身火海的危险，率领我们从敌人刚烧过的山头钻过去。他判断，刚烧过的山头，敌人必然疏忽。我们这样走了两天，果然十分安全。

离开上杭才溪区，进入到我的家乡——上杭旧县区。汀江三大支流之一的旧县河纵贯全区。此时，敌人已把所有泊有渡船的渡口都派兵把守了。我是本地人，对这一带河段的情况比较熟悉，于是我将大伙带到一处偏僻的河滩上，先由我一人涉过水深齐腰、宽达 100 多公尺的河面。登岸后，我立即进行侦察搜索，证实没有敌人埋伏之后，便向对岸战友发出可以涉水渡河的暗号。在苍茫的夜色里，鼎丞指挥小分队分成几组，急速涉水，奔上岸来，稍事休息，鼎丞为了安全，即命令大家忍饥冒寒，继续赶路，到岩下山后，我们找到了钟辉元、涂坤荣同志领导的上杭游击大队。随即由他们护送我们向双髻山进发。

走村过寨，鼎丞亲自慰问受敌摧残过的群众，把被打散的红军战士和革命干部收集在一起，小分队的人员渐渐多起来了。到达大洋坝区时，我们在纸寮里找到了在这里坚持斗争的代英县（以纪念恽代英烈士而命名，辖上杭县东部地区）苏维埃政府主席廖海涛。他领导着一支几十人的游击队，依托海拔 1400 多公尺高的双髻山坚持游击斗争。鼎丞见到他后，向他传达了毛泽东同志和苏区中央局要他回到岩、永、杭地区坚持游击战争的指示。廖海涛听了，高兴地说，有张主席回来领导我们，我对前途就有了必胜的信心！我们在双髻山稍事休整，把这支近 200 人的队伍整编为一个大队。1935 年 2 月初，我们安全到达杭永边界的丰稔、金沙区。

敌人的部队还没有进驻丰稔、金沙，当时那里还是一块苏维埃赤色地区，永定县委范钦洪等同志领导的一支赤色武装经常在那一带活动。他们听说张主席回来了，连忙打着红旗，敲着锣鼓来欢迎。群众听说我们回来了，有的扛了大肥猪，有的挑了糖年糕，成群结队来慰问我们，争着要和张鼎丞握手谈话。

二

敌人得知张鼎丞回到杭永边，立即派重兵进驻金沙、丰稔。不久，集镇、大村，全被敌军占领，我们又只好转入深山密林地带活动。

1935 年 2 月 13 日，邱织云、邱金声、伍洪祥等同志率领红八团到达永定汤湖与我们会合。3 月间，方方、吴胜、谢育才等同志率领红九团、明光独立营到金沙与我们会师。

张鼎丞向各红军游击队的主要领导人，客观地分析了当时的形势，指出这时首要的任务是保存自己，生存下来。然后采用灵活方法，同敌人打游击，不断消灭敌人，发展自己。要求指战员们同心合力，共擎南方一角天。为了统一领导闽西各红军游击队，对敌人进行游击战争，方方同志建议成立闽西军政委员会①，并请张鼎丞担任军政委员会主席。开始张鼎丞有些谦让。罗忠毅、赖荣传、吴胜、谢育才、郭义为等各支红军游击队的领导都赞成方方的意见，一致认为只有张鼎丞的威望和能力，才能够把闽西各支红军游击队统一领导起来，一定要他担任军政委员会的主席。最后，鼎丞同志只好尊重大家的意见，就任闽西军政委员会主席。

不久，张鼎丞派我到永定、大埔边界工作，由江利发担任永埔县工委书记，我为副书记。大埔是广东东部的一个山区县，与福建西部的永定、上杭、平和等县毗邻。汀江经过上杭的峰市（今属永定）进入大埔北部，这是粤东的水上交通大动脉。我们工委常在汀江岸边活动，向在江上行船经商的商人征税，解决游击队的经费。有一次，我们在小汽船上向一位华侨商人征收到 300 银元的税金。在当时，这是一笔可观的数目，它对经济上处于极端困难的红军游击队来说，真是雪中送炭。我随

① 应为闽西南军政委员会。闽西南军政委员会是根据中共苏区中央分局命令成立的。——编者注。

即亲自带着这300银元回到永定，上交闽西军政委员会。张鼎丞指出向华侨商人征收税金的做法违反了我党保护华侨、团结华侨的政策，责令我以后不可再干此类事。张鼎丞这种坚决执行党的政策的政治原则，给我以深刻教育。

1935年4月9日，陈潭秋、邓子恢、谭震林同志率领红军二十四师的一个营，从赣南突破敌人的重重围堵，经四都、才溪、双髻山到达永定大阜与张鼎丞会合。12日部队转移到永定县赤寨村，在那里召开了各红军游击队、各县党政军负责人联席会议。

军政委员会开过之后，传来万永诚和福建军区司令员龙腾云等人在四都遭敌人围歼的消息，张鼎丞当机立断，决定军政委员会领导人分开活动,到各地游击据点领导斗争。邓子恢率红八团到（龙）岩、南（靖）、漳（平）边和漳（州）龙（岩）公路线两侧活动；谭震林、廖海涛同志率领杭代县游击队回双髻山活动；张鼎丞仍留永定县境内坚持斗争；陈潭秋则离开苏区去上海，张鼎丞把护送陈潭秋同志出境的任务交给了我。我立即回到永埔边,将陈潭秋打扮成华侨模样,利用中央苏区时“工农通讯社”这条地下交通线，送陈潭秋安全登上南下汕头的小汽船，然后转赴上海。

三

我在大埔青溪送走陈潭秋，回到闽西南军政委员会后，张鼎丞叫我留在他身边工作。

一天，刘永生奉命来到闽西南军政委员会所在地芹菜洋。张鼎丞把刘永生和我叫了去，面带忧虑地对我们说：“据可靠消息，瞿秋白同志已被敌人抓去，关押在上杭城内。瞿秋白曾经是党的领袖，是闻名中外的马克思主义理论家。所以敌人很可能要把他押解到南京去。”一到南京，必定凶多吉少。我们要尽最大的努力把他搭救出来。敌人押解秋白同志的路线，不外旱路、水路两条。我分析，敌人走水路的可能性很大，他们可以把秋白同志和士兵隐藏在船篷内，伪装成民船，通过汀江水道，顺流直下汕头，然后再用海轮将瞿秋白转送南京。随后，张鼎丞要我们俩考虑一下："可不可以派一支游击队，扼住汀江一段水路，将瞿秋白救出来？"刘永生和我商量了一会儿，认为这是完全可以的。刘永生说："张主席，请您把这个光荣任务交给我们吧！"张鼎丞问："你对执行这项任务有什么想法和要求？"刘永生回答说："自南蛇渡以下，汀江江面狭窄，航道险要，对船只进行盘查和拦截都容易得手。而且这一带地方地处杭永边界，离我们的游击根据地近，群众基础好，便于游击队隐蔽和活动。我想就在这一段水路采取行动。"张鼎丞同意了刘永生的意见，并叫我兼任他率领的游击队的政治委员。不久，刘永生和我便率领着游击队开赴从南蛇渡到峰市的几十里水路两岸活动。

可是，一两个月过去了，我们游击队没有发现一条国民党的木船从那段水路经过。原来，国民党派驻闽西的指挥官李默庵、李玉堂和三十六师师长宋希濂等人，深知我红军游击队在杭、永、岩一带保存相当强大的力量，早已把上杭城以下至峰市的水道列为危险的"禁区"。他们采取了避实就虚方针，秘密地把瞿秋白押上从上杭逆水去汀州的船队，日夜兼程通过了我红军游击队未能控制的汀江上游水道，将他关进了在汀州城内的三十六师师部。由于瞿秋白大义凛然，坚贞不屈，即于这年 6 月 18 日被杀害于汀城西门外罗汉岭前。张鼎丞得到噩耗后十分悲痛，我们也为没能实现营救计划而深感遗憾。

四

进驻闽西的国民党军队于 1935 年 4 月上旬，在四都龙山围歼了我福建军区主力，万永诚、龙腾云在作战中牺牲，省苏维埃主席吴必先被俘（后就义于九江）。敌人又把目标瞄准我闽西南军政委员会。一时间，永定、上杭、龙岩、漳平、宁洋等县的乡镇村庄，到处驻满国民党军队。敌人在加紧军事进攻的同时，又强化了政治统治，挑选一批反动分子加以训练，尔后派往各地担任保甲长，充当其"剿共"的走卒和耳目；强迫过去支持红军游击队的山村居民，移民并村到他们容易控制的大村庄去；并且颁布了"十杀令"，即实行十家联保，凡有一家通共、济共、藏共，其余九家即受株连。白天，反动军队强迫群众为他们修筑炮楼，带路搜山；黑夜，强制群众为他们站岗放哨，把守路口。过去，我们红军游击队还能在偏僻山村扎营住宿，而今，只能藏进深山密林里游动露宿了。粮食越来越紧缺，有时几天吃不到一粒米。只好挖山笋、采蘑菇、摘野菜、抓蜗蛛、捕老鼠、捉老蛇来充饥。红军游击队在极端艰难困苦的条件中与强大的敌人展开了生死搏斗。

1935 年 5 月 17 日，闽西南军政委员会参谋长朱森在龙岩投敌叛变，出卖组织和战友，带领敌人摧残我们的革命基点村，使不少革命战友和接头户惨遭杀害。由于他死心塌地干反革命，不久即被国民党军驻闽西"剿共"领导机关任命为敌五十二师参谋长。这个叛徒得到他的主子重用之后，更加穷凶极恶地带领敌人来"围剿"我红军游击队。敌人每天驱赶着上百成千的群众，在前面带路搜山，强迫群众向红军游击队喊话，要我们下山向他们"归顺投诚"。我们只好每天变换驻地，隐蔽在山坑里、石洞中。有一回，我们军政委员会机关、别动队的同志跟随鼎丞躲藏在山坑后土岗上的灌木丛中。晌午，敌人驱赶着一大群老百姓搜山来了，他们越来越逼近我们躲藏的地方，我们几个人十分焦急，做好了战斗准备。张鼎丞、邓子恢、范乐春却镇定如常，示意我们要沉着，且观动静，等待变化。果然，被驱赶带路的群众发现了我们留下的可疑踪迹，他们立即折了一个方向，指着前几天搜山时留下的另一行脚印，对后面的敌军说："红军从这边走了，瞧，这是他们留下的脚印。"接着，大步朝我们躲藏处的相反方向走去。我们为工农群众这种冒着杀身危险保护红军游击队的行为所感动，也对张鼎丞、邓子恢那种临危不乱，指挥若定的领导本领敬佩不已。

有一回，我们转移到赤寨的后山，夜里派人到村里向群众买了一点粮食回来。第二天，敌人包围了村子，把全村男女老幼集中在一起，逼他们供出我们藏身的山头，可是，无一人回答，恼羞成怒的敌人，残暴地将十多个群众当场杀死。当敌人指着成堆尸首，威胁群众：“你们再不招供，就以这堆尸首为榜样！”全村群众仍是众口一词：“不知道！”

夕阳西斜，敌人一无所得，只好悻悻地撤走了。天黑后，张鼎丞带领我们到赤寨村，怀着沉痛的心情，安慰死者的家属和全村群众，同群众一起掩埋了死者的尸体。我们对群众抱歉地说：“连累你们村招来这场大灾祸，实在对不起！”群众却个个说：“只要张主席和红军游击队能保存下来，我们百姓承担再大的灾祸也不要紧，总有一天，革命会胜利，百姓会翻身！”

五

面对敌人的猖狂进攻，闽西南军政委员会指示各红军游击队要选择各种有利的条件，狠狠打击敌人，以煞敌人嚣张气焰，鼓群众的志气。刘永生和我率领的游击队便在杭永边界积极活动，寻找机会，打击敌人。

1935 年 5 月 27 日，当我们的游击队在凉伞崃活动时，与驻大阜的国民党军一个连遭遇。我们指挥游击队飞快地占领了山头，敌军没有发现我们，等敌人靠得很近了，一颗颗手榴弹立即在敌群中开花。这一仗歼灭敌人上百名，缴获许多枪枝弹药，其中包括一挺崭新的机关枪。

不久，我们游击队获悉丰稔“五乡民团”团总丘质彬率领他手下几十名团丁，到汤湖去“剿共”。丘质彬是条狠毒的地头蛇，他手下的团丁，有的是地主豪绅的子侄，有的是地主豪绅豢养的奴才，是一支地地道道的地主反动武装，他们的反动性比任何国民党正规军都更彻底，他们对革命的危害比任何国民党正规军更甚十倍。刘永生和我在“五乡民团”回丰稔的必经之路岐坑水口设伏。当丘质彬带着他那几十名团丁，走进我们的伏击圈时，突然遭到我游击队手榴弹、排枪的袭击。丘质彬慌乱地指挥团丁突围，但进路和退路被游击队堵死。这一仗，“五乡民团”从团总到团丁被彻底消灭。

“五乡民团”被歼，引起了国民党反动派驻扎在丰稔市的一个团敌军的震惊。团长黄敏田便急忙摇电话向上杭城内的敌师部报告这一情况。敌师长在电话中责令他次日亲自到师部报告详情，研究对策。当黄敏田打电话的时候，有个过去在刘永生部下当过红军，现在国民党军黄敏田团团部当炊事兵的人听到了，他“身在曹营心在汉”，又受新歼“五乡民团”胜利的鼓舞，立即把这一情报报告我们。刘永生得此情报后十分高兴，决意要到半路上去截击敌团长。

第二天凌晨天未亮，刘永生和 11 名战士换上便衣，化装成去城里挑担的百姓上路了。第三天傍晚，刘永生身穿国民党校官服，带着 11 名战士回来了。

原来，前天他们出发后，一路上追赶敌团长，午后到了离上杭城仅六七华里的便民桥，还未见敌团长。他们分析，敌团长肯定是走大路了，此时尚未到。他们便在桥头的亭子内等待。过了约两个钟头，一个身穿校官军服，腰插左轮手枪，鼻子上架着金边眼镜的敌军官，在两名身背匣子枪的马弁护拥下走进亭子。敌人见亭子里坐着是老百姓，并未介意。刘永生使一个眼色，战士们挥起扁担，向敌人猛击，敌措手不及，三人全被打倒在地。于是，剥下他们的军装，取下他们的枪弹，穿带上往回走。经过安乡时，看见那里筑了一座炮楼，驻了十多个敌人，便大摇大摆闯了进去，轻而易举地收缴了他们的武器。

刘永生说完他们这次胜利歼敌的经过，战士们全都笑得合不拢嘴巴。

敌人在受到我各支游击队的一再打击之后，除战术上改变过去分散兵力，到处“清剿”为集中兵力重点进攻之外，还加筑了许多炮楼，对红军游击队进行长期围困。过去敌人的炮楼多筑在乡镇墟场和交通路口上，后来每村每保也筑炮楼，连保长也派壮丁给他守炮楼。红军游击队从小村经过，炮楼内的保丁立即放枪，向附近的国民党驻军或民团报信，弄得游击队活动非常困难。在这种情况下，部队干部战士中的急躁情绪和报复思想便滋长蔓延起来。于是，部队向国民党的联保主任、保甲长、民团、保丁发出警告：今后谁敢再给国民党军队带路搜山，当场抓到，立即处死；谁敢在炮楼内向红军游击队开枪，向白军送情报，抄没财产，杀他全家。企图用赤色恐怖手段把敌人的反革命气焰压下去。

张鼎丞发觉这种苗头后，立即加以纠正。他指示我们：要通过各种渠道向群众说明，闽西南军政委员会允许他们给白军、民团带路，但要带到没藏红军游击队的山头去搜；也允许他们站岗放哨，见到红军游击队时，在炮楼内放几枪，但要等游击队走得老远了再放。我们听了张主席这番话，人人感到障眼的雾消散了，心胸顿然开朗起来。

六

不久，张鼎丞把我调回闽西南军政委员会任别动队的政治委员，别动队担负着保卫军政委员会首脑机关，收集敌人的各种情报，向各红军游击队传达军政委员会的指示等特殊任务。成员大都是过去苏维埃时期在秘密交通线——“工农通讯社”工作过的久经考验的同志，队长姓名已忘记，队员有赖义斋、吴国桢、丘汉玉、赖洪宝等八九个人。

此时，张鼎丞得知红八团在邓子恢的领导下，广泛发动群众，善于掌握灵活机动的游击战争规律，在（龙）岩南（靖）漳（平）边界和漳（州）——龙（岩）公路两侧打出了好局面，便决定派我到各红军游击队去传达红八团的经验，要求普遍学习运用红八团的游击战术。

我遵照鼎丞的指示，在少数警卫人员的陪同下，爬山崖，涉溪流，钻密林，走遍了闽西的山山水水，把红八团的经验传送到各支红军游击队里。各红军游击队学习红八团的经验之后，战略战术随着转变，树敌面减少了，同情者增多了，处境都得到改善。

在此前后，原永埔工委书记江利发经不起艰苦斗争的严峻考验，叛变投敌，带着敌军向金沙古木督我闽西南军政委员会驻过的大山“围剿”，发生了古木督事件。当时，鼎丞已去双髻山和谭震林会合。留在古木督的军政委员会委员有范乐春、郭义为，参谋长杜石公等。范乐春急中生智，跑进稻田中挑起一担稻草，装成耕田的农妇，巧妙地逃出了险境。郭义为和杜石公在下古木督躲藏于石洞中，被敌军发现抓去。事情发生后，我到了古木督见到范乐春，才知事情发生的经过，立即将江利发叛变的情报，火速通知各游击队预作防范。

七

1935 年冬，我们在上海的地下联络站得到了中央“关于开展反蒋抗日统一战线”的指示，我们如获至宝。1936 年初，张鼎丞同志在上杭双髻山地区主持召开了第二次军政委员会全体会议，研究贯彻中央的这一指示，确定了在整个闽西南开展抗日反蒋统一战线的新方针、新政策。军政委员会结束之后，邓子恢在他住的山寮内，亲自为闽西南军政委员会起草了六言体第二号布告，宣告抗日讨蒋纲领。

会议开过不久，我从永定到上杭双髻山，向张、邓、谭等领导同志汇报近来的工作。听完我的汇报后，谭震林向鼎丞要求，把我留在他身边工作了一段时间。

谭震林为了贯彻军政委员会开展抗日反蒋救国的决定，主张利用他过去在红四军四纵队与傅柏翠同事过，有过战斗情谊的有利关系，争取闽西地方实力派傅柏翠先生同情革命或保持中立。傅柏翠是蚊洋人，早年留学日本，1927年南昌起义军路过闽西时加入中国共产党，1928年夏与子恢同志等一起领导蚊洋暴动，1929年毛泽东、朱德、陈毅同志率领红四军入闽后，他任红四军第四纵队司令员，谭震林同志任纵队政治部主任。1931年春，闽西发生了所谓“社会民主党”事件，傅柏翠被开除党籍，逼得他离开了革命队伍。

一天，谭震林把我和蓝荣玉叫去，将他亲笔信交给我，要我们到上杭蛟洋，设法把它交给傅柏翠。我们到蛟洋后，人地生疏，语言又不通，无法探明傅柏翠的住处，便冒着生命危险，走进蛟洋联保办事处，找到傅柏翠派任的傅主任，讲明来历，请他把信亲手交给傅柏翠先生。傅柏翠收到谭震林的信后，逐渐改变了与我游击队对立的态度，转而采取中立的立场。国民党正面进攻双髻山游击根据地时，他不再从背后偷袭；平时，双方达成默契，互不侵犯；在特殊情况下，我们还可以借他的地盘，避一避敌军进攻的锋芒。

双髻山会议之后，闽西南红军游击队改编为“中国工农红军闽西南抗日讨蒋军”，双髻山地区的红军游击队改编为第七支队，支队司令员刘宪，政治委员黄火星，我兼任政治部主任。谭震林在消除了与傅柏翠的对立关系之后，解除了后顾之忧，派我带领七支队一部分政治工作人员，到岩下山以东，旧县河流域开辟工作。我到石圳潭、旧县一带之后，工农群众十分高兴。但是群众对敌人的白色恐怖仍万分害怕，他们反映，国民党军第三师派驻在草鞋岭的一个排，对百姓管卡极严，稍为多买一点食盐、布匹，都诬以“通匪”罪名，任意没收，甚至吊打。群众纷纷要求红军回来将这股敌人打掉。我把这个排敌军的驻地地形、活动规律、武器配备、火力布置等情况都调查清楚之后，即向支队作了详细汇报，建议采取夜袭，将这股敌军吃掉。

一个初夏的夜晚，刘宪司令员、黄火星政委在向全支队指战员作了战前动员，部署作战之后，利用夜色的掩护，迅速包围了草鞋岭。由于草鞋岭离上杭城只有十华里，虽然中间隔着汀江，敌人驰援的部队仍可以在一两小时内到达。为了保证此战必胜，我带着一支队伍，负责阻击援兵。战斗打响后，由于我军作战勇猛，不到半小时就结束了战斗，敌军的一个加强排被我彻底歼灭，缴获了机枪、步枪 30 多支，子弹、手榴弹一大批。敌人受此打击后，很长时间不敢在草鞋岭驻兵设卡，工农群众出了胸中一口气。

八

1936 年 4 月，鼎丞同志给震林同志来信，要我速回军政委员会工作。此时，闽西南军政委员会已从龙岩迁回永定，驻于金丰大山中。为了加强金丰地区党和群众的工作，军政委员会新设永埔县委，由郑树昌同志任县委书记，我兼县委副书记。

这个时期，国民党驻在闽西的军队，陆续调走了一批，只剩下第三师、第五十二师。我们闽西南红军抗日讨蒋军的日子，比上一年稍为好过了一些，部队有了较快的恢复和发展。张鼎丞、邓子恢、谭震林会合一起，共商工作的时日也比上一年多了。在形势好转的情况下，三位领导人对马列主义理论的学习，对中央指示的研究却抓得更紧了。当时，在闽西南军政委员会能看到的马列主义书籍只有一本《列宁主义》。这本书，三位领导人轮流着反复阅读，书皮磨破了，他们就用纸张补起来；书页缺损了，邓子恢就补上白纸，用毛笔，一个字一个字添写。我们这些在他们身边工作的人员，对书中的一些理论问题，一时读不懂，理解不清，三位领导人就常常联系中国的革命实际，深入浅出地给我们讲解。那时，我们很难看到中央的文件，三位领导人就指导我们想方设法到敌人占领的城镇里去搜集各种报纸，从中窥测形势。有几回，我随邓子恢去龙岩，他亲朋学友多，经常能弄到新出版的报纸。对于每一张报纸，他都认真阅读，不论是敌人谩骂我们的评论，还是一条几十个字的小消息，他都不放过。凡有值得注意的地方，他就用红笔画上杠杠，叫我帮他剪贴起来，然后用别的纸张，写出他个人的看法和意见，叫我带回军政委员会给鼎丞、震林等同志研究。当形势发生变化的时候，邓子恢的分析判断力特别敏锐，常常向军政委员会提出有关方针、政策方面的建议。张鼎丞对他的建议一向十分重视，经常召集领导人开会讨论，形成决议，进行贯彻。在军事方面，张鼎丞十分尊重谭震林。他常常对我们说：谭震林是我们红四军四纵队和福建省军区的老领导，他虽然是湖南人，但自1929年以来一直在闽西工作，闽西成了他的第二故乡，他对闽西的一山一水，一草一木，一人一事都了如指掌。打起仗来，大家一定都听震林的指挥。张鼎丞、邓子恢、谭震林三位领导在整个三年游击战争中，团结一致，亲密无间，形成了一个善于将马克思主义的普遍原理和闽西南斗争实际相结合的坚强的领导核心。这是我们闽西南红军游击队能够战胜令人难以想象的艰难困苦而取得最后胜利的重要保证。可是三位领导人却常常谦逊地说：主力红军长征后，闽西南的天所以不会塌下来，是由全体红军游击队指战员和广大赤诚拥护革命战争的工农群众共同撑起来的。

写于1986年12月

选自《南方三年游击战争·闽西游击区》，第428—439页。

陈茂辉，1912 年生，福建上杭人。1929 年加入中国共产主义青年团，同年参加中国工农红军，1931 年转入中国共产党。南方三年游击战争时，任中共永（定）（大）埔县工委副书记、闽西南军政委员会别动队政治委员、闽西南红军游击队第七支队政治部主任、中共永埔县委副书记等。新中国成立后，曾任陆军第二十三军政治部主任、副政治委员、政治委员，江苏省军区副政治委员、政治委员，南京军区政治部顾问等职。1955 年被授予少将军衔。2015 年在南京逝世。

忆第三分区交通站

姜茂生

一、重建交通站

闽西南交通站的前身是“闽西工农通讯社”，创建于 1930 年秋。

1935 年 4 月，闽西南军政委员会成立后，把“闽西工农通讯社”改为闽西南武装交通站，从红军部队和地方游击队中抽调一批班、排、连干部和立场坚定的共产党员到交通站工作。交通站是军政委员会直接领导的一个重要机构，总负责人是雷德兴。总站下面按三个作战分区设立三个大站，每个大站下面又设小站。此外还有各县、区委的交通站，交通线形如蛛网。

为了适应游击战争环境的需要和保证交通工作的安全，交通站规定了单线联络的办法和严格的纪律，不论总站、大站、小站还是县、区站，一律不发生交叉关系。三分区交通站是中心站，向西直接与闽西南军政委员会联系；向东与岩永靖县委、龙岩县委、岩南漳县委联系；向北与岩连宁第一分区交通站连接，路线最长。

1935 年 5 月发生了“朱森叛变”事件，交通站受到敌人的严重破坏。一些基点村被摧残后，到处悬挂着被杀害的农会干部、红军家属、交通员和接头户的鲜血淋淋的头颅。

1935 年秋，我在龙岩、漳平边风车巷凉亭一次遭遇战中负了伤，在龙岩龙宫山罗桥附近休养了两个多月。伤势稍微好转，就急着回到盂头岭东面山上的三分区机关，要求分配工作。三分区司令员兼红八团团长邱金声来看我，并决定让我到交通站工作。

我到交通站工作不久，龙岩县委副书记吴作球对我说："团党委和县委研究决定，分区交通站和县交通站合并起来，还是由你负责。"于是，我们就从适中盂头岭搬到后田去，在山上重新搭起了寮子。

当时，我们交通站总共有 12 个人，其中张龙地、邱连娣、陈金娣等几个女同志，专门负责跑短线交通，采办物资，搞粮食，还负责办被服厂。陈金娣同志 15 岁的弟弟也在交通站工作，他小个子，是个"机灵鬼"，经常和我们一起出去执行任务。

二、开辟交通线

三分区交通站长期活动在龙岩县城南面九峰崎大山的周围。石门炉是比较固定的一个据点。当时，闽西南军政委员会实行"分散发展、独立自主"的作战方针，领导干部分别深入各分区，直接指挥部队作战。指挥部就设在石门炉的山上，隔着一道山坑，与我们交通站的草寮遥遥相对。

当时，敌人封锁非常严密，漳（州）龙（岩）公路上五里一岗，十里一哨，碉堡成群，炮楼林立，驻守龙岩的敌第十师工兵营，将公路两边的树木都砍光了。夜间伏击我过往人员，还经常派出大股部队搜山、烧山，强迫群众"移民并村"，造成大片村落荒无人烟。在这样险恶的环境下，为了保证闽西南军政委员会能够及时掌握红军游击队的活动情况，指导各部队开展工作，我们根据首长的指示，在作战分区内开辟了三条秘密交通线。第一条以龙岩白土区后田西山为中心，向东经白土圩南面，穿过漳龙公路封锁线，绕东山、黄坑、陈山到雁石以西；向北经企头圩、仪集坑、洋背，与一分区交通线连接起来；向西经孔夫、红流、枫林、苦竹坑、岩背、陈东坑、焦坑，与金丰大山相接。第二条是经盂头岭东，过公路经陈坑、李家山、中甲、白岩前、罗家山、邱地到达雁石西；向北经南坑、根竹园、半岭、小连坑，与一分区交通线连接；向西经才水坑、上和、坑头、冷水坑、陈东坑到达焦坑。第三条是从分区交通站出发，经石门炉、山坑、上莒州、林坑园、竹子坂、龙车，然后朝东北方向经罗家山、刘坑，到雁石北面的高池附近；向西由石门炉到大洋、竹子炉、田地、小吴坑、岩太、陈东坑，接金丰大山。这三条秘密交通线，一条受阻就走另一条，在有紧急任务的情况下都能确保军政委员会同各分区、各县的畅通联系。

岩永交通线上的田地村，位于永定县境内，靠近龙岩，是通往金丰大山的必经之路。以前，这里的土匪活动猖獗，经常伪装成红军游击队，三五成群地打家劫舍，扰得几十户人家朝夕不安。这股土匪对我们的交通工作危害也很大。因此，我们决定到田地村去开展群众工作，铲除匪患，把田地村变成我们的基点村。

我和陈华堂刚到田地村时，由一个叫黄元发的贫苦农民掩护，住在离村子不远的一个破瓦窑里。白天躲在瓦窑里，天一黑，就到黄元发家，叫他帮助我们串联一些贫雇农。开始，他到村里去串联，后来，就把可靠的人带到他家里来，由我们公开出面去做工作。五六天时间，就串联发动了 20 多个贫苦的青年农民。

一天晚上，我们在黄元发家里召集七八个贫农积极分子开会，进一步了解村里群众的思想情况。大家都说，现在，农会都给搞垮了，没个领头的，这伙土匪心狠手毒，谁家有点风声被他探出来，就要遭殃，所以谁也不敢去惹这个祸。大家认为要把群众发动起来，就要想办法把地主除掉。

几天后的一个夜晚，地主家的长工林元才给我们报信说：“天黑的时候，地主带了一个土匪回家来了，这会儿正躺在床上抽鸦片。”

得信后，我和陈华堂商量，趁这机会把匪首除掉。

黄元发到溪西把20多个已经串连的贫雇农叫来，我对大家说：“今夜里，地主回家来了，这个地主土匪头子是我们贫雇农的死对头，不除掉他，我们大家还得受他剥削，被他抢劫，遭他毒手……”

一个急性子的青年马上问：“地主是土匪头子，枪法也不错，我们没有枪，拿什么打他？”我说:“大家手里没有武器，当然不能跟他拼。你们分成四个小组，装作红军四个排，在他院子四周埋伏起来，听我们指挥，大声呐喊就行了。”

随后，我们带着大伙悄悄地把地主的大院包围起来。村里的狗汪汪直叫，地主已察觉到我们的行动，连忙用一包包米袋把大门堵住。我朝大门打了一枪，就大声喊道：

“一排，二排，守住大门；三排到后门去；四排，跟我来！”

地主开始不知虚实，爬上墙头，盲目地向野地里放枪。

我们向地主喊话：“你们已经被包围了，赶快缴枪投降吧！”

地主是个有经验的土匪，光听见喊话，不见进攻，知道我们不是红军部队，于是他也不放枪了。我们喊了半个多钟头，没听他有什么动静，估计这个匪首要准备越墙逃跑。

果然，地主在院子后屋开了天窗，从屋顶爬过墙头。我看见一个人影在移动，急忙向墙边靠近几步，对准黑影，“砰”的一枪。只见他在屋顶上晃了两下，“砰”的滚落下来，待我要冲过去时，他逃脱了。后来得知我那一枪打中了他的腹部，逃回山后不久就死了。

我们打开地主的大院，处决了那个来不及逃走的匪徒，20多个贫雇农积极分子连夜搜查地主的浮财。次日，我们把地主的100多担粮食分给贫雇农，全村群众高兴得像过节日似的。

这一场斗争的胜利，鼓舞了群众，大家说：“除了地主，我们斗争信心更足了。”我和陈华堂在田地村又住了五六天，发展了几个党员，建立起一个地下党组织，把黄元发的家作为我们的接头户。从此以后，我们在这条交通线上往返，安全无阻。

三、护送范乐春

1935年12月，在粉碎了敌人第二期“清剿”以后，闽西南军政委员会准备召开会议，总结反“清剿”斗争的经验教训，部署新的作战任务。分散在各分区的军政委员会领导接到通知都陆续到上杭双髻山集中。

一天，一分区交通员送两个同志到我们交通站。一个是妇女部长范乐春，另一个是青年干事邱相田。他们从一分区来，爬山越岭已经走了一个多星期，昼伏夜行，没有睡好觉。我看他俩都显得很疲劳，便劝他们先休息两天，范乐春同意了。第三天晚饭后，我和陈华堂送他们上路。

我们在深山僻径中走了一夜，第二天上午7点多钟，到达永定县抚溪岩前村北面的山头上。本想在树林里休息，忽然，远远望见村子里大火熊熊，黑烟弥天。

范乐春问我：“村里有我们的接头户吗？”

“有。”我回答说：“这村子有三十来户，是我们的基点村，已经建立了两个接头户。前一段我们从这里经过，没有发生什么问题，最近不知是……”

这一天，我们躲在山头上，不敢进村了解情况，直到天渐渐黑下来，找个地方安顿好范乐春和邱相田后，我才进村去。

果然，岩前村几乎所有的房子都烧毁了。我悄悄地找到房子已被烧掉一半的接头户张三伯的家。他见我突然出现在眼前，先是惊愕，接着便扑簌簌地滚下眼泪，失声痛哭。我克制着自己的感情，问他村里的情况，他告诉我说，半个月以前，敌人从抚溪派一个营到村里来“驻剿”，整天封山烧山，看到过路的人捉来就杀。村里出了一个叛徒，带着敌兵挨家挨户地搜查，说是有个“共党”的交通员躲在村子里，结果什么也没查出来，就强迫老百姓“移民并村”往外搬，乡亲们不走，这群白狗子就点起火把全村的房子给烧了。

我问张三伯："那叛徒呢？"

张三伯狠狠地骂道："这狗养的，往日躲在抚溪，不敢回家，今天带着白狗子来烧房子，天黑的时候白狗子回抚溪，听说他患了感冒没跟去，今晚或许会在家里。"他指着那幢孤零零的房子，说："喏，就他一家没烧！"

我马上返回山上，把这情况向范乐春作了汇报。范乐春怒火中烧，斩钉截铁地说："把这个叛徒除掉，替群众报仇！"于是，我和陈华堂摸黑进了村子，轻轻敲了叛徒家的门，许久没有动静。我又敲了几下，才听见一个女人起床、点灯的声音，接着门吱的开了一道缝，我们立即闪身进屋。

叛徒还在床上躺着，见我们进来，连忙翻身坐起，张着蒙眬而惊愕的眼睛打量着我们，装出一副热情的模样，对他老婆说："快弄点吃的，暖一暖身。"

我问他："村里的房子是怎么烧的？"

顿时，他哆嗦起来，哭丧着脸，声音也打颤了："这，这不干我的事，不干我的事！"

"谁到抚溪把白狗子领来的？"

他跪下来连连哀求饶命。陈华堂怒不可遏，一把揪住他的衣领，把他拖出门外，"砰！砰！"两枪，替岩前村受害的革命群众报了仇。

当我们带领范乐春和邱相田走出村口时，范乐春轻声对我说："要想办法把这个革命基点村恢复起来。"

四、大洋村报警

1936 年 1 月的一天，我接到邓子恢的一封信，说红三支队集结休整，急需用款，要我们交通站把筹备的款子马上送往龙岩永定交界的清凉山。

接到邓子恢来信的同时，漳平县中甲方面派人送来了一笔款子。我又到石门炉方面拿了 100 多块银元，同陈洪才一起送往清凉山。

这天清早，天蒙蒙亮，我们路过大洋村村口，忽然听见从村子里传来叫嚷声、跑步声和口令声。我们赶紧避到村后的山上，向村中瞭望。只见有一团的匪兵，整装集合在草坪上，接着，分成两路，一路向竹子炉方向出动，一路向清凉山方向出动。显然，敌人是想趁我不备，“围剿”我在清凉山整训的红三支队。

大洋村到清凉山只有几里山路，不用半个小时敌人就可以到达。

情况紧急，去清凉山报信已经来不及了。怎么办？我和陈洪才一时急得没了主意。

这时候，村里还有一个营的敌人集中在草坪上，不知什么缘故没有出动。看到这情况，我们急中生智，连忙闪进村里，躲在隐蔽处，瞄准敌军官，开了两枪。

枪声骤起，敌军一时懵了。随即，迅速散开，嗷嗷叫嚷，趁着嘈乱，我们又打了几枪，躲到另一处去了。匪兵挨了枪，莫名其妙地呼喊：“游击队！游击队！”毫无目标地放起来，霎时，枪声四起。

山野的早晨，枪声格外清脆响亮，传得很远。已经出村两里路的两个营敌兵，听到大洋村枪响，不知发生什么情况，连忙掉头往回跑。他们如临大敌，很快占领了村外有利地形，等通信兵进村问明情况后，敌指挥官才驱赶匪兵们向山上搜索。

这时我和陈洪才已趁着山岚晨雾，迅速转到大洋村南面的山上，隐蔽在丛林里。

几天后，我们把款子送到部队，同志们告诉我，那天清晨，听到大洋村方向的枪声，知道有敌情，部队便迅速撤离清凉山，敌人进山“搜剿”时，红三支队已经离开一个多小时了。

五、山坑交通会

1936 年夏，闽西南军政委员会在龙岩山坑召开交通站工作会议。

这次会议是总结和推广交通站工作的先进经验，重新确立交通工作必须遵循的原则和纪律，部署今后交通工作任务。

会议由张鼎丞主席亲自主持，谢育才、简载文、陈茂辉和总站负责人雷德兴同志都参加了，连同各分区站、县站负责人一共有十六七人。

会议一开始，张鼎丞就让我介绍经验，记得，当时我讲了这样几点体会：

首先，我们是在极其复杂的环境里工作的，朱森叛变以后，我们的环境更加恶化了。在老的交通线上，不仅有敌人拦路伏击，而且经常会遇到敌人便衣队的盯梢、跟踪。如果固定走一条道，危险性就更大，所以，为了安全起见，必须多开辟几条交通线；第二，我们交通员是鱼，群众是水，我们一刻也不能离开群众。没有群众，我们就失去自由。只要一个地方群众工作没搞好,交通线就会被掐断。所以,做好群众工作，建立基点村接头户，是最重要的一项工作；第三，要采用白区党的秘密工作方法，同接头户建立单线联系，规定联络地点和联络暗号，防止不可靠的接头户“反水”，防止敌人破坏；第四，严格遵守铁的纪律，党的重要文件和领导干部通过封锁线，一定要两个以上交通员护送，站与站之间保持单线联系，不发生交叉关系。县委同区委的联系另辟新线，我们分区站交通员不插手。只有遵守铁的纪律，才能保证意外情况发生后不受大的损失；第五，工作要小心谨慎，多动脑筋，经常注意了解敌情变化，细心观察交通线上地形、地物特点，做到夜晚行动能够准确辨认方向，识别真伪。

张鼎丞赞扬了我们交通站的做法和经验。他说，交通工作是党的命脉，军政委员会好比是心脏，交通线就是通往各地的血管，我们是靠你们来了解敌情、传达指示、指挥作战。除了要搞好群众工作，开辟安全可靠的交通线，采取单线联系的方式，严格遵守铁的纪律，注意掌握敌情变化等等之外，还可以采取内线与外线相结合，武装与非武装相结合，队伍要扩大一些。

会议以后，交通站工作更加活跃了。我们三分区交通站除了递送党的信件，护送来往干部，传达指示，了解敌情，还积极协助办好被服厂、医疗所、看守所，配合部队作战。两广事变后，我们红三支队由于新任领导麻痹轻敌，在龙岩象山和永定寨背炉战斗中，遭到粤军袭击，损失重大，部队全被打散了，支队长阙树槐同志和政委邱成贤、邱尚聪同志都先后牺牲了。军政委员会紧急通知我们，要在三天之内把部队收集起来。我们十多个交通员立即出动，爬山越岭，不分昼夜，四处寻找，终于把失散的部队收集到漳平中甲。岩南漳县委书记魏金水同志立即到中甲来对部队进行整顿。后来邓子恢同志也亲自领导整编工作，委派王荣春同志任支队长，伍洪祥同志任支队政委。

六、同吴琪搭线

1937 年 4 月的一天，我在石门炉的一个秘密联络处——村外小庙的香炉底下，收到一张小纸条，上写："急事，速来三坪头。"我知道，这是适中区委给我的紧急通知。

当天，我和交通员小李立即赶到三坪头接头地点，适中区委派来的女交通员苏球已经在那里等候了。她很快把我们带到山寮里同区委书记谢开华见面。

谢开华一边让坐，一边向我介绍："有位国民党十九路军的营长叫谢再发，反蒋失败后跑到香港去了。不久前，他回到洋邦老家。他跟粤军一五七师驻适中的吴琪营长是好友。最近，我们通过谢再发做工作，吴主动给我们写信，表示愿意停火和谈，并约请我方派员前去适中磋商。”

谢开华要我把这封信马上转给军政委员会。

我回到石门炉交通站，当天晚上派了两个交通员将信件送往金丰大山。

大约过了一个星期，军政委员会副主席谭震林和他的秘书来到我们交通站。谭震林说：“吴琪的信，军政委员会作了研究，这是粤军中下级官兵对国共和谈、一致抗日的良好愿望。我们可以同他接触，由他去搭线，再同一五七师师长黄涛进行谈判。”

同吴琪接谈的具体安排，谭震林叫我和适中区委详细研究。在适中区委会议上，着重研究了接谈地点问题。大家认为，为防范敌人制造事端，保证军政委员会首长安全，见面地点可选定在三坪头与洋邦之间的山头上。随后，谢再发到适中向吴琪转告了我们的意见，吴琪坚持要我方谈判人员到适中去。我回到石门炉，把这情况向谭震林作了汇报。根据谭震林的意见，我们又叫谢再发从中斡旋。谭震林住在石门炉山寮里等候了一个星期，双方见面地点仍然无法定下来。

后来，谢再发来信建议谈判地点另选一个地方，要靠适中圩近一点。为了促进和谈，我们接受谢再发的意见。把地点改在洋邦村西头，靠近山边的一座土楼里。

我向谭震林汇报了改变地点的情况，他表示同意。这几天，他和秘书在草寮里写了很多标语、传单，他说：“我们要向适中圩的群众大力宣传团结抗日的革命道理，让群众了解我党的政策，揭穿敌人的谣言。”他叫我派个短枪班趁赶圩的时候，把这些传单拿到适中圩去散发。

这时，三坪头党支部告诉我们，在洋邦东边的兰田村有一个叛徒拉起来一支反动自卫队，如不把它消灭，对我们危害很大。我考虑，兰田正好在三坪头与洋邦之间，是我们的必经之路。这个反动自卫队只有十多人，守着大路边一个炮楼，消灭它是有把握的。于是，我决定短枪班去适中散发传单的同时，顺便把兰田的反动自卫队收拾掉。

第二天是适中圩日，我带领交通员和短枪班 20 多人，天快黑的时候来到三坪头，在一个群众家里做饭吃。这个村里也有一个叛徒，他看到我们这支小队伍，立即偷偷跑到适中向敌人报告。

吃罢饭，我们就出发了。当队伍拐向兰田的时候，突然，背后响起枪声，子弹从我们头顶呼啸而过，我一看情况有变，立即指挥队伍迅速地向洋邦背后的山头奔去。

后来才知道，三坪头的那个叛徒溜到适中圩报告以后，吴琪带了 30 多人的短枪队在三坪头去石门炉的村口伏击我们。可我们走的是相反方向，所以，他们在后面跟踪，到兰田时向我们开枪射击。

谭震林获悉后十分气愤，决定先回金丰大山去，临走的时候，他交代我说："还是不能放弃任何可以和谈合作的机会，如果吴琪继续要求谈判，你可以找龙岩县委魏金水和吴作球先跟他谈谈。要继续做谢再发的工作，动员一切爱国力量，促进建立抗日民族统一战线。"

七、洋邦村会谈

谢再发苦口婆心地说服吴琪接受我们选定的洋邦村怀仁楼作为双方见面洽谈的地点，甚至用自己的脑袋担保吴琪的安全。最后，吴琪只好答应下来。

我连忙派交通员报告魏金水和吴作球。第二天，他们各带一个短枪班来到洋邦北面的茶山草寮里，魏金水向我了解情况后，叫我去找谢再发联系一下，准备先同谢谈谈。

当天晚上，我赶去洋邦，向谢再发说明情况。谢再发得知龙岩县委两个负责同志都来了，称赞说："共产党宽宏大度，诚意感人！"

他连夜写信，派人打着灯笼送去适中粤军营部，并说：

“我同吴营长约定明天上午 8 时见面，魏、吴两位书记，明天一早我去接他们，这就成啦！”他留我在洋邦等候回音。

第二天天不亮，我就赶回茶山找魏金水、吴作球，可是一到草寮，看见同志们已经打好背包准备出发。原来，他们见我迟迟未归，以为是出事了。

我汇报了磋商经过并介绍了洋邦怀仁楼周围的地形情况，建议把两个武装班部署在山上担任警戒，一个班守住炮楼，如有意外，可以掩护上山。魏金水、吴作球同意我的意见，吃罢早饭，我们按计划行事。

谢再发热情地接待了我们。直到 9 点多钟，吴琪才来。

这次谈判，吴琪的态度较为诚恳，经过磋商，最后定下两条：一、双方在所管辖的范围内先行停火；二、会谈情况由吴琪向黄涛报告，我方准备接受更高一级的会谈。

午后，吴作球把这次谈判的情况写成一封长信交给我，马上送往金丰大山，向军政委员会报告。

6 月上旬，闽西南军政委员会派谢育才为代表，并指定我为随员，同吴琪进行了第二次谈判。吴答应跟黄涛联系，以便我方直接和黄会谈。

经吴琪联系后，黄涛答应我们去漳州谈判。我们马上向军政委员会请示，得到答复：由我随谢育才一起去漳州。

6 月中旬，由吴琪安排停当，我们便乘军车到漳州去了。

谈判在一五七师师部进行。每次由黄涛派车来旅社把谢育才接去，吴琪陪同，我在旅社里守候。为了行动方便，一五七师师部给我开了一张“护照”，上写：“姜茂生先生因公在闽粤公干，沿途所有军警查照护行。有效时间三个月。”有了这一张“护照”，我便利用一切空余时间在漳州市了解情况，观察社会动态。

我在漳州住了一个星期，谢育才把谈判的详细情况写成书面报告，叫我立即送回闽西南军政委员会。我回到石门炉后，立即派交通员把报告送往金丰大山。

不久，闽西南军政委员会由永定金丰大山迁至龙岩石门炉，邓子恢、谭震林就住在我们石门炉交通站。谢育才从漳州回来，也住在这里。

7 月初，我再次奉命去适中，跟吴琪一道到龙岩城安排邓子恢和谢育才同志与粤军旅长练惕生谈判事宜。回来后，谭震林向我转达了军政委员会的决定：调我到一大队工作，交通站由陈华堂负责。于是，我向陈办了移交。

从此，我结束了交通站的战斗生活，走上了新的岗位。

1988 年 5 月

选自《南方三年游击战争·闽西游击区》，第466—476页。

姜茂生，1911 年生，广西凤山人。1929 年参加中国工农红军，同年加入中国共产党。南方三年游击战争时，任闽西红军独立第八团政治宣传员、连政治指导员，闽西南军政委员会交通站站长。新中国成立后，曾任广西军区玉林军分区司令员，中国人民志愿军第四十七军副参谋长，广西军区参谋长、副司令员等职。1955 年被授予少将军衔。1985 年在南宁逝世。

谈判桌上的斗争

魏金水

1936 年底的西安事变，迫使蒋介石接受了我党中央关于停止内战、合作抗日的主张，全国规模的内战基本停止了。然而，在 1937 年期间，我闽西南党组织和游击队却仍然处在恶劣环境中。因为蒋介石妄图利用谈判来消灭我闽西南红军游击队，从广东调来粤军一五七、一五八等两个师的兵力，加紧在闽西南各地对我进行“围剿”。

1937 年 4 月，闽西南军政委员会根据中央抗日民族统一战线政策，和福建广大群众的迫切要求，提出了“停止内战，联合抗日”的主张，发表了致国民党粤军当局的公开信和致各界人士书，散发传单，向群众广泛宣传，并利用晚上向各地“驻剿”的粤军喊话，发动粤军官兵响应。我们在军事行动上，除了坚决的自卫外，尽量避免与粤军接触，以造成和平谈判的有利气氛。

我们发起的这一合作抗日运动，得到了闽西南各界人士和社会舆论的广泛同情和拥护。厦门的《星光日报》刊登了闽西南党组织提出的主张和致各界人士书等文件，甚至龙岩的反共专家郑丰稔，看到这些文件后，也站出来表示“支持”。他在“闽西旅漳、厦同乡会”邀集的一次士绅会议上说：“我是一个坚决的反共分子，可是反了十年也没有反出什么名堂，现在共产党提出和平合作，我们就应当赞成”。他们的想法是：假如日军果真在厦门、汕头登陆，少数人或者可以逃到香港，可是一般的商户就只有逃回家乡；希望家乡和平安定，才能保住个人的生命财产。因此，这个“同乡会”一方面向国民党军队和国民党龙岩专员呼吁，要他们与我党实现和平谈判；另方面，向我党表示：“如果国民党当权的军政人员不愿和平的话，我们地方人士和你们谈判停战，实现和平合作。”

在我党正确主张的压力下，在各界人士和社会舆论的强烈要求下，国民党当局和驻军不得不表示“可以谈判”。

但是，国民党当局的所谓“可以谈判”，是完全没有诚意的。他们说，共产党只能来投降，不能讲合作；对红军游击队只能“收编”，不能“点编”。他们甚至狂妄地提出：“红军收编后，张鼎丞可以到省政府做厅长，邓子恢可以出洋，其他人由政府发给路费出门或去开荒生产。”

由于国民党如此蛮横无理，谈判陷入了僵局。

为使党中央抗日民族战线的方针得以实现，为争取广大群众团结在党的周围，闽西南党组织除争取继续谈判的机会外，着重于进一步广泛开展和平合作、一致抗日的爱国运动。各县、区军政委员会、各作战分区的红军游击队，采取写信、发传单或派出代表等方式，与国民党的县政府、区、乡公所或群众团体进行和平谈判，造成广大的和平合作的社会基础。这一时期，平和的芦溪，永定的下洋、溪南，上杭的丰稔市，龙岩的白土、西山等地，都有许多联保主任和保甲长与我党建立了和平合作的关系。师管区的翁九如，原来是龙岩的商人，商业失败后，到师管区兵役检查组任职，那时他也邀集了熟悉的联保主任、保甲长，以及医生、商人、乡绅等爱国人士，主动来找我们联系，表示赞成我党提出的实现和平合作一致抗日的主张，今后合作抗日。在这前后，闽西南军政委员会曾派我到黄玉璋部开会，动员开展抗日运动。由于各地抗日救亡运动的高涨，由于我党公开代表的活动，粤军一五七师的中下级军官，也表示拒绝执行打内战的命令。

当时我们与党中央没有电台联系，不能取得党中央的直接指示，只能从当地国民党报刊中零星看到国共两党中央谈判的一些消息。就在这样的情形之下，前十九路军营长谢再发，从香港回到龙岩适中家里，带回来了一些我党中央关于统一战线政策的文件。谢再发是我党可靠的同盟者。他一回来，就大谈外面的形势，说“上面都谈判了，合作了，为何闽西南还不合作？”并将带回的文件送给张鼎丞和邓子恢同志。谢再发出身贫苦，在十九路军当营长时驻扎在龙岩，早就和我党有较密切的关系。蒋介石压垮十九路军后，要把他的营编入广东军，他不干，把枪送到龙岩十八乡我党手中，只带20多人的短枪班回家，后来又连人带枪交给我适中区委书记谢振鸿转交县委领导，自己只身跑去香港。这次他从香港回来，向我们要两个人两支枪做保卫工作，我们派了两个战士，拨出两支20响的好驳壳枪给他。我当时任龙岩县军政委员会主席，闽西南军政委员会派我去与谢再发联系。那天，我一进适中洋邦村谢再发的家，突然看到一个穿着国民党军装的人，谢再发立即介绍说：“他是一五七师练惕生旅的吴营长，是我的好友，现在就驻在适中，因为同是反对内战、主张国共合作抗日的，所以也约他来了。”接着，谢又将我介绍给吴营长。那天晚上，我和吴营长在谢再发家里一直谈到深夜。谢再发一再力促吴营长积极策动粤军和我党实现和谈，一致抗日。吴营长满口答应。这是我们和驻龙岩粤军的第一次接触。在谈判中谢再发始终站在我党提出的停止内战，一致抗日的立场上说话。

我从谢再发家回来向张鼎丞、邓子恢、谭震林同志汇报后，闽西南军政委员会立即做了研究，决定由谢育才、邓子恢同志先后进龙岩城，和一五七师的旅长练惕生接洽，开始和平谈判。同时，永定、上杭县委，也派出代表，和当地国民党驻军、当地政府接触，开展和平谈判。随后，谢育才同志又亲赴漳州，与一五七师师长黄涛直接谈判。但和平谈判是一个激烈的斗争过程。国民党顽固派一面提出许多苛刻条件拖延谈判，一面以“和平合作”作掩护，企图消灭我党。国民党省主席陈仪和龙岩专员张策安更是从中极力破坏阻挠我们和粤军当局的谈判。

就是在国民党顽固派的策划下，一个严重事件发生了。我闽南红三团在谈判中，由于领导人对国民党顽固派的阴谋丧失警惕，不听特委的劝告，将部队开进漳浦县城，结果被粤军包围、缴械。事件发生后，闽西南军政委员会派谭震林带一个加强排和由红三团副团长卢胜同志带出来的几十名战士会合，收容队伍，检查闽南工作，纠正一些干部的右倾错误思想，鼓舞士气，重振旗鼓，继续奋斗。

“漳浦事件”进一步暴露了国民党顽固派的阴谋诡计及其反动本质。他们在民族存亡的危急关头，竟然置人民的呼声于不顾，残暴摧残人民抗日力量，激起了闽西南人民的无比愤怒。这时，闽西南军政委员会派往延安向党中央汇报请示工作的方方同志回来了，带回了党中央、毛主席关于抗日民族统一战线中坚持“独立自主”，在谈判中要提高警惕，不要上当等重要指示，给我们进一步指明了斗争方向。对“漳浦事件”，闽西南军政委员会一方面以强硬态度向粤军当局提出抗议，指出他们应负破坏合作的责任，要他们惩办祸首，无条件归还被捕人员和被缴武器。一时社会震动，反应强烈，各界人士群起声讨国民党顽固派的罪恶行径。另一方面，我们主动将所属部队改编为抗日义勇军，以进一步表明我党我军以民族利益为重，无论遭到任何破坏和阻挠，团结抗日的意志和决心绝不变更。我党的严正斗争，获得了广大人民群众和社会舆论的支持，使国民党在政治上遭到了打击，不得不表示愿意归还人枪，继续进行谈判。

在与国民党谈判的同时，我党在闽西南党组织、红军游击队和广大人民群众中进行深入宣传教育，以求得思想上的团结一致：既防止保守主义妨碍统一战线的形成，又反对太平观念和麻痹思想，避免造成不应有的损失，使全体指战员保持高度警惕，各级党组织更加严密健全，人民的觉悟进一步提高，保证合作抗日政策的实现。

和平谈判在艰难曲折中进行着。由于国民党龙岩专员张策安的阻挠，谈判仍停滞不前。在此情况下，原是十九路军底子的粤军一五七师练惕生旅，首先表示了愿意在其防区内，和我们实现和平停战，合作抗日。练惕生并向张策安强硬提出：如不谈判合作，立即派给600名夫子，要把部队开往外地。张策安一听吓坏了：一五七师练旅一离开龙岩，共产党和红军游击队不是要马上进城吗？后果是不堪设想的。在练惕生的压力下，他立即表示继续与我党进行谈判。

经过不断努力，克服重重困难，到七七事变抗战全面爆发，谈判终于取得协议。7月底，在龙岩城商会楼上，邓子恢同志代表我方在协议上正式签字。

协议签字后，红军游击队开始在各地集中。然而，国民党闽西当局仍在我各地红军游击队集中路线、地点问题上，耍尽种种花招。张策安要我军在龙岩溪南或沿漳龙公路30里之内集中驻防，企图利用公路交通方便，调集兵力，找借口把我军吃掉。我们识破了他们的诡计，只答应派一个营驻铁石洋，坚持其余全部驻在不通公路的龙岩白沙到雁石一带。这个问题足足争论了一天一夜，张策安见我们没有上当，不得不同意义勇军集中驻在白沙、雁石。我永定、平和的部队则在永定月流一带集中。在我军集结期间，国民党军队仍不断打埋伏、截击。我各地部队对其保持着高度警惕，又顾全合作抗日大局，主动避免接触，绕道走小路、山路，终于胜利完成了集中任务。

我军集中以后，国民党发来一批黄色军服，红军战士怎么也不肯穿，经过领导反复动员说服，总算勉强换上了。可是，部队一穿上国民党军服，驻地的老百姓大为不满，甚至不让我军驻扎，要把部队借用的床板、稻草等拿回去。群众失望而又愤怒地说：“你们穿黄军服了，投降了，叛变了。”气得所有战士脱下身上的黄军服，狠狠地甩在地上。后来经过耐心的说服教育，向群众说明：“义勇军仍然是红军，仍然是共产党的队伍，穿黄军服是为了打日本，绝不是投降，叛变。”这样群众才让红军继续驻下来。

部队集中之后，国民党顽固派又违反协议，不给我军发军饷，企图饿死义勇军，使义勇军无粮兵马散。这时国民党“汀漳师管区”司令涂思宗上任了。他到了漳州不敢马上来龙岩，先派人送来他在延安参观时的照片，装出到过延安的进步面孔，表示同情我党，还声称必须发饷给义勇军，以试探我党的态度。我党见他如此表现，就利用他伪装进步的一面，要他站出来说公道话。涂思宗摆出同情、支持我党的面孔之后，就极力诱惑我将义勇军改编为师管区的队伍，使我军失去独立自主之权而后吞并掉。对他的这一阴谋，我党严加驳斥，对他说：我军是共产党领导的队伍，我党坚持独立自主的立场是不能改变的，使涂思宗碰了硬钉子。

正式成立闽西人民抗日义勇军那天，国民党派了不少官员到白沙“点编”。在大会上，邓子恢同志首先讲话，他说：“同志们，我们的目的达到了。过去我们要打日本，政府不准，现在通过谈判达成协议，我们的愿望实现了，因此成立了抗日义勇军，很快就要开赴抗日前线去了。但政府还说要收编我们的队伍，要我们投降，我们坚决不同意，‘收编’、‘投降’是完全没有道理的……”说得台上国民党代表的面孔红一阵白一阵。一个国民党省保安处高级参谋在讲话时不知羞耻地吹牛说：“若不是因为抗日，我们还可调六个团来打你们。”台下的义勇军战士们马上站起来说：“老哥，六个师我们都打过，六个团算什么呢？你要吓唬小孩子吗？”接着，台下的战士不断站起来大声质问：“我们要打日本帝国主义，为什么政府不发军饷？”“请问政府为什么不优待我们抗日军队的家属？”……弄得国民党的代表们无言以对，一脸狼狈相。

军饷是不得不发了，但国民党却多方克扣，并故意拖延。在这种情况下，我军便向地主、富农和官僚家属筹借，发给油印借据，说明一俟政府的军饷发下，立即如数付还。并印发传单揭露国民党违反协议，少发、不发军饷的真相，说明向地、富等人筹借，是出于无奈，完全是被政府逼出来的。国民党闽西当局乘机造谣：“共产党又打土豪了！”而地、富、官僚家属则大骂国民党政府贪污军饷，不讲信用。甚至连国民党福建省执委詹调元（龙岩人）接到家信后对张策安也大为不满，弄得国民党闽西当局在政治上非常孤立，最后只得按照协议发饷。

张策安眼看阴谋一一失败，很不甘心，又策划另外一个阴谋：11月上旬的一个晚上，派人偷偷摸摸放火烧掉了龙岩通往雁石的铁石洋见龙桥，第二天即在龙岩城大肆造谣，说："不得了啦，共产党烧掉见龙桥，要进攻龙岩城了！"制造了"火烧见龙桥事件"，闹得满城风雨，企图以此作为武装进攻我军的借口。果然，张策安随即派保安团一个营开赴雁石，向我军发动进攻。但保安团那位营长总觉得师出无名，加之害怕会被我军吃掉，犹豫不决，不敢进入雁石，在离雁石五里路的厦老山头停下来。当时，我正从铁石洋带一个排回雁石抗日义勇军司令部，恰恰在厦老山头碰上了那位营长。我问明情况后，当即请他同往雁石我军司令部，去看看共产党是否要进攻龙岩城，并反问他："如果共产党要攻城，为什么反而把见龙桥烧掉呢？"那位营长来到雁石，所看到的是义勇军正在举行体育比赛大会，毫无进攻龙岩城的迹象，对张策安耍的阴谋诡计便大为不满。我党为了顾全大局，决定将部队退到离雁石五里路的苏邦村，请那位营长"接驻"雁石，让他好向上级交差。但是明确地告诉他：如果他们要再进占，就给予歼灭性的打击。该营长很受感动，表示："你们如此正义堂堂，我决不向你们进攻，如我先开枪，我就是汉奸。"我们要求他弄清真相：到底是谁放火烧毁见龙桥，制造摩擦事件？又是谁破坏合作抗战？该营长表示："这些我已完全清楚，你们是真诚抗日的，我出于服从命令，没有办法，但我个人决不愿打内战。"

那几天龙岩城内非常紧张，日夜戒严，交通断绝。到第四天，张策安眼看进攻雁石义勇军的仗没有打起来，阴谋又失败了，只好来恢复关系，派几个代表送了一些棉花、纱布、西药到苏邦来。

国民党当局非常害怕我党的宣传。他们看见自己的反共阴谋在广大群众面前彻底地揭露了，日子很不好过，便通过涂思宗要求我党停止宣传战。我们也通过涂思宗对他们说："要我们停止对你们的批评，你们应首先停止反共。"驳得他们无词答对，哑口无言。

不久，我和谢育才同志又进龙岩城与国民党当局接触，继续解决游击队集中后的各种问题。这时，国共两党关于将南方红军游击队改编为新四军的谈判，已有了头绪。张云逸同志奉党中央的指示到福建与陈仪交涉。

张云逸同志与陈仪谈判后，来到龙岩巡视，他代表党中央与中央军委，慰问义勇军全体指战员，然后带闽西南军政委员会秘书长温仰春同志到福州，和陈仪交涉，解决释放闽南红三团被捕人员及归还被缴枪械问题。

10 月，金门沦陷，中共闽粤赣边省委立即发出"对日抗战保卫漳厦"宣言和快邮代电，主张闽西义勇军经闽南开赴漳厦前线，抵抗日军的进攻，要求划给我军独立作战的防线，在我党指挥下与友军协同作战。国民党当局马上向我们建议，由他们派汽车给我们运送部队。为防止他们有可能在半途对我进行伏击，我们谢绝了他们的"好意"，告诉他们：我们都有两只脚，跑山路跑惯了，可以步行走山路开赴前线。国民党听到我军如此打算，又恐我主力到达闽南与红三团配合，将群众发动起来，进一步发展壮大，更不可收拾，便复电说："只能静待命令，不可擅自出动。"国民党的所谓合作抗日，由此也可见一斑！

不久，新四军军部成立，闽西义勇军编为新四军二支队，奉命全部移驻龙岩白土集结待命。这时白土成了令人瞩目的抗日运动中心，闽粤赣边区各地党组织，漳厦、潮梅的抗日党派和爱国知识分子，海外闽粤籍爱国侨胞，都纷纷前来寻找关系，或投奔红军参加抗日战争。中共闽粤赣边区省委在白土办起了大规模的训练班，培养大批干部，以派往各地开展抗日救亡运动，或充实我军扩大队伍。这又把国民党地方当局吓慌了，便希望我军快快开走，为此还特地给我军送来了 600 元的开拔"茶水费"。

1938年2月中旬，张开荆同志带领汀（长汀）瑞（瑞金）边100多名游击队战士来龙岩集中，我闽南部队也于下旬到达龙岩。各地坚持游击战争的队伍的会师，更壮大了我军的军威。

这时，我军决定在龙岩城设立新四军二支队办事处，公开挂出牌子。国民党闽西当局在办事处的办公地点问题上又来多方刁难。一位具有爱国心，有正义感，同情我党抗日主张的牙科医师陈博仁，毅然将设在龙岩城西门的牙科诊所腾出来给我们作办事处，自己搬往城外西安乡老家设诊所看病，并公开宣布无代价给红军指战员尽义务看病。陈博仁医师的行动又一次说明，我党有广大群众支持，什么困难都是可以克服的。在那些日子里，龙岩城和白土镇热闹非常，老百姓天天来慰劳。

新四军二支队在白土开过抗日誓师大会后，在张鼎丞、邓子恢、谭震林同志的率领下，1938年3月1日由龙岩出发，向皖南抗日前线挺进。闽西千百万群众目送自己的亲人上前线，他们依依不舍，频频招手："打败了日本鬼子就要回来呵！"

这时，根据党中央指示，闽粤赣边区省委改组为闽西南潮梅特委，并由方方同志任书记，方方、谢育才、范乐春和我为常委，我和范元辉同志担任组织部正副部长，不久李碧云同志任宣传部长，领导留下来的我党武装和各地党组织，根据中央制定的方针政策，继续开展抗日救亡运动。

1988年5月

选自《南方三年游击战争·闽西游击区》，第488—495页。

魏金水，1906年生，福建龙岩人。1929年参加中国工农红军，同年

加入中国共产党。南方三年游击战争时，任闽西红军独立第八团政治部主任，中共龙岩县委书记兼县军政委员会主席、龙（岩）南（靖）漳（平）军政委员会主席等。新中国成立后，曾任中共福建省委农村工委书记，中共福建省委书记处书记，福建省委副书记，福建省副省长、省长，福建省政协第二届、第四届委员会副主席，中共中央顾问委员会委员等职。1992 年在福州病逝。

红军长征纪实丛书·副编

南方三年游击战争卷

2

中共中央党史研究室 编

中共党史出版社

本册收入第五至第九部分文章35篇

五、闽北游击区

黄道与三年游击战争

黄知真

闽北革命根据地，地处信江以南，闽江以北，武夷山脉北段，闽赣两省的毗邻地区，是连接赣东北苏区和中央苏区的桥梁，战略地位十分重要。它以武夷山为依托，西出江西，北上浙江，东至大海，南下闽中，有广阔的活动空间和回旋余地。它既有秀丽的武夷山区，又有肥沃的建溪平原，盛产粮食、木材、毛竹、茶叶等，素有“福建粮仓之称”，资源极为丰富。

历史上,闽北曾经爆发过多次农民起义。1926年,建立了党的组织。1928年到1929年，在党组织和徐履峻、杨峻德、陈耿、徐福元等同志的领导下，在崇安的上、下梅和铅山的石垄、东坑、车盘等地相继举行起义，创建了以崇安为中心，包括崇安、浦城、铅山、建阳等县部分农村的革命根据地，建立了工农红军第五十五团。群众基础深厚，富有革命传统。

1930年,党中央决定闽北、赣东北两根据地合并,组成赣东北省（后为闽浙赣省）。方志敏同志先后两次率领红十军入闽作战，攻克浦城、赤石、星村、石塘等重要城镇，对闽北根据地的巩固和发展创造了有利条件。省委先后派出几批干部，加强闽北的领导，成立闽北分区委，领导根据地斗争，进行根据地的建设。此时，闽北是闽浙赣革命根据地的一个重要组成部分，而且是一个独立作战的主要组成部分。

黄道同志是1931年到闽北任分区委书记的。他早年投身革命，中学时代就在南昌二中参与发起组织“江西改造社”，出版《新江西》，研究和宣传马克思主义。1923年去北京师范大学学习，加入中国共产主义青年团，次年加入中国共产党，曾担任北师大党支部书记和北京学生联合会的领导工作，参加过著名的三一八运动。大革命时期先后在横峰、南昌领导革命工作。第二次国内革命战争时期，参加过八一南昌起义，尔后遵照党的指示，同方志敏、邵式平等同志一起，领导了弋横起义，是赣东北革命根据地和红十军的创建人之一，担任省委组织部部长、省军区政治部主任、代理省苏维埃主席和中华苏维埃共和国中央执行委员等职。1931年，因为抵制王明“左”倾冒险主义路线，被排斥出省委常委，调闽北任分区委书记。从1931年到1937年，除在一个短时间到闽赣省委担任领导工作之外，他一直战斗在闽北，为闽北根据地和红军的建设，付出了全部心血和精力。

在分区委的领导下，闽北革命根据地日益发展，红军和地方武装不断壮大，政权建设、经济建设和文化建设都取得了显著成绩。特别是从1934年到1937年，面对数十倍于我之强敌，在极端困难的条件下，独立地坚持了艰苦卓绝的三年游击战争，取得了光辉的胜利。

闽北三年游击战争的全过程，大致可分为以下三个阶段：从1934年底到1935年秋，实现了由苏区到游击区的转变；从1935年秋到1936年底，实现了主要是坚持原苏区内线作战到坚持以原苏区为依托，大胆挺进敌后作战的内线与外线相结合的转变；从1936年底到1937年，实现了由国内革命战争到全国抗日民族解放战争的转变。

闽北党组织在与党中央失去联系的情况下，独立自主地分析形势，作出判断，制定政策，战胜了重重困难，顺利完成了上述转变。不仅保存了革命阵地，保存了革命武装，保存了革命组织，而且还将游击根据地逐渐扩大到包括崇安、铅山、建阳、浦城、建瓯、松溪、政和、屏南、古田、周宁、寿宁、南平、邵武、光泽、顺昌、将乐、泰宁、建宁、贵溪、金溪、资溪、上饶、广丰等20余县的广大地区。

迎接暴风雨

1933年9月，国民党第五次“围剿”开始，敌人占领黎川、光泽，建成从江西南城经黎川、光泽，至福建邵武、顺昌、南平的封锁线，割断了闽北苏区同中央苏区的联系。1934年10月，主力红军离开中央苏区，开始二万五千里长征；北上抗日先遣队离开赣东北苏区，进军皖南。敌人集中第七十六师、十二师、二十一师、五十六师、新编第十一师、独立第四十五旅、“剿匪军”第二纵队和闽赣两省的部分保安团队，共十余万人，进一步加紧对闽北根据地的进攻。而我军只有原闽北独立师改编的红七军团第二十师第五十八团、闽北独立一团、独立二团、红三团和各县独立营、区游击队等地方武装，总兵力5000人左右。到1934年年底，敌人凭借优势兵力，构筑碉堡，龟步前进，先后占领了崇安县城和星村、黄坑、石塘、二都桥等城镇；根据地各县陆续转入游击战争，只有以大安为中心方圆不足百里的中心区域，暂时还比较安定。

这时，国民党第十二师和独立第四十五旅从铅山和崇安两个方向南北对进，矛头都指向闽北根据地首府——大安。南线，独立第四十五旅向崇安以北的四渡桥猛扑，我分区教导队一部，凭借险要地形和坚固碉堡，在人民群众的全力支持下，依靠红军战士高昂斗志，顽强地阻击敌人。从1935年1月3日到10日，经过八昼夜的浴血奋战，给了敌人以很大杀伤，但终因力量悬殊，不得不撤出战斗。随后，敌人继续向我洋庄、路口、小浆一线修筑碉堡，步步逼进。北线，第十二师占领铅山以南的紫溪后，继续向车盘、分水关进犯。

主力红军长征前，党中央决定设立苏区中央分局、中央政府办事处和中央军区，由项英、陈毅同志统一领导。要求各苏区在原地坚持游击战争，积极牵制敌人，以便将来配合中央红军，夺取反攻胜利。

然而，怎样执行中央的指示在原地坚持斗争？分区委发生了激烈的争论。

分区司令员李德胜，继续坚持“以红色堡垒对白色堡垒，不失苏区一寸土地”的方针，先是主张死守四渡桥，以后又主张继续在洋庄、小浆和紫溪岭、车盘等地构筑红色碉堡，“坚决阻住敌人，誓死保卫大安”。

黄道同志回顾中央苏区的广昌保卫战和赣东北苏区的猪头山、赭亭山、老鸦尖之战，我军打得很英勇，但都没有阻止敌人的进攻；而赣东北起义时，红军数量虽少，但依靠人民群众，以游击作战与敌周旋，却能由少到多，由弱到强，建立革命武装，创建革命根据地的历史经验。想到闽北苏区情况，以5000之众面对十万强敌，力量如此悬殊，要死守一地绝难守住，要处处设防将防不胜防。四渡桥一仗，给敌人以大量的杀伤，自己伤亡也不小，最后不得不撤下来。现在我们有一支很能打仗的部队，有一块基础很好的根据地，有根据地中觉悟很高的群众，如在武夷山区打游击，则可以同敌人长期周旋。

经过反复考虑，黄道同志认定大安是守不住的，不但大安守不住，其他重要村镇也将落入敌手。与其同敌人争夺大安，消耗有生力量，不如主动撤出大安，保存有生力量，依靠广大山区坚持打游击战争。

他针对李德胜的观点，严肃指出：在目前的情况下，想依靠碉堡，分兵把口，打阵地战来保卫苏区是保不住的。要准备在主要城镇和交通要道都被敌占领的情况下，在武夷山区依靠群众打游击。他还指出：开始的斗争将极其艰苦，经过一段时间，我们逐渐适应了新形势，情况又会慢慢好起来。

他耐心地引导大家实事求是地认识闽北党和红军所面临的情况，作出正确的决策，得到了黄立贵、吴先喜、曾镜冰、曾昭铭等多数同志的支持。经过激烈争论，分区委否定了李德胜的主张，作出了“主动撤出大安，依靠武夷山，依靠老区，坚持游击战争，保存有生力量，配合中央红军，夺取反攻胜利”的决策。

为了适应游击战争的需要，分区委还作出了一些重要的决定：

一、红五十八团在洋庄、小浆一线，阻滞敌人的前进，掩护领导机关的转移。

二、分区各党政领导机关精简机构，清理文件，减少马匹，实行轻装，做好撤离准备。

三、各级党政领导机关随军行动。分区党政领导机关随军分区行动，各县成立游击指挥部，县苏主席兼指挥，县委书记兼政委，县级领导机关随独立营行动，各区组织游击队，区苏主席兼队长，区委书记兼指导员，区委、区苏随游击队行动。

四、在可能被敌占领的地方，建立秘密的党团组织。能就地隐蔽的同志就地隐蔽，能转往他地隐蔽的同志转移地方隐蔽，不能坚持隐蔽斗争的同志转入游击队，实行公开斗争和隐蔽斗争相结合。在敌人占领后，有条件的，还可以争取当保甲长，以应付敌人，保护群众，配合武装斗争。这是赣东北地区曾经用过的，后来被形象地称为“白皮红心”的政策。

因为原来的苏区党、团组织都已公开，有些一时无法找到地方隐蔽的同志，还采取过一些特殊办法。譬如张采姬同志，为了派她回去坚持隐蔽斗争，在撤出大安以前，团分区委曾专门开过一次支部大会，批评她“政治动摇”，宣布“开除党籍”，遣送回家。会后曾镜冰亲自找她谈话，布置了隐蔽斗争任务，秘密发给她党籍证明。她在洋庄做了许多有益的工作，领导群众反抓丁，给红军游击队送情报，送粮食，买物资。后来在一次策动敌人起义时事泄，被敌人砍了 13 刀，身负重伤。

撤出大安街

按照分区委的决定，分区各机关紧张地进行撤离大安的各项准备工作。在干部和群众中进行思想动员，分析当前的形势，讲解分区委的决定。各单位都在清理文件，精简人员，实行轻装，除了黄道和李德胜的坐骑之外，其他的马匹统统杀了，机关饲养的猪也杀了。吴华友还特地为大家做了广东菜——烤小猪。

这时，接到中央的电报，记得大意是：主力红军已经突破重重封锁，渡过湘江，到达贵州，中央准备建立以遵义为中心的川黔边新苏区，取得与四方面军和二、六军团的密切配合，粉碎敌人第五次“围剿”。

中央红军的胜利喜讯，更增添了同志们的胜利信心，大家高兴地歌唱：

中央红军野战军，
沿途胜利多得很，
已经打到贵州、四川的边境。
会合红四方面军，
创造新的根据地；
彻底粉碎国民党的五次围攻。

同志们还积极响应分区委“每人送敌人一份见面礼”的号召，准备了许多地雷、挨丝炮。挨丝炮本来是福建人民在深山老林里用来对付野兽的土炸弹，现在用来对付两条腿的“野兽”，又有了新的用武之地。撤出大安以前，街道上、房屋内、操场中、菜园里，甚至锅灶下，都装上了地雷和挨丝炮。

我五十八团在洋庄、小浆一线，配合当地游击队、赤卫队，以袭击、伏击、骚扰等方法阻滞敌人前进，在路口设伏，歼灭一个营。

1935 年 1 月 25 日，北面之敌已接近分水关，南面之敌也进到离大安十里的小浆，和我们只隔着一个山头。那天晚上，同志们集合在大安对面的河滩上，遥望沉睡着的大安，静悄悄的，只有小河的潺潺的流水声。

就在这时，黄道同志出现在队伍的面前：

“同志们，今天我们就要撤出大安了！”一句话，打破了沉闷的空气，吸引住大家的注意力。“现在，我们一切都准备好了，地雷挨丝炮也都装满了。敌人占领大安，除了迎接他们的地雷、挨丝炮之外，什么也得不到。从今天起，我们要转入艰苦的游击战争，在闽北老根据地的崇山峻岭中和敌人周旋。我相信，我们将胜利地回到大安，我们一定会回来的。”

随后，在一声“出发”的口令下，同志们怀着惜别的心情，告别了熟悉的大安，默默地登上了大安东面的高山。

第二天，我们坐在山上，遥望大安，只见片片火光，团团浓烟，隐约听见阵阵爆炸声。不用说，那是敌人接受了我们的“见面礼”。

撤出大安，标志着闽北根据地全面进入游击战争环境。

分区领导机关撤出大安以后，先驻在道观厂，再驻虹溪，2 月初转到长涧源、坑口一线。在这里，接到中央电报，主要内容是：老苏区面前的任务是坚持游击战争，要实现由正规战到游击战的转变，要组织小分队，要有计划地分散活动，环境有利则集合歼敌，不利又分散下去。要紧密联系群众，在群众中站稳脚跟。要占领山地，灵活机动伏击袭击，出奇制胜。要精简领导机关，派得力干部到地方去加强领导。

学习了中央指示，分区委认为，中央指示完全符合闽北的情况，要坚决贯彻执行；大安会议的决定符合中央指示精神，要坚决执行，依靠群众，依靠山区，坚持游击战争打击敌人，保存自己，并使各方面的工作都能适应游击战争新形势的需要。同时，作了一些新的部署。

一、为了有利于根据地中心区域独立自主地领导当地的斗争和加强各县的领导，分区委决定成立崇安中心县委，领导大安以东的崇安老区的斗争，曾昭铭同志任书记；将大安西南的崇安、建阳老区划出，成立西南战区，汪林兴同志任书记，领导这里的斗争。同时，分区领导机关抽调一批领导同志到各县去，如分区苏维埃主席温卿绍同志去邵武，总工会主席吴华友同志到广浦，总工会青工部长王荣森同志到建阳。

二、完善党政军一体化的领导体制，分区党政领导机关，进一步精简，压缩非战斗人员，充实战斗部队，各县、区党政领导机关也要坚决进行精简，彻底执行轻装，以利于随县独立营和区游击队行动，更加机动灵活，对付敌人“清剿”，打击地主武装，保护群众利益。

三、为使各主力团队更加机动，以分为主，能分能合，分散时能在全分区范围穿插自如，必要时又能集中歼敌，决定重建闽北独立师，黄立贵任师长，卢文卿任政委。下辖四个团：以五十八团两个营为基础组建一团，闽北独立一团为基础组建二团，五十八团一个营和分区直属机关精减的人员组建三团，独立二团为基础组建四团，全师3000人。1935年2月12日，闽北独立师宣告成立，2月14日各团即按计划分散活动。黄立贵、曾镜冰同志率一、三团到江西铅山地区，二团留在崇安、广浦地区，四团去建阳、邵武、光泽地区，配合各地党组织和游击队，开展游击战争。

独立师各团分头出发，分区委对崇安、广浦地区的工作作了部署后，率领导机关由崇安出温林关，到江西铅山，准备在铅山活动一个时期，再转移到建阳、邵武、光泽地区。

第一个考验

分区领导机关到达铅山县境，经下渠、车盘转到篁村。黄道同志在篁村召集李德胜、黄立贵、曾镜冰、王助和铅山县委书记黄怀仁研究当前形势，决定放弃石垄，黄立贵、曾镜冰同志率第一团和三团两个营到资（溪）光（泽）贵（溪）地区，第三团一个营继续留铅山，背靠武夷山，在闽赣边界坚持游击战争。

就在这天下午，从一张上海的《新闻报》上，看到北上抗日先遣队失利和方志敏同志被俘的消息，大家心情都很沉重。晚饭时，黄道同志一再叮嘱黄立贵同志，形势可能会更严重，活动也将更困难，要有这个精神准备，下决心使自己的思想行动，尽快适应新形势，到资光贵后，要随时注意掌握情况，或留资光贵，或到邵顺建，或去建松政，你们可视情况变化自行相机决定。李德胜则拍着胸膛说："没有问题，就是战到最后一个山头也能坚持。"他表面上似乎很勇敢，心灵深处却想到了"最后一个山头"，流露出惶惶不安的悲观情绪。

当晚，黄道同志久久不能成眠。夜深人静，万籁俱寂，想到多年患难与共的亲密战友，他再也抑制不住自己的感情，不断轻轻呼唤着方志敏同志的名字，串串泪水夺眶而出。我坐在他身边，安慰他说："爸爸，不要听敌人那一套。国民党就会吹牛，今天说抓住了这个，明天又说抓住了那个，他们不是也多次说过抓住了你吗？其实谁也没有给抓住，这次肯定又是在吹牛。"他摇了摇头，神情庄重地说："你不懂，这次可能是真的。赣东北的情况已不同当年了。"接着又说："从早期革命活动到赣东北起义，志敏、式平和我，都是亲密的战友，共同经历过多少艰难困苦。现在志敏被俘，我失去了亲密的战友，赣东北人民失去了敬爱的领袖，当然悲痛。但是，更重要的是今后我们的担子更重了。"

第二天，我们转移到离篁村15里的东坑，敌人随后进了篁村。下午，李德胜对黄道同志说，他打算到前面去看看情况。黄道同志同意了，并且叮嘱他多带些人，注意安全，早点回来。谁知他只带了一个参谋和一个警卫员。出去不久，警卫员押回一个篁村出来"打鸡子"的俘虏，说："司令员还要到前面继续侦察。"晚饭前，参谋也回来了，说是快到篁村时，司令员要他先回来汇报情况："敌人已在篁村宿营，司令员还要到前面去看看。"还带回了李德胜的一件皮革大衣。

从这天下午起，黄道同志一直坐在火炉旁，一边吸烟，一边沉思，回顾李德胜种种不正常的行径，估计很有可能叛变投敌。

吃过晚饭，仍不见李德胜回来。为防不测，黄道同志提笔亲自给黄立贵、曾镜冰、吴先喜、曾昭铭等同志写信，通知他们今后司令员的命令，都必须有政委署名，否则一律无效。信写好了，派人送出去了，时间已近子夜，还不见李德胜的影子。黄道同志站起身来，走到门口，尽管外面浓云密布，大雨倾盆，他还是毫不犹豫地发出命令：立即向桐木关方向转移。

雨夜行军，道路泥泞，山陡路滑，沿途多是年久失修的独木小桥，加上当时我们的无线电台又十分的笨重，一路上走走停停，走的时间还没有停的时间多，20 多里的山路，足足走了半夜，拂晓才到达桐木关。这里海拔 1700 多米，春寒料峭，晨风吹在身上，透过汗浸雨淋的湿衣服，使人感到既累又冷。

刚到桐木关，后卫传来发现敌情的报告。黄道同志明白，原来的判断已得到证实，最坏的情况出现了。他命令教导队留下一个排掩护，机关迅速向三港转移。在离桐木关五里左右的一个小村边遇到吴先喜、温卿绍、彭喜财同志，原来他们率领四团，正在三港一带活动，得到消息特地来迎接我们。黄道同志高兴地说：“你们来得正好。”随即简单地向他们说明李德胜已经叛变，正带领敌人追击我们，并指示他们立即派专人带电台转移到安全地带，其他问题到三港再作研究。

到了三港，电台队继续前进。我们刚刚坐下，还没喝完一碗茶，后山就响起了密集的枪声，教导队同敌人打响了。吴先喜第一个走出大门，同温卿绍、彭喜财一起率领四团抢占阵地阻击敌人，掩护分区领导机关转移。

黄道同志带领我们走出三港村口，沿着电台队转移的路线，向左边山沟没走多远，前面又响起了枪声，是电台队同敌人的迂回部队遭遇了。黄道同志向四面观察了一下，沉着地指挥大家沿着右边的山沟，利用梯田形成的死角，冲出包围，到对面山上集合。队伍冲出来了，也冲散了。

敌人在三港停留了三天，天天出来搜山，李德胜天天跟着敌人出来，拉开嗓门喊话："我就是李德胜，你们出来投降吧，保证生命安全。"尽管他喊破了喉咙，却没有一个人理会他。第四天，敌人撤走了，部队陆续回到三港集合。

事后了解到，李德胜叛变以后，从篁村带着敌人一个主力团，轻装追击我们。

这一仗，是一个胜仗。敌人的追击、包围没有达到消灭我们分区领导机关的目的。叛徒李德胜的喊话也没有叫走一个人，大家都经受住了这场严峻的考验。这一仗，也可以说是一个败仗。几次轻装以后，剩下的一点坛坛罐罐统统丢光了。敌人回去时，东坑附近的后方医院也受到了损失。最令人痛心的是，无线电台队同迂回之敌遭遇，因为机器过于笨重，突围时无法抬走，只好忍痛将它砸烂，推下山沟，从此完全失去了同党中央的联系。

李德胜虽然到闽北时间不长，在干部、战士和群众中的威望不高，但他毕竟是司令员，他的叛变不能不在红军指战员和群众中产生一定的影响。为了及时消除这种影响，分区委决定：撤销李德胜分区司令员职务，永远开除李德胜的党籍，在干部、战士和群众中公布李德胜的罪行。同时，任命吴先喜同志为分区司令员。

黄道同志宣布了分区委的决定，作了长篇讲话，还亲自为部队编写了一首《骂李德胜歌》歌词是：

李德胜，真混蛋，
敌人进攻他就慌张。
借口探敌情，
公开去投降。
带了敌人追击我们到三港，
贪生怕死最可耻，

拖枪投敌黑心肠。
红军战士真坚强，
见了叛徒就开枪。
反革命的阴谋全部破产。

李德胜，真可耻，
背叛革命去投敌。
不做革命人，
宁做反动鬼。
向着敌人打拜磕头无廉耻。
参加革命要坚决，
为何半路去反水？
人人骂你是反贼，
一世头都抬不起。
这样的人生不如死。

同志们，不要惊，
革命好比火炼金。
真金不惜火，
怕火非真金。
一切杂质一经火炼现原形。
革命同志心如铁，
任何艰苦不变心。
为着工农的利益，
不顾一切的牺牲。
最后的胜利属于我们。

经过一段时间的学习和教育，同志们的胜利信心更坚定了。在此基础上，分区领导机关又进行了一次整顿，进一步实行党政军领导机关一体化。各县、区党政领导机关同独立营、游击队也更加合为一体。

艰苦的岁月

经过三港整顿，分区领导机关转移到大安西南的溪源、浆溪一带。这时，敌人在根据地内的主要封锁线已经建成，一面继续加紧构筑碉堡，扩展封锁线，一面疯狂进行分区“清剿”。我们在双溪口，发现敌情，转移到北坑，敌人随后进占双溪口。

北坑，距离双溪口约 20 里，在武夷山主峰黄岗山的东麓，是一条长长的大山谷。这里奇峰峭壁，曲涧飞瀑，茂林修竹，景色秀丽。崎岖蜿蜒的山间小道，串起四个小村庄，加在一起只有几户人家。因为这里地形险峻，只有通向双溪口的一条小路。敌人很难进来。然而敌人驻守双溪口，我们也不易出去。

这时，我们最大的困难是吃饭问题。我们每个人携带的一点粮食吃不了几天，群众也没有余力支援我们，大家只能节省着吃。记得有一次五斤米做了 100 多人的“稀饭”，清可见底，一碗粥也捞不到几颗米粒。粮食越来越少，就上山挖蕨根、竹笋和苦叶菜、糯米藤之类的野菜补充，黄道和吴先喜决定尽快转移出去。但路口有敌兵把守，有位老人说 30 多年前有人从小路翻过黄岗山，走 50 里能到江西。循着这条线索，派人寻找了几天，路的影子也找不到。吴先喜同志说：“找不到路，就砍出一条路走。”可在深山密林中，开路谈何容易！一个排砍了几天，还砍不到三华里。

然而时不待人，粮食早已吃完了，蕨根野菜也越来越难找了，同志们饿得浑身无力，站着想坐，坐下想躺，躺下就不想再起来。黄道同志下了决心：从双溪口冲出去！

经过周密的研究和安排，一天晚上，大家吃了一餐野菜，乘着朦胧的夜色，在小河上架设竹桥，准备必要时进行强渡。桥架好了，突击队员过去了，同志们紧张地等待着。时间一秒一秒地过去了，双溪口却静悄悄的毫无动静。不久,突击队员回来报告:敌人已经从双溪口撤走了。原来敌人同样遇到了吃饭问题，又熬不过我们，只好先撤走。

离开北坑到溪源，得知粟裕、刘英同志率领挺进师途经闽北，将转到浙西南，已到车盆坑。分区委决定越过封锁线，回师大安以东地区。入夜，我们站在大安后面的高山上，看到从大安到黄连坑，沿路已燃起堆堆篝火。没多久又听到清脆的枪声，侦察员打响了，知道敌人已有准备，撤回浆源待机。几天以后，再从大安以北越过封锁线。那天晚上，细雨绵绵，天暗路滑，走的又是羊肠小道，行进速度很慢，掉队的同志不少，拂晓时，仍有少数人过不来。这次虽然没有受到大损失，但是又一次暴露了领导机关的行踪。

4 月以后，情况更为严重。敌人已经修建了几十条封锁线，将根据地中心区域分割成几十块。所谓封锁线，实际上就是碉堡线，每隔几百米构筑一座碉堡。每座碉堡守敌不多，但碉堡之间火力可以互相支援。再在封锁线上的重要村镇，设置据点，驻以重兵，利用封锁线分区轮番“清剿”。他们妄图用这种办法隔断根据地的相互联系，消灭红军游击队。按照陈诚的说法，这叫作“撒开大网捕鱼”。还有更狠毒的一招，叫作“移民并村”。强迫据点外的群众搬进据点，在他们难于控制的地方制造“无人区”,拒绝搬迁就以匪论处。在据点里建立保甲制,实行“连坐法”,粮、盐、布和药品实施配给,进出据点要严格盘查,查到携带粮、盐、布、药等物资出据点，就以通“匪”治罪，他们妄图用这种办法隔断红军游击队同群众的联系，断绝我们的衣食来源。按照陈诚的说法，这叫作“抽干塘水抓鱼”。

敌人的封锁线、“移民并村”和反复“清剿”，使根据地群众遭受到严重的摧残，也给红军游击队带来了极大的困难。

密如蛛网的封锁线，对部队的作战和行动都很不利。封锁线密度大，回旋余地小，有的甚至就是一个山头，往往部队只要转移就必须通过封锁线。封锁线上的碉堡和碉堡的距离很近，道路不可能正在两座碉堡中间，往往还是在一座碉堡的脚下，只能晚上走，不能发出声响，不能暴露火光。部队多了，一个晚上通不过，部队少了，战斗力又会减弱；遇到敌人大部队“清剿”，白天不好转移，只能在山上隐蔽。

敌人的“移民并村”，制造了大批无人区，数以百计的村庄人烟绝迹，无数土地被荒草吞没。被迫搬进据点的群众，修碉堡，做苦役，配给口粮、食盐和日用品极少，过着饥寒交迫的日子。少数坚持不进据点的群众，只能躲进深山，靠野菜度日。在这样的情况下，红军游击队的物资供应自然极为困难。

闽北苏区的人民蒙受着巨大的灾难，红军游击队的处境同样艰苦，既要对付国民党的“清剿”，又要忍受疾病和饥饿的折磨，环境之险恶，生活之艰苦，一般人是难以想象的。然而，对于共产党人，对于红军战士，对于根据地人民，再险恶的环境也吓不倒，再大的困难也能克服。通过一次次实践，交道打得多了，办法也就学到了。

敌人封锁线上的一座座碉堡，看起来面目狰狞，十分可怕，可是一到晚上，却成了一只只爬不动的死乌龟。碉堡里的敌人晚上是不敢出来的，只能每隔几分钟用手电筒向四周照射一次，发现我军通过也只是鸣枪送行。摸到了这个规律，就有了对付的办法，白天不让通过就晚上过，大部队不让通过就小部队过，一条路过不了就多路过。只要能在一个晚上通过，敌人就只能望洋兴叹，没有多大的办法了。

对敌人的“分区清剿”，也有办法对付：人多目标大，就化整为零；住村庄受地形限制，就在山上露宿；条件稍好，还可以自建茅棚，怡然自乐。“搜剿”的敌人时常会派人在制高点上瞭望，通过发现炊烟寻找游击队的踪迹，我们就天亮以前吃早饭，天黑之后做晚饭，中午带餐冷中饭，昼伏夜动，学会一手能打、能跑、能躲的本领。有时白天睡足了，晚上没行动，就望着天空认星星学习辨认方向。黄道同志常常利用这种机会给我们上课，讲哲学，讲政治经济学，讲革命历史。

敌人的“移民并村”，同样也隔不断我们同群众的联系。红军缺少粮食，群众将自己省下的口粮和食盐，你一把、我一盅地凑在一起，晚上用绳子吊到据点围子外面送出来。红军缺少衣服，群众就穿两件衣服出，一件衣服归，穿着鞋子出，打着赤脚回，想尽一切办法接济我们。人民群众冒着生命危险，忍受着生活的煎熬，节衣缩食支援红军，极大地鼓舞了红军游击队的斗志。

就这样，我们采取“坚持山地，依靠群众，分散为主，时合时分，昼伏夜出，机动灵活，保存自己，打击敌人”这样一套行之有效的办法，克服了三年游击战争初期所遇到的重重困难。在封锁线上，在据点周围，在碉堡脚下，到处都有红军游击队在活动，埋地雷，剪电线，摸哨兵，打伏击，不断打击敌人。在据点里，在敌人的心脏，也有我们的同志领导人民坚持斗争，给红军游击队送情报、送粮食。

这些经验，来之不易，付出了血的代价。多少革命群众，为了抗拒“移民并村”，为了给红军游击队传情报、送粮食、送物资惨死在敌人的屠刀之下！多少红军战士，牺牲在封锁线上，牺牲在反“清剿”的战斗中，牺牲在疾病和严寒的煎逼之下。王助同志的一个小通讯员，就是在一个寒冷的夜晚冻死在黄岗山上的，死后他口里还紧咬着一个既为充饥又为御寒的干辣椒。

4 月中旬，我们在车盆坑北面的王子袋，曾遇到过敌人的一次夹击。那天吃过中饭，发现敌人从村子前面上来，前面刚刚打响，后山上的军事哨也发现敌人。在教导队的掩护下，分区领导机关沿着村左的小道转移，谁知这是一条群众砍柴路，走不到两里就没有路了。这时掩护部队已经跟上，前无去路，后有追兵。吴先喜同志当机立断地说：“同志们，路是人走出来的。”说完，他坐在地上，两手一撑，顺着山坡滑了下去。大家也抱着枪，跟着滑了下去。趟过小溪，爬到对面的山头。就这样，滑坡，上山，再滑坡，再上山，翻过两座山头后，终于甩掉了敌人。黄道同志望着对面山上时隐时现的敌人，风趣地笑着说：“还是我们滑行的速度快啊。现在敌人追不上了，走吧，同志们。”

这一仗，牺牲了几位同志，还有一些人失踪了，其中包括二团团长胡佑民。我们每个人，除了身上穿的衣服和携带的武器之外，所有穿的，盖的，统统丢光了。

王子袋突围以后，集合部队继续顺着山脊往上走。那一天，雨过天晴，风和日丽，我们坐在高山上，用望远镜向周围一看，好家伙，从廓前到长涧源，从坑口到车盆坑，从地源到温林圳，都有敌人在活动。黄道同志和吴先喜同志判断，敌人正在进行一次大“清剿”，决定迅速摆脱福建之敌，转到江西方面活动。队伍陆续登上了武夷山脉的仅次于黄岗山的又一高峰——五府岗。据说这五府岗能够看到福建延平府和建宁府、江西广信府和饶州府以及浙江衢州府。翻过五府岗，顺着北梁往下走，出了寮竹关，进入江西省。当晚，住在五府岗山下的金竹排。这是一个只有十几户人家的小村庄，属江西上饶管辖。我们在金竹排了解到，江西的敌情尚无变化，遂决心集中二团和四团，夺取敌人防守薄弱的甘溪镇。

奇袭甘溪镇

甘溪镇是上饶南乡的较大镇子，镇上有 300 来户人家，也是闽赣两省边界的物资集散地之一。甘溪距金竹排 50 多华里，靠近国民党在赣东北的指挥中心上饶，属赤白交界区，封建统治较强，大刀会活动猖獗，但这里没有封锁线，没有常驻的国民党的正规部队，只有一个六七十人的民团。

部队清晨从金竹排出发，黄昏时分到达距甘溪五华里的金钟山，听到前面山上传来阵阵螺号声和叫喊声，那是金钟山的大刀会正在向甘溪敌人报警。可是，他们做梦也没有想到，正是他们帮了大忙，当时夜幕开始降落，山道迂回曲折，他们只看到前面的尖兵排，后面看不清楚，便大喊大叫："红军来了，只有 40 几个人。"我们听到大刀会的叫喊，立即跑步冲向甘溪。黄道、吴先喜同志见敌人已有准备，用机枪封锁了街口的木桥，便命令部队撤向金钟山休息待命。经过进一步侦察，知道当天下午刚刚从上饶来了"剿匪"军二纵队的一个营。这股敌人尚未同我们打过交道，还没有吃过苦头，估计他们天亮后极有可能出来搜索，于是决定在金钟山和甘溪之间打一个伏击战，歼灭搜索之敌，相机夺取甘溪镇。

从金钟山到甘溪全是山路，凌晨二时部队陆续上山，进入伏击地。果然不出所料，上午敌人大摇大摆地出来了。我们看着他们一个一个地过了桥，一共 200 多人，全部钻进了我们的伏击圈。刹时间，枪声、手榴弹爆炸声、喊杀声响成一片，经过两个多小时的激战，敌除少数逃向甘溪外，全部被歼。甘溪守敌只能拼命用机枪封锁街头桥头，固守待援。

这一仗，虽然没有占领甘溪，但全歼敌人两个连，抓了几十个俘虏，缴获四挺轻机枪、200 多支步枪和一批军用物资，痛痛快快地打了一个漂亮仗，这是闽北红军转入游击战争以后，第一个干净利落的歼灭战。部队带着战利品离开金钟山，在毛楼、禹溪休整了几天。这一带，还没有经过土地革命，地主钱多粮足，人民却饥寒交迫，红军一到，就将地主的存粮分给劳苦大众，受到群众的热烈欢迎。这几日，真是处处军号嘹亮，人人喜气洋洋；还有不少青年参加红军。

我们经过温林关回到崇安温林圳，福建敌人的"大清剿"也结束了。

经过这一段的实践，证明分区委"主动撤出大安，依靠武夷山区，坚持游击战争"的决策以及一系列措施是正确的。面对强大的敌人，面对恶劣的环境，武夷山上的红旗依然迎风飘扬。

黄龙岩会议

甘溪战斗后，黄道同志思考着一个新的问题：怎样更好地坚持游击战争。

黄道同志从甘溪战斗的胜利，得到了启迪：敌人的薄弱环节很多，游击战争大有文章可做。敌人集中在苏区“清剿”，后方必然空虚，像甘溪这样的白区，敌人的兵力就只有那么多，这就是敌人的弱点。我们能否抓住这个弱点，打到敌后去，采取正确的政策，在那里打击敌人，争取主动。

经过一段时间的调查研究、缜密思考、酝酿和磋商，一个“以苏区为依托，挺进敌后，开辟新区，内线和外线相结合，开展游击战争”的设想，逐渐形成。

这时，蒋介石重新调整了部署，任命卫立煌为闽赣浙皖四省边区“清剿”总指挥，指挥部由南平迁到浦城，重点放在武夷山北段的崇安、建阳、铅山、浦城一线。他们将实力分为“追剿”和“驻剿”两部分，针对闽北分区领导机关和红军的主要活动区域，集中兵力进行“清剿”。我分区领导机关由坑口、车盆坑转移到岚谷以西的黄龙岩一带。

7 月，黄立贵同志率部队从建（瓯）松（溪）政（和）回来，向黄道同志汇报了建松政地区敌人兵力空虚、部队回旋余地大的情况。黄道同志非常高兴，建松政的经验，使他的设想进一步得到了验证和补充。8 月，在黄道同志的主持下分区委在黄龙岩召开了扩大会议，听取黄立贵同志的汇报，总结半年来游击战争的经验，研究今后的作战方针和政策措施。出席会议的有黄道、吴先喜、黄立贵、曾镜冰、曾昭铭、王助、饶守坤等同志。我当时是共青团闽北分区委宣传部副部长、分区儿童局书记，实际上主要作分区委的秘书工作，担任会议记录。

黄立贵同志汇报的要点是：建松政地区敌人正规部队不多，主要是地方民团，都驻在较大的集镇上，构不成封锁线；行动较方便，回旋余地大。地主基本上没有被触动过，圈有猪，仓有粮，家有钱，市场比较活跃，物资供应较容易解决。困难的方面主要是群众基础差，大刀会势力较强；但通过一段时间的工作，情况正在变化，群众对红军逐渐有所了解，有的地方已有一定的基础；大刀会的情况也不尽相同，有地主豪绅控制的反动武装，有被逼上梁山的“绿林”武装。经过几番较量，内部正在分化，一个叫作林熙明的大刀会首领，已表示愿意同我们合作。

黄道同志讲了话，将他反复考虑的想法，提请会议讨论。他说：敌人兵力集中在苏区，人民蒙受巨大的灾难，军队作战和生活也极为困难。敌人后方实力空虚，供应不成问题，我们不能只在苏区同敌人周旋，要敢于大胆打到敌人的后方去，调动敌人，打击敌人，使敌人防不胜防。他风趣地说：你搞到我的家里来，我为什么不能搞到你的家里去！我们要以老区为依托，主动挺进敌后，站稳脚跟，创造新的游击根据地。要逐步学会在新区打仗，研究一套新区政策。这些方面做好了，就能立于不败之地，取得闽北游击战争的主动权。

经过反复讨论，与会同志一致同意黄道同志的分析、判断和意见。会议确立了“以老苏区为依托，挺进敌后，开辟新区，内线和外线相结合，开辟游击战争”的指导思想。会议还根据新区情况，制定了一些新的战术原则和斗争策略：采取更加机动灵活的游击战术，以分为主，时分时合，奇袭、伏击，出奇制胜，善于捕捉战机，又善于摆脱敌人；紧紧依靠群众，关心群众利益，建立秘密党组织，发展多种形式的群众团体，隐蔽精干，长期坚持；采取正确政策，争取多数，打击少数；将没收地主土地改为向地主筹款和减租减息；将建立苏维埃政权改为分化、争取保甲长；对大刀会区别不同的情况，打击坚决与我为敌的反动武装，争取“逼上梁山”的绿林队伍。

黄龙岩会议，是一次极重要的会议，是闽北游击战争的一个重要转折点。从此，闽北的游击战争掀开了新的一页。

蛟龙入大海

黄龙岩会议以后，我主力部队分别从建松政、邵（武）顺（昌）建（阳）和资（溪）光（泽）贵（溪）几个方向挺进，重点在建松政，这里回旋余地大，是闽北、闽东、浙西南三块根据地的接合部。黄龙岩会议后，即由饶守坤、王助率二团挺进到建松政；黄立贵、曾镜冰率第二纵队先到邵顺建，尔后又率二纵一部回到建松政；叶全兴率三团在崇安、浦城、建瓯之间活动，同建松政相呼应；彭喜财率四团去资光贵地区，并配合刘文学同志在资光贵斗争。

我主力挺进敌后，犹如蛟龙入海。在建松政地区，连克玉山、东溪、东峰、迪口、临山、水吉等镇，消灭了一批地主武装，很快打开了局面：邵顺建地区在麻沙、莒口、界首、长坪等地，消灭了一批民团和大刀会，开辟了新游击区；资光贵地区，在昌坪、饶桥、冷水坑、陈坊等地建立了游击区，发展了组织，成立了资光贵中心县委。

敌人回师后方，新区的斗争又面临新的考验。他们虽然无力再在这样广阔的地区构筑碉堡，建立封锁线，也不能在这些地方搞“移民并村”，但是可以利用他们在通讯设备、交通工具、武器装备和兵力上的优势，采用“前堵后追”的方法对付我们，在主要城镇配置重兵，一旦发现我军，立即以数倍于我之兵力穷追不舍，前面再派重兵堵截。如果说，以前在内线主要是转移难，行动困难，吃饭困难，到了外线，则是跑路多，打仗多，有时天天跑，天天打，边跑边打，边打边跑。对于这种情况，虽然黄龙岩会议估计到了，研究了对策，大家精神上已有所准备，但开始一段时间，毕竟实践经验不足，也曾经吃过一些苦头。

1935 年 11 月间，黄立贵同志率领一个连在屏南的上楼村，被国民党新十一师和五十六师各一个营包围在一栋四面都是封火墙的地主房子里，从早到晚，打退了敌人十余次的进攻。至晚始突出重围。这一仗虽未受太大损失，但毕竟太侥幸了。后来，黄立贵同粟裕同志说到这件事，粟裕同志说："这种事情不能再有第二次。"黄道同志严肃地说："一次都多了，还能再有第二次？"

吃一堑，长一智。经过一个时期的实践，我们逐渐掌握了一套对付"前堵后追"的办法，有时走着走着，突然往山里一靠，隐蔽起来，让尾随之敌走过去，然后转身往回走，敌人再回过头来，我们已经舒舒服服地睡了一觉。有时利用茫茫夜色，派个小分队从敌人眼皮底下钻出去，制造假象诱敌去追，主力乘机摆脱敌人，等他们发觉上当，我们又赢得了宝贵的休息时间。有时背靠大山，敌人来追，就"叫花子打狗，边走边打"，慢慢打，慢慢走。从山脚打到山顶，从白天打到天黑，夜晚再向山的另一边滑下去，敌人绕大路，要比我们多走几十里。就这样，总是以逸待劳，牵着敌人的鼻子兜圈子，拖得他疲惫不堪。有机会，就在敌尾巴揍上一拳，抓几个俘虏缴几条枪。有时，还可以利用有利地形打个伏击，取得更大一点的胜利。1936 年 2 月，黄立贵、曾镜冰同志曾经采取这些办法，牵着周志群的新编十一师，从建瓯、顺昌、将乐、建宁、泰宁、光泽、邵武一直拖到建阳，行程千余里，把他们肥的拖瘦，瘦的拖垮，最后在建阳界首设伏，毙、伤敌 300 多人，打了一个漂亮的伏击战。

政策显威力

红军游击队之所以能在新区站稳脚跟，不仅在军事上采取了正确的战略战术，而且还在政治上执行了正确的新区政策，最大限度地团结了各种可以团结的力量，争取了多数，孤立了敌人。

我们在新区停止没收地主土地，只向地主筹款和减租减息，有利于争取多数，缩小打击面，避免树敌过多。在当时的条件下，也是能使新区群众得到实际利益的办法，有利于分化、瓦解，教育和发动群众。使群众了解我党我军是处处为群众着想，为群众谋利益的。我们对保甲长采取区别对待的政策，除少数罪大恶极、坚持与我为敌必须严厉惩处者外，凡愿意接受我们约法三章（不欺压百姓，不给敌人传送情报，帮助我军筹款筹粮）者，一律给予保护。在我党政策的号召下，多数保甲长愿意与我们合作，不少人还能为我收集情报。

争取大刀会的工作，成绩显著。大刀会是当地延续了数百年的群众武装组织，有的已被地主劣绅控制，坚持与我为敌；有些是“逼上梁山”的绿林武装。但帮派观念已很重，对红军很不了解。我们刚到新区时，几乎每到一地，都要同当地大刀会较量一番。他们临阵吃符念咒，自恃刀枪不入，惯于集团冲锋。三板斧确也有些厉害，不小心很容易被冲垮。经过几番较量，我们找到大刀会的弱点：怕见流血，怕见死人。我们使用机枪、手榴弹对付他们的集团冲锋，每个班配备两根晒衣服的竹叉子，专门对付大刀会的梭镖，一叉二绞三拖，准将梭镖头拉下来。这样，狠狠地打击与我为敌的大刀会的反动气焰，打出了经验，打出了威风，使他们见到“两只脚”（轻机枪）就害怕。

在坚决打击的同时，我们积极开展争取大刀会的工作，使多数大刀会能与我们合作，其中林熙明就是一个典型。

说到林熙明，此人颇有点意思。他30多岁，出身贫苦，略通文墨，当过几年兵，是一方的大刀会首领，拥有一支百余人的脱产队伍，在建松政地区很有点名气。我同他第一次见面的时候，他头戴一顶黄色小生帽，身穿一件大黄袍，长袍上用朱砂密密麻麻地写着各方神灵，从玉皇大帝、太上老君、释迦牟尼、孔老夫子、齐天大圣、关圣帝君一直到刘伯温，应有尽有。他还一心想当皇帝，不愿俯首称臣。所以将“熙”字改写成“䀿”字。他的队伍号称“顺天救民军”，一面杏黄色的大旗周围滚着金边，四角绣上“顺天救民”，拱卫着中间一个斗大的“林”字。他同当地土豪劣绅的矛盾很深，几次受到国民党政府的通缉。同我们合作以后，为我们争取其他大刀会出过力，还与我们联合作战过。在他的要求下，黄道、黄立贵、饶守坤等同志，都曾先后同他结拜为兄弟。争取大刀会的合作，非常有利于新的游击根据地的开辟和发展。

重闻欢笑声

我军挺进敌后，开辟新的游击根据地，迫使敌人从老苏区抽调部分兵力回援，不得不撤掉一批封锁线，放弃一些据点，而且像长涧源、廓前这样一些人口较多的村镇，敌人撤走时不可能把群众再带走，从前被迫搬到这些据点的群众又回到自己家园。所谓“拉起大网捕鱼”、“抽干塘水抓鱼”，随之宣告破产。

这些据点的敌人撤走了，红军游击队又回来了，群众重见了自己的子弟兵。现在是“鱼儿”得到了“水”，“水”又养活了“鱼”，大家一起撤碉堡，平围墙，处处都能重新听到鱼水相融的欢笑声。

共产儿童团员们高兴地唱着：

共产党领导真正确，
工农群众拥护真正多，
红军打仗真不错，
敲碎了国民党的乌龟壳。
我们真快乐！
我们真快乐！
我们真快乐！

亲爱的英勇的红军哥，

我们的胜利有把握，
向前杀敌莫错过，
把红旗插遍全中国。
我们真快乐！
我们真快乐！
我们真快乐！

我们的老根据地，有了一批住有群众的大小村庄，有几块较大的活动地区，其中最大的一块是大安东北、岚谷以西，包括长涧源、坑口、车盆坑、大王阁、五里排、王子袋、禹溪、温林圳、地源、磨石坑、廓前、苦竹畲、岚头、里泽、黄龙岩等几十个村庄，还有大安以南、星村以东的溪源、浆溪、双溪口、北坑以及星村以南，麻沙、界首以北的竹鸡笼直到光泽的猪母岗、大洲等等。留在苏区的各级领导机关和红军游击队，行动上也比较自由了。

随着敌人控制的逐渐削弱，老根据地的各项工作又活跃起来了。调整各级领导班子，重建党的支部、恢复各村苏维埃政府以及妇女、青年、儿童团等组织；领导和组织群众恢复生产，重建家园。在岚头、廓前、大洲等地还建立了供应站，对解决部队的给养起了很大的作用。苏区青年积极报名参军，我们的队伍逐渐扩大了。到了1936年上半年，闽北根据地扩大到东至松溪、政和，西至金溪、资溪，南接将乐、泰宁，北达广丰、浦城，包括20多个县的广大地区。内线外线可以密切配合，几块游击区可以互相支援，红军游击队可以往返穿插，游击战争的新局面已经打开。

洞宫山会议

随着形势的发展，闽北、闽东、浙西南三块根据地品字形地靠在一起，三支红军游击队经常互相往来，几个根据地的领导同志都感到需要进一步加强联系。粟裕、刘英、叶飞同志提议恢复闽浙赣省委，建议黄道同志担任省委书记。经过三方面多次书信往来，粟裕、叶飞、黄立贵、曾镜冰等同志也见面商谈过，确定在建松政地区召开一次三方面主要负责同志联席会议，交换意见，作出决定。

1936 年 4 月，黄道、吴先喜、黄立贵、曾镜冰同志赴建松政，在那里得知粟裕同志不久前已经来过，由于敌人紧紧尾随没有等到我们就返回浙西南，叶飞同志可能在最近到达，因此决定继续在这里等待叶飞同志。这段时间黄道同志亲自考察了建松政地区的情况，对这里的工作和所取得的成绩感到满意，肯定了在新区采取的政策。

几天以后，叶飞同志来了。在洞宫山的仰头村，闽北和闽东的主要负责同志举行了具有重要意义的联席会议。会议开了三天，出席会议的有闽东的叶飞同志，闽北的黄道、吴先喜、曾镜冰、黄立贵同志。我担任会议记录。

会上，首先由双方介绍了情况，交换了意见，认识是一致的。接着，叶飞同志提议成立闽浙赣省委，请黄道同志主持省委工作，以利统一领导，统一行动。他说，已同粟裕同志见过面，这也是他们的一致意见。黄道同志感到成立闽浙赣省委的条件还不成熟，而且粟裕、刘英同志没有来，也不能作出具体决定，请叶飞同志将他的看法转告粟裕、刘英。尔后，研究成立闽赣省委。叶飞同志提出闽东参加闽赣省委，希望闽北调一位军事干部到闽东独立师工作，黄道同志表示同意。会议决定成立闽赣省委，黄道同志任省委书记，同时还决定调卢文卿同志到闽东独立师工作。

洞宫山会议交换了情况，交流了经验。并就统一领导成立闽赣省委，取得了一致意见。尽管会后由于种种原因，闽北和闽东依然是各自领导本地区的游击战争。但是认识更加一致，联系更加密切，配合更加协调。

洞宫山会议结束后，王助、饶守坤同志继续留在建松政，黄道、吴先喜、黄立贵、曾镜冰同志带着林熙明回闽北老区。因为我们在这个地区活动了一段时间，目标已经暴露，敌人加紧了围追堵截的行动。

有一天，我们过建浦公路后住在一个村庄里，前有小溪，后有高山，村子两头都有门。那是一个风雨交加的晚上，大约8点多钟，林熙明按惯例到外面去拜菩萨，发现夜雨中时隐时现的手电亮光，估计是尾追我们的敌人，马上就跑进来报告。林熙明话未说完，村外就响起了密集的枪声。听到枪声，黄立贵一面说："不要慌，是民团狗。"一面率领警卫排冲了出去。一个冲锋，将敌人打退半里多路，乘势占领村外的土地庙，掩护领导机关转移。第二天，我问黄立贵同志："明明是国民党的正规军，你怎么说是民团狗？"他哈哈大笑地说："我早知道是正规军，民团狗哪有那么多的机枪，我说是民团狗，大家就不紧张了嘛。"

几天以后，路过有名的封建堡垒浦城县的十八村，当地的民团利用浓雾不断对我们打冷枪，以后又遇到堵截的国民党正规部队，为了抢占前进道路上的一个山头，教导队长光荣牺牲。最后在樟村还打了一仗，前面的制高点已被敌占领，后面尾追的敌人也逼了上来，集中火力，前后夹击，妄图将我们歼灭在一条右靠高山，左临悬崖的窄路上。黄道同志沉着指挥，黄立贵同志率部阻击尾追之敌，吴先喜同志率部向堵截之敌发起猛烈的攻击，夺取制高点，杀开一条血路，冲出了重围。

就这样，从洞宫山回崇安，先后打了六七仗，足足走了半个月。回到岚谷地区，也打到岚谷地区。

回到岚谷以后，黄道同志主持召开闽北党、政、军领导干部会议。根据洞宫山会议的决定，宣布成立闽赣省委，将闽北根据地划分为四个分区：崇安、建阳、铅山、广浦为闽北分区；建瓯、松溪、政和、屏南、古田、南平为闽东北分区；金溪、光泽、资溪、贵溪为抚东分区；邵武、将乐、顺昌、建宁、泰宁为闽中分区。闽北特委书记汪林兴、司令员熊家财。闽中特委书记兼司令员黄立贵。抚东特委书记兼司令员吴先喜。

闽东北特委书记王助、司令员饶守坤。独立师各团改为纵队建制。

这个时期，是闽北三年游击战争中的最好时期。根据地发展到 20 多个县，纵横 600 余公里，红军发展到六个纵队，达 3000 余人。

千里找中央

三年游击战争中，千苦万苦，莫过于同中央失去联系之苦。自从三港突围电台丢失，失去与中央的联系之后，我们只能从缴获的报纸的字里行间揣测党中央的意图。看到主力红军的行动方向，同志们是多么迫切地希望找到党中央啊！

省委决定黄立贵同志担任闽中特委书记兼司令员，就是准备让他在可能的条件下打通与原闽赣苏区的联系，进而找到项英、陈毅同志和中央分局。黄立贵同志曾几次率部渡过富屯溪，经过将乐、顺昌、泰宁到黎川一带，但都没有找到红军游击队，无法找到中央分局。当地群众说，已经一年多没有看到红军了。黄立贵同志在这种情况下，只得失望而归。

找不到中央分局，就直接找中央。1936 年 8 月，省委决定派吴华友同志去上海，设法通过白区的关系与中央取得联系。吴华友同志是广东人，曾在远洋货船上当过海员，参加过省港大罢工，在沿海几个城市联系比较广，情况比较熟。临行前，黄道同志拿出一条白绸短裤交给吴华友同志，上面有密写给党中央的报告，并交待他无论如何要找到中央。

过了几天，在叶全兴同志的安排下，吴华友同志肩负省委的重托，离开了闽北根据地，踏上了辗转千里寻找党中央的艰苦历程。他先到上海，后到香港九龙老家。直到 1937 年 2 月，他才在香港同接到他的信特地从美国回来与他联系的朱挺见了面。吴华友同志虽未直接找到党中央，但从朱挺那里得到了党中央“八一宣言”、《民主共和国决议》及《红军东征宣言》等重要文件。他非常高兴，立即密写转送省委。

回忆当时的心情，我们盼望找到党中央。真如久别父母的孩子盼见爹娘一样。黄道同志的公文包里，始终保存着几本电报密码本，尽管明知这些密码早已失效，还是像宝贝似的珍藏在身边，也反映了他的这种心情。

傲雪迎春到

1936 年底，国民党集中第四十五师、三师、七十五师、七十六师、十六师、六十三师、五十二师、八十师、独立第六旅及闽赣两省保安团队，对闽北根据地发动新的进攻，敌人兵力突然激增，形势发生急剧变化。敌人只要发现我军，即使是少数部队，也立即投以重兵，围追堵截。一时，各个地区的处境都极为困难。当时我们还没有同党中央取得联系，不了解全国总的形势，思想准备不足，交通又极不方便，特别是敌人兵力集中，来势非常凶猛，有些部队损失很大，不少同志壮烈牺牲。后来才清楚，蒋介石在西安事变中被迫接受我党“停止内战，一致抗日”的主张，停止了对我中央红军和陕甘宁边区的进攻，却采取“北和南剿”的方针，集中优势兵力，妄图一举消灭南方红军游击队。

这时，省委在建阳竹鸡笼一带遭到敌第七十五师的重兵“围剿”，打过几次激烈的遭遇战，黄立贵同志的爱人李冬娥同志壮烈牺牲，徐莲娇同志不幸被捕。各地区的同志，如彭喜财、叶全兴和其他一些县、区的领导干部，也在这段时间相继牺牲。尤其令人痛心的是吴先喜同志和黄立贵同志的牺牲。

1937 年初，吴先喜同志在资光贵地区遭到几路敌人的围攻，部队化整为零，分散活动。他带了一支小队伍在光泽县柴家与敌遭遇。吴先喜同志率部占领村口的两个山头，敌人攻击吴先喜同志所在的山头未逞，转而攻占了对面的山头，然后集中火力向吴先喜同志据守的阵地猛烈扫射。先喜同志指挥部队撤退，当他最后一个站起来的时候，一颗罪恶的子弹夺去了他年轻的生命。

同年初，黄立贵同志率领的部队在将（乐）顺（昌）泰（宁）地区遭到敌人的疯狂“追剿”，部队分散为若干小分队，同敌人周旋了几个月。将顺泰同闽北老区隔了一条富屯溪，一条公路，一条封锁线，联系极为困难。7 月，他亲率一个排，打回富屯溪北岸，在邵武县洒溪桥沙田村梧桐际山厂休息时被敌七十六师和福建保安五团包围。这位雇农的儿子，久经考验的无产阶级战士，闽北红军的卓越领导人——我们的黄立贵师长，为了掩护部队突围，不幸壮烈牺牲。

经过挫折，省委判断形势有新的变化，指示各地：在情况尚未搞清之前，勿急勿躁，切忌盲动，不要急于求战，注意保存有生力量。省委机关也转移到光泽与建阳交界的猪母岗。这里山高林密，远离村庄、大路，但是每天需要派人到几十里外的大洲去挑粮食。有时粮食接不上，又得靠野菜充饥。好在大家已过惯了神农尝百草的生活，而且官兵一样，谁也无怨言。

黄道同志和大家同甘共苦，始终以旺盛的革命热情，坚定的革命信念，顽强的革命斗志和高度的革命乐观主义精神，感染、教育和激励着同志们。记得有一次粮食供应不上，我们煮了一大盆又苦又涩、无油无盐的野菜，同志们望着碗里的野菜，实在难以下咽。黄道同志盛了一大碗，和大家坐在一起，笑着问：“你们说说，什么时候最快活？”同志们你一言我一语争着发言，这个说：“打个胜仗最快活。”那个说：“跑路累了，睡一觉最快活。”黄道同志说：“你们讲得都对，不过要我说呀，”他风趣地用筷子敲了敲碗，“今天肚子饿了，吃碗野菜最快活。”说得大家哈哈大笑。苦涩的野菜也在笑声中不知不觉吃完了，他自己连野菜汤都喝光了。对于这种艰苦的生活，黄道同志在以后给友人的信中，曾经自我总结说：“在这十年中，我经受过人所未经受过的艰难困苦的生活，尝受过人所未尝过的咸酸苦辣的味道。但这对于我却是滋滋有味的生活。”这段话，正是他一生艰苦奋斗，始终保持革命乐观主义精神的真实写照。

这段时间，黄道同志和省委的主要注意力，都放在研究和分析新形势上。找不到党中央，得不到中央指示，就设法收集各方面的情报，注意缴获、收集来的报纸，片纸只字也不放过。黄道同志说：“反动派的报纸，虽然对我们极尽歪曲和诬蔑之能事，但往往也能让我们在字里行间得到一些有用的信息。”

1937 年 1 月底，在一张包盐的上海《新闻报》上，看到头版头条“张学良杨虎城在临潼劫持统帅”的醒目标题，详细报道了张、杨在西安发动兵谏的情况。虽然那时西安事变早已和平解决，但对我们来说仍然是一个特大新闻。同志们非常兴奋，奔走相告：蒋介石终于被抓住了。然而时过不久，看到蒋介石回到南京的消息，又使大家如堕五里云雾之中，百思不得其解，弄不清到底是怎么一回事。

有一天，我们在南平到光泽的公路上截获一辆国民党福建省银行的汽车，缴获了一车钞票，并且从押运员那里得到一本生活书店出版的《生活日记》。日记里的“每月例话”很进步，在 12 月号里介绍了一二九运动和一二一六运动，并且还刊载对进步书籍《八月的乡村》、《中国一日》的介绍。这些，都引起我们的极大兴趣。

黄道同志敏锐地觉察到形势正在起大变化。为了进一步了解形势，我们抓住了一个大地主，不向他筹款，只要他为我们订一份《福建民报》和一份《民国日报》，并将《生活日记》广告中登载的所有书籍统统买来，足足买来了两大麻袋。

2 月间，吴华友同志的信终于来了。他在信中说：“1936 年 12 月 12 日，张学良、杨虎城二将军发动了西安事变，扣押了蒋介石。经过党中央派周恩来等同志与蒋介石谈判，已经和平解决。”并随信寄来密写的党中央文件。黄道同志如获至宝，立即组织大家学习、领会党中央的政策、意图。

以后，我们又在《福建民报》上看到国民党召开三中全会，宋庆龄、冯玉祥等在全会上提出“恢复总理三大政策”的提案，以及我党中央致国民党三中全会的电报。经过综合分析判断，黄道同志说：“看来形势确实起了大变化，现在国民党的意图很明显。就是‘北和南剿’，集中力量消灭南方游击队。我们要针锋相对，尽可能地保存有生力量，准备迎接新形势。在革命新高潮到来之前，要抓紧思想教育，培养干部，做好准备。”

黄道同志还豪情满怀地填写了两首《满江红》，在部队中教唱。词中写道：

其一
中华民族，
到今朝，万分危急。
向北望，
满蒙华北，
已非畴昔。
暴日铁蹄遍地踏，
傀儡组织如林立。
看同胞，痛苦已受尽，
作奴隶。

不抵抗，
轻退出。
睦邻令，
更无耻。
还有那，
辱国的“协定”、“和议”。
大好河山频出卖，

爱国同胞横遭逮。
这是谁，甘心作汉奸？
蒋介石。

其二
义愤填胸，
谁能作，亡国奴隶。
誓拼我，
热血头颅，
一雪国耻。
抗日怒火已燃烧，
救国呼声遍地起。
任强盗汉奸逞凶残，
难遏止。

抗日的，
是同志。
汉奸们，
是吾敌。
擎起那，
神圣的抗日旗帜。
收复失去的土地，
争取民族的独立。
全世界劳苦众兄弟，
手相携。

为了适应新形势，迎接革命新高潮，促进全民抗战新局面的形成，省委采取了一系列措施。2 月，省委作出了《关于开展抗日反帝斗争的决议》，号召："一切不愿作亡国奴的中国人民，不论职业、团体、宗教信仰、政治派别，一致联合起来，共同进行抗日的民族革命战争。"3 月，成立了以黄道为主席，曾镜冰、曾昭铭为副主席的闽赣省抗日军政委员会，并以他们三个人的名义向江西、福建两省国民党当局发出"快邮代电"，提出"停止内战，一致抗日"的呼吁。

尽管我们采取了上述促进抗日民族解放战争的积极措施，国民党当局还是一心要消灭南方游击队，对我们的呼吁根本不予理睬。但是，全国人民抗日救亡运动的高潮，七七事变和八一三事变的呼声，终于逼使他们不得不同意进行谈判。

高歌上前线

1937 年 9 月，我们收到国民党江西省光泽县县长高楚衡的一封信，信中表示，他受国民党江西省政府主席熊式辉的委托，要求与我们谈判。随信还寄来朱德、彭德怀同志就任八路军正、副司令的《通电》和范长江写的《西北纪行》。

在省委会议上，黄道同志指出：现在日本帝国主义已经打进我们多灾多难的祖国，中华民族正面临生死存亡的紧要关头，全国人民一致要求抗日，在这种情况下，我们共产党人应当站在群众的前头，积极领导人民投入到抗日的民族解放战争中去。省委决定，同意举行谈判，确定大洲为谈判地点，指定黄知真、邱子明为我方谈判代表，并为谈判制定了明确的方针。与此同时，黄道、曾镜冰同志还写信给南京八路军办事处叶剑英同志，请求中央指示。

9 月下旬，我和邱子明同志同国民党江西省第七保安副司令周中诚、光泽县县长高楚衡在光泽大洲村进行了为时一周的谈判，在谈判中，我们坚持省委确定的方针，挫败了他们企图将闽北红军改编为江西省保安团的阴谋，争取接受我们的条件：一、停止内战，一致抗日；二、释放政治犯；三、划出江西省铅山县为我军集结、驻防地点，负责集结期间的我军粮秣、军需供应，保证我派出一名负责同志向党中央请示工作的途中安全。我方同意：一、停止打土豪、分田地；二、停止建立苏维埃政权；三、闽北红军改编为“赣闽边区抗日义勇军”，其他一切听候我党中央指示。最后双方达成了协议，由黄道、曾镜冰同志亲自下山拍了板。周、高去了以后，来信转告我们，谈判结果已经得到国民党江西省政府主席熊式辉的认可，并指定吴仰山负责铅山防务的交接事宜。

大洲谈判以后，省委派曾昭铭同志去中央汇报。途经南昌，见到陈毅同志，得到了具体指示。黄道同志也收到了叶剑英同志的复电。至此，我们终于恢复了同党中央隔绝三年之久的联系。

省委从大洲出发，翻越黄岗山，在洋庄以北通过封锁线，回到长涧源。在长涧源住了一个多月，同各个地区和部队联系，传达中央指示和省委的决定。10 月，黄道、曾镜冰同志在温林关下的和尚坪与国民党联络官吴仰山见了面，确定铅山县石塘镇为我军集结驻防地点，并细谈交接和军需供应事宜。

石塘镇，位于铅山南部，南靠风景秀丽的武夷山，北有纵横十多里的小平原，是闽赣两省的交通要道，又是著名的连史纸的产地。镇上商店鳞次栉比，街道相当整齐。武夷山的清澈流水，分成条条渠道，穿过镇内大小街道，有的居民家里掀开地板就可以取水，所以素有“小苏州”的美称。30 年代初期，这里曾经是闽北苏区上铅县政府的所在地。五次反“围剿”开始，被国民党占领，建成一个重要据点，四周碉堡林立。

黄道、曾镜冰同志与国民党江西省政府交接代表吴仰山见面以后，我奉命先到石塘。当我第一批部队进入石塘时，吴仰山陪着我们，一个碉堡一个碉堡地进行交接。交接完毕，他们离开石塘镇。随后我各纵队陆续到石塘镇集中，省委负责同志和省委机关也进驻石塘。一些战斗中负伤、失散的同志，从监狱中营救出来的同志，由上海、无锡等地投身革命的热血青年，也纷纷来到石塘。三年艰苦卓绝的游击战争终于取得了胜利，武夷山上鲜艳的红旗继续迎风招展。为纪念这一光辉业绩，省委决定给每位参加三年游击战争全过程的同志颁发“闽赣边区坚持斗争纪念章”。当时发了 170 枚，应得到纪念章的可能不只这个数，但是也不会太多。这是一个什么数字？我手捧着光荣的纪念章，想起牺牲的革命先烈，心情久久不能平静。

1938 年 1 月，黄道同志到南昌，向项英、陈毅同志汇报工作，听取和讨论了党中央关于成立东南分局和南方红军游击队改编为新四军的指示。闽北红军改编为新四军第三支队第五团，饶守坤同志任团长，曾昭铭同志任政治委员，桂蓬洲同志任参谋长，刘文学同志任政治处主任。黄道同志调任东南分局委员兼宣传部长、统战部部长和新四军南昌办事处主任。同时撤销闽赣省委，成立闽浙赣特委，曾镜冰同志任书记。

“红军回来啦！”老区人民欢欣鼓舞，青年们纷纷要求参加新四军。母送子、妻送郎的动人场面又重新出现，到处热气腾腾，人人意气奋发。1938 年初，五团已发展到一千三四百人，编成三个营，每连配备一挺机枪。这样的装备，现在看来是少得可怜，在当年却是相当可观的。营、连干部都很强，除原来在闽北坚持斗争的陈仁洪、王荣森、马长炎、谢锐等同志外，还有从中央调来的阙中一等同志。尽管如此，整编工作，特别是整编中的思想政治工作，依然很繁重。许多同志虽然听过传达，经过学习，认识有了提高，然而一旦要取下缀有五星的八角帽，换上嵌有国民党帽徽的军帽，感情上硬是接受不了。我们同国民党军队整整打了十年，多少同志流血牺牲，多少家庭妻离子散，多少房屋化为灰烬，多少村庄满目疮痍。每个同志的心里，都深深地刻有痛苦的伤痕。

黄道同志亲自领导干部、战士学习中央文件，给同志们上课，找同志们谈话。他语重心长地说：“我们是红军战士，是为人民谋幸福的队伍，实现共产主义是我们的最终目标。现在日本强盗侵入我们的国土，中华民族面临生死存亡的关头，停止内战，一致抗日是全中国人民的共同要求。打败日本侵略者,挽救民族危亡,争取民族独立,是我们的历史任务。没有中华民族的独立解放，就不可能在中国实现社会主义和共产主义。我们不但要积极投入抗日民族解放战争，而且要站在第一线，成为抗日的中坚力量。”经过耐心细致的教育，同志们才含着泪水，脱下旧军帽，珍藏在身边，换上新发下的军帽，有的同志还将帽徽涂成红色。

曾镜冰、王助、汪林兴、左丰美、徐莲娇、孙克骥、王文波、周觉华等同志留在闽北，组建特委。各县都配备了坚强的领导班子，组编留下坚持斗争的武装部队，部署了特委的工作。

1938 年春节过后，曾镜冰同志率领闽浙赣特委的同志们，告别黄道同志，返回长涧源。

送别了曾镜冰同志，黄道同志和五团，经河口到横峰。在横峰举行了“欢送新四军五团开赴抗日前线大会”。他在会上讲了话，希望五团全体指战员在饶守坤、曾昭铭同志的领导下，发扬革命传统，服从军部和支队的指挥，与各兄弟部队互相学习，团结一致，在抗日前线建立新的功勋。会后，满怀深情地注视着五团同志们一个一个地从面前走过，一直到部队走完才回到住处。

纵观闽北的三年游击战争，经历了无数的艰难困苦，特别是克服了与党中央失去联系后的种种困难，红旗始终不倒，战火越烧越旺，最后取得了胜利。实践证明省委是一个坚强的领导班子，能够实事求是地分析形势，总结经验，作出决策，制定适合游击战争需要的各项政策，在各个重要的历史转折关头，能够发挥党的核心作用，保持党的团结，军队的团结，军民的团结。

闽北三年游击战争的胜利，是党的马克思列宁主义路线的胜利，是闽北全体党员、各级干部、广大红军指战员和人民群众共同努力的结果。黄道同志作为闽北党组织的主要负责人，也为这个光辉的胜利作出了自己的贡献。

1939 年陈毅同志在《悼念黄道同志》一文中指出：“1935 年春，方志敏同志殉难以后，一面是赣东北革命根据地转为游击区，一面是抗日先遣队转为游击部队，东南半壁的领导责任完全落在黄道同志一个人身上。在三年游击战争环境中，黄道同志尽了他毕生的绝大努力，也发挥了无比的革命天才。浙东南、赣东北、闽北三大地区的党务、军事、政治、民运诸工作，都在闽赣省委领导之下进行的，黄道同志恰恰是省委的领导重心。在与我党中央三年隔绝的情况下，在进攻者的长年的包剿下，黄道同志能独立支撑，顽强坚持，终于完成了保持革命阵地，保持革命组织的光荣任务，所以能够以一支强有力的部队编入新四军来适应抗日战争之爆发，这是黄道同志对革命，对民族的绝大贡献。”

永久的怀念

送别五团的同志们，黄道同志登上开往南昌的列车，踏上新的征途。车窗外的景色飞快变化，脑海里思潮激烈翻腾。他依窗南望峰峦叠嶂的武夷山脉，深深怀念三年游击战争中生死与共的战友，特别是那些献出了宝贵生命的先烈——指挥果断，沉着冷静的独立师政委吴先喜，英勇顽强、威震敌胆的独立师师长黄立贵，还有温卿绍、陈一、卢文卿、黄怀仁、彭喜财、叶全兴、祝为根、李娜杰、洪坤元、吕生仔以及其他许多同志，他们为中国人民的解放事业流尽了最后一滴血，他们的名字将同武夷山一样，天长地久，永存人间。

他也想到了妻子吴品秀和尚未见面的孩子。三年，整整三年，天各一方，时刻都怀念他们，但始终无法得到他们的消息。回忆黎川分手时她那依依惜别的眼神，回顾她数十年患难与共的纯真爱情，感谢她茹苦含辛，抚老育小和对自己从事革命事业的支持，想到杨良生带来她被大刀会杀害噩耗时的内心悲痛。现在，只能用更加勤奋的工作，来寄托自己的哀思（其实，我母亲没有遇害，而是流落在福建宁化，直到 1950 年才得知她的下落，1988 年 4 月逝世）。

他还想到了自己主要助手之一的曾镜冰同志，在那艰难的岁月里，他出生入死、百折不挠，在一系列重大的历史转折关头，坚定不移地支持自己，为闽北的革命根据地和红军的壮大发展，做出了不可磨灭的贡献。现在他遵照党的指示，留在福建继续坚持游击战争。愿他永远高举红旗领导闽北人民革命到底！

黄道同志在南昌，夜以继日地主持着新四军办事处的工作，领导蒋管区党的组织，宣传党的路线、方针、政策和八路军、新四军的抗日战绩，开展抗日民族统一战线工作，动员和组织大批爱国青年到延安、到新四军、到抗日战争第一线，同国民党顽固派进行针锋相对的斗争。

1938 年 10 月，根据党中央的指示，东南局机关由南昌迁往皖南，黄道同志率新四军驻南昌办事处先到吉安，1939 年 5 月由吉安动身到皖南。当时，我在皖南特委任青年部长，曾经收到他的来信，得知他即将到来，非常高兴。分别日久，我多么盼望能早日见到父亲。

5 月下旬的一个下午，我正在青阳县检查工作，东南局派通讯员送来曾山同志的一封信，命我立即赶回东南局。青阳县距东南局所在地——泾县云岭有 80 多里路，我随通讯员星夜上路，第二天中午赶到机关，见到曾山同志。万万没想到，听到的竟是一个犹如晴天霹雳的消息。曾山同志沉痛地告诉我：“黄道同志在河口牺牲了。”他让我马上动身走到河口去，并且为我准备了一匹马。

我心急如焚，强抑悲痛，赶到太平，换乘汽车至兰溪，转换火车到横峰，下了火车就一口气走到河口。一路上，父亲的音容笑貌和他那蓬勃的革命热情，艰苦的工作作风，高尚的革命品格，不屈不挠的革命精神，时时浮现在眼前。

在河口大同旅社里。见到了父亲的灵柩，想到他一生奋斗，壮志未酬，壮年早逝。我再也控制不住自己的感情，潸然泪下，失声痛哭。据他身边的同志告诉我，父亲临终前，曾愤怒地拍着床板，大骂蒋介石妥协、投降。他临终的遗言是："革命到底。抗战到底！"当时已有种种迹象表明，这是一桩罪恶的谋杀案。我曾向项英、陈毅、曾山等领导同志汇报过，但尚无充分的证明。直到解放后才彻底查清，是国民党特务借治病之机，将父亲杀害了。谋杀的主要凶手国民党特务分子黄玉成、吕鹤年，已于1950年被我人民政府处决。

黄道同志牺牲以后，国民党反动派千方百计地阻挠群众前来悼念。前来吊唁的群众，回去都受到种种迫害，他们不但害怕生前的黄道，还害怕死后的黄道。横峰一些土豪劣绅甚至扬言要干扰黄道同志安葬。看到这一切，听到这一切，想到这一切，我火了，葬到闽北革命根据地去！经批准，将黄道同志安葬在崇安县长涧源。

我扶柩从河口启程的时候，送行的群众站满了一路，有哭灵的，有路祭的，按照古老的方式，祭奠他们的亲人。在石塘停灵过夜，前来辞灵的群众也络绎不绝，哭声一片；在温林关，长涧源100多名群众，不远数十里前来迎灵，并把他们认为最好的风水地作为黄道同志的永息之所。这一切，反映了老区人民对黄道同志的衷心爱戴，也反映了黄道同志与老区人民的深厚感情。

皖南事变之后，国民党反动派出于对黄道同志刻骨的仇恨和极端的畏惧，不惜冒天下之大不韪，在进攻福建省委时，竟将黄道同志的墓茔撬开，砍断遗体，抛尸山间，以此来发泄对共产党的仇恨，威吓革命老区的人民。但老区群众没有被压服，冒着生命危险，悄悄地将黄道同志的忠骸一件件收敛起来，重新安葬好。为此，陈毅同志1943年在《悼念黄道同志》一文的《附记》中，严正地质问国民党反动派："据闽北党报告，皖南事变以后，国民党军队进入闽北山区。搜山时，竟将黄道同志的坟墓撬开，断其首以去。哼！反动派勇于对内报复精神，可谓登峰造极！我必须在此补上一句，请国人公判：这究竟是反动派的胜利，还是共产党员黄道同志的胜利？"

毫无疑问，这是共产党员黄道同志的胜利！

黄道同志永远活在革命根据地人民的心中！

写于 1987 年

选自《南方三年游击战争·闽北游击区》，第65—98页。

黄知真，1920 年生，江西横峰人。1931 年参加革命，1933 年加入中国共产主义青年团，1935 年转为中国共产党党员。南方三年游击战争时，任闽北军分区政治部宣传部副部长。新中国成立后，曾任江西省上饶专署专员，江西省人民政府秘书长，中共江西省委统战部部长，江西省政协副主席，中共江西省委书记，湖北省省长，中共湖北省委副书记、书记，湖北省人大常委会主任，中共中央候补委员、委员等职。1993 年在武汉逝世。

闽北的三年游击战争（节选）[①]

曾镜冰

我是1933年底到光泽、1934年1月到闽北崇安的，闽北崇安这边叫分区委，原属于闽浙赣省委，后来黎川、资溪、贵溪、建宁、泰宁、光泽等地区为红军解放后，与闽北苏区一块组成闽赣省[②]。到敌人第五次"围剿"之后，红军向建宁这边撤退（原省委在黎川），成立了抚东分区，司令员郭如岳，政治委员黄道，当时省委叫代表团，黄道同志当代表团书记，还有曾昭铭、吴华友和我等组成。我当时是团的宣传部长。团省委书记是刘邦华（后叛变）。代表团主要在光泽、资溪、黎川、贵溪等地活动，当时任务是：坚持两三个月等待主力红军的反攻。以后主力红军撤退之后，敌人在那里力量较大，当时那里因未经过地下工作，红军占领后虽分过田，但没有充分的发动群众，所以敌人进攻下，没有群众的依靠，同群众关系未搞好，坚持游击战争感到困难。黄道同志原是闽北分区委书记，后调闽赣省委宣传部长，对闽北情况是熟悉的，所以他打了电报请示中央，意思是：背靠闽北、邵、光，在闽北坚持活动。

① 此文根据曾镜冰同志1958年12月28日的口述记录稿《曾镜冰同志对闽北党革命斗争的回忆》（载《闽北党史回忆集》第一集，南平地委党史办编，1959年版）的有关三年游击战争部分节选，标题为编者所加。当时作者正在隔离审查中。

② 1933年4月26日中华苏维埃共和国中央人民委员会第四十次常会决议成立闽赣省，由上述新解放区与"闽北苏区"、"信抚两河间一带地区"组成。

中央以后回电同意我们这个意思，在那一带不好活动就不勉强。同时要我们抚东分区和闽北分区合并。

闽北 1935 年 1 月才转入游击战争，在我看来大体有三个时期。第一个时期，敌人刚刚进攻，我们转入游击战争，分区司令员李德胜叛变，即 1935 年上半年这一段，情况比较紊乱，是最困难的一个时期。第二个时期，部队巩固以后，崇安这一带地区感到困难的是，队伍多、地区少、粮食给养等有困难。当时是挺进师刘英、粟裕同志带部队挺进到浙江活动，派人回来联系，感到浙江情况很好，开辟一个新的地区，群众搞起来了，敌人力量分散了。再一点，我们转到游击战争前后，1935 年 1 月（或 1934 年底），中央有过一个指示：要闽北队伍注意和闽东叶飞同志的游击队取得联系，并且告诉我们说，他们当时活动地区在寿宁、福安一带。因这样一个情况，就决定把部分力量留在闽北，坚持闽北地区工作；一部分力量挺到松溪、政和、建瓯、屏南、古田一带活动，和叶飞同志取得联系，同时也和浙江刘英、粟裕同志取得联系。所以挺出来，在那里活动一个时期情况比较好，也为了和叶飞同志取得联系。叶飞同志那时和浙江的刘英、粟裕同志也联系上了，所以情况比较好。原来闽北这边由于外面地区加强，敌人力量分散，所以老地区情况也比较好（崇安、建阳、邵武、直到贵溪，刘文学在贵溪坚持斗争情况也较好）。1936 年情况是比较好的，叶飞同志建议党需要统一，因敌人组织闽浙赣“剿匪”指挥部统一对付我们的，所以我们几个单位也需要统一。因此黄道同志从崇安到建瓯、政和这边来，搭了闽赣省委架子，以后又分散（浙江未找到，未加入进来），闽北成立省委，黄道同志当书记，闽东成立特委，搞一个军分区。闽东原是一个特委，这边由叶飞同志代表省委领导工作，黄道同志回崇安、建阳一带，闽北特委由汪林兴负责，闽西北（邵、建、泰）准备开辟新地区，由黄立贵同志负责，抚东江西方面由吴先喜同志负责，闽东北由王助同志任特委书记兼军分区政委，饶守坤当司令员。第三个时期到 1937 年春季或夏季（具体日子记不清）。

敌人在北方和中央红军谈判，乘这个机会加紧对我们南方的红军“围剿”，从 1937 年的三四月一直搞到日本进攻。这个时期，我们损失是比较大的，吴先喜、黄立贵同志牺牲，原来队伍 2000 多人，到以后整编时老的队伍只剩下 300 多人，后来编入新四军时又搞到 1000 多人，多是新兵，以后扩大的。

在这三年游击战争中，有这么三段。总的讲三年游击战争是有成绩的。中央在抗战时作的总结指示中，对能够坚持斗争好像有这三条：一是群众联系得好，二是打得好，三是政策好（但这一点记不大清楚了）。总的说三年游击战争中，在黄道同志领导下是好的。

到新地区活动当中，从现在来检查，虽然也打土豪分田地（不能分田地也分东西给群众），但主要的着重于军事活动，想把地区搞大，分散敌人。因此到处活动。从这方面想的较多；对真正发动群众创造一个巩固的根据地这一点，还没有这样的思想。因此这样队伍受到一些损失，虽然地区扩大了，但队伍有损失。我们集中打了镇公所，搞了一些地方武装，但有些损失。有一次在建瓯的玉山，给敌人包围一次，差一点给敌人消灭了，以后冲出来，损失了二三十人。还有一次在屏南的上楼村，给敌人包围起来，一下子被敌人包围到房子里，打了一天一夜，晚上才冲出来，损失几十人。

这一段主要着重军事活动，分散敌人力量，没注意到深入地发动群众，所以几次遭受损失。这责任主要应由我负，因为我跟他们一起在这一带活动。

也正因为这样，到以后第三个时期，敌人集中兵力对付我们，“围剿”我们时，也还没认识到前一段的错误，总感到军事上扩大，活动范围扩大，分散了敌人兵力，没注意发动群众。如真正搞一个地区，把群众发动起来，依靠群众力量，采取波浪式的推动，是会搞好一些的。以上是三年游击战争总的感觉。

再补充说一下：当敌人占领大安街，我军转入游击战争时。我们曾发电报请示中央，得到中央回电指示（在遵义会议以前）：在原地坚持游击战争，等待（或是争取）主力红军总反攻胜利。以后因电台丢失，就与中央失去了联系。

在游击战争政策上来讲，因当时有这么一个情况：敌人力量强大，摧残群众，实行移民并村。开始我们对付敌人的政策叫作“坚壁清野”，敌人来犯，我们人都跑光，把东西都藏起来，同敌人硬搞；敌人就采取搜山，把东西搜下来，人搜下来，集中在一个地方。凡敌人没有驻兵的地方，老百姓就不许住。在那样的情况下，领导感到有些困难，我们不让群众并村，敌人一定要群众并村。同时我们对群众也发动不够，有些群众脱离了我们，真正投降了敌人，敌人把这些人组织起来叫作“壮丁队”一起来打我们。这样，黄道同志感觉政策需要改变一下。即提出：实在没有办法的，只得采取“红心白皮”政策，表面上应付敌人，实际上坚持斗争。从当时看这个办法，还有些必要，有了这样一个办法以后，群众更靠拢了我们。在当时那样困难的条件下，这个政策是有了一些好处。第二个问题，开始时，闽北的大刀会是国民党组织起来向我们进攻的，后来出现建瓯林乃道一股大刀会，是以抗丁抗税做号召的。当时，黄道同志认为抗丁抗税还是代表农民意见的，应该加紧联合。所以我们部队与林乃道大刀会联合起来，与国民党打了几仗。这样看起来，是有了一些效果的。现在我个人检查一下，当时这样做是好的，这是一方面。但在执行当中，阶级路线是不明确的，因为这样一搞，阶级路线就弄得有些模糊，即刚才所讲的对发动群众有影响，对地主和反动分子斗争不够，记得有人曾这样对我说过，开始时政治委员卢文卿同志（后来在闽东牺牲）讲：大刀会要我们吃符，我们就吃符。这有些右倾，没有明确的阶级路线。到新区行动的这个时期，对地主采取筹款的办法，现在看也是错的，没有阶级路线。当时整个方针是打土豪，是没收地主东西分给群众。但是也有这种情况，即没收一部分地主的东西分给了群众，一部分地主害怕了，有时是抓到地主罚款，有些地主害怕了，就送上钱来找我们，自己送上钱来的就可以少筹一点款。这样搞了以后，地主的东西就不要没收分给群众了。我们拿到地主的罚款又没有分发给群众，群众就不容易发动了。现在看，这在阶级路线上是不明确的，是错误的，使群众不容易发动起来。

在游击战争发展的方针上，当时反对保守，搞大发展。开始根据中央指示方针：是在原地坚持游击战争，争取红军反攻；后来一段，因得到挺进师消息后，感到新区好发展，同闽东叶飞同志取得联系，分出一部分力量向松溪、政和、建瓯、屏南、古田一带发展。我们觉得还是对的。但有过分，不是如毛主席所讲的“波浪式的推进”。没有后方，到处搞，没有注意建立巩固根据地，所以后来部队到处搞，正因为没有取得巩固的地方，是遭受一些损失，部队多数是在打新地区行动中损失的。因此，当时的游击战争方针，在扩大地区反对保守有它对的一方面。现在看，也有一些冒，从政策上来看，有些右，从发展上来看，是有些过左，总的说是有些右。这样大搞是不相信群众，是巩固根据地信心不高，实质上是右的。

再补充说一下，在肃反政策上也有点错误。三年游击战争前闽北肃反是有了教训的。到李德胜司令员叛变以后，有怀疑，有点惊慌。所以那时又搞错了一些人，因怕动摇叛变，看到有些人有动摇的就有怀疑。当时动摇叛变的人确是不少，但是否反革命组织，没有什么证据。那时谁也不知道李德胜会叛变。李德胜叛变的经过是这样的：在敌人进攻以后，一点也没有感到李德胜有问题（他原是红军三军团师长），但以后看起来，他叛变是很有计划的。原来我与黄立贵同志带部队走，李德胜当时要部队向江西行动。他头天晚上交代任务，早上部队出发，一过了江西关，敌人就重重堵住，他在下午佯装到外面侦察敌情，并带上一个警卫员，与警卫员说大便去就溜走了。第二天早上，他就带来敌人包围机关，无线电台丢失，敌人又到处搜山打我们。李德胜还带敌人包围了我们的伤兵医院，亲自把伤兵用火烧死，搞得很惨。这样一来，我们就感到内部有问题，对肃反问题又不慎重，感到叛变威胁很大，有些人害怕了。在肃反中没有调查研究。据我现在看法，处理了一些人大概是在斗争有动摇的。逃跑叛变的不只李德胜一人，以后，还有原政治部主任、后一团团长、参谋长张燕珍也叛变了①。在那时已成混乱局面，大大小小逃跑叛变者已为数不少，大家有些慌。

这一段情况可找刘文学、饶守坤、马长炎、陈仁洪等同志，马长炎可能知道得多一些，因他跟黄道同志一起。先当警卫排排长，后当教导队队长。

敌人未发动五次“围剿”前我们驻在崇安，当时蒋介石集中主要兵力围攻十九路军，以后十九路军被消灭，又将兵力向我们压下来，我们退出崇安，在大安驻了一年，敌人未进攻。那一段环境还是有利的，不过从现在看当时对如何应付敌人“围剿”事先准备不够。认为敌人不会有大的“围剿”，结果敌人向我大“围剿”后而采用堡垒硬守，敌人占住四渡桥，我们则退守五渡桥，用碉堡丝炮来围困敌人，这样相持了一年时间。

在江西方面也是这样，我们县委②住在紫溪镇，敌人则住在离紫溪镇十几里路外，各筑堡垒。我们使用丝炮不让敌人出来，也维持了一年。后来在1934年底或1935年1月，敌人增派独立四十五旅驻崇安，差不多全旅出动来打我们碉堡，而我们只用一排人坚守③，打了十多天，敌人看攻不下来，弄炮来轰。这样就不行了，无法再守。中央在事先也有来指示说，万一不行的话（无法坚守崇安），可以用建瓯、松溪、政和地区作为机动地方。这时，李德胜动摇，不想打游击，主张硬守。在分区委会上黄道同志不同意李德胜意见，准备撤退。在退出大安前准备了

① 张燕珍原为军分区政治部主任，重建独立师时改任独立师参谋长兼第一团团长。

② 指中共铅山县委。

③ 最后守四渡桥的是军分区教导大队一、三区队。请参阅本书陈仁洪的回忆录《游击战争初期的闽北》。

一天一晚，在大安和隔河的操场以及各家房子内都埋了很多地雷。第二天晚上我们才退出来，首先退至道观厂，以后又退到虹溪。五十八团在张山头打埋伏，整整干了一天，但未打好。当时打埋伏有两个作用：一是掩护机关撤退，使敌人进来不会太猛；另是打击敌人，使其不会那样疯狂。当时五十八团政委陈一同志牺牲。在铅山方面我们也退出紫溪，在石垅打了一仗，我独立团与敌江西的一两个团干了一天一夜，缴了敌人二三十条枪。以后退到紫溪岭做堡垒守在那里。又打了一下，看情况不行也不撤出。

后来将五十八团、独立团、军区警卫连、贵溪游击队、崇安独立营合编为独立师，下设三个团①：原五十八团是第一团；独立团为二团；三团是以军区警卫连为基础，将五十八团和独立团一部小调整后建立起来的。师长是黄立贵同志，政治委员卢文卿。以后二团到崇安、浦城交界的十八村活动，一团、三团到江西方面行动。那时出去的目的一个是牵制敌人，另是筹款。在那边曾消灭敌人三个堡垒，缴了百把条枪②，敌人的增援部队也被我们打垮，又回到崇安。黄立贵和吴先喜同志到顺昌、光泽一带行动③，在竹邦寺或贵溪打了一个大仗，消灭敌人一个连，另外还有小的零星的消灭敌人。当时吴先喜很会打仗，曾缴了敌人二三百条枪④。在顺昌仁寿鱼墩坝地方，我们队伍正在休息，敌人三个团压过来包围，而我们两个团实际上只有两个营的兵力正在睡觉。当时黄立贵同志很不错，立即带队伍冲出，把敌人打垮退到建阳，后在建阳五里口（又叫老鼠坎，靠黄坑附近）又碰到敌十一师的三个团⑤，在那里与敌人干了两天两夜，敌人伤亡有几百人，我们也伤亡了一部分，但

① 闽北独立师重建时为四个团。原闽北独立二团编为第四团，但未参加成立大会。

② 指独立师一团1935年2月攻打江西省铅山县陈坊乡一役，未包括紫溪、盖竺等战绩。

③ 据查，1935年三四月，吴先喜未与黄立贵同往顺昌、光泽。

④ 指1934年4月黄道、吴先喜指挥的甘溪之战。

⑤ 国民党报告为二个团。

未缴到什么枪。这时看到情况有点不太对，敌人太多不好办，而采取分路突出去的办法。由黄立贵带一路，吴先喜带一路，还有祝为根团长带一路，结果祝为根带的一个团突不出敌人包围，一直在那里转，队伍几乎搞垮。只有黄立贵和吴先喜将队伍带回崇安，经整顿了一段时间，情况还好，没有什么大问题。以后又到上饶，在甘溪打了一仗，比较痛快的消灭敌人一个连（敌人本来有一个营，我们用打埋伏办法消灭他一个连）。回到崇安又打了一次埋伏，敌人一个团或是一个营经过，我们在岚谷到山坳路上埋伏，但未搞好，打得太早，敌人跑了。以后部队准备转到建、松、政去，在打甘溪时就准备转移，因未打好，而转到广丰筹款，搞了洋口镇后才转到建、松、政。当时方针是开辟新地区搞工作，主要不是打仗，后来打仗就比较少。

现在从军事上来检查，在敌人未占领大安街以前，我们在军事上是对游击战争准备不够，后来敌人占领大安以后又想消灭敌人，以粉碎敌人的“围剿”。开始时有这样准备，曾打了几次仗，现在看来还是有必要的。但在敌人多的情况下，一下粉碎了敌人的“围剿”，而到新的地方开辟新的地区，并同浙江方面和闽东叶飞同志联系，现在看也有此必要。在军事上的大体情况就是这样。

在我们退出大安街前对群众是作了一些准备工作，当时黄道同志感觉到敌人在交通线上修公路，敌人要占领大安是不可避免的，我们准备在两线活动，并在铅山布置一些秘密工作。那时斗争主要是注意发动妇女，因妇女容易活动，而男人弄不好易被敌人杀了。当时小浆在敌人占领后有过一次斗争，因群众被敌人叫下山无饭吃，而向敌人要饭吃闹过一次。还有一个女同志叫程彩金，是个团员，在国民党部队中搞兵运工作，后被发觉，据说被敌人在脸上划了好几刀。另外在岚谷方面也有一些小的斗争，也是敌人并村群众闹饭吃，总的是在我们撤退时有好多群众为了掩护我们而牺牲了，有的替我们买米买菜也被敌人杀了不少，也有很多群众跟我们躲山里。写党史时对群众的斗争和支持党的功劳应大大写一下。

在部队来说，黄立贵同志对整个闽北部队的发展，巩固是有很大帮助的，在闽北群众中有威信。我未打过仗但跟着他走，看到这个同志对党是无限忠诚的，军事指挥员一般来说是很容易骄傲的，但黄立贵同志没有。黄立贵同志打仗是勇敢的，有办法的，带游击队也非常熟练，在危急时也能应付。如在鱼墩坝队伍在睡觉敌人冲进来，而黄立贵同志带一些人马上发起冲锋把敌人堵住。李德胜叛变，队伍搞到江西去，没有他也是不行的，因敌人早就准备好袋子包围我们，最后是硬冲出来，如没有他是很大困难的。在每次危险情况中都是由他扭转过来的，闽北党史对黄道同志和黄立贵同志也应大写特写。

关于国共合作谈判，开始根本不知道。在崇安看到广丰买东西包扎来的国民党报纸上登载有西安事变这回事，这还没有根据。1937 年春天，我到闽东北建瓯这边，叶飞同志派人同我们联络，送来南委（南方工作委员会）的有关中央统一战线的指示（名称记不清，毛选有登载）；到七八月间，由建瓯回到光泽，把这指示带给黄道同志，机关就讨论学习这个指示。研究认为我们这个地方也可提出与国民党合作谈判，因卢沟桥事变已发生，日本已进攻中国，国共双方再打下去也不好搞。到 8 月 13 日，就开始提出合作谈判的几个条件。我们向国民党提出的是三条：第一条，成立闽赣边区人民政府，以崇安和邵武（崇安已定，邵武是否定，记不清楚）县城成立边区人民政府；第二条，我们部队改编为人民抗日军独立旅；第三条，给人民言论、结社、武装的自由。我们答应国民党的是两条：第一条是停止打仗，不打国民党，一致抗日；第二条，停止打土豪分田地，实行减租减息。都是由全国国共合作谈判内容套过来的，基本上是中央的精神。

这里插上一个细节，原光泽县委书记蔡诗山①被国民党抓去又放回

① 蔡诗山原为光泽县扫帚尾区区委书记，县苏维埃政府主席。

来。他一个人回来。我们对他有怀疑，他说话说不清楚，说是抗日。以后我们讨论了中央指示，他就说他如何放回来，是光泽伪县长要他来找我们下山一致抗日。既然一致抗日了，队伍就应该改编，我们就决定写一封信给江西国民党政府，内容是提出上述合作谈判的条件，通过蔡诗山送去。后来得到国民党回信同意谈判。当时我们还是提高警惕，黄道同志不出去，不与国民党代表见面，开始叫黄知真去谈判，后来我去，王文波同志同去，几个人去谈判。双方表示停止行动是可以的，对提出的几个条件，国民党代表不讲行，也不讲不行，要到省决定，只是说双方停止打仗。后来项英来到了南昌，黄道同志听说项英同志出来，就派曾昭铭同志去南昌找项英同志，从此我们就没有单独同国民党进行谈判，就交给项英同志那方面进行。因原来中央主力红军长征以后，留下中央分局，由项英同志负责，南方这些地方都由他领导，所以就交给他去搞。曾昭铭见到项英，其他问题均未谈到，只指出一条，即停止行动，部队集中准备改编为抗日义勇军。这样，我们就通知各个地方，陆续把部队集中起来，向崇安集中。中央指示南方游击队成立新四军。所以 1937 年底到 1938 年初，最主要工作是扩大队伍，其他工作就没有什么搞了。因那时整个队伍只剩下 300 多人，在崇安、上饶、铅山大量搞扩大队伍后，就有 1000 多人①。闽北编为新四军第三支队第五团，闽东编为第六团。到 1938 年 2 月，正式部队就开走了。

这一段，中央本来在西安事变后，要派人来通知我们，一致打日本。国民党那时候很可恶，不让中央派人来通知我们，要集中力量来消灭我们南方的游击队，消灭了南方游击队再来抗日。到卢沟桥事变以后，国民党又要中央派人来找我们。另外，听说当时中央有这样一个指示：“独立自主靠山扎”。闽北队伍在黄道同志领导下，执行这个指示是好的，没有出问题，部队没有受损失，没有吃亏，队伍都在山头上集中，外面

---

① 据考证：闽北红军游击队下山整编时不足800人，其中参加三年游击战争全过程的有200余人，整编时扩大到1500余人。

只放一排人与国民党接接头。国民党大宣传说城市好，要我们出去，要我们去县城。其他地区因到城市去有受点损失，我们闽北没有损失。

我个人看法那时有一个问题未解决，不明确。即停止打土豪分田地政策改为减租减息政策，对已经分了的土地，地主要来收租，怎么办这个问题，当时没有讨论。从现在看，当时应该讨论这个问题。据魏金水同志说：闽西这方面搞得好，明确了已分得的土地不让地主拿回去，我们没有讨论让拿回去还是不让拿回去，只是集中讨论国共合作问题。

在未得到中央关于统一战线的指示（叶飞同志转来指示）前，曾派吴华友去香港找关系，是有过这回事。

部队集中开赴抗日前线，项英指示过：不留一根枪一个人，只叫搞好统一战线。黄道同志和我们都感到没有枪不好搞，我们就私自留下两个班的枪，一排人。以后国民党感到我们有枪，非调走不可。项英同志也说不行，把枪都拿出来，我们又搞了埋伏，把以前埋存得很久的烂枪二三十支，应付了这个差事。

选自中国人民解放军历史资料丛书编审委员会编：《南方三年游击战争·闽北游击区》，解放军出版社1993年8月第1版，第151—159页。

曾镜冰，1912 年生，海南琼山人。1927 年加入中国共产主义青年团，1931 年转为中国共产党党员。南方三年游击战争时，任共青团闽北分区委书记、闽北军分区政治部主任，闽北红军独立师政治部主任、代理政治委员，中共闽赣省委组织部部长、闽赣省军区政治部主任，闽赣省抗日军政委员会副主席等。新中国成立后，曾任福建省委秘书长、副书记，福建省政协主席，中国农业科学院辽宁分院副院长等职。1967 年在沈阳逝世。

回忆闽北游击战争策略转变前后的一些情况[①]

谢锐

“政策和策略是党的生命”，这是千真万确的革命真理。革命只有在正确的方针、路线指引下，才能取得胜利，否则，就要失败。闽北三年游击战争经历了一个由被动到主动，也就是由不会打游击战争到善于打游击战争的实践过程，其斗争策略也同样经历了一个由初步形成到逐步完善、深化的过程。总的来说，闽北三年游击战争取得了最后的伟大胜利，这说明总的斗争策略是正确的，但不能忽视其本身的形成、发展到完善的历史过程，否则，就不是实事求是的历史唯物主义者。

我在闽北经历了游击战争的全过程，深切地感受到党的政策策略的转变对于争取游击战争取得最终胜利所起到的作用，也深切地体会到一个政党在革命遇到严峻考验的关头，是如何坚持实践第一的真理，顺应时代潮流的，只有这样，她才是一个伟大的党，一个能够肩负时代使命的党。

下面，就我个人的经历，谈谈关于这方面的体会。

① 此文系谢锐同志1987年4月的口述记录。

一、不适应打游击战争的被动阶段

1935 年 1 月，在国民党反动军队的重兵“围剿”下，中共闽北分区委领导机关撤出了革命根据地的中心大安街，开始了三年艰苦卓绝的游击战争。

正是在这个时候，我在江西铅山苏区被撤职①，来到了闽北分区委机关。当时的闽北分区委对国民党反动派大兵压境的意图尚不明确，对撤离大安后如何开展革命斗争尚没有统一的认识，可以完全这样说，还没有清醒地意识到战争的长期性和艰巨性，只是一味地执行中央就地坚持、等待主力红军回师的指示，因而闽北分区委领导机关撤离大安街的时候，大机关思想和大机关作风仍然十分明显，不像上山打游击，而是像大搬家。千把人的队伍没有进行分散，而是集中在一起缓慢地行动，在大山上乱转；不是轻装上阵，而是坛坛罐罐什么都带，连文件箱、书籍箱、医院设备等什么东西都带走。这与需要高度机动灵活的游击战争是非常不相适应的。从这种仍然存在的大机关作风表现中可以看出，闽北分区委领导机关在开始时对第五次反“围剿”的严重性、残酷性和长期性，在思想上缺少充分估计，对游击战争没有进行周密的部署，没有准备上山，仅是想从一个地方搬到另一个地方，想从崇安的大安搬到铅山的石垄去。可是敌人要我们身无立锥之地，他们占领大安之后，随即就占领了铅山的石垄以及所有的大、小村庄。当时我们游击队只能在桐木关一带的大山上，又不懂得做群众工作，因此，这段时间最艰苦。千把人的队伍一天要吃很多东西。开始，还有群众坚壁清野时在山上埋藏的一部分粮食，但这些粮食很快就被吃完，而敌人又加紧移民并村，不

① 谢锐原名谢忠厚。原任铅山县少先队部部长，1934年底被团县委错误撤职，调任闽北分区少先队部干事。

准老百姓随便出村劳动，这样，红军游击队就无法接触群众了，给养的源泉被敌人切断了，于是饥饿便成为最大的威胁。山上断了粮以后，大家只有吃野菜、野果、竹笋，这样足足有半年时间，有不少人经不起考验而脱离了革命队伍。

二、实行政策策略的转变，挺出外线开辟新的游击根据地

国民党反动派的疯狂“清剿”，其目标是要消灭我红军游击队的主力和领导机关，所以，当时敌人的兵力是高度集中在大安和桐木关一带“围剿”我领导机关的，其他地方兵力相对空虚。1935 年 8 月间，在外线作战的黄立贵同志回来找到黄道同志，汇报了外线敌人空虚的情况，使黄道及其他领导同志大受启发。于是，在崇安岚谷附近召开了在闽北党的发展史上具有重大历史意义的“分区委扩大会议”。在这次会议上，分区委总结了开展游击战争以来的经验教训，作出了“分兵出击外线，开辟新的游击区”的决定。当时决定，分兵三路：饶守坤带一个团去建瓯一带，开辟建松政游击根据地；吴先喜带一个团去光泽，开辟资光贵游击根据地；黄立贵带一个团去邵武、顺昌，开辟邵顺建游击根据地；黄道同志率领领导机关的干部、教导队、特务连等仍然在崇安老区一带坚持斗争。我们的兵力打出去了，建立起三大块游击根据地，敌人的兵力也随着分散各地，从此，我们红军游击队就避免了处处被动挨打的局面，掌握了游击战争的主动权。

在分区委岚谷会议上，还作出改变对敌斗争策略的决定。为了更好地开展斗争，实行“白皮红心”和争取保甲长的政策，改变打土豪分田地的做法，开辟许多小的根据地，变白区为游击区。

打游击战流动性大，一两块根据地是站不住脚的，敌人集中“围剿”就要垮台。要有许许多多的小根据地，敌人追到这里，我们还要有可以

站脚的其他地方，迂回范围要广，才能立于不败之地。

为了争取多开辟小根据地，我们根据革命斗争需要改变了对敌斗争策略。凡是不与红军游击队为敌的地主、富农、保甲长，我们也不与他们为敌，不随便打击他们；对于敌人内部特别反动、坚决与我们为敌的分子，我们才狠狠镇压他们，尽力缩小打击面，扩大争取面。我们还与这些人谈判，规定条件，利用他们为我们服务。

我们经常以小股部队到村子里去，把保甲长找来，不抓他，不杀他，而是与他谈判。各方提出条件。我们对他们保证不抓、不杀、不没收他们的财物。我们向他们要的条件就多了。主要是：（1）我们来后不准向敌人报告，只能在离开后才可向敌人报告；（2）要随时向我们报告敌人行动的消息；（3）要帮助我们买粮食及其他物资。谈判完毕后，还要搞一下迷信宣誓，烧香喝鸡血酒，双方代表跪下对天盟誓。我们的誓言是：如果违背诺言，炮子穿心刀切头。他们的誓言是：如果违背条件，就让游击队杀死全家。我们用这种方法争取了许多保甲长。一个甲有几个小山村，一个保管十个甲，就是一大片地方。后来，我们的小根据地遍地开花，资光贵大根据地范围内就有 80 多个小根据地。

对于一般的地主、富农，只要他们不与红军游击队为敌，我们便不打击他。不少地主、富农为了自己的安全和利益，还主动与红军游击队接头联系，愿为我们效劳。我们也愿意与他们谈判。我们给他们的条件是：（1）不打土豪；（2）万一没粮没钱就借。我们要求他们的条件是：（1）知道敌人消息，要向我们报告；（2）不准向敌人报告我们的真实情况；（3）红军来了要供应粮食，我们照价付钱；（4）帮助红军购买需要的物资。我们利用他们做耳目、搞物资，也起了一定的作用。

我们开辟了许多小根据地，又争取了一批地主、富农、保甲长，我们打游击就主动得多了。敌人来“围剿”也毫无办法，我们有许多小根据地可以活动，还有大量耳目向我们报告消息，我们到处都有东西吃；

敌人来了，我们早就跑了，因此敌人总是抓不到我们，而我们却可以深入敌后经常打击小股敌人，缴获敌人的枪支、弹药、物资，发展壮大自己的队伍。

在争取中间力量的同时，我们有重点地打击大土豪和反动土豪。

为了有利于我们小根据地的巩固和发展，我们打土豪都从长远利益着眼，对土豪不是随便乱打，而是区别对待，有重点地打大土豪和反动土豪。对有钱有势又反动的土豪，我们是要坚决打击的。这不仅可以筹款，解决部队的经费来源，还可争取中间力量。

贵溪县上清宫南面有一个姓饶的大土豪，很有钱，家有几百亩土地和数不清的山，还有两个班的民团武装。红军游击队来到这里，他就溜到城里去了。我们千方百计想抓他，等他有好几个月时间。1937 年 5 月间，他带着一个班的民团回家来了。我们事先得到情报，埋伏在他必经的路边，把他抓住了，他给了 6000 块银元我们才放了他。

我们靠打大土豪缴来的钱很多，花不完，资光贵根据地的红军游击队，除自己花费的经费外，每年还要上交省委七八千块银元。

三、立足于群众，时刻不忘做好群众工作

群众是胜利之本。我们红军游击队之所以能够胜利坚持三年游击战争，最主要的是得到群众的拥护和支持。敌人想困死饿死我们，而群众为我们提供粮食，为我们报告消息，冒着生命危险掩护我们的伤病员。群众为革命作出了很大的牺牲和贡献。

我们经过实践的教训，认识到单纯躲藏，即使不暴露目标引起敌人追击，也会脱离了群众，把自己处于孤立无援的境地，是没有出路的。后来，我们便派少数游击队员化装成老百姓深入白区村庄做群众思想工作，启发教育群众认识到敌人不准群众出村种地，不仅要困死红军游击

队，也要困死广大群众。动员群众团结起来与敌人作斗争，争取自由出村种地。在我们的鼓动下，群众组织起来质问敌人："不让种地吃什么？"敌人无奈终于向群众作了止步，允许群众白天可以出村种地，晚上要回到居住点。这样，我们红军终于与群众联系上了。

种地要肥料，群众就利用挑肥的机会，为红军游击队送粮食和油盐。为了躲避敌人的检查，群众做了特制的二层粪桶，上面装粪肥，下面装粮食，把肥料运到地里后，再把粮食送给我们。为了感谢群众和为群众解决经济困难，我们有意多给一些钱。

以后我们还发展到多种联络方式，有时约定晚上时间，我们到村子里群众家直接买粮；有时约定群众送到某个偏僻山上，把粮食交给我们，当面给钱；有时约定地点，群众把东西藏在野外的某个地方，我们把东西取走，把钱放在那里，群众也拿得到。

但是，要取得群众的拥护和支持，必须靠我们做好群众工作，要靠我们的行动去影响群众和争取群众。

首先，我们始终关心和维护群众的切身利益。打游击，今天在这里，明天在那里，游击根据地没有巩固的苏区政权，分土地不行，也无法搞什么减租减息，群众没有切实的保障也不敢要。在这种情况下，我们就把打土豪缴来的钱，除留一部分作经费用外，把另一部分甚至是大部分的钱分给群众；群众向我们报告敌军活动消息，我们就多给钱奖励他们；我们向群众买粮食，特别是在困难情况下群众冒着生命危险为我们送粮食，我们就尽量多给钱。当时的群众是很穷的，衣服破烂不堪，他们是需要钱用的，我们这样做，对他们是一个最实际的经济帮助。敌人是不会拿钱给群众的，他们总是抢老百姓的东西，所以群众总是恨敌人，拥护我们。

其次，群众如果遭到敌人的陷害，我们红军游击队总是千方百计解救。如群众被敌人抓去当壮丁和逼问红军下落，我们用重金通过地方士绅或敌人的下级军官，将被抓去的群众保释出来。

再次，群众中如果是因为掩护红军游击队而被捕、牺牲，或受到其他损失的，我们红军游击队对他们更是无微不至的照顾，有的甚至把他全家的生活费用全包下来。1937 年 6 月，贵溪上源村被敌人占领，要抓我们游击队，我们当时只有几个人，就在村庄山后面，情况十分危急。有一个年轻的党员，他在家楼上挖了一个洞，搭一根木棍溜到山后，报告游击队。不幸在途中他被毒蛇咬伤，但他忍痛继续找到游击队，报告了这个紧急情况，使游击队安全转移。以后，我们出钱请医生为他治好了伤，出钱雇工帮他家割稻子，他家的猪被敌人抢走了，我们又出钱赔偿。这样，老百姓看到我们红军办事一有情义，二有保障，不会让老百姓白辛苦、白流血，真像亲人一样，都乐意为我们红军游击队出力办事，我们红军游击队就有了胜利的基础。

四、运用灵活机动的游击战术，粉碎敌人的军事“清剿”

游击战争时期，敌人人多，我们人少；敌人子弹多，我们子弹少；敌人武器好，我们武器差，硬拼是拼不过敌人的。我们游击战争总的战术原则是三十六计走为上计，尽量避免打仗，保存有生力量。敌人来了，我们跑掉；敌人集中，我们分散；敌人分散，我们集中力量消灭他们。

我们还经常用灵活机动的战术，化装成敌人去消灭敌人。敌军的特点是大鱼吃小鱼，一级压一级。1937 年 6 月间，我们得到情报，知道贵溪县伪政府的一个科长带一个班的小民团（乡级的），到县北面的一个村庄收税，我们就穿上敌人正规军的服装，我挂着短枪，大摇大摆地找到他们。他们见我们是大部队的，毕恭毕敬，我们也不啰嗦，趁他们没有准备，一下子缴了他的械；亮出我们红军身份。他们措手不及，老老实实地投降了。这次，缴了他们的税款 3000 块银元，杀掉子那个伪科长，把保长和民团士兵都放了。

1937 年上半年，蒋介石玩弄“北和南剿”的阴谋，对南方游击区进行了更加残酷的“清剿”。这是三年游击战争中最险恶的时期，资光贵根据地到处都是敌人，大小村庄全被敌人占领。我们只能分散到深山里小心翼翼地行动，稍微粗心大意，就会暴露目标遭受敌人追击。但是在这样险恶的时刻，还是比 1935 年上半年好，不至于被动地困在山上挨饿挨打。这个时期，我们已经有丰富的游击战争经验，有许多小根据地可以活动，有大量的群众甚至是保甲长和一般地主、富农做我们的情报员，给我们送情报、送粮食。因此在这个时期，敌人虽然用大量兵力“清剿”我们，但是对我们却无可奈何，敌人“剿”到这边，我们早就跑到那边，始终抓不住我们。最后，我们红军游击队终于粉碎了敌人的“军事围剿”，胜利地坚持到国共合作，下山整编。

选自《南方三年游击战争·闽北游击区》，第166—171页。

谢锐，原名谢忠厚，1914 年生，江西弋阳人。1929 年加入中国共产主义青年团，1931 年参加中国工农红军，1937 年转为中国共产党党员。南方三年游击战争时，任中共金（溪）资（溪）贵（溪）特区委书记、闽北独立师第四纵队一支队政治委员。新中国成立后，曾任华东军区装甲兵参谋长，装甲兵学院副院长，福建生产建设兵团副司令员，江西省军区副司令员、顾问等职。1955 年被授予少将军衔。1987 年在南昌逝世。

游击战争初期的闽北

陈仁洪

1934 年 10 月，由于王明"左"倾错误影响，中央苏区的第五次反"围剿"，虽经苦战，终于失败，主力红军被迫长征，南方各革命根据地留下的红军和游击队，在各地党组织的领导下，开始了艰苦卓绝的三年游击战争。

一

闽北红军的游击战争，是从撤出闽北苏区首府大安街开始的。

大安是武夷山中一个比较大的村子，地处闽江支流崇阳溪上游，往南是崇安县城，往北翻过分水关，就是江西铅山、上饶、弋阳一带，是闽北和赣东北的交通咽喉。第五次反"围剿"失败以后，闽北根据地领导机关从崇安县城搬到这里。

我原是上（饶）铅（山）独立营政委，1934 年深秋调军分区政治部当青年干事，不久便和俞雅鹿队长带了一个几十人的工作队到崇安星村区一带，协助地方党和苏维埃政府组织群众发展生产，支援前线，参加红军，整顿和健全区、乡游击队、赤卫队，为反击敌人进攻、坚持苏区斗争作准备。

我们在星村区工作了大约两三个月，一天，军分区政治部来电话，说是有紧急任务，要我们结束活动，工作队成员迅速各自返回原单位，军分区机关的同志由我带领马上赶回大安。

武夷山的 12 月，风大天冷，我和同志们冒着大雪、日夜兼程地往回赶路。一走进大安的沟口，见到人们正忙着搬运各种物资，就感到有一种紧张的战斗气氛。听说军分区的兵工厂、医院、被服厂、印刷厂正在组织撤退。显然形势恶化了。到了军区政治部办公的那幢大房子，政治部主任张燕珍好像早就等在那儿:“陈干事，你下去几个月，辛苦了。”我说:“这没什么,请下达任务吧。”张主任接着便说,“进入 12 月份以来，国民党铅山方面的二十一师、十二师，南边崇安方向的独立四十五旅等部，突然加快了进攻的速度，它们从南北两个方向，以钳形攻势逼向大安，企图一举消灭闽北根据地党和红军。特别是崇安方向的敌人，他们沿着大路，这几天已经占领了黄石街，正向四渡桥一带逼进，军区警卫连的同志守在那里，伤亡很大，情况十分紧急。现在苏区领导机关、工厂和医院都需要时间转移疏散。我们的两个主力团正在浦城一带活动，即使日夜兼程赶回也要四五天时间。因此，坚守四渡桥、五渡桥一线的任务只好交给军区教导大队了。我们考虑到你当过独立营的政委，有部队工作经验，又打过仗，决定派你到教导队一中队当指导员，带领一中队在四渡桥一线坚守七天，掩护分区委和军分区机关、工厂、医院安全转移。”听说有战斗任务，我从心眼里高兴，当即回答:“主任，请放心，我们坚决完成任务，保证人在阵地在！”

张主任交代完任务，军分区司令员李德胜一步跨进门来，挺着胸膛大声说：“苏区的土地再也不能丢了，要寸土必争。四渡桥是大安街的咽喉，一旦失守，大安街就保不住了。按理说这时候不应该换防，但是考虑到四渡桥位置太重要了，只好派红大的干部队去。”他还说只要你们能在那里守七天，不管我们将来和敌人正面对抗，还是把队伍拉到深山里打游击，就赢得了必要的时间。说完，他望着我苦笑了一下，拍拍我的肩膀说:“军分区的武器弹药上尽量给你们配得好一点，足一些，陈干事，就看你的运气了。”说完头也不回地走了。

翌日一大早，我便向军区教导大队的驻地洋庄奔去。他们早已接到军分区的电话,知道我的来意。大队长说,红大的三个中队长任你挑选，我笑着说：“红军战士，个个都是好样的，大队长给哪个队我就带哪个队。”这样说笑了一阵，大队长一本正经地对我说：“刚才军分区黄道政委已经来过电话，要我们把教导大队最好的一中队交给你。喏，这就是一中队的李队长。”他指了一下站在他身旁的一位中等身材的同志，接着说：“这个队除了战斗骨干以外，绝大部分都是各部队送来培养的排连干部，上铅独立营的很多同志也在这个中队，他们经过了几次反‘围剿’的考试,立场坚定,作战勇敢,是我们闽北根据地党和红军的精华。李队长是个很好的同志,你们俩一定会合作得很好。”听着大队长的话，我和李队长相视一笑，不约而同地回答说：“放心吧大队长，我们一定圆满完成任务。”

我和李队长从大队部出来，已近中午。不多久，全中队的同志在操场上集合好了，100 多个青年小伙子，个个眼里闪烁着兴奋的光芒。我走到队伍前，先讲了讲敌人进攻的形势，坚守四渡桥的意义和我们的具体任务。然后进一步强调说：“四渡桥能不能守住，关系到闽北苏区党、政、军领导机关和工厂、医院能否安全转移，关系到以后闽北苏区党和红军能否更好地坚持对敌斗争，我们为革命立功的时候到了！大家说,我们有没有把握完成这个任务？”“有！”全中队异口同声地回答。我刚讲完，队列里忽然有人喊：“报告！”话音刚落，只见一个小伙子跨出队列，一双粗大的手捧着一件东西，说:“指导员，这是我的党证，请党收下，完不成任务，我不回来取。”这是二区队四班班长夏梅仁同志，他原是五十八团一连二排长，有名的机枪射手，战斗骨干。用他的话说，“一天不揍死几个敌人，心里就不痛快”。前些日子，五十八团去白区活动，他说什么也要去，组织上为了培养他，硬是把他留在红大学习。跟着四班长，队列里许多同志都掏出自己的党证。看着大家庄严的面孔，我只觉得心头一热，一股暖流涌遍全身，顿时感到仿佛增添了无穷的力量。

当天，我们赶到四渡桥的时候，太阳已经落山。军分区警卫连的同志给我们介绍了这里的地形和战斗情况。从黄石街、四渡桥到五渡桥一带是一块小盆地，从分水关和温林关下流的两条小河在这里汇进崇阳溪。河东，从四渡桥往北到东村坡、南坜坑是一片山地，其南端，有一个突出的小高地，像一头雄狮，俯视着这块盆地。站在这儿，南面可看到黄石街通往崇安的大道，西北可以望到五渡桥进入大安的路口，位置非常重要。这里一旦失守，五渡桥就难于守备，敌人便可以长驱直入，轻取大安。这几天，警卫连的同志在这里同敌人进行反复争夺，伤亡很大，但敌人始终未能前进一步。敌人为了修复被我们破坏的四渡桥，打通进入大安的通道，正挖空心思企图夺取这个高地。听完介绍，李队长抢着说："我带二区队上四渡桥东侧高地，你带一、三区队在北侧高地坚守，保证我的侧翼和后翼安全。"我急忙说："四渡桥高地还是我去，你带一、三区队坚守北侧高地，可以了解阵地总的情况。"没等李队长分辨，我便喊了一声："二区队，跟我上！"

四渡桥东侧高地原来驻守着警卫连的一个排，我们上去以后，他们的副连长简单地介绍了几天来的战斗情况。他说，这里阵地中央的炮台，是整个阵地的制高点，从那里可以看到阵地内外的全部情况，地形对我们很有利。又说，敌人摸不清我们的虚实，这几天进攻规模都不大；我们没有机枪，主要靠地雷、手榴弹对付他们。说到这里，他向我们介绍了身旁一个姓张的同志。他穿一身青色的棉裤棉袄，头戴黑色八角帽，腰里扎着一条蓝底白花汗巾，身材结实匀称，两眼炯炯有神。副连长说，他是附近村庄赤卫队的"丝炮"队长，埋一手好地雷，是地方党派来协助部队防守小高地的。我让张队长也回去，但他坚决要求留下，说他地形熟，高地上的地雷都是他一手埋的，换人容易发生危险。我和郭区队长见他说的有道理，只好同意他继续留下。

警卫连撤出阵地以后，天已经黑了。我和郭区队长、张队长仔细查看了一下工事，迅速作了部署：临时指挥所设在阵地中央的炮台里。四班守南阵地，五班守东阵地，六班作机动。各班按新部署马上进入阵地加固工事，大家把带来的炒米放在炮台里，把弹药扛进工事。我们的弹药很充足，临走时，军分区给了“广造”手榴弹和俄式步枪、子弹 30 多箱，警卫连也留下了全部俄式步枪。

趁着天黑，张队长爬到阵地前沿，按着只有他才认识的记号，一个个检查埋好的地雷。从我们阵地到敌人阵地，中间夹着一个马鞍形地带，在这个地带，张队长布了许多拉发和压发地雷；在树林和草丛里，还埋设了绊雷，从雷区到我们阵地前沿，又挖了陷阱，里面插有锋利的竹竿子。

拂晓，约一个营的敌兵，开始发起进攻。几百个人像一群野猪似的嚎叫着，在轻重机枪的掩护下，一拥而上。我们没有打枪，看着敌人进入我们的雷区，便按号拉响了 18 颗地雷，在连声的巨响中，敌人被炸得血肉横飞。后面的敌人见前面受挫，便一齐拥进雷区前沿的几个碉堡和交通沟里。这是我们专为敌人准备的“工事”，里面埋下了很多压发地雷，被炸昏了头脑的敌人前拥后挤地往里钻，结果又是一阵巨响，钻进去的敌人都成了送死鬼。就这样，第一次进攻的敌人便没剩下几个了。

一连三天，气势汹汹的敌人，都被我们的地雷、滚雷、手榴弹炸得狼狈不堪。吃了亏，敌人暂时停止了对高地的进攻，掉过头来，企图从阵地西边直接抢修四渡桥。没想到，我们的四班早已像猎人一样守在那里，等敌人聚集在桥头的时候，大家各自选好目标，一声“瞄准——放！”打得敌人一排排倒下。看着山下敌人横七竖八的几百具尸体，大家斗志昂扬，坚守阵地的信心更足了。战斗间隙，张队长带着几个战士顺着没埋地雷的地方，到敌人尸体堆里，收集武器、弹药。我去查看各班加固工事，四班的小林笑着对我说：“陈指导员，你看敌人花了几百人的性命作‘见面礼’，可我们还不让见哩！”听了小林的俏皮话，班里的同志们跟着笑起来。我提醒大家不能乐观，我们的任务是坚守七天，现在才守了三天，敌人赔了几百人，是不会善罢甘休的，要进一步作好打大仗、打硬仗的准备。

打这以后，一连两天，敌人都没有向我们进攻，只是偶尔打几下冷枪。他们集中兵力猛攻四渡桥以北李队长的阵地，那里的几个高地笼罩着烟雾，树木和野草已被烧得焦黑焦黑的。在一次敌人进攻后不久，一区队向我报告，李队长和一、三区队的大部分同志都壮烈牺牲了，剩下的已撤到河西岸坚守。至此，河东岸的一线只剩下我所在的炮台岗一个高地了。

深夜，带哨的班长忽然跑来报告说：“敌人好像在撤退！”大家觉得奇怪，一齐走出地堡，哨兵指着对面黄石街到崇安县城大道上闪烁着的亮光给我们看。这些光点从崇安方向到我们高地前的三面山上都有，远远看去就像漫山遍野的萤火虫一样到处游动。郭区长说：“这哪里是撤退，分明是敌人在增兵！”他转过脸又对我说：“看样子他们决心要拔掉我们这个钉子！”我说：“对！赶快把张队长喊来，回头再详细检查一下我们的战斗准备。”

黑夜里检查地雷是危险的，稍不留神就要触雷，但是张队长每天夜里都要作一次检查，每去一次我们都替他捏一把汗，他听说有了新情况，马上把衣服鞋袜绑扎得结结实实，轻松地跳出工事，消失在夜幕中。

我来到四班的阵地，打算让他们派双哨加强警戒。谁知四班长和往常一样早就起来了，上阵地以来，他实在是太累了，夜里不管是不是他带哨，他都要起来几次，观察敌人的动静，两眼已经熬得发红。我走近掩体的射击孔，他头也不回地说：“指导员，敌人憋了好几天，再进攻会和过去不同。”为了不影响他观察，我只应了一声：“对。”

天快亮了，风停了，阵地上升起一片雾气，敌人的手电光也不见了，四周一片寂静。这一天敌人还是和前两天一样，只派了小股部队作试探性进攻，在阵地前隔得远远的打一阵枪，咋呼几句就回去了。我们也不暴露，只组织特等射手对付他们。

第八天拂晓，带哨的突然报告："敌人摸上来了！"我们迅速进入隐蔽部，敌人约有两个营，顺着山坳悄悄地往上爬，队员们作好了战斗准备，有的抱着滚雷，有的手里握着手榴弹。我手里拿着一支快慢机，站在四班的工事里。这一次，敌人的阵势与以前大不相同了，他们新调来野炮和迫击炮，进攻一开始炮弹便雨点似的向我们劈头盖脑地轰来。轻、重火器紧紧封住了炮台的发射孔，把阵地中央的炮台炸得土石横飞，放在里面的粮食和一大桶水也被炸掉了。炮火助长了敌人的气焰，他们在山下连声喊叫："好哇！""再来一个！""他妈的，不缴枪就全把你们炸死！"可是我们看着敌人把炮台作为轰击的目标，个个都暗自好笑，因为我们的工事全在炮台下面的隐蔽部里，坚固的工事上面用树干封住，再盖上一公尺多厚带草根的黄土，工事的胸墙外面，伪装得跟山坡一个样，敌人一直没有发现。轰了一阵炮台以后，敌人的步兵便在轻、重火器的掩护下，开始向高地进攻。有几个督战的，穿着西装马裤，头戴"博士帽"，拿着青天白日小旗，不断用手枪和鞭子驱赶畏缩不前的士兵，四班长小声命令："用冷枪干掉那几个家伙！"几声枪响，那几个家伙应声而倒。过了一会，又一个大个子敌人探出身来，拿着一副望远镜瞭望，我把快慢机架在射击孔上，对准了他，一扣扳机，只见他两臂一张，见阎王去了！山下的敌人开始乱起来，四班长命令放滚雷，同时又拉响了几个地雷，炸得敌人倒下一大片。气急败坏的敌人，仗着野炮支援，没有退缩，把小高地团团围住，他们知道小高地容不下几个人，而且已经孤立无援便嗷嗷叫着往上冲。我们每人还有二三百发子弹，为免暴露隐蔽的工事，大家坚持尽量少打枪。可是，面对敌人十几次轮番攻击，又不能不打，这一来，隐蔽的工事终于被敌人发现了。

敌人开始喊话："兄弟们，缴枪吧！缴枪不杀！要不攻上去就剥你们的皮，抽你们的筋！”见没有动静，敌人的野炮便开始向我们隐蔽的工事轰击，步兵也从高地两侧夹击。炮弹呼啸着迎面飞来，炸垮了工事胸墙，掩体尘土飞扬，硝烟弥漫，几乎对面看不到人。我吆喝着，让大家沉着反击，忽然飞来一颗炮弹，穿进射击孔，又从一个队员的胸膛穿过，钻进工事的后墙。这颗炮弹未炸，但是这位战友牺牲了，我的脸上身上溅满了鲜血。我噙着泪花，急忙用稻草把他盖住。“手榴弹！快投手榴弹！”四班长看到100多个敌人沿着西边的高地冲上来，高声喊着。一排手榴弹飞出去了。“8号、10号、15号地雷！拉！”这是张队长的声音。“轰！轰！轰！”几声巨响，高地上接连升起团团的黑烟。

忽然身后有人拉了我一把，是五班的一个队员。我看他嘴巴张了几下，听不出他说了些什么，原来我的耳朵已经被激烈的炮声震聋了。当我听清是说郭队长负了伤，刚要去看时，敌人又喊叫着冲了上来。于是，我立即给快慢机压上子弹，和同志们一起向冲上来的敌人射击。敌人的火力很猛，轻重机枪封锁着我们已被摧毁的工事，压得我们抬不起头来，工事里手榴弹、地雷、滚雷已经不多了，埋好的拉发地雷的拉索有些已被炮火炸断，掩体的射击孔被敌人的机枪打成脸盆大的窟窿，情况十分危急。正在这时，十多个敌人，从工事西南面爬上来，离我们只有30多公尺，那边只剩下四班长和一个战士了。四班长甩出仅有的两颗手榴弹，没能打退敌人，他大喊一声“不怕死的来吧！”突然跃出工事，弓身把两个滚雷向敌人滚去。在滚雷爆炸的同时，他也被敌人的机枪击中了。我看了看滚雷爆炸的地方，躺着十几具敌人的尸体，侥幸活命的正哭喊着往回爬。两个队员把四班长架到工事后面的交通沟里，鲜血从他的头部直往外涌，包扎已无济于事。我紧紧抱着四班长，心里非常着急，不断地呼唤他的名字。过了一会儿，他慢慢地睁开眼睛，看着我说：“指导员，今天是第八天了吧？”我流着泪水点了点头，只见他两眼眨了一下，嘴角上露出了一丝微笑，然后无力地合上了双眼……

四班长的话提醒了我：我们的任务是坚守七天，现在已经第八天了，是该撤退的时候了！我向六班长说了一声："注意监视敌人！"便快步向郭区队长守卫的炮台走去。

听到我的脚步声，郭区队长急忙询问西阵地和四班情况，我告诉他四班长牺牲了，他蓦地站起来，我发现他的脸已经红肿，脸皮里陷进许多沙子，两眼肿得像桃子，双目已经失明，嘴唇上裂开几道口子，凝结着一块块黑色的血浆。他用手在四下里乱摸，刚刚迈出一步就是一个踉跄，我急忙上去搀住他，他气愤地说："妈的，偏偏把我的眼睛搞坏了，真急死人！"又说："怎么办？东边的阵地我不能掌握了。"我说："不要紧，我可以照顾两边，你好好休息，天快黑了，我把老张叫来，咱们商量商量再说。"张队长刚来到炮台，就听一个战士报告说，有个老乡从山后爬上山了。我马上站起来，心想，莫非是送命令来了？没等我走出土堡，老乡已经来到跟前，他身上背着一篮子捂好的米饭团，肩上扛着一竹筒水。我们都已经两天多没有喝水了，张队长赶紧给郭队长倒了一碗。老乡告诉我们，在高地后面的小河北岸，约莫下午三四点钟，曾经有一二百人向这儿增援，和敌人对打了一阵机枪，未能突破敌人的封锁。老乡还告诉我们：高地以东北的山地，全让敌人给占了，他上山以后，敌人就开始封锁通往这里的各条路口，连高地西边陡崖下面的河边路上，好像也有游动哨。听了介绍，我知道我们已经完全被敌人包围了。怎么办？阵地上很快就要弹尽粮绝，如果敌人再进攻，只有跟他们同归于尽。想到这里，我抬头望着大安方向连绵起伏的群山，想着分区委和军分区机关的首长和同志们可能早已转移到安全的地方去了，心里轻松了一些。我又想起牺牲的四班长和其他几位同志，心里一阵难过。现在任务既然已经完成，就要想法把剩下的这些革命的力量保存下来。一种强烈的责任感冲击着我，我把这个想法告诉郭区队长和张队长。张队长地形熟，他说："要退，只有从西边陡崖下去。那里有一条雨季流水的山沟，可以拽着两边的毛竹和乱树，估计下面有水，不会摔死；再说，现在只有一条‘路’，就是摔死，也不能让敌人捉活的！”郭区队长说：“我同意，撤出一个是一个，留着青山在，不怕没柴烧。把手榴弹留下，我掩护你们，反正我的双目已经失明，和敌人拼了也值得。”我说：“不行，你和张队长带着其他伤员和阵地上的老乡先走！”他还要争执，我便命令几名战士把他拽到陡崖边，张队长说：“指导员，到了河对岸，我向这儿连打三枪，注意我的信号。”说完便抱着郭队长滑下去了，后面跟着其他伤员。我们又狠狠地教训了一批偷袭的敌人后，担任联络的战士报告说，张队长他们已安全过河，我下达了撤退的命令。同志们在战壕里掩埋了烈士们的遗体，迅速从陡崖上滑下去。我走到崖边，回头望着山顶上威严耸立着的炮台残迹和长眠在那里的烈士，以及挺立在崖头上的几颗青松，默默地与这个英雄的阵地告别……

滑到崖底，趁月亮躲入黑云的瞬间，迅速地穿过河边大路，蹚过了四渡桥下的小河。一过河，紧张的心情一下子轻松了，大家这才互相看了一下，只见每个人的棉裤屁股上全都磨光了，不少同志身上还刮破了皮。不一会儿，担任先头联络的同志碰到了军分区的通信员，大家高兴地抱在一起，随即直向着五渡桥我军阵地方向飞奔。

第二天（1 月 11 日），天刚麻麻亮，四渡桥炮台岗的高地突然响起激烈的枪炮声，原来敌人还以为我们坚守在那儿，正在从南、北、东三个方向猛攻高地，高地上一片浓烟，炮弹炸起石块，四处纷飞。敌人一直打了两个多小时，大家望着炮台岗高地上激烈的“战斗”，一个个都哈哈大笑起来。吃罢早饭，我随李司令员离开了五渡桥，赶往军区机关向黄道政委作了汇报。黄政委非常高兴地说：打了七天，不见你们回来，原以为你们都英勇牺牲了，没想到你们创造了一个奇迹，阻止了敌人数百人的进攻，打出了红军的威风。这一仗除了直接掩护军分区机关、医院、工厂的完全转移之外，重要的是给军分区以及闽北根据地在战略转变的关键时刻赢得了必要的时间。

二

1935 年 1 月，闽北红军的斗争进入了最艰苦的年月，我们撤出四渡桥以后，崇安和江西紫溪的敌人，南北对进，气势汹汹地向大安街压来。面对敌人的重兵合围，中共闽北分区委在黄道的主持下，于四渡桥战斗期间召开了会议。会议期间，以黄道为首的绝大多数同志坚决驳斥了李德胜的错误主张，决定撤出苦心经营多年的闽北苏区首府大安街，以武夷山脉为依托，南北分散活动，相机打击敌人。此外，还相应采取了一些措施，如撤退公开的干部，建立隐蔽的地下支部，组织遍及全区的秘密交通联络站等。这些决定就使我军由正面对敌作战，转为向敌占区域的游击作战。这对闽北苏区和闽北红军来说，是一个伟大的战略转折。

我们完成四渡桥守备任务后，黄道曾对我讲述了闽北苏区当时的严重形势。之后，顺便告诉我："你还是回部队去好，到军分区警卫营当政委，去后，把警卫一连编成一个大连留给军分区机关，你带营部和两个连到作战部队去。"我一直盼着返回部队打仗，听了他的话，心里格外高兴。

从黄道同志的住处出发，我回青年部跟机关的同志告别。走在大安街上，往日热闹、繁荣的景象不见了，到处笼罩着一种撤退前的紧张、肃穆的气氛，医院、兵工厂，在前几天四渡桥激战中便开始往东北方向的深山转移，现在人们正冒着蒙蒙细雨，把拆下的机械设备，连同那些贵重而又无法带走的东西一起埋在山上，加紧坚壁清野。

跨进政治部的大门，同志们正在整理行装，见到我突然回来，都围上来询问阵地上的情况，李部长还让我抓紧时间休息，准备一下。我因为脱离机关工作几个月，现在调动，基本不用交接，一套行装又随时带在身边，也没有什么好准备的，便一把拉着俱乐部邱主任，去我俩具体领导的军区红色剧团、列宁室，看他们的撤离准备工作。我和邱主任沿着熟悉的街巷默默地走着，谁也不说话，心情都很沉重。是啊！大安成为闽北革命中心以后，这里出现了从未有过的繁荣，在如火如荼的斗争中，大安给我们留下了多么难忘的印象。而现在，我们却要撤离大安了！……

我和邱主任来到列宁室。那些平日挂在墙上，摆在桌上的东西都收拾起来了，同志们正在给捆好的木箱、竹篮做记号。

当时，闽北苏区的红军部队，从指挥员到战士，大都是 20 岁上下的青年人，为了把这些朝气蓬勃的青年培养成有文化、有觉悟的红色战士，分区委非常重视部队的文化宣传教育工作。军分区设有红色教导大队，培养干部和战斗骨干。军分区青年部、俱乐部抓文化活动中心的建设。闽北苏区领导机关的红色剧团，经常编演反映打土豪、分田地、反压迫、争自由，反映战斗生活的节目，不但给机关部队演出，还深入到周围的区、乡流动演出。除了剧团，军区机关最大的文化活动中心就是这个列宁室了。它是红军干部、战士以及苏区群众学习、娱乐的场所，里面有油印、手抄的马克思、列宁的理论书籍，有各种画册、文化课本、认字牌，还有闽北苏区革命斗争史，各区、县、部队的战史、战绩统计，以及英模人物事迹等。往日，列宁室是大家最爱去的地方，一有空，都去那里看书学习，寻求思想上的启迪，汲取知识和力量，它成了红军战士的良师益友。可是，现在再也听不到琅琅书声和同志们的说笑声了，屋子空荡荡的，一切显得格外肃静，只有房门正中的“列宁室”三个大字，依然端正地挂在那里，好像在凝视着大安街正在发生的变化。

第二天一早，我就去军区警卫营报到。

武夷山的 1 月，寒风料峭。临撤那天，机关和警卫营的同志都集中在大安街对面的河滩上，在飕飕冷风和蒙蒙细雨中，黄道政委给部队讲了话，他表情严肃，从声音里听得出很激动。他说：同志们！从 1928 年党在闽北领导第一次农民暴动，至今已有七个年头。这七年，我们闽北苏区和闽北红军，从无到有，从小到大，在战火中不断壮大，经受了各种各样的考验。现在国民党反动派叫嚷要在几个月之内把我们斩尽杀绝，把闽北苏区荡为平地。同志们！革命考验我们的时候到了！现在敌我力量对比悬殊，我们要执行中革军委保存力量的指示，不能跟敌人碉堡对碉堡死打硬拼，打消耗战，不能死守根据地不放，该丢的就要丢。我们虽然放弃大安，放弃这块红色根据地，但是我们决不放弃革命！决不放弃闽北！我们将依靠武夷山的千山万岭，依靠闽北苏区的千千万万人民，同敌人进行一场旷日持久的游击战争。黄道同志讲话之后，整个机关和直属分队1000多人，便向长涧源、坑口方向前进。

我永远忘不了离开大安时的情形。年轻人带着梭镖、猎枪跟部队上山打游击，许多妇女、儿童也随机关撤退，留在村里的老伯伯、老妈妈手里捧着草鞋、米粿、老早便站在路边等候。他们颤抖着枯瘦的手把草鞋和米粿硬塞给我们，有的拉住战士久久不放，哽咽地说："收下吧，红军同志，过几天我们想送还不晓得往哪儿找你们呐，这是我们对红军的心意啊！"不少老人一再叮嘱："同志们一定早些打回来，我们等着你们。"队伍走出很远了，乡亲们还站在山坡上不断地招手，那发自根据地群众肺腑的话语，就像是母亲对孩子的呼唤，紧紧扣住了每个指战员的心弦，给了大家无穷无尽的力量。快到拐弯的地方，我回头望着大安街，泪眼迷蒙了，心里默念着：大安，我们一定要回来的！乡亲们，放心吧，我们一定打胜仗，消灭敌人，报答你们对红军的一片深情。

队伍在山里行进，远处不时传来阵阵枪声，部队走走停停，行军速度很慢。黄昏，队伍走到磨石坑附近，突然前面人声喧哗，一阵骚动，走到跟前一看，路旁一群人正站在一副担架周围，担架上躺着的是牺牲不久的五十八团政委陈一。原来，敌人在攻占四渡桥以后，从小浆和沙渠洋两个方向多次夹攻大安，企图分割领导机关与部队的联系，把机关逼到分水关方向，以便与江西南下的敌人聚歼。为了粉碎敌人的阴谋，掩护和接应领导机关转移，几天来。五十八团一直顶在小浆和长洲一线，战斗中部队的伤亡很大，陈一同志也为革命献出了宝贵的生命。

队伍继续前进,过了地源,天完全黑了。我们已经进入了深山密林，后面的枪声也渐渐稀落下来，队伍停下来生火做饭，大家的情绪又活跃起来，因为再翻几道山梁，就是这次转移的目的地坑口、长涧源一带苏区了。

三

闽北苏区领导机关撤出大安以后，敌人步步为营，沿崇安到江西紫溪一线屯兵，把闽北苏区分割成两半，接着又在大洋—岚谷—寮竹关增设了新的封锁线，切断坑口一带与浦城方向的联系，我机关和部队一时被迫在长涧源、坑口一带山区。坑口北依武夷山脉，与温林、寮竹、焦岭三关相通，西出 30 里是大安，南下 60 里是崇安县城，从坑口到长涧源只有一条几里路的狭长山沟相通，峰回路转，沟壑纵横，易守难攻，自古以来就是进出闽北的重要关口，也是兵家必争之地。1928 至 1929 年党在闽北发动的两次农民武装暴动，都把坑口、长涧源作为重要据点。这一带是老根据地，党和群众组织比较健全，人民群众对红军部队有着深厚的感情。我们来到坑口的时候，坑口区苏领导同志组织妇女会，敲锣打鼓欢迎红军，慰问伤员。妇女们带来了针线为战士们缝洗衣衫，为伤员们换药、洗脸，战士们则抽空分散到各家，帮助老乡们挑水、劈柴、掏肥、整田，长期的艰苦斗争，把红军同苏区群众的心连在一起，大家见到苏区的群众就像回到家乡见到亲人一样，十分亲切。男人们上前线去了，村子里只剩下妇孺老幼，青、壮年妇女勇敢地挑起了生活重担，她们放开裹脚，打破千百年来闽北妇女不出门、不下田的陈规陋习，学会插秧、耕田、割稻。看到苏区妇女们一张张含辛茹苦、坚毅不屈、热情执着的脸，我心中便油然升起一种莫大的责任感：要为苏维埃政权战斗，为苏区的父母姐妹们战斗。

当时部队的弹药已经很少，闽北红军兵工厂留下的地雷、炸药大部分已用在大安，所剩无几。为对付小股敌人的频繁袭扰，我们就采用竹针板当武器。我们从山上砍下毛竹，劈成一根根尺把长、筷子粗的竹针，晒干后，用铁锅炒得火热，放进辣椒水或尿水里浸泡，让毒汁浸入后再回锅炒干，然后钉在木板上，做成一块块竹针板，或钉在大桶上做成竹针桶，将这些“武器”埋在敌人来犯的道路上，用沙土树叶伪装好。这些竹针既锋利，又有毒，一旦踩上了，不但被刺得鲜血淋淋，疼痛难忍，而且还有生命危险，进犯的敌人吃过多次苦头，他们一进入苏区就胆战心惊，寸步难行。

为了适应游击战争新形势，改变组织和战斗方式，加强对主力部队的统一指挥，有计划地打击敌人，黄道政委在坑口召开会议，决定重建闽北独立师。

1935 年 2 月 12 日，独立师的成立大会在长涧源召开了，会场上红旗猎猎，锣鼓喧天。大会主席台用几根毛竹搭成，主席台正上方挂一条横幅，上面写着“闽北军区独立师成立大会”几个大字。大会开始，黄道同志先代表分区党委讲话，他穿一身灰色列宁装，头戴八角帽。他讲了当时的形势，勉励大家要坚信革命，坚持斗争。接着，军分区司令员李德胜宣布独立师的编制序列和各级指挥员名单：师长黄立贵，政治委员卢文卿，政治部主任王助，参谋长张燕珍。

独立师总计 3000 多人，下辖四个团，每团三个营：

一团由原五十八团一、二营和部分游击队组成，团长张燕珍（兼）、政委卢文卿（兼）；

二团由闽北独立一团和部分游击队编成，团长胡佑民、政委刘胜；

三团由原五十八团三营，闽北军区警卫营二、三连，红色教导大队一中队和部分军分区机关工作人员编成，团长张 ××，政委祝为根；

四团由闽北独立二团和崇安县独立营编成，团长丁日升、政委彭喜财。

独立师三团的具体编成是：三营由原五十八团三营改编而成；二营由红色教导大队四中队及军区机关直属队一部分人员组成；一营由军分区警卫营营部及二、三连和教导大队一中队编成，营长惠信民，我任政治委员。

从大安街撤出以后，军分区警卫营就开始进行整编。当时我们住在长涧源西北的洪溪村，根据军分区的指示，警卫一连被加强成一个 150 多人的大连，作为军区机关的警卫连。军区把红色教导大队的一中队调来，编成新一连。因为一中队在四渡桥战斗结束后只剩下二三十人，所以军分区又给补充了一部分机关公勤人员充实一连。除此之外，营部还有特务连，设侦察排、警卫排、通信班。全营计 500 多人，考虑到教大来的同志基本都是班、排干部，骨干力量很强，组建时少数骨干调整到二、三连，一中队的吴瑞生、小林被分别调到二、三连当了排长，小林见到我乐滋滋地说："陈政委，还是我们战斗友谊深，拖不垮，拆不散，打不烂！"

这次整编，除几支主力和部分游击队编进独立师以外，其他各县、区的独立营、游击队基本保持原建制不变，就地继续斗争。整编时压缩比较大的是军分区机关，不少干部战士调到部队去工作，军分区机关的直属分队只留下一个警卫连、一个执法队和红色教导大队（由原红大的二、三中队合编而成，队长兼政委张长龙同志）。分区领导机关含直属分队在内，由原来的 1000 多人一下减到三四百人。先期转到上东坑附近的军区医院和被服厂也都进行了缩编，兵工厂只保留了一个几十人的枪械修理所。总之，这次整编体现了一切服从游击作战需要的原则。

四

闽北分区委决定了独立师的作战方针后，召开了团以上干部的军事工作会议，详细研究了作战方案，独立师兵分两路向敌占区挺进：由胡佑民和刘胜带二团到浦城一带活动；师部带一、三团向江西铅山方向，先打下紫溪、杨村、湖坊、陈坊，然后分兵活动；四团在光泽、邵武、建阳坚持苏区斗争，各独立团、独立营仍原地坚持苏区斗争。

部署一定，张团长很快向我们传达了作战任务。他说，一出温林关，三团打紫溪镇，一团配合打紫溪外围，如果得手，一团打围之后，直取杨村、湖坊；三团打下紫溪后，再打陈坊，要采取突袭的办法，出敌不意，一举扫平武夷山北麓数镇之敌，搞他一个天翻地覆。最后，张团长对我和惠信民说："打紫溪是我们闽北独立师成立后的第一仗，影响极大。三团的任务能不能预期完成，主要看一营。因为，你们有两个连是原上铅独立营的，人地两熟，战斗骨干多。听说紫溪街后山的大碉堡还是你们造的，打大碉堡的任务就交给你们营！"我和惠营长点了点头，表示坚决完成任务。

由温林关到紫溪，中间要经过下渠，此地北接石塘镇，南通分水关，西去不足 20 里便是紫溪镇。这里的民团与国民党二十一师驻石塘、紫溪的部队形成了一个小小的三角联防，因而要取紫溪，必先控制下渠，我和惠营长商量，决定智取下渠，以免惊动石塘、紫溪之敌。于是，我们让营部侦察排 40 多人全部化了装，把熟悉这一带情况的吴瑞生连长、小林排长从一、三连调来随侦察排行动。

旧历年刚过不久，侦察排的同志装扮成挑纸、担柴或走亲拜年的样子，走在队伍的最前边。队伍翻过温林关，沿着里外江东的深沟行进。一过王村，远远就可看到夕阳下的下渠，侦察排的同志放慢了脚步，正待细看，只见前面不远处有两个乡丁模样的人，倒挂着汉阳造步枪，像是喝过了酒，踉跄地向前赶路。吴瑞生使了个眼色，几个挑纸的战士迅速赶了上去，原来是下乡催收钱粮的乡丁。他们说，二十一师的大部队都驻在紫溪和石塘，下渠只有一个乡公所和一个只有 30 多人的民团，守备松懈。只在村外放了几个哨，老爷们正忙着闹元宵哩。侦察排战士将乡丁枪里的子弹退出，把空枪交还给他们，要他们老老实实带路。到了下渠村口，敌哨兵见来了一群人，便喝道："喂！干什么的？"林排长回答："上街的。"两名乡丁也急忙回答说："我们催钱粮回来了。"趁哨兵不备，我们很快便把他们收拾掉了。接着，侦察排分头行动，一部分奔乡公所，一部分奔民团部，一个班奔村外，剪断通往紫溪、石塘的电话线，封锁下渠对外的各条路口，村里的敌人正在吆三喝四地吃喝，红军突然出现在眼前，一枪未响，一个个都乖乖地做了俘虏。

从敌人口供中得知，国民党二十一师在紫溪驻了一个营的兵力，他们已将那个四层碉堡进一步加固，在周围又筑了几个小碉堡派驻了一个连的兵力把守，控制这个制高点。从大碉堡下来，大约走三四百米，山下有一座青砖大院，是原来铅山县苏维埃政府办公的地方，现在敌营部带一个连驻扎在里面。他们以大碉堡为依托，平时驻在山下，有事则撤进碉堡四周的预设阵地，与碉堡周围的陷阱、雷阵、三角钉，构成严密的防区，可以想象，对只有步枪和手榴弹装备的红军来说，攻占这样的碉堡，难度是相当大的。

晚饭后，我们把了解到的敌情向团部汇报。张团长说，师首长已经作了研究，一定要在上半夜拿下紫溪，三团一营主攻大碉堡，二、三营打紫溪街，一团打外围，整个作战行动的成败，要看解决大碉堡是否顺利，尽量避免强攻，争取用偷袭的办法解决，如顺利，点三堆火为号；万一偷袭不成，也以大碉堡方向的枪声为号。我和惠营长商量，因为我这一带地形熟，由我带侦察排和二连偷袭大碉堡，行动时侦察一班封锁碉堡大门，二班负责控制碉堡机枪及收缴敌人的武器，三班监视和看押俘虏。在这同时，二连迅速夺取和控制碉堡的阵地，并迅速作好对付山下敌人的准备，大碉堡得手以后，惠营长带一、三连主力直扑敌营部。

晚上8点左右，我们押着下渠的俘虏向紫溪悄悄进发。紫溪是我的家乡，自从1934年夏天，我带着铅山县独立营的同志被迫撤进武夷山后，再也没回来过，一年多不通消息，不知乡亲们是怎么熬过来的。此时此刻，看着一路上熟悉的山山水水，我恨不得马上飞到紫溪。

部队跨过车盘，进抵紫溪，悄悄地包围了敌营部的那栋大房子。这是一套由两进院子连在一起的带廊的青砖大瓦房，高大的围墙之下，敌哨兵肩上挎着步枪来回游动。淡淡的月光里，河水静静地流淌，紫溪街灰蒙蒙的一片，从大碉堡射击孔中透出来的昏黄灯光，像鬼火一样在闪动。几名侦察员迅速摸上去，解决了通往车盘方向路口的敌哨兵，我带上侦察排和二连的同志。悄悄插到敌营部和大碉堡之间的山路上，直奔大碉堡。大碉堡的四周布满了陷阱和地雷、铁丝网，从山下上去只有这一条路。我们正打算摸敌人的岗哨，突然听到敌营部方向有脚步声，便赶紧在路旁的树丛中埋伏下来。不一会，只见两个国民党兵打着电筒往碉堡方向来，他们像是刚喝过酒，互相拉扯着，摇摇晃晃的，待他们走近，几名侦察员一拥而上，搂腰卡脖子，像拎小鸡一样将这两个家伙抓住了。他们一听我们是红军部队，吓得两腿一软，一屁股瘫在地上，不住地求饶："长官，我们也是贫苦出身，这份子差事也不是我们自愿来干的，都是为了混口饭吃，您只管吩咐。"我问："你们的口令是什么？"敌兵回答说："灭共。""现在碉堡的守备怎么样？"另一个敌兵紧接说："年前我们去分水关方向搜了几次山，上边说大安的红军已经全给消灭了，我们营便撤了回来，营部带一个连驻在下头大房子里，我们连驻碉堡，红军一年多没来过，眼下又碰上要正月，当官的整天喝酒、赌钱、嫖女人，站岗放哨的事全凭当兵的当差事顶着，经常也是三班两岗的乱凑合。"听了俘虏的交代，我即带侦察排的同志扑向碉堡的大门。从碉堡里飘出浓烈的烟酒味，敌人有的在抽烟打牌，有的在行令喝酒，有的自拉自唱。我们一脚把门踢开，大喝一声："不许动！谁咋呼就打死谁！"侦察二班的几个战士随着喊声很快控制了架在碉堡射击孔上的轻机枪，收缴了敌人挂在墙上的武器。这突如其来的行动，一下子把碉堡里的敌人吓傻了，几十人呆坐在地板上，像是一群泥胎。侦察排长对他们说："今天晚上，红军就要解放紫溪街，只要你们老老实实，打完仗送你们回家，如果乱说乱动，我们就在碉堡楼下放火，谁也休想活着出去！”俘虏们连声说：“不敢、不敢。”于是，我们把他们统统赶上四楼，然后抽掉楼梯，在楼梯口下堆上柴火，泼上煤油，敌人知道红军说到做到，一个个老老实实呆在楼上，不敢妄动。

在这同时，二连也很快夺取碉堡周围的阵地。之后，我们在上山的路上架起了轻机枪，并在碉堡外面燃起三堆大火，随着这火光，紫溪大大小小十几个敌人的据点周围，一齐响起密集的枪声和手榴弹爆炸声，一团和二、三营都打响了。紫溪街上的枪声一响，驻在山下的敌营长带着队伍往大碉堡逃窜。早已等候在那里的惠营长他们，一齐开火，打得敌人哇哇乱叫，死伤过半。敌营长带着剩下的人，一边打一边往山上撤，一、三连的同志在后边猛追，敌营长见山上没有动静，便吆喝着往大碉堡方向赶来。我和二连的同志们看了，高兴得直搓手心，等到敌人爬到跟前，一声“打！”步枪、机枪、手榴弹一齐开火，大碉堡前一下变成一片火海。几个调皮的战士一边打一边喊：“快打呀！红军来了！”敌人以为误会了，继续往上冲，敌营长边跑边骂：“他妈的！瞎眼了，我是你们的营长！”其他敌人也跟着骂：“我们是营部的！”这时大家瞄准敌人喊叫的方向猛烈射击，从此再也听不到叫声了。

这一仗打得很痛快，敌营部和两个连，除少数逃掉以外，均为我歼灭，我们营打死打伤敌人100多，俘虏80多，还缴获了两挺轻机枪，加上原有的两挺，我营每个连、侦察排都有了轻机枪，步枪、子弹、手榴弹也都换成好的，多余的枪支弹药给了拿大刀、梭镖的游击队和赤卫军。

我营战斗一结束，紫溪周围的枪声也很快停了下来，各村的碉堡都被红军点着了，像一个个大火炉在熊熊燃烧，火光照亮了整个紫溪盆地。张团长说，这一仗打得很顺利，一团已经按计划奔袭杨村，黄师长指示三团继续按计划行动，进一步搜索残敌，扩大战果。

根据张团长的指示，我们抓紧组织处理俘虏，敌营长已被打死，我们抓了一个副营长、一个副连长、一个排长，审问后将他们押送团部；对敌士兵则根据自愿原则，愿意留下当红军的欢迎，要求回家的每人发两块银元做路费。处理完俘虏，团长叫侦察排的同志去炸大碉堡。他们把地雷全部搬进碉堡，又在上面放了些炸药，然后盖上破门板，干柴草，点火以后，在一片爆炸声中，只见大碉堡浑身一抖，崩塌了下来。

紫溪街上，赤卫军和担架队在忙碌着。原来紫溪有国民党二十一师一个物资补给站，里面食盐、西药、棉布、粮食和军装等，应有尽有。二、三营先把弹药、粮食背足，其余全部交给担架队运回苏区，我和熟悉紫溪的几个战士带部队没收了民团团长、国民党区、乡长和反动军官开办的几家商店，又购买了一些布匹和西药。这样，由两三百名人员组成的担架队，除了抬着20多个伤员以外，其余的都扛上了各种物资。

凌晨3点，担架队浩浩荡荡由原路返回苏区，随后三团也开始撤离紫溪街。张团长要我回家看看，我带着侦察班穿过了火烧板很快到了家。院里空荡荡的，寒风吹打得墙头上的茅草“唰唰”作响，屋门紧闭着，我心里不由得一阵酸楚，急急地走到窗前轻声呼唤母亲，一会儿，屋门轻轻地拉开，母亲披着棉衣探出身来，一见我，先是一怔，接着老泪纵横。这时，我发现家里供桌上摆着我的灵牌，供着香火。原来敌人造谣说，我在分水关被打死了，家里人信以为真，便摆起了我的牌位，晚上，老人家听到紫溪枪声大作，想是红军回来了，宽慰之中，不免想起“死”去的亲人，便在我的灵位前又燃上了香火。我一进屋，母亲慌忙一把收起灵牌，我说：“妈，还是让它留着吧，收了它，他们知道我还活着，又要来找家里的麻烦。”听到我的话，母亲轻轻地把灵牌重新放回原处，接着，边哭边向我诉说一年来所遭受的苦难。

母亲说：“你去后不久，你父亲被抓走，硬逼他要交出你来，给活活折磨死了；你大哥因当过乡苏维埃主席，被抓去给害死了；你大侄子也死了；你大嫂被迫改嫁了。一年来咱家好惨呀……”母亲哽咽着，再也说不下去了。“表妹她们好吗？”我问母亲。这一问母亲哭得更伤心了。原来我在区里工作的时候，跟表妹定了亲，因为双方年纪都还小，又都忙于土改工作，没有成婚。1934 年，我离开铅山的时候，表妹哭着送了好远，一再说要等着我回来。母亲哭着说：“白狗子到处说你死了，狗区长硬是将你表妹绑走，卖给一个地主当小老婆，我一个孤老婆子怎能拦得下！孩子，做妈的对不住你啊！”我强忍悲愤，把母亲扶到床前坐下，安慰她老人家说：“妈，您别难过了，白狗子们不会让我们过安稳的日子，他们一来，苏区哪一家不遭难，将来这些账要一块跟他们清算的！他们的日子长不了，红军一定会打回来的！”

母亲知道我不能久留，只好催我赶快上路，临行时一再叮嘱说，无论如何要革命到底，回家就没命了。我说：“妈，请放心，儿子参加革命，决不半途回来！”母亲流着眼泪点了点头。告别母亲，我和大家奔出村外，没过多久，便追上了向陈坊前进的队伍。

五

第二天下午，队伍行进到杨村附近时，杨村的战斗已接近尾声，许多碉堡冒着滚滚的浓烟，村子里还有零零星星的枪声。张团长命令部队在原地休息待命，经派人与师部联系，方知杨村还有一个碉堡正在解决。团里派了惠信民同志带一个连上去支援战斗，在战斗快要结束时，惠营长不幸被敌击中，子弹穿过胸背，伤势很重。

杨村战斗结束后，一团打湖坊去了。张团长决定我们三团全团从杨村南直插盖竺，集中力量打下盖竺。

盖竺在杨村的西南大约 30 公里，张团长带团部直属队打盖竺村；二营打村东北角的大碉堡；三营打黄沙坑；我们营打涂家。涂家驻有一个连的敌人，这个连刚从篁碧调过来一个多月，两个排驻在村里，一个排驻在村西虾蚣山的碉堡里，连部设在保长涂道南家的大房子里。我们把部队分成两股，计划山上山下同时打。战斗一开始，上山的部队刚接近碉堡，就被那里的敌人发现了，碉堡里骤然响起机枪，接着就是“吱吱嘎嘎”拉吊桥的声音，幸好侦察排的同志冲得快，几个战士跳上吊桥抡起马刀把吊索砍断了，侦察排和一部分战士接着冲了过去，迅速攻占敌人碉堡四周工事和小碉堡，把碉堡紧紧封住。敌人见状，赶紧堵死碉堡大门，用机枪、手榴弹紧紧封住桥面，负隅顽抗。山上的机枪一响，村里的敌人一下子乱了，纷纷夺路往碉堡窜去。这样，攻打碉堡的部队前后受敌，处境很困难，我赶紧指挥部队集中解决山下的敌人，山上的敌人见山下吃紧，又急忙组织火力回援，我们伤亡了一些同志。不多久，山下的敌人被歼灭了，我们抓了一个姓王的副连长，我让人把这个副连长叫到指挥所，向他说明红军的政策，要他戴罪立功，劝说山上的敌人缴械投降。敌副连长面有难色地说：“长官，这恐怕很难，山上负责指挥的三排长，是营长的小舅子，要他投降，他是死也不会答应的。”我想了想，把被俘的敌人组织起来，要他们向碉堡喊话，劝他们投降。暗堡里的敌人仍然一个劲地打枪，敌副连长气得大骂：“三排长，你这个狗娘养的，都是自己弟兄，你瞎打什么！”俘虏们也跟着副连长骂起来，有的叫着老乡的名字大喊：“红军不杀穷当兵的，不打枪没有罪，少打一枪，罪减一分！”这么一喊，碉堡里的枪声真的一下子稀疏下来，侦察排的同志趁势用早已准备好的一箱手榴弹迅速送到敌碉堡大门前，只听得一声巨响，碉堡大门被炸开了，碉堡里的敌人见红军冲进来，为了活命，一个个都举手投降，战斗在拂晓前胜利结束了。涂家这一仗，我们营牺牲了四五个同志，敌人的一个连基本被我们消灭了。我们打扫完战场，把包括敌副连长和一个排长在内的几十个俘虏集中在一间大房子里看管起来，然后，派工作组到村里调查土豪的情况。

拂晓后，进村的工作组回来说，这里的土豪早已都跑到盖竺去了，无法筹到款子，正说着，忽然听到团部调我营向他们靠拢的号声，我即命令各连赶快吃饭，尔后迅速向团部方向前进。

涂家离盖竺有五六里路，这是两山之间的一条山沟，地域狭窄，越往北走,沟底越窄,到了盖竺便只剩下一条狭谷了。我们押着几个俘虏，抬着惠营长和其他几十个伤员，来到盖竺村外的一片竹林里休息，见到张团长，他说："村子东北角上的大碉堡没有拿下来。敌人凭借有利地形,负隅顽抗,二营打了一夜,伤亡很大,想让你们担任主攻,二营辅助。今天黄昏以后，一定要拿下这个大碉堡，结束盖竺战斗。"张团长说完，我便带着各连连长到村子东北角看地形，并审问了俘虏，知道碉堡里面驻着敌营部、连部和两个排的部队，另外，盖竺四乡的民团和土豪劣绅也都龟缩在那里，这是个顽固的反动堡垒。

下午 3 点钟，张团长来了，他仔细询问了准备情况后，说："这个碉堡防备很严，强攻肯定伤亡很大，你能不能带几个人先去劝降，劝得成，自然更好，劝不成，再打不迟。"我想团长讲得有道理，劝降尽管个人有牺牲的危险，但比部队强攻所花的代价要小得多。我立即表示坚决接受任务，并提出继续让部队作好强攻碉堡的准备，多做云梯扛上阵地，以慑服他们，同时开展政治攻势，利用阵地喊话，反复宣传红军的俘虏政策。张团长拍了拍我的肩膀，要我抓紧准备。

回到营部，我从俘虏中了解到敌副连长与碉堡里的敌营长是老乡，关系密切，决定带敌副连长和两个表现比较好的俘虏去劝降，而把敌营长的小舅子留下作人质，要他不断向敌喊话。

阵地上开始了强大的政治攻势。先是敌营长的小舅子喊话："姐夫，我和王副连长都在这里！"这时阵地上鸦雀无声，碉堡里没有打枪，他便站起来继续喊话："红军主力部队把你们团团围住了，不投降是没有出路的。"接着，我们喊话要敌人投降，不然的话，晚上拿下碉堡，就没有好下场，如果有顾虑，可以先派代表过来谈判。尔后，又让俘虏兵喊话，说红军不杀俘虏，愿意当红军的留下，不愿当红军的发两块银元作盘费回家。听到喊话，敌人开始不吭声，后来他们终于喊道："你们有诚意谈判,先派代表过来！"我们喊:"红军说话是算数的,你们不来,我们可以去！"说完，我让敌副连长走在前面，两个俘虏跟在我后边，径直走近碉堡,一路上敌人没有打枪,我想有了几分希望。到了碉堡下,敌副连长叫着敌营长的名字说道："营长，我是王连生哪，现在到处都是红军，我们几个连都完了，我看这里也守不了多长时间，你还是早作打算,好汉不吃眼前亏！"劝了一会,敌营长从枪眼里探出头来问我:"你们谈判是不是真有诚意？"我说:"我们让你们派代表谈判，你们不去；你们让我们来,我们来了。你说有没有诚意？"敌营长不吭声。我又说："我们堂堂正正来跟你们谈判，连自卫武器都不带，你能说我们没有诚意？"敌副连长接上话说:"营长，他也是红军的营长，跟你平起平坐，敢亲自来谈判，我看也是以诚相见，营长还是以弟兄们身家性命为重，三思而后行吧！"我接着说："他说的对，我是前线指挥员。直接来同你们谈判，正是为了当场作主，说话算数！"碉堡里沉默了一会儿，敌营长提出："各地的乡绅都在这儿，你们能不能保证他们安全？"我回答说，一定保证安全，我们可以让开一条路直接放掉他们，你和士兵只要缴了枪，保证不再作恶于民，一切相安无事。这时，听到楼上有一个敌人提出要跟我单独谈谈，一再催促跟我来的俘虏转到碉堡另一面去，我觉得蹊跷，抬头一看，这个家伙手里正举着一个手榴弹准备往下甩。我说："你们不要以为炸死我容易，我死只不过一人，可是我们把碉堡拿下来，你们谁也别想活到天亮！"听到这番话，敌营长"啪"地打了那个家伙一记耳光，低声骂了几句，那个坏蛋只好乖乖地把手榴弹收了回去，碉堡里骚动了一阵，不一会儿，敌营长又探出头来说："既然你们有诚意，你说我们怎么办？"我说："你们可以先把枪从上面用绳子吊下来，然后带着自己的东西，人分两路，乡绅一路回乡，民团和部队一路接受红军教育。"敌营长只好同意，不一会儿，敌人陆续吊下 100 多条枪，然后，打开碉堡的大门，按指定方向，分成两路乖乖地走出来。

我们让乡绅各自回家，国民党官兵和民团，统统带到团部，按红军的政策宽大处理。

盖竺劝降，我们没放一枪，成功地拿下大碉堡，俘虏敌人100多人，缴获了一大批物资。这次胜利使我体会到：战场之上，敌我对峙，在强大的军事压力下积极开展政治攻势，瓦解敌军斗志，往往可以取得意想不到的结果。

六

盖竺战斗以后，不断传来国民党二十一师又要进山“清剿”的消息，又听说一团打下湖坊后已经化整为零活动了。张团长按原来作战计划将部队分散活动。临行时，他交代我说：“现在全师已分散，惠信民同志负伤了，你们营就在这一带坚持二到五个月的游击战争。要想方设法找到当地游击队，让他们协助安排伤员。我带二、三营到其他地方活动，过三五个月以后，都到桐木关方向找军区领导机关。”我问部队的具体任务，张团长说：“保存革命力量，继续用游击方式打击敌人，为部队和后方机关筹粮筹款。”分手时，张团长将二营的伤员一起交给我们，抓到的土豪劣绅也由我们负责押走。

第二天，送走了张团长和二、三营后，我们用细竹竿做了几十副担架，抬上伤员，沿着盖竺东南方的大山沟一直走了两天。傍晚，队伍来到一个叫叠石的小山村，这里到处长满高大的松杉和毛竹。沟深林密，峰回路转，“隔山听唱歌，相见等几天”。是一个打游击的好地方。我便命令部队就地宿营，让三连把伤员安排在离部队远一点的更隐蔽的地方休息。大家习惯了游击生活，很快动手做饭。搭窝棚是战士们的拿手戏，先是挖出土坑，埋上几根竹桩，然后扎成屋架，再在四周用竹片或竹枝编成篱笆墙。至于房顶，大家可以搞得滴水不漏，办法是选一般粗细的毛竹，一劈两半。打通里面的竹节，将它变成一条条的竹瓦。然后把它们正反相扣盖上房顶，就建成了一间很别致的竹房子。

入夜，皎洁的月光透过树林的枝叶，在地上洒下一片碎银，远处沟谷深处的流水和着阵阵松涛，发出海潮般的低喧；阴影处，可以看到哨兵在轻轻走动。战士们都已经入睡，隐约可以听到均匀的鼾声。山谷里的夜多么静啊！我躺在竹棚里，一点睡意也没有，考虑着如何想办法与当地游击队取得联系，把惠营长和伤员们安顿好。

开始，我们在叠石附近打了几次民团，以后又到别处打击敌人，抓土豪劣绅筹款。这一来，我们的消息不胫而走。没几天，当地一个姓刘的区委书记就带着一支20多人的游击队来找我们。当两支队伍会合时，大家就像久别的亲人重逢一样高兴！第二天，我们把缴获到的武器交给他们，把没筹完款的土豪劣绅交给他们继续筹款，连惠营长在内的几十个伤员也由他们负责分散安置养伤。为了保证伤员们的安全，我带部队离开那里，到叠石以南的山区活动了一段时间，打了几个小仗。

一天，我们消灭了一伙民团兵，刚刚回到营地准备休息，突然哨兵报告，山下来了一个人，说是军区的交通员，我让哨兵把他请来。来人一身青布裤褂，头上扎一条蓝布白花汗巾，像是赶了不少路，额角上汗淋淋的，裤脚和布褂的前襟被树枝挂了几道口子，一副疲惫不堪的样子。他一见到我们就大声说："天哪，可找到你们啦！"看他那一身庄稼人打扮，大家一时愣在那儿。来人一看便笑了一下，对我说："首长，我是军分区的交通员，是李司令派我来找你们的，因为路上不好走，便化了装。"接着又说："我已经找你们很久了，多亏你们打了一仗，我是顺着枪声找过来的，真不容易啊。"说完一屁股坐在地上，听说是军分区机关派来的，大家感到格外亲切，急不可耐地打听军分区机关的情况。他像是坐立不安，不太想说，急忙从怀里掏出一封信。我接过来一看，不觉一怔，这是李德胜的亲笔信，信中潦草地写着几行大字：

闽北独立师各部：

函至即火速赶往篁村一带集结另有任务。

至盼至嘱！

闽北军分区　司令员：李德胜（盖章）

政委：黄道

民国二十四年三月亲启

我反复看着这封信，总觉得情况来得突然，因为独立师离开长涧源的时候，说好了是统一活动三到五个月再回闽北，现在刚刚两个多月就要部队返回，到底发生了什么事情；司令员为什么直接给我们写信，为什么没有通过团部通知我们？我百思不得其解，无意中瞥了一眼来人，他正端着碗喝水，但是眼睛好像老在顾盼着，发现我看他，转过头来，完全像局外人一样对着我干笑着说："嘿嘿，首长，信上说什么啦？""让我们到篁村一带找军分区机关。"我回答。"噢！我说嘛，最近军区可能有行动，你们走了以后，敌人把我们追得好苦，机关损失了不少人，黄政委也讲过，不能再这样下去了，要给敌人点厉害看看。"他说着，一边拿狡黠的目光看着我。

事情这么大，我决定当夜召开党委会。我让营部通信员将来人安排到别处休息。简短地向大家介绍了刚才的情况，大家一下子议论开了。一连长说："这么大的调动，团部为什么不来通知。再说，篁村靠敌人据点石垄那么近，机关怎么能到那儿？"二连长说："敌人天天'清剿'，机关忽东忽西，到那个地方也很难说，从信上看，机关可能是遇到了紧急情况，要不怎么会直接写给独立师各部队。不管怎么说，是李司令员、黄政委的亲笔信。我们不能不信，还是早作行动的准备。"提到亲笔信，我又打开信来看了一下，不错，是李德胜的亲笔，上面还加盖了大红印章，再往下看，黄道的名字，并非亲笔签写，更没有大红印章。是粗心大意？绝不会，政委一向作风严谨，不签名，起码也要盖章的。这么说，写信的时候，黄道同志并不在场啊！想到这里，我突然警觉起来，说："司令员调部队，我们不能不去，但是现在情况复杂，我们离开苏区久了，又不能贸然前去，还是作好战斗准备，向指定地方出发，但是务必提高警惕。”

翌日午后，队伍随来人出发，沿着大山沟，走过篁碧、大岩、大龙坑，第二天黄昏走到四毛坪。这里，一出沟口，往北一拐就是西坑，再往北15里就是篁村。前面是吉是凶，令人难以预卜，部队已经很疲劳。我决定先在四毛坪做饭吃，饭后乘着月色再去不迟。两天来一直跟着部队默默走着的“军分区交通员”突然急起来，他跑上来说：“陈政委，十几里路几斗烟的工夫就到，吃啥饭。”我说：“人是铁、饭是钢，到了篁村，说不定又要马上打仗，不吃饭怎么行！”“我出来20多天，李司令员可能等急了。”他紧接着又咕噜了一句。关于此人，二连长吴瑞生说他以前在军区警卫营见过，但不知怎么的，我总感到有些不对劲。听了他的话，我灵机一动说：“为了不让军分区领导着急，等吃完了饭，派几个同志先走一步，担任联络，部队随后便到。”他犹豫了一下，欲言又止，只连声答应：“也好，那也好。”

我悄悄找到吴瑞生，告诉他说：“为了预防万一，大部队先不进村，你带上六七个人，分作两组，相隔一定距离，搜索前进，探明虚实，若见到军区的人，你亲自回来带部队，若有敌情，连鸣三枪报警，然后迅速由原路返回，这里有人等你。如果被冲散，沿桐木关方向找部队。”

不一会儿，吴瑞生他们便上了石垄到桐木关的大路，我望着他们走出四毛坪，随后便组织部队作好战斗准备。向西坑方向行动。前几天刚刚下过一场小雨，山路很滑，队伍走得很慢，过了西坑不远，月亮便从东南方向的山脊上露出脸来，开始浑黄浑黄的，不一会便变成银白了，照得坑口里阴森森的。我带着一连走在前面，大家警惕地观察着周围的动静，注意前方侦察员们随时可能发出的信号。这一夜真静，连夜鸟也不叫，沿路的村子里好像也没有人，许多房子只剩下烧得焦黑的断墙，随风飘出一股股焦味，我意识到这一带敌人刚来过不久，便迅速指挥部队停止前进，转到双塘周围的山上，等吴瑞生他们的消息。

队伍上了山，我让各连迅速派出观察哨，自己便站在路口上望着篁村方向。我的心情很矛盾：既希望我的怀疑被事实证实，使部队避免一次严重的损失；又希望这一切都不过是虚惊，那样很快就要见到军分区机关的同志们。想到这些，觉得两腿发酸，回头一看，路边有一截烧焦的树段，便走过去往下一坐，突然感到软乎乎的，定睛一看，原来是一具烧焦的尸体。“不好！”这个念头刚一出现，就听到篁村方向“叭！叭！叭！”三声枪响，接着枪声大作。我急忙组织部队往山里面转移，过不多久，吴瑞生他们气喘吁吁地找来了，见到我就说：“陈政委！指定我们集结的地方，敌人已经设了埋伏！”这时，敌人沿着坑口追出篁村，在山下面乱打枪，他们一边打，一边喊：“红军弟兄们！快缴枪吧！你们的司令员李德胜都投降了！”听着敌人的喊话，大家都明白了，一个个气得直骂。吴瑞生一边骂一边说：“李德胜心真黑，他想借他那司令员的大名，把我们一网兜了。”我问：“你们是怎么发现情况的？”他说：“我们一进篁村，就觉得气氛不对。村子里空荡荡的，一个人影也看不见，我琢磨着怕是中了埋伏，便转身往回走。埋伏的敌人知道我们是打前站的，想张网等大鱼，本不打算惊动我们，见我们先打枪，知道走了风，才一齐开起火来。我们人少，一钻树林子，白狗子就傻眼了。”问那个“交通员”哪去了？侦察排的同志说：“部队一遇到情况，我们排长就赏给这个叛徒一梭子弹。”侦察排长接上说：“政委，那个小子临死的时候还说，军区机关早完了，不知是不是真的。”我说：“李德胜叛变，军区机关的损失肯定不小，现在正需要部队，要抓紧时间找到他们。”吴瑞生说：“这一带往北都被敌人占了，军区机关一定在桐木关那边。”

当夜，全营顺着山沟往桐木关方向找机关，一过东坑，路上到处都是丢弃的担架、背包，草丛中躺着一具具尸体，树杈上挂着被砍下的人头，吊着一具具被绞死的尸体。我们一路上陆续找到一些伤员和失散的战友，从他们的口中，才得知有关李德胜叛变和分区机关转移的一些情况。因此，我们决定沿闽赣交界的大山走，到温林关一带找部队。

七

我们从东坑附近的山沟折向东北方向的黄莲木山。这里山势陡峭雄伟，到处都是原始森林。队伍沿着山谷中潺潺的小溪向山上走去，山路很滑，不时有人摔倒。路越来越难走，我们几乎是披荆斩棘，开路向上攀登的。天渐渐黑下来了，大家生怕迷路，心里非常着急。我命令部队停止前进，让走在队伍前头的一连同志想办法找老乡问问路。其次，在这深山老林之中，除了山涧流水、飞禽走兽、山风松涛，哪儿还有人的踪迹，更何况夜静更深。我没抱多大希望，便坐下来在路边休息，考虑着第二天的行军方案。突然，队伍前头一个黑乎乎的人影急匆匆地摸过来，看身影是一连长，没等他走近，我急问:“一连长，有什么情况？”一连长紧赶了几步，走到跟前说：“政委，前面不远好像有几户人家。”我真是喜出望外，忙随着一连长赶到队伍前面，几个观察情况的战士正伏在大树后面，见我们过来，悄声报告说：“我们观察很长时间了，什么动静也没有。”前面确实有三栋草房，一字儿排列在林间的空地上，房子后头紧贴着一片毛竹林。我示意一连长带几个人摸下去看看。他们在房前屋后转了几圈，便招呼我们过去，原来这是几家山民的住房，房主人不在，房门紧锁着。往里瞧，房子里空荡荡的，但院子里还有鸡和猪，群众一定是为躲避国民党部队的搜山，藏到森林深处去了，家禽家畜还在，证明敌人没来过，老乡也不会走远，我们决定部队就在这里宿营，等天亮后再想办法找老乡问路。

这一夜，我们把老乡堆在屋外的干柴摊开，又铺了些干草，睡在上面，春寒料峭，天不亮大家就冻得睡不着了。为了防止敌人天亮后看见炊烟，我们七手八脚地生火做饭。许多战士围在火堆旁撩拨着火苗取暖，松烟呛得他们不停地咳嗽。我抬头望去，在东边山头上空已抹上了一片白光，黄莲木山像一堵厚墙，死死地挡在那儿。

饭还没做熟，后面竹林子突然有动静，不一会几个潜伏哨带着一个中年男子过来，他头扎蓝布长巾，身穿灰夹袄，中等身材，面目和善，嘴角挂着微笑，身上背着一把磨得锃亮的砍柴刀。老乡主动搭话说："你们是从桐木关过来的红军队伍吧？"我觉得奇怪，反问说："你怎么知道？"老乡没有急于回答，他迅速打开了门锁，让我们到屋里去坐，并张罗着给我们烧水。他告诉我们，这里有三户人家，前些天听说国民党在东坑、桐木关一带打仗，怕他们搜山，便一起搬到森林深处。他告诉我们："前两天，在山上干活的时候，看到有红军队伍往东去了，人不多，走得很慢。"我们问他去黄莲坑方向有没有路。他说，他只知道从这里到里坑有一条小路，那是种香菰采野菜的人走出来的，但是从里坑往东有没有路就不知道了。

吃罢早饭，我们便打点上路。老乡问我们："从这里到黄莲坑也许要走上几天，你们吃什么？"我说，现在已经开了春，山上竹笋、野菜都有，饿不死人。老乡听了，一句话也不说，急忙拿了一把锄头就走，不一会儿，他从林子里扛回两只装得满满的口袋。往地上一放，说："国民党搜山，粮食都让他们抢走了，这是好容易藏下来的，你们带着路上吃吧。"我打开口袋一看，里面有玉米、地瓜干、山枣子和山粉。我们非常感动，赶紧照价付钱。老乡说什么也不要，我们说，不收钱，粮食我们就不能要了。老乡只好把钱收下，却又要我们把鸡和猪也杀了带上。我们一再向他说明红军的纪律，推让了好一阵子，这才罢了。最后，他硬是把一捆老鼠干塞给我们。说："这一路难得碰上人家，这是我的一点心意，你们说什么也得收下，断粮的时候掺着煮野菜。"队伍出发了，老乡依依不舍地送我们一段路，我们让他回去。他这才停步，站在那儿看着队伍慢慢地走进林子，忽然又喊着："翻过山，顺着种香菰砍倒的树走，就能走到黄莲坑。"

我们翻山越岭，涉水过涧，一直走了七八天，粮食已经不多，大家挖苦菜、糯米藤、水苋菜、蕨菜，剥下红虎刺树皮充饥。时值春汛，武夷山无处不雾，无日不雨，加之路隘、苔滑，大家经常扒着山岩，拽着葛藤攀登；风大雨急，伞撑不开，雨水便沿着脖根流进，顺着裤管往下淌，鞋子灌满雨水，"呼哧、呼哧"直响，浑身冻得像冰棍一样，瑟缩发抖。同志们一边笑着，一边唱着自编的山歌：

顶风冒雨走山间，
单衣单裤御风寒；
吃着野菜饮清泉，
睡着大地盖青天；
生活虽苦心欢乐，
共产主义在明天。

1935 年 3 月，我们终于顺利地在黄莲坑北侧穿过大道，抵达温林关附近，碰上了从三港附近撤过来的分区委、军分区机关和部分红四团的同志。这时，分区委和军分区决定重新整编独立师的四团，团长郑某某（外号郑歪嘴），团政委彭喜财。我们营改编为独立师红四团一营，营长周夏梅，我仍担任营政委；二营是原来独立师四团的二营；三营由西南独立团过来的部队编成，营长鲍永泉。

这时，崇安方向的敌人利用青黄不接的时节，加紧对我围困封锁，到处张贴反动标语，企图动摇苏区群众对革命的信心，瓦解和消灭闽北红军。为了反封锁，反欺骗宣传，黄道、吴先喜决定独立师第二、四团突袭上饶甘溪镇。

甘溪镇在温林关东北。背靠甘溪岭，毗邻四十八都，离上饶县城约有五六十里，住着二三百户人家。由于这里是连接武夷山内外的大镇子，平日山里人把猎物、香菰、茶叶、笋干、木炭等挑到这里，换走布匹、油盐，商人们就把这些山货贩运往浙、赣、闽边区。这一带离上饶县城较近，红军很少到这里活动，敌人防备也比较松，只驻着国民党一个民团，约六七十人。我军部队的士气很高，吃过午饭，大家在五虎岗下的金竹排集结，浩浩荡荡地向甘溪进发。

傍晚时分，队伍走到离甘溪仅五六里路的金钟山附近，只要再翻过耗岭，前面就是甘溪镇了。但是，侦察排的同志刚刚接近耗岭的山口，突然响起了“呜——呜——”的海螺声，原来是金钟山的大刀会发现了我们。

天很快黑下来，队伍消失在黑黝黝的山沟里。部队实行灯火管制，谁也不能打手电筒，大家一个紧挨一个地走着，山路崎岖，战士们手攀着灌木丛在石径上蹑手蹑脚地前进，到了耗岭沟口，四团二、三营的同志按计划迅速占领两侧制高点，准备掩护我营出山。这里离甘溪镇隔河口有400多米。春汛到来，河水见涨，老远便听到“哗哗”的流水声。部队正要走出沟口，突然，我们发现在甘溪通往四十八都的大道上，许多手电光在晃动，隐隐约约还听到在甘溪镇的吆喝声。情况可能有变！我们立即决定先派一个侦察班到前面查明情况。

甘溪河上没有桥，从耗岭下山进镇，旱季，踩着石磴过河；雨季，就临时搭一座浮桥，平时，甘溪的民团在浮桥上派一对复哨盘查过往的行人。侦察班的同志摸出沟口，悄悄地接近浮桥头。桥头上，两个团丁背靠背正在说话，侦察班的同志纵身一跃，猛地扑上去卡住他们脖子，敌哨兵来不及吭声就被干掉了。

收拾了桥南的哨兵，侦察班的同志刚跨上浮桥，不想桥板“吱呀”一响，惊动了北岸的敌人。他们先是大喝一声“干什么的？”接着便问口令，我侦察员答不上，他们随即鸣枪，同时大声咋呼起来：“共匪来了！”

这一喊不要紧，镇子上的敌人全乱起来，子弹呼啸着从河北岸打过来，镇西北高地上的三个碉堡也“嗒嗒嗒”地响起了机关枪声。侦察班的同志见敌人火力很猛，还了几枪便从来路撤回。一群敌人冲过浮桥，边打枪边吆喝：“抓活的！让他们尝尝二纵老子的厉害！”敌人在后面追了一阵，胡乱打了一阵枪，悻悻地撤回镇子，还把浮桥砍断。

这场遭遇战，使我们意识到甘溪的情况比原来掌握的要更复杂得多，从机枪火力和敌人的喊话判断，镇上除了民团，还有国民党部子举的“剿匪”二纵一个团。

根据甘溪敌情新情况，我们重新研究了部队的行动方案，四团政委彭喜财分析说：“刚才侦察班戳了他们一下，他们不会善罢甘休，明天一定会进山‘清剿’。可以趁机在这条沟里打他们的伏击。”郑团长说：“敌变我变，把进攻战改为伏击战，化不利为有利，这是我们红军开展游击战争的打法。”最后郑团长提出了作战方案，并要求部队作好战前准备。

黄道、吴先喜很快批准了四团的方案，命令我们第二天拂晓派出一支小分队诱敌深入，力求全歼。

第二天，天刚麻麻亮，侦察排的同志悄悄地摸下山去，他们刚刚走到浮桥头水磨房附近，甘溪那面忽然响起了螺号声，“共匪来了！有 40 多个人！”原来，大刀会匪徒们不知什么时候跑到甘溪镇去助威了，他们只是喊叫，并不靠前。侦察排便向他们开枪，做出要进甘溪镇的样子。

听到大刀会匪徒的叫喊，“剿二纵”真的认为我们只有 40 来个人，不一会便把浮桥架好，大摇大摆地从甘溪镇出来了。大家蹲在山上听到枪响，瞪眼望着甘溪镇，看到敌人一个个过了浮桥，数着数着，一共有 1000 多人，果然“剿二纵”这群王八蛋出洞了。这可把战士们都乐坏了。

看到敌人出来，侦察排的同志突然开火撂倒了几个敌人，然后撒腿便跑。敌人见打枪的是一些游击队模样的人，并不在意，先头部队一边打枪，一边追来，后续部队鱼贯过桥。

耗岭到金钟山的这条沟呈“之”字形，沟侧是难以攀登的陡坡，长满齐腰深的葛藤、刺梅和野茅草。站在沟底，前后看不到 50 米，只有一条一米多宽的石径，弯弯曲曲地伸向山里。石径边是一条一人深的水沟，湍急的山水沿着这条沟奔向山外的甘溪河。骄狂的敌人，依仗人多势众，急急往前追赶，侦察排走走打打，边打边后撤。敌人紧追不舍，不一会便深入山沟三里多路。

敌人越来越近，透过树丛，眼看他们的前胸、脑袋都在我们的枪口前晃动。“打！”一声令下，顿时机枪、步枪、手榴弹的爆炸声响成一片，山沟两侧，伏兵四起，杀声震天。敌人吓傻了，他们万万没有想到在家门口遇到了红军主力，急忙组织力量冲击，企图占领有利地形。但是几次都被我们密集的火力打了下去，在阵地前留下几百具尸体。这一仗，缴获 400 多件轻重武器，仅轻机枪就有 4 挺。当天下午，大家家押着俘虏，抬着战利品，兴高采烈地来到金钟山南的姚家塝。

第二天，红四团、红二团在姚家塝召开祝捷大会。黄道政委站在高处，风趣地对到会的群众说：“乡亲们，你们知道我是谁吗？我就是黄道！国民党白匪军说我已经被打死了，可我还不是照样会吃饭、会打仗吗？”参加祝捷大会的人都哄笑起来，被俘的白军士兵也恍然大悟，晓得自己过去受了欺骗。黄道同志接着说：“我们在甘溪打了一个大胜仗，这样的胜仗，今后还要打，而且越打越大！大家不要听信国民党的谣言，我们革命就同人走路一样，有上坡，也有下坡，但是只要路走对了，就会越走越宽，国民党反动派想挡是挡不住的！”

甘溪大捷，大大鼓舞了红军战士和革命群众的斗志，同时也给了大家一个启示：在敌人的碉堡政策面前，红军是固守苏区，消极防御，还是果断地打到敌占区去，主动进攻敌人？事实证明，出路在于后者。

写于 1987 年

选自《南方三年游击战争·闽北游击区》，第179—208页。

陈仁洪，1917年生，江西铅山人。1930年加入中国共产主义青年团，1931年参加中国工农红军，1932年转入中国共产党。南方三年游击战争时，任闽北军分区政治部青年干事、军分区红色教导大队一中队政治指导员、闽北独立师三团一营政治委员、四团一营政治委员，闽北独立师第二纵队一支队政治委员、第四纵队一支队政治委员。新中国成立后，曾任中国人民志愿军第二十四军七十师师长、第二十四军副军长，北京军区副政治委员，济南军区副政治委员、政治委员、中共中央委员，中共中央顾问委员会委员等职。1990年在北京逝世。

坚持崇浦阳游击斗争

左丰美

1934 年 10 月，第五次反“围剿”斗争失败，中央工农红军被迫长征。国民党反动派调集十万之众的优势兵力，在蒋鼎文、顾祝同指挥下，以闽北苏区首府大安为总攻击目标，发起了对闽北革命根据地的全面军事进攻。

是年底，闽北苏区大部沦为敌手，闽北分区委机关退缩于崇安西北部方圆百里的区域内。

一

面对敌人强大的军事进攻，闽北分区委在黄道同志决策下，及时纠正了分区司令员李德胜“誓死保卫大安”、“不失苏区一寸土”的错误主张，作出“撤出大安，依靠武夷山区，依靠苏区人民，坚持游击战争”的决定，为闽北红军转入三年游击战争作出战略性的转变。

当时，我在闽北分区团委工作，曾镜冰任团委书记，王助任宣传部长，梁三婢任青年妇女部长，黄知真任儿童团书记，我是组织部长。我们主要是协助分区委搞宣传、鼓动、思想教育、筹款支前等工作。根据分区委的决定，机关各部门立即着手撤离大安街的各项准备工作。我们团委带领青年和战士一道坚壁清野，制作地雷和挨丝炮，作为撤出大安街时给敌人留下的“见面礼”，后来形势更加恶化，敌独立四十五旅一部已逼近大安门户四渡桥，十二师先头部队已推进到大安的西侧。曾镜冰要我去协助分区委机关清理、转移埋藏文件，我带上几个同志，将清理好的重要文件装进几口大木箱，抬到大安附近的山谷里去埋藏。我们挖好几个土坑。先在坑底铺上木炭，铺一层杉皮，然后放进木箱，上面再铺上杉皮，培上厚厚一层松土，最后盖上草皮，捣得严严实实的，直到看不出一点破绽。

埋好文件回到机关，曾镜冰把我叫去，传达了分区委的决定，调我到广（丰）浦（城）县任团县委书记。听说要离开分区委机关，和朝夕相处的领导分手，我心里十分难过。曾镜冰开导说：“革命形势发生了急剧的变化，整个机关马上就要撤出大安，今天的分散是为了今后的集中，我们还会回来的。分区委让你去广浦，是让你去挑重担，希望你协助县委尽快把群众组织起来，开展游击战。”我服从组织调遣，愉快地接受了任务。

二

广浦县委所辖地区，主要是闽北苏区东北部，即崇安岚谷以东、浦城西部和江西省的广丰县的大、小峰两省三县接合部，是以崇浦苏区为中心向广丰发展逐步形成的。广浦县委成立于1933年，张卫斋、洪坤元、赵冬生等曾任过县委书记。洪坤元是我的入党介绍人，1935年在政和西表牺牲的。1935年初，广浦县委书记是吕生仔，县委直属武装是广浦独立营，政委是叶全兴，拥有兵力近200人，各区还有区游击队。大安失陷前，广浦地区遭到郜子举“剿匪军”第二纵队的重兵进攻，团县委书记姜太德遭到杀害，我正是接替他的工作。

1935 年 1 月，我随闽北分区委交通队出发。那时，四渡桥还没有被敌人占领，我们一行就穿过四渡桥，途经廊前，到了崇安县委机关所在地黄墩。在那里住了一夜，了解广浦方面的军事态势，第二天从黄墩到岚谷。

从黄墩到岚谷，要经过大浑等地，这一带是浦城十八村民团的地盘。我们刚从黄墩出发不久，民团就尾追上来。我们边打边走，甩掉了追兵，进入岚谷和浦城交界的西边，与广浦县委书记吕生仔接上了关系。

我到广浦之前，黄立贵率领的红五十八团，洪家云率领的红三团，叶全兴率领的广浦独立营，三部兵力 1000 多人联合进行军事行动，相继攻打了龙泉住溪和八都盐务站，缴获了大批的军需，打通了通往闽北苏区的盐路。此后，黄立贵率红五十八团往建松政地区，留下红三团配合广浦独立营作战。我刚到县委机关时，正遇上红三团、广浦独立营在离西边不远的山头与敌人交战。因寡不敌众，县委随部队撤到大峰口。

两三天后，敌人又以重兵进攻大峰，用迫击炮猛轰。为了避免损失，我们将机关人员和群众往大山里撤，退到小峰。红三团占领有利地势阻击敌人进攻。敌人不甘心，又派一个加强营 300 多人的增援部队。

面对敌人的强大攻势，硬打硬拼势必遭致更大损失。县委和部队领导决定，为减少伤亡，分两路隐蔽：红三团越过铜钹山进入浙江境内活动；广浦县委随独立营退到樟树、东坑一带大山隐蔽。

3 月中旬，到东坑后，闽北分区委派出交通员同我们联系，传达了分区委的几项决定：(一)为适应游击战争需要，实行党政军一体化的领导体制，各县成立游击指挥部，党政机关随部队行动；(二)立即转入游击战争，保存有生力量，保护群众利益，坚持山地斗争；(三)闽北独立师整编就绪。同时还知道分区委已撤出大安，李德胜已叛变投敌。分区委要求我们加强政治思想工作，增强部队的战斗力。

为了执行分区委决定，迅速转入游击战争，部队实行轻装，扔掉笨重的东西，把几匹马杀了烤成肉干做干粮，还筹划到一些粮食。这时敌人天天进山“搜剿”,山下十几个村子都驻扎了敌兵,基本群众以“逃山”的办法对付敌人的摧残。当时最大的是粮食问题，百十号人躲在山上挨饿受冻，县委决定尽快筹到粮食，度过难关。

机关干部在部队配合下分头开展群众工作。我们昼伏夜动，在樟树杀了几个反动分子，缴获一批积谷，再在方圆十几个村里串连基本群众，买到一些地瓜、玉米。根据群众提供的线索，将他们埋藏在山上的地瓜挖出来，放进足够的光洋，“买”下一些粮食。白天，还发动战士采野菜、拗竹笋、挖草根、蘑成粉掺和着吃。生活是十分艰苦的，但战士的革命热情却十分高涨。

经过一段的工作，崇（安）浦（城）地区的局势有所好转。1935年3月，刘英率领的挺进师经崇浦地区，将洪家云率领的闽北红军第三团接应到浙西南，崇浦地区的斗争由广浦独立营单独承担。4月，闽北分区委通知我调到崇安中心县委工作，广浦团县委书记由王荣生接任。吕生仔也调离，广浦县委书记由吴华友接任。

三

为了适应游击战争的需要，加强闽北老苏区党的领导，1935年2月闽北分区委决定，将崇安县委改为崇安中心县委，曾昭铭任县委书记，我担任团委书记，童慧贞任青妇部长，同时成立崇安中心县委游击司令部，由曾昭铭兼司令员。中心县委管辖崇安大部以及浦城、上饶、广丰、铅山部分地区。游击司令部直辖崇安独立营和县委警卫排，独立营下设三个排，100人左右，警卫排二三十人，共计拥有兵力130人枪。

4月中旬，我在长涧源附近的洪溪村找到曾昭铭，他向我介绍了情况，布置了新任务。闽北分区委领导机关退出大安后，先是在长涧源、坑口、村头一带活动，后挺出温林关，经下渠、车盘转到铅山县篁村一带活动，长涧源一线成了敌人进攻的目标。

到洪溪的第三天，侦察员得到长涧源方向的敌人来打洪溪的消息，赶回报告，曾昭铭和我商议打阻击战，对我说："你马上带上部队，抢在敌人到来之前占领制高点，部队弹药不多，多带些挨丝炮对付敌人。"

天蒙蒙亮，我带上一个班的战士，每人随身带几个挨丝炮，风风火火地攀上村后山峰。山峰那一面就是长涧源，到了山顶向下望去，敌人的队伍长蛇一般在山腰蠕动，我察看了地形，选中风雨亭作为伏击点。这个亭子靠近山头，四壁无遮无挡，又是敌人必经之路，战士们七手八脚，在亭子四周草丛里布上挨丝炮，作好伪装，迅速占据高地埋伏，等待敌人的到来。

敌人进入了伏击圈，三三两两地席地而坐，有的斜背着枪，有的将枪支堆在一处躺着喘气，后到的还在紧登慢攀。机不可失，我向战士下了命令："狠狠地打！"一阵枪响，敌人乱作一团，四散奔逃，慌乱中踩响了挨丝炮。一响百响，敌死伤过半，后到的敌兵如惊弓之鸟向山下逃窜。战士凭借有利地势，一枪一个消灭了残敌，这仗歼灭敌人十余个。敌人不明我们有多少兵力，一时不敢进攻洪溪。

曾昭铭分析了形势，认为敌人一定不甘失败，还会卷土重来。于是，当天夜里将机关和部队穿过温林圳、茶劳山，转移到廊前的地源后。果然不出所料，敌人几天后重兵占领了洪溪村，由于我们转移迅速，避免了伤亡。

隐蔽几天后，曾昭铭认为死守在这里不是办法，试图到崇安东部的上下梅一带活动，扩展游击地盘。5月，部队途经旸角，打了反动的民团，弄到一些粮食，接着穿插过旸角村后山时，与敌独立四十五旅一部遭遇上了，我们利用山形地势边打边撤，先转到小冲、洋墩，再经廊前后山直插到江岭后，甩掉敌兵。

敌人在这一带交通要地修碉堡，筑炮台，威胁着我们的行动。4月间，青年吴才生跑来找我，他是苏区时入团的青年，溪东乡（城东）村尾村人。吴才生说他被抓丁，在村尾炮台当兵，曾昭铭和我都觉得这是一个好机会，鼓励吴才生要沉住气，把炮台内的情况摸清。后来，曾昭铭率崇安独立营根据吴才生提供的情报，夜袭了村尾炮台。行动那天夜里，吴才生作为内应，把炮台大门打开，接应游击队全歼了一个班的守敌，摧毁了炮台。行动成功后吴才生被派到建松政地区工作（抗战时期吴担任了建松政特委宣传部长）。

5 月，县委对前段斗争作了回顾。认为机关和部队全部集中一起行动，人多目标大，吃饭也成问题，决定崇安独立营往岚谷、十八村一线单独活动；机关随游击司令部警卫排在原地活动，后转移到地源。

闽北分区委领导机关在上（饶）铅（山）地区活动一段时间后返回崇安，在长涧源、坑口、车盆坑、温林圳一线大山里与敌人周旋。5 月中旬，分区委机关设在坑口村附近的龙东门，与崇安中心县委机关驻地地源村仅隔五里路。此后，我们就和分区委机关统一活动。崇安中心县委的任务是保卫分区委机关安全，组织群众工作，筹划粮食，扩大游击区。分区委利用这段战斗间隙组织干部和战士进行思想整顿。黄道同志叫我兼任分区委机关直属部队指导员。这段时间主要由黄道同志给大家进行形势教育，开展反叛徒斗争，增强部队的革命气节，提高了战斗力。

此时，最突出的问题仍然是粮食紧缺，连一天两餐的米汤都吃不上，敌人实行并村，将方圆几十个小村并到几个大村庄，以切断群众与游击队的联系。我们化装成过路的老百姓，躲在山上，等群众到边远山厂劳动时，与他们接触，一边和他们一起劳动，一边商讨筹粮办法。并村的据点内，有许多苏维埃干部和零星分散的党员，通过秘密串连想方设法为游击队弄粮食，趁夜晚炮台敌人守望不严，潜回自己的村子，将埋存的粮食挖出来送到机关驻地；有的利用挑山灰，在箩筐底藏些地瓜送给我们；有的则趁育秧之机，把谷种、地瓜、玉米带到山上。同时，他们还提供一些地主囤积谷子的线索，并带部队前往筹粮。

用这样的办法筹粮还是解决不了根本问题。分区委指示我们要尽快把群众发动起来,相机控制一些地方的保甲长,实行“白皮红心”策略,掩护党组织和游击队的行动，廊前江岭后有几十户人家，这里是苏区的一个基点村，群众基础很厚实。我们趁国民党选举保甲长之机，串连群众推选姜福生当甲长。姜福生是苏区时的老党员，为人忠厚，深得当地群众信任，有很高的威信。他当甲长后表面应付国民党方面的差事，暗地里为游击队筹粮和购买盐、火柴、电池等日用品，并以合法身份探听敌情，及时向游击队送情报。他的儿媳妇也积极配合他完成各项任务。一次，敌人搜捕游击队时，她冒着生命危险，将游击队女干部认作外孙子隐蔽在床上，骗过敌人追查。游击队打了村尾炮台后，敌人抓不到游击队员，就把江岭后的群众抓走了30多人，姜福生以甲长的名义组织全村妇女、小孩到区公所“哭诉”，逼使敌人释放了在押人员，取得合法斗争的胜利。在短短的两三个月内，江岭后的群众为游击队筹到了几百担谷子。

秘密活动在岚谷一线山中的崇安独立营，在当地地下党的配合下，争取了岚头一个保长和横源的一个甲长。由这些保甲长出面筹集粮食，群众知道是卖给游击队的，从嘴里牙缝里挤出粮食交给他们。那时期，分区委叫我们挑选身强力壮的战士组成两个班为挑粮队，分两路挑粮。从龙东门到岚谷一带挑粮，往返一次要三四天，而且要走不见天日的古栈道。七八十斤的担子整日压在肩上，爬坡上岭，随时还要提防便衣队。从龙东门到岚谷，途中有条九曲十八弯的大河，名叫十八渡河。天一下雨，河水猛涨，无法蹚过去，只好躲在山上等河水落下去后再过去。每遇到这样的天气，机关的同志就要挨饿，只好挖野菜充饥。这样持续了两三个月，筹到大约540多担谷子，度过了难关。为筹划粮食，群众冒着很大的风险。岚谷区的游击队长郑乌肵,是1927年的老党员,曾任过岚谷区苏维埃主席。正由于当时游击队筹粮被当地反动分子告密，1936年4月，被民团抓捕，严刑拷打，要他招供游击队的行止。

他宁死不屈，一句口供也不留下。敌人残忍地将他活活烧死。正是由于千千万万像郑乌肵这样的苏区群众的支持，我们才能度过艰苦卓绝的三年游击战争。

7 月，敌人又发动了新的攻势，重点进攻地源、龙东门一线。形势告急，闽北分区命令我们打阻击，掩护分区委机关转移。曾昭铭和我带上部队，将敌人牵引到地源附近的大山，部队依傍山地作掩护打阻击战。我们边打边向山头撤退，计划拖到天黑从后山转移。天断黑前，敌人增援部队赶到，攻势更加猛烈了。为减少伤亡，曾昭铭命令部队提前撤进大山。这时，敌人的机枪声大作，妄图在天黑前将我们消灭。我们后撤时，要通过一座陡峭的山崖，我让曾昭铭先上，不料他踩动了一块大石头，吸引了敌人，子弹飞蝗般射来；我腿部负伤，幸好几个战士掩护，才安全退到树林里。

天黑后，敌人撤退了。战士们粒米未进，又饥又渴，又怕火光会招引敌人的进攻不敢生火做饭。于是大家就着泉水吃生米，填饱了肚子稍稍恢复了元气，曾昭铭采来了苦叶菜和山里红叶子，放在嘴里嚼烂，撒上盐巴，敷在我的伤口上。休息了一会儿，我被战士驮着随部队翻过大山，转移到分区委新驻地双溪口。

打完地源战斗，崇安中心县委机关随部队到岚谷一带隐蔽活动。我养了十几天伤后，也到了岚谷。

岚谷的民团是十分反动的，平日横行乡里，称霸四方，烧杀淫掠，无恶不作。一天，民团团长和一个团兵，夜里跑到离岚谷不远的小村子去奸淫妇女，群众跑来报信。我们派一个班的战士前往围捕，杀了民团团长，缴到两支驳壳枪，并将反动民团团长的头挂到岚谷村头的大树上。杀一儆百，制伏了民团，使他们不敢轻易外出摧残老百姓。8 月，岚谷区游击队与崇安独立营配合，设伏于岚谷村头的外银山下的溪边，击毙了国民党“搜剿”部队 20 多人。

通过一段工作，岚谷一带局面打开了，闽北分区委也移驻在这里。

四

1935年8月，闽北分区委在岚谷黄龙岩召开扩大会议，根据国民党新的进攻态势，果断地实行战略转变，制定“采取内线作战和外线作战相结合”的方针，作出“挺出外线，开辟游击新区”的决定。分区委抽调一批干部加强对外线游击斗争的领导。我奉分区委之命，调到西南战区工作。

西南战区是1935年2月，为适应闽北进入游击战争的需要而设立的，直属分区委领导。它的范围包括崇安的星村、桐木、曹墩、汀浒，建阳的莒口、将口、麻沙等几十个乡村。战区书记是汪林兴，青妇部长徐莲娇，我是组织部长兼战区团委书记。建阳县委还保留，书记邱有贵。战区下辖西南战区独立营、建阳独立营和星村游击队。西南战区独立营60多人，建阳独立营30多人，星村游击队20人左右，共有兵力百余人。崇安的西边、吴三地、程墩、溪源、北坑一带是战区机关的主要活动地。

8月，我随吕生仔、王礼润和闽北独立师一部出发去西南战区。这支队伍的任务是经顺昌仁寿往邵顺建地区活动。国民党十一师调防后，黄道让我把独立师这部兵力调回分区委，派往建松政。我们利用夜晚通过了路口炮台，冲过封锁线，涉过浆溪河，在程墩后背山上找到汪林兴，我便留在战区机关工作。这时战区独立营在星村、曹墩一带活动。

程墩一带是老苏区，几经敌人折腾，群众受到很大摧残，方圆几十个村子的群众被并到星村、曹墩、大安三个大村去。山上没有粮吃，我们满山寻找并村前群众埋藏的地瓜、玉米等杂粮，挖些野菜，掺和熬汤喝。后来通过当地群众关系和曹墩据点内的党员接上联系，弄到一些谷子。战区领导面对困难，提出“保存力量，坚持隐蔽，广泛发动群众，相机打击敌人”的口号。汪林兴同志说：“敌强我弱，只能靠躲，不能硬拼硬打，能多坚持一天就是胜利。”就这样，我们一边忍着饥饿，一边与敌人周旋，坚持了几个月。

好不容易熬到冬天，北风一阵紧似一阵地刮着，纷纷扬扬地下起大雪，寒冷威胁着我们。我来时只有两件单衣，没有棉被，一床破布被单还是王礼润离开程墩时留给我的，白天还好对付，烤烤火就挺过来了，到了夜里，烤火也不管用，一层布被单两件单衣无论如何是过不了冬的。我们用芦苇、稻草扎成草片，白天当大衣，夜里当被盖，过起了原始人的生活。就在这时，邱有贵带着建阳独立营几个战士，送来了几担谷子和几十件军大衣、军服，前一段他们在莒口截击了国民党军车一辆，弄到一大批军需。

根据他们攻打将口镇，破坏将口一带公路交通的情况，汪林兴同我们谋划，打断敌人运输线，一则断其水上交通，二则可补充给养。经过侦察，敌人的船只第二天会经过黄土，我和邱有贵带队蹚过冰冷的崇阳河，守候在河两岸。从下午一直到天黑只见民用交通船只，不见装有敌军物资的船。外出侦察的战士回来报告，敌人怕水上交通不安全，物资已改由汽车运送，部队只好返回驻地。

1936 年初，由于建松政、资光贵、邵顺建三块游击新区的开辟，减轻了闽北的军事压力，局势稍有缓和，但西南战区崇安境内的情况还很艰苦。汪林兴派我到建阳县和邱有贵一起把建阳的基层党组织恢复起来，扩展西南战区的周旋地域。

建阳县委所辖地区多数是二战①时期的老苏区，这一带物产丰裕，群众基础好，1935 年敌人的摧残程度较之崇安稍轻些。我和邱有贵在莒口、麻沙的梁仰、火烧桥、坪布、碗厂一带活动，这些地方有党的活动，但组织不健全。我们组织党员以亲友串门、村子串村子的办法，发展了几十个党员，建立了十几个党支部，建立了通往崇安的交通站。群众热情很高，筹集粮食，经白塔山送往战区机关，缓解了机关吃粮的困难，

① “二战”应为“第二次国内革命战争”或“土地革命战争”，“二战”的说法不规范——编者注。

邱有贵见我一身褴褛，为我做了新衣，买了一条毛毯，还弄些好东西让我滋补身体，恢复体力。

经过几个月的努力,局面打开了。汪林兴捎话来,让我回战区机关。4 月初，我带一个挑夫回崇安，给战区机关送去盐巴等生活用品。我们俩从梁仰出发，经竹鸡垄时找设在这里的交通站联络员，我们刚叩开大门，交通员的妻子很紧张地告诉我们，这几天墩上、仙盘一线已驻扎了敌兵，正在抓捕与游击队有来往的群众，交通员已躲避出去。最后交待我们改走山路，过白塔山，那里有一个香菰客接应我们。

我们一前一后顺着羊肠小道往前赶路，快到白塔山经过一座木板桥,突然半山腰有人大声对我们喊:“站住！你们是哪部分的？”我反问：“你们是哪部分的？”对方回答：“我们是建阳独立营的。”我上午刚从梁仰出发，独立营还在梁仰一带活动，知道遇上敌人的便衣队，于是不顾一切猛冲过去。便衣队一边往下冲，一边开枪，子弹在头顶上脚下飞啸。我看了一下地形,两面山腰都有便衣队,后退是木板桥,视野太大，只有硬冲过去才能脱身。我冲过去了。挑夫没见过这场面，慌乱中撂了担子朝山下小路跑了。我只身冲出包围圈，折到另一个山头。夜里摸到白塔山，与等候在那里的香菰客（交通员）接上关系，由他带我找到了汪林兴。汪林兴见我丢光了东西，带我到一个山洞里取出一件去年邱有贵送来的军大衣。靠这件大衣我度过了三年游击战争。

五

1936 年 6 月，闽赣省委在崇安岚谷黄龙岩正式宣布成立①，原闽北

① 中共闽赣省委于1933年4月成立，第五次反“围剿”失败后，中共闽赣省委及政军群组织转入游击战争，1935年5月解体。1936年6月，中共闽赣省委在崇安重新建立。——编者注。

的党组织有了新的变动，游击队建制也作了新的调整。省委下辖闽北分区委、闽中特委、抚东特委和闽东北特委。汪林兴调到闽北分区委任书记，我调任为闽东北特委团委书记兼闽东北军分区政治部主任①。考虑到西南战区工作需要，省委让我暂留在西南战区，此时战区隶属于闽北分区委领导。由我接替汪林兴原来的工作，任战区书记。

1936年下半年，闽北游击区的局势有了好转。根据闽赣省委的指示精神，西南战区把工作的重点转到“发动群众，扩大游击区，恢复党组织，壮大队伍”上来，从战区的斗争实际出发，分三片开展工作：徐莲娇带星村区游击队在曹墩以南恢复崇阳边界工作；邱有贵带建阳独立营仍坚持原地斗争；我带西南独立营在曹墩西北面开展闽赣边界工作，扩大游击新区。

徐莲娇带领星村区游击队，进入建阳界首、竹鸡垄，以官溪为立足点，向四围扩展。官溪地下党支部书记以“白皮红心”的形式当了保长，利用合法地位，将苏区时期分散活动的五个党员和一部分苏维埃干部串连起来，配合游击队做群众工作，向闽赣省委运送粮食和日用品，将界首、星村一带的敌情装备等情况通过交通及时向省委汇报，为省委领导决策提供了可靠依据。当时，这一带有许多从江西、浙江过来的农民在私人木行、茶厂当苦工，游击队分头做这些人的工作，引导他们走上革命道路，吸收了十几个参加游击队，壮大了游击力量。邱有贵带领建阳独立营，在原有基础上巩固发展了地区，与徐莲娇工作的地区连成一片。

我带领西南战区独立营越过桐木关，到江西的杨村一带发动群众，搞扎根串联，发动当地群众配合游击队打了几家土豪，解决粮食和经费困难，还为省委机关运送了一批粮食。9月，队伍返回崇安境内，在三港、草坪、曹墩一带工作，相继恢复了这一线的几个党支部活动，还在茶场和伐木工人中发展20多个游击队员。是年秋天，西南战区所属的崇阳

① 1936年6月，中共闽赣省委重新成立后，闽赣地区共青团组织改称少年共产党（少共）。——编者注。

游击区形成了北起桐木，南抵华家山，东达汀浒，西至江西杨村完整地域，与相邻的崇浦、邵顺建、建松政三块游击区沟通了联系。

年底，我调到闽东北地区工作。

崇浦阳三年游击战争，在整个闽北游击战争中占据重要的地位。首先，这一地区是闽北分区委和闽赣省委机关的活动中心，这一地区的斗争为保卫闽北首脑机关的安全，稳定整个苏区的局势起到了重要的作用。其次，为沟通闽北苏区内线和三块外线地区作战提供了便利。第三，这块地区的游击战争是在领导机关直接指导下进行的，对于总结闽北三年游击战争经验和教训，都具有典型的意义。

写于 1987 年

选自《南方三年游击战争·闽北游击区》，第209—219页。

左丰美，1918 年生，江西铅山人。1931 年加入中国共产主义青年团，1933 年转为中国共产党党员。南方三年游击战争时，任共青团闽北分区委组织部长、共青团广（丰）浦（城）县委书记、共青团崇安中心县委书记、中共闽北分区西南战区区委组织部长兼战区团委书记、中共闽北分区西南战区区委书记、少共闽东北特委书记兼闽东北军分区政治部主任。新中国成立后，曾任中共福建省委农村工作部副部长兼崇安县委第一书记，中共福建省委农工部副部长，福建省民政局局长、党组书记，政协福建省第四、五届委员会副主席等职。1999 年在福州逝世。

闽北的一支战旗

左丰美

(一)

1935 年 7 月间的一天，在崇安长涧源这个群山丛中的小村里，聚集了 2000 名红军战士，这是闽北红军独立师扩编大会。自从中央红军长征以后，坚持在闽北的红军分散活动，半年来在山里转来转去，不断受到敌人围困，老是打被动战。为了改变这种情况，主动打击敌人，分区委决定加强独立师力量，调整行动部署，打出外线消灭敌人。

山坡上坐着一排排整齐的队伍，黑压压的一大片。黄立贵师长站在台上，头戴缀有红色五角星的军帽，身穿灰色列宁服，腰束宽皮带，右肩背着一个小皮包，左肩斜挂着一支手枪，脚上穿一双胶底鞋，高个子，很瘦，但很有精神，一双黑亮的眼睛不时巡视着会场中每一个人。他高举着一挺马克辛轻机枪。喊道："大个子，出来给大家亮个相。"一个高个子的战士，腼腆地从队列中站起来往前走了一步。随即又被热烈的鼓掌声弄得满脸通红，缩回伸出去的脚，又慌忙坐了下去，引起全场哄然大笑。黄师长把手一挥，等笑声停下来，接着向大家说："就是他，昨天晚上一个人出去，在雾中缴来了一挺机枪！机枪旁边有一个班的敌人在烤火，可是没有看住机枪，被我们的大个子一个人顺手拾来了。同志们！有些人在山上转得久了，看不到大部队，不相信自己的力量，说是国民党厉害，敌人有什么了不起呢？一个班都看不住一挺机枪，还有什么厉害！现在我们部队扩大了，力量强了，就要去主动打击敌人！大家要向大个子学习，要像大个子一样勇敢、机智。”

“向大个子学习！”“消灭反动派！”“主动打击敌人！”“红军万岁！中国共产党万岁！”台下响起了雷鸣一般的口号声。

会后，独立师分几路出发，黄师长率领一、三团翻过 1755 公尺的铸线岩，出温林关，进入江西铅山、上饶一带，第一天就歼灭一个连敌人，缴到 60 多支步枪、一挺轻机枪；四团一部在崇安活动；二团东进浦城，在浦城水北附近消灭敌人两个排。独立师所到之处，重新建立苏维埃政权，人民重新振奋起来，打土豪，分田地。特别是 8 月以后，黄师长率一团挺进建、松、政地区，开辟了大块新地区，建立了新的游击根据地，改善了闽北地区的革命局势。

（二）

闽北独立师没有好好歇过一天，翻过一座高山又一座高山，越过一条溪涧又一条溪涧。在队伍里，常常看见黄师长带着七八个精悍小伙子，走在队伍中间，一到险要地区，立即像一阵风似地冲到尖兵前面去，站在隘口，一直等到全队都通过了险境，才跟着队伍赶上前。

面前是一座陡直的山崖，路从崖旁擦过，转出山崖就是一条湍急的大溪沟，队伍又紧挨着溪边的小路绕着山崖走向前去。老游挑着担子，一步一步地跑着追赶队伍。眼看着队伍又转进一条山沟，后面传来一阵脚步声。老游知道又是黄师长他们来了，连忙侧身将担子挑顺，准备让道。谁知黄师长并不赶上前去，却高兴地说：“老游，你在前面走，部队进了山沟，没有危险了，我们慢慢走吧！”

黄师长边走边对大家说：“在山地行军，要特别注意隘口，部队通过隘口时，容易碰到敌人伏击，所以要先占领隘口两侧的山头，派出警戒，掩护部队通过。当指挥员的一定要事先知道当天行军道路上的情况。喂，老游，你说说看，过了这条山沟是什么地方。”老游笑了，拉起手巾揩了揩头上的汗说：“师长，我这个老挑夫只管挑担，每天挑着担子走，到宿营的时候，文件、东西一件都不少就行了，哪里管得到别的。”黄师长沉下了脸，严肃地说：“不对，今天是挑夫，革命形势发展了，部队扩大了，就要你去当指挥员。同志，眼睛要看得远一些！”

“眼睛要看得远一些！”差不多成为黄师长对大家谈话时的一句口头禅了。每逢在困难的时候，黄师长总是用这句话来提醒大家。部队进入崇安桐木关一带老根据地，由于敌人对这里“围剿”、封锁得严密，很难找到粮食。好几次吃饭的时候，黄师长和大家一样捧着一碗黑绿色的烫野菜说：“同志们，我们今天吃野菜，味道不如大米饭，的确很难吃。但是，眼睛要看得远一些！吃了野菜狠狠地打击敌人，将来我们会天天吃大米饭，到那时，想吃野菜也吃不到，还是今天趁热多吃几碗吧！”说得大家哈哈大笑。人人都记住了这句话，一遇到有什么困难，都学着黄师长那个江西腔说起来：“同志们！眼睛要看得远一些！”

（三）

有个时期，第一团和师部随着黄师长到将乐、泰宁一带活动。这是到新地区去活动、长途行军，带的东西真不少，前面是部队，后面是一大串挑子、油桶、饭桶、大米、银洋，拖拖拉拉浩浩荡荡地走了好几天。敌人调来好几个团来堵截、追击。黄师长仍然带着大家向前走。

走到邵武三关地方。啊，好险要的地势，中间一条弯弯曲曲的窄路，两边兀立笔陡的悬崖夹着小路，几乎连担子也不能横起挑着走。真是一夫当关，万夫莫开。走进山隘，前面发现了两个连敌人。枪声响起来了，敌人是计划好赶到这里堵我们的。避开吧，两边陡壁连鸟都站不住脚，后退吧，后面紧跟着“送行”的敌人。枪声一响，黄师长抢过机枪手扛着的轻机枪，大声喊道：“把担子丢掉，跟我来。”他端着机枪冲在前面，机枪喷吐着火舌，他口里喊着：“我黄立贵来了！不要命的挡着路，要命的给我让开！”像一阵狂风骤雨，部队紧跟着黄师长冲过去。在山口的敌人，有的拔腿就跑，有的吓得手瘫脚软，趴在地上一动也不敢动，那几个企图顽抗的亡命之徒，经不起黄师长机枪的猛扫，像秋风扫落叶似地倒下去。有一个挑夫听到丢担子的口令，放下担子，舍不得那根用了多年的扁担，停下来抽扁担才走，等他跑到山口，部队已经冲过去了。一个敌人从深草中钻出来，调转机枪，故作胆壮地大喊：“别动！”挑夫急了，顺手举起扁担，迎头打去。一下打个正着，把敌人打得脑浆迸流，倒了下去。他丢下扁担，扛起机枪，大步撵上部队。

等敌人追上来时，我们全队已经把他们扔得老远，早爬上对面的高山，边走边议论着“扁担换机枪是不是合算”的问题了。

（四）

1935 年秋冬，黄立贵带着师部和一个营，一共百十来人，在屏南上楼停留了一天一夜。第二天清早，黄师长带着队伍正准备出发，国民党新十一师和五十六师两个营就过来了，还没进村子就噼里啪啦地四面放枪。黄师长带着部队退守到村中一个大院子里。这是地主的庄院，前后都修了炮楼，四面有高墙。进了院子关起大门，就上炮楼和敌人打起来。敌人是得到情报特地来的，看到我们退守到院子里，高兴得直唬吓：“共匪头子被围起来了，黄老虎被围住了呀！弟兄们，好好干，抓住黄老虎领赏金呀！”叫得真有劲。后面的敌人也赶来增援，机枪响成一片，看样子是全团都赶到了，几百人围着我们百来人直打转，几十挺机枪把土壁打得像蜂窝似的，手榴弹把房顶炸得稀烂，一个上午敌人冲锋十多次，我们守在两座炮楼里，瞄准射击，远用枪打，近用手榴弹炸，打死了 300 多敌人，打伤的多得没法计数。

从清早打到下午，敌人急得发疯了，打不下炮楼，竟将四周民房一齐点火烧着，一时浓烟弥漫，火焰炙人。虽然，我们据守的院子是所高大的独立家房，火烧不着，可是有些同志还是有些着慌，连忙去找师长。黄师长不知道什么时候下炮楼了，找来找去，才发现他在堂屋供桌上闭目休息呢！黄师长笑了笑说："那好嘛，周围房子烧掉了，敌人不是更不好接近我们吗？你们乘敌人没来，快抓紧时间休息，等敌人冲上来好打！"

打到下午三四点钟，我们感到吃力了，子弹已经剩下不多，敌人丝毫没有退走的意思。黄师长把大家找到一起，向大家说："你们是愿意继续干革命，还是愿意当俘虏？"问得大家丈二和尚摸不着头脑，你看我，我看你，半晌，一个战士回答说："师长，这还用问，宁死不当俘虏，今天我决心革命到底。"黄师长笑起来："'革命到底'还早着呢，要我们死，不是那么便宜的事！只要大家决心不当俘虏，我一定带着你们冲出去。你们有没有决心跟我冲出去？"院子里响起一声春雷似的回答："有决心！"吓得院子外的敌人大吃一惊。

跟着黄师长打仗哪会没有决心呢，只是大家心里多少有些嘀咕，子弹都没有了，怎么个打法呢？黄师长不慌不忙，从机枪手手中拿过机枪，凑满一梭子子弹装上，又选了几颗手榴弹带上，招呼一声："各回各的岗位！警卫员，来几个人跟我去拿子弹。"

大门猛地敞开，黄师长当门一站，手提机枪对准敌人机枪掩体扫去，接着放下枪，连跑带跳地到敌人机枪掩体上面，举手将手榴弹连着向敌人丛中掷去。这一连串骤然的打击，打得敌人晕头转向，四面乱跑，横七竖八地躺在门边。警卫员跟着跑过去，扛回敌人留下的两箱子弹，等敌人定下神再开枪时，黄师长已经回来关上大门了。

天黑了，敌人从清早打到这时，已经精疲力尽，那股狂妄的劲头瘪了下来，向后撤下去几十公尺，点起篝火烤火吃饭，只是大门前相反增加了百把人。黄师长对大家说："该走了，每个人只带一根枪。其他东西都扔下。走！"大门又打开了，黄师长端着轻机枪站在大门口，哒哒哒哒……一阵猛射，敌人慌慌忙忙像是倒了一扇墙似地哗啦向两边一分，让出一条大路，同志们跟着黄师长，大喊："冲啊，杀啊！"一气冲出去，蹚过了前面的小河。

分散在附近的独立师部队，听说敌人和师部打响了，一齐赶来，敌人哪敢停留，天没亮就溜了。

天亮以后，黄立贵同志带着部队向北去，正好碰到敌人保安团两个连迎面走来。一阵猛打，战士们把昨天被围挨打所受的气，一股脑儿倾泻在这批敌人的头上。两个连一个人也没有逃掉，单轻机枪就缴了12挺。

（五）

1937年7月，全国抗日战争爆发了。全国各地都传播国共合作抗日的好消息，国民党却调集了第六十三师、第四十五师、第三师、第十六师、第七十五师和七十六师加紧"围剿"闽北根据地，想集中力量消灭闽北红军，不让红军参加抗日战争。黄立贵师长带了二三十人到猪母岗去找黄道同志，路上被敌人发现了行踪，立即调来大部队搜捕。黄立贵师长带着同志们从敌人空隙中钻来钻去，一直向邵武方向前进。到处是敌人，后面紧跟着好几百追兵，我们连歇一下脚也不可能，只能不分昼夜地走。走了三天三夜，7月13日到达邵武富屯溪边，拂晓渡过了富屯溪，跳出了敌人"搜剿"圈，同志们以为可以歇一下了。黄师长说："不行，这里离邵武只有15里路，不是我们站脚的地方，走，继续向前走。"大家拖着疲乏的身体，跟着黄师长翻过一座大山，爬上一座长岭，来到洒溪乡沙田村。这时，同志们的腿沉重得抬不起来，眼皮直打架，使劲也睁不开来。上了山，有些同志坐下来了，望着黄师长，好像在说："不行了，再也走不动了。"黄师长看了看战士们，正待催促大家快走，张口说了个"走"字，又停下来，把头一摆，手一挥，说:"好吧，到山厂去做顿饭吃了再走吧！"

村子里老百姓都阴沉着脸看着我们，和过去见到我们那个高兴的样子相反，显得非常不开心。黄师长带我们找到村头一座孤立房子，进去找到和我们有关系的老乡，那个老头一看是黄师长又是高兴又是忙乱，跑进跑出不知怎样是好。

黄师长一坐下便喊老乡买米做饭，老乡这才抓住黄师长的手，慌慌忙忙地说:"师长，你们快走吧，甲长是坏蛋，看到你们下山就去报信了。米，有米，我马上做饭。不，你们快走吧！"黄师长看了看老乡，又看了看又累又饿的战士，问清楚周围没有敌人，最近的也驻在邵武城内，算了算来回 30 多里路，便决心吃了饭再走。

谁知甲长走到邻村就碰上过路的国民党七十六师四五六团六连，带着他们围住了梧桐际山厂。黄师长和战士们刚端起饭碗，敌人就一脚踢开大门，打进屋子里来了。

黄师长抽出驳壳枪，打倒了进房的两个敌人，和两个警卫员跳到窗口和敌人打起来，大喊"赶快走，我在这里顶住，你们冲吧！冲出去的到光泽城外集合。"大家都不肯走，黄师长把脚一跺："快，快冲，把老大爷带出去，不要担心我！快，快！"大家一阵风似地冲出大门，向村外冲去。一直跑了五里路，还听见村子里激烈的枪声。从此，他们再也没有见到黄师长和跟他一起留下来的两位警卫员。黄师长为革命事业牺牲了自己的生命，流尽了最后一滴鲜血。

当黄师长英勇牺牲的噩耗传开时，闽北人民从黄道同志到每个战士、每一个革命群众无不失声痛哭。到现在，闽北人民仍然时时记得他们的黄师长，一提黄师长，很多人都能如数家珍地告诉你许多动听的故事。黄师长的英灵永存在武夷山下。

原载《星火燎原》选编之四，中国人民解放军战士出版社1980年11月第1版。

选自《南方三年游击战争·闽北游击区》，第138—143页。

辗转千里送文件

吴华友

1936年，艰苦的三年游击战争进入了第二个年头，闽北革命根据地军民在中共闽北分区委黄道等同志的领导下，红军主力从崇安老苏区突出外线，恢复和开辟了资（溪）光（泽）贵（溪）、邵（武）顺（昌）建（阳）和建（瓯）松（溪）政（和）三块游击根据地，在国民党统治相对薄弱的地区点燃了游击战火，扭转了被动状态，初步打开了闽北游击战争的新局面。

这时，我们与党中央的联系已中断一年多了。与我们毗邻的叶飞同志领导的闽东游击区和刘英、粟裕领导的浙西南游击区也都同党中央失去了联系，独立地坚持着。这三块游击区互相配合，直接威胁着蒋介石的反动统治，有其重要战略地位。对此，蒋介石如芒刺在背，任命张发奎为"闽赣浙皖边区剿匪总指挥部"总指挥，率三路大军，对闽北、闽东、浙西南实行总"清剿"。在这种形势下，我们感到同兄弟游击区加强联系，密切配合非常必要。

1936年1月30日，闽北独立师师长黄立贵率部挺进闽东北同叶飞率领的闽东红军游击队在政和县洞宫山禾坪村胜利会师，打通了两个游击根据地。4月，黄道、黄立贵、吴先喜、曾镜冰同叶飞等在政和洞宫山仰头村举行联席会议，决定成立中共闽赣省委，黄道任书记。当时我是广浦县委书记。会议决定我为省委委员，负责组织工作和工会工作。洞宫山会议后，为将游击战争的开展情况报告中央，并将中共闽赣省委组成名单报请中央批准，黄道考虑再三，决定由我突围出去，寻找党的关系。

一

我原来是个海员，1925 年省港大罢工时参加了革命斗争，在上海、香港都进行过革命活动；1932 年转到中央苏区全总执行局，1933 年 4 月闽赣省成立后，又被派到闽赣省工会联合会任筹备处主任。五次反“围剿”黎川失守，同黄道、曾镜冰、曾昭铭等一同到了闽北苏区。由于我活动地方多，同陈云、刘少奇、陈郁、刘达潮等工人运动领导人一道工作过，在外头关系多，因此，黄道认为，派我出去最合适。

但怎样突围出去呢？国民党在游击区外围设置了层层封锁线，主要交通要道都有重兵把守，山间僻路也都布满便衣队和反动大刀会，他们狂妄地吹嘘：飞鸟经过也要拔下几根羽毛，别说共产党想从闽北闯出去！闽赣省委经过多次研究，决定由第三纵队政委叶全兴出去想办法。

6 月的一天，黄道同志找到我，交给我一个小布包。他用期待、信任的目光注视着我说：

“这个东西很宝贵，我们要靠它找到党中央，千万小心。”

“放心吧，黄道同志！人在文件在！”我向他保证。

黄道笑起来，幽默地说：“文件？哪有什么文件？随身衣物！”他打开布包，露出一条白绸短裤。“这是黄华树用米汤花了两三天工夫才写成的。”

接受了任务，我把东西收拾好，把白短裤藏在包袱里。一切准备就绪，只等叶全兴的联系工作了。

7 月底的一天，叶全兴兴冲冲地来了，他拉着我的肩膀说：“老吴，有办法了！”

原来，叶全兴到了古田，找到一个名叫卢灿光的，说好条件，由他送我到福州，并负责今后的通讯往来。由于我红军游击队在那一带经常往来活动，卢灿光不得不答应了。

8 月 1 日，我告别了同志们，由叶全兴和他从第三纵队特务连中抽调的十名短枪队员护送踏上了艰难的旅程。临行前，黄道紧紧握着我的手说 :“相信你一定能完成党交给的任务。祝你成功！”

十名短枪队员，都十分精干，有丰富的战斗经验。短枪队的杨班长是当地人，地形十分熟悉。穿过一道道封锁线，绕过一个个碉堡，夜行晓宿，历尽艰辛，经松溪、政和、建瓯、屏南，行程 300 余里，终于从敌人眼皮底下钻了出来，悄悄地溜进古田，到卢灿光的家。

叶全兴对卢灿光介绍我说 :“这是老吴，对他的安全，你要绝对保证。”

卢灿光忙说 :“当然保证，没有问题。”

叶全兴把我安置好，就带十名短枪队员跟我告别回去了。第二天，我同卢灿光一起，登上闽江边的小船，沿江而下，来到福州。

一到福州，我们就躲进离江边不远的一家由古田人开的旅馆。我当时刚从游击区出来，尽管打扮了一番，装束还是不成样子，忙到理发店理了发，又叫卢灿光到外面给我做了两套西装，买了皮箱、皮鞋等。我把白短裤放进皮箱，把自己打扮成南洋客一样。为了不引起国民党特务注意，马上离开小旅馆，搬到城区的一家大旅店住下。

福建和广东一样，是个侨区，有许多南洋客来来往往，因为我当过海员，扮成南洋客倒是挺像的，可以不引人注目，行动也自由些。

二

8 月底，卢灿光设法给我买到了去上海的船票。我和他约好通讯联络方法后，同他告别，登船启程了。船出了闽江口，驶入了大海。从1932年进入中央苏区以后，一直在山里活动，现在又回到大海的怀抱，心里说不出多么激动。看着茫茫大海，想着正在英勇战斗的闽北红军战士，像盼望北斗一样盼望着能同中央联系，得到中央的指示。我深深感到自己身上担子的沉重。

几天之后，船在上海码头靠岸。我还是一副南洋客打扮，住进了新亚酒店。

安排住宿后，穿过繁杂的街道、人群，我找到了武昌路新庆里二弄一家，这里曾是我们的海员俱乐部，住在这里的二房东何惜玉是个进步群众，过去我曾在这里住过。我注意观察了一番周围动静，就伸手叩了叩门。

“你找谁？”果然是何惜玉，她马上认出我来，“哎呀！是你，快进来吧！”

我一进去，她就把门关上。我这不速之客的到来，使她非常意外。我们对坐了一会儿，谈了一番家常。她用疑虑的口吻问：

“你不是到中央苏区去了吗？现在从哪里来？”

我把这几年的经历略略讲了些，但没有说明此次来的任务，只是说党的关系没有了。想找过去的同事关系。问她有没有办法。

何惜玉摇摇头说：“你们走后，没有人来过。”

我怀着惆怅的心情离别何家。往昔在上海一起工作的同志或被捕，或牺牲，或转移，就是在上海，这么个大闹市，又到哪里去找呢？

回到新亚酒店，已是掌灯时分。望着窗外万家灯火，码头长鸣的汽笛声清晰可闻。我忽然想到个办法，对！到码头去，或许可以找到熟人。

从第二天起，我就经常到码头去。当时上海码头还是有很多广东人当领港（导游）。我装作领港的样子，每到一条船，就到那里去碰。一天终于碰到一个熟人，就谈起来。我提起过去一起工作过同志的名字，问他有没有见过。他想了半天，说：“好像在安乐园看到过冯燊。”

“冯燊！他在哪里？”我如同见到光明。

冯燊也是海员，我同他在海轮上，在上海都一起从事过革命活动，后来也去了中央苏区。不知道他怎么也在这里。

他摇摇头：“我也不知道他住在哪里，就在安乐园喝茶时碰到过一次。”

我见再也打听不到什么，便说我现在想找点事做，看到冯燊和其他熟人，叫他们来找我，我住在武昌路安乐园附近，每天中午都在那里喝茶。

于是，我一有空就跑到安乐园，泡上一壶茶，等待机会。一天中午，我像往常一样，正翻着报纸，摆出一副悠闲的神态喝着茶，突然看到一个熟悉的身影从楼梯口上来，果然是冯燊，我高兴极了。这时冯燊也看到了我，大吃一惊，转身就想走开，我忙叫：“姆系燊！”

姆系燊是冯燊的化名，在上海工作时用过，不多人懂得。他听我这么叫，只得回来了。

多年不见，我们之间都不敢完全信任，我对他说是从南洋回来。随便谈了一会儿，约好第二天再来，就分手了。

接着几天，我们都在安乐园见面，互相恢复了信任。他说了真话：他在长征途中病得没法走，留在农民家里，后来才回到上海来的。我也对他说了实话。

他说：“我在上海也没有关系，现在要找党中央，有一个办法，就是找榻荣。”

“榻荣，他在哪里？”

“在美国，可以写信给他。”

我们商量了一下，决定由他给榻荣写信。接着，我按原先与古田卢灿光约定的联系方法给他写了信，请他转告闽北党组织，并叫他汇些款来。一方面试试他是不是可靠，另一方面，原先带的款项也差不多花光了。

9 月中旬，卢灿光汇来了 200 元钱，但美国榻荣那边仍无消息。于是我同冯燊商量，由他留在上海等榻荣的回音，我回香港，看看能否找到其他关系。冯燊也很同意。我们约好，一有消息，马上通报。

三

9 月底，我从上海到了家乡香港九龙衙前围村。

回到家乡，尽管很保密，外头仍有人传说。道是左派（当地群众对进步的革命者称呼）回来了。我弟弟吴潭华所在的吴家祠学校的几位青年教师也闻讯而来。

我试着和他们交谈几次，想能不能通过他们找到些线索，但很快就失望了。原来他们只是同四一二政变时在上海的一个叫叶仔的有联系，这对我毫无用处。于是，我又到香港码头找当时熟悉的海员，费了好大功夫，找到了刘达潮、方世林。但他们也都失去组织联系。

有意思的是，方世林后来联系了邱金，邱金派了吴有恒来联系，然而邱金觉得我回来得突然，不敢信任我。吴有恒来了一回，再不来了。解放后，吴有恒见到我，谈起这事，都觉得好笑。

虽然找不到组织联系，但都是共产党员，总不能不工作，于是我和刘达潮、方世林自动组织起来，在香港麻地各海员港口宿舍活动，进行恢复香港海员工会的工作，一面在工人群众中开展宣传工作，一面继续找党的关系。

1936 年 12 月爆发了震惊中外的西安事变，全国抗日救亡运动更加高涨，在我党的努力下，抗日民族统一战线开始形成。不久，我终于盼到冯燊从上海的来信说：榻荣已向当时在美国的饶漱石汇报了情况，饶漱石派了朱挺（即江开松）到了上海，叫我立即回去联系。

我立即赶到上海。不巧的是，朱挺已离沪，到香港来找我。等我回到香港时，他又去广州了。

1937 年 2 月间，朱挺到了香港，找到了“新生书店”。我向朱挺汇报了中共闽赣省委成立的情况和闽赣边游击战争的情况，并将密写着文件的白短裤交给他，请他转告党中央。这样，我经历了重重曲折，辗转千里，终于完成党交给的任务，把闽赣省委的文件送了出去。

据朱挺说，当时党中央对南方的红军游击队，也还没有具体的指示。我通过新开办的新生书店，向闽赣省委报告了我完成任务的情况，并将我们能够得到的有关抗日新时局的八一宣言、“东征宣言”、“民主共和国决议”等文件和书籍，通过古田卢灿光，寄给中共闽赣省委。后来知道，黄道收到这些文件和书籍，对认识抗日战争全面爆发后国内阶级关系的变化和我们党重大方针、政策，有很大的帮助。

四

1937 年 6 月间，接到闽赣省委的通知，我即返回福州。想到很快就要见到患难与共的战友们，心情格外激动。不料，福州等到的却是另一番情景。

原来接头的卢灿光没有来，我见到的是一个素不相识的年轻人。

那时正值初夏时节，闽江洪水泛滥。我担心水大不能走，他却说：“没问题，明天走。”

当晚 11 点半，我被一阵打门声叫醒。一问，是那个古田年轻人的声音。为什么半夜打门？我有点怀疑，忙把带来的书信文件藏好。

门刚开，一群国民党特务拥了进来，我被戴上手铐，蒙上面罩，就这样被捕了。

大概是那个年轻人被捕叛变，出卖了我。

国民党抓住了我，如获至宝，认为可以从我这个交通口里，获得我党情报。于是对我进行多次审问。

“你到底是共产党的什么官，谁派你到福州？”

“福州的共产党地下组织在哪里？你找谁接头？”

无论特务怎么审问拷打，我一口咬定是从南洋经香港回来，要到古田找事做。

他们说：“你是闽北共产党的重要人物，我们都知道了，有人作证。”

我说：“什么人作证，叫他站出来给我看看，还有什么证据都拿出来！”

他们没拿到什么证据，但又不肯放我，于是又拿软的一套，口口声声要我在国民党军队中干指导员，带他们同红军游击队联系。但这对我哪里有用！

敌人无可奈何，将我转了几个地方，前后扣押了三个半月，经过我严正抗议，闽赣省委也积极营救，11月初，我终于被释放。

出狱后，我只好回香港。1938年初，从八路军驻香港办事处得到消息。闽北红军已在江西铅山石塘集中，编成新四军，并通知我到武汉八路军办事处报到。

接到通知，我即经广州到达武汉，在八路军办事处见到周恩来、张爱萍。张爱萍和我谈了话，让我到南昌新四军办事处工作。我很高兴，欣然接受了新任务。

到了南昌新四军办事处，见到了曾山和涂振农。不一会，闽北的老首长黄道也来了。他还是那么热情、乐观，两道浓眉下闪烁着深邃的目光。我向他汇报了出去后的情况。他说：“你寄来的文件材料我们都收到了，在福州被捕也知道，我们去营救过，后来知道你回香港，就通知你回来。现在，我们要迎接新的工作，争取抗日战争胜利的前途。”不久，组织任命我为新四军驻南昌办事处副官处主任。我和同志们一道，开始了新的工作。

写于1983年

选自《南方三年游击战争·闽北游击区》，第172—178页。

吴华友，1905 年生，广东宝安人。1925 年加入中国共产党。南方三年游击战争时，任中共广浦县委书记、闽赣省工联主席。新中国成立后，曾任中国海员工会广州疗养院院长。

金戈铁马中的巾帼群英

吴秀珍

1934年的腊月，正是风刀霜剑、严寒逼人的时节，而在闽北苏区首府的大安却到处是一派紧张繁忙的备战气氛。这时，国民党军的前锋部队，已逼近了大安，闽北分区委为阻击国民党军的进攻，对战备工作进行了全面动员和安排。在机关工作的女同志，除一部分随男同志到前沿阵地担负伤病员的护理工作外，留下来的则同村里的老人、小孩一起赶制挨丝炮、地雷、手榴弹和竹钉板。别看这些武器都是土制的，但在实战中却发挥了很大的作用。1935年1月，当闽北分区机关撤出大安时，我们把这些土武器埋在路边、树下、门上、锅台等一切敌人可能经过和接触的地方，结果给占领大安的国民党军以很大的杀伤。

闽北分区领导机关撤离大安时，天寒地冻，遍地冰凌，我们身着单衣，在崇山峻岭之中，与敌人周旋，吃的是据点里的群众节省下来的粮盐，但更多的是靠山上的野菜充饥。我们女同志由于生理上原因，自然比男同志更艰难些。但在充满着乐观主义和真挚友情的战斗集体中，大家常常为一口水一口饭互相谦让，互相关心，互相支持，没有一个女同志叫苦喊累，大家都有一股不甘落后的劲头，生怕掉队。

随着游击战争的深入开展，环境的不断恶化，生活越来越加艰苦了。1934年4月，我在山上生了病，一连几天高烧不退，组织上决定让我回家养病。

我家在洪溪，是个革命老区村，当我妈妈抚着我这瘦弱的身体时，心痛地流了泪。不久，国民党军大举“清乡”，逼迫洪溪村的群众并入大浑村。为避免国民党军的迫害，我们和邻居共产党员熊竹基一家逃进深山，谁知没几天，就被搜山队发现，又被赶到据点里去。

一天，大浑村的反动保长突然闯进我家，把妈妈带走，我预感到要生事了，果然，妈妈回来告诉我，驻守在大浑村的国民党军头目，要妈妈把我嫁给他，不然，就“提头来见”。我立刻找老熊商量，决定走为上计。

当天深夜，天空一片漆黑，我们带上几件衣服，悄悄地穿过炮台跑出了据点。我们不敢走大路，只能钻草丛，一路荆棘刮脸，衣服碎裂，直到东方发白时才看见了原来的洪溪村，但这里已是一片无人区，我们只好继续往前走，哪知刚到长涧源，国民党军又来抓人，真是天下之大，竟没有我立足之地了。

在这样躲来躲去的四个月中，我无时无刻不想到我们的部队，想到一起生活、一起战斗的战友们。归队的心情越来越迫切，可又到哪里找部队呢？我只好凭着自己的臆测。一个村庄一个村庄地打听，一个山头一个山头地寻找。终于有这么一天，我在温岭意外地碰到了童娇妹（童慧贞）。她是到江岭后村去开展工作的。我见到她，一时高兴得说不出话来，只是紧紧握住她的手，她明白了我的心意，叫我放心，并说过几天就来接我。果然没几天，分区委就派人来了，我回到游击队，见到了久别重逢的战友们和首长，禁不住热泪盈眶，悲喜交集。因为我又回到党的怀抱，回到了战斗集体。

1935 年 10 月，分区委妇女部长陈清凤分配我到崇安地源区搞妇女工作。翌年 5 月调任崇安县妇女部长，同年 8 月更任邵武县妇女部长。

这时，国民党采取了军事围攻，政治分化瓦解，经济上实行封锁政策。这一招很厉害，我们白天不能开展工作，只能在夜间活动。我们的工作主要是发动妇女搞通讯运输，大部分的接头户是妇女，她们常打扮成回娘家，或上山割野草的样子进行工作。由于工作关系，这期间，我接触到许许多多的基层妇女干部，她们那可歌可泣的事迹，至今还铭刻在我的心中。

崇安下阳乡石人坑村的共产党员张彩姬，是机关撤退时留下来就地坚持斗争的，为了便于她隐蔽活动，分区委还特地搞了一次假批判并宣传开除她的党籍。她不但做了很多工作，还策反一个班的白军士兵反水，后因做敌排长思想工作未成，不幸被捕。白军在她脸上割了 13 刀，也无法撬开她的嘴。

地源村妇女干部连凤玉，国民党军队“清乡”时，她一家七位亲人惨遭杀害，连尸体都被扔进溪里。她牢记血海深仇，继续从事地下工作，还经常冒着生命危险，到敌占区买盐巴买药，支援红军游击队。岚头村的安桂姬，为发动妇女开展反抓丁斗争，她不避艰险多次深入崇安北乡一带山村，边工作边侦察敌情，并及时把情报报告游击队。一天深夜，本村的一个坏家伙，拿着一把柴刀闯进她家，她机智地说：“你砍死我一个人没什么，再过半个小时游击队来了，你也活不长！”一句话把他打了回去。在崇安西乡有一位穿着整洁的中年妇女，因为给游击队送情报被抓进据点。为了杀一儆百，惨无人道的国民党用一个装满浸透煤油的马桶，将她五花大绑捆在马桶上，当众点火活活把她烧死。烈士虽没有留下姓名，但她那义烈的形象将与烈火一样永远照耀万古千秋。

我还熟识一位老接头户，她是岚谷江陈村的王瑞娇，我们每次到她那儿，她总把自己平时舍不得吃的东西拿出来款待我们。1936 年 4 月的一天，她的丈夫（原岚谷区苏主席郑乌�）秘密下山到岚谷头为游击队买盐，不幸消息走漏，第二天便被抓走，房子、财产全被烧光。王瑞娇在悲痛之余毅然承担起丈夫没有完成的任务，当天夜晚就摸黑下山筹集食盐。几天后，当她把盐弄回到岚头时，只见侄女哇地一声，紧紧地抱着她大哭起来，当她知道自己的丈夫已被国民党军活活烧死的消息后，她咬着牙，咽着恨，掩埋了丈夫的遗体，并沉痛而坚定地对侄女说：“孩子，记住叔叔！记住红军游击队！记住这血海深仇！”又到山下继

续筹盐。1937年的一天，她到吴屯乡大浑联系工作时不幸被捕，敌人要她供出红军游击队，她守口如瓶，敌人暴跳如雷，把她推到老虎凳旁，压凳，钉竹扦，烧乳头，抹辣椒……施尽种种毒刑，她宁死不屈，坚不吐实。

这样的妇女干部，何止千千万万。我在邵武工作期间认识一位妇女，人们都习惯地称她为“方嫂”。也就是这位方嫂，为解决游击队的给养，她作了大量的工作，尤其是她的牺牲，更为感人。

方嫂有五个孩子，大的七八岁，小的才一岁多，肚子里还怀着八个月的身孕。1937年5月，方嫂的丈夫为红军买了好些东西，正打算给山上的游击队送去，不料被敌发现，夫妻俩被押到邵武县城监狱。反动派逼他们招供，他们虽然都不是共产党员，但村子里谁是党员他们知道的，却什么也不说，结果丈夫被活活打死，方嫂也受重刑。反动派逼供审讯，一次比一次厉害。他们把方嫂两手张开来绑在扁担上，使之成个十字形，背后再用一根棍子撑住，然后毒打、逼供，她的手腕也给打断了，可怜的未出世的小生命，当场也给打了下来。可是反动派们并不因此罢休，一天，方嫂被叫去听审，她正咬紧齿关准备受刑，忽然敌人把她的五个孩子抓了进来，五把雪亮的刺刀，架在孩子们脖子上，几个孩子吓得直喊妈妈。面对吓得浑身颤抖的孩子，方嫂明白了反动派们的恶毒用心，只要自己一松口，就不知有多少革命干部、多少个家庭要遭到反动派的惨杀和摧残。反动派见方嫂嘴没动，就把最小的孩子用刺刀挑到天井下面，把小心脏从胸口挑了出来，其余的四个孩子一下子吓呆了，方嫂大叫一声昏了过去，当她醒来时，反动派又是吆喝又是逼供，她还是不肯开口。就这样，一个、两个、三个、四个……顷刻之间，天井里堆了五具小尸体，拖着肠肚，满地是血。失去了丈夫和孩子的方嫂，直到全国抗战爆发后，经党组织交涉，才被释放出狱。

国难出英杰，烈火炼真金。在那艰难困苦的游击岁月里，有多少巾帼英雄为革命献出宝贵的青春和热血，她们的事迹千千万万，感人至深，作为三年游击战争时期的妇女干部，我为有这些好姐妹感到自豪。

写于 1987 年

选自《南方三年游击战争·闽北游击区》，第354—357页。

吴秀珍，女，1917 年生，福建崇安县人。1931 年加入中国共产主义青年团，1933 年转为中国共产党党员。南方三年游击战争时，任中共闽北分区崇安县委妇女部部长、邵武县委妇女部部长。新中国成立后，曾任福建省南平专区副专员、水吉县代理县长、南平专区妇联副主任等职。2002 年逝世。

从无线电队到兵工厂①

王文波

（一）

1935 年，刚刚过完阳历年不到三天，新年一切热闹、快乐的景象犹在人们的脑子里浮现。就在这样的日子里，深夜，我们无线电队的政治委员从分区委开会回来，根据党委会的决定，连夜召开了排长和党支部委员以上的干部紧急会议。我当时是无线电队的党支部青年委员，因此我也参加了这个紧急会议。我们从暖乎乎的被窝里被叫到政治委员的会议室，许多人都以一种疑惑的眼神相互观望，谁也猜不透今晚有个什么事情发生，只是眨巴着眼望着政治委员。政治委员严肃地向到会干部传达了中共闽北分区委会议的精神，着重动员备战（这时还没宣布撤出大安街）。也许是保密的缘故，政治委员只着重和大家讨论如何应付突然事变。讨论结果决定：立即处理暂时不用的机器，安置年纪较大和体弱的运输员，各人准备轻装行动等等。

根据紧急会议的决定，第二天，我们即采取了一个巧妙的行动：早饭后，我们这些参加过紧急会议的人，就分头在外面向各自熟人放了一

① 此文据作者60年代撰写的《挥泪别大安》、《罪恶的叛逆》、《北坑一月》、《路口之夜》、《机智勇敢的侦察员》、《青山绿水话五一》等文稿摘编而成，标题系编者所加。

些风声，说我们那里昨晚有一个运输员得急病死了。接着，我们的管理员和监护连的二排长就到棺材店里买了一口黑漆棺材回来。晚上吹过熄灯号之后，十多个党员干部就把“死人”——坏了的马达、收发报机及其他材料，涂上黄油，用油布包好，然后放入棺材，用大铁钉钉牢，第三天就派了七八个党员干部把它抬到山里埋了，并在“墓”前立了块油漆过的墓碑，上写着某同志之墓。

这时敌人已经进到小浆，大安的形势已呈一发千钧之势，领导上已公开动员在大安的所有党政机关、部队、学校等一律在两天内全部撤出；同时对当地的党员、干部和群众也作了布置：一部分坚强的党员干部留在地方带领群众应付敌人和展开秘密的游击活动，扰乱敌人、牵制敌人，配合红军游击队，粉碎敌人第五次“围剿”。各机关单位的一切物品，除少量轻便的必须用品随身带走外，其余的用具适合民用的立即分配给当地群众，不适合民用的立即打碎或烧毁。另一方面，也动员群众把多余的粮食和猪、牛及衣物也先搬到山里去掩蔽一时，实行坚壁清野，叫敌人来到苏区吃不上粮食，得不到消息，从而困死他们。

在临走的时刻，军事机关派出一队人，在操场、俱乐部等一切公共场合及各部门住屋的门楣上、门槛里、灶心中、会议室等埋藏了地雷或炸弹，让进占大安的敌人用自己的血肉偿还欠下苏区人民的血债。后来知道这一布置收到很大效果，在相当时间内，弄得敌人寸步难行。在一切妥善部署之后，我们全部撤离了先后驻扎二三年的大安街。我们的党、政府和红军，在这些年月里全心全意、大公无私地为苏区人民做了许多好事，正如这里的群众经常讲的：“共产党、苏维埃给我们苏区人民的好处数也数不清。”正因为如此，我们的党和苏区人民建立了血肉相连的关系。如今一旦分别，自然彼此的内心都涌现出难以形容的难舍难离的心绪。莫说在我们队伍里的当地人，外地人也一样，当我们背着行李，扛着枪杆撤离的时刻，村里的男女老少都站立在门前、村口、路旁，但是，他们这次已不同以往欢送红军上前线那样敲锣打鼓、呼口号唱歌的热烈场面，而是一个个严肃、悲痛地站在一旁，表露出对同志们的依依不舍和对国民党反动派万分仇恨的心情。有一位老人拉着一位负责同志的手说："同志，你们要早点回来，我们穷人是不能没有共产党的，我们生死都是革命的……"他说到这里，喉咙哽塞，禁不住淌下了深厚情感的热泪。这时流泪的不只是这一位老人，而是许许多多的人，有当地群众，也有我们这些战士，有女的，也有男的，此时此地，相亲相爱，难舍难离的情景是难以形容的。我们终于含泪忍痛和乡亲们握手告别了，他们一直站在村外以目相送，我们一步三回头，可是渐渐地远了，直到无情的树林挡住了我们的视线……

我们撤出大安后，第一步迁到离开大安十里路的道观厂。这里是一个竹林茂密，古松参天的大山沟，几年来闽北红色医院一直设在这里。我们住下时，大安及其附近的革命群众冒着危险，爬山涉水，披星戴月，避过敌人哨岗，偷偷地把粮食、猪肉、蔬菜送来。这是雪里送炭啊！我们永远不会忘记这些顽强不屈、生死都跟着共产党走的革命根据地群众。

（二）

闽北分区全部机关人员，撤出大安街之后，在崇安西北面的山里，依靠党的正确领导和根据地群众的掩护，和敌人周旋了两个月余，直到古历的二月底，大约是公历的 4 月初①，由于形势逼迫，我们在一个风雨交加的夜里，上千的红色健儿为了革命事业的远大目标，终于暂时和崇安老根据地人民告别，自温林圳，入江西境，经鹅眉板，过江东源，夜宿大坞，翌日天明到岑源，中午过车盘，傍晚到达高店、篁村。这一

① "两个月余"应为"月余"。李德胜叛变在1935年2月底。

带也是老苏区，山高林密，地形崎岖，群众贫困，革命性强，是个有利于我们坚持斗争的好地方。司令部决定暂时驻此地。队伍在篁村只住了三四天，江西方面的敌人就向我大举进攻了。但敌人又因探得我方有上千人马聚在一起，估计力量不弱，加上常听被我释放回去的俘虏宣传：闽北黄立贵（闽北红军独立师师长）计谋多端，勇猛如虎，许多人都称他为“黄老虎”，是不好惹的，不敢轻易冒进。因而向我进攻的敌人，虽然兵力比我们多了几倍，却也不敢长驱直入，他们占领了紫溪、车盘之后，就在那里强迫群众筑碉堡，挖战壕，步步为营。

由于敌人步步逼近，闽北党的领导机关便决定离开篁村、高店，迁到与此地相距30华里的东坑村驻扎，无线电队迁到更远五里路的徐家厂。但在我们撤出之后，敌人便进占了篁村等乡村，强迫群众修筑碉堡，分兵驻守。这么一来，我们红军队伍所遇到的困难自然是多了。但尖锐的斗争环境像一座巨大的熔炉，炼出无数坚强不屈的革命英雄。同时也有一些人经不起这场考验，有的解甲归田，有的落草为寇，有的反水投敌。身为闽北红军司令员的李德胜，在革命紧要关头，竟叛党投敌而去。

闽北党、政、军领导机关及其直属队伍撤到东坑之后，李德胜即向闽北分区委书记兼军分区政委黄道同志说：“敌人驻守篁村，日来不敢出动，我想亲自前往敌前观察，看看动静，探探虚实，以便决定我们行动的方针和力量部署……”

黄道同志虽已觉察李德胜有动摇情绪，但没估计到他会公开叛变投敌，因而关心地问：“你带多少人去？”李说：“我是从小路去侦察，又不打仗，只带一个警卫员即可。”黄道同志说：“那好，你早去早归，免得我挂念。”

“是！请放心。”李德胜说罢，检查了一下随身的东西：望远镜、驳壳枪、信号枪、黄色武装皮包和军用地图等物。警卫员老方，背了一架手提式机关枪，二人出了门，李即命方摘去红军的帽子，往篁村大路匆匆而去。

傍晚，二人来到了敌占区篁村，警卫员说："司令员，我们不可这样冒险，要去待天黑再走吧！"

"别多说，跟我来！"李德胜以命令的口吻说着。李的行动已引起方的警惕，但无奈只好跟着走。两人来到距离敌人碉堡不远处，方坚持不走，便道："再往前走，难道碉堡里的敌人不打我们吗？我不去！""你不去把机枪拿给我！"李德胜恶狠狠地喝道，"你是我的警卫员，敢违抗我司令员的命令？"

老方是共产党员，他懂得红军是阶级队伍，是无产阶级的革命武装，不是任何个人的工具。司令员是革命的，我就服从他，尊敬他；若是叛变革命，我决不跟他。枪是战士的生命，不能给他。老方拼命和叛徒李德胜争夺、扭打。但到底老方的身体不如李身体强壮，被打得头破血流，昏倒于地。李德胜夺下机枪慌慌张张地奔向敌人的碉堡去了。

老方渐渐苏醒过来，见李德胜已走近敌人的碉堡门前，可耻地把枪交给敌人。老方顽强地挣扎着鼓起了精神扶着拐棍跌跌撞撞地往回走，到东坑已是三更。政治委员黄道同志有事在心，一人坐在室内看书，盼望李德胜打探敌情安全归来。这时忽见血迹满面的老方走进来，气愤愤地报告李德胜叛变的经过。

黄道同志得到这个消息，认为李德胜这个无耻的叛徒，为了取信于敌人，势必引敌向我进攻。于是他马上叫传令排长通知无线电队、兵工厂、保卫队等单位，马上搞饭，天明前出发，往桐木关转移。司务长王忠华和传令排排长老杨得令分头去传达执行。

我们无线电队驻在距东坑五里地的徐家厂，已有十余天了，电台时刻都在和中央取得联络。这天夜里 8 时至 12 时是我当班（实习报务）和大队长（台长）一起，正收毕一份新闻，政治委员便到报务房来，对大队长传达司令部命令，并说："你赶快告诉中央电台，明晚 10 时见。"我立即开动马达，台长发报。

政治委员又急忙出去，一面命令管理员马上搞饭，一面又命令监护连连长、指导员立即收拾东西，打扫房子，送还借群众的东西。

负责扛抬机器的同志，见我们发完联络电报后，就急急忙忙动手拆天线、绑马达、捆电瓶，装收发报机，准备出发。

饭后已是两点，茶农家中的公鸡已啼过两遍，我们全队人马，依令按时开拔。一弯蛾眉月，早已沉没西山，星星被云雾遮蔽，天黑得伸手不见五指；加上微风细雨，少有人行长满青苔的河卵石路，这对缺乏夜行军经验和锻炼的我们来说，行走确实感到困难，尤其是肩负重担的运输员、炊事员和一些背负孩子的小脚妈妈，比我们困难得多，因此走不多远，便就地坐下休息。黎明时分，司令部传下开拔的命令。队伍又依次行走，保卫队走在前头，无线电队跟随司令部走在中间，教导队走在末尾。上千人马，一路浩浩荡荡，上午10时许即上到桐木关头，进入了福建地界，又走了十里路，到达一个叫团基洲的地方，时已近午，司令部传令休息两小时，各单位迅速煮饭，下午2时出发。

桐木关地区是个产茶不产粮的地方，只是在茶地上间种一些苞米、红豆等杂粮，因此，我们上千人马在此地要吃到大米饭是不容易的。

这天中午，我们就是煮食一粒一粒的苞米，煮了两个小时还没烂，大家又饿又急，有些人主张不烂也拿来慢慢嚼食，但管理员不同意。正在这时司令部吹起了集合号，司令部和教导队已开始往前走了，并催促无线电队快走。午饭吃不成了，大家都埋怨司务长和管理员，管理员便命令司务长、炊事员把未煮熟的苞米担着走。

为什么走得这么急呢？原来是叛徒李德胜带来了一团敌军在后追来了。队伍匆匆出发，一小时之后来到一个叫三港的地方，遇到红四团一部分队伍，司令部到达后，即令他们派出一个连上桐木关头抵抗一阵。红四团一连奉命跑步上关头占领阵地，我们便在三港地方就地休息。司令部的几位首长聚精会神地在那里看地图，战士们把枪抱在怀前，背向着阳光睡觉，母亲们忙给孩子喂奶。当时我们在补衣服，突然听到远远传来两声枪响，不一会儿，枪声越打越急，越打越近，黄道同志立刻命令队伍出发，但由于地形不熟悉，我们无线电队和供给部已走过一道狭长的木桥，后面又传来命令说走错了路，把我们叫了回头。可是等我们回到三港地方时枪打得更激烈了，于是分三路撤退，司令部、教导队通过木桥往龙土方向前进，保卫部及其他一些人员，向右侧往瓜墩走，这两路都安全地撤退了，唯有无线电队和供给部，由一位参谋和财政部长带领，从一条采茶的小路上走去，谁知正好撞进了敌人的火力网，几十挺机关枪对准我们这两个“笨重”的单位，猛烈射击，运输员抬着无线电机，挑着银圆、布匹，拼命往前冲，不料走到一个道路不通的山窝里，尽是乱石，中间有许多荒芜的茶丛，四周都是悬崖峭壁，山岗上的敌人在用枪对准我们扫射，山沟里的敌人紧随我们的来路追击，好几个战士牺牲了，负伤了。我负责的那只蓄电池连中了两颗子弹，抬这蓄电池的两个健壮的运输员牺牲了一个，我既抬不动，又不敢擅自离开，而敌人又在后面追来，我正在着急的时候，无线电队的政委气喘喘地从我身边走过，对我说了一声：“算了！快走吧！”我和那位活着的运输员老刘只好抛弃那只破电瓶，冒着雨点般的枪弹，弯着腰往前走。敌人已杀到屁股上来了，许多人只得丢弃包袱，攀上陡峭的石山上。天色渐黑，国民党军也不敢再追，只顾抢我们抛弃的财物，狼心狗肺的李德胜，手握两颗手榴弹，像猎狗似地走在前头，为了讨好敌人，表示自己是一个彻头彻尾的反革命分子，惨无人道地往几位牺牲和负重伤的红军战士身上浇煤油，点火焚烧。

无线电台丢失了，负责人也找不着，我紧跟着银行和财政部、供给部的同志，一天到晚没吃没喝，感到口渴、肚饿，然而20余人，都是双手空空，吃的、穿的、盖的都丢光了，只好许多人挤在一起，睡在树林里，好不容易盼到天亮。

第二天仍因情况不明，财政部长张水旺认为我们这批非战斗的机关干部，还是小心谨慎为妙。于是我们又在山上树林中躲了一天，到傍晚才下山，找到一处有两三户人家的地方住宿。这里也是苏区，群众待我们十分热情，把自己吃用的一点大米和杂粮，都拿出来给我们，门前种的几畦快要开花的老荠菜，也全部砍来给我们当饭充饥，第三天才到龙土找到闽北党的领导人黄道同志。

第四天各路队伍回到三港地方集合，下午在一丘长满杂草的大荒田里开军人大会。黄道同志作了一个鼓舞人心的动员报告，他首先指出反动派的疯狂进攻，只不过是垂死挣扎，他引证苏联的例子说：苏联十月革命成功后，遇到比我们更艰苦的日子，但他们依靠全党全军和全体革命人民的团结，终于克服了一切困难，粉碎了白匪和帝国主义的武装进攻和经济封锁，现在他们已经走向社会主义社会。听了这个报告，人人欢欣鼓舞。接着他以极端气愤的口气，向全军宣布了李德胜已经可耻地叛变革命，投降了敌人的消息。最后他向全军宣布撤销李德胜司令员的职务，党内决定开除他的党籍。任命吴先喜同志为闽北军分区司令员。会后进行整编队伍，追悼和埋葬牺牲的同志，然后队伍离开三港，分别转移到其他地区开展游击战争，为死难的同志报仇！

司令部迁移到北坑地方后，为了教育全军战士，黄道同志以万分愤恨的心情，编了一首“骂叛徒李德胜”的歌，印发全军各单位，教战士们唱。

“李德胜，真荒唐，敌人进攻他便慌张，借口探敌情，公开去投降，带了敌人，进攻我们到三港。用火焚烧红色战士，假借名义想骗我枪，红色战士真坚强，见了叛徒就开枪，反动分子全部破产。

“李德胜，真无耻，背叛革命去投降，不做革命人，宁做反动鬼，向着敌人打拜磕头不顾耻。革命的人要坚决，为何半途去反水，人人骂他是反贼，一世说都说不起，这样分子生不如死。

“同志们，不要惊，革命好像炼真金，真金子不怕火，怕火非真金，一切杂种一经火炼现原形。革命同志心如铁，任何艰苦不变心，为着工农的利益，不顾一切的牺牲，最后胜利总归我们。”

叛贼李德胜，在投降敌人之后，尽管他帮敌人作了许多危害革命的罪行，但并没有得到反革命主子的宠爱，而且处处受冷遇和监视，不久便无声无息，生死不明了。而他在老根据地人民群众中，在党的历史中，只落得留下个臭名，让后世唾骂的可耻下场。

（三）

在桐木关的战斗中，闽北根据地唯一的一部电台丢失了，于是无线电队和监护连都奉命解散，所有的指战员都分别编到红四团、司令部及兵工厂等单位去。无线电队的指导员（也是无线电机务员）老于，他曾在汉阳兵工厂当过技工，因此领导就派他去兵工厂当政治委员，我和其他几个同志也被分派到兵工厂工作。

我们被调到兵工厂工作的第二天，由于当时环境所迫，这支以生产（修枪、造子弹）为主的非战斗单位，就离开了桐木关里的三港，翻山越岭，渡水涉河，经过两天的路程，来到了桐木关大山里的北坑。北坑是个悬崖峭壁、道路崎岖的大山坑，地势十分险要。这里有利于我，不利于敌。但是，北坑虽有上北坑、下北坑、半岭厂和斗米洋四个小村子，总共只有六户人家，没有稻田，没有农地，他们主要的生活来源是靠茶叶及在茶树丛中间种少量玉米、红豆等杂粮和棕树、油桐、桃树，男人把茶叶、棕叶、桐籽挑到100里路以外的崇安城、星村和赤石等地出卖之后，再换回粮、油、盐、布匹。这样来往一次最快要三天，在多雨的春天，遇到山洪暴发，不是出不去，就是回不来。因此这里吃不到粮食是常有的事，老百姓吃竹笋、吃野菜更是常事。

北坑是这样一个穷困的地方，群众虽然很革命，地形对我们也有利，但粮食问题却给我们极大的威胁。4月底，我们兵工厂首先来到这个地方，因为人数不算多，五六十人，一天有三四十斤大米或玉米也就勉强过去了。可是几天之后，红色医院也搬到这里来，又增加了四五十人，粮食供应就更加困难了，单靠几户老百姓挑米，当然供应不了，就是我们自己派人去挑也难以维持最低的要求。正当我们为吃饭问题而伤脑筋的时候，司令部和教导队也开到北坑来了。这样粮食问题不用说就更加困难了。司令部为了解决这个问题，派了原闽北苏维埃政府的财政部长和司令部的管理科科长及二三十个运输人员，到七八十里路外的葫芦岭、山垢一带去联系群众，采购粮食，这样，在短时间内确曾买到一些油、盐、菜、米，可是不久这个采购站就给敌人包围了，负责人财政部长等被俘。领导上得知这个不幸的消息，心中十分焦急，司令部当即召集各单位的负责人开会研究粮食问题。号召大家要以顽强奋斗的革命精神，克服一切困难，坚持斗争到底。各单位的负责人马上带头到山上、溪边，挖竹笋、采野菜，司令部的几位首长也亲自动手到茶山里采了许多苦叶菜、山粉苗、糯米藤等野菜回来。政治部卢主任①高兴地向战士们说道："同志们，北坑是个好地方，有山有水，有山有水就能生长许多竹笋、野菜，这就饿不死我们，饿不死我们就要和垂死的阶级敌人斗争到底，直到最后消灭他们！"

的确，自从我们发现了山中有许多能吃的野菜，战士们坚持斗争的信心更高了，虽然没有饭吃，但精神仍然是饱满的，"红色五月"在分区政治部的号召下，我们开展了学习、工作竞赛、文化课、政治课、支部会、小组会、唱歌游戏等一切的活动都干得紧张愉快，谁也没有因为吃不上饭而闹情绪。我们兵工厂不是一般军事机关，而且还是生产单位，它不仅要学习政治、文化，进行军事操练，而且还要挥动铁锤、锉刀等工具修枪、造子弹，完全空着肚子自然是过不去的，于是我们的领导人和党支部，在抓生产的同时，每天还得派出一部分人上山采集食物。

我们兵工厂都是青年人，困难还好克服，当时最困难的是红色医

---

① 指卢文卿，原为闽北军分区政治部主任，1935年2月重建独立师后，已改任师政委。

院，他们四五十个人大多数都是伤病员，为数不多的医生护士每日要照顾伤病员，很难抽出人手来采集野菜。因此，我们每天还可以吃上野菜“干饭”，而医院的同志们一天吃一二次野菜“稀饭”也不保险。阶级友爱的精神驱使我们的军工同志带着野菜去慰问红色医院的伤病员。领导上更是关心伤病员。有一天红二团从百里路外的邵武地区派人给司令部送来几斤米和十几斤牛肉，黄政委当即命令管理员将这些米和牛肉转送给伤病员。当时红色医院的政治委员熊家财同志，接到这些东西和黄政委的亲笔信后，立即向全体伤病员宣布。伤病员对领导上这种热爱战士，克己利人的精神，感动得流泪，并且一致要求熊政委马上派人把这点粮食和牛肉送还给首长。他们说：“首长这样关心我们，我们宁可饿死，也不离开革命队伍。”熊政委真的写了一封信给黄政委，告诉伤病员对首长的关怀表示感谢，把牛肉和粮食送了回去。可是送去不久，又见原人挑了回来。

虽然战士们表示有野菜吃，就能坚持斗争，但领导却不能叫大家长期吃野菜呀！因此同年 6 月初，司令部决定离开北坑，一天早晨我们接到了出发的命令，虽然雨下得很大，人们仍然非常高兴，都想离开北坑这个苦地方，转到一个环境可能会好些的新地区。走到半路上，就碰到前来护送我们的红二团，人多了，显得自己的力量更大了，同志们的情绪更加活跃了，年轻的同志们又不约而同地唱起“艰苦奋斗歌”，愉快地向前进发。

我们就这样依靠苦叶菜、糯米藤等野菜，在北坑坚持斗争一个月有余。

（四）

我们在寒霞岭通过封锁线没有成功，冒雨折回马家村，这里距离大安街只有 15 华里，群众虽好，但敌人封锁甚严，粮食早已成问题，不走是不行的，于是，司令部决定：司令部和教导队从大安源过江，兵工厂则由红二团护送往路口通过。

天下着毛毛雨，余政委那只破挂表，也无法告诉我们准确的时间，我们在丛林里转了一天，来到一个被反动派烧毁的村子里，团部下令在此处休息搞晚饭吃，如果要问粮食在哪里，厂长会告诉你在山上，在田里，在溪边，到处都有，大家去采吧！这是什么粮食呢？谷子？玉米？都不是，当然还是苦叶菜、糯米藤、水芋，叶之类的野草啊！

我正和大家在水沟边采野菜，前面来了一个头戴军帽的青年战士，近前一看原来是以前我们无线电报务训练班的同学余家年。他见我在采野菜，便问道："你们还有粮食吗？""多得很，漫山遍野都是，我们正在这里搞粮食呢！"我这样开玩笑似地答道。"哎！这草也能吃吗？"余家年疑问道。"哈哈，古话说得好，'饱了馒头也有骨，饿了野菜也无渣。'我们在北坑时已吃了很多了。"余家年见我这样说，一只手往干粮袋里摸，笑眯眯地说道："来，我送一点珍珠粉给您。"说着，从干粮袋掏出一包灰黄色的细粉，慷慨地装了一洋铁碗给我，我不知道这是什么粉，便用指头沾了一点尝尝味道，才知道这并不是什么珍珠粉，而是喂猪的米糠。可是在当时的情况下，就这一点米糠也来之不易啊！真是雪中送炭。只有在我们无产阶级的革命队伍中才会有这种阶级友爱和同志感情。我把这种米糠同野菜和在一起煮熟了之后，送了一点给厂长和政治委员，政委吃了后高兴地叫道："好吃！好吃！"

晚上，仍旧在下毛毛雨，天很黑，走路时每个人背上都系上一条白毛巾，让后面的人能看见目标往前走。每逢到过小桥、跨沟渠的地方，前面的人总是关心地一个传一个，提醒后面的同志当心。我们就这样摸了十多里，接近了路口敌人的碉堡。幸好找到当地一个老革命群众引路，他带着我们从一条灌溉农田的大水渠里通过路口封锁线，并迅速地穿过崇安到铁山的大路（那时还没有公路）。可是大路下面又是一条大河，河上的木桥已被敌人烧掉了，我们200余人都挤在河边，前面是激流汹涌的河水，背后就是万恶的敌人。在这个十分紧张的时刻里，团长亲自带头涉河，战士们一个个跟着下去，汹涌的洪水无情地冲击着我们无畏的战士，衣服裤子都被浸湿了，小鬼和女人显得很紧张，大人拉着小鬼，高的拉着矮的，一个拉着一个，几百个英勇的战士，团结在一起，终于战胜了河水的阻拦，冲破了敌人的封锁，到达了安全的彼岸。过了大河，爬上一座高山，团长传令大家就地休息。这时我们已感到身上有些冷，肚里有些饿了，我忽然记起来：昨晚煮的米糠野菜糊，还剩下半茶罐，决定把它拿出来吃，可是拿出茶罐来用筷子一搅，什么也没有了，这才明白当过河的时候已被河水冲洗去了，只好咽了几下口水，把空茶罐和筷子放进湿淋淋的干粮袋里去。

休息了一会儿，队伍继续前进，又走了一个多钟头，大约只有五六里路，前面的人就停住脚，有些身体瘦弱的人索性坐下来休息。我费神地探望前面，发现一堆黑影子，很像是一个小村子，我想大概会在这里休息了吧，果然不差，团部已传下命令：休息两小时，天将明即开拔。听了休息两小时，大家自然高兴起来，边走边想着，这回到了村子里，总能买到一些粮食吃了。可是，走进村子里一看，那些房子除了满屋子的腐气和一些破烂家俱外，其他什么东西也没有了，当然不要问粮食了。战士们见此情景，一个个都咬牙切齿地怨恨国民党反动派，强迫老根据地群众移民并村，使田地荒芜，村庄毁灭，害得我们吃不上粮食。吃饭的念头打消了，各班都分头找了一些烂板块，干树枝，烧起火堆来，一面把过河时浸湿的衣服烤干，一面用洋瓷脸盆烧盐开水喝。就这样把衣服烤干了，身子暖了，肚子也饱了，都静静地休息了一会儿。不久，团部和连队的短促的哨音，催促大家上路。爬了一山又一山，走了20多里，已经是上午9点多钟的时候了，深夜时喝了两碗开水的功效，早已随着几泡小便而消失了，肚子里又打“内战”了。我从管理员口里打听到再走十多里，在张山头休息搞中午饭吃，那里有几十户人家，可能买到一些米，吃餐饱饭没有问题。听到这个消息全身的劲都来了，巴不得一下子到达目的地，可是走不多远，前面响起了枪声。这是一个叫梭罗洋的地方，有一连白匪军在这里截击我们，先打起来的是这连白匪军放在后面阵地上的军事哨。我们的团长下令："冲过去，消灭他们！""同志们！冲呀！打垮敌人吃饱饭！"紧接着团政委这样鼓动战士。冲锋号吹响了，战士们咬紧牙，握紧枪，一个猛冲就打垮了敌人的军事哨（一班人），缴来五六支枪，抓到了几个俘虏兵，查清各方面敌情，团长即下命令乘胜冲到村子里，一个连的白匪军一下子就被我们英勇的红二团打垮了，这下又抓了十多个俘虏，缴了十多条枪。大家回到村子里，把敌人丢弃的白米饭和一大锅菜统统吃光了。"真是打垮敌人吃饱饭"了。一位肩上挂着驳壳的同志拍拍肚子高兴地说："嘿！今天真算是打得痛快，吃得痛快。"

吃过饭，队伍继续前进，又走了30多里，到达一个叫磨石坑的地方，这里也是苏维埃区域，虽然在前些日子群众已遭受过白匪军的严重摧残，财物被抢走了，牲口被宰杀了，有的房子被烧毁了，但他们并不因此而灰心动摇，相反地把自已家中的白米、青菜等食物送到我们队里来，司务长还在村里买了一头猪。近三个月来不仅没有吃过肉，连油也吃不上，这回可吃得痛快了，一个姓陈的炊事员结果拉肚子拉得半死。可把事务长、管理员急坏了。

我们在磨石坑休息了一天半，被打垮的白匪军又搬来了救兵，增加了兵力向我们举行新的进攻，于是又打了一仗，从下午1时打到下午5时，我们兵工厂的厂长、政委带领我们几十人从左面树林子里撤退了。但红二团的指战员还在那里与敌对阵，一直打到天快黑，才从与我们相反的方向撤退，把敌人引走。我们兵工厂安全地撤到龙洞门的山里隐蔽下来，继续修枪、造子弹。

（五）

在一个严寒的冬天，白雪覆盖着千山万壑的闽北山区，小鸟躲在窝里，毒蛇藏进洞里，国民党兵呢？他们缩在碉堡里。

尽管这样天寒地冻，尽管敌人重重封锁，而顽强不屈的红军游击队还在雪地行军呢！这是1936年春天的事情。

当时我还在闽北红军兵工厂工作。这是一个修枪、造弹药的工厂，而且又是一支坚强的战斗队伍，有厂长还有队兵，厂里的工人同是队里的战士，能做工，能打仗，还会联系群众。

在一个昏暗的下午，厂长正和工人们一起弯着腰忙于修枪、造子弹，突然哨位上传来枪声，我们立刻收拾了各人所用的简单工具，由运输员先挑走，工人立刻变成了战士，跑上阵地抗击敌人，掩护运输员、炊事员、女工等非战斗人员撤退，最后他们自己从森林里撇开敌人，找到了自己的队伍。可是这时我们已发觉我们和广浦游击司令部失去联络了，真糟糕！初到此处，人地两生，天又黑了，肚又饥，路道不熟，方向辨别不清。在这种情况下，厂长和政委内心很着急，然而为了安定队伍的情绪，却表现出安然无事的样子安慰大家说："同志们，别着急，我们已经甩开了敌人，全体能安全撤出，这就是胜利，失去了联络，明日会找着的，今晚就在这树林子里过宿，天亮再作道理……"各班都找地方住下了，但是并没有人躺下，因为地上铺满了半尺厚的积雪，树上也挂满了雪，大家放下背包垫坐着，四五人挤在一起，背靠背，互相倚靠，撑伞蔽风，呵气取暖。但不管怎样，在这漫长的寒夜是够受的，特别是那双踏在雪里的脚，使你在梦中也觉得冷呢！冷，就使你睡不着，越睡不着越是觉得夜长。终于盼到了天亮，可是肚子更加饿了，但是并没有人问：几点钟吃早饭？因为大家都知道根本没有一粒贮备粮。厂长、政委一方面派了两个机警灵活的侦察员出外去做群众工作和侦察敌情，然后带头去找野菜。

我们虽然来到了一个陌生的地方，但是这里也是刚被反革命军队摧残过的苏维埃区域，群众虽然不认识我们，但对于共产党、红军却十分熟悉，当他们识别出我们是真正共产党领导的红军时，亲切地拉着同志们的手，一阵高兴之后，便诉开反动派军队进占苏区后到处杀人放火，搞得鸡犬不宁的苦处。我们抓住了当地群众对国民党反动派、土豪劣绅仇恨的情绪，进一步激发群众的斗志。其中有一位50来岁的大伯，对我们恳切地说："队长，你们放心，我们小梅源这个地方虽然被敌人占为据点，但我们村里的群众大多数人都是白皮红心的，我们的心永远是向革命的，保甲长、白匪军和土碉堡是锁不住我们的心的，你们需要吃的、用的，我们会想办法给你们送来。"他们这样说，也确实这样做了，在他们的帮助下，在这里住了好些日子。

但是，我们是一支失去上级联系的队伍，我们很想念上级领导机关，上级领导机关广浦县委和县游击司令部更是挂念我们，他们派了侦察员四处寻找我们。一天，两个机警勇敢的侦察员身穿便衣，内藏短枪、手榴弹，根据他们的分析判断，估计我们退往的方向，一路寻找到小梅源方向来了。这天上午，他们二人刚刚打从北山小径走近大丰口通往小梅源的大路口，突然听见许多人讲话，他们藏到一丛芦苇后面，看清了在许多挑担的人后面，有扛枪的白匪军，以为只不过是三两个押解民夫的"民团狗"罢了。于是，他们临机应变，立即从腰间取出两颗闽北红色兵工厂制造的马尾炸弹，拔去保险，看准敌人使劲扔过去，"轰，轰"两声，一位广丰佬的侦察员，虚张声势地大声喊叫道："二营从左翼杀下去，不要打枪，抓活的！"敌人听见叫"二营"，不知我们有多少兵力，以为是中了我们的埋伏，于是一枪也未抵抗，像挨过打的狗一样，夹着尾巴逃命去了，前面的直往前窜，后面的扭转屁股向后逃。这时，那些被抓来挑担的民夫，虽然被手榴弹声吓了一跳，但见到他们的压迫者——白匪军受到红军的惩罚，自己得到了自由，便跑回家去了。我们的两位侦察员各人扛了一袋面粉，继续去完成寻找闽北兵工厂的任务。而那些被冲散的敌人（后来群众告诉我们是一个连）他们逃出五里之外，再也没听到枪声。于是再畏畏缩缩回到挨打地点，摆在他们面前的只有一具白匪尸体和一个呻吟着的伤兵，只好懊丧地抬着伤兵，扛着面粉，狼狈不堪地回到大丰口去了。

第二天，两个侦察员来到小梅源，随那位“白皮红心”的李大伯，来到我们厂里。他们二人一进门，见了厂长、政委便高声地说道：“余政委！这些日子，我们吕司令员、吴政委真挂念你们呀！今天总算是找到了。”我们见了司令部派来的侦察员就如同找到了上级。连忙把早上吃的玉米糊端来招待他们，那广丰佬的侦察员见玉米糊便想起了洋面粉，忙对厂长、政委说道：“你们太艰苦了，我们还背来两袋洋面粉，给同志们开开荤吧。”便把缴面粉的详细经过，一一向厂长、政委做了汇报。

大家听了，都拍手称赞他们，厂长拍拍他们的肩膀说道：“好小伙子，你们比三国时的赵子龙还勇敢呢！”

（六）

1936 年“五一”节这天，我很早起床洗涮，又吃了两碗热乎乎的野菜稀饭，太阳已经照入房门，我掏出那只丢了秒针的破怀表瞧了瞧，6 时半了，兵工厂的政委见到我便说：“时间不早了，去分区政治部参加纪念会的人该走了！”于是我和青年干事何宝、团员小陈、小孙四人，背上干粮袋出发。这是一条沿溪的崎岖小道，沿途傍依巍峨高山，到处都是松、杉、杂木，登上山顶放眼四望，眼底犹如绿色海洋，就是我们这些常年在山区坚持斗争的游击队员，此时也觉得风景优美，赏心悦目。

当我们走近政治部住处，便看见政治部的卢主任站在门前，身披一件破旧的灰布夹衣，左手插在裤袋里，右手搭在一位满脸笑容的战士肩上，在亲切地谈天。我们走上前去，叫一声“卢主任”，随即向他行了一个举手礼。卢主任也亲切地向我们招手，一面吩咐警卫员给我们倒茶，一面向我们问寒问暖。话还没说完，就听见一阵哨音，值日班长叫唤大家吃中饭了。政治部党总支书记老陈拍了一下我的肩膀说：“快去吃饭，中午是会餐！”他还风趣地说，“见官莫向前，做客莫后退，慢吞吞的只好喝菜汤了！”

饭厅里的饭桌是毛竹做的，桌面摆满了竹制的碗盛满了香气扑鼻的山珍野味：红菰、木耳、金竹笋、老鼠干、螃蟹、山鸡、坑蛙等等，最合我口味的是金竹笋炒老鼠干，又辣又香；还有红菰炖坑蛙，营养丰富，味道鲜美。这些美味佳肴，没花半分钱，全是同志们亲手劳动所得。有的饭桌还在猜拳喝“酒”呢！哪来的酒呢？原来是白开水，真是“人情好，吃水饱”啊！

下午召开纪念大会，军分区政委、分区委书记黄道在会上作政治报告，讲了国内外形势和我们当前的任务，给全体游击队员以莫大的鼓舞。然后政治部卢主任讲话，他号召大家好好学习黄政委的政治报告，提高自己的政治水平和阶级觉悟。

卢主任正在作报告，负责警戒的队长王矮子便匆匆走进来向司令员吴先喜、黄政委耳边咕噜几句，黄政委点点头，随后走近卢主任低声讲几句，卢主任很快结束讲话，吴司令走向台前，严肃、冷静地向大家大声说：“同志们，刚才瞭望哨来报告，大约有一个营的敌人来到山下，大概又给我们送武器弹药来了。现在休会，所有战斗人员立即跟我上阵地，非战斗人员也马上撤到左翼山头去。”

吴司令带领教导队和警卫队上了阵地，战士们子弹上膛刺刀上枪，手榴弹揭盖，要打个大胜仗来庆祝“五一”国际劳动节，可是等待许久，还不见敌人上来，正当大家猜疑时，瞭望哨向司令员报告，敌人向大松源方向的大路去了。吴司令员笑道："老子恭候你大半天，就这么不打声招呼走了，真是岂有此理！"

晚饭后，在露天草坪上搭好临时戏台，有人用各色各样的被单毛毯挂成一道道帷幕，台前竖起两根一丈多高用毛竹、油柴扎成的"冲天火把"，虽然还未演出，急性子的人早给点燃了，把一个夜幕笼罩的山谷，照耀出一片光明。我们各用自己的背包作垫，在台下有秩序地盘膝而坐，演出开始前，各单位的"啦啦队"互相拉歌，愈拉愈起劲，歌声、笑声、喊声响成一片，全场充溢着欢欣鼓舞的欢乐情绪。

在一阵阵暴风雨般掌声催促下，一声哨响，台前的布幕拉开了。演出开始了：一个须发苍白的老人，弯着腰在起劲地磨铁棍。这就是战士们根据"铁杵磨成针"的故事自编自演的独幕戏。指导员走向台前向观众解说："同志们，大家看那位老人用大铁棍磨绣花针，他的意志多么坚强呀！决心多么大呀！我们革命者的决心和意志应该比这老人更坚强，冲破一切困难，为无产阶级革命事业奋斗到底！"又一声哨响，布幕又拉开了，一只纸糊的大乌龟壳，里面躲着几个白军，不时探出头来瞎打几枪，红军和工人农民联合起来打碎了乌龟壳，胜利了，手拉手唱起了歌："共产党领导真正好，工农群众拥护真正多；红军打仗真不错，粉碎了国民党的乌龟壳。我们真快乐，我们真快乐！"

同志们正聚精会神看演出，突然间雷声大作，乌云密布，演出还在继续进行。但雷声越来越大，一道道闪电划破漆黑的夜空，不久倾盆大雨从天而降，指导员只得宣布晚会结束。大家都感到扫兴，有的战士对天骂道："你这反动的天，我枪毙了你！"指导员笑着说："别恨天，天是大自然，没有阶级性，害苦了我们的是土豪劣绅、国民党反动派，等打倒了他们，那时坐在大剧院里，就不怕它下暴雨了。"

第二天是一个晴朗好天，勤劳的运输员老江已经在打扫昨夜暴风雨打下的残花落叶，那位老古板的何医生，托起老花眼镜正瞧雨后景色喃喃吟唐诗："春眠不觉晓，处处闻啼鸟；夜来风雨声，花落知多少。"

上午是政治部举行直属机关演讲比赛，演讲的题目是：国际劳动节的意义和我们的当前任务。题目虽然大，但各单位都早已普遍学过，所以都讲得不错。下午举行政治测验，3时许结束。我们四人看时间还早，即向总支书告辞，动身返回。走呀走，已经是傍晚了还没走到，这时却下了一阵小雨，眼看快天黑了，不由得加快步伐，坡陡路滑，摔倒了爬起来再跑。离驻地还差五里路时，天完全黑了，雨下得更大了，四个人便钻进了一个石岩洞里。可惜这场雨没完没了，山区的气温低，于是四人紧紧靠在一起，相互温暖，不知不觉就睡着了。挨到天亮，雨也停了，四人高高兴兴地动身，想赶回驻地吃早饭。

选自《南方三年游击战争·闽北游击区》，第324—339页。

王文波，1917年生，江西铅山人。1931年加入中国共产主义青年团，1933年参加中国工农红军，同年转为中国共产党党员。南方三年游击战争时，任闽北游击区无线电队队员、无线电队党支部青年委员，闽北红军兵工厂文书，闽北红军医院后方医疗所主任，闽北军分区司令部机关指导员，中共邵光特区区委书记兼特区挺进队政治委员等。新中国成立后，曾任中共南平地委书记、南平军分区政治委员、南平行署专员等职。1965年逝世。

石塘整编

饶守坤

七七事变的炮声，拉开了全面抗日战争的序幕。以中国共产党积极倡导的国共两党为基础的抗日民族统一战线于8月正式形成，红军主力改编为国民革命军第八路军，迅即东渡黄河，挥师华北，英勇地抗击日寇；全国抗日救亡运动风起云涌，震撼山岳。

这时，长时期失去党中央指示，被国民党十万大军重重包围封锁在闽北崇山峻岭中、坚持三年游击战争的闽赣省委和红军游击队，通过从战斗中缴获的敌伪报纸的字里行间，透过深山密林看到国民党围山主力部队的纷纷撤退，敏锐地察觉到形势在急剧变化，伟大的历史转折即将到来，便以民族大义为重，尽弃前嫌，挑起抗日救国的重担，于8月下旬以闽赣省抗日军政委员会的名义，通过国民党邵武专员公署致函南京国民政府，提出合作抗日的具体意见。又于9月20日，派蔡诗山专函国民党江西省主席熊式辉，再次提出合作抗日的三点主张，强调指出："目前抗日战争日见紧张，一切抗日力量的大团结自当刻不容缓。"希望熊式辉派代表前来谈判，并明确表明："在谈判未确定之前，我们当令所属部队首先停止军事行动，停止打土豪。"同时，积极寻求与党中央的联系。

9月24日，黄道书记从国民党报纸上看到了叶剑英同志代表八路军在南京设立办事处的消息，便与曾镜冰致书叶剑英，就闽赣国共合作抗日问题请求指示。至此，和中央中断了三年之久的联系得以恢复。

经过闽赣省委的不懈努力，终于在9月底促成了与国民党江西当局的国共合作谈判，谈判在光泽大洲举行。我方代表：黄知真、邱子明。国民党方面代表：周中诚、高楚衡。

谈判中，我方代表始终坚持在民族统一战线中独立自主的原则，灵活运用“有理、有利、有节”的斗争艺术，用革命的两手对付反革命的两手，彻底粉碎了敌人妄图利用和谈收编和消灭我红军游击队的阴谋，终于达成了停止内战、一致抗日的协议。

大洲谈判后，国民党军在邵武一带仍继续向我游击队进攻。闽赣省委为粉碎敌人的阴谋，以促进国共和谈，指示饶守坤、王助、马长炎、左丰美率部进行自卫反击。10月14日一昼夜内三战三捷，连续拔除邵武二都桥、建阳响古村和杜潭村三个据点，消灭顽军两个连。我军的连续反击，沉重地打击了敌人的嚣张气焰，迫使敌人老老实实地接受停战协议,局势趋于稳定。闽赣省委抓住有利时机,迅即指示下辖的建松政、资光贵、邵顺建等游击区与国民党地方当局进行谈判。

10月上旬，闽赣省委派曾昭铭赴南昌，向项英、陈毅同志汇报谈判情况。项英同志说：国共两党已达成协议，南方八省红军游击队改编为新四军。中央派新四军参谋长张云逸等人已到福州，与国民党福建当局交涉福建红军游击队改编等问题。他们暂时停止行动，部队集中准备改编为闽赣边抗日义勇军，其余一切问题由我和国民党江西省政府接洽解决。

闽赣省委根据项英指示,立即通知各游击区,扩充队伍,前来集中。集中地点原拟在崇安大安，但由于崇安至分水关一带的国民党驻军迟迟不肯撤退，为避免误会，又暂定在浆溪。10月中旬，闽赣省委由猪母岗下山，移到崇安长涧源的村头。

10月下旬，接到省委指示的邱有贵率领建阳独立营百余人，王文波率领邵武游击队百余人，抵达浆溪停留。闽北分区委也到达了长涧源。这时，八路军南京办事处顾玉良参谋来到长涧源，向黄道书记传达中央关于红军游击队谈判下山的指示。当得知闽北的工作早行一步时，便取道福州到闽东去了。

为了稳妥地解决部队安全集中地点问题。黄道、曾镜冰等先后八次致信国民党崇安县长蒋伯雄，要求他转达我方意见，请国民党福建当局下令撤退崇安至分水关一带的驻军，以便于我部队下山集中。但国民党地方当局一再寻找借口推托。后在我方一再交涉下，国民党江西省当局才同意撤退铅山县所属石塘、紫溪、杨村、车盘一带的驻军和民团。闽北红军集中地点才定在石塘。

石塘镇是江西省铅山县的一个市镇，也是闽北老苏区中的一个重要集镇，镇上有 1000 多户人家。它南靠武夷山、北临信江和浙赣铁路，水陆交通甚为方便。这里物产极为丰富，尤其是关山纸爽滑柔软，是文房四宝中的佳品，甚得文人墨客的喜爱。还有纸伞也很出名，当地有“陈坊的连史，石塘的伞”的说法。但由于国民党军队的“清剿”破坏，市面却显得格外的萧条、冷清。

从 10 月下旬到 12 月中旬的这段时间内，坚持战斗在闽赣大山中的各路红军游击队，陆续下山赴石塘集中的共 700 多人，其中始终坚持三年游击战争的仅 200 多人。黄道同志给这些中华民族的精英发了一枚银质的“闽浙赣边区坚持斗争纪念章”。队伍一片沉寂，一双双枯瘦的大手紧捧着这枚纪念章，一双双深凹的眼睛紧盯着这枚纪念章，突然，“哇”的一声刺耳的尖叫打破了这死寂的沉静，一个战士号啕大哭起来，瘦削的双肩剧烈地抽搐着。大家围上来，黄道同志摆摆手示意：“让他哭吧，他心里难受。”是呀，这三年来是多么的不易呀！失去了党中央的联系，像孤儿样游荡在深山的密林中，国民党的“清剿”追杀，饥饿、寒冷、伤痛、死亡，都一一地嵌印在大家脑海里、心灵上。多少崇敬的领导面容消失了，多少日夜相处的战友不见了，5000 人的队伍仅仅剩下这点人，怎能不令人痛心呢！

大家睹物生情，无言的泪水顺着脸颊无声地流淌。这时，号啕大哭的战士挺起身，仰望着天空说：“国民党和我们打了十年内战，‘五角星’同‘十二角星’斗了十多年，国民党天天嚷要消灭红军，我们也天天喊打倒国民党，可今天却和他合作，这是为什么？”

顿时，队伍像捅了一棍的马蜂窝，纷纷议论起来：“国共合作、国共合作，国民党杀了我们多少人，我们牺牲了多少红军干部战士，怎能和他合作？”

“就是，这几年的仗不是白打了吗，罪不是白受了吗？与国民党合作，岂不太便宜他们了！”

“国民党与我们水火不相容，能和我们真心实意合作抗日吗？”

大家七嘴八舌地嚷嚷着。原来下山时尚未解决好的疙疙瘩瘩又冒了出来。显然，不首先解决思想问题，就不可能把我们队伍内部的认识统一到抗日民族统一战线上来，就不可能搞好整编，以新的姿态奔赴抗日前线。

黄道书记语重心长地说：“同志们，大家的心情可以理解，当初省委机关的同志转弯也是经过了一番思想斗争。过去，我们同国民党打仗，建立红色的苏维埃政权，代表的是劳动人民的利益，所以，大家不怕吃苦，不怕受罪，也不怕流血牺牲。为什么呢？因为心里的目的明确，就是要推翻国民党的黑暗统治，解救全国的劳苦大众。现在，我们要同日本帝国主义打仗，这是代表全国人民的利益。为了民族的生存，我们要舍弃一切阶级恩怨，舍弃与国民党反动派的阶级之仇，联合一切可以联合的力量，共同抗日，才能早日驱逐日军出中国。这是我们全民族的共同利益，也是我们共产党人、红军的任务所在。我们要挑起抗日救国的重担，对国民党，我们是既团结又斗争，在斗争中求团结，这需要我们既要有诚意，又要有策略，才能发展和壮大我们自己。请大家想一想，首先我们的这些干部要好好想一想，搞通思想这是我们整编的基础，是第一仗。要打好这一仗，才能顺利地搞好其他的工作。否则，我们的整编就会失败，部队就开不到前线去，前期的工作就要付之东流。”

黄书记的话激荡着每个人的心胸，每个人都慢慢咀嚼着、回味着——伟大历史转折时期的阵痛。

为了搞通思想，打牢整编基础，我们迅即召开了干部会议。会上黄道同志组织大家学习中央在 1935 年发表的“八一宣言”和 1936 年 9 月作出的《为抗日救亡运动的新形势与民主共和国的决议》等文件，又引用列宁有关“革命的妥协”、“以退为进”等理论，提高大家对抗日统一战线的正确认识。黄道书记代表省委强调了部队集中后必须立即着手的工作，要深入到农村，大力宣传国共合作，抗日救亡，要使人民群众对目前党的政策和红军的做法有一个全面的理解：要进一步地扩大抗日队伍；部队要“独立自主靠山扎”，防止国民党军队的暗算；抓部队的整训，做好开赴前线的一切准备。

部队集中石塘，我们对国民党军队格外警惕，分别对铅山、玉山、上饶、广丰等方向派出侦察员，密切注视他们的动向。起初，铅山、玉山、上饶、广丰等地的国民党军队调动频繁，铅山国民党保安团长扬言要打，要消灭红军。我们感到石塘镇的地形不利，便将部队拉到石塘的河对岸，依山傍水驻扎，石塘只放了一个排的兵力。

不久，国民党江西省保安司令部少校营长点验员来石塘点验部队。我们又将部队拉到石塘。

在石塘，国民党铅山县政府刁难我们，在粮食上卡我们。黄道书记和我前去同他们交涉，他们阴阳怪气地说：“红军和老百姓亲如一家人，你们可以到老百姓那里去讨么。”我怒不可遏，喝道：“你们口口声声联合抗日，给养物资全部供给，可现在却连一点粮食都不拿出来，你们的诚意何在？好吧，不给也罢，我们会有办法的。要是有什么后果的话，可别怪我们了。”铅山县政府害怕我们再去打土豪，便乖乖地给了粮食。

为了担负拯救中华民族的重任，部队进行了紧急动员，迅速组织部队、干部四处下乡，宣传抗日，宣传国共合作，动员青壮年参加抗日队伍。起初，群众看到我们非常高兴，七拉八扯地让到家里坐，喝茶吃饭，但当谈到国共合作时，群众便沉下脸来，表示不理解。一天，在一山坳里，我们的战士遇到一个打柴的小伙子，动员他参军，他满口答应，但又说："回家和我妈妈说说。"便拉着战士回家和他妈说起参军的事。

老大娘叹了一口气说："这些年，国民党害苦了红军，也害苦了老百姓，你说合伙的事，是不是队伍里出了奸臣，怎么会跟他们合伙呢？"

"老大娘，不是合伙，是合作，一起打日本鬼子。日本鬼子来了，所有的中国人都联合起来，这样力量才大。我们共产党队伍里没出奸臣，这是策略。"

"理是直的，可情不通呵。"

"老大娘，你会通的，参军的事，你同意吧？"

老大娘怔怔地望着灶里的火苗，慢慢地说："我有三个儿子。五年前，大儿子参加红军走了，现在哪，不知死活；二儿子前年逃丁，在山前被国民党打死了。就这么个伢仔在我跟前了，我要有个闪失，也好给我送终。孩子他爹死的早，我孤儿寡母……"

战士再也听不下去了，便悄悄抽身出来。忽听屋里的老大娘问："伢仔，参军，你愿去吗？"没有答话，只听得"当"的一声，像是赌气摔了什么东西。

"你要愿去，就去吧。打日本，众人拾柴火焰高呵。"

战士拉着伢仔来到部队，向我说起这一段时，我的心久久不能平静。

这就是闽北的人民，这就是山里的乡亲！十年内战，他们付出了多大的代价呵！民族危亡，他们又奉献出了唯一的骨肉。精神是何等高尚，胸怀是何等的宽广呵！巍峨的武夷之所以能支撑起祖国东南半壁江山，就是由于这里的人民呵！

由于这一带是老苏区，一经发动，即掀起了参军热潮，青壮年纷纷报名参军。崇安岚头村只有 30 户人家，就有 20 多名青壮年参军。铅山、上饶、横峰、广丰一带许多青壮年跑到石塘参军，三年游击战争中负伤失散的红军战士也积极归队。队伍发展得很快，迅猛扩展到 1300 多人。武器不够，我们组织人员上山，把当年打游击时埋藏的枪支挖出来，共挖出四挺机枪、十挺轻机枪、两门八二迫击炮、一部分步枪。这些枪械经修械所修理好后发给大家，但仍不够用，又赶制了大刀和梭镖。

这期间，从上海来了一批青年学生，有的西装革履，有的旗袍长衫，他们呼吸着苏区的新鲜空气，整天呜哩哇啦，嘻嘻哈哈。我们根据他们的特点，组织成立了巡回歌咏队、抗战剧团、演讲团，上街头，入深巷，大力开展抗日救亡宣传运动。

这时的石塘和周围的农村沸腾了，到处是醒目的标语，到处是欢乐的人群，大街上人来人往，欢声笑语，夹杂着部队训练的喊杀声，洋溢着一派抗日救国的热烈气氛。

12 月，闽北红军游击队统一改为闽赣边区抗日义勇军第三支队。为了做好奔赴抗日前线的准备工作，我们遵照省委指示抓紧了提高部队的军事素质和增强杀敌本领的训练，这期间，我们还组织了政治培训、军事演习和抗日游行示威等活动。

这时，天寒地冻，部队没有棉衣，国民党刁难我们，拒不发放棉衣，经反复交涉才答应，由刘文学同志和国民党少校点验员一起去南昌国民党江西省保安司令部，按照 1300 多人的花名册办理了领棉衣的手续。棉衣由南昌用火车运到横峰，再用汽车运到铅山后转石塘。

1938 年 1 月下旬，战士穿上了棉衣。在发棉衣时，还发了国民党的帽徽。干部战士对此特别反感，纷纷表示继续戴红五星，不要国民党帽徽。为此，部队召开连以上干部会议，统一思想，反复强调我们戴国民党的帽徽，是抗日的需要，是统一战线的需要，是为了挽救中华民族的危亡。虽然我们部队改编了，但我们红军为革命的宗旨没有变，是外白内红。战士们这才恋恋不舍地将红五星摘下来，珍藏在身边。后来，我们左臂上戴上了“新四军”的臂章。

春节前夕，新四军第三支队司令员张云逸由南昌来石塘筹建三支队机构，抽调了部分干部到支队司政机关工作。孙克骥被调到支队政治部任宣传教育科长。张云逸同志还代表新四军军部向坚持三年游击战争的闽北党和红军表示敬意，并发表了热情洋溢的讲话。鼓励大家保持和发扬红军的优良传统，北上打击日本侵略者。

1 月 30 日，我们在石塘迎来了中国人民的传统节日——春节。大家齐集一堂，观看了“七七”剧团、抗敌剧团演出的《放下你的鞭子》等节目，热热闹闹地过了一个春节。2 月 9 日，在一所学校里举行了五团营以上干部就职仪式。会议由张云逸同志主持，黄道受中共东南分局委托，宣布了新四军军部命令，闽赣边区红军游击队改编为“国民革命军新编第四军第三支队第五团”。五团的序列是：

团队长：饶守坤

副团队长：曾昭铭

参谋长：杨元三

政治处主任：刘文学

组织股长：王荣森

宣传股长：余光茂

宣传队长：谢忠厚

锄奸股长：游生贵

副官主任：曾水元

供给处长：吴德初

团部指导员：黄瑛

卫生队长：曾国生

卫生副队长：林昌洋

一营营长：严昌荣

副营长：桂蓬洲

二营营长：陈仁洪

副营长：马长炎

三营营长：周汝春

副营长：阙中一

由于国民党的反对，部队里不设政工干部，但我们内部实际上仍实行政委和教导员制，副团长就是团政委，副营长就是营教导员。

新四军第五团的一营以闽东北分区的红军游击队为主编成；二营由刘文学、谢忠厚、陈仁洪所带的原四纵队一支队的同志和马长炎所带的六纵队一部分同志编成；三营以闽赣省委机关直属队和崇安、建阳游击队的同志编成；机炮连主要由闽赣省委的警卫连组成（未赶上石塘整编的钟大湖率领的 100 多人赶到皖南归五团建制）。全团共 1500 余人，武器装备有重机枪四挺、迫击炮二门、轻机枪十多挺、花机关枪三挺、驳壳枪 90 多支、步枪 700 多支，余为大刀和梭镖。

宣布命令之后，传达了毛泽东同志 1937 年 12 月 13 日在党中央政治局会议上题为《关于南方各游击区的工作成果的决议》的讲话："南方各游击区的同志，在主力红军离开南方后，在极其艰苦的条件下，长期坚持了英勇的游击战争，基本上正确地执行了党的路线，完成了党所给予的任务，以至能够保存各游击区，在今天成为中国人民反日抗战的重要支点，使各游击队成为今天最好的抗日军队之一部，这是中国人民一个极可贵的胜利。""这是我们和国民党十年血战的结果的一部分，是抗日民族革命战争在南方各省的故略支点"。大家听着毛主席这些高度评价的话语，热情洋溢的鼓励，无不激动万分，热血沸腾。

接着黄道同志代表闽赣省委作了发言。他首先分析了国内外形势，又对闽北三年游击战争做了系统的总结。他说：三年来，我们失去党中央联系，失去中央苏区和赣东北根据地的情况下，以武夷山为依托，在群众支持下独立支撑，顽强战斗，前仆后继，战胜了十万敌人长期的残酷"围剿"，战胜了许多意想不到的困难，吃了许多没有吃过的苦，受了许多没有受过的罪，从而保持了革命阵地，保持了革命武装，保持了革命组织，迎来了今天的历史转折。三年来，究竟是什么原因使我们能够顽强坚持下来，并取得胜利？我认为，首先我们有一个坚强的党的领导核心，不论我们遇到任何困难，我们都能够按照党的基本原则和基本要求去制定策略，去开展斗争，战胜困难。其次是我们紧紧发动和依靠了人民群众，我们为群众的利益去战斗，去牺牲。再就是我们有一批党性强、革命坚决的干部，再大的挫折摧不垮我们，再大的困难吓不住我们。第四，我们有一支战斗力很强的红军队伍，并采用了适合闽赣边区游击战争的作战方法和作战原则，运用了灵活多变的战略战术。

最后，黄道同志特别提到了闽北肃反扩大化，他流着眼泪，心情沉痛地说："我们应该相信党的领导是正确的，因为没有这个正确领导，就谈不上今天这个胜利局面。但是，肃反扩大化使闽北党的组织和红军力量受到削弱，伤害了一部分同志的感情，影响了革命队伍内部以及党群之间的团结，这是一个不可弥补的损失。……"黄道同志代表省委承担了肃反扩大化的责任，对受处分的同志表示歉意，并宣布撤销对他们的处分，希望这些同志解除思想包袱，愉快地走向抗日战场。

会后，张云逸同志便带着王助、孙克骥等一行五人，离开石塘去闽东主持六团整编了。

五团整编后，迅速投入了开赴前线的准备工作。

1938 年 2 月 25 日，新四军五团北上抗日誓师大会在石塘河滩上召开。指战员们排着整齐的队伍，唱着《义勇军进行曲》，雄赳赳地走进会场。整个会场上人山人海，鞭炮齐鸣，锣鼓喧天。

我激动地登上讲台向闽北乡亲告别："同志们，父老兄弟姐妹们，几个月来，我们在各界朋友和父老乡亲们的支持下，完成了部队的整编。今天我们就要离开这里，开赴抗日前线了，我们一定狠狠地打击日本侵略者，驱逐日军出中国。不打倒日本侵略者，我们决不回来见家乡的父老兄弟姐妹们！"会后，杨元三参谋长宣布："部队出发！"

会场上又响起了震天的锣鼓声和鞭炮声，四乡赶来欢送的群众拥在街道两旁，人声鼎沸，口号此起彼伏。许多老人和妇女含着热泪，端着茶水，拿着鸡蛋，硬往战士们的手里塞:“再喝一口吧，家乡的水……”

我率领着部队迎着亲人们热切的眼光，告别了家乡，告别了亲人，踏上奔赴抗日前线的征途。

五团开拔了，但闽北的革命斗争并没有结束。根据中共中央东南分局的决定，撤销了闽赣省委，黄道调任东南分局宣传部长兼新四军驻南昌办事处主任，成立了以曾镜冰为书记的闽浙赣特委，下辖建松政和邵武两个中心县委及崇安、浦城、建阳、光泽、上饶、铅山、顺阳七个县委，留下一批有斗争经验的干部如王助、汪林兴、左丰美等同志，继续领导闽北的革命斗争。

写于 1987 年

选自《南方三年游击战争·闽北游击区》，第376—384页。

饶守坤，1915 年生，江西德兴人。1931 年加入中国共产主义青年团，1932 年参加中国工农红军，1933 年转为中国共产党党员。南方三年游击战争时，任闽北独立师第二团六连连长、第二团团长，闽东北军分区司令员。新中国成立后，华东军区海军第七舰队司令员、吴淞要塞区司令员、淞沪基地司令员，海军东海舰队副司令员、代司令员，北海舰队司令员，济南军区司令员，中共中央顾问委员会委员等职。1955 年被授予中将军衔。1996 年在济南逝世。

六、闽东游击区

坚持闽东三年游击战争（节选）①

叶飞

1932 年下半年，中共福州中心市委派我到闽东地区巡视工作。以后，从 1933 年到 1937 年，我一直在闽东进行革命斗争，其中包括闽东三年游击战争。至 1938 年率中国工农红军闽东独立师北上抗日，才离开了这块我战斗了五年的土地。

闽东地区地处福建省东北部，包括福安、霞浦、宁德、福鼎、寿宁、周宁、柘荣、连江、罗源等县，以后又发展到古田、屏南等地。境内多山，太姥山、白云山、鹫峰山绵亘其间。海岸线长达 973 公里，有著名的三都澳、福宁湾、罗源湾等港口，海域辽阔。北邻浙江省，具备利用两省边界山地进行红色割据的条件。

闽东苏区是在农民运动的基础上发展起来的。早在大革命时期和土地革命战争初期，闽东一些在北京、上海和福州念书时入党的青年学生，先后回到闽东地区开展党的工作和农民运动。1930 年后开始建立小型武装，开展游击战争。1934 年 2 月，闽东苏维埃政府成立，闽东苏区形成。1935 年 1 月，国民党军对闽东大举进攻，苏区大部被敌占领。从此，转入了艰苦的游击战争。

从 1934 年起到 1937 年长达四年之久，闽东失去了与党中央的联

① 本文经作者同意作了若干删节和修订。

系，闽东特委独立领导闽东军民坚持斗争。1934 年冬，闽东特委曾派时任书记的苏达同志赴上海中央局联系，但他一去未回，杳无音讯。因此，我们与中央的关系没有接上。

中国工农红军闽东独立师成立

1934 年春，“闽变”失败后，国民党反动派腾出手来，以八十四师、新十师和省保安队，从福州压向闽东苏区进攻我霞浦、陈墩、洋中、青皎等根据地，围攻我活动于宁德、官岭、龟山的地方游击队。但当时蒋介石正集中兵力对中央苏区进行第五次“围剿”，对闽东苏区的压力还不算大。我闽东独立第二团配合当地武装，进行多次奇袭伏击，击退保安队的进攻，横扫反动的大刀会，巩固了赛溪河以东的基本地区，开辟了鼎（福鼎）平（浙江平阳）地区，闽东苏区的斗争形势继续发展。

8 月，红军北上抗日先遣队逼近福州北郊的大、小北岭，袭击城郊王庄机场，威逼福州，经过一昼夜的强攻，占领了敌军一些阵地和城西关的主要街道，但未能攻克福州，遂向闽东转移。

抗日先遣队进入闽东地区后，在连江独立十三团配合下，打开罗源县城，继续北趋宁德。我带闽东独立二团赶到赤溪，与他们胜利会师。在军团部，见到中央代表曾洪易（后叛变），并会见了军团长寻淮洲、政治委员乐少华、参谋长粟裕、政治部主任刘英等同志。他们听取我们汇报闽东情况后表示赞许，并向我们提出：闽东的党政工作已有统一领导，应该建立一支主力。我问他们有什么困难需要我们帮助解决时，寻淮洲同志告诉我们：离开根据地，长途跋涉转战千里，兵员补充缺乏来源，伤病员也无法安置，确有很大困难。的确，红七军团（即北上抗日先遣队）到达闽东根据地时，很使我们奇怪：枪多兵少，有一人背两支枪的，有民工挑着枪支的。我便主动问道：“你们要不要补充新兵？”

寻淮洲同志颇为吃惊地问我："你们有办法吗？"我说："别的办法没有。苏区嘛，群众起来了嘛，这个行。你们要补多少新兵？"寻淮洲同志考虑了一下问："300 行不行？"我说："行，你们是有枪没有人，不像我们是有人没有枪。"寻淮洲同志又考虑一下问道："500 行不行？最好能有 1000，能不能在三天之内动员好送到部队？"我说："行，不要说 1000，3000 也行。就是时间要长一点，总要一个星期吧。"随后，闽东独立二团配合北上抗日先遣队打开穆阳后，筹集了三万现洋和 50 几担烟土。停留三天后，红七军团接收了我们动员来的 1000 多名翻身农民参军。因为敌四十七师尾随追来，北上抗日先遣队即离开穆阳向闽浙边政和、庆元方向转移，可惜没有东渡赛溪河进入闽东苏区基本根据地（该河渡口都是我们控制，来去便利）。当时闽东苏区有大片根据地，粮盐供应方便，兵员补充容易，以此有利条件，红七军团完全可以作为依托，与闽浙赣苏区、闽北苏区相配合，在浙江、江西、皖南广大地区与敌周旋，这就可以达到配合中央红军战略行动的预期目的。可惜当时身为中央代表的曾洪易充满失败主义的情绪，计不出此，以致以后在皖南覆没。红七军团北去后，还有 1000 多名翻身农民已经集中，参加红军的热情很高，却追赶不上他们了。闽东特委认为：既然把新兵动员起来了，解散回家是要泄气的，不如根据寻淮洲同志建议，将其补充到部队，建立一支主力部队。

红七军团离开时，留下了 100 多名伤病员，里面团、营、连、排干部都有，给了我们一笔宝贵财富；他们又将罗源战斗所缴获的枪支交给连江独立十三团，多余的百余支步枪交给闽东独立二团。有枪有兵有干部，成立主力部队的条件已经具备了。

9 月，我亲自到连江带领独立十三团到达宁德桃花溪地区，随后福安的独立二团、寿宁独立营也开到桃花溪集中。于是在宁德桃花溪地区著名古刹天柱寺宣布成立中国工农红军闽东独立师，辖三个团，以福安独立团为第一团，以连江独立团为第二团，以寿宁独立营为第三团。师长冯品泰，副师长赖金彪，我任政治委员。

独立师成立后，立即向咸村、周宁挺进。在半个月中，消灭民团数处，缴枪 200 余支，开辟了周宁、寿宁、政和边界的新苏区，掀起了新的革命热潮。

闽东苏区的全盛时期，为时不到一年。中央红军长征不久，方志敏同志率领的北上抗日先遣队主力，不幸在数十倍敌人的围攻下于皖南覆没，方志敏同志被俘。敌人随即抽调大批兵力，向赣东北、闽北、闽东各红色根据地大举“清剿”。闽东苏区邻近福州，更是首当其冲。当时压向闽东苏区的敌人，除原有兵力外，增加了八十师、七十九师、五十二师等共计八个师，加上地方保安队和民团，约有十万人，采取所谓“重点进攻，分区清剿”的方针，这就是南方三年游击战争的开始。但对闽东来说，即使在苏区全盛时期和成立了闽东独立师后进行的都是游击战争，从 1933 年到 1937 年进行了五年游击战争，这也是闽东地区斗争的一个特点。

一次重要的紧急会议

1935 年 1 月，敌人分四路向闽东苏区进行“围剿”，这是闽东地区坚持三年游击战争的开始。进攻福安地区的敌人主要是新十师肖乾部，进攻连江、罗源地区的是八十七师王敬久部，进攻寿宁地区的是从山东调来的刘珍年师，另一个多师（刘和鼎部）和四十师一部兵力在闽浙赣三省边境构筑封锁线，将赣东北、闽北、闽东地区加以分割。

由于一直没有和党中央取得联系，闽东党不了解中央红军长征和北上抗日先遣队失败的情况，因而对战局的变化没有准备，直到敌人一切部署就绪，大举逼进时，我们方才发觉。这时，敌八十七师已经进驻连江，派舰艇封锁了东冲海面，切断了罗源、连江地区和特委的联系，使连、罗地区陷于孤立境地。敌又以两个旅和一个多团的兵力，包围了霞浦苏区。寿宁苏区也遭到敌刘珍年师的进攻。独立师在闽东苏区中心福安陷于敌军重重包围之中，情况非常严重。在这种情况下，闽东特委在福安洋面山上召开了紧急会议讨论对策。这是闽东坚持三年游击战争的一次重要会议。

闽东特委紧急会议由我主持，闽东特委代理书记詹如柏、闽东苏维埃主席马立峰、独立师师长冯品泰、副师长赖金彪、政治部主任叶秀蕃等出席了会议。我们当时都缺乏经验，在如何对付敌人的大举进攻问题上，发生了激烈的争论。

会议上，主要的意见分歧有两种。一种意见是詹如柏等地方同志，主张无论如何要保卫苏区，提出“和苏区共存亡，与敌人决一死战”的口号；另外一种主要是独立师同志的意见。他们说：“在敌人这样大举进攻的面前，和敌人硬拼一定会失败。”

当时，我也没有什么经验，但是不赞成提出和苏区共存亡，与敌人决一死战的口号。我懂得一条，只有保存了有生力量，保存了独立师，才能坚持斗争；如果独立师被消灭了，闽东苏区就会垮台。如果不懂这一条，那时会采取什么方针，会作出什么决定，那就很难说了。当时我这个观点是从实际中产生的。从1932年我到闽东参加游击战争，至1935年初，已有三年的实践了。闽东地区在建立苏区以前，就有游击队，就有游击区；一个县只要有一支游击队，有那么几十个、百把人，很纯洁、很坚决，听党的领导，纪律好，就可以坚持一个县的斗争。即使有个别地区暂时垮了，还可以恢复。这是农民运动时期武装斗争的经验。农民运动如果没有武装就难于坚持，取得这个经验是很重要的。

特委会议开了一夜，还未取得一致意见。我知道地方同志的意见不对，独立师同志的意见是对的，但他们的理由说得不充分，说服不了地方同志。争论是有好处的，道理越争越明。当时敌人大举进攻的情况很清楚，和敌人决一死战正好中敌人的计谋，不可能保卫苏区。这是明明白白摆在大家面前的事实，问题是怎样对付敌人？怎样坚持斗争？怎样保卫苏区？这时我考虑得比较明确，看得比较清楚的是：应该承认苏区要立即变为游击区这个事实，必须下决心把苏区变为游击区，独立师应当转入游击战争，脱离敌人的包围，转移到苏区外围，不能在苏区跟敌人进行决战。只要独立师不被敌人消灭，苏区就是一时被敌人占领，甚至暂时垮了，这都不可怕，总有一天可以恢复。在强大敌人进攻面前，暂时的退却，保存武装力量，这是最重要的。争论到最后，我说："留得青山在，不怕没柴烧。"这是我们喜欢讲的一句话。我说："苏区当然要保卫，但跟苏区共存亡、决一死战是不对的，这样保卫不了苏区。我们应该主动把苏区变成游击区，用游击战争对付敌人，才能不被敌人消灭。地方被敌人占领，我们上山嘛。把苏区变成游击区，无非是回到我们以前那个局面嘛。只有这样，我们才能坚持斗争，敌人拿我们没有办法。这个道理大家都懂得，都有经验。现在敌人已经把我们围住了，死拼，和苏区共存亡，那不是正好被敌人一网打尽？独立师要不要和敌人打一下呢？要和敌人打一下，不打就跑掉不好，群众会有意见。但要好好研究打的方法，我们不能硬拼，要保存自己，给敌人一个打击就行。"对这个意见，地方同志同意了，独立师同志也同意了，分歧的意见取得一致，当即作出决定：独立师给进攻的敌人一个打击之后，即转移到苏区外围，开展游击战争，开辟新的游击区以支持和配合苏区坚持斗争。苏区被敌人占领，党政机关和地方武装（县独立营、区中队）在原地坚持，上山打游击，把苏区变为游击区。

特委紧急会议结束之后，特委负责同志詹如柏、马立峰等即分赴各地传达、部署。

第二天，独立师即在福安东区洋面后面的西竹岔同敌新十师展开作战，由西竹岔一直打到楮坪。激战终日，敌人伤亡很大，但我军伤亡也不小。这是独立师成立以来进行的最大一次战斗，是一个消耗战，没有什么缴获。但这一仗给深入苏区的敌人一个迎头痛击，对于以后坚持闽东三年游击战争是有意义、有作用的。

独立师打了这一仗以后，当晚即由楮坪经福安上白石附近（福安和浙江泰顺交界处）转移到寿宁地区。到达寿宁的三岔岭，正是下午三四点钟光景，太阳已经西斜。突然队伍前后枪声大作，原来是中了敌人的埋伏。副师长赖金彪同志立即指挥部队占领背侧小山头抗击。不幸就在这时，一颗子弹打中了他，当即光荣牺牲。这是我们的一个重大损失。当晚突破包围，退到政和，又转到周墩，最后转移到宁德的杨梅岔。这时，独立师只剩下 500 多人了。但是主力保存了下来，跳到苏区外围宁（德）、屏（南）、古（田）边区开展游击战争。

独立师一突围，敌人就像洪水一样，几乎淹没了整个根据地。敌人采取“分兵清剿”的战术，较大的村庄都筑起碉堡，驻上部队，封锁大小路口，由地方反动分子作向导，搜山“清剿”。对根据地人民则采取毒辣的“五光”政策，烧杀抢掠、移民并村。我们地方工作同志没有做好准备，受到极大的摧残。这时，剩下的根据地被敌人分割为三块：宁屏古、福安、寿宁地区和霞浦、福鼎地区。在敌人残酷的“清剿”、疯狂的镇压下，一部分人经受不住考验，有的脱离革命逃到外地去了，有些人做了可耻的叛徒。独立师师长冯品泰在敌人“清剿”开始时就悲观失望，唉声叹气，以后竟发展到阴谋叛变投敌。他鼓动参谋长投敌时，被参谋长揭发，经特委决定，将其处决。

这时，闽东遭受了一次痛心的损失，那就是苏维埃政府主席马立峰、副主席叶秀蕃、特委代理书记詹如柏等同志牺牲。独立师突围的第二天，马立峰同志在福安独立营营长游裕康叛变时被出卖而遭杀害；叶秀蕃同志也是由于叛徒出卖被敌人杀害于寿宁官宅深山里；詹如柏同志在化装成和尚去宁德找我和独立师的途中，被敌人发觉，在寿宁武曲的寺庙内被捕，于福安赛岐英勇就义；另外，原福安中心县委委员施霖同志在霞浦被捕就义……主要领导干部的牺牲，加上敌人的破坏，闽东苏区全部陷入敌手，各县的游击武装与上级的联系都中断了。这是闽东斗争形势最危急最困难的时期。可是尽管少数不坚定分子动摇叛变，但大多数干部和革命群众没有低头。阮英平、范式人、许旺等不少特委、县、区的负责同志带领少数武装，坚持斗争。独立师仍然存在，干部群众抱有希望，许多人直至饿死在山上，也不向敌人投降。

重建闽东特委

1935 年三四月间，敌人占领了闽东苏区的广大村镇，杀害了一批知名的群众领袖，收罗一伙叛徒，扶植了一批反动民团，编好了保甲，地主豪绅还乡又作威作福欺压劳苦人民。他们以为革命力量已经消灭，“清剿”任务已经完成，敌军主力遂逐渐撤出苏区。其实，我们红军的骨干力量在闽东人民的支持下，宁屏古新的游击根据地发展起来了，独立师也逐渐扩大。我们不断派人与苏区联系，得知苏区也在逐步恢复。于是，独立师抓住这个时机，返回苏区进行反攻。

闽东独立师首先同在福安、宁德边区坚持斗争的阮英平同志会合。听他报告了苏区情况后，得知各个县、区都有人在坚持斗争。闽东独立师即留下一个纵队在宁屏古地区活动，主力向苏区挺进。首先到达福安、寿宁地区与在福寿边区坚持斗争的范式人同志会合，进一步摸清了根据地的情况，得知许旺同志在霞浦、福鼎边区坚持斗争。独立师主力返回苏区的消息传开后，群众斗争情绪高涨，纷纷下山，摧毁敌人据点，恢复工作。

1935 年 5 月底，在寿宁含溪重建闽东特委，我为书记，阮英平、范式人、许旺为委员。8 月，在柘洋楮坪召开会议，充实健全特委组织机构，我仍任书记，组织部长是阮英平同志，宣传部长是范式人同志，委员有许旺、郑宗毓、陈挺等同志。根据当时各个地区被分割的情况，特委决定下设四个办事处（相当于地委），统一领导各个地区的斗争。

宁屏古地区办事处由阮英平同志负责，福安、寿宁地区办事处由范式人同志负责，霞鼎地区办事处由许旺同志负责，鼎平地区办事处由郑宗毓同志负责。决定把独立师分为三个纵队，以纵队为单位在各个地区活动，恢复和开辟地方工作。第二纵队在宁屏古地区活动，由阮英平同志指挥；第三纵队在福安、寿宁地区活动，由范式人同志指挥；我率领独立师主力第一纵队在各地机动。苏区时期的根据地大都在平原地区，这时候的根据地则大都是在山上，在两县或数县边区、两省交界的地区。

根据当时的形势和敌情，我们把地方部队分成几十人、百把人不等的许多小的作战单位，经常到敌军驻地去骚扰敌人，同时做群众工作；待敌人疲惫并被迫分散后，独立师就迅速集中兵力歼灭敌人。由于我们采取了灵活的游击战术，并得到群众的支持，因而常常出奇制胜。

特委会议后，我带着一纵队去霞鼎地区与许旺同志会合。敌浙江保安旅自恃武器精良，加之没有发现我主力部队前去，以一个加强连妄图袭击许旺同志的游击武装。我们的情报工作做得十分出色，敌人出发的时间、人数、路线都弄得一清二楚，遂决定在敌人必经的枖榠岔（即今枫岔头）设伏歼灭该敌。枖榠岔是两座相连的大山，中间有一条狭窄的公路。我们在拂晓前悄悄运动到枖榠岔埋伏起来。天亮以后，敌人果然从东南方向过来了。等他们进入我埋伏地带，发出攻击信号，两侧山上所有武器都开了火。敌人顿时大乱，倒下了一片，活着的乱打着枪朝来路逃跑。我们截断了敌人退路，迎头痛击。不到一个钟头，敌人便全部被歼，缴获百余支枪。这一胜利，对鼓舞群众信心，恢复和发展根据地起了很大作用。

我独立师主力在霞鼎地区大捷之后，乘胜扩大战果。我和陈挺同志又率独立师特务排40余人，化装成划船的、挑柴的，奇袭了福鼎港口重镇沙埕，全部消灭了该地警察局守敌，占领了沙埕一天，给敌人很大震动。郑宗毓同志率领鼎平独立团在闽浙边的福鼎、泰顺、平阳地区积极发展，建立了鼎（福鼎）平（平阳）地区新的游击根据地。

从此，闽东各块根据地的武装，都开始积极活动，灵活地打击敌人，取得了不少胜利。伏击和偷袭敌人，是当时我军经常采用的战术。例如许旺同志曾以“假敌攻敌”的办法，派了起义过来的六名战士，乔装保安队，造了一张假调防公函，拿下水门坑区百苋洋村一个坚固炮楼，消灭敌人一个班。7 月，陈挺同志率领第一纵队 300 多人，在福寿地区的岗垅伏击陈式正匪军数百多人，击毙 40 多人，缴枪 70 多支。8 月，阮英平同志率领第二纵队 200 余人在宁屏古地区的肖家岭，伏击敌保安三团 300 余人，击毙 40 余人。福鼎独立团在龟子山诱击富洋敌军，不到两小时，活捉敌营长以下 40 余人，缴轻机枪两挺、步枪 80 多支。像这些出色的战斗，有力地打击了敌人，锻炼了部队，并且恢复和巩固了游击根据地。

政策和策略的胜利

在长期的艰苦斗争中，我们实行了革命的两面派斗争策略，对付敌人的保甲政策。敌人在根据地编保、甲，实行法西斯统治，是很毒辣的。保甲一经编成，我军和地方干部就很难进行活动。我们最初提出破坏敌人的“保甲锁链”，发动群众拒绝户口登记或杀掉伪保长，这对鼓舞群众，震慑敌人，是有较大影响的。但是根据斗争形势的发展，必须采取更为灵活的政策。对于国民党基层政权的联保主任、保甲长，必须具体分析、区别对待。在这些人中，一部分是属于作恶多端，死心塌地为反动派效劳的顽固分子，坚决予以镇压；另一部分人，只是应付敌人，则采取争取政策，使其中立；还有一部分人，出身较为贫苦，带有被迫性质，对人民群众接近，对我们靠拢，这是我们的团结对象。根据这个分析，虽然保甲制度是反动的，但是保甲长是可以为我所用的。我们对保甲长、联保主任的政策，采取镇压反动分子，争取中间分子，团结同情分子。我们公开对中间立场的保甲长讲：你们可以做两面派，保护群众并供给我们情报。我部队驻你这里，你要保密；我们走后，你可以去报告敌人。采取这种对策，解除了他们的顾虑，效果很好，多数保甲长为我所用。我们通过这些人购买禁运物资，探听敌情，安置伤病员。古田县大甲珠洋的联保主任和程际村伪保长，为我们购买弹药和医药用品，还经常到古田、福州了解敌情报告我们。我们还指派一些没有暴露身份的共产党员充当保甲长、联保主任，公开对付敌人，暗地进行革命活动。利用敌人的保甲制度来掩护革命工作，我们把这叫作“白皮红心”的政策，这个经验后来对抗日战争时期反“清乡”斗争很有用处。有了这个政策，紧张对立的局势便大大扭转过来。我们在敌占区的工作开展起来了，这很有利于坚持斗争。

敌人除了政治上加紧对群众的统治，企图割断我们与人民的联系，还实行经济封锁政策，想把我们困死在山上。针对敌人的经济封锁，我们依靠的是广大人民群众的支持，群众把粮食藏在竹筒中、灰粪里，把日用品装在双层底的煤油箱内，瞒过敌人岗哨的检查，送上山来。有的群众上山砍柴时，宁愿自己挨饿，把午饭留给游击队员吃。闽东地区红白对立不尖锐，我们还采取了“买卖公平，不伤害白区来的商人利益”的商业政策，得到商人的拥护。他们不但供给我们很多东西，包括枪弹药品等，还供给我们情报，回到白区又替我们宣传。此外，我们还在经济战线上对敌人展开了反击：我们提出不给国民党交粮交税，不给地主送租还债，粮食不准运到白区。在红军经常活动的地区，就用武力镇压催粮、索税、逼租、讨债的反动派；武装力量薄弱的地区，就发动群众“推、拖、避”。党还领导群众开展了“五抗”斗争，当青黄不接时，有些地区还进行了分粮斗争，解决了贫苦农民的口粮困难。

我们对待土豪的政策也作了改变，一般都是到白区抓土豪，根据地内则采取“借款”的办法。各县还作了一些具体的规定，例如福安规定向土豪派款，一般按其动产的百分之二十为标准。这就能根据实际情况办事，容易筹集款项。

正由于闽东党根据斗争的实际情况，制定并执行了这些正确的政策，领导根据地群众和强大的敌人在军事上、政治上、经济上进行了顽强而又机智的斗争，终于粉碎了敌人多次“清剿”和严密封锁，不但在这块孤立的滨海根据地内站稳了脚跟，并且得到一些发展，重建了12个县的政权，闽东独立师还分别到屏南、古田、政和和浙江的泰顺、景宁、庆元等地活动，开辟新的游击区。党的基层组织分布到各个重要村庄，各新区先后建立了游击队和革命委员会（周墩和鼎平地区）以及青年团、妇女会、少先队等革命群众组织。我们的斗争方针也更加明确，坚持老区斗争，必须开辟新的游击区，部队才能生龙活虎，老区才有掩护。闽东的革命形势又活跃起来了。

闽浙边临时省委和“南阳事件”

1934年冬天，中国工农红军北上抗日先遣队在闽浙赣、皖南遭十倍于我之敌包围，不幸覆没，方志敏同志被捕。粟裕、刘英同志率突围出来的部队，组建为“中国工农红军挺进师”。1935年2月，挺进师进入浙西南广大地区开展游击战争，建立了浙西南游击根据地。8月，国民党军队开始“围剿”浙西南游击队，在敌人的猖狂进攻面前，挺进师主力撤出浙西南中心区，转战于闽浙两省交界的景宁、庆元、松溪、政和、建阳一带。10月间，粟裕、刘英同志率领挺进师百余人，在福建省寿宁县的郑家坑和闽东特委会师。

闽东党长久以来失去了上级党的联系，迫切需要得到上级党的领导，因此我们非常欢迎挺进师的到来。随即闽东特委和以刘英同志为首的浙西南政委会举行联席会议，会上我们主动提出接受他们的领导，刘英同志采纳了这个建议，双方共同组建了闽浙边临时省委。当然，由于挺进师此时也失去了与中央的联系，闽浙边临时省委的成立无法报中央批准。临时省委由刘英同志任书记，粟裕同志任组织部长，我任宣传部长兼团省委书记，闽东特委参加省委的还有阮英平、范式人、许旺同志。并相应地成立了闽浙军区，粟裕同志任司令员，刘英同志任政治委员。

这时，挺进师建立的浙西南游击根据地已遭受损失，闽东地区则有四块比较巩固的游击根据地：一块以寿宁为中心的福（安）寿（宁）地区，一块以宁德为中心的宁（德）屏（南）古（田）地区，一块以霞浦为中心的霞（浦）鼎（福鼎）地区，还有一块是以福鼎为中心的鼎（福鼎）平（阳）地区。每块地区各有一个独立团坚持原地斗争。我们看到挺进师没有根据地的情况，就把鼎平地区和鼎平独立团划给他们。这就是以后的浙南地区。刘英同志就以挺进师和独立团改称闽浙独立第一师，把闽东独立师改称为闽浙独立第二师。

闽浙临时省委成立后开始的一段时间里，闽东和浙南双方不但关系很好，而且很密切。挺进师还抽调了一些干部（军事干部和做肃反工作的保卫局干部）帮助闽东地区和闽东独立师的工作。但是，以后就发生了内部分歧，主要是在如何坚持斗争的方针问题上的分歧。

刘英同志是1929年参加革命的，1942年任浙江省委书记时英勇牺牲。他对敌斗争非常坚决；但在党内斗争中却很“左”。此时虽然浙西南游击根据地和挺进师已经遭受了严重损失，但是没有总结经验教训，主要是刘英同志仍然坚持他那一套“左”的做法。刘英同志批评闽东独立师不到白区开展游击战争，建立新的根据地，是右倾保守主义；提出要闽东独立师（此时已改称闽浙独立第二师）离开闽东到浙西南开展游击战争，建立新的游击根据地。我和闽东特委的同志都不同意刘英同志的意见，认为如果闽东独立师离开了闽东老区，闽东根据地就无法坚持，有垮台的危险；而闽东独立师如果没有闽东根据地作为依托，也就无法到白区开展游击战争。粟裕同志也不同意刘英的意见，赞成我们的意见。有一次，粟裕同志和我个别谈话，详细谈了浙西南斗争的情况。由于他们在浙西南活动期间，没有根据斗争形势的变化和新区的条件，相应改变斗争形式和组织形式，在龙泉、丽水、龙游一带活动时仍是采取中央苏区时代的工作方式，遭到强大敌人的进攻，无法站稳脚跟，根据地和部队都受到损失，所以部队活动总是被国民党军跟踪追击，摆脱不掉。粟裕同志问我："我们'尾巴'总是甩不掉，你们是怎样甩掉（尾巴）的？"所谓"尾巴"，是指跟踪的敌人。我一下回答不出来，只能这样告诉他："像你们那样在白区横冲直撞，我们没有这个把握。我们开辟新区，在未巩固以前，党组织是不公开的，也不公开建立苏维埃政权。我们部队到白区活动时，一般是先派人去同当地党和群众组织取得联系，了解情况，然后部队才开出去活动。我们把这叫作'群众工作在前，部队在后'。"我还告诉他："我们共有四块根据地，还有大大小小的游击区。每次行动，部队从这块根据地到达活动地区公开活动，任务完成了，敌人调集兵力要来进攻了，部队就回到另一块根据地隐蔽休息，都是夜间活动，一夜走七八十里。这样，敌人不知道我们从什么地方出来，又转移到什么地方去了。我们有群众，敌人没有群众，所以敌人就找不到我们的行踪。"粟裕同志深有感慨地说："这办法好，这叫作'狡兔三窟'，'窟'就是根据地，没有'窟'，兔就狡不起来。我们如果有'窟'，就不会这样被动了！"粟裕同志又说，你们的意见是对的，闽东部队不能离开闽东根据地，我们挺进师就是吃了没有根据地的苦头。但是，刘英同志违背党内民主集中制的原则，违反少数服从多数的原则，还是坚持他自己的错误意见。这样，闽浙临时省委内部就产生了原则性的分歧。可是闽浙临时省委自己又无法解决这个问题。在这种情况下，粟裕同志就提出只有和闽北地区取得联系，请黄道同志来主持建立闽浙赣临时省委，才有办法解决和纠正刘英同志的错误。粟裕同志还要我负责设法去同闽北独立师和黄道同志取得联系。黄道同志是闽浙赣苏区的主要负责人之一，当时是闽北游击根据地党的负责人。在成立闽浙临时省委的时候，刘英同志也曾主张设法同闽北地区取得联系，建立闽浙赣临时省委，来领导闽北、闽东、浙西南三个地区的斗争。

我首先和闽北独立师取得联系，于 1936 年 2 月，在福建政和县洞宫山与黄道同志会晤。当时在座的除黄道同志和我以外，还有闽北军分区司令员吴先喜和闽北独立师师长黄立贵、政治委员曾镜冰等同志。我向黄道同志汇报了闽东和浙西南的斗争情况，并且详述了刘英同志和我们在斗争方针上的原则分歧，建议成立闽浙赣临时省委，请黄道同志担任书记，统一领导闽北、闽东、浙南的斗争。黄道同志认为：当前远离中央领导，几个地方统一领导是有利于革命斗争的。他这次出来就是为了与闽东党会合，拟议建立闽赣临时省委的。但是，鉴于闽浙临时省委当前的情况，要建立统一领导，首先必须闽浙临时省委自己对前一阶段的工作做出总结，指出刘英同志的错误并责成他去恢复浙西南的工作，然后才能建立闽浙赣临时省委。我当即提出："我们正是由于临时省委内部对于方针问题争论无法解决，所以请你出来担任领导的。"黄道同志坚持说："如果你们本身不能解决问题，闽浙赣临时省委也就无法成立。"我就进一步说："我可以向闽东特委和粟裕同志传达这个意见。但是，如果不能解决问题，则非但浙西南斗争濒临危机，闽东又如何办？"黄道同志以高度革命责任心，忧心忡忡地说："是呀，是呀，闽东斗争的成败，你们要对党负责的！"我提出："如果不行，我们就受闽赣临时省委领导。"黄道同志说："你们必须先退出闽浙临时省委，才能接受闽赣临时省委领导。"我觉得问题严重，考虑再三后提出："这样做不是分裂行为么！"黄道同志也怔住了，他经过慎重考虑后说："如果正常的方法不能解决问题，只能采用非常方法，这是斗争的需要，何况临时省委是你们两家协商成立的，未经中央批准，可合可散嘛。"我说："今后如和中央接上联系，打起官司来怎么办？"黄道同志毫不犹豫地说："我一定替你们证明。"

我回到闽东后，刘英同志来了，召开了闽浙临时省委会议，有阮英平、范式人同志参加，粟裕同志未到。平时刘英同志总是和粟裕同志一起行动，这次他却是单独前来。在闽浙临时省委会议上，我向刘英同志报告了和黄道同志会合，并向他坦率汇报了黄道同志的意见。刘英同志一反常态，满口承认浙西南工作的错误，但是他不同意成立闽浙赣临时省委并由黄道同志任书记，虽然他自己过去曾多次提议此事。他反复声称:错误我们自己纠正。并居然提出要我担任闽浙临时省委书记,他说，我们已建立于闽浙临时省委，何必再成立闽浙赣临时省委呢。还是我们这个摊子吧。我当然坚决拒绝。会议毫无结果，闽东特委不得不宣布退出临时省委。

我完全没有料到以后竟在我们自己的队伍内部演出了一场“鸿门宴”。事情发生在浙江省庆元县的南阳村，所以就被称为“南阳事件”。

1936 年初秋，粟裕同志约我到庆元南阳会面。自我们同刘英同志的会议以后，我还没有见到粟裕同志，我也很想同他谈话。我和陈挺同志率一个连，于中午时分到达南阳，与粟裕同志会合。见到粟裕同志，我很高兴，要向他汇报会见黄道同志的情况和临时省委会议的结果。他说 :“好呀，晚上吃过饭再说吧。”

当天晚饭的时候，我、陈挺和闽东的干部都入席了。如同旧小说中所描写的那种场景，酒过三巡，掷杯为号，预先布置好坐在我两边的人把我抓了起来,把陈挺同志也抓了。我的警卫员拔出驳壳枪,打出门去，报告连队冲出去。我的手脚被捆绑起来，背上还被撑了一根竹竿，不能动弹，就像对待土豪、叛徒一样。在押解我的途中，我几次提出要同粟裕同志见面说话，都未予理睬。后来在路上遇到国民党军队的袭击，部队被打散，押解的人忙乱中向我打了一枪，打伤左腿，就把我扔下，自己逃走了。国民党士兵逼了上来，我就从十几丈高的悬崖上跳下去，恰巧挂在树上，没有摔死。陈挺同志也随我跳下悬崖。天黑后，我俩不顾伤痛，赶往闽东根据地，昼伏夜行，整整走了五夜，才到达目的地。

以后，粟裕同志告诉我，当时是刘英命令他扣押我的，也不说明是什么原因。“南阳事件”后,刘英单独召开了闽浙边临时省委紧急会议，宣布开除我和阮英平同志的党籍。同时说粟裕也参加了叶飞、黄道反对刘英的活动，也将粟裕同志隔离起来审查。

“南阳事件”导致了闽浙边临时省委的彻底分裂。此后，闽东特委接受闽赣省委的领导。

“南阳事件”给闽浙边的革命斗争带来非常恶劣的影响。我被抓的消息传到闽东根据地，部队、群众非常气愤，认为哪有红军打红军的道理，小叶（当时闽东军民称我为“小叶”）是红军，抓小叶的人一定是坏人。有的人情绪激动，甚至提出要带部队去找他们算账。幸而我赶回闽东，及时向大家做工作，制止了发生武装冲突的危险。

这就是导致闽东和浙南彻底分裂的“南阳事件”。这是在当时“左”的影响下党内斗争不正常的情况下发生的，而其表现形式又带着中国的传统色彩。记得毛泽东同志曾经说过：“火并”在中国历史上的农民战争中是常见的现象，看来在革命队伍中也很难避免（大意）。我自己就亲身经历了一次。然而今天回顾这段历史时，我深感共产党领导下的革命队伍，毕竟不是农民武装，因为在革命队伍内部，能够为着共同的革命目标而妥善地解决这些问题。抗日战争爆发后，闽东和浙南的部队都编入了新四军，以后一直并肩作战，直到革命胜利。我和粟裕同志也长期战斗在一起，从新四军一师，华东野战军，一直到解放后，我都在粟裕同志的领导下工作，多次当他的副手，相互间配合得很好，没有因为个人意气而影响工作。

闽东山民——畲族群众

1936 年秋天，斗争形势又紧张起来。国民党以刘建绪为绥靖主任，对闽浙、闽赣边区红色游击队进行“清剿”，先后增派八十师、九师、保安独立旅等到闽东来，配合地主反动武装分驻在根据地周围，进一步用“五光”、“十杀”、“移民并村”等残酷手段，再度“围剿”我闽东根据地。

1936年西安事变后，蒋介石仍然坚持其“攘外必先安内”的反动政策，坚持其“剿共”方针，更加疯狂地对我南方根据地进行“清剿”，妄图消灭我南方红军游击队。

闽东党和闽东人民已有长期艰苦斗争的思想准备，在党的领导下，开展了反“清剿”斗争。地方武装在原地坚持斗争，独立师仍以纵队为单位在根据地周围开展游击斗争。

这里应该特别提一下闽东地区的少数民族——畲族。这个民族人数不多，约20多万人，有一半以上散居在闽东太姥山脉、鹫峰山脉的崇山峻岭之中，自称“山民”。他们在旧社会历来受到歧视和凌辱，身受几重压迫，在大山上含辛茹苦，饥寒交迫。历史上，他们也曾自发地掀起过几次斗争。闽东党很早就重视民族政策，注意在畲族中进行宣传和组织工作。但在初期，畲族人民对汉族是不信任的，有戒心，工作很难开展。后来，发展了一个畲族党员，在畲族中的工作才开展起来。以后畲族群众有许多人参加了红军游击队并成为骨干。在闽东三年游击战争最艰苦的年代，畲族人民的作用是很大的。他们具有两大特点：第一，最保守秘密，对党很忠实；第二，最团结。在最困难的1935年至1937年对革命斗争支援最大。我们在山上依靠畲族掩护才能坚持。白云山支脉的竹洲山和屏峰山，闽东独立师的后方医院和修枪厂就设在这里。1936年10月至1937年2月，国民党军伙同当地民团曾三次焚劫了这里六个畲村。敌人抓住雷银弟等八位老人和妇女，逼问红军医院和修枪厂的所在，结果只得到“不知道”三个字。敌人烧了他们的四幢房屋，用马刀砍头威胁，捞到的仍是“不知道”三个字。敌人以更大兵力合围竹洲山，枪杀了村苏维埃主席雷良俊同志，烧毁全部茅屋，把避在山林的畲胞赶下山，实行并村，编保甲，订连坐。可是共产党员雷成波等同志仍然活跃在怪石嶙峋、灌木丛生的群山之中，掩护着红军后方医院和修枪厂。在这困难的日子里，闽东的群众冒着生命危险保护我们。特别是少数民族，对我们没有一丝隔膜，把我们当自己人，成了我们的依靠。

闽东党就是这样在广大群众的支持下粉碎了敌人一次又一次的“清剿”。到 1937 年，大部分根据地已逐渐巩固。连江、罗源的部队则由海路南下莆田仙游地区，与莆田中心县委领导的游击武装会合，坚持闽中地区的斗争。我们的部队活动范围直到离福州只有 30 里的下店，我党在白区城镇的工作也开展起来了。军事、政治形势对我们更有利了。

历史的转折关头

三年游击战争时期，整个南方地区都与中央隔断了联系，所以政策的转变及第二次国共合作的谈判，在南方各个根据地是个大问题。闽东地区政策的转变是在 1936 年冬开始的，其经过如下：

闽东党长期脱离上级党的领导，只有千方百计搜集党的公开文件和报纸刊物，从中分析形势和党的方针政策，每隔一二个月总要攻打敌占据点，固然也有补充枪支弹药、筹款、扩大政治影响等目的，更主要的是为了夺取报纸，了解国内外的政治形势。闽东地区毕竟靠近福州，搜集香港、上海出版的报章杂志比较方便。福州的地下党组织虽然遭受了破坏，但它还有一定数量的党员，还有党的外围组织，还有党的影响。当时我们在福州有一个交通，曾是地方军阀卢兴邦洪山桥兵工厂的工人，名字已记不起来，都叫他的外号“莫斯科”。这个人很灵活，经常给我们买一些书报、武器、弹药、西药，甚至连国民党军军械库里的迫击炮都买来了。1936 年冬，我们看到了《为抗日救国告全体同胞书》（即《八一宣言》），以后又得到了《中国共产党致中国国民党书》和其他宣传品。这是从香港党的南方工作委员会（简称“南委”）传到福州，又从福州传给我们的。我们虽然和“南委”没有发生关系，但知道这是党中央的文件，是新的精神。从报刊上，我们又了解到全国各个城市里蓬勃的学生抗日运动，看到了新的革命高潮，所以我们政策的转变比较顺利。我们学习闽西，成立了闽东人民抗日军政委员会，代替闽东苏维埃政府，颁发了布告，大量翻印《八一宣言》，到处张贴，开始了开展抗日统一战线的活动。虽然没有宣布取消苏维埃政府，实际上不打苏维埃旗帜了。

那时提出的统一战线，还是反蒋抗日，号召同一切愿意抗日的友党、友军合作，停止内战，一致抗日。当然从土地革命到民族战争这是一大转变，但弯子转得还不那么大。一二八上海抗战后，十九路军调到福建，我们在进步青年中进行团结救亡的工作，也做十九路军中的士兵工作。民族矛盾上升为主要矛盾的时候，我们也感到光搞土地革命，不提抗日救国的口号是不行的。

1937 年卢沟桥事变后，全国抗日战争爆发了。我们在政策上作了更大的改变，不提反蒋抗日的口号，只提抗日救国的口号，号召一切不愿当亡国奴的同胞团结起来抗日，只要愿意抗日，我们都可以团结。我们的政策进一步改变以后，开始收到效果，农村和城镇的一些商人、联保主任、乡绅、教师，都敢于和我们接触了，我们的团结面广泛了。这时，原国民党十九路军的一个排长带了一班人，投奔我军。他说，他觉悟到只有共产党人和红军是真正抗日的，所以他投奔来了。我们从这里看到，这是一个信号：抗日救亡是当时的历史潮流。我们政策的转变，由反蒋抗日变为联蒋抗日，主要是两件事震动了我们。一是七七事变，全国抗战爆发；二是国共合作，红军主力已改编成国民革命军。

当时我们对抗战一直是积极提倡的。但是出乎意料之外的是蒋介石来领导抗战，红军要改编为国民革命军。为了进一步弄清全国形势的变化，8 月底，我们决定攻取宁德八都重镇。

八都是宁德县沿海市镇，靠近海口，是交通要冲，三都澳航船只能开到八都。八都只有民团百多人。我亲自带一个纵队去，很顺利地打了下来。这仗，完全是为了政治目的，是为了搜集报纸。我们搜集到不少上海、南京、福州的报纸，整版整版的刊登着抗战战况：上海打响了；南口在苦战；张家口告急……我们在《申报》发现两篇重要文件：《中国共产党为日军进攻卢沟桥通电》和《第八路军总司令朱德、副总司令彭德怀就职通电》，赫然触目！我们才知道国共合作已经实现，中央红军改编为国民革命军第八路军，准备开赴前线抗日。我们在八都住了三天，特委作出决定，改变策略，正式向国民党当局提出"停止内战，一致抗日"的要求，向福建省政府、闽东各县政府发出了油印信。这已不是一般泛泛地进行宣传，而是采取行动了。

但是国民党顽固派仍坚持反共反人民的政策，说什么"北方合作，南方不合作"，继续进攻，企图把我们各个消灭。那时，我们已经听到闽南我军受骗缴械的消息（即何鸣事件），引起了我们的警惕。因此一面积极争取停战谈判，一面坚持进行自卫。在南阳附近消灭了进攻我们的浙江省保安团一个连，又在宁德的亲母岭打了一仗，消灭了敌人一个加强连。敌人进攻不成，又吃了苦头，这才老实一些，表示愿意与我们谈判。但国民党福建当局还摆着架子，省方不愿出面，要宁德地方当局出面谈判。上海战事紧张，国民党军事当局慌忙将七十八、八十七、八十等三个师从福建调赴上海，福建的国民党军事力量更小了。福州直接受到我军威胁，福建当局才不得不通过"福安抗日后援会"的郭文焕同志（系我党福安城区地下支部负责人）向我方表示，愿意以省政府作为一方与我谈判。

停战谈判

国民党当局提出要我亲自去谈判。对此，特委认真进行了研究。鉴于何鸣事件的教训，作出决定：不宜由我立即出面谈判，如果国民党当局把我扣留了，不好办。但也不能派一般人去，人家会以为我们没有诚意。因此决定派范式人同志作为全权代表去谈判。

第一次谈判地点在宁德县城，国民党方面由省保安处处长黄苏为代表。谈判时，我方提出五个条件：第一，闽东人民抗日红军愿意改编为国民革命军福建抗日游击队，干部由共产党委派，保持共产党的领导；第二，发表“国共合作宣言”，释放一切政治犯；第三，宁德、屏南、福安三县划为我们的驻区，如果日军进攻福建，我们主动配合；第四，根据地已分的土地维持现状，不能强迫农民退还已分得的土地；第五，国民革命军抗日游击支队应按国民党军队供给标准发给给养。但是国民党对于和平谈判并无诚意，妄图在谈判桌上获取在战场上得不到的东西，坚持要把红军收编为“保安师”。我们要改编，他们要收编，一字之差，相争不下。而这一字之差正是合作的原则问题。

那时，我们把部队集中在宁德的桃花溪地区。国民党代表黄苏提出，要派人见我，以便当面向我陈述意见。派来的人叫王调勋，是个叛徒，引起了我们警惕。我们研究后认为肯定有阴谋，但也不能不让他来，看看他来究竟有什么名堂。我决定在离宁德县城只有一天路程的半山边上的一个村子同王调勋见面。因为这个地方位于边界，消息比较灵通。我只带一个排在村子里，把主力隐蔽在村子附近五六里路的地方，以防不测。果然，这个叛徒并不是真来谈判，而是来侦察。我们估计此人回去后敌人会来袭击，就做了战斗准备。第二天拂晓，省保安司令部的参谋长亲自带一个加强连来，那是很精干的部队，妄想袭击我们的首脑机关。敌人走出宁德城五六里，我们就知道了。部队就在敌人必经之路埋伏，等敌人走入我埋伏圈内，立即出击，截断了敌人后路。两边一夹，不到一小时，就把敌人全部消灭，带队的参谋长被我们打死了，他骑的枣红色的川马，很善于爬山，也被我们俘获了。我们彻底消灭来犯之敌以后，第二天立即派范式人同志下山，向国民党当局提出抗议。他们哑口无言，说是“误会”。

大概就在这时候，八路军南京办事处派张云逸同志到福州来找我们部队。但是国民党当局还没有放弃诱降、分化、瓦解我们的阴谋，不让他进来。他们推托说，游击队没有固定地点，一下子找不到；又说，已经跟我们谈判了，你不必去了。张云逸同志在福州通过和我们有关系的一些进步青年看到了我们的布告、传单等，知道我们不会上当，反正国民党当局“收编”不了时，总要找到八路军办事处的，就离开了福州。

第二轮谈判，还是范式人同志去。黄苏却又推托说我党提出的条件他们不能解决，要我们到福州同省主席陈仪面谈，又把谈判拖延下来。

第三轮谈判也没有成功。

9 月中旬，上海战场形势更趋紧张，国民党当局不得不重开谈判。由范式人同志去福州，经过种种努力，终于在以下几个条件上，与国民党福建当局达成协议：

一、闽东红军改编为国民革命军福建抗日第二游击支队；

二、国民革命军福建抗日游击支队由共产党领导；

三、划屏南县为闽东红军驻区，一百里内国民党不得驻兵；

四、以中共闽东特委的名义发表“国共合作共赴国难宣言”，并公诸报纸。

改编用的番号是我们提出的，当时我们还不知道国共两党已经达成协议成立新四军。听说闽西用了“抗日游击支队”名义，所以我们也用这个番号。当时我们有个想法：什么番号都是暂时的，中央会有统一部署。但是我们坚持组织上是独立的，国民党不能干涉我们内政和委派干部。1937 年 12 月，在当时的《福建民报》上公开发表《中国共产党闽东特委共赴国难宣言》。闽东党和福建国民党当局的谈判经过了复杂的斗争，终于取得了胜利。

范式人同志带回了闽南、闽中部队在县城集中被国民党反动派缴械的消息，我们更加警惕。斗争转而集中在集结地点上：我们坚持“独立自主靠山驻扎”的方针，部队不开到县城集中，而集中在我宁德根据地中心的桃花溪地区。

有一个问题，我们没有处理好，即：无条件地采纳了停止打土豪的条款，发生了经济困难。我们向国民党当局提出给养费问题，他们以为有机可乘，要挟说："改称保安师，就可负责发给给养。"我们提出借，他们还是不肯。我们就说："那好，我们自由行动，自己解决给养问题。"他们当然懂得这个话的含意：我们又要打土豪了。于是他们慌张起来，才借给我们700套棉衣和5000块钱。也由于经费问题，我们没有能抓住抗日高潮的有利时机，扩大我们的武装力量，停战后就停止扩军，这是个失策。

1937年12月，新四军已在南昌设立办事处，南京八路军办事处派来的顾玉良参谋进根据地和我们取得联络。那时，项英、陈毅同志已到南昌筹建新四军军部，要我随同这位参谋前去领受任务。这样，我才下山经福州去南昌。

在福州，国民党福建省主席陈仪在办公室见了我，惊讶地问："你就是叶飞？"我说："是呀。"他情不自禁地说："你是个书生嘛！"晚上，陈仪宴请我，保安司令等人作陪。

我在南昌接受了新四军军部命令，部队开到屏南集中，改编为国民革命军新编第四军第三支队第六团，任命我为团长，阮英平同志为副团长，全团约1300多人，开到屏南县城集中。1938年2月14日，我们奉命离开了战斗多年的闽东，踏上抗日征途，留下范式人同志在闽东坚持斗争。

50年过去了，现在回想在闽东五年的战斗历程，感到：

闽东苏区和闽东红军具有其他苏区和红军的共同点，也有它自身的特点。第一，它是全国最后建立的苏区，利用"闽变"的有利时机建立的工农革命政权。由于它是在第五次反"围剿"的严峻岁月里诞生的，失去中央的联系，所以中央只是从敌人报纸上知道这里有党的活动，有红军，有苏区。第二，它的创建不同于主力红军开辟的苏区，主要是依靠本地党组织和革命群众的英勇斗争，是土生土长的。第三，1934 年春，福建党遭到大破坏，闽东党与上级党失去了联系，必须根据实际情况解决本地区的问题，独立自主的坚持斗争。第四，闽东地区的斗争过程是从农民运动的小型武装斗争到建立苏区，到大规模的游击战争，始终以游击战作为基本斗争形式。第五个特点是它有很长的海岸线，所以敌人难以封锁。

这些特点既是闽东苏区和红军的长处，也是它的短处。它有良好的群众基础，自始至终都是依靠群众的；受王明路线的影响比较少，受外来的错误做法的影响也比较少。但是，由于我们没有经验，又得不到上级的指导和兄弟苏区的经验交流，在斗争中当然要不断发生错误和遭受挫折，只能自己从错误和失败的实践中吸取教训，纠正错误，继续前进。

节选自《叶飞回忆录》，解放军出版社1988年11月第1版，第28—90页。

回忆闽东三年游击战争①

范式人

一、反“清剿”斗争与撤出苏区

1934 年春，福建省委被破坏后，我们失去了与上级的联系，因此，当时党中央不知道闽东有一块苏区，抗日先遣队到闽东苏区时打了电报给中央，中央才知道有这个苏区。但是我们苏区的存在，仅仅一年时间，1934 年 10 月敌人就开始向我们大举进攻了。

当时敌人有八十七师、七十八师、八十师、四十九师、新十师等六七个师的主力，约有三万人，而我们只有二三千人，敌人主力十倍于我。其次，敌人还有福建、浙江等十来个地方保安团，再勾结地主武装民团大刀会，说十万人是差不多的。敌人在军事上的“清剿”布置大体是这样：指挥部在宁德三都澳，新十师（师长萧乾）三个团三四千人，则专门追击我们独立师主力，追在后面同我们拼；其他师、保安团则采取分区驻扎“清剿”，搜山建碉堡，各个重要城镇都有驻扎，而后四出

① 此文选自范式人《回忆闽东党斗争历史》（1959年7月中共福安地委党史办公室访问记录整理，1984年3月经本人审阅修改）一文中的三个部分。在收入本书时，编者重新拟写了标题。并结合作者生前关于闽东党史对地县党史部门多次回忆谈话和来信，以及公开发表示《风展红旗》第4辑（福建人民出版社1984年版）的“闽东国共和谈”等材料，对文中一些地名、人名、国民党军番号等史实进行修改订正，调整了部分段落。

进山“清剿”。当然第一个重点是放在福安。在政治上敌人采取编保甲和搞自新，特别是自新瓦解我们很厉害。而福安的敌人比寿宁的敌人更狡猾，善于搞欺骗政策。

在敌人的进攻面前，闽东特委一面发动群众投入反“清剿”斗争，另一面独立师主力为了保卫苏区就同敌人打了很多硬仗，损失颇大。

这时我在沙坑病后初愈，特委通知我回师部工作。我回师部后，叶飞同志叫我和师长冯品泰一起率领一团行动；副师长赖金彪同志则指挥二团行动；马立峰同志指挥三团在福安东区长冠一带。

我到一团后的第一个行动是攻打周墩城，没攻下。当时形势很严重，师长冯品泰（原抗日先遣队干部）当着干部的面终日长吁短叹说：“唉，怎么办？政委还不来，政委不来还行？！”我见他这样没信心，又考虑到形势严重，特委一定有新决策，就说：“那就回去吧！”于是我们又把一团撤回福安北区。

当时特委实际决策大事的只有詹如柏、马立峰、叶飞三个同志。因为福安柏柱洋已被敌人占领，特委撤到东区官洋，闽东苏维埃政府的牌仍挂在福（安）霞（浦）岗面。马立峰同志也回到东区来了。按叶飞同志的意见是为了保存力量，把队伍撤出苏区打游击战，叫马立峰同志跟随独立师行动。但是詹如柏同志不同意，他说要保卫苏区、保护群众，队伍不能撤，马立峰也不能带走。马立峰和詹如柏都坚决要保卫苏区。这样一来，詹如柏、叶飞他们在长冠、菖蒲洋争论了几次也没有结果，于是又决定打几仗再说。

我们在北区，接到叶飞同志来信，要我们开到东区与赖金彪同志带的二团会合。会合后，我们在佳浆附近的西竹岔同敌人打了一天仗，敌人虽然被我们消灭了很多，但仍然是愈聚愈多，计三个团跟我们拼。赖金彪同志很英勇，他抓了一挺机枪，这边打打，那边打打，一直打到天黑，我方消耗过大。我们看这样打下去不行，决定连夜撤退。当晚，我们又转回北区去了。

几天后，叶飞同志与赖金彪同志带的二团转到北区与我们一团会合。叶飞同志征求我意见，我亦主张队伍到苏区外面活动，把敌人引出苏区，这样才能保卫苏区。这时我的大腿肿得很大，不能走路。叶飞同志要派人把我抬走，我怕影响队伍行动，要求留下，坚持福寿地区斗争。叶飞同志同意了。叶飞和冯品泰、赖金彪同志带了独立师冲出了苏区，向周墩方向行动。这是快过旧历年的时候了。

我的大腿愈肿愈大，化脓溃烂，只好隐蔽在北区坑口山上医疗。我在那里养伤一个月后，才回到了寿宁岗垄见了叶秀蕃同志，我同他商量：当是有 20 来支枪，应赶快集中起来组织游击队，起来活动、不能再埋枪隐蔽了。因为这时独立师撤出后，在福（安）寿（宁）、（福）鼎平（阳）边界敌人是松了下来，形势对我们有利。这时我们从敌人报纸上知道叶飞同志带队伍在宁德，就派人去联系。叶飞同志见我们还在，很高兴，就派我带领第二团回寿宁。第二团原是十六连的老基础，这时剩下不上 100 人。团长范义生此时病已基本好了，我仍交给他带。我把第二团带到岗垄附近的小村庄活动，有一天忽听说原北上抗日先遣队被敌人打垮后剩下的队伍由刘英、粟裕同志带领在附近边界活动，我就把二团带去找他们。可他们又转到浙江去了，找不着。这时，团长范义生同志病基本上好了，于是我就带一个连回岗垄，范义生同志带二团去宁德找叶飞同志，并向叶飞同志报告：“已联系上霞（浦）（福）鼎的许旺同志，霞鼎地区有发展；鼎平黄固生也有发展……”

不久，叶飞来了，我和叶秀蕃对当时的工作提出了几点意见和他商定：第一，暂时不提分田地，还是发动群众打土豪分财物；第二，解决赤白区的对立，凡是不伤害我们的小商贩，允许他们来往；第三，对抓来的土豪能拿多少钱就拿多少钱，改变过去的做法，不使其倾家荡产，但如过期不交钱仍是要杀；第四，向闽浙边开展工作。叶飞同志同意了我们的意见，并给我们留下红二团。由交通员与霞浦许旺同志接上了关系，就由交通员带叶飞同志和特务队去霞鼎，打了福鼎沙埕等地，我们队伍则在闽浙边区一带开展工作，并向福安北区一带发展。从此，三年游击战争就有领导、有组织地全面展开。

可是在这一段时间里发生了三件大事：

第一件大事是闽东苏维埃政府主席马立峰同志的牺牲。在敌人进攻下，马立峰同志带了红三团在福安东区一带坚持斗争。但是这时敌人工作做到了我们内部，安福独立营营长游聚坤被策动叛变谋害马立峰同志。敌人要他抓活的，他不敢抓，就先打死马立峰同志，而后把他的尸首抬去投敌。这时我在山上，送饭给我吃的叶大金边哭边说："饭碗打破了，马立峰同志牺牲了。"我想到，当时叶飞同志想把马立峰同志带走，结果没有带走，实在太遗憾了。马立峰同志被害这件事影响不小，助长了柏柱东区反水更趋严重。

第二件大事是代理特委书记詹如柏同志牺牲。詹如柏同志看到苏区群众受敌人摧残，誓要报仇，就化装为和尚想到宁德找叶飞同志带独立师回来打。路经寿宁后章，被曾当过土匪的黄公胜（寿宁厝仔人）发现告密，因而被捕壮烈牺牲于福安赛岐。詹如柏同志是个好同志，他的牺牲对闽东党损失很大。

第三件大事是独立师副师长赖金彪同志牺牲。独立师转移到寿宁，在三角林与敌人打了一仗，突围后，途经潘溪打了一仗，退至官岭茶洋岭头，赖金彪同志为掩护部队撤退不幸牺牲了。这给军队影响很大。之后，（福）安（宁）德独立营营长叛变了，安德的甘棠一带垮了，西隐、官岭、龟山反水了。

这时已是 1935 年 3 月，独立师分二部分由叶飞同志和冯品泰分别率领在周宁溪边和宁德坑头（即宁德县委所在地，当时县委书记是小郭）隐蔽，队伍斗志受到影响，不能打仗，夜里驻在群众家里，天一亮即上山隐蔽，情况很困难。师长冯品泰就在这时动摇想叛变。他在坑头写了一封信给宁德霍童的敌人说，我这里有多少人枪，请派人前来点编等等。他把信交王子清送，王子清原是十九路军起义过来的，这时任连长。可他没有把信交给敌人，却交给了宁德县委书记小郭。小郭把信交给了叶飞同志。1935 年 4 月间，叶飞把师部特务队和冯品泰带回了寿宁岗垄，由叶飞、叶秀蕃和我三人审问冯品泰，要他供出准备投敌的情况,因为有他给敌人的信,他承认了。于是我们三人决定枪毙了冯品泰。如果冯品泰投敌成功，那么师长叛变了，影响真是太大了。

二、恢复与开辟游击根据地

1935 年三四月间，敌人大概有点错觉，以为闽东问题不大了，就陆续撤走了一批主力，闽东敌人余下七十八师、八十师和新十师，而新十师又很分散，总的是敌人主力留下不多，主要还是地方保安团到各个地区对付我们。

而我们闽东地区经过这次反“围剿”斗争，损失的确很大。老苏区基本没有了，只剩下圈圈的边沿地区：在福寿岗垄，没有被敌人占领的有几十个村庄，有我和叶秀蕃在那里坚持；霞鼎剩下柏洋以北，柘洋外围靠近浙江泰顺边界的地区，许旺同志在那里坚持；鼎平剩下福鼎与平阳交界地区一块；古（田）屏（南）宁（德）那边是宁德梅坑至周宁溪边这一地区，原县委书记小郭不知下落，范铁民同志牺牲了，由阮英平同志在坚持；安德、福霞、连江、罗源垮了，剩下一些部队撤到闽中地区去了。总的说,我们大块地区没有了,只剩下被敌人分割的小块地区。至于红军主力情况，由于游聚坤叛变，安福独立营垮了；由于江秀德叛变,安德独立营垮了。独立师只剩下两个团,一团和师部一百三四十人，二团大约一百四五十人，就是这批力量保存了下来。当时叶飞同志坚持把红军主力撤出苏区的主张是正确的。有了一定的主力，就能把敌人牵制了出去，给我们开展边界地方工作留下了空隙。可惜还不能到闽北去活动，这是不足之处。

因此，到 1935 年三四月时，情况基本稳定了下来。老地区得到了一些恢复，新地区也有一定的发展，这主要是闽浙边即鼎平的靠近平阳边界、霞鼎的靠近泰顺边界，和宁德的靠近古田、屏南边界这些地区。同时游击武装也恢复起来，福寿有些隐蔽下来的游击队也整顿恢复起来了，原来埋藏起来的枪支又挖掘出来了，如福安地区原先被詹嫩弟、发洪、杨森埋起来的枪支都被我们派人掘了出来；霞鼎许旺同志也把部队整顿起来。这时各个地区都有点主力，但问题是部队斗志较差，由于敌人的摧残和冯品泰等的动摇、叛变，部队斗争情绪受到影响。经过我们不断讲解了当时形势与进行活动及一些地区的恢复发展情况后，大家情绪又高了起来。加上叶飞同志率领师部特务队袭击了福鼎沙埕，取得胜利，又在霞鼎边界打了一个胜仗，振奋了人心，情况有了很大的变化。

为了加强对游击战争的领导，1935 年夏初，叶飞同志提议先恢复闽东临时特委为正式成立特委作准备。不久，1935 年 5 月，在福寿地区的含溪附近即重建了中共闽东临时特委，书记叶飞，委员：阮英平、范式人、许旺，还有一个可能是小苏。临时特委根据当时的形势提出的主要任务是：一方面波浪式地向外发展新区，一方面对内恢复老苏区，这也是当时坚持游击战争的基本方针。同时对抓土豪、搞财政和商业等政策问题也作了一些转变，还提出了实行“白皮红心”政策，以对付和利用敌人的保甲制度。

会后，我叫游击队长叶藩（又名叶丁福）带了游击队跟我到寿宁、景宁、庆元地区活动，开辟新区。叶藩工作能力较强，又懂庆元话，开始时仅十几条枪，后来搞到 50 多条，最多时有 60 多条枪，游击区迅速扩大。

到 1935 年下半年就成立寿（宁）庆（元）景（宁）县委，属福寿中心县委领导。书记范振辉，寿宁城关人。

到 1935 年秋，我们的力量有很大的恢复与发展，成立正式特委的条件已经成熟。8 月，在柘洋楮坪召开会议，我正生病，也被抬了去，但因病重，会议没有自始至终地参加，具体情况记不清了。只记得当时正式成立了特委，书记叶飞，组织部长阮英平，宣传部长是我，许旺是常委，委员有陈挺、范义生、郑宗毓、谢作霖、黄固生、詹嫩弟等人。会议上决定成立周墩中心县委和寿（宁）泰（顺）县委、鼎平中心县委。到这时止，特委下面有四个中心县委，管辖 14 个县委：

1. 霞鼎中心县委，书记许旺，下辖霞鼎、霞（浦）（福）鼎泰（顺）、福霞、福安四个县委。

2. 福寿中心县委，书记詹嫩弟，下辖寿（宁）泰（顺）（原是泰东区委，书记缪红继，岗垄三星人，红继牺牲后由王陶生接任）、寿宁（书记韦芝祥）和寿景庆三个县委。

3. 鼎平中心县委，书记谢作霖（后考虑到谢家是地主，在本地不好，把他调任寿宁县委，原职由谢的外甥黄固生接任），下辖鼎平（书记黄固生）、平阳、福鼎、泰顺四个县委。

4. 周墩中心县委，书记阮英平（至 1936 年下半年换罗富弟），下辖周墩、宁德、古屏宁三个县委。后来又成立寿泰景庆中心县委，范振辉为书记。1937 年寿泰景庆地区被敌人压了下去，只剩下一个区委书记，于是又成立了松（溪）政（和）庆（元）中心县委。到 1937 年秋快下山时，又取消周墩中心县委改为宁德中心县委。至于党员那时发展的相当多，特别是霞鼎、平阳、宁德、周墩地区，在苏维埃时期党员很少，大多是这时期发展的。寿宁也是这样，老党员主要是在福安、霞浦、泰顺沿河边沿地区和寿宁的某些地区。当时发展党员不敢办登记手续，因此很难说出具体数字来。

特委成立后的部队情况是：独立师师长由政委叶飞同志兼，我担任师政治部主任。这时团的编制维持不下去，就改团为纵队，以便于游击活动，开始时是三个纵队，最多时发展到五个纵队，每个纵队 100 至 200 人。但由于肃反杀 AB 团和闽浙边临时省委闹分裂，在三年中部队消耗不少，因而经常保持的主力仍然只是三个纵队，五六百人。

为了贯彻特委制定的“波浪式地向外发展新区，同时对内恢复老苏区”的方针，成立了特委苏区办事处和特委游击区办事处。苏区办事处（即特委寿宁办事处，后叫特委福寿办事处）由我兼任书记，苏区各县委书记为委员。游击区办事处由阮英平兼任书记，游击区各县委书记为委员。特委的两个办事处在开始时是作了这样分工：苏区办事处负责恢复苏区，游击区办事处负责向新区发展，以赛河为分界。河这边的闽浙边地区，包括鼎平、霞鼎、福寿三个中心县委属苏区办事处领导，河那边的周墩中心县委属游击区办事处领导。

这时期我们对“苏维埃”、“分田地”的口号没有提倡了，闽东只在福寿含溪中心区成立了个苏区，分了田；霞鼎由许旺同志领导也成立了一些苏维埃，分了田；周墩中心县委管辖地区是搞革命委员会组织；其他地区只是把群众发动起来，组织贫农团，建立党组织，搞游击队、肃反队，进行“打土豪、分粮食、抗租、抗债、抗捐”等斗争。在小块地区搞了苏维埃，而当时最广泛的是发动群众打土豪、分粮食、抗租、抗债……

这时对于政策的改变也更加明确了：（1）原来赤白区对立厉害，这时对商旅不随便检查，允许白区商人来往。来卖货的，按他的贩货发票给他工资和利润，对于大商店也不随便没收。这是个大转变，这比较得人心，因此挑担做小生意的，和我们的关系也比较好了，他来时告诉我们关于敌人的消息，回去后又可以为我们扩大宣传，而敌人却得不到我们的真实情况。在 1934 年至 1935 年中，国民党搞食盐专卖，城市一元只买五斤盐，我们一元买 20 斤盐，敌人不但封锁不住我们，而且往往使大盐商赔钱。（2）对土豪，抓来的限期交钱，款额由其家产而定，钱到就给放回，第二次不再抓他，但不准他反动；对过期不交钱的就杀，这是硬的。当时环境紧张，没法建立太多的后方，因而有时在路上抓到土豪，只要有人敢担保送钱来，就给先放回去。这样转变的结果，我们很主动。在浙江边界，当我们队伍第二次到达时，村子里除了未曾被抓过的土豪躲避起来外，他的家属及其他土豪都给我们送猪送粮。我们队伍驻扎在苦头、帽头、南阳时，凡是庆元、景宁、沙坑有什么反动派来，土豪们都向我们报告。但有一条，在我们根据地内，地主收租收债是不允许的。（3）实行“白皮红心”政策，这在苏维埃时期本来就有白区的秘密工作，到这时是更加明确了。我们派党员与积极分子到国民党基层政权当保甲长，对于国民党联保主任和保甲长，我们做了最大争取工作，对于顽固反动的敌对分子，坚决给以镇压。（4）对大刀会政策是政治瓦解与武装镇压相结合的政策。这在周墩、福安交界地区执行得较好。对于少数民团，我们也有同他们拉关系的，总的是互不侵犯，具体有三条：一是他给我们送消息，二是给我们买子弹、电池、报纸，三是不许抢掠我们地区的群众。我们的要求就这三个。不过这方面的工作多在根据地的边沿地区。

在这时期我们更加明确了游击战争的战略战术，吃软不吃硬，不打没有把握的仗，有时把队伍化装奇袭敌人，有时也与大股敌人作战，都是我们力量多于敌人，或与敌人相等而我们占了很有利的地形，这才打。庆元的一次战斗，我们只一营人，敌人有300人，我们一开枪，敌人全部钻进松林，结果只把敌人参谋长打死了，缴到40来支枪。由于执行上述方针，新的游击区得到很大的发展，游击区南至福州附近，北至浙江的龙泉、青田、庆元，西至政和、屏南、古田，范围很大。在发展新地区时都是部队行动与地方工作相配合：地方干部随军队到一个新村子，在那里住上一二夜，首先找贫雇农，培养一批贫雇农骨干，交待他们任务后就走了。第二次到达时，进行检查工作，发展党员，成立支部，建立区委，给一些枪成立游击队，再由他们波浪式地向外发展，建立小块根据地。我们就以这种工作方法建立新的根据地，游击队也得到很大发展，各县都建立了游击队。霞鼎、鼎平还建立了独立营，后又改为独立团。1935年秋，国民党刘和鼎师从景宁、庆元、泰顺、平阳一带，建了一条封锁线，每隔三五里就搞一个碉堡，闽东各游击根据地遭到敌人攻击。这时，浙南游击区也遭到敌人大规模“清剿”，挺进师 100 多人撤到寿宁边界来。我们闽东党自 1934 年春福建省委被破坏后，与中央失去联系，在独立坚持斗争中感到很苦，一听说挺进师刘英同志到寿宁来，叶飞同志就赶去与他们会合。于是，1935 年 10 月间在寿宁的郑家坑成立了闽浙边临时省委，刘英同志任书记，粟裕同志任组织部长兼军区司令员，叶飞同志任宣传部长兼团省委书记，我是省委委员。

1936 年夏天，我到过南阳，我堂兄弟范继贵牺牲在那里。同年秋天到过黄莲坑一带活动，我们在寿宁、庆元边界强攻两个民团，突破包围圈。这时，我们每人只剩二三颗子弹，到庆元鱼条际对面芳村，又与来围攻我们的寿宁反动民团及伪军遭遇上了。敌人有四个连，我们误以为只有一个连，与敌打起后，我们部队即被切断，经过一边反击一边突围，才得脱险。我们作战的部队是第二纵队，作战地点在溪边，我们没有什么损失，只是我的手腕挂了花。

这时，我们独立师拥有一个纵队，约 800 人（特别是福鼎、鼎平地区参军的较多），部队骨干都是土地革命时参加过暴动的干部。第一纵队长范义生，第二纵队长陈挺，第三纵队长缪英，第四纵队长王建安。后来范义生同志牺牲了，第一纵队长换陈挺。陈挺这个纵队建了两次，第一次建起来，在反“清剿”时，为了将敌人引出外线兜圈子战斗中，大量减员。恢复后，因“南阳事件”垮掉了后，又建起来一直坚持到下山抗日。第三纵队垮了二次，一次在政和肃反错误中垮了。第二次组织后 1936 年由缪英同志带到闽北被肃反肃掉了。以后再到霞鼎、鼎平地区扩军，又建立起第三纵队，由沈冠国同志任纵队长直至抗日。

总之，上述组织的成立与方针政策的确定，叶飞同志出的主意多。叶飞同志当时是掌舵的，我们那时马列主义学习的少，主要是自己摸索，只要怎么能生存下去，能进行斗争，对群众有利，就怎么干。

三、为实现“合作抗日”而斗争

国共两党在抗日战争时期的合作，是在日本帝国主义要灭亡中国，中日民族矛盾上升为主要矛盾，国内阶级关系发生重大变化，全国人民要求团结抗日的呼声日益高涨的形势下开始的。

1937 年全国抗日民族统一战线虽已基本形成，但在执行上，国民党特别是地方当局,千方百计设置障碍,破坏和谈。当他们调集武装“进剿”受到严重打击之后,又企图在谈判桌上吃掉我们,或以官爵来收买，甚至借谈判之机，阴谋消灭我武装力量。这类事例，当时常有发生，因此，闽东和谈和南方各地一样，也经历了一场尖锐复杂的斗争。

当时，我们转战在闽东的深山里，闽东特委也还未与中央接上关系，既没有电台，又看不到报纸，对风云突变的国内形势毫无了解。1936 年冬我党打进福安抗敌后援会的郭文焕等同志，通过各种关系，千方百计收集情报，陆续寄来报纸、刊物。通过这些报纸、刊物，我们才看到我党中央的《八一宣言》、《抗日救国宣言》以及《中国共产党致国民党书》和《为日本帝国主义吞并华北及蒋介石出卖中国宣言》等文件，我们才逐步知道国内形势发生了重大变化，并了解了中央对时局的一系列重要决策。我们当即大量翻印散发这些文件。1937 年初，我们以这些文件为指导思想，确定当时的斗争方针，不再提“打土豪、分田地”的口号，印发了要求停止内战、团结抗日的《告民众书》。以后郭文焕又将闽西南已成立闽西南军政委员会的情况告诉我们，我们又进一步将闽东人民苏维埃政府改为闽东军政委员会，主席叶飞，副主席阮英平和我。

1937 年春我又到庆元。“南阳事件”后，敌人知道我们闽浙临时省委内部分裂，由刘建绪担任闽浙皖赣四省边区“剿匪”总指挥，向我们大举进攻。寿宁县委书记谢作霖叛变，叶藩部队垮了。我们派范振辉到寿（宁）政（和）庆（元）边界去，成立了寿政庆中心县委。

全国抗战爆发后，我们曾写信、派人与国民党庆元县政府联系，要求停战谈判，但庆元国民党政府不仅不理睬我们的正当要求，反而肆意围攻红军。我和陈挺率领部队，从江根经南阳，在久住坪与处州保安团、庆元自卫队打了一仗，敌参谋长当场被我们击毙。国民党庆元县政府写信责备我们说，“现在抗日了怎么还打我们？”我回信给他们说：“我们是在休整队伍，是你们来打我们，才进行还击。”久住坪战斗后，在庆元抓了二三十个土豪，到景宁又抓了一些，筹集了几百万元经费。久住坪战斗，给庆元、景宁敌人震动很大，在一段时间内城门紧闭，警戒很严。8 月间，敌福建保安处副处长兼保安第二旅旅长黄苏，派了一个加强连的兵力。“进剿”叶飞率领的红军游击队，8 月 19 日，在叶飞、陈挺指挥下，在宁德县西北的亲母岭设阵伏击，一举歼灭了这个加强连，毙敌 40 多人，俘虏 70 多人，缴获长短枪 100 多支，给敌人沉重的打击。在损兵折将的情况下，国民党的八十七师、七十八师又调往上海，迫使国民党福建当局不得不与我方坐下来谈判。

开始，国民党内部互相争功，派人来拉关系，妄想在谈判中吃掉我们，增加其势力，以捞取升官的资本。国民党省主席陈仪，叫福安国民党县党部指导员张辅翼出面，通过郭文焕来找我们。当时郭的地下党员身份尚未公开暴露，他在当地是有一定影响的人物。郭文焕同志便秘密赶到宁德虎贝，向叶飞同志汇报了上述情况。当时我带队伍还在庆元，叶飞派人赶来说有事磋商，叫我回宁德。我连夜赶回宁德后，叶、郭和我三人作了研究，便指定由郭文焕出面，先与国民党接触，看看敌人是不是有诚意。郭回到福安城里，向张辅翼表示愿意从中斡旋。

当时有两位地下党员陈斯克和雷美孚正关在福安国民党的监狱里。为营救这两位同志，郭文焕心生一计，便对张辅翼佯装不知红军的驻地，要和红军领导人见面，非他们两人带路不可。国民党才不得不将这两人释放出来。

经郭文焕与张辅翼商谈后，张辅翼找黄苏汇报，黄派了团副陆凌汉陪同郭文焕一道到了宁德霍童黄苏旅部，黄对郭表示愿意谈判，但一定要叶飞亲自出面。郭告诉黄苏，叶飞现在事情多，不能出面。

经过郭文焕同志多次来回奔走，与叶飞和我一再磋商后，特委决定派我为正式谈判代表。

8 月底的一天，我同郭文焕从宁德桃花溪动身，到约定谈判地点霍童去。为防不测，叶飞同志把队伍拉到霍童山上的通天村集结，约定如果 12 时还没回来，叶飞同志就带部队攻打霍童。

和叶飞同志分手后，我与郭文焕、雷美孚、王焘生等沿着山间小路下山，到达霍童时，已经是家家灯火了。国民党的联络员把我们引进国民党保安旅旅部。

我们径直迈步向灯火通明的大厅走去。黄苏坐在大厅的椅子上，摆出一副神气十足的架势，看我们来了，便走到大厅门口和我们握手寒暄。这家伙第一句话是："现在你们出头啰！"说完眨着小眼睛。

听了这句带刺的话，我针锋相对回答他："这不是出头的问题。现在全国人民要求国共合作，枪口一致对外，共同抗日救国。这是我们历来的主张，符合全国人民的愿望。"

经我这一反驳，这家伙有点难堪，只是哼哼哈哈一阵，然后指着右边的桌子说："好，先吃饭再说，今天鄙人请客。"

餐桌上，摆了十几道菜。黄苏强装一副笑脸，要我们喝酒吃菜。我们是很清醒的，只应付一下，都没有多喝。

黄苏问我，你们还有多少人。当我告诉他还有 1000 人时，他感到十分惊讶。

然后他又用试探的口气问我："你们的队伍现在都驻在哪些地方啊？"我笑着反问他："你们搞我们这么多年，我们驻防的地区，你们应该很熟悉的嘛！"

这家伙无话可答，又哼哼哈哈一阵。

当晚就寝霍童一家小旅社。郭文焕担心我的安全，很着急。我说，目前这局面，他们不敢怎么样。

第二天上午，谈判正式开始。

我把事先与叶飞等同志研究的条件，提了出来：一、停止内战，发表中共闽东特委共赴国难宣言；二、红军改编为闽东抗日游击支队，保持共产党的领导和指挥，并表示不能由他们派人到我们的队伍，干部由我们委派；三、划宁德、周墩、古田、穆阳、屏南等地为驻防区；四、释放一切政治犯；五、过去租债一律不能追索。

待我说完，这家伙摇摇头说："这样的事，我做不了主，要由陈主席决定，我可负责上报。"

第一次谈判没有结果。

第二次谈判地点改在宁德县城。黄苏提出把我们队伍编为保安旅，两个团。叶飞当旅长，阮英平和我各当一个团的团长。敌人这个阴谋，郭文焕同志事先已经了解到，并且深知黄苏个人的企图，想把我们队伍编为保安旅后，他就可以提升为师长，并代替原伪保安处处长叶沉的职务。真是个如意的算盘！这家伙说完，满脸狡黠地笑着问我："怎么样，这样不是很好吗？"我心中暗暗好笑，现在用官来收买我们啦！但我还是从大局出发，耐着性子把他顶回去。我说："我们的队伍只能改编为闽东抗日游击支队，由共产党领导。我们还是认真商讨我方所提的条件吧！"

黄苏看我们不易上当，又摇头推辞说我们提的条件太高，他定不了，还得再请示陈主席等等。谈判仍然没有结果。

两次谈判后不久，郭文焕同志得到消息说中央派人到福州，要来闽东找我们，而国民党福建省主席陈仪竟胡说闽东没有红军队伍。给国民党挡回去了。我们听了以后很恼火，时值黄苏派他的团副陆凌汉又到桃花溪来，我们当即提出抗议，指出他们这样做是别有用心的。当时陆凌汉尴尬得很，他随即回去复命。这时候，郭文焕又把"漳浦事件"的情况告诉我们，我们更加警惕起来，严防像闽南红三团的队伍那样，在谈判情况下，被国民党骗去缴了械。我们便把队伍进一步集结，更靠近宁德县城的山上，这下吓得黄苏下令戒严，宁德关了三天城门。

隔了几天，黄苏又要郭文焕带陆凌汉来找我们。陆陵汉到桃花溪时，推说上次发生的事黄苏不知道，要求我再去宁德谈判。我考虑到他们没有诚意，所以暂时没有答应。这样拖了七八天，他们又来催。叶飞同志和我商量，决定还是再去一趟。我脚痛不能走路，只好坐着轿子，还带了几名警卫员，到了宁德县城，黄苏还是吞吞吐吐地不正面答复，推言陈仪还没有复命。

这次仍无结果，是我们意料到的。我临走时，黄苏为了张其声势，要我去看他们筑的工事，我推说走不动。可他叫人扶着我走，我只到附近瞥了两眼，知其用意，心中不禁好笑。后来我推说实在走不动，就转身返回了。

但是，黄苏这家伙还是不死心，派人来说，如果叶飞不能去，就请阮英平去一趟。这样，阮英平同志又去了一次。黄苏还是耍那一套，又是办酒又是拉拢。但他这次不敢提出把我们改编到他们那里去，只是说："你们的队伍扩充为两个团，成立一个旅，不是很好吗？"阮英平同志当面严词拒绝。这次又没有结果。这时已是农历十月了。

1937 年 11 月间，八路军南京办事处派顾玉良为代表到了福州，并到了我们驻地。他听了我们上述的情况之后，告诉我们说：是中共长江局要他来了解情况，把南方游击队改编为新四军，并且告诉我们新四军军部已在江西南昌筹建，叶挺任军长，项英任副军长，党则成立东南分局，由项英同志负责。当即决定由叶飞同志和他一道去南昌。

1937 年 12 月初，由于闽东党的努力和当时全国抗日救国情绪高涨的形势，国民党福建当局不得不答应闽东特委提出的条件，达成协议，并在《福建民报》上发表《中国共产党闽东特委共赴国难宣言》，划屏南县为我们队伍的驻防地。当时任闽东红军独立师后方办事处主任的许威同志，便向国民党领回 700 套军装和一些款。这样，我们的队伍就在屏南县棠口一带集训。

叶飞同志到南昌后，于1938年初回到棠口。新四军军部派李子芳（新四军政治部组织部长）为代表与叶飞同志一道到了闽东我们驻地，宣布闽东红军游击队改编为新四军第三支队第六团，团长叶飞，副团长阮英平。我接替叶飞同志任闽东特委书记。李子芳同志不久就走了。

李子芳和叶飞同志路经福州时与陈仪洽谈，已商定在宁德设立新四军第三支队第六团宁德留守处，由我负责。我们特委机关原来准备也设在那里，后来考虑没有保障，没搬进去，只派特委秘书长郭文焕同志留在宁德留守处，并派了一个警卫排。国民党反动派后来果然派武装突然袭击我留守处，我们牺牲了两位同志，郭文焕等同志均被捕押送福州，经交涉后才释放。

以上是闽东特委和国民党福建当局谈判的经过。这次谈判取得成功，主要是我们有党中央的方针政策作指导，在斗争过程中，掌舵的是叶飞同志，是他的坚强和出了不少好主意，加上我们当时不示弱，先给国民党顽固派以打击，消灭了他们的一些部队，在谈判桌上坚持原则，寸步不让。这样，他们看我们不好对付，像块硬石头吞不下，才不得不答应我们的条件。

总的说来，闽东和谈的胜利，应归功于党中央长江局，归功于周恩来同志。他先后两次派人来找我们，排除了国民党福建当局的阻力，使我们的队伍顺利地开赴抗日前线。

闽东党所以能够胜利地坚持三年游击战争，我认为有这几条原因：

第一条是党的坚强领导和党内的团结一致。特委的核心人物是叶飞同志，大家都能团结在他的周围。下级党委又都能团结在特委周围进行革命斗争，这就能保证斗争的胜利。而且，从特委到各个地区都有核心领导人，比如叶飞同志，他的确在政治修养敏感方面比我们高，他善于从敌人报纸上，从各方面情报中判断形势与敌人的企图。霞鼎有许旺等几个同志，周墩宁德有阮英平等几个同志，福寿有叶秀蕃，我，范义生等（再如下层的许威、韦芝祥等同志）和鼎平的几个同志。他们在各块地区里出主意，并领导党组织和群众一起斗争，就能赢得胜利。

第二条是依靠群众。当时我们是"土包子"，理论水平不高，但我们都明确一条，坚决依靠贫雇农。在整个革命斗争中，我们坚决依靠和组织他们，把他们武装起来，反对国民党反动派和地主豪绅的剥削压迫；再加上红军游击队纪律严明秋毫无犯，爱护群众，所以就博得群众的拥护和支持。比如1935年到两广事变时，刘和鼎五十六师在福寿地区从炭岔头封锁到上地洋，采用"移民并村"把群众赶去大村住，群众的锅都给砸了。这时我们确是很苦，但是群众还是设法在森林里给我们留下锅和粮食，使我们不致陷于绝境。

第三条是波浪式的向外发展新区的方针的正确、有力。我们游击活动的面很广，北至松政庆，南至福州边界，共20余县的范围。同时，我们的队伍既是战斗队，又是工作队。这时没有苏维埃时期的众多的工作团（只福寿地区有工作团），但我们的游击队、正规红军却都善于做群众工作，队伍到那里，群众工作就做到那里，新的小块的根据地就建立起来了。敌人搞掉了我们这一块根据地，我们还有其他许多根据地。

第四条是游击战略战术的灵活，真正体现了毛泽东同志总结的游击战"十六字诀"。我们都能做到"以优势兵力去歼灭敌人"和用短小精悍力量袭击小的敌人部队。不打没有把握的仗。有一次敌第八十师来进攻我们，叶飞同志闻知敌情，便与陈挺同志率队挺进敌后打到福州附近，弄得敌人很恐慌，急忙退了回去。我们有时到浙江，有时到福州市郊，有时到松溪、政和，有时到古田、屏南。我们就是这样采用灵活的战略战术来消灭敌人，保存自己，并避免根据地群众遭受损失。

我们的队伍在三年游击战争中，还有个特色——擅长拼手榴弹。特别是陈挺带的队伍拼得很好。每个重要仗，打到最后总是以手榴弹来结束战斗，打退敌人。而这些手榴弹又多是从敌人手里缴来的，买的不多。

另一个特色——开展“神枪手”运动。这是赖金彪同志发起的。部队中“神枪手”不少。记得在甘棠战斗中，敌人六个连，我们三个连，打了一天，到下午时，赖金彪只一弹就把敌机枪连长打死了，在西隐一次战斗中，他也是一枪击毙一个敌连长。

第五条是政策的及时转变，比如对地主、土豪筹财政的政策灵活了，就能基本上解决了我们的财政开支；有了正确的商业政策，我们就可以买到东西；有了“白皮红心”政策，我们团结了许多可以团结的人，甚至一些民团也被我们争取过来，这就便于我们有力地打击敌人，开展游击战争。总之，当时政策的灵活转变，给我们开展游击战争带来了很大方便。

选自《南方三年游击战争·闽东游击区》，第102—116页。

范式人，1909年生，福建寿宁人。1932年加入中国共产党。南方三年游击战争时，任中共闽东特委常委、宣传部长、特委福寿办事处书记，红军闽东独立师政治部主任，中共闽浙边临时省委委员、保卫局局长，闽东军政委员会副主席、政治部主任兼肃反委员会主任等。新中国成立后，曾任中共江西省委副书记、江西省人民政府副主席，中央人民政府粮食部副部长，邮电部副部长、党组书记，中共福建省委第二书记，福建省军区第一政治委员，福建省政协主席，中共中央顾问委员会委员。1986年在北京逝世。

闽东三年游击战争亲历记

陈挺

一、反敌“清剿”

1934 年春，党领导的闽东土地革命风起云涌，各县农民纷纷暴动，很短的时间内，控制了闽东农村许多地区，形成了以福安、连江为中心的大片苏区。然而，红火的日子只过了半年多，闽东苏区那晴朗的天空又被团团乌云所笼罩。

1934 年 10 月以后，闽东的斗争形势便日益紧张起来。8 月中旬，由红七军团（军团长寻淮洲）组成的北上抗日先遣队路经闽东，北进浙江后，尾追红七军团的一部分国民党正规军，联合原先驻守闽东的国民党新编陆军第十师（简称“新十师”）、海军陆战队和各县区保安队地主土豪武装，总数约六万人以上，疯狂地对闽东苏区进行大规模的军事“清剿”。福安敌军沿赛江北上，直至寿宁县城，占领了沿江两岸的主要村镇和渡口，把福安中心苏区切成东、西两个部分。敌军所采取的战术是：先占据军事要地，筑碉堡，挖战壕，然后分块切割、分区“清剿”，配合地主民团、反动大刀会占据大小村庄，并组织大批机动兵力围追堵截我红军主力和游击队，使苏区遭受很大损失。

那时，我在闽东红军独立师二团五连任连长。闽东独立师是 1934 年 9 月底由连江、福安两地中心县委领导下的两个红军独立团合并成立的，未及整军与训练，便仓促投入了反“清剿”的战斗。由于当时闽东党和红军没有大规模反“清剿”斗争的经验，思想上、组织上、军事上都准备不足，对敌军的兵力部署情况掌握得很少，甚至连敌人的番号和人数都不清楚。反“清剿”初期，虽然独立师先后攻打了宁德的石堂、霍童和周宁的咸村等敌据点，并一度攻占了周墩（今周宁县城），在局部战场上取得了一些小胜利；各地游击队也曾配合独立师主力袭扰敌人，保卫翻身农民进行秋收，但由于敌强我弱，这些努力仍无法扭转日益险恶的局势。10 月中旬，闽东特委和苏维埃政府机关所在地福安被敌攻陷，大部分县级党政机关和警卫部队损失严重。我独立师只好在霞浦、柘洋（今柘荣）、福安、寿宁、周墩等县边境山上同敌军兜圈子。但敌人进山“清剿”的部队越来越多，封锁也越来越严，独立师回旋余地一天天缩小。

11 月底，独立师又一次转到霞浦西胜山一带同特委机关会合。这时，我患病躺倒了。独立师转移后，我被留在特委机关；病刚好，特委代书记詹如柏要我到福（安）寿（宁）独立营当营长，我奉命立即前往，找到了福寿县委书记詹嫩弟。这时县委已准备转入地下，交给我的独立营，实际上只有七八十人，枪支不及半数。这些战士，多数是从当地乡村赤卫队刚集中来的，基本上没打过仗，听说敌人的大部队要进山，战士们思想较混乱。我那时没有带兵经验，不善于做思想政治工作。没几天，就有个别人开小差跑了。这时同县委又失掉了联系，我心里万分焦急，只好把队伍带到福安北区太蓬一带的大山里隐蔽。苏区的农民没有经历过反“清剿”斗争，听到一些敌情传闻，也人心惶惶，纷纷跑进山来。我一面派人帮助老乡们把粮食、农具、耕牛等拉上山，坚壁清野，一面组织没打过仗的战士练习瞄准、打枪，教他们一些军事常识，鼓励战士们要有信心，干革命就要干到底，不管遇到多大困难，都要坚持下去；这里山高林密，我们地形熟，语言通，有群众支持，而国民党官兵都是外地人，不如我们有利。敌人来了就打，没有什么可怕。我就用这样一些话来稳住部队的情绪。然而，局势一天天地险恶下来，敌人已经进入这一带山区，整天枪声不断；山下的村子，时常浓烟滚滚，这是敌人在放火焚烧农民的房子。我们得不到上级指示，只能利用地形、人情熟悉的有利条件，在太蓬周围的大山里转来转去。

1935年1月中旬，我听一位老乡说，有一支红军前几天在柘洋、福安交界处的山上打了一场大仗，现在退到福寿边境来了。我一听，赶忙带着独立营去寻找，在太蓬东北面的大竹坑村遇上了。一看，我高兴极了：原来是独立师政委叶飞和师长冯品泰带的四五百人的队伍。可是，他们一个个神态疲乏，衣裳破烂。会合后我才知道，在我调去福寿独立营任职的这一个月时间里，独立师整天在敌人的包围圈里突来奔去，没有喘息的机会。前几天，他们从中心苏区突围时，在柘洋、福安交界的西竹处，同四个团的敌正规军打了一整天，打死打伤敌人好几百，我们部队伤亡也很大，子弹差不多都打光了，最后由叶飞、冯品泰带领一、二团，闽东苏维埃政府主席马立峰带领第三团，分南北两路向福寿边境和福霞边境转移。第一、二团余部跑了一夜，才把追敌甩掉，转移到太蓬这一带大山里休整……

我把在独立营一个多月的情况向叶飞汇报后，他要我带着队伍跟他走，于是我又回到了独立师。

我们绕过福安县，抵达寿宁境内的三角林时又与敌人遭遇，打了一仗，紧接着经寿宁南下，沿途不断受到敌军的前堵后追。3月1日，我军转移到宁德与福安两县交界的官岭时，突然遭到两路敌军的夹击。敌军占领了两边山头，步枪、机枪一齐朝我们猛射。当时我们子弹很缺乏，无法进行有效的抵抗，走在后面的副师长赖金彪几步跃到队伍前头，朝大家喊："身上有子弹的跟我来！"便带领20多个战士，抢占附近一个小高地掩护部队后撤。而赖金彪同志却在激战中，不幸中弹牺牲了。

赖金彪同志是瑞金彭杨学校（中央苏区的军事学校）毕业的干部，1933年夏秋间受中共福州中心市委派遣来到闽东，曾同范式人等同志一起创建了威震闽东的红十六连，为发展闽东苏区做出了很大的贡献。红十六连后来编入闽东红军独立团，一直是独立团的主力。他的牺牲，使闽东红军失去了一位优秀的指挥员，这是闽东红军的一大损失。

这年 3 月初，闽东绝大部分苏区被敌占领，大部分县委和地方武装被打垮打散，革命队伍里又出现了破坏性极大的叛徒，使许多重要的领导人相继牺牲。最令人痛心的是，闽东党杰出的领导人，闽东苏维埃政府主席马立峰于 2 月 8 日被原安福独立营营长游聚坤等人出卖，遭敌枪杀，壮烈牺牲。独立营也垮了。不久，中共闽东特委代书记詹如柏也被叛徒出卖，壮烈就义于赛岐。随后，闽东苏维埃政府副主席叶秀蕃以及福霞、霞鼎边区党的早期革命领导人施霖、詹建忠等同志，也都因叛徒出卖而先后牺牲。闽东革命遭受了重大挫折，我们这些幸存者只能强咽悲愤，继承先烈遗志，继续坚持斗争。

二、鱼水情深

难忘的岁月给人以难忘的记忆。其中尤为深刻的，莫过于我们党、红军和人民之间在患难与共中建立起来的鱼水相依、骨肉相连的深厚情谊。

1935 年 3 月上旬，宁德官岭战斗之后，我的臀部长了个碗口大的脓疮，痛得无法走路，部队领导只好委托宁德县委把我安置在群众家里养伤。一会儿，县委的同志领来一位年约半百的农民，名叫王乃发。他朝我点点头，二话没说，便动手搀扶着我走进密林深处，待爬上一道长长的陡坡，他指指下面，告诉我到他家了。

我举目望去，只见这个位于霍童镇大坪岗附近的小自然村，不过四五户人家，坐落在一个峭崖的半山腰上，村前不远是深山涧，村后的陡坡长满了茂密茅草、毛竹和灌木。这真是个隐蔽的好地方。

我刚进村，乡亲们都跑来看我，你一言我一语地打听着红军和县委领导的消息。王乃发坐在旁边，一言不发，手捧竹制烟筒在“咕噜咕噜”地抽着水烟，抽完就出门去了。不一会儿，他抓回了一把水灵灵的青草药，先拿浓茶汁给我洗疮口，然后把捣烂的草药敷在疮口上，用破布条包扎好。他的妻子是个身材瘦小的裹足妇女，一见疮口包好，便急忙把我那一身长满虱子的破烂衣服换了下来，用开水烫洗。吃过晚饭，王乃发在我的床前，照样“咕噜咕噜”抽着水烟，仍然不大说话。但从简略的言谈中，我了解到这个小山村的五户人家全是贫雇农，大部分人都参加过 1933 年端午节由宁德县颜阿兰同志领导的“霍童暴动”，后来一直是革命基点村。当晚，王乃发用厚厚的稻草作褥子，让我舒舒服服地睡了一觉。

王乃发一家四口，日子过得很艰苦。每餐，一家人只用筷子蘸点那一碗天天端出端进的烂鲔酱下饭。但他们却想尽办法替我买来一些咸带鱼、虾皮，有时还炒两个鸡蛋。每过一两天，王乃发就到外头打听消息，回来便告诉我周围村子敌人的动向，或者什么人被捕被害，什么人叛变自首了，说完，又静静地陪我坐着。

不久，敌人开始“清乡”了。王乃发担心我住在村里不安全，便到后山的密林里替我搭了个草寮，每天来回送饭送药。每次到来，他还是那样默默无言地陪我坐一会儿。有一天，整整一天没见他来，林子外边不时传来狗吠声，偶尔还听到一二响枪声，我判断是敌人进村子了。为了防备不测，我把短枪子弹压上膛，钻进草寮附近的灌木丛中。

天黑了，山下安静了，仍然不见王乃发到来，我预感到事情不妙，便忍着臀部疼痛，拐着腿向山下摸去。走不多远，黑暗中竟与王乃发相遇。他扶住我，轻声地说：“白匪还没走！”原来他是在敌人的严密监视下，冒着危险摸上山的。他给我带来一大包饭团，并说全村都被敌人搜遍了。我忧虑起来，心想：万一敌人知道有红军在这里养病，一定会向全村群众进行野蛮报复的。

“你放心吧，反动派不会发现你的。”他很有把握地安慰我，接着他又补充了一句，“我们村里几户人家的命，早就跟共产党拴在一起了！”

一股暖流涌遍我的周身，我感激地望着王乃发，许多话哽在喉头说不出来，只是紧紧地搂着他的肩膀……

当晚，树林里冷风呼啸，没有月亮，没有星光。王乃发在草寮里一直伴着我坐到天明。

半个月后，在王乃发一家的照料下，我的疮口结疤了。王乃发又帮我找到了县委驻地。临走，他还把几张钞票硬塞到我手里，给我当路费，然后一言不发地护送我走了好长一段路。分手后，我走远了，回头一看，他仍然站在原地，目送着我……

多少年过去了，每当我回想起这段经历，联想起闽东父老乡亲在艰难的战争岁月里给党和红军以无私的援助，我的心总是难以平静！我们党，我们这些工农子弟兵，正是依靠这许许多多忠诚而朴实的人民群众，才得以度过那重重难关的啊。如果没有人民群众的大力支持，当年我们怎能坚持整整三年艰苦卓绝的游击战争！

三、火种不灭

1935 年春，是闽东革命极其艰难的年头。

反“清剿”失利后，闽东地区仅剩下宁德坑头至福安竹洲山，寿宁甲坑至福安岗垄，霞浦桃坑、大湾至福鼎仙蒲这三块被敌人分割开来的小根据地；闽东红军主力剩下不足 300 人了，分散几处打游击，部队没有财源，缺乏子弹和药品，指战员们常常一天两天饿着肚子，找不到饭吃，有时能弄到一些地瓜中掺点白米的冷饭团吃，就算是享受了。在我们活动的区域内，大村小村几乎都驻上敌兵；大路小路差不多都被封锁，敌正规军由当地民团或叛徒作向导，带着军犬到处搜索，一发现我们，就紧紧追赶。那时，每天听到的也多是坏消息：不是这个同志牺牲了，就是那个人开了小差或当了叛徒。地方党组织也遭到严重破坏。特委下属的十个县委中，只有宁德、福寿、霞鼎三个县委保存了下来；完全没有暴露的城镇地下党组织，只有福安县城关由郭文焕同志领导的秘密特别支部。

闽东党和红军正面临着生死存亡的考验。

在这艰难困苦的日子里，叶飞同志起了主心骨的作用。自从 1934 年春福建临时省委机关在福州遭到敌人大破坏后，闽东党同上级党组织就失去了联系，当时革命遭受了严重挫折，几位熟悉的、有魄力的领导人又相继牺牲了，往后革命怎么搞，大家心里都没有底，精神也很苦闷，眼睛全看着叶飞。叶飞是福建南安人，1932 年由福州中心市委派来的，年纪虽然才 20 出头，但有文化，见过世面，大家信赖他，生怕他发生了什么意外。那时，叶飞同志也很苦恼，人瘦得很厉害，但他还是充满胜利的信心。他常说，别看敌人现在很强大，赶得我们满山跑，这是暂时的，他们迟早要把根据地还给我们；我们还有人，还有枪，这就是革命的火种。只要我们坚持下来，胜利一定是我们的。革命总会有困难，有挫折，革命者最可贵的品质就是在逆境中不屈不挠。我们在一个地方把更多的敌人拖住，其他地方的革命就会更快地发展了……这些话，对当时稳定部队情绪，鼓舞干部、战士的斗争勇气，起了很大作用。面对现实，我们心里也明白：我们这些幸存者，唯一的出路就是斗争下去，要么活在红军队伍中，要么死在同白匪拼杀的战场上。

在这严峻的斗争形势面前，苏区的广大人民群众更给了我们巨大的支持和帮助，许多基本群众被国民党摧残在死亡线上，连自己生活也难于应付，但他们没有忘记红军，红军需要什么，只要家里有就拿出来支持，有的群众见红军没有粮食吃，就将家里仅有的一点交给红军，也不管自己日后日子怎么过。至于带路、送信、打听情况，更没二话可说的，叫谁就谁，交代完任务就走了，而且都能出色地完成。

为了保存革命火种，适应新的斗争形势的需要，叶飞同志把独立师余部分成若干小分队，分散隐蔽活动；多出的干部则编成特务队，由我任队长，跟随叶飞活动。

在安德县外宅、北斗坑一带坚持的特委委员阮英平等人，在群众的支持下靠一条小船突围出来。在我们刚准备出发时，他带了小阮、陈鸿、阮玉成、詹舜书等人抵达周宁的坑底，同叶飞会合。他们会合后，交换了情况，研究斗争形势，确定阮英平留在周宁，领导宁屏古地区的斗争。随后，叶飞带着我们特务队转到福寿岗垄地区和范式人会合。事实证明，闽东革命虽然历尽劫难，但火种没有熄灭，红旗没有倒下，它聚集着一批铁心干革命的优秀儿女，凭借着得天独厚的山林沟壑，更有着许许多多衷心支持革命的闽东父老乡亲的全力支持，终于使不灭的革命火种，重新在闽东大地上熊熊燃烧。

四、挺进霞鼎

1935 年 3 月底，我疮愈后回到了独立师。

与阮英平同志分开后，我们从周宁转移到寿宁县北部古岭宅南面的大山里，找到了范式人同志。当时，范式人同志带着一支小部队和福寿县委的同志在这一带坚持斗争。

没想到刚同范式人等同志会合，敌军便尾追而来。我们师特务队 30 多人，加上范式人同志带领的 20 多人，赶忙撤进古岭宅北面的原始森林里。这儿是闽浙两省的接壤地带，同浙江省泰顺县只隔着一条小河，森林遮天蔽日，地上落叶积叠，没有道路，没有人烟，是飞禽走兽的活动世界，离反动派统治的村镇较远。在靠近小河边的密林里，原先已搭了几间草寮。我们人多，草寮一时不够住，大家也学着范式人他们的办法，砍几根小树，打好木桩，上面架起细木棍，拿野藤一扎，再铺上树枝茅草，能挡住露水就成了。床铺也很简单，砍两捆毛竹，将毛竹的一头捆在桩子上，一头架在树杈上，再往架起的两根毛竹上横摆一排小竹竿，用野藤扎牢，树叶、茅草一铺，便能睡人了。粮食，靠古岭宅附近的富家村一带群众秘密转运进来；做饭烧柴草怕敌人发现烟火，群众就送木炭给我们。在驻地周围几十里范围内，都有群众的观察哨，一有敌情，群众的秘密哨卡便一山传一山、一卡递一卡地互相呼应，及时传报，我们在这里度过了反“清剿”以来最安宁的十多个夜晚。虽说生活仍是很艰苦的，但一时没有战斗任务，大家总算能够安稳地吃上饭、睡好觉。这期间，叶飞、范式人等同志分析研究了当时形势，认为:“敌正规军已经陆续撤出闽东地区，现在是出去活动的时候了。闽东红军独立师今后的任务是广泛开展游击战争、宣传组织群众、打土豪筹款。”他们还对重建闽东特委加强党的领导等问题作了研究布置。

不久，我们独立师特务队 30 多人，跟随叶飞同志从寿宁出发，绕过敌人严密的封锁线，经福安北部进入泰顺和柘荣两县接合部，转到霞（浦）（福）鼎根据地，在霞浦县西北部的大湾村，同许旺同志会合。

许旺是霞浦县上西区柏洋村人，雇农出身，1932 年 2 月加入中国共产党，历任上西区苏维埃政府主席、区委书记、霞鼎县委书记、霞鼎中心县委书记、闽东特委委员、常委、中共闽浙边临时省委委员。他是霞鼎地区革命主要领导人。我们到来之前，他已将本地区保留下来的近 300 人的游击队，拉到尚未遭受敌人“清剿”的霞浦西部山区，整编成为闽东红军独立师第四团。我们看到这里还有这么多的人和枪，都很高兴。当时敌人大肆吹嘘闽东共产党红军已被“剿灭”，又是“祝捷”，又是登报、发布告，很是热闹了一番，但他们哪里想的到，就在新十师“剿共”指挥部所在地福安的邻县大山里，红军却又建立了一个团！

许旺同志向叶飞汇报了霞鼎地区的工作后，叶飞同志派我去第四团任团长。

我在许旺同志的帮助下，对部队再次进行了整编，全团编为三个连，以霞鼎独立营为基础的二连为团主力连。一连长是柘荣(旧称柘洋)人，二连长是霞浦县柏洋人，三连长是福安县松罗人（可惜这三个连长的姓名现在都忘了）。当时连队没有设指导员，团部由我和一个通讯班组成，全团有各种枪械一百五六十条，质量很差，稍好一些的算是汉阳造步枪，还有的就是清朝年间使用的毛瑟枪，但不管怎么说，这个团要算是当时闽东红军独立师建制中人枪最多的一个团。

五、仙蒲伏击

红四团整编没几天，敌人就探到了我们的动静。当时，我们在福鼎县仙蒲村一带活动，获悉驻白琳镇的敌人一个连要来袭击。叶飞同志找许旺和我商量，决定利用仙蒲一带有利地形伏击敌人，刹刹敌军的嚣张气焰。

仙蒲村南邻霞浦县，往东北20余公里便是白琳镇。闽东苏区土地革命开始不久这里就是党和红军的活动地区，群众基础很好，地势也十分险峻。从白琳方向延伸而来的一条弯弯曲曲的山间石板小道，经过这里向西通往霞浦，是沟通霞鼎两县的唯一通道，通道两边多是陡坡和树林。我们伏击地点就选择在仙蒲村东一个叫枫岔头的地方，那儿有一段200多米长，形同壕沟的狭窄石板道。敌军一旦进入这个地方，我们把窄道两头一堵，料他插翅也难飞。

我们把红四团和独立师特务队全都拉上去，于拂晓前开进了枫岔头。上午9点钟光景，敌军大摇大摆地开过来，待敌人都进入伏击圈，我发出了战斗命令。

顿时，寂静的山间枪声大作。红四团的战士们喊叫着，犹如猛虎一般，从山坡上冲杀下去了。敌军一下子乱了套，想掉头往后退，退路已堵死；想往前窜，又遭到迎头痛击。一个连的敌兵被压在窄道上，我红军战士插进了敌人的队伍，与敌人展开了白刃战。经过一个小时的激战，终于全歼了这连敌人。但二连长却在激战中壮烈牺牲。

这一仗，我们付出的代价较小，缴获了 70 余支枪，都是很新的“汉阳造”，还有一挺手提花机关枪。一下子增加了这么多的好武器，大伙高兴极了。在打扫战场时，还发现了一具敌营长的尸体，并在他身上搜获了一只军用皮包，这时，才知道在这支敌军中还有个营部。我让通讯员把皮包连同里头装着的军用地图交给了叶飞同志。他打开地图一看，叫我快集合部队。

在我下令部队紧急集合时，他才告诉我：这一仗我们打得很侥幸，光知道白琳一路来敌，其实敌人是三路合围我们的。从这张军用地图上看敌人的军事部署：白琳来敌是第一路；第二路是从南面东坡来的；还有从北面管阳来的第三路。按图上所标的行军路线，其余两路敌人马上就要到了。

我们匆匆忙忙遣散了俘虏。队伍迅速拉到仙蒲村东的大山顶上隐蔽起来。从这儿可以观察到仙蒲村周围的动静。约 11 点钟左右，果然从管阳方向开来一个连的敌军。他们在村子里搜索片刻，便仓促撤离，还有一路敌军一直没有露面。后来我们才知道，东坡那路敌人才走到半路就获悉白琳一路中了埋伏，当即掉头缩回去了。

枫岔头伏击战，是反“清剿”后打得最利索、伤亡最少而战果最突出的一仗，极大地鼓舞了红军和人民群众的斗争勇气。几天后，叶飞同志便带着师特务队离开霞鼎去鼎平（福建福鼎和浙江平阳）地区，在那里又组织起了一百五六十人的独立师第五团；紧接着，又打下了福鼎县海滨重镇——沙埕镇，缴获很多，震动了闽浙边区。

我们在霞鼎、鼎平地区的频繁活动，引起了敌人的恐慌。他们连忙从福安、霞浦和浙南等地调兵“清剿”我们。我同许旺同志商量后，决定由我带领红四团离开这个地区。我把缴获的一批武器，留给就地坚持斗争的许旺和他领导的中心县委的同志们。一切安排就绪后，在一天夜里，我带着全团战士，踏上了南下福霞边界山区的征途。

六、奔袭茜洋

福霞边界的柏柱洋、松罗一带，曾经是闽东苏区的中心。闽东特委和苏维埃政府机关都设在柏柱洋的斗面村。反“清剿”失利后，这儿遭受了敌人的严重摧残，一片废墟，田园荒芜。一度翻了身的农民被敌人抓的抓，杀的杀，青壮年大多外逃，卷土重来的地主土豪，以国民党军队为靠山，到处建民团，设刀会，筑碉堡，一方报警，四方呼应。所有村民都被强迫编入保甲组织，一家出事，大家牵连。敌人的“政治训导员”，也利用各种场合，大肆宣传叛徒们的“悔过自新”，展出被杀害的我党各级组织领导人照片；散布共产党红军已被“剿灭”的谎言。在敌人的恐怖政策和欺骗宣传的影响下，一些群众情绪比较低落。我们刚回到这一带时，不少群众不敢同我们接触，怕遭到地主民团的报复，红军的活动也因此受到很大的限制。

看着敌人的嚣张气焰，战士们心里都窝着一团火，纷纷要求给敌人点厉害瞧瞧。我也同大家一样激愤。先前我们没能守住这一带苏区，使群众吃了很多苦，我们对不起他们。我决心即使冒一次险，也要组织部队深入被侵占的苏区打他一仗，振振红军的声威，鼓鼓群众的斗志。我派出一些侦察员下山，侦察敌情，并对几个可攻击的敌据点进行分析比较，最后决定：奔袭茜洋！

茜洋村位于福安县城东 25 公里处，200 余户人家，是当年苏区闻名的堡垒村，它守护着设在离它不及三公里的斗面村——闽东特委和政府机关。1934 年 8 月，敌新十师一个营企图偷袭茜洋。留守特委机关的警卫连 100 多人，在群众的全力支援下，在茜洋村口隔着小溪激战一天，终于打退了敌人的进攻。红军退出苏区后，反动派在村里组织了一个由地痞、流氓、叛徒等组成的民团，在村外修筑了一个大碉堡，仗着附近几个村镇国民党驻军撑腰，横行霸道，反攻倒算，迫害红军家属和我地方干部，当地群众对他们恨之入骨。如果搞掉这个民团，对鼓舞老苏区群众的斗争勇气，会有很大作用。突然袭击，是能够速战速决的。

时近午夜，我们从柘荣县鸳鸯头村出发，绕过敌人把守的村镇据点，急行军 30 多公里，插到茜洋村时，天已经大亮了，时间比原计划略迟了些。在前面开路的侦察班动作很快，几分钟就把村口的大碉堡拿下了，俘虏了六七个民团丁，接着又放火烧了碉堡。待后面部队冲进村时，留在村里的团丁已经逃进团部。这个民团团部原是大地主的钱庄，围墙又高又厚。冲在最前面、给部队领路的战士马奎弟是茜洋人，提着大砍斧扑上钱庄就劈门，不幸被门洞里射出的子弹击中牺牲了。战士们围着钱庄，一阵猛打，但敌人堵死大门，凭借坚固的墙楼顽抗。我们打不破庄门，用火也烧不进厚墙，一直僵持了两个多小时，后来我们获悉溪柄的敌人已前来增援，只好撤出战斗，转移到茜洋东面的官洋大山里。

这一仗由于我们战斗部署不当，未能打胜。如果当初让打头阵的侦察班先去袭击民团团部，村口的碉堡由后面跟进的部队抽出一批人去打，那么结局很可能是另一个模样了。然而战斗是一门遗憾的艺术，打过的仗是无法重来的。

我们撤离茜洋后，又在官洋的高山、荷洋、金钟一带活动了几天，向群众宣传：党和红军又回来了，革命还要继续下去，不革命不斗争，穷人就没有出头之日。我们还发了一些钱，救济被敌人烧了房子的穷苦农民和红军家属，并消灭了这一带坑害群众的两个小民团和大刀会。这些活动在老苏区里影响很大，敌人整天吹嘘的“共产党红军已被剿灭”的鬼话，从此在群众中成为笑谈。敌人气急败坏地又从各据点调兵来“清剿”我们。但不等他们部署就绪，我们已经离开福安，撤回到霞浦西部的大山里。不久，又绕过福安，向西转移到位于闽浙交界的寿宁、政和、泰顺等县的山区活动。

七、半山突围

当时我闽东红军独立师作战的基本原则是:避强击弱,有把握就打,没把握就走;不主动攻击敌正规军据点,集中力量打击敌乡公所、联保处和较为弱小的民团;瞧准机会也狠狠打击下乡骚扰群众、派款抓夫的敌小股正规军;同时打土豪筹款,利用各种时机在群众中进行宣传工作。

1935年六七月间,叶飞同志带着师特务队在各地穿插活动,逐步恢复健全了各级党组织。闽东特委自5月底在寿宁含溪恢复重建后,到8月间,又进一步充实、健全(书记叶飞,组织部长阮英平,宣传部长范式人,我被增选为委员),红军和游击队又发展到了六七百人。

我带红四团活动,同叶飞等特委领导同志时分时合。9月间,我们又一次会合后,来到福安、周宁交界处的竹洲山。这儿是畲族民众聚居的地方。畲族同胞十分拥护和支持革命。在他们的掩护下,我们在竹洲山里还保留了一处红军的秘密落脚点,用以贮藏军需物资和安顿伤病员。我们在频繁的游击活动中,也经常到这里稍作休整。这次在竹洲山的大前坪村住了两天,叶飞同志便带领我们到白云山、半山一带去,准备突破敌封锁线,插到福寿地区找范式人同志。

从大前坪到半山村有20多公里山路,我们天一黑出发,下半夜就到达了。这个山村只有20来户人家,周围长满毛竹,地点比较隐蔽。叶飞同志决定在这住下来,准备第二天再行动。我即在几个路口派好岗哨,然后安排各连分头到群众家里住宿。天刚破晓,村外突然响起了枪声。我被惊醒了,一下子跳起来,立即意识到情况十分危急:哨兵同敌人交上火了!

我刚冲到村边的一片旱地里,敌人的机枪子弹就"哒哒哒"地从我的头顶扫过去,直打得竹枝竹叶纷纷落地。在我右侧不远的土坎后面，二连战士正在阻击一股扑上前来的敌人。从枪声判断，我们很可能已被偷袭的敌人包围了。当几个干部向我靠拢来时，叶飞同志来了，他很沉着，简单地问了情况后，要我趁晨雾未散，立即组织部队从村北突围，往墙坪方向转移。我命令三连长妹古占领村北一侧高地，掩护部队撤离；命令二连长林阿棉，率连队打头突围，迅速涉过村北小溪，抢占小溪对岸的制高点，掩护部队过溪；另外以半个连的兵力迅速上山抢占能控制墙坪路口的山头。

我们实施突围行动后，敌人很快地发现了我们的意图，于是大批敌兵向村北压过来。三连阻击了一阵，在已撤过小溪对岸的二连火力掩护下，也很快冲过了小溪，随即两个连队交替掩护，向山顶攀去。

天大亮了，雾气也开始消失，我们的行动更难以隐蔽了。敌人大概是发现我们人数仅百把人，又在陡坡上艰难地攀登，便大胆地涉过小溪，向我尾追而来。眼看敌兵越追越近，我急了，喊住刚爬到半山坡的二、三连部分战士，就地展开，朝着溪对岸的敌机枪阵地射击，把敌火力吸引过来。这一招果然奏效，敌火力转移到我们这边来了。爬上山顶的同志们，也利用居高临下的有利地形。较好地发挥了火力，压住了敌人。我和留在山腰上的同志,在山顶火力的掩护下,也很快撤到了山顶。不幸的是，二连长林阿棉在撤退途中，头部中弹牺牲了。

林阿棉是霞浦柏洋人，是一位同战士们相处得很好、作战非常勇敢的连长。他的牺牲，使红四团主力二连在不到半年内就失去了两任优秀的指挥员。当我们在山脊上草草地安葬他的遗体时，二连的许多战士都流了泪。

我们翻过山顶，从墙坪村旁插过，继续朝正北方向走。敌人仍在后面拼命地追着。我们路过反动民团驻地，还要受到他们的挡阻。到了猴头门南面的彭家门，叶飞同志问我：

“现在怎么走好？路上都是民团。”

我说：“现在大路小道都不好走，会被民团缠住的；我们只能朝北走，逢山爬山，遇水涉水，这一带我很熟悉，方向保证不会错的。”

“那好，”叶飞同志说，“你去侦察班给部队带路，注意别中了敌人的埋伏。”

就这样，我带着部队，绕开有敌人驻守的村庄，避过敌人可能设伏的山口，在山沟、陡坡和树林子里艰难地硬走出一条路来。我们经过寿宁的眉头山后章，又沿着寿宁斜滩溪的西岸，在一个叫大韩村的渡口过渡。那儿的群众听说敌人在后面追我们，忙撑来几条小船把我们送到对岸。过河后折往东向，从梅洋与甲峰之间插向我的老家——潭头后洋，经过粗坑头、上坪洋，在溪里村又渡过另一条小河到坑口，从那里再折向正北到兰兜，最后跑到福寿边界的西洋村才甩掉紧迫的敌人。事后我们才知道，当初我们到达半山的消息，被离半山十多公里的晓洋凤阳的敌人知道了，他们集结起两个营的兵力，连夜出动，齐头并进，向我们发起攻击。我们几乎已被敌人包围了,好在决策果断,指战员勇敢拼杀，才冲了出来，要不然后果是不堪设想的。

部队经过我家乡后洋村时，我看到的是一片凄惨的景象：这个革命基点村原有的30多座房子，已被白匪烧得只剩下五六座了；乡亲们四处逃散，全村没剩几个人。我在我家房子的废墟上见到我的母亲。她衣不遮体，瘦得不像个人样，一见到我就哭了。她告诉我：红军撤退后，白匪和地主民团就进村大烧大抢，抓捕并杀害农会干部和红军家属。她和我继父到处躲藏，弟弟失散了，不知是死是活；家里房子被烧了，能用的东西都让白匪抢走了；我继父经不起这般折磨，六天前死去了，刚刚掩埋好。眼下就剩她孤单一人，往后不知怎么办才好。

我听了母亲的诉说，眼泪也忍不住落了下来。参加革命五年来，母亲日日夜夜为我担惊受怕，今天难得相见，她多么希望我能使她从凄惨的景况中解脱出来啊！可我无能为力，安顿母亲需要钱，参加革命可没有分文津贴哩，哪来的钱？我捏捏口袋，里面还有八块银元，可那是部队吃饭用的钱，我个人是绝对不能动用的啊！我想在家里逗留一夜，安慰安慰母亲，想法安排一下她老人家往后的生活。我便向叶飞同志请假，可他不答应："白狗子还在我们屁股后面追着，你是团长，怎么能离开部队呢？"

我恳求说："我就留下一夜。这一带我熟悉得很,敌人拿我没办法的。"

"不行，我们得赶快走！你有什么话快跟你妈说去。"

在这严重的敌情面前，我怎能责怪叶飞同志无情呢！他要为我的安全着想，要为这支二百五六十人的红军队伍的安危着想。他说完，便匆匆带队先走了，留下他一名警卫员跟着我，叫我马上跟上队伍。我不能不服从命令,含泪告别了母亲。谁知,这竟是我同母亲的最后一次见面。后来她流落他乡讨饭度日，不久就饿死了……

到达茜洋，天已断黑。指战员们饿着肚子，不停步地跑了一天一夜的路，这时都非常疲劳了。我们草草地弄了点饭吃，布置好警戒，各连便分头找睡觉的地方去了。

不料，我刚躺下还没睡着，敌新十师的两个连，连夜从茜洋村西北面20里外的寿宁南阳驻地赶来了。我们布置在村口的哨兵，因为过于疲劳竟睡着了，没有发觉。敌人摸进村子，一直冲到我和通讯班住的房子门口。这房子的大门板已让我们卸下来当了铺板，一时门口无遮无挡。敌人在门口一打枪,我立即翻滚起来,掏出短枪朝门外就是一梭子,随即喊大家往外冲。趁敌人后缩的瞬间，三个战士冲了出去，其他人却被敌人一阵反击,顶了回来。我忙带着战士,迅速闪到房后,翻过矮墙,飞也似地向后山跑去。幸好在夜间，村里又到处都响着枪声和喊叫声，敌人弄不清我们在哪里，更无法知道我们从房子里冲出来后往哪里撤，只好瞎打乱闯一气。不多时，各连指战员都冲出村子，很快地在预定的村后山上集合起来，叶飞同志和特务队也安全地上了山。直到东方开始吐白，敌人才发现我们已经在山上了，只好眼巴巴地望着，不敢贸然上来。我们清点了一下人数：好，一个不少！只不过损失了一些米袋、饭包及铺卷。我们立即顺着山势行进，绕过院洋抵达仓溪，往东折向古岭宅大森林里去。

从半山到古岭宅，历时一天两夜，在敌人围追堵截中跑了将近 100 公里。红四团的指战员又一次经受了严峻的考验，一路上没有失去一个战士，个别一时跑散了的，也很快地找到了部队。这说明，我们红军队伍有着强大的革命内聚力，有着坚韧不拔的斗志和毅力，因此，在暂时的失败面前就绝不会消沉，在貌似强大的敌人面前就绝不会畏缩！

八、会师郑家坑

郑家坑位于寿宁县东部，与福安县北部、浙江省泰顺县西部毗邻。这里当时是中共闽东特委宣传部长、闽东独立师政治部主任范式人同志直接领导的福寿中心县委坚持三年游击战争的主要活动区域之一。

我带红四团从半山突围后，又在柘荣崇口头打垮了从霞浦东坡前来“追剿”的一连国民党军队，缴枪 30 余支，俘敌十名，随后进入福寿地区。这时，我所带的部队已改称闽东独立师第二纵队。10 月初，我们在郑家坑南面的含溪村活动时，遇见了从泰顺方向过来的粟裕、刘英等同志率领的红军挺进师队伍。当时叶飞、范式人他们正住在郑家坑，我便将这支八九十人的挺进师队伍带到郑家坑与叶飞、范式人等同志会合。这天是 1935 年 10 月 5 日。

原来，1935 年 1 月间，中央红军北上抗日先遣队在皖南怀玉山失败后，突围出来的少数部队根据中央指示，组成了以粟裕为师长、刘英为政委的中国工农红军挺进师，进入浙西南开展游击战争，先后开辟了遂昌、松阳、丽水、龙泉、云和等县的游击根据地。当年 9 月，挺进师在浙西南遭受数十倍于我的敌重兵“围剿”，转战数百里，被迫南撤，进入闽东，与闽东红军独立师会合。

这是自去年 8 月粟裕、刘英所在的红七军团北上途经闽东苏区与闽东党政军领导人会师之后的又一次会师。是时，双方都十分欢快高兴，情绪热烈异常。会师之后旋即举行了有刘英、粟裕、叶飞、范式人等双方领导人参加的联席会议。会议一致认为：敌人组建了一个“闽浙皖赣四省边区剿匪总指挥部”，统一指挥四省边区的反革命力量来对付我革命力量，而我各红色游击区却互不联系，各自为战，这是很不利的。为了克服这种不利局面，在双方都失去上级领导的情况下，应该加强浙江与闽东、闽北的联系，即使一时尚难统一行动，但只要能在战略上互相协调、互相策应，对于反击敌人的残酷“清剿”也有利得多。于是，在刘英同志提议下，成立了“中共闽浙边临时省委”。随后，粟、刘、叶三人再次举行会议，充实了省委委员，确定以刘英同志为书记，粟裕同志为组织部长，叶飞同志为宣传部长兼少共临时省委书记；同时相应成立闽浙边临时省军区，粟裕任司令员，刘英兼政委。从此，闽东红军的活动区域逐渐扩大到闽东北和浙南，在更广阔的地区里广泛开展游击战争。

这一年冬，我率领的部队除了在闽北的松溪、政和一带游击，执行打土豪筹款、收缴地主民团和反动刀会的枪械外，主要还是对付驻在闽东的国民党正规军。我们一有机会就插回寿宁、福安、周墩、宁德、霞浦等县袭击敌人的据点，打了就走。由于粟裕、刘英率领的红军挺进师从浙西南来到闽浙边活动，因此各据点的敌人都加强了警戒，搞起了联防，一旦获得我红军的去向，就同时出兵合围。我们则依仗对地形的熟悉和人民群众的掩护，仍然可以避实就虚，回旋自如，敌人要想吃掉我们，那只能是白日作梦。

但由于敌我众寡悬殊，在我们广泛开展游击战争中，仍然是险象丛生。

九、刘厝遇险

11 月间，叶飞同志又同我们一起活动。我们从政和县的镇前与澄源之间插到周墩南路，再北上寿宁。

这次是白天行动。我们到达寿宁县南部刘厝东南一个叫东山村时，当地一位交通员报告说，距离刘厝十公里左右的凤阳据点的敌人已经出动了。我们吃了点干粮，便赶快上路。路经刘厝村时，叶飞同志要找村里的地下党员布置工作，叫我们在村里稍事歇息。

不料就在这时，凤阳来敌突然在村南出现，同我们的后卫班打上了。我迅速指挥部队往村北撤，占领了村外的一处高地；又发现还有一路敌军从村西压来（后来知道是从周墩纯池赶来的）。两路敌人约有四五百人，呈钳形包抄之势。我带着部队边打边撤，很快越过高地，上了半山坡。这时，我看见叶飞同志和他的警卫班十几个战士从村东头出来。他们才撤到我们右侧的山脚处，一股尾追的敌人就赶到了距他们不到 200 米的地方，情况万分危急！如果我们继续往山顶撤，那么本来追赶我们的敌人就可能弃我们于不顾，斜插过去，阻击叶飞同志和他的警卫班。我不及细想，急忙喊住身后的 20 多名战士，命令他们无论如何要把敌人牵制住，以掩护叶飞他们撤上山来。战士们便迅速趴下身来，待敌人离我们仅六七十米时，一排子弹直扫过去，撂倒了六七个。后面敌人见状，慌忙卧倒，用机枪火力压制我们。敌人再次向上冲来，我们又是一阵猛烈射击。就这样，僵持了十来分钟，拖住了这股敌人，叶飞同志才安全撤上了山顶，同我们会合了。这时，我终于松了一口气。

可是，正当我组织这 20 多名战士后撤时，瞬息变化的敌情使我一下子呆住了：刚刚还离我们四五百米远，只顾追赶叶飞同志的来自纯池的那一路敌人，转眼间已经冲到我们右侧的一处山坡上。那里地势高，离我们仅 100 来米。这股敌人见我们才 20 多人，立即分开两路：一路继续向上，翻过山顶，追赶叶飞他们去了；一路向我侧后方插来。而原来正面追击之敌也趁机发起进攻。我和身旁的 20 多名战士腹背受敌，既无法撤上山顶，也无法回头向山下冲击。摆在我们面前的唯一出路就是：向山坡左侧突击！

我领着战士们以灌木丛为掩护，朝左奔去。刚跑出百余米，忽见前面横着一条长满茅草和小树丛的大沟。

“下！”我喊了一声，同战士们一起，身子一猫，便钻进了大山沟。

沟坡很陡，越往下，就越难站住脚跟。我干脆把枪一抱，身子缩成一团，闭上眼睛，往下滚去。尖利的藤刺、荆棘、茅草，把我身上本来就很破旧的衣服扯得稀烂；脸上、手上被划出一道道血痕，火辣辣地灼痛。眨眼功夫，到沟底了，一道清泉在乱石间流淌。我正渴得喉咙冒火，连忙趴在泉水边喝个饱。这时，敌兵已追到沟沿，我那驳壳枪把上挂着的红穗子被发现了。“土匪！土匪！有驳壳枪，是个头！”几个敌兵喊声刚落，机枪弹和手榴弹便像雨点般往沟底倾泻。我忙利用流泉旁的乱石作掩护，高一脚、低一脚地往溪流上水头的方向跑去。一会儿，我回头一看，只有一名通讯班长跟了上来。我的心一下沉了下去……

面对草深树密的山沟沟，敌人毫无办法，只好故伎重演，放起火来。霎时间，茅草被点着了，火燎干草，风催火势，很快地山沟里便翻滚起数十条火龙，到处像放爆竹似的噼里啪啦地响着。热浪烤人，火烟呛得使人喘不过气来。敌人还不时地往沟里乱扔手榴弹。我和通讯班长只得小心地在乱石中跳跃着往前跑。还要躲避从高处落下的炭星和带火的断枝。跑着跑着，只见一道小瀑布从山崖上飞泻下来，我俩面对崖壁，想找一条能爬上去的路，可就是没有。但仔细一看，却发现瀑布下方有一个半人高的水帘洞。我俩立即钻了进去，浑身被水浇得透湿。洞里只能蹲两个人，还蛮隐蔽的；不过要是让敌人发现，那就毫无退路了。我清点了子弹，只剩下几发，通讯班长的冲锋枪弹匣也快空了。我对他说，就呆在这儿吧，敌人没发现，算我们走运；若让敌人发现了，就先抓几个垫背的，最后给自己留一颗子弹。

大火还在呼呼地燃烧着，枪声和手榴弹的爆炸声仍不时地在山沟里回响。我和通讯班长算是隐蔽了下来。但是，我那 20 位战士呢？我再也不敢想象他们将会遭到怎样的命运……

难忍的三个小时过去了，待到山火慢慢地熄灭，枪声渐渐地稀落下来，天也开始昏暗了。在一阵哨子声、口令声、跑步声、枪械撞击声过后，整个山野便寂静下来了。很清楚，敌人撤走了。

我和通讯班长警惕地从崖洞里钻出来，冒着呛人的烟气在山沟里搜索，想找一找还有没有同志隐蔽着。

天完全黑了，山沟里只能见到残余的火星在跳跃，别的什么也看不清了。我们朝四周喊了几声，毫无回应。

我们连夜朝西北方向摸去。下半夜，才在炉坑村旁找到叶飞他们。叶飞同志一条腿挂了花，躺在担架上。他听说我带去阻击敌人的大部分同志还没回来，便长长地叹了一口气。我询问了叶飞同志的伤势后，连忙派一支小分队连夜把他送到古岭宅特委后方办事处医治。那儿的工作一直由范式人同志在领导。

我带领留下来的部队，又在这一带活动几天，先后接回了六七名从山沟里突围出来隐蔽到他处的战士。然而，还有十几名战士再也没有归队。他们在闽东大地上，为人民的利益奋不顾身战斗着，默默地献身了，甚至连姓名也没有留下。

十、袭击霞浦城关

1936 年春，我率部从闽浙边转到霞鼎根据地，住在柘荣境内与福鼎、霞浦接邻的鸳鸯头。住下没两天，霞浦东坡的敌人便出动一个连的兵力袭击我们。我把部队带到鸳鸯头靠东坡方向的一个山道口，利用两旁的陡坡地形打了一个伏击战，毙伤 20 多名敌兵。不久，敌人又调集大批兵力，从柘荣城、福鼎的管洋、白琳、霞浦的城关、柏洋、东坡等几个据点出动，前来合围我们。敌人封锁了根据地中心的大湾、桃坑、仙蒲一带通往外界的道路，并突进根据地腹地的大湾、承天丘、水门坑、桃坑等地，到处修筑碉堡，驻扎下来，开始分区“清剿”。我决定带部队转移出霞鼎根据地，当时向西通往福寿根据地的道路已被敌人封锁，向东是大海，没有出路，尽管局势严重，但我们都还能沉得住气，经过一年的游击战争实践，我们已经有对付敌“清剿”的丰富经验了，我们对闽东几县的山水道路非常熟悉，同群众关系又很好，百来号人马要从敌人“清剿”圈里钻出去是不难的。当时只是感到就这么轻易被敌人从根据地挤走很不甘愿，我寻思着怎样既能撤离根据地，又能叫敌人尝尝我们的拳头。突然冒出一个大胆的想法：两天前我们就听说霞浦县城的大部分敌人都开进山来“围剿”，城里只留下少数部队，城关周围大片地区，现在都空虚了，何不把部队大胆靠近县城，骚扰它一下，一能给敌人点惊动，二是使敌人撤些部队回城，减轻根据地的压力。我把想法同干部们说了，他们都觉得可行。进入游击战争以来，我们还从未在敌人县城周围活动过，敌人也认为我们不敢接近城关地区，这正可以给敌一次出其不意的打击。方案确定后，我们就在 7 月间的一个夜晚，沿着早已侦察好的路线穿过了敌封锁区，行军 40 多里，在天快亮时，把队伍拉到离霞浦城北十多里远的五车山上一个小村子里，这儿有我们的地下工作同志，群众基础也很好。正好昨天村里有几位农民进城赶集，他们告诉我，城里和城外原先驻扎的敌兵大多进山了，每个城门只有一个排敌兵把守，城西山上一个旧庙里还有一连，最空虚的是东门外不到一里远的塔头尾街，原有一个联保队，现在大部分联保兵也随敌正规军进山了，留下七八个人看家。我们衡量了一下，决定打塔头尾的联保队。

我连夜从纵队里挑出九名精悍的战士，组成一个突袭小分队，由他们去完成任务。带队的是个霞浦籍的老侦察员吴立夏。突击队向村里群众借来衣服、扁担、褡裢、箩筐、购酱虾油的竹筒，还准备了两担木炭，穿戴好后于次日上午 5 点多钟他们就下山了。

我把部队沿着山脊又向霞浦城靠近了三四里，准备随时接应他们。

从这儿高处可以看见山脚下县城通往东北牙城去的那条大道，吴立夏他们挑着背着杂物，三三两两地走上大道，大道在县城东关外一个小山包后消失了，他们也逐个拐弯不见了。

整整等待了两个小时，突击队的战士才大摇大摆地回来，得意洋洋地把缴获的步枪架在我前面地上。吴立夏报告说：打死一个联防兵，缴了 17 支长枪，守城门的敌人枪一响就把城门紧闭了。

袭击霞浦东关一仗，战绩虽小，却把敌人震惊了，正当进山的敌人疲于寻找我们的行踪时，我们却在敌人眼皮底下出现了，不慌不忙地在敌人鼻梁旁重重敲了一下，又不慌不忙向西北撤走。等敌人从山里撤回部分队伍在霞浦县城周围搜索时，我们已穿过柘荣转移到周（宁）寿（宁）地区。

十一、沙湾筹款

1935 年冬至 1937 年春这一年多的时间里，我所带的纵队大部时间在闽浙边活动，我们以福寿中心县委辖下的寿庆泰（福建寿宁、浙江庆元、泰顺三县交界地区）根据地为依托，向西打到闽北的政和、松溪，向北打到浙南的庆元、景宁、泰顺。

我们支队这时期在闽浙边的主要任务是：巩固福寿和寿庆泰根据地，向浙南和闽东北发展新游击区，扩大红军影响，为部队和特委机关筹款。我们进入浙南时，首先在浙江庆元县靠近福建寿宁北部的南阳、后溪、官堂等地活动。开始时困难较多，当地方言不懂，敌情地形不熟，由于敌人的反动宣传，群众害怕我们，不敢同我们接触。我们先组织部队里懂些浙江方言的战士去做群众工作，向群众宣传共产党和红军为穷人谋解放的主张；同时很注意群众纪律，甚至还作了私拿群众东西，后果严重者予以严办的各种规定；我们还把从地主土豪家里征来的粮食，也分送给群众，群众白天不敢收，我们就晚上挨家挨户送上门；有时请群众为我们带路，探听消息，我们都给他些钱。慢慢地群众见我们待人和气，买卖公平，纪律严明，就不怕我们了；有的还主动同我们接触，报告敌人的动向，介绍大户人家的财产情况；有的还当我们的向导，引我们去攻打反动民团和收缴地主家的枪支。那时对打土豪的政策已有些改变，只要不反共，不在当地为非作歹的地主土豪，我们都不抄其家、杀其人，而是从其家庭财产总数中按两三成的比量征收现款并留下收据，征一次不再重征。由于我们对地主采取了宽容政策，因此在浙南地区筹款工作比较顺利。

在有了一定群众基础和对浙南情况的了解之后，我们就大胆地向浙南内地发展。1936 年二三月间，我们在庆元的大墺圩活动，得知东北面 70 多里外的景宁县沙湾有一个民团，十几支枪，平常戒备不严，我同几个支队干部商量后，决定奔袭沙湾。

沙湾镇依山傍水，有近千户人家，当时是景宁县的一个水陆交通要冲和物资集散地。我们一大早从大墺圩出发，下午 3 点多钟到达沙湾，镇上民团还没弄清楚红军是从哪儿飞来的，就被打头的侦察班缴械了。待后面部队冲进，镇上大乱，行人躲避，商店关门，我们一家伙抓出了 20 多个地主老财，集中起来后对他们说 ：“我们是中国工农红军，想必你们都听说了吧！我们同国民党打了好几年仗，以后还要打下去，现在我们经费有些困难，需要各位先生拿出点钱来支持我们，我们不要你们全部财产，也不杀你们脑袋，只收你们平常从农民那里剥削来的或做生意赚来的一小部分现款，现在你们就叫人或写字条叫家里人把钱拿来。并且有话在先，超过限定时间征款额就要涨了。”这些地主老财知道不拿钱这一关过不去，况且我们要的数目也不大，就一个一个传话回家取钱了。我们筹到钱，当晚就撤离沙湾，在附近地区又活动了二三天，然后从从容容地返回寿庆泰根据地。

十二、随粟裕转战浙西南

1936 年 4 月下旬，叶飞同志同我们会合，带我们穿过福安、柘荣敌封锁线，绕道浙江泰顺，到达福鼎北部与浙江平阳交界的矾山李家山村，同在那里的闽浙边临时省委书记刘英同志会合。叶飞、刘英、粟裕等几位领导在那开了三天会。会后，叶飞叫我带上一个支队四五十人随粟裕行动。当时临时省委决定由粟裕率一支 100 多人的队伍进入浙西南的遂昌、顺阳、龙泉一带开展游击战争，收复半年前挺进师在那失去的游击根据地。

我随粟裕出发，经浙南的苍南、平阳、端安、青田、丽水、到达顺、遂、龙地区。此时敌人“清剿”该地区的部队刚撤退不久，半年前的挺进师游击根据地变成了敌保甲组织严密、联防队保安团林立的白区。我们一进去，就四面受敌，敌人刚撤离的“清剿”部队又回来了，整天围追堵截我们。我们打掉了几处小民团，可老摆脱不掉屁股后面的尾巴，部队整天行军，很难在一个地方安稳住上一二天，当地群众也畏于敌人的白色恐怖，不敢接触我们。部队常常几天吃不上一餐饱饭，睡不到一个安稳觉，就那样转了一个多月，没能在那块地区落脚打游击，部队非常疲劳，人员也损失了三分之一。后来，敌人进入龙泉河以西“清剿”我们的部队越来越多，并把龙泉河封锁起来，切断了我们返回闽东与浙南的退路。粟裕同志感到这样下去非但无法收复游击根据地，反而有被敌人吃掉的危险，决定退出浙西南。我们沿着龙泉河北岸转了好几天，敌人一连几天追着我们，几次就只相隔三五百米，我们在山上走，敌人就贴着山脚追，部队一边走一边打，情况很危急，最后总算抢了个敌换防部队刚走接防部队尚未赶到的渡口，夺船渡过龙泉河。真险那！我们最后一批人刚要靠岸，敌人已经赶到渡口，隔河向我们射击，我们一刻不敢停留，又急行军一天一夜，跑了170多里山路才回到闽东周宁的紫云村，在这儿同叶飞同志带的部分独立师队伍会合。我向叶飞同志提出，我不懂浙江方言，也不会说普通话，对浙西南群众和挺进师同志说的这两种语言都无法沟通，还是回到闽东来吧。叶飞同粟裕商量了一下，就把我和闽东部队留下来了。粟裕带着挺进师队伍也返回刘英同志所在的鼎平地区。

后来我才知道，闽浙边临时省委成立不久，闽东特委同刘英同志在开展游击战争的方针策略和如何统一两地党的领导等重大问题上发生了分歧，砜山李家山村会议上这种分歧便愈加大了，到我随粟裕同志从浙西南返回闽东，叶飞把我带的队伍归建独立师以后，独立师和挺进师就很少联合行动了。到1936年秋，还发生了挺进师武装扣押叶飞和我等闽东同志的“南阳事件”，虽然我们在被押解途中遇敌伏击，得以脱险，但成立仅一年的闽浙边临时省委就公开分裂了。从此，两地党和红军就基本上没有来往，各自在自己的活动区域内开展游击战争，闽东红军主要活动在包括浙江庆元、景宁、泰顺在内的闽东广大地区，浙南红军主要活动在包括福建福鼎在内的浙南大片地区。

十三、歼敌仙宫岗

1936年8月，我率领闽东红军独立师第二纵队100余人，来到福寿岗垄地区活动。

岗垄，位于福安、寿宁和浙江泰顺三县的接合部。在这纵横数十里山峦起伏的高山丛中，分布着60多个自然村，散居着上千户农家。这里一直是范式人同志领导的福寿游击根据地的中心，群众基础较好，但是，当时寿宁、福安两地的国民党驻军和保安团队却常常前来骚扰。一天，范式人同志获悉敌南阳保安团和院洋驻军又有蠢蠢欲动、出兵骚扰

“清剿”的迹象后，跟我商量，决定利用仙宫岗一带有利地形，主动诱敌深入，设阵歼敌。

观察、分析了地形后，我们纵队领导同当地游击队负责人许威等同志共同研究，选择在敌军的必经之路——仙宫岗，设下伏兵，以逸待劳，伺机歼敌。

先由我带着一个班的战士从南山下村出发，公开转悠一圈，有意地暴露目标，然后从从容容地转回驻地。第二天凌晨 3 点，部队吃过早饭，趁夜黑进入预定埋伏地点。大约拂晓时分，敌人果然来了。

上午 7 时许，约四个排的敌人到达南山下村。敌人围着村子打了一阵枪后，便蜂拥着冲进村去，只见村内空无一人，以为村民们统统“避难”去了。敌人抓不到群众，便砸门破窗，逐家逐户地抢掠鸡鸭、衣物，拿不动的东西全被砸烂，然后又放火焚烧草房，霎时间，只见浓烟滚滚，烈焰腾腾，全村陷入一片火海之中。大约 10 点钟光景，敌人的枪尖下挂着抢掠来的东西，大摇大摆地进入我们的伏击圈。我随即发出战斗信号。战斗打响了！埋伏在仙宫岗两侧严阵以待的一、二支队同时向敌人猛烈射击，打得敌人焦头烂额。枪声、手榴弹爆炸声和战士们愤怒的冲杀声以及群众助威呐喊声交织在一起，久久回荡在仙宫岗上空。一场恶战，直打得敌人血肉横飞，没死的也像热锅上的蚂蚁，东奔西窜。原来隐蔽在树林里、山洞中的群众，这时也纷纷跑出来呐喊助威，有时还操起柴刀、斧头、扁担等，尾随红军游击队追击敌人。敌兵见漫山遍野都是红军的人，吓得拼命奔跑，有的赶紧缴械投降。

我们把残敌一直追到十多里外的陈家宅，忽见陈家宅后门山上敌机枪“哒哒哒”扫过来，压住了我追击部队。原来，这是敌人的增援部队赶来了。于是，这支被打得狼狈不堪的残敌，才侥幸逃脱。

仙宫岗一仗，我们以极小的代价取得了重大战果：打死了敌连长，歼敌 40 多人，缴获了一批枪支弹药和其他军用物资，还追回部分被敌抢去的群众的东西，集中起来送还了群众。战斗结束后的第四天，附近的含溪农民和赤卫队还在荆棘丛中抓到四名俘虏，缴获了四支步枪。

十四、透堡除霸

1937 年春，国内外形势发生了重大变化，蒋介石在西安事变之后，表面上被迫接受中国共产党提出的“停止内战，联合抗日”的主张，北方的内战基本停止了，可在南方各省游击区，蒋介石却密令其反动军队“加速剿灭共匪”。闽东地区国民党剿共指挥部，又大肆调兵遣将，再次掀起对我闽东根据地大规模军事“清剿”的高潮。

敌人这次在闽东“清剿”的重点地区是福寿和霞鼎两块根据地，手段极其残酷。革命基点村整个被敌人烧毁。无数人民群众遭受酷刑和枪杀。这时期霞鼎根据地损失很大，许多干部和党员被捕或遭杀害。6 月初，霞鼎根据地的主要创建人、霞鼎中心县委书记许旺同志也被叛徒出卖牺牲。为了减轻根据地的压力，闽东特委指示独立师各纵队，转移到外线，大胆地钻到敌防守薄弱的地方去。我纵队奉命到古田、罗源、连江一带活动，相机进入闽侯和福州。

我们先在宁屏古老根据地和边缘游击区活动了一个多月，于 5 月间转到古田靠罗源的下山里。在那儿，我们考虑进入连罗地区活动一段日子。那儿过去是老苏区，在 1934 年冬到 1935 年春敌人大“清剿”中，遭受很大摧残，地方党组织和红军西南团都被敌打垮，剩下少数干部战士由西南团团长杨采衡带领转往闽中地区。敌人曾为他们在血洗过的这块苏区土地上重建反动统治，并暂时平静了一段日子而得意。我们决定把敌人的得意梦打碎。

经过侦察得知，大“清剿”中驻扎在连罗地区的敌人大批正规军，这两年已陆续调走，目前只留下省保安旅的一些部队分驻两县。罗源县敌人除驻县城外，大部分部署在西北部与宁德、古田交界的交通要道上，防范宁德、古田方向活动的我红军游击队；连江敌人除在县城、丹阳等几个大镇驻扎外，农村地区主要由地主民团、乡村联保队维持，局势对我们有利。我们决定跳过罗源县，长途奔袭连江东北角靠海边的透堡。

透堡是个有过光荣革命历史的大村庄，当时有1000多户农家，连罗党和红军的创始人杨而菖烈士就是透堡人。杨曾于1931年12月领导了透堡农民暴动，打响了闽东党在连江地区开展武装斗争的第一枪。苏维埃运动时期，透堡村许多青年农民参加了红军和地方赤卫队。敌人在“清剿”中，国民党军队在透堡两个大恶霸杨青和黄福城的带领下，在透堡村残酷杀害了红七军团北上路经闽东时留下养伤的18名重伤员和15名连罗籍红军战士。杨青和黄福城也成了横霸透堡一方的民团团长和国民党政府区长。我们选择打透堡，一方面要为死难的红军战士和革命群众报仇；另一方面要把影响闹大些，鼓舞老苏区人民继续斗争的勇气，有可能的话，也寻找些当年失散的红军战士和地方党干部。那天下午我们从古田的下山里出发，冒着蒙蒙细雨连续急行军90多里，于拂晓到达透堡村外围。

由十名干部战士组成的侦察班先摸进村子，他们一律短枪便衣。这个侦察班是我们纵队的骄子，个个精明能干，行军时通常在大部队前四五里路作尖兵，到达战斗地点后又经常是他们打先锋。今天他们由三支队长王明星带领。王明星是透堡村邻近的尖墩村人，对透堡情况非常熟悉，他领着侦察员们穿过村前田野，从小路进村，首先冲进杨青家，这个民团头子听见院子里有动静，提着短枪边穿衣服边从楼上下来。王明星朝他大喝一声：“杨青，今天来跟你算老账！”没容那恶霸愣转过来，一连三枪，就把杨青击毙在楼梯口，缴获了一支短枪。紧接着，王明星又带人冲向邻近民团部，六名正在起床的团丁当了俘虏，还有十多名团丁散在村里自己家里过夜，不及查找，他们也不敢出来。侦察班行动很迅速，仅十几分钟就解决了透堡民团，等我带着后面部队进村，侦察员们就领着部队抓人，我们很快抓住了包括透堡区长黄福城在内的11个有残害红军与革命群众行为的地主恶霸和狗腿子。此时天已大亮，村里群众听说红军打回来了，几百人一下拥上街。红军离开连罗苏区后，群众两年多没再见过了，现在突然打回来，群众很吃惊，也很激动。他们中许多人认得王明星，都围着他问这问那，王明星用连江话对乡亲们说：红军没有被国民党“剿灭”，而且越“剿”越多，现在正在罗源以北各县到处打游击，国民党拿我们没办法；今天我们打回来，是要同过去杀害红军、向穷人反攻倒算的地主恶霸算账的。杨青刚才已被我们枪毙了，这些人我们也要处理的。请乡亲们告诉我们，这些人中哪几个罪恶大的……村里群众很受鼓舞，胆子大的，当场就揭发这几个地主和狗腿子干的坏事；胆子小的，就拉住我们战士衣角悄悄指着一两个坏蛋说，这个告密过红军伤员藏的地方，那个抄过翻身农民的家，把人抓去。经过鉴别，被抓的11人中我们放回了六个，剩下民愤大的区长黄福城和四个有血债的坏蛋，被我们拉到附近山上枪决了。我们离开透堡后，又在透堡西北长龙山活动了两天，这儿过去也是苏区。我们向苏区人民广为宣传：红军还在，共产党领导的革命还在继续，不要向国民党屈服。我们还警告当地乡保长们，为非作歹者，红军必予严办，像杨青、黄福诚下场一样。

第三天下午，连江敌人来到我们住宿点的山脚下，我们此行目的已经达到，便拉走队伍，翻过大山，退回宁屏古根据地。

十五、南下闽侯福州

袭击连江透堡后，我们纵队转到古田东北部活动。古田敌人集中两个多营兵力，从古田的大桥、杉洋、鹤塘等几个方向前来合围我们。开始我们想退到宁德去，不料到达古田与宁德交界的横山附近受敌拦阻，北进不行，我即带部队掉头南下，敌人紧追不舍，这天又下起大雨，我们在泥水中且战且退，敌人也发了狠劲，冒着大雨从上午追到下午，从下午追到天黑，把我们赶到了闽侯境内。

既然进到闽侯，我们就决定在这儿活动几天。这儿虽说是白区，但群众都知道共产党红军的事，见到我们也不回避。我们了解到附近的敌情，发现从这往福州，敌人防守不很严密，部队虽多，但多集中驻扎，乡村主要是民团和部分省保安部队驻守。我同几个干部分析了敌情，决定干脆往福州方向靠去，相机打一两处民团和敌人的小部队，向敌人的福建省会显示一下红军的存在和力量。

我们向当地群众了解了周围几个民团的实力，最后定下打福州北峰的下寮。我们仍然以那个神奇的侦察班打头，大白天打进下寮街内，很轻易地解决了这个不到 20 人的小民团。占领下寮后，我们在街头张贴刷写了一些闽东特委呼吁停止内战、枪口对外内容的传单和标语，并告诉群众：我们是闽东红军，现在日本人要打进中国了，共产党已经同国民党协议停战了，可是国民党表面答应，背地里却还在“清剿”我们，到闽东根据地大烧大杀，妄想消灭红军。但红军是绝对消灭不了的，今天我们不是又打到这儿来了吗？我们也对民团俘虏教育了一番，然后把他们放了。

一个月后我们又一次从宁屏古根据地南下闽侯活动，在闽侯雪峰附近，听群众说雪峰寺庙里住有国民党军队一个班，周围没有其他敌人，庙里也没有工事，我们便决定消灭这班敌人。

雪峰位于闽侯与古田交界的交通要道上，当时福州经白沙到闽北的公路正在修筑，雪峰是这条公路上一个小镇。我们打头的侦察班化装成当地群众，进镇后直扑雪峰寺。庙里敌兵午睡刚起床，侦察班一冲进大庙，就把一个正在天井里洗脸的敌兵活捉了，其他敌兵一看见有人闯入，忙龟缩到楼上据楼抵抗，侦察班无法冲上楼，便押着俘虏退出大庙，这时后面部队赶到，立即把整个雪峰寺包围起来。

在大庙门口，我审问了那个惊魂未定的俘虏，知道他是广东人，还是这个班的班长，他班里的弟兄们也都是广东人，原属十九路军。十九路军“闽变”失败后,他们和一部分十九路军士兵被改编到省保安旅去。我对那班长说：蒋介石把你们十九路军都搞掉了，你们还为他卖命，现在全国人民都呼吁停止内战，你们还在帮蒋介石打内战，快叫你班里弟兄别打了，你们这地方离古田和白沙各有 100 里路，没有人能够救援你们，你们也没工事，靠一座大庙是守不住的，叫他们投降吧。我还向这班长保证，你们缴枪，我们保证你们的安全，还发给你们路费回家。那班长看看这局势，又见我态度诚恳，点点头表示愿意配合。他用广东话朝里喊，一喊，庙里不打枪了。他开始同他的弟兄们对话，开始里面不肯投降，那班长在外头反复劝说，最后甚至是恳求，足足有一个小时，这中间还插入我们的多次喊话。终于,里面十个广东兵投降了,低着头，倒提着枪，走到我们面前，把枪轻轻放在地上，这些枪都是很新的中正式步枪。敌兵缴械后，我们又对他们教育了一番，劝他们不要再为打内战的长官效劳了，还是回老家去。我们给班长 15 块大洋，给每个士兵五块大洋，把他们全放回去。雪峰这次战斗，是我在闽东革命战争中第一次在战场上运用政治和军事攻势成功地瓦解了敌人，使我们无伤亡地实现了战斗目的。

解决雪峰寺敌人没几天，抗日战争就爆发了。

十六、以斗争促和谈

七七事变，抗战爆发，全国上下已是抗日救亡呼声一片，可是在闽东地区，红军游击队还在被迫同“清剿”我们的国民党军队作战。8 月初，我率部跟随叶飞、阮英平在宁德活动，中旬，我们住在宁德北部无坪山东面的邑堡村，这儿是我们的基点村，群众基础很好。部队住下才一天，就得到群众报告说，洋中敌人出动了，下午 2 点多钟，敌人已到邑堡对面山上的胡坑尾村。邑堡和胡坑尾两村都位于海拔很高的两座大山上，直线距离只有 2000 多米，但两山之间，却隔着道很深的山沟，从胡坑尾过来，得先走五里的下山路，过沟底一条小溪，再爬上五里很陡的上山路才能到邑堡，我们站在邑堡这边，可以清楚地看见穿黄军服的省保安旅士兵在对面山上一个个沿着那条又小又陡的山路下来，粗略算算，有 100 多人，那天除了眼前这股敌人外，其他方向没听到敌人出动的消息，叶飞就下决心打掉这股敌人，他命令我迅速带队伍到前面近二里远的一个小岭上埋伏下来。这座小岭当地群众叫亲母岭，不高，朝胡坑尾方向那面却很陡，胡坑尾要到邑堡来，就一条道，非经过亲母岭不可。我把一支队布置到岭头上，二、三支队放在岭前上山小路边的杂树林里，埋伏好，待敌人快要爬上岭头时，小路边的二、三支队先突然开火，紧接着就冲锋，那距离本来就很近，一冲就把敌人拦腰切断。岭下枪一响，岭头后的一支队也猛冲下来，半岭以上的四五十个敌兵，被我打死打伤了十几个，其余的退不得进不得，很快被缴了枪。后面的敌人被二、三支队冲得四下逃散，直往岭下山沟里躲藏。这时敌人已丧失战斗力了，战士们边搜索边喊话，三三两两地把敌人从沟底石缝的灌木中抓出来，当场还有许多邑堡村自动赶来助战的群众，拿着梭镖、扁担、锄头、柴刀帮我们拦截搜索残敌，抓了十几个俘虏交给我们。战斗进行得很顺利，我们以几人轻伤的代价，全部歼灭了敌省保安二旅的这个连 130 多人，缴获全部枪支弹药。第二天上午，我们放回了全部俘虏，俘虏中的伤员也给包扎好，轻的由其他俘虏扶回去，重的叫群众帮忙用担架抬到敌洋中据点附近交还敌人。这一仗给闽东国民党当局震动很大，他们被打疼了，这才不得不坐下来同我们开始谈判。这样，亲母岭反击战，就成了闽东第二次国内革命战争的最后一仗。

十七、桃花溪点编

1937年11月底，根据谈判协议，我们闽东红军游击队改编为国民革命军福建抗日游击第二支队。12月初，全闽东各路红军游击健儿800余人，先后集中在宁德县桃花溪一带，过几天，便在桃花溪接受国民党福建省政府指定的省保安二旅官员的点编。

我们与国民党闽东当局从谈判到达成协议，一直是斗争过来的。在点编问题上，我们又同样同他们有斗争。先是点编地点，我们坚持地点由我们来定，不能去他们指定的地点；接着是点编方式，他们坚持要全体集中点编，我们则强调场地小，部分部队必须担负驻地周围的警戒任务，不能全部集中，只能一个连一个连地拉上来，经过一番激烈的争执，最后点编官员不得不照我们的意见办。

点编前，我们对部队进行了思想动员，给战士们说清楚，我们是为了民族大局，才同国民党合作的，不是编到国民党的队伍里去，更不是投降，改编后我们仍然是共产党领导的独立自主的武装，要求大家点编那天，一定要精神振作，队伍整齐，服从命令听指挥，表现出我们红军战士高昂的士气和严格的组织纪律性。思想动员的同时我们还进行了几天队列训练，点编那天，我们也做好了战斗布置，防止国民党利用点编来偷袭我们。一切都准备就绪，那天上午吃过早饭，部队就按计划集中在几个地方等候点编。

点编地点就在桃花溪村祠堂前的一块空地上，场地不大，只能站一个多连的人员，这是我们有意选择的。我带的这支纵队300多人编为第一营，第一批拉到点编场。点编官员是我们过去的老对手——国民党省保安二旅派出的五名军官，他们表情严肃地站在点编场上。当时叶飞、阮英平等领导同志在村里指挥整个部队点编行动，没有到点编场，就由我陪着保二旅军官们开始点编。

第一连拉上来了，排成两列长横队，先由一连长报告到场人数，多少枪支。保二旅领头的一个旅部副官还礼后发出口令，命令一连向后转，前进几步，又转回立正，然后翻开花名册，对着名册叫人，每念到一个名字，我们战士就大声回答“有”。我在队列前踱着步子，对战士们的精神状态感到满意。

点完人头后接下来是验枪，登记枪号。还是那副官喊名字。被喊到名字的人便出列，双手将枪递给一位验枪的军官，那军官熟练地拉拉枪机，查查机件，随之报出枪号码，由旁边另一名军官记录，没验几支枪，验枪官就显得很不耐烦，验完的枪就用力往我们战士胸前一扔，一个战士没防备，一把没接牢，枪托滑落在地上，发出“砰”的一声，声音不大，却把全场都震动了，不满和敌视情绪从一连干部战士的目光中流露出来。那验枪官在众目睽睽前，还冷笑了下，又摆出老兵痞的样子，漫不经心地又接过一支枪，验完，仍旧往战士胸前一丢。我心里不快，但当场又不好表露，我就在队列前提醒同志们说:大家注意些，把枪接好。这时一个班长出列了，送枪给验枪官时也来个单手抓枪用力朝对方胸前扔去，那军官很老练地单手接住枪，得意地点点头，验完枪又扔还回去。这下好了，后面出来验枪的战士全学着那班长样，不再递枪了，一支支枪只管往那验枪官胸前扔，那军官开始还故作轻松，满不在乎地用右手一一接住，后来不断地这样接枪，大概虎口和手掌都让枪撞疼了，手也软了，接过枪后也没力气往外扔枪，只好慢慢递回去。我在一旁看着好笑，想在我的战士面前耍花招，现在吃苦头了不是！我心里赞赏一连同志们有志气，就是不能在过去的老对手面前服软。一连就是这样同验枪官暗扭着劲，把枪验完。一连队伍带下去后，上来的二连知道点编官想出我们的洋相，大家早有准备。那验枪军官可是折腾累了，只好换出另一个军官验枪，他自己坐一旁休息去了。新上来的军官见过刚才那场面，验枪动作比上一个小心多了，验完枪都是递还给我们。

一营点编完由我带回去，这时才听战士说那个保二旅的验枪官是个排长，三个多月前在亲母岭反击战中，当了我们的俘虏，后来给放回去了，不知又怎么给混上了点编官。他验枪时看到一营战士手中有这么多枪曾是属于他那个被全歼的连队的（亲母岭一仗缴获长短枪130余支，多留在一营，又大多数集中在一连），难怪不怀着一肚子恨，想借机小报复一下。

整整一天，点编工作才结束。点编后，部队开到石堂待命，在那住了20多天，又移到屏南县城和附近的棠口镇驻了近一个月。这期间，叶飞同八路军代表顾玉良一块去了南昌新四军军部，1938年1月底，叶飞同新四军组织部长李子芳一起回到屏南，向部队宣布了闽东红军改编为新四军第三支队第六团的命令，同时还宣布了六团领导干部的任命：叶飞任团长，阮英平任副团长，我任一营营长。不久，我们六团就奉命开赴皖南集中。

十八、挥师北上

1938年春节刚过，我和全团1300多闽东健儿，踏上了北上抗日前线的征途。此时，正是民族存亡的严重时刻，日本侵略者已占领南京，正向中国腹地进攻，日本军队的强大攻势和国民党军队的节节败退，加上汉奸的造谣惑众，群众中的恐日情绪比较严重，一些群众见我们用这样的武器上前线打日本人（当时全团有近三分之一战士是扛着梭镖背着大刀上前线的），既表示敬佩又流露出担心、怀疑。加上当时国共合作刚开始，过去的作战对象变了，作战地区也不在闽东老家，一些干部战士的思想没有完全扭转过来，有些人就在这转折关头当了逃兵。最典型的是临出发的前一天晚上，三营长黄培松带着20多人逃跑了。但绝大部分干部战士，还是抱着与日寇决战的报国之心，坚定不移地走向抗日前线。

从屏南出发当天我营担任后卫，走到下午 3 点钟抵达政和县城时，忽然前面部队停下来了。一会传来消息说，政和县国民党当局不让我们进城，正在同他们交涉。我们就停下等着，一等一个多钟头过去了，部队还没起步。我跑到前面去，见叶飞、阮英平他们正在交代一名团部副官再次进城找县政府交涉。前面不远的政和县城大门关着，城楼上站着县保安队士兵。城外停歇的我军干部战士们都非常气愤：我们北上抗日，行军路线都是同国民党福建省当局协商好的，政和县政府竟敢阻拦我们，实在太狂了。我方派去的副官再次进城交涉，反复告诉他们，我们是奉命上抗日前线的，谁也没有理由阻拦我们过路和住宿。但政和县当局一再推诿，借口县城没有房子可供部队住宿，要我们自己在城外找地方住。这下叶飞火了，现在不是住或不住的问题，而是明目张胆地刁难我们。叶飞最后派人通知县城当局，我们已经同你们协商了两个多小时，好话说尽，但你们对抗日部队的正当理由蛮横拒绝，既然如此，我们就按与国民党省当局的协议办理，今晚这城里住定了，不让住就打进城来住，一切后果由你们负责。当即他就叫我把一营拉上来。

我早已憋了一肚子气，回去马上把全营拉上来，叫战士全部上了刺刀，拿出手榴弹，摆开攻城架式。改编后我们营是团的主力营，枪支弹药是全团最多最好的，400 多人一铺开，城墙上几个县保安队士兵一阵慌乱，当时城内守军不足 200 人，城墙又不高，要打起来不是我们对手。我们两三个班的战士很快越过城南门外的一座小桥，直插城门口，城门上的保安兵哇哇乱叫，但不敢开枪，我们也奉命不开第一枪。

正僵持着，城门开了一条缝，挤出个穿长衫、戴西瓜帽的中年绅士，一见我们就点头哈腰，连声说误会了误会了，又自我介绍说他是县长，要见我们带队的长官，我们边应酬边挤开城门拥进去。城里两个连的地方保安队一看新四军进城了，忙退到城中一个小山上的两个大碉堡里不敢露头。那县长见叶飞后连连道歉，但又用他情况不明，未接上峰指示来辩白。叶飞告诉他，想刁难阻拦我们是拦不住了，我们说话算数，住一晚就走，你要不友好，我们也不客气。那县长此时只会点头，再不敢傲慢了，这就是那号欺软怕硬外强中干人的德性。

那晚我带一营就住在城门进去西侧街上的几座比较牢固的大房子里，团部和二、三营住在城外。叶飞交代我晚上住宿一定要留心，如果他们敢挑衅，就坚决反击他们；现在已不是住宿问题，而是同国民党内的顽固派作斗争的问题。那天晚上我们非常警惕，毕竟是在这种情况下住进县城的。我和连排干部们研究了应变方案，在驻地周围设下路障，主要方向筑起简易工事，布下了许多固定岗哨和流动哨，全营人员和衣而睡，随时准备投入战斗。这一夜我们紧张，想必政和县当局也是睡不好的。天亮了，总算平安无事，一大早，我们吃完早饭就出发，下一个县城是闽北的松溪县。

北上第一天就在政和县遇到阻拦，我们知道国民党决不会顺利让我们北上的，这一路上要准备受阻，还要准备万不得已时反击国民党的挑衅行为，全团干部战士都作了动员，做好思想准备。

下午 2 点多钟，全团抵近松溪，这回所遇到的却大不一样子，松溪县长领着一批官员、绅士、学生出城五里来欢迎我们，还敲锣打鼓放鞭炮。想必他们是知道了昨天政和县长狼狈开门让路的消息，松溪县政府就来了个主动，表示出高姿态。他们在城里事先为我们号好房子，准备好稻草，对我们很客气。当晚，该县县长又设宴招待了我们营以上的干部，餐桌上县长和陪吃的县城头面人物们还把我们大大恭维了一番，称我们是抗日英雄，国家栋梁等等，好话说了一大堆。尽管如此，我们当时仍然很警惕，不多喝酒。这一晚全团都住在县城，仍保持着高度的战备。

第二天一早我们继续行军，走到与浙赣交界的闽北浦城，也大开城门欢迎我们，进城后，由县里一个抗日后援会出面，代表各界人士来慰问我们，还给全团官兵每人一件印有“抗日救国”字样的红字背心。

在浦城休息一天后，我们开始走公路了。过去长年在大山上打游击，多走崎岖小道，走公路的机会是极少的，这次大摇大摆地沿着公路北上抗日，对大家来说实在是一件很轻松愉快的事。上公路后我们行军的速度加快了，从闽北进入江西广丰、玉山两县到浙江开化县的华埠镇停下来休息一个星期。这一路上都还顺利。我们对友好待我的各县地方当局同样以礼相待，宣传党的团结抗日主张，真挚地希望搞好两党合作，不伤和气。虽然沿途国民党政府一些官员们，对我们背着简陋的武器上前线打日本表示怀疑，但新四军战士们的士气和抗日热情他们是看到的，也不得不佩服共产党领导的军队富有报效祖国勇往直前的献身精神。

在华埠镇休息期间，我在这小镇上拍了有生以来第一张穿军服的照片（离开闽东前，国民党福建省政府发了一部分军装给我们，我当营长的也发了一套军官服），挎着手枪，扎着武装带，蛮神气的。

休息后我们继续行军，经过开化县的马金镇，沿着去皖南的公路一直走到安徽歙县，在距当时新四军军部所在地的岩寺 20 余里的桥头村驻下。至此，我们全团顺利完成了北上集结任务。

从闽东到皖南，是我和闽东许多战士革命生涯的一次重要转折，从此我们结束了反抗国民党政权统治的土地革命战争，开始投入抵抗日本帝国主义侵略的全民族抗日战争。

1988 年 6 月 15 日

选自《南方三年游击战争·闽东游击区》，第117—149页。

陈挺，1911 年生，福建福安人。1930 年加入中国共产党，1932 年参加中国工农红军。南方三年游击战争时，任红军闽东独立师第二团五连连

长、福（安）寿（宁）独立营营长、独立师特务队队长、第四团团长、第二纵队队长等。新中国成立后，曾任福建省军区福安军分区司令员，陆军第二十八军八十四师师长，福建省军区参谋长、副司令员，福州军区司令部副参谋长，江西生产建设兵团副司令员，江西省军区副司令员、顾问，福建省军区顾问等职。1961 年被授予少将军衔。2005 年在苏州逝世。

三年游击战争中的闽东畲民

钟大湖

在艰苦卓绝的三年游击战争中，我与畲家父老乡亲一起经历了这场生死存亡的浴血战斗，耳闻目睹了许多畲族革命人民英勇斗争的情况，对闽东畲民在那艰难的战斗岁月里的特殊作用比较了解。我觉得叶飞同志对畲民革命的评价是恰如其分的，他说："在闽东三年游击战争最艰苦的年代，畲族革命人民的贡献是很大的，他们具有两大特点：第一，最保守秘密，对党很忠实；第二，最团结。在最困难的1935年至1937年对革命斗争支持最大。我们在山上依靠畲族群众掩护，才能坚持。"闽东畲民能够在三年游击战争中作出重大贡献，是有两方面的原因的：一方面是自然环境的因素，畲民多散居于穷乡僻壤，交通十分闭塞，具有隐蔽性，有利于游击战争迂回战术的开展，有利于保存与积蓄革命的力量，有利于牵制和打击国民党反动军队与地主民团武装；另一个方面是政治因素，这是主要的原因。长期以来，畲族人民身负民族歧视和阶级压迫的双重枷锁，他们对欺压老百姓的国民党反动派从来就抱着敌视的态度，他们具有朴素的阶级感情与强烈的民族意识。同时，自1929年起，闽东地方党在畲村广泛传播马克思主义。轰轰烈烈的苏维埃运动使全区百分之七十以上的畲民分到田地，他们翻身做了主人，深深感恩共产党。因此，他们在游击战争中，能够深明大义，不惜牺牲，勇挑历史重担，将数百里畲山当作共产党、红军游击队的坚强后盾和国民党反动派的死亡陷阱。

闽东畲山是闽东重要的游击战场

当年游击战场几乎遍布畲乡各个山村：宁屏古办事处领导的游击区有以苎园坪—上竹洲—下竹洲为主的福安、周宁边界的竹洲山麓，以及宁德县巫家山一带；霞鼎办事处领导的游击区有以承天—步竹—梅洋—桃坑为主的太姥山麓以及霞浦县西胜山区一带；连罗西南团领导的以总洋—八井为主的连江县长龙畲族山区；浙南挺进师领导的福鼎县李家山一带的畲族山区。这些地方的畲族群众为了地方党与红军游击队的生存，踊跃参军参战，以革命的暴力粉碎反革命的暴力，积极开展了反“清剿”斗争。

竹洲山游击区处处是丛山密林，山背一条迂回曲折的羊肠小道，距福安县城关 100 余里，山前一道深溪，水流湍急，横堵通向周墩的去路。自古以来，畲民都是依靠藤条拖拽渡筏过涧。山里住着 50 余户畲家，分布在苎园坪、上竹洲、下竹洲、十二泡、三湾等九个自然村落，村村相距八里十里，外人进山，就是转上三天三夜也摸不到边。国民党军前来“清剿”，到了实地，人马不前，重炮难移，叫苦不迭，狼狈不堪。然而，恰是我游击健儿的依托地，每逢红军游击队战士到竹洲山，乡亲们就像过年过节一样忙乎起来，年轻人彻夜点着松明火把砻谷舂米，老年人摸黑出村站岗放哨，老阿妈忙着上楼打床铺，少年团舞着香线下地拔蔬菜、挖竹笋，不到几个时辰，畲家妯娌们抬着香喷喷的大米饭和菜肴摆在战士们面前来了。饭后畲家男女在灶前燃烧一堆堆的柴火给战士们取暖。畲民与红军战士心连心。1935 年 12 月至 1936 年 3 月，国民党保安旅黄苏部经常进犯竹洲山，各村党支部干部与群众配合阮英平同志领导的独立师第三纵队与凌福顺等率领的游击队凭借有利的地形，多次打退敌人的进攻。1936 年 10 月 19 日，叶飞同志率领红军独立师一部往竹洲山三湾村慰问受国民党摧残的畲民，那时正值枯水季节，周墩陈家垄民团涉水过河，突然包围了三湾村，三湾村游击队与红军战士们英勇战斗，胜利突围。叶飞同志从三湾取道隐蔽在羊林石洞，畲族群众秘密前往探望叶飞同志，给他送去吃的、睡的，并轮流站岗放哨、传递消息。

我的家乡福鼎县太姥山麓与李家山一带畲山战斗也很频繁。1934 年 11 月，瑞云、坑门里、半山、坑头、南山、明楼厝、长保岭、高水、八斗岗、内才、北山、福井、渔井等十余个畲村的赤卫队、肃反队、游击队共 300 余人，配合闽东红军主力部队攻打店下国民党军与反动民团据点，活捉了敌排长，俘敌 40 余人，缴枪 40 余支、弹药十余箱。1935 年 2 月，章家山、高水、南山村的畲民赤卫队配合红军独立二团攻打岚亭的保安连，毙敌十余人，缴枪 40 余支。这年春天双华一带的畲民肃反队 100 余人由共产党员蓝青致率领，配合叶飞同志率领的红军独立师特务队打垮沙埕海霸刘仁泰的反动武装，并且剪除了罪恶累累的刘仁泰。1935 年 4 月的一天，叶飞和陈挺同志率领红军独立师特务队与红四团，在梅洋村召开红军、游击队和霞鼎县、区干部 200 多人会议，进行作战部署。次日，在桑园与梅洋之间畲汉杂居的枫岔头地带设伏，后溪、何厝、长久昌、牛埕下、章家岭畲族游击队 80 余人协同作战，一举歼灭国民党军浙江保安团一个加强连，缴获机枪三挺、步枪 89 支与大批弹药。

1935 年 6 月 4 日，驻秦屿敌军向在白琳的八十七师五二一团团部运送军用物资，叶飞同志率领师部特务队和郭阳章家山、洋心、冷城的南岗、才堡的八斗岗、北山等畲族肃反队员共 100 多人到达郭阳流坑亭，战士们埋伏于郭阳松坪，打垮护送军用品的敌军一个排，缴获军用物资 30 多担。1935 年秋，敌八十师和王敬久旅三团向霞鼎地区开始第二次“围剿”，进犯霞浦县的湖坪、白苋洋，福鼎县的仙蒲、牛横头、翠郊、后坪等20余处。当地畲族人民与红军、游击队进行了英勇顽强的反击，胜利地粉碎了敌人的“清剿”。

1936年8月17日，闽浙边临时省委书记刘英率省委警卫团与鼎平独立团在李家山虎头岗伏击前来进犯的浙江省平阳民团一连，全歼来敌，活捉敌连长，缴获长短枪80余支与一批弹药。虎头岗、下庵基、阶头、屹门后、乌溪等畲村群众还参与围捉逃敌84人，毙敌13人。刘英同志还发动小麻阳、罗唇、佳阳、佳山、苋头、鹿坑等地700多名畲族群众配合鼎平独立团100余名的红军战士攻打平阳马站国民党军据点。同年10月，三面井、牛屎墩、龙潭面、八斗等村畲族游击队100多人，配合刘英率领的红军在龟仔山设伏。战前，由当地畲民往泰顺县富洋引诱敌军进入埋伏圈。战斗打响后，他们在山头上呐喊助威，英勇奋战。是役活捉了敌副营长陈达德及士兵数十名，毙敌20余人。13日上午，省保安队一个营及自卫队分三路包围红军，袭击红军驻地淡竹阳，红军突围后，有42名战士及五个伤员在牛屎墩畲村隐蔽40天，在畲族群众的保护下安全脱险而后顺利地回到部队。

霞鼎地区畲民也积极参战，大显神威。1935年1月14日拂晓，湾里、茶湾、郑家山、大路下四个畲村与周围汉族村共有2000余名赤卫队员，配合叶飞政委、赖金彪副师长等人指挥的闽东红军独立师在柘荣县西竹岔伏击敌新十师三个团5000余人，这是红军与国民党军交战中最大的一次战斗。致敌伤亡500余人。我方也有损失。10月，闽东独立师第三纵队攻打宁德县赤溪官岭反动民团据点，小桥、八斗、土赖头村畲族游击队协同作战，是役缴获长短枪85支、子弹25箱。1936年宁德高山、巫家山畲族赤卫队乔装担柴挟竹上街出卖，配合闽东红军独立师，袭击八都镇，不久他们又攻击七都反动民团据点，缴枪42支、子弹15箱。经过战斗锻炼，畲民的阶级觉悟和战斗力进一步提高，有数百人参加了红军，在经过三年游击战争的巨大牺牲后，还有400多名畲族红军战士奔赴抗日前线。

畲民全力支持革命战争

1935 年秋后，国民党军对闽东大举“清剿”的同时，实行经济封锁，妄图把红军游击队困死在山上，给红军游击队的枪弹、粮食、药品和日常生活用品的供应造成很大的困难。为了打破国民党的封锁，畲民作出了极大的努力，每一个畲族山村都是一座红色堡垒。遍布畲山的“红军洞”和“秘密寮”曾经起过特殊的历史作用。那里曾是闽东党、政、军领导机关的办公地点，又是红军、游击队伤病员治病养伤之处，还是刺探敌情、协同军事行动的交通站。像福安县的竹洲山，周墩县的苎园坪，宁德县的巫家山、天峰亭、福鼎县的双华、龙潭面，霞浦县的下青山、香菇山、五斗，还有柘荣县的草籽坪大周坑、南广山九埞、尖峰顶等畲村都有全区闻名的“红军洞”与“秘密寮”。那时在福安、周墩交界的竹洲山成立了苎园坪畲村中心交通站，主要交通路线是以苎园坪畲村为中心，北经首洋抵达周墩，南经竹洲山九个畲村，又经白鼻岩、龙溪抵达穆阳，沟通福寿周边界的游击区域。在宁德南岗、半山、灵山、葛藤坪、猴盾、天峰亭、石壁头、狮子头、后门楼、长贝坑、巫家山、金竹湾等畲村，建立了“秘密寮”网络，沟通了宁屏古边区游击区域。

闽东特委和苏维埃政府还在宁德虎贝天峰院，霞浦西胜龙潭、五斗以及周墩苎园坪，福鼎的梅洋、龟洋等畲族山区设立了红军后方医院。苎园坪下清水蟿红军后方医院，设立 20 多个床位，通过秘密渠道，聘请外地西医、青草医五人担负医疗防病工作，采用中西医结合，治愈了许多伤病员。当时红军游击队常年转战于丛山密林中，湿度大，战士们很容易得疥疮，后方医院应用青草药防治，将草药晒干研成粉末煎洗患部，效果十分显著。他们还利用天然山洞作为休养所。1936 年 11 月，叶飞同志在三湾战斗中负了伤，曾在这里休养治疗。医院还为当地贫苦群众免费医疗，深得群众欢迎与信任。

畲家“秘密寮”也是红军游击队的临时医院。在闽东敌我斗争最艰苦的1936年,我们红军和游击队分散活动。有一个游击队员叫依弟，连江人，作战负伤，跟不上部队，只好一个人在山路上爬，当他爬到周墩苎园坪畲村时，已经爬不动了。村里畲族群众发现他是游击队伤员，就把他藏在“秘密寮”里。每天给他端饭送药，治疗护理。不久，便能走动。他想找游击队，但敌人搜查很紧，一时无法脱身，他一直养了半年多病才回到部队。

为了解决红军游击队弹药武器供应的困难，闽东特委在畲族山区的“红军洞”“秘密寮”里办起修械所，修理、制造枪支弹药。1935年9月周墩苎园坪畲族党支部在暗垄的山洞里办了修械所，从福州等地请来了师傅，修枪用的工具是特委派专人从福安运来的，火药通过福安穆阳秘密联络点，一路上由游击队护送。各交通站接应运到苎园坪。师傅们利用旧的弹壳放入铁炉中熔化后注入模内，五个模能做五排弹头。还能锻造刀矛之类武器。1937年1月敌人第三次“清剿”苎园坪，党支部领导200多位畲族兄弟冒着生命的危险，把修械所安全转移到周墩与福安交界的黄县村，随后又转移到周墩一区。霞浦龙潭山根据地畲民在福霞边境的山上盖起“秘密寮”30多座，供作红军枪械修理所。

“秘密寮”还掩护过许多革命同志。宁德县下南区区苏游击队50多人在反“清剿”中，转战到宁德猴盾一带。这一带的畲族群众为了游击队的安全，连夜组织几个人，分头到平湖石壁头、南岗狮子头、长贝坑底、后门楼、金竹湾等山上赶搭了五座秘密寮给同志们住下。畲族群众给他们送米、送菜、送盐过年,使他们安安稳稳休整了五六天。1936年7月福霞、霞鼎县苏维埃政府和岭面区苏迁到龙潭畲村合署办公，畲民钟宝英等七人搭了几座供30多个干部住的“秘密寮”，钟宝英还把自己家里晒谷用的五张谷簟全部搬上山去，把“秘密寮”加盖得严严实实，好让同志们住得舒服一些。干部住在龙潭山以后，钟宝英还组织畲民负责保卫与交通联络工作。他自己还负责供应住在山上的干部生活用品。当时，国民党军队在山下封锁各处路口，粮食买不到，只好把自己家里仅有的一点粮食拿了出来。自家粮食吃光了，就发动乡亲献粮200多斤，连夜送上山。他在一次下山到赛岐镇去买蜡烛、电池与胶鞋等日常用品，返回路过福安洋西桥头时，被敌逮捕，为了保护革命同志，保守秘密，从容就义。

1935年，国民党反动派重兵“清剿”闽东苏区，闽东地方党的主要领导人先后牺牲。叶飞等同志领导的红军部队转战各地，长期分散隐蔽在山上。山下各路口都有敌人封锁，部队供给极其困难，尤其是粮食买不到，也送不上去。驻在山上的红军只好靠挖竹笋、采野菜、摘野菇充饥。有的红军战士连续七八天都没有闻到饭味。他们一听到山外群众砍柴、挖地的声音，便悄悄地出来，畲族群众看到他们，总是自己忍受饥饿，把带上山的饭让给他们吃。有的畲民第二天上山劳动时，特地把大米饭捏成一团，埋到小麻袋的甘薯丝饭中，而后背上挂着柴刀，肩上扛着串担，担上吊着几圈捆条乔装砍柴，瞒过敌人岗哨，把饭送上山去。有的把饭藏在扁篓底，佯装上山采野菜。有的把粮食埋到草木灰里，乔装上山追肥。总之，千方百计把粮食送上山给亲人。

1936年农历正月，福霞边境的龙虎岗畲族村被强迫合并到龙潭村，蓝成怀等三户畲族农民临走前还惦念着山上的红军，把家里的200斤甘薯丝装进木楻，连夜抬上山去。同年冬季，龙虎岗又被强迫合并到里马村，他们又凑足甘薯丝100斤，连同甘薯种六担，悄悄送给红军。为了支持红军，畲民在秋收时，有意地把边远山地的甘薯留在地里，让红军随时挖食。有一次，蓝成怀送粮食被敌人发现，被抓进监狱，连吊带打，都不说出真情，为了保护龙虎岗上20几位红军战士，而他自己被打断了一条腿。

1936年冬，红军游击队集中火力攻打岭头，区苏政府迁到孟尾、满洋中畲族村。孟尾村的畲民兰神凤主动当了“解粮官”，多次为红军买粮、送米，还为红军上街买烟、买鱼和日常生活用品，自己上街次数多了，怕敌人发觉，便叫村里的妇女小孩轮流去，自己到半路接担。妇女们挑柴上街，卖了柴，买红军急用的货，然后乔装往菜园采猪菜，把货物藏到篓底，猪菜铺篓面，混过敌人哨卡，送给红军。

在艰难困苦的三年游击战争中，畲家出现了许多红色交通员。他们有十分严密的组织纪律性，他们凭着一颗对党对革命事业赤诚之心，机智勇敢地与敌人周旋，胜利地完成党交给的任务。1934 年冬，罗源县车溪乡一名外逃地主痛恨家乡“闹红”，带着县保安队 70 余人从茶洋抄小路偷偷进入车溪，他们在崎岖的山路上由地主引路缓慢行进，车溪乡畲族交通员雷金寿从远远的山头就发现敌情，他立即通知“步哨”，“步哨”吹响螺号，车溪乡苏干部立即带领群众转移到上岩里的深山，结果敌人扑个空，只好灰溜溜撤走了。雷金寿为革命风里来雨里去，单到厝坪洋中、盾后等地给红军游击队送信就有三四十次，有时为了甩开跟踪的敌人，便没命地奔跑，跑破了鞋底自己还不觉得。他风趣地把上山喘气称为“吹洞箫”，下岭腿抖称为“弹三弦”。每当送信任务完成之后，他总是说：“我这也是在和敌人战斗。”像这样认真负责将生死置之度外的红色交通员遍布闽东畲山的各个村落。他们经常引领革命同志上山隐蔽，为同志们送饭送水，到外地买电池、毛巾等日常生活用品。他们送信的方法十分巧妙。有时，把密信卷好藏在竹竿里，手执竹竿盘山过岭。要是夜间，既可以当作拐杖点路，又可当防身武器，若是发现敌情，便把竹竿往路边一扔了事。冬天里，他们把密信藏到火笼底下，既可以借火取暖，又看不出是个赶远路的人，要是碰上敌人，就迅速地把信捻入火中，自然烧掉。有时把密信塞到斗笠的夹缝里，或者缝到补丁的衣褶中，女交通员还把信盘进发髻里头。有时，拔几根茅草把密信和小石块扎在一起，捏在手中，要是遇到敌人，把它扔在就近的草丛之中。他（她）或是乔装走亲戚，或是上山砍柴，或是下街赶集，机警地避过敌人耳目。宁德巫家山畲族女交通员兰彩容，有一次送信到半路，碰上了敌人，立即把信团扔到就近的草丛里，被敌人看见，追问她扔什么？她急中生智，又扔出手里的第二个石子、第三个石子应道:“我在打小鸟。”敌人看了无疑，就“放”她过去了。

福鼎乾头借墓里村畲族妇女雷大妹的丈夫因革命牺牲，自己生活无着，背着孩子去讨饭还继承丈夫的事业，继续刺探敌人情报。有一次她得知敌人准备在半夜围捕西北区区委书记谢秉培，便立即通知谢同志，使他迅速转移。双华乡畲族女交通员兰梅花，全家里里外外靠她一人，还要为革命当交通，经常扔下家里三个年幼的孩子，起早摸黑为红军送信。从 1934 年到 1936 年，在这最艰难的岁月里，不管是天寒地冻风雨交加的夜晚，或是烈日当空汗流浃背的炎热暑天，只要有任务，她二话不说,说走就走,攀崖过涧,想尽办法瞒过敌人的哨卡,把信件安全送到。

在残酷的革命斗争中，不少畲族交通员，为了完成交通联络任务，掩护同志而流血牺牲。设在福鼎浮柳乡的桐霞县交通总站负责人李信郡接送过许多情报。1936 年春以来，中共桐霞县委书记林辉山经常到浮柳检查工作，都是住在李信郡家里，有时，林辉山与同志们商量事情，忘了吃饭，他的妻子怕饭菜凉了，总是一次又一次地催请 :“老林呀，穷人家没有好东西招待，吃碗甘薯米饭顶顶风寒吧！”林辉山同志总是客气地说 :“阿嫂，我们都是劳苦人，人缘好，喝清水也会肥。革命成功以后，你也有一份功劳。”那年端午节，林辉山和桐北区委书记陈希简等四人在白石村开会，李信郡特地留他们吃芦叶包的米粽，喝家酿米酒，结果被敌人发现。敌人包围白石村，情况十分危急，同志们都相继突围了，唯独陈希简同志正患病，走不动，李信郡不顾个人安危，二话没说背起陈希简转移到安全地带。反动派在白石村贴着告示 :“知情不报者，格杀勿论。”而畲家人全不理这一套。那一回同志们脱险了，而李信郡的妻子却被敌人抓去关押了一个多月。1936 年 11 月反动派又来白石村抓李信郡，畲族赤卫队员李阿春、钟阿林等人与李信郡同志一起躲进深山，敌人扑了个空，面对白色恐怖，李信郡同志坚持斗争，做好党的通讯联络工作。就在这个月上旬，他在执行任务的途中，由于叛徒出卖，遭到敌人包围，他勇敢地与敌人拼搏，敌人凶残地将梭镖刺进他的腹部，当场壮烈牺牲。牺牲时镖刀仍卡在腹腔里，直至他的亲属拣骸骨时，这把镖刀还在。

畲民为战争付出巨大代价

在三年游击战争中，据不完全统计，闽东被敌人杀害的畲族党员、干部、战士和群众5600余人，占全区畲族人口的4.8%，被敌人抢劫掠夺的村庄有980余个，占全区畲村总数的70%，被“移民并村”的村庄有540余个，占全区畲村总数的40%。当年国民党反动派对畲村所下的毒手是触目惊心的，一幕幕往事畲家父老乡亲是刻骨铭心的。

1934年10月，国民党反动派，纠集数万兵力以“军事进攻、政治瓦解、分进合围、穿心斩线、稳扎稳打、步步为营”的方针，实行惨无人道的烧、杀、抢、移、抓的“五光”政策，在闽东各个较大的村庄中建炮楼、筑围墙、造栅门，驻兵把守，还伙同反动民团、义勇队、联甲兵进行巡回“清剿”，建立反动的保甲制度，编造户口，进行“清乡”，强迫自新，实行“连座切结”。敌人对畲族革命群众的摧残是令人发指的。

1935年至1936年，敌八十七师一个营兵力进犯连江县长龙畲族山区，他们采取穿梭式手段抢劫骚扰。长龙乡25户畲民房屋被烧毁，蓝依山等十人被杀害，被抢去耕牛35头。与此同时，溪利畲乡坑园里“秘密寮”被仁山民团发现，民团连夜放火烧山，十人被烧死。1934年11月省保安团进犯霞浦县后章畲村，该村被烧毁房屋24间，被抢粮食万余斤，被抓走群众十余人。1936年春国民党军徐英部实行“移民并村”，烧毁后章村，强迫村民并居龙潭村，旧历年关，故人又将后章、龙潭两村合并至里马畲村，几经折腾，致使大片田园荒芜，八人沦为乞丐，

18人死于饥病。1936年冬至1937年春，国民党军八十师与首洋教导团以及陈家垄和咸竹湾村民团进犯竹洲山游击根据地，敌人声言要竹洲山“人绝种、草断根”，对竹洲山进行三次毁灭性的摧残，敌人放火烧山三天三夜，把福安上竹洲至周墩苎园坪的数千亩森林化为焦土，九个村庄房屋被毁殆尽，51户畲民惨遭劫难，17人死亡，十多人流落他乡。

我的家乡所遭受的摧残也是十分严重的。全县畲村近百户家破人亡，绝村达18个，绝户288户。双华的半山、上宅、步头脚、石板宫、溪沿五个自然村绝30多户100多人；白琳的牛埕村20户，80人。这两个地方在1936年12月,敌人疯狂“清剿”期间全部被烧成一片废墟。1935年6月10日至20日，半溪章安峪，有四个畲族自然村，被敌军和半溪的油坑、桑园、下宅、里洋等地联甲兵“清剿”达十天之久，他们全部转移至深山里，或露宿荒山，隐蔽石洞，宁可饿死也不让敌人抓走。敌人搜捕不到人，就将24座240间瓦房和所有的财物全部烧毁。而躲藏在深山里的群众，被冷枪打死三人，饿死在野地里就有118人，占全村人口的86%。1935年8月至1936年春，敌闽浙保安团与八十师十次轮番进犯浮柳畲村游击根据地，白石、半山、南园岔畲村房屋被毁17幢，干部、群众被害14人。1936年11月敌八十师又进犯长久昌畲山游击根据地。敌人一次就在柏柳村杀害当地干部、群众36人，13人遭灌水、香炙等毒刑。自1936年冬开始，敌八十师“清剿”桥亭等31个畲村长达数年，畲族党员、干部、群众370余人惨遭杀害，仅磨坑村就有11人被害，房屋390余间被毁。

畲民的家园被毁坏，亲人被杀害，但革命意志更坚强。1936年，福鼎县保安队为了探听红军驻地，抓了白石畲村群众李阿琛等四人。在押送往县城途中，李阿深悄悄用畲语说：“就是杀头，也莫讲出啊！”送往县城之后，他们就被敌人隔离，敌人轮番审问，要他们讲出红军伤员躲在哪里，回答都是：“不知道！”敌人从他们嘴里得不到情况就动用刑罚：灌辣椒水、吊打，甚至带出去假枪毙等，却没有一个人暴露红军的秘密。霞浦县五斗畲村畲民为了保护山上的游击队，村庄先后被敌人烧毁五次，每烧一次，就近的群众就赶来帮助割草砍柴，再搭新楼，他们还是继续给山上游击队送物品，搞通信联络。福安县畲民党员钟阿佘是中共宁寿县委常委，敌军进犯中指名抓他。他改名“土淄”，抱着一条棉絮，带一口砂锅躲进老家附近的太阳山，开荒种地，隐蔽了很长时间，村里畲民无人不晓，但是敌人多次搜山、恫吓，甚至吊打群众，却没有一个人告密。福鼎县斗门畲村秘密交通员雷能鹤，1935 年冬主动承担护理二位红军伤病员的工作。伤病员在他家住了一年左右。雷能鹤家里很穷，经常断粮断炊，他先后将六岁的女儿和三岁的儿子卖了换回粮食，照顾伤病员。有一次敌人来他家搜查时，还将他未满月的儿子捅死。伤病员见雷能鹤为革命作出这么大的牺牲，都感动得流下眼泪。

1936 年 10 月 11 日福安县首洋村地主民团与国民党军 200 余人，兵分两路进攻竹洲山，敌人快要进入苎园坪路口时，站在山上放哨的畲族妇女蓝招眉大喊：“山猪来了！山猪来了！”住在村里的游击队立即转移。敌人进村后，找不到游击队，就把畲族老人雷银弟抓起来，要他供出游击队住处。雷银弟闭口不说，敌人气急败坏，把苎园坪仅有的四座房屋烧毁，还把雷银弟等八人押到陈家垄反动民团驻地。敌人搬出多种刑具，逼他们供出游击队住处、医院、修枪厂地址。畲家人都回答：“不晓得。”敌人无奈，把他们一一隔离，并手执大刀、锄头威胁畲家妇女说:“雷银弟不说,已经活埋啦！你们说不说？”畲家妇女仍然回答：“不晓得。”敌人无计可施，只好放了她们。11 月 15 日，敌人第二次火烧竹洲山。1937 年 1 月 28 日，敌人第三次火烧竹洲山。畲族人民被赶在一起编保甲，订连坐。他们坐在冰冷的山窑里，忍饿挨冻，但他们圆睁仇恨的眼睛，毫不屈服。待敌人撤退之后，竹洲山麓九个畲村 200 多畲民,男女老少一齐动手,把红军枪械修造厂转移到“岩下楼”;把“后方医院”里的红军伤病员抬到周墩黄殿村，再转移到宁屏古一区去。敌人几次“搜剿”落空之后，于 1937 年农历正月初二,突然袭击下竹洲村，该地畲族共产党员、安德县苏主席钟日住同志来不及转移，不幸被捕。敌人每天对他软硬兼施，逼打审问，他面不改色，严词应答："要砍要杀随你们的便，谁是红军我不晓得。"敌人毫无办法，便叫反革命分子家属，带着纳鞋底的铁锥子戳他。这位革命硬骨头，咬牙顶住。敌人问他："枪支藏在哪里？"他想了想回答："藏在石厝下，我带你们去取。"其实，石厝下没有藏枪，他想带敌人去"挖枪"时，中途逃脱。结果到了石厝下，手脚被绑得更紧，不但逃不脱，还被敌人推下龙井闷溺。溪水刺骨，冻得他面色发白，牙齿咯咯响。敌人又逼他招供，他还是回答："不晓得。"敌人用烧红的铁铲烫他的脊背，又用枪柄打坏他的一只眼睛，痛苦难言。面对残暴的敌人，他毫无惧色，缄口不语。敌人整整折磨他 17 天，也没有从他的嘴里掏出半句有用的话，最后只好砍下他的头，用铁线戳通两边耳孔，挂到咸竹湾村口示众。

连江县总洋村畲族共产党员蓝元进，被捕七次，每次逃出敌人牢笼，或被同志营救出来，仍然又回到革命队伍，继续斗争。最后一次被捕是在国民党重兵"清剿"之后，敌人悄悄到他家，他来不及隐蔽，敌人用棍子打昏他，强迫他妻子与另一个人把他抬到敌人的据点下洋村。在 20 多次的审讯中，敌人使用"老虎凳"、倒吊、灌水、电刺、竹尖截指头，大把的香烧他的胸脯等刑法，使他死去活来。为了革命秘密，他宁死不屈，不露半点风口。敌人抓不到事实，在他奄奄一息时，把他扔出门外。

福安县满洋中村畲族农民钟阿弟，因为侄儿钟木连参加游击队，在攻打甘棠的战斗中牺牲，反动民团就把他抓到后溪村问罪。敌人问他："你村谁做土匪？"他只回答："不晓得。"敌人把他绑在柱子上，然后，当场杀死一位革命同志，取出血淋淋肉来，切成片，用筷子夹着对准钟阿弟的嘴巴，逼他吃下。他闭上眼睛闭上嘴。敌人又把他拉出去，递给一把锄头说："现在，你先倒下量一量自己的身体，看多长？多宽？然后挖坑，活埋你自己。"钟阿弟拿起锄头挖了几下，眼前冒起金星天旋地转，昏倒土坑里。

在复杂艰苦的斗争环境中，畲村儿童团员也和大人一样经受了革命斗争的磨炼，有的还献出了年幼的生命。当年，福安县的凤洋、南山、七定、竹洲、满洋、东山、采花桥、下赤、八斗坑，霞浦县的龙潭、南山和宁德县的猴盾、天丰院等畲村都建立了儿童团，大村二三十人，小村三五人。他们的任务是：传唱革命歌谣、站岗放哨、查看路条，让大人们放心下田生产上山革命。他们人小觉悟高，阶级立场坚定，主动监视地主豪绅等反动派的活动，及时地把敌人的行动和可疑现象告诉红军游击队和苏维埃政府，协助红军递送情报。因为他们人小不容易暴露目标，往往有时会干出大人们干不了的事情。1934 年秋，福安县苏维埃政府黄灿仁等三位同志到霞浦县南山畲族村工作，途中与敌遭遇，丢失了公文包，包里装着的苏区干部名单落入敌手。第二天拂晓，敌人包围了南山村，妄图按照名单抓人，村干部都已经转移了，敌人没有办法，就抓住南山村苏主席的儿子、儿童团团长雷石祥。敌人以甜言蜜语引诱说：“阿弟，你说出大人都到哪里去了，我给你饼吃。”雷石祥摇头说：“不知道！”敌人把雷石祥的双手反绑起来，拔出大刀威胁他说：“你爹起早又找土匪去啦，我们晓得，你要是不带我们去把他找回来，我们今天就拿你过刀！”雷石祥还是佯装不知道。敌人百般无奈就威逼雷石祥带路，妄想在山林里搜捕到革命同志，雷石祥心里有了底，就故意将敌人引错路，当走到西胜杯溪“将军潭”时，自己纵身跳入潭中，敌人立即向潭里开枪，年仅 16 岁的畲家少年壮烈牺牲了。

在三年游击战争中，特别值得歌颂的是畲族妇女，她们饱含着青山一样的深情，为了革命作出巨大的贡献。1934 年冬，闽东妇女工作团副主任吴鸿琴随军驻在福安县柳溪村，不料半夜遭到国民党军新十师的包围，敌我混战到黎明，吴鸿琴突围出来。但是到哪里去呢？她想起领导同志的嘱咐，去找一个可靠的群众，暂时隐蔽下来。

吴鸿琴走一阵，爬一阵，好不容易来到福安和霞浦的交界的暗井下厝坪村畲族老阿妈钟淑兰的家。钟淑兰待她如同自己的亲生女儿。钟淑兰带着儿子上山搭起“秘密寮”，把吴鸿琴藏好。夜里叫自己的三个孩子挤在一块儿睡觉，腾出一条被子亲自拿到“秘密寮”陪吴鸿琴睡觉。白天她母子担柴烧炭卖得钱来，买米做饭送上山给吴鸿琴吃，而自己和孩子们啃甘薯。天气冷了，她把火笼送上山，给吴鸿琴取暖。钟淑兰每夜到“秘密寮”陪伴吴鸿琴，路上怕暴露目标，都不敢点灯，只得穿着棕衣戴着斗笠，把火炭藏在田螺篓里，不时取出来晃一晃，靠着那么一点点的红光，摸索着上山。

时间长了，吴鸿琴想出山活动，钟淑兰就把老茶叶煮成汁搽抹在吴鸿琴的身上，把手、脚、脸涂得黝黑黝黑的，包上畲家姑娘的旧头巾，穿上五线花绒镶边的畲族衣衫，乔装成自己已经出嫁的女儿，下地播种甘薯。有一天，山外进来两个敌探，钟淑兰为了防止万一，便吩咐她假装成肚子疼痛，在园地里直打滚，瞒过了敌探。

吴鸿琴在钟淑兰家里隐蔽了七个月，避过了敌人的搜捕。住久了怕被敌人发现，到 1935 年 6 月下旬，钟淑兰把吴鸿琴乔装打扮一番，连夜送她转移到另一个安全的地点。

1935 年春，福安县妇女工作团的马妹同志在刘洋山被敌人包围，子弹像炒豆一般地从她头上呼啸而过。她猫着腰在林间一条山路上爬行。篙村的畲族妇女钟廷梅在山上砍柴发现了马妹，立刻引领她逃到雷挺俊的单座楼。当时正闹春荒，山下有敌兵戒严，山高岭陡无处买粮，雷挺俊就倒出自家留存的谷种，砻成米给马妹当口粮，并把自家的鸡宰了给她下饭。马妹在畲家隐蔽十多天，钟廷梅都时时来探望。等到山下的敌兵退了，马妹要下山找革命组织，畲民们把马妹化装成畲族妇女，廷梅等送她下山，顺利地通过了赛岐镇。

福鼎县田头畲村的钟二妹是该县的第一个女交通员，闽东特委的领导人叶秀蕃在福鼎一带活动都常住在钟二妹的家。叶秀蕃同志的代号是“老大”，当时，不管谁来找“老大”，她都按规定严格盘问后，才给予接头。有时四面八方来的革命同志们在她这里开会。她和丈夫蓝阿寿就到屋外去站岗放哨，为了让同志们吃好住好，她不辞辛苦担柴夹竹上街叫卖，赚了钱买来鱼米来招待同志们。而自己三餐则吃甘薯米糊糊。

为了协助叶秀蕃同志开展工作，钟二妹脱下“凤凰装”，裹上头巾，化装成汉族妇女，专程到寿宁去接叶秀蕃同志的妹妹叶秀英。晚间，钟二妹还陪伴叶秀英到田头、后坪、斗门等村做调查工作。她们相处形同姐妹，形影不离。有一天，叶秀英外出活动不幸被敌人逮捕。钟二妹四处托人求情，但因叶秀英是外地人，敌人对她嫌疑过大，便把她关到福鼎县城监狱。不久，钟二妹剪掉长发，穿上汉族衣衫，到城关帮人煮饭，然后，通过熟人关系，悄悄给叶秀英捎去寒衣与食物，自己还到监狱去探望叶秀英。

游击队战士们是十分信任二妹的。同志们把从敌人那儿缴来的枪支弹药都藏在她家里，她把子弹装到铺有棕片的瓷缸里，密封了缸口埋到后门山上，把枪支捆成一把把，藏到密林深处，还把叶秀蕃同志用过的钢笔、文件藏到祠堂的神龛下。他们什么时候要用，她就什么时候去取，同志们都说：“有二妹嫂当家，我们一百个放心。”

1934 年 10 月，由于叛徒告密，敌人扬言要抓钟二妹，逼得她这里睡一宿，那里躲一天。她的公公婆婆被迫逃避他乡，她的小叔子也受株连，被国民党反动派抓去当壮丁，并在中途惨遭杀害。

当年 11 月的一天夜里，县保安队纠集地主民团，包围了田头村，一个 30 多户的小村庄被捕 24 人。当时钟二妹一听到风声就爬上后门山打算翻山而去。可是，山脚下各个路口都被敌人封锁了，她转回头，攀上一棵茂密的棕树上隐匿起来，能听得到敌人的说话声。敌人在树下哈哈大笑说：“这个土匪婆今天当鸟也莫想飞走了。”他们到处破门搜查，在楼上楼下捣翻了一阵，一无所获，就把二妹的丈夫吊上梁去毒打，并逼他交出钟二妹，交出游击队的武器。此情此景，躲在树冠上的钟二妹从叶缝间看得清清楚楚。她心急如焚，想下去营救，又救不得，只能是眼睁睁地望着亲人在受刑。天黑下来，她又饥又渴，北风刮得她四肢麻木，她怕从树上掉下来，顺手抓起缠在树枝上的藤条，将自己的身躯捆在树干上，张口借夜间的露水润润喉。次日，敌人把她家洗劫一空，又把她的丈夫吊打致死，她看到这种惨状，咬紧牙关，不哼一声。她想到叶秀蕃同志的嘱咐，要保守革命秘密，要团结一心，要有能耐，在任何情况下都不能向敌人投降。敌人骚扰了一天，到太阳下山时，还点了一把火，把她的住房烧了，等到敌人走了，她才从树上滑下来，含泪掩埋了丈夫的遗体，这时已无家可归，又不敢在村中久留，就只好隐蔽他乡。

1934 年底，敌人在福霞边界的山区骚扰，当时福霞县委书记曾志正因病住在福霞交界小坑村的畲民钟成清家。有一天，敌军突然进犯西胜山区，曾志同志身患重病，挣扎着爬起来，才走几步就一头栽倒，神志不清。钟成清的妻子见状，毅然把怀中的幼儿丢在路边草丛中，将曾志同志背着躲进深山。像这样为了革命不惜牺牲自己亲人的事在我们畲家多的是。

福鼎县长久昌村畲族姑娘雷七妹，她原是霞鼎县妇联干部、共青团县委执委。1937 年春，随军到霞浦金竹洋一带活动，由于部队缺粮，她下山采豆角充饥，被敌人逮捕，敌营长徐英看她颇有姿色，就假慈悲地问道："七妹，你告诉我，游击队到底有多少人？都住在哪里？我保证你无事。"七妹脸不改色地答道："游击队满山都是。"徐英又说："七妹啊，你长得漂亮，又年轻，有胆量，何必跟他们去受苦呢？要是跟我哪，嘻嘻……""哼！看你这狗杂种，脸皮多厚？"七妹应着，冲上去给他一记耳光。徐英像疯狗一样吼叫着："给我捆起来，打！"敌人的皮鞭像闪电似的抽打在七妹的身上，血顺着她的嘴角流下来。徐英吆喝道："七妹，你讲呀不讲？"七妹咬紧牙根摇头不语。

徐英见她既不招供，又不给他做小老婆，就叫敌兵绑赴刑场枪决。临刑前，她还在松城（霞浦）大街上高唱道："朱毛呀！彭军呀！领导无产阶级，打破旧世界，建立苏维埃！快快干革命，打倒反动派。"雷七妹的革命气概使围观群众无不感动流泪。

许多畲家妇女与男人一样，为三年游击战争流尽了最后一滴血，畲家父老乡亲是永远忘不了她们的，人民是永远不会忘记她们的！

1988 年 10 月

选自《南方三年游击战争·闽东游击区》，第150—164页。

钟大湖，1917 年生，福建福鼎人。1934 年参加中国工农红军，1935 年加入中国共产党。南方三年游击战争时，任红军闽东独立师班长、排长，闽东北特委警卫队队长，崇（安）浦（城）游击队指导员。新中国成立后，曾任福建省军区南平军分区副司令员、司令员，闽侯军分区司令员，晋江军分区司令员，福安军分区政治委员兼福安地委副书记，福建省军区副政治委员、顾问等职。2003 年在福州逝世。

福寿岗垄根据地的恢复与巩固

许威

福建省寿宁县地处山区，山峦起伏，山高岭峻，交通不便，与浙江省的泰顺、庆元县毗邻，从寿宁城关东去30公里，有两座海拔近千米，纵横二十五六公里的高山，棋布着60个大小自然村，散居着930多户人家，2700多人口，这儿总称为岗垄。闽东革命高潮时期，这里普遍成立区、乡苏维埃政权，是闽东革命根据地的一个重要地区。

（一）

1934年冬，敌人重兵进攻闽东，福安县首当其冲，一时乌云密布，形势十分严峻。这时，范式人和叶秀蕃两位同志在福安生病了。范义生派我将他们带回到寿宁养病。我接受任务后，通过地下党组织，在福安沙坑硋窑对面的带茶湾少数民族村里，找到了叶飞、范式人、叶秀蕃等同志，沿途经秘密交通线，把范式人、叶秀蕃两同志带回到寿宁官宅好坑治病。随后，叶秀蕃叫我到福安了解情况。这时福寿县委杨森和游击大队长阿弟学思想动摇，把几十支枪埋了，寿宁苏区也被国民党军队包围了。范式人、叶秀蕃等同志一面隐蔽在岗垄一带养病，一面组织我们深入各地帮助群众疏散隐蔽、坚壁清野，联络在敌人大规模“清剿”中失散的游击队员，把他们重新组织起来，坚持斗争。

1935 年春，福寿地区的斗争形势逐渐有了好转在范式人、叶秀蕃同志领导下，着手恢复、重建党组织。首先在官宅重建了以叶阿桂为首的党支部,接着又在含溪周围的麻竹宅、南山下、石头岗、甲坑、郑家坑、谢坑、天星岗、富家村、考坑、瓦窑坪、院洋等村建立了一批基层党组织，在此基础上，把含溪区委恢复起来了。同时派出交通员，四出寻找叶飞同志和闽东独立师。

4 月，叶飞同志带着独立师队伍和企图变节投敌的独立师师长冯品泰，由宁德来到根据地，在官宅与叶秀蕃、范式人同志汇合。叶飞、叶秀蕃、范式人三人代表特委和苏维埃政府审问了冯品泰，并作出了决定，将他就地处决了。然后，叶飞同志把独立师二团留下交给范式人、范义生同志率领，他自己带着一团和师部特务队转到霞（浦）（福）鼎根据地去了。范式人同志将二团分成若干个小分队，分别由范义生、叶贞福带领，到寿（宁）景（宁）庆（元）和寿（宁）政（和）庆（元）一带开辟新区，他自己则率领一小部分队伍在岗垄周围巡回打击敌人。

含溪区委恢复不久，又扩建为中心区委（书记缪洪记），形成了岗垄斗争的核心。区委当即在含溪召开了有 40 多名代表参加的福寿县含溪中心区贫农团代表会,选举成立了中心区苏维埃政府,徐继顺为主席。

5 月，叶飞、范式人、阮英平、许旺等在含溪举行会议，重建了闽东特委，并确定了“对内恢复老区，对外开辟新区”的方针。为加强老区恢复工作的领导，特委还在岗垄甲坑设立“特委福寿苏区办事处”，范式人同志任书记。这年秋天，设在福安北区的福寿县委机关迁到了岗垄含溪，并改为福寿中心县委。在特委苏区办事处和福寿中心县委领导下，以岗垄为中心的福寿游击根据地恢复发展很快，先后在岗垄及其周围区域恢复和重建了九个区委、区苏维埃政府和 38 个党支部。仅在岗垄地区就重建和新建了甲坑、郑家坑、谢坑、山诸清、含溪、院洋、洪岭、汤洋、考坑九个党支部和村苏维埃政府。这些支部多由三至五人组成，有组织、宣传委员等。同时，还成立了青年团福寿第一区区委，书记缪冬利。团组织严格按照工作努力、守秘密、历史清白、社会关系清楚等条件来发展团员。至1936年冬，岗垄地区的乡、村团支部就建了20多个，团员发展到100多人，其他像贫农团、妇女会、少先队、劳动童子团等群众组织，也建立健全起来了。

为了进一步巩固根据地，特委办事处还指示含溪中心区委，开展肃反斗争。同时，在郑家坑设立后方办事处，由张阿砚负责，建起了修枪厂（设在石竹洲）、军服厂（设在郑家坑）、“土豪厂”（设在犁头丘）、医疗所（设在凤凰尾），负责起红军弹药、给养的供应及伤病员的医疗任务。

这样一来，岗垄便成为闽东红军独立师开展游击战争的依托地之一。

（二）

闽东游击战争是非常艰苦的，大小战斗相当频繁，红军游击队的枪弹和军费开支都要依靠后方根据地供应，因而，“努力筹财政，支援红军”便成为岗垄人民的首要任务。为此，含溪中心区委成立后，便紧张地担负起这项任务。我记得当时特委办事处对抓土豪、筹财政的办法是这样的：根据地内不抓土豪，但对富裕户可以借款，借款占其财产的百分之二十至百分之三十。根据地外抓土豪的对象是能筹款50元以上者；对于敲竹杠、吃大息、特别坏的土豪一定要枪毙；对错抓的经查清即予释放。对土豪的抓和放均要经村党支部调查核实。到了1935年冬季，从贫农团中抽出部分骨干，组成临时的“特别队”，负责抓小的、易抓的土豪；区游击队抓大的、难抓的土豪，就这样，1935年至1936年，岗垄地区筹集的财政共计有两万元以上。其中，山诸清村政府是完成任务最出色的单位，经常受到特委寿宁办事处和福寿县委的表扬。

但是，光靠抓土豪筹财政是不能完全解决经济来源和困难的，更主要的是要组织群众发展生产，促进商业往来，增加财政收入。

当时特委办事处和中心县委在商业政策和财经开支方面作出了一些新的规定，采取了一些有效措施。商业政策方面明确提出：买卖公平，不还价钱，不收税，不伤害白区来的小商贩利益。保证白区商贩在苏区内经商安全。对根据地群众经商，给予扶持。如甲坑的缪进法、缪奇弟缺乏资本，区苏维埃政府就给若干贷款。这样一来，偏僻的甲坑一带骤然出现了一个小街市，经常有十多个货郎担出入该村。为了活跃市场、便于金融流通，福寿县苏维埃政府还印发了半角、一角票券，以供零用，并由中心区财政负责收兑。这种票券威信很高，甚至流通到敌军据点犀溪去。

在经费开支方面，特委办事处明确作出了统一的规定：凡游击队、特务队、后方伤病员、看守队（看守土豪），每人每天给养一角五分，各级领导机关工作人员每人每天给养一角二分，要地的交通员每人每月发给 15 至 20 天伙食津贴费。这样就纠正了含溪区以前“对来往的人员全不检查，给养消费非常浩大，经济全不节省”的毛病，给了前方多一分的经济援助。1935 年冬，在那些成立了苏维埃政府的乡村，还进行了分田，把那些在敌人“清剿”中被还乡地主豪绅反攻倒算回去的田地重新分给农民。农民群众有了土地，在党组织和游击队的帮助保护下积极发展生产，满足根据地人民和红军游击队的物质需要。

由于红军独立师经常在苏区外线打击敌人，开辟新区，保卫岗垄根据地的任务就由我们游击队承担。自福寿县委成立后，就建立了县游击队，当时我担任队长，我们采取分散游击活动以保卫岗垄苏区。一次，南阳驻敌一个连西窜含溪，妄图偷袭我独立师二纵队和含溪中心区委。我带领游击队配合第二纵队，利用有利地形给敌以迎头痛击，歼敌一个排，俘敌 20 多名，缴获了十多支步枪，击溃了敌人的窜犯。

在分田前夕，县委掌握有第七、九两个支队，各有二三十人。对这两支队伍，当时在特委办事处给福寿县委的信中，认为“这两个支队如果搞得好，比一个独立营还有力量，因为游击队小，行动便捷，可到处骚扰截击敌人，均有相当把握也”。分田后，群众便纷纷地参加游击武装，保卫自己的胜利果实，因而先后又增编了每队三五十人的第十六、二十一等十多个游击支队。但是，在敌人经常来犯的形势下，这些武装力量仍嫌不足，因而福寿县委又着手重新发动组织红带会，在社坑、含溪重设红带坛，发展有200多个红带队员，集中训练，作为地方武装，保卫岗垄。

1936年夏季，形势又紧张了，叶飞同志来寿宁，把寿宁的游击队、红带会、赤卫队等1000多人编为福寿游击司令部，叶飞同志委任我为司令。秋收前夕，我们接受1935年冬犀溪敌人突来抢粮的教训，县、区委除了派工作团深入发动群众抢收和埋藏粮食，进行“坚壁清野”外，还特别注意武装保卫秋收斗争。因此，从400名红带队员中，抽70名骨干成立赤卫总队，与我们游击司令部配合，统一行动，打击敌人。

在反击敌人“清剿”、保卫岗垄根据地的斗争中，贫农团、妇女会、少先队、劳动童子团等团体，也都发挥了极其重要的作用。

（三）

福寿游击司令部组建不久，就配合闽东独立师第一纵队打了个漂亮的仙宫岗伏击战。1936年八九月间，叶飞同志指派陈挺、詹金书等同志率领闽东独立师第一纵队200多人，到寿宁找范式人同志研究工作。敌人闻讯出动了600多人，分两路向岗垄地区进犯，情况十分紧急。纵队和游击队领导在南山村召开了紧急军事会议，参加会议的有范式人、陈挺、詹金书、龚恒如、缪步永和我。会议研究和部署了作战计划，决定在敌人的必经之路——南山下、富家村至含溪路上的隘口仙宫岗伏击敌人。

8 月 21 日上午 9 时许，由纵队长陈挺带一部分部队埋伏在仙宫岗关帝庙后门山上的树林里，政委詹金书带一部分部队埋伏在麻竹宅水尾岗，从东西两面夹击敌人，把敌人赶到富家村田洋垱，然后集中力量，聚而歼之。泰南游击队指导员龚恒如率领的泰南游击队和我带领的福寿中心县的游击队则担负把口的任务，阻击突围的敌人。为了达到出其不意攻其不备的目的，特委领导还决定不在敌人进来时打，而在敌人从南山下、富家村返回含溪时，对敌实施伏击。这样，夺取战斗的胜利就更有把握了。

次日上午 7 点钟左右战斗打响，10 点钟，敌人进入我埋伏圈，被陈挺同志率领的部队猛烈攻击后，惊恐万状，在田洋垱架起几挺机枪，在机枪火力的掩护下，急急忙忙地分几路突击逃窜，正好冲向我们游击队扼守的隘口，约有 200 多人的一股敌军刚冲到我们游击队扼守的富家村去甲坑的山道隘口，就被龚恒如同志率领的游击队一顿手榴弹炸得像潮水般地退了下去。山坡上顿时丢下了十多具敌尸。龚恒如同志见敌人溃退了，立即率领战士们跃出掩体，一边射击，一边呐喊，朝着敌人追去，原先隐蔽在树林里、山洞中的根据地群众这时也纷纷跑出来为我军呐喊助威。有一部分群众尾随游击队追击敌人。敌人见漫山遍野都是红军的人，逃得更快了，顾头不顾腚地把枪支弹药和抢来的东西丢得到处都是。游击队的战士们顾不得收拾这些遗弃之物，只管一股劲地追击溃敌。敌人没命地朝含溪方向逃去,到了石板桥,敌人乱作一团抢着过桥，因而有许多人被挤落桥下，有的被淹死了，有的则被我军俘虏了。有一部分敌人见一时过不了桥，就顺溪边小路向上游跑去，过了桥的敌人则纷纷向含溪豺狗岔逃窜。

我们部队刚要追击时，敌人的增援部队从寿宁城关和南阳向岗坪墩方向开来，并以重机枪架在陈家宅后门山上向我军扫射过来，我追击部队受阻。这时天色已黑，便停止了追击，敌人援兵也不敢贸然进攻。范式人同志就命令部队全部撤回甲坑村，战斗结束，后一纵队和游击队的领导按上级有关规定，给有功人员以应有奖赏，并召开了祝捷大会。

仙宫岗战斗后，我一直坚持寿宁山区，带领游击队配合闽东独立师保卫岗垄根据地。后来还负责闽东红军后方办事处工作。1938 年初，新四军六团改编组建时，我被任命为该团军需主任，随团北上抗日。

选自《南方三年游击战争·闽东游击区》，第165—170页。

许威，1905 年生，福建寿宁人。1932 年加入中国共产党。南方三年游击战争时，任福寿县游击大队大队长、福寿游击司令部司令员、闽东独立师后方办事处主任。新中国成立后，先后担任中共寿宁县委书记、福安中级人民法院院长、福安专区行政公署副专员等职。1968 年逝世。

我到福建找叶飞部队的经过

顾玉良

1937年11月三四日，我到南京八路军办事处，博古、叶剑英、李克农要我去江西和福建联络红军游击队。去福建的任务是要我与闽东地区叶飞部队取得联系。他们告诉我，现在情况和过去不同了，这次是国民党政府主动发电报到八路军办事处，要求派人去联络的，这是他们在“剿共”不成，再剿不能的情况下的一种手法。他们要我用脑子记住几条口头传达的重要精神：一、负责人可以下山谈判，但部队决不能下山。二、要提高警惕，部队靠山驻扎，占取有利地形，如有来犯者，坚决回击。三、在谈判过程中要努力扩大部队，筹集给养，不要放松。四、谈判成功，部队给养得到政府供给以后，就应停止继续以红军名义公开筹饷。我走时身上带着叶军长的介绍信和新四军军部少校参谋的护照。由于军部尚未正式成立，同时又为活动方便起见，我是穿了通常公务人员穿的便服上路的。我到南京下关乘船，经九江到南昌，过铅山县抵达闽北崇安县的长涧源，见到了黄道、曾镜冰等同志，交出了介绍信和文件，传达了口头指示。这时，我方与国民党崇安县政府开始有联系，但其他地方关系尚很紧张，如建阳有个县委书记在我到达前刚被国民党捕杀，因此，我拟去闽东联络叶飞部队时，黄道和曾镜冰同志对如何去闽东作了反复研究，最后决定我由崇安、经建阳、南平到福州，然后再与叶飞部队取得联系。因为我有军队护照，一路上，估计土顽不敢乱来，同时新四军的番号颁布不久，土顽不一定知道我们的身份。但为预防万一，黄道同志决定派两个警卫员送我到崇安县政府，然后再要崇安县派人护送到南平。这样不管崇安县是否派人护送，如出了事情，他们要负责，就不敢随便加害于我。我是 11 月 20 日出发的，到建阳时，曾向南京“八办”发了军电，报告工作情况。到福州已是 11 月下旬了。

到福州后，我带了叶军长的信到福建省政府，投下名片约见省政府主席陈仪，陈仪接见我，我说明来意，并把叶军长的信交给他。他看后要秘书打电话请保安二旅旅长黄苏来，他们商量后说 :“叶飞部队的红军游击队，今后要集中编入叶挺军长为首的新四军，在待命集中期间，所发生的困难和问题请与黄旅长接洽，由黄旅长负责处理，并由黄旅长选派人员陪同你去闽东找叶飞。”我告辞出来，和黄苏一起到保二旅旅部。

黄苏说，叶飞部队已与驻宁德的保 × 团有联系，找他们不难，只要到保 × 团团部就知道了，所以他指派了一个卫士（或通讯员）和我见面，第二天早上，他到旅馆和我一起出发。是乘长途汽车到连江，以后步行经罗源到宁德，共两天时间。宁德保安一团团长接见我。他对我说，叶飞正在此地谈判，我明天派人把他请来。我请他们尽快通知。第二天上午，叶飞同志等就来旅馆会见我，我们一起回到了游击队驻地。我照例把带来的文件和口头传达的内容，全部告诉了叶飞、范式人、阮英平等同志。他们非常高兴。

接着我参与同国民党继续谈判活动。谈判内容主要是为了解决我部在待命集中期间的行动问题。一、他们要求红军停止打土豪活动，我们表示可以接受，因为军事对抗已经停止，但我们要求保护原红军家属安全，不许借机迫害，否则影响部队集中，应由当地政府负责；二、他们要求部队驻地要固定，移动时应经批准。我们坚持必要可以自行决定移动，然后及时通报；三、他们要求我们接受当地驻军首脑的指挥，我们坚持可以接受指导，不能接受指挥；四、部队给养由政府供给，标准按实际人数，以官四角、兵二角发放；五、给我部采购人员以采购所需物品的便利。这五条经过艰苦谈判，国民党政府最后都同意了，至于执行得如何，我就不知道了。

12 月中旬，我接新四军军部电告，嘱待叶飞、黄道等安排好工作后，速同叶、黄等一起回南昌军部报到。于是我就同叶飞、沈冠国（三营营长）和几个警卫员从驻地动身经原路回福州。叶飞和我向陈仪辞行，对由于他们的关照，使问题解决得比较顺利表示感谢。陈以叶军长的老友口气说："我与叶军长是老朋友，他的部下也是我的友好，合理的要求，我应帮助解决。请转告叶军长放心，并代为问候，希望今后同心协力把日本侵略军打出去。"

为了做寒衣，又因天气不好，我们在福州耽搁了一个多星期，1938 年 1 月 3 日我们离开福州，经南平、建阳，到了崇安的长涧源。在那里住了三天，随即离开福建去南昌。到南昌的时间大约是 1938 年 1 月 10 日。

我向叶飞传达中央领导同志指示的精神，其大意就是上述四条，如部队靠山驻扎等。最近，1985 年 9 月间，有的同志问我有没有传达："游击队集中五分之三到新四军，留下五分之二于原地。"当时我不知道有这一条，没有传达过这个内容，也可能当时游击队正在原地集中待命，尚未到要离开原地到何地集中改编阶段，所以，没有必要谈这个内容。不过几年后，我曾听到有人说，当时游击队集中太多了，如果把游击队留一些在原地更好，但没听说应留几分之几的问题。

选自《福州党史资料》1986年第6期。

顾玉良，生年不详，上海嘉定人。1926 年加入中国共产主义青年团，1927 年转为中国共产党党员。土地革命战争时期曾任中共中央机要交通员，1933 年 6 月被捕，1937 年 9 月经党组织营救出狱，随后由南京八路

军办事处派赴江西、福建联络红军游击队。新中国成立后，曾任中共上海市委组织部副部长、中共普陀区委代理书记、上海市委党校副校长、上海市干部文化学校校长、上海教育学院院长、中共上海市委纪委筹备组副组长等职。1993年在上海逝世。

七、闽中游击区

闽中红军游击队三年游击战争的历程

杨采衡

闽中地处福建东南沿海，福（州）厦（门）公路贯穿南北，腹地为兴化湾平原。这里人口众多，文化发达，海陆交通方便，是当时国民党当局严密控制的地区之一。

闽中地区具有光荣的革命斗争历史。早在大革命时期的1926年就建立了党组织。1928年春，建立了工农武装游击队，且在斗争中不断发展。1930年在闽中的莆田、仙游分别建立了中国工农红军第二十三军二〇七团和中国工农红军独立一〇八团。

三年游击战争期间，我任闽中红军游击队、中华人民抗日救国义勇军第七路军第一纵队参谋长。国共和谈期间，我是闽中党的正式谈判代表。1938年4月下旬，是我和吴德标、金贯一、雷光熙、翁鸿镗等同志一起率领闽中部队参加新四军北上。所以，我亲身经历和直接接触了许多重要战斗、重要事件、重要会议。现就闽中三年游击战争的历程分叙于下。

突破重围往闽中

我于 1935 年 3 月初来闽中，1938 年 4 月率领闽中游击队北上抗日，在闽中战斗了三年多的时间，先谈谈我是怎样来闽中的。

1933 年 11 月间，十九路军发动福建事变，成立了反蒋抗日的“中华共和国人民革命政府”（通称福建人民政府）。我中华苏维埃共和国临时中央政府与福建人民政府签订了抗日讨蒋协定，据该协定有关释放政治犯的条款，在福建分三批释放了政治犯，我是获释者之一。同年底，中共福州中心市委（又称临时福建省委）派我到连江县工作。

1934 年 10 月，由于王明“左”倾路线的错误领导，中央红军未能粉碎蒋介石的第五次“围剿”，被迫离开苏区，开始长征。这时，国民党除了调兵遣将围追堵截中央红军外，还加强了对各地红军游击队的“清剿”。11 月，国民党福建当局准备纠集三个师，并出动海军陆战队，重点进攻连江、福安苏区。为了加强武装力量，以保卫苏区，连江县委于 11 月在下宫把连罗独立营扩编为闽东红军西南团，团长杨采衡，政委陶仁官。12 月，国民党军第八十七师沈发藻旅，省保安九团、十一团进驻连江。这次敌人采取“军事进攻、政治瓦解、分进合围、穿心斩线、稳扎稳打、步步为营”的“清剿”手段，唆使各地反动势力组织民团、筑碉堡、挖战壕、设路障，实行烧、杀、抢政策。为切断我海上交通线，还派军舰驻东冲海面，封锁鹤岐、下屿一带。在这紧要关头，连江县委在下屿岛召开紧急会议，会议认为西南团若再留驻沿海不利，决定把队伍开往丹阳地区。会议刚刚结束，敌人就从四面八方包围了下屿。我指挥西南团沉着应战，往敌人兵力薄弱处猛冲猛打，终于冲出了包围圈，将队伍转移到连罗交界处的庄里村。不多时，敌人尾追至庄里。我们按照下屿会议的决策，决定由团政委陶仁官率领西南团三个连转移到丹阳地区，相机突围进入古田县与闽东主力红军取得联系，我和县委书记魏耿带两个连穿插迂回到下宫，迫使追敌分散兵力，使陶仁官部突围成功。1935 年 2 月，我带连江县委领导机关和西南团团部人员以及部分队伍撤退到沿海的可门、新辉一带。

敌人的“清剿”使我们陷入困境。恰好我们派去西洋岛与海上游击独立营柯成贵部联系的同志回来说，柯成贵欢迎我们部队撤到西洋岛和浮鹰岛。我和魏耿商量后，率领部队连夜乘船前往西洋岛和浮鹰岛（今均属霞浦县）。

敌人占领连江沿海地区后，一面派飞机在西洋岛、浮鹰岛上空进行侦察，一面派军舰楚同号、海明号、通济号封锁海面。海军陆战队配合第八十七师五一七团及连江、黄岐等地方民团共千余人，对西洋、浮鹰两岛进行疯狂的“清剿”。岛上炮火连天，枪声密集，敌我双方伤亡都很大。在这危急关头，我和魏耿、陈明斌（陈云飞）决定，立即向福清方向突围。

夜幕降临后，我们 20 多人乘坐一条木船，迎着呼呼海风、滔滔海浪，避过敌人巡逻艇，闯过闽江口，安全地在福清海口登陆。当晚，我们找到了福清中心县委领导人黄孝敏和刘突军。此后，我们这 20 多人加入了福清游击大队，开始了在闽中的斗争生活。

罗汉山上起烽火

我们来闽中后了解到，闽中地区不但有福清中心县委，而且还有莆田中心县委，两个中心县委领导下的红军游击队在各自的辖区开展游击战争。当时福清游击大队的大队长是刘突军，政委黄孝敏。游击队以斗恒、玉瑶、罗汉为据点，但这些据点尚不稳固。为建立稳固的根据地，福清中心县委派陈云飞同志深入罗汉山区，策动土匪刘春水（被国民党收编诱杀）残部参加革命，将其十余人枪收编为游击队。这样既壮大了我游击力量，又改善了武器装备，且为建立稳固的罗汉里根据地奠定了基础。

1935 年 5 月，莆田中心县委和福清中心县委在福清西区樟溪召开联席会议，决定将两个中心县委合并，成立闽中特委，书记王于洁，组织部长黄孝敏，宣传部长潘涛，军事部长刘突军，青年部长余长钺。闽中特委的成立，使这个地区的政治、组织、军事等方面再次得到统一领导，促进了这一地区的游击战争走向新的阶段。

闽中特委成立不久，特委领导人王于洁、黄孝敏、刘突军等来到罗汉里。黄孝敏同志向我们传达特委决定，把闽中的各支游击队，统一整编为工农红军闽中游击队第一支队和第二支队，一支队队长魏耿，政委刘突军，副支队长吴德标，我任参谋长，一支队以罗汉里为根据地，二支队以莆田县常太山区为根据地。一、二支队在特委统一领导下，以各自的根据地为依托开展游击战争。

罗汉里位于闽中北部的永泰县境内（今属福清县），属永（泰）福（清）莆（田）三县交界“三不管”的地方，为土匪常年出没之处。这里山高林密，农民群众饱受兵匪之祸，迫切要求解除痛苦，所以适合我们建立红军游击根据地，为了加强党的领导，闽中特委决定在此成立永泰工委，陈云飞任工委书记。党和红军游击队在这里办夜校，教农民识字，讲授被压迫的贫苦人民只有拿起枪杆子与反动派斗争到底才能求得解放的道理。经过一段时间的群众工作，以罗汉里山区为中心，远近几十里的东山、龟山、下埔、北郭、波兰、垱下等山村的群众都发动起来，而且还把群众工作做到福清琯口、闽侯时洋一带，并在这些地区开展抗租抗税和分粮斗争。游击队员一边做群众工作，一边选择有利时机扫除根据地周围的联保处和四出打劫的土匪，使广大贫苦群众既得到实际利益，又能过上安宁生活。所以红军游击队深得群众拥护，许多青壮年要求参军参战，游击队员由原来的几十人枪很快发展到百余人枪。1935

年下半年开始，我游击队选择战机主动出击，这里只记叙一些主要的战斗经过。

奔袭大洋田赋处

大洋田赋处位于莆永边区的莆田境内，该处凭借粮务队武装四处敲诈，使周围的农村濒临破产。1935 年 10 月 4 日夜间，一支队从罗汉里出发，经数小时的长途急行军，拂晓到达大洋。以绝对优势兵力包围田赋处所在地，在我强大的军事压力和政治攻势之下，敌人未敢顽抗。游击队顺利缴获长短枪八支，就地处决罪大恶极的铺差方春霖。这一仗打得干脆利落，为以后我军长途奔袭敌人据点提供了有益的作战经验。

东山寨反“清剿”

在 1935 年 7 至 10 月的短短三个月时间内，一支队扫除匪患，袭击联保处、田赋处连战皆捷，极大鼓舞了我军斗志，同时也震惊了国民党当局。10 月中旬，国民党驻军和永泰保安队配合“清剿”我一支队，在东山寨打了一场遭遇战。战斗从清晨打响，我方凭借牢固的围寨居高临下，以猛烈的火力把敌人压得不敢前进一步。后来敌人抢占了东山寨北面山头，敌我双方形成了相持局面。虽是敌强我弱，我游击队不畏强敌，越战越勇。战至夜幕降临时敌人不敢再战，全部退却了。我游击队趁着黑夜撤离东山寨，返回罗汉里。

攻打大义乡民团

1935 年 11 月间，一支队派出十多名先遣队员化装潜入闽侯县大义乡，侦察民团驻地十八姓祠堂的地形及敌人哨位。当晚，刘突军率主力 60 多人到达大义乡时，先遣队员已把敌哨兵搞掉。一支队把十八姓祠堂紧紧包围，面对“兵临城下”的局面，驻在祠堂内的 80 多名团丁慌了手脚，欲逃不得。我游击队不费一枪一弹，解除了团丁武装，缴获长短枪 20 多支，解救被敌人扣留的壮丁六七十人，烧毁了壮丁册，且在大义乡的大街小巷张贴宣传标语。之后，部队顺利返回根据地。

攻破紫来庵，占领沪屿镇

闽侯县沪屿镇的豪绅地主与驻该镇外围紫来庵的保安队、民团互相勾结，欺压百姓。1936 年临近春节之际，地主、豪绅凭借反动武装作后盾，加紧逼税逼债，弄得民不聊生。驻罗汉里的红军游击队决定兵分两路，协调行动，以速战速决的战术攻紫来庵民团、打沪屿镇豪绅。一个夜晚，一路由吴德标率领主力 60 人负责攻打紫来庵民团，一路由刘突军率精干武装十多名深入沪屿镇组织群众负责打击地主豪绅。当夜，我主力部队包围紫来庵时，庵内民团、保安队便在楼上架起轻重机枪，向我猛烈扫射。吴德标当机立断，把主力部队分为打掩护和主攻两个分队。在敌火力被一分队压住的瞬间，匍匐到楼墙下的二分队战士迅速登上竹梯，集八枚手榴弹为一束，从窗口投入敌楼内，炸得敌人血肉横飞。我游击队立即抢占了制高点，向庵内负隅顽抗的敌人猛烈开火。敌人当即乱成一团，纷纷爬墙跳窗，争相逃命，此次战斗毙敌十余名，获长短枪 40 余支、机枪一挺和一批弹药，同时释放关押的无辜群众 30 多人。

由刘突军率领的一部分游击队员听到围攻紫来庵的战斗打响时，即率领当地群众数百人占领了沪屿镇，打开地主、豪绅的仓库、商店，将大部物资分给群众，少数留作部队给养。第二天拂晓，一支队全体指战员怀着胜利的喜悦撤离沪屿镇，返回罗汉里欢度春节。

河村桥伏击战

一支队在罗汉里根据地一面欢度春节，一面整训。春节之后，战士们士气高昂，等待特委新的战斗命令。1936 年 2 月下旬，一支队接到特委送来的情报，获悉国民党福建省银行副总经理一行乘长途客车日内将至福州。据此一支队当即召开领导人会议。到会同志一致认为，这是一次很难得的机会，应予截击。为确保战斗胜利，决定由我率领精干队员进行实地勘察，确定伏击地点。当夜，我率领少数具有战斗经验的游击队员穿上便衣，前往福清和闽侯交界处的相思岭地段实地勘察，选定以河村桥为伏击点。该桥夹于两山之间，桥边是山坡丛林，是埋伏的理想地形。

我把侦察结果向支部领导汇报后，经研究挑选的 72 名游击队员编成三个分队，分别由刘突军、魏耿和我率领，于傍晚从罗汉里出发，穿过山坑、半岭，来到茶山的天竹寺过夜，第二天拂晓到达目的地。三个分队按预定的作战方案进入各自阵地。一分队埋伏在桥北高地灌木丛中，担任阻击可能从福州方向增援之敌。三分队埋伏于桥南的密林中，担任阻击可能从福清宏路方向增援之敌。这两个分队还派出警戒人员，对往返人员予以暂时扣留，以免走漏风声。二分队担任截击汽车任务，潜伏在河村桥附近，队员们先从山上砍下碗口粗的树木，用大号铁丝固定在桥栏杆上。

当时从厦门到福州的汽车，需经泉州中转，故不知何时才能到达我们的伏击区。初春的闽中，寒气袭人。整整一个上午的潜伏，需要坚强的毅力。经过战争锻炼的游击队员深知，为不走漏风声、保障战斗胜利，就得忍寒等候，严守纪律。午后不久，一阵“嘟……嘟……嘟……”的汽车喇叭声从公路南面传来。当汽车奔驰而来时，游击队员抑制住激动的心情，阵地上鸦雀无声，好像空无一人。

汽车终于驶入伏击区。“开火！”指挥员吴德标一声令下，顿时枪声四起。在密集的枪声和冲杀喊声中，前一辆客车企图加大油门冲过去，却被桥上粗大的树杆挡住了，后一辆轮胎中弹也瘫痪了。这时，二分队像猛虎下山，冲上公路，片刻之间游击队员把汽车团团围住。吴德标朝车上的人高喊：“车上人员，全部举手下来！谁敢顽抗，死路一条！”于是车上的人都举着手走了下来，游击队立即缴了四个宪兵的枪械。宪兵在我游击队员的严密监视下，乖乖走到指定地点等候处理。心明眼亮的游击队员很快地从乘客中看出几个装束不凡的人，尤其对一个身穿长袍、头戴礼帽、手持文明棍的乘客严加问讯。有一名战士端着枪问他：“你是谁，快说，不说实话，送你去见阎王爷！”此刻他全身发抖，战战兢兢地说：“我……我叫韩疆士……”我指战员一听到“韩疆士”这个名字，立即明白了他就是鼎鼎有名的福建银行副总经理。与此同时，在进一步问讯搜查中，还抓获了大田县县长萨桓等五六名要员。这次伏击战还缴获短枪 11 支及一部分金银、钞票。下午 5 时许，我游击队押着俘虏背着战利品，返回罗汉里。

莆永边区庆会师

河村桥伏击战取得胜利，表明罗汉山上的烽火烧到国民党福建当局的心脏，它必然引起对方的猖狂反扑。为此，河村桥战斗一结束，部队回到罗汉里的当天晚上，黄孝敏即召集支队领导人开紧急会议，研究反“清剿”措施。经过充分讨论，会议作出四项决定：（一）凡是重要文件、贵重物资立即转移隐藏到安全地点；（二）俘获的国民党要员由魏耿率少数后勤队伍负责看押在罗汉山上；（三）立即派出游击队分头到各基点村发动群众“坚壁清野”，分散隐蔽；（四）化整为零，把游击队分成三个分队，与敌周旋于山间密林之中，一分队由刘突军率领到后埔山上，二分队由吴德标率领到马蹄山上，三分队由我率领到双坑山上，另外由黄孝敏率领警卫队、陈云飞率少数武装分别深入敌后开展斗争。2 月底，国民党当局纠集了正规军、宪兵、保安团以及各县壮丁队、区警队等 3000 多兵力，分别进驻福清县的琯口、上店、磨石、东张，闽侯县的尚干、坊口、大义、西塘、溪口，永泰县的葛岭、大樟、营前等地，对我罗汉、半岭、双坑、一都根据地形成了“分进合围”之势，并派出飞机侦察、铁甲车巡逻，扬言要限期扫清“共匪窝”、消灭“赤化区”。敌以步步为营、伐树烧山、岗哨封锁的战术，妄图把一支队歼灭于罗汉山上。

我军全体指战员风餐露宿，与敌周旋于深山密林中，一边选择战机打击敌人，一边同饥寒疾病作斗争。随着时间推移，当时分散上山时每人所带的八斤粮食、两斤炒盐，已所剩无几了，加上敌人的严密封锁，给养成了严重问题。为保存有生力量，坚持斗争，我游击队员从 3 月下旬起就开始饭菜颠倒，以山间春笋、树上野果为饭，炒盐炒米为菜。后来炒米也完了，只靠盐巴煮野菜支撑。在我们最困难的时候，基点村的群众冒着极度危险，挖出坚壁起来的粮、盐等物品送上山，终于熬过那饥寒交迫的日日夜夜。

与敌周旋，常常一天要跑几十里甚至上百里的崎岖山路。后来大部分游击队员是光脚爬山越岭穿梭密林灌木之间。许多同志的脚被竹尖、树杈、荆棘割伤刺破，加上缺医少药，伤口很容易化脓溃烂。然而一有敌情，就得照常行军作战。在这样的处境下，领导干部以身作则，便是无声的号令。支队政委刘突军脚被竹尖刺破，而行军却走在队伍的最前头,他脚上的脓血映染了罗汉山岗。他把剧痛忍受在心间，而将战胜敌人的信心表露在脸上。他利用行军、作战的间隙，给战士们讲故事，说说笑笑，以革命乐观主义精神来增强战士们战胜困难的信心。

敌人的“清剿”持续近一个月时间，不但一无所获，反而被我多次袭击，丢下几十具尸体，因此，恼羞成怒，施展了更为残忍的手段。从 4 月上旬起，国民党军对肖厝、角楼、半岭、大坑、垱下、波兰等基点村大肆洗劫，由联保主任率领的清乡队对无辜群众进行惨无人道的烧杀。据不完全统计，被烧毁、拆除的房屋有 147 间，被捕群众 200 余人，惨遭杀害 12 人，被劫财产不计其数。老游击队员刘亚和的妻子，分娩刚三天被抓去剖腹取肝，刚出世的婴儿也成了敌人屠刀下的冤鬼。

在白色恐怖之下，在官禄引诱面前，一支队也曾出现个别叛徒。4 月间敌人收买了被我收编的原刘春水匪部陈香信、方美佳，并通过这两人对魏耿进行策反工作。在其劝诱之下，魏耿即献俘投敌，至此，敌便以此为“证据”大肆宣扬“相思岭劫车匪全部解决”。

1936 年 5 月，特委书记王于洁亲自到莆永福边区去，与从罗汉里撤退出来的黄孝敏、刘突军、吴德标等同志会面，并在永泰后溪召开特委扩大会议，决定把闽中一支队开往莆田常太根据地与二支队合并。根据特委这一决定，一支队进行整编，留下部分同志转入地下坚持斗争。大部分游击队员在刘突军的率领下开往常太根据地与二支队会师。

闽中特委领导下的闽中游击队一支队，在人民群众真心实意的支持下，经过全体指战员的忘我奋斗，终于战胜了一个个艰难险阻，闯过了一道道急流险滩，打破了百倍于我之敌的“清剿”。

兴化平原惩腐恶

闽中红军游击队一支队并入二支队之后，特委任命吴德标为支队长，刘突军兼任政治委员，雷光熙、王铁成提为副支队长，我仍任参谋长。国民党当局在“攘外必先安内”的口号之下，不顾民族危难，继续在闽中“清剿”我党和红军游击队。敌采取了长期“驻剿”、四面封锁的策略，以一个营的兵力驻扎在常太枫叶塘渡口一带，我根据地周围的群众遭受严重摧残。为了打破敌军对我常太根据地的包围封锁，支队决定留少数干部、战士配合自卫团保卫常太根据地，部队主力向兴化平原进军，一方面可达到调虎离山的目的，另一方面则以灵活机动的战略战术打击反动势力。6 月，经周密侦察之后，由刘突军率义勇军分队袭击了驻福厦公路莆仙交界地段的长岭敌军一个排，缴获步枪 18 支以及手榴弹、子弹、军装等物资。接着我军又转至莆田县境，袭击黄石镇第三区署，击毙区警四名，缴枪 20 余支，同时在黄石镇上散发传单，张贴标语，宣传“反蒋抗日”。黄石缴枪胜利后，我军又迅速开赴莆田灵川何寨联保处，逮捕地霸何承祖等四人，缴枪 12 支，罚款 2000 元。红军游击队转战平原近一个月时间，出师皆捷，狠狠打击了反动腐朽势力的嚣张气焰。

1936 年 7 月间，国民党驻军又大举进攻我常太根据地。我军指战员和当地群众被迫撤退到深山，搭草棚歇身，挖野菜充饥，斗争十分艰苦。为摆脱敌军围困，特委决定我武装力量撤出常太根据地，转移到莆永边区开辟新的根据地。

我军进驻莆永边后，一边进行内部整训，对战士加强军事训练和抗日救国教育，一边开展统战工作，说服当地的大刀会和一些土匪头目以抗日为重互不侵犯，并争取了一些绿林兄弟加入我军。刘突军还创造了一套做群众工作的方法，即对各基层人士采取不同政策：教育贫苦群众停止相互间的械斗，团结一致，共同对敌；对一般商人则坚持交易自愿、买卖公平；对上层绅士分清情况，区别对待，即争取进步，团结中立，打击反动。经过一段时间的工作，新开辟的莆永边根据地得到迅速发展。

自一支队撤出罗汉里以后，福清一带的反动势力嚣张至极，尤其是琯口镇联保主任潘德仁，敌军“清剿”罗汉里时他曾是清乡队的鹰犬，四处捕杀我游击队员家属和基点村群众，双手沾满了人民鲜血。当我游击队撤出罗汉里之后，他又散布游击队全部被消灭的谣言，且变本加厉为非作歹。应被迫害群众的强烈要求，支队决定：奔袭琯口镇，镇压潘德仁。

1936 年 11 月中旬,我军先派一战斗小组到达琯口镇进行实地侦察，弄清潘德仁就住在该镇敌军炮楼后面。刘突军、吴德标等主要领导同志率我军主力从永太后溪出发直插福清琯口，是夜在琯口八卦厝与接应的地下同志取得联系，并很快将炮楼哨兵处置了。我军拥进炮楼，解除了民团武装，逮捕了罪大恶极的潘德仁，宣布其罪状后立即枪决，并将备好的布告贴在其尸体上，位于琯口镇附近的敌保安团两个连虽听到枪声，但不知我军实力，不敢出动，只是胡乱开枪，助威壮胆。

我军撤离琯口镇时，吴德标利用民团电话机向国民党福清县党部通话:“琯口来了大批共产党游击队，驻防国军被缴械，联保主任被处决，请速派兵解救！”县党部又将这一情况急告省城，搞得国民党福建省当局十分慌张，省城福州戒严三天。以罗汉里为中心的老根据地人民群众很快得到我军奔袭琯口镇、镇压潘德仁的消息，他们欢欣鼓舞，奔走相告。敌人制造的游击队全部被消灭的谎言彻底破产，不得不承认闽中地区党和红军游击队的存在。

奉命进城和谈

1936年10月，闽中特委派黄孝敏赴香港与中共南方工作委员会接上关系，从而使特委领导了解到中央关于争取国民党共同抗日等一系列新的精神。于是，我红军游击队自打了琯口后就停止军事行动，把部队隐蔽在莆永边根据地整训。1937年2月16日，闽中特委在莆田，洪度村开会研讨西安事变后的新方针、新策略，不料被叛徒出卖，特委领导王于洁、黄孝敏、潘涛、余长钺和福清县委书记陈炳奎相继被捕，同年6月23日，五烈士英勇就义于福州。特委被破坏后，剩下的特委军事部长刘突军当机立断，成立闽中工委以接替特委领导。1937年4月下旬，去"南委"请示工作的黄国璋从香港回来，向闽中工委汇报赴港经过，并传达"南委"对闽中党的工作指示，其中包括闽中党可以选择有利时机与国民党地方当局进行合作抗日谈判，并要求闽中党派一位交通员到香港。嗣后，闽中游击队遵照"南委"指示改编为中国人民抗日救国义勇军①第七路军第一纵队，部队领导班子不动。

1937年卢沟桥事变发生后，我党中央发出一系列抗日救国号召和国共合作宣言，把全国抗日救国运动推向高潮。8月上旬，闽中工委决定派金贯一（北京人）赴香港向"南委"请示有关国共和谈事项。不料金从莆田城关启程的当晚在旅社里被警察当作汉奸嫌疑犯逮捕。金为了避免被国民党当局当作汉奸加害，便承认自己是共产党员，为往前线抗日而来莆田找朋友杨采衡。《莆田日报》报道了金贯一被捕的消息。闽中工委为了营救金贯一，致函国民党莆田当局，承认金贯一确系我党党员、抗日志士，要求立即将其释放，并趁此向国民党方面发出两党谈判

---

① 原文如此。一般称"中华人民抗日救国义勇军"，作者在文章开始部分亦采此称。——编者注。

的倡议。国民党莆田县党部收到我们的信函和倡议书后，便以县党部指导员黄士豪的名义对记者发表谈话，表示亟盼中共方面速派代表前来商洽，或约其他地点会晤亦可，代表人身安全由其完全负责云云。

在看到黄士豪正式表态之后，闽中工委就如何与国民党谈判的问题进行研究，刘突军提出，在与国民党当局谈判过程中，应坚持三条原则：一是保证我党对我军的领导权不受侵犯；二是国民党当局应立即取消对我方人员（含党员、干部、游击队员的家属在内）的通缉令；三是保证我方队伍在必要时开赴前线抗日。谈判原则确定后，工委决定派我作为正式代表，赴荔城与国民党莆田县当局进行两党两军的和平谈判。

于是，我单身进城，直接到国民党莆田县党务指导员办事处找黄士豪，同他就两党和谈问题进行初次接触。我先向对方提出释放金贯一的要求，以试探对方是否诚意于停战和谈、共同对敌。经交涉并征得国民党莆田县县长夏涛声同意后，金贯一果然获释，第一次谈判获得初步成果。接着就两党两军如何停止交战、共赴国难进行正式谈判。在谈判桌上，双方提出各自条款。我对我方提出的三条原则始终据理力争，寸步不让。当三条原则得到对方确认之后，我方也主动作了一些必要让步，如放弃打土豪劣绅，参与维持地方治安，接受抗日统一指挥等，但番号仍用闽中人民抗日救国义勇军。谈判协议基本达成后，黄士豪又要我跟他一同去泉州，向国民党驻军二三九旅旅长钱东亮面告谈判情况。我们于 8 月 26 日去泉州，钱东亮对谈判结果没有异议，确定在我军集中完毕后，由该旅派代表正式点编。

我军自 9 月初开始从各地陆续开往莆田庄边尚书桥集中整训，刘突军、黄国璋、吴德标等同志亲自对部队进行抗日形势、统战政策、严格纪律等方面的教育，同时抓紧军事训练，以适应开赴前线抗日需要。9 月上旬，刘突军又亲自进城就部队点编的具体问题同莆田县长夏涛声进行面商，并确定闽中义勇军在莆田县城关设办事处，以利今后双方联络。9 月中旬，我军开到莆田城郊南门外点编后驻进广化寺，番号改为国民革命军八十师独立大队（但据说国民党单方对外报道称“特务大队”),刘突军任大队长,我任副大队长。下属两个中队,吴德标、翁鸿镗、雷光熙、金贯一分别为一、二中队的正副队长。蔡先镳为大队副官，黄飞白（国榆）为军医，张庆为庶务长。

泉州事变折栋梁

我军进驻广化寺后，闽中工委作出两项决定：一是派黄国璋再次去香港，向“南委”汇报闽中国共两党和平谈判和部队改编情况；二是进一步扩军和广泛开展抗日救国的宣传活动。指战员在莆田城区四处张贴标语，散发传单。通过一段时间的宣传鼓动工作，产生了巨大的政治影响，各地青年纷纷要求参军参战。部队在广化寺期间，参加军训的青年最多达 400 余人。部队从百余人发展到 200 余人。国民党地方当局中的顽固派，尤其是国民党闽中驻军旅长钱东亮及其上司，对我军开展抗日救亡宣传工作所产生的政治影响极为反感，认为这支部队多是本地人，活动能力很强，活动阵地很广，若照此下去更难控制，很想把部队调离莆田。

1937 年 10 月下旬，日寇占领了福建的金门岛。钱东亮便以金门沦陷、闽南告急为借口，提出将我军调往泉州，使我远离根据地，且在钱旅直接控制之下。

闽中工委对部队是否开往泉州进行了严肃认真的研究。有的同志主张去，其理由是：闽南确实战事紧张，如果我军不向闽南移动，国民党方面定会指责我军不服从抗日统一指挥，缺乏合作诚意；另一部分同志则认为不能把我军开往泉州，要是孤军进城，在钱旅直接监视下，隐藏着极大危险性，且根据地的工作也会受影响。在两种截然不同的意见面前，工委书记刘突军倾向前一种意见，并通过做工作说服了持后一种意见的同志，工委最后决定把部队开往泉州。

1937 年 11 月中旬，我军进行了整顿，动员队伍中的老弱者回乡就地继续进行革命工作，选出几十名善于做地方群众工作的同志，并配给短枪，留在闽中继续开展党的工作。其余 160 多人枪的武装部队乘四辆卡车从莆田广化寺开往泉州承天寺。

我军一到泉州，就受到当地人民群众和各阶层爱国人士的热烈欢迎，泉州地区党组织发动各地群众，组织慰问队，携带慰问品，前来承天寺慰问我军全体指战员。我军在泉州期间，一面利用国共合作共同抗战的合法时机大力开展恢复泉州地区党的工作，向各学校师生和社会各阶层人士进行抗日宣传，相继成立“抗敌服务团”、“抗敌歌咏社”等各种抗战团体，使这一地区很快掀起了抗日救亡运动的热潮；一面参加维护社会治安，处处关心群众利益，以秋毫无犯的严明纪律博得人民群众的真心拥护。

钱东亮及其上司对我开展上述活动极为不满，在欲禁无词的情况下，竟然冒充我军战士在泉州大街上抢劫，嫁祸于我。刘突军掌握了这一情况后，便亲自带领精干武装昼夜巡视，终于抓获了打家劫物的两名歹徒。经讯问，证明歹徒是钱部士兵，便将其五花大绑游街示众，后交旅部处理。通过这一活生生的事实，使一些不明真相的群众辨明了真假，对我军更加信赖了，但也导致了钱东亮及其上司恼怒忌恨、伺机报复。

1937 年 12 月，黄国璋自香港返回闽中，途经厦门时得知我军已进驻泉州，便直接由厦门抵达泉州，在泉州召开了工委扩大会议，传达了“南委”指示，要我们提高警惕，防止事变。会后，黄国璋转赴闽西永定，向闽粤赣省委领导同志汇报闽中部队改编情况。省委要求我们一方面要提高警惕，防止突然事变；一方面要注意与钱旅搞好关系，尽量避免磨擦。

1938 年 2 月，新四军驻福州办事处成立，闽粤赣省委领导下的红军已编入新四军。这时，闽中党和军队领导人一再向国民党当局提出要求，让闽中部队也加入新四军。对此，钱东亮感到很难办，便对刘突军说："你很年轻，有魄力，部队抗战士气很旺，我可以提升你为中校营长，把部队开往浙东抗战更有作为。"刘突军识破钱东亮不让我军加入新四军的阴谋，便婉言拒绝了钱东亮的封官许愿。钱东亮见刘突军不上他的圈套，便与其上司共同策划了震动省内外的"泉州事变"。

1938 年 3 月上旬，刘突军正式向钱东亮请假到新四军驻福州办事处请示工作，并顺道在莆田召开工委扩大会议。钱东亮一面准假，一面电令二三九旅四七八团二营（驻莆城内）营长彭时斌予以捕杀。

3 月 11 日早饭后，钱东亮派了一个马弁来到承天寺，递给我一张钱东亮的名片，要我和翁鸿镗一起到旅部，说是钱旅长有要事面谈。我们感到情况有异，便交待吴德标等同志要注意对方动向。当我们到钱东亮办公室时，钱气势汹汹地说："你们知道吗？你们大队长克扣军饷，携款潜逃。我担心你们部队不稳，已经把他们看管起来了。"接着，又略缓些口气说："但不用害怕，你们照样当官，我们还是要合作抗日的嘛。"我当即反驳说："钱旅长，不是这么回事吧。刘大队长昨天临走前不是向你请假了吗？我们红军在生活上是一律平等的，每人每月只发两元零用钱，哪里还有什么军饷可克扣的？"钱自知理亏，听得不耐烦，就站起来挥手说："不用说了，我派侯炯参谋长去你们部队讲话，你们也回去吧！"

就在我和翁鸿镗到旅部之后，二三九旅四七九团团长董文敏带了两个营的部队包围承天寺后，派几个警卫人员到我军驻地，通知我部到承天寺后殿集中，对我们强行缴械。面对突如其来的事变，战士们个个义愤填膺，摩拳擦掌，大有一触即发之势。吴德标料到承天寺已被包围了，认为这时若是硬拼便是无谓牺牲，就令我部全体同志冷静对待。

我和翁鸿镗回到承天寺时，战士们用兴化方言告诉我们："被缴枪啦！我们该怎么办？"我简要地答复了战士们提出的问题后，立即召集骨干开会研究，抢在侯炯未到之前拟议了三条原则意见，待侯一来，就可以先发制人。这三条是：(一）保证刘大队长人身安全，并回归大队；（二）立即归还我们的武装；(三）把我们的队伍送到新四军去。我们刚刚统一了口径，侯炯便来了。大家集合后，围绕以上三点中心内容，全体指战员有的发表意见，有的提出质问，有的要求答复，弄得侯炯无言可对，十分尴尬，只好答应把大家的意见带回去转告钱旅长。侯炯溜走了，但我部仍在钱部严密看管之下，寺内外岗哨林立，未经许可，任何人不得进出。

队伍被围困在承天寺期间，战士们士气高昂，坚持斗争。白天利用与钱部士兵对峙机会，向他们进行抗日救国宣传；夜间合唱《义勇军进行曲》、《大路歌》、《前进歌》等歌曲，用嘹亮的歌声来呼唤国民党军中的爱国士兵去履行军人外御日寇的天职，使得钱部官兵不得不承认共产党领导的部队具有强烈的民族气节和革命气概。

我部在钱旅控制之下，很难与上级党取得联系。我借庶务长张庆上街采购之机，叫他到邮局打电话了解莆田情况，又交给他拟好的电报稿，同时发给新四军驻龙岩留守处和驻福州办事处。电文大概内容是说明部队被缴械，刘突军生死不明，要求向福建当局交涉，还我刘突军，还我武器，建议把我部送到新四军去。

钱东亮知道我发电报后又把我召去，色厉内荏地对我说：“杨采衡，你好大的胆，敢发电报！”我反驳说：“我是国共和谈的正式代表，你们无缘无故缴了我们的枪，抓了我们的大队长，我理所当然要向自己的上级报告。”钱东亮被我驳得哑口无言时，我又要求钱旅发给我通行证，说我要到福州办事处反映情况，钱东亮出于为他一手策划的泉州事变找梯下台，便答应给我通行证。

第二天，我单身乘长途客车到福州办事处时，黄国璋已先到那里。于是，我们一起将莆田、泉州两地发生的事情向办事处领导同志做了详尽汇报。

办事处王助、范式人等领导同志了解泉州事变的真相后，便带我们到八十师师部去交涉，同时，新四军军部也发电报向福建省主席陈仪交涉，要他们立即释放刘突军，发还武器，迅速把闽中的武装队伍送到新四军军部。最后国民党当局矢口否认逮捕和杀害刘突军，但不得不交还武器装备。3 月下旬，闽中武装队伍从泉州承天寺开赴福州洪山桥，回到我党我军的怀抱。

同仇敌忾赴皖南

闽中部队进驻洪山桥之后，立即进行短期整训，实施开赴前线抗击日寇的政治思想动员。值此，新四军驻福州办事处领导人宣布新四军军部已经批准我们这支部队编入军部所属特务营，指定我负责把部队带到军部报到。大家听完宣布后顿时沸腾起来，个个欢欣鼓舞，笑逐颜开。我们盼望已久的日子终于来到了，我们 160 多人磨砺以须，整装待发。出发前，福州办事处和闽中工委领导同志前来洪山桥送行，勉励我们开赴抗日前线后，要为夺取全民族抗日战争的胜利做出应有贡献，为闽中人民争光。1938 年 4 月下旬的一天，我全体指战员乘五辆大卡车告别父老乡亲，离开福建北上抗日。我们到浙江江山县后折向浙西，然后徒步行军经过开化县，翻过浙皖交界的天目山马金岭，于 5 月中旬到达新四军军部——皖南太平县。

抵达军部的前一天，部队行军在黄山公路上，前面突然走来一位年轻军官，向我们打招呼："你们是从福建来的闽中游击队吗？"当时我走在部队的前头，立即回答说："是闽中游击队，我负责带领这支队伍来的。"这位军官也自我介绍说，他是叶军长的副官，并传令："叶军长要会见游击队的连营干部。"我立即同吴德标、金贯一、雷光熙、翁鸿镗随这个副官往公路旁的一座凉亭走去。

“报告军长，我们闽中游击队向军部开进，请您指示。”我们五位同志在凉亭中凝视着叶军长，对他立正，行军礼致敬。

叶军长站起来，同我们一一握手，问了我们的姓名，接着对我们说：“你们闽中部队从福州来，沿途没有发生什么问题吗？当前我们最主要任务是打鬼子，所以军事训练要严格。要做好群众工作，遵守纪律，服从命令，游击习气要改掉，队伍行军要注意军容整齐。你们到了军部后，要努力做好工作，在实践中提高自己。”叶军长的神态既严肃又显得极为亲切。

我们到达军部休息两天后，新四军参谋长张云逸接见了我们大队的五位干部，问我们部队情绪怎么样？党团员有多少？我回答说：“闽中游击队全体指战员都明白打日本鬼子是关系到国家、民族存亡的重大问题，所以迫切要求加入新四军。这次从福建北上前来军部，大家都非常愉快，精神饱满。在路上徒步行军十来天，没有发生违纪事情，没有一个人走不动掉队的，也没有一个病号。队伍里的党员占全体人员95%左右，其中经过三年游击战争全过程的老党员、老游击队员占60%以上，年龄平均在25岁左右……”

张参谋长听了我们的汇报后，带着慈祥而又愉快的神情微笑地说：“你们闽中游击队坚持了三年游击战争，在泉州事变的全过程中表现很坚强沉着。现在，队伍开到军部来了，这很好。我向你们全体同志表示慰问。军部根据闽中部队老游击队员、老骨干、党团员多的特点，决定大部分编进军部特务营，担负警卫军部任务。”

张参谋长对闽中子弟兵亲切的关怀、高度的评价、充分的信任，使我们心情格外激动，大家都在默默地想，一定不辜负军首长的期望，继续发扬英勇奋战精神，多杀鬼子，为军部争光。

张参谋长接见我们时，还说了一段极为动人的话：“我也是闽中的莆田人，我的祖辈是从原籍莆田迁到广西去的。我很高兴看到，闽中党和人民培养出这支队伍。希望你们好好工作，好好学习，不断提高，不断前进！”

我们回到部队之后，马上向全体战士传达张参谋长接见我们时的讲话精神。大家听了以后，倍感亲切，觉得来到军部就像投进母亲的怀抱一样。

过了两天，军部参谋处派来一位参谋，向我们传达组织上的决定：闽中来的“特务大队”，大部分编入军部警卫营第二连，连长吴德标，指导员翁鸿镗；金贯一分配到第三支队政治部任民运科副科长；雷光熙到军部教导总队第二大队政治队学习；杨采衡为军部教导营军事教员（不久，教导营扩编为教导总队，我仍当军事教员，对五队、六队和高干队授课）。我记得很清楚，组织上还从闽中部队中挑选了老党员，班、排长三四十人，分配到江南指挥部一、二支队和“江抗”部队中任职。

闽中红军游击队在闽中地区独立进行了三年游击战争，参加新四军北上之后又经历了抗日战争和解放战争两个历史阶段，大多数同志为民族的生存、祖国的解放和人民的自由幸福流尽了最后一滴血，现在幸存者已寥若晨星。我谨代表他们深切悼念先烈在天之灵，并吟小诗一首，以结此篇：

戴云山脉育英雄，星火燎原遍闽中。
游击三年惩腐恶，抗争八载逐顽凶。
丹心激荡军威壮，热血腾飞战纛红。
兰水滔滔归大海，汗青字字谱精忠。

1983 年 6 月

选自中国人民解放军历史资料丛书编审委员会编：《南方三年游击战争·闽赣边游击区闽中游击区》，解放军出版社1994年12月第1版，第359—375页。

杨采衡，1909 年生，福建连城县人。1929 年参加中国工农红军，1933 年加入中国共产党。南方三年游击战争时，任闽中红军游击队第一支队参谋长、闽中红军游击队参谋长、中华人民抗日救国义勇军第七路军第一纵队参谋长。新中国成立后，曾任漳州军分区副司令员、华东军区后勤部训练处处长、南京军区战史编辑室抗日战争史组组长、国家地质部办公厅副主任、水文地质研究所所长，水文局副局长、顾问等职。1996 年在北京逝世。

回顾三年游击战争时期闽中党的活动

黄国璋

闽中位于福建省沿海中部，这里是福建最早建立党组织的地区之一。1926 年春，上海党中央就分别在这个地区成立了中共福州地委和中共莆田支部。1926 年底北伐军光复福州后，莆田党组织升级为中共莆田特区委，划归中共福州地委领导，从而闽中地区第一次实现了党的统一领导。大革命失败后，中共福州地委虽然被破坏了，但莆田的党组织则转移到农村，高举武装斗争的旗帜，不断地发动农民暴动，并创建了几支农民游击队。1930 年冬，福建省委派邓子恢等同志到莆田成立了中共闽中特委和福建工农红军游击队第二支队，这是闽中作为独立的一块游击区的开始。闽中特委和红军第二支队成立后，就以莆田广业山区为试点进行土地革命。第一任闽中特委存在的时间不长，年轻的苏维埃政权也很快就被强大的敌人摧残，但党在闽中这块土地上播下的革命火种却是永远扑不灭的。嗣后，省委从实际情况出发，决定闽中暂不建立县级以上的党组织，而以莆田县委为中心，帮助仙游县委兼顾福清的发展。不久，省委被破坏，福建党分为厦门和福州两个中心市委，莆田县委隶属厦门中心市委。1932 年秋，陶铸向中央报告，莆田县委升建为中心县委改隶福州中心市委。1934 年初，福清成立县委，直属福州中心市委。以上是三年游击战争以前闽中地区党组织的历史沿革概况。

我要谈的闽中党在三年游击战争时期的活动历史，是从 1934 年春中共福州中心市委（当时党内习惯称省委）被破坏，王于洁同苏华，黄孝敏同刘突军分别到莆田和福清整顿党组织，建立了两个中心县委开始的。但在三年游击战争前期，我主要在莆田参加革命活动，对福清那边的情况我不大了解，好在有程序、杨采衡等同志的回忆史料为依据，因此，我就着重从我在莆田参加的斗争经历谈起。

镇压叛徒内奸　整顿党的组织

1934 年前，莆田、仙游的党、团组织，在城镇和乡村都建立了一批基层支部。除党、团组织外，还有各种进步的群众团体，如反帝大同盟、妇女救国会、革命互济会和少年儿童团等，所以革命的力量还是比较强的。但自 1933 年冬中心县委书记王于洁调到福州中心市委工作后，莆田中心县委就形成“群龙无首”的状态。因为王于洁是党内久经考验的革命家，自 1929 年初以来一直担任莆（田）仙（游）党的领导职务，在党内外享有很高的威信，他这么一走，党内就失去了主心骨。开始有一段是由胡海（王纪修）代理中心县委书记，后来胡海被调去仙游当县委书记，于是省里又派陶耐存来。陶的思想“左”得要命，他不愿深入农村同革命群众打成一片，反而瞧不起农民出身的党员，说莆田的党是“农民党”，甚至“连农民党都称不上”。陶耐存在涵江搞了一个中心县委班子，依靠傅韵篢、江家茂、关庆霖这些人，叫王德华（女）当中心县委秘书。当时潘涛分工负责莆田县委，并担任游击队政委，他和我们都在莆田沿海，领导武装斗争和群众运动。1934 年二三月，省里又派练文澜来莆田中心县委巡视工作。练来到莆田后，也是不肯下乡，成天呆在涵江和傅韵篢一班人用公家的钱吃吃喝喝。有一次，我到涵江镇的机关交通站去，看见他们在馆子里吃喝，心里十分恼火。我想：我们在乡下连地瓜干都吃不饱，这些人怎么这么阔气？我回乡下后，就向潘涛报告了我所看到的情况。潘涛派我去福州找王于洁反映情况。王于洁怕我们违反党的组织纪律，说练文澜真的是省委派去的巡视员，不能怀疑他。我们只好罢了。

练文澜在莆田待了一个多月，回福州去时刚好是中心市委被破坏了，所以他一到交通站接头就被捕，而且一听到中心市委书记陈之枢已叛变，也就主动向宪兵要求自首叛党。随后，他就带着宪兵下来抓人。他到过的莆田、仙游两县各地，组织都被破坏，包括党、团中心县委机关和仙游县委机关，均遭破坏，陶耐存、傅韵篢、关庆霖、江家茂、王德华这些败类也先后被捕叛变。只有中心县委委员小邱（名邱荣泉，广东大埔县人）是好样的，他当时得了肺病。住在医院里，叛徒们受宪兵指使到医院去劝降，小邱在病床上呼叫叛徒走过来后，突然扑上去，抱住叛徒狠命地咬，直到自己大量出血而死亡。

傅韵篢等被捕后的第二天，我从江口经过涵江要回沿海去，走到新桥头那边的集奎小街道上碰见潘涛，他把我拉到一家小吃店坐下，小声对我说："林克（傅韵篢化名）被捕了，你还在这里干嘛？我真为你担心！"原来是吴九满从涵江跑出来向潘涛报告，说傅韵篢被捕后就叛变了，带着宪兵到机关抓人。潘涛当即指出现在当务之急是制止叛徒破坏的蔓延。我们研究后，决定在叛徒到过的地方，立即发动群众组织"打狗团"。于是，就用县委的名义马上布置下去。凡是组织起"打狗团"的地方，还是挺起作用的。江口院里小学是我们的一个地下联络站，学生中好多是少年儿童团，周围的群众基础也好。叛徒关庆霖带便衣特务到学校去抓人，被学生、群众包围，打得头破血流。后来叛徒们知道乡下的地下联络站有"打狗团"，就不敢下乡去抓人了。但在城厢、涵江的一些中学里，"打狗团"就组织不起来，因为国民党当局和校长胁迫一些已暴露身份的地下党员和进步的教师、学生自新，不自新就要开除、逮捕，所以有的事前隐蔽了，有的动摇自新了，而有的地方又不需要组织"打狗团"，如忠门、常太、沃柄这些老区，叛徒根本不敢去。

1934 年 5 月间，王于洁和苏华从福州回到莆田。莆田的同志对王于洁安全返回都高兴得很，大家一致要求他来当党的领导，但王于洁不肯答应，他说："我们是在福州党组织被破坏之后来莆田的，应该接受莆田党组织的审查和考验，这是原则问题，你们不能感情用事。"就这样，王于洁坚决要求在县委领导下到第一线参加实际斗争，接受党对他的考验。例如打黄石捉余炎的战斗，就是王于洁亲自指挥和带队的。

给我留下深刻印象的另一件事是审查林金坤。王于洁回莆田后听到各地组织"打狗团"惩罚叛徒的消息很满意，他在党的会议上强调还要加强"打狗团"工作，但事实上公开的叛徒已不敢下乡，也就没有什么"狗"好打了。国民党特务机关随而改变了手法，即采用秘密办自首手法，然后又派回来充当内奸。林金坤原在仙游团特支工作；大逮捕时秘密向国民党警察局自首了，并与国民党特务林寿涛（也是叛徒）挂钩，接受林寿涛的派遣，同另一叛徒林德柱一起到笏石店头村找翁鸿镗。林德柱和翁鸿镗是同学，所以林金坤就拉林德柱在一起下乡。林金坤假装是从仙游逃出来的，要找王于洁或潘涛报告仙游的情况。翁鸿镗发现他言语吞吞吐吐，又很关心游击队的活动情况和党的领导人的住处，产生了怀疑，便向王于洁汇报。王于洁遂把林金坤叫去谈话，问他仙游党、团受破坏的情况，他一概不清楚，于是王于洁决定召开会议，对林金坤进行正式审查。经大家反复追问，林金坤才不得不交待实情，并说出他与林寿涛派来的特务的联络暗号。当我们证实了林金坤确系混进革命队伍的内奸后，就开会讨论，决定把他镇压了。在处理林金坤之后，王于洁又布置各个支部进行一次内查，发现可疑分子要及时报告上级党组织进行处理。县委还以林金坤叛党的实例，对全体党员进行一次加强党性的教育，要求党员遵守党的纪律，在任何情况下都要忠于党，绝不叛变。通过教育，进一步巩固了党、团组织。

自中共莆田中心县委被破坏后，莆仙党的领导机构一直没有恢复。到了 1934 年 9 月，通过打叛肃奸的斗争，党的队伍更加纯洁了。于是，王于洁提议召开党、团负责干部会议，讨论恢复组织问题。这次会议是在灵川西厝村蔡先镳家中开的，参加会议的有潘涛、郑金照、吴九满、林阿郎、陈建新、蔡先镳、黄明和我，苏华和清华（张启基）两个女同志也参加了。王于洁在会上指出：自党、团中心县委被破坏几个月后，通过这一段的打叛肃奸斗争、组织整顿，现在条件比较成熟，建议重新建立莆田的党、团中心县委。大家一致要求王于洁担任中共莆田中心县委书记一职，但他一再推让，并提议吴九满当书记，其用意是为了培养一批工农干部负责领导工作。然而同志们还是坚决要求由王于洁来领导，最后他只好接受。中心县委委员有潘涛、郑金照、吴九满、林阿郎、陈建新等。团的中心县委工作由我和黄明、清华、翁鸿镗几个人负责。同时，游击队也重新进行整顿，郑金照为队长，潘涛兼政委。会上，还讨论了开辟新区工作。

总结历史经验，坚持群众斗争

闽中地区的客观条件与闽西、闽北等地有所差别，这里是国民党在福建统治的中心地带，福（州）厦（门）公路干线横贯其中，交通方便，人口稠密，早在土地革命战争初期，即1927年至1930年，老一辈的无产阶级革命家陈国柱、罗明、王海萍、邓子恢等同志都先后在莆田领导过农民暴动、武装斗争，并选定试点进行过苏维埃运动的尝试，但一直未能像闽西、闽北等那样，建起正规的红军部队和连片的赤色区域。革命力量和反革命力量的对比，始终都是敌大我小，敌强我弱。党在实践中总结了历史的经验教训，逐步认识到应当从客观实际出发，制定可行的斗争策略。概括起来说就是：实行游击战争和群众斗争相结合，而以群众斗争为主。一直到1935年闽中特委成立之前，至少在莆田这边都是采取这一斗争策略的。当时我们党的口号分为一般号召的口号和具体行动的口号。一般口号如“打倒国民党政府，建立苏维埃政权”、“青年们争当红军去”等等。可是，说“当红军去”嘛，我们没有正规的红军部队；说“建立苏维埃政权”嘛，我们也没有准备马上建立。所以说这些都是一般的口号。但党在各个时期提出的行动口号却是十分具体的，即按不同时间、不同地点提出十分明确的斗争口号。

下面，我说一说1934年王于洁回来前后的那一段时间里，我在莆田参加的几次群众斗争实况：

1934年春，莆田春荒十分严重。本来，每年一到春夏之交，青黄不接之际，群众都要闹饥荒。这一年加上严重干旱，群众没有饭吃，连种子都吃光了，肥料更是一点也没有。特别是沿海地区，群众都挖草根去当燃料，所以连草也不长了。针对这一实际情况，县委在五一节发出的《为春荒斗争告农友》书中就具体号召农民“大联合起来，组织分粮团，到地主家分谷子分肥料去”。县委不但这样宣传号召，而且派干部赴各地，深入发动群众投入这场斗争运动。特别是沿海的忠门、笏石、北高等地，过去吴承斌、陈兆芳等烈士在这一带多次组织农民暴动，群众基础很好，党在这几个地方发动群众斗争，每次都是成功的。

这一年春夏之交，我们了解到笏石镇附近的东津村一户大地主家是笏石地区私人存粮最多的户，决定前往斗争。但东津距离笏石镇只有二三里路，镇上驻有国民党军队，还有当地的常备队和警察等，我们原来担心：群众敢不敢参加斗争？所以事前作了严密的布置，即以干部和游击队员为骨干，每人率领十多人，进退都要服从统一指挥。没有想到，饥饿的群众一听到要开仓分粮，十分踊跃参加。他们拿着竹扁担、麻袋，排成一条条长龙，从四面八方拥向地主大院，仓库里的粮食顷刻被分光了。笏石镇上的国民党军、政头目用望远镜观察群众在开仓分粮，却不敢轻易出兵镇压。

还有一次是到北高镇去分肥料。本来，我们党对待资本家的政策同对待地主是不一样的。但北高镇这家肥料行的奸商在当地很有势力，而且囤积居奇，哄抬价格，周围群众意见很大。当地党支部准备发动群众去分肥料，要求县游击队给他们做后盾。潘涛原来不同意去抢资本家的商品，但考虑到群众既然已经发动起来了，势难遏止，如果领导不亲临现场掌握政策，恐怕会出更大问题，于是就带了我们赶到北高去。那天下午果然有几百名群众拥进豆饼行，库存的豆饼很快就被搬完了。后到的群众分不到豆饼，就冲进隔壁一家杂货店，把人家的冰糖等可吃的东西也都抢去了。潘涛和我们大声呼喊劝阻，但饥饿的群众哪里肯听。于是"城门失火，殃及池鱼"，这家杂货店的冰糖都被抢吃光了。后来我们特为此事留下，向那家老板解释、道歉，并象征性地赔偿一些损失给他。事后又专门召开党员会议,进行批评教育,宣传党对资本家的政策。

党不但领导群众分地主的粮食，在条件成熟的地方，还发动群众去分政府仓库的粮食。例如，忠门那个地方是个群众基础很好的老区，进入土地革命战争时期以后，党在这里接连多次发动农民暴动，群众的斗争积极性很高。当时我们了解到国民党政府拨下一批救济粮被各级政权机关层层克扣，尤其是忠门这个重灾区，区长却把救济粮私吞中饱，根本没有转发给饥民。所以，县委就在这个地区发动斗争。我们先召开各党支部负责人会议，揭露区长贪污救济粮的问题，布置各党支部同去发动群众，在约定的日期同时到区公所去，指名道姓地叫区长出来向大家讲明为何贪污救济粮。区长态度很顽固，叫警卫人员荷枪威胁群众，但经过动员组织的群众根本不吃这一套，时间拖得越长，人群聚集得越多（当然有的是来看热闹的）。后来，区长看势头不妙，加上他本身屁股不干净,怕事情闹大了反而不好收场,只好拿出一部分地瓜干分给群众。

以上是党领导群众斗争取得了胜利的实例。这些斗争，都是通过党组织的宣传发动，启发群众在自觉自愿的基础上组织起来的。而我们党员干部和游击队战士也是以普通群众的面目出现，作为骨干去带动、指挥群众参加斗争，同时还注意掌握党的政策和策略，所以斗争就比较顺利。

下面我想再举一个失败的例子。就是魏厝村有一户开油坊的地主，很有钱，游击队的领导听了魏厝外围的水头和捷兴两个村的支部的报告，就盲目组织了100多人去打魏厝。没料到魏厝是个盐民村，村子又很大，游击队一进去就被盐兵发现包围，盐兵射击水平很高，跟游击队来的群众一听到枪声都跑散了，剩下的十多个游击队员边打边撤出来，结果被盐兵的火力压到邻近翁盾厝海滨的一个角落里。游击队被当地群众当作土匪包围起来。这个村子没有党组织，虽然游击队一再解释说他们是专打土豪的共产党，但当地头人仍坚持说:“既然共产党不是土匪，那我们可以放你们走，不过你们要把枪留下。”结果丢了一批武器。这次受挫折是由于我们游击队的行动并不代表当地群众的利益，事前没把客观情况弄清和把群众组织好，造成群众对游击队行动不理解，反而产生了斗争阻力，这是一次很深刻的教训。

成立闽中特委，加强根据地建设

常太根据地虽然很早就有党的活动和武装斗争，但建立游击根据地的指导思想是1935年闽中特委成立后才逐步确立的。

常太是莆田西部与仙游交界的一个山区。早在大革命时期，这里就建立过党的组织。1933年，地下党员郑金照曾在家乡开展革命活动。1934年秋，莆田中心县委重建后，党又先后派郑金照、陈建新、翁鸿镗等到漈川、金竹坑、顶外坑等村扎根串联，组织秘密农会。不久，就争取雷光熙献枪参加革命。雷父原系民军营长，北伐军入闽后，民军全部被国民党收编，雷父被收编后，又在国民党内讧中被冤杀。因此，雷光熙刚参加革命时，还仅仅是为了报杀父之仇。但以后他进步很快，终于成为一名优秀的军事指挥员。雷光熙献枪后，常太虽然组织了一支十多人的游击队，但队伍仍然是一支不脱产的农民武装，在常太这个地区还不能起左右局面的作用。1934 年底去枫叶塘缴枪的主力是由潘涛、郑金照率领的县游击队，而不是常太当地的游击队。当然，常太游击队也起了配合作用。

1935 年 5 月，王于洁和潘涛到福清参加莆田和福清两个中心县委联席会议，研究决定成立中共闽中特委。这是闽中党的历史上一件非常关键的大事。早在 1930 年，邓子恢就以福建省委巡视员的身份到莆田创建第一个闽中特委，但第一任闽中特委只存在两个多月就被强大的反革命势力摧残了。因为当时虽然建立了特委，但实际上只有莆田广业东北部一小块孤立的革命根据地，所以是难以坚持下来的。而 1935 年的情况比 1930 年已大有不同。就是在莆仙边和福永边有了常太和罗汉里两块根据地。如果这两块根据地，不能在一个党委的统一领导下联合起来，就仍有可能像 1930 年那样陷于孤立无援的绝境。而闽中特委成立后,就使这个地区的游击战争有了较大的回旋余地。如 1936 年的反“清剿”斗争,敌人“清剿”罗汉里根据地,我们就撤到常太来;敌人再“清剿”常太，我们又撤到莆永边，而且杀回马枪再打到福清琯口去。这就使北起福州的峡南、南至惠安北部的这一大片，都是我们游击区的范围，尽管国民党调兵遣将，连续“清剿”，但再也无法消灭闽中共产党和红军游击队了。

闽中特委成立后，党的领导水平进一步提高。特别是注意加强根据地的建设，使之成为坚不可摧的战斗堡垒和名副其实的红色区域。下面我就谈谈我所了解的常太根据地的建设。

一是红军游击队的建设。莆田原来的游击队除了少数指挥员和战斗骨干外，基本上是不脱产的农民武装队伍，往往是战斗任务来时才临时组合起来的，一打完仗又分散回去劳动生产和做群众工作。这是和当时我们的客观条件相适应的。因为没有形成割据的稳固根据地，红军游击队就不可能有比较固定的驻地，部队的生活给养也不能解决。所以自 1930 年底红军第二支队失败以后，我们都是长期采取地下武工队的形式进行小型零散的武装斗争。闽中特委成立后，决定在罗汉里和常太建立两支正规的红军游击队。1935 年 11 月，特委在滁川召开军事会议，介绍罗汉里成立闽中红军第一支队的经验，决定把莆田各地游击队骨干集中到常太来，成立闽中工农游击队第二支队，由郑金照任支队长，潘涛兼政委。这就使莆田的武装斗争提高到一个新的水平。

二支队成立后，首先在常太周围打土豪，摧毁反动势力，使红军在当地扎下根来，接着又以根据地为中心向四周出击，主动展开游击战争。但这中间有一个小挫折，就是郑金照率领一小分队到笏石附近的丙店缴枪，不幸中弹牺牲，队伍只好撤回常太。直到 1936 年 6 月刘突军等同志从福清过来后，第一支队并入第二支队，队伍才又兴旺了起来。当时特委研究由吴德标和刘突军分别任支队长和政委，还考虑增补两个本地人当副支队长。开始提出雷光熙和王铁成两人，党内有争议。这两个当时确系新生力量，论资格，比他俩老的还大有人在，但历史证明党这一选择是对的。队伍经过改编整顿，战斗力大大加强，在常太以外的广业、长岭、黄石、何寨一连打了好多胜仗。

二是党和群众组织的建设。为了加强党的领导，特委决定成立广（业）常（太）兴（太）特别区委会，由陈建新、邱子国、方子民（方言）等同志负责。至 1936 年底，广常兴边区委先后建立 17 个支部，其中广业主要是澳柄和东度，仙游兴太有一个支部，其余都是常太当地的。常大根据地各村还建立了贫农团、妇女会、儿童会等群众组织，青年们都参加了赤卫队①，方子民任赤卫队队长。当时常太根据地党和群众的力量是很强的，赤卫队的岗哨一直布到枫叶塘外面去，国民党军队多次进山“清剿”，我们都事前掌握了情况，预先作了防备，所以每次反“清剿”都比较主动，损失也不大，只是群众的财物被抢掠一些去，人员的伤亡是很少的。

① 方言《自传》中称“常兴民族武装自卫团”。

三是开展农民运动。红军游击队刚成立那一段，我们还是和过去一样，靠打土豪、开地主粮仓和“捉俘虏”等办法来发动群众，解决红军的给养问题。后来我们斗争水平再提高一步，不再这里打一下，那里打一下了，而是在根据地范围内普遍地发动农民进行抗捐税、抗粮、抗租斗争，我们称为“四抗”运动。常太这个地方的地主大部分是小地主兼“二地主”，所谓“二地主”就是替城里的大地主收租的。红军贴出布告宣布抗租，各村贫农团也就召集地主通知他们不要收租了。这对“二地主”来说，只要红军不找他们的麻烦，他们就乐于顺水推舟，因为他们只要向城里的大地主报告一声，说常太如今是红军的天下，田租不能收了,也就完了事,对“二地主”本身又没多大损失。所以在常太抗租，总的来说还是比较顺利的，而抗捐抗税的斗争就比较尖锐复杂了。常太的许多保甲长，经过教育后都表示愿意靠拢红军，但还有一些顽固的反动堡垒，他们凭借手里有武装、县里有后台，就不听红军的召唤。如马口铺差韩觐侯，在我们宣布“四抗”后，仍然包捐包税，威胁群众，所以我们就毫不留情地把他镇压了。自从韩觐侯被镇压后，就没有人再敢到常太去包捐税了。这样，大约有一年的时间，在常太这一小块地方形成了割据，不纳捐税，不缴租粮。红军游击队的粮食是由群众供给的，我们打收条给群众。全国解放后，这部分粮食都顶了公粮任务。

四是统战工作。除上面谈到的对保甲长和“二地主”的统战工作外，我们还特别注意争取有影响的开明士绅，这些人是真正的地方实力派，团结他们对我们大有好处，可以减少运动的阻力。如常太党城有个蔡春腾，他原来是民军营长，后来不愿再当国民党派系斗争的牺牲品就退隐在家。他虽然不当官了，但当地的头面人物却还是听他的，什么事情都要去向他请教。他不表态，底下那批人就不敢乱动。他有一个养子名蔡兆英，参加我们的游击队，还向领导报告在他家坟地里埋有一大批各种枪弹，并连夜带领战士们秘密挖取回来。其实，这样的事他父亲怎么能不知道。所以，常太许多保甲长、小乡绅和“二地主”看蔡春腾和共产党都有挂钩，也就纷纷表示要为红军做事情。常太有许多保甲长是“白皮红心”的，还有的至少也是不愿或不敢得罪红军和革命群众的。因此，在常太有个怪现象，真正的红军游击队被国民党抓去的并不多，而不少保甲长却被抓去坐牢，罪名是“窝匪不报”，可是关了一段时间，又不得不把他们放出来，一是拿不到什么证据，二是那个地方的保甲长没人接任，还得请这些两面都吃得开的人出来当保甲长。

主动撤出老区，开辟新根据地

1936 年 8 月，国民党驻军和保安队联合对常太根据地进行“清剿”。在敌强我弱的情势下，我们究竟是固守原地还是主动撤出呢？地方党和游击队的领导人在常太联合开会讨论决策。会上大家分析了敌我斗争态势，一致认为还是撤出来比较主动，问题是红军游击队撤出后群众怎么办。常太有几个自然村，如漈川、外坑、金竹坑等都是红区村子，在前几次的反“清剿”斗争中，群众都是跟随红军游击队一起撤进山上密林中去隐蔽的。但那几次是因为敌人兵力不足，不敢在红区驻留，只作搜劫性的“清剿”而已。而这次敌人却积累了前几次“清剿”的经验教训，不仅从莆仙两边合围，还扬言要“驻剿”和搜山，所以红军如果不带领群众一起撤到安全地点是不行的。故讨论结果，还是军民一齐撤出常太。我们在撤离前派出地方干部到常太北面的广业各联络点和接头户去联系安置工作，同时召开红区的群众会议，叫他们有亲友可投靠的可以暂时去投靠亲友，无亲友可投靠的服从党组织的统一安排。总之，常太这次撤退是有计划、有组织的撤退，红区的群众和游击队家属都没有受多大损失。当然也有一部分不愿意撤出或来不及撤出的群众，在国民党军“清剿”时被杀害或抓去坐牢（直到 1937 年国共和谈时才释放出来）。

红军游击队从常太撤出的第一步，是到广业的沃柄、东度、白沙等老基点村。这些地方都是莆田土地革命时期的著名老区，这里群众觉悟高，基础好，单纯隐蔽一段时间是没有问题的。但游击队要公开集结就不行了，因这些地方太出名，距离常太又较近，很容易被国民党“清剿”部队发现，故非久居之地。为此，刘突军等决定索性到莆田北面和永泰交界的三不管的地方去开辟一块新地盘。

当时，我住在东度村。王纪修的邻居有一个女婿是庄边乡和永泰交界的山（杉）溪寨人。那个地方山高水冷，北靠永泰，西邻仙游北部。全村住在一个大寨子里。但是那个地方被一股武装土匪控制，土匪头子名黄开元，王家这个女婿就是黄开元的部下。我了解到这些情况后向刘突军汇报，刘突军就叫我去打这个交道。我通过王纪修去找这个土匪的老婆，跟她说通了请她和丈夫一起来面谈。我向他们简单扼要地谈了红军为穷人打天下的革命道理后，就直截了当地说：“红军游击队准备开到山溪寨去，你们看行不行？”没想到此人倒爽快，一谈便通，说：“当土匪的人还怕什么，土匪都敢当，红军还不敢当吗？没问题。只怕黄开元不容易说通，他肯定舍不得自己的地盘。”我说：“那没关系，你们给我带路，由我去找他谈。”就这样，我先到山溪去找黄开元谈判，后刘突军、吴德标他们把部队开到山溪下面的赤溪、南湖一带驻下。我到山溪找到黄开元跟他说：“你有听到红军要到你们这里没有？”“我有听说红军在常太站不住脚，要到我们这块地盘来，但我是绝不会参加你们队伍的，我有几十个弟兄，几十条枪。这块地盘是我的，我要到哪里，人家还得杀鸡宰羊请我吃酒，我多么自由自在，不受你们约束。”他就这么开诚布公地回答我。于是我又进一步摊牌：“你不参加，我们也不强迫你，但我们仍然还是要来的。我们住在这里，你如果感到不方便，那就请你离开这里。”“那不行，我不能离开这里。”他还是顽固地坚持着。我就反问他：“你不能离开，我们又一定要来，那怎么办？请你考虑一个两全其美的方案。”这次谈话，主要是向他打招呼，让他考虑。其实，我们的队伍已经驻到黄开元的鼻子底下，他还不知道呢！我回来向刘突军汇报了谈判的情况，刘突军说："黄开元不愿走开就由他去吧，但他必须保证保持中立，不得妨碍我们的行动，不准暗地勾结国民党引狼入室。你去跟他再说个明白。"于是，我再上山溪寨找黄开元，把刘突军的意见传达给他，并直接告诉："我们的部队已经上山来了。"他看我的态度这么坚决，只好同意。

山溪本有两派，一派是黄开元的，另一派是黄的对手。我们进驻后，说服两派不再交手，结果两派对我们都很欢迎。山溪周围如岐山、上院、黄龙、洋尾等地还有大刀会的势力。我们也一一找他们谈判，彼此通气，互不干扰。这样，我们终于找到了一块休整的立足之地。直到当年10月打了永泰蕉坪碉堡后，国民党八十师所部又从莆仙永三路包围山溪。我们跟国民党"清剿"军打了两次仗，终因敌我力量悬殊，才从山溪撤退出来。

山溪撤退一举是事前有计划组织的。早在1936年秋我们到山溪去时，特委就派方子民在山溪东北方向莆田和永泰交界的宁里、旗插安、凉伞山、寨下、水坞里、墩柄、可湖、凤落等村寨扎根串联，组织农会，发展党员，建立支部，打下了坚实的群众工作基础。在山溪未撤退之前，刘突军就通知方子民来参加会议，了解莆永边新区工作开展的情况和研究撤退的行军路线。所以，我们从山溪撤到宁里是很顺利的。以宁里为中心的一带全是高山峻岭，交通极为不便，国民党军警从来不到这里，而对闽中党和红军来说确是一块很好的根据地。从这里向东北经过后溪，可以同原来的罗汉里根据地连结起来；向西南经过庄边、白沙，又可以直达常太根据地。这地方村落分散，人烟稀少，但群众十分欢迎红军到来，因为红军一来，土匪和地方恶势力就销声匿迹。群众有了安全感，打从心底里拥护共产党和红军。1936年末，红军游击队远征奔袭福清琯口镇之后，又迅速撤回宁里休整过年。抗日战争时期，闽中工委和以后的闽南特委机关一直设在这里。我们在这里开荒种地，建窑烧炭，举办过好几期县、区干部学习班。直到1941年刘润世收复长乐当了县长后，特委机关迁到长乐南阳村去。

吸取血的教训　建立闽中工委

1936年10月，闽中特委派黄孝敏去香港向中共南方临时工作委员会（简称“南委”）汇报闽中的工作情况。同年11月，黄孝敏和余长钺一起从香港回来，向特委领导同志传达党中央关于“逼蒋抗日”的新方针和“南委”对闽中工作的指示精神。所以，闽中红军游击队在当年11月在琯口打了最后一仗后，基本停止对国民党的军事行动，并从“反蒋”改为敦促蒋介石停止内战，枪口对外共同抗日。当时，红军游击队驻在宁里、旗插安一带休整，国民党军队也没有来“清剿”。不久，就发生了西安事变，国民党报纸天天都在报道事变的各种消息。全国的时局确实发生了根本性的转折，全社会的政治气氛似乎都在改变。不久，我们又从香港寄来的《救国时报》上进一步了解到党中央对西安事变的基本态度和方针。

1937年春节之后，王于洁决定召开特委会议，具体研讨西安事变和平解决后的新形势和特委工作方针。原定会议是在莆田城郊四亭村开的，那里是大革命以来的老基点村，安全有保障的。王于洁叫薛宝泉去福清把黄孝敏和余长钺带过来开会。不料薛宝泉这个家伙早已叛变投敌。他勾结国民党特务从中捣鬼，故意把黄、余两同志先带到莆田洪度村他家里安顿下来，然后再到王于洁那里去，建议把会议移到他家里去开。王于洁轻信了薛宝泉的话，结果上了他的当。现在回想起来，王于洁所以会采纳薛宝泉的建议，也有历史的客观原因。一是从当时闽中的时局看，表面上确实比较缓和，国民党驻军基本上停止了公开“清剿”，我们的警惕性难免有所松懈。只看到表面上国共两党正在接触和谈判，没想到蒋介石的既定方针是北和南剿，而在闽中，他们只是把公开的“清剿”变为宪兵特务的秘密围捕罢了。二是薛宝泉这也是个“老革命”，早在30年代初，就是中共福清特支的负责人，闽中特委成立后当特委交通员，没料到他会向国民党特务机关秘密自首叛变。

那一次，是我陪同潘涛从莆永边出山来的。我们去澳柄陈蒲川家歇息时，听说会议改在洪度开就觉得有点不对劲，因为那个村子不是老区，也没有支部。所以我和陈蒲川都建议，索性把会议挪到澳柄来开，从洪度到澳柄路很近，这里的安全有绝对保证的。潘涛把我们的意见带下山，没想到当晚就出了问题。那天晚上，薛宝泉故意采取“安全措施”，把王于洁等四位领导同志骗到附近林外村他内弟赖金繁家去住，结果一进屋，就被预伏在那里的宪兵队密捕去了。

王于洁等同志被捕后二三天，苏华同志上山来向刘突军报告所了解到的情况，大家起初听到这个不幸的消息，都十分懊恨和沉痛，党内、军内的思想，一时乱得很。针对这一突然发生的事变，刘突军当机立断，召集地方和部队的党员骨干开会，讨论成立中共闽中工作委员会，以暂时接替原来特委的领导。会上，大家一致推举刘突军当工委书记，刘突军又提议苏华和我当委员，做他的助手。中共闽中工委的成立，使闽中党和红军游击队再次从危难中解脱出来。

贯彻“南委”指示，准备联蒋抗日

自从闽中特委遭受破坏以后，我们和“南委”失去了联系。后来，惠安特支书记曾炉向我们反映，在晋江县塔头村任教的朱汉膺同志，与晋（江）南（安）工委的同志有联系。晋南工委是厦门市工委领导的，厦门市工委又属中共“南委”领导，沿着这个关系可找到“南委”。闽中工委即派曾炉同志前往塔头村找朱汉膺，通过朱找到晋南工委书记黄国英。一个多月后,曾炉回来说,厦门市工委同意帮助我们去香港找“南委”。于是，闽中工委决定派我去香港向“南委”汇报工作。当时我年仅 18 岁，从未到过大城市，担心路上碰到问题应付不来，但由于找党中央的心情急切，我把自己的生死置之度外，愉快地接受了任务。

1937 年 4 月下旬，我从莆田沿海忠门东坑村出发，由曾炉带路，在晋江塔头村见到了朱汉膺，并找到了晋南工委书记黄国英和组织部长李刚。由黄国英亲自带路，从晋江的东石镇乘轮船去厦门，找到了厦门市工委书记肖林。肖林安排我在一间出口水仙花的铺子里住了下来（该铺子的一个店员是共产党员，老板很少到铺里来），去香港的手续都由肖林代办。5 月初，我乘轮船到达香港，住在肖林和“南委”约好的一个旅社。“南委”派姚铎来找我，我向他汇报了闽中地区党组织及游击队的活动情况。姚铎对我讲述了全国抗日救亡运动的形势，让我看了一些有关国共合作抗日的文件材料。过几天,姚向我传达“南委”的指示：（1）闽中工农游击队应统一改编为抗日义勇军，番号是“抗日义勇军第七路军第一纵队”；（2）国共已在谈判合作抗日，闽中工委可以找有利时机和国民党进行合作抗日谈判。姚还要闽中工委派一个交通员到香港与“南委”保持联系。事毕，我由姚铎安排，乘轮船返回厦门。

我从香港回到厦门，市工委书记肖林对我说，晋南工委主要是搞农村工作，市委意见把晋南工委划归闽中工委领导。我表示同意。因此，在返回闽中工委机关时，我又到晋江塔头村。那时黄国英被捕叛变，晋南工委由李刚负责。我向李刚同志传达了厦门市工委的意见，于是闽中工委与晋南工委接上了组织关系。6 月中旬我回到莆（田）永（泰）边区闽中工委机关，向刘突军、苏华汇报我去香港的经过。随后召开工委扩大会议，我传达了“南委”关于闽中工农游击队统一改编为抗日义勇军以及同国民党进行合作抗日谈判等指示精神。会议决定闽中工农游击队改编为抗日救国义勇军第七路军第一纵队，吴德标任司令员，刘突军兼任政委，雷光熙、王铁成为副司令员。这次会议对于闽中工委贯彻执行“联蒋抗日”的方针具有决定的意义。会议讨论了究竟还打不打国民党、要不要与国民党谈判等问题。一致认为，去年 11 月下旬特委决定游击队去攻打琯口国民党驻军，是完全正确与成功的。这一仗缴获敌步枪十多支，镇压了琯口反动联保主任兼民团头子潘德仁，迫使国民党承认闽中地区有红军游击队的存在。所以我们既要谈判，也要准备打，打到敌人痛处，显示游击队的实力，才能促进谈判。会议表示欢迎厦门市工委把晋南工委划归闽中工委领导的建议，并决定李刚为闽中工委委员。从此以后，闽中工委领导的地区就逐渐扩大到泉州、晋江、南安、安溪、永春、德化等地。

主动提出谈判，推动国共合作

1937 年 7 月 7 日卢沟桥事变发生后，中共中央向全国发表了抗日救国的号召和国共合作宣言，全国迅速掀起了抗日救国高潮。7 月 17 日蒋介石在庐山发表对日作战的谈话。19 日又宣布中央红军改编为国民革命军第八路军，开赴抗日前线。

在新的形势下，闽中义勇军开始集中在莆永边区整训。同时，根据姚铎要派交通与“南委”取得联系的意见，工委挑选北京人、跑过大码头的金贯一为政治交通，前往香港。8 月上旬，我约金贯一到莆田县城东门外一个小杂店（老板林玉祥），布置金贯一去香港向“南委”请示有关国共谈判问题等工作，并确定林玉祥处暂为通讯联络地点。金怕记不牢，就把通讯处写在纸上夹在行李包里。接头后我就回乡下，而金那天晚上住进旅社，适遇国民党警察查户口。金自称闽南人，讲的话是北方口音，国民党疑是汉奸，就把他扣留。搜身时发现写有林玉祥及店铺住址的小纸条，因此又把玉祥抓去，并抄了家。过了几天，《莆田日报》报道了金贯一、林玉祥被捕的消息。为了营救金贯一，促使国共谈判。

8 月中旬，我们以闽中抗日义勇军指挥部的名义写信，由《莆田日报》社转交给国民党莆田县党部和莆田驻军团长李鼎彝，说明金贯一是我党的工作人员，要求立即无条件释放；并且指出：当此日寇入侵，国难当头之际，国共双方应共同努力，一致抗日救国。提议双方派出代表进行合作抗日的谈判。8 月 20 日左右，国民党莆田县党务指导员黄士豪和李鼎彝先后在《莆田日报》发表谈话，表示同意中共方面派代表洽谈。8 月下旬，工委决定派杨采衡为谈判代表，先通过谈判，使金贯一和林玉祥获释，然后再与黄士豪就合作抗日和部队改编等问题，进行了多次谈判。在莆田谈得差不多以后，杨采衡又和黄士豪一起去泉州与国民党第八十师二三九旅旅长钱东亮直接谈判。谈判中，双方均提出条件，并达成合作抗日的协议。主要内容有：我方放弃打土豪劣绅；我抗日救国义勇军接受抗日的统一指挥和参与维持地方治安。国民党方面接受我方提出的：我们是共产党领导的抗日队伍，要保持我部队组织上的独立性和完整的建制，排以上干部由我方自行配备，兵员按编制由我方扩充，不要国民党派人来，取消对我抗日游击队工作人员及其家属的通缉令等条件。9 月上旬，刘突军又亲自出面与国民党莆田县县长夏涛声就有关游击队的点编和集中地点以及经费等问题进行谈判。双方商定我工农游击队集中在莆田庄边尚书桥赤石宫进行训练。我方还提出我游击队集中的地点方圆 50 里国民党不得驻扎军队。国民党方面表示遵守协议，并由陆军第八十师第二三九旅驻莆田的第二营保证我游击队途中安全。闽中抗日义勇军第七路军第一纵队指挥部在莆田西来寺设立办事处，方子民任办事处主任。9 月中旬起，部队在尚书桥赤石宫集中训练和扩军。10 月中旬，部队开到莆田城南锦亭寺进行点编。点编后，国民党单方宣布把部队番号改为国民革命军陆军第八十师特务大队（我们内部坚持称“独立大队”）。大队长刘突军，大队副杨采衡。下辖两个中队：第一中队长雷光熙，（指导员翁鸿镗）；第二中队长吴德标，（指导员金贯一）。全队计 200 余人。点编后，部队开到莆田县广化寺集中训练。

未能防止事变，再付血的代价

1937 年 10 月下旬，当我们的部队开到莆田广化寺集中训练的时候，刘突军考虑到前次金贯一去香港找“南委”请示工作未成，于是决定派我第二次去香港。我动身前，工委在莆田黄石苏华家开了一次会，研究了向“南委”请示我们队伍集中后如何开展工作等问题。我到厦门时，市工委安排我住在许彧青、张兆汉两同志的住处，并由张兆汉帮助搞到一张去香港的证件。我到香港时仍住在过去住过的那个旅社。几天后，来同我联系的是薛尚实（1939 年曾调任中共福建省委组织部长）。他是代表“南委”来同我谈话的。我向薛尚实汇报了与国民党谈判及队伍改编等情况，并请示今后的工作。薛听了我的汇报后二三天，向我传达了“南委”的指示:（1）“南委”认为闽中工委同国民党的谈判是成功的，对改编队伍也表示满意，并要我们提高警惕防备突然事变；（2）闽中工委直接由“南委”领导不方便，“南委”确定今后闽中工委划归闽粤赣省委领导，以便及时有效具体地指导工委的工作；（3）“南委”考虑到刘突军已经公开露面，今后队伍还是由他负责，在这种情况下，刘突军继续担任工委书记是不妥当的，最好由黄国璋担任工委书记。当时，我对“南委”对我们的关心感到非常满意，表示我们一定执行“南委”指示，并接受闽粤赣省委的领导。同时，我表示自己的思想水平、工作能力都不行，不能胜任书记职务，如组织决定我担任书记，我还是要在刘突军的领导下工作。在我表态后，薛尚实要我赶快回去找省委。我在香港期间，薛尚实给我一些文件让我学习，后来又教我把文件装在热水瓶的胆与壳之间带回福建。他还带我去参观“南委”办的训练班。学员中有个叫高万里的，是侨生，会讲普通话。他听说我是福建来的，就向薛请求把他派到福建工作。理由是他虽未到过福建，但他的祖家是福州，能通福州、厦门方言，福建地方谁也不认识他，活动较为方便。我表示欢迎。以后，高万里由“南委”派到闽中工委任青年部长，1938 年 3 月与刘突军一起不幸被国民党杀害于莆田。

我在香港时曾听说发生过“漳浦事件”，“南委”也指示我们“提高警惕，防备突然事变”。12 月底，当我自香港到厦门时，张兆汉告诉我，刘突军已率领部队进驻泉州承天寺。我感到部队远离根据地不妥。因此，就在厦门发一电报，暗示部队不要离开根据地。电报是通过莆田县邮电局局长黄秀峰（地下党员）转刘突军的。随后，我即赶回泉州，在工委会议上传达了“南委”的指示。这时，我了解到我们的部队为什么进驻泉州承天寺以及进驻后同国民党军钱东亮部发生多次磨擦的情况：由于我们的部队在广化寺整训期间，大力开展抗日救亡宣传活动，张贴抗日的标语、传单，在群众中产生了很大的影响，许多青年要求加入抗日武装队伍。钱东亮看到我们这支部队的活动能量很大，便以闽南抗日前线需要为借口（1937 年 10 月 26 日金门沦陷），把我们部队调往泉州，使部队远离根据地。这是钱东亮的“调虎离山计”。而另一方面，当时工委书记刘突军等也考虑到我们的队伍开往泉州，既能表示我党的抗日诚意、扩大政治影响，推动泉州一带的抗日救亡运动，同时又能以晋南工委为基础，逐步恢复安（溪）南（安）永（春）地区的工作。因此，工委决定部队开赴泉州。临行前，部队进行整顿，动员一部分老弱人员回乡工作，其余的 160 多人，于 11 月中旬到达泉州。部队进驻泉州承天寺后，做了许多工作，推动了泉州一带抗日救亡运动的蓬勃发展。当时晋南工委领导人李刚及泉州地下党的同志起了很大作用。他们串联安南永地区及泉州一带一度失散的党员和基本群众，前来部队联系，还组织“泉州文化青年抗敌服务团”、“抗敌歌咏研究社”等抗日团体和泉州各界爱国人士、各界群众，对我驻承天寺的部队进行慰问，并赠送了慰问品。我们的部队广泛接触群众，接待来访的党员和基本群众，通过他们向广大群众宣传我党的抗日主张。那时歌咏队很普遍，到处唱抗日歌曲。这一时期，晋南地区农村及泉州、安海等市、镇的学校，党的工作有了很大的发展，相继恢复了一些党的组织，发展了一批党员，在农村和学校建立了一些党的支部，加强了党对各地抗日救亡运动的领导，为以后（1938 年 8 月）成立泉州中心县委打下了基础。我们的工作对国民党下级军官也有影响。他们是要抗日的。但是国民党顽固派是不会放弃他们破坏国共合作抗日的阴谋的。钱东亮多次制造磨擦，妄图消灭我们这支抗日武装。开始借口浙东战事紧张，要调我们部队去浙东前线抗日。以后则指使其部下，在我们部队驻地附近，假冒我军名义，抢劫群众财物，敲诈勒索商户，破坏我军声誉。这些阴谋都被揭露，未能得逞，后来又提出要将我部队与国民党部队扩编成一个营，委任刘突军为营长，也被我严辞拒绝，于是关系很紧张。

针对这些情况，闽中工委决定我立即转赴闽西找闽粤赣省委。我先到厦门，然后进入南靖闽南特委机关，由一个叫老林公的带一个班送我到永定，于 1938 年 1 月中旬到达省委机关。省委书记张鼎丞和邓子恢接见了我。我详细地向他们汇报了闽中地区党组织及其活动情况，汇报了同国民党谈判、队伍改编和部队进驻泉州后与国民党军发生磨擦等情况。我在省委机关时,还参加了省委扩大会议,到省委办的训练班参观、学习。主要是学习《抗日救国十大纲领》等文件，把内战时期采取的武装斗争,打土豪、分田地的办法,改变为减租减息的政策和农民向地主、富农借粮借债的办法。后来，张鼎丞、邓子恢还多次找我谈话，并对闽中地区党的工作作了重要指示。

1938 年 1 月下旬的一天晚上，邓子恢接到党中央关于批准闽西游击队改编为新四军第二支队，以及司令员、副司令员、参谋长、政治部主任等任命的电报，高兴得不得了，连夜把我叫醒，紧紧搂抱着我，激动地连声说道："我们有番号啦，我们有番号啦！"几天后，省委要我立即赶回泉州。我离开闽西时，在省委机关工作的范元辉同志，把抄写的一份省委的书面指示交我带回。省委还派一位政治交通随同我回来。

2 月初，我回到泉州，在一澡堂里召开工委会议。我向工委传达了省委的指示。指示的主要内容是:(1) 鉴于何鸣、吴金在漳浦被缴械的教训，省委要求我们提高警惕，防备突然事变，特别要注意国民党制造事端，借口消灭我们的武装；(2) 考虑我们的队伍还在钱东亮的防区内，现在虽有新四军番号，还不宜立即向国民党交涉把闽中的队伍编入新四军，因此要求我们注意和国民党有关人员搞好关系，避免磨擦，以麻痹他们；(3) 要我们开展群众性的抗日和生产运动。

工委在讨论省委的指示时，着重讨论应付突然事变的措施，确定把一些好的短枪和未暴露的干部秘密转移到根据地，以防万一。同时，还讨论了开展春耕生产问题。这次会议还决定我担任闽中工委书记，刘突军改任宣传部长。会后，我和苏华同志返回莆田，以莆田县委的名义发出《为春耕生产告农民书》,在莆田等地农村有重点地开展春耕运动，向地主、富农借口粮、种子，帮助群众度过春荒和春播难关。

3 月上旬，在部队的郭永星来莆田，对我和苏华说：刘突军准备去福州找新四军驻闽办事处，商谈闽中游击队编入新四军的问题，并决定在莆田召开一次工委扩大会议，进一步研究贯彻省委的指示，部署今后的工作。3 月 10 日晚上,参加工委扩大会议的苏华、李刚、张伯庭、方言、邱子国等六七位同志都在我家。我给他们讲了我在闽粤赣省委机关的见闻，一面等刘突军和住在宋启康家（我们的一个半公开的联络点）的高万里来开会，一直等到天快亮了还不见刘突军和小高来。我们很不放心。我亲自到宋启康家，宋的弟弟宋启宁出来开门。我进去后，宋很紧张，立即关上门，告诉我昨晚国民党来他家搜查，把小高抓走了，并说全城戒严了，要我赶快离开。我从宋家后门出来。他家后门靠近南门，刚好在那里执勤的岗哨是壮丁队的一个班长，是我们的基本群众。他认识我，对我说全城已戒严。我对他说，过会儿有几个人从这里经过，要他掩护放行。他答应了。我迅速跑到张庆家，要我姐姐立刻到我家通知开会的同志从南门撤退。于是同志们分散安全转移到郊区四亭村张伯庭家会合。

后来，我们了解到刘突军被杀害的情况。3 月上旬，刘突军去福州之前，曾向钱东亮请假，钱批准了。因此，钱东亮已预先知道刘突军离泉赴榕的确切日期。于是在 3 月 10 日刘突军、高万里从泉州乘公共汽车到达莆田车站时，就有几个国民党官兵迎上前去，说他们营长“邀请”刘大队长到营部商谈要事。刘突军无法摆脱，就与小高分手（小高到宋启康家），跟着国民党官兵去营部。到营部就被杀害了。这一天，我们队伍的三个班长（即王肇锴、蔡文新、叶元武）回家过年后要归队时经过莆田，住在我们办事处。那天他们不知道城里戒严，进城时还身穿军装，佩戴臂章，暴露了目标，被国民党抓走。小高和那三位班长在被捕前的当天也被杀害了。

在刘突军等同志被杀害的同时，国民党钱东亮所部对我驻承天寺的部队进行突然袭击。3 月 11 日泉州市实行戒严，东门、西门等地布下重兵。钱东亮派该旅军队三四百人全副武装包围承天寺，命令独立大队全体指战员集中，诬枉刘突军“带款潜逃”，诬枉我部队克扣军饷、不服从命令、不遵守军纪，迫令大队全部缴械，并派他的军队层层设岗，把承天寺严密看管起来，断绝我部队与外界的接触。这就是国民党顽固派一手制造的泉州事变。

粉碎“国顽”阴谋，争取北上抗日

由于刘突军被害和泉州事变，闽中工委在莆田郊区四亭村召开紧急会议。会上制定了派人赴泉州安定部队、去福州向新四军驻闽办事处和去闽西向省委汇报，以及向国民党交涉等一系列措施。李刚在参加工委扩大会议之后就赶回泉州，组织各界群众声援我部队的斗争。随后，我也赶到泉州，先找到我们部队的庶务长张庆，并约杨采衡出来会面，把工委扩大会议决定采取的措施转达给他，要求首先稳住部队，使每个战士保持旺盛的斗志，做到没有一个干部动摇，没有一个战士逃跑，国民党就无法钻空子。还要求他们做好监视我们的国民党士兵和下级军官的工作，同时要冲破束缚，设法同泉州地下党保持联系，借以揭露国民党顽固派制造泉州事变、破坏合作抗日的阴谋，声援我部队的斗争。杨采衡向我谈了泉州事变的经过和事变发生后我独立大队的全体干部、战士在杨采衡等同志的领导下团结一致、沉着机智、既坚持合作抗日的方针、又对国民党顽固派进行了坚决的斗争的情况。他们的武器虽被收缴，仍坚持每日出操、上课，唱抗日歌曲，保持旺盛的士气；他们对国民党顽固派的暴行提出抗议，要求立即释放刘突军等被捕同志、发还武器、允许部队开赴前线抗日。杨还谈到，我们的战士利用与国民党士兵对峙的机会，在夜晚大唱抗日歌曲，喊话，宣传合作抗日的道理等。我们还商讨了上福州找新四军驻福州办事处汇报的问题。杨给我一张小纸条，介绍我去福州找新四军驻福州办事处主任王助和范式人。于是我即转赴福州。随后杨采衡同志直接向钱东亮提出要求发给通行证，不日也到了福州。

我们把在莆田和泉州发生的事件向王助、范式人作了详细汇报。王、范听后，一面发电报报告新四军军部，一面由王助带着杨采衡亲自到八十师师部去交涉。我则离开福州，赶赴闽西找省委。这时闽西的部队已改编为新四军第二支队，在张鼎丞等同志率领下开赴皖南前线，而闽粤赣省委改为闽西南特委，特委书记方方与我接谈，我详细汇报了刘突军等同志被杀害、闽中抗日武装被缴械，以及事件发生后我们所采取的措施等情况。方方立即发电报给党中央，报告泉州事变的情况，请求党中央批准把闽中的队伍编入新四军，开赴前线抗日。同时闽西南特委机关所属的《团结报》和《前驱》也都报道了泉州事变的真相，谴责国民党背信弃义的丑恶行径。方方还亲自写评论文章，揭露国民党当局制造泉州事变的阴谋。4 月上旬，党中央回电“已办妥交涉”。方方要我到新四军二支队驻龙岩留守处，和留守处一位副主任（姓名忘了）赶回福州。我到留守处就穿上军装、佩戴新四军臂章，同那位副主任来福州。我们到了福州新四军驻福州办事处没几天，交涉即告结束。国民党省主席陈仪和国民党第八十师师长陈琪，不承认他们部队暗害刘突军等五位，但答应发还被收缴的全部武器，答应我闽中抗日武装改编为新四军开赴前线抗日。王助、范式人要我以新四军的公开身份，持办事处的介绍信去泉州承天寺，找了杨采衡，由杨找来监视我们队伍的一位国民党连长。我出示介绍信并说明来意。他问我是否见钱东亮，我说不必了，要他把我带来的信件转上去。次日，国民党方面派汽车来接我们的队伍，并说明所收缴的武器保证如数在福州清点交还。

我们的队伍上车离开承天寺后，车被开到一个小广场，由钱东亮向队伍“训话”。我是新四军的人员，坐在车上未听到他讲些什么。以后才知道，钱东亮还是重弹“刘突军带款潜逃”的老调，并假惺惺地说什么他为使一支抗日的队伍不致散掉，所以才下令暂时缴械和保护起来，现在送你们上前线抗日等。我们队伍离开泉州时，沿途群众放鞭炮为我们送行。部队到达福州洪山桥驻地，即由杨采衡负责清点了国民党交还的武器，并发给全体指战员。

队伍经过一段时间的休整后，正式编入新四军（后编入新四军军部特务营第二连，吴德标、雷光熙担任正副连长，翁鸿镗任指导员），并由杨采衡分发了新四军的臂章。此时，全体指战员为能参加新四军、北上抗日而互相勉励，争取到抗日前线杀敌立功，士气异常旺盛。在队伍即将开赴前线时，范式人来到部队驻地看望全体指战员。我也到部队向全体指战员讲了话，鼓励大家在杨采衡的率领下遵守纪律、服从命令听指挥，沿途要做好群众工作，团结一致，提高警惕，保证安全到达前线。我希望他们到达前线后要经常给家里写信，通报前线抗日情况以及自己的作战、学习、工作、生活情况，等等。我特别向大家保证，闽中工委一定会很好地总结经验教训，绝不辜负大家的期望，坚决做好闽中地区的工作。最后我还和全体指战员合影留念。1938年4月，这一支抗日武装队伍由杨采衡带领，从福州洪山桥出发，开赴皖南前线抗日。

部队北上抗日后，新四军驻福州办事处组织了慰问组，分赴福清、莆田等地对抗日家属进行慰问，在群众中产生了良好的影响。

总之，全国抗日战争初期，中共闽中工委在“南委”和闽粤赣省委的领导下，坚决贯彻执行党中央“联蒋抗日”的方针，同国民党进行了卓有成效的谈判，实现了国共合作抗日的愿望，推动了抗日救亡运动的蓬勃开展。闽中红军游击队改编后，在接受抗日统一指挥的原则下始终坚持我部队组织上的独立性。泉州事变发生后，在党中央、新四军军部和驻福州办事处以及闽西南特委的亲切关怀和领导下，我红军游击队全体指战员团结一致，坚持斗争，有理有节，与地方党紧密配合，组织群众声援部队的斗争，粉碎了国民党顽固派妄图消灭我抗日武装的阴谋，取得了斗争的胜利。闽中红军游击队编入新四军，开赴抗日前线，又为抗击日本侵略者作出了贡献！

特别要指出的是：当时闽中地区党组织遭受一次接一次的严重破坏，时时处在危难之间，但仍能化险为夷，把革命火种保存下来，就是我们在任何困难的情况下，都设法找到了党的组织，依靠党的正确领导，依靠群众，劈波斩浪，这也是党在闽中所以能够存在、发展和前进的关键所在。

但是，当时我们对“南委”和省委的指示领会不深，警惕性不高，缺乏防备突然事变的具体措施，由此招致了刘突军被杀和泉州事变的发生，这一血的教训是值得牢牢记取的。

1983年8月

选自《南方三年游击战争·闽赣边游击区闽中游击区》，第376—397页。

黄国璋，1919 年生，福建莆田人。1931 年加入中国共产主义青年团，1934 年转为中国共产党党员。南方三年游击战争时，任共青团莆田中心县委书记、中共闽中工委委员。新中国成立后，曾任中共福建省委组织部副部长，中共福州市委书记等职。1984 年在福州逝世。

烈火春秋

程序

30年代初，我在福清走上革命道路，并在那里度过了八个不平凡的春秋。迄今，虽时过半个多世纪，但当时火热的革命斗争情景却还历历在目，记忆犹新；特别是蒙难战友的音容业绩，仍时时萦回脑际，催人奋进。

星星之火

1931年12月26日子夜，福清县龙（田）高（山）两地农民，不堪忍受国民党省防军林靖（又名林继增，原仙游土匪头子）土匪部队的蹂躏，在我省各地蓬勃发展的革命形势的影响和地下党员、进步学生、归国华侨的参与下，奋起暴动，一举消灭了林部驻在龙高两镇的官兵800余人，震动八闽。我当时在龙田融美中学读书，在暴动队伍攻打与学校毗邻的文昌阁——凌志雄团部时，参加了宣传鼓动和救护伤员工作，亲眼看到进攻文昌阁的战斗情景：义民把文昌阁围得水泄不通，匪军关起阁门，负隅顽抗。只见一个青年农民（他叫俞泽南仔，三山嘉儒村人）肩顶煤油箱，冒着弹雨，奋不顾身地沿着20余级的竹梯从后墙登上屋顶，泼油放火。顿时，烈焰冲天，阁里的匪徒呼爹叫娘，被烧得焦头烂额，义民趁机攻进文昌阁，把匪兵全部消灭。但俞泽南仔却在熊熊的烈火中壮烈牺牲。为纪念这次暴动，我写了一首诗：

林靖祸福清，人民苦不胜，
龙高首发难，全县齐响应；
火攻文昌阁，烈士勇舍身；
歼敌八百余，威震东海滨。

龙高暴动（史称“龙高民变”）的枪声刚刚响过，中共福州市委委员黄孝敏就奉命来福清了解暴动情况，总结暴动的经验。他到福清后，先找到余长钺，余长钺把他带到斗垣村找我。因为一方面，我参加了暴动，知道龙田镇的一些情况；另一方面，黄孝敏患了疟疾，因怕暴露身份不敢上医院诊治，要请我祖父治疗。他在我家住了七八天，听我讲述“火攻文昌阁”的战斗情景后非常激动，又撑着病体深入龙高地区，找到了地下党员，龙高暴动的组织发动者陈行福等人，了解、掌握了龙高暴动的全部情况。离开前，黄孝敏对福清工作做了明确的指示与部署。他高度评价龙高暴动的意义，指出这次暴动是福清农民革命的一次演习，也是福清革命力量的一次检阅，暴露了反动派虚弱的本质。他清醒地估计了敌强我弱的形势，指出龙高人民虽然赶走了以林靖为首的土匪部队，但地方军阀、国民党福建省主席方声涛又派刘骏部来接防，敌人的力量还是强大的，要充分认识反动派疯狂反扑的危险性，注意保存部分武装力量，转入隐蔽斗争。他要陈行福在福清南区宣传党的土地革命政策，发动农民群众，向地主阶级开展政治经济斗争；要我和余长钺等人在各自的家乡办起农民夜校，建立秘密农会，开展隐蔽的抗租抗税斗争。

同时，黄孝敏在斗垣村建立党的地下交通站，任命我的母亲夏淑琼为交通站负责人。

陈行福遵照黄孝敏的指示，以贫穷、偏僻只有十多户人家的瑶山村为基地，组织了瑶山人民自治会（简称“瑶山会”），并以参加过龙高暴动的会员为骨干,建立了秘密武装——瑶山人民自治军。1933年10月,在中共福清特支书记何文成的领导下,陈行福带领自治军攻占杭下村福瑞当铺,让贫苦农民凭当票无偿取当,将没收的金银财物全部充作自治军活动经费,自治军随即占据高山地区的“福兴寺”,白天军训,晚上到各乡活动。由于没有根据地,瑶山会起义仅坚持了一个多月就被镇压下去了。自治军成员有的被捕牺牲,有的变节沉沦,有的逃亡海外,剩下的部分骨干跟着陈行福,通过薛文魁(渔溪特支书记,原名薛宝泉,莆田人,后叛变)的关系打入国民党第十九路军,用“抗敌别动队补充营”的名义,在龙高地区“招兵买马”,扩充力量。“闽变”失败后,补充营解散,陈行福把坚持下来的一部分人员带到福清西区,加入福清游击大队。1936年4—5月,在罗汉里一次反“清剿”战斗中,陈行福不幸腿部中弹负伤,回家后因缺医少药,伤口溃烂,毒发身亡。

我按黄孝敏的意见,于1932年暑假回斗垣村办起民众夜校,向农民宣传革命,发展了陈忠雄等12名农会会员,为了配合宣传,我编了一首《抗租抗税歌》:

天苍苍,地茫茫,终年辛苦为谁忙?
穿无衣,吃无粮,病无医,睡无床,
保长抓丁又催税,地主逼债催租粮,
穿无衣,吃无粮,穷苦的乡亲听我言:
姓“穷”的人多力量大,参加农民会,有事好商量,
抗租抗债抗捐税,不支差役不纳粮;
恶鬼逼得紧,索性反他娘!

与此同时,余长钺也回阳下村办了农民夜校,发展了一批农会会员。

参加夜校学习的学员,大部分都成了农会的骨干,其中林清城、陈德胜、陈玛瑙、陈三显、翁家棣等人后来参加了游击队,在抗租抗税和三年游击战争中,发挥了很大的作用。

黄孝敏这一次来福清,时间虽短(前后不过十多天),但他的正确

指示和部署为福清保存、培育了一批有生力量，推动、发展了福清的革命形势。

南西亭暴动

1933 年暑假，经我父亲介绍，何文成到海口小学办“国文补习班”，传播革命思想。我和陈家潮、陈佩崇、陈以新、项良才等小伙伴都参加补习。经过他的教育培养，同年秋，我和陈家潮、陈金来参加了中国共产党，并成立了海口党支部，由陈金来任书记。

1934 年初，福清特支组建为福清县委，由何文成任书记，陈炳奎、余长钺、陈金来、何胥陶、池亦妹仔任委员。余长钺兼任团县委书记。在县委领导下，革命重心移到农村，县委成员分头深入农村开展工作。何文成亲自到南西亭一带发动群众，组织武装暴动。6 月下旬，他到融美中学找我，交给我一份宣传材料，要我与何可春刻写印发。他说：“近日即将举行一次军事行动，你负责‘交通’联络工作，要注意保密。”随即，他把一些书籍、宣传品寄放在我那里。第三天就发生了南西亭暴动。

南西亭是龙田镇西南面的一个小村镇，周围有十多个自然村。那地方背山靠海，贫穷落后，交通闭塞，时有土匪出没，地主豪绅们除收地租、放高利贷外，还借口防匪，要农民出钱出粮，购买枪支弹药，群众苦不堪言。所以县委在那里组织暴动。

参加暴动队伍的有 100 多人，大多数是外乡的，高诚学的部下也来了十多人，县委一班人全部编入队伍，与群众并肩战斗。24、25 日两天，暴动队伍开到观元、山兜，塔石、蟹屿等村，在当地群众的支持配合下，抓斗了几个土豪劣绅，烧毁了一批债据田契，并把地主囤积的粮食分给贫苦农民。暴动持续了三天。第四天，敌保安团来了，暴动队伍边阻击边撤退，后分散转移。这次暴动收缴长短枪 20 多支，分粮 100 多担，打击了南西亭一带地主势力，扩大了革命影响。

南西亭暴动是土地革命时期，继“瑶山会”起义之后，党领导福清农民武装向地主阶级进行政治经济斗争的又一次尝试。

敌保安团“清剿”南西亭各村时，何文成指挥暴动队伍分散撤离后，自己隐蔽在南西亭附近的梖下村，处理善后问题，直至 7 月初才离开。接着，他以鼎底下为基地，继续发动群众，组织队伍，准备举行北西亭暴动，再掀农民运动高潮。不幸事泄，他与何胥陶、曾春妹等同志在去长乐经过石湖岭时，被反动民团陈万青部逮捕。入狱后，何文成不仅严守秘密，极力掩护何胥陶、曾春妹，使其脱离虎口，还策动狱中难友何约翰等人“反狱”。8 月中旬“反狱”失败，何约翰当场牺牲，何文成被上解福州严刑审讯，于翌年 2 月被杀害于鸡角衕。

何文成又名何幻，福清东张魁里人。他思维敏捷，能诗善文，才华横溢，在福州乌石山师范学校读书时，就参加了革命活动。1930 年 12 月，因参加纪念广州暴动三周年的集会游行和撰写革命诗文而被捕入狱，判刑三年，关了近两年。在狱中，他参加了中国共产党，1932 年夏获释回融，建立了中共福清特支；同年秋，到龙田镇芦江小学任教，以教师身份为掩护进行革命活动。他常到龙田融美中学走动，看到了我写的《蒋日妥协感言》和《致张汉卿将军的一封公开信》，发现我思想进步，就主动和我接触，对我影响很大，是我走上革命道路的启蒙教师。他写了一篇题为《走快些就是跑》的杂文，通过敌人与李光的对话，揭露国民党反动派残杀革命青年的罪恶。李光是福州地下党团组织的负责人，也是乌石山师范的学生，因领导 12 月 11 日集会游行被捕。审问时，敌人问:“你为什么散发传单？”“传单不是我散发的！”李光从容应答。“那你为什么要跑？”敌人紧紧追问。“我没有跑！只是走快了些。”李光据理辩解。“走快了就是跑，你还狡辩！”敌人强词夺理，以势压人。几天后，李光被杀害了。为了纪念李光烈士，何文成激愤地写下了这篇文章。文章尖锐地揭露了反动派凶顽的面目，给我留下很深的印象。

何文成牺牲后，我极其悲痛，但险恶的环境不允许我直抒胸臆写文章纪念他，仅于1935年端午节，借纪念屈原之机，写了一首叫《怀思》的诗，表示悼念：

佳节话端阳，人民怀屈原，
“离骚”传万代，汨罗瘗忠魂。

前仆后继

1934年，第十九路军“闽变”失败，陈仪入闽主政后，加紧对福建共产党人的搜捕。4月上旬,宪兵四团破坏了中共福州中心市委机关，市委书记陈之枢等人被捕叛变，形势十分危急。互济会主任刘突军（原名郭同薪）不知出事，仍旧到联络地点去接头，被两个宪兵抓住。当解到洋中街一茶馆时，宪兵要喝茶，把刘带进茶馆。刘趁一个宪兵去打电话，一个宪兵捧起茶碗喝茶的一刹那间，从桌上端起一碗热茶猛地向宪兵脸上泼去，随即一个箭步跨出茶馆，冲上大街，摆脱了敌人。刘突军虽然从宪兵手里逃了出来，但在白色恐怖的福州城，随时都有再落魔掌的危险，便潜离福州，到市郊闽侯冯宅小学隐蔽，遇到了市委巡视员黄孝敏。原来在此之前，黄孝敏赴上海汇报工作返榕时，听说市委机关出事，便折到冯宅小学来，在冯宅小学，刘、黄两人把个人安危置之度外，通过各种渠道通知未暴露的同志和组织，切断同福州的一切联系线索，使党的力量不再受损失。

刘、黄俩在冯宅坚持了两个多月后，先后转移到福清来。刘突军先来一步，时恰逢何文成被捕，福清革命形势同全省各地一样处于低潮，他便毅然接任福清县委书记职务，挑起领导福清革命的重担。随后，黄孝敏也来了。

黄孝敏第二次来福清仍住我家。是时，我初中毕业，回到家里，经常同他俩见面，一起参加革命活动。后来，我随他俩到福清西区去，参加在角楼——琯口西边村召开的会议。会议决定成立中共福清中心县委和共青团福清中心县委，以统一对福清、长乐，平潭、永泰等县的领导。中心县委由黄孝敏任书记，刘突军、余长钺、陈炳奎、陈金来、何胥陶、池亦妹仔和我为委员，同时决定我兼任团中心县委书记。在黄孝敏的领导下，县委成员深入农村，发动农民斗争，福清革命形势很快又有了发展。

1934 年秋，连罗苏区土地革命运动搞得火热，连江县成立了苏维埃政府，100 多个乡建立了苏维埃政权，20 多万农民分到了土地。为了吸收苏区经验，推动福清县革命，同年 10 月，中心县委挑选九位同志组成参观团，由黄孝敏率领，赴连江苏区参观学习。参观团受到连江中心县委和连江苏维埃政府的热情接待。闽东苏维埃政府驻下屿办事处还赠送一艘帆船和大量银、锡、柑桔等物资支援福清革命。离开时，黄孝敏留下通讯联络地址，以保持两个中心县委间的密切联系。斗垣村的陈三歇、凤山村的林清城和城头村的陈玛瑙等都是参观团的成员，我和刘突军另有任务，没有去。

参观回来后，把船停泊在斗垣港里。一天夜里，我父亲的同学俞肇兴（又名俞宙初）派人来我家告警：有人向区里告密，说那艘运柑桔的船是“贼船”，陈三歇、陈木春等人被区公所拘留。情况紧急，为防万一，陈忠雄连夜弄来一条舢板，把黄孝敏、刘突军和我送到东壁岛，在其亲戚家里住了一个星期。还好俞肇兴同三区（即海口区）区长陈以敏关系很好，经他讲情，陈以敏只把船拉走即具文上报，敷衍过去；对被拘人员，既没有追究，也没办理什么手续，就释放回家。

11 月中旬，中心县委决定在海口塔坪寺举行武装暴动。由于组织发动工作做得不够充分，举事那天只来了 100 多人（原计划集中 300 多人），且秘密泄露，敌保安队派第二中队长林康学率队“清剿”，情况十分危急。黄存敏、刘突军当机立断，宣布取消暴动计划，农民立即分散回家，骨干转移待命。我与黄、刘仍回斗垣村隐蔽，张科题在回家的路上不幸被捕牺牲。

塔坪寺暴动不成，保安队在海口地区加强了戒备，开展工作十分困难。于是，中心县委决定把塔坪集中起来的骨干拉到西区，组建游击队。

福清山丘多、盐碱地（海滩）多、田地少，解放前十年九旱，兵匪殃民，农民生活很苦，革命要求十分迫切，仅 30 年代头几年，就发生了龙高民变，瑶山会起义和南西亭暴动等多次农民革命。这些斗争虽然最后都失败了，但却为福清游击队的建立准备了一批骨干力量，提供了一部分枪支弹药。

11 月底，工农红军游击队福清大队在西区成立，由刘突军任大队长，黄孝敏任政委，我任"政治干事"，协助搞些政治思想工作。游击队刚成立时，只有 20 多人，陈炳奎、陈金来、林清城等都参加了。

福清游击大队成立后，黄孝敏、刘突军及时总结历次暴动失败的经验教训，认识到光有武装力量不够，还必须建立革命根据地才能坚持艰苦的游击战争，遂选定福清、永泰交界处（现在福清境内）的罗汉里山区，准备在那里建立游击队的根据地。

1935 年 2 月，国民党反动派对连罗苏区进行大规模的军事"清剿"，连江中心县委带红军西南团转移到西洋岛坚持斗争。敌占领连江沿海地区后，派飞机、军舰封锁海面，"清剿"西洋岛、浮鹰岛。魏耿、杨采衡、陈云飞、吴德标等 20 多名西南团骨干便撤离西洋岛，辗转来到福清海口，凭黄孝敏留下的地址，找到整雅皮鞋店，经陈金来与福清中心县委接上了关系。魏耿、杨采衡、吴德标等人先去西区；陈云飞有病，陈金来介绍他到我家治疗，康复后才去。西南团人数不多，但斗争经验丰富，战斗力强，福清游击队增加了这股力量，如虎添翼，接连打了几个胜仗，很快就开辟了以罗汉里为中心的游击队根据地。

威震敌胆

1935 年 5 月，经过交通员池亦妹仔多次奔走联系，福清中心县委与莆田中心县委合并，并在福清西区掌溪村召开会议，成立中共闽中特委，由王于洁（吴梅）任书记，黄孝敏任组织部长，刘突军、余长钺、潘涛为委员。为了加强领导，发展武装，闽中特委把福清游击大队扩编为工农红军闽中游击支队，由魏耿、吴德标任正副支队长，黄孝敏任政委（后刘突军接任），杨采衡任参谋长。游击支队频频出击，于琯口歼灭了股匪刘春水残部 30 多人，缴步枪十多支、花机枪（手提式轻机枪）两挺、子弹 4000 多发；多次打退流窜在一都、东山（当时属永泰县）一带的吴守师、黄阿大两股土匪；打下莆田大洋田赋处，缴枪八支，攻占一都民团部和联保办事处，歼敌 20 多人，缴枪十多支，袭击闽侯沪屿镇，毙敌十余人，缴枪 20 多支。特别是 1936 年 2 月，在福清、闽侯交界处常思岭下福厦公路线上的河村桥，截击福泉联运汽车，抓获国民党大田县长萨福畴（萨桓），福建省银行副总经理韩疆士和宪兵多名。此役震动全省,国民党军队出动 3000 多人对罗汉里根据地大举“清剿”，面对强敌，闽中游击支队兵分三路，分散突围，胜利地转移到莆田、永泰边境山区。

新的战斗

闽中特委在开展游击战争，巩固、发展游击根据地的同时，决定派人去福州恢复城市工作。1935 年 6 月，黄孝敏找我谈话，说福州的党组织被破坏以后，那里的工作至今还没有恢复，要我上福州开展工作。

我接受任务后，他又对上福州如何开展工作做了明确而具体的指示。他说：“福州西门外祭酒岭有个私立福州协和高级农业职业学校。我有一个堂弟黄孝铢在那里读书。你也到这个学校去念书，并与他联系，以这个学校做基地开展工作。我现在仍然被通缉，到福州市容易被发现，祭酒岭在郊区，去那里跟你们联系比较方便、安全。‘协职’学校是教会办的，有不少外国人，在这样的地方活动，不会引人注意。”还反复交代去福州后，先要站住脚，再通过民众夜校、读书会等灰色组织进行一些抗日宣传，团结进步同学，条件成熟了，再发展组织，深入开展工作。于是我奉命考入“协职”。入学时，黄孝敏亲自带我到“协职”，找到黄孝铢，并与我一起介绍黄孝铢入党。他对我和孝铢说，你俩在学校里关系不要搞得太密切，太密切了容易暴露；表面上只要保持一般的同学关系就行。还说，你们来福州活动的同志都受闽中特委和福清县委双重领导，并宣布特委决定我任福清县委委员。

此外，黄孝敏还派福清县委交通员池亦妹仔，带一些福清籍的进步农民上福州，以拉黄包车为掩护，开展工人工作，由我负责联络。

遵照黄孝敏的部署和指导，我们在凤凰池办了一所民众夜校，我与孝铢轮流去讲课，也组织了读书会、研究社，办了一些刊物，发表一些进步文章、诗词；并争取进步教师陈世平、黄卫世（后经我介绍入党）的同情和支持。此外，还团结其他院校的部分青年，特别是在福州读书的福清籍同学林智彪、林智庚、林智伟、林礼琼、林秉炎等，开展抗日救亡宣传工作，颇有影响。不久，我们发展了平潭籍同学李步云入党，建立了“协职”党支部，由我任书记。从此，党组织在福州有了一个新的立足点。是年秋天，我写了一首题为《感怀》的诗：“乐在天涯战恶风，不为锦衣不为功，怒发迅雷击鬼蜮，扫尽人间害人虫。”

1937 年 2 月，福清县委书记陈炳奎被捕。闽中工委指派陈金来继任县委书记，我任副书记。10 月，在福清县委领导下，由我和马飞海组织融（福清）岚（平潭）旅榕（福州）同学返乡开展抗日宣传活动，翌年8月,成立中共福清中心县委,我任中心县委副书记。1938年12月,我调闽江工委工作,“协职”的组织关系移交给王一平。

碧血丹心

1935年初，久旱不雨，春荒严重，福清游击大队和县委的活动经费面临严重的困难。这时，余长钺疥疮已愈，但其父怕他又闹出什么事来，一再劝他去印尼学做生意。他与黄孝敏商量后，决定“顺水推舟”，去南洋筹一笔钱回来做革命活动经费，遂于2月跟父亲前往印尼。同年7月，他以回国升学的名义，向父亲要了一笔钱，径赴上海“入学”（其父命他直接去上海其大姐长彬处）。1936年4月，他在上海同孙克骥、吴源生、黄尔尊、陈珊梅等人发起组织中华人民抗日救国义勇军。义勇军以抗日救亡、争取中华民族的独立解放为宗旨开展活动，总部设在上海，向各地发展组织。大约是这年5月，余长钺给我写了一封信，信中谈了他在上海的有关情况，要我们把黄孝敏的通讯处告诉他。征得黄孝敏同意后，我把黄的通讯地址“莆田县西天尾××药店”寄给了他。于是余、黄又直接联系上了。不久闽中两支游击队合编为“中华人民抗日救国义勇军第二支队”。两广事变后，余长钺，孙克骥、吴源生等在上海参加抗日救国义勇军的一批热血青年，随孙大光奔赴广西，要求参加抗日。不料这次反蒋事变很快平息，他们只好转赴香港。在香港与南委取得联系后，余长钺便写信约黄孝敏到香港，向南委汇报闽中工作。于是，黄孝敏便到我家换上我父亲遗留下来的一套西装，提了个皮箱，从海口港乘小客轮出发。在香港，黄孝敏会到余长钺。同年11月，他俩带着南委的指示回到闽中，向特委汇报了中央红军长征胜利的喜讯和南委对闽中工作的重要指示。12月，余、黄两人一起到“协职”学校，向我们传达西安事变的经过情况，让我们看了从香港带回的《八一宣言》和巴黎版《救国时报》。

西安事变以后，国民党顽固派继续杀害共产党人，摧残革命力量。1937 年 2 月，由于叛徒薛文魁、赖金繁的出卖，闽中特委书记王于洁，委员黄孝敏、余长钺、潘涛在莆田县梧塘洪渡村被宪兵逮捕；接着，叛徒又带宪兵到福清县南西亭附近之路下村，诱捕了福清县委书记陈炳奎。这五位同志都被押禁在福州宪兵四团团部。

五同志被捕后，我们在福清县委的领导下，曾多方设法营救均无效。同年 6 月 23 日，他们被残杀了。从国民党《福建民报》寥寥数语的简短报导中，也看出五烈士为革命视死如归的英雄气概。

黄孝敏是我革命的引路人，他曾谆谆教导我，使我懂得许多革命道理；他待我胜似兄弟，他那临危不惧、献身革命的精神给了我很大的教育和影响。余长钺是五烈士中最年轻的一个，牺牲时不满 19 岁。他既是我少年时期的同窗好友，又是我志同道合的革命同志，他出身富侨，却不贪图享受，投身于无产阶级革命事业，与穷苦大众同甘苦共患难，他是我们永远学习的榜样。陈炳奎虽比我年长十余岁，但按辈分却是我的族侄。他从乌石山师范学校毕业后，到上海读过近两年大学，文质彬彬，敦笃诚挚，才貌出众。到 1933 年，他都 27 岁了，还说服母兄把准备给他结婚的钱拿出来做革命经费，以致于 30 岁牺牲时还是个单身汉。他在狱中，既坚持学习，又锻炼身体，充满革命乐观主义精神。王于洁、潘涛也都是闽中党组织优秀的领导干部。五烈士的遇难，是闽中党组织、闽中人民的重大损失。五烈士就义不久，我写了一首诗悼念他们：

闽中多俊杰，
五子最称贤；
骂贼敌庭上，
成烈死亦雄；
光辉昭日月，
遗爱足世传；

后继齐努力，
摧毁旧王朝。

1987 年 7 月

选自中共莆田市委党史研究室、莆田市老区办、莆田市民政局编：《烈火春秋——闽中革命回忆录专辑》，鹭江出版社1992年4月第1版，第22—34页。

程序，1919 年生，福建福清人。1933 年加入中国共产党。南方三年游击战争时，任中共福清中心县委委员兼共青团福清中心县委书记、福清红军游击大队政治干事、中共福清中心县委副书记。新中国成立后，曾任中共辽宁省委工业部部长，中共中央东北局科委副主任，中共福建省委书记兼组织部长，福建省人大常委会主任、党组书记等职。1998 年在厦门逝世。

艰苦的三年

郭永星

三年游击战争时期，我在闽中党领导人黄孝敏、刘突军的引导和教育下，走上了革命道路，由一个幼稚无知的农村青年成长为一名光荣的革命战士。三年艰苦的战斗生活情景，烙印在我的脑海中，使人终生难忘。

一、老吴引路

我的家乡在福建省永泰县一都乡后溪红菇仑村（1957 年划归福清县管辖），那里地处福（清）莆（田）永（泰）三县边界，山高林密，地势险要，交通闭塞。同旧中国所有的山村一样，家乡人民在三座大山的压迫下，生活十分贫困。山村农民广泛流传的顺口溜："永泰三件宝：竹篾满墙倒（照明），火笼当棉袄，薯米当粮草"。这也是家乡人民生活的写照。

我出生在一个有九口人的佃农家庭，从童年起就饱尝人生的艰难困苦，思想麻木落后。1934 年冬，中共福清中心县委书记黄孝敏为了发展农村的革命力量，到永泰一都等地进行宣传活动。他从后溪庄店的群众中了解到我的情况，就直奔红菇仑来。

这一天黄昏，呼啸的北风夹杂着蒙蒙细雨，寒气逼人。经过一天辛苦劳动的我，为了御寒正坐着烤火。这时，一个外乡人来到我家，他眉目清秀，身材适中，大约 30 来岁光景。我们山区人素来好客，看见来了陌生人，便邀他入座烤火。他那炯炯有神的双目直盯着我，问道："你叫郭金？"

"咦，你怎么认识我？"我十分惊奇地反问。

他若无其事地笑了笑道："刚才在庄店听说的。"

在交谈中，我了解到他叫老吴（黄孝敏这个名字是我以后才知道的），是古田人。他谈笑风生，和蔼可亲，使我原先那点戒备之心也松了下来，我们仿佛已经认识了很久，已是无话不谈了。后来，他把话题引到我的身世上来，我不自觉地暴露出自己听天由命的迷信思想。老吴直率地指出了我的错误，他真挚地说："农民受苦，是帝国主义、封建主义、国民党反动派统治造成的，不是命运安排的。农民要想翻身解放，只有携起手来，齐心协力地去推翻国民党反动政府……"接着老吴又告诉我："闽西、江西、湖南一些地方的穷人在中国共产党的领导下，纷纷起来打土豪分田地，建立了穷人自己的政府和军队，过上了幸福的生活。"说到这里，他捡起一根树枝在地上写了朱德、毛泽东、周恩来和罗炳辉等人的名字，告诉我："他们就是中国共产党的领导人。"

老吴的一席话，使我像一潭死水被击泛起层层涟漪似的，久久不能平静……在老吴循循善诱下，我渐渐懂得一些革命道理，因而就带他到后溪周围的清水坑、斗湖、董斜等村落去找我的亲朋好友谈心。他以拉家常的方式，启发他们的阶级觉悟。如陈三四森、黄三五集、连梦梨等一些贫苦农民，当年都是我们走访的对象。老吴在这里播下革命火种，为以后罗汉里根据地的建立、巩固和发展奠定了坚实的基础。

罗汉里根据地建立以后，为了扩充游击队的力量，扩大根据地的区域，老吴于 1935 年 10 月底再次来到我的家乡红菇仑。他一踏进我家，就兴高采烈地对我说："郭金，我们在罗汉里起义后，打了好几个胜仗，你听说了吗？”

“早就听说了。队伍去大洋打田赋处的那一天，我在路上还碰到他们哩。”我回答老吴的问话后，又把几天来一直窝在心里的话倒了出来：“老吴，让我也到罗汉里去，和大家热热闹闹干一场，好吗？”

老吴沉默了片刻，用商量的口气开导说：“你的心情我理解，但是，眼下我们的力量还很薄弱，为此，必须建立一些秘密据点，以防万一。你这里的地理条件较理想，所以，我们想让你在这个地方搞一个据点，你看怎么样？”接着他进一步开导说：“在战场上杀敌固然痛快，而秘密工作同样也很重要，也是党的工作的一部分，我希望你能够很好地完成。”

“既然是党的工作、革命的需要，我干了。”我当即向老吴表示了自己的决心。

“这就对了，一个革命者，要一切以党的利益为重，服从党的分配。好！这事就这么定了。”临分手时，老吴把手搭在我的肩膀上，一边走，一边嘱咐我说：“你的任务有两条，一是在这附近山林里，找几个隐蔽的地方，盖些草寮，以备队伍休整之用；二是动员一些可靠的青年到罗汉里去参加游击队。”

我说：“行！我一定完成党交给我的任务。”

送走老吴，我马上到董斜村找到好友何金木、连秋吓、郑天赐和王清露等，把刚从老吴那里听来的一些浅显的革命道理，现炒现卖地向他们作了宣传，动员他们到罗汉里去参加游击队。这些人和我一样，都是血气方刚的小伙子。在我的鼓动下，他们都跃跃欲试，说走就走，第二天早晨就告别亲人，往罗汉里投军去了。

二、认识老刘

正当罗汉里根据地的革命运动搞得如火如荼、风起云涌的时候，我则奉命在后溪发动群众秘密地在吉坑山上搭起了几座颇为牢固的草寮。

吉坑，位于后溪的南面，那时是一个行人稀少、林木参天的山区。唯一的一条崎岖陡峻的羊肠小道直通山顶，山峰的四周均是悬崖峭壁。这里到后溪的直线距离不到三华里，站在山上俯视后溪，村里人的行踪都可以看得清楚。但是，因为中间相隔一个山谷，且山陡路险，即使熟悉这里地形的人，要从后溪登上山来，少说也要走一个多钟头的时间。如果发现敌人前来偷袭的话，我们只要扼住这条小路，谁也休想靠近山顶一步。

1935 年初冬的一天夜里，老吴带着几位同志来到我家，说是要上吉坑察看地形。老吴指着我对一个知识分子模样的军人介绍说："这位就是郭金。"那军人紧迈了两步迎了上来，一把拉住我的手，用半生不熟的既像莆仙方言又像福清方言的话说："早就听说你了，现在总算见面了，我叫刘突军，今后咱们就是同志了。"

"刘突军？"我的心不由地一顿，继而又是一阵激动。他不就是罗汉游击队的政委吗？在我的想象里，他应该是人高体大、胡子拉碴的大汉，可是眼前这个比我的年龄大不了多少而又有点文质彬彬的青年人，无论如何也与我所想象的对不上号。我借着微弱的油灯光不由地把他重新打量了一下：他，个不高，脸略长，两道浓眉下嵌着一双比常人稍大的眼睛，目光炯炯有神，身子骨结实，穿着一套合身的粗布军装。这第一次见面，就给我一个端庄而持重、威严而又不失亲切的感觉，我不禁肃然起敬了。

次日一早，我们一行就从红菇仑出发，向吉坑山顶攀登。

过了一炷香的工夫，我们登上了山顶。我一边带着刘突军、老吴他们在山头的四周转了一圈，一边向他们介绍这里的地形地势。末了，刘突军赞叹道：“嗯！这是个好地方，的确可以做到进可攻退可守。我们队伍要是在这里安营扎寨，隐蔽训练，敌人是难以发现的。”

说话间，我们来到草寮，刘突军蛮熟识地说：“这草寮盖得蛮好。郭金，你可是我们的搭寮能手啊！”

我不无埋怨地说：“搭寮哪有杀敌来得痛快！刘政委，还是让我到队伍里去吧。”

“你的心情我理解。”刘突军先是安慰我一下，然后又用商量的口气对我说：“老吴前几天和我商量开辟秘密据点的事，我们都觉得在这里开辟新区是很理想的。看来这事基本上可以定下来了。以后队伍要开到这里来训练，粮草供应你得想法解决。所以，你还是留下来，继续发动群众，做好迎接队伍的准备工作。”他停了一下，看看我有什么反应，又接着说：“搞群众工作也是革命工作的一部分，只要把这边的工作搞好了，就算是你对革命的一份贡献，你看怎么样？”

“好，既然这也是革命，我服从！”我当即表态，然后又恳切地说：“刘政委，你要赶快把队伍拉过来，我的心早就飞到队伍中去了。”

“行，咱们一言为定！”接着刘突军又幽默地说：“以后队伍来了，你可是这里的主人啰，到时候可就要看你的了……”

分手的时候，刘突军明确而又郑重地向我提出三项要求：一要继续开展群众工作；二要绝对保守吉坑这个据点的秘密；三要做好粮食储备工作。末了，他紧紧地握住我的手。殷切地说：“好好干吧，过几天我会派人到这里来协助你。”

几天后，果然来了两位同志，一位是邱春林，一位是陈建新。此后，我们就按照刘突军的部署，一面到我舅父家乡董斜村发动群众，定期购粮、运粮；一面继续上山搭寮，为迎接罗汉里游击队的到来做好准备。

三、与敌周旋

1936年2月，河村桥伏击战后，罗汉里游击根据地成了国民党的眼中钉、肉中刺，遭受蜂拥而来的国民党军队的疯狂“清剿”。由刘突军、吴德标和王铁成率领的一部分队伍，在与敌人周旋之后，于4月间的一天夜里秘密转移到后溪，在吉坑山上隐蔽下来。这样，我奉命搭盖的草寮——“红军楼”就派上了用场。

“红军楼”是刘突军为草寮命的名。

记得那天深夜，我在家里正为队伍的安全而辗转反侧无法入睡的时候，忽听见“笃、笃、笃”的叩门声。这不是刘突军与我约定的暗号吗？我一骨碌爬了起来，一下子把门闩拉开，借着微弱的月光仔细一瞧，果然是刘突军！几个月不见，他憔悴了许多。我高兴得差点叫出声来。他“嘘”了一声，示意我不要声张。然后，压低嗓门告诉我：“队伍都在村外待命，你赶快把他们带到山上去安顿，我随后就来。”

当我把队伍带到山上时，刘突军已经先到了一步，大概是连日的奔波把大家累坏了，只见大家好像回到自己家里似的，和衣躺下，很快就鼾声四起了。只有黄联枢带着一班人正在轮流看押从山下带来的几个“肉票”。

第二天，天还没亮，我就赶早从家里挑来了早饭。刘突军为了鼓舞士气。一边吃，一边说：“现在总算安下家了，大家看我们这营房怎么样？”经刘突军这么一问，大家这才打量起草寮，七嘴八舌地议论起来。最后刘突军说：“我看这草寮就叫‘红军楼’吧！因为这是我们红军战士用双手盖起的营房。”他的建议，马上得到大家的一致赞同。从那以后，“红军楼”就在战士和后溪一带群众中流传开了。

为了粉碎敌人的“清剿”阴谋、保住后溪根据地，游击队在吉坑隐蔽几天后，就撤出吉坑，临行前，刘突军嘱咐我："我们走后，敌人可能会进山'清剿'，你和黄联枢班要密切配合，看好粮食。现在咱们经费发生困难，队伍没钱没粮是无法生存的。"

游击队走后，国民党果然派宋安带领一个营的兵力，到后溪"搜剿"来了。由于群众的保护，我们很快地隐蔽了起来。敌人在后溪一连几天"搜剿"毫无结果，最后灰溜溜地离开。

在此后的一个时期里，为了使队伍回来时能有更安全、更理想的隐蔽地点，我们又在附近的"大池下"山下挖了一个可以容纳数十人的大洞，还开辟了猴退坑、社公山、土地公下、石烛脚、顶坑石烛里等秘密据点。这些据点之间相隔均有十来华里，可供灵活机动地转移隐蔽。

四、开辟新区

1936 年 5 月，刘突军率领的这部分队伍，与杨采衡等人率领的几个分队，经过一段时间的分散隐蔽后，陆续会合了。几天后，特委的主要领导人吴梅、潘涛、刘突军、黄孝敏等人在红菇仑我的家里召开特委会议。会后，刘突军、吴德标率领第一支队向莆田常太根据地转移，同在那里活动的第二支队胜利会师，两支队伍合并后，仍称闽中工农游击队第二支队。为了打破敌人对常太根据地的包围封锁，游击队在刘突军等人的指挥下，灵活机动地转战在莆田的平原和沿海地区，打了一个个漂亮仗。同时，还利用标语、传单进行抗日宣传，使敌人摸不着头脑，防不胜防。

一连串的军事行动，逐渐暴露了我军的目标，敌人调动莆田、仙游两县的驻军和保安队，对我常太根据地进行大规模的"驻剿"。

面对强敌，我游击队主动撤出常太根据地，秘密转移到莆田、永泰交界的山溪一带活动，制服了当地黄开元等一批土匪，开辟了新的游击根据地。

这时，永泰的反动派探悉我义勇军在山溪的活动情况，为防止“赤匪”骚扰永泰，遂派一个保安分队的兵力，驻防在山溪北面约十华里的蕉坪村，并大兴土木，修炮楼，筑工事，给我游击根据地及旗插安游击区（旗插安也是当时队伍和特委机关经常隐蔽的地方）造成威胁。

为了扫清这股反动势力，刘突军率队采用攻心战术瓦解守敌，拔掉了蕉坪岗楼，缴枪十多支。

永泰保安队获悉蕉坪岗楼被拔，急忙会同莆田、仙游的驻军和保安队联合“进剿”我山溪根据地，实行铁壁合围，伺机报复。

我军被围困在一座山中，为了迅速摆脱困境，刘突军当机立断，抽调十多名富有战斗经验的战士，组成短枪队，化装成敌人的便衣队，在前头开路突围。刘突军亲自率领短枪队，在夜幕的掩护下，大摇大摆地朝永泰县城方向——敌包围圈的薄弱点走去。当敌哨兵发现情况喝问口令时，刘突军傲慢地答道：“我们是便衣队！”哨兵被刘突军那带着江西腔的普通话给懵住了。就在敌人略微迟疑的当口儿，刘突军持枪振臂一挥，带着战士们“嗒、嗒、嗒”就是一梭子，打得敌人措手不及、抱头鼠窜，等到他处敌人听到枪声，包抄过来时，我们早已无影无踪了。就这样，敌人的“清剿”再次破产了。

五、坚持斗争

游击队从山溪突围出来，在水坞里、旗插安、荒田里（又名宁里）根据地隐蔽数日后，转移到后溪吉坑整训。这时，义勇军队伍有七八十人。

在吉坑红军楼里隐蔽的近两个月时间里，由于敌人的严密封锁，义勇军经受了严峻的考验。首先遇到的困难就是吃饭问题。开始由我母亲出面东挪西借一点,还能勉强撑持过去。后来,敌人更频繁地进山搜查,不要说粮食供应不上，就连点火烧饭也成了难题。因而，有一段时间，筹粮烧饭工作全由我母亲连大妹来承担。

我们红菇仑村，常有敌人进村突击搜索，为了应付敌人，我母亲每天下锅煮饭，灶旁特意放着一箩米糠，装做熬猪食的样子，如果没有发生什么意外，她就挑上“猪食”，带上“干粮”——地瓜干，冒险给队伍送饭。也真难为她老人家，七八里的崎岖山路，挑着担子，颤巍巍地爬上山去，即使一个棒小伙子这样上山还不免要气喘吁吁的，何况一个年过花甲的妇女。每当战士们远远地望见母亲那蹒跚的身影时，都会争先恐后地飞奔过去，接过那掺和着母亲深厚感情的担子。在那最艰难的日子里，母亲就是这样日复一日、毫无怨言地坚持着。在母亲送饭的那段日子里,同志们只能勒紧裤带,半饥半饿度日。后来发现“刺苙苙”后,刘突军发动大家采集“刺苙苙”等野果填饱，凑合着过日子。

同志们这样过日子，对我这个主人来说，心里实在不是滋味。我常常为战友们吃不饱饭而感到内疚。难道真的已经到了山穷水尽的地步了？不！我要想办法解决，一天，我无意中看见了正在闲荡的黄永富，心想，如果能把黄永富争取过来，粮食问题不就可以解决了吗?

黄永富是后溪财主黄真八买来的儿子。黄家可以说是后溪的首富。三十年代初期，后溪一带土匪很多，黄真八几个兄弟裹着细软，携着各自的太太逃到福州去躲避，却把黄永富留在家里，为其守财。黄永富一人在家，无人管束，慢慢地染上了赌博的恶习，输了钱就变卖家产。后来，黄真八知道了这事，急得直跺脚，然而鞭长莫及，无奈他何，便想雇人把黄永富除掉。

不料，这风声很快就传到黄永富的耳里。于是，他就破罐破摔，出高价买来两支大号驳壳枪防身，并发誓与其老子对抗到底。

归队后，我把黄永富的情况向刘突军作了汇报，并说出自己的想法。刘突军听了点点头说：“这个情况很重要，只要这个黄永富愿意同我们合作，我们就尽力为他提供保护。明天你下山去，把他找来，我们一块儿做做工作。”

次日，我又下山了。直奔清水坑，轻车熟路地把黄永富从赌场里拉到僻静处，告诉他：“吓富，昨天我和罗汉里过来的头闲谈的时候，讲到你的情况，他很同情你的处境，愿意为你提供保护……”

“别说笑话了！”没等我把话说完，黄就笑着打断我的话，“他们跟我有什么关系，会来保护我。”

“这是真的！就是他们的头刘突军叫我来找你的。走吧，跟我去看看吧！”我一边向他解释，一边将半信半疑的黄永富拉着就走。

到了吉坑，刘突军不等我介绍就热情地握住黄永富的手说：“你就是吓富吧，你的情况我听了。来，先坐下再说。”接着，他深表同情地说：“古人曰：虎毒不食儿，那老财主也真够狠的，连儿子都不放过。”

刘突军几句话，就把黄永富的火给点起来了：“我操他娘的，什么儿子，养父的，去他妈的……”

“是啊，财主没有几个不是黑心肝的。可你今后打算怎么办？”

“怎么办，总不能坐着等死吧，我跟他拚了！”黄永富说着就把别在身上的驳壳枪拔出来，“你看，我也有枪！”

“硬拼终究不是办法。”刘突军开导说，“况且你在明处，他雇的人在暗处。明枪易躲，暗箭难防呀。我看这样吧，今后你要是没有什么事情，就不要到别处去了，来我们这里，我们来保护你，你看——”

“行！”黄永富不假思索地表示，“如果不嫌弃，我就参加你们的队伍，跟你们一块儿干！”

“这样更好！我们欢迎你。”刘突军当即表示。

这下子，可把黄永富乐坏了。他把刚才放在桌子上的驳壳枪拿起来，恭恭敬敬地送给刘突军说：“这把枪好使，你是头，就给你用吧。”

刘突军推辞不过，就把自己的那支三号驳壳枪解下来交给黄永富说：“那咱们就换着使用吧。”

黄永富就这样参加了游击队，成为一名革命战士。从此，黄家就成了我们队伍的大粮仓。后来，黄永富把黄家在大洋收的100余担粮食，全部用来供应游击队，队伍的粮草供给问题总算得以解决。

六、事变前后

1937年2月，闽中特委的主要领导人王于洁、黄孝敏、潘涛、余长钺以及福清县委书记陈炳奎不幸被捕后，幸存的特委军事部长刘突军主动担当起党和武装的领导工作。抗战爆发后，刘突军从报刊上了解到党在新形势下的方针政策，主动促成闽中党与国民党莆田当局的合作。不久，闽中地区国共谈判成功，达成了协议。根据这个协议，我们的队伍改编为中华人民抗日救国义勇军第七路军第一纵队集中在莆田庄边尚书桥进行整训。

整训期间，支队总的军事教练官是吴德标。我所在的中队，朱金发任中队长，翁鸿镗任指导员，主要进行以提高战斗素质为主要训练课题。过去艰苦地转战在山区，没条件进行正规的系统的军事训练，现在有这个机会，谁不想加倍努力！每天，随着教练官的口令声，大家滚、爬、踢、跌，加上刺杀、格斗和射击，练得满身是汗，身上青一块紫一块的。休息的时候，一个个上气不接下气，横七竖八地瘫倒在草地上。可是，没人叫一声苦，喊一声累。

晚上和雨天，安排学习政治、文化，有时由刘突军、杨采衡作国内外形势、政治思想和革命纪律教育的报告，有时由翁鸿镗等一些文化程度较高的同志给我们上文化课，课程是识字和学讲普通话。

我们队伍多数是莆仙籍和永泰、福清籍的战士，由于出身贫穷，文盲、半文盲很多。在学习文化上，我们也和军事训练一样热情，肯下苦功，所以进步也很快。

10月15日，整训结束，队伍离开山区。同志们身着制服，肩扛武器，昂首挺胸地迈着整齐的步伐向莆田县城开拔。

负责宣传的同志，逢村过镇就用排笔刷上几幅大标语，向沿途的群众表明，我们是共产党领导的抗日队伍。

我们来到莆田广化寺驻扎下来后，钱东亮就从泉州派代表来点编。我记得点编后，队伍的番号是“国民革命军第八十师独立大队”，刘突军任大队长（实际上他对内还兼任政委，只是未公开而已），杨采衡任大队副，下设两个中队。我当时是在吴德标中队里当七班副，黄联枢当七班长。

大约是11月中旬，我们独立大队乘由泉州旅部派来的四部军车前往泉州。

在泉州承天寺一下车，我们就受到泉州群众的热烈欢迎。朱汉膺、侯如海、李刚等代表各界人士到承天寺慰问，并送来大量的慰劳品。

从1937年11月中旬到1938年4月，我们部队在泉州承天寺驻了近半年时间。在这半年里，我除了外出执行任务外，大都跟随刘突军。我虽然挂了七班副的衔，但压根儿没在班里待过，而是单独和刘突军住在一块。我的任务是专职负责沟通刘突军与由他亲自掌握的一个秘密联络站之间的联系。后来，刘突军考虑到我经常外出跑交通，容易引起敌人的怀疑，就把我提为副庶务长。这样，我就可以名正言顺地外出了（离开部队后，为了工作方便，我还是穿起军装，专门跑起交通来）。

那个秘密联络站由南委的青年部长小高负责（后来我才知道他叫高万里），是沟通黄国璋和刘突军联系的中心站。记得我从老高处取来的情报都是密写在报刊、杂志上的，刘突军收到后，不知道用一种什么药水一涂一抹，那上面的字里行间就显出密密麻麻的字来。

我们到泉州后，对泉州地区的抗日救亡工作起了很大的促进作用。因为工作需要，我经常上街，常常看到：一些青年学生在宣传抗日救国；巡回剧团在演唱抗敌歌曲；三五成群的群众在街头巷尾津津乐道地谈论抗日救亡工作，对我独立大队进行褒扬。当时的政治空气十分浓厚。

但是，国民党泉州驻军对此却很不满，他们竭力离间我军同当地群众的关系，企图破坏我军声誉，诋毁我军形象，以达到其卑鄙的目的。

一天，旅部派两名特务，冒充我军到承天寺附近的商店里敲诈勒索。刘突军下令把这两个家伙扣押起来审问，查明了他们的身份，游街示众后送交旅部处理，从而揭露了敌人的阴谋，教育了广大人民群众。记得当天夜里临睡前，刘突军忧虑地对我说："郭金，你看出来没有，旅部是在故意找咱们的茬子，想吃掉咱们，找不到就栽，我看将来可能还会出事。"过了一阵，他又喃喃自语："是该想办法走了……应该走！"以后事态的发展，果然不出刘突军所料，这是后话。

此后，我们同旅部的关系表面看似有所缓和，实际上危机四伏。对此，刘突军忧心如焚，天天在寻思摆脱困境的办法。

1938 年 3 月 8 日，天空一片阴霾。这天上午，刘突军把我叫到寺外，边走边郑重地对我说："今天你整理一下回莆田去，通知那边的同志准备一下，后天开工委和军属代表会。"

按惯例，对刘突军布置的任务，我是从不问这问那的，但今天我却忍不住问道："打算干什么？"

"咱们准备北上参加新四军去，临走前总得做好军属的安置工作嘛。"

"那好，我这就去准备。"我正要转身，刘突军又一把拉住我，"你等一下，我这里还有事。"他边说边继续朝前走，"我带你去熟悉一个联络点，回来的时候，你就直接到那里去，不要再回部队，有事情我会派人去联系。"他看我有点迷惘，又解释说："现在形势很紧张，情况随时都可能发生变化，为了少暴露目标，必须这样干。"谈话间，我们到了一家门上挂着"卫望泉"招牌的店铺。从店内出来一个年约 40 多岁的人，经刘突军介绍，我们相识了一下。原来，他就是将与我接头的联络员（以后因泉州事变发生，我一直未与他联系，故此人的姓名至今回忆不起来，只记得他是福州人）。大约一泡茶的功夫，我们就告辞了。

在回承天寺的途中，刘突军又告诉我："回莆田后，如果有可能的话，回后溪去看一下尾婶，并替我向她老人家问好！"尾婶就是我的母亲，因为我是这么称呼的，所以大家都这么叫她。接着，刘突军又主动打破一天来一直笼罩着我们的沉闷、压抑的气氛，诙谐地笑了笑说："现在形势这么紧张，斗争这么残酷，万一有一天我死了，而你还活着，要记住，给我立墓碑时，要刻上我原来的名字——郭同薪，原籍就写江西信丰……"

当时，我只当这是玩笑而已，谁知却成了事实。而这些话语，竟成了刘突军的遗嘱。

当天下午，我赶到莆田，将刘突军的意图向主持工委工作的苏华告明后，即请假回后溪探望老母，并稍事休息。一天后，便匆匆赶回莆田。当我走进黄国楷家的时候，苏华从内屋出来了。看到她那充满忧虑的面庞，我的心不由地一沉，焦急地问道："你怎么在这里，会开完了？"我多么希望她能给我一个肯定的回答。

然而，苏华却忧心忡忡地告诉我："会没开成，老刘和小高至今下落不明，他们可能出事了，现城里已经戒严。"

"这不可能！我离开泉州时，大队长还送我出来，这怎么可能！"我难以置信，然而这毕竟是事实。

接着，苏华把在我回去的两天里，莆城发生的事情简要地给我介绍一下："老刘他们路过莆田，本来说好要开会，这你是知道的。不料，他们在车站一下车，就被彭时斌手下的人'请'去了。接着小高、叶元武和方文声也都被捕了。老刘生死难卜，所以会没开成。还好，大家在戒严前就转移了。……"

"那现在我们怎么办？"我焦急地问。

苏华忧虑地说：“我们现在只好暂时留在这里，等弄明情况再说。”从此我离开了队伍，继续从事地方工作。

1987 年 3 月

选自《南方三年游击战争·闽赣边游击区闽中游击区》，第448—459页。

郭永星，1914 年生，福建福清人。1935 年参加闽中红军游击队，同年加入中国共产党。南方三年游击战争时，任闽中红军游击队队员。新中国成立后，曾任福建省永泰县都善山乡乡长、永泰县葛岭区林业站站长、永泰县水利局局长、永泰县人民政府副县长等职。1994 年逝世。

关于闽中国共和谈和泉州事变的几个问题

苏华

一、关于闽中国共和谈问题

西安事变后，我们从香港中共南委寄来的巴黎出版的《救国时报》上了解到中央关于“联蒋抗日”的新方针，就以为时局大大好转了，可以直接向国民党当局通电（或快邮代电），宣传一致抗日，也可以公开发动群众进行抗日宣传了。由于思想上比较麻痹，因而就发生了王于洁等五位领导人在卢沟桥事变前夕被国民党反动派杀害的惨痛事件。

血的教训，使我们清醒了一点。但我们长期待在山沟里，跟外界很少接触，香港寄来的《救国时报》也时有时无，所以对总的政治形势了解不透。当时我们这些人在政治上都比较幼稚，只有刘突军威信比较高，大家都信任他。自黄国璋从香港回来，传达了南委关于各游击区的党和红军可以同国民党地方军政当局直接谈判的指示后，刘突军就比较着急。他认为我们如果不主动跟国民党谈判，使我们的部队能及时参加全民族的抗日战争，我们在政治上就会陷于被动，群众也会不信任我们。所以我们派金贯一去香港，向南委进一步请示该怎么谈判。不料金在莆田被捕。刘突军一面设法营救战友，一面考虑怎样利用机会与国民党当局对话，遂以闽中义勇军纵队指挥部名义向国民党莆田当局发了建议谈判的信函。没想到，我们的和谈建议一提出，就得到国民党方面的响应。

谈判之前，党内开了一次讨论会。我记得最后定了几条原则，大意是停止内战，国共合作，一致抗日；红军改编，组织独立。干部不能调动，军事可受指挥；还有释放政治犯，允许宣传抗日；等等。刘突军派杨采衡去谈时，还不大放心，叫我一起搬到澳柄后面的林前山村去住（这里离莆田县城只有十多里路），以便掌握每日谈判的进展情况。迨至杨采衡跟黄士豪基本谈成后，刘突军又提出他要亲自到莆田城里去找国民党的县党务指导员和县长具体磋商我方部队集中时的安全问题。当时我们都不同意刘突军进城去，担心会出问题，因为王于洁等同志的牺牲给我们教训太深了。刘突军是闽中地区唯一的政治上比较成熟的主要领导人，万一再出问题，后果就不堪设想。刘突军分析了当时的客观形势，认为国民党还不敢杀他，大家只好同意让他去，还派了两个便衣警卫陪随他。这次进城商谈，虽然解决了我军集中时的安全和经费问题，但对部队改编的番号问题没有具体商定。

二、关于红军游击队下山受编问题

两党谈判正式举行时，我们的部队就开始在莆田庄边乡的尚书桥（赤石）的安口村集结了。因为我们队伍里的同志多数是莆田人，又好几个月没有战斗任务，许多人请假回家去了，经常在队的只有七八十人，而我们同国民党核定的点编数量是两个正规连，所以我们不仅通知回家的游击队员赶快归队，还在莆田、福清、永泰、仙游等县动员一部分青年参军。

部队下山接受点编是事前谈妥的。当时信息不灵，我们既不知道漳浦发生的“何鸣事件”，也不知道中央关于“独立自主靠山扎”的指示。但总的来说，还是我们患政治幼稚病，对形势估计盲目乐观，因而轻易同意下山接受点编。另外，当初谈判中，我们虽然坚持了我军建制和领导保持独立，即由我党领导，国民党不得派干部进来也不能把我们的干部调走等独立自主的基本原则，但部队番号却没明确定下来。起初，我们用中华人民抗日救国义勇军第七路军第一纵队指挥部的名义同对方打交道，对方并无异议。我们在莆田城内设义勇军办事处，对方也没反对。在我们下山点编后，国民党方面才提出要把我方部队纳入陆军第八十师的编制序列，因兵员数量不足一个营，就编为一个独立大队（根据史料记载，国民党当局正式定的番号是第八十师特务大队，但我们当时都叫独立大队），下辖两个连（称中队），军饷按编制由师部按月发给。这时，刘突军没有坚持部队番号也要独立的原则，不但答应把我们的部队编入国民党陆军第八十师序列，还亲自担任大队长，这样就把党的主要负责人身份都公开了。用今天的观点来看，我认为这是闽中党的领导人在执行抗日民族统一战线时犯的右倾麻痹的错误。我作为闽中工委委员之一，应负一份责任。

三、关于独立大队开去泉州问题

闽中红军游击队改编后驻在广化寺，继续进行扩军。

国民党虽然只发给两个连的军饷，但由于我们红军游击队历来官兵平等，大家有饭吃就行了，所以当时每月我们只发一点点零花钱给战士们，其余的钱都留作扩军用。我们认为只要不再向师部要编制，我们要扩军多少都行，这样就可以扩大我们的抗日力量。所以，在广化寺那一段，我们的队伍确实扩大了将近一倍，经常保持三四百人。战士们也很活跃，天天上街宣传抗日救亡，印刷传单，张贴标语，等等。表面上，国民党方面也没有出来干涉我们的活动。但住了一个多月，国民党当局就以金门沦陷、闽南时局紧张为借口，用师部名义下令要独立大队开到泉州驻防。为此，闽中工委召开扩大会议，就要不要执行国民党的军令问题进行讨论。会上产生意见分歧。我和陈建新、金贯一等同志（黄国璋在香港未回）不同意把我们的部队开去泉州，认为：莆田是我们的基本地区，我军虽然驻在县城南郊广化寺，但这里翻过几个山头就到常太根据地，有群众作后盾；况且莆田驻军只有一个营的兵力，不敢对我们轻易动手；而开到泉州，远离基区，如鱼失水，我们就不能自由行动了，再说基区的工作也会因部队开走而受影响。主张去泉州最积极的是李刚，他原是安南永根据地的干部，斗争失败后转到晋南工委，后晋南工委书记黄国英被捕叛变，李就按照厦门市工委领导人的意见，到闽中工委来了。因此，他极力主张我们要将计就计，把闽中红军游击队开去泉州，为恢复安南永根据地晋南地区的工作创造条件。刘突军也是倾向于开去泉州的。他的指导思想和李刚一样，也是想去泉州恢复安南永根据地。他认为泉州是闽南的重要城市，当时那里已掀起群众性的抗日救亡热潮，红军游击队开到泉州去可以扩大我党我军的政治影响；再说，如果拒绝执行国民党的军令，对方就会指责我们不执行谈判协议，没有合作诚意，我们在政治上就会被动。总之，刘突军作为闽中党的主要领导人，当时确是存在右倾麻痹思想，过分乐观地估计了严峻的斗争形势，因而未能识破顽固派的真面目，应该说这是一次严重失误。由于刘突军当时在闽中党内、军内的地位和威信比较高，也由于我和其他几位同志没能坚持正确的意见，所以最后大家一致同意刘突军的看法，让独立大队开去泉州。等到黄国璋从香港返闽，在厦门打电报回来（大约在11月底），叫我们不要把队伍开去泉州时，已经来不及了，我接到电报后心情十分着急，觉得事情已无可挽回了，因为队伍到了泉州就不可能再抽回来。于是我赶到泉州向刘突军报告，研究先把一部分未公开暴露身份的干部（如邱子国）抽回地方，比较好的驳壳枪也抽出几把，留供后方搞地方工作用。

四、关于刘突军遇害和泉州事变问题

1937 年底，黄国璋从香港回来，传达了“南委”关于要提高警惕、防止发生突然事变和刘突军身份已公开不宜续任工委书记的指示。黄国璋还介绍了他在厦门了解到的有关“何鸣事件”情况。刘突军听了传达和介绍，又联想到当时国民党军钱东亮所部制造种种磨擦的迹象（如其部下冒充我军抢劫、嫖娼、破坏军纪，以嫁祸于我），心情很沉重。他叫黄国璋马上赶赴闽西向闽粤赣省委领导（黄国璋在香港时，“南委”决定把闽中工委划归闽粤赣省委领导）报告闽中的情况，具体请示今后的斗争策略。另一方面，由于新四军的组建，顽固派方面也加紧策划如何把我们这支已被他们吞进肚里的部队消化掉，钱东亮三番五次找刘突军谈话，说要把独立大队扩编为正规营，提拔刘突军当中校营长。刘突军坚持要按谈判协议办，并说明我方部队是由党统一领导的，共产党人必须服从组织决定。刘突军意识到这支部队被衔在钱东亮的口里早晚会出问题的，所以一听到新四军驻福州办事处成立的消息，就亲自上福州，向办事处主任王助要求赶快向国民党当局交涉把部队收回。但王助感到我军已正式编入国民党中央军内，一时就不宜抽出，必须缓一步再说。刘突军还派雷光熙去闽西，向省委领导人张鼎丞、邓子恢要求让闽中游击队并入闽西红军，一起北上抗日。他预感到一场生死搏斗的风暴即将来临，就背地里对我倾诉了他的身世，说他原名郭同薪，大革命失败后从家乡江西信丰流落他乡；在参加十九路军时改名郭隐轸，到福州中心市委后才化名刘突军；如果他牺牲了，在墓碑上给他写上原名。不幸的是，他的预感很快成为事实。

1938 年 3 月上旬的一天，郭永星从泉州回来，告诉我说刘突军次日要回莆田召开闽中工委扩大会，叫我和黄国璋安排开会地点。在前一两天，南委派来任闽中工委青年部长的高万里已先住在莆田车站附近宋启康家（地址名龙门下，是一个半公开的交通站），准备在广化寺召开军属座谈会，向军属说明他们的亲人即将北上抗日。那天下午，我和方金湘到莆田车站去接刘突军。刘一下车，就有一位马弁之类的国民党军人持名片迎上去，说营长有请。刘突军交待警卫先回“家”，说他去一下马上就来。不料他这一去就再也没有回来了。那天晚上，我们几个人集中在黄国璋家里等刘突军回来开会，一直等到深夜还不见他的人影，大家估计是出了问题了。因此，天没亮，黄国璋就跑到宋启康家里去打听消息。果然，启康的弟弟启宁告诉黄：昨夜小高在这里被捕了。黄国璋撤到南门外叫他姐姐跑回家告知此事。于是我们立即布置疏散撤退，约定到城郊四亭村张伯庭家集中。天亮后，莆田城内戒备森严，气氛骤然紧张起来。那天上午，三个请假回家正要归队的战士也在街上被捕了。接着（3 月 11 日），独立大队在泉州被钱东亮所部包围缴械。顽固派终于重演了“漳浦事件”的故伎。泉州事变发生后，经过省委和新四军驻福州办事处的据理交涉，国民党当局虽然不得不发还武器，但刘突军、高万里等五位忠贞的无产阶级战士都牺牲在顽固派的屠刀之下，而他们的忠骨我们至今还没找到。

总之，就其本质来说，泉州事变是一起顽固派一手制造的严重反共事件，但若从党内指导思想方面来探究，又是由于我们在贯彻抗日民族统一战线的过程中没有完全彻底地坚持独立自主的原则所酿成的，其教训是十分深刻的。

1986 年 10 月

选自《南方三年游击战争·闽赣边游击区闽中游击区》，第437—441页。

苏华，原名黄德馥，女，1908 年生，福建莆田人。1931 年加入中国共产党。南方三年游击战争时，任中共莆田县委妇委书记、中共闽中工委委员。新中国成立后，曾任福建省总工会女工部部长、福建省妇联主任兼党组书记、中共福建省委妇女委员会书记、福建省人民政府委员会委员、政协第四届全国委员会委员等职。2008 年在福州逝世。

八、闽粤边游击区

在党的领导下坚持游击战争

卢胜

闽粤边红军游击队，是一支在游击战争中成长和壮大起来的队伍。在南方三年游击战争期间，我一直在这支队伍中工作，担任过连长、独立营长、团长等职务。那时，我们依靠党的领导，紧密联系人民群众，采用灵活的斗争策略，抗击了国民党中央军第三师、四十九师、七十五师、八十师、第十九路军和粤军第九师、一五五师、一五七师以及国民党福建保安团的残酷“清剿”，保存了革命力量，在艰苦卓绝的游击战争史上写下了光辉的一页。

闽粤边红军游击队，是指南方三年游击战争期间活动在闽粤边游击区范围内的各支红军武装力量，它包括：闽南红三团、潮澄饶红三大队、饶和埔中心区游击队，以及后来发展的闽粤边支队等；1934 年 8 月，中共闽粤边特委成立时，兵力约有 600 人，游击队经常活动的范围主要在闽南七个县和粤东四个县的山区。

1934 年 5 月，中共闽粤边临时特委成立后，闽粤边区的革命斗争有了统一的领导。后中央主力红军第五次反“围剿”失利，被迫实行战略转移；特委从此与党中央失去联系，红军游击队遂成孤军，闽粤边形势急转直下。边区处在漳州、厦门、潮州、汕头强大敌人的包围之中，敌常以二个师以上的兵力对我根据地进行“围剿”，采取烧杀、移民并村，修堡垒、保甲连坐、强迫“自新”，组织守望队、壮丁队等恶毒政策，企图断绝人民群众和我们的联系，置我于死地。一时间，边区上空愁云惨淡，到处充满了白色恐怖。在这种恶劣的环境下，红军游击队是怎样走过来呢？

艰难的历程

闽粤边区红军游击队在三年多的游击战争期间，打了不少胜仗，但经历的路程是极其艰苦的，现用我亲身经历的一些战斗和耳闻目睹事实来说明这个问题。

1934 年 8 月，中共闽粤边区第一次代表大会在平和县邦寮山召开，闽粤边区特委正式成立，会议确定红军游击队当时的主要任务是在靖和浦根据地周围广泛开展游击战争，巩固和扩大红色区域，借此牵制敌人兵力，以策应主力红军的战略行动。在特委的指示下，潮澄饶红三大队以浮凤区为中心，向饶和埔方向发展，在诏饶边打下了许多反动据点，开辟了三饶新区和诏饶边游击走廊，使潮澄饶和饶和埔游击区连成一片。当时，国民党“围剿”的重心是中央红军，闽粤边的形势相对而言压力不算太大，红军游击队抓住这一有利时机，在浦尖山打了一个漂亮的伏击战。

埔尖山，位于福建平和县欧寮村旁，是我特委机关的驻地。1934 年 11 月，福建省驻闽南保安团沈东海部探知这一情报，遂率反动武装 500 余人，恶狼般兵分三路直扑面来，企图偷袭特委，破坏秋收。特委得悉后，立刻召集连以上干部开会，商量对策。在会上，大家分析了敌我形势，认为埔尖山地形好，山段中部的高地可成为控制整个阵地的要冲，我方可凭险据守，居高临下，敌够我不着，我打他则易，同时还可以在高地两侧埋伏队伍，袭击敌人。会议最后决定采用“布袋嘴”的打法，“引猪入槽”而歼灭之。当时，我正担任闽南红三团第四连连长，特委命令我率连队负责正面阻击任务。战前，我们提出了“有敌无我，有我无敌”的战斗口号，战士们个个摩拳擦掌，准备迎头痛击敌人。

按既定的军事行动计划，四连和地方武装首先占领了埔尖山制高点，其他两个连队和地方游击队隐蔽在两侧，形成一个张口的“布袋”，单等沈东海这头“猪”来钻。当时，沈东海部驻扎在三坪书院和许霜楼一带。为了诱他上钩，我们先派了一个短枪班活动到三坪书院附近，突然向敌开火，沈东海不知是计，立即命令保安团上山追击。当敌人窜进我军预定的包围圈后，红旗展现，军号吹响，团部发出了战斗信号，我大喊一声“打！”排长们也使劲吹响哨子,战士们立即向敌人猛烈射击，埋伏在两侧的部队也一齐开火，霎时间打得敌人晕头转向，抱头鼠窜。沈东海见势不妙，企图夺占制高点，布置反击。为此，他向团匪们许愿：凡参加反冲锋争夺制高点的士兵，每人奖赏光洋八元，班长赏十元，排长赏 14 元。他亲自督战，组织团匪向我阵地发动了三次猛攻，都被我们顶住了。

这场战斗整整进行了九个钟头，其间，敌人发动反冲锋七八次，均未奏效。在激战中，敌人的两挺重机枪缺水，派人到附近山坑取水，结果全被我们俘虏了。但战场上的敌人还不知道，仍气急败坏地大嚷大叫“快送水来，机枪没水了！”我听到这一情况，立即下令全面反击，战士们闻令跃出战壕，向山下猛扑过去。我军的来势使敌人吓昏了头，混战之中，沈东海被我们打伤了腿，由卫兵扶上马，经内东溪向文峰方向仓皇逃命。敌军失去指挥，顿时乱作一团，纷纷弃枪而逃，惶惶如丧家之犬。我军乘胜追歼溃敌，“缴枪不杀”的喊声响彻山野，跪地举手投降的敌人随处可见。这时，沈东海部被我击败的消息，驻文峰的保安团队并不知道，他们还组织了 50 多人的“慰问队”，挑着军衣、军毡、香烟、水果等慰问品，向三坪方向走来。快到三坪书院时，与我军相遇，“你们是沈营长的部队吗？”敌慰问队中有人大声发问。“是呀，红军已被我们消灭了。”敌人一听，便加快步伐向我们走来。当他们发现不大对劲时，吓得扔下担子就跑，我们抢上去捉了几个来不及跑的敌人，他们担来的慰问品倒正好慰问了红军游击队。

埔尖山一役，我军共毙伤敌100多人，缴获重机枪二挺、各种枪支100余支、军用品30多担，我方伤亡八人。战斗结束后，游击区军民个个喜气洋洋，连欧寮、横石、三坪等地的群众也赶来帮我们运送战利品。时值秋冬之际，山高气寒，指战员们因打了胜仗，有了冬衣，心里别提有多高兴了。

埔尖山大捷，不仅使红军游击队军威大振，还保卫了秋收，坚定了游击区军民的斗争信心，为即将到来的更为艰苦的反“清剿”斗争准备了一个良好的开端。

1934年底，蒋介石调遣国民党中央军第八十师驻防漳州。同时，国民党河南保安第一支队、粤军邓龙光、李汉魂部以及福建省保安团沈东海部等也在集结兵力，准备“围剿”我闽粤边游击区。形势变得十分严峻，红军游击队从此进入了艰难的反“清剿”斗争时期。

1935年初，敌人凭借绝对优势的军事力量首先占领了靖和浦根据地的龙岭、欧寮、山前等战略要地。敌军所到之处，政治上实行白色恐怖，烧屋毁林，抢米夺衣，无恶不作。还搞什么移民并村，将游击区的群众移走，把小村并入大村，使游击区变为“无人区”。此外，还加强了保甲制度，规定“知匪不报者杀”、“供匪粮食者杀”、“济匪窝匪者杀”，企图以白色恐怖阻断群众和我们的联系，孤立我们；经济上实行封锁政策，控制圩场，限定群众只能按定量购粮、油、盐及日用品，多买者以“通匪”论罪，并设立各种关卡，严禁粮、油、盐和日用品进入我游击根据地，妄想困死、饿死我们；军事上采用“分进合击”的战术，将靖和浦根据地分割成许多小块，集中兵力分区“围剿”，必欲置我于死地而后快。

1935年2月，正值年关，我们得知驻象牙庄的国民党八十师要调防，敌人正忙着过节，于是立即组织了一支30多人的武装，趁敌不备，经龙岭突袭了象牙庄的保安团队，接着又一鼓作气偷袭了驻三坪的陈坤保安团队。这两次行动规模虽小，影响却大，敌人为此不得不增派中央军八十师二三九旅配合保安团进攻我靖和浦根据地。敌进我退，我们化整为零，转入深山坚持斗争，敌人并未拣到什么便宜。不久，因叛徒出卖，敌人得知我特委机关、红军医院和看守所分别驻车本村附近的石洞里，便调遣八十师一个团配合省保安团分三路“进剿”车本村。敌人扬言要“扫荡”车本，不让红军游击队活过除夕夜。情况十分紧急，我当即带领四连在靖和浦游击队的配合下，连夜抢占了附近的山头。第二天黎明，我们居高临下，集中火力突然向驻扎在车本村的敌军发起进攻，敌人一时被打昏了头，好一会儿才集合起队伍，向枪响的方向追击，我们边打边退，牵着敌人的鼻子在山里兜开了圈子。绕了几个山头之后，我们寻机甩掉尾巴，迅速返回车本村，成功地掩护了特委机关和伤病员以及群众的安全转移。此后，敌人再也不敢在靖和浦根据地内长期驻扎了。

南胜圩，位于平和县腹地，是敌人进攻我尪仔石山游击根据地的前哨站和集结地。1935 年 3 月，敌人兵分两路从此地出发进攻我尪仔石山根据地。为粉碎敌人的“清剿”计划，我奉命率领四连百余人神速出击南胜圩，掏敌人的老窝。战斗打得很利索，不到一小时即攻克了南胜圩。战斗结束后，我们镇压了反动豪绅，筹集了一笔款子，随即迅速撤回山上。此役对敌震动很大，事后他们急调八十师四七九团的两个营和原驻平和、永宝边境的保安大队沈澄清部驻守平和县城，以防红军游击队的袭击。

1935 年下半年，我带领一个小分队，在地方赤卫队的配合支持下，在乌山地区开展游击战。10 月，何鸣代表中共闽粤边特委到诏安检查指导工作，带来了特委对我们的指示。特委要求我们：一、从潮澄饶县委抽调部分同志到云和诏加强工作，帮助组建云和诏县委；二、潮澄饶红军游击队向诏饶边境转移，配合部队开辟云和诏根据地。按照这一部署，我们以云和诏边区为中心，积极展开游击活动。

1936年初，国民党八十师四七七团配合诏安保安团队共千余人向云和诏边区发动军事“清剿”；国民党第三军第九师邓龙光部亦集中两个团的兵力“围剿”浮凤根据地。敌人到处放火烧山，强迫移民并村，形势于我十分不利。

1936年3月，为了加强和统一领导云和诏地区的武装斗争，特委决定将潮澄饶红军游击队和红三团支队合并，成立直属特委领导的闽粤边红军支队，我任支队长，李金盛任副支队长，吴金任政委。闽粤边支队建立后，原计划打回广东凤凰山区恢复根据地，后因广东敌军以重兵封锁边界，大部队无法通过，遂改由李金盛率十余人潜回开展工作。此后不久，闽粤边支队改称中国工农红军闽粤边独立营，我任营长，吴金任政委。

闽粤边支队成立后，由于能自觉地采取化整为零的游击战术，紧密依靠群众，所以不仅粉碎了敌人的“清剿”，还打了不少好仗，开辟了新的游击根据地。

1936年，我们打的仗特别多，其中比较大的战斗有：

奇袭云霄城

1936年8月下旬，敌人集中兵力向坚持在平和根据地斗争的闽南红三团进攻，对我们独立营的行动略微有些放松。我们打听到云霄城里这时只驻着一个保安团队，战斗力不很强，于是决定抓住时机袭击云霄城。这次行动如果成功，不仅可以箝制敌人对平和根据地的“清剿”，还可筹集一批经费，解决部队的过冬问题。行动方案很快制订出来了，我们决定利用云霄城传统节日中元节那天化装奇袭，主攻目标选中城里一家国民党交通银行。

9月3日上午8时许，我带领一支由四五十人组成的便衣队直奔云霄城。我们化装成各色人等，有的把枪插在柴草中，扮成挑夫；有的把枪藏在篮子里，装成小贩；有的打扮成阔佬，杂在人群中，大摇大摆地混入城去。在城西门外的将军山下，早有何鸣等带领红三团及独立营的500多名指战员先前赶到，分散埋伏在离城几里远的甘蔗园和稻田里，准备接应；在离城两三里地的一个山堡上，我们还架了三挺机枪，万一敌人出城追击，就狠狠揍它。云霄城是敌人的腹地，他们做梦也想不到红军敢来偷袭！我们混入城后，立即在向导的带领下兵分二路：连长陈松带领一路秘密包围敌交通银行，负责取款；一路由我带领把住街头巷尾的有利地形，配合、掩护陈连长的行动，我还兼任这次行动的总指挥。队伍安插好后，我选了一个便于指挥的隐蔽街口，等待陈连长的消息。我不停地看表，盼望时间能过得快点，正在这时，陈松像老熟人般走过来和我打招呼，他压低嗓子说："营长，恐怕斧头治不了保险柜。"我说："派人在银行门口盯着，注意谁是经理或出纳，动手时先捉住他，不怕打不开保险柜。"陈松点点头，告别而去。

原定计划9点钟开始行动，但这时出了意外，我们一个同志在买东西时，一弯腰不防将枪掉了出来，老百姓一见就一哄而散，警察见势不妙大喊大叫，街上顿时乱成一片，人群拥挤着向城门口跑去。我抬手一看表，糟糕！还不到9点，但这时假若还不动手，敌人很快就会发现我们的企图，弄不好反倒会偷鸡不成蚀把米。想到此处，我顾不得多加思索，当即下令：马上行动，一定要把钱拿到手！命令下达后，陈连长带领的一路迅速占领了敌交通银行，他把驳壳枪往柜台上一拍，厉声喝道："我们是红军，来借点军饷，谁是经理，请站出来。"有两个行警企图拔枪顽抗，被我们当场干掉，其余的人马上规矩起来。陈连长又问谁是经理，只见众人悄悄把眼光偷视一个胖子，他立即断定这家伙就是经理，便走过去用枪点着他的脑袋，要他把钥匙交出来。在银行外担任掩护的同志，这时早已把柴捆堆满路口，构成道道路障，警惕地注视着敌人的动静。不一会儿，果然一队敌人提着枪，沿大街向这边跑来，遭到我们的迎头痛击。战斗持续了约一个小时，在战斗中我不幸负伤，为了不影响大家，我未声张，咬牙坚持指挥，陈连长他们取款成功后，向北门撤出城去。当我们也准备撤退时，敌人已封锁了北门。怎么办？向导提醒我：“西门只有一个班守敌，何不从那儿撤走？”于是我们调头向西门冲去。冲到近前，我们向敌人甩出一排手榴弹，在爆炸烟雾的掩护下，敏捷地穿过敌控制地带，冲出了城门，撤离了云霄城。这次偷袭，共缴获钞币一万元、银元300多块，除解决红三团和独立营的经费和冬衣外，还分了一部分给根据地的人民。保安团队闻知我们攻打了他们的腹地，抢了银行，果然调兵回城保驾。这样，敌人对平和根据地的“清剿”不久也被我们粉碎了。

乌山第一仗

乌山，位于云霄、平和、诏安三县交界处，山峦重叠，地形险峻，是开展游击战争的理想之地。早在埔尖大捷之后，特委就有想法派我去云和诏边开辟游击根据地，扩大游击战争，使闽南和广东韩江以东的根据地连成一片。1935年冬，在粉碎敌人对平和根据地的“清剿”后，我奉命率一支由40余名红三团战斗骨干组成的精干武装从特委机关所在地欧寮村出发，直奔乌山开辟新游击区。临走前，团长张长水叮嘱我们：“要注意斗争策略，加强革命团结，争取多打胜仗”。到达云和诏边区后，我们积极发动群众，展开统战工作，分化瓦解敌人。工作搞得很热火。当时，云霄县桥仔头有个反动地主张金氏，依仗手中的反动武装，顽固与我们对抗，在云和诏边区为非作歹，无恶不作，是个杀人不眨眼的魔王。老百姓对他恨之入骨，却又敢怒不敢言。为了打开局面，扩大影响，发动群众，我们决定消灭这股反动武装。

8月里的一个夜晚，伸手不见五指，侦察组前来报告，张金氏正在家中宴客，大门虽然紧闭，但却毫无戒备。我和陈容遂率领30余人，悄悄包围了张宅，陈容带14名队员埋伏在大门两边，待到天刚亮大门打开时，乘机冲进门去，一直冲到宴客大堂上，“不许动！谁动打死谁！”面对着突如其来的喊声和十几支驳壳枪，张金氏吓得呆若木鸡。陈容掏出麻绳捆死猪般捆紧了张金氏。此役我们未发一枪一弹，俘敌11人，缴获长短枪十余支。第二天，我们在桥仔头召开群众大会，宣布张金氏的罪行，判处死刑立即执行；并把没收其财产的大部分分给当地的穷苦百姓。这一仗虽然规模不大，影响却很深远，为我们在云和诏边区坚持游击战打下了良好的基础。

1936年10月，我们以诏安的北蔗、进水、云霄的桥仔头、小晶坪、半岭为中心建立了新的游击根据地。

三战金溪圆楼

位于诏安官陂金溪圩附近的圆楼灰寨，是敌人盘踞在云和诏地区的一个顽固的联防据点。那里的七八个反动地主豢养了一支200多人的队伍，武力配备相当雄厚，整个联防区由五座用石灰土混合建造的大圆土楼组成，四周有一道墙环绕，平常这帮家伙横行乡里，欺压百姓，无恶不作，群众对之恨入骨髓，早就盼望有一天能除掉这个祸根。我们进入云和诏边区活动后，这股敌人气焰嚣张，设置了重重障碍，不准粮油盐及药品进入游击根据地，企图困死我们。为了打击敌人的嚣张气焰，我决定亲自指挥，拔掉这颗硬钉子。可这根钉子还真有点不好拔，又臭又硬。

1936年3月和五六月间，我们曾两次攻打金溪圆楼，都未成功，敌人益发猖狂起来，以为我们奈何不了他。8月间，我们在地方武工队的配合下，发动了三打金溪圆楼的战斗。常言道：吃一堑，长一智。这次我们根据收集到的各方面情况，进行了全面分析，最后决定以智取代强攻，用挖洞炸楼的办法除掉这根眼中钉！而圆楼里的敌人凭着老经验，狗眼看人低，仍然仗着人数和地形的优势得意忘形，真是不知死活。一天夜里，战斗打响了，独立营第一连战士在我火力组的掩护下，由连长带领冲向寨墙，把50多条用水浸湿的棉被叠放在围墙上，随后一队精干人马迅速进到围墙下开始挖地洞。楼里的敌人起初蒙在鼓里，只照老规矩打了一阵子枪，后来发现我们在挖洞，才感到情况不妙，集中火力向我猛烈射击，可为时晚矣！射来的子弹打在湿棉被上，滑落在地，几乎丧失了杀伤力。挖洞工程顺利进行。天快亮时，我们已将地洞挖到接近敌人的中心圆楼了。我们用炸药填满棺材，准备运进洞里，如果敌人顽抗到底，就送他们上西天。万事俱备之后，我们派了金溪圩上的一个地主进寨去发最后通牒，告诉他们红军的政策是缴枪不杀，优待俘虏，如负隅顽抗，立刻炸掉圆楼。一听要炸楼，寨中的地主和反动民团团长吓得心惊胆战，为了保命，最后不得不由民团团长签名写了“投降书”。金溪圆楼终于为我所克。此役共缴获长短枪 100 多支，抓了两个顽固的反动地主，根据群众的强烈要求，杀掉其中一个民愤极大者。这一仗，打出了独立营的军威，使当地百姓人心大快，而金溪圩附近的地主豪绅则魂飞魄散，纷纷逃往县城。不久，我们在地方赤卫队的密切配合下，又攻破敌人在诏安官陂北坑的枕头楼据点，使云和诏根据地进一步扩大，在官陂周围的平原地区建立了新的游击区。

我们之所以能取得这些胜利，其最重要的因素就是因为我们采用了游击战的打法，机动灵活，随机应变，主观上适应了游击战争的特点，故而能在敌人力量占绝对优势的恶劣环境下生存发展起来。在三年的战斗实践中，我们经过不断地研究、摸索，总结出一套较完整的游击战战术，即：遇敌主力，避其锐气，上山迂回；敌人撤退，我即下山打民团，打地主武装，抓土豪劣绅；搜剿此山，我往他山，与其捉迷藏，拖垮累垮他，敌入我“心脏”，寻找主力决战，我就来他个金蝉脱壳，主力跳出外围，声东击西，走南窜北，伺机袭扰敌人，搞得他晕头转向，坐卧不宁。由于我们主动地采取了这些战术，常常能在战斗中变被动为主动，化不利为有利，最后终于坚持到抗战的来临。

将游击战术运用于战争，是闽粤边游击队的一大特点。因为闽粤边地区向来是敌人重点控制的区域，重兵压境，从未有过丝毫放松，故在中央红军长征以前，我们就是靠打游击过日子的。中央红军走后，环境更加恶劣，只有靠独立自主地打好游击才能生存下去。对于这一点，闽粤边特委和红军游击队指战员始终是头脑比较清醒的。因此我们在进入南方三年游击战的初期，并不是由正规战向游击战的转变，而只是将游击战由过去配合中央苏区反“围剿”，转为独立自主的边区游击战，我们的转变比较顺利，没有付出大的代价。即使是这样，也是走过了一段艰苦斗争的路程的。

人民是靠山

老百姓都喜欢讲：“共产党是靠山。”叫我说其实群众才是我们真正的靠山，要不然毛泽东同志为什么那样强调群众路线？道理并不难懂，要谈到切身体会，我们这些曾经亲历过战争环境的幸存者领会是极其深刻的。在坚持闽粤边游击战的艰难岁月里，若不是有人民的支持、牺牲、贡献，有多少个红军游击队都会生存不下去。人民，何止是载舟之水，她简直就是我们红军游击队的再生父母！在此，我想介绍闽粤边二位杰出的妇女英雄，从她们的身上，我们可以得知闽粤边的群众为革命做出了多么大的牺牲。

李梨英，是闽粤边区尽人皆知的英雄母亲。她出身十分贫苦，革命意志异常坚强。在艰苦的战争年代，她先后失去了五位亲人，但巨大的精神痛苦并未压倒这位坚强的母亲，反而使她更加看清了敌人凶残的本质，坚定了斗争信心。1935 年，继“分进合击”战术失败后，敌人又采取“驻剿”的战术对付我们，他们一面将旅、团部直接驻到我根据地附近的圩镇，对我实行步步为营，重重封锁；一面用听响声、看烟火、跟脚印和欺骗群众带路搜山等方法，寻找红军游击队。一旦发现踪迹，无论地形多么险要，代价多么惨重，敌人总是要千方百计地“追剿”、

“截击”，必欲置我于死地而后快。1935 年下半年，李梨英跟随红三大队来到乌山，组织上分配她在红军伤兵站工作。当时，伤兵站设在乌山深处的石洞里。她带领几名女同志和年幼的四子松森砍树枝茅草，编织树藤，在洞里搭起了床铺，做好接待伤病员的工作。那时，粮食紧张，药品奇缺，条件十分艰苦；为了给伤病员治病，她带领大家不辞劳苦，到深山老林中去采集草药。1936 年底，敌人疯狂进攻乌山根据地，石洞周围天天都有战斗。一天深夜，倾盆大雨下个不停，李梨英忽然听见几声枪响，紧接着放哨的同志报告说敌人摸上来了，情况十分紧急；李梨英临危不乱，当即决定向后山转移。在她的率领下，伤病员均安全地撤离了石洞。他们在后山与敌人周旋了四天，仍然甩不掉尾巴。断粮了，李梨英挖竹笋、找野菜给大家充饥；天气冷得受不了，她烧开水给大家取暖；后来连野菜都吃完了，她就冒着生命危险，拖着瘦弱疲惫的身子，下山去找群众，找了好几天，终于找到了。这样伤病员们才开始有饭吃。

李梨英无论走到哪里，总是以慈母的情怀给大家以温暖，使同志们增添战胜伤病及困难的勇气和信心。她平凡、朴实、没有文化，不会讲高深的道理，可她却以自身的行动默默地影响教育着大家。在坚持闽粤边那样艰难的条件下，如果没有李梨英这样的母亲支持我们，红军游击队很难想象靠什么生存下来！而像李梨英这样的妇女，闽粤边又何止一个两个。

许爱国，龙溪九湖人，参加革命后，在靖和浦根据地的红军军需处工作。她经常冒着生命危险和游击队员一起到敌占区去买雨伞、电池、药品和面粉等物资，利用深夜挑送上山。敌人来了，她就想办法及时给山上报信，从未出过差错。1937 年 6 月间，许爱国到白云村向我地下交通站递送重要情报，途经田中央村时，被敌人发现，他们扑上来抓住她的头发，拳打脚踢，还用扁担、尖担毒打她。许爱国被打得遍体鳞伤，晕死过去。敌人将她带到大村园仔屋的祖楼，用绳子吊在木梁上再次狠打。许爱国从昏迷中苏醒过来，敌人吆喝道：“共产党的机关在哪里？

联络站在哪里？不说，就叫你见阎王！”她宁死不屈，痛骂敌人，大声说道：“头可断，血可流，叫我投降办不到！我死了，红军总有一天会替我报仇，来惩办你们这些恶狼的！”敌人暴跳如雷，最后竟灭绝人性地用剪刀剪肉，用钢钻穿乳，残酷地将她折磨致死。许爱国同志英勇牺牲了，但她的光辉形象却屹立在每一个红军战士的心里，鼓舞着我们奋勇杀敌。她不愧为闽粤边革命根据地的巾帼英雄。

在闽粤边三年游击战期间，红军游击队为了更好地发动和依靠群众，做了大量的工作，积累了不少经验，其中最成功的经验有两条：

首先，要严格而又灵活地掌握党的政策，处处体谅群众的困难，维护他们的利益，不如此便无法得到群众的支持和信任。1935年，敌人对我发动“清剿”时，强迫群众签名“自新”，农村普通党员和基本群众一时顾虑很大：如若签名，担心将来“肃反”时说不清；如若不签，敌人必实行集体屠杀。针对这一情况，特委指示我们采取灵活措施，规定凡是未暴露身份的党员可以和群众一起签名“自新”。这样很快消除了大家的顾虑，更加密切了群众和我们的关系。又如平和山内地区，我们刚去开辟工作时，从实际出发，规定在当地不搞土改，只搞减租减息，部队只许在那里休整，不准打仗，使该区免受敌人的摧残，受到群众的极大拥护。山内很快成为我们可靠的根据地。

其次，扎实深入地做好宣传、组织群众的工作。常言道：众人拾柴火焰高，再好的群众基础，若不经发动、组织，其势力必定如同一盘散沙，难捏成团。在三年游击战初期阶段，我们对民众只是进行一般的抗日宣传，后来随着形势的发展，为了团结争取更多的群众，我们转为宣传《抗日救国十大纲领》。红军游击队所到之处，大力宣传抗日主张，刷标语，搞集会，组织群众武装；同时协助地方党组织做好基层工作，发动、领导广大农民起来抗捐抗税，开展分米分谷的斗争，在斗争中发展党组织和其他群众抗日组织。我们还注意开展民族统一战线工作，选派适当人员深入白军中做艰苦细致的分化瓦解工作，逐步引导他们同红军消除对立，变敌之炮楼为赤色炮楼，变敌之守望队为红色的抗日自卫队。这样做的结果，不仅扩大了红军游击队在群众中的政治影响，而且振奋了广大群众的抗日救国精神，使闽粤边的革命形势得到迅速的发展。截止 1937 年上半年，仅云和诏地区在红军游击队的帮助下，共建立起 100 多个党支部和党小组，发展党员 500 余名；各区、乡建立了农民反日救国会，会员达 1000 多人；各地还建立了抗日义勇军，中队长由红一支队（独立营）派人担任，这样，红一支队就可以从义勇军中选拔优秀的战士补充兵员，不断地发展、壮大自己的队伍。

闽粤边三年游击战，使我深深体会到，人民群众是红军游击队的靠山，只有牢牢地依靠群众，做好群众工作，游击队才能生存发展壮大，才能战胜强大的敌人坚持到最后的胜利。

打破经济封锁

历史唯物主义告诉我们，任何一种方式的革命，不借助经济手段都是难以完成的。敌人也深知这一点，因此，他们在三年游击战争期间，从未放松过对闽粤边游击根据地实行严密的经济封锁，妄图把我们困死饿死。为了打破敌人的经济封锁，闽粤边特委领导我们在根据地内积极进行经济建设，采取了以多种集资形式创办消费合作社的办法度过难关，结果成效显著。

当时，办合作社主要的集资形式有：

由政府机关或部队与群众共同集资，如平和县石门合作社，即是由乡苏维埃代表会通过，发动群众入股，每股银元一元，结果群众入了 28 股，特委机关和部队入了 14 股，共集得 42 股办起了合作社。

以打土豪所得之款办社，如平和县欧寮合作社；

由群众自愿入股，如平和县三坪村合作社；

由地方政府自筹资金办社，如平和县东楼合作社；

以群众自愿和摊派入股相结合的办法办社，如南靖县科岭合作社，就是由贫雇农自愿入股，富农每户派款 20 元，筹得资金 250 元创办起来的；

采取三结合即群众自愿入股（每股银毫五角），向社会人士借资和红军游击队集资的办法办社。

对参加入股的社员，每人发给一本手抄的、盖有苏维埃政府公章的“社员证”，社员在前往合作社购物时，可以凭证进行登记，以抵还股息或股金。

合作社规模不大，货物不少，主要供应品有五大类 20 多个品种，粮食类如大米、面粉；副食品类如食盐、鱼肉、红糖等；日常用品类如棉布、毛巾、胶鞋、雨伞、纸张、油墨、口杯、火柴等;医药类如八仙丹、万金油及常用药品等；少数合作社还为红军游击队采购枪支弹药和军需用品。

合作社服务的对象主要是特委、县委机关、红军游击队和地方游击队,还有后方的一些单位如印刷厂、被服厂、医疗所、修械所、看守所等，同时也为广大群众服务。

要将上述的生活用品和军需物资运入根据地，在当时是非常艰巨的任务，不少合作社的工作人员为此而历尽千辛万苦，甚至还有献出宝贵生命的。他们当时主要采取以下几种办法搞运输：一是利用地下交通站将物资从白区暗中绕过敌人关卡而运出，如诏安县马东乡合作社的货物，就是由“战和和”商号筹集后，经诏安官陂转入马坑，再挑运到合作社所在地楼仔村的。二是委托白区的亲友秘密采购，然后按约定的时间地点交接，再绕过敌人关卡运回。平和县欧寮合作社的货物，就是通过文峰圩张红龟采购，再由林锦成到秘密约定地点接回来的。三是鼓励外地商人小贩把物资挑进根据地，合作社给予一定的利润或报酬，再行收购。南靖科岭合作社即经常鼓励肩挑小贩暗中从永定、龙岩适中和南靖梅林等地帮他们进货。四是利用华侨、侨眷、大商人的身份做掩护，秘密将购好的物资运进来；平和县三坪合作社，离漳州较近，每年都有社会上各阶层人士到三坪寺进香，他们就利用敌人放松检查的机会，将货物分散给香客带进根据地。

据不完全统计，1934 年和 1935 年两年中，闽粤边游击根据地共创办合作社 11 家，后由于敌人的不断“清剿”，遭到严重破坏。为了适应形势的变化，红军游击队遂协助根据地创办了一批带有“游击”性质的，以货郎担为主要形式的、流动的合作社；同时，在白区还建立了专为游击队代购物资的地下转运站。如云和诏游击区的货郎张福池，即以游击队筹集的资金做本钱，长期流动在乌山脚下的村畲进水、水晶坪，挑盐挑货供应我军民；漳浦县象牙庄的陈家小店，根据特委领导的指示，从游击区迁到白区开店，为游击队代购物资，并借机接近各方人士，打探情报，为游击队传递消息。靖和浦中心县委所辖的平和县河东区，当时就有 19 家这种新型的合作社。

那时，合作社的干部和售货员或货郎，大多数都是义务的，很少拿什么工资。为了办好合作社，他们经常要起早摸黑，翻山越岭，甚至流血牺牲，如采购员张水核曾多次冒着生命危险，为游击队购买枪支弹药。有一次，为购买一支手枪，他被国民党官陂警察所抓去，关了一个多月才出来；欧寮合作社售货员林锦成，一次肩挑货物回社，途经龟仔石浮山时，遇匪抢劫，人被绑在山上动弹不得，后来他凭着机智勇敢和高度的革命责任心，磨断绳索，一路追踪土匪到热闹的村口，乘机夺回货担，历尽千辛万苦，终于将货物如数挑回了合作社。正是因为有许多这样的好同志在默默无私地奉献，我们的合作社事业才能一直坚持到最后的胜利。

合作社是闽粤边军民在三年游击战争期间经济上的一个创举。它几乎动员了根据地内部各个阶层的力量联合起来共度难关，其结果是有效地打破了敌人严密的经济封锁，保障了根据地军民的生活和工作，为巩固根据地，坚持游击战提供了良好的物质基础。如果没有这一点，坚持三年游击战就只能是一句空话。

和谈中的斗争

1936 年底，国内形势发生重大转变，西安事变和平解决，国民党被迫同意联共抗日，此时，在我党提出的抗日方针的影响下，闽南地区同全国各地一样，抗日呼声遍及城镇乡村，救亡运动深入各阶层群众。为了尽快停止闽南长期内战的局面，早日实现国共合作一致抗日，中共闽粤边特委根据从报刊上得知的有关党中央和南委关于联合抗日的精神，分析研究了闽南的形势，认为当时驻漳州的广东军一五七师有联合的可能，遂决定向闽南国民党当局和一五七师提出进行和谈、结束内战的建议。

1937 年 4 月间，特委代理书记何鸣带领机关部分工作人员从云霄来到平和县山内乌坑村。一天，溪头保的保长赖光辉送来一张国民党的《中央日报》，上面报道了蒋介石正在接受我党提出的停止内战，国共合作，共同抗日的主张。赖还说社会上对此反应热烈，一致呼吁国共合作抗日。何鸣听后,当即与特委有关同志商议,决定利用这一有利时机，与一五七师进行和谈，并请赖代为同一五七师牵线，以便接触。赖一口应承。三天后，赖回话说一五七师同意接触。不几天，一五七师派一个姓伍的连长来山内与我们进行首次谈判。当时我方提出的条件，原则上以党中央提出的“五项要求”和“四项保证”为基础，完全合乎情理；而一五七师则提出要把红军游击队改编为保安大队，并要我们离开根据地的苛刻要求。双方因此争执不下，未达成协议。首次谈判不欢而散，敌人继续向我们进攻。为了防止敌人偷袭，特委决定分三路撤离乌坑村，撤退时何鸣那一路在平和白沙宿营时中敌埋伏。何鸣被捕后，由张敏代理特委书记，负责日常工作。当时，特委一面积极设法营救何鸣，宣布他为我方谈判代表，通电抗议一五七师破坏谈判进行的行径；一面派尹林平去香港向南委汇报情况，请求指示。后一五七师在多方压力之下被迫释放何鸣等人。此后，何鸣等即代表特委与一五七师进行了多次谈判，双方于 6 月 26 日签订了停战协定。从其内容来看，同党中央的“五项要求”、“四项保证”的精神基本上一致。这一协定的签订标志着国民党“清剿”政策的破产，标志着闽粤边共产党和红军游击队的合法地位得到确认；它是闽粤边游击区军民经过三年浴血奋战而换来的，应当予以肯定。

但是，协定签订之后，何鸣只顾扩大我党我军的政治影响，对国民党顽固派的阴谋丧失警惕性，滋长了严重的右倾麻痹思想，盲目乐观，且听不进多数同志的劝告，结果导致了漳浦事件的发生，使闽粤边红军游击队近千名指战员被敌人不发一枪全部缴了械！漳浦事件震惊了国内外。它虽是由国民党顽固派一手炮制的，但闽粤边特委领导上的严重右倾麻痹思想也是促成其恶果的重要因素。

漳浦事件发生的当天下午，我和王胜、林长兴、陈高顺、欧育超、林少克等在孔庙里进行了个别商议，决定乘敌人看管不严之机，突围到漳浦溪南根据地寻找地方党组织，重建革命武装。当天深夜，我带领一批红军游击队骨干约四五十人成功地突围出来，后来又陆续出来了一些同志，一共跑出来约百余人。我们在漳浦县溪南、下楼、下布等地党组织的积极配合下，先后到达漳浦下布的清泉岩集中。当我见到何浚、朱曼平等人时，大家心里都很难受，说不出话来，沉默中林少克用手碰了碰我说：“团长，怎么办？”“留得青山在，不怕没柴烧。”我赌咒般地回答他。我们连夜召开了紧急会议，研究今后的对策。会议决定成立新的闽粤边特委，何浚任书记，林路任组织部长，朱曼平任宣传部长，我和卢叨、王胜等为委员。大家一致表示不管环境怎样恶劣，一定要重建革命武装，把斗争进行到底！

翌日上午，我们突围出来的同志在清泉岩集会，由何浚领导进行整编。他在讲话中要大家永远牢记“漳浦事件”的惨痛教训，克服一切困难，尽快重建革命武装。我也在集会上讲了话，表示自己决心和大家一起坚持斗争，直到最后胜利。整编以后，特委决定由我担任闽南红三团团长兼政委，王胜任参谋长，团下编制暂时只有第一连，连长陈容，指导员欧育超。当时的工作重点主要有两项：第一是尽快与上级取得联系，特委因此派尹林平再次去香港向南委请示报告；其次是积极想办法解决部队的吃饭与装备问题，同时还要在群众中造舆论，让群众知道红军仍然存在。

队伍重建后，面临的最大困难是缺枪，为了解决这个问题，我们在五南区委的配合下，带领 20 几个同志来到尪仔石山，从山洞里挖出原先埋藏好的老式五排枪和短枪七八支，还有一部分坏枪，由区委设法到广东大埔请铁匠师傅前来修理。我们还在漳浦下楼村镇压了进行反攻倒算的反动保长蔡溪海，鼓舞了根据地群众的斗争信心。紧接着，我们将队伍分五路开赴尪仔石山、乌山、大芹山、狮头山、梁山等地筹集枪支，解决给养，坚持斗争。

当时，我带领一路到乌山所在地云和诏地区恢复工作。由于月港事件的发生，此地的革命力量被敌人摧残殆尽，只剩下红军伤兵处的部分伤员。我们和闽西红军会合后，我派陈高顺等同志到诏安金溪地区恢复地方党的工作。他们在进水村附近的山上，与李梨英带领的伤兵处接上了关系，向李传达了党的指示和对今后工作的意见。在地方党组织的大力支持下，乌山地区的形势迅速巩固，在短短几个月中，红军游击队就恢复发展到 200 多人。

为了进一步发展闽粤边的革命形势，何浚于 7 月下旬经厦门前往香港，向南委汇报工作。南委肯定了我们恢复红军武装的做法，指示要抓紧发展，同时还指出在队伍恢复后，不要再抓土豪，经济困难可以用募捐等形式来解决。

1937 年 9 月，何浚赴港期间，闽西南军政委员会派谭震林同志率领一个加强排来到闽粤边，援助我们开展工作。不久，何浚返回，向正在闽粤边指导工作的谭震林转达了南委的指示，并请谭震林代为起草了“给闽南同胞的一封公开信”，揭露和抗议国民党制造漳浦事件的阴谋，重申我党的抗日主张。谭震林等同志在闽粤边停留了一个多月，帮助我们做了大量卓有成效的工作，使闽粤边的党组织得到进一步发展，武装斗争也不断壮大。

正当我们在闽粤边继续坚持斗争之时，远在陕北的党中央和毛泽东同志对闽粤边形势的发展亦十分关怀。漳浦事件发生后，毛泽东同志于 8 月底打电报给当时负责闽粤桂和香港地区工作的张云逸同志，要他立即找余汉谋，提出强烈抗议，并要求一五七师将所缴何鸣部的人、枪如数退还。根据中央的指示，张云逸找到了余汉谋，在向他提出严厉抗议之后，要求其下令迅速归还所扣红军游击队的人、枪。余汉谋在强大的舆论压力之下，不得不表示愿意与我们合作，对闽粤边红军游击队可保证互不侵犯，但对所缴我军人枪问题的处理，他表示无能为力，要听上边安排。此后，毛泽东又给博古拍了电报，要他和叶剑英在同国民党谈判时，注意交涉何鸣部的人、枪退还问题。9 月中旬，毛泽东、张闻天又联名给周恩来、博古、叶剑英去电，强调指出：在国共和谈中，要向国民党再次提出要求，由南京政府责令余汉谋部退还何鸣部的人、枪，退还时不得少一人一枪。但何应钦顽固坚持反动立场，拒绝批准将何鸣部人、枪归还我们。9 月下旬，毛泽东再次致电博、叶，询问何应钦是否已批准将何鸣部人、枪归还我党，如若不果，要继续交涉。

为了进一步揭露国民党顽固派妄图消灭我武装力量的阴谋，迫使其尽快归还扣留我方的人、枪，9 月底，毛泽东对南方各地红军游击队发出五点指示。其中第五条明确指出：在国民党未如数归还何鸣部人、枪之前，闽粤边红军游击队不能集中。此后，为了更有效地与国民党顽固派作斗争，张云逸将漳浦事件的处理权交付闽西军政委员会。在谢育才同志的不懈努力下，国民党福建省政府最后不得不归还我们被扣留的步枪机枪 300 余支。

1937 年 10 月 2 日，我党中央与国民党谈判达成协议，将南方八省 14 块游击区的红军游击队改编为国民革命军新编第四军。10 月下旬，何浚与彭德清等根据党中央的指示，亦与国民党地方当局谈判达成协议，使闽粤边重新实现了两党合作抗日的局面。此时，闽粤边重建红军游击队已发展到 300 多人。

1938 年 1 月，新四军军部在南昌成立。同月，闽粤边红军游击队奉命在平和坂仔圳心整编，分编为三个战斗连。整编后队伍开到龙岩白土集中，同闽西红军一部、闽浙边红军一部，一起奉命正式改编为新四军第二支队第四团，团长卢胜，副团长周桂生，参谋长王胜，政治部主任廖海涛；闽粤边红军游击队被编为四团第一营，营长池义标，副营长廖成美。1938 年 3 月，我们这支历尽艰难曲折而成长起来的队伍，跟随着新四军第二支队，浩浩荡荡地奔赴苏皖抗日前线，投身到一场更加伟大的民族自卫战争中去。

党的领导是胜利的保证

回顾坚持闽粤边三年游击战争的艰难历程，我深深体会到党的正确领导是红军游击队和革命事业胜利的保证。在南方三年游击战争期间，如果没有中共闽粤边特委的正确领导，闽粤边红军游击队根本不可能在那般险恶的环境下开展和坚持游击战，从弱小发展为壮大，陷入挫折又再获新生。

中共闽粤边特委，成立于 1934 年 8 月，是闽粤边游击区党的最高领导机构；书记黄会聪，委员主要有何鸣、何浚、余丁仁、谢卓元、林路、许其伟、张华云等。特委成立后月余，中央红军即开始长征，闽粤边游击区遂与党中央失去联系。在当时极其艰难困苦的环境下，特委独自支撑局面，不仅没有放松党对红军游击队的领导，反而根据形势制订出种种措施，加强了党对红军游击队和游击区建设的领导，使闽粤边的革命形势在失去党中央领导的时期内得以继续发展，党组织和红军游击队的力量也不断壮大。回顾当时特委所做的政治工作，主要有以下几项：

首先，在红军游击队中大力发展党团组织，充分发挥党团员在队伍中的先锋骨干作用，提高部队的政治素质。在南方三年游击战争中，红三团和独立营中党团员的人数占部队比例的百分之三十以上，做到了连有党支部，排有党小组。绝大多数的党团员都能紧密地团结在党组织的周围，自觉地发挥骨干作用。那时，条件虽然十分艰苦，部队经常处于转移或战斗状态中，但我们还是坚持每日上政治课，并不时召开问题研究会，还办了读报班和识字写字班，经常举办文艺晚会，活跃战士们的文化生活等。因此，虽然环境恶劣，战士们的精神面貌却很好，打起仗来生龙活虎。很难想象，如果没有党组织的核心领导，没有党团员的骨干作用，我们的游击队会是个什么样子。

其次，坚决纠正错误的肃反政策，及时制止了自相残杀的局面的延续，从内部稳定了队伍。闽粤边红军游击队，在从凤凰山到乌山时期，曾先后有过二次肃反运动，在红军中抓所谓的“AB团”和“社会民主党”，游击队中的一些中队长、排长、班长等或被抓或被杀，一时间在部队里造成了恐慌和混乱。特委觉察到这一情况后．及时进行了纠正，避免了肃反的继续扩大化，使广大干部战士的情绪得以稳定，红军游击队得到巩固。1934年底至1935年春，由于主力红军长征，中央苏区被敌占领，加之闽粤边红军游击队内部肃反扩大化，一些好同志被错杀，致使我们队伍内部的一些动摇分子对前途丧失信心，产生悲观失望的右倾情绪，个别的甚至发展到逃跑或投敌叛变。针对这种情况，特委及时在党内开展反右倾思想的斗争，统一了思想，坚定了信心，使闽粤边的革命形势继续向前发展。

第三，坚定而灵活地执行党的建立抗日救亡统一阵线的政策，利用一切有利时机，团结一切可以团结的力量，壮大自己的队伍。在同党中央失去联系的日子里，闽粤边特委一方面积极派人寻找党中央，一方面结合本地实际情况，灵活地开展抗日救亡斗争，只经过一年左右的努力，就争取到由我党控制的抗日群众组织的公开合法活动。当时，在红军游击队的协助下，地方党组织在各地建立了有广大群众参加的农民反日救国会，农民反日自卫军等；在白区漳州组织学生进行抗日游击示威；在各游击根据地、游击区及白区建立了抗日义勇军 15 个中队，并成立漳州人民抗日义勇军总部统一领导之。据 1936 年 10 月统计：各县、区、乡三级组织的秘密抗日义勇军达 8000 余人，这不仅大大加强了红军游击队的政治军事力量，也广泛扩大了我党的抗日爱国政策的影响，为游击队后来改编为新四军打下了良好的基础。

第四，十分注重宣传工作的作用。在坚持闽粤边的日子里，斗争环境虽然很艰苦，闽粤边特委还是很重视政治宣传工作，创办了许多报刊，如《红潮报》、《红潮画报》、《工农报》、《工农画报》、《战斗》以及《抗战情报》等，用多种多样、生动活泼的形式宣传党的政治主张，进行思想教育，收效很好。各根据地还临时印刷了许多歌谣小册子，如潮澄饶地区的《革命潮曲》，闽南的《挑夫十唱》等，既通俗易懂又朗朗上口，很受群众的欢迎。由于宣传教育工作搞得好，当时从部队到地方，从领导到群众，政治空气非常浓厚、活跃，上上下下一条心，为革命事业而共同奋斗。在那样艰苦的条件下，正因为有了这种精神寄托，我们才能信心百倍充满乐观地追随着党将革命坚持到底！

回首往事，历史已过去半个多世纪，当年的战斗情景依然历历在目；无数的先烈倒下去了，我们这些活下来的幸存者更有责任将历史的真相记录下来告知后人。鉴往知来，本文若能起到这一作用，余愿偿矣！

谨以此文献给三年游击战期间牺牲在闽粤边的战友们，愿他们英灵永存，彪炳千秋！

选自中国人民解放军历史资料丛书编审委员会编：《南方三年游击战争·闽粤游击区》，解放军出版社1994年12月第1版，第249—267页。

卢胜，原名卢家扬，1911年生，海南琼海人。1929年加入中国共产主义青年团，1932年转为中国共产党党员，1933年参加中国工农红军。南方三年游击战争时，任闽南红三团第四连连长、红军云和诏独立营营长、闽粤边红军游击支队支队长（后改为闽粤边独立营，任营长）、闽南红三团团长兼政治委员、中共闽粤边特委委员等。新中国成立后，曾任中国人民志愿军第九兵团二十三军政治委员，福建省军区政治委员，福州军区副政治委员、顾问，政协第五届全国委员会常务委员等职。1955年被授予中将军衔。1997年在福州逝世。

闽粤边区特委成立初期的革命活动

何浚

我记得中共闽粤边区特委的成立是在 1934 年 5 月 1 日①。当时的政治形势是处于敌人对我们红军进行第四次“围剿”期间，第五次“围剿”还未开始。闽南的环境是十九路军闽变结束以后，国民党中央军正要向我们进攻的时候（敌人进攻是在 11 月开始，这个空隙是我们有利的时机），地方和部队的工作都有了发展。

中央苏区召开中华苏维埃全国第二次代表大会，黄会聪同志去参加。当时中央为了组织各地配合，更好地粉碎敌人对中央苏区的“围剿”，决定在闽南成立闽粤边区特委，以统一领导闽粤边区的武装，开展游击战争，深入土地革命，并打通闽西，配合中央红军粉碎敌人的“围剿”，决定将闽粤边区归上海中央局直接领导。会后，黄会聪同志回来传达，并即成立了中共闽粤边区特委，特委书记黄会聪，委员有我、何鸣、赖洪祥、谢卓元、余了仁、张敏、林路、许其伟等人，我任组织部长，常住在机关，许其伟任宣传部长，何鸣是负责军事的，还有一个妇女部长钟枝。

特委成立后辖饶和埔、潮澄饶、靖和浦三个县委（云和诏县委是以后成立的）和漳州市工委。

① 中共闽粤边区特委成立时间，据黄会聪1937年4月给中共中央的报告，是1934年8月正式成立特委。

潮澄饶县委书记是张敏，委员是老诏、许克①。

饶和埔县委书记赖洪祥，委员余丁仁、谢卓元。

靖和浦县委书记是我，委员林路、吴庭坚、许其伟、老邢。

漳州市工委书记是老唐。

部队有红三团和独立营700多人（红三团400多人，独立营300多人）。红三团团长张长水，政委何鸣，政治部主任李克已。独立营营长卢胜，政委吴金。特委虽属上海中央局直接领导，但自成立后就没有联系，也没有接到中央的指示。

建立了靖和浦苏维埃政府②。主席林路，副主席吴庭坚，委员林辛未（欧察村）、吴其山（车本村）、亚狗（山前）、来坐（三坪）、番仔（白云）、打铁（洋尾溪），何清标、吴炳坤是否参加委员我已忘记。这时的主要工作是巩固老地区，发展新地区，查田查阶级。各村组织了赤卫队、模范队等地方武装，保卫地区和政权。

开办了党、团训练班。县委集中在尫仔石山办党训练班，训练区委委员和支部书记（支部是分区训练），受训的几十人，由黄会聪、吴香谷、许其伟等人负责讲课，共青团员是彭德清负责，在三坪办团训练班，培养了林胡鳅起来负责少先队工作。彭德清走后，由小潘负责。训练班参加的人数也不少，这两个训练班都是专门培养干部的，如珠清、玉英就是这个时候培养出来的。

计划打通闽南，联系东江，打通安、南、永（这时南永划归闽南领导）。队伍分二路，一路向海边发展，消灭蜈蚣山土匪，发展了吴松、龙潭、后井、新村一带乡村，发动群众打土豪。部队继续向梁山推进，开展盘陀、通坑、上坪庄、杜浔、葛后、崎溪、庙埔一带的工作，包围了漳浦县城；另一路向峨嵋山、内外东溪、龙山、南霞，消灭土匪蔡标，工作一直开展到小溪、粗坑、圆仔内、东坑、乌山一带，与东江取得联

① 老诏此时仍在东江根据地大南山，老诏、许克没有任过潮澄饶县委委员。

② 靖和浦边区苏维埃政权的建立，按黄会聪1937年4月给中央的报告是1934年3月。

系。后打下洋尾溪土楼消灭守望队，恢复发展洋尾溪、官园、东头、顶下溪坂、山陂等地工作，与活动在永和靖、漳龙公路的闽西红八团（团长丘金声）和活动在饶和埔边境的红九团（团长吴胜）相呼应。最后与红九团在山前会师，配合红九团打下后市、南胜。开展了那里的工作，只有安、南、永没有打通。

当我们的工作有着很大发展，快要秋收的时候，敌人就开始向我们进攻，要来破坏我们秋收，特委就提出“保卫苏区，保卫秋收”的口号，号召根据地人民起来保卫秋收的斗争。9 月在三坪埔尖山打败了沈东海的进攻，并乘胜打走了驻在龙岭的敌人马逢兴部，基本上扫清了据点内的敌人，粉碎了敌人的“围剿”。经过两个战役之后，敌人也暂停对我们进攻。1934 年尾到 1935 年初，国民党中央军又向我们进攻。

以凤凰山为根据地的潮澄饶县委管辖的澄外区、隆都区、浮凤区等区，曾在杉坑、浮山、白水湖、上春、三坪砾、芜居印等 19 个乡进行分田。潮澄饶有一个红三大队，几百人，由张敏同志领导。分田后影响很大，国民党派广东军邓龙光部一个师的兵力，在地方武装的配合下向潮澄饶进攻。敌人一进攻，我们很孤立，很困难，红三大队等待外援，希望红九团来支援，天天发动群众，准备粮食迎接红九团，红九团又没有打到，红三大队支持不住。敌人在我地区内进行移民并村，残酷的摧残群众。群众被摧残迫害，不得已移民，红三大队一些领导，看到群众被迫移民，误认为群众“反水”，派驳壳班在半路堵截，不准群众移民，要群众搬回去；敌人又拼命地摧残，损失很大，弄得局面很不好过，严重脱离了群众。到 1935 年春①，特委派何鸣去传达“红三大队要靠近红三团，打通闽粤边区”的指示。何鸣刚到半路遇到红三大队在潮澄饶站不住脚，已撤出凤凰山，向乌山方面靠拢。何鸣批评他们在平洋地区不能这样急躁冒进搞土改，更不能阻止群众移民。后来，部队转移到八乡山（诏安），

① 红三大队转移到闽南的时间是1935年8月以后。

开辟了坪路、塔桥、菜坑一带的工作，活动威胁到诏安城附近。到八九月间，队伍转入乌山，就在乌山立了足，一些后方机关都搬到云和诏的乌山来，成立了饶诏边区临时工委，时隔不久，改成为云和诏县委。……军事上也有了发展。对诏安的西潭、梅州等广大乡村都去打。云和诏地方工作也有很大的发展。

靖和浦保卫秋收斗争胜利后，敌人对我们的进攻又暂停了一段时间，1935 年初又开始进攻了。首先向我们进攻的是国民党中央军二十师钱东亮部，敌人对闽南各革命乡村采用移民并村和堡垒政策，到处围篱打栅，三坪乡几个村的群众被迫移到南胜外面去。特委搬到鸡笼山，老朱、德林在欧察中心区领导一个游击队，叫民兵去堵击敌人中央军，堵不住，把枪支埋起来，队伍也解散了。后来又在韭菜坑搞肃反，过左杀了十几人，犯了错误，特委叫他写检讨书，公开向群众承认错误。

敌人在军事进攻的同时，政治上收买动摇分子，瓦解我们地方和部队的工作。吴其山首先叛变，杀死区委书记何兴同志，又拉拢龙岭吴恩盘及其弟弟（在部队当排长）叛变。因此，我们便开始内部肃反，从红三团到地方，从干部到群众，都开展肃反运动。地方最先开展的就是龙岭，以后发展为普遍性。这次肃反的人不少，在部队一下子就肃掉十几人，在干部内部抓的更多。有错。但以后看到被抓这么多人中都是干部，就有怀疑，在处理时就比较谨慎了，没有杀。肃“社党”是后一段搞的，主要是在部队和干部内部，也抓了很多人，是抓错了；肃了谢卓元、李敬波、张华云等四人，也搞错了。

当时的肃反，从东江到闽西一条龙下来，对队伍和干部影响很大。

选自《南方三年游击战争·闽粤边游击区》，第268—271页。

何浚，1904 年生，海南琼海人。1927 年加入中国共产主义青年团，

同年转为中国共产党党员。南方三年游击战争时，任中共闽粤边特委组织部部长。新中国成立后，曾任中共琼崖区委员会副书记，中共海南岛区委副书记，广州市监察委员会主任，广东省人大常委会委员等职。1982 年在广州逝世。

革命运动离不开武装斗争

——潮澄饶澳革命斗争始末的回顾

陈耀潮

一、红三大队在武装斗争中诞生

1932年东江特委从大南山派来武装骨干刘金盛、罗金辉、速仔等九人到潮澄澳，先在平原活动一段时间后，进入秋区、凤凰等山区活动。以后又发展成红三连，连长贝必锡、政委浦益多，两人都是东江特委派来的。红三连的全称是“中国工农红军东江独立二师二团三连”，开头有50多人，武器有长短枪，归属潮澄澳县委直接领导。1933年春，随着武装斗争形势的需要，便于消灭敌人，从红三连抽出刘金盛组织20多人的短枪班，称为“特务队”，直属县委指挥。

红三连和特务队成立后，开展了武装斗争。2月，特务队打击火烧寮反动地主黄麻雀，没收其枪支、粮食、物资，解决队伍活动经费。接着袭击文祠车站，收缴敌人武器，剪断电线，破坏敌人的交通联络。4月底，发动群众没收大埔大地主文委发的一批物资，解决农民的春荒困难。武装斗争发动了群众，各地农会、赤卫队的活动更加活跃，浮凤革命也逐步引向高潮。

1933年5月1日，潮澄澳县委在潮饶边界草岚武大山召开纪念

“五一”国际劳动节大会，各区到会代表共1000余人。会后红三连扩军，当场吸收30多名青年参军。6月，红三连扩大到100多人。在坪溪的杉坑，红三连从杉坑进入凤凰，在凤南石古脚打一户反动地主之后，因麻痹轻敌，与当地群众联欢三天，结果受邓龙光匪部包围，牺牲了30多人，队伍从牛担湾突围之后，步步退缩。在芜仔坪一带多次受到敌人的“围剿”追击。红三连经过几次受挫之后，战士有的牺牲，有的逃跑，后又在冬瓜坪再次受挫，全连仅存50多人。

1933年9月9日，部队到达打交尾后，根据县委指示，集中丛林中整训，因坪溪敌坐探报讯，邓龙光匪部又集结兵力包围打交尾，扑向丛林我军营地，红三连机枪手林春等人为掩护队伍撤退，战斗中，林春同志等壮烈牺牲。事后，当地群众暗地里把牺牲的同志埋葬了，后人称这块墓地为“红军坟”。红三连从坪溪撤退回凤凰，经过一段时间的休整后，由贝必锡带到饶和埔支援上饶武装斗争。凤凰地区由刘元金另组织潮澄澳第一中队，迂回活动在潮安秋区一带。刘金盛带领的特务队则继续活动于凤凰、坪溪一带坚持游击战争。1934年8月，潮澄澳第二中队经过整训，同时进行扩军，队伍扩大至100多人，不断打击敌人，缴获枪支，进一步充实武装实力，为了消灭窜到青岚一带的洪匪顽敌，县委委员林乌带领第二中队和特务队，从凤凰大寨围（南溪）直奔刘藤埔，乘夜围攻柘林洪匪。在我猛烈火力的打击下，敌人龟缩在楼内。我前沿特务队直逼楼下，准备放火烧楼，一鼓作气歼灭守敌。这时庵前村联防队被枪声惊醒，即鸣锣打鼓，虚张声势。刘元金害怕受敌人包围，吹号命令撤退，使眼见即将被歼的洪匪贼兵乘机溜走，造成战斗失利，我县委领导人林乌，不幸中弹牺牲。

同年11月，县委决定在白水湖地方召开庆祝苏联十月革命纪念日，各区都派代表参加，到会人数约有2000多人。这时，贝必锡带领的红三连也从饶和埔回来。会上，武装部队换新军装，苏区人民和武装部队汇集一处，声势十分壮大。当晚，正当苏区军民大联欢之时，驻扎在凤凰的匪军罗静涛（即缺嘴罗）连部队纠集了凤凰乡的联防队 100 多人，妄图“进剿”我白水湖。我探悉这个消息后，即部署还击，当匪军逼近白水湖时，为避敌锋芒，掩护群众撤退，即把部队拉上荒岭茶园，旋又转到上村岭尾，准备断敌归路，阻击消灭匪军。敌人进击白水湖时，在高头岭遭到我军伏击，当他们抱头鼠窜逃回凤凰时，又在上村山岭上遭受我伏击部队的猛烈射击，逼得“缺嘴罗”部夹着尾巴渡河向凤山黄泥坑方向溃逃。

此役击毙“缺嘴罗”主力排排长黄汉光，并缴获一批战利品。凤凰方面的后备队仍蒙在鼓里,妄图乘“缺嘴罗”“进剿”苏区之机捞把油水，在中队长陈克养的带领下,从下埔兵分两路偕同“布袋队”共 300 多人，向白水湖进发。县委得到情报后，即派陈圆圆带领一个突击班埋伏于虎作池伏击来犯之敌。当凤凰后备队进入虎作池伏击圈时，突击班出其不意，一场排头火，便击倒联防队员数名。立足未定的敌人，遭此意外的袭击，乱成一团，我突击班十多名战士，英勇冲杀，打得匪兵狼狈向巢穴溃退。这一役，毙敌联防队长陈克养，打死打伤敌军 30 多人。至此，驻凤凰缺嘴罗连几遭我们的打击，再也不敢向苏区方面蠢动了。

在反“围剿”胜利的鼓舞下的红军士气大振，潮澄饶县委根据形势发展的需要，集中全县部队，进行整训，把红三连和第二中队合并改编为工农红军潮澄饶第三大队，简称红三大队。8 月县委正式宣布红三大队成立，大队长曾强（五华人），政委贝必锡，下分三个中队，一中队长纪泰龙,二中队长罗金辉,三中队长刘元金。武装斗争声势空前壮大。

二、武装斗争推动革命高潮的形成

1933 年冬，凤凰地方成立了浮凤区革命委员会，建立了区联队，队长柯良（隆都人），增设了印刷所、修械所等后勤机构，领导苏区人民的革命活动。这时务农会、妇女会已由隐蔽转向公开，全区 90 多个村庄成立了赤卫队，并先后在庵下、中段召开动员大会。妇女会为部队洗衣服、编草鞋、缝军衣、送茶水，儿童团又干着放哨、送信、查通行证等工作。一个轰轰烈烈的抗租、抗债、抗捐、抗拉丁、打土豪、打白匪的群众性革命高潮逐步形成。革命活动迅速扩展到饶严新安、溪联和樟溪石蛤、秀才堂、南蕉坑一带山村，并向东赏、西春虎头一带伸展。

1934 年 11 月，随着革命的发展，根据东江特委指示，在叫坑成立潮澄饶革命委员会（简称县革委），县革委主席陈耀潮，秘书陈镇波（东特派来），委员有郑国南（意溪人）、陆利（北坑人）、贝必锡、黄子固（白水湖人）。以后，为了迅速领导苏区人民进行分田、分地，于 1935 年正月，成立潮澄饶分田委员会，主任由张敏负责。

分田委员会成立之后，即集中苏区农会干部在凤新的中段举行分田骨干训练班（一说在三坪际），学习分田办法和政策。为了把分田工作做好，以白水湖为试点，指导全面分田工作，分田时提出来的口号是“没收地主、土豪、劣绅、反革命分子的田地，分给贫雇农”，“打倒土豪劣绅，没收地主田地”等。分田政策贯彻到群众之后，农民受到很大的鼓舞。敌人为了破坏土地革命，对苏区剿杀得更凶。群众并没有被敌人吓退。他们在县委的领导下，一面团结起来粉碎敌人的“围剿”，一面继续进行分田。敌人来了，便把田亩簿、算盘搬上山藏起来，拿起枪来阻击匪军；敌人退了，又继续分田。农历三月，苏区大部分乡村完成分田工作，平均每人分得土地约九升种（7.7 升为一亩），贫苦农民分得斗争果实，分到田地，革命情绪更加高涨。分田结束，各村紧接着又成立苏维埃政权，革命在浮凤区深深地扎下了根子。

三、反“围剿”斗争锻炼了武装队伍

1935 年春天，潮澄饶县委为扩大根据地，打通了与闽西南根据地的联系，粉碎敌人孤立浮凤根据地的阴谋，决定由红三大队配合苏区赤卫队攻打岭头村，拔除敌人在坪溪最后一个据点。当晚 9 点钟，部队由浮凤潜至坪溪，把岭头村团团围住。枪声打响之后，岭头村土佬（恶霸）指挥当地民团负隅顽抗。战斗至翌日早晨，敌人溃败，我赤卫队立即烧毁了敌人在岭头村的所有军事设施，镇压了“土佬”。至此坪溪赤化了。

正当苏区的革命烈火越烧越旺，1935 年 4 月国民党派邓龙光师的杨驹营进驻凤凰蛤溪墟。杨驹营抵凤凰后，即勾结当地反动恶霸黄成立、陈传治等，发展伪自卫队武装，多次纠集匪徒剿杀浮凤根据地。苏区人民在党的领导下，组织反“围剿”斗争，红三大队和特务队坚持迂回的游击战术，消灭小股敌人和地方反动武装，赤卫队配合主力开展地雷战，并负责监视敌人活动，组织群众撤退等工作。苏区人民坚壁清野，把一切家私杂物、粮食等搬入山洞密林深处。白天组织耕田队，边种田边支援部队杀敌，晚上则上山夜宿。各地山头设哨站，以海螺为号，敌人进攻时吹号报警，组织群众转移，使敌人“围剿”扑空。

1935 年夏季以后，邓龙光集中重兵，派出三个营的兵力分成三路：一路从凤凰墟出发，一路从潮安文祠向南溪，一路从浮山向坪溪进逼浮凤根据地。狡猾的敌人吸取了过去失败的教训，采取软硬兼施，步步为营的手段，在扑灭隆澄、上莆、秋区等地革命烈火后，逐步对浮凤区形成包围圈，使我浮凤根据地日趋孤立。然后大肆进攻，采取小村并大村，建立“五家联保”的办法，断绝群众与红军的联系，并诱骗苏区人民“自新”，妄图一举消灭革命力量。潮澄饶县委处于严重关头。

此时，东江特委已遭破坏，联系中断，县委与特委失去联系。隆澄、上莆、秋区革命受到摧残，根据地范围大大缩小，没有回旋余地，经费短缺。军事方面错误与敌人硬拼，使武装力量几度受到挫折。个别地方的武装人员持枪威胁群众，不准他们离村，日趋脱离群众。鉴于上述情况，经多番接线之后，1935 年 4 月，县委机关接上闽粤边特委的关系，派张敏同志去闽粤边特委汇报情况，请示工作。闽粤边特委书记黄会聪接到汇报之后，立即召开特委会议，研究潮澄饶根据地情况，提出了“保存实力，组织转移”的初步计划。7 月，当张敏同志回凤凰时，黄会聪同志也从闽粤边派几位同志到凤凰苏区视察情况，接着组织分批转移。

1935 年 7 月，红三大队根据闽粤边特委的指示，突围向福建的坪路方向转移，潮澄饶县委决定由李金泥（潮安西坑人）和红三大队十多名队员联合从平原上山的区联队，组成第四中队，留在浮凤区。部队在突围向坪路转移时，打前锋的第二中队，因为思想麻痹，过汤溪石桥时，遭到敌人伏击，中队长罗金辉身负重伤，后因得不到医治而牺牲，还有六个队员挂了彩。队伍退回汤溪牛皮洞之后，沿饶中的南面渡黄冈河抵坪路。继红三大队撤退之后，苏区的干部家属和女同志，也先后撤至坪路。

1935 年 8 月 10 日，敌军趁我武装队伍撤离苏区，便大举向我大山根据地发动进攻。这次敌人蹂躏苏区群众比以前更毒辣，他们到处筑碉堡，布竹签，围篱设栅，并以凤新、新东、凤湖、南溪为据点，带着军犬进行“驻剿”屠杀。叛徒陈五、刘元金出谋献策，采用“梳篦战术”搜捕群众，放火烧山、烧寮，强迫我上山农民回家“自新”。敌人对我革命据点大搞其“三光政策”，把根据地变成一片焦土。大山叫水坑村，先后被敌人放火烧了几次，白水湖岭顶的茶园村全部被烧光，该村原有 29 个农民，在匪军的屠刀下死的死，走的走，只存下三个人。在敌人践踏下，为了保存革命实力。把革命斗争进行到底，潮澄饶县委只好挥泪与根据地人民告别，暂时向乌山方面撤退。1935 年 9 月，县委书记张敏等被迫退到浮滨的十二排，陈耀潮转入坪路，11 月张敏才从西石的刺竹坑转到诏安的下半楼。这时，潮澄饶县委留下黄芝固在苏区十二排的牛角厝一带坚持革命活动，文锡壶和积极分子阿成活动于东官、下围、六斗一带。

四、扑不灭的武装斗争烈火

1936 年 2 月，随着云和诏县委在十八宫成立之后，闽粤边特委把坪路划给潮澄饶县委辖属，并保留了当时一批干部，准备寻机恢复潮澄饶根据地，县委委员有陆保、陈耀潮、蔡湖三人，浮凤区干部有黄子固、文锡协、文锡壶、林炳春、黄财添、文锡发、阿成等人，武装队伍有刘金盛所带领的潮澄饶第一大队，继续活动在诏安的白叶、景坑和饶平的渔村一带。

1936 年春天，国民党匪军经过几个月对苏区人民摧残之后，回兵驻守哈溪墟和文祠等据点，严密控制苏区人民出入。这时，我驻坪路的潮澄饶县委为了迅速恢复苏区的联系，派文锡协和文锡发到潮安意溪接关系，他们二人到达潮安东门车站时被文锡江发现（锡江当时混在汽车公司），即向文祠匪军告密，当文锡协、文锡发下车时，被邓龙光匪部逮捕，禁于丰顺监狱。抗日战争时，日军轰炸监狱，文锡协中弹身死，锡发乘监狱被炸倒逃脱。后往南洋。

文锡协等被捕后，县委又派文锡壶和林木松到饶中一带摸清坪溪根据地的情况。当锡壶与木松夜宿坪溪山寮时，林木松动摇，连夜带枪逃跑，隐匿无踪。1936 年 4 月，文锡壶、黄财添又奉命到牛皮洞，准备潜回苏区摸清情况，暂时隐蔽在六斗山寮。

一天，黄财添乔装上市到浮山墟刺探敌情，回来时挑了两筐杨梅，在六斗前埠休息，骤然一阵风把他的衣衫撩起，露出短枪，被六斗下楼的自卫队发觉，下楼的“土佬”（恶霸）接讯后，乘财添路过下楼时把他抱住，押解到浮滨匪部，后又转到饶平监狱，据说后来财添在狱中受尽严刑拷打，但无泄露党的机密，敌人兽性大作，用刺刀把财添戳死。

1936 年 3 月，闽粤边特委为恢复潮澄饶根据地，遂派县委委员陆位保、蔡湖，陈耀潮分队到汕头、潮安一带恢复活动。当时，陈耀潮因参加闽粤边特委会议未能动身，先由陆位保、蔡湖二位同志下潮汕。约十多天后，陆位保在汕头市小公园被敌人便衣逮捕，蔡湖也在汕头被叛徒告密被捕。此后，陈耀潮到潮安得悉消息后，只好暂时在家乡附近的农村隐蔽起来。

1937 年 3 月，陈耀潮眼见敌人追捕很凶，县委机关又已失散，遂通过活动，5 月逃往马来亚，在马参加马来亚共产党。至此，潮澄饶县委机关，也只好暂时停止活动。

1936 年 6 月以后，继续留在浮凤活动的黄芝固和文锡壶，为便于发动群众恢复根据地工作，请求县委、特委调配武装力量，结果从潮澄饶第一大队抽出六名精干战斗员，组成一个游击小组，由黄芝固率领活动于十二排和牛角厝村等地。

8 月间，潮澄饶第一大队长刘金盛、政委曾才炎既没请示县委，又没有与当地党取得联系，便率领部队从渔村到饶中，进驻牛皮洞。敌人得悉后即纠集驻凤凰、浮山、饶城等处匪军，分三路包围牛皮洞，由于部队战备疏忽，敌人到达时仍未发觉，等到文锡壶在山寮鸣枪报警时部队慌忙集合向十二排撤退，敌居高临下射击，十多名战士中弹牺牲。当我退上牛角厝村时，敌又以两个连兵力两面夹击，至新岭时，又死伤 20 多人，幸得高山重雾未开，借重雾掩护闯出敌人封锁线，向坪溪分水垭撤退，再由交通员林炳春带路，乘夜撤回闽南，留下六名伤员，由黄芝固、文锡壶负责调治，后送回独立营。

10 月，党组织决定派原浮凤苏区赤卫队长文坤池回大山扎根，伺机恢复浮凤根据地。文回来后，携带武器和现款，向敌人“自新”，敌人在文坤池口中诱得有关苏区和闽粤边情况后，把他枪杀了。此后，边区特委又决定从碗窖溪、“镰仔湾”入手，希望从下埔打开缺口，找机会开展苏区工作，又一次派黄芝固、文锡兑、林炳春、阿成等人返回浮凤。黄芝固、阿成、炳春在牛角厝活动，文锡兑到下埔活动。但文锡兑回乡后又向当地保长“自新”后逃往暹罗。恢复浮凤根据地的计划又一次落空。

1937年1月，闽粤边特委又派县委委员曾才炎带黄永信、林炳春三人组成一个游击小组，从坪路向十二排牛角厝出发。曾才炎派黄永信先回凤新接线，准备建立据点。但是黄在紧要关头变节，出卖同志，带一批化装为“农民”的便衣队返回牛角厝。曾才炎、林炳春正在一户农民的田寮商量工作，黄带领便衣队包围田寮，开枪杀害曾才炎。林炳春拿过烈士曾才炎的驳壳枪，握着双枪冲出山寮，向山上突围脱险。后来，林炳春参加了独立营，黄芝固被分配在诏安一区工作。

由于浮凤根据地经受敌人一年多的摧残、封锁，苏区群众很害怕，在残酷斗争中，部分干部不坚定，或变节，或逃跑，使恢复浮凤根据地的计划失败。但是，潮澄饶的革命种子，在闽粤边乌山根据地扎下了根子，乌山根据地后来又出现了一个新的高潮。

选自《南方三年游击战争·闽粤边游击区》，第272—279页。

陈耀潮，1897年生，广东潮州人。1925年加入中国共产党。南方三年游击战争时，任中共潮澄饶县委委员，潮澄饶县革命委员会主席，中共云和诏县委委员、组织部部长。新中国成立后，曾任潮安县政协副主席。1975年逝世。

二下闽粤边

李德安

三年游击战争期间，我在闽西红军独立第九团一营二连担任排长，曾两次到过闽粤边游击区。第一次到闽粤边，是1935年春，我随吴胜司令员、谢育才政委率领的闽西南军政委员会第二作战分区部队，为打通与闽粤边区的联系，争取两游击区连成一片，在闽粤边区转战了近一年；第二次到闽粤边，则是在漳浦事件发生后，我率手枪排护送谭震林同志南下闽粤边，调查处理漳浦事件，协助闽粤边区重新开展游击战争。时间虽然过去了半个世纪，回忆起这两次到闽粤边的岁月，仍然记忆犹新。

一、书洋镇筹款

1935年春，第一次闽西南军政委员会结束后，吴胜、谢育才同志到月流驻地向我们一、三营和永东游击队传达了南下闽粤边游击区，沟通与闽粤边红军游击队联系的任务。当时，我们只知道闽粤边区一带有红三团和游击队在活动，如今，要南下去寻找他们，尽管路途十分艰险，我们的心里还是十分高兴。因为我们都知道，一旦闽西与闽粤边连成一片，我们的力量就会强大得多，争取游击战争的胜利，就会更有把握。

南下的任务一布置下来，我们就在驻地挨家挨户检查群众纪律，赔偿损坏的东西，向乡亲们告别。正当我们紧张准备着离开月流的时候，国民党第三师李延年部的三个团已经从龙岩和南靖边界进入岩、连、宁边界，直逼永定的东部。为策应第一作战分区进入岩、连、宁边界开展游击战，吴、谢首长决定将李延年部吸引过来，给第一作战分区让开一条路。

发现敌情的当天晚上，我们的部队开进靠近永宁与干和交界的初溪，作好阻击敌的准备。次日，我们与敌五个多连激战一天，晚上，敌人丢下 30 多具尸体，带着近 200 伤兵退回了芦溪。待敌驻湖雷境内的两个团闻讯赶来增援时，我们已连夜转移到黄竹烟。根据侦察员回来报告：第一作战分区已从敌人让开的道路上开向宁、岩、连根据地。策应第一作战分区的任务已完成，我们便开始筹备南下工作。

要南下寻找闽粤边区的兄弟部队，必须冲过敌人层层封锁线，长途行军跋涉。可谓路漫漫，任重而道远。部队还必须做好与敌人周旋的长期打算。而我们这时身上的大洋已所剩无几，千把人吃饭的问题必须作充分准备。解决南下经费问题成了当务之急。

团首长决定：打土豪筹款。

这天上午，营长告诉我说：团首长决定要打南靖县的书洋镇，为南下筹一笔款，要我指挥团组织的便衣突击队。下午，我赶到团部时，参加突击队的其他同志已到齐了，共 20 来人。我们这些人大多是在团部当过侦察员的，平时分散在各个连队，一打仗时，就将我们这些人集中在一起，组成便衣突击队。吴团长告诉我们，因为红九团的到来，附近的一些土豪劣绅和反动的地主资本家已逃进了离这里 40 华里的书洋镇，躲在书洋镇内的一座土楼内，由团丁和保镖保护着。打下书洋镇，便可为南进筹到一笔款，吴团长向我们介绍完敌情和地形后，指出这次战斗的任务是速战速决，要我指挥便衣突击队化装混进土楼，与主力里应外合。

第二天下午，我们这支扮成挑柴、卖菜、做小买卖的队伍跟着赶墟的人群进入了书洋镇内，向大土楼靠近。在距大土楼十来米时，团丁中有人喊道："干什么的？"我们的"货郎"摇动着拨浪鼓回答说："卖时新小百货的，你们楼内的小姐有人要买的。""滚！到墟上去。"那家伙边吆喝边过来拉住我们，要动手搜查。我看到此情形，抽出驳壳枪从背后顶着了那家伙的脊梁骨，压低声音喝道："不许动！"土楼门口的团丁惊喊："红军来啦！"边向后山高地跑去，有的团丁则关上土楼大门从枪眼里向我们射击。我们退回街道，倚着墙角与敌人对射。一阵混乱之后，敌人发现我们人不多，便壮起胆子组织反击。他们手持长枪、短枪、刀矛、棍棒，几十个人同时从土楼里呼喊着冲出来，逃到后山高地的敌人也扑了下来，企图夹击我们。我们乘机退回河东面抢占高地，将敌人引出土楼。这样对峙了半个多小时，我后续部队赶到，机枪一阵猛扫，敌人顿时乱了阵脚，四处奔走躲藏。手提皮包、皮箱的"老爷"、"太太"、"少爷"、"小姐"们见状纷纷拥出土楼，四处逃散。我们跟踪追击，捉到地主和土豪劣绅 30 多人。这一仗收获不少，共搜缴到五六斤黄金一万多块光洋。

当天下午，团领导在书洋镇召开了群众大会，将土楼里收缴的粮食和衣物发给群众，同时派出一部分同志，按政策规定向镇上的富户征借了一些款。这样，我们每人的干粮袋里，装上了 50 块光洋，全团 1000 多人南下吃饭的问题解决了。各连还领回几匹布制作被单，一些破烂不堪的旧被面则撕成小布条分发给同志们打布草鞋。到出发时，大家都换上了新被单，每人还背上三至六七双布草鞋。

在书洋镇住了三天，部队踏上了南下的征途。

二、挺进饶和埔

队伍离开书洋镇，是1935年5月中旬，我们沿着1932年主力红军攻打漳州的方向，避开国民党驻军南下，沿途是莽莽林海、崎岖山道。这一带红三团经常活动过，群众初见我们时，虽不敢公开同我们接触，但都大胆地在房前屋后、巷口路旁望着，有的还在路口给我们送茶送水、指引道路。在敌人重兵“清剿”我们的时期，群众这样支持我们，战士们都很感动。我们按政策坚持喝茶喝水付钱。

连续几天行军，部队翻越了海拔1000多公尺的象湖山，进入国民党控制区。为避免与敌人接触，我们挑选山高林密的路线行军，在没有地图、向导的情况下，靠日月星辰辨别方向南进。几天后，部队进入平和县西部的秀峰山区，遇上不断刮风下雨的天气，行程更加艰难了。在渺无人迹的山谷林间无处可避雨，只得用刺刀砍些竹木临时搭起棚子。饿时架起一个个小石灶支撑着一口口小茶缸，熬点稀粥喝。到了夜晚，大家蜷缩在临时搭起来的棚子里睡觉，有时就干脆抱把伞盘坐在岩石上打盹。行军中，刺刀、茶缸、雨伞成了我们的三件宝。

部队下了秀峰山，在白花洋休息了几天，又继续前进。当得知敌八十师派出一个团驻守故治镇，企图伏击我们，我们又转向燕子山袭击饶平的反动民团。故治镇敌人发现我们九团向饶平去，便转头开走了。我们则又折回头，趁机越过故冶镇，朝大溪急行军一天。大溪村是国民党区公所所在地，国民党八十师的临时小兵站也设在区公所，由一个新兵连看守。团首长决定由陈副营长带一支便衣突击队偷袭敌人，一连随后奔袭。拂晓时分，我便衣突击队摸进区公所，敌人还在蒙头睡觉，被我们全部解除了武装。我们缴获了一大批枪弹和被服、药品。兵站里还有一大批国民党军装，我们每人换上一套，扛起青天白日旗，大白天里浩浩荡荡、大摇大摆地沿着大道行进。碰到检查的路卡，我们就回答说是八十师的；遇上军容不整的敌兵，我们化装成敌军官的同志就上前训几句。遇上反动民团，就更不用说了，他们连问都不敢问，躲得远远地望着。我们日行百里，顺利越过九峰山，惬意极了。

几天后，敌人发现了我们的行踪。我们又不得不边扫除障碍边前进。几乎每经过一个乡村，都要打一仗，将敌人驱逐之后才能通过。从九峰山到小段这一段路，我们打下五个区公所，与国民党地方武装交锋数十次。路过小段的这天午后，我们部队刚要进入小段村，四面八方突然响起枪声和喊杀声，漫山遍野尽是挥动着刀枪棍棒、扁担锄头的人群，挺吓人的。仔细一观察，他们既不像民团武装，又不像大刀会，这些人占据着山峦土岗，用闽南话在吆喝着。为了摸清这些人的来历，一营三连迂回绕到一个山头后面，捕捉到八名俘虏。带下来一了解，原来他们都是被反动派欺骗参加抵抗的农民武装。赖荣传主任当即对他们进行教育，说明我们是打地主土豪，解放穷苦农民的红军。然后每交一支枪奖赏三块光洋,就地释放,要他们回去向乡亲作宣传。这一招很灵验，满山人群渐渐散走了。我们进入村庄，连夜摸到反动土豪家里，没收了他们的财物，秘密分送给贫苦农民。第二天，我们从小段出发，经官陂进入饶平、平和、大埔边境。从这里被国民党军队烧毁的断壁残垣上，到处都可看到字迹陈旧的红军标语，估计我们已到达了饶和埔边区游击队活动的地方。我们在大青山下的一个小村庄里驻下，四处寻找闽粤边红军游击队，但没法得到闽粤边红军游击队的消息。团首长以为是群众警惕性高，不敢轻易暴露游击队的缘故。于是，赖主任亲自带一个组出去访问查找,开始时乡亲们还是一个劲地用闽南话回答说“未要听”（不懂得听）、“姆在央”（不知道），到后来，有一位老大娘悄悄告诉赖主任说：“你们不是要找游击队吗，把那两座楼（指对面马坑格庄子上的两座大土楼）打下来，就找到了。”原来是乡亲们不敢相信会有这么多红军突然到来，所以想用打土豪的办法试探我们的真假。经调查，那两座土楼里果然住着土豪地主和反动民团几十人。团首长便派出一营将土楼包围，先是喊话展开政治攻势。但敌人不理睬。一营便打了进去，俘虏了 40 多人。土楼打了下来，乡亲们就相信我们是真红军了。那位老大娘又颤巍巍地带来一个 30 来岁的庄稼汉告诉我们说，饶和埔县工委书记余丁仁同志领导的 24 名游击队员就住在大青山上，这位庄稼汉是隐蔽在村子里的游击队员。团首长马上派人同这位游击队员一起上山联系，傍晚余丁仁和游击队长吴文富就带着游击队员下山来。我们与游击队的同志一见面，真像久别重逢的兄弟一般，大家尽情的握手、拥抱，欣喜若狂。经过一个多月的跋涉。冲破敌人重重封锁线，我们终于找到了闽粤边区游击队，从而开始了两块游击区红军武装共同战斗的新的岁月。

三、与饶和埔游击队共拔“土围子”

我们在大青山找到饶和埔游击队后，团首长和游击队领导忙着开会，互相介绍情况，研究同闽粤边特委以及红三团取得联系的部署。我们则同游击队的同志借助手势谈心交朋友，虽然我们讲客家话，游击队的同志讲闽南普通话，大家还得彼此用手势、表情交流感情。随后，我们又在乌山两侧的上官陂见到了卢胜同志率领的红三大队部分同志。这里，有两件事使我们感到新奇和兴趣：一件是红三大队的武器大多是崭新崭新的。一问，才知闽粤边一带比较富庶。多数地方称得上鱼米之乡，反动的巨商、富豪和财主常从海外购进枪支弹药武装自己的家丁，红三大队同志手中的武器就是从这些家丁手里缴来的。另一件是红三大队的队伍里有一批很能干的女同志。我们排有几位入伍时间不长的同志跑来问我说：“游击队里干吗还有同志嫂？真新鲜！”我告诉他们说，九团过去也有一些女同志，她们是半边天，不仅做饭、挑担能吃苦，行军、作战也跟男同志一样。她们还有做群众工作、宣传组织妇女的方便条件。九团过去也有一部分，后因敌情紧张才被送回苏区的。这几位新战士仍觉得新鲜，因为他们第一次见到女游击队员。

饶和埔的同志见来了这么多红军部队，又高兴，又激动。游击队的吴文富队长找到团首长，要求我们拔除饶和诏边界大青山里格贝楼村的三个大土楼。这三个大土楼里驻有这一带地主恶霸纠集起来的 100 余人的反动武装，经常袭击饶和埔游击队，残杀我们的地方干部和靠拢我们群众，对开展饶和埔工作危害甚深，要求我们协助拔除这三个土楼。吴文富提供的情况是：格贝楼村的三个土楼摆成品字形，南北两楼各有 40 人，头目住在北楼，西楼有 20 余人，各楼相隔 200 多米。这 100 来人大都是当地抽丁来的，没有怎么训练过，没有多大战斗力。三个土楼的地形是丘陵山地，易于我们进攻。团首长与游击队的领导研究后，制订了与游击队打好这一战的方案。具体是：三营配一便衣突击小队配合游击队一部攻打西楼；一营加便衣突击队两个小队配合游击队一部攻打南、北楼。部队出发之前，各营作了简单动员，说明这是南下后与闽粤边的饶和埔游击队第一次合作作战，分析了拔除这三个土楼对发展饶和埔游击区的意义：大家摩拳擦掌，信心很足，连夜向格贝楼村出发。凌晨 2 时左右，我们刚到格贝楼村边就被敌人发现。偷袭未成，我们即占领周围有利地形。派出一部分人挖土楼的围墙。游击队筹备炸药，准备爆破土楼。土楼内的敌人从枪眼里向我们射击，子弹打在战士们披在头顶的湿棉被上，吱吱直冒烟。眼看日近正午，得知饶平、诏安两县方向有数百敌人来增援，为避免被敌人夹击，部队撤至格贝楼山后十来里的树林里隐蔽，留下侦察分队查明敌情。

饶平的国民党军队六七百人赶到格贝楼村，到下午 3 时左右撤了回去；诏安的敌人赶到下官陂，得知红军已撤走，也掉头回去了。格贝楼的敌人发现我们已撤走，纷纷从土楼里出来铲掉我们修筑的工事，将我们借来修筑工事的门板、桌椅、棉被等往土楼里搬。吴胜团长根据侦察分队搜集的情报，决定率队奔回格贝楼，按原分工任务打他个回马枪。太阳刚下山，游击队的六名女同志与我们便衣突击队混在回村的群众中逐步靠近这三个土楼。在北楼，当我掏出驳壳枪对准哨兵的胸口时，哨兵愣了好一会，大门内四个敌人企图顽抗，被我们一一击倒。部队一听枪响很快赶到。战斗一共用了一个半小时，三个土楼的敌人大部分投降。结果，毙伤敌 20 余人，俘敌反动头目、地主恶霸共 100 余人，缴驳壳枪 18 支、步枪 90 余支。我们将土楼内的粮、物分发给了群众，在格贝村召开了军民联欢晚会。团首长在会上向群众说明我们是张鼎丞派来的红九团，到这里是来和闽粤边的红军游击队一起打土豪分田地，建立工农政权的。在会上还表扬了饶和埔游击队作战勇敢，配合得好。

这是我们和闽粤边游击队会师后的第一仗，拔除了敌人的土围子。地方党、游击队和广大群众都很高兴，为今后开展活动创造了条件。

四、与红三团会师三坪山

在格贝楼与饶和埔游击队一同拔除了敌人的土围子后，部队回到大青山下，准备休息几天，再往平和县三坪山闽粤边特委、红三团驻地时，云霄、平和、漳浦三县敌人已得知我们的意图，急速向我们扑了过来，并做好拦截我们的准备。这样，我们既不能继续留在大青山，又不能冒险前进。于是，我们与饶和埔游击队余丁仁退回到饶平、平和、大埔边界。谢育才政委率三营留在永、和、埔、饶边区活动，吸引敌人；吴胜团长和赖荣传主任率我们一营绕道往三坪山。我们因为有饶和埔游击队带路，在密集的敌人部队间隙中穿行，队伍迅速穿过小祭、上善、下善地区，直插凤凰山边的浮凤游击区。突进到云霄、诏安两县边区的乌山。等敌人赶来时，我们已调转头向东北方向经漳州进入平和县。7 月 1 日这一天，我们终于到达了红三团的老根据地——平和县三坪山。

这天，同在艰难岁月中苦战的兄弟部队会师了，大家互相拥抱、问好，有的还高兴得在地上打起滚来；此情此景，既亲切，又热烈，十分激动人心。吴团长、赖主任同闽粤边特委、红三团的领导开了几天会。接着，我们又在三坪山开了会师庆祝联欢大会。闽粤边特委书记黄会聪在会上讲了话。我们还听说，黄会聪同志写了一篇文章，提出联合国民党军队建立统一战线的主张。这样重大的问题，我们在这里第一次听到，有些同志没法理解，但都很有兴趣。

我们与红三团在三坪山会师，又吸引了许多国民党军队向三坪山方向调动。为不使兄弟部队增添压力，我们不宜在三坪山久留，在三坪山逗留了几天，便匆匆离去。

我们出了三坪山，故意直冲漳州，敌人以为我们图谋漳州，调动部队布置截击，我们又掉头直指平和县城，牵着各路敌人的鼻子转。平和县城的敌人曾和我们交过手，吃过苦头，一发现红九团威胁到县城，吓得惊慌失措。正当平和县城的敌人紧张万分时，我们已悄然向西，抢渡平和河，回到小祭与三营会合了。

五、下善痛击“拦路虎”

部队回到小祭时，正值盛夏时节，九团干部正在为执行与闽粤边特委、红三团领导商议的关于协同配合开辟闽粤边根据地的方案积极准备。这天我到团部，忽听有人叫我。我回头一看，是团里的党总支书记罗桂华同志。他告诉我，他将带一个武装工作组，去开辟以古竹、白花洋、中心洋、崎岭铺、堵事坪等地为中心的龙（岩）、南（靖）、平（和）、永（定）四县边境的根据地，问我去不去做地方工作。我考虑到自己没有文化。还是留在部队里好，就将我的想法告诉了他。他后来带了十余人，建立了龙、南、平、永四县边界工作委员会，组建了一支50余人的游击队，打通了九团、八团的联系，成为后来我们休整、收容失散人员，治疗伤病员的可靠后方。

随着新根据地的扩展，部队开向了饶平的上、下善，突然发现国民党广东军李汉魂部一个加强营（四个步兵连、一个重机枪连）加地方乡团共600余人，从饶平县城出动来拦截我们。这个部队装备精良，训练有素，战术、技术动作熟练，是一支较精锐的部队，面对着这只“拦路虎”，怎么办？撤退、避开都已来不及，它逼着我们打出了红九团历史上值得骄傲的一战。

这一天，敌人开进了大片里，主动向大文凹、水波楼、下善方向进逼。我们一营一连迅速占领下善东北面的石马坑，一营主力占领六一六高地和茅铁里北高地，主力扼守在坑子里两侧。团部和余丁仁的饶和埔游击队布置在六〇八高地。

上午约8时许，我一连警戒部队在石马坑北侧与敌先头部队接触，敌先头排向石马坑北侧高地连续发起两次攻击，均被我一连一班打退了下去。大约9点来钟。敌在一挺重机枪和三挺轻机枪的火力掩护下，以两个排兵力猛扑高地，一连一班撤退到了一连阵地。敌占据了石马坑北侧阵地后，立即修固火力掩体工事。10点半钟左右，敌以一个连的兵力，冲向我一连阵地，我隐蔽待命的一营二连在赵群营长的带领下，突然跃起冲向敌阵，敌遭这意外反击，掉头乱窜，当即死伤20余人，被俘15人，丢下了20多支枪支、数千发子弹、数十枚手榴弹，退回石马坑北侧高地。

三营方向从上午8时半打到下午1时，战斗非常激烈。敌人先后发起四次冲锋，曾两次突破我阵地，被三营组织的三梯队及时投入反冲击夺了回来。三营坚守住了坑子里两侧的高地，但弹药消耗很多，重机枪子弹几乎打光了，步枪子弹和手榴弹也寥寥无几。最后，敌人倾全力，300多人一齐发起攻击，在这危急关头，一营赵营长率二、三连带着缴获的枪弹赶到，正当敌人突破了七营阵地时，我们以密集火力封锁了突破口，九连投入反冲击，夺回了阵地。至此，双方成了僵持状态。

此间，吴胜团长从俘虏口中得知，敌人这个加强营昨天急行军跑了一天，今天又打了一天，已是疲倦不堪，加上伤亡惨重，士气十分低落。吴胜团长想乘机打击一下敌人，便亲自爬上山头侦察敌情。下午 4 时，团长把我们营的陈副营长和我叫到他跟前，要陈副营长带我们排隐蔽接近敌阵地背后凹部，待敌人集合准备撤退时，突然发起冲击，杀他个措手不及。我和陈副营长用望远镜观察了一会敌情和地形，又回到营里挑选了一些同志，每个班补充到九个人，每人多带些子弹、手榴弹，编好战斗小组和进行简促动员后，带上六〇八高地西侧。

太阳将要落山时，团长亲自指挥重机枪在山头隐蔽处作好压制敌人的准备，我们按计划沿着阵地西侧斜坡上的松树林悄悄接近敌人阵地背后凹部。这时，敌人阵地西侧的部队已经收回集中，准备撤走，正面留下一个班警戒。我们沿着高地西侧运动过去，在距离 50 来米时，敌人才发现我们，我们猛扑过去，击毙了大部分警戒的敌人，抢占阵地，居高临下，步枪、机枪、手榴弹一齐向凹部敌人倾泻。敌人遭这突然袭击，顿时乱作一团，几百人争相夺路逃命。敌营长毙倒了几个逃命的敌人，又把队伍逼转了回来。陈副营长见我们弹药快消耗尽了，向我挥手示意撤回。不幸就在这个时候，他和一班长中弹倒下。我马上组织火力掩护，派人把陈副营长和张班长抢救下来。敌人发现我们后面没有部队跟上，就集中全部的兵力、火力，大喊大叫猛扑过来。我担负掩护的三班几乎把剩下的手榴弹全扔出去，拦阻住敌人。趁此瞬间，大家安全撤到山的后侧。团长亲自指挥的几挺重机枪立即开火，把抢占山头的敌人压制住了。

回到团指挥所，我向团长报告了陈副营长、一班长牺牲和我们的战斗经过，团长为牺牲了这两位同志感到难过，也为我们打胜这一仗感到高兴。他鼓励我们说："这一下子打得真出色，你们排立了大功啦。"

下了阵地，团通信员吴茂生老远就直嚷："好样的，打得真不赖！

刚才团长、政委为你们捏了好大一把汗哪！你们一出击，团首长都在山头上瞪着眼察看，一听到你们的枪声和手榴弹声，团长、政委高兴得直叫好。可再过十来分钟又听到敌人‘冲啊！’‘抓活的啊！’的叫喊声，尽是广东的口音，枪声、手榴弹声又是那么激烈，他们的脸色又沉了下来，他们卧在地上，托着望远镜，身子直往上挪，总是想爬高点希望看到你们，还急得直叹气。过了一会儿突然看到你们背着伤员从东面撤了回来，人数还不少，团长、政委的脸上又露出了笑容。同志们也高兴得直跳，你一言，我一语，都说该给你们请功……”小吴说得我们心里热乎乎的。这时，已是满天的星斗，团里留下一个侦察班了解敌情和打扫战场，部队撤出了阵地。

第二天我们才知道，这一仗共击毙、击伤敌官兵近 200 人，余下的敌人已仓皇逃回饶平县城。我方牺牲五位同志，负伤 18 人。晚上，我们一营由饶和埔游击队带路，在下善西南边插入到凤凰山脚，派出宣传小组到各家各户宣传，扩大红军的影响，还连续端了两个乡公所、一个区公所，消灭了 20 余敌人，缴枪近 20 支。

下善战斗不久，我们又在平和县的制牛岗击溃国民党八十师一个主力团的进攻，在永定、平和、大埔三县交界处与福建省保安三团打了一个对峙战，在平和的大、小芦溪打退敌八十三师的数路夹击，扫除了不少区公所和民团武装。我们每到一处，都派出部队发动群众，打土豪，发展党团组织，组建游击队。

九团在离开闽西将近一年的时间里，转战于闽粤边七八个县，开辟了永东县、永和埔边区、岩永靖边区、饶和埔边区以及平和与南靖边区几块根据地，这五个区域都成立了工作委员会，组建和扩大了游击队，发展了拥有近千人的地方武装。一时威震闽粤边区，连汕头、厦门和香港的一些反动报纸也惊呼，说张鼎丞的共军又占领何地何处。我们南下闽粤边区的行动，牵制了敌人的不少部队，打乱了福建省的国民党军队“清剿”我红军游击队的部署。

1936 年，我们奉命回到闽西，胜利完成南下沟通、联系闽粤边区红军游击队的使命。

六、再下闽粤边

1937 年 7 月，我在新四军第二支队第四团第二营任排长，部队在大芦溪一带进行军事训练。立秋前夕，红 3 团参谋长王胜同志来到我们驻地看望我。他告诉我漳浦事件和月港事件发生的经过，然后通知我：闽西南军政委员会决定派谭震林副主席前往闽粤边调查处理漳浦事件，考虑到我 1935 年在闽粤边活动了将近一年的时间，那里的群众情况、地形、交通都比较熟悉，他已经向上级建议由我带一个驳壳枪排和一挺轻机枪，护送谭震林同志南下。听说要去闽粤边，又是要护送谭老，我马上来了精神，当即表示乐意接受这一任务，保证首长安全。另外，我正想去看看从敌人魔掌里逃出来的红三团同志。我们的手枪排，还可协助红三团重新开展游击战。

这天一入夜，谭震林和王胜同志带我们一行 40 多人，由闽粤边派来的交通员引路，从大芦溪出发，顺利到达平和县下寨的一个仅有五户人家的大丘尾住下，闽粤边交通站的负责同志陈天才向我们介绍了些情况。第二天刚吃过午饭，王胜参谋长陪着谭震林同志到排里来看望我们。谭老中等个子，面庞清瘦，笑呵呵地询问侦察排的情况，当话题转到漳浦事件时，他很生气，说何鸣不请示，不警惕，听任国民党军一五七师指挥将部队开进漳浦，结果全给人家缴了械。晚饭后，我们连夜急行军，赶到了厚溪基点村。

在厚溪村，先是遇到闽粤边特委委员林路同志，再由林路领路找到了逃脱出来的红三团领导同志，研究稳定部队情绪和恢复武装斗争的问题。我们在厚溪休息了两天后。谭震林同志又到排里对大家说，部队现在没有钱财，柴米油盐都是向老百姓借的，老百姓本身也很困难，敌人的气焰则很嚣张，到处进行反攻倒算，弄得我们的基本群众都躲进了深山。为了改变这样的局面，谭震林同志要我们配合闽粤边同志筹集经费和武器，尽快把收拢来的同志武装起来，恢复红三团的队伍，与国民党顽固派作针锋相对的斗争。他说，根据地方党的要求，决定打击敌人的气焰，要我们将林行抓来。林行是离厚溪村约50多里地的南山大地主。这家伙一向鱼肉乡里，欺压百姓，民愤很大。红三团几次要惩治他，因这家伙老奸巨猾，一有风吹草动就往城里跑而没有抓到。漳浦事件和月港事件发生后，他到处宣扬说共产党和红军统统被消灭了，南山又成了他林行的天下了，更加肆无忌惮地破坏我地下党组织，残酷迫害同情和支持革命的群众。

这天傍晚，由陈天才同志带路，我们侦察排换上便衣出发了。经过离厚溪村十来里地的形如蘑菇状的圆团山时，只见那顶上蹲着一只像小牛般的东西。细细看去，是一只花斑豹子，它臀部坐地，两条前脚撑立着，还使劲地摆动着翘起的尾巴，绿幽幽的双眼直瞪着我们。看那样子，就像要扑下来似的。在队伍中有人提出要开枪打它，我怕会暴露我们的行动，没有同意。我告诉大家将子弹推上膛，大胆地走过去，万一它扑下来再开枪。说也奇怪，我们不睬它，它也不睬我们，我们走过一段路，它也立起身来慢慢地走开了。

我们在远离村庄的山道走了几个小时，深夜时，神不知鬼不觉地摸进南山，包围了林行的院子。一班翻墙进屋打开了大门，待到林行在甜睡中惊醒时，已被我们揪出了被窝。林行随身的两个保镖，被埋伏在外面的二班抓住。当晚，这三人由一班押回。二、三班又连夜赶到坂仔，袭击敌人区公所，活捉了姓颜的区长和六个区丁。这一夜缴获驳壳枪一支、步枪三支和一部分子弹，还缴获了现款6000多元。我们这一行动，打击了敌人的嚣张气焰。

南山活捉林行后，谭震林同志不久就回闽西去了。根据谭震林同志指示，我们排继续留下，由红三团团长兼政委卢胜、参谋长王胜率领，连同红三团归队的人员共 100 多人开进靖和浦、云和诏山区老游击根据地活动，扩大影响。10 月下旬，敌人发现了我们的行踪，国民党沈东海保安团一个营 300 多人从云霄县经大沙岗尾随我们而来。在平和县四近塘追上我们，向我们发起了攻击。卢胜、王胜和陈容等领导考虑到敌我兵力、武器都过于悬殊，另方面，为顾全团结抗日大局，决定先作点退让，边打边撤。敌人发现我们枪支不多，火力有限，又是一个劲的撤退，更是忘乎所以，一窝蜂往前冲，像羊拉屎似的，敌人的队伍距离越拉越长。当敌人“冲呀”“杀呀”“抓活的呀”的呼喊声越来越近时，我们已登上 539.5 高地，大家占据有利地形，严阵以待。300 米、200 米、100 米……30 米。敌人几乎到了我们面前，团首长一声令下，我们 30 多支枪同时开了火，机枪手聋古同志的那挺机枪更是叫绝，一下子就扫倒了好几个。老兵最怕的就是机枪，一听机枪声响，就没命似地往回跑，前面的敌人一溃退，后面的敌人不知虚实，顿时乱作一团。我们趁势冲了下去，赤手空拳的同志迅速从死伤的敌人身上摘下枪支，我们的火力越来越猛，追了三四里路，直到敌人过车仔楼河，占据了河对面东墟后山的有利地形，我们才停止追击。这一仗，我们歼敌 40 余人，缴获长短枪 30 多支、子弹千余发、手榴弹数十枚。

四近塘自卫还击战的胜利，极大地鼓舞了闽粤边的广大群众，附近一些失去联系的同志，知道党领导的红军队伍还在，都积极出来寻找队伍。很快，红三团发展到 200 多人，扩大了抗日义勇军队伍。

四近塘战斗不久，我们排就返回闽西，到大芦溪集中归还建制，迎接北上抗日的新任务。

选自《南方三年游击战争·闽粤边游击区》，第280—292页。

李德安，1916 年生，福建连城人。1929 年加入中国共产主义青年团，1931 年参加中国工农红军，1932 年转为中国共产党党员。南方三年游击战争时，任闽西红军独立第九团排长。新中国成立后，曾任福建省军区福安军分区参谋长，解放军第二十九军参谋长，福州军区江西生产建设兵团参谋长，福建生产建设兵团参谋长，福建省军区副司令员、顾问等职。2008 年在福州逝世。

活跃在闽粤边区的一支群众性革命武装

朱曼平

漳州人民抗日义勇军是一支群众性的革命武装。它积极配合闽粤边红军游击队，牵制敌人“清剿”，保护群众利益，在艰难的游击战争中起了重要的作用。

义勇军在开展群众性武装斗争中诞生

1935 年初，中共闽粤边区特委和靖和浦县委分别召开第五次扩大会议，决定以红三团为主力，派出工作团走村串户，宣传群众，开展群众性游击战争，使部队会打仗，又会筹款。既是工作队，又是战斗队，既做好经济工作，又要做好群众工作。我作为当时边区的工作人员自始至终参加了。

我现在仍深切地感到，当时开展群众性的游击战争，是一项非常艰苦的工作。如五南区，我刚去的时候只有几个脱产工作人员在白区，群众和我们不敢接头，几乎连吃的问题都无法解决，我们到山上去联系群众，但群众都被移民移到白区去了，很难找到关系。以后，我们只好利用夜晚，乘他们巡田之际，找到了马头文仔，义路的阔嘴和柴留等群众。采用同群众一起搞地主的鱼吃，共同分享胜利果实等办法，才同群众挂上钩。后来，经过很长时间，才逐渐同被移民中的共产党员联系上。我们把群众发动起来，与守望队取得联系，随即在南胜掌握了几座炮楼及其守望队、壮丁队。平时，守望队、壮丁队在家生产，晚上集合起来，我们就以红军的名义，利用守望队、壮丁队抓土豪，张贴红军标语，搞了一年多时间，还用守望队、壮丁队的武装去抓土豪。敌人以为我们有很多红军，到处搜山，结果搜不到红军的踪迹。但最后还是暴露了。有一次到南胜与五寨交界的坎头抓土豪，半途碰到敌人，就打起来。对于那些已经暴露的守望队和壮丁队，我们就把他们组织起来，编成抗日义勇军。仅靖和浦根据地的一、二、三、五区和中心区的 60 多个村庄都普遍建立了抗日义勇军。以后，发展到三个大队，有 400 多人。同年下半年至 1936 年，云和诏各乡村也相继掀起了报名参军的热潮，“父母送儿上战场，妻子送郎打东洋”层出不穷。和平乡宜谷径村，当时全村只有 200 多人，报名参加的就有 60 多人，出现了父母替儿报名，兄弟竞相报名的动人情景。如高来福家中只有母子二人，高集吉家中仅有父子二人，都积极报名参加，成立了一个抗日义勇军的小分队。到 1936 年下半年，云和诏县委在梅林银坑自然村成立了人民抗日义勇军大队，下分四个中队，300 多人。

义勇军的组织形式适应游击战的需要

漳州人民抗日义勇军诞生了，很快就成了一切愿意抗日公民的喜闻乐见的组织，它符合抗日民族统一战线的精神，采取了不脱产、半脱产及全脱产三种形式。他们多数人平时种田耕地，站岗放哨，实行劳武结合。其中脱产的义勇军，都有武器装备，和主力红军一样参加战斗。特别是当时，敌人专找我们红军作战，“清剿”很残酷，红军游击队要守住根据地，实际上是守不住的，而且粮食供给也无法解决，只好暂时离开根据地，实行外线作战。在根据地为对付地主武装，或敌人便衣小股侵袭的重担便落到了人民抗日义勇军的身上。1935 年 12 月，云霄、诏安、平和三县民团配合地主武装共 4000 多人分数路围攻云和诏根据地，红军游击队避开敌人，到平原地区开展游击战争。抗日义勇军留在根据地内，把小孩妇女疏散，让群众藏进山洞，并把能搬的东西都搬上山。敌人“清剿”时，一无所获，就把搬不走的东西打烂，将未收成的农作物毁坏。敌人一走，义勇军指战员立即投入恢复根据地和帮助群众重建家园。因此，群众的斗争情绪十分高涨，从此他们更加积极地支持红军。

义勇军在党的坚强领导下发展壮大

特委为了加强对各地义勇军的领导，于 1936 年 6 月，在邦寮召开会议，正式成立了漳州人民抗日义勇军总指挥部。何浚同志任总指挥，朱增强任副总指挥，我任总政治部主任。总指挥部下辖三个大队：第一大队由何鸣同志直接指挥，主要在平和县活动；第二大队由老邢指挥，主要在漳浦的洋尾溪、长桥一带活动；第三大队由我带领，主要在漳浦梁山等地活动。我带部队去梁山以后，五南区委书记由梁培德接任。此时，柯志达在溪南已建立了支部，部队到下布时，柯志达等同志在村口路边鼓掌欢迎部队。有较长一段时间部队经常在水涨田、碑内、后港、苦竹、刘坂、巷内、过边洋、龙潭、后井等地活动。不久，队伍发展到 300 余人，地区扩大到霞美、杜浔一带。

随后，我们又搞了白区工作，从溪南发展到漳浦县城内，城内的詹开发工作很积极，义和堂中药铺是由他开张的。通过药店和县城内部工作建立联系，又把工作开展到美山、旧镇。直至佛云等地。因为有了白区工作和游击队根据地，就由吴庭坚、张太西、张明治、杨流仔等人成立了两个区委，一个叫浦南、一个叫浦西。杜浔工作开展以后，也成立了一个区委。有了这三个区委为基础，就成立了漳浦县委，县委由吴庭坚、张太西、柯志达、张明治、杨流仔等人负责。我和部队经常在下布、下楼、溪南、后港、刘坂、苦竹等地活动。由于交通阻塞，云和诏四个大队没有参加成立大会，但也隶属特委和总指挥部指挥。那时，大队下设中队，中队以下以自然村为单位，成立分队或小队。中队以上干部均由红军干部担任。这时，形势对我们很有利，军事力量也有了很大的发展，红三团主力已有三个连，和漳州人民抗日义勇军合计起来，队伍已经发展到两三千人，再加上配合地方武装到处打，革命运动轰轰烈烈地开展起来。地区也开展得很宽阔，从南胜顺公路而下可直到漳浦的溪南、眉田、巷内、白水营，直到漳州边沿；漳浦的部队可以从梁山、旧镇到佛云、海澄一带活动，这是胜利的时期。

义勇军按照红军的要求抓好本身建设

特委很重视抗日义勇军的建设，要求义勇军成为红军作战的助手。因此，义勇军的干部是由红三团派去的，按照红军游击队的要求，建设这支队伍。如思想政治工作，运用读书会、游艺会、生活会等方法，加强对战士进行教育。白天坚持出操，训练军事；晚上学习文化，开展文娱活动；周末过组织生活。因此，人民抗日义勇军政治空气浓厚，他们作战英勇，吃苦耐劳，组织纪律性强。对义勇军的给养。1936 年上半年以前和红军一样，主要依靠打土豪，对富农派款来维持。到 1936 年下半年，除向地主豪绅派其应负担的抗日经费外，还向富农进行半解释的募捐来维持。义勇军的生活费，每人每天只发二角的伙食费，每人每月发二元的零星费，总共每人每月发八元的生活费。至于义勇军的武器，多属广东“七九”和汉阳五排步枪。以及一部分土造五排枪，这些武装都是红军两年来从敌人和豪绅地主手中缴来的，以后义勇军配合红军参加战斗，他们自己也缴获了一些武器弹药，做到人人都有武器，并能随带100多发子弹。

1936年6月，人民抗日义勇军第二大队配合红三团第三连袭击国民党漳浦官浔镇区署，打死打伤敌人30多人，缴获枪支20多支。接着又配合红三团拔掉了湖西的反动据点，捉俘大地主蓝秋金，还缴枪十多支、子弹近千发。我们把地主的一部分财产分给贫苦群众。然后，我们乘胜攻击张保祥匪部，先后镇压了曾暗害我地下党员和革命群众的反动土劣陈水、郑木斗等。从而巩固了后洞根据地，开辟了周围的一大片新区。这一时期，我们在军事上比较主动了。

选自《南方三年游击战争·闽粤边游击区》，第342—345页。

朱曼平，原名朱士熙，1910年生，广东惠阳人。1928年加入中国共产党。南方三年游击战争时，任中共（南）靖（平）和（漳）浦中心区区委书记、中共（南）靖（平）和（漳）浦县委宣传部长、漳州人民抗日义勇军总指挥部总政治部主任。新中国成立后，曾任中共潮汕地委书记，潮汕军分区政治委员，广东省交通厅第一副厅长，国家侨委副司长、司长，新华通讯社香港分社副社长，中国旅行社总社副社长、顾问等职。1985年逝世。

闽粤边区里的红色交通站

吴运琳　黄兆树

1934 年 7 月上旬，中共闽粤边区特委为加强对各中心县委和红军游击队的领导与联络。于平和县欧寮乡楼仔村建立了特委地下交通总站，吴运琳、黄兆树、林昌兴等先后担任站长。由于敌人“围剿”靖和浦苏区，站址经常变换，先后转移到干和县的横石鸡笼山、欧寮山和漳浦县的车本山。

交通总站下辖十几个交通站。主要有：一区白云交通站，由陈金仔负责；二区洋尾溪交通站，由许生仙负责；三区小山城交通站，由张水来负责；中心区三坪交通站，由林文龙负责；五南区交通站，由陈海等负责；邦寮交通站，还有下布交通站和梁山交通站，由蔡火、黄连才负责；龙溪县洋坪交通站，由李榜负责；后井交通站，由林乌番负责；后溪交通站，由李天贞负责；峨嵋山交通站，由阮矮福负责；秀芦交通站与闽西特委交通站，由陈厚负责；坪水交通站，由林文、林永太负责，并和饶和埔、潮澄饶县委联络。漳州工委和厦门市委交通站，经常与海外联系。在没有电讯设备，斗争环境异常恶劣的情况下，交通站成为我党开展革命武装斗争的重要战线。

地下交通员一般是共产党员，本地人，所送的信是封住的，不能随便开阅，该送往哪里就送到哪里，要及时送到，不能耽误。同时，还得带信回来。在红军游击队中设有便衣侦察员，他们主要是搞情报和做联络工作。地下交通员在苏区范围内白天可以走路，在敌占区则夜间走路；环境好时走大路，环境不好时走山路；遇到敌人避上山。敌人走了再下山赶路，不得暴露任何目标。转送信件分二种：一种是重要文件，交通员要直接送到。个别的机密文件要用药水写，买饼干铁盒拆开装好，防止途中敌人检查。另一种是普通信件和宣传品，由苏维埃政府组织的交通员送到各个交通站，由站交通员负责分送到各个机关单位和个人。

为了有条不紊地开展工作。我们将地下交通线分成三条：第一条从总站送到漳州工委和厦门市委交通站；第二条从总站送到靖和浦中心县委所辖五个区委和四个工作团。再由峨嵋山交通站送到山内后溪交通站转送秀芦交通站。由水定工作团再派交通员送到闽西特委交通站；第三条从总站送到坪水交通站。由该站派交通员送到乌山交通站。由云和诏工作团再派交通员送到饶和埔中心县委和潮澄饶中心县委交通站。还根据任务的需要不断增加新的交通站。如 1935 年春，因工作需要，特委决定在龙溪县南乡洋坪（现龙海县）建立交通分站。从部队中抽调经过考验，立场坚定，政治可靠的连级干部莫丁贵任站长。排级干部李榜、战士王狗高任交通员。从此，洋坪分站就成为总站与漳州工委交通站、厦门市委交通站的中转站。这个分站除传送党的机密文件、重要信件和报刊宣传品外，主要还负责接送外来干部到根据地工作。又如：从总站到梁山、下布二个交通站相距 80 多华里。路途远，通信非常迟缓，特委为了加强这一带三个工作团和部队的领导。决定开辟一条通过国民党区的新交通线。但沿途有敌人的封锁，有时还驻保安团队。然而在根据地人民的支持下，交通员林乌番、张决勇敢机智，他们白天从总站出发到岭后村，夜间经过后坑寨、后埔，到下车村白区红点户黄八海家，由其负责船渡过河，一直送到下布交通站，然后再转送梁山、后井二个站，全程只有 30 多华里。自建立交通线以后，做了大量工作，从未出过差错。

这支红色交通队伍在战争中发挥了重要作用，首先是为反对敌人的进攻，传送情报。1935 年秋，当特委机关转移到第一区白云村时，被敌人发觉了。国民党即调集八十师的一个营，配合黄井林菜成反动民团、园子圩王月水反动民团和程溪叶火武装壮丁队近千人，于 10 月 17 日上午分三路向我特委机关进攻。漳州工委书记杨瑞事先得悉这个消息，即于 16 日下午 3 时派交通员将情报送至洋坪交通站、站长莫丁贵立即派交通员李榜化装成农民送情报给特委，特委机关马上转移到狮头山，白云、过水根据地群众也连夜转移上山。17 日上午，敌人分三路进入白云，结果扑了空。洋坪交通分站的同志在那时所担任的任务是艰巨的，生活是艰苦的。有时甚至还要冒着生命危险传递情报,但他们都认真出色完成了党交给的任务。又如 1935 年 5 月 16 日，平和县保安团队和地主武装在南胜圩秘密集会，阴谋对我红军游击队发动进攻。我们一得到这个重要情报，立即报告红三团。当天夜晚，团长张长水亲自带领 200 多名指战员赶到五寨，在地下交通员和地方游击队的配合下，分路包围了敌人的据点。当时，新楼内驻有保安团一个连，敌人正在楼内密谋策划。我部预先埋伏在附近稻田内。17 日清晨，乘敌人开楼门时，我军即迅速冲进土楼，敌人顽固抵抗，经过一个多小时的激战，终于消灭了 70 多个敌人，缴获 100 多支步枪和十多支短枪。联保主任林友权、联防队长庄何成，教练官吴少民等都被我们活捉了。

其次是护送干部和到边区工作人员：如龙溪县南乡洋坪交通站，据不完全统计，三年游击战争中，该站共接送外来干部 300 多人，其中从马来亚、新加坡回根据地工作的就将近 200 人。厦门集美、漳州、安溪、永春、南安等地干部、学生、工人、医务人员、知识分子来闽粤边区工作亦有 100 多人。因此，大大地增强了闽粤边机关、部队的领导和骨干力量。枪支子弹、医药等重要军需用品也由洋坪交通站派人到漳州、厦门购买，然后送到特委供给机关和部队。1934 年 10 月闽粤边区特委调饶和埔中心县委书记谢卓元、委员张华云、妇女干部邱阿足到特委工作，就是由饶和埔县委交通站送至乌山交通站，再转送坪水交通站的。1935年春，卢叨同志从乌山到特委机关，也是通过这条路线的。同年9月，潮澄饶中心县委书记张敏要来特委机关开会，因为潮澄饶交通站到乌山交通站经敌占区路线太长，来往不安全，就从汕头搭船到厦门市委交通站，由交通员护送到特委机关所在地。

交通站在开展地下交通线工作的同时，我们也打土豪，主要解决经济来源。并且救济部分群众。那时，交通员的生活待遇同干部一样，发给衣服、毡子、油布、鞋子、雨伞、干粮袋等，每月发给五块光洋的生活费，二元零用费，不论在机关或在群众家里用餐一律交五分，如果遇到经济困难无法发给生活费时，则轮流暂时先到群众家里吃饭。

在白区搞地下交通站的工作，不仅很辛苦，而且比较危险。敌人为了破坏我特委、县委机关，寻找红军游击队，千方百计地捕捉我地下交通员，破坏我交通站。有一次，吴运琳在漳州城附近一家人的桔子园里工作。不知谁走漏了风声，突然来了十五六个敌人。敌人先窜到这家人的家里，没有发现什么，接着又来到桔子园，由于预先约好，说是来串门走亲戚的，敌人盘问一番后也就走了。另有一次，敌人一看见吴运琳就开枪，并且追赶。那时路旁的树长不高，吴运琳赶紧伏在地上，敌人没有发现。敌人怕遭游击队袭击，很快就溜走了。我们交通员不仅要同明的敌人作斗争，还要同叛徒作斗争。1937年3月，交通员庄建隆被国民党一五七师捕去后叛变革命，他带敌人包围了平和县欧寮山特委交通总站。站长王光龙和交通员数人英勇牺牲。伤病员数人也被杀害。由于总站被破坏，各条交通路线都中断了联系。这时，红三团第三连连部和第一排及抗日义勇军第三大队140多人，正在龙溪县程溪一带活动。因与上级失掉了联系，经济又无法接济，使革命力量遭受严重损失。副连长陈松和第一排排长莫家福只好留下驳壳枪班十多人坚持与敌人斗争，其余指战员动员解散回家，武器集中埋藏在大湖山上。

选自《南方三年游击战争·闽粤边游击区》，第346—349页。

吴运琳、黄兆树，南方三年游击战争时，先后担任中共闽粤边区特委地下交通站站长。

忠魂一缕系闽粤

——忆闽粤边区特委书记张敏同志

张玉英

张敏同志已经离开我们半个世纪了，但是，他崇高思想和卓越才能、和蔼可亲的容貌，却永远留在我们的心中。

1937 年 7 月 27 日，经国民党当局核准出版的福州《工商日报》第一版，以显著位置刊载了一则消息 ：“闽南土共张敏、张崇（闽粤边区特委）等十二人因行动越轨，二十日在诏安被枪决。”7 月 20 日这一天的上午，诏安县城戒备森严，一片白色恐怖。张敏、文永视（江仁）、陈诏（老诏）、赵任雄、许克（许大贵）、纪力侯等 12 人，在全副武装的国民党保安队的簇拥下，被五花大绑解赴良峰山东麓的虎咬巷，一阵枪声过后，这些在月港事件中被捕的共产党“要犯”一个个倒在血泊之中……

我们敬爱的张敏同志壮烈牺牲了。我们这些特委机关的同志，获悉这一消息后，无不感到万分悲痛!

张敏同志是闽粤边区红军游击队的好领导

1934年底，为适应斗争的需要，东江特委决定，从潮澄澳工委分出部分同志单独成立潮（州）、澄（海）、饶（平）县委，由张敏任书记。这个时候，正是我党领导的土地革命向纵深发展时期。一方面是我党领导下的农民运动蓬勃兴起，一方面又是反革命势力进行猖狂反扑的时期。在艰苦曲折的斗争中，张敏深深地体会到革命武装的重要。因此，他十分注意加强对县委领导的一支红军主力——红三大队和其他几支区、乡武装游击队的组织建设和思想建设工作，使之成为一支召之能战，战之能胜的革命武装。与此同时，张敏又充分利用红军游击队连续出击，不断扫除反动堡垒的有利战机，抓紧宣传群众，武装群众，让他们组织起来，深入开展分田分地和建立苏维埃政权的斗争，使方圆百里的凤凰山区，很快成为一块红色的天下。这样做的结果，既使武装部队有了牢固的群众基础，又使群众的斗争有了坚强的后盾。因此，红色的凤凰山一时声威大振，敌人闻风丧胆。张敏还善于审时度势，捕捉战机，以敏锐的洞察力，从长远发展的观点来考虑问题。一方面让红三大队攻打凤凰山，一方面活动到饶（平）诏（安）边境，与坚持在这一带斗争的饶（平）、（平）和、（大）埔、（诏）安县委形成相互呼应之势，在诏安西北山区，包括从官陂、下葛、景坑直到搭桥、坪路一带，掀起革命的怒潮。他们在这一带打土豪，抓劣绅，摧毁国民党区署；还一度配合饶和埔县委游击队攻破了黄牛山，彻底消灭了沈三光武装反动集团，为我们党在八仙山—乌山间建立游击走廊，搬掉了拦路虎。另一方面，又用武装部队来回扫荡，给敌人以沉重的打击，胜利打开诏安八仙山山麓一带的局面之后，派出一批潮澄饶的工作人员，乔装打扮为理发匠、泥水工、打锡匠等，秘密潜入这一地区，发动群众，宣传群众，秘密建立农会、妇女会，发展党的组织，并相应成立一个以赵金弟为首的诏（安）黄（冈）区委，来加强对诏安西北山区直至饶平黄冈地区的领导。这样，不仅从外围巩固了凤凰山中心区（根据地），也为以后革命力量的转移，准备了充分的群众基础和组织条件。到 1935 年下半年，国民党军队邓龙光师，在攻陷大南山根据地以后，全力“进剿”凤凰山区时，由张敏领导的潮澄饶县委，就是通过诏安山区同中共闽粤边特委取得了联系，并在诏黄区向特委派来的巡视员作了汇报，让特委全面了解潮澄饶县委的情况。后来，特委从当时的形势出发，为了保存革命力量，指示县委作战略退却，向云和诏边的乌山方向转移。张敏坚决遵照特委的指示，在留下黄子固、文步炳等十多名色彩不浓的干部坚持浮凤边境的山地斗争，妥善安置了苏南、隆澄二个区的隐蔽之后，便分期分批把县委机关及武装力量撤到原先开辟的诏安八仙山区，再由此取道进入乌山。作为一个县委主要领导者，在当时斗争那样困难复杂的情况下，能够在胜利的时候，既考虑到革命的向前发展，又考虑到一旦风云变幻的退路，既立足于现在，又展望到未来，这是十分难能可贵的。

张敏同志是白区工作的模范

1935 年 10 月，张敏调任闽粤边区特委委员，不久又升任特委常委，兼特委常驻云和诏县委特派员。此后。由于在“肃反”中搞扩大化，县委书记蔡蔚林怕受无辜牵连而携款出逃，特委决定暂时由张敏兼任云和诏县委书记。从此，张敏长期留在诏安一带工作。从乌山西南麓直至粤东边境的八仙山脚的村寨，到处都有他走过的足迹，到处都可以听到他的呐喊。他成了云和诏边境一带的群众领袖。群众亲切的称呼他为“阿勉”、“勉哥”。有的群众甚至说，只要跟着勉哥走，准能打敌人，有饭吃。哪里的工作局面打不开，只要张敏一去，就能取得新进展。张敏在云和诏地区的干部和群众中享有很高的威望。国民党三番五次要围捕他，都不能得逞。

1935年冬，他通过诏安西潭乡交通员雄圭的亲戚关系，在华表村结识了小学教师郭郁周，又在青山村结识了知识青年涂屏南和林楠（也都是小学教师，都是家住诏安县城）；张敏多次同他们促膝谈心，启发他们提高觉悟，然后通过他们在青山村和诏安县城的北门外紫峰庙以及西门外的一间理发店，最后还深入到国民党驻扎在诏安县城西校场啼鸡庵的联防队中，发展和建立了几个内线交通联络站，把情报工作直接插到国民党的中心区域去。为了加强对诏安县城附近对敌斗争工作的领导，张敏还到距县城五六里地的花墩村，秘密地建立了一个地下党支部，让富有群众工作经验、担任过潮澄饶区委职务的自己爱人许碧珍“埋”在这里，实际上是在敌人心脏旁边安上了一颗定时炸弹。由于张敏重视开展白区的地下工作，使我们的队伍能及时准确地搞到敌人的情报。有时，我们的交通员装作国民党员的亲戚，直接钻到诏安县城西校场去同我们的地下联络站取情报。这些地下交通站和党支部，一直活动到1937年7月月港事件前后，由于县委大部分领导同志的牺牲，地下工作遭到破坏时才终止。

张敏同志是开辟新区的先锋

张敏在担任云和诏县委书记的时候，日本帝国主义在一步一步加紧它的侵略步伐。在这种情况下。他知道自己肩负的担子是何等的重大。努力开辟新区，整天东奔西走，深入各乡村发动群众，组织群众，有时，情况紧张了，要一天连转十几个山头，走几十里山路，许多当地群众，看了都不忍心，殷勤地劝说他要保重身体，千万不能累垮。

在张敏和县委其他同志的共同努力下，云和诏地区开辟新区工作进展很快，不到一年时间，就先后建立了三个区委、一个工作团和100多个党支部，发展了农民抗日义勇军1000多名。由红三团一支武装分队同红三大队，在乌山顶的北蔗村组建起来的闽粤边区红军独立营。在张敏和卢胜等领导下也获得迅猛的发展，接二连三地打了许多胜仗，使敌人望风披靡，从而开辟了诏安的大片新区。到1937年，从东南方向与云霄接壤的梅州、上湖起，直至西北与广东饶平交界的八仙山脚和景坑、元中、下葛、官陂一带，以及到离诏安县城只有20华里的西潭、洋边等于原地区，到处燃起游击战争的烽火，抗日救亡运动风起云涌。由于抗日民族统一战线工作的深入展开，乌山周围成为一个军事缓冲地带，敌人的不少守望队被我秘密改造为抗日自卫队，许多白色炮楼也变成了赤色炮楼，不少国民党的保甲长，也都成了搞两面政权的“红心白皮”人物。敌人来了，他们就敷衍应付，红军来了，就热情接待，提供情报。这个时候，红军游击队在这些国统区内基本上是可以通行无阻，敌人稍有行动，我们很快就可以得到准确情报，要进要退，要打要避，应付自如。乌山革命根据地也得到了空前未有的巩固和发展。

张敏同志为国共合作抗日做出了贡献

西安事变以后，蒋介石被迫接受了我们党提出的“停止内战，一致抗日”的主张。但到5月下旬，驻闽南粤军又搞假和谈，真进犯，继续进犯我平和游击区。为准备应变，特委决定机关和红军向平和山内靠拢。在后撤中，特委代书记何鸣等12人受敌围捕。鉴于这种情况，上级组织决定由张敏出任代理书记职务。面对异常复杂的情势，张敏领导特委开展了积极的斗争。一方面他将计就计，以特委名义公开宣布何鸣是我方派出与国民党谈判的代表，并对国民党当局逮捕我谈判代表的无理行径提出严重抗议，迫使他们不得不尽快释放何鸣；一方面又于6月

23日，在平和高坑村召开特委扩大会议，集中地方区以上、部队连以上的干部就同国民党合作抗日、边区红军改称，以及红军要开往何处改编等重大问题展开广泛的讨论。会上，允许自由辩论，让同志们充分发表己见。在此基础上，最后才一致通过了继续与国民党驻军一五七师谈判的决议。会议还通过了特委《为改编红军第一、三支队及漳州人民抗日义勇军告闽南同胞书》，并于会后印发闽粤边区各县。尔后，何鸣根据特委指示，作为特委的代表，到漳州城与一五七师代表继续谈判，并签订了合作抗日的《六·二六政治协定》。特委在张敏主持下，召开会议详尽地研究了这个协定的要点，认为它基本符合中央“五项要求”和“四项保证”的精神，也基本适应了正在发展着的闽南抗日形势，所以很快就批准了这个协定。由于“它标志着国民党反动的‘清剿’政策的破产，标志着闽南党和红军游击队的合法地位得到确定”，因而它“是我党在闽南地区进行国共合作谈判的一大成果”。

同所有的革命者一样，张敏同志也不是一个十全十美的完人。由于他受命于党内“左”倾路线猖獗之际，又处于一个与中央失去联系的边远地区工作，斗争的环境又是那么的错综复杂，所以也不可避免地犯有这样那样的错误，出现这样那样的偏差。但张敏仍无愧为一个坚强的革命者。在诏安监狱内，他同他的战友受尽了敌人的威逼利诱和严刑拷打，都始终坚贞不屈，与国民党顽固派进行了面对面的斗争，驳斥了他们的无耻谰言，充分表现了共产党人“血可流，头可断，信仰不可丢”的高贵气节。直到7月20日上午临刑前，张敏还在监外的广场上强烈抗议国民党顽固派的背信弃义，揭露他们出卖民族利益，制造“亲者痛、仇者快”的罪恶阴谋。最后，残忍的敌人只好用破布堵住他们的嘴巴。

张敏为中国人民解放事业流尽了最后一滴血。我们将永远怀念他。

选自《南方三年游击战争·闽粤边游击区》，第393—397页。

张玉英，女，1921年生，福建平和人。1937年加入中国共产党。南方三年游击战争时，任红军闽南独立第三团战士，先后在闽粤边特委军衣处、工农报社工作。新中国成立后，曾任中共龙岩县一区区委书记、龙岩地区妇联主任、中共晋江地委直属机关党委副书记、福建省人大代表等职。2002年逝世。

九、皖浙赣边游击区

皖浙赣边区三年游击战争概括[①]

李步新　江天辉　刘毓标　许登寿

皖浙赣边三年游击战争，是继承方志敏同志的革命遗志，在党中央和毛主席的正确领导下，在英勇的皖浙赣边广大人民的参加和支持下，经过与敌人生死搏斗过程而取得最后胜利的，它有着许多可歌可泣的斗争事迹，有着丰富的革命斗争经验，在整个人民革命战斗史中，占有光荣的一页。

一、皖浙赣边区域概况

皖浙赣边游击区是第二次国内革命战争后期形成的以黄山、鄣公山、磨盘山、怀玉山等山区为中心的革命根据地，包括江西的弋阳、横峰、德兴、贵溪、上饶、乐平、婺源、浮梁、都昌、湖口、鄱阳、彭泽等县，安徽的休宁、歙县、祁门、黟县、太平、石埭、青阳、贵池、秋浦、东流、泾县、旌德、宁国、宣城和浙江的开化、淳安、遂安、昌化、孝丰等县地区。

这里有世界闻名的景德镇瓷器、祁门红茶、婺源绿茶，有漫山遍野

① 编者对本文略有删节，对个别文字和史实作了订正。

的森林和丰富的地下宝藏，盛产大米、玉黍、茶油、桐油和香菇、药材以及大量的竹、木、柴、炭等，这许多大宗的土特产品运销国内外的各大城市。

虽然物产这么富饶，但是广大人民在国民党反动统治下，却深受帝国主义、国民党和地方封建势力的残酷剥削和压迫。地下矿藏为日、英帝国主义自由地开采，由于帝国主义经济的侵略，丝、茶、桐油等大大跌价，这些都直接影响广大人民的生活；特别是广大农民在高额地租和高利贷剥削下，更是苦不堪言，“镰刀挂上壁，饭就没有吃”。就是当时农民生活苦痛写照，在这重重压迫下，人民不得不起来为争取生存和解放而斗争。

从战略上来讲，这个地区也是十分重要的。黄山、鄣公山、磨盘山、怀玉山等，山峦起伏，连绵不绝，加上皖浙交界的天目山，构成了一道进可以出击，退可以隐伏的游击地带。

在交通上，浙赣铁路贯穿东南部，青屯公路直达黄山，西临赣水，北倚长江，内河有信河、乐河、青弋江、新安江，交通四达，不仅沟通了与外地的物资交流。更重要的是：革命根据地的建立和革命武装的扩大，直接威胁到九江、南昌、芜湖，特别是南京、上海和杭州等地。这就不能不引起国民党反动派对这一地区的重视和破坏。于是在这个地区，就展开了敌我之间“围剿”和反“围剿”的斗争。

二、红军北上抗日先遣队向皖浙进军

当时总的形势是：日本帝国主义者，在侵占东北三省之后，继续侵犯我华北各省。国民党反动派不顾大敌当前，仍然奉行其“不抵抗”政策，反而进行“攘外必先安内”的欺骗宣传，积极反共，调集百万以上的大军，进攻苏区和红军。这种“反共投降”的卖国政策，不能不激起全国广大爱国人士的愤怒，不能不引起国民党反动统治地位日益走向崩溃的局面。

我党中央鉴于民族危机已达到千钧一发之际，坚决主张团结抗日，公开对日宣战，发表了庄严的北上抗日宣言。我中央苏区红军主力，先后分别出动北上抗日。全国人民对于我党我军北上抗日的实际行动，表示全力支持和拥护。但是，国民党反动派在全国人民一致要求抗日的高潮下，并未丝毫改变其“反共投降”的卖国政策，继续调集大军，一面对我西进长征的红军主力前堵后追，一面集中力量向我各根据地大举“清剿”。

赣东北苏区是在方志敏、黄道、邵式平、方志纯、吴先民、邹秀峰等同志领导下建立的。1927 年这里就爆发了历史上有名的弋（阳）横（峰）起义。后来革命形势很快发展到闽北、浙西、皖南，建立了闽浙赣根据地，先后成立了红十军与红十军团，并粉碎了敌人先后两次“围剿”，巩固了苏区。

国民党匪军调集大军向我赣东北苏区发动五次“围剿”，苏区军民经过一年的苦战，在敌人的步步为营堡垒政策的推进下，形势日趋紧张。虽然处在这种严重的情况下，闽浙赣省委坚决执行中央北上抗日的指示，根据中央命令，中央苏区红七军团与赣东北红十军向皖浙进军，以方志敏为领导，组成强有力的北上抗日先遣队，北上抗日。

我赣东北根据地在敌强我弱的形势下，逐步地被缩小了，并遭受到严重破坏。虽然革命遭到暂时的挫折，总的革命斗争形势处在两个革命高潮之间，但是革命前途是光明的，从斗争形势的发展来看，是对我们有利的。我们就采取了新的斗争方式，积极开展游击战争，建立和扩大新的根据地，积蓄和保存力量，准备迎接新的形势的到来。

红七军团于 1934 年 7 月 7 日从中央苏区瑞金出发，经福建长汀、清流、大田、古田，于 11 月 1 日到达赣东北苏区德兴重溪。

根据中央指示：红七军团与红十军合编为红十军团，由方志敏、刘畴西、乐少华、刘英、聂洪钧等五人组成军政委员会，方志敏为主席，率红十军团跳出敌人的包围，向皖浙地区进军，北上抗日。于是编为红十军团第十九师的原红七军团复于11月20日左右,从赣东北苏区出发，经常山、上坊、分水，克旌德县城到黄山汤口、芳村一带。红十军团部和编为红十军团第二十师的原红十军于11月24日从葛源出发，经重山关到德兴重溪，到28日、29日才最后突破封锁线，经婺源到开化，在婺源大坂和驻守碉堡之保安团打了一次仗，歼灭敌人大部，烧毁敌人碉堡，复在蓝渡截击敌人汽车数辆，缴获敌人弹药武器及一部分物资后，就到了黄山汤口、芳村一带，和十九师会合。

一路上，北上抗日先遣队所到之处，纪律严明，秋毫无犯。群众见到红军，杀猪送粮，夹道欢迎，像见到自己亲人一样，而豪绅地主则纷纷逃命。北上抗日先遣队每到一处，向群众宣传我党主张和政策，散发北上抗日宣言，揭露国民党反动派祸国殃民的反共卖国行为，更加激起了广大人民对于国民党反动派的无比愤怒，而对共产党和北上抗日先遣队则有了极其深刻的印象。

当时我军的主要任务是：以黄山为依托，在皖浙边相机歼灭敌人一部，牵制东南方面的敌人，掩护中央红军西进，并创立新的根据地。于是，经过两天的整编后，即翻黄山，到达古竹溪。但这时敌人已布置了重兵在皖浙赣边，阻击我北上抗日先遣队。第二天我军抵达谭家桥，和敌补充第一旅战斗了一天，后因敌人增援部队到达，且双方伤亡很重，我军便在当天的晚上退出了战斗，接着走旌德庙首、白地翻岭大山经泾县、茂林、青阳，进入柯村苏区作暂时休息。不到三天，因敌人进攻，部队又向东流、祁门、休宁、太平、泾县、石埭、秋浦、青阳等地进军，屡胜强敌。但是终因敌人重兵堵击，我军又十分疲劳，加上给养困难。伤亡很大，乃决定回师赣东北苏区，准备重新整顿队伍，补充休整后，再执行任务。于是部队就向赣东北苏区行进。但是在走到怀玉山时，部队遭敌袭击，司令部电台被打掉了，刘畴西、方志敏同志不幸在陇首村因叛徒告密于1935年1月28日、29日被俘。刘英、粟裕等带了一部分红军进入赣东北苏区，不久，向闽浙边行动，建立了闽浙边根据地。

方志敏同志被俘以后，革命内部有一部分人丧失革命信心，而走上了动摇逃跑和自首、叛变的道路。如王弼、倪宝树、李伯钧、苏承平、徐世良之流，就叛变投降敌人，反过来破坏革命。但是绝大部分同志，继承方志敏同志的革命事业，在为方志敏同志复仇，为革命烈士复仇的口号下，继续坚定地顽强地同敌人作斗争。

三、赣东北苏区军民的英勇斗争

红军主力离开苏区以后，敌人更加疯狂地大举“清剿”，在敌强我弱的形势下，我闽浙赣省委领导赣东北苏区广大军民转入游击战争。

这时省委机关和关英、余金德、滕国荣、邹秀峰等同志以德兴为中心，在德兴、婺源、乐平、浮梁一带，开展了游击斗争。唐在刚、邹琦、徐炎荣等同志率领一个独立团（九个连）和葛源战区游击队，以磨盘山为中心，经常活动在葛源、篁村、槎源坞一带，并数次打进葛源街，消灭敌人。

为了加强游击战争的领导，1935年4月，省委在德兴大田苏家召开了会议，决定成立信河和乐河特委。信河特委包括弋阳、横峰、上饶、铅山四县，由余汉潮负责；乐河特委包括德兴、乐平、婺源、贵溪四县，由程伯谦同志负责。信河和乐河特委及其所属县委均组织有精悍的游击队，开展游击战争。据我们所知道的：在信河特委领导的地区，有上饶县何启泉等同志领导的一支游击队，在茗洋、关里及石人殿等地与敌人进行斗争；横峰的上坑源一带亦有一支游击队，在周志以等同志领导下，积极开展游击活动，在乐河特委领导的地区，由贵（溪）余（江）万（年）中心县委组织的一支游击队，在中心县委书记赵梓明领导下，以三县岭为中心，开展游击战争。

游击战争的广泛开展，不断地给进驻我苏区的敌人以严重打击，大大地震惊了国民党反动派，于是国民党反动派对我赣东北苏区进行了更加残酷的“清剿”，见人就杀，见房就烧，而苏区人民革命斗争又受到极端严重的摧残，活动地区日渐缩小。省委及特委的一些负责同志如唐在刚、邹秀峰、程伯谦、徐炎荣等亦在与敌人的斗争中，光荣牺牲。

敌人以无数倍的兵力继续向赣东北根据地进攻，采取烧光、抢光、杀光的“三光”政策，所到之处血洗苏区，使苏区军民武装斗争受到暂时的挫折，苏区形成几十里地方无村庄，田园荒芜，渺无人烟。剩下的一部分群众在敌人统治下，所受的精神痛苦和生活无着，苦不堪言，但是敌人不能改变苏区人民革命的心，苏区人民仍然采取各种方式与敌人斗争着。

我们为了支持根据地人民的革命斗争，在适当时机组织了短枪便衣队进去，打击了随国民党匪军回来称王称霸的豪绅地主、特务、流氓，捣毁了联保机关，捉杀了反动派，以揭破敌人说“红军被消灭了”等等的欺骗宣传，启发广大群众的革命斗争，可是因为苏区所有青壮年差不多都参加了红军，留在家乡的仅是些老弱残废、妇女和小孩，他们见到红军游击队，在敌人白色恐怖的严重情况下，含泪带哭地问长问短，并打听方志敏同志等消息，有的问：听敌人说方志敏同志被俘了，可有此事？哭哭啼啼。但是他们懂得，要继续坚持革命斗争，革命一定要胜利的。他们时刻盼望着和祝福红军打胜仗，为了表示他们的心意，把剩下一点粮食都给游击队吃，关心红军安全，派妇女带路，不让敌人发现，说发现了不得了啦。

苏区人民革命斗争，是更加困难了，但是人民革命的心和对革命胜利的盼望，给了我们极大的感动，更加坚定了我们对敌的斗争决心和胜利的信心。

在这种情况下，省委为保存有生力量，并统一皖浙赣地区的领导起见，乃决定由关英同志带领部分同志向皖南转移。赣东北地区，成立中共赣东北特委，余金德同志为书记，领导赣东北地区革命斗争。

1935年秋，关英同志到了鄣公山后，信河、乐河特委，在敌人包围“清剿”中失去了联系（据上饶地委的调查材料，这些地区的游击队遭到了损失，负责同志光荣牺牲），赣东北特委在余金德、杨文翰等同志的领导下，仍继续坚持着顽强的斗争。到1937年4月间余金德等同志率领独立营一部，与王丰庆率领的独立营两个连会师，打乐平鸣山，后因目标暴露，敌人集中兵力向他进攻，5月间在与敌人的斗争中，余金德不幸牺牲，然而这一地区，在杨文翰的领导下，仍旧坚持着革命斗争。

此外，柳真吾、王丰庆、周成龙、匡龙海等所带领的挺进师，在1934年4月转到皖赣地区后，组织了赣北特委，领导了以浮梁之小源为中心，波及祁门、都昌、湖口、波阳、彭泽等地的武装暴动。暴动后，赣北特委改名为皖赣特委，建立了苏维埃政府，并成立了皖赣军分区，周成龙为司令员，下辖一个独立师，王丰庆为独立师政委，匡龙海为师长。这次暴动后不久，敌人就集中了几个主力师和地方保安团进攻该苏区，挺进师主力大部于1935年初撤出苏区，转到贵（池）秋（浦）东（流）地区活动，皖赣苏区就转为游击区，由柳真吾等同志领导苏区军民继续坚持斗争。不久，匡龙海、田英等同志率一部分部队由贵（池）秋（浦）东（流）仍回到皖赣的都（昌）湖（口）波（阳）彭（泽）地区，开展游击战争，并打开新的局面。

1934年8月太平柯村暴动与皖南苏区的对敌斗争情况，其大体是这样的：刘毓标同志在1934年夏经闽浙赣省委派往皖南白区工作，先在歙县任县委书记，同年年底又在太平、石埭、祁门、泾县、贵池任中心县委书记。1934年上述地区发展很快，搞得很红，难以秘密下去，于是请示了闽浙赣省委，经批准后，同年8月即举行暴动。不久省委又派来宁春生同志率领的300人的游击大队，加强苏区红军的武装力量。当时分了土地与稻子，烧了田契、债券；土豪杀的杀，逃的逃，那时太平西乡一带，南北七八十里搞得轰轰烈烈，群众斗争情绪非常高涨。

三个月后，北上抗日先遣队来到皖南苏区，方志敏同志指出这里离中心苏区太远，形势又发生了变化，要求把苏区转为游击区，并决定成立皖南独立团，有两个营、六个连，约五六百人，一个营是原来宁春生同志率领的游击大队改编的，另一个营是方志敏同志留下的侦察营（原营长熊刚，政委姓张）。独立团由熊刚任团长，刘毓标任政委，受皖南特委领导。方志敏同志还规定了独立团行动的方针和任务：（一）广泛开展游击战争；（二）积极发展白区秘密工作；（三）进行抗日宣传。部队最初的行动主要是掩护以柯村为中心的苏区转为游击区，在柯村周围活动，也到过九华山、黄山边境进行活动。

几个月后，皖南党的组织受到很大的破坏，独立团失去了领导，于是决定到赣东北找省委，柯村根据地则留一个营由张政委负责，地方工作由宁春生同志领导，继续坚持对敌斗争。不久，宁春生同志在对敌斗争中不幸牺牲。

四、新的游击革命根据地的建立

“野火烧不尽，春风吹又生”，革命烈火是永远扑不灭的。虽然敌人集中兵力向我赣东北苏区残酷“清剿”，可是在皖浙边一带一块一块的游击根据地像雨后春笋一样地蓬勃发展起来了。皖浙边一带早在大革命时期，即开始有我党的活动，我党曾领导群众进行过多次的革命斗争，在群众中影响很深，特别是北上抗日先遣队来到皖浙边一带以后。虽然北上抗日先遣队失利，但北上抗日先遣队的纪律严明和坚决抗日行动，给皖浙边一带人民群众留下了极为广泛深刻的影响。当我们部队跳出敌人包围，又转到皖浙边一带活动的时候，人民群众像对待自己亲人一样迎接我们，我们部队继续发扬红军“三大纪律，八项注意”和艰苦奋斗的革命传统，开展游击战争，开展政治宣传工作，发动与组织群众，这样与群众建立了血肉关系，皖浙边一带各游击根据地就这样在军民团结一致，共同抗击国民党反动派的同一目标下，逐步地建立发展起来。现将皖浙边一带几个主要的游击根据地的情况，分述于后：

1. 贵（池）秋（浦）东（流）游击革命根据地

北上抗日先遣队到皖南后，江天辉同志根据方志敏同志的指示，带了一部分部队去同在谭家桥战斗中失去联系的倪宝树部队取得联系，开展游击战争，两次找到倪部，都被敌人冲散，后在1935年一二月间到达婺源山遇到了在该地坚持游击战争的王丰庆、匡龙海的部队。匡龙海告诉江天辉同志说：方志敏同志已经被俘了，我们已处在敌人的包围圈中，应该立即跳出敌人的包围圈进行活动。于是在1935年二三月间，王丰庆、匡龙海、江天辉等即率部到达了贵（池）秋（浦）东（流）一带活动。此后，就与在该地区活动的江从新、黄翠山、倪南山等及其所率领的武装取得了会合。王丰庆、匡龙海、江天辉等就一方面派人到他们的部队中去，加强其部队的政治工作；另一方面又派人到群众中去，进行宣传教育工作，从此，就在贵（池）秋（浦）东（流）地区展开了游击战争。

为了掩护以浮梁之小源为中心的原游击区的群众，免受敌人的摧残，部队又去都（昌）湖（口）波（阳）彭（泽）活动，在那里检查与布置了都（昌）湖（口）波（阳）彭（泽）中心县委的工作，随后部队又转向浮梁之小源。在去浮梁之小源途中，路经祁门的倒湖，消灭了敌一个保安中队，缴长枪几十支。到达小源时，那里已经完全为敌人所占领。因此，我们在那里了解了一下情况，布置工作，就转到了祁门的鸡毛尖。

部队经过几次行动后，我们深感没有地方党与根据地，供给和安置伤员情况等问题，都难以解决，就想创立新的根据地。于是王丰庆、匡龙海、江天辉、陈胖子等就在祁门的鸡毛尖开了一次会议，研究创立新根据地的问题。会上有人主张去婺源屿嵋山搞，有人主张去都（昌）湖（口）波（阳）彭（泽）搞,有人主张去贵（池）秋（浦）东（流）搞，最后王丰庆说,几个地方都好,都可以搞,以后根据情况变化再行决定。会后部队向婺源出发，在鄣公山的庙里又和周成龙会合一处，周成龙坚持要找省委,部队进到德兴,无法过去,复返回屿嵋山,又决定去贵（池）秋（浦）东（流）创立根据地。在贵池高山部队就分开了，由匡龙海、田英带一部分人，去屿嵋山创造根据地（匡到屿嵋山后，由于那里条件不成熟，他便转到都〈昌〉湖〈口〉波〈阳〉彭〈泽〉和田英同志在那里创建了一块游击区）,周成龙、王丰庆、江天辉等人留在贵（池）秋（浦）东（流）一带准备创建根据地。

为了很好地准备这次暴动，首先在党内成立了江南特委，王丰庆任书记,江天辉任组织部长（后调任贵〈池〉秋〈浦〉中心县委书记),宣传部长姓余（后调任东流县委书记),周成龙是省委代表，苏宏发（后叛变）为青年团书记。特委对暴动范围、政策等问题，曾作了多次研究，根据过去经验，决定采取保留一部分秘密组织，不把秘密组织全部暴露。其次积极地进行组织群众工作，组织贫农团、妇女会、儿童团、赤卫队、少先队等。

在军事上也采取了积极行动，部队迅速发展到七八百人，成立了江南红军独立团。7 月间我们在猪公岭打了一次接近根据地的安徽保安团一个中队，缴获枪 20 余支，随即转至青阳与贵池交界处伏击，活捉了国民党安徽省宣传部长。八九月间，我们又向殷家汇发动进攻，歼灭了殷家汇敌军一个保安中队，缴获枪四五十支，烧毁碉堡一个。由于军事行动的节节胜利。大大地扩大了我党和红军的政治影响，提高了群众的斗争情绪，巩固了群众的胜利信心，从而加速了准备工作的进展。

1935 年秋，以丁香树、高山、火龙坑等地为中心，涉及七八十里的贵（池）秋（浦）东（流）地区，正式地开始了暴动。成立了江南特区苏维埃政府（没有开代表大会进行选举），陈胖子曾任过苏维埃主席，江从新任财政部长，倪南山作保卫工作，成立了特区总工会和青年团，并且分了地主的浮财及其房屋。

不久，敌人调集了几个团的兵力，采取了步步为营的方针和碉堡政策，大举向根据地进攻。我们的部队在和敌人的几次作战中，由于采取了硬打的方法，部队受到一些损失，环境处于紧张，特委即召集会议，对当前形势作了讨论。为了保存有生力量，部队就向都（昌）湖（口）波（阳）彭（泽）去了一趟，同匡龙海交换了意见。回来后，在贵池小姓王家和敌人打了一仗，部队遭到重大损失，杨团长牺牲，情况更加严重。这时特委又召集会议（周成龙已离开去找省委了，以后无下落，东流姓余的书记已不见），会议决定：把部队分成两部分，王丰庆率领一部，组成江南游击纵队，江天辉率领一部，组成江南游击大队。会议对撤出贵（池）秋（浦）东（流）根据地后的善后问题也作了讨论。

会后王丰庆率部先离开了贵（池）秋（浦）东（流）到鄣公山找到省委，江天辉同志在对根据地的医院以及部队所储存的物资等问题作了处理后，也率部离开根据地，在鄣公山会师，找到省委。

2. 鄣公山游击革命根据地

刘毓标、熊刚所带领的皖南独立团。由于王弼的叛变，皖南特委遭受破坏，经与宁春生、张政委共同研究，决定宁、张带一个营在皖南继续坚持斗争，刘毓标、熊刚率领一个营前往赣东北找省委。经过了千辛万苦，终于在德兴广田山见到了关英同志，刘等汇报了皖南情况后，关英同志指示苏区情况不管如何严重，他仍要坚持斗争，方志敏同志交代的任务是正确的，应该很快回去，以黄山为中心，展开皖南游击战争，但必须尽量避免打消耗战，尽量保存有生力量。于是刘、熊即在苏区精编了部队，补充了弹药、枪支，带了 100 多人回到皖南。

刘毓标、熊刚的部队回来时，经过婺源、浮梁、祁门、休宁四县交界的鄣公山、莒莙山、休宁石屋坑等地，看到这里地形险要，山大林密，群众条件又好，早期就有先进知识分子余玉堂在传播进步思想，并且有过红军活动的影响，因此就在这一带坚持活动。在群众中积极宣传我党我军宗旨，宣传穷富对立原因。号召大家只有革命，组织起来打倒土豪劣绅，抗捐抗税，反对抽丁，才能获得翻身，得到了群众的支持，于是就落下了脚。不久，刘、熊又外出找到了张政委，那时他与宁春生（后来牺牲）已失去了联系，柯村苏区亦已失败，不能立足，于是部队即全部会师鄣公山，开展该地区组织工作，发展了党员，最早加入的有余玉堂、余同庆、张志成等人，在鄣公山、莒莙山、石屋坑三地建立了支部。而群众参加农民团、妇女会的就非常普遍了。同时，组织也逐步发展到鄣公山附近的白山、洪源及休宁石屋坑、里广山、里庆、上大连、下大连等地。以后这里发展成为皖浙赣三年游击战争的中心根据地。

3. 泾（县）旌（德）宁（国）宣（城）游击革命根据地

泾（县）旌（德）宁（国）宣（城）早在 1930 年前后，就有我党的组织活动，以后，大别山有一批革命的知识分子，以教书为名，在这一带活动。中共皖南工委，皖南特委也派人在这一带活动过。1934 年冬建立于中共泾县县委，潘茂彬为县委书记，徐世良为团县委书记。1934 年 12 月由洪维恭带领了一个四支枪的短枪队来泾县东北乡戴阳村活动，开始进行打土豪，分粮斗争，由于枪少子弹缺，只能打些小土豪，活动范围不大，目标亦小，敌人还不很注意。

1934 年 12 月中旬，抗日先遣队到泾县新峰地区，方志敏同志决定派李步新同志在泾县西南乡一带工作（经涂振农谈话，当时改名李荣华），发展和整顿了党的组织。一个月后，泾县县委派交通员来西乡带李到了东北乡戴阳村。1935 年 1 月由老柯（又名吴介堂）、王晓南和王岐山（王岐山同志是北上抗日先遣队十九师的团长，带一个排掩护红军主力转移，被敌人截断失去联系，到青阳找到老柯），带一个排部队和青阳县的一个游击队（在青阳九华山活动到敌人“清剿”不能站脚）共七八十人到了泾县戴阳村。这时洪维恭召集李步新、老柯、王晓南、王岐山等开会，讨论当前敌人进攻形势和我们部队行动方针，决定成立泾（县）旌（德）宁（国）宣（城）中心县委，洪维恭同志为书记，李步新为副书记兼组织部长，王晓南为宣传部长，储希文为秘书长，团中心县委书记李先进，老柯因腿害病，不能长途行动，决定仍回青阳去搞秘密工作。

敌军鲍刚独立四十六旅一个营紧跟着后面追击，当时决定部队向宁国、旌德方向行动，把敌人引到外面去，当晚即要行动，王岐山同志提出要配一个政治委员同他一块行动。这时，洪维恭决定李步新兼游击队政委，就在当晚出发，第二天清早打宣城溪口，消灭保安队一个分队，缴获长短枪 20 余支，部队就向宁国、旌德方向活动，在大王山遭敌人袭击，李步新负伤，抬到太平黄花岭刘永寿家休养。部队继续向泾县西南乡又转到东北乡，就在这几个县和敌人打圈子。这时因为有了根据地，部队发展到 100 多人枪。

中心县委决定在这四县边发展成为一个隐蔽的游击根据地。部队分为三个中队（实际是三个排的兵力），王岐山带一中队（有一挺轻机枪）；三中队在泾县、宣城一带活动；二中队（是原青阳游击队的基础）在宁国板桥一带活动。部队行动任务是：打击地主保安队，打击敌人便衣队，宣传组织群众，打土豪筹款。地方党的任务是：发动群众斗争，抗租、抗税，反对抽壮丁，组织农会、妇女会、青年团、自卫队（任务是捉敌人的便衣），没有建立苏维埃政权。保甲制度虽然未宣布取消，实际为农会所代替了，群众拿保甲长路条还可以到城镇去买东西。

1935 年四五月间，由于苏承平、徐世良叛变投敌，破坏了太平、泾县一部分党的组织，带敌人向泾县戴阳村根据地进攻。7 月间，洪维恭同志遭敌人袭击不幸牺牲。8 月间王岐山同志率领部队在宣城大小麦坑与敌作战又不幸牺牲，中心县委由王晓南代理书记，部队继续坚持在这地区斗争。但是王晓南、储希文已经腐化，各搞一个女人，把土豪的钱捆在自己腰里，不发部队经费，不积极领导部队行动，这时部队意见很多，地方干部思想比较混乱。

1935 年 10 月间，李步新在泾县西南乡活动，派人找到部队关系，即回到部队。开始了解各方面的情况，部队对王晓南意见很多，地方干部思想混乱，徐世良的叛变，对泾县东乡情况熟悉，天天带敌人进攻，破坏地方组织，有些干部动摇叛变，感到问题十分严重，真是“内忧外患”之苦。为此我们当时采取的方针首先是从团结出发，开展批评与自我批评，加强部队教育，主动团结地方干部；加强地方干部思想教育，关心爱护部队；要求提高警惕，全党团结，只有地方干部和部队的团结一致，才能积极打击敌人，坚持斗争。经过这样处理与教育之后，关系已有一定程度的改善。这时王晓南提出不担任中心县委书记，经过讨论决定李步新为中心县委书记，王晓南为副书记兼组织部长，储希文为秘书长兼宣传部长。团中心县委李先进为书记。党委对当时的情况作了具体分析，决定部队积极向外出击，打击徐世良所带的“清剿”部队。经过几次战斗，打击了敌人，缴获了一些枪支。

这时根据地扩大了范围：泾县的戴阳村黄头岭、蔡村坝、丁溪、漕溪、涌溪、榆桃岭、鸟雀岭一带地区；旌德的大王山、十一都、三溪；宣城的大小麦坑、禾村、青龙山；宁国的板桥等地横直约 100 里。此外在泾县西南乡的水东，翟万村、小河口、麻岭、茂林、后岸王家山一带亦有党的秘密组织，群众斗争情绪亦高涨起来了。

中心县委决定大力发展武装力量，动员一批工农青壮年参加红军，把三个中队充实起来，经过动员参军，这时部队已发展到 200 余人。

1936 年 1 月间，敌人向我中心地区大举进攻，国民党调来七十八师和独立四十五旅，把根据地包围起来，实行分进合击；对群众采取烧房子，捕捉带走，损失很大。中心县委秘书长储希文被敌人捉去，当即叛变，秘密写信沟通王晓南叛变，企图包围歼灭我一、三中队未成。这时形势更加严重了，地方组织和干部由于王、储叛变投敌，很快遭到破坏。

因为洪维恭、王岐山等同志牺牲，又失掉了上级领导，因此我们决定部队回赣东北去找省委，同时避免部队损失，迅速突出敌人包围，大家一条心，部队就从涌溪出发，经过旌德、太平、石埭、黟县到休宁西乡鄣公山脚下里庄找到省委。

此外，在开（化）婺（源）休（宁）一带，还有赵礼生（又名曹立森）、邱老金等同志，带领一部分武装，开展游击战争，建立游击根据地。

另有倪宝树、李伯钧二人所带的部队，经不起艰苦环境斗争的考验，对革命抱有失败的情绪。因此，在敌人的“清剿”下，先后投敌变成可耻的叛徒。

五、鄣公山会师　省委扩大会议的召开

1935年七八月间，关英同志来到鄣公山。这时，赣东北苏区已经转为艰苦的游击战争，关英同志带了五个人（邵长河也在）在里广山见到了刘毓标同志，急忙了解皖浙赣各游击根据地分散坚持的情况，感到必须统一起来，才能更好地开展游击战争。因此积极派人、派部队前往各地联系寻找，刘毓标同志也带部队去各处行动，以便与各地取得联系。

这时各地游击队大部分因为在敌人“清剿”下，或是内部发生了重大的叛变事件或因策略上没有明确的转变，大都先后撤离了根据地，并寻找领导。1936年1月中旬撤出贵（池）秋（浦）东（流）根据地前往赣东北寻找省委的王丰庆部，于1月间到达鄣公山。2月间，在泾（县）旌（德）宁（国）宣（城）坚持的李步新同志率部在休宁里庄见到了刘毓标同志，找到了省委。不久，江天辉同志率部也在鄣公山找到了省委。在这以前，关英同志还找到了余金德、余熙庆、滕国荣等人，先后在鄣

公山会合。

在鄣公山会合以后，省委为了统一加强各个根据地的党的领导，结束一年多来的分散坚持斗争的局面，于 1936 年 4 月间在鄣公山召开了闽浙赣省委扩大会议，决定如下事项：

（一）对当前政治形势作了详细的分析研究，讨论和决定了当时整个游击区的工作方针任务。当时总的工作方针任务是：开展广泛的游击战争，大力进行抗日宣传工作，积极发动与组织群众，发展党的秘密组织，为巩固与扩大以鄣公山为中心的皖浙赣边区根据地而斗争。

（二）讨论了有关各种政策问题。

（三）决定成立皖浙赣独立团。

（四）为了加强党的领导，根据当时发展形势和具体情况，决定划分为五个特委。大会结束，省委开会讨论决定扩大省委组成人员，通知各特委书记。据我们所知道的，关英同志仍为省委书记，余金德、刘毓标、李步新、滕国荣、邵长河、王丰庆等为省委委员。

1. 独立团成立和几个主要战斗

在省委扩大会议不久，即在水岚山召开了军人大会，宣布皖浙赣独立团的成立。任命熊刚为团长，刘毓标兼政治委员，邵长河兼政治处主任，下辖三个营。以原皖南独立团为基础，编为一、二两个营，各地调来的游击队，编为三营，共 800 余人，机枪十余挺。除独立团为边区主力部队外，各地仍留少数游击队，就地坚持斗争。当时省委决定独立团的任务是：积极到鄣公山为中心的根据地的外线，开展游击活动，牵制和打击敌人，随时随地做好群众工作，大力开展抗日宣传，筹集经费。

1936 年秋，熊刚、刘毓标同志率领独立团向皖南和浙西北一带行动，7 月转战到开化附近，侦知县城空虚，仅驻有敌保安团两个中队，战斗力较弱，同时这一带党和群众基础较好，即于 7 月 8 日拂晓，一举攻入开化县城，当场打死敌军中队长，伤俘敌百余人，缴获机枪六挺、步枪 100 多支、子弹无数。并捣毁县衙门，释放全部犯人。在开化县城逗留四小时后，继即回师婺源，经裔官、三坑至沱口，沿途乘胜摧毁碉堡及联防办事处数十个，俘保丁数人。

部队行至沱川月岭附近，俘敌电话兵两名，得知敌独四十六旅两个连将从清华街开往沱川，即于沱川月岭组织伏击，一举击溃敌军两个连于月岭脚下，当场打死打伤敌军 30 余人，大部分为我俘虏，缴获机枪四挺、步枪百余支、子弹无数。剩下一小部敌军，沿水沟夹着尾巴逃回清华街，战后我独立团即退回鄣公山休整。

休整后，独立团复向休宁方向行动，从休宁西乡、溪口转到汪村的途中，碰到一个邮差，得知驻休宁独四十六旅一股敌军出动，经侦察了解情况后，即选择平鼻岭组织伏击，当敌人进入我伏击圈后，乘其无备，猛扑下去，迅即解决战斗，生俘敌连副一名，打死打伤敌军很多，缴获枪支七八十支。

由于独立团几次战斗的胜利，群情振奋，部队战斗力大为提高，而敌保安团队闻风丧胆，不敢出来骚扰，即使当时敌军之主力四十六旅，也不敢轻易行动。

省委根据这一斗争形势，一面指出，独立团在战斗胜利中必须防止骄傲和麻痹轻敌思想的发生，一面指示独立团要到更远一些地区去开展游击活动，扩大声势。1936 年 9 月间，独立团继续向青阳、泾县、宁国、宣城、昌化等一带行动。

由于省委的正确领导，各地党组织的建立和发展，独立团和各地红军游击队在战斗中不断地扩大和不断地取得胜利，以及广泛深入地开展政治思想工作，群众发动起来了，开辟了不少新的地区，革命根据地得到了巩固和发展。

2. 建立五个特委和发展地方武装

省委为了加强党的领导，继续巩固和扩大根据地，决定将皖浙赣划分为五个特区:(1)在赣东北地区以德兴为中心,包括乐平、浮梁、婺源、上饶、横峰、弋阳、贵溪、余江、万年等县建立赣东北特委，余金德为书记;(2)以祁门为中心，包括休宁、婺源、浮梁、都昌、波阳、湖口、彭泽等地区为皖赣特委，王丰庆为书记，李步新为副书记;(3)泾县、宣城、宁国、于潜、昌化、孝丰、郎溪、广德等一带地区为上浙皖特委，邵长河为书记;(4)淳安、遂安、歙县一带地区为下浙皖特委，何英为书记;(5)开化、婺源之东南及休宁一带地区为开婺休特委(同年8月改为皖赣特委)，赵礼生(又名曹立森)为书记，并派余熙庆在该地区指导工作，各地特委领导下又都建立了几个中心县委。如当时皖赣特委下设有四个中心县委:(1)祁(门)婺(源)休(宁)中心县委，李步新兼书记;(2)祁(门)浮(梁)婺(源)中心县委,江天辉兼书记;(3)浮(梁)乐(平)婺(源)中心县委,老肖任书记;(4)都(昌)湖(口)波(阳)彭(泽)中心县委，田英任书记。在中心县委之下设县委区委组织。游击区武装有了很大的发展，除独立团外，每个特委都有一个独立营，一般有两个连，准备发展为三个连，每个连都有一二挺机枪及花筒手提枪，每个中心县委也有游击大队或游击队，每个县委有游击队或短枪队(大都是便衣活动)。根据地内，各地农民团、青年团、妇女会、儿童团等革命团体，像雨后春笋一样建立与发展起来，各地都在重点地区，通过革命斗争的锻炼与培养，积极发展党员，建立党的组织。

3. 加强党对根据地各项建设的领导和各种政策的转变

在省委领导下，对于游击区党的建设，武装建设，文化工作，特别是在执行政策上的某些转变，都是有很大成绩的，这些直接关系到根据地的巩固和扩大。

(1)军事上，我们的部队是在为了完成打仗、做群众工作和筹款的三大任务及广泛开展原根据地以外的游击战争，巩固扩大游击根据地的思想指导下，进行战斗和一切工作的。

皖浙赣独立团成立后，便采取了规模较大的行动，并狠狠地打击了当时的主要敌人（独立四十六旅）。在战术上主要的是采取奇袭，远距离奔袭（如打开化、昌化县城）、伏击（如月岭和平鼻岭战斗）的办法。

在做群众工作方面，部队中除了有足够的宣传员宣传组织群众外，部队每到一地，人人都自觉自动向群众进行宣传教育，我们许多新区工作，差不多都是首先经过部队的行动，向群众进行宣传，然后留下工作人员再进行组织工作搞起来的。如上、下浙皖特委就是这样发展起来的。部队做群众工作除了宣传外，最有效的办法是实际行动和严明的群众纪律。不论部队怎样苦，决不动群众一针一线，即使是我们十分需要的东西（如：油、盐、粮食和日用品）而群众又不在家的情况下，我们也得写好条子并将钱钞包好放在实物的原处。另外部队还经常帮助和掩护群众进行抗捐、抗税、抗债和反对抽壮丁等斗争。

在三年游击战争中，我们的部队仍然坚持贯彻了党的绝对领导和政治工作与政治委员制度，团有总支部，连队有支部，政治委员不仅独立团营以上都有，而且各个独立连也有。因此，部队的政治工作都是以党支部为核心，根据每一时期的政治任务，部队思想情况来进行的。

三年游击战争的政治工作主要内容有：阶级教育，时事与革命前途教育，政策教育（主要是俘虏政策、没收政策和对保甲长政策等），三大纪律八项注意和官兵平等、艰苦奋斗以及党员标准教育等。其方式是：环境许可时召集会议报告，一般情况下由营政委或连政指作简短讲话，有时则采取上课方式，另外还采取编印小调、歌曲（如打开化、昌化县后就编印了两支歌子）散发给部队和根据地群众，在较大的行动和战斗后，及时总结作战经验和政治工作经验，进行表扬与批评。同时部队中一直坚持着党的生活制度，只要有时间，就召开小组会，进行政治思想和工作的检讨。由于上述一系列的工作，便保证了部队顺利地完成任务，部队也得到了巩固和很大的发展，整个皖浙赣地区的部队由千余人发展到近 3000 人。

（2）根据不同情况和条件，采取不同的斗争策略和活动方法。

以积极的军事行动作掩护，发动群众，组织群众，积极向穷苦群众深入宣传我党主张和政策，然后有对象地进行个别串连教育，发动他们参加革命活动，建立各种群众组织（主要是农民团、妇女会）。再后，将经过革命斗争严格考验的同志发展为党团员，建立支部，扎下革命根子。在赤白交界区或在敌人占领的情况下，则教育群众采用“白皮红心”的政策，以应付敌人，但要坚定革命立场，不许破坏革命。

积极领导群众进行抗租抗息和抗税反对抽壮丁的斗争。红军所到之处，虽然没有分田地，但根据群众的迫切要求，领导群众向豪绅地主进行抗租抗息抗税斗争，并以红军的军事威力，迫使豪绅地主实行这种政策，不许他们危害群众和进行破坏活动。此外在敌人抓壮丁的时候，领导群众反对抓壮丁的斗争，并警告抓壮丁的反动保长，不准他们胡作非为。这样群众就靠向我们，我们就慢慢地在群众中站稳了脚跟。

注意统一战线工作，实行打击首恶分子，争取中间力量，便利发动群众的政策。对于保甲长采取教育为主，打击其中个别坏的。教育争取大多数为我们工作，允许他们做两面派，他们就为我们搞情报，给我们代购一些一般群众难以办到的东西；有时也掩护我们同志进行秘密工作。对于土豪除民愤很大有直接血债的予以镇压外，一般不杀，采取筹款办法，土豪为了生命安全，不得不接受罚款，和我们所提出的不打击报复群众，不进行破坏等条件，这样有的土豪就不大敢乱动了。对于城市商人（如香菇商、茶商、窑柴商、瓷土商……），允许他们来山区做生意。商人只要有利可图，就愿为我们打听消息，买些书报、文具、药品及其他的用品，但不准他们进行任何破坏活动。

（3）关于党的建设问题。

发展党的工作，注意政治上的纯洁，不论部队和地方发展党员时，要具备三个条件：1. 成分出身好；2. 社会关系好；3. 须经过革命斗争的长期考察。这种严格要求，就保证了无产阶级党的纯洁性、战斗性。

加强党的教育，在环境允许的条件下，地方和部队的党组织都能抓紧时间积极进行党章教育，党员须知教育，并注意党的活动（如党小组会、支部生活），开展批评与自我批评。保证党的团结与行动一致，并把及时反映当地政治情况作为支部生活重要内容之一，这样，一有风吹草动就立刻反映到党支部来，地方党组织就赶来报告我们。

培养提高党的干部，省委在莒砻山开办有短期的干部训练班，每期 20 人，时间五天，在环境好的时候，特委一般都办有短期训练班，如祁（门）浮（梁）婺（源）中心县委就在祁门办了训练班,在内容上，主要是教育干部加强群众观点，关心群众利益，紧紧地依靠群众，组织群众，并加强内部团结，同国民党反动派进行坚决斗争。

（4）随着游击根据地的建立和红军不断的胜利，不论是部队和群众的文化娱乐都是非常活跃的，部队和群众编写出很多的歌子，现在可以搜集起来的有几十首，有的歌颂红军的胜利，有的歌颂苏维埃的幸福生活，有的号召人民向敌人作斗争。每当部队休息，同志们便打开嗓子唱起歌来，或者唱黄梅戏，在根据地每个角落里，都可以听到这种雄壮的欢乐的歌声。

妇女们要求解放是非常迫切的，我们对妇女文化教育是非常注意的。她们参加妇女会，就要求学文化、学政治、学唱歌，特别是妇女解放歌，在根据地是普遍流行的，山间有些妇女不懂我们的话，就要求学普通话，通过这些学习，广大妇女的思想觉悟提高了。

对儿童教育也是很注意的。红军每到一地，儿童们就如同自己亲人一样的接近，要红军讲革命打仗的故事给他们听，我们就抓住儿童们这种纯朴的心理，通过讲故事的方式，对儿童们进行教育，告诉他们：什么人是坏人，什么人是好人的区别，见到敌军不要乱讲，儿童们就这样受到教育，国民党军想利用儿童，买点糖果给儿童吃，骗他们，想从儿童口里探得我军情况，那是不容易办到的。

六、西安事变后根据地军民的艰苦斗争

日本帝国主义强占东北三省，国民党反动派的“攘外必先安内”的政策，激起了全国人民和国民党一部分爱国军队和将领的反对。西安事变正说明了全国人民对抗日的强烈要求，也是全国人民对蒋介石不抵抗政策的直接回答。

西安事变发生以后，省委召开了会议，对当时的形势与任务作了详细的分析研究。当时省委对时局的估价是基本正确的，省委一致认为在新的形势面前，必须积极寻找党中央的关系，只有得到党中央的及时指示，才能更好地掌握方向，才能避免在政治上犯大错误。但是当时对蒋介石对南方根据地实行残酷“清剿”这一形势估计不足。因此省委决定独立团离开根据地到浙西南找刘英同志，（估计刘英同志那里可能还有电台与中央联系），与此同时，各特委和其领导下的独立营仍然继续坚持各根据地的游击活动。

西安事变的和平解决，蒋介石回到南京以后，不仅不接受我党中央提出的停止对南方根据地的进攻，而且变本加厉地集结了大量兵力向南方各革命根据地进攻，在我区周围就调集了十几个正规师和三省保安团及地方武装（当时国民党的驻军情况：八十八师驻开化，五十五师驻歙县，独立四十六旅驻屯溪、休宁、祁门一带，九十三师驻贵池，六十六师驻东流、至德，独立四十六旅驻婺源，浙江保安团两个团驻遂安、开化，安徽一个保安团驻太平，十六师和江西保安团三个团驻乐平、浮梁、婺源，刘建绪别动大队驻浮梁瑶里等）。以刘建绪为皖浙闽赣四省“清剿”总指挥，对我根据地进行残酷的“围剿”，对根据地人民实行“移民并村”和“自首”政策。

为了应付敌人的“移民并村”，我们一面发动群众“在山靠山吃，

下山没饭吃”，与敌人进行斗争，如果敌人强迫群众到万一不能抵抗时，为了避免群众遭受重大损失，同意小村群众暂时并到大村去。一面我们也作些准备工作，群众卖给我们不少的粮食，我们把粮食分散埋藏在山区各处，还准备一部分干菜，准备长期坚持。

敌人“移民并村”的办法是很毒辣的，把所有山棚拆光烧光，将分散的小村庄的群众强迫并入大村庄，周围筑起木桩围住，并设关卡看管封锁，不准群众带出任何东西，然后将小村庄的房屋、锅灶等全部毁掉，不让我们有停脚之处，到处设立明堡暗哨，寻找红军踪迹，清山烧山，乱放冷枪，造成白色恐怖，以此来割断红军和根据地群众的联系，妄图把我军饿死、冻死在山上。

在国民党实行“移民并村”以前，党员、群众曾向我们反映这个情况，并请示办法，我们估计敌人这次“清剿”比以往更加毒辣，但认为山区土特产很丰富（如香菇、茶叶、毛竹、木材……），如果敌人实行“移民并村”办法，不许群众上山生产，任其荒芜，固然会增加我们不少困难，但对豪绅地主的直接利益损失更大，群众为了生活，长期不上山种庄稼，也是不行的，因而估计这个办法不能长期实行下去，而对“移民并村”的长期性、艰苦性则有些估计不够。

我们部队一面留少数人在中心区坚持，与群众保持联系，与群众共生死同患难，使群众感到有希望，有靠山，一面把部队转移到外线去行动，在敌人的空虚地带，积极加强武装活动，牵制敌人，并积极开辟工作。同时我们在各方面做了一些准备工作，条件好的地方保存了一部分粮食。

虽然，我们有了粮食准备，但数量终究是有限的。过了一定时间以后，粮食吃光了，就只好吃野菜，现在还记得起来的，有红芹、蕨萁苗、红菇、野洋姜等。没有火柴，我们用火镰刀和火石，打火石必须用纸引火，后来没有纸，就想办法用艾绒引火。没有烟吃。我们用树叶卷起来代替。敌人把山棚拆光、烧光了，我们在山区没有房住，就自已搭棚子住,有时敌人"剿山",把搭的棚子又烧掉了。我们就随地临时搭棚子住。敌人把锅子都搞光了，我们就用洋瓷盆做饭吃。不论怎样的困难，我们都有信心坚持和克服的。

"移民并村"以后，根据地群众还是想尽一切办法，与我们取得联系。尽力支援我们。如借口上山砍柴、妇女看娘家等名义给我们送信、运送粮食、医药、火柴、黄烟等日用品。我们没有粮食吃，群众经常把上山砍柴时带的饭省给我们吃。到处设法替我们找野草、野菜吃。祁门县有个群众名叫土老(汪振丰同志),红军游击队一来到祁(门)浮(梁)婺(源)以后,他就跟着红军跑,始终没有离开过我们。"移民并村"后，土老坚决跟着我们走，他把一家搬到几十里以外的山脚里住下来，我们吃带壳的谷子，需要石磨子，他把一个小村子里群众没有带走的石磨，一盘一盘地翻了几个山坡背回来给我们用。每当吃一种新的野菜时，他总是抢先尝尝，会不会毒死人。土老始终是和我们一起坚持到最后胜利，我们就是这样依靠群众，战胜了种种困难的。

在这非常复杂而又非常艰苦的岁月里，千千万万的革命同志不屈不挠地斗争着，翻遍了无数的崇山峻岭和无人走过的羊肠小道，甚至走到无路的地方就自己开辟道路前进。漫山遍野到处都是我们的脚迹！到处都有我们革命烈士和革命者洒下的鲜血。

这时国民党用来"清剿"我根据地的刘建绪部队。正大量集结在浙赣边境，以优势兵力"围剿"我游击队，正在这时关英同志带几人和独立团正逐步向浙西南伸展，在浙江开化碰到国民党正规部队，便陷入敌人包围圈，我独立团受到严重损失，省委关英同志和独立团长熊刚同志被冲散。团政委刘毓标同志被俘入狱。

自从"移民并村"以来，国民党对我根据地的全面封锁，一天紧似一天，各根据地的游击活动，处于相当困难境地。上浙皖和下浙皖地区的游击队遭到敌人包围，受到很大损失，组织受到破坏，何英和苏宏发被俘叛变，邵长河同志冲散后失去联系。这时皖赣革命根据地亦在敌人重兵包围下受到严重损失，同省委失去联系，粮食也发生了严重困难。5 月间，独立营由王丰庆率领和余金德部队会师，打乐平鸣山后，即被敌人十六师包围，王丰庆同志被俘，仅杨汉生政委带十余人及机枪一挺冲破敌人重重包围，回到祁（门）浮（梁）婺（源）根据地。由于张志成（原为景德镇秘密交通）叛变，敌人将张解到景德镇，破坏了景德镇的组织，王丰庆亦同时被解到景德镇，后来又到浮（梁）乐（平）婺（源）根据地（此时王丰庆乘机逃出），但是由于目标暴露，后来浮（梁）乐（平）婺（源）地区受到很大破坏。在这个问题上王丰庆同志是有错误的。

七、部队编入新四军开赴抗日前线

我们和国民党的谈判是如何开始的呢？自七七事变爆发了全面对日抗战，“八一三”日本帝国主义又进攻上海，国民党南京政府撤退逃到武汉。这时围攻我根据地主力调走了，我们部队就出击敌人，积极行动，敌人没有力量对付我们，他们就利用叛徒来搞我们，想通过叛徒诱骗我们下山，企图缴我们械，因为我们保持着高度警惕，粉碎了敌人这一阴谋，打击了叛徒的可耻行为。国民党被迫派人来与我们进行谈判。这时特委召开会议研究，决定利用和谈的机会，积极派人出去找部队联系，取得中央指示。当时南昌正在成立新四军办事处，陈毅、项英同志给我们送来“告南方游击队的公开信”。收到不久，特委发表了“告皖赣同胞书”。此时刘毓标同志被刘建绪释放回来，也带来了“告南方游击队的公开信”。这时，我们才开始正式与国民党谈判。国民党驻浮梁瑶里别动队大队长张甫成也被迫来找我们谈判，我们当时向国民党提出：谈判条件应由中央统一决定，在未得到中央统一规定前，要求他们履行下列条件：

（1）准许我们通行无阻，派人联络各地红军人员；

（2）停止向我进攻，撤退根据地周围驻军，解除移民并村的封锁，恢复群众生产自由；

（3）释放一切政治犯；

（4）我们不打土豪是可以的，但要负责解决我们部队的供给问题。

根据当时情况，皖赣特委决定派李步新、江天辉两同志为代表到南昌去找陈毅、项英同志的关系，请示当时党的方针政策。从瑶里出发，经婺源，在婺源我们向国民党县政府交涉释放了些同志。这时驻婺源敌剿总刘建绪侄子（团长）向我们提出，要我们写信调部队下山改编，当即遭我们严正的驳斥和拒绝。他们到南昌找到了陈毅、项英同志的住处，这时陈毅同志到湘赣边联系部队去了，不在家，在我们未见到陈毅同志以前，国民党省保安团司令还要想利用陈毅不在南昌的机会，欺骗我们说：项、陈已留言，叫我们写信回去叫部队到景德镇集中改编。当场被我们严词拒绝。

不几天，陈毅同志回南昌，我们向他汇报了工作，他完全同意我们的警惕性，并介绍了闽南游击队在谈判过程中被骗缴械的教训。这时陈毅同志和李步新、江天辉同志一同来到祁门舍会山，陈毅同志给我们指示，要我们迅速将部队集中进行集编，加强政治教育。不久，我们将根据地原皖浙赣独立团熊刚所带领的部队和阙怀仰所带领的一支部队，共50余人，一挺机枪；王丰庆、李步新、江天辉、杨汉生所带领的独立营和活动在祁门、浮梁、婺源一带的游击队150余人，两挺机枪；田英同志带领的独立营和活动在都（昌）湖（口）波（阳）彭（泽）一带活动的游击队150余人，上述各地部队共300余人，改编为江西抗日义勇军第一支队。

1938年1月，特委再次派李步新、杨汉生等同志到南昌参加会议，汇报了部队的联系和集中的情况及与各地党组织联系的情况。经项英同志指示，为了继续联系皖浙赣边一带尚未联系上的部队和地方党组织，将皖赣特委改为皖浙赣省委①。会议结束后，陈毅同志再次同李步新、杨汉生等同志来到浮梁瑶里，中央并派陈时夫、朱辉、李华楷、张振东（又名张福前）、刘玉林和袁大鹏等九同志来工作。陈毅同志来后，传达了中央指示，并召开会议，对王丰庆被俘后所犯错误，作了严肃的批评和处理，撤换了王丰庆皖赣特委书记的职务。同时宣布成立皖浙赣省委②，以李步新同志为书记，委员有江天辉、陈时夫、朱辉、熊刚等同志。

省委为了处理部队改编的善后事宜（如安置残废人员、联络我红军军烈军属等），经研究决定：在瑶里设立留守处，李华楷同志为主任，党内是祁（门）浮（梁）婺（源）中心县委组织部长，江天辉同志当时任书记，江调走后，李为书记。在都昌设立了留守处，田英同志任留守处主任，负责领导都（昌）湖（口）波（阳）彭（泽）地区党的工作。以后国民党背信弃义，派兵包围我留守处，田英等同志英勇牺牲。在景德镇市设立“新四军驻景德镇办事处”，朱辉同志任主任（党内负责联络指导各地党的工作）。

江西抗日义勇军第一支队全部集中瑶里（这时部队已扩展到500余人，三挺机枪、200多支长枪、三四十支短枪）。在瑶里召开了抗日誓师大会，群众杀猪宰羊欢送。会后，除留下一部分短枪队和工作人员计百余人外，部队均开往岩寺，改编为“新四军第一支队第二团第三营”。

从此，我们这一支曾坚持三年游击战争的红军队伍，走上了抗日战争的最前线。

选自方志敏、邵式平等：《回忆闽浙皖赣苏区》，江西人民出版社1983年12月第1版，第462—488页。

---

① 根据1938年3月中共东南分局的报告，是皖浙赣特委。

② 根据1938年3月中共东南分局的报告，是皖浙赣特委。

李步新，曾用名李忠良、李忠华，1907 年生，江西上饶人。1927 年参加革命，1929 年加入中国共产党。参加了红军北上抗日先遣队。南方三年游击战争时，任中共泾（县）旌（德）宁（国）宣（城）中心县委副书记兼组织部长、游击队政治委员、中心县委书记，中共皖浙赣省委委员、皖赣特委副书记兼红军独立营政治委员。新中国成立后，曾任华东军政委员会民政部部长，中共中央华东局组织部副部长，中共中央组织部副部长、顾问，政协第五届、六届全国委员会常委等职。1992 年在北京逝世。

江天辉，1910 年生，江西贵溪人。1928 年加入中国共产主义青年团，同年转为中国共产党党员。参加了红军北上抗日先遣队。南方三年游击战争时，任中共安徽贵池、东流、邱甫中心县委书记，中共江南特委组织部长，江南游击大队政治委员，中共皖浙赣省委委员，中共祁（门）婺（源）休（宁）中心县委书记等职。新中国成立后，曾任中共上饶地委书记、上饶军分区党委书记兼政治委员，中共上饶地委财经委员会主任、纪律检查委员会书记，中共上海蓬莱区区委书记，中共江苏省委工业部副部长等职。1969 年逝世。

刘毓标，又名刘有和，1908 年生，江西横峰人。1928 年加入中国共产主义青年团，1930 年转为中国共产党党员。南方三年游击战争时，任中共皖赣省委委员、组织部长兼独立团政治委员等职。新中国成立后，曾任华东军区装甲兵政治委员，江苏省政法办公室副主任兼江苏省民政厅党组书记、副厅长，江苏省民政厅厅长，江苏省政协副主席等职。1955 年被授予少将军衔。1997 年在南京逝世。

许登寿，1911 年生，江西横峰人。1931 年参加中国工农红军，同年加入中国共产党。南方三年游击战争时，任浮乐婺游击大队医务长、皖浙赣红军独立团党总支书记兼医务工作负责人。新中国成立后，曾任华东军区后勤部军械政治部副主任、主任，安徽省安庆军分区政治委员等职。1999 年在合肥逝世。

皖浙赣边游击战争的回顾

江天辉　刘毓标　邹志诚

（一）

第二次国内革命战争期间，由于赣东北苏维埃运动的发展，曾经派了许多干部到皖南开展工作，成立中共皖南特委。书记李杰三，后叛变了。1934 年秋，在太平、祁门、石埭地区曾经暴动过一次，成立了苏维埃政府，苏区的中心在太子、黟县之间的柯村，刘毓标当时是太平中心县委书记，宁春生是皖南苏维埃政府主席。

红十军团（北上抗日先遣队），以刘畴西为军团长，乐少华为政治委员，方志敏为随军军政委员会主席，向皖南行动。方志敏率领红十军团于同年 12 月中旬到了柯村，就找刘毓标等了解情况。听取了汇报后，方志敏指示：现在整个形势有变化，单独搞个苏区不大适合，国民党现在不抗日，所以我们要组织部队北上抗日。你们现在要转向秘密，任务主要有三条：（一）开展武装游击；（二）开展秘密工作；（三）进行抗日宣传。方志敏接着说：我们先遣队走了以后，国民党部队跟着屁股跑来，你们要严密注意。最后方志敏决定将原红七军团侦察营（营长是熊刚）留给皖南，其任务是加强皖南的武装斗争力量，组成红军独立团，属皖南特委领导。

1935 年一二月间，原中共皖赣分区委管辖的贵池、秋浦（至德）、东流等几县边区转入了游击战争。当时有几支部队在这一带分开打游击。其中有周成龙（原皖赣军分区司令员）、王丰庆（原皖赣红军独立师政委）、匡龙海（原红十军参谋长）指挥的一支红军部队。有江天辉带领的原红十军侦察连一部（侦察连原被留在皖南，与军团失去联系后又遭国民党军队围追，部队跳出敌军包围后，北上到贵池一带活动）。还有倪南山带领的几十条枪的部队，也在本地打土豪。几支红军游击队，当时都想找主力部队，周成龙想去找方志敏。王丰庆、匡龙海、江天辉等则有两个方案：一方面去赣东北苏区联系；一方面想到湖北去找红四方面军，但都未实现。1935 年 6 月，建立中共江南特委成立了军分区和江南特区苏维埃政府。利用倪南山熟悉当地情况，于中秋（正割晚禾）在贵池、东流、秋浦组织了一次暴动。但是，由于策略上仍然采取苏维埃运动的一套，部队还没有脱离打硬仗的办法，江南根据地暴动后不到半年又失败了。

贵秋东暴动失败后，派人到都（昌）湖（口）彭（泽）地区去找红军主力。去后，已没有部队，当地群众很多被国民党反动派杀掉了，房子烧得不剩多少，没有吃的，老百姓看到我们来了，都要跟部队走，使我们 200 多人的部队发展到近千人。到 1936 年春（摘茶叶时），由于战斗失利及江南游击根据地被摧毁，又只剩下一二百人了。

后来王丰庆、江天辉所带的部队，与刘毓标、熊刚所带的皖南独立团取得了联系。接着，关英从赣东北老苏区来到皖南，上了鄣公山，我们与他取得了联系。关英原是中共闽浙赣省委的组织部长，后任省委书记。先遣队失败，刘英、粟裕率挺进师去浙江活动，他和唐在刚坚持赣东北老苏区的斗争。以后环境更加恶化，不但与刘英失去联系，与唐在刚也分开了，这样关英便到皖南来。1936 年 4 月成立皖浙赣省委，他任省委书记，统一领导皖浙赣边区的斗争。

关英来皖南以后，他说赣东北老苏区还有部队活动。在弋阳、贵溪、德兴边界的三县岭地区还有一个部队，负责人是颜文清。这支部队不到

100 人，原是由唐在刚负责的，后来颜文清叛变投敌（作过国民党县党部书记，解放后被枪毙），这支部队由余金德负责，称赣东北红军游击大队。余金德上鄣公山之后，各地党组织和游击队都会合在一起了。

（二）

1936 年 4 月成立皖浙赣省委，召开了省委扩大会议，是公开宣布的。关英为省委书记，刘毓标为省委组织部长，王丰庆、李步新等为省委委员。由于省委的成立，统一与加强了皖浙赣地区游击战争的领导，对斗争的形势、任务与工作步骤都有了比较一致的认识。从此，开始了坚持游击战争的新时期。无论军队或地方工作，都有一个较大的发展，并在若干政策问题上作了一些转变，例如关于处理与白区群众的关系问题，关于部队分散活动问题，等等，这个时期要算三年游击战争中最好的一个阶段。

地方工作：在 1936 年七八月间，是发展最大的时期，成立有五个特委：（一）弋阳、横峰、德兴、乐平、婺源等地建有赣东北特委，余金德任书记。（二）休宁、祁门、婺源、浮梁、都昌等地建有皖赣特委，王丰庆为书记。（三）泾县、宁国、昌化地区建有上浙皖特委，邵长河为书记。（四）遂安、开化地区建有浙皖特委，赵礼生为书记。（五）遂安、分水地区建有下浙皖特委，何英为书记（何后叛变投敌）。

每个特委领导下都有几个中心县委，中心县委之下有县委。如皖赣特委领导四个中心县委：（一）祁（门）婺（源）休（宁）中心县委，李步新为书记（李原在泾县、宁国地区，后调到这里）。（二）祁（门）浮（梁）婺（源）中心县委，江天辉为书记。（三）浮（梁）乐（平）婺（源）中心县委，书记叫老肖，都（昌）湖（口）波（阳）彭（泽）中心县委，田英为书记（田在部队改编新四军后，留浮梁工作，被国民党杀害）。

红军游击队：皖浙赣省委成立后，原来的皖南红军独立团改为皖浙赣独立团，有三个营八九百人，是坚持皖浙赣游击斗争的主力部队，由省委直接掌握。除皖浙赣独立团外，每个特委都有一个独立营。还有100多人或数十人不等的游击部队。

皖浙赣红军游击队活动的地区甚为宽广，皖南各县差不多都活动到了，浙江西北活动的地区有十多个县，江西东北部的十几个县也都活动到。在军事行动上，部队放弃打硬仗、攻堡垒、守阵地的错误办法，进行游击战争，争取群众，这一时期，整个边区部队发展到1500多人，游击斗争相当活跃。

1936年底，王丰庆、江天辉等在祁门县，抓到一个国民党的邮差，看到国民党报纸，才知道发生了西安事变，捉住了蒋介石。当时我们非常高兴，认为形势必然有个大变化，是一个大发展的好机会，要抓紧时间向敌人进攻。于是王丰庆、江天辉就带领部队打下了祁门县的金字牌、塔坊等地，还准备打祁门县城；刘毓标带领独立团打下昌化县城。这样的发展形势，时间很短，很快就进入了最艰苦的阶段。

西安事变和平解决，蒋介石放回南京后，1937年1月，被蒋介石委任为闽皖浙赣四省"剿匪"总指挥的刘建绪，即以十余个正规师，配合三省保安队及反动地方武装，向皖浙赣游击根据地进行极端残酷的"围剿"。同时，在城关市镇、交通要道、大小山头处处筑堡垒，设据点，布下了层层封锁线，对根据地人民实行惨无人道的"三光"政策。还有一个更毒辣的办法，就是"移民并村"，恢复保甲制度，实行"五家连坐"，还把青年人编成壮丁队，反动武装经常化装四出侦察，在山区见房就烧，见人就抓，稍有反抗，就遭枪杀。对群众还实行自首政策：不管男女老幼都要自首，这个政策是最毒辣的，有的人确实也变了。同时，对群众还实行一种奖励办法，就是抓到一个红军给多少钱，抓活的给多少钱，打死的又给多少钱。此外，食米、食油、食盐都采取配给，企图这样来困死我们。国民党实行"移民并村"政策，对我们来说造成极大的困难：（一）使我们与群众脱离；（二）没有粮食吃；（三）得不到休息。当地群众的心虽然是红的，但是他们被敌人烧怕了、杀怕了，他们不敢接近我们，有的群众认为红军主力走了，共产党靠不住了，没有希望了。在这种情况下，我们买不到东西，搞不到粮食，也不能好好的行动，转一个屁股都要碰到封锁线。无房子住，终日在山上睡觉，加上这时天气又常下雨，许多同志几乎两三年未进房子睡过觉。当时，我们每个人都带有一把斧头，到了哪个山上就自己动手盖房子。没有粮食吃，就吃野菜竹笋，开始还有一点米，一把米搞二顿稀饭吃，后来连米也没有了，就专门吃野草，祁门山上一带凡是能够吃的野草差不多都吃光了，真是“弹尽粮绝”。严寒、饥饿、疾病和敌人的疯狂进攻，严重地威胁着我们的生存。我们感到这样长期下去不是办法，还必须紧密依靠群众，一有机会就远出打土豪，把没收来的东西，送给当地群众，这样，我们就慢慢地在群众中站稳了脚。开始我们对保甲长的政策，杀得多，统战工作做得少，记得当时还有两句话：“保长甲长颈皮作痒，联保主任抓到不问”。后来逐渐学会做统战工作了，对保甲长也想办法争取过来，抓到土豪劣绅不全部杀掉，一般的只要拿钱来，就放掉。这样一来，群众就更加靠近我们了。如祁门的一个叫汪美莲的人，原来对我们不敢接近，经过我们的说服教育，后来积极的支持和帮助我们克服困难，打击敌人。对于敌人的“移民并村”政策，我们也有办法克服：敌人建立据点之前，我们早就有了准备，实行“白皮红心”政策，红军没有饭吃，群众也偷偷地送给我们。今天看来，我们之所以能坚持三年，主要是“靠党、靠山、靠群众”。

当时向我们进攻的国民党军事力量有：八十八师（驻开化）、五十五师（驻歙县）、独立四十六旅（驻屯溪、休宁、祁门），九十三师（驻贵池），独立四十五旅（驻婺源），浙江保安团两个团（驻遂安、开化），安徽一个保安团（驻太平），江西三个保安团（驻浮梁、婺源），另外还有一个做特务工作的江西别动队（大队部在浮梁，特务分布在瑶里、浮乐婺一带）。

敌人进攻皖浙赣地区，先后大致分三个步骤：首先是向浙江西北遂安、淳安、昌化等地区进攻，第二步是向安徽的泾县、宁国地区进攻，最后，是集中各路兵力，向以鄣公山为中心的休宁、祁门、浮梁、乐平、婺源地区进攻。1937 年 5 月，江天辉这个中心县委与省委失掉联系，与李步新的中心县委也失去了联系。形势非常紧张，游击队只能到远处打土豪，近处不能搞，一搞敌人就来“清剿”。这时，省委主要负责人关英离开了部队隐蔽起来了。王丰庆被俘，致使景德镇的秘密组织被破坏。接着李步新那个中心县委也垮了，以后熊刚带了十多个人，一挺机枪与江天辉部队会合，又得知刘毓标去浙江下落不明，浙江西北的游击队也垮了。

经过 1936 年底到 1937 年秋这大半年的残酷斗争，皖浙赣游击根据地和红军部队都有很大损失，到国共合作谈判时，这个地区坚持下来的部队及地区只剩下：

（一）李步新、江天辉、王丰庆等在休宁、祁门、浮梁、婺源地区不到 200 人。

（二）田英在都昌、湖口、彭泽地区有 100 多人。

（三）熊刚、阙怀仰带 50 多人，一挺机枪。

（三）

七七事变之后，国民党蒋介石被迫接受国共和谈的主张，但在和谈之初，他们仍然企图借机消灭遍布南方的红军游击队。我们皖浙赣边党的组织就经历了这么一个复杂过程，最终挫败了国民党的阴谋，通过和谈实现了国共合作。

这年九十月间，国民党的别动队通过瑶里的联保主任（被我们抓过，是一个两面派）送来了中共中央与南方分局告南方红军游击队的公开信，并说项英、陈毅已经下山了，同时，浮梁专署又以国民党江西省主席熊式辉名义写信给王丰庆、江裁缝（即江天辉），说国共两党合作了，要我们停止打土豪，有什么条件可以谈判。我们认为这是敌人的诡计，置之不理。由于对总的形势不了解，我们一面打土豪，一面也在考虑问题，究竟情况怎样？怎么办？

过了近一个月，江天辉等有一天在路上走，突然碰上原下浙皖特委书记何英，何说是关英叫他来的，可是他随身跟着四个腰插快慢机的别动队，当时即怀疑他叛变了。见面之后，下了山坡到一个山沟里双方开始交谈。何英带来国民党的四张委任状，是给王丰庆、江天辉、李步新、熊刚四人的，并说关英已下山了，黄道已到了上饶，项英、陈毅已到了南昌，都作了国民党的大官，就是你们还没有下山。这时何的叛变面目已全部暴露，当场即打起来，何英慌忙跑回祁门县去了。原来他叛变后，直接受祁门别动队指使来骗我们。国民党利用国共合作的名义，企图诱骗我们下山，一举消灭我们的力量，已经是很明显的了，由于我们警惕性高，敌人的阴谋没有得逞。

敌人并不死心，第二次又派苏宏发来，带来几十张委任状。由于何英的失败，敌人改换了手段。通过我地下党员来联系，言明进行谈判，双方都不带武器，这次我们也没有上当。

敌人是狡猾的，通过各种手段来引诱我们，对这种阴谋我们是有警惕的。但是也看到国民党的主力部队已撤走，只有别动队、保安队活动，看起来敌人很空虚。叫我们不要打土豪，要什么条件可以答应，要粮要肉都可以送来。我们判断、情况的确正在起变化。于是，特委决定与国民党进行谈判，通过谈判接上省委或浙江方面我们党的关系（因为早知道刘英、粟裕在那里），然后通过他们那里的电台与党中央联系。正当这时，刘毓标从浙江四省“剿总”刘建绪那里被释放回来了，刘的回来我们也是半信半疑。刘也带来了中共中央信件及我们党告南方各省红军游击队的公开信等文件，并说南昌有项英、陈毅在那里。这时，对刘有警惕，但也知道不会完全是假的。由于我们多次派人外出，与刘英、杨文翰联系，没有达到目的，对外边形势不了解。我们积极想弄清总的形势变化。在这样的情况下决定派李步新、江天辉为代表到南昌去。王丰庆一人留下。李、江是与国民党的别动队大队长张甫成一道去南昌的。国民党别动队大队部住景德镇，张带二个中队驻瑶里，张是个叛徒，他到瑶里的任务是联络我们下山。同时，皖赣特委经过讨论，用皖浙赣边的名义，发出过一个告皖浙赣人民书，是通过国民党瑶里的关系发出的，目的是想与各地的红军游击队联系上。浮梁、婺源、祁门等地关了我们不少人，也想通过这封公开信使他们知道，把我们的人从班房里放出来。

李、江以皖浙赣三省共产党代表名义去南昌，路经婺源时。遇到刘英、粟裕部队的谈判代表陈铁君，他是想来找刘毓标和我们联系的，从而证实了刘毓标所谈情况是事实，并了解了刘英、项英、陈毅的情况，在婺源县经交涉从监狱中释放了我们一些人。

到南昌后，找到月宫饭店——项、陈的住所，当时，项、陈都不在，陈到湘赣边谭余保那里去了，项不知去何处，因为旅馆的楼房是由项、陈包租下来的，李、江二人即由旅馆招待住下。对于我们共产党在南昌的办事处国民党特务也想尽了办法来破坏，开始几天还安静，后来国民党搞了许多妓女住在我们房子周围，乱吵乱闹，陈毅同志回来后，才把她们统统赶走。

在南昌住了六七天，还不见项、陈回来又不了解南昌情况，当心上圈套，即写一条子给国民党江西省主席熊式辉。头天下午送去，次日上午国民党的省保安司令亲自来饭店见我们，毕恭毕敬地站在门口等我们起床。他一方面告诉了项、陈的去向，另一方面是有空子就钻。即撒谎说项、陈留言：要我们部队下山，开到景德镇集中，说现在国共合作了，某某红军游击队住到吉安了，某某红军游击队住到上饶了，要我们赶快写信回去，叫部队集中下山，免得在山沟里受苦，等等。我们告以不亲自见到项英、陈毅，我们决不回到皖浙赣地区，任何人调不动我们的部队。他见我们态度这样强硬，就来软的一套，表示要给我们做衣服、请吃饭。走后，又派人送筒子烟、水果等。

住了十多天，仍不见项英、陈毅回来，也不敢出去，就写一封信通过国民党转给项、陈，请他们快回来。又过了十多天，陈毅回来了。

陈毅是夜里回来的，我们正在睡觉，也不认识他。陈毅来时与原当过我们湖北省委书记以后叛党的陈洪时同来的。陈洪时穿呢子军官服装，佩武装带，戴眼镜，而陈毅穿的是一身便衣。乍一见面，误以为陈洪时是陈毅，还是陈毅警觉的早，抢先开口："他是陈洪时，过去是我们一个省委书记，后叛变了，我是陈毅。"接着，陈毅就叫陈洪时走了。

陈毅见面后，一谈谈到天亮，了解了很多情况，很兴奋。第二天，陈毅就带我们去做衣服。我们在婺源时，国民党别动队长就叫穿新衣，被我们拒绝了。陈毅说："不穿国民党的军衣是对的，这是立场问题，但也不能穿得太破了。"后来我们各穿了一身呢子服。

第三天，陈毅即与我们同路回到皖浙赣地区，上了舍会山。陈毅到舍会山马上就开会，在会上作了目前形势与任务的报告，接着，宣布将部队改编为"江西省抗日义勇军第一支队"，党的组织改为"皖浙赣特委"，这是 1937 年 12 月上旬。陈毅把这里的工作布置妥当后，即又到闽北黄道那里去了。那时，黄道同志还没有下山。

在李步新、江天辉去南昌期间，王丰庆向原特委独立营政委杨汉生谈过他被俘变节的情况。陈毅来舍会山布置工作走后的一次特委会上，杨汉生揭发了王丰庆政治上变节的行为，也提出关英在政治上是有错误的，不应叫熊刚、刘毓标到浙江去找刘英、粟裕，以致把部队搞垮。同时，杨也对李、江提出批评，认为不应该两个人都到南昌去，而叫王丰庆一个人在家里负责，这样太麻痹了。就在这次特委会议上，李、江才知道王丰庆于 1937 年 5 月 × 日被俘变节的情况。

杨汉生在特委会上揭露了这一严重情节后，又到南昌去向陈毅作了汇报。接着，陈毅第二次来，时间在 1938 年 1 月。这时主要领导人还是王丰庆，李步新被派到景德镇办事处，江天辉被派到祁门。陈这次来，主要是解决二个问题：1. 审查王丰庆，改换主要领导人。2. 传达布置部队改编为新四军。

陈毅同志来后，接连开了二三天特委会议，斗争王丰庆、撤销了王的特委书记职务，改由李步新担任。王丰庆后来在红军部队改编为新四军时，一度任一支队政治部民运科长，后到镇（江）金（坛）丹（阳）句（容）地区任特委书记兼四县抗敌边联总会副主任，1940 年在与日军作战中牺牲。

关于部队改编为新四军的问题，陈毅同志传达：将皖浙赣地区的红军游击队改编为新四军第一支队第二团第三营，开到皖南岩寺附近的潜口集中。地方党的组织叫皖浙赣特委（李步新为书记，江天辉为组织部长），并要靠近新四军军部，主要是做群众工作，支援新四军，原来皖浙赣地区则设立几个办事处或留守处。

陈毅根据东南分局项英报告的精神，传达了部队关于改编问题，要我们将武装全部带上前线，我们思想不通，觉得辛辛苦苦搞了多少年，牺牲了多少同志，才坚持下来这支武装力量。如果我们不留武装，全部带去，国民党对我们老区会采取什么态度？搞不好，还要上山打游击。当时我们提出要将全部短枪留下，陈毅不同意，在讨论会上，曾与陈毅有过争论。结果我们自己决定采取打埋伏的办法，每个中心县委都偷偷留下了一些枪支。都（昌）湖（口）波（阳）彭（泽）地区田英那个中心县委就留下了 11 个人，每人都有枪（其中有三人是快慢机）。

关于部队走后，留厂工作的方针问题，当时东南分局没有明确的指示。我们凭三年游击战争的经验，觉得环境比较好，发展了一些党的组织。留下的人员，主要的工作是：1. 坚持老区的工作；2. 继续联络红军人员；3. 做群众工作。这个时期主要是作宣传工作，民众动员委员会、抗敌后援委员会等都要国民党的联保主任当主任。这时，东南分局驻南昌，曾动员组织上千民众工作队，有一些学生来这个地区。

陈毅第二次来时，带来了一批干部。有:陈时夫、朱辉、李华楷（政工干部）、刘玉林、张福前（又叫张振东）、袁大鹏（军事干部）等九人，传达任务后，由特委研究对他们进行了分工：朱辉继李步新为景德镇办事处主任，党内为特委书记，李华楷为瑶里留守处主任，田英为都昌留守处主任。每个县都有一部分人公开活动，另一部分人则秘密或半公开的进行工作。1938 年春，部队开赴皖南岩寺集中时，特委也分为二个：赣北特委，朱辉为书记，江天辉为组织部长，驻景德镇；皖南特委，驻皖南泾县茂林丁家山。部队开赴前线后，国民党乘机向我老区进行破坏，都昌的留守处被搞垮，田英同志惨遭杀害。

部队改编为新四军一支队二团三营过程中，其实力增减变化的大概情况是：

1. 陈毅第一次到舍会山，经过三年游击战争坚持下来的部队主要是三个部分：李步新、江天辉部总共约 150—160 人；熊刚、阙怀仰部有 40—50 人，还有一挺机枪，是原独立团的；田英部有 150 余人，三部分合计有 300 多人，这时还未完全集中。并继续在联络失散人员。

2. 在舍会山集中，将要向瑶里转移时，人员枪支都有较大的增加，军队、地方一起算起来有 380 多人，正式编在连队的有 210—220 人，人人有枪。

3. 在瑶里:军队、地方最多时达到 500 人，因为我们在舍会山、瑶里、休宁、祁门等地动员扩大了不少人，过去埋下的步枪、机枪（两挺）也都挖出来了，祁门县有一个小铁匠受我军影响，也动员出来，搞了一个小的修械所。

4. 到潜口：这时军队、地方已分开。地方干部留老区工作一批，军队从瑶里到潜口约有 40 人，有三挺机枪，步枪 200 支左右，短枪有三四十支，排以上干部都有短枪。

在编为新四军二团的三个营中，第三营的人员，武装为最多，后来曾将机枪调拨给一、二营各 1 挺。

(四)

皖浙赣边党组织在极其困难、艰苦的环境中，能够坚持三年游击战争，能在实践中检查过去执行方针政策的某些偏差，从而在某些政策上有了明显的转变，尤其与群众生死在一起，保存了党和革命武装的基本力量，这些都充分显示了我们党的光荣伟大。

总结三年游击战争的经验教训，我们认为有这么几点：

1.1935 年在敌人以绝对优势兵力，向我进攻，根据地不能坚持，这时就执行战略退却，群众采取“白皮红心”的两面政策，部队转为游击活动，根据地转为游击区，保持力量，坚持斗争，发展新区，这些都是正确的。但当时我们还这样想：方志敏两条半枪都能搞起来，而今天有这样多枪，又有了斗争经验，还不能扩大苏区吗？在这样的思想支配下，我们于当年秋举行了贵秋东暴动，照搬苏区的一套，结果，暴动不到半年就失败了。现在看来，在当时那样的环境下是不应该暴动的，因为暴动暴露了我们的目标。正确的做法，应该积极开展秘密工作，发展游击根据地。从表面上看，当时暴动以后有很大好处：群众影响扩大了，分到了土地，我们又扩大了部队。但这种做法根据当时形势来看是不适合的。

2. 在具体政策上，自皖浙赣省委成立以后，有了某些的转变，如纠正乱打土豪，停止错误肃反，教育群众实行革命的两面政策，与保甲长进行统一战线，这是三年游击战争能够坚持下来的一个重要条件，但也有的地区转变还不够明显彻底，统一战线工作还做得不够。

3. 在艰苦的游击战争环境中，党内团结，行动一致，游击队与地方党密切结合，这是我们能坚持三年游击战争的决定因素。环境虽然这样苦，大家精神还是很愉快的，没有互相埋怨的情绪，团结得很好，同志生了病，大家都很爱护。游击队的纪律非常好，不要群众一针一线，与群众亲如一家。因此，我们能够长期坚持下来。

4. 在三年游击战争中，我们深深体会到：在失去上级联系的情况下，应坚持斗争，积极开展工作。在接上党的关系时，应立即服从党的领导，这是一个共产党员必备的品质。在艰难困苦的三年游击战争中，我们深刻体会到没有上级党的领导，不了解总的形势的变化与党的路线，这是非常痛苦的。但找党的关系也不应过于盲目，如当时省委负责人关英由于对总的政治形势认识不足，想与上级取得联系，就派独立团团长熊刚、团政委刘毓标带一连人去找上级党。派这样多人去找的结果，把主要的力量搞垮，而自己在这种严重关头又离开部队隐蔽起来。这是很不应该的。当时，还有个别同志固守山头，硬打硬拼，如杨文翰同志，我们党派去很多与他联系的人，不问情况都给杀掉了。而杨对当时总的形势也不了解，与上级党又失掉了联系，独立自尊，这是非常错误的。

（五）

有关几个人的情况。

一、关于王丰庆的问题

1937 年 5 月间，王丰庆带特委独立营去都（昌）、湖（口）、波（阳）、彭（泽）地区活动，了解到匡龙海逃跑（数人买茶叶充茶商到九江，后回贵溪）。王转到浮乐婺地区后，就去攻打乐平县西南 20 里的煤矿区——鸣山，国民党的军队即四出“围剿”，红军部队损失很大。王被国民党五十五师俘去在景德镇自首，致使党在景德镇的地下工作都被破坏了

（因为王丰庆了解景德镇党组织与舍会山地区的秘密交通张志诚，张被抓到后，从而破坏了整个景德镇的秘密工作）。接着敌人叫王回到浮乐婺地区抓我们中心县委书记戴老三，国民党派了二个营及别动队一个排的兵力，随他而来。因为山大，沟深，敌人二个营包围了外山，而王丰庆则带别动队一个排，这里三人，那里二人，把一个排的兵力全部分散了，最后他和别动队的一个排长（快慢机一支）、班长（驳壳枪一支）、战斗兵（步枪一支）四个人到戴老三的地方。这里的同志不了解情况，亲昵地叫“王政委来了”。这时游击队的人围拢了一些，正在谈话中，王丰庆把别动队的排长捺倒高喊：“这是敌人，打啊！”一下子就把三个敌人解决了。紧接着，在游击队的掩护下，王带了缴到的快慢机跑出来，回到江天辉处，因为都不了解他的情况，王又继续作特委书记。不久李步新带一个警卫员找来，这时特委只有王、江、李三人，王在江、李面前只谈了独立营打鸣山后怎样垮的情况，关于他自己的情节什么都没谈。随王丰庆一起打鸣山的独立营政委杨汉生还是在王已回来后二三个月，才带了少数人打游击兜圈子，回到舍会山地区来。

二、关于杨文翰情况

杨文翰一直在赣东北弋阳北面磨盘山地区坚持斗争，三年游击战争中与其他部队联系很少，在国共合作谈判过程中，他对总的形势不了解，认为与国民党合作谈判都是叛变了革命。

1937 年底至 1938 年初，杨的部队有了较大的发展，当时皖浙赣地区的王丰庆、江天辉等人，曾几次派人与他联系，派去的人有县委书记，有与杨文翰很熟悉的一个老炊事员，都被误认为是叛徒而被杀掉了。国民党反动派很是狡猾狠毒，那时，凡是与我们有联系以后叛变的叛徒，都派去找杨文翰，弄得杨真假分辨不清。保持警惕是好的，但对我们真正代表都认为是叛徒被杀掉，这是不分是非的错误结果。他这一支部队也就一直没有机会得到党中央的指示。没有随着形势的发展与新的抗日民族统一战线政策的建立而改变斗争任务。这是一个不应有的损失。

他的部队，由于孤立的单独坚持，得不到友邻地区的配合，也不了解总的形势与任务，一面发展，一面又垮，部队最多时有100多人，曾经打到皖南。1938年我们赣东北特委在弋阳、贵溪地区的工作，已经与杨文翰部队的工作发展到一个村庄上，我们有支部，他们也有支部，两方面的支书可以一起交换意见，我们也想通过这样的联系，争取杨部消除误解，但未达到目的。

杨文翰的部队是1943年才被国民党反共军队在贵溪县禾山源打垮的，当时杨未被俘，他逃到舅舅家里去了，但事先国民党在他所有的亲戚家都布置有人，他一去即被俘了，在弋阳县监狱关押三个月，后枪毙在县城北门外。他的爱人王荣贞也一起被俘，直到我大军渡江，解放江西贵溪、弋阳时才从监狱中释放出来。

三、关于关英情况

1. 关英在三年游击战争后期的政治表现

对总的政治形势分析不够，双十二事变后，国民党集中军事力量搞我们，可是他对这样的形势估计不足，军事斗争上硬干，对统一战线没有搞起来。

本来皖浙赣独立团是相当坚强的，可是关英为了与浙江方面刘英、粟裕部队取得联系，就派团长熊刚、团政委刘毓标各带一个连队，从皖南到浙江去，沿途遇到刘建绪四省“剿总”的主力部队，打了很多仗，伤亡减员很大。结果，刘毓标所带的连完全损失了刘也被俘了；熊刚带一个连只剩下二三十个人，没有过去，又回来了。在熊、刘两个连去后，由于敌人的进攻、“清剿”，我们的主力分散，吃了不少苦，受了不少的损失。从这样的后果来看，以武装部队通过敌人重兵地区与刘英，粟裕联系的作法是不对的，如果派少数干部，化装群众去联系，目标小，不容易被敌人发觉，联系上的可能性还会大一些。

关英在 1937 年上半年的严重形势下，离开了部队，到玉山县北山群众中去隐蔽开茶油坊，做起茶油生意来了，而与王丰庆、李步新、江天辉、田英等全部失掉了联系。与关英在玉山县群众家里开榨油坊的还有许登寿。据许后来说：1938 年 2 月间（在玉山群众家里），关英看到国民党报纸登出了叶挺、项英两同志任新四军正副军长，并开往江南准备抗战的消息后，决定立即去找新四军的部队。他带了一个特务员去南昌新四军办事处找到黄道同志。关英在玉山群众家隐蔽过程中，他的立场还是坚定的，积极设法寻找地方党和部队联系，时常和一起隐蔽的同志谈十月革命的故事，并一再强调有党中央的领导，我们的革命一定能够胜利。但关英也曾经说过，在紧张环境里，自己有悲观情绪。

2. 关英被杨文翰杀害的情况

当红军游击队改编为新四军时，其他各地区的部队都联系上了，只有杨文翰未联系上。关英向党组织请求自己去找杨文翰下山，想一起搞点部队去见中央，关英到了葛源，写信给杨文翰要他来葛源，杨不听，却叫关英去山上找他。关英到了丁山（弋阳磨盘山），但这时杨文翰已知道关英在玉山县开油坊的事，认为关英已叛变了。于是，等关英一到杨文翰住处，情况未谈，杨就将关英捆起来，又打又吊，关英承认是国民党派去的。杨文翰把他的口供记下，就把关英杀掉了。据说杨文翰准备将来见到中央时说明杀掉关英的原因。

1960 年

选自《南方三年游击战争·皖浙赣边游击区》，第138—150页。

邹志诚，1916 年生，江西横峰人。1932 年参加中国工农红军，1937 年加入中国共产党。南方三年游击战争时，任皖浙赣边红军游击队侦察排长。新中国成立后，曾任中国人民解放军第三十二军九十六师副师长、代师长，第三十二军六十六师师长，上海警备区司令部副参谋长，南京军区装甲兵副司令员、顾问等职。2006 年在南京逝世。

难忘的岁月

倪南山

以皖南秋浦县高山为中心的贵池、秋浦、东流三县（简称贵、秋、东）与祁门、婺源、休宁三县（简称祁、婺、休）边，都是革命的老根据地。50年前，这里的劳动大众在中国共产党的领导下，进行艰苦卓绝的三年游击战争，建立了光辉的业绩。当时，我任中共江南特委委员，江南特区苏维埃政府肃反委员会主席等职。作为参加这场革命斗争的一员，我对曾经同我们生死与共、浴血奋战的革命老区人民，怀有深切难忘的感情，对那些为革命事业而英勇牺牲的同志怀念永恒。回首难忘的岁月，心情难以平静。

一

位于秋浦县的高山地处长江南岸，方圆85公里（合山脚下周围地带），东连贵池县湖山狮毛岭、西岩、程山寨，与祁门县的大洪山脉隔川相望。西南与仙女岭、龙头岭，江西的杨关岭、茶培山相连。高山本身以南山尖、贵池的小尖、大龙坑、乌溪坡等1200至1400米的主峰形成。境内群山绵延起伏，峰峦叠嶂，树木葱郁，河流纵横。能上山的要道只有三条，都是百步九折、陡峭难攀的险路。高山地处省县交界，国民党反动派统治比较薄弱。在敌强我弱的情况下，它是个便于我们积蓄力量实行武装割据的好地方。

从党的领导与群众基础来看，生活在高山一带的三万多农民，虽然山上有茂林修竹，茶叶桐油，山下盛产稻谷杂粮，但由于地主豪绅的敲诈勒索，散兵游勇的肆意横行，他们如牛似马，终年劳累，到头来还是过着饥饿交迫的生活。我曾见过储克茂、李如松老两口就是被大烟鬼子欧老三（欧阳奇元）盘剥精光，两个老人死时，连棺材和请人帮助出柩的吃饭米都是向别人乞求来的。贫苦农民在地主、高利贷者的残酷剥削下，变得一无所有。特别到旧历年关，地主、高利贷者天天逼债不离门，有的竟把欠债户腊月三十晚上下锅的米拿走，甚至揭去穷人家的锅碗、铺盖，许多穷人被逼得抱头大哭，有的被迫卖儿卖女。有的悬梁自尽，有的逃奔他乡。

1930 年，皖西天堂起义失败后转移到此的鲁国储、金步蟾、李鸿鸣等到此发展党的组织，创建了秋浦县最早的党支部，并建立了秋浦县委、徽州工委、贵秋东中心县委等一系列党的组织。1930 年和 1934 年，这里爆发了两次规模较大的农民起义，建立了各级党政军组织。即使在北上抗日先遣队受挫折，贵秋东中心县委领导的年关暴动遭失败的 1934 年底，我们的部队还在崇山峻岭中与数十倍的敌人进行着顽强的斗争，党的领导骨干基本保存下来了。这些都是在贵秋东地区开展游击战争的基础。

第五次反“围剿”斗争失败后，整个闽浙皖赣苏区都在经受着一场空前的洗劫，无数革命者乃至无辜百姓惨遭杀害。当时皖赣特委所在地大板亦被敌人攻破，特委书记柳真吾转移到彭泽。军分区司令员周成龙，皖赣红军独立师政委王丰庆，师长匡龙海等率领部队经过七天七夜的浴血奋战，才冲出敌人的包围，辗转于皖赣之间的崇山峻岭之中。在祁门的岈崌口，他们与江天辉北上抗日先遣队侦察连长带领的部队不期而遇，合为一股。1935 年年初，他们甩掉尾追的江西之敌，来到贵秋东边。从此，我们便战斗在一起，展开了灵活机动的游击战争。

在广大人民群众的支持下，红军一到贵秋东就打了几次漂亮仗。首先，匡龙海率领部队连续消灭了姚黄、麻石岗、金村、源头、李家的反动地主武装，打死打伤敌人 50 多名，缴获全部枪支弹药，开拓了游击战争的立足点。3 月下旬，我军化装成换防的国民党保安队，奇袭洋湖镇，击毙敌人中队长，打死打伤 20 多人，俘虏 30 余人，缴获长短枪 40 余支、子弹 2000 余发。这几仗结束了我军几个月来被动挨打的局面，指战员们的情绪又高昂起来了。

1935 年 6 月，汇集到高山的各路部队的负责同志在高山石门口洪家举行会议。会议分析了敌情：江西方面之敌，正忙于尾追红军两大主力，“清剿”苏区，一时无暇顾及皖南。对付贵秋东红军的国民党安徽保安旅到芜湖调防，途中互相倾轧，楚团长被刺，内部矛盾激烈，一时也难于回来。在这块土地上，敌人兵力很弱，空隙很大，有利于开展武装斗争。会议作出四点决定：一、建立以高山为中心的革命根据地。二、匡龙海、江天辉率一部分部队到都（昌）湖（口）波（阳）彭（泽）边开辟新的苏区，以便与高山根据地南北呼应。三、统一贵秋东边党的领导，成立中共江南特委。由周成龙、王丰庆、黄天贵、余文先、江从新、欧阳斌和我等七人组成，周成龙为书记。四、统一军事指挥，将活动在皖赣边的三支红军队伍即长江游击大队，皖赣游击大队。皖赣红军独立师共 570 余人整编为江南红军独立团。团长杨艳溪，政委王丰庆，参谋长杨春标。

二

石门口会议之后，江南特委在积极地进行武装斗争的同时，抓党组织的建设和发动群众的工作。我们以高山为核心，通过向四周派党员，分散行动，定期会合，波浪式向前推进的方法，吸收那些苦大仇深，革命立场坚定的农民入党，很快恢复了原来的党组织。离高山较远的黄村、姚村、青峰岭、丁香树、炼丹石都有了党支部。为了便于领导，特委对原有的党组织进行了必要的调整，取消了祁贵秋中心县委，建立起贵秋、贵东、贵祁三个县委会，分别由余文先、黄天贵、黄国太任县委书记。各县下辖若干区乡党组织，并有自己的武装力量。党组织的发展促使各级苏维埃政权相继建立起来，乡村中的贫协会、贫农团、儿童团、妇女会等群众组织又恢复活动。

为了进一步调动贫苦农民的革命积极性，推动游击战争深入发展，江南特委决定在区乡苏维埃政权比较稳固的地方实行土地改革，先在特委所在地高山区进行。贵秋东地区虽在 1934 年秋后实行了土地改革，但随着年关暴动的失败，绝大部分土地又被地主霸占去了。这一次高山区委在土地改革时召开了动员大会，区委书记江天辉在会上讲话，他号召贫雇农紧密团结起来。打倒国民党反动派，打倒土豪劣绅，砸碎国民党乡、保、甲政权，消灭白匪军，实行土地还家，夺回一切劳动果实，积极支援革命。会后农民团很快将地主豪绅抓了起来，收缴了他们的枪支弹药，没收了全部财产，焚烧了田契，借据。土地分配一般以乡为单位，将全乡的土地集中起来，按人口平均分配，最好的土地分给红军家属。地主、富农也分得了相同数量但比较贫瘠的土地。这就从某种程度上纠正了 1934 年土改中的“地主不分田，富农分坏田”的过“左”做法。

高山区的土地改革不仅使本地的农民革命积极性空前高涨，也对周围地区农民革命运动产生了深远的影响。它是贵秋东边土地分配的先声，也是高山根据地形成的必要步骤。一个多月的时间里分田分地的红色风暴席卷整个贵秋东边，东到源头李家，过王田、占波、大堰、粟阳街、沙山、波里、万亩坡、东岗、洪水团，南到姚黄、麻石岗、白水张家，西到高低岭、马田、张溪镇、八都，北到青峰岭、赉田、湖田铺、殷家汇的广大乡村都实行了土地改革。

土地改革直接改变了农村的生产关系，地主、富农手中失去了借以剥削农民的筹码，惊恐万状，他们无法阻拦这股革命风暴，有的将田契双手捧送给土地分配委员会；有的却借口拖延不交契据，等待变天；有的带着契据逃至敌营。四房村地主周银乐、石太阳、汪福寿就带着契据躲到丁香树、洋湖镇敌据点中去了。于是土地分配委员会又颁布两条法规：1. 无故不交契据者，没收其本人应分的一部分土地，并游村示众；2. 带契据投敌者实行枪决，没收其全部土地。

人民分得了土地，获得了实际利益，去掉了受剥削、受压迫的根源，人人笑逐颜开，革命积极性达到了高潮。江南特委抓住这一大好时机，领导贵秋东祁人民举行秋收暴动。1935 年农历八月十五日，1800 多农民分别在高山、火龙坑、洪家堰、北山欧纵横七八十里的地区同时举行中秋节暴动，推翻了反动政权，解除了反动武装，以高山为中心的革命根据地正式形成。

随着秋收暴动的胜利，江南特区苏维埃在北山欧西房村建立，主席欧阳斌，我担任了肃反委员会主席。特区苏维埃下设土地部、交通处、煎硝处、制服厂、医院等机构。贵秋县苏维埃政府与特区苏维埃政府同时宣告成立，主席由欧阳斌兼任，下辖五个区，16 个乡苏。贵东县苏维埃政府于 8 月尾在青峰岭成立。主席张士其，下辖六个区、22 个乡苏。贵东县苏维埃成立那天，红旗招展，锣鼓喧天，青峰岭的墙上贴满了标语。来自全县各地的 1000 多农民以乡为单位，抬着大红匾依次献到主席台上。台中央横幅上写着“赤化江南”四个大字。会议由县委书记黄天贵主持，县苏主席张士其讲话。他宣读了上级指示，宣布县土地改革委员会成立，选举通过了各乡苏维埃政权的负责人。会上群情激奋，斗志昂扬，“拥护苏维埃政府”，“打倒一切反动派”、“赤化江南”的口号声惊天动地。

人民群众有了自己的政权，有了自己的土地，这是过去做梦也想不到的事情。他们积极响应党的号召，从事各项革命活动，勇敢地参加武装斗争。他们组织起来学文化，唱红色歌谣。与旧的习惯势力作斗争，宣传男女平等、婚姻自由，许多青年妇女剪短发、放大脚，人的精神面貌为之一新，一扫乡村重重暮气。

秋收暴动前后，是高山根据地大发展的全盛时期，红色区域扩大到：东起丁香树，南达安乐坡，西至高低岭，北抵殷家汇，纵横百里，人口数万，成为皖浙赣边区三年游击战争的重要组成部分。中共江南特委机关这时也从高山顶上迁移到地势较平坦的麻乌石。

高山根据地创建之后，群众斗争情绪极为旺盛，在特委“拿起武器，武装保卫根据地”的号召下，许多青壮年踊跃参加江南红军独立团。为了发展地方武装，更有效地与地方反动武装作斗争，特委从独立团中抽调 50 余人，作为军事骨干分配到贵秋、贵东、贵祁三县游击大队中，归各县委领导。统称江南红军第一、第二、第三游击大队。这样既有利于农民运动的发展，又能使红军独立团放开手脚，担负起机动作战的任务。这三个游击大队发展很快，到 1935 年底，第一、二大队各有 90 余人，第三大队 50 多人，此外，区区村村都有游击队、赤卫队、梭镖队等武装组织，连老人、小孩都参加到保卫根据地的行列。这些群众武装对于游击战争的发展，起到了十分重要的作用。

江南红军独立团的指战员们，“靠党、靠山、靠群众”，在战争中学会战争，灵活机动，英勇杀敌。采用的战略原则是：“出敌不意，攻敌不备，声东击西，避实击虚，集中兵力，争取主动，打不打操之于我，扎口子，打埋伏，打小仗，吃补药，打得下就打，打不下就走”。在保卫根据地的斗争中，打了不少胜仗。在 1935 年 8 月，独立团在九都塔附近三次伏击敌人，三战三捷，缴获花筒式冲锋枪四支、驳壳枪七支、步枪百余支，赶走了金塔据点的守敌。我军还远距离奔袭安（庆）、屯（溪）公路上重镇殷家汇，全歼敌人一个民团，生俘敌团长，并缴获大量的武器弹药及布匹、食盐等战利品。这些战斗为根据地的建立扫清了军事上的障碍，打开了局面，积蓄了力量，准备了一定物资基础，提高了党和红军在群众中的威望。

江南红军独立团既是战斗队又是宣传队、工作队。平时，战士们利用战斗间隙去做组织群众、宣传群众的工作，和群众一起种田种地，砍柴烧窑，分不清谁是兵、谁是民。战时，红军和群众在一个战壕里杀敌，如果要撤退，战士们总是让群众先走。军民之间结成了同甘共苦，生死与共的血肉关系。那时食盐很难得，红军打仗有了缴获，总要分送给群众一些。群众支援红军也是说不完，写不尽：他们主动地替红军站岗、放哨、削竹签、装石炮、挖松树炮、送情报、当向导、抢救伤病员、掩护同志等等。妇女们做的军鞋不计其数。群众宁愿自己饿肚子也要筹齐军粮。敌人移民并村后，他们经常冒着生命危险把粮食送到约定地点，做上记号让红军来取。许多人装着走亲戚。回娘家为红军送情报，他们机警地将书信放在衣服夹层里，头发窠里，万一被敌人发现，就把它揉成团，吞下肚去。四房村的农民徐财生、储小娘就是到敌人据点内侦察情报而被捕，被敌人活埋在河滩上的。群众的智慧是无穷的，采用各种方法保护我们。如老大娘放哨时用这样的暗号来掩护我们，迷惑敌人：她看到敌人来了就喊:“细伢(儿子)你要多砍柴呀！”意思是敌人来了，你要快离开。当她喊:“细伢子,捆柴回家吃饭啰！”那就是敌人走远了，你可以进村办事了。有一次，特委在老屋查家开会，一个排的敌人突然出现在村头。负责警戒的女游击队员魏翠娥发现敌人接近，一面鸣枪向特委报警，一面端枪射击敌人，开会的人安全转移了，女英雄魏翠娥同志献出了年轻的生命。根据地的党、红军和群众就是这样团结在一起。战胜了敌人一次又一次进攻，克服了许多难以想象的困难。

三

自江南特委机关迁到麻乌石以后，敌人的攻击目标便集中到这里，战斗在麻乌石附近不断展开。

1935年11月，江南红军独立团在牌楼与安徽保安旅第二团接火，击溃了敌人的进攻，活捉了敌区长。接着，保安一团不死心，咬住我军不放。在王丰庆的指挥下，我们与敌周旋数昼夜，待敌人十分疲劳之际，选择塘埂、丁冲的有利地形设下埋伏，首先将敌连长打下马，在混乱中打死敌人30多名。还活捉了一些敌人，缴枪32支、子弹500多发、手榴弹20多枚、军号一把。这就是群众传诵至今的"塘丁大捷"。三天后，我军又乘胜在夏项街击败了敌保安二团，暂时解除了麻乌石之围。1936年1月，敌人重新组织力量进攻麻乌石，我们同敌人打了几场遭遇战，消耗了一些力量，团长杨艳溪在战斗中负伤。部队由参谋长杨春标代理指挥。

狡猾的敌人吃了几次败仗，便改用堡垒战术。他们在麻乌石以北的侯家店，西南的洋湖镇构筑工事，派重兵扼守，企图采用分进合击，南北夹击的方式围歼我军。

根据敌人的部署，特委决定集中独立团主力在赉田、二甲里之间和源坑以南集结，挖好掩体，待机消灭侯家店来犯之敌。对于洋湖方面的敌人，则由江南红军第一游击大队和贵池县赤卫队负责阻击，以策应独立团歼灭侯家店的敌人，待前一个目的达到之后，再寻找机会消灭洋湖镇的敌人，达到消灭敌人两个营或者大部分歼灭的目的。如果这个计划能够实现，则贵秋东根据地就能坚持更长的时间。按当时的主客观情况来看，这个方案是正确的，歼灭这两股敌人也是可能的。但是，当时红军的生活异常艰苦，数九寒天战士们没有穿上棉衣。代团长杨春标抱怨特委某些领导搞特殊化，不关心战士们的疾苦，带头鼓动战士们向特委发泄不满情绪，以致发展到在军事行动上的消极对抗。在关系到根据地生死存亡的这一战中，杨春标没有按照特委的命令在天亮之前将部队埋伏在指定的山头上伏击来敌，而是领着战士们在背风处烧火取暖。数十堆大火。既暴露了自己的目标，又妨碍观察敌人的视线，直到敌人摸到二甲里附近时哨兵才发现，我军仓促进入阵地，敌人向我军施行火力压制，独立团被截成几股，无法组织反击，被迫向源坑方向撤退。麻乌石很快被敌人占领，周成龙、王丰庆亲自率领特委保安队掩护机关人员冲出包围。从此，特委和贵秋、贵东县委会机关都转移到了高山石门口。

赉田伏击战的失败，既贻误了歼敌良机，又使部队受到不应有的损失，断送了贵秋东革命根据地的大好形势。在短短的几天内，敌人就进逼到高山脚下。原来纵横百里的根据地只剩下了一座险要的高山。根据地的人民再次遭到敌兵的摧残，许多未来得及撤退的党员、干部被敌人杀害。贵东县委书记黄天贵、贵秋县委书记余文先都在此期间被捕入狱。

紧接着，敌人动用了安徽保安旅第一、二团，安庆独立营、贵秋东三县反动武装壮丁队和新组成的地主还乡团等共数千人，组成指挥部，以十倍于我的兵力向高山根据地进攻。敌人采用重点把守，分进合击，稳扎稳打，步步为营的战术，每前进五里至十里都在重要的路口和制高点修筑碉堡。当时，他们在根据地周围的洋湖镇、张溪镇、葛公镇、丁香树、小河口、牌楼、幸田街都建筑了碉堡和土围子，实行层层封锁，分割包围，妄图将根据地的军民困死。敌人在碉堡群的火力掩护下，还经常派小股敌人深入根据地埋设地雷、刺探情报，进行骚扰捣乱。我方参战的部队是江南红军独立团、特区保卫队、江南红军第一、二、三游击大队和三县赤卫队，总兵力不足千人。江南红军独立团虽然进行积极的外线作战，以吸引敌人，减少对根据地的压力，但始终未能改变敌人“荡平高山根据地”的反动计划。敌人从高山脚下的金塔、夏项街、长毛岗分三路向高山进犯。一场保卫最后的根据地高山头的激烈战斗开始了。

高山既高且险，能上山的三条险道是：东面从贵池的芦村经西坑、黄豆岭上山，其中黄豆岭岭陡山奇，是扼守这条路的天然屏障。南面从东坑过石门到谢家坂上山，这一路的石门口名不虚传，两山岩石耸立，酷似狭窄的城门，人们都叫它是“一夫当关，万夫莫开”的“鬼门关”。

西北面由夏项街经桂桥穿鸡栅口，鸡栅口奇峰突兀，活像一面大栅栏刺斜拦在道上。除了这三条险路之外，其余就是黄鹤不飞、猿猴愁攀的绝壁悬岩了。

1 月下旬，驻守夏项街之敌 300 余人开始向高山发起攻击，当他们爬到鸡栅口时，遭到我第一游击大队，特区保卫队 180 余人的阻击。松树炮显神威,战斗从上午 9 时打到下午 3 时,敌人发起三次疯狂的冲锋，均被我击退，他们只得抬着 20 多具尸体和伤兵退回原地。

2 月初，丁香村、长毛岗之敌 200 来人分两路向黄豆岭进攻，我第二游击大队和三坑、西坑，谢家坂的赤卫队在黄豆岭坚决抵抗，经过一阵猛烈射击，我军跃出工事，居高临下发起冲锋，很快将敌人撵下山。

2 月中旬，敌人以东、西两面同时向我高山进攻，东路的敌人仍在黄豆岭被我卡住。我军先后用手榴弹杀伤敌人，以后又拉响了预先准备好的石炮。这石炮的威力可真大，坚硬的石头被炸开，从陡峭的岭头上滚将下来，打得敌人呼爹喊娘，死伤惨重，活着的敌人有的趴在石壳里不敢抬头，大部分连滚带爬往回逃。西路的敌人上次在鸡栅口吃了亏，这次变得狡猾起来。他们不再暴露在我们火力之下发起冲锋，而是分散着躲在一块块石头后面，与我军对射。这样相持了很长时间，我方的枪声开始稀疏起来。敌人料我子弹不多了，突然向鸡栅口猛冲，双方短兵相接，展开了激烈的白刃战，各有伤亡，我军终因寡不敌众，且战且走，最后退到石门口固定。西线的第一道防线被敌人冲破了，但敌人不敢在山上过夜，他们炸毁了鸡栅口的工事，跑到附近的村庄，将老百姓全部抓起来押走，把能带走的东西全部抢光，带不走的东西连同房屋全部烧光。鸡栅口村党支部书记蔡家银同志就是这次被捕，押到许村杀害的。

事隔五天，敌人仍分东西由原路向高山进攻，东路的敌人有安庆独立营配合。黄豆岭上，激烈的枪声从上午 9 时响到下午 1 时，敌人未能前进一步。不料敌独立营一个连偷偷地由芦村东侧爬上大山岗，顺着大山岗向东迂回我守岭队伍后侧后。架起机枪，疯狂地扫射起来。我军腹背受敌，伤亡很重，只得向小龙坑方向撤退。在这次战斗中，第二游击大队同副大队长不幸中弹牺牲。敌人爬上黄豆岭，窜进谢家坂，烧、杀、抢、掠，几十户的谢家坂化为灰烬。留在村里的群众全被抓走，逃上山的人们看到村里的冲天大火，无不号啕大哭。战士们见此惨状，莫不咬牙切齿，发誓要和这帮豺狼拼到底，讨还血债。西路的敌人越过鸡栅口向我守在石门口的第一游击大队进攻，由于地势险要，敌人从早上打到傍晚，未能冲进石门，敌人害怕夜战，又怕我军断其退路，慌慌张张地退回去了。

伴随着军事“围剿”，敌人还采用了更加毒辣的手段。他们知道，要扑灭革命烈火，必须先压制党和红军赖以生存的基础——群众。他们对根据地周围的人民实行严密的保甲制度和联防政策。强行移民并村，“五家一联、十家一保”，一家通“匪”，十家连坐，一家窝“匪”，十家同祸。以罚款、坐牢、杀头相威胁，限制群众的活动，企图断绝群众与红军游击队的联系。他们每次向根据地进攻，都没有忘记推行野蛮的“三光”政策。他们公布的杀戒是：“通匪者杀；窝匪者杀；知匪不报者杀；替匪通风报信者杀；替匪送粮带路者杀；替匪宣传、煽动者杀；当匪者杀全家。”反动头子吴书权称这七杀政策是“剿匪安民”的国策。他说：“斩草要除根，以免春来又丛生”。敌人杀人的手段也是极其残忍的，有刀杀、枪杀、活埋、火烧、烟熏、开水烫、穿手心、钉脚掌、挖眼、倒吊等等。我的哥哥倪长生，还有彭金生的父亲等就被敌人指为“赤匪”探子活埋了。杨湾村黄时贵（曾任过高山区委书记）同志一家数口除一个奶孩幸免外，上至60多岁的老母，下至三岁的孩子全被敌人杀死。葛公大土豪李天相和敌戴营长的侄子被我游击队打死，敌人进行疯狂地报复，将叶山一带民房全部烧光，并在华芝岗河边插100根竹篙，扬言要杀100个红军头挂在上面，烈士洪伯孝同志的头颅就曾被挂在上面示众，并规定要等绳子烂断了，头摔下来才准收尸。贵秋县早期党员黄炳炎同志因叛徒夏福海出卖被捕，受尽了各种酷刑，除用老虎凳、踩杠子、反吊、倒吊、雷公尖、灌辣椒水等刑外，还用黄烟骨熏，用香火烧。他腿上的肉被烧得滋滋地响、黄油直流，发出一种刺鼻的焦味，黄炳炎同志忍着剧痛，大义凛然，骂不绝口："你们这群杀人的魔王。看你们还能猖狂几天？""共产党员就是我，支部书记就是我，看你们把我怎么样！""共产党员是杀不完的，你们的末日就要到了！"黄炳炎同志就是这样慷慨地就义了。在他的遗体上记载着敌人的暴行：他的头发蓬乱，嘴被打肿，两条胳膊上留下了一圈圈乌紫的绳子印，背上胸前都被打烂了，几乎找不到一块完整的皮肤，两条大腿上布满了星星点点的香火洞。最大的有铜钱大，一寸来深。敌人杀了人还不准老百姓收尸，收尸就是通"匪"，将尸体抛到荒郊野外让成群结队的狗拖、老鸦叼！敌军官见到稍有姿色的妇女就强占为妻，甚至老幼、孕妇也被敌兵轮流糟蹋，有的被糟蹋后还要割去双乳，挖掉眼睛，凌辱致死。这群披着人皮的兽类真是罪恶昭彰，丧尽天良！总之，敌人见人就杀，见东西就抢，见房子就烧。到1936年3月底，高山中心地区的土地上见不到一间房子，就连一座完整的厕所也找不到！真是田园荒芜，悲鸿遍野，白骨成山。这就是国民党反动派吹嘘的"安邦治国"、"剿匪安民"！

高山保卫战打了个把月，虽然敌人冲破了东西两路的第一道防线，但始终不敢在山上驻扎，敌人一走，阵地又是我们的了。敌人仗着兵多将广，不惜一切代价轮番进攻高山。在频繁的战斗中，我军也消耗了力量。打防御战无甚缴获，加上群众被抓走，村庄被烧毁，军事物资和生活必需品都得不到应有的补充，尤其是子弹奇缺，在后来的每次战斗中，战士们只能领到五发、三发子弹。在一般情况下，我们只能用石头、棍棒来对付敌人。斗争越来越艰苦，仗越打越残酷，情况越来越严重了。

在这危急关头，特委于2月27日在东流大龙坑召开了县以上干部会议。大家分析敌人的企图是：长期围困高山，从经济物质上进行封锁，从军事上进行消耗，从政治上进行诱降，最后将我们一网打尽。针对这种严重的局面，特委作出如下决定：

1. 精简各机关工作人员，除留极少数人维持日常工作外，将其余的 50 多人分成三组，由特区少共书记何少奇率领第一组到石埭、祁门去开辟新的游击区；由特区政府秘书长操则成率领第二组到石埭沙山活动；由特区军事部秘书长王玉堂率领第三组下山，充实到江南红军独立团。

2. 成立以宋金山为首的高山秘密区委。其任务是：潜伏下来，坚持长期斗争；负责掩护失散的红军和工作人员，保持对特委和红军的联络。

3. 将红军独立团分成两部分，一部分改称江南红军挺进纵队，向江西浮梁、婺源方向行动，寻找中共闽浙赣省委，请示汇报工作，争取外援来解高山之围（后该队去而未回）；另一部分改为江南红军挺进大队。由王丰庆率领，继续在高山外围牵制敌人，争取多缴获，以供应高山头上急需的弹药、食品（该队在贵秋东地区活动了半个多月，在返回高山时遭敌独立营袭击，撤到江西浮梁去了）。

4. 将江南红军第一、二、三游击大队 130 余人合并改为江南红军独立营（营长黄国太，政委江天辉，我任特派员），继续担负保卫高山的战斗任务。

会后，各自分头执行任务。江南红军独立营坚守各哨口，在极为艰苦的情况下，与数十倍的敌人奋战着，又坚持了 20 多天。这时内无粮草，外无救兵，越打越艰苦，有些人开始动摇了，开小差、当逃兵的时有出现，连负伤休养的原江南红军独立团团长杨艳溪也在这个时候开枪打死身边的贵秋县一区的区委书记曹德簧同志，无耻地投降了敌人。接着小龙坑、大龙坑、谢家坂、东坑、嚎猪垄相继被敌人攻占。即使在如此恶劣的情况下，特委仍舍不得抛弃这块用鲜血换来的根据地，我们放弃了固守山头的打法，开始流动游击。黄国太、江天辉和我率独立营在西山栅、莲花山一带活动。周成龙、欧阳斌率特区保卫队（短枪队）在乌溪坡、老山陈一带活动，两部定期在大龙坑主峰联系。我们的目的是：保存实力，坚持下来，等待援兵，收复失地。

1936 年 3 月 28 日晚，独立营按期派人到大龙坑主峰与周成龙、欧阳斌联系。作为信号的三堆大火烧了半天也不见对方回答，我们又等了一天一夜，还是不见保卫队的踪影。原来保卫队在战斗中被敌人冲散，欧阳斌同志在祁门被捕牺牲。周成龙辗转到南京、武汉（后遇到汪金祥同志，与汪一起到延安，参加了整风运动）。独立营失去了上级领导，不见援兵的到来，士气更加低落，开小差的更多了，只剩下 80 来人。营部领导人经过反复研究，认为这股小部队再待下去，很有被敌人吃掉的危险，为了保存有生力量，决定暂时离开高山到赣东北去找省委。

第二天，独立营做好善后工作，洒着热泪，最后一批撤出了高山根据地。

四

江南红军独立营，在营长黄国太、政治委员江天辉和我的带领下，从高山出发，冲破了敌人的几道防线，绕道祁门西南的倒湖，于 1936 年 4 月 2 日到达婺源鄣公山西北的胡家坳附近的山岗上。此时，中共闽浙赣省委书记关英和苏区的几路部队已先后在鄣公山会合。我们在山岗上遇到了一个姓余的人，经过盘查认为此人可靠，余说“鄣公山没有白匪军。红军来过，工作人员也来过。但是他们的行动秘密，不知他们到底住在什么地方，等到天黑时我带你们去村里住下，如果有工作人员，他们会来找你们的”。

黄昏，姓余的带我们下山，经过胡家，这里驻有红军临时医疗所，伤员多数是从贵、秋、东出来的老乡，异地相逢，分外亲切，他们高兴地连声说：“老倪同志，你们也来了，好啊！好啊！”有几个伤员紧紧拉着我的手不放，热泪盈眶，话也说不出来，不少人迫切问这问那，想一下子把家乡的情况全了解。短暂的相聚，怎能满足同志们的要求呢？我说：“家乡的亲人都很好，很想念你们，望你们安心养伤，伤好后归队，消灭白匪军！”因要急于赶路，我们恋恋不舍地挥手告别。

来到鄣公山村里，正是吃晚饭的时候。两位女同志来看我们，一见面就喊：“同志哥，你们好！”看那股热情，像是苏区来的同志，我们也向她俩问好。当我们问起这一带的情况时，她俩说等一会还有人来看你们。不一会，刘毓标来了，他问明了我们何时离开高山根据地，部队状况和江南特委、特区苏维埃政府情况后，向我们详细介绍了鄣公山周围革命斗争形势。刘毓标和我们谈话后，当晚回机关，临别时说：“省委有什么指示，我就来向你们传达。”

翌日，天还未亮，刘毓标来了，他带我们部队转移到鄣公山西边白山源头一个大玉米棚里休息，刘宣布省委的决定，将我们独立营改编为四十里长降红军第五游击大队，他简明地介绍那一带地区的地形、敌情和我们党的活动、群众工作等情况。他临走时说：“下午5时左右，有方启湘来配合你们的行动。他是这一带的中心区委书记，他来配合，既有利于第五大队活动，也有利于地方工作的开展。”方启湘同志按时来了。从此，我们这支部队在省委的领导下，在新的地区，执行新的任务。

方启湘带领我们第五游击大队，在婺源的莒莙山、白山、石灰山、小黄沙角子尖、羊山背，浮梁的郑家山、东王庙、三十六排、天宝堂、茶叶坦以及长溪以西地区活动了一个月。方要回区里主持工作，就在梓木坑与他分手了。我们也要到莒莙山向特委书记王丰庆汇报工作，并把打土豪得到的银元交给特委。我们的部队行进到莒莙山西北的山上大庙里休息了一天，晚上转到大坑。这里群众、地形都很好，天未亮部队转移到一个大山沟里整休，这时我们离开高山根据地已有两个多月了，指战员身上的衣服还是从家乡穿来的，发出难闻的臭汗味，虱子像芝麻一样多，在身上乱窜，难受极了，大家洗澡、换衣服，忙了一阵子，整好行装后继续出发。

晚上10时左右，我们到达汪家庄宿营，次日天未亮出发，进到诗村出口，清华到石岭下之间的三角地带一座大山上休息。我们在山上看到诗村敌四十六旅的士兵进进出出，行动不迭。由于领导人轻敌，第二天下午下山太早，通过诗村西边时，被敌发觉。尾随我们的敌便衣队判断我们晚上要在里南源住宿，便回去报告。天未黑我们到达里南源，正在吃饭，敌人摸到我们哨兵附近。我哨兵既不向天鸣枪，也不向敌人射击，而是急急忙忙跑回大队部报告。正当他跑到队部时，敌人已冲到门口，像虎狼一样嚎叫冲呀！杀呀！抓活的呀！机关枪、冲锋枪、步枪一齐开火。我们向后山上冲去，在突围中与我一起参加革命的亲哥哥倪家信不幸牺牲。我正在向山上爬，左膀被冲锋枪子弹打中，顿时一身麻木，倒在血泊中，但脑子还清醒，觉得如不快跑，就逃不出虎口。我忍着疼痛，奋力起身，跟上了部队，伤口的鲜血直流，真是一路行走一路血。此时此地不用说医药，就连包扎的布也没有，我只好用米袋把伤口扎住，右手还是提着一支步枪，死里逃生，终于爬上了山顶，被冲散的同志也陆续爬上了山顶。

天亮了，部队集合，准备转移。政委江天辉在队前讲话。我在山顶南段。面朝里南源，想起昨晚被敌人袭击的场面，想起哥哥在敌人罪恶的枪声中倒下的情景，旧恨新仇一齐涌上心头。正当我心潮翻滚的时候，忽听到啪嚓啪嚓的响声，仔细一看，是一个穿军衣戴斗篷的人趴在地上，我立即呼喊："敌人来了"，我们部队立即顺着山降向北冲去。此时下着大雨，我跟着跑了一段，伤口痛得难受，实在跑不动了，便在大雨的掩护下，从山上溜下去。敌人向前追赶，我溜到半山腰，见一片芭茅，也顾不得锋利的茅叶刺痛，往里面躲藏。大雨下个不停，雨水渗着伤口，血水把地上染红了一大片，等到下午6时左右，天将黑，雨已停，山上也寂静了。我爬上山顶，捡到一把破雨伞作拐棍，沿着我们部队去的方向走，大约走了三里路，在一个山坳里，看到有两户人家，即叩开一户的门，家里一个40多岁的老娘和一个十多岁的男孩，开始有点害怕，我向大娘说明了我是红军战士，早上打仗时负伤，没跟上部队，想在这里休息一晚，天亮就走，她同意了。我又问大娘有没有吃的东西，她很快给我炒了一大碗饭，这位大娘很好，还留了一大碗，鸡啼三遍，她把饭热好，我吃完饭，给了她一块银元，她又送给我一件蓑衣一顶斗笠。我辞别了大娘，向角子尖方向去，在四十里长降的丛林里转了两天还未找到部队，我的伤口在发炎，痛得厉害。最后还是决定去莒砻山找王丰庆。

那时，在敌人的重兵包围下，我们的行动真艰难啊！我带着伤痛走了两天，天未亮到了莒砻山西北边山上的一个大庙里，守庙的老头看样子是支持红军的，但不认识我，他说："你是什么人。赶快离开这里，否则国军来了，我管不了啊！"他又说："你不走，我就到村里向保长报告。"怎么办呢？我只好把我们部队大队长、政委的名字告诉他，并讲了我负伤被冲散的经过，请他收留我住下，可是老人的警惕性很高，还是不理。我再三说，我的伤口发炎，痛得难受，找到了王丰庆，就好到红军医院治疗。最后他松了口，说："我是老实人。不管你是好人还是坏人。你有伤难行动，就在这里吃早饭，饭后自己找一个树林休息。"饭后他给了我蓑衣、斗笠，我到西边一片茂密的树林里休息，中午他还送饭来，并叫我晚上到庙里过夜。

在庙里又等了四天，王丰庆和苏宏发来了。我向王讲了自己的伤势和哥哥在战斗中牺牲的情况。他见了我很心痛，便安慰说："你能回来是一件好事，要好好养伤，重返部队杀敌。"他告诉我第五游击大队被敌人打散后，都先后到大坑集合了。战斗中除我哥哥牺牲外，还有大队的司务长被敌人搜山时抓去，在里诗村杀害了。晚上王丰庆派人带我去水山吴家临时医院，我住在交通员家里，第二天一早去医院。在一个草棚里看到十多个伤员，其中几个是我的老乡。我们一见面，既高兴又痛心，感到这次里南源战斗的失利，主要是我们领导人轻敌麻痹，对哨兵交待不明，要求不严，特别是在危急时刻无人指挥，各自逃跑，以致被敌人打得七零八落，吃了大亏。流血牺牲的事实，使我们得到了深刻的教训。

第二天晚上，苏宏发送我到洪源西坑红军医院，取出了子弹，经过治疗，伤口逐渐好转。两天以后，苏宏发又来看我，向我传达了王丰庆的指示，说第五游击大队在长降一带与敌人战斗没有打过胜仗。已被敌人摸清了战斗力、指挥能力和行动踪迹，为了改变被动局面，已把他们调到休宁那边去了。王丰庆要我做地方工作，到石屋坑去任休（宁）婺（源）中心区委书记。

五

休婺中心区委，在休宁的西乡和婺源的北乡两县交界的一带，辖休宁的石屋坑、高舍、四门和婺源的溪头、汪王后、岚山路、东坑、粟木坑、小沱、朱山等地，建立了石屋坑、沱川、四门三个区委。我于1936年5月底到那里工作，7月上旬的一天下午，我同中心区委书记张松太、区委委员张开太、交通员叶福德、张茂源等人，来到平鼻岭西边槽塔里的沱川区委机关秘密棚，棚里有五个裁缝，三台缝纫机、30多匹布，正在为红军制作过冬的衣服。区委书记聂有寿（铅山河口人）正要调动工作，因为他在沱川区委期间账目不清，又违犯群众纪律，影响很坏，皖赣特委副书记李步新怕他时间长了会出大问题，决定把他调四门区委工作。我们到后聂要请假去塘堀，与党支部书记张有才结清买布的账款。我告诉他休宁田岭脚交通员余细全被汪村敌便衣队逮捕后自首叛变，参加了敌人的行动队，专门破坏我党地方组织，捉拿我交通员，还有可能要来破坏沱川区委，要他提高警惕，以防万一。

聂到张有才处结好账后，天黑没有回区委，睡在组织委员张钦树家里。晚上12时左右，余细全带着敌行动队到塘堀抓张有才、张钦树，结果聂有寿也同时被捕，聂在软硬兼施下投敌了。他带领敌人到槽塔里来抓我们。敌人开始不敢接近秘密棚，在 20 米外包围住，向棚里射击。团中心区委书记张松太被击中，当场牺牲，我与小江、张开太冲出棚外，跳入干河沟，沿河爬上了对面山。交通员张茂源被敌抓住，在汪村被枪杀。秘密棚里的裁缝和物资全部被敌人搜去，还损失了三支毛瑟枪。

聂有寿的叛变，给沱川区委造成了严重的损失。石屋坑党支部书记胡旺九立即报告了特委书记王丰庆。王通知我去特委汇报，并规定我去的路线、时间。看来王对我也不放心，要考验考验我。第三天，我经过香桂村，上山去牛角坞，走到半山腰，特委的短枪队埋伏在路旁监视我的行动。他们看看没有什么动静，待我进到埋伏地时便走出来说："老倪，你来了，王丰庆很关心槽塔里事件，要我们来接你。"到了牛角坞，王丰庆开玩笑地说："老倪，我以为你也被敌人抓走，会带敌来袭击我们。"我听了哈哈大笑，说："我老倪，敌人要抓活的不容易，抓死的倒有可能。"我汇报了被敌袭击的经过和原因，也讲了这一事件的教训，主要是我对当时斗争的极端复杂性，特别是对敌人千方百计利用革命队伍中意志薄弱的人，进行破坏活动的严重危害性认识不足，以致对聂有寿这样一个品行不端，屡犯错误的人没有严加防范。我的心情很沉重，我对王丰庆说："今后我一定牢记这个血的教训，把工作做好，把区委整顿好，以实际行动告慰于牺牲者的英灵。"王丰庆安慰我说："革命斗争中遭到挫折是难免的，留得青山在，不愁没柴烧，你要把中心区整顿好，使同志们充满信心，去夺取斗争的胜利。"并布置我要把沱川的地方工作做好，那里地方大，人口多。工作搞好了，有利于我们开展游击战争。

我回到区委，召开了扩大会议，除沱川区委垮了外，参加会议的有四门、石屋坑区委的干部 12 人。我传达了王丰庆的指示，介绍了沱川区委被敌人袭击的情况，揭露了聂有寿叛变投敌的罪行，并领着大家向牺牲的同志深切致哀。会议总结了槽塔里事件的教训，处决了向敌人提供情报的叛徒塘堀党支部组织委员张钦树，决定迅速恢复沱川区委的工作，改选了党支部书记和成员。会后，对岚山路、溪头、金刚岭、白沙坞、月岭、东坑、枣树坑等七个党支部进行教育，以槽塔里事件为借鉴，提高对当前斗争的尖锐性，复杂性的认识，树立坚持斗争夺取胜利的信心和决心。在沱川附近的小村庄，发展了新的秘密组织和活动区。

槽塔里事件处理后的两个来月，我们的工作很顺利，斗争的形势也很好。但是敌人的进攻也日益加紧，除军事“清剿”经济封锁外，还进一步加强特务控制，加强情报活动，串通地主、乡政保甲人员、地方封建势力以及流氓、大烟鬼、游手好闲等坏分子来对付我们。同时，进行反动宣传，说:“红军是土匪，杀人放火”，“共产党要共产共妻”等等，欺骗群众。还出悬赏布告，捉到红军活的赏多少钱，死的赏多少钱。此时，革命处于低潮，群众对我们的认识很模糊，我们在敌人的心腹地带活动极端困难，可以说是在死亡线上坚持斗争。就在这个时候，休宁四门的保长与几个流氓伙同一起，煽动群众，说西山苞芦（玉米棚）里有几个“土匪”快去抓。送到汪村鲍营（国民党四十六旅一个营长姓鲍）有重赏。8 月下旬的一天早晨，这个保长带了数十人，到西山包围了四门区委住的玉米棚，用石头往棚里砸。棚里有区委的三位同志，区委书记弋阳老（别名），开始还以为过路的人无意抛石头，后来四面八方越打越猛，三位同志无法脱身，都被砸死。保长和几个罪恶分子竟残暴地把人头砍下来送到汪村向敌人领赏。同年 8 月下旬,游击队长“洋油箱”带领 30 余人，在四门附近击溃壮丁队，镇压了残害四门区委书记“花机关”的三个歹徒，为三位烈士报了仇。

休西江潭是溪口通往汪村的重要村庄，驻有敌人的“清乡队”，我们地方工作经常受干扰，1936 年 8 月下旬，中心县委游击队乘黑夜袭击“清乡队”，捣毁江潭联保办公处。同时，处决了勾结“清乡队”的恶霸胡金斗父子等三人,打击了敌人的嚣张气焰。不久,敌人的“清剿”一天紧似一天。驻在汪村两个保安中队在安徽第十区保安司令部参谋杨目立的带领下，经常到根据地村庄抓人，用毒刑逼供，强迫群众自首。还有敌人的所谓肃反人员协助训练“奋勇队”（由叛徒组成）。然后，由“奋勇队”带路破坏党组织和群众组织。当时，原中心县委交通员盛运来叛变，带领敌人伏击特委派往祁婺休中心县委联系工作的我和其他同志，并带敌包围破坏里庄附近的中心县委机关棚，抓去了一些革命同志，关进休宁县监狱，要群众交出游击队司令胡有记才放人。不久，胡有记被叛徒骗到郎溪附近被捕。9 月 30 日晚，游击队长“洋油箱”也在里广山遭伏击牺牲。由于叛徒出卖，里广山附近部分组织遭受损失。中心县委书记方启湘率领一部分同志向休南转移，与阳台中心区小老李等会合，继续坚持斗争。11 月间，高坑桥中心区委书记大老吴不幸在休祁边境被捕入狱（后在狱中牺牲），阳台中心区委书记小老李在战斗中牺牲，党组织遭受很大损失。

然而，我党组织根植于群众之中，尽管敌人疯狂地实行“军事清剿”、“经济封锁”，根据地群众总是千方百计地支援和掩护我们。如借上山劳动、妇女回娘家等名义，给我们送信，送粮食、药品和日用品，还经常把上山砍柴时带的饭省给我们吃。休宁的张志流同志，为了保护地方党组织和伤员，冒险奔波，被捕后敌人严刑拷打，但他誓死不屈，英勇牺牲。尤其是根据地中心高舍和石屋坑一带，皖浙赣省委机关经常在那里活动。敌人“清剿”情况紧张时，省委关英等仍住在那里。当地党支部和群众冒着生命危险掩护省委和红军干部，为巩固和扩大以鄣公山为中心的游击根据地作出了贡献。

七

西安事变后，蒋介石加紧对南方游击根据地的进攻。1937 年初，刘建绪调集了国民党十六师、五十五师、四十五旅、四十六旅，浙江保安师、安徽、江西保安团等大批兵力，纠合地主民团、壮丁队，对皖浙赣地区进行疯狂的前所未有的大“清剿”。在我们休（宁）婺（源）中心区周围的婺源鄣公山、白山、莒莙山、水岚山、洪源、沱川、平鼻岭等地，休宁的田里、石屋坑、麻岭坑、冯村、上下大连、左龙、右龙、漳前、梓坞等地，浮梁的郑家山、石并坑、洞里、沙泥弯、长途岭等地，都驻满了敌人，甚至在离山下40多里的香油尖顶上也据守了一个班。敌人在红军走过的路，住过的村庄，有过关系、活动过的地方都分兵把守，筑起碉堡，围起篱笆，布下层层封锁线。在根据地见屋就烧，见人就抓，连家禽家畜也难以幸免。他们把小村庄烧掉后，强迫群众搬到大村庄住，实行“五家连坐”，进行严厉管制，不准自由行动。妄图使红军游击队无法藏身，一网打尽。根据地人民的家园被摧残，不少人被杀。休宁、婺源、浮梁、祁门一带的数百里山区一片荒凉。

我们休婺中心区，因团委书记张开太叛变投敌，受到严重破坏。我带着六位同志，其中有三个伤员，既要与敌人的武装作斗争，又要在恶劣的环境下求生存，困难是难以想象的。开始，我们还有60多斤大米，然而要留给伤员吃，身体好的同志只好吃野菜充饥。野菜不仅难吃，而且吃了几天肚子膨胀痛得难受。我和昌化县九华参军的年轻战士余少先，吃了拉不出来，每拉一次痛得直叫。婺源通元观参军的50多岁的汪老头，吃了又泻肚子，一天拉十多次，拉得面黄肌瘦，四肢无力，走路也要人搀。我们艰难地度过了七八天，伤员的粮食也快吃完了，饥饿威胁着我们的生存。怎么办？小余说：“白山里面有一户姓吴的，对红军很热情，我也熟悉，他种了不少玉米，就是敌人迫他搬了家，也一时搬不了那么多，到那里可能找得一些粮食。”此时敌人的“清剿”正在加紧，我们的行动十分危险，但是为了同志能够生存下来，只有铤而走险了。我安排了交通员老管照顾伤员，自己同小余、老汪出动。我们三人走到鄣公山大降，太阳就落山了。我们趁夜色，在荆棘丛生、野兽出没的羊肠小道上摸爬。到半夜12时左右，走到左龙与白山交界的地方。

这里经常是休宁敌人的埋伏点。正当我考虑是否有敌人时，突然从我的左侧一排子弹打来，紧接着枪声四起，我们被敌人的火力包围了。我在前边，只听得后边“哗啦”一声，就无动静了，随后又听到汪老头“哎呀”一叫，倒下了。我急忙从一座悬崖上滚了下去，跌在山下，腿摔坏了，脑袋也摔昏了。当我清醒过来时，知道已陷入虎坑，处境非常危险，要不拼死冲出去，定无生还的希望。敌人吼叫着：“抓活的！”“不要让一个逃跑！”“缴枪不杀！”“投降有赏！”几十条枪密集射击，电筒闪着光亮。我借着电光向山腰的树林里猛跑，终于摆脱了敌人的追击。

我脱险后，顺着山腰，从树林里向白山方向摸去，走到我们事先约定的集合地点（动身时商量好，如发现敌情，冲散后到此会面），不见小余，也不见汪老头，心里非常难过。我坐了下去，身上的伤痛发作了，实在支持不住，便靠在一棵松树下，不知不觉地昏睡了过去。当我昏昏欲醒时，听到一声踩断烂树枝的响声，我猛醒过来，只见一个满身鲜血的人，扶着一支拐棒，踉踉跄跄地走过来。仔细一看，“小余！”我情不自禁地高喊了起来，小余过来又惊又喜，眼泪直流，呜咽着说：“老倪同志，没想到我们还能活着见面。”原来小余在敌人突然袭击时，也从悬崖上跳了下去，头摔破了，大腿被树桩撕破了一大片。当问起汪老头的下落时，小余痛苦地哭了起来。我强忍着不平静的心情，安慰他说：“汪老头可能回高舍秘密棚去了，也许摔坏了走不动，待我们回去到敌人埋伏的地方去看看”。考虑当时的恶劣环境，怕小余经受不住，我又对他说：“我们遇到的困难和挫折是暂时的，但在思想上要做更坏的准备，在前进的道路上，还会有更大的困难，付出更大的牺牲。为了革命，我们不能向敌人乞求，也不要悲伤，要坚强起来，坚持斗争，就能胜利。”

我把身上的衣裳撕下来一块，洗净了他头上的血，包扎好了他的伤口，然后扶着他朝吴家的地点走。到达吴家一看，昔日的高大房子变成了一摊残墙断壁，吴家祖宗三代辛勤劳动建立起来的家园成了一片焦土，满目凄凉。

天色逐渐昏暗下来，我们一整天没填肚子，饿得有气无力。小余发现一棵桃树上挂着一只菜筒，他拿来打开一看，里面是南瓜，两人不管三七二十一，就吃了起来。真是“饥不择食”，连发霉的南瓜干也感到又甜又香，好比山珍海味。小余不相信吴老头把粮食都搬走，他这里看看，那里瞧瞧，当他走到一座石窟底下，发现有一堆乱石子。他把石头搬开，露出一口水缸，里面装着足有四五百斤玉米，我俩立即打开带来的一条被单，包了 100 多斤，然后把钱放在缸里，按原样安置好。

我们返回昨夜遇险的地方，经过寻找，在一个石壁底下，发现了汪老头的尸体，敌人把他的肚子剖开，挖去了心肝，又割掉了耳朵，挖掉了眼睛，看到亲密战友被敌人如此摧残，恨不得立即找到敌人，与他们拼个死活。革命的胜利就是靠革命者前仆后继取得的。在我们面前，已经倒下了不少同志，只有学习先烈的英勇献身精神，进行不折不挠的斗争，去夺取革命的最后胜利，才能为牺牲的先烈报仇雪恨。

我们埋好了汪老头的遗体，背起了玉米，继续往前走，到第三天太阳从山尖冒头时，回到了我们住的高舍秘密棚。

八

我们历尽艰险，坚持了几个月。1937 年 7 月上旬的一天，我去石屋坑和溪头，找失去联系的同志，恰巧在石屋坑源头，遇见皖赣特委副书记李步新。李去休宁的查山、小坑、高坑桥一带找方启湘，方已有几个月没有同特委联系，我俩见面各自谈了一下情况，分手时约定 7 月 15 日在此地相会。就在 7 月 15 日这天，江西保安团一个营，突然在我们相会的地点住下，筑有临时工事，安置了锅灶，看来一时不会撤走。敌人堵住通往南北、东西的道路，是想抓李步新。李很机警没有来。但我们的行动很困难，粮食也吃完了，怎么办？原在特委做饭的毕新弟提出，到省委、特委原来的驻地莒莙山水口、水山吴家附近的凤基太山沟里去找找看，那里曾用洋铁箱装了一些大米。我想，中心县委书记吴镇清可能也在那里，去去也好。我们几个人绕过敌人的封锁线到达凤基太，发现省委的秘密棚早被敌人烧掉了，什么也没找到。夜里在树林里休息。当大家酣睡时，我被一声响声惊醒，忙推了一下身边的小余，告诉他有情况。响声越来越近，我发出口令："是谁？"回答说："我是汪焕高。"（汪老头的侄子）接着又一个熟悉的声音："你是老倪吗？"听得出他是吴镇清。就这样，我们不约而同地会合了。

我们会合起来共有 27 人，22 支烂枪（其中有省委独立团掉队的九名战士），在莒莙山周围活动了十多天。此时敌人的封锁仍然很紧张，天天搜山，交通员老毕把我们送到他们的秘密棚。这里是浮梁的外瑶、寺前、洞里和婺源的石灰山、郑家山毗连的三角地带，山大沟深，柴林茂密，敌人从来没有注意他们鼻子底下的这块地方。开始我们在两亩荒地里挖野菜吃，后来野菜也吃完了，怎么办？汪焕高是婺源通元观人，他说那一带经常有人去浮梁东埠街买米，郑家山是必经之路，我们去郑家山向买米过路的群众买些回来也可解决点问题。9 月上旬的一天，天未亮，我带着汪焕高、管怀德、汪长清、邹志诚到了郑家山，隐蔽在树林里，等待挑米回来的人。老天爷好像也要磨炼我们，到 12 时左右，狂风大作，大雨倾泻下来，全身湿透，一个多小时后又出太阳，湿衣服又晒干了。等到下午 3 时许，好不容易从寺前的路上，有四个挑着担子的人过来。我们出来，没等把话说清楚，挑米的人就吓得放下担子，往山沟里逃跑。汪焕高从侧面插上，截住一个老人。事情真巧，两人一对面，都愣住了，老人就是汪焕高的父亲。我连忙上去，向老人道歉解释，并叫他不要把东西挑回去，免得给敌人说"通匪"。因为其他三人逃了，不好付钱，我给了老人 15 块硬洋。老人看看自己的儿子，知道了我的艰难，也乐意接受了。后来，我们又买过一次米。特委独立营政委杨汉生同志也来买过一次。郑家山买米的事，很快传开，敌人大为震惊，调来别动队、保安团、民团、壮丁队对附近的各个山头，进行大“搜剿”。

到10月中旬，由于日本侵略军大举进攻，国民党把“驻剿”的军队相继调走，我们的环境开始好转，就着手恢复原地区的工作，整顿党团组织和贫农团、农会、妇女会、儿童团等。此时杨汉生带着三人、一挺机枪，在一天夜间，与我们在郑家山北面的山岗上相遇，会合一起，不久王丰庆也带了十个人、五条短枪找到我们。几支力量合在一起，有40余人、40多支枪、一挺轻机枪。都是共产党员，是一支经过艰苦磨炼，战斗力很强的队伍。

我们在清华以西的地区活动一周后，经古坦去祁门。在瑶里的土坑棚，一位党支部书记送来刘毓标给王丰庆、李步新、吴镇清的信，并附有八路军抗日宣言，中共中央给南方红军游击队公开信。我们看了后，去祁门宋家山找到了李步新。在宋家山，大家分析了当时的形势，认为我们党争取国内和平，团结一致抗日的新局面已经来到。在这种形势下，我们应通过各种渠道向国民党和各界人士宣传我党抗日的政治主张，并决定向国民党祁门、浮梁、婺源等县的地方政府和第五专员公署发信，建议同他们谈判。我们的基本原则是：1. 要求立即禁止向红军游击根据地进攻，撤走侵犯红色区域的军队；2. 解除移民并村，恢复群众自由，让他们返回原地，重建家园；3. 准许红军和我工作人员通行，派人到各地联络；4. 要求无条件释放一切政治犯；5. 只要国民党当局在我们提出的上述四条原则下谈判，我们停止打土豪和没收地主财产。

特委决定派李步新、江天辉为代表，到南昌向中共东南分局汇报工作，请示今后的工作方针、政策和任务。李、江到南昌汇报了我们多次拒绝国民党当局诱骗红军下山改编企图缴械的情况，陈毅同志听了很高兴，表扬了皖浙赣边党和红军艰苦斗争取得的成绩和高度的革命警惕性。他还介绍了闽南红三团下山，被国民党全部缴械的严重教训。陈毅同志指示，如果国民党军队再向红军挑衅，必须坚决自卫还击，不使闽南事件重演。

陈毅同志在处理了湘赣边红军下山集中的有关问题后，考虑皖浙赣边党组织和红军长期处在敌人严密封锁和残酷“清剿”的环境下，与党中央失去联系，对国民党积恨太深，一时思想转变不过来，决定自己到皖赣边来一次。12 月初，陈毅与李步新、江天辉从南昌来到舍会山。

陈毅同志在舍会山召开了皖浙赣边党组织和红军负责人的会议，传达了党中央、毛泽东同志的指示和统一战线的新形势，提出了今后的方针、政策和任务，并指示要迅速把红军集中起来，进行整顿，加强思想政治教育和军事训练，以便担负起抗日战争的重任。陈毅同志走后，各地红军游击队陆续下山到舍会山集中，至 1938 年 1 月上旬，红军游击队共有 300 余人。开到浮梁瑶里，整编为江西抗日义勇军第二支队，在瑶里过了春节，皖赣特委随迁瑶里。特委再派李步新、杨汉生到南昌参加会议，汇报工作。项英指示，为了继续联系皖浙赣边尚未联系上的红军游击队和地方党组织，将皖赣特委改为皖浙赣特委。会后陈毅同志与李步新、杨汉生再次来到浮梁瑶里。同来的还有中央派来工作的陈时夫、朱辉、李华楷、张振东、刘玉林、袁大鹏。陈毅同志召开了会议，传达了党中央关于南方八省游击队改编为国民革命军新编第四军（简称新四军）的指示，将皖浙赣边红军改编为新四军第一支队二团三营。在会上,对王丰庆1937年5月被俘后所犯的严重错误,进行了严肃的批评，宣布撤销他的皖赣特委书记的职务。同时宣布成立新的皖浙赣特委，李步新为书记，李华楷、陈时夫、朱辉、熊刚等为委员。在会上还批评了当时红军中有些人存在的游击习气、自由主义、军纪不严、组织松散等现象，提出了加强组织观念、纪律观念，克服一切不良作风，抓紧时间进行军事训练，提高军事技术和指挥能力，更好地完成党所给的光荣任务。

为了处理部队整编后的善后事宜（如安置伤残人员、联系散失的红军人员和军烈属），决定在瑶里设新四军留守处，李华楷为主任。组成祁、浮、婺中心县委，江天辉为书记，李华楷为组织部长（江调走后，李华楷为书记）。在都昌大港设留守处，田英为主任，组成都湖波彭中心县委，田英为书记。

这时各地失散的红军战士、工作人员和国民党监狱出来的人员陆续到达瑶里，根据地青年踊跃参军，部队已扩大到500余人，200多支步枪、三挺机枪、50多支短枪。

2月下旬，我们在瑶里召开了抗日誓师大会。群众杀猪宰羊欢送我们上抗日前线。会后，除以留守处名义留下一小部分短枪队和一些工作人员，其余均开往安徽省歙县的岩寺。4月中旬，这支久经锻炼的部队奉命开赴抗日的战场。

1987年

选自《南方三年游击战争·皖浙赣边游击区》，第190—212页。

倪南山，1911年生，安徽至德（今东至）人。1935年加入中国共产党，同年参加中国工农红军。南方三年游击战争时，任中共江南特委委员、江南特区苏维埃政府肃反委员会主席、皖浙赣江南红军独立营特派员、中共休（宁）婺（源）中心区委书记等。新中国成立后，曾任江西省军区副司令员，福建省军区副司令员、政治委员，中共福建省委书记，福建省政协副主席、江西省政协副主席等职。1955年被授予少将军衔。1989年在南昌逝世。

舍会山游击战争概况

邹志诚

舍会山，位于皖赣两省的祁门、休宁、浮梁、婺源等四县边界，山脉东西延伸，长150多里，南北宽五六十里，其间星罗棋布数十个大小村庄，茂林修竹，山势险要，进可攻，退可守，适于建立游击根据地。第二次国内革命战争后期，这里是中共皖赣特委所辖的中心区域，也是皖浙赣边艰苦卓绝的三年游击战争的中流砥柱，党组织较健全，红军武装保存较多。1937年冬。陈毅同志到舍会山传达党中央指示。皖、浙、赣三省边的红军游击队，奉命到舍会山集合。后经瑶里整编被改编为新四军第一支队第二团第三营，开赴抗日前线。

一、舍会山燃起革命烈火

1934年3月初，闽浙赣省委委员、省苏裁判部长柳真吾、工农检查部长周成龙、红十军参谋长匡龙海等，带侦察营300多人路经祁南，在舍会山、宋家山住了一夜。是晚，他们在李公塔召开会议，肖龙开、王赛荣、汪振丰、谢则才、谢言林等20多人到会。大家认为以秘密串连的形式开展工作较好，于是作出了组织农民团、进行打土豪的斗争部署。这次，红军留下李进茂、老宋（女）等五人在当地工作。4月中旬，柳真吾领导了浮梁的小源暴动，成立赣北特委（7 月改为皖赣特委），创立新苏区。不久，革命工作发展到祁南的芦溪、奇岭口、倒湖一带，建立了河东县委（浮梁县东部）祁浮第一区委。这使相邻的舍会山人民深受震动与鼓舞。星星之火，可以燎原。通过人串人、村带村，革命工作如同滚雪球，越滚越大。在祁门的舍会山、宋家山、大源坑、棕里、花桥、竹鸡笼，在浮梁的长岭、大麻石、猴子园、谢家园、石井、东王庙，在婺源的西边棚、水岚山、洞油罐、黄莲坑、石灰山等地，都有许多群众参加革命斗争。

在革命形势发展的浪潮中，舍会山区数十个村庄燃起了革命烈火。农民先后成立农民团、妇女会、儿童团。在舍会山、查湾等地，农民团有 300 多人，郑茂林、汪桂成为正、副团长；在棕里、大源坑等村，农民团有 300 多人，陈顶家、陈从科为正、副团长；在新胡村、榨里、閶头、塘坑头等村，农民团有 500 多人，胡土成、胡天送为正、副团长；在松潭、竹舟坑等村，农民团有 80 多人，戴慎昌为团长；在花桥、井家丘等村，农民团有 ×× 人，万云利为团长。在相邻的浮梁长岭、大麻石和婺源西边棚等地，也建立好些农民团。

秋季，祁门半数地区颗粒无收，地主催租逼债却如狼似虎。祁西北的古溪、大坦等地农民忍无可忍，揭竿而起，8 月间参加了太、石、黟、祁边的“柯村暴动”。9 月 1 日，闽浙赣省委派出的皖南游击大队攻克并占领了祁门县城五小时。10 月 3 日，中国工农红军北上抗日先遣队红七军团 3000 余人，浩浩荡荡地开过舍会山区的 20 多个村庄，在祁南查湾、茗滩、店埠滩等村驻扎，休整七天，广泛地进行革命宣传。年底，方志敏亲率北上抗日先遣队两次路过祁门，这一系列革命喜讯，大大地教育、鼓舞了舍会山区人民，推动了革命深入开展。是年 10 月 1 日，汪振丰、谢则才、郑茂林、谢言林、汪从享和浮梁江下的郑富家、张满集等人，经过革命斗争的锻炼和考验，由红军干部肖龙开等介绍加入中国共产党，成立了舍会山党支部，肖龙开任支部书记。不久，新胡村的胡光汉、胡立成等人由红军干部李进茂介绍加入共产党，又建立一个党支部。接着，花桥、茗滩等地相继建立党支部。从此，舍会山区人民紧紧团结在党组织周围，进行着建立苏区的斗争。

是年，刮向舍会山的政治寒潮，较自然季节的寒冬来得早。10 月 4 日，新任祁门县长武汉到职，立即摊派“清乡费”一万银元、“筑路费”四万银元，并在四乡修建碉堡 88 座，进行了保甲整理、清查户口、训练壮丁等一系列“清乡”准备工作。11 月 22 日，国民党安徽省政府主席刘振华亲自到祁门召开皖南“剿匪”会议。此时，派驻在祁门“清乡”的国民党军队有：驻祁南平里、榨里的独立第四十五旅；在绪口、高塘各驻一团的独立第五十三旅；驻历口的新编第七旅。他们白天搜山，黑夜查户口；沿途设卡，诬民为“匪”；滥捕乱杀，奸淫妇女。“剿匪”者干的是地地道道的盗匪勾当。

舍会山地区党支部、农民团面临着一场腥风血雨的考验。根据皖赣特委指示，党支部临危不惧，沉着部署，领导群众进行反“清乡”斗争。首先，暂时停止打土豪等公开活动，农民团工作秘密进行。身份较“红”的党员、农民团骨干撤出村庄，编为游击小组，用土枪、刀、矛作武器，袭击零散敌军，夺取枪支，武装自己。其次，领导人分片负责，注意敌军动向，领导群众隐蔽进行斗争。肖龙开、王赛荣在靠近浮梁程家山的茗滩、查湾、花桥一带活动，保持与特委的通讯联络；李进茂在新胡村、闾头、塘坑头一带活动；谢则才负责大、小源坑一片地区，郑茂林负责宋家山、屋基坦一片地区；汪从亨负责舍会山、干塘源一片地区；谢言林负责筹集、保管物资；汪振丰担任各处交通联络，传递信息。此外，党支部还制定汇报制度，加强思想教育，三天按片、五天全体领导成员碰头一次，商讨应变对策。对被捕群众设法救援。

为了支援舍会山地区人民反“清乡”斗争，皖赣特委虽处于敌军围困之中，却经常派遣红军武装到祁南来，打击敌军的反动气焰。10 月 19 日，100 余名红军袭击营口，缴获一批枪支和电话机。11 月 18 日，红军又袭击查湾。月底，祁浮第一区苏维埃主席胡洪顺（康麻子）和赣北第十一游击中队指导员郑鸿义（祁南樟村人）等 42 人，与谢则才、谢言林接上关系后，连续在干塘源一带进行了十几天游击活动，并留下红军干部在当地工作。1935 年 1 月，特委书记柳真吾亲率红军 100 余人到舍会山。正在遭受敌人摧残的革命群众，灾难中见到亲人，倍感温暖，深受鼓舞。

国民党祁门县政府在“清乡”中，搬起石头砸自己的脚。在红军游击队和革命群众打击下，四乡的地主、豪绅和保、甲长，有的吓得躲进县城，有的吓得逃往上海，反动基层政权陷入瘫痪。县长武汉只得张贴《布告》，限期各保长回乡，“毋久居远地，放弃职责，违者，即遵照……逃避条例惩戒之”。年底，又在城区贴《布告》，“严禁城乡居民，婚丧喜庆，勿燃爆竹……如敢违抗，定捉拿严办”，活活体现出一副惊弓之鸟的狼狈相。

从 1934 年秋到 1935 年秋，舍会山各村被敌军杀害的约 20 人，其中有舍会山农民团长，共产党员郑茂林、谢言林、汪从亨，芦溪村苏维埃主席汪晓光等。至于房屋被毁、财物被劫、妇女被淫之事则罄竹难书。但当地的革命群众没有被国民党在“清乡”中的屠杀政策所吓倒。他们在党组织的领导下，英勇顽强地坚持游击战争。

二、舍会山游击斗争的发展

1935 年秋，闽浙赣省委书记关英等人转战到皖南，在休宁里广山与皖南红军独立团政委刘毓标、团长熊刚等会合。9 月间，关英召见肖龙开、汪振丰等人，从此，舍会山党组织直接与省委建立了联系，开创了舍会山三年游击战争新局面。

1. 中共祁门县委在舍会山成立

1935 年下半年，由于敌我双方情况的改变，舍会山革命形势稍有好转：国民党独立四十五旅调走，换来独立四十六旅负责“清乡”。这支部队中有不少共产党员，“清乡”的凶残程度略有不同。二是祁门县政府自吹自擂“清乡”基本“胜利”，着手“善后”收尾工作，采用肃反专员王佛仁的“以匪制匪”之策，收买、利用某些叛变、自首分子，编成 11 个“情报中心组”暗伏四乡；告密捕杀革命群众。三是长江边的贵、秋、东地区“高山暴动”，吸引了敌方兵力。在省委指导下，舍会山党组织抓住这个有利时机，积极开展革命活动，取得了较大的发展。1936 年 1 月，经省委指示，祁门、休宁、婺源分别成立县委。祁门县委在舍会山成立，书记肖龙开，同时设四个区委：（1）宋家山区委，辖舍会山、新胡村、大源坑等十数个村庄，有两个党支部。区委书记谢则才。（2）松潭区，辖棕里、干塘坑、榨里、塔坊、南源等村庄，有两个党支部。区委书记戴龙保。（3）茗滩区委，辖花桥、查湾、芦溪、倒湖等村庄。此区委是前河东县委祁浮第一区的原有党组织的恢复。（4）长岭区委（浮梁境），辖大麻石、猴子园、江家下等村庄。区委书记张满集又名张老六（该区 4 月划归浮梁县委）。

2. 祁浮婺中心县委领导的革命活动

1936 年 4 月，闽浙赣省委在鄣公山举行扩大会议，结束了一年多来各地区分散活动的局面，省委下设五个特委，皖赣特委以祁门舍会山为中心，书记王丰庆，副书记李步新。特委下辖祁婺休、祁浮婺、浮乐婺和都湖鄱彭四个中心县委。李步新兼祁休婺中心县委书记，肖龙开任祁浮婺中心县委书记。这时，谢则才任祁门县委书记，胡飞腾（胡少求、胡安民）接任宋家山区委书记，汪振丰担任着省委、特委、中心县委、县委及基层之间的交通联络，经常化装为货郎，往来于祁、浮、婺边境。

6月，皖赣特委组织部长江天辉来祁浮婺兼任中心县委书记，肖龙开调往浮乐婺中心县委。此时，由于两广事变爆发，蒋介石的嫡系军队被调走，在祁门境内只有独立四十六旅，该旅有两个团，其中七三八团团长廖运周是北伐时期的共产党员，他奉命“清乡”，但尽量避免与红军接火。是年秋，上海党组织派来的吴秀松，借廖委以团部副官之名来到祁南棕里住了三天，向士兵进行抗日宣传。由于环境原因，他未能与当地党组织接上关系。这一时期，尽管国民党南京军委会指令六十四师杨参谋坐祁督战，但敌军仍是经常扑空，挨打，他们欺压群众，却寻不到红军游击队的踪迹。

江天辉领导的祁浮婺中心县委，坚决贯彻、执行闽浙赣省委扩大会议精神，抓住有利时机，以反“清乡”的武装斗争为主，实行了一系列适应斗争形势的方针、政策，使舍会山革命在1936年下半年取得了新的发展。

第一，健全巩固了党、群组织，扩大了武装力量。祁、浮、婺边境发展了党员400多人，县、区、村层层有党组织。同时，整顿了农民团、妇女会、儿童团组织。农民团担负侦探敌情、跑交通、当向导、购买物资、掩护伤员等任务。中心县妇女部长王赛荣，发动妇女为红军烧茶水、洗衣服、做鞋、护理伤员，各村儿童团则为红军站岗放哨、送信、开展教唱革命歌曲等活动。农民团中18—35岁的男性，被编为区、村地方游击队，他们平时在家种地，战时则拿起刀、矛、梭镖配合红军战斗，掩护群众转移。中心县委除从中抽出30多人组成脱产的游击队（队长李进茂）外，还向省委独立团、特委独立营输送出宋家山的方永祥、棕里的陈善分、茗滩的占水盛等20多名骨干。

第二，领导打土豪，抗租抗丁，扩大游击区的斗争。中心县委以舍会山为中心，派出分散的武装人员向四面出动，东到祁门黄余口、高田山和休宁横楼下，南到婺源五花尖等地，西到浮梁鹅湖、庄湾，北到祁门塔坊、溶口、奇岭口等处，宣传发动群众，开展革命斗争，使游击区扩展到数百平方公里。游击队广泛进行打土豪、征粮罚款，将没收来的粮食、衣物分给贫苦群众。在新区，开始有的土豪在游击队离开后，向群众倒算，进行报复。后来游击队改变方法，把甲县打土豪缴获的物资运到乙县分给群众，使土豪摸不着去向，无法倒算。查湾有个地主欺压、剥削农民很狠毒，江天辉和几位游击队员化装佃户送柴上门，抓住了该地主，除罚了款和物资外，还责令他写出取消高租重债的保证书。这样，惩一儆百，打击了地主豪绅的反动气焰，鼓舞了群众的革命斗志。对国民党抓丁拉夫，游击队接到群众报告后，就尽力援救，袭击关押丁夫的联保公所，或是在途中拦截救人。因此，很多群众为躲壮丁，要求参加红军，有的老人把独生子送来说：寄放在你们这里，我才放心。

第三，执行党的统战政策，控制基层政权。对国民党基层政权人员、地主士绅区别对待，改变了“保长甲长，颈巴作痒；联保主任，抓到不问”，统统惩处的“左”倾做法，实行白皮红心的“西瓜政策”。瑶里周围 13 个保的保甲长，绝大多数被我们争取、利用。有的保甲长还由共产党员担任。瑶里联保主任吴庭光被红军抓住后，答应为红军办事。此后，他便成了国、共两边的“双通人物”，为红军订报纸，购物资，传信息，敌军一出动，红军就知道，敌人“清乡”老扑空。对抓到的地主豪绅，红军除镇压有血债、民愤大的顽固反共者外，一般不杀，而是采用罚款方法处置，这样既解决了红军的给养和群众生活困难等问题，又威胁、削弱了地方敌对势力。

第四，做士兵工作，瓦解敌军。中心县委采用派进去、拉出来的方法，分化、瓦解、削弱敌人军事力量。如共产党员康二乔（后牺牲）被派入江西浮梁保安队后，为游击队提供了不少情报。浮梁保安队的一位军官说：“我们都是混饭吃，何必那么认真打”，他带队“清乡”只在大马路上游走，不登山搜索，游击队也就不打他们。祁门县保安中队长龚 ×× 曾向人透露愿意卖子弹给红军，祁城地下党转告红军后，我们红军干部就马上进城，在龚家住了三天，购买了 500 发子弹，龚亲自护送出城。

第五，抓住有利战机，狠狠打击敌人。中心县委掌握的 30 余人的游击队和基层武装力量，除配合省委独立团、特委独立营先后打了祁门高田山、张旗岭（长溪岭），婺源的五花尖、三十六排，浮梁的观音阁等胜仗外，还于 1936 年下半年进行了如下战斗：一是在 3 月、6 月间，江天辉、李进茂、汪振丰等带领游击队，四次奇袭江西保安团驻瑶里、银源、江家下的部队，毙敌连、排长各一名，敌兵十多名。俘敌 20 多名，缴枪数十支；二是在这年夏天，我和十几名红军战士在溶口附近夜行军途中，突然与祁门保安队 20 余敌人相遇，我们临机应变，靠向路畔草丛。当敌人叽叽喳喳走近时，我们出其不意把十多名敌人推下悬崖，余下的敌人吓得赶紧掉头逃跑；三是在同年 10 月 24 日、11 月 29 日，李进茂、汪振丰等游击队员，在祁南芦岭打了两仗，前一仗击溃平里联保壮丁队，缴枪八支；后一仗把祁门县长武汉及其卫队围困在山沟里，敌人大半天龟缩着动弹不得，拼命吹号求援，直到召来保驾力量后，才狼狈逃去。

三、皖赣特委艰苦奋战舍会山

西安事变后，蒋介石采取“联西北，剿东南”的方针，企图扑灭南方红军游击队。1937 年 1 月，国民党第四路“剿共”军总指挥兼闽浙赣皖绥靖公署主任刘建绪，调集重兵加紧“围剿”游击根据地。当时国民党报纸叙述“清剿区”的情景是：“无不焚之居，无不伐之树，无不杀之鸡犬，无遗留之壮丁，闾阎不见炊烟，田野但闻鬼哭”，于是一场极其艰苦的反“清剿”斗争在皖浙赣边展开了。

1. 国民党的“清剿”部署

1937 年 1 月 6 日、7 日，刘建绪在衢州召开各师（旅）长、专员和 60 个县长的“绥靖会议”，制订出了军事、政治、经济并举，“划分区域，实行封锁，调派部队，长围猛剿”的“清剿”计划，调集了十几个正规师（旅）和四省保安团及地方反动武装，杀气腾腾地向皖浙赣边红军游击队展开进攻。1 月 12 日，刘建绪电饬各县限期完成“在重要交通沿线及村镇，扼要筑碉”的工作。29 日又电告各县“清剿”“三要点”。

这时，在祁门县境内除国民党军第一九二师、新编第七旅及安徽保安团外，1 月 10 日，又调来一年前在祁南大肆屠杀人民的独立第四十五旅，以接替独立第四十六旅，专门对付舍会山人民。这时舍会山地区真是敌兵如蚁，枪刺如林，“沿途各保，运送军粮，络绎不绝，颇形忙碌”。敌军在祁南，到处设据点、建碉堡、筑木城，白天如饿狼疯犬，乱窜山头，随意鸣枪；夜晚则砸门破户，滥查户口，捕捉群众。他们烧、杀、抢、掳、淫“五毒”齐施，一旦发现红军游击队就如蚁而至，跟踪追击；找不到游击队就捆绑、吊打、枪杀群众，假报战功。

国民党的党、政、军沆瀣一气，镇压人民。祁门县长武汉配合军事行动，实行了一系列“清剿”办法：一是“移民并村”，整顿保甲，他们将舍会山二三十个村庄的群众驱赶入四个“移民村”，其余村庄则被夷为平地。在“移民村”内他们则实行“五家连坐”，强迫群众自首登记。二是强令各村造木城、建碉堡、砍伐树木，放火烧山。三是实行《联防办法八条》，人们来往“需持通行证，违者捕杀勿论”。清山时“凡沿途零星房屋或毁或拆”；等等。四是强行将 18 岁至 45 岁的男性编成“壮丁队”，分期分批到县受训后，担任搜山、查夜、巡逻任务。五是到处张贴布告，悬赏捉拿李步新、江天辉、汪振丰等人。六是利用叛徒当情报员，潜伏村民中，以联保编成情报中心组，汇集情报，指引军队捕人。

七是对游击区实行严格的经济控制，对米、油、盐等生活必需品实行配给，封锁药品、火柴、煤油、手电筒、力士鞋等物资入山。

2. 中心县委领导反“清剿”斗争

1937 年初，面对敌人的突然重兵“清剿”，皖浙赣省委召开了紧急会议，研究应变措施，在省委、特委领导下，中心县委积极部署了舍会山地区的反“清剿”斗争：第一，在县、区、村党组织和游击队领导成员中，层层传达省委意见，布置工作，明确斗争职责。第二，在游击队、群众中加强政治思想和游击战争的教育，使人人同心合力进行反“清剿”斗争。第三，身份较明的党员、农民团骨干，就近隐蔽，各自为战，继续与群众保持联系，建立与游击队的联络方法，随时将情报送上山供游击队打击敌军。第四，在各地山头上埋藏粮食、物品，做上暗号，以供游击队取用。中心县委还拿出一批银元，由长岭的程华女转交给瑶里的罗姓夫妇，开设一个杂货店，作为游击队的物资和情报转送站。第五，指定专人做地方保长和敌士兵工作，及时掌握敌军活动情况等。

在军事上，红军改变了那些打硬仗、攻堡垒、守阵地的做法，实行灵活的战术进攻，战斗退却，避强击弱、转移阵地等策略，分散扩大游击战争。县、区、乡、村的游击队（组）一般在当地山头上与敌军“捉迷藏”，牵着敌人打圈圈，拖疲、消耗敌军，下心县委游击队则灵活转战在祁、浮、婺、休四县境内，并适当跳到游击根据地外围活动，迷惑、引开敌军；游击队还利用敌方的省县之间、军政之间、正规军与地方武装之间的矛盾，打了甲县转到乙县，或化装甲部袭击乙部，加深敌人矛盾冲突。国民党军队无可奈何地承认，红军是旋隐旋现，忽聚忽散，飘忽不测。因此，在军事实力上虽然敌我差距很大，但红军靠党的领导、军民同心和地形熟悉，以少胜多，使国民党军队“清剿”往往扑空，经常遭到突然打击，损兵折将。

3. 皖赣特委坚守舍会山根据地

1937 年 4 月以后，皖浙赣边的反“清剿”斗争进入最艰苦时期。蒋介石迫于时局变化，心急如焚，眼见春季“清剿”失败，不禁恼羞成怒，在 3 月底严令刘建绪:“限五月底以前，一律肃清，否则各主管官，轻则革职，重则严惩”。蒋介石剑悬头顶，吓得各级军政要员惊慌乱窜，层层追逼，加紧“清剿”。4 月 13 日，刘建绪下令将四省边划分为三个“督导区”，把责任转嫁到各地驻军长官头上，并限定清查户口、移民并村，克期完竣。4 月 16 日，刘建绪亲自出马奔波皖浙赣边，24 日抵达祁门，给各军政人员施加压力。一时间，四省边公署少将高级参谋兼休、黟、祁、浮督剿专员何英，顾问王宪章，参议李齐、程道源，安徽保安处副处长王锡钧，省视察员陈 ××、姚 ×× 等等，大头小脑，如蝇似蚊，麇集祁门，狼嚎犬吠，要在三个月内铲平红军根据地。

4、5、6 月间，皖浙赣省委被敌人打散，接着上浙皖、下浙皖、浙皖、赣东北四个特委及下属党组织、游击队相继失利，部队星散地进行游击战争。这时，皖赣特委组织还较完整、部队较多，成为皖浙赣边的中流砥柱。除王丰庆外，皖赣特委的主要领导成员李步新、江天辉、杨汉生等都集中在舍会山一带活动，坚守根据地，领导反“清剿”斗争。敌军疯狂“清剿”，滥捕乱杀，舍会山陷于一片腥风血雨之中。谢则才、胡安民、郑富家、占旺发等不少县、区、村干部先后牺牲了。一天，敌人接到情报员密告 :“江裁缝（江天辉）在宋家山”。敌军一个连包围了宋家山村子后，抓到一个正为人做衣服的裁缝。敌军问 :“你姓什么？”裁缝答 :“姓江。”敌军狂喜 :“我们就是要来抓你这个江裁缝”，于是一阵毒打。当敌人查明这个裁缝不是江天辉时，垂头丧气地撤走了。实际上，江天辉在敌军刚进村时，就在群众掩护下离开了村子。

李步新、江天辉、杨汉生、倪南山等同志艰苦战斗在舍会山，他们适应形势，沉着应战，将红军游击队化整为零，隐蔽在各村庄、山头。能打时就打敌军一个出其不意，措手不及；打不赢时就走，让敌人挨了打，又追不上，找不到；必要时通过交通，传递信号，集中部队，狠狠打击敌军的一个连队或联保公所，使敌人感到处处有红军，又处处找不着，如瞎子摸鱼，无可奈何。

斗争是艰苦的，连续几个月转战在山头上的李步新、江天辉等特委、中心县委领导和我们游击队战士，每人身上除背着枪外，还带着斧头、柴刀，披荆斩棘，劈山开路，走到哪里，就在哪里搭棚安铺。开始，烧饭烟火经常引起敌军前来围捕，红军饭未熟，就要打仗、转移。后来，发现一种腐烂木头，在白天烧火也没烟，解决了烧饭会出烟火的问题。山上埋藏的粮食吃光了，十天半月见不到一粒米，就以野芹、蕨苗、洋姜、木耳、菌菇等充饥，梅雨季节，在山涧抓来“石鸡”煮野菜，战士称为摆“山珍海味”宴。尽管环境艰苦恶劣，但红军游击队战士常常睡在草堆上讲革命斗争故事，唱革命歌曲和家乡小调，充满着革命的乐观主义精神和胜利信心。

4. 游击区人民与红军共患难、同生死

在三年游击战争中，祁、浮、婺、休四县边人民与红军共患难，同生死，谱写出一曲曲血肉相连、鱼水相依的颂歌。患难之时，舍会山群众从不忘记子弟兵，他们常借上山砍柴、锄地之机，把干粮用竹筒、袋子装着挂在红军来往的路旁树上。见到红军衣服、鞋子破了，就脱下自己身上的衣服、鞋子给红军穿。由于敌人封锁，西药难搞到，游击队员受伤、害病，群众就用蓖麻子、南瓜瓢等中草药帮助治疗，战士们风趣地说这是“免费医疗”。游击队有一支用了三年多的注射针，就是群众藏在牙膏管里送上山的。

“土老”——汪振丰，是皖赣边人民的典型代表。他从 1932 年起

接触红军参加革命。在共产党的哺育下迸发出一股坚韧不拔的革命毅力。他长年累月，废寝忘食，走村串户，发动群众。他经常冒险深入敌军驻地，采购物资，侦探敌情，跑交通，当向导，参与战斗，救护伤员，筹力、给养，样样抢着干。几年中他为红军采购储藏粮食 1.8 万多斤，保管、埋藏枪支 300 多条（建国初期，他向景德镇警备区交出保管十多年的两条枪、几个手榴弹和一只公文箱）。敌军四次烧了他的住房、住棚，一家大小四口不得不随游击队在山头上生活了一年多。在红军断粮的日子里，他千方百计为红军找食物、寻野菜、摘山果。每当食用一种不知名的野草前，他都亲口先吃，无毒才让红军食用。有次他外出购粮，在返回途中，由于山洪暴发，敌人又卡住渡口，他甘冒雨淋、食野果，在山上住了四五天，把粮食颗粒无损地送了回来。又有一次，为送一份情报过敌岗，他毅然在腿上划开口子，把情报夹在膏药中贴在伤口上。国民党曾悬赏千块银元抓“土老”，声称“抓住土老切四块，祁、休、浮、婺各丢一块”。江天辉问他：“你怕不怕？想不想家？”他回答：“革命不怕死，干革命就只顾大家，不想自家。”他虽然没有担任过领导要职，但始终是红军游击队的交通联络员、司务长，从省委、特委到红军战士和群众，都感到他是最可靠、最需要的同志，称之为“红军的贴心人”。

浮梁县长岭的程华女被称为“红军大嫂”。她以走娘家为名，经常来往于舍会山与瑶里之间，为红军传递情报、运送物资，红军就是经她之手把钱交给罗姓夫妇在瑶里办杂货店的，该店为红军采购了不少物资。她还想出了特制双层粪桶运送物资的办法，下层藏物，上层装粪，使物资得以瞒过敌军盘查而挑上山。1937 年 3 月，她被敌军捉住，受尽严刑，宁死不屈，英勇牺牲。董王庙村的张女香，为掩护红军被抓，敌人用刺刀戳在她的面孔上威胁说：“不讲，就挖出你眼睛，割下耳朵”，但她镇定自如，坚决不松口，使敌人一无所得，无可奈何地放了她。

婺源白山的群众得知游击队断粮，许多人就节衣缩食，想方设法把粮食送上山。郭公山汪林美、余元发等人为红军送粮上山时，被敌军捉去，严刑拷打，但他们拒不招供，惨遭杀害。

祁门舍会山农民团长郑茂林牺牲后，他妻子方全美继承丈夫遗志，在“移民村”里千方百计地了解敌军活动情况，积累粮食、物资，并冒着危险送信、送粮上山。她十岁的儿子郑富境也经常为红军送信、送粮。新胡村的胡立成、胡兆成、胡秋宝、胡进寿等人，在敌人驻进村后，经常借为敌军筹办物资为名，深入敌军探听消息，并借上山种地之便，把物资、情报送上山。新胡村 70 多岁的胡宽红老太，常借上山挖地之机，用竹筒把饭带到山上给红军吃。查湾村妇女汪带娣负责掩护一名红军女伤员，只要听到有敌军来，她就弃家不顾背着女红军躲上山。

类似事例，处处有，村村有。敌人绞尽脑汁，也割不断红军与群众的血肉联系。

四、陈毅到舍会山，游击队下山抗日

七七事变后，在中国共产党抗日民族统一战线的政策和全国人民抗日要求的促使下，国民党被迫与中共中央就南方各省红军游击队改编为抗日军队的问题进行谈判。

起初，国民党的反共顽固派企图借机行其缴械收编红军游击队的阴谋。8 月间，四省边区主任公署到处张贴布告，要红军游击队“下山归正”，并派叛徒何英（原下浙皖特委书记）、苏宏发（原下浙皖特委副书记）到皖赣边进行诱降活动，在《徽州日报》上连续刊登他们的欺骗文章。8 月 29 日，国民党在《江西省政府改编本省各县残匪办法》中，公然叫嚷：“本省为巩固后方治安，壮大抗日力量起见，将本省各地残匪予以改编，定名为抗日义勇军，隶属全省治安司令。”

皖赣特委的领导成员，长期艰苦奋战在舍会山，既不知党中央情况，又失却省委信息。对纷纷传扬的国共合作抗日之说，将信将疑，是真是假，难以定夺。他们经过对形势的分析、研究，决定既要保持高度革命警惕，又要抓住时机，弄清时局变化，了解党中央的指示。

1. 皖赣特委代表与国民党四省边公署代表的谈判

1937 年 8 月底，叛徒苏宏发挑了一担猪肉，从瑶里爬上舍会山，企图找到游击队进行诱骗。他转悠了三天，无人理睬，直到猪肉发臭才垂头丧气地下了山。9 月初，江天辉带着几名游击队员，在溶口的河洲上碰到叛徒何英，当时他们还不知何已叛变投敌，直到在坐下交谈中才发现何是带着国民党委任状来诱降的。话不对路，双方立即打了起来，何带着他们的人抱头逃窜了。9 月 19 日，王丰庆、李步新、江天辉等 100 多名红军，打下了浮梁县鹅湖滩区公所，缴获一批文件、报纸，从中看出形势变化动向。不久，前省委组织部长兼独立团政委刘毓标从衢州监狱被释放后，辗转一个多月来到舍会山，他带来了中共中央《关于国共合作宣言》和项英、陈毅《告南方游击队的公开信》，带来了刘建绪要求与皖赣红军举行谈判的信，还介绍了浙西南红军与国民党谈判的情况。接着，瑶里联保主任吴庭光又上舍会山，送来国民党江西当局要求谈判的信。

皖赣特委综合各方面的信息，分析研究后决定：利用和谈的机会，积极了解党中央的指示。于是，一面发表《告皖赣同胞书》，派人到皖浙赣边各地联络游击队，互通情报，统一认识；一面派特委组织部长兼祁浮婺中心县委书记江天辉为红军谈判代表，准备谈判。10 月下旬，国民党四省边主任公署的谈判代表张甫成（主任公署中校参议兼别动队长）来到舍会山，接洽谈判事宜。10 月底，双方代表在瑶里进行谈判。我方代表指出，国共合作条件应按我党中央统一决定，在未得到中央指示前，要求他们履行下列条件：

（1）允许我们通行无阻，派人联络各地红军游击队人员；

（2）停止向我进攻，撤退根据地周围驻军，解除“移民并村”的封锁，恢复群众生产自由；

（3）释放一切政治犯；

（4）我们可以不打土豪，但要负责解决我们部队的供给问题。

谈判中还商定，由国民党方面从瑶里江家下安装一条专用电话线到舍会山的梅树坞，约定双方有事通话。

2. 陈毅到舍会山传达党中央指示

11 月上旬，李步新、江天辉在张甫成护送下赴南昌。他们从瑶里到婺源县住了一夜，向婺源县政府交涉释放我们被关押的同志。国民党驻婺军一位团长（刘建绪侄子）送交刘建绪的一封信给李、江，要求游击队立即下山集中受编。李、江两人当即予以严词拒绝。次日，李、江乘汽车到衢州，又改乘火车到达南昌，找到有红军“总接洽处”的月宫饭店。因项英去延安，陈毅到湘赣边去了，他们便住下等待。国民党江西省保安司令周志群诡称项、陈曾留言，要皖赣边红军立即开到景德镇集中，企图借机缴红军的枪械。周还要李、江马上换穿国民党的军官服，以混淆视听。李、江立即严肃正告：“不亲自见到陈毅同志，我们的代表不回根据地，任何人调不动我们的部队。”周志群狼狈碰壁。

11 月下旬一个深夜，陈毅回到南昌。立即把李步新、江天辉找去，促膝交谈到天亮。陈毅传达了党中央关于国共合作抗日的指示后，详细地询问了皖赣边红军斗争的情况，高兴地说：“你们在那么艰苦的环境中，保存了这么多武装，不简单啊！你们没有上当受骗，警惕性蛮高嘛！”次日，陈毅亲自带李、江上街各做了一套呢子衣服，说：“不穿国民党的军衣是对的，这是革命立场问题，但我们也不能穿得太破了。”

陈毅考虑到皖赣边红军长期与国民党军队浴血奋战，一下子要实行国共合作，思想上恐怕不易转过弯子来，便决定亲自来皖赣边，向红军指战员做思想教育工作。

11 月底，李步新、江天辉跟随陈毅乘汽车抵景德镇。李、江先回舍会山，陈毅在景德镇住一天，与国民党地方当局交涉了一些事项。国民党地方当局派浮梁县教育科的占金（瑶里人）护送陈毅到瑶里。瑶里联保公所请了两个轿夫，并由文书胡涤非（胡庭怀）带路，送陈毅上舍会山。

12 月初，我率领七八名战士，在石岭头迎接中央代表（即陈毅）。记得陈毅那时穿一件毛蓝布长袍，头戴无檐绒帽，带着一只藤提包，跟在轿后爬上山来，颇似一位教书先生。我们迎接上去，见面后即让胡涤非转回瑶里。陈毅很亲热地和我们交谈起来。交谈中我说还有十几里山路，“请陈代表上轿吧！”陈毅微笑着回答：“我那里要坐轿，是做做样子的嘛！”傍晚到了舍会山，吃饭时陈毅叫两位轿夫同席，轿夫推辞，陈毅亲切地说：“我们都是工农出身嘛！没有高低之分，应该一样。”当晚，舍会山村里热闹欢腾，青油灯、煤油灯和蜡烛点了很多，一片光明。在郑土子家的厅堂，陈毅主持了皖赣特委会议，传达了党中央指示，作了《目前形势与任务》的报告。陈毅听取了我们的工作汇报后，详细询问了战士们的思想动态，指示特委可改称为皖浙赣特委，要迅速将皖浙赣各地部队集中起来，加强政治思想教育。

次日下午会议结束，陈毅又亲自向全体游击队员讲话，着重讲清了国共合作、共同抗日的意义；合作中要保持共产党组织和红军的独立性；抗日由蒋介石领导，但红军决不与国民党军队合编，我们不并入蒋军，也不接受蒋军人员来我军。听了报告后，全体干部战士思想安定了。

第三天，陈毅同志离去。皖浙赣特委立即在各地开展政治宣传，大讲“家庭不和外人欺，合作抗日得胜利”的道理，采用各种形式宣传我党抗日民族统一战线政策，揭穿反共顽固派散布的“红军要下山投降了”、“红军被消灭了”等谣言。

经过联络，最先集中在舍会山的部队有皖赣独立营及祁、休、浮、婺游击队员100多人和田英从都、湖、鄱、彭带来的150余人。在阳历年前两天，这些部队随王丰庆、李步新下山到瑶里。改称“江西省抗日义勇军第一支队”。随后，李步新赴景德镇担任义勇军驻景德镇办事处主任。

这时，红军在棕里设立了一个修械所，请来焦立德、安杰斋等七八位会修枪械的铜、铁匠，由汪振丰带领，把几百条埋藏的旧枪挖出，修理以后分发给前来参加红军的新战士。不久，杨汉生、阙怀仰分别带来宁国、泾县各地游击队员50多人，在棕里过了阳历年即下山到瑶里。

3. 陈毅到瑶里，部队编为新四军

1938年1月6日，中共中央东南分局和新四军军部在南昌同时举行成立大会。李步新、杨汉生出席了会议。1月中旬，陈毅从南昌到景德镇，同行的还有从延安派来的军、政干部朱辉、陈时夫、李华楷、张振东、刘玉林、袁大鹏等人。2月3日，陈毅到瑶里，在皖赣特委会议上传达了党中央关于南方红军游击队改编为国民革命军陆军新编第四军的决定，并代表中共中央东南分局宣布：皖赣特委改为皖浙赣特委，由李步新任书记，朱辉、陈时夫、江天辉、熊刚等为委员。朱辉接替李步新为新四军驻景德镇办事处主任，李华楷为驻瑶里留守处主任。次日陈毅在瑶里程家祠堂群众大会上讲了话，当晚，设宴招待了瑶里的国民党军、政、保甲人员及社会名流，他激昂地陈述了中国共产党抗日民族统一战线政策，表达了合作抗日的真诚意愿。

2月底，在瑶里举行的抗日誓师大会上，李步新作了动员报告。祁、休、浮、婺边的群众踊跃而来，杀猪买酒慰劳部队，许多青年踊跃报名参军。会后，李步新、熊刚率领部队400余人开赴歙县岩寺的潜口镇，

群众扶老携幼，前来欢送。4 月间，在新四军抗日誓师大会上，军长叶挺宣布：原皖浙赣红军改编为新四军第一支队第二团第三营，营长熊刚，副营长张振东。原战斗在舍会山的祁浮婺中心县委游击队编在第八连，与大部队一起奔赴抗日的最前线。

1987 年

选自《南方三年游击战争·皖浙赣边游击区》，第229—244页。

忆赣东北的游击战争

芮振

1934年12月，我们乐平独立营在打了石镇街以后，县委书记程伯谦调我任乐西中心区游击队长。当时乐西中心区委书记是杨文翰。游击队连同机关干部一起共50余人，以乐平的文山、洄源坞为根据地，在乐平洄田渡，上、下浦前，凉坑，万年县的港道源、何溪一带活动。

1935年1月，国民党第四十九师派了一个团的兵力围攻乐平众埠乡八家壁红色碉堡。我带游击队在山上打掩护，红军独立营第二排在副指导员江家良的指挥下，坚守碉堡，后因弹尽粮绝，英勇的红军战士毅然点燃了碉堡内的两桶土硝炸药，全排战士与几十名围攻碉堡的敌人同归于尽。此后，乐西中心区环境恶化，搞不到粮食吃，我和杨文翰只得率游击队赴黄竹坑找浮乐婺中心县委。我们在黄竹坑没有找到中心县委，却探听到县委书记潘宗福叛变投敌，当了国民党鲤鱼桥乡乡长的消息，浮乐婺中心县委已遭到了破坏。因此，我们带部队转移到三县岭桃树坪、苏家纸厂等地。由于山上老百姓都被国民党移民并村赶下了山，我们找不到群众，没有粮食，只好吃野菜充饥，后来我们找到了乐河特委书记程伯谦、政治部主任何仁辉、政治保卫局长童炳炎。经大家商量，杨文翰命令我带一个班从三县岭何树（万年管辖）出发，到乐平朱家山搞粮食。在朱家山党支部书记小胡（做裁缝）家，碰到省苏副主席余金德。开始我们不认识他，一起到三县岭同杨文翰、程伯谦见面，才得到证实。此后，我们在三县岭一带到处寻找失散的部队和同志。

4 月间，我们部队有 70 多人，连机关工作人员一起共有 100 多人。国民党知道我们在三县岭，派第五十五师一六三旅一部前来包围。我们部队又陷入困境，没有粮食吃，连火都不能烧，只能生吃竹笋、野菜。形势险恶，余金德副主席叫我向部队宣布，要革命的就留下；要回家的，发给三块银元，把枪留下，但回去不能当叛徒破坏革命。大多数战士表示，宁愿死在枪口下也要干革命，只有三个人回家了。随后，部队进行了进一步整编，并从弋阳曹溪突破敌人的封锁线。经杨岭进入德兴中春窝、源头、磨角桥、应徐一带活动。部队转战到福家山。找到了原尚和苏维埃干部马文杜，他向我们汇报了情况：尚和驻了国民党一个营，营长姓边，敌人将山上的干部和群众全部押下山，现在每天派一个班驻防在尚和项杆桥头的灰屋里。得知这一情况后，余金德决定搞掉国民党这个班。5 月初的一天早晨，游击队埋伏在灰屋周围，敌人一个班刚开进灰房，我游击队突然冲出来，当场毙敌两名，其余 11 人全部当了俘虏，缴枪 13 支、子弹 1000 多发、手榴弹 20 多枚。等尚和村国民党驻军闻讯追来，游击队早已撤向山中。事后。马文杜被国民党抓去，遭严刑拷打，但他死不招供游击队去向，最后被残酷地杀害了。

7 月，游击队转移到万村大田一带。我带三个班驻大田，杨文翰带一个班驻在毗邻的磨盘山丁山余家。余金德对我说：“我有事出去，部队驻在大田，没有我的命令不能撤，不管牺牲多大，都要坚守阵地。”我当时预感到这一定是很重要的任务，但到底是什么任务不清楚。事后，余金德才跟我讲，要我带部队坚守大田，为的是保卫关英、滕国荣、程伯谦、张其德等省委领导在毛家坂开省委会议。这次会议决定省委书记关英到皖南去开辟新的根据地，余金德等留在赣东北老苏区成立赣东北特委，他任特委书记，以三县岭、磨盘山为根据地领导开展游击战争。

省委毛家坂会议以后，我和杨文翰率部转战到乐平岈崌山下的洪源坪，找到了乐北县委书记黄银旺（后叛变）。黄银旺对我讲：“浮乐婺中心县委现在被破坏，我们乐北县委直属赣东北特委领导。”乐北县委机关设在洪源坪。管辖乐平的段家、大坑、小坑、庄泉、万西、龙口、方家、高家、官庄、络口、流芳、红岩、大塘、小塘、廖家、北山张家和德兴县的三都坞，婺源县的章睦、项村等地，县委有一支十多人枪的游击队在这一带坚持斗争。

11 月，余金德带领我们重上三县岭，碰到已经负伤的原红三十师师长颜文清。余金德让我派了几个人跟颜文清留在三县岭。我们一起到乐平的文山，万年的港道源、盘岭、弋阳的西山岭等地召集当地群众开会。这些地方已经建立了党的秘密支部和小组，开会的主要内容是宣传共产党一定会回来，国民党肯定会垮台，号召群众配合游击队坚持斗争。

年底，颜文清经不起考验，投敌叛变。我跟随余金德率部通过曹溪封锁线到丁山余家会合杨文翰，集中了共 50 多人枪的队伍。我们决定打掉德兴万村张家炮楼。余金德交待了三项任务：一、扩大红军影响，巩固地下党支部。二、补充枪支弹药。三、筹集经费。1936 年农历正月初三，我带三个班约 40 人连夜进军到张家村来龙山上埋伏下来。天亮，看到碉堡四周设有木桩，木桩外面是壕沟，虽然碉堡门大开，国民党守碉堡的士兵也出来洗脸吃饭，但硬攻还是会给自己造成损失。我们临时决定，请村里的秘密党员给予配合。经联络，张家地下党组织利用保长张金水想当联保主任、急于要搞掉联保主任张政这个矛盾，派张金水（以后张金水坚持与人民为敌，被杨文翰镇压）到张家来龙山上与游击队接头。我带一班长徐仁辉（余干人）和一名战士化装随张金水进村，部队留在原地接应。为了能稳稳抓住联保主任张政，张金水对我们说：“我把张政找到我家来打牌，和他对面坐，你们一进去就认得了。”我同意他这样做。决定自己负责打碉堡，交待徐班长和那名战士听到外面枪一响就捆联保主任。随后我们三人进村到张金水家。张政来了，他们坐下来打牌。我看这一边一切都布置好了，就向碉堡走去。我原来是想买点花生，边走边吃靠近碉堡的，不料刚蹲下去买花生，手枪就被发现了。我看自己已经暴露，就举枪向碉堡边的三个乡丁喊话，叫他们不要跑，他们不听，我开枪打死了两个，另一个还没有逃进碉堡，我随后追到，将他给打死了。我的枪一响，在张金水家里，我们徐班长和地下党的同志就亮枪捆绑联保主任张政。张政顽抗没有捆住，被我们的同志开枪打死。部队进村后，发现守碉堡的敌人多数早已离开，仅有的三个乡丁已被我们消灭，便向群众借来斧头将碉堡门劈开，缴获长枪 12 支、子弹 1000 多发、手榴弹 30 多枚、银元 300 多块。游击队放火烧了碉堡，并召开群众大会公布了张政的罪恶，群众人心大快，奔走相告："我们的红军又回来了"。上午 9 点多钟，我们撤回大田，摆了酒席庆贺。

端了张家碉堡，我们就开到丁山余家苗竹山上的竹棚里休息了两天。此后，杨文翰留在丁山余家、德兴万村、重溪一带活动。我们 30 多人跟余金德到了横峰篁村，经德兴童子坑进入了怀玉山、陇首，到原化婺德地区找邵伯平同志，但没有找到。我们便从暖水村边进东坞、李宅、中村、舒湾、海口、潭埠、湾头过河到乐平岍崌山脚乐北县活动。主要任务是宣传群众，发动群众，恢复党组织。乐北县北山张家党支部的工作做得最好。我们在这一带活动的时候，部队经常驻在羊头山廖家坞村后山上的庙里。1936 年 3 月，国民党第五十五师从乐平出动了一个营分三路向我们进攻：第一路从鹭鸶埠上来，第二路从络口朱蔡家上来，第三路从高家沿小塘坞、大塘坞上来。第三路敌人先到，并包围了廖家坞庙。当时我带一个班正在山上放哨，见有敌人围攻，便从山上拼命往庙里冲，余金德带两个班也从庙里冲出来，敌人的包围圈被冲散了。不过我受了伤，我的通讯员，还有保卫员和一名战士牺牲了。天黑了，我们转移到北山张家宿营。

同年 4 月，我们从大坑出发，翻过岍崌山，到达婺源自坑口，此行动的目的是去皖南找省委。在自坑口我们打了一座碉堡，缴了四支枪，抓了一个大地主。我们请两名群众下山通知地主家属，结果地主家拿来了 1000 多银元，1000 多元纸币的罚款。我们将银元分给群众，把地主也放了。我们又起程赶往婺源青山。青山的党组织接待我们住了一夜。第二天派一个同志带我们上了鄣公山，找到了省委。不久，余金德参加了省委会议。这次会议，成立了皖浙赣省委和红军独立团。我们在鄣公山休整了六七天，以后配合省委独立团打了一仗，击溃了浙江保安十三团和开化县一个中队，缴汉阳造步枪 170 多支、捷克式轻机枪四挺、手枪十余支。战后，部队班师鄣公山整休。

5 月中旬，省委决定由余金德带领我们回赣东北恢复根据地，此时已重建了赣东北特委，仍由余金德任书记。回去的主要任务：一是宣传群众，组织群众，武装群众；二是带钱去向群众兑回苏币；三是注意保存力量。一般不要打据点，如果非要打不可，要有把握可以打下；四是不能随便杀人，民愤大的，也要了解清楚，征求当地群众的意见，非杀不可的就杀。省委还拨付我们 8700 元国民党中国银行的钞票、金条四根，还有一串金戒子共约二斤黄金，作为我们的活动经费。省委将牛仂（德兴洋田人）留下作交通员，二班副班长黄田炎因负了伤也留下，其余 30 来人跟随余金德书记回赣东北。归途中首先到乐北县洪源坞，烧野菜时，因在搪瓷脸盆放油后没放水，油着火烧了茅棚，被敌人发现目标，在洪源坪苗竹山上与敌五十五师一个连打了一仗，缴了一支枪。余金德带我们在乐北县各地检查了工作，还搞掉鳌山敌人一个碉堡。

6 月上旬，我们转战到德兴香屯北面的三都坞，碰到原省军区独立团政委夏年丰。夏带有 30 多人枪，还有一挺捷克式轻机枪，我们两支队伍会合共 70 余人。

三都坞有我们党的地下组织，我们在这里休整了两天，侦察到国民党县大队有一个分队要到三都坞来搜山。余金德召集夏年丰、我和一个连长（混名叫癞子）开会，决定歼灭这股敌人。第二天早上，敌人的那个分队 30 多人到三都坞搜山抢群众的东西，我们放他们进村了。临近中午，这股敌人枪上挂着鸡鸭，大摇大摆地出来了。我们埋伏在坞口路边的枫树丛中，等他们来到身边五米远的地方，突然从四面冲下去，消灭了敌人大部，只跑掉三个人。

这一仗缴获 30 多支枪，我方无一伤亡。打扫战场以后，我们转移到五星石下，晚上走五星过乐安河，经德兴下杨家湾、南墩到乐德交界的仙姑庙休息。在吊钟洪源坞、戴家寨活动了两天后，我们走南港过长乐水，经丰源、枧源、长田到宋家找到特区团委书记蔡生林、组织部长张海水等人。过了六七天，我们从伐木坑出发，走杨林铺、朱家桥，向三县岭进发。在尚和村头樟树下休息时，由于部队疲劳，大家都睡着了，醒来时，已经天亮。余金德讲：天亮了，如过不了敌人的封锁线，到不了三县岭，那问题就严重了。怎么办呢？大家一商量，决定用缴获的浙江保安十三团的 20 多套衣服化装，但国民党军服少，只有我和夏年丰等 20 多人化了装走在前面，余金德则带 50 多人用洗脸巾盖头走在后面，相距 300 多米。到翠子店田坂上，老百姓正割禾，我就对一个割稻子后生问联保处在哪里？那个人说："我爸爸是保长，我带你去找我爸爸。"我们随他找到那保长，我说："保长先生，我们是浙江保安十三团来'追剿'共产党游击队的，请带我们到你们联保办公室去。"保长说联保处设在秧坂碉堡里面，他换了衣服就把我们带进秧坂碉堡。进碉堡时，碰到一个原是红军乐平独立营模范排的战士，他在碉堡里当号兵。他捧着西瓜看见我去了，就说："排长来了，请吃西瓜。"我说我不吃西瓜，一直往碉堡里冲。这时敌联保队长在楼上发现了后面没有化装的部队，就知道我们是共产党游击队，他扑下来要夺我的枪，当场被我击毙。我们冲上楼活捉了五个保长，缴了 14 条枪、1000 多发子弹、40 多枚手榴弹。那个请我吃西瓜的号兵又参加了我们的队伍。我们放火烧了碉堡。但对商店和老百姓的东西秋毫无犯，还开了群众会作宣传。就这样我们通过了秧坂封锁线。走到界首村边，国民党从众埠开出的一个连已向我们追来。我们用轻机枪一扫，冲锋号一吹，敌军没有接火就狼狈逃窜了。我们离开界首经洋里、石下、石垄口、螺石、文山到朱家山吃晚饭。饭后，余金德、夏年丰带部队在何树窝宿营，命令我带三个班去桃树坪接鄣公山的关系。原来我们留在鄣公山的牛仂送来了皖浙赣省委的机密信。第二天，余金德、夏年丰把部队带到三县岭桃树坪。交通员牛仂从雨伞柄中取出省委机密信交给余金德。余金德看过以后，立即派人通知杨文翰、徐永鉴等人上三县岭开会。

7 月初，余金德在桃树坪主持召开了两天干部会。随之，又集合部队和地方党的同志 100 多人，开大会宣布：中共赣东北特委改为中共赣东北分区委，隶属皖浙赣省委。余金德任分区委书记，夏年丰任分区司令员。分区委下辖乐河、上横弋德两个中心县委。乐河中心县委辖乐平、德兴、余江、万年、贵溪、弋阳六县，调原化婺德中心县裁判部长徐永鉴任中心县委书记，芮加美（就是我）任中心县游击队长；上横弋德中心县委辖横峰、弋阳、上饶、玉山、婺源、德兴（即德兴沙坂特区）六县，杨文翰任中心县委书记，裴月山任中心县游击队长。还宣布成立精干连，直属分区。全连 70 多人，吴金水任指导员。我带的游击队有 11 个人编入上横弋德中心县游击队，这样每个中心县游击队都有 20 多人枪。乐北、德北两县游击队各有十多人枪。余金德还宣布了部队和机关工作人员的待遇。官兵一律平等，每人每月六元伙食费，三元零用钱，并把省委拨给的经费分拨各县。赣东北分区委还印发了游击区党员干部工作条例。

乐河中心县委先由书记徐永鉴、组织部长汪秋松和吴金水三人组成，以后增加芮振、廖兴如两人为委员，马茂清为中心县团委书记。中心县委以三县岭桃树坪为活动中心，粮食物资都存放在这里。县委辖下，成立了乐平一区委（设文山），关普发任书记；成立了二区委（设山背），程茂凤任书记。不久又在德兴黄柏的大湖岗成立了大湖岗区委，蒋金喜任书记，区委管辖大湖岗、大坞、小坞、源头坞等村。并成立了大湖岗党支部，翁永春任书记。成立了翁家党支部，翁万波任书记，管辖塘边、翁家等村，主要任务是向弋阳发展。此时，还成立了挂袍山区委，区委书记廖兴如，团区委书记叶鄣贵。在挂袍山、乌窝成立了一个党支部，廖和安任书记。在胡家、朱家桥、杨家、廖家等村成立了一个支部，廖兴如兼任书记，后由胡金喜接任。支部的主要任务是向黄柏发展，利用小村包围大村，逐步恢复黄柏根据地。后来中心县委组织部长汪秋松不慎把党员名单给丢了，蒋金喜、翁万波等因此被国民党抓到德兴县城坐牢。

当时，国民党第五十五师驻乐平，各村庄路口都筑有碉堡，经常有敌兵搜山“围剿”。为了打破敌人的围困，扩大红军影响，发展赣东北地区的游击战争，1936 年 9 月底，余金德在乐平黎桥乡自源召集中心县委书记徐永鉴和我商量，决定打一仗。过了两天，国民党调动众埠、洄田渡靖卫团和万年何溪一个县中队，并胁迫一部分农民梭镖队，分三路向泗源坪洞天峰扑来。企图一举包围消灭我们。我们登上泗源坪洞天峰顶，余金德带二个班埋伏在洞天峰南面石灰窑，阻击万年一路敌人，以控制通向三县岭的要路；徐永鉴带一个班埋伏在箩源坞，阻击洄田渡来敌；我带一个班埋伏在洞天峰东面半山腰，伏击众埠来敌。号兵在洞天峰山顶上，听到枪响就吹冲锋号。众埠来的敌人先到，他们有靖卫团 100 多人枪，还有 200 多被胁迫参加的农民梭镖队。我们等敌人来到半山腰，手榴弹一丢，冲锋号一吹，向敌人冲杀下去。敌人是乌合之众，一冲就垮，国民党一区队长吓呆了，被徐班长刺死。

这一仗，共毙敌 30 多人，我方无一伤亡。其余两路敌人掉头就跑，四散而逃，吓得碉堡都不敢去守。当晚，我们把乐平黎家桥、倪家、万家、下流源、上流源、闵树里马家、路坞马家、德兴鸡公山刘家的八个碉堡都烧了，取得了洞天峰战斗的胜利。

洞天峰之战使游击队声威大振，乐平、德兴、万年等县群众都高兴地奔走相告：“我们的红军回来了！”群众主动来找我们接关系，给游击队送米送钱，我们游击队甚至白天都可以到村庄里做群众工作了。有些国民党的保长、联保主任也听从我们的指挥，游击队有时就住在乐平文山国民党五联保胡主任家里，许多村的地方党组织得到恢复和发展，乐平一区在文山、朱家山、张家岭、凉坑石下、箩坑等地恢复和建立了党的支部。乐平二区在土地仓、洗马滩、路坞、万家等地恢复和建立党的支部。后来，还在乐平万家成立了交通站，连接省委和赣东北分区委的关系，交通站长万考仁是共产党员，公开身份是国民党保队副。我们还在乐平黎家桥乡张家岭建立了一个侦察班，班长张春龙，他们四兄弟都是理发的，为我们四处探听国民党的消息。

10 月初，我们随余金德到德兴黄柏宋家见到团委书记蔡生林，在那里检查了工作。年底，我们来到乐平涌山、三叉、九墩活动，在三叉建立了党小组。到浮梁老鸦窝打了土豪。通过向外出击，开展游击活动，巩固和发展了乐河中心县的游击根据地。

1937 年 1 月，余金德在乐平凤凰山的廖家坪庙里，召集我们讨论西安事变后的形势。我们听说把蒋介石抓起来了，都很高兴。余金德指示游击队以后停止打据点、打土豪，要到各地宣传群众，宣传团结抗日，发展党的组织。

同年 5 月，乐河中心县委和游击队驻在乐平凉坑，余金德亲自来告诉我们：皖南可能有一部分队伍要开过来，如果和敌人打起来，你们要接应，牺牲再大也要掩护他们上三县岭。如果没有打起来，也迎接他们上三县岭。他交待完任务就走了。我们后来才知道他匆忙离去，是和夏年丰率分区精干连 100 多人到鸣山煤矿去接应皖赣独立营。根据余金德的命令，乐河中心县游击队 40 多人经鸭鹅嘴进驻鸽子山，这里原来有我军挖的战壕，可以控制鸣山到三县岭的通道。过了两天，王丰庆带皖赣独立营约 300 人（有机枪三挺），从鄱阳开到乐平，打鸣山缴了一支枪。后走湖沿程家过乐安河，又在公路上打了一辆国民党从万年开往乐平的汽车。因为湖沿程家离乐平城只有 20 多里，国民党驻在乐平县城的十六师一个团 1000 多人倾巢出动，追击皖赣独立营。我们埋伏在鸽子山进行了阻击，但敌众我寡，傍晚，游击队撤上三县岭。第二天，国民党一个团分多路追上三县岭搜山“围剿”，我独立营和游击队均被打散，余金德、王丰庆、夏年丰等不知去向。徐永鉴和我商量，为了牵制敌人，我们带游击队到离众埠五里路的高桥打了土豪，以后转移到弋阳岭背洪家，被敌人发现，游击队再次被打散。几经艰难曲折，我召集到 13 名战士再去寻找书记徐永鉴，不幸的是，徐永鉴在弋阳方屋墩山上被叛徒洪作文出卖而被捕。汪秋松、关普发二个区委书记先后带枪投敌，乐河中心县委至此遭到了破坏。

6 月下旬，我带 13 名战士到德兴绕二童子坑找到杨文翰，汇报了情况，休息了几天，杨要我仍然回乐平开展工作。10 月，杨文翰派宁建邦、何先福两同志到福泉山找我去见他。在怀玉山我见到了杨文翰，杨说："你认识关英，派你去鄣公山找关英接省委关系。"我到鄣公山一带，没有找到关英。

杨文翰游击队由于没有接上省委关系，对当时国共合作和谈不了解。1938 年春夏之交，关英受中共中央东南分局的委托上山说服杨文翰下山整编，而杨误把关英看成叛徒，错杀了关英，铸成了历史错误。杨文翰更由于不相信国共和谈政策，坚持错误，脱离了党的领导，拒绝下山整编，虽然孤军奋战到 1943 年，但还是遭到了全军覆灭的后果。

选自《南方三年游击战争·皖浙赣边游击区》，第245—252页。

芮振，又名芮家美，1916 年生，江西德兴人。1931 年参加中国工农红军。中国共产党党员。南方三年游击战争时，任赣东北乐西中心区游击队队长、乐河中心县游击队队长、中共乐河中心县委委员。1983 年在乐平逝世。

难忘的皖南三年

邵兴发

皖南，风景秀丽，人杰地灵，具有光荣的革命传统。1934 年 9 月至 1938 年初，我在皖南这块土地上整整战斗了三年，经历了北上抗日先遣队、泾旌宁宣游击队、上浙皖独立营、新四军几个斗争阶段。皖南的青山秀水，使我至今梦里萦绕；淳朴善良的皖南人民，使我至今难以忘怀；那一次又一次浴血奋战的场面，使我至今记忆犹新……

血洒谭家桥

第五次反“围剿”斗争中，为反对日本帝国主义的侵略，冲破国民党反动派对中央苏区的“围剿”,中共中央和中央军委决定将寻淮洲、粟裕领导的红七军团改组为北上抗日先遣队，执行北上抗日任务。红七军团的前身是创建于赣东北根据地的红十军。1933 年初，遵照中央指示，红十军离开赣东北苏区，进入中央根据地参加第四次反“围剿”斗争,后组成中国工农红军红七军团。当时,我是五十七团（团长王歧山）三营九连的一名班长。

1934 年 7 月初，红七军团由江西瑞金出发，经过闽南、闽东，来到闽北地区的崇安、浦城，然后攻打浙西地区的常山，越过浙皖交界的大连岭，进入皖南歙县、休宁地区。自北上以来，敌人一直尾追我们不放，他们企图将我军包围并消灭在这一地区，我军利用高山密林和复杂地形，迂回转战在皖浙赣三省边界，与敌人激战于祁门、浮梁等地，撤至秋浦（今属东至县）县休整，而后进入石台、太平、祁门、黟县之间的皖南苏区。不久,我们又冲破包围,摆脱敌人的“追剿”,经江西婺源、德兴，进入闽浙赣苏区中心地重溪地区。

在闽浙赣苏区，红七军团奉命与新红十军合编成红十军团，七军团改编为第十九师，红十军改编为第二十师，继续担负北上抗日任务。红十九师的任务是先期出动到皖南开辟新的根据地。稍做休整后，我们在师长寻淮洲的率领下，向皖南地区进发。部队经过浙江开化白马时，与浙江保安团遭遇，我军一举击溃敌军，然后直插皖南绩溪、旌德，攻克了旌德县城，受到广大贫苦群众的热烈欢迎。11 月，我们十九师与经婺源、休宁到达皖南的红二十师在黄山汤口胜利会师。

两军胜利会师，声威大震，敌人动用数万兵力向我军扑来，国民党第四十九师及新编补充第一旅已在汤口、谭家桥一带部署兵力拦截我们。针对这一情况，军团首长在汤口召开了会议，分析了敌四十九师和补充旅的情况，决定各个击破：在谭家桥先打敌人一个埋伏。几天后，我们埋伏在谭家桥，准备袭击中路之敌补充旅。由于指挥失误，失去战机，我军陷入不利的处境，一大指战员在师长寻淮洲的带领下，顽强应战，勇猛反击。在冲锋中，师长身先士卒，身负重伤。我们立即冲上去，将师长抢了来，部队也很快后撤。在向泾县茂林转移的途中，师长因流血过多而不幸牺牲。我们将师长安葬在茂林，然后转移到皖南苏区中心——柯村，寻找皖南特委。

这时，方志敏首长也已率部撤到柯村，方志敏集中所有撤到柯村的部队，准备向赣东北根据地撤退。临行前，他告诉大家:“这次失利，只是暂时的。能跟上队伍的一定要跟上，负伤掉队的自己设法隐蔽。一定要坚持革命，以后我们还会打回来的。”随后，部队经过黟县七都、婺源汪村，浩浩荡荡向赣东北地区撤退。我们九连三排在王歧山团长的率领下，奉命担任后卫，掩护大部队撤退，途经婺源时，我们和大部队失去了联系，王团长号召大家要坚持下去。没有枪支，向敌人要；没有弹药，向敌人要；没有粮食，也向敌人要！第二天，我们击毙了与我们遭遇的敌四十九师的一个“师爷”和五个士兵，缴获一些枪支、弹药、服装。这时，王团长决定部队回转休宁，进入柯村苏区坚持斗争，同时调我到他身边担任警卫工作，并将缴获敌“师爷”的一支驳壳枪交给我使用。在回转休宁的途中，我们在一个村庄前碰到一个保长，他看见我们几个身穿敌军服装，佩戴敌军符号，走上前来问我们是哪一部分的，我们将计就计，回答说是四十九师的。在他那里，我们弄到一部分钱和粮食，解决了部队的给养问题。部队进入柯村苏区，找到了皖南特委。特委将我们九连三排 30 余人和在皖南掉队的红十军部分同志共 60 余人组成一个挺进连。这时，我们便活动在太平、黟县、石台、青阳、贵池、祁门一带的广大地区。

不久，柯村苏区被敌人包围，我们与特委失去联系，形势对我们越来越不利。为了寻找新的落脚点，我们在柯村西山碰到活动在泾县、旌德、宁国、宣城一带的王晓南（王大个子）和高 ×× 两人，然后，部队随他俩进入泾旌宁宣地区。

坚持在泾旌宁宣地区

泾（县）旌（德）宁（国）宣（城）地区，早在 1930 年前后，就有一批来自大别山的革命知识分子，以教书为掩护，开展革命活动。1933 年 4 月，参加潜山清水寨暴动的王晓南以挖木瓢为掩护，也来到宣城大麦坑、泾县鱼鳞坦和宁国板桥一带进行组织发展工作。这里群众基础牢固，地形险要复杂，而且我党的活动范围不大，目标较小，敌人还不很注意，便于我军保存力量，积极开展游击战争。

1935 年 1 月下旬，我们九连三排离开柯村，经石台、太平、旌德，到达宁国板桥。离开时，皖南特委并不知道我们的去向。部队到达板桥后，立即分散住在老百姓家里。板桥桃岭肖大毛的父亲很快同我们接上了关系。接着，我们经汀王殿，来到泾县东乡戴阳村，同活动在这一地区的洪维恭（绰号北方侉子）等人会合。洪维恭立即召集李步新、王晓南、王歧山等负责人开会，讨论当前部队行动方针，决定成立中共泾旌宁宣中心县委，书记洪维恭。会上还决定攻打宣城溪口乡公所，锻炼和壮大人民武装力量。游击队当晚出发，次日清晨赶到溪口，首战告捷，一举消灭驻溪口的宣城县保安队，缴枪 28 支，俘敌 30 余人，然后游击队来到宣宁交界的章家湾休整。

攻打溪口后，敌人便向我泾旌宁宣游击根据地中心——戴阳村一带进攻，周围的蔡村坝、汀王殿、溪口等地都驻有国民党重兵。在敌人强大攻势下，县委书记洪维恭和团长王歧山决定将游击队分为两个部分，集中九连三排的十支驳壳枪和洪维恭带来的四支驳壳枪，组成一支短小精悍的“驳壳队”，突出重围，引开敌人，恢复游击根据地；其余人员由九连连长、指导员带领随县委书记开展地方工作。1935 年 2 月，一支 14 人的驳壳队在戴阳村成立，我担任驳壳队队长，并负责王团长的保卫工作。于是，游击队兵分两路，在团长的率领下，驳壳队冲出包围圈，往宣城一带活动。白天我们上山隐蔽休息，夜晚下山打土豪，筹借钱粮，袭击敌人地方武装。一连串的出击，打得敌人焦头烂额，不知所措。

正当我们频频出击、积极活动之时，王团长不幸于 1935 年 8 月在宣城的一次战斗中牺牲：

那天，我们正隐蔽在大麦坑的高山上，山下的土豪将我们的行踪报告了敌人，敌七十八师立即包围了我们。突围中，团长不幸中弹牺牲。当时，三连指导员和一个炊事员在团长身边，他们拿走了团长身上的

700 元钱和一两黄金，躲到附近山沟的一个香菇棚里，由香菇佬替他俩买米，过了一段时间，我们的队伍活动到这里，我才从香菇佬那里得知山上还有我们的两个人。

团长牺牲后，我们活动到泾县巴斗、漕溪一带。这时，国民党正规部队已经撤走，只剩下保安队一些地方土顽，我们终于回到了中心地区戴阳村，同时得知县委书记洪维恭也在这场反“清剿”斗争中牺牲了。在形势有所缓和之后，在中心县委的领导下，游击队积极向外出击，打击敌人，恢复和扩大游击根据地。根据地的群众也纷纷要求打土豪、分田地，建立苏维埃政权。

不久，敌人对泾旌宁宣游击根据地进行了更大规模的“清剿”。为保存革命有生力量，中心县委决定迅速突破敌人重围，回赣东北地区寻找闽浙赣省委。1936 年初，我们泾旌宁宣游击队 80 多人由泾县涌溪出发，经旌德、太平、黟县，来到浙江开化，与省委接上了关系，后在江西婺源鄣公山见到了关英、邵长河等省委领导人。

威震石壁山

1936 年 4 月，闽浙赣省委在鄣公山召开扩大会议，决定将“闽浙赣省委”改为“皖浙赣省委”，并组成新的省委，关英任书记，设立了上浙皖等五个特委。不久，汇集在鄣公山的各路游击队在水岚山整编，成立红军皖浙赣独立团。我泾宁宣游击队和浮（梁）乐（平）婺（源）游击队组成独立团第四连，连长邵兴发，指导员程祥元（德兴人）。同年 9 月，关英、邵长河（时任上浙皖特委书记）率领皖浙赣独立团往泾县、宁国一带活动。部队经过宁国板桥时，关英决定将独立团第四连七八十人留在上浙皖地区，作为特委的警卫武装，对外称独立营，协助邵长河开展工作。部队活动到宁国仙家村、孔夫关时，独立团继续向浙江于潜、孝丰前进，第四连则转向宁国老虎垄、高坎一带，坚持上浙皖地区的游击斗争。

在上浙皖特委的领导下，我们积极开展武装斗争。1937 年 1 月，我们由孔夫关向天日山一带活动,走到四角田(离浙江于潜县城 14 里) 时，天刚蒙蒙亮，迎面碰到敌人四个便衣人员，后又与敌浙江保安团一个排遭遇。这一仗敌人大败，除排长和一名士兵逃脱外，其余敌人全被我俘虏，缴获了大批枪支弹药，改善和充实了独立营的武器装备。战斗后，部队回转宁国，进入高坎的石壁山休整。四角田战斗的胜利，深深地刺痛了敌人，敌三十四师和浙江保安团紧盯着我们不放。

1937 年 2 月 5 日，我上浙皖独立营坚守石壁山，又给周围之敌以重创，取得了石壁山战斗的胜利。

石壁山位于宁国东部三元、中村两地交界处，与浙江孝丰毗邻，因山口巨石形成绝壁而得名。石壁山由东坞冈、园包、三角叉、毛口塘尖等大小五个山头组成，一条数百米的山冈呈弧形将五个山头相连，它背靠中村，正面是东坞冈、园包、毛口塘尖三山形成的一条峡谷，园包脚下有一块平地，住着几户人家，由此向前 300 米就是石壁山口，穿过山口就到了三元高坎。

部队到达石壁山后，为了防止敌人偷袭，首先在石壁山口及园包等处布置岗哨警戒，然后留下炊事员在园包脚下的老乡家中烧火做饭，独立营主力七八十人则爬上石壁山最高峰东坞冈隐蔽休整。2 月 5 日，石壁山云雾弥漫，大小五个山头都隐没在茫茫的雾气之中。这天，正逢农历腊月二十四日，过小年。一大早，独立营政委李冬才找到园包脚下的农民小老柴，请他下山帮忙买一些猪肉和粮食，部队准备在此欢度小年。谁知，中午已过，小老柴还迟迟未归，大家非常焦急。下午 3 点多钟，园包脚下突然传来一阵枪响，大家知道出事了，独立营立即冲下东坞岗。

原来，我们到达石壁山休整设防，被山下的保长李小炳知道（李小炳曾做过红军的情报员），李小炳立即跑到中村，向驻此地的国民党三十四师某营报告。敌人得知这一情况后，放弃从中村正面攻石壁山的计划，由李小炳带路，迂回高坎偷袭石壁山，企图打我们一个措手不及。途中，李小炳碰到了下山买菜的小老柴，敌人又从小老柴身上搜出了红军的购物字条。敌营长如获至宝，亲自审问，企图探知我独立营的人数和兵力布置，并强迫小老柴带路，小老柴面对敌人的威胁利诱，毫不屈服，惨遭杀害。随即，敌三十四师一个营和浙江保安团两个中队共500多人绕过石壁山口抱枪而睡的哨兵，悄悄摸进石壁山。当敌人走进园包脚下的几户人家时，正在这里做饭的炊事员发现了这股偷袭之敌，立刻鸣枪报警，准备撤离，但农舍已被敌人包围，几个炊事员不幸被捕，仅有两人乘混乱之机冲出包围圈，急奔园包，向首长报告敌人进攻的情况。

我们一冲到大岗，迎面碰到从山下急奔而来的两个炊事员。营政委李冬才命令我们就地埋伏,待敌人爬上园包再迎头痛击。就在这时，园包上响起了激烈的枪声，事先警戒在那里的地方游击队与敌人接上了火。一会儿，枪声渐渐稀疏下来，游击队因人数少、装备差，阻击了一下就撤退了。敌人蜂拥而上，攻占了园包。正当敌营长得意忘形时，我们的机枪、步枪一齐吼叫起来，园包上的敌人被这突然的袭击打得往山下直滚，敌营长当场毙命。紧接着，我们乘胜发起了冲锋，经过一场肉搏，迅速夺回了园包。大家坚守在园包山顶，越战越勇，连续击退了敌人几次反扑。园包山顶、山腰到处都横七竖八地躺着敌人尸体。

战斗持续了一两个小时，天渐渐黑了下来，偶尔几声枪响在山谷中显得格外清脆。在打退敌人又一次进攻后，考虑敌众我寡，久战不利,我们悄悄撤出了阵地。来到石壁山附近的几户人家中休息。这时，我们又听见石壁山上枪声大作，大概是由于天黑，从四面围攻上来的敌人自己在互相攻杀吧。第二天，我们离开石壁山地区，向广德、孝丰一带前进。

改编成新四军

石壁山战斗重创敌主力，震动了整个上浙皖地区，敌人恼羞成怒，调集大量兵力疯狂向我扑来。为了保存实力，坚持斗争，特委决定独立营分散活动。我带一部分队伍随阙怀仰返回泾宁宣地区。阙怀仰是江西兴国人，原任独立团第三营政委，因在一次战斗中左臂负伤，被派到上浙皖地区指导工作。他带领留下来的另一部分队伍活动在泾宁宣的大方山一带，后又来到宁国与浙江交界地区活动，参加了指挥四角田、石壁山等战斗。在坚持泾宁宣边区的过程中，我们频繁出击，不断打击无恶不作、横行乡里的土豪劣绅，替贫苦百姓申冤报仇，人们很快都知道泾宁宣地区有一支“老阙的队伍”。

1937 年初的一天，我们在旌德县七都，镇压了一个民愤极大的土豪。这时，独立团有两个人从宁国来找我们，告诉我们说：现在国共合作了，不要再打了，并要我们下山去祁门听候改编。开始，我们并不相信这两个人，后来他们将当时的全国形势和党的方针向我们做了宣传，我们才从旌德回到宁国大方山住下。宁国肃反专员王弼（原江边特委书记，后叛变）也派人给我们送来了一些粮食、服装和枪支弹药。接着，我们坚持泾宁宣的 30 多人离开宁国前往祁门。王弼正巧也去祁门参加第三战区会议，与我们同行。分手时，王弼再三要求我们回去给他说些好话，他还想回到共产党里来。

在祁门舍会山，我们被编入新四军第一支队。当时，新四军军部设在南昌，支队部设在景德镇，我们驻扎在浮梁东乡。不久，我被调到南昌军部，担任警卫连连长，负责军部和首长的保卫工作。1938 年初，军部由歙县岩寺迁到南陵土塘，在一次反击日寇进攻的战斗中，我身负重伤，后经组织批准，我回到江西贵溪老家养伤，从此离开整整战斗了三年的皖南。

1987 年

选自《南方三年游击战争·皖浙赣边游击区》，第412—418页。

邵兴发，江西贵溪人。南方三年游击战争时，任泾旌宁宣游击队队员、皖浙赣独立团四连连长。

在关英身边

许登寿

我原在中共浮（梁）乐（平）婺（源）中心县委所辖的红军游击大队任医务长，1936 年 4 月，鄣公山会议决定建立中共皖浙赣省委，同时决定成立皖浙赣红军独立团。随后，浮乐婺游击大队在水岚山编入独立团，记得建团那天开了大会，还杀牛吃。当时，省委书记关英患头痛病，每天需要打一针，便把我留在他身边。从此，我就一直跟关英在一起，在关英身边的还有搞书写油印工作的余玉堂和几个警卫，后来有个团支部书记调地方工作，由我任总支书记兼负责团的医务工作，但事实上还是跟关英在一块，有时关英同部队出发，我就跟他一起行动。

1937 年 2 月，我随关英一行到遂安县一个大山上（地名不知道）白天隐蔽在这山上，而浙江保安团有几个团从三路进攻来，结果打到天黑，这一仗我们牺牲了一个营政委（名字不知道）。当晚我们转移到古庙里，关英和其他领导同志开会，但会议怎么开，怎样布置分散行动当时的意图和任务等我都不知道。第二天部队分散行动后，我们省委机关就单独行动，走到一个半山腰休息，天下着毛毛细雨夹着雪，我正在脱鞋子烤鞋，敌人来攻击。这次是一路敌人在山冈，想来烧棚子，刚向山下走，发现我们的哨兵，就开枪打，我们便向山腰横路走。这时因来不及而把油印机丢了，我包装好的一些药也丢了，我们连翻了几个大山，终于脱离了敌人的追踪。经过几天在结行营找到了遂安县委书记，关英找他们开了几次会，布置工作。这样一来，停了半个月左右，这个地方情况也一天天紧张起来，敌人在附近筑起碉堡来，实行移民并村，采取十家联保等手段,老百姓也恐慌起来,有的老百姓跑到外地去了。同时，敌人又开始天天烧山、搜山，搞得很紧张，粮食找不到吃，最讨厌的是敌人带着军犬来搜山，军犬见人就咬。

一天晚上，关英根据情况决定走出敌人的包围圈，我们省委机关有 20 余人一起走，这时有滕国荣。还有一个财政部长，警卫员走前面，我走第二个，从一条小路走到离山顶几十步时，敌人便叫唤，我们没有回声。敌人抛手榴弹过来，这一下子省委机关全部冲散了。后来，我和关英还有警卫员、理发员四个人集中在一起，从另一个山的半腰插过去。当天晚上过了一条河，还在遂安一带转了好几天，想联系省委的冲散人员，一个也找不到，我们认为他们已过了开化，于是便由遂安过开化去。

这时已是 4 月间了,开化情况也变了,有的地方一些小村都没有人。到处筑起新碉堡。老百姓由于十家联保的压力，也怕见我们，我们转了几天以后，在一天的下午 5 时许，望见一个山沟里冒出烟来，就认为这里一定是我们的人，于是到那山去看，果然是余熙庆同一个区委书记、一个警卫员三人在那里。可是找到他们也没有什么办法，他们情绪很低落。关英要他们想办法去找工作人员，结果一个也找不到，而这里情况也是一样，敌人天天来烧山，饭也搞不到吃，更困难是野菜都找不到，关英觉得在这里也没有办法，考虑还是到化婺德去找赣东北特委书记余金德。

天下着大雨。关英要余熙庆和区委书记去侦察山下的一条河，看看能不能过去。没想到，他们一去就没有回来。而在第二天却有大批敌人带着军犬，隔几步一个从山底多路向上搜山、烧山，这时幸好我们躲在石壁洞里没有被敌人发现，敌人就在山顶上集中而去。从余熙庆走后的几天里情况都很紧张，我们怀疑他叛变了（事实上他的确叛变了）。由此，我们从开化向化婺德去，这时正值 5 月初，我们到了化婺德后，看到这里也被敌人摧残的很厉害，有的小村庄房子里面都长了草。走了几天以后，碰到一个上饶佬（是一个县委书记），得知余金德已经不在这里了，我们隐蔽在小村庄的山上，关英要那个县委书记去山下村庄看看有没有人，他一去也没有再回来。关英认为不对，于是当天晚上又转移地方，回头往开化走。第二天我们在山上隐蔽休息时，一个敌人装扮成砍柴的农民上山来，我们识透，关英叫我下去问情况，我一去，敌人便提出驳壳枪打来，其他敌人也围了过来，我们赶紧跑，挂在树上的干粮袋和东西都丢了，敌人看到我们丢了东西，便去抢东西，我们趁机跑过田垄才脱了险。

以后我们转到开化、婺源一带，在开化要找的人一个也没有找到，连野草也找不到吃。这时关英身体很不好，头又痛，又没有吃，瘦得不像样子，以后我们转移到婺源一个山顶上，没有水，下山沟里去搞水又很远，后找到一个茅棚，里面有个锈铁箱，因几天下着雨，铁箱里果然有水，我们就用铁箱里的水煮面吃，结果大家都拉肚子。离婺源清华街三四十里的一个大山上我们找到两个茅棚，关英看见我病得走不动，就把我放在那个茅棚里休息，说过七天他们会来找我。这两个茅棚里，有一家搬走了，有一家没有搬。我问这一家怎么不搬，老头子回答我："我家不搬,我坚决把你病弄好。"后来老头子把我带到一个石头岩山头上，天天给我送饭，还跑到清华街买药给我。到了第五天，老头子送饭后返回去，没有到家，敌人就到了，听到老头子家里狗叫，我就出去看看动静,只见敌人把老头子捉住以后,威胁他带路。那个山上只有一条小路，在这种情况下，老头子没有办法，他为了保护我生命安全，带路时避开石头岩，待老头子带过我躲藏的石岩，离我约 50 米，可能是敌人看见了我，他们打了枪，我连忙滚到一边山下。自那天以后，爬上另一个山头，在对面山上等了一天，我下去看老头子的家，狗打死了，饭锅、碗打破了，粮食也没有了，什么东西都搞光了，就是棚没有烧，在棚里休息一下又爬上山去，直到第二天5点钟时，关英他们来了。我把老头子的情况告诉了他，并一起去看了老头子的草棚，耽误了几小时，又爬到茅棚附近等了一天。而后，我们转到开化的华埠镇东边，一直走到化婺德边境隔华埠40里左右的高岩。

高岩比较偏僻，是敌人不易知道的地方。这里有两个老头子和两个老太婆，不是这地方人，是德兴那边来的（一个老头子姓张，一个老头子姓黄）。到了这里关英再也走不动了，就停了下来。开始我们观察了一下两个老头子的情况，没有发现什么问题，以后才告诉他们。说明我们是红军。姓张的老头子对我们讲："过去有红军走这里经过，人很多。"于是关英决定在这里隐蔽下来，通过做了些工作，慢慢地把这两个老头子关系搞好了，但起初不敢住在他们家里。到后来，我们晚上住在他家里，白天在山上，由他们送饭给我们吃。以后就叫老头子去打听消息，到处联系，但一直没有打听到消息，联系不上关系。关英觉得这样下去不是办法，当时他主要想找到浙西南的刘英，便向老头子了解一些情况，决定扮成做榨油生意的人。关英讲做生意，要晓得算盘，并要做些必要的准备工作，否则会露出马脚。于是，首先要学打算盘，由关英教我们，有时还测验我们。不久，我们把枪和钞票埋起来，化了装，决定去找刘英。先由老头子带我们四人到玉山白石桥，同他的女婿合伙榨油，然后把榨好的油挑到玉山县城去卖。到玉山县城之后，国民党正在到处抓壮丁。结果把我们的理发员捉去当壮丁了。他被抓去后，一直没有暴露我们。

到了1938年一二月间，老百姓讲，玉山过了很多兵，这兵很好，不抓人挑担，但不知是什么兵。于是关英派了一个人担油到玉山卖，看看什么兵。后来老百姓又讲：国共合作了，关英听到这消息之后，当夜研究决定，他叫我明天去找部队，他自己到南昌去找黄道，并告诉我说：你找到了部队，就到南昌、景德镇找我。我在开化看到粟裕部队正在街上宣传说，现在是两党合作，我们是新四军等。听了之后，我就同他们交谈。但开始我不敢叫他们同志，我对他们讲，我是由红军里来找部队的。他们就把我带到政治处见到了粟裕，后来到遂安又碰到了刘毓标。以后我便到南昌找关英，关英不在，黄道告诉我，他去找杨文翰的部队了。我在南昌等了好久关英都没有来。后来，黄道对我说，关英被坚持不下山的杨文翰杀掉了。

1987 年

选自《南方三年游击战争·皖浙赣边游击区》，第442—445页。

红军长征纪实丛书·副编

南方三年游击战争卷

3

中共中央党史研究室 编

中共党史出版社

本册收入第十至第十三部分文章 33 篇

十、浙南游击区

回忆浙南三年游击战争

粟裕

浙南三年游击战争，是我国南方三年游击战争的一个组成部分。浙南游击区，包括浙西南、浙南（含浙东南）、浙东几块游击根据地，其中心区，先是在浙西南地区，以后移到浙南地区；而游击区域则遍及浙赣铁路义乌至江山段和天台山以南的浙江省南半部和闽东北边沿。这场游击战争，从 1935 年初开始，直到 1937 年 9 月中旬我们与国民党浙江军政当局签署和平协议，才告一段落。但是，浙南人民的革命武装斗争并未就此偃旗息鼓，那里的革命军民，继续投入抗日战争和解放战争，一直坚持到 1949 年全国胜利。

浙南游击区，是由一支红军主力部队，在第五次反“围剿”遭到失败，军阀之间的战争已经基本停止，在革命低潮时节进入国民党统治腹心地区开辟和发展起来的，这就形成了浙南游击战争的若干特色。

在浙南三年游击战争期间，我绝大部分时间是率领挺进师开展游击战争，开辟、建设和保卫游击根据地，因此我将以武装斗争为主线来记述这一时期的经历。

（一）挺进浙西南

浙南三年游击战争，是紧接着中国工农红军北上抗日先遣队的失败开始的。那时，党中央已率领主力红军离开了中央根据地，正在长征途中，留下苏区中央分局和中央政府办事处，统一领导原来中央根据地和各游击区的工作，领导人是项英和陈毅。1935 年 1 月底 2 月初，当我们率领抗日先遣队的怀玉山突围部队到达闽浙赣根据地不久，中共闽浙赣省委向我们传达苏区中央分局转来的中央指示，要我们以先遣队的先行部队和突围部队为基础，迅速组建挺进师，由我任师长，刘英任政治委员，立即率部进入浙江境内，开展游击战争，创建苏维埃根据地；以积极的作战行动，打击、吸引和牵制敌人，保卫闽浙赣基本地区和邻近的根据地；并从战略上配合主力红军的行动。

我们得到上述指示的时间是在党中央召开遵义会议以后，但在这个指示中没有传达遵义会议的精神，那时我们也不知道有遵义会议的召开。受领任务后，我们立即进行研究。我们对于浙江并不完全生疏，上一年，北上抗日先遣队曾在浙江地区渡过了艰难的阶段。浙江是国民党统治的腹心地区，蒋介石的老巢，反动势力强大，大部分地区党的组织被破坏，更没有红色根据地或游击区域作为我们的依托。但是浙江的工农劳苦大众是有革命传统的，浙江有些地域的地形条件对我也很有利。从全局来看，其时中央苏区虽已丧失，但是国民党的主力正被我主力红军吸引于北上途中，那里是主要的战场，相对地说来，浙江的敌人比较空虚，而且我们可以同坚持在南方的几个老苏区互相配合，互相支援。先遣队北上时未能在浙江省立脚生根，主要是由于当时没有分散打游击的认识和决心，如果我们接受这个教训，自觉地把正规军变成游击队，不打正规战而打游击战，来一个决定性的转变，我们相信是可以在浙江

立脚生根、完成党交给我们的任务的。

我们认真地分析了浙江的地理位置与地形，选定以仙霞岭为中心的浙西南地区作为我们创建游击根据地的第一个目标。这个选择的主要理由是:第一，那个地区是在闽、浙、赣三省交界处，可以同闽东、闽北、闽浙赣几块游击根据地互为掎角，互相支援，而三省敌人之间的矛盾，又可以为我利用。第二，那里的群众基础比较好。该地区在 1930 年曾受到过党所领导的红十三军革命暴动的影响，革命的火种还在一些基本群众的心底埋藏着。那里有一个青帮组织，其领导人对国民党的反动统治反抗已久，有打富济贫的要求，同我们有一点联系，可以成为我们初步的依托。第三，那里虽然交通发达，有杭（州）江（山）铁路（即浙赣铁路东段）和三条公路干线，但大部地区山岭连绵、森林茂密、道路曲折，便于我隐蔽和机动。

在中共闽浙赣省委和省军区的帮助下，我们立即进行挺进师的组建。

先遣队突围的部队主要是一个迫击炮连、一个重机枪连（已经没有炮弹和枪弹）和二十一师的第五连，再就是一些康复了的轻伤病员，以及政治部、供给部、保卫局的机关工作人员，共 400 多人。此外省委又将闽浙赣独立师第一团 100 多人编入挺进师。为了适应游击战争的需要，下面不设团、营、连，而是编成三个支队和一个师直属队。支队实际上相当于连，但大都由团级干部担任领导。任命了王蕴瑞为师参谋长，黄富武为师政治部主任。师部机关有司、政、供、卫各部，但极其精干。后来还把机关人员编成一个政治连。

当时确定的行动路线是：由闽浙赣根据地南下，先到闽北根据地，和那里的党组织取得联系后，再去浙江。经过了个把月的整训，2 月底，指战员们抱着继承先烈革命遗志、开创新的游击根据地的坚强信念，誓师出征了。

挺进师南下，首先要通过敌人在信江以北布置的几道封锁线。由于

我们的准备工作比较充分，行动隐蔽而且敏捷，以一夜走 70 公里的急行军翻过了灵山，通过了封锁线，渡过了信江，胜利到达闽赣边境。可是，当我们刚刚到达福建边境时，突然遭到了敌保安团的伏击。

我们从闽浙赣根据地出发前，曾向闽北党组织通报，请他们派人接应。但当我们打垮敌人的伏击进入闽北根据地时，却到处碰到敌人，找了好几天也没有找到闽北的同志。后来发现在一些村口和凉亭柱上贴着敌人的布告和反动宣传品，其中有署名李德胜的“劝降书”。这时，我们才搞清楚原闽北军分区司令员李德胜叛变了。这个叛徒正带着敌人来闽北“清剿”,还把我们挺进师要到浙江去的行动计划出卖给了敌人，使我们遭到伏击。这样，我们只得放弃先同黄道取得联系的想法，决定以自己的作战行动，为进入浙西南打开通道。

这时，我们同抗日先遣队北上时留下的两个连队会合了。他们有 150 余人，几十支步枪和几挺机关枪，由营政委洪家云率领，归建于挺进师。而原来编入挺进师的闽浙赣独立师第一团在部队离开闽浙赣根据地后，大都掉队跑回去了。这样，挺进师仍是 500 多人。为加强挺进师活动区域党、政、军工作的领导，决定成立政治委员会，由刘英、粟裕、黄富武、宗孟平、王维信、姚阿宝、刘达云、洪家云、方志富等九人组成，以刘英为书记。

浙西南是一个重要的战略地区，敌人在那里驻有较强的保安团队。我们必须先在外围活动，把那些保安团队吸引出来，给以各个打击，才好进入该地区。为此，我们于三四月间在浙闽进进出出，往返作战，一度打到江山，又在武夷山、洞宫山区兜了几个圈子，后来又辗转游击于龙泉河以南之庆元、景宁、松溪、政和、寿宁、泰顺一带，先后打了大小几十仗。比较重要的有溪头、小梅、沙湾、上标、潭边街、百丈口等战斗，歼灭了一批保安团队和地主武装。敌人自感“风鹤频惊”，十分惶恐。此时，敌人以为我们必将在龙泉河以南的浙闽边境立脚，遂将龙泉河以北的浙江保安团队纷纷南调，并令福建的新十师和第五十六师北

进，妄想南北夹击，消灭我军。

4 月下旬，我们正活动于庆元县的斋郎地区时，敌人令浙江保安第一团团长李秀率部 1200 余人，福建保安第二团团长马洪深率部 1000 余人，并在近千人的地主武装（主要是“大刀会”）的配合下，从东北、正东和东南三个方向对我实行分进合击。当时我军只有五六百人，虽然敌我力量对比悬殊，但我军战斗力强。我们决心利用斋郎的有利地形，精心组织一次战斗。敌人知道我军兵力有限，弹药不多，更无后方补给，拟以地主武装打头阵，先予我军以扰乱和消耗，然后出主力，一举将我歼灭。这却给了我军以各个歼灭敌人的良机。28 日上午，战斗开始，手持刀枪的地主武装漫山遍野呼啸而来。近一个月来，我们已经有了对付大刀会的经验，我军以军事政治攻势齐下，半天不到便将他们完全瓦解。接着，浙保第一团李秀部骄纵轻进，一下深入到我军预设阵地前沿。我集中火力，突然给以打击，杀伤其 300 余人，俘虏约 200，敌团长李秀也被打断了手，率残部仓皇向斋郎东北 20 公里的英川逃窜；我军追击七公里才返回。这时刚由东南方向烂泥村赶来之敌马洪深感到孤立无援，连忙带着他的闽保第二团狼狈遁逃。战斗胜利结束。

斋郎战斗，是我军挺进浙闽边后的关键性一仗。斋郎战斗的胜利，迫使敌保安团队在以后一段时间内转为退守，龙泉河北面的敌人已比较空虚，一些反动地主也纷纷离开了浙西南，我们就获得了开辟以仙霞岭为中心的浙西南游击根据地的有利时机，胜利完成了进军以来的第一个作战任务——打开进入浙西南开辟游击根据地的通道。

（二）创建浙西南游击根据地

经过一个多月的调查研究，我们对浙西南地区的具体情况有了进一步的了解。从实际情况出发，我们选择了龙（泉）浦（城）江（山）遂

（昌）和龙（泉）云（和）松（阳）遂（昌）东西两片地区作为建立第一块游击根据地的基本区域。因为洪家云率领的两个连归建之前，在龙浦江遂地区活动过，这个地区有一些工作基础；和我们有联系的青帮组织在这一带也有较大的势力，便于我开展工作。

当部队于 5 月上旬进入到龙、遂、松三县边界地区时，就受到当地青帮的热烈欢迎。这个青帮组织的主要领导人是松阳县安岱后村的陈凤山和斗潭村的卢子敬。陈凤山早年在外地经商时加入青帮，但也接触过进步思想，受到过 1928 年崇安、浦城暴动的影响，向往革命。1930 年回乡后，领导了攻打国民党枫坪警察所的武装斗争。卢子敬早年留学日本，受进步思想影响，中途归国，回乡办学校，积极学习与传播革命知识。陈、卢等一些青帮首领，实际上是当地很有威望的群众领袖。在他们的领导下，这个青帮的会众，绝大多数都是当地贫苦的青、壮年农民，有强烈而朴素的革命追求。我们一到，他们就积极靠拢我们，主动表示希望得到共产党的领导。这样我们有了初步的依托，对浙西南游击根据地的开辟，起了很好的作用。后来，在党的领导和教育下，他们当中的大多数人参加了红军游击队和根据地建设工作，一些先进分子加入了中国共产党，成为挺进师进入浙西南地区后的第一批地方党员和干部。

这时部队已改编为四个纵队和两个独立支队，除将第四纵队留在龙泉河以南的浙闽边境继续活动以牵制敌人外，我们确定由第一、第二纵队担负开辟基本地区、建立根据地的任务，其余各部队则由师部率领北进，辗转游击于浙赣路以南的汤溪、龙游、金华、武义、宣平、丽水之线，造成声势，迫使敌人北调，以掩护和保障第一、第二纵队开展工作。

挺进师在第一个时期的主要任务是作战。北渡龙泉河进入浙西南地区后，我们的任务是要把武装斗争与根据地建设结合起来。我们运用了井冈山时期毛泽东同志的领导方法，分兵以发动群众，集中以打击敌人，要求每个干部、战士都学会两套本领：打游击，做群众工作。

我们这支部队的前身，本是赣东北的子弟兵——红十军，是长于

打游击的。后来奉命调往中央苏区，先后整编为第十一军和第七军团，在几次反“围剿”斗争中，千里转战，已锻炼成为一支长于野战的红军正规兵团。现在要分散打游击，反而要从头学起，最大的困难是不少干部不愿意分开活动。怎么办呢？只能在实际斗争中来培养和锻炼。当我们于三四月间进入浙江并活动于浙闽边境时，就着手解决这个问题。开始，我们派一个团级干部带一支小部队出去，也很困难，要他们在外面活动半个月，然后在预定的地点跟我们会合。可是，过了三天，他就带着部队回来了。别看才出去三天，人也瘦了，眼睛也凹下去了，胡子也长了，无论如何要跟我们一起走，不肯单独行动。以后我们就改变办法：开始不叫他出去半个月，只出去三天，三天后，在什么地方和我们会合，会合后再出去，增加到五天，五天后再到规定地点集合。这样，他们单独行动的办法多起来了，信心也慢慢增强了，以后就把出去活动的时间逐次增加到七天、十天、半个月，这样才学会了单独活动。后来甚至一个班长也能够带一支小部队单独活动了。

游击队要能自如地活动，根本的一条是要依靠群众，会做群众工作。所以我们一进入浙江，就向部队提出了这项要求。因为是新区，群众对我们不了解，加之语言不通，又受到敌人反动宣传的欺骗，群众难免有些害怕。他们听说红军来了，就躲起来，有的则被国民党反动派胁迫着离开了村庄。有时，我们连一个向导也不容易找到，筹措粮食给养更是困难。为了向群众进行宣传工作，有时只好叫自己的侦察员化装成逃跑的群众，口里喊着；“红军来了！红军来了！”群众也跟着跑出来了，侦察员再把群众拦下来，向他们说明情况，请他们带路，讲定每带五公里路给一块银洋。当时我们的银洋还比较多。利用群众带路的机会，我们就做宣传。这样，群众得到了利益，又听我们讲了道理，知道我们是工人、农民的子弟兵，反对国民党抽丁拉夫和摊派苛捐杂税，纪律又好，确是爱护群众的。一传十，十传百，就不再相信国民党那一套骗人的鬼话了。在前一阶段的这些活动中，我们了解群众的疾苦，熟悉

他们的风俗习惯，学习一些浙南方言，积累了一些开展群众工作的新经验。这对于我们开辟浙西南游击根据地是很有作用的。

浙西南山区在反动统治阶级残酷剥削和敲诈勒索下，农民生活极其困苦，农村经济濒临破产，加之头年大旱，作物歉收，这一年春天大水，春花荡然，到处是灾民、饥民挣扎在死亡线上。面对这个现实，我们公开提出"打土豪，开仓济贫，帮助群众战胜夏荒"，深入发动群众斗争。此时浙江保安团队被我主力部队吸引和牵制在外，国民党兵力空虚，不得不集中那有限的兵力守城而放松农村。我们也不集中部队攻城，而在广大地区辗转游击。我们每到一个地方，首先将国民党的区、乡武装消灭，区、乡、保长和土豪劣绅四处逃散；逃散不及而被我们捕获的，则按实际情况区别对待。罪恶多、民愤大的，召开群众大会公审，坚决镇压，没收他们的财产，分配给贫苦群众。如5月17日我们袭占了松阳重镇古市，公开处决了反动镇长和巡官；5月21日袭击龙游溪口，又镇压了罪大恶极的第三公安分局长。这样就给了阶级敌人以沉重打击，使广大被压迫、被剥削的群众从反动统治阶级的千年压榨下挺立起来，砸碎身上的枷锁，投入轰轰烈烈的革命斗争。这是浙南人民空前规模的革命壮举，也是全国革命低潮中一个局部的高潮，来势迅猛。我军所到之处，都有大批大批的群众跟着；簇拥着，复仇的呐喊声，胜利的欢呼声，山鸣谷应，日夜不绝。反动区、乡政权瓦解了，接着就建起农民、青年、妇女、赤卫队等各种革命群众组织。他们在共产党的领导下，宣布所采取的革命行政措施。就这样，一个崭新的红色游击根据地的雏形便在浙西南地区出现了。

革命形势迅速发展，使得浙江统治集团十分震惊。4月6日《东南日报》报道，"浙省无匪迹……治安绝无问题"。可是转眼之间，来自仙霞岭的革命霞光，已照映得浙西南一片火红。于是《东南日报》惊呼："松遂龙各县大半赤化"。国民党浙江省政府主席黄绍竑与省保安处副处长宣铁吾等赶忙集议，决定"进剿"，妄图将我挺进师消灭于立足未稳之际。

敌人这次“进剿”，是以浙江保安团为主体、纠合地主反动武装进行的。国民党在浙江原有七个保安团，3 月间，省保安处长俞济时带着三个团到宜昌去了，留有四个团，全部用上；又调集了全省 15 个保安大队中的 11 个，以及刚从南京调来不久的税警团一个团，合计约八九个团的兵力，由蒋志英、陈式正统一指挥，分四路向我进攻。我军参照前一段时间对付保安团的经验，决定将主力分为南、北两路，趁敌人尚在运动中，先一着跳出去，转入敌后，打击敌人，以便把敌人调出中心区，使中心区的工作能继续坚持和开展。

当我南路部队向西南方向出动的时候，师部则率主力北上。开始，我们日夜兼程地指向汤溪县城，在敌人拼命加固城防的时候，我们又迅速折向遂昌的门阵一带，在那里发动群众，斗争土豪劣绅，书写标语，扩大宣传。然后留下 20 多人就地开展游击活动，以掩护群众的革命斗争，主力则由当地群众中的积极分子带路，直奔汤溪上阳村。接着又由上阳村的数十名农民积极分子配合，进袭南坑。每到一处，发动群众，惩处恶霸，吸引青年积极分子加入红军，搞得热火朝天。就这样，我们在汤溪、龙游、金华、宣平、遂昌之间辗转游击了十多天，把革命烈火引到了浙赣铁路线。浙赣线受到我们的威胁，各地告急的文电接连发到杭州，敌人的“进剿”计划眼看要破产，黄绍竑坐卧不安，打着“推行新运（即蒋介石搞的“新生活运动”）、抚慰灾民”的旗号，带着一个仕官教育团前来助威。这一期仕官教育团集中训练的是浙江各县的基干队长和常备队长，他们是浙江保安队的反共骨干。仕官教育团装备比较精良，黄绍竑等视为“怀中利剑”，于 6 月 12 日亲自带到金华，以振奋浙西南地区的反动势力。我军侦知消息后，预为布置，以逸待劳，给敌仕官团以突然打击。先于 14 日在宣平北芗之吴宅歼其一个整连，接着又奔袭小溪口，再歼其一个连。这两个连的装备，全部为我缴获。黄绍竑受此打击后，于 20 日匆匆跑回了杭州。其秘书长对记者发表谈话时，承认“目前形势此剿彼窜，兵去匪来之形势”。敌人的第一次“进剿”

遂告失败。

在武装斗争的保卫下，浙西南游击根据地的建设工作得到迅速的发展。松遂之间的安岱后、大潘坑、大横坑、苏马坪，龙遂之间的玉岩、枫坪、小吉、上田、东畲，遂西南的王村口、独口，龙西的碧砻、住溪，福建浦城的毛样，甚至丽水的雅溪、曳岭、丽云，龙南的上田、季山头、黄桶……几乎是一片火红。在这些基本地区内，建立了红色游击队，发展了群众武装，各种革命群众组织普遍建立，住溪、王村口、官塘、枫坪、谷陈等地建立了临时的苏维埃政府。在党的浙西南特委的统一领导下，各项工作不断深入开展。8 月，群众开始了紧张的查田运动，量地插标，准备分配青苗和土地。

这时，挺进师已发展到近千人，扩编为五个纵队和两个独立支队，连地方工作人员一起，不下 2000 人。地方武装也有千余人。我们的师部和领导中心，放在遂昌王村口，还建立了后方基地。王村口的后山上就有军需物资供应站、军械修理所和伤病员休养所。

从 1935 年 5 月至 9 月中旬，前后四个半月，我们在浙江的第一块游击根据地，已在江山、浦城、龙泉、遂昌、松阳五县之间建立起来，纵横百余公里。而游击区域则发展到北抵浙赣路，南到浙闽边界西段，西及赣、闽边境，东到丽水、宣平的广大地区。武装斗争为建设根据地打开了道路并提供了保障，根据地建设支持了武装斗争。我们初步实现了党中央交付的任务，在浙江站住了脚跟。

（三）第一次反“围剿”

浙西南游击根据地的建立，等于在蒋介石的后院修起了革命的堡垒，枪口相对，这必然是他无法容忍而要加以“平毁”的。革命斗争的实践已经证明，只要实行革命的武装割据，“围剿”与反“围剿”的斗

争是不会平息的。浙江当然不能例外。1935 年 8 月，敌人开始策划对我浙西南游击根据地进行“围剿”。

后来查明，蒋介石鉴于保安团对付不了我们，决定调动他的主力部队来“围剿”。国民党军委会在七八月间，先后任命卫立煌和罗卓英为“闽赣浙皖边区清剿总指挥部”的正、副总指挥。其总指挥部在赵观涛任总指挥时，设在江西上饶，着重对付我抗日先遣队，以后一度移驻福建南平,重点对付闽赣边境。7 月下旬移驻浦城,9 月中旬移驻浙江江山。该总指挥部制定的《第一期清剿计划》(国民党认为我坚持南方游击战争的红军游击队只是红军的“残余”，故名“清剿”，而不叫“围剿”)，确定这次“清剿”要“以各边区大部对粟、刘”，并委派第十八军军长罗卓英统一指挥。当时，福建、江西、浙江，安徽四省边区受该总指挥部节制的部队共有 63 个正规团，罗卓英计划以其中的一大半来对付我年轻的浙南游击区。

由罗卓英任军长的第十八军，是陈诚起家的老本，装备精良，人员充实，训练有素，战斗力较强，以后被称为国民党军五大主力之一。其师、团长中如黄维、霍揆彰、李树森、宋瑞珂、胡琏、阙汉骞、高魁元等，后来都是国民党军中的著名人物。由此可见蒋介石对此次“围剿”之用心。

罗卓英的部队于 8 月间即由江西向浙江开进。其“围剿”的部署是：第十四师三个团在北面，第九十四师三个团在东北，第六十七师三个团在东南，浙江四个保安团在南面，第三师两个旅五个团在西南，郜子举“剿共军”第二纵队两个支队四个团在西北。各部都构筑碉堡工事，对我浙西南根据地形成包围；又从北面的溪圩经东畲到南面的龙泉，构筑一条碉堡线，将整个包围圈剖为东西两半，以其第十一师三个团由龙泉向北机动。十八军军部率其特务团驻丽水。此外，还调第五十六师所属的两个旅六个团。由滁下市向东南经龙泉花桥，庆元举水、荷地直抵泰顺，构成第二道封锁线，以求切断我转向闽北、闽东的退路。敌人集中

了 32 个整团约六七万人的兵力，连同地主武装号称 40 个团，妄图“围歼”我游击队、彻底摧毁我浙西南游击根据地。

敌人发动新的“围剿”，我们虽早有觉察，但开始判断是刚提升为浙江保安处长的宣铁吾所指挥。当时宣铁吾在遂昌设有“浙南剿匪指挥部”，指挥四个保安团和十余个保安大队，构筑封锁线；扬言要用“回环压迫法”，以“迅雷不及掩耳之手段”直捣松遂龙间我根据地。我们对国民党浙江省防军的战斗力是心中有数的，而且我们为浙西南游击根据地的发展和第一次反“进剿”的胜利所鼓舞，所以在 7 月底 8 月初发起了“八一”大示威，以期打破宣铁吾的“围剿”。直到 9 月中旬，我们才逐渐查明这次“围剿”是蒋介石直接部署、罗卓英指挥，并以敌正规军为主体的。“八一”大示威，虽然给了敌人保安团队和反动地主武装以相当的打击，但却过早地暴露和消耗了我们的力量。形势比我们的估计要严重得多。

对付敌人如此大规模的“围剿”，应取何种方针，关系重大。回顾中央苏区在毛泽东同志领导下的第一、二、三次反“围剿”和在周恩来、朱德同志领导下的第四次反“围剿”，都是以运动战歼敌，集中优势兵力，各个歼灭敌人。特别是第一、二、三次反“围剿”，一路敌人被歼灭了，一次“围剿”也就基本上被粉碎了。就是在井冈山时期，自朱、毛两军会合形成红军主力后，也是游击战与运动战相结合。而现在我们只是一支游击队，我们一次最多只能消灭敌人一个营，它还是保安团。我们必须以游击战的战略战术来粉碎敌人的“围剿”。游击战很难谈得上防御，也不能大量歼灭敌人；只能你打你的，我打我的，实行“敌进我退”的方针。我们决定留下第二纵队和第五纵队①就地坚持，其余主力部队迅速跳出敌人的包围圈，以积极的作战行动吸引敌人、调动敌人，并开辟和建立新的游击根据地。

① 经考证第五纵队只留下一个支队。

9月下旬，我们由浙西南游击根据地的中心区南下，在龙泉道太以东敌军第六十七师和第十一师的接合部——蛤湖偷涉龙泉河，突破了敌人的龙、云封锁线，进入浙闽边境。

罗卓英是一只狡猾的老狐狸。当他查明我游击队主力已突围进入浙闽边境后，知道以数万大军追捕我分散活动的不足千人的游击队，无异“以拳头打跳蚤”，不能奏效。因此，除派一个师约五个团的兵力追堵我军外，仍将几十个团的大部队死死地箍住我纵横100公里的浙西南中心区，企图彻底摧毁我游击根据地。

后来的实践证明，我们将两个纵队的兵力留在浙西南是留得多了。如果我们当时对敌情有足够估计的话，主力部队还可以少留一些；留下的部队应该化整为零，采取武工队和秘密工作相结合的活动方式坚持斗争。

9月19日，罗卓英开始血洗浙西南，前后延续八个多月，直到1936年6月两广事变爆发才结束。

我浙西南广大革命群众和挺进师第二、第五纵队，在黄富武为首的浙西南特委和军分区的领导下，在敌我对比众寡悬殊的极端残酷的形势下，浴血奋战，以生命和鲜血誓死保卫红色游击根据地，写下了悲壮的篇章。他们在扼守松阳玉岩、龙泉住溪、遂昌王村口等地的时候，日夜同敌军以营为单位编成的“搜剿队”作战，英勇机智，往往使敌人付出了重大的代价。苏维埃政府干部为了争取时间安置伤员，发动群众砍倒树木，横断交通，并在山崖上造石楼（即滚木礌石）、扎口子，凭险打击敌人。他们在王村口的馒头岭就是这样阻击敌人达三昼夜之久，打得敌人无计可施。后来敌人不得不绕到石练方向，爬上大乌尖从侧翼进攻，我军才放弃馒头岭，转移到第二个隘口御敌。敌人恼怒之极，焚烧了大小山路两旁的林木，漫天浓烟烈火，日夜不灭，并严密封锁，调整部署，紧缩包围圈。在反动地主武装的配合下，以梳篦方式漫山遍野来回“清剿”。10月30日，黄富武等同志被捕后，形势更为严重。但同

志们在人民群众的掩护下，掩埋好战友的遗体，包扎好自身的伤口，整理好战斗的组织，继续战斗。支队整编为大队，大队缩编为小队，主要领导干部伤亡了，基层干部接替指挥。最后剩下几个人，他们也自动集合起来，选出指挥员，重新与敌人周旋。秋去冬来，天寒地冻，他们穴居饮雪，挖田鼠窝找粮食充饥，夜以继日、出生入死地坚持与前来搜捕的敌人战斗。其中如张麒麟、余龙贵、宣恩金、曾友昔、曹景恒、杨干凡、刘亨云等克服了千难万险，直到几个月后，才同我们由浙南出击的主力部队胜利会师。

坚持根据地斗争的第五纵队，是以浙西南根据地革命干部、共产党员和青年积极分子为主体的第一支浙西南人民子弟兵。尽管这支部队组建得晚，训练较少，但指战员们的觉悟高，甘愿为保卫家乡、保卫红色政权、保卫土地革命而英勇献身。他们人熟地熟，给予敌人的打击分外沉重；可是也由于他们是本地人，社会关系多，面目公开；易于暴露，牺牲很大。他们不愧是浙西南革命史上光荣的代表。

一些地方党政领导同志坚持斗争到最后一息。如龙浦县委书记方志富（化名张元龙），战斗到剩他一个人时，不幸左手负伤，他就凭着右手，轮换使用两支枪向敌人射击，最后在龙泉茶园坑壮烈牺牲。又如安岱后的陈凤山不幸被捕后，敌人把他押到龙泉，软硬兼施，要他招供，他坚不吐实，敌人又残酷地把他钉在墙上，他还是不屈服。末了，敌人绝望地把他枪杀“示众”。其他如卢子敬、陈丹山等同志，都为革命洒尽了最后一滴血。

敌人的烧杀惨无人道，对我们的同志不仅是枪击和砍头，甚至把烈士遗体当众“开膛”，割了心肝去下酒。被捕杀和活埋的基层干部和群众不计其数。但是，敌人越残暴，革命军民的反抗越坚决。我浙西南革命军民在这场斗争中用生命和鲜血写下的壮丽篇章，将永留青史！

挺进师主力撤出浙西南中心区南渡龙泉河以后，敌人的追堵部队虽然只有五个团，不及其“围剿”兵力的六分之一，但是仍十倍于我，加

上地方反动保安团队和地主武装的配合，我军的处境还是十分艰难的。我们和追踪的敌人往返兜圈子，周旋于浙闽边区的景宁、庆元、松溪、政和、建阳、寿宁、福安等地，战斗频繁激烈。

10 月 5 日，我们在福建省寿宁县境与闽东特委主要负责人叶飞同志等胜利会师。这是头一年我们抗日先遣队北上途经闽东与他们会师之后的又一次会师，群情振奋，十分欢快。随即，我们进到浙江泰顺县境。双方在交谈中，一致认为，敌人组建了一个“闽赣浙皖边区清剿总指挥部”，统一指挥四省边区的反革命力量来对付我们，而我各红色游击区却互不联系，各自为战，这是很不利的。如果我浙江与闽东、闽北三个地区能取得密切联系，即使一时尚难统一行动，但只要能在战略上互相协调、互相策应，定可更有力地打击敌人。基于这一认识，双方领导人很快取得了成立“中共闽浙边临时省委”的一致意见。经协商，临时省委由刘英、粟裕、叶飞、黄富武、刘达云、阮英平、范式人、许信焜、洪家云、方志富、许旺等 11 人组成，以刘英任书记、粟裕任组织部长，叶飞任宣传部长兼少共临时省委书记；并相应成立闽浙边临时省军区，由粟裕任司令员，刘英任政委。

临时省委成立以后，面对敌人不受调动、集中力量摧残我浙西南游击根据地的反革命策略，我们立即着手开辟新的游击根据地。除令北渡瓯江的第一纵队加紧向浙东地区（即括苍山南北地区）发展外，重点放在开辟浙南地区的游击根据地。

浙南地区，主要是瓯江下游以南的广大地区。东濒东海，南接闽东，山岭连绵，地形险要。它比浙西南地区有两个更为有利的条件。一是从 1924 年起，这里就有党的活动，1929 年冬天以后的两年间，党在这里领导过武装暴动，红十三军的旗帜曾插到瓯江两岸的许多乡镇，在群众中留有很深的影响。此时在平阳、福鼎之间，已有闽东党的工作，可以互为依靠。二是这里离浙赣线较远，国民党统治势力比较薄弱。于是，我们由浙闽边向东北行动，攻下了瑞安珊溪镇，立足于瑞安、平阳、泰

顺三县之间，以此为枢纽向东南和东北发展，一直打到瓯江南部直抵东海之滨。接着我们又出动主力，兜了两个大圈子，攻克了瑞平泰外围敌人许多重要市镇和据点，如景宁之东坑、梅岐、沙湾、渤海，青田的大顺、小顺、南田、西坑、黄坦及瑞安的大凿；玉壶、措口、营前、高楼、湖岭、马屿、陶山、平阳坑，泰顺的百丈口、左溪、泗溪、仕阳，平阳的水头街、山门、腾蛟、莒溪，以及福鼎的南溪等地。局面打开后，确定由刘英带少数短枪和省委机关在瑞平泰地区开展游击根据地的建设工作，由粟裕率领武装部队，在浙闽边进进出出，从浙江打到福建，又从福建打到浙江，以此吸引和打击敌人，掩护和保护省委开展工作，支援浙西南地区的斗争。后来，我与刘英同志分开活动，由于敌情严重，从 1937 年 2 月以后，我们之间就失去了联系，直到 1937 年 10 月才又会合。

从 1935 年 9 月到 1936 年 6 月，是浙南游击区经受严峻考验的重要时期。此时，我浙西南游击根据地暂时丧失了，但我们在浙南地区又开辟了大块的游击根据地；游击战则在浙西南、浙闽边、浙东、浙南更广泛的区域展开了。从总体上看，罗卓英三四十个团的“围剿”并没有打败我们，我们获得了新的胜利。

（四）第二个发展时期

从 1936 年 6 月两广事变爆发到同年 12 月西安事变的和平解决，是浙南游击战争的第二个发展时期。从客观上说，“中央军”调走了，敌情逐渐缓和，从主观上说，是因为我们依据实际情况，适时地调整了政策，发挥了政策的威力。

我们把公开的武装斗争同隐蔽的群众工作更加有机地结合起来。前一阶段，我和刘英就常分开活动，我带大部队公开打游击，他带少数便衣武装人员做群众工作，双方紧密配合，工作比较顺当。逐步地我们把

这种活动方法提到斗争策略的高度来对待，并使组织形式与之相适应。我们分别组成了“突击队”与“牵制队”。所谓“突击队”，也就是武装工作队，它的主要任务不是打仗，而是带领便衣队、短枪队坚持于基本地区，做发动群众的工作，进行游击根据地的建设。所谓“牵制队”，就是游击队的主力部队。它的主要任务是在广大范围内进行公开的武装斗争，牵制、吸引、打击敌人，以掩护和保卫基本地区，并发展新的游击区。刘英带“突击队”与省委机关坚持浙南地区，我则带“牵制队”在广泛的地域公开打游击。

在我率领“牵制队”单独活动的过程中，考虑到这样一个问题：为了长期坚持敌后，形成比较巩固的游击区，并为主力部队提供更多的“落脚点”和“跳板”,我们不仅要有相对稳定的较大块的游击根据地，而且在较大块的游击根据地的周围，还必须建立一些小块的游击根据地和若干的游击基点；这些小块的游击根据地和游击基点，有公开的，有秘密的；在你来我往，敌人势力比较强大的地区，还应有“白皮红心”式的两面政权，使我们的整个游击区形成几种类型的结合。“突击队”的工作主要在中心区，我便决定把建立游击基点作为“牵制队”的重要任务之一,一面打仗，一面建设。我们在一些重要地区，选择条件比较好的村庄开始工作。几个或十几个有工作基础的村庄连成一片，就是一个游击基点，离开十多公里又建立一个游击基点，这样逐步向外发展。基点密集的，联系起来便成了一个小小的游击根据地。它的外围，还有分散的游击基点。这些游击基点和小块的游击根据地，开始还是临时性的，要经过斗争的考验和不断加强工作才能得到巩固和发展。

在游击区内，这种小的游击根据地和分散的游击基点之所以能够存在，除了有力的武装活动外，主要靠政策的威力。这个时期民族矛盾日益加深，我们吸取浙西南斗争的经验和教训，针对浙江商品经济比较发达，地主兼工商业者多的特点，对政策作了若干调整，以抗日、反蒋为前提，扩大团结对象，缩小打击目标。我们改变了打土豪的政策，把“没

收委员会”改为“征收委员会”，征收抗日捐。比方说，到一个地主家里，如果他家里的人跑了，我们就根据部队的需要和他家负担能力的大小，给他写个条子，说明我们北上抗日，有了困难，需要他捐助多少担米、多少衣服和多少钱。假定我们希望他捐助200元，便说明这次住在他的家里，吃了几担米，杀了几头猪，合计该扣除50元钱，便要他再送150元钱到什么地方去。地主回来，看到红军没有乱搞他的家产，是讲道理的，全家商量商量，设法把那150元钱送到指定的地点。这样，矛盾不激化。但也有的不送，我们就写信警告他，规定在某天某时把钱送来，并且规定了接头的办法。如再不送，不仅罚款，后果由他负责。当然也有顽固的，以为我们奈何他不得，就是不肯送来，那我们就需要采取比较强硬的办法对待他。

如汤溪周村有个地主乡长，我们通知他要送500元抗日捐来。根据调查，他是完全可以负担的。但他不干。我们就警告他说：你拒不缴纳抗日捐，现在要另罚500元，合计1000元，如限期不交，定要惩处。他听了笑笑说：“想惩办我，谅他们没有这个本事！”其实我们与群众有密切的联系，他的行踪，我们了如指掌。这一天，他出了门，我们的侦察员马上在半路上把他抓来了。他吓得要死。我们还是向他交代政策，要他交款。这一下见效了，他一回去，很快便把捐款和罚款共1000元全数送来了。以后他还到处宣传：“红军真厉害呀！……”这样，周围的一些地主在收到我们的条子后，大都及时认捐交款，我们不必动武。这就解决了部队的经费开支。

我们很重视群众的经济利益，注意发展山区经济。部队活动的地区大多是林木茂密的山区。我们的政策是支持竹木和山货出口，欢迎平原城镇的殷实客商进山做买卖，使商品流通，山区经济得到发展，这样做虽然还不能满足基本群众的长远利益，但对他们近期生活的改善是有利的，因而得到群众的拥护，自觉帮助我们防奸防特，通风报信。这样做，也争取了一批资本家和工商业者。我们的一部分军需用品，就是由他们

供应的。

我们还很重视团结争取知识分子的工作，向青年进行革命、抗日宣传，把进步青年团结在自己的周围，并通过他们收集一些报纸和进步书刊。这些书报，是我们了解情况的一个重要来源。

在这小块的游击根据地里，政权是我们所掌握的，但形式是秘密的。当然时间长了，也就成为公开的秘密了。

在敌我争夺频繁的边缘地区，我们建立“白皮红心”的两面政权。这大体上有两种情况：一种是争取原来的保、甲长为我们做事；另一种是把我们的秘密党员派进去当保、甲长。国民党和群众对立，不是那么了解情况。“白皮红心”可以存在得住。我们有广大群众的支持，谁个好，谁个坏，我们是有数的。对那些经常作恶的保、甲长，我们就给以惩办，惩办了几个，大批保、甲长就保持中立，真正坏的就孤立起来了。

我们所建立的小块游击根据地，可以举宣（平）遂（昌）汤（溪）边区为例子：

早在 1935 年 5 月至 9 月，当我们游击于浙赣线中段以南地区的时候，便已进入宣遂汤地区，并在门阵、银坑一带回旋。这一带地形甚好，以门阵为中心，坐南向北，背靠大岭，面对金（华）汤（溪）平原，群峰守望，竹木葱茏，位置重要。它不仅处于三县交界处，而且可以扼制三条交通线：其东有宣平至金华的公路，其西有丽水经遂昌至龙游的公路，北面有金华至衢州的铁路和公路，且有小溪由南向北通往金华，是竹木放筏必经之道。我们在这里打土豪，发动群众，开展工作，并在芝肚坑、龙葱、周坞、黄塘井、小洋坑、紫坑、溪口等十多个村庄，发展党员 20 余人，建立了党的支部和遂汤区委。罗卓英“围剿”时，我军主力向浙南转移了，由于该地区处在敌人包围圈之外，工作又隐蔽，未受到严重摧残。门阵的群众，还掩护了我们一个伤员养伤达数月之久。1936 年秋冬，我们已经有了建立小块游击根据地的想法，就派人按新的精神去恢复工作。1936 年底和 1937 年初，先后有两支部队进入该地

区。春节前后，在紫坑成立了党的宣遂汤工委，统一领导这一小块游击根据地的建设。由于执行了新的政策，经济上有一定的发展。如群众称为“小上海”的中心点门阵，商业繁荣，平原上的客商带来大批布匹、医药等货物，用来交换山区的特产，使金华也在实际上成了我们的“军需补给基地”。那一带不少保、甲长是替我们办事的，区长、乡长往往保持中立，他们明明也知道我们一些情况，但他们权衡利弊，不向国民党当局报案；因为报了案，反而会受到上司的责难和“进剿”军队的敲诈勒索，而且也要受到我们的惩处，两头不讨好。从敌人方面来说，由于先前进山骚扰的部队遭到我们几次打击之后，也学“乖”了，小股的不敢再来，怕被我们消灭；大股的又上不来，因为道路艰险，给养困难，施展不开。这样，我们就有了一个小小的但又确实比较稳定的后方。这个后方，在刘建绪的“围剿”时期，发挥了顽强的战斗力量，成为我们在浙赣线以南和浙西南地区坚持斗争的重要基地之一。

这个时期，我们进行游击战的范围相当广泛，如从鼎平地区出发，经瑞安、青田、缙云、丽水到达浙西南。而在浙西南，又可以在龙泉、遂昌、汤溪、金华、宣平、松阳等浙赣线以南的一大片地区活动，东进可到永康、武义、东阳、仙居、天台，南下可到云和、庆元、景宁、寿宁；松溪、政和等浙闽边地区。总之，战场比较辽阔。我们常常把活动的重点放在对敌人威胁最大、对外界影响最大的浙赣线南侧，有时甚至打到武义汤恩伯的家乡，打到青田高市村陈诚的老家，而且逼近了蒋介石的老家奉化溪口。当然，到达这些地方是不容易的。特别是天台山以东，敌情就更加严重一些。有一次，我们准备去打溪口，敌人发觉了，派了三个团来堵截，我们不得不暂时向天台山以南转移，打了一个下午，赶了三四十公里夜路，才甩开了敌人。第二天，我们才又回头，继续和敌人兜圈子。

由于我们有了若干公开的、秘密的游击基点为依托，部队打了仗，疲劳了，一个晚上的急行军便转到了游击基点。群众是我们的，封锁了

消息，可以安安稳稳住下来，休整三五天，侦察好敌情，计划好行动部署，再跳出去打击敌人，开展工作。浙南基本区；是我们的大后方；有时我们也跳到那里去，在那里打击进犯的敌人，或者作较长时间的休整。这样，如鱼得水，我们的活动比前一阶段自如多了。

此时，浙南根据地的建设工作也取得了很大的发展。前面已经提到开辟浙南游击根据地是从1935年秋挺进师主力跳出包围圈，进入浙闽边，同闽东的同志会师后开始的。首先开辟了瑞平泰地区，接着闽东同志为了相互支援，利于机动，将原属闽东特委的鼎平中心县委（在福鼎、平阳、泰顺边界）划归浙南，使浙南游击根据地的范围扩大到浙闽边境东段。两广事变发生后，我们利用敌情缓和之机。在“牵制队”的掩护和策应下，首先集中力量打通了根据地内各县、区之间的联系，使各基本地区连成一片，然后又调集一批力量，发展新区，扩大根据地范围，打通了温州沿海的交通口岸。1936年8月，我们又与活动于平阳北港地区的一支革命力量汇合。这支革命力量是由老共产党员叶廷鹏为首组织起来的。原来他在与党失去了联系之后，仍然在那里联络群众，坚持斗争。当挺进师进入浙江，革命形势有了发展时，他又进一步团结了何畏（黄先河）、吴毓、陈铁军、杨进、黄耕夫等一批革命青年，并与北港凤翱乡的群众领袖郑海啸一起，在平阳北港和瑞平边创建了一块纵横十多公里的秘密工作地区。他们主动要求闽浙临时省委领导，这样就使浙南游击根据地的范围，曲平阳南港扩大到平阳北港一带。1936年11月，我根据地的幅员由浙闽边境东段向北扩展，一直扩大到飞云江中游的南北两岸，包括瑞安、平阳、泰顺、福鼎，以及青田、景宁、丽水、寿宁、霞浦、庆元、永嘉等县的部分地区，纵横200多公里。为了加强党政领导，全区成立了浙南和浙东南两个特委，并先后成立了福鼎、平阳、泰顺、桐霞、霞鼎泰、鼎泰、瑞青泰、永瑞青、庆景寿、丽云边等十个县委和一个瑞平泰中心县委，成立了浙南人民革命委员会。

在根据地内，普遍建立了党、团基层组织和贫民团、工会、妇女会、

少先队等群众组织，建立和发展了地方武装和群众武装。一批地方干部在斗争中迅速成长，如郑丹甫、周钦民、林辉山等同志，后来各担负起了一个县的领导职务。这时的浙南游击根据地，又如头年夏秋的浙西南游击根据地那样了，“党、政、军、民、学、工、农、青、妇、儿”，搞得十分红火。

浙南游击根据地建设的基本政策，仍是继续贯彻土地革命的纲领，打土豪、分田地。开始是领导群众开展抗租、抗债、抗捐、抗税的“四抗”运动，进而发展到在一些中心区实行包括青苗在内的土地分配。此后，随着抗日救亡运动的逐渐高涨，适当地调整了对敌斗争的政策和口号。如对国民党的乡、镇、保长由镇压改为争取；对地方士绅和中等商人，中立的允许自由来去；把“穷人不打穷人”的口号改为“中国人不打中国人”，把“欢迎白军士兵杀死官长拖枪当红军”改为“欢迎白军官兵枪口对外和红军共同抗日”，等等。同时还开展了争取城市知识分子的工作。

活跃于浙东地区的游击队，出没于瓯江北岸的仙居、温岭、三门、天台、东阳、永康、缙云、丽水之间的广大地区，并以永（康）缙（云）边的金竹降、黄弄坑为活动中心，建立了党的浙东特委，在特委的领导下，建立了几个县委，各县委都有自己的武装。其活动区域，主要是仙居、天台、东阳、永康、缙云五县交界的大盘山一带。由于敌人感到威胁很大，视为“心腹大患”，特地成立了一个“大盘山绥靖专员公署”来对付我们，以后还搞了个“磐安县”，可是他们消灭我军的企图始终未能得逞。开始，刘达云、张文碧、范连辉带着部队在这里坚持，以后，张文碧调到了第二纵队。刘建绪“围剿”时，刘达云叛变了，浙东特委的工作受到了很大的损失，但范连辉顽强机智，把散失的部队集中起来，继续坚持斗争。

一度丧失的浙西南游击根据地，这时又得到了恢复，重新组织了浙西南特委，重建了龙浦、龙遂、江浦三个县委及其下属的王村口、住溪

等若干区委，在挺进师主力的掩护下恢复工作。他们接受了头年遭受挫折的教训，考虑到浙西南为敌人三省通道，势所必争，决定以秘密工作为主。这样，表面上看起来不如过去轰轰烈烈，但工作更扎实了，干部和群众更坚强了，对付敌人的“围剿”也更有办法了。

1936 年底，挺进师再次由几百人发展到一千五六百人，地方游击队和群众武装达数千人。我们的活动范围扩大到了温州、台州、处州、金华、衢州、绍兴地区所属的 30 几个县境。我们有了像浙南这样的比较巩固的大块游击根据地，还有了如宣遂汤边区及青瑞边的梅山、李山、飞云江边的五云山等小块的游击根据地和大量的分散的游击基点。做到了公开的，秘密的，互相支持，互相掩护。部队打游击的经验也丰富起来了，可以分散发动群众，也可以集中打击敌人。我们在浙江又打开了一个大发展的局面。

（五）第二次反“围剿”

1936 年冬，国内的政治形势发生了急剧的变化。红军三大主力一、二、四方面军胜利会师；西安事变的发生，迫使蒋介石接受了停止反共内战的条件。

可是，国民党蒋介石为了消灭我南方红军游击队及游击根据地，加紧了在西安事变以前已经策划的对我南方游击区的“围剿”。蒋任命第四路“剿匪”总指挥刘建绪接替上台还不到两个月的张发奎担任闽浙赣皖边区主任公署主任，又派国民党 CC 系骨干分子朱家骅接替黄绍竑任浙江省主席，还调浙江省保安处副处长蒋志英到温州地区主持“剿共”。

如同卫立煌、罗卓英在 1935 年 9 月开始的那一次历时八个多月的“围剿”一样，这次又以浙南游击区作为其主要进攻目标。1936 年 12 月 15 日，刘建绪由杭州赴江山“四省边区总指挥部”接事，随即调集

主力部队四个师、两个独立旅及地方保安团共 43 个团，开始筹划对我进攻。由于这时我游击区的范围已大为扩大；刘建绪已不可能采取罗卓英包围浙西南游击根据地的方针，他采取了拉网式的由北而南、由西而东、由外围到中心的逼进包围的方针，企图先将我军向东南压迫，然后在浙南包围聚歼。他以第六十三师等部由浙赣路一线压我向南；以新五师、第五十二师及赣、闽保安团布置于江（山）浦（城）公路及松溪、庆元、政和之线，由西迫我东移；第五十六师由闽北伸向庆元等地；独立第九旅控制飞云江；泰顺有两个保安团；温、瑞、平为第十九师；福鼎有第八十师一个团。在浙闽边界，构筑了稠密的碉堡工事，专门组织了一个“浙闽边清剿指挥部”，任命第十九师师长李觉和永嘉保安司令许蟠云为正、副指挥官，企图切断我向福建方向机动的道路，将我逼迫到沿海地带的一隅再加以歼灭。此外,他们又强迫群众组织“联甲”及“剿共义勇队”、壮丁队，协助军队“进剿”，还采用移民并村手段，焚烧边区零散的房屋、茅棚，居民的油盐柴米按人头逐日配给，企图以此把群众和红军隔开，实现其“竭泽而渔”，消灭红军游击队的梦想。

当时，尽管我们对抗日高潮到来的可能有所预计，但对西安事变和紧接着的一连串政治事件的发生，还不能迅速作出准确的判断。在新形势的激励下，我们对当面的敌人发动了勇猛的进攻，想以此加快革命形势的发展。这次主动进攻，又一次暴露了我们的力量。不久，刘建绪向我大举进攻，我们的头脑才逐渐冷静下来，认识到蒋介石企图在实现第二次国共合作之前，一举将我南方游击队全部消灭。这实际上是国共双方三年游击战争期间军事上的最后一仗。在强敌的进攻面前，为了保存红军游击队，坚持武装斗争的旗帜，坚持战略支撑点，我们确立了自己的指导思想，这就是：必须把隐蔽精干、保存力量同机动灵活、积极作战的方针统一起来。

针对敌人“大拉网”的战术，我们采取与敌人相向对进，易地而战的打法。敌人梳过来，我们钻过去；你要我的山头，我要你的后方。为

对付敌人大规模的“围剿”，作战单位逐渐分散，由开始百把人集中行动，逐渐分散到几十人、十几人，甚至几个人。但这也不是固定不变的，往往根据敌情与任务，有合有分，好在大家都已锻炼成为游击好手，可以组自为战；人自为战了。

这个时期是我们在三年游击战争中作战最为频繁的时期，也是我们运用游击战术比较成熟的时期。我们以毛泽东同志在井冈山时期总结的十六字诀为指导，结合实际，经过无数次的作战实践，总结了一套经验。

我们把游击战术在浙南游击区的运用，归纳为六条原则：（1）以最小的牺牲换取最大的胜利；（2）不在消灭敌人，而在消磨敌人；（3）支配敌人，掌握主动；（4）积极进攻，绝少防御；（5）飘忽不定，出没无常；（6）越是敌人后方，越是容易成功。

在作战、行军、宿营等等方面，也都摸索到了一套要领。例如在作战行动上，我们总结出这样的要领：（1）反敌人之道而行，并竭尽欺诈之能事，敌进我退，敌集我散，避实就虚，声东击西；（2）不要企图太大，只要常有小胜；（3）站在敌人侧翼、后方和圈子外围，不为敌人所合击；（4）一切作战行动必须迅速、勇猛、坚决，迟疑犹豫就等于等死；（5）注意使用突然的白刃袭击，只要枪弹一响，刺刀就要杀到敌人的肚皮上去。隐蔽我们的行动和企图是我们的一条重要原则。我们总结了兜圈子、大小圈，“8”字形、“S”形、电光形、回马枪、东去西返、早出晚归等许多方式，做到飘忽不定，出没无常，使敌人无法捉摸。行军沿途的痕迹要留专人殿后负责清除，压倒的草要扶起来，脚迹要抹掉，有时则在与我们行动相反的方向弄出痕迹，迷惑敌人。

部队宿营，一般不住大村庄，大村庄道路多，不便于警戒。宿营多半选择小村庄，最好是独立砖瓦屋，不住没有后门的房屋。那时我们实行“五班制”，每到宿营地，支队部住中间，东、南、西、北各放一个班。哪个方面发现敌情，就由哪个方面的班抗击，掩护支队部和其他班转移，完成任务后，到预定地点集合。每天都要规定两个集合点，如

果第一个集合点有敌情，就到第二个点去集合；为了适应分散游击的需要，指挥机关就是我带的一个班。这个班的成员有参谋、警卫员、卫生员、绘图员、司号员、炊事员、理发员等等。他们既是专业人员，又是战斗人员，既履行本身的职务，又站岗、放哨、侦察、打仗，很精干。各支队也是这样。

我们每到一个地方，就要调查地形道路，天天调查。从驻地出发，前面有条岔路，右转弯是到哪里去的？左转弯是到哪里去的？把大路小路都问得清清楚楚。这样，即使在路上碰到敌人，我们也有办法跟他兜圈子。部队进入一个新地区，开始道路不熟，免不了要找向导。向导要可靠。向导既给我们带路，又是我们的宣传对象。每次找到向导，部队的领导人都要亲自谈话、查询、慰问。到宿营地后，不能立即遣返，以免走漏消息；而应在我们转移时，才能将向导辞去，并且要做好工作。

我们还要从敌人那里了解情况，经常找报纸看，作些分析判断，也偷听敌人的电话。有时为了掌握敌人在某一个县的兵力部署和活动情况，我们就去袭击一个乡公所，把乡长抓来，叫他给县长打电话，说他这里很紧张，请县里赶快派部队来。县长回话说：哪里还有部队？！县里的部队都开到那里去了。这样，我们就达到了目的。

积极进攻是游击战术的一大特色。敌人进攻我们，我们是被动的，迅速转移，不决战；我们进攻敌人，是有计划的，只要情况不变，坚决打。运用最多的作战形式是袭击。

敌人的后方是我们袭击的主要目标。我们袭击的主要对象：一是蒋政权的基础或爪牙，我们常常神出鬼没地捉敌人的保、甲长，造成当地统治者的恐慌和动摇；一是捕杀敌军的哨兵和侦探，使敌官兵惊恐，哨兵不敢放哨，尖兵也不敢当。敌人的兵力过于集中，不好下手，我们就搞他落伍掉队的，打他的“尾巴”，或者叫“截尾子”。我们有个办法：敌人行军，要在岔路口做路标，我们就事先在岔路上布置好埋伏，等敌人大部队通过，只剩下“尾巴”时，就移动路标，将敌人的“尾巴”引

入我们设伏的地段，把他们统统俘虏起来。

破坏敌人的通信是我们经常的作战活动。浙江大部分县城都通公路，乡乡通电话。敌人用电话传递消息，用汽车运送部队，都很快。破坏公路桥梁，没有烈性炸药，用黑色炸药只能炸一个坑，不起作用，所以我们主要是破坏电话设施。开始时，我们把电线杆齐根锯断，过后，敌人把锯断的杆子埋起来，电话很快又架通了。后来我们再去，就扛两条凳子，站在凳子上把电杆拦腰锯成两截，使两截木枰都不能用作架线，这就不容易迅速修复了。

当敌人进攻时，为了避其锋芒，我们坚决迅速转移。有时多路敌人向我们进攻,我们还利用有利地形和两路敌人互不联系的条件,导演“鬼打鬼”。如在一个高地上向两面山脚的敌人射击，等两面的敌人都向我反击时，我便从一侧秘密转移，使两面的敌人自相冲杀。这样，不但能够消耗和削弱敌人，而且可以扩大敌人内部的矛盾。

但是,由于敌人太多,遭遇战还是经常发生,惊险的场面也常出现。

有一次，敌人向温州以西“围剿”，我们由庆元、景宁之间北进，在云和附近过了龙泉河，再向北，还要过松阳溪。在这一段，龙泉河由西向东，松阳溪则由西北流向东南，在丽水的大港头、碧湖之间两溪汇合，形成一个三江口。龙泉河南岸有一条由龙泉到丽水的公路。我们过公路的时候，遇到敌人一辆汽车，部队看到就打，没有打到，汽车跑了，却引来了敌人。我们过龙泉河后继续北进，准备过松阳溪。当晚，天降暴雨，引起山洪暴发，小小的松阳溪，突然变得又宽又深，天黑得看不见路，找不到渡口。天亮后，敌人来了，把我们卡在两溪之间的十多公里地的“三角架”里。开始，我们故意折回向南，敌人追，我们突然掉头向北，打回马枪，敌人闪开，我们乘机跑到溪边，发现了渡口，有条船，没人管。我们马上上船准备过渡。刚上船，隐蔽在旁边房子里的敌人就钻出来了，向我们猛烈射击，我们这才发觉中了敌人的计，便跳下船，沿着溪边，边打边跑，躲过了这股敌人。可是敌人一下子调来大部队向

"三角架"包围过来，那真是紧张极了！困难极了！不得已，我们钻进刺丛里躲起来。不久，敌人就围上来了，到处搜，一边搜，一边喊："看到了，我看到你了，赶快出来！"我们知道，这是敌人虚张声势。我们下了决心，把驳壳枪子弹上了膛，敌人不到面前不打。敌人一到，我就一个拼一个！由于敌人在明处，我们在暗处，敌人怕挨我们的冷枪，也不那么大胆，加之大雨不断地下，下到天黑，敌人坚持不住了，走了。我们出来继续向北走，到了溪边。好在我们都会游泳，就组织泅渡。上了岸，到处有敌人的游动哨，每隔三五公里，总要碰到敌人。但我们终于巧妙地通过了敌人的封锁，冲出了包围圈。这一天一夜，急行军 90 公里，连打七仗。

又有一次，敌人把我们追到一条山沟里，前面又被一个据点拦住。怎么办？也是情急智生，大家就化装迷惑敌人。那时，我们和敌人穿一样的灰军装，就是帽子不同，我们是红五星八角帽。同志们把袖管和裤管卷起来，把帽子拿到手里当扇子扇风，一直朝敌人的据点门口冲。敌哨兵问："你们是哪一部分的？"我们就说是什么保安团的，从哪里来，到哪里去，说得没有漏洞，他就放我们进据点。我们进去后，连忙从后门出去。当敌人发觉有诈，从后面追上来时，我们已经安全地通过了敌人的据点，脱离了危险区。

还有一次，我们住在瑞安县平阳坑的半山腰，布置了警戒。不料，敌人熟悉道路，绕过了我们的哨兵，爬到我们的上面，居高临下地把我们往坎下打。山下是飞云江。我们下到江边，如果过江到对面去爬山，敌人要打我们的背，只好顺江而下。下游有个旋磨渡，那儿有一个石山嘴子伸到江心，我们想由此过江，可是刚一下水，我就被一个大旋涡卷进去了，旋转力太大，来回转了三四个圈子，还是划不出来。真是危险极了，再划不出来就会被旋涡吸到水底去。幸好后面的同志赶忙递上伞柄给我拽住，才把我拉上岸。刚上岸，敌人已经从后面打过来了。我们就你推我拉地从石壁攀上悬崖，好在天黑，我们不动，敌人没有发现。

等敌人从我们下面追过去了，我们才又从敌人的屁股后面打过去。

在整个三年游击战争中，我们的处境都十分艰苦，这个时期就更为严重了。虽然山高林密，我们可以隐蔽，但敌人也摸出了一些对付我们的经验，前堵后追，有时我们整日整夜都在跑路，中间还要打几仗，有时甚至几天几夜得不到休息，搞得精疲力竭。记得有一次，我们连续走了三天三夜，最后到了金华附近的秘密游击基点，在革命群众的掩护下，我一觉睡了差不多40个小时。三年中，我们在浙赣路以南，天台山以西，浙闽边以北，差不多大、小山头都走遍了，而且很少走大路，多走羊肠小路，有时根本不走路，走山埂或水沟，使敌人看不到我们的脚印，无法追踪。吃饭的问题很严重，一连几顿饭吃不上是常事。有时候，敌人的“围剿”稍微松一点，我们可以在树林里烧饭吃，但又苦于没有炊具。那时，我们每人有一只搪瓷缸子，既当锅又当碗。到了宿营地，放半缸子米，半缸子水，用草枝一盖，烧起火来。大家围着火烤一烤衣服，有的就倒在篝火旁睡一睡。睡醒起来，饭已熟了，就开饭。但有时敌人的“围剿”很紧，我们怕暴露目标，不能生火，只好吃生谷子。

有了伤员更不好办。那时我们的卫生人员不多，药品也很缺乏，有了重伤员，只能安置在群众家里。自从敌人搞移民并村以后，困难更大，不能抬着伤员行军打仗，寄放在群众家里，又怕敌人搜查时连累群众，藏进山洞，也不安全，因为山洞是敌人搜查的重点目标。怎么办？没有别的办法，只好向死人“借房子”，把棺材打开，把里面的尸骨搬出来，垫上干草，把伤员放进去，暂时隐蔽、养伤。至于负了轻伤，只好坚持跟队。有一次，我伤了脚踝，没药敷，就用苦菜叶子贴起来走路，贴了两个月才好。总之，生活很艰苦。在那三年的1000多个日日夜夜里，部队大部分时间是露营，青天作帐，大地当床，很少脱过衣服睡觉，经常和衣而卧，“枕戈待旦”。

在抗击刘建绪43个团的“围剿”中，贡献最大、牺牲最大的是浙南的广大革命群众。他们中的一些优秀代表，把革命的希望、未来的理

想，全都寄托在中国共产党和工农红军身上。他们以崇高的品德和视死如归的气概，保卫着共产党，保卫着我们的干部和军队。据当地同志介绍，平阳五凤乡半山村的共产党员、游击队长潘世雅和他的妻子地下交通、共产党员王玉英，在反“清剿”斗争中不幸被捕，潘世雅遭敌人枪杀，王玉英为保护党和红军的机密，乘敌人的警卫懈怠时，毅然用剪刀剪断自己的舌头，使敌人无法从她口中获得任何材料。燕田一位游击队员被捕后，敌人把他押到了云和七溪，吊打、熏辣椒粉、坐老虎凳，他受尽了酷刑，但始终坚强不屈，直到被敌人枪杀，没吐露党和红军的半点真情。我军从泰顺太平区根据地转移时，双溪口村党支部书记黄明星和他的妻子卢桂莲，动员群众，将几十个伤员分散隐蔽治疗，不久，他俩先后被敌人抓去，严刑拷打，逼他们交出伤员，夫妻俩守口如瓶，没露半点破绽。后来，这批伤员在群众的掩护下，全部养好了伤，安全归队。这些数不清的可歌可泣的英雄事迹，鞭策着我们这些幸存者，也教育着我们的后代：应该继承他们的业绩，无愧于这些平凡而伟大的无名的和有名的革命英雄。

在艰难而壮丽的革命征途中，正如大江奔流，难免泥沙俱下。在三年游击战争期间，我们的队伍里出现了少数的叛徒。他们给革命事业带来了损失，个别领导人的叛变所造成的损失是重大的。然而它没能阻挡伟大革命事业的前进，而那些叛徒的卑鄙行径，则永远为人所不齿！

刘建绪的“围剿”，虽然动用的总兵力比罗卓英那次的“围剿”要多，但是，我们反“围剿”的有利因素也有增加：第一，由于我游击区的范围已大为扩大，刘建绪的兵力与罗卓英集中于浙西南的兵力相比，相对说来没有那样密集了；第二，经过前一时期的工作，我们的社会基础更巩固、更广泛了，各大、小游击根据地和游击基点的互相策应，加强了我们抵抗敌人的力量；第三，全国形势的变化，曾迫使刘建绪一度放松“围剿”的进程，这对我们也是有利的。因此，尽管浙南游击区的中心地区所遭受的摧残是十分严重的，但是几块游击根据地还是坚持下

来了，而且保存了较多的干部。浙南这个战略支点，坚如磐石。

（六）迎接抗日高潮

在国民党的封锁与“围剿”之中，我们的处境虽然极其艰苦，但北上抗日的意志仍很坚定；大家非常关心全国革命形势的发展和变化，希望及时了解党的方针和政策。

由于我们早就失去了同党中央和上级党的联系，所以我们每到一地，就千方百计搜集敌人的报纸，从字里行间了解情况，分析形势；并且通过各种社会关系、特别是通过青年知识分子，搞来上海等地的进步刊物，其中如邹韬奋办的《大众生活》，从中体会党的方针、政策。当我们看到党中央1935年8月1日发布的《八一宣言》和1935年底提出的《十大纲领》等重要文件的精神后，使我们对全国的政治形势和党的总路线有了一个基本的了解。我们马上组织学习和宣传。对内，给指战员上形势课，进行思想教育；对外，发表宣言和公开信，说明斗争形势，宣传我党关于建立广泛的抗日民族统一战线的主张，表明我们的立场和态度。在游击战争那样艰苦恶劣的环境里，我们没有忽略过共产党人所肩负的政治责任，对于一些重大政治事件，都力求从我们自己所能理解的水平，表明政治态度。例如，当北平一二·九学生运动的消息传到我们时，已是1936年1月了。我们当即发表宣言，表示积极支持。1936年6月发生了两广事变，当时我正带着挺进师主力转战于浙西南和浙东一带，刘英带领“突击队”在浙南开展秘密工作，尽管双方没有联系，但是，都分别发表了反对军阀内战，要求团结抗日的宣言。回想起来，那时我们的思想还是比较能够顺应革命形势的发展的。

1936年8月，经过多方努力，临时省委同上海党组织建立了联系，接着又经过上海党与中央取得了联系，这对于指导浙南游击区的斗争，

有着极其重大的意义。但遗憾的是，那时我已同临时省委失去了联系，仍然处于闭塞的状况之中。

1937 年 5 月之后，刘建绪对浙南的“围剿”进入最严重的阶段，其残暴程度达到了高峰，真是黎明前的黑暗。但是，此时民族矛盾已空前激烈，七七事变、八一三事变相继爆发。而我红军主力北上已胜利到达抗日的前进出发地，南方八省的游击根据地的革命红旗始终屹立不倒，全国人民，包括海外侨胞又以各种形式的抗日救亡斗争紧密配合。国民党蒋介石迫于形势和全国抗日运动高涨的压力，其“北和南剿”的反动方针再也不能推行了。

1937 年 9 月，我们正在门阵地区活动，由于消息闭塞，还不知道国共两党已经实现第二次合作。这时从金衢平原上不断传来各种消息和谣言，说什么“共产党投降了，红军被收编了”。经过仔细分析，我们觉得可能是国共合作了，便派了支小部队出去调查。这支小部队化装成国民党军队，大摇大摆地开到龙游县溪口镇，进入镇公所，自我介绍说，“我们原在山区剿匪，现在奉命开赴抗日前线，要给县长打电话，了解情况。”镇长帮助给县长挂了电话。县长说：“现在国共合作啦，红军改编为八路军要开拔抗日了。……”他们问明了情况，收集了些报纸，便返回汇报。

我们开了个会，把部队集中起来进行动员教育，同志们听说国共合作了，要抗日了，觉得从 1934 年 7 月就已接受的先遣抗日的任务，很快就能得以执行，都很兴奋。我们要求大家百倍提高警惕，严防发生意外。稍后，又给国民党遂昌县政府写了信，要他们派代表来同我们谈判。

不久，国民党遂昌县政府派了一个代表来到门阵，请我们下山进城。我们向对方严正表示：为了共同抗日，我们愿意同国民党地方当局进行停战谈判。同时告诉对方：第一，我们将开赴浙南根据地，沿途不得留难；第二，我们已经停止了打土豪，要求对方给我们补充弹药、给养；第三，合作不是投降，改编不是收编，双方是平等的合作，要保持我军

的独立性，我们不进城。对方表示，愿意回去报告，并尽快答复我们。

鉴于这次谈判可能成功，为了积极迎接民族民主革命高潮，我们即令部队集中于门阵，在小溪右岸驻扎下来，进行政治形势教育，开展练兵活动。与此同时，宣遂汤工委也向群众进行了广泛的宣传教育，并发动群众为部队筹办给养，缝制新衣。

过了几天，国民党答应了我们的条件，欢迎我们下山。同时了解到临时省委已同国民党浙江当局达成了停战协议。我们当即决定集中部队开赴浙南平阳，与刘英等会合。我们在门阵村头的白沙庙召开了军民联欢会，向群众告别。还请木偶剧团来为群众演出。群众欢天喜地，真像过节一般。

我们终于依依不舍地告别了门阵乡亲，翻山越岭，沿着崎岖的山路南下，绕过遂昌县城，经过石练、湖山、王村口、大潘坑、船寮、青田、大凿，到达飞云江南岸，和刘英派来的联络员相遇了。随即一同奔赴平阳北港和刘英等胜利会合。这时，我才知道了闽浙临时省委同国民党谈判的一些情况。

临时省委在同上海党组织取得联系后，逐渐了解到党中央关于联蒋抗日的主张。1937 年 3 月，在刘英主持下，以临时省委和省军区名义向浙江国民党当局发出呼吁停止内战一致抗日的文电。其时，刘建绪已奉蒋介石之命，在报纸上公开表示，要和我方谈判。双方代表在鳌江进行了三天的谈判，在谈判中国民党代表妄图以和谈为名，迫我投降。我方代表表明了合作抗日的严正立场，揭露了敌人的罪恶阴谋。对方见其阴谋不能得逞，便拿出蒋介石“停抚进剿”的手令相威胁，谈判随即破裂。在全国抗日高潮到来后，刘建绪复于 7 月间给临时省委送来亲笔信，要求和我方重开谈判。临时省委遂派代表到温州同国民党浙江当局谈判。9 月 16 日双方达成合作抗日的协议。

实现两党合作抗日，这是由国内革命战争向抗日战争的两个革命战争时期的转变。从浙南地区来说，在这一转变过程中还比较自觉。在同

国民党的谈判中，我们坚持了原则立场，国民党在军事斗争中没有取得的东西在政治斗争中同样没有得到。

挺进师分散游击于浙南各地的游击队先后集中于平阳北港山门街。记得有范连辉、周瑞球、舒雨旺、杨立才、刘亨云、张文碧以及何畏、陈铁军等带领的各路部队，共四五百人。这个数字，和 1935 年初挺进师挺进浙江时的人数相当。但其成员已经有了很大的变化，原七军团、十军团的老骨干不太多了，充实了许多新的血液。有浙西南、浙南和闽浙边的一批工农子弟兵，有温州、上海等城市的知识青年。我们的装备虽然不算好，可是作战经验丰富，战斗力是很强的。这支部队随即正式改编为“国民革命军闽浙边抗日游击总队”，下属三个支队和一个教导队。为了加强抗战力量，我们在大墩村举办了党员干部训练班，在山门街畴溪小学开办了“抗日救亡干部学校”，部队补充新兵，加强训练，就地开展群众工作。此时，省委又派了吴毓、龙跃等去与中央联系。

这时，新四军军部来电命令我们赴皖南集中。1938 年 2 月底，东南分局组织部长曾山同志来到了山门街，向我们传达上级的指示，并一同研究了部队进一步整编的问题。

党中央对南方各游击区的安全和巩固问题十分重视，一再强调这是“十年血战的结果”，是“今后抗战和进行革命斗争的重要战略支点”，无论如何不能放弃，一定要保存。当时，日军有在温州沿海登陆的可能，为了准备在日军登陆后在闽浙赣地区开展游击战争，并防止国民党当局再次背信弃义，发生变故，决定由刘英主持浙江省的工作，带领部分武装人员和干部继续留在浙江坚持斗争；由我带领“抗日游击总队”开赴皖南参加新四军的战斗行列，还以抗日救亡干部学校的部分人员组成战地服务团，随部队行动。

一切安排就绪，刘英便和曾山一起先赴东南分局。我和刘英从这里分手后，就没能再见面了。我们是从 1934 年开始在一起工作的，共同经历了北上抗日先遣队和三年游击战争这两段艰难的历程。1942 年春，

刘英在温州被捕。他在狱中，顽强斗争，坚贞不屈，于5月18日被蒋介石下令杀害了。他把自己的生命献给了革命事业。刘英同志的一生是革命的一生，战斗的一生，人民将永远纪念他。

3月18日，我们由平阳山门出发，欢送的人群是饱含深情的。浙南游击区的革命群众，三年来哺育了我们游击队的成长，不少人以自己的生命换取了我们的新生，现在，新的革命使命在召唤着我们，大家都要为迎接新的任务而战斗了。这样的分别又是很有意义的。

在我们途经瑞安、泰顺、丽水、松阳、遂昌、龙游、衢县、常山、开化、屯溪等县境时，都曾派人去同国民党当局交涉，要求立即释放“政治犯”，使一批被国民党逮捕和迫害的同志得以出狱。在北进途中，部队受到各阶层人民群众的热烈欢迎与慰劳。这时的政治形势已与前几个月大不相同，各地抗日救亡运动的浪潮汹涌澎湃，许多地方都成立了“抗日自卫委员会”，浙南、浙西南游击根据地的群众正在以当年创建根据地那种热情和气派来开展抗日救亡运动。当我们部队收到他们的传单和慰问信时，感到非常鼓舞。到达龙游以后，同志们要求乘火车到衢州，经过交涉，上了火车，一声汽笛长鸣，同志们的心随之飞到了抗日前线。我们行军一个月，到达安徽歙县岩寺，加入了新四军的行列，整编为新四军第二支队第四团第三营。

浙南三年游击战争的道路是艰难曲折的。我们在失去党中央和上级党组织领导的情况下，经历了由正规军到游击队和由国内革命战争到抗日战争的两种转变，又经受了国民党的一次“进剿”和罗卓英、刘建绪两次几十个团的“围剿”。但是不管形势怎样险恶，鼓舞我们的强大精神力量始终是对中国共产党及其所领导的革命事业的坚强信念，相信我们的革命事业是正义的，正义的事业总是要胜利的，革命的前途是光明的。这个信念，推动着我们从失败和挫折中接受教训，推动着我们在新的斗争中逐步走向成熟，走向新的发展。三年，付出的代价是高昂的，但成果也是丰硕的。第一，在敌人的腹心区域沉重地打击敌人，较长期

地吸引和牵制了敌人相当数量的兵力。仅以我们进行的两次反“围剿”为例，就先后吸引、牵制了罗、刘两敌各三四十个团的兵力，历时各达八个多月之久。其间对敌人力量的消耗与打击是难以用数字表达的。一方面，党中央和主力红军的长征和南方各游击区的斗争牵制了敌军的主力，这是对浙南游击区斗争的有力支援；另一方面，浙南的斗争，无疑在一定程度上策应了党中央和主力红军的战略行动，也在一定程度上配合和掩护了邻近兄弟游击区的斗争。第二，努力宣传党的路线和政策，扩大党的影响，在敌人的腹心地区发动群众，推进了抗日救亡运动的浪潮，并把浙南建成为中国革命在南方的一个战略支撑点。这个战略支撑点，在以后的抗日战争和解放战争中都发挥了重要的作用。第三，在艰苦卓绝的斗争中，培养、锻炼和储备了一支经验丰富的战斗队伍，成为组建新四军的部分骨干力量；并把“先遣抗日”的旗帜胜利地插到了江南敌后，报偿了党和人民四年来所寄予的殷切希望。

浙南三年游击战争的胜利，是许多党的优秀干部、战士和革命群众鲜血、意志与生命的结晶。挺进师政治部主任（后兼任浙西南特委书记）黄富武，领导浙西南反罗卓英“围剿”，于 1935 年 10 月 30 日被俘，坚贞不屈，经蒋介石亲自下令于 1935 年 12 月 12 日下午 2 时许，被杀害于丽水南明门外；师宣传科长王维信，于 1935 年 4 月底，在斋郎战斗中负重伤牺牲；师组织科长兼地方工作科长（浙西南特委第一任书记）宗孟平，于 1935 年 5 月在龙泉茶岙岭战斗中牺牲；第一纵队前后两任纵队长朱宝芬、王屏，在开辟浙东地区的斗争中牺牲；第二纵队纵队长李重才和政委洪家云在反罗卓英的“围剿”时，在浙西南战斗中牺牲；三纵队纵队长刘汉南，1935 年 9 月 26 日在安仁镇赤源坑战斗中牺牲；三纵队政委兼龙浦县委书记方志富，前面已经提到他于 1935 年 10 月在龙泉茶园坑战斗中牺牲；第四纵队纵队长王裔三和政治委员李凡林，在游击于闽北根据地时牺牲；六支队政委王春华，于 1935 年 10 月 14 日在英山附近的战斗中牺牲；还有如地方工作团团长、浙西南特委副书记

杨干凡，工作干部朱干、杨林，第三任浙西南特委书记许信焜，以及我在前面已经提到过的陈凤山、卢子敬、陈丹山等，都为坚持浙南三年游击战争洒下了最后一滴血。还有更多的，我不知道的无数的无名英雄。这些有名的和无名的英雄们，他们的革命精神是永垂不朽的！1937年12月13日，中共中央政治局《对南方游击区工作的决议》中庄严地指出："……南方各游击区的同志在主力红军离开南方以后，在极艰苦的条件下，长期坚持了英勇的游击战争，基本上正确的执行了党的路线，完成了党所给予他们的任务，以致能够保存各游击区，在今天成为中国人民反日抗战的主要支点，使各游击队成为今天最好的抗日军队之一部。这是中国人民一个极可宝贵的胜利。"我以为在三年游击战争中英勇奋斗而牺牲的烈士们，是夺取这些胜利的最光荣的功臣！

选自中国人民解放军历史资料丛书编审委员会编：《南方三年游击战争·浙南游击区》，解放军出版社1993年4月第1版，第139—169页。

粟裕，原名粟多珍，曾用名粟志裕，侗族，1907年生，湖南会同人。1926年加入中国共产主义青年团，1927年转为中国共产党党员，参加了南昌起义。1934年红七军团组成红军北上抗日先遣队，任参谋长。同年11月起任红十军团参谋长。南方三年游击战争时，任中国工农红军挺进师师长，中共闽浙边临时省委组织部部长，闽浙边临时省军区司令员。新中国成立后，曾任华东军政委员会副主席，华东行政委员会副主席，中国人民解放军副总参谋长、总参谋长，国防部副部长，军事科学院副院长、第一政治委员，中共中央军委委员、常委，中共第七届中央候补委员，第八届、九届、十届、十一届中央委员，第一届、二届、三届国防委员会委员，第五届全国人大常委会副委员长，中共中央顾问委员会常委。1955年被授予大将军衔。1984年在北京逝世。

艰苦卓绝的浙南三年游击战争①

龙跃

一　红军挺进师进军浙江，开展游击战争，创建浙西南游击根据地

1935 年 1 月 17 日，中国工农红军北上抗日先遣队在怀玉山的突围部队回到闽浙赣苏区。1 月底 2 月初中共闽浙赣省委传达了中共苏区中央局和红军中央军区转来中央的电令，以抗日先遣队的突围部队为基础，迅速组建中国工农红军挺进师，立即进入浙江境内，开展游击战争，创建苏维埃根据地。委任原先遣队参谋长粟裕为挺进师师长，原先遣队政治部主任刘英为挺进师政治委员（原先遣队的政治委员乐少华留在闽浙赣苏区工作）。挺进师的任务主要是：深入浙江开展游击战争，牵制和消灭敌人，响应和配合主力红军长征，配合友军行动，保卫闽浙赣苏区及邻近其他红色区域；在浙江深入发动群众，建立新的苏维埃根据地。根据苏区中央分局转来的中央指示，在闽浙赣省委的领导和帮助下，挺进师首长很快配备了干部，整理了部队，将由怀玉山突围回来的老弱伤病人员留在闽浙赣苏区疗养，省委再从闽浙赣独立师拨出第一团 150 余人补充挺进师。因此挺进师很快就组织起来了，编成了三个支队

① 题目为编者所加。

和一个师直属队，支队实际上相当于连。经闽浙赣省委同意，任命原先道队作战科长王蕴瑞为挺进师参谋长，原闽浙赣独立师政委黄富武为挺进师政治部主任，原先遣队政治保卫局侦察部长姚阿宝为挺进师政治特派员，原先遣队供给部长刘达云为挺进师供给部长，原红十军团卫生部长张友昆为挺进师卫生部长，原红十军团没收委员会主任谢文清为挺进师没收委员会主任。部队包括司、政、供，卫在内共 500 余人，虽然只等于一个小团的人数，但干部多而强，有许多同志参加过：户央苏区第一、二、三、四、五次反“围剿”战争，原军团级干部当师级干部，原团营连级干部当连排班级干部，一般战士也都有好几年革命历史，政治觉悟高，作战经验丰富，从师首长起一直到下级干部以至战士年纪都很轻，身壮力强，武器也好，计有重机枪四挺、轻机枪八挺、长短枪 445 支，战斗力很强，是一支短小精悍，革命意志旺盛的人民子弟兵。

红军挺进师成立时，闽浙赣苏区正处在国民党军队的重重包围和分割“清剿”的严酷环境中。挺进师为了胜利地执行自己的光荣任务，在出动前，先在闽浙赣苏区进行了一次“声东击西”的军事行动，向苏区西南部的贵溪县涪安、河上溪的敌人进行了一次突然袭击，把敌人的注意力引向苏区的西南部。我们的部队则迅速转到苏区东部的上饶县境内。稍事休息后，于 1935 年 2 月 27 日傍晚以英勇果敢的行动从灵山出发，冲破敌人重重封锁向南打到武夷山区。然后又沿着仙霞岭向北挺进，于 1935 年 3 月 23 日胜利地到达浙江省的江山县境内。

红军挺进师这一突如其来的行动，对国民党反动派是一个意想不到的打击，当他们在怀玉山区围歼了红军北上抗日先遣队的主力后，满以为闽浙赣苏区的红军只剩下毫无战斗力的零星部队了，很快就会被他们消灭光的，绝没有料到还有这样一支精锐部队会从闽浙赣苏区杀出来，而且一直杀到了蒋介石的老家。

红军挺进师从闽浙赣苏区突围出来，第二天清晨渡过最后一道天然屏障——信江以后，就向南疾进。这时，信江以南、武夷山以北的敌人

已向两边分开，碉堡成了没有人防守的空壳子，因此挺进师一路放火烧了敌人的好些碉堡，还破坏了河口到上饶的电线杆和电话线，一天一夜迂回曲折地跑了100余里路，到了上饶与铅山之间的纸坊宿营。当夜，夜袭甘溪，捣毁了敌人一个据点。第三天清晨，打垮了江西省保安团800余人的追击部队，俘虏敌人四五十人，缴获武器一批。红军挺进师的胜利突围和突围后的长驱直入，对处于敌人围困中的苏区人民和沿途群众是一个鼓舞，也是挺进师全体指战员值得自豪的。据说，当时敌人曾问身陷囹圄的方志敏同志，这支部队是否他夫人带领的？要他写信去劝降。方志敏同志听说抗日先遣队还有一部分部队突围出去，“心上一阵又是悲痛又是钦敬，又是快慰的情绪冲上来，几乎要感动得流出眼泪来了。”① 因此，方志敏同志严肃地说：“共产党是有完全领导红军的力量的。”② 方志敏同志这个话说得多么正确和有力啊！

红军挺进师经过武夷山区时，原闽北军分区司令员李得胜已无耻叛变，充当了敌人的走狗，正在替敌人带路，猖狂进犯闽北苏区。闽北苏区原有的一部无线电台，也被李得胜捣毁了。就在这个紧急关头，我们挺进师到达了闽北苏区，给闽北人民增添了力量，帮助闽北领导暂时稳定了局势。武夷山崇山峻岭，森林密布，挺进师乘着路过闽北苏区的机会，依靠武夷山的有利地形，在崇安县所属的车盘坑等地进行了半个多月的军事政治训练。白天下操上课打野外，晚上开政治讨论会和群众工作经验交流会，提高部队的作战能力和政治工作水平，使每个指战员都能学到两套本领，既会打仗，又会做群众工作。这也是我们部队深入白区执行新的任务时所必须具备的两个基本条件。另一方面，考虑到今后要深入白区单独作战，经刘、粟商量并得到其他领导干部的同意，又建立了师政治委员会（相当于现在部队中的党委），由刘英、粟裕、黄富武、宗孟平、王维信、姚阿宝、刘达云，洪家云、方志富等九人组成。以刘

① 方志敏：《可爱的中国》，人民文学出版社1982年版，第42页。

② 方志敏：《可爱的中国》，人民文学出版社1982年版，第42页。

英同志为书记，作为挺进师的最高领导机关。车盘坑训练结束后，部队逐渐向北转移，原来北上抗日先遣队路过杭江铁道时留下的一个营回来了。这个营曾在江山、浦城、龙泉之间打过一段时期游击，然后回到闽北苏区，被命名为红三团，还有150余人，武器齐全，编为两个连，由原军团政治部青年科长洪家云领导。这时归还挺进师建制，是经过闽北分区委的同意的。挺进师从灵山出发时补充进来的独立师部队在路上跑回去七八十人，现在却增加了150余人，力量比原来强了。我们经过浦城县境时，向驻守岸坑的刘和鼎五十六师发动过一次攻势，想用引蛇出洞的办法消灭敌人。但被敌人发觉了没有能做到。这一仗虽然没有达到目的，但也打死打伤一些敌人，打击了敌人的反动气焰。接着，我们就沿着武夷山脉北段的仙霞岭向浙江进发了。

3月底4月初，阳光明媚，春风和煦，浙江大地，到处郁郁葱葱。红军挺进师的指战员们个个精神振奋，斗志昂扬。到达浙江的第二天，就在江山与龙泉交界的溪头消灭敌人的一个排，第三天又在庆元的小梅镇全歼敌基干队一个分队。虽然这两仗都是小仗，俘获人枪都只有几十，但旗开得胜，使指战员提高了胜利信心。记得我们从灵山出发的那一天傍晚，有不少群众和地方干部因敌人进攻而撤退到那里，我们经过时，他们站在小道两旁欢送我们。因正前方和左右两侧都靠近敌人，他们轻轻地向我们欢呼："同志们，热烈欢送你们，希望你们勇敢地打到白区去，多打胜仗，多消灭敌人，苏区有我们坚守，你们放心打出去啊！"我们也向欢送群众招手致意，心情悲愤地同他们告别。当我们一个接一个抓着从上面放下来的一根粗麻绳攀登到山顶时，大家都自然而然地回过头去看看站在山下和半山腰的群众，心里默默地向他们表决心：闽浙赣苏区再见吧！我们绝不会辜负苏区人民对我们的期望，我们不但要打到白区去，而且还要打到蒋介石的老家去，我们将用新的胜利来保卫闽浙赣苏区和邻近的红色根据地，苏区父老兄弟姐妹们，我们一定会胜利，再见吧！现在我们终于一路上克服了各种困难，胜利地打到

浙江来了，这是多么值得兴奋的事啊！后来每当我们想起苏区人民对我们的殷切期望，我们的革命智慧和斗争勇气就会加倍地激发出来，我们就是这样信心百倍地在浙江开展游击战争，打击敌人，取得一个又一个的胜利。

为了弄清和观察浙江敌人的动静，部队经过庆元又向南转回福建，在松溪、政和、建瓯、建阳（简称松政建地区）行动了几天。在这几天中，召开了政治委员会议。会后向干部进行了传达，会议的主要精神是：继续统一干部的思想，克服了少数同志怕到浙江打游击的思想。同时考虑到游击战争的特点，有时要分散，有时要集中，但分散出去的部队又必须是既能独立行动，又能互相配合，因此，对原来战斗部队的编制和干部配备又重新作了调整，组编为四个纵队和一个特务连、一个侦察排。纵队相当于营，纵队以下为支队，相当于连队。每个纵队又都建立了一个行动委员会，作为单独行动时的集体领导组织。然后返回浙江，开始在浙闽边境的庆元、景宁、寿宁和泰顺之间以洞宫山为中心开展游击战争，建立革命根据地。那里山连山，地形险要，我们在那里行动了一个多月，边熟悉情况，边打击和消灭敌人，先后打了好几个胜仗。如在庆元和政和交界处攻克了敌人据点举水；在景宁的上标消灭敌人一个民团约十余人；在黄山和沙湾打垮敌人两个分队并歼灭其一部分；在泰顺的谭边消灭敌人一个基干队并乘胜占领百丈口和司前，切断和破坏了泰顺通往瑞安的交通线和电话线。但是，那四县的交界地区既有国民党军队，又有反动的大刀会组织，到处把关守口，相互配合袭击和拦阻我军。使我军在日常行动中，既要对付国民党军的合围和进攻，又要防止大刀会的袭击和伏击，要在那一带打开局面，一时是比较困难的。因此，我们于 4 月 28 日取得斋郎（属庆元县）战斗胜利后，便于 5 月 10 日乘胜渡过龙泉河（瓯江上游）继续向北挺进，把游击战争打到了浙赣铁路以南的广大地区。

斋郎战斗，是我们进入浙江以来打的第一个大胜仗，也是我们能

够在浙江站稳脚跟的一个具有较大意义的胜仗。原来，我们的部队进入浙江到达庆、景、泰、寿一带以后，国民党很快就从浙江和福建调来了三个团的兵力来围歼我们。其中李秀的浙保第一团和马洪琛的闽保第二团是战斗力较强的两个团，而且又是先接近我们的。由于我们打了一连串的胜仗，特别是4月20日在泰顺打了胜仗以后，有点骄傲了，放松了警惕，因此我们在寿宁的上村遭到了闽保第二团的夜袭。我们的收报机、电话机和电线等物资丢失了，还有几个人被俘，而特派员姚阿宝和一班人也失踪了。部队经过一天才集中起来，曾一度陷于被动。部队中有少数同志产生了畏难情绪，认为浙江敌人统治力量强，害怕在浙江打游击，希望回到福建松政建地区行动。但斋郎一战，我们以少胜多，打败了浙保第一团和1000多人的大刀会，俘获了敌军人枪各一部分，敌团长李秀被我打伤，从而鼓舞了士气，取得了行动上的主动权。斋郎战斗，实际上也是一次遭遇战。我们4月27日傍晚到达斋郎宿营，第二天，早饭后大部分人已经集合准备出发了，就在这个时候，敌人来进攻了，大刀会打前锋，浙保第一团分两路包抄上来，李秀带一个营在大刀会后面督战。情势很危急，部队不得不迅速展开，下决心打好这一仗，否则，被动局面还会继续。结果，这一仗我们打胜了，但第一纵队政委王维信同志在战斗中牺牲了。

敌人对我们这支部队的番号和领导人的姓名本来是不清楚的，有时说我们是罗炳辉的部队，有时又说是方志敏余部，但也不知道具体是何人领导。经过上村的袭击战，敌人从被俘去的一个参谋和一个医生的供词中才知道我们这支部队是粟裕、刘英领导的红军挺进师。敌人还知道了粟裕同志在中央苏区反“围剿”战争中左手负伤残废，刘英同志在皖南谭家桥战斗中右手负伤残废，把粟、刘两人说成“只有一双手”。可是，就是这“一双手”，却把国民党统治的浙江中部、南部闹得翻天覆地。

龙泉河以北、浙赣路以南，地形和群众条件都很好，挺进师决定乘着斋郎战斗的胜利形势，把游击战争打到浙江的中部地区去。这是

一个大胆的和英明的决策。那时国民党军队的主力都开去对付主力红军了。浙江原有七个保安团，其中三个已由俞济时带去编入国民党的中央军了。浙江兵力空虚，除留下的四个保安团和15个保安大队外，没有正规军。而那几个保安团，也是北上抗日先遣队和挺进师的手下败将。靠近闽浙边虽有刘和鼎的第五十六师，但它的防区是福建省的松政建地区，是对付闽北红军游击队的，一般不会开到浙江来。龙泉河以北的龙泉、遂昌、松阳、云和、丽水等县，因上年歉收，本年又遭水灾，春夏之际，青黄不接，多数群众缺粮，正在闹饥荒。共产党和红军是为工农劳苦群众谋利益求解放的，我们每到一处，宣传党的打土豪分田地的政策，群众热烈拥护，纷纷组织起来跟红军一起闹革命。

这时，我们已跟党中央完全失去联系，离开闽浙赣苏区也已三个多月了，我们一直挂念着中央红军和闽浙赣苏区。5月10日我们又过龙泉河向北挺进，接着，占领了几个较大的集镇，搞到了许多报纸，从其中发现了两条消息：一是中央红军打到了川西，与红四方面军在懋功胜利会师；二是二、六军团在湘贵边打了大胜仗，国民党遭到惨败。对于孤军深入浙江的红军挺进师来说，这是一个振奋人心的消息。师部在遂昌县的王村口召开了干部会议，政治委员刘英讲了这两条消息并进行了分析，他号召大家提高胜利信心，勇猛作战，在浙江打出一个胜利的局面来。各纵队和直属部队还把刘英同志的讲话编为教材，给战士上政治课。大家异常兴奋。有的战士说："过去一个一方面军就能在江西创造出那么大的苏区，粉碎敌人几次'围剿'，消灭那么多白军，现在一、四两个方面军会合在一起，必能消灭更多的敌人。我们要努力作战，起配合作用。"

师首长看了大量报纸，分析了整个形势，为了迅速在浙江打开局面，依据主客观情况，大胆地作出了下列决定：

第一，分兵发动群众，集中力量打击和消灭敌人。在这个战略原则的指导下，挺进师除保留一个主力部队随师部在中心地区（汤溪、龙游、

金华、武义、宣平、丽水、云和以及龙泉东北、松阳北部）行动外，先后分出了三个纵队到西、南，东三个方面去打游击。其中二、四纵队先分开，二纵队（原红三团）向西靠近它过去打过游击的江山，浦城、龙泉西北以及遂昌一带行动；四纵队回到龙泉河以南，继续在龙、庆、景、泰、寿之间行动，并担任打通与闽东联系的任务。一纵队分开的时间较迟，配备的干部也较强，主要是挺进到永康、缙云、东阳、天台、仙居、青田和永嘉北部一带寻找当地党的组织。第一次是 6 月间在上述地区打了一个大圈之后，终于在东阳、永康之间找到浙东临委（又叫工作委员会），第二次 7 月再去，没有找到，听说被破坏了。第四纵队于 6 月初也在福建寿宁境内与闽东特委取得联系，带回闽东特委书记叶秀潘（原书记詹寅同志已牺牲）给粟、刘的回信。

各纵队所属的各个支队也同样有时集中，有时分散，见机行动，互相配合。游击战争越打规模越大，越打战术越灵活，不但创造了许多新的战术形式，如电波形、“S”形、8 字形，远距离袭击，出敌不意地杀回马枪等，而且培养和锻炼了干部，使许多干部都能单独行动了。做军事工作的能兼做政治工作了，做政治工作的也能兼做军事工作。因此很快打出了一个大好形势，西线沿仙霞岭打到了浦城、江山和衢州境内，东线打到了盘安山和括苍山一线，北面打到了浙赣铁路沿线，南线打到了福建境内，国民党的保安团和基干队被我们打得落花流水。浙保第一纵队指挥官蒋志英连连向其上司求援。国民党省政府主席兼保安司令黄绍竑于 6 月 12 日急急忙忙带了士官教导团一个连做他的卫队亲自到金华了解情况，并到宣平县指挥作战。6 月 14 日在宣平县以西 20 里地的吴宅与我军遭遇，我军一个冲锋，全歼其前头两个排，除缴获所有步枪外，还缴获轻机枪一挺、山西造的新式冲锋枪两支。从俘虏兵口中知道黄绍竑带了一个排在后面，急忙逃回宣平去了，差一点黄绍竑也被我军活捉。第二天我们又在武义小溪口消灭敌人一个连，缴获其全部武器弹药。蒋介石在南京听到他老家吃紧，一时又无正规军可调，只得把南京

财政部税警团的1000多人派来增援，并指令宣铁吾在遂昌县设立“浙南剿匪指挥部”，统一指挥浙江的部队。6月底，宣铁吾乘挺进师主力转向遂昌西部与闽北派来联系的广浦独立营会合之际，把我们包围于姚岭，企图一举消灭。我们发觉后，连夜分散转移。师部率领第一、三两个纵队于拂晓突破敌人的包围圈时，税警团的主力已经过去，碰上了它的后卫，一枪未放活捉了敌人几十个伙伕，缴获了几支步枪及炊事工具。敌人到姚岭时，我们已全部转移，敌人扑了个空。税警团的武器虽然好，但是在城里住惯了，调到山区来，跑山路吃不消，跟着我们打圈圈，被拖得疲惫不堪。宣铁吾的保安团也被我们牵着鼻子走，分散怕被我们吃掉，集中又拥挤在一起发挥不了作用。搞得也很狼狈。

我们的游击战争是有计划、分阶段进行的，每一阶段主要目标是否达到，都及时进行总结，并提出下一阶段的行动计划。快到八一建军节的时候，我们就提出了“八一”前后消灭敌人与扩大红军的具体任务，以鼓励全体指战员的战斗勇气，争取更大的胜利。根据“八一”行动计划，粟师长率领第三纵队和新成立的五纵队占领了离丽水县城40里的碧湖镇，威胁丽水城；四纵队打到了龙泉城下并有部分人攻进了城；一纵队袭击了仙居县的陈村；二纵队打到了衢州城外的汽车站，敌人不知我军虚实，紧闭城门不敢出来。回来时在江山境内消灭敌人一个排，缴获轻机枪一挺、崭新的广东造步枪30余支。当时我是随刘英同志行动的，他从政治连和特务队各抽出了一部分人员组成一个临时队伍袭击了松阳县城。8月2日，敌人从杭州笕桥派来了两架飞机，沿着浙赣铁路线侦察我军的行动。来回兜了几个圈子，找不到我军的目标，没奈何飞回去了。在“八一”前后，我们共消灭敌人200多人，缴获轻机枪两挺、长短枪百余支，扩大新战士400余人。继蒋志英的失败，宣铁吾的“围剿”同样宣告破产了。这时我们的游击战争已在金、衢、处之间，包括金衢盆地及浙赣铁路沿线的十多个县猛烈展开。在当时全国处在革命低潮的情况下，浙江却出现了一个局部性的高潮。

第二，打土豪，开仓济贫，帮助群众解决夏荒困难。龙泉、遂昌以东，丽水以西，是一块山区，地主阶级剥削很重，群众生活原本很苦，再加上年旱灾、今年水灾，群众更处在水深火热之中。我们每天行军总有成百成千群众跟在后面哀求，"红军先生，讨点稻子吃吃"①，要求我们帮助他们解决吃饭问题。这一带地主很刁猾，不但把银元埋在地底下，粮食也不是放在粮仓里，或者粮仓里只放很少一点粮食，而把大部分粮食藏在夹墙中，不到价钱最贵的时候不拿出来卖。因此，开始时我们也搞不到多少粮食。后来我们工作越做越深入，办法也多了，地主暗藏银元和粮食的窍门给我们找着了。在龙泉住溪，供给部住的一座房子，就是一家兼做木材生意的地主。我们一去他全家都跑了。群众说他家有钱，但看不出什么迹象。有一天，供给部的同志东敲西敲，敲到地主睡的床底下，觉得声音异样，结果，挖出两坛银元，共 9996 元。一万差四元，可能是地主埋藏时数错了，没有凑成整数。一下子搞到这样多钱，就解决了我们部队经费上的困难。在龙泉县的上田，有一家地主，房子、家具全是新的，第一次去时就是找不到粮食。第二次再去，争取了他家的雇农，他偷偷告诉我们，结果打开他家的夹墙，搞到了几十担粮食。还有别的贵重东西。我们有了以上经验，因此每到一地都能在地主家里找到大批粮食分配给群众。群众的饥荒问题解决了，欢天喜地。红军与群众就更是心连心了。

第三，除暴安民，摧毁反动的社会基础和国民党的保甲制度。蒋介石在对红军"围剿"时，搞了一个保甲制度，以加强他们的反动统治。1935 年春，红军挺进师进入浙江时，保甲制度已在浙江普遍建立，担任乡（镇）保甲长的大多数是恶霸地主、富农和其他反动分子。保甲制度与地主恶霸势力相结合，就成了国民党直接压迫群众的最反动的工具。我们除了消灭敌人的武装力量外，一个重要任务就是摧毁敌人的反

① 方言，即给点饭吃的意思。

动社会势力及其直接压迫群众的反动工具。那时我在师特派员处工作，我们政治保卫工作人员行军时，总是随前卫部队走，每到一处在侦察员和前卫尖兵的配合下，依靠群众，捕捉地主恶霸及乡（镇）保长。我们的口号是：除暴安民，消灭社会害虫，救民于水火之中。对于抓到的恶霸分子和乡（镇）保长以及其他反动分子，我们根据党的政策，区别不同情况进行处理。对罪大恶极者，召开群众大会公审后处决之，并没收其财产分配给贫苦群众。有的因为环境或行军关系没有召开群众大会进行公审，在处决后也张贴布告历数其反革命罪行，使群众周知。对于民愤不大、能低头认罪的保长，给予严正警告后交保释放。那时我们声势浩大，进入浙西南地区如入无人之境，游击战争在十几个县的范围内迅速广泛展开，地主恶霸和乡（镇）保长有的逃到城里去了，有的被我们镇压了，有的在我们强大的威力下低头认罪不敢动了，广大农村，便成了人民的天下。

第四，在军事上打开局面，广大群众初步发动起来之后，我们就进一步在群众中做扎根工作，加速创建根据地。为了实现这个目的，挺进师两位主要领导人，进行了新的分工：粟裕同志带领挺进师主力，继续在金、衢、处之间、浙赣铁路以南的广大地区辗转不停地开展游击战争，打击敌人，吸引敌人的注意力，把敌人调离我们准备建立根据地的龙泉、江山、遂昌、松阳、云和之间的地区；刘英同志带一部分部队和大部分政治工作人员，在上述地区搞根据地建设。在挺进师政治委员会的领导下，成立了中共浙西南特委和红军浙西南军分区。从部队中抽调出一批有地方工作经验的同志组成地方工作团专做地方工作，直属机关人员组成的政治连则予以有力的配合，西面以龙泉的住溪和遂昌的王村口为中心，东面以群众条件最好的龙泉的安岱后和松阳的枫坪一带为基础，建立革命根据地。主要是进一步发动群众，打击，肃清反动势力，建立各种群众革命组织。浙西南特委书记开始由挺进师政治部组织科长宗孟平担任，随二纵队行动兼二纵队行动委员会主席，他于 5 月底在龙

泉茶岙岭战斗中牺牲后，特委书记由挺进师政治部主任黄富武兼任，副书记由供给部副部长杨干凡担任，特委委员除黄、杨外，有洪家云，方志富、欧阳道等同志。军分区司令员由挺进师参谋长王蕴瑞兼任，政治委员由黄富武同志兼任，政治特派员由欧阳道同志担任。地方工作团团长由杨干凡同志兼任，成员开始有 30 多人，后来吸收和培养地方干部，发展到近百人。嗣后成立县、区委，都是以地方工作团的同志为骨干。政治连是由政治部、保卫局、供给部、卫生部各一部分人组成，既不妨碍本机关的业务工作，又集中地进行地方工作，既是一个战斗队，又是一个工作队，这在当时是一个创举。在创建浙西南游击根据地的工作中，政治连起了相当大的作用，浙西南西部地区的工作主要是政治连在第二纵队的掩护下一起开辟和发展起来的。东面的工作是地方工作团搞起来的。

第五，团结当地群众领袖，正确对待群众中的帮会组织。在龙泉和松阳一带，青帮组织很普遍。红军挺进师到达后，青帮中有一些人主动来找我们，表示愿意在红军的领导下闹革命，他们声称自己是青帮，并有一句口号："青红一句话，永世不分家"。这句口号当时在龙泉、松阳、遂昌一带的群众中流行得很普遍，这句口号中的"红"，原是指"红帮"，我们来了以后，内容改变了，他们就说"红"是红军。我们初步调查，那一带参加青帮的群众很多，很普遍，绝大多数都是贫苦农民和手工业工人，它虽然是一个封建性的帮会组织，但不同于福建和浙江庆元、景宁一带的大刀会，它对红军是拥护的。原来这一带有一些人参加过 1930 年的浙南农民暴动，成立过"农军"，有的参加过红十三军，农民暴动和红十三军失败后，有少数积极分子如斗潭的卢子敬、安岱后的陈凤生（明德）和陈丹山等就利用青帮这个组织，隐蔽在群众中进行活动，他们在龙、松、遂一带群众中威信很高，是当地的群众领袖。据说，卢子敬同志早年留学日本，受到先进思想影响，20 年代末和 30 年代初，曾多次领导当地农民同反动政府和土豪劣绅进行斗争。1934 年红军北

上抗日先遣队路过这一带后，卢子敬同志也于同年从杭州回到他自己的家乡进行秘密活动。这次红军挺进师到达时，首先来跟我们接头并向我们介绍青帮情况的,就是卢子敬,陈凤生和陈丹山等人。我们初到白区，一切都很生疏，需要有一个联系群众的桥梁，因此，我们欢迎他们和我们一起闹革命。他们愉快地参加了我们的地方工作团为成员，后来还加入了党，成了浙西南游击根据地的第一批当地干部。通过他们的关系，我们很快就争取了大批青帮群众站到革命方面来，成分好的吸收为贫农团团员以及雇农工会和手工业工会会员，经过教育，提高他们的阶级觉悟，成了我们建立根据地的基本群众。对于青帮中的少数富农、小地主等，只要他们不反对我们，我们也就不打击他们，使他们中立。我们争取和团结青帮，打开了工作局面，对建立浙西南游击根据地起了相当大的作用。

第六,跟国民党的特务、奸细作斗争,从政治上保卫根据地的建立。部队挺进到龙泉河以北、浙赣铁路以南的广大地区后，国民党除了调兵遣将对我们进行跟踪、追击、堵击和合围以外，还派遣了一批特务，用所谓“三分军事，七分政治”，企图搞垮我们。这批被派遣来的特务分子中，有的是曾经在特务头子康泽主持的“星子训练班”里受过专门训练的，有的是从浙江省警官学校挑选出来的，有的本来就是地方上的反动分子，他们化装成逃兵或小商小贩，利用当地保甲长和其他反动社会关系潜来我们的活动地区，乘着我们扩大红军吸收新战士的机会，报名当红军，企图从我们的内部搞情报，暗杀我军首长，瓦解我们的队伍。由于我们加强了政治思想工作和政治保卫工作，因此，有的国民党特务分子还没有来得及混进我们的部队,经过群众的检举,就被我们抓住了；有的特务分子虽然一时钻了进来，也被我们及时清查出来了；有的坐探用甜言蜜语同我们打招呼，但接触一两次之后，就被我们看出了破绽，再经过调查，他们的原形就毕露了；有的坐探察觉我们的警惕性高，做贼心虚，就自己溜走了。因此，敌人的“钻心”政策和他们的军事一样

宣告破产了。

经过几个月的努力，到 8 月底 9 月初，我们便在浦城、龙泉、江山、遂昌、松阳、云和等县之间纵横将近两三百里的范围内，把广大群众发动和组织起来了。在红军挺进师政治委员会和中共浙西南特委的领导下，建立了县区乡各级党的组织和政权组织（苏维埃政府）以及各种群众革命组织，如贫农团、雇农工会、手工业工会、赤卫队和少年先锋队等。在龙泉、遂昌、松阳之间的住溪、上田、枫坪、东圩、谷陈、斗潭、安岱后、玉岩、王村口、官塘、金铺、白岩、山后等地还连青苗在内插标分配了土地（后来证明，当时这样做是过早了，群众没有得到实际利益）。这是红军挺进师进入浙江以后所建立的第一个根据地即浙西南根据地。我们的部队发展到 1200 多人，主力由原来四个纵队发展到五个纵队，原来各个纵队本身的人数也扩大了，地方脱产的和半脱产的游击队也有一两千人。同时，在浙西南军分区的领导下，还建立了县游击指挥部和区乡游击队，配合地方工作团加强地方工作和保卫基本地区。这是红军挺进师进入浙江后所取得的第一个重大成果。

红军挺进师为什么在浙西南能发展得这样快？这个地区的群众为什么会这样热烈地起来闹革命？敌军指挥官罗卓英在丽水演说时曾说：当初刘英、粟裕等仅有数百人，现在统计达 3000 以上，据调查所得，四分之三是浙江工农阶级被其诱惑，滋长 20 余县，其进展程度比江西还要厉害。罗自称曾在南京和浙江的同乡讨论，最大原因，不外年来工厂停闭，杭江铁路一通，所以失业工人无处可居，兼受农村破产，经济衰落影响所致云云。罗卓英的这段话，一是道出了浙西南革命形势发展的迅速，引起了南京政府中浙江派人物的重视和忧虑，二是道出了工人失业、农村破产这两个原因。但这些都是表面现象，他没有道出的根本原因是由于国民党不断打内战，不断地进攻苏区，加重了人民负担，再加上资本家和地主的残酷的压迫剥削。换句话说，工人农民之所以拥护共产党，就是因为共产党是为工人农民谋利益求解放的。工人农民之所

以反对国民党，就是因为国民党是压迫工人农民的。最好的例子，莫过于武义汤恩伯的老家和青田陈诚的老家，陈诚和汤恩伯官做得那么大，手下的兵又那么多，可是当我们的红军打到他们的家乡去时，那里的群众拥护共产党和红军同别的地方的群众完全一样，这就是因为共产党和红军代表了人民的利益、同广大劳动群众是心心相印的。

二　反对国民党“围剿”浙西南和建立浙南游击根据地

我们在军事上和政治上的不断胜利，改变了浙江的政治形势，威胁着浙江省国民党的反动统治。当时国民党报纸上大声疾呼：浙江素称平安之区，自粟、刘窜浙后，共党已波及全浙。以目前形势来论，浙江共党不亚于四川、江西。若当局未能迅速肃清，其前途实堪可虑，云云。由此可见浙江统治阶级对红军的恐惧。蒋介石调集了庞大的军队来“围剿”我们。从 1935 年 8 月初开始，首先将卫立煌的“闽赣浙皖四省边区剿匪总指挥部”从福建浦城移驻浙江江山，并将第二军部子举纵队全部开到浙江，接着又从江西将罗卓英的第十八军调到浙江来，同时还从福建刘和鼎的第五十六师抽调出一个旅又一个团来浙江“围剿”。罗卓英的第十八军是陈诚的精锐部队，也是蒋介石的王牌军之一，是这次敌人向我们进攻的主力。它有四个师，9 月初从龙游、金华分头前进，密布于我们根据地所在的四个县，即第十四师进攻遂昌，第十一师进攻龙泉，第六十七师进攻云和，第九十四师进攻松阳。他们一开始，也采取进攻江西苏区的办法，建筑碉堡，步步为营，逐渐缩小包围圈，企图将我军围歼于龙、松、遂、云四县之间。龙泉河以南，闽浙边的庆元至泰顺一线，有第五十六师的一个旅，景宁还有浙江保安团的一个团，西面浦城至江山一线还有第三师等部队。

1935 年 9 月 19 日或 20 日，红军挺进师主力在龙泉上田与黄维第

十一师的一个团激战一整天，打死打伤敌军 100 余人，俘敌官兵 50 余人，缴获一批武器弹药。敌人给我们打得满山乱蹿，最后只得死守几个山头，以待增援。敌人这次要来进攻，我们在 8 月底 9 月初即有所察觉，由于麻痹，以为他们是宣铁吾“浙南剿匪指挥部”所属的保安团队，所以只在某些大道两旁砍倒一些树木作为障碍，没有再进一步采取措施。后来从俘虏兵的口中，才知道对阵的就是罗卓英的部队，思想上才重视起来。经过上田一仗，固然给了敌人一个下马威，但敌人也发现了我们的主力，于是敌人从东西北三方面向我们合围拢来，企图一举歼灭我们的主力。

在敌我兵力悬殊的情况下，我们如何对付敌人，这是一个很大的问题，它不但关系到浙西南这块年幼的革命根据地的生存问题，而且也关系到红军挺进师今后能否在浙江站稳脚跟，把游击战争继续打下去的问题。上田战斗之后，领导上经过慎重考虑，认为必须在战略上力争主动地位，决不能同敌人硬拼或让敌人包围起来挨打。从这个原则出发，挺进师政治委员会召开会议，经过讨论，断然决定，浙西南特委和浙西南军分区率领第二、第五两个纵队（缺一个支队）及地方工作团共 400 余人与赤卫队 1000 余人一起，留在浙西南坚持斗争，师部率领第三纵队、第十三支队、师直属部队以及第一纵队约 600 人转到敌人的外围在南面和东面继续开展游击战争，以调动和打击敌人，保卫浙西南根据地。

卫立煌和罗卓英对于我们突围南下的部队，只派出了一小部分兵力配合第五十六师和驻景宁的保安团进行追击与堵击。第十八军的主力数万人仍密布于浙西南敬县不动，把我们的根据地包围得水泄不通，在宣铁吾的保安团队配合下，分区分片包围“清剿”，屠杀游击队员和革命群众。我们浙西南红军部队和地方游击队，对近百倍于己的敌人进行了十分顽强的抵抗。我们采取了许多办法对敌作战，如扎口子，阻止敌人前进；利用地形好树木多的有利条件，部队埋伏于大小路旁，出敌不意袭击和阻击敌人；或以班为单位分散隐蔽于密林中，瞄准敌人前一枪后

一枪扰乱和杀伤敌人，打了一阵后，又转向另一个地方用同样的方式扰乱敌人。为了武装群众，当地干部卢子敬等同志千方百计在大山中创办火药厂，生产土火药供农民游击队和赤卫队使用。在与敌人进行浴血抗争中，浙西南民兵表现得异常英勇顽强。根据地的东北面，由黄富武、王蕴瑞同志率领第五纵队和龙、松、云、遂、宣等县游击队，以龙泉的安岱后、小吉、后陈和松阳的枫坪、玉岩等基本地区为依托，转战于龙、松、云、遂、宣之间，与强大的敌人周旋了一个多月。后来，在向西转移中，不意于 10 月 30 日在遂昌的观音岩遭敌包围，黄富武同志不幸负伤被俘，王蕴瑞同志失踪，第五纵队的大部分指战员壮烈牺牲。赤卫队也遭到很大损失。卢子敬、陈凤生、陈丹山等一批当地干部和挺进师地方工作团除个别同志外也都先后在斗争中壮烈牺牲。剩下少数战士与第二纵队会合后，在西线与敌人继续作战。但东线一带群众在特委副书记兼地方工作团团长杨干凡和第五纵队干部谢同增等同志的领导下，虽然受到敌人严重摧残，但并没有向敌人屈服，而一直坚持下来。安岱后及其附近群众对我们失散了的同志千方百计保护起来，宁愿地方受摧残，也不使我们的同志受损失。安岱后、小吉等地在反“围剿”战争中的贡献是巨大的。

黄富武同志受伤被俘，王蕴瑞同志失踪以后，保卫浙西南游击根据地的重任就完全落在第二纵队纵队长李重才和政治委员洪家云的肩上。由李、洪领导的第二纵队本来是挺进师最善于打游击战的一个纵队，战斗力也比较强。敌人摧残了我们根据地的东部地区后，反动气焰更加猖狂，集中兵力向西线的龙、遂、浦地区猛攻。第二纵队为了有效地坚持斗争，采取了“开辟新地区，保卫老地区相结合”的方针，由纵队长李重才率领第四、五两个支队和一个重机枪班向外出击，在江山、遂昌、衢县交界的三角地带开展游击战争，分散敌人对龙、遂、浦之间的注意力，减少根据地所承受的压力，同时创建新的游击根据地。留下第六支队在当地赤卫队的配合下，由纵队政委洪家云率领保卫根据地。

在保卫遂昌王村口的战斗小，敌人用了阙汉骞一个整团来进攻。洪家云同志指挥军民分两路防守。纵队文书宣恩金率领赤卫队坚守馒头岭，用木头加石头阻击敌人，群众叫这种方法为“扎排子”，就是用砍倒的树木扎成木排，再用藤条吊起，上面堆满石头，等敌人爬到半山腰时，砍断藤条，成千上万斤的石头一齐往下滚，天崩地裂地把敌人砸死的砸死，砸伤的砸伤。敌人打了三天三夜，没有能够爬上岭来，只得绕道左翼侧的山尖上，对准馒头岭射击，赤卫队才转移阵地守第二道口子。洪家云同志率领第六支队一个大队和一个轻机枪班的40余人，坚守王村口对面一个碉堡及其周围的工事，在馒头岭赤卫队的配合下，顽强抵抗，守了四五天，把敌人一批又一批地打下去，给了敌人以严重杀伤，最后，敌人不得不调来追击炮和小钢炮，对准碉堡轰击。在敌人猛烈的炮火和轻重机枪密集的扫射下，战士、干部大部壮烈牺牲，只剩下洪家云等少数几个人，不得不撤出战斗，易地再战。六支队另外两个大队在支队长和龙泉县苏维埃政府主席方志富的领导下，坚守龙泉住溪，与来犯的黄维师一个团整天整夜作战，也打得十分英勇顽强，方志富同志左手负伤，他在工事里凭着右手轮流使用两支枪向敌人猛烈射击，打死打伤许多敌人。终因寡不敌众，最后在撤退转移中，方志富同志和六支队支队长都壮烈地为革命流尽了最后一滴血。

浙西南游击根据地自东面的安岱后、枫坪，玉岩，西面的上田、王村口、住溪等几个重要据点失守之后，面积大大缩小了，部队和地方游击队的处境更加困难了，能够活动的地方只剩下一些人烟稀少的大山。而数万敌军分布于我们根据地及其周围，建筑碉堡，构筑工事，搜山清乡，凡有五户以上的村子就派兵一连驻守，五户以下的村子则强迫群众搬走，房子山棚放火烧光，企图以此困死我军。但群众却千方百计偷偷上山送粮食支援红军。后来，环境更恶劣，群众无法上山了，战士们只好找野菜、拔萝卜充饥。到了数九寒天，山上白雪皑皑，野草、萝卜也没有了，战士们就挖苞萝根子煮着吃，甚至从老鼠洞里寻找食物。战士

们的身体一天天虚弱下去，但他们坚持斗争的意志仍是顽强的，心是火热的。有一次，他们被敌人围困在深山老林里几天没有进食，战士们出于乐观和对阶级敌人的愤恨，人虽乏力躺在地下口里却哼着顺口溜:“身无冬衣夜无被，日无粮食饿肚皮，白匪狗子想消灭我，同你一命拼一命，打死你一个不亏本，打死你一双赚一个”。这是多么感人肺腑的誓言啊！第六支队和龙浦县委、县苏维埃政府的工作人员和地方游击队员，在洪家云同志的领导下，日日夜夜活动于敌人的封锁线和碉堡群之间，艰苦奋斗，一直坚持到 1936 年一二月才胜利地突围到了江山与遂昌交界处，同李重才同志率领的部队会师。这时部队还有七八十人。会师后，又与敌人的地方武装较量，打了几个胜仗：攻克了遂昌县西北部猪腰口的反动据点，镇压罪恶累累的反动乡长和乡队附，并没收其浮财分配给贫苦农民，接着又奔袭江山县峡口区保安乡公所，全歼区基干队。上述两个反动据点被攻克，江遂间的群众情绪又高涨起来，在我们的领导下建立了各种革命组织，有些青年还自动报名来当红军，因此，一块纵横数十里的新的根据地又在原来老区的边上建立起来了。部队也得到了休整与补充。可是 4 月间在敌人五个团的进攻中，部队又受到严重损失，纵队领导李重才和洪家云同志相继牺牲，剩下四五十人在第四支队长余龙贵、大队政委曹景恒以及文书宣恩金三同志的领导下，继续坚持到 6 月底，与师部胜利会师。还有一些在斗争中先后失去联系、独立坚持斗争的同志也回到了部队。

浙西南军民在同蒋介石的王牌军第十八军进行了将近九个月的斗争，可歌可泣的英雄事迹是很多的，虽然大部分根据地被摧垮了，但还有一部分地区在我们手里，这是浙西南军民经过艰苦奋斗，无数革命先烈用自己的鲜血捍卫下来的。那时，我们从苏区出来还不久，对于在白区，特别是对于在像浙江这样特殊的地区和特殊条件下坚持斗争，还缺乏经验，以至留在浙西南的部队仍和过去在中央苏区反对敌人第五次“围剿”时那样——死守阵地，与强大敌人硬拼，勇则勇矣，但牺牲过

大,这是一条重要的经验教训。不过,由于我们吸取了这一条经验教训,所以后来我们在这个地区仍然能够长期坚持和发展。

红军挺进师在反对卫立煌（后来是张发奎)、罗卓英数万军队“围剿”的过程中，不但坚持了浙西南地区的斗争，而且在敌人的外围发展游击战争，建立了浙南游击根据地。

早在1934年8月，中国工农红军北上抗日先遣队在北上途中经过庆元、龙泉和江山时，接连打了几个胜仗，给浙西南和浙南人民留下了深刻的政治影响。1935年3月，红军挺进师进入浙江以后，首先也是在浙南的西部地区行动，曾经一度打到泰顺和飞云江上游，打了一连串胜仗。后来向北挺进到金、衢、处之间后,仍然派遣了第四纵队回到庆、景、泰、寿之间的广大地区活动，不过那时部队初到浙江，第四纵队在那一带主要是了解情况，熟悉地形，争取群众，扩大影响，以配合北面主力行动，同时负责打通与闽东特委的联系。以上这些，都是浙南游击根据地建立的前哨工作。

1935年9月，红军挺进师主力南下后，在浙南和浙闽边以及闽东地区，曾跟强大的敌人作过反复的周旋，由浙江打到福建，再由福建打回浙江，经过几个回合，在避实就虚，避强打弱，避敌正规军，打敌地方武装的战术原则指导下，我们战胜过严重的困难，取得了一个又一个的胜利。

红军挺进师主力于9月25日晚上紧急行动，通过敌人的封锁线南下后，为了要在瓯江中段找到适当渡口掩护第一纵队再渡过瓯江北进，同时又想找到在庆景泰寿之间活动的第四纵队，以及与刚南下又派遣出去的第九支队会合，所以，在龙庆景之间来回兜圈子，一直没有离开那个地区。因之，敌人得以迅速从四面八方调集了几个团的兵力对我们进行前堵后追，左右侧击。9月29日，我军在龙泉安仁镇东南的一个山坡上刚宿营，就被尾追的敌人袭击过一次，牺牲了好几个同志，其中有第三纵队纵队长刘汉南同志。10月1日又在景宁大仰遭到从我们

后面跟进的敌人一个团的夜间袭击。敌人等我们宿下营吹了熄灯号后，开始向我们进攻，幸好村口只有一条路，我们的排哨把敌人顶住一下，部队从左面爬上山头又经过一夜一天急行军才摆脱敌人，只在爬山时两个新战士丢掉一挺轻机枪，别的没受什么损失。第二天傍晚在景宁梅岐与第一纵队分开后，师部率领第三纵队与直属部队仍回头向西行动，想继续找第四纵队和第九支队，又在景宁与泰顺之间的东坑与掩护修电话线的一股敌人遭遇，我们主动脱离了敌人。可敌人的追击和堵击部队却越来越多，越来越逼近我们。10 月 3 日敌人把我们二三百人紧紧地围困于景宁、庆元交界的上塘、南阳一带，最后困在纵横只有二三十里路的一个狭小的地区。敌人总以为我们摆脱不了。但是我们的部队有党的领导，同时又经过了入浙后半年多来的游击战争的锻炼，每个指战员都更加坚强了，又会打又会走，一天跑上一百几十里路不在话下，所以，终于还是把敌人甩掉了。回想那次战斗是十分艰苦的，同时又是非常奇特的：我们的队伍有时从敌人的旁边，甚至从敌人的哨所下插过；有时几乎跟敌人赛跑似的并排前进，大路被敌人截断了，我们就走小路；小路也被敌人封锁了，我们就向没有路的山上甚至悬崖陡壁上爬；从一个山头爬到另一个山头；肚子饿了，就在山沟里或岩石下喝上几口凉水充饥。10 月间，山区已是“山水尽而寒潭清，烟光凝而暮山紫”的初冬季节，可是爬山过岭，还是浑身冒汗。我们就是这样经过三天三夜，迂回曲折地从敌人的包围圈里冲杀出来，一直杀到了福建的松（溪）政（和）建(阳)和寿宁地区,使敌人围歼我们的计划完全落空了。相反的，我们在甩掉了浙江的敌人以后，又给了福建的敌人以出其不意的冲击，真是一举两得。

在这次冲破敌人包围之后，更值得庆幸的是红军挺进师和闽东特委，闽东独立师，在福建的寿宁县郑家坑（又名郑坑）胜利会师。自1934 年 8 月，中国工农红军北上抗日先遣队经过闽东后的一年零三个月里，由于中央红军第五次反“围剿”的失败，我们从先遣队到挺进师

已是几经变化，同样的，闽东地区也经历了发展和挫折的过程，因此，这次会师，对双方来说，都是一个极大的鼓舞。由于双方都是远离中央和上级，单独在国民党统治区坚持斗争，鉴于形势需要，双方都有联合起来、建立统一领导机构的愿望，于是两方面的领导同志举行了联席会议。1935 年 10 月 6 日决定成立中共闽浙边临时省委和红军闽浙边临时省军区，统一领导和指挥闽东和浙江两方面的工作和红军。会上公推刘英同志为临时省委书记兼临时省军区政治委员，粟裕同志为临时省委组织部长、临时省军区司令员，叶飞同志为临时省委宣传部长兼团省委书记。省委委员包括刘、粟、叶，挺进师七人，闽东四人。会上，刘英同志表示：省委应包括闽北，省委书记应由黄道同志担任，他和粟裕同志专门负责军区工作，在与黄道同志未联系上之前，书记一职他可暂时担任。这次会议主要目的是交换意见，提出方案进行酝酿，约定一个月后，如无异议，省委和军区就正式成立。这时闽东红军大约三四百人，此外，所属各县还有些武装，有的叫独立团，有的叫肃反队。这次会师的只有叶飞同志带的三四十人，是一个特务队。根据叶飞同志的建议，挺进师领导决定调原政委会秘书长许信焜同志为闽东独立师师长，调三纵队政委王武理担任闽东独立师参谋长，原三纵队参谋长杨发旺为闽东第三纵队参谋长。同时还调了一个班和一部分武器包括重机枪一挺给闽东部队。11 月中旬举行了第二次联席会议，对前次联席会议决定的总的精神，双方都没有异议，省委和军区就正式成立了。上述两次会议的情况，事后刘英同志写了一封信请闽东送给黄道同志，这封信是我誊抄的，所以我了解这些情况。这时，挺进师已在浙南打下了相当基础，省委以浙南地区作为活动中心。准备再成立一个浙南特委。叶飞同志向刘英同志提议，将已有相当工作基础的福鼎县拨给省委为活动范围的基本地区（当时在福鼎县地区有两个县委：一个是福鼎县委；一个是鼎平中心县委）。中共闽浙边临时省委和红军闽浙边临时省军区的成立，是一件大好事，大家异常高兴。在开始半年多时间里，由于有了省委的统一

领导，浙江与闽东两方面，互相支持，互相帮助和互相配合，起了显著作用。后来，闽东方面退出临时省委。

中共闽浙边临时省委和临时省军区成立后，红军挺进师很快又继续回到浙江行动，依靠闽浙山地的有利条件，大力向东北、东南发展，一直打到瓯江下游两岸以及飞云江和鳌江之间的广大地区。由闽东到浙江，经过两次来回，攻下过敌人好些市镇和据点。如景宁的梅岐、沙湾、勃海、大顺、小顺，青田的南田、西坑、二元、三元、中保、黄坦，瑞安的大峃、六科、玉壶、营前、湖岭、高楼、陶山、马屿、平阳坑，平阳的腾蛟、水头街、闹村、山门、青街、顺溪、晓坑、莒溪、观美街，泰顺的詹众埠、百丈口、东横坑、洪口、左溪、西地、泗溪、仕阳、五里排、富垟和福鼎的南溪等地。这些市镇和据点中的敌人，有的被我们消灭了，有的狼狈逃跑了。经过1935年10月底瑞安的玉壶和1936年2月7日泰顺的白姑湾两仗，先后歼灭浙江保安第十大队一个分队和一个中队。1936年1月25日在泰顺的甲岭，我们消灭闽保第四团一个连。不久在火把岭又消灭敌人一个连。再加上其他一些小仗，在这段时间我们共消灭敌人300多人，缴获步枪200多支、马克沁重机枪两挺。其中除马克沁重机枪留给自用外，步枪全部送给闽东特委，武装闽东的部队。

与此同时，第一纵队在青田船寮与海口之间渡过瓯江，一直打到仙居、永嘉、黄岩、天台、新昌、东阳、永康、缙云、义乌、丽水之间的广大地区，打击和牵制敌人，最后在永康的金竹降和缙云的黄弄坑一带建立了一小块根据地。刘英同志的回忆录中提到，泰顺代理县长给其留日同学的一封信中，说过这样的话，以数万之众，“剿”千百之“匪”，数月于兹，未奏肤功。好逸畏战之心，成为通病。所可告慰于阁下者，当局已采取紧急措施耳。前面几句倒确实反映了当时敌我斗争的真实情况，但后两句则是自欺欺人，用以对他们自己作精神安慰而已。

在这段时间，我们除了消灭敌人正规部队以外，在泰顺和景宁以西，龙泉河以南和闽浙交界一带，还瓦解了大刀会的组织，争取了大刀

会的群众，这也是很重要的一个胜利。大刀会是地主阶级维持其封建统治所操纵的一个反动迷信组织。我们到达浙闽边以后，它就成了我们在浙南和浙闽边开展游击战争建立革命根据地的一个障碍。它既然是一个反动的武装组织，我们就必须用军事力量去摧毁它。但参加这个组织的人大多数又是被欺骗的穷苦农民，因此我们又必须着重从政治上去做争取工作。基于以上两点，我们对大刀会的方针，确定以政治解决为主，以军事打击为辅。在政治上开展强有力的宣传攻势，对大刀会会徒及其家属进行反复的宣传教育，以争取其群众，孤立打击其坛主、法师及其幕后操纵者，达到瓦解其组织的目的。6 月间，我们在龙泉县八都附近，根据上述方针，曾经创造过一个成功的经验，就是利用各种社会关系，争取了当地大刀会中的大部分群众。当大刀会法师向会徒们吹牛说自己“刀枪不能入，子弹打不进”时，群众根据我们的布置，要他自己先做示范。他不得不让会徒向他打枪，只是站远一点，想侥幸过关。结果群众一土枪就把他打死了。这样，大刀会的欺骗也就破产了。这是一个很有说服力的事例。我们一方面利用这个活生生的事实，在群众中揭穿大刀会头目的欺骗行为以教育群众，指出穷人只有在共产党的领导下，组织起来打倒地主阶级、打倒国民党反动派，才是唯一的出路。红军是工农自己的武装，只打国民党反动派，不打工人农民和一切穷人，如果大刀会要阻拦红军去路或袭击红军，红军打出去的子弹没有眼睛，碰上谁就打死谁。以此种种道理，解除大刀会徒的迷信心理和提高他们对红军的认识。另一方面，在跟大刀会打仗时，我们向闽东红军学到了用毛竹叉与步枪相结合制服大刀会的办法（据闽东同志说，他们这个办法是从北上抗日先遣队学来的，可我们自己倒失传了）。这个办法很灵，就是每个连队都备用两三根毛竹叉（用较小的毛竹上半段，将其梢部上的每根枝子各去掉一大半，留下四五寸，毛竹叉上就有很多小叉子），行军或宿营时，如前卫或警戒部队与大刀会相遇时，走在前头的战士就用毛竹叉将冲上来的大刀会徒的头颈叉牢，后面的战士用步枪瞄准，一枪

一个打得很准。我们用这样的办法，曾经打败过好几次大刀会的袭击和进攻。从此，大刀会凡是看见我们部队带着毛竹叉，就远远跑走，再也不敢来袭击和阻拦我们了。就是这样，经过我们反复的多方面的政治工作，以及军事上的必要的打击，使参加大刀会的群众都感到不但没有好处，而且白白成为地主阶级的牺牲品。当他们觉悟之后，许多大刀会的组织，都停止了反对我们的活动，或者自动解散了，大刀会的坛主、法师有的被群众赶走了，有的自动跑回福建去了。

浙南游击根据地初建时主要是在东部沿海一带，这些地区本来就是一个具有革命传统的地区。福鼎方面，1929 年起就有党的组织活动，并逐步扩展，一直没有停止过。温州地区在 1930 年春曾经成立过红军第十三军，后虽然失败了，但影响深远。现在，广大群众又看到了代表他们利益的中国工农红军，这是多么高兴的一件事啊！我们打到青田、瑞安、平阳和泰顺一带，每到一处都有大批群众自动聚拢来听我们讲演，看我们写标语口号以及张贴和散发的传单，有的还自动向我们报告敌情，替我们带路等。我们每到一地，先找贫雇农建立秘密的革命组织，为进一步发动群众播下革命的种子。在广大群众热烈拥护的基础上，经过几个来回，最后我们就在泰顺和瑞、平、泰地区扎根落户了。

闽东特委与红军挺进师会师后，在挺进师有效的配合和策应下，闽东红军也逐步向北发展。浙江、闽东两方面红军相互依靠，相互配合，各自发展，闽浙边出现了新的形势。1936 年 3 月，粟、刘各率领挺进师一部，先后在鼎平泰边的金寨、二湖与鼎平中心县委派在那里开辟工作的郑丹甫等同志会师。接着粟裕同志率领所部经过分水关，从南面第四次进入平阳，打下观美街，再经过北港向西挺进。红军离开观美街后，国民党的特务分子和地方反动分子乘机抢劫并放火烧毁了观美街，诬蔑“红军杀人放火”。许多群众都亲眼看到特务和地方反动分子干坏事，其阴谋诡计不攻自破。刘英同志率领省委机关工作人员进鼎平基本地区，在桥亭乡文垟村与鼎平中心县委会师，从鼎平抽调了一批干部到

泰顺和瑞平泰边接替挺进师干部的工作，并成立了泰顺县委，由原鼎平上东区委书记周建生担任县委书记，6 月，周调平阳县委工作后，泰顺县委书记由周钦明同志接任。挺进师政治干部则随部队到飞云江以西以北开辟新地区。

1936 年 3 月，根据中共闽浙边临时省委的决定，成立了中共浙南特委，领导福鼎、鼎平与泰顺三个县委。后来地区和党的组织都继续扩大和发展了。第一任特委书记由郑宗毓同志担任，时间从 3 月到 9 月。第二任特委书记由挺进师供给部长谢文清同志担任，从 9 月到 12 月。谢文清同志调动工作后，由特委组织部长兼少共特委书记龙跃代理特委书记到 1937 年全国抗日战争爆发。

三　巩固和发展浙南游击根据地的斗争

浙南游击根据地初步建立后，红军挺进师留下一个特务队在根据地的瑞、平、泰、青之间活动，主要任务是保卫和扩大游击根据地。中共闽浙边临时省委随带一个短枪队，在浙南根据地搞建设工作。其余部队——第三纵队两个支队和第五纵队的第十三支队以及扩充改编后的原特务连通讯排等，由军区司令员兼挺进师政治委员会主席粟裕（此职原为刘英同志担任，刘任省委书记后改由粟裕同志担任）领导和指挥，在谢文清、张友昆等同志的协助下，转战于浙南、闽浙边和闽东北广大地区，以牵制、打击敌人，掩护浙南游击根据地的建设。同时寻找第四纵队和第九支队，并相机恢复浙西南被摧残地区的工作。

浙南游击根据地的条件比浙西南好，它有福鼎境内的老区为基础，是一块新老相结合的根据地。老区主要是福鼎县，同时平阳蒲门地区也有一些工作基础。当时设两个县委，由桐山至沙埕以南叫福鼎县，沙埕港以北包括平阳蒲门叫鼎平县，都建立了县，区两级领导机构，但都不

够健全，只有书记一人，随带几个一般干部或一两个交通员，部分地区也建立了党的支部，也有少数地方建立过赤卫队，其他群众组织则没有建立。党的活动是秘密进行的。沙埕港以南，太姥山是革命的发祥地，大约是1930年前后就有党的活动，最早的领导人是黄丹山和黄淑宗同志，前者据说在1932年担任过霞鼎支部书记或区委书记，黄淑宗是福鼎县委书记，在群众中威信很高。党的工作由南区秘密发展到了沙埕港以北和平阳境内，鼎平革命的发祥地是周佳山，1935年鼎平中心县委以周佳山为中心发动了附近地区的秋收斗争，抗租抗债，取得暂时的利益，事后遭到了前岐和平阳矾山等地反动派和民团的镇压。1936年1月鼎平工作发展到了西北面的鼎泰边境，中心县委派了郑丹甫等几个干部组成工作组在那里开辟工作，后来成立了鼎泰区委。福鼎和鼎平都有一批脱产干部和少数武装——肃反队，鼎平还有一个四五十人的独立团（原为闽东独立第五团）。它们是浙南游击根据地建设、巩固和扩大不可缺少的基本力量。在三年游击战争中，福鼎、鼎平、鼎泰和泰顺出了大力。1936年革命高潮，也是在这鼎、平、泰三个县最先掀起来的。

省委从鼎平调了一批干部到泰顺搭班子，接替挺进师干部的工作。为了加强对这些同志的领导，省委继续在九峰山区活动了一段时间，并积极建立各方面的联系。省委决定调闽东特委委员郑宗毓来浙南担任特委书记。3月中旬，闽东特委常委阮英平带了一支小部队陪同郑宗毓同志经过霞浦、福鼎到达泰顺边境的富垟。省委派我带了几个短枪队员到富垟接他们来泰顺小南山会合。第二天就在小南山成立了浙南特委。

省委对新区工作作了部署后，即开始对福鼎基本地区的工作进行巡视检查：搞社会调查，了解党内情况，熟悉干部，宣传党的政策和策略以及红军打胜仗的消息。巡视工作先从鼎泰区开始。当时正值孟仲春之际，柔嫩的幼芽把老区群众屋前屋后的树木和庭前的篱笆打扮得一片葱绿，竹篱茅舍春光好，比起白区土豪劣绅的高楼大厦来另是一番景色。群众知道我们到了，个个笑容可掬地走出来迎接我们，干部群众搬凳端

茶招待我们，热情地称呼我们为“七军团”，我们的情绪也受到极大鼓舞。但是，就在这时，鼎平中心县委书记黄固生被俘叛变，带兵捕人。我们由鼎泰区进入下东区，第一个晚上就遭到敌人夜间袭击，我们冲出门用冲锋枪打死敌一人，打伤两人，敌人退却了，我们没有伤亡。第二天群众的财物被敌人抢劫一空，连房子也被放火烧了。黄固生叛变后，部分干部和群众情绪受到影响，省委和特委及时做了工作，思想迅速得到稳定。省委从鼎泰区巡视起，一路巡视了下东区、上东区，下南区、上南区。重点是巡视鼎平县。平阳区因地处海边，比较偏僻没有去。福鼎南区环境不稳定，省委从上东区刘家山出发，在沙埕上手乘船通过沙埕海峡只过去住了二天，跟一部分干部见了面，初步了解了情况，交代了一些工作，第三天晚上就乘船回到鼎平上东区了。

平阳、泰顺的敌人原来被我们打怕了，我们部队在九峰山区及泰平边一带活动时，他们不敢来。我们部队离开那里后，他们又来进攻了，实际上是来侦察我们的目标，扰乱老百姓安宁。在那里工作的一批鼎平干部，因缺乏新区和白区工作经验，有点惊慌，个别的跑回鼎平去了。为了稳定这批干部的情绪，省委派我为巡视员去支持他们的斗争，同时顺便再了解一下鼎泰区的工作情况。但当我到达鼎泰区准备第二天就去泰顺时，刘英同志也接踵回到了鼎泰区，因此我就回省委，没有单独去泰顺了。省委对泰顺县委领导作了个别调整，周建生同志回鼎平工作，另提拔周钦明同志为泰顺县委书记。

省委对福鼎老区工作，作了调查研究后，定出了方案，抓住几项主要工作，加强对根据地的领导：

首先，将鼎泰区划为省委直屈区。在鼎泰区深入发动群众，建立各种革命组织，如贫农团、妇女会、赤卫队、少先队。但这些组织起初都是秘密的，随着革命形势的发展逐步壮大和公开发挥作用，取得经验后逐步推广到鼎平、福鼎、泰顺和平阳去。但鼎泰直属区的群众真正发动起来，是 5 月间短枪队在那里连续打了几个胜仗之后，革命情绪逐步

高涨。直属区在福鼎的西北部，和泰顺、平阳毗邻，并有一条交通线经过分水关至平阳境内，也是福鼎通温州的一条主要交通线。敌人来往频繁。由于叛徒告密，敌人摸到了我们基本地区的一些情况，知道红军挺进师南下部队已离开泰顺、平阳等地。原来在霞浦和福鼎南区活动的闽东红军第三纵队也已回到寿宁、福安根据地去了。因此福鼎县的桐山、墩头、白琳、前岐，平阳的矾山、藻溪、桥墩门以及泰顺的月湖垟等地的敌人，经常以连排甚至以班为单位出来骚扰、捕人、抢东西，气焰十分嚣张。4 月 30 日，省委机关住在鼎泰区的南风山，被反动派发现目标。驻福鼎县城的闽保第四团一个连来进攻，满以为我们短枪队不是他们的对手。但敌人的行动被我们发觉了，我们将队伍迅速拉到王家山附近时，敌人跑步已经从我们左侧翼的大路上冲上来了。我们的短枪队不到 30 人，在刘英同志的亲自指挥下，第一班打正面，第二班在右侧翼打掩护，冲锋枪一响，第一班一个冲锋就把敌人的前卫排打垮了，缴获轻机枪一挺、步枪数支、子弹两箱，俘敌一个班。我们的短枪队同志都进行过专门训练，每人都会使用几种武器，当缴到敌人的轻机枪时，端起来就向敌人射击。敌军的前卫排溃不成军，后面两个排掉头就跑，连滚带爬逃过一条河灰溜溜的回到桐山去了。第二天，我们又在泰顺排头打垮浙江保安团的便衣队一个排，也缴了几支短枪。接着，在福鼎南溪再击溃敌人一个连。我们这个小小的特务队，不但原来短枪齐全，同时还有冲锋枪，现在又缴获了一小批长短枪，长枪发给地方游击队用，短枪留给自己，因此短枪队的短枪增加了，还有轻机枪。人数也扩大了。当时鼎泰区群众把我们这个短枪队说成是“天兵天将”。鼎泰区原来是只有秘密工作的新区，红军从来没有在那里打过仗，群众看到的不是泰顺的敌人来抓人，就是福鼎的敌人来抢东西。有时平阳的敌人也来骚扰。现在看见红军连打了几个胜仗，长短枪和轻机枪都缴来了，干部和群众高兴极了，原来工作不大胆的干部，现在干劲十足了；过去不敢接近红军的群众，现在也热烈拥护红军了，有的还来参加了革命。省委直属区

的工作搞得生气勃勃，党的建设和群众运动的经验，相继推广到别的县区去。

其次，培养干部。特别是对知识分子干部的培养，当时作为一个重点，很有成效。福建话很难懂，我们进入福鼎县基本地区后，像到了外国一样，向群众借东西要靠做手势，向群众做宣传、作调查，需要有人翻译，刚好，上年周佳山等地发动秋收斗争带动了一批知识分子出来参加革命，其中有初中毕业生，有小学教师，有店员。原前岐的民团团长也投入了革命队伍，并入了党，当了工作组长，后来又当了区委书记。省委着重抓了这批知识分子的教育和培养工作。其中除郑丹甫外，还有刘清扬、郑奎、希简、郑香山等。省委把他们调到机关做翻译和文字工作，对他们讲解革命的形势和党的战略策略，定期派他们到群众中去工作，然后回来总结经验。经过一段时间的教育和培养，这些同志都有很大进步，后来都分配到各县负责了相当重要的工作，特别是郑丹甫同志成了鼎泰县和泰顺东部一带的群众领袖，威信很高。在这个时间，省委也亲自培养了一批当地工农干部如郭道欵、林老缺、郑老八、周广达、刘宝生、陈辉、蔡爱凤、黄明星、苏君忠、夏梅山等同志。其中黄明星、苏君忠是泰东当地有名的群众领袖。只有抓紧了干部，特别是重视对知识分子和当地群众领袖的培养，党的领导机关与党内外群众的关系就密切了，群众运动就迅速兴起。革命是锻炼和造就干部的熔炉，有了第一批干部起作用，第二批和第三批干部会陆续成长起来。在三年游击战争中从浙南基本地区调出了大批干部，有力地支援了浙西南和浙东南。

第三，抓武装建设和游击战争的开展。这是巩固和扩大革命根据地时压倒一切的任务。当时省委直接领导和指挥的主要有三支部队，首先是短枪队也叫特务队，经过几次战斗取得胜利后，增加了人员和武器，逐步扩大成为教导队。后来又改升为教导团，既是省委机关的警卫部队，又是培养军政干部的学校，向其他部队不断地输送干部。原来派在瑞平泰青之间活动的挺进师特务队，省委也抓得很紧，经常通过秘密

交通给他们指示，必要时调他们回来总结经验教训，提高干部的领导能力，再让他们出去活动。当时这支部队的领导干部都是十八九、20多岁的青年人，战斗英勇，机智灵活，在白区打了好几个胜仗，保障与扩大了浙南游击根据地，同时为浙东南的建立创造了有利条件。鼎平独立团原来人数不多，但也有四个班，缺乏在白区作战的经验，习惯于在基本地区行动。为了发挥这支部队的作用，省委从挺进师挑选了一位青年猛将陈先海同志去担任独立团的团长，在当地干部的配合下，把这支部队越带越好。游击战争越打越长经验，开始离开基本地区到平阳南港行动，那是基本地区的边境和外围，然后通过江西坪进到北港，并发展到了瑞平边境开展游击战争。周垟后面的百灵屿，险遭敌人袭击，幸亏当地群众领袖郑海啸同志千方百计予以支援，部队才免遭围击。海啸同志就是因为这件事，被凤翱乡内塘反动派告发，被捕吃了三个月的官司。此外，各县也开始建立武装，有肃反队的扩大肃反队，无肃反队的建立肃反队，有的县（如鼎平县和鼎泰区）开始建立赤卫队，这是群众的武装组织，也是红军的后备力量。

第四，正确地执行党的政策。省委进入福鼎境内后，发现基本地区执行镇反政策有毛病，特别是鼎平与平阳区委较严重，党内外群众以至干部都有意见。甚至有恐惧心理。省委抓住这件事，在党内干部中进行了严肃的政策教育，并规定今后必须严格掌握政策。

浙南地区处在沿海，内河和海上的交通都比较方便，群众中来往于温州、福州、上海的人比较多。我们通过这些人，能经常搞到一些进步书籍和报刊，如《从一个人看一个新世界》、《我所看到的庶联》等书，就是通过关系人从上海买来的。特别是我们看到了邹韬奋主办的《大众生活》和《永生》，断断续续共得到七八期，从中知道了很多的真实情况。使我们在思想上和政策的运用上得到了启发。由于我们同党中央失去联系，原来对全国革命形势只能从国民党的报纸上推论和猜测到一点，对全国人民和各界人士抗日救国运动的蓬勃发展也不大了解，对党

中央的抗日民族统一战线的方针和政策也理解不深，现在从这些进步书刊中，了解到当时时局中许多新的情况，如：主力红军到达陕北以及北平一二·九学生救国运动以后的全国形势；日本帝国主义灭亡中国的“广田三原则”和国民党承认这个三原则的外交谈判；日本军队继侵占东北四省之后，又进一步侵略华北，以及国民党政府在华北一连串的丧权辱国事件，如“何梅协定”、“香河事件”、“华北五省自治运动”、“冀东防共自治政府”以及国民党成立所谓“冀察政务委员会”以适应日寇关于“华北政府特殊化”的要求；宋庆龄、马相伯等知名人士签名发表的救国纲领，我党提出来的“停止内战，枪口对外，一致抗日”的主张已经成为全国人民的共同意愿和一致要求；等等。这对于我们来说，大大地提高了政治思想水平。省委根据全国形势，断然地作了如下几个政策的转变：一、将肃反队改名为肃奸队，“奸”就是指汉奸。二、将赤卫队改为抗日义勇队。三、对敌斗争的政策和口号也作了改变，如对国民党的乡镇保甲长主要是对乡镇保长由以镇压为主转变为以争取为主；对地方上的士绅和中等商人，进步的欢迎，中立的允许其来去自由，继续营业不受侵犯；对白军官兵，由欢迎白军士兵杀死官长拖枪当红军改为欢迎白军官兵枪口对外，同红军一起共同抗日，穷人不打穷人改为中国人不打中国人。以上这些政策和口号的转变，对于当时我们工作的开展以及在群众和各界人士中扩大党的政治影响起了良好的作用。当时根据上述政策的转变，还编写翻印了各种宣传品和党员战士教材，重要的由刘英同志写，一般的由我写。我在短枪队和机关干部中上政治课，也是讲这些内容。

1936 年 5 月 1 日南凤战斗之后，因鼎平工作无人负责，省委决定我担任鼎平中心县委书记。那时我毫无地方工作经验，在部队一直搞政治保卫和机关工作。不过组织观念是强的，省委命令一下，我背着包袱毯子，连夜随着地方交通员通过敌人的封锁线，天未亮就到达了鼎平的下东区。那时中心县委只剩下一个秘书李筱山同志和一个交通员詹阿旦

同志，再没有别的什么人了。一个七八人的肃奸队在外面活动没有回机关。我去了以后，第一件事是写了一份“当前形势与党的任务和政策”的宣传提纲，由李秘书发出。我在鼎平当了三个半月的中心县委书记，但刘英同志经常叫我回省委机关工作，这个书记并没有当好。

1936 年 6 月 1 日爆发了两广事变。蒋介石上一年调罗卓英的第十八军到浙江来对红军挺进师进行了九个多月的残酷“围剿”，他嘴上说浙江的红军被他们消灭了，心里当然有数：并没有达到消灭我们的目的。现在他为了要对付两广的陈、李、白，又不得不将罗卓英这个王牌军调去对付两广了。同时，在闽东福鼎、霞浦的第九师一部分也调走了，只有刘和鼎的第五十六师仍留在福建的松政建地区。因此，在浙江方面只剩下四个保安团、15 个保安大队和新成立的五个独立营。在闽东方面也只有闽保第四和第六两个团。此外，就是一些县、区的地方武装，浙江叫基干队，福建叫民团。国民党主力军的暂时调离，对于我们工作的开展，是一个十分有利的机会。

当时，还有另外一个有利因素，这就是温州的学生抗日救亡运动的开展。温州是浙南的中心城市，温州的文化教育界和学生界对全国政治形势比较敏感。1935 年一二·九北平学生爱国运动的消息传到温州后，温州学生立即起来响应，在温中高年级学生胡景瑊、张可仙和马骅的带头下，温州学生掀起了轰轰烈烈的爱国运动，并于 1935 年 12 月 13 日和 1936 年 1 月 3 日接连两次举行声势浩大的游行示威，支援北平学生的爱国运动，要求政府出兵抗日和下令没收平阳殷汝耕和池宗墨两个大汉奸的财产充当抗日经费，要求政府下令抵制日货。运动发展到高峰时，还提出要拆“东洋堂”（原为日本人在温州南大街开设的一个商店）。以上这些都得到了温州各界人民的热烈同情和拥护。但当局以地方政府无权过问国家大事而加以拒绝，还派兵保护“东洋堂”。开除了胡景瑊、张可仙、马骅的学籍，并逮捕胡景瑊、张可仙和进步教员许志行三人。但国民党当局对捕去的爱国学生和教员，既无理由，又无法律根据

加以惩办，后来只得把为首的胡景瑊、张可仙两同学驱逐出温州。到了 1936 年 5 月 9 日的国耻纪念日，温州学生又举行了同样声势浩大的游行示威，要求政府实行抗战，以雪国耻。温州的学生运动正如温中同学组织“野火读书会”的名字一样，“野火烧不尽，春风吹又生”。1936 年下半年，温州的学生运动通过杨进同志的关系与党取得联系，运动更加深入了。1935 年十一二月间，中国工农红军挺进师从浙西南打列瓯江流域和浙闽交界一带，大力发动和武装群众起来革命，号召国民党官兵停止内战，同红军一起抗日。温州的学生运动正好对红军的游击战争起了有力的配合作用，并培养一批积极分子，为后来党在温州开展工作创造了有利条件。抗日战争爆发后的救亡运动以及向延安、新四军和浙南游击区输送了大批干部都是由此开始的。

在以上这种有利的客观形势下，省委对整个工作作了新的布置。进一步巩固和扩大革命根据地，恢复浙西南被摧残地区的工作，建立浙南和浙西南的联络。在组织上加强对福鼎县委的领导，派刘清扬为福鼎县委书记，同时成立了桐霞县委，派林辉山担任县委书记；将平阳中心区升为平阳县委（此时平阳工作获得新的发展,辖蒲门、江南、矾山、南港、北港朝阳山一带共五个区），调周建生同志为县委书记。浙南特委在闽浙边临时省委的领导下，分别召开了各县、区干部会议，作了具体工作布置。首先集中力量打通根据地内县与县、区与区之间的联系，尽量做到各县、区之间的基本地区连成一片。其次是抽调了一批力量向新的地区发展，以扩大根据地范围。

红军挺进师的主力在粟裕同志的直接率领和指挥下，原来活动于浙闽边和福建的松政建地区，两广事变发生后，粟裕同志于 6 月底回到了龙泉河以北和浙赣铁路以南金衢处之间行动，领导和支持浙西南、浙东两地区的斗争。由于敌军主力的调离，原来留在浙西南受到严峻考验之后坚持下来的第二纵队一部分和第五纵队少数同志又在粟裕同志领导下集中起来进行了休整，战士干部情绪都很高，打了几个胜仗，攻克

了原浙西南游击根据地内两个重要据点住溪和王村口，歼灭敌军一个分队，并乘胜恢复了一部分被摧残地区的工作。接着又打下了宣平县城，打死警察局长，缴获了一部分武器和战争物资。之后，又转到永康与一纵队会师。然后经由永康、缙云、遂昌、松阳、宣平、丽水、仙居、青田直到瑞安，一路上摧毁了敌人不少乡镇公所，拆毁了敌据点的碉堡，缴获了一批武器，镇压了一批反动派，于 7 月下旬回到闽浙边临时省委。与粟司令员一起回省委的还有新任浙西南特委书记许信焜等同志。我们听取了粟司令员的报告和浙西南同志坚持斗争经验的介绍。九个多月来，浙西南军民在敌人重重包围甚至粮尽弹绝的情况下，艰苦奋斗、英勇牺牲的精神，是人民的模范，红军的光荣。罗卓英几万人，堆在那块纵横二三百里的地区内，围攻频繁，“清剿”不息，浙西南的同志能够顶住它，坚持下来，真是不容易的啊。当然，我们付出的代价也是很大的，留下的部队损失了三分之二以上，重要干部如挺进师政治部主任兼浙西南特委书记黄富武，二纵队队长李重才、政委洪家云，一纵队前后二位纵队长朱宝芬和王屏，五纵队纵队长和政委，三纵队政委兼龙泉县苏维埃主席方志富，特委委员兼特派员欧阳道，地方工作团团长等等都为人民流尽了最后一滴血。原来派在地方上工作的一批干部包括在斗争中培养出来的当地干部也都牺牲了。我们感到十分悲痛。西线的龙浦江遂交界一带在余龙贵、曹景恒、宣恩金、曾友昔等同志的领导下，仍在坚持斗争。东线安岱后和枫坪一带也还有特委副书记杨干凡和五纵队侦察班长谢同增在那里坚持，群众对我们仍然很好，我们的部队一回去仍像迎接亲人一样迎接我们（可惜杨干凡、谢同增两位同志在回省委途中又牺牲了）。浙东的永缙边在一纵队行动委员会的领导下，也还控制了一块地区。浙西南的斗争坚持下来了，这是我们一个很大的胜利。

这时在浙南游击根据地周围，约驻有三个团的敌军，平阳和泰顺方面有浙保第四团和两个独立营，福鼎和霞鼎泰边有闽保第四和第六两个团各一部分，此外还有尾追挺进师的浙保第三团停驻在瑞平泰之间。红

军挺进师300余人（四纵队进入闽北后，被分配到邵武、顺昌间创造了一小块根据地，归闽北领导，未回来，第三纵队第九支队仍在庆、景、寿、泰之间活动未回来，如全部加起来，挺进师还有500余人），回到浙南根据地以后，男女老少奔走相告，七军团的队伍又开来了，群众的情绪顿时高涨起来。在根据地群众的掩护下，第二天我们的队伍由泰顺移驻鼎泰区的王家山。福鼎县城桐山的敌人以为我们是当地的游击队，偷偷开来了一个连，占领我们后面高山阵地，向我们猛烈开火，企图消灭我们,或把我们赶跑。但事情却相反,大部分敌人被我们打死的打死，俘虏的俘虏，只有后面一小部分敌人跑得快被逃脱了。接着部队转入鼎平进行整顿训练。8月中旬，我们又在鼎平边的李家山消灭平阳矾山开来的敌军一个加强连，这一次敌人失败得更惨，只有便衣队中一个家伙逃脱，其余全部被我们打死、打伤和俘虏了。除缴获70多支步枪和三挺轻机枪外，还缴来八支崭新的盒子枪。接着，我们又进攻了福鼎县城桐山，因敌人固守城堡顽抗，我军缺乏攻坚武器，又怕拖延时间，引来援敌，第二天我们自动撤出了战斗。这次虽然没有能够攻克福鼎县城，但我们的威力和政治影响是很大的。总之，从6月初到8月底，挺进师主力共取得十几次大小战斗的胜利，消灭敌人约五六百人，缴获长短枪400余支、轻机枪五挺。这些胜利大大鼓舞了红军的士气和坚定了群众的革命信心。

趁挺进师在浙南会师的机会和几次战斗的空隙时间，省委召开了第十次扩大会议，从李家山开始到南凤山结束，大约开了半个多月。对本年2月以来的工作进行了检查和总结，对今后游击战争的开展和游击根据地的巩固和扩大（包括对浙西南被摧残地区工作的恢复）以及群众运动、党的建设问题都作了新的布置。其中一个最重要的精神，就是要在当前有利的客观形势下广泛的开展游击战争，巩固和扩大革命根据地，组织和领导群众开展反对国民党反共内战和地主阶级压迫剥削的斗争。指出在浙南要广泛发动群众，在即将到来的秋收斗争中更多地组织

地方游击队和群众性的半武装组织，用以补充和扩大主力部队，以及配合主力部队作战。在这次会议上决定粟裕同志兼挺进师省委代表，原一纵队行动委员会书记刘达云为闽浙边临时省军区政治部主任兼浙东南特委书记，补充谢文清和龙跃两同志为省委委员，并决定在浙南成立少共特委，由鼎平中心县委书记龙跃担任少共特委书记并兼任特委组织部长，各县都成立了少共县、区委，开始在浙南基本地区建立少共组织。我调离鼎平中心县委后，鼎平中心县委改为县委，由原北上抗日先遣队无线电队队长江如枝任县委书记。

浙南特委根据省委的决定和指示，将鼎平独立团调入挺进师，还动员了一批赤色群众参加挺进师，使挺进师的兵力得到补充，第一、二、三纵队都补充到原来的人数，另外还成立了四个独立连单独在浙南根据地周围行动。在省委扩大会议结束后，约 8 月底或 9 月初，挺进师各部队又分别回到浙西南，浙东和浙东南活动，经过一段时间，浙西南相当一部分被摧残地区的工作得到恢复，游击战争继续推向更广大的地区。

挺进师主力出动之后，中共闽浙边临时省委率领教导团也进入浙东南地区活动，在瑞、青、泰之间建立了一个新的根据地。这块地区自 1935 年冬起，红军经常来来往往，因为南田、敖里、黄坦、中堡、大峃反动势力强大，群众不易发动。这次省委在开辟这个地区时，坦岐的一个地下党员、当地群众领袖朱大孝起了积极作用，还有富岙莲头村一个知识分子党员郑嘉义，也发挥了作用。同时在这次活动中，还在庆、景、寿、泰间找到第九支队剩下的 20 多人，由文书李维忠领导着。因此省委又加派了几名干部去，成立了庆景寿泰县委，由李维忠同志任书记，群众很快就发动起来了。

浙南根据地的工作，根据省委扩大会议精神，越做越深入，党和少共的基层组织以及各种革命组织，如贫农团、雇农工会、手工业工会、妇女会、抗日义勇队、少先队等在根据地里普遍建立。新发展地区的各种革命组织也同样的很快建立起来。

一个与党长期失去联系、单独坚持斗争的老党员叶廷鹏同志和吴毓、黄先河、陈铁军，杨进、黄耕夫等同志以及北港凤翱乡的群众领袖郑海啸同志一起，在平阳北港和瑞平交界处建立了一块纵横 30 余里的秘密工作地区。后来这个地区成了浙南游击根据地的一个组成部分，1936 年 8 月，他们与红军挺进师在瑞平泰地区会合，主动要求闽浙边临时省委领导。他们的武装力量在红军挺进师的掩护下消灭王世雅一股数十人的土匪，接着又于当年 11 月和 1937 年 1 月先后攻克水头街和宜山两个重要集镇，歼灭国民党两个区公所及其武装警察，打死水头区区长楼钟声，共缴获长短枪四五十支。

因此，浙南游击根据地的范围又扩大了。由原来的福鼎县、泰顺县、平阳的南港区以及瑞平泰交界的飞云江上游南北两岸各一部分地区，又发展到了平阳的整个北港、以至瑞平交界中段地区，并与飞云江以北由挺进师建立了秘密工作的五云山和梅山山区联系起来了（当时的永瑞县委设在梅山）。武装也增加了两个分队的兵力。还增加了一批地方干部，其中知识分子干部有：吴毓、黄先河、杨进、黄耕夫、邓野农、林夫、周饮冰、梅康、孙绍奎等；军事干部有：陈铁军、董其文、傅狂波，王太然、张炽昌等，通过上述知识分子干部的关系和作用，就使党的抗日民族统一战线在浙南地区扩大了影响。同时，还把党的活动深入到了沿海平原和一些主要城市和港口，如温州、瑞安、平阳城区和古鳌头，以及玉环坎门等地。

1936 年 7 月，吴毓同志等派杨进同志到上海，通过林平同志的关系找到上海地下党。8 月，杨进同志从上海地下党带回了几个中央文件交给了闽浙边临时省委，文件有：中共中央 1935 年 12 月 25 日《关于目前形势与党的任务决议》、1936 年 5 月 5 日中华苏维埃政府和中国人民红军革命军事委员会发出的《停战议和一致抗日通电》等。从此，闽浙边临时省委与上海地下党取得联系，与中央派在上海的负责人冯雪峰同志联系上了。接着杨进同志的妹妹秋侠（即林心平）同志和吴毓同志

先后从上海带回了 1935 年 8 月 1 日《抗日救国宣言》、1936 年 8 月 25 日《中国共产党中央委员会致中国国民党书》以及方志敏同志在狱中写的几篇宝贵文献，即后来出版的《可爱的中国》和《致闽浙赣苏区党员的一封信》，还有在巴黎出版的《救国时报》为方志敏同志被俘和遇害写的一篇纪念文章。吴毓同志还在上海学习了两个月，于 1936 年底或 1937 年初回到浙南，担任闽浙边临时省委与上海组织间的政治交通。杨进同志和他的妹妹秋侠由上海组织决定，留在上海工作。

我们从 1934 年 7 月离开中央苏区以来，中央的文件我们没有看见过，1935 年 2 月间从闽浙赣苏区出来后，连中央的简报、电报也没有看到了，这次我们得到的几份中央文献，不但内容十分重要，而且非常及时地指导了我们的行动。我们得到这些文献如获至宝，省委正在开扩大会议，这几个中央文件正好成了省委扩大会议的指导方针。几位领导同志看过后，就动员了油印组的同志连夜刻蜡纸，第二天就印出几百份，及时发给部队及地方党，向干部战士以及地方上脱产的工作人员进行传达，组织学习讨论。除了党的 12 月决议外，其他几个公开电报和文献还到处张贴，大事宣传。并通过各种关系对根据地内外的各界人士、乡镇保甲长、小学教师以至国民党上层人物，凡是能够送到的，我们都各送他一份。这个工作我们做得很普遍，影响很大，并收到一定实效，如泰顺泗溪区的基干队长，原来很反动，看了我党中央上述文献后，由积极反共反人民转变为中立，并派人来跟我们保持过一段时间的联系，互不侵犯。平阳县矾山区的苏振西，也逐步转向中立。

中共中央在《关于目前政治形势与党的任务决议》中明确指出："日本帝国主义并吞中国的行动，震动了全中国与全世界。中国政治生活中的各阶级、阶层、政党以及武装势力，重新改变了与正在改变着它们之间的相互关系。民族革命战线与民族反革命战线是在重新改组中，因此，党的策略路线，是在于发动、团结与组织全中国全民族一切革命力量去反对当前主要敌人——日本帝国主义与卖国贼头子蒋介石。不论

什么人，什么派别，什么武装队伍，什么阶级，只要是反对日本帝国主义与卖国贼蒋介石的，都应该联合起来开展神圣的民族革命战争，驱逐日本帝国主义出中国，打倒日本帝国主义的走狗在中国的统治，取得中华民族的彻底解放，保持中国的独立与领土的完整。只有最广泛的反日民族统一战线（下层的与上层的），才能战胜日本帝国主义与其走狗蒋介石……”①党中央在作出上述决议四个月之后，又在《停战议和一致抗日的通电》中把党的政策作了进一步改变。把中国工农红军的番号也改为中国人民红军，对蒋介石不叫卖国贼而叫蒋介石氏了，接着在通电中又明确宣布：“愿意在一个月内与所有一切进攻抗日红军的武装队伍，实行停战议和，以达到停战抗日的目的。”②我们根据党中央的决议和通电的精神，也把工农红军闽浙边军区改为人民红军闽浙边军区，工农红军挺进师改为人民红军挺进师，后来又称中国人民抗日红军。苏维埃政府改为人民革命委员会。红军经费来源由打土豪和向富户罚款，改为向地主和富户募捐。并发表了《为抗日救国告闽浙两省各界人民书》，广泛宣传党的抗日民族统一战线政策：号召各界人民有钱出钱，有力出力，有武器出武器，有智慧出智慧，团结起来组成抗日阵线，号召国民党军队与红军携起手来，枪口对外，一致抗日。

浙南革命形势的大发展，群众的革命要求也愈来愈高了，原来我们在浙南搞的是“四抗”运动，现在好几个县群众对“四抗”不满足了，进一步提出分配土地要求。这是合乎土地革命时期阶级斗争的规律的，我们认为党虽然在转变政策和策略，组织全国的抗日救国统一战线，并劝告国民党停止内战，和红军一起抗日，但在这个目的未实现之前，党的打土豪分田地的基本政策是不能轻易放弃的。为了满足群众的分田分地要求和有力地领导和保卫这个运动的开展，我们根据省委的指示，1936 年 6 月成立了浙南军分区和浙南人民革命委员会。军分区司令员

① 《毛泽东选集》第一卷，人民出版社1951年10月第1版，第262—263页。

② 《毛泽东选集》第一卷，人民出版社1951年10月第1版，第264页。

由原教导团团长罗连生担任，政委由特委书记谢文清兼任，政治部主任由特委组织部长、团特委书记龙跃兼任。浙南人民革命委员会主席由原鼎泰县委书记郑丹甫担任。因为形势发展很快，工作地区日益扩大，干部数量不足，特委、军分区和人民革命委员会几个主要领导干部采取了分工包干的办法，各负责领导一个块块的工作。当时分工我管鼎平和平阳两个县，后来又加上瑞平县。县委和县人民革命委员会，区委和区人民革命委员会也是一个机关两块牌子，党政军工作三位一体是分不开的，这是当时游击区领导方式的一个特点。分配土地和抗租、抗债、抗捐、抗税，是当时我们领导群众进行土地革命的两种不同程度的斗争方式和内容。福鼎、鼎平、鼎泰和桐霞四个县斗争历史比较长，党和群众工作的基础比较好,就连青苗在内进行了土地分配。其他县、区仍搞“四抗”运动。

分配土地的工作，除了挺进师有几个干部过去在中央苏区和闽浙赣苏区搞过外，其他干部特别是当地干部从来没有接触过这个工作。上年我们在浙西南虽然也搞过连青苗在内分配土地，但因时间匆促，工作粗糙，没有来得及总结经验教训。这次如何搞法，我们认为一定要有几条政策界线。

下面就是当时省委规定的几条政策原则：

关于土地方面：

一、没收地主全部土地和富农的多余土地，分配给无地和少地的雇农、贫农。

二、中农土地原则上不动，但也可在自愿原则下进行个别调整。

三、手工业工人、小学教师、兼做小买卖的半工半农和半商半农家庭，根据其收入的多寡，由群众公议，适当分配其土地。

四、地主分配一部分坏田。

五、地主自耕地及富农多余土地上的青苗,分配给雇农和贫农收割。

六、佃农耕种土地上的青苗，一般归佃农自己所有，按平均分配数，

过多部分土地的青苗分给别的群众收割时，则应付给其原来所花劳力和肥料的代价，以作适当补偿。

为了搞好分土地和分青苗二作，浙南特委和浙南人民革命委员会以及各县县委，都办过短期的干部训练班，学习政策，交流经验，统一思想。但是，分配土地特别是连青苗在内一起分配，是一个复杂的斗争，问题很多，因此，在执行过程中，有搞得比较好的，也有搞得比较差的。如福鼎和桐霞两县，由于县委主要领导人立场忽左忽右，曾经发生过一些问题，后来，省委发现了，作了纠正。桐霞县委先后改由郑奎和陈希简负责，工作有了好转。但两人后来都光荣地牺牲了，这是一个损失。

经过分土地分青苗及“四抗”运动以后，浙南的革命形势轰轰烈烈，地方革命武装也有了较大的发展，原来有游击队和肃奸队的县区，这时人数扩大了，原来没有武装组织的县、区也成立了游击队和肃奸队，人数多的有一二百人，人数少的也有百几十人。如鼎平独立团（老团补充主力后重新成立的，人数 100 余人）就是很得力的地方游击队，跟敌人打了很多仗。浙南游击根据地的大部分地区真有点像老苏区一样。男女老少日夜站岗放哨，监视着敌人和土豪劣绅，发现可疑的人，群众就自动地把他们带到县、区人民革命委员会或游击队进行审查。根据地内的坏人逃不走，根据地以外的敌人侦探也进不来，红军开到哪里，那里的群众就像迎接亲人一样迎接红军，帮助红军买米买菜，送草送柴，红军打仗时，家家户户烧茶做饭送到火线上来给红军吃。如 1936 年 10 月 5 日，我们仅 100 余人在鼎泰交界处的仓边与浙保第二团一个加强连作战，群众漫山遍野，助战的助战，送饭送茶的送饭送茶，仅半个小时我们就全歼了这股敌人，俘敌副营长和连长各一名，其余官兵全被活捉，无一漏网。红军的伤病员也都是寄在群众家里，由群众用草药治疗。伤病员痊愈以后，群众又把他们高高兴兴的送回部队重上前线。

总之，从 1936 年春夏之间到当年 11 月的半年多时间里，是我们挺进师进入浙江开展和坚持游击战争以来环境最好、发展最顺利的时期。

红军挺进师又由300余人发展到1000余人，连同地方的游击队和肃奸队等在内，共约有二千七八百人。游击战争的范围包括闽浙东部交界两侧，浙江南部、金衢盆地以及台州一部分地区在内的30多个县。原有基本地区也扩大了，由福鼎南区、鼎平两县交界以及泰顺东部和瑞平泰边发展到了飞云江中游的南北两岸。党的组织由原来的鼎平和福鼎两个县委发展到秋收斗争前后的六个县委，即：福鼎县委（书记刘清扬）、鼎平县委（书记江如枝）、平阳县委（书记周建生）、泰顺县委（书记周钦明）、桐霞县委（书记先为林辉山后为陈希简）、鼎泰县委（书记李文凯，叛变后由郑丹甫兼任）以及瑞平边地区（这个地区在1937年4月称瑞平县委，由郑海啸任书记）。此外，为了加强领导，还设立了一个瑞平泰中心县委（书记郑丹甫），领导泰顺和鼎泰两县委的工作（因泰顺县包括平阳白云山和瑞安珊溪山区各一部分，所以这个中心县委就叫瑞平泰中心县委）。浙南的西部地区当时叫浙东南，也先后建立了瑞青泰（书记陈昌会）、永瑞青（书记黄宗烈）、庆景寿泰（书记李维忠）三个县委和丽云直属区，归浙东南特委领导。浙西南地区也由原来仅剩下一个龙浦县委（书记张其林）又重新成立了龙遂（书记曾友昔）和江浦（书记宣恩金）两个县委。浙南、浙西南与浙东南等地之间普遍建立了秘密交通网，利用秘密交通，省委与各地都可进行通讯联络。在闽浙边临时省委的领导下，党员发展到3000多人，地方脱产干部500余人，参加各种革命组织的群众计有十多万人。

毛泽东同志1935年12月当说到红军长征的伟大意义、主力红军备尝人们不可想象的艰难困苦、胜利地到达陕北苏区、“长征一完结，新局面就开始”的时候说：“主力红军如此，南方各省的游击战争怎么样呢？南方的游击战争，受到了某些挫折，但是并没有被消灭。许多部分，正在恢复、生长和发展”①。我们浙江的游击战争所走过的道路和情况就

① 《毛泽东选集》第一卷，人民出版社1951年10月第1版，第148页。

是这样的。从红军挺进师打进浙江以后，既取得胜利，也受过挫折，现在我们的部队和坚持下来的地区，经过恢复和发展，又进一步扩大了。这是主力红军经过二万五千里长征后造成全国高涨的革命形势给了我们有利条件，同时也是我们自己努力的结果。

四　反对国民党八个月“围剿”和浙南三年游击战争的胜利结束

我们继 1935 年在浙西南的胜利后，1936 年又在浙南和浙闽边获得新的发展，使浙江的统治阶级感到震惊，蒋介石也深感不安。因此，1936 年 11 月，蒋介石离开南京去陕西准备对主力红军和陕北苏区进行新的“围剿”之前，就从湖南调来了刘建绪的第四路军，在浙江衢州设立“闽赣浙皖四省边区绥靖主任公署”（双十二西安事变和平解决之后，为了掩人耳目，去掉了“绥靖”二字），向我浙南地区和闽浙赣皖四省边区的红军游击队再一次进行残酷的“围剿”。

这一次敌人用于“围剿”的兵力约有八个师以上的正规军，还有上述四省的各一部分保安团，共约十余万人，比上次卫立煌、张发奎和罗卓英进攻的兵力还多。进攻的范围也比上一次大。进攻的重点则仍然是浙西南和浙南。进攻的时间，从 1936 年 11 月开始到 1937 年 7 月卢沟桥事变发生后才结束，共计八个月。后来闽浙边临时省委总结这场斗争时叫作“坚持八月的斗争”。据我们从缴获敌人的地图和文件以及从其他方面了解到的情况，敌人的大部分兵力布置在浙赣铁路以南、瓯江流域和浙闽边境。其中新五师部署在江山和浦城之间的江浦公路沿线及以东地区；第五十二师部署在龙泉、松阳和遂昌地区；第六十三师部署在浙赣铁路以南各县；独立第二旅部署在丽水至温州的瓯江流域南北沿线；独立第九旅部署在景宁、青田南部和泰顺之间，同时泰顺还有浙保

二、六两个团；刘建绪的基本部队第十九师部署在温州及瑞、平等县；福建方面的第五十六师则由松政建地区向北伸向庆元，与新五师和第五十二师相接应；第八十师一部分部署在闽东地区，与第十九师和独立第九旅等部遥相呼应。这样，敌人就从江浦公路起由西到东在闽浙交界建立了几百里的封锁线，以防止我们向南转移。同时在浙南地区又作了多层次兵力的纵深部署，到处建筑碉堡，构筑工事，造成一个大封锁网。然后由北向南，由西而东，步步紧逼，企图把我们赶到飞云江以南、沙埕港以北之间的沿海地区聚而歼之。

敌人的进攻，是福建方面的第八十师先开始的。1936 年 11 月初，第八十师一个团开到福鼎，配合原在福鼎和霞浦的第四、六两个福建保安团向我们发起进攻。浙江方面的敌军即刘建绪的主力，因发生西安事变尚在观望，暂时按兵未动，等到蒋介石被释放回南京后，于 12 月底也开始向我们大举进攻了。

敌人用了这样多的兵力，又作了这样周密的部署，我们的处境是十分险恶的。

当 11 月间，福建方面的敌军开始向我福鼎和霞鼎泰交界一带的基本地区进攻时，我们并不知道刘建绪的第四路军已经开到浙江，但是我们估计敌军的主力必然部署在浙江方面，福建那边只是起配合和堵击作用。因此当 11 月中下旬，红军挺进师主力再次回省委会合时，省委和军区领导就迅速把原来几个单独行动的纵队派到北面和西面去了，用以牵制敌人；另一方面，留下原来不属于各纵队领导的几个连以及新成立的部队和教导团等约七八百人随省委和军区行动，准备依靠闽浙边的有利地形和基本地区的群众条件，打击和消灭敌人，保卫浙南游击根据地。这时，浙南军分区的部队在福鼎南溪打败了敌人第八十师的一次进攻，消灭其前卫部队一个排，缴获武器数十件，包括轻机枪一挺。第八十师的进攻也就暂时缓和了下来。

西安事变是轰动全国的一件大事，时局究竟会如何发展，是走向和

平还是重新爆发战争，这是全国各党、各派和各阶层人民都十分关心的一件大事。国民党内部的各派系也各有各的打算。我党中央出于对国家和民族的高度负责精神，作了大量的工作，使西安事变得以和平解决。但是蒋介石却采取了两面政策，实行“北和南剿”的反共方针。他一回到南京，就命令刘建绪和浙闽两省当局向我们大举进攻。

刘建绪原是湖南省的一个反共老手，他在湘鄂赣与湘鄂西与红军打过多年仗，是贺龙同志手下的败将。这次被蒋介石调到浙江来，虽然很卖力气，但没有讨得多少便宜。他以第十九师一个旅（唐伯寅旅）在原驻泰顺的两个保安团的配合下，深入我浙南基本地区，向我作侦察性的进攻，同我打了几仗。1937 年 1 月初，他们围攻平阳南宋垟时，我们三个连打垮了敌人一个增援团，接着在泰顺峰文又打垮了敌人一个加强团。只有玉苍山的一次遭遇战，因敌人兵力比我们多，且占据了有利地形，我们稍受了一些损失而主动撤离了阵地。经过这几次战斗，敌人发现了我们的主力在平阳、泰顺与福鼎之间，特别是由于在玉苍山被俘的教导团团长罗连生叛变、出卖秘密，敌人知道了我省委和军区的主要领导同志都在浙南基本地区，因此，敌军第十九师主力和独立第九旅就齐头并进，蜂拥而来，并得到第八十师的配合，企图一举把我们消灭于瑞、平、泰、福（鼎）之间。

为了避开敌人的合围，经省委和军区领导研究决定，我们改变了把主力留在浙南根据地作战的打算，采取化整为零的方针，转到敌人的翼侧或后方或敌人比较不注意的地方去分散打游击。当时我们集中在浙南根据地的部队约有七八百人，决定除留少数部队配合地方干部在根据地里坚持斗争外，大部分以连为单位向西向北突围。省委机关和教导团的短枪队在刘英同志的率领下，由瑞泰边的基本地区向东北方向转到敌人左侧翼地区活动。粟裕同志为省委办事处主任，原本留在瑞平泰基本地区行动，后来，在那里难以坚持，就带领一部分队伍向北通过敌人数道封锁线，回到了龙泉河以北原来的浙西南地区活动。这

样，我们就避开了敌人众多兵力的“围剿”，保存了自己的有生力量，同时也使南北两块根据地，在各有一个主要领导人为核心的领导之下，坚持了这一场斗争。

地方工作也转变了原来的组织形式和活动方式。红军挺进师主力转到基本地区以外去活动后，留在基本地区活动的主要是地方干部和少数县、区游击队与肃奸队。为了便于在根据地斗争，根据省委的决定，在浙南特委的具体领导下，以县为单位把县、区两级干部以及游击队和肃奸队合并起来，组成武装工作团，下设武装工作队或武装工作组，由县委书记和县游击队长分别担任武工团的正副团长，区委书记和区的游击队或肃奸队队长分别担任武工队或武工组的正副组长。从而把所有地方干部或脱产人员组成为一个既是工作队，又是战斗队的集体，随着客观情况的变化，有时集中，有时分散，机动灵活地同敌人周旋和坚持斗争。

为了配合红军挺进师和革命根据地的斗争，省委还组织了一个白区工作团，以黄先河同志为团长，开展和加强城市工作，主要是建立和发展党的抗日民族统一战线，领导温州的学生运动和工人运动。在半年多的时间里，白区工作团做了很多工作，为尔后抗日救亡运动的开展和建党打下了良好的基础。省委先后两次同国民党和平谈判的具体工作，主要也是由吴毓同志和白区工作团负责进行的。

这次敌人的进攻，是在民族矛盾上升为主要矛盾，国内阶级矛盾下降到次要和服从地位的情况下进行的。虽然国内的形势起了变化，但国民党反动派出于他们的反动本性，总是想多消灭一些革命力量，因而采取了“北和南剿”的方针，对我们进行“围剿”。我们呢，革命力量的积蓄来之不易，因此在严重的斗争面前，我们就要尽力保护它，我们多保存一个红军战士，多保存一个革命同志，就为日后的斗争多积蓄了一份革命力量。因此，我们坚持这一场斗争的意义是非常重大的。

国民党政府在抗日战争前夕，为了实现消灭我党我军的梦想，采取了许多残酷毒辣的手段。刘建绪把进攻湘鄂赣和湘鄂西苏区的整套反

革命策略搬到了浙江，再跟浙江国民党统治阶级一套狡猾的反共手段结合起来，在部署了一个多层次的大包围圈和向我们作了闪电式的侦察进攻之后，接着就是采取密集队形的重点进攻，企图一举歼灭我主力。这个办法失灵之后，又采用“穿梭战术”，以旅或团或营为单位东窜西窜，到处寻找目标，捕捉战机。这个办法也没有见效。于是又改用分区“清剿”，二三十里一个团，十多里一个营，三四里一个连，到后来甚至一个连还分成几段，凭借碉堡和工事，配合地方上的反动势力，把关守口，分进合击，强迫群众移民并村，进行搜山、烧山，反复“扫荡”，反复“清剿”。为了从军事上消灭我们，还公布了十条所谓“杀无赦”，对革命群众实行残酷的镇压，妄图以此来恐吓群众，割断广大群众与共产党和红军的联系。另一方面加强保甲制度，实行连坐法，所谓一家通“匪”，十家同罪，强迫群众自首自新。又利用叛徒进行破坏，烧杀抢劫无所不为。同时改变他们过去惯用的一套宣传伎俩，不宣传“共产党共产共妻”、“红军杀人放火”了，而是歪曲西安事变和平解决的伟大意义，造谣说是共产党和朱毛红军投降了，等等。企图以此欺骗群众，欺骗我们革命队伍中的意志薄弱者。

那时我们的武工团队，活动在敌人的封锁圈里或碉堡群之间，差不多天天都要打仗以至一天打几仗。最多的一次是粟裕司令员率领的一支部队，从青泰边出发，在敌人的封锁网里迂回曲折，一天一夜跑了 170 多里路，连续打了八仗，一直打到龙泉河以北的遂昌境内，中途还消灭敌人一个连。但我军的损失也很大，100 余人最后仅剩下七八人了。幸好在黑夜行进中碰到谢文清剩下的十余人,两部分合起来还有 20 余人。这说明在敌人的封锁网中冲杀是异常激烈的。

在这些战斗中，我们部队的战斗意志是坚强的，问题是枪多子弹少，打起仗来只能让敌人靠近了才能开枪射击，而且必须一打就冲，如果一个冲锋打不垮敌人，自己就得赶快脱离阵地甩掉敌人，否则就很难应付。开始时，敌人对我们这种困境不清楚，但是后来出了叛徒，敌人

知道了我们这个弱点，从此，敌人一发现我们的目标，就用强大的火力压住我们，并且咬住不放。那时，到处都驻扎着敌人，一个地方打响，四面八方的敌人就会合围拢来，追击的追击，阻截的阻截，一打就是一整天。这样的情况，单是省委机关就曾经碰到过好几次。如在瑞平泰边的珊溪，在青田山口以及平阳蔡垟的几仗都是这样的。蔡垟那一仗，省委机关只有三四十人，清晨，被敌人一个营包围，经过短兵接触冲出去后，在路上又连续受到敌人的侧击和堵击，一直打到飞云江边的仙降附近,天黑了,才结束战斗。这次仅刘英同志的特务班就牺牲了七个同志。又如 1937 年 6 月 21 日，我率领浙南特委机关和杨立才、舒雨旺的一个连，还有鼎平、平阳和瑞平三个县的部分干部夜里行军，准备在瑞平边的南树垟宿营，被敌人发现了。从早上四点钟打起，在敌人的封锁网里兜圈子，从平阳境内打到瑞安的营前附近，又由营前附近打回平阳北港地区，幸好当地干部多，地理熟悉，第二天才脱离了敌人。那时我们不但战斗频繁，生活也是很艰苦的，大一点的村子被敌人占领了，小一点的地方又移民并村了，我们很难买到粮食，各个部队差不多都是吃一餐饿几餐。有的连草鞋也穿不上，还要天天跑路打仗。有许多同志就是在这样的情况下身体拖垮了，子弹又打光了，最后就光荣牺牲了。

在战斗中，我们不但跟敌人斗武，还跟敌人斗智。尽管敌人诡计多端，我们也创造了许多办法来对付敌人。在一些地方当敌人强迫群众建立反共守望队等反动组织时，我们就通过秘密党员和基本群众在其中起核心作用，把这个反动组织变为“白皮红心”的组织，明里替敌人把关守口，站岗放哨，暗里却替我们监视敌人，秘密传递消息，晚上敌人来查哨时，故意把敌人当成红军，大喊大叫，装着很凶的样子，敌人反而认为他们认真负责，翘起大拇指表扬，可是当我们的人来到时，他们想方设法掩护我们，向我们提供情况，或替我们带路，避开敌人的哨所，使我们顺利地通过敌人的封锁线。有时，遇到敌人大规模“搜山”、“清乡”，我们活动有困难时，就索性住到反动地主和乡保长家里去，强制

他们来掩护我们。我们一到就包围他们的村子或房子，把他们家里最重要或最宠爱的人作人质，施之以威力，晓之以大义，向他们讲清楚：既要替我们保守秘密，又要装得像平时一样，不让别人看出破绽来；还要替我们放哨探听消息。如泄露秘密，引来敌人，我们只好把他的家当战场；如遵守我们的规定，帮助我们应付了敌人，今后还可做我们的朋友。这个办法虽然有点冒险，但在一定的时候和条件下，还是灵验的。如1937年3月19日，浙南特委和平阳县委，还有一个武装排，在平阳蒲门区行动，正好碰上浙江和福建两方面的敌人进行大规模搜山和“清乡”。当时的环境十分严重，我们就是采取这个办法，秘密住在一个保长家里，架起轻机枪，度过了紧张的一天。等到敌人搜完了山，都回到原来的据点去了，反共守望队也都回家了，我们也就安全地转移了。还有，在敌人的进攻达到高潮，我们在原来的基本地区和经常行动的山区无法活动时，我们就由山区转向平原，利用秘密工作和可靠的社会关系，钻到敌人的心脏地区去活动。如省委机关在环境紧张时，就是以瑞安县城北面的沙门山、后岗底和东区的肇平垟等地为依托，深入到永瑞水陆交通要道塘河附近活动，并在那里坚持下来。军区司令员粟裕同志在浙西南最后也是在敌人统治的中心地区汤溪、金华、遂昌之间的银坑、门阵与东坑一带坚持下来。浙南特委和鼎平、瑞平两个县委，则是在敌人重点驻守的平阳水头街附近的渔塘、凤翱一带坚持下来。原来在鼎泰边活动的浙南人民革命委员会主席郑丹甫率领一部分人员，包括在峰文战斗中负伤的余龙贵等同志，则深入到福鼎县城桐山附近的三门底坚持下来。因为敌人的进攻重点和比较注意的是我们的基本地区和一般的山区，对平原地带和敌人驻扎的大据点附近，反而不大注意。我们就利用敌人思想上的这个弱点，像捉迷藏一样，使他们找不到我们。所以我们的主要领导机关都保持下来了。但是在这场斗争中，我们的损失是很大的，人员以及基本地区都损失百分之七八十。

谚语云：“真金不怕火炼”。我们革命者也如真金一样，斗争越是

艰苦和残酷，对于我们也越是一个考验和锻炼。在这八个月的斗争中，不论是部队还是地方干部，值得赞扬和学习的英雄模范人物是很多的。比如贪生怕死的军区政治部主任刘达云叛变后，使原来随他行动的部队受到非常严重的损失，就在这个紧急关头，一个刚提拔不久的年轻的队长、共产党员范连辉同志挺身而出，把一些没有失散的同志重新组织起来，又成为一个战斗整体。在他坚强的领导下，转战于青、景、丽、云之间，克服了极其严重的困难，艰苦奋斗了五六个月，一直坚持到我们和国民党和平谈判成功后，才胜利地回到省委与主力会师。又如留在泰顺东部地区的一个后方医院，在当地干部黄明星、苏君忠同志的负责下，经过极端艰苦的斗争，胜利地保护下来了。这个医院原来有一批伤病员,大部分是 1937 年 1 月在峰文战斗中负伤的。因为部队缺医少药，分散住在冬瓜寮、小南山、天门坳等地的群众家里，用中草药治疗。二三月间部队向外转移时，轻伤病员都返回部队了，还有四五十名重伤病员不能行走。部队将这些伤病员和护卫人员一起交给泰顺县委，由当地干部黄明星、苏君忠同志负责，继续留在那一带隐蔽治疗。那个地区恰恰是敌人进攻的重点区，几乎被敌人围困得水泄不通。地方上的群众，又被强迫移民并村，搬到峰文、五里牌和玉塔等几个大据点去了。再加上敌人不断的搜山、搜村、搜屋，不得安宁。但是，这些伤病员得到了黄明星、苏君忠及黄的四个弟弟的全心全意照顾和保护。有时住山洞,有时隐蔽在森林里,吃的粮食,敷的草药都是由他们千方百计搞来。粮食不够吃，他们就将粮食让给伤病员吃，自己挖野菜充饥。转移地点时，重的伤病员由他们背着走，轻一点的由他们扶着走。出于高度的阶级觉悟和友爱精神，与这些伤病员真正做到了患难相济，生死与共。经过半年的千辛万苦，终于把这些伤病员安全保护下来，并帮助他们治好了伤病。群众中可歌可泣的事例也很多，有的群众为了保护红军战士和地方干部，历尽千辛万苦，甚至家破人亡。据解放后调查，仅福鼎一个县被敌人毁灭的自然村就有 206 个，牺牲的近两万人。

在这八个多月中，我们一面在军事上与敌人周旋，一面在政治上不断向敌人发动攻势。根据党中央关于抗日民族统一战线的方针政策，当敌人进攻一开始，我们就发表了停止内战、一致抗日的《告各界人民书》、《致国民党官兵的一封信》，后来又陆续发表了《停止内战一致抗日致国民党闽赣浙皖边区主任公署和闽浙两省当局的快邮代电》、《为团结御侮共赴国难以及和平谈判破裂告各界人士书》和《呼吁各界人士要求闽浙两省停止内战一致抗日宣言》等。

在我党主动倡议、争取下，先后与国民党地方当局进行了两次和平谈判。第一次和平谈判是在1937年5月7日开始进行的。谈判之前，吴毓同志从上海学习回来，上海中央特科让他带回当年2月10日中共中央给中国国民党三中全会的电文，送给刘英同志。他回温后与省委联系不上，就与白区工作团商量，以闽浙边临时省委和闽浙边军区名义，于3月25日发出了致刘建绪和闽浙两省当局的快邮代电。国民党接到了这个快邮代电后，4月30日在《浙瓯日报》上登了一则启事，表示同意我们的提议，建议我们派代表去和谈。吴毓、黄先河同志赶回根据地，找到省委。这时闽浙边临时省委正在平阳北港行动，就在山门乡大墩村召开了一次专门会议，讨论和决定谈判的条件和代表人选。参加这次会议的除省委书记刘英和省委委员龙跃外，还有吴毓、黄先河、董其文和郑海啸等同志。这时有了党中央给国民党三中全会的五项要求和四项保证的电报全文，我们同国民党和平谈判就有了依据。会上我们对当时的形势进行了分析，认为敌强我弱、力量悬殊，估计这次谈判成功的可能性不大。但为了宣传我党中央的抗日民族统一战线政策，扩大我党我军的政治影响，争取政治上的主动权，决定还是派代表去进行谈判。关于谈判条件，会议决定援用党中央给国民党三中全会电文内容，仅把其中的陕甘宁特区这一条文改为闽浙边特区，其他内容完全相同。去谈判的代表，决定为吴毓、龙跃和陈铁军三人，以吴毓为首席代表。后来，龙跃因事不能离开，改由参谋董其文代替。5月7日，双方代表开始在

鳌江谈判。第二天转到温州再谈。在谈判休息时，吴毓和陈铁军叫董其文为老董，国民党代表问：他不是龙跃嘛！怎么叫他老董呢？吴、陈随机应变回答说："他姓董，名字叫龙跃。"因此，后来敌人的档案里、报纸上或出"赏格"抓我，都把我叫做董龙跃。我方提出的条件，已如上述。国民党代表提出要收编我们的部队，要把政工人员集中到南京受训，然后另行分配工作。对此，我方代表坚决反对。最后，在蒋介石"停抚进剿"的手令下，谈判破裂。我方代表在民主人士和地下党组织的掩护下，安全返回省委。后来，陈铁军同志在青田一次战斗中负伤被俘，关押在衢州监狱，直到卢沟桥事变后，国民党为了要同我们举行第二次和平谈判，才把他释放回来。经过 5 月间这一次谈判，戳穿了国民党停战谋和的假面目，他们的目的，不过是企图通过谈判来达到消灭我们的目的。这当然是他们的梦想而已。

第二次和平谈判，是 1937 年 8 月 24 日开始，经过数次交谈，达成了一个协议；9 月 15 日再次举行谈判，于 9 月 16 日达成另一协议。我们第一次与国民党谈判破裂后，闽浙边临时省委向党中央作了报告，经过上海地下党及时把它转到了陕北。5 月间，党中央通过贺龙同志写了一封信从肤施（延安）寄到衢州给刘建绪（贺与刘认识）。贺龙同志在说明了西安事变和平解决的伟大意义后，在信上对刘建绪晓以民族大义，劝告他停止内战，和红军携起手来共同抗日，不要再自相残杀，致使国家民族遭受损失。刘建绪对贺龙同志给他的劝告究竟有何想法，当时看不出来。七七卢沟桥事变后，刘建绪的部队陆续调往淞沪杭前线，他从监狱里把我方的和谈代表陈铁军同志放出来了，并亲自给刘英、关英（闽浙赣省委书记）和黄道（闽北特委书记）写了一封信，交陈铁军同志带回来，表示愿意同红军和平谈判，合作抗日。他同时把贺龙同志给他的信也一起交给陈铁军同志带来给刘英同志，以表示他的诚意。刘英同志写了信连同党中央的有关文件一起，先后派专人分别送到皖南、闽北和闽东给关英、黄道和叶飞同志。

卢沟桥事变的第二天，中共闽浙边临时省委和红军闽浙边临时省军区曾经再度发出通电和宣言，表示希望停止内战，一致抗日。陈铁军同志于 8 月从衢州回到平阳北港凤林村找到浙南特委，向我们说明了他被释放回来的情况。这时，省委已不在平阳而在瑞安和永瑞边行动，而第一次谈判的我方首席代表吴毓却正在浙南特委，于是，陈铁军同吴毓一起从特委起身去省委，在瑞安东区找到刘英同志。省委决定，陈铁军随即返回衢州，转告刘建绪，我方同意举行和平谈判。8 月 24 日，我方代表吴毓、陈铁军、黄耕夫与对方代表邓讱在温州申江旅馆进行第二次谈判。这次谈判，鉴于主客观情况的变化，我们主动放弃了上次谈判提出的“将闽浙边区改为闽浙边特区”的要求，在和平统一、团结御侮的大前提下，谈判比较顺利。经过数次交谈，双方一致同意如下条件：

一、闽浙红军改为国民革命军，并根据国军编制，待遇与国军同；

二、闽浙红军在瑞安、平阳、泰顺三县边界，以峰文为中心集中，集中期限为半个月；

三、红军集中时，如遇国军与地方部队攻击，则由四省边区主任刘负责。如红军发生暴动，则由闽浙边省委负责；

四、无条件释放政治犯；

五、一切政治问题，由双方中央解决。

经双方签字后，我们即以中国共产党闽浙省委员会和中华抗日人民红军闽浙军区司令部名义，于 8 月 28 日发出《为巩固和平坚决抗敌告全国各界男女同胞书》；8 月 27 日，发布《中国抗日人民红军闽浙军区司令部通告》，部队开始集中。

9 月 15 日，刘建绪又派原代表团中的王裕先和詹行烈到平阳和我们接洽再谈，也就是举行最后一次谈判会议。谈判地点设在平阳山门街西山村一个民主人士家里。我方由刘英同志亲自主持，参加的有吴毓、陈铁军和黄耕夫，对方的首席代表邓讱因事没来，由王裕先代行首席代表职权。谈判一开始，双方争论得很激烈。争论的问题主要是：首先，

国民党代表提出闽浙红军编入刘建绪的第十集团军，具体番号为“第十集团军第一路抗日游击队”，并开赴浙北守乍浦海防。这实际上是要吃掉我们。我们没有同意，提出要请示我党中央后才能决定。对方同意留待以后再谈。第二，我们向国民党代表提出开放党禁，容许共产党及其他抗日党派自由活动以及开放言论、出版、集会，结社自由。对方说，这是全国性的问题，地方无权解决，必须由国共两党中央解决。我们同意了对方的意见。第三，部队的集中时间。对方提出的时间很紧，开始我们也不同意（这时在浙南活动的部队已基本集中，主要是粟司令员及浙西南的部队还未回来），后来考虑到对方对第一个争论问题已同意了我方意见，同时他们还告诉了我们，八路军驻京办事处已经成立，主任是叶剑英。因此，我方对对方提出的部队集中时间，也就不再争论了。谈判从 15 日下午一直谈到 16 日清晨，双方才在协议上签字。协议条文如下：

一、闽浙红军改为国民革命军，并根据任务编制；

二、红军集中地点在平阳北港；

三、红军军需与给养根据任务发给与补充；

四、集中时间自九月十七日至十月十日止；

五、无条件释放政治犯；

六、一切政治问题由双方中央解决；

七、目前的宣传工作，根据和平统一、团结御侮的原则进行宣传。

为了实现以上决议，巩固已取得的和平，省委派吴毓和龙跃随同国民党代表到衢州和杭州，向国民党主持谈判事宜的邓切和第十集团军总司令刘建绪作礼节性的拜访，并重申我们部队的行动要请示我党中央。然后到南京八路军办事处找叶剑英同志，汇报我们同国民党谈判的经过和结果，并请示部队今后的行动问题。9 月 17 日，刘英同志亲笔写了给党中央的报告，交给我们带去给叶剑英同志。

我们从山门动身时，我没有换装，还是穿的原来部队衣服，上身

是一厚一薄两件单衣，下身穿一条短裤。自己感到不协调，到了温州赶制了一套华达呢中山装，买了一顶大礼帽。一路上国民党代表对我们很照顾，一切开销包括路费全由他们负责。21 日中午我们到达衢州时，邓讱亲自到车站迎接我们。第二天中午邓讱设家宴招待。晚饭是四省边区主任公署参谋长请我们的客。整整一天都是礼节性的应酬。第三天上午，我同吴毓分开活动。他再去拜会邓讱，交谈如何实现已达成的协议问题。我去军人监狱寻找我们的同志。监狱所长听了陪同我去的人说我是红军代表，是来查看政治犯的，毕恭毕敬地向我敬了一个礼，把全部犯人的花名册拿给我看。我一页一页反复看了两遍，结果只找到杨发旺、周定球、甘世杰、刘凤玉等六位同志（还有两位同志的名字我忘记了），并同他们见了面。我把抗战军兴，国共合作，和平谈判已达成协议告诉他们，要他们安心再在里面等待几天，不久即可出狱回部队。他们高兴异常，最后我同他们一一握手告别。晚上，我们由邓讱陪同乘车去杭州。

24 日，我们到达杭州，同邓讱一起住在西湖饭店。因战事繁忙，刘建绪直到 27 日才接见我们，并设午宴招待，请了几个高参——尽是一些穿长衫马褂、指甲留得长长的老古董作陪。在接见时，邓讱作了介绍，刘建绪问我是哪里人，我随口以湖南浏阳人相答，是他的湖南同乡，他点了点头。在谈话中，他的眼睛不时看着我，这可能因为吴毓不是军人，而我才是红军中的一位干部，同他打过仗的。开始，他和我们谈了一些上海抗战情况和浙江的重要性，后来谈到国共合作，共同抗日时，他要我们的部队迅速开赴战区守乍浦海防。我们以签订协议时双方一致同意这个问题留待我方请示我党中央以后再谈相答，并说明如现在又作改变，必须经过刘英同志决定，我们不能负责。他也不好再说什么了。饭后告辞时，他要他的书记官开了一张介绍信给我们，要我们到了南京后去找湖南省政府和第四路军驻京办事处主任，他会接待和照顾的。

9 月 28 日，我们乘京杭国道汽车经过湖州和宜兴等地于下午 3 点

多钟到达南京，直到湖南省政府和第四路军驻京办事处，果然得到他们的热情招待，住在他们的招待所，并通过他们托六十师副师长替我们找到了八路军办事处。这时，南京正处在紧张的抗战气氛中，国民党政府机关忙于内迁，日本飞机天天来轰炸，总的说，积极抗战和拥护抗战的舆论占优势。我们到达南京后，从报纸上看到八路军首战平型关，消灭日军板垣第五师团第二十一旅团3000余人的胜利消息。我们受到很大的鼓舞。

八路军办事处设在南京傅厚岗陈公馆。29日下午我们到达办事处时，出来接见我们的是博古（秦邦宪）同志。他当时是党中央代表。我们把信交给他，并向他作了口头汇报，后来还写了两个简单书面材料给他，一个是我们部队和根据地简单情况，一个是与刘建绪代表谈判的经过。博古同志听了我们的汇报很高兴，他告诉我们：南方各省红军游击队将由周恩来同志同国民党军政部长何应钦谈判，准备改编为新编第四军。拟请叶挺出来担任军长。

博古同志说，项英同志在南昌同国民党谈判。我们两次派人去联系，都没有联系上，被国民党挡住了。第三次又派了人去，还没有回来。他要我们回去告诉刘英同志：部队集中后，不要下山，或者住在山边，以防止国民党阴谋袭击。在新四军组成之前，没有我博古的亲笔信，别人来调你们的部队，不要听他们的命令。10月初，我们离开南京回浙江。博古同志写了一封亲笔信把以上的情况告诉刘英同志，在信上博古同志还传达了党中央8月1日《关于南方各游击区域工作的指示》。其主要内容是：红军游击队在保存和巩固革命武装，保持党的绝对领导的原则下，可以与当地国民党进行谈判，改变番号，以取得合法地位，对于国民党的任何挑衅和进攻，必须坚决进行自卫。在达成停战协议后，应抓紧时间，大力进行训练，提高指战员的政治水平，保持过去十年艰苦卓绝的革命传统，防止国民党的收买、利诱、分化阴谋，以便在新的条件下为执行党的路线而奋斗。

我们回来经过杭州时，再去看了刘建绪，把我党中央正在跟国民党谈判成立新四军的消息告诉了他，说明我们的部队将是新四军的组成部分，在我党中央的通知和新四军军部来调令之前，我们的部队将按刘英同志原来的意见，改名为国民革命军闽浙边抗日游击总队，继续在原地集中待命。刘建绪仍要我们的部队开乍浦守海防，但没有前次坚决，他要我们回去后向刘英、粟裕两将军问好。我们于 10 月 8 日回到省委。

11 月初，刘建绪派邓切和詹行烈到我们部队来拜访刘、粟。经商谈后，我们部队的给养费改由平阳县政府每月发给 1.4 万元。为了加强对各方面的联系，我方在温州设立国民革命军闽浙边抗日游击总队驻温办事处。从 10 月开始，我们被俘和被捕关押在衢州、温州、平阳和瑞安等监狱里的一些同志也陆续释放回来了。此后，我们跟国民党的联系往来，即转为与地方当局打交道了。

综观这次同国民党闽赣浙皖四省边区主任公署的和平谈判，中共闽浙边临时省委对党的政策的原则性和灵活性是应用得比较好的。总起来说，就是：为了抗日，部队改变番号；但保持了党的独立性，保持了部队的独立性，保持了党对部队的绝对领导权。这是完全正确的。

我们跟国民党和平谈判成功，胜利地结束了红军挺进师坚持浙江和浙闽边的三年游击战争。从此，我们的斗争进入了一个新的历史阶段，即抗日民族革命战争的阶段。

三年游击战争的胜利结束，我们高兴，广大革命群众也高兴。在三年游击战争中，我们几乎天天同国民党军队作战。我们进入浙江以后，经历过两次大发展，也遭到过国民党两次大“围剿”，他们两次投入的兵力都超过我们几十倍，但两次我们都把它顶住了，坚持下来了，从而完成了挺进师组成时党中央所给予我们的光荣任务。三年游击战争的成绩是巨大的，主要是：

在浙南和浙闽边开展了广泛的游击战争，包括浙江的处州、金华、衢州、温州、台州、绍兴和福建的建阳、福安共八个行政区，计 32 个县。

这就是庆元、景宁、龙泉、遂昌、松阳、宣平、云和、丽水、青田、缙云、永康、东阳、武义、金华、汤溪、龙游、衢县、江山、永嘉、瑞安、平阳、泰顺、仙居、天台、黄岩、新昌以及福建的浦城、建阳、松溪、政和、寿宁、福鼎。特别是把游击战争打到金衢盆地和浙赣铁路沿线，冲击了国民党的心腹地区，大大地扩大了党和红军的政治影响。当主力红军实行伟大的战略转移，方志敏同志率领的红军北上抗日先遣队在怀玉山失败之后，国民党蒋介石吹嘘所谓红军消灭了，他们胜利了。可是正当他们兴高采烈之际，红军挺进师却打到他们的所谓“素称平安之区”的浙江老家来了。我们的胜利消息不但传遍了全浙江，而且震动了南京，这说明红军挺进师在浙江开展游击战争意义之重大。我们在三年游击战争中，消灭了一些国民党部队，给了浙江省的统治阶级以很大的威胁和打击，吸引了大量的国民党正规军其中包括蒋介石的王牌军到浙江来同我们作战，在战略上起了配合主力红军长征和南方各省游击战争的作用。

在三年游击战争中，我们贯彻执行了党的民主革命和抗日民族统一战线的方针政策，广泛发动和领导群众开展了反对国民党卖国投降和地主阶级压迫剥削的各种革命斗争，建立了浙西南和浙南游击根据地，建立了党的各级组织和各种群众革命团体。在各界人士中开展了广泛的抗日民族统一战线工作，促进了抗日救亡运动高潮的到来。特别重要的是在频繁的游击战争中保持和锻炼了部队，丰富了游击战争的经验。抗日战争爆发后，这支部队成为新四军的组成部分之一，为在大江南北开展抗日游击战争提供了重要的经验。同时为浙南党组织长期坚持敌后斗争奠定了基础，也是浙江人民今后长期坚持斗争的依靠和革命胜利的希望。

红军挺进师在三年游击战争中，主动配合闽北、闽东红军游击队作战，并在干部、武器和经济等方面支援他们，把大量敌人吸引到自己的周围，在浙江省顶住了敌人的主力，减少了敌人对闽北、闽东的压力，在一定程度上支援了这两个革命根据地。当然，我们也得到过闽北、闽

东的支持和援助，特别是在最困难的时候，闽北，闽东起了我们的后盾作用。这是要衷心地感谢闽北、闽东的党组织、红军游击队和广大革命群众的。

五　红军挺进师改变番号、集中训练与开赴前线抗日

我们同国民党第二次和平谈判达成协议后，原红军闽浙边临时省军区所属的红军挺进师和地方武装人员便陆续在平阳北港集中待命。同时，为了把全国第二次国共合作的消息迅速转告邻近各兄弟游击区，闽浙边临时省委先后派陈铁军、余龙贵和苏斗正三同志分别到皖南、闽东和闽北送信给闽浙赣省委书记关英和叶飞、黄道等同志，向他们通报了情况，并告诉他们，国民革命军第八路军已在南京设立办事处，请他们马上派人去南京八路军办事处取得联系，接受党中央的指示。

我们的部队原来分散在较大范围内活动，上下之间又没有固定联系，要一下子集中起来很不容易。加之，粟裕同志和谢文清同志单独地跟国民党遂昌县政府进行了谈判，这以后才把在浙西南坚持斗争的50余人集中起来，带到平阳来。因此，部队集中的时间拉长了一些，从8月初开始到10月中才集中完毕。经过八个多月的艰苦奋斗，2800余人仅剩下300余人。集中以后就在凤翱乡凤林村召开全体指战员大会，将部队番号改为“国民革命军闽浙边抗日游击总队”。下辖四个中队（其中一个是教导队），后来扩大新战士又成立了一个新兵队，共五个中队。大会由我担任主席，刘英、粟裕同志讲了话，说明国共合作和部队改变番号的意义，号召大家坚决执行党中央的抗日民族统一战线的方针政策，保持和发扬红军的优良传统，服从命令听指挥，加紧训练，准备开赴前线杀敌。本来，我们的帽徽是红五角星，这时每人发的帽子是“青天白日”的帽徽。我在大会上说：“我们原来的红五角星帽子是光荣的，

现在改变番号换上这项新帽子，是为了国共合作，同全国军队一起，共同抗日。但我们光荣的革命历史和传统不能忘记，大家把红五角星帽子好好保存起来，不要丢失了。”全场热烈鼓掌，表示赞同。我们在与国民党谈判之前，特别是在第二次谈判开始时，就在机关和部队中反复进行了抗日民族统一战线的政治思想教育，工作做得比较深入，所以部队改变番号比较顺利，没有发生什么问题。在这次大会上，全体指战员精神饱满，“拥护党的抗日民族统一战线政策”，“发扬红军的优良传统”，“坚决执行三大纪律八项注意”，“打倒日本帝国主义”，“打倒汉奸卖国贼”，“中国共产党万岁”，“中华民族万岁”等口号，响彻整个会场。

部队集中后的首要任务，是抓紧时间进行军事政治训练，提高指战员的军事政治水平，以利在神圣的民族革命战争中，更好地保持和发扬过去十年艰苦卓绝斗争的革命传统和游击战争的专长。部队由开始集中到出发抗日以前，军事政治训练都抓得很紧，每天三操两讲，有时还搞军事演习。因此，政治水平和战术；技术都提高得很快。与部队集中待命的同时，地方工作干部也在平阳北港集中，进行休整。

因为省委工作很忙，又缺乏人手，我奉命回到省委机关负责地方巡视工作，并兼管部队的政治保卫工作。浙南各县县委由省委直接领导。

抗日民族统一战线是党的一个伟大的战略转变，在新的历史条件下，每一个共产党员和红军战士，特别是负有一定领导责任的党政军干部，如何重新学习革命的理论和党的政策，如何正确认识民族解放战争赋予自己的特殊使命，从而使自己的思想和行动能够适应新的历史情况的发展和变化，这是当时每个同志都渴望解决的问题，也是领导上必须抓紧时间进行的一项极端重要的工作。因此，从部队集中到出发抗日前的这一段时间，省委和总队部除了加紧练兵外，粟、刘两位首长还亲自主持开办了三期军政干部训练班。

第一期干训班学员 20 余人，以军队干部为主，训练时间十天左右。第二期干训班学员十四五人，是浙西南和浙东南两地区的干部，时间半

个月左右。第三期干训班学员十七八人，都是浙南的干部，时间也是半个月左右。这三期的学员，都是部队和地方上比较负责的干部，军队是连级以上，地方是县级以上。第一期干训班我参加了一段时间，后因公外出，没有参加到底。第三期干训班我是班主任又是学员，这一期，粟司令员在办抗日救亡干部学校，所有课程全由刘英同志主讲。这三期干训班的教学内容，基本精神都一样，三条大题目：一是民族矛盾和阶级矛盾，国际主义和爱国主义的关系；二是坚持抗日民族统一战线和坚持党的独立性的关系，三是公开工作和秘密工作的内容和相互关系。这三个问题都很重要，都是我们要下功夫学懂的。那时我们干部的阶级立场都比较坚定，就是文化水平低，理论水平更低，因此学习时困难就比较大。譬如在学习第一个问题时，什么叫矛盾？就不懂。记得还是粟司令员讲了个故事："古时候有个卖武器的人，既卖矛又卖盾。他夸耀自己的矛对什么盾都穿得通，简直是无法抵挡得了的；他又吹嘘他卖的盾是什么矛也穿不透的，是最坚固不过的。旁边有个人不服气，出来将了他一军，问他说：'以子之矛攻子之盾如何？'他哑口无言。"这样，才给大家开了窍，粗浅地懂得了矛盾就是统一体中的两个对立面，民族矛盾上升为主要矛盾，国内阶级矛盾就下降到次要和服从的地位。通过学习，我们还明白了这样一层道理：共产党员必须是爱国主义者，国际主义者，又必须是民族战争论者。我们的口号是反对日本，保卫祖国，为祖国而战，为民族独立而战，只有民族得到了解放，国家保持了独立完整，才能谈得上无产阶级和劳动人民得到解放的问题。那时我们都是20多岁的小伙子，上进之心很切，学习都很认真。我和另几个同志还学点政治经济学，讨论时发言热烈，从"辛迪加"、"托拉斯"等陌生古怪的名词直至党中央的路线、政策，只要有不同意见，就展开争论，往往争得面红耳赤，甚至吃饭时端着饭碗也还在争个不停，直到把问题搞懂为止。这是当时学习中的好现象。凡是经过干训班学习的同志，政治、理论水平都有很大的提高，这对于后来我们在新的环境中开展工作，在

浙南坚持艰苦的斗争，是有很大帮助的。

在第一期和第二期干训班之间，即1937年11月底，闽浙边临时省委在平阳凤林村召开了第十二次扩大会议，由粟裕同志作抗战形势的报告，刘英同志作三年游击战争最后八个月的斗争总结和部署抗日战争新形势下的新任务。参加这次会议的除省委委员外，有部队连级以上和地方县级以上的干部。温州白区地下党也有三位同志参加，其中两位是工人支部的代表，另一位是学生支部的代表。因为原来的省委委员仅剩下刘英、粟裕、谢文清、龙跃四人，在这次会议上增补了两名当地干部陈昌会、林辉山为省委委员。

经过了国民党顽固派的八个月的残酷“围剿”，地方工作受到相当严重的损失，地方脱产干部十之八九在斗争中牺牲了，500余人只剩下六七十人。省委第十二次扩大会议后，对各地干部重新进行了配备。浙南地区恢复了福鼎、鼎平与泰顺三个县委，并成立了浙闽边委，撤销了原平阳县委建制，将原瑞平县委改名为平阳县委，瑞安县委仍按原建制。各县委干部都分别回到各自的地区工作。当时的形势很好，党在群众中的政治影响日益扩大。为了不失时机地恢复与开展工作，浙西南和浙东南两个特委的干部，于1938年元旦过后，以国民革命军闽浙边抗日游击总队救亡宣传团的名义分别回到以上两地工作。

在部队集中待命的过程中，有些原来在国民党监狱里被释放出来的外地党员，也先后到平阳来找党的关系或由上级介绍来浙江工作，其中有张贵卿、张三扬、陈雨笠、宿士平等同志，都由闽浙边临时省委分配在部队和温州、丽水等城市工作。

考虑到将来斗争的需要，解决干部不足的问题，闽浙边临时省委还以“国民革命军闽浙边抗日游击总队”的名义，于1938年1月初到3月中旬开办了一个抗日救亡军政干部学校。学校办在平阳山门街畴溪小学，所以又叫“山门抗日救亡干部学校”。学员200多人，大部分是温州各中学的学生，还有从处州、台州和上海等地来的大、中学生。校

长由粟裕同志兼任，副校长黄先河同志，教育长黄耕夫同志，教员有孙克定、张忍之、陈雨笠、宿士平等同志。四门课程：哲学、政治经济学、抗日民族统一战线和游击战术。粟裕同志亲自讲课，讲游击战术。刘英同志也经常到干校讲话。学员的学习情绪很高，很活跃。除了听课和军事训练外，还经常到附近农村作群众工作。后来还组织了一个巡回演出团，用了一个多月的时间，到平阳及附近几个县进行救亡宣传演出。

国民党很注意我们这个学校，特务机关还派遣了后来破坏浙江省委机关的陈家壁混到救亡干校来，收集我党我军情报，企图暗杀我党我军领导人。不久，经过学生的检举，就被我们破获了，从他的行李中搜出了两把匕首，立即驱逐他出干校，并公开登报揭发。这件事充分说明，国共两党虽已合作，共同抗日，但国民党亲日派的反共行径并没有停止。

救亡干校只办了一期。结业后，一部分学员分配到部队，在政治处的领导下组成一个政宣队，共有二十四五人，队长为陈雨笠，随部队到前方工作。大部分学员留下来，由省委分配到浙江各地的公开和秘密的两条战线上工作。有不少同志今天都成了党的负责干部，如交通部副部长程望，军事艺术学院的林谷，中国科学院上海药物研究所的董南才，江阴造船指挥部的易丁，江西共产主义劳动大学的马朝芒，以及现在浙江工作的周飞、邱清华、徐寿考等同志，还有作家林斤澜（鲁林杰）也是从山门抗日救亡干校出来的。

1938 年初，新四军军部两次来电报催调我们的部队去皖南集中，而部队并没有开拔。原因是，上年 9 月底我和吴毓同志到南京八路军办事处，博古同志曾写信给刘英同志交待过，没有他的亲笔信，部队不能调动，而这时候八路军办事处和博古同志并没有来信。为了弄清原委，省委于 2 月中旬派我和余龙贵同志到武汉八路军办事处请示部队今后的行动问题。我们经过南昌时，在书院街仁和里找到新四军驻南昌办事处，得知新四军军部就在南昌高家巷。办事处主任涂振龙带我们到军部去见副军长项英同志。我过去在中央苏区见过项英同志一次，现在他还

是过去的老样子，穿一套灰布军装，人朴素豪爽，没有架子。我们一去，他就紧紧地握着我们的手连声说："你们是刘英派来的？很好！你们在浙江创建了新的革命根据地，我们很高兴。现在各地都派人来过，只等你们来。"我们向他扼要地汇报了浙江国共和平谈判、红军挺进师集中训练和浙南游击根据地的地理位置等情况，还谈到我们带着刘英同志给博古同志的信，要到武汉去。这时，项英同志正要到长江局去开会，他说："你们去年在南京给博古的报告我看到过，现在中央决定成立了东南分局统一领导东南各省工作。刘英给博古的信由我带去好了，你们不必去武汉，在南昌等我回来再说。"因此，我们就把刘英同志的信交给了项英同志，并表示完全拥护东南分局的领导。我们在南昌耽搁了十多天，没有事，就出去跑街，看戏看电影。那时的电影包括新闻纪录片多数还是默片。我这是第一次看电影，觉得电影比戏更有吸引力。其间，我们去看了军部供给部长宋裕和同志，他是从延安派到新四军工作的。过去在中央苏区时，他与粟裕同志很要好。去年 9 月我同吴毓同志在南京向博古同志汇报时，说到粟裕同志和省委失掉联系，几次派人出去没有找到，还继续派人在找。因此，党中央对粟裕同志很关心。这次我和余龙贵同志向项英同志汇报时，汇报了粟裕同志在浙西南坚持斗争，安然无恙，现在他已回到省委和刘英同志在一起，正在加紧培养干部和训练部队。军部把这个情况报告了党中央和毛主席，宋裕和同志对我们说："毛主席已回了电报，他知道粟裕同志平安，很高兴。"可见当时党中央和毛主席对南方各根据地的红军部队、对高级干部是很关心的。之后，我们又到军部副官处看了副官长，他给了我们每人一副新四军的臂章和符号，军衔是中尉副官。这是我第一次顺便当了一个"官"，可惜这个符号后来遗失了，不然的话，倒真是一件难得的纪念品。

项英同志从武汉回到南昌后，第二天就找我们到军部去谈话。他对我们说："浙江部队的编制、集中地点以及今后浙江工作安排，长江局和东南分局统一了意见，作了专门决定。东南分局决定派组织部长曾山

同志跟你们一道去浙南，向刘英、粟裕传达。你们就去找曾山同志，他已经知道了这件事。”这时已是 2 月底了，第三天我们同曾山同志接洽后，第四天就离开南昌回平阳了。

曾山同志的名字，我在中央苏区时就很熟悉，知道他是江西省苏维埃政府主席，是一位斗争历史很长的高级领导人。只是那时我在主力红军中，他在地方上担任领导工作，没有见过他的面。在回浙江的前一天上午，我同余龙贵同志去看他，并向他简单汇报了浙南游击根据地和部队的情况，他听了很高兴。曾山同志为人忠厚朴素，待人诚恳热情，像老大哥对小弟弟一样对待我们。他身材高大，穿着皮大衣，戴着皮帽子，很威武，路上上车下车，上船下船，国民党军警对他都很注意，以为他是从北方来的一位大军官。曾山同志是从延安来东南分局的，我们很喜欢同他闲谈，总想从他那里多得到一些教益。在谈到中央苏区第五次反“围剿”时，曾山同志说，红军第五次反“围剿”失败是王明路线造成的，如果不是毛主席被排挤，而是由毛主席来领导，红军不但不会离开中央苏区，而且会像一、二、三、四次反“围剿”一样打败蒋介石的。曾山同志还谈了他到苏联去学习的一些情况，这对我们很有启发和教育意义。我说：“你是主力红军已经长征、中央苏区失败之后才离开江西的。你在那样严重的环境里坚持斗争，真危险真辛苦呀。”他说：“我不辛苦，你们留在南方坚持三年游击战争才辛苦哩！”接着，他问我们是怎样从江西打到蒋介石的老家来的。我讲了北上抗日先遣队失败之后，红军挺进师的组成和胜利到达浙江以及在浙江建立游击根据地的大体经过。他说：“我在莫斯科时看到过苏联《真理报》用大字登载你们在浙江打胜仗的消息。”苏联，那时候在我们的心目中是革命的圣地。听了曾山同志这些话后，我更觉得苏联了不起，连我们在浙江打游击的消息也知道，还登在《真理报》上，这是从来未曾想到过的，我感到很光荣，心里有说不出的高兴。一路上，我们本应是曾山同志的保卫者，可是曾山同志却处处照顾我们，真使我不好意思。记得从南昌回浙江的

那一天早上，我们从办事处到了大街上，我去喊黄包车，因为缺乏经验，将随身带的一只小皮箱放在马路上，人跑得老远。曾山同志却一声不响，走去站在皮箱旁边，等我喊车子回来，他才把箱子交还给我。曾山同志这种谨慎、朴素和关心同志的品质与风度，给我留下了深刻的印象。

曾山同志来浙南，部队上上下下都高兴极了。曾山同志到达时，粟、刘首长率领部队的全体指战员和救亡干校的全体师生，排列在山门街外的道路两旁，吹军号、放鞭炮，夹道欢迎。曾山同志在根据地住了五天，与刘、粟开过多次会议。据我知道，他除了谈目前抗战形势和党中央对南方游击根据地的指示外，对我们部队和浙江的工作，主要传达了三条，大意是：（1）浙江红军部队编为新四军第七团队，集中地点为皖南泾县章家渡，部队应及早出发；（2）浙江地理位置重要，原来的游击根据地不能放弃，要留下一些人在浙南继续坚持；（3）为了适应新的形势，撤销原闽浙边临时省委，成立浙江临时省委，待中央批准后为正式省委。原来省委两位主要领导人，一个带队去前方，一个留下继续领导浙江工作。经刘、粟交换意见后，确定粟去前方，刘留在浙江。原红军挺进师和闽浙边临时省委一批主要干部，其中有谢文清、龙跃、张麒麟、林辉山、郑丹甫和吴毓等同志也都同刘英同志一起留在浙江工作。

我在部队中说起曾山同志的情况，当大家知道曾山同志在苏联学习过两年去年才回来时，就要求他作目前形势和苏联见闻的报告。曾山同志很谦虚，开始不肯讲，因为大家要求殷切，他才在救亡干校大礼堂向干部和学员讲了一次话。谈了抗战形势，党的抗日民族统一战线政策，也谈了一些苏联的情况。他说，苏联农村已普遍建立集体农庄和国营农场，重工业很发达。“五一”国际劳动节，他在莫斯科时被邀请到红场观看过军队检阅和群众游行，红军很强大，有很多新式武器。他说我们中国红军即现在的八路军、新四军在抗日战争中也会强大起来的。他还说到他和另外两位领导同志一起回国前，斯大林同志接见过他们。斯大林对他们说：“中国革命已经走向高潮，你们回去要跳到高潮中去游泳，

但要当心不要被水淹没了。”曾山同志对大家还讲了许多鼓励的话，大家听了报以热烈的掌声。

经过曾、刘、粟商量，几个人问题原则上定下来以后，有关今后浙江工作的安排和其他一些问题，还需要刘英同志亲自到东南分局去汇报，接受指示。3 月上旬，刘英同志随同曾山同志一道去南昌，省委的工作交给我临时负责。

为了有利于今后浙江工作的开展，同时也为部队出发抗日尽可能地争取到国民党的一些资助，刘英同志经过金华时，与浙江省政府主席黄绍竑进行过一次会谈。同去的有曾山同志和省委统战部副部长吴毓同志。刘英同志除告诉黄绍竑我们的部队即将开赴皖南集中外，还向他提出了如下建议和要求：

一、为了照顾部队家属和处理今后我党我军在浙江的有关事宜，以巩固和扩大国共两党团结合作、共同抗日的事业，建议在平阳设立新四军后方留守处，在温州设立新四军通讯处，在丽水设立新四军办事处。

二、由于我军过去一直处在艰苦的环境中，物质条件很差，现在要开赴国防前线与日本侵略军作殊死战，要求省政府发给我军 500 支步枪、十万发子弹和 1000 套军服。

此外，把吴毓同志作为共产党派在浙江的代表介绍给黄绍竑认识，以便今后有事好与他打交道。

对刘英同志提出的两点意见，第一点，黄绍竑答应了，第二点，只答应发给子弹五万发、军衣 1000 套。

准备就绪后，原红军挺进师 500 余人，由粟裕同志率领，于 1938 年 3 月 18 日由平阳山门街出发，在根据地广大群众热烈欢送与惜别声中，奔赴江南前线杀敌。（新兵连 80 来人约迟一个多月出发）中途经过云和县大港头时，黄绍竑专程从金华赶到丽水碧湖会见粟司令员，再由粟司令员陪同到大港头检阅我军，基本上实现了他和刘英同志会谈时许下的诺言，发给我军部分军衣和子弹。部队经过遂昌时，与遂昌县政府

共同召开过一个盛大的军民联欢大会。部队到达皖南后，根据军部决定，又由第七团队改为第二支队第四团第三营，粟裕同志为第二支队副司令员。现在中国人民解放军第二十三军中人们称之为“老三营”的部队，就是当年浙南的子弟兵，它的前身是红军挺进师，也就是方志敏同志在大革命失败后领导赣东北农民暴动所创建的红军第十军团的一部分。

选自龙跃:《坚持浙南十四年》，浙江人民出版社1987年7月第1版，第8—88页。

龙跃，原名龙兆丰，1912 年生，江西万载人。1930 年参加中国工农红军，1933 年加入中国共产党。南方三年游击战争时，任红军挺进师特务队政治委员、中共浙南特委委员兼鼎平中心县委书记、浙南军分区政治部主任、中共闽浙边临时省委委员、中共浙南特委代理书记。新中国成立后，曾任华东军政委员会委员，中共温州地委书记，浙江省委农委副书记、省农委副主任，浙江省供销合作总社主任，上海汽轮机厂党委书记，上海市工业生产委员会副主任，政协上海市第五届、六届委员会副主席，政协第五届全国委员会委员等职。1995 年在上海逝世。

山高志更高

刘亨云

一

1934年冬，红军北上抗日先遣队各路会师于皖南。孰料，在安徽黄山东麓谭家桥战斗失利，随之陷入被动。敌约20个团的兵力，乘势向我疯狂追击。我虽几经奋战，给敌以较大杀伤，但终因敌我力量悬殊，未能摆脱被动局面。1935年1月，先遣队在经过开(化)婺(源)德(兴)苏区返回闽浙赣苏区时，又一次陷入敌重重包围，被迫在怀玉山与数倍于己的强敌展开了一场殊死的血战。

当时，我是红十军团（即后一阶段的红军北上抗日先遣队）二十一师五连连长，上任才一个多月。算起来，我参加红军已有五个年头，但带兵打仗还是头一回。那年我21岁，身强力壮，有一股初生牛犊不怕虎的劲头。当接到战斗命令后，我就立即带领全连同志直奔战斗地点。

怀玉山一战我军损失非常严重。军团主要领导人方志敏、刘畴西落入敌手，我们的团长乔信明也被敌人俘虏了。军团主力部队除了一小部分突围到皖南以外，再就只有我们这些回到闽浙赣苏区的少数人员，其中我连是唯一的建制步兵连。就这样，我红军北上抗日先遣队，在蒋介石反动派疯狂的追堵和围攻下，又加上我们指挥上的失误，不幸失败了。

失败给我们带来了巨大的悲痛。我们吃不下饭，睡不好觉，常常在

梦中哭醒。但是，红军战士的革命信念和意志是绝对打不垮的。正如方志敏同志曾经对我说过的那样：革命是消灭不了的！我们并没有一蹶不振，我们要爬起来继续战斗。连里的同志们几次三番地找我，要我去向上级请求任务。有的同志咬破了指头，用鲜血写下了自己的战斗誓言。

1935 年 1 月下旬，根据中央的电示，以怀玉山突围出来的部队和先遣队的先行部队为基础，组成了中国工农红军挺进师，任命粟裕同志为师长、刘英同志为政治委员，率部向浙江南部进军。于是，我们这支 500 多人的队伍又肩负起完成先烈们未竟事业的重任，高举起革命的火把，去开辟新的战场。整编中，我们连被编为第一支队，由我任支队长。这个支队，在全师向浙西南挺进中，随师部行动；在许多次战斗中，都由师首长直接指挥。

1935 年 2 月 27 日傍晚，红军挺进师从赣东北苏区出发，经灵山向南挺进。临行时，群众和地方干部赶来为我们送行。因为前面和左右都有敌人，不能大声说话，军民们用热切的目光互相交流着内心的情感，传递着衷心的祝愿。当我们登上山顶，回首顾盼时，只见乡亲们还在朝我们挥手致意。我禁不住心头一热，视线模糊了……

当夜，我们连续冲破几道封锁线，于第二天早晨到达信江北岸。这条江是敌人在赣东北苏区的最后一道天然封锁线，江面宽达二三百米，眼下是旱季，有的地方只有五六十米宽。敌人大概以为闽浙赣苏区的红军基本上被消灭了，压根就没想到我们会出现在这里。因此江边没有驻军防守，碉堡都成了空“乌龟壳”。我们设法弄到了十几条船，顺利渡过信江，并占领了对岸敌人修筑的碉堡工事。

我一支队是担负全师的前卫。一路上，我们放火烧毁了敌人的好些“乌龟壳”，还破坏了从河口到上饶之间的一些电线杆，以及沿途的公路、桥梁。一天一夜，部队疾行近百公里，像一把利剑，直插武夷山区。

3 月 1 日早晨，我们刚上路，就发现前面山头上约有一个营的敌人挡住了去路，并向我们发起攻击。粟裕师长当即命令我一支队向拦截之

敌发起冲击，打开通道。这伙敌人隶属江西省保安团，战斗力不强，接火不久就被击退了。我们猛打猛冲，追出三四公里，俘获了一部分敌人。

胜利突破敌人封锁线和初战的胜利，给了我们以极大的鼓舞，同时也给苏区人民和沿途群众带来希望和信心。与此相反，国民党反动派则大为震惊。

阳春 3 月，春风把山山岭岭染得一片葱绿，红艳艳的杜鹃花点缀在绿荫丛中，像一团团火苗在燃烧。为了适应战斗需要，支队扩编为纵队，我们一支队归第一纵队领导，我仍担任第一支队队长。我们沿着江（山）浦（城）公路，大踏步地向浙西南挺进。不久，部队胜利地到达龙泉县境，旋即以迅雷不及掩耳之势，一举歼灭了驻守在源头的浙江保安基干队的一个排。之后，我们又在庆元、景宁、松溪、政和、寿宁、泰顺一带接连打了几个胜仗。尤其是斋郎战斗，打败了浙保第一团、闽保第二团和千余名“大刀会”会徒，打伤敌团长李秀，歼敌数百人，缴获一批枪支弹药。这是我们进入浙江后的第一次以少胜多的大战斗，也是我们在浙江站稳脚跟的关键一仗。此仗告捷，不仅改变了敌闽、浙保安团对我军前堵后追的态势，而且迫使敌人由攻势转入了守势。

正当红军胜利进军的时候，我的腿部不幸在一次战斗中负了重伤。开始时，由战友和民工们用担架抬着我走，后来由于行动不便，组织上决定我打埋伏在松阳县玉岩区斗潭村一位老百姓家里养伤。房东叫卢子敬，据说曾在日本留过学，思想进步，参加过浙南地区的农民暴动，受过红十三军的影响，拥护我党我军的主张。他和安岱后的陈凤山、陈丹山，同是这一带青帮组织的首领，在当地群众中很有威望。青帮虽然是一种带有封建色彩的帮会组织，但其中绝大部分的成员都是贫苦农民和手工业者，有强烈的革命要求，是拥护红军的。我们红军初到这里，人生地不熟，正是由于他们的合作与支持，我们才有了依托。这对浙西南游击根据地的开辟，起了很大的作用。

我住在他家里养伤，得到了他和他的亲人的热情关怀和照料。因

为没有药物治疗，我的伤口发了炎，直淌脓水。卢先生就拿了畚箕，接来了热牛粪，把它敷在我的伤口上。他怕我不放心，便对我解释说：“牛吃百草，其中有些是消炎拔脓的草药，又经过牛的肠胃吸收和过滤，等于是消了毒，可以治伤。”当时我半信半疑，可后来真的见效了呢，不到一个月时间，我就能下地走路了。

养伤期间，我和卢先生结下了深厚的友谊，两人经常在一起谈论革命道理。他还不时向我反映一些当地的情况，陪我到各地做群众工作。不久，他光荣地加入了中国共产党，成了浙西南游击根据地的第一批本地干部中的一员。

当时，由挺进师供给部副部长杨干凡担任团长的地方工作团在我养伤的附近地区活动。我不等伤部痊愈，便主动去找他，要求分派我的任务。杨干凡要我和他一起做群众工作。这以后，我们就在卢子敬的支持和帮助下，进一步发动群众，组织群众，杀了几个有民愤的土豪，分了他们的粮食和财产，并在斗争中逐步建立了苏维埃政权以及赤卫队、少先队、农民协会、妇救会等革命组织。不久，我担任了一段时间的玉岩区委书记（后为陈凤山）兼松遂游击队队长。这支游击队开始只有几十人，很快发展到 400 多人；玉岩方圆四五十公里地区的群众运动也有了蓬勃的发展。安岱后、斗潭村一带成了浙西南游击根据地最早的一个基点。

同年七八月间，我挺进师在浙西南的广阔地域内，进行了一次大规模的“八一”示威活动，极大地扩大了红军的声威。革命斗争的烈火，燃遍了整个浙西南，形势大好。

我红军从怀玉山失败到浙西南告捷，前后还不到半年的时间。这使我们更加坚定了一个信念：红军是打不垮的，胜利永远属于为真理而斗争的人们!

后来我们听说，方志敏同志在狱中获悉挺进师的胜利消息时，高兴得流下了热泪。他向敌人自豪地宣告：

“共产党完全有能力领导红军打到底，并夺取新的胜利！”

然而，革命的道路是曲折的。正当我们在浙西南初创局面的时候，蒋介石气急败坏，又调集重兵，向我挺进师发起大规模的进攻。

二

浙江，是蒋介石的老巢，是江浙财阀赖以存在的基础；在臭名昭著的四大家族中，浙江便占了蒋、陈两家。蒋介石统治集团中的主要成员，有不少是浙江人。红军挺进师进入浙江后，引起反动统治阶级营垒的极大惊慌，迫使蒋介石不得不将“闽赣浙皖四省边区剿匪总指挥部”从江西上饶移驻福建南平，不久又移驻浙江江山，并调来罗卓英的十八军等部，共计30多个团的兵力，从三面向我军加紧进攻，企图将我挺进师围歼于龙泉、松阳、遂昌、云和四县之间。

不久，罗卓英的十八军逼到了玉岩一带。这时，我主力部队已经转入外线作战。当地只有我们这支游击队，其中只有三个老红军：一个是杨干凡，一个是外号叫盐山佬的战士，另一个就是我。他们两人有一支短枪和一支步枪，而我因为原来是留下来在老百姓家里养伤的，没有带武器，只能和别的队员一样，使用大刀长矛。由此可见，我们这支游击队，其实是农民赤卫队，尽管大家热情很高、斗志旺盛，但如果硬打硬拼，非要吃亏不可。经与杨干凡研究，决定避实就虚，暂时撤离根据地，突围去找主力部队。

深冬的一天，我们三个红军战士带领着两百名农民游击队员，向龙泉、江山、浦城方向出发了。卢子敬和地方工作团的其他同志留下坚持斗争。后来听说，他和其他同志都先后在战斗中壮烈牺牲了。这位知识分子成长为共产主义战士的经历，是很发人深思的。现在，几十年过去了，我还是经常想起他，深深地怀念着他。

经过昼夜不停的奔走，一天，我们来到了浙西南根据地的中心王村口。谁知这里已经被敌人占领了。于是，我们又立即绕过王村口，来到江山、遂昌交界的插坑附近的一个小山村里。当时已是薄暮时分，我们估计已经突破了敌人的包围圈，同时又考虑到部队实在太饿太累，便决定就地宿营，搞点吃的，让大家休息一下。

半夜里，我们睡得正熟，突然被一阵激烈的枪炮声惊醒了。我一骨碌跳起身，连忙集合队伍，组织战斗。但敌人来势凶猛，追击炮、机枪都用上了。绝大部分农民游击队员从未经过这样的场面，加上情况来得突然，队伍很快被打散了，只剩下我们三个红军。我们掩护大家撤退后，也不敢恋战，杀出一条血路，朝插坑方向突围，经过云和县茶园、龙头坝、江坑等地，到达龙泉县碧砻与碧源之间的大山里。

这一带山高林密，人烟稀少，且与福建省相邻，比较隐蔽。当地群众受过闽北红军和北上抗日先遣队的影响，对红军有感情。我们在浓荫深处一户山民家里打听到一些情况，并受到了他们的热情接待。

这是一户穷苦人家，姓杨，一家四口全靠种苞萝和香菇为生。户主40开外年纪，我们管他叫杨大叔。当我们说明来意之后，杨大叔连连摇头说："你们现在不能走，二十八都、住溪、碧砻、王村口都有敌人。我看还是先在这里住下来，等打听到红军的下落后再说。"他说的不无道理，但我们又怕连累他。他大概看出我们的心思，生气了，连说我们看不起他。盛情难却，我们只得暂且住了下来。

第二天，杨大叔把我们送到离他家一二公里远的一个香菇棚里。我们就在敌人的眼皮子底下，日夜等待着归队的机会。

冬去春来，我们仍然没有打听到部队下落，心里都很着急。尤其是盐山佬，急得像火烧屁股似的，整天吵着要离开。我也觉得这样光等不是个办法，但又担心盲目行动会出问题，心里很矛盾。杨干凡到底是老同志，比我们看得远，想得深，他总是乐呵呵地劝慰我们要耐心等待，并把我们三人比作是冷灰里的火星，总有一天会蹦出来燃起冲天大火

的。他是湖南人，矮而健壮，络腮胡子，性情爽朗，是个不知疲倦的硬汉子。他经常一边抽着树叶卷成的烟，一边给我们讲革命故事，使清冷的生活增添了几分乐趣，也让我们从中得到教育和启迪。

杨大叔常来看望我们,给我们送吃的,告诉我们山外的情况。一天，他兴冲冲地给我们带来一个盼望已久的消息，说是在住溪那边发现有红军。我们高兴极了，连忙派盐山佬去打听情况，并做好了归队的准备。谁知盐山佬一去不见回还。究竟是被敌人抓走了，还是回到闽北苏区老家去了，至今仍然是个谜。

又过了一些日子，有一天听杨大叔说，有一支红军队伍已经来到他家里了。我和老杨立即跑步前去，一问，果然是自己的队伍，共有 30 多人，都是二纵队的。虽然同他们互不认识，但见了面，都像见到久别重逢的亲人一样。当下我俩决定跟着队伍走。可是由于刚才来的时候非常仓促，只带了武器，别的东西一点也没有带。军毯、衣服、鞋子是不能不带的呀！怎么办？我问老杨要不要回去拿。老杨说：把盐山佬留下的步枪交给我，赶快回去拿吧。谁知，不等我回来，忽然听到刚才队伍歇脚的地方（即杨大叔家所在的地方）枪声大作。我虽然知道这一定是敌人追上来了，但还是想找部队，拼命朝枪响的方向追赶，跑得头晕脚软，大汗淋漓，仍然不见同志们的踪影。怎么办呢？到处是敌人，我孤身一人，赤手空拳，又不会讲本地话，该往哪里去呢？想来想去，最后决定还是像杨干凡所说的那样：做一颗冷灰下不灭的火星。于是我又回到原来的香菇棚里隐蔽下来。这时，杨大叔闻讯赶来，向我说了很多安慰的话，并答应帮助我继续打听红军的去向。

一天，杨大叔从住溪领来了一个当地的名叫邱春风的游击队长。杨大叔告诉我说，这个地方已经暴露，需要立即转移，并说邱春风已经给我在插坑找了一户可靠的人家。我自然感激不尽，告别杨大叔，跟他走了。

插坑，位于龙泉、江山、遂昌三县边境，是一个只有七户人家的小

山村，群众过的是刀耕火种、半年糠菜半年粮的贫苦生活。邱春风把我带到一户姓程的人家，叫我先安心在这里住着，等打听到红军的消息就来通知我。他又对这家户主吩咐了几句，便告辞了。

这户人家的主人叫程宗亲，50 多岁，为人忠厚老实。当时，国民党反动派曾三令五申。谁窝藏“共匪”,要砍头问罪。而他却甘冒风险，根本不当回事。我的到来，不但没有引起他们的不安，反而像欢迎贵客似的，一家人围着我问长问短，泡茶让座，又叫我换下了军衣。这些，使我感到就像回到了家里一样。我那焦急不安的心情，也终于在亲人们的抚慰下，慢慢地稳定下来。

为了我的安全，程大伯又和他的儿子在山上的苞萝篷旁边搭了个茅棚,让我藏身,并叫他的小儿子照料我的生活。他的小儿子名叫程福林，那年才 15 岁。福林年纪虽小，却挺有心计，经常装作上山挖野菜、砍柴的样子，偷偷给我送粮送菜，传递一些外面的消息。村中的群众对我也很好，他们不但经常来看望我，而且还从嘴边省下粮食供养我，又给我在另外的地方搭了茅棚，好让我经常变换住地，以防发生突然变故。他们的保密工作也做得很出色，插坑离遂昌县王村口、龙泉县碧岙、住溪敌人据点不远，敌人又常来搜查，但全村男女老少几十口人，个个守口如瓶。

乡亲们剖腹掏心的一片真情，使我深深感动，同时也更激起我对战斗生活的渴望。有什么比离开自己的队伍更难受的呢？当初我离开父母，离开家乡投奔红军时，虽然才 17 岁，却也没流一滴泪，而这回枕头边却老是湿漉漉的。前些日子我虽离队在碧岙山区活动，但总归还有杨干凡、盐山佬等同志在一起，遇事有个商量，而现在……我实在忍耐不住了，下决心要去找队伍。可是，乡亲们说什么也不肯，一个个都苦苦地挽留我。

于是，我的精神又振作了起来。白天，我就和乡亲们一起去放火烧山，挥锄翻土，播种玉米……晚上，我就在茅棚里和老乡们谈天，讲革

命故事，宣传革命道理。乡亲们也经常向我提出一些问题。比如说，同样的人，为什么有穷有富？人的命运是不是前世注定的？究竟有没有神仙和鬼怪？红军能不能打倒蒋介石？等等。我凭着以往学得的知识和自己的见解，一一给以解答。他们对此很感兴趣，经常拉着我谈到深更半夜，还久久舍不得离去。

由于深入了群众，我如鱼得水，生活得更加充实了。就像一颗被狂风吹落的种子，在肥沃的土壤中生了根、发了芽，抗住了风吹雨打。

1936 年深冬的一天，福林突然兴冲冲地跑来，给我带来一个盼望已久的消息：红军来了，就在村子里等我，叫我赶快去！我喜出望外，激动得顾不上收拾行装，拔腿就往山下跑去。一口气跑了三四公里路，来到山脚下一个名叫茶园的小村子。福林把我领进一家屋里，只见两位红军同志围在桌旁谈话，仔细一看，其中一位正是粟裕师长。我像流离在外的游子重新回到了父母的身边一样，鼻子一酸，嗓子哽咽，竟说不出话来。

粟师长见了我，心情也很激动，安慰我说：“你还不错，总算在艰难困苦的环境中坚持下来了，不容易。”并关切地询问了我的伤势和别后的情况。后来粟师长和卫生部长张友昆向我介绍一些当前的情况，并又一次对我讲了一些表扬和鼓励的话。

我终于回到了家。当时，司令部的党员们正在过组织生活，我顾不上休息，马上参加了会议。会上，我向党汇报了自己的经历和思想。回顾这段曲折的经历，使我深深地体会到：如果说我这颗落入冷灰里的火星还没有熄灭的话，那么，应该感谢那些拥护党和红军的人民群众，是他们给了我无限的力量。

后来我得知，在我归队后，程宗亲和程福林父子就被敌人抓走了，经受了非人的折磨……我永远以感激的心情，深深地怀念着那些可佩可敬的乡亲！

在我住山棚的这段时间里，挺进师经受了严峻的考验。六个多月

来，我军在浙西南极端困难的情况下，依靠广大人民群众的支援，顶住了敌人几万兵力的疯狂进攻。在这次斗争中，红军虽然付出了很大的代价，部队损失很大，师政治部主任黄富武，二纵队纵队长李重才、政委洪家云，一纵队纵队长朱宝芬、王屏，三纵队政委方志富等同志都相继牺牲了，但是，我红军仍然取得了不少的胜利。现在，分散活动的队伍，在粟师长的领导下，又集中起来了。到这年秋末，全师已发展到1000多人，浙西南尤其是浙南根据地得到进一步的巩固和发展。

三

1936年11月，蒋介石离开南京，去陕西亲自督阵“围剿”中央红军之前，又从湖南调来反共老手刘建绪的第四路军，任命刘建绪为“闽浙赣皖四省边区主任”，纠集六个师和两个独立旅及四省的部分保安团，共43个团，布下了一条西起江浦公路，东至闽浙边界长达300多公里的封锁线，并作了几层兵力的纵深配置，广修碉堡，形成一个大封锁网，从北向南，由西而东，步步紧逼，企图把我军聚歼在飞云江以南、沙埕港以北的沿海地区。

刘建绪曾在湘鄂西和湘贵边反共多年，是贺龙领导的红二方面军的手下败将，但他在实战中，对红军的作战方法有所了解。现在，他来到浙江后，采取了诸如“闪电式的侦察进攻”、“密集队形的重点进攻”、“穿梭战术”、“分区清剿”等残酷毒辣的战术。并强迫移民并村，发布了十条“杀无赦”禁令，反革命气焰十分嚣张。

面对敌人更大规模的疯狂进攻，我红军挺进师决定采取“化整为零”的方针，除留下少数部队配合地方干部就地坚持斗争外，大部分部队分成小股向外线出击，转到敌人的侧翼和后方去开展游击战争。我当时跟随粟裕一起留在泰顺东南地区活动。

1937 年 2 月，敌向我展开全面进攻。粟师长审时度势，当机立断，率百余人回到龙泉河以北的原浙西南根据地坚持斗争。途中，突破敌独立第九旅的数道封锁线，穿行于敌人的封锁圈和碉堡之间，差不多天天都要连打数仗。最多的一次，一天一夜跑了 80 多公里路，打了八仗，有一仗消灭了敌人一个连。春节的前一天，我们还在龙泉通往云和的公路上伏击了敌人的一辆汽车，缴获了许多军用地图，有五万分之一的，也有十万分之一的。我们如获至宝，高兴得嘴也合不拢，真比打了大胜仗还高兴！当时部队化整为零，分散活动，多么需要地图呀！该感谢敌人“雪里送炭”！之后，为了减少目标，更加灵活机动地打击敌人，粟裕又决定把队伍分成两路：一路由他自己率领，一路由供给部长刘达云、卫生部长张友昆率领。我被编在后一路，并指定由我具体负责军事指挥。

刘达云贪生怕死，遇事缩手缩脚，优柔寡断，搞得部队很被动。他还经常散布一些灰心丧气的言论，造成大家思想上的混乱。分兵活动后不久，他又借口人多目标大，容易被敌人吃掉，擅自决定将队伍再次分家，由范连辉、杨立才带领部分人员另外活动。当时，我们虽然对这样的做法很有意见，但也不得不按他的指示执行。

队伍分开后，范连辉等同志继续转战在青田、景宁、丽水、云和之间，历尽艰辛，一直坚持到国共合作，胜利地与主力会师。我们剩下的 20 多人往北进入缙云、宣平、永康、武义、遂昌一带山区活动。3 月间的一天夜里，部队宿营在缙云和永康交界的一个深山沟里。我正准备洗脚，刘达云突然来叫我，说是要碰个头，研究下一步的行动部署。会上，刘达云说，眼下这支队伍目标还是太大，需要再次分开活动，并提出由他和张友昆带短枪队，由我带长枪队。张友昆当即表示赞同，且又讲了几条分开行动的好处。显然，他们是事先商量好的，说是研究，其实是向我传达命令。我当时没有意识到其中有什么阴谋，但凭常识，感到这样做是不适合的。我们这支队伍总共才有 20 多人，如果再分家，必然

要削弱自身的战斗力；况且在当时的情况下，很需要长短枪互相配合，只有长枪，很难在敌人的腹地活动。我说出了自己的想法，他俩就一齐指责我，蛮横地要我按他们的意见办。我是一票，况且又是下级，于是这个决定就这样“通过”了。临分手时，他们又故意刁难我，既不给钱，也不给地图。我硬着头皮去找刘达云，他不冷不热地说：“你找我干什么，去找敌人要嘛！你们手里有枪，还怕搞不到？”我哪里知道，他们是存心捣蛋。后来刘达云叛变投降了敌人，成了可耻的叛徒，张友昆也逃跑了。

我们这支长枪队，连我才六个人。这五个战士中有两个是江西人，三个是闽东人，都是参加红军多年，经受过战争考验的好同志。由于当时我们都用各人家乡的地名作称呼，现在姓名都记不起来了。我管他们叫贵溪佬、盐山佬、福鼎佬、福安佬、汀州佬，他们也亲切地叫我贵溪佬。我们六个人相依为命，患难与共，团结一心，转战在龙游、缙云、永康、金华、遂昌、松阳之间的山区，时达半年之久，一直坚持到全国抗日战争的爆发。

在这期间，我们所经受的苦难和考验，实在难以言状。可喜的是，大家没有半句牢骚，全都怀着一个坚定的信念。用我们当时的话来说，那就是：“东方不亮西方亮，黑了南方有北方。”我们还经常唱起在北上抗日先遣队时学的一首歌，那歌词的大意是：中央红军野战军，沿途胜利多得很，已经到达云南贵州的边境，创造大片新苏区……这歌声抒发了我们对党中央和中央红军的怀念之情，也表达了我们对革命胜利前景的无限向往。

残酷斗争的磨炼，使我们变得聪明起来了。我们几个人商量后，决定以山区为依托，以遂昌门阵为中心，转入龙游、金华一带广泛地开展游击战争，扩大我党我军的政治影响。当时敌人的注意力大都集中在我们原来活动的山区，对他们的眼皮子底下反而比较忽视，造成“灯下黑”状态。我们利用敌人的这一弱点，经常神出鬼没地活动在平原集镇

之间，宣传群众，发动群众，打击土豪劣绅，使人民群众受到莫大的鼓舞，而我们自己也从中获得群众的支持和必需的装备、给养。一次，我们在群众的协助下，打了遂昌西面的湖山镇的一个大土豪，从他家里搞到一张浙江省的明细图，以及大米、咸肉、油盐等食物，临走时还勒令他给我们筹措200块银圆。要他送到指定的地点。后来，他果然乖乖地把钱送来了。那时，我们六个人，人人都是战斗员，又是炊事员、给养员。除武器外，我们还备有两把锯子。人手一把柴刀，自带七八天的粮食、油盐、菜肴和一个可以作锅、当碗的大茶缸，走到哪里就在那里伐树割草，搭建茅棚；停在哪里，就在那里煮饭，或者是煮一次吃几餐。这样，我们能够应付各种情况，生活问题基本上得到了解决，消除了后顾之忧，对敌斗争的劲头更大了，胜利的信心更足了。

1937年夏的一天，我们在门阵附近，同先期到达门阵地区的粟裕、谢文清和他们带领的几十位同志会合了。大家欣喜若狂，沉浸在久别重逢的欢乐之中。

与粟师长会合后，大家有了主心骨，心里更加踏实。不久，斗争又出现了新的局面，并终于在遂昌的银坑、门阵和东坑一带坚持到三年游击战争的最后胜利。

一天，我们活动到银坑乡公所时，从国民党的报纸上看到一则消息：说日军发动卢沟桥事变，“朱、毛红军投降”，被改编为国民革命军第十八集团军共同抗战。我们知道，其中必有敌人的造谣和诬蔑，但我们分析，停止内战、共同抗日是我党一贯的主张，会不会像社会上所风传的那样，又要实行国共合作，接受整编呢？

为了把事情搞清楚，粟裕要我设法给国民党县政府打个电话。于是，我化装成国民党军官，带上几十位同志，一律穿上缴获的国民党军装，大模大样来到龙游县的溪口镇，闯进了镇公所。一个巡官模样的家伙问我是哪里来的，有何公干？我傲慢地回答说：我是“剿共”的“国军”连长，奉上司命令，有事要打电话和县政府联系。他见我来头不小，

立即客气地接通了电话。

在电话里，我问县政府的官员：报纸上说“朱、毛红军投降”了，现在要全力抗日，是真的还是假的？究竟是国共合作，还是“朱、毛投降”？我们要了解真实情况，以便向士兵进行教育。对方回答说：现在是国共合作抗日，全国抗战是蒋委员长下的命令；红军改编为八路军，听蒋委员长的指挥。我们的猜测终于得到了证实。

据此，粟裕当即召开干部会议，研究行动部署。接着，就要当地的一个保长，把我们的抗日宣言与通电送到遂昌县政府，要求他们尽快派员与我军谈判，以便我军早日开赴抗日前线。很快，我们得到了县政府的回复，表示同意谈判，粟裕当即指定了谈判代表。

这次谈判，我也参加了。至今，我还清楚地记得，谈判的地点是在遂昌县门阵张平家的堂屋里。我们到达时，遂昌县兵役科长等人已在那里等候。双方自我介绍后，便在方桌两则入了座。

虽说是和平谈判，但隔桌面而坐的是血战了十年的死对头，因此气氛显得很紧张。望着对方，我不禁回想起国民党反动派对我军和根据地反复“围剿”的情景，回想起那些凄风苦雨的艰难岁月，回想起无数惨遭杀害的战友和乡亲，禁不住热血沸腾。但为了大局，我们又不得不克制自己的感情。经过我们据理力争，最后终于达成了协议。

1937 年 9 月，我们在粟裕率领下，从门阵地区出发，经十天左右的行军，到达预定目的地平阳县山门街，与刘英政委胜利会师。

长期分散在各地活动的人马，都相继在这里会合了。大家相见，恍如隔世，心情异常激动。回顾往事，大家感到欣慰——我们终于在极端艰难困苦的情况下熬过来了，完成了党和人民赋予挺进师的使命。挺进师这杆火红的战旗，虽经烟熏火燎，刀撕弹裂，但是，它经红军战士的血染，更加鲜红，更加艳丽了。

部队在山门街进行了三个多月的整训，补充了一些新战士，举办了党员干部训练班，开办了“抗日救亡干部学校”，由粟裕亲自担任校长。

经过整训和补充，我们这支500余人的队伍被编成三个支队，一个教导队；另外还有一个由抗日救亡干部学校部分人员组成的战地服务团。我被任命为教导队队长兼政委。

1938年3月，春风送暖，万象更新。我们在粟裕的率领下，告别了留下继续坚持原地斗争的同志，告别了与我们患难相依的乡亲，浩浩荡荡地开赴皖南前线集中，整编为新四军第二支队第四团第三营，我任副营长（对内是营政委）。从此投入了整个抗日战争的洪流……

回顾红军挺进师的这段历史，使我懂得了这样一个道理：在前进的道路上，必定会碰到横亘在我们面前的各式各样的大山，只要不是望山兴叹，见山却步，而是以“山高志更高”的自信和气概，勇于攀登，任何高山都是可以征服的。在社会主义现代化建设蓬勃发展的今天，更需要保持和发扬这种精神。

选自《南方三年游击战争·浙南游击区》，第209—220页。

刘亨云，1913年生，江西贵溪人。1929年参加中国工农红军，同年加入中国共产主义青年团，1935年转为中国共产党党员。南方三年游击战争时，任红十军团第二十一师五连连长，红军挺进师第一支队队长，中共松阳县玉岩区区委书记兼松遂游击队队长，红军挺进师小分队负责人、教导队队长兼政治委员。新中国成立后，曾任华东军区海军后勤司令部副司令员，东北公安部队副司令员兼参谋长，石家庄高级步兵学校副校长，浙江生产建设兵团副司令员，浙江省军区副司令员、顾问。1955年被授予少将军衔。1992年在杭州逝世。

回忆浙西南三年游击战争的光辉历程

傅振军

一、浙西南红色根据地的诞生

1935 年 2 月，在中央工农红军撤离中央苏区进行举世无双的二万五千里长征途中，中共闽浙赣省委传达了中央苏区分局转来的中共中央 1 月 15 日指示电，把原北上抗日先遣队在江西怀玉山突围出来的部队为基础，组成了以粟裕为师长、刘英为政委的工农红军挺进师，进入浙江开展游击战争，创建新的革命根据地。组建后的挺进师，以积极的作战行动，吸引和牵制了数以万计的敌人，不仅保卫了闽浙边根据地，而且从战略上配合主力红军的行动。

1935 年 3 月下旬，挺进师进入浙江的江山县境内。4 月下旬，在龙泉县的溪头村消灭了国民党浙江保安团的一个中队，乘胜迅速通过龙浦公路，向庆元、寿宁、松溪前进。接着又在景宁县的黄山、沙湾等地，消灭浙江保安团两个中队，连续打了几个胜仗。挺进师转战闽浙边境七个县，在所到之处都召开群众大会，广泛宣传我党我军的主张、政策和纪律。同时，没收地主及土豪家的财物，分给群众。因此，受到广大群众的欢迎和拥护。广大群众积极地为我军提供情况，搭桥修路，当向导。有些地区还建立了党的秘密组织及各种革命群众团体。

由于挺进师一路所向披靡，声威大振，广大群众纷纷起来革命，迫

使驻防在各乡镇的保安团队，闻风而逃，有的龟缩到城里。4 月 28 日，挺进师又在庆元县斋郎消灭浙江保安一团近一个营的兵力，敌团长李秀被打断了手。在我军有力的打击下，国民党反动派吓得手忙脚乱，浙江省政府主席黄绍竑和省保安处副处长宣铁吾急忙调集大批保安部队，以及刚从南京调来不久的税警团来对付挺进师，分四路向挺进师发动“进剿”，妄图将我军一举消灭。但挺进师在粟裕、刘英两位首长的正确指挥下，广大指战员团结一致，英勇善战，以不怕流血牺牲的革命精神，终于创造了以仙霞岭为中心的浙西南游击根据地。并于 5 月上旬成立中共浙西南特委，由宗孟平任书记，领导龙泉、遂昌、松阳、云和、景宁、庆元、丽水、青田、宣平、江山、浦城等县的革命活动。在残酷的斗争中，特委书记宗孟平同志英勇牺牲。6 月上旬，挺进师政委会决定，由黄富武任特委书记。1935 年 7 月，浙西南特委先后在松阳玉岩、遂昌王村口、龙泉住溪三个区建立了区委及苏维埃政府。随着区委和苏维埃政府的建立，各地乡村中党的组织、游击队和少先队、妇女会、农会等群众组织如雨后春笋般地相继建立起来，打土豪、查田插标、分青苗等革命斗争如暴风骤雨迅猛开展。

二、第一次反“清剿”斗争的失利

浙西南地区红色政权和游击根据地的建立和发展，像一把利剑直刺蒋介石的心脏，使国民党反动派极为震惊和恐慌。1935 年 8 月，国民党军委会任命卫立煌、罗卓英为“闽浙赣皖边区清剿总指挥部”正副总指挥，以 32 个团的正规军以及浙江保安团等共六七万人，对我浙西南根据地进行了历时九个月的大“清剿”。为了保存革命力量，更广泛地开展游击战争，打破国民党军的“清剿”，挺进师政委会决定第二、第五纵队配合地方武装就地坚持斗争，第一、第三、第四纵队及师直属队

随师部南下，第四纵队留在庆元、景宁一带活动。第一纵队北渡瓯江，转入永康、缙云、义乌、仙居、磐安一带活动，然后粟裕、刘英率挺进师主力直逼温州、瑞安、平阳等城镇，迫使国民党主力向东南调动，浙西南根据地的广大革命群众在特委和军分区的领导下进行了顽强的抵抗，用生命和鲜血誓死保卫红色政权和游击根据地。但终因敌众我寡，根据地先后陷落敌手。在敌人烧杀淫掠残酷镇压下，许多共产党员、红军指战员、游击队员、苏维埃政府干部在战斗中牺牲，或惨遭敌人杀害。黄富武、洪家云、方志富等党和军队的优秀领导干部，也都在反“围剿”战斗中壮烈牺牲；当地一些群众领袖如陈凤山、卢子敬等人也惨遭敌人杀害，为革命流尽了最后一滴血。

粟裕、刘英率领主力南下后，于 1935 年 10 月 5 日，在福建寿宁县郑家坑与叶飞领导的闽东独立师会合。双方领导人利用部队休整之际，分析战斗形势，总结交流斗争经验，对整个战略作新的调整和部署。双方举行联席会议。一致认为：敌人有一个“闽浙赣皖边区清剿总指挥部”，统一指挥反革命的力量来对付我们，而我们各红色游击区能建立密切联系，在战略上互相协调、互相策应，就能更有力地打击敌人。在共同认识的基础上，经过讨论，双方决定建立中共闽浙边临时省委，并相应建立闽浙边临时省军区，统一领导闽浙边游击区的斗争。

三、重建二纵队恢复浙西南根据地

1936 年 3 月，挺进师 100 多人从泰顺出发，经景宁、云和和龙泉，回到浙西南地区，寻找坚持斗争的浙西南特委和二纵队、五纵队。经过 20 天左右的行程，到达江山、浦城、龙泉等县，先后找到了十几个幸存下来的干部和战士。这些同志在敌人残酷镇压中历经千辛万苦，以坚

定的革命信念、顽强的意志坚持下来了。这里有一条经验告诉我们：无论斗争环境怎样残酷，只要紧紧地依靠群众，加上有不怕牺牲的革命精神和顽强的革命意志，就能争取胜利。

粟裕率部队进入浙西南地区后，经过一个多月的转战，在龙泉岙头山与广（丰）浦（城）独立营会合，当天打了一仗，俘敌官兵30人左右。随后闽北独立营在叶全兴营长的指挥下，向浦城方向行动。粟裕率部队到庆元、政和等县活动，不久回省委。

1936年6月1日两广事变爆发，蒋介石把进攻浙西南地区的主力部队调走了，浙西南地区内只留下一些保安团队。临时省委决定恢复浙西南根据地，重建第二纵队，赵春和任纵队长，张文碧任政委，许信焜任浙西南特委书记。粟裕率挺进师主力重返浙西南后，很快把遂昌王村口、龙泉住溪、浦城党溪等敌人据点拔除了，为恢复浙西南根据地创造了有利的条件。

浙西南的革命斗争十分艰苦，我们付出了重大牺牲。从1935年9月至1936年6月的九个月里，前三届特委机关都被敌人摧毁，三个特委书记和大部分委员也都在战斗中光荣牺牲，许信焜已是第四任特委书记。

根据地内敌人据点拔除后，粟裕决定留下一个排的兵力组成肃反工作队，随特委机关行动。7月下旬，粟裕率挺进师主力返回浙南，与临时省委会合。许信焜和粟裕分手后，着手组建地方党组织，很快恢复和建立了龙浦、龙遂、江浦三个县委和四个区委。与此同时，为了进一步巩固和扩大根据地，特委还着手镇压叛徒及国民党特务、反革命分子，并在各地乡村建立和恢复党的基层组织和游击队。经过几个月的努力，形势发展很快很好，到1936年底党的组织及各种群众团体在龙泉、遂昌、浦城、江山等四县边境山区有了较普遍的发展，革命群众斗志高昂，反动地主纷纷龟缩县城。

四、第二次反“清剿”斗争的胜利

1936 年 12 月，国民党军事委员会任命刘建绪为“闽浙赣皖边区主任公署”主任，调集十万余兵力，于 1937 年 1 月开始向浙南和浙西南根据地大举进攻。浙西南特委率领肃反工作队进行了艰苦卓绝的反“清剿”斗争。浙西南特委在松阳县的周际村与敌激战后向江浦地区转移，在江山县董家山村宿营时遭到敌人尾随部队袭击。为了转移敌人对我基本地区的注意力,特委采取“外线出击牵制敌人,减少根据地群众损失”的方针，决定留下江浦县委组织部长肖国标和龙浦县委张其林、龙遂县委曾友昔，收容在战斗中失散的人员，其他人员和肃反工作队在特委书记许信焜率领下，深入敌后活动，转战于遂昌、龙游等地，在汤溪袭击了塔石镇，俘敌数人。后又转战丽水、青田，准备到平阳向省委汇报情况和接受省委新的工作指示。这时，省委已令二纵队回浙西南活动。特委在瑞安县李山村与二纵队会师。许信焜听了谢文清、赵春和传达省委对浙西南特委的指示：面对敌人第二次大举进攻，省委决定二纵队回浙西南地区活动，归特委直接指挥，以牵制敌人兵力，减轻敌人对浙南地区和省委所在地的压力。

3 月,特委与二纵队在李山村休整两天,第三天早上从李山村出发，行至青田县的徐村与敌一个营发生遭遇战。许信焜在战斗中负伤。战斗结束后，特委决定二纵队分两路行动：一部分由谢文清率领向遂昌门阵一带活动；另一部分与肃反工作队合并，由赵春和、杨干凡、曹景恒率领向龙泉、浦城、江山等地活动。由于许信焜伤势严重不能行走，留在青田、景宁两县交界地区的叶山岑后村隐蔽养伤。但是，二纵队前进到龙泉县境内的凤凰山时遭到敌人袭击，特委副书记、挺进师地方工作团团长杨干凡在战斗中不幸牺牲。

6 月，在国民党军大举进攻，形势急变的情况下，许信焜怀着对党高度负责的精神，不等伤口痊愈，就带我和其他二个同志（其中一个挑夫）共四人、三支短枪追赶部队。我们夜里走山路，白天露宿山林。经过十多天翻山越岭艰苦行程，克服了难以想象的饥饿和疲劳，到达龙泉县锦旦乡龙殿坑村，找到了当时龙遂县委书记曾友昔。许信焜和曾友昔商量后，决定为找到二纵队，暂时找个地方作短暂休息。于是，在龙殿坑村的后山林中找了一个岩洞休息了两天。第三天早上，我们遭到了敌人突然袭击。许信焜和一个警卫员冲出岩洞后不幸牺牲；龙遂县委书记曾友昔、挑夫和我奋力冲出敌人的包围。这时，雨下得很大，我们三人全身湿透，又冷又饿，只得含泪向英烈告别，向二纵队的基地——水塔方向前进。我们在刘坑找到了龙浦县委书记张其林。事后我们了解到，偷袭我们的敌人是下本村一个反动富农去告密的。因为我们到岩洞休息的头一天晚上在这个富农家烧饭吃，并请了他家的长工带路，通过这个长工找到了曾友昔，我们还在这个长工的兄长帮助下到岩洞休息。这个长工本人是好的，可是他是富农的招门女婿，无意中透露了我们的情况，这个反动富农立即向国民党军队报告，这样我们就遭到了国民党军队的袭击。我们从张其林那里了解到二纵队在江山、浦城边境活动，由于斗争十分艰苦，部队损失很大。不久曹景恒来找张其林，说：二纵队只剩下二三十人了，纵队长赵春和带着他的警卫员逃跑了，部队情绪低落，要求张其林协助。张其林、曹景恒冒着生命危险，冲出敌人封锁线，到江（山）浦（城）地区向二纵队指战员做艰苦细致的动员说服工作，把剩下的部队带回龙浦地区的毛垟、马迹、刘坑等地和曾友昔、傅振军等会合。部队采取“分散隐蔽，集中打击敌人”的战术，依靠群众，转战于遂昌、龙泉、浦城一带，一直坚持到 1937 年 9 月临时省委与国民党军政当局达成停战协议，临时省委派张文碧在龙泉、松阳边境找到张其林等同志，根据省委指示，浙西南特委除留下少数地方工作人员及伤病员外，共 40 余人到平阳山门集中。

五、与红军生死与共的浙西南人民

1935 年 3 月，工农红军挺进师把红旗插到国民党反动统治中心浙江后，浙西南人民看到了自己的希望，广大人民群众在共产党的领导下，奋起向封建地主阶级及其反动势力冲击，革他们的命，极大地震惊了反动势力。虽然浙西南人民遭到了国民党反动派的残酷镇压和血腥屠杀，但是由于我党政治路线和政策的正确，广大人民群众在我党我军行动的影响和教育下，从他们自身的社会生活实践中深刻体会到：中国共产党和工农红军是人民的救星，只有拥护共产党，支持红军，打倒封建势力，穷人才能翻身解放。因此，我党我军在长达三年的游击战争中，和浙西南广大人民群众结成共患难同生死的关系。在极端残酷的斗争中，广大人民群众前仆后继，不顾敌人烧杀抢掠，不顾个人和家人的生死存亡，千方百计支持和帮助红军。有的参军打仗，有的送情报，有的送粮送药，有的作向导，有的帮助隐藏和照顾伤病员，甚至在敌人实行“移民并村”的危急关头，群众仍想方设法帮助红军，他们利用上山砍柴或其他机会给红军送粮送饭，有的还把自己上山干活吃的口粮节省给我们的战士吃。如果没有广大群众的拥护、支持和帮助，浙西南根据地最后能保存下来是万万不可能的。

红军挺进师在浙江开展游击战争，建立革命根据地的光辉历程是令人难忘的。三年中，他们遭到超过自己几十倍的国民党军队的多次“进剿”和“清剿”，几经挫折，付出了巨大的代价，数以千计的红军战士流血牺牲。但是，我们依靠党的领导，依靠广大革命群众的支持，依靠全体红军指战员团结一致，不怕牺牲，浴血奋战，终于取得了胜利，坚持到抗日民族统一战线的建立。1938 年 3 月，部队奉命离开平阳，开赴皖南，编入新四军二支队四团，留下的部分同志在浙南和浙西南坚持

斗争，成为浙南和浙西南地区党组织和武装力量的骨干，直到浙南和浙西南地区全部解放，为党的八年全国抗日战争的胜利和解放全中国作出了不可磨灭的贡献。

我们在回顾浙西南三年游击战争艰苦战斗历程中，怀着沉重的心情，深切纪念在三年游击战争中，为革命事业壮烈牺牲的英雄烈士们。他们为人类进步事业献出了宝贵生命。他们永远活在革命人民的心中。

1988 年

选自《南方三年游击战争·浙南游击区》，第231—236页。

傅振军，1916 年生，江西宁都人。1934 年参加中国工农红军，1935 年加入中国共产党。南方三年游击战争时，任中国工农红军挺进师师部警卫员、中共浙西南特委委员。新中国成立后，曾任中共丽水地委副书记兼丽水军分区司令员、华东纺织工业管理局副局长、上海市轻工业局副局长等职。1999 年逝世。

红军挺进师进入浙江的战斗活动

谢文清

一、红军挺进师的成立

1935 年春，中共闽浙赣省委向我们传达苏区中央分局转来的中央指示，要我们以先遣队的先行部队和突围部队为基础，加以整顿和补充，组成中国工农红军挺进师。任命粟裕为师长，刘英为政治委员。黄富武为政治部主任，王蕴瑞为参谋长，姚阿宝为特派员，刘达云为供给部长（此人后叛变），谢文清为没收委员会主任，张友坤为卫生部长。部队编成三个支队和一个师直属队，共 500 余人，有长短枪 400 多支、重机枪四挺、轻机枪八挺。红军挺进师的主要任务是：经闽北到浙江开展广泛的游击战争，扩大党与红军的政治影响，充分发动群众，成立苏维埃政府，建立根据地，配合友军行动，吸引和打击敌人，保卫闽浙赣根据地及邻近游击区域，打通与闽东、闽北的联系，取得互相配合，彻底粉碎敌人的“清剿”计划，并从战略上配合主力红军的行动。

这次红军挺进师的整编是在敌人五次“围剿”苏区后的艰苦环境下进行的。当时我们部队的干部比较强，战士多数是赣东北苏区人。他们原先家境都很贫困，抱着打白军、打土豪、报仇雪恨的心情来参加革命，后经多年战斗的锤炼，有较高的阶级觉悟，打起仗来能冲锋陷阵，平时纪律严明，深受苏区人民的爱戴和拥护。

1935 年春节期间，敌人进攻咄咄逼人。当时贵溪县的情况比较紧张，挺进师有必要进行一次“声东击西”的军事行动。因此，我们在贵溪县的裴源与敌五十七师阮启昌部打了一仗，歼敌 200 余人。这次战斗最激烈的时候，敌人的炮弹连续落到司令部指挥所附近，但粟、刘等几位首长沉着地指挥战斗。挺进师的这次战斗震惊了敌人，打击了反动派的气焰，使敌人不敢长驱直进，也不敢轻易出来烧杀抢劫了。

二、夜过灵山乌鸦弄

裴源战斗一结束，敌人又重兵压境，苏区四周碉堡林立，增加了挺进师前进的困难。于是部队突然东返，转到苏区东南部德兴的童山关一带。为了早日奔赴浙西南，派出许多侦察员去察看路线，几个要道都被敌人重兵把守，根本不能出去，同志们心急如焚。一天早上，上饶中心县委书记徐旺生急匆匆地跑来找我，他说：部队要出去，只有走东南方向的灵山，那里有出去的路，神鬼难知。并说：只要过了灵山，过信河一定有船的。听到这个消息，我马上带他去见粟裕、刘英两位首长，一起仔细地研究了行动路线，由徐旺生负责带部队经灵山出走。挺进师告别了苏区，告别了亲人，迅速开进灵山背，住在望仙。这里是一条山路，上方是石人，下方是縻垟街，地形十分险要，必须找到一个向导。但合适的向导很难找，直到第三天，徐旺生和侦察员才兴高采烈地带来了一位年过花甲，两鬓染霜的老人。这位老人身体健壮，说话爽朗，他告诉我们，他就住在对面望仙山腰上，以采药为生。他还给我们说了一个故事：当年土地革命闹暴动，当地成立了苏维埃政府，工农药店缺少一种叫杜仲的药材，过去，他上灵山采药几百次，没有采到过这种药，但那一次上灵山，竟找到了大批的杜仲。他爽朗地笑着说：真是苏维埃政府洪福大，工农革命一定会成功。粟、刘两位首长听了非常高兴。当

我们把带路的意图跟他一讲，他就爽快地答应了。原来他早已看到红军大部队来到这里，知道十有八九要过灵山，胸有成竹，吸了一口旱烟，不紧不慢地说：要过灵山，只有过乌鸦弄，但乌鸦弄路陡，两边都是悬崖峭壁，一般人是上不去的，要准备好绳索。2 月 27 日下午 4 点多钟，采药老人带我们进到陶山底，上了乌鸦弄，在一道峭壁下，老人和几个尖兵艰难地攀了上去，然后放下绳子，让战士们一个个攀着往上爬。当时我们担心粟裕、刘英两位首长的安全，因为他们两人的手都挂了彩，特别是刘英的右手腕的伤尚未痊愈。一个警卫员想了一个办法，把刘英绑在自己身上奋力往上爬，后面再由一个警卫员推着，终于上了悬岩。

在向导的带领下，天刚黑的时候，部队顺利地通过了乌鸦弄，下灵山的时候，已是伸手不见五指了，阵阵寒风，使人打颤。山陡路难走，战士们手拿拐棒摸索前进。队伍到达平水岭的敌人封锁线时，已经是三更了。敌人的碉堡设在山顶上，我们在山脚边经过，敌人的电筒虽然像恶狼的眼睛不时地闪来闪去，却看不到我们。队伍默默地通过封锁线后。经上饶王家坝、枫岭头，过川岩洞到太平桥，一看地图离信河还有十公里，师部命令跑步前进，于拂晓前赶到信河边。当部队于凌晨 5 时多到达白沙渡口时，正好上饶方向有几只货船驶来，船本当是要靠岸的，当船老板看到岸上有大批队伍，顿时慌了，把船停在河中央。我们就一边向他们喊话，一边派人游泳过去，向船工们说明我们是红军，请他们协助渡河。他们明白之后，就爽快地答应了。这些从上饶到河口镇的船，多数是小船，每条船只能乘 15 至 20 人，船工们就把货卸下来渡我们过河。这时我们发现对岸有敌人的碉堡，粟裕用望远镜一看，碉堡里没有人，就命令尖兵迅速过河占领碉堡为警戒，让大部队安全渡河。正在这时候，从河口镇方向开来一辆小汽车，车里好像坐着几个穿国民党军服的人，战士们就开枪射击，由于打得过早，让它倒转头逃跑了。部队渡过信河后，又前进了十多公里，在石溪一线附近靠山边宿营。途中，原闽浙赣独立师来的人大部分掉队回去，挺进师人数下降。

三、夜袭甘溪镇

我们在上饶县石溪一线住下后，第二天天刚亮，在背后山顶上突然响起了枪声。粟裕师长用望远镜观察，判断是敌人的靖卫团，就马上命令一纵队向敌人发起进攻。天刚拂晓，从低处看高处目标很清楚，我们的神枪手显了威风，一举枪就打倒了两个敌人。敌人遭到突然的打击，乱成一团，慌忙逃窜；战士们随着冲锋号声乘胜追过几个山头，整个战斗只进行了 40 多分钟，打死打伤敌人十几人、俘敌 12 人。据俘虏口供，他们是铅山县石塘街来的靖卫团。并说，河口镇驻扎着保安部队，昨天就知道过河的是红军，因不知道究竟有多少，故不敢轻举妄动。

当地老百姓原先不了解情况，大多跑了，后来听说我们是赣东北苏区来的老红军，就陆续回来了。这里原是闽浙赣苏区上饶县河南区委领导的灰白区，蒋介石五次“围剿”使这里和苏区失去了联系，但有党团组织、工会组织，有贫雇农协会、妇女会，有一定的群众基础。这次红军来，把靖卫团打垮了，群众真是喜出望外，亲切地向战士问长问短，还帮助了解敌情。粟裕、刘英看到这种情况，就叫警卫员通知部队原地休息，并分散召开群众大会，进行宣传，扩大红军的政治影响。

紧接着，下午在师部召开了排长以上干部会议，粟裕在会上作了敌情分析，布置了夜袭上饶县甘溪镇的行动计划；会议决定：(一)下午 6 时出发，要求每个战士准备两个竹篾子火把(不准拿群众的，用钱买来向供给部报销)；(二)供给部到甘溪镇后要尽可能筹集粮食、布匹和食盐，需要的中西药亦尽量购买。散会后就各自去准备，天一黑部队就出发了。侦察排在晚饭后先进入甘溪镇，抓到一个敌人，正是早晨被我

们打垮的靖卫团。这些白狗子刚要吃晚饭的时候，老远看见我大队的火龙，侦察排又朝他们打了一枪，顿时吓破了胆，枪也不敢回，就狼狈逃跑了。部队到甘溪镇，只抓到三个俘虏。我们供给部的人员全部出动找粮食和食盐。根据群众揭发，有一个大地主兼资本家开设的粮行和食品店有许多粮食和食盐。我们去时只抓到一个小老板，进去一看果然粮食叠得老高。即向政治部主任黄富武汇报，经研究认为没收不妥，还是叫他捐粮 1000 担、食盐 5000 斤、捐款 200 元，限令下午 2 点交齐。结果捐款收齐；粮食尽力背扛肩挑还不到 400 担，其余分给了贫苦群众；食盐只交了 4000 斤，因带不完，也就不追要了。此外，我们还购买了布 1000 多匹，选购了 800 多元中西药和卫生器材。

挺进师在甘溪镇住了一夜，又继续前进。这里已属闽北苏区，国民党在五次“围剿”中采取“三光政策”，一路上房屋倒塌，田地荒芜。替我们带路的向导咬牙切齿地说：“国民党匪军见老百姓就用枪打，见妇女就强奸，见婴儿就用刺刀挑死，真是惨无人道，你们要给我们报仇啊！”战士们听了个个怒火万丈，发誓为群众报仇雪恨。

1935 年 3 月初的一天，挺进师到达福建崇安县坑口乡车盆坑，与闽北红军曾昭铭等几个主要干部召开了联席会议，研究和确定了今后彼此间的联系与配合问题，以及如何保卫闽北苏区的意见。苏区群众见到赣东北苏区的红军非常高兴，在分区党委的领导下纷纷送来慰问品，妇女同志热情地争着帮助战士们洗衣、烧饭，处处充满着苏区军民鱼水深情。挺进师加紧了对部队指战员的教育，并配合闽北红军，给敌“清剿”部队几次严厉打击，稳定了闽北苏区的局势。

3 月中旬，挺进师与原北上抗日先遣队前留在江（山）浦（城）一带行动的两个连（约 150 人）会合，全师人数又恢复到 500 余人了。为了加强挺进师的领导，并作长期行动和便利指挥起见，成立了师政治委员会，由刘英、粟裕、黄富武、宗孟平、王维信、姚阿宝、洪家云、刘达云、方志富等九人组成，刘英为书记。部队也作了相应变动，将原有

的支队按战斗力之强弱，扩编成三个纵队，各个纵队设立行动委员会，增强独立作战的能力。每个纵队下属两个支队。一纵队纵队长朱宝芬(后为王屏),政委刘达云(后为杨金山);二纵队纵队长李重才,政委洪家云;三纵队纵队长刘汉南，政委方志富（后为陈海球)。师部机关工作人员编为政治连，连长王维信，政委宗孟平（后为龙跃)。

四、夜越仙霞岭，进入浙西南

挺进师的同志们惦念着浙西南处在水深火热之中的劳苦大众，决心打到蒋介石的老家去，开辟新的革命根据地。闽北苏区通往外地的隘道要口，敌人都筑起了碉堡；靠近浙西南的边境，封锁更严。白天不能通过。经过各方面的侦察和调查，我们掌握了敌人守碉堡的规律，决定夜越仙霞岭。

1935 年 3 月 23 日深夜，部队冒雨向仙霞岭进发。据侦察员报告，守碉堡的敌人在 10 点钟以后就跑到村庄里烤火、吃野餐、搞女人去了。于是，师部命令侦察排迅速占领碉堡，部队通过了敌人封锁线。

仙霞岭地处闽浙赣三省交界，是进入浙西南的最后一道封锁线。部队加快了步伐，向浦城方向快速前进。下半夜 4 点多，队伍来到浦城县仙阳镇，为了不惊动老百姓，就露宿街头。宣传员马上分头四处张贴标语。天刚亮,镇上的人一开门看到满街皆是“打倒国民党反动派！”“打倒蒋介石！”“中国共产党万岁！”“红军万岁！”等标语；又看到大批队伍整齐地露宿在街上，秋毫无犯。于是整个镇都轰动了。经过我们的宣传工作，店铺照常开了门，早市也渐渐热闹起来了。这天上午，部队继续出发，根据师部命令，供给部和没收委员会随同尖兵行动。当到达浦城县的忠信、寺前之后，根据向导提供的情况，我们抓到了两个土豪。这里与龙泉县是边界，两边高山，中间一条大道，外面是开阔地，像个

口袋型，难攻易守，部队就在寺前宿营。供给部人员到处活动，发现这两个土豪家里的谷仓藏得满满的，肥猪好几只。群众说：过年啰，这些都是财主家的过年货，红军先生帮帮我们穷人的忙，分点粮食、猪肉给大人、小孩过个好年。没收委员会根据群众要求，贴出布告，决定打开土豪家的粮仓，把粮食全部分给群众。群众欣喜若狂。同时，我们还要这两个土豪交款4000元。因一时无法交出，只好将他们两人随军带走，但不到一个星期，都基本上把款交齐了。这两个土豪，经过教育，表示愿意拥护红军，我们就把他们释放了。后来我们二纵队接受任务，在浦城、龙泉一带活动时，这两个土豪表现还好。特别是供给部后来在遂昌王村口时，忠信村一个开有店铺的姓高的土豪，还给我军采购军需物资。

第二天拂晓袭击龙泉县住溪，消灭基干队一个分队，缴枪40余支，俘虏30余人。伪乡公所和土豪听到枪响，人都跑光了，被我们缴到许多重要文件和情报资料。师部后续部队到达后，许多群众簇拥着我们的宣传员，听讲革命道理。我们在住溪也没收土豪家的财产，打开谷仓，把谷物分发给群众。

当我先头部队袭击遂昌县王村口时，有好几个土豪正在乡公所喝酒，他们在独口方向放了一个暗哨，当发现我军时，就放爆竹为号。因此，当我部队赶到镇里时，土豪地主都跑光了，只抓到几个区的警察，缴枪三支、子弹四箱、手榴弹三箱。王村口是山谷中的一个小镇，有100多户人家，20几家店铺，来去只有一条大道，一面靠山，一面依水，路口有“一夫当关，万夫莫入”之势，镇旁山后的后塘和柳山头，周围地形好，党和群众基础好。后来就是我们供给部建立的后方基地，有军需物资和军械修理所，伤病员疗养所。司令部就住在镇中的蔡相庙。镇口的天妃宫里有个戏台，有时就在这里召开群众大会。

部队在王村口休整两天。当时得到情报：闽北军分区司令员李德胜叛变后向敌人告密，说“粟、刘部队计划要向浙西南行动”。于是蒋介

石派蒋志英驻守龙泉，为保安司令，负责统一指挥浙江保安团及地方保安大队，若粟、刘进到闽浙边时，实行“清剿”。根据这一情报，师政委会召开会议，作了新的行动部署，以粉碎敌人的“清剿”计划。为了打通与闽东、闽北之联系，配合友军行动，决定部队在庆元、龙泉、泰顺、政和、松溪、寿宁活动一个时期。供给部也召开了全体人员会议，为适应政委会新的行动计划，对供给部人事作了重新安排。供给部和没收委员会原有32人，调整后，供给部只留军需供给王长贵，军械修理罗连生，警卫员周福生和另一弋阳佬，以及挑夫刘正发等十人，其余分到各纵队和支队去，在纵队行动委员会领导下，做好筹款和军需、供给工作。对部队的生活给养问题也作了具体的研究。规定每人每月菜金二元一角，粮食折合二元，合计四元一角，发给每个伙食单位的生活管理委员会。并明确规定打土豪得来的财产都要归公。猪肉等副食品吃土豪的，没有就自己购买。绝对不能白拿群众的粮食、蔬菜，要互相监督检查，违者受军纪制裁。供给部将会议讨论的各项具体规定向粟裕、刘英、黄富武汇报后，在全师大会上公布实施。

五、第一次到闽东

1935年4月部队在遂昌、松阳、宣平、武义、龙泉、丽水、云和等县之间活动，寻找战机打击敌人，宣传和动员工农群众起来，打土豪分田地。一路上我们抓到十个土豪，有的家里随即送来白洋2000多块。我们根据政策就释放了三个，影响很大，其余的土豪亦积极筹款送来。4月5日部队进到赤石，直逼云和县。获悉驻在云和县城的是浙保一团，城内惊恐万状。他们摸不清我军情况，不敢轻易交战。部队继续南进，经景宁县境到达庆元县的斋郎宿营。这里地处海拔1857米的高山上，靠西就是百山祖。村里的土豪都跑掉了，据群众说：土豪家里的白洋

很多。我们顺藤摸瓜，在一家土豪的地窖里挖出白洋 2000 多块。4 月 6 日部队进军到龙泉溪头查田，侦察员化装走进区公所，区长以为是他们自己的军队，非常热情招待。20 来个基于队员一个没有跑掉，都成了我军的俘虏，缴到长枪 19 支、驳壳枪一支，还有几十枚手榴弹。区长是大土豪，我们要他交白洋 2500 块，并根据群众要求，没收了他家的稻谷，分发给穷苦百姓。

这天部队就在龙泉查田宿营，计划下一步向闽东前进找叶飞同志，看望七军团北上时途经闽东留下的伤病员。4 月 25 日我先头部队到庆元小梅消灭基干队一个分队，缴枪几十支。第二天部队走了 100 多里，插到福建省松溪县境的渭田宿营。由于部队翻山越岭走的是小路，群众看到一下子来了这么多红军，好像神兵天降，很是惊奇。

为了摆脱浙保一团的跟踪，部队决定沿福建边境行动。为过松溪县的花桥，决定拔掉三岔路口的敌碉堡，于是派出程美兴和舒雨旺两人，化装成庆元县去松溪县送信的法警。很凑巧，这天雾很大，三步远就看不到人。守碉堡的两个壮丁队员一发现他们，刚问了一声："你们是哪里来的？"程、舒两人已赶到了他们跟前命令他们缴枪。他们见是两个小个子青年，就肉搏起来。几分钟后，我们部队就赶到了，缴了他们的枪。另有一班壮丁队，在村里发现我们大部队，吓得跑了。我们烧了碉堡，继续赶路。到松溪与庆元县交界的地方遇到了大刀会扰乱，他们在路边山上伏击，晚上宿营时来摸我们的哨兵，或在附近吹牛角号，叫"冲呀！杀呀！"我们只好在他们跟踪时打了他的埋伏，有一次抓来三个人，其中一个是小头头。我们问他不怕枪打吗？他说，等我吃了"符"，你们的枪子弹就打不进了。我们又问另外两个，不敢作声。我们说，枪的子弹是要打死人的，你们受欺骗参加大刀会，保护地主阶级的利益，万一被打死，是白白地送命，家里的父母、老婆、儿女叫谁替你养。对他们进行了一番宣传教育，优待放他们回去。慢慢地他们也觉悟了，知道受骗上当，后来很多地方的大刀会都解散了。

六、上村受教训

1935年4月17日，部队离开闽东的寿宁，当到达闽浙边时，福建的保安二团马洪深部紧跟我军而来。为了摆脱敌人，部队经福鼎，一天一夜走了70多公里，远远地甩掉了敌人。19日，我部队从景宁县出发，一夜走60多公里，拂晓袭击泰顺县潭边街，消灭敌一个连，俘敌50余人，缴枪70多支，接着我军突然夜袭泰顺县百丈口，包围了住在村头房子里的基干队，几十个正在熟睡中的基干队员，连人带枪全部被我们俘获。

随即继续行军，经景宁县上标到达福建寿宁的上村。天正下着雨，山路难走，战士们都很疲劳，就决定在这里宿营。当时虽曾经获悉，敌马洪深部昨晚就在这里宿营，今天早晨才开走，但由于我们部队连续打了几个胜仗，产生了麻痹轻敌思想，认为马洪深部跟在我军屁股后面转，仗还没有打就掉队减员很多，没有啥了不起！因此，没有认真对待弄清敌人的方向。21日晚上，马洪深部就从离寿宁上村只有七八公里路的坑底来袭击我们。而且有当地的地主带路，绕过我们的岗哨摸进村里。幸亏被我战士发觉，打了一枪。同时还亏得粟裕、刘英在宿营前看过地形，粟师长还交待王参谋长在对面山上派出一个班哨，如果发生敌情，就在山的主峰烧一堆火为集合点。我们部队听到枪响后，知道是敌人来袭击了，各自冲出房子。因天黑，又有浓雾，敌人分不清哪是自己人，又怕我军设埋伏，不敢往房子里面冲。在混乱中，我们乘机撤出村子向山峰目标集合。从直源方向撤退，途中捉到了几个俘虏。但有部分队伍被冲散，两天后才会合。这次被袭击，我军牺牲和失踪了十几人，特派员姚阿宝也失踪了。随军带来的50多个俘虏兵是住在供给部隔壁房子里，由于事前经过政治部的宣传教育，供给部又发给每人五块白

洋，因而发生情况时他们没有敢动。唯有供给部雇佣来挑白洋的民夫，听到枪响后就跑掉了，结果丢失几挑白洋和电话线。这次战斗打死敌连长以下十多人。

经过总结上村的教训，部队以电话兵为基础，编成第四纵队。纵队长王裔三，政委李凡林，下辖十一、十二两支队。从此，部队打仗行军都轻装起来了，真正成为一支灵活、机动的游击部队。

七、王村口得"宝"

挺进师汲取上村教训后，开展了广泛的游击战争。部队经泰顺、福鼎、平阳、瑞安、文成，到瓯江边的船寮，来了个回马枪，杀回丽水进到浙西南中心地区。有时分散，有时集中，游击战争打得非常活跃，使敌人堵无法堵，追又追不上，闽浙的几个保安团跑得连气都喘不过来。我军有挺进浙东蒋介石老巢之势，豪绅地主惊恐万状，大地主、大土豪都跑到杭州、上海去了。蒋介石急急忙忙调兵遣将，组织了浙江"保安剿匪总指挥部"，设在丽水，俞济时任总指挥。其实我军过瓯江后，在丽水至金华之间的中心地带活动。当时我们活动地区有丽水、云和、缙云、永康、东阳、武义、宣平、松阳、遂昌、金华、汤溪、龙游等，有时在丽水至龙泉的大港头公路线上切割交通，有时出现在铁道线上活动。我军刚到龙游、汤溪之间的湖镇，第二天突然出现在遂昌古市；敌《东南日报》上天天登载刘英、粟裕红军的行动，却摸不准我军的动向。敌人原以为我军要向北行动，我军却一下向南转移，敌人说我军大概是上了九龙山。其实我军在王村口侧面的龙泉碧砻、马迹、毛垟一条很长的山坞里。在毛竹山里，打了一家大土豪，还打垮了一支龙游出来的基干队，缴到 20 几条步枪。

1935 年 4 月 26 日中午，我军侦察排第二次打下王村口，区公所的

区长、办事员和民团24人全部被俘，缴长枪19支、驳壳枪两支、手枪一支、弹药一批。由于我军打下王村口的消息封锁得好，接着，侦察排又在遂昌到丽水的公路上截获敌人一辆汽车，打死押车的士兵二名，生俘五名，在车上缴获许多军用地图和信件报纸等。几十份军用地图，大部分是五万分之一的，对我们真是太宝贵了，所以，同志们高兴地说：蒋介石这个运输大队长给我们送来了“望远镜”和“向导”。真是王村口得“宝”。这次行动使蒋介石很恼火，立即下令撤掉了俞济时的“保安剿匪总指挥”的职务，由宣铁吾接任。这一下连豪绅地主也说，红军是天上降下来的神兵，红军中一定有能人，会算出国民党运送地图来，真是孔明再生。

我军两次进占王村口，开了庆祝胜利大会，粟裕、刘英作了政治军事形势报告，更明确地提出了挺进师要在浙江长期行动，广泛开展游击战争，创造浙西南根据地的战斗任务和要求。

就在此时，得到了情报：闽浙两省的保安团因捉摸不到红军的行动，都驻在县城，浙保二、四团和独立营驻在遂昌、松阳、宣平、龙泉县城；浙保一团驻在云和、景宁；庆元有保安大队。当时国民党部队气焰嚣张，企图待机向我军袭击。粟裕、刘英仔细分析了敌情，查阅了所缴获的军用地图，研究了作战方案，决定利用景宁斋郎的有利地形，给敌人严厉打击。部队休整两天后，即离开王村口，向斋郎进发。4月下旬，部队活动于斋郎地区时，敌人命令浙江保安第一团1200余人、福建保安第二团1000余人，并在近千人的地方武装大刀会的配合下，从三个方向对我实行分进合击。我利用有利地形，采取各个歼敌的战术，毙伤浙保一团300余人，俘约200人，打得闽保二团狼狈逃窜。对大刀会以军事政治攻势齐下，不到半天将其全部瓦解。

八、挥师北进

斋郎战斗结束后，挺进师于5月上旬召开政委会，鉴于挺进师在龙泉河以南调动和打击敌人的目的已基本达到。同时，为了乘胜扩大战果，开辟广泛的游击区域，创建浙西南根据地，会议决定，部队主力向龙泉河以北行动，并确定各纵队的行动计划和任务。

挺进师所属各纵队从斋郎出发，经景宁的坑头、三井溪、南溪、粟垟、麻连岱到梅七宿营。这天走了30多公里，路上见到群众同上次经过时的情形大不相同。群众不避开我们了；我军打土豪没收来的财产、粮食，分发给贫苦群众，也敢要了；也敢来听我们战士的宣传了。在胜利形势的影响下，穷苦农民中已有人想来当红军的，所以我们还吸收了一个名叫叶庆绪的参军。根据政委会的决定，派宗孟平为政委会随军代表兼行动委员会书记，到龙泉、浦城、江山、遂昌等县开展恢复工作。为了加强地方工作的领导，由宗孟平、杨干凡、洪家云、欧阳道、方志富等组成中共浙西南特委，宗孟平为书记，随二纵队行动。

师部率领其余各部只走十多公里，就在龙泉双溪宿营，目的是要二纵队分开后迅速行动，把部队目标引向龙泉河以西，以便让主力部队快速进到龙泉河以北地区行动。部队在双溪期间，分兵到周围村庄打土豪，做群众工作。在经过的村庄墙上，还可以看到我军上次所写的："欢迎青帮弟兄参加土地革命！""欢迎青帮弟兄起来打土豪分田地！""欢迎青帮弟兄和红军联合起来！"等标语。这些标语是针对龙泉、松阳、遂昌等县有很多群众参加青帮而写的。后经了解，他们原是1930年闹过暴动的农民军，曾经集结过4000余人，围攻龙泉县城，但未成功。后撤退到牛头山，被国民党军队围攻三天三夜。农民军用的武器，大都是梭镖、大刀、土炮、土枪和利用石头炮、滚木反击敌人，终因力不胜

敌而告失败。失败之后，农民军的领导人卢子敬（松阳县枫坪乡斗潭村人，曾在日本留过学）隐蔽在当地教书；陈凤山、陈丹山隐蔽在松阳安岱后务农。而现在的浙西南人民，正处在水深火热之中，因此当红军胜利的消息传到那里，又看到红军打土豪分田地的实际行动，都纷纷拥护，积极起来参加斗争。

5 月 7 日，我主力部队经龙泉安仁镇附近的英溪过龙泉河，先头部队一纵队迅速打下源口，全俘基干队 30 余人，缴获长短枪 30 多支、子弹和手榴弹几箱。同时抓到土豪二人，筹款 2000 多元。部队经李村、洪村、何山头到郑坑，沿途做群众工作，各支队还吸收了多名新战士。9 日经松阳小吉到安岱后宿营，受到青帮头领陈凤山、陈丹山的热烈欢迎。据陈凤山介绍，我军这些天所经之地，曾是他们当年活动过的地方，有不少群众参加过农民军。10 日，部队到达枫坪，卢子敬牵着一匹白马，带领青年学生和农民 30 多人，手执红、绿旗子热烈欢迎红军。到了宿营地，粟裕、刘英首长还接见了他们，进行了交谈。没收委员会打土豪杀了猪，我叫师部管理员烧了几个好菜，由粟裕、刘英陪同卢子敬、陈凤山、陈丹山共进了晚餐。卢子敬他们向粟裕、刘英详细介绍了当地的情况，特别是对上年农民遭受严重灾害，粮食歉收和船业、纸业工人失业等情况，迫切要求解决群众吃饭问题。同时，他们表示，愿意在共产党领导下参加红军，同工农群众一起参加革命斗争。粟裕、刘英首长当即表示非常欢迎。

为了加强根据地工作，挺进师成立了地方工作团。杨干凡兼团长，柯金发为副团长，卢子敬、陈凤山、陈丹山等参加了工作团工作。工作团分布到龙泉、云和、松阳、宣平、遂昌等县进行艰苦的群众工作，充分发动群众，建立党的组织和各种革命群众团体（如农民协会、妇救会、儿童团等）。并由黄富武、刘达云、王蕴瑞组织政委会分会，以黄富武为书记。

5 月中旬至 6 月上旬，粟裕、刘英亲自率领主力部队继续北进，进

至浙赣铁路沿线附近地区游击，威胁汤溪、龙游、金华、武义、宣平、处州等城市。一次部队到浦江县郑家坞，刚进村，就遇到敌人过溪，我军即予打击，但敌人龟缩在树林中，形成对峙战。这次战斗敌人死伤不少，有七八人被俘，缴枪十多支。我军也有八个同志负伤，群众立即用毛竹扎起担架，帮助抬伤员，如同老苏区一样，指战员非常受鼓舞，士气更加高昂。天黑后我军撤出战斗。后卫部队中有三个新战士，拿着梭镖去摸来两个敌哨兵，从俘虏口中了解到，该敌是浙保三团，刚从杭州调来对付红军的。我军的行动,对铁路线之县城威胁极大,并震惊杭州、金华等大中城市，吸引敌人主力北调，使得我一、二纵队能顺利地在浙西南地区开展工作。这时由于我各部队充分宣传和发动群众，许多穷苦农民积极报名参加红军,师部直属队由原来的50余人,扩大到100余人。

二纵队分开行动后，打下了浦城党溪，消灭县保安队一个分队。同时经过积极活动，恢复了龙泉县碧砻、毛垟等原来基地。在龙泉上王塘成立了龙浦县委，高信泉为书记（后叛变）。在分粮斗争中，部队也得到了补充和扩大。我一纵队这时由于有了地方干部卢子敬、陈凤山等，在发动群众分粮斗争中，在松阳玉岩组织了千余农民在牛头山（位于松阳、武义、宣平、遂昌之间）周围进行活动。当我师部率领三纵队进驻天堂时，陈凤山带领千余农民要求配合，5 月 17 日打下遂昌古市镇，消灭了基干队,俘敌十余人,缴枪 20 余支,捉到镇长叶薪和土豪七八人，筹款 8000 余元。接着，挺进师又派三纵队袭击汤溪县城，一纵队占领了丽水碧湖等镇。浙西南的革命武装斗争蓬勃开展起来了。

九、闽浙边临时省委成立

1935 年阴历五月初三日，部队第三次打下王村口后，着手准备建立以遂昌王村口为中心的革命根据地。政委会决定分几路行动。我受命

到铁路沿线摸情况，带六个同志，持短枪，化装后从王村口出发，到达遂昌门阵和金华溪口一带。门阵位于遂昌县之北，汤溪县正南，从山峻岭，人民生活十分贫苦。我们去后，结识了处坞岭的邱根太、周坞的戴祖禄、门阵的廖金水，经多次接触谈话后，分别介绍他们入党，并确定处坞岭为联络站。约一个月左右时间，跑遍了门阵和溪口的各个山头和村庄。当二纵队来金华银坑，杀了有民愤的戴荣森（邻长）、陈景芳（地保）、陈长浩、项炳申（伪乡长）、邱建（财主）、张文贵（财主）。

9 月中旬，敌人开始向浙西南根据地大举进攻，我主力部队南移后，在闽浙边行动，即到闽东根据地。10 月 5 日，挺进师在闽东寿宁县郑家坑，同叶飞会合。在此期间，双方主要领导人召集联席会议，会议主要精神是：在艰巨复杂的斗争中（此时敌十八军罗卓英等率 32 个团进攻浙西南），闽浙边整个工作的布置以及行动的配合，急需要总的领导机关。经协商，决定成立闽浙边临时省委，这对加强闽浙边党的领导，开展广泛的游击战争，彻底粉碎敌人对闽浙边的"清剿"计划，具有极为重要意义。于是，闽浙边临时省委宣告成立，由刘英、粟裕、叶飞、阮英平、黄富武、洪家云、方志富、范式人、刘达云、许信焜、许旺等 11 人组成，以刘英为书记，粟裕为组织部长，叶飞为宣传部长兼少共临时省委书记。并作出了如下决定：

（一）根据闽东特委及浙西南政委会的报告，迅速地重新布置闽浙边各种工作。

（二）重新配备干部，调许信焜任闽东独立师政委兼政治部主任，调四纵队纵队长王裔三任该师师长，由王武礼任参谋长。

（三）决定由挺进师拨重机枪一挺、轻机枪二挺、现款 1.3 万元给闽东特委，并责成闽东特委迅速整顿各地组织及独立师，尤其加强对各地党的组织及独立师的领导。

1936 年 2 月，中共闽浙边临时省委决定：粟裕为省委代表兼浙西南政委会书记和浙西南独立师师长，谢文清为政委，张友坤为政治部主

任，率领 200 多人返回浙西南做恢复工作。

当时敌人很多，我部在龙泉高山附近找到二纵队，连续打了两个胜仗，缴枪数十支。这样，我们一直向北行动，每天要打二三次遭遇战，过了铁路线，一直打到天目山附近。敌人后面跟，前面堵。拦腰插，妄图一举消灭我军。由于有粟裕的直接领导与指挥，采用迂回战略战术，把浙西南敌人牵了出来。我们的这一行动，敌人既痛恨又恐惧，怕我们发展新区，故紧紧咬住不放。此时是 3 月中旬，我部又杀回马枪，返回铁路沿线，袭击汤溪县城（未打进去），估计敌人要跟上，故赶往金华银坑宿营。大约 3 月下旬的一天，我和粟裕到门阵找到了廖金水，在张金祥家一起研究了行动路线。这是我第二次到门阵。部队下午 5 时出发，经遂昌处坞岭到龙泉一带，分散到十多户人家隐蔽宿营。

本来我们计划第三天就过龙泉河，经了解，敌人已重点布防封锁，因此改往永康方向行动。次日到达丽水的碧湖附近，先派侦察员进去了解情况，天黑后部队全部进入碧湖镇。晚饭后发现敌人分两路来进攻我们。我军只放了几枪就迅速撤出战斗，因天黑，敌人搞不清楚，就自己打起自己来，我们往龙潭方向走了十多公里，还听到敌人自相射击的枪声。事后听群众说，敌人死伤很多。

部队进入缙云境内活动时，正值国民党驻赣预备役司令部参谋长陈素子回到老家缙云，与稠门土豪李志仁等密谋，组织了千余人的民团，企图阻击红军。4 月 5 日，我军与敌人打了一夜，有个民团的俘虏告诉我们，他们的头头住地和指挥所就在越陈的明堂岭。我部立即赶去包围，当场活捉陈素子、李志仁。4 月 6 日将陈、李两人带到缙云黄山村，召开公审大会，根据群众要求，由粟裕师长签署了布告，执行枪决，群众非常拥护。

5 月，在缙云县壶镇王龙坑，与一纵队留下人员刘达云、张文碧等率领的部队会合，在永康县唐先镇战斗失利，经后渠坑返回浙南游击根据地。这时，国民党的第一次“围剿”已接近尾声，我挺进师不但没被

消灭，而且还在斗争中创建了浙南游击根据地。

1936年下半年，是挺进师第二个发展时期，到12月已发展到2000人。但是西安事变后，蒋介石采取了“北和南剿”的反动方针。他任命刘建绪为“闽浙赣皖边区主任公署”主任，调集主力部队六个师、两个独立旅及四省保安团，共计43个团十万多兵力，于1937年1月开始，围攻浙南和浙西南游击根据地。当时敌人每到一地就构筑碉堡，层层建立封锁网，移民并村，妄图切断红军游击队与群众的联系。进而消灭红军。当时在群众中传说：国民党每一班人就有一挺轻机枪，还配备三个火炮筒。为了解敌人的兵力部署和武器配备情况。挺进师决定派一支部队深入敌后抓舌头。12月下旬，我接受了这一任务，粟裕、刘英首长与我一道研究了行动方案，决定到福鼎去摸情况。

福鼎花亭位于桐山城西面，是福鼎往返于福安的必经之路，附近几个村子曾是我秘密工作过的地区，情况比较了解。我当时找来两个交通员，交代了三项任务：（一）带领部队穿过敌人封锁线；（二）联络花亭周围几个村子的群众；（三）探听敌人消息，及时报告敌情。那天晚上我带领了一支120多人的队伍从泰顺峰文出发，穿过敌人七道封锁线，经一昼夜的急行军，于拂晓时分到达花亭村背后的竹林子里隐蔽下来。早晨就得到交通员的报告，从福安方向有许多敌人开过来。我部队立即做好战斗准备。这里唯一的一条石阶路，从西面延伸过来，通到竹林山口，上了一段坡路，然后沿着竹林南侧通向桐山城。我们的战士就埋伏在这座茂密的竹林小山上，对着山口进来的小路架设了一挺机枪；竹林南面是一丘20多米宽的水田，越过水田是一座不大的山头，我部有两个班埋伏在这里阻击敌人向南逃跑。这里地形并不险要，敌人万万没有料到会有红军游击队埋伏。大约有一个连的敌人，押着一大队筑碉堡的民夫，从西面缓缓而来，向竹林靠近。大部分敌人在前，中间夹着民夫，后面还有几个敌人。埋伏在竹林里的战士，密切注视敌人，当敌人一进入伏击圈，便集中火力向敌人射击，敌军一个姓高的连长和几个士兵当

场毙命。连长一死，士兵各自逃命。由于后路被大批民夫所堵，敌人纷纷闯进水田南逃，这时埋伏在南面山头的两个班同时夹击，敌人尚未清醒过来，就一个个当了俘虏。这场仅 20 多分钟的速决战，毙敌数名，俘敌 40 余名。缴获 40 多支长枪、二支驳壳枪、一挺捷克式轻机枪、三个预备筒子和一批子弹。我们部队中的四五十名新战士，原来用的是大刀和梭镖，这下都换上了枪支。我们押着俘虏于第二天回到峰文。以后师部又派出几支部队去抓舌头，得到了敌人的大量情报。

十、以门阵为中心开展活动

1937 年 2 月中旬，闽浙边临时省委决定部队化整为零，转移到敌人的侧后分散游击，分片做群众工作，发展党的组织，保存有生力量，建立根据地，根据闽浙边临时省委的决定。我于 2 月间第三次到遂昌门阵地区,由于沿途战斗频繁。到达门阵时,部队有 60 余人。先在处坞岭、银坑、芝肚坑等地活动，并在芝肚坑钟金贵、门阵廖金水、处坞岭邱根太、周坞戴祖禄、白峰头张桃坤、银坑陈永丰、沙村叶顺根、芝坑赖全金等处先后建立了联络站。2 月底，根据廖金水的建议，由廖金水、张金祥、张开圭、张宗良、张宗荣、张维祥（都是门阵的同志）和我们部分战士在门阵“白硡岗”搭篷扎营。自此以后,我们就白天在山上练兵，或者和群众一起种苞萝，晚上下山做群众工作，发展党的组织，到外线去打击敌人。4 月间，粟裕也到了该地区，加强了军政工作和党的组织建设工作，建立了以门阵为中心，方圆近百里的铁路沿线地区革命根据地。先后在门阵、溪口及箬阳的戴村等地发展了约四五十名党员。在门阵、周坞、芝肚坑、银坑、白峰头建立了党支部。1937 年 7 月，在宣平紫坑村成立了宣（平）遂（昌）汤（溪）工委，赖德标为书记，朱金宝、罗忠义为委员，从而充分发挥了地方党组织的作用。群众工作蓬勃

发展，即使在非常艰苦的斗争环境里，群众节衣缩食并冒着生命危险为部队送苞萝饼上山；连小孩都懂得为红军保守秘密。对保长、地主等也做了工作。此外，还改变过去抓土豪筹款的做法，动员土豪自愿为红军捐助经费，我们给予收据，并替其保密。因此，部队不但解决了粮食问题，而且为以后开赴浙南集中时，积累了 1.5 万余元经费。自从以门阵为中心的根据地建立起来以后，部队都转到外线去打击敌人，敌人也不敢轻易到根据地来骚扰了，即使来了也找不到我们。在这期间敌人曾三次企图袭击我们，由于有群众的支持和掩护，他们都扑了空。

七七事变后，抗日战争全面爆发。27 日，刘建绪迫于形势，要求和我方重开谈判。于 9 月 16 日双方达成停止内战、共同抗日的和平协议。9 月 19 日国民党遂昌县政府派兵役科长朱镇山来门阵与我部谈判，地点在门阵张平家里。为了解对方有否诚意，粟裕与我商量后，决定由我出面谈判。当时朱镇山提出要我部去遂昌集合。我说，当前我们应以民族利益为重，共同抗日，国共合作并不是谁投降谁嘛！我们提出部队要经王村口去平阳山门集中。谈判约一个小时，达成协议。当天晚上在门阵白沙庙开了联欢晚会。门阵根据地要求参加红军的有七人，还有一个人到平阳山门抗日救亡干校参加学习。9 月 23 日，粟裕带领我部 80 余人离开门阵，告别了根据地的父老兄弟。同时为了扩大政治影响，我们经王村口边，受到当地群众的热烈欢迎。部队略休息后，即雄赳赳地到平阳山门集中，后成为新四军的一部分。

1988 年

选自《南方三年游击战争·浙南游击区》，第268—284页。

谢文清，1906 年生，江西上饶人。1929 年参加革命，1930 年加入中国共产党。南方三年游击战争时，任中国工农红军挺进师没收委员会主任、供给部长，中共闽浙边临时省委委员兼浙南特委书记，浙西南独立师政治委员，浙南军分区政治委员。新中国成立后，曾任浙江省供销社、商业厅公司经理等职。

革命的信念给了我们力量

张文碧

一

1935 年 9 月，也就是挺进师进入浙江的第六个月，国民党反动派以六七万兵员、40 多倍于我的兵力，向我发起“围剿”。当时，师部率一、三纵队及师直属队正由浙西南游击根据地南下到瑞安、平阳一线，因当地濒临东海，地势较为平坦，不利于我军隐蔽，粟裕、刘英遂决定各自带一部分队伍继续南下到闽浙边境的福安、景宁、松溪、政和、寿宁、庆元等地区寻机作战，命一纵队长王屏、政委杨金山、供给部长刘达云（1936 年冬叛变）和我带领 60 多个精壮的战士，去浙东（当时泛指仙居、黄岩、临海、天台、新昌、东阳、永康、缙云、丽水等地）寻找地下党组织，配合他们在当地坚持斗争。因为在这以前，曾接到过他们的来信。

我们带着部队赶到了浙东。继而又昼伏夜行，出没于崇山峻岭之中，一天换一个地方，到处打听、寻找党的组织。但是一直没有找到。

当时，敌人已在浙东撒下了严密的“清剿”之网，处处有白军，路路有哨卡，我们的行动非常困难。为了行动灵活方便，保存有生力量，我们在天台山区将部队分成两股：由王屏带领大部分同志向仙居磨盘山发展，由刘达云和我带十几个同志去东阳、缙云、永康一带。

和王屏等同志分手后，我们白天隐蔽，夜晚行动，一面寻找党的地

下组织,一面向群众宣传党的政策,扩大党和红军在群众中的政治影响。

一天,我们露宿在从仙居通向缙云的八宝山上。当一觉醒来时,已是夕阳西下,山下正升起缕缕炊烟。在夜色渐渐笼罩下来的时候,我们又开始向山下走去。我和另一个同志走在前面,刚下山坡,我发现山坡与平原接壤的地方,有一条又宽又深的封锁沟,沟沿上走动着几个荷枪的白军。我不由得心里一惊,连忙向身后打手势,示意停止前进。随后,我们又悄悄地换个方向准备绕道下山。不料刚翻过两个山头,只见前面的路上,同样站立着敌人的哨兵。

这时我们才发觉,自己被困在八宝山上了。

八宝山,山岭绵延,不见人烟。我们只能在大树下睡觉,靠野果充饥。吃了野果子,大家的胃里一个劲地往外冒酸水,说不出的难过;等酸水冒光,肚子又饿了,又只好吃野果。

第六天的下午,天气骤变,顷刻之间,风声、雷声、雨声,夹着山洪的咆哮声,响彻了整个山间。好像天就要坍下来似的。我们十几个同生死、共患难的战友,手拉着手躲在大树下,雨水从树叶的空隙处直泻下来,把我们从头到脚淋得透湿,汹涌的洪水,漫到了脚背上。我们一个个冻得嘴唇铁青、浑身颤抖。过去健壮得像牛犊一样的通信员小胖,这会儿也缩着身子,双臂紧紧抱在胸前,牙齿不住地打架。他狠狠地咬住嘴唇,嘴唇上渗出了鲜血。

开始,我以为暴风雨很快就会过去,不料越下越大,直到夜幕降临,还没有一丝放晴的迹象。这时,我借着电闪,看了看身边的十几位战友,他们虽然已被连日来的饥饿、寒冷和劳累折磨得形容憔悴,瘦弱不堪,但在他们每一个深陷的眼窝里,却闪烁着明亮、坚定的光芒,像点点跳动着的星火。这一切,使我感到欣慰,感到温暖。

突然,站在我身旁的小胖,像要倒下去似的左右摇晃了一下。我连忙将他扶住,脱下自己的湿衣服,拧了两把,披在他的身上,我急促地问:

"怎么样,小胖?"

“还……可以……抗”

小胖一句话还没说完，“咔嚓嚓”一声巨响传来的同时，一道青紫色的电光闪过，像一把斩天劈地的利剑，冷飕飕地刺得人睁不开眼睛。跟着就是一阵震得山摇地动的霹雳，我们一个个都像挨了炮弹似的失去了知觉，晕倒在泥水之中。不知过了多久，我们才从昏迷中苏醒过来，只见离我们只有 20 米左右的地方，两棵高大的松树被劈开了，焦黑的枝干横躺在草丛里，毕毕剥剥地还在燃烧呢。

经过这场雷电的轰击之后，大家围在一起商议了一下，决定出敌不意冲下山去。于是，我们冒着瓢泼大雨，穿过一堆堆黑黝黝的荆棘丛，越过一道道大小溪涧，抱着不是网破就是鱼死的决心，往山下冲去。但是，奇怪得很，一路走来，一个敌人也没有遇到。想必是那些保安团的兵上哪儿避雷躲雨去了。好啊,大雷雨折磨了我们,可也给我们解了围。

深夜，在离开八宝山十几里路的地方，我们摸进了一个村庄。只见村西头有一座孤零零的草房，小小的窗户里透出一丝微弱的灯光。我们连忙上前轻轻地叫开了门。房主人是一个孤苦的老头，见了我们惊慌得手足无措。当我们说明了身份和来意之后，他才渐渐地安定下来。他拿出家中仅有的一点米，给我们煮了一锅稀饭。我们就把身上仅存的几张已经淋湿的角票烘干了，作为买米的钱，递给了老伯伯，并说明这是我们红军的纪律，要他老人家务必收下。老伯伯很是感动。

饿了几天，能吃到这样的热稀饭，是多么好啊！饭后，同志们围着暖烘烘的锅灶,挤坐在地上。老伯伯告诉我们:村子的东头驻有保安团，今夜因为下大雨，没有出来活动。接着他又凑近我们悄声地说:“从前，这里也闹过革命，当年红十三军打温州时，我也扛起红缨枪参加了，那时真是穷人的天下呀！后来,红军一走,白军来了,什么都垮掉了……”

想不到这位老伯伯，还是个老赤卫队员呢！是啊，全中国到处都有穷苦的工农大众，只要共产党去领导他们，他们闹革命的劲头大得很。第二天,在这位老伯伯的帮助下,我们又顺利地离开了这个危险的地方。

二

跳出八宝山后，我们又继续转战行走，寻找地下党组织，可是找了好多天，仍是没有一点线索。后来，我们来到了与王屏分手时约定的、他们活动的地区——磨盘山，一个噩耗像晴天霹雳似的向我们迎头打来：王屏同志和他率领的几十名战友全都牺牲了！得噩讯，念战友，大家都有说不出的悲痛……

我们面临着严重的情况：寻找浙东地下党，看来已无希望；回主力部队去，我们早已失去同大部队和粟、刘首长的联系，不知他们在什么地方。想来想去，唯一的办法，只有继续留在浙东山区，发动和依靠群众，坚持游击战争，保存革命力量，熬过这艰难的岁月。好在浙东地区到处是深山老林，回旋的余地很大。于是，我们十多个人又神出鬼没地在这里活动了一个时期。

这时，最令人焦急的是，不了解当时全国的革命形势，对于中央红军和挺进师主力的情况，也一无所知。但大家相信：我们的革命事业，在党的正确领导下，一定有了新的发展，革命总是要前进的。我们这些人，都是被地主逼得走投无路的贫苦农民的子弟，就是在 1928 年那样困难的时候，我们跟着党闹暴动、打土豪分田地，也没有一丝犹豫；今天我们有那么多红军，又有广大受苦受难的人民群众作后盾，还有什么困难不能克服呢？这个信念，支持着我们每个同志过着原始人一样的生活。休息下来的时候，大家忍着饥饿紧紧地挤在一起，躺在大树下，或者躲在山洞里，讲讲自己参加革命的经历，回忆参加红军后的进步过程，倒也十分有趣。此外，我们还讲一些红军中的英雄人物的故事。其中有一个英雄，是北上抗日先遣队的一位班长。这位班长在打国民党十八师的时候，两条腿被打断了。晚上部队撤下来，没有找到他，都以

为他已经光荣牺牲。但是，过了两天，他却翻山越岭，爬着找回到部队里来了。他说："就是爬，也要和大家一起坚持到革命胜利。"

此时此刻，讲到这样的一个班长，那是特别激动人心的。有的同志流着眼泪说："这个班长，打断了腿，还要爬回来，我们有手也有腿，为什么不能坚持斗争？再困难，我们也要坚持到底，向那位英雄班长学习。"

当时敌人已经嗅到了我们的踪迹，不断地戒严、围困、搜山，妄图消灭我们。白天我们只好躲在山上，到了夜里，常常从敌人眼皮底下摸下山去活动。有一次，与敌人对面相撞，通信员小胖稍稍迟疑了一下，就被敌人捉去打死了，另外两个同志也当场牺牲。这样，我们 13 个人，只剩下十个人了。但同志们相依为命，顽强斗争，熬过了整整一个严寒的冬季。

1936 年三四月间的一个春色很浓的早上，我们几个同志正在商讨怎样从深山转入接近平原的地方去活动的办法。忽然，经常给我们送情报的老乡跑上山来，满面春风，喜气洋洋地说：

"有一伙红军在邻近的村子里打听你们。"

红军！这是多么亲切的名字。我们像是一群漂泊在孤舟上的人，在茫茫的大海中突然看到了绿色的海岸似的，都高兴得跳起来，急忙簇拥着那位老乡，飞快地跑下山，赶到红军的驻地——缙云县王龙坑。

老乡把我们带进一户人家，刚进门，就见一个人微笑着从椅子上站起来迎接我们。定睛一看，不是别人，正是我们的师长粟裕同志！这是万万没有想到的事情！

大家顾不得向首长敬礼，就一哄而上，围住了粟师长。亲切、兴奋、激动的感情交织在心头，千言万语一时反倒不知从哪里说起。大家的喉咙哽咽了，眼泪夺眶而出……

粟裕首先打破了沉寂，问了我们别后的一些情况，并告诉我们说，他们原来也不知道我们的下落，还是在闽浙边活动时，偶然从国民党的

报纸上看到一则消息，说浙东山区有“共匪”，他猜测一定是我们的同志在坚持斗争，才带了几十个同志跋山涉水到这一带寻找我们。如今，他知道我们大部分同志已经牺牲，眼前所剩的十个人，又个个面容憔悴，瘦弱不堪，心里很是难过，但他还是克制着自己，不断地安慰和勉励着我们。最后，他告诉大家，现在整个闽浙赣的革命斗争虽然还很艰苦，但全国的斗争形势对我们十分有利，中央红军在毛泽东同志的正确领导下，击败了几十万敌军的围追堵截，战胜了无数艰难险阻，已经胜利地到达陕北，完成了长征的壮举。革命火焰又在中国北方的广大土地上燃烧起来了！

听了这些消息，我们兴奋极了，更加坚定了革命必胜的信念。大家问长问短，说说笑笑，连吃饭都忘记了。

休息了两天，粟师长决定带我们一起走。在他的率领下，我们这100人左右的部队，雄赳赳气昂昂地到了永康附近，途中，与阻挡我们的保安团打了一仗，狠狠地教训了这股敌人。尔后，部队又向前行动，所到之处，受到群众的热烈欢迎。

三

1936年6月，两广事变爆发。蒋介石为了对付两广军阀，把闽浙赣地区的正规军全部他调，只留下浙保和闽保的几个团。在这有利的形势下，我们的力量又很快地发展起来了。在闽浙边临时省委的领导下，迅速建立和恢复浙东、浙南、浙西南等党的特委组织，并把部队分派到以上各个地区活动。我们第二纵队（当时我已担任重建的第二纵队的政委），活动在浙西南特委所属的地区。

12月的一天，我们从城里搞来了几份国民党的《东南日报》和《申报》。其中有一张报纸的头条新闻是：“蒋委员长西安被扣”。

这个消息像一阵风一样吹遍了整个部队，同志们高兴得跳了起来：三五成群的围在一起，快活地议论着：

“嗨！革命这几年，到底捉住了最大的内战头子蒋介石！”

“‘蒋该死’早就该死了！”

“杀了他，为死去的同志们报仇！”

“……”

群情激昂，纷纷提出赶快请党中央想办法把他杀掉。那几天，我们天天盼望着枪毙蒋介石的消息。

精神一振奋，部队打仗也来了劲头。我们浩浩荡荡地去攻打附近保安团驻守的碉堡。同志们一面放枪，一面高喊：“蒋介石都被捉住了，你们这个小小的碉堡算什么？快快投降，不投降，就消灭！”就这样边喊边冲，打下了一个个碉堡。

过了一些时候，消息传来，说是蒋介石已被放回南京。大家一时理解不了党中央对西安事变采取的正确方针，许多干部、战士每天跑到我住的小屋里来问：

“政委同志，好容易抓住了蒋介石，为什么不杀他，反而把他放了？”

我向大家传达了师首长对我们所讲的道理。同志们虽然还是想不大通，但有一点是一致的：既然这是党中央、毛主席的决定，那总是对革命事业有利的；自己理解不了，只是水平低的缘故。

西安事变和平解决，我党同国民党达成了团结抗战、共赴国难的协议。

但是，蒋介石一回到南京，非但不信守团结抗战的诺言，反而对南方坚持三年游击战争的红军部队，发动了更加疯狂的“围剿”。在浙江，他任命刘建绪为“闽浙皖赣四省边防主任”，调集 43 个团的兵力来对付我们。

1937 年 1 月，敌人兵分两路：一路从浙赣路平推南下，以新五师、

五十二师、十九师及浙江的两个保安团，占据了江山、衢州、龙游、缙云、仙居一线，企图由北而南把我们压缩到闽浙边境；另一路以六十三师、八十师一个团及江西、浙江、福建三省的部分保安团，分布于龙泉、庆元、松溪、政和等地，配合北路之敌，由西而东向我进攻，阴谋把我们逼到沿海地区，置我于死地。另外，敌人又以独立第二旅、第九旅及保安大队，封锁瓯江、飞云江，掳走所有船只，企图断绝我们的一切后退之路。

反动派气势汹汹地从四面八方向我们进逼，我们活动的地区日渐缩小，原来的几块游击根据地之间，被割断了联系，一时间斗争显得极其复杂、艰巨。

四

敌人大规模的"围剿"开始以后，我们二纵队随浙西南特委转入龙泉东北山区。敌军跟踪而来，白天黑夜地推进，一层一层地压过来，一直逼到了我们的鼻子下面。我们这支仅有几百人的部队，无法进行正面抵御，为了保存力量，特委指示我们继续转移。这时设在山下的情报站已被敌人破坏，致使敌情不明，我们只得摸索着向东南方向撤退。

阴历年三十日晚上，我们为了尽快地查明敌情，决定在云（和）龙（泉）公路上打一次伏击战。当晚，四野一片漆黑，寒风凛冽。同志们的身上只有一件破棉衣，直冻得四肢麻木，浑身发抖，不得不伏一会就站起来跺跺脚、搓搓手。可是，冻了一夜，眼看天已破晓，公路上依然没有一丝动静。

正当我们考虑要不要撤回的时候，突然，从远处传来"嘟嘟"两下轻微的喇叭声，我扭头一看，只见从云和方向开来了一辆军用汽车，一会儿隐入山后，一会儿又显露在公路上。我们高兴极了，就像猎人遇到

野兽似的。我一下子窜到负责警戒的同志身边，命他举枪瞄准，准备射击。当汽车驶近伏击地点时，“砰”的一枪，正中车轮，随着“咕”的一声，汽车便戛然停住了。这时，同志们立即敏捷地从公路两旁跳出，向汽车冲去。

车上装的尽是货物。一麻袋一麻袋的香菇，大概是军队走私做买卖的，其中还有一大捆用牛皮纸包封的纸卷和六包信件。打开纸卷一看，全是石印的浙江省军用地图，有五万分之一和十万分之一的。这真是个意外的收获。这样详细完整的军用地图，我们实在太需要了，不仅纵队一级没有，就连师首长也没有，他们使用的只是一份普通的分县图，许多乡镇、村庄都查不到，很难用于作战。

吓得脸色苍白的司机告诉我们，这辆汽车是敌“前进指挥部”派往龙泉给五十二师师部送地图去的。现在可好，送到我们手中来了。由于携带不便，我们只选了几十份地图和一些香菇，剩下的东西和汽车一起，都一把火给烧了。

带着这批珍贵的地图，我们又转入浙南山区。一心寻找粟裕、刘英同志，想着尽快地把地图交给首长们，让他们更好地指挥作战，粉碎敌人的“围剿”。但是，我们转了一个多月，都没有找到他们的下落。

有一天夜间，部队在瑞安三溪口附近，与敌人的一个大队发生遭遇。由于我们事先毫无准备，部队被打乱了。我急着联络和收拢部队。不料，自己也与部队失去了联系，身边只有一个战士。

我们两个人，失散在密密丛丛的群山之中，耳边听不到同志们的声音，只有山风在呼呼地吼叫，树叶沙沙作响，溪水哗哗奔流，山猫子悲凉地啼叫，感到了从来没有过的孤独。我俩在大山里风餐饮露，接连奔走了几天几夜，从浙南一直跑到了闽浙交界的地方，没碰到自己的同志。我们只好又折回浙南，再次回到瑞安地区重新寻找，仍然没有结果。

怎么办？几乎是无路可走、无计可施了。这时，我一次又一次想起了党组织和上级首长经常教导我们的话：“闹革命，要依靠群众”，“有

了群众，天大的困难能克服，离开群众，有天大本事，也会一事无成。”是呀，自己参加过的每一次战斗，有哪一次不是依靠群众取得胜利的呢？记得是在江西苏区参加第一次反“围剿”时，成千上万的赤卫队员，在江西龙岗的大山顶上，挥动着红缨枪，擂着皮鼓，把点燃的鞭炮投到火油箱里，造成了千军万马齐出动的态势，吓得敌人慌了手脚，硬是配合红军把张辉瓒的“铁军师”给消灭了。当时，苏区有个70多岁的老太太，宁死不给白匪军带路，使敌人变成了睁眼瞎，寸步难行……

我俩一起回忆这些永远使人难忘的、动人的情景，并从中受到了启发，决定改变寻找的方法。以后，每到一处，第一件事就是访贫问苦，向他们宣传革命道理，向他们打听红军的消息。

这一访一问，可访出名堂来了。原来，群众都在心里惦念着红军，都还深深地记得在党的领导下，打土豪、斗劣绅的事，说起来眉飞色舞。他们又都知道可夫、刘英的名字。有的老乡对我们说，刘英是个女共产党员，可夫是个男共产党员，长得都很漂亮，又聪明，又年轻。因为他们坚决要打倒蒋介石，为穷苦人求解放，老蒋就到处派兵抓他们，但他们很能干，不但没有被抓住，反把蒋介石的兵消灭了不少。又说，他们两人，有时就站立在山顶上，山下围满了国民党的兵。可他俩，就是一动不动地站立着。等到国民党的兵冲上去，那两个人早已不见了……

听着这些传说，我们禁不住要笑。因为刘英和可夫本来就是一个人，可夫是刘英的化名嘛！而且把男的说成了女的，多少还有点神化的味道。但这些话却大大地鼓舞了我们，从这里可看出广大群众心中的希望，希望红军胜利，并且坚信红军是不会失败的。人民的美好愿望，正是革命的希望所在。

这一天，我们来到了平阳县西边的山门街附近，住在一个小山村里。第二天一早，我刚起身，正想赶路，一个老乡气喘吁吁地跑来，连说带做手势，半晌才说出两个字：

“可夫……”

没等他把话说下去，我就迫不及待地一把拉住他的胳膊，使劲摇着，大声问道：

“怎么样？在哪里？”

“天，天刚亮到的……”他指着东边不远的一个村子说，“就在那个村里。”

天哪！找了这么多日子，到底找着了。我浑身的血液都沸腾起来，帽子也没顾上戴，扛起那卷缴获的军用地图，拖着战友，一个劲地向东奔去。还没有到东村，老远就望见刘英同志魁梧的身影了。原来，他也已经看见我们了，站在一座屋子门口等候着我们。他一见是我，高兴得叫了起来。等我们跑到面前，他用两只热乎乎的大手使劲地握住了我们的手，然后把我们拉进了屋子。我顾不得说别的，连忙把背在身上的这卷地图交给了他。

刘英见了地图非常高兴，马上把地图打开来看，并说他十分需要这个东西，来得正是时候。接着，他详细地询问了我们二纵队的情况，又向我们介绍了整个浙南的斗争形势。他告诉我们，驻温州的国民党第十九师正向这一带山区步步逼进。前些日子，省委曾派人到温州同国民党谈判，但对方毫无诚意，仍是一心要消灭南方的红军游击队，致使谈判破裂。现在外边的情况很紧张，我们的活动也暂时受到了阻碍。最后，他交给我 11 个人、六支长枪和八支短枪，叫我们留在当地坚持斗争。并嘱咐我们要很好地隐蔽自己，保存力量，在条件允许的情况下，积极依靠群众，发动群众和敌人进行斗争，树起党的旗帜，度过这黎明前最黑暗的时刻，等待最后胜利的到来。他反复告诉我们，用不了太长的时间，形势即将大变，那时大家就可以欢聚一堂了！

刘英讲完后，又和我们留下来的 12 个同志一一握手。我们信心百倍地向他表示：坚决依靠群众，坚持斗争，高举起党的旗帜，迎接最后的胜利！

五

送走了刘英同志，我们12个人迅速转入平阳、瑞安西部的深山。

4月初，敌人又增加了“围剿”的兵力，到处搞起连环保、联防哨、递传站，实行残酷的移民政策，把山头山尾的房舍、草棚统统烧掉，把居民、食物集中到几个地方，不准群众随便走动，企图隔绝我们和群众的联系。敌人还造谣说：“共产党在山里有几千万两银子，吃的用的不计其数。”以此煽动和利用反动地主富农的武装组织“剿匪义勇壮丁队”配合他们的正规军不分昼夜地搜山、兜捕。我们在丛林中看得真切，漫山遍野的白军和壮丁队，像梳篦子似的从这山梳到那山，连一条山涧、一处沟壑、一个岩洞，甚至一片草丛也不放过。

在这种情况下，我们12个人很难找到藏身之处，只好在大山里跟敌人兜圈子。大家的衣服都扯成了碎布条，腿上、脚上、手上、脸上划开了一道道血口；连着50天左右，没有生过一次火，没有吃过一次热食；也不能像平常一样的说话，只能像哑巴似的做手势；为了防止给敌人留下行踪，我们每走一步，都得回头看看，把踩倒的青草一株株扶起，把脚印抹掉。

有一次，敌人分成十几路向我们藏身的山脚包抄过来，情况十分危急。我们急中生智，纷纷纵身跳进一个奔流直泻的大瀑布里，让瀑布做了我们的门帘，大家的身子紧紧贴在悬崖上。时间一长，我们都被那压力巨大的水流冲击得浑身麻木，喘不过气来了。透过瀑布，我们隐隐约约地看见瀑布前面来往的敌人，看着他们横端着上了刺刀的枪，到处乱翻乱戳，连碗口大的洞穴也要挖一挖，能搬动的石块都要搬开来看一看。这样的搜索，实在是够严密的了。但是，他们做梦也没有想到，红军就在大瀑布的后面。好容易等到敌人过去了，我们从瀑布里爬出来，

一个个都脸色苍白，四肢麻木，趴着不能动弹了。

这样的艰难困苦，不是亲身经历，那是很难体会得到的。再难再苦，却动摇不了我们保存革命力量、坚持革命斗争的决心。我们商定：要在死里求生，不顾一切艰难险阻，跳出敌人的包围圈，到群众中去坚持斗争！

这天黑夜，我们 12 个人，把 12 条裹腿带连结在一起，一头拴在岩石上，一头甩下山去。然后，一个个扯着裹腿带坠下陡崖，在满山的荆棘丛中，匍匐着摸黑前进。

经过两个艰辛的夜晚，我们终于跳出了敌人的包围圈，越过了敌人蜘蛛网样的封锁线，回到了山门街附近的村子里，又和群众在一起了。

群众见到我们，就像见到了亲人似的。尽管不远的山门街还驻着两营"剿山"的白军，但他们还是冒着杀头的危险，想尽了各种办法来掩护我们。当情况紧急时，群众把我们藏进牛栏、阁楼，或者让我们躲进预先挖好的洞穴中。又给我们端菜送饭，用土方、草药给我们医治伤口，并为我们放哨报信，那真是操碎了心。

尤其叫我们感动的是，连孩子们也知道给我们站岗。他们装着在家门口、村口上玩，老远看见敌人来了，马上叫起暗号：

"妈，羊跑到西山路口了！"

羊是白的，指的是白军；西山路口，是指敌人活动的地点。

在群众这样有力的掩护之下，我们安全地隐蔽下来，并且领导和组织群众跟白匪军进行了反抓丁、反烧杀的斗争。

有一天，由于叛徒向敌人告密，说这一带有人窝藏红军。住在街上的敌军连长，就下令各乡各村各户，要 15 岁到 40 岁的男子，全部到街上去集合，好叫那个叛徒当场指认。凡是被他认出藏过红军的群众，就要替他们带路搜查，如果搜不到人或者不肯带路，便要杀头。

命令下来，群众一时没了主意，有的还很恐慌。有些藏过我们的老乡，便跑来找我们，问我们该怎么办？看到群众担惊受怕的情形，我和

同志们都很难过，真想马上跑到山门街上去，用自己的生命来消除群众的灾难。但这终究不是好办法。后来，经过反复的考虑，我们还是想出了一些对策。

对策之一，就是按时到山门街集中。如果有谁被叛徒认出来了，可以先请同情红军的保甲长出来担保，接着就要叛徒把被清的人姓甚名谁、家有几口、住在何处等等一一讲清楚。如果叛徒讲不出，大家就哄起来，说他诬告。要是他知道底细，别等他讲完，大家就众口一词地咬定他讲得不对，是有意编造，陷害好人。只要大家团结一致，敌人也不一定有什么办法。

第二天，群众去到山门街。只见山门街西头的广场上搭起一座高台，台上摆了两张太师椅，一张椅上坐着全副戎装的敌连长，另一张椅上坐着满身肥肉的连长太太，台角上站着那个叛徒，四周布满敌兵，刀光闪闪，杀气腾腾。

不一会，也果真由叛徒出来指认，指了几个，都被保甲长出面担了保。后来，那叛徒又指到了一个人。这人不慌不忙，还反问叛徒说：

“你讲我藏过红军，你知道我姓什么？叫什么名字？家里有几口人？住在哪个村哪一家？你过去当过红军，大概我也藏过你吧？现在就请你讲讲清楚。这不是儿戏，你说一句不要紧，我就得人头落地呀！”那叛徒张口结舌，满脸通红，老半天说不出一个字来。于是，群众起了哄：“胡说八道！”“狼心狗肺！”“疯狗乱咬人！”起哄声中，数百群众拥向台前，有的朝叛徒晃动拳头，有的愤怒叫骂，有的捶打台板，会场一片混乱。

大概由于群众的吵闹，使那个连长太太不耐烦了。她腾地从太师椅上跳起，三脚两步走到急得团团转的叛徒面前，伸出那只戴着玉镯、戒指的手，打了叛徒两个耳光，还尖着嗓门叫道：

“混蛋，你乱指乱点，我们可没那么多监牢！”

敌连长也不耐烦了。结果，群众没受什么损失，那叛徒也没得到半

点好处。

又有一次，敌人命令全村的青壮年，都到瑞安三溪乡郭山村去接受一个星期的壮丁训练。对此，群众也同我们一起商量了应付的办法。先是消极敷衍，过后是一个个溜掉，不出两天，壮丁队就只剩下几个人了，搞得敌人无可奈何。正是通过这些斗争，不但保护了群众，而且也更加密切了我们同群众之间的联系。

六

9 月，天气渐渐转凉，我们望着空中一队队南飞的雁群，都希望雁子能够给我们捎来党的信息。

这一天，我们接到了刘英同志派人跋山涉水送来的一封信，信上说：

“……由于全国形势的变化，国民党反动派‘剿共’计划的彻底破产，我党的一再努力，广大群众的热烈拥护和支持，国民党反动派不得不在七七事变爆发后，重新进行和谈，被迫宣布对日作战。为此，南方各省的红军游击队，即将正式改编为新四军，希望你们迅速赶到山门街集中，听候整编……”

来信在我们的手上传来传去，读完后又兴奋地谈论起来。同大家一样，我也是百感交集，酸甜苦辣，一齐涌上心头。过了好一会，大家才冷静下来，12 个人的想法合成了一个念头：革命形势又向前发展了，光明就在前头，我们还要继续战斗。

我们飞也似的跑上山去，在一棵老松树下，挖出了先前打埋伏的五支长枪，擦净了枪上的泥土。接着，我们又互相整理了一下褴褛的衣服，挨家挨户地向老乡告别，感谢他们在红军最困难的时候，用自家性命保护了我们。老乡们依依不舍，为我们赶做了许多干粮，让我们带着路上吃。临行前，男女老小一大群，簇拥着把我们送到村口，直至我们走得

很远。我们再回头看时，老乡们还在向我们招手，摇笠帽，挥手巾……

我们 12 个红军战士，虽然衣着破烂，满面胡子，但个个生气勃勃，大步踏上了通向山门街的大路。

在山门街，我们和上级及兄弟部队会合了。见到了我们熟悉的许多战友，见到了刘英同志。不久，粟裕同志率领的队伍也到达了山门街。

1938 年春，我们这支在闽浙赣边境坚持三年艰苦斗争的红军游击队，便成为新四军的一个组成部分了，并奉命开赴抗日前线！

选自《南方三年游击战争·浙南游击区》，第196—208页。

张文碧，1910 年生，江西吉水人。1930 年参加中国工农红军，1931 年加入中国共产党。南方三年游击战争时，任红十军团第十九师特派员，红军挺进师第三纵队特派员兼副政治委员、第二纵队政治委员等。新中国成立后，曾任中国人民志愿军第二十七军政治部主任、副政治委员，南京军区装甲兵政治委员，南京军区工程兵政治委员，浙江省军区司令员，南京军区司令部顾问等职。1955 年被授予少将军衔。2008 年在南京逝世。

回忆 1937 年浙江的两次国共和谈

黄耕夫

1937 年 1 月底 2 月初，中共浙南委员会派黄先河、周饮冰、陈铁军和我四人，到温州开展工作。3 月下旬，于上年秋天去上海与上海党联系的吴毓同志，从上海带回当年 2 月 10 日“中共中央致国民党五届三中全会电”、“刘少奇同志论白区工作”，以及方志敏同志在狱中给同志们的信等文件，要转给闽浙临时省委书记刘英同志。当时，刘英从闽浙边到了平阳北港一带活动，被国民党军队包围。吴毓由温州经瑞安，从平阳坑进入平阳时，正值国民党第十九师在平阳大肆“围剿”红军，到处设卡检查。吴毓进不了山区，找不到刘英，又折回温州。在这种情况下，我们在温州的几位同志都很焦急，经研究，决定根据中共中央致国民党的电文精神，先向国民党地方当局呼吁立即停止内战、一致抗日，双方进行和平谈判。于是，我们在 3 月 25 日，在温州第一桥苏毅民的家里（苏是黄先河哥哥的岳父，当时在温州国民党法院当书记员），由黄先河执笔起草了一个“快邮代电”的电文（吴毓和我作了些修改）。我们通过“快邮代电”的方式向设在衢州的国民党闽浙赣皖边区主任公署、国民党第十九师师部、国民党浙江省政府、省党部，国民党温州、处州、衢州专署以及各县政府、县党部等单位呼吁：国难当头，民族危机空前严重，国共双方，应以民族利益为重，捐弃前嫌，停止内战，一致对外，双方派出代表举行和平谈判。在“快邮代电”的电文中，我们

提出谈判时要保证双方代表人身安全、来去自由的问题；还提出为国民党所了解的平阳北港人林次瞻(林奎)、温宗周两人为谈判的联系人。“快邮代电”是以闽浙边临时省委及闽浙军区司令部的名义，由周饮冰用青田石刻了两颗“钤记”盖上，分别从温州、瑞安、乐清以及上海等地投邮发出的。

这颗试探性的“气球”发出以后，对方果然有了反应。驻温州的国民党第十九师的旅长唐伯寅把林次瞻、温宗周从平阳北港找到温州，要他们来找我们。我当时没有公开暴露身份，住在温州渔盐收运所里，因那里有许多平阳北港人。林次瞻从平阳来到温州，就在我面前大骂吴毓搞鬼。其实，林、温两人事先既不知道我们把他们作为和平谈判的联系人，因为虽然他找到我们。我们之所以提这两人为联系人，因为虽然他俩都是国民党员，但是林次瞻的儿子林国珽是我党秘密党员，国民党的某些活动，我们可以通过林国珽及时得到。温宗周虽然思想反动，但他和国民党地方当权派也有很大矛盾。另外，我们估计所提这两人也易为国民党所接受。因此，我们要求林、温到温州后在《浙瓯日报》上登“启事”。我方当派代表前往联系。果然,他俩5月2日在《浙瓯日报》上登了一则心照不宣的“紧要启事”。内容大意是：林次瞻、温宗周住温州新聚发旅馆，兄等有日代电经传达，并有实际负责人来永嘉洽商一切，请派要员来此面洽等语。温宗周在登了启事的第三天回去了；林拟再等候三五日，如不见我们去人，也要回去。当时，我们在温州的几位同志研究后，一致认为对方现在既有了反应，必须主动和他们接触；但考虑到事关重大，应当先请示刘英同志，取得一致行动和对策，然后才能同对方举行和谈。可是当时刘英正处在敌人严密封锁的包围圈中，一时无法进去。在这种情况下，决定先由吴毓以联络员身份出面，在温州与对方接触，争取先行停战一周，保证我方代表的人身安全，来往自由。这样就有可能使我们乘此时机顺利地通过封锁线、进入山区找到刘英同志。

事情确定后，一天晚上，先由我到林次瞻住的新聚发旅馆进行侦察，看有没有特务守候，然后吴毓同志进入旅馆同林会面。吴故意称三天前才看到“紧要启事”，今天刚赶到温州，遂将林拉到小南门外三育学校张达生家里交谈。吴说自己是单枪匹马来到温州，问林次瞻安全是否有保证。林说自己是被十九师旅长唐伯寅找来的，已与唐见过面，并说对方表示愿意和谈，安全不会有问题。第二天上午林次瞻陪吴毓去见唐伯寅，当天唐还在某酒楼宴请了吴毓。这个国共和平谈判的消息当天就在温州传开了。有几位平阳同乡得悉吴毓代表红军来到温州谈判，相约到酒楼去看吴毓，我也随着一起去。当时筵席刚散，只听唐伯寅对吴说：能谈成功最好，谈不成也不要紧，可以再打，打了还可以再谈嘛。这时刘建绪派政训处邓切作为正式代表也来到温州，吴毓即与他直接接触。吴毓声明自己是上级派来的联络员，怎样进行谈判，还要请示上级领导决定，并提出贵方如有诚意，先停战一周，保证本人的安全，来往自由，以便同上级领导取得联系，派出正式代表举行和谈。邓表示完全同意。于是双方约定下一次联系地址在平阳北港区。吴毓于当晚回到我们的秘密住所。

吴毓回来后，温州党组织立即决定由黄先河、吴毓、陈铁军三人利用停战期间，设法冲破敌人的封锁线到平阳北港山区，向刘英传达中央电文并汇报我们的工作。

黄先河、吴毓、陈铁军三人离开温州后，沿途在地下党组织的掩护下，顺利到达平阳包垟、凤林，找到了刘英。刘英听取我们的汇报后，完全赞同我们所做的工作，当即决定按照中央的“五项要求和四项保证”作为和谈的条件，派吴毓、董启文、陈铁军三同志为我方出席和谈的代表，并指定平阳山门畴溪小学为谈判地点。

在这次谈判开始之前，我们曾估计到对方对和谈不会有诚意，谈判未必成功。为了防备敌人袭击和保证刘英的安全，先由黄先河带领刘英等离开当时驻地，转移到瑞安仙降，然后于翌日深夜，偷渡飞云江，摆

脱了敌人的包围圈，到瑞安北区五云山一带隐蔽起来。吴毓等到山门街乡公所挂电话给水头街北港区政府，亮出自己是刘英派他们作为中共和红军出席和平谈判的代表。邀请对方代表邓讱来到山门街畴溪小学会谈。

这次谈判的时间，从5月7日开始，到当月18日。我方代表是吴毓、陈铁军、董启文三人。还邀请了畴溪小学副校长邓扫空（邓野农）、中医陈鸣玉、教师林伊红（又名林书合）三人作为地方人士列席谈判。对方代表是刘建绪派来的政训处上校处员邓讱，他带了一个参谋和随从人员。会谈就在畴溪小学礼堂的楼上举行。第一天，双方交换了对时局的看法。第二天，谈了具体条件。我方按照中央的“五项要求和四项保证”作为谈判基础，只是把其中“陕甘宁特区”一条，改为“在闽浙边设立特区”，并实行普选。由于国民党当局对这次和谈毫无诚意，对我方代表提出的合理要求不但不予考虑，还向我无理提出：（一）要闽浙边红军接受收编，统一归国民政府领导、调遣；（二）所有政工干部要全部集中杭州受训，另行分配工作。他们的用心很清楚，是妄图把我们全部吃掉。对方的蛮横要求，当然被我方代表断然拒绝。双方经过辩论争执，未能达成协议，谈判因而破裂。

谈判破裂后，我方代表吴毓、陈铁军、董启文等三人怕暴露目标，不便直接回到刘英同志那里，便随同邓讱等到了平阳鳌江。在鳌江时，我方代表曾提出双方先行停战，其他政治问题以后逐步解决。邓讱表示同意，但他说要请示上级。据说，蒋介石回电“停抚进剿”。于是，和谈完全无望。吴毓等三人仍随邓讱乘河轮回温州。吴毓在河轮经梧田时借故上岸。董启文、陈铁军跟随到温州小南门，也甩开“尾巴”，安全回到我们住处。吴毓亦于当晚回到温州。

就在这次谈判破裂以后，黄先河和我以及参加这次谈判的吴毓、董启文、陈铁军三同志，曾到瑞安五云山看望刘英同志。我们在刘英处总结了这次谈判破裂的经验，部署了白区工作，必要时还可以争取同国民

党军队、地方当局再次进行和谈。此后，黄先河和我回到温州，陈铁军、董启文留在山上。陈铁军在瑞安青田边境一次战斗中，脚部受伤，被国民党军俘虏。他对对方说自己是和谈的代表，要求去见邓讱，结果被解送衢州监狱关押。不久，董启文偕同张炽昌同志亦回到温州，转赴上海去延安学习。

卢沟桥事变发生后，日本侵略军直指上海、南京，局势危岌。国民党闽浙赣皖边区主任公署主任刘建绪，把陈铁军从衢州监狱放出来，要他回温州与我党联系重开和谈。陈到温州后找到我们，随即偕同吴毓、黄先河翻过桐岭到五云山找刘英汇报，刘英指定吴毓和我两人为出席第二次谈判代表。对方代表仍为邓讱。在陈铁军回来后一二天，邓讱亦来到温州。8 月 24 日，吴毓和我到温州会见邓讱，并在邓下榻的申江旅社重开和谈。

此时，全国政治形势已发生根本的变化。抗日战争全面开始，我党中央发表了关于国共合作的宣言，周恩来同志率领代表团到庐山与国民党中央会谈，第二次国共合作、抗日民族统一战线已经形成。因此，对方的态度比较明朗，我们也从实际出发，双方经过几次协商，基本取得一致意见。

首先，双方立即停止敌对行动。我方停止向对方军队及其地方政府的攻击，对方军队不得向我方进攻。

第二，红军暂编为“闽浙边抗日游击总队”。建制问题，由双方中央商谈解决。

第三，平阳、瑞安、泰顺三个县为红军集结地区，沿途不得留难。在红军建制未定以前，给养由地方政府供应，我方停止打土豪、向地方筹款。

第四，无条件释放一切政治犯，首先释放关押在永嘉县监狱的邓扫空（又名邓野农）、张忍之、陈急冲三位同志。

第五，实行民主，开放言论、出版、集会、结社自由。

我们提出的这些条件，对方基本表示同意，亦无异议。邓讱说：我是代表军队而来的，主要希望双方军队停止敌对行动，先搞军事停战，其他问题属于地方党政管的，我们不便干预，应和地方协商决定，但可转达地方政府帮助解决。当时由于国民党军第十九师已开始调往沪杭前线，他们急于和我达成军事停战，因而双方意见比较一致。

为了一致抗日，我方提出共同发表一则消息，扩大影响，同时也为了分散在各地的红军游击队在集中过程中避免与对方发生冲突。邓讱表示同意，并立即指定《浙瓯日报》记者拟稿，但没有经过我方审阅，第二天就在《浙瓯日报》发表了。内容大意：邓讱、吴毓联袂到温，商谈红军“收编”事宜……我们看后很不满意。我曾当面责备邓讱这种阿 Q 式的胜利。邓讱推卸说是报社搞的。此时刘英已从瑞安山区回到平阳北港。我和吴毓由温州回平阳向刘英汇报了这次和谈情况。

在这次和谈中，我们得知我党已在南京设立办事处。临时省委决定派龙跃、吴毓两同志于 9 月下旬经过衢州，通过刘建绪和邓讱等的帮助，前往南京八路军办事处见了博古同志。龙、吴向博古汇报了同国民党谈判的经过情况，并请示部队的今后行动。博古指示部队集中后驻在山边，防备国民党军阴谋袭击。在部队建制未定前，没有他的亲笔信，不准调动。还带回给刘英同志一封信和通讯密码。

在这次谈判以后，还有两件事：

一、在第二次谈判达成协议一个月以后，刘建绪派政训处处员王裕光、詹行烈两人来到平阳山门街要求会见刘英、粟裕，由我接待，安排他们住在山门街的旅馆。当时我们活动已经公开，刘、粟在山门街下东山徐公旭的家里接见他们。徐家正宴请刘、粟和其他同志。王、詹两人要求会见刘、粟，是一种试探性访问。他们提出要我们部队编入刘建绪的第十集团军，并开往浙江乍浦前线（这是阴谋），被刘英拒绝，刘英

向他们表明我部队是要听候我党中央安排的，没有得到中央命令是不能随便行动的。席间，我方还向他们提出根据谈判的协议应当解决我军的给养问题。他们表示回去转达。

二、1938年一二月间，浙江省政府主席黄绍竑来到平阳鳌江，原拟会见刘英、粟裕。已记不清是黄改变主意还是刘、粟不愿会见黄，乃派我和吴毓两人作为代表去会见黄，地点是在鳌江北埠某银行里。当时黄绍竑正在接见平阳青年救亡团的代表王栻、杜贤宏等十余人，然后和我们会谈。他先问候刘英、粟裕，然后询问我们的武装部队，何时开赴前线参加抗战。因当时我军建制未定，我们告诉他部队正集中整训，等待我党中央命令才能行动。我们也向他提出，停止筹款后，部队的军需给养急待解决，希望政府能按照年前温州和谈的协议由地方政府负责我们军需给养，黄表示同意。后来由省政府财政厅拨款给平阳县政府，分两批领取共约1.5万元。

1938年3月上旬，刘英随曾山同志去南昌向中共中央东南分局汇报工作。经过金华时，刘英曾与黄绍竑进行过一次会谈（陪刘去的有吴毓）。刘向黄提出建议和要求:在平阳设立新四军驻闽浙边后方留守处，在温州设立新四军通讯处，在丽水设立新四军办事处。黄表示同意。另外，刘英还向黄绍竑提出补充我军枪支弹药的问题。后来听说我们部队经过丽水碧湖时，曾发给每个战士一件棉背心和少数弹药。

1988年

选自《南方三年游击战争·浙南游击区》，第403—408页。

黄耕夫，原名黄昂，1909年生，浙江平阳人。1936年加入中国共产党。南方三年游击战争时，任中共闽浙边临时省委统战秘书等。新中国成立后，

曾任南京市公安局副局长兼南京市检察署检察长，公安部政治保卫局副局长、局长，公安部党组成员，哈尔滨医科大学党委书记，上海机械学院院长、党委书记，同济大学党委书记等职。2000 年在上海逝世。

十一、湘赣边游击区

坚持在湘赣边区
——回忆红军北上抗日后湘赣苏区的对敌斗争

谭余保

1927年大革命失败以后，在反革命残杀、迫害、极端恐怖的统治下，毛泽东在湖南领导了秋收起义，由湘东到江西，又折回湖南，打开茶陵建立第一个人民的政权之后，在宁冈、酃县、遂川、永新四县交界的井冈山建立根据地。1928年先后与朱德、彭德怀同志会合。在毛泽东的正确领导下，这些地区一经开辟，就进行土地革命，建立人民政权，没收地主土地分配给农民，所有封建势力，遭到严重打击。因此，苏区一天天扩大，土地革命一天天深入，红色政权更加巩固，红军和赤卫队声势也一天天壮大。这样，就震动了湖南、江西的统治阶级，集中兵力疯狂地向井冈山“围剿”。1929年，井冈山红军为保存力量，争取主动，突围至江西、福建开辟新的地区，剩下各县地方政权及党领导的赤卫队，继续坚持根据地斗争。1931年9月，湘赣省革命政权在各县政权先后建立的基础上，正式成立。当时地区包括湖南的茶陵、酃县及攸县一小部分，江西的莲花、宁冈、永新全部，安福、崇义、上犹、遂川的大部分，万安、泰和、吉安、吉水、峡江的河西部分，宜春、分宜、新余的河南部分及萍乡的一部。各县在党领导下，继续扩大和深入土地改革，与农民群众建立了血肉相关的密切联系。广大农民群众，从自己切

身利益上认识到，红军是为着老百姓，因而更坚决拥护和支持红军。我们从群众中得到无穷力量和信心，无论是几次大小的反“围剿”战斗和红军突围后的游击斗争，都是和群众分不开的！

湘赣边区是红军最早的根据地之一，土地革命也开始得最早，党和群众的工作基础较好，各县都有地方武装，县有独立营，区有警卫连。从中央革命根据地来说，湘赣正是右翼。反动派为着削弱我右翼，在1934年的第五次反革命“围剿”中，集中重兵，一面割断湘赣与中央的联系，一面占领湘赣边的各县城。当时湘赣边的红军，为了保存力量，粉碎敌人“围剿”阴谋，在任弼时、萧克、王震等同志率领下，最先突围北上，与湘鄂西边区的贺龙部会合。

湘赣边区红军突围后，留下一部分干部和地方武装，继续在边区坚持斗争，我就是被留下的一个。这时，国民党反动派抽调进攻湘赣边区的湘军，去追击红军。在赣水以西一带，仍有李云杰的二十三师驻吉安，李抱冰的五十三师驻在安福，罗霖的七十七师驻在遂川、泰和。这些反动军队，在莲花的保安十团，新余、分宜的保安六团，萍乡的保安四团，加上逃到赣州、吉安等城市回来的地主恶霸武装的配合下，采取堡垒政策，步步为营，向湘赣边区各县进行“扫荡”，妄想消灭我们党政军机关。当时湘赣边区五个独立团的兵力总共只有3000人枪，加上遂川、莲花、酃县等地的游击队和吉水的难民游击队，茶陵的独立营，也只有5000人左右。地区被分割成十几个小块，力量分散，联系困难，粮食缺乏，敌我力量极其悬殊，客观条件对我们十分不利。在这样恶劣的情况下，我们的任务就是如何保持并发展力量，克服各种不可想象的困难。根据毛泽东的原则方针，用无比顽强的革命毅力和信心，开展游击战争，密切联系群众，坚持下去以求最后胜利！

不出我们所料，残酷的斗争一个紧接着一个到来了！敌人以十数倍的兵力，向我进行反复不断的“围剿”和“扫荡”。当时，作为湘赣边区最高领导机关的中共湘赣省委，亦只直接掌握一个独立团的武装，

其余都被隔绝，无法联系。钱粮、给养、医药、服装以及伤病员的转移安置，都感到极大困难。我们一方面依靠群众，了解情况，解决困难。一方面突围转移，主要是避免损失。就这样，我们从牛田转移到吉安，从吉安到永安边界，从永安边界到安福、莲花边界。在这些场合中，一两天吃不上饭是经常的事，有时停下来吃点炒米、豆子充饥，敌人搜索队伍又跟着到了。部队在连续的转移战斗中，由于伤病减员、逃跑、叛变、失却联系等，损失严重。1935 年 2 月，在武功山争取时机稍加整理，将所有能作战的人员，编好 800 人，前往宁冈、茶陵、永新三县交界地区活动，筹款筹粮。至 3 月，我们到达攸莲萍边界时，留在省委的就只有自己的警卫和各个机关的工作同志，总共不到 50 人。各地武装和党组织，都不了解情况，无法联系。我们经常驻在山上，用茅草树皮搭成棚子，落雨时就打伞蹲着，饭也吃不上。白天我们不敢烧火，怕暴露目标，晚上才能进行活动，派人下去筹办粮食。检查当时的教训，主要是没有领会毛泽东争取主动，保存自己，消灭敌人，集中兵力，打击一路的原则。省委在军事方面犯了严重错误，退却逃跑，以致到处碰壁，到处挨打，造成严重恶果。

在这样严重的形势下，我们许多优秀的共产党员、共青团员和革命群众，为了完成党所交给的坚持湘赣边区的任务，表现了高贵的品质和可歌可泣的英雄气概！如我们坚持在武功山时，军区司令员彭辉明同志，从莲花活动回来与敌保安十团遭遇，作战牺牲。独立一团团长刘日同志在严重的肺病中，坚持斗争，使部队会合，临死时还忘不了恢复边区，时常大喊“红军回来了！”还有林瑞笙同志，在萍乡县委工作时被围在山上，负伤后毁坏武器从容跳岩牺牲。一个江西籍的小司号员被敌人机枪打伤，肠子都流出来，还挣扎着把武器隐藏起来，滚到山下才死。但是也有一些混进党内的投机分子，因为经受不了这种严重考验而动摇逃跑、叛变以至于无耻投敌。如当时以陈洪时为首的叛变，就是这种失败逃跑主义情绪发展到最高点的表现。其实，陈的叛变并非偶然，远在

1935年以前突围转移时，他就不愿随队出发，认为危险，动摇犹豫，脱离干部，脱离群众。在萍乡、醴陵边界时，又曾提出将省委机关搬到安源做城市工作，意图退却逃跑，离开武装。当时因遭我与王用济同志的反对，未果。及至到达萍乡、醴陵交界的东桥山上，看到反动派报纸，登载李宗保、旷珠权在湘南、赣南带一个连投降何键的消息后，就提出分工意见。把干部分成两起，他在原地指挥湘东游击队，开辟白区工作，联络北路。我去湘南与蔡会文、方维夏联系，收拾残局，整理武装。这样，趁我们出发后，他就在1935年6月无耻地叛变了。

陈洪时叛变以后，由于他是当时负责人之一，反动派便大肆宣传欺骗，将陈洪时的卑鄙宣言书到处散发，企图分裂瓦解我们内部斗志。为了克服这些失败投降的思想，坚定斗志，以完成边区党的艰巨任务，1935年7月，我们继续坚持斗争的二三十个同志，在莲花棋盘山开了一个会。会上分析当时形势，指出在这革命的紧急关头，叛徒陈洪时的动摇投降并不足怪。但我们应该警惕，坚定信心，为党的事业奋斗到底。又发表告群众书，指出红军主力是出去开辟新的地区，湘赣边区是毛泽东亲手建立的，共产党是任何敌人消灭不了的，以提高群众坚持斗争的信心，肃清因陈叛变所造成的恶劣影响。

这次会议揭露了敌人的阴谋诡计，澄清了内部的混乱思想，安定了群众的动摇情绪，把局面稳定下来了。对于湘赣边区以后的游击战争，起了决定作用。会后不久，为了集中力量，加强领导，将在攸县萍乡边界上坚持斗争的王用济同志（少共省委书记）调回，成立临时省委，宣告湘赣省政府结束，成立军政委员会，重新部署，组织现有武装力量，进行两星期的学习整顿，分编成三队。又派人去永新、萍乡、分宜等地收集失散的人枪，加上莲花县委保存的枪支，扩充到六个队。与各地党委工作人员联系，规定每半月一次书面报告，每个月由游击队长或政治委员率队来会合一次的制度，划定范围，进行游击战。

毛泽东同志在古田会议上，曾规定红军的三大任务是“打仗”“筹

款”“做群众工作”。这一英明的决定，对湘赣游击队的活动，起了积极指导作用。按照他的指示，并根据他有名的“敌进我退、敌驻我扰、敌疲我打、敌退我追”的游击战术方针，以武装斗争为主，配合地方党的工作人员，联系群众，逐步开展各项工作。

为了扩大影响，振作士气，游击队首先在吉安县的油田进行一次奇袭。当晚一口气赶七八十里，将油田区政府打开，缴获 30 多支枪，贴布告标语，没天亮就离开战地，恐途中遇见敌军，穿着缴获敌人的服装。在安福县陂头村果然遭遇敌人，假说从油田“剿匪”回来，趁机缴获 12 支枪，自己毫无伤亡。从这次以后，便继续展开广泛的游击战争，战斗情绪提高，各游击队，都能主动灵活出击，在政治经济军事上都有很大收获。如其中一次乘隙冒雨夜袭安福县洲湖镇，30 多人爬进围墙去，用敏捷动作，不到一个钟头解决战斗。缴获十支短枪、两挺机枪，把县长及队长都杀了。全县震动，反动派报告江西熊式辉说，千余“共匪”攻进安福，县长殉难。又一次，宁冈县大队 100 余人增援永新，到达潞江，准备向我们进行“围剿”。我九陇游击队，依靠群众，侦察了解情况，于当天黄昏乘其不备予以突然袭击，当场打死伪副团长以下 20 多人，缴获长短枪 30 余支，给予敌人严重打击；再如袭击茶陵高陇，消灭敌军 70 余人。除此外，在战斗中我们还经常烧毁敌人的碉堡，仅在永新一县就烧毁碉堡百多个。像这样不断地进行袭击、烧毁碉堡，并抓紧进行宣传，扩大影响，我们的威信又重新建立了。老百姓说：“红军还有很多人在这里，湘赣红军就会回来的。”很多失散的队伍，都自动找来，枪支弹药也逐渐增加，游击队也逐渐成长壮大。随着武装斗争的加强，游击地区逐渐扩大，每个活动地区，分派五至七人配合做党和群众工作。这样不但使我们的工作和地区有了发展，同时在游击队内部也增强了团结，增长了士气，改善了生活，加强了文化学习等。

我们的游击队除了打仗外，还要做群众工作。敌人对待边区群众非

常残酷，特别是与民团同时回来的封建头子、地主恶霸，更是无恶不作。山口要道的农民，每晚都集中在村里住，边区的青壮年更是如此。发觉家中有人参加红军，性命财产就难保全。就是与红军稍有联系，烧屋抓人在所难免。自首投降分子，也难逃地主恶霸的残害，往往在夜晚被杀害或活埋。他们以为用如此恐怖的手段，就可以断绝老百姓和红军的往来。但共产党与群众的联系是任何外力分不开的。即使在极端恶劣的环境里我们仍然利用一切时机到每个村去组织农会、青年团、妇女会，发展和教育会员，布置工作。我们对遭受残害的群众也尽一切可能进行慰抚。在这种血肉相关的联系中，群众给予我们的帮助是数不尽的。他们偷偷地给我们运米运盐，敌人搜山时报信，被迫带路搜索时，一上山就打吆喝开枪，使隐蔽的队伍、工作人员及时转移。他们说；"你们放心，我们是死也不会讲的。"宜春一个老百姓因为卖盐米给我们，被抓去酷刑审问，他宁愿从碉堡枪眼里爬出摔死，也不暴露游击队的消息。

就这样，湘赣边区的革命斗争，在群众积极支持下，胜利地坚持了三年多，地区一天天扩大，队伍一天天成长。直到 1937 年 11 月底，我们奉命下山改编成新四军一部，300 多人由刘培善、段焕竞带领，于 1938 年 2 月开赴抗日前线。另外还有一部分同志留下工作，9 月，我也离开了湘赣。

从这三年多的斗争中，明显地看到：只要我们坚持革命的武装斗争，密切联系群众；只要有中国共产党的领导；只要党员领导群众进行不疲倦不屈服的斗争，任何困难都是可以克服的，任何敌人都是可以战胜的。

选自《江西革命斗争故事　红色风暴》第四集，江西人民出版社1959年2月第1版，第5—12页。

谭余保，1899 年生，湖南茶陵人。1927 年加入中国共产党，同年底随工农革命军上井冈山。南方三年游击战争时，任中共湘赣临时省委书记、湘赣省军政委员会主席、湘赣游击司令部政治委员。新中国成立后，曾任湖南省人民政府副主席，中共湖南省委常委、书记处书记、纪律检查委员会书记，中央监察委员会派驻中南局监察组长、湖南省人大常委会副主任、全国人大常委会委员等职。1980 年在北京病逝。

回忆湘赣边区的三年游击战争

刘培善

残酷的考验

1934 年 8 月，红军第六军团离开了湘赣苏区。不久，湘赣苏区便基本上被国民党军占领，剩下的只有安福西北的武功山和永新的牛田等几小块地方了。红军有五个团的地方部队，3000 余人，奉命留下坚持斗争，保持革命阵地，配合主力长征。

当时，国民党军以两个师的正规部队为主，由湘赣两省的保安团、队配合，打着“消灭赤匪”、“消灭苏区”的旗号，向我们发动了疯狂的“围剿”。同时，在城关市镇、交通要道、大村庄、小山头，到处筑堡垒、设据点，布下了层层封锁线。

反动派的手段是很毒辣的，他们帮地主夺走了农民已分得的土地，强迫“移民并村”，恢复保甲制度，实行“五家连坐”。保安团地主武装经常化装四出侦察，在山区见房就烧，见人就抓，稍有反抗，就遭枪杀。他们挖空心思，用尽手段企图孤立我们，饿死我们！

敌人在军事上、经济上的全面封锁，给我们带来了极大的困难。当地群众的心虽然还是红的，但是他们被敌人烧怕了，抢怕了，杀怕了，不敢接近我们。有许多人认为红军主力走了，共产党靠不住了，没有希望了……在这样的情况下，我们买不到东西，搞不到粮食，只有发动同志们挖野

菜吃。有时连野菜也找不到，只好饿着肚子。敌人白天黑夜地“围攻”，而我们则要勒紧裤带翻山越岭同敌人作战。记得那时一块大洋还买不到半斤盐，有时有钱也无处买。有一次，我一星期没有吃到一点盐，浑身没劲。虽然敌人在我们后面追得正紧，爬山时却一步也登不动了，战士们轮番地把我背上了山。这些可爱的战士一直使我念念不忘。

1935 年 2 月间，我们同中央联络的唯一的一部电台在战斗中损失了，湘赣省委后来派少共省委书记王用济带十几个同志到赣南找项英、陈毅等同志联系。但在赣南遭到敌人包围，全部都壮烈牺牲了。这样，我们失去了中央的直接领导。以后，为了想了解一些国内外的形势和敌人内部情况，就得借助于国民党出版的报纸。而为了搞到一份报纸，有时迫不得已还要跟敌人打上一仗。

严寒、饥饿、疾病和敌人的疯狂进攻，严重地威胁着我们的生存。战斗与非战斗减员越来越多。湘赣军区司令员彭辉明同志也牺牲了。最为严重的是，省委书记陈洪时、军区参谋长周杰、保卫局长刘发云等先后叛变了，五个团的领导干部有的牺牲，有的病死，有的叛变，只剩下我（当时任三团团长①）和五团团长曾开福。

这些叛徒比疯狗还要可恶，他们不仅向敌人供述了我们所有的情况，而且带着白军，到处搜捕我们，叛徒们把何键、熊式辉和他们自己写的劝降信，放在墙上反动标语或布告的后面。我们的同志见到这些胡说八道的布告就撕，一撕布告，劝降信就落下来了，同志们等不得看完就把它撕得粉碎。有时忍不住还要踩它几脚。我曾收到何键、熊式辉好多封劝降信。信里说：“红军主力已被消灭了，苏区已不存在了”以及“谭余保（当时的省苏维埃主席）终有一天会杀掉你”，“欢迎你来当团长、旅长”，并且可以得到“娇妻美妾”……看了信真是好气又好笑，当时曾想写封信痛斥他们一顿，但仔细一想，这些无耻

---

① 应为政治委员。——编者注。

滥调不值一驳。

敌人这样明枪暗箭地打我们，围困我们，诱惑我们，使我们这支3000余人的武装，到1935年4月时，只剩下不到1000人了，独立第一团只剩下六个人。我们面临着异常残酷的考验！

扑不灭的火种

对于真正的红军战士来说，敌人愈残酷，愈激起他们的愤怒，愈坚定他们的斗争意志。

在永新的第一团有一个班长和五个战士（可惜我记不起他们的名字了），黄岗战斗后与部队失去了联系。这位班长率领战士，在象形以北的山上埋伏了一个多月，打听部队消息。当知道部队已经转移后，就冒着千难万险，寻找部队，他们找遍了我们部队经常活动的武功山区，也没有找到我们。于是又转向西北经莲花找到湖南的攸县地区，他们白天在森林里隐蔽，夜间走山道赶路。饥食林间野草，渴饮山中清泉，露宿山林，盖天铺地，一直走了一个多月，终于找到了我们，他们衣服破得几乎不能遮体，头发也老长了。这些钢刀架在脖子上也不会哼一声的人，见了我们却流了泪。他们说："没有党，我们活不下去！死也要找到党。要跟白鬼斗争到底！"见到这样的人，听了这样的话，越发增强了我们的斗争信念。未来，局势也许更为险恶，但是只要有党，只要有这样的战士，怕什么！

茶陵、莲花、安福等县有许多老百姓吃尽了反动派的苦，实在过不下去了，就跟着我们走，有许多人还挑着孩子跟着走，部队走到那里，他们跟到那里。虽然部队生活艰苦，他们还是要跟着我们。动员他们回去，他们说："生死都要跟你们在一起，共产党消灭不了，红军消灭不了，革命一定胜利！"但是带着这么多群众怎么能行军作战呢？经过我们无

数次说服动员，劝他们暂且回家，或找亲朋就地安家，我们保证在任何情况下也不会忘记他们，并发给他们路费，他们才勉强离开了部队。

局面仍然没有打开，环境仍是非常严重。然而多数同志坚持革命，这些同志急需组织起来。

1935 年 7 月间，湘赣省苏维埃政府主席谭余保同志挺身而出，在其他负责同志支持下，以他为核心组织了临时省委和游击司令部。

在江西与湖南的边境棋盘山上，召开了临时省委成立大会。谭余保同志在会上说：“我们有党的正确领导，有红军主力配合，有大革命时期的根据地，有富有革命传统的广大人民群众，有大山，有森林，我们还有几百个经受过考验的红色战士，只要我们团结一致，就能战胜困难，打败敌人，就是一支永远不可战胜的力量……”我们忘不了这些话。因为它是真理，它像铅字一样地印在我们心里。

会后不久，湘赣边区游击司令部收拢了失散的部队，重新整编为四个大队。以一个多月时间集中力量展开了反动摇、反叛变的斗争。“不怕死，不动摇”，“执行党的方针，紧紧依靠群众”，“坚持斗争到底，胜利必属于我们！”临时省委提出的这些口号，很快就成为全体同志的行动指针。

省委决定，当时不同敌人硬拼，保持有生力量，发动群众，壮大力量，建立党的组织，创造根据地。省委和游击司令部率领一个大队，在茶陵、攸县、酃县、醴陵地区；党令我率领一个大队，以武功山为依托，在永新、莲花、萍乡、安福、宜春地区，两支力量背靠背，展开活动。从省委负责同志起，党、政、军所有同志，都穿着便衣下乡做群众工作。

依靠群众战胜敌人

国民党军实力超过我们数十倍，苏区全被敌人占领了。要在白色恐

怖下发动群众真是不容易。我们白天在山中休整，晚上下山工作。经过一年左右的艰苦工作，局面逐渐打开，不仅有党的组织，而且有工会，有农会，有妇女会了。

1936年底，根据地逐渐扩大，我们四个大队经过整编，使用了湘赣红色独立团的番号。我率领团部和三个连，在永新、莲花、茶陵、宁冈边界地区发动群众。那里是同井冈山区连在一起的老苏区，当地大部群众被反动派"移"到大村镇上去了，有一小部分还隐蔽在山区，群众生活艰苦。因此，我们最初不在当地买米、买菜，而从其他根据地筹粮进山。在山上发现了一些土地革命初期游击队住过的棚子，就仿造了一些做为我们的"营房"住了下来。像在其他地区一样，部队变为工作队，分散下山，挨家挨户进行工作。有时候，我们还将打土豪得到的粮食、物资，救济贫苦群众。我们的同志宁肯自己少吃一点，甚至不吃。在一个只有几十户人家的九陇村，我们就花了两三个月的时间做群众工作，群众才发动起来。被白军赶到平原大村去的也先后回来了。他们说："红军没有走，共产党还在这里坚持哪！有了你们，就有了依靠，革命一定要胜利，天下还是咱穷人的！"

因为我们长期分散做群众工作，因而敌人以为我们已被消灭，就把主力先撤走了。部队内部经过整顿、教育后更为巩固、团结。为了广泛发动群众，扩大政治影响，提高部队战斗力，省委决定积极开展游击战争。群众支持我们，所以情报很及时，我们常在没有月亮的晚上，甚至雨夜，袭击敌人薄弱据点；得知小股敌人出动，我们就打他的伏击，一二十分钟解决战斗，打完就走。

这年6月的一个黄昏，我们根据群众的报告，团部率领四个连一夜走了三十五六公里，奔袭吉安县的油田。在消灭了敌人一个保安中队和捣毁油田区公所以后，又换上了缴获的白军军装，由刘别生率领，大摇大摆，开向陂头村，村里数十名列队"欢迎"的敌军还没有来得及鸣号迎接，就让我们缴了械。两地俘虏相逢一处，互相瞪眼，莫明其妙。当

时有些家伙还不信我们是红军，他们说："红军已不存在，要有，就是从天上降下来的！"1937年春天的一个夜晚，下着大雨，有个农民向我们报告，安福县长正在洲湖"视察";此外还讲了敌人兵力配备情况。据此，我们三个连，由群众带路，立即从车田、东谷、杨梅之间的根据地出发，在山中小路上手牵手急行了40公里，奔袭洲湖。许多群众帮我们找梯子。部队靠近了敌人据点，他们把梯子悄悄靠在区公所的高墙上。当我们的战士爬上梯子，翻过墙头的时候，敌人还正在睡大觉呢。

这一仗消灭了一个保安中队，打掉了一个区公所，活捉并处决了县长。到天亮时，我们早已离开洲湖十多公里了。

这样一打，影响扩大了，斗争却更尖锐起来。敌人又集中了地主武装和保安团队大举向我们进攻，又施展开封锁、"围剿"、烧、杀、抢掠的老伎俩。但是，经受了锻炼，提高了觉悟的湘赣边人民，坚决站在我们一边。白军一出动，群众就跑来报告；白军把我们困在山上，群众就把粮食送上山来。敌人越是残酷，他们的胸膛挺得越高，他们宁愿牺牲自己，也要维护革命。记得莲花县有个妇女叫王桂莲，敌人两次抓她带路搜山，她明知部队在东山，却每次都把敌人带到西山，领着敌人在山中爬上爬下兜圈子。敌人捆她、踢她、打她、剥去了她的衣服羞辱她。可是敌人除挨到她的痛骂外，什么也没有得到。最后，敌人活生生地割去了她的乳房，终于把她折磨死了。湘赣边区不知有多少人为了支援红军，维护革命而献出了他们宝贵的生命！

西安事变后，我们同中央仍然没有联系。敌人阴谋在我们改编为八路军、新四军之前消灭我们。因此，又集中了十几个保安团"围攻"我们。我们也继续打击敌人，扩大根据地。三年中，敌人的进攻几乎没有停止过，而我们的根据地却不断扩大。我们实际不到1000人，敌人却风传我们有一万多人。

那时，我们不仅可以在白天行军，而且在山上还做了"营房"。是自己动手造的，以竹子搭架，以杉树皮盖顶、做墙。此外，还在山上开

了操场，设了“列宁室”（供部队学习，开展文娱活动），办墙报，唱红军歌曲，部队按计划上军事课、政治课。三年来，部队虽然没有穿过棉衣盖过棉被，冷得厉害的时候，集合起来跑步，活动一下，或者烧起火来取暖，生活一直很艰苦。但是他们却愉快地在这里战斗着、工作着、学习着。

1937 年 11 月，陈毅同志奉中央命令来到湘赣边区，代表中央，将部队进行改编。他看了我们的“营房”，看了我们的操场，看了我们的“列宁室”，看到我们部队一切都是继承着红军的传统，直是点头微笑。

当我们奉命开赴抗日前线，离开湘赣边区的时候，许许多多村庄的群众扶老携幼，送到村外，流着眼泪，拉着我们的手，舍不得我们走，有些老妈妈好容易弄到了一些吃的直往我们手里塞。部队出发了，老人们迈着艰难的步子，还在后面紧跟着，不断地嘱咐我们：“你们打败鬼子可要回来呀！不要忘了我们！”

选自《南方三年游击战争·湘赣边游击区》，第52—57页。

刘培善，1912 年生，湖南茶陵人。1929 年参加中国工农红军，同年加入中国共产党。南方三年游击战争时，任湘赣军区红军独立第三团政治委员、湘赣红军挺进队队长兼政治委员、中共湘赣临时省委常委、湘赣游击队政治部主任兼第一大队政治委员、湘赣红色独立团政治委员等。新中国成立后，曾任中国人民解放军第十兵团副政治委员，福建军区副政治委员、第二政治委员，福州军区副政治委员、第二政治委员，国防委员会委员等职。1955 年被授予中将军衔。1968 年在北京逝世。

坚持在湘赣边区三年[①]

段焕竞

湘赣边区是中国共产党在第二次国内革命战争时期建立的一块革命根据地。它位于湘赣边界的罗霄山脉中北段，包括江西莲花、宁冈、永新、安福、泰和、吉安、峡江、分宜、新余、萍乡和湖南的茶陵、酃县、攸县、醴陵等县。这里早在大革命时期就建立了党组织，土地革命开始得早，党和群众有着血肉联系。1934 年 8 月，湘赣苏区的主力红军六军团奉命西征后，新组建的中共湘赣省委、湘赣军区领导红军游击队，同边区人民一道，运用灵活机动的战略战术不屈不挠地同敌人进行了艰苦卓绝的斗争。钳制和消耗了敌人的大量兵力，有力地配合了主力红军的战略行动，保存了革命火种，保持了党的旗帜，在中国新民主主义革命斗争史上写下了光辉的一页。

受　命

我原是红六军团十八师五十三团连长，后又调到军团随营学校政治大队任大队长。1934 年 8 月的一天，学校通知我和另外六七个同志立

① 此文原载《江西革命斗争故事集　红色风暴》第4集，江西人民出版社1959年2月第1版。收入本书时由作者作了较大修改。

即去军区司令部接受任务。

我们来到军区司令部稍候一会儿，只见一个穿着灰色红军服装，扎着绑腿，身材魁伟的人走了过去，旁边的一位战士贴着我的耳朵悄悄地说："这就是军区司令员王震同志。"

过了一会儿，他从屋里出来，一边和我们握手，一边问："都是从随营学校来的吧？"接着又亲切招呼大家坐下来，在桌子上摊开了一张标好的地图，指着地图上的标记说："同志们，目前敌人正集中重兵向边区进攻，为了最大限度的保存革命力量，粉碎敌人紧缩湘赣苏区的计划，辅助中央苏区之作战，主力红军要转移到白区去建立新的根据地。"他稍停顿片刻，继续说："然而，主力走了以后，湘赣苏区的斗争仍要坚持，这个任务将在新省委领导下，由各分区的独立团和新组建的独立五团担当起来。"

望着王司令员那明亮而深邃的眼睛，严肃坚毅的面容，我们意识到将面临一项艰巨而光荣的任务。

随即，王司令员把我叫到他的面前，拍着我的肩膀说："书暂时不能念了，你带着大家去独立五团，从现在起，你的职务是独立五团的营长。"

我们愉快地接受了任务，个个心情倍觉振奋。临别时，王司令员又反复地叮嘱我们，要把红军的战斗作风带到新组建的独立五团去。最后，他还特别指出：反动派对苏区采取的是步步为营的碉堡政策，还有帝国主义的飞机给他们助威。留下来后，要紧紧地依靠党和群众，运用灵活机动的战术，把根据地的斗争坚持下去。

1934 年 8 月，红六军团第十七、十八师，根据中央书记处和中革军委训令的指示精神，在任弼时、萧克、王震的率领下，由遂川突围西征。当时，留在湘赣边区的党政军组织比较健全，由陈洪时任湘赣省委书记兼湘赣军区政委，谭余保任湘赣省苏维埃政府主席，彭辉明任湘赣军区司令员。武装力量有湘赣军区下辖的五个独立团，加上各县的武装有 5000 余人。

转移武功山

我怀着兴奋的心情来到了独立五团，向团长曾开福报了到。独立五团，是红六军团留下的部分骨干力量和地方部队组建的，全团 1200 余人，直属省委和军区指挥。

这时候，当地的老表刚刚送走了红六军团，还在想念和牵挂红军，盼望着亲人早日打回来。

没过多久，湘赣省苏主席谭余保告诉我们：红六军团已突出敌人的重围，到达了湘鄂西边界，准备和贺龙同志会合。当时我们想，红六军团一定打了不少胜仗，在那里建立了新的根据地；但压根儿也没有想到，主力红军撤出中央苏区，是反“围剿”斗争失败，是革命由高潮转入低潮。

这段时间，由于国民党军集中主力围追堵截主力红军，使得湘赣省委所在的永新牛田和泰和的碧江州地区暂时平静下来了。省委利用这一时机，进行了整顿党的组织，恢复各级政权，联系各地游击队的活动，并命令独立五团乘机四出打击地方保安团队。国民党军很快发现湘赣边区还有红军部队，为铲除这心头之患，一举摧毁湘赣苏区，又集中第二十三师、五十三师、七十七师、十五师、十八师，及地方反动武装莲花保安十团，新余、分宜保安六团，萍乡保安四团，还有从苏区逃跑后又返回的地主、恶霸组成的“铲共团”、“义勇队”、“还乡团”等，恶狠狠地向边区疯狂“围剿”和“扫荡”。霎时间，湘赣边区到处是一片白色恐怖，人民陷入深重的灾难之中，不少村庄，人被杀光，房被烧光，财物被抢光。随着敌人大规模的“进剿”，苏区的形势一天天恶化。原来连成一片的根据地，大部分被敌人占领。这时，湘赣省委、省苏政府、军区在永新牛田站不住脚了，不得不于 10 月中旬率领独立五团经过吉

安、安福等县，转移到了武功山下的泰山区。

武功山，在罗霄山脉的中北段，位于安福县城西北，由江西延伸到湖南，山体绵延 160 余公里。主峰海拔 1900 余米，山高林密，峰峦重叠，地势险要。山中盛产竹笋和能食的各种果实，是我们开展游击战争的理想天地。

艰苦卓绝的战斗生活，使我们不知不觉地进入了冬季。武功山的冬天，风雪交加，寒风刺骨，由于敌人的经济封锁和连续“清剿”，游击队的物资来源基本上中断了，绝大多数同志身上还是穿着一件破烂不堪的单衣，斗争生活异常艰苦。一天，莲花县路口等地来人报告说，那一带没有敌人的正规部队，只有一些保安队和民团驻着。这是个难得的机会，省委便决定：由司令员彭辉明亲率独立三、五团去收拾它一下。

我们由武功山的深山区双园坪附近出发，向西进入五里山。这里的村庄紧挨着山脚，都有大路小道通到县城去，村庄内外，要道口和隘路侧翼的高山上都修起了碉堡，那些保安团、民团和地主恶霸，像瘟神一样残害着老百姓。白天，不让老百姓走动；晚上，把山口要道的住家，都集中到大村里过夜。老表们对这些家伙早就恨得咬牙切齿。所以我们每到一地，就能很快摸清情况，袭击保安队。对俘虏来的保安队人员，除反动头目外，那些成分好又愿意跟我们闹革命的就充实到我们队伍中来，其余放他们回家，走时发给五块光洋的路费，并告诫他们，以后不许再为非作歹，与红军为敌。

为了扩大政治影响，我们所到之处，凡是逮住封建头子、地主恶霸，就发动群众进行斗争，并把没收的全部财产分给当地老乡。这样，我们走后，“红军回来了”又在群众中盛传。莲花的保安团闻讯后胆颤心惊。保安团团长像热锅上的蚂蚁坐立不安，急电国民党军第五十三师师长李抱冰求救：莲花发现大量共匪，为首的是彭辉明。于是，敌人又向五里山一线日夜增兵。

对于敌人这一着棋，我们早有所料。因此，确定采用调虎离山计，在钱山、路口、九都游击一圈之后，旋即回师武功山。可出人预料的是，当我们返回到五里山时，却在虎头岭上遭到了莲花的保安十团和萍乡的保安四团以及莲花铲共义勇队的袭击。

那天天刚蒙蒙亮，我们刚回到五里山的虎头岭，部队正准备吃早饭，突然听到虎头岭上响起了密集的枪声。我急步出门，正遇上一战士从虎头岭上下来报告，没等他把情况说完，又见好几个战士慌慌张张地跑来。枪声越来越密集，情况显然很紧张。团长命令我营立即组织反击。这时四面都响起了冲锋号声。团里仅有的那挺马克辛重机枪也拉上了阵地。在所有的部队冲向虎头岭时，我营先夺回了排哨丢失的阵地。为了不给敌人有喘息之机，团长命令部队继续反击。

战斗一直持续到太阳偏西。我们在彭辉明司令员“同志们：冲啊，把所有的敌人消灭掉！”铿锵有力的声音的鼓舞下，一举攻下了虎头岭前面的几个山头，敌人垮了下去。这次战斗，虽歼灭了敌人一个保安大队，但由于仓促上阵，我们也有些伤亡。最令人痛心的是：传来了彭辉明司令员光荣牺牲的消息。听到这突如其来的噩耗时，我真不相信刚才还生龙活虎般率领我们冲锋陷阵的司令员现在竟长眠于虎头岭上。战士们听到司令员牺牲了，一个个泣不成声，沉重而严肃地站立着，朝着彭司令员牺牲的虎头岭，默默地哀悼，激愤地高喊:“为司令员报仇！”“向反动派讨还血债！”

彭辉明同志是广西人，早在1929年12月就参加了邓小平、张云逸、韦拔群等领导的百色起义。1931年2月到达湘赣革命根据地，他有文化，骁勇善战，很有军事才能。指挥沉着果断，每到紧急关头，他总是走在前面。平时待人和蔼可亲，干部和战士都乐意接近他，愿意和他讲心里话。现在他不幸牺牲了，谁不为失去这么一位可亲可敬的首长而悲痛万分呢！

转战湘南

虎头岭一战，敌人丢掉了一个大队，这下激怒了国民党江西省政府主席熊式辉。他调集重兵，将武功山层层分割包围，扬言不消灭这股共匪决不罢休。他们有时倾巢出动，有时分几路“清剿”。对山下的群众，只要认为有点可疑，不是抓去活埋，就是拉去砍头。不许老百姓接近我们，妄图把我们困死、饿死在山上。从此，我们进入了最艰苦的时期。

这时省委和军区决定，精简机关，充实部队，将机关部分有作战能力的人员充实到独立五团，由团长曾开福率领，突出重围，向茶（陵）攸（县）莲（花）地区转移。原独立三团和省直机关部分人员组成挺进队，由刘培善任队长兼政委，开往攸县筹粮筹款。

到茶攸莲地区，我们牵制数量上超过我们十余倍的敌人，从这座山打到那座山，几乎天天都有战斗。有时候，我们还未来得及掩埋好牺牲的战友、揩去身上的血迹，敌人又追来了。子弹打光了，我们就用石块拼。战斗的艰难和残酷，磨炼了我们的坚强意志。但是也有些人经不起这艰苦生活的考验,脱离了革命队伍。眼看着斗争越来越残酷。这时，省委便决定我们独立五团立即向湘南转移，沟通与方维夏和蔡会文的联系。

接到命令后，部队没有来得及休整，我们独立五团 1000 余人，在团长曾开福的率领下离开了攸（县）莲（花）边境的柑子山，踏上了南下的征途。当时既没有军用地图，也没有向导，全凭着估计，靠着星斗前进。头一两天，我们没有被敌人发现，还能够在高山顶上打个瞌睡，吃点东西。当我们走到茶陵晓田时，却遭到了国民党军十八师的突然袭击。那天晚上，我们刚踏上到龙山的大路，就与敌人遭遇了。一阵枪声

过后，紧接着是一片拼杀声。没等我赶到前面，后面又响起了密集的枪声。“糟糕！”我们前后都被敌人堵住了，而现在所处的地形，对我们十分不利，左面是条顺着大路向南的大河，水流湍急，深不见底；右面是陡峭的山崖，堵住了退路。

“狭路相逢勇者胜”。在这紧急关头，团长命令部队前后要坚决堵住敌人。我一看，唯一的办法就是指挥部队从中间攀峭壁上山。但短兵相接，子弹失去了作用。战士们犹如猛虎扑向敌群，硬是用刺刀、枪托，拼尽全力与敌人展开了肉搏战。中间地段拉长以后，我们在拼杀声中越过陡壁，爬上山头，居高临下地抗击敌人，直到次日拂晓，才结束了这场异常激烈的恶战。

这次遭遇战，使我们团伤亡很大。二营基本上被打垮了，剩余的人员充实到了一营和三营。这是我们向湘南转移途中的第一仗。

从此，我们的路程更加艰难。在那阴雨连绵的日子里，除了经常与敌人遭遇外，饥饿、寒冷、疾病，接踵而来。战士个个疲惫不堪，拖着沉重的身躯，艰难地行进在泥泞的小路上，每走一步都要付出很大的力气，有的走着走着，就昏倒了过去；有的就这样长眠在这荒无人烟的深山丛林之中。

快到酃县时，为了缩小目标，摆脱敌人，团领导决定分两路行动。一营由团长曾开福率领向桂东方向行动；三营由刘参谋长等率领向桂阳方向行动。不几日，我们就与一营失去了联系。由于沿途被敌人严密封锁，很难遇见老百姓，饥饿严重地威胁着我们，部队行进的速度越来越缓慢。

一天，我们来到一座群峰环抱，杉柏耸天的山上，在茂密的树丛中，就地休息的命令下达不一会，大家依着岩石，靠着大树很快进入了梦乡。我挨个地巡视，只见人人两眼深陷，脸色蜡黄，眼看着原来这些生龙活虎的小伙子，现在成了这个样，我心里很不是个滋味。该想些什么办法来解决这个问题呢？我信步来到一块大石岩下，偶然间看到通信员

小李在大石岩下正巧妙地把几块石头叠起个小灶，放上盛满水的瓷碗，又摘下一片大树叶盖上。哦！原来这小鬼正在想办法解决烧东西不冒烟的问题哩！

“小李，你真了不起，有了锅我们可以烧东西吃了。”

他被我这一说，弄得有点手脚无措。停了好一会儿，他才轻声说：“可到哪里去找下锅的东西呢？”

正说着，老炊事员王水生捧了一把野菜走过来，说：“这野菜，用开水烫一下就能吃。”

我心里一阵高兴，心想，如果真的能填肚皮，这不是解决大问题了嘛！

“这野菜能吃吗？”我有点不放心。

“怎么不能吃，小时候，我的肚子就和它是老朋友了。家乡的老人都说，谁要认识半边莲，走遍天下肚不愁。这野菜就叫半边莲。”说着，他走到锅边，把野菜放进锅里。嘿嘿！这野菜倒是挺香的，我们三个一连吃了三锅。以后，一休息下来，大家就在老王的指导下，到处寻找半边莲充饥。

靠吃着野菜，我们越过粤汉铁路，在汝城与桂东接壤的八面山区，找到了蔡会文部的一支队伍。会合后，两支部队在一起活动了一段时间，后蔡会文部去赣南，我们仍在新田一带转战。这期间，我们又巧遇湘赣军区第四分区司令员张通率领的独立四团 30 多人。由于敌人的“清剿”日益频繁，湘南的形势也很紧张，我们 200 来人在张通的率领下，又踏上了回归湘赣边区的征程。

回茶攸莲

回师茶攸莲的路上，我们时常发现国民党反动派张贴的标语。战士

们一见到这些胡说八道的标语和写有指名道姓的劝降信，就火冒三丈，撕碎丢在地上，吐上几口唾沫，还再踩上几脚。有一天，通信员小李不知从哪里弄来了一份反动派的报纸，还有几张油印的传单，怒气冲冲地往我面前一丢，我打开报纸一看，也深深地吸了口凉气。报纸上的通栏大标题是“共党省委书记陈洪时弃暗投明”，油印的传单写的是：“你们在山上没有出路，不投降会饿死。”署名是“招抚专员陈洪时”。

我一阵愕然，好个无耻的家伙！以前没有看透你，竟是个大叛徒。

在行军途中，我一想起装在口袋里的报纸、传单就怒火直冒。然而，偶尔中也有一种幻想出现：也许这是反动派的欺骗宣传吧。我们加快了行军速度，盼望着早日找到谭主席弄个明白。

6 月下旬的一天，我们刚进入莲花县的龙口，就被湘赣的保安团围在龙口山上。敌人分几路不停地朝我们“围剿”。敌众我寡，部队被打散了，我们与张通失去了联系。我看人越来越少，弹药也消耗得差不多了，而敌人仍在气势汹汹地向我们发起进攻。硬拼，我们肯定是要吃亏的。于是决定杀出一条血路，突围出去。趁战斗间隙，我把人员稍加整理，低声地对大家说：“我们不能在这里死守，要从敌人中间冲出去。”同志们也都坚定地表示：坚决突围。

这时敌人吆喝着又向我们猛扑过来，我命令部队注意隐蔽，做好反击准备。在选定了敌人力量比较薄弱的方向以后，吹响小号扰乱敌人，剩下的四五十人像把尖刀直插山下。

一两个小时以后，我们完全摆脱了敌人的追击，进入攸县境内。第二天，我们这些衣衫褴褛，面黄肌瘦的人，来到了柑子山腰部的一座两三户人家的村舍休息。这时，只见一个农家姑娘打扮的人匆匆而来，看上去像有什么急事要办。为了尽快找到谭主席，我顾不得可能发生什么意外，走过去拦住她。

“姑娘，请问你件事。”由于心里有几分担心，迟疑了一会儿才悄声地问：“这儿有红军吗？”

“红军！”姑娘说露了口。却又改了口气，“这我不知道。”

听她的口音不像是本地人，我就把话题扯开了：“你是本地人吧？”

“不是。”

“听你口音，好像是安福北乡人，那儿也是老苏区，对吗？”

“你们是哪里来的啊？”

“我们……你别怕，我们已经知道了，这里没有白军！”

姑娘有些沉不住气了。说了声“谁管这些”，就迈开步子走了。

看模样，听话语，她不是外人，有人提议，一定是自己人。追上她，叫她带我们去见谭主席。我说：“没关系，如果是自己人，一会儿她会转回来的。”

没多久，一个挑柴的老乡过来了。我迎了过去，走近一看，原来是坚持在这里的县委书记吴金莲。

他也认出了我，忙把柴担放下，叫了声“老段！”就说不出话来了。同志们都围了上来，眼睛直盯着吴金莲同志，久久地说不出话来。是啊！我们就像失散了多年的孩子，现在总算找到家了。

吴金莲把我们带上山后，山上人都拥了过来。我们互相拥抱着、欢呼着。在山腰先和我们见过面的那位姑娘，在一旁却像木鸡似的看着我们，眼圈湿润了。

吴金莲待我把从湖南一路打回来找省委的事说完后，接着把山上的几个同志一一作了介绍。当介绍到那位姑娘名叫发姑时，她却不好意思起来。我忙说：“我们早认识了！她还是我们的引路人呢。”见我这么说，她也开了腔，深表歉意地说：“我看出你们不像坏人，不过……刚才真对不起。”

严酷的斗争教育了我们必须提高警惕，大家除了衷心感谢这位发姑姑娘外，更加钦佩她的革命警惕性和灵活性。

当天晚上，吴金莲就带我们去找谭余保同志了。

谭余保是湖南茶陵人，农民出身，早年投身革命，对党忠贞不二，

胸怀坦荡，原则性强，处事果断利索，生活俭朴，是湘赣边区人民坚持革命斗争的主心骨。

棋盘山会议

在莲花和攸县交界的竹家冲山上，我们找到了谭余保。如果当时不是吴金莲先叫一声谭主席，我们还真一下认不出来。他穿着一件补丁摞补丁的小褂，脸色蜡黄，两眼深深地凹了进去，头发也像我们一样，足有二三寸长，他见到我，连忙迎上前来，紧紧地握住我的手，上下端详着，好久才说出了一句话："你们辛苦了！"我鼻子一酸，泪花在眼里直打转。

谭主席和大家一一握手后，我把湘南的情况和沿途寻找省委的事作了汇报，把带来的 150 块大洋如数交给了谭主席。谭主席说："革命不会失败的，总有一天会胜利！走掉了一个陈洪时，一个谭富英，但湘赣的红旗决不会倒，你们从湘南返回来，就是证明。"这时，已是 1935 年 7 月。

在这关键时刻，为了团结内部，稳定情绪，制定新的斗争策略。谭余保千方百计地把在附近地区坚持斗争的二三十位干部召集到棋盘山，主持召开了紧急会议。

会议一开始，谭余保先向大家通报了陈洪时叛变的情况，严肃地批评了陈洪时背叛革命，投降敌人的可耻行径。顿时，会场沸腾了，谁也压抑不住这心头怒火，纷纷怒斥这个大叛徒。待大家平静下来之后，谭余保接着说：

"陈洪时叛变，并非偶然，远在突围转移时，他就不愿随队出发，认为危险，动摇犹豫，脱离干部、脱离群众。在萍乡、醴陵边界时，就曾提出将省委机关搬到安源做城市工作。他企图退却逃跑，丢掉武装，

早有明显暴露。当时曾遭到我和王用济的反对……”

我们聚精会神地听着，越听越气愤。那时候，我真想请求谭主席，让我带几个人找这个叛徒算账。

谭余保同志说着说着，突然站了起来，斩钉截铁地说：“湘赣边区是毛泽东同志亲手建立的一块根据地，走了陈洪时，带不走老百姓的心，竖在这里的红旗决不会倒！”

“不会倒！”“永远不会倒！”我们异口同声地回答。

接着，谭余保在详细地分析了当时的形势后指出，在这革命的紧急关头，在我们内部出现叛徒并不奇怪。这些人本来就是混进党内的投机分子，经不住残酷斗争的考验，他们走了我们内部更加纯洁，更有战斗力。但是我们也应看到，陈洪时曾是湘赣边的主要负责人之一，反动派借此大肆宣传，以瓦解我们的斗志；同时还利用叛徒引路，加强了搜山、“清剿”活动。

摆在我们面前的任务，就是要肃清陈洪时叛变的恶劣影响，揭露敌人的阴谋诡计，在游击队内部开展反动摇、反叛徒的斗争，把群众团结在党的周围，坚持斗争。我们的口号是：“不怕死，不动摇，执行党的方针，紧紧依靠群众，坚持斗争到底。胜利必属我们！”

会议确定，撤销原湘赣省委、省苏政府和军区；组成以谭余保为书记、曾开福为副书记、王用济、谭汤池、段焕竞、刘培善、龙珍、颜福华等为常委的临时省委；成立湘赣省军政委员会和游击司令部，谭余保兼军政委员会主席和游击司令部政委，曾开福任军政委员会副主席兼游击司令部司令员，我任游击司令部参谋长，朱水生任游击队政治部主任（后为刘培善）。会上还确定，颜福华任肃反委员会主任，谭汤池任组织部长，周杰为宣传部长，陈永辉任秘书长，王用济任少共省委书记。

会议统一了对形势的认识，总结了斗争的经验教训，确立了游击斗争的方针是：以武功山为依托，以四周其他山为回旋之地，开展隐蔽的、

分散的、群众性的、灵活机动的游击战争。

会后，还起草了《告群众书》，向人民群众宣告：省委和它领导的游击队任何时候都不会离开边区，它是任何人也消灭不了的。从而坚定了边区人民的信念。

棋盘山会议，是湘赣边区游击战争史上具有重大历史意义的一次转折，是以谭余保为首的临时省委摆脱王明“左”倾路线的影响，由衰转盛的重要标志。

为了集中力量，加强领导，重新形成有组织有领导的战斗队伍，省委在会议之后即着手：

整顿恢复和健全党组织，建立游击根据地。除重新成立了以吴金莲为书记的茶攸莲中心县委外，又先后建立了以尹德光为书记的攸醴萍县委，以周道益为书记的萍宜安中心县委，后为加强这个地区的领导，派省委常委龙珍任书记，周道益改任副书记，再后是韦一平任书记。同时，还派出工作组，深入到九陇山一带，开展群众工作和恢复发展党的组织工作；整编部队，加强武装力量，将保存下来的部队整编为三个大队，原湘东南大队编为二大队，邱仁标任大队长，罗维道任政委；原独立五团三营和独立四团余下的人员编为三大队，钟某某任大队长，林少甫任政委；原省委挺进队和莲花游击队编为四大队，后改为一大队，我兼大队长，刘培善兼政委。另外，还有一个教导队和一个特务连。这时部队的总兵力约 300 人。

无畏的人民

棋盘山会议以后，我们在斗争的策略和战术上都作了相应的转变。省委和游击司令部决定一面派人到各地去联系失散的同志，向他们传达临时省委会议的精神。这时，我和谭汤池等奉命到萍宜安地区寻找失散

人员，在那里首先找到了周道益，尔后，又找到了刘群、郭猛领导的宜萍游击队；一面将各游击大队和教导队、特务队，分别深入到茶陵、攸县、酃县、醴陵、永新、莲花、安福、萍乡等地区活动，在那里秘密地恢复了党的组织和农会、青年团、妇女会等群众组织，被国民党灭绝人性的“三光”政策涂炭的边区人民，又发动起来了。他们挖出了埋在地下的长矛、土枪，跟红军游击队一起，与反动派和地主恶霸展开了殊死的斗争。

敌人是狡猾的、毒辣的。他们大搞移民并村，保甲连坐，到处成立“联保办事处”、“清乡委员会”，把山上的群众赶到山下，把小村的群众赶到大村居住，实行“一家通匪，十家连坐；一家窝匪，十家同祸”，常以“通匪、济匪、窝匪”等莫须有的罪名，镇压和屠杀边区人民。同时他们又采用“三分军事，七分政治”的策略来对付我们红军游击队。即：利用移民并村，隔绝我们与群众的联系；胁迫红军家属，让他们呼唤亲属回家；利用叛徒造谣中伤，瓦解我们的斗志。妄图把我们困死、饿死在山上。敌军兽蹄所至，房屋被烧光，大批革命干部和群众惨遭杀害，粮食不是被抢走就是被烧毁。安福县大布、长源头一带是老苏区，干部群众革命坚决，敌人恨之入骨，就放火烧掉了村上的40余栋房屋，杀害干部群众数十人，牵去耕牛70多头。莲花县保安团头子贺元益，因抓不住共产党员贺志明，就将他一家六人全部杀害。但是，富有革命传统的湘赣边区人民的革命精神是摧不垮的，边区人民和我们的血肉联系是割不断的。在这极端残酷、恶劣的环境下，边区人民群众经常冒着生命危险给游击队送粮、送盐、送情报。

记得有一次，我们转移到莲花县内的时候，一个老乡给我们送粮食来，告诉我们这样一件事：他们村里有个叫王桂莲的妇女，敌人抓她带路搜山，她明知游击队在东山，却故意领着敌人在西山中爬上爬下兜圈子，找了半天也没有看见一个游击队的影子，敌人打她、骂她，后来又用物资引诱她，她就是不讲游击队在哪里。恼羞成怒的敌人又剥光她的

衣服羞辱她。她横眉冷对，毫不示弱，对这些禽兽痛骂不止。敌人见在她身上捞不到一点便宜，竟残忍地挖掉了她的眼睛，割去了她的乳房，活活地将她折磨死了。游击队战士听了这个消息，义愤填膺，怒火万丈，决心与敌人血战到底，为苏区人民报仇雪恨。

在湘赣边区三年游击战争中，没有像王桂莲这样的千百万英雄儿女的支援，游击队是寸步难行，寸阴难度的。

革命伴侣

1935 年底，斗争的形势有了好转，我们就常和省委一起活动了。有一天，我们在谭余保住的棚子里烤火交谈。谭主席边和大家商量着工作，边拨弄着火苗说："革命也像这火一样，是越拨越旺的。"正说着，门外传来一阵笑声，原来是有人把发姑领来了。她见我在里面，有点不好意思进来。

"发姑，"谭主席望着她，"进来烤烤火吧。"

自从柑子山与她相遇后，就给我留下了很好的印象。以后随着工作的关系见面的机会多了，我们也熟悉起来，渐渐地产生了感情。由于这种关系，发姑坐下后，我们两人都想避开大家的目光，当谭主席与发姑谈了一会儿工作后，他突然话锋一转，"今天，我们游击队要办一件大喜事。"说罢，朝我和发姑看了一眼，本来在这以前，省委就准备让我们结婚，但战斗频繁，没个安定之日。谭主席这么一提，我心里早就明白了，只是没有开口，也许是谭主席看出了我的心思，他接着又说：

"两年来，游击队里办喜事，你们还是头一次，这也说明了斗争形势在逐渐好转。以前敌人形容我们是：'生活陷入逆境，人人自危，军心涣散。'这正说明敌人永远也不会理解我们，他们不懂得，我们共产

党人是最善于安排生活的，就是再艰苦，也不能使我们陷于绝境，也不能使我们从心理上丧失正常生活的能力！因为我们有党，有人民。”

谭主席叫人填好两张苏维埃政府留下的“结婚证书”，递给我和发姑说：“一切按照苏维埃时的传统办理。”

同志们祝愿我们成为一对模范革命夫妇，希望我们在斗争中共同努力，共同前进。这时我俩心情激动，也不知说什么才好。

正当大家为我俩结婚举行会餐时，有个人匆匆跑来，在发姑面前站了片刻,又来到谭余保面前。他们说话的声音很低,然而,谭主席那句“是不是可以考虑另外派人去”的话，我和发姑都听得清清楚楚。发姑轻轻地对我说：“有任务，我得马上出发。”没等我开口，她已跑到谭余保面前，坚定地说：“还是我去！”“好吧！”谭主席像征求我的意见似的看了我一眼，然后又对发姑说：“好吧！还是你去一趟。”

我快步跑到棚子里，拿来了那块当被子用的布单，递给发姑说:“路上要多加小心。”这时天公不作美，飘着雪花，西北风呼呼地叫着，发姑披着那块布单，一溜烟似的消逝在风雪之中。

发姑是个穷人家姑娘，原来什么事情也不懂。在党的培养教育下，经过艰苦斗争生活的磨炼，成为了一名坚强的共产党员。她头脑机灵，处事沉着果断，我深信她一定能够圆满地完成这次任务。

这天晚上,发姑没有回来。一天一天地过去了,一直不见她的音信。后来我才知道，由于工作的需要，她被留在了别的地区。

灵活的游击战

棋盘山会议后，我们根据省委确定的游击斗争方针，在地方党组织和群众的支持下，以武功山为依托开展游击战争。我们坚持游击斗争的原则是：隐蔽目标，分散活动；灵活机动，声东击西；抓敌空隙，迅速

出击;诱敌出洞，相机伏击;乘其不备，突然奔袭。从此，敌人要来“清剿”、“围剿”，犹如大海捞针，没那么容易找到我们，而我们则能神出鬼没地打击敌人。

随着斗争形势的逐步好转，为了进一步壮大游击队的力量，临时省委和游击司令部在1936年初，将从各地寻找回来的失散游击队员，新组建了一个四大队，大队长黄锡元（后王萱春）、政委王只谷（后刘别生）。同时将活动于七都山的宜萍游击队充实到三大队，并调整了三大队的领导，由刘保禄（现刘群）任大队长，郭猛任政委。这时，游击司令部下辖四个大队。

那时，敌人欺侮我们装备陈旧，没有炮。他们白天派部队搜山、“清剿”,晚上就钻进碉堡,开始还放个哨,后来连哨也撤了。根据这一情况，我们决定来个突然袭击，给他点颜色瞧瞧。

夜幕刚刚降临，我们游击队就分散下山，进入隐蔽位置。敌人睡觉后，我们就悄悄地接近碉堡，把浇上火油或夹有松脂的稻草，点着火塞进碉堡，几分钟的光景，熊熊的大火就把碉堡吞没了。里面的敌人被烧得嗷嗷直叫。

火烧碉堡，给敌人以沉重打击。但敌人也学乖了，又恢复了岗哨，加强了戒备。于是，我们又采取了另一种战法。1936年6月的一天，我们决定奔袭国民党吉安县油田区公所。

这天晚上，我和刘培善带了一部分人出发了，越过一个个山头，穿过一片片丛林，一口气走了70多里，拂晓前赶到油田，将区公所、碉堡、岗楼分割包围，以迅雷不及掩耳之势摸掉了他们的岗哨，冲进了区公所，发现敌人还在呼呼地睡大觉。这一仗，我们只用一个小时，就全歼守敌一个中队，缴获长枪30余支、短枪五支、子弹1000余发。

返回的路上，我叫走在前面的一个分队全部穿上缴获的白军衣服。走到安福陂头时，敌人一个十来人的小分队正在出操。一个军官模样的家伙朝我们走了过来说：“国军哪儿来的？”走在前面的分队长张强生

回答："刚从油田'剿匪'回来。"那个军官模样的家伙信以为真，连忙握住张强生的手："老兄辛苦啦。"张强生和他们"寒暄"了几句后，叫他们好好操练，又叫我们原地休息。就在这时，我们好几个同志已经悄悄地进到屋里，收缴了所有的枪支，待肩枪出来时，张强生迅速拉动了手中的枪栓，大声喊道:"不许动！"敌人被这突如其来的命令吓呆了，一个个乖乖地举起了双手。

这一弹未发、一枪未放的巧妙战，俘虏敌人十几名，缴枪十余支、子弹1000余发。意想不到的胜利，使同志们沉浸在无比的喜悦之中，忘记了饥饿和疲劳。回到杨梅山后，我们在罗家屋进行了短期休整。

这年底，随着军事上的不断胜利和战斗力的增强，为了迷惑敌人，适应新的形势，适应扩大红军游击队的影响，湘赣临时省委于12月12日，在安福的三江村，将游击队改编为湘赣红色独立团，我任团长，刘培善任政治委员，黄炳光任特派员。原来的四个大队依次改为四个连。一连连长彭士元，指导员尹清；二连连长邱仁标，指导员罗维道；三连连长刘群，指导员郭猛；四连连长王萱春，指导员刘别生。

1937年3月8日，三连的交通员刘全从牛心山送来一份国民党安福县长在洲湖镇"巡视"工作、部署"清剿"红军游击队的情报。

洲湖是安福的一个大镇，有保安团的一个中队驻守。经请示谭余保和曾开福后，我们决定从一、三、四连抽调100来人，秘密进入七都山，袭击洲湖镇。

这天黄昏，乌云密布，我和刘培善率领100多名精兵从罗家屋出发了，约莫走了十来公里路，突然下起了滂沱大雨。为了不贻误战机，我们沿着泥泞的山间小路顽强地行进着，草鞋被烂泥拔掉了，就赤着脚走；脚刺破了，不吭声；摔倒了，爬起来，跟上去。

就这样，我们六个钟头走了40余公里山路，提前到达了伏击地，做好了战斗准备。我与刘培善简单地交换了意见，先令突击队开始行动，然后带领部队进入镇内。

部队进镇后，刘培善率一、四连的战士按原计划包围住岗楼里的保安中队，我带三连冲进区公所。霎那间，整个洲湖镇到处是枪声和拼杀声。岗楼上的敌人吓得晕头转向,只是拼命地朝外瞎开枪。在区公所里，那些职员犹如惊弓之鸟，大部分都是被我们的战士从床下、桌底下揪出来的。正在洲湖巡视的安福县那个作恶多端的县长朱孟珍，也当即束手就擒。

洲湖镇的老表开始听到枪声不敢出来，后听说是红军袭击了岗楼和区公所，喜得不得了，便纷纷举起火把赶来了。于是，我们将缴获的粮食、被服等，当场分给群众，并根据群众的要求，处决了罪大恶极的县长朱孟珍，对其他被俘人员，宣布了我们的政策后，予以全部释放。

凌晨，东方露出了鱼肚白。我们送走了挑着粮食、衣物的群众，扛着缴获的两挺机枪、50余支长短枪和弹药等离开了洲湖。

洲湖一仗，使敌人惊恐万状。国民党安福县政府急电江西省主席熊式辉："千余共匪，进攻安福，县长殉难。"

我率部队走到安福谷源山附近，不料遭安福保安团三四百人的伏击，我不幸腿部中弹挂彩，被抬到山上养伤。那时发姑正在谷源山地区工作，组织上就让发姑一面工作，一面护理我。

陈毅上山

1937年秋，我们来到九陇山上休整。我们为了利用这难得的机会更好地学军事、学政治、学文化，就地取材用杉皮当瓦，建起了房子，布置了列宁室，并修了练兵场。

10月底的一天，永新县九陇村的老百姓向我们驻九陇的工作组汇报说，山下来了一个人，到处打听游击队和谭余保同志，说是要上山和

游击队领导见面。

下午，工作组派人回来报告，说这个人叫陈毅，很有派头，是由国民党派兵护送，用轿子抬来的。他身穿长衫，手执文明棍，头戴博士帽，外表看来，气度不凡，很像位绅士，他一到山下，就把护送的国民党士兵打发走了，身边只留下个勤务兵模样的人。工作组的同志还听说他带有《抗日救国十大纲领》……

刘培善和我听了汇报后，都觉得好似其中有什么奥妙，说他是特务吧，怎么又两个人留在山下，还说要上山；说他是叛徒吧，又只身跑来冒险；说他是自己人吧，又没接到上级指示。我们考虑再三，决定把他带上山来查个究竟。

天已黄昏，黄炳光、刘别生、蔡明芳、李森启等将这个人带到了山上。他一见到我们就像久别重逢的战友，爽朗地跟大家打招呼："同志们，你们辛苦啦，好不容易找到你们了。"接着他又自我介绍说："我是党代表陈毅。是奉毛主席、朱总司令之命，代表中共中央跟国民党谈判的。今天到你们这里来，是向你们传达党中央指示的。""你有介绍信吗？"我问。"有，这是项英同志写的介绍信。"陈毅掏出便信递给我，"兹特派党代表陈毅同志，来你们这里联络"，落款署名是"项英"。信是用毛笔写的，既没有文头，也没有公章和私章。那时，我们并不认识陈毅，而项英我们也只知道他原是中央政治局委员、中华苏维埃政府副主席，后是中共中央分局书记、中央军区司令员。但谁也不熟悉他的笔迹。这便条又引起了我们的疑虑。

怎么办呢？我和刘培善不禁犹豫了。陈毅也觉察到我们对他不信任，就主动与我们交谈。他直截了当地说：

"你们现在对我有怀疑，这是可以理解的。这三年，你们处境困难，斗争残酷，经过万死千伤。这很不容易。残酷的斗争，使你们立场坚定，对敌人、叛徒有强烈的仇恨心和高度的警惕性，这是难能可贵的。但我不是叛徒，是共产党，是代表中央来向你们传达党的指示的。"

“那就请你传达中央指示吧。”我们齐声说。

于是，陈毅拿出一份铅印的《抗日救国十大纲领》：“这是公开的，你们先看一看。”

接着他侃侃而谈：日本帝国主义打进中国来了，中国的民族矛盾已上升为主要矛盾，国共两党应该合作，一致对外，集中力量抗日。为此，党中央决定，坚持在南方各省的红军游击队，要下山集中，开赴抗日战场。接着，他又从西安事变讲到卢沟桥事变；从八一三事变讲到全国抗日。与党中央失去联系并与外界隔绝三年之久的我们，似懂非懂地听着。共同打日本鬼子，我们赞成；但要我们下山和国民党合作，当时从思想感情上，我们是难以接受的。

夜深了，我们布置好了岗哨后，才请他去“休息”。

次日，晨曦初露，为了考验陈毅，我们带他去练兵场看战士出操。他看见战士们的动作不错，高兴地问我们是否经常操练，还满意地说：你们做得对，除了打仗、筹款、做群众工作外，还得学战术和技术，学政治学文化，使自己立于不败之地。

吃过早饭，原宜乐连的一个战士悄悄地对我说，他认识这个人，确实是陈毅。他在江西军区当兵时，听过陈毅作报告，那时陈是司令员，曾山是省苏主席，两人经常在一起。这样，“冒充”便排除了。

但在我们的印象中，高级干部也不是没有叛徒，省委书记陈洪时不是叛变了吗。我们左思右想，提高警惕不能忘。免得吃亏。

经过一天来的观察，我们没有看出陈毅有什么嫌疑和破绽之处，反而觉得这个人能说会道，真不简单。为了慎重起见，我们商定继续进行盘问查明。

晚饭后，我们又开始了和陈毅的对话。

“陈代表，你怎么知道我们的部队驻在这里呢？”

“我是看了国民党的报纸，才知道你们驻在这一带山上。另外，我这次到南昌谈判，他们说，你们共产党对停战合作没有诚意，我问有

什么根据，他们说你们谭余保的游击队还在经常打我们。这样我就知道了。”陈毅从容地回答。

“你既然是党代表，为什么来时不多带几个人呢？”

“这是组织上决定的事。你是游击队负责人，连这点简单的组织原则都不懂。”

“那你为什么不走山村小道，而大摇大摆地从国民党统治区来？国民党非但不抓你，反而还抬着送你来呢？”我们继续追问。

在我们与陈毅对话的同时，警卫班将送陈毅上山的那个人打得哎哟哎哟地直叫，陈毅听到气愤地说：“这个人是区公所派来照护我的，你们打他是完全没有道理，是乱来嘛！你们政治水平不高。”

“你政治水平高，你去投降！”我们声音也高了起来。

“叛徒也没有这么蠢，还带这么一个人跑到这里来，简直是笑话！”

“你不要隐瞒了，看你这副打扮，哪里还像共产党！还是老老实实把叛党的经过说一下吧。”

陈毅听了哈哈大笑：“真是乱弹琴，大水冲了龙王庙，一家人不认一家人了。我现在是和国民党谈判的全权代表，为了工作需要，穿得派头些，这是为了对付国民党嘛！我这次坐轿子来，一是摆点威风，这样通过国统区可安全些；二是因我的脚坏了，不好走嘛！”说着，他把脚翘了起来。“我叫国民党士兵抬着，白天走大道，这样既安全又可快些到这里嘛！”

六个小时的对话，我们觉得他讲的是有道理的。但事关重大，在没有接到省委和谭余保的指示前，还是不能轻信。

陈毅好似看出了我们的心思，便对我们说：“我向你们提个意见，我的问题你们处理不了，还是派人送我到省委和谭余保那里去。”

我和刘培善同意了他的意见，派黄炳光、李森启带一个侦察班，将陈毅护送到谭余保那里去了。

在离开九陇山的时候，陈毅对我和刘培善说：“暂时不要出去打

仗了。”

“那不能听你的，我们只听省委和谭余保的命令。”我们没好气地说。

陈毅同志走后,我们焦急地等待着消息。两三天过去了,没有音信。刘培善和我商量决定，带一个精干的小分队去茶陵高陇镇袭击那里的保安队，以试探国民党有什么反应，陈毅的话是真是假。

茶陵是我和刘培善的家乡。当队伍途经我家门时，正巧碰上了1932年杀害我父亲的两个土豪劣绅。这两个家伙一贯鱼肉乡里，群众对他们深恶痛绝。为报仇雪恨，根据群众的要求，游击队将这两个家伙处决了。遂即,我们袭击了高陇区公所,歼敌70余人,缴枪100余支。但不幸的是二连长邱仁标在战斗中牺牲了。这一次，我们还一口气攻下了腰陂镇。回到九陇山不久，就接到了谭余保派人送来的亲笔信，指示我们立即停止行动，准备下山集中。这时我们才明白了形势真的变了。

1937年11月底，我们坚持在武功山地区的红军游击队300余人，奉命分别从武功山、九陇山、五里山、铁镜山、棋盘山、柑子山等地下山，来到了莲花垄上集中。游击队在延安派来的张铚秀、李忠民、彭汉元三位八路军干部的指导下，在神泉进行整训。1938年1月，项英和中共中央东南分局副书记曾山来到垄上看望部队，并作了重要讲话，将部队改编为新四军第一支队二团一大队，我任大队长，李忠民任教导员。部队于1938年2月誓师北进，开赴抗日前线。

选自《南方三年游击战争·湘鄂赣边游击区》，第58—76页。

段焕竞，1911年生，湖南茶陵人。1929年加入中国共产主义青年团，1930年参加茶陵县游击队，1932年转为中国共产党党员。南方三年游击

战争时，任湘赣军区红军独立第五团营长、中共湘赣临时省委常委、湘赣游击司令部参谋长兼第一大队大队长、湘赣红色独立团团长。新中国成立之后，曾任中国人民解放军第二十九军副军长、第二十八军军长，江苏省军区副司令员、司令员，南京军区司令部副参谋长、副司令员、顾问等职。1955 年被授予少将军衔。1998 年在南京逝世。

湘赣边区红旗飘[①]

谭汤池

湘赣边区地处湖南、江西两省交界绵延数百里的罗霄山脉中段，土地革命战争时期，毛泽东等领导中国工农红军在这里创建了著名的井冈山革命根据地。接着，中国共产党和红军又在井冈山革命根据地的基础上创建了湘赣苏区。至1932年正式成立湘赣省党政领导机构时，湘赣苏区已拥有数十个县，成了当时中央苏区的重要战略侧翼。那时，苏区的大多数县都有比较健全的党组织和苏维埃政权，还有地方武装和工、农、青、妇等革命群众团体。

第五次反“围剿”失败后，湘赣苏区的红军主力第十七、十八师被迫离开湘赣边，突围西征。部分武装和党政军机关干部则奉命留下，由重新健全的中共湘赣省委、省苏维埃政府和湘赣军区领导，继续坚持游击斗争。

在湘赣省新的领导机构中，我先后担任过省政治保卫局侦察部长、局长、省委常委、宣传部长，特委书记、分区政委、省委组织部长、中心县委书记等职，亲身经历并参与领导了这场为期三年的游击战争。

① 原题为《记湘赣边区三年游击战争》，载《峥嵘岁月》第2集，湖南人民出版社1980年9月第1版。收入本书时作了较大修改。

一

1934年4月，我在茶（陵）宁（冈）县任保卫局长。一天，我们接到湘赣省委的通知，调我和保卫局领审员肖振南到省保卫局工作。日期很紧，为了按时报到，我匆忙交代了工作，就和肖振南、陈珍媛（保卫局侦察员、肖振南的爱人）及特务员段晚连一起，告别同志们，启程前往省委。

我们一行四人，在县委派出的一支小分队的护送下，夜行日宿，通过了敌人的两道封锁线，在护送我们安全渡过永新县的禾河之后，小分队便返回了。我们则于第三天中午到达省委驻地——永新县的碧江洲（今泰和县辖）。

在省委机关，先是省委副书记刘士杰同志看望了我们，他把我们叫进屋里，高兴地要我们谈谈茶宁方面的情况。正好党中央代表、中央政治局委员任弼时同志也在场，于是，我们便认真地向两位首长作了汇报，然后才去省保卫局。

在保卫局，局长吴德峰同志接待了我们，并同我们谈了话。从他的谈话中，我们才知道红六军团（即湘赣苏区的主力红军第十七、十八师）要转入外线作战，省级机关必须一分为二，留下部分人员和武装继续坚持边区斗争。省保卫局也同样分成两半，大部随吴局长编为六军团保卫分局，小部仍留省保卫局。我们从茶宁县来的四个人中，肖振南同志被分配到六军团保卫分局执行局，我和段晚连、陈珍媛留在省保卫局侦察部，由我担任侦察部长，陈珍媛仍为侦察员，段晚连仍为特务员。

吴局长走后，省政治保卫局局长职务由刘发云接替，他还兼任执行部长，陈永辉为总务秘书科长。留下的省保卫局人员总共约100人，我们侦察部有30余人，记得有检查员黄炳光、彭嘉珠、贺时、彭克

胜、李森启、谭云祥、陈珍媛等，还有十几个红小鬼侦察员，年龄都在十五六岁上下。执行部有20余人，设预审科和看守所，剩下的就是政治保卫大队了，大约有40人。

几天后，省局召开了干部大会，吴局长作了临别前的最后一次讲话。他分析了当时的形势和任务，要求走者愉快，留者安心。并指出，六军团离开后，湘赣边的斗争将会更加残酷，要求我们在省委的领导下，依靠群众，团结一致，顾全大局，坚持斗争，保卫边区，争取最后的胜利。

8月7日，根据中央书记处、中革军委的训令，红六军团9700多人，在任弼时、萧克、王震的率领下，由江西遂川县的横石和新江口突围，向湘南运动。12日，在湖南桂东县的寨前圩召开誓师大会，正式成立红六军团领导机构，萧克任军团长，王震任政委，开始了西征。①

六军团西征后，我们留下来的人员也从永新碧江洲转移到了牛田圩，开始销毁文件，埋藏机器，清理在押犯人（其中有十七、十八师在永新沙市战斗中活捉的敌旅长侯鹏飞和一些敌团级军官）；同时，根据中央书记处、中革军委的训令，中共湘赣省委召开扩大会，决定由陈洪时、谭余保、彭辉明等组成临时常委会。经中央批准，由陈洪时任省委书记、湘赣军区政委，谭余保任省苏维埃政府主席、省委组织部长，彭辉明任湘赣军区司令员。此外还有省委秘书长龙承绪，省委白区工作部长刘炳高，省委常委、少共省委书记王用济，省委常委、省委妇运书记旷金媛；省苏维埃政府副主席肖行麟、刘燕玉（兼雇农总工会委员长），省政治保卫局长刘发云；省军区参谋长周杰，政治部主任旷光明。

当时，与省委保持联系的县委有：永新县委，书记旷彪；茶宁县委，书记李云田，县苏维埃政府主席张喜诚；遂（川）万（安）泰（和）县委，书记刘龙生；攸县县委，书记陈德明；莲花、安福、萍乡县委于1934

① 本文中标题序号原缺失序号“二”，该序号似应加在此段文字之后——编者注。

年 7 月合并为莲安萍中心县委，书记朱水生，县苏维埃政府主席尹学鉴。

湘赣军区下辖五个分区，五个独立团，除独立第五团外，一、二、三、四团分属四个分区。一分区和一团（团长刘日，后牺牲，由朱茂伍接任；政委由旷彪兼任），活动范围是永新、安福、莲花边境；二分区和二团（团长朱何子）活动范围是分宜、新余一带；三分区和三团（团长刘启明、政委刘培善）活动范围是安福、萍乡、宜春等地，以后又转移到湖南攸县、醴陵一带；四分区（司令员张通）和四团（团长李宗保、政委旷珠权）活动范围是吉安、泰和、遂川、宁冈和湖南的酃县、桂东一带；五团（团长曾开福，政委谭富英）直属湘赣军区指挥。五个团共 3000 多人，加上县、区武装（如茶陵独立营就有 200 多人和省委机关武装教导队、特务队、保卫队），总兵力约 5000 人。

湘赣苏区全盛时辖境近千平方公里，有着广泛的群众基础和优良的革命传统。如果当时以陈洪时为首的湘赣省委，不是把希望寄托在等待主力红军回师上，而是从一开始就改变斗争的方式，制定切合实际的指导方针，开展灵活机动的游击战，并分散发动群众，巩固组织，积蓄力量，那么，边区和斗争形势就可能要比后来出现的那种危急局面好。可惜省委，特别是省委的主要领导人陈洪时，在这转折的重要关头，没有这样做，从而失去了宝贵的机会。因为红六军团西征后的一个多月时间里，国民党军将原先“围剿”湘赣边区的湘军主力（除第十八师外）均调去尾追红六军团了，赣敌不知我边区留守部队的虚实，也未敢冒进，这就使省委驻地牛田地区在这段时间内局势比较平静。这个时机如果利用得当，是有可能实现分散游击的战略转变的。

然而，省委在这段时间内仍旧照搬“左”的一套，一方面对内部实行消息封锁，不让干部群众了解当时苏区面临的严重形势；一方面仍命令部队四处活动，烧碉堡，贴标语，打土豪等，结果，过早地暴露了边区的实力，招来了敌人的重兵“进剿”。敌人以罗霖的七十七师打头阵，向我们袭来，其“进剿”部队，除七十七师外，还有第十八师、二十三

师、五十三师及六十三师等，他们在众多的地方保安团、铲共义勇队配合下，迅速突破了我各独立团、游击队的防御阵地，加快了对我指挥中心——永新县牛田地区的紧缩包围。在强敌大举进攻面前，省委为避敌锋芒，决定率党政机关、独立五团和后方医院、修械所等向武功山区转移。1934 年 10 月中旬,机关和部队（包括逃出牛田的难民群众数千人）从牛田地区出发，我带领保卫局侦察员同前卫部队行进在最前面，一路上能看到的电线杆全部砍倒，电线剪断，以破坏敌人的通讯联络。

时值深秋，山区已是寒气逼人，我们忍着饥饿和寒冷，疾速前进，到了安福县的杨梅山时，省委为了加强这里的工作，在这里成立了北路特委，由省苏副主席肖行麟负责，其余还有郭桂秋（原省工会秘书长）、保卫局干部贺时、谭云祥等。并留下一些武器。接着，省委继续向武功山的泰山根据地进军。到泰山区后与先期到达那里的独立三团、三分区及地方党组织会合了。省委和军区驻袁家村（今文家村），独立三团及三分区驻瓦溪村，独立五团驻南沙村，我们保卫局驻在省委、军区机关的附近。为了加强对该地区武装斗争的领导，省委决定由军区参谋长周杰任三分区（又叫泰山分区）司令员兼独立三团团长（原团长刘启明牺牲了）；并在原莲安萍中心县委的基础上，成立莲安萍特委，调省保卫局长刘发云任特委书记兼三分区政委。我接任刘发云的省保卫局长职务，并参加了省委常委。这时的保卫局尚有 70 余人。

群峰绵延、地势险峻的武功山，横跨湖南、江西两省边界，拥有太平山、柑子山、棋盘山、铁镜山、五里山、陈山、谷源山、杨梅山等数十座大小山峰。整个武功山区，方圆约有 400 公里，地形有利于我们隐蔽分散，同敌人周旋。

省党政军机关率领部队、医院、修械所等进入武功山区时，还有大批从苏区逃出来的群众也跟随我们上了山。在山上，我遇见了不少从茶陵来的群众，他们大多是我们的基层干部和群众积极分子。他们无处安身，没有粮食，靠吃山上的野菜度日。有的群众在通过封锁线时，怕小

孩的哭声惊动敌人，忍痛把孩子的嘴堵住，活活把孩子闷死。尽管环境如此险恶，这些群众还是表示坚决跟红军走，可作为边区最高领导人的陈洪时，不但不设法保护这些干部和群众，把他们组织起来，开展游击斗争，反而把他们视为“包袱”，借口防止暴露目标，在转移时，不准通知他们，致使不少干部、群众落入敌手，许多好同志惨遭杀害，给红军游击队造成了极坏的影响。

1934 年 11 月初，省委驻地遭到敌人的偷袭。经我们奋力抵御，击退了敌人，并俘敌 80 余人，缴枪数十支。但省机关被暴露了，只好转移到安福境内的长源头、芦台村一带。12 月，敌人又步步紧逼，进犯长源头。军区直属队与敌人展开激战，从上午一直打到傍晚。撤出战斗后，省委再度转移到深山区观形、双园坪一带。至此，边区的最后一块根据地也失陷了。这时，从江西宜黄、乐安地区突围出来的江西一分区 100 多人，在司令员肖杰等人带领下，来到武功山与我们会合。他们出发时有 3000 多人，到武功山后只剩下不足 200 人，他们衣衫褴褛，头发和胡子很长，一看就知道在路上历尽艰辛。经过休整，这部分同志被命令为“宜乐连”，编入独立五团。肖杰为五团副团长，罗维赋（江西一分区政治部主任）任五团副政委。

1935 年 2 月初的一天，省委领导紧急召我们去，告诉我们一个极不幸的消息：彭辉明司令员牺牲了！我们无不悲痛万分。原来，彭司令员率领独立三、五团在莲花境内的虎头岭与敌莲花保安十团、萍乡保安四团遭遇，打了一场硬仗，歼敌一个大队，在战斗中，彭司令员身先士卒，不幸中弹阵亡。这对湘赣边的游击斗争来说，是一个很大的损失。

彭司令员牺牲后，陈洪时为首的省委仍未以“保存实力，分散行动”为战略决策，继续采取碉堡对碉堡的消极防御手段与敌死打硬拼，人员弹药消耗很大，部队由于得不到必要的休整和补充，接连几仗失利，战斗力大大减弱。

这时，省委从安福境内撤到莲花的鹅公鼻、大沙一带，环境日益恶

化，形势愈发严峻。陈洪时在一次常委会上说："旷彪他们在永新禾山，一时联系不上，肖行麟叛变了，各地的联系大都断了，钱粮、给养、医药和伤病员的转移都非常困难，敌人天天跟在我们屁股后面，我们必须离开这里，作一次大的运动。"经过研究，考虑湘敌主力大部已调往湘西，决定向敌人较弱的湘南转移。为此，省委下令精简机关，充实部队，将所有能作战的人员编入部队。省军区教导队和我们的政治保卫队就是在这时全部编入独立五团的。整编后，全部人枪有将近1000。省委派我到五团兼任省委特派员，从这时开始，我认识并熟悉了曾开福、段焕竞等人。我们保卫局的红小鬼侦察员，根据省委决定，全部疏散到群众家里，医院和伤病员也交留地方党组织。

2月上旬，除留下三分区、特委和独立三团部分武装在莲安萍地区外，省委率领五团及三团一部向茶攸莲地区转移，时遇大雨，山路险滑，白天为防备敌人袭击，只能晚上行军。连续的行军打仗，使部队十分疲劳。进入莲花县棋盘山地区后的一天，省委突然命令我从独立五团回省委机关。原来，省委在安福与莲花交界的一个叫观形的地方遭敌偷袭，仅有的一部电台丢失了。从此，就意味着我们与中央和红六军团的一切联系都断了。我奉命对省委特务队（亦称警卫队）作了一次调整，决定由傅茨喜任特务队长，彭克胜为特务队政委。此时的特务队尚有50余人，装备较好，有驳壳枪（快慢枪）、手提式机枪和花机关枪。省委还决定由我任省委宣传部长兼政治保卫局长，随省委一起行动。

由于屡战不利，省委已初步意识到集中行动，死打硬拼是行不通的，必须缩小目标，分散行动。经研究决定独立五团向茶陵方向进军，省苏副主席刘燕玉等到五里山，加强党对该地区的领导，发展地方武装。独立五团走后，地方党组织带来湘南游击区负责人蔡会文、方维夏同志派来联系的一支小分队，这支小分队在途中被敌人打散，只有十几人找到了我们，小分队的同志告诉我们，外面的形势发生了重大变化，中央红军已于1934年10月全部远征（即长征），中央苏区于1935年2

月全部失陷，留守的中央分局和中央军区已分五路突围，蔡会文同志率领的部队是其中的一路。他们在突围中损失严重，于 1935 年 4 月到达湘南桂东的东边山，与坚持在该地方的方维夏等同志会合。无疑，这些消息对我们震动很大，也使得一些意识薄弱的人更加悲观动摇。省委根据这些情况，迅即派人命令独立五团改道去湘南，寻找蔡会文、方维夏部。独立五团是当时湘赣边唯一的一支主力部队，湘赣省委轻率地将其派往湘南，而不利用武功山的有利条件，保存力量，分散游击，结果使这支部队遭受重大损失，这是一个极深刻的教训。

二

独立五团去湘南不久，省委根据攸县县委的请求，派我和妇运书记旷金媛去攸县帮助工作。一天下午，我带着省委干部旷金媛、谭茨喜、少共省委青妇部长段初英（王用济的爱人）以及彭嘉珠、段晚连和攸县县委书记陈德明，少共县委书记王 ×× 等，前往攸县温水地区。

温水地区，位于莲花县的棋盘山和攸县的太平山之间，过去是我们的游击区。敌第五次“围剿”时，由于这里基本属于白区，未受到敌我双方拉锯战的影响，群众生活比较稳定。我们到达前，党组织在这里秘密展开了一系列工作，打下了一定的基础。因此，我们这次来，工作上还是比较顺利的。活动了 20 多天后，我们决定向省委汇报一次情况，并建议将这一带开辟为游击根据地。但这期间，省委已从棋盘山转移到了攸醴萍边界的太平山。因他们走的路线和我们不同，所以彼此未能相遇。

有一天，我们遇见了独立三团政委刘培善率领的一支小分队，即挺进队，这是由独立三团部分人员组成的，他们奉命前来接我们回省委机关。根据省委的指示，我们留下陈德明等人后，就跟刘培善同志往省

委驻地太平山出发了。途中，刘培善同志先带我们到了周杰和刘发云的驻地。自刘发云离开政治保卫局后，我就很少见到过他，这次见面，才知道他们率三分区、特委与挺进队也已从泰山区撤出，在太平山与省委取得了联系。我们在刘发云那里还见到了特委秘书长陈永辉，妇运书记易湘苏、分区政治部主任方某某和分区供给部长徐德甫、特委干部吴金莲、尹德光、朱水生、李发姑等人。我们将温水的情况给他们介绍了一下。后来，他们派了吴金莲、朱水生、尹德光、李发姑等到攸莲边界去开展工作。

在刘发云那里住了一夜后，第二天没走多久，我们就到了省委机关驻地(江西萍乡县境内)。省委住的是毛竹搭在山顶上的两个大棚子，离棚子不远有一条小水溪。我在棚子门口碰上了谭余保同志，他悄悄地对我说，陈洪时要将省委机关隐蔽起来，不公开(即到城市去做地下工作)，我反对。我也说这样不行，我也不同意。原来省委到了太平山后，陈洪时悲观动摇的面目就开始暴露出来了，陈洪时老家是萍乡，家里是地主，他的原配妻子还是在老家太平山，他利用党的地下组织的关系把他的家人找到山上，避开省委其他同志单独与家人交谈了很久。因为他是书记兼政委，同志们都没敢怀疑他。其实，这时的陈洪时正在玩弄两面派手法，积极为他日后的叛变投敌做准备。在一次会议上，陈洪时就曾借口目标大，不利于隐蔽，极力主张把省委搬到萍乡、安源去做城市工作。这个害怕艰苦、“左”倾逃跑的主张，当即遭到省委多数同志的反对，特别是当时威信很高的省苏主席谭余保同志坚决反对，使陈洪时的阴谋暂未得逞。

我们回到省委，汇报了攸县的工作情况。省委同意我们的意见，决定将周杰、刘发云的三分区、莲安萍特委，改为四分区(湘东南分区)、湘东南特委，向湘东的攸县和赣西的萍乡一带开展工作。

过了几天，大约是5月底，省委召开常委会。参加会议的有：陈洪时、谭余保和我，以及王用济、旷金媛、刘炳高、龙承绪等。会议分析研究

了当时的形势，考虑必须设法与党中央取得联系。决定再次派人去湘南找蔡会文、方维夏。为应付突变，决定干部分成两起。一起由谭余保、刘发云带领，前往湘南寻找独立五团和蔡、方部队；一起由陈洪时带领留在原地指挥湘东南特委、四分区及其部队，并向攸县、醴陵、萍乡一带开展白区工作。会议还决定我和少共省委书记王用济到湘东南特委去加强那里的领导，由我担任特委书记兼分区政委。会后第二天，省委派人找回刘发云和易湘苏等，向他们布置了新的任务。随后，刘发云又向我和王用济交待了一下特委和分区的工作。他说，分区政治部主任方某某动摇，经陈洪时同意，已将方处决了。

第三天，我和王用济、谭恭喜、彭嘉珠、段晚连等到了特委。我们走后，谭余保、刘发云、易湘苏、陈珍媛、谭冬仔等也动身去湘南了，他们路经棋盘山，在那里帮助建立了由吴金莲、尹德光、易湘苏、李发姑、陈珍媛等人参加的茶攸莲县委，由吴金莲任县委书记。谭余保同志还指示在那里的特务队长傅茨喜调几支枪给茶攸莲县委，并让傅茨喜率部返回省委。

我们离开太平山后，到了攸县、萍乡边界的排山地区，以湘东南特委的名义开展工作。排山地区过去也是我们的游击区域，群众对我们党和红军的政策是拥护的。我们利用群众进山砍柴的机会，同他们谈心，进行宣传，通过接触了解，开始有选择地在群众中建立一些关系户，并派人到关系户家里隐蔽起来，以串连的方式挨家挨户地同群众取得联系，发展组织。那时，发展一个党员或团员很不容易，一是我们必须十分慎重，周密考察；二是有些群众惧怕敌人威胁，不敢接近我们。我们有时躲在群众家的夹墙中或阁楼上，有的干脆露宿在外，拣些柴草往地下一铺，和衣而卧到天明。通过一段时间的艰苦工作，我们在排山地区不仅建立了党、团及群众组织，还开始建立一些“两面政权”，即所谓“白皮红心”据点，这些据点，表面上是白色的，是敌人方面的，而实际上都是红色的，是为我们办事的。这种方式在当时为掩护我们的活动起了

很好的作用。

这段时间，刘培善等同志率领的挺进队定期和我们联络，他们经常深入到敌人的中心区域，打土豪筹款，扰乱敌人，同时也做宣传和组织工作。他们还收编了从永新突围过来的独立一团的六个战士。此外，我们还同罗维道同志带领的湘东南大队也保持着联系。

在排山，我们曾几次派分区侦察员刘贵生去太平山找省委联络，刘贵生每次都说没有找到省委。周杰趁机提出让我和王用济同志率特委机关仍留排山做地方工作，他带分区和挺进队去找陈洪时。我和王用济不同意这样做，与周杰争吵起来。这时，易湘苏同志来了，她带来了谭余保同志的指示和陈洪时叛变的消息，谭余保要我们立即回到莲花县的棋盘山去。因挺进队尚在外地未归，距联络时间还差一天，我们只好等到第二天才派人到预定的地点通知刘培善同志，并通过刘培善他们告诉了湘东南大队。

挺进队回到排山后，会同分区、特委机关共近 100 人，向棋盘山疾驰。当我们经过太平山时，见山上山下，道路两边的树上，到处张贴着陈洪时书写的“招募书”一类的传单标语，不禁使我们对侦察员刘贵生产生怀疑，他怎么没向我谈起过这些情况呢？同时，我对周杰曾坚持要单独带挺进队去找陈洪时也感到可疑，周杰和陈洪时的关系很密切，其中是否有什么未公开的内情呢？到棋盘山时，我把上述情况告诉了余保同志。自此，我们对周杰开始有所警惕了。果然，两个来月后，周杰、刘贵生步陈洪时后尘，也可耻地投降敌人了。

陈洪时的叛变，使湘赣党组织的最高领导机关一度陷于瘫痪。陈洪时为敌人提供了我们的大量机密，从敌人那里换了个湘赣边区上校（后升为少将）招抚员的职务，他带领大批敌人来“清剿”我们，使党组织除茶攸莲县委外，均遭到严重破坏，根据地的许多群众和大批革命同志惨遭杀害。闹得边区上空乌云密布，军心、民心浮动，导致了湘赣边斗争的全面危机。

三

“疾风知劲草，烈火见真金”。就在陈洪时叛变，湘赣边游击斗争失去指挥中心的危急关头，谭余保同志从往湘南的途中回来了。我到了棋盘山后才知道，原来谭余保同志在湘南的路上，走到茶陵尧水花棚村时，刘发云逃跑投敌了，他感到前去湘南的行动意图被暴露，便果断返回棋盘山。茶攸莲县委首先把陈洪时叛变的消息告诉了谭余保，谭余保非常气愤，也十分镇定，他毅然挺身而出，决心重整旗鼓，挽回危局，他通过地方党组织派人到各方联系，并派易湘苏同志首先从排山地区找回了我们。

那一天，易湘苏同志将我们带到棋盘山上一个茅棚前面，谭余保同志站在棚子门口迎接我们，他激动地握着我们的手，半晌说不出一句话来。最后，他才说：“省委已被陈洪时破坏了，省委其他同志下落不明，现在常委就剩下我们三人（谭余保、谭汤池、王用济）了，但我们还要继续战斗下去，哪怕只剩下一个人，也要把边区的红旗打到底！”

我的心情和谭余保同志一样无法平静，同时也感到只要有谭余保同志在，边区的游击斗争就有希望!

过了一会，独立五团团长曾开福以及段焕竞等同志也陆续赶到了，大家都激动地握手问好，在这斗争最困难的时刻，同志之间的心贴得更近更紧了。

在交谈中，我知道了独立五团这次去湘南历尽坎坷，近千人的队伍只剩下百把人回到边区。

不久，除萍宜安地区外，较近一些地区的部队和人员都先后回到棋盘山。其中有傅茨喜、彭克胜率领的省委特务队，胡金莲、谢振国、冯

北达率领的莲花游击队，罗维道、黄炳光率领的湘东南大队等。

1935 年 7 月，谭余保同志经过一番紧张的联络筹备等工作，在棋盘山主持召开了湘赣边党的紧急会议。参加会议的人员有：曾开福、谭汤池、王用济、陈永辉、朱水生、段焕竞、刘培善、吴金莲、龙珍、罗维道、周杰、颜福华、徐德甫、陈珍媛等二三十人。会议分析了当时的斗争形势，总结了经验教训，确立了新的斗争方针。会议决定成立湘赣临时省委，停止省苏维埃政府和湘赣军区的工作，统一成立军政委员会，在省委、军政委员会下面成立游击司令部。谭余保任省委书记、军政委员会主席兼游击司令部政委，曾开福任军政委员会副主席兼游击司令部司令员，我任省委组织部长兼政治保卫局长，王用济任少共省委书记（后陈回春），周杰任省委宣传部长，陈永辉任省委秘书长，段焕竞任游击司令部参谋长，朱水生任游击队政治部主任（后刘培善），陈珍媛任省委妇运书记，徐德甫任军政委员会供给部长，颜福华任省教导队政委。

会议决定在边区全体党员和干部、战士中开展反动摇、反投降的斗争，肃清陈洪时叛变造成的恶劣影响。会议还发表了告群众书，告诉人民群众，敌人是消灭不了共产党和红军的，革命是必然要胜利的。

棋盘山会议的意义非常重大，它在危急关头挽救了湘赣边区的革命，挽救了湘赣边红军游击队，结束了叛徒陈洪时造成的混乱局面，保存了经过大浪淘沙留下来的革命骨干，稳定了党心、军心和民心，重新达到了边区在政治上、组织上和思想上的统一，使整个边区的革命斗争开始了新的重大的转折。

会议后，临时省委决定派王用济同志再度去湘南找方维夏、蔡会文部。王用济挑选了几名熟悉湘南情况的同志，在棚子门口和我们大家一一握手告别，我们目送着王用济等一行八人的身影在崎岖的山路上渐渐消失，心里默默预祝他们胜利归来。因前几次去湘南均遭失败，我们对这次联络所抱的希望就更加迫切了。可是，他们去后一直杳无音讯。

直到抗战时，我才知道王用济同志历尽艰辛找到了方维夏同志，不幸的是，当他们准备返回武功山时，于1935年10月，在湖南桂东沙田的仙背山遭敌突袭，王用济和方维夏同志一起壮烈牺牲了。

送走了王用济同志后，临时省委派我和段焕竞、彭嘉珠、段晚连等几人踏上了另一条征途，寻找宜萍安地区的党组织、后方医院和独立三团剩余武装。我们进入泰山区后，一连几天在深山密林中转来转去，没有发现一点线索。我们带的一点粮食很快就吃完了，只好下山找老乡。一天深夜，我们叫开一家老乡的门，家里只有一个老太太。经过谈话，老人家知道我们是红军，小心翼翼地从厨房端出一钵木薯粉给我们，并含着眼泪诉说了敌人的罪行。5个月前我们曾住在这一带，而眼前的情况跟那时大不一样了。房屋被烧掉不少，鸡、鸭、狗、猪全给国民党抢走杀尽，景象十分凄惨。耳闻目睹，使同志们更加仇恨敌人，下决心要尽早找回失散的人员和武装，在临时省委领导下，跟敌人讨还这一笔笔血泪账。我们翻过了武功山主峰——金顶，继续向北面的萍宜安地区走去，爬了一天一夜的山路，到了一条很深的山涧旁时，天刚蒙蒙亮。同志们实在太疲倦了，准备就地休息一会，突然，有个同志发现不远处有一片小草被踏倒，再往前，踏倒的草迹就像是一些人走过的小路。我们高兴得顿时精神大振，大家一个接一个慢慢地扶着石头，攀着树枝向山涧下面走，到了半山腰，脚印更明显了，再走一会，脚印越来越多，“路”也越宽了。我们兴奋得忘记了疲劳，一个劲地跟踪往前，走到涧底，在一块岩石背后，有一个大水坑，坑边晒着小孩的尿布，再往前发现了两个大石洞，洞中传出了说话声和脚步声。我们刚想隐蔽，已被从洞中走出来的人发现了，他们似乎是从我们的衣着上看出是自己人，并不惊慌害怕，我们立即对他们说，我们是省委和军区派来找游击队的。他们听了竟高声喊叫起来：“我们见到亲人了！”

原来，他们都是从敌人包围圈中冲出来的基层干部和群众。通过他们带路，我们先找到了萍宜安县委，县委书记周道益和组织部长郁金明

又带着我们找到了刘保禄（现名刘群）、王只谷率领的20余人的游击队和刘东生、郭猛、韦一平率领的宜萍游击队。

这些同志真是好样的，省委、军区撤出武功山后，他们同数倍于己的敌人展开了激烈的战斗，随后，在湘鄂赣省委书记林瑞笙的领导下，成立了萍宜安县委，组织了两支游击队，在极其艰苦的条件下，顽强地坚持斗争。特别是后方医院的伤病员，不仅要忍受饥寒，因为没有药品，还要忍受病痛的折磨。

我们在萍宜安地区停留了半个多月，周道益和郁金明又带我们走了一些地方，看了他们在艰苦斗争中建立和恢复起来的工作网点。在萍乡万龙山，周道益给我们讲了林瑞笙同志牺牲的悲壮情景。林瑞笙同志遭敌人包围后，身负重伤，他宁死不当俘虏，纵身跳下深涧。林瑞笙原是中共湘赣省委组织部长兼省政治保卫局长，后调任湘鄂赣省委书记。他原计划是从湘鄂赣边区去中央苏区，但途经武功山时，见敌人封锁很严，便自动留下来承担组织领导湘赣边这些失散人员坚持斗争的任务。

离开萍宜安地区前，我们根据省委原先的意图，将萍宜安县委扩大为萍宜安中心县委，由周道益任书记（牺牲后，先后由龙珍、韦一平接任），游击队仍由刘保禄、王只谷、郭猛、刘东生等率领。

四

1935年，是湘赣边游击斗争最艰难的一年。外部有敌人的重兵“清剿”和经济封锁，内部由于陈洪时等人的相继叛变，失败主义悲观情绪的蔓延相当严重。这一年，我们受的损失是很大的，继1934年11月，独立一团在永新的禾山被敌打垮后，独立四团于1935年2月又在湖南资兴被敌打散，北路特委及其武装，由于肖行麟的叛变，郭桂秋、贺时、

谭云祥牺牲，而损失殆尽，几个县委也先后被敌人破坏了，省苏副主席刘燕玉在莲安萍的五里山被叛徒杀害。省委原有5000多人的武装锐减为几百人。棋盘山会议时，部队人数不足200人，萍宜安地区的武装也不过百把人，武器弹药、粮食和药品奇缺且无从补充。弱小的实力，使我们无法与敌人展开正面战斗，只能避敌锋芒，暂时隐蔽起来。而狡猾的敌人不时改变手法，利用叛徒或密探来搜寻我们的踪迹，进而围追我们。这种残酷的形势是失败主义悲观情绪的温床，我们内部不断有人反水叛变。有时，我们为了防止叛徒告密，一天要转移好几个山头，稍有疏忽，就可能招致大批敌人的袭击，真是睡觉都要睁一只眼睛。有一次在攸县，机关的同志都出去了，我带了个“吊羊”来的土豪在山上。这时敌人突然来搜山，他们脚步走得很轻，待我发现时，敌人已离我很近了，我抬头向四周望了望，都是敌人，怎么办？我急中生智，一把拉过土豪就近趴伏在一片很密的树丛中，那个土豪也不知发生了什么事，屏住呼吸，一动不动，直到敌人从我们身边走过去很远，我才松了一口气，因当时身上没有带枪，如果被敌人发现，那就只有被敌人抓活的。省委机关在那时更是敌人重点攻击的目标，经常遭到敌人的袭击，特务员段晚连就是在反敌突袭中牺牲的，谭余保同志的女儿也是在敌人袭击时被敌人掳走的。

在斗争的低潮面前，以谭余保为首的临时省委没有气馁，没有动摇。通过不断地总结经验教训，从实际出发，采取了一系列的措施，如制定正确的策略方针，改变斗争方式，加强组织建设和群众工作等。在棋盘山会议上，省委就作出了恢复、整顿和加强党的各级组织建设的决定。我们以棋盘山为中心，将原茶攸莲县委扩大为中心县委，由吴金莲任书记，尹德光为组织部长，易湘苏为宣传部长，谭财生为秘书长，李发姑为妇运书记（后王桂娥、冯秀姑），朱力胜为少共书记，冯增寿为事务长，刘青云、贺振彪为县委交通联络员。1936年11月，我们又以太平山为中心，将原攸醴萍区委（书记段积光）扩大为攸醴萍县委，尹

德光任书记，段积光为副书记，何德彪为组织部长，符中南为宣传部长，陈玉林（严道白）任秘书长，谭金生为少共书记，陈珍媛为妇运书记。我们围绕这三个县委（茶攸莲、萍宜安、攸醴萍），开辟了三块较大的游击根据地。此外，临时省委于1935年9月还派出了傅茨喜为组长的省委工作组，深入九陇山地区开展群众工作，开辟新的活动区域。省委机关大部分干部都下到基层，协助县区干部做群众工作。省委规定各游击大队都要协助地方恢复和发展党的组织，部队每到一地，都派人到群众中去搞宣传和发动，罗维道同志率领的二大队经常活动于茶攸莲地区，以茶攸莲中心县委的名义开展群众工作。刘群等同志率领的三大队则配合萍宜安中心县委进行工作。刘培善率领的一大队因战斗力相对较强，经常穿插活动于上述三个地区，既担负作战任务，又进行宣传组织群众的工作。当时，群众工作的内容很多，主要是扩大红军的政治影响，秘密恢复少共（即共青团）、妇女协会、农民协会等组织，通过这些组织，把群众团结起来，支援我们的斗争。

在艰苦的斗争中，湘赣边区的广大人民群众同我们建立了血肉相连的关系。没有人民群众，我们是一天也难以坚持下来的。尽管敌人对群众实行了最严厉的控制，常以“济匪”、“通匪”、“窝匪”等罪名捕杀无辜，但群众还是想尽各种办法帮助我们，如运送粮食及我们必需的其他物品，为我们传送情报等。有一次，攸县的敌人准备上棋盘山“搜剿”，强迫群众带路，群众立即将消息告诉我们，我们决定将计就计，让带路的群众把敌人带到我们安排好的路线上去，领着敌人兜了一大圈，什么也没捞到，只好烧了几个柴棚子，回去交差。

在群众的掩护下，我们还派出党员打入敌人的武装部队，把工作做到敌人的碉堡里去，开展兵运工作。1936年7月，莲花垄上村一个碉堡的敌人，通过我们地下党组织和群众多方去做工作，被我们争取过来了。他们明里替敌人站岗，实际是为我们放哨。后来敌人察觉了，我们便及时引导他们公开举行起义，烧毁碉堡，一起参加了红军游击队。

那时，我们省委、县委和游击队的物资给养，有很大一部分是靠打土豪筹款取得，茶陵八团地区有个大土豪叫周纪勋，家有水田 200 亩和大片森林，还兼营三个铁厂，并当了和记钨矿的经理，他发行的“油钞票”可以在县内流通。这个家伙行动诡秘，一会儿住在城里，一会儿又躲进碉堡，我们多次想捉他都没成功。1936 年 2 月，他偷偷溜到茶陵沙元下的龙头炼铁厂过年，并打算到那里去向佃户逼债，当地群众很快就把这一消息告诉了我们。我们按群众提供的线索，派谭冬仔同志化装打进龙头铁厂进行侦察，游击队司令员曾开福率领一支小部队，连夜急行军 40 公里赶到铁厂，终于把周纪勋活捉了，还饱餐一顿周纪勋为春节备好的团圆饭。周纪勋被押到山上后，谭余保同志亲自做他的工作，让他给在国民党茶陵县政府当科长的儿子写信，迫使他交出了包括西药、军用品等价值万元的物资，然后把他释放了。这件事震动很大，附近的一些土豪地主见周纪勋这样势力很大的人，也难逃游击队的手掌，都不得不装老实了。

在临时省委的正确领导和边区群众的宝贵支持下，尽管环境恶劣，同志们身上仍然保持着革命的乐观主义精神。记得那时只要情况允许，机关里就会响起嘹亮的歌声，大家唱得最多的是蔡会文派来的那支小分队教给我们的一首歌。歌词是：

红军出动了，
冲破层层堡垒，
英勇坚定地进行总反攻，
威胁敌人仓皇溃退，
恢复了几百里湘南苏区，
前进着，壮大游击部队，
发动群众斗争，保卫苏维埃，
最后的胜利属于我们！

这首歌对鼓舞同志们的斗志起了很大作用，我们许多的好同志就是

在这首歌的鼓舞下，为度过难关，夺取最后的胜利，英勇献身的。

记得 1936 年 12 月，我从省委到茶攸莲中心县委担任书记不久，去莲花县南村区委检查工作。这个区委是县级的，对外可称莲花县委。区委机关在一条山沟里，沟底有条小河，机关住的棚子就在沟边。区委机关有 20 余人，书记是胡金莲，副书记江裕泉，组织部长是陈福春，妇运书记是王桂娥（后陈珍秀），少共书记是朱云谦，军事部长是谢振国（后改名龚铁），宣传部长是龚白，特派员是冯北达。我去的那天晚上，胡金莲同志正患疟疾，但他还是坚持向我汇报了工作情况。不料第二天拂晓，叛徒带着敌人悄悄地摸过来了，因我们还在熟睡中，只有女炊事员苏娥（县委交通员贺振彪的爱人）到河边洗米发现了敌人，苏娥同志大喊一声，敌人随即“砰砰砰”地放起枪来，我们被惊醒后，立即冲出后门上了山，可胡金莲同志却为了掩护我们脱离险境，只身一人带病在大门口开枪阻击敌人，最后因子弹打光而被敌人杀害了。我们看到这个情景，都禁不住流下了感激和悲痛的泪水。胡金莲同志是江西莲花县人，文化程度虽不高，但工作能力很强，对敌斗争非常坚决，在群众中有很高的威信。他在牺牲前带领区委机关转战莲花境内，对恢复和发展莲花的党组织做出了很大的贡献。

像胡金莲这样的好同志，在我的记忆中还有警卫员唐晚连，他工作认真，作战勇敢，在敌人的一次袭击中，他为了掩护谭余保同志安全转移而英勇牺牲。临终前，他对谭余保同志年仅十岁的女儿说：“娇仔，我身上还有 50 块银元、一支花机关枪和子弹，你都拿去，交给同志们。”

晚连临死前想到的还是同志们，因为他知道钱和武器是同志们渡过难关最最需要的，决不能留给敌人。

后来，形势逐渐好转，我们在临时省委的领导下，依靠人民群众的支持和同志们高度的革命乐观主义精神，终于一步一步地度过了最困难的时期。

五

随着形势的好转，我们由原来“隐蔽目标，保存实力，分散游击，伺机行动”，转为“既有分散，又有集中，瞄准战机，主动出击”的战略方针。特别是游击队中保存的那本关于游击战术的小册子，对我们制定新的战略战术，灵活机动地打击敌人起了重要的指导作用。

棋盘山会议后，临时省委为了使部队适应游击战争的特点，对所剩武装进行了整编。先是将棋盘山地区的部队编为三个游击大队，原湘东南大队编为二大队，罗维道任大队长兼政委；原独立五团三营和独立四团余部编为三大队，大队长钟某某，政委林绍甫；原省委挺进队和莲花游击队编为四大队，刘培善任大队长兼政委。另外，还设立了一个教导队。到 1936 年 3 月，又以寻找到的独三团失散人员及后方医院、分区修械所等人员为基础，组建了一个四大队，大队长黄锡元，政委王只谷，原四大队改为一大队。

在战略战术上，临时省委摒弃了“左”倾教条主义的那一套，灵活地运用毛泽东同志在井冈山时期提出的“敌进我退，敌驻我扰，敌疲我打，敌退我追”十六字诀游击方针，在地方党组织和群众配合下，利用湘赣边的有利地形，与敌人展开游击战。我们的游击队经常以小分队为单位，分散行动，夜晚出来，声东击西，打得敌人晕头转向。在战斗规模上，尽量避免与实力强大的敌人正面接触，而是寻找敌人的薄弱环节给予打击。我们的战斗方式通常是伏击或诱敌出来进行围歼；有时则乘敌不备，远道袭击。那时，敌人占据着中心村镇，凭借碉堡时而坚守，时而倾巢出动。敌人一般是拂晓出来“清剿”，黄昏返回老窝。我们则与敌人相反，白天隐蔽于山林石洞休息，夜间出击，拂晓而归。由于采用了灵活的战略战术，我们这支弱小的武装越战越强，取得了一系列战

斗的胜利。

1936 年 4 月，攸县的敌人准备派出一个班来皮家村催税征款，群众对敌人的苛捐杂税早就恨透了，立即把这一消息报告了我们。我们经过研究，派出了一支兵力大于敌人两倍的精干队伍，由特务队长颜福华带领，连夜出发，拂晓前埋伏在敌人必经的一条山路旁。第二天上午，敌人果真来了，待其进入我们的伏击圈后，战士们猛冲上去，把敌人打了个措手不及，敌人见势不妙，立即钻进路边的一个祠堂，企图负隅顽抗，我们一面用火攻，一边喊口号瓦解敌人的斗志，敌人眼看没有其他出路了，只得乖乖地把枪扔出来，当了俘虏。这一仗，我们只消耗了点弹药，却缴获了 13 支枪、100 多发子弹，对待俘虏，经教育后，每人发给一块银元就释放了。这些被释放的俘虏回去后，有的暗中替游击队宣传，说游击队打仗厉害，而且优待俘虏，等等。

1936 年夏，莲花县保安团有一支短枪别动队经常骚扰我游击区，还冒充我方人员敲诈勒索群众。为了消灭这帮家伙，我们决定诱敌出洞，予以打击。地方党组织通过打入韩山里联保处的同志，用假情报把敌人诱至茶攸莲游击队所设的伏击圈内，经游击队一顿狠揍，全歼了这股敌人，为群众解了心头之恨。

那时，敌人欺负我们没有重兵器，筑了大量碉堡，白天出来“清剿”，晚上就龟缩在碉堡里。自以为安全无事，有时连哨兵也不派。针对这种情况，省委发出号召：军民齐动手，火烧乌龟壳。我们把群众组织起来，几个人为一组，选择刮大风的日子，半夜摸到碉堡前，架起柴禾，浇上火油，凭借风势焚烧敌碉堡，烧得碉堡里的敌人乱叫乱跳。1936 年夏秋之际，我和谭金生同志在攸县北部的一个村庄，亲手烧毁了敌人的一个碉堡。可惜我们只看住了碉堡的两边，敌人却从另一边用绳子吊下来跑掉了。

1936 年冬季后，活动在棋盘山、铁镜山、九陇山等游击区域的几个游击大队，更是捷报频传。游击队从攻击敌人边远孤立的碉堡，发展

到主动出击敌中心据点或一些重要村镇，先后取得了攻打油田区公所、坪桥伏击战、夜袭洲湖镇和长途奔袭高垄等一系列重要战斗的胜利。红军游击队的政治影响日益扩大，战斗力不断加强，终于使一度陷入低潮的湘赣边游击战争再度复盛起来。

六

1937 年秋，形势起了重大变化。党中央为了实行抗日民族统一战线，已同国民党达成了第二次合作的协议。当时，由于我们同党中央的联系中断了两年多，与外界的联系也很少，对全国形势一无所知，对党中央提出的抗日主张，根本无法了解。虽然我们在国民党的一些报纸上看到过诸如西安事变、“红军改编为国民革命军”之类的消息，但由于斗争的残酷和复杂性，我们都把这些消息当反面材料看待，看成是国民党的反动宣传，特别是对外来人员警惕更高。湘南游击一支队支队长曹树良同志被错杀，就是在这种复杂的情况下发生的。曹树良同志原是国民党第二十六路军手枪旅的一个营长，1931 年 12 月 14 日，二十六路军在宁都起义，参加了红军。中央红军长征后，曹树良留在赣南军区第二十四师担任团长，革命很坚决，1935 年赣南长岭会议后，与王赤同志在东边山一带坚持游击战争。1937 年秋，项英同志派他到武功山找我们，结果被我们当作敌人的说客，在九陇山错杀了。当时大家都还以为杀得对，打击了敌人的劝降阴谋，以致后来陈毅同志上山也经受了一场风险。

那是 1937 年 10 月的一天，特派员黄炳光奉段焕竞、刘培善的命令，将陈毅同志从九陇山护送到了我们省委驻地铁镜山。陈毅同志一见到谭余保等，就宣传《抗日救国十大纲领》，宣传党的抗日救国主张和红军游击队改编为新四军等，可我们谁也没有相信陈毅的话，认为陈毅只带

有一张署名项英的介绍信，很值得怀疑。将陈毅捆绑关押起来，甚至准备杀他。

对此，陈毅同志表现了一个无产阶级革命家特有的胸怀和气概。他毫无惧色，耐心地说服开导我们，反复向我们讲解国内形势和民族矛盾的转化。谭余保同志多次“审讯”陈毅，但每次几乎都被陈毅同志讲的道理和表现出的态度折服。谭余保同志文化水平虽然不高，但看问题比较深刻，只是一时难辨真假，所以相持了好几天，既不敢杀，又不敢放。陈毅同志最后提出让游击队派人下山找党组织证实后再处理。谭余保同意了。经过到吉安等地了解情况，证明陈毅确实是党派来的人之后，大家都激动得哭了。谭余保同志声泪俱下地向陈毅同志赔礼道歉，陈毅同志深情地拉着谭余保的手说：你们警惕性很高，斗争好坚决，做得对。我手续不完备，使大家产生一点误会，我也有责任。我们大家感动得不知说什么好。

陈毅同志下山后，谭余保主持召开了湘赣边党的会议，遵照陈毅同志传达的党中央指示，决定通知各游击队下山整编。1937 年 11 月底，各路人马分别从武功山、九陇山等山头汇集莲花县的垄上村整编，然后开往神泉。

游击队经过两个多月的整训和扩充，军政素质有了很大提高。人员由下山时的 300 多人发展到 400 余人。除留下一部分干部和武装跟随谭余保同志留在边区协助当地政府宣传和组织群众抗日外，其余 300 多人改编为新四军一支队一大队。后改为一支队二团一营，在刘培善（副团长）、段焕竞（营长）的率领下，随新四军一支队司令员陈毅开赴抗日前线。

留下来的干部和武装于 1937 年 12 月，组成以谭余保为书记的湘赣特委。同月，攸醴萍县委改为攸醴萍中心县委，何德标任书记。至此，艰难的湘赣边三年游击战争终于胜利地结束了。

选自《南方三年游击战争·湘赣边游击区》，第77—95页。

谭汤池，1908年生，湖南茶陵人。1929年参加革命，1931年加入中国共产党。南方三年游击战争时，任湘赣省政治保卫局侦察部部长、政治保卫局局长，中共湘赣省委常委、宣传部长，中共湘东南特委书记兼湘东南军分区政治委员，中共湘赣临时省委常委、组织部部长，茶攸莲中心县委书记等。新中国成立后，曾任青海省公安总队副政治委员，青海军区海北军分区副政治委员，青海省体委副主任，中共青海省委统战部副部长，中共湖南省委统战部副部长，政协第五届、六届全国委员会委员等职。2005年在长沙逝世。

湘赣边三年游击斗争散记

罗维道

一

1934年上半年，国民党军在大举进攻中央苏区的同时，也派重兵“围剿”湘赣根据地，苏区范围越来越小，形势越来越紧张。在这种情况下，根据党中央的指示，湘赣边区的主力红军六军团，在任弼时、萧克、王震等同志的率领下，于8月初从遂川等地突围转移，离开湘赣苏区。

红六军团走后，奉命留在边区坚持斗争的部队，有五个独立团和一些县区武装、地方游击队等，总兵力约有5000人。当时，我在独立五团一营一连当指导员。我们五团是湘赣边区的主力团，人数最多，有1200人左右，团长曾开福，政委谭富英。五团是于1934年8月在永新的牛田组建的，下辖三个营，一营是以原牛田军分区独立营为主组成，营长段焕竞（虎头岭战斗后，盛云芳接任），教导员姓张；二营是由原湘赣军区警卫营两个连，加上省委、军区后方机关的后勤人员组成；三营以新干独立营为主组成。

1934年10月中旬，在国民党军的重兵“清剿”下，湘赣省委和军区率领机关及独立五团从永新牛田转移。于月底到达安福县的泰山根据地，与独立三团和莲安萍中心县委会合。我们到泰山不久，萍乡保安四

团便向泰山根据地进攻，经我们和独立三团的英勇反击，将敌打败，但部队实力暴露，机关和部队只得撤离泰山根据地，转移到长源头一带山区。在这里，又遭到国民党军的袭击，战斗失利。省党政军机关率领独立三、五团被迫再次进行转移。

这时，从中央苏区突围的江西军区一分区 200 余人，来到湘赣边区，后称为“宜乐连”，被省委编入独立五团一营。其时全团有一千五六百人。我们一营将近 500 人。部队编好后，我们在安福、莲花边界的五里山一带活动。2 月初，当部队到达虎头岭时，遭到莲花保安十团、萍乡保安四团和莲花义勇队的袭击。战斗一开始，敌人便抢占制高点。我们在彭司令员的指挥下，英勇地进行还击，当时正好刮起了大风，我们在敌人占据的山下放了一把火，就这样，风助火势，火借风威，使敌人顿时乱了阵。我们便趁机发起攻击，夺取了敌人占领的制高点，将敌人压下了山。接着，部队便乘胜追击，将敌打垮。这次战斗，我们消灭了敌人一个大队，缴获长短枪四五十支。但是我们伤亡也比较大，军区司令员彭辉明同志在战斗中不幸牺牲了。彭辉明同志是广西人，是一位富有军事才能的优秀指挥员，很能打仗。在战场上总是身先士卒，站在最前线指挥战斗，干部、战士对彭司令员的感情很深，大家得知彭司令牺牲的消息时，心情万分悲痛，纷纷捏紧了拳头，决心要为彭司令员报仇，向国民党反动派讨还这笔血债。

虎头岭一仗，暴露了我们武装力量的实力，再次招来了湘赣边的国民党军从四面八方对武功山、柑子山一带进行包围、“清剿”。为了跳出敌人的重围，省委决定独立五团前往湘南与蔡会文部联系。

1935 年 4 月，我们从柑子山出发，日夜兼程，先后到了桂东、桂阳、洵口、黄石沟等地。沿途高山峻岭，荆棘丛生，行军十分困难，不少同志脚烂了，只好用树叶包上，拄着木棍，一步一颤地前进，大家吃的是野菜、野果，穿的是难以御寒的破单衣裤。在这样饥寒交迫的环境下，还常遭到国民党军的进攻，部队减员严重，有的战死，有的饿死，有的

经不起这种恶劣环境的考验逃离革命队伍。甚至还有的叛变革命，投靠了国民党政府，成了革命的罪人。

部队在湘南活动了一段时间，也没有与蔡会文部联系上，处境十分艰难。于是，便决定返回武功山区。途中，在桂东打了一仗，一营营长盛云芳在战斗中牺牲，队伍被冲散，一营只剩下 100 多人，又与团部失去了联系。当时，我们曾想突围到中央苏区的瑞金去，但由于没有地图，辨明不了方向，只好走原路返回武功山区。一路上，我们历经艰难，行进在崇山峻岭中，方向难辨，只凭文书在去湘南时作的记号往回走。后来文书又叛变了，我们的处境更加困难。白天，由于敌人频繁的“清剿”，无法行动，只能隐蔽在深山中；晚上，我们望着星星辨别方向前进。就这样，在山里转来转去，总转不出来。为了摆脱这种困境，尽快回到湘赣边区，我们只好请老百姓带路。但又怕老百姓外出时间长了，会被国民党保甲长怀疑，而致使老百姓吃亏。为此，我们采取经常换人的办法。这样老百姓误工不多，不易被保甲长发觉，从而才加快了行程。终于在 6 月初回到了柑子山。这时，我们一营由出发时的 500 余人，只剩下 70 多人。

回到柑子山后，我们便积极寻找省委。一天，在武功山的王坪遇到了原省委挺进队政委刘培善同志（他们有 28 个人，分三个班），他带我们见到了省委书记陈洪时。陈洪时问我们还有多少人，我告诉他有 71 个人。他将我们编为湘东南大队，叫我任大队长兼政委，并派了黄炳光同志任大队特派员。还规定我们大队以安福、萍乡边境的九陇山为中心，进行活动。

二

湘东南大队组成后，陈洪时只给我们部队划定了活动范围，但没有

明确交给我们任务，这使我们全体指战员感到难办。于是，我和黄炳光再三商量，决定兵分两路，一路由我带领，到莲花县的棋盘山和攸县的柑子山、太阳山一带活动，另一路留在九陇山地区活动。我带领的30多人到达莲花的棋盘山和攸县的柑子山、太阳山一带后，一方面筹款找经济出路，解决给养问题；另一方面积极开展群众工作，联系、寻找失散人员，准备和其他部队会合起来。由于反动派的层层封锁，我们白天很少进行活动，在山上隐蔽起来，只能在晚上行动。6月的一天晚上，天黑得伸手不见五指，又下着大雨，我们在莲花至攸县的山路上摸索着前进。在快接近一幢被烧毁的房子时，凭借雷电的闪光瞬间，发现房子的墙脚下有三个黑影。于是我们派出一个班去搜索，其余人员作了隐蔽。当前去搜索的战士来到墙根下时，才发现是三个人。急问他们是什么人？其中一个高个儿说："我是谭余保。"此时，我们有点喜出望外，但又不敢相信他就是我们省苏维埃政府主席谭余保。我们的战士心里想："他怎么在这儿呢？他不是带着人员去找蔡会文司令员去了吗？他是不是……"一连串的疑问马上使搜索班长警觉起来，他走上前去大喝一声："你们想当逃兵吧！"显然，谭余保同志早就看出我们是独立五团的了。他把挂在胸前的"中华湘赣省苏维埃政府"的铜质大方印亮给我们看。这时，他哭了，我们也哭了。他流着眼泪向我们诉说了"部队被打散,根据地也被敌占领,战友们抛尸露骨于青山野岭"等悲愤之情。谭余保同志当时年龄只有30多岁，但由于饥饿和困苦的折磨，看上去像有50开外，牙都掉了几颗。

此后，我们部队又在攸县活动了一段时间。这里也是老区，地方党团组织强，群众基础也很好，他们对红军有着深厚的感情。总是冒着生命危险，给我们送粮食，送油、盐、药品，提供情报、当向导。当我们遇上险情，有遭敌逮捕的时候，群众便挺身而出，竭尽全力，来保护我们。上了年纪的，就把我们的战士认作"儿子"，年轻妇女把我们的战士认作自己的"丈夫"。

随着敌人的频繁“清剿”，我们的生活越来越困难。山上的房屋被敌人烧掉了，群众全被迁到山外，连进山砍柴，都要被地方保甲长细细查问。在这样十分艰难困苦的日子里，我们的红军战士饿了，采点野菜和竹笋充饥。有时怕生火暴露目标，野菜也只能吃生的。艰苦的斗争环境，对我们来讲也是严峻考验。大多数红军战士挺过来了，但也有的意志不坚定，脱离了革命队伍，有的甚至投敌叛变了。如独立五团政委谭富英、湘赣省保卫局长刘发云等人，都先后投靠了敌人，成了可耻的叛徒。特别严重的是，1935 年 6 月，身任湘赣省委书记、军区政委，当时湘赣边区的最高领导人陈洪时的叛变，给湘赣边区造成了极坏的影响。

我曾见过陈洪时两次。第一次是省委率领机关及独立五团从牛田转移的时候。那时，有成千群众和地方干部跟着机关、部队转移。陈却坐在一副担架上，他不是积极地组织群众疏散，就地坚持斗争，而是下命令，叫我们朝天开枪，把老百姓吓跑。第二次是 1935 年 6 月间，我们从湘南回到武功山，在王坪见到陈洪时，他坐在一块石头上，旁边两个人打着伞遮太阳。他问了我们部队的情况后说：“我们出去的部队没有多少人了，留下的部队也没有多少人了。今后你们只有靠自己了。”公开散布悲观失望情绪。但那时真没有想到一个省委书记在斗争环境艰苦的时候，竟会投靠敌人。

陈洪时叛变后，尽力干出卖革命的罪恶活动，亲自带着保安队搜山，“追剿”红军。并到处张贴反动标语和散发反动传单，企图瓦解红军的斗志。由于陈洪时“剿共”有功，不久便当上了国民党湘赣边上校招抚员。

三

陈洪时的叛变,使湘赣边界的情况更紧张了。国民党军硬的、软的、明的、暗的不断地向我们袭来，使我们的处境变得越来越困难。在红军内部，不少干部、战士心里都在考虑着今后向何处去的问题，部队一时出现混乱。但是这紧张情况的出现，也使许多革命同志的意志更加坚强了。省苏维埃政府主席谭余保同志就是其中的一个。他在太平山一见到我们，就说要立即寻找失散的部队，要组织新省委，开展反陈洪时叛变的斗争。

为了揭露和批判陈洪时叛变投敌的罪恶活动，安定部队的情绪，振作红军战士的革命精神，1935 年 7 月，谭余保同志在棋盘山主持召开了重要会议。参加会议的有曾开福、王用济、谭汤池、段焕竞、朱水生、刘培善、龙珍、颜福华、罗维道、韦一平、吴金莲等二三十人。会议开得很简单，时间也不太长。但是，这次会议是一次决定湘赣边区斗争能否坚持下去的关键会议，是湘赣边区开展游击战争的转折点。会议讨论决定了许多重大问题：

（一）宣布撤销原省委、省苏和军区，成立湘赣临时省委、军政委员会、游击司令部。谭余保任临时省委书记、军政委员会主席兼游击司令部政委，曾开福（1937 年叛变）为游击司令部司令员，颜福华为肃反委员会主任(1940 年叛变),段焕竞为参谋长,朱水生为政治部主任(后叛变。刘培善接任)。从而重建了湘赣边区的党政军领导机构。

（二）宣布成立游击司令部，决定对保存下来的武装力量进行一次整编。会后不久，省委和游击司令部即将保存下来的部队编成了三个大队。我们原湘东南大队编为二大队，彭士元（后刘别生、邱仁标）任大队长，我任政治委员；原独立五团三营和独立四团剩下的 30 余人编为

三大队，大队长姓钟，政治委员林少甫；原省委挺进队和莲安萍游击队一部分编为四大队，大队长段焕竞（兼），政治委员刘培善。此外，还组建了一个教导队，随省委行动。这时，总兵力为 300 余人。

为了找回失散的部队，统一于游击司令部的领导，谭余保还在会上宣布：凡是没有下山投降国民党的，都是革命的同志，我们要把他们找回来；如果经多次宣传教育，仍不接受临时省委的领导，那就实行缴械。

（三）积极恢复地方党组织。会上首先决定恢复茶攸莲中心县委，吴金莲同志担任县委书记，李发姑同志任组织部长。李做地方工作有经验，当时许多地方工作都是靠她去做的。

（四）加强联络工作。严格规定联络的地点、时间、信号和方法。大队与大队，大队同省委、同游击司令部的联络应先同联络员、交通员、侦察员联系，省委住址如有变动，由联络员传达新的联络办法。如联络超过规定时间，就要接受严格审查。记得有一次，我们从太平山出发送钱给省委，中途被保安团的埋伏打散了，没按时把钱送到。谭余保发火了，命令解下我们的武装。幸而这次带的 700 块银元，分文未少，不然要受到重罚的。那时，对联络员的挑选是非常严格的。谭余保身边带有 20 多个人专搞侦察联络工作。他们尽是一些早期参加革命、革命非常坚决、不怕苦、不怕死的同志。

（五）加紧筹款，动员群众回山耕种，积极解决游击队的给养问题。当时没有造币厂，为了解决游击队的经济给养，主要靠打土豪。如果地主、土豪抗拒交款就要予以惩罚。这样做，难免有些打击面过宽，但给养问题就解决得比较好。

（六）印发传单、布告，进行反叛变投敌的宣传，扩大红军的影响，向投降变节行为作坚决的斗争。

棋盘山会议后，形势开始好转。我们由注意隐蔽，保存实力开始转向分散游击，秘密深入农村，宣传发动群众，分化瓦解敌人并灵活机动地打击敌人。首先，对山区里最坏的保甲长和极力从事反革命活动的叛

徒进行镇压。记得，我们在攸县的黄土岭、网岭、新市一带开辟游击区时，我们大队在李发姑、冯秋姑的配合下，在攸县附近的一个村子里，抓获了敌人军事机关一个叫罗根元的侦探。这个家伙坏透了，他手下有四五个得力的武装走狗，配的都是短枪，分散在各地活动，并操纵着当地的“挨户团”、“守望队”和“清共委员会”等反动组织，杀了我们不少同志。还在我们游击队出入的要道口，设下了各种圈套。例如，把道路两旁的草打上结，或用细线拴住。游击队夜晚行动，要是把细线闯断了，草结踢散了，他就马上领着保安团队跟踪追来，给游击队的活动造成了很大的困难。当时，我们下决心要拔掉这颗钉子，但这家伙出没无常，行踪不定。我们经过研究，制订了一个里应外合活捉罗根元的方案，决定让李发姑和冯秋姑两人化装先到罗根元家侦察情况，做内应。游击队则埋伏在罗家周围，待罗根元回家，发姑、秋姑便马上发出信号，我们即冲进去将他擒住。第二天下午部队便出发了，按照布置，发姑和秋姑两人扮作商人的女儿，先闯进罗根元家歇脚，“讨”水解渴。当罗根元回到家里后，冯秋姑便装着“拉肚子”上厕所发出信号。我们见到信号后，便马上冲进罗家屋内，用手枪对准罗根元说：“不准动！我们是游击队！”这时，发姑和秋姑已一左一右地将他两只手牢牢地揪住，这个罪大恶极的刽子手终于落网了。这次还在罗根元家缴获了四五百块银元。缴获的财物，都发给了当地的贫苦农民。

通过这次斗争，不仅打击了反动地主和敌特侦探的嚣张气焰，而且对地方上的保甲长也是一次严重警告。以后，这些保甲长老实多了，再也不敢向敌人告密了，我们的活动也就自由得多了。就这样，我们这支队伍不仅没有被敌人吃掉，相反，还一天天壮大。我们除了下山贴标语、散传单，还在黄土岭、柏树下、官田等地发展了党员，建立了地下党支部，恢复了农会、妇女会、儿童团等群众组织。

尽管那时斗争生活仍然十分艰苦，但同志们充满着革命的乐观主义精神，满怀着革命必胜的信心，我们一边打仗，一边开展地方工作。

此外，我们还利用大自然这个露天课堂，在山头、在峡谷，学文化、学军事、学政治，提高干部战士的文化、军事素质和政治理论水平。记得1935 年 8 月份，天气很热，我们在一个山洞里找到了几本书，还有纸票和印章，其中有《中国社会各阶级的分析》、《湖南农民运动考察报告》、《中国的红色政权为什么能够存在》等。书全是油印的。谭余保同志知道后，那高兴的劲儿就不用说了。他把这些书当作战士们的精神食粮，以开会的形式，组织战士们学习，亲自讲给战士们听。以后，一有空，我们就读书，并运用毛泽东同志的游击战术，避实打虚，声东击西地和敌人周旋，使湘赣边的革命斗争不断发展。

谭余保没有读多少书，文化较低，但性情耿直，革命坚决，爱憎分明。他平常说话少，但在一些原则性问题上，说了话就要算。他生活非常朴素，喜欢吸黄烟，手里经常拿着一个烟斗，生活从不特殊。有时打了土豪也用竹筒装点酒到山上来和我们一起吃竹笋、野菜饮酒，他确是我们的好领导。在那样艰苦的环境下，没有他，也许我们还要走不少弯路呢。

1937 年，全国抗日的声浪越来越高。随着全国抗日形势的高涨，我们湘赣边的形势也越来越好。但尽管如此，因为我们长期在深山老林里，耳目闭塞。有时，从敌人的报刊上偶尔可以看到一些，如西安事变、国共合作、日本人占领东北等消息，也辨不清是真是假。为了不受影响，我们游击队规定不准看，更不准传这类消息。由于这些原因，以后当湘南游击队派人来同我们商量下山改编时，却误当叛徒把他们杀了。以后，陈毅同志奉中央指示，亲自到了九陇山，传达中央关于国共合作、一致抗日的指示。陈毅费了很多口舌，才打消了谭余保的疑虑，同意带部队下山接受改编。

1937 年 11 月，我们 300 多游击健儿告别了崇山峻岭，分别从武功山、九陇山、五里山、荷树下、柑子山、太阳山来到莲花的垄上，接受改编。根据党中央指示，我们湘赣边的游击队编为新四军一支队一大

队。在刘培善、段焕竞同志的带领下，奔赴抗日前线。

1987 年 8 月完稿于南昌

选自《南方三年游击战争·湘赣边游击区》，第96—103页。

罗维道，1914 年生，江西泰和人。1929 年参加中国工农红军，同年加入中国共产主义青年团，1932 年转为中国共产党党员。南方三年游击战争时，任湘赣军区红军独立第五团一营一连指导员、红军湘东南大队大队长兼政治委员、湘赣红军游击队第二大队政治委员。新中国成立后，曾任华东空军预科学校总队长兼政治委员，上海空军司令部政治委员、防空军第一军政治委员，福州军区空军副政治委员，福建省军区副政治委员等职。1955 年被授予少将军衔。2011 年在南京逝世。

难忘的湘赣边三年游击战争

王萱春

1934年，在第五次反“围剿”战争中，中共湘赣省委领导湘赣苏区军民。积极配合红军主力十七师、十八师，与国民党反动派进行了英勇顽强的斗争，取得了多次战斗的胜利。但是，由于王明“左”倾错误的影响，红军未能打退国民党军大规模的“进剿”，湘赣苏区范围日益缩小。特别是6月底至7月初，驻永新和安福的国民党军，采取南北夹击向红军进攻。我红十七师和十八师，在永新的怀中、虹桥以及安福的桂林坊一线阻击敌军，因寡不敌众，战斗失利，从而使敌军打通了永（新）安（福）线。至此，湘赣苏区第五次反“围剿”战争最终失败。红军主力六军团被迫撤离湘赣苏区，突围西征。从此，湘赣苏区进入了艰苦的三年游击战争时期。

一

1934年8月，我刚好20岁。一天，我接到通知，要我从安福县短枪队，调到湘赣军区教导队学习，这是我参加红军后第一次参加军事学习，我非常高兴。

湘赣军区教导队共有100多人，都是从边区各县抽调来的。队长姓

肖，有一个政治教员和一个军事教员。教导队下设几个步兵班，一个重机枪排，我当时在重机枪排当副排长，全排有 20 多名战士，只有一挺重机枪。我们教导队的主要任务是学习军事，名义上是学习游击战的战术，但实际上仍是正规战的那一套，如野外演习、班排进攻、阵地防御、挖战壕、修工事等。此外，教导队还担负对湘赣军区的警卫任务。

当时，湘赣省党政军机关驻在永新县城东 40 公里处的牛田山区。为了掩护红六军团的转移，省委和军区率领独立三、五团和直属部队，打击和牵制了国民党军几个师的兵力。9 月中旬，当敌军发现主力红军已突围转移，离开边区。便调集重兵对牛田、津洞、碧江洲等地进行层层包围，步步进逼，妄图全歼我党政军机关和部队。在这种情况下，省委决定，机关和部队要突出重围，撤离牛田地区，向安福县的武功山和泰山地区转移。

9 月下旬，独立三团首先从永新石灰桥一带突围，转移到泰山地区。10 月中旬，湘赣省委和军区率领党政军机关和独立五团，也突出重围，经吉安县的天河、敖城。越过已被敌军封锁的安福至金田、安福至严田的两条公路，进入泰山根据地，与莲安萍中心县委和湘赣军区三分区。以及先期到达的独立三团会合。省党政军机关驻在袁家村，独立三团驻瓦溪村，独立五团驻南沙村。

不久，萍乡保安四团偷袭省委机关驻地袁家村附近的高峰，当即就被独立三团和军区直属队击退，俘数十人，缴枪几十支。但这次战斗暴露了省党政军机关所在地。于是，党政军机关被迫再次转移。我们教导队随军区转移到长源头一带，省委等机关转移到芦台一带。

到这时，整个湘赣苏区只剩下泰山根据地，其余均被国民党军占领：泰山地区东西有 100 多公里，南北也有数十里，山高林密，地势险要，进可以攻，退可以守，便于隐蔽自己，打击敌人，开展游击战争。但当时的省委并没有根据实际情况制定出正确的策略，没有充分利用有利地形，将近 2000 人的部队分散活动，以保存自己的有生力量；而是继续

命令部队在各个山头修工事、筑碉堡，以阵地对阵地，以碉堡对碉堡，进行正规防御。我们教导队在长源头担负着东南方面的防备任务，天天挖战壕、修碉堡、削埋竹签，摆设路障。这样做的结果是，部队越打越被动，越打伤亡越大，人员越少，越打形势越紧张。

12 月下旬，国民党军第五十三师和莲花县保安十团、安福县保安队、萍乡保安四团、宜春保安队等反动武装，分别从安福、萍乡、宜春等地同时出动，气势汹汹地向芦台、长源头一带猛扑过来。

战斗打响那天，敌军从上午 9 点开始进攻，受到我们的顽强阻击，战斗打得异常激烈。双方相持到下午 3 点左右，敌军越来越多，火力也越来越猛，我前沿阵地伤亡较大。4 点左右，各路敌军开始发起总攻，由于我们教导队有挺重机枪，就成为敌人火力攻击的重点。敌军的重机枪、迫击炮对我们的阵地狂扫滥炸，阵地上弹片横飞，我们的土碉堡和工事全被炸毁，机枪手英勇牺牲，弹药手也大多负伤，20 多人的教导队伤亡十几个，形势十分严峻。我们不得从一个战壕撤到另一个战壕。战斗持续到下午 7 时，终因敌众我寡，部队伤亡较大。我军被迫撤出战斗。向武功山最高峰金顶转移，进入深山老林中。这样，湘赣苏区的最后一块根据地也被敌人占领了。

二

部队进入深山后，敌人采取了更加残酷的“清剿”手段。在军事上，实行搜山、烧山、围追;经济上采取严密封锁，妄图把我们困死、饿死、冻死在山上。在这种困难的条件下，省委并没有吸取受挫的教训，及时改变斗争策略，将部队分散，而仍然是采取大部队行动，率领党政军机关和部队向莲花县的柑子山转移。

路上，一些从苏区撤出来的群众随部队一起转移，拖老携幼，行动

十分缓慢。我们白天打仗，夜里行军。那时正值寒冬腊月，经常是雨雪交加，天黑路又滑，我们走走停停，一夜也走不了几里路。加上山区缺乏粮食，战士们经常吃不上饭，真是饥寒交迫，困难重重。而兵力十倍于我的国民党军。凭借着优良的武器装备，围追堵截，紧紧咬住我们不放。我们不论在哪里遇到敌人，只要战斗一打响，他们就会从四面八方靠拢过来。抢山头、堵后路、大包抄，发起攻击。每遇这种情况，我们只能边打边退，几乎完全处于被动挨打的局面。因此，在一个多月的时间里，没打过一次胜仗，使部队伤亡很大，减员很多。

直到这时。省委才决定缩小目标，以便于部队行动。将军区机关和直属队部分人员编入独立五团，我们教导队和军区部分勤杂人员合编为五团三营九连，肖队长担任副营长兼九连连长。重机枪排由于没有了子弹，只得将重机枪埋起来。改为步兵排，我当排长。经过整顿充实后的独立五团，这时还有 1000 人左右。1935 年 3 月间，五团根据省委指示，突出敌军包围圈，向湘南进发。主要是为了找红六军团或中央红军蔡会文同志的部队，因那时我们还不知道红六军团已经西征。

当我们越过莲花至茶陵公路，到达茶陵县的晓田时，部队就地休息，准备做午饭。由于连日的行军作战，指战员们个个疲惫不堪，躺的躺，睡的睡，连放哨的同志也半睡半醒的放松了警惕。那天又正碰上雨雾蒙蒙，视野很差。尾追的敌军悄悄地向我们逼来，并突然发起攻击。甚至一直冲到了二营阵地，我们才如梦初醒。只得仓促应战，进行顽强抵抗。但由于部队毫无准备，战斗中遭受严重损失。尤其是二营，为掩护全团占领阵地，伤亡更加惨重。战斗结束后，二营剩下不足百人，被编入一营和三营。这是独立五团向湘南转战途中第一次战斗失利。

为了摆脱强敌的围追，当部队到达湖南的安仁和桂东边界时，团领导决定进一步缩小目标，将部队分开行动：一营向桂东一带转战；我们三营越过粤汉铁路，向桂东、新田一带进军。途中，我们是以夜间行动为主，白天隐蔽。

三

我们三营到达桂阳、新田、嘉禾一带后，已是 4 月底 5 月初了。在新田，我们碰上了蔡会文领导的一支游击队，并一起活动了几天。还在湖南省的临武县附近打了一次胜仗，歼敌一个营大部，缴枪数十支，俘敌近百人。后来。蔡会文的游击队急于回赣南与上级联系，便与我们分开了。我们三营在湘南的嘉禾、临武、蓝山一带活动了一段时间后，又与湘赣军区四分区司令员张通同志率领的独立斗团 30 多人会合了。战友相逢，格外高兴。

部队在湘南转战，既无根据地作依托，又无法解决给养，特别是经常遭到敌军围追堵截。战斗频繁而激烈，部队损失严重，伤病员增多。由于缺医少药，只好将伤病员安置在当地群众家里，这就给部队造成严重减员。我们三营刚进入桂阳时有 300 多人，经过一个月的转战，减员 100 多人。再以后，我们不得不从宜章县的良田，穿过粤汉铁路，向湘南的桂东和赣南的上犹、崇义一带转移。在那里活动了半个多月，战斗并不多,天一亮我们就上山隐蔽。晚上行军转移,部队才算喘了一口气。但不幸的是，当时进入了雨季，成天在泥水中浸泡，我的左脚溃烂成疾，疼痛难忍。部队领导准备将我寄养在群众家里。幸好，部队这段时间行军不多。每晚只走十多里路。卫生员天天用盐水给我洗伤口，采草药给我敷，总算有了好转。这样，拄着拐棍还能跟上部队。

在这个时候，部队还想去找蔡会文的部队，但一直未找到。最后只好决定，回武功山区，去寻找省委。因为我们坚信，湘赣边的党还在，省委还在，我们的部队还在。我们从崇义、上犹一带出发，先转移到遂川，然后到茶陵、莲花交界的山区，也没找到省委。

6 月底的一天，部队来到莲花县的龙口。当时天气炎热，大家经过

行军又十分疲劳，于是在野外就地休息，准备做饭吃。不料，我们的行动已被敌军发现，他们立即赶来偷袭，我们的部队很快就被打散了。到再集结时，只剩下 60 多人。然后在张通同志的带领下到达柑子山。过了半个多月，我们在莲花县的丰树下后面的山上，终于找到了党的地下工作者，并通过他先与省委取得联系，我们就分散隐蔽起来，等候省委的指示。

四

1935 年 7 月，我们终于与省委取得了联系，但这已经是棋盘山会议后的湘赣临时省委了。省委派人把我们带到莲花县的竹子冲。部队驻下后，我和邱仁标、肖国山（三营没收委员会主任）等五六名干部。便去会见谭余保。当时谭余保同志在山上一个用杉树皮搭的棚子里接见了我们，他介绍了陈洪时叛变的情况和棋盘山会议的精神。他强调指出，新省委决定要恢复和健全地方党组织，团结和争取群众，建立游击根据地。部队要分散隐蔽，保存实力，采取灵活机动的游击战术，抓住有利时机打击敌人。听了谭余保同志的讲话，我们对整个局势和今后的斗争策略有了明确的认识。

回到部队后，我们将棋盘山会议精神向大家作了传达，同时进行反动摇、反叛变教育，从而振奋了士气，坚定了我们必胜的信心。

但是，在这期间也发生了一件不幸的事。湘赣军区第四分区司令张通同志等，由于比我们晚一天到达省委，有人反映他有动摇逃跑思想。省委也没有向我们作认真的调查，就把张通同志当作叛徒而错杀了，这是很不应该的。

我们休整了一段时间后，湘赣临时省委根据棋盘山会议精神，将已联系上的部队整编为二、三、四三个游击大队。我们独立五团三营和独

立四团的五六十人，组成湘赣游击司令部第三大队，大队长姓钟，政委是林绍甫。我们大队下有两个分队，分别由邱仁标和我任分队长。

五

1935 年 9 月，我们三大队按照临时省委的部署，进入攸醴萍地区的太平山一带。主要是配合党的地下工作者，恢复和重建党的地下组织，建立游击根据地。为部队筹集粮款。由于几个月前陈洪时就是在太平山一带叛变投敌的，这里的党组织遭到严重破坏，干部和群众蒙受了极大的摧残，幸存的党员隐蔽起来了，群众的情绪十分低落。因此我们在这里只能是白天呆在山上隐蔽，晚上分成几个游击小组下山活动。

在当时的白色恐怖之下，虽然我们知道党的地下组织还有人在，但无法接通关系，只有靠省委的地下交通员与地方同志联系。有时交通员将一些伪保长、甲长活动的情况告诉我们，我们就在晚上去找他们训话，警告他们不要为非作歹。

那时候，国民党军以为湘赣边红军已被肃清，正规部队已先后撤离了，但各县区的保安队、铲共义勇队等反动武装，经常出来骚扰群众。无恶不作。我们要将工作展开，就必须先打击这些国民党地方武装的嚣张气焰，使人民群众消除后顾之忧。有一次，我们伏击了萍乡县中村的一个保安队，并当众处决了一个民愤较大的保长。这次行动，有力地打击了敌人，使这一带的保安队不敢轻易出来活动，那些保长、甲长也老实多了，一般不敢公开与我们作对。我们每到一地活动，那里的保、甲长都是等我们离开后才去报告。我们抓住有利时机，积极开展宣传工作，揭露陈洪时叛变投敌的罪恶行径，表明红军是不会被消灭的，党的组织还在，红军游击队还在坚持斗争，以鼓舞人民群众的斗志。通过我

们的工作，群众又发动起来了。有了群众的支持和配合，我们的行动就方便多了。在萍乡县的东桥和攸县一带，我们接连打了几次土豪，筹集到一批钱款，改善了部队的给养，还做了一批准备过冬的棉衣。与此同时，部队还与地方同志一起，恢复和重建了以尹德光为书记、段积光为副书记的攸醴萍地下党组织。就这样，我们逐步站稳了脚跟。

有一次，攸县一个土豪没有按时将钱款送来，为了打击敌人的气焰，我们把他杀了。过了一个月，部队又折回这一带活动。不料部队中有一个人叛变了，知道我们的行动，便带领敌人一个保安队 50 多人前来偷袭我们。那天晚上，我们正在一个棚子里宿营，敌人就摸上来了。双方接火后，我们边打边退，我带几个同志在后面掩护，敌人子弹打穿了我的右手，幸好其他同志没什么损失。负伤后，我留在太平山上一个锯木板老表的小棚子里养伤。那时，县委段积光同志正带着一个游击小组在那一带活动。胡广秀和一个叫慧英（不知道她的姓）的女同志，每天给我送饭，并搞些草药给我敷伤口。住了十天左右，伤口稍有好转，我就通过省委交通员，返回了部队。这已是 1936 年初了，部队已奉省委指示，进行了第二次整编。将部队扩编为四个游击大队。我们三大队撤销，林绍甫、邱仁标带第一分队充实到二大队，我们三分队的同志编入一大队。段焕竞兼一大队大队长，刘培善兼政委。刘别生任副政委，我任副大队长。后于 1936 年 10 月前后，我调任四大队任大队长。

六

1936 年 4 月，为了扩大和发展武功山游击根据地，省委指示我们一大队由段焕竞、刘培善同志带领深入武功山地区开展活动。并指挥三、四大队，配合萍宜安（萍乡、宜春、安福）中心县委开展地下工作。

萍宜安中心县委管辖地区较大，包括武功山、安福县的明月山、七都山、谷源山、牛路至水新的铁镜山、宜春县的涧富岭等广大地区，东西约100公里，南北50余公里，中间除有一条安福至莲花的公路外，都是茂密的森林。这里原来是苏区，群众基础好，又有较大的回旋余地，是开展游击战争的好地方。

部队到达明月山地区与萍宜安中心县委会合后，听取了武功山地区的敌情报告，在地方党的配合下，我们一大队首先摧毁了安福县的严台、烟竹的敌碉堡，歼敌十余人，缴枪十多支，开辟了以安福县罗家屋为中心（包括宜春县的荡溪、安福县的留田、严台等地）的游击根据地。当时我们还不住在群众家里，就在罗家屋对面的山上搭了一些茅草棚作为营房。罗家屋一带的群众经常给我们提供粮食、药品和各方面的情报。在群众的帮助下，我们先后摧毁了宜春县的涧富岭、安福县的七里坑、双田等地的敌碉堡，建立了从七里坑到明月山一大片游击根据地，并在罗家屋的壶丘、江口、七都山一带先后建立了几个党支部。

6月下旬，在地方党组织的配合下，一、四大队从罗家屋出发，经过50多公里的夜行军，奇袭吉安县敌人的油田区公所及一保安中队。区公所和保安中队驻在一个很大的祠堂内，祠堂的墙上都挖了枪眼，大门用砖石堵着。上面还设了一个岗哨。部队凌晨3点赶到，将祠堂团团围住，并当即发起进攻。一大队攻打正门，四大队攻打后侧。我们搭起人梯，翻过围墙，冲进敌人睡觉的房间，缴了他们的枪。敌人做梦也没有想到。经过一个多小时的战斗，将敌40余人全部歼灭，缴长枪30多支、短枪五支。还有军服、粮食等物品。我军无一人伤亡。战斗结束时天已发亮，我们对俘虏进行了教育，除了击毙几个顽固者外，其他的全部当场释放。

在我们返回的路上，一大队前卫人员穿上刚缴获的国民党军装，化装成吉安保安队，当走到安福县陂头村时，遇见驻村的一保安分队正准

备吃早饭，我前卫人员大摇大摆地走进村子，敌人见到我们，还问我们从哪里来。我们说是从吉安来的，协助他们“剿匪”，要见他们的队长。一进屋子，就见十来支步枪靠在墙上，我们立即将枪缴下。一枪未放，就解决了这支保安队。

9 月底，我们一大队还攻打了宜春县山背区的敌碉堡。碉堡里驻守着敌军一个班，外面修筑了工事，不容易攻打。我们就用火攻，先集中火力封锁碉堡的枪眼。不让敌人还击，然后派人爬过工事，把捆扎好的竹片子靠在碉堡的木门上。里面还包上辣椒，用火点燃后，大火烧起来又烟又辣。敌人忍不住只得跳下碉堡，全被我们活捉，碉堡也被熊熊大火烧毁了。这一系列的活动，锻炼了部队，增强了战斗力，也有力地打击了敌人的嚣张气焰。

1936 年 12 月，谭余保等领导同志在安福县的三江村召开了大队长、政委以上干部会议。根据当时形势发展的需要，决定将湘赣边游击队改编成为湘赣红色独立团，段焕竞同志任团长，刘培善同志任政委。原来四个大队均改为连。我被任命为四连连长。

1937 年 1 月，我们四连奉省委指示，到安福县与分宜县交界的赤谷、涧富岭一带山区活动。这里村庄较少，有一座大岗山，海拔 1000 多米，山顶上有座大庙，住着五六个和尚，平日很少有人来。我们在离大庙约五公里的地方搭了竹棚作营地。把大庙作为联络点，限令附近的土豪将钱款、粮食、布匹、药品、甚至子弹等送到大庙里。我们派人去联系，取回东西，有时也派几个战士在庙里住一两天。庙里的和尚起初很害怕，后来见我们不仅不伤害他们，有时还送他们一点当时非常紧缺的食盐，因而对我们也比较友好。

2 月，我们攻打了分宜县松山地区的伪区公所，缴枪十余支。还到彬江、新坊一带打了几次土豪，在赤谷地区建立了党的地下组织。我们四连在这一带活动了两个来月，圆满地完成了任务。

七

3 月上旬，省委指示段焕竞、刘培善同志率领团部及一、四连，向安福县的杨梅山、谷源山、牛路以及永新县的九陇山进军。这时，接到萍宜安中心县委送来的情报，国民党安福县县长朱孟珍要到洲湖镇部署“清剿”。团部接到这个情报后，从一、三、四连挑选了 100 多名战士。组成精干的队伍，从安福的七都山出发，经谷源山，冒雨急行军 40 余公里，以迅雷不及掩耳之势，闯进洲湖镇。经过一个多小时的战斗，全歼守敌。活捉了县长朱孟珍和洲湖区区长，并在当地群众的要求下当场处决。在返回途中，与安福县保安团发生战斗，段焕竞团长不幸负了伤，留在谷源山休养。

4 月上旬，我们四连和一连在刘培善政委带领下。从罗家屋出发，到永新、茶陵、宁冈边界的九陇山一带开辟游击根据地。自红六军团西征后，国民党在九陇山地区大搞移民并村，强化“保甲连坐”制度，推行“一家通匪，十家同祸”的株连法，对群众进行残酷的镇压。当地的党员、红军家属和基本群众被杀害，房屋被烧掉，财产被抢劫一空，群众陷入深重的灾难之中。

我们到达后，第一仗就选择了攻打山脚下的汗江联保处。那个联保处的保长十分反动，残害群众，民愤极大。我们打进联保处，活捉了保长，并就地处决了。接着我们到九陇山和三湾地区开展群众工作，并接连袭击了古城、新城区公所。7 月份，部队开到永新县的秋溪、泮中一带，又摧毁了那里的区公所。8 月份，部队从九陇山根据地再次北上，攻打了永新县文竹区公所。我们红军越战越勇，敌人闻风逃跑。我们又势如破竹般地攻下了潞江、澧田等地的区公所。

我红军游击队一次又一次地取得战斗的胜利，有力地打击了敌人。

从此，湘赣边的革命斗争形势发生了根本变化，群众的革命情绪也日益高涨，游击根据地得到了巩固和发展。

八

1937 年 11 月上旬，陈毅同志受党中央的委托，到九陇山一带来找湘赣省委和游击队，传达国共合作、一致抗日的指示。那天。团部派了几名同志到九陇村去背粮食，接到当地群众的报告，说从永新县来了一个坐轿子的人。口口声声要找游击队，他们派人赶快回来报告。段焕竞团长和刘培善政委商量后，当即派我连指导员刘别生等同志，去把那人接上了山。第二天一早，我看见那人在小操场散步。刘培善政委告诉我，那个人就是陈毅。这是我第一次见到陈毅同志，但早就听说他是江西军区的司令员，是个很有才华的优秀指挥员。刘政委简单地向我们谈了陈毅同志上山后宣讲国共合作一致抗日的情况，说他要我们部队停止对敌军的军事行动，在山上待命改编。当时我们是将信将疑，刘政委要求部队的同志不要接近陈毅，防备他作宣传，同时要加强警戒，以防敌人偷袭。

那时期，我们与党中央失去联系已整整三年，对外界情况一无所知，对陈毅同志讲的，感到既新鲜又难以置信。因此，团里决定赶快将陈毅同志护送到铁镜山，让省委处理。过了六天，派去护送陈毅同志的我连特派员李森启回来对我说，陈毅同志一到省委就被谭余保同志捆绑起来了。于是，我们仍然出发去攻打茶陵县腰陂地区的区公所。那个区公所驻有 100 多个敌人，仗着人多势众，十分猖狂。段焕竞团长和刘培善政委亲自带领我们三个连近 200 名战士前去攻打。仗打得比较艰苦，激战了两个小时才攻下区公所，缴枪 30 多支。但我们伤亡了十来个战士，二连连长邱仁标也在战斗中牺牲。这次战斗结束后，我们接到省委

命令，部队停止军事行动，开到离莲花县不远的垄上一带集合，听候下山改编。

九

1937 年 11 月中旬，我们按省委命令来到垄上村参加改编。那时从各个游击根据地来垄上集合的部队共有 300 多人，在垄上住了 20 多天。在这一段时间里，部队进行了政治教育，宣讲中共中央《抗日救国十大纲领》，说明部队改编、国共合作、联合抗日的重大意义。党中央还从延安派了李忠民、张铚秀和彭汉元三位八路军干部来垄上，参加部队的整编工作。

根据上级指示，湘赣红色独立团改编为新四军一支队二团队一大队，段焕竞同志任大队长，李忠民任教导员，彭汉元任副大队长。我担任三中队队长。这时部队已扩大到 400 多人。

不久，部队开到神泉村整训。天天按正规部队的要求操练，瞄准射击，进行班、排进攻等军事学习，还进行整理内务和军容训练。整训期间，项英、曾山等同志来到部队看望我们，并召开了干部会议，作了重要讲话。这时，部队已住上了房子。增加了军服、棉被、挎包等日用装备品，尤其是补充了一批枪支弹药，改善了部队的给养，因而指战员的情绪十分高昂。

当部队宣布要出征奔赴抗日前线时，神泉一带的群众奔走相告，到处是一片欢腾景象。那时正值春节，许多群众把过年炸的油果、炒熟的花生，一包一包塞进我们的挎包。有的群众还请战士们去家里吃饭，都被战士们谢绝了，于是群众就把做好的鸡、鸭、鱼、肉端来给我们吃。部队出发那天，留下的湘赣特委，以及当地群众敲锣打鼓，鸣放鞭炮，夹道欢送我们。战士们含着热泪，握着战友和乡亲们的手说："革命一

定会胜利，红军一定要回来的。”我们怀着恋恋不舍的心情，告别战友和乡亲，告别了我战斗生活过的山山水水，踏上了新的征程。

1988 年 4 月写于南昌

选自《南方三年游击战争·湘赣边游击区》，第108—118页。

王萱春，1914 年生，江西安福人。1930 年加入中国共产主义青年团，1931 年参加中国工农红军，1934 年转为中国共产党党员。南方三年游击战争时，任湘赣军区独立第五团三营九连三排排长，湘赣游击司令部第一大队副大队长、第四大队大队长，湘赣红色独立团四连连长等。新中国成立后，曾任江西省军区南昌军分区政治委员，江西省商业厅副厅长，江西省交通厅副厅长、党委书记，中共江西省委党校常务副校长，中共江西省委常委，政协第四届江西省委员会常委等职。2000 年在南昌逝世。

我在湘赣三年游击战争中的经历与回顾

朱云谦

当第六军团1934年奉命西征，湘赣苏区转入艰难岁月时，我还是个刚刚15岁的少年。然而，由于斗争的需要，我先后从事过苏区的地方工作、军队工作和白区的地下工作，在枪林弹雨中同敌人进行过生死搏斗，在深山密林中熬过饥寒交迫的日日夜夜。湘赣边区三年游击战争由挫折、溃败到艰苦支撑，然后稳定发展的曲折过程，使我这个年轻人深刻体会到党的路线、政策和策略的正确与否，关系到革命队伍的生死存亡，关系到革命事业的兴衰成败。这三年，影响着我的一生；我一生时刻怀念着这三年。

一

湘赣苏区同中央苏区仅赣水一江之隔，是中央苏区的重要翼侧。从1933年到1934年，由于王明“左”倾教条主义的错误领导，红军未能打破蒋介石对苏区的第五次反革命“围剿”，湘赣苏区大多数重要城镇先后被敌侵占。那时，我是莲花县儿童局书记，负责做16岁以下的少年儿童工作。莲花县城于1933年被敌人占领，我们儿童局随县委东移到路口镇,不久又搬到九都乡。敌人一天天进逼,苏区面积一天天缩小。

1934 年，莲花、安福、萍乡三个县委合并成为莲安萍中心县委，移驻安福县的钱山乡，我仍然任儿童局书记。在“为苏维埃而奋斗”的口号激励下，我们儿童局两男一女，全力投入拥军支前工作。

我们经常带领男女儿童和县机关的同志到部队去慰问，给红军官兵和伤病员演出文娱节目。当时湘赣苏区和红军都没有专业的文艺团体，我们幼稚天真的演出很受欢迎。特别是儿童局委员陈真秀，虽然是个农村小姑娘，却颇有艺术才能，唱歌舞蹈样样都会，更为大家所注目。她和我经常合演民间歌舞剧《小放牛》，载歌载舞，轻松欢快，赢得了不少掌声。

在钱山，为了防御敌人进攻。上级号召修筑防御工事。白天，我们把土豪的住宅和一些空闲的房子拆了，把砖头木头搬运到附近的山头上，垒起一座座碉堡。夜间，我们燃起火把，在跳动的火光下，劈毛竹削竹签，准备插在碉堡的四周。我出生在山区，从小就同竹木作伴，擅长竹工篾工。上级规定每人一夜削 50 支或 100 支，我年轻好胜，经常干到通宵，超额完成任务。那时我哪里会知道，修碉堡和削竹签，都是在“以碉堡对碉堡”的消极防御作战思想指导下进行的呢！当时的苏区，敌人在外面修碉堡，我们在里面修碉堡，登高一望，简直成了碉堡世界，在数量和装备都占优势的敌人进攻下，我们修的这些简易碉堡既挡不住敌人，又不能保存自己，实际上干的全是无效劳动，甚至是有害劳动。

在斗争形势越来越严峻的时刻,我们还担负了“扩红”（扩大红军）任务，也就是动员苏区青年参军和动员离队的红军战士归队。当时萧克同志指挥的十七师的四十九团、五十团和五十一团，主要分别由永新、莲花和茶陵三个县负责补充。我们县年轻的党团员，大都参加了五十团，这个团一度被称为“莲花团”。由于连年进行反“围剿”作战，苏区青年大都上了前线，还留在农村的已为数甚少，“扩红”越来越困难。一次，我同县苏维埃一位女同志，还有部队来的一位同志，到一个乡住

了近一个月，花了很大气力，才动员了九名青年参军。我清楚地记得，有一位姓尹的青年，婚后自愿参军。但他经不起父母和新婚妻子拖后腿，私自离队回家。我们同他的父母妻子反复谈话，打通了全家的思想。他的妻子走了30余华里，亲自把他送到了湘赣军区独立三团。

不久，钱山乡也沦入敌手。我随莲安萍县委又转移到安福县属的太山，这时上级又布置了“扩红”任务。可这时莲安萍三个县只剩下太山这块根据地了，纵横不过20多华里，能够动员参军的青年极少，同时地方干部显得过多。想到前线的迫切需要，我就要求参军，很快得到县委批准。这次我们共动员了30来人，包括一些机关干部，由我带领着，补充到独立三团，我被留在政治处，当了青年干事。

二

三团是湘赣军区几个独立团当中人员比较充实，战斗力比较强的一个。它是由参加过毛泽东领导的秋收起义和安源暴动的部队上井冈山时留下的一部分发展起来的。干部多数是萍乡人。全团辖有三个步兵连和一个机炮连。还有一个穿便衣带短枪的挺进队，主要担任侦察、筹款和做群众工作的任务。我来到三团后，立即随部队越过武功山，向湖南醴陵和攸县之间的泗汾、皇图岭一带出击，出敌不意打掉了一些反动地方武装，歼灭它几十个人。然后又同攸县保安团打了一仗，不分胜负。接着敌人的一个整师和攸县、醴陵的保安团逼近过来，我们被迫撤回了太山根据地。

过了几天，三团又奉命向萍乡方向出击，在萍乡和宜春之间芦溪的东南方同敌保安团遭遇了。我们取得先机之利，打敌一个措手不及，缴获了一些枪支。敌人逃跑，我们又乘胜追击。后来敌人抢占了山头，凭高据守，我们组织部队佯攻。一次不成，又攻第二次，还号召党团员

站出来，带头冲锋。当一线部队冲到敌人阵地前沿时，敌人发起了反冲锋，使我们处于极不利的状态。当时，我跟着姓吴的团参谋长也冲在最前头，非常意外的是，这位参谋长冲到敌人阵地前沿时，突然脱下红五星帽子一甩，说了声“我是投降的”，纵身跳进了敌人的阵地。我大声招呼同志们开枪打死这个叛徒。遗憾的是因为事出突然，大家都没有打中，被他侥幸逃脱。在这危难时刻，幸亏团政治处主任罗希臣同志适时赶到前沿，果断地组织部队撤出战斗，脱离敌人，避免了可能遭到的更大损失。

这一仗，我们伤亡了几十人。那位经我动员归队的尹同志，被敌人的重机枪子弹打中了胸膛。我跑去看他，他眼睛望着我，嘴唇掀动着，说不出话来，只是挪动着手指，指了指自己。我领会他的意思，是希望我把他牺牲的情况，转告他的父母和妻子。我对他点点头，请他放心。非常可惜的是，后来我一直没有机会再到他家乡去，没能完成这位战友临终前的嘱托。三团团部书记，也在这次战斗中牺牲，我这个政治处青年干事，又奉命兼任团部书记，由参谋处领导。

三团从太山向醴陵和萍乡出击，往返都要跨过武功山。武功山是湘赣边界罗霄山脉的支脉，横贯在赣江和袁水两个流域之间。主峰金顶山，海拔 1918 公尺，是江西省数一数二的高峰。山上山下，郁郁葱葱，有数不尽的竹木，说不尽的财富。如今，国民党军队就在武功山南北，到处烧杀抢掠，把苏区人民投进了火海和血海之中。眼看着苏区人民被迫离乡背井，携儿带女，无处安身，我感到十分痛心，并且准备同敌人血战到底。年轻的我，当时还不懂什么战略战术，也不知道主力红军已被迫进行战略转移。

从萍乡地区向南翻越武功山回到太山根据地，意外地看到十几匹马，还看到了电台天线。开始我以为是萧克同志指挥的十七师过来了。因为当时湘赣红军，除了十七师，别的部队都没有这个气派。后来一打听，才知道来的是湘赣省委和独立五团。而萧克同志，已经同前湘赣省

委书记任弼时和王震等同志一起，率领第六军团包括十七师，打到湘南去了。省委书记已改由十七师前政委陈洪时担任。陈洪时还兼任湘赣军区政委。这时我才意识到，我们三团连续跨过武功山，向醴陵和萍乡进击，可能是作为牵制行动，掩护第六军团向湘南的进攻。那时我们谁也没想到，第六军团的行动，就是红军二万五千里长征的序幕。我们大家都以为，十七师很快就会回来的。因为大家都记得，就在上半年，十七师曾跨过浙赣铁路西段，北上湘鄂赣苏区，向南浔路进攻，不久就回师湘赣苏区。更没想到，这一次红军主力出击，再回到湘赣，要等到 15 年以后的 1949 年！

三

从 1934 年 8 月第六军团西征到 1935 年初湘赣军区放弃最后一块根据地太山，这半年时间，湘赣苏区的党政军领导，没有吸取教训，摆脱王明“左”的军事路线的束缚，仍然沿着错误的道路向下滑行。

第六军团离开湘赣向西转移不久，中央红军也离开中央苏区向西转移，湘赣苏区面临着前所未有的严峻形势。如果说，当六军团刚走时，大家还希望他们很快就打回来，而当中央红军也转移了之后，这种希望就不复存在了。坚持湘赣革命斗争的历史重任，落在了留在湘赣的党政军领导和全体红军战士的肩上。湘赣领导必须研究和回答这样一些问题：六军团走了之后，敌我力量对比进一步恶化，湘赣会出现什么样的局面？我们还能不能保全苏区？应当怎样坚持革命斗争，保存并发展自己的力量？事实已经证明，按照王明“左”的军事路线，连主力红军都不能战胜敌人保住大片苏区，“御敌人于国门之外”。如今剩下五个独立团，战斗力较强的只有三团、四团和五团。依靠这样一点部队，继续同数量和装备都占绝对优势的敌人死打硬拼，显然是不行的。这种基

本形势，是不以人们主观意志为转移的客观事实。湘赣苏区的党政军领导，必须从这个基本形势出发，经过认真深入的思考和研究，找出新的对策。而在当时情况下，唯一正确的对策，就是要恢复井冈山斗争的光荣传统，准备独立自主的开展长期的游击战争。苏区虽然被敌人分割，面积缩小，但军区下面还有四个军分区，是井冈山时期开辟的老苏区，不少干部斗争经验丰富，人民群众心向红军，武装力量还有相当强的战斗力，开展游击战争的客观条件是具备的。问题在于我军本身，要围绕准备开展游击战争这个题目做文章，从思想上组织上和斗争方法上实行一系列的转变，特别是要加强党的领导，把剩下的部队适当分散，建立游击根据地，准备长期斗争。

不幸的是，以陈洪时为首的湘赣苏区领导，在这整整半年时间内，没有根据敌我力量对比的巨大变化，适时改变自己的斗争策略和方法，做好应变的准备，而是仍然按照“左”的军事路线行事。省委曾组织了北路地委，准备在敌人占领北路后坚持斗争，同时却又把北路即二分区和所辖独二团调走，使地方党组织失去武装的掩护，变为地下活动；使武装力量脱离了根据地，成了流寇主义，结果都归于失败。在苏区基本丧失的情况下，他们仍然把有限的部队集中活动，见了敌人就打，甚至盲目地向敌人坚固据点强攻。军区司令员彭辉明率领三团和五团，在安福打了两仗，都没有取胜。接着虎头岭一仗，彭辉明同志不幸牺牲。三团到分宜，同活动在宜春地区仅有一个步兵连和一个挺进队的二团会合，由二分区司令员谭富英统一指挥，打了几次毫无收获的莽撞仗。记得有一次，我们大白天去攻击敌人的碉堡群，英勇的红军战士在门板上钉上一层层棉絮，几个人顶着门板向前推进。我的一位比我大两岁的堂兄被打伤了，倒在敌人阵地前。因为敌人反扑过来，我们没能把他抢回来。此后就再也没有听到他的消息。按照这样的打法，部队越来越被动，人员也越打越少。

1934 年底，二、三团返回太山根据地。陈洪时决定撤销二团番号，

把所有人员都并入三团。这样三团共有四个步兵连、一个机炮连、一个短枪队。1935 年初，进驻湘赣苏区“清剿”的国民党军队据说有五个整师，还有一些保安团队。大军压境，太山根据地也守不住了，陈洪时决定放弃最后这块根据地，同时又错误地要三团五团集中向国民党统治的湖南攸县转移。按说作为湘赣苏区最高领导人的陈洪时，本应该随三团五团一起行动，以便指挥。但他没有这样做，自己带着短枪队转向萍乡一带。实际上他已经对革命彻底动摇，开始为个人另谋后路。

在撤出太山根据地以前的一段时间内，我多次看到陈洪时，听到他讲话。这个人出身于剥削阶级家庭，到莫斯科读过书，在王明路线统治时期被提拔上来。他能说会道，写得一笔好字。我多次看到他给三团领导写的信，因此印象颇深。当时谁能想到，就是这个人，几个月之后变成叛徒，又亲笔给蒋介石写信表忠，为消灭红军献计献策呢！

四

在陈洪时等人的错误领导下，湘赣苏区从 1934 年 8 月到 1935 年初半年内，没有做好转入游击战争的准备，把部队带入了绝境。从 1935 年初到 1935 年 7 月这半年，在敌人大举“围剿”中，湘赣革命力量遭受到严重的挫败，几乎被敌人消灭殆尽。这是陈洪时等人错误领导所造成的必然结果。

记得是 1935 年春节期间，我们三团和五团来到了攸县一个名叫柏树下的地方。这是国民党统治区，我们既没有后方，又得不到群众的支持。部队仍然集中活动,供应困难。同时目标大,很快把敌人吸引过来。经常是战斗一打响，敌人从四面八方而来，遭到强大敌人的围追堵截。春节后的两个月，我们只能在茶陵、攸县、莲花之间的山区内转圈子，可以说是天天打仗，天天转移，天天饿肚子。

不久进入了雨季。连续几个月几乎天天落雨，难得有个晴天。山上云雾茫茫，地下雨水横流。我们行军没有雨具，宿营没有房子，衣服经常是湿的，脚板天天泡在水里，不少同志脚趾都泡烂了。吃饭是冷一顿、热一顿，饥一顿、饱一顿，不少人生了病，瘦得皮包骨头。整个部队疲劳不堪，减员很多。4 月间，统一指挥两个团的谭富英带领五团的一个机枪连，在攸县叛变投敌。部队遭受很大的损失以后，五团转移到湘南的桂东一带，三团留在攸县的柑子山、大坪和上下坪一带，常常遭到强敌的围攻。在 5 月间的一次战斗中，终于被敌人打散了。团的领导干部各带了少数人突出重围，彼此失去了联系。

作为团部书记，战斗中我紧紧跟随着三团参谋长胡铭全。这位井冈山斗争时期参军的老同志，在三团被打散后，以二连为基础，收拢了几十名干部战士，在攸县的上下坪地区，天天同穷追不舍的敌人斗争。我们想摆脱敌人，每天且战且走。经过 20 几天，几十个人最后只剩下八个人，即我和胡参谋长、二连连长、一名参谋和三名通讯员，还有一名旧军人出身的“教官”。几天后，这位“教官”不辞而别，逃跑了。

在将近一个月的时间内，我们七个人过着昼伏夜行、风餐露宿的生活。白天藏在山上，隐蔽在树林、草丛或岩石缝里，用一把纸伞或一块油布，遮避着阳光和雨水，躺下来休息；用搪瓷茶缸，煮点稀粥喝，胡乱填填肚子。到了夜间才悄悄下山，找那些估计没有敌人驻扎的单家独户或仅有两三户人家的小山村，探听一下敌军的动向和红军的踪迹，同时搞一点食物。开始，我们手头还有几块银元，可以向老百姓买东西吃，后来银元花光了，就向老百姓讨饭吃。茶攸莲山区受过秋收起义的影响，一度是苏区，群众对红军是有感情的。尽管我们没有钱，他们也愿意将仅有的一点食物送给我们充饥。可是，经过敌人的反复“清剿”，群众不仅粮食所余无几，生活难以自给；而且因为敌人常常假装红军欺骗群众，使群众见了真红军也不敢轻易接近。一天夜间，我去敲一户老

乡的门。户主是湖南湘乡人，以砍伐毛竹造土纸为生，在山区安了家。我们事先了解他是好人，附近又没有敌人，才去敲他的门。可他明明听到敲门声也不开，我忍不住告诉他："我们是红军呀！"他在屋里应声答道："你红军也好，白军也好，就是老百姓不得了哟！"说得我哭笑不得。

那时候，我们多么渴望找到上级呀！连睡觉做梦也梦到同红军大部队相会，梦见那些共同战斗过的战友！同党组织和上级失去了联系，真是比孩子离开了爹娘还难受。可是，党组织在哪里？上级在哪里？山沟是那么多，树木是那么密，敌人要把红军捉尽杀绝是不可能的。从敌人到处疯狂搜山的行动来判断，我们的队伍显然已经分散隐蔽。我们七个人都有这样的信心：终有一天会同战友们相逢。不料，也就在大家渴望回到上级身边的时候，我们看到了国民党散发的关于湘赣省委书记兼湘赣军区政委陈洪时叛变的传单。这个消息使我们受到很大的震动。大家惊讶、气愤，忍不住对陈洪时高声咒骂。从国民党要红军投降的花言巧语之中，我们也看出红军还有力量，革命的烈火还在燃烧，跟着陈洪时叛变的只是极少数人。我们同艰苦、共患难的七个同志，不分干部战士，不分级别高低，一起反复讨论今后的活动办法。大家都肯定，省委还有人，军区也有人，应当赶快去找他们。大家都认为，需要派出两个人去找，而且都认为派那位参谋和我出去比较合适。那位参谋当过连长，精明强干。但大家三番五次讨论，一直难下决心：出去两个人，结果很难说；剩下五个人，力量更单薄。最后一致的意见是：大家一起去找，不能再分散啦！于是七个人仍然一起活动。

将近一个月后，大约 8 月初，我们到了攸县上下坪一个名叫芭蕉坑的小村庄附近。白天，我们隐蔽在山上仔细观察。看清楚附近没有敌人出入。黄昏时分，胡参谋长叫我留在山上，他和那五位同志下山到小村庄里看看。

我独自留在山腰，藏在农民看守玉米防野猪的草棚里。夜色越来越

浓，周围越来越静，我觉得时间过得真慢。山下没有枪声，显然他们没有遇到敌人，可能情况正常……我正在猜想，突然一阵脚步声，通讯员叶凤开气喘吁吁跑上来说："遇到红军啦。你快下吧！"我高兴得一下子跳起来！两个多月来的愁闷、焦虑一扫而空，连忙跟着叶凤开下山。看到30多名红军战友，我忙着同他们握手问好，喜悦的心情实在是无法表达。这支红军的负责人告诉我们：陈洪时叛变后，湘赣省苏维埃主席谭余保同志在棋盘山召开了会议，建立了新的领导机构，成立了游击司令部，继续坚持对敌斗争。咱们这支队伍是第二游击大队，你们就编入我们二大队……从此。我就成了二大队的一员。

五

1935年7月，谭余保同志主持召开的棋盘山会议，重建了湘赣边区的领导核心，把被打散了的革命同志重新聚拢起来。原湘赣军区的领导力量是不健全的。没有副司令、副政委，没有政治部主任，参谋长没有到职。司令员和政委都没有指定继承人。司令员彭辉明牺牲后，没有人接替。政委陈洪时叛变后，领导和指挥全都中断，我们同第六军团和中央红军早已失去了任何联系，连遵义会议也不知道。棋盘山会议决定组成中共湘赣临时省委和湘赣军政委员会，成立游击司令部，对湘赣边区留下来的革命力量实行统一整编和领导。从而挽救了湘赣边区的革命，这是棋盘山会议和谭余保同志不可磨灭的历史功勋。

棋盘山会议回答了"主力红军长征后，湘赣苏区怎么办"这个陈洪时等人没有回答的问题。前一段的严酷教训和眼前的实际告诉人们：同党中央和六军团恢复联系不是短时间的事，湘赣的革命同志不能坐等上级的指示，必须根据当时当地的实际情形，独立自主地决定自己的斗争策略和行动方针，恢复苏区政权不可能，集中力量向敌人反攻更不现

实，唯一的正确道路是开展游击战争。游击司令部成立之后，大家都注意学习游击战术。有一本讲游击战的书,封面破旧不堪,不知作者是谁。翻开一看，其中讲到“敌进我退，敌退我追，敌疲我打，敌驻我扰”，“避强击弱”、“声东击西”、“化整为零”等等，很使人开窍，大家就抢着读。不少人还逐字逐句地抄下来。我也抄了两份，送给别人一份，自己留下一份反复阅读。部队学会了保存力量和积蓄力量，避免一些不必要的战斗，不打莽撞仗，不打消耗仗。进攻敌人，主要采取奇袭和伏击以及伪装等办法。有一次，在攸县官田附近，我们用奇袭的办法一次歼敌 20 多人，缴枪十多支。战斗很快结束，自己无一伤亡。后来，这样的战例不少。

新的领导核心根据游击战争的需要，把收容各单位的人员统一整编成四个游击大队和一个警卫队（也叫教导队），大队下设分队，实际上就是班。这就减少了层次，充实了战斗单位。二大队的政委是罗维道同志，我在大队部担任通讯员。当时留下来坚持斗争的人员，干部多，战士少,许多干部改当战士。大家都懂得这是革命的需要,没有任何怨言。我在被编入二大队不久，由共青团员转为共产党员。

要长期坚持游击战争，就要有根据地作为依托，要有个“家”，否则环境严重时就站不住脚。这就要求游击大队进行艰苦细致的工作，把自己的根子扎在当地群众之中。临时省委和游击司令部还划定各游击大队分地区活动，积极开展游击战争和群众工作，把武装游击斗争同游击根据地建设紧密结合起来。当时指定二大队在攸县上下坪一带活动。我们不仅恢复了井冈山时期红军做群众工作的传统，而且更加加强和深入了。部队走到哪里，就在哪里宣传做群众工作；部队驻在山上，夜间也组成小组分别到有居民的地方去做群众工作。到 1936 年下半年和 1937 年，我们的基本活动地区，除了没有公开恢复政权机构外，大都恢复和建立了党组织，并建立了游击小组形式的地下武装。我们所到之处，都能得到群众的帮助，工农基本群众都站在

我们一边。那位不肯给我开门的老乡，后来也成了我们的朋友。回忆起那天夜间他的答话，他也觉得好笑。他说："那时候，白军也说是红军，我开了门，就不得了啦！"

六

棋盘山会议所作的组织上、策略上的调整和改变，使湘赣地区的革命力量转危为安，但斗争形势仍然是很严峻的。敌人的正规军虽然撤走了一些，但敌强我弱的根本态势并没有改变；敌人要彻底消灭革命力量的狂妄企图，没有丝毫改变；敌人对革命队伍的"清剿"，一天也没有停止，斗争依然十分残酷。每一个革命战士，一时一刻都不能放松自己的革命意志和战斗警惕，而且随时准备献出自己的鲜血和生命！一些革命战友壮烈牺牲的情景，永远刻印在我的心中。

有位姓邹的年龄稍大的同志，雇农出身，曾任过乡苏维埃主席。他在二大队负责看押被我们抓来的土豪，经常带两名战士押着土豪驻在山上，一般不随大队活动。1936 年春夏一个阴雨连绵的深夜，敌人正在山区"清剿"，二大队要转移，领导派我去通知老邹他们。我冒雨赶到山上，离他们住的棚子还有六七十米处，摸着一棵砍倒的树梢。这是他们设的路障。我按事先约定的办法，用力去拉树枝上拴的绳子。绳子那头，挂着一个罐头盒。往常，老邹听到罐头盒子响，就会出来接我。可这次我一拉再拉，总听不见回音。难道他们都睡着了？我摸黑爬进棚子，还是听不到人声。我全身的衣服都被雨淋透了，带的火柴也湿了。我向床上摸去，抓住一条腿，拖了拖也没有反响。不好！出事了。我掏出火柴狠命地划，不知划了多少根才划着。火光一闪，我看到了老邹血淋淋的尸体。这位待我像亲兄弟似的老大哥，已经被敌人杀害了！事后才查清，跟着老邹的一个战士，下山找粮食，被敌人捉住。他经不起严

刑拷打，招认了自己的身份。就在这个雨夜里，敌人逼他带路上山，杀死了老邹，抓走了另一位战士，把土豪也放走了。我如果早来一步，很可能也会惨遭敌人的毒手。

为了交流情况，加强领导，并防止被敌人分割，谭余保同志规定，各游击大队在外面活动，每隔两个月就要派人回省委汇报一次，或者整个大队都开回来。1936 年春节后，连天风雪，我们二大队在回棋盘山的路上，被敌人发现了。本来每次雪地行军，走在队伍后卫的人，要倒退着用竹枝把路上的脚印扫平。那扫过的脚印，远处看不清，就近仔细看还是有踪迹可寻。就这样，约一个营的敌人跟踪追击，紧紧咬住我们不放，搞得我们吃不好饭，睡不好觉，连续三四天不能摆脱。一天上午，政委罗维道派我到一个村庄通知一名派在那里收款的干部随队转移，当我从村子出来时，敌人从我的近旁插过来，把我同大队的联系切断了。我眼看着敌人追击大队后卫几名战友，有两名同志被敌弹击中，牺牲在雪地里。为了策应战友脱险，我连续射击，果然，有一部分敌人向我这边猛扑过来。幸好我熟悉地形，钻进山沟草丛，使敌人扑空，过了一天，我又回到了大队。

当年的游击战斗生活，是艰苦的、惊险的，甚至带有传奇色彩，是和平时期一般人难以想象的。那么，为什么大家能够忍饥受饿，临危不惧，百折不挠，始终保持高昂的战斗意志和革命乐观主义精神呢？用今天的话说，就是有革命理想作为大家的精神支柱。我的家乡莲花县南村区段山乡文路村，是 1927 年冬天，由毛泽东领导的秋收起义部队帮助建立起红色政权的。我的父亲，我的哥哥，我的舅舅，还有一大批年龄比我稍大的青少年，都参加了革命组织。在读小学的时候，我就懂得了“世界是工人农民劳动群众创造的”。土豪资本家霸占了工人农民的劳动成果。革命就是要打倒土豪资本家，由劳动人民当家做主。而工人农民比土豪资本家人数多得多，革命一定会胜利。就是这样一些简单的道理，引导我坚信劳动人民的事业是正义的，革命的胜利是任何敌人都

不能阻拦的。在 1931 年我 12 岁参加共青团进行入团宣誓时，跟着团支部书记刘益忠庄严地朗读誓词："遵守纪律，严守秘密；牺牲个人，永不叛团……"我下决心为劳动人民的彻底解放奋斗到底，流血牺牲在所不辞！ 1933 年我 14 岁，在莲花县独立营当战士，战斗中被敌人的子弹击中腹部，伤口皮肉模糊，鲜血淋漓，十分疼痛。"革命不怕死，怕死不革命！"我咬紧牙关没叫一声苦，伤口刚刚愈合就重新投入战斗。20 多年以后，全国解放多年，在住医院期间，我才得知自己腹内还藏着敌人的一颗子弹。我带着这颗敌弹经过了三年游击战争，八年全国抗日战争和三年解放战争！

七

经过棋盘山会议后一年的努力，湘赣革命力量不仅站稳了脚，而且还有所发展，地方工作也有相当的恢复，建立了茶攸莲、攸醴萍、萍宜安三个中心县委，以及永莲边、攸莲边两个区委。为了进一步开展地方工作，1936 年 6 月，我奉命调离二大队，到临时省委报到。临时省委多数时间驻在棋盘山，具体地点很保密。上级叫我先到万沙洲同省委派来的人接头，然后由他带我上山。

万沙洲这个小村庄，我是熟识的，离我家不过十华里。苏区时期同属一个乡。有四五户人家。但谁来同我接头呢？我心里一点数都没有。当我望见万沙洲东北角那几棵松树，就加紧了脚步。这时突然从松树后闪出一位年轻妇女，挡住了我的去路，还笑眯眯地瞅着我。这不是陈真秀吗？两年多不见，她已是十七八岁的大姑娘了。她对我说："是领导让我下山来接你的。"

路上她告诉我：棋盘山会议之后担任少共省委书记的王用济同志，按照临时省委决定，带领几名武装同志下山，去找赣南游击队。据说，

曾任过湘赣总指挥的蔡会文同志在赣南，临时省委想找到他，恢复湘赣同上级党组织的联系。王用济等同志中途遇到敌人，不幸全部壮烈牺牲。现在少共省委书记由陈回春同志代理，并决定陈真秀和我，都担任少共省委委员。

在半山腰的密林深处，有几座竹竿做架竹片作墙的棚子，便是湘赣边区领导机关的驻地。棚子顶上，有的覆盖着竹片，有的覆盖着杉树皮。棚子内，也用杉木作架，用竹片编成长长的通床，床上铺着草垫子。大家不分干部战士，不讲职务高低，睡同样的床铺，吃同样的伙食。居住条件虽然简陋，但从我这个长年在外面打游击的人看来，已是相当好了。我感到有趣的是：因为山上没有平地，同志们还用树木和土垫成一片颇有弹性的小操场，供集合开会用，可以说，省委领导机关东躲西藏无处安家的日子，是一去不复返了。

谭余保同志就同我们大伙住在一座棚子里。这位木工出身坚贞不屈的共产党员，身兼临时省委书记、军政委员会主席和游击司令部政委。艰苦的斗争，过度的操劳，在他身上留下了深刻的痕迹。他当时不到40岁，可颧骨突出，两颊深陷，却像个50多岁的人。但他目光炯炯，像烈火在闪光。他肩上担子很重，责任心很强，经常独自沉思默想，寡言少语，开口就很严肃。他对我很亲切，很关心。大家对他很尊敬，对他的话十分重视。

同我接触最多的，是临时省委秘书长陈永辉同志，调我来省委主要是叫我学习到白区开展地下工作。那时没有人讲课，陈永辉叫我看两本书，一是《秘密工作须知》，一是《游击根据地建党工作》。不知经多少人翻阅过，无头少尾，残缺不全，却使我增长了许多知识。陈永辉在农村读过几年私塾，人很聪明。临时省委要写什么，都由他动笔。他曾为省委警卫队也就是教导队写过歌词，如今我还记得开头几句："湘赣边区红色教导队，业在红色五月光荣灿烂告成立……"他那时30出头，经常同我谈话，像老师那样诲人不倦。

经过两个月的学习，省委先派我到攸县上下坪一带去体验地方工作；两个月后，正式派我到攸醴萍中心县委担任县委委员和少共县委书记。

八

攸醴萍中心县委，是以攸县大坪地区为依托，是以大坪六区区委为基础组建而成的。县委书记何德标原是安源矿工，参加过毛泽东领导的秋收起义，是红四军留下来做地方工作的。副书记段积光出身雇农，曾任过萍乡县工会主席、湘赣省委委员。他两人都是坚定的革命者，为革命万死不辞。段积光年近40，有老婆孩子，都跟着他为革命吃苦。一次敌人搜山，我们几个人隐藏在山窝里的草丛中，眼看着敌人渐渐逼近，他那不满两岁的小孩突然哭了。老段果断地马上用毛巾捂住小孩的嘴，敌人没有发现我们，但活生生的小孩却窒息而死。很久很久，我们大家都为这件事情难过。

临时省委给县委的任务之一，是要设法越过浙赣铁路西段，找到湘鄂赣党组织，恢复同他们的联系。怎样才能找到湘鄂赣的党组织呢？王用济同志带武装经过白区去找赣南党组织，已惨遭敌人杀害，这个教训不能重复。我提出建议说，以大坪山区为依托，把我们的工作波浪式地逐步向浙赣路两侧发展。这样时间可能长一些，但比冒冒失失闯出去要稳妥可靠得多。何德标他们赞成我这个建议，于是我们就这样干起来。

攸县大坪地区，是个竹木之乡，漫山遍野的毛竹，是造纸的好原料。不少醴陵泗汾一带的人，来这里就地造纸，有的贩运到山外去卖。我们同这些人接触多，发现他们受过大革命时期农民运动和秋收起义的影响，有一定的阶级觉悟，醴陵一些有名的共产党人，像李立三和左权等的斗争故事，他们都听说过，对共产党很向往。经过考察，我们吸收了

姓何和姓唐的两个人为党员，然后由他俩回泗汾，建立了由四五名党员组成的地下支部。不久，我们又吸收姓易和姓陶的两个株洲人为党员，由他俩在株洲建立了一个地下支部。

1937 年 5 月，我和何德标同志到了醴陵泗汾，住在姓何的家里。我们的任务主要是打听湘鄂赣边区的消息，同时了解敌军的动向。醴陵这地方，当红军和当白军的人都不少。湖南军阀何键部下的高级军官刘建绪、王东原、陶广和李觉等，都是醴陵人。在这里，能搞到山里面难得的敌军情报。

9 月，我和何德标同志一起到株洲，住在易同志岳母开的小杂货店里。这时，一个惊人的消息传遍各地：日本帝国主义进攻卢沟桥，国共合作抗日，红军从陕北开赴抗日前线！开始，我半信半疑，但我所到之处，听到许多人都这么讲，报纸上白纸黑字地登着；而且我还看到了家在株洲附近的红军战士，从陕北寄来的家信，也写着类似的话，红军家属奔走相告。我认为这不可能是毫无根据的谣言。中国人联合起来抗日，完全有可能。可我从来没听过敌对阶级可以合作的话，完全不懂统一战线的道理，对这件事不肯完全相信。接着从攸县来了一位地下交通员。我和他比较熟悉，我把国共合作抗日的消息告诉他，请他回到山里先报告陈永辉。我想起离开省委下山前，谭余保同志对我的嘱咐：“到外头去工作，要站稳立场，不要受了人家的影响！”因此我想，这个消息先对陈永辉说说比较妥当。谁知这位交通员同志马上严肃地告诉我：“这样的话，你可不能随便讲呀！”一句话把我堵回来。

后来我听说，有关卢沟桥事变和国共合作的消息，早已有人报告过谭余保同志。但他认为这都是国民党造的谣言，传播出来是为了动摇我们的军心。他说，相信这些话，就会动摇叛变。他有这种看法，是完全可以理解的。从当时当地的情况看，国民党对红军的“清剿”，无所不用其极，红军白军水火不能相容，哪能谈得上合作？三年来湘赣临时省委同上级党组织毫无联系，对党中央路线和策略的变化一无所知。国共

合作的消息突如其来，又没有接到上级的任何指示，谁能轻易相信？从主观方面讲，谭余保同志革命坚决，对敌人和叛徒恨之入骨，对敌人的破坏阴谋和内部的变节行为，有极强烈的警惕。正因为这样，对党的路线的重大转折，他毫无思想准备。后来陈毅同志上山，受到他的误解并遭到捆绑，可以说是毫不奇怪。也正因为缺乏思想准备，我们没有紧紧抓住在准备抗日的口号下，放手广泛动员群众，及时发展和壮大自己的力量。因而在改编为新四军时，湘赣游击队仅仅编了一个营。这不能不令人感到惋惜。

九

1938 年 1 月，项英等同志来到棋盘山下的垄上村（湘赣省委和红军游击队集中地），深入传达党中央关于同国民党合作抗日，将南方八省红军游击队改编为新四军的指示精神，同谭余保等同志商量改编等问题。新四军编为四个支队；湘赣边区游击队改编为新四军第一支队二团一营，北上抗日；临时省委改组为湘赣特委，留在当地坚持斗争。我在株洲接到通知，要我回来准备任特委青年部长。

分散在湘赣边深山密林中的游击战士，这时都集中到垄上村附近的神泉村，加紧训练，整装待发，并预定在春节后开赴皖南。我来到垄上，看到战友们精神焕发，准备到抗日战场上大显身手，心里十分羡慕。我提出要求，要参加新四军，到抗日最前线去！谭余保同志劝我留下，跟他一起工作。我再三要求走，终于获得了批准，叫我先随一营出发，到南昌军部报到。报到后先分配到教导营学习，后任教导营三队指导员。

我们的集中地垄上村，离我家只有四华里。春节前，我请假回家看望母亲，没想到半路上遇到她老人家来垄上看我。我远远地迎上去，

喊了声“妈妈！”她老人家竟认不出是我。自从家乡被白军占据之后，我同母亲四五年没有联系了，我从十四五岁的小孩，成长为近 20 岁的青年了，难怪她一时认不出我。1936 年底，少共省委代理书记陈回春到我家乡一带活动，我请他带封家信，找机会送给我母亲。不料他在一个小山村被敌人发觉，把他包围在一个小楼上。敌人喊话要他“投降”，他开枪还击，终因寡不敌众，壮烈牺牲。敌人从他身上，搜到我的家信，就顺藤摸瓜，把我母亲关押起来，逼她承认同游击队的联系，逼她写信劝我“改邪归正”。我母亲幼年读过一点书，粗通文墨，虽不懂很多革命理论，但她作为老苏区的人民，是非正邪是分得很清楚的，对敌人的险恶用心也看得很明白。她没有答应敌人的任何要求，敌人也拿她没有办法，关押了一阵，乡亲们把她保了出来。她这次来看我，同样表现了苏区人民的革命精神。我的父亲和哥哥都已病故。她并没有因为只剩下一个儿子而舍不得放我走，她鼓励我上前线打日本。她病故于 1947 年，同许许多多红军战士的母亲一样，没有活到胜利的日子，生前没有再见儿子一面。

1938 年 2 月，留下来的谭余保等湘赣特委负责人，请我们北上抗日的同志吃了一餐丰盛的家乡饭。然后，我们从莲花经安福到吉安，在赣江中的白鹭洲中学宿了一夜，然后起程从吉安乘船至樟树。船在赣江中顺流而下，我望着赣江两岸的房屋树木，望着山岭，内心禁不住默默念道：再见了，生我养我的湘赣边区；再见了，我那些生死同心、患难与共的革命战友！再见了，我的母亲和众位乡亲！我对湘赣边区的一山一水，一草一木，都是血肉相联，感情深厚。我永远不会忘记湘赣人民对我的哺育和爱护。在新的战场上，我一定要艰苦战斗，英勇杀敌，为民族的解放和人民的翻身，献出自己的一切！决不辜负苏区人民对我的期望。

在樟树车站，我和彭嘉珠、彭寿生、冯北达等六位同志一起与开赴皖南的一营战友依依话别。我们不断招手，目送他们乘坐的列车向东开

去，然后登上开赴南昌的列车赶往新四军军部报到，从此开始了八年全国抗日战争的新的历程。

1987年10月初稿，1989年6月修改

选自《南方三年游击战争·湘赣边游击区》，第119—134页。

朱云谦，1919年生，江西莲花人。1931年加入中国共产主义青年团，1932年参加工农红军，1935年转为中国共产党党员。南方三年游击战争时，任湘赣军区红军独立第三团政治处青年干事、团部书记，湘赣红军游击队第二大队通讯员，少共湘赣临时省委委员、中共攸醴萍中心县委委员兼少共县委书记。新中国成立后，曾任中南军区空军陆战第一师师长，空军学院副院长，广州军区空军政治委员，解放军总政治部副主任兼总政治部干部部部长，中共中央委员、中共中央顾问委员会委员等职。1955年被授予少将军衔。1989年在北京逝世。

武功山的战斗生活

李珊

纵身悬崖

1934年秋天，红六军团突围西征后，湘赣苏区遭敌重兵围困，形势骤变。凶恶的敌人对苏区人民实行惨无人道的阶级报复，他们到处烧杀抢掠，一时间，苏区干部群众的鲜血染红了山川平原，萧瑟的秋风中，夹着阵阵刺鼻的血腥味，苏区，笼罩在一片白色恐怖之中。

我们奉命留下来坚持斗争的莲（花）安（福）萍（乡）中心县苏维埃的同志们，撤退到安福县的泰山区，为了防止敌人突袭。组织上通知我们女同志先上山，并指示要做好难民的转移安置工作。

一个漆黑的夜晚，我和县苏内务部（我是该部代理部长）的两个女同志刘断英、郁怡花坐在泰山山腰的一个石洞旁，焦虑地听着断续的枪声，愤怒地看着山下村庄里燃烧着的大火。

枪声渐渐逼近，我们预感不妙，起身往山顶跑。

“叭——叭！”真想不到，山顶上也响起了枪声。敌人吆喝着：“缴枪吧！你们再也逃不出去了！”

山脚下的敌人也在喊：“冲呀！”“杀呀！”

“别放走他们！”

夜是那么黑，辨不清方向，找不着道路。敌人的手电漫山遍野地闪

着光，人声、枪声和那呼呼风声交织在一起，从四面八方向我们袭来。

怎么办？我们身上又没有武器。

“嗤——”子弹从头顶飞了过去。不远的树林里，已出现了敌人的手电筒光，我竭力回忆着白天所见到的地形，记起在左侧几步路远的地方，有一座悬崖。我想，为了把敌人引到我们这边来，掩护上山避难的群众，只有冒死跳崖了。我用左肘碰了碰断英，右手拉了拉怡花，悄悄说声“跳崖！”

他们两人齐声说：“行！”于是三个人故意喊了声“冲呀！”朝崖边跑去。敌人立即循声追过来了，好几支手电一起向我们照来。这时，我们三个已经到了崖边，几乎在同一个时刻，纵身跳下了悬崖。

不知过了多久，我慢慢地苏醒了。睁开眼睛，东方已是曙光微露，耳旁响着潺潺的流水声。我发觉自己趴在一条小溪边上，浑身湿透了。仿若浸泡在冰水里一般，冻得全身打颤。双手一点力气也没有，勉强支撑着翻了个身坐起来，斜倚在一棵杉树上。一时，我想不起怎么到了这个地方，好一会儿，才记起是从悬崖上跳下来的。那么断英和怡花呢？我环顾四周，视线模糊不清，想用右手擦擦眼睛，一抬手，只见满手是血。再看看全身，右裤管已撕成几块，鲜血将衣裤染成了紫褐色。在右膝下面的草地上，还积了一大摊血。我挪了挪位置，右脚膝盖上又开始冒血,整个右脚血肉模糊,膝盖骨已经突露出来。我不由得惊叫了一声，突然感到一阵奇痛钻心，本能地从衣袖上扯下一块布，把伤口裹了起来。可是血还在涌，我又从石头上抓了一撮青苔，敷在伤口上，这才算勉强止住了血。

我定定神，看见前面一棵杉树上倒挂着一具尸体，脑袋无力地垂搁在崖石上，这不是断英是谁？我的眼泪忍不住涌了出来。刘断英，这个整天笑容满面，关心别人胜过自己的大姐，勇敢的女战士，如今竟这样惨地和我们永别了……我抑制不住内心的悲伤,失声痛哭起来。

“发姑！发姑！是你吗？”

“怡花，是我——你，你还活着！过来，快过来！”我大声呼喊着。

“我的腰跌坏了。”怡花慢慢地挪动着身躯爬出了草丛。“发姑！你怎么啦？哭什么？断英呢？”

“刘断英同志牺牲了！”我沉痛地说。

我们没有再说什么，只是一个劲地向断英遗体那里爬去。

断英的遗容仍像生前那么端庄、安详。我们将她平放在一块平坦的洼地上，我用自己的衣角，拭去她面上的血迹。怡花掏出手帕，覆盖在她的脸上。然后，我们又爬向附近的地方，拣来一些树枝，插在她的周围。我们没有气力用泥土去埋葬战友的尸体，只能用树枝暂时将她遮盖起来。

这一切动作，进行得非常缓慢、沉重。末了，我们久久地凝视着烈士的遗体。心里默念着：

“红色的战士，安息吧！”

“我们——你生前的战友们！一定会为你报仇！”

我们商量了一下，决定先向沟口爬去，只要活着，就一定要找到组织。

怡花的伤轻，爬得快，她先爬出了沟口。就在这时，传来一阵枪声，我只好趴伏在草丛里不动。等了好一会儿，再没有听到什么动静，便一口气爬出了沟口。可是怡花呢？周围没见到她的影子。我拍掌联络，轻声呼唤，来回爬着寻找，都没有结果。是不是发生了什么意外？我只好独自盲目地向前爬行着。我希望爬到有人的地方，但又怕碰上失去人性的敌人……

艰难的行程

我爬着爬着，直到下午才碰上一个打柴的老人，他把我背到他家。

这位老人姓刘，家里只有他和老伴两人，一个儿子不久前参加红军，跟着队伍走了。刘老两口把我藏在一座竹林里养伤。在老两口的精心照料下，我的伤势日见好转，一个月后，能走动了。就在这时，中心县委派人与我联系上了。我依依不舍地告别了两位老人家，和县委派来联络的同志一口气爬上了武功山。

这时，中心县委和游击队以及成批成批始终不愿离开我们的红军家属，都撤到武功山上了。其中，有我不少熟人，大家走路急匆匆的，相遇时互相点个头就过去了，看来气氛很紧张。

当天晚上，我们又开始转移，队伍沿着武功山脉向西走去。

不一会，我膝盖的伤口磨破了。为了不给同志们添麻烦，我悄悄用布扎上，忍痛坚持跟上队伍，一步也不落下。

山间小道崎岖不平，一会儿上坡，一会儿下坡，由于疼痛难忍，我气喘心跳。呼吸急促，但决不掉队的顽强意志，始终支持着我前进。走着，走着，同志们见我实在不行了，便强卸了我的背包，又替我背米袋。

我的右脚每迈一步，伤口就如针刺样疼痛。我原走在队伍的前端，这当儿却眼看后面的同志一个个从我身边超过去了。同志们问我“能行吗？”我咬着牙说:“行！你先走罢！”他们鼓励我:“不要紧，慢慢走。我们到前面等你！”当我看到后面再也没有人了的时候，就索性侧着身子在地上爬，好在队伍前进的速度不快，我爬一段走一段，始终不停歇，距离拉得还不算大。

天将拂晓。同志们都已上山隐蔽休息，我也总算熬到了山腰。正手足并用地继续向坡上爬时，忽然看见一个妇女躺在身边，我连忙轻轻招呼她：“就要到啦，坚持一下吧！”

她没有理我。

再一看，是个孕妇，全身躺在血泊里。她显然是流产了。

我用手摸摸她的鼻子，已经停止呼吸。我只得爬上山去，招呼两个同志将她的尸体掩埋了。

从此，我们便开始了白天隐蔽，夜晚行军的生活。我们的目的地是莲花县境内的五里山。虽说距离不远，却因为要绕圈子摆脱敌人的尾追，走了很多弯路。我们在那荒山野岭，人烟绝迹的地方，用一双肿痛多泡的脚为自己踩出一条道来。然而敌人却依然像猎狗似的追踪我们。为了做到行军不留痕迹，我们规定通过草地时，走在最后面的同志必须把踏倒的野草扶起来；雨后路泥泞，我们还必须将鞋子倒绑在脚上，给敌人造成判断失误。

白天，我们隐蔽在大山里休息，不能走动，不能说笑，就连咳嗽也不敢高声。晴天，盖天铺地，雨天便撑着伞，背靠背地坐在一起，间或找到一块稍稍突出的崖石，同志们就把脑袋藏在岩石底下，身子露在外面淋雨。

夜晚行军做饭用的“锅”是小瓷碗，“锅盖”是树叶，煮出的饭“中熟、下焦、上不烂”，但却吃得香甜。

没几天工夫，米吃完了，沿途找不到老乡，有人住过的地方，都被烧成堆堆瓦砾，即使有间把房子，也是空无一人。

走！饿着肚皮走！吃饱野菜走！尽管走得很慢，但同志们谁也不想停下来等待。

这短短的路，是多么艰难啊！不少好同志没有能够走完它，就被饥饿和疾病夺去了生命。

顽强不屈的游击健儿

时至 1935 年 5 月，国民党军队对湘赣边进行了八个多月的残酷“清剿”，红军游击队虽然遭受了一些损失，但队伍锻炼得更加精干，更加坚强了。我们莲安萍游击队几经挫折，仍保存了 100 多人，转战在攸醴萍一带山区。

一次，敌人调来了一个保安团对付我们莲安萍游击队。保安团仗着人多，把我们驻的那座山包围、封锁起来，企图将我们困死、饿死在山上。我们坚持了将近一个星期，带上山的粮食全部吃完了。游击队领导决定组织部队突围，转移到攸（县）萍（乡）边界的太平山去。

那天晚上，天下着倾盆大雨，夜黑得伸手不见五指，经过侦察，发现敌人都缩进村去了。于是，我们这支 100 多人的队伍一个跟着一个。悄悄地突出了敌人的包围圈，经过数小时翻山越岭，终于到达了太平山的一条山沟里。

同志们都走得精疲力尽了，浑身淋得透湿，有的跌得活像个泥菩萨。雨整夜没有停,而且越下越大,大家都想尽快找个村子好休息休息。

已经四天四夜没有吃过熟食了，队长叫侦察员刘义生到太平山脚下的一个村子里去摸摸情况，并嘱咐他请老百姓帮部队准备一些粮食。部队就地休息，等待着侦察员的消息。

同志们不顾地上的水滩和烂泥，背靠背的坐下来就睡着了。只有队领导没有休息，他们在思考着下一步的行动。

睡梦中，我好像和几个女同志正在一个很大的池塘里进行游泳比赛，我使劲地划，一心想争取优胜，可当我刚刚抢在她们前头，忽觉后面的同志把我的脚拉住了，我大喊了一声，才惊醒过来。发觉自己被草地上的积水浸没了半个身子，是张志萍同志拉住我的脚叫我起来的。5 月的天气本来不算冷，但这时由于饥饿和疲劳，却冻得我浑身打哆嗦。

天快亮了，侦察员还没有回来。为了防止意外，队领导把睡得正香的同志们一一叫醒了。正在这时，刘义生回来了。同志们满怀希望地听他讲情况。他说："村子里的群众三天前就被反动派移民并村赶到敌人据点去了，一个人影都没有，连一口小锅也找不到。"听到这里，同志们的心又凉下去了。但侦察员接着说，在他回来时经过以前的联络地点，找到了两袋老百姓留给游击队吃的山芋干，大家听到有山芋干，

复又高兴起来了。然而，两袋山芋干要分给 100 多个人吃，可又是件难事啊！

队长和政委商量了一下，决定把它分给病号和体弱的同志吃，可这些同志见队领导没有分到，都争着要把自己的一份送给队领导。队领导一面谢绝，一面安慰大家说 ：“不要争了，等晚上搞到了好吃的，我们多吃一点还不行吗？”

不料这天敌人已发觉我们突围，跟着我们的脚印追过来了。队领导看看同志们浑身泥巴，甚至连枪筒都沾满了黄泥，仗是不能打了，只好带领大家继续转移。

困难越来越多，敌人占据了所有的交通要道，我们连小路也不便走，只能从人迹罕至的悬崖绝壁上吊绳子攀拉过去。

十来天没有进过房子，浑身成天湿淋淋的，吃的除杨梅和野菜外没有别的东西。更严重的是两只脚，因为没有鞋子穿，又泡在水里，有的已经溃烂了，有的烂得很厉害。但尽管这样，还是没有一个掉队的，同志们凭着自己的顽强意志，决心与敌人和困难战斗到底。

敌人追了十多天，紧紧跟着我们，有时相距只有二三十里，而且我们对前面的情况和地形都不熟悉，再加暴雨不断，到处山洪暴发，使我们的行动经常受阻。

有一天晚上，我们走到攸县和醴陵交界地区，天黑辨不清方向，找不着道路，身边仅有的一只指南针又浸了水，失去了效用，盲目地走了一段山路之后，突然被横在前面的一条大河挡住了去路，大家只好停下来休息。

侦察员刘义生奉命趟过了河，到攸县的草田山区侦察情况，另外派了几个同志分头沿着河岸去寻找船只或桥梁。不一会找桥的人回来了，他们和队长、政委研究了一下，队领导决定由政委主持召开了党团员会议，告诉大家晚上必须急行军 50 多公里，才可能找到一个可以休息一两天的安全地区。因河上游有一座由敌人把守的桥梁，队领导要大家准

备作战，消灭桥上守敌，夺桥过河。

同志们抢着报名参加突击队，忙着把自己的枪擦干净，准备晚上作战。脚烂了的同志，把自己的被单撕破，包好脚，准备晚上跑路。

太阳偏西的时候，刘义生回来了，说草田山区情况很好，并带回来一袋红杨梅。正在这时，从我们来的路上响起了枪声，敌人追来了。队领导下令部队马上行动，由胡分队长带突击队夺取大桥，掩护部队通过。那一口袋杨梅全部分给突击队员们吃了。

突击队一口气奔了十多里，顾不得脚痛和疲劳，奋勇冲上了桥头。守敌不敢抵抗，跑到村后山上放空枪去了。由于夺桥顺利，我们安全抵达攸县峦山。休息了一会，敌人又追过来了。这会，队领导胸有成竹地布起阵来，决心给敌人当头一棒，也算是没让他们白追随了我们半个月。

下午，一切布置停当，敌人乖乖地进入了我们的伏击圈。只听队长一声令下，我们的机枪狂叫起来了，手榴弹一个个在敌群开花，打得敌人呼爷喊娘。只用了十几分钟，这股敌人便抬着二三十具死尸连滚带爬地退回去了。

战斗结束后，部队进到攸县四区草田一带村庄，当地群众热情地欢迎远道而来的亲人，他们给我们送来了很多慰问品，并在当天晚上举行了军民联欢大会。会上，队领导对这次行动进行了总结，说："由于同志们革命意志坚定，不屈不挠，终于战胜了数十倍敌人的追击拦截和饥饿疾病的威胁。今天我们庆祝这个胜利，首先要牢记'红军和群众是一家'这个宗旨，只要我们坚决依靠群众，坚决保护群众利益，那么，敌人是永远无法消灭我们的！"

这以后，部队去攸县四区一带开辟工作，队里挑选了十几个人组成工作队，分四个组，常在夜晚深入到草田和上下坪一带山村，宣传动员群众，建立各种群众组织，后来还发展了党团员，建立了地下党支部。四区的工作初步打开局面后，敌人便不时来破坏，攸县保安团

派了几十个侦探分散在各山区进行破坏活动，并拼凑挨户团、清乡队等反动组织。

一天晚上，胡分队长到南仓山脚下的一个村子里同工作队的同志接头联络工作，突然被草田挨户团包围了他所在的院子。五六个黑影像幽灵似的已经顺着墙根爬进来了。胡分队长拿起手枪“啪！啪！啪！”三枪撂倒了两个，其余的三四个吓得趴在地上不敢动，一个骑在墙头上拼命喊打的挨户团头目，也被胡分队长一枪结果了。

相持了一阵子，胡分队长的子弹打光了，侧身藏在墙角里。敌人打了一排子弹后，爬进两个来了。胡分队长用手里的砖头，狠狠地砸在一个家伙的头上，缴了这家伙的一支枪和 50 发子弹，并用这支枪又打倒了三四个敌人，吓得敌人再也不敢往院子里爬了。

攸县保安团闻讯派来二三十个人增援，由一个大队长带领，企图强行翻墙进院。可那个大队长刚一爬上墙头，便也被胡分队长一枪打下墙去了，四五个团丁只好把他们的大队长抬走，剩下的敌人抱来了很多柴禾，把房子烧着了，并声嘶力竭地在外面喊：“快缴枪吧！不然就要烧死在房子里了。”过了好一会儿，屋里没有动静，敌人这才壮着胆子爬过墙去搜索了一阵，连个人影也没有。原来胡分队长早已乘机从屋后跳墙跑掉了。

青年营长

1935 年 6 月，我在攸县县委工作。

一天早晨。天空没有一丝浮云，气候宜人。当我走到柑子山脚下的一个只有两三户人家的村庄时，突然发现十来个青年人就地坐着吃干粮，他们衣衫褴褛，面孔黑黄，看样子，很多人身上还藏着短枪。他们见到我时，都用探询的眼光打量着。

我装着漫不经心的样子，从容地走过去，脑子里紧张地估摸着这群人。是敌人吗？从他们的外表上看不像；是自己人吗？在我们这个游击区范围内，从来没见过他们。但他们又不像是难民，举止间颇有军人姿态。

“姑娘！请问你件事……”一个挺着胸脯的年轻人，慢慢向我走来，这人虽然面部十分消瘦，但他那双大眼却炯炯逼人。他望着我迟疑了一会，轻声问道：“这儿有红军吗？”

“红军？”我装作满不在乎的样子，“这可不知道。”

“你是本地人吗？”

“不是。”

“听你口音，像是安福北乡人，那儿也是老苏区，对吗？”他操着茶陵口音。

“你们是哪来的啊？”我反问道。

“我们？……你别怕，我们已经了解了，附近没有白军。”

“谁管这些。”我说。

那人没说什么，只是用逼人的目光向我瞥了一眼。这神气好像在说：“你呀！别装吧，我都看透你的身份了。”

我的心紧张地跳动起来，马上迈开步子离开了他们。他们竟也没有难为我。只是在背后议论着：“一定是自己人！”“没关系，一会儿她还得转回来的。”

我转过山沟，绕向回去的道上猛跑，爬上山坡，再拐个弯，找着了茶（陵）攸（县）莲（花）县委书记吴金莲，急忙向他汇报了刚才的情况：

吴金莲同志一边吸烟，一边静听，神态安闲，好像一点也不意外，于是我也平静下来了。

他慢慢地站起来，将烟锅里的灰烬敲干净，而后说：“我去跑一趟。”

“我跟你去。”我说。

“不用了。”他停了停分析说，“如果是敌人，你去了反而坏事；

如果是自己人，你去了作用也不大。”

他说完以后，拿起一把柴刀，捆了一捆柴，打扮成一个砍柴的老乡走了。

我和留在山上的另外几个同志焦急地等待着。

足有一顿饭工夫，吴金莲同志带着这群人上山来了。他和那个同我交谈过的年轻人并排走在前面，一路谈笑自如。

见到我们，他们没等吴金莲介绍便拥上来使劲地握手，男同志们互相拥抱、欢呼，又是哭又是笑的。

不需要再多加说明了，这样的情况我们不止碰到过一次，当那些长期辗转在山林里找不着党组织的人们，一旦接上党的关系，那该会何等地激动啊！

吴金莲同志的眼圈也红了，我还是第一次看到他这样激动过。他用手指着身旁的那个青年说：

“这是段营长，独立五团的营长段焕竞同志——还有这几位，他们也都是独立五团的同志，从湘南一路打回来找省委的，他们吃尽了千辛万苦……”

接着，吴金莲又将我们几个同志分别介绍给段营长认识。当介绍到我时，段营长风趣地笑了笑说：“我们早认识了！——她还是我们的引路人哩！”

“我看出你们不像坏人，不过——真对不起！”我带着歉意地说。

“发姑同志，你做得对，应该检讨的倒是我们！”段营长爽朗地笑着说。

当天晚上，吴金莲同志便将他们带到省苏主席谭余保那里去了。以后段焕竞同志被留下来担任湘赣边区游击队参谋长，因为工作关系，我们常有机会见面，他总是不断鼓励我，叫我好好工作学习。——渐渐地，我俩建立了感情。

活捉罗根元

1935 年 8 月，棋盘山会议后，湘赣边游击战争的形势逐步好转，游击区域不断扩大，我们茶攸莲县委在攸县黄土岭（四区）打下了较好的工作基础。但仍经常遭到敌人的破坏，在离草田 15 公里的一个小村子里，有一个敌人的侦探头目，名叫罗根元，他手下有四五个亡命之徒，一式都是短枪，分散在各地活动。他们暗中操纵着当地的“挨户团”、“守望队”、“清共委员会”等反动组织，光罗根元一人就亲手杀了我们 12 名干部、群众，采用的酷刑有 40 多种，什么“细火包”、“满身刺”、“生割活剥”、“开肠裂肚”……不一而是。他还在我们游击队出没的路上，打上草结，或用细线把路两边的草拴住，我们夜晚行动，要是把细线闯断了，草结打散了，他们便马上领着白匪跟踪追来。

县委和湘赣游击队二大队研究决定，坚决除掉这个敌探，可是这个家伙出没无常，行踪不定，如果我们事先布置不周密，仓促行动，反倒会坏事。二大队领导决定来个智取，派我和冯秋姑先下山去侦察。

这天下午，我和秋姑化装成两个商人的女儿下山了。

罗根元住的那栋房子在山沟口上，门前有棵大树，我们进去一看，只有个老太婆在家，屋子里的陈设，正和一般农民家里一样，只不过养着很多鸡罢了。如不是事先打听好，真难相信这便是那个杀人魔鬼的家。

秋姑装作有钱人家子女的派头，见了老太婆就说：“喂，给碗开水喝喝！我们是赶路的。”

“锅里有，自己舀吧！”老太婆显然不在乎我们，只是冷眼看了看我们。我向秋姑努努嘴，问那老太婆说：“老太太，你贵姓？”

“姓罗！”老太婆爱理不理的。

等秋姑喝完水后，我站起来说：“走吧！还有一段路要赶。”

秋姑听我说走，马上用双手按着小腹说："姐姐！不能走了，我肚子痛得厉害。"

"那就歇会儿吧。"我又坐了下来，借机和老太婆闲扯。"你家里几口人？"

"还有个儿子，没回来。"

"今天回来吗？"

"这可不知道！——你们从哪来的啊？"老太婆很机警。

"我是官田陈盛记家的——这是我表妹。我们是走亲戚的。"

"陈盛记"是这一带有名的商号。出发前，我们详细了解了"陈盛记"家的许多情况，以便对付罗根元的盘问。

"姐姐，我痛。别走吧。"秋姑趴在凳子上呻吟着。

"好吧，明天赶早走。"我装作无可奈何的样子应着她。

"不行啊，到别处去宿吧！"老太婆冷冰冰地说，"我们这地方不让住外人。"

我装作没听清，从口袋里掏出一块光洋，递给老太婆说："请你给我们做顿饭吃吧。"

老太婆一面说不要这么多啊，一面却将钱接了过去。她犹豫了一会儿说："吃完饭，你们还是走吧，我这是为你们好啊。"

"为什么？"我问。

"上个月，来了个男子汉，也是在这里过宿的，不知怎的，半夜里我那儿子就开枪把他打死了。前些时，还有个妇女，也说走不动路在这里住宿，我儿子从她贴胸的地方查出了个什么纸条来，硬说人家是'土匪婆'，用柴刀宰了。"

老太婆的话不会是假的，这个刽子手又杀害了我们的人。我压抑着胸中的怒火，故作平静地回答她说："我们是陈盛记家的人，不怕他。"

"等他回来后，你们可别多说话。"老太婆叮咛我们说，"阿弥陀佛，谁知道他会不会得罪陈家的人。"

我们吃完饭，等着这个坏蛋回来。时间过得那样慢，我仿佛听到自己的心在“突突”地跳动着。

“呼突”一声，虚掩着的门被踢开了，但却没见人进来。

“回来啦。”老太婆悄悄地说。

一会儿，轻悄悄地进来一个人。这人约三十二三岁，黑脸膛，矮个子，上身穿件对襟夹袄，下身穿了条灰布裤，打扮并不突出。如果不是老太婆预先打了招呼，真看不出他就是那个杀人魔王罗根元。

一进门，他就用那双滴溜溜的猴眼瞅着我和秋姑。老太婆抢着说：“这是官田陈家的，走亲戚路过，小姑娘肚子痛，打算宿上一夜再走。”

罗根元没说什么，他面对敞开着的大门坐下来。老太婆在他面前的桌子上摆了一壶酒和一盆清蒸整鸡。

罗根元呷了一满口酒，右手撕下一只鸡腿，左手解开上衣的纽扣，腰间露出两把乌黑发亮的短枪来。

秋姑嚷着肚子痛，要上厕所。她出去没一会儿工夫，顺手将放在门外的一把雨伞拿了进来。这是我们和游击队联络的暗号，表示罗根元正在家里。

罗根元慢慢地吃完鸡腿，突然把脸一沉，冲着我们说：“真神面前烧不了假香，好汉眼里揉不进沙子。在姓罗的头顶上飞的雀儿，没有个太太平平过去的。姓罗的好说话，有两个家伙不饶人。”他拍了拍腰间的驳壳枪，露出一脸狰狞的土匪相。逼近我们说，“老实些还能活命。究竟是哪儿来的？说！”

“官田陈家的！你是什么人啊？”我装作害怕的样子。

“不许你说！”他拍了拍秋姑，“你这个肚子痛的说吧！”

“我们身上只带了五块光洋，你要就拿去吧。”秋姑像个不懂事的孩子似的哭丧着脸说。

“真他妈的是受过训练的，装得可像！快说，是干什么的？”

“到大表姐家去。”秋姑说。

“什么大表姐、二表姐，陈家刚死了人，还走亲戚？”

“没仇没冤的，你骂人做什么？”

“哈哈，还说是官田陈家来的哩！连陈家红白大喜事都不清楚。”

“你才不清楚哩，上个月我大表姐出嫁，你说是办丧事。”秋姑理直气壮地说。

罗根元“嗯”了一声后，又坐回原位专心一意地喝酒啃鸡了。谁也捉摸不定这家伙下一步将怎样对付我们。

我瞅瞅老太婆，她阴沉地坐在屋角里看着这一切，一会儿用担心的眼光瞧瞧我们，一会儿又用仇视的目光盯着我们。

这时刻，我唯一盼望的是，游击队能迅速出现在这屋子里。

该是游击队来的时候了，但却没一点动静。我在默默地推想着可能发生的各种情况。会不会找不到这屋子呢？不会！门外分明有棵枝叶盖天的大树；会不会是秋姑弄错了暗号呢？我看看雨伞，那把伞明明放在眼前，另一把还在门外。这就说明只有罗根元一人在家，可以下手的暗号。

唯一的可能便是途中发生了遭遇战，拖延了时间，那该怎么办呢？我紧张地想了想：无论如何也不应该错过机会啊！万一等不到游击队，我决定猛不防地先抱住罗根元，然后再招呼秋姑用绳子勒死他。好在我们已经事先准备好了一根绳索，在秋姑的腰里系着呢。

正当我的心开始剧烈跳动的时候忽见门口有个人影一闪，罗根元猛地踢翻桌子，吹灭了灯，伸手要掏枪。我和秋姑立即一左一右地拼命抓牢了他的两只胳膊不放。

这时，大队政委罗维道同志已经站到他面前，用短枪对着他说：“别动！我们是红军游击队。”

这个罪大恶极的刽子手，终于被我们送回“老家”了。

官田之行

1935 年深秋的一天夜晚，月色朦胧，空中缀着几颗寒星，山径小道上，铺着一层白霜。我一路跑着，摔倒了又爬起来，找到了那棵熟悉的大柏树。我用手拨开树底下的乱草，露出一块石头，掀开石头便是个小洞，洞里插着三根指头长短的草节，四边散着十几粒碎石子。

这是地下党的同志送来的情报。大概的情况是：攸县县城、官田、黄土岭的敌人，总计约一个团的兵力，分三路来“兜剿”我们了。

我立即在洞口做上个“知道了”的暗记，迅速回到游击队驻地，向罗维道同志报告。

罗政委听完后说：“上级通报我们的敌情，和你了解的基本一致。”

这时，罗政委拿出一束用红绿纸写的传单标语，递给我说：“这是你的任务，把它散发到官田去——敌人既然打算来搜我们的家，当然是作了充分准备，硬干会吃亏，敌人不是也有窝吗？利用其空虚来个以假乱真，牵着官田敌人的鼻子，叫他老老实实地回去，怎么样？你懂得这意思吗？”我兴奋地点点头，他接着严肃地对我说：“路上要小心，到了官田先和当地的地下党取得联系。另外，冯秋姑同志已先到了那里，她会配合你行动的。”

我急忙吃了一点冷饭，将宣传品藏好，迎着阵阵袭人的寒风，摸黑上了路。走了一夜，旭日东升时，我走到了一个山嘴拐弯的地方。这时，突然传来一阵人声，听起来不像本地口音，我估计碰上了敌人。看看四周，都是光秃秃的山坡，没一处可以藏身，但如果返身跑，更会露出马脚。

“呼——”一条水牛懒洋洋地躺在山坡上晒太阳。我灵机一动，立即走去将它牵起来，嘴里喝着：“你这懒东西，走啊！”

我将头上包着的一块青布拉到眼皮边，侧过身子偷偷一瞅，发现四个身穿青布中山服,头带白边帽的“警察”。还有个腰束黄皮带的“警长”，吵吵嚷嚷从我身边擦过去。

没等他们走远，我便将牛拴到原来的地方，拐过山嘴，继续向前赶路。

走了四五里路光景，远处成群结队的白军正快步朝我这个方向开过来。我索性弯路走进山沟里一个村子,向老乡买了一捆柴。将“宣传品”捆了进去，背在背上。

刚出山沟，就碰上一队全副武装的白军迎面而来。走在前面的那家伙盯了我一眼，我装成不懂事的姑娘，用一双好奇的眼光打量他们。也许他们因为“剿匪”任务紧急，没为难我就过去了。

太阳正中的当儿，官田街口的敌军哨兵已经出现在我的眼前。我慢慢地走着，正考虑该怎样对付这个哨兵的时候，秋姑却突然从哨兵后钻出来。她手里拿着一只鞋底，一路嚷着奔了过来。

“姐姐，娘在骂你哩！说你光顾了砍柴，忘了替人家周先生做鞋子！快回去吧！娘都快急死了。人家周先生等着鞋子到县里去开会哩！”

我嘟着嘴，满不高兴地说:“娘就是爱发急！也不知道这柴多难砍！靠近的山，让人家保安队‘剿匪’烧得光光的，一找就是七八里。”

秋姑将鞋底递给我，又将我背上的柴火背过去。敌人哨兵没精打采地看了看我们，便放我们过去了。

官田有一个地下党的支部，我们很快便取得了联系，并研究了执行任务的计划和步骤。这时,官田十分空虚,只留了一个班的敌人看守“老窝”，那些土豪坏蛋们在静等“捷报”传来。

下午一两点钟光景，正是官田街上热闹的时候，我用竹竿挑着那担柴，到拥挤不堪的集市去叫卖。在竹竿里，藏着红绿纸的“宣传品”。这根竹竿，是两半劈开的竹子合成的，中间绕了一圈铅丝。

我瞧准一个没人注意的时机，将铅丝扭开，使劲把半边竹竿连同宣

传品斜抛出去，竹竿落地了，宣传品却被风吹得飘来飘去。赶集的人都把注意力集中到那些飘舞着的红绿纸上去了，人们抢着拣争着看，有的看到势头不对，悄悄走开了。我也趁着这机会，扔下那担柴，回到地下党的一个同志家中。

官田只有一个班的武装敌人，他们无法应付这突然发生的“严重情况”，于是火速把外出“清剿”的部队调回“坐镇”。

敌人的“围剿”又一次落空了。

火攻敌堡

不久，组织上调我到莲花县工作。来到莲花县后，领导便派我和肖大嫂前往莲花县山背村，配合地下党拔除国民党武装建在该地的碉堡，扫除游击队活动路上的障碍。肖大嫂是位中年妇女，萍乡县人，从我们转入游击战争以来，她始终不愿离开我们，和我们一道过着衣不暖、食不饱的日子。她说：“和你们在一起，生活虽苦，但心里是舒坦的！就是死了，尸首还有同志们埋哩。”

这天傍晚，落日的余晖洒满群山，我和肖大嫂并肩踏上了去山背的路途。

由于党交给了我们这样一项艰难的任务，她的心情十分激动，一路上，话也显得多起来。

“发姑，你和老段几时结婚？”

“看你这老实人，也爱开玩笑。”我笑了起来。

“不，这是正经话。”接着，她又问我，“老家还有人吗？”

“有两个老人。”我回答说。

“有音讯吗？”

“没有。过去，父亲做长工，养活我们娘儿俩。闹革命时，三口人

分到七亩地，日子过得不赖。”我叹了口气说，“现在可不知死活存亡了。土地肯定没了，还得倒租啊！另外，红军和干部亲属每户要罚五块到十块光洋，不饿死也得给逼死了。”

不料我的话却引起肖大嫂一阵难过。她说：“你比我强。你总算有个盼望，说不定老人们能熬过来。可是我哩，我亲眼见到白匪将我丈夫杀死，他再也不能和我一起生活了。不怕你笑，那时我懂得太少了，我很软弱，临刑前，我甚至跪在刽子手面前求过他们。……我们的一个十岁孩子，失散后就没一点消息……唉！有时我这么想，人死了为什么不能再活过来！”

我们没有再说下去。

多少人妻离子散！多少人流离失所！这是敌人一手造成的人间恨海！

夜空中正飘着霏霏细雨。我、肖大嫂以及六个地下党同志和当地的群众骨干，悄悄地摸到离敌人碉堡约 50 米的草窝里停了下来。

我们八个人中，所有的远战武器便是我的一支没有把握打响的手枪；此外，都是梭镖和柴刀。

当一切准备工作都已就绪，我便对着碉堡喊道：“游击队来了，快缴枪吧！”

随后，一个男同志吹着哨子。大声吆喝：“一排向左，二排向右！”敌人盲目地向外打枪。我们的竹筒也在“嘭嘭嘭”地爆炸（由于下雨，只响了大半），夹着八个人呼喊“冲啊！”“杀啊！”的声音，很有些声势。

敌人十分顽固，始终不缴枪。于是，肖大嫂又将一堆夹着辣椒的干柴点着火，借着风力，浓烟直往碉堡枪眼里钻去，连我们站在下面的同志也喘不过气来。敌人闷在碉堡里，更是咳咳嗽嗽地没有停歇。这时，我们又警告敌人：如果再不缴枪，我们便要烧毁碉堡。

碉堡里有人答话：“妈的……咳，咳……你们，咳，做梦也别……咳咳咳”。话没说完便又大声地咳喘起来。

马上，碉堡门口燃起了烈火，火苗直窜碉堡顶。这时，有个敌人丢下一支枪来，表示投降。接着，人也从碉堡顶上纵身落地。我们近前一看，已经摔死了。

其余顽守在碉堡里的人枪都被烧毁了。

山间婚礼

1935 年冬天，经组织批准，我和焕竞结婚了。结婚那天，当我快到省驻地时,一进山沟,就瞥见罗维道同志在地上拾毛栗子。他领着我，转了一弯又一弯地走了好半天，最后来到一个棚子里。只见里面生着一堆火，火边上坐有两三个人，我的心扑扑地跳得厉害了，眼睛只顾盯着两只脚。

“发姑，先进来烤烤火吧。”

我抬起头来一看，火边上坐着一位 40 岁上下的同志，中等身材，穿着一身单薄的夹衣，头顶光秃秃。这就是当时湘赣边游击区的领导人谭余保同志。他和我们一样，日日夜夜生活在山沟里，在这寒冷的落雪天，他也只穿着一套夹衣。这时，我激动地叫了声“谭主席！”——当时他任湘赣临时省委书记兼军政委员会主席。

“坐下吧！烤烤火！”谭主席挪挪身子，让出一个位置来。

这时，我才看见焕竞也坐在这里，他见我在瞅他，赶忙将眼光躲开了。我们俩显得很拘束。

谭主席问了问我最近的工作情况，渐渐地，我的心平静些了。

谭主席说：“两年来，我们游击队办这样的喜事还是第一次，这也说明了斗争形势在逐渐好转。同志们都很高兴！现在，你们说说自己婚后的理想吧！”

我和焕竞都没有开口。

谭主席大概看出了我们有点难为情，于是又说："结婚以后，你们应该考虑的是，如何不妨碍工作，如何互相鼓励前进！"谭主席抽了一口旱烟，继续说道："敌人形容我们说：残匪生活陷入绝境，以致人人自危，军心涣散！其实，这正说明敌人永远也不会理解我们，他们不懂得，我们共产党人是善于安排生活的，就是再艰难些，也不能使我们陷入绝境，使我们从心理上丧失控制正常生活下去的能力。"

谭主席叫人填好两张苏维埃时保留下来的"结婚证书"，分别递给焕竞和我说："一切还按照苏维埃时的传统办理——祝你们成为一对模范的革命夫妇。今后好好努力，共同前进！"

我和焕竞都很激动。

"走吧，到洞房去。"罗维道同志在催促着。

所谓"洞房"，乃是一座用杉树皮和竹竿搭在山腰的棚子。不知是谁已经在里面生起了一堆火。谭主席叫拿出四块光洋，派人到山下去买了几只鸡和一二十斤牛肉、猪肉，准备会餐。

罗维道同志要算最忙了，他一会儿去张罗饭菜，一会儿又去布置岗哨，却还忘不了抽空来说几句笑话。

正在大家忙着为我们办喜事的时候，忽然地下党组织的一个同志匆忙从山下走来，他在我面前站了会儿，像是有什么话要说，但却又跑到谭主席那里去了。他们谈话的声音很低，末了，我只听到谭主席问了句："是不是可以考虑另外派人去？"

我已经估计到可能是有关我的什么任务了：最近，我们曾计划去抓一个土豪，由我负责侦察，很可能有人在今晚来汇报。当时，我们与地下党的联系都是单线，换一个人去会增加很多困难。因此，我立即站起来说："还是我去吧！"

谭主席犹豫了一会儿说："好吧！还是你去一趟，——吃点东西走吧。"他又问，"菜都做好了吗？"

"已经下锅了。"有人回答。

“不饿，让我早点走吧！”我说。

我带着那条当被子用的布单，向焕竞看了一眼便匆匆走了。空中飘着雪花，道路滑溜溜的，当我赶到约定会面的地点时，已是午夜时分。

地下党的同志和我接好头后，天色微明，已经不便行动，我只得爬上山去，找了个隐蔽的地方，扒开积雪，躺下来就睡着了。

身旁的雪在融化，一觉醒来时，发现自己躺在泥水里，全身的衣服和被单都已湿透，冻得直打战。但精神上却似乎有一种轻松欢快的感觉，不仅因为昨晚是我的婚期！更值得欣慰的是：我圆满地完成了一项任务。

我想，焕竞一定也在高兴。

粮 食

1936 年 10 月，忽然听说有一股敌人要到泰山区来“清剿”。形势很紧迫，为了避开这股敌人，领导上决定让部队转移到莲花县内的山里去，县委的同志和部队一起走。那时我病好不久，身体十分虚弱，头晕、呕吐浑身无力。组织上决定把我送往“后方”，就是游击队在武功山里找的一个比较隐蔽的石洞。这个石洞也同时是我们的“看守所”，被我们捉来的十几个土豪同我们一些体弱多病的同志集中住在那里。那些同志一面休养，一面负责看守土豪。

在石洞住了两个多月，已经是隆冬，大雪封山，天气冷得出奇。一天，传来消息，说有大队敌人到宜春、分宜一带“清剿”。游击队可能要转移到我们住的地方来，上级希望我们能为游击队准备一些粮食。经过热烈讨论，决定立即派人下山，先把我们自己准备过冬的粮食背上山来给部队，并请下面村里的群众再筹备些粮食。大家争着报名要去，我也报了名，同志们说我身体不行，劝我不要去。我说搞粮食是关系部队

生命的大事，过去我曾在这一带做过群众工作，对当地情况比较熟悉。结果大家只好同意我一起去，要我路上当心，并告诉同行的人多关照我。

吃过午饭，我们就出发了，我们一行五人，两个男的三个女的。这三个女的是肖大嫂、李云生和我。男同志扮成庄稼汉，女同志打扮成当地农村姑娘。大家把宣传品贴肉揣着，那条很长的用密针缝了好几层厚布的米袋，就当腰带系在腰上，脚上布鞋用草绳扎起，免得在路上滑掉了。

出了山口，天已慢慢黑了。我们在隐蔽的地方呆了一会，估计人家都睡了，才各自分手去找人家。我去的是陈寿根家。陈寿根是个党员，靠砍卖竹子为生，他父亲陈大爷对我们一贯挺热心，家里还有陈寿根的妻子和小孩。我一进屋，他们一家人都围上来了，问这问那地亲热极了。身上的寒冷和疲惫，已被极度兴奋所代替，心里感到一股难以形容的暖意。我问起近来村子里的情况和粮食等，陈寿根说："说起粮食嘛？真差点出事儿呢！"他接着把最近因买粮发生的事对我们说了一遍：

"本来买粮食都是我们自己家里人——我爹、孩子的妈和我轮流到附近几个镇子上一升半升的买回来的。上次刚下了雪，我提了个篮子到前面镇上买了二升米，正要提着往回走，忽然来了两个背大枪的保安团兵将我拦住，问我这粮食买去干啥？我说，怪了！不是为度日，买粮食干啥？其中一个家伙说，哼！为了度日，你小子倒是会装蒜，一大早你老婆来买了，接着你爹又来买了，你玩的好花招呀！那家伙说着就要拿枪托打我。另一个也一手抓住我，一手就要拿枪砸。这时街上的人都过来帮我说话。那两个家伙见人多不敢拿我怎么样，就硬把我篮子里的米倒了。说今天这米就是不准你买，以后要是被我们查出你的米是帮共产党买的，看我不把你毙了！

"我回来把村里的几个党员秘密地找来商量了一阵，他们说搞粮食的工作不能光由我负责，现在暂时交给他们。这以后就由他们动员了几个群众积极分子零散地把粮食买来，再悄悄地送到我家藏好。

“一天下午来了一个排的保安团，把我关押在房子里。然后逼我父亲招出粮食藏在什么地方，是不是给共产党拿去了？我爹坚持不说。那帮家伙找不到证据，打了我爹一顿，然后翻箱倒柜地折腾了大半天，连一袋谷糠也没有找着，只好灰溜溜地走了。”

听完了他的讲述，我松了口气。屋子里静得很，一时不知说什么好。只见陈大爷凑过来说：“李同志，你知道粮食藏在哪儿吗？就埋在那粪缸的下面呢！”我禁不住紧紧地握着他的手，又握了握陈寿根的手，感激得说不出话来。沉默了一会儿，我把这次来的任务和情况谈了，又有些担心地说：“你们处境这样危险，那以后的粮食怎么办呢？”陈大爷听了这话，马上站起来，拍着胸脯说：“李同志，你放心，不管反动派把我们怎样，我们也要把粮食送给你们。”陈寿根也说：“李同志，只要有我们老百姓在，你们就有粮食吃。”

正说间，陈寿根的老婆做了一顿挺丰盛的晚饭招待我。一大碗他们平日极难吃到的白米饭，还有炒青菜和腌肉片，饭碗里埋着两个荷包蛋。我真感动极了，他们像待亲儿女一样待我！

吃好饭，把宣传品交给他们，又谈了一阵山下的群众工作，这才背上装满粮食的米袋，到了预先约定会合的地点，和其他同志一起往回走。

这时候已经是下半夜了，漆黑的天空缀着几颗寒星。我们在冻得僵硬的雪地上往上爬，眼前只能依稀辨认出走在前面的人影，至于哪里是突出的岩石，哪里是深凹的陷坑，无法认清。我紧随着同志们艰难地走着，越走越感到身上粮食的沉重，脑子发胀，直冒汗，大口喘着气。走不上几里路腿就瘫软得抬不起来了，只好倚着岩石坐在雪地上休息。大家怕把我落下，也陪着我休息一会儿。就这么爬一会歇一会，眼看爬山的速度越来越慢，大家心里急了。经过一番商量，决定由李云生陪我一起走，其他三位同志先走。

好不容易爬到半山腰，冷气袭人。只听见满山谷回响着树木惨厉的呼啸声。不一会雪珠子沙沙地落下来，往身上扑打着。“真是鬼冷的天

气！”李云生在后面骂天，我禁不住身上打起一阵寒颤，口里只觉得有东西往上涌，呕吐起来，眼前发黑，天好像要塌下来，脚下在旋转——见李云生在我身边惊叫着:“李大姐，你怎么啦！”这之后发生了什么，我就不知道了。

雪珠子停了，我从昏迷中醒来，觉得自己像是躺在一个温暖的东西上面，原来是李云生在抱着我。要不是她抱着，说不定我掉到悬崖下面去了。我紧紧地握着她的手，感激的热泪禁不住夺眶而出。

过了一会儿，茫茫的雾气正慢慢升起，天快亮了。李云生因为过度疲劳，正在打盹。我轻轻地把她摇醒，告诉她天快亮了。她擦了擦眼睛着急地说:“李大姐，你看怎么办？”我心里翻腾着，背着粮食走吧，实在背不动了；即使能走，山那边有敌人的瞭望岗哨，天一亮准要被发现。要是丢下粮食呢——丢下粮食？那几百个饿着肚子的战士怎么办？不行，说什么也不能把粮食扔下！我心里越想越着急。总之，不能再等了！我问李云生想到什么主意没有。“哪里有什么主意？”她紧皱着眉头，说着顺手从地上拾起一块小石头向前扔去，只见那石头沿着崖壁“呼，呼”地往下滚，一直滚到下面空地上。我忽然认出来了，那正是我们住的石洞前面的空地呀！心里不禁高兴起来？说道：“有了，有办法了！”李云生忙问什么办法，我说，我们可以马上就赶到“后方”。我们坐“汽车”回去。“坐汽车回去？”她简直惊叫起来:“你是在做梦了，这地方哪有汽车？”我见她不信，于是就把计划告诉她：“你看，这崖壁下面不就是我们住的石洞前面的那块空地吗？要是我们坐在米袋上顺着崖壁滑下去，不是像坐汽车一样很快就到‘后方’了吗？”李云生看了看陡峭的斜坡，摇了摇头说：“不行，这太危险了，万一摔下去就要摔死！”我看了看这悬崖，约有几十丈高，像屋顶一样伸向下面，底下的那块空地连接着悬崖的边缘，再下面就是万丈深涧了。这实在是太危险了呀！可是现在一分一秒也是很珍贵的，不容许再迟疑，危险不危险已顾不得许多了，我下了决心对她说：“粮食绝对不能丢掉，我们无

论如何也得把粮食弄到‘后方’去。靠脚走，时间来不及，我也走不动了，我只能从这里滑下去，把你的粮食给我一起带着滑下去吧，这样你可空手跑，速度快一点。如果我活着，就在那边等你，万一摔死了，你就来收我的尸骨吧！”李云生哭着说：“李大姐，我决不一人走，我们死也要死在一块。”我说：“不要说傻话了，都是我不好，让你留下陪我走，现在让你一人跑已经很危险了，你快走吧！再不走，天就亮了。”她说：“不，我决不把你丢下，我们一起滑下去吧，今天就算革命到底了！”说完轻声哭起来。我忍住眼泪说：“既然这样，我们就不哭了，说不定滑下去还会活着。”说完我忍着头痛和心里的难受，把粮袋在崖边放好，人就坐在粮袋上，掉头看看李云生也这样做了。

我叫她两手抓住米袋，两臂撑开，接着各自说了声“小心”，就把心一横，用力一撑，开始往下滑了。起初还觉得人在冰崖上移动，后来滑行的速度越来越快，身子简直快要腾空起来了。耳边，只听得呼呼风响……忽然“轰通”一声，人感到猛烈的一震，睁开眼一看，啊呀！真幸运！自己正坐在空地的边沿上，米袋的一头已经摔到空地的外边了，再冲出一点，可就要连人带粮袋一起摔到深涧里去了！接着身后又一声响，原来李云生也安全地滑下来了。我兴奋得急忙跑过去把她扶起来，两个人互相看了看，不约而同地喊起来：“我们胜利了！”

这一喊，把洞里的同志惊动了，走出来见是我们，连忙扶着我们进去，端来刚煮开的米汤给我们喝，直等我们端起碗来喝了两口，才开始问我们路上的情况，问那三位同志在哪里。这时，我才发觉那三个同志还没有回来。正当大家担心地议论着他们的安全时，忽然听见有人说：“来了！来了！”果然，那三个同志气喘吁吁地背着粮食跨了进来。他们一见我们先到，忙问我们是怎么回来的。我们才把“坐汽车”的事向大家说了，大家听了又吃惊又高兴，都说：“你们两个真有福气！竟然坐上汽车了！”

深山生活

我自从结婚那天晚上和焕竞分别后，一年多时间一直没有见到焕竞了。直到 1937 年春的一天，组织上通知我说："昨晚在洲湖战斗中焕竞负伤了，你去一面工作，一面护理他一个时期，明天晚上，焕竞就到这里来了。"

第二天晚上，一阵暴雨过后，蛙声四起，听来令人烦躁。夜很黑，我倚在一棵碗口粗的樟树上，焦急地等待着焕竞。

一阵吱吱咯咯的声音，夹杂着沉重的脚步声由远而近，我的呼吸开始急促起来。

"走快了吧！痛吗？"

"没关系！"这正是焕竞的声音。

"焕竞、焕竞，你……"我跑着、叫着、喘着，迎上前去。

"啊，发姑！是你！"他躺在担架上，兴奋地坐了起来。"想不到是你！——知道吗，昨夜我们打了一个大胜仗，缴到十支短枪、两挺机枪，还打死了安福县县长！"

"还有二三十条长枪哩！"抬担架的同志补充说。

"保安团的一个中队长也给打死了，我们缴获的盐米物资可多哩！"另一个同志也高兴地说。

我说："真快！群众也知道这消息啦！他们高兴极了，都说我们游击队还有好几千藏在山上哩，等主力红军一来，就马上出动！"

我们一边走着，一边兴致勃勃地猜测着敌人可能会采取什么形式来报复我们。直到快上山时，我才猛然想起焕竞负伤的事，我忙问："哪儿带花？"

"大腿上——不重！"焕竞满不在乎地说。

上山以后，焕竞从怀里掏出一只鞋子来说：“看，这是谁的？”

我不禁一愣：这是三个月前，敌人烧山“围剿”时，我因匆忙赶路脱落掉的，不想却让焕竞拾去了。

这一年多来，我们彼此无时不在为对方担心，无时不在惦念着对方的安危……

我们在武功山上一个新搭的棚子里住下来，一共四个人。除了我和焕竞，还有一个通讯员和一个老炊事员。

我到山下村庄去工作的时间大都是夜晚。白天，帮着焕竞换过药后，他便利用时间教我学文化，每当我学不进时，他总是说：“不学不行啊！将来革命高潮一到，你就要掉队！”山上没有纸笔，便用树枝在地上画，没有课本，焕竞凭着记忆来教我，到如今，我还记得最爱读的两篇课文。一篇的题目叫《造福》，课文是：

造福人，不享福，
雇农自己没有谷，
泥匠自己没有屋，
裁缝穿着破衣服。

还有一课是《黑白红黄》：

什么是黑的？
土中的乌金；
富人的贪心。

什么是白的？
富人的华屋；
穷人的枯骨。

什么是红的？
清晨的日；

工农的血。

什么是黄的?
穷人的脸和身;
富人的谷和金。

从这开始，我渐渐地养成了学文化的习惯。

没有多久，焕竟的伤口好转了。一天傍晚，我和老炊事员两人一起下山买米，与焕竟约定在12点钟以前赶回来。到了村口，秘密儿童团的一个小弟弟悄悄跟了过来："姑姑，有个坏蛋在查找洲湖的伤员。"

"是谁？"我问。

"小癞子。'联保主任'的臭狗腿。"

"等他走了你就来报信！小弟弟！"我说。

"好！准不误事。"他一跳一蹦地走开了。

大约等了个把时辰，"联保主任"的狗腿子才离去。我们没有再耽搁，每人背起一袋白米便往回跑。

到达我们住的山腰，看星斗已是将近凌晨2点钟了，棚子已被拆去，焕竟他们已转移了。这是组织上为了对付叛徒的一条纪律：外出的人在约定时间内不归，便应立即转移，以防不测。当然，我知道焕竟绝没有什么不信任我的地方。但是党的纪律，即使对于夫妇也不应例外。

武功山夏天的气候，特别凉爽，风在呼号着。我和炊事员决定坐在原地等天明。因肚子饿了，我卸下身上背着的一袋冷饭，准备吃上一点。

突然，两三条黑影从树上跳下来，猛不防抢去我手中的"碗"、"筷"。我本能地握住手枪，定睛一看，原来是三只猴子。

它们将我和炊事员手中的饭抢吃一光之后又跳走了。我们只得再向袋里掏出一些来吃。刚吃了几口，这些淘气的家伙又蹦来了。我们立即将饭团掷过去，猴子们骨碌骨碌地翻眼睛，瞧瞧饭团，猛地抓起来向我们反掷过来。

对付这群猴子，实在无法。我们吃，它就抢；我们不吃，它就在树梢上向你直翻怪眼。

饭已经全部给猴子抢光了，连装饭的口袋都被一只小猴挂在树上。我们只好躺下来睡觉，猴子也安静下来了。

一觉醒来，身上多了一条被子，是焕竞找来了，他正在我身旁坐着哩。

肖嫂悲歌

1937 年洲湖战斗后，敌人又开始尾随我们游击队。为了保存有生力量，避开正面接触，省委决定游击队大部分转移到永新县九陇山区去开辟游击根据地。

这时，我因身体不适，组织决定叫我到“看守所”呆一段时期，我挪动着两条沉重的腿，慢慢向设在武功山的“看守所”走去。宜春至武功山北麓的路上，人烟稀少，有时要走上近十里路才能见着一座小村庄。正走间，那儿传来一阵忧郁哀怨的歌声，仔细一听，是肖大嫂的声音。我还是第一次听到这位沉默寡言的妇女唱歌。

“肖大嫂！肖大嫂！”我向发出歌声的树林里叫着。

“发姑！你来啦，怎么没跟大队转移？”肖大嫂眼里挂着泪珠，从树林里走出来。

“身体不好,上级决定叫我到你们‘看守所’呆一个时期！”我说。

“那太好了！”肖大嫂擦去泪水，心情渐渐平静下来，她摸了摸我的脉搏，关心地问：“有喜了吧？”

“是的，在这种环境里，真糟糕！”我说。

这时，随风传来一阵嘶哑的叫喊声：“二狗子，回来啦！”

“回来啦！”

“二狗子，回来啦？”

“回来啦！”

“……”

原来是有两个妇女，一个拿着一把伞，一个捧着一碗饭，一路跑着、喊着。这是赣西的迷信风俗，当有人生病时，她们常这样“叫魂”。

肖大嫂紧张地对我说：“送情报的！情况不紧急，她们便不用这办法。”

我在树林里等着她，她去了一会儿后，两个妇女又一路叫着回去了。肖大嫂的神色更加紧张。她拉着我的胳膊说：“快上山去告诉周所长，敌人已经把出山的路全封锁啦，明天一早就来搜山。”

越往上，山越陡。肖大嫂拖着我拼命地向上攀去。“看守所”在武功山半山腰，有难民、伤员，还有被我们抓来的土豪。因此，我们又管这地方叫“后方”。所长是个老头，姓周，人很和气，同志们有时叫他“周老头”。

周所长和几个同志商议了一下，决定将所有的人员，包括土豪在内，一齐转移到山后的石洞里。但到石洞去必须先爬上一处陡壁；这得用树杆搭好阶梯才能上去，最后还须留下一位同志来扫除这些痕迹。当然，被留下的同志将无法攀登陡壁，进入安全的石洞。那么，该将谁留下呢？

大家争来争去，最后肖大嫂哭着请求说：“请同志们信任我，请党考验我，我虽然不是一个党员，但我决不会对不起党！我要争取入党。”

是的，有谁不信任肖大嫂呢？她终于被留下了。

我们连夜拆去棚子，将物资、人员一齐转移到后山的石洞里去。通往石洞，除要攀上这陡壁外，还要侧着身子穿过一条有 50 米长的弯曲石缝，石缝里暗不见天，凹凸不平，过了石缝便是块空地，杂草有一人来高，四面都是悬崖，石洞就在这里。为了不泄漏机密，我们用布蒙着土豪的眼睛，两人牵着一个，慢慢地带了过来。

我是被肖大嫂目送着最后一个攀上这陡壁的。当离开她时，她小声对我说："能做一个党员才是真正的幸福！你看，我能争取吗？"

"能！"我肯定地说。这时，我不知该安慰她，还是该鼓励她，只是拉着她的手不放，半天也没有说出话来。

周所长因为我有一支手枪，便分配我在陡壁上面的石缝口监视敌人，万一敌人上来，便可鸣枪报信，使石缝另一端的人以逸待劳，来一个砍一个。

我隐蔽在草丛里，紧张地注视着下面，肖大嫂做好了善后工作，另找地方去隐蔽了。

天刚麻麻亮，山下就闹腾起来了。

老乡们吆喝:"捉土匪呕！"——这是他们发出信号,说明敌人来"围剿"了。

一个拿着望远镜的白军站在我们原先住过的地方,指挥着"围剿"。

"乒、乒"不远的地方枪响了。

我急促地呼吸着，是不是肖大嫂被发现了？匪徒们嚷开了："捉到了！捉到了一个女的！"

"妈的，这'土匪婆'不说话！"

是肖大嫂吗？我的心在激烈跳动着。

拿望远镜的军官开口了："带上来，快！"

白匪们一路传下去："带上来！""带上来！"

突然敌群一片惊呼："跳下崖啦！"

"废物！下去搜！"敌军官怒吼着，"死的也要！"

敌人和群众乱成一片。我想，肖大嫂肯定牺牲了。她为了掩护我们情愿献出生命，是多么高大啊！

一碗稀饭

我从“后方”又回到了萍（乡）宜（春）安（福）中心县委（任妇女部长）。这时湘赣临时省委、湘赣军政委员会，以及红色独立团二连和我们县委，一起驻在武功山附近。

几个月来，我们和敌人“捉迷藏”，敌人被拖得精疲力竭，而我们却无损伤。

不过，我们的生活又暂时苦了起来，在那白雪皑皑的深山里，找不着石洞栖身，随便找个平坦的地方，将雪扒开，而后再将被积雪压倒的野草扶起来，东西交叉地结成一个网罩，顶上再加把雨伞，这便成了我们的“雪屋”。有的同志在两棵距离不远的大树树丫上密密铺上一排细树棍，算是“双树吊铺”。

同志们的脸又黄又瘦，有的男同志头发长得披在肩上，稍有年纪的，更是满嘴挂着胡须。有的同志吟着顺口溜说：

盖的云雾天，铺的白雪地；

吃着野草根，有颗赤红心。

食盐和粮食是个最棘手的问题，每人身上藏着十来颗盐粒，嘴里淡得难受时，用舌头去舔两下。粮食已经断了几天。

这天下午，罗维道同志笑嘻嘻地端着一个碗，碗里直冒气，大概是由于盛得太满，他两眼全神贯注地盯在碗面上，一步三摇地走了过来。他见我坐在草地上，便说，“喏，请你吃点好的。”

“什么好的？”我笑着问，“树皮吧？”

“你看看，识货吗？”

“这玩意儿，还不是草根。”

“草根？哈哈！我说你不识货，你偏充内行，这叫半边莲（一种野

草），最补，吃了治百病。孕妇无忌。”

“那你自己请吧。”

我们正在说笑着的时候，谭主席从身边匆忙走了过去。他身子消瘦多了。

谭主席一边走，一边对另一个同志说：“只搞到一脸盆米吗？也好，那就先煮稀饭吧。”

没一会工夫，稀饭煮好了，炊事员却犯了难。“僧”多粥少，不知该怎么分配好。最后，谭主席指示：凡是战斗人员，每人先分一碗。

炊事员送了一小碗稀饭给谭主席，谭主席没有接受，他说他不算参战人员。

瘦骨伶仃的焕竞，披着一头散乱的长发，端着碗香喷喷的稀饭走过来对我说：“怎么搞的！我一点也不饿，你喝掉吧。”

“送给谭主席吧！首长整整三天没吃上一颗米粒。”我说。

“谭主席硬是不肯吃，我和同志们都送了。”

“谭主席不吃，我就不吃？”我装着生气的样子反问他，“再说，我也一点不饿哩。”

“这碗稀饭有你半份，他们本要单独分你一碗，我说我的吃不了，就合一碗吧。”

于是，我喝了一小口后，便拔腿跑了。

临产前后

1937 年深秋的一天，我参加完地下党的一个支部会议后，肚子阵阵作痛，但又不得不离开这个白军经常搜索的山村，赶回山林里去。

几年来，我们没有离开过山，任凭山再高再陡，我也没有畏缩过，然而今天却有些反常，四肢乏力，肚子隐隐作痛。

爬呀，慢慢地向上爬去，手足并用地向上爬去，我竭力控制着不去计算究竟爬完了多少路，还剩下多少路。

“一定是肚子里的小生命作怪。”我想，我没有临产的经验，不能肯定这是不是产前的预兆。

爬着爬着，肚子一阵剧痛，树倒山摇，两眼昏花，我怕自己就这样昏迷过去，索性闭上眼睛，痛似乎好了些，但心里发虚，直想呕吐。

吐吧，吐尽了饭菜，又吐黄水，胃几乎翻过来了，心也似乎随着苦黄的胃水呕出来了。

肚子有个生命在蠕动着，我不知该怎么办？唯一的希望是碰上自己人，好在离“家”不远了，慢慢向前爬着吧。

最后的一次阵痛，使我进入了半昏迷状态。我仿佛听到有人在我身边惊呼着，又仿佛被人抬走了，不知隔了多长时间，我才听到有人呼唤我的名字。

“发姑！你醒醒！”是周所长在叫。

一阵哇哇的婴儿啼哭，使我感到新奇，我不相信自己的耳朵，难道一个新的生命就这样诞生了吗？！

“是个胖娃娃，男的！”有人说。

“我生的？”我问。

同志们以哄笑回答了我的疑问。

“看看吗？”一位好心的女同志问。

“不用了！”我紧闭着眼睛，无力地摇摇头，“把他送给老乡吧！”

“多胖！啊，宝宝，别哭！就过上一天两天再送吧。”一个女同志说。

“不，送走吧！”我要求他们。

“为什么？”

“不为什么。”我苦笑着说。

“给老段看上一眼也好。”有人说。

在三年游击战争中，别说游击队里不可能有孩子，就是这“后方”

也没有十岁以下的孩子。我清楚地记得,苏区失陷,部队转移到深山时,水沟里、路边上,到处都有婴孩的尸体。一个女同志生了一对双胞胎,她没法带走,于是便将孩子和几块光洋一起摆在老百姓门口,整整等了一夜,没有人将孩子拣去,最后只有下狠心扔下啼哭的孩子走开了。攸县一对姓段的夫妇,带着出生不久的婴儿藏在山洞里,当敌人搜查近前时,孩子哭了,为了许多人的生命,父亲以最大的忍心,顾不得即将昏厥的妻子,将孩子活活捂死了。

比较起来,我的孩子算是幸运了。

“送走吧!”我又催促着。

当“哇呀”“哇呀”的婴儿啼哭声快要消失时,我才想起来,无论如何要将孩子送给穷人家养活。我赶紧叫周所长来,告诉他我的想法,周所长含泪答应了。

万里征鞋

我们由于长期被封锁在山区,几乎与外界隔绝,对外面的形势一无所知。1937 年夏天,国民党军队企图在“国共合作”前悄悄将我们“一网打尽”。

谁也没有估计到这种残酷的斗争将会持续多久。党中央在哪?主力红军在哪?我们不知道。但我们都坚信不疑:我们的党是不会被消灭的,主力红军要打回来!

有一段时期,风传我们将要下山,与国民党合作。这消息给我们带来了震动。

“下山吗?不能啊!敌人会将我们吃掉的!”

“三年来,是谁逼得我们吃尽千辛万苦?!是谁夺去了我们无数同志的生命?!血都快流成河了!我们看透了敌人的五脏六腑,我们还能

跟这样的野兽合作？”

“是敌人企图瓦解我们吧？是叛徒造谣吧？”

“宁可饿死在山上，也决不和那群白狗子合作！”

在没有证实这是中央决议之前，我们很多同志的思想非常混乱，但一等到上级向我们阐明中央政策后，我们便又斗志昂扬地准备迎接新的历史任务了。

在省委机关，我见到了陈毅同志。他是代表党中央前来传达指示的。三年来，这还是我们湘赣边区第一次和中央取得联系。

谭主席介绍我跟陈毅同志认识时说：“这是我们的女游击队员，刚生过孩子。”

陈毅同志非常和蔼地详细询问了许多情况，最后幽默地说：“看你身体还结实，大概产后吃了不少猪肉吧。”

“没吃肉，连吃饭都困难。”我已经不再拘束了。

谭主席对我说：“陈毅同志在赣南也打了三年游击战，他和我们一样艰苦——对啦，发姑，你帮首长做双鞋子吧。”

这时我才注意到陈毅同志的一双鞋子已经十分破旧了。

晚上，没有灯光，我坐在一堆篝火边上，借着微弱的火光，赶做了一双布鞋。

我竭力将鞋子做得结实些，更结实些。在未来的征途上，我们的行程又何止万里。

以后，湘赣边区的同志大部分下山编为新四军一支队二团，焕竞也随着部队开赴抗日前线。我暂时随谭余保等同志留在湘赣边区，继续开展党的工作。

选自《南方三年游击战争·湘赣边游击区》，第183—213页。

李珊，女，1916 年生，江西安福人。1931 年加入中国共产党。南方三年游击战争时，任中共莲（花）安（福）萍（乡）中心县委妇女部部长、县苏维埃政府内务部代理部长，中共茶（陵）攸（县）莲（花）中心县委常委、妇女部部长，中共萍（乡）宜（春）安（福）中心县委常委、妇女部部长。新中国成立后，曾任中共厦门市市委委员、组织科科长，厦门市妇联副主任等职。1969 年在南京逝世。

三女跳崖

郁怡花

1934年，洋溪区委、区苏维埃政府驻扎在洋溪的田里村，离安福县苏维埃政府驻地——洋溪镇近十公里。那时，我是洋溪区的妇女干部，工作任务主要是优抚工作。这一年秋天，国民党军队大举进攻安福苏区，由于敌众我寡，洋溪失陷，县、区机关被迫转移。我们洋溪区机关随同县级机关一起搬迁到了泰山苏区。这时，不仅安福县委、县苏机关搬到了这里，莲花县、萍乡县的党政机关也相继撤到了这一带，干部很多，难民也不少。因此，在这期间，武功山下的泰山、章庄一带到处可见难民群，安置"难民"便成了当时各级苏维埃政府的一项刻不容缓的繁重工作。

我就是在这种情况下，从洋溪区苏调安福县苏维埃政府内务部专做难民安置工作的。当时，安福县①苏维埃政府内务部代理部长是李发姑同志。从此，我便和她在一起工作了。经常跟她东奔西跑，从这个山头走到那个山头。安置难民首先要解决好他们的生活，安排好吃住，稳定他们的情绪，然后才采取多种形式做疏散工作。对于那些能回家的我们尽量动员他们回家，对一些年轻力壮的就动员他们参加游击队；而对那些回家可能遭到地主豪绅屠杀的，则动员他们投亲靠友，或就地安家耕

① 此时，莲花中心县苏维埃政府与安福、萍乡县苏维埃政府合并，成立莲安萍中心县苏维埃政府。——编者注。

种，或找对象结婚，就地组织新的家庭。那时，我们内务部在做好难民疏散工作的同时，还将妇女组织起来，成立服务队和宣传队，为红军游击队做草鞋、洗衣服，慰问部队指战员，宣传教育国民党投诚士兵和俘虏。

当时做安置难民工作也需要经费，但经费的来源主要靠打土豪筹款得来，打土豪得来的钱多可以多给点，钱少则给少一点。1934 年冬的一天，我们跟随着游击队到安福与宜春交界的一个地方（这一带属宜南区管）打土豪。这个土豪开了四家店，是附近有名的“财神”。游击队一到那里，便将“财神”的住屋包围起来，然后喊话。叫“财神”开门出来，要他借 2000 元现洋给我们。但那个“财神”不敢出来，后来我们的游击战士冲了进去，找到了这个“财神”。“财神”吓得直打哆嗦，跪在我们面前作揖求饶，要我们不要枪毙他。经我们解释，说明我们是红军游击队，是不随便杀人的，国民党反动军队将我们围困在山上，我们是为了找“出路”，向你们有钱的人“借”点钱。“财神”听后，心神稍为安定些，却推说没有那么多钱，最多只能借 500 元。我们不答应。后来他的大儿子出来说借给 1000 元，我们还是不答应，最后借了 1500 元。从这次筹借的款项中，拿出了 200 元作为安置难民经费，其余款子则全部上缴给省苏维埃政府。

过了一两天，我们难民安置工作组一行五六人，由李发姑带领，前往武功山下的白多坪一带慰问难民。到达后，洋溪难民团的团长刘断英接待了我们，并向我们工作组介绍了当地难民的情况，然后我们便对难民进行慰问，结束后，工作组的刘成、张彩萍、戴梅兴等便返回泰山去了，留下了我和李发姑与刘断英一道继续做难民的疏散工作。一天晚上，乌云密布，李发姑带着我和刘断英去做安置工作，刚开完会，便被敌人发现，国民党保安团便包围了我们，情况十分紧急。我们迅速组织难民转移到山上隐蔽。我们三人也在就近的山腰里找了个石洞，想暂避一下，以便观察一下敌人的情况，然后再作主张。这时，敌人的枪声渐

渐逼近，山下敌人大声嘶叫“冲呀！”“杀呀！”在这漆黑的夜里，伸手不见五指，辨不清方向。敌人的电筒漫山遍野地闪烁着。该怎么办？眼看着“难民”们要遭到不幸，我们心急如焚，敌人的子弹穿梭似的从头顶飞过，不远的树林里，已经闪着敌人的手电筒光，敌人离我们越来越近了。在这紧急关头，发姑对我们说：“情况紧急，我们要设法使群众免受损失。”我说：“为了挽救群众，只有暴露我们自己，让敌人来追击我们。”断英也同意这样做。于是我们三人便凭着地形熟悉的优势，选定了一个突破口，往山上冲去，并且沿途叫喊着。敌人被我们三人调开了。荷枪实弹的敌人像一群疯狗似的往山上追赶我们，为首的还大声喊叫：“抓土匪婆！”“不要开枪，要抓活的！”……

我们爬上了山顶，回头看，面前是蜂拥而上的敌人，黑压压的一大片；背后则是悬崖陡壁，无路可走；下面是黑洞洞的，看不见底。凭我们的记忆断定，这里就是有名的千丈崖上了。这时，我们三人只有一个共同的念头：宁可牺牲，也不能落在敌人手里当俘虏，更不能做革命的叛徒，向敌人举手投降。这时，李发姑拉了一下我的衣角，悄悄地说：“跳崖！”

我们刚走到崖边，敌人已经追到距我们二三十米的地方，好几十支手电筒一起向我们射过来了。这时，刘断英第一个跳下了悬崖，接着我和李发姑也跳了下去。

第二天早晨，我从昏迷中醒了过来，觉得浑身疼痛。这时，我也不知道躺在什么地方，是被反动派关进了囚笼吗？不，我是从九丈多高的崖上跳下去的，决不会落在敌人手里。我定了定神，睁眼一看，东方已经出现了曙光，向四周环视了一下，自己躺在茅草丛生的地上，没有看见其他人。于是，我咬着牙忍着痛，用左手撑着，把身躯慢慢地移动了一下，四肢一点力气也没有，浑身又冷又痛。看看全身，已碰得焦头烂额，右边的手、脚也跌伤了，腰也跌坏了，衣服被崖石和树枝撕破了。我静静地听了一会儿，在哗哗的流水声中夹杂着呻吟声。我低声地喊“断英！断英！是你哭吗？”随着水流声传来：“怡花，是我……你，你还

活着！过来，快过来！”我忍着痛，侧着身子，用左手扒着地，挪着身躯，慢慢地爬出草丛。一看不是断英，而是血肉模糊的发姑同志。她靠在一棵树边，呜咽着对我说：“断英同志已经牺牲了。”于是，我们两人便向刘断英的遗体爬去，拿出自己的手帕，盖在断英的脸上，然后草草地掩埋了战友的尸体。

然后，我们两个商量了一下，决定爬出去。只要活着，就一定要找到组织，继续坚持革命斗争，为自己的战友报仇。于是我们两人便朝沟口爬去。我伤势较轻，爬得较快，先爬出了沟口。出了沟口，我等了一会儿，不见发姑出来，又轻声呼唤着，也未听到动静。这时，正好遇到上山砍柴的李敬香干爹（当时为了开展群众工作，我们常同自己年龄相仿的群众积极分子结为同庚，对年长者则拜为干爹干娘），他把我背到山上的一座庵里。在庵里，很快就和武功山上的游击队联系上了，后被送到设在武功山一个小山洞里的后方医院治疗。

1984 年 10 月写于江西安福

选自《南方三年游击战争·湘赣边游击区》，第314—316页。

郁怡花，女，南方三年游击战争时，任湘赣边安福县苏维埃政府内务部干部。

忆三年游击战争中的谭余保同志[①]

段焕竞

谭余保同志是湖南省茶陵县人，贫苦农民出身，1926年参加革命，1927年加入了中国共产党。在湘赣边区三年游击战争的艰难岁月中，我有幸在他的直接领导下，走过了这段艰难的历程。我们风雨同舟，患难与共，每逢革命的关键时刻，他总是给我以信心和力量。他既是我的好领导，也是我的良师和益友。他那坚强的革命意志，爽朗的性格和为无产阶级革命事业不屈不挠的献身精神，永远铭记在我的心中。

（一）

1934年8月，湘赣苏区的主力红军突围西征后，当时担任湘赣省苏维埃政府主席的谭余保同志被留在苏区，坚持游击战争。在极其艰苦的环境面前，谭余保同志毫无怨言，和其他几位同志勇敢地挑起了这副重担，而且以顽强的毅力经受了各种严峻的考验。

当时，虽说被留下的部队有几个团，但实际能战斗的不过3000人左右。而敌人却集中了五个主力师扑向我们根据地。他们依仗人多，武

① 此文原题《弥天烽火举红旗·忆湘赣三年游击战中的谭余保同志》，载战士出版社《星火燎原》杂志1983年第4期，收入本书时作了较大修改。

器好，又有地主恶霸引路，很快将原来连成一片的根据地分割成十几个小块，然后采取篦梳似的战术反复进行“清剿”，妄图将红军游击队斩尽杀绝。

那时我在独立五团一营任营长，由于敌人的重兵合围，我们的部队被截成几股，相互联系非常困难。在这种情况下，省委、省苏和军区只得和一直跟随在他们身边的独立五团转移到武功山地区。

敌重兵压境，我们应如何保存力量，坚持斗争？当时作为湘赣边区的主要负责人，省委书记兼军区政治委员陈洪时，却仍然坚持以往“左”的一套斗争策略和作战方式：白天作战，夜晚宿营。烧碉堡、打民团、斗恶霸、分粮食、贴标语、搞宣传，声势浩大，使我军行动部署完全为敌人掌握。一次，在虎头岭与莲花县之敌保安十团和萍乡的保安四团相遇，激战数小时，虽说消灭了敌人一个大队的兵力，但是我们自己的伤亡也较大，特别是军区司令员彭辉明在这次战斗中英勇牺牲了。

1934 年底到 1935 年 5 月，湘赣边区的革命形势一直处于低潮阶段。6 月，边区党和军区的最高领导人陈洪时，借口党政军一起行动目标大，提出分开行动，各自为战，自己却乘机投靠了敌人。接着，原省保卫局长刘发云等也相继做了可耻的叛徒。

由于有叛徒的引路，敌人对我根据地的“围剿”、搜山比以前更加频繁凶残；我们的党组织大部分被冲散，相互联络中断，没有了统一的指挥和领导，也没有统一的行动和纲领，群众情绪低落。党政干部士气不振，民心涣散，军心涣散，湘赣边区的革命火焰面临着被扑灭的危险。

在这危急关头，湘赣边区多么需要有一个坚强的领导核心！多么需要有一个对无产阶级革命事业赤胆忠心的领导人啊！

疾风知劲草，烈火炼真金。在这关键时刻，谭余保同志不灰心，不动摇，挺身而出，力挽狂澜。在漫天烽火中，高高擎起了湘赣边区的革命旗帜。

（二）

1935 年 7 月，谭余保同志在莲花县棋盘山亲自主持召开了一个有二三十人参加的紧急会议，会议统一了对形势的认识，成立了新的临时省委，确立了以谭余保同志为首的新的湘赣边区领导核心。会上一致通过开除陈洪时出党的决定，同时决定在边区军民中广泛开展反对陈洪时叛变革命的斗争。会议进一步明确了当时的斗争方针，主要是：党的组织活动由公开转向秘密；部队整顿后分散活动；保存干部、积蓄革命力量。最后，谭余保同志用坚定的口气向到会的同志说："湘赣苏区，是在毛泽东同志亲手创建起来的井冈山革命根据地的基础上建立的，这面红旗不能倒。"

为了适应当时斗争的需要，棋盘山会议还决定，成立湘赣边区军政委员会和游击司令部，由谭余保同志任军政委员会主席兼游击司令部政委，我任参谋长兼一大队队长，刘培善同志任一大队政委。这样，我们同潭余保同志接触的机会就比较多了。

为了尽快地联系上失散的同志，会后，谭余保同志不顾自己身体有病，不辞劳苦地奔波。他还亲自带领我们以武功山为依托，在茶攸莲、攸醴萍、萍宜安和永宁茶交界的九陇山等地活动。他领导游击队除了找机会打击敌人外，还经常和我们一起，深入到各乡做群众工作，筹款子，秘密恢复农会、青年团、妇女会等组织，使边区的各项工作很快有了新的转机。

（三）

1935年冬季以后，随着边区斗争形势的明显好转，谭余保同志经常指示我们总结战斗经验，指导我们学习和运用毛泽东同志的军事思想。当时，他身上经常带着一本有关游击战的战略战术问题的书，对其中的“敌进我退，敌驻我扰，敌疲我打，敌退我追”的十六字诀以及如何声东击西的游击作战方法，谭余保同志领会得特别深，因此在指导我们的实践当中，发挥了很大的作用。

从奇袭吉安县油田区公所开始，那次我们只用了一个小时的时间，速战速决，全歼守敌一个中队，缴获步枪30余支、子弹数千发，还有许多其他军需品。在凯旋回归的路上，路过安福陂头村又碰上了一小队“铲共义勇队”在出操，我们又来了个顺手牵羊，未发一枪一弹缴了他们十多支步枪。

这一来，对敌人震动很大，边区群众却受到很大鼓舞。谭余保同志又适时地指示游击队要很好地总结经验和继续开展小部队活动，广泛地发动组织人民群众配合游击队不断袭击敌人，使敌人防不胜防。

1937年3月，我们又按照军政委员会和谭余保同志的指示，从一、三、四大队抽调了100多人，准备袭击安福县洲湖镇。在一个倾盆大雨的夜晚，天黑得伸手不见五指，我们以迅雷不及掩耳的敏捷动作，巧妙地攻进了洲湖，在不到一个钟头的时间内解决了战斗，缴获了短枪十支、长枪30余支、机枪两挺，处决了罪大恶极的安福县县长，没收的粮食、被服和家具等分给了当地的群众。老乡们高举着火把奔走相告，都说谭主席领导的红军又回来了。

战斗之余，谭余保同志还经常教育我们游击队员必须坚决执行“打仗、筹款、做群众工作”的三大任务。他特别重视群众工作，教育我

们要依靠人民群众的支持，强调群众是游击队赖以生存的基础和条件，没有群众就没有游击队。确实，如果我们当时没有广大人民群众的支持，我们这支游击队恐怕也无法生存下去。那时，敌人“封山”、“封坑”，强迫群众迁出山去，常使几十里、几百里的大山区荒无人烟。但群众要生活、要烧柴，还得进山，敌人只好派兵押送，早去晚归。而早已和我们建立了血肉联系的革命群众却乘机把省下来的粮食、食盐以及弄到的药品、报纸和情报等，或装在用来担柴的竹竿里，或藏在饭筒里，有时甚至夹在妇女的裤腰里，傍晚下山时，他们便把带来的东西放在事先规定好的隐蔽地点，夜间，游击队就派人前来取走。三年来，不知有多少革命群众冒着生命危险为我们游击队送情报，掩护我们转移，想方设法为我们送给养，有的甚至为此而献出了自己的生命。

在执行党的政策方面，谭余保同志更是一丝不苟，不打折扣。记得 1937 年春节前后，我们有一个分队在武功山上的一座破庙里休整，山下的碉堡群里驻着宜春县的保安团。这天凌晨，碉堡里有个副队长带着他的堂弟，各背一支步枪上山投奔红军来了。他们自称由于不满保安团的军阀作风，决定弃暗投明。但当时情况复杂，敌强我弱，这一对兄弟是真投诚还是假投诚？我们游击队可不可以接收这样的对象？实在难下决心。然而，谭余保同志接到这一情况汇报后，立即指示我们对投诚者要给予优待，并适当安排他们的工作。这样，他们兄弟俩一个在教导队当教员，一个到分队当战士，兄弟俩同我们并肩战斗，一直到下山抗日后才分手。

（四）

谭余保同志对干部、对群众是非常关心和爱护的。在艰苦的三年游击战争中，作为他的一个下级，我更是深有体会。他像兄长般地对我们

关怀备至，平时他总是吃苦在先，享受在后，与战士同甘苦，共患难，从不以领导者自居，多享用一点别人所没有的东西。

记得有一次，我们同省委一起在武功山一带活动，由于敌人封锁严密，接连三天粒米未进，只靠野菜度日，大家都饿得头晕眼花，谭余保同志也是一样，饿得眼窝深陷，面色蜡黄，连走路也歪歪倒倒。后来群众从山下送来一瓷盆大米，谭余保同志如获至宝，立即要炊事员煮一锅稀粥，凡战斗人员每人先吃一碗。

炊事员给谭余保同志也端来了一碗，但是他坚决拒绝了，他说自己不属于一线的战斗人员。

见谭余保同志不吃，同志们都低声议论着："首长已经整整三天没有吃上一颗米粒了！"

这时，我和其他许多分得一碗稀粥的指战员都诚心诚意地劝说谭余保同志先吃，但他都一一谢绝了。

我们知道他是个说话算数的人，只得含着热泪喝下了自己分得的这碗稀粥。

我还清楚地记得，就是在夜袭洲湖镇战斗之后敌人的追击途中，我腿部负了重伤。谭余保同志决定让我去萍宜安中心县委所在地——七都山养伤。他不仅为我配备了医生、炊事员和通讯员，而且还将我妻子李发姑从外地区派来护理我。谭余保同志一再向中心县委的负责同志交待：要保证我的安全。在养伤期间，他又多次派人来看望我，并想方设法为我搞来药品和食盐。谭余保同志常说："爱护指战员和工作人员就是爱护党的事业。"他是这样说的，也是这样做的。

在三年游击战中，我们的住宿条件也是在谭余保同志的亲自关心下逐步得到改善的。开始一个阶段是"盖天铺地"，"顽石当枕头，明月做天灯"。以后发展到"睡山洞"，睡"双树吊铺"。那时，每人都有一块七尺长的布单，行军擦汗，宿营搭棚，当被当褥，遮风挡雨。当边区斗争形势稍有好转后，谭余保同志便鼓励我们搭棚子。大概到了 1936 年

夏天以后，我们的居住条件便有了根本的好转。尽管当时的建筑材料只有竹、树和草，我们每换一处驻地便首先砍竹子，把它截成五六尺长短一根，再劈为两半，打掉竹节成为“竹瓦”，然后用竹竿和树杆扎成房架，把竹瓦一里一外交叉扣在房梁上，乍一看，如同琉璃瓦一样的精细古雅。围墙是用小竹竿和茅草编成的，但在没有芦叶草的宁冈和永新县的九陇山一带，我们便用杉树皮代替。棚子的前后开小门，两端开大门，四周可以进出。而每次搭棚，谭余保同志总是与我们一起忙这忙那，有时还自己动手设计。到了1937年初，为了住得宽敞舒适，每个班都有了自己的棚子。

在三年游击战争中，谭余保同志还十分重视培养干部。从棋盘山会议开始，他亲自主办了一个培训干部的教导队。在那样艰苦的战斗岁月里，这个教导队一直办了三年。这个教导队同时担负着保卫省委的任务，边学习，边打仗，边筹款，边做群众工作，随军转移。当时的学习条件虽然很差，只能是“茅棚做教室，石头当课桌，铲块平地作操场”。但学员们的情绪很高，个个都认真学习，人人都刻苦钻研。教导队培养了一批又一批干部。谭余保同志是农民出身，没有多少文化，但他很重视学习，他不仅要求我们这样做，同时对自己要求也非常严格。只要一有空隙，他就到教导队听课、学习。在游击战争中，行动频繁，他什么东西都可以丢掉，可装在皮包里的书却一直没离过身。他经常告诫我们，工农干部更要抓紧学习，努力做到能文善武，才能挑好革命重担。

（五）

在风云变幻的战争岁月里，与阶级敌人和党内叛徒的长期较量及残酷斗争的实践，使谭余保同志养成了高度的警惕性和革命斗争的坚定性，关于这一点，陈毅同志以他进山传达党中央指示，说服游击队

下山改编的曲折过程和亲身经历，曾给予谭余保同志高度称赞。

那是1937年的深秋，陈毅同志受党的派遣来到湘赣边区传达中央关于国共两党结成统一战线，联合起来一起抗日的指示。由于我们三年来中断了和上级的联系，吃尽了国民党反动派的苦头，认为我们同国民党反动派结下的是不共戴天的血海深仇，是两个阶级之间的深仇大恨，永远不能调和。所以对陈毅同志提出的下山和国民党合作问题很不理解，害怕上当受骗。因此，一开始谭余保同志就把陈毅同志当作国民党的说客，当作叛徒，粗暴地接待了他。而陈毅同志却始终坚持用民族的政策和革命的道理开导他、说服他。最后陈毅同志的苦口婆心终于打通了谭余保同志的思想，两人坦诚相见，推心置腹地谈了一个通宵。谭余保同志当面向陈毅同志道了歉。并说他之所以格外警惕，是怕上当，因为他曾经有过不少深刻的血的教训。

如陈洪时叛变投敌后，竟带了一个保安团进山“搜剿”，把我们攸醴萍地区的党组织几乎全给破坏了，游击队也遭受了很大损失，群众也受了害。

还有一次，一个冒充湘鄂赣游击根据地领导人的坏家伙，假说是来我们杨梅山地区联系工作的，实际上是来刺探情报的。他走后不久，国民党军就跟着来搜山了。幸亏我们有所觉察，及时进行了转移，才免遭横祸。

他说这惨重的教训太多了，领导人如不警惕，部队就要吃大亏，辛辛苦苦保存下来的革命力量就会白白葬送。

后来，陈毅同志在回忆这段历史时还深有感触地说：谭余保同志是党培养多年的老同志，有很丰富的斗争经验。这人革命坚定、党性强、本质好，党叫咋干就咋干，从不考虑个人的利益，我对这个人是很尊敬的，的确是一位很好的游击斗争的领导者。

选自《南方三年游击战争·湘赣边游击区》，第360—366页。

十二、湘鄂赣边游击区

高举红旗　坚持斗争（节选）

傅秋涛

湘鄂赣苏区，地处湖南、湖北、江西三省交界，位于武汉、长沙、南昌三个省会之间，北临长江，东有南浔铁路，西有粤汉铁路，南有株萍铁路。这个地区，包括湖南省的平江、浏阳、醴陵、长沙、湘阴、岳阳、临湘；湖北省的通城、崇阳、通山、阳新、大冶、蒲圻、咸宁、嘉鱼、鄂城；江西省的铜鼓、修水、万载、宜春、萍乡、宜丰、武宁、靖安、德安、奉新、高安、上高、永修、瑞昌等地区。全境横宽300余里，纵长千余里。境内山岭连绵，峰峦险峻，河流交错，森林密茂，土地肥沃，物产丰富，这是三省军阀和封建势力严密控制的地方，是中央苏区的一个重要战略地区。当敌人向中央苏区进攻的时候，它可以牵制武汉、长沙、南昌敌人的兵力；当中央红军主力长征北上抗日的时候，它可以牵制、拖住敌人部分兵力，配合红军长征；对湘赣、湘鄂西、鄂豫皖等苏区的革命斗争，可以互相策应，互相支援。因此，它对于敌人的威胁很大，受到敌人的摧残也很严重。

英勇的苏区人民和红军，在共产党的坚强领导下，在中央红军长征北上抗日的胜利鼓舞下，在艰苦的三年游击战争中，抗击了大于我们数十倍的白匪正规军和反动地主武装不断的进攻和“围剿”，粉碎了国民党反动派的种种阴谋诡计，经过了迂回曲折的道路，克服了无数的艰难

困苦，始终高举革命红旗，顽强地坚持革命斗争，团结了人民，保存了骨干，成为抗日战争中的一支坚强的革命武装力量。这是艰苦的三年，战斗的三年，胜利的三年，也是光荣的三年。

敌人的阴谋　残酷的暴行

敌人进攻湘鄂赣苏区的兵力，经常有何键、熊式辉、陈继承、朱耀华、陈光中、陶广、岳森、罗霖、谭道源、李觉、郭汝栋等所谓正规部队，加上湖南、湖北、江西的保安团，敌人的总兵力大于我们数十倍，疯狂地进攻湘鄂赣苏区，并以最毒辣的手段残害湘鄂赣苏区人民。敌人采取什么阴险毒辣手段呢？主要是：

一、采取碉堡政策，层层封锁，重重包围，步步为营，分割苏区。凡属战略要道、重点地区、高山隘口、城镇和重要村庄，敌人都构有支撑点，筑有碉堡，分兵把口；重要的地方，敌人驻有一个师、一个团、一个营、一个连，最少的也有一个排或一个班。例如平江的长寿街、龙门、嘉义岭、献钟、三眼桥、思村、安定桥、长田市;幕阜山的天岳关;浏阳县的白沙、东门、张家坊、达浒、官渡、沿溪桥、古港、双江口；铜鼓县的排埠、丰田、石桥、罗坊、胆坑、幽居、大燥;修水县的台庄、上杉、下杉、渣津、马坳、路口；万载县的小源、高村、株木桥；宜春县的慈化、桐木；湘鄂边的药姑大山；鄂东南的通山、九宫山、龙港、大畈等许多地方，都建有大小碉堡群，构成封锁线。在苏区的内地，如平江县黄金洞的三溪坳、汤塅、斗角尖、横岭、虎坳、分水岭、里半天、周坊、横江、浏阳坳；阳新、大冶两县交界的七峰山、大湾、小湾、龙角山、百庄园等地区，只要还住有群众的地方，敌人都筑上碉堡，安下钉子。对游击区或半游击区的中心点和周围，敌人也筑有碉堡，重重包围。仅以铜鼓为例，该县西北地区就有两套弧形的碉堡封锁线。一个大

的据点内，有一个中心碉堡和若干小碉堡，构成碉堡群。这样的碉堡群到处都有。在铜鼓县的东南地带，就有碉堡180座。其中，“军”字号碉堡126座，由白匪军驻守；“民”字号碉堡54座，由地主武装驻守。至于平江、浏阳、万载、宜春、修水、阳新、大冶、崇阳、通山、武宁等地，就更多了。真是贼胆心虚，处处设堡，步步为营，以堡壮胆。敌人扬言要“抽干塘里的水，活捉塘里的鱼”，企图以碉堡政策来割断我们与群众的联系，镇压苏区人民的反抗，堵截红军的活动，消灭革命的力量。敌人以碉堡为依托，大规模地向苏区进攻，每年数十次，每次七八天或十几天不等，主要是企图消灭我军主力部队、领导机关和破坏我根据地的建设。

二、推行杀光、烧光、抢光的“三光”政策。敌人的口号是“宁可错杀一千，不要漏掉一个”。他们进入苏区，不管男女老少，逢人便杀。杀人的手段极为残忍，骇人听闻，如刀杀、枪毙、开水灌、烧红铁棍通肛门、铁丝穿手心、钉手掌、钉脚掌、千斤吊、单边吊、火烧、烟熏、刀割、挖眼、钻子钻、躺钉板床、零刺碎刮等数十种。有的婴儿被敌人抓住两条小腿，活活撕为两半；有的群众被敌人用棉絮捆绑，浇上煤油，活活烧死；有的革命家属，被敌人以长矛穿头；有的同志被敌人活活剁为肉浆；有的同志被敌人剖腹，挖出心肝，当作下酒的菜；有的同志被敌人以烧红的铁盆，戴在头上烧死；有的群众被敌人强迫在烧红的砖上走，活活烧死；有的群众被敌人以滚热的开水烫死；有的妇女，被敌人集体强奸之后，割了两乳，以竹竿插入阴部，凌辱至死；许多幼女、孕妇和老太婆，也被强奸致死；许多群众被活埋、被吊死、被熏死、被打死，有的全家被杀，有的全村被杀。浏阳县双洞乡大光洞龙塘，一次活埋99；萤火洞一次活埋88，各地被活埋的不计其数。平江县连云山一带，老百姓被反动派杀得尸横遍野，几乎断绝人烟。反动派在临湘药姑大山一带，过去杀人以人头来计数，以人头来示众。以人头去报功，后来杀人如麻，就以耳朵来计数，以耳朵来示众，以耳朵去报功。有一次，仅

仅割下的耳朵，就有两萝筐。敌人就是这样丧尽天良，毫无人性！苏区的房屋、田园、茶山、竹林、木材和建筑物，有的被烧光，有的被摧毁。敌人见稻谷就抢走，见牛就拉走，见猪就杀掉，见鸡就抓走，见衣服就拿走，见锅就打烂，见灶就拆毁，见菜就拔走，甚至把未成熟的稻子也割倒。在敌人的杀光、烧光、抢光政策摧残之下，老苏区、老根据地人亡财尽，一片荒凉。如平江的辜家洞，在革命前有 700 多户，3700 多人，500 多栋房屋，300 多个纸棚，800 多个纸槽，1200 多亩水田，2 家油铺，30 家商店，6 所小学，经反动派的反复摧残之后，全洞无人烟，房屋只剩两间半，田园完全荒芜，茶山、竹林全部被毁，纸槽全部被破坏，使辜家洞变成了"孤家洞"。浏阳县的萤火洞，除了祖师崖一间破庙之外，全部民房被白军烧毁，片瓦不存，鸡犬不留，田里长着树林和芦茅，野猪豺狼成群结队，出没无常，晚间听到狼嚎虎啸，真是毛骨悚然！白匪企图以"三光"政策摧毁我们革命的群众基础，断绝我们红军的力量泉源。

三、强迫移民，实行经济封锁。敌人对苏区的群众，通通强迫迁移，有的移到敌人碉堡附近，有的移到县城，有的移到市镇或公路旁边。例如，平江县的黄金洞、芦头、白水、徐家洞、辜家洞一带的群众，就强迫移到长寿街、嘉义岭、献钟、三眼桥等地；浏阳县的大围山、石古山、金坑、桃坪、萤火洞、大光洞的群众，就移到白沙、东门、张坊、官渡、古港、浏阳县城等地。鄂东南通山县的九宫山、牛背脊、冷水坪；崇阳县的石门、东坑、西坑、杨家铺；阳新、大冶两县交界的七峰山、大湾、小湾、龙角山、百庄园；湘鄂边的药姑大山；万载的小源；宜春县的慈化等地的敌人，都是强迫移民。赶走群众，把苏区几乎造成无人区，企图断绝红军与人民群众的联系。敌人严禁白区和游击区的商人与苏区人民通商，用各种办法限制群众的行动，每年发一次"良民证"，凭"良民证"买盐、买油、买米、买布、买药品、买电池等生活必需用品。敌人对食盐的控制是特别严格的，游击区和边区的群众，每人每月只能买

二三钱盐。群众在商店买东西的时候，还受便衣特务监视。在回家的路上，被敌人一道又一道地检查，还要盘三问四，唯恐群众供给苏区物资，妄想断绝我们一切物资供应的来源。

四、实行保甲制度和联防政策。敌人为加强控制和镇压边缘区、游击区及其统治区的人民，实行了严密的保甲制度和联防政策，五家一联，十甲一保；一家“通匪”，十家“连坐”；一家“窝匪”，十家“同祸”。敌人以罚款、坐监狱、杀头等手段威胁、压迫人民，限制群众的行动。联保主任是掌握反动政权的，是几保之长，因此，国民党反动派指定地主、富农或叛徒担任，并且有少数的反动武装，以维持其反动政权。多数的保长也是反动分子担任。为了迷惑群众，甲长是强制人民群众轮流担任的，限期向联保主任和保长作报告，通消息。敌人还规定人民群众不准接近红军，不准接近苏维埃的工作人员，并强制各家互相监视，企图孤立我们，断绝我们与人民群众的血肉联系。

五、利用叛徒，进行“招抚”。湘鄂赣边的敌人，利用大叛徒孔荷宠，纠集了大小叛徒和走狗2000多人，分驻在修水、铜鼓、平江的苏区和游击区的周围，设立“招抚”机关，散布各种谣言，张贴反动布告、标语和宣言，说什么红军消灭了，什么干部投降了，什么地区垮了，耀武扬威地配合国民党进攻苏区，并采取各种威胁、利诱的办法，使政治不坚定的分子和阶级异已分子投降叛变。敌人进攻的时候，他们深入苏区边界，四面侦察，收集情报，带路进山。这些叛徒对革命危害甚大，他们了解苏区和红军的干部、组织、装备、工厂、机关、医院等情况，知道人民群众中什么人参加红军了，什么人掩护伤员了，什么人给红军送信、带路了，等等。敌人依靠这些叛徒，实行软硬兼施的反动政策，配合军事进攻，企图瓦解我苏区人民政权和红军部队。

敌人就是这样惨无人道摧残湘鄂赣，洗劫湘鄂赣，屠杀湘鄂赣的人民，使湘鄂赣苏区纵横数百里的山区根据地，人烟断绝，田园荒芜。敌人的阴谋和暴行，真是数不清，写不尽。血债累累，罪恶昭彰。

有利的条件　坚强的信心

湘鄂赣苏区的人民，在强大的敌人反复不断地进攻和“围剿”的情况下，湘鄂赣的红军主力十六师，在长期斗争中，打了许多胜仗，也打了一些败仗，力量时强时弱，斗争时起时伏。特别是1934年六七月间，红十六师在修（水）铜（鼓）宜（丰）奉（新）边的龙门山，与白匪主力五十师等敌人的战斗中，受了重大损失，唯一的电台也被打掉了，与我党中央失去了联系。在这样的情况下，能不能坚持湘鄂赣苏区的革命斗争呢？如何坚持革命斗争呢？这是当时摆在我们面前迫切需要解决的重大问题。对这个问题的看法，有的人认为困难重重，无法坚持。但是，在省委领导下，认真分析了敌我形势，绝大多数同志都有充分的信心粉碎敌人的进攻，决心把革命斗争坚持到底。

从总的形势来说，1931年九一八事变以后，国内抗日形势迅速发展，全国人民普遍要求抗日，整个政治情况不利于反动派继续进行内战。特别是红军主力和其他苏区的红军胜利长征北上抗日，这是当时革命形势的重大变化，它不但鼓舞了苏区人民的斗争意志，而且鼓舞了全国人民建立民族统一战线，进行抗日斗争的信心和决心。因此，湘鄂赣苏区的革命斗争不是孤立的，它与全国各地的红军战斗行动，和全国人民的反对帝国主义、封建主义及其走狗国民党反动派的革命斗争，是密切相连的。同时，湘赣、湘鄂西、鄂豫皖等苏区，还坚持着游击战争。在这种形势下，是有利于我，不利于敌的。

从党的领导来说，自大革命以来，湘鄂赣苏区的人民，一直是在党的领导下，坚持与反动派进行斗争，有着光荣的革命传统和武装斗争经验。在大革命时期，动员人民支援北伐部队作战，战胜了北洋军阀；1927年毛主席曾亲自组织领导这个地区的人民，举行了具有伟大历史

意义的秋收暴动；1928 年 3 月，平江县 20 万工农群众英勇大扑平江城；同年 7 月 22 日，彭德怀、滕代远、黄公略等同志举行了著名的平江起义；1929 年 12 月，阳新、大冶举行了兵暴；1930 年 8 月，10 余万工农群众配合中央红军攻打长沙；在农村中进行了大规模的打土豪、分田地运动，封建势力被打倒，反动政权被推翻，数千万工农劳苦群众已广泛组织起来，建立了农民赤卫队，紧紧团结在党的周围。共产党和毛泽东、朱德等同志，在广大劳动人民中有崇高的威信。湘鄂赣省委的集体领导是坚强的，凡是重大问题都经过集体讨论，贯彻了群众路线。党的许多干部是土生土长，从长期残酷的阶级斗争中生长起来的，与群众有密切的联系，对敌斗争英勇顽强，对党的路线和政策忠心耿耿，坚决执行。在敌占区，也有我们党的秘密组织，领导群众，配合红军，进行革命斗争。

从群众的情况来说，湘鄂赣边的人民，在地主、富农、土豪、劣绅和军阀的压迫剥削下，吃不饱，穿不暖，饥寒交迫，他们要翻身，要解放，要革命。经过长期的武装斗争和苏维埃运动，特别是废除了封建占有制度，实行土地革命，苏区人民分得了土地，得到了利益，广大人民的政治觉悟空前提高，与共产党和红军建立了深厚的感情和骨肉的关系。他们把自己的亲人送到部队当红军；他们有粮自己不吃，送给红军吃；他们冒着生命危险，给红军送情报，掩护红军，收养伤病员；敌人要山区人民迁移，有的群众就在山上藏起来。人民与红军心连心，拧成一股绳，敌人越残酷，人民越坚强。我可以从千百个事例中，举出这样的一个事例：有一次，夜间我带着数百人的部队，从平江县的嘉义与长寿街之间的大水塅过河到咏生县（这是为纪念高咏生同志牺牲而定的新县名），中途天亮了，我们就隐蔽在大水塅一带的村庄里，周围敌人的碉堡林立，我们随时有被敌人发现的可能。当地群众为了掩护我们的安全，都动员起来了，有的做饭给我们吃，有的出去监视敌人。如派出一部分人轮流在敌人碉堡周围的田间做活，借此来警戒碉堡里的敌人；另

一部分人，就轮流挑柴或其他物品到嘉义和长寿两个镇去卖，借以监视镇上的敌人；还有一部分人留在家里，分头磨豆腐、杀猪，热情慰问我们。群众说:“牺牲我们一个人、一家人没关系,只要红军和苏维埃存在,大家就都有希望！”我们依靠这样好的人民群众，无论在什么艰难困苦的条件下，都能坚持到革命斗争的胜利。

从党的武装力量来说，湘鄂赣苏区的红军，是在长期的群众性的革命斗争基础上发展起来的，是按照毛主席的建军原则建立起来的。有党委的集体领导，有严明的三大纪律和八项注意，具有官兵团结、军民团结、军政团结、艰苦朴素、英勇作战的优良传统作风。特别是注意团结群众，红军与人民的关系真是血肉相连，情如鱼水。在红军中曾有这样的口号：“宁愿自己饿死，也不愿脱离群众。”有一次，部队在很长时间没有饭吃的情况下，突然吃上了一顿饭，上级随即追查从哪里来的米，查出是一个司务长从群众那里弄来的。查出之后，立即向群众作了赔偿。因违反群众纪律，本来要处分这个司务长，但群众再三恳求不要给处分，认为红军流血牺牲，都是为了我们。他们说，吃饱了饭，才能坚持斗争，消灭敌人，为人民除害，为什么还要处分呢？群众见红军在这样艰苦情况下，纪律这样严明，很受感动。红军战士许多是分得土地的农民和劳苦群众，因此，都很自觉地遵守群众纪律，主动地做群众工作。在战斗中，一动员，都报名，都举手，每个人都不怕牺牲，勇敢作战。尽管在战斗中被冲散了或行军时掉了队，一个人也能独立坚持斗争。有一次，在修（水）铜（鼓）宜（丰）奉（新）边地区战斗中，一个司号员掉了队，他一个人就做群众工作，带领群众打土豪，坚持了两年斗争，后来又回到了部队。我们有了这样一支具有高度阶级觉悟的人民军队，就一定能够战胜敌人。

从地理条件来说，湘鄂赣苏区有 20 余县，位于罗霄山脉前段，在湘东有黄龙幕阜山、连云山；在鄂东南有九宫山、七峰山；在湘鄂边有药姑大山；在赣西北有龙门山、黄茅山。山大林深，是我们的好阵地，

它使我们可以隐蔽，可以周旋，可以伺机出击敌人，可以长期坚持斗争。它不但是我们的天然后方，而且是我军的有利作战阵地。在山区中，我们除了有平江县的黄金洞，通山县的九宫山，湘鄂边的药姑大山，万载县的小源、高村，修铜宜奉边的铜官山等根据地之外，在苏区边沿，还有若干小块游击根据地，作为外围的支撑点，它既可以牵制、分散敌人的兵力，又可以作为我们向敌后进攻的桥梁。

从敌人的情况来说，他们内部矛盾重重，省与省、县与县之间，封建军阀势力之间，经常明争暗斗，勾心斗角。在三年游击战争中，尽管敌人实行联合“进剿”，但由于他们各自保存实力，相互倾轧，因此，他们之间思想是不统一的，行动是不一致的。就拿对苏区的进攻来说，有的出动得早，有的出动得晚，时间不一，行动不一，会合不一，矛盾多端，我们就利用这些矛盾，各个击破敌人。敌人虽然碉堡林立，但兵力分散，很难机动配合。敌人的强迫移民和“三光”政策，实际上也增加了他们自己的困难。敌人大部队入山，山区一片荒凉，供应困难，他们不能吃苦，不能长期“驻剿”；敌人小部队入山，容易被我们消灭。特别是敌军与人民、军官与士兵、上级与下级、前方与后方、主力与地方、军事与政治，都是矛盾重重，无法解决，我们就充分利用这些矛盾，坚持斗争，打击敌人。

上述的条件说明，我们有充分把握坚持湘鄂赣苏区的革命斗争。但是，这些有利条件，有少数人是看不到的，他们夸大了困难，忽视了有利条件，过高地估计了敌人的力量，过低地估计了人民的力量，对革命事业抱着悲观失望的情绪，以至动摇叛变。如方步舟、温景惠、张玉清等人，投降敌人，叛变了革命就是例子。我们党和人民，对这些叛徒进行了坚决的斗争，革命历史已给了他们应有惩罚。我们由于在政治上坚决惩办了叛徒，反对了悲观失望和消极动摇，因而就进一步巩固了党的组织，团结了干部，教育了群众，为坚持三年游击战争奠定了政治思想上的胜利基础。

革命的武装　胜利的保证

为了坚持革命斗争，湘鄂赣省委遵照党中央的指示和毛泽东同志的军事思想，抓紧有利时机，放手发动群众，动员了一切力量，补充、扩大红军和游击队。党和人民知道，没有革命武装，就没有人民的一切；有了革命武装，才能战胜强大的敌人，才能保卫红色政权，发展我们的苏区和游击区，夺取革命的胜利。

1934 年 6 月，省委领导机关转移到修、铜、宜、奉边界，并以此作为根据地。这个地区过去是苏区。虽然分过土地，但不久地主就把土地夺回去了；党的组织较薄弱，党员的数量也不多，当地干部较少；地形不利，接近平原，地主反动势力较强。红十六师在这个地区的龙门山，遇到白匪主力五十师的进攻，由于敌众我寡加上指挥上的缺点，我们损失很大。省委称这一失败为“六七月事件”。这时，省委机关被迫又转回平江黄金洞。省委召开了紧急会议，总结了这一事件的经验教训，并决定恢复红十六师，省委书记陈寿昌同志，将我从浏（阳）宜（春）万（载）地区调回来。当时，我是省委副书记，调回省委以后，又派我到鄂东南去组织和发展地方武装，扩大红军队伍。

我于 1934 年阴历 8 月中旬，带了七个人的短枪队去鄂东南。8 月 13 日路过通城盘石，在通城县的云溪山上群众家里住了一天。当天黄昏的时候，来了 200 多个敌人，占领了我们住的村子后山，山上的敌人正在向村庄前进，再有 3 分钟我们住的村子就要被包围了。这时我正“打摆子”（发疟疾），但不敢迟疑，当敌人乱嚷嚷，喊“前进呀！前进呀！活捉呀！活捉呀！”的时候，我们八个人一冲出门就打死了先头的十几个敌人，敌人正在发懵的时候，我们乘机突围出去了。因为是晚上，我们八个人被冲散了四个，还有三个同志跟着我走，其中就有韩石生同

志。另四个同志冲散后，回到黄金洞省委机关去了。我们继续前进，绕过通城县城，到了湘鄂边的药姑大山，见了中心县委书记钟期光同志。住了两个晚上，湘鄂边的县委派了游击队，护送我们过了崇阳河。到了崇阳县，县委书记黄全德同志，又派游击队护送我们到了通山。在通山县的冷水坪，见到了湘鄂赣军区参谋长严图阁同志，我将省委的决定向他们传达清楚之后，随同严图阁同志带着这支部队向通山、崇阳、临湘、平江方向行动，经过平江的伍公市、新墙、新市街、南江桥等地，连续打了几个小胜仗，缴获了100多支枪，捉了七八十个俘虏兵，打了些国民党的县、区、乡政府和土豪劣绅，缴获了一些武器装备和大批的物资。在这次行动中，沿途又动员了一些群众参军，部队扩大到1100多人，红十六师的队伍又搞起来了。在平江县的南乡斑鸠坳，会合了湘鄂赣省委书记陈寿昌和军区司令员徐彦刚同志。当时，就把部队交给陈寿昌、徐彦刚同志，他们很高兴。寿昌同志责任心很强，坚决要到前方去。当时我说："我到前方去，我比你身体好。"彦刚同志也想和我一道同去，寿昌同志没有同意。陈寿昌同志自己坚决要去，并指定我代理省委书记和军区政委。1934年11月份，他们继续向鄂东南行动，路经献钟，打了一仗，没有打好，损失了一二百人。这一仗以后，就到了通城、崇阳之间的老虎洞，又打了一仗，红十六师又损失了一些，特别是陈寿昌同志在这次战斗中光荣牺牲了，这是党和人民的重大损失。陈寿昌同志是1934年1月8日，由中央派来湘鄂赣省担任省委书记兼军区政委。在将近一年的工作中，寿昌同志工作积极，学习努力，作战勇敢，和同志的团结很好。寿昌同志的光荣牺牲，我们永远怀念他。

寿昌同志牺牲以后，省委在黄金洞的杨雀坦召开了会议，决定由我代理省委书记兼军区政委；同时，对红十六师的恢复和扩大，作了决定。根据省委的决定，把扩大红军工作列为当时压倒一切的中心任务。因而，1934年11月中旬，省委作了一个半月的动员工作，主要是动员平江、

浏阳、铜鼓、修水各县老区群众来参加部队。一个半月的时间，动员了300多人，成绩较好的是江渭清同志领导的扩红突击队。在1935年1、2、3月间，省委又制订了扩红战斗动员计划；5月份，又订了一个红5月扩红冲锋计划。当时，省委号召最好的党员、最好的干部到红军中去，去掌握红军部队。地方干部非常积极，苏区群众踊跃参军，出现了许多父母送儿子，妻子送丈夫参军的动人事迹。平江县黄金洞的易丙凤老大娘，把自己唯一的儿子送去参加红军，临走的时候，连洗换的衣服都没有，老大娘只好把仅有的一条床单交给儿子，儿子坚决不要。最后，母子各分一半，儿子带着半条床单参加了红军。这就是苏区盛传的“半条床单”送子参军的故事。群众参军的热潮很高，以参加红军为无上的光荣。群众中普遍流传着这样的歌谣：

当兵就要当红军，
背起枪炮打敌人；
不分官兵都一样，
没有人来压迫人。

当兵就要当红军，
退伍下来不愁贫；
会做工的有工作，
会耕田的有田耕。

当兵就要当红军，
处处群众都欢迎；
无产阶级团结起，
我们万众一条心。

经过这半年的突击扩红运动，放手发动群众，共动员了1500多人，编为红十六师的四十七团。这一段的扩红工作，成绩是很大的。

在这个时期，红十六师在前方也打得很好。1935 年元旦，一开始就打了个胜仗，俘虏了 28 个敌人，缴获了 28 条枪。部队继续向鄂东南行动，白匪五十师岳森部的一个团，由修水的芦坊向大源开进，恰在修水与崇阳交界的大源附近与我军遭遇，被我军迎头痛击，缴获重机枪五挺，步枪 300 余支，弹药一批，俘敌 200 多人。大源战斗不久，敌人一〇五师刘多荃部，由崇阳县开到铜鼓岭，派了一个连向高枧游击，侦察地形。由于我们没有和敌一〇五师作过战，不了解他们的作战底细，因此开始我们没有轻率地触动他们。我部隐蔽在高枧对面山的森林中观察，见敌人行动迟缓，用枪作手杖，扶着上山。徐彦刚同志判断他们不习惯山地作战，于是派出一个营，隐蔽下山，迂回到敌人的侧后，实行突然袭击。不到半小时的战斗，该连大部分被俘，只有一个排长带着两个班逃回碉堡固守。当时，我们从俘虏兵中了解，该部系东北张学良的部队，对蒋介石不满，不愿到南方来同红军作战。于是，我们就进行政治宣传，争取他们投降。并派俘虏兵带信给那个逃回碉堡的排长，告诉他们，我们工农红军是为劳苦大众闹翻身求解放的，是打日本帝国主义的，我们不杀俘虏，只要投降，放下武器，我们就给予优待。经过宣传动员，那个排长带着两个班也投降了。这一次，敌人的侦察连全部被俘了。我们缴获轻机枪十挺，步枪 70 余支。我军为了扩大战果，进一步瓦解敌军，扩大政治影响，向这个被俘的全连官兵进行了教育，并杀猪优待。第三天，让该连连长率领全连官兵徒手返回崇阳县城。我们优待俘虏的政策，给敌一〇五师的影响很大。不久，国民党的武汉行营，派了一个什么高级参谋，带一〇五师的一个营来到高枧，调查缴械情况。当这个营进到高枧峡谷休息做饭的时候，我军乘机占领高地，向峡谷的敌人发起猛烈攻击。在这样出敌意料之外的袭击下，敌军晕头转向，狼狈溃退。在我军猛烈追击下，该营全部被歼，敌高参被俘，营长被我军击毙。在这次战斗中，我们缴获轻机枪 36 挺，步枪 200 余支，俘虏 200 余人。俘虏经过政治教育，大都参加了红军。这就使我红十六师的

装备加强了，部队也扩大了，全师由三个营扩编为四十六、四十八两个团另一个特务营。

经过几次战斗胜利之后，红十六师转到平江黄金洞，进行了短期休息整训。这个时候，四十七团也恢复了。部队战斗情绪旺盛，无论军队或地方的同志都兴高采烈。1935 年 4 月间，红十六师乘着这个有利形势，继续向鄂东南行动，经过长寿街附近往虹桥去。住在长寿街的敌人十九师成铁侠旅两个团、湖南两个保安团，跟踪追击我们。这个旅是敌人吹嘘的所谓“常胜军”，他们吹牛皮说“这次要活捉红十六师的人”。他们每个人都带有一根绳子，说是要来绑活的。为了歼灭尾追的敌人，红十六师在徐彦刚同志指挥下，在平江虹桥埋伏起来。虹桥以前是苏区，敌人占领后，变为游击区了，但是群众斗争情绪很好。虹桥后面一带有一小高地，约有 300 公尺长，200 公尺高，过去敌人构有防御工事。虹桥正前方是一大片开阔地，道路交错，田野纵横，中间有一条小河，可以徒步。2000 公尺外是丘陵起伏地带，通向长寿街，地势很好。我们看完了地形之后，召开了全师连以上干部会议，研究歼灭敌人的办法，又以支部为单位开了党、团员大会，以连为单位开了士兵会，发扬军事民主，讨论了具体打法。当晚，即由地方党组织向长寿街、木瓜方向，沿途派出侦察；红十六师向虹桥、梅仙方向，派出武装侦察小组。拂晓，进入了阵地，第四十八团二营及师部重机枪连，在虹桥后山一带小高地，利用过去白军所构筑的防御工事，布置阵地，作为正面防御；师部和四十六、四十八两个团以及特务营，集中隐蔽在虹桥后山东侧的高地鞍部森林中，准备从敌人侧后面突击。当天上午 10 时左右，敌人来了，分两路进攻，一路直攻虹桥，一路从虹桥之西攻击后山两端高地。战斗打响了，敌人向我高地防御阵地猛扑。我第二营凭借工事，用短兵火力杀伤敌人，把敌人压制在地上不敢抬头，并以反突击的办法，将敌人打下去。四连指导员王访贤二次反突击负了重伤，坚决不下火线。敌人的主力部队，被我二营吸引，脱离了阵地，进入虹桥前面的开阔地带。

这时，我师主力部队，以猛虎下山之势，突然直扑敌人侧后，进行猛攻，顿时杀声震天，在开阔地面上，大量地杀伤敌人，敌人纷纷向后逃命。这时，我军 40 余挺轻机枪、四挺重机枪，集中火力，猛烈扫射正在溃逃的敌人。在弹雨中，敌人死伤狼藉。我军在这次战斗中，缴获敌人各种枪 400 余支，俘敌 500 余人。敌人带来的绳子，全部用来绑他们自己了。

虹桥战斗之后，红十六师又回到黄金洞，目的是想拔掉敌人在黄金洞虎坳的大碉堡。这个碉堡，位于我苏区的心脏地区，对根据地威胁很大，敌人在这里约有一营的兵力，筑有坚固工事，周围设有一层又一层的鹿砦工事，几道壕沟，还有铁丝网。我们打了一个晚上，因地形险要，就没有硬攻，稍作休息，继续向鄂东南行动。这个时期，红十六师已有 50 余挺轻重机枪。战士们斗志昂扬，提出口号："开花子（爆炸子弹）要留打三百团"，这是指敌五十师的三〇〇团，这个团对苏区人民和游击队进攻最残暴，我红十六师也吃过它的亏。因此，战士们对他们仇恨很深。部队到了鄂东南的三界尖，恰恰遇到了三〇〇团和三〇一团。这时，我军一个冲锋就搞掉了敌人的重机枪营，敌人两个团一下子被我军击溃了。原来留下的"开花子"，这次就全部用上了。

1934 年下半年到 1935 年上半年这段期间，正是白匪集中主力，大举进攻我中央苏区的时候，湘鄂地区，敌军力量比较空虚。在党委领导下，红军和地方干部，抓住了这个有利时机，采取积极行动的方针，发展了自己的武装力量；扩大了红军，连续打了好几个胜仗，牵制了部分进攻中央苏区的敌人。红十六师经过几次战斗的胜利和地方几次动员补充，发展壮大起来了，全师发展到 5000 余人，游击队发展了，苏区也有很大的恢复。这时部队士气大振，苏区广大人民莫不欢欣鼓舞，兴高采烈。这是三年中的全盛时期。

艰苦的斗争　严峻的考验

1934 年六七月到 1935 年五六月间，一年的光景，红十六师连续进行了大小数十次战斗，特别是在虹桥、高枧战斗，取得了重大胜利以后，极大地鼓舞了广大群众。这个时候，省级机关转移到平江南江桥、虹桥地区，集中了许多干部，开展了南江桥一带的苏区恢复工作。红十六师也集中在这里，进行了一个多月的休息和整训，并演习攻打碉堡和其他战术动作。正在这个时候，白匪进攻中央苏区的部分主力部队，如汤恩伯、樊松甫等，于 1935 年 6 月，就转移到湘鄂赣苏区，配合驻在湖南的长沙、平江、浏阳，江西的万载、铜鼓、修水，湖北的通城、崇阳等县的敌人，向我进攻的矛头都集中指向南江桥，针对我军驻地，形成了严密的大包围圈。周围的封锁线是一层又一层，大小数十道，进攻我们中心点的就有七道，建立了无数的碉堡，把山挖得稀烂，把树砍得精光，大小道路都设有防御工事和障碍物，真是把地形都改变了。敌人的总兵力大于我们数十倍，企图一举全歼我们。更严重的是，我们当时很长时间还未发觉，直到敌人的大包围快要形成的时候，我们听到黄金洞、浏阳的老百姓反映说:“那个部队挑炮弹、挑子弹的很多，都是担子队伍，真是打不得。” 这时，我们才发现敌人主力来了，情况严重，已被包围。在大于我军数十倍的敌人严密包围之下，是突围保存有生力量呢，还是死守拼光呢？战争无情地向我们提出了这样的生死存亡的严重问题。我们知道，只有突围，才能生存，才能发展。省委决定，我们要打出去，突围出去。当时决定突围的方案有两个，一个方案是：由钟坪、南江桥出发，经过修水突围，到修、铜、宜、奉边，一直到高安、奉新，打开几个县份，开展一个苏区，停个把月，视情况变化，能立足就坚持下去，如果情况实在严重，就沿罗霄山脉暂时到湘赣，以至中央老苏区，然后

再视情况，打回湘鄂赣来。这一方案如果不能实现，则由通城到崇阳，从通山、阳新、鄂城过长江，到鄂豫皖的大别山。如果在湖北不能突围过长江，就改由修水、武宁到赣西北的永修、瑞昌、德安。突围计划决定后，经过一星期的准备，就开始突围。

我们部队和省级机关采取了第一个方案突围，一到了修水县的渣津西北一带，就遇到敌人严密封锁。在白天组织突围，当时没有火炮，把机枪集中起来，攻打敌人的碉堡，而敌人有几道封锁线，构成严密的交叉火网，我们硬冲了几次，伤亡很大，冲不过去，一道封锁线也没有突破，而且敌人第四师从通城方面赶来增援，敌人增加了兵力，阻力很大。当夜，我们只好返回白沙桥，同敌人的第四师打了四五个钟头，打到半夜里，敌人的照明弹打来了，许多战士当时还不晓得这是什么家伙。我们在山上，敌人在山下，这一仗敌人死伤很多，我们也有 300 多伤员。当夜，我们决定改用第二方案突围，部队进行了动员，开始行动，过了幕阜山的天岳关，转到通城县的盘石和云溪一带，把 300 多个伤员，分散安置在这一带群众家里，在这里决定分三路由通城的麦市突围。军区司令员兼十六师师长徐彦刚同志，带四十六团为中路，走在前面；我们省级机关省保卫大队组成的特务团随着前进。军区参谋长严图阁、军区副参谋长郭子明、省委组织部长刘玉堂带四十七团为右路；十六师政委方步舟（后来叛变）、师政治部主任钟期光、副师长魏平带四十八团为左路。夜里没有星光和月亮，伸手不见掌，漆黑一片，部队从通城的麦市与修水之间突围，要通过由麦市到通城的一条河。结果，中路的四十六团突过去了；省级机关的特务团，因夜里行军中途休息的时候，有一个理发员睡着了，跟着他后边的人也睡着了，前面部队走了，他还不知道。当发觉后，立即赶上去，但在过河的时候，天亮了，敌人的机枪封锁突围地带，特务营的营长刘海山同志牺牲在河里，我们突不过去。四十八团除掉队一个连以外，都突围出去了。右路四十七团没有突得过去。

第二天早上，我们带着省级机关的特务团转回云溪石岭，会合了四十七团，收容了四十八团掉队的那个连，共有 1700 余人。正在这个时候，敌人来了两个师，一个师从白沙岭来追击，一个师从天岳关来堵击我们。我们在云溪山岗上，从北向南走，敌人在云溪山下的山沟里，从南向北走，我们走下山坳里，截击敌人的队尾，打死他几个，缴了几条枪，部队继续翻山越岭，同敌人迂回。翻过幕阜山，由于日夜爬山战斗，部队疲劳得很，又饥饿得很，但是斗志顽强，积极寻找战机，回击敌人。第三天通过洞口，截击敌人一个运输队，得了几担米充饥。第四天转到平江县周坊、横江山区，敌人的飞机在我们头顶上追击扫射，敌人的地面部队前堵后追，大包围又加上小包围，燕岩、团头、三眼桥、钟洞的敌人，从四面八方出来围攻，情况更加严重。我们部队又累又饿，少数人议论说："往哪里走呢？"个别人动摇了，有一个名叫王武银的营长悲观地说："我们完蛋了，这还不是被消灭！"有的说："我们能救出十分之三吗？"正在这个危急的关头，驻平江三眼桥的那个什么白匪团长，写了一封诱降信，欺骗老百姓送来，这个家伙在信上说：

傅秋涛先生：

你们被我们中央军打得七零八落，你率残部想逃窜哪里去！本部从三眼桥至献钟 15 里，配置了七营，看你们从哪里通过。希你率部属人员携械前来投诚，才是生路。本团长秉中央以宽大为怀、既往不咎之精神，不加过问，还可嘉奖。如果执迷不悟，只有死路一条，悔之晚矣。莫谓言之不先，望三思之为要。

这个家伙，像疯狗一样，他真是癞蛤蟆想吃天鹅肉，异想天开。我们用敌人的信，揭露了敌人的阴谋，教育了部队，加强了战士们的战斗决心。我们说："对付敌人，一是斗，二是斗，三还是斗，没有坚决的斗争，是不能战胜敌人的，哪怕剩下一个人，一条枪，也要打出去，突出去就是胜利！"我们通过党的组织，开展了政治教育工作，一个一

个地进行动员，并选择了三眼桥和燕岩之间我们最熟悉的地方，趁夜突围。我们接受了上次突围的经验教训，加强了组织工作，又下了流血命令，宣布“谁害怕犹豫动摇，谁受军纪制裁，只有前进，才是出路”。对王武银等动摇分子，我们收了他的枪，并派人监视他。省级机关干部，分配到各连队去，加强政治工作。并规定：行军中要肃静，要轻步，不掉队，不说话，不吸烟，不打电筒，遇敌要沉着，坚决给予迎头痛击。队伍的组织是：特务团为前卫，由梁金华、王得胜等同志率手枪队、保卫队开路突围；机关干部为本队；四十七团为后卫。部队出发了，1700多人的队伍，静悄悄地，一个紧跟一个，通过了三眼桥和燕岩之间的大路，穿过了六七个土围子和碉堡，越过了敌人在路上布置的重重障碍，渡过了雪家滩的那一条河，胜利地突围了。除了保卫队的一个同志带了轻花，我的爱人省委妇女部长曾湘娥同志牺牲之外，再没有伤亡了。碉堡里的敌人，将鹿砦烧起来照明，乱打枪，乱扔手榴弹，乱喊活捉，但他们在夜里就不敢出“乌龟壳”。敌人的包围被打破了，我们的突围计划实现了，反动派的诱降阴谋被粉碎了。

我们突围过河之后，到了爽源正在搞饭吃的时候，敌人又追上来了，追了几十里路，敌人大部队停下来了，只派一个营，紧紧跟在我们后面，一直追到了芦洞。我们就依靠芦洞高山有利地形，转过头来，把敌人打下去，缴获一些枪支和手榴弹，敌军狼狈逃跑了。此后，我们省级机关回到黄金洞，决定部队由严图阁同志带着，向浏阳、长沙到醴陵附近，深入敌后，开展活动，打土豪，消灭国民党区、乡政权。这一支部队，就成为我们坚持三年艰苦游击战争的骨干。

徐彦刚、魏平等同志带了四十六、四十八两个团，在通城突围之后，因敌人追击我们，他们当时没有遇到大股敌人的追击，就在鄂东南的通山县高湖地区，恢复和发展了苏区，取得了一些胜利。他们在那里停了一个时期。进攻我们的敌人，找不到我们以后，就转向追击四十六和四十八团了。这时，徐彦刚同志带四十六团，由太子庙、海口镇渡长

江的时候，打了一个败仗，没有过江，即乘船转到赣西北的瑞昌，在一次战斗中挂了花。转到靖安、永修地区的时候，徐彦刚同志把部队交给团政委明安楼同志，并嘱咐他说：这是我们党的革命本钱，你把这个部队带回黄金洞，交给党、交给湘鄂赣的人民，坚持下去。彦刚同志带一个通信排，到云居山治伤去了。结果，随徐彦刚同志的一个营长叛变了，带着敌人的便衣队，用锄头打死了彦刚同志。这是湘鄂赣人民的又一重大损失。彦刚同志军政双全，是我们党的好干部。湘鄂赣人民对彦刚同志的牺牲，表示了十分悲痛，决心坚持斗争，为他复仇！后来，四十六团剩下的六七十人，三挺轻机枪，由明安楼同志带回黄金洞。

至于由通城突围出去的四十八团，在渡江时与彦刚同志分开了，他们在返回阳新的时候，正遇到敌人主力部队，重兵压来，部队遭到很大损失。我回到黄金洞时，即派刘玉堂同志带手枪队去联络四十八团，只见了钟期光、魏平、谭凤鸣、杨建新等 16 个同志，后来，我在鄂东南地区也和他们见了面，我们互相勉励说："不要灰心，只要留得青山在，不怕没柴烧。"

一年来，艰苦经营起来的红十六师的四十六、四十八两个主力团，遭到了损失。这次突围事件，给我们的教训很深。主要是我们没有及时看出红军主力长征，敌人大举进攻苏区形势的急剧变化，大块的根据地要转变为小块的根据地，规模较大的对立作战，要转变为游击战，老的局面要转变为新的局面，老的斗争方法要转变为新的斗争方法，这种急速的转化，我们没有及时看出来，及时适应这种形势的发展，还是以过去的老观念、老方法来对付敌人，缺乏应有的警惕。特别是当红十六师取得几次重大胜利之后，有些麻痹轻敌。这个时候，红十六师的三个团，本应分散轮流休整，而采取了集中休整的方法，对于进攻江西中央苏区的白匪主力，会转回来进攻湘鄂赣苏区，事前没有作出应战的准备，以至大敌临头，失了主动权。这种及时的转变，是关系着我们生死存亡的重大问题，转得过来就能生存，就能发展，转不过来或转过来了行动不

积极，就有被消灭的危险。我们被形势所逼，被动地转变，这是一个深刻的教训。

光辉的思想　力量的源泉

突围之后，湘鄂赣苏区的局面更加恶化了。敌人由大举进攻转入了分兵、分区、分期的“清剿”，一个月一次、二次、三次不等。敌人把湘鄂赣地区划分为三大“清剿”区，每一个区都有一定的指挥，一定的兵力，一定的任务，一定的碉堡和封锁线。实行以铁路为柱，公路为链，碉堡为锁的所谓“囚笼”政策。50户以下的村庄建立两个以上的碉堡，“进剿”更加频繁，“驻剿”更加突出了。

第一“清剿”区，敌人以平江、浏阳、铜鼓、修水边区为主，中心点是平江县的黄金洞、义江、芦洞、辜家洞、徐家洞、白水、胡坪、周坊、横江；浏阳县的大江洞、荧火洞、金坑、桃坪、大围山；铜鼓县的双坑、幽居；修水县的台庄等地，由罗霖指挥，配备敌十五师、四师、七十七师、六十三师、十九师，湖南的几个保安团和七个大队，另外还有一个叛徒编成的特务队。

第二“清剿”区的中心是阳新、大冶两县交界的七峰山、大湾、小湾、龙角山、百庄园；武宁、通山交界的九宫山、三界尖、冷水坪；临湘、岳阳交界的药姑大山等地，由陈继承指挥。配备敌四十师、三十师、三十五师另一个纵队，还有地主反革命武装。

第三“清剿”区，以万载、宜春为主，中心点是万载县的小源、株木桥，铜鼓的高村，宜春的慈化、桐木，修、铜、宜、奉边的铜官山等地，由谭道源指挥，配备敌十六师、十八师、五十师，江西省的保安团。此外，每县还有一个保安团和地主反动武装。

敌人在“清剿”区之内，大举砍树烧山，企图造成我军无隐蔽之

地。有时“清剿”区之间，实行联合“清剿”，越过了省与省、县与县、支点与支点之间的界限。这样，我们利用边界矛盾，就比过去更困难一些了。敌人除了分区“清剿”以外，还配备叛徒分子，背带干粮深入山区，坐山“驻剿”。在小块的苏区或游击区，敌人用精干的小部队，进行打埋伏，搜山；在较大块的苏区或游击区，就配备较多的兵力，在山区的大小道路，都实行封锁，每个路口至少就有一个班把守，敌人以打游击的方式，偷袭我们的县、区机关和后方工厂、医院。敌人有时以叛徒化装小贩或化装砍柴，暗藏短枪，遇我们的同志，就突然射击或活捉。敌人常常捉摸不到我们神出鬼没的行动，害怕我们打埋伏，就到处打冷枪，投手榴弹，乱喊:“在这里！看见了，看见了！活捉呀，活捉呀！”或者高声喊：“走吧，没有了。”他们在一阵虚张叫喊之后，就偷偷地埋伏下来了，诱我们暴露，以便突然袭击。有一次，省级机关转移到九岭枫树坳底下的抛石的时候，天刚拂晓，就遇到敌人包围搜山。我们分散隐蔽在森林中，敌人不敢深入，就到处掷石头、打枪、叫喊、吹哨子，嚷了半天就静了下来。我们有一个炊事员，以为敌人走了，就出去了，结果遭到敌人的冷枪，光荣牺牲了。有时敌人带狗搜山，山沟、草丛都搜到。所以，我们的机关、工厂和部队，每次行动的时候，都要十分警惕，要四面八方望一望，山前、山后、山左、山右，听一听有什么动静，看一看有什么人影，对一堆石头也要留心，特别是转弯抹角的地方，更要注意提高警惕，随时准备战斗，如果稍麻痹大意，就有遭到突然袭击和被捕的危险。

敌人除了在军事上反复不断的“清剿”之外，在经济上更加严密封锁，限制粮食买卖，限制供应群众日常用品，有时还采取便衣跟踪的办法，破坏我们的粮食供应线；在政治上，尽量利用叛徒进行“招抚”诱降活动，或者化装为红军和苏维埃工作人员，试探群众的政治面目，了解我军行动的消息，打骂、敲诈、抢劫群众，破坏我红军政治影响，挑拨我军民关系，摧毁我们的群众基础。在敌我力量悬殊的情况下，斗

争越来越残酷，越来越尖锐了。

为了适应对敌斗争的情况，根据党委的决议，各级党的组织领导和工作方法，都作了相应的改变。党政军实行了一元化的领导。在1934年到1935年期间，建立了平修铜、修铜宜奉边、浏宜万、修武崇通、湘鄂边[①]等五个特委。1936年以后，敌人的进攻更加残酷，各级机关作了进一步的精简，实行了军事化，加强了领导。在鄂东南、修铜宜奉边、浏宜万、平修铜设立了四个军分区；特委书记兼政委，各县委书记也是游击队或游击队小组的领导者，一面打游击，一面做工作，今天到这里，明天到那里，用游击的办法，来联系群众，指导工作。在敌情严重时，为了保持党的领导，成立了中心县委，一个中心县委领导几个县委，有些区委则以工作队的面目出现，掩护自己，发动群众，由于这样，一直到合作抗日，都保持了党的坚强组织领导。党的领导，在任何严重情况下，始终坚持了集体领导。对于每次反“围剿”、反“清剿”，扩大红军等重大问题，党委都集体讨论，作出决议、指示或计划，然后分工负责。在一个重要的工作结束以后，则进行总结，找出其中的经验教训。对于有关全国的重大事件，如果需要表明态度，扩大政治影响，动员群众，经过党委讨论，发宣言，出布告。党委在对敌斗争的政策上，坚持了阶级路线，依靠贫雇农，团结中农，打土豪，分田地。对于资本家，除了反动的，我们一般没有采取没收财产的办法。对于不太坏的富农和自首分子，只给予警告，交给群众监视。这些做法，团结了群众，分化、孤立和打击了敌人。

为了取得党中央的指示，省委在几年之内，曾多次派人去找中央。先后派有黎申庚、庄构丰、李楚民、赵德兴、罗其南、李明秋、邓洪等许多同志到湘赣、湘鄂西、延安等地去找中央，经过了许多挫折，牺牲了赵德兴同志。交通员庄构丰同志，到湘西找到了任弼时同志，带回来

① 湘鄂边特委应为鄂东南道委。

两个文件，一个是任弼时同志在红六军团积极分子大会上关于粉碎敌人“围剿”教训的报告；一个是中央关于粉碎五次“围剿”的报告提纲。李楚民、罗其南、李明秋、邓洪等同志到了延安，直到1937年实现合作抗日的时候,我们才得到了党中央的指示。这几年,艰苦斗争的几年,我们与党中央失去了联系，犹如失去了母亲的孩子，十分焦急，时刻渴望党中央的指示。

在这个时期的军事斗争中，我们逐渐体会到，毛主席所说的“固定区域的割据，用波浪式的推进政策。强敌跟踪，用盘旋式的打圈子政策”是完全正确的。突围的教训和多次的实践经验，逐渐使我们懂得：在敌强我弱的情况下，在人民革命战争中，只有依靠湘鄂赣的人民，遇强敌包围，即向敌后进军，迂回敌人，调动敌人，寻找战机，打击敌人。这样，才能保持革命力量，巩固根据地。这就是我们在突围之后坚持的战略方针。根据这一战略方针，当时注意了发展地方武装，开展了广泛的群众性游击战争。当每次部队出动时，省委都指示各级党组织，布置开展游击活动，配合主力作战。我们在战术原则上，不是采用死打硬拼的打法，而采用精干的游击队和游击小组的形式，依靠群众，实行大游小击，出没无常，飘忽无定，专打弱小敌人的办法。敌人进山，我们出垭；敌人进攻我们根据地，我们就向敌人的铁道边、公路边、大城市附近等深远的后方进攻，打挨户团、打土豪，摧毁敌人的乡保政权；敌人集中，我们分散袭击敌人；敌人分兵，我们相对的集中，打击敌人的弱点；我们分兵以发动群众，集中以打击敌人；大敌来了，我们就打，能打就打，不能打就走。我们靠群众掩护，靠群众作耳目，靠两条腿，靠机警灵活，深入白区，打击敌人。有一次，在一个晚上，走了一百七八十里路，前卫部队化装，穿上敌人的军衣，夺取敌人数十个碉堡；有的时候，游击队一个人，持枪要保长带去夺取碉堡；或者搞内线关系，里应外合，消灭敌人，拔掉碉堡。当时群众歌颂红军打碉堡，有这样的歌谣：

共产党领导真正确，
工农群众拥护真正多；
红军打仗真不错，
粉碎了敌人的乌龟壳。
亲爱英勇的红军哥，
我们胜利有把握；
向前杀敌莫错过，
把我们的红旗插遍全中国！

敌人用碉堡政策来大包围我们，我们依靠群众这个活碉堡来包围敌人的死碉堡，以包围来反包围，以小包围来粉碎敌人的大包围。这一套，都是毛主席的军事思想和办法，它不但疲劳了敌人，打乱了敌人的“围剿”计划，而且摧毁了敌人许多基层政权，消灭了敌人有生力量；同时，鼓舞了群众，锻炼了部队，保存了骨干。我们的游击根据地，是选择在群众基础、森林密茂、地形条件较好的山区，如黄金洞、连云山、大围山、横江、周坊、幕阜山、九宫山、药姑大山、黄茅大山、峰顶山、龙门山、七峰山等，都是游击根据地。省委提出，巩固和发展平、浏、修、铜为中心根据地，因为这个地区，不但有纵横连贯的山岭，有经过长期斗争考验的群众，而且是湘鄂赣的中心，便于领导各个游击根据地，坚持游击战争。

红十六师一年之内，由几百人发展到 5000 多人，经过突围以后，又减少 1000 多人，虽然经过了这样的挫折，但湘鄂赣的党和人民，不灰心，不泄气，不悲观，不失望。党放手发动了群众，扩大了地方部队，升级为红军主力；动员老兵归队，动员好了的伤病员重上前线，动员劳苦群众参加红军，发展地方游击组。苏区群众少了，就到白区去动员，到敌人的碉堡底下去动员，或者瓦解敌军，争取俘虏参加红军。一经争取参加红军之后，由过去在敌人中的“豆腐兵”，一变就成为英勇的红军战士，有些成为红军的优秀指挥员。在动员中，强调政治宣传，强调

阶级觉悟，强调党团员带头，强调走群众路线，强调在动员工作的同时，作好红军家属的优待工作。在1936年3月，湘鄂赣三省的反动统治者召集会议，调动了六个正规师、三省保安团和11个别动队，分地区“清剿”湘鄂赣苏区。为了粉碎敌人的“清剿”计划，省委在3月27日召开执委扩大会，发出关于粉碎敌人“清剿”的第三号训令，并提出广泛组织群众性的游击小组，开展游击战争。省委宣传部为了动员全体军民粉碎敌人的“清剿”，曾编了这样一首歌：

反革命，对我们，屡次进攻都惨败；
它想来作最后的挣扎，再次举行新进攻。
湘鄂赣，前后方，同志们，一致战斗动员起；
粉碎敌人的新进攻，最后胜利一定属我们。

党一贯强调进行艰苦的群众工作，坚决依靠群众，坚持革命斗争。我们每次打土豪分得的粮食、布匹等物品，均分给群众一些。有一次，红军在新墙行动的时候，没收了土豪劣绅的许多布匹、袜子等日用品，部分给了黄金洞的群众。我们的实际行动，体现了广大群众的切身利益。我们的干部实行了地方化，群众化，鄂东南的干部，到鄂东南工作；平浏醴的干部，到平浏醴工作；群众不留发，我们也不留发；群众叫我们不背米袋，我们就不背米袋；群众干什么，我们就干什么；群众吃什么，我们就吃什么。我们的干部与群众同甘共苦，共患难，同呼吸，与群众打成一片，密切联系群众，宣传党的政策主张。敌人强迫移民，我们的秘密党员也跟着移民一起走，群众到哪里，我们就到哪里，建立我们党与群众的密切联系。对所谓“反水”群众，即被敌人强迫领“白符号”的群众，我们也分别情况，进行争取，团结教育他们。因此，在敌人杀烧抢最残酷、最恶劣的环境下，苏区的基本群众，始终全力支持我们。游击区和敌占区的群众，用各种各样办法来掩护我们进行工作，例如老大娘用这样的暗号来掩护我们的同志，她看到敌人来了就喊：“细牙崽（即叫自己的儿子）！你要多扒柴呀！”这就是暗示我们的同志，

有敌人来了，不要到她的家里去；当她喊“牛吃菜了，快去牵开哟！”就是告诉干部有敌人在这里，叫他赶快走开；敌人走了，她就喊：“细牙崽！你捆柴回来吧！”这样是说敌人走了，可以到她家里去吃饭或办事了。群众还积极协同部队打击敌人，以至献出了宝贵的生命。1935年，我们部队驻在平江黄金洞的盖板洞，敌人打来部队转移时，有一支枪丢在群众家里，这位群众背着自己的孩子，拿着枪追赶红军，途中被敌人发现向他开枪时，他毫不动摇，放下自己的孩子，一直追赶，终于把这支枪送给了红军。最后，这位可亲可爱的群众和他的孩子，都被敌人打死，光荣牺牲了。湘鄂赣苏区的人民，就是这样与我们同生死，共患难，英勇顽强地配合红军坚持斗争。

在革命斗争越艰苦的时候，湘鄂赣人民越憎恨投降叛变分子。虽然投降叛变分子为数不多，但他们为虎作伥，对于湘鄂赣的党、人民、红军，危害极大。所以，当时反对投降叛变是一项很重要的政治任务。投降叛变分子情况各有不同：有的是阶级异己分子，不放弃他们反动的剥削阶级立场，叛变了革命；有的是政治动摇，缺乏明确的斗争目标，为敌人所利用；有的看不清革命前途，悲观失望，投降了敌人；有的是吃不了苦，贪图安逸生活，害怕艰苦斗争；有的是被敌人捉去，经不起威胁利诱，变节投降。他们投降叛变之后，有的是死心塌地，出卖组织，出卖革命同志，带敌人攻打革命队伍，陷害革命群众，杀害我工作人员，为敌人进行“招抚”，罪恶极大；有的投降之后，在政治上公开作反共宣传，诬蔑我党、我军的政策，罪恶昭彰;有的消极下来逃跑回家。我们对这些分子是分别不同情况，采取不同办法处理。对投降叛变的分子，始终是坚决进行斗争，对罪大恶极的叛徒，丝毫不留情，给予严厉的镇压;对一般的投降分子，即给予警告，并在群众中揭露其政治面目，发动群众监视他们。

在敌人进攻的严重情况下，省委提出这样的口号：把工作放到外线去，反对困守山岭的保守主义。1936年，省委曾派本地干部在赣西北

的峰顶山、宜萍边区的小洞、鄂东南的九宫山、湘鄂边的药姑大山等地，建立外围支点，同白区工作保持联系，掌握敌情。同时，派干部深入白区，秘密地发展党员，秘密地组织群众，开展白区工作。比如：派辛苦同志到上高、高安县一带，建立了党的支部，成立了区委、县委党的领导机关；派李明秋、袁仲贤同志（袁仲贤同志是随中央红军长征失掉联系，而找到湘鄂赣的），到湖南长沙的铜官镇，建立党的支部，发展了100多个党员。建立了1000多人的陶业工会组织。这些在白区工作的同志，还给苏区通消息、送报纸，红军到那里的时候，秘密配合红军行动。当时苏区的粮食很困难，敌人封锁，不准粮食进来，我们就通过白区的秘密组织，发动群众支援苏区，把粮食偷偷地带一些到苏区。在白区、苏区交界的地方，群众把粮食藏在石洞里，墙根脚下，做上记号，我们再派人去背回来。这种粮食，白区群众叫作“红军公粮”。敌人为了防止我们游击队到白区活动，强迫群众组织了守望队，在碉堡里、在村头和路口上守望。我们加强了对守望队的争取工作，使守望队为我们服务。有的守望队中的骨干分子，比较顽固，我们就发动群众，给以打击。守望队多数是贫苦农民，对我们都是好意的，拥护的，得了消息也不报告敌人。我们在白区打土豪，守望队给我们放哨、带路，我们走了，他们才鸣枪报告，以便掩护脱身。有时敌人搜索很紧，我们的游击队就伪装守望队，和他们一起虚张声势，喊:“捉呀！追呀！”来迷惑敌人。由于我们开展了白区工作，这样，实际上就使秘密工作和公开工作结合起来了，外线斗争和内线斗争结合起来了，对苏区的斗争，起了积极的配合作用。

敌人利用保甲制度，作为统治人民的工具。但保长并不都是地主富农，其中有的是中农，而甲长是由群众轮流当的，一部分保甲长，对保甲制度是不满的，只有联保主任是地主富农分子，非常反动，控制有反动武装。因此，我们对保甲长采取了军事上的打击、政治上的争取相结合的办法。对于坏的，又是地主、富农的，我们就实行镇压政策，给以

惩戒；如果不做坏事，不向敌人报告我们的真实情况，并能掩护我们进行工作的，我们就保证他们的生命、财产的安全，不暴露他们，同时对他们进行教育。这样，就把许多地区的保甲联防变成了白皮红心，表面上应付敌人，实际上给我们办事。许多保甲长掩护我们，我们住在哪里，他们不向敌人报告，或者等到我们走了之后，才向敌人报告；我们要了解敌情，就要他们去搞情报；我们需要粮食、药品、日用品，利用他们去购买，有的地区工作比较好，我们就让群众轮流当保甲长，以应付敌人，掩护我们进行工作。当时我们就运用这样的两面政策，解决了许多困难。

在这样分散、恶劣的环境下，我们加强了对干部的政治教育。教育方法，一般是通过布置、检查、总结工作的各种会议来进行，除了战斗和重要工作专门进行总结外，大体上是三个月或半年，对工作都进行一次布置与总结。对干部教育的内容主要是：强调站稳阶级立场，坚决勇敢，不动摇，不变节；积极工作，多想办法，克服困难；要联系群众，关心士兵生活，以身作则，同甘共苦;努力学习，力求进步，对坏思想、坏作风，要坚决进行斗争。正因为有了这些教育，绝大多数同志都是团结一致，意志坚定，具有高度的阶级觉悟和坚定不移的胜利信心。每个人的脑子里都很明确：只有依靠党的领导，团结在党的周围，像一个人一样，联系群众，斗争下去，坚持到底，就必然胜利。每当党提出一个任务，总是想尽办法，克服一切困难，不折不扣地去完成。同志间的阶级感情深厚,团结友爱,互相帮助,背枪,背背包,都争着去干公差勤务。大家对伤员、病员特别关怀，如有好吃的东西，宁愿自己不吃，也要送给伤病员同志吃。在白区进行战斗的时候，如有伤员，就寄托在可靠群众家里，派个把同志化装群众，照顾他们。同志之间在政治上都是平等的，官兵之间是一致的，同志们都很尊敬首长和上级，在有房子住的时候，都让给首长住，打土豪杀了猪的时候，把猪心送给首长吃，对首长非常关怀和爱戴。同志们从不考虑个人的得失，更没有想到什么地位、

待遇和享受。如陈寿昌、徐彦刚、高咏生、严图阁、郭子明、魏平、黄加高、明安楼、谭凤鸣、黎申庚等许多好干部、好党员、好同志，忠心耿耿，为党和人民的革命事业，流尽了最后一滴血，贡献了自己宝贵的生命。他们的革命精神永垂不朽！

我们在物资供应上的困难，是难以想象的。但是，在成功、罗湘涛、孔峭帆等同志的积极努力下，依靠广大群众的支持，和全体供给干部的牺牲奋斗，解决了供应上的不少问题。在战争频繁、环境恶劣的情况下，湘鄂赣苏区还保留了小型医院、被服厂和轻便的兵工厂，对于军需物资的供应，起了很大作用。就以当时的兵工厂的情况来说，兵工厂经常机动于平江县的连云山、徐家洞、辜家洞和浏阳县的宝盖洞、金坑、鹤岗、燕子崖等地的深山中。兵工厂厂长胡兆丰同志，政委向士俊同志，有 100 多个工人，下设子弹、炸药、修械、铁工、技术、木工、事务、保管等八处，他们自己打土豪，背粮食，自己供应自己；自己站岗、放哨，保卫工厂。兵工厂除能修理枪支以外，还能制造子弹、马尾手榴弹、马刀，以至制造小炮。敌人曾多次进攻兵工厂，对工厂原料供应进行了极严密的封锁，但在党的正确领导和群众支援下，克服了原料供应和技术上的种种困难，保证了军需生产。如兵工厂的原料——钢铁、纯金、硫磺、洋硝等，都是敌人封锁最厉害而难以得到的东西，我们想尽各种办法解决了这些东西，主要是依靠群众就地收来一些破铜烂铁，并规定部队每次作战，不但要把自己打的弹壳捡回来，而且要把敌人打的子弹壳也捡回来，作为上交任务。一个弹壳要用好多次，不能做步枪弹，就改作驳壳枪弹。另外，还通过私商关系，利用他们偷买偷运，如把洋硝等东西放在油篓底下的夹层里，偷运进来。当时没有大型机器设备，只有一些从敌人手里缴获来的轻巧的小型机器和简单的工具。同志们开动脑筋想办法，战胜了各种困难，如没有铁铸模型，便用泥土作成模子来代替，解决了模型的困难。为了隐蔽工厂，不被敌人发现，我们曾要求兵工厂的同志想办法，怎样做到“打铁不响，生火无烟”，经同志们的

刻苦钻研，他们解决了这个问题，这就是在山旁边挖一个洞，拐一个弯伸进去，在洞里打铁，外边就听不见了，生火外面也看不见了。可是，在山洞里烧木炭，一氧化碳容易伤人，这又是新问题，后来改为烧竹炭，问题就解决了。我们的兵工厂，就是这样战胜了重重困难，一直坚持了下来。

说不尽的艰苦　写不完的光荣

在敌人重重包围，层层封锁，杀光、烧光、抢光，长期反复的“围剿”、“进剿”的情况下，我们的物资供应十分困难，生活极其艰苦，但我们红军指战员和机关工作同志，具有高度的革命乐观主义精神，战胜了困难，度过了艰苦的岁月。

当时吃饭是一个大问题，因为根据地人口稀少，战争频繁，生产有限，即使生产一点粮食，也被敌人抢去了。因而，党政军民的粮食都非常困难。就机关来说，开始还算有点饭吃，以后就很困难了。1935 年至 1936 年期间，有半年的时间，没有吃上一顿饱饭，200 人吃两升米（三斤），把米磨成粉，作米汤喝。以后连这样的米汤也喝不到了，怎么办呢？就常常吃苦菜、竹笋子、红薯叶子、芭蕉蔸、松子、茨子、山杨梅、野胡桃、鸡爪浆、野芹菜、糯米草等等。没有油、没有盐，用山上五倍子花泡水当盐吃，有点咸味。最苦的事情是没有盐吃，白水煮辣子是好菜、煮竹笋是好饭，我们过年时才能吃上这种饭菜。山上出什么就吃什么，春天吃春笋，冬天吃冬笋，这是我们的家常便饭。有时两三天没有吃饭，就以野菜充饥。米的来源非常困难，经常到 100 多里以外的地方去买米背米，白天隐蔽起来，晚上才能进行买米活动，往返三四天才能背米回来，有时还买不到米；途中要通过敌人碉堡的封锁和特务的监视，如果稍有不慎，就有被捕的危险。敌人常常化装成我们背米的人，来搞我们。

背米的同志走了以后，家中就整天“望米”回来，派人在高处眺望，看背米的同志回来没有，真是望眼欲穿，担心他们的安全。如果他们在约定的时间没回来，机关就要转移。当时炊事员杏老同志和我的挑夫李现凤同志，都经常外出干背米的差事。我们想尽种种办法，战胜无数困难搞来的一点米，首先是送给伤病员同志吃，其次才是一般同志。但是，问题又来了，有点米又没有锅灶做饭，因为敌人进攻时，把群众的锅灶都砸光了。好在我们的同志有些缸子，机关里还有些脸盆，我们就用三块石头架起来，生上火，用自己的小瓷缸子或瓷脸盆烧饭吃；或者用自己的洗脸巾，把米包起来，外面糊上一层泥，在地上挖一个土洞把湿泥包好的米放进洞里，再盖上一层松土，在土上烧起火来烤饭吃。但是，接着又来了新问题。烧饭时，白天不能冒烟，晚上不能露光，如果冒了烟，露了光，就会被敌人发现，跟踪追击。我们就利用山沟、洼地，以干柴烧明火或雾天、阴天时煮饭，烟雾混在一起，就不容易发现火烟；在太阳下山时烧火，阳光与火光相似，也不易被敌人发现；同时，一次作三顿，这样虽然经常吃凉饭，但总算解决了暴露目标的问题。总之，我们是勒紧裤带过日子，天天是这样，月月是这样，两三年也基本上是这样。当时我们吸烟的同志还多了一条困难，没有钱，口袋光光的，即使有钱，也买不到烟，只好用纸卷茶叶或棕树毛当烟吸，当时我就是采用这个办法。如果游击队深入敌后，生活就要好一些。

我们穿的盖的也十分困难。穿的有新有旧，有长有短，各色各样。虽然有人穿得比较破烂,但也还干干净净。打了土豪,就穿地主的衣服，用地主的布来作衣服。每人有针有线，能缝能补，没有鞋穿，自己会打草鞋，还会缝被子、作袜子、制帽子等，真是多才多艺。被褥很少，就铺稻草当褥子，盖树叶当被子。在北风呼啸、风雪之夜，我们找一个隐蔽的地方，砍柴燃火，围火睡觉，向火的一面身子犹如夏天，热烘烘，烤着皮肉;背火的一面身子犹如冬天，冷冰冰，冻得发抖。穿的在身上，吃的在口里，没有洗换衣服，没有剩余粮食。南方雨多，露水大，下雨

全身湿，不下雨，半身湿。下雨天，衣服湿了，就在身上暖干，或者到了一定地方，烧火烤干再穿上。冬天走在深山丛林里，虽然腹中无食，衣不御寒，但是，同志们凭着坚强的革命意志，乐观主义精神，忍受和战胜了饥饿和寒冷。

我们住房子又是一个大问题，人总是要有休息的，休息就得有地点和房屋。因为房屋都被敌人烧光了，要住，只得自己劳动创造和利用天然条件来解决。我们常年住在人烟稀少的深山、野洞和大森林里，居住着自然或天然的"洋房子"。我们住的"洋房"是多式多样的。一种是利用山岩、石洞的石房子，这种房子屋顶漏雨水，地面高低不平，有的里面尽是青苔，冬天冷冰冰，夏天倒是很凉爽。二种是茅草盖起来的房子，每到一个地方就砍柴，先搞些树枝搭个架子，架子有两种形式，一种是搭个"人"字形，把梁放长些，形成长三角形；一种是搭两个"人"字，中间架一根横长梁，然后割些茅草盖起来，这种房子冬天最暖和，但要防火，一不小心，不仅烧了人，还会把敌人引来。三种是搭竹棚子，南方竹子多，我们就用竹子搭成房子。这种房子一般是在竹林多的地方，选择斜坡地段建造，先用竹子搭起架子，墙用竹子插起来，房顶是把竹子锯成五六尺长，劈成两半，把中间节子打掉，把劈好的竹子仰一块、俯一块盖成房顶，这种房子既通风，又透光，适于夏天住，住得很舒服，我们称它为"琉璃瓦"的小洋房。但是有个问题，劈竹子响声很大像枪声一样，容易被敌人发现，必须掌握劈竹子的艺术。我们先将竹子劈一个口，用水泡湿后再劈，响声就小了。四种是布棚子，每个人用自己的床单或油布，在四个角上都做一个绊，用树枝或插上木杆，把布撑起来，像赶庙会摆摊子似的。用白布单要小心，上面须用茅草或树枝伪装起来，以免暴露目标。五种是用两三把雨伞打开，利用雨伞做房顶，构成一个小房子，这只能遮头，不能遮身，刮大风时就吃不消了。六种是利用大树底下宿营，这种房子露水少，不花费人工，但是目标较大，要防止蚂蚁、蚊虫、蜈蚣、毛虫等，从树上拉屎拉尿或掉下咬人。

有的同志用裤子倒挂起来，用裤腰遮着头部，这样就能防止蚊子的袭扰和毒害。刮大风下大雨时，树叶有沙沙的响声，敌人来了也难以发觉，所以必须小心，要在大树上放上眺望哨。七种是宿露营，即划地为营。每个机关单位划一片地方，大家可以互相联系。这种办法在晴朗天气，最为方便，两三个人背靠背就睡起觉来。当时为了解决住房子的问题，每个机关都备有镰刀，当转移到一个地方，马上就选择地点，不分上级下级，一齐动手，盖起房子来。记得在干部中，省苏维埃副主席曾国祺同志，反帝拥苏大同盟主任张藩同志，搭棚子最内行，手艺最好。如果敌人在这里把棚子烧了，我们就到那里再盖起来，烧了又盖，盖了又烧，再三再四，真是房子也有前仆后继的精神。我们就这样在荒山、丛林，风里、雨里，经常流动着，与敌人斗争着，经常建设着自己的房屋，建设着革命的家园。

两条腿是我们的本钱，走路是我们的战术，我们靠走路打击敌人，靠走路坚持斗争。大路不能走，走小路，小路不能走，自己开路。在下露水的时候，如果早上走，容易把露水碰掉，我们就在夜里没有下露水以前走。下雪天，走过的路，要用扫帚把脚迹扫掉，如果原来有走下的脚印，我们就照着脚印走。在草地上，敌人常常结草作记号，有人走过去就要碰断，我们走过以后，就把草扶起来，照样打上草结。有时走路容易被敌人发现，我们就走小河沟，人走过以后，脚印就被水冲掉了，真是来无踪去无影。我们不但天天走路，而且会走路，能掌握走路的艺术，上山不奔，下山不蹲，上山用脚尖，下山用脚跟。部队有时长途急行军，连续几天不能睡觉，但是，要争取在天亮前休息一会，哪怕是五分钟，打打瞌睡也是好的，这是恢复疲劳的好时机。到宿营地以后，放好哨，先看地形，然后再进房。部队到敌后走了远路，如打土豪搞到了盐，宁愿少吃，也要节省一点，用盐水洗脚，容易恢复疲劳。

特别值得提出的是，我们当时许多女同志，如冯杏娥、钟正权、陈斐然等同志，同男同志一样，并肩作战，坚持艰苦的战斗生活，一样长

途急行军。有的女同志在途中要生孩子，就生在大树底下或路旁，没有医院，没有助产师，没有休息，抱起孩子就走。省级机关的油印员陈娥同志就是这样。

我们用的东西怎样呢？没有枪支弹药，想办法打敌人缴获来补充；同志们感冒了，用辣子豆豉煮汤喝，出出汗就好了，或用草药来治疗；负了伤，就用盐水洗伤口，用盐纱布敷伤口，用土药治伤口，用革命精神来坚持；没有课堂，就借用大树下；没有板凳，就借用天然石头；没有学习桌子，就借用自己的膝盖；没有笔、墨、纸张，就借用树枝和泥沙。当时每人生活中不可缺少的有四件东西：一是水缸子，它可以个人烧水、做饭、吃饭、喝水；二是脸盆子，它有四个用处，作饭、作菜、洗脸、洗脚；三是米袋，有米装米，无米当裤带；四是干粮袋，里面可以装盐、衣服、辣子干、豆豉、文件、必要的用具等，它既是干粮袋，又是文件袋，睡觉还可以当枕头，所以同志们都叫它“小仓库”、“万宝囊”、“好朋友”，走到哪里，带至哪里，一刻不离。当时如果谁的干粮袋特别大，同志们就开玩笑说：“你要当主席了”，意思就是说，你的干粮袋里可能有吃的东西，该请大家了。

我们过的生活，是艰苦朴素的、集体民主的、自由快乐的战斗生活。战士们都知道，革命是自己的事，大家都是自愿地坚持革命斗争，对党委的领导，是很相信的；对上级的命令，是坚决执行的，不论是什么工作任务，什么地点环境，都能坚决愉快地完成。在开会检查、总结工作的时候，上级可以批评下级，下级可以批评上级，上下级之间在政治上、生活上都是平等的，团结的，有事大家做，有饭大家吃。干部也站岗放哨，重要情况，干部亲自前往侦察。没有事情的时候，就凑在一起，讲故事，说笑话，心情舒畅，精神愉快，充满着革命乐观主义精神。

三年，是艰苦的三年。在毛泽东旗帜下前进的英雄面前，在坚强的共产党员、共青团员、红军战士和伟大的苏区人民面前，千般辛苦，万

般困难，都被克服了，被战胜了，我们坚持到了胜利。在这艰苦斗争的岁月里，我们经受了严峻的考验，受到了最深刻的教育和锻炼。

实现国共合作　奔赴抗日前线

1936 年 12 月，西安事变和平解决之后，国民党对陕北革命根据地的军事进攻被迫停止。1937 年 3 月，中共中央为团结全国各党派、各阶级一致抗日，宣布改变陕北根据地的政权，为人民民主制度。……七七事变以后，中共中央在延安发出通电，号召全国人民奋起抗日。这是我们党中央领导全国人民，由国内革命战争转向抗日战争的一个具有伟大意义的历史转变。

湘鄂赣苏区的人民，对党中央的合作抗日政策，是非常拥护的。但是，因为当时还未得到党中央的指示，究竟是与张学良合作呢，还是与蒋介石合作？如何合作呢？我们就弄不清楚了，我们只是从敌人的报纸上，看到党中央关于合作抗日的一些政策精神，至于具体内容，仍然是推测估计。

为了及时贯彻执行党中央的合作抗日政策，湘鄂赣省委曾经在半年多的时间内，专门进行了多次研究和讨论。在讨论的过程中，大家可以肯定这么三条：一、抗日是我们党一贯的主张，红军主力长征北上，就是为了抗日，红军在长征中已经取得了伟大的胜利。二、西安事变，张学良、杨虎城活捉了蒋介石，我们党中央出来调解，和平解决，这就有可能促进国民党合作抗日。三、七七事变了，中华民族处在生死存亡关头，共产党人要动员一切力量，团结抗日。我们根据这三条进行了研究。后来，又找到解放周刊上登载的民族统一战线的文章，省委据此进行研究，初步了解了我们党关于民族统一战线的方针，并结合当时湘鄂赣苏区的敌我斗争情况，反复考虑如何实现合作的问题：（一）与国民党部

队合作吗？有许多具体政策不了解。（二）不同他们合作？如长期与敌对立，敌人不断地进攻，对湘鄂赣苏区人民不利。（三）是一边谈判停战，一边联系请示党中央，这样较好。

最后我们决定，一面积极派人请示党中央，一面与敌人进行谈判停战。为了与国民党进行谈判，我们提出了两个方案。一个方案是合作，其条件是：（一）划湘鄂赣苏区为特区；（二）湘鄂赣红军改为抗日军；（三）释放所有被捕的革命同志；（四）发给经费。另一个方案是停战，其条件是：（一）撤退对我们进攻的部队，停止一切敌对军事行动；（二）把平江县的嘉义市让出来给我们，便于与武汉行营谈判；（三）我们集中部队时要通行无阻，不得逮捕和杀害我们的人员；（四）发给经费；（五）停止诱降自首行为，叛徒来“招抚”，我们就杀。研究确定之后，我们即着手进行具体的布置。

首先，加强全党、全军的政治思想教育工作。我们由于远离党中央，在没有接到中央的指示之前，经过十年的阶级斗争，特别是三年的艰苦游击战争，部队、机关里许多同志一下子很不容易接受与国民党合作，思想抵触很大。如有的同志说：“我们从江西跑到湖北，从湖北跑到湖南，忍受饥寒和折磨，翻山越岭，出生入死，多少同志流了鲜血，多少同志付出宝贵的生命，多少同志的父母妻子被奸淫屠杀，多少人民受苦难，这一切是为了什么呢？不就是为了打倒国民党反动派，消灭蒋介石反动军队，解放全中国吗？现在要合作，要和面对面打了十年的敌人合作，要和有血海深仇的蒋介石合作，怎能接受呢！”有的同志说：“我一看见国民党的官，我就好像听见劳苦大众在痛苦地呻吟，先烈们在愤怒地声讨，觉得全身的血都涌上来了，恨不得一刀把他砍死！”有的同志又说：“一致抗日，自然是好事情，我决不反对；但是，总不能和蒋介石这个卖国贼合作，十年的内战，我们还认不清蒋介石究竟是什么东西吗？和他合作，这不是和狼一起睡觉，和虎一道走路吗？”战士们这种阶级仇恨，是血战十年锻炼出来的。我们召开各种会议，反复进行深

入教育，战士们一经了解当前民族处于生死关头的抗日形势，懂得了共产党人要从全民族利益出发，从长远利益出发等道理之后，都一致拥护和坚决执行党中央的合作抗日政策。

其次，一边进行谈判，一边仍然照常积极扩大红军，准备应战。阶级敌人是很狡猾的，蒋介石一面与我们党中央谈判合作抗日，他一面下命令，要在三个月内肃清湘鄂赣苏区的红军，国民党军第五十师不断疯狂向我们进攻，企图乘机消灭我们。因此，我们强调提高警惕，除了布置部队应战外，还通知各地游击队和地方干部，没有接到我们亲笔信，不要轻易集合，不要中敌人的诡计；并布置各地积极动员老兵归队，动员群众参军，凡是当地比较红的不能隐蔽的干部，即调到红军中来，掌握部队；凡是能隐蔽下去的干部，即布置坚持当地党的秘密组织，并积极开展工作。派吴咏湘、杨建新、饶国瑞等同志率领便衣队，深入到湘阴、岳阳白区的湘江附近，积极活动，造成声势。各县委领导的游击小组，应坚持斗争，发展自己的力量。与此同时，我们还布置能到白区去的干部，到白区去，开展秘密工作，发动群众，积蓄力量。

再次，我们发布了合作抗日宣言，到白区、游击区、城镇附近、公路边张贴布告、标语，散发传单，并发信给当地社会上各民主人士，号召团结起来，一致抗日；号召进攻我们的国民党军队停止内战，共同抗日，造成社会舆论，迫使敌人停战。

在谈判开始前，国民党利用叛徒孔荷宠、方步舟，企图以“招抚”收编的办法，来诱骗我们的部队。我们说：“如果要派叛徒孔荷宠、方步舟来谈判的话，我们一见面，就要杀掉。”给了他们有力的打击。1937 年 8 月 11 日，国民党派来了两个连长，到义江山口说要与我们谈判。我们说：“这个谈判，是一件大事，不能同你们谈，只能同你们的武汉行营谈判。”13 日，省委派省委宣传部长黄耀南同志到平江县的献钟，与国民党武汉行营派来的两个参谋接洽。15 日，国民党五十师来了一个团副，武汉行营来了那两个参谋，我们不准他们带枪来，他们就

没有带枪。我们从机关和部队选了一些人，在山上布置警戒，就在义江山口的陈家大屋和他们开始了谈判。我们提出四个合作条件，他们说吃不消。我们又提出了五条停战条件，他们接受了停战条件。第一次谈判胜利了，并约定18日在嘉义市关帝庙正式谈判。嘉义市是我们的老区，有很好的群众基础，以前我在这里做过工，群众的情况我很熟悉。我们选择这个地方同敌人谈判，便于依靠群众，有利于应付敌人。

18日，国民党方面派五十师的一个旅长、团长、副团长，平江县国民党的县长、国民党县党部的书记长到了嘉义市。我和涂正坤、钟期光、刘玉堂同志，还有梁金华、阮汉清等同志跟着我们一块，头戴红军帽，身穿红军装，肩背驳壳枪，就去嘉义市同他们进行了谈判。我们的部队在外线布置了警戒，做好了应战准备。在谈判的时候，国民党平江县的那个党部书记长，开口就说一个什么主义（三民主义），一个什么党（国民党），一个什么领袖（蒋介石）；闭口也说一个什么主义，一个什么党，一个什么领袖，每一提到什么“蒋委员长”的时候，对方的几个人就站起来立正，提到几次，就立正几次。我们不理他那一套，我们坐着不动，管你什么“蒋委员长”！我打断了那个家伙的讲话，我说：“你有你的国民党，我有我的共产党，你有你的领袖蒋介石，我有我的领袖毛泽东，你不要来这一套！”我们就斗起来了。那个旅长说：“休息一下吧！”缓和了一下空气。在休息的时候，那个旅长背后对我说：“昨天我们开会时，他是那三句话，今天同你们开会，他还是那三句话。”我们看出了他们之间的矛盾，就抓住这个机会，撇开那个国民党书记长，同这个旅长进行谈判，他们说如何如何，许多问题不能解决。我们说：“这里不能解决的问题，由双方的上级去解决吧。”正在这个时候，党中央先后派赖传珠、李涛同志到湘鄂赣省委传达中央指示精神，使我们在谈判中有了明确的方针。

过了两天，驻在浏阳的五十师师长派人来邀请我们去。为了作宣传工作，扩大政治影响，我们就去了。吴咏湘、何继生等四同志，同我们

一块去。群众看到，我们都穿了红军服装，戴了红军帽，都很高兴，挤着来看我们。当时和敌师长在里面谈话的时候，外面就争论起来了，他们有人说我们是土匪，吴咏湘、何继生两同志就同他们斗起来了，揭露了他们的罪行，驳得他们哑口无言。我们在这里住了一个晚上，同他们谈定了在浏阳建立我们的办事处，要他们释放我们的人，在五十师驻地范围内，不能捉我们的人员等问题。第二天，我们就返回部队了。

大概是 8 月 20 日，我们又派刘玉堂、黄耀南两同志到武汉行营去谈判。董必武同志到了武汉，这时我们才与党中央直接联系上。谈判就由董老负责指导。谈判成功后，我到了武汉，见到了周恩来、董必武、叶剑英、叶挺、项英等同志，向周恩来副主席请示湘鄂赣的部队如何编法，最后决定编为新四军第一支队第一团。我们坚持了三年，最后还保存了 500 名党员干部，390 多个战士，共有近 900 人，这是合作抗日的一批骨干力量。

我们与国民党达成合作协议后，当时湘鄂赣省委决定的中心任务：（一）整顿巩固扩大武装，派干部到各县，动员群众参加部队；（二）开展统一战线工作，派李辉同志到宜春的慈化成立通信处；派罗成同志到浏阳县成立通信处；派谭启龙同志，到平江县设立了新四军第一团办事处；派邱炳同志，到通城县成立通信处；派李成铁同志到修水县成立通信处，向国民党地方当局宣传团结抗日的方针、政策，交涉释放我们被捕的同志；（三）过去的湘鄂赣省委，改为湘鄂赣特委，涂正坤同志任特委书记。重新配备干部，布置边区党的工作。部队离开平江时，在嘉义设立了新四军一团留守处，以此来公开掩护特委进行工作，其他通信处随后撤销。各县党的组织重新进行布置，建立了平江、浏阳、修水、铜鼓、奉新、万载、宜春、通城、通山、阳新、大冶等县党委。每个县委最少有三个人组成，很多干部用退伍、养病、回家、探亲等名义，回各地进行工作，强调干部地方化，派当地干部进行当地工作，以准备坚持斗争。

合作以后半年的工夫，新四军一团经过整顿就出发了，那时部队扩大到 1100 多人，210 多条枪，3 挺轻机枪，为了装备部队，我们还打了 730 把马刀。1938 年 2 月 10 日，开赴前线抗日。经过长寿街、浏阳的东门、官渡，到了宜春的慈化，广大群众非常高兴，沿途热烈欢迎我们。短短的三四天内，就有 400 多人参加了我们的部队。当我们到达慈化时，接到新四军军部的通知，说敌人有两个团在袁州，企图等我们在那里下车时，消灭我们，我们了解了这个情况，非常愤慨。全团进行了作战动员，到了萍乡后，休息了一个晚上。第二天就上了火车，把机枪架在火车头上，马刀亮在车厢外，我们给火车司机做了政治工作，说在袁州不停车，一直向前开。火车顺利地开过了袁州，粉碎了敌人的阴谋。到达玉山下车，向浙江省开化县前进，到开化县城，会见了陈毅同志。休息了几天，翻过马金岭到屯溪，开赴太平，与叶军长会合了。从此，我们胜利地结束了艰苦的、光荣的三年游击战争历史，投入到伟大的抗日战争中。

不屈的人民　不倒的红旗

湘鄂赣苏区的人民，同全国其他苏区的人民一样，是不屈的人民，是英雄的人民。在三年的艰苦游击战争中，反动派对待苏区人民的手段，最凶暴，最残酷，最毒辣；他们见人就杀，见屋就烧，见财就抢；白匪正规军来了，大杀、大烧、大抢;地主反动武装，天天杀，天天烧，天天抢。过去人口稠密的村庄，变成了残垣断壁，断绝人烟；过去肥沃的田园，变成了野草丛生，一片荒凉，苏区的人民，经历了空前的浩劫，遭受了天大的灾难。蒋介石反动派给人民的折磨是数不清的，给苏区人民的灾难是说不完的。

苏区的人民，把这种阶级仇恨化为伟大的不可战胜的力量，始终不动摇，不害怕，不埋怨。反动派越凶恶，人民越坚强，斗争越坚决。苏

区的人民相信共产党，相信毛主席，相信工农红军。他们把共产党作为革命的灯塔，把毛主席作为胜利的红旗，把工农红军作为亲子弟。他们衷心拥护共产党，全力支持工农红军。他们知道，没有共产党和毛主席的领导，没有一支坚强的红军，就没有人民的一切，就没有革命的胜利，就得不到翻身解放。他们对共产党、毛主席和红军，寄托了最高的希望。他们把自己的亲人，送去参加工农红军。父亲牺牲了，儿子去继承；哥哥牺牲了，弟弟去接班；丈夫牺牲了，妻子去报仇；哪怕是在挨户团旁边和碉堡底下，他们一样送亲人当红军。他们冒着死亡的危险，收留红军的伤员，有的认伤员作儿子，有的认伤员作兄弟，有的妇女认伤员作爱人。他们以全家、全村的生命来保护伤员，保护红军家属，保护党的地下工作同志，生同生，死同死，骨肉相连，鱼水不分。许多人节省口粮、节省食盐，冒着危险，偷运给红军；许多人探敌情、送情报、站岗、放哨，不怕枪林弹雨，配合红军作战；许多妇女省吃俭用，做鞋、做衣服，送茶、送饭、慰问红军。湘鄂赣边的人民，真是可亲可爱。我们就是依靠这样伟大的人民力量，粉碎了敌人无数次的"围剿"和"清剿"，坚持了三年游击战争。

湘鄂赣边的共产党员、共青团员、红军战士，赤卫武装，在三年游击战争中，尝尽千辛万苦，冒着枪林弹雨，出生入死，前仆后继，英勇坚持革命斗争，许多同志富贵不能淫，贫贱不能移，威武不能屈，忠心耿耿，保护党，保护人民利益，表现了崇高的革命风格！许多同志在战场上，轻伤不下火线，重伤不叫苦，视死如归，英勇作战！许多同志不怕强敌，不畏艰难，哪怕是在单枪匹马的情况下，也紧紧依靠群众，坚决与敌人进行斗争！许多同志不计较享受，不计较待遇，不问地位，始终同心同德，团结一致，艰苦朴素，坚持革命工作！许多同志在敌人监狱中，法庭上，在刑场上，忠贞不屈，积极与敌人斗争，表现了头可断、血可流、志不可屈的伟大的革命气节！湘鄂赣边的人民，就是依靠这样的优秀儿女，依靠毛泽东旗帜下的好党员、好干部、好战士，战胜

了强大的敌人，获得了伟大的革命胜利。在坚持湘鄂赣边区三年游击战争中，我们党培养和造就了许多优秀的干部，如：陈寿昌、徐彦刚、涂正坤、曾国祺、谢乾、冯杏娥、邓洪、钟期光、邱训民、严图阁、高咏生、江渭清、黄耀南、谭启龙、刘玉堂、张藩、郭子明、魏平、罗湘涛、孔峭帆、黄加高、谭凤鸣、黎申庚、肖惠锡、张闯初、吴嘉民、梁金华、罗其南、钟昌基、陈再励、汪克明、王义勋、饶国瑞、陈棣华、黄吉民、敖德胜、孔诚、韩石生、林胜国等同志，他们为党、为革命、为人民做出了重大贡献，有的同志已经为党的事业献出了宝贵生命，他们的革命精神永远值得我们学习。

节选自傅秋涛：《高举红旗坚持斗争　湘鄂赣三年游击战争的回忆（1934—1937）》，江西人民出版社1979年1月第1版，第1—64页。

傅秋涛，1907 年生，湖南平江人。1927 年参加平江起义，1929 年加入中国共产党，1933 年参加中国工农红军。南方三年游击战争时，任中共湘鄂赣省委代理书记、书记兼湘鄂赣军区政治委员、司令员，湘鄂赣省苏维埃政府主席，湘鄂赣人民抗日红军军事委员会主席等。新中国成立后，曾任中共中央山东分局代理书记兼山东军区政治委员，中央复员委员会（后改为中央转业建设委员会）秘书长，中央军委人民武装部部长，解放军总参谋部队列部部长、动员部部长，解放军总参谋部顾问，第二届、三届国防委员会委员，第四届、五届全国人大常委会委员，中央纪律检查委员会常委等职。1955 年被授予上将军衔。1981 年在北京逝世。

三落三起忆当年①

谭启龙

我是1934年1月4日与陈寿昌、徐彦刚、刘玉堂等同志从中央苏区到达湘鄂赣苏区的。从那时开始，到第二次国共合作的实现，我们经历了三年多时间的艰苦的游击战争。

在这个历史时期里，我们虽然也有多次的胜利，并且取得了最后的胜利，但是失败也是很惨痛的，曾经三次陷入危急之中。第一次是1934年的六七月失败，也就是“六七月事件”，这次失败几乎把苏区的地盘丢光，三个团建制的红十六师仅剩一营兵力；第二次是1935年7月的麦市突围受挫和紧接着的两次损失，使重新发展到5000多人的红十六师，只剩下七八十人，几块较大的游击区又被敌人分割；第三次是1937年3月从红十六师师长方步舟的叛变到连遭敌人袭击，使再次发展起来的红十六师1000余人，剩得只有100余人。

这样大的三次跌落，使湘鄂赣边游击区军民付出了极大的代价，仅1934年这一年前后方共损失一万人左右。教训是很深刻的。虽然最后还是胜利了，但是来得非常不易。

湘鄂赣边游击区的斗争为什么会三落三起呢？说来话长，我得从我们工作团从中央苏区来到湘鄂赣边说起。

---

① 此文根据1989年5月18日谭启龙同志谈话整理。

（一）

1933年10月，我在中央苏区马列学院第一期高级班学习。一天上午，少先队总部负责人突然召我去谈话，大意是说：敌人正向我苏区发动空前规模的第五次“围剿”，我们正在进行反“围剿”的准备。在这个准备中，中央局对于在中央苏区左翼的湘鄂赣苏区的情况很关心。湘鄂赣省委在第四次反“围剿”中犯了严重错误，在肃反中也搞了扩大化。为了适应第五次反“围剿”斗争的形势，纠正湘鄂赣省委在领导工作中的错误，保卫湘鄂赣边革命根据地，配合中央苏区作战，中央局决定派一批强有力的干部去湘鄂赣边工作，以加强那里的领导力量。他点明我就是这批干部中的一个。

我们这批从中央苏区调往湘鄂赣边的干部共有46人，组成两个工作团，一个是陈寿昌、徐彦刚带领的省委工作团，一个是由钟志英、张欣带领的政府工作团。陈寿昌原是福建省委书记，浙江镇海人，他戴着一副近视眼镜，平时说话不多，给人以沉稳老练的印象。徐彦刚是原红一军团参谋长，四川开江县人，黄埔军校毕业生，此人性格开朗，说话幽默，是个文武双全的好干部。严图阁和谭凤鸣是从红五军团来的。还有原江西省少先队总队长刘玉堂。其余的是工作团团员的随行人员，其中有三个女同志。

苏区中央局认为湘鄂赣省委犯了什么严重错误，要派这样庞大的工作团去纠正呢？我们集中后才听说，湘鄂赣苏区的领导人表现右倾，不积极执行中央的进攻路线，而相反地执行退却路线，并把这种情况说成是湘鄂赣的“罗明路线”而加以反对。另外，认为在军事上没有积极贯彻中央规定的向东南发展的方针，在一些问题上不听中革军委的指挥。还有肃反扩大化，乱捕乱杀了不少好人。

应当指出的是，当时的中央是被第三次“左”倾冒险主义统治着，毛泽东已被排挤下去。因此，以上对湘鄂赣省委的看法，有些是对的，如纠正肃反扩大化的问题，湘鄂赣肃反搞逼供信，凡是小学文化以上的都挨整，杀了不少人。但大部分看法是不对的，如批“罗明路线”。在江西本来就不单独存在什么罗明路线，而是以此为借口，反对毛泽东的正确主张。那时的“左”倾领导人强调“进攻路线”是很厉害的，在敌情十分严重的第五次反“围剿”中，仍强调决战，争取几个中心城市，争取革命在一省或数省的首先胜利。这显然是冒险主义的。

我说这些，不是要追究谁的责任，而是想说明我们这批人去湘鄂赣边的历史背景，我们是受了“左”的影响去的。尽管我们这批人，特别是陈寿昌、徐彦刚等领导人革命是坚决的，办事也能从实际出发，自觉不自觉地对“左”的东西有所抵制，但未能完全摆脱“左”的那一套。再加上其他方面的原因，使后来的挫折成为了不可避免。

敌情的严重，我们在路途中就已经感觉到了。10 月间我们从苏区中央局所在地瑞金出发，到达湘鄂赣省委所在地万载县的小源（今仙源），就走了两个多月。要渡赣江，船只早已被敌人收走，江面被敌封锁，无法过渡。中央指示我们 :“待机渡江”。这一待，就待了两个月。到 12 月下旬，机会终于到了 : 湘赣和湘鄂赣苏区的代表谭余保、王首道、袁德生、孔荷宠等领导人要赴瑞金参加中华苏维埃第二次全国代表大会，中央令红十七师负责掩护渡江。红十七师与对岸敌人激战两个多小时，从敌人的防线中撕开一个大口子。这样，谭、王、袁、孔抢渡过来，我们抢渡过去。后来，通过宜春至萍乡的铁路时，又遇敌密集碉堡封锁，硬是冒着流血牺牲的危险，从敌火力下穿过。经过长途跋涉，克服重重困难，终于在 1934 年 1 月 4 日到达了小源镇。

1 月 14 日，湘鄂赣省委召开常委扩大会议。陈寿昌传达了苏区中央局的指示，宣布了中央局关于改组湘鄂赣省委的决定，撤销了原省委书记林瑞笙等人的职务，由陈寿昌任省委书记，徐彦刚任省军区司令

员。其他人的任职是:刘玉堂为少共省委书记,严图阁为省军区参谋长,涂正坤任省委组织部长。林瑞笙任宣传部长。钟期光任秘书长。黎申庚任军区政治部主任，我为省少先队总队长。从中央苏区一起来的其他同志，在这次会议之后也分赴各自的战斗岗位。

我们与原省委的同志刚刚把工作移交完，还不到半个月，敌人即以强大的兵力，向小源进攻。这时湘鄂赣边我方的兵力相当薄弱，红十六师四十六团、四十八团由师长高咏生带去配合红十七师执行破坏南浔铁路的任务去了。省委身边只有四十七团。这个团又是由伤病员组成的。所以，虽经英勇作战，也取得了一些局部的胜利，但仍无法避免第五次反“围剿”中因“左”倾指导思想和战略指挥上的错误而带来的损失。1 月 28 日，小源失守，省委转移到铜鼓的幽居。2 月，敌人企图攻占排埠。徐彦刚率红十六师四十七团和军区特务营仓促向排埠敌人出击，战斗几天，虽给敌人以痛击，但未获全胜，徐彦刚左手负伤。

省委决定向修（水）、铜（鼓）、宜（丰）、奉（新）边转移。因为这个方向符合中革军委要湘鄂赣红军向东南发展的指示。5 月，在修水的画坪，省委与高咏生带回的四十六、四十八团会合。因出师南浔路也不利，部队受挫，红十六师三个团只剩下七八百人了。偏偏在这里，又遇到敌三十三师、五十师、二十六师和地方保安团的包围。突围中，师长高咏生牺牲，部队损失很大。以后，红十六师和省级机关转移到修铜宜奉边的龙门山一带，又遭敌人重重包围。结果部队损失严重，不少同志英勇牺牲，只剩下一营人。只有鄂东南地区和平江黄金洞还有一部分力量。这就是“六七月事件”。湘鄂赣边的第五次反“围剿”就这样失败了，艰苦的游击战争也就从这时开始了。

为检讨这次失败，总结经验教训，省委于 8 月在黄金洞召开了紧急会议。可惜，紧急会议没有从“左”倾盲动方面找原因，反而认为错误的中心，是没有坚决执行“进攻路线”。本来是不应该机械地不问情况地执行向东南发展的方针，因为这个方向靠近敌人的大本营南昌，敌

人的兵力很多；紧急会议却认为省委向东南发展的决心不坚强，并且迟缓。关于今后的任务，本来应当从大受挫折的实际出发，转变战略方针，实行游击战争。但是紧急会议未能提出这个转变，仍然是强调猛烈地扩大红军，把地方武装、游击队统统收编到主力红军中来，强调大兵团作战，强调正规战。因此，紧急会议吸取的教训是不准确的、不深刻的。事实证明，这种不正确的思想认识，又为湘鄂赣后来的发展带来了麻烦，又吃了苦头。

在“左”的进攻路线的影响下，机械地执行向东南发展的方针，政治上的肃反扩大化反而削弱了自己的力量，军事上的冒险主义，死打硬拼，应当说是“六七月失败”的主要原因。其次是中央派来工作的同志与原省委中的一些同志互相还不十分了解，工作中不够协调，新去的同志对当地地形民情不太熟悉，仓促应战，以及敌我兵力悬殊，我们的力量十分薄弱，敌人的力量过于强大。

（二）

无巧不成书。8 月紧急会议后，湘鄂赣省委虽然在指导思想上没有实现由正规战到游击战的转变，而是全力以赴去扩大红军，准备恢复红十六师；但客观情况却给红十六师提供了重新恢复发展的机会。这个机会，就是中央红军的长征，并很快进入湘南，年底到达湘黔边界；红二、六军团也开展湘西攻势，占领永顺，进攻大庸。国民党为了“追剿”中央红军和红二、六军团，一时难顾两头，驻湘鄂赣边的国民党军频频调往湘黔边境，还有的部队因其他原因也往北调。这样，湘鄂赣边游击区敌情一时空虚。虽然因电台损坏，湘鄂赣省委无法与党中央取得联系，不知其中缘由，但敌人在游击区兵力的减少和“清剿”次数的减少，已明显感觉到了。于是，省委抓住这个有利时机，猛烈扩红。

用实践检验真理这把尺子来衡量，湘鄂赣省委把“恢复与壮大红军主力”作为这时最主要的战斗任务，无疑是对的。这为后两个阶段真正的游击战准备了力量，为接连不断地打胜仗奠定了基础。不过恢复和壮大红军主力，是付出了极大代价的。为收集地方武装和游击队，以及动员群众参军，许多领导人穿行于敌人围追堵截之中，有时是部队边扩边损，甚至几扩几损。付出代价最惨重的是：湘鄂赣省委书记陈寿昌的牺牲。他为了尽快恢复红十六师，主动要求上前线，带领小部队一边打仗一边扩红。1934 年 11 月 21 日，当他同徐彦刚等人率部到达崇阳与通城交界的老虎洞、老鸦尖一带时，突遇敌三十三师两个团的袭击。他亲上前沿阵地瞭望敌情，不幸中弹，右膝负重伤，抢救无效，不幸牺牲。

省委书记陈寿昌牺牲以后，省委在黄金洞召开了紧急会议，决定傅秋涛代理省委书记兼军区政治委员，涂正坤任省委副书记，刘玉堂任组织部长，钟期光任军区政治部主任，我任少共省委书记，秦化龙接任少先队总队长,邓洪任省苏维埃政府主席。同时决定开辟平(江)、修(水)、崇(阳)、通(城)游击区。工作以前方为主，我和刘玉堂留在后方。

之后，又经过“一二三月扩红战斗计划”、“红五月冲锋计划”，红十六师三团建制全部恢复，达 5000 多人。在 1935 年上半年杨芳林战斗、大源桥战斗、两次高枧战斗、虹桥战斗、黄岸战斗等等，都取得较大的胜利，特别是虹桥战斗,击溃了敌两个团,缴获很多。黄金洞根据地得到了巩固，并恢复了六块游击根据地，出现了自“六七月事件”后的兴盛局面。

虹桥这一仗打下来以后，我们就在虹桥一带休整一个多月，并且做了工事堡垒作防御。后来看出，当时不应该集中休整，应该采取轮流分散休整。正当部队集中休整的时候，蒋介石从进攻中央苏区的兵力中抽出 60 多个团分数路包围湘鄂赣苏区。由于我们没有电台，与中央失去了联系，不明了整个形势，因此，没有发现敌人包围的企图，在思想上和物质上都没有充分准备，后来发现了敌人的企图，但形势已经十分危急。在这个严重危急的情况下，省委又召开了紧急会议，研究打破敌人

包围的对策。决定依靠根据地,凭借工事打击敌人。由于开头打了几仗,都没有打好，只好组织突围。在通城的麦市突围，是在一个夜晚，打开了一个缺口,准备去修、铜、宜、奉边建立新的苏区。徐彦刚带四十六团,严图阁带领四十七团，方步舟带四十八团。傅秋涛带省级机关随四十六团跟进。当四十六、四十八团渡过河后，天已大亮。傅秋涛带领的省级机关和四十七团未能过河。徐彦刚、方步舟渡河后在通城等五六天,未等到傅秋涛他们过河。这一等就等出了问题，敌人又分数路包围过来了。徐彦刚他们把长江中段的渡船都扣住了，准备渡江与鄂豫皖苏区红军会合，但又怕扣上逃跑主义的帽子。于是又决定顺江而下，走到瑞昌码头上岸，消灭了当地反动武装。为了等待后续部队，在这里又等了几天，敌人又追了上来，于是决定向修、铜、宜、奉边转移。在转移途中,徐彦刚在靖安与永修边界的突围中负伤，他走不动，就抽调十几条短枪保护他隐蔽在云居山老百姓家里治疗，剩下的队伍由团政委明安楼等人带领突围。临行前，徐彦刚沉痛地对他们说："这是党和人民的财富，请你们一定要带回去交给省委。我只要还活着，就坚持这一带斗争，你们以后来找我。"可惜他以后被歹徒暗害而壮烈牺牲了。

方步舟带领的四十八团，因找不到船只，也没有跟上四十六团，就往回走，结果走进了敌人的"口袋"里，部队基本损失。

这次突围基本上算是失败了。傅秋涛率领的省级机关和四十八团回到黄金洞，大约还有一千六七百人。突围前，我因留在西北特委冷水坪工作，省委派江渭清去接替我后，我去追部队，在路上正好碰上了傅秋涛的部队。于是我随傅秋涛回到黄金洞。后来明安楼带着四十六团余部六七十人，钟期光带领四十八团余部十几人，也回到了黄金洞。可惜，湘鄂赣省委领导人并没有吸取失败的教训，接连两次带着部队到敌碉堡下横冲直撞。结果，把剩下的部队丢得差不多了。我们又一次陷入艰难岁月。谁知偏偏又在这个时候，也就是 1936 年 3 月，湘鄂赣三省国民党军调集了 11 个师和保安团队，分三大区，向湘鄂赣边红军游击队实

行“清剿”。这就像“屋漏又遇连日雨”，我们的处境糟糕透了。

从麦市突围的失败到接连两次在敌碉堡下行动的损失，使重新发展起来的兴盛局面一落千丈。为什么会这样呢？这里面的教训是很多的。总的一句话，仍然是没有从根本上摆脱“左”的影响。只想搞大部队，打大仗，没有实行游击战略的转变。当时，根本就不应该集中整训，不应该不断地把地方武装和游击队收编或升级为主力红军。这样的大集中，使得红军连“耳目”都没有了。受了几十个团的包围竟然不知道一点消息。得知了这一敌情后，本来就为时已晚，却仍然按兵不动，继续等待地方武装及干部家属的集中，并企图以堡垒对堡垒同敌人拼，结果失败。到这时才决定突围转移。突围时，在突围方向又未弄清敌情，只是主观的仍想向东南发展，又不讲究战略战术，大搬家式的几千人一起走，并且是大白天去闯敌人的数道封锁线，结果连连受损。当决定从麦市突围过河后，领导之间又不统一，过了河的在那边一等再等。越等越被动，等于坐等敌人来围歼；没有过河的既不按统一部署积极设法过河（天亮了不便过河是事实，但也有不想过河的因素），又不设法与过了河的部队取得联系，而随意改变方向，不北渡麦市河而南去黄金洞。过了河的四十六团和四十八团在行进方向上，徐彦刚和方步舟又发生分歧。结果，各自行动，分散了兵力，被敌人各个击破，四十六团、四十八团基本损失。这是领导不统一造成的恶果。在这种情况下，我们领导人的思想似乎仍然没有清醒过来。余部转移到黄金洞后，求胜心切，又把部队带到敌碉堡下去死打硬拼，并且是一次拼光了又去拼一次。这样，部队就损失得差不多了。

（三）

1936 年 3 月底，湘鄂赣省委在平江黄金洞的盖板洞召开执委扩大

会议，讨论怎样对付湘鄂赣三省敌人联合“清剿”的问题。在这时，湘鄂赣边游击区的军政领导才开始从几次大的失败挫折中醒悟过来。大家总结了麦市突围以来的教训，在指导思想上开始懂得了，在敌强我弱的现实面前，必须实行战略的转变，由正规战转变为游击战，才能粉碎敌人的“清剿”。

于是，湘鄂赣省委从组织上、行动上采取了一系列措施，以适应游击战的需要。首先是精简各级机构，实行领导军事化，干部地方化，特委书记和县委书记分兼军分区、游击队的领导，是哪个地方的干部回到哪个地方去。为了纠正过去忽视地方武装和游击队建设的问题，共组织了17 支游击队和独立营，加强了对游击战法的总结、研究，对游击战术提出了明确的要求。省委还提出把工作放到外线去，为深入敌后打击敌人创造条件，先后派出一批干部到万载、宜丰和宜春、萍乡边、修铜宜奉边、湘鄂边以及鄂东南的九宫山地区，建立外围支撑点。省委和军区领导人傅秋涛，军区司令员严图阁和各分区的领导，都亲自带领部队深入敌后游击，“打到敌人屋檐下去”，不断取得胜利。

1936 年 6 月，两广事变发生后，蒋介石为对付这一事变，将湘鄂赣边的国民党军好几个师调走，留下的大部分是地方保安团队，兵力薄弱。省委抓住这一时机，一方面发表抗日讨蒋宣言，支持两广军队抗日主张，一方面组织游击队，由方步舟、刘玉堂带领，远距离的三次深入敌人后方游击，搅得敌人惶惶不安。游击队势如破竹，神奇出没，打到哪里胜到哪里，缴获甚多，部队也迅速扩大起来。到 11 月底，红十六师又恢复到 1000 多人。事实雄辩地证明，在敌强我弱的情况下，游击战是致胜的法宝。

可是，到了这年年底，又风云突变，外患内忧一起向湘鄂赣边游击区军民袭来。这“外患”就是西安事变和平解决后，蒋介石采取“北和南剿”的方针，调集优势兵力“清剿”南方各游击区，对付湘鄂赣边游击区，由刘兴任“绥靖公署”主任，调集重兵组成四个“清剿”区，企

图消灭湘鄂赣边的红军游击队。而对此，深居连云山辜家洞的湘鄂赣省委一无所知。

所谓“内忧”，就是红十六师师长方步舟的叛变。其经过情形大体是这样的：当方步舟带队第三次敌后游击返回途中，从敌人报纸上得知西安事变的消息，他即写信给傅秋涛，要他带省委出山与红十六师会师，开展新局面。省委在讨论应不应该去与红十六师会师的会议上，涂正坤和我，多数同志都认为暂时不应该去，理由是不要再搞大集中，要分散，以便保存自己。应以黄金洞为中心转向各地发展游击战争，用这种办法来恢复和巩固游击根据地。但是，傅秋涛坚决要去会师。会议争论了很久，涂正坤头脑比较冷静，是个好同志，但当时不敢坚持自己的意见，怕戴右倾帽子，还劝我们不要再提意见，并说：“留得青山在，不怕没柴烧”，要我们顾全大局。就这样，决定去会师。

可是，在敌情的迅即变化中，还没有会师，红十六师就在通山县的梅田遭到新调来的敌军新八师的袭击，受到不少损失。方步舟也不明了这是敌人“北和南剿”的新部署。省委与红十六师在通山与崇阳交界的三界尖会师后，傅秋涛就开会，批判方步舟的右倾，反对他的分散主义。会开了一天多,但是没有解决方步舟的思想问题。第二天，方步舟带着警卫员以察看地形为名，夺了警卫员的枪，叛变逃跑了。方步舟叛变逃跑后，原来决定的行军路线和目的地没有改变，仍按原计划，走到崇阳和通城之间打了一仗，部队受到很大损失，转战到铜鼓的虎坳时又遭敌袭击，部队损失严重，只剩下 200 人，由傅秋涛和明安楼带回辜家洞。在向省委汇报时，傅秋涛痛哭流泪。不久，省委机关移驻黄金洞枫树岙，又遭敌袭击。经过总结这次经验教训，全党团结起来，又进行了扩红工作，恢复到 400 人，后来由于在黄金洞站不住脚，决定向咏生县转移，在这次转移中，我负了伤，只好留下来隐蔽在山上养伤。

这次失败，消息不灵通，吃了蒋介石“北和南剿”的苦头，这是

主要原因。这说明对敌情的侦察、判断几乎没有，一直是湘鄂赣边游击斗争的薄弱环节。知己知彼，才能百战百胜。耳目都不灵，游击战成了瞎子乱撞，哪有不碰壁的？另外，内部的过火斗争，也是应当正视的一个原因。方步舟叛逃不是偶然的，是有思想根源的，这一点，他自己也承认。因此，他的叛变是不能原谅的；他向敌人提供的情况及对湘鄂赣边游击战造成的损失，他是有罪的。但是，省委主要领导人的作法也是欠妥当的。家长作风，一言堂，惩办主义，使得党内缺乏正常的民主生活，使很多同志的好意见不能被采纳。如果不去会师，可能会是另一种局面。如果不搞内部过火斗争，团结对敌，也可能会是另一种局面。相反，局势危急，内部恐怖，使相当一级的领导干部接连叛变投敌，如红十六师师长冯青云、湘鄂赣军区参谋长张玉清，红十六师政治部主任方天宝、东北特委书记赵龙和分区司令员聂海如、政治部主任樊哲军（叛变未成被枪决）等。这次失败的原因还有一点也是不应该忽视的，这就是军事指挥的乏人。明知方步舟叛变了，军事指挥者仍按原定的路线进行。即通过通城到平江西向、经新市街、过平江河、回黄金洞。这条路线，方步舟知道，结果累遭敌袭击。这本是普通的军事常识问题，我们却无法避免因犯了常识性错误而带来的恶剧。军事指挥的乏人这一点，省委早就意识到了，在多次寻找党中央的信中报告中，都要求派军事指挥员来，但因消息的断绝，交通的阻隔，未能如愿。

（四）

尽管一再地受挫折，然而湘鄂赣省的党毕竟是坚强的。前面谈到的第一次和第二次的重新奋起，已经证明了这一点。第三次重振山河，又证明了这一点。

第三次失败后，我们剩下不多的共产党员、领导干部、红军和游

击队官兵，凭着坚强的革命意志和乐观主义精神，在忍饥挨饿中同困难作斗争，冒着生命危险同敌人周旋，在斗争策略上寻找新的出路。1937年5月间，湘鄂赣省委领导人从国民党报纸上得知党中央对抗日时局的一些主张，判断有可能实现国共合作抗日。于是开展政治攻势，主动下山与国民党地方当局谈判合作抗日。这一着棋终于走对了，它迎来了湘鄂赣边新的曙光。经过收集扩编，我们又有了1100多人的队伍，后来成为新四军的一个组成部分。这一段的斗争，我因在咏生县山里隐蔽养伤，没有参加，不能详述。

三年的游击战争，对湘鄂赣党和人民来说是一个非常严峻的考验。其艰难困苦的程度不亚于主力红军二万五千里长征。主力红军的长征，一是直接在党中央的领导指挥下，特别是遵义会议重新确立了毛泽东同志在红军的领导地位以后；二是红军虽然几经挫折，但一直保持一支强大的军队同敌人作战；湘鄂赣三年游击战争则是自主力红军长征后即同党中央和其他兄弟省区失去了联系。敌人乘主力红军长征，特别是主力红军胜利到达陕北后，集中强大兵力，分割全国各革命根据地和武装力量，军事上采取碉堡推进政策，政治上实行"三光"政策，经济上实行严密封锁。他们把人民群众强行集中到堡垒下面，实行"保甲连坐"；还利用叛徒进行所谓"招降纳叛"；一些主要领导人都先后牺牲，有的叛变投敌，所以斗争特别艰苦。然而，湘鄂赣边游击区虽经几起几落，能够坚持长期的艰苦斗争，特别是后来在与党中央失去联系的情况下，仍能坚持红旗不倒，保存了部分革命力量，归根结底是两条；一条是党的领导。湘鄂赣省委是不怕困难的，顽强地坚持了斗争。尤其是傅秋涛同志，他一是对中央的指示执行坚决，二是学习勤奋，三是对困难从来不低头。领导成员之间即使有意见，但是为了党的事业，为了革命的利益，宁愿个人受委屈，大家也都能维护团结，维护省委领导。在极端困难的情况下，始终坚信共产党，坚信革命一定会胜利，不管敌人多么强大，斗争环境多么恶劣，大家团结一致，共同对付国民党反动派。另一

条是紧密依靠了广大人民群众，得到了人民群众的拥护和支持，特别是平、浏、铜、万地区的群众真是好啊！他们的房屋被烧毁，儿女被杀害，甚至全家遭到不幸，也要豁出命来支持革命。正如毛泽东同志讲的，真正的铜墙铁壁是千百万真心实意地拥护革命的群众。这是真正的铜墙铁壁，什么力量也打不破的。反革命打不破我们，我们却要打破反革命。如果没有广大人民群众的大力支持，我们真是寸步难行啊！

选自《南方三年游击战争·湘鄂赣边游击区》，第286—295页。

谭启龙，1913 年生，江西永新人。1928 年加入中国共产主义青年团，1933 年转为中国共产党党员。南方三年游击战争时，任少共湘鄂赣省委书记，湘鄂赣少先队总队长，中共湘鄂赣边西北特委书记，中共湘鄂赣边西南特委书记兼西南军分区司令员、政治委员，湘鄂赣军区政治部主任兼红十六师政治部主任，中共湘鄂赣省委常委，湘鄂赣人民抗日红军军事委员会委员等。新中国成立后，曾任中共浙江省委副书记，山东省省长，中共山东省委第一书记，中共中央华东局书记处书记，中共浙江省委第一书记，浙江省军区第一政治委员，中共青海省委第一书记，四川省军区第一政治委员，中共四川省委第一书记，中共第八届、九届中央候补委员，第十届、十一届、十二届中央委员，中共中央顾问委员会委员等职。2003 年在济南逝世。

难忘的战斗岁月

刘玉堂

1933 年秋末，中央决定改组湘鄂赣省委和军区，任命陈寿昌为省委书记兼军区政委，徐彦刚为军区司令员，我为少共省委书记，谭启龙为省少年先锋队总队长。与此同时，中华苏维埃临时中央政府派出了由钟志英、张欣为领导的“湘鄂赣省苏维埃工作团”，与我们一道前往湘鄂赣苏区工作，同去的还有从中央苏区和中央红军中抽调的干部，一共 40 多人。

出发之前，毛泽东在瑞金叶坪中华苏维埃临时中央政府办公室的屋门口给我们讲了话。当时毛主席已离开红军总前委和前方，只负责中华苏维埃临时中央政府的工作。毛主席告诉我们:斗争将是艰苦的，但要坚持下去，坚持武装斗争，就能把红旗撑下去，苏维埃一定要胜利。那时候，敌人已经开始组织对苏区的第五次“围剿”，所以毛主席说斗争将是艰苦的；同时他又指出革命必定要胜利。我们听了以后觉得肩上担子很重，但也充满了信心。大家对艰苦的斗争有充分的思想准备，决心为革命的胜利，为湘鄂赣苏区人民而献身！我们到达湘鄂赣省委驻地万载的小源（今仙源）时，已经是 1934 年 1 月 4 日了。从中央苏区到湘鄂赣苏区，路途并不远，我们却走了两个多月，可见当时斗争的艰难。

我们到小源时，军事形势很紧张，敌人对湘鄂赣苏区发动第五次“围

剿”已经有一段时间，正向小源包围过来，小源的南大门株木桥已被敌人占领，小源的四周，敌人的碉堡林立。

1934 年 1 月 14 日，我们到达小源后第 11 天，陈寿昌主持召开了省委扩大会议，省级机关的负责人和各中心县委书记参加了会议。会上宣布了苏区中央局关于改组湘鄂赣省委的决定，初步揭发了前省委的错误，简要地总结了以前的教训，研究部署了粉碎敌人第五次“围剿”、保卫和发展苏区的斗争。这时敌朱耀华部大举进攻小源西北的集镇铜鼓的排埠，会议只好提前结束。

排埠位于湘赣边境上，西通湖南浏阳，东接铜鼓县城，小源在它的南面，是连结湘赣的一个小镇，扼住了排埠就扼住了平江、浏阳到铜鼓、修水的要道，战略地位十分重要。因此省委决定打击进攻排埠之敌。当时湘鄂赣苏区主力红军十六师大部在修水、奉新一带活动，小源只有红十六师的四十七团和赤卫队。徐彦刚带领这个团和赤卫队到排埠阻击敌人。由于四十七团是由观音山红军医院的伤病员组建的，战斗力不强，加上敌人从铜鼓方向增援，结果我军失利，排埠被敌人占领。排埠一失，浏、铜之间的要道被敌扼住，小源失去了屏障，我们有被切断退路、被敌包围的危险，形势十分险恶。因此，省委决定省级机关撤出小源，向铜鼓的幽居、祖庄一带转移。

转移是 1 月下旬开始的。为了迷惑敌人，先由徐彦刚司令员带领四十七团向西行动，往平江、浏阳与铜鼓毗连的大围山一带活动。省委和省苏机关则分两路，走排埠旁边的水桶湾向幽居转移。

幽居地处铜鼓、平江、修水交界的大龙山腰，山峦叠嶂，与平江的黄金洞毗邻，是个深山区。省级机关驻扎在祖庄、幽居一带，省委机关驻扎在祖庄的陈家坳。

幽居境内人口不多，群众基础很好，但土地很少，群众生活很苦，吃的是红薯丝。我们转移到那里，一个小小的山区骤然增加了一二千人，粮食很困难。幽居的群众把自己省吃下来的薯丝拿出来给我们。不

久，红十六师和萧克率领的红十七师先后到达了幽居。红十七师是奉中央军委命令从湘赣苏区来会同红十六师去破坏南浔铁路的。当时中央打了个电报给我们，指示红十六师配合红十七师破坏南浔铁路，截断敌人的运输线，配合中央苏区第五次反“围剿”斗争。红十六师和红十七师到了小坳和南浔线上的马回岭一带，后来大量的敌人包围过来。他们突破敌人的包围，先后到了幽居。我们到幽居后，粮食本来就很困难，这一下增加 4000 多人，就更加困难了。这时，敌朱耀华的十八师、李觉的十九师、岳森的五十师向幽居包围过来。为了摆脱敌人和解决粮食困难，红十七师和红十六师即西出幕阜山，向鄂东南行动。

鉴于幽居粮食困难和回旋余地小，省级机关在幽居不能久留，省委决定省级机关撤出幽居，向修（水）铜（鼓）宜（丰）奉（新）边境转移。当时东北分区在修铜宜奉边打了些胜仗，开辟了一些新区，筹了不少款,那个地方粮食多,也比较富裕。省委认为修铜宜奉边是个好地方，而中央也曾有过向东南发展的指示，所以省委讨论决定向修宜奉边转移，打算在那里召开湘鄂赣省第三次党代表大会，建立巩固的根据地，然而我们没有考虑到那里靠南昌近，容易被敌人进攻，又是刚开辟的新区，群众基础不如黄金洞、幽居好。

约 4 月底 5 月初,省委、省苏维埃政府和军区机关全部撤离幽居，为了迷惑敌人，我们先向西行动，到湘鄂边活动，然后东行，到了修河西岸的全丰、画坪。这时，红十六师也在这里活动，与我们会合了。

我们的行动很快被敌人发觉了。敌三十三师、五十师、二十六师以及地方保安团一齐向我们扑来。省委决定先向鄂东南行动，由红十六师掩护。红十六师在掩护省委转移时，在全丰、画坪同敌激战，受到严重损失，师长高咏生不幸牺牲。我们到鄂东南，与徐彦刚司令员会师，他当时率领红十六师四十七团在那一带活动。鉴于高咏生师长牺牲以及红十六师战斗减员严重，省委和军区便把鄂东南的地方武装同红十六师合

编，由徐彦刚兼任师长，陈寿昌兼任政委。接着，部队和省级机关向修铜宜奉边行动。

当我们到修铜宜奉边的高枧时，敌人已逼着龙门山附近的老百姓搬出了山区。敌五十师三〇〇团埋伏在那里。由于这一带是新区，群众基础差，我们没法了解敌人的行动，因此，红十六师一进龙门山就遭到敌人的伏击。红十六师的指战员同敌人展开了顽强的战斗，但是我们是长途跋涉，战士很疲劳，而敌人是以逸待劳；加上我们地形不熟，红十六师伤亡严重，省级机关也受到损失，敌人又从四面八方包围过来，省委决定突围向黄金洞苏区转移。突围分三路，省政治保卫分局代局长邓洪带领省级机关 100 多人从北面突围；红十六师剩下的几百人由严图阁、郭子明带领，从西面突围；我带领一支短枪队护送陈寿昌向东北突围，因为陈寿昌的脚发烂，不能走路，因此由我们短枪队护送。徐彦刚只带一个侦察排突围。

我带的短枪队因手枪射程不远，突围没有成功。于是我们在宜丰黄沙北面高枧的半山腰搭了个草棚，一面给陈寿昌治脚，一面待机突围。那时没有药，只是用竹片刮脓，用盐水洗伤口。在那里住了一个多月，待寿昌同志的脚治好后才返回黄金洞苏区。

邓洪率领省级机关 100 多人从龙门山突围后，取道铜鼓的官山、三都、西向回黄金洞。在西向遭敌袭击，电台被打掉了，历尽艰险，几经周折，才回到黄金洞。

这次失败是十分惨痛的。红十六师的人所剩不多，省级机关也牺牲了很多同志，这是省委在转移方向上机械地执行向东南发展造成的后果。但是，我们的战士、干部是十分英勇顽强的，许多指战员身负重伤还坚持战斗，直至流尽最后一滴血。这次失败发生在六七月间，称为“六七月事件”。从此，我们的斗争进入了艰苦的游击战争时期。

8 月间，徐彦刚也带着一些人回到了黄金洞。省委立即在黄金洞的何家垅召开紧急会议，总结六七月失败的教训。会上省委对这次失败承

担了责任，进行了检讨；同时也批判了一些人悲观失望的情绪。会议提出了“猛烈扩大红军，好党员、好干部去当红军”的口号。决定把巩固黄金洞苏区，开展扩红运动，恢复红十六师作为湘鄂赣省各级党组织的主要任务，制定了三个月的扩红计划。会议结束后省委立即派出了一批干部到各地去组织扩红工作。不久，省委派到鄂东南去的同志把在鄂东南活动的红军以及各县独立营收集起来，并吸收了很多青年参军，首先恢复了红十六师四十六团。

四十六团恢复后，陈寿昌坚持要亲自到前方去，这时省委的工作就由傅秋涛主持。陈寿昌和徐彦刚带着四十六团出黄龙山，转到修武崇通苏区活动，他们一边打仗，一边扩军，发展较快，战士士气很高。11月间，四十六团到了通城与崇阳交界的老虎洞，遇到敌人，展开激战。战斗中，陈寿昌在跃起指挥部队时中弹，身负重伤，不久就牺牲了。徐彦刚也负了伤。部队便回到通山冷水坪休整。陈寿昌在湘鄂赣苏区有很高的威望，他的牺牲是湘鄂赣苏区的重大损失。此后，省委书记由傅秋涛继任。

1935 年初，省委发现敌人进行调防，湘鄂赣边敌人的力量比较空虚。于是我们抓住这一有利时机。在前方主动出击，在苏区广泛开展扩红运动，并抽调了一批干部到红十六师去。这时省委调我任省委组织部长，少共省委书记由谭启龙接任。

2 月间，红十六师四十六团到鄂东南活动，在崇阳的高枧歼灭了东北军的一个营，缴获了很多武器，捉了许多俘虏，取得了高枧大捷。缴获的武器装备了红十六师，俘虏兵经过教育，大部分参加了红军。前方飞兵杀敌，后方踊跃扩军，参军的人越来越多，不久又组建了四十八团。

4 月间，幕阜山区正是桃红柳绿的时节，红十六师从萍乡、浏阳到平江活动。敌十九师成铁侠部紧追我军不放。到了平江虹桥，我们布置了一个布袋阵，等待狙击敌人。成铁侠部追来进入埋伏区后，我军发起

冲锋,打得敌人丢盔弃甲。这一仗消灭了成铁侠部一个团,击溃一个团。红十六师军威大振。

虹桥大捷后，省委提出了红五月扩红计划，再一次掀起了扩红高潮。在苏区，到处是一派妻送夫、父送子当红军的热烈景象。不久，报名参军的有好几百人。到 6 月间，在平江县的小水岭正式成立了四十七团，由钱林任团长。这样红十六师又恢复了三个团的建制。随着红十六师的恢复和主动出击，苏区也有了恢复与发展。

那时我们省委驻在黄金洞一带，由于没有电台，失去了同党中央的联系，对党中央的方针、政策和策略一概不知，对全国的局势也无法了解，连中央红军长征北上也不知道。我们只能靠敌人的报纸，从反面来分析判断，可以说那时，我们处在盲人骑瞎马的状况。

虹桥大捷后，我们因胜利而麻痹起来了。省级机关和红十六师都集中在虹桥一带休整和训练，搞了一个多月。这时，敌人把进攻中央苏区的主力调过来进攻我们，在虹桥周围筑起很多碉堡，布下了几道封锁线,妄图把省委和红十六师消灭。这个情况,开始我们不知道,发觉后,形势已经对我们非常不利。省委决定组织突围，并拟定了突围方案，省级机关和地方的干部都分别编入部队。

7 月中旬，我们开始突围，原计划从修水的渣津、马坳到修铜宜奉边，然后往南，到湘赣苏区的茶陵一带找谭余保、王震、萧克的部队。我们从修水渣津，突过了敌人几道封锁线，前面仍有几层封锁线，敌人发觉了我们的意图，立即调了两个师来增援，打了很久，我们伤亡不小，仍无法突围，于是折回黄龙山。省委在那里开了个会，把省委、军区和师部的干部都分到各团。我和军区参谋长严图阁和郭子明分到四十七团;红十六师政委方步舟（后叛变，1949 年解放前夕率部起义）、师政治部主任钟期光带四十八团；徐彦刚、傅秋涛带四十六团、军区独立营和省级机关干部。三个团分三路向北突围。这次突围，四十八团和四十六团的大部分都突过去了，傅秋涛率领的军区独立营和省级机关干

部走在四十六团的后头，没有突过去。四十七团在过大山时，前面有人睡觉了,后面的人也跟着睡着了。部队停在山上,等赶到敌人封锁线时，天已大亮。敌人的火力封锁得很严，我们只好往回走，从通城的麦市到白石岭，在那里与傅秋涛带的部队会合了。这时后面的敌人又追来了，我们往西返回平江，经献钟到了横江。敌人又从前面堵过来了。在平江县横江，我们收到了一个敌团长写给傅秋涛的信，说什么我们被包围了，不投降就要消灭。我们把敌人的劝降信撕了，整顿了部队的思想和纪律，并把干部分到各连帮助工作。在迅速进行这些准备之后，那天晚上我们从横江出发，从敌人的碉堡下插过，敌人没有料到，在碉堡里拼命打冷枪，只有傅秋涛的爱人曾湘娥中弹牺牲了。第二天我们就上山了，摆脱了敌人，突围成功了。到 9 月间，我们又回到了黄金洞苏区。

四十六团和四十八团从通城麦市突围后，在鄂东南活动，后到了长江边。徐彦刚率四十六团在黄颡口找到一些船，即顺江而下，到了江西瑞昌。四十八团没有找到船，即按原路返回，在凤凰寺遭敌伏击，被敌人打垮了，只剩下十几个干部，后来省委派我到鄂东南，把他们接回黄金洞苏区。

徐彦刚率四十六团到瑞昌后，受敌阻击，转移到永修、靖安一带。经过几次战斗，受到严重损失，最后剩下两个营，徐彦刚自己也负了伤。为了保存革命力量，徐彦刚嘱咐明安楼带这两个营回黄金洞找省委，自己只带一个侦察排在永修、靖安一带的山区，一面治伤，一面打游击。不久，敌人“进剿”，侦察排大部分战士都牺牲了，徐彦刚的爱人也被敌人杀害了。后来，只剩下他一个人坚持斗争。最后壮烈牺牲，为湘鄂赣人民流尽了最后一滴血，使我们失去了一位文武双全的优秀指挥员。

我们回到黄金洞后，省委开会总结这次失败的教训，提出恢复和重建红十六师的口号。会后即在黄金洞苏区动员了两三百新兵，成立了军

区独立营，由魏平兼营长，我兼任政委。随后，军区独立营即到平江、铜鼓交界的地方活动，取得了一些胜利。一次，在铜鼓西向的虎坳，我们与敌人的一个连相遇，我们埋伏下来，准备阻击敌人。由于警卫员过早暴露目标，我们由主动变被动，魏平中弹牺牲，我也负了伤，部队只好返回黄金洞。

省委会议后，各地又开展了轰轰烈烈的扩红运动。省委还把各分区和各中心县委的独立营收拢起来，这样，到 1936 年初，红十六师又恢复到 2000 多人。7 月，省委决定我到前方去，兼任红十六师政委（当时我是省苏维埃政府副主席兼军区政治部主任），方步舟为师长，那时敌人在苏区境内驻扎了很多军队，而苏区境外，特别是白区，只有一些保安团，几乎没有什么主力。根据这个情况，红十六师就主动向敌占区出击，叫作“到外线活动”。

我们先越过连云山，南出浏阳，然后东指，入万载、宜春。在万载黄茅书堂一线击溃了敌人两个连。过端午节时，我们打到高安的灰埠，缴了敌人的一些枪支弹药，还缴到两匹骡子，接着回师宜丰、万载。

7 月底，我们准备攻打分宜县城，解决部队过冬的棉衣。那天早上从万载出发，一天一晚走了 200 多里，第二天凌晨赶到分宜城外。我们一看，城门紧闭，吊桥高悬，城外有三丈多宽二丈多深的护城沟。我们是轻装前进，没有登城的工具，正在这时，附近的农民听说红军要打县城，千方百计地支援和帮助我们，我们冲进了县城，而敌人还在做梦。这一仗不仅扩大了政治影响，鼓舞了群众，而且解决了部队过冬的棉衣，筹了款。

那时，我们在战术上，主要是打游击战，避免阵地战。有时候我们的侦察队化装成国民党部队，打进去，拔除敌人的碉堡；有时候又化装成老百姓进城,内外夹攻。这年 8 月,我们的侦察队化装成国民党军队，在铜鼓大塅夺取了几个碉堡，缴了 100 多支枪。

1936 年 9 月，我们从修水到奉新一带活动。这时敌人海军陆战队

的一个团在尾追我们，而我们开始并不知道，在奉新的东坑我们的侦察员把电线搭到敌人的电线上，偷听到敌人的电话，才知道我们后面有敌人海军陆战队的一个团，并且约定在罗坊的另一个团于次日凌晨赶到东坑，来夹击我们。得到这一重要的情报，师部进行了认真研究，决定将计就计，伏击敌人。半夜间，我们悄悄折回七八公里，选择有利地形埋伏下来。

第二天凌晨，敌人果然气势汹汹往东坑而来，我们有意放走了敌人的前锋，当敌机枪连和骑大洋马的敌军指挥官进入我们的埋伏圈时，我军发起进攻，战士们猛烈向敌人射击，把敌人压在山沟里，敌人的水机关枪没有水，无法射击，好比烧火棍，不到半小时，就歼灭了敌人的团部。这时敌人一片混乱，不敢恋战，慌忙逃跑了。这一仗消灭了敌人两个连，击毙了敌团长，俘敌 600 多人，缴获了步枪和水机关枪 600 多支。在当时这样艰苦的环境下，这个胜利是可观的。

1936 年 10 月，省委通知我回黄金洞，继续担任军区政治部主任，红十六师政委由明安楼接任，省委书记傅秋涛随军行动，部队由他带领到外线活动。

西安事变后，敌人对留在南方的红军游击队，加紧了“进剿”，湘鄂赣苏区的敌人增加了几个师。敌人以团为单位对苏区“进剿”，在苏区一驻就是一二个月，叫作“进剿”；他们还利用叛徒进行“招抚”，妄图瓦解我们。所以我们的斗争更加艰苦，也更加复杂。1937 年三四月间，红十六师在铜鼓的胆坑同敌激战，受到惨重损失，后又在宜丰的同安受挫，部队只剩下 200 多人，与军区独立营合编为军区独立团。从此，红十六师的建制再也没有恢复了。

抗战爆发后，由于党中央的努力，实现了第二次国共合作，建立了抗日民族统一战线，我们从敌人的报纸上看到党中央给国民党三中全会的电报，才对形势有所了解。此后我们一面派人去延安找党中央，一面在平江嘉义开始与国民党地方当局谈判。

1937 年 9 月，省委派我到武汉与国民党当局谈判。不久，董必武到了武汉，湘鄂赣边区和南方游击队的谈判问题，由董老统一负责。在党中央的领导下，经过董老的努力，湘鄂赣根据地终于建立了抗日民族统一战线。后来坚持在湘鄂赣边区战斗的红军游击队和新参军的战士共 1100 多人，改为新四军第一支队第一团，奔赴抗日前线，开始了新的战斗。

选自《南方三年游击战争·湘鄂赣边游击区》，第296—303页。

刘玉堂，1913 年生，江西兴国人。1930 年参加中国工农红军，同年加入中国共产党。南方三年游击战争时，任中共湘鄂赣省委组织部部长、湘鄂赣省苏维埃政府副主席兼军区政治部主任、红十六师政治委员等。新中国成立后，曾任中南军区后勤部运输部第二部长、军委总后勤部运输部副部长、中国人民志愿军后勤部运输部部长、中南军区后勤部车管部部长、武汉军区后勤部副部长等职。1955 年被授予少将军衔。1980 年在武汉逝世。

红旗不倒

钟期光

1934年夏天，在敌人的第五次“围剿”中，湘鄂赣苏区进入了极其艰苦的阶段。特别是中央苏区的主力红军长征北上以后，湘鄂西和鄂豫皖等苏区的红军，也相继离开根据地，使湘鄂赣苏区和红十六师处于孤立无援的境地。从此开始了极其艰苦的三年游击战争时期。敌人集中“围剿”江西中央苏区，最得力的汤恩伯部80余个团，其主力有敌十五师王东原部、十九师李觉部、六十二师陶广部、五十师岳森部、七十七师罗霖部、二十六师郭汝栋部，建筑四道严密封锁线，对红十六师和省委机关实行“最后”的“清剿”。蒋介石亲自下达手令，限敌军三个月消灭湘鄂赣苏区及其红军。在强大敌人的进攻下，苏区大部分地区被占领，红十六师损失很大，仅剩200余人，临时编为一个营，革命受到严重摧残。当时称为湘鄂赣省“六七月事变”。但苏区军民在省委和军区党委领导下，斗争意志始终没有消沉，转移到平江的黄金洞、连云山、福寿山，浏阳的金坑、大围山、丙子岭、龙五排等山地，以及鄂东南、赣西北广大山区，继续同敌人展开坚决的斗争。湘鄂赣边区人民始终没有屈服，红十六师始终没有被打垮，湘鄂赣的红旗始终没有倒下。

1935年春，我由湘鄂边中心县委调到红十六师任政治部主任，当时，徐彦刚同志是军区司令员兼红十六师师长，方步舟任政委，这时红十六师已恢复扩大为4000余人的湘鄂赣主力红军。5月份，在平江的

虹桥打了一个大胜仗，就是边区著名的虹桥战役。那时，国民党第十九师是蒋介石的嫡系部队，自恃“装备精良，剿共有方”。师长李觉是何键的女婿，猖狂得很，他封手下的陈铁侠旅为“陈铁军”，下令每个兵带根绳子，说红军没有子弹，没有什么力量，你们用绳子给我捆活的。结果一打，红军以迅雷不及掩耳之势从埋伏的森林中四处出击，把“铁军”打成了稀泥军，两个团被消灭，400 余人当了俘虏，敌兵原来带的绳子捆了他们自己，红军缴获大批武器弹药。这是红十六师在三年游击战争期间最大的一次胜利。

这里提一下方步舟，他是湖北大冶人，和徐彦刚共同指挥了虹桥战役，在八一南昌起义中当过士兵，后来对开辟和发展鄂东南苏区有过贡献。当过鄂东南道委书记，会打游击战，但在 1937 年逃跑叛变，当了国民党军第八游击纵队司令。解放战争时，他在浙东四明山率人枪各千余举行起义，由王建安、谭启龙同志的七兵团接管。他们觉得不好处理，以后将他送到南京三野司令部。陈毅同志主持三野前委讨论他的问题，经过研究作出结论 :“将功折罪，既往不究”。陈毅同志交代我找南京市委书记彭冲同志作这样的处理 :“分配他一个工作，不能再入党”。南京市委分配他在安徽宣城一个农场当副场长，后来到南京市青龙山林场任副科长。现名为向光如。以后他先后被分配到农场工作。

1936 年西安事变以后，蒋介石对共产党和红军的方针是“北和南剿”。就是对陕北革命根据地和主力红军，被迫表面上以“和”为主 ；而对我们南方革命根据地,则公开地大力进行“围剿”。在湘鄂赣边区，凡是交通要隘地区，国民党都建立了绥靖公署。在浏阳的东门、白沙与铜鼓的排埠交界的地方，就搞了一个绥靖公署，把我们省委机关所在地黄金洞的后路堵住了。通城这一边，在平江北乡的天岳关也建立了一个绥靖公署。这个地方以山为界，北边是通城，东面是修水，南面是平江，天岳关一卡,使三县之间的主要交通线被切断。还有平（江）、修（水）、铜（鼓）交界那个地方，也搞了一个绥靖公署。在边区内地，凡是我们

稍微有点群众基础的地方，敌人就在那里修建碉堡，安个钉子，叫作“堡垒主义”。

我们同敌人针锋相对。他进山，我们就出山；他出山，我们又进山，跟敌人“换防”。他搞重点进攻，我们就分散搞支撑点。如平(江)修(水)铜(鼓)边、平(江)浏(阳)长(沙)边各是一个支撑点。修(水)武(宁)崇(阳)通(山)边也是一个支撑点，由江渭清、余再励领导；还有修(水)铜(鼓)宜(丰)边，汪克明、吴加明、吴咏湘在那里负责；湘鄂边也是一个地方支撑点。这样，化整为零，把部队分散，转移敌人进攻目标，分散敌人视线。支撑点越多，天地越广阔，机动范围越大，敌人就越难捕捉我们。既有利于保存各个分区的力量，又可保卫中心地区。

有分散，有时也集中。集中就进攻敌人；分散就做群众工作。我们做群众工作的方法是“逐屋推进”。前面有个屋子，看谁认识，就由谁去联系，总有认识主人的人，找到主人就有了办法。因为当地人熟悉情况，知道谁家好与坏，就可以一家介绍一家。今天你到李家屋，李家屋就把你送到丁家庄；丁家庄的人再把你送到毛家屋；毛家屋又把你送到另外一个庄子。这样，我们就如鱼得水，许多困难都得到了解决，革命工作得以顺利开展。

利用矛盾，争取主动。三省交界，敌人内部有矛盾，还有嫡系非嫡系的区别，他们都想保存自己的势力，所以配合不好，“围剿”时你来我不来。我们就利用敌人的这些矛盾，争取对敌斗争的主动权。江西敌人来进攻，我们往湖南跑；湖南敌人来进攻，我们则往江西跑。我们是运筹帷幄，机动灵活。

掌握政策很重要。在敌人白色恐怖下，有许多人领到“良民证”，过去都把他们说成是反水，实际上没有反水，他们是为了保存自己，说他们反水是把他们推到敌人那边去了。所以后来我们提出口号：“变守望队的组织为赤卫队的组织”。守望队是敌人搞的挨户团的外围组织。

经过我们做工作，名义上是敌人的守望队，实际上成了我们的赤卫队。这样一搞，我们就有了群众基础，地区就不断扩大。没有群众不行，要相信群众，依靠群众，不能同群众对立，不能侵犯群众利益。依靠群众，就立于不败之地。

那时候不知道统一战线政策，但知道搞宣传造舆论的重要。我们经常派侦察员到公路上活动，捉到邮差就可以搞到报纸等东西，了解一些敌我情况。我们就写传单，要邮差夹到信里到处送，一直送到城里面去。邮差出于种种考虑，也给我们送，所以很多人收到过我们的传单。这种做法虽然在反动官僚阶层起不了多大作用，但在文化教育界和其他各界还起了一定作用，从而扩大了我党我军的影响，揭露了敌人的反动本质，使人民同情和支持革命。那时写传单没有好纸，用的是毛边草纸，还不容易搞到，更谈不上现代化的印刷条件。

最重要的一条，是团结内部。内部不能有叛变分子。派人出去，跑掉一个就了不得。只有中心地区有个政治保卫队，其他地区主要靠加强党的领导，加强政治思想教育，来增强党性、坚定信心。只要坚持斗争，革命总是有前途的。抱定革命必胜的信心，内部团结一致，这是我们在那种艰苦环境中能够坚持下来最根本的保障。

在三年艰苦的游击战争期间，锻炼和考验了一批党的骨干。傅秋涛同志是其中的突出代表。他是工人阶级中的好样的。他年轻时给店主作雇工，打豆腐、杀猪，很能干。1927 年组织店员工人纠察队，领导工人运动。“马日事变”以后，专门从事革命活动。他参加了平江扑城暴动。特别是在三年游击战争期间，他挑起了省委书记和军区政治委员的重担，在敌人残酷野蛮的“围剿”下，在整个湘鄂赣边区革命根据地面临生死存亡的严重考验面前，他有股革命的“蛮劲”。他经常讲：“要下定决心，要执行决心”。有些人下了决心，往往不能坚持执行决心，在困难和挫折面前发生动摇，而他不是这样。正是由于他的革命坚定性和不达到目的不罢休的革命韧性，产生了他的对敌斗争的胆略，赢得了

群众的信任。他文化程度很低，但注意学习，在艰苦的战争年代，身上始终背着两本书:一本是《国家与革命》，一本是《共产主义运动的“左派”幼稚病》。他也有历史性的缺陷，在“左”倾偏激情绪支配下，曾经做过一些错事。

国共合作以后，几经谈判，并得到上级党的指示，湘鄂赣边区的游击武装发展到 1000 余人，1937 年 8 月，整编为新四军第一支队第一团，开赴抗日前线。傅秋涛同志任团长，张正坤同志任副团长，王淮生同志任参谋长，我任政治处主任。从此，我离开了同敌人浴血战斗了 11 年的湘鄂赣边区，踏上了革命的新征途；而留在边区的党组织和部分党员，以秘密方式继续坚持战斗，直到 1949 年全国解放。

节选自钟期光:《坚持湘鄂赣革命根据地的斗争》，载中共中央党史资料征集委员会、中共中央党史研究室编:《中共党史资料》第8辑，中共党史资料出版社1983年11月第1版，第203—210页。

钟期光，原名钟昱明，1908 年生，湖南平江人。1926 年加入中国共产党，1927 年参加中国工农红军。南方三年游击战争时，任湘鄂赣边区红十六师政治部主任、湘鄂赣军区政治部宣传部部长兼湘鄂赣省苏维埃政府教育部长、湘鄂赣人民抗日红军军事委员会委员、湘鄂赣人民抗日红军游击支队政治部主任等。新中国成立后，曾任华东军政大学副政治委员，解放军军事学院政治部主任、政治委员，军事科学院副政治委员、顾问，中共第八届中央候补委员，政协第五届全国委员会常委，中共中央顾问委员会委员等职。1955 年被授予上将军衔。1991 年在北京逝世。

三次领命记

江渭清

一、跑步扩红

1934年秋，那是湘鄂赣边进入游击战争的艰苦岁月。我当时在湘鄂赣军区东南军分区担任副政治委员兼政治部主任。在一次战斗中，因腿部受伤，不能担负正常工作。我时感懊恼，然而，正是有这次负伤的机缘，使我得以参加了一项未能料到的新工作，成为我在湘鄂赣边三年游击战争时期一段重要的经历。

（一）

深秋的一天，东南特委书记兼军分区政委涂正坤同志找我谈话，大意是说，经上级研究决定，让我离开黄金洞，去百余里外的平江县喻献养伤。为照顾我的身体，除带一名警卫员，另调一位司务长负责我的生活管理，并拨给我一匹马。

我骑着这匹马上了路，傍晚时分，到了一所红军医院。说来也巧，医院100多号伤病员中，有好多是我熟识的同志。在与这些同志交谈中，我才知道，由于国民党军的层层封锁，出去搞粮食的同志迟迟未归，他们已断炊两天了。我听后感到震惊：100多号人的医院集体断炊，生命垂危的重伤员，怎么能吃得住再挨饿呢？强烈的责任感，深切的同情

心，使我坐不住了，立即吩咐警卫员，将我骑的那匹马杀掉，以解燃眉之急。当我看到驮着我走了一天的那匹马，还没有吃上一口草料就倒下了时，我实在不忍心看着它低吟和咽气时的情景，禁不住地背过身去。

第二天，我要警卫员找了根棍子，撑着慢慢地行走，好不容易才到达目的地喻献。这里的形势也是紧张的。当地区、乡干部以及一些与红军有过联系的人，都已离开村庄躲到山里，搭起了许多草棚子。当地人对这类简陋设施，叫扎山棚子。即使“背乡离家”，也不能确保安全。我们在山里住下不久，就有个姓钱的叛徒告密，险些儿遭难。

敌人搜山刚过，有一支红军游击队来到我们驻地，拟去浏阳一带打土豪。带队的政委外号叫“直高子”,我俩认识。他看我也在挖野菜，就热情地说：“渭清同志，你身边的两个同志让我带去打土豪吧，这样既可减轻一些当地区委的负担，也能解决一下你们目前的生活困难。”我觉得他这个建议很好，就同意了。“直高子”临走时，又有些放心不下，便介绍我暂时搬进喻献区委书记黎光的山棚子里，托他们家帮助照顾几天。

十天后，随“直高子”游击队去浏阳活动的警卫员与司务长满载而归，他俩背回来 100 多斤大米，还有好几十块银元，大家着实高兴了一阵子。

这件事，引起了我的思考：消极生存只会招致坐以待毙的恶果，只有积极行动起来才会有出路，才能更好地坚持斗争。我住的山里有人有枪，也有党的基层组织和支持拥护红军的群众，为什么不能自己动手来解决眼下的困难呢。

有一天，我和黎光同志的妻子开玩笑说：“看你每逢做饭都为难的样子，总是找不到东西下锅。如果让我来做你们财政部长，保证你有米下锅，甚至有鱼有肉。”说这番话，既是我对挖野菜度日子的一次穷则思变，更是我想将“思变”内容付诸实践的一次情绪大流露。那天，黎光同志一回来，他妻子就很认真地说：“住在咱们家的江政委可能是个

能人啊，你在工作中遇到困难，为什么不找他商量一下呢？说不定请他当财政部长，区里的干部和群众的日子就会好过起来。”当时，喻献区委接受了平江县委布置扩红 30 人的任务未完成，区委和扩红队长单瓷中正为此事愁眉不展。

区委领导人开会研究后，果真找上门来和我商谈工作了。他们恳切地要我为喻献的财政和扩红问题出主意、拿办法。不知是预料到有把握，还是因为那时年轻气盛，我夸下海口说："只要给我一个月时间，就能扩充红军一个连。不过我们首先要解决区里目前最突出的财政困难问题，无论干部或群众，没饭吃、没衣穿，都无法坚持斗争嘛。”当我把具体设想和部署谈完后，同志们都兴奋起来了，一致支持我的意见，并迫切要求尽快行动。

第二天，我拄着拐棍，随区委同志一起行动了。我们一个一个山棚子挨着做工作，说服动员散居在山沟里的红军战士及群众参加区游击队，组织起来同国民党军的严密封锁和进攻作斗争。我对乡亲们讲，只有团结和组织起来，拿起刀枪打土豪，消灭国民党的区、乡组织和民团，才能坚持苏区并改善大家的生活。

经过分头做思想工作，没隔多久就集中了近 40 人，十几支长短枪，加上大刀、长矛，人人手中都有武器了。紧接着便开始简单的军政训练，采取老兵带新兵的方法，仅个把星期，这支队伍就蛮像个样子。我再次体会到，组织起来的群众是真正有力量的，关键在如何将他们组织领导好。

新拉起来的区游击队，第一次下山行动，就是夜袭嘉义镇，打了国民党的区公所。这次搞到许多大米、猪肉、粉丝、海带等食物，还抓了几个土豪带回山，可算是一次不小的胜利。回到山里后，我们经常和几个土豪在一起，对他们讲政策，晓之以理，不侮辱其人格。他们原先都以为自己性命难保，由于我们“以礼（理）相待”，终于使这些人相信不会有生命危险，纷纷主动表示，愿意资助苏区政府和红军钱财。于是

这个同意出200，那个答应出300，经一番“自报互评”，最后合计是整1000块银元，并责令他们家人，按约好的地点送上山来。钱如数到手，人立即释放，我们绝不食言。

有趣的是临别时的对话,除去有些尴尬的寒暄,彼此还来上一句“这次幸遇，后会有期”。由于受国民党反动派长期反共宣传的影响，在大部分地主乡绅眼里，好似红军就是洪水猛兽，游击队非匪即盗，都是打家劫舍之徒。但这几个土豪，自从有了这次被捉又放的亲身体验后，剥削阶级的本质虽不可能改变，可道听途说形成的那些观念，多少有了些改变，“破财”之余，竟悟出了“盗中有道”的理儿来。

对筹集的这笔款子，我们商量了处理方案。我说，目前湘鄂赣苏区都处在非常困难时期，喻献区的党组织和游击队，定能顾全革命大局，愿为上级排忧解难，建议送500元给省委机关，送200元给平江县委，区里留300元解决给养。这个建议顺利通过了。当时，有几百块大洋，着实可以派上不小用场。因为当地市价五角钱就能买到一担稻子，扯一尺布也只需角把钱。

那天，区委的黎光、单瓷中等人可高兴了，他们急着催问下一步如何扩红。我说，大家分头去办这样几件事。买布赶制120套军服和干粮袋，再买120把雨伞和胶鞋，我们大家齐心合力干，保证区里能拉起一个连的队伍。同志们分工去做“后勤”时，我自己也撑着拐棍上了第一线。我们用召开座谈会和串门个别谈话相结合的方式，找散居在山棚子里的红军战士谈话，做说服动员工作，大道理、小道理都讲。我们用这些同志能够接受得了的言语，千方百计地去打动他们的心。打通思想的工作虽不是万能的灵丹妙药，但我始终认为，这是革命队伍中不可缺少的锐利武器，只要善于深入浅出地将道理讲清楚，群众总是通情达理的。

眼看自定的期限快到了，可喜的是夸下的“海口”也如数兑现了。一个月时间，120套崭新的军装，都被新入伍的战士们穿上了身。各人

手中的武器虽是五花八门，但列队站在一起，也显得气势不凡。这支队伍的军政素质是较好的，其中相当部分是重新归队的老兵，还有地方干部，党员和游击队员，也有少数新入伍的当地群众。因此，立即参加边区红军主力作战是不成问题的。

这一来，平江县喻献区以主动上缴经费和超额四倍完成扩红任务的工作成绩，在湘鄂赣边根据地传开了。区委向县委和省委汇报工作时，都提到了我，于是，省委的负责同志也知道我了。是时正值1934年岁末，省委决定在黄金洞召开一次全省扩红工作经验交流会议，特通知我去参加。可惜因前段的劳累，我的腿伤又发作了，没能去成。

1935年初，省委派湘鄂赣省苏维埃政府副主席曾国祺，带着廖立云、徐敏、王桂英等同志来喻献区，通知我和他们一起去平浏长县搞扩红突击工作。并说省委决定我去担任该县扩红突击队副队长。队长是廖立云同志。我表示坚决服从省委的决定。

我在喻献山区住的时间并不长，但和当地干部、群众结下的友情却是深厚的，临别时都有些恋恋不舍。

（二）

冒着寒风，艰难跋涉100多里，我们才安抵目的地。长满络腮胡子的曾国祺，是工人出身的老同志，当时已是50出头的年纪，我虽年纪较轻，但毕竟是个伤员，另外两位青年女同志也累得吃不消，只有廖立云感觉还好。

该地位于平江、浏阳、长沙三县交界处，故称平浏长县。这一带自国民党军实行第五次“围剿”后，逐步变成了边缘游击区，再向外延伸二三十里，就是敌人的白色区域，而边缘区的斗争形势，往往就显得更艰苦复杂。

我们也是在山棚子里才找到当地县委机关，见到了县委书记陈洪同志。曾国祺同志开门见山地向陈洪讲了我们的来意，交待了省委布置的

具体任务："在三个月时间内，突击扩大红军一个连。"曾胡子（这是同志对他的爱称）说："你们这个县，在前一个半月的扩红工作中是做得不好的。依我看，主要是县委没有广泛深入发动群众。为什么平江喻献一个区，就能动员一个连呢？这个青年人叫江渭清，搞扩红突击是有点经验的，省委这次派他来具体负责你们的扩红工作，希望大家很好配合啊！"

当即决定在五天后，就召开一次全县各区、乡党员干部会议，广泛动员，尽快掀起一个扩红突击的高潮。我和县委书记陈洪同志商量："是否能集中你们手头现有的经费，派专人负责先制作400套军装，相信这批衣服做好了，一定会有人穿的。"陈洪同志看了我一眼，没吱声。当然，后来还是按照我们的意见去办理了。

在山腰的一个背风处，近200人聚集在一起。其中有许多同志是从很偏远的山区赶来的。因地处白区边缘，为保障大家安全，县委在附近的山头上还安排了瞭望警戒哨，以防敌人趁机袭击。

曾国祺同志在会议上首先讲了话，他向大家讲明来意后，就宣布了省委的决定。这位打铁工人出身的老革命做起报告来，很有些鼓动性。他声音洪亮地说："省委向湘鄂赣全苏区提出了重要的战斗号召，'前线消灭两团敌人，后方动员两团新兵；前方飞兵前进，后方跑步扩军！'同志们，红十六师正在向前线飞兵前进着，前不久连战皆胜，现在该是我们平浏长跑步扩军的时候了，相信在座各位在这场前方和后方开展的'竞赛'中，决不会甘当落后者。我们几个人就是奉省委之命，来和大家一起跑步扩红的……"

接着，我做了扩红动员报告。我讲了扩大红军主力的必要性和重要性；讲了湘鄂赣边坚持巩固与党领导下的革命武装斗争的关系；讲了各级地方党组织及广大党员、干部在扩红运动中应起的作用等等。当我讲到红十六师为保卫苏区而战，前线每天都有人在流血牺牲时，连自己也抑止不住一股翻涌的激情。

我说，“革命斗争形势迫切需要老兵归队、新兵入伍，需要广大党员、干部带头参军参战，我们都是堂堂男子汉，党培养的骨干和积极分子，在根据地存亡的紧要关头，我们能无动于衷地置革命利益、置大局而不顾吗？大家都看得见，我是个伤员，腿被白军的子弹打残了，至今也未完全恢复。如果前线需要我的话，我现在就报名参军再上战场”。话音刚落，会场上就沸腾起来，许多县、区、乡干部都嚷着要报名参加红军，当场就掀起一个签名参军的热潮。我又被眼前这热烈激奋的景况感动了。

在这次会上，我们还提出了具体部署和要求，全县的各基层党支部都要保证动员一个班，每个党小组要确保动员一至两人参军；全县各区委立即成立扩红突击领导小组，坚决地不折不扣地完成省委提出的这项“压倒一切的中心工作任务”，誓做红军主力的坚强后盾。

动员大会开得很成功，曾国祺等同志也非常高兴。曾胡子说，我们几个人分分工，同县委同志一道，尽快深入到区、乡基层群众中去，要趁热打铁地把工作抓起来。我们听了这话，都笑着说他“三句话不离本行”。因为众所周知，曾胡子参加革命前就是个铁匠。

分工定下来了，我与县苏维埃主席去茅田区，廖立云同志与县委书记陈洪去另一个区。一到茅田我们就召集该区全体干部谈话，在打通思想和明确任务的基础上，再讨论工作计划和实施步骤。我还是相信那条经验：干部带头深入基层做过细的思想工作，先将小队伍拉起来进行军政训练，以扩大政治影响；同时，打土豪和袭击敌占区、白区乡公所，以鼓舞群众的士气，最终达到壮大队伍，完成并力争超额完成扩红指标的目的。说来也怪，才半个多月时间，茅田区就动员到30多人参加红军，迅速组成了一个武装排。

当时正值“三九、四九冰上走”的时节，可有了这些初步成绩，大家心里都热乎乎的，一个个喜上眉梢。曾胡子召集我们开碰头会时，各个区扩红工作进展情况都报了上来。除茅田区外，其他六个区也动员到

30多名群众，这样全县合计就有70多个人了。他听了大家的汇报，兴高采烈地说，部队打仗就讲究个首战胜利，我们红十六师在元旦那天就打了个大胜仗，这可是个好兆头啊！我们这半个来月的工作，也可以说是首战告捷，同样出现了令人鼓舞的好兆头。我代表省委（曾是湘鄂赣省委常委之一）祝贺大家、感谢大家，希望同志们还要抓紧时机，乘胜前进，一鼓作气完成任务，能超额那就更好。依照这样的进度，我看再有一个月时间，就马到成功了。

碰头会上洋溢着愉快的气氛。只有廖立云同志闷声不响，由他负责的那个区，还没有做出什么成绩，曾胡子对此事有点恼火。他向省委写了报告，建议免去廖立云平浏长扩红队长一职，提议由江渭清接任。省委和秋涛同志很快就批了“同意”两个字。

没多久，曾国祺、廖立云等同志奉召回省委，平浏长的扩红工作就全交给县委和我了。曾胡子这个人工作起来大刀阔斧，很有气魄，但待同志的感情却颇细腻。他临走时还特地向县委的负责同志交待：“江渭清是个年轻人，也是个革命坚决的好同志，他是养伤期间来你们县帮助工作的，你们一定要照顾好他的身体、支持好他的工作。”后来陈洪等同志将这些话转告我时，我深受感动。从忠厚长者曾国祺同志那番话语中，再次感受到上级党组织给我的温暖和关怀。

继“首战告捷”后，在第二个月内，我们全县又动员了200多个新老兵入伍。到了第三个月，平浏长县扩红突击的累计总数达到420人，超额三倍多完成了省委下达的任务。到这时，我才觉得起初的思想还有点保守，要县委制作的新军服已经不够用。到这时，陈洪他们才对我说了真心话，说我来县委第一天，八字还未划一撇，半个人影都不见时，就商量赶制400套军装的事，当时以为不是胡乱吹牛，便是好大喜功。实践的结果，使我们对今后的工作更有胜利信心了。

我回答说，这如果也算是功劳的话，那么应该将功记在县委、区委同志的账上，不要说我的腿有伤，行动不便，即使长着三头六臂，一个

人或少数几个人的作用总是有限的。准确地说，这次扩红的成绩应归功于全体干部、党员和拥护我们党、支持红军的当地群众，他们才是革命力量取之不竭、用之不尽的真正源泉。

春风又绿江南岸，转眼就到了莺飞草长的 4 月。我们驻地周围，野杜鹃花盛开着，山上山下映得一片火红，和煦的春风拂面而过，夹带着沁人肺腑的清香，那景色、那气息着实令人陶醉。前线方面不断传来振奋人心的好消息，红十六师主力，连连出击敌人，其中两战高枧，光俘敌官兵就有四五百人，缴获了大批武器弹药。红军的节节胜利，极大地鼓舞了整个湘鄂赣边区的人民群众。根据地党政军民各项工作的开展，亦展现了比较好的形势。

（三）

1935 年 4 月，省委发来通知，要我去黄金洞参加全省的扩红工作总结大会。我向省委写了一封信，说腿伤未愈，行动不便，可否请假。哪知傅秋涛同志看了我的告假信后，对送信人说，“开这样的会，渭清同志一定要来参加，我们派担架抬也要把他抬来”。既然如此，我只好赶去参会。

省委代书记傅秋涛在会上讲了话。他说，年初省委曾向湘鄂赣边全党提出 1、2、3 月战斗计划以扩红为中心，各县能够逐步学习平江的经验，取得了可喜的成绩。东南地区八个县，扩红总数是 1200 多人，西北地区各县也动员了 700 多人。相比之下，还要数东南地区的平江县做得最好。平浏长苏区山大人少,条件比较差,但他们也超额完成了任务。鄂东南道委和修通县委个别领导对扩红指示，执行是不力的。我们红十六师，在频繁的作战中不断减员，我们要不断给他们以补充，连续打胜仗。为了巩固胜利，省委现在提出红五月扩红冲锋计划，并争取六七月再扩红 2500 多人。

秋涛同志还说，当前形势与去年同期相比，已有基本好转。我们下

一步的工作，要进一步巩固中心区，恢复边缘区，还要领导和开展好敌占区的工作和斗争。但这些工作与扩红突击、补充主力都有不可分割的联系。因为武装斗争的坚持和胜利，是苏维埃根据地一切工作的最基本保证。最后，秋涛同志说，经省委常委研究决定，任命江渭清同志为湘鄂赣省扩红突击总队长。

会后，秋涛同志找我谈话时，我向他提了建议，要涂正坤同志继续担任省的扩红突击总队长，我在他的领导下工作过，涂正坤同志不仅有领导能力，工作经验丰富，前段的扩红突击工作，也是做得很有成绩的。省委免了他的职务，我觉得有些不妥。我答应给涂正坤当副手，一定努力协助他做工作。

秋涛同志坚决不同意我的意见，他认为涂正坤同志已不适宜再担任这个职务。既然有理说不清，我也只好作罢。他叫我大胆地将担子挑起来，我只好服从组织决定。

1935 年的“红五月冲锋”，是我参加的第三次扩红工作。虽然有了前面两次区、县组织动员扩红的经验，但对眼下担任总队长职务，还是有点担心，总觉得这副担子太重。好在当时各方面条件都比较有利：主力红军连打胜仗，捷报频传；各地党政军民情绪振奋，人民群众更加拥护和信赖共产党；加上省委扩大会议后，领导思想统一，骨干作用加强。可见“天时、地利、人和”，皆有利于我们。在这样的前提下完成任务，我也就顺利多了。

当时，苏区各地红五月动员扩红的情景，至今还令人难以忘怀。许多县、区、乡的村子里都出现过“锣鼓震天响，标语贴满墙，妻子送丈夫，父母送儿郎，昨天拿锄头，今日上战场”的热闹感人场面，在湘鄂赣边三年游击战争的岁月里，留下了光荣的一页。不到两个月，全省就动员到 2500 多人参加红军主力。到 6 月，红十六师部队又恢复了三个团（第四十六、四十七、四十八团）的建制，该师迅速扩大到 5000 余人。这在当时被认为是件很了不起的事情。

二、去咏生县

6 月间，省级机关和红十六师转到湘鄂赣三省交界的虹桥、长庆、钟洞等地区整训。就在这时，原进攻中央苏区的国民党军汤恩伯、樊松甫等部，伙同三省地方保安部队共计 60 多个团的兵力，开始了向湘鄂赣边游击根据地的“进剿”。可是，如此严重的敌情，当时省委和军区领导都未能及时察觉，大家还沉浸在上半年取得的胜利之中。麻痹松懈情绪，导致对来犯之敌失去了应有的警惕。记得在那次整训期间，有些同志建议省级机关和主力红军集中的时间不宜太长。短期休整后，应尽快转移到各地区去行动。我也对傅秋涛同志说过“长安虽好，却不是久住之地啊！”秋涛听后，并没有采纳，直到敌人的合围计划完成，他才匆忙召开紧急会议，研究突围计划。

当时讨论出两个方案：一个是打算先东向修水突围，去修铜宜奉边区，尔后伺机南下高安、奉新，打开几个县开辟一个新区。如果难以实现该计划，那么再沿罗霄山脉入湘赣苏区；另一个是，以上方案若实现不了，就沿通城、崇阳、阳新、鄂城一线迂回，北渡长江赴鄂豫皖之大别山区。如果这些方案又不能实现，就再由修水、武宁到赣西北的永修、瑞昌、德安一带打开一个新区。

突围计划确定后，本应立即付诸实施，在困境中力争主动权。但省委考虑到开辟新区需要一批干部，于是在刻不容缓的情况下，又花了一个多星期去动员和调集地方干部。宝贵的时间浪费了，重要的战机贻误了，使湘鄂赣省党政军都陷入了被动的局面。

在红军主力准备突围前夕，大约是 7 月上旬，秋涛同志和省委两名常委集体找我谈了一次话。秋涛说：“敌重兵压境了，眼下形势非常严重。为了避开敌人的锋芒，省级机关和红十六师准备突围，转移到外线

活动。省委决定，你留下担任咏生中心县委的工作，并兼管这个地区的地方武装部队，就地坚持斗争。”他还说，“这次敌人来势凶猛，我们转移后，敌人除追寻我主力作战外，也定会重点‘清剿’这块根据地，你们留下来的同志很可能要更艰苦一些，但省委相信你们是能够坚持这一地区斗争的”。

谈话后，有人开我的玩笑，“渭清同志，这可真是受命于危难之时啊！”然而，我当时已无这等谈笑的雅兴了，一心只是想着“应该怎么办？”

7 月 14 日，红十六师和省级机关东向修水方面突围。而我们留下的人则向西稍作了一些移动。从此，坚持湘鄂赣边的游击战争，又进入了一个更艰难困苦的时期。

咏生中心县委当时下辖咏生、平湘、平通、临岳四个县委。所谓咏生县，是为纪念高咏生烈士，以他的名字命名的行政区划，该县位于著名的汨罗江西北地区。突围之前的咏生中心县委书记是钟秀存。我接替他的工作时，县组织部长李化玉、宣传部长黄耀南等同志都留下了。

为了尽快将中心县委所辖的各项工作抓起来，我到咏生地区后，召开了党政军负责干部会议，意在认清形势，统一思想。我们首先讨论的是：红十六师主力转移到外线作战，这个地区留给我们坚持，应该怎么办？我说经过红军主力在外线的英勇战斗，我们在原地顽强的坚持斗争，困难的局面不久就会过去的。但大家必须对今后工作的艰苦性、斗争的尖锐性、环境的复杂性等，要有足够的认识，要适应形势的演变，才能顺利地坚持到红军主力重新打回来。同志们一致赞成我说的话：“在思想上作最艰苦的打算，在工作上作最大的努力。”大家还讨论了工作的具体部署。立即起草并印发了告同胞书，向湘鄂边区广大群众作宣传，讲清形势、稳定民心，和我们一起开展对敌斗争，保卫苏区；同时，派出小分队保护和转移兵工厂和被服厂等后勤设施，还帮助医院伤病员

向安全地带转移；区乡党政机关与群众组织由公开转入秘密，并开展锄奸斗争，打击根据地内的敌特；继续动员群众参加县独立营、区游击队，扩大地方武装力量。

不久，大批敌人涌进我们活动的区域。根据地的环境，一天天恶化起来。国民党军所到之处，杀人放火，摧残红军家属，引诱自首叛变，一时使苏区群众的生命财产遭受很大危害。我中心区也逐渐缩小。当时，除平江的西乡与北乡，其他新区基本上都垮了，原地坚持完全进入了游击斗争状态。

尽管困难重重，形势日益险恶，但我们并没有丧失斗争的勇气。那时我们县、区武装仅有 200 多人，就是依靠这支力量，采用灵活多变的战术，不断给小股敌人以打击。我们昼伏夜出，割电线、破公路、打冷枪，袭击区乡公所，搅得敌人无安宁之日。这些斗争虽是小规模的，但对咏生地区的人民群众却是巨大的鼓舞。每一次斗争都证明，苏维埃政府没有垮掉，红军队伍还在战斗，共产党与人民生死相依。

11 月间，突围转移的红十六师遭受严重挫折后，其中一部又辗转回到了黄金洞一带。在咏生地区坚持斗争的同志看到红军主力杀了回来，倍受鼓舞。为了补充红军主力，咏生县的独立营（此时已发展到 400 余人）全部加入了红十六师。

1936 年入夏时节，我带着咏生县委财政部长涂玉华、粮食部长周宜高和警卫员去周坊山区检查工作。我们还没有找到区委，就被一股敌人包围了。那次的确非常危险，周宜高同志当场牺牲，涂玉华同志负了重伤（后来也牺牲了），警卫员失踪，我自己也负了轻伤。后来几经周折，依靠当地群众的掩护和帮助，才得以脱离险境，与区委书记汪兆民接上了关系。

我在咏生中心县委工作一年零四个月，再次深刻体会到，革命战争每时每刻都离不开人民群众的支持。

三、到西北地区去

整整两个年头过去了，坚持了720个日日夜夜。在萧瑟秋风中，我又来到了还是第一次做扩红工作的地区——喻献。到喻献后，省委决定调我到西北地区去工作。在向我交待具体任务时，省委负责同志说，湘鄂赣苏区游击战争的形势依然严重，各个地区工作发展情况也很不平衡，其中要数西北地区较为落后。省委认为，西北的局面之所以迟迟打不开，除了敌人进攻频繁这个客观因素外，主观上是那里的领导班子不得力。

这时，我才完全明白过来，省委派我去不仅是接替秦化龙同志的工作，而且还要我组织发动批判秦的“右倾机会主义”。说实话，我当时的思想是不太通的，不太同意那种说法和做法。

我婉转地提出了自己的看法：“省委决定我去西北地区工作，我坚决服从，但要我去组织领导反秦的‘右倾机会主义’，似乎不够稳妥，请省委派一名常委亲自赴西北。”这个建议，省委采纳了，最后派常委兼宣传部长谢亦吾同志与我同去。

西北特委机关，当时驻鄂赣边的九宫山区，我和谢亦吾等同志到达那里时，已是1936年11月初。特委下辖四个中心县委，若干县委，摊子铺得很大。谢与我商量，打算先召集特委扩大会议，向党政军主要负责同志传达省委决定，尔后再逐步向基层组织传达。

会议上，谢亦吾同志代表省委宣布了对我的任命，接着又传达了对秦“右倾机会主义”错误批判的决定，号召大家开展对秦的思想斗争。我讲了省委对西北地区寄予很大希望，号召各级党组织为迅速打开这一地区的工作局面，积极行动起来。当时西北地区的武装建设工作，确实搞得不好，军分区总共只有十几个兵。我提出要尽快建立军分区独立

营，各县也要把建立游击队的任务放到首要位置上来。游击武装是党领导下的，坚持原地斗争、巩固根据地和宣传组织群众的武工队，没有一定的武装力量，我们将寸步难行。

这一年的冬天来得早，12 月初就下了一场大雪。没几天，便发生了振奋人心的西安事变。由于我们所处环境的局限性，对外界形势的变化是拿不准的，比如对我们驻地周围据点里的国民党军撤走了，地方保安团、队也跟着收缩起来。我们原以为是地区又发生了军阀混战。

趁敌混乱撤退之机，我们西北特委在冷水坪召开了一次干部大会，提出了“恢复苏区、抗日反蒋，巩固和发展群众游击武装”的号召，同时开展了一次扩红突击动员，有数百人参加红军游击队，成立了军分区独立营，并迅速扩大了边区。

1937 年初春，傅秋涛同志率湘鄂赣军区主力一部来西北地区活动，决定将我们刚组建的独立营编入主力，仅留下四个班。这支主力部队集训数天后，由九宫山附近的三界尖下到崇阳县境时，恰与敌保安第十团遭遇。激战中我方失利，伤亡了许多好同志，秋涛匆匆将一批伤员托给我们照料后，又返回平江地区去了。不久，全国政治形势发生微妙的变化，自西安事变和平解决后，国民党三中全会上（2 月 21 日）通过了一个“实际上接受了中共提议的决议案”，基本上确立了国共合作的原则，国共在陕甘宁地区的军事冲突和缓了；但另一方面，国民党却又加强了对南方数省红军游击队的军事进攻，全国出现了在这种特殊背景之下产生的“南紧北松”的局面。在此逆境中，我们进行着顽强的斗争。虽有少数意志薄弱者脱离了革命队伍，甚至有个别人充当了可耻叛徒，但绝大多数同志的革命意志是坚决的。

我们紧紧依靠人民群众的支持，利用九宫山地区 48 洞的复杂地形，与国民党军“捉迷藏”，用灵活的游击战术伺机袭击或消灭小股之敌，积小胜为大胜。记得当时在最困难的时刻，张藩同志率一支部队来到我们西北地区。就在这个时候，发生了一件很有趣的事。一天

上午，在我们驻地对面的山头上，出现了一股国民党军。哨兵立即报告，我们一面吩咐部队做好战斗准备，一面亲自带人到前沿观察。奇怪的是，红、白两军相距不远，相互发现目标后，敌人竟持枪站在原地不动，没有任何准备向我方进攻的动态。对峙了好大一会儿，我们才派人主动上去联络，原来是国民党崇阳保安团一个排集体起义，来山区寻找红军游击队接头的。大家见面后，经了解得知为首的排长、三个班长都是中共地下党员，是我们的同志。这次策反成功，是崇阳县委的功劳。

我们为起义的新同志举行了欢迎会，表扬他们投奔红军、参加革命的正义举动。不过，我们也客观地讲了游击区严峻的斗争形势与困难的生活状况，使他们对今后坚持游击战争有充分的精神准备。

我们就是有这样一种气魄，无论是对投诚过来的或是捉到的俘虏，都要做思想工作、上政治课，开诚布公地把道理讲清楚，愿留者则欢迎，愿走者则欢送。共产党的政策和共产党人光明磊落，往往使这类人更加信服、更加愿意在游击区坚持斗争。

西北地区的红军游击队曾多次下山行动，袭击国民党区、乡公所的武装，夺武器弹药，征粮筹款。只要环境允许，我们总要召集俘虏讲话。我们说，当区丁、乡丁的人，大多数是被逼迫来的，是为了生活出路；当保长、乡长的人，是上面委派的，有的人也因为形势所迫，我们是能谅解的。但大凡做人都得讲良心和道义，“多行不义必自毙”这乃是传统古训。我们彼此间是一回生，二回熟，三次四次是朋友。不要看眼前红军、苏维埃的力量还不够强大，然而星星之火可以燎原，将来湘鄂赣数省，以至全中国，定是共产党的一统天下，奉劝诸位三思而行，早留后路。

做政策攻心宣传时，我们是注意区别对待，因人而教的。对那些残害百姓、作恶多端、民愤极大的敌人，我们历来不客气，甚至处以极刑。用高度原则性与策略灵活性的辩证统一方法，来达到动摇、瓦解敌人的

目的。

是年 5 月，为适应当时国内和平合作、一致抗日的政治形势，省委决定成立了“湘鄂赣军区人民抗日红军军事委员会”，后改名为“湘鄂赣人民抗日红军军事委员会”，以统一领导和指挥湘鄂赣地区红军武装力量。委员会主席是傅秋涛同志，委员有涂正坤、邓洪、刘玉堂、谢乾、钟期光、谭启龙、江渭清、明安楼等同志。从此，在湘鄂赣边的西北地区，国共再次合作的形势也开始萌生了。

我们当时曾以湘鄂赣军区人民抗日军事委员会的名义，向全国发表声明，公开主张和平合作、一致抗日。省委一方面派人赴延安向党中央报告，请示对策；另一方面指示各游击区，为下山与国民党地方政府或军队的谈判，各自做好准备。

6 月，我们西北地区就如何适应新形势的转变、准备合作和谈为题，召开了党政军领导人会议，以求在党内首先统一思想、统一认识。

七七事变的爆发，加剧了局势的演变。日本帝国主义对中国的野蛮侵入，促使民族矛盾急骤上升为主要矛盾，客观上缓和了国内的阶级矛盾。在中国共产党和全国亿万同胞的强烈呼吁下，国共两党终于结成抗日民族统一战线，正式达成了顺应历史发展潮流的第二次合作协议。伟大的抗日民族解放战争开始了。

我们在湘鄂赣边区，坚持了三年之久的游击战争从此结束。分布在各地区的红军游击队纷纷下山谈判，统一改编为国民革命军陆军新编第四军，投入到伟大的抗日洪流中去。

写于 1987 年

选自《南方三年游击战争·湘鄂赣边游击区》，第308—321页。

江渭清，1910 年生，湖南平江人。1926 年加入中国共产主义青年团，1927年参加平江起义，1929年转为中国共产党党员。南方三年游击战争时，任湘鄂赣军区东南军分区副政治委员兼政治部主任、中共湘鄂赣省西北特委书记兼湘鄂赣军区西北军分区政治委员、湘鄂赣人民抗日红军军事委员会委员等。新中国成立后，曾任中共南京市委副书记兼任南京市警备司令部司令员、政治委员，中共江苏省委第一书记，中共中央上海局书记、华东局书记，江苏省军区第一政治委员，南京军区代理第一政治委员，江苏省政协主席，中共江西省委第一书记，福州军区政治委员，中共中央委员，中共中央顾问委员会委员等职。2000 年在南京逝世。

难忘的鱼水情

秦化龙

从 1934 年 8 月至 1937 年底，湘鄂赣边区的军民经历了三年多艰苦卓绝的游击战争。在那重兵压境、环境极其恶劣的条件下，红军游击队之所以能在屡受挫折的境况下又一再崛起，最后取得斗争的胜利，除了有党的坚强领导外，广大人民群众的大力支援与无私奉献，也是其中一条很重要的原因。没有人民群众，红军游击队就像鱼儿离开了水，是寸步难行的。我所经历的一件件往事，就充分印证了这一道理。

去西北区的路上

西安事变以后，蒋介石对中国共产党领导的革命运动采取“北和南剿”的方针，驻湘鄂赣边的国民党军，又调集重兵，同时收买了一批叛徒，勾结各地土豪劣绅，妄想将我游击武装，来一个所谓“彻底剿灭，一网打尽”。

湘鄂赣省委针对这一紧急情况，研究确定了“反清剿计划”，决定：针锋相对，以牙还牙，立即采取行动，坚决粉碎敌人新的阴谋。我当时任湘鄂赣军区政治部副主任，省委书记傅秋涛把去西北特委传达这一计划的任务交给了我。

1937年的初春，平江县黄金洞山区，细雨缠绵，寒气逼人。我带着一支护送的小分队和武装交通人员，趁天黑进入了白区，悄悄地穿过平江河，绕过幕阜山西麓、向鄂东南和湘北地区前进。

幕阜山，山连山，岭连岭，古树参天，遍地长满了茅草和杂木。我们在山里整整走了两天三夜，直到第三天早晨，才走出山来，到了湖北通城县境的一个山村，名叫石灰窑。我们在石灰窑附近被叛徒发现了，叛徒领着白匪军埋伏在洋河洞口险峻的路口上。正当我们通过时，预先埋伏着的敌人从三面袭来，有几个同志当场牺牲，其余的人被冲散，我和警卫员小陈等数人被压到一个小河沟里，待我冲上岸向后一看，掩护我的小陈也中弹倒下，另一个警卫战士小王负伤后被俘。我独自一人钻进一片竹林里,幸而遇上早晨的茫茫白雾,才算把尾追的一股敌人甩掉。

前面的道路，我一点也不熟悉，但这一带曾经建立过苏维埃政权，群众是拥护我们的，只要找到乡亲们就会有办法。我抱着这种希望，咬紧牙关，翻山越岭，认定朝西南的方向走去。

细雨纷纷，我浑身上下，早已湿透。脚步越走越沉重，我还是咬着牙一直向前奔。走了一整天，天色渐渐黑了下来，我心中正在焦急，忽见前面树梢上升起一缕炊烟，我心想那里一定有人家，身上猛添了一股劲。再穿过两个山嘴，前面果然是一个村庄，村头边上有两间突出的茅屋，我决定到这屋里歇歇，再作下一步打算。

村外的小路上连一个人影也没有，我走到茅屋前，见门虚掩着，就从门缝中望进去，只见一对中年夫妇正坐在一盏微弱的茶油灯下吃晚饭。从桌上的饭菜和屋里的摆设看来，显然是一户贫苦人家。我放心地推开门进去，向屋主人告了歉说："老乡，借个光歇歇脚，行不行？"屋主人猛一抬头见到我,很是惊讶。他们放下碗筷,细细向我身上打量,见我一副狼狈的样子，有点不知所措。

我决心不对他们隐瞒，便直说："我是从黄金洞来的，要到北边去。"

男主人一听这话，忙把自己坐的那条破长板凳端过来让我坐。

“原来是……”他没有说下去，却用微微一笑来表明他已知道了我的身份。

女主人从床上拿来一套干净的短衫裤给我说：“快把湿衣服换下来，当心冻着。”

我在他们热情的催促下，换上了干衣服，身上感到异常的温暖。“你一定是饿了！”主人肯定地说，又不安地望望桌上的饭菜，“没有什么好吃的东西，我们一起来吃吧”。

我实在饿得厉害，谢谢了一声，也就不客气地和主人一起坐下来吃饭。不多一会，将桌上的山芋饭和一碗炒酸菜一扫而光。

吃完饭，身上增加了不少热量，心里暖烘烘的，真不知该怎样感谢主人才好。

女主人转身打来一瓦盆水，动手洗桌上的粗蓝花碗。我和男主人坐在一条长凳上，低声细谈着。

“我们的部队什么时候打回来呀？”

他没有问能不能打回来，而是问“什么时候打回来”。光凭这句话，就使我深信不疑，在这屋子里过夜，是不要为安全担忧的。

主人的眼睛盯着我，在等待回答。我就把当前的国内外形势说给他听，从国内总的形势，说到我们湘鄂赣边目前的处境和将来的革命前景，屋主人听了不时地点头。

门外早已一片漆黑。山村的雨夜，是那么宁静。我把声调压得很低，男主人静静地倾听着，半句话也没有插问。不知什么时候，我发觉女主人已生起一盆火，她坐在离我只有二三步远的地方，替我烘烤着湿衣服。她也侧着耳朵静静地听着，眼睛里露出一种沉思的神色。

夜深了，灯里的茶油也将熬尽，我结束了自己的话，最后说：“将来的天下一定是我们穷人的，我们咬紧牙关，一定要把这天下打下来！”这夫妇俩依然没有说一句话，只是微微地点点头，沉思的目光里，充满坚定和自信。

我说："我还要给我的伙计擦个澡（擦盒子枪）再睡觉，你们还有点清油么？"

"有，我这就给你拿去。"女主人回答。

灯油熬尽，屋里一片漆黑。我和衣卧在屋主人让出来的床上，很快就睡熟了。一觉醒来，在迷迷糊糊中，隐隐地听到灶前新铺的干草地上有人在轻声说话："红军打回来，苏维埃政府再成立，那就好啰！"女人的声音。男人就说："到那时，我一定参加赤卫队！"这语气里包含着对革命的坚强决心。

我没有翻身，怕惊动他们，让这对可敬的夫妇彻夜长谈吧！

第二天一早，我起床后就到村后树林里转了转，希望能联系上走散的同志们。哪知道，我到这村里来又被敌人发现了。

回来时，我还没有走出屋后山坡上的松树林，就听到一个人在喊我，回头一看，原来是女主人。她急奔过来，牢牢地抓住我的衣服。生怕我乱走一步，她急忙说："同志，你上山去吧，敌人进了村，我当家的被捆在大树上，……"她说话间,眼泪止不住直往下淌。她见我不走，又连连催促："你快上山，快走！"

"那你当家的怎么办？"我连累了这位屋主人，一下又想不出救他的办法，心里很难受。女主人怕我往村里走，死劲拉着我不放，说："不行，你不能去，他们正在到处找你，你一个人怎么能敌得过他们几十人。"她说时，望了我一眼，轻声地说，"他们知道你是个大官，你赶快跑，只要你跑掉了，我们家的事，你就不用管"。

我仔细想了想，跑到村边上打几枪，把敌人引动一下，也还是救不出屋主人，而身上又担负有重要任务。于是只得向女主人道谢一声，向山岭上走去。她反过头来说："同志，一路上一定多加小心！"

我回过头来，见女主人还在向我挥手，仿佛全忘记了她丈夫的安危。我心里非常感激，一口气奔上山岭。

原以为山岭那边不会再有敌人，我就依半山腰的一条小路走去，

谁知道敌人决心要逮捕我，在这个村子的后山树林里埋伏了四个便衣，这些狗东西一发现我，就高兴得沉不住气了，从 20 来米远的草丛里站起来喝道:“不许动！”我回过头一看，是手上提着盒子枪的四个便衣。我迅速向他们猛扣几枪，趁他们一惊一呆的时刻，转身向侧面一条小路猛跑下去。四个便衣在我后面紧追不放，子弹在头顶上空不停地呼啸而过。他们还喊话威胁我 :“秦化龙你跑不掉啦，四面都是我们的人，你别跑啦！”

我向前一看，是个三四丈高的斜坡，下面是条横行的人行道，我把皮包、枪盒两手一夹，就往下滚去（估计敌人不敢跟着滚），一滚到人行道上，便向西猛跑。

跑出不到半里，四个便衣又从后面追来。眼看背后的敌人越追越近,我皮包里还有 20 多块银元,就抓起几块银元向路旁撒下,再跑几步，又撒几块。我回头一看，这群贪财的白狗子果然中了计。他们第一眼看到银元，还犹豫一下，定了定神之后，就不管一切，趴下身子抢了起来。

我趁这个机会，转弯向山冈的小路跑去，我想，爬山越岭，敌人不会有过硬的本领，这样我就可以摆脱他们。可是时间一长，四个便衣轮班交替地追赶，我一个人就没有喘息的机会了。前面又有一段被大水冲塌了的道路,怎么办？转念一想,我的体力不行了,敌人会比我更不行，咬紧牙关，跑过这段险路，就有了主动地位。我不顾口里出白泡、吐黄水，头都不抬地猛向前奔。

走过了险路，再看看尾追的敌人没有跟上，信心和勇气一涌而上。打定了主意，休息片刻，等待敌人走入险路地段，好好发挥一下我手中快慢机的威力，而后翻过山岭，再作下一步打算。

不多一会，看到险路那边有个黑点向前移动，再看后面又来两个黑点。先头一个已走入险要地段,断定这是敌人追来了。我由于过于疲劳，眼睛发花，眼前的敌人看不准确，只看到一个黑影子，想了想有办法，不要瞄准单射，就打开快门向黑影横扫一梭子弹，再看黑影倒下了。我

趁此机会，翻过山岭，摆脱了尾追的敌人，就顺着松林里的人行小道走去。

再向前走去，见到前面有块茂盛的竹园，据当地风俗习惯，其中定有人家。近前一看，果然有个茅草屋。一位50开外的大妈，坐在地坪边沿的土堆上，手中拿着针线在补衣服，又不断向山上山下瞭望，大约是刚才的枪声震惊了她。

她一见到我，端详一下，果断地说："伢子，跟我来。"我望着她那双慈祥而有主见的眼睛，顺从地跟着她走进屋内去。

大妈一进门就叫："桂兰，你来！"立刻从内屋走出一个大约20多岁的农村妇女。大妈随即介绍说："这是我儿媳妇。"接着又说："桂兰，你坐在地坪边的小土堆上，手里拿个竹梆子（这是山里农民赶野兽的工具），注意看着山下的大路和后山上，如看到有敌人，就连敲三下梆子，让我们有个准备。"

这时大妈又转过脸来问我："伢子，你还没吃饭吧？"我坦诚地说："没有，从清早到现在一直有敌人在追我。"她摇摇头说："唉，真可怜！我给你热碗饭来吃。"我立刻说："大妈，现饭用不着再热。"

那也好，大妈到厨房端来一大碗干山芋饭，还有半碗竹笋炒酸菜，放到桌子上说："真没有什么好吃的，你就随便充一充饥吧。"

大约不到五分钟，我就把饭菜吃个精光，站起身来，把肚子一拍说："谢谢大妈，我现在又满身是劲了。"她点点头，微微一笑表示高兴。

我向大妈告辞说："谢谢你老人家，我现在就走啦。"

大妈向我身上瞧一瞧后说："等一等。"她走到床前，在那只破箱内翻来翻去，找出一套旧蓝布衣裤，捧到我面前说道："这是我儿子的，你快换上，瞧你这个样子，唉，真可怜啊。"

我朝自己身上一看，吃了一惊，衣裳撕得一条条的，活像拖把似的挂在身上，浑身上下都是一条青一条红的伤痕。这副样子，即使不碰上叛徒，也会给民团、白匪一眼认出来的。

“真罪过啊！”老大妈又叹出一口气，“这些畜生，还要横行到什么时候啊！”

“长不了！”我边穿衣服边说：“老大妈，总有一天，我们要和这些畜生算账的。”

大妈点点头，她见我束好腰带，就蹲下身子帮我卷裤管。她一边卷，一边摸摸我的腿肚子说：“你们打绑腿皮肉都发白了。”她转身去给我弄来一些泥土，用水调开，抹在我腿肚上。抹完了，又看了看，才站起身来放心地说：“这就像种田人，他们也看不出来了。”

弄好以后，我就想走。这时大妈也没有留我，她说：“对！这里不能多耽搁，那些狗东西一定会来搜查。”接着，大妈又从锅内拿出两个野菜饭团，用一块布包好，塞在我手里。我望着大妈那爬满皱纹的脸，不禁想起了自己的亲娘，心里想说几句感谢的话，一时激动得说不上来，竟呆住了。

老大妈好像看出了我的心思说道：“我儿子和你岁数差不多，也是当红军的。”

“大妈，红军战士都是你的儿子，我永远都会想念你！”

我从心里冒出一句话来，便觉得眼前模糊了，两颗泪珠顺着面颊落到刚穿好的衣襟上。老大妈微微一笑，她给我拉了下衣服的下摆，再三叮咛：“路上一个人，要多加小心！”

我恋恋不舍地离开了老大妈，一步步向前走去，一直走到回头望不到那个亲切的破茅屋时，才撒开腿大步向前赶路。

上了一岭，又穿过一片好大的竹林，前面出现了一片绿雾似的树海。弯弯曲曲也不知走了多少路，才走出树林，听到前面不远的地方有狗叫的声音，在遮满乌云的月亮下，看到前面有个人影向我走来，只隔四五步远了，才分清楚他是一个挑担的年轻人。

走近跟前我问道：“老乡，天已黑了，你还挑着担子到哪去呀？”

“我是木匠，帮别人家干完活回家去。”

“你家到天岳关有多远？”

“从我家过去还有 20 多里。”

“老乡，告诉你，我是红军，要到天岳关那边去，请你给我带一节路行吗？”

他将我仔细打量一遍后才说：“可以，我家住在小河对面的山坡上，要从天岳关的大路横过去。天岳关过去就是平江县境，那边有个龙门区我去过，建立过苏维埃政府，真是好啊！”

我俩边走边谈，不多一会，就走到通城去平江县境的大路上，这时他东张西望看了一下，才说：“这小路翻过去，就是我的家，这大路直通天岳关。顺这大路走，路旁有不少村子，你沿途再问问，前面有无敌人，希你多加小心。”沿途一看，果然有很多村庄和小铺子。

又走了一阵，在人烟稀少的路旁，见到灯光，近前一看，是个圆顶的茅草屋，门外有碾米的水车，才明白它是个碾米房。屋内的灯光下，坐着一个 40 开外的农民，旁边站着一个十多岁的小姑娘。一看就明白他是在此碾米的种田人，于是我放心地走向前问道：“你们这么晚还在碾米么？”

他们在深夜里，突然见到我这个陌生人，看来有点惊慌的表情。我赶紧解释：“你们不用害怕，我是红军，由此路过，请问老乡，天岳关有没有敌人？”

老乡还有点半信半疑的样子。这时，小姑娘朝着她爸爸说：“他说话的口音，好像姨娘家的人说话一样，不像本地人。”

我忙插嘴问：“小姑娘，你姨家在什么地方呀？”她看了看她爸，接着说：“我姨娘家住在幕阜山脚下的王家庄。”

“那我知道，王家庄有个王老三，是那村子里的人，有一次民团把他抓去，说他与幕阜山的游击队有联系，狠打了一顿，然后还把他关在一个房子里。他挺有本事，一下偷跑了，真正上山当了游击队。”

小姑娘笑着说：“对啦，对啦！去年我到姨娘家听说过这个故事。”

这时，她爸大胆地说："我只知道从前天岳关驻有国民党军，后来撤退了。不过从通城到平江这条大路上，常有他们的人来往。你向前走五里来路，注意看看左边的路旁，有条小路通向黄龙山。大约再走上去五六里，山坡上有个小村庄，住有一家放牛人，大家都叫他王老汉。此人为人忠实可靠，他们老夫妇有个十七八岁的儿子，就是我这女儿未过门的女婿。他们父子天天上山放牛，对天岳关看得很清楚。你到他家问清情况，要他们送你过天岳关最保险。"

我和父女俩告别后，就向前赶路。按照老乡指引的话，果然找到上黄龙山坡的小路。天上雾霭沉沉，下着小雨，夹着闪电的白光，我大步向黄龙山走去，走了一阵，就听到狗叫的声音，近前一看，是三间茅屋，房门是关着的。

我轻轻敲了几下门说："王老爹，你不要惊慌，我是过路的红军战士，刚在下面冲里，见到你的亲家和未过门的儿媳妇在河边碾米呢！是他们告诉我，才知道你王老汉的家。请你开开门，进来喝口水，问问路就走。"

这时屋内传出声音："好，请等等，我就开门。"

门开了，一个50来岁的农民，手端一盏清油灯，忙说："请进。"待我进到屋里，很快他儿子也起来了。我开玩笑说："你们仔细看看，我确是红军战士吧？"他俩含笑地说："不假、不假，完全相信。请等一等，我去烧茶给你喝。""不要烧茶水了，请给我一碗凉水就解渴。"

"现在请你们告诉我，天岳关驻有国民党军没有？我今天晚上还要过关去。"

他们父子俩同时回答说："没有，从前驻扎过，后来撤走了。现在只是白天常有少数人经过，不妨事。"爱说话的小伙子又抢着说："有人驻在那里也没关系，旁边山坡上到处都能走过去，我保证送你过天岳关。"

他爸打断他的话说："你要嘴皮子，我和你一块去送这位同志过

关。”“爸，你走得慢，那里的路我最熟，还是我去送，我们走得快。”

我也想越快越好，争取天亮前走过去。于是说：“王老爹，谢谢你的好意，就让你儿子送我一程吧。”

“那也好,我就不去了,不过你们要格外小心些。”王老汉再三叮嘱。

我和王老汉的儿子，顺着小道走了不到一个小时，就到了天岳关旁的山坡上。天岳关是湖南平江县与湖北通城的交界处，东面是黄龙山，西面是幕阜山,它位于两山连接的坳颈上,历来是军事要地,修有关卡，卡子通路两旁还有用石头建成的房子。由于连年战争，两侧还修有战壕等野战工事。

我俩放轻脚步，迅速接近了关卡，没有发现灯光，也未听到任何声音。两人附耳商量，先到地上摸来几块石头，向关卡中间投去，先探个究竟，亦未听到任何反应，两人才跳上大路，迅速通过了。

一过关卡，我就告诉小王：“天已发白，前面的路我熟悉，你赶快回家去，免得你爹担心，谢谢你，以后再见。”

小王还恋恋不舍，说：“下次你一定来呀！”

天已亮了，但早晨茫茫的白雾，笼罩田野。我顺着左边小道走了四五里，就到了红军的关系户邓老汉的家。头几天，我们出发时，曾从他家经过，是个独户人家。邓老汉有两个儿子，一个儿媳妇，还有一个两岁的孙子，是个五口之家。在此当地主的佃户，所以对工农红军一贯热心拥护。

刚走进院子，大黑狗就张开大嘴，向我嚎叫。右侧厨房内，发出灯光，我走近窗前，用舌头舔破白纸，向内一看，是邓家的媳妇在做饭。我走到门边，轻轻地敲几下就叫：“大嫂，你开开门，我是前两天在你家住过的熟人。”她很快把门打开，“是你，不是前两天教我儿子打盒子枪的首长吗？”“对啦，不过我不是什么首长，是红军战士。你们这么早就起来做饭干什么？”她带笑地说：“你问我爹就知道。”正说着，她爹从隔壁房里走来。“呀！是你来了，快请到房里来坐。”

刚坐下，我忙问："你们家这么早做饭，有什么客人来了？""说起来真巧，就是上次跟你来的黄队长几个人昨晚上来了，为了安全，我送他们睡在屋后的松树下面，早点做饭给他们送去。"

"那太好了，我正要找他们，现在我们就一块送饭去吧？"

"不要急，你在这里洗好脸，吃了饭再去。"

"不，我在这洗洗脸，喝碗凉水就去，早饭到那里和他们一块吃。"

于是，邓老伯把饭菜和茶水，放在两个箩筐内挑着，领着我向后山松林里走去。刚走近老黄他们的"宿舍"时，靠大树站着一个哨兵，轻声地问："是谁呀？"

"我是邓老汉，还有一个是你认识的人。"

我走到眼前一看，宿营点真选得不错，是块不大的平地，上有茂密的松树，地上一层厚厚的松叶，人们就在这松叶"地毯"上熟睡着。

老黄大概听到我们同哨兵的对话，他手里拿着枪坐在地上静听着。一见到我，就跳过来握着我的手说："主任，是你，我们到处打听你的下落，想不到今天在这里会合了，真使人高兴。"随后，他把大家被冲散后的情况作了简单的汇报。

早饭后，我和大家商量："今天我们在这里先休息半天，仍请邓老伯给我们送一顿中饭，吃饱了肚子，睡好一觉，凭着我们这几条飞毛腿，一个下午就要翻过这幕阜山。"

老黄说："我完全同意，只要翻过山那边，工作团的驻地我熟悉，就是晚上也可以找到他们。"

我们翻过几十里的山岭，天已漆黑，才找到工作团的驻地。他们驻在一条小溪边的杂树林里，是用杂树枝编成的篱笆，柴草覆盖的四方形棚子，办公、睡觉和做饭，都在里面。小凳子是自己用杂木做成的，硬纸壳夹子，就是写字台。棚子外面的山溪里，一年四季流着清澈的山泉。

我们走进去，里面坐了一棚子的人。军区特务营的李营长、陈教导员也在座。互相见面，非常高兴。当彼此介绍了情况后，李营长马上说：

“我们从军区驻地出来已半个多月，一直未与军区首长取得联系，秦主任既已到此，希望能和我们一起行动。”“我从心愿上来讲，很愿意和你们一起行动，但是不行，我所负的重要任务尚未完成，我还要马上到西北去。你们还是按照出发时军区首长的指示行动，但你们必须注意，现在敌人正在疯狂地进行‘清剿’，要常派人与军区首长联系，绝不能把敌人带进机关的驻地。另外,我现在是只剩下一人一枪的‘空军司令’，跟我去的警卫员小陈在战斗中牺牲，小王负伤后被俘。所以要你们派两个适合的战士跟我去。”

这时李营长、陈教导员同时说：“这个好办，我们营的老战士有的是，我们回去马上给你挑选两个送来。”

一切事情办妥后，我就和武装交通队黄队长商定说：“这次行动不要人多，你带三个队员，我们一共七人七支枪，化装行动，白天晚上都可以。”

“我完全赞成，这次一定完成任务。”黄队长立即表了态。

第二天，我们继续往西北走，执行传达省委决定的任务。

经过两天一夜，到达了江西修水和湖北通城交界的山区，在一个石洞里找到了当地工作团的同志。由于细雨绵绵，我们确定在工作团住一晚，再继续前进。

可是当天晚上，意外的情况发生了。一个会计下到畈里（敌占区）去买东西投敌叛变了。正是黄昏时候，一个农民从山脚下跑来，向哨兵说：“有急事报告。”哨兵立即把他带进洞来问明情况。他上气不接下气地说：“不好了，你们派下山的那个会计是个坏蛋，他一到我们村就向保长自首，说有个省委派来的同志住在这个洞里，并要保长赶快带国民党军来打你们。你们赶紧向外山转移吧！”

“老乡，谢谢你对我们的帮助，你自己也要多加小心。”

我们得此情报后，立即转移到了十多里外的另一个石洞里。到东方发白时，我们的哨兵果然发现山下约有一连的国民党军向我们追来。当

我们拿起武器，敌人已到石洞口，双方一阵交火，新跟我的警卫员小常在后面掩护，被侧面的敌人袭来，打伤后抓走。在敌众我寡的不利情况下，我们边打边撤，迅速摆脱敌人，向通城的深山里转移。

我们又经过两天两夜的行程，在广大群众帮助下，终于走到药姑大山，找到了西北特委书记兼分区政委江渭清和他率领的部队。

在密林的大树下，有三个用被单子架起来的帐篷。走近帐篷时，江渭清同志已走出帐篷外，同时出来的还有张藩、王清云、曾星汉等同志。大家见面，无比高兴。

接着我传达了省委、军区关于粉碎敌人新的“清剿”阴谋的决定，随后大家一起研究了部队的行动计划。这时，我才嘘了一口气。一路上，虽经七八个县的边沿地区，遇到过无数次的危险和波折，但是由于广大群众热爱共产党，无私地支持工农红军，使我们每到绝境时都峰回路转、化险为夷，战胜重重困难，最后终于完成了省委交给的传达任务。

这一路上斗争的实践说明：鱼儿离不开水，红军游击队离不开人民群众。只有人民，才是我们战胜一切的力量源泉。

可敬的三户人家

1937 年秋天，我和江渭清、张藩等同志，带领着西北地区的部队，从药姑大山，经临湘、岳阳县境，到达平江的十字墩。正当通过一个山坳继续前进时，遭到了国民党军陈光中师的伏击。经过一场激烈战斗，双方互有伤亡，我亦在战斗中身负重伤。在战斗不利的情况下，部队只得向右翼山区转移。

由于战斗打响后，四方八面的敌人闻讯赶来，将我们围在一块狭小的深山密林地区。在此紧急情况下，我同江渭清、张藩等同志研究决定：部队迅速插向敌人后方，跳出敌人的包围圈，尔后转向平江地区同军区

部队集结。同时考虑到快速行军，抬着我随部队行动极为不便，我就带着警卫员李务本、卫生员叶国富等几个人离开部队，找一个适当的群众家，潜伏下来养伤，待部队到平江集结后，再派人接我回军区。

部队派了一个保卫干事带着几名战士抬着担架护送我，黄昏时找到一个僻静的小茅屋。屋主人姓陈，一看就知道是一个30多岁的庄稼人。保卫干事直接向屋主人求援："我们是红军，有个同志在战斗中负了伤，要寄住在你家疗养一个时期，我们以后再来接他。我们是为劳苦大众求解放的队伍，凡事请你多多照顾，往后再感谢你。"

屋主人看了看我那血淋淋的腿，以沉重而同情的态度说："我知道共产党好，工农红军好，都是自己人。我有个妹妹嫁在山那边的三溪乡，以前建立过苏维埃政府，真是好啊！这位同志为我们穷人求解放负了伤，要放到我家疗养，哪会不愿意呢？只是要告诉你们，从我们的屋前大路出去十多里，国民党军在那里建有一个堡垒，有几十个民团驻在里头，经常出来巡查，所以在这屋里住不行。离这不到二里的山沟里，有两块小平地，长满一片大松树，还有一股泉水，从中流过，我看在那里搭个草棚住下倒蛮好。我每日清早就给你们送饭去，黄昏时再送一次饭。你们白天不要来人。有事晚上来，来时到门上轻轻敲三下，我就知道是自己人，你们千万要小心，绝不能让民团和保甲长发现了。"

我们齐声说："陈大哥，谢谢你！这样安排很好，我们现在就到那里去吧。请你给我们带把柴刀，今晚就在大树下休息，明天再搭棚子。""那也好，我去叫家里给你们做点干薯丝饭吃了就去。"我说："干薯丝用不着再煮。现天已黑，再烧火做饭，会被人看见引起注意。"

"这样就依你们吧。"他翻身进屋，手提着竹筐子，里面放着干薯丝和一碗先做好的酸菜，还放着一把柴刀；右手夹着一床旧棉被，兴冲冲地走出来。我又立刻说："陈大哥，现在天气还热，棉被不用拿去，山上有的是茅草垫铺。"

他好像命令似的说："不行，看你脚肿得那个样子，要把铺垫得软

绵绵的才好。”我很感激地说：“谢谢你的诚意，就拿去吧。”他在前面带路，李务本背着我，叶国富在旁帮护着向山间走去，不多一会，我们三人就到了“宿营地”。陈大哥临别时，还再三嘱咐：“你们两个同志要多加小心，多辛苦一点，好好照顾这位负伤的同志。”

刚转入隐蔽生活，脑子里许多新问题都需要考虑安排。我向李、叶二人交代说：“今天晚上什么也用不着忙，只要把棉被铺开来，三个人一起横着睡。天明起来，把周围的地形察看清楚，棚子搭在哪里，瞭望点设在何处，还有取水、烧水的地方，都要选择好，而后才动手搭棚子。”

没等到天明，我早已被伤口痛醒，静听着周围有无动静。一瞬间，就听到有人咳嗽一声，向我们走来。我轻轻地推李务本两下，“你听到没有，那边有人来了，快去看看，是不是老乡送饭来了？”他说：“我也听到了。”就跃身一跳起来，手上提着枪向前走去。接着就听到他说：“陈大哥，谢谢你，天才蒙蒙亮，饭就送来了，真辛苦你啦！”

陈大哥走近我就问：“同志，昨晚睡得怎么样？你的脚痛得不厉害吧？”

“陈大哥，谢谢你，我们都睡得挺不错，我的伤也还算好，只是让你和大嫂为我们忙了一个晚上，半夜三更就起来做饭，天还没大亮，你就上山来送饭，这真是穷哥们的阶级感情。我们永远不会忘记。”

“怎么？你也是种田人出身吗？”

“可不是，我家是贫农，我 13 岁就参加革命，16 岁就离开家，出来参加革命工作。像我这样的人，都是同压迫剥削我们穷人的土豪劣绅有不共戴天之仇，所以才当红军，打土豪分田地，要把他们那些害人虫统统打倒，使天下的穷人都翻身作主人。”

“哎！我们穷人都盼，你看会有这么一天到来么？”

“你放心，这一天一定会到来。”

李务本和叶国富两个人不到一天的工夫，一切都办好了。在大树下面搭了个宽大的草棚。小叶还用罐头盒做了必要的消毒工具，真是办成

了一个小小的“医疗所”。

我的脚背被敌人的机枪打了两个洞，都未伤骨头，所以表皮好得很快，不到十天就可以拄棍活动了。我们三人都高兴极了。可是高兴得太早了，过了两三天，不知为什么，脚背上的伤口肿胀起来了，表面看不出什么来，用手一按，就感觉到里面化脓，怎么办呢？要开刀没有药，没有手术刀，更没有开刀的技术。后来只好用“飞猛药”涂在伤口上，把皮肉连续烧了三遍，才用探针插入内部，挤出脓血，还取出了被子弹带进肉内的茅草（就是它在里面作怪）。过了三天后，才又消肿，渐渐好起来，但由于没有药，愈合得很慢。

真是祸不单行，意外的情况又发生了。有一天黄昏时，陈大哥送来了饭菜，还有一盘红烧鸡肉。但脸上表示出一种惊慌和不安的神态。于是我就问：“陈大哥，发生了什么事？”他点点头说：“可不是，这位李同志在大白天跑到下面村里买鸡，被一个坏家伙看到了。他到我家把鸡放下刚走不久，那个坏家伙就跑来我家追问：‘刚不久一个穿灰军装的人，手上提个鸡走向你家来了，是什么人？’我只好说：‘我在房后弄柴火，没有见到什么穿灰军服的人。如果有人在屋前大路上过，我就不可能见到。’民团、保甲长这帮坏东西，决不会罢休，我自己倒事小，最多把我抓去痛打一顿或者关进碉堡罢了，但我怕他们明天来搜查，你的脚还没好，你看这怎么办？”

“陈大哥，谢谢你赶来告诉我们，由于这个同志不小心，被坏人看到了。是要加以防备，我们必须马上转移地方。大哥你看到谁家去好？”他说：“此去12里地，红花尖山脚下有个独户人家，姓李，40多岁，大家都叫他李大哥，为人厚道。夫妻俩有个十七八岁的儿子，房屋就靠近一片大竹林，地方很好。只是你的脚还不能走路，是不是我和这个同志把你抬着去呢？”这时小李说：“乱子是我捅出来的，我也有的是力气，我把主任背着去，请陈大哥帮我们带路就行。”

我说：“这样吧，不要抬，也不要背，你们在旁帮护点，我自己拄

棍可以走。如果敌人打来了，不能跑也得跑。时间紧迫，赶快吃饭，请陈大哥带路，马上到红花尖李大哥家去。”

大约走了两个小时，就到了李大哥家门口，一看是个三间房子的小茅屋。我们走到房门口轻轻敲几下，就喊:“李大哥，我们是过路人。请开开门，进来喝点水好吗？”

“是谁呀？”吱呀一声，门打开了，李大嫂向我们一看，就笑嘻嘻地说：“好久不见，余指导员，我们都盼望你来，真把你盼来了（这是一个有趣的误认，以前湘北独立团有个连队在她家驻过很久，指导员姓余，这会错把我看作余指导员）。”我想这时没有说明这个误会的必要。于是说：“大嫂，我也很想念你们，一向没有机会来，这次有事从这里经过，因不小心，把脚跌伤了，想到你家住几天，你俩夫妇同意么？”

李大哥赶快说：“盼都盼不到你来，哪里还有不愿意的呢？不过要同你们商量一件事，我这里离国民党军驻地确实很远，就是民团和保甲长常来巡查。白天在我家里出进，容易被人看到。倒是我屋旁有一片竹林，从来没有人去过。我想今晚在我家里睡，天明后就住到那里最保险。每天凌晨就派人来拿饭，黄昏时再来拿一次，特别要注意别让对门大路上的过路人看到，这样你们住多久都不妨事，余指导员，你看这样好不好？”

“李大哥，这样很好，一切都照你的意见办。”并叫叶国富拿出三块银元给李大哥作伙食钱。李大哥一看，就生气地说：“余指导员，你怎么把我看得那么小气，没有好的给你们吃，干薯丝我家还是有的。”

“李大哥，我们知道你的诚意，但我们红军有自己的三大纪律八项注意，我不能不执行；再说要买点油盐之类的东西，总得要几个现钱用，请你收下。”

“如此说来，我就收下吧。”

我们在竹坡上搭了个相当讲究的棚子，住了几天，都觉得挺不错。李大哥的娃娃天天到竹林里来拾干柴，和我们说说笑笑很热火。可是一

天上午，那娃娃跑来慌慌张张地说:“余指导员，不好啦！”“什么事呀？快告诉我。”“今天你们这个同志来我家拿早饭来晚了，从我家屋前红薯地里走，被对面大路上过路人看见了，后来他跑到我家来问是什么人？我妈回答说：‘没见到。’他走后，我妈叫我来告诉你们，我爸不在家，要到吃晚饭才回来，今天的晚饭你们不要来拿，我用竹筐装作收柴火早点给你们送来。”

“小伙子谢谢你，你爸回来了，就说我请他来一趟。”

小娃娃走后，我们三人就一起研究，批评了小李，告诉他以后不论什么时候，脑子里须有个敌情观念，由于疏忽，已经出现了两次乱子，再不应有第三次。同时也分析了当前情况，此地离大洲 50 来里路，别处无敌人，大洲敌人得悉后，明天才能赶到，但决不能大意。此地不能继续住下去，今天就把棚子拆掉，并消除痕迹，注意观察对面大路上有无新情况，等李大哥回来，准备今晚转移地方。

这时李务本也后悔不已：“这次又是我捅出了乱子，又弄得我们要转移新地方，哎！我真是……”

黄昏时，李大哥回家饭都没吃就跑来了。他坐下来说:“我本来想，再过几天余指导员的脚就完全好了，那时走该多好！不料今天又被别人看到你们的人，一定会引起敌人注意，不过还不要紧，民团今晚到不了，就是要换个地方才安全些。”

“李大哥，真辛苦你了。你在外面累了一天，到家后饭都没吃，就为我们的事情跑来了。我们住在你这里像住在自己的家里一样，真舍不得走。偏偏又出了这么一件事，非转移不可了。李大哥，你看到谁家去比较好？”

“我已经给你们想好了一个地方，此去八九里路，有个叶家冲，就是大洲背后的一个山沟里，有一独户人家，屋主人叫林斋子，他和老伴，还有个十八九岁的儿子。他确是一个吃斋行善的好人，本地人都很信任他，只有到他家去住一段时间最可靠。”

“这样好极了，那你先回家吃饭，我们收拾好，就到你家来辞行。”

大约半小时以后，我们收拾好四周，就走到李家去告别，一走进门，见他们全家吃完饭正在收拾碗筷，我马上就说：“李大嫂，现在向你们告别来了，在你们家虽然时间不太长，可对我们非常好，真舍不得离开你们。等我脚好了回到部队，多打胜仗，来感谢你们吧。”

李大嫂含着泪说：“余指导员，盼你几年才盼到你来了，刚住几天又要走，今后一定来呀！”“李大嫂，我告诉你，我是红军战士，但不是余指导员，我认识他，知道他现在很好，跟大队一块行动，不久就会见到他，一定把你对他的关怀和想念告诉他。”这时她们全家人才明白过来，于是哈哈大笑起来。

李大哥又把路线详细说了一遍后，我们才上路向林家走去。我在路上一面走一面思考着。既想到两次因行动疏忽被迫而转移，不免有所焦虑；又想到天下穷人是一家，处处有亲人的情景，立刻充满了信心和欢乐。

明亮的月亮高挂天空。我在李、叶二人的帮助下，不到两个小时，就走到了林家。走近房门口，李务本轻轻地敲了几下门。一位大妈问：“是谁呀？”“大妈，我们是红军，由此路过，进来问问路，林斋公在家么？”大妈把门打开，有点畏怯地说：“林斋公出门去了。”他儿子在一旁补充说：“我爸一早到亲戚家去了，现在天变得很黑会下雨，今夜不会回来了，明天会回来。”我想林斋公不在家，要求今晚住他家不太合适，于是说：“林斋公不在家，就以后再来吧。”

走出林家后，我们三人商量：找条小路到对面山脚下休息一个晚上，明天注意看林斋公什么时候回家，再派人去找他。走出半里路远，就找到两块黄豆地，旁边有片油茶树林。我们三人弄些茅草，铺上一个油布，就在茶树底下睡下了。一觉醒来，一阵劈头盖脑的大雨打来，小叶连忙把雨伞打开，一把盖住我负伤的脚，一把遮住三个人的头，三个人只好背靠背地坐起来。

天明之后，雨停下来了，太阳也从云雾中钻出头来。这时，只见一个 50 开外、发辫卷在头上的大伯出现在黄豆地里，我想这一定是我们要找的林斋公了。李务本忙走到他跟前说：“林老爹，我们昨晚到你府上，你外出探亲不在家，今天正好遇上你，请你到我们帐篷里坐坐，有事和你商量。”

“有事商量？那好吧。”

他走近我跟前时，我就说：“林老爹请坐，我们是工农红军，来这地方有任务，可我把脚跌伤了，想到你家住几天。昨晚到府上，正遇你外出探亲未归，今天可巧见到你，就是和你商量住几天的事，是否可以？”

他笑着回答说：“住几天当然可以商量，但我不是林斋公，他是我要好的道友。这事好办，我去告诉他。他是一个爱做好事的人，一定会帮助你们的，不过他白天还不能来，因他请了个木匠在家干活，要等收工后，木匠走了，他才能来看你们。我告诉他来时，在地边上拍手三下，以便你们放心。”

他抬头仔细打量了一番，看到我们这种情景又说：“你们还没有吃饭吧？”

“是的，我们从昨晚上到现在还没有吃饭。”

“这怎么办？如果白天给你们送饭来，又怕被坏人看见。这样吧，我黄豆地那边有块红薯地，我去挖几个红薯来给你们充充饥好不好？”

“老爹，你真是吃斋做好事的人，这样很好，谢谢你的好意。”

他去后不久，就用竹筐子提来半筐红薯。我们三个人把红薯擦干净就大口大口地吃起来。

天刚要黑下来，就听到一个人咳嗽两声，接着又拍了三下巴掌，我们知道是林斋公来了，也轻轻地拍三下巴掌作回答。

他走近前来就说：“让你们等久了，我来接你们去我家吃晚饭。”

“林老爹，谢谢你！”林斋公是个 50 多岁的人，但看上去很健壮，

高高的身子，浓眉大眼，说话洪亮，显得很精明。

我们跟着他，不大一会儿就到了他的家。他家是三间比较破旧的瓦房，外加一间小茅屋。我们一进门，就见到林大妈和她儿子正忙着给我们做晚饭。大妈一见就笑眯眯地说：“昨晚没有接待你们真对不起，我心里怕坏人来，不敢留你们。今天王斋公来告诉我们以后，才知道你们真是红军同志。”

“大妈，还是小心点好呀，那些民团坏东西，也常冒充红军来欺骗老百姓，一时难分真假。”这时林斋公走进来说：“你们赶快弄饭给这三位同志吃，以后坐下来慢慢谈。”

吃完晚饭，大家坐在一起，林斋公主动提出说：“今天王斋公把你们的情况都给我说了，在我这里养病毫无问题。我这附近人家少，四面是大竹林、树林，你们住多久也不妨事。只是民团保甲长常来巡查，你又脚痛行动不便。因此我想为了安全，今晚在屋内住，明天我们到对面松林里搭个茅棚子，住在那里更保险。一天三顿饭，在我这里做好，叫我儿子给你们送去，早晚也可派人来拿，你们看这样好不好？”

“林老爹，你这个主意好得很。”我又指使李务本拿三块银元给他买油盐，林老爹反过头来，“你这是说的哪里话”。“老爹你不知道，以后要你帮忙办的事情还多着，你先收下吧。”在我们再三解释下，林老爹才收下那三块银元。

第二天早晨，林老爹一起床就叫老伴赶紧做饭，又叫他儿子到地坪边上“放哨”，看有没有人来往。

大家吃完早饭后，林斋公就吩咐他儿子带着柴刀和锄头，自己手里夹着一床旧棉被，领着我们到对面山冈上去搭棚子。走到半山腰，他就叫我们停下来休息，并胸有成竹地说：“棚子就搭在这里好，既隐蔽又方便，走出棚子几步，就可看到我家门口。搭棚子要先把地基铲好，周围还要挖条小水沟，天下雨也不怕。小树枝、葛藤和柴草多得很，我们一齐动手，半天就可以把棚子搭起来。”四个人真的半天就把棚子搭好

了，而且又宽阔又结实。

林老爹临走时又嘱咐说：“你们去一个同志在山脚下等着，我叫这伢崽把饭菜、茶水送到山脚下。晚饭还是在原地方等他送来。”

从此以后，小林天天按时送饭，或是上山来拾柴火。李叶二人也总是帮小林把干柴捡好捆好。有次小林要我给他讲打仗的故事，待我讲完以后，又向我提出要求当红军。我打趣地回答他说：“不行，你年纪太小不够格。”他睁着一双大眼睛说：“我已十八九岁，还说太小，你是多大当兵的？小叶他有多大？反正我要跟你去。”“好好，这样吧，我现在还有重要任务，以后我们打了大胜仗，扩大部队时，我就写信来叫你，满意了吗？”

过了几天，一个下午的4点来钟，林老爹手拿柴刀，面带笑容走来，一坐下就说：“秦同志，我昨天去大洲走了一趟，在一个茶铺子里，听到几个来往的人说：民团、保甲长没有以前那么凶了，又说现在不打共产党了，大家一块去打日本鬼子，你看这话能信不能信？”

我略加思索后说：“有可能，我们党早已提出了抗日民族统一战线的主张，我们部队在临湘一带行动时，在报纸上也看到隐隐约约提到抗日民族统一战线的话。蒋介石打内战，极不得人心，特别去年西安事变后，东北军、西北军和全国人民抗战热情一天一天地高涨起来，由于大势所迫，国民党不得不同意共产党的抗日民族统一战线的主张，因此，你所听到的传说很有可能。这里与外界接触少，消息不灵通，有人出去打听一下才好，林老爹，你有办法去打听么？”

“这个好办，我用吃斋人的身份，哪里都能去。我明天就挑上几十斤梨，装做卖梨小贩，经过大洲到梅仙市跑一趟，定能把情况打听清楚。”

“这好极了，反动派的区公所、乡公所都驻在梅仙市上。我家隔梅仙市只有八九里路。请你先到石矿九坳我的家里打听后，再派人到梅仙市一问，就会弄明白。我家老母亲（父亲四年前死在黄金洞）不管在任何情况下，对革命都非常忠实的，对我是绝对信任的。所以首先找到我

母亲打听情况最保险。”

两天之后，林斋公连喊带笑跑上山来了，随他一起来的还有我大哥。林斋公抢先大声喊：“恭喜恭喜！有大好消息。”

我们三人一见这种情景，喜出望外。我说：“林老爹，你坐下来好好给我说。”

“唉！现在用不着坐在这草棚子里说了，大家快收拾行李，一起到我家里去说，你们一看，不说也都明白了。来接你的脚夫们都在我家等你呢！”

大家一听，都无比高兴，特别是爱说话的李务本说：“我早就想到总有那么一天，这日子果然来到了。”

大家一起到了林斋公家，进门一看，坐满一堂屋的人，彼此相见谈笑不已。

林老爹和我大哥把情况告诉我后，才完全明白：林斋公到我家的头两天，省委傅秋涛、江渭清等同志已派人到我家寻找我，并把省委写给我的信放在家里。信中告知我：省委、军区领导机关已经同湖南国民党当局签订了抗日民族统一战线的合作协议。领导机关和部队均已在嘉义一带集中，全部武装力量已整编为“抗日军第一游击支队”。并把支队司令部写的通行证由我大哥转交我。正巧四方派人寻找我的时刻，林斋公到我家去了，彼此把情况一说，就立刻准备了脚夫担架一起到林斋公家来接我，大家听了这一情况后，无比高兴。

第二天，林老爹家杀了鸡、买了肉，准备了丰盛的早餐欢送我们。我们向主人致谢告别，林老爹全家人都含着热泪送到村外很远的大路上。林老爹又送出十里之外，才恋恋不舍地招手告别。

躺在担架上，我的脑海中总是浮现出在危难时曾以生命保护我的三户人家。不，他们是千万户热爱人民子弟兵的人家的缩影。

全国解放后，我回到久别的家乡探亲。一到家，我就想到曾在危难中救护过我的三户人家。于是，我派人各路寻找，终于找到了他们。这

时，林老爹和李大哥已经去世，他们的儿子都已30多岁。我把他们请到我家，重叙了友谊，一起照了相，永作留念。

选自《南方三年游击战争·湘鄂赣边游击区》，第322—341页。

秦化龙，原名秦季康，1913年生，湖南平江人。1930年加入中国共产主义青年团，同年转为中国共产党党员。南方三年游击战争时，任湘鄂赣省军区政治部组织部部长、政治部副主任，省军区后方留守部队政治部主任，湘鄂赣人民抗日游击支队政治部主任等。新中国成立后，曾任华东军区政治部副主任，淞沪警备区政治部副主任，华东军区公安部队政治部副主任、主任，南京军区公安军政治委员，南京军区炮兵政治委员，上海警备区副政治委员、第二政治委员，中共中央农林政治部副主任、代理主任，农业部顾问等职。1955年被授予少将军衔，1991年在北京逝世。

第八次寻找党中央[①]

罗其南

1934 年夏，湘鄂赣省委为配合中央苏区粉碎敌人第五次“围剿”，遵照苏区中央局要求红十六师向东南发展的指示，省级机关随部队向东南移师。六七月间,多次遇到敌人袭击,损失不小。当部队进到修（水）铜（鼓）宜（丰）奉（新）边时，敌人用四个师的兵力向我包围，整个形势十分险恶。经过突围，转移到平江县黄金洞。这次突围损失很大，当机关到达铜鼓之西向时，遭敌袭击，队伍被打散，唯一的一部电台被打掉了，从此失去了与中央的电讯联系。

七找党中央

艰苦的三年游击战争中，省委领导最苦恼的事，是唯一的电台被打掉，同中央失掉了联系，什么指示也听不到，兄弟部队的行动一概都不知道。党中央和主力红军转移长征的消息，我们也是以后才晓得的。同其他苏区的红军也无法联系，军事上无法配合。湘鄂赣边游击区的范围越来越小，生活也愈加艰苦。红十六师由于几次遭受失败，使一些干部

① 此文根据1986年9月访问罗其南同志记录整理。

和群众思想发生动摇。叛变自首的人时有发生。省委在极端艰苦的条件下，思想没有动摇。一方面大胆地、独立地领导群众坚持斗争；另一方面积极了解党中央的去向，派人寻找党中央。

当时，要找到党中央，确实不容易。在我之前，省委曾七次派出人员去寻找党中央，都失败了。最先是派军区政治部主任林瑞笙到湘赣找党中央，在江西莲花英勇牺牲。接着又派黎申庚（湖南浏阳人，当过省委组织部长）去湘赣，他到了宜春，又到了萍乡，找了许多人，很多老关系都没有了，也没有打听到党中央的消息就回来了。不久，又派陈龙彪出去找，他走到宜萍地区遇上敌人，打了一仗，没有办法通过，就返回省委了。找党中央请示报告工作，是省委的主要任务之一，在近处无法找到，省委于 1935 年 6 月，又派交通员庄构丰到上海，以为在那里通过一些关系，可以找到党中央，结果又落空了。党中央在哪里？一点消息也没有。接着，省委根据以前掌握的一些情况，又派庄构丰到湘鄂西找任弼时同志，结果在永顺找到了红二、六军团的领导任弼时、肖克、王震等同志。庄构丰向他们汇报了省委的情况，带回了两个文件。一个是任弼时同志在红六军团扩大干部会议上的报告，第二个是第五次反“围剿”的报告提纲。这一次他前后经过了六个月的时间，总算找到了关系，是一次了不起的胜利。

从红二、六军团处得知党中央在陕北的消息，省委于 1936 年初，又抓紧派赵德兴去陕北。他化装行走，经过千难万险，通过了敌人封锁，刚走到湖北赵李桥就遭敌袭击，光荣牺牲。第六次找党中央的任务又失败了。

第七次是 1936 年 12 月，西安事变发生以后，省委派李楚民去西安找党中央，因为敌人封锁严密，难以通过，加之又缺乏路费，所以没有找到党中央，到西安的办事处，就返回来了。

“第八次，一定要成功”

1937 年春，因为几次与敌作战失利，部队减少到二三百人。整个情况虽不大好，但白区工作大有进展，与湘鄂赣省委保持关系的湘江特委，在益阳、长沙铜官（今属望城）和湘阴樟树港一带活动，对我们的工作有很大的支持。没有电台，与中央长期失去联系，很多情况就靠从白区搜集来的报纸上去找，去分析。当时，长沙铜官地下党组织搜集的报纸，其中《救国日报》极为重要，它转载《八一宣言》和中央致国民党三中全会的信等重要文章。很多很重要的情况，省委开会讨论时，总是争论不休，有的说真，有的说假；尤其是西安事变发生后，我们坚决反对张杨放蒋，还发表讨张宣言。很明显，当时省委同志们的思想跟不上形势的发展。这时，在延安的张正坤给其弟张本治写信说：“红军已到陕北，党中央在延安。”党中央在延安！这个振奋人心的消息，在一部分人中很快就传开了。大家欣喜若狂。战士们跳跃、欢呼，有的互相拥抱，有的举着枪，流着热泪喊着“延安”！真像久别母亲的儿子就会回到妈妈身边的样子，一片欢腾景象。

1937 年 6 月初的一天上午，辜家洞下着细雨，傅秋涛同志把我叫住，要我和李楚民同志一同到省委来。当我们走到秋涛同志住处时。他很严肃地对我们说：“省委有一个很重要的任务叫你俩去完成，怎么样？”我说：“司令同志，你不说我也能猜到，一定是派我们到延安找党中央。”傅秋涛面带笑容地说：“算你猜着了。省委决定派你和楚民同志去延安向党中央汇报。其南同志，你在机关工作的时间较长，省委的组织活动很熟悉。目前，红十六师在武宁修水一带行动，需要中央派一批军事干部和政治干部来工作，这些都要详细地向党中央汇报。”秋涛同志又叮嘱楚民说：“你有上次去西安的经验，要同其南同志认真配合，带好文

件领好路。为找党中央，我们已付出了很大的代价，你们这是第八次，一定要成功。”谈过话以后，秋涛同志请我们一起吃中午饭，搞了四个菜：两个蔬菜一个汤，还炒了一个荤菜。这是隆重的宴请，也是近年来最丰盛的一餐，是党和人民对我们寄予的希望。秋涛叫我们找铜官地下党联系一下，研究行动路线。

第二天，我将工作移交给别人，接着到省委领了介绍信，在供给部领取了经费，就连夜出发了。

历尽千辛到延安

6月7日晚上，我彻夜难眠，思绪万千，想到前几次的领导和战友们，为了找党中央，为了保卫苏区，牺牲了自己的生命，我又应该怎样呢？

我想到，在这几千里的白区，到处有敌人的眼睛盘查，跟踪……

我想到，要是能到延安，向党中央和毛主席亲自汇报，能派一批干部到湘鄂赣省委工作，苏区就会迅速恢复，力量又要壮大起来……

凌晨2点多钟，我轻轻地起床，叫醒了楚民同志。尽管我轻轻地行动，一些领导和同志还是起床为我们送行，他们紧握我的双手，只说出一句话，“祝你们成功”。3点多钟，地上洒有明亮的月光，我们从平江的辜家洞出发，沿着早已选定的小路走去。一路上，荆棘丛生，常常挡住去路，有时只有卧下身子爬过去。早上的露水很多，把军衣弄得水淋淋的。通过不熟悉的地方，不能大胆地走，要躲起来观察，证明确实没有敌情后再走去，天快亮时，我们过一小村，狗不停地叫，我同楚民分道过村，我拿着拐杖引狗过村，楚民带有文件，绕道走，幸好此处不是敌人重点村封锁区。白天我们一不能走大路，二不敢放心走，只能走走停停，天将黑时，走到了浏阳的北乡，我们在同乐山上住了一晚。

从浏阳到长沙，是敌人的重点封锁区。通过反复研究，我们扮成进山收货的商人，利用赶场的机会，巧妙地一连通过了敌人三道关卡。下午到了永安市，通过地下党的关系，找到了陶业工会，开了一张推销陶瓷的证明。我的个儿小些，就做楚民的弟弟，在市里观察了风声，住进了离车站较近的一家饭店，楚民对这家旅店比较了解。过去也给过一些方便。他告诉我说："晚上警察例行是要查房的，如果警察来了，你不要作声，由我来对付。"他虽然这样说，我心里还是忐忑不安，晚上睡觉思前想后。好在这个晚上警察没有查房。天蒙蒙亮，我们就到汽车站搭车到长沙。

楚民对长沙比较熟悉，他领着我住进了中山西路洞庭旅馆。为了以防万一，我们白天不敢上街，就在旅馆休息，商量些在长沙应该办的事。翌日，吃罢早饭，我们在旅馆附近买了些日用品，我买了两套学生装，一套灰色的，一套白色的，还买了一只小皮箱，一本学生用的中国地图。当在洞庭旅馆住第二个晚上时，楚民便对我说："明晚我们要搬到别的旅社去。长沙有个规矩，一个地方住到三个晚上，就会有警察来盘问、查户口。"因为我们还没有打听好怎样走、从哪里走的问题，这样，我们只好搬到来宾旅社。当时省委给的路费很有限。只好一切从便宜出发。省委交待我们要到铜官去联系一下，第三天决定坐船到靖港。

6 月 12 日，我们穿着新买的衣服，扮装成有钱人家的子弟。大摇大摆地上了轮船，两个警察看见我们很有点派头，没有过细盘查就放行了，并且一路上都很顺利地到了靖港。在靖港没住旅社，我们在当天下午就直接去铜官找地下党工作站。这天恰巧是农历端午节，老百姓都去看划龙舟，整个港湾都比较热闹，所以也就很容易找到了李明秋同志。在那种严峻的环境中，见到了生死相依的同志，心中格外激动。我很熟悉李明秋同志。1932 年他在我的家乡当过苏维埃主席。他见到我们非常高兴，立即请我们吃粽子，并招待了丰盛的晚餐。

晚上李明秋给我们谈了些国内外形势和报纸上发表的消息，他也知道党中央在陕西延安，又问了省委当前的情况。李明秋对我们去延安找党中央非常关心，同我们一起反复研究行动路线。楚明同志谈了他曾去过西安的情况。于是决定这次要走较近的路和封锁松一些的地方。他并说，这次要是在西安城里找不到办事处，在西安附近可能会找到红军的。大家一起商定了行动路线。

晚上，李明秋亲自送我们到靖港码头，当即乘船到武昌。过江后到了汉口大智门。这些地方，我们一刻也不敢停，就直径去汉口火车站买车票。在车站等了两个多小时，我们就坐上了去郑州的火车。

在火车上，各种人都有，议论也多，有的说什么“共产党快完了”，有的说“蒋介石回南京率先抗日了”。我们只是张开耳朵听，不参加议论，有时同他们扯扯生意经。一天一夜，到了郑州。在郑州，我们出了车站就搭上去潼关的火车。到潼关转车去永济，一路上都很顺利。因为我们证件齐全，没有遇到大的麻烦。

在永济，我们住了一个晚上，因情况不清，不敢贸然前进，那儿的老百姓很厚道，看我们是生意人，也无顾虑。我们问什么，他们说什么，而且告诉的情况都是真实的。要我们不要往西北面走，那些地方国民党抓兵很凶。他们还听说在渭南的一些地方驻有共产党的队伍，听了这些情况，我们决定到蒲城、富平这些地方去找。

第二天，我们雇了辆马车，这样才有商人的气派，坐马车到蒲城县。翌日，我和楚民分头找了一天，没找到红军驻扎的地点。晚上，商定再到富平县去找。当时，这一带并没有驻很多国民党部队，乡下也较安全。

第二天凌晨，我们就向富平县出发，经过一天的行走，晚上到达了富平县流曲镇。我们到一家饭店吃过晚饭，商定了住宿的时间，之后，到镇上走了走，看看风光，又往西北方向走了一里多路，边走边品论着西北的风情，我突然发现远处有部队，见他们戴的红军八角帽，墙上有“停止内战、一致抗日”，“打倒日本帝国主义”的标语字样。我猜想是

红军团。但也不敢随便去接近他们。晚上回到旅馆，我俩又是高兴，又是发愁，最害怕不是自己的队伍。晚上两人商量了一个基本的对策。两人只能先去一个了解情况。就让我去,要是下午回不来,就要他赶快跑。再说我不带文件，出了问题也不打紧。

第二天上午，我什么东西也不带，就朝部队管区走去，在一个村子的院外停下，观察一会动静，很快传来战士们的讲话声，好多都是南方人,还有家乡口音,我就完全断定是自己的队伍,才放心大胆地走过去,先跟门口站岗战士亲切地交谈起来。一些干部战士走来走去，房子门前有一个小院子，像是张启龙坐在院子里看报，他不一定认识我，我却认识他。1930 年，他当县苏维埃主席，出席第四次苏维埃代表大会作报告时，我还听过他的报告。这时我看到了上级，喜出望外，未经哨兵许可，我就拔腿向院里走去。张启龙见了我，迟疑了一阵。他用审视的目光问我从哪里来，是哪里人，什么时候来的，要到哪里去？我一一作了回答。并说明我们共来了两个人，另一位还在饭店里。

张启龙听完，立即叫人把李楚民同志接来。

张启龙把我带到办公室。说是办公室，就是房子里有几条旧凳子，通讯员用大碗给我倒了开水，他让我休息一会后，向他汇报湘鄂赣省委、红十六师的情况。谁知他把这个消息告诉了王震同志（原来这里是红二方面军第六军团的驻地，王震是六军团政委），王震听说是浏阳老乡从苏区来，非常高兴，热情地接待我们，请我们吃了中午饭，他还风趣地说，在北方只有馍馍吃，没有辣椒。在这里，遇到了许多浏阳、平江的老乡和领导，我们没有一点生疏感，就像在家里一样。我还给他们开玩笑地说，你们这里的日子真好过，国民党又不打你们，安安稳稳地吃饭睡觉。几年来，我们在湘鄂赣被敌人赶得东奔西跑的，有时一晚上住几个地方。他们说，打游击，就得游呢。

在这里，我们住了三天，六军团的领导同志王震、张启龙、张子意等同我们亲切地谈了话。给我们穿上六军团的军装。还派人把我们送到

红二方面军的所在地——庄里镇。在二方面军总部，我们又碰到了许多认识的老领导和老乡。二方面军政治部主任朱瑞，副主任甘泗淇、李贞等同志热情地接待了我们。李贞同志还带我们参观了教导队。由于我们急于去延安，在这里只住了两个晚上，临走时，李贞同志派两个通讯员送我们，送到耀县。

耀县有个兵站，我们从那里搭汽车到黄陵县。由于公路是条刚修好的毛路，一场大雨过后，到处是泥坑。到了泥镇，我们再转去延安的车。在这里等车的有 20 多个人。我们买了些吃的，填饱肚子，一直等到中午时分，来了两辆军车，大家非常高兴。汽车在我们跟前停住了，坐在驾驶室的一位干部主动和我们打招呼，车上坐的还有几个平江老乡，主动问我们从哪里来，我大声回答说：“从老家来。”他们边喊：“老乡，快上车。”原来，他们是到延安去的学生，西安办事处的副官吴自立同志亲自护送，这些年轻学生，问长问短，我们在车上无比地高兴，一路上有说不完的话。

西北高原的夏天，山上有青绿的草，还开有红黄色的野花，有起伏的黄土高坡，也有绿树成荫的大道，我的感觉是很舒畅的。夜幕降临了，延安的宝塔出现了，延河水向远方流去，车上不知谁高声喊了一声：“延安到了！”全车的学生欢腾起来，许多人大声喊“我们到延安了！”喊叫声淹没了马达声；也有的说：我要把今天这个情景，写成一篇动人的散文。总之，大家的心情都很激动。原来坐着的人，一齐站了起来，像接受党中央检阅似的，汽车徐徐地驶进了凤凰山麓。

向党中央汇报

到延安后，中央组织部把我们安排在中央招待所，当作上等客人接待。坐了一天的汽车，虽然很辛苦，但我和李楚民同志为找到了党中央

而异常兴奋。我们一点睡意也没有，同李楚民一起到外面走走，看到了杨家山窑洞里的灯火。我们想，中央首长一定在那儿办公。在这里我们望了许久，也舍不得进屋休息，北方 7 月的深夜，气爽宜人，这天晚上，我高兴得怎么也不能入睡……

第二天早晨，我们到院里散步，迎面碰到李富春同志，他是专门来接待我们的。一见到他，我们就高兴得紧紧握住他的手，真想立即就向他倾诉衷肠，他连声说："你们辛苦了！"接着他陪我们在食堂吃早饭，我们第一次尝到了延安的小米稀饭，吃起来感到香甜可口，比起艰苦的游击生活，那就好多了。我们又说又笑地吃完了早饭，富春同志要我们好好休息，在延安多看看。他还叫我们先做两件事，一是填一份审查表，写明简历等情况；二是写个详细的报告，介绍湘鄂赣苏区各方面的情况。我们把省委给中央的信交给李富春同志。7 月 5 日，按富春同志的指示，我们办好了两件事。这天中午，中央办公厅秘书长王首道同志，看望了我们，他是浏阳老乡，对我们格外亲切，对湘鄂赣边游击区的情况十分关心，问了我们还有多大的地盘，多少干部，多少军队，谈得很详细很认真。还有中央军委的作战局的局长陈启汉、萧劲光、李涛等同志都到招待所来同我们谈了话。团中央的冯文彬、保安处的周兴等同志也接见了我们，详细询问了湘鄂赣游击区的情况，他们对游击根据地的存在，还有那么多人和枪，感到很高兴，对我们找到延安来向党中央汇报工作给予了表扬。我们也感到十分欣慰。

7 月 4 日到延安，7 月 7 日卢沟桥事变发生，国共两党朝着合作的方向努力。当时，中央一是要我们汇报湘鄂赣边游击区的情况，二是要我们看了些文件。住了一个星期后，我们的心里有些着急起来，总是想早些回去向省委汇报党中央的指示。李富春同志非常关心我们，一有时间，就到招待所来，找我们谈话，见到我后，爱叫"小弟弟"。因为我的个儿小些。我把回去的想法告诉了富春同志，他耐心地安慰我们，

不要着急，还得等几天，中央正在同国民党谈判，有了个基本格局后再回去。

7月20日以后，湘鄂赣省委又派出的第九批寻找党中央的邓洪和李明秋同志，也来到了延安。这时，我们回苏区的心更加迫切了，连续几次找富春同志，吵着要回去。他给我们一再解释说：这些年你们都坚持了，何况就这几天呢？我们正在给毛主席汇报。

7月23日下午，我们收到毛主席给我和邓洪同志写的一张条子，要我们去凤凰山谈情况。接到这张条子，我们无比激动，我和邓洪同志像要接受检阅似的，整理好衣服，高兴地向毛泽东同志住处走去。警卫员向毛主席报告后，他便走到门口来欢迎我们。毛主席办公的窑洞里，设备简陋，办公桌上堆满了书。我们刚进去时，显得有些拘束。毛主席同我们拉了些家常后，我们就显得轻松些了。邓洪同志先给毛主席汇报，接着我向主席也汇报了1934年“六七月事件”后，在与党中央失去联系的状况下，是怎样坚持三年游击斗争的。红十六师两次被打垮，两次又建立。当谈到现在还保持几百人和枪和一批党政干部时，毛主席高兴地向我们点了点头，把这两个数字记在自己的笔记本上。接着，我又汇报了一两位负责同志的家长作风。做了些错事，政策界限分不清，杀了一些不该杀的同志，这也是同党中央失去联系的结果。我还向毛主席提出，要求中央派一批军政干部到湘鄂赣边游击区去，加强领导。讲了张正坤、胡荣等同志想回湘鄂赣工作的请求。毛泽东同志笑了笑说，愿意去，很好嘛。毛泽东同志接着说，湘鄂赣坚持三年艰苦游击战争，在同党中央没有联系的情况下，能坚持斗争，为革命保卫了苏区，保存了有生力量，这是很不错的。他又说，七七事变后，形势发生了转机，西安事变的发生和人民力量的逼迫，要搞统一战线，共同抗日，这是好的一方面；另一方面在统战过程中，要防止敌人收买、分化瓦解我们的队伍。现在，大的问题由中央解决，各地的问题、局部的问题由地方解决。接着毛主席还谈到，现在国民党的力量大，我们还是要同他们搞统

一战线。国民党一贯敌视人民的力量，国民党对我们的力量要采用“除法”和“减法”，我们就要用“加法”和“乘法”，来扩大抗日力量，发展党的组织，加强思想教育，适应新的形势。他还问我们看过苏区代表会议的决议没有？我们说看过了。毛泽东同志最后对我们说，有一些具体问题，请你们找富春同志、必武同志解决。这天，毛泽东同志同我们谈了一个多小时。

在毛泽东同志会见我们以后，富春、董老、凯峰同志找我们几个在一起开了一个会，具体研究了湘鄂赣的问题。李富春同志、董必武同志就游击区怎样同国民党谈判，搞统一战线，发展队伍等问题提出了具体的要求。邓洪同志提出了一些设想，富春和董老都同意。富春同志讲到谈判时要警惕，部队要住的靠山一些。还谈到何明有一支队伍在谈判时被敌人吃掉了。同时要给部队和群众讲清形势，加强思想教育，提高认识，要使大家认识中国的头号敌人是日本帝国主义。党的组织同样不要公开，保守秘密，加强整顿。富春同志还告诉我说，张正坤、胡荣等同志跟你们一起回湘鄂赣，罗梓明同志不久也会来，董老要同你们一起到南方去。开完会后，富春同志要我们认真地准备一下，马上回去。我们带着党中央和毛主席的指示精神，心情非常激动，走上了返回湘鄂赣边游击区的里程。

返回湘鄂赣

8 月 4 日，天气晴朗，董老和我们一行 30 多人，从延安出发。富春同志为我们送行，他特别亲切地对我说 :“小弟弟，欢迎你这个小老乡，再来延安。”我连声回答说:“一定再来。”真要走时又舍不得离开，雄伟的宝塔，凤凰山的窑洞，这里是毛主席居住的地方，是革命的中心，是我国革命胜利的希望。我的思绪在无限向往之中……突然，楚民同志

去叫我，才知道大家已经上路了。从延安到三原的这段公路坏了，暂不通车，董老和我们只好步行。中央虽给董老配的有马，他却愿同我们一起走路，一路说说笑笑，特别喜欢同邓洪和我一起谈些苏区的情况。当我谈到在金钟湖的游击斗争时，他很兴奋，说我们敢作敢为有革命精神。当谈到同国民党搞统一战线的话题时，他总是问我们思想通了没有，我回答的是一切听党中央的。为了民族利益，为了抗战，同国民党合作也是需要的。步行到三原，就搭汽车，一路上走走停停，走了一个星期才到西安。

在西安的一家旅馆里住了两个晚上，董老一行要去武汉，我们要到湘鄂赣，根据情况开了个小会，还是决定分两路走。我同张正坤一路，邓洪、李楚民、胡荣等一路，当时只带了两份文件，一是毛泽东《反对日本进攻的方针，办法和前途》(1937 年 7 月 23 日)，二是苏区党代表会议的报告。因李楚民是老交通员，这方面经验多，他在街上买了个新热水瓶，将文件塞到瓶胆与外壳之间的缝隙里，我同张正坤坐火车，经郑州、武汉到长沙。

我们没有马上回省委。在长沙停了两晚，一是了解了省委的活动情况，二是正坤同志要动员几个亲友去工作。这样，我们到浏阳北盛仓后，又在正坤的家里住了两晚。8 月 20 日后，我们回到省委，把延安的情况和党中央、毛主席的指示详细地汇了报，秋涛同志还专门为我安排一个机会，给省委机关和附近的干部作了传达中央和毛主席指示的报告。

根据中央的指示精神，8 月下旬，省委派秋涛、正坤等同志去武汉行营进行谈判，迫使他们接受了停战的五条协议，还给了两万元钱的经费。谈判以后，秋涛同志秘密到武汉，见到了周恩来、叶挺、叶剑英、董必武等同志，讨论了湘鄂赣红军游击队怎样改编的问题。根据上级指示精神，湘鄂赣省委改为湘鄂赣特委，中央同意部队编一个师。根据实际，只编一个团，编为新四军一支队第一团，秋涛同志为团长。有

1100 多人，200 多支枪，700 多把刀，不久，这支队伍乘火车开赴皖南地区，投入到抗日战争的新战场。

选自《南方三年游击战争·湘鄂赣边游击区》，第357—366页。

罗其南，1918 年生，湖南浏阳人。1930 年加入中国共产主义青年团，1933 年转为中国共产党党员。南方三年游击战争时，任少共万载中心县委书记，少共湘鄂赣省东南特委书记，少共湘鄂赣省儿童局书记，共青团湘鄂赣省委白区工作部部长、代理团省委书记。新中国成立后，曾任中共湖南省委常委、组织部副部长，中共湖南省委纪律检查委员会副书记，湖南省民政厅副厅长，湖南省政协副主席，中共湖南省委顾问委员会副主任等职。1986 年在长沙逝世。

一场特殊的战斗[①]

江渭清

1937年7月7日，卢沟桥事变后，中国共产党在民族危亡的重大历史关头，经积极倡导和呼吁，终于和国民党当局达成了实行第二次国共合作的协议。与此同时，坚持南方闽、粤、浙、赣、湘、鄂、豫、皖八省15个地区，分散开展游击战争的红军队伍，也纷纷下山和国民党地方当局和谈抗日。

我当时在湘鄂赣边游击区西北特委（鄂东南）工作，亲身经历了下山前后一度在谈判桌上进行政治斗争，那一场特殊的战斗。

一、适时应变

1936年11月，中共湘鄂赣省委，派我去西北（鄂东南）区担任特委书记、湘鄂赣省苏维埃政府驻西北区代表团主任兼军分区政委（后又兼司令员），全面负责该区的工作。

不久，西安事变发生，接着又很快地和平解决。之后，蒋介石采取“北和南剿”的方针，一面在北方同中共中央和平谈判，另一方面对南方各

① 此文系根据1987年江渭清同志谈话记录整理。

游击区加紧“清剿”。我们失去了同湘鄂赣省委的联系。

1937 年间，在鄂东南的一些叛徒和国民党的县长曾分别写信给我，说：“共产党的代表已经上了庐山，现在服从国民党的军令、政令”，“陕北朱毛红军也向国民党投降了，并准备改编为国民革命军”，还说了些“识时务者为俊杰”之类的废话，意在劝降。当时消息虽然闭塞，但抗日战争爆发这样的大事，我们还是知道的；而且从国民党的报纸上，早就知道发生了西安事变，张学良、杨虎城将军扣押了蒋介石，以及我党出面调停，提出“停止内战，共同抗日”的主张等。

为了分析形势，统一思想、研究对策、适时应变，我提议召开了特委会议。当时在会上，我分析说，目前形势正在急剧变化中和显得复杂、微妙。日本人的进攻，激起了全民族的反抗，国共两党有可能重新合作；但国民党部队对游击根据地的压力并未减弱，一些人的叛变引起的思想波动也不能低估。共产党和红军是决不会向蒋介石集团投降的，根据多年斗争的经验，我们可以从敌人的报纸、信件中作分析、判断，有时从反面去理解，倒能得出正确的结论。“停止内战，共同对外”的口号，早在红军《北上抗日宣言》中就提出了，现在外敌入侵，我们应做好思想和斗争策略转变的准备。我提出了这样的建议：一方面将苏维埃政府改名为抗日民主政府，把红军游击队改名为抗日游击队；另一方面，扩大宣传共同抗日的政治主张，注意联合各界力量共同抗日，广泛争取同情和支持。

可是，由于与省委失去了联系，省委与党中央的联系也中断很久了，我们无法了解党中央对当时局势的准确分析和具体的方针、策略，尤其是未得到中央的文件指示，因此，我的建议一时未被多数人接受。有的同志甚至说我“受投降派的影响，是不是也想叛变”。真使我哭笑不得。

为了解当时的情况和党中央的方针策略，我们决定部队进行一次军事侦察行动。出发前，号召指战员们：一、不打硬仗，保存实力；二、打土豪和筹款；三、搜集各种书报、杂志、文件。第三条是主要任务，

是这次行动的目的。下山后，在长（沙）武（昌）铁路线上，干净利落地打下了羊楼司、羊楼洞两个小车站及附近的一些国民党区、乡公所，搞到了一批报纸和材料。行动近一个月，回到九宫山根据地后，同志们看了这些报纸和材料，大开了眼界，都围在一起议论分析抗战时局，报纸上有国民党外交部发表的声明，说“中国之领土主权已横受日本之侵略，惟有实行天赋之自卫权以应之”。这说明，国民党政府自“九一八”以来所执行的不抵抗政策已有了初步改变。还有一份《中共论革命的三民主义》材料，其实就是被蒋介石拖了一段时间，至9月才公开发表的《中共中央为公布国共合作宣言》。其中提到“争取中华民族之独立自由与解放，首先须切实的迅速的准备与发动民族革命抗战，以收复失地和恢复领土主权之完整”。“取消红军名义及番号、改编为国民革命军，受国民政府军事委员会之统辖，并待命出动，担任抗日前线之职责”等等。

得到这些消息，我们分外高兴，立即决定再召开特委会议。在会上我说，过去我们对形势作了一些主观判断，虽大致正确，但并未作出结论和决定，现在时机较成熟了，在民族危亡的艰难时刻，国共两党实行第二次合作，具有重要的现实意义和历史意义。我们要适时应变，根据我区的具体情况，改变斗争策略，采取新的措施。

在新的形势背景下，没费多少功夫，领导同志们的思想就基本统一了，同意将苏维埃政府改为抗日民主政府；部队也改称“湘鄂赣抗日游击第三纵队”，我任纵队长。在部队改名称的过程中，个别同志对“红军”两字感情很深，舍不得改掉，有的甚至流了泪。对这些为革命出生入死，忠心耿耿的同志，我了解他们，也打心底理解他们，但不得不耐心地做说服、解释工作，我说：“同志们，问题不在于名称、番号的变更，主要是我们部队的实质，抗日游击队仍然是人民自己的队伍，共产党领导的武装，永远是政治上、组织上独立的，并不受国民党任何限制和约束，我们要解放劳苦大众的目标和决心是不变的，和国民党合作是为了

团结更多的人一起打击日本帝国主义。”

在抗日民族统一战线逐步形成的大好新形势下，鄂东南出现了欣欣向荣的局面。指战员们为能尽快下山，开赴抗日前线，为国为民作战而高兴得夜不能寐，经特委常委们研究，决定立即向国民党省、县政府发通电或信函，阐明我游击纵队愿与友军合作抗日的愿望。

二、发出通电

第二次特委会议决定向国民党当局发通电、公函后，我们便忙于搞起这类颇为讲究的“文字”工作来。通电发湘鄂赣三省，各有关县发信函。内容是我亲自提出并与大家一道商议的。大意是“自卢沟桥及淞沪战事以来，中华民族生死存亡及系千钧之一发，……我们愿与全国各党、各派、各军、各界共为实现中山先生之遗训而努力，联合起来，扫荡敌氛，收复失地，彻底恢复领土主权之完整。”

通电、信函发出数天后，湖北省主席兼武汉行营主任、第四预备军司令长官何成睿首先作出了反应，他按约派出两个代表来与我们接谈，一个是武汉行营副官长，另一个是岳阳警备区司令。为安全起见，我们把见面地点安排在离我部队驻地十里路外的一个庄子上，并再三叮嘱我方接头代表，要提高警惕，注意有无大批国民党军尾随其后。

在确认情况正常之后，那两位国民党代表才被接到我纵队司令部驻地。他俩身穿黄呢军服，武装带上挂着手枪，趾高气扬的派头，可谓神气十足了，我倒真想试试那金玉外表的内瓤里究竟揣的什么货色。略作寒暄就进入了正题。

他们说：“江司令（此时已改称纵队司令），贵方通电、信函省方皆收悉，请先讲讲有哪些谈判条件，我等二人受何主席委托，可全权处理有关具体事宜。”好一对特命全权使者，偌大的口气，仿佛谈判就那

么简单。

我说：“条件有三，第一是用何成睿、江渭清的名义共同签发致全国通电，首先保证双方从此停止一切敌对行动；第二是停止军事行动后，军费给养等均由省方妥善解决；第三是具体谈判过程，暂定用三个月时间。以上诸条，请务必转告何主席，他如同意接受，我们就谈判，否则，话不投机……”下半句话我故意不说了，用轻松的哈哈笑声代替了潜台词。

何成睿的两位代表对我所说的第三个条件很不理解，他们觉得毋须用三个月时间谈判。我解释说：“我们如何谈判，是要请示共产党中央的，要请示朱总司令、毛主席，这不是简简单单随随便便的小事情；何成睿虽是省主席，他就不要请示蒋介石啦？恕我直言，就怕这么重大的事情，二位未必就能擅自作主，为慎重稳妥，拟用三个月时间计议，双方都可从容行事。”

其实，当时我们与省委和党中央的联系还未接通，所言要请示总司令、主席之说，是为了引起国民党方面的注意和重视，有利于合作谈判工作的进行。

何成睿接到我们提出的三个条件后，不久就给我写了一封信，并派原先那两个代表送到我军驻地来。信上说：

渭清纵队司令台鉴：

来函敬悉，你是有志之青年，过去误入迷途，现在幡然觉悟。政府站在宽大为怀，不咎既往立场，准于自新之路，望台端立即统率所部开赴岳阳，整训受编，连发三关饷，并授予台端上校军衔。

进退由台端采纳，否则以武力解决。专此奉达。

即颂

公安

何成睿

我将该信的内容公开宣读后，引起了巨大反响。全体指战员们气愤地说："这不是公开在招降吗？干脆，我们不跟国民党谈判了，有本事就再来干一仗。"纵队参谋长饶惠谭同志更是怒不可遏，抡起大刀，就要杀两个谈判代表。这一来，两个裹着呢军装的代表原形毕露了，他们吓得跪在地上，连声喊"江司令饶命"！我制止住参谋长要落下去的大刀，和缓地说："自古以来就有'两军相争，不斩来使'的规矩，留他们两条命。"并对魂不附体的代表说："何主席完全是误解了我们的意思，我军是以国家民族利益为重，团结一致共同抗日，才提出谈判的，根本不存在什么'入迷途要醒悟'的问题,要我们投降受编绝对办不到。假如中国共产党领导的军队能被招降的话，就不会坚持到今天了。全国人民都不愿当亡国奴，坚决要求团结抗日，这是人心所向，大势所趋。请再次转告何主席，望他慎重考虑我们合作谈判的建议，三思而行。"我又向何成睿复了一封信，严正申明我军的立场和条件，并留下那个武汉行营副官长代表，让那岳阳警备司令员去送信。说是留下一个做客，实际是扣作人质。那家伙见回不去了，吓得面如土色，我安慰他说："生命安全由我负责，共产党人说话是算数的，不必害怕。"

为了回敬国民党顽固分子的嚣张气焰，也为了显示我军的实力促进合作谈判，我们组织了一次袭击县城的行动。一天夜里，我纵队除留小部坚守驻地，全部下山，大造攻城声势，但只将通城东门一个排的国民党军歼灭后，就按原定计划主动撤出战斗，仍回原地。我们采取的这一举动，使驻通城的一个团的驻军若惊弓之鸟。发电告急，四出求援。致使第二天那包围我根据地的八个团兵力急忙开往通城。

第三天，又有近两个团的兵力向我驻地发起进攻。我当即命令指战员全部进行埋伏，将一个班的号兵集中起来，待敌人离前沿阵地 30 米时，冲锋号吹响，再全线出击。大家肚子里正闷住一股子气，个个摩拳擦掌，要打个漂亮仗回敬何成睿，战斗情绪十分高涨。

国民党保安团的战斗力是很弱的，1000 余人的进攻，根本不在我

们话下。伴着雄壮的冲锋号声，我军以迅雷不及掩耳之势，扑下山去。结果，很轻松就歼灭了敌人一个多营，余部抱头鼠窜。俘获甚多。

我召集俘虏们讲话，上了一堂中国人不打中国人，要一致对外，抗日保家的政治课，收到良好效果。最后每人发一块银元放了回去，还托俘虏带封信给通城县保安团团长。大意是，这次冲突纯属误会，两军交锋，贵部亦是被迫，我部正与省方何主席进行合作谈判，如此相争必大伤中国人之元气，现将所俘官兵如数奉还，敬请查收，后会有期，等语。连同那位中将副官长也一起放了。

这两次战斗，使我军声威大振。方圆近百里的老百姓们皆拍手称快，扬眉吐气，亦震惊了国民党当局。舆论压力终于使何成睿等不得不有所收敛，几天后，那位少将使者带着通城县长曹公锦再次上山，送来何的信。这封信的口气大大变了样，说共产党方面的董必武先生等已抵武汉，国共合作和谈正在进行中，省方答应我提出的三个条件，暂将谈判地点就近设于通城，特派代表前来请我下山，云云。经过斗争，争取和谈有望了。

三、首次谈判

湖北通城，当时是国民党军队“进剿”鄂东南游击根据地的据点之一，我亲自进城接洽谈判事宜，这无疑是进狼窝、入虎穴，去不去？如何去？何成睿是否会变卦？这一系列的问题使许多同志很发愁，担心敌人搞阴谋、设圈套。在红军队伍中，我和战友们相处多年，同生死共患难，感情很深，因此，我理解大家的心意。但国共第二次合作是件大事，人民的利益、民族的危亡、党的事业高于一切，哪怕明知是席“鸿门宴”，我也得去闯一闯。经和其他几位领导人反复研究，决定还是我亲自去为妥。

就在我准备下山前，董必武同志派了一名政治交通送来了指示，当他从衣服的夹缝中拿出一张折得很小的纸条交给我时，我激动得半天说不出话来，自红军主力北上后，这些年同志们日日夜夜思念着党中央，如今终于和中央接通关系了，就如历经千辛万苦的游子又回到亲娘的身旁。字条内容是七个字：

“独立自主靠山扎。董必武”

后来我才清楚，1937年9月23日，蒋介石发表了承认中国共产党合法地位，并作了国共两党合作的谈话。根据两党达成的协议，董老代表我党中央在汉口主持八路军办事处工作。他已从何成睿处知道了我纵队正要与国民党地方政府谈判之事，所以才及时发来指示，提醒我们要谨慎，小心从事，不要上国民党的当。

遵照董老指示精神，我将部队领至山脚驻扎，这样可进可退；同时带一个秘书和几个警卫员按约赴县城。一路上，我的秘书总在我耳边喋喋不休，说：“你胆子怎么这样大，敌人有一个团驻城里，我们就几个人去，这不明摆着是自己送上刑场吗？游击战打了好多年，敌人想用许多大洋来买你的头，也未能捞你半根毫毛，这下倒好，不花钱反主动贴上一条命。”还说我临死拉他做垫背的。从这些笑话中可以看出，当时有许多同志对国共合作谈判，短时期还不能适应，思想弯子很难转，这是完全可以理解的。

下午，我们一行进了通城。虽已立秋，但天气很热，大家都跑得一身汗。县长曹公锦和县保安团的胡团长很客气地接待了我方谈判代表，并用冰淇淋招待。稍事休息后，我便开门见山地发问：“你们今天请我来的目的是什么？武汉方面没有派专人来参加？”

胡团长说：“何主席委托我们与红军方面代表作初步洽谈，有什么具体要求，鄙人与县府方面定尽力而为。”

我一听这话，就觉得仅与国民党通城地方政府谈判，是达不到目的的，看来还是要施加些压力，最终要武汉行营出面解决才行。于是我

讲了具体条件："为了国共和谈合作，我军已半个多月不打土豪劣绅了，现在部队经济有困难，何主席许下'连发三关饷'的诺言，望尽早兑现。"

对方试探着问我纵队有多少人。

我早就想好了对策，随口答道："官兵计1500多人，按每人每天三毛钱合算部队每个月供给，需发13500元。"其实，我纵队（包括地方党政人员）仅几百人，如果谈判不慎泄露机密，让国民党部队了解底细，那可是要犯大错误的。

另外，我又提出给100张武汉行营"护照"。理由是根据地周围几十个县，到处有红军游击队和共产党员，既然现在谈合作，就该有诚意，我们需要用这些证明，合法通过国民党方面设下的层层关卡，通知各地游击队停止军事行动，并打算将共产党员都带走。实际是想趁这个机会，派人去各地联络我们的同志，整理党组织并宣传国共合作共同抗日的主张。

这些合情合理的条件一经我提出，县长都为难了。只好说："所提问题事关重大，容当上报武汉省府，由何主席最后决定。贵军眼下困难，县府先预支部分，以解急需。"还讲了一套请谅解、别介意之类的话。

对方所表的态度，早在我预料之中，这次谈判也就这样结束了。我们安全返回驻地。事后，我们用这第一批钱，定制了500套军服，也买了些粮食，根据地的困难状况得到较大的缓和。

四、谈判胜利

初次谈判的成功，给同志们很大鼓舞，是否要继续谈下去的问题，自然没有人反对了。几天后，我们接到武汉的通知，何成睿派汽车来接我方代表去行营谈判。经研究决定，还是我亲自去，那位秘书再也不说我拉他"垫背"了，非常爽快地答应随我同行。

到了国民党武汉行营主任办公处，何成睿笑容可掬地迎出门外，待进了办公室，我才发现，原来董必武同志也早一步赶到了。后来我才知道，董老怕我吃亏上当，特地赶来为我壮胆的。

当着何的面，我不便单独向董老请示，只正襟危坐，为自己的讲话打腹稿，何成睿首先发难问："请问江司令，这次国共合作，是贵军向国军投降，还是国军向贵军投降？"

何成睿老谋深算，一上来竟提了这么个出人意料的问题，看来是想欺我年纪轻，要试我一试，找点口实另做文章吧！我下决心先顶他一下再说。"何主席，我军发出的呼吁通电早已说明，合作就是当事者双方努力，一起工作。国共两党合作的目的，简言之，就是为驱倭寇于国门之外，根本谈不上投降，而且共产党从来没有投降的习惯，想必这一点，何主席是有体会的。"

何又问："既然不是投降，为什么你们中央红军被改编为国民革命军第八路军呢？"听了这句话，我不由自主地望了一下董老，看得出，他也为我担心，怕我答错话，我也确实觉得有难度。

我考虑了片刻，郑重地说："红军被编入国民革命军战斗序列，正是共产党为了抗日所采取的顾全大局的措施，也是为了便于统一指挥和作战的需要，这是我党我军以国家和民族利益为重才作出的让步。顺便请问何主席，你们能做到这一步吗？何况，我们的政治主张是自由的，组织上也是独立的。"听了我的答话，董老在一边微笑着点点头，我心里也踏实多了。

何成睿装着若无其事的样子，继续发问："江司令，这次进行抗日战争，你看是以贵党贵军领导为主，还是以国党国军领导为主？"

这叫什么谈判？尽说些不着边际的话，我心里闷住一肚子火，但这就是谈判桌上的斗争，是仁者见仁，智者见智的针锋相对，我提醒自己要沉住气，用燃着一支烟的时间终于想出了对策。何绕弯子，我也绕弯子。我说："何主席，领导权不是自封的，国家、政党莫不以民为天，

全中国人民如拥护国民党、国军的领导，就以贵方为主；全中国人民如拥护我党我军的领导，就以我方为主，一切顺应民意！”

听了这个回答，何成睿呆住了，一副无可奈何的样子。这场唇枪舌战中，何始终未能占到上风，他还想继续发问，董必武同志已看出，当即说:“江渭清一路匆匆赶来很辛苦，时间不早了，有话吃过饭再谈！”这下何成睿也只好作罢。

出了武汉行营，我才抓紧时机向董老作详细的工作汇报，他听后很高兴，表扬我们在艰难困苦的三年游击战争中，为党保存了一批精华、骨干;认为我们在合作谈判工作中，斗争策略是对的，坚持了党的原则。

在下午的谈判中，何成睿迫于形势，答应了我方提出的全部条件。谈判结束后，我遵照董老指示，回到鄂东南特委，一面整训部队；一面广泛发动群众，宣传抗日民族统一战线政策。两个月后，我纵队又补充了200余人，为后来湘鄂赣军区部队聚集于平江嘉义，重新组建新四军第一支队第一团，打下了良好的基础。

选自《南方三年游击战争·湘鄂赣边游击区》，第484—492页。

杰出的红军将领徐彦刚

刘新屏

（一）

徐彦刚同志是四川开江县人，1907 年 10 月出生，1929 年加入中国共产党，1926 年在武汉军校学习，1927 年参加了秋收起义。以后在中国工农红军中历任连、营、团长、纵队长。1932 年任红一军团第三军军长，红一军团参谋长，1934 年 1 月调任湘鄂赣军区司令员，后又兼任红十六师师长。1935 年 8 月在江西瑞昌山区作战中光荣牺牲，年仅 28 岁。

1933 年 10 月，蒋介石调集了 100 万军队，200 架飞机，自任总司令，向各革命根据地发动了空前规模的第五次“围剿”。当时，国民党武汉、南昌行营和湖南省的何键，调集了国民党军第十九师、一〇五师、七十七师、五十师和十六师等正规军和湘、鄂、赣三省的保安团共十万余人，分数路向湘鄂赣苏区大举进犯。我红十六师为粉碎敌人的进攻，经过数次激烈战斗，部队得不到休整，减员很大，苏区亦日趋缩小，被敌占据的苏区群众正受敌蹂躏。就在这紧急关头，党中央为了加强湘鄂赣苏区革命斗争的领导，派徐彦刚同志任军区司令员，陈寿昌同志任省委书记兼军区政委。那时我在红十六师师部当宣传队长，当我们听到这一喜讯后，全师无不欢欣鼓舞，翘首盼望徐司令员等领导同志的到来。

徐彦刚司令员等领导同志在红十七师护送下冲破敌人重重封锁，翻山涉水，越过湘赣铁路，在炮火中到达修（水）、铜（鼓）、宜（丰）、奉（新）边的甘坊镇。我记得那是1933年年底了，我们正在甘坊休整。一天下午，红十六师师长高咏生和参谋长郭子明领着师部的同志到街头迎接徐司令员。当一位身材魁梧、年轻英俊、穿着朴素的同志由师首长陪同向我们走来时，我心想，这就是徐司令员了。开始，大家还感到有些拘谨，规规矩矩站在原地不动，而徐司令却满面笑盈走到我们跟前与每个同志握手，操着四川口音，亲切地向我们问好。他说："同志们辛苦了！"徐司令员平易近人的风度，顿时打消了大家紧张拘束的心情，使我们感到十分可亲可敬。

徐司令来到湘鄂赣边以后，一直同红十六师一块行动，指挥作战。他对扭转边区局势虽然充满着胜利的信心，但是由于敌人重兵压境，战斗又十分频繁，他不得不仓促率领部队迎战，开始几仗指挥得不那么应手。如1934年初，在江西奉新县境内茅岭一仗，部队遭受很大损失，大家情绪低落，思想问题较多，不少同志在背后纷纷议论，我们也看出徐司令员很沉闷、焦虑。为了稳定部队情绪，又把我们集中起来，一开始就谦虚地说：我到湘鄂赣后，打了一些"硬仗"，"消耗战"，使我们红十六师受到重大损失，自己心里感到不是滋味。这个责任由我承担，我要向大家、向省委、向党中央作深刻的检查。讲到这里，他沉思了一会，把目光转向我们说："自古胜败是军家常事，现在我们红十六师只剩下这几百人，可是你们是经过革命战争锻炼和考验的坚强战士，是一支宝贵的革命力量，是革命的种子。"接着他又讲了历史上农民起义，经过曲折的斗争，以少胜多的故事；还讲了朱德、毛泽东同志领导南昌起义、秋收起义红军发展壮大的经过，鼓励大家坚定必胜信心，高举红旗，坚持斗争。徐司令又说：失败是成功之母，只要我们认真总结经验教训，一定能转败为胜。这时，他高举起了右手，握紧拳头铿锵地说："我们部队整训后，要主动出击，在运动中选择时机打击敌人……"徐司令

员这一席话，像寒夜里点起的一把火，把大家的心里烧得热乎乎的。会上，同志们纷纷表示，要在徐司令员和师首长的指挥下英勇作战，打击敌人，保卫苏区，粉碎敌人的进攻。这时，我心想：徐司令员是身经百战的高级将领，打了败仗不气馁，又敢于承担责任，真有高级指挥员的风度！

1934年"六七月事件"后，部队到了平江黄金洞，徐司令员同师首长一道，对敌情我情，对边区整个斗争形势作了全面具体的分析，作出了两项决定。一是选择幕阜山区作为红十六师作战行动地区，因为它处于湖北、湖南和江西三省交界处，群山连绵，地形条件好，回旋余地大，群众觉悟高。二是在敌众我寡、敌强我弱的条件下，我红军尽量避开强敌，先打敌之保安团队，以夺敌人的枪支弹药改善红军的装备，然后在运动中选择有利时机歼灭敌人的有生力量。

不久，徐司令员率领部队在平江县的木瓜一带接连打了几处保安队，缴获了一批枪支弹药和军需物资，并通过打土豪筹集了充分的粮、盐和药品。部队的兵员从群众参加、从教育俘虏中得到了补充。我红十六师又扩大到将近1000人。经过短期休整,战斗力亦有明显的提高。

国民党东北军第一〇五师武器优良，但不善于山地作战。徐司令员决定攻占高枧、歼灭敌人。高枧，地处湖北省的崇阳县境内，是我幕阜山区根据地的门户，被敌一〇五师的一个营所占领。徐司令员认为：把高枧从敌人手中夺回来，一对巩固幕阜山根据地有着重大意义；二可以打击敌人的嚣张气焰，鼓舞红军的士气，稳定群众的情绪。为了打胜这一仗，他又亲自带领四十六团和特务营的干部到前沿侦察，并征求大家对师作战方案的意见，使各级指挥员明确了进攻道路和主攻方向，从而为打胜这一仗作了充分的准备。战前各部队经过战斗动员，战士们个个摩拳擦掌，战斗情绪十分高昂，一致表示决心要把高枧从敌人手中夺回来。早饭后，徐司令员检查了各部队的战斗准备，立即率部沿着高低不平的羊肠小道向目的地前进。经过数小时的急行军，到达高枧附近，各

部队迅速进入进攻出发地待命。

中午侦察员报告，敌人要开饭了，山坡土堡房只有哨兵在走动。徐司令员站在指挥位置上，看了看怀表，时针正指在12时40分上，他和谭凤鸣参谋长低声交谈了几句，即命令警卫排长发出进攻信号，三颗红绿信号弹腾空而起，夺取高枧的战斗打响了。步枪声、手榴弹爆炸声震动着山谷，我进攻部队分东西两路向敌发起冲锋。经过战斗动员的红军战士，动作神速，攻击战斗力特别强，守敌在师部高级参谋指挥下，仓皇应战，多次反扑，与我争夺山头，但敌军穿着大皮靴，又不会爬山，行动呆滞，在我猛烈攻击下，经过五个多小时的激战，全歼了守敌一个营，毙敌一〇五师高参一名，缴获轻重机枪30余挺，步枪数百支，子弹、手榴弹等其他军用物资甚多。战斗后，一部分俘虏，经过教育参加了红军；一部分愿意回家的，每人发了两块银元，受伤的送后方治疗。

高枧又回到我们手里，红军士气大振，边区群众也受到鼓舞，更加热爱红军，不少青年自愿报名参加红军，红十六师从1000多人扩大到3000多人。

我红十六师在木瓜、高枧等地战斗的胜利，给国民党南昌行营震动很大，立即命令驻江西修水的敌第三〇〇团向我进犯。1935年的3至4月间，红十六师正在湖北崇阳县境内的金塘休整，总结战斗经验，也准备对付敌之第三〇〇团的来犯，徐司令员和师首长分析敌人不善于野战的特点，打算将这股敌人引到通山、修水两县交界的狭长山谷消灭他们。说来也巧，就在徐司令员向驻大源桥的红十六师全体同志集合讲话时，敌三〇〇团已经来犯，我警戒部队即鸣枪报警，徐司令员即命令部队展开与敌人进行了激烈的战斗。敌我反复争夺山头，反复搏斗。我红军战士奋不顾身，英勇杀敌，终于歼灭了敌三〇〇团。这次战斗缴获重机枪两挺，轻机枪12挺，步枪500余支。大源桥战斗的胜利，边区群众情绪越来越高，纷纷报名参加红军，出现了母送子、妻送夫参军的动人情景，赤卫队、少先队成连、成排补充红军力量，红十六师一下又从

3000 多人发展到 5000 多人。

我红十六师多次战斗的胜利，湘鄂赣的斗争形势的好转，给了蒋介石和武汉、南昌行营及湖南的何键一个沉重回击，他们召集了紧急军事会议，于 1935 年 5 月间，又调集了国民党军第十九师的成铁侠旅，陶广部的六十二师向我幕阜山根据地进犯，寻找我红十六师决战。徐彦刚司令员获悉这一情报后，召开了师党委会，认为这两股敌人装备虽然精良，但辎重多，行动不便，又长期住在城市，官兵吃不得苦，应该在运动中拖疲敌人，再选择时机予以歼灭。师党委采纳了徐司令员的意见。我红十六师从湖北的崇阳山区向湖南的平江、浏阳以南转移；然后向东进入江西的宜春、万载、铜鼓；再后又进入湖南的平浏，转了一个大圈子。红十六师在前面走，敌人在后面跟，只相差一天的路程，我记得在行动中，徐司令员吟了一句诗："野外开鲜花，喜从途中来。"我们听了迷惑不解，即问这是何意。他面带笑盈解释说："我们要在运动中拖垮敌人，在运动中消灭敌人。"我们向徐司令员保证："首长指挥我们消灭李觉的王牌旅，我们要缴快慢机送给首长，向您报喜。"他笑着说："你们缴到快慢机，我给你们记功啰！"

当我红十六师进入平江县境内的黄金洞、木瓜一线时，敌成铁侠旅已追到三眼桥。这时徐司令员同师参谋长谭凤鸣判断，敌人一定会追上来，认为歼灭这股敌人的时机已经成熟，便决定在虹桥这个有利地形消灭敌人。

虹桥是通向幕阜山根据地的要冲，过去国民党军队筑有工事，可以为我利用；虹桥两侧山丘起伏、森林茂盛，便于部队隐蔽；两山中是一大片开阔地，还有二条宽约 50 米的河流，河面上还有两座石桥，敌人过桥后，只要用几挺轻重机枪封锁住，后路敌人退却不了，这块地形易守难攻，对我十分有利。徐司令员率领部队星夜赶到虹桥，立即进行战斗部署。命令特务营进入河西岸的山坡工事里，正面阻击敌人，并交待把敌人引过桥来再开火，战斗打响后，用轻重机枪封锁石桥，切断敌人

退路；命令四十六团和四十八团在河西岸石桥的两侧的山坡上隐蔽，待命出击；命令师后勤机关在后山上公开行动，诱惑敌人，参战的游击大队则做好后勤支援。

一切部署妥当，徐司令员在一高地指挥所里不时用望远镜观察敌情，大约上午七八点钟左右，敌旅长成铁侠指挥两个团追上来了，他们发现虹桥后山有红军在退却，便迫不及待地率部冲过石桥。当敌人接近我特务营前沿阵地时，徐司令员即发出向敌人全线出击的命令。就在这时，只见司令员衣袖一挽，右手举起快慢机，高喊："同志们，跟我来，冲啊！"顿时枪声大作，冲杀声四起，埋伏在石桥翼侧的红军战士，以猛虎下山之势向成铁侠旅发起了猛烈的攻击。过河的敌人抵挡不住，想从桥上后撤逃跑，石桥已被我特务营用轻重机枪密集的火力封锁住，敌人进退维谷，龟缩在河边。他们像窜进口袋里的老鼠，进得来出不去，团团乱转，失去了战斗力。在红军战士的猛烈攻击下，经过白刃搏斗，全歼了敌人一个团。其余敌人仓皇逃窜，我红军战士乘胜追击到木瓜附近，又经过三四个小时战斗，成铁侠旅的另一个团被我歼灭大部，溃不成军向平江方向逃窜。虹桥这一仗，共毙敌500余名，俘敌官兵400名，缴获枪支近千，弹药装备不计其数。

虹桥战斗的胜利，震撼了国民党武汉行营和湖南省的何键，他们不得不哀叹"这是国军一次大失败"。

虹桥战斗胜利的喜讯，传遍了整个湘鄂赣边区，军民无不欢欣鼓舞。红军战士唱着胜利的凯歌，当地苏维埃政府张灯结彩，发动群众，组织慰劳队，抬着猪羊，提着鸡蛋等慰劳品，吹着喇叭载歌载舞来到红军驻地。妇女慰劳队，一到营地立即找桶挑水、替红军战士洗衣服……

为庆祝虹桥战斗的胜利，召开了祝捷大会，主席台的上方悬挂着祝捷大会的横幅，台前摆满了战利品和慰问品，台上坐着各界代表，台下前排坐着穿了鲜艳装服的男女慰劳队的同志，后面坐着四方队形的红十六师的战士和赤卫队，数千双眼睛注视着主席台。徐司令员显得更加

英姿勃勃，身上背着刚缴来的快慢机，两眼炯炯有神，带着胜利的喜悦向到会的群众微笑着。

大会宣布开始，徐彦刚司令员走到主席台前，满脸笑容指着缴获的战利品高声地说道："我们要感谢何键这个运输小队长，给我们送来这么多的枪支弹药。"又用手指着慰问品笑道："感谢苏维埃政府和工农父老兄弟对我们的鼓舞。"接着，他给立功的战士发了奖品，最后，他号召大家："戒骄戒躁，再接再厉，狠狠打击来犯之敌，更多地消灭敌人。以新的胜利来保卫工农利益，保卫苏维埃，保卫苏区。"这时台上台下响起了热烈的掌声，表达了红军战士和边区群众对徐司令员的信任、爱戴，表达了保卫苏区的坚强决心。

（二）

徐彦刚同志身为湘鄂赣军区司令员，是一位高级干部，但他同干部、战士战斗在一起，生活在一起，他平易近人，从不摆官架子；他关心群众生活，处处为群众着想；他的爱兵观念，给我留下了深刻的印象。

有一天，徐司令员带领红十六师去江西省的永修、安义等白区行动，在行军途中，他总是和战士走在一块，一边走一边同战士们聊天，了解战士的思想，看战士行军负荷量大不大，有无掉队等情况。我因连续几天的急行军，脚被草鞋磨起了泡，走路有点困难，坐在路边休息。徐司令员见到我，立即从马上跳下来，走到我跟前亲切地问道："小刘，怎么走不动了？"我一见徐司令员，立即站起来向他敬了一个礼，坚定地回答："司令员，我能走。"徐司令员仔细打量了我一下，他已经看到我右脚没有穿草鞋，认定是脚起了泡，便坐在我的身旁，用手拉着我的右脚仔细查看，看到我脚底起了好几个泡，他用手指着我的鼻子，和蔼地笑道："小刘，你骗我，脚上起了泡你还不说话，好样子！"我说："我

是一个共青团员，脚上起了泡算个什么，应该坚强些，我不是骗你。”说后我穿上草鞋，背起背包想继续与部队一块行军。这时，徐司令员一只有力的大手把我拉住，关心地微笑道：“共青团员在行军中碰到困难要坚强这是对的，不愿掉队也是好的。但脚上起泡走路，困难这是一个实际问题,我可以帮助呀！”他一面对我说,一面招呼饲养员把马牵来，用手指着马对我劝说：“小刘同志，你骑上吧！”我心想，徐司令员年纪比我大，行军、作战为革命操劳，平时也没有很好休息过，我年纪小，脚上起了几个泡算不得什么，哪能骑司令员的马呢？我坚持不肯上马，对徐司令员说：“司令员，谢谢首长对我的关怀。我能走路，我不能骑首长的马！”

徐司令员见我不肯上马，他诚挚地对我说:“你我都是阶级兄弟嘛！你走路有困难，万一掉了队，丢在白区，我们不就少了一位同生死、共患难，为无产阶级事业共同战斗的战友吗？那我心里就会更难受，你骑上我的马，同部队一道前进，我才高兴哩！”说着，他把马拉到我身边，叫饲养员拉住笼头，喊着我:“来！来！来！骑上，骑上，好小刘同志！”因为我人小，走到马旁边，人只有马肚皮高，只能用手拉马鞍上的脚蹬子。这时，徐司令员用双手抱着我上马，笑着吩咐我:“把两手拉住缰绳，两腿夹住马鞍，不要跌跤啊！”在徐司令的再三嘱咐下，我只好骑上了他的战马。走在司令员的后面，跟随着部队继续前进。徐司令员慈母般地关怀着我们小同志，感动得我热泪盈眶。

还有一次，徐司令员带着四十七团到安义、永修一带白区行动。部队到达安义境内，由于前卫部队侦察疏忽，而遭到国民党军侧翼袭击，在这突如其来的情况下，徐司令员一面沉着地指挥部队战斗，一面指挥部队向云居山转移。部队上到云居山后，他看见战士身上的米袋都空了，他要郭参谋长安排宿营，布置警戒，而他自己走进云居山寺庙，向和尚做宣传工作，说明红军买卖公平，不拿群众一针一线的严明纪律，并讲明共产党不信神拜佛，但仍有保护宗教自由的政策。寺庙的和尚开

始看见红军还很害怕，但他们见到徐司令员那种和颜悦色，态度和蔼诚恳，举止文明礼貌，与国民党军队大不一样，当即消除了恐怯心情，自愿把寺庙储藏的米油盐菜卖给了我们。由于徐司令员正确执行党的宗教政策和纪律，解决了部队迫切需要的粮食问题。

还有一次红十六师在石溪休整，徐司令带着我深入到四十六团三营七连去检查工作，他一到连部就找连长、指导员询问粮食还能吃多久。当指导员回答："还能吃两天"，他马上把四十六团团长找来，一起研究连队生活问题，他说："连队最大问题就是要保证战士吃饱饭，睡好觉，才能身强力壮，保持旺盛的战斗情绪。"接着，他向连里干部解释："吃饭问题在目前的条件下，只能用打土豪的办法去解决，不能加重苏区人民的负担。"过后，四十六团团长带领一个营去白区打土豪，筹粮筹款，聚集了大量给养，部队生活顿时就得到改善，全师上下情绪更加高涨。

我跟随徐司令员一道工作的过程中，亲眼看到他不仅关心部属的生活，而且更关心战士政治思想和文化水平的提高。红十六师的战士大都出生于贫苦家庭，很少念过书，有很多人是文盲，徐司令经常对我说："你们宣传队的同志除了向广大群众宣传党的方针政策、宣传红军是工农劳苦人民的军队之外，还有一个任务，就是要教干部、战士学习文化，教他们唱革命歌曲，鼓舞斗志。"他根据红军经常活动作战的特点，亲自创造了行军途中学文化的好办法。例如在战士背包上贴上纸条，上面画着一颗炸弹。下面写着"炸弹"二字，跟在后面的战士就可以边走边学。又如在前进方向的十字路口竖起一块门板，上面挂着一个大石头，下面写着"石头"二字，我们宣传队的同志站在门板一旁，手执木棍指着"石头"二字，教过路的战士读，这种行军途中识字方法，对提高干部、战士的文化水平起了较好的促进作用。

徐司令员不仅关心部队学习文化，还亲自教唱革命歌曲。有一次，他到四十七团五连驻地，正当部队集合在院子里，他就站在队伍前面用手打着拍子教部队唱"当兵就要当红军，处处工农来欢迎"的歌曲。在

徐司令员的身教下，我们宣传队的同志就经常下连队教战士识字，唱革命歌曲。部队一有可能，就开展文娱活动，使我们这些放牛娃出身的红军战士，从而找到了学习文化知识的机会，大大活跃了部队情绪，鼓舞了革命斗志。

（三）

徐彦刚司令员是湘鄂赣边区主要负责同志之一，但从不凌驾于党的组织之上，从不自作主张和个人说了算。他处处以一个普通党员身份出现，具有坚强的党性观念。我记得 1934 年 8 至 9 月间，他带领四十七团在靖安县的八排休整。经过调查：这块地方，群山围绕，地势险峻，当地群众受地主的压迫剥削深重，生活极端贫困，有着求解放的强烈愿望。徐司令员认为具有建立敌后根据地的优越条件，并打算在八排一带开展敌后游击战。但是他对这一重大问题，认为必须提请省委讨论决定。因此，他写了一份详细的报告，派王义勋同志专程到省委汇报。后经省委讨论，由陈寿昌同志代表省委写了复信，信中指出：八排虽有建立敌后根据地的条件，但考虑到省委所在地正面临着敌人的猖狂进攻，需要集中领导力量，粉碎敌人的进攻。从湘鄂赣全面工作出发，陈寿昌同志提出暂缓在八排建立敌后游击根据地，要求徐彦刚同志回省委工作，加强全面领导。徐司令员接到省委指示后，认为小局必须服从大局，放弃了原来的计划，毅然决定带领部队回省委。当时有些同志想不通，徐司令员严肃地对大家说：“共产党的一切行动，必须服从组织的决定。红军战士的一切行动，必须听从党的指挥，陈寿昌同志是省委书记，又是军区政委，他代表省委给我的指示是经过省委集体讨论决定的，是省委的意见，应该无条件地执行，这才是一个共产党员的党性嘛！”一些思想不通的同志，在徐司令员的解释说服下，思想很快就通了，一致表

示跟随司令员回省委，投入新的战斗。

徐司令员来到红十六师，他对自己的学习也抓得特别紧。经常对我们说，过去我们是无知的青年，今天当了红军战士，就要学点革命的道理，要懂得为谁当兵，为谁打仗。即使在今天的战争环境里，每一个人都要抓紧自己的学习。“一寸光阴一寸金，寸金难买寸光阴”嘛。你们青年人就得珍惜时间，抓紧学习，这是为无产阶级解放事业，为全人类的解放事业必不可少的课题。他一面谆谆教诲我们。另方面自己做学习的模范。他随身带有《井冈山斗争》、《纠正党内错误思想》、《星星之火，可以燎原》三本油印的小册子，一有时间就从皮包里拿出来学习。有一次，在靖安县的八排宿营，夜已很深了，同志们都已入睡，可是他还在油灯下手捧《井冈山斗争》一书，边读边做笔记。我看他白天行军劳累了，劝他早点休息，可是他没有一点倦意，反而精神抖擞地向我讲起了井冈山斗争形势、斗争策略，并语重心长地对我说：毛主席要求我们在战争中学会战争，这是每个红军战士应该懂得的常识。我们推翻反动阶级的统治，建立工农苏维埃政权，为共产主义而奋斗，就要学习马列主义的理论，越是斗争艰苦时刻，越要加紧学习，才能坚定斗争意志，去争取斗争的胜利。在徐司令员谆谆教诲下，使我懂得了学习的重要性和改造世界观的迫切性，我当即向徐司令表示：今后我一定学习你的读书精神，做一个坚强的红军战士。

更使我难以忘怀的是：徐司令在指挥作战时，总是仔细地全面观察战斗的发展，机动灵活地指挥部队作战，当战斗受挫，遇到危险时，他更是英勇、坚定、沉着应战，把自己的安危置之度外。1935 年 8 月，他率领四十七团在安义、永修一带白区行动，途中遭到敌人的伏击，在这千钧一发之际，徐司令员一边指挥部队抗击敌人，一边指挥部队向云居山方向转移。这时，他左脚受伤，不声不响地取出急救包，把伤口包扎好，不顾个人的安危，又继续指挥战斗。他操着四川口音，愤怒地向敌人骂道：“你来，老子就要结束你的狗命。”说着，夺过机枪排的一挺

轻机枪，双手端着，右手食指一扣扳机，“哒哒哒”，枪口喷出红亮的火光，一梭子子弹准确地射向尾追的敌人，一群敌人中弹倒地，有的躺在地上号叫，吓得后面敌人不敢向前，战士们都翘起大拇指，称赞道:“司令员的枪法真好。”

徐司令员又打了一梭子，一排敌人又倒下去了。这时，战士们为了他的安全，要求他到后面去，徐司令员铿锵地回答：共产党员在战场上有一个口号，就是：“冲锋在前，退却在后”，这才是一个好党员。

“你的腿负伤了,还是请司令员带着部队转移吧。”战士们请求他。

“轻伤不下火线，重伤不叫痛，掩护部队转移这是我的职责。”司令员回答道。

“负了伤这是特殊情况，你带领部队转移，同样也是你的职责。”战士们再三请求着。

徐司令斩钉截铁地说：“有福共享，有难同当。掩护部队安全转移更重要。”说着，他伏在小山坡上，又用机枪扫倒了一些敌人，并向几个小同志说：“你们几个小同志先走吧！”

“司令员不走，我们哪能走呢？”

“何必在战场上搞平均主义。”

“同司令员一块战斗，我们感到更有劲。”

徐司令看到机枪排的同志跟他一块战斗，团结一致杀敌的精神，满意地笑道：“让我们共同完成这次掩护战斗的任务吧！”

战斗结束了，因他负伤以后又无法把他送后方医院治疗，只得留在云居山寺庙里养伤。后来，由于叛徒出卖，徐彦刚司令员被国民党反动派杀害了。我红十六师失去了一位文武兼备智勇双全的指挥员，我们失去了一位革命的良师益友。

徐彦刚同志的一生几乎都是在战斗生涯中度过的，无论是参加秋收起义，还是在井冈山的斗争中，无论是在保卫中央苏区，还是在为扭转湘鄂赣边区的战局的斗争中，他为共产主义的事业立下了不朽的功勋。

军委聂荣臻副主席对徐彦刚同志的评语是："徐彦刚是位好同志，一贯作战勇敢，工作积极，功勋卓著。"1937 年朱德总司令在给烈士家属的复信中指出："徐彦刚同志不幸牺牲，此不仅为本党一重大损失，亦为中国革命之重大损失。彦刚同志虽不幸中途牺牲，但精神不死，在中国革命史上留下光荣一页！"

选自《南方三年游击战争·湘鄂赣边游击区》，第500—509页。

刘新屏，又名刘珍吾，1917 年生，湖南浏阳人。1929 年加入中国共产主义青年团，1932 年参加中国工农红军，1934 年转为中国共产党党员。南方三年游击战争时，任少共修（水）铜（鼓）宜（丰）奉（新）县委书记、中共铜鼓县委书记、湘鄂赣军区东北军分区游击大队政治委员。新中国成立后，曾任华东公安司令部情报处处长、公安第十四师政治部主任，无锡市兵役局副政治委员，江苏省军区镇江军分区副政治委员兼政治部主任，苏州军分区副政治委员、顾问等职。1995 年在苏州逝世。

十三、湘南游击区

湘南三年游击战争的回顾

周里

1934年秋至1937年底，湘南地区的红军游击队，在党的领导下，紧密依靠群众,开展了包括湘粤赣边界在内的湘南20余县的游击战争。三年中，历尽千辛万苦，不怕流血牺牲，配合红军主力长征和全国各地的革命斗争，打击和牵制了敌人，保存了革命的火种，为抗日战争和解放战争培养了党和军队的骨干。

东、西边山的艰苦岁月

在湘粤赣三省交界的罗霄山脉南部，有一座绵亘数百里、地势非常险要复杂的大山。它东连江西的上犹、崇义，西接湖南的资兴，北至桂东，南达广东仁化、南雄，峰峦起伏，沟壑纵横，古木参天，正是打游击的好地方。按地理位置，当地人习惯称为东边山、西边山。

1934年10月,中央红军主力长征后,湘赣省委部署开辟的游击区,派红军独立第四团和第五团到东、西边山开展斗争。红独四团来东、西边山后，兵分两路活动。团长李宗保在西边山资兴边界的一个庵堂里宿营。他带了两个营300多人，且武器好，内有两挺轻机枪。但这个软骨

头经不起艰苦环境的考验，后来，他开枪杀害了反对叛变的连党支部书记，带了 40 多人，到资兴青腰圩向乡团总欧九如投降了。政委旷珠权住另一个山头，一天晚上诡称“下山了解情况”，也一个人潜逃叛变。随部队行动的原湘赣省苏维埃政府教育部长方维夏和顾星奎等同志，克服重重困难，收集和整顿部队，保存了八九十人枪，转移到东边山的上庄、下庄、青洞、泥塘一带活动。

1935 年春，赣南军区司令员蔡会文率领二三百人来到桂东东边山，先后与红独四团、五团余部，以及红军二十四师七十一团、七十二团余部会合，组建了近千人的湘粤赣边游击支队。蔡会文任支队司令兼政委，游世雄任副政委，罗荣任参谋长，李国兴任政治部主任。在与湘赣省委取得联系后，蔡会文、游世雄、李国兴、张通、王赤等参加了湘粤赣边特委并任委员，特委书记陈山，宣传部长方维夏，组织部长李国兴。湘粤赣边特委和游击支队总部设在赤水仙。支队下辖七个大队，每个大队 50 至 100 多人枪，划分八个地区，开辟了新的游击根据地，扩大了游击区。

张通带领的红独五团 80 多人枪编为湘粤赣边游击支队第一大队后，奉蔡会文命令，到酃县、桂东、资兴边境开辟新的游击区。张通在边境没有站住脚，就退到酃县。他找到我，假说蔡司令、陈山命令他去湘赣省委汇报情况和搞无线电台，要我们酃县新九营护送。因 1934 年 8 月红六军团突围西征时，我们和张通率领的红独五团在井冈山黄洋界一带一起打过掩护，彼此认识，也就相信他了。我们派了 100 人、90 多支枪护送，张通在前，我们断后。从酃县十都出发，一股劲冲出了包围圈，进入白区。沿途虽然枪声阵阵，但我们根本不予理睬。张通说：“你们真有本事，走老虎身边过而泰然自若。”因我们熟悉本地环境、敌情，只两天就到了茶陵的十八团地方。由于酃县大院区红水江大山中，我们还有几十个伤病员战士，所留给养不多，且十八团离湘赣省委驻地不远了，我们打算撤回。但张通再三恳求“帮人帮到底”，要我们送他到茶陵、

攸县、莲花交界的湘赣省委谭余保部队里去。我只好带领 20 多人组成两个加强班回酃县，其余的同志继续护送他们。

我刚回酃县，就碰上蔡会文派来的交通员刘家运等二同志。他们将蔡会文、陈山的手令交给我，说张通违抗命令，不听指挥，决定撤销其职务，要我扣住他，部队由我指挥。但手令来迟了。后来，张通去湘赣省委途中遇到敌人，打了几次败仗，队伍被打散，不少同志牺牲，他一个人跑到谭余保那里。谭余保同志很气愤，说："你把自己的队伍搞垮了不算，还把周礼的部队也拖垮了！"便把张通杀了。

1935 年初秋，湘赣省委调我到湘粤赣边特委和湘粤赣边游击支队司令部工作，并通知带部队同往。我们在东边山找到了陈山和蔡会文，将部队编入支队司令部直属队。这时，支队副政委游世雄和政治部主任李国兴已带了三个大队到西边山开辟新游击区去了，陈山、蔡会文决定由我接任特委组织部长兼任支队政治部主任。

在革命处于低潮、敌强我弱的情况下，特委和支队司令部决定改变斗争方式，部队化整为零，每个大队编成十几人至三四十人的小分队，隐蔽在各个山林，打得赢就打，打不赢就走，"赚钱的生意就做，赔本的买卖不干"，牵着敌人的鼻子满山转。

为了开辟新区，特委和支队派出八个工作团，每团二至四人，到汝城、桂东、资兴、郴县和江西的上犹、崇义，以及广东的始兴、南雄等地发动群众，组织贫农团，建立党的组织，开展游击活动。

有了立足的游击根据地，有了与我们血肉相连的群众，我们的队伍一天天壮大，发展到 1000 余人枪，开辟了方圆 900 里的游击区。湖南的酃县、茶陵、桂东、资兴、郴县、永兴、汝城、宜章。江西的上犹、崇义、遂川、大庾，广东的始兴、南雄、仁化、乐昌等县边境，都是我们活动的范围。

东、西边山游击斗争的发展，震惊了敌人。国民党反动派从广东开来铁甲兵教导团，从江西调来铲共团，还有湖南何宗汉保安十七团，衡

阳警卫营，桂东、汝城的铲共义勇队，以及我们游击根据地周围十几个县的反动地主武装，都纠合起来向我们东、西边山进行“清剿”，在蔡会文司令领导下，在各地党组织和群众的支持下，我们粉碎了敌人一次又一次的“清剿”。

李宗保投敌叛变后，挂起“五县铲共义勇队”的破旗，有次带领300多人枪来袭击我们。蔡会文作了先诱敌深入再“切尾”退敌的战斗部署。我们选了60多名精壮小伙子组成突击队，在桂东彩洞迎击敌人，随即择荒山小路撤退。李宗保率部追到东边山一座大山里，只留下两个班把守入山口的木雀碉堡。这时我们突击队一分为二，一部分继续东放一枪，西打一弹，牵制迷惑敌人；另一个30多人的小分队则甩开飞毛腿迂回绕过敌人，攀岩越涧，夜袭木雀碉堡，敌人两个班都成了俘虏。李宗保忽闻木雀碉堡被破，料知中计，急令退兵。我军一声号响，杀声四起，又打死敌人四名，俘虏一批，缴枪几十支，敌人纷纷夺路逃命。

敌人在“进剿”我们游击队时，还对东、西边山群众挥起了血腥的屠刀。他们把凡是给我们送过信的、送过食物的、打过掩护的，亲友参加游击队的，统统诬加“通匪”、“济匪”、“藏匪”、“匪属”的罪名，抓起来关押或杀害。

由于敌人大举拉网“清剿”，强迫移民并村，联保连坐，还组织“跟脚队”、“看火队”，发现脚印和烟火就包围搜山，使我们经历了难以想象的艰难困苦。那时，我们常常三五天吃不上饭，只好用竹笋、蕨根、鸡冠花、丝毛根、毛耳菜、黄金叶、酸桐杆等野菜填肚子。有时敌人紧逼不能生火，就用手将野菜搓成团吞下充饥。在极困难的环境下，有的人经不起考验，有叛变的，有逃跑的。然而蔡会文仍镇定自若，充满革命乐观主义精神。他找干部、战士谈心，形象比喻地说：“暂时强大的敌人像一头既凶又蠢的野牛，在深山密林里瞎闹。我们有时敲一下它的脑壳，有时打一下它的屁股，有时给它拦腰一棒，有时牵着它的鼻子满山转，这叫牛魔王碰上了孙悟空，即使再肥再大再猛，也要拖垮拖瘦拖

死。”没有饭吃，蔡司令带头挖野菜，还说：“你们看这苦菜多水嫩，多好吃。”他还带领战士们上山打兔，下溪捉鱼，做“山珍海味”。为了对付敌人“清剿”，我们分成二三十人的小分队活动，昼伏夜出。翻山越岭，沿溪溯河，不用说脚印，敌人连我们的影子也找不到。我们还利用早晨大雾时煮饭，烧烟子少的干柴，煮一次吃几顿。这就使敌人的“跟脚”、“看火”也都枉费心机。

蔡会文和方维夏都很注意思想教育，经常给同志们讲形势、任务和光明前途，给党员上党课。蔡会文告诉大家：我是一个知识分子，为什么不到国民党那里去升官发财，不在家里享清福，而甘愿来吃苦？根本原因就是抱定了为天下劳苦大众求解放，为共产主义事业奋斗终身的决心。蔡会文、方维夏还教大家唱歌。通过教育，游击战士们提高了觉悟，深深扎根在群众的土壤里，党员、干部吃苦在先，冲锋在前。

我们纠正了过去一些“左”的做法，实行了“打倒土豪劣绅，取消一切苛捐杂税，保护工农利益，团结兄弟民族，进行反蒋抗日”的政策，紧密依靠群众，运用机动灵活的游击战术，使东、西边山游击根据地得以巩固和发展。

蔡会文、方维夏英勇牺牲

1935年秋天，敌人增派三省兵力进行“清剿”。有一天，湖南军阀何键部三个连进攻我们司令部，群众给我们报了信。我们作了迎敌准备。敌人一个前哨连已经进山来了，其余两个连每连相隔四五里地向我方蠕动。我们隐伏在山岗上，透过丛林，看得清清楚楚。蔡会文当机立断地说：“送上砧板的肉不吃，送上门的敌人不打，尚待何时？先吃掉它一个连再说”。当时，我们司令部及直属队连伤病员加起来才七八十人。蔡司令即作部署，我们左右迂回拉成口袋阵势。眼看敌人到了跟前，

蔡司令一声令下："打！"正面火力居高临下，如雨点集中扫射，两边滚木礌石似山崩地裂，砸向敌人。敌人慌乱不知所措，应声倒下一片。"同志们，冲啊！"接着，我们一个泰山压顶，猛虎扑羊，连伤病员都忘了病痛。一股劲冲了下去，打得敌人魂飞魄散，死伤 50 多人，其余的只好乖乖地举手投降。特委书记陈山带了五六个战士在另一个山头，一声喊也缴了敌人一个班的枪。敌人前面这个连歼灭后，后面两个连便闻风逃走了。

1936 年初春，我们驻在东边山一座海拔一千二三百米高的朱冠山赤水仙下面的山腰里，山顶赤水仙庵子里驻有敌人一个营，山脚的上堡墟驻有广东军阀余汉谋部彭霖生师一个团，东面江西上犹营前墟还有敌人一个团驻守。上下左右的敌人离我们都只有二三十里路。山顶上的敌人不敢来侵犯我们，山脚下广东敌人因有叛徒李宗保告密，知道我们分散游击，便以连为单位步步为营封锁我们。有一天，敌一个营进山袭击我们。此时支队司令部和特委一共只有四五十人枪，哨兵报告说，敌人已经沿着小路向我们驻地袭来了，我们就分路撤退。陈山带了七八人朝另一个山头转移，我带了二三十人冲下山沿山溪突围，蔡会文带了十几人向山坳上撤退。那时，我们每天都约定，如果打仗散了，第二天就到某个山头集合。这天上午打仗被冲散后，我带队伍到了预定的那个山上。不久，陈山派警卫员来送信说，陈山挂了花，来不了。蔡会文怎么样？大家焦急地等待着。等到第二天下午，几个和蔡会文在一起的战士也突围出来找到我们，一见面就说："蔡司令危险，被敌人包围了。"第三天，蔡司令的警卫员江德辉最后突围出来，见到我们，泪如泉涌，一头扑在我的怀里，泣不成声地说："蔡司令壮烈牺牲了！"晴天霹雳！一下子全体战士心都碎了。大家摘下军帽，向着蔡司令遇难的山头鞠躬默哀。

原来，那天冲散后，天下大雨，山溪水暴涨。上午，我们是手拉手过河到预约的山上的。下午蔡会文来时，已不能过河了。于是他带战士们转回去。途中发现地上有饭，断定是自己的队伍，急忙追上去，才

知是湘赣临时省委书记谭余保派来联络的王用济交通班 12 人。他们会合后，20 多人又回到朱冠山上。蔡会文派管理员陈钧亮去买米。下午陈钧亮没有回来，蔡会文带领同志们挖冬笋，扯草根，摘树叶，用积雪搓去泥巴，放在缴来的敌人钢盔里煮熟吃。他对王用济说："十来天没有见过米了，能吃上冬笋煮草根就算有口福，打游击还真有点罗曼蒂克味。"没料到陈钧亮下山时被俘投敌，第二天天刚亮，这个叛徒带着一些穿得破破烂烂化装成农民的敌人，迅速包围了棚子。接着敌人一个营压来了。"叭！叭！"哨兵鸣枪报警，被敌击倒。蔡会文举枪还击，掩护同志们撤退，不幸身负重伤。警卫员江德辉要背着他撤退，他命令江德辉："你们赶快冲出去找周礼！"蔡司令被俘后，宁死不屈，拒绝敌人用竹椅抬去请功，拼命抗争，被敌人杀害，年仅 28 岁。

正是青春好年华，
赤心为党为国家；
壮志未酬身先卒，
血染遍山杜鹃花。

蔡会文将军永垂不朽！

蔡会文牺牲三天后，我们回到原先被敌人包围的那座山上，找到了右手负伤的特委书记陈山。陈山下令给我："司令员蔡会文已经牺牲，我也挂了花，请周礼同志代理特委书记，担任党和军队的领导及指挥工作。"陈山要我带领第六大队和司令部直属队迅速突围，把敌人引走，这样他也安全了。我带着这数十人突围转移后没有几天，陈山和三个警卫员就被敌人包围抓走了。后来，听陈山的警卫员刘家运说，陈山被俘后，在单独送往衡阳医院治疗时投敌。以后，他带着敌人来搜山，并潜入西边山游击队进行反动宣传，暗害游击战士。游击队负责肃反工作的原湘赣省保卫局干部顾星奎发觉后，在洪水山将他逮捕，就地枪决。

我率领部队突围转移后，西边山游击队又遭到敌人进攻，游世雄带了一个大队转移到酃县去了。我带着六大队、司令部直属队先走八

面山，找到了另外两大队一百来人。我们留下一个小分队与敌人周旋，然后开赴鄷县。有天晚上，我们在鄷县西坑与江西坑口中间的大山上宿营，放了几道暗哨。入夜，山林幽静，万籁俱寂，哨兵警觉地发现对面山上有人走动。我们分析，可能是自己的队伍。第二天黎明时进行侦察联络，果然是游世雄带来的一个大队。我们这两支部队共 200 余人会合后，我拿陈山手令给游世雄、李国兴看，一起商议决定：游世雄代理湘粤赣游击支队司令员，我任湘粤赣边特委书记兼支队政治委员。

不料没有多久，又传来了方维夏同志在桂东下庄仙背山被敌人杀害的消息，指战员无不放声痛哭。我是 1935 年秋天在东边山第一次见到方维夏的。那时，他已经是 56 岁的老人了。他为人耿直，刻苦耐劳，到过苏联学习，满肚子学问。虽然年近花甲，但精神矍铄，干劲很大。部队行军刚坐下来休息，他就忙着做宣传；一打仗，他就带着左轮手枪参战。部队在一个大山里整训时，他主办了几期干部训练班。有次东边山开特委会，他还要我派二三十人去学习。他给干部上课，讲共产主义的光明前途，讲党和红军的铁的纪律，特别是用苏联红军的英雄事迹，鼓励大家的斗志。1935 年冬，方维夏因年老体衰又眼睛近视，随部队走很困难，特委决定让他留在“后方”。那时，在新的游击区没有巩固的后方，所谓“后方”就是边远的大山上。他和老伴身边仅带了几个警卫战士和一个采购员，住在桂东大山中一个临时用茅草搭起的棚子里。1936 年 4 月，由于敌人封锁很严，方维夏和同志们已十来天未见米星子了，派战士莫犹斌、郭先古、黄光古去山下筹粮，被国民党沙田乡长郭英汾抓后叛变。敌人仍要他们以送粮为名回到山上。他们卑鄙地先后杀害了方维夏身边的两个警卫员和方维夏夫妇。

在我们突围后，东边山一个团的敌人尾追到了鄷县。我们不少指战员是鄷县人，熟悉人情地理环境。在一个葫芦谷口，我们突然杀了个回马枪，毙敌十几人，甩掉了尾追之敌。

我们在鄷县活动了一个多星期。因敌人并村，把老百姓赶进碉堡附

近围子里，而我们人多，给养困难，就经八面山返回西边山。这时，我们从找到的国民党报纸上，看到在茶陵、安仁、酃县边界的潭湾，还有个陈梅连游击队，又听说湘南特委机关也在那进里。于是，我们就带部队，两天日夜兼程300多里，奔向潭湾会师，迎接新的战斗。

潭湾会师及土坡里紧急会议

1936年4月,春光明媚。我和游世雄、李国兴率领游击队100多人，来到了安仁潭湾的神堂背，与茶（陵）安（仁）酃（县）永（兴）边区委员会负责人陈梅连领导的游击队100多人胜利会师了。潭湾地区，是一块方圆百里、巍然屹立的敌军围困中的革命根据地。陈梅连领导的游击队，就活跃在这一带崇山峻岭之中。

当天，陈梅连安排我们住宿在福村蛇形李家一个小村里。他考虑到我们长途行军和连续作战的疲劳，提出要我们好好休息，由他们的游击队来站岗放哨。我们欣然接受了他的好意，只在驻地放了一个卫哨。这晚同志们睡了几个月来第一个安稳的好觉。

第二天，我们正准备吃午饭，突然从陈梅连派来的第二道瞭望哨处传来“乒！乓！”两声清脆的枪响。接着，枪声大起。原来，从桂东一直尾追我们的一个团的敌人上来了。陈梅连部队的第一道山岗上瞭望的哨兵，擅自撤回吃午饭去了，没有报警。这样，当敌人蠕动进村，第二道瞭望哨哨兵发现，急忙鸣枪发出信号时，部队转移已来不及了。狡猾的敌人顺着山溪从三方面包围我们，一下子就到了离我们驻地只有二三百米的溪坎。我们的哨兵开枪击倒两名敌人，其他敌人慌忙滚下溪沟，用密集火力向我们扫射。

“冲啊！打这帮狗强盗！”由湘赣省委派来的通信班一声呐喊，就向敌人正面冲了出去。但房外是一片开阔的稻田，敌人火力很猛，将我

们压了回来。以后，我们几次突围都没有成功，而且伤亡很大。当时，我们驻扎在一个坐北朝南、东西走向约三四十米的祠堂里。祠堂东、南、西三面筑有围墙，背靠北边一座大山。于是，我们错误地沿用了在鄘县大院死守阵地的经验，凭围墙设防抵抗。但敌人人多武器好，又凭借山溪掩护，迫击炮如闷雷在屋前左右爆炸，机关枪“哒、哒、哒”，弹如飞蝗，把我们封锁在院子里。“轰隆！”围墙被炸塌了一截，坚守在围墙边的一些战士牺牲了。激烈的战斗持续了一个多小时，我和游世雄考虑到三面受敌，而我们弹药有限，难于固守，决定立即从后山突围撤退。一声令下，同志们穿房揭瓦、攀藤附葛，由屋后翻山进入丛林。打掩护的同志最后突围时，因坡陡无路，爬山速度慢，一些同志又中弹牺牲。我们突围上到山腰时，率先转移已达山顶的陈梅连游击队以为我们是敌人，便居高临下向我们放了一阵枪。我们也以为是敌人包围了我们，就一边还击，一边退到另一山坡。陈梅连见我们回击枪声稀稀疏疏，才知道发生了误会。于是，我们一块会合进了大山。

这次战斗后不久，陈梅连带我们找到了湘南特委。我们见到了特委书记徐克全，还有特委组织部长刘霞、团特委书记陈亚元、团特委副书记王崇甫。于是，湘粤赣边特委与湘南特委也在潭湾会合了。

1936年5月27日，我们在潭湾杉木垅召开了两个特委的联席会议。湘南特委出席会议的有徐克全、刘霞、陈梅连、陈亚元等，湘粤赣边特委出席会议的有我、李国兴、游世雄、王赤等。会上，双方汇报了各自的工作情况，总结了这次蛇形李家战斗的教训。根据当时的形势，为了加强领导，统一湘南党的领导机构，会议决定撤销两个特委，合并成立新的湘南军政委员会及其领导下的新的湘南特委。会议推选徐克全为军政委员会主席，我为副主席兼湘南特委书记，游世雄为湘南特委军事部长，刘霞为组织部长，李国兴为宣传部长，陈梅连及各县负责人为委员。

两个特委合并后，正准备在潭湾一带继续发展党的组织，开展游击战争，扩大这块游击根据地时，敌人就调动了比我们多数十倍的兵力，

对我们进行重兵“围剿”，在这新的严峻考验面前，我们队伍中的少数意志薄弱者，被暂时的困难所吓倒，看不到光明的前途，有的逃跑，有的叛变。首先是湘南军政委员会主席徐克全动摇了，弃枪拐款潜逃。当时，敌人跟踪追击我们。有一天晚上，徐克全把我们特委几个负责人带到一座大山上，他借口到山下老百姓家探问消息，直到第二天天亮还不见回来。我们急忙下山寻找,在岔路口捡到徐克全佩带的驳壳枪。那时，我们有个规定，带枪逃跑，抓着是要枪毙的。显然，徐克全是弃枪逃跑了。我们担心他投敌叛变，于是马上转移。后来，既没有看到他带敌人来进攻我们，也未见他登报自首，据说他拐走一笔款子和两斤金子，到一个庙里当和尚去了。

徐克全逃跑后，湘南军政委员会无形中取消了，只剩下湘南特委。特委随即在潭湾土坡里召开了一个特委主要负责人参加的紧急会议，研究徐克全逃跑后的应变措施，部署下一步工作。我们考虑到整个湘南有工作基础,又有开展武装斗争的实力。除潭湾和东、西边山的游击队外，在郴县、宜章和广东乐昌、乳源一带活动的有李林的“湘粤边赤色游击大队”;在耒阳、安仁、永兴和常宁一带活动的有谢竹峰、刘厚总的“湘南赤色游击队第三大队”。湘南特委管辖的地区有 24 个县，我们不局限在潭湾小块地区活动。因此，特委重新进行了分工和部署：游世雄分管军事，仍回桂东、汝城、资兴，积极巩固和发展东、西边山游击根据地，指挥这一带的游击队；管宣传的李国兴和管组织的刘霞分管茶、安、酃边区和潭湾的游击大队；我仍担任特委书记，管全面工作，先去视察湘南各县工作，并找李森、刘厚总的游击队。这样，大家分头行动，放手发动群众，开展波澜壮阔的武装斗争，使小游击区星罗棋布，既可以分散敌人兵力，又可保存和发展革命力量。

在送走游志雄、王赤及大部队后，我便告别了潭湾的乡亲，和刘霞、李国兴分别带了几个游击队员，去安仁、永兴、两衡（衡山、衡阳）等地视察工作。

与李林、刘厚总游击队取得联系

1936年秋，我和李国兴从潭湾来到安仁，见到谢竹峰。接着我们到衡山、衡阳，找到了两衡县工委书记张春林（又名林长春）。在衡阳、衡山、安仁边境的四方山，我、刘霞、李国兴、张春林、谢竹峰一块开了一个小会，认为四方山是一个小天地，准备在这里开辟新的游击根据地。但四方山只有零星几户人家，扩兵成问题。于是，我们先在衡阳铁子圹，派了一个姓林的干部和一个本地姓唐的地下党员（后叛变），以做谷芽糖生意为掩护，搞了一个落脚点。同时，我和李国兴通过地下党员许作霖，在他家五圹铺和茶皂，分别开设一个杂货铺和一个烟铺，以便接近基本群众。谢竹峰仍然带着游击队在山区活动。

我原来看过一些医药书籍，当时化名许崇德，一面做生意，一面为群众看病。我给贫苦农民看病不收钱，群众和我们关系很好。

不久，李林得知我们的消息，他带了二三十人，来找特委。因中途遇强敌，部队被打散。李林带两个战士回乐昌后，派该部副队长蒋玉林到四方山，找到了我们。当时，我正欲去宜章、乐昌，苦无向导。于是我和刘霞、李国兴、团特委副书记王崇甫开会商量，决定我去宜乐。

1936年9月，我和许作霖、蒋副队长化装去广东。我扮作卖鸡的老板，许、蒋各挑一担鸡，从衡阳的车江乘火车到广东的坪石。一下车，我们“放包袱”，将鸡卖掉一担。由蒋副队长带路，先到设在广东乳源县沙河镇的乳源县工委负责人贺畔朵的一个通信站，许即回衡阳。沙河镇是个丘陵区，有20多户人家，那里住着一个国民党的退伍团长，与我们党有来往。蒋副队长说，李林部队的一批驳壳枪就是托他买的。我们特地登门拜访了这位团长。第二天，站里通信员送我们进大山，找到

了贺畔朵。他原是中央红军长征路过坪石时留下来做地方工作的。据他说共留下七八人，现在只剩下他一个人。他在这里发展了几十名党员，组织了七个支部。他向我汇报工作后，就引我去坪石的畈塘，再走三四里路到了坳丘，找到了宜乐县工委负责人谷子元。他们安排我住在一户姓李的农民家里，户主的儿子李水生给我当通信员。几天后，李林也带着几名战士来了。

李林领导的游击队，经历了几起几落。1934 年冬，湘赣红军独立第四团来资兴、汝城开辟新的游击区，将李林带领的游击队改编为该团的教导连。李林不满团长李宗保（后叛变）专横跋扈的作风，带了一个通信员离开部队回郴州活动。1935 年春，他俩在郴县一带找到了地下党组织，并串连红军长征留在当地的六名伤病员，组成“湘南赤色游击队”，李林任队长。下半年，游击队发展到 30 多人。1936 年春①，他到广东乐昌找到谷子元，后在乳源找到贺畔朵。在这里，通过贺畔朵找那个退伍团长，买了一些新驳壳枪，扩大了队伍，活动在郴县、宜章、乐昌一带。夏天，游击队在郴县一个山头遭敌袭击，伤亡 20 多人，只剩十多人。下半年又发展到 20 多人。他和蒋副队长带队伍到两衡找湘南特委汇报工作，因沿途遭敌人跟踪追击，在宜章境内受损失，又只剩下十来人。后在宜章一个山头宿营时，被敌包围，除李林、杨绍良和黄凤（女）外出及蒋副队长来找特委外，其余同志壮烈牺牲。到我们见面时，游击队仅有六人七条枪，即谷子元、李林、蒋副队长和三个战士。当时，我住的地方是坪石进去十多里的新水坝曹金芳（永兴人）窑厂里。一天下河游泳，不慎又淹死了两个战士。这样，游击队只剩下三官两兵，不成其为队伍了。经研究，决定改为武装工作队，我也参加，由李林任队长，以宜（章）乐（昌）为中心开展斗争。谷子元到桂阳、临武边区恢复、发展党组织。

---

① 应为1935年9月。

武装工作队既打敌人，又做建党和群众工作。当时，我们组织了贫雇农团，挑选青壮年组成不脱产的游击组。我们通过贫雇农团领导农民抗租抗税，一般中小地主来收租就轰走，恶霸地主民愤大的经群众决定，由游击组查明后枪毙。这样，地主恶霸再也不敢来了，形成了几小块群众武装割据的根据地。仅几个月时间，几名成员组成的武装工作队发展到 60 多人枪的脱产游击队。我们还组织了 300 多人的不脱产的群众性的游击组。参加贫雇农团的有几千人。

坪石地处两省三县（湖南宜章，广东乐昌、乳源）交界，活动范围大，加上群众拥护和帮助，反动派很难"剿"到我们。一次，敌人从县城调来两个连"进剿"。我们先避其锐气，不予理睬；继而声东击西，昼伏夜出，攻其不备，敌人防不胜防。当敌人调动大部队反击时，我们游击队断后，掩护贫雇农团、游击组撤退。老百姓各归各户，一下子销声匿迹，我们则一阵呼哨，进入山中。这样，敌人坐卧难安，只好偃旗息鼓了。

在坪石附近，我们还打过几次碉堡。在侦察了解敌人的情况后，晚上，我们下山，游击组、贫雇农团闻风而动，卡道口，断援兵，几百、上千人把碉堡围住。敌人只好举手缴械。如坪石附近有一个五六百人的村子，几个地主老财靠碉堡保镖，作恶多端，我们就发动群众，先做守碉堡人员的分化瓦解工作，向他们讲明政策：一个不杀，一个不抓，不要钱财，只缴武器。在攻打碉堡的那天，他们果然投降，我们缴获了十几根枪。邻近的几个村庄的碉堡武装，自动投降。打土豪劣绅，我们也多选择在晚上。缴获的东西都分给群众，筹措的款子抽百分之五分给贫雇农团，其余交公。

1937 年春，我由坪石到耒阳视察工作。在耒阳株木山见到县委书记李振鹏和游击队长刘厚总，向他们传达了特委的指示精神，介绍了李林游击队的情况。他们向我汇报工作后，问我是否认识周兆奎（又名周朝桂）。他们说：周兆奎原是耒阳县委代理书记，已带枪投敌。他叛变后，

带着敌人到处设卡子，企图抓共产党员和游击队战士，但全部落空。国民党反动派感到他没有多大用处，还是把他杀了。在株木山山棚里住了一晚后，我和一个通信员，以挑杂货担为掩护，仍返回坪石。

当时，在敌人“围剿”和封锁下，我们听不到党中央的指示，也看不到上级的文件。我们在开辟新游击区的斗争实践中，执行了毛泽东同志在井冈山时期的正确路线和政策。在农村，打击的主要对象是民愤很大的恶霸地主。同时，我们学会了做统一战线工作，保护民族资产阶级和小商小贩的合法权益。商人到乐昌、广州贩运粮油布匹、日用百货，这既有利群众，也方便我们，因此游击队允许他们做生意赚钱，不去侵犯。这就使群众感到游击队不是敌人诬蔑的“土匪”，而是为民谋利除害的，纷纷靠拢我们。

坪石有一个作恶多端的土豪劣绅，老百姓恨之入骨。一天，乘他讨儿媳妇大办酒席之际，我们十几个人化装成客人，身藏短枪，前去“贺喜”。筵席上，当他洋洋得意举杯鸣谢宾客时，我们闪电般地将这个恶霸逮住，并拿出早已拟好的布告，当众数列他的罪恶，将其处决，但不连及他的亲属子女，不拿他家分文财产，这下影响很大，群众都说:“游击队为民除害，只办首恶。”从而，收到了“杀一儆百”之效。

经过一年多时间，游击队发展到100多人，同时建立了一些党的基层组织。但敌人却不善罢甘休。1937年秋，敌人大举进攻沙河镇大山，我们闻讯转移隐蔽于深山密林中。敌人找不到我们，便把我们的住户抓住捆打拷问，但一无所获，狡猾的敌人便伪装撤退。贺畔朵同志沉不住气，过早地下山，结果，一进屋便被敌人包围抓住，后送往乐昌坐牢。敌人多次提审逼他供出党组织和游击队的情况，贺畔朵同志誓不招供，遂被杀害。

良田赤石改编开赴抗日前线

红军主力长征后，在南方三年游击战争期间，特别是抗日战争爆发后，我们多么渴望得到党中央和上级的指示。1938 年 1 月，原湘南特委书记王涛以新四军中校秘书的公开身份来到坪石，住在他原来的老联络点的饭铺里。“党中央派王涛同志回来了，到坪石来找周礼！”饭铺的同志马上派人来告诉我这个激动人心的消息。我闻讯随即要通信员把王涛接来坳丘。战友久别重逢，感到格外亲切。王涛向我们传达了党中央、毛主席关于抗日战争形势和任务的指示，以及党的方针、政策。并说他这次回湘南的任务是：推动湘南的国共合作，扩大和巩固抗日民族统一战线；同时，把湘南地下党领导的游击队改编为新四军，开赴抗日前线。他还告诉我，刘霞在牺牲前给党中央写了一封信，信中说湘南特委还存在，由周礼负责，所以来坪石找我。

原来，四方山分手后，湘南特委组织部长刘霞，团特委副书记王崇甫，还有地下党员邹代富、刘泽华四人分两组在耒阳、安仁边境活动。由于国民党反动派大搞“清乡”，王崇甫被敌人吓破了胆，受不了艰苦斗争环境的考验,便起异心。一天,王崇甫同刘霞住在安仁县的王家背，王崇甫先偷了刘霞的快慢机手枪，然后用自己的白郎林手枪向刘霞背上打了一枪，随即带着两支手枪仓皇跑到耒阳坪田投敌，刘霞带伤走到邹代富家，要邹代富的儿子通知当地共产党员赶快躲避。刘霞随即转到耒阳丹田高岭一个庙里，请了老中医陈海清治伤。王崇甫叛变后，带着敌人来捉刘、邹和当地党员以及他们的家属。几天内抓了 100 多人。邹代富的父母、妻儿和岳父母都被抓。因叛徒龙辉廷告密，敌人又派叛徒王崇甫带兵到丹田高岭将刘霞抓捕，连夜押往耒阳县城。刘霞是耒阳人，大学生，他从中央苏区随红军长征到湘南，奉命留下坚持斗争。他被捕

后，耒阳国民党县长软硬兼施，要他自首，刘霞宁死不屈。刘霞在被关押期间，敌人威逼他写信劝我们下山，他不写，却秘密地写了一封信给党中央和毛泽东同志，信中汇报了湘南特委的情况。因此，毛泽东派陕甘宁边区统战部副部长王涛以新四军中校秘书的身份，来湘南工作，并在坪石找到我们。

我们见到王涛后才知道，国民党当局于 1937 年 10 月 12 日正式宣布，将南方 8 省 14 个地区的红军游击队，改编为国民革命军陆军新编第四军。新四军的成立，标志着南方各游击队的斗争，转入抗日救国的新阶段。

在西边山坚持斗争的游世雄、曾昭圩、顾星奎等，不久接到陈毅关于游击队可以与当地国民党代表谈判合作抗日、整编待命的信，经过与国民党代表谈判，会晤郴州保安副司令胡凤璋及桂东、汝城县长后，率游击队下山，在桂东沙田整训扩军，发展到 300 多人，改名为湘粤赣边区人民抗日义勇军。后开赴江西，编入新四军第一支队第二团。

王涛来湘南后，1938 年 2 月，在郴州设立了新四军驻湘南通信处，他担任主任，我们将这里作为地下党组织的秘密联络点。2 月，重新组成湘南特委，书记王涛，组织部长周礼，宣传部长卢良，职工部长蔡坚，秘书长余稼生（后叛变），委员还有张春林（兼郴县县委书记）、谢竹峰（兼耒阳、安仁中心县委书记）、谷子元（兼桂阳县工委书记）、顾星奎（兼桂东县工委书记）、黄平（兼永兴县工委书记）、肖林（兼宜、乐县工委书记）等。

根据党中央指示精神，王涛和我、谷子元、李林等商量后，对部队进行了动员。1938 年 2 月初，我们这支分散在乐昌、乳源、宜章山区活动的游击队也下了山。在坪石进去十里路左右的坳丘集中，开往郴县良田住了几天，再开往宜章赤石三望坪学校整训。当时我们和郴州国民党有关方面议定：为避免冲突，国民党军队撤离我们驻地 30 里，我们游击队从坪石开拔到宜章、郴县所行道路两边让开 15 里。但我们仍

然保持警惕，战士们把学校围墙的砖卸下来做枪眼，作好战斗准备。果然，有几晚，土匪来袭击我们，但都没有得逞。整训中，由延安派来的谢忠良等四个同志和湖南学生陈润教政治，年仅16岁的王志萍负责文化教育，他教战士们唱《大刀进行曲》。我们还进行了扩红，游击区的群众热烈响应党的抗日救国的号召，发扬光荣革命传统，纷纷动员亲人参军，出现母送子、妻送夫、兄弟争相入伍的动人场面。经过整训、扩军，我们这支队伍由百把人扩大到130多人。3月上旬，开往耒阳江头继续整训。

王涛和我们取得联系后，又到耒阳找到耒（阳）安（仁）中心县委书记谢竹峰和刘厚总游击队。他们先后同耒阳和安仁的国民党县政府代表谈判，达成协议，游击队从天门仙下山，经夏圹、通水铺，也来到江头刘家祠整训。这支游击队经过扩军，发展到178人。

两支部队会合在江头，继续整训、扩军，一个多月后，李林带领的游击队编为新四军暂编第一大队，刘厚总（后叛变）带领的游击队编为新四军暂编第二大队。两个大队扩展到400多人，每个大队下分三个中队。4月11日，部队从江头出发，到灶市乘火车去江西。出发时，上千群众敲锣打鼓，燃放鞭炮，夹道欢送。在耒阳灶市，我们继续留在湘南工作的同志，与风雨同舟、朝夕与共的战友告别。灶市上空飘扬着鲜红大旗，耒水两岸回荡着嘹亮的抗战歌声。“呜！呜！”火车启动了。我们挥手目送从高山密林中下来的战友们奔赴抗日疆场。艰苦的三年游击战争结束了，我们又投入了新的战斗。

选自中国人民解放军历史资料丛书编审委员会编：《南方三年游击战争·湘南游击区　鄂豫边游击区》，解放军出版社1994年4月第1版，第33—47页。

周里，原名周礼，1903年生，湖南省酃县（今炎陵县）人。1927年

加入中国共产主义青年团，同年转为中国共产党党员，1930 年参加中国工农红军。南方三年游击战争时，任中共酃遂中心县委书记兼独立营政治委员、中共湘粤赣边特委组织部长兼湘粤赣游击支队政治部主任、中共湘粤赣边特委书记兼湘粤赣游击支队政治委员、中共湘南特委书记等。新中国成立后，曾任中共湖南省委组织部副部长、部长，中共湖南省委常委、副书记、书记，湖南省政协主席，第三届、五届全国人大常委会委员，中共中央顾问委员会委员等职。2000 年在长沙逝世。

战斗在湘粤边的日子里

谷子元

湘粤边，主要包括湖南的郴县、宜章和广东的乐昌、乳源的全部或一部，还有临近的连县、嘉禾、临武、桂阳等县的一些地方。从 30 年代初起，湘南红军游击队第一大队（曾名湘南赤色游击队，湘粤边赤色游击大队）就在这儿坚持进行顽强的战斗。这里，我忆述的是这个地区三年游击战争的历史。

冲破白色恐怖

1934 年 11 月，中央红军长征过境后，国民党湖南省政府将郴县、宜章划为“剿匪”特别区，任命湖南保安第五区副司令欧冠兼郴宜特别区绥靖处主任，将郴宜两县县长改由军人担任，下设专门“清剿”委员会，指挥区属两个保安团和各县保安团（营）以及由叛徒组成的反共队，进行大“清乡”、大并村、大“扫荡”、大屠杀，限令三个月（后改为六个月）内，将共产党人、散落红军和游击队员，斩草除根，彻底消灭，形成一片十分严酷的白色恐怖。

12 月上旬，我完成协助红三军团过境任务后，从宁远回到郴县，湘南特委新任书记彭林昌（原特委书记王涛随中央红军长征）在东边山

南水界见到我，高兴地说："哎呀！你回来了，正要到你那边去呢。"随即，他召集颜赤爱、余稼生、黄体国、林长春、肖良略和我开会。他说：特委机关已由徐克全、刘霞等率领转移到耒阳去了，由他在此主持成立湘南特委郴宜办事处，领导成员即上述七位；组建湘南红军支队，支队长颜赤爱，政委余稼生，我担任政治工作团主任（负责群众工作），队伍主要由稍能行动的红军伤病员，加上个别地方干部和游击队员组成，共 150 多人枪，编为三个大队：一大队长由颜赤爱兼任；二大队长，姓名忘了，福建人，原红军连长；三大队长姓肖，江西人，原红军营长。同时，鉴于李林率领的湘南赤色游击队已奉命编到红四团，便确定：扩大郴县游击大队，由张东任大队长，新建宜章县游击大队，由肖福生任大队长，两队统一由原湘南赤色游击队副大队长肖良略负责，就地坚持对敌斗争，照料红军留下的 400 名伤病员。接着，研究了有关事项。

会后，遵照彭林昌的意见，为了保卫郴县东边山游击根据地，把敌人引到西边去，湘南红军支队到临武西山开辟新区。因我在临武工作过，熟悉那边的情况，便由我带路。行前，彭林昌对我说："当前敌情非常严重！你们到那边以后，几天之内快来接我。"

于是，我们从东边五盖山出发，去西边骑田岭，在郴、桂交界的茶园头、核桃山住下扩军、筹粮。不几天，发现原六区宣传委员邓江保叛变，便将他处决了。之后，我们经东溪、南溪，野牛洞、大山岭，进入桂阳县的杆塘、新塘，到达临武县之水银山、香花岭。一路上，队伍扩大到 200 多人，打跑了香花岭的伪警察，杀了锡矿的反动头子。从而，震慑了敌人。

这时，到了 1935 年 1 月上旬，桂阳、嘉禾、蓝山、临武等县的保安团（营）约 2000 人前来"清剿"。我们打到距临武西山还差 42 里路的地方，因敌强我弱，既冷又饿，实在打不过去了，便决定往回撤退，并派肖大队长率三大队先行回郴县东边山请示彭林昌。但他们走后，杳无音信。我们一、二大队在临武补充了一些队员，然后边打边走，走到

郴、桂交界的正和圩、十字邓家附近的五路击鼓寨子的地方，正面同桂阳县保安团激烈交火，背后又遭郴县叛徒武装陈开田部围攻，队伍被打散了，待到茶园头集中时，一大队剩 20 多人，二大队剩十多人，共约 40 人。经研究，支队长颜赤爱带 30 多人到郴、桂、临的南溪、观音山、野牛洞打游击（后来得知，他们坚持到同年 4 月，最后剩十来人，颜支队长腿部负伤后，同其他队员一起被敌俘去）；我同政委余稼生、警卫员陈章、二大队长、谢班长、政治工作团的青年干事周斌和一个十五六岁的小战士（福建人），共七人，回东边山寻找三大队，并向彭林昌汇报。

我们回到龙广洞一看，到处是敌人的明岗暗哨，路无行人，一片死寂，感到情况不好，便利用黑夜的掩护，悄悄地来到白石岭附近的倒窝里，找忠实可靠的农民党员王可钧。当时，尽管是熟人，相见也很难，因为怕上敌人的当。我们好不容易才叫开他家的门。他弄清了我们的真实面目后，一边设法弄点吃的，一边将原湘南特委军事委员李淑廷向他讲的和他本人看到的情况，如实地告诉了我们：敌人正在疯狂地“清剿”，郴、宜两个游击队已被打散，尤其可恶的是，已撤职的原郴县县委书记陈文光叛变了。接着，一些区乡干部如黄传兰、王震波等也随之叛变，组成了以陈文光为队长的“铲共义勇队”，不分昼夜，四处搜捕革命同志，陈文光和其堂弟陈文珠，在我们西征后的几天，带彭林昌转移住地时，故意走在后面将彭的鞋跟踩塌，当彭弯腰低头提鞋跟时，他俩用菜刀将彭砍死，并取其首级送往良田向敌人邀赏；从临武先行回来的三大队到东边山后，因不知底细而被陈文光一伙缴械了……哦！我们在郴县是难以待下去了，便商定经东边山到广东乐昌和乳源去。因为 1928 年湘南起义后，我和其他一些同志就在那边活动，人民群众阶级觉悟较高，党组织基础较好，粤敌鞭长莫及，统治比较薄弱，加之以坪石为中心的两省三县交界的山区，崇山峻岭，溪流交错，是打游击的好地方。

我们几个人在王家菜园的红薯窖里，挤着隐蔽到第二天晚上，就出

发了。可是，路在哪里呢？走过去常走的秘密老路吧，叛徒无疑要设伏捣鬼；走山村大路吧，上坡的泥沙地段已被敌人挖松或撒了石灰，一踩就留下个脚印；有草的小路，敌人则把草打成结，走时不小心就绊断了，也易暴露去向；平坦公路上，更是敌人设卡、巡逻，难以通行的地方。然而，从郴县到乐昌、乳源的大道小路，我都熟悉，敌人不可能全部封锁；山溪、田沟可以行走而不留踪迹；有草打结的地段，可以抬高脚步通过；如果遇到小股敌人阻挡，在迫不得已的时候，我们还可以用手中的武器打出一条路来！

这样，我们从白石岭下来，徒涉江口乡溪水，爬越陈家湾后山，横过良田，到了五盖山脚的庙下，跑过小拱桥，正向棉花垅方向前进，听到敌人的起床号声，大家赶紧往油茶林里钻。可鄙的谢班长却以解手为名叛逃到敌人那里去了。这时，天已大亮，我们准备去棉花垅已不可能，便转移到一块已经收挖红薯的地边芭茅草窝里隐蔽起来。当叛徒领着敌人来搜捕前，正好一个农民从五盖山过来，往良田方向走去，留下一行脚印。敌人来后，随带的警犬嗅到气味，直朝农民走过的路猛跑，引导敌人看到了那行脚印，但又觉得脚印稀少，顿生怀疑，便骂道："这几个崽，到哪里去了？"又搜了一会，一个当官模样的敌人吼道："回去，早饭后上五盖山搜查！"此刻，我看清了这伙敌人正是叛徒陈文光的"铲共队"，心想："好险哟！"敌人走后，我们迅速离开了这个地方。

经过两天两夜，又遭到敌人巡逻队两次袭击，我们才到达郴、宜交界的白菊窝长冲村。这是一个深夜，那个小战士，由于行军劳累、冻饿交加，实在走不动了。怎么办？我记得山上有户寡妇人家，便前去联系，但门已上锁，无人应声。我只好带着同志们破窗入室，喝了些生水，啃了几个红薯，在柴草堆里坐卧了半夜。翌晨，这个寡妇上山培植冬种作物回来，开门一看，吓了一跳。我连忙上前一步，说："嫂嫂！我是老郭呀，不认识了？"我在这带工作时，曾化名郭坚如，在她家开过会、办过公，彼此认识。她定睛细瞧，果然不错，便要下山取米给我们做饭

吃。我担心被敌发觉，耐心劝阻才未去。她便将带来的一钵午饭拿出来，说："将就着吃点吧。"我们年纪大的都没吃，就让给那个小战士吃了。在交谈中，她痛斥了国民党反动派逼着她坚壁清野、下山居住的罪行，特别对那些叛变革命的坏蛋，更是恨之入骨，叮嘱我们注意提防，然后深情地说："你们是好人，天老爷会保佑的，以后要来哟！"同志们异口同声向她表示感谢，并肯定地告诉她："失败是暂时的，革命终能成功！""一切坏蛋都不会有好下场！""我们以后一定回来看你！"是夜，我们继续南行。

1935 年 2 月 2 日，即农历十二月二十九日"过年"的前一天晚上，我们一行六个人、五条枪，经过宜章县的烟窝、茶园、九阳，到达乐昌县黄圃司区下竹岗山庙上。这里，高山大岭，沟壑纵横，丛林茂密，人烟稀少，岩洞成百，原是我游击队集训的主要基地。眼下虽有"清剿"风声，却无重大敌情，比较安全。顿时，同志们都露出了笑脸，连日来一直紧绷的神经之弦松了下来，深深地嘘了一口大气。

建立游击基地

依靠群众，隐蔽精干，坚持斗争，夺取胜利，这是我们在白色恐怖下的指导方针，也是此次南移的目的。

当天晚上，我领同志们到下竹岗山庙。庙里有个和尚，桂阳人，同情和支持革命，我俩早有交情。他原住上竹岗山的园通庵，是个当家和尚，该庵被烧之后，转到下竹岗山路边这个小庙。此刻，他见到我，连念"阿弥陀佛"，忙引我们进入庙内。接着，想方设法，倾其所有，让大家吃了一餐热乎乎的饱饭。

饭后，为了避免敌特察觉，连累曾和尚，我们向他借了一口大鼎锅、几斤杂粮、一盒火柴，到离庙两里路的赤字宅，在老白古寮庄附近的岩

洞里进行隐蔽。

自迎送中央红军长征以来，我们一直是没日没夜地东奔西走，弄得衣衫破旧，蓬头垢面，身体虚弱，疲惫不堪，看来真有点可怕。然而，心中却很乐观,充满了自信。第二天正是大年三十,人们喜庆团圆之日，我们在老白古（他儿子是原游击队员）的帮助下，以岩洞为营地，理发洗澡，休养生息，以图再战。

当各方面情况有了一些好转之后，我们依靠畈塘乡寨头岭、坳丘村两个党支部书记李福大、李水生和青年团员邱辉珍等人的协助，先在坪石一带了解情况，进行工作，再到乳源的梅花、加昌水口、大瑶山区开展活动。从而，得知林长春、肖良略已在我们之前来到粤北隐蔽，还有原永新县工会主席、后随中央红军长征来的贺畔朵，仍在梅花坚持革命活动。我便前去同他们分别商议，以求统一行动。

那是 5 月的一天，正是吃食难以为继的日子，我和余稼生在加昌水口马头岭党员杨炳炎家同林、肖、贺诸同志会合了。因与湘南特委联系不上，我们决定重建“中共湘粤边工委”。为什么叫“重建”？因湘南起义以后，我们曾组建过以尹子韶为书记的湘粤边工委，我是委员之一；王涛来后，改组为湘南特委。这次，同志们推选我为工委书记，委员有贺畔朵（分管组织）、余稼生（分管宣传）、肖良略、林长春。同时，恢复中国工农红军湘粤边赤色游击大队，又名湘南赤色游击大队，一套人马、两块牌子，以便于在粤北、湘南分别开展活动，大队长肖良略，政委林长春，副大队长蒋玉林，队员主要是游击队的散落人员、湘南红军支队南来的几个人以及郴、宜等县潜入的个别地方干部，共 20 多人、13 支枪，编为两个班，班长分别由原游击队老班长段表成（宜章黄岐岭人）、陈定（郴县五盖山人）担任。

会上，除了确定上述人事安排外，我们还分析了形势，明确了任务。大家认为，红军主力走了，地方武装基本垮了；彭林昌牺牲后，与湘南特委失去联系；郴县、宜乐县委遭到严重破坏。而敌人仍在疯狂推

行“剿”、“抚”、“清”，加上阴险狠毒的叛徒为虎作伥、破坏革命，形势对我十分不利。但是“星星之火，可以燎原”，我们可以凭藉乐、乳这一小块落脚之地，依靠广大的人民群众，实行对广东之敌取守势的策略，坚决打回湘南去，夺取新的胜利。具体来说，有四项任务：(1)收拢失散人员，恢复和壮大党组织、游击队以及群众团体；(2)开展肃反斗争，严惩叛徒中的首恶分子，纯洁内部；(3)与敌周旋，广积力量，争取地方民枪队伍，实行反蒋统一战线，开辟新的区域；(4)设法与湘南特委取得联系。

这样一来，我们的工作又有组织、有计划地开展起来了，特别是在大瑶山一带修粤汉铁路的民工和在泗公坑、猴公坑等处烧炭烧砖的窑工以及坪石、皈塘、梅花、加昌水口等地农民、手工业者、小商小贩中，基础较好，进展较快。不久，就健全了梅花特区，由贺畔朵兼任区委书记；加强了坪石石灰冲、深水坝两处“交通站”的建设，为搜集情报、补充物资、人员来往，提供了方便；恢复和新建了一些基层党支部；一度停止活动的游击队，又开始了打土豪、筹经费的斗争。

形势有了新的转机，但也引起了敌人的注意。为了保存革命力量，我们仍然强调隐蔽，讲究游击战术，让大家分散在山村农户、木炭砖瓦窑区、铁路线上乃至城镇工厂和居民中，以各种职业为掩护，同敌人“捉迷藏”。这时，原湘南红军支队第二大队长等人，在罗家渡修铁路，因口音难改，容易暴露。他们提出回福建家乡去干，以后再来。我们也就同意了，以避免无谓的牺牲。

6月，即重建工委不久，经马头岭党支部书记杨炳炎联系，工委正式派余稼生带周斌、陈章等三人，到宜章县粟源堡岩泉乡歧岭脚，争取姚炎保的民枪队伍。这支队伍，同欧冠有着生死矛盾（因欧冠杀害了姚炎保的亲属、保安营长姚开平），曾来人同我们接头，共同开辟新的游击区，反对国民党反动派的统治。但是，余稼生等人去后，一直没有消息。我前去探听，也无结果，后来才晓得这支队伍已被敌人瓦解。我们

去的几位同志，下落不明，真令人担心！

更使我难过的是这年底，肖良略带游击队在武水岐门对河陈家打土豪时，用短枪对准这家土豪婆，令其出钱交粮，但那个土豪婆非常嚣张，用手猛力一推，枪走火打死了肖良略。这是我们恢复游击队以来的一个重大损失。

随后，大概是过春节之时，林长春决意离开乐、乳前往耒阳，追寻徐克全他们去了。

1936 年 2 月①，李林从郴县、宜章来到乐昌坪石，在白沙砖瓦窑厂党支部书记李顺乃家找到了我。在这艰险时刻，战友重聚，真是喜出望外！我俩畅叙了别后之情。

原来，自龙广洞分手之后，他随红四团辗转到了赣南，先当营长，后改为有职无权的干部队长。1935 年 3 月，他同红四团一起经桂东到达资兴龙溪洞。因不满李宗保自以为是、排除异己的作风，他于第二天团部开拔又来通知干部队之时，就带着通信员回到郴县，后又到了宜章，四处找寻地下党组织。时值敌人“清剿”高潮，湘南特委、郴县县委和游击队，或者已经迁走，或者遭到破坏，没有接上关系，而红四团在青腰圩遭敌伏击后，随着李宗保的投敌叛变也不复存在。怎么办？李林很是着急。后来，他通过黄家勤（原郴县二区干部）得知我们在乐昌，便化装来到坪石打听。不幸，他正在金鸡寨公路上行走的时候，被已叛变的原宜乐县委代理书记杨绍吉认出、捕捉，关在乐昌监狱。之后，他被押解宜章时，在乐昌的一家酒店，借喝酒之机设法逃了出来。此刻，终于相见了。

我介绍了有关情况后，当即代表党组织增补他为湘粤边工委委员，接任游击大队长，并明确了当前的任务，开展肃反，筹措经费，壮大队伍，恢复和扩大游击区域。

① 应为1935年9月。

积极与敌周旋

斗争实践告诉我们，在强敌面前，除了注意隐蔽、保存实力外，还要积极地与敌周旋，才能发动群众，逐步夺取胜利。

1936 年春天，李林来后不久，即根据情报带游击队在郴县良田到廖家湾的公路上，伏击了一辆反动资本家到坪石贩买食盐的汽车，打死了押车的敌兵，缴获 1.3 万多块光洋。回来后，我们利用老关系找了梅花洞塘楼下的邓成头，由他去韶关买枪。那时驳壳枪 300 块光洋一支，快慢机 500 块光洋一支，共买回了 20 多条短枪和一挺花机关枪，还有一批子弹，改善了游击队的武器装备。在此前后，梅花特区的泥木工人党支部的同志们（多系永兴、耒阳人），照旧负责为耒、永、安那边的游击队购买了枪支弹药，并为此牺牲了朱显凤、符清任等几位党员同志。这是不能忘怀的。

接着，我们决定严惩叛徒。第一个目标就是谢振尧。此人原系郴县游击大队继张东之后的大队长。1935 年 5 月，他在五盖山养伤，县委书记黄体国带着鸡蛋等物去看望，他竟毫无人性地将黄打伤，黄的肠子流了出来，他派人抬到良田向敌邀功请赏。敌人花言巧语进行诱降、劝降。黄体国同志坚贞不屈，大义凛然，后遭杀害，直接给郴县的革命事业造成巨大损失。所以，要首先除掉谢振尧。但这个家伙很狡猾，当李林带着游击队来到龙广洞万和山谢家时，谁知他早有准备，已在楼上开了后门，临时搭个梯子到后山，溜了。过了一些日子才抓到谢振尧，当即予以处决，并悬首示众于良田的电线杆上，还贴了事先由我和其他同志拟写的布告和标语，落款为：湘南赤色游击大队长李林，布告上还盖了我亲手刻制的游击大队的关防。群众看了，无不暗自叫好，说：“李林又回来了！”“我们的游击队真厉害！”“坏蛋们的末日到了！”此外，

还先后镇压了郴县大恶霸地主肖仰曹、宜章廖家冲伪保长范自然等一批死心塌地的反革命分子。从而，打击了敌人的嚣张气焰，振奋了群众的革命精神。

在此情况下，敌人担心叛徒重返革命阵营，为清除隐患，先后将杨绍吉、陈文光、黄传兰、王明起等杀了。同时，召集乐、乳、宜三县联防会议，向我发动“围剿”。

5 月，我们为了打破敌人对粤北游击区的“围剿”，便令游击队向湘南转移，实行“围魏救赵”；同时设法与湘南特委联系，请求指示，予以策应。从此，游击队有段时间就在郴县东、西边山老游击区活动，并打通了与湘南特委的联系。

第一次联系比较顺利。那是游击队转移到郴县东边山不久，李林等人由蒋玉林（衡南南乡人）带路，携带 3000 光洋，化装成商人模样，秘密到达耒阳，经过特委老“交通”谷安茂引路，见到了徐克全（后逃走）等人，汇报了工作情况，上交了革命经费，并将蒋玉林暂时留下来，负责联络。回来后过了个把月，粤北泥木工人参加游击队的多了，他们多系耒阳、永兴人，编在短枪班。李林根据特委要求，提出带这个短枪班和 6000 光洋，第二次去耒阳，我也打算随队前去，因李不同意，未能成行。但他们这次失败了。李林带队从郴县东边山到五里牌，被叛徒李宗保部发现，经过交火，牺牲了谷洋生等二人。他们仍坚持前进，经永兴桐子山抢渡耒水，到达耒阳大义乡杨家冲，因敌紧追不舍，没有找到谷安茂，自然也无法同特委联系，只得回撤。最后，连同李林在内剩下三个人、五条枪，回到坪石深水坝窑厂。我见了以后，深感痛惜。这时，加上留守人员，整个游击队还有十几个人。

开辟嘉禾特区

1936年9月，周礼在蒋玉林的陪伴下，来到粤北游击区。他先到梅花区找到贺畔朵，然后才到皈塘坳丘村，在李水生家里，我们见了面。贺畔朵指着周礼向我介绍，“唐老板”（周礼的化名）是湘南特委的负责人，现在来此视察。寒暄之后，我正式向周礼汇报了工作情况，他主要讲了阶级斗争，记得他编了一些顺口溜，“月光光，金黄黄，穷人肚里闹饥荒”，“牛耕田，马吃谷，农民种田土，地主收租谷”，并作了一些工作指示。我陪他在坳丘住了两三天，就转移到梅花区湖洞打禾塘和乐昌西乡一户酃县人家（周礼同乡），先后住了个把星期，又返回来了。

不久，周礼在皈塘牛栏冲一个岩洞里，召集李林、贺畔朵和我开会。会上，周礼谈了一些对人对事的看法，宣布他留在这里主持工作，要我离开粤北去湘南开辟新区。

这样，我就到了嘉禾乐泉乡斗水坪村，同该村党支书李仁祥取得了联系。乐泉乡是嘉禾的一块“飞地”，楔在临武、郴县、宜章之间，原有党的工作基础比较好，特别是造纸工人出身的老党员江辉梓，发动广大造纸工人和当地农民，做了许多工作。我到后，在他们的协助下，经过一段时间努力，恢复和组建了斗水坪、桃竹山、大窝里、雨山等党支部，成立了嘉禾特区（今属临武县），由李熙秩任区委书记。后来，我们又恢复和组建了宜章麻田大岭、桐子坪党支部，临武香花岭、镇南铺、陈家洞、江口邱家党支部，郴县安源老黎山高家、茶园头、核桃山党支部，以及桂阳山口田党支部，并于1937年秋收后，我从坪石陪同周礼到茶园头，检查了党的组建工作。当时，周礼化装成地主收租的模样，带着一伙人马，大摇大摆地进出，顺利完成了任务。

为了巩固和扩大嘉禾特区，我们对那些顽固坚持与人民为敌的反动分子进行了坚决打击。那是我到嘉禾特区不久，又回到坳丘，带着李林及游击队短枪班，经坪石武阳司到桃竹山大窝里，开展游击活动，处决了一名曾杀害我红四团两位战士的反革命分子，并先后吸收四名青年团员参加了游击队，其中一个叫李保林，当了李林的通信员。此外，我们还加强了当地的赤卫队建设，并带着他们到羊头寨处决了反革命分子何年春，到斗水坪神塘窝的下边处决了一名反动富农分子。所有这些，不仅有力地打击了敌人，而且坚定了人民群众的胜利信心。

1937 年春节，我同周礼、李林以及游击队战士，在乐昌县坳丘村邱辉珍家，同人民群众过了一个愉快的节日。正月初五（公历 2 月 15 日），李林率领游击队奔袭郴县良田，不料第二天拂晓，由于女队员谭金英叛变，并带敌前来“清剿”，我被围困在邱家。幸得其母李凤昭的巧妙掩护和邱家对门青年团员李有英（女）的临机应变，我先隐蔽在黑黝黝的柴屋阁楼上，后被“白皮红心”的伪皈塘乡乡长李青青（即李家煊，共产党员）用“调虎离山计”把敌人引开，我才安全脱险。对这几位革命同志，我至今怀着深切的感激和崇高的敬意！

不幸的是，同年 8 月，湘粤两敌再次联合“清剿”我游击区时，贺畔朵在驻地梅花上坪赖家被捕，后在韶关伪广东西北区警备司令部惨遭杀害，使湘粤边工委又失去了一位领导人。

9 月，我从嘉禾特区回坳丘向周礼汇报。一天晚上，我带李林及其游击队，到宜章近城八里的官坑冲，烧死了反革命分子胡冬才。这个家伙曾在我任宜乐县委书记期间，伙同敌人谋杀了我县游击队包括队长邓日发在内的近 20 人，是个十恶不赦的害人虫。所以，我们冒着生命危险，钻到敌人眼皮子底下，为民除了大害。

总之，不管敌人怎样“清”来“剿”去，我们共产党人和游击队员，始终在湘粤边境坚持浴血奋战。

下山改编抗日

抗日战争爆发后，又开始了新的国共合作。1937 年 10 月，我们从报纸上陆续看到一些消息：中国共产党同国民党谈判达成协议，留在南方的红军游击队改编为国民革命军陆军新编第四军，开赴抗日前线。但我们感到疑惑，因为国民党反动派历来诡计多端，凶残狠毒，而上级党委又没有来人来函作出具体指示，我们怎能轻易下山集中，将红军改为“国军”呢！

年底，王涛从延安回到湘南，他先到了桂东，但那边的红军游击队已下山集中，开到江西去了，便转到湘粤边来找我们。当时，我不知道这个情况，大概是 1938 年 1 月，他经坪石到坳丘，同周礼接上了关系，才派人到嘉禾特区通知我见面。顿时，我高兴万分，就跟着来人直奔坳丘。但在我到达之前，王涛已到乐昌（后又到郴州、耒阳）同国民党县政府谈判去了。

2 月初，我们湘粤边的游击队，经过王涛的亲自动员教育，已在牛栏冲集中，共三四十人，由李林率领开到郴县良田去了。我即从坳丘赶往良田，同他们见了面，作了简短讲话。

之后，我从良田到郴州城，在开明绅士潘石琴的“味雅园”旅店会见了王涛。他身穿新四军服装，佩戴中校军衔，显得很有气派。我俩久别重逢，心情格外激动，又是握手又是拍肩，亲热异常。他说：“你们这些土包子，还住在岭上。没有看报纸吗？”我说：“看了。谁敢相信呢！”接着，他向我传达了党中央和毛主席关于国共合作抗日、部队下山改编的指示，讲解了当前的形势和任务。原来，王涛随中央红军长征到了陕北，先后任中央党校教员、陕甘宁边区统战部副部长。这次，他以新四军中校秘书的公开身份回来，一是为了推动湘南的国共合作，扩

大和巩固抗日民族统一战线；二是把湘南特委领导下的红军游击队改编为新四军，开赴抗日前线。

不久，王涛主持重新组成湘南特委，亲任特委书记兼新四军驻郴州通讯处主任。接着，他召集周礼、李林和我以及他带来的几位同志一起，进一步研究了在湘南的两支游击队的改编问题。

当时，我们湘粤边的游击队已集中到良田，而耒阳那边的游击队尚未下山。开始，王涛派长期隐蔽在郴州城的特委老“交通”谷安昌去耒阳，见了大队长刘厚总。刘听了谷的来意之后，说：“老头子，我可不信那一套。今天若不是你——既是老党员又是谷子元的兄弟，那就回不去了！”谷安昌返郴向王涛汇报后，王对我说：“你去吧！”并作了具体指示：一要讲明下山、改编的重要意义，消除疑虑，统一认识；二是动员耒、永、安地区的游击队都到耒阳集中，而不要去安仁再到湘赣省委那边去改编，以利湘南党的工作的开展和游击队员家属的照顾。于是，我到耒阳大义乡找了谷安茂和李作用（该游击队的班长）带路，先去天门仙找到李振鹏（原耒阳县委书记）、后找到刘厚总。传达了王涛的指示，介绍了湘粤边的游击队下山、集训和扩军的情况。看来，他们的认识有了转变，便商定：除已在天门仙的游击队外，（一）派李作用率领颜贵生去安仁、茶陵边的潭湾，动员原陈梅连部的张松生所属游击队前来集中；（二）派人动员耒阳县团委书记符香伦部下山，停止与陈楚芳、罗冬开之间的内争；（三）请特委派人动员莫广发掌握的几条枪来归。结果，除符香伦、陈楚芳、罗冬开下了山外，其他两部不但不下山，反把派去的李作用杀了，将谷安昌、李光佑毒打致残。由此可见，“左”倾危害实在太大。

不久，我随同已在天门仙集中的游击队员来到通水铺。第二天，王涛、谢竹峰（耒安中心县委书记）和国民党耒阳县长秘书伍元（又名伍利瀛，原是我的同学）来看望游击队，分别讲了话，赠发了毛巾、钢笔等物品。后来，该游击队转到江头刘家祠集训，我仍回郴州。

与此同时，我湘粤边的游击队，在良田扩充了二三十人，加上原有

的共六七十人。良田是国民党的要地，为防敌突然袭击（外地发生过我游击队被敌缴械的事件），我游击队便开到地处偏僻山区的宜章赤石司三望坪，继续整训。一路上，写标语，画漫画，进行抗日宣传。整训中，延安派来的谢忠良等四名教官，组织军事训练，讲解形势任务，教唱革命歌曲，传授文化知识。同时，开展助民劳动，宣传抗日救国，动员参军参战。这样，经过一个多月，不仅提高了军政素质，而且又有五六十人入伍，游击队总人数达到 130 多名，并改名为：湘南红军游击队第一大队，恢复了原湘南特委统一编定的番号。

3 月下旬，我第一大队又到良田，住了几天，再开到耒阳江头；4 月上旬，改编为新四军暂编第一大队，刘厚总所属游击队改编为暂编第二大队，随后一起从灶市乘火车去皖南。到达新四军驻地后，被编为军部特务营的一部分，李林任该营副营长。从此，投入了伟大的抗日战争。

送走李林及其红军游击队战友们之后，我作为湘南特委委员兼桂阳县工委书记，也迈上了新的征程。

写于 1989 年 4 月

选自《南方三年游击战争·湘南游击区　鄂豫边游击区》，第48—59页。

谷子元，1908 年生，湖南耒阳人。1927 年加入中国共产党，1928 年参加湘南起义。南方三年游击战争时，任中共湘南特委郴宜办事处成员、湘南红军支队政治工作团主任、中共湘粤边工作委员会书记等。新中国成立后，曾任湖南省衡阳专署副专员，湖南省人民政府监察委员会副主任，中共湖南省委政法委员会副主任，湖南省监察厅厅长、人事局局长，中共湖南省委统战部副部长兼省民族事务委员会副主任，湖南省政协副主席等职。2002 年在长沙逝世。

忆湘粤赣边的游击生活

刘芝禄

转战湘南

1935年四五月间，我们支队由蔡会文司令员率领从广东北山出发，向湘赣边的湘南打游击。由于队伍补充扩大，休整了几天，提高了士气，精力也充沛了。但到国民党地区后，各处都是敌人的靖卫团、铲共团、保安团、还乡团、清乡委员会等反动武装，进行反动宣传，到处阻挠打击我们，群众不敢和我们接近，加之雨多路滑，部队得不到休息，又听不到主力红军的消息，情绪有些不稳定。因此，在党的领导下，我们加强部队的政治工作，发挥党团员的模范作用。同时，组成群众工作组，加强群众工作，宣传三大纪律八项注意和党的方针政策，说明我们红军是人民子弟兵，是穷人的队伍，是为人民群众求解放的军队。经过几个月的群众工作，劳苦人民接近我们了，并帮助我们做工作。开始，山里群众帮助我们到城镇买一些生活必需品，以后又组成山里党支部，带领群众开展对敌斗争，组织了秘密的群众游击小组。他们的任务是建立交通联络站，就地监视敌人的行动。发现敌人要进山，就马上设法告诉我们，使我们的耳目灵了，经常处于主动地位，有利的就打，不利的就不打。游击组有时在夜间还跟我们下山打土豪，把东西挑回游击区。游击区还实行劳动互助，一家有困难，大家帮助。这样，我们山区的群众工

作就一天一天地有基础了，游击区的范围也逐步扩大。

1935 年八九月间，我们在桂东、汝城大山里活动，在一个地方可住三五天或一个星期。这里苗族群众比较多，我们严格执行党的民族政策，说话和气，买卖公平，搞好清洁卫生，尊重妇女等，以实际行动感化他们。在医疗条件很困难的情况下，他们帮助我们用中草药治伤治病。我的伤口就是在桂东高山一位苗族老大爷用十多天时间给治好的。这位老人用祖传秘方，还给我们治愈几名同志伤口。他们的蛇药也特别好，还送给我们一些，以防蛇咬伤人。我们在这里活动期间，陈山、周礼、方维夏等同志也来我们支队，群众工作更加强了。方维夏同志当时就五六十岁了，不能跟部队行动，我们给他在偏僻山区搭个小棚子住起来。他到过苏联，见过列宁、斯大林。休息时，他经常给我们讲故事。部队和老百姓都很喜欢听，给巩固部队和发动群众起了很多的作用，群众都称他方老，可惜后来被敌人残害了。

我们这个游击区是不巩固的,敌人随时能来。不过,敌人一有活动，群众的各秘密组织、通信联络站，就把情报送进山里游击队，我们互相通知各游击队做好准备，敌人多时我们就转移到其他地区，敌人少时，我们就在山外打伏击（不在山里打，以免引敌进山伤害群众）。敌人到山里找不到游击队，打几个转转就出去了。他们不敢在山里住，晚上怕游击队。有时，我们还到外面活动，做群众工作，扩大影响，在敌人的地区也有我们的联络站和交通站，使我们的消息更加灵通了。总之，由于我们坚决依靠群众，组织和武装群众，建立了鱼水情谊，游击区的工作比较活跃。

苦战寒冬

国民党军队乘我红军主力转移后，为了扑灭人民革命火种，维护其

反动统治，他们以十几倍、几十倍的兵力，配合地主武装，对游击区实行大规模的反复“清剿”，叫嚷要“掘地三尺”，“斩草除根”，决不让苏维埃政权死灰复燃。他们对游击区人民实行极其野蛮的烧、杀、抢政策，抓杀青年，蹂躏妇女，强迫实行保甲制度和连坐法，给游击区人民带来了数不清的灾难，也为红军游击队的活动带来了严重的困难。我们不得不成年累月苦战于崇山峻岭之中，茅草密林之间。

1935年冬天，在这艰难险恶的形势下，有的人动摇了，个别的甚至叛变了。我们支队的副队长程君良就无耻地叛变投降了敌人。他给敌人献策说：要消灭红军游击队，只有湘粤赣组织联防“剿匪”，指挥部统一指挥，三省边界的游击队，不分省界，都可以“追剿”，这样就可以阻止游击队在三省边界上来回游动，一举可以把他们消灭。敌人接受了叛徒的献策，组成了三省联防“剿匪”指挥部，陈君良当副指挥，带队进山，大规模地烧山、封山、并村、移民，强迫山区人民到国民党占领区去住，隔断我们和人民群众的联系。程君良知道给我们送过信、做过事的群众，抓到就杀。他把群众在九沟十八叉的房都烧了，不准群众进山，连种香菇的、烧木炭的、伐木的群众都不准进山，如进山就以“通匪”论处，就地杀害。在大小山路上都设碉堡，贴布告，规定“一家通匪，十家连坐；一家窝匪，十家同祸”，限制群众只买一定数量的粮、油、盐和日用品，多买了就以“通匪”论罪。布告上还规定了：与匪送信者杀，与匪买粮油者杀，与匪买日用品者杀，与匪买药者杀等36条。游击区充满了一片白色恐怖，寒冷的冬天更加凄凉了。我们和群众有一个多月没有联络。他们不敢进山，也不能进山。只有我们派侦察员黑夜到山外联络站去侦察消息，可是到群众家叫门不开，非常害怕。我们在门外悄悄告诉他：我们是红军游击队，晚上没有人看到。他听出我们的声音，才开门接待说：你们说不要怕，怎能不怕呀！你们可以到处走，我们有家走不了，敌人一发现和你们有联系，我们就被抓去杀了，还连累别家。以后再不要来了，求求你们。我们听了群众的话，心里很难受，

为了群众的生命财产，再困难也不到山边老百姓家了。有时乘敌人疏忽时，就到离山较远的地方搞些粮食和日用品。这些东西很少，也不能经常搞到，冬天又找不到野菜，捉不到鱼和田鸡，所以有时一天吃不上一顿饭，真是“饥肠响如鼓”。由于敌人加紧“清剿”，我们吃、穿、住、行更加困难了，敌人不但白天进山，而且还住在山里，晚上也不下山。我们白天不能行动，晚上也只能依靠熟悉的山区起伏的地形，弯曲的山路和茂密的森林，不走大路走小路，不走直路走弯路，有时从无路的地方穿插过去，逢山过山，逢水涉水。这样，敌人的封锁也难不倒我们红军游击队。大家还编了一首打油诗呢：

大路不让走，小路随便行，
封锁无路走，到处开新路，
天下这么大，难也难不住！

冬天，高山时常下雨下雪下冻雨，森林里阴暗寒冷，晒不到太阳，树枝经常被冻雨压断了，随时有打坏人的危险。因此，冬天森林里不能存身了，只好白天在森林外边晒太阳，晚上到隐蔽山沟里烧火，几个人背靠背在一起，用夹被或单布单子从上到下盖起来，露营过夜。遇到下雨下雪就更困难了，火烧不着，被子也挡不了雨雪。数九寒冬，还是穿一身单衣（三年不但没有穿过棉衣，连夹衣也没有），在风雪饥寒中，冻得全身发抖，上牙打下牙咯咯发响。虱子又多，没衣服换，没地方洗，过着野人的生活。我们是革命的红军战士，总不能被敌人困死，被风雪冻死，环境逼着我们想办法去战胜困难，自己动手盖棚子。这里有盖棚子用的树木、竹子和茅草等材料，领导一动员，大家就砍树的砍树，割草的割草，一天一个班的棚子就搭起来了。大家有了自己的窝，高兴极了。开始盖的棚子只能遮风，不能遮雨，以后又向一位老大爷学习盖棚子的方法，把茅屋从下向上一层一层挤紧压严，就不漏雨水了。后来在棚子里架起了木棍床，铺上草，几个人挤在一起就暖和多了，基本上可以遮避风霜雨雪了。大家还编了一首打油诗：

天当铺盖地当床，深山老林建洋房。
地面铺有自然毯，房中设有摇摆床。
床上铺的“金丝被”，墙上衣架挂衣裳。
要问哪个来设计，红军战士自造房。

我们的棚子刚刚盖起来，敌人就来搜山，一发现我们的棚子就放火烧了。同时，放火烧山，妄想铲除红军藏身的森林。我们与敌人展开顽强的斗争，东边棚子烧了，我们在西边盖，北边的棚子烧了，我们到南边盖。湘粤赣边界有这样大的山，有这么多的森林，敌人是烧不光的。我们在群众的帮助下，终于战胜了寒冬。

党是我们游击队的领导核心，环境越是艰险越要加强党的领导。我们支队有党委，大队有党总支，小队有支部，一个小队有二三十人。我当小队队长时，也有30多人，全是党团员。只有两个炊事员，二十八九岁，不想入党了，但都表示说：我们虽然不是党员，但我们相信共产党，坚决跟共产党走，特别是姓陈的炊事员说：“没有共产党就没有我老陈！”所以开会都让他参加。他不怕困难，不发愁，一天到晚总想把野菜当饭做得好一些。谁有病了，他还做一点多掺粮食的病号饭。由于党团员起模范作用，大家同睡一块地，同吃一锅饭，在生活上互相体贴，在思想上互相帮助，在对敌斗争上同心协力，比亲兄弟还亲。部队有大的行动，在可能情况下都通过支部讨论，深入做动员教育工作，使大家知道行动方向和任务，以及方法问题。在连队生活中，充分发挥民主，广泛听取战士意见，及时进行表扬和批评，做到情通理顺，不伤害同志间的感情。有时也有争论，甚至争得面红耳赤，但把情理说通了，谁也不记成见。特别是在打仗时，有的战士提的意见，比我们领导想的还周全。在党支部领导下，每个小队都有经委会，每天五分钱的伙食，每月终结算一次，经济公开，如有节余的伙食尾子就分给大家作零花钱。所以生活虽然很苦，大家都过得愉快。这是我们能够战胜敌人而不被敌人打散的一个重要原因。

与敌巧妙周旋

1936年的春天来了，但斗争还是很残酷的。我们游击队像插在敌人心脏里的一把刀，他们千方百计想消灭我们。敌人组织了看烟火队、跟脚队，时刻监视我们，寻找我们的行迹。

我们对湘南资、汝、桂三县和江西的上犹、崇义、遂川三县的大小山头都比较熟悉，特别是资、汝、桂是我们的主要游击区，我们支队就在这一带活动。山区树草很茂密，挡住视线，往往看不远，我们就派观察哨、联络哨，二三里设一哨，一哨两人，或站在高地，或爬在树上，严密监视敌人的活动，一发现情况就立即往回报告。一次联络哨回来报告说，敌人有二三百人，大概是一个营的兵力，直向我山区住地包抄过来。这说明敌人已发现我们了。大队领导研究决定马上转移，不然会被包围。因为我们对大小路都很熟悉，很快就撤走了。敌人进山时，嘴里喊得凶，心里很害怕，小心翼翼地向前移动，好像瞎子摸鱼一样，扑了一个空。当官的问他们的看烟队是不是看清楚了，看烟队说，看得清清楚楚森林里冒出很大的烟来，这里又没有老百姓，不是游击队是谁？于是他们又向前搜索，找到我们的住处，发现了我们自己搭的棚子，他们就用刺刀这捅一捅，那挖一挖，想发一点洋财，结果什么东西也没有找到，于是穷凶恶极地把我们的棚子烧了，把我们的土锅台捣坏了。我们转移到另一个山头后，就研究敌人是怎样发现我们的呢？后来地下党员和被敌人抓去带路的老百姓传来消息，说我们在森林里做饭冒烟被敌人发现了。从此，我们规定白天不做饭，晚上做饭，天不亮做早饭，把中午饭也一齐做好，白天天气再冷也不准烤火了。

这样，过了十多天，敌人没有发现我们。有的同志以为这里山高

林密，白天不烧火，敌人找不到我们了。可是一天中午，我们的观察哨和侦察员都回来报告，敌保安团大约有一个营，正向我们这里围攻。我们很快转移了。敌人慢慢地到了森林深处，发现我们的住地，先放枪壮胆，还大喊大叫："捉活的！""发现你们了，快出来吧！"满山到处乱叫、乱放枪，结果什么也没有找到，只发现几只破草鞋。我们转移后进行研究，敌人又是怎么发现我们的呢？根据上次敌人是看烟，这次可能是发现火光。因为大家做饭、烤火、烤衣服，火光很大，敌人怎能不发现呢！因此，今后烧火也要想法不暴露火光，又搭起了小棚子，在棚子做饭、烤火，还用树枝围起来，派人到外面看看，是否发现火光。由于不断想法清烟遮火，敌人找不到我们的踪迹，我们又有一段安定的时间。

我们住在山里，要想法出去搞给养，找支队领导和其他游击队，所以就派小分队出山去，和山外群众也有了一些联系，还搞了一些给养回来。由于来去走路，留下的脚印，又被敌人的跟脚队发现了。敌人就尾随着脚印向我们追来。我们转移后，又研究对策，把派出去的人分为三五人一组，每组的人又分开走路，脚提起来，不把路边的草踩倒，有时不走路，而走小河沟，使敌人找不到我们的脚印，同时还采取声东击西的办法，如东边出去，从西边回来，不走原路，在山里转圈子，迷惑敌人。有时就在敌人的后方活动几天，派小分队去袭扰敌人，使他们也不得安宁。原来保安团说，红军游击队被消灭了，现在突然出现在敌人的后方，敌军和富豪惊恐万状，找不到安全的地方，一会说红军游击队到韶关了，一会说红军游击队到汝城县了。真是"野火烧不尽，春风吹又生"。红军游击队在巧妙地与敌人周旋，提高了野外生存能力，保存了力量，联系了群众，更加活跃起来了。

夜袭敌巢

由于我们处在敌强我弱、敌多我少的情况下，所以尽力避免和敌人打硬仗，而是运用“敌进我退，敌住我扰，敌疲我打，敌退我进”的游击战术，实行夜战近战，主动出击，速战速决。如我们打青腰圩的靖卫团，就是在深入侦察查明敌人情况的基础上，抓住有利时机，长途奔袭，一个半小时就解决战斗，彻底消灭一个靖卫团，三四十名敌人全被掏窝了。我们出发前，蔡会文司令员作了五分钟的动员讲话，说明敌情、要走的路程，注意迅速行动，严格保密，如被敌人发现，不能走原路回来，必须由相反方向转几天再回来，可派一两人先回来报告。在夜幕降临后，我们从埋伏地域出发，急行军七八十里，到半夜12点左右，到青腰圩附近休息一会，进一步做好准备，迅速摸进青腰圩镇内。街上没有一个人，到靖卫团门口，外面没有哨，只有门卫。我们尖兵班发现敌卫兵坐在板凳上，双手抱一支长枪正在打瞌睡。我们一把抓住他，把枪夺过来，用枪逼着他不准叫喊。敌卫兵直打哆嗦，断断续续地小声说：“你们是谁？请老爷饶命吧！”大家很快冲进了靖卫团的宿舍，用手电筒一照，看到他们的枪和子弹、手榴弹都挂在床铺对面的墙壁上，我们迅速把武器收缴过来。他们有的还像老母猪一样在打鼾，有的从梦中惊醒，吓得浑身打颤，还有的一起来就去拿他的枪。我们嘲讽他们说：“老表，你不要做梦了，你们的枪在我们手里呢！”“老实一点，不老实就开枪打死你们！”吓得他们有的跪在床上，有的跪在地上，连叫饶命。他们的中队长当了俘虏后说：真没想到红军游击队今晚能到这里来，你们是从天上掉下来的吗？昨天我们司令部还通报说，红军游击队已消灭了，只剩下几十个人被困在深山里快饿死了。他们真是大白天说梦话，自己糊弄自己。

我们这边打靖卫团，那边打税务局，还派人搞粮食给养，都取得了胜利。大家高高兴兴地背着、挑着很多枪支和粮食等物到集合地点，并把俘虏集合起来，政委对他们说明红军的俘虏政策，说明我们是工农队伍，是为人民利益的，不要和我们为敌，今后还可能见面的。愿意跟我们革命的可以留下，愿意回家的每人发一元钱路费。讲完后，把他们送回房子，不准乱跑，等天明再走，防止走漏消息，发生意外。我们带着胜利的喜悦踏上归途。

铲除地头蛇

1936 年夏秋之间，我们又回到上犹思顺地区活动。思顺工作开展得不错,打开了局面。由区委书记和他爱人带一个工作组在这里活动，和我们联系过一二次，后来就没有来过。我们不知什么原因，就派人到他们活动地区去调查，得知他和爱人被一反动派联保主任杀害了。我们经过研究认为，为了坚持在这个地区开展工作，必须想办法除掉这条地头蛇,杀一儆百。这个反动联保主任离我们山区有 100 多里路。我们在一天晚上去把他杀了，并贴出布告:宣布了他的罪状。大意是:抢男霸女，以势欺人;杀害红军人员，血债要用血来还;大放高利贷，强迫还钱,抢人家年轻妇女抵债,逼死几条人命。罪恶累累,数不胜数，应该受到人民的镇压。布告上面还写上了“湘赣支队肃反委员会主任刘芝禄”。

一个反动分子被镇压，敌人非常紧张和恐慌，很快派江西保安团一个中队进山“搜剿”，到处张贴布告，赏 50 元到 150 元大洋，要活捉刘芝禄。他们闹了半个多月，连我们游击队的影子也没有看见，只好望山兴叹了。

出山抗日

1936年12月，我们从敌人的报纸上知道了西安事变，活捉了蒋介石，大家高兴极了，但以后又听说放了。当时不知道统一战线的重要，感到非常气愤，不可理解，认为这样的大反革命头子、杀人的大刽子手，放掉不杀，还有谁可杀呢？

这时山里的敌人撤到桂东、汝城等县城去了，我们山里情况又松动一点。但不久，敌人又来围攻我们了。北方实行统一战线不打了。蒋介石妄想乘此机会消灭南方的红军游击队，所以各游击区又大打起来了。打了一两个月，南方各省的红军游击队还是消灭不了，敌人的军队又撤走了。

到了1937年春夏之间，敌人又换了一个花招，从长沙派了一个联络员叫李宗保，原是湘赣区的红四团团长，后来叛变投敌了。这次来对我们做联络说明工作。我们不但不理睬他，还写了一封信，列数他的罪行，把他骂得无容身之地，第二天他就灰溜溜地回去了。不久敌人又派了一个高参议员来和我们接洽，他宣传说：国共两党合作了，我们都是一家了，全国统一于一个政府，军队统一编制，统一指挥，统一供应，并说了许多升官发财的话。他要我们下山，编入湘南保安团。我们听后，立即回答，我们要找到红军的领导，要按领导的指示再进行面谈。我们向他提出几个条件，要他保证做到：第一条，你们驻在山道的保安六团全部撤出资汝桂三县，保证我们的行动安全，我们也不进攻你们的地区；第二条，要保证我们部队的供给和经费开支，上级没有批准前，由当地政府暂借；第三条，我们要派人出去找我们党中央和主力红军；第四条，我们的部队就在我们的游击区活动。他们也提出三条：第一条，你们不要进攻我们的防区，不准到我们地区游击；第二条，不准收缴地方武装

的枪支弹药，保证不打土豪，没收东西；第三条，你们要把部队番号、人数造册和军需装备写清楚报来，上报须供给的经费。经过几天争论，基本上达成协议。我们不给对方花名册，只给个总数650多人，并规定到桂东县沙田镇集合。由于交通不便，通信联络很差，短时间内游击队集中不起来。开始只有100多人，积极做下山的准备。大约到九十月间，项英、陈毅代表的中央分局派人来找我们，送来了中共中央的文件和中央分局的指示，我们如获至宝，因为三年来听不到党中央的消息和指示了。大家非常兴奋，根据中央的指示，决定住在靠山边的地方，防止敌人捣鬼。

当时，我们主要领导是游世雄支队长兼政委，副政委王赤、副支队长姓陈，我在一大队任大队长，王赤兼政委、副大队长姓罗。我们在下山前就在游击区进行训练整顿，改善伙食恢复体力。把长短不齐五颜六色的服装换了，理发洗澡，搞清洁卫生，消灭虱子。经过一个多月的休整准备，我们部队的面貌焕然一新，走起路来，精神抖擞，步伐整齐，既是经过长期战争锻炼的老红军，又是一支年轻的队伍（年纪最大的才25岁）。一切准备好了，就向桂东县沙田镇方向出发。走了两三天到沙田镇东山脚下一个村子休息几天，才开进沙田镇。由于敌人的反动宣传，把我们说得不像人样，青面獠牙，骨瘦如柴，吃人放火，共产共妻，赤身露体，所剩无几，像野人一样，等等。国民党地区的群众对这些反动宣传，也是半信半疑，一下听说红军游击队要开进沙田镇了，大家都很惊奇，都想来看个究竟。我们红军战士经过的道路两旁都站满了人群，胆大的靠近一点，胆小的和妇女站得远一点，他们看到红军战士一个个雄赳赳，气昂昂，精神饱满，步伐整齐有力，都是20上下岁数的年轻小伙子，比国民党的保安团不知强多少倍，一下子戳穿了国民党的反动宣传。我们进驻沙田镇后，在半个多月时间内，召开各种会议，制订群众工作计划，组成群众工作小组，深入宣传我党的抗日主张和政策，团结广大群众共同抗日。部队严格执行三大纪律八项注意，处处保

护群众的利益，他们把我军和国民党军队一比较，初步认识到我们真是人民的军队。我们部队开始的番号是“湘粤赣边区人民抗日义勇军”，下编两个支队，我仍任第一支队一大队大队长，其他领导人员都没有变。经过我们一两个月深入的群众工作和实际行动的影响，不少青年纷纷跑到我们部队来了，我们由一个大队扩大到三个大队，由 100 多人发展到 500 人。1938 年 2 月我们编入新四军第一支队。支队长是陈毅同志。此后，我们深入大江南北，展开了轰轰烈烈的抗日战争。

1983 年 9 月

选自《南方三年游击战争·湘南游击区　鄂豫边游击区》，第81—89页。

刘芝禄，1919 年生，江西瑞金人。南方三年游击战争时，任阮啸仙同志的警卫员，湘粤赣边第一游击支队警通排班长、第一大队队长等。新中国成立后，曾任辽宁省军区辽南军分区政治委员兼中共辽南地委常委、营口军分区政治委员、营口市政协副主席等职。

湘粤边游击活动杂忆

邱辉珍

在那艰险的三年游击战争时期，我只有十几岁，在湘粤边工委书记谷子元、湘粤边赤色游击大队长李林的领导下，参加了一些游击活动。时间已过去半个多世纪，回忆当年，许多战斗生活的图景又浮现在我眼前。

钻林进洞避强敌

当时，我们这支游击队有二三十人枪，常住在我们坳丘村山上的一个大岩洞里。我那时是李林的勤务兵。有时住岩洞，有时住家里，搞些勤杂事情。从我家到那岩洞有八九里路，要爬山过坳，才能到达洞口。这个大岩洞能住几百人，而且洞内又有小洞，曲里拐弯，黑咕隆咚，还有暗道可供进出，即使敌人发现了，一时半会也难抓到游击队员。白天，我们在岩洞周围集训；晚上，经常出击敌人，如果遇到比较强大的敌人，我们就按照毛主席的办法，“打不赢就走”，钻林进洞，同敌人“捉迷藏”。

1936 年春末，李林率领游击队，从这个岩洞出发到乐昌、宜章交界的狮子岭一带活动。一天傍晚，我们由宜章的白石渡出发，打算到东边的赤石司去。当行至太平里东边大岭半腰处，被驻在炮楼里的宜章县

保安团一股敌人发现。敌人突然向我猛烈开火。李林当即指挥大家利用地形隐蔽、还击，直到夜幕降临时，才撤出战斗。我们无一伤亡。敌人因怕死也没有追击。我们走到大岭脚下，看到一间已被敌人烧毁的农民茅寮，旁边有口井。这对我们一天滴水未进的游击队员来说，真是“雪里送炭”。大家七手八脚地打井水喝，稍微解决了一下渴的问题。后来又走了十多里路，在山窝里一个五六户人家的村子住下。第二天拂晓，李林说：“我们已被敌人发现，不能去赤石司了。”便带着大家绕过赤石司背后大山，经九子岭，出两界圩，过九羊，到达西岭尾。这时天已擦黑，敌人虽未紧追上来，但仍盯着我们不放。是晚，我们在山中散寮过了一宿。第三天清晨，我们又迈开双腿，经赤溪、五里冲，转回狮子岭。这里群众基础较好。我们沿着熟路，趁黑走进岭下一个村子，在一户忠实可靠的农民党员家里，吃了一餐饱饭，睡了一个好觉。但经侦察得知，宜、乐边境几处敌人，正在密谋对我游击队进行“清剿”。我们必须设法跳出来，尽快脱离这个危险之地。于是，第四天凌晨，由李林请这位农民党员当向导，走上一条人迹罕至的小道，攀藤附葛越过高山，冒冷徒涉武水上游歧门白家滩，到了乐昌县湖洞，跳出了敌人设的圈子。第五天，我们才最后摆脱敌人，到达乳源县境梅花大坪杨家，利用深山老林的掩护，进行休整。

此次行程将近 500 里。一路上，走的是羊肠小道，甚至是根本无路的深山恶水；吃的是红薯、苞谷，甚至是山果、野菜，但同志们精神抖擞，毫无怨言，只是一个劲地朝前走。我年小体力差，走不动的时候，李林和同志们就轮流扶着我走。游击战争的经验告诉我们，“打不赢就走”，这确是至理名言。走，才能生存；走，才能胜利。

打土豪除酷吏

为了筹措革命经费，解除人民群众的痛苦，我们除了同敌军作战外，还狠狠地打击那些作恶多端、为富不仁的土豪劣绅、贪官污吏。

1936 年 9 月，亟需一批革命经费，周礼（新来的湘南特委负责人）、谷子元和李林一起研究，确定由游击队设法筹集。李林同大家商量后，决定去打一个姓巫的土豪。这个家伙住在离坪石十几里的巫家村，既有土地出租，又在坪石街上开了一爿商店，阔得很。他有一支步枪，放在家里以作自卫。平时，佃户如不按时缴纳地租，轻则牵牛拖猪，重则抓人退佃。巫家村群众对他很是愤恨，但又无可奈何。

这天晚上，李林带着我们从坳丘出发，走了几个小时，到达巫家村。将土豪家包围后，进去一搜查，巫老头不在，这晚他正好住在坪石的商店里。而坪石街上驻有敌人警备队，戒备森严，难以进去，于是，我们收缴了他的步枪，打开他家粮仓，将粮食分给当地贫苦农民。一个姓杨的老大娘分到金黄的稻谷后，流着热泪对我们说："红军游击队真好！"临行前，我们带走了巫家那个十几岁的儿子。李林板起面孔对他家人说："三天后，送 500 块光洋到 ×× 处赎人，不得有误！"

果然，他为了要回宝贝儿子，如期将光洋送到了指定地点。当时，李林带着几个游击队员隐蔽在暗处，一班长和我在指定地点等候。收到光洋后，一班长说："明晚 12 时到邻村你亲戚家领人。"并严厉地警告说："此事不得向坪石警备队报告。否则，就不要说我们不讲交情了！"他马上点头，答应照办。

自把儿子领回以后，这个土豪再也不敢在群众头上作威作福了。

坪石街上有一姓何的官员，家住冷水冲，对我党和红军游击队怀有刻骨仇恨，经常谩骂我们，并刺探我军情，密报坪石警备队，对我进行"清

剿”。他还自恃手中有一支步枪，横行乡里，欺压群众。我们早想干掉他，但一直没有适当机会。

这年 10 月的一天上午，李林背着长方形的竹箱，内装日用品，以叫卖货物为名，到离坪石十五六里的冷水冲村，通过内线了解那个姓何的回家的时间，并察看该村地形。我扮作讨饭的少年，远远地跟着，以便及时联络、策应。

当天晚上 10 时许，我们游击队在李林的指挥下，顺利地包围了何家。何刚回家不久，正在洗脚。说时迟那时快，内线打开后门，李林以迅雷不及掩耳之势，一把将何逮住捆绑起来，并缴获了他的步枪。旋即撤回坳丘，将其关押在岩洞里。不久，经过审讯，将何处决，并贴出了告示，以收杀一儆百之效。当然，对一般地主老财、普通官吏，只要他们不给敌人通风报信，捣乱破坏，鱼肉人民，我们就不抓不杀。这样一来，坪石一带土豪劣绅、贪官污吏，就不得不有所收敛，我们开展游击活动，也就方便多了。

解救工委书记脱险

1937 年 2 月，周礼、谷子元、李林和游击队，共二三十人，在我村同群众一起度过了一个愉快的春节。

正月初五（公历 2 月 15 日），李林率游击队奔袭郴县良田，一天之内接连打了三仗，战局对我们不利。女队员谭金英（小名“死冬瓜”）经不起考验，在良田投敌叛变，并连夜带着良田敌人黄佐安部、宜章白石渡敌人胡建部，前来包围我村，企图捕捉我湘粤边工委的领导人。

这时，周礼已经走了，谷子元刚从外面回到我家休息，我因搞后勤未随队去郴县，正在家睡觉。翌日清晨 5 时许，天未大亮，我妈起床打开大门一看，发现有个握驳壳枪的大兵，便回后堂屋悄声问正要睡一会

的谷子元:“我们的队伍回来了吗?”谷说:“不可能,一定是敌人!”“赶快转移!”我妈急中生智,沉着地拿起扫把,一手扫地一手推开大门,当两扇大门半开半合的时候,再用身体挡在中间,故意同门外敌人搭讪:“老总,我们这里是广东,没有土匪呀!”这样,外面就看不清屋内动静了。谷子元心想,周围是一片开阔地,冲出去已不可能,便从我妈身后转到堂屋旁边柴屋黑黝黝的阁楼上隐蔽。

一会,“死冬瓜”领着两个敌人来查问情况,妈说:“我不认得你呀!”“我可认得你!前天,我同谷子元等人一起在你家吃了年饭呢。”随即,他们推开我妈,将我连人带被子,从床上拖出大门,在坪里捆了起来,并用量谷的木斗罩住我的头,用香火烧我的胸部,问:“谷子元在什么地方?”这个“死冬瓜”,对周礼不太认识,只问谷子元的去向。我妈见了心痛如绞,便骂叛徒:“你这个‘死冬瓜’,没良心的,为什么要害我们!”并示意我说:“满仔!你不知道,就不要乱说。”我含着泪点点头。多少年来,谷子元常住我家,给我以很多教育,是我投身革命的引路人,我死也要掩护他脱险。

这时,一个敌官走来,命令敌兵进屋搜查。我家对门青年妇女李有英,听说要进去搜查,情知谷子元处境危险,便“嘭”地一声,突然打开自家大门,敌人一惊,调头朝她家涌去。但仍有两个敌兵进了我家。先在几间房内搜查了一遍,才搭梯上了堂屋楼上,仍未发现谷子元,却找到了一些过年吃的花生、红薯片,便抢着吃。此时,正藏在隔壁阁楼上的谷子元,手枪上弹,时刻准备一拼。情况十分危急!我妈以请当地长官来陪老总之名,一口气跑到距离两三百米的京口村,找“白皮红心”的乡长李青青(即李家煊,中共党员)前来解救。

那个敌官领着一伙敌兵在李有英家搜查一阵之后,又来到我家,问正在堂屋楼上边吃东西、边翻箱倒柜的敌兵:“搜到没有?”“鬼都冒看见。”“到隔壁阁楼上看看!”正在门外的“死冬瓜”补了一句,“你们注意啦!谷子元枪打得准。”这样,两个家伙便有些提心吊胆,动作也

就慢多了。他俩战战兢兢地将竹梯移到隔壁阁楼边，正爬上去踏得“吱吱”响的时候，李乡长来了。他对那个敌官说：“我们这里是广东，没有土匪。你们湖南军队跨省越界来搜查，也不同我们联络，太不懂规矩了！”显出非常生气的样子，接着说:“如果有土匪，也不会住在村里，可到附近山里去搜查嘛！”并侧过身对“死冬瓜”说：“这难道你还不清楚吗？”最后，他要乡差李柏取（中共党员）和我带敌人上山，煞有介事地训示：“发现土匪，立即报告老总。”听李乡长这么一说，敌官也觉得有理，便把哨子一吹，在坪里集合队伍。那两个在我家柴屋已爬上几级竹梯的敌兵，就马上退了下来，跟着大家上山搜查去了。

此刻，我妈一直悬着的心才落了下来，并围着屋场前后左右一转，没有发现监视的敌人，就叫谷子元迅速离开我家，转移到安全地方。

我和李柏取领着敌人在山上转了一圈。敌人什么也没捞到，便又折回我村，抓鸡捉鸭，烧火做饭。吃罢，扬长而去。

坚持监狱斗争

1937 年 4 月 19 日，坪石警备队余根武、邓立模部会同宜章县保安团李世英、胡建、周济生部联合“清乡”，分两路包围了我坳丘、牛栏冲、京口村。但是，他们再次扑了空，既未“清”到我们湘粤边工委的领导人，也未“围”到我红军游击队，便将我和同村的李柏取、吴年桃（女）、何润秀（女），牛栏冲的李长福、李祥福、李顺福，京口村的李青青、李培成、李会文、李柏顺等 11 人，捉了起来。与此同时，敌人还将乳源县马头岭的杨炳炎，栗树下的杨应轩，大平杨家的杨高山等九人抓了起来。这样，两处被捕的共 20 人，其中有共产党员、游击队员和革命群众。敌人将我们押到坪石警备队，进行拷打审讯。李柏取、李培成被敌用辣椒水灌鼻孔，受到残酷折磨，但坚强不屈。后来，经坪石镇和皈

塘乡的宗族父老出面，同敌余振武等交涉，李会文、李柏顺、李顺福、吴年桃等四人在坪石获释。

不久，敌人将我们16人押到乐昌县监狱。看守长当即下令："这些共匪,全部上脚镣,分别关在东、中两个牢房。"我和李青青关在东牢房。当时，我只15岁，身体矮小，敌人允许我白天在监狱内走动，干些勤杂活。李青青怕我出事，便常教育我："我们总会有出头的一天，千万不要说错话"，并要我转告其他同志，"不管受到什么折磨，都要顶住"。几天后，审讯开始了。最可恨的叛徒谭金英、陈英出庭对质作证，从内部杀了出来。我们已横下一条心，宁愿坐穿牢底，也不屈膝求饶。不管敌人怎样凶残，叛徒如何捣鬼，我们始终没有说错半句话，一直坚持斗争。李青青还以伪乡长的身份，自己动手写诉状，禀告乐昌县府，要求无罪释放，闹得敌人非常狼狈。

我们在乐昌监狱被关了两个多月后押到韶关国民党广东西北区警备司令部，再次受到敌人的残酷折磨和两个女叛徒的无耻陷害，但他们仍未捞到半根稻草。无奈，只得胡乱宣判。9月15日下午5时，监狱正在开饭。突然，五六个全副武装的敌人站在牢门外，看守长打开牢门的锁，叫道："李柏取、李培成，出来！"他俩心中明白，敌人要下毒手了，便放下碗筷，整理一下衣服，拖着脚镣，挺胸向前。大家怀着对敌人的恨和对同志的爱,有的挥着拳头,有的抹着眼泪。他俩走出牢门，回头看了一眼，说："同志们！坚持到最后胜利吧！"随后，敌人把他俩押到韶关北门帽子峰下杀害了。李柏取，中共党员，时年31岁；李培成，中共党员，时年29岁。让我们记住他们的名字吧！

9月20日，敌人将李青青、李长福、李祥福、何润秀和我，押回乐昌监狱。21日，国民党政府法庭宣判:李青青判刑十年;我原判死刑，因尚未成年，改判五年；李长福、李祥福、何润秀于22日释放回家。与此时同，从韶关押回乳源的九位同志，也被敌人分别宣判；杨炳炎判刑十年，其他六人判刑五年，二人释放回家。后来，李青青由于被敌多

次严刑拷打，外伤加内疾，得不到医治，在牢内大量吐血，为革命献出了宝贵的生命。

抗日战争爆发后，国共合作开始了。1938 年 1 月，原湘南特委书记王涛以新四军中校秘书的公开身份，同国民党乐昌县政府谈判，以推动湘粤边的国共合作，将红军游击队改编为新四军，开赴前线打日本。在谈判过程中，我作为政治犯之一，于 2 月初得以重见天日。出狱后，我见到了周礼、肖林（新任宜乐县委书记）等领导同志和家里亲人，他们给我以很大的鼓励和安慰。次日，我即重返已集中到宜章县赤石司的红军游击队，见到了李林和其他战友，后来又见到了谷子元，真是高兴极了！那时，我们这支游击队已扩大到 130 多人，并改名为湘南红军游击队第一大队。3 月下旬，领导考虑我年纪尚小又系独子，便要我随肖林回坳丘，开展后方抗日救亡活动，并带回三支驳壳枪和 300 多发子弹，以备应用。从此，我又投入了新的斗争。

1987 年 6 月

选自《南方三年游击战争·湘南游击区　鄂豫边游击区》，第123—128页。

邱辉珍，南方三年游击战争时，任湘粤边赤色游击大队队员。

土兵工厂

王来苏

1935年下半年，湘南赤色游击队第三大队队伍发展了。在食、用基本解决之后，最突出的矛盾，就是枪支、弹药等供给困难。战斗频繁，枪支丢失，子弹大量消耗，无法及时补充，武器装备适应不了游击队的发展与活动。将近一半的游击队员，手里拿的武器，仍是马刀、小插子（匕首），或者是从家里带来的梭镖、鸟铳、铁铳、单眼铳。跟敌人打仗的时候，有时在空洋油桶里放鞭炮，发出机枪般的声音，吓唬敌人。但是这种戏法不能久耍。久了，敌人也知道这是吓唬人的小孩子玩意儿。所以，我们要千方百计搞武器。

搞武器，一般是夺伪乡警和保安队的枪。由于他们驻地隐蔽又集中，在敌强我弱的情况下，每次夺枪，我们伤亡都比较大。再就是到广东去买枪支弹药。这也很困难。一则当时我们的经费很少，买一支驳壳枪要200多块光洋，一块光洋只能买两颗子弹；再则买了枪支、弹药，也难以运回。

为了解决枪支弹药的不足，特委、县委在1935年冬决定，我们自己办土兵工厂。

离耒阳毛栗冲七八公里的打谷坪，四面环山，只有一条小路通进坪里，比较偏僻。我们游击队经常在这里活动。这里住着六户农家，都是我们的基本群众。他们中有两个手艺高超的铁匠，一个叫刘汉泉，一个

叫刘汉文，是兄弟俩，都是40岁出头的硬汉子。他俩从父亲那里学得一手好钢火，不仅是打农具、制钢火的能手，还是打大刀、盘鸟铳的里手。在大革命时期，耒阳竹市周围几十里，农民赤卫队的大刀、梭镖、鸟铳，大都出自刘铁匠之手。在马日事变后的大屠杀中，为了避难，刘铁匠把家搬到这偏僻的山冲来，带着两个儿子以打铁为生。他把自己的绝招传给了两个儿子。不久，老人就辞世了。那时，刘汉泉已有两个孩子。大儿子七八岁。游击队领导常到他家去，讲刘老铁匠在大革命时期的业绩,讲改造旧世界,穷人翻身作主人的革命道理。他家红炉缺下手，他妻子就充当下手抡大锤。刘汉泉的弟弟刘汉文，这时成亲不久，另开了一座红炉。经县委同意,我们把土兵工厂建在打谷坪,以刘家为基地，以这两座红炉为游击队服务。

1935年以前，我们搞到一些长枪。长枪使用、掩藏很不方便，需要锯短。当时我们一无钢锯，二无钢锉，只好用土办法裁截。裁截一条长枪,要花一两天时间,而且磨得满掌血泡。长枪上到标尺,下到机柄，经裁截后，就变成“尺八”短枪了。我们称它为“牛呷老哩”。这样，枪支携带、掩藏和使用就方便多了。

我们缺枪支通条、撞针、修擦枪用的起子等军械零件和工具，特别是撞针容易坏，要得多，只得从外面偷偷买回来。这样容易暴露目标，太担风险。一旦敌人探子发觉查出，就会有牺牲。我们就请刘氏兄弟打制通条、撞针和起子等军械零件。不仅节省了大批开支，更重要的是避免了在运送时的牺牲。

随着小军械需求量的增多，刘家两座红炉满足不了要求。我们游击队派了两个同志，跟刘氏兄弟打铁，把刘家兄弟的手艺学到手，又开了一座红炉。毛栗冲谢古玉铁匠也参加了。土兵工厂制造的鸟铳越来越精。后来游击队领导又建议刘氏兄弟仿制枪支。开始，他俩感到没有把握，不敢干。中队长王诗杰就鼓励他们:“不要怕搞不成，世上无难事，只怕有心人。蔡伦在我们耒阳发明造纸，成了中国四大发明之一，对中

国以至世界文化，作出了重大贡献。黄道婆发明织布。蔡伦、黄道婆都是一般工匠，他们能有重大发明，我们连仿造也搞不出吗？”经过开导，刘氏兄弟信心足了，选出最好的钢材、硬炭，日夜打制。造出的第一支枪，一试，炸膛。失败了，总结教训，又造第二支，终于成功了，造出了一条一次压一粒子弹的独轮枪。我们给这号枪取了个名，叫“独轮子”。随后又造了两条这样的枪。我们能自制土枪，给游击队很大鼓舞。

土兵工厂的生产规模越来越大。不但修枪、造枪，还自制和改装子弹。我们最缺驳壳枪子弹。土兵工厂也能制造出这种子弹。但是缺弹壳、弹头、弹药。打仗时，我们特别注意收回子弹壳。打完仗，只要有可能，还到战场上去捡子弹壳。有时派人化装成铜匠，到荒货店和群众家去收黄铜和子弹壳。有时假说是治胃痛、心气痛，利用社会关系到敌人手里要子弹药。我们还派人收买了伪保安团的军需官，假说自家要打铜火锅子，用高价钱买下一批受了潮的“臭子弹”。记得有一次买了200多发。我们的土兵工厂，把这批臭子弹全部改制成好子弹。

后来，土兵工厂发展到自制土手榴弹，用猎户制造炸野兽“炸子”的办法制作。炸野兽的“炸子”只有鸽子蛋大小，用涂有猪油的皮纸包裹紧，里面装着火药和铁砂。我们没有翻砂设备，没有办法制造手榴弹铁壳，只好找一些铁擂钵，老竹兜脑等作代用品，内装一些精制火药。所谓精制火药，就是选用最好的硝、硫磺等原料，认真加工出来的上等火药。我们的熬硝作坊设在另外一个村子。硝坊是我们的基本群众搞起来的。平日以收积老壁土、老地皮作土杂肥为掩护，收积大量熬硝土，晚上熬硝。作坊就是几口锅子几只大缸，设备简陋，万一敌人查了出来，只说熬硝卖给鞭炮坊。我们用好硝、好硫磺等原料，配成好火药。公开名义作鞭炮，实为造土手榴弹。这种手榴弹，如果离敌人近，投弹角度好，也有一定的杀伤力。

我们在打谷坪后山坳挖了不少“红薯窑”。名为“红薯窑”，实际是我们的试验洞。自制土枪、土手榴弹，都是在洞里进行爆破性能试验

的，以免发出大的响声。把“红薯窑”作试验洞，显不出任何痕迹。

为了土兵工厂的生产，我们这个游击中队几乎都动员起来了。有的化装成脚夫，到煤矿去挑硬炭，硬炭不能直接往打谷坪送，只能往小集镇上挑。挑到小集镇上假装出卖，由其他化装成铁匠的人“买”下，再分头挑到打谷坪去。有的同志化装成鞭炮工人，到外地购买硫磺、土硝等火药原料。有的化装成收破烂荒货的，去城乡上门收荒货。他们从荒货中，一星一点地把钢、铁、铜、锡等有用的东西，偷偷运回打谷坪。

土兵工厂启发了不少铁匠，使其同情游击队，支援游击队。铁匠谢古玉，他不仅为我们游击队打制了许多急需的小军械，同时还大力掩护我们。李振鹏、王诗杰等许多同志，都在他家住过。他还利用打“行炉”的机会，游乡串村，为我们送情报。

打谷坪的白天，一般只有刘氏兄弟一个铁砧响动，打些锄头、菜刀、柴刀等东西装装门面。一到晚上就热闹起来，有时红炉搞到四座，打的打马刀，出的出插子，盘的盘土枪。晚上屋里炉火通红，映红了一个个铁匠汗涔涔的脸。叮叮当当，好不热闹，当时，不知那个秀才，按照民谣的格式，写了一首顺口溜：

当当叮，
叮叮当，
我给游击队打刀枪，
送给游击队上战场，
打得反动派见阎王。
游击队个个是好儿郎。

当当叮，
叮叮当，
我给游击队打刀枪，
送给游击队上战场，

打得江山穷人坐，

游击队个个是好儿郎。

这个土兵工厂，大概搞了半年多，就被敌人探子侦破，刘家兄弟被捕入监，土兵工厂只好转移。他俩咬死一句话，只打锄头、柴刀，没犯法。我们多方营救，花钱活动上层，敌人没抓到什么把柄，不久就把他俩释放了。

后来，我们的土兵工厂，除了打制武器和小军械外，发展到缝制衣服、鞋袜、帐篷等，成了游击队的后勤保障基地。

1987 年 5 月

选自《南方三年游击战争·湘南游击区　鄂豫边游击区》，第161—164页。

王来苏，南方三年游击战争时，任湘南游击大队第三大队侦查员。

忆蔡司令员

刘芝禄

蔡会文是大革命时期参加革命的。红军长征后，他留在中央苏区，后到湖南，坚持游击战争。他那高尚的思想品德，坚定的革命信念，勇敢顽强不怕牺牲的战斗精神，给我留下了深刻的记忆。

不畏强敌

1934 年 10 月，红军长征走后，留在江西根据地的党政机关、医院、部队和伤病员，大约有五六万人，担负着拖住敌人、保卫苏区的任务。“围剿”中央苏区的几十万敌人，采取步步为营的战术，疯狂地向我们进攻，叫嚷什么“到雩都会餐，把红军吃掉”，气焰极其嚣张。我军被迫从瑞金向南退至雩都境内，被困在白鹅、罗邦桥一带。到 11、12 月间，根据上级指示，把一部分地方武装组织成游击队，分散到各地活动，牵制敌人，伤病员也都疏散了，把能够作战的部队约万余人，编成三个支队，准备突围出去。当时我被编在第一支队，给支队政委阮啸仙同志当警卫员。蔡会文同志任支队长。但是，我军突围几次都未成功，损失很大，阮政委也不幸牺牲了。面对着强敌和严峻的形势，蔡司令员下决心率领部队突围出去，保存住这部分革命力量。他把部队集合起来，情绪

很激昂，态度很严肃，对部队进行了突围动员。他说："现在是严重关头，我们不能困死在这里，更不能当俘虏。我们要为阮政委报仇，为牺牲的同志报仇。我们必须冲出去。只有突围出去，才有活路。"然后，他把人员分成三个突击队，我在中央突击队。又派出侦察组，侦察路径，查明敌人的薄弱地段。并告诉大家，冲散了的到油山地区会合。当晚，部队在夜幕的掩护下，分三路突围。蔡司令员率领我们中央突击队猛打猛冲，巧妙地摆脱了敌人的围攻，从牛岭马岭一带冲了出去。十几天后，我们过了信丰河，来到油山地区，见到了陈毅、项英等首长。在这里停留了几天，蔡司令员就率领我们来到了广东北山地区。

同甘共苦

我们支队在雩都县突围后，部队只剩下100来人。到广东北山地区后，补充到五六百人，编成湘粤赣边第一游击支队。支队政委由蔡司令员兼。我先是给副支队长程君良当警卫员，不久就到警通排当班长。为了加强连队，蔡司令员决定把司令部干部战士大部分充实到连队去，只留一个警通排。司令部人员精简后，站岗放哨怎么办？蔡司令员决定由干部战士轮流担任。当天晚上蔡司令员就站了第一班岗。我们都不愿意让他站岗，几天都没去叫他，蔡司令员就去找警通排长，问为什么不叫他上岗。警通排长说，你工作太忙，大家都不愿意让你站岗。但怎么也说服不了他，执意要同战士一起站岗。后来，我们想出了一个办法，召开支部大会，讨论蔡司令员的站岗问题。一致通过不同意他站岗，以便多拿出点时间考虑全局问题。蔡司令员只好少数服从多数，不再站岗了。

在艰苦的游击战争环境里，我们游击队吃的、穿的、盖的是相当困难的。但蔡司令员总是先想到别人，吃苦在前，还带头挖野菜，和大家一起搭棚子。有一次，部队打土豪，没收来不少东西，有毛毯、衣物、

吃的、用的等。那时，在敌人实行严密封锁，到处“搜剿”，企图困死、饿死游击队的情况下，得到这些东西的确是不容易的。大家把东西送到了司令部，蔡司令员看了后，一样东西也没留，让我们把吃的东西全部送到休养灶给伤病员吃。那条好一点的毯子，大家都让司令员留下，因为他的那条毯子已经破得不行了。但司令员却让我把那条毯子送给了李国兴主任，说他的毯子补一补还可以用。其他穿的、用的、盖的也都送给了休养员。警卫员留下一个热水瓶，还受到了司令员的批评。蔡司令员这种高尚的思想品德，对我们教育很大，至今还清晰地留在我的记忆中。

坚定的信念

蔡司令员出生于湖南攸县一个地主家庭，本人是大学生。大革命时期，他毅然走出家庭，投身革命。参加革命后，他对党的事业忠心耿耿，对革命事业具有坚定的信念。记得，湘赣苏区红军一次打土豪时，把他家的东西也没收了，把他父亲也抓来了。后来发现没收来的东西是蔡司令员家的，抓来的老头是他的父亲，下边的同志请示司令员怎么办，蔡司令员当即回答按党的政策办。他父亲放出来后知道他儿子在这里当司令员，就来找儿子告状。他把父亲留下来，给他讲了很多革命道理，并说服父亲把房子、土地和多余的东西拿出来，分给穷人了。

从中央苏区来到湘粤赣边区后，部队天天打游击，东跑西走，哪天都走几十里，甚至上百里的路，南方的雨又多，山路又窄又滑，走起路来经常跌跤。敌人时常进山“搜剿”，到处杀人、放火，把山上的房子、棚子全烧光了，把给游击队送过信、做过事的老表都抓去杀了，其余的都被赶到山下大村子里去了，不准上山。部队又没有电台，上下联络不上，环境一天比一天恶劣，部队得不到物资补充，有时几天吃不上饭，

以野菜充饥，晚上露宿野外。游击队的处境实在太艰难了。有的人经不起艰苦环境考验，丧失了革命信心，动摇了，不辞而别了，有的甚至投降了敌人，叛变了革命。在这种情况下，蔡司令员不仅以身示范，鼓舞大家的斗志，使我难忘的是那次排以上干部会，在会上，他深刻地分析了中国革命的形势，指出了中国革命的前途。他说："我家是地主，生活很富裕，但我为什么还参加革命呢，就是政府太腐败了，社会太黑暗了，跟共产党走干革命才是光明的。现在，虽然江西苏区没有了，但这是暂时的，毛泽东同志说过，星星之火，可以燎原。红军一定会打回来的。眼下我们的确很困难，但我们要看到革命的前途，绝不能动摇。如果认为实在坚持不了，可以请长假回家，形势好了再回来。但我们决不能丧失红军战士的英勇气概，投降敌人是死路一条。"那时，我们对革命的认识都没有蔡司令员认识的那么深，对革命前途也没有他看的那么远。因而，他的话和他对革命事业的坚定性，对大家教育很大。此后，又经过干部、党员在群众中做思想工作，振奋了部队士气，在极其艰难的条件下，坚持了湘粤赣边游击区的斗争，打击敌人，保存了革命力量。

壮烈牺牲

1936年春，我们住在江西上犹、崇义与思顺上堡交界处的赤水仙下一个叫诸广山的小村子里。这个小村子的房子被敌人烧了一大半，群众都搬走了。一天，湘赣苏维埃政府主席谭余保派来四名联络员，他们送上谭主席的亲笔信后，就在村里住下了。信上的内容我不知道。第二天，部队准备转移，但这时却遭到敌人的袭击。当时，蔡司令员带领部队急速冲出村子去占领后山，我和警通排长江德辉等几个人边打掩护边撤退，等我们撤到山上，却没有找到司令员和部队。我们几个人就去桂东沙田找到了支队后方，向他们说明敌情严重，要赶快撤离这个地方。

过了几天，我们找到了郑木生大队，一同撤到湖南八面山一带。这时，我们得知，蔡司令员在突围时牺牲了。噩耗传来，我们都难过极了。他虽然比我们年龄大不多少（牺牲时仅 27 岁），但在坚持游击战争中，他和我们结下了深厚的感情，这不是一般的感情，是在极其艰难的条件下，在生与死的战斗中结下的阶级友爱。

1941 年，我在中央机要科工作时，任弼时同志知道我在南方打过三年游击，曾跟我谈起蔡会文司令员。他赞叹地说："蔡会文同志能文能武，能上能下，大公无私，有远大理想，是我们党的一位好同志、好干部！"

1983 年 9 月

选自《南方三年游击战争·湘南游击区　鄂豫边游击区》，第180—183页。

枪林弹雨中的李林

谷子元

每当忆及战争年代的往事，我面前常常浮现一位在枪林弹雨中来往穿梭的战友。他，就是威震湘南、粤北的红军游击大队长李林。我俩早在 1931 年就相识了，而且一起度过了艰险卓绝的三年游击战争，至今虽已过去 50 多年，但他那种无私无畏的顽强斗争精神，却值得我们永远学习。

跳出虎口

1935 年 3 月，李林带着通信员从红四团回到郴县，以图在地下党的领导下开展游击战争。但正值敌人“清剿”高潮，一片白色恐怖，党组织和游击队遭到严重破坏，无法开展活动。于是，他从东边山到西边山，从郴县到宜章，四处寻找湘南特委、郴县县委和游击队，未能取得联系。他是多么着急呀！后来，他见到了原郴县二区干部黄家勤，得知我已转移到粤北，任中共湘粤边工委书记，且有一支游击队在活动，便于 1936 年 2 月，来到乐昌坪石打听。

一天，他只身在坪石火车站附近的金鸡寨公路上走着，期望遇到自己的同志。突然，迎面走来一个穿国民党黄呢子军装的人，眼珠子骨碌

一转，就向李林招手。他定睛一看，心中一惊！原来，此人叫杨绍吉，曾代理中共宜（章）乐（昌）县委书记，彼此认识，且相处甚好。但中央红军长征后，杨已被俘叛变，当了宜章县反共队长，现正带着一个警察乘火车来乐昌起解被关押的宜章籍的革命同志。此刻相遇，真是冤家路窄！李林一面暗想对付的办法，一面硬着头皮走过去，双手一拱，笑着说："老杨啊，到哪里去？"

"举起手来！"叛徒如狼似虎地一声吼，随行的警察立即持枪上前，两个人从李林身上搜出一个钱包，叛徒随手塞进了自己的口袋，旋即命令李林："跟我们走吧，上车！"没有法子，李林只好跟着他俩上了火车，心里却在骂："狗杂种，总有一天跟你算账！"

车到乐昌，李林被关进拘留革命同志的县城监狱。那个警察就要同杨绍吉平分李林的钱包，杨只得将钱包拿了出来，打开一看，发现两个金戒指。杨想独吞，说是自己的，警察则说是"土匪"（指李林同志）的，硬要平分一个。两人争执不休，便要李林作证。本来，这两个金戒指是李林筹集的革命经费。此时他看到叛徒向他眨着眼睛，便灵机一动，说道："我是个穷光蛋，从来没有见过金子，哪里来的金戒指！"叛徒一听，两只狗眼顿时放出惊喜而贪婪的亮光，就将两个金戒指深深地藏进了自己的小荷包。但仍不满足。他知道李林有短枪，又想乘机勒索，就问枪放在什么地方。李林随口答道："枪放在金鸡寨一个岩洞里，去取出来送给你咯！"叛徒听后，心中更喜："取到了枪，还可向上司请赏呢！"

接着，李林故意叹了一口长气，操着心灰意懒的口吻说："现在革命失败了，没有什么搞头咯！我也早就不想干了。……老杨，我们过去无冤无仇，你可要照顾点啦！"叛徒得了李林的好处，又听了这番"心里话"，也就放松了警觉，更未说出李林的真实身份。

第二天，叛徒和那个警察押解李林回宜章。李林知道杨绍吉嗜酒如命，刚出监狱，就请他和警察进了一家酒店。他从内衣里掏出在监狱时革命同志为他凑的零用钱，要了几斤上等汾酒，几样时鲜好菜，同他们

“开怀畅饮”起来。酒光杯影之中，相互谈得也很“投机”。喝了一阵，叛徒和警察已有七八分醉意。李林看到时机已到，便打着饱嗝，酒气醺天地指着警察对叛徒说：“老、老杨——你、你多喝两杯呀！请这位老、老总，带我到隔壁洋、洋、洋货铺去一下，我、我、我要买一双袜子。”“啊呀，到隔壁买点东西有什么关系，你自己去吧！我们在这里等你。”叛徒对李林已经完全失去了戒备。

李林假装费力地扶着桌子站起身来，定定神，一步一晃地走出酒店，到隔壁洋货铺去了……

就是这样，李林从虎口跳了出来！

叛徒杨绍吉抓到李林，李林又巧计脱走的消息，终于被国民党反动派知道了，随即将杨绍吉处决了。这也是叛徒的应得下场！

不久，李林在坪石白沙砖瓦窑厂地下党支部书记李顺乃家找到了我。战友重聚，分外欢喜！我俩畅叙了中央红军长征后的各自情况。李林谈了上述经过后，习惯地低头一笑，庆幸自己回到了党的怀抱。我代表党组织当即增补他为湘粤边工委委员，担任湘粤边（又名湘南）赤色游击大队长。这样，我们又在一起战斗了。

勇斗顽敌

我同李林共同战斗的岁月，深感这位同志既颇有计谋，又敢打能拼。当时，湘南的敌人正在对我党和游击队进行疯狂“清剿”，加上叛徒为虎作伥搞破坏，形势非常险恶，但李林毫不畏惧，每有艰巨危险的任务，他总是说：“我去！”身先士卒，勇斗顽敌。

他接任游击大队长不久，即从粤北大瑶山带领这支仅十几个人的游击队潜回湘南游击区，打击敌人的嚣张气焰，激励群众的革命斗志。

打击的第一个目标就是谢振尧。这个家伙原系郴县游击队长。他将

县委书记黄体国打伤，抬到良田向敌请赏，使黄惨遭杀害，自己当了可耻的叛徒。所以，李林率游击队来到龙广洞万和山，立即将谢振尧处决，并悬首示众于良田的电线杆上，还贴了布告，落款为：湘南赤色游击大队长李林。此后，还镇压了宜章廖家冲伪保长范自然等一批死心塌地的反革命分子。群众知道后，无不暗自叫好。敌人则惊呼："若要天下太平，除非抓住李林！"

然而，敌人不但没有抓到李林，李林反钻到敌人的眼皮底下去了。那是 1937 年 9 月，李林率游击队到离宜章县城仅八里的官坑冲，严惩反革命分子胡冬才。因为在这之前的几年，我任宜乐县委书记的时候，由邓日发队长带领的宜乐县游击队 20 多人，有一晚在胡冬才家住宿，胡表面很热情，保证不会出事，暗地里却向敌告密，使我游击队除一人外，均被敌杀害。为此，国民党将他由甲长提升为保长，并奖给步枪一支。对这样一个十恶不赦的大坏蛋，李林知道后，怒不可遏，说："上刀山，下火海，我也要除掉他！"一个深夜，我随同李林一行从乐昌坳丘来到官坑冲，包围了胡家的新楼房。因其戒备甚严，我们未能进去。李林便在门外喊道："胡冬才，你一个人出来，保你全家性命！""胡冬才，快缴枪！"胡不仅不从，反鸣枪报警。在这危急关头，李林便令游击队员，将胡家禾场上堆放的枞树枝柴，搬到楼房周围，浇上带来的汽油，而后再次喊道："胡冬才！出来！否则，我们就要放火烧啦！"这时，我跟着喊了话。他家人则规劝其出门缴枪，争取宽大处理。胡冬才正打算出门缴枪之际，宜章县城方向响起了枪声，大批敌人出动了。他见救兵即将来到，再次拒绝出门缴枪，并骂道："李麻子，土匪！国军就要到了，看你往哪里跑？"李林情知不能久待，便下令放火烧掉了胡冬才一家，并在通往县城公路边的一家铺子的墙上，贴了署名李林的布告，历数了胡冬才的罪行，然后在枪声、火光中，悄然撤离现场。群众见了，纷纷说道："胡冬才被烧死了，罪有应得！""李林又为民除了一害。"

这样一来，李林的名声就越来越大了。

克己奉公

李林之所以名声很大，还由于他有一颗克己奉公之心，像金子一般闪耀着光彩。

1936 年春天，由于革命事业发展的需要，我们湘粤边工委和湘南特委曾多次要求李林设法筹措一批经费。一天，李林根据地下“交通”提供的情报，率领游击队在郴县良田至廖家湾的公路上，伏击了一辆反动资本家拟到坪石贩买食盐的汽车，打死了押车的敌兵，缴获光洋 1.3 万块。真是战果辉煌！

李林将一部分光洋寄存在郴县东边山一户可靠的农民党员家里，一部分光洋分别用布袋装着，由队员背回乐昌。我们在坳丘附近的一个岩洞里，面对白花花的光洋，是多么高兴和激动呀！在研究如何处理这笔经费时，李林提议首先用于买枪，余下的以后再说。

当时，我们游击队的武器装备确实很差，不便于开展游击战争。我便对大家说：“李大队长的意见是对的，我同意首先买枪，但考虑大队长的特殊情况，还是要留一点给他料理一下自己的事情。”大家知道，我指的“特殊情况”是：李林全家积极投身革命，很受群众爱戴，但凶狠毒辣的国民党反动派先后杀害了他的父亲、两个哥哥和原配妻子，逼死了他的母亲，还挖了他父亲的坟墓，铲平了他家房屋，搞得李林家破人亡。当时，李林家里还有姐姐和已为革命牺牲的哥哥李武的小孩，急需给予照料。所以，大家都同意拿出一点给李林解决家中急用。但李林却把悲痛埋在心底，坚定地说：“一切缴获要归公，这是我党历来的规矩，自己一分一厘也不能挪用。”大家拗不过，就决定先去买枪。

我们利用老关系，找梅花洞塘楼下一位同情革命的开明人士邓成头，请他去韶关买枪。那时，驳壳枪 300 块光洋一支，快慢机 500 块光

洋一支。这次，共买回 20 多支短枪和一挺花机关枪。虽花去 8000 多块光洋，但李林却像孩子一样高兴，摸摸短枪，拍拍机枪，风趣地说："今后，我们对敌人单个'点名'，就用这个小家伙（指短枪）；集体'点名'，就用这个大家伙（指机枪）！"

同年 5 月，为了将 3000 块光洋送到湘南特委，李林不顾敌情严重，路途遥远，亲率几名体壮、机灵的队员，分别携带光洋，由蒋玉林带路，昼伏夜行，直奔耒阳。到达耒阳大义乡后，在老"交通"谷安茂的引导下，见到了湘南特委书记徐克全和其他成员，汇报了工作情况，把这笔革命经费亲自交给了组织。

从耒阳返回后，李林清算了一下账目，决定将余下的光洋，一半作为游击队必需的生活费用，一半分给当地贫苦农民。一位农民老大娘分到光洋后，用口一吹，放到耳边听了听，笑容满面地说："真家伙！游击队好不容易弄到手，却又送给我们老百姓，真是全心全意为人民啊！"

1938 年 1 月，原湘南特委书记王涛，根据国共合作的协议，以新四军中校秘书的公开身份，由延安来到湘南，动员游击队下山，改编为新四军，开赴抗日前线。当时，有的人不愿离乡远去，李林却不一样，他不顾妻子黄凤已有身孕的实际困难，坚决服从组织调遣，积极开展工作。他说："日本鬼子打进中国，我们就要当亡国奴，还谈得上什么老婆、孩子、家庭幸福哟！"主动将妻子送到良田娘家分娩，自己带着已发展到 130 多人的队伍，雄赳赳，气昂昂，奔上了伟大的抗日战场。

1989 年 11 月

选自《南方三年游击战争·湘南游击区　鄂豫边游击区》，第184—188页。

南方三年游击战争卷

4

中共中央党史研究室 编

中共党史出版社

本册收入第十四至第十八部分文章43篇

十四、鄂豫皖边游击区

坚持大别山斗争的红二十八军

林维先　詹化雨　李世安　汪少川　万海峰

红二十八军是在红二十五军战略转移西征后，由留在鄂豫皖根据地的少数部队组成的一支英雄部队。他们历尽千难万险，坚持了三年游击战争，使革命红旗始终飘扬在大别山区，在中国革命史册上谱写了灿烂的篇章。

一

自红四方面军于 1932 年 10 月离开鄂豫皖革命根据地后，鄂豫皖边区的形势就一直是严峻的。蒋介石用了 20 万兵力，以各种野蛮手段，血洗我根据地，我根据地笼罩在一片白色恐怖之中。在这危急时刻，中共鄂豫皖省委及时重建了红二十五军，并两次组建了红二十八军，同强大的敌人进行了英勇顽强的斗争。

1934 年 11 月 11 日，省委在河南光山县花山寨召开了常委会议，根据党中央的指示，决定立即向鄂豫陕边转移，以摆脱被动局面，开辟新的革命根据地。会议同时决定，由留下的省委常委委员、皖西北道委书记高敬亭同志重建红二十八军，继续坚持鄂豫皖边区的革命斗争。由于高敬亭同志远在皖西，省委只好在临行前，交由鄂东北道委转告给他。

省委和红二十五军离开根据地后，形势更加危急。蒋介石立即令其集结在鄂豫皖边区的东北军五十七军、六十七军、刘镇华的十一路军、梁冠英的二十五路军等正规军共56个团，加上鄂豫皖三省的十多个保安团，共约17万人，分四个“驻剿”区，以追、堵、围、截等手段，对我留下的红军和党政机关人员，实施梳篦式的“清剿”。同时，加紧修筑碉堡封锁线，强迫根据地人民移民并村，实施“一户通匪，十户问罪”的连保连坐；在一切通道、隘口设关卡，严禁粮、油、盐、布、药品等运进封锁线，限令于三个月内将我军全部消灭。

而这时，留在边区的红军，在皖西只有新编成的二一八团和一、二路游击师。在鄂东北只有临时组建的鄂东北独立团和少数零散的游击队，仅有的几小块根据地，被敌人分割、包围、屡遭烧杀抢掠，已基本成为无人区。党的机关虽还有鄂东北和皖西北两个道委及下属组织，但在敌人的残酷“清剿”下已无法在原地立足，只好转入深山密林打游击。

1935年1月21日，高敬亭同志率领的二一八团被敌一〇六师、一〇八师、独立五旅包围在赤城（今河南商城、安徽金寨之间）熊家河地区，经三天激战杀出一条血路，撤至熊家河以东小南京的荒山上。这时，北风呼啸，大雪纷飞，指战员穿的还是薄薄的单衣，在风雪如刀的山上，冻得发抖。大家紧抱枪、身挨身，互相以热血取暖，以人墙挡风，度过了一夜。次日拂晓，敌人已尾追至山下，大家来不及吃饭，连续翻越几座大山，摆脱了敌人。部队到达赤城的麦园时，已濒于弹尽粮绝，每天只能吃一点野芹菜。由于没有盐，个个力不支身。但没有一个叫苦，没有一个掉队的。2月1日，部队到达立煌县的抱儿山。

就在这危急关头，少共鄂东北道委书记方永乐同志，率领鄂东北独立团，突破敌人的多次堵截，来到了抱儿山。两支红军部队在危难中会合，都激动得热泪盈眶。但大家听说省委和红二十五军已经离开根据地，都被这惊人的消息怔住了。过一阵，部队疾速向东南方向转移。2

月3日，部队到达太湖县凉亭坳。高敬亭同志在这里召开了紧急会议，传达了中央和省委的指示，要求大家以革命大局为重，坚决拥护中央和省委的决定。当即宣布将二一八团与鄂东北独立团合并，重建红二十八军，下辖八十二师和手枪团，全军共1000多人。高敬亭同志任军政委，并统一领导鄂豫皖边区党政军工作。

红二十八军在革命的危急关头，再次成立了。从此，鄂豫皖边区的革命斗争，展开了新的一页。

二

部队在凉亭坳停留时，国民党军第一九一、一九二、一九四、九十四、九十五旅的六个团另五个营，已从西北、东北、正南向我合围而来。红二十八军只用了一晚的时间，就完成了整编工作，第二天就转移。先后于2月6日、9日、12日连续突破敌人三次堵截，八十二师师长罗成云壮烈牺牲。部队翻越海拔1774公尺的皖西最高峰白马尖，到达马家河。14日，我军行至霍山县白果树，得知反共老手国民党安徽省政府委员兼财政厅长余谊密和他的二儿子潜山县保安大队副，带着一伙护兵、马弁回到潜山县王庄祭祖过年。高敬亭同志召集各营营长说："这是个好机会，要抓住这个机会敲敌人一下，让敌人知道大别山的红军是消灭不了的！红二十八军不是好惹的！"当即命令部队连夜疾速向王庄隐蔽行进，拂晓到达王庄。部队埋伏在余家大院周围。我手枪团团长余雄化装成国民党军官，带了十多个"护兵"，去给"余老太爷"拜年。余雄等同志大摇大摆地走进余家大院，一枪未放，就缴了护院的保安大队机枪班和武装警卫20余人的械，活捉了余谊密和他的二儿子。

奇袭王庄后，我军在霍山、潜山、太湖、英山一带往返穿插游击，但因情况不明，又多次遭敌人堵截、袭击。我手枪团副团长蔡泽礼、八十二师政治部主任熊大海先后牺牲，斗争极其艰难、残酷。

1935 年 4 月 20 日，我军连续突破了敌人几次堵截后，转移至潜山县汤池畈东侧的桃岭。当我军登上桃岭时发现敌九十五旅一九〇团已尾追至汤池畈。军、师领导看这里只有一条小路能上山，是个打伏击的好地方。当即命令特务营隐蔽在坳口正面，令其余部队隐蔽在桃岭左侧山坡树林里。敌先头两个营在我阵地前展开，我特务营立即向敌开火。敌人以为我是小部队阻击，一窝蜂似地涌上来，被特务营阻止在山坳里。军政委高敬亭同志立即命令司号员吹起冲锋号，顿时杀声震天。八十二师政委方永乐同志带领埋伏在树林里的部队冲向敌群，将敌人分割成数段，特务营营长林维先趁势跃出阵地，率众与敌人白刃格斗。敌两个营在我前后夹击下，被我全歼，营长乜士信被我击毙。

桃岭战斗后，蒋介石见其三个月消灭我军的计划破产，于 1935 年 4 月 24 日电令“豫鄂皖剿总”，重新部署 13 个师，一个独立旅，共 61 个正规团，分三个“防区”，对我加紧“清剿”，并限令于两个月内将我军全部消灭。

为了有效地保存自己，红二十八军决定西进桐柏山区，寻找红二十五军。

5 月 22 日，我军越过了平汉铁路。敌人发现这一情况后，慌忙调兵追赶。5 月 23 日，我军到达桐柏山泌阳县的五道岭，这时才发现前方是一片开阔地，有敌骑兵阻挡，军师领导毅然决定东返。

这时，敌追赶我军的独立五旅，早被我军拖得疲惫不堪，但见我军东返，又继续追赶。6 月 1 日，红二十八军在随县桐桥畈东侧的桃花山，伏击了这支敌军。歼敌 600 余人，缴获大量武器弹药。战斗结束后，为了迷惑敌人，部队又转回桐柏山，登上玉皇顶，然后，乘夜疾速下山，插向应山，越过了平汉铁路。

返回老区后，6 月 13 日，我军在光山县斛山铺以南的王园歼敌东北军一〇九师六二七团两个营。6 月 18 日，在麻城县段水山再次伏击敌独立五旅，歼敌200余人。这两次战斗，又缴获了大量武器弹药。

7月2日我军到达太湖县店前河与皖西特委，二四六团，一、二路游击师会合。军政委高敬亭同志主持召开了营以上干部会议，总结了这次往返平汉铁路，行程1400里，三战三捷的经验。提出了“敌情不明不打，伤亡过大不打，地形不利不打，缴获不多不打”的“四不打”作战原则：并根据敌人指挥不统一，和武器装备、战斗力强弱的差异，提出了“拖垮二十五路，相机打十一路和东北军，向保安团要补给”的方针。这次会议，进一步坚定了我军坚持鄂豫皖边区革命斗争的信心，明确了游击战的方针原则，提高了我军游击战的水平。

会后，我军在皖西和鄂东北的黄安、麻城一带山区往返游击，先后歼敌多股。并于1935年8月13日夜袭孤立驻守霍山县花凉亭的敌六十五师一九五旅二九○团，重创其一个营，毙伤敌200余人，俘敌100余人，缴获步枪300余支，轻重机枪七挺，迫击炮一门，各种子弹万余发。

1935年秋后，蒋介石为阻止我主力红军北上，将东北军陆续调往西北，换来十师、八十三师、一○二师、一○三师。敌人在鄂豫皖边区的兵力，逐渐减少，但筑成了纵横交错、密织如网的七条封锁线，给我军行动造成了极大的困难。为了摆脱困境，八十二师政委方永乐同志带一、二、三营、特务营和手枪团两个分队去靠近长江的黄梅、广济。方永乐同志进入这一带后，发现敌人兵力相当空虚。他仅以手枪团一个分队就轻取濒临长江的孔垄镇，全歼敌一个保安分队。为了进一步摸清敌后平原地区的虚实，他又令林维先率领一个加强连下平原。林维先等同志化装成敌军，七天连克浠水县团陂，黄冈县巴河、上巴河三个大镇，消灭敌保安团两个连，智擒过路的敌25路军秘书长，烧毁敌军仓库一处，缴获大批服装、武器，俘敌60余人。根据这次小部队出击经验，高敬亭同志于1936年3月上旬在太湖县柴家山召开干部会议，提出了“化整为零、集零为整”的方针，确定我军今后主要以营为单位分别深入敌人兵力薄弱的平原、丘陵地区活动。此后一年多的时间，我军兵分多路，东至怀宁县高河埠，威逼安徽省会安庆。西抵鄂北重镇襄樊近郊。南临长江，北越淮河达豫南信阳。活动范围由过去的不足30个县扩大到45个县，影响远至江南。1936年6月28日《申报》登载的一篇《汉口通讯》透露："高俊〔敬〕亭全部精锐，不过千余人，在边区各县时集时散"，"现化整为零"，"日见扩大，滋蔓难图。"可见敌人对我军小部队分散出击，惊恐万分。

西安事变后，蒋介石在南方各省加紧"清剿"。1937年4月27日，任命卫立煌为豫鄂皖边区督办。卫立煌上任后，改变了"分区驻剿，追堵兼施"的办法，以大部分兵力组成"追剿"纵队，对我军实施"深入穷追"，"分头兜剿"。同时，加紧移民并村，烧山毁林，妄图以"竭泽而渔"的手段，将我军陷入绝境。针对卫立煌的毒辣手段，我军主力越过平汉铁路，到敌人外线活动。在信阳县光山地区与河南省委周骏鸣领导的鄂豫边游击队会合，协助这支兄弟部队打开了地主武装盘踞的蔡家围子，巩固了这里的游击根据地。此后，又在鄂豫边游击队的配合下，拔掉几个反动据点，进入确山县竹沟地区，为党在这里建立抗日根据地奠定了基础。

三年中，我军共歼敌18个营另15个连和大量小股敌军，钳制敌正规军最多时达68个团，最少时也有30个团，创造了游击战的辉煌战绩。

三

红二十八军长期处在敌人的反复"清剿"和严密封锁下，伤病员安置、后勤供应、兵员补充等方面，都存在严重困难。为了解决这些严重的困难，明确提出要创建新的游击根据地，并为此进行了不懈的斗争。

红二十八军转战皖西，谋求打开局面，建立游击根据地，但几经奋战都没有成功。因为部队天天处于敌人前堵后追之中，根本无法立足。而新组建的皖西特委和二四六团，趁敌人主要力量追堵主力红军之际，以小部队配合便衣队，在敌人统治薄弱、地形和群众条件较好的霍山、潜山、舒城、太湖、英山等县交界的山区，通过打土豪，歼民团，发动群众，建立了几小块游击根据地。

便衣队这种组织形式，早在1933年秋红二十五军在鄂豫皖边区坚持斗争时就出现了。中共鄂豫皖省委对此十分重视，在1933年11月10日关于今后的斗争方针问题向中央的报告中，认为便衣队是“极为适宜的一种游击武装的方式”，明确提出“现在最有发展希望及最重要的运动就是便衣队的运动”。为了有效地保存自己，适应对敌斗争的需要，巩固老区，建立新区，坚持敌后游击战争，粉碎敌人的长期“清剿”，鄂豫皖边区各级党组织和红二十八军，把发展便衣队提高到战略地位，用极大的力量去发展便衣队，依靠便衣队去建立新的游击根据地。

1935年夏季以后，便衣队像雨后春笋一般蓬勃发展起来。这些便衣队有地方党组织派出的，也有红二十八军派出的。由军队派出的便衣队，以后大部分交地方党组织领导。便衣队一般十人左右，由党和苏维埃的基层干部任队长和指导员，队员一般都是当地的党员、干部或红军战士。便衣队是一支掌握武装的游击小分队，隐蔽在群众中开展工作，他们镇压反动分子，打击敌人，坚持斗争，但又不同于主力部队和地方部队，不是以打仗为主，而是以做群众工作为主，并执行苏维埃的政纲法令。便衣队的党支部，一般都履行相当于区委、工委、甚至县委或中心县委的职责，实施党的集中统一领导。所以，便衣队实际上是党政军三位一体的武装工作队。

在三年游击战斗中，便衣队先后发展到大小100多个，遍布鄂豫皖边区20余县。便衣队的任务：（一）宣传群众，组织群众，武装群众；（二）扩大游击区，建立新的游击根据地；（三）恢复和建立党的组织，形成坚强的领导核心；（四）掩护红军伤病员，进行妥善安置和治疗；

（五）筹粮筹款，提供物资供应；（六）利用敌人的基层政权为我服务；（七）严惩坏人，给群众撑腰；（八）接济老区，帮助他们渡过难关；（九）扰乱、牵制敌人，配合主力红军作战，（十）搞侦察，送情报，掩护主力红军行动；（十一）组建游击队和战斗营，补充红军兵员。他们开展工作的主要方法是：选择省界或几县交界的地形条件和群众条件好的地方，白天隐蔽，晚上到群众家里做工作，并以模范的遵纪爱民行动取得群众的信任，站住脚跟。再用亲串亲、邻连邻的方法，由点到面开展工作，由一村到几村，由山区到平原，由秘密活动（组织秘密农民小组、妇女小组、青年小组，发展地下党员）建立隐蔽的游击根据地，逐步到公开建立小便衣队和游击队，成立党的组织，掌握基层政权，开设“山林医院”、被服厂、修械所，建设比较巩固的后方基地。

在完成上述任务中，便衣队随着斗争形势的发展变化，改变了到白区“打粮”和对地主豪绅既要钱又要命的做法。在红二十八军，各地方党组织和便衣队普遍实行了税收政策，以征粮代替“打粮”，对地主采取以罚代杀，酌情罚款、罚物，只要他们交齐款物，并保证不替敌人干事，不危害群众，就开给证明，不再征粮征款，予以保护。对联保主任、保长等敌基层政权人员采取打击与争取相结合的方针和区别对待、分化瓦解的政策策略，使得一部分联保主任、保长表面上为敌人效劳，实际上按便衣队的意图办事，成为“两面政权”。对俘虏不搜腰包、不打骂、不侮辱，集中教育后，发给路费释放，愿当红军者分到连队不歧视。这些正确的方针和政策策略，孤立打击了少数，争取团结了多数，分化瓦解了敌人，是坚持鄂豫皖边区三年游击战争并取得最后胜利的一个重要因素。

便衣队通过打土豪或规定地主缴纳一定数量的现款和粮食等途径，筹集经费和粮食，请基本群众到敌占区购买粮食和生活用品，以供军需。鹞落坪便衣队还曾在包家河、青天畈、沈家桥等地开设红军地下商店，红军出钱群众办，经营红军需要的油、盐、布匹、电池、药品等。三年间，便衣队向红二十八军提供了大批现款和相当数量的粮食、布匹、鞋子、药品、雨伞、毛巾等物品，有力地支援了主力红军。红安县委和中心县委的20个便衣队，还负担救援鄂东北老苏区的重担。他们到附近筹粮，通过地下党和基本群众到敌占区购买生活用品和药品，夜间送进山去，或通知后方的同志下山来背，使老苏区的后方机关和医院，在敌人的反复“清剿”中能够坚持下来。

便衣队是鄂豫皖边区的党和红军的一大创举，在三年游击战争中取得了很大的发展，便衣队建立的游击根据地，成了主力红军的后方，对坚持三年游击战争起了重大作用。

四

三年敌后游击战争中，红二十八军得到鄂豫皖边区人民的全力支援，这是取得最后胜利的重要保证。

人民群众踊跃参加红军，投入保卫鄂豫皖边区的人民游击战争。黄冈地区有400多名青年参军，先后组建了两个战斗营，成建制地编入红二十八军。灵山便衣队先后组建了十几支小游击队，为红军输送了成百名战士。信阳县周塘埂、黄家湾一带有40多名青年参加了鄂东北独立团。据不完全统计，三年中参加红二十八军和各地游击队的青年，在2000人以上。许多地方出现了父送子、妻送夫的动人情景。人民群众踊跃参军，使红二十八军和地方部队不断得到兵员补充。

边区人民虽然缺衣少食，生活极其艰难，但仍把仅有一点粮食和衣物，拿出来支援便衣队。敌人为了割断便衣队与人民群众的联系，大搞“移民并村”，把群众圈禁在移民村里，下地劳动时只准带仅够一人吃一餐的食物，还派武装监视。群众无法与便衣队直接联系，就把身上的衣物和自已吃的干粮放在比较隐蔽的地方，让便衣队夜间来取走食用。

1937年4月敌人大规模“清剿”时，不少地方的便衣队员和伤病员被围困在山林里，当地群众想方设法上山送饭，护理伤员。潜山一个便衣队只剩下三人，当时正值青黄不接，便衣队员弄不到吃的，只得爬到围子旁边，用小砖头丢到群众房上联络。群众知道便衣队来了，尽管受到敌人的严密监视，还是不顾危险地悄悄打开窗子，用绳子把食物吊下来给便衣队。不少便衣队员在遭到敌人“清剿”、处于最困难的时候，就是靠人民群众用各种巧妙的办法支援，才能够生存下来，继续坚持斗争的。

边区人民经常冒着生命危险掩护红军伤员和便衣队员，有的甚至献出了宝贵的生命。红军伤员分散住在群众家里，群众精心护理，胜过亲人。他们宁肯自己挨饿或吃野菜野果，也要设法给伤员弄点大米、白面吃，甚至将家中仅有的下蛋母鸡杀了炖给伤员吃，以增加营养，使伤病员早日康复。将军山便衣队安置伤病员在群众家中，碰到民团清乡查问时，媳妇即以“这是我的丈夫”来进行掩护。敌人“清剿”前，群众白天把伤员背上山，藏在隐蔽的山洞里，以避开敌人的搜捕，晚上再背回家里调养。红安三区便衣队在一户群众家中存放了100多支枪和一些银元，有一次三个便衣队员正在楼上休息，碰上两个叛徒带领民团来搜查，这家男子外出刚回家，挺身上前让民团抓走，并用暗语告诉他妻子赶快叫便衣队员带上枪支和银元转移。敌人明明看见便衣队进了光山县夏青区的一个村子，就是搜查不出来，原来是一位木匠将便衣队员藏在他家床边马桶下的一块石板盖的地洞内，别动队抓了村里20多人，当场杀死三人，逼问便衣队藏在哪里，群众宁死不屈，无论是大人小孩，什么都没有说。有一次敌军在长岭岗搜山，贫农曾少山带着全家和红军伤员隐藏在山洞里，当敌兵正在山上搜寻时，曾少山的孩子突然惊哭起来，为了掩护伤员，他毫不犹豫地掐死了自己的孩子。像这样可歌可泣的动人事迹，是举不胜举的。

鄂豫皖边区人民的全力支援，是坚持三年游击战争并取得最后胜利的坚实的群众基础。

1937 年 7 月下旬，红二十八军根据党中央文件精神，同国民党豫鄂皖当局进行了和平停战谈判，并达成了协议。8 月，红二十八军各部队和鄂豫皖边区党组织及其所领导的地方部队、便衣队，陆续到黄安县七里坪、两道桥和礼山县宣化店、黄陂站一带集中整训。11 月份全部集中完毕，共约 1800 余人。

1938 年 2 月下旬，红二十八军和鄂豫皖边区党组织及其所领导的地方部队、便衣队，与豫南的兄弟部队改编为国民革命军陆军新编第四军第四支队，3 月 8 日奉命东进，踏上抗日征程，担负起新的历史重任——东进皖中、皖东创建敌后根据地，成为该地区的一支抗日主力军。

选自中国人民解放军历史资料丛书编审委员会编：《南方三年游击战争·鄂豫皖边游击区》，解放军出版社1992年10月第1版，第85—93页。

林维先，1912 年生，安徽金寨人。1929 年参加中国工农红军，1932 年加入中国共产党。南方三年游击战争时，任红二十八军军部参谋，红二十八军特务营营长，第二四四团二营营长、一营营长、副团长。新中国成立后，曾任华东军区公安部队副司令员、浙江省军区司令员、南京军区副司令员兼参谋长、武汉军区副司令员，第二届、三届国防委员会委员，中央纪委检查委员会委员等职。1955 年被授予中将军衔。1985 年在武汉逝世。

詹化雨，1911 年生，安徽金寨人。1929 年参加革命，1930 年加入中国共产主义青年团，1931 年参加中国工农红军，1932 年转为中国共产党党员。南方三年游击战争时，任红二十八军手枪团分队长、团长。新中国成立后，曾任解放军总参谋部测绘局政治委员，西藏军区副政治委员，福州军区副政治委员、顾问，政协第五届全国委员会委员等职。1955 年被授

予少将军衔。1984 年在福州逝世。

李世安，1915 年生，安徽六安人。1929 年参加中国工农红军，同年加入中国共产主义青年团，1932 年转为中国共产党党员。南方三年游击战争时，任红二十八军手枪团中队长。新中国成立后，曾任中国人民志愿军空军政治部副主任，中南军区空军政治部主任，广州军区空军副政治委员，福州军区空军政治委员，中国民用航空总局政治委员，解放军空军顾问，政协第五届、六届全国委员会委员等职。1955 年被授予少将军衔。1996 年在北京逝世。

汪少川，1915 年生，安徽金寨人。1929 年参加革命，1931 年加入中国共产党，1932 年参加中国工农红军。南方三年游击战争时，任红二十八军皖西便衣队队长、中共黄冈中心县委书记等职。新中国成立后，曾任江苏省军区政治部主任、陆军第三十一军政治委员、建筑工程部常务副部长兼政治部主任、交通部副部长兼政治部主任，政协第六届、七届全国委员会委员等职。1955 年被授予少将军衔。2002 年在北京逝世。

万海峰，1920 年生，河南光山人。1933 年参加中国工农红军，1935 年加入中国共产主义青年团，1937 年转为中国共产党党员。南方三年游击战争时，任红二十八军勤务员。新中国成立后，曾任中国人民解放军第二十四军团长、师参谋长、副师长、师长、副军长、军长，北京军区副司令员、副政治委员，成都军区政治委员、党委书记，中共中央委员，中共中央顾问委员会委员等职。1988 年被授予上将军衔。

忆红二十八军的主要战斗情况

林维先

1934年11月，红二十五军离开鄂豫皖根据地进行战略转移后，留在根据地的两支主力武装鄂东北独立团、皖西红二一八团，根据鄂豫皖省委临行前的指示，于1935年2月3日在安徽省太湖县凉亭坳合编成立红二十八军。从此，这支红军主力在鄂豫皖边区广阔的土地上，在人民群众的支持下，坚持斗争，与数十倍于已的国民党军队作战，取得了一个又一个战斗胜利。

1934年，我曾在红八十二师任师长，由于受“左”倾错误路线的影响,我被无故怀疑为“改组派”,并撤了我的职,到“生产队”当挑夫。红二十八军成立不久，国民党就觉察到大别山区革命武装又逐渐扩大的影响和威胁，立即调三个师从霍山、立煌、太湖方向向凉亭坳一带合围而来。初建的红二十八军在强大的敌军追击中，不能立足，被动转移，几次战斗失利，在这困难的时候，高敬亭要我担任特务营营长。

一、桃岭战斗

到特务营后，连队的基本情绪是对当前打一阵退一阵的情况不满，求战心切。战士们喃喃咕咕地说：“老是打一阵退一阵，退到什么时候？”“只有支付，没有收入，这叫什么打游击！”有的同志干脆提出来：“痛痛快快地打仗，拼了也好。”各种意见都有，但意思只有一个：与敌人摆开来打，有敌无我，有我无敌。

军师领导理解战士们的求战心情，但他们重点考虑的是“机会”，如何选择一个好的时机打击一下国民党追敌的嚣张气焰。1935 年 4 月 20 日，红二十八军转移到潜山县汤池畈附近的桃岭，桃岭主峰马家畈，高达 600 多米，地势陡险，东有伏龙寨，西有赵胡尖，形成了天然的通道。山下是来榜河，蜿蜒流过，河前一片田畈，长十来里。

中午，敌二十五路军跟上来了，我军急忙越过来榜河，顺着迂回的石板小径，攀上山岭。小径的右边是悬岩断壁，左边是深涧，越往上走，山路越险。我回头一看，山下，来榜河的对岸，灰蓬蓬的一大片敌人，横七竖八地散在那里，大概是累“熊”了，正在休息。

敌人休息，我们也抓紧时间休息。两个多月的不断奔波，同志们脚上满是水泡，我坐在石板上看到通讯员小克脚板上的水泡像蜂窝一样，挑着、挑着，他不耐烦了，猛地站了起来，咬紧牙关，狠狠地在地上跺了几脚。望着年龄才 16 岁的小克，我又是心痛又是喜欢。“小克，不要斗气。”他反问：“营长，我们像这样要跑到什么时候啊？还不如跟敌人拼了。”突然，师部通讯员小望江通知我，要我去开会。

赶到“会场”，人都到齐了。年轻的师政委方永乐正拿着望远镜向山下观察，少许，他放下望远镜，左手画了半个圆圈，“老规矩，敌人又是先来一个团，这地方真好。”

军政委高敬亭右手紧握拳头向下狠狠一砸：“打！”

“同志们，这一仗关系重大。打好了，不仅可以提高部队的战斗情绪，更重要的是为建立根据地创造条件。如果打不好……不！一定要打好！”军政委肯定地说。

当即区分任务，特务营担任正面阻击，坚决扼守山坳口；二四四团（欠三营）和手枪团隐蔽在南侧山凹部，待机向敌后出击断敌退路；

二四四团三营为预备队，配置在西南侧。各部受领任务后，立即作战斗准备。

追敌是国民党第二十五路军九十五旅一九〇团，他既是九十五旅的主力，也是二十五路军的“王牌”。其团长十分骄狂，一营营长乜士信，二营营长苏桂攀是他得力的哼哈二将，他们对我追击几天，误以为我军怯战，虽疲惫不堪，却紧追不舍。

我回到营里，战士们似乎早知道要打仗了，有的在擦枪，有的在霍霍地磨刀。我传达战斗任务后，战士们个个精神百倍，笑逐颜开。

二连在雷文学连长的指挥下，紧张地进行战前准备。身材魁梧的雷文学陪我检查阵地。一个调皮的战士向我眨眨眼睛说:“营长，你瞧瞧，这是给敌人准备的点心，桃树岭的土产——石头‘蛋’，吃了这，保管送他上‘西天’。”一句话逗得大家哄笑起来。

我站在山坡上瞭望，见敌人像一条长长的蛇在山下蠕动，穿过来榜河，从田畈上慢慢地向山脚爬行，距离愈来愈近，一切看得更清楚了：拿刀的、提枪的、扛炮的、骑马的，大摇大摆，神气十足，竟连侦察兵都没派一个。

阵地上一片宁静。

敌人愈爬愈近，前面几个说话的声音都能听得到了，我大喊一声：“打！”枪声、手榴弹声，响成一片，前面的敌军一片片应声倒下，后面的还一股劲向上冲，他们可能是认为我们又是老打法，打一阵会撤走的。

几次进攻，都被我猛烈的火力揍回去了。敌人以为我军全部主力在山上，进攻暂时停止。一个军官模样的家伙骑马向后奔，在一群马旁停下来，和另外一个骑马的胖军官嘀咕什么，从战斗位置可以断定，他们是营长——也许是那哼哈二将吧。于是我对二连长说：“找两个射击技术高的同志，狙击那两个家伙！”

那两个家伙嘀咕一阵后，又跑回原地，立刻对我开始强攻。炮弹像闷雷在身旁爆炸，轻重机枪子弹暴雨般倾泻在我军阵地前沿，硝烟弥漫，乱石飞迸。在炮火的掩护下，敌军在指挥官的督促下向山上爬，他们爬一阵，停一会，好像是刚吃过苦头，接受了一点教训。快接近阵地时，敌人的炮击停止了，我营全体指战员如猛虎扑食，冲入敌群，展开了一场激烈的白刃战，喊声杀声震天动地，十多分钟，敌人缩回去了。

利用战斗空隙，我到各连阵地巡视一下。有的在补修工事，有的在拨弄着刚缴来的枪。这时师部通讯员小望江向我飞奔而来，他传达了师政委的指示，要我们再坚持半个小时。

敌人又进攻了，他们在督战队的威逼下，潮水般地向上涌，抢占岭下距阵地不过百多米的一块小高地。如果小高地丢失，我军阵地将受到很大的威胁。我向二连奔去，让他们坚决控制小高地！二连向小高地集中火力，刚冲上去的敌人还没站立脚跟，便倒在高地上，但后面的敌人一个劲向上冲，也集中火力向我二连反击，小高地终于被敌人占领了。这时，二连战士们的子弹打完了，手榴弹也只剩下几颗，大家端着刺刀，抽出大刀，抱着石头，还有几个拿着粗树枝，等待敌人接近。形势对我不利。

敌人发现我们子弹打完了，叫嚣着："冲啊！捉活的。"

"杀！"我猛喊一声，带着战士们冲出阵地，与敌人展开一场激烈的白刃战。大刀像风车一样转动，金属的撞击声交织着敌人的惨叫声，刺刀卷刃了，用枪托打，大刀砍缺了，用石头砸，在这场搏斗中，同志们用生命和鲜血保住了阵地。敌人溃下去了。

太阳已偏西，阻击战已持续了近两个小时，按照预定步骤，师政委带领的主力部队应该在山腰间打响，可我向北望去，还不见动静。

"营长，你看！"一个战士突然喊了一声。我朝他指的方向看去，心里不由得一惊：一群敌人已从我们右侧松林里绕过来，一挺机枪在离我 20 米左右的小山包上架起，我迅速举起驳壳枪，可是没打响，原来子弹打完了。在这千钧一发的关键时刻，机枪右侧，忽然跳出一个人，双手举起一块石头向那架机枪的家伙砸去，只听“啊”的一声，石头“蛋”送他上了“西天”。与此同时，战士们扑上去，同敌人厮杀。突然，山腰里响起了枪声，我朝前一看，是我二四四团在敌人的侧后打响了。

我兴奋地叫了起来：“师政委带队伍来了！”全营指战员高喊杀声与敌搏斗。敌人遭到前后夹击，溃不成军，开始逃窜。我们的狙击手瞄准两个正骑上马准备逃命的军官，“砰、砰”两枪，把他们打翻在地。此时，我手枪团也已从桃岭西北侧迂回到敌侧后，将敌分割数段。在我夹击下，将敌两个营全部歼灭，哼哈二将乜士信被击毙、苏桂攀被击伤。敌人丢下的枪支、弹药遍山都是，我们用它装备了自己。

等到敌九十六旅一九二团赶来增援时，我早已休整完毕，离开桃岭40里了。

桃岭战斗的胜利，使蒋介石企图三个月消灭红二十八军的计划破产了。但是，我军被动局面仍没有摆脱。

二、三里坪战斗

1935年4月24日，蒋介石急电豫鄂皖剿总，催促迅速消灭红二十八军。故国民党在边区重新部署了两个月的“清剿”计划，并将鄂豫皖边区划分为三个防区，分片“驻剿”，追堵结合，总兵力十几个师，重点“清剿”区域在霍（山）潜（山）舒（城）太（湖）边界。这里有刚建立的皖西特委和特委领导的二四六团，也是红二十八军主要的游击根据地。

获悉敌人将进行两个月的“清剿”消息后，高敬亭将红二十八军带至霍山县黄尾河与皖西特委会合；并在这里召开会议，决定红二十八军离开鄂豫皖边区，前往豫南桐柏山，寻机与红二十五军会合。

会后，主力向北行进，经六安、霍邱、固始边界，进入商城三里坪北侧。河南省保安团一个大队向我扑来，我带领特务营展开阻击。我军本不恋战，但视敌孤军冒进，地形对我也有利，遂即定下决心，歼灭敌人。手枪团插敌侧后，断敌退路，阻敌增援；二四四团（欠三营）沿老湾向前榨子凹西南侧进攻;三营为预备队,军指挥所设在上毕稻场南侧。

我带领特务营占领有利地形后，敌保安团也占领了三里坪东北角的高山，但迟迟不发动进攻，只是不停地用机枪盲目地向三里坪方向扫射，子弹从我们头上飞掠而过，吓得停在树上的乌鸦惊噪乱飞，老百姓四处躲藏。

敌人闹腾了一会，看不见我军的人影，大概以为我们全部撤走了，才壮着胆子，以一个营的力量向三里坪进攻了，他们挥舞刀枪，大喊大叫："冲呀！杀呀！"为了捞洋财，争先恐后向三里坪冲来。谁知，我们三连没有沉住气，不等敌人完全进入火网就打响了。敌人突然发现有伏兵，慌张地向后撤退，拼命抢占了大路边的小山，几挺机枪同时向三连开火，一下压得三连抬不起头来。我心想，糟了，没有吃到敌人，反被他咬一口，急得我两眼直冒火。

"我去！"雷文学望着我，他愤怒的两眼，挣得滚圆。额头上的青筋暴出，嘴里出着粗气，拳头捏得紧紧的。我望着他，他愤怒的眼神变为恳求。别看他是个"大炮"，打起仗来，点子还是很多的。此时，正需要勇而有谋的干部。于是，我同意了。

他带着一个加强班，躬腰沿着田坎绕到敌人背后，悄悄地爬上埂头。山头的敌人只顾前面，没有料到有人抄他的后路。雷文学他们慢慢地接近敌人，猛然，一起扑上去，在距敌 30 米处，一排手榴弹向敌人劈头盖脑地打去，尘土伴着爆炸声飞扬，顿时几个敌人翻倒在地。"缴枪不杀"的吼声，震得敌人呆若木鸡，没等醒悟过来，雷文学带领的一个班已出现在敌面前。这时，敌人的机枪失去了作用，便拿起刺刀妄图作垂死的挣扎。搏斗中，敌人向山坡下撤退，不偏不倚，落进我们一、二连构成的火网里。

敌后续部队，眼看前卫中了埋伏，急忙摆出一副增援的样子，其实在那里磨磨蹭蹭,裹足不前。落入我包围中的敌人东撞西突,挣扎翻腾，力图撕破火网逃命。

“坚决消灭他，决不让一个漏网！”我指挥着一、二连收拢火网。

此时，敌后续部队大概摸清了我们人数不多，也壮着胆子向我们阵地接近，企图夺取我三连阵地。弹雨从侧背后落在阵地上，三连已面临腹背受敌的危险。眼看到手的猎物将被劫走，我急了起来。正在这关键时刻，敌人的增援部队突然像雪崩似的垮了下去，一队人马从敌侧后杀来，似神兵天降，敌乱作一团。这是年青的师政委的杰作，他是一个出色的指挥员，善于捕捉战机，大胆果断，出奇制胜。

我高喊一声：“同志们冲啊！”

战士们似猛虎下山，扑向敌人。敌增援部队遭我主力进击，丢下他的前卫营，只顾自己逃命。被我包围的敌人更是无心恋战。在我特务营的打击下，死的死，伤的伤，降的降，无一漏网。

打扫战场，我们缴获了机枪五挺，长枪 180 余支。于是，我们丢掉老套筒、老毛瑟，换上了“湖北条子”——汉阳造。兄弟营的同志们都为特务营换装而高兴，用羡慕的口吻说：“你们特务营这次发财了！”战士们乐滋滋，部队一片喜悦。

部队继续向桐柏山挺进。在通过罗（山）光（山）至经（扶）麻（城）封锁线时，特务营为前卫营，掩护主力通过封锁线。在这次战斗中，我的腹部受了重伤，被留下由便衣队照顾养伤，部队继续西进桐柏。

三、重伤独五旅

1935 年 5 月 22 日，红二十八军越过平汉铁路，经应山、随县，向桐柏山区转移。28 日晚抵泌阳县五道岭，始知红二十五军在陕南活动，接着准备去陕南。29 日出发前遇东北军堵截，后敌追兵也逼近。在这关键时刻，红二十八军领导人采取果断决定，重返鄂豫皖，坚持游击战争，这是红二十八军在三年游击战争中一次重要的转折点。

部队东返经过光山长岭岗时，我不等伤好就归队了。离开特务营虽只有一个多月，但似乎觉得时间很长很长，我非常想念战友们。回到营里第一件就是看望各连战士们。从排头到排尾，又从排尾到排头，好几个熟悉的面孔不在了，陌生的面孔增加了。我感到有一种不祥之兆，回过身问三连长，他低着头悄声告诉我，他们在杨万店、灌子沟战斗中牺牲了……一阵悲愤涌上心头。报仇！一定要报仇！

国民党独立五旅在桐柏山、灌子沟遭到我军打击后，好像学乖了。我军在光山、商城之间游击，意在寻找机会再歼独五旅，可它老不上钩，我们走，他跟在后面追；我们停，他宿营，总保持一定距离。我军几次设伏都没成功。军领导改变策略，决定采取激敌、恼敌、诱敌的办法歼敌。

敌独五旅旅长郑延珍在二十五路军里，虽然号称“勇冠三军”，但志大才疏，还有一股牛脾气，梁冠英当然知道他的部下，勇有余，智则不足。因此他再三告诫郑延珍：高敬亭老谋深算，方永乐机智善变，两人加在一起，相得益彰，很难对付。指示郑延珍：“行事不宜急躁，以防匪奸计”。梁冠英的这些指示虽然使郑延珍几次避免了被我军伏击的危险，却更增加了他心中的怒气和怨气，寻我军决一死战的心情也就更急切了。高敬亭同志根据这一情况，首先使用了激敌、恼敌的策略。

这天，我军刚到光山县东南角的高陌店，便衣队送来情报，说东北军的一〇九师六二七团从斛山铺出来“堵击”。我们决定抓住六二七团狠揍一顿，看你郑延珍的“追剿部队”来不来“追剿”。

从高陌店到斛山铺不过二三十里路，但地形复杂，我们就利用这有利的地形，主动迎了上去，从两侧迂回，放过他的前卫，打他的腰部和屁股。我营的任务是打敌人的“腰”，负责解决敌人的团部。师政委方永乐同志亲自来我营作布置动员，他说：“一定抓住六二七团，狠狠地揍，看郑延珍这只老狼上不上钩。”

夏日的骄阳像一团火似的在天空燃烧，我们挥汗向敌人来路方向迂回疾进。约莫走了七八里路，左侧的大路上，出现了敌人的尖兵。一会，敌人的大队人马来了，成两路纵队。队伍中间，两个军官模样的人，一胖一瘦，骑着高大肥壮的战马，一前一后，相随而行。我估计这一定是他们的团长、副团长，便轻声对雷文学说：“先把这两个家伙干掉。”雷文学伸手一枪，走在前面的一个胖家伙倒下马来。随着枪响，一排战士如风驰电掣，冲向敌人，其他战士随即投出一排手榴弹，爆炸声与喊杀声并起，硝烟与尘土齐飞。行进中的敌人，猝不及防，一下被斩成数段。他们还没来得及组织抵抗，屁股后面又遭到了我主力部队一营和手枪团的猛揍。顷刻之间，枪声杀声响彻云霄。敌人班不成班，排不成排，活像无头的苍蝇乱碰乱撞，非死即伤。我们正准备打扫战场，收拾残敌，师部送来了命令，要我们迅速撤出战斗，向斛山铺东北方向的赛山寨转移。我知道，一定是独五旅跟上来了。

果然不错，正当我们在斛山铺同六二七团激战时，独五旅的旅长郑延珍，以为有机可乘，命六一三团快速前进咬住我军，命九十四旅的一八七团带着六一四团的残部从左翼，他自已亲率六一五团从右翼，迂回合击我军。

6 月 14 日，我们且战且走，故意把独五旅往赛山寨引。赛山寨不太高，但山势陡峭，树林茂密，山路狭窄，易守难攻。敌人怕中我埋伏，到了山脚下，不敢贸然进攻，只是用火力侦察。我们不理睬敌人，隐蔽在山上，吃饱了干粮，喝足了水，休息得差不多了。除了留下手枪团一分队外，其余的同志向紫龙潭继续转移。敌人用火力侦察约半小时，我们始终没有还击。敌人摸不清我军的虚实，只好派一个排的兵力上山搜索。谁知顺着蜿蜒盘陀的山路，刚刚上到半山腰，即被我埋伏的手枪团一分队咬住，战斗一打响，敌人搜索排报警呼救，郑延珍派大队人马增援。可是，等他的增援部队扛着笨重的武器，拖着沉重的脚步，在烈日的曝晒下，气喘吁吁地奔上山来，我手枪团一分队早已远走高飞，无影无踪，留给郑延珍的只是敌人的二十几具死尸。

傍晚，我们到达紫龙潭，没多久，手枪团一分队也胜利而归。大家分外高兴，都说赛山寨一仗打得干净利落，歼敌虽不多，却击中了郑延珍的鼻梁，他不晕头转向也要火冒三丈。

果然，郑延珍十分恼火，但他还没有忘记梁冠英给他的“行事不易急”的指示，派六一三团跟踪“追剿”。等六一三团追到紫龙潭时，已是第二天的拂晓了。同志们都说，紫龙潭的地形很好，可以打个伏击。师政委方永乐同志说：不行，郑延珍的牛脾气还没有发作，要再戳一次他的鼻梁。于是我们又留下手枪团一分队，其余的部队跳出了紫龙潭，向南撤走。

敌六一三团到了紫龙潭，的确接受了教训，小心谨慎了，不再是搜索队远离大队了，而是大队人马紧跟在尖兵的后面。他们翻了一个山头又一个山头，从涧底到岭表，从岭表到涧底。两三个小时过去了，没有发现红军的踪影，以为平安无事了。便翻上一个绝壁，准备出紫龙潭。尖兵上去了，大队人马上去了，最后只剩下后卫和辎重。这时我手枪团一分队好像从天而降，突然截住了六一三团的后卫和辎重。

这一棒子又敲到郑延珍的鼻梁上了。郑延珍再也沉不住气，牛脾气发作了，忘记了梁冠英给他的指示，拼命要找红二十八军主力决战，却发现我军主力不知去向。

连日来太阳火毒，天气暴热。正当郑延珍四处寻找我军主力时，我偃旗息鼓，严密地封锁消息，隐蔽在塍家堡附近休息。6 月 18 日，同志们的体力得到恢复，师政委又作了政治动员，人人精神抖擞，准备战斗。敌独五旅却被拖得疲惫不堪。这时，我们故意暴露目标。

郑延珍发现我们在塍家堡，驱使独五旅六一三、六一五团，昼夜兼程，马不停蹄地赶来。敌兵们又饥又渴，苦不堪言。据便衣队的同志报告，一路上热晕热死的就有几十人，这正是我们歼灭敌人的好时机。可是师政委并不在塍家堡设伏，要部队伪装“逃窜”的样子，向殷家园撤退。

殷家园在塍家堡西北约15华里，是大别山区的腹部，山峦层叠，奇峰攒簇，山径盘旋于奇峰怪石之间，逶迤穿插于松林之中。在这样的地方行军，我们都感到够累的，敌人更是可想而知了，一个个下气不接上气，骂不绝口，怨声载道。

军师首长抓紧时间作战斗部署。手枪团和二四四团一、三营在段水山、铺儿山南侧展开，占领有利地形，隐蔽待敌；特务营配置在毛家坳南侧；二四四团二营为预备队，隐蔽在铺儿山附近；军指挥所设在铺儿山东北侧。下午3时许，敌六一三团在左，六一五团在右，成后三角队形进至我阵地前沿，遭到我居高临下猛烈火力杀伤。有趣的是，当敌六一三、六一五团中了埋伏，团长曹兴文向郑延珍告急时，郑延珍的牛脾气更大了，他派督战队督战，不准后退一步，又驱赶后续部队到殷家园来增援。虽然我们占据了有利地势，以逸待劳，但敌人多我数倍。因此，我们同敌人恶战了六个小时，冲锋肉搏无数次，才将独五旅完全击溃，击伤了六一三团团长曹兴文、营长李子纯、付秉歧、参谋长刘长荣，歼敌200余人，缴枪100余支。

四、夜袭花凉亭

1935年7月1日，我军到达太湖县店前河，与皖西地方武装会合。军政委高敬亭主持召开了营以上干部会议，提出了“敌情不明不打，地形不利不打，伤亡过大不打，缴获不多不打”即“四不打”作战原则，会后，对部队进行了调整，主力到潜山、太湖、霍山一带同敌周旋。

会后不久，我由特务营调至二营。二营随主力行动，担任后卫。8月13日晚，行军途中，突然从前面传下来口令：部队靠边休息，营干到前面开会。

“为什么要在这里开会？部队的行动方向要改变？”距开会的地方还有一段路,我边走边想。因为离开老苏区久了,我很想回老苏区看看，回到熊家河、金岗台去看看。

有几个同志蹲在路边，轻声笑语正说得上劲。我凭借淡淡的月光，一眼看到师政委方永乐同志在人群中间。几个月来，他带着部队转战桐柏，驰骋敌后，在风里雨里受过了多少饥饿寒冷的折磨，熬过了多少不眠之夜。但是，他却随着红二十八军的成长，而更加健壮了。我叫了一声：“政委，开什么会？”一营长打趣地说：

“你来迟了，没有你的任务了！”

“什么任务？”我说。

“打花凉亭！”

“打花凉亭？”我感到十分意外，不相信地问师政委：“真的吗？”“你别急，我们先研究一下。情况是这样的。”师政委平静地说：“敌一九五旅三九〇团一个营由流波疃进驻花凉亭，‘堵剿’我军。花凉亭之敌距诸佛庵、霍山等据点较远，系孤立之敌，同志们考虑一下，要不要打？”

我们都蹲在路边，考虑当前的敌情，敌独五旅被我打垮后，二十五路军的凶焰是低了三丈。在皖西，主动权操在我军手中，可是进攻固守在据点的敌人，还是头一次，说实在话，心里免不了有些胆怯。8 月的天气，本来很热，这时热得更加难受。我脱下军帽，揩去额上的汗，又当扇子拿在手里摇。同志们都没有作声，好像期待着什么。忽听得师政委说：

“我们红二十八军自成立以来，还没有打过敌人的据点，敌人总是过低估计红军的力量，认为我们只能野战，不能攻坚。今天我们利用夜暗，出其不意，攻其不备，敌人只一个营，我们是四个营，再加上手枪团，兵力占绝对的优势，消灭敌人是有把握的。另外，打花凉亭能调动诸佛庵、流波疃的敌人，我们就可以乘机穿过霍山至大木口的封锁线……”

“不过，打花凉亭也不是轻而易举的事。”

“怎么打呢？”有个同志担心地问。

“你们捅过马蜂窝没有？”师政委双手做了一个“捅”的姿势。“我小时候放牛，喜欢干这玩意，偷偷地跑上去，一棍子就把它捅掉。”

“你是说偷袭与强攻相结合！”这是一营长的声音。

“对！正是这样。”师政委肯定地说，“敌人躲在碉堡、工事里，我们没有重武器，只能发挥我们的特长，偷偷地扑上去，狠狠地给他一下。”说到这里，他又半开玩笑地说:“千万小心啊，不要马蜂窝捅不掉，让它刺你们几下可不好呀！”

我们笑着回答：“师政委放心，刺不着的。”

花凉亭在霍山通往英山的大道上。一营和手枪团是我军主力，负责攻击敌人的主阵地——花凉亭集镇。我们二营负责攻取大路西边的山头，得手后配合一营侧击敌人的主阵地。三营为预备队。战斗发起前，师政委袒露着左臂，臂上缠着白毛巾，左手倒提大刀，同志们都按照他的样子，袒露左臂，上好刺刀，作好战斗准备。

大路边，山脚下的大小树枝都叫敌人砍断了。树的下半段留下人把高，翘然直立，如同梅花桩；树的上半截，干树枝横地睡满一地，树干树枝参差重叠。显然，敌人是怕我进攻，故意筑成一道“木城”，来加强他们的防御。我们必须通过“木城”，才能接近敌人阵地。用什么方法来攻“木城”呢？最好的办法当然是火攻。来一个火烧赤壁，一把火烧他娘的。可是不行，敌人的阵地在山顶上，火虽然可以烧毁“木城”，却烧不着敌人，还给敌人报信。我在“木城”外边仔细观察，寻找一条比较容易穿过的道路。在月光下，可以清楚地看到，树干、树枝和荆条构成的“木城”，有几十米宽，密密层层没有一处可以落脚。时间不等人，于是我把心一横，命令营部通讯班，排除障碍前进。

通讯班杨班长是个勇敢的小伙子。他方脸阔阔，浓眉大眼，腰圆体壮，绰号叫“二郎神”。在我观察“木城”时，他在旁边早已等得不耐烦了，听到我叫排除障碍，他就弯腰伸手搬树枝，突然双手触电似的缩了回来，左手紧捏右掌，鲜血顺着手掌往下淌，嘴里丝丝地吸气。我一看，他的手掌被荆条上锐利的刺扎破了，他忙撕了一块布条，把受伤的手掌包扎好，就抽出大刀，不顾一切往荆条上砍去，我忙轻声地喝道：

“砍不得！”

他举着刀，愣头愣脑地问：

“怎么啦？”

“敌人就在山顶上，你叮当一砍，替敌人报信？”

“噢！”他拍拍脑袋，把刀往腰间一插，对通讯班的战士说：“同志们跟我来！”

杨班长好像忘掉了荆条上的锐刺，忘掉了手掌上的伤，不顾一切用双手拨开横在前面的树枝，用力搬掉粗大的树干。通讯班的战士，照班长的样，搬的搬，抬的抬，他们高一脚，低一脚，排除障碍，摸索前进。没有走几步，衣服被荆棘撕得稀烂，手脚被撕得皮破血流。硬是用自己的手和脚，为部队开辟了一条进攻的道路。我带着六连沿着这条路前进，也足足地走了十来分钟，才穿过“木城”，杨班长他们的艰难可想而知了。我心里不禁激动起来，如果不是临战前，真要拥抱他们，他们为我营夺取胜利创建了第一功。

山上的树木，敌人还没来得及全部砍掉，上山的路比较好走了一点。不一会，我们爬到了半山腰，这里是一块距顶峰不远的小平地，我命令大家停止前进。我伏卧在地上，抬着头，仔细地观察前面的山头。

月色如洗，秋虫唧唧，多么寂静的夜啊，前面的山上没有一点响动。敌人大概以为他们外有森严的“木城”，内有坚固的工事，等于睡在保险箱里，万无一失了吧！可是敌人的阵地在哪里呢？他们的火力配备怎样呢？东边，一声清脆的枪响，打破了夜的沉寂，紧接着又是两声枪响，机枪和大炮也跟着一起叫了起来。

一营和手枪团已经同敌人干上了。我们还没有发现敌人的火力点，心中不免有点焦急起来。猛然间，“哒哒哒……”一阵暴雨般的机枪子弹盖着我们的头顶打过来。敌人的来势好猛，差一点被他咬着。“我们的目标暴露了吗？”我自己问自己，又举眼向前瞅瞅，就在前面不远的山头上，吐着八九条长长的火舌。见到这情况，我不觉又高兴起来，真是踏破铁鞋无觅处，寻来全不费功夫。原来敌人的机枪阵地在这里！

我们还没有组织还击，敌人的机枪又一阵泼水似的扫射。又一个问题使我警觉起来，敌人在花凉亭不是只有一个营吗？为什么在这座山头上，摆着这么多的兵力呢？当六连长李世焱要求还击时，我说:“不行，让我再观察一下。”这时，一营阵地上的枪声，愈来愈激烈，我对当前的敌情更加怀疑了。但是为了不影响整个战斗，我下定了决心，首先突破敌人的机枪阵地，然后四面开花。此时，我们顾不得横飞的弹雨，抬起头来再仔细地观察敌人的火力点,寻找冲锋的道路。突然,“轰轰轰”，一串炮弹在我们身后爆炸，接着又是几颗炮弹落在身后，发出震耳欲聋的巨响。这是一个新的情况，我就轻轻地对匍匐在我身边的六连副连长和杨班长讲：

“你们看，敌人的枪弹不高不低，老是在我们头上尺把高的地方飞，炮弹也一串串落在我们身后，这是什么原因？”

“啊，我知道了，营长，你是说，敌人并没有发现我们，只是盲目射击。”

“敌人没有发觉我们，这是肯定的。”我说，“但也不是盲目射击，他们的目标是‘木城’周围。敌人一定认为他们有了‘木城’，再加上火力封锁,就可以把我们阻挡在‘木城’的外面了。但他们决没有料到，我们早已通过‘木城’来到他们鼻子底下了。”

“对，对，是这样。”六连副连长和杨班长几乎叫了出来。

“我们还是不要还击，不暴露目标的好，悄悄地摸上去，给他一顿手榴弹，把机枪阵地夺下来！”我说。

“让我去！”杨班长抢先回答。不等我许可，他就纵身跳起来，连跑带蹦往前蹿，没有跑几步，被敌人的机枪打倒。我急忙爬到他的身边，轻声地问：

“杨班长，挂彩了？”

“没什么，营长，擦破了一点皮。”他怕我担心，装着若无其事的样子，笑着对我说。用右袖管揩了揩脸上的血，又用刺刀把左袖管割下，包扎伤口。我看见他这个样儿，又是痛，又是爱，帮着他包好伤口，责备他说：

“你这个愣家伙，敌人的火力这样猛，能站起来往上冲？快替我下去。”

“营长，你看，六连副连长和通讯班的同志都上去了，我不能当逃兵。”说着，他又纵身跳了起来，向前猛蹿，赶上了副连长。在月光下，我看着六连副连长和杨班长他们慢慢地接近了敌人的阵地。突然，响起了手榴弹的爆炸声，黑色的烟雾在敌人的阵地上腾起，顿时两挺机枪被打哑。趁着黑色烟雾的掩护，他们又向敌人的阵地猛扑过去。我的心情依然十分紧张，因为这仅仅是夺取机枪阵地的第一步，如果不赶紧扩大战果，就有被敌人反击下来的危险。于是我大声疾呼：

“六连快跟上去！”

六连长李世焱带着六连冲上去了。

又是一顿手榴弹，火星飞爆，硝烟乱滚，在烟雾中敌人倒下去了一片。那些没有死的慌乱端起刺刀向我们冲刺。同志们抡起大刀，对着没有白毛巾标记的人，一顿猛砍猛杀。

我们同敌人混战在一起。猛然间，我发觉敌人愈战愈多，把我们六连和通讯班围在核心了。情况不对头，我完全可以断定，花凉亭的敌人决不止一个营。但此时没有别的办法，只有奋力拿下这个山头再说。我一面命令司号员吹号同四连、五连联络，一面带着六连左冲右突，从里向外打，敌人极力把我们向里压，一来一往，战斗拉锯似地进行着。情况越来越紧急，我不断鼓励自己:“坚持下去，坚持下去！”就在这时，四连、五连从两翼杀上来了。士气大振，月光下寒光闪闪，我们心中只有一个念头：夺下这座山头！真是一片土地一片血，战士们杀到哪里，哪里的人头落地;我们没有夜战的经验,敌人更怕夜战。没有几个回合，便把敌人杀得狼狈逃窜，尸横遍野，我们夺下了这座山头。

东边主阵地上，一营和手枪团同敌人正打得激烈。我正准备重新组织一下力量，侧击敌人的主阵地，配合一营拿下花凉亭集镇。小望江送来了师政委的通知：情况突然起了变化，在我军到达花凉亭前，敌人增加了一个团，加强了防御工事；我们一营刚摸上去，被敌人的排哨发觉了，几次强攻都没有得手。师政委指示迅速撤出战斗。我找一个俘虏问问，敌情果然与师政委讲的相同。

临撤退前，我们打扫了一下战场，整顿了一下队伍，发现通讯班的杨班长不在了。急忙寻找才知道他负了重伤,紧闭双眼,呼吸十分微弱。

“杨班长，杨班长！”

他从昏迷中醒来，微微地睁开了眼睛，无力地看着我。“营长，我再也不能跟着你战斗了……”他声音越来越微弱，却又那么扣人心弦，使我永远也忘不了。

这次战斗毙伤敌 200 余人，俘敌 100 余人，缴枪 200 余支。使我军摸索到了夜间攻坚战斗的初步经验。

五、妙道山突围

1935 年 9 月 13 日，我军由潜山县风树坳出发，经付家岭向北直插妙道山。岔道上草深盈尺，为了不让敌人发觉我军的踪迹，我们后卫部队又多了一个任务，就是要把踩倒了的草重新扶起来。这是一个相当艰难的任务，行军的速度自然就慢了下来。好不容易走完了这段岔路，前面出现了一条狭长的山岭，好像一把巨大的铡刀，砍在重叠的山峦上。岭犹如铡刀的刀背，背宽处不足 30 米，窄处只有几米，岭上寸草不生，岭的两边，是直刷刷的，峭壁悬崖。部队没有其他的路可走，只有走这条岭上的羊肠小道,左弯右拐,穿行而上。越往上走,山势越险陡。这时，部队出现了不利的情况，军政委高敬亭同志长期处在艰苦斗争的环境中，身体比较虚弱，患病睡在担架上。行动更加艰难、缓慢，阻塞了部队不能迅速前进。当我们扶起岔道上被踏倒的草，赶上主力时，他们还在吃力地翻越这条山岭。踩倒又扶起来的草，终于被敌人认出来了。敌三十二师九十五旅跟踪尾追，旅长高国钧亲自督战，令部队弃其辎重，蜂拥而至，妄图活捉高敬亭。这条既狭窄又险陡的山岭，既不能设伏，又不能隐蔽，为了主力部队和军政委的安全，我们只有严阵以待，准备同敌人拼杀。

敌人以为这一下我们被他咬住了，拼命地向我们冲来，狂喊乱叫："捉活的，抓活的！"

"妈的，做你娘的梦！"我愤然骂道。我命令六连坚决堵住敌人。六连连长李世炎、副连长邓少东带着全连战士，端着枪，咬着牙一声不响地瞪着敌人，仿佛要把自己的眼珠也变成两粒子弹，射向敌人。狭长的山岭对我们不利，对敌人就更不利了。我们居高临下，比敌人仰攻多少要占一点便宜。敌人第一次冲锋，被我六连打得尸体叠尸体。敌人也是够凶狠的，被我们打倒了一批，涌来一批，又打倒一批，又涌来一批，终于冲上了山岭。一场激烈的战斗在狭窄的山岭上展开了。一个敌人扭住我师部的副官厮打，一下把副官身上背的钱袋撕成两截，花花绿绿的钞票散在地上，被风一吹，好似蝴蝶在山岭上飞舞；雪白的钢洋，当当响地落在岭上，活蹦乱跳，同副官厮打的敌人，顿时眼花财迷，丢掉副官，苍蝇逐臭似地趴在地上抢钱。其他的一看，发财的机会到了，一拥而上，你争我夺，各不相让，真是要钱不要命。六连乘机一顿猛揍，打得敌人翻的翻，仰的仰，活着的只顾带着他们抢到的钢洋和钞票往岭下逃跑。这时，我主力部队和军政委高敬亭已经转移了，可是敌人有增无减，像蚁群一样聚集在岭下，看来敌人还有新的企图。不能再同他们纠缠下去了，我决定自己带着一个排留下来监视敌人，请营政委带着部队赶快转移！

我们在岭上的阵地，敌人势在必争。他们又重新组织力量向我们冲来，我们这一排人又同敌人拼杀了几次，伤亡不断地增加，子弹也逐渐地减少，敌人在右翼迂回的部队也冲上了山岭，退路被敌切断。我们也慢慢感到支撑不住了。敌人更加嚣张起来，大声叫嚷：

“红匪呀，看你们今天往哪里跑！”

我们不能再恋战了，必须赶快突围。然而，再沿着山岭走，无论如何是不行的，因为我们的两条腿跑不过敌人的枪子，等于当敌人的活靶子，怎么办？刹那间我想到，主力已经安全转移，现在即使是整个排都牺牲在这里，也是值得的。但又想，不，这是经过战火考验的一排战士，是革命的本钱，我要死里求生，把他们带出去，交给革命队伍。我一面指挥战士们准备继续抗击敌人，一面寻找撤退的办法。我走到岭边看着，再往上走，约50米处的悬崖微斜，估计20度左右。崖下二三丈处有一块狭长的平地，可以落脚。再往下，山低坡缓，我心里一动，从这里跳崖，也许是一条活路我便大声喊着：

“同志们，跳崖吧，不做敌人的俘虏！”

“同志们，跳崖吧，不做敌人的俘虏！”山和谷应，发出了响亮的回声，回声在我心中震荡。回身看看站在我身边的战士，有两三个同志脸上露出了难色。我知道，兵随将转。此时此刻是用不着说服的，只要自己先跳下去，同志们就会跟上来的。于是，我毫不犹豫地纵身往下一跳，我翘起双脚，让屁股顺着崖壁向下滑。我闭上眼睛，不知东南西北，只听得耳边风声呼呼，霎时间，感到屁股重重地碰了一下。我知道落地了，支撑起来，伸一伸脚，弹一弹腿，真是马克思在天之灵保佑，竟没有一点跌伤。突然间，听得一阵口号声，响彻山谷：

“红军战士不当俘虏！”

“打倒国民党反动派，共产党万岁！”

在口号声中，战士们一个接一个地跳下了悬崖。我急忙清点一下人数，还有十余人。不幸，师部的副官，因头部跌伤牺牲了。我带着这十多人，迅速钻进了山间的丛林。

六、加强连下平原

1936 年 1 月，撤销二营建制，我由二营营长调任一营营长。

一天，部队向太湖跃进，师政委方永乐与我同行，我们边走边谈，当谈到敌人最近“清剿”的情况时，我随便说了一句：“敌人搞我们的山区，我们去平原，搞他的后方。”他当时听了后未置可否。第二天宿营后，师政委把我叫到他的住处，对我说：“你昨天提的方案，我考虑了一下，认为很好。向老洪（即高敬亭）汇报后，他也同意，决定你亲自带一个加强连去！”2 月 20 日，从一营四个连各出一个排，加上师部交通队的短枪班，组成一个加强连，由雷文学担任连长。为了加强政治工作，师政委决定把交通队的詹楚芹调到加强连任指导员。

我们加强连同主力部队分手出发时，师政委依依不舍地送了我们一程又一程。我坚决请他留步不要再送了。师政委才抑制自己的感情，拉着我的手，语重心长地说：

“老林，要特别当心，既要把敌人调出山区，又不能让敌人咬着我们。要多动点脑筋，充分发挥我军机动灵活的特长，能打就打，不能打就走，不能同敌人硬碰硬。还有，那里的群众长期受敌人的蒙骗，不了解红军，说不定会给你们一点小麻烦。因此，你们还要拿出相当的力量来做群众工作，设法和地方党组织取得联系，把群众发动起来……”

我们从太湖县境向新州前进，走了一天一夜，穿过了几条封锁线。

跨过了罗田至浠水的公路，眼前豁然开朗，辽阔的平原无边无际地向前伸延，多么好的地方啊！不禁使我想起了“湖广熟，天下足”的谚语。然而，那干涸的湖港，淤塞了的渠道，那倒塌失修的堤坝，光秃秃的小丘，还有那草盛苗稀的田野，又怎能使人相信“天下足”呢？我的思想从山区驰向平原，又从平原驰回山区。山区与平原又有什么两样呢？如果说革命的烈火已经在山区燃烧，那么平原就是一堆干柴……

出了山，踏上了往团陂镇去的公路，准备从团陂附近横渡巴河，直奔新州。确如师政委所料，敌人后方空虚，我们一路上毫无阻挡。

黄碎石铺的公路，宽阔平展。但在山区抬脚爬山走惯了，乍到平原，真有点不习惯，整个身子不自觉地往前蹿。正要转入小路，我又想，为什么不走大道，这里红军没有来过，现在我们大摇大摆，不是正好麻痹敌人吗？退一步讲，就算让敌人发觉我们是红军，有什么关系？于是，我要同志们扛上枪，成一路纵队，把间隔距离拉大一点，真是浩浩荡荡，好像几百人的队伍。

团陂是个小集镇，距浠水，罗田县城都有几十里。该镇驻有湖北省商团一个排，系孤立之敌。我和雷文学、詹指导员研究的意见是首先混，混不过就打，于是决定冒充敌二十五路军的别动队。别动队是国民党的特务队，别的队伍见到他们，都要退让三分。我们借用他们的招牌，是最有利了。于是抽调了几个机灵的班长，与师部的短枪班组成临时的便衣队，干部的短枪集中起来，交给他们使用。由詹指导员带领，在前面开路！

团陂镇不大，在巴河的西岸。它的西南面有一座光秃秃的小山包，石头砌成的炮楼，孤零零地立在山包上。我用望远镜一看，炮楼门半掩半开，门外哨兵也没有一个。我暗自好笑，悄悄地对詹指导员说：

“你带便衣队从正面靠近炮楼，我同雷文学带着队伍绕到侧背后去……”

詹指导员搞过宣传工作，善于演戏，扮什么像什么。他故意歪戴帽子，又燃起一支香烟在嘴边，大摇大摆向炮楼走去。刚走到炮楼门口，一个团丁跑了出来，将他拦住："什么人？哪里来的？"詹指导员理也不理他，还是往里闯，团丁急了，一把将詹指导员拉住。詹指导员顺手一推，把敌人推得后退好几步。他把帽子往后脑勺一掀，双手叉腰，扑的一下，把嘴上的烟喷得老远，翻卷眼皮，恶狠狠地骂道：

"你妈的瞎了眼，老子是二十五路别动队，你没有看见？"

"别动队？"敌人半惊半疑地问："有证件吗？"

"你撒泡尿照一照，你配检查我的证件吗！"其实，我们哪来的证件。这时，一个30多岁军官模样的人，慌慌张张从炮楼里跑了出来，喝退团丁，来到詹指导员的面前赔小心：

"长官，长官，请不要同他一般见识，有什么事对我说！"

詹指导员朝来人打量了一番，装出十分生气的样子说："好，里面去说。"就带着便衣队进炮楼。

战士们也非常机灵，各自迅速地站好位置，将炮楼里的敌人看住了。詹指导员横了敌军官一眼，问道：

"你是什么人啦？"

"排长。"

"唔，二十五路的别动队你不知道吗？"

"知道，知道，二十五路的别动队功在党国，怎么不知道呢？"敌排长谄媚地笑着说。

"既然知道，为什么叫你的部下刁难我们？"詹指导员勃然大怒，筋粗脸涨地对敌人骂了起来，"我看你这个贼头贼脑的样子，一定不是个好东西，你们在搞什么鬼！"把敌排长骂得狗血淋头，把团丁们骂得愣头愣脑，面面相觑。詹指导员又乘势逼近一步："我看你们一定是私通'红匪'！"

敌排长到底有一点见识，他眨眨眼皮，狡黠地笑了一笑，耍开了江湖上的一套：

“长官，有什么事吩咐好了，兄弟我尽力照办；兄弟有什么错，请长官海涵。通匪，这个玩笑开不得啊！兄弟我还没有见过‘红匪’是什么样子哩！”

詹指导员冷笑了一声：“胡说，我们有重要的情报送新州，你为什么要阻拦？”见敌排长还要申辩，他哪里允许哩，向站立在四周的战士招一招手，战士们亮出了顶了火的枪对准敌人。团丁呆若木鸡，让同志们一个个地把他们的枪下了。敌排长还一直认为詹指导员想敲他的竹杠，不停地说好话、赔礼。这时，我知道詹指导员已经得手，让雷文学带着队伍留在炮楼外，只身进了炮楼。敌排长又一股劲地朝我讲：

“长官，天大冤枉，我们没有通‘匪’！”

“唔！你没通‘匪’？”我也官腔十足，“那好办，跟我到军部去弄清楚，自然会放你们。你这样乱嚷嚷，成何体统？简直不像个军人，不许你再嚷了！”

敌排长有苦说不出，我也没料到这么容易就把他降伏了。至新州还有一天的路程，我们不能在这里延宕，于是我要战士们把敌人暂时看守在炮楼里，准备吃了饭再处理他们。敌排长为了讨好我们，要他们的火头军帮我们烧饭，还吩咐杀一头大肥猪，宰两只羊，做上一大锅上好的白米饭。我们也乐得享受一顿。

烧好的饭菜，再多二三十人也吃不完。我同雷文学、詹指导员商量，乐得做一次人情，大宴“宾客”，请俘虏们打牙祭，对争取瓦解敌人有好处。敌排长看我们同样地“款待”他，也放宽了心，大胆地吃了起来。当他们吃得杯盘狼藉，酒醉饭饱时，我把敌排长叫到我的面前，问他附近的情况。他更是十分殷勤，问一答十地主动告诉我许多情况。这时，詹指导员笑嘻嘻地插上来说：

“你知道我们是什么人吗？”

“长官，我早知道，你们是别动队。”

“你错了，我们不是别动队，是红军。你说没有私通红军，今天杀猪宰羊又算什么？”

敌排长吓得愣了神，脸青一阵白一阵，黄豆大的汗珠，从额头上滚了下来。团丁们也吓得像木雕泥塑一样。詹指导员乘机对他们进行教育，每人发几块钱，让他们回家，一个团丁悄悄地走到我身边，轻轻地说：

“红军先生，那个排长是个大坏蛋，放他不得……”

真利索，一枪未放，敌人一个排被我们解决了。

正准备出发，哨兵向我报告，团陂的上游，有一股敌人正涉水渡巴河。我同雷文学、詹指导员站在炮楼前，拿起望远镜一看，前面几个当兵的倒背着枪，慢慢地走着，后面跟着一个骑马的军官，缓缓而行，军官瘦得像猴子，行列中间夹着三顶轿子，六个当兵的抬着他们。最后是几十副挑子，没有什么武器。

“营长，是条大鱼！”詹指导员对我说。

“老詹，快埋伏起来，抓活的。”我说，“那个骑马当官的，由你负责，其余的留给雷文学。”

我急忙催促大家赶快埋伏在大路的两侧和炮楼的后面。我自己和詹指导员带着几个便衣队员，站在炮楼前面，卡住出入团陂街道的路口。大约有一顿饭的工夫，敌人爬上了河堤，磨磨蹭蹭地沿着大路朝我们走来。

“站住，什么人？”詹指导员厉声问道。

“你们是谁？”一个敌人反问。看他的打扮，很可能是瘦猴子的副官。

“我们是二十五路的别动队！”

“别动队？秘书长在这里，你们没有看见吗？”敌副官指了一指骑在马上的瘦猴子，生气地说，“还不给我滚远一点！”

瘦猴子骑在马背上，微仰头，眼朝天，装出一副不可侵犯的神情，非常傲慢。詹指导员故作诧异地问：

“滚开，这是我们的职责。蒋委员长训示，宁可错杀一千，不可放走一个。谁知道你们五六十个人里面有没有共产党呢？”

当詹指导员同敌副官争论得不可开交时，瘦猴儿军官不得不扭过头来，半闭双眼瞧着他们。猛然间听到“蒋委员长”几个字，好像被蝎子蜇了一下，神经质地把胸一挺，表示在马上立正。敌副官也机械地把脚跟一并。他无可奈何地问：

“你们是真的，还是假的？”

“说真就真，说假就假。”詹指导员语带双关地回答。

“他妈的，真不识抬举，我毙了你！”敌副官说着就拔出枪来，詹指导员早防着他这一手，也拔出了枪说：

“你敢动武，我的家伙也不是吃素的！”

敌副官看着詹指导员的枪，毫无办法，恨恨地嚷道：

“我不跟你讲，我要同你们的队长讲，你们的队长呢？”

“这就是我们的大队长。”詹指导员用大拇指朝着我歪了一歪，对敌人做了一个滑稽的鬼脸，“你去找他吧！”

敌副官扑到我的面前，张牙舞爪，狂喊乱叫地质问我：

“为什么你不对你的部下严加管束，让他在秘书长面前撒野，还有王法军纪吗？小心你的脑袋！”

我等他咆哮一阵后，也冷冷地说：

“喂，你这样动肝火干什么哟！不要说秘书长，蒋介石的老子从这里过，也要下马受检查。”我一边说，一边瞅了瘦猴子一眼，他正伸手从枪套里掏枪。我哪能等他把枪掏出来呢，忙把手一招，詹指导员呼地一下用枪顶住了敌副官的后背，左手顺势把他的枪抓了过来。埋伏在路边的便衣队，冲了出来，拥到瘦猴儿的面前，连拖带曳地把他拉下马来。他死命地挣扎：

“造反了，你们造反了？我是秘书长，我枪毙你们……”

同志们前扯后推地把他揪到我的面前。他绝望地叫着：

“我的卫队呢？替我打！”

其实他的卫队早已被雷文学带领的战士们解决了。但是，我还想试试这位秘书长究竟有多大的胆量，用枪指着他的脑袋说：

“你要打？我先敲掉你！”

好似临头一盆冷水，使瘦猴儿疯狂得发了热的脑袋冷了下来。他惶恐地朝我打量了一下，细声细语地问：“你们是什么人？为什么同兄弟过不去？”他前倨后恭，判若两人，我冷笑了一声说：

“我们是红军，秘书长先生。”

“不可能，简直不可能！”

“不可能的事还多着哩。”我笑了笑说：“你以为红军被你们围困在山区，是吗？你是在白日做梦！”

“红军！红军！”敌人几乎都惊叫了起来。瘦猴子吓得呆了半晌，猛地醒了过来，像一条受伤的恶狼，绝望地嚎叫：

“弟兄们，效忠党国的时候到了……”

他转头看看他的士兵，他们早没有了枪，一个个呆头呆脑地站在那儿。三个女妖精，吓得爬出了轿子，缩成一团。瘦猴子好像谁抽去了他的脊椎骨，颓然倒在地上。一会儿，他又极力振作起来，抽出腰间的佩剑，对着自己的胸口扎下去，刚至胸襟，他的手颤抖不已，佩剑停留在胸口上。詹指导员向我努努嘴，我俩会心一笑。他走上前去，从瘦猴手上夺下佩剑，拿在手里欣赏了一番，看着剑柄大声念道：

“成功成仁，蒋中正赠。”

念罢，詹指导员又笑道：“你们的蒋委员长想得真周到呀，要你成功成仁。怎样算成功成仁呀，大概成功就是成仁，成仁就是成功吧！”他又故意把佩剑递给瘦猴：“要成仁？请吧，好早点到阎罗王那里替蒋介石号房子，免得蒋介石到了阴司，找不到住处！”

瘦猴儿真的以为我们要他的老命，不肯接佩剑，颤抖不已的身子向后移退，神色惶恐，汗珠混着泪水，从他的脸颊上滚了下来。

“饶命，饶命，家里还有 80 岁的老娘！”

“起来，用不着叩头，我们是不杀俘虏的，饶了你，让你多活两日。”

瘦猴儿抬起头来，用狐疑的眼神望着我。我又重新对他讲了我军的俘虏政策。他才慢慢地从地上爬起来，不住地唠叨着：“感恩不浅，感恩不浅……”

我也懒得听他胡扯了，就问了问有关敌军的情况。他不敢再乱说了，老老实实地告诉了我一些敌情。此时，战士们已经检查了敌人的几十副挑子，挑子里全是国民党的军衣和妙票，还有书籍公函之类的东西，我们便把这些东西全部没收了。

从团陂的敌人和瘦猴儿提供的情况，我们得知巴河的西岸，距团陂约 30 余里的地方，有个叫上巴河的集镇。国民党湖北保安团的一个连，驻守在镇东北角大庙里，装备很差，又没有什么防御工事。同志们主张化装成二十五路军的秘书长，出敌不意拿下上巴河。我看着缴获的国民党军装，觉得这个想法不错，就同意了。詹指导员又提议让雷文学当秘书长，说他五大三粗，扎上武装带，骑着高头大马，有气魄。詹指导员扮副官，遇到敌人由他对付。

大家都说这样好。同志们七手八脚地换上二十五路军的制服，又不由分说地帮雷文学穿上华达呢的军衣，扎上武装带，拥着他跨上大马。他骑在马上学秘书长傲慢的姿态，故意学瘦猴儿的嗓门;“我是秘书长，我要枪毙你！”惟妙惟肖地把秘书长这个角色扮了出来。引得同志们捧腹大笑，笑声中充满着胜利的喜悦和信心。

25 日下午，我们向上巴河前进。穿上二十五路军制服的便衣队，提着短枪在前面开路。雷文学同志骑着高头大马，在十几个同志的簇拥下，缓缓而行。詹指导员扮演副官，自然跟在马后，再后是加强连穿着国民党的军服，托枪、上刺刀，摆起来是长长的一串队伍，好不威风。到了上巴河，我们毫无阻挡地进了大街。保安团的哨兵老远就看见我们来了，像乌龟似的伸长了脖子，傻乎乎地望着。一直到我们走到他的面前，他才怯生生地问：

“长官，长官，你们是哪一部分的？”

“二十五路的！”走在最前面的是个班长，他像吃了炸药似的回答敌人。然后又故意大声向骑在马上的雷文学报告：“秘书长，这里的岗哨阻拦，不让我们进上巴河！”

“副官，怎么一回事，你前去看看。”雷文学对詹指导员说。

詹指导员从马后跑到马前，双手叉腰，趾高气扬，神气活现地说：

“哪一个这样大的狗胆，叫他跑步过来！”

我们的这位班长，当然更是假戏真做，以命令的口吻喝道：“喂，我们长官要你跑步过来。”他故意把“长官”二字说得特别响亮。

在国民党里一向如此，当兵的见了当官的，好像老鼠见了猫。敌哨兵见我们这样的气派，早已有三分害怕，又听说骑在马上的是秘书长，当大官的，再加上副官吆吆喝喝，愈加胆寒了。他哪里还敢违抗呢？急急忙忙跑了过来，在詹指导员的面前立住了脚跟。他对詹指导员敬了一个礼，垂手侍立，紧闭着嘴，大气也不敢喘一下，仿佛木头人一样。詹指导员也不还礼，只狠狠地瞪了他一眼，开口道：

“谁叫你阻拦秘书长进上巴河的，耽误了秘书长的事，要割了你的头。”

“报告……报告长官，我……我……没阻拦。”敌哨兵结结巴巴地说，“只……只问长官是哪一部分。”

“强辩！你瞎了眼，没看见我们是二十五路军吗？你还站在这里干什么？还不快把秘书长领到你们连部去休息，把牲口喂好，把你们当官的替我找来！”

敌人的连部在大庙里，庙内的敌人不多，大多数到街上闲逛去了。这座庙里有两个大殿，大殿之间是天井，天井的两旁是厢房，从它里面的摆设上看，是连部的办公室。我们就请“秘书长”在这里休息。詹指导员看看旁边无人，轻声笑着问我：

“林营长，我们的戏演得还可以吧？”

“很好，”我说，“配合得不错。”

我们三人商量一阵后，“秘书长”留在厢房里休息。我同詹指导员来到大殿里，短枪班的同志跟在我们后面，都装着欣赏大殿里的泥塑菩萨等候敌连长的到来。不一会，一个当官的气喘喘地跑来，我短枪班的班长迎了上去，递给他一张缴获的敌秘书长的名片。他一手接名片，一手揩头上的汗，然后整理一下服装，齐步走到我们的面前，脱下军帽，对我们一鞠躬，两腿挺直地站着。

“报告长官，我是连长。”

这时，我们的战士都站好了位置，只要我把手一招，就可以瓮中捉鳖，但我考虑到敌人一个连的武装没有解决，因此，我只说了一声：

“稍息。”

敌连长刚刚稍息，见詹指导员走到他面前，他又右脚跟靠左脚跟立正站着，大气也不敢出，惴惴不安地望着詹指导员。詹指导员故意歪着头，半讽刺、半恼怒地说：

“你的胆子真不小呀！秘书长来了，你不迎接倒也罢了，还派人阻拦，不准他进上巴河。秘书长生气了，老弟！”

“长官，我不知道秘书长要来呀！”敌连长一肚子的委屈，满脸的惶恐，几乎要哭出来。

“你怎么不知道呢？有一支红军下了平原。军部委托秘书长来视察这一带的防务，你不知道？”詹指导员真有一手，不仅会“演戏”，编“台词”也来得快，随机应变，玩弄敌人。敌连长更加委屈了，带着哭音说：

“我们没有接到通知呀！”

我见敌连长已成了我们的笼中之鸟、囊中之物，又急于想向他了解情况，就唱红脸，装好人，用同情的语调说：“好吧，你真的不知道，我们不难为你。”又对詹指导员说：“副官，你帮帮忙吧，在秘书长面前美言几句，替这位连长说说情。”

詹指导员当然领会我的用意，也故意说了一句：“难啦！好，看我们营长的面子，我帮你说说。”他一扬手就转身走了。

我继续留在大殿内，同敌连长攀谈。我说：

“你们的人呢？人都到哪里去了？秘书长要点名训话，人集合不起来就糟了。”

“报告长官，饭后休息，弟兄们……唉……唉……”

“是不是到街上闲逛去了？”我显出非常不满的神情，“你们的纪律太松懈了，真像一盘散沙，怎样对付共产党呢？秘书长知道了，可不得了呀！赶快把人找回来！”

“是，是，我这就去找。”

已经抓到手上的鸟，我当然不能让他飞掉。于是不动声色地说：

“派两个人去得了，你不用亲自去了。我还要同你商量这里的防务，秘书长问起来好回答啊。”

不多久，敌勤务兵来向他报告，人都找回来了。我说：

“好吧，老弟，你去集合队伍，我去请示秘书长，他要不要训话。”

敌连长欢天喜地去了，没有多久就把他的队伍集合在大庙天井里。

我回到大殿门口，敌连长向我报告：“全连集合完毕……”“秘书长是讲政治，把枪架好，队伍带到课堂去。没有课堂，到大殿里也行，坐整齐一点，像个上课的样子，秘书长看了也欢喜。”我指挥着他。

他听我说得有理，便命令士兵们架好枪，要值班排长把部队带进大殿内，一排排面对着如来佛像席地而坐。士兵们已知道有“大官”来训话，哪里敢乱说乱动呢，都像木头人似的，规规矩矩地坐着。这时，我才带着敌军连长，来到厢房请“秘书长”。雷文学坐在那里，被憋得满脸不高兴。

我们加强连的一个排和短枪班的同志，早已三三两两站在天井的四周了。我站在厢房门口，故意大声说：

“弟兄们，你们还站着干什么，还不快集合！”

战士们都理解，这是我们行动的信号。机枪班的同志迅速奔到大殿的门口，用机枪对着大殿，短枪班的同志直扑厢房，其余的同志收缴架在天井的步枪。这一切都在一两分钟内进行完毕，十分干净利落。大殿里的匪兵，被这突如其来的事情惊得发呆。这时从厢房里传来了雷文学愉快的骂声：

“他妈的，不干这个买卖了，当秘书长，把老子憋死了！”

接着又传来詹指导员爽朗的笑声。

花了半宿的工夫，才把这一个连的俘虏处理好。休息一会，天就亮了，准备继续向新州前进。我们冒充二十五路军，解决了两股敌人，再扮二十五路肯定是不灵的，于是，我们又换上了保安团的服装。

我们走了三四十里光景，前面有两座山，一高一低，横在通往新州的大道上，山虽不大，但树林茂密。我们是惯于打埋伏的，当然更注意防备敌人的埋伏。我用望远镜仔细看看，树林太密，什么也看不清。于是，我命令部队在距山脚不远一个叫总路嘴的小村庄隐蔽休息，要雷文学同志派一个排先上山搜索。我去找当地的群众询问山上的情况。这时，我才知道，这个山就是马鞍山，除了一条大路外，还有几条小路可以上山。

果然不出所料，山上有敌人。我们的搜索排刚到山脚下，山上就响起了军号声。“有多少敌人？是哪一部分的？”我心里想着，一面要通讯员跑步赶上搜索排，命令他们停止前进；一面又拿起望远镜仔细地瞧，还是看不清。敌人在山上，我们在山下，地形对我们也不利，此时我们的处境，真有点进退失据，攻守两难。我心里不免有点紧张起来。雷文学走到我的面前，他从腰间拔出驳壳枪，打开大机头，对我说：

“营长，让我先带一个排上去！”

“上去？你知道山上有多少敌人，怎么打法？”

他说：“我们穿的是保安团服装，就冒充保安团好了。敌人能一下弄清我们是啥路数？上了山，一下扑上去，抢占有利地形……”

当然，他的话不是没有一点道理。但是目前的情况和团陂、上巴河大不相同了。那时，我们初下平原，出敌不意，用伪装战术，容易迷惑敌人，使敌人上当。现在群众早已传开了，红军下平原了。我们又释放了许多俘虏，难道敌人还不知道我们用伪装战术而提高警惕吗？如果贸然上山，说不定要弄巧成拙。因此我阻止了他：

“等一等，不要忙着上去。”

我同雷文学、詹指导员商量了一阵后，又仔细观察四周的地形，我的眼睛不知不觉地落在左边的山梁上了。那里地势最高，树林最密，如果能偷偷地从侧面上去一个班，控制这个制高点就好了。时间是个大问题，我正在考虑如何争取时间，把这个班运动上去，敌人的号声又响了，站在我身边的小司号员，仔细听了一下，高兴地对我说：

“营长，敌人吹号同我们联络，兔崽子把我们当作他们自己的人！”

“真的吗？”我还有一点不相信。

“那还能假！昨天在上巴河弄到保安团的号谱，”小司号员忙从口袋里掏出一个纸本，双手拿着递到我的面前，“你看，你看，这不是吗？”

我接过手来一看，果然不错，是保安团的号谱，封面上还印着“机密”二字。于是我命令一班班长带着他们全班和一挺机枪，急速从侧背后，抄小路，隐蔽上山。又问小司号员：

“你能答复他们吗？”

“当然能，不信你听听。我知道，我们要伪装敌人，心想，敌人的号谱也许有用，所以我一夜没有睡，把它背熟了。”

“嘀嘀哒哒”的号声又响了，山上的敌人在催我们答复。我对小司号员说：

“答复他们，我们是保安团八连。”

嘹亮的号声直飞山顶，不一会同敌人联络上了。山上山下一吹一应，一问一答。相互对吹了一阵，司号员放下了号向我报告：

“营长，敌人是保安团九连，要我们派一个人去，同他们联络。”

敌人真刁滑，号声联络上了不算，还要我们派人去。显然是接受了教训，提高了警惕，不相信我们这个“保安团八连”。去，还是不去，这是一个难题呀！去吧，我们这个假八连，如何能蒙混真九连呢？不去吧，那更证明我们不是八连，真难哪！

我考虑一下后，坚定地说:“司号员答复他们，我们派人来了。”“营长，让我去！”雷文学和詹指导员几乎同时说，两人争着要去。

雷文学勇猛，詹指导员机智，派谁去适合呢？此去，比关云长单刀赴会还要危险，我考虑了一下，决定让雷文学去。只身入虎穴，没有一股虎劲不行。再说，雷文学有较为丰富的临战经验，在关键时刻，他还是很有办法的。

“让雷文学去！”我说。

雷文学不等我说完，就回答：

“上刀山我也不怕，营长放心好了。”

“这帮敌人不好对付，”我接着说，“你要特别小心，要见机行事。先同他们磨时间，磨到我们一班插上左边的山岭就好办了。”

我们送走雷文学，命令其余的同志做好战斗准备，坐在路边假装休息，不准露出丝毫破绽，让敌人发觉我们的意图。

雷文学打开了驳壳枪的保险，插在腰间，又揭去手榴弹柄上的盖子，为了赢得时间，他慢吞吞地向山上走去。

雷文学走到半山腰停了下来，敌人还没有动静。约莫过了一支烟的工夫，才从林子里转出一班人来，几个当兵的，簇拥着一个当官的，挂着上尉军衔。他们在离雷文学二三十米处，停了下来。距他们的连队约百十米。

“你是什么人？”那个当官的冲着雷文学问,想给他来一个下马威。

雷文学哪能吃这一套呢，反问道：

“你是什么人？”

“我是九连连长。”敌人回答。

“我是八连连长。”雷文学说。

“八连连长？”敌人冷笑了一声，“哼！”

“对，我是八连连长，刚到任的。”雷文学还为自己辩护，他想拖延时间。

“新到任的，久仰，久仰。”敌连长狡猾地边说边大摇大摆地走上来了，他妄图仗着人多势众，活捉雷文学。雷文学不愧为久经征战的老战士，他不慌不忙，等到敌人走到距离十几步处，突然把手往前一指，大声喊道：

“你们快打啊！”

敌人吃了一惊，以为他们的背后发生了情况，掉头往后看。雷文学刷地一下拔出枪，对着敌人“砰砰”两枪，敌连长应声倒地。跟着敌连长上来的那些家伙一阵慌乱后，举枪向雷文学射击，只见雷文学倒在地上一滚。“糟了……”我一句话没说完，忽听得一阵机枪声在山岭上响了，弹雨落在敌人连队的头上。我听听枪声，知道是我们一班打的。这一连敌人只注意他们眼前发生的事情，没有防备侧后的突然袭击，因此乱作一团，朝树林里四处乱蹿。迎接雷文学的那一班敌人听到背后的枪声，吓得撒腿就跑。这时雷文学猛然纵身跳了起来，几颗手榴弹摔在敌人的头上。我高兴得叫了：

“啊，他还有这一手！同志们冲呀！”

战士们个个都像离了弦的箭，勇猛地向敌人射去。我们拿下了马鞍山，朝着逃跑的敌人猛打猛追。约一小时战斗，毙伤敌十余名，俘敌60余名，少数残敌向新州城方向逃窜。

残敌像打惊了的兔子，狼狈逃进了新州城，紧闭城门。我们一直追到城脚下。

为了调动敌人，我们脱掉了保安团的服装，显出红军本来的面目，在新州城外游击。晚上，我们闹得更欢了。在城南鸣枪，到城北吹号；在城东打枪，到城西呐喊。这样闹了几天，恰逢黄冈地下党派人来联系，随即转移到大崎山、李家山。因为蝗虫成灾，粮食歉收，群众度日艰难，靠吃观音土为生，这正是发动群众，打地主、土豪的好时机。我们发动人民群众，杀了恶霸地主倪炳成五兄弟，还打了一些土豪，除留下部分粮食自用外，其余的都分给了贫苦群众。大崎山、李家山的分粮斗争闹得火红。敌人害怕了，急令三十二师向大崎山扑来。

我和雷文学、詹指导员等人研究下一步行动方案，黄冈党的组织建议我们奔袭巴河街。我也认为这样大踏步跳跃的办法，可以摆脱敌三十二师的追击。于是，加强连于 3 月 2 日晚出发，经百里夜行军，次日晨到达浠水县下巴河西北的陈家湾地区。

打巴河街是一步好棋。第一，可以出敌不意。长江边，交通方便，我们一般不去活动，距大崎山又有百余里，等敌人知道我们在巴河街，至少需要两天的路程才能赶上我们。第二，正因为在长江边，交通方便，可以扩大我们的政治影响，进一步调动敌人。第三，巴河街有敌人的军需弹药仓库，打下巴河街，就可以大大地补充我军的物资装备。

巴河街又名下巴河，它南临长江，北靠木鱼山，西有巴河，东边是大的湖泊，三面环水，一面靠山。只要控制木鱼山，巴河敌人就成了瓮中之鳖。同样的，如果我们进了巴河镇，“追剿”的敌人占领了木鱼山，我们也是插翅难飞呀。因此我们必须迅速解决战斗，迅速转移。决定由雷文学同志带一、二排，围歼驻在镇东北的仓库警卫排，由詹指导员率三排和四排，直取木鱼山，拿下北麓的真武庙。敌人的仓库就设在真武庙内。我们取出了从二十五路军秘书长那里缴获来的信纸、信封，写好一封公函，冒充二十五路军从罗田来向巴河街仓库领取弹药和服装。

下午 4 时，我们开始进攻。雷文学带着尖兵班，在距巴河大街三四百米处，与敌游动哨相遇，立即主动出示关防文件，同时要求他们带路。敌游动哨见我来头不小，不敢违令。一、二排就尾随敌人跟进。三、四排也迅速向木鱼山运动。谁知雷文学带着一、二排前进了几十米，镇上的守敌发觉我们行动异常，鸣枪阻止前进。我们继续前进，边走边向敌人喊话，敌人非但不听我们喊话，反而打得更凶了。我跟一排一块儿行动，仔细地观察了一下，前面有几只新筑的、不甚坚固的掩体，零乱的枪声就是从那里射出来的。我估计是我们下平原后，敌人怕我们袭击，临时赶修的。再听听子弹的呼啸声，真好笑，偏离太远了。这时雷文学用眼光向我请示，我点点头，他猛张飞似的大喝一声："冲呀！"一、二排各自在自己的排长率领下，左右迂回，迅速突进，像一把巨大的老虎钳，一下钳住了镇东北敌人的警卫排，摧枯拉朽似的，没有几下，就把敌人的几个碉堡拔除了。几分钟后，三、四排也拿下了木鱼山，解除了真武庙内敌人的武装。不过20分钟的光景，我们控制了整个巴河街。

巴河街仓库是供临时转运的仓库。敌人从武汉、南京运来供"剿匪"用的被服、弹药，都堆集在真武庙内。打开仓库的门，真令人眼花缭乱，崭新的被服堆积如山，机枪、步枪子弹一箱箱层层叠叠，其他的军用物资也不少。同志们喜得直咧着嘴笑，合都合不拢来。有生以来，第一次看到这么多好东西。

要把这些东西都运走是不可能的。我要求同志们首先背子弹，只要不妨碍行军打仗，尽可能多背。其次是穿衣，里里外外，全部换新的，能穿多少就多少，带回山区分送给兄弟部队。

有些同志穿了六七套军衣，还要往身上穿，真是臃肿不堪。我深深地理解战士们的心情，他们"贪心"，丝毫没有个人打算。在山区里，有多少同志缺少军衣啊！只要回想一下1934年冬天，部队穿的是什么吧！许多同志几乎是单衣过冬。现在面对着这么多新军衣，你叫战士们怎能不多要几套呢？就是我自己也穿了好几套。但是我还是劝大家。我好说歹说，穿得较多的同志才勉强脱掉了几套。说服大家少穿两套军衣还是容易的，要大家少拿点子弹才困难！每个人身上都捆了七八条子弹袋，大小口袋装满了子弹，压得腰都挺不直了。

吃罢了晚饭，准备转移，看看仓库里还有大堆的被服和弹药。这些东西带又带不走，留给敌人又不甘心。没有办法，只好烧掉。

我们离开巴河街时，木鱼山的北麓，升起了冲天的烟柱，啪啪的爆炸声响个不停，比元宵佳节放烟火还热闹万分。

撤出巴河街后，我们急速向东回师大别山。沿途，发现国民党第二十五路所属的不少部队分途向巴河方向开进。山区“清剿”的敌人终于被我们调出来了。

加强连下平原，连战皆捷，不仅震撼了敌人，同时，也摸索出了到平原敌后作战的经验，为以后部队分散到平原地区活动创造了良好的条件。

七、闯三关

我们摆脱敌人后，于3月上旬在宿松、太湖边境与主力会合。军政委高敬亭在太湖柴家山主持召开了营以上干部会议。会议充分肯定了部队下平原的经验，认为把部队分散到敌后去打游击，是保存自己，粉碎敌人“清剿”的有效办法，并确定今后在较长的一段时间内，以营为单位分散活动，视情况许可，部队一月会合一次。会后，军政委率特务营和手枪团一分队到黄梅、广济活动。师政委率领一营和手枪团的两个分队，在罗山、光山、礼山，孝感一带坚持斗争。梁从学率二四五团在太湖、怀宁、潜山地区活动。

我们一、二营出了麻城县境，就接连打了几仗。4月20日下午，准备去孝感的姚家山休整一下，因为这里是我们便衣队的根据地。刚到姚家山，区委的同志就告诉我们：我军鄂东北独立团同敌人贵州军队一〇二师的一个团在老山寨打上了。独立团凭高据险，守着山顶的大围寨；敌一〇二师也不孬，刚从贵州调来，善于爬山，装备也不错，因此战斗相当激烈。于是，我们请区委同志立即通知独立团，请他们坚守围寨吸住敌人。我们的二营迂回至敌人的侧翼，一营沿着山脚小路，迅速插到敌人的背后，架起机枪，一阵疾风暴雨，打得敌人晕头转向，接着就猛扑了上去。没有多少时候，就把敌人两个营报销了，抓了不少俘虏，缴获许多枪支、弹药和军服，还有敌团长的信件和名片。

这时天已黑，我们把部队拉到山上休息。这座山真高，从山脚到山顶，足有20里路。山头上经常笼罩着一片白茫茫的云雾，所以当地老百姓叫它“聚雾山”。我找了块大石头坐下来休息，突然看到山下许多火光，忽隐忽现，从四面八方向山脚围集拢来。尾追我们的敌二十五路军跟上来了，企图把我军包围在这座山上，吃掉我军。我们不能再休息了，必须连夜转移。

我正在考虑着怎样转移的时候，不觉一眼看到坐在离我身边不远的一群俘虏。啊！有办法了。我们曾经伪装过敌二十五路军和保安团，今天为什么不可以按照贵州兵的模样打扮起来，冒充一〇二师呢？我把这个想法说出来后，立刻得到几个营干部的同意。于是，大部分同志立即换上了刚缴获来的敌人军装，并仿照贵州兵的打扮，在头上缠一条白毛巾。服装不够，一部分同志就改穿便衣，充作被抓来的民夫。尖兵班班长由一连长化装。尖兵班还配备了几个解放过来的贵州兵，好回答敌人的问话，我化装成敌人团长，走在队伍的前面。一切打扮停当，趁着破晓前天色黑暗的时候，我们就下山了。

天微微发亮，队伍走完了山脚的小路，转入大道。我们遇到的第一关，是孝感的青山口，这是个紧靠在铁路线上的小市镇。距小市镇不远的地方，有个山嘴，叫溜石畈，敌人修筑了碉堡，卡住了出入山口的大道。

我们不想理睬敌人，悄悄地从碉堡旁边穿过，可是当我们的尖兵走到镇子跟前时，离大路约二三十米远的一个碉堡里的敌哨兵，高声问我们是什么部队。尖兵班长机警地高声回答说：“我们是一〇二师，追剿‘土匪’的。”他一边回答，一边停下来站在路边，准备应付敌人。不一会，一个副官模样的敌人，带着三个手持驳壳枪的士兵向我们跑来，恶狠狠地朝着尖兵班长问道：“你们到底是哪一部分的？到哪里去，为什么不来和我们接头？”尖兵班长看了他一眼，不慌不忙地从上衣口袋里摸出了敌人团长的名片，装着爱理不理的样子，递了过去。那个副官接过名片，一看上面写着团长的头衔，狠相便去了七分。在问答之间，他发现尖兵班长的口音不对，怀疑地望着名片，眼光又不时在尖兵班长身上溜转。乘尖兵班长同敌人周旋之际，我催部队加快步子往前走。一连长见我穿过了碉堡，就对敌人说："我们的团长因为'追剿'任务紧迫，已经前头走了。我们也不能在这耽搁了！"刚解放过来的几个贵州兵也帮腔了："长官，我们是一〇二师的！"狡猾的敌人既怀疑，又看不出任何破绽，手里拿着名片，眼睛斜盯着我们的部队。

"不相信怎么的，不相信就跟我到前面去见我们团长！"尖兵班长见副官贼头贼脑的，装着冒火的样子，一把夺过了名片说。副官听他这么一说，又把尖兵班的同志打量了一番，便真的带着另外三个敌兵跟在尖兵班的后面来见"团长"了。

部队通过溜石畈时，我的心提到胸口上了，恐怕我们的伪装被敌人发现。老实说，溜石畈的这几个敌人，我根本不放在眼里，就怕万一打响，四面八方的敌人就会向我们包围过来。当我看到那个副官向我走来，心才放下了。为了让那四个敌人离开溜石畈更远些，我更加快脚步往前奔。等他们刚赶上，我便朝尖兵班长厉声说道："把他们的枪给我下了！"尖兵班的同志早做好了准备，一拥而上，把四支枪全缴了下来。直到这时，这四个家伙才真正认识了我们。

溜石畈的敌人也许还在等他们的副官回去报告联络的结果，所以一枪也没有放。他们哪里知道，我们不但闯过了他们的关口，而且连他们的副官也捎走了。

队伍过了青山口，天色已经大亮，大约走了20里，便到了涂门港。这里只驻着乡民团一个排，20来个人。国民党的民团，见了正规军都要小三辈，因此我们决定采用"先发制人"的办法对付敌人。

恰好，这天涂门港赶集，乡民团的团丁，东一个，西一群，散在集市里，根本没有发觉我们到来。尖兵班长大摇大摆走到敌人的碉堡前，冲着碉堡大声喊道："我们是一〇二师，现在要去东阳岗，赶快下来给我们带路！"民团排长挺狡猾，他没有立刻下来，却从碉堡里伸出脑袋，不停地打量着我们。尖兵班长见他在看我们，就骂开了："你这个不知死活的家伙，大批的'红匪'从黄冈到孝感了，昨天在老山寨打了一天，你不知道吗？我们有紧急'剿匪'任务。你通'匪'怎么的？还不快叫你们排长集合伍给我们带路。"民团排长犹豫地说："我就是排长。我们的队伍都走了，这儿的碉堡交给谁看守？"尖兵班长一听，笑了一笑说："你们这几个刁兵，看什么碉堡！大队红军人马来了，你们挡得住吗？告诉你，我们的大部队马上就来驻防了，快集合队伍给我们带路，要是耽误了我们的事情，要你的脑袋！"

民团排长听了这么一说，无可奈何地讲："好吧，我马上就下来带路。"他走出了碉堡，足足花了半个多小时才把他那一个排的人集中起来。尖兵班长一看，他们都背着枪，就装着非常亲热的样子对敌排长说："兄弟，你是个当官的，就跟我们在前面走吧。你们那些当兵的，叫他们把枪集中起来，由两个人挑着，其余的人帮我们挑东西，跟在民夫后面吧。到了目的地，不会让你们吃亏的。"那个傻乎乎的排长连忙说："可以，可以。"就这样，我们在半路上把他们的枪全部"接收"下来了。当然，我们也没有让他们"吃亏"，告诉他们，我们是红军，对他们进行了教育，发给他们路费，将他们全部释放了。我们胜利地闯过了第二关。

横在我们前进路上的第三个关口叫东阳岗。东阳岗是一个比较大的围寨，里面驻着湖北保安八团的一个连。

21 日下午 5 时许，我们的尖兵班在离东阳岗十里路的地方，和东阳岗敌人派出的一个战斗警戒班遇上了。立刻又来了个"先发制人"，大声问道："喂，前面是哪一部分的？"敌人听到喊声，全部霍地站了起来，一个个都把枪端在手里。为首的一个，朝着我们这边喊道："我们是保安八团七连的，你们是哪里来的？快站住，不许往前走！"尖兵班长理也不理他们，还是带着尖兵班继续往前走，边走边回答敌人说：“我们是一〇二师的，现在奉命去‘剿匪’。”敌人仍不相信，见我们还在继续往前走，就把枪机拉得“咔嚓，咔嚓”直响，还说：“你们再往前走，我们就要开枪了。”尖兵班长稍稍犹豫了一下，又迈开步子继续前进，同时大声威胁着敌人：“你们长了几个脑袋？你们敢开枪？擦伤了我们一点皮，叫你们全连的脑袋搬家！”保安团在国民党的军队里，都是二三等货色，他们听尖兵班长这么一讲，哪里还敢开枪呢！

尖兵班长还是一股劲地向敌人逼近。敌人无法，掉转身子就向后走。尖兵班长估计敌人可能是想回去报告，便领着队伍紧跟在他们的后面，把敌人当作我们的“前卫”。尖兵班长故意骂道：“你们保安团简直不像个兵样子，走路也不会走，吊儿郎当的，还不快替我走整齐一点！”这一下真灵，敌人果然齐步前进了。

敌人的警戒班刚进了围寨，我们的尖兵班也到了寨门口。两个哨兵见我戴着黑眼镜，手提文明棍，正朝着他们走来。慌忙放下枪立正站着，恭恭敬敬地向我敬了个礼。我故意向他们瞟了一眼，睬也不睬他们，却回头“熊”尖兵班长：“你还待在这里干什么？还不赶快让部队进去休息。”尖兵班长手一摆，尖兵班便闪到寨门两边，后面的部队立刻向寨子里拥去。

正在这个时候，从围墙上的炮楼里伸出一个脑袋朝下面问：“你们是干什么的？”还没等我开口，哨兵连忙向他作了报告。我一听那人是连长，就朝着他叫道：

“你就是连长吗？为什么不赶快下来？”

那个连长听哨兵说我是团长，又见我生气了，连忙整好武装带，跑了下来，把我请进他的屋子里，叫他的勤务兵打水倒茶招待我。等他们忙弄一阵后，我把敌军连长叫到面前问道：

“你们在这里驻防，这一带的‘匪’情怎么样？还有哪些部队在这里驻防呀？”

“报告团长，这里还没有发现匪踪，所以只有我们保安团一个连在这里。”敌连长立正站着向我报告。

“稍息，你坐。”我挺神气地靠在椅子上，指着身边的一张椅子对敌军连长说。他受宠若惊地在我身边靠了坐。我又以教训的口吻对他说：“你们太麻痹了！眼下有一支共产党的小部队到这里来了，他们的战术很狡猾，穿着‘国军’的衣服，佩带二十五路军的符号，你们千万大意不得，要好好地防守呀……”

“是，是！”敌连长应着。

“据我们得到的准确情报，他们要来袭击东阳岗，我们就是赶到这里来‘堵剿’的。”

“我们保安团没有上过阵，士兵都怕共匪，最好请团长对他们训训话，鼓舞鼓舞士气。”

“可以，可以。”我满口应允。又问他道：“我们团部今晚住什么地方？”

他想了一下说：“街上有一家旅馆还不错，就是小一点，请团长将就着住一晚上吧！”

他把我送到旅馆后，我们的一连长跑来向我报告：我们的部队已接了防，这里的部队已集合在西边的操场上，专等“团长”训话了。我对敌人连长说：

“你就不必去了，留在这里不要走，免得副官有事找不着你。”

到了操场一看，一个连的敌人整齐地排列着，周围全是我们的人。一连长简单地介绍了几句，接着就说：

“现在就请我们的团长给大家训话！”

为了继续蒙蔽敌人，我仍然以敌团长的身份出现，把双手叉在腰上，神气十足地训开了话。我说他们不让我们进围寨，是故意刁难我们，影响了“剿匪”任务；又说他们的连长暗中通“匪”，现在已被我们扣押起来，敌人听说“通匪”这个罪名，都吓坏了，又听说自己的连长被扣押起来，更是一个个吓得直打哆嗦。接着，我就命令把他们的枪全缴下来。敌人像是一群被响雷震呆了的鸭子，呆立着。我们的战士没等他们清醒过来，便把枪口对准他们，他们只好乖乖地放下了枪，成了我军的俘虏。

我们过三关，在敌人的后方打游击，把敌人搞得鸡飞狗跳墙。大约一个多月后，我们才回麻城去找主力部队会合。

八、碉堡破围寨

由于我军外线作战，使国民党部署的“五个月清剿”计划失败了。秋后，开始将驻在山区的正规军，逐步撤回到主要城镇和交通要道，留下保安团和民团武装驻守碉堡、围寨，这正是我打碉堡、破围寨，摧毁敌封锁线的好时机。根据军政委指示，我带领手枪团三分队配合商南县委书记张泽礼带领的便衣队，在立煌、熊家河一带，打敌碉堡。

张泽礼，人称张三铁匠。由于他机智、勇敢，在商南、赤城一带，敌人听到这个名字，心惊胆颤，人民群众见了他则兴高采烈，和这样的同志一块工作，我感到十分高兴。11 月中旬，我们见面，并带领几个便衣队员，飞步上山，观察皂家河子的地形。

“老林，你说这一仗怎么打？”张书记开门见山地问。

我也正在琢磨这个问题。这几个地方，敌人兵力虽然不算多，但炮楼坚固，我们没有重武器，硬攻一定伤亡大；再者，四周的敌人增援上来怎么办？我再三考虑，只能智取，不宜硬攻，于是我就把这个想法讲了出来：

“张书记，在鄂东，我们用伪装战术，搞掉了敌人的好多据点，但在皖西北还很少采用，敌人可能麻痹。我想，我们完全可以采用伪装战术拿下这几个炮楼。”

“好，好，你同我张三铁匠想到一起了。”张三铁匠兴高采烈地说：“皂家河子驻的是敌人的乡警队，四道河子仅十一路军的一个营，我们先拿下皂家河子，再去调动四道河子的敌人……”

“封家树店呢？”我问。

“那里只有一个联保主任，十几条枪，好办。”他说，“派一个班埋伏在封家树店的山头上，担任警戒，不让敌人出封家树店，以后再收拾他们。”

我们先把部队隐蔽在山上，由手枪团三分队队长带着十多个人化装成敌一〇二师的别动队，向皂家河子奔去。从望远镜里，我们清清楚楚看到，移民点的围子是用木桩子扎成的，围子的里面耸立着一座炮楼，围子的大门边，站着乡警队的两个哨兵，正在气势汹汹地盘查出进的行人。没有多久，我们的三分队长带着伍上去了，敌哨兵先是横枪阻拦，不一会就点头哈腰请他们进围子。三分队长留下两人站在门口，领着其余的人进围子。我们看到这个情景，连忙下令部队急速地向围子运动。不一刻，同志们按照部署进了围子，完全控制了炮楼。这时敌人还蒙在鼓里，把我们当成一〇二师的别动队。我也就依计而行，同张三铁匠一块向乡警队长的住房走去，只见我三分队长正八面威风地坐在那里，对乡警队长训话：

“我们是追‘共匪'的，追了一夜，你们为什么不出来接应？”

“贵军辛苦，贵军辛苦。”敌人小心翼翼地回答，“长官，我们没有接到命令，不敢出动。”

“你们这里还有其他的友军吗？”

“有，有，四道河子驻有十一路的一个营。”乡警队长对我三分队长赔着笑脸，讨好地献茶递烟。猛然间，他看到张三铁匠立在门口，吃了一惊，就朝着张三铁匠浑身上下瞅了瞅，见张三铁匠穿着便衣，根本不象一〇二师别动队的样子，就轻蔑地问道：

“你是什么人啦？”

“我，张三铁匠！”

五个字铁铮铮的，好似字字重千钧，震得乡警队长目瞪口呆，半晌才醒悟过来，弹簧似的从座椅上蹦在地上，手忙脚乱地掏他别在身上的枪。还没等他把枪掏出来，三分队长抢上前去，右手一伸，抓住他的枪，左手在他的肩上重重地按了一把说：

“老兄，坐下，别开玩笑了！”

乡警队长像瘫痪了一样，跌落在座椅上。

三分队长哈哈大笑。张三铁匠神态自若，不紧不慢地向前跨了几步，来到乡警队长面前，拿起桌上的电话筒，塞在他手里，说：

“摇电话给四道河子的十一路，告诉他们，我张三铁匠在这儿，叫他们赶快派队伍来抓！”

“不敢，不敢。”乡警队长像发疟疾似的，吓得直打颤。

“谅你也不敢！”张三铁匠说，“好吧，你对他们讲，一〇二师的别动队追击‘共匪’，要到四道河子休息，要他们不要误会。”

乡警队长不敢接话筒，睁着双眼，恐惧地望着张三铁匠，双手颤抖不已。

“快，打电话！”

乡警队长按照张三铁匠的要求，向四道河子通了电话。我怕夜长梦多，情况发生变化，对战斗不利，便把皂家河子的乡警队，全部集中反锁在炮楼内，派少数人看守。命三分队长带着十余人，组成突击队，仍旧冒充一〇二师别动队，奔袭四道河子。我同张三铁匠带领其余的人，跟在他们后面，隐蔽地向四道河子运动。当我突击队到达四道河子时，因为事先通过电话，敌哨兵以为真的一〇二师别动队到了，不但没有阻拦，而且非常友好地让他们进了围子。突击队直奔炮楼。敌营长正在炮楼门口迎接，这家伙颇有点经验，他看着突击队神情匆忙，知道事情有变，急忙转身回炮楼。我三分队长哪里肯放松半毫！他一个箭步扑了上去，没有等敌人关上炮楼的门，他已闯进了炮楼。敌营长见三分队长跟进了炮楼毫不犹豫地拔出枪来就是一枪，由于他过于惊慌，加上三分队长眼疾手快，抓住他的手腕往上一托，当的一声，子弹从三分队的肩上掠过，打在炮楼的墙壁上。这时，突击队的同志接二连三地进了炮楼，同敌人展开了格斗。我们在围子外面听到枪声，迅速地向围子冲击。我们控制了四道河子周围的高地。在歼灭围子外面的敌人后，又在围子内同敌人展开了激烈的巷战。约半个小时，生俘敌营长以下 100 余人。

解决战斗后不久，天黑下来了。高政委也来到了四道河子，他要张三铁匠抓紧时间布置群众工作，赶紧把缴获敌人的粮食分给贫苦群众。当晚，我们就在四道河子的广场上召开群众大会，附近也有很多群众来参加。当张三铁匠在便衣队员簇拥下来到会场时，欢声笑语立刻停了下来，引颈向他探望。

“啊，张三铁匠！”不知是谁轻轻地叫了一声，好像一粒石子投在平静的湖水里，激起的声浪，涟漪似的荡漾开来：“铁匠，铁匠，张三铁匠！”“是他，是张三铁匠！”

在全场群众惊喜的眼光下，张三铁匠面带笑容，跳上了讲台，好像谈家常似的讲开了：

“乡亲们，父老兄弟姐妹们，我张三铁匠又和大家见面了。我们便衣队在主力部队的支援下，今天把皂家河子、四道河子的炮楼端掉了，乡亲们可以搬回自己的家园了。开完了会，我们还要分粮食。”当夜，就有不少的乡亲帮助便衣队，捉拿躲藏起来的恶霸地主。其中有两个恶霸地主经张三铁匠审问后，就地镇压了。

11 月 25 日晚，我们在夜幕的掩护下，悄悄地向朝阳山转移。到了山顶，我说：“同志们抓紧时间休息，明天还有更艰巨的任务。”

我把头靠在树上，闭上眼睛，想睡一会，可怎么也睡不着。打敌据点和炮楼，用什么办法好呢？硬打，没有重武器，对我不利，继续采用伪装战术，能行吗？……

我把自己的设想告诉张三铁匠，他非常有兴趣地听着，不时点点头，有时补充几句或者修正某一个具体想法，最后形成一个打熊家河的方案。但是，我仍然有顾虑，害怕弄巧成拙。他不以为然地说：

“不必过虑。你以为敌人吃过我们伪装战术的苦头，就聪明起来？不见得。他们头绪多：十一路、二十五路、东北军、贵州部队，还有民团、保安团，指挥不统一，相互之间有矛盾。我们今天装这个部队，明天又打出那个旗号，敌人一时能搞得清楚吗？我看你的想法准能行。过去我们只有几个人也搞得敌人鸡飞狗跳墙，现在有人有枪还怕他什么！当然，我们也不能麻痹大意。”

第二天凌晨，一切准备就绪，我们变成十一路军的伤兵队了。有的同志扮演伤员，睡担架的、拄拐杖的、缠着头的、吊着胳臂的，远远望去,像极了。手枪团三分队化装成护送队。我也穿上国民党的军官服装，随三分队一起走，好应付突然发生的情况。

下了朝阳山，向柴沟进发。柴沟就在熊家河畔，距朝阳山的山脚不远，是我们准备进攻的第一个目标。柴沟只有一个孤立的炮楼，由民团的一个班防守。他们发现我们后，大声问道：

“喂，你们是哪一部分的？上哪儿去？”

我们根本不理睬他们，借着浓雾的掩护，一步步地向柴沟靠近，“伤员”故意装痛，哼呀唉呀的叫着，护送人员有意唱着小调。敌人只能朦朦胧胧地看到长长的一串人马,却弄不清是什么队伍,因此更加发慌了。

“喂，喂，你们到底是哪一部分的？再不回答我们就开枪了！”

我们一直走到炮楼的前面，三分队长回答：

“十一路的，送彩号到金寨去，我们在这里休息一会，你们下来帮我们烧点水喝吧！”

敌人在炮楼上迟迟不肯下来，用怀疑的眼光对着我们东瞅瞅，西望望。同志们十分沉着，装着若无其事的样子，“伤员”坐的坐，躺的躺；护送人员也是一副懒散的样子，有的蹲在地上抽烟，有的站着闲聊。我表面很平静，心里却十分着急，再三催促敌人赶快下炮楼。敌人大概没有发现什么可疑之处，才慢吞吞地打开了炮楼门，背着枪走了出来。这时，我吩咐几个同志快进炮楼“烧水”，他们当然领会我的意思，一进门就把炮楼占领了。其余的同志也一拥而上，七手八脚地把敌人的枪全部下了。

我们要民团班长带着我们去打赵家湾。民团班长为了活命，满口答应：“一定照办，一定照办。”

在胜利的鼓舞下，我决定趁热打铁，一鼓作气打下赵家湾。临出发前，看到柴沟的炮楼依然耸立，真想一把火把它烧掉，但怕烟火暴露目标，给我们的下一步带来困难，只好命十几个同志抬着一根又粗又长的树干，撞击炮楼。这个办法还真管用，几擂几撞就把炮楼撞得半歪半倒的，我忙阻止说：

“停，不必再撞了。就这样。里面不能住人，远看像个好的，可以麻痹敌人，对我们的行动计划大有好处。”

出发前，我们把缴获的几支枪的枪栓下了，仍然叫民团背着在前面开路。赵家湾住的是民团二班，他们看着一班带着一批“伤员”来了，自然没有什么好怀疑，下了炮楼，莫名其妙地做了我们的俘虏。接着，我们又用这种方法接二连三地端掉八座炮楼，最后来到了杨桃岭。

杨桃岭在熊家河的北边，是熊家河封锁线的最后一个据点，打下了杨桃岭，就把熊家河的移民点全部摧毁了。谁知，我们的队伍刚到杨桃岭，正好碰上一个敌人从炮楼里伸出头来张望。突然间，像被蝎子蜇了一样，惊慌失色，把头缩了回去，大声叫喊：

“哎呀呀，张三铁匠来了，张三铁匠来了……”

“是的，我是张三铁匠，那么你们就应知道我们便衣队的厉害啰！熊家河的十个炮楼都被我们端掉了，不信再把头伸出来看看。”说到这里，他指着一群俘虏：“柴沟、赵家湾、熊家围子民团的兄弟都在这里！”

敌人没有回答，我们也没有发起攻击，双方都沉默了一会。一个敌人又探出头来向碉堡外面张望，他看到张三铁匠明显地暴露在外面，便偷偷地伸出枪来，想打黑枪暗算张三铁匠。我们都为张三铁匠捏了一把汗。只见他冷笑了一声，不慌不忙地轻舒右臂略抬枪口，砰的一声枪响，没等敌人瞄准，就把那家伙的脑袋打穿了。

“嘿嘿，狗杂种！”张三铁匠得意地笑了，“有本领再把头伸出来！”

敌人作垂死的挣扎，拖出机枪向我们开火了。我也命令部队用机枪火力封住炮楼的枪眼。又硬把张三铁匠拖下了火线。敌我双方相互射击了一会，我们的战士都隐蔽起来了，敌人找不到目标，停止了射击。我们的子弹落在炮楼墙壁上，虽然打得弹痕点点，碎石与尘土迸飞，但很难杀伤敌人，也停止了射击。

我和张三铁匠围着炮楼转了一圈，想选择一个能接近炮楼的有利地形，可是找不到一个理想的地方。于是我们又把干部召集在一块研究，有人提议用土坦克，大家都认为是个好办法。

几个便衣队员，向附近的群众借来了一张八仙桌，又借来了几条厚厚的大棉被，放在水里浸透，再铺在八仙桌上，这就是我们的土坦克了。同志们又集中了20几枚手榴弹，每四枚绑在一起，这就是我们的“大炮”了。一切准备就绪，我们又从战士中间，挑选几个身强力壮的小伙子，顶着土坦克向敌炮楼进攻。

“慢，我们还是先礼后兵。”张三铁匠说，他又朝着炮楼喊道：“民团兄弟们，快缴枪吧！你们大多数也是穷苦人，不要替当官的和地主老财卖命，你们再不缴枪，我们的坦克、大炮就要把你们一锅熬了！”

“张三铁匠，少吹大牛，你有屁的坦克、大炮，老子就是不缴枪，看你能把老子怎么样！”敌排长骂了起来。

“上！”我把手一挥，我们的机枪和几支步枪同时开火，严密的火网，把敌人的枪眼封住了，不让敌人的枪眼露面。土坦克在火力的掩护下，冲向炮楼。敌人企图集中火力打土坦克，但在我们的机枪压制下，他们胆小怕死，不敢发扬火力，虽有几颗子弹落在土坦克上，却无济于事。我们的土坦克像匹老黄牛似的，虽然速度很慢，但终于靠近了炮楼。战士们从桌子底下钻了出来，搭人梯攀登而上，迅速地把一束手榴弹塞进了枪眼。只听得一阵轰隆隆炸雷一样的响声，从枪眼里喷出一股浓烟，透过浓烟传来了敌人的惨叫声。张三铁匠又及时向敌人开展政治攻势，敌人还不投降。我们的战士又接连地塞进了两束手榴弹。这时，炮楼里才喊叫：

“不要炸了，我们投降，我们缴枪。”

“妈的，替我打，不准缴枪。”这是敌排长的声音，“谁缴枪，我就崩了他！”“不缴枪，要我们等死呀！”

炮楼内的敌人激烈地争吵起来。忽听得砰地一声枪响，民团士兵把他们的排长打死了，接着把枪一支支从枪眼里扔了出来。敌人投降了，熊家河的移民点被我们摧毁了。

打下杨挑岭炮楼以后，当晚我们又把长江河的土围子给端掉了。接二连三的胜利，极大的鼓舞了皖西北老苏区的人民群众。熊家河附近的一些移民点内的群众，在地下党的组织领导下，纷纷举行暴动，同敌人展开了激烈的斗争。

这天，我们手枪团三分队和商北大队在长江河北面的山林休息，王家新老围子的便衣队派人同我们联系，要我们前去支援他们，拔掉王家新老围子的炮楼，把那里的群众从移民点里解放出来。张三铁匠和我研究，认为目前敌人在皖西的只有所谓“驻剿”部队，人数不多，很难对我发动大规模的军事行动。而群众呢？又发动起来了，正是我们摧毁整个皖西北地区移民点的好时机。

半夜里，我们把部队悄悄地拉到王家新老围子东南的山上埋伏起来，王家新老围子是个双围子，前后两个围寨，一个在山上，一个在山下，两者紧密相联，虽然有几座寨门，但只开一个门让群众出入。围寨的外面有一条宽阔的壕沟，壕沟上架有吊桥与寨门相接，这是进寨的唯一通道。我们摧毁了熊家河的移民点后，这里的敌人十分恐慌，早已把吊桥高悬起来了，寨门也紧闭了。

早晨，整个围寨静静地躺着。我们远远地望去，只见两个哨兵背着枪，袖着手，躬着腰，缩着头，在寨门口踱来踱去。

几个青年人扛着锄头，从几个方向同时走向塞门口。哨兵横枪将他们阻拦。晓风时断时续送来了他们的争吵声：

“不让我们出寨干活，吃什么呀，把肚皮捆起来？”

“干不干活我管不着，这是上面的命令。”

我们知道这几个青年是王家新老围子的便衣队员，他们正在按计划行动。这时又有不少的人扛着锄头，拿着扁担向寨门走来，要求出寨子干活，围寨大门附近的人群愈集愈多，距大门不远的炮楼下面，也站了不少人，他们把哨兵围在核心，同哨兵争吵越来越激烈。炮楼上的敌人看到他们的哨兵招架不住，急急忙忙又派出几个人下炮楼支援。这些家伙穷凶极恶，挥舞枪托，乱打乱敲。不但不许围子内的群众出外干活，还逼着围子外的几户人家进围子，两厢争执不下，敌人就放火烧这几户人家的草棚。谁知，这天风特别大，火势由东向西蔓延，把围子里面的草棚也烧着了。群众冲向敌人，同敌人混战起来。

突然来的情况打乱了我们原来的计划。我们怕群众吃亏，除用机枪封住敌人的炮楼外，其余的同志向围寨冲击。寨内群众听见我们响起了支援的枪声，士气大振，高声欢呼：“红军来了！”“红军来了！”

战士们刚冲到围寨边，暴动的群众打开了寨门，放下吊桥，接应我们进了围寨。围寨内的敌人本来就人少势孤，突然又遭到我们红军疾风闪电般的打击，只好束手就擒。群众押来了一大串俘虏，还有几个地主老财。

战斗刚结束，战士们立即帮助群众救火。大火焚烧了半个围子，不少群众吃的穿的被烧得精光，我们又帮他们安家。群众的情绪十分高涨，不少的人对我们说：

“同志哥，东西烧了没关系，只要不困在移民点里，活路总是有的。困在移民点里，就像卡住了脖子一样。”

我们把一切处理好了，第二天跳回窖沟，又把窖沟附近的茶铺和柯家祠堂两地的炮楼端掉了，捕杀了窖沟的民团头子、恶霸地主柯三爷。我们又跳到黄家冲，翻越金岗台，打掉了汤家汇、麻河岗、火炮岭等地的炮楼。然后南下到潜山县境。这时，潜山战斗营也正在开展反移民的斗争，我们又与他们配合，进一步扩大这个斗争。不到两个月的时间，赤城和潜山地区，除了较大的集镇外，所有敌人的炮楼几乎都被我们搞光，敌人苦心经营的移民点大部被我们摧毁。

九、走向胜利

1937 年 4 月中旬，在麻城县平头岭，我们手枪团三分队与军政委所率的特务营和手枪团两个分队会合。高敬亭任命我为二四四团副团长，令我率手枪团三分队和特务营到黄冈一带活动。

4 月 27 日，国民党中央军事委员会任命卫立煌为“豫鄂皖边区督办公署”督办。卫立煌上任后，部署了“三个月秘密清剿”，对我红军主力、便衣队同时进行残酷的“清剿”，由于我军领导人对这次“清剿”的严重性认识不足，鄂东北独立团、特务营、新成立的第二营都受到了较大的损失，形势对我军十分不利。在挫折面前，我军顽强斗争。特务营约有 200 人突出重围，重新组编后，继续英勇顽强战斗，并取得了黄冈县白羊山歼敌一个营的胜利；鄂东北道委也迅速把独立团补充起来，继续活动在平汉铁路两侧；各地便衣队也坚持斗争。

7 月 7 日，卢沟桥事变，在民族存亡的紧急关头，红二十八军面临着由反对国民党的“清剿”到反对日本帝国主义的侵略战争的战略转变。7 月 22 日，红二十八军政委高敬亭和皖西特委书记何耀榜代表我方与国民党当局谈判，并达成协议，但国民党的“清剿”并没有完全停止。

9 月初，高敬亭命我率特务营和手枪团二分队去桐柏山地区找豫鄂边游击队，通知他们国共合作和部队集中整编。部队经应山县武胜关越过平汉铁路，向随县境内行进。一天，在随县小林店附近的七龙山，发现前面的公路上烟尘滚滚，尖兵赶来向我和营政委报告，公路上有敌人。我一时摸不清这股敌人是从哪里来的，便命令部队缩到公路的南侧，在一个小丘的旁边暂时隐蔽起来，又同营政委漆德庆一起赶到前面观察，我举起望远镜一看，敌人由西而来，成三路纵队行军，骡马、大炮络绎不绝。漆德庆同志对我说：

“老林，你看，前面有这么多的敌人，后面的敌人又追上来了，怎么处理？”我看了一会说：“只有前进一条路：冲过公路。你看，敌人只顾行军，还没有发现我们。我们完全可以从敌人行军的间隙中快速地插过去。”

我们两人正在研究，公路上的敌人一面继续行军，一面朝我军占领的小丘打了几炮。我不知敌人是发现了我们，还是试探性的射击，又拿起望远镜仔细地瞧瞧。只见敌人的步兵大队已走过，紧接着是辎重，辎重的后面又有几十骑马队，从他们的服装上看，都是当官的。我又对漆德庆同志说：

“好机会，从这里杀过去。”

“对，从这里杀过去！”他把手一挥，做了一个下定决心的表示。

我们急忙把部队摆开，全营的轻重机枪集中对准敌人的辎重和骡马开火。公路上的敌人一下乱了，到处乱蹿，有的骑着马狂奔，有的往炮下乱钻。过了一阵，敌人叫喊了：

“误会，误会，不要打了，我们知道你们是红军，是自己人！”

“我们哪里有你们这样的自己人！”战士们笑开了，他们不顾一切地冲了过去，夺了70多匹马和几十箱子弹，又往北冲。

我们在公路北侧的山上停了下来，重新整顿一下队伍，防备敌人的反击。没有多久，监视敌人的哨兵向我报告，有两个敌军官，打着白旗向我军阵地走来。

“敌人玩的什么花样？”我疑惑不解地说了一句。

“别管他，把他带来，看他讲什么。”漆德庆同志回答了一句，又对通讯员说：“你去传达，叫各连提高警惕，监视敌人的行动，再把打白旗的敌人带来！”

没有多久，敌人的两个军官被带到我们的面前了，一个是参谋，一个是副官。他们见了我和营政委，刷地一下立正敬礼，然后向我们报告：

“一〇九师参谋，奉本师参谋长的命令，前来向贵军联络。”

“你们有什么事要同我们联络？”我问道。

“东北军同红军是友军！”他回答。

“哼，好一个友军，”漆德庆同志冷笑了一声，“友军开炮打友军！”

敌军官一时答不上话来，周围的空气显得有点紧张。我心里想：我们冲过了公路后，敌人还没有什么动静，现在派两个空手不带枪的军官，他们葫芦里卖的什么药，一时摸不清楚，这样相持下去不好，必须迅速了解敌人的来意才行。于是我掏出香烟，递了两支给他们，有意缓和一下紧张的空气。对他们说：

“你说我们是友军，我想贵我两军之间应该成为友军，因为我们都是中国人，对吗？”

“是的，是的，一点也不错。”敌参谋殷勤地对我笑了笑，又忙替我点上火。

“那么，你们的枪口就不该对着红军，应该对准日本鬼子。日本鬼子强占了东北，东北是你们的家乡，是我们中国的领土。我们红军一向主张，枪口对外，一致抗日。”

“对不起，这一次完全是误会。你们的朱总司令和我们的张学良司令订有协定，中国人不再打中国人，东北军愿意同红军起抗日，收复失地。现在我师奉命开赴抗日前线，路过这里，把你们错当成小股土匪，所以打了几炮，这实在是一场误会，一切责任后果均由我师承担。”

东北军一〇九师的参谋毕恭毕敬地向我们陈述。我看他的态度相当地诚恳，没有一般国民党反动军官那种傲然狡黠的神情，因此不由得想起了西安事变后，东北军对“剿共”采取消极态度的一些事实。例如就在前不久，我红二二四团一营转入外线作战，在桐柏、泌阳一带活动，一个反动保长知道东北军不愿同红军作战，就向东北军作假报告，说我一营是土匪，领东北军向我营进攻。接触后，他们发现打的并非土匪，而是红军，就马上撤走了。回去后杀掉了那个打假报告的保长。因此，我又问道：

“你们来，就是为了向我们解释误会吗？红军的态度你们是知道的，但我还要再说一遍，我党中央早就有声明，红军愿意同国内一切武装力量联合起来，共同抗日。可是到现在，国民党反动派还在加紧对我军‘清剿’。”

“那是蒋介石，不是我们东北军，我们东北军是愿意抗日的。”一〇九师的参谋继续说，“东北军参加‘围剿’是被迫的，所以要请你们原谅。”

“你这样说，我们是可以谅解的。”我说。

“我们现在有困难，要请你们帮助解决。”

“你们有什么困难要我们帮助呢？”漆德庆同志奇怪地问。

“很不幸，你们向我军攻击时，正好打着了我军的司令部，使我师受到不小的损失……”一〇九师的参谋似乎还有许多难言之处。我们也不便问，表示同情地说：

“啊呀，那真太不幸了！”

“我已讲过，这是由我师的误会引起的，不能怪你们，但是现在无论如何要请你们帮助。”他几乎用哀求的语气对我们说，“我军的牲口被你们牵走了几十匹，重武器没有牲口走不了，所以请你们把牲口还给我们，我们可以用子弹同你们交换，如果你们需要的话。”

同他简单地交谈以后，我又看看停在公路上的东北军，的确没有进攻我们的模样。我便同营政委漆德庆同志商量了一阵，两人都觉得，虽然因敌人的封锁，我们对西安事变的具体内容知道得还不多，“七七”抗日战争爆发也只是略有所闻，但党中央向全国人民提出来的抗日统一战线的政策，我们还是知道的。为了共同抗日，对东北军这种态度，我们应该表示欢迎，对他们的要求不能拒绝。因此我对那个参谋说：

“你们去抗日，可以把牲口全部还给你们，子弹我们也不要。但是，请你们务必记住，枪弹只能用来打日本帝国主义，不能用来杀害中国老百姓。”

“那当然，那当然。”东北军参谋高兴地笑了。

10 月下旬，红二十八军，各地方武装，各地便衣队，遵照党中央的指示，集中完毕，共约 1800 余人，在黄安七里坪进行集中整训，于 1938 年 2 月改编为新四军第四支队，全支队共 3100 余人，这是红二十八军的伟大胜利，鄂豫皖边区人民的伟大功绩。

选自《南方三年游击战争·鄂豫皖边游击区》，第113—160页。

坚持党对军队的领导
——红二十八军的政治工作

石裕田　朱国栋　姚天成

红二十八军在敌后三年中，继承和发扬了中国工农红军政治工作的优良传统，根据敌后斗争复杂、残酷、艰苦等特点，采取切合实际的工作方法和政策策略，加强部队的政治思想工作，保证了三年游击战争的胜利。

红二十八军是在敌人前堵后追的紧张战斗环境中仓促重建的。从组建之日起，就始终坚持了政治委员制度。军、师、团、营都任命了政治委员，通过各级政治委员实现党对军队的领导。八十二师还成立了政治部（对外称红二十八军政治部），先后由熊大海、石裕田、吴先元同志任主任。下设负责党务工作的专职党委书记和组织科、宣传科、民运科、少共团委。后来，由于敌人已筑成以碉堡为主的封锁线，斗争更为残酷，部队主要是以营为单位分散活动，政治部工作人员分到各营，随各营活动。政治工作在各营政委的领导下，由各连政治指导员组织实施，一直保持着强有力的政治思想工作。

红二十八军各连队都建立了党支部，支委会由支部大会选举产生，政治指导员基本上都当选为支部书记。班排干部的任命、党的发展工作、连队政治思想工作等重大问题，一般都由党支部讨论决定。在政治部的领导下，部队于 1935 年发展了一批党员，由党支部把发展计划分配到党小组，物色立场坚定、政治可靠、作战勇敢、联系群众的积极分子，将他们吸收入党。工人、雇农成分的无候补期，贫农、中农成分的候补期为半年，其他成分的候补期为一年。1936 年后发展工作逐渐放松，到 1937 年，由于环境特别恶劣，基本上停止了发展工作。

红二十八军重建初期，党的组织生活严格，经常利用战斗空隙召开小组会和支部大会，党员及时向小组长汇报思想情况和工作情况。党内民主空气浓厚，能积极开展批评与自我批评。党员组织观念强，贯彻执行支部决议坚决。平时，关心群众疾苦，积极开展思想互助，带头遵守纪律。作战时，冲锋在前，退却在后，在各方面都以自己的模范行动影响和鼓舞群众。

连队建立了少共团支部，在师政治部少共团委和连党支部领导下开展工作。团员约占青年的百分之六十至七十。入团条件，除年龄条件外，其余条件与入党条件略同。团员组织生活严格，进取心强，发扬了党的助手作用和突击作用。1936 年下半年后，团支部撤销，团员都编入党支部，与党员一起过组织生活，实际上起着党员的作用。

连队还建立了红色战士委员会，设主席一人，委员四至五人，由战士选举产生。一般半月或一月召开一次委员会或全连红色战士大会，就连队的管理、伙食和连队干部的工作提出意见，发扬民主，平时，协助连队干部开展群众工作。

为了使党员认清形势，明确任务，提高觉悟，坚定信心，部队领导有时利用战斗空隙召开党团员活动分子大会。这样的大会，部队集中活动时开过，以营为单位分散活动时也开过。1935 年 4 月下旬，部队在潜山县汤池附近的一片葱翠的松柏树林里，召开了红二十八军党团活动分子大会，到会的有军政干部和党团员共 500 余人，红八十二师政治部党委书记作了党团建设的工作报告，高敬亭同志作了当前形势和今后任务的报告。原计划第二天上午进行讨论，但当晚遭敌偷袭，部队分两路安全转移。这次会议虽未圆满结束，但基本上达到了统一认识、明确任务的目的。

由于苏区大部分丧失，部队不断遭到敌重兵“围剿”，斗争极其残酷，生活异常艰苦。因此，加强形势、任务的教育，坚定指战员的胜利信心，是政治工作的经常任务之一。连队干部主要是利用晚点名、行军前集合、战斗空隙召开军人大会，进行形势教育。1935 年春，政治部印发了《红军政治教材》和《红军须知》。连队干部根据这些材料，联系部队思想实际，深入浅出地向部队讲形势，讲红军的性质、任务。部队集中时，只要条件许可，军师政委都来向部队作形势报告。他们根据敌人报刊披露的消息和俘虏提供的情况，向部队介绍各地红军的胜利和全国人民纷起反对蒋介石反动统治的大好形势，说明我军的斗争不是孤立的，困难是暂时的，前途是光明的，使部队受到鼓舞。

敌人残酷屠杀苏区人民的血淋淋的事实，是进行阶级教育最实际的教材。三年游击战争中，政治干部经常运用这些实际教材，组织指战员控诉敌人的罪行。每次控诉时，指战员都捶胸顿足，义愤填膺，誓为苏区人民报仇雪恨，从而把对敌人的阶级仇恨，变为杀敌的坚强决心。

军政干部人人做思想工作，形成了一套有针对性、有战斗性的思想工作方法。在生活中，干部和战士打成一片，熟悉每个战士的经历、个性，战士有了思想问题，能够及时发现，帮助解决。部队出发前，三言两语就能联系实际讲明情况，交待任务，提出要求。在战场上，针对情况的变化，及时高呼口号，就能鼓舞部队的战斗意志。官兵之间，上下之间，情同手足。始终保持着高昂的士气。

党的坚强领导和及时有力的政治思想工作，使红二十八军成为一支打不散，拖不垮的坚强部队，八十二师一名姓汪的饲养员，1935 年春在一次战斗中掉队，他化装成砍柴的农民，把枪藏在柴担里，挑着柴担走了一个多星期，终于找到了部队。1937 年 6 月，特务营和手枪团三分队在黄安县瓜儿山被敌包围，突围出来的同志，在当地便衣队的帮助下很快会合在一起，继续坚持战斗。新二营在麻城卢家河被敌人包围，有几名同志突围出来，化装成老百姓，走遍皖西、鄂东的几个县，终于找到部队。三营一名战士在狗耳尖战斗中负伤，被一位老贫农收容养伤。伤愈后，老贫农要招他为婿，他婉言谢绝，回到了部队。这样的事例，举不胜举。

红二十八军还十分注意做群众工作。部队每到一地，除政治部人员外，各连还派出民运小组或组织临时性的宣传队，由干部带领在驻地周围作社会调查；召开大会，揭露土豪劣绅的罪行，开仓分粮，救济贫苦人民，物色拥护红军的基本群众，组织秘密的农民小组，要求他们为我军送情报，掩护伤病员。三年游击战争中，农民小组为我军做了大量工作，使我军扎根于群众之中，立足于不败之地。

红二十八军纪律严明，指战员也都能自觉遵守。有些新区的群众，因不了解红军而躲藏起来，指战员采购东西后就留下钱，写明情况。在村舍宿营时，先挖厕所，行前填埋。凡是借用群众的门板、铺草、脚盆等，都归还原处，住地打扫干净。1935 年春，部队离开潜山县一村庄时，宣传队发现特务营驻地未清扫，铺草未捆好，立即向师政委方永乐作了汇报，方永乐同志当即命令特务营停止前行，派人回去捆好铺草，清扫驻地，再追赶部队。

对俘虏，红二十八军规定有不准搜腰包，不准打骂，不准侮辱的政策。一般是战斗一结束，就由专人把俘虏集中起来，教育后发给路费释放。坚决要求留下当红军的，分到连队，不得歧视。这些同志多数表现好，有的后来当了干部，有的在战斗中英勇牺牲。

对地主、资本家、富农和保长、联保主任、区长等敌乡村政权人员，在 1935 年 5 月以前，仍采取杀头或没收其财产的方针政策。后来，高敬亭同志根据地方党和便衣队创造的经验，规定：只镇压那些罪大恶极，对革命危害大的地主分子。对一般的地主分子采取以罚代杀的方针政策，即酌情罚款、罚物，只要他们交齐款物，一律不究，并开给证明，给予保护。对保长、联保主任和区长，凡是能争取的，要尽量争取，以便利用他们的身份，掩护红军，为我服务。

采取这些方针政策的结果，孤立打击了极少数反动分子，争取团结了一切可以争取团结的人。1935 年 3 月，红二四四团在立煌县梓树坪伏击歼敌一〇八师六二二团三营大部。这次战斗，我一面以猛烈火力杀伤敌人，一面开展阵前喊话，促使敌尖兵排缴械投降。在三年游击战争中，敌士兵在我军的影响下，有的自动携械投诚，有的与我遭遇时，对空放枪为我送行。

1937 年 7 月，红二十八军同国民党豫鄂皖边区督办公署达成了停战协定，这对红二十八军是一个大转折。由于国民党对鄂豫皖边区人民长期残酷屠杀，由于无数同志在同国民党的斗争中流血牺牲，当时，有些指战员和便衣队员的思想一时转不过来，有的甚至误认为是上了国民党的当，是妥协、投降。针对这些思想反映，一面广泛张贴“当此国难日亟，民族危亡之际，本部同仁愿意抗日者，一律到黄安县七里坪集中”的通告，一面派出干部到各地向指战员和便衣队员宣传抗日民族统一战线的方针政策，做深入细致的思想工作。同时，教育部队保持警惕，加强战备，严防国民党反动派的偷袭。

部队集中后，根据党中央的指示精神，又及时进行了整训。在黄安县七里坪的秦家祠堂举办了干部轮训班，主要是学习毛泽东同志的《中国共产党在抗日时期的任务》、《为争取千百万群众进入抗日民族统一战线而斗争》、《反对日本进攻的方针、办法和前途》以及《抗日救国十大纲领》。中央先后派聂鹤亭、郭述申、方毅、彭康、戴季英等同志到七里坪，方毅、彭康同志亲自为轮训班的干部授课。参加轮训的干部回到部队后，又组织部队学习中央文件，讲解建立抗日民族统一战线的伟大意义，从而使部队的思想统一到中央的方针政策上。

与此同时，红二十八军还派出干部、战士，在黄安县周围与社会上的进步团体一起，深入乡村，走向街头，贴标语，教唱抗日救国歌曲，演出抗日救国节目，掀起了抗日救国的宣传热潮。在党的号召下，许多青年踊跃报名参军，各界爱国人士积极投入到抗日救国运动之中。

红二十八军的经验证明：只要坚持党对军队的绝对领导，充分发挥基层党组织的战斗堡垒作用和党员的先锋模范作用，善于把党的路线、方针、政策同实际情况结合起来，善于联系部队的思想实际加强政治思想工作，就能够保证党的路线、方针、政策在部队贯彻执行，使部队始终团结一致和保持顽强的战斗意志，从而战胜一切艰难险阻，取得斗争的胜利。

选自《南方三年游击战争·鄂豫皖边游击区》，第94—98页。

石裕田，1908 年生，安徽金寨人。1929 年参加革命，1932 年加入中国共产党。南方三年游击战争时，任中共赤城县县委书记兼商北游击大队政治委员、红二十八军第八十二师政治部主任。新中国成立后，曾任上海市闸北区专员，中共沪北区委书记，中共中央华东局组织部办公室副主任，中共上海市委办公厅副主任，上海市委监察委员会常委等职。2000 年在上海逝世。

朱国栋，1918 年生，安徽金寨人。1930 年加入中国共产主义青年团，同年参加中国工农红军，1934 年转为中国共产党党员。南方三年游击战争时，任红二十八军第八十二师政治部宣传员、皖西红军便衣队队员等。新中国成立后，曾任中南军区铁道司令部第一团政治委员，广州铁路管理局株洲铁路分局政治处主任、党委书记，广州铁路局党委组织部副部长、部长，长沙铁路局党委副书记、政治部主任，长沙铁道学院党委书记等职。2010 年在长沙逝世。

姚天成，1917 年生。南方三年游击战争时，任红二十八军第八十二师政治部宣传员、特务营二连政治指导员等。新中国成立后，曾任广西柳州军分区政治部主任、平乐军分区副政治委员，广东汕头军分区副政治委员、佛山军分区第二政治委员，中国人民解放军炮兵第一师政治委员、广州军区炮兵政治部主任、冶金工业部第五冶金建设公司党委书记等职。1996 年逝世。

大别山上红旗飘

何耀榜

1934 年 11 月 16 日，红二十五军遵照中央指示精神，离开鄂豫皖根据地西征，边区内仅留下八十二师和部分地方武装，便衣队坚持斗争。而国民党军队除十余个团尾随红二十五军西去外，边区内仍有正规军 56 个团，还有十几个保安团和一些地方反动民团，总兵力达 17 万多人。国民党军在鄂豫皖三省剿总司令蒋介石、副司令张学良的指挥下，乘红军主力离开边区之机，迅速抢占交通要道和城镇，对边区进行残酷的“清剿”，妄图一举摧毁我鄂豫皖革命根据地。

在敌人的疯狂进攻下，我们被压迫在一些无人的深山老林中，活动区域不断缩小，斗争环境十分恶劣，革命形势暂时处于低潮。但是，英雄的鄂豫皖人民和留下来的革命武装，并没有被气势汹汹的敌人所吓倒，他们在中国共产党领导下，依托大别山区，采取灵活机动的战略战术，坚持进行了艰苦卓绝的三年游击战争，粉碎了敌人的反复“清剿”，牵制了敌人的大量兵力，配合了中央红军和红二十五军长征，保存了革命力量和根据地。

红二十五军西征前后

红二十五军西征的前夜，根据徐海东军长和吴焕先政委的指示，我和徐成基等同志赶到罗山县何家冲参加紧急会议，听取省委和军首长临行前对鄂豫皖边区今后工作的指示和安排。

吴政委住在村头一间破旧的小茅草房里，没有桌子、凳子，也没有床，睡觉就在屋角的一堆杂草上。吴政委见我们来了，迎上来紧紧握住我们的手，关切地询问路上的情况，然后问道："王福明同志怎么没来？""王书记年纪大了，过几道封锁线有困难。"徐成基回答说。

"那就算了，你们回去后再把情况告诉他，我们现在到徐书记那里去。"

到了徐宝珊同志（徐当时任中共鄂豫皖省委书记）那里，程子华、徐海东、郑位三同志都已到了。徐书记因为生病，躺在屋角的担架上，只能和我们点头致意。吴政委说："位三同志，你对鄂东北比较熟悉，你先说说。"郑位三同志客气地说："请政委先说。"

"程子华同志带来了中央的指示，叫红二十五军离开鄂豫皖，另找地方创建新苏区。省委已决定红二十五军明天西征，郑位三同志跟我们一块走，鄂东北道委书记由王福明同志担任，地下党的关系和秘密联络点也交给道委掌握。关于高敬亭同志，如果他在皖西边区把工作布置好了，愿意跟红二十五军走，我们可以等他一两天，或者让他从淮河一线追上部队。如果高敬亭不走，则由他重新组织鄂豫皖党的组织，统一领导鄂豫皖地区的武装斗争。等我们走后，徐成基或者何耀榜同志去皖西找高敬亭，传达我们交给你们的任务，讨论两个道委的组织领导问题。如果高敬亭追上部队走了，王福明同志以鄂东北道委的名义去皖西联系，若当地有干部，就可以组织领导核心，没有干部时，可派人去领导。"

这时，吴政委转向徐成基和我说："鄂东北道委除你们这个特委外，还有几个中心县委。王福明同志已经60多岁了，行动不方便，虽然以他为领导核心，但具体工作你们要多做一点。估计我们走后，形势会变得恶劣一些，你们要作艰苦斗争的思想准备，要以保持革命种子为原则，尽量保存革命力量。便衣队可以向白区发展，但要注意避免和敌人正规军作战,把主要力量和斗争重点放在打击地主豪绅的反动民团武装上。"

吴政委讲完后，徐海东、郑位三同志也分别就党的地下工作、秘密联络点和经费等问题作了指示，并特别要求我们关照好鄂豫皖的红军家属和伤病员。

第二天一清早，我们就返回到罗山四区，和王福明同志见了面，徐成基向他转达了几位领导同志的指示。经过研究，在罗山县金竹林止止洞召开了干部会议。会上，王福明同志宣布：重新组成鄂东北道委，常委由王福明、徐成基、何耀榜、吴光陆、罗厚福五人组成。王福明任书记，罗（山）孝（感）(黄）陂特委由徐成基任书记,何耀榜为第一副书记，吴光陆为第二副书记。各县原有的组织不动。会议还针对当前的形势，做出四项决定：一是把部队和干部分散到敌人的"心脏"里去，组成便衣队与敌乡保长进行斗争，争取一部分乡保长，使他们中立，以期尽快在群众中建立立足点，发展革命力量；二是组织力量牵制敌人，策应红二十五军顺利转移；三是尽一切努力安置红军留下的几百名伤病员，保存好革命的种子；四是尽快恢复建立起各级党组织。

会议是在紧急的情况下召开的，大家眼看形势变了，而我们的力量又这么弱，今后的革命怎么搞？大家都感到十分焦急。王书记在布置完工作后对大家说："小伙子们，挺起胸打起精神来，红二十五军虽然走了，可党还在这里，我们还在这里。我们都是红军的种子，到了群众里头是会开花结果的。我相信，要不了多长时间，在我们鄂豫皖这块土地上，又会生长出新的红军来的。"

遵照会议决议，特委所属各级党组织均以便衣队形式开展活动。

我和队长胡金先率便衣队朝乌子铺方向走去，准备在这一带宣传组织群众，发展地方武装，把驻宣化店一线的东北军钉在汉（口）罗（山）公路上，以分散敌人“清剿”老根据地的兵力。

由于白色恐怖，我们几个人不敢贸然进村，只好在村外的一处悬崖下隐蔽起来。整整一天，没有看到一个老百姓走动，民团的兵丁倒是在村子里、公路上来回奔走着，不知在折腾些什么。天渐渐地黑了，吵闹了一天的乌子铺才慢慢安静下来。看到四周无人了，同志们才爬到河边找了些野芥菜充饥，我和胡金先摸进村去探探情况。

住在村头的王妈妈，是宣化店农民暴动领导人王四季的母亲。王四季被国民党杀害后，王妈妈就一个人住在这里，充当我们的秘密联络点。我们径直摸到王妈妈的房前，几天没来，两间草房被破坏得不成样子，院子中到处都是砖头瓦片，破桌残凳，只有表示平安无事的联络暗号——猪食盆，仍和以前一样反扣在门的左侧。我们上前在门上轻轻地敲了敲，低声叫道：“王妈妈，快开门，我是何老四啊。”

屋里传来东西倒地的声音，王妈妈颤颤巍巍地把门打开，一下子扑到我的怀里：“何指导员，我老婆子以为再也见不到你们了。这几天，刘绍彦那帮子坏蛋到处说红军被打跑了，共产党完了。”

“王妈妈，那是敌人造的谣，我们这次来，就是要在这一带再闹苏维埃，跟国民党对着干。”

接着，王妈妈告诉我们，国民党兵和反动民团总是在白天出来搜村子，到了晚上都又龟缩回炮楼和寨子里去了。倒是敌人的运输汽车改变了过车时间，总在半夜里路过。经过观察，我和胡队长决定在离乌子铺三里多路的发模墩木桥上打主意，给敌人来个出其不意，干掉敌人的运输车辆，用胜利告诉和鼓舞人民，共产党没有完，红军还在大别山。

我们找来修这个桥的黄木匠，锯断了桥中间的几根柱子，表面上看，桥还好好的。然后，将赶来参战的另两个便衣队集合起来，埋伏在公路的两侧，做好了伏击准备。

我们刚刚趴下，胡金先就突然叫了一声："来啦。"

随着远处传来的颤动声，不一会，乌子铺南面的公路上出现了一连串的汽车灯光柱。一辆、两辆……一共12辆，载重大卡车"轰轰隆隆"地开了过来。他们做梦也没有想到，红军被他们"打跑"几天了，还会有人送他们去见阎王。汽车刚上桥，只听见"咔嚓"一声巨响，桥被压塌了，汽车一下子就屁股朝天栽到河中间。后边的汽车见状，急忙刹车。这时，胡队长一声令下，我便衣队员对着押车的敌兵猛烈射击。战斗很快就结束了。我们叫来大批群众，胡金先站在车头上大声喊道："乡亲们，快来搬啦！这全是洋财啊！"大家搬下弹药、大米、布匹后，一把火，把汽车烧了个精光。

各个便衣队在汉罗公路上频频打击敌人，破坏敌人运输，不仅拖住了敌人驻守宣化店的一个师，而且还迫使他们从信阳又调来一个骑兵团。

扎根鄂东北

一天，我们返回到罗山县一、四区的交界岭，找到了道委书记王福明。他在听完了我们近段战斗情况汇报后说："各便衣队牵制敌人的工作做得很好，根据最新情报，红25军已走出了鄂豫皖。不过，"老人的神色严峻起来，"敌人的大部分军队准备'围剿'我们。明天，敌人的大搜山就要开始，我们在山里的机关和伤病员来不及转移出来。因此，我想叫你们到宣化店去打东北军一下，拖着他们在宣化店附近转一两天。这样，山里的事情就会好办些。"

我们三个便衣队，一共15个人，按照王书记的指示，干掉了东北军驻银顶山上的军事哨，打乱了东北军的搜山部署，掩护道委机关和伤病员跳出了包围圈。然后，我和胡金先带便衣队到宣化店的董家湾与罗山县大队长汪星高会面，商讨下一步行动计划。

这时，便衣队的刘庆梦叛变，暗地里把我们的行踪告诉了他的叔父、反动民团头子刘修斋、刘绍彦。我们在董文朗家里谈完工作后，胡金先和队员睡在堂屋里，我和汪星高睡在厨房里面的一间小屋里，约摸午夜12点多钟，正是刘庆梦放哨的时间，他偷偷打开大门，把敌人放进院子，在堂屋里打死了队长胡金先和四名便衣队员，我的左膀也负了伤。混战中，我装作民团，跑出大门，跳进一个池塘里躲了起来。敌人见没有抓到我，便残忍地打死了董文朗四岁的独生女，放火烧了房子，才气急败坏地走了。我后来被同志们送进了红军的“山林医院”养伤。

一天，徐成基和道委少共书记方永乐来看我，徐成基对我说：“道委想把罗山的教导营、河口的特务营、以及一部分轻彩号和逃到山里来的群众，组织成一个独立团。这样，有了机动部队，在敌人搜山时，就可以配合便衣队给敌人一些有力的打击。你的意见怎么样？”我表示赞成。

12月上旬，鄂东北道委独立团成立，团长熊先春，政委徐成基，全团共300多人。到12月下旬，独立团遭到敌人尾追，退到了灵隐寺一带。王福明书记在这里主持召开会议，徐成基在会上提出：独立团在山区活动很困难，建议独立团到山外去转个圈子，一来可以借机休整、补充一下部队，二来可以带走部分敌人，减轻山区活动压力。王福明也认为：要去，就从经扶到麻城过封锁线，顺便到皖西去找高敬亭同志，传达红二十五军走时留下的指示。山里留何耀榜、张家胜等同志坚持斗争。最后，会议决定由徐成基、方永乐带独立团到皖西去。不久，我也伤愈回到了便衣队。

刘庆梦叛变革命后，带着反动民团白天搜山，夜晚堵路，有时还化装成便衣队员去秘密联络点接头，把我们活动地区的群众关系全破坏了，使许多群众产生了动摇，就是坚定一些的群众也不敢轻易地和便衣队接头见面了。敌人还抓去200多名群众，关在宣化店的监狱里，逼迫他们说出便衣队隐藏的地方……

群众是我们扎根鄂豫皖的基础。凡是为共产党、便衣队而被敌人捕去的群众，我们一定要设法营救出来。然而，单凭便衣队的十几个人，去攻打有东北军一个团驻守的宣化店，不仅群众救不出来，便衣队也要受大损失。怎么办？在和罗山县委书记张家胜反复商量之后，我们决定利用敌人之间的矛盾，离间敌人的内部关系，促使敌人释放群众，然后再找机会除掉叛徒。

我们首先乘雷班寨反动寨主、恶霸保长陈练青新婚之机，杀死陈练青，打击了敌人的嚣张气焰，使这一带的地主豪绅都不敢胡作非为，暗地里听我们指挥。接着，我们在群众中散布刘庆梦是我们派到民团中去的，搞的是假投降。然后，我拿出60块银元，让打入民团当小队长的刘达诚出面请客，要乡保长们去区署告状。

等到赶集那一天，宣化店国民党区公署门前挤满了黑压压的告状群众。区公署大堂内，反动区长陈又文坐在一只特别高的椅子上，支着二郎腿，右手来回抚摸着鼻子下面两撮稀疏的八字胡，俨然一副清正法官的样子。

第一个告状的是何家湾反动保长何宴卿的十岁女儿何荣："我爹就是刘庆梦带人杀死的。"

陈又文问："你认得刘庆梦吗？"

"认得。"她走到右边把刘庆梦从人群中拉了出来。

接着，董文朗的老婆由她娘家的堂哥、保长刘朗山陪着上堂。她哭哭啼啼地说："刘庆梦说我通共，每次总是他来喊门，他是我娘家的弟弟，能不开门？开了门，他又放何耀榜进来，现在他反说我通共，把我丈夫和女儿都杀死了，还烧光了我的房子，这叫我个妇道人家怎么活啊？！请区长青天大老爷为民妇伸冤。"说完，又是一阵嚎啕大哭。

陈又文看看刘朗山和门外等着告状的群众，也不允许刘庆梦申辩，板着面孔，瞪着眼睛，一本正经地判决道："百姓们不用再告了，区长我全搞清楚了。刘庆梦，你在'共匪'里做了不少坏事，过来以后，你为了发财，又捉了这么多的儿女百姓，却没有抓到一个共产党。像你这样胡作非为，将职员的家属闹得家破人亡，怎么能行？！"陈又文说得唾沫星子直飞，也更有劲了，"上次你送情况说共匪只有少数人在山上，一定可以捉到。结果呢？有那么多的共匪打我的埋伏，使我死伤了几十个弟兄，我们连何耀榜一根毛都没见到……你在很多问题上骗了我们，是不是想真正改邪归正还说不准。现在，本区长正式判决：凡是有保的百姓，一律释放；刘庆梦从今天起软禁在子城，不准出城门。"

这场官司狗咬狗，咬得还真热闹。我们以毒攻毒，解放了群众，打击了叛徒。被关押的群众回到家中后，我们立即去慰问，把我们仅有的一点钱，送给他们作安家之用。不管敌人用什么样的手段，也割不断我们和群众血肉相连的关系。

在光山、经扶、罗山三县交界地带，有一片长达九里的 18 个寨子，人称"九里十八寨"。每个寨子里都有反动民团和炮楼，地主恶霸统治和压迫着人民，烧杀奸淫无恶不作，农民们含辛茹苦，艰难度日。"九里十八寨"有个总寨子，名叫"香炉寺"，住着联保主任、民团团总陈治忠。陈家世代反共，再加上香炉寺地势十分险要，修有牢固的工事，防守戒备十分严密。过去红二十五军打过，没能打下来。

一天，陈家一个姓龚的佃户利用上宣化店办年货之机，找到便衣队，求救似的对我说："指导员，穷人实在受不了，我们想暴动，你们能帮忙吗？"

"群众相信党、相信我们，把复仇的希望寄托在我们身上，我们就是死也要干。"

老龚似乎早准备好了："腊月二十五日夜 12 点该我放哨，我在墙上划火柴为号，然后打开寨门放你们进去……”

攻打香炉寺的计划经特委研究通过了。25日黄昏，我们集合了经扶、罗山、光山三县的便衣队和罗厚福的特务营共六七十人，从无人区的黑山冲出发，直奔40多里外的香炉寺。

这是一个风雪交加的寒夜，同志们穿着单薄的衣服，踩着厚厚的积雪，快速行走在深山老谷中。接近九里十八寨了，申功臣走到大家中间说：“今天的战斗是为了咱们的穷兄弟，要是暴露了目标，穷兄弟就要死不少。共产党员的革命意志是无敌的，同志们，脱下鞋子前进。”行军走热了脚板，猛然踩到冰雪上，寒气直钻心窝，更何况大家只穿着单衣，浑身顿时紧缩起来，但没有一个人吭声，更没有一个人畏惧。我们顺利接近了香炉寺。

12点钟，寨墙上出现了一个人影，他划着了火柴，打开寨门。同志们看到信号，浑身的寒冷骤然消失，挺身冲进了寨门，申功臣带几位便衣队员扑向总炮楼。

敌人正在准备忙着过年，到处都听得见喧笑和打牌声。陈治忠也在总炮楼打麻将，坐在他对面的一个团丁看见我们闯进来了，吓得正准备出牌的手伸在空中放不下来。陈治忠不知原故，骂道：“娘卖×的，快出牌，老子今天要来个……”话未说完，同志们的盒子枪已顶在他的脑门上，陈治忠乖乖地做了我们的俘虏。这时，冲进寨子的战士向敌人猛烈开火，寨子里到处都是枪声。民团看到总炮楼烧起了熊熊大火，立刻吓掉了魂，纷纷缴枪投降。

打下香炉寺，吓坏了其他寨子的地主和保长们。他们有的逃走了，有的主动找我们接头，表示按时交纳红军粮，我们经过他们寨子时，民团再不敢开枪了。群众也扬眉吐气，积极为我们送情报、运粮食、隐蔽便衣队员，我们在这一带的工作局面逐渐打开了，便衣队在群众中扎下根来。

反地补哨

转眼到了1935年的夏天，我们坚持在大别山已经近一年了。一年来，无论是共产党还是国民党，对于进行山地游击战争，各自都摸索出了一套办法。国民党认为："民匪形成合作性质，凡乡苏主席，皆为当地土著，军队至则化整为零皆成百姓，军人去则聚而为匪"，且共产党游击队"行踪飘忽，此剿彼窜，行同流寇"，使军队疲于奔命而吃尽了苦头，要"清剿"共产党，就必须断绝共产党和老百姓的联系，使共产党得不到人员、粮食、弹药的补给和支持。为此,敌人采取"驻剿"与"追剿"相结合的战术，在当地反动民团的配合下，纵横交错修筑碉堡网，以期封锁我们。同时，为了弥补碉堡与碉堡之间的空隙，国民党还组织反动民团在路口、山头遍放地补哨，监视我们便衣队的行动。地补哨只要发现可疑的情况，便拼命地鸣锣报警，其他地补哨听到锣声后，同样也敲起锣来，这样，类似古代的烽火台，一哨一哨地把我们的活动情况报给国民党正规军和反动民团，引导他们来"围剿"我们。

敌情有了新变化，我们也必须采取新对策。我立即带便衣队插到罗山县四区刘家冲的北湾刘清翼家，见到了在该地坚持斗争的便衣四队队长胡明山。我提议：一是发动群众尽可能地拖延敌人修碉堡的时间；二是让一批和我们有联系的乡保长们，以积极的面目去修碉堡，争取碉堡修成后，由他们的民团驻守；三是动员群众把粮食埋藏在山里，以防敌人修好碉堡、倒林移民后，伤病员和群众饿死在山中；四是选择有利时机，打掉敌人的步哨和炮楼，粉碎敌人的封锁。然后，我对胡明山说："你马上到父子岭去通知张家胜，叫他到五约山去等我。我去找吴光陆同志（徐成基带独立团去皖西北后，吴光陆接任特委书记）。"

我们在五约山上寺庙里召开了扩大会议。会议由吴光陆同志主持并作总结报告：敌人以碉堡、地补哨、倒林移民的战术，向我发动新的进攻和“围剿”。我们反碉堡、反地补哨、反倒林的具体办法是：独立团先打出敌人的封锁网去，调动部分敌人，便衣队乘空烧毁敌人炮楼、粮草，打掉敌人的步哨……

报告还没结束，侦察员跑进来说：“丰家店民团和正规军一个营，正从山脚向山上运动。”我站起来对大家说：“同志们，敌人连半天会也不让我们开完。吴书记的报告，就是决议，请同志们执行。警卫队和我掩护大家转移。”

天空落下了雨点，后来变成了倾盆大雨，敌人也爬近了。我命令警卫队指导员“黄陂佬”，争取主动，边打边撤。枪声渐渐地向山下移去，敌人很听指挥地追警卫队去了。我和申功臣从一块大石头旁站起来，向仙居顶走去。

半路，我们碰到便衣三队的同志，他们告诉我：“这一带的群众还跟以前一样好，可以隐蔽。只是近来敌人的地补哨放得更普遍了，特别是公路两旁几个坏保长的地补哨，使我们在行动上很不方便，要想办法除掉敌人的地补哨。”

“申功臣，你去通知便衣队，今晚赶到丁家榜湾后的山沟里，反地补哨。”我说道。

在一个深深的山沟里，三个便衣队集中了。我分配任务：二队到蔡家凹去，负责解决蔡保长，把目标引向宣化店；三队到刘家河去干掉保长刘建臣，然后到郑家冲隐蔽。我带一队到沙河铺干掉反动保长刘继祖，也把目标拖向宣化店，各部队都要在晚上9点钟打响。

9点钟前，我们赶到沙河铺南头，无声无息地向哨位走去。

“谁？”地补哨问。

“查哨的！”走在前面的钱运华嘴里说着，快步奔向哨位，一下子就把团丁按在地上，我们急步赶上，用毛巾塞住他的嘴，捆起来放在一边，“快作准备”，我拿起锣，“当当当！”急敲了起来，然后递给了申功臣。

不一会，刘继祖带着六个团丁赶来。我一见送死的来了，手指扣动扳机，前面的反动保长应声倒下去。趁着团丁惊慌四散，我们飞一般直奔宣化店。

申功臣使劲地敲打着破锣，我和钱运华紧跟在他的后面，边跑边喊；“呵——共产党来啦，共产党来啦……”

锣一响，附近村镇上的保丁和群众跟着打起了呼哨，也高声喊了起来：“呵——共产党来了……”

二队、三队也准时打响。刹那间，纵横几十里的大地上，喊叫声此起彼伏，各个炮楼也响起了激烈的枪声，深沉的黑夜顿时沸腾起来。

看到时机已经成熟，我扯住正一股劲打锣的申功臣，说：“再不能朝前走了。你到河对岸去打几枪，把目标引过去。”申功臣穿过杂乱的人群，在钱家楼村东头，朝天开了几枪。保长、团丁们听到东边有枪声，以为共产党在东边，一窝蜂地拥了过去，一直折腾到天亮。

我们从大河滩爬上一座山头，沿着山岭隐蔽走了十多里，摸进茶坳，找到了我的一个堂哥何耀如。他一见我，十分惊讶：“你怎么又搞到这里来了？这正在修炮楼，连个隐蔽的场子都没有……”

“这个炮楼是谁在监修？”

他急忙说：“是罗麻子和董治钧，每天下午才来，老四，你要是带的人多，就干掉这个炮楼。如果这个炮楼修起来，还要加修十几个，那就把你们的路全堵死了。”

我们来的任务，就是为了搞掉它。但是，“搞掉容易，没有隐蔽地接近不了？”

“只有提前到董家坟园去等。”

同志们卧伏在董家坟园的坟包后面，强烈的阳光烤得我们燥渴难忍。不行，这样下去，等敌人出来了，我们身上一点劲都没有，也无法战斗。突然，我发现守坟园的董继门的家门口有一只小桶。“你们注意敌人，我去弄点水来。”

我从坟堆间爬过去，刚要伸手拿水桶，门里突然蹦出个小女孩：“谁呀？”

“其毛，你在和谁说话？”不料她的祖母也坐在门里，这时也伸头朝外看呢。

我吓得出了一身冷汗，我只好点头道:“董二婶，天气太热啦……”

老太太出了大门：“是你呀，老四，想喝水？你快回去，我就给你送来。”

不一会，小其毛跳着跑进了树林，她母亲和奶奶抬着一个桶，提着一把茶壶走了过来，放在坟边，没和我们见面就回去了。董二婶不仅送来了一壶茶，还送来了一桶白花花的馍馍，有了这桶馍馍和水，问题全解决了。

太阳快落山了，民团才摇摇摆摆走了过来。敌人没有上炮楼，在一家茶棚前停下来，把11支枪靠在一起进了茶棚。我看机会来了，发出命令：“行动。”

我们装做从山里出来买东西的样子，向茶棚走去。窦明贵首先接近茶棚，趁势一搂就把11条枪全抱在怀里，身高力壮的“朱洋人”进门一把按住了董治钧。罗麻子见势不妙，扭头就向外跑。我紧追上去，一脚踢倒罗麻子，钱运华上来把他紧紧捆了起来。

我们来到修炮楼的群众中间，我说道：“乡亲们，我们是来拆炮楼的。请乡亲们把炮楼的四角挖空，让它塌下来……”

天黑后，我们押着俘虏，大摇大摆地向碾子湾走去，来到炮楼跟前，钱运华用枪抵着罗麻子的背心，要罗麻子喊门。

“快开门，我是罗队长。”

“怎么这样晚才回来？”炮楼上问。

“到何家家祠拆瓦去了，百姓忙着抽水，找不到民工，快开门吧！”

炮楼打开了门，团兵们都做了俘虏。我们如法炮制，又叫开3个炮楼，一把冲天大火把炮楼烧得通红。然后，我率便衣队回到山里。

反“倒林”

“倒林”是国民党军与地补哨并用的又一项极端残酷的反革命措施，他们出动大量兵力，强迫成千上万的百姓，将便衣队经常隐蔽的大山上的树木全部砍倒，晒上几天后，放火烧山，企图烧死便衣队员，即使烧不死也可赶出来消灭。

面对敌人这种丧心病狂的“清剿”手段，便衣队员们毫不畏惧，仍旧不屈不挠地同敌人顽强战斗。有时，便衣队员乘敌人哨兵不注意时，纵身混入砍林队伍，在群众的掩护下迅速转移，有时当大火逼近时，则用衣服包住武器和身体逆风快速滚出。为了更好地保存有生力量，我随道委机关和部分便衣队转移到老区，新苏区内只留下一部分精干人员坚持斗争。怎样才能粉碎敌人的阴谋，争取生存的条件呢？在何家冲的一条山沟里，我召集陂孝北工委黄云先，柳林区委书记小洪同志和一些干部，共同研究解围的问题。

会上，同志们提出：帝国主义派到中国来帮助蒋介石打内战的军事顾问经常到鸡公山上去避暑。国民党把帝国主义当祖宗，最怕这些洋人在中国有些闪失。我们就抓住敌人的这个弱点，趁顾问们上山避暑的机会，抓几个洋人，让他们也给我们当当“顾问”。国民党想要洋人，我们就提些条件，迫使国民党和我们谈判，从而使我们赢得短时间的喘息时间。另外，礼山县县长蒋少元是国民党军的一个旅长，因为“剿共”有功，国民党让他当礼山县县长，这次也不能放过他。我们准备一些传单，暗示洋人是他提供情况叫捉的，打击一下他的反动气焰。

方案一提出，立即得到了大家的赞同。为了完成任务，决定由黄云先和小洪同志负责统一指挥和部署，其他便衣队协助。

会议结束后，我们一行五人顺着大小鸡笼山的西侧，钻行在茂密的森林里，走了两里多路，发现前面一丈多宽的松树林，被一层层砍倒在地上，伸手摸摸，树枝已晒得半干。我扭过身来对同志们说："看样子，敌人要烧山了，我们的动作要迅速，争取今晚跳出去。"

四周黑黝黝的，大小鸡笼山上到处都是悬崖峭壁，就连不大的斜坡上，也尽是横七竖八的树干树枝，再加上敌人派出的哨兵，迫使我们小心翼翼，行动很是迟缓，眼看是到不了目的地了。我们找到一块林中空地，五个人分散开来，各自钻进石头缝或是悬岩下隐蔽起来。

上午八九点钟，敌人像蝗虫般从四面八方拥上山来，并且在山脚下、沟口里五步一哨、十步一岗地守起来。然后，疯狂的敌人点燃了砍倒的树木和野草，火势借着风力，不一会，整个大小鸡笼山的西半山处处都卷扬翻滚着火舌，浓烈的黑烟遮天盖地，我们身旁的树枝野草也燃起了熊熊的火焰，就连地上的石头，也逐渐发热了。

焦灼的热气迎面扑来，令人感到窒息，在火海的包围中，全身的皮肉被烤得焦躁疼痛，心脏剧烈地跳动着，呼吸十分吃力。看来是难以继续坚持下去了，我只好发出命令："同志们，向火焰作斗争，争取跳出去。"

同志们相继投身火海，火舌直向我们扑来，火花落在脸上、手上和身上，立刻烧起了大大小小的水泡和伤痕。同志们忍着痛，捏熄烧着了的衣角，坚持在地上爬行。终于，我们幸运地找到了一条又深又狭的泉水沟，大家痛快地趴在沟边，不歇气地喝着凉而甜的泉水，浑身感到说不出的舒服和轻松。

烟火未熄，狠毒的敌人接着开始大搜山。我们当即赶在敌人的前头，沿着水沟向山外走去。傍晚时分，我们终于绕过敌人的封锁，来到罗山一区的张家畈，和"驼二爷"（姓名记不清了）率领的便衣队会合了。

"驼二爷"向我介绍了情况：自从敌人实行"倒林"政策后，各便衣队都有不同程度的损失，有几条交通线也被敌人破坏了，但各便衣队仍在原地坚持活动。我对"驼二爷"部署道：敌人可能会利用"倒林"后的时机，对山区进行大规模的"清剿"，我们必须事先做好充分的准备。第一，在敌人“搜剿”前，把分散在各地隐蔽的彩病号，全部抬到四区的空山里，尽量设法治疗，使他们早日痊愈归队；第二，通知各地基本群众和联络点，埋藏所有的军用品和使敌人可疑的东西，以防敌人搜查；第三，尽可能地为上山准备一些柴、米及日用品；第四，重新建立和安插一批新的联络点，一些没有公开的小便衣队一律不再公开。如果敌人移民，这些秘密便衣队和党员要利用可靠关系，插进移民点，使我们以后的工作不致于和移民点失去联系。同时，要想尽一切办法，插到白色区域里去发展革命根据地，要在整个鄂东北地区掀起革命高潮，给敌人也制造一种紧张环境。

晚上，我们沿着通向宣化店的大河，来到张家墩张宏胜的家。张宏胜告诉我，驻南湾的国民党东北军一个团，中午时紧急集合，到黄陂站去了，到现在还没有回来，南湾只有一个连驻守。

这是一个好消息。虽然时间已经是午夜1点了，同志们都不愿放弃这个好机会，纷纷提议去干掉他。敌人人多，再加上敌人有工事防守，我们几个便衣队硬攻是不行的，对，以牙还牙用火烧！敌人倒林烧山，赶我们出山，我们就放火烧他们的营棚，烧他们的炮楼，把他们赶出炮楼。

我们来到南湾，沿着围墙察看了一遍，决定胡明山、“朱洋人”和我各带一队，分三处放火。刹那间，火舌变成了火柱，映红了半边天。我们集中仅有的几支步枪，向炮楼猛烈射击。炮楼的敌人慌乱了，七零八落地穿过火焰，夺路而逃。我们对准逃跑的敌人，一排步枪压过去，各炮楼的敌人很快给赶跑了。我们终于在敌人的封锁线上撕开了一个口子。

这天，我和“驼二爷”隐蔽在莲花石村下面的董家凹。一清早，远处传来呼叫声：“何指导员，何指导员！”随着话音，钱运华来到我们跟前，满脸的喜气：“何指导员，刚才黄云先派人来说，洋人捉到了。”

原来，黄云先和小洪同志开完会议后，就赶回柳林作了部署。三天前的下午，柳林便衣队在山上抓住三个国民党军队的洋顾问并抬了出来，当夜交给了施大安便衣队，由他们秘密带回三区。捉洋顾问的当天下午，敌人一直没有发觉，直到第二天早晨，敌人才开始疯狂地到处搜查。便衣队把洋人转移到罗山三区的赶鱼儿村，和三区区委书记王定堂会合了。王定堂接到洋人后，就向礼山县运动，敌人从四面八方合击而来。便衣队边战边退，公开地走进了反动民团团长颜香亭所属地盘。敌人追兵看到便衣队消失在炮楼附近，以为便衣队进了炮楼，于是拼命向炮楼攻击。颜香亭不知国民党军为什么攻击他，只好固守，直到天黑才罢手。第二天一早，东北军的一个团就在颜家家族各村搜查。等到九十点钟，便衣队又在朝林山上现出目标，东北军的部队又追了过来。我们一面攻击反动民团华明清的炮楼，一面向追击我们的东北军开枪，引导他们两家打上后，便衣队就抽身到礼山县附近休息去了。估计，敌人现在正打得不可开交，暂时没有力量进行大的“搜剿”，把洋人放在礼山县境内隐藏几天，问题是不大的。听完情况，我立即站起来，对“驼二爷”说：“‘驼二爷’你去通知便衣队长们，说洋顾问已经捉到，要他们按我们原定的计划行动。”

天黑后，我来到朱青山保长家里，刚在家中坐下，就看到朱青山十分得意地回来了。我忙问：“有消息吗？”

“哈哈”，他笑了，“何指导员，你们做的事情，你还能不知道？你们这回可把事做绝了，捉了洋顾问不算，还说是蒋少元叫捉的，这下可把蒋少元吓坏啦。蒋少元亲笔写信给陈又文，叫他一定和你们接头，要什么条件就给什么条件，只要能保出洋顾问。刚才，陈又文把我找去，要我设法和你们联系。”

我对朱保长说：“你去告诉陈又文，要找共产党，叫他找张家胜和‘驼二爷’。”

第二天中午，秘密哨报告：“从东进来了三个人，手里还拿了些东西……”

我笑着对“驼二爷”说：“是国民党接头的来了。你去告诉他们，洋顾问是特委配合红二十八军捉的。要想释放洋人，区公所和一〇三师要先释放‘政治犯’和被押群众。另外，在军事上停止向我们追击。”

晚上，“驼二爷”回来了，他告诉我：“我们提出的条件国民党都同意接受。他们还送来不少钱和物资给我们，现由一〇三师的一个营押着，送到了我们指定的空山上。军队从明天起停止追击，撤回各驻地，凡是宣化店区公所扣押的群众，明天释放。”

我对他们说：“敌人所送的钱和物资，由警卫队负责全部接收。放洋顾问由王定堂和特务营负责，到礼山县城附近放。然后，把目标引过平汉路西。我们取得了反倒林的胜利，要利用敌人停止追击的这段时间，把部队和根据地好好巩固一下……”

反移民

反“倒林”胜利之后，敌人内部一片混乱，为推卸责任和清理残兵败将而忙得不可开交。我们抓住这个有利时机，顺利地对鄂东北地区的工作进行了全面的安排和部署。不久，我们根据地下党送来的情况得知，敌人从军队到地方都在进行调整，目前正加紧部署对我新、老苏区进行比往年更加疯狂残酷的“秋冬攻势”。

为了了解敌情，我带着便衣来到新苏区，找到了施大安、“驼二爷”和张家胜同志率领的便衣队。他们告诉我，敌人的秋冬攻势是这样计划的：首先用一个师的兵力封锁宋（埠）商（城）交通线，断绝鄂东北和皖西北的联系，使鄂东北苏区得不到红二十八军的支援，造成游击队便衣队孤军作战的劣势。然后，正规军和民团配合，分头搜山、移民，断绝便衣队和群众的全部联系。最后，利用冬季来临的时机，把便衣队撵到卡房山或老君山进行合击，以期达到“在今年冬季消灭共产党”的目的。目前，整个鄂东北地区的移民已快搞完了，群众都被强迫搬进了移民点。移民点是国民党企图隔绝便衣队与人民群众联系的一种毒辣手段，即国民党强迫几个村庄的老百姓，移住在一个四周有围子和炮楼的围寨里，并派兵看守。每天太阳出来后，老百姓才能走出移民点去种地；太阳没落山，就必须返回移民点。进出移民点都要搜身，稍有怀疑就被抓起来。地主在移民点内还加紧对群众进行倒算，还公布了什么“保路费”、“电话税”，进移民点住他们的棚子要“住地税”、“灶头税”，生了孩子要“人头税”，“剿共”死了人要“安葬税”，“剿共”出夫要“出差税”、“草鞋税”，苛捐杂税多于牛毛，弄得群众人心惶惶。只是由于我们事先对敌人的移民有所准备，在群众进移民点时，一部分秘密便衣队和党员也混进移民点里去了，我们才没有失掉和移民点内的联系。由于失去群众的掩护，便衣队的隐蔽更困难了，我们主要宿营在山林中，早上草上有露水，人走过去留下了脚印，特别是雨后，脚迹更明显，敌人常常追踪到隐蔽地。有时我们运用过去那种“倒穿鞋”等办法，也难瞒过敌人的眼睛了，常常被搜出来，一打就是一天。有个便衣队在山中隐蔽，实在饿极了，出来在东丰奄的路口上发现一袋米，就拿走了。第二天，敌人不见米，就搜那一带的山，中午时分，他们被搜出来了，在战斗中，牺牲了三名同志，其他的同志被打散。这样，我们处处被动，敌众我寡，地形不利，加上同志们饥寒交迫，再这样拖下去，对我们是极不利的，我们要想办法改变这一局面，首先必须与移民点内取得联系。

我带着便衣队来到了何家大凹。全村死一般寂静，人都被移民走了。看看四周没有什么变化，我们轻轻地走进了秘密联络点何甲长的屋子里，有的找个角落躺下就睡，有的在四处找充饥的东西。

“嘿，这里有好吃的东西。”“朱洋人”惊异的声音，吸引了同志们的注意。原来是一罐藏在一堆乱草下的米饭，看样子放在这几天了，已经有些发馊。

“朱洋人”问我：“指导员，可以吃吗？”

看到同志们几天未进米的疲意样子，我点头应允了。

第二天中午时分，韩允之报告说：“何甲长来了。”

何甲长进屋后，在我身旁的稻草上坐了下来，慢慢说道：“这一带移民好几天了，我们被关进了乌子铺。陈满子的三个儿子当了红军，在家的三个媳妇这次一进移民点，就被国民党捉去卖了，不知被卖到什么地方去了。这会，他们又把陈满子打得死去活来。我的侄儿媳甘桂兰因为是便衣队的联络员，这次也被卖给宣化店区公所的一个区员做小老婆……指导员，你们看我们这样能活下去吗？……”他再也说不下去了，老泪纵横，最后放声痛哭起来。同志们也难过地流下了眼泪。

突然，老人激动起来：“你们光是这里躲躲，那里藏藏是不行的，这样下去，会被他们杀死的，你们要打。”

老人说的有道理。敌人虽然强迫群众搬进了移民点，可他们无法看守人民群众向着共产党的心。我请老人回到移民点后，向红军家属和人民宣传，共产党领导的红军，一定会想办法和群众一起摧毁敌人的移民毒计的。“我们一定熬着，等着你们打移民点。”老人坚定地说。

何甲长走后，我陷入沉思中。只有打击敌人，才能争取主动，粉碎敌人的阴谋。不过，怎样打，先打谁，这就要慎重考虑研究了。张家胜说：“自从敌人移民以后，便衣队为了插进移民点，多采用秘密活动，这给反动民团以吹牛的机会，他们向武汉行营报告说，鄂东北的共产党已被打得‘狼狈大败’、‘少数残匪也是望风而逃’。现在只要听说哪里有共产党，他们就必定搜山。我们是不是叫刘达诚去给民团报个信，引民团到我们的伏击圈里来，打击一下民团的嚣张气焰。”

半夜里，我们按照方案，全部隐蔽地运动到指定位置埋伏起来，单等罗伸发的民团上钩。

第二天天刚亮，罗伸发就带着他的三个民团中队上仰锅山来了。我们钻出草丛，一边向山顶运动，一边射击敌人。申功臣便衣队的十把盒子枪拦腰卡断了敌人。毫无战斗经验的罗伸发听到枪声，浑身发软，几个团兵赶来，像拖猪一样架起他向山下逃跑了。这时，埋伏在黑狗寨的教导二队，像猛虎下山一样猛扑了过来，迎头痛击敌人，团兵们被打得哭娘唤爹，成排成排地跪在地上高呼饶命。

这一仗，打得罗伸发害怕了。罗伸发为了保住狗命，找到便衣队，表示只要我们释放俘虏,他愿意“中立”。便衣队的活动又活跃起来了。

一天夜里，我们在刘家冲沟北塆的空塆子里隐蔽，王定堂和黄陂佬找来了。他俩高兴地对我说：“吴书记派我们来告诉你，红二十八军林维先营长带一营过来策应我们，现已和独立团接上了头。”

我在胡家山寨的空山上见到了吴光陆同志，我们认为：红二十八军特务营来鄂东北，暂时牵制住了敌人，我们要趁此有利时机，通知移民点内的党组织，组织移民点内的群众暴动，我们在移民点外配合接应。

第二天夜晚，我带着道委特务二营急行军到了芦家畈。战斗在午夜开始，枪声一响，移民点内的群众就放火烧着了棚子，民团一见四处大火，加上枪声又很激烈，不由得乱作一团，争先恐后地向外冲来，这下正好进了我们的伏击圈。特务二营一阵枪响过后，民团们死的死，伤的伤，剩下几个早缴械投降了。

短短几天里，整个鄂东北地区天翻地覆，乾坤倒转，反移民胜利的捷报频频传来：红二十八军一营以伪装战术摧毁了一连串的移民点。还打垮了国民党正规军两个营。独立团打开了西张店、乘马岗的移民点。易元鳌率领部队打开了周八寨、潘家河的移民点。胡民山的便衣队和刘达诚的民团，里应外合摧毁了沙河铺所有的碉堡，刘达诚民团的 30 多条枪公开拖了出来。“朱洋人”带便衣队打乌子铺移民点时，点内的地下党组织、红军家属、秘密小便衣队和基本群众，火烧草棚，手拿斧头菜刀，与敌人肉搏，共同打掉了乌子铺移民点。申功臣便衣队打大胜关移民点时，敌人一发现寨子里群众暴动，自己烧掉寨子后就溜掉了……

整个鄂东北新老苏区的移民点大部被摧毁了。在反移民斗争中，各便衣队不仅没被消灭，而且还发展壮大了，党的地方工作也活跃起来了。

成立皖鄂特委

1936 年 8 月的一天，我和豫东南特委机关的同志刚游击到经扶县东八区扎家湾的大山沟里，通讯员跑到山上来向我报告：“从外地来了一股大红军，领头的是一个瘦高个子，说是来找你有急事。”我估计来人一定是英勇善战、令敌人心寒的红二十八军一营营长林维先，便急忙奔下山去。

果然是他。这位战场上的猛将，却原来是个骨瘦如柴的高个子，说话也是轻言细语的，和我原来的想象完全不一样。林营长在确认了我的身份后,向我宣布了高敬亭同志的命令:调我到皖西北任皖西特委书记。

于是，我随红二四四团一营转战三天三夜后，在商城辛店与高政委会合了。几个月不见，高政委瘦得更加厉害了。我们还没来得及说话，我们身后的追兵——敌二十五路军和十一路军的三个团又跟上来了。辛店周围到处都是激烈的枪声，敌人的山炮、重机枪也不时打到山坳里来，看来我们是不能在此久停了。高政委命令部队道：“手枪团负责掩护全军转移，其他的部队打出后，到梅头河集合。何耀榜同志随军部一起行动。”

各部队分头执行命令去了。高政委和我在一片茂密的树林中隐蔽，辛店周围的枪声更加激烈起来，不一会，枪声便逐渐分散，转移，再后来就听不见了。我和高政委走出隐蔽地，带着军部交通队，安全地渡过河沟，翻越几座山后，到达平头山休息。这时，高政委才有机会问我：“何耀榜同志，你对调令有什么意见吗？”

“坚决服从政委的命令。”我毫不含糊地回答道。

接着，高政委为我详细地介绍了皖西的情况：丁少卿叛变后，敌人调整兵力，在地方反动武装的配合下，专门对付红二十八军，还组织了许多别动队刺探我军情报、破坏地下党组织和便衣队。红二十八军经过艰苦奋战，部队遭受的损失很大，皖西道委书记徐成基被反动分子杀害了，各县委和便衣队也有很长时间没有联系上。前不久，红二十八军八十二师政委方永乐同志带手枪团到麻城龟山一带活动，在黄冈庙西边的山峰上，同敌一〇三师接上了火，方永乐发现处境险恶，立即果断下令部队向深山转移。为了使全军安全突围，他亲自带少数战士留在后面掩护，敌人集中兵力向山口硬攻上来，方永乐端着马步枪沉着地阻击敌人。年仅 21 岁的方永乐同志在这次战斗中永远地离开了我们。

说到这，高政委难过得泣不成声，过了一会，高政委坚定地说：“我们要调整一下鄂豫皖的各级党组织，研究解决部队补充和地方工作的方法问题，不然的话，到了冬季，无人区里无人无粮，我们是坚持不下去的。从现在起，你把皖西的担子挑起来。”

傍晚，部队又出发了。由于休息了一整天，同志们的精神格外饱满，不一会，我们就到达了目的地——梅头河。在辛店打出去的部队，拖着敌人绕了个圈子后，也在黎明前赶到了梅头河。

我们在梅头河进行了短暂的休整，准备开会研究皖西特委的恢复和加强地方领导工作的问题。可是，敌人不给我们喘息的机会，又以三个团的兵力向我军驻地追了过来，我们的会议刚开即止。高政委当即决定：“再这样拖下去，我们的会是开不成的，地方上的工作也不能布置，各部队还是分头出击，把敌人拖得远一点再甩掉，半个月后，我们在岳西县鹞落坪会合。”

经过半个多月的艰苦转战，我们各部队终于到达了高政委指定的集合地——鹞落坪。然而，敌人已经摸清了我们的行动规律，掌握了我们几个比较固定的集合地点，因此，当我们刚刚进到鹞落坪时，敌人的追击部队也跟了上来。这次我们已经作了充分的准备，会议没有再推迟。

当敌二十五路军的追兵追来时，手枪团主动和他们接上火，牵着敌人的鼻子转圈子去了。

9 月，皖西特委工作会议在英山桃花冲召开了。会上高政委作政治报告，总结了红二十八军的游击战争经验。会议鉴于徐成基同志已经牺牲，皖西地方工作受到影响，决定改皖西特委为皖鄂特委，我任特委书记。特委机关设在鹞落坪，并对原皖西特委的管辖范围作了调整，皖鄂特委辖舒城、桐城、望江、潜山、太湖、岳西、宿松、霍山、英山、罗田、蕲春、黄梅、广济等十余县。

会议结束后，高政委率红二十八军大部前往鄂东北根据地，我和特委的几个干部，立即投入到紧张的联络组织工作中，我们深入到便衣队藏身的山洞里，把已经伤愈的伤病员组织起来，很快成立了一个由 32 人组成的特委警卫队。然后，我带特委警卫队经过舒城、桐城、潜山到天柱山，分别与地下党组织接上了头，交待了以后联络的时间、地点和暗号后，在岳西的后河山，又遇到了半公开的潜山工委书记吴云霞和副书记储道恒同志。我对他俩说："你们仍为秘密组织，主要任务是加强与安庆、九江方向的联系，尽量获得中央的指示和外线情报，在这一带就不要发生横的联系了，有什么重要的情况，请直接和我们特委联系。"

10 月中旬，在对皖鄂各县委的工作做好部署之后，我立即赶到小河南，组织皖鄂特委第一次会议。这时，已有十几个县的 30 多位代表来到了小河南，大家行动隐蔽，均未惊动敌人。小河南是皖潜游击队的发源地，也是岳西地下党活动的区域，这里群众基础比较牢靠，在这开会安全上是没有什么问题的。

晚饭后，黄云先领我走进一个叫六形堂屋的大院里，与代表们见了面，会议也就开始了。我首先传达了高政委主持召开的桃花冲会议精神，宣布中共皖鄂特委成立，并分析了皖鄂边区的目前形势。

会议经过两天的讨论，最后形成了五项决议：

一、便衣队要抓住有利时机，备足粮食、鞋袜等物资，支援红军主力部队。

二、各县委、工委和区委及便衣队都要建立起自己的根据地，扩大武装，并准备向主力红军输送兵员。

三、调整各县委领导机构，并成立岳霍工委，工委书记由何耀榜兼任。

四、加强干部之间的合作，不论是何处来的干部，都要步调一致，携手合作，服从皖鄂特委的领导。

五、对伪保乡政权，继续执行统战政策，使之为我服务，注意工作策略，不随便杀人。

散会后，各地代表满怀信心地返回到各自的战斗岗位，贯彻会议精神，开展工作，很快地就在皖边区掀起了斗争的新高潮。

一天夜里，我们行动到东界岭，见到了赤南县委的便衣队。赤南县委书记张三铁匠（张泽礼）告诉我们：整个赤南县的工作都遭到了敌人的破坏。基本群众被敌人押的押、杀的杀，剩下的群众也被圈进了移民点里，便衣队受到了很大的损失，我们被困在山里，没有一点粮食，完全靠吃野菜野果坚持斗争。

看来这里的情况和鄂东北不同。在鄂东北，我们趁敌人移民未开始时，就把党团组织、基本群众和不公开的便衣队都安插到群众中去了，他们随群众一起进了移民点。最后，靠移民点内的群众和移民点外的部队、便衣队里应外合，才打掉了鄂东北的移民点。而皖西由于我们事先没有准备，移民点内外联系不上，套用鄂东北的经验是不行的。正好，林维先营长带红八十二师一营来皖西活动，接连几天，林营长带领一营时而伪装成敌一〇二师的别动队，时而伪装成敌十一军的伤病员，连续摧毁了几十座炮楼、碉堡，镇压了几个最反动的豪绅地主和保长，把地主的财产全部分给了穷苦百姓。整个皖鄂地区一片欢腾，到处都是喜气洋洋的人们，我们的工作终于又在皖西站住了脚。

不久，我回到特委所在地鹞落坪门坎岭，接到了高政委的来信：

何耀榜同志：

我在黄冈、麻城一带和手枪团、一营、特务营会合，打了一仗，部队很疲劳，也有些减员。我将手枪团、一营带回到鄂东整休补充，特务营拖的很苦，如果带到鄂东，仍无法补充，因此，我叫特务营仍回到皖鄂边，由你设法叫他们休息和补充。你的精力仍着重在整理皖鄂边的地方工作。

高敬亭

根据高政委的指示，特委研究决定，将易元鳌的战斗营补充到特务营。特务营整编后，开赴黄安，投入新的战斗。特委通过两次会议，健全了各级党组织，以岳西县大岗岭为中心，纵横二三百里的各地游击斗争十分活跃，革命武装力量得到进一步发展，我们还组织成立了潜太游击大队，到1937年初，我们又组织了黄冈战斗二营。与此同时，广大人民群众振奋起来，把翻身的希望，光明的前途寄托在我们红军身上，从而积极为红军送情报，抬担架，抚养伤病员。红军在鹞落坪、大岗岭、小河南等地设立的“山林医院”、小型修理厂、被服厂得到了进一步巩固和发展，为后来彻底战胜敌人的“围剿”奠定了物质基础。

粉碎敌人“新的清剿”

1937年初，我和皖鄂特委机关的同志们一起，迎着漫天大雪，来到大岗岭的一条深山沟里。在一个靠着崖石、用树枝搭成的棚子里，特委秘书徐文初拿着敌人新近出版的《扫荡报》，为我们朗读着有关西安事变、蒋介石被扣的消息和文章。

西安事变发生后，鄂豫皖地区的敌人正规部队纷纷集结，大喊大叫地要去“援救蒋委员长”，为了配合全国形势的转变，我们要求各便衣队主动出击，袭击敌人的碉堡和封锁线，拖住一部分敌人。可是不久，我们就发现敌人的正规军不仅没有离开鄂豫皖北上，相反还从外地调进来了不少。为了弄清情况，我派出两个交通，分别到潜山工委和九江的秘密联络点去了解情况，同时通知各便衣队暂时停止对敌人的进攻。

过了五六天，派出的交通回来了。原来，党中央从国家民族利益出发，动员张学良、杨虎城将军放了蒋介石。但蒋介石回到南京后，立即背信弃义，暗地里加强“清剿”措施，企图先消灭各地山区的共产党、游击队，再进攻陕北的党中央和中央红军。从 1937 年 4 月中旬起，国民党集中兵力对坚持鄂豫皖边区的红军、游击队、便衣队进行“三个月新的清剿”。

由于敌人的这次“清剿”是对我红军主力和便衣队同时下手，更主要的是由于我们个别领导人对敌人新的“清剿”严重性认识不足，没有认真部署反敌“清剿”的措施，导致我们面临着空前严重的困难局面。已经建立起来的群众基础被摧毁，控制的地区被敌占领，我们经常处在缺衣少食、风餐露宿的恶劣环境中，许多同志献出了宝贵的生命。但英勇的红军、游击队、便衣队和人民群众，面对残酷的斗争环境，斗志更加坚强，神出鬼没地战斗在敌人的心脏。

一天早晨，远处传来一阵激烈的枪声。我走出草棚，踩着吱吱发响的积雪，到山顶了解情况。一连几天的大雪封山，行动很不方便，特委对各便衣队和部队的情况了解很少。根据枪声判断，显然是敌人在追击我们的哪支部队，不管是谁，必须去接应他们。

我带着特委警卫队翻过一条山岭，就接近了土门坳封锁线。运气还好，封锁线是由安徽省保安团看守的，这阵子因为大雪，看守封锁线的敌人全部缩进了炮楼，外面只有几个巡逻的。

“快速插过去。”我命令警卫队。

擅长翻山越岭、行走如飞的警卫队战士们，神速地接近了封锁线，敌人还没有来得及走出碉堡，我们已经越过封锁线，消失在茫的雪野中。

在我们通过封锁线不久，右侧不远的封锁线上爆发了一片激烈的枪声，怎么回事？我忙派警卫队的一个战士去了解情况。不一会，他领着六七个人回来了，原来是在本地活动的便衣队。陈队长报告说：“我们听见大岗峰主峰方向有枪声，特别是乌子畈到野鸡河一带枪声最激烈，以为是你们被敌人包围了，我就带部队去接应。”

“老陈，我们想到一块去了，那就一起去看看吧。”

同志们利用有利地形，迅速向乌石畈方向运动。不到一小时，就到达了目的地，那里枪声连天，杀声震耳，双方打的正激烈。

我命令司号员吹号联络。对方回答了，原来是熊柏桐率领的黄冈战斗二营。“答号，我们来接应。”

我们向敌人的包围圈冲去，熊营长率领部队也从包围圈中向外冲来，两把利剑劈开一个缺口，我们在山包旁会合了。熊柏桐见面就说：“敌人是陈汝怀的保安八团和二十五路的一个营。”

不能在此地久留了，否则，我军又会陷入重围，我对熊柏桐说:“部队由你统一指挥，马上向万山方向打出去！”

熊营长果断、迅速地调整了部队，带领着临时组织的突击队，一马当先地向万山方向杀去。警卫队的一部分战士在后面堵击着敌人。

大雪在天空中纷飞飘舞。我们的战士和敌人打成一团，人流和枪声都飞快地向万山方向移动。我们到达万山的半山腰时，夜幕已经降落，但敌人还是咬住我们，紧追不舍。

我扭头看到打掩护的同志们已跟上来了，便要他们退到一个夹道口，准备堵击敌人。这时，身上带的子弹不多了，便对同志们说：“节约子弹，用手榴弹拼。”

警卫班长来二和他的战士们，摸出手榴弹，打开盖子，抽出导火索。等敌人来到近前，同志们一阵手榴弹，打退了敌人的进攻。这时，我发现来二的左大腿负伤了，鲜血把他跟前的雪染得一片通红。我忙对两个战士说："快把班长抬下去。"

"不要管我，快打敌人"来二坚决地说。

击退了敌人的又一次进攻后，两个战士搀扶着来二，我们一起往前追赶战斗二营。

万山顶上到处都是狼牙锯齿形的巨石，行走很困难，除了我们上来的路以外，再也没有路了，四周都是悬崖峭壁。

哪里才是出路呢？我走到断崖边，意外地发现了一株生长在石缝中的古树。我高兴地说："这里可以下去。"

熊营长明白了我的意思，发出命令："把绑腿解下来，把衣服撕成布条，搓一根绳子。"

绳子很快就搓好了，一端牢牢地拴在树干上。熊营长立刻指挥同志们往绝壁下面溜。大部分同志下去了，我叫几个同志照顾来二下去。来二说："总要留下一个同志看绳子，我反正负伤了，牺牲了没关系。"

我说："小来子，你挂彩了，应该先下去，我们从来不丢下彩号的。"

来二坚决不肯，说是他留下来，救出一个没有负伤的同志，可以更有力地打击敌人。

断崖上只剩下几个人了，敌人打着手电和火把就要摸上来了。来二一把拉住我，哭着说："何书记，敌人快上来了，你们再不下去，就要多牺牲几个同志……"

情况已不允许我们再争执下去了，我紧紧地拥抱起来二瘦小的身体，不由得两眼热泪盈眶。我默默地抽出两个手榴弹，轻轻放在来二的手中，"保重！"说完返身和剩下的几个同志顺绳子滑下崖去。

我刚到崖底，脚还没有站稳，头顶上便传来一阵枪声，接着就是来二那嘶哑而坚定的呼喊声："共产党万岁！"随着一片爆炸声，绳子断了，来二纵身跳下了悬崖。

我和警卫队的几名同志在一块矮树丛旁找到了来二同志，他已经停止了呼吸。同志们满含着眼泪，怀着复仇的怒火，用双手扒开积雪，用石块垒成坟墓，共产党员来二同志长眠在万山脚下。

不久，黄冈战斗二营被整编为红二十八军八十二师二四四团新二营，我们终于渡过了三年游击战争中最困难的时期。

岳西谈判

7 月上旬的一天晚上，我们派出去找红二十五军的交通姜术堂回来了。姜术堂报告说："我带着特委的信，在西安七贤庄找到了红军办事处，红军总政治部主任任弼时召见了我，向我询问了鄂豫皖边区的情况后，给了我一些文件，要我回来告诉鄂豫皖省委，尽快和国民党谈判，争取停战抗日。"说完，从身上掏出文件来。我接过文件一看，这是党中央书记处印发的有关国共合作，共同抗日的文件。看完文件，我对同志们说："现在要尽快和高政委联系上，把党中央的指示传达给他，研究我们和国民党谈判的方案。"

"谈判？和谁谈判？"正低着头抽烟的易元鳌听到我的话，猛地抬起头，两眼不解地盯着我。

"为了团结抗日，我们要和国民党谈判……"

我的话还没有说完，易元鳌站起来把我从椅子上抓起来，粗声粗气地说："老何，你忘了这三年是怎么过来的吗？那么多的战友、父老乡亲死在敌人的刀枪下，现在形势刚强了一些，你就想向敌人妥协投降，叛变革命，你看清楚！"他拍了一下腰中的枪，"你要投降，我就一枪把你敲掉！"说完，一用劲，把我狠狠地推在椅子上。

我了解易元鳌的性格，知道他对革命赤胆忠心，我为同志们有如此爱憎分明的立场而感到高兴，我耐心地向他和同志们解释："国共谈判是党中央的决定，目的是为了团结抗日，绝不是向国民党妥协投降……”易元鳌才慢慢平静下来。

与此同时，高政委在鄂东北也从国民党报刊上获悉国共合作的消息，为了证实这一消息是否真实，便率队来皖西找我。7 月 13 日，我和高政委在岳西县南田村会合了。高政委立即召集我们几个干部开会，研究执行党中央指示精神的方案。会上，同志们踊跃发言，对于执行党中央关于国共合作，团结抗日的决定一致表示赞同。同时，因为我们三年来都处在敌人的包围封锁中，和党中央的联系很少，党中央的意图和全国的形势我们都不甚了解，现在突然要和打了三年多的对手谈判，许多同志感情上是转不过这个弯的，而且，我们还必须谨慎小心，谨防上国民党反动派的当。通过充分讨论，高政委最后决定：立即以中国工农红军第二十八军的名义，向国民党豫鄂皖边区督办公署提议谈判，停战抗日。何耀榜为红二十八军的谈判正式代表，高政委在必要时以红二十八军政治部李主任的身份参加和掌握谈判进程，红二十八军所属部队及各地方党组织、游击队、便衣队立即全体行动起来，散发有关谈判的传单、标语，提供外线情报，配合谈判的进行。

7 月 15 日，便衣队交通员金孝广同志将红二十八军关于停止内战、一致抗日的谈判公函送到岳西三区蛇形岗炮楼里，三区区长李德保接到信后，诚惶诚恐，一面打电话向县里报告，一面派专人把信送到岳西县政府。中午 12 点左右，我们就接到了回信：

高敬亭先生：我方愿意谈判，兹派我方代表赵先生前往蛇形岗炮楼，请你们也最好派人到蛇形岗炮楼来，作第一次交谈。

豫鄂皖边区督办公署岳西办事处

谈判是我们提出来的，敌人没有准备，为什么敌人的反应这么快？在一间矮小陈旧的小屋里，高政委和我几个人都在考虑这样一个问题。去？还是不去？去，如果这是敌人的一个圈套，把高政委或我诓进炮楼加以拘捕，那就实现了敌人三年多来没有达到的目的；不去，不仅无法执行党中央的指示，而且敌人会造谣说我们对谈判没有诚意，破坏团结抗日。形势摆在面前，我们是非去不可。

下午，我带着十名战士下了山，在蛇形岗炮楼附近的凉棚里坐下来，等待他们来接头。不一会，炮楼里走出一个人来，自我介绍道："我是本区区长，姓李。您贵姓？"

我站起来说："我是红八十二师警卫队吴队长。特来会见赵先生。"

"哦，请稍等一下。"李区长连忙返回炮楼，从炮楼中引出一个全副武装的军人来，介绍说："这位是岳西办事处的联络参谋赵先生。"说完，李区长转身又回炮楼里去了。

姓赵的故意慢腾腾、装腔作势地说："你们的代表呢？不见正式代表是不能谈判的。"

我说："我是奉代表的命令来和你们接头，并不是来谈判的，你有什么事，我可以向代表转达。"

"那好。"姓赵的把手一挥，"交一挺重机枪 500 元，轻机枪 150 元，你们的人，到我们这里来全部官升一级……"

"这不是谈判，是做买卖。"我刷地一下站起来，厉声打断了姓赵的话，"你回去问问卫立煌，他是真心谈判还是假谈判？是想当亡国奴，还是想团结抗日。"

这时，李区长从炮楼里快步出来，说："赵参谋，你的电话。"姓赵的跑进炮楼不久就出来了，脸也变了颜色，慌张地说："对不起，对不起，我不了解上峰谈到的条件，差点坏了大事。上峰现在已令我回去，少陪，少陪了。"

我说："请便，你回去后转告卫立煌，以后有关谈判的事，由李区长转达。谈与不谈，在今天下午 6 点钟前要有明确的答复。不然，发生武装冲突，概由你们负责。"

回到南田村后，我把接头的经过一一向高政委作了汇报。然后说："由于谈判是我们主动提出来的，他们措手不及，派来的人也没有准备，这次不是真来谈判的，是来试探我们的态度的。现在他们已经知道我们都在这里，很可能要来包围我们，军政委是否带交通队的一部分回到鹞落坪去，这里由我来应付。”

高政委同意了我的看法，但不愿意离开南田村。他说:“和谈在即，不管有多大的危险，我们都得在一起，万一情况紧张，我们就共同对付。另外，你立即通知各地便衣队、游击队到岳西县周围来活动，配合谈判行动。”

下午6点钟，李区长准时来了，老远就和我打招呼：“吴队长，方县长来了电话，叫我来看看代表在不在。如果代表在，卫督办就立即派他的高级参谋刘刚夫和三十二师政训处长丘国珍来同贵军谈判。吴队长，不知贵方代表能否见我？”

我笑了笑，说：“我就是谈判代表，何耀榜。”

听到我的回答，李区长大吃一惊，忙说；“久仰大名，今日一见，三生有幸啊。只是三十二师的部队正在向此地运动，你们住在此地不能说没有危险，你们还是要加强提防啊！”我谢了他的好意。

就在我们等待和国民党谈判时，国民党三十二师和安徽省几个保安团把我们紧紧地包围了几圈。敌人包围我们的目的，一方面是炫耀武力，威胁我们，使我们降低谈判的条件；另一方面用重兵压境，想以此动摇我们谈判的决心而迫使我们突围，这样，他们就可以乘机歼灭我们，并把罪名强加在我们头上，不单使鄂豫皖的谈判遭到失败，而且也会给全国的谈判增加困难。因此，我们决心，敌人不主动进攻，我们就不轻易突围。

16日傍晚，我把这两天的情况再一次向高政委作了汇报，我说：昨天国民党三十二师全部开到我军驻地附近露宿，手枪团一分队在潜山和霍山一带交界岭和他们打了一整夜，三分队在后火山一带不知跟哪个国民党部队也打了一整夜。今天白天，我已通知部队动员群众在大路和山头上构筑工事，每次吃饭时，按时在山顶上吹军号。另外，陈明江在这里保存了不少炸弹，除在各山沟埋了一大部分外，剩下的全部埋在第二道防线上，如果他们胆敢进攻我们，就可以给他们以杀伤，我们就乘机杀开一条血路，到潜山去和特务营会合。外围的部队也都布置好了，所有接到通知的部队和便衣队今晚都将向包围我们的三十二师发起攻击，迫使对方尽早坐到谈判桌前来。

高政委认为，根据目前的形势看来，外面再打两天，谈判是可以形成的。明天是第三天了，国民党应该有正式的谈判代表来，如果明天国民党一不来代表，二不退兵，我们就准备突围。

17 日上午，安徽省派来协助谈判的代表郭副官和李区长一起到南田村来，和我见了面。郭副官不像赵参谋那样盛气凌人，见面先是寒暄了一番，接着表示："我是为了国家的命运、民族的存亡，真心实意地来参加谈判的。因为贵军是在安徽境内和卫督办举行谈判，所以南京方面要安徽省派人来协助谈判，我愿意在双方代表没有正式接触前，先与何代表随便聊一聊。"

我见到郭副官的谈吐举止颇有诚意，便向他介绍了我们对这次谈判所抱有的态度，指出岳西办事处那位赵参谋的威胁、三十二师和安徽省保安团的层层包围，以及国民党的正式谈判代表至今未到等等，最后，我直截了当地说："到目前为止，可以表明国民党方面对这次谈判是毫无诚意的。"

郭副官表示："这些都是应该由国民政府负责的。不过，我不是谈判正式代表，只能把你提出的这些问题转达给岳西办事处。请何先生放心，谈判是会成功的。兄弟阋于墙，外御其侮，无论如何，我将搭桥到底。"

19 日清晨，郭副官和李区长又来到南田村。郭副官对我说："卫督办的正式代表刘刚夫先生和三十二师师长王修身，昨天已到岳西县了。岳西办事处昨晚来电话，请何代表到岳西县城去谈判，由我和李区长相陪。"

我思考了一会后，说："叫我到县城去谈判是可以的，但必须有个条件，我走后，这里还有部队和高政委派来的红二十八军政治部李主任，为了防止发生冲突，你要叫三十二师和保安团后退 20 里。不然，我怎放心去县城谈判呢？”

郭副官急忙表示：“何先生提出的问题，我现在就去交涉。”

11 点钟，我和高政委站在山头上，果然听到国民党军号声，只见四周的军队集中起来，向后退去了。12 时，郭副官和李区长上山，高敬亭以红二十八军政治部“李主任”的身份会见了他们，并谈妥，第二天到岳西县城就谈判前的有关事宜进行交涉。

20 日上午 8 点多钟，我和郭副官、李区长骑马从三区出发，一路上有许多老百姓夹道欢送。中午时分，我们到达岳西县城。只见城门外的空地上，站满了黑压压的一片人群，这是岳西县各界人士自发组织起来的欢迎队伍。岳西县方县长也到城外来迎接我们。我深有感触地对郭副官说：“人心思和已久，我们不能逆历史潮流而动啊！”郭副官点点头：“兄弟也久有此感。”

中午，方县长在县政府大厅举行午宴。席间，我和刘刚夫、丘国珍见了面。我告诉刘刚夫：“高政委在鄂东北，这里由军政治部李主任负责，我是正式谈判代表。”

午宴后，我们在县政府后面的凉棚里，就双方停战、部队集合地点、时间等问题作了初步交谈。下午 5 点多钟，我和卫立煌直接通了电话。卫在电话中说：“何先生提出的问题，我没有意见。为了实现谈判和停战，我提议双方都组成谈判代表团，再共同组织成谈判委员会，文字起草委员会，所有在谈判中达成的协议，都要形成文字，经双方同意后签字。”我同意了卫立煌的提议。俟后，我和刘刚夫商定，正式谈判在我军控制区——青天畈上青小学举行。

从 7 月 22 日开始，谈判正式举行，一共谈了六天。高政委始终参加和领导了谈判，我则以正式代表的身份与敌舌战。

谈判对于立即停战，双方都表示同意。对于红二十八军的番号，我们在坚持红二十八军独立自主的原则基础上，同意谈判后番号暂定为“鄂豫皖工农抗日联军”，以后的番号由两党中央决定。双方唯独对红军、便衣队、游击队的集结时间和地点争议很大。刘刚夫借口以抗日为重，形势不允许我们慢慢集中，而要求我们在一个月内集中完。我们则以部队分散为借口，提出集中鄂豫皖的全部武装非半年不可。我们为什么提出这个条件呢？是因为国民党军队虽然后撤了 20 里，但我们仍处在他们的包围之中，为了避其歼灭，我们采取延长集结时间的方法，迫使国民党撤走包围我们的部队。

在双方为此问题坚持不下的情况，刘刚夫说：“为了真诚救国，我愿在会后请卫督办撤走围剿部队。”至此，谈判气氛有所转变。

不久，卫立煌复电：“为了表示诚意，我已令十一路军全部和三十二师一个旅撤围北上。对方如有诚意，亦应在一个月内尽快集合完毕，出发抗日。”

刘刚夫拿到复电后，即赴上青小学把复电内容转告了我们。但我军集合时间仍是争论焦点，经过讨价还价，我方同意三个月内集合完毕。至此，谈判的基本条款都达成协议。由李区长执笔，将达成的而又不属全国范围内的协议写成文字。

我方提出的主要条款是：

1. 我军集中地点以湖北省黄安县七里坪为中心，以及礼山县的宣化店、黄破站、罗山县的张家湾一带地区。

2. 我军在鄂豫皖三省设三个办事处，分别驻河南省的确山县、湖北省黄安县和安徽省立煌县。

3. 允许言论、出版、集会、结社自由。

4. 释放政治犯。

5. 我军开赴抗日前线所需交通工具由国民政府负责。

6. 我军驻地如有土匪扰乱或违反社会秩序者有权予以镇压。

7. 我军开赴七里坪集中途中，国民党军队不得堵击或追击，如发生冲突，由国民党军队负责。

8. 我军若有老弱病残者探亲人员返乡，国民党军队和当地政府，应保障他们的生命安全，如认为可疑者，应送交我办事处处理。

9. 我军指战员的家庭，一律享受抗日军人待遇。

10. 过去被强卖的妇女，凡是愿意回原籍原夫者，当地政府应予协助妥善安置。

11. 过去我指战员的家庭，凡是被没收的财产或受罚款，均应如数退回。

12. 上述条款限于鄂豫皖边区，凡属全国性的问题以及我军番号的最后确定，应由两党中央最后确定。

国民党豫鄂皖边区督办公署提出的条款是：

1. 不打土豪。

2. 不破坏交通。

3. 不得在国民党军队中发展中共党员。

4. 不经国民政府许可不得扩兵。

5. 军事行动要事先呈报。

6. 友军集合后不得在各地保留便衣队。

7. 鄂豫皖的红军、游击队、便衣队在三个月内集中到湖北黄安七里坪一带指定地区。

以上条文通过宣读，谈判双方都表示满意后，誊写四份，各自上报两党中央。

7 月 28 日，岳西县九河朱家大屋张灯结彩，稻场上搭着高大的戏台，人来人往，到处都是一片欢腾的景象。上午 8 时整，双方代表在经久不息的锣鼓鞭炮声中，步入朱家大屋。高政委仍以“军政治部李主任”的身份出席签字仪式，并和刘刚夫分别代表双方在停战协议上签字。

这是一件具有重大历史意义的事件，表明我们开始由反对国民党

“清剿”到共同反对日本帝国主义的侵略战争的转变。在这场激烈的错综复杂的谈判斗争中，我们在没有得到党中央关于谈判的具体指示的情况下，政治敏锐，立场坚定，同国民党顽固派进行了针锋相对的斗争，始终掌握着谈判的主动权，使谈判基本上遵循我们提出的条款进行，从而顺利地达成了停战协议。

签字之后

停战协定签订之后，国民党地方政府不断来“慰问”，许多同志想歇一口气，还有一些人产生了“革命到了底”的情绪。针对这些情况，高政委及时在岳西县鹞落坪召开干部会议，着重提出：要警惕国民党当局背信弃义，严防他们搞突然袭击。为了确保安全，重新规定了各部队进驻七里坪的时间和路线，同时，还派人到各地向所属便衣队、游击队宣传国共合作，共同抗日的方针政策，使边区党政军民的思想迅速适应已经转变了的形势。

会后，高政委和我带着部队向黄安七里坪出发。我们是根据国民党指定的路线行进的。走到离腾家堡不远的地方，前面是一条大沟，两面都是高山。高政委和我站在一个高坡上，发现沟口两旁的山上都布满了国民党军。国民党是在准备伏击我们吗？怎么办？打，就会被认为是破坏抗日统一战线，不打，可也不能就这样往口袋里钻呀。高政委立即决定改变行军路线。

我们从罗田北部翻过东界岭，经过两天的行军，到达麻城的乘马岗，前面又有一支国民党军队挡住了去路。原来，国民党军发现我们改变了行军路线，又急忙赶了过来，在乘马岗库天河迎面拦住了我们。看来没有别的办法了，我决定独自去和他们交涉，如果国民党把我扣押或打死了，部队就可以打过去，破坏协议条款的就是国民党了。

我来到国民党军阵地前，一〇二师的一个副团长走过来问：“你们是高部哪一部分的？”

在这种情况下，用不着隐瞒了，我回答说：“我是何耀榜。”

“啪”地一声，那个人在我面前一个立正。

我趁机厉声质问：“你想破坏统一战线？”

“不敢，不敢……”

“那就请让开路口。”我一招手，手枪团立即从国民党军中间插了过去。我们带着那位副团长，一同走出了他的防地，才放他回去。根据情报，七里坪仍驻有国民党军一个团，因此，我们当天在黄冈三区郑家店宿营。

在我们与国民党豫鄂皖边区当局达成停战协议之后的一段时间内，分散在各地活动的主力红军、地方武装和便衣队并不知情，国民党方面也没有停止其“清剿”红军的行动。特别是一些红军、便衣队遵照停战协议，向七里坪集中时，国民党部仍阻拦、尾击我们，因此，停战协议签定之后，战斗仍延续了一段时间。

在我们到达黄冈三区不久，我们收到了一封国民党武汉行营的来信主要内容是：友军进驻我区防地，我军绝不与友军发生任何冲突。但希望友军能尽早停战，收拢军队，早日集合进驻七里坪……

第二天，国民党南京政府代表刘刚夫来到我们驻地。我向他严正声明了我们的立场，明确指出：阻挠停战协议实施的不是我们，而是国民党方面。至今,驻七里坪的国民党一个团未撤走,我军进驻七里坪途中，经常遭到国民党军的袭扰。另外，根据协议，国民党方面应立即释放在押的被俘红军伤病员及政治犯，但根据我们了解，这一点也未实现……在事实面前，刘刚夫无法抵赖，只得连连点头，忙说：“我马上向南京政府报告，督促解决……”

过了两天，刘刚夫再次来到我们驻地，根据高政委的安排，我们设宴招待了刘刚夫及其随行人员。饭后休息时，刘刚夫说道:“我这次来，有两件事。一是七里坪的国军已撤走了，请友军驻进七里坪。二是代表南京政府来向高军长贺喜的，南京政府已委任高军长为司令长官啦。”说着，他站了起来，像宣读圣旨那样道：“南京国民政府国民革命军事委员会命令：鄂豫皖工农红军第二十八军整编为工农抗日联军，特委任高敬亭为司令长官……”读毕，将委任状放在桌上。

屋子里一片沉默，没有人表态，我扭头看看高政委，他也紧锁眉头，在那里深思着。过了很久，高政委站起来说：“高敬亭政委不在这里，这样的大事我们要请示高敬亭后才能决定，这样吧，委任状先留在这里。”

第二天一早，我带着红二十八军的一个营驻进了七里坪。

9 月初，郑位三、肖望东、张体学等中共中央代表从延安来到了七里坪，进一步向我们传达和明确了中共中央关于谈判、改编、共同合作抗日等问题的立场和政策。郑位三同志对高敬亭和我说：“统一战线建立起来后，目前最主要的是如何坚持统一战线中的独立自主原则的问题。我来时，党中央再三交待，不能擅自接受国民党方面的任何委任、整编。你们不了解中央指示精神，责任也不全在你们身上，要吸取这个教训。现在要想办法尽早退掉委任状。”

退还委任状，这的确是个难事。硬退，刘刚夫很狡猾，他要是硬不要怎么办？总不能丢在他手上就跑吧，我们毕竟已经是一条战线的友人了。另外，我们也没有其他的办法，金钱、大烟、女色等等，这是我们所不能容忍的。怎么办，看来就只有用酒了。等我们把刘刚夫灌醉后，趁他迷迷糊糊的时候，退掉委任状，看来是个好办法。

第二天中午，我们以党中央代表团的名义，请刘刚夫赴宴。酒席设在方蔡家湾的大祠堂里，从中午 12 点开始，我们几个人，你敬一轮，我敬一圈，直喝到下午两点多钟，再看看刘刚夫，他毫无醉意。再这样下去，我们的计划不是要落空了吗？我提议说：“刘先生，今天是我党中央代表团请客，为了庆贺国共合作的形成，我和你同干一瓶。”

“何先生，白兰地吃多了容易醉人的。”

“刘先生英雄海量，岂在乎区区一二瓶白兰地。来，来，干了它。”

我和刘刚夫一人拿起一瓶白兰地，瓶底朝上，一饮而尽。再看看刘刚夫，他还是没有什么变化。“真见鬼了，他哪来那大的酒量。”

我心一横豁出去了，大声喊道：“再给我和刘先生拿六瓶来。”

我们两人面前各放下三瓶白兰地，刘刚夫可能认为我的体质差，酒量不如他。因此，他表示：“只要何先生有如此雅兴，我奉陪。”

我俩再次举起酒瓶，一口气，三瓶白兰地下肚了。三瓶酒一喝下去，我马上就觉得天旋地转，肚子中也翻江倒海地闹腾开了。迷糊中，我努力睁开眼睛，看到刘刚夫也醉如一团烂泥似地躺在椅子上。一放心又昏沉沉地睡过去了。

这一醉还真厉害，昏睡了两天才起来，也把高政委和郑位三同志吓了一大跳，他们到处寻找解酒的方子，还叫一位老郎中看着我，我醒来后，见到高政委，忙问：“那退委任状的事办好了吗？”高政委一副如释重负的样子，高兴地说：“办好了，办好了。”原来，前天中午，我和刘刚夫把最后的三瓶酒喝干时，我们两人同时醉在椅子上。这时，郑位三同志对刘刚夫说：“刘先生，你代表南京政府送来的委任状，是不符合九河签字条款的。因此，我们把委任状退还给你。关于红二十八军的番号，谈判中暂订的工农抗日联军番号也是无效的，得由两党中央来决定。”

刘刚夫迷迷糊糊地叫随他前来的王子发收下了委任状。然后，由郑位三陪同，把刘刚夫抬回了他的住所。

从 9 月中旬开始，到 10 月下旬结束，我们遵照停战协议，红二十八军各部队及鄂豫皖边区地方党组织所属的游击队、便衣队约 1800 余人陆续从各地开赴黄安七里坪集中。部队集中后，充分利用暂时的和平环境，抓紧时间对部队进行了全面整训，提高了部队的战斗力，适应了抗日战争的需要。

选自《南方三年游击战争·鄂豫皖边游击区》，第292—326页。

何耀榜，1909 年生，湖北大悟人。1928 年加入中国共产党。南方三年游击战争时，任中共鄂东北道委常委兼罗（山）孝（感）黄（陂）特委第一副书记、皖鄂特委书记。新中国成立后，曾任政协湖北省第一届、二届、三届委员会副主席。1964 年在武汉逝世。

飘扬在鄂东北的红旗

李长如

鄂东北苏区，是中国共产党和中国工农红军在第二次国内革命战争时期所创建的鄂豫皖苏区的重要组成部分，也是红四方面军和红二十五军的诞生地。从1927年11月黄麻起义开始，鄂东北人民在党的领导下，展开了轰轰烈烈的土地革命运动，并同国民党反动军队进行了顽强的战斗。红二十五军离开边区后，留在鄂东北的地方武装、便衣队在高敬亭同志领导下，继续坚持大别山地区的斗争。

（一）

红二十五军离开鄂豫皖边区时，将鄂东北地方武装主力大部编走，鄂豫皖省委和鄂东北道委主要负责人也随军行动，再加上国民党反动军队的疯狂进攻和摧残、破坏，鄂东北苏区日见缩小。后经鄂东北军民顽强奋战，还保留有老苏区（位于湖北省黄安县、礼山县和河南省罗山县、经扶县交界地区的老君山、天台山、凌云寺、烧香尖、三角山之间一带的山区。中共鄂东北道委、罗山县委的领导机关和直属单位都设在这里）；新苏区（位于湖北省礼山县和河南省罗山县交界的大小鸡笼山、何家寨、韭菜崖之间的一带山区。中共罗陂孝特委及其直属单位设在这里）；光麻苏区（光麻苏区分为两块：一块位于经扶县以东的晒谷石、周河、东高山、西高山一带山区。中共光山县委及其直属单位设在这里。另一块位于经扶县以西的四面山、上棋盘、帽云山、黑石寨之间以金南山为中心的一带山区，俗称莲塘山。在这一带坚持斗争的是中共光山南区区委）；红安苏区（位于湖北省黄安县北部的光宇山、太平寨、羚羊山、莲花背、鸡公寨一带山区。中共红安县委设在这里）；这四块苏区，以老苏区为中心，其他苏区位于四周，使各苏区互为依托，彼此呼应。因此，鄂东北苏区虽然处于敌人的分割包围之中，可仍能构成一个有力的战斗整体。红二十八军和鄂东北独立团、游击师，在战斗间隙常到这些苏区进行休整和补充。

此外，在鄂东北苏区周围，河南、湖北两省的罗山、光山、商城、信阳、经扶、麻城、黄安、礼山、应山、随县、孝感、黄陂等十几个县的广大地区，是我鄂东北党和地方武装发动群众，开展武装斗争，打击敌人的游击区。

当时，中共鄂东北道委会是鄂东北苏区党的最高领导机关，王福明同志担任鄂东北道委书记。1935 年 2 月，由于叛徒出卖，王福明同志不幸被捕，惨遭杀害。3 月，由光山县委书记芦丛珠同志接任道委书记。5 月芦丛珠被“肃反”错杀，由道委秘书罗作凡接任道委书记。1936 年 2 月，罗作凡被“肃反”错杀，由独立团团长陈守信接任道委书记。1937 年 5 月，陈守信被“肃反”错杀，高敬亭同志宣布由胡继亭同志担任道委书记，在胡继亭未到职前，由吴先元同志主持道委工作。先后担任少共道委书记的有方永乐、洪益万、刘赤南、张金台等同志。陈守信同志主持道委工作一年多，道委工作开展得比较好，独立团、游击师、便衣队的战绩显著，苏区和部分党的组织有所恢复，困难局面有所好转。

道委所属党的组织有：罗陂孝特委（辖河口县委、陂孝北县委、罗山县委）、光山县委、红安县委、麻城县委和新集县委。由于敌人的进攻和“清剿”，大部苏区经常被敌占领，部分苏区变成了无人区，党和苏维埃的基层组织遭到严重摧残和破坏，一些党的组织既无存身之所，又无工作条件。1935 年 3 月前后，道委根据情况撤销合并了若干县委。

罗陂孝特委是在新苏区开辟后于 1934 年 9 月成立的，特委书记吴光陆，他在开辟和巩固新苏区的斗争中，作出了积极的贡献。特委辖罗山县委（书记张家胜）、陂孝北县委（书记黄云先）、河口县委（书记董志新）。罗山县委有四个区委，一区区委书记姓洪，三区区委王定堂，四区区委书记张以宽。区委各领导一至数个便衣队。1935 年 3 月，陂孝北、河口县委先后撤销，道委又将罗山县委改为中心县委，由道委直接领导。此后，特委没有下属的县区委，其所领导的便衣队都在新苏区及其周围活动。1936 年 2 月，吴光陆被“肃反”错杀，由郑定国接任特委书记。1937 年 5 月，郑定国被“肃反”错杀，由郑维孝接任特委书记直到国共合作。陈明江、周贵金等同志曾担任特委委员。特委有一个警卫队、一个游击队（50 余人）以及两个警卫班，一个通信班，还有一个医院和一个小工厂。

光麻苏区内有：光山县委（书记芦从珠），麻城县委（书记肖代银），新集县委（书记邱立明）。由于敌人的摧残，光麻苏区各级党组织遭到严重破坏，麻城、新集两县委先后撤销。1935 年初，光山县委由芦从珠率领迁到老苏区，随鄂东北道委一起活动。1935 年 2 月，王福明同志牺牲后，芦从珠接任道委书记，以原光山县委为基础组建光麻中心县委（书记张宗杏）。随后，光麻中心县委迁回经扶县以东的周河一带。张宗杏在恢复光麻苏区的斗争中，做出了积极的贡献。1935 年秋，张宗杏调回道委，由芦祖应接任光麻中心县委书记。1935 年冬，芦祖应被“肃反”错杀，由罗厚福接任光麻中心县委书记。这一时期，光麻中心县委先后恢复了夏青区（书记刘本福，后调砖桥区，由吴昌夫接任）、砖桥区（书记姓蔡，后叛变，由刘本福接任）、八里区（书记黄世德）和麻城乘马区（书记陈绪春）等区委，各区委都组织了便衣队。1936 年 2 月，道委派何耀榜、黄宏儒同志到光麻苏区，将光麻中心县委改组为光麻县委，由何耀榜任书记，黄宏儒任副书记，郑维孝任常委，胡明（胡代戎）任秘书。经过整顿，特委下属区委有：光山南区（书记王其兴，后为陈绪春）、夏青区（书记吴昌夫，后调八里区，由李友厚接任）、砖桥区（书记刘本福，后为戴克明）、八里区（书记吴昌夫）、河区（书记黄宏儒兼）、杨帆区（书记郑维孝，后为郑维礼）、千斤区以及麻城乘马区。1936 年 7 月，何耀榜调皖西后，接任特委书记的是张家胜、张赐福，这两个人先后被“肃反”错杀，由黄宏儒任特委书记直到国共合作。

中心县委是 1935 年 3 月在罗山县委的基础上组建的，书记张家胜。中心县委组建后，主要负责红安、罗山、光山三县交界的老苏区一带山区的工作，因此也称红罗光中心县委。中心县委辖红安四区（书记易元鳌）、罗山四区（书记张以宽）、光山南区（书记刘名榜）。中心县委委员有黄应福、吴香莲等以及陶正堂（后叛变）。1936 年张家胜调光麻特委后，由吴昌夫任书记。1936 年底吴昌夫被“肃反”错杀，由刘名榜任中心县委书记直到国共合作。刘名榜在坚持和巩固老苏区的斗争中，作出了积极贡献。

红安县委辖三个区委，即三区（书记郑行云）、四区（书记刘本福）、五区（书记罗厚福）。后来，四、五区曾一度合并，由刘本福任书记，1935 年 3 月中心县委成立后，红安四区划归中心县委领导。1935 年 6 月，红安县委恢复了城区区委，书记郑如星（郑重）。先后担任三区区委书记的有郑行云、吴立准、郑如星、郑维忠、毛耀华等同志。先后担任五区区委的有罗厚福、黄宏儒、叶庆太等同志。城区区委重新组建后，书记一直是郑如星同志、先后担任红安县委书记的有江传芳（被俘牺牲）、岳芳明（离队）、董志新（战斗中牺牲）、吴昌夫、官楚印、郑维忠等同志。

还有一些地下党和秘密联络点，分布在信阳和平汉铁路沿线，由鄂东北道委领导。在宣化店以东的老苏区和敌占区的交界处，设有一个交通站，负责和这些地下党、秘密联络点进行联系。

1934 年 11 月底，鄂东北道委根据鄂豫皖省委的指示，将罗山教导营、光西战斗营、鄂东北独立团留下的30余人，部分伤愈的红军战士和要求参加红军的群众，共约300余人，组成鄂东北独立团，团长熊先春（后为陈守信）、政委徐成基。12月下旬，鄂东北少共道委书记方永乐和陈守信、徐成基率独立团去皖西，找鄂豫皖省委常委、皖西北道委书记高敬亭，并带去省委的指示。以后，独立团与皖西的红二一八团合编为红二十八军。

1935年1月上旬，道委将光山独立团留下的一个营、道委特务营、部分游击队和便衣队，约200余人集中起来，再次组建鄂东北独立团，团长熊先春，政委张生先。同时，将红安五区、河口区的游击队编为特务营，营长王耀松，政委罗厚福。2月下旬，道委又将高庙山一带的便衣队和部分伤愈的红军战士集中，编为特务二营，营长易元鳌、政委洪益万。5月，红二十八军到达鄂东北地区，高敬亭将鄂东北独立团和特务一、二营大部编入红二十八军。

5月底，鄂东北道委根据高敬亭的指示，将独立团留下的部分骨干和伤病员、部分游击队、便衣队集中，第三次组建独立团，团长熊先春、政委洪益万。独立团辖两个战斗连和一个手枪队，共200余人。后来，洪益万在战斗中牺牲，熊先春调道委工作，由陈守信、陈明江代理团长、政委。1936年2月，高敬亭对独立团的领导进行了调整，任命秦贤安为团长、黄仁廷为政委。1937年5月，高敬亭错误地将秦贤安、黄仁廷撤职，任命陈希营、李远明为团长、政委，6月7日，独立团在礼山县夏店附近与敌遭遇，损失很大。6月下旬，道委将五路游击师调到新苏区，与独立团剩下的人员和部分便衣队第四次合编为独立团。

此外，鄂东北地区的地方武装还有：一、三、九路游击师，鄂东北特务队以及道委、特委、中心县委、县委和部分区委所属的一些游击队、警卫队、交通队和不断发展起来的便衣队。

一路游击师：是鄂东北道委在1935年冬从交通队、中心县委抽调部分人员，痊愈的伤病员、便衣队组建的，师长是黄陂人，姓名不详，政委郑维孝，辖一个战斗连和一个手枪队，共七八十人。1936 年 10 月在凌云寺改编，一部分编入鄂东北独立团，一部分编入三路游击师。

三路游击师：是在光麻特委成立后，于 1936 年春在莲塘山、光山特务三大队、光山县委警卫连和从罗陂孝特委派过来的两个新兵班合编而成的，师长罗厚福、政委官楚印，辖一个战斗连和一个手枪队，共 130 余人。三路游击师主要活动于光麻苏区及其周围地区。1937 年初，官楚印负伤后调到红安县委，由毛远清任政委，以后的政委姓李。6 月，三路游击师奉命从光麻苏区转移到新苏区，师长罗厚福在八里畈负伤，部队由李政委率领。到达新苏区后，李政委被“肃反”错杀，部队在门坎岭与鄂东北独立团突围出来的 30 余人合编。罗厚福负伤后，留在光麻苏区，他在组织鄂东北地方武装和便衣队的工作中，作出了积极贡献。

九路游击师：是罗陂孝特委在 1935 年冬，抽调部分警卫人员、便衣队员以及伤愈的伤病员组建的。师长方忠厚，后为张凯，辖一个战斗连和一个手枪队，共约 140 余人。1936 年，师长张凯在一次战斗中负伤，留在新苏区养伤，因叛徒出卖被敌人杀害。继任师长被“肃反”错杀。1937 年 5 月，九路游击师一部分编入鄂东北独立团，一部分编为便衣队。

鄂东北特务队：鄂东北道委以特务一营编入红二十八军时留下的三个班为基础，组建了鄂东北特务队。先后任队长的是王耀松，魏吉贵、周贵金、韩先印、伍坤山，先后任指导员的是伍坤山、帅志高。特务队有五六十人，装备较好，比较精干，主要任务是在道委领导下搞物资和筹款，同时也担负对敌作战任务。特务队主要在新苏区及平汉铁路两侧活动，也常到河南省桐柏县、湖北省应山县等地活动。

鄂东北地区的便衣武装工作队是 1933 年秋，在黄安县的河口、仙居区初步产生的。它是符合当时客观斗争形势的一种武装组织形式。1933 年 10 月，中共鄂豫皖省委认为：“现在最有发展希望及最重要的运动就是便衣队的运动”，并决定用“全部力量去发展这种武装形式”。省委曾责成鄂东北道委在经扶县卡房举办了便衣队训练班，总结经验，训练骨干。此后，便衣队开始发展起来。红二十五军离开鄂豫皖边区以后，敌我力量对比更加悬殊，斗争日趋复杂、困难，组织便衣队就成为保存自己，同敌人斗争的一种重要手段。

便衣队一般十人左右，由党和苏维埃的基层干部（如区、乡的苏维埃主席或党组织的书记）担任队长和指导员，队员一般都是当地党员、干部。便衣队人少精干，机动灵活，便于隐蔽，熟悉情况，这对于开展游击战是极为有利的。鄂东北地区的便衣队，在1934年还比较少，1935年、1936年发展比较快、比较多。1937年夏在敌人新的“清剿”中，部分便衣队受到损失。

目前所能查到的便衣队的分布情况如下：

1. 罗陂孝特委所属便衣队

一队（也称鸡笼山便衣队），队长熊跃（后叛变），在宣化店以西到韭菜崖一带活动。

二队（也称铁铺便衣队），指导员刘树喜，在罗山西南的铁铺一带活动。

三队（也称石门冲便衣队），队长陈明江，在新苏区以南的石门冲一带活动。

四队（也称铁铺便衣二队），队长杨兴庄，指导员蔡家帜，有21人，1936年3月开始在铁铺一带活动。

五队（也称灵山便衣队），队长先后为徐国顺、张大耀、丁应厚，指导员黄锦思，在罗山西南的灵山地区活动。该队曾先后发展了五个小便衣队，1936年秋转移到平汉铁路以西的应山县小河一带活动。

杨店便衣队，有八九人，在罗山县南部的杨店、万店一带活动。

彭新店便衣队，有六七人，在罗山县西南的彭新店一带活动。

黄陂便衣队，队长姓潘（后叛变），在礼山、黄陂交界地带活动。

孝感便衣队，指导员丁江城，在孝感县东北的周巷、青山口一带活动。

2. 光麻特委所属便衣队

（1）砖桥区便衣队，队长胡延初（抗日战争时期叛变），指导员徐恒初，在光山县东南的砖桥、白雀园一带活动，有时分散为四个便衣队。

（2）河区便衣队，队长黄宏儒，指导员华传济，1936 年 2 月以后在光山县南部的泼陂河、白果树湾一带活动。

（3）杨帆桥区便衣队，队长郑维礼，在光山县南部的杨帆桥、文殊寺、千斤河棚一带活动。后来发展为两个便衣队，队长分别是戴克明、曾召科。

（4）夏青区便衣队，队长刘本福（后为李友厚），在经扶县以西的莲塘山、吴陈河一带活动。以后发展为两个便衣队，一个便衣队的队长是吴明忠，在经扶县以西的老庙地区活动，另一个便衣队的队长是吴昌祥，在经扶县西北的乱泥冲、吴陈河一带活动。

（5）光山南区有三个便衣队

莲塘山便衣队，队长秦贤安，指导员阮仁爱，在经扶县以西的莲塘山活动。

杷棚便衣队，队长李德厚，指导员黄本福，在经扶县西南的杷棚一带活动。

冯高山便衣队，在经扶县东北的冯高山一带活动。

（6）八里区有四个便衣队（据新县文管会提供的材料）

丁李湾便衣队，队长姓宋，在经扶县东北的丁李湾、神刘桥一带活动。

黄湾便衣队，队长刘久宽，在经扶县东北的黄湾一带活动。

汤冲便衣队，队长汤大家，在经扶县以东的汤冲、宋畈一带活动。

小界岭便衣队，队长陈玉堂，在经扶县以东的小界岭、福田河一带活动。

（7）千斤区有三个便衣队（据新县文管会提供的材料）

凌云寺便衣队，队长吴继章，指导员孔凡江，在老苏区东北的凌云寺、毡帽顶、沙石湾一带活动。

土主岭便衣队，队长邵光书（邵翔），在经扶县西北的土主岭一带活动。

牢山便衣队，在罗山县东南的牢山寨地区活动。

（8）麻城有两个便衣队

杨家高山便衣队，在麻城县以西的张店、杨家高山一带活动。

杨泗寨便衣队，队长周锡合（后叛变），在麻城县乘马岗，经扶县东南的杨泗寨一带活动。

3. 中心县委所属便衣队

（1）罗山四区有五个便衣队

一队（也称刘冲便衣队），队长张以宽，在宣化店以北的刘冲、石山河一带活动。

二队（也称黄陂站便衣队），队长朱跃保（后叛变），在宣化店以南的黄陂站一带活动。

三队（也称宣化店便衣队），队长胡贤才，指导员石世轮，在宣化店以西大、小鸡笼山一带活动。

四队（也称姚家畈便衣队），队长胡明山，在宣化店以西的姚家畈一带活动。

董家湾便衣队，队长胡金先，在宣化店以东活动。1935 年上半年因被叛徒出卖，而遭敌破坏。

（2）红安四区有四个便衣队

一队，队长邹礼元（后为徐锡煌），约有四五人，在天台山一带活动。

二队，队长周明远，指导员后为吴大胜，约有五人，在龙王山一带活动。

三队，队长姓顾，约有四人，在老君山一带活动。

四队，队长丁海山，约有六人，在七里坪一带活动。

（3）光山南区有三个便衣认（据新县文管会提供的材料。）

区便衣队，队长杜明基，指导员肖先发，在经扶县西南的郭家河、潘家湾一带活动。

三乡便衣队，队长程绪明，在郭家河东南的杜家湾、程七湾一带活动。

四乡便衣队，队长杜本润，指导员袁方松，在郭家河以北的青山沟、土门一带活动。

4. 红安县委所属便衣队

（1）红安三区原有八个便衣队，以后四个便衣队编入游击师，还有四个便衣队。

一队，队长詹道松（后为吴立准），在光宇山一带活动。

二队，队长郑维元，在龙王山一带活动。

三队，队长吴维和，指导员俞同润，在帽云山一带活动。

四队，队长高志明，在太平寨一带活动。

（2）红安五区原有四个便衣队，以后大部编入游击师，留有一个便衣队，队长黄宏升，指导员黄宏儒（后为叶庆太），在黄安县西北的禹王城、四姑墩一带活动。

（3）红安城区原有一个便衣队，由于叛徒出卖而被敌人破坏。1935 年 5 月以后，红安县委恢复了城区区委，便衣队逐步发展为三个。

一队，队长余炳文，在大、小坳口一带活动。

二队，队长姓张，在五云山一带活动。

三队，队长彭福生，在三角山一带活动。

此外，鄂东北道委机关有一个便衣队，1936 年春派往大悟山地区一个便衣队，队长李占彪，副队长姓马（李占彪调回二十八军后，接任队长），指导员黄友道（后离队），独立团 1936 年 2 月到平汉铁路以西活动时，在应山县花山地区留下一个便衣队。光麻特委机关有一个便衣队，随光麻特委一起活动，队长付家盈。

（二）

1934 年 11 月 17 日，王福明同志在罗山四区的金竹林主持召开会议，根据中共鄂豫皖省委指示，重新组建中共鄂东北道委，由王福明同志任道委书记，并调整了罗陂孝特委等党组织的领导。会议还决定组织地方武装和便衣队，积极活动，打击敌人，并迅速安置红二十五军留下的伤病员。这次会议，揭开了鄂东北地区坚持三年游击战争的序幕。

金竹林会议以后，鄂东北道委领导地方武装在鄂东北地区，特别是在罗山，至汉口公路沿线袭击敌人。炸毁公路桥梁，消灭和牵制了部分敌人。道委还组织人员迅速安置了红二十五军留下的近 300 名伤病员。这些伤病员痊愈后，成为鄂东北地区地方武装和便衣队的骨干力量。

红二十五军离开鄂豫皖边区后，敌人立即疯狂进攻我鄂东北苏区，占领了鄂东北地区主要的集镇和交通要道，并对苏区进行了极为残酷的“清剿”。敌军兽蹄所过之处，房屋全被烧毁，妇女惨遭蹂躏，田园荒芜，尸横遍野。鄂东北地区的党政机关和地方部队，被敌人压迫在一些无人山区，只能以岩洞、草棚御寒，以野菜、树皮充饥，斗争环境非常艰苦，形势十分险恶，但仍以坚定的革命信念和顽强的斗争意志，英勇地坚持在鄂东北地区。

12 月初，敌五十七军根据蒋介石“各区散匪统限于本年底肃清”的命令，妄图消灭我鄂东北地区的党组织和地方武装。其方针是：第一步消灭活动于大悟山地区的我罗山教导营、河口特务营和游击队、便衣队，尔后移师老君山、天台山、仰天窝，妄图将我“一举歼灭”。其“清剿”手段是：一面派军队搜剿苏区，一面组织地方保安团、反动地主武装“分区扼要驻守，筑碉屯粮”，“严行清查户口”，实行“户籍连坐法”。对支持红军的人民群众要“严拿法办”，遇有“通共嫌疑者”，则“严厉处断之”。对苏区“所有山村严密搜查，彻底扫荡”，以至“放火烧山”。对食盐、火油等日用品进行严密封锁，派出部队和侦探在关卡、路口盘查行人，以断绝我苏区的各种供应。

敌人开始搜剿前，我罗山教导营已取道彭陈店、姚家畈到达新苏区。鄂东北道委调光西战斗营到新苏区，与罗山教导营和鄂东北独立团留下的 30 余人，以及由鄂东北少共道委书记方永乐收集起来的一部分痊愈伤病员，合编为鄂东北独立团，团长熊先春，政委徐成基，全团 300 余人。敌军逼近大悟山地区时，我河口特务营和游击队避敌锋芒，亦先后突破敌人封锁，离开大悟山转至新苏区。

12 月 7 日，敌对我活动于大悟山的部队“清剿”扑空，董英斌却报称该地红军已被“完全肃清”。何柱国于 8 日令“搜剿”大悟山的一一一师回师向东，“进剿”老君山、天台山、仰天窝一带的我老苏区。我各部队以灵活机动的游击战术，与敌军在深山密林中巧妙周旋，使敌处处扑空，疲于奔命。中旬，独立团由新苏区转至老苏区茅草尖一带。下旬，蒋介石所谓“彻底肃清”红军的限期将到，何柱国于 21 日令一一一、一〇九、一二〇师分别进攻我老苏区、光麻苏区和红安苏区。敌人的大规模“进剿”再度开始时，鄂东北独立团由方永乐同志率领（此时，团长陈守信，政委徐成基），从茅草尖出发去皖西寻找中共鄂豫皖省委常委、皖西北道委书记高敬亭同志，并带去省委留下的指示。27 日，独立团行至凌云寺西北的何家洼，与敌六十七军一二九师六四八团一营遭遇，激战两小时，摆脱敌人后继续北进，经潢川、商城进入皖西，于 1935 年 2 月 1 日在立煌县抱儿山与高敬亭率领的红二一八团会合，随即合编为红二十八军。我留在鄂东北地区的各地方武装，继续同敌人进行了英勇的斗争。这一时期，由于敌人的残酷“清剿”，苏维埃政权大部被摧毁，许多同志英勇牺牲，但苏区的党组织、人民和地方武装没有被吓倒，没有被消灭，他们在最困难的条件下坚持斗争，使蒋介石妄图在年底消灭鄂东北地区红军的梦想遭到破产。

此时，由于长征途中的中央红军在贵州遵义地区连战皆捷，红二、六军团在湘西常德地区攻势凌厉，威逼湘鄂。蒋介石调整兵力部署，令六十七军军部率一二九师（欠六八三团）、一一〇师六二九团从豫南调往鄂西，一一七师集结于花园、孝感，一一〇师（欠六二九团）集结于罗山，一二九师六八三团仍驻广水镇。六十七军所遗防务由五十七军接替，并规定要在三个月内将鄂豫皖边区的红军“肃清”。

鄂东北道委利用敌人调整部署、兵力减少的有利时机，迅速将光山独立团留下的一个营，道委特务营和一部分游击队、便衣队、伤愈的红军战士集中起来，再次组建了鄂东北独立团，团长熊先春，政委张生先。同时还组建了一个特务营，营长王耀松，政委罗厚福，两部共300余人。1月19日，独立团奔袭礼山县二郎店，全歼民团段绪志一个中队，缴枪100多支和大批物资。29日，特务营配合罗陂孝特委便衣队，由群众作内应，一举攻破香炉寺，活捉联保主任陈中良，消灭地主武装40余人，缴枪50余支，并缴获大批粮食、布匹、食盐等物资，一部分分给群众，一部分运回苏区。这些战斗的胜利，打击了反动地主武装的嚣张气焰，鼓舞了广大人民群众的斗争信心。同时，各便衣队在人民群众的支援下积极开展斗争，袭扰敌人，使其一夕数惊，不得安宁。

2月中旬,敌部署调整就绪,开始对我苏区进行“清剿”。27日中午，独立团在凌云寺以南的李家口与敌一一一师六三一团遭遇，我迅速向北转移，摆脱敌人进入凌云寺以北山地。由于叛徒出卖，隐蔽在凌云寺以北毡帽顶的道委书记王福明不幸被捕，并遭杀害。

3月份，光山县委书记芦从珠接任道委书记。不久，道委机关在茅草尖西北的高庙山被敌一一一师六三一团和六三二团二营包围，道委立即将高庙山地区的便衣队和轻伤员组成特务二营，营长易元鳌，政委洪益万，约80余人。特务二营组成后，掩护道委机关冲出敌人包围，经黄家冲到尼姑台一带。9日，尾追之敌寻迹而来，我乘隙摆脱敌人，到达烧香尖以北地区。此时，道委得悉独立团被敌一一〇师六二八团两个营和六三〇团一营两个连包围于新苏区的鸡笼山，又令特务二营冲进鸡笼山会合独立团，然后分道突围。独立团直插三里城，歼灭何斌如自卫中队一部，尔后转战到新城、夏店、河口一带，不久又返回鸡笼山。特务二营西越平汉铁路，攻克信阳县谭家河，随后又东返老苏区。

4月，道委又通知各游击队、便衣队，统一名称为便衣队，布置了各便衣队的活动范围。此后，部分区一级的党组织开始恢复，党的工作又开展起来。在各级党组织的领导下，便衣队也开始蓬勃发展起来。

1935年4月24日，蒋介石急电豫鄂皖剿总："查豫鄂皖边区残匪，迭令肃清，现匪流窜如故，日见猖獗，若不迅速扑灭，遗患无穷"。故重新划分防区，部署新的"清剿"，限于6月底"完全肃清"我军，否则将以"纵匪论处，以重军令"。

针对敌人新的"清剿"计划和当时的斗争形势，高敬亭于5月7日在霍山县黄尾河召开会议，决定主力红军离开皖西，准备西进桐柏山会合红二十五军。随后，红二十八军一路转战到达鄂东北新苏区以北。5月19日，高敬亭在罗山县长岗白石山向道委负责同志传达了黄尾河会议的决定，令鄂东北道委继续坚持当地的斗争，并将第二次组建的鄂东北独立团和特务一、二营大部编入红二十八军。22日红二十八军在礼山县杨平口以西越过平汉铁路。

6月9日，红二十八军越过平汉铁路返回彭新店，高敬亭给鄂东北道委再次布置了工作，并留下了原鄂东北独立团的部分干部。

红二十八军往返平汉铁路，行程700余公里，完全打乱了敌人的"清剿"部署。鄂东北地区的党组织和便衣队利用敌人忙于追堵红二十八军的有利时机，第三次组建鄂东北独立团，四处袭击敌人，取得不少胜利。光麻中心县委恢复了四个区的党组织，并发展了便衣队。砖桥便衣队 5 月先后在凉亭集镇压了当地最反动的民团头子、砖桥六保保长胡占先及民愤极大的恶霸地主陈胖子。罗陂孝便衣队奔袭宣化店西南的茶坳，智擒了督修碉堡的民团头目董治均、罗麻子等 11 人，发动群众平毁了碉堡。接着，便衣队伪装民团，由罗麻子带路喊开了碾子湾炮楼，俘获驻守炮楼的全部民团。其他便衣队用这种方式平毁敌碉堡十余个。6 月，罗陂孝地区的便衣队采用冒充递步哨的方法，鸣锣诱敌上钩，消灭了不少反动保长和民团头目。由于便衣队在敌后广泛出击，迫使敌人不得不从“清剿”我苏区的兵力中抽回一部，加强各据点的防守。

6 月底，敌侦知我鄂东北独立团位于新苏区西北的灵山一带，立即严令一一一、一一二、一二〇师对我围堵、搜剿，“务期于 7 月 15 日前彻底肃清，否则以剿匪不力论”。7 月 2 日，敌搜剿部队向我逼近，独立团由灵山撤至何家寨，随后在门坎岭同敌一一二师六三五团发生战斗，当天下午摆脱敌人到达香炉寺。7 月 3 日，敌一一二师六三六团在韭菜崖包围了我鄂东北总医院一部和新苏区的医院，我虽奋力抵抗，但终因寡不敌众，总医院院长林之翰（当时负伤）等十余人被俘，20 余人被敌杀害，部分人员突出重围或隐藏于山林之中，才得以幸免。

7 月初，敌一一二师下令：“查何家冲……香炉寺、长岗一带树木丛杂，最为藏匪之区，匪依之为良好屏障，国军因而受极大障碍……以至国军空疲而无功，匪势因之愈炽”，因而决定“将以上各点之树木铲除，俾期事半而功倍，早日肃清”。2 日起令各保抽丁胁迫 2700 余群众于 6 日集合，7 日开始砍林烧山。面对敌人这种丧心病狂的“清剿”手段，红军战士毫不畏惧，仍旧不屈不挠地同敌人顽强战斗。有时，当砍林队逼近时，红军战士和便衣队员乘敌哨兵不备，纵身混入砍林队伍，在群众掩护下迅速隐蔽转移。当大火逼近时，便衣队员以衣服包住武器和身体，逆风急速滚出。为了更好地保存有生力量，罗陂孝特委率机关人员和伤员转移到老苏区，留下部分精干的便衣队就地坚持斗争。为了牵制敌人“清剿”苏区的兵力，14 日，独立团由香炉寺出发，经三里城转移至姚店以南的大毛寨地区。敌 7 月 15 日前肃清我独立团的妄想又告破灭。此后，独立团活动于东新店、姚店、五岳山、大毛寨一带山区。7 月底，当敌“搜剿”部队赶来时，独立团又直插东北，回到凌云寺一带。8 月 4 日，独立团经短暂休整，又从老苏区出发，经宣化店以西于 7 日到达周家塘埂一带发动群众，打击敌人。一天，独立团在柳林东南十里的新集附近的大寺口道路上伏击敌送粮队，因行动过早暴露，未获全胜。随即急行军返回周家塘埂，从群众口中得悉信阳不少财主到左店看戏，当即决定由独立团和道委特务队一起赶到左店。此时，朱堂店敌一个营换防回信阳，路过左店，也在看戏。我指战员化装成看戏群众，在特务队队长王耀松率领下，乘敌防备疏忽，一举突入，经一小时战斗，毙敌 30 余名，缴枪 20 余支，并活捉十多名地主，我无一伤亡，凯旋而归。此后，独立团和特务队活动于灵山周围广大地区，广泛发动群众，建立秘密农民组织，安置伤病人员，加强部队军政训练，进行了执行群众纪律的教育。

独立团第三次组建以来，经过多次战斗，粉碎了敌人妄图用“烧山倒林”来消灭我军的罪恶阴谋，歼灭敌正规军、民团等各种反动武装 600 余名，缴获各种枪 100 余支。经过艰苦的游击战争和细致的群众工作，提高了广大群众的斗争积极性，不少农民群众收留我伤病员在他们家里养伤，有些人还亲自送儿子到独立团当兵，20 多名青年自动参加了红军。

1935 年 9 月，中央红军一路奋战，突破天险腊子口，进抵陕甘宁边区附近，与陕北红军的胜利会师已经在望。蒋介石、张学良急调五十七军各部陆续开赴西北，鄂东北地区只剩下了保安团。鄂东北道委利用这一有利时机，大力加强并组建新的地方武装，扩大便衣队，发动群众恢复和巩固老区，扩大游击区，并趁敌兵力空虚之际积极打击敌人。9 月间，罗陂孝特委从警卫队中抽出两个班和部分便衣队，组成教导一、二队，主要活动于内线，培训武装骨干，打击小股敌人，镇压反动分子。教导队成立不久，得知宣化店的反动地主武装要进入老苏区搜山，便与中心县委的几个便衣队联合起来，在仰天窝一带伏击敌人，消灭敌一个中队，击溃两个中队。

这一时期，我分化敌民团的工作和反移民并村的斗争颇有成效。在宣化店，地下党员刘达诚早已控制的民团与胡明山带领的便衣队，里应外合，摧毁了敌人在沙铺的所有碉堡。其他一些据点的民团也逐步被我争取过来，他们表面上为国民党服务，实际上暗中为我们做了不少工作。同时，地方武装和便衣队协助地下党摧毁了不少移民点，解救了许多被强迫搬入移民点的群众和红军家属。如何耀榜率教导二队到罗山县杨店、万店一带打开一批移民点。坞子铺的地下党组织领导移民点的群众，在便衣队的配合下，以锄头、菜刀为武器，击溃守点民团，杀死监视的特务。大胜关移民点的群众举行暴动，守点之敌望风而逃。这些斗争的胜利，沉重打击了国民党妄图用移民并村困死红军的反动政策。

1935 年冬，鄂东北道委将教导队、部分便衣队、伤愈战士和道委交通队部分队员，组成一、九路游击师。1936 年 1 月，高敬亭再次到鄂东北检查工作，重新任命了道委和独立团的领导人，并决定在光麻中心县委的基础上组建光麻特委，加强对光麻地区斗争的领导。光麻特委成立后，即以光山特务三大队、原光麻中心县委警卫连和从罗陂孝特委调来的两个新兵班，组成三路游击师，并先后调整了下属各区委，便衣队的领导和活动范围。此后，一、九路游击师主要活动在老苏区、新苏区和红安苏区，三路游击师主要活动于老苏区和光麻苏区。这几路游击师组建后，配合独立团积极开展对敌斗争，使我鄂东北苏区的地方武装更为加强，对巩固和扩大游击根据地发挥了重要作用。

1936 年 2 月，新任鄂东北道委书记陈守信、独立团团长秦贤安、政委黄仁廷等在茅草尖开会研究当前形势。为了广泛开展游击战争，确保老区，扩大游击区，决定独立团跨过平汉铁路，到应山县的花山、四望山、茶山、熊明寨一带活动。独立团由灵山出发到信阳县西南的大庙畈地区打土豪、分粮食，敌人急调部分兵力到豫西南地区，在大小集镇和交通要道上都驻了军队和民团，同时派追剿部队尾追独立团。独立团牵着敌人在桐柏山兜圈子，并相机攻下应山县以北的花山寨，消灭民团20余名，活捉几名大恶霸地主，尔后又转战茶山，攻克敌人碉堡，再次歼民团20余名，缴枪20余支，活捉了大地主、联保主任付文风。独立团还在花山建立了一小块游击根据地，并留下了一个十多人的便衣队。

1936年2月，蒋介石调卫立煌任豫鄂皖“清剿”总指挥，并从贵州调一〇二、一〇三师到鄂东北地区，配置在黄陂、麻城一带，担任“追剿”、“搜剿”任务。敌一〇二、一〇三师到达鄂东北地区后，气焰十分嚣张，每天派一个团的兵力“搜剿”我老苏区，有时一个营的兵力也敢单独冒进，还企图在山区建立据点。为了打击一〇二、一〇三师，鄂东北道委调正在平汉铁路以西活动的独立团，迅速返回鄂东北地区。

独立团接到道委指示后，立即从应山县以北山区越平汉铁路回鄂东北地区。3月下旬，与道委特务队一起在礼山县以东的彭店、新府、高店、王店一带活动，26日又与红二十八军手枪团一分队在王店地区会合。当天上午10时，发现敌一〇二师约一个营的兵力由高店向王店方向行进。我当即研究决定，独立团和特务队在附近的雷虎寨占领阵地，手枪团一分队化装敌二十五路军别动队，迂回至敌人侧后，前后夹击敌人。下午1时，敌进至雷虎寨，发现我阻击部队后即行攻击。此时，手枪团一分队已迅速插至敌后，突然向其猛烈射击。敌遭我前后夹击，队形顿时混乱。独立团和特务队乘势向敌奋勇冲杀，战至8时，歼敌约两个连，毙敌百余，俘敌40余人，缴获枪支弹药及其他物资各一部。我伤20余人，亡七人。战后我迅速教育释放俘虏，掩埋烈士、安置伤员，并于当晚冒雨分别转移。

独立团连夜返回老苏区接受道委布置的任务后，由老苏区赶到经扶县以南的木城寨、鸡公寨、黑石寨、太平寨一带。一天，侦知箭厂河东南的高家湾驻有敌二十五路军一个连。为了牵制“清剿”苏区的敌人，当晚以手枪队化装成二十五路军别动队，首先进入村内控制要点，团主力随后跟进，很快将敌全部歼灭。随后，独立团南下光宇山、西张店，一路采用伪装喊话的办法，搞掉敌人不少碉堡。4 月初，独立团在便衣队配合下，烧毁檀树岗附近的几座碉堡，歼灭守碉民团 20 余人，缴获枪支 20 多支。以后又西进红安三区，攻克余家河，摧毁敌碉堡 20 多个，缴枪 30 余支。敌一〇三师闻讯跟追，独立团经一夜急行军到达韩家老屋，攻克民团据点，将 30 多名团丁和大地主一网打尽。之后，独立团又转战光麻苏区的东高山、西高山一带，牵着敌人兜了一个圈子，后甩掉尾追之敌回到老苏区。

4 月 20 日晨，独立团在礼山县以东的老山寨与敌一〇二师一个团遭遇，我迅速抢占老山寨制高点，接着与敌展开激战。敌约两个营的兵力分两路向老山寨攻击，预备队约一个营的兵力在三屋冲西侧高地集结。此时，红二十八军二四四团一营在鄂东北地区活动，正由新苏区南下，于当日下午到达老山寨西北四公里的陆家冲，得悉我鄂东北独立团正与敌一〇二师一个团激战，当即向三屋冲西侧高地之敌发起攻击，将其全歼，随即向进攻老山寨之敌后卫发起攻击，独立团也趁势出击。敌遭此突然打击，顿时溃不成军。战后，独立团在夏店、杨平口转了一圈，于 25 日经李家寨越过平汉铁路，27 日到达应山县以北的黄土关一带。5 月 2 日，独立团经东篁店越平汉铁路，3 日夜到达平汉铁路西侧李家寨以西的大王冲一带。这一时期，独立团活动于平汉铁路两侧，牵制了敌十师三十旅、五十八师三四八团及湖北省保安十一团，减轻了鄂东北苏区的压力，并配合红二十八军手枪团和二四四团一营在鄂东北地区的作战。

6 月初，红二四四团一营到达老苏区，准备到平汉铁路以西活动。道委书记陈守信派熟悉路西情况的特务队随一营行动，特务队随同一营在应山县的平林、刘家河和信阳县的董家寨各歼敌一部。中旬，一营和特务队返回路东，一营到麻城地区活动，特务队留在应山、信阳交界的山区活动。在此期间，独立团转战于光山县南向店一带。这是老苏区北部方圆 50 多里的一片山区，反动势力十分顽固，碉堡成群，山寨累累，号称九里十八寨。这些寨子一般都建在大山尖和悬崖峭壁上，被反动地主控制，各寨都有数十支长短枪和土枪土炮。每逢我独立团、游击师和便衣队在这一带活动，寨子里就击鼓鸣锣，打枪打炮。是我军活动的极大障碍。为解决这个“钉子”，独立团首先派部分便衣队到寨子附近活动，秘密发动群众，侦察各寨内的情况，然后认真研究，决定先攻仁和寨。根据群众提供的情报，了解到当晚在寨子上放哨的人都是被逼上去的年老体弱者，于是以手枪队为先导，每三四人编为一个小组，乘夜将梯子架上寨墙，然后迅速翻墙入寨，全歼反动武装，缴枪 20 余支。随后，独立团乘胜连续攻下六个寨子。南向店以南有个半月山寨，建在一个小山头上，寨墙十分坚固，寨内有长短枪 20 余支。反动地主闻风我要攻寨，连夜进行准备，胁迫群众手持火枪土炮，依托寨墙防守。一天夜里，独立团和九路游击师对半月山寨开始佯攻，不多时即撤至 20 里外的一个小村庄吃饭休息。寨内反动地主误以为我怯寨远去，放松了寨子的守备。深夜 3 时，我又突然返回半月山寨，乘其疏忽，一举攻入寨内，全歼守寨反动武装。九里十八寨的反动势力遭我沉重打击后，反动地主惊恐万状，有的向便衣队缴械投降，有的派人与我谈判，表示不再与红军作对，并愿为我效劳。此后，老苏区以北地区开始得以稳定，人民群众的革命积极性更加高涨。

7 月上旬，独立团到礼山附近活动，以后又到五岳山以北地区。8 月，独立团再次到平汉铁路以西活动，配合应山县花山便衣队打击敌人，开辟游击区，巩固已有的小块游击根据地，尔后返回新苏区。一天夜里，独立团由周家塘埂出发越过平汉铁路，经一夜急行军到达大庙畈附近。大庙畈位于信阳县西南鄂豫两省交界处，寨内有潘大少等十余名反动地主与我为敌，是我开辟新区的障碍，独立团曾两次进攻该寨，均未奏效，这次决心将其拔除。我乘其不备以一部兵力从正面进攻。手枪队队长率一部分兵力绕至寨后。战斗打响后，潘大少等十余名地主慌忙逃进寨北一个大碉堡内顽抗。我迅速将碉堡包围，并组织优秀射手瞄准碉堡的枪眼，压制敌人火力，同时令后续部队将柴草运至碉堡周围，随后点燃了柴草，顿时烈火熊熊，将顽抗之敌全部烧死。潘大少等反动地主平时欺压百姓，鱼肉乡里，群众恨之入骨，我将其消灭后，群众无不拍手称快。此后，我发动群众的工作在这一带迅速展开，当地便衣队帮助独立团安置了伤员，并输送了 20 多名新战士。几天后，国民党军一部指挥河南省一个保安团尾追独立团而来，我军边打边走，与敌不即不离，有时一天行军 100 余里，拖得敌人疲惫不堪。一天，独立团行至四望山附近，利用有利地形准备伏击尾追之敌。敌见山势险要，且部队饥疲难耐，当晚宿营在大树庄和附近的一个小村庄。独立团首长见时机已到，即命三连牵制驻大树庄之敌，一、二连攻击驻小村庄之敌保安团。我一、二连接近小村庄时，被敌哨兵发现，鸣枪报警，昏睡之敌一听枪响，顿时乱作一团，争相逃命。我军立即猛追，击溃保安团一个连，缴枪 40 余支。敌保安团遭此打击后，再不敢对独立团进行跟踪。独立团趁此机会在四望山一带广泛开展群众工作，同时又打下两个反动山寨和数个碉堡，歼敌一部。当敌六十四师一九二旅三八四团和驻信阳县新店的一四二师七二五团逼近这一带时，独立团牵着敌人转了一圈，即迅速越平汉铁路回到周家塘埂何家冲一带。

9 月，独立团在礼山县五斗田、黄家湾一带活动，湖北省保安团一个营由蔡店出来，行至刘家山与我遭遇，我指战员奋勇冲杀，经一小时激战将其击溃，其中一个排来不及逃走，被我包围在一个小山头上，遂即全部投降。随后，独立团转移至老苏区。一天夜里从黄安县熊家河出发奔袭黄陂站。驻黄陂站之敌为一〇三师一个连和民团五六十人，我以一连攻击该镇北头大庙敌连部，二、三连担任主攻。战斗打响后，一连牵制镇北之敌，二连迅速将民团歼灭，三连和手枪队猛攻镇南碉堡，迫使一〇三师守敌一个排投降，余敌仓皇逃走。这次战斗，我缴获各种枪40余支。

10月，独立团从熊家河出发，到陡山河、来家河和光麻公路沿线，横扫大小碉堡百余个，在白凡咀活捉湖北省政府的一个巡视官，消灭当地民团百余名，缴枪30余支。接着，独立团转战到光麻苏区西部。一天下午，土门守敌正在赌钱，我乘其不备以前卫手枪队突然冲进据点。将20余名民团全部俘虏，并烧毁了据点、碉堡。之后，独立团又转战到老苏区北部，在九路游击师和当地便衣队的配合下，先后攻占张王寨、邵家新寨等20多个寨子。月底，独立团进至新苏区以南的姚家店、东新店地区，破坏敌人碉堡后返回新苏区。10月22日，一路游击师攻打礼山县丰乐乡乡公所驻地九房沟，烧毁碉楼，全歼守敌18人，镇压了恶霸地主颜贯千、联保主任颜旭东等反动分子，缴枪数支。

11月上旬，道委特务队攻占了大山寨。大山寨位于经扶县城西北约20公里处，山寨面积约五六十亩，四周筑有一道一丈多高五六尺厚的石质围墙，寨的四周及中心筑有碉堡，寨内住着附近的恶霸地主60来户。山寨由民团防守，计有步枪土枪100多支，是我军活动的一个障碍。经过两天详细侦察，特务队先攻占了大山寨附近的杨小寨，然后转移到附近村庄隐蔽。第三天晚上10时左右，特务队赶到大山寨下，利用夜幕翻墙而入，寨内顿时枪声大作，火光四起，敌惊恐万状，纷纷逃命，仅两小时就夺取了山寨。打下了大山寨，扫除了红军活动的一大障碍，搬掉了压在群众心头上的大石头，震慑了周围山寨的反动武装，扩大了红军在人民中的影响。

12月中旬以后，独立团到泼陂河附近准备歼灭区署及七八十名民团。守敌望风而逃。独立团入镇后，在与武汉来的鸡贩子谈话中得知蒋介石在西安事变中被扣，于是一面将这一重要消息刻版油印，广为宣传，一面连夜赶回老苏区向道委汇报。道委开会研究决定：独立团趁敌混乱仍到游击区活动，寻机歼敌，同时大力开展群众工作，扩大红军影响。

1937 年 1 月，敌一〇二师又开始进攻老苏区和大悟山地区，我各部仍采取敌进我退，绕到敌后的游击战术，同敌人周旋。道委特务队离开大悟山地区，越过平汉铁路，到信阳、应山交界地区活动，独立团转战于光麻苏区及其周围地区。此时，红二十八军主力在高敬亭率领下，趁西安事变后敌人兵力调动频繁之际，来到鄂东北地区。这一时期，我鄂东北各部队为了配合红二十八军主力在鄂东北地区的活动，纷纷向敌人出击。九路游击师于 2 月 8 日下午与罗陂孝特委便衣队配合，攻占罗山县周党畈以北的罗家大寨，击毙寨主和反动分子数名，缴枪数支。16 日又攻占罗山县三里店之大山寨，打死敌人十余名，缴枪数支和军用品一部。20 日又与罗山便衣队一部配合，打下烧香尖，打死敌人数名，缴获物资甚多。三路游击师在光麻苏区和红安苏区一带活动，在黄陂站以北击溃当地民团，毙伤和俘虏团丁 20 名。

在武装反击国民党军队进攻的同时，鄂东北党组织还采取多种措施对敌进行政治瓦解工作。鄂东北道委印发了许多宣传西安事变的传单，号召国民党军队调转枪口，一致对外。道委还于 3 月 2 日发布《为肃清国民党侦探坐探告劳苦群众书》，号召群众与敌人的侦探、坐探作斗争，同时号召被迫为敌人充当侦探、坐探的人向红军和便衣队自首。这些分化瓦解敌人的措施收到了明显的效果。

4 月 27 日，蒋介石下令撤销“豫鄂皖边区主任公署”，改为“豫鄂皖边区督办公署”，任命卫立煌为督办，以强化对鄂豫皖边区“清剿”的指挥。卫立煌上任后，根据其多年指挥反革命“清剿”的经验教训，提出所谓“剿抚兼施”、“三分军事七分政治”的原则，强调“军政同时并进”，对红军和便衣队同时并重，在“围剿”主力红军的同时，对便衣队进行彻底“清剿”。敌部署在鄂豫皖边区的兵力有：三十二、三十三、四十七、六十四、六十五、一〇二、一〇三、一六七师和独立五旅。其重点“清剿”的鄂东北地区，调进了原驻在平汉铁路以西的湖北省八个保安团，使其总数由原来的四个增加到 12 个团。在兵力使用上，将驻守城市、集镇和交通要道改为进山扎寨，并在大的山头和交通要道上广筑碉堡。到 6 月初，在老君山、天台山、三角山、大小鸡笼山、金南山等我军和便衣队经常活动的地方，碉堡已密布成网。敌人还令各部抽调多数部队组成“追剿”纵队由督办公署统一指挥，集中对我军实行远距离、多层次包围。为了同时对付我便衣队，敌地方基层政权大肆移民并村，搜山烧山，严格保甲制度，设置递步哨和搞政治欺骗活动等。卫立煌的这一“清剿”部署到 5 月底已基本完成。我鄂豫皖边区军民又面临极端严重的局面。

在敌人新的“清剿”部署尚未完成之前，红二十八军主力基本上以营为单位在鄂东北地区和平汉铁路两侧活动，曾集中大部兵力在啄立山、王通地区两次取得成营歼敌的重大胜利。鄂东北的党组织领导独立团、游击师、便衣队，在对敌斗争中也取得不少胜利。但是，在敌人新的“清剿”即将来临之际，高敬亭来到老苏区、新苏区检查工作时，错杀了鄂东北道委、罗陂孝特委、光麻特委和九路游击师的主要负责人，扣押了独立团团长、政委。这些经过长期斗争考验而又富有对敌斗争经验的干部被错杀、错押，严重地削弱了反“清剿”斗争的领导力量。

5 月底，敌人开始对我老苏区进行“清剿”。此时，新任道委书记胡继亭没有到职。由于反“清剿”的思想准备不充分，敌情不明，道委机关和部分直属队 200 余人在老苏区陷入敌人包围。道委准备向北突围，进入凌云寺以北地区，但行动开始不久即发现北进道路已被敌人堵死，众多的敌人迎面“搜剿”而来，因此不得不迅速折返，准备连夜由南面突围。次日凌晨，队伍行至卡房一带，突与从老君山、三角山过来的一股敌人遭遇，激战中道委机关和直属队被打散。不久，在当地便衣队和人民群众的大力协助下，被打散的人员才又集中起来。这次战斗，道委机关和直属队损失 40 余人，其中大部分壮烈牺牲，部分重伤员被敌残酷杀害，部分人员受伤或被俘。

独立团在老君山、天台山遭敌一〇二师一个团包围，分散突围后又在刘家山被敌阻击，受到损失。6 月 7 日，独立团进至礼山县以东的高庙、沙河店一带，又被敌四十七师一个团包围。由于连日冒雨行军作战，伤亡较大，粮弹不足，十分疲惫，独立团在激战中被打散，适值连日大雨，山洪暴发，两义河水深流激，许多战士突围时被洪水冲走。战后，鄂东北道委立即组织当地便衣队和群众大力抢救伤员，收拢被打散的战士。除收拢起来的 30 余人外，其余大部壮烈牺牲，这是三年游击战争中独立团的一次严重损失。造成失利的主要原因是：新任领导既不熟悉部队，又缺乏实战经验，行动路线选择不当，高庙、沙河店地区反动势力十分猖獗，我军进至这一带地区，进退失据，独立团连日来冒雨行军作战，指战员得不到休息而十分疲惫，战斗力受到很大影响。

由于敌人对我红军主力和便衣队同时下手，我便衣队也面临着空前严重的局面。从 1937 年 6 月初开始，敌人调动了大量兵力，动员地方政权和民团、保安队等反动武装，大搞移民并村放火烧山，对我便衣队进行了前所未有的全面“清剿”。便衣队建立的群众基础大部被摧毁，便衣队控制的地区基本被敌占领。大多数便衣队经常处于缺衣少食、风餐露宿的恶劣环境中，部分便衣队员英勇地献出了宝贵的生命。光麻特委所属的河区便衣队遭到敌一〇三师一个连和民团一个中队包围，他们奋力抵抗，一位同志牺牲，两位同志被俘。被俘的同志宁死不屈，在敌人的酷刑下始终未吐露半字，使我活动在这一地区的干部、群众未遭受损失。在敌人“搜剿”最紧张的时候，红安三区便衣队曾经跳进池塘，藏在荷叶底下，避开了敌人的搜捕。在艰苦的斗争中，我便衣队得到了广大人民群众的大力支持和援助。无论情况怎样艰险，群众总是心向着红军和便衣队，无微不至地关怀、保护伤病员，想方设法越过敌人的封锁线，把粮食、衣物送到便衣队藏身之所。正是紧紧依靠了广大人民群众，便衣队才得以度过这一时期的艰难困境。

6 月中旬，鄂东北道委将正在光麻地区活动的三路游击师调到新苏区。在高敬亭亲自主持下，于门坎岭把三路游击师和独立团突围出来的 30 余人，以及部分伤愈战士，合编为鄂东北独立团，团长顾士多，政委李士怀，辖两个连和一个手枪队，共 140 余人。此后，独立团又继续战斗在鄂东北地区。7 月中旬，独立团进至平汉铁路以西，在便衣队的配合下，连续攻占婆婆寨、尖山尖等山寨，歼敌 100 余名，并将衣物和部分粮食发给附近群众。随后又转到平汉铁路以东，攻打衙门口时，守敌逃遁，我将其炮楼平毁后又转至东阳岗一带活动。

经过三年异常艰苦的游击战争后，鄂东北道委及直属队还有 100 余人，各特委、县委及直属队共有 100 余人，独立团有 200 余人，特务队有 60 余人，各地便衣队共近 300 人。鄂东北苏区总共有 700 余人坚持到最后胜利。1938 年 2 月，根据国共两党协议并遵照中共中央指示，红二十八军正式改编为新四军第四支队。鄂东北独立团改编为四支队九团二营，特务队和大部分便衣队分别编入四支队七团和九团，鄂东北道委和直属队大部编入四支队供给部，一部分编入四支队后方留守处（以后成为新四军五师的一部分），还有一些党政领导同志和体弱的同志回到原地坚持党的工作。

选自《南方三年游击战争 · 鄂豫皖边游击区》，第176—197页。

李长如，1918 年生于河南省罗山县宣化店（今属湖北大悟县）。1930

年参加中国工农红军，1934 年加入中国共产主义青年团，1935 年转为中国共产党党员。南方三年游击战争时期，任中共鄂东北道委巡视员等。新中国成立后，曾任中南军区海军政治部副主任，华东军区海军第六舰队政治委员、东海舰队政治部主任，国家海洋局政治委员，海军北海舰队副政治委员、政治委员、顾问等职。1961 年被授予少将军衔。2002 年在上海逝世。

撒在皖西北的火种

陈祥

皖西北苏区位于大别山北麓和中段，西含河南省的商城并与光山、经扶县为邻，北为河南固始和安徽霍邱，东为六安、霍山、舒城，南至潜山、太湖，西南与湖北省的麻城、罗田、英山县接壤。在艰苦斗争中创建的皖西北苏区，是鄂豫皖苏区的重要组成部分。1932 年 10 月和 1934 年 11 月，主力红军红四方面军和红二十五军先后撤离鄂豫皖苏区远征川陕。在这两年时间内，苏区遭到敌人武装"围剿"和白色恐怖的摧残、破坏。1934 年冬，皖西北苏区仅存赤南、赤城两县地区，而且已成为一片荒无人烟的无人区，另外还有六安六区两个乡及霍山六区等三个乡。到 1935 年 6 月，除金岗台由张泽礼等同志领导的一支小部队和洪家大山等地有点武装力量继续坚持斗争外，其余地区均被敌军占领。在敌人重兵压迫肆意摧残下，革命的人民不屈不挠，紧紧依靠党的领导，与凶恶的敌人展开殊死斗争，在皖西北的土地上，到处撒下了革命的火种，使这块红色根据地始终屹立在英雄的大别山上。

一

1935 年 2 月 3 日，在太湖凉亭坳重建红二十八军后，皖西的武装斗争开始了一个新的局面。2 月 16 日，高敬亭在潜山县舒城交界处猪头尖成立中共皖西特委，同时任命徐成基为皖西特委书记兼二四六团政委，谋求在舒城、霍山、太湖、英山、罗田等县边界山区，发动组织群众，开辟新区。

皖西特委成立后，一面就地开展群众工作，安置伤员；一面派出部队开展游击战，打击民团反动势力，筹粮筹款，发动组织群众，建立党的组织。在红二十八军政委高敬亭的指示和支持下，组建了四路游击师，并陆续放下了一些便衣队开辟新区工作。特委很快同友邻地区的中共皖西北特委（书记刘敏）及其所领导的游击大队（后改为游击师，负责人是孙仲德、张如屏）取得联系，加强协同配合。特委还迅速与潜山等地下党建立了工作关系，并把党的工作逐步扩展到舒城、霍山、潜山、太湖、宿松、英山、蕲春、黄梅、广济等县的广大山区。

特委开展地方工作的基本力量是便衣队，这是在白色恐怖下适应恶劣环境所产生的一种特殊斗争形式。当时，从红二十八军及地方武装中挑选优秀的指战员和原在苏区工作的地方干部，并吸收少数当地党员，组成若干支精干的便衣队，深入村寨，发动与组织贫苦农民，秘密串连，团结广大劳动群众，用各种方式支援红军，开展对敌斗争。从 1935 年 2 月至 1936 年春，红二十八军和皖西特委相继放下了 11 个便衣队，活跃在舒城、霍山、潜山、太湖、英山、罗田、宿松等县的广大地区，此后又在蕲春、黄梅、广济等县放下十个便衣队。在有主力红军作后盾并大量牵制敌军的情况下，便衣队协同地方武装开辟新区，取得了很大的成功。在便衣队活动的多数地区，虽然没有建立苏维埃，实际上控制了基层政权，形成为新的游击根据地或稳固的立足点。

1936 年 9 月，高敬亭将中共皖西特委改为皖鄂特委，在特委书记何耀榜的领导下，工作又有进一步发展。在纵横二三百里的游击区域里，20 几个便衣队的工作十分活跃，皖鄂边区的广大群众积极支援红军，送情报，抬担架，安置伤病员，妇女做鞋缝制军衣慰劳红军，在大岗岭、鹞落坪、沙村河、小河南、将军山、仙人台、马家河、罗汉尖等地区的山林里，设有红军的“山林医院”，还有小型修械所，被服厂。特委还指示便衣队从敌占区买来布匹、雨伞、手电、西药等物资供应军需，并组建地方武装为红军输送兵员。特委领导下的皖鄂边区新的游击根据地，对支援红二十八军坚持鄂豫皖边区的三年游击战争起了重大作用。

西安事变后，开始了国共合作的新时期。但蒋介石背弃其停止“剿共”、联合红军抗日的诺言，阴谋把南方八省的红军、游击队彻底消灭。1937 年 4 月 27 日，蒋介石任命卫立煌为豫鄂皖边区督办公署督办，指挥机构驻立煌县。下设岳西、经扶、信阳三个督办处，以强化“清剿”的指挥。卫立煌到任后，提出了所谓“剿抚兼施”、“三分军事七分政治”的方针，强调两个“军政同时并进”，强调对主力红军、便衣队和地方武装同时并重，进行彻底“清剿”。除抽调正规军、增加保安团以及专门成立“搜剿”我便衣队的特务队、别动队外，还普遍训练壮丁，组建“清剿”大队、“铲共义勇队”、联保队等地方反动武装。驱使其部队进山扎寨，并在已经完成的碉堡封锁线的基础上，进一步在大的山岭和交通要道上广筑碉堡。

到 1937 年 5 月底 6 月初，在皖西北和皖鄂边区，我军经常活动的地区和便衣队的游击根据地，成为敌之重点“清剿”区。大岗岭、鹞落坪、沙村河、小河南、龟峰山、三角山、将军山、仙人台、金岗台等地，碉堡如蛛网。敌人深入山区，并村筑寨，采取步步为营、层层包围、搜山探洞、放火投毒、伪装假冒、软硬兼施、欺骗诱惑、强迫自首等卑劣手段，疯狂“围剿”我皖西北和皖鄂边区的游击根据地，反复“搜剿”我各级党的领导机关、便衣队和游击队，血腥屠杀共产党员、红军战士和革命群众。在这极严重的情况下，各级党组织和便衣队建立的群众基础大部分被摧毁，控制的地区几乎全被敌人占领，一些重要基地如大岗岭、鹞落坪、金岗台等地基本上成为无人区。各级党组织、便衣队和游击队遭受敌人的反复“搜剿”,基本上与上级党、友邻地区、人民群众失去联系，处在缺衣少食、各自为战的极端恶劣环境中。曾经作出过重要贡献的中共霍山县六区区委和便衣队被敌人摧垮，绝大多数同志光荣牺牲，革命群众百余人惨遭杀害。大岗岭便衣队陈彩林队长、查副队长，沙村河小便衣队的刘方南、朱作善队长，以及一部分便衣队员和革命群众，英勇地献出了生命。

但是，皖西北和皖鄂边区的各级党组织、便衣队、游击队，不屈不挠，浴血奋战。他们依靠人民群众和主力红军，依托熟悉而有利地形，运用正确的斗争策略，利用与我有关系的敌方人员进行掩护，利用敌人内部的矛盾和空隙，发扬机智勇敢，孤胆克敌的战斗作风，同敌人进行了坚持不懈的殊死斗争。他们有的在敌人层层包围、日夜“搜剿”的大山中与敌周旋，进行“捉迷藏”式的分散游击活动，靠人民群众、地下党员冒生命危险越过敌人封锁线送来的饭食，靠山上的野菜、野果、树皮，一直坚持了几个月。有的转移到有群众的丘陵地带或平畈地区，白天设法隐蔽，晚上找群众解决吃饭问题。有的躲在群众的夹墙内、地洞中，有的转移到外线隐蔽，伺机打击敌人。如活动在大岗岭、鹞落坪一带的皖鄂特委、潜山战斗营、潜太游击队和便衣队，除留少数同志在原地坚持斗争外，多数转移到外线继续打击敌人。小河南的便衣队将伤员转移到外线分散隐蔽，将军山、仙人台等地的便衣队员转移到广济平原……从而大大减少了损失。不少地区的党组织和便衣队，利用同我有关系的联保主任、保长、民团，掩护我方人员。商南县委掌握了西河桥、熊家河、桃树岭等地的“两面政权”，将女同志和小孩送到熊家河，有的还住在民团碉堡里。罗田县肖家坳的联保主任、“清剿”大队长都是我们安插的人，将军山的联保主任负责照顾我方的伤员，塔儿畈的联保主任王伯明每天都将敌人的活动情况向我们汇报，还有的联保主任将敌县政府的“清剿”命令给便衣队看，使我们了解敌情变化，从而在敌人的新“清剿”中未受损失。

更重要的是由于广大人民群众和隐蔽下来的共产党员，冒着生命危险，千方百计与我特委、县委和便衣队取得联系，尽力送粮和传递情报，巧妙地掩护我方人员，甚至牺牲自己或亲人的宝贵生命来保护我便衣队员和伤病员。有些地区群众把便衣队员和伤病员藏在未出嫁的姑娘的房子里，以避敌人的搜捕。不少青年妇女在敌军盘问她们照顾的我方人员时，毫不犹豫地说，“这是我的丈夫”，以此来进行掩护。贫农曾少山在敌人搜山时，孩子惊哭了，为了伤员和便衣队员的安全，他忍着泪水掐死了自己的孩子。像这样可歌可泣的事迹，充分表现了革命人民坚贞不屈、机智英勇的大无畏的精神。人民的支援，是取得斗争胜利的根本原因。

敌人的残酷“清剿”扑不灭人民革命的火种。中共皖鄂特委、商南县委及所属的便衣队、游击队仍然存在，与人民群众生死与共，团结一致，继续同敌人进行顽强的斗争，始终保持红旗不倒，保存了党在皖西北和皖鄂边区的革命火种。

在皖西北地区，先是中共皖西北道委所属党组织同敌人作斗争，以后是中共商南县委和中共皖西特委（皖鄂特委）及其所属党组织继续坚持斗争。各级党组织在各个游击根据地形成了坚强的领导核心，并通过党员的先锋模范作用，动员组织群众，建立便衣队、游击队和各种秘密群众组织，从而形成了有党的坚强领导，以党员为骨干，以便衣队、游击队为武装力量的根基深厚的群众队伍，开展了轰轰烈烈的人民游击战争。

二

（一）中共皖西北道委下属党组织有：

1. 中共赤城县委

中共赤城县委下辖三个区委和八个乡党支部，县委书记是石裕田。1935年1月下旬，由于敌人的“清剿”，县委和区委的工作人员一起行动，只留八九个人的便衣队在陈家寨、小南涧一带活动。高敬亭撤离赤城苏区时，曾要赤城县委把赤南苏区和六安县六区过来的人收拢起来，并对石裕田说：赤城就是中心县委了。

1935年6月初，由于敌人反复“清剿”，形势日益严重，由县委书记石裕田带县、区干部和商北大队到潜山一带游击。二区苏维埃主席张泽礼带部队武装及十几名女同志在原地坚持斗争，以后上了金岗台。

2. 中共赤南县委

赤南苏区遭敌重点“清剿”，县委机关和所属地方武装难以立足，1935年3月，一路游击师至潜山一带游击，县委书记带一部分人员编入红二十八军，少数同志上了金岗台。

3. 中共六安县三区区委

活动于六安县龙门冲一带。1935年上半年，遭敌反复“清剿”，区委转移到外地只留下少数人在该地坚持斗争。

4. 中共六安县六区区委

活动于立煌县洪家大山一带。区委书记方藻庭。区苏维埃主席陈家全，妇女委员刘月如，区委委员曾广如、方藻树等。为对付敌人的“清剿”，陈家全、方藻庭分别担任洪家大山战斗营营长和政委，在对敌作战中先后英勇牺牲。

5. 中共霍山县六区区委

活动于霍山县团山、燕子河、白莲涧、董家河一带。

（二）中共商南县委

1935 年 6 月初，赤城县二区苏维埃主席张泽礼带部分武装和十几名女同志上了金岗台，不久与赤南县委的一部分区乡干部、伤病员、红军家属会合，成立了中共商南县委，先后由邱玉生、张泽礼任书记。余绪龙、陆华宏、徐其昌、雷维先、史玉清为委员。中共商南县委由高敬亭直接领导。

（三）中共皖西特委（后改为皖鄂特委）

中共皖西特委是 1935 年 2 月 16 日由高敬亭决定成立的。书记徐成基。徐成基在发展地方武装和便衣队，开辟游击根据地，恢复和发展各级党的组织，联系友邻地区，支援红二十八军等方面，作出了显著的成绩。1936 年夏，徐成基随红二十八军行动。9 月，高敬亭同志在英山县桃花冲召开会议，将中共皖西特委改为中共皖鄂特委，由何耀榜任书记。各县委、工委书记为委员，徐文初、罗志达任秘书。皖鄂特委在原皖西特委工作的基础上，又有进一步的发展，所开辟的游击根据地，是三年游击战争中我党在鄂豫皖边区的重要基地之一。

中共皖西特委（皖鄂特委）下属党组织有：

1. 中共潜山县委（1936 年改为岳西县委）

1934 年夏，中共地下党潜北县委改为潜山县委，恢复活动，县委书记刘正北。1935 年春，刘正北担任皖潜游击大队指导员，由叶朗清接任县委书记。10 月，叶朗清被敌三八四团杀害于潜山县沙村河南山湾，后由刘汝聪接任县委书记。12 月刘汝聪和县委委员刘重阳、汪锐天、刘祥富、王云山等五位同志，又被敌三八四团杀害于潜山县五河，由刘寅宾接任县委书记。1936 年元月，国民党将潜山、霍山、太湖、舒城的一些地方划出，成立岳西县。潜山县委亦于此时被改为岳西县委。1936 年夏，刘寅宾被“肃反”错杀，由刘荣清接任县委书记。1937 年 4 月以后，在敌人新的“清剿”时，刘荣清对革命前途缺乏信心，停止了革命活动，使岳西县委的工作中断。

2. 中共潜山工委

1934 年冬，在原潜北中心区委的基础上成立了潜山工委，书记吴云霞。

3. 中共蕲春（桐山冲）中心区委

是便衣队长蔡炳臣等同志于 1936 年上半年在蕲春、太湖边界的将军山、桐山冲一带发展建立的。同年 9 月，高敬亭调鲁教瑞任中心区委书记。中心区委下辖桐山冲、将军山、朱冲、仙人台、三角山等好几个党支部。

4. 中共宿黄边区工委

便衣队指导员曹俊梧等同志在黄梅县塔儿畈一带，帮助当地地下党发展党员，于 1936 年 2 月成立了宿黄边区工委，下辖三个党支部。

5. 中共太湖县殷冲支部

1935 年 3 月，地下党员闻义卿（后脱离革命）、殷显来到太湖县殷家冲开展革命活动，宣传发动群众，先后发展了五名党员，4 月中旬成立了中共殷冲支部，书记殷祖佑。1936 年 1 月，由于叛徒出卖，党支部负责人殷显来、殷祖佑被捕，党支部被打散，停止了活动。

三

在三年游击战争中，皖西各级党组织积极发展武装力量，红二十五军战略转移时，地方武装有一、二、三路游击师，道委特务队，商北大队，银沙畈战斗营及一些游击队。以后，又先后组建了洪家大山战斗营、龙门冲战斗连、皖潜游击大队（皖潜独立营）、二四六团、四路游击师、罗汉尖游击队（六路游击师）、商南大队、蕲州游击队（潜山战斗营）、潜山游击队、英罗游击队、潜太游击队、潜北游击大队，蕲黄广独立营、蕲黄广游击大队、太湖县殷冲红军小分队。这些地方武装，大部分陆续编入红二十八军，太湖县殷冲红军小分队被敌打散，商南大队和潜太游击队坚持斗争到国共合作。

（一）一路游击师

师长吴国祯（后叛变投敌），政委林承祥，辖三个连，有 200 余人，活动地区：北到八道河葛藤山、伏山、银沙畈，西至大麦场与麻城县交界。1935 年初，银沙畈战斗营（赤南四区战斗第五营）编入一路游击师。3 月，部队在赤南苏区难以立足，辗转至潜山县天堂畈一带游击。5 月 27 日与四路游击师会合。6 月上旬，一、四路游击师合攻潜山县天堂镇附近的腾云庙，政委林承祥壮烈牺牲。7 月 2 日，在太湖县店前河与红二十八军会合，高敬亭决定：一路游击师的伤病员和女同志交四路游击师，其余编入红二十八军，命吴国祯带一部分同志回老区游击。

（二）二路游击师

师长徐德先。辖三个连和一个手枪队，共200余人，在赤城苏区熊家河一带坚持斗争。1934年12月8日，二路游击师随高敬亭同志率领的红二一八团行动，在立煌县关山河北伏击敌独立五旅六一四团运粮毛簰。歼灭史河西岸之敌约一个连。1935年1月下旬，敌进攻我赤城苏区前，二路游击师奉命东渡史河钳制敌人。3月22日，在皮坊西北之鸡冠石与红二十八军政委高敬亭率领的二四四团二营和手枪团一分队会合，击退敌独立五旅六一四团和特务团三营的进攻，毙伤敌200余人。后在高敬亭率领下于4月6日到达太湖县泥头店，二路游击师编入红二十八军，为二四四团三营的七连、八连，师长徐德先任二四四团副团长。

（三）三路游击师

师长高克文，辖两个连和一个手枪队，约一百七八十人，活动于洪家大山、龙门冲、诸佛庵、抱儿岭、燕子河一带。1934年11月初，奉中共皖西北道委书记高敬亭之命，随红八十二师到霍山、舒城、潜山地区开展游击活动，归红八十二师师长周世觉指挥。部队在潜山县攻克了衙前镇，歼灭潜山县一个保安中队，并与中共地下党潜山县委书记刘正北接上了关系，尔后在天堂畈打土豪、杀劣绅，开仓分粮，广泛发动群众。接着又挺进舒城县，攻克晓天镇，获得大批银元、钞票、布匹和粮食，并将部分粮食和布匹分给了镇上的穷苦群众，然后挥师回程。

12月3日，部队在霍山县长山冲遭敌包围，红八十二师师长周世觉等150余人在突围中英勇牺牲，突围出来的部分人员由高克文率领，12日到达六安县龙门冲与高敬亭会合。高敬亭将战斗失利归咎于高克文等同志，错误地将高克文等同志处死。部队与红二十五军留下的一个营合编，为红二一八团第一营，并将突围出来的部队编为红二一八团第二营。

（四）道委特务队

队长李世安，指导员漆德和，20余人，活动于赤南苏区的茶铺山、十八盘、吴家店、斑竹园一带。约于1936年春，中共皖西特委书记徐成基找到特务队，对队长、指导员隔离审查。以后与高敬亭会合，指导员漆德和被“肃反”错杀，队长李世安分配到红二十八军手枪团，队员分别编入红二十八军和皖西特委所属地方武装。

（五）商北大队

系赤城县二区的游击大队，大队长姓王，副大队长李占彪，70余人，多时100余人。1935年5月14日，高敬亭率红二十八军来到固始县窑沟，将商北大队一部编入红二十八军。6月初，中共赤城县委书记石裕田率县区机关、政治保卫局和商北大队共200余人离开赤城苏区，部队统编为二路游击师，由商北大队王大队长任师长，石裕田任政委。6月8日，在霍山县黄石河东观音崖与敌九十五旅一八九团遭遇，激战两小时后安全转移。以后在潜山、太湖一带游击，部队沿途共损失二三十人，7月2日在太湖县店前河与红二十八军会合，随即编入红二十八军，石裕田任八十二师政治部主任。

（六）银沙畈战斗营

系赤南县四区武装，又称战斗第五营。1935年初编入一路游击师。

（七）洪家大山战斗营

1934年12月，中共六安县六区区委以原来的洪家大山游击队几十人和长山冲突围归来的伤员70多人组成一个战斗连，丁埠、石塘两乡各组成一个战斗连，重新组建洪家大山战斗营，营长陈家全，政委方藻庭，全营加上七八十名随军转移的群众，共 300 多人。

1934 年年底，战斗营遭敌突然袭击，损失 30 多人。部队决定拉出去打游击，找道委。1935 年 1 月初，在霍山县龙潭冲和敌黄英的“老小八团”遭遇，营长陈家全在战斗中牺牲，政委方藻庭带部队突围至葛家铺休整，由方藻庭任营长兼政委，并派人找道委汇报情况。不久，高敬亭派了王营长和陈副营长来，并指示要很好利用洪家大山一带的有利地形开展游击战争，部队随即返回洪家大山。5 月 30 日，部队在霍山县燕子河附近被敌二十五路军三十二师九十五旅一八九团（欠第二营）包围，部队伤亡惨重，营长、副营长牺牲，政委方藻庭被敌捉去杀害。区委委员曾广前带领 20 人突围出来，继续以洪家大山战斗营的番号坚持斗争，曾除掉保长“曾哈巴子”、立煌县第三队队长汪一盏、牛食畈民团大队长田立法等，一直坚持到 1936 年 6 月编入红二十八军。

（八）龙门冲战斗连

1934 年 12 月，由中共六安县三区区委将游击队和长山冲突围归来的伤病员编成。1935 年秋，在敌人反复“清剿”下，战斗连大部转移到外线，留下几个人进行隐蔽斗争，一直坚持到国共合作。

（九）皖潜游击大队（皖潜独立营）

1935 年春，高敬亭在潜山县沙村河放下一个便衣队，共三人，负责人张作汉。他们在潜山县委的领导下，以沙村河为基地秘密进行宣传和组织发动工作，2 月中旬成立皖潜游击大队，大队长张作汉，指导员刘正北，全队 80 余人，多数是 1930 年参加过清水寨暴动的工农革命群众，有枪 50 支。4 月，游击大队发展到 180 多人。5 月，在柳家畈与四路游击师会合，改编为皖潜独立营，政委刘正北。6 月，攻打王家牌楼自卫队，接着又攻打五庙巡查队，并和一、四路游击师攻打腾云庙。7 月，皖潜独立营与四路游击师合并，改为英霍潜太四县游击师（仍称四路游击师）。

（十）二四六团

1935 年 2 月 16 日，由高敬亭抽二四四团一个连，手枪团两个班和部分年小的战士组成，中共皖西特委书记徐成基兼政委，全团 200 余人。3 月初，抽出部分人员在潜山、太湖边界地区成立了四路游击师。以后又陆续派出人员在各地建立便衣队。5 月 7 日，高敬亭抽二四六团一个连补入红二十八军。不久，中共皖西北特委送来 100 多名青年参军，编入二四六团。7 月 2 日，高敬亭又将二四六团的两个连和手枪队的两个班补入红二十八军，只剩 20 来人跟随徐成基行动。

（十一）四路游击师（英霍潜太四县游击师）

1935 年 3 月初，由二四六团抽出部分人员，加上部分痊愈的伤病员组成，师长杨正操，政委胡学美。四路游击师成立后，在中共皖西特委领导下，与二四六团分别在舒城、霍山、潜山、太湖边界山区发动与组织群众，广泛开展游击战争，打击民团和反动势力，筹粮筹款，安置伤员，建立党的组织，开辟新区工作，并把党的工作扩展到蕲春、黄梅、广济、宿松等县山区。

5 月 23 日，四路游击师在霍山县道士坪与敌九十六旅一九一团一部遭遇，顽强抗击敌人进攻后趁夜幕转移，27 日在潜山县上河南与一路游击师会合。6 月上旬一、四路游击师合攻腾云庙。7 月 2 日，高敬亭将一路游击师的伤病员和女同志交四路游击师安置，后与皖潜独立营合并，改称英霍潜太四县游击师。师长姓方，方牺牲后由傅以民接任，政委刘正北，辖三个连和一个手枪队。不久，大部编入红二十八军，只留一个连和一个手枪队继续在四县活动。1936 年 1 月 21 日，活捉敌挨户团团总刘干夫、文书刘秀夫。3 月，毙伤庙湾碉堡里的联保队十余人，严惩了两个叛徒。同时还组织贫苦农民与土豪劣绅作斗争。

此后，四路游击师陆续补入红二十八军，先是挑选了 40 多人编入红二十八军，后来高敬亭又令傅以民带着五六十人编入红二十八军，留一个手枪班随刘正北巡视便衣队。以后，刘正北被“肃反”错杀，手枪班编入蕲黄广游击大队。

（十二）罗汉尖游击队（六路游击师）

1935 年上半年，红二十八军一位宣传科长到黄梅县塔儿畈一带做群众工作。同年 8 月，便衣队长汪少川和一位姓朱的同志来宿松县柳坪街发动群众，建立了乡苏维埃。当地有一支 30 余人的便衣队，负责人是朱国璋和吴应典。1935 年 11 月，红二十八军路过罗汉尖，留下三连连长李发之和 30 余名伤员在当地养伤。在李连长的指导下，朱国璋的游击队发展到 70 余人，20 多支枪，但缺乏有文化、懂军事的人来领导，经汪少川等同志研究，请朱超云（朱育琪）上山领导（后经中共皖西特委书记徐成基同意）。此后，游击队进一步发展到 200 多人，对外称抗日救国军，司令朱超云，副司令朱国璋，书记陈启元。1936 年 3 月，高敬亭曾给抗日救国军全体人员讲话，予以鼓励，并送给十支步枪和一支手枪。

1936 年 3 月下旬，敌一〇三师一部和保安团分三路围攻罗汉尖，连长李发之带 30 余名伤员向黄梅县转移，朱超云带抗日救国军撤至蕲春县江家冲。此后，抗日救国军改称六路游击师，师长朱超云。6 月以后，六路游击师在麻城县境内编入红二十八军。

（十三）商南大队

由中共商南县委于 1935 年秋组建，大队长余绪龙，政委姓殷，全队七八十人，多时达 100 余人，活动在金岗台、熊家河、槐树坪、葛藤山、野人冲等地，以后又分出几个便衣队。12 月，在金岗台南十里歼灭高冲民团，击毙民团头子“余剥皮”，在熊家河活捉民团30余名，并将敌队长“黄胖子”处决。

商南大队一直坚持到国共合作，开赴黄安县七里坪集中整编。

（十四）蕲州游击队（潜山战斗营）

1936年春，皖西特委书记徐成基派余佩洲（原二十八军手枪团分队长，战斗中脚扭伤，在地方休养）等同志到蕲春一带组织游击队，队长余佩洲，指导员姓周。蕲春一带过去红四方面军在此战斗过，伤病员和掉队的人不少，他们纷纷前来参加蕲州游击队，很快发展到100多人。为避开敌人的“清剿”，蕲州游击队到岳西县鹞落坪一带活动，不久与高敬亭带的部队会合，游击队一部编入红二十八军，其余的由余佩洲带领去找徐成基，继续在英山、霍山、潜山、太湖一带游击。

1936年5月，以蕲州游击队为基础组建潜山战斗营，营长易元鳌、政委熊桐柏，辖一个连和一个手枪队，共130余人。连长余佩洲，指导员周奇云，手枪队长姓阮。9月，潜山游击队二三十人也编入战斗营。

潜山战斗营同敌人进行过多次战斗，1936年5月在潜山县万山地区消灭敌十一路军30余人；8月在太湖县铁炉沟消灭地方反动的“野猪队”100余人；年底在舒城县小街将民团21人全部俘虏，缴获18支步枪和两支驳壳枪。12月下旬，又配合红二四四团一营和手枪团两个分队在太湖、潜山一带活动，攻克了数个据点。

1937年春夏，红二十八军派特务营副营长陈克明去皖西，将潜山战斗营带至鄂东。7月5日，潜山战斗营在黄冈县戴家湾附近与红八十二师特务营和手枪团一分队会合，随即改编为特务营第三连。

（十五）潜山游击队

1936年春由皖西特委书记徐成基决定成立，队长李振荣，副队长吴农新，共二三十人，同年9月编入潜山战斗营。

（十六）英罗游击队

1936年冬，在英山、罗田交界处由红二十八军部分伤员和当地参军的青年组成，队长朱耀晃，指导员邓少东，全队100余人，后来编入红二十八军。

（十七）潜太游击队

1937年4月由皖鄂特委组建，共60余人，队长余启龙，指导员周奇云，随特委行动。同年8月由高敬亭、何耀榜带领到黄安县七里坪集中整编。

（十八）潜北游击大队，

1934年冬，由中共潜山工委在原有游击队的基础上组建，队长刘学成，指导员吴汉清，共五六十人，主要搞反霸分粮斗争。1935年3月编入六路游击师（即红八十二师二四四团三营）

（十九）蕲（州）黄（冈）广（济）独立营

系中共皖西特委书记徐成基于1936年春在蕲春县仙人冲组建，营长周德兴，政委朱友方，副营长姓陈，辖两个连。后由红八十二师二四五团团长梁从学将这个营编走。不久，徐成基被"肃反"所迫，只身离队后，不幸遭敌杀害。

（二十）蕲黄广游击队

1936年初，在黄梅县的老祖寺，以痊愈的伤员为骨干组建，共20余人，指导员谭成谷，后来，四路游击师随刘正北行动的一手枪班编入蕲黄广游击大队。最后发展到一百二三十人，不久编入红二十八军。

（二十一）太湖县殷冲红军小分队

1935 年 3 月由地下党成立的，分队长殷祖佑。4 月底，小分队发展到 50 人。9 月，红二十八军在潜山、太湖边界活动，小分队曾配合主力红军作战，并选拔了一批精干的队员参加红二十八军。1936 年元月，在敌人的一次“围剿”中被打散。

皖西北地区和皖鄂边区的地方武装，对于坚持老区，开辟新的游击根据地，粉碎敌人的“清剿”，起了重要作用。不但牵制了敌人大量兵力，而且先后有 1500 余人编入红二十八军，对于鄂豫皖边区坚持三年游击战争，直至取得最后胜利，作出了重大的贡献。

四

在皖西北和皖鄂边区，共有 29 个便衣队。

（一）以岳西县为中心，有 12 个便衣队。除团山便衣队外，都是在 1935 年 2 月至 1936 年春，由红二十八军和皖西特委相继派出的。分布在舒城、霍山、潜山、太湖、英山、罗田、宿松等县的广大地区。

1. 团山便衣队

组建于 1934 年 5 月，活动在团山、燕子河、白莲涧、董家河一带。队长夏云龙（夏云），指导员汪少川。以后队长、指导员陆续调出。

2. 便衣一分队

队长陈彩林，指导员宋献刚（宋清云），副队长姓查，共十六七人。活动范围以岳西县大岗岭为中心，西至凉亭坳、陶家河，东到宝带河、石门山，南到南山，北到鹞落坪以南地区。1936 年 9 月以后，皖鄂特委也设在大岗岭。

这里安置红军伤员较多，于1936年因陋就简地办了一所“山林医院”，有一间大棚、十多间小棚和一些零星床铺，有两名医生。采办药物由陈队长和当地居民胡汉美、沈家才负责。便衣队在此经历了长期的艰苦斗争，作出了很大贡献，一直坚持到黄安县七里坪集中。

3. 便衣二分队

队长王子清，后任队长路德胜，副队长徐海珊，共十余人。活动范围以岳西县鹞落坪为中心，北到包家河、烧箕窝，西到桃花冲，东到青天畈一带。发展了一个小便衣队，队长朱南容，队员六七人。

鹞落坪一带安置伤员较多，山林中最多时有12个棚子，伤员七八十人，先后由范秀楼（范明）、林志云、方立明负责。鹞落坪有一个修械所，孙家湾还有一个仓库。在包家河、青天畈、沈家桥等地还设有红军地下商店，红军出钱群众办，经营红军需要的油、盐、布匹、电池、药品等。包家河“万大兴号”负责人徐诚证曾打入敌人内部，购买到子弹等军用物资，后被敌人杀害。

4. 便衣三分队

队长姓张，指导员刘定五，队员后来发展到30多人。活动范围主要在霍山县白马尖东南马家河那条川里，东到黄尾河。这个队在夺取敌人武器、破敌“移民并村”等方面，作出了成绩。

5. 便衣四分队

队长陈明江，共20多人。活动范围以岳西县松毛尖山下的羊心包为中心，西、北到石关（马家畈）、主薄、白果、沈家桥一带，东到彭家河、罗家河、王家大屋一带，南有时到汤池畈。

6. 便衣五分队

队长姓胡，后任队长姓高，共十余人。活动范围以岳西县小河南为中心，南到前河、田头畈，北到茅山、五河，东到菖莆，西到店前河以东地区。这一地区的山林、住户也安置了很多伤员，小河南有个小医院，彩号二三十名，由女护士段志强等负责。1937 年 5 月敌人进行新的“清剿”时，便衣队转移到外地，没有受到损失。

7. 便衣六分队

队长黄荣清，指导员余海清，共 20 余人。活动范围以潜山县沙村河、湖名为中心，北到黄花冲、羊河、马园一带，西到寨家河、阳冲，南到五河，东到沙村。这个队还分别在沙村、东园、黄花冲、五河、马园、寨家河等地发展了七个小便衣队，队长有叶汉清、刘方南、朱作善、余金保、吴老小等。

六分队与五分队联系密切，伤员多时互相帮助安置。

8. 便衣七分队

队长戴普能，指导员曹俊梧，副队长姓江，共十余人。活动范围以黄梅县塔儿畈、宿松县陈汉沟为中心，南到二郎河，西到柳坪街、罗汉尖一带。曹俊梧等同志帮助当地地下党恢复组织，成立了宿黄边区工委，还在柳坪街成立了一个小便衣队，队长吴应典，队员有四五人。

9. 便衣八分队

指导员夏云龙（夏云），共十余人。活动范围主要在潜山县万山、水吼岭一带，西到菖莆山。

10. 便衣九分队

由便衣六分队派人组建，队长储道政。活动在以岳西县妙道山为中心的地区。这个队存在时间不长。

11. 薄刀峰便衣队

1935 年 9 月由红二十八军政委高敬亭派出，约十三四人。活动在罗田县僧塔寺以西的薄刀峰一带。

12. 肖家坳便衣队

1936 年春由红二十八军派出，队长姓郑，指导员姓余，后来牺牲了。1936 年冬，队长姓王，副队长储云，全队共 11 人。

（二）以蕲春县将军山、桐山冲为中心，有十个便衣队，主要由红二十八军先后派出，分布在蕲春、英山、太湖、宿松、黄梅、广济等县的广大地区。1936 年 9 月以后，属中共蕲春（桐山冲）中心区委领导。

1. 老祖寺便衣队

1936 年初由红二十八军八十二师政委方永乐派出，队长先后为张习良、鲁教瑞、陈国清，指导员姓秦，多时十余人，少时四五人。活动在以黄梅县老祖寺为中心的宿松、太湖、黄梅边界地区。

2. 冶溪河便衣队

由红二十八军派出，队长蔡炳臣，指导员郑位发，副队长王兴祥，共八九人。蔡炳臣等同志在蕲春县将军山、桐山冲一带发展党员，成立了中共蕲春（桐山冲）中心区委。

3. 桐山冲便衣队

1935 年秋由红二十八军派出，队长姓王，外号叫“山东老教练”，指导员吕英，共五人。1936 年秋，队长孙宝元，指导员鲁教瑞，后来发展到十二三人。活动在以蕲春县桐山冲为中心的蕲春、太湖边界地区。

4. 仙人台便衣队

1935 年秋由红二十八军派出，队长先后为段志良、吴世英，指导员漆先来，副队长丁国全，文书熊光勋（熊挺），十人左右，后来发展到 22 人。活动在以英山县瓦寺前为中心的英山、蕲春边界地区。这个队还发展了两个小便衣队。

5. 三角山便衣队

1936 年底由中共蕲春（桐山冲）中心区委派出五六人组成，队长詹绪辉。活动在以蕲春、浠水的边界地区。这个队有时与仙人台便衣队一起活动。

6. 郑家山便衣队

1935 年底由红二十八军派出，队长姓戴，后为韩茂林，共六七人。活动在蕲春、黄梅边界地区。

7. 鸡鸣河便衣队

1936 年由林细水负责。林细水被敌杀害后，这个队就不存在了。

8. 王裕冲便衣队

1936 年 3 月由高敬亭派出，队长赵瑞东，指导员姓陈，共六七人。活动在以蕲春县王裕冲为中心的蕲春、太湖边界地区。

9. 八里湖便衣队

1936 年秋由高敬亭在蕲春县派出，共六人。

10. 田家坳便衣队

1937 年初由高敬亭派出，共五六人，主要任务是搞子弹。活动在黄梅县东北的小望江一带。

（三）在原赤城、赤南苏区有七个便衣队，属中共商南县委领导。

1. 熊家河便衣队

队长杜立保，指导员姓刘。活动于熊家河、长岗岭、金家院子一带。

2. 伏山便衣队

队长姓冯，后为沈晋堂。活动于金岗台以南的伏山地区。

3. 苏仙石便衣队

队长王小沛。活动于金岗台北侧苏仙石地区。

4. 木子店便衣队

队长王德安。活动于麻城县木子店以北山区。

5. 麦园便衣队

队长姓肖，指导员戴文彬。活动于胭脂、麦园、斑竹园、关王庙、西河桥一带。

6. 龟峰山便衣队

指导员邱玉生（后离队），活动于麻城县龟峰山一带。

7. 黄柏山便衣队

1936 年 10 月由红二十八军二四四团一营派出，队长戴新华，指导员姓张，共十人左右。活动于商城、立煌、麻城三县交界的黄柏山、白沙河一带。

1937 年 7 月下旬，红二十八军与国民党豫鄂皖边区督办公署进行了停战和平谈判，并达成了协议。8 月，中共皖鄂特委书记何耀榜率潜太游击队到黄安七里坪。9 月，中共皖鄂特委机关和所属便衣队 200 余人，在岳西县土门胡家祠堂集结，10 月初开赴黄安县七里坪集中。中共商南县委及其所属的商南大队和七个便衣队，共 100 余人，除熊家河便衣队留在原地坚持斗争外，其余的也都到黄安县七里坪集中。以后随同红二十八军和中共鄂东北道委及其所属党组织、地方武装、便衣队一起，改编为新四军四支队。

选自《南方三年游击战争·鄂豫皖边游击区》，第198—214页。

陈祥，1915 年生，安徽金寨人。1930 年参加革命，1932 年参加中国工农红军，1937 年加入中国共产党。南方三年游击战争时，任红二十八军第八十二师通信班班长。新中国成立后，曾任珠江军分区副政治委员，粤中军区副政治委员，中南军区装甲兵副政治委员，第二十四军副政治委员兼政治部主任，北京军区政治部副主任、副政治委员，军委工程兵副政治委员等职。1961 年被授予少将军衔。1997 年在北京逝世。

中共皖西特委的斗争始末

朱国栋

1935 年 2 月，红二十八军在霍山的太阳山及潜山的王庄同国民党第二十五路军打了两仗，并在王庄活捉安徽省财政厅长、前代理省长余谊密后，部队踏着齐小腿深的积雪，于 7 日下午转移到皖西驼岭。军政委高敬亭确认驼岭山区的地势和群众基础都很好，决定在这里建立中共皖西特委，开辟新的游击根据地，组织和领导群众开展敌后斗争。同时成立二四六团，委任徐成基为特委书记兼二四六团政治委员。

中共皖西特委的成立，对发展地方党的组织，领导武装斗争，开辟游击根据地，以及支援红军主力部队，都具有重大的意义。它为鄂豫皖边区三年游击战争做出了卓越的贡献，给皖西革命斗争历史增添了光辉的一页。

一

驼岭位于皖西舒城、潜山两县接壤的大别山东部，是一座骆驼形状的奇丽山峰，东南西北连接着十余座气势雄伟、沟壑纵横的高山。在这奇丽的山乡，我们党早就播下了革命火种。在六霍起义的影响下，广大人民曾举行过武装暴动，建立起苏维埃政权。后来遭到国民党反动派的多次“围剿”，革命暂时遭到了挫折。但是劳动人民对党对红军始终怀着深厚的感情，迫切要求推翻反动统治，渴望重新获得自由。

皖西特委一成立，就把根深扎在群众土壤之中，利用这一带有利地形，依靠群众、发动群众开创敌后游击战争的新局面。

特委成立的当天晚上，红二十八军就离开驼岭，继续向西南行进。留下的特委和二四六团，置身于冰天雪地的茫茫山林，面临艰难险恶的环境，迎接着新的考验。特委书记徐成基富有政治、军事素养，他带领队伍摸索着山间小道，转移到驼岭西南山坡下的村庄，开始筹划特委工作。并抽出十多个同志组成便衣工作队，深入山区发动群众，设法把伤员安置到贫苦农民家里休养治疗；又派二四六团转到外围游击，打击地方反动势力，筹粮筹款。徐成基带领手枪队到马家河，与红二十八军放下的便衣队接上关系，继而向南到了小河南地区，与潜山县中共地下县委取得了联系，并领导他们开展工作。

在特委的领导下，皖西地区的武装力量迅速获得了发展。在此期间，二四六团在马家畈打垮了李维甫民团，又端了他的老巢，缴获了40多支枪和其他武器。李维甫是当地一霸，平日骄横跋扈，群众受尽欺凌。摧毁了李维甫民团后，群众革命热情更加高涨。特委因势利导建立了根据地，成立了战斗营，部队也扩大了两个连。同时还派人配合潜山县委成立了300多人的四路游击师，由付以民任师长，潜山县委书记刘正北任师政委。这个游击师于1936年5月又缩编为潜山县战斗营，在皖西地区和邻近的蕲春等地开展游击战争，打击国民党的民团、“铲共队”等地方反动武装，牵制敌人部分正规军，保护了特委和便衣队。1935年12月初，太湖县境冶溪河地区的便衣队13名同志，被当地反动派和地方反动势力猖狂地围困“搜剿”，处于危难之时，四路游击师赶到那里，打击了敌人，把便衣队接应出来。特委领导的这支地方武装很活跃，接连取得不少战斗的胜利。例如：1936年5月，在潜山县境的万山，歼灭敌十一路军30余人；同年8月在太湖县境铁炉沟歼灭土顽“野猪队”100余人；1937年1月，在蕲春县境将军地区，歼灭敌安徽省保安八团一个营。这些斗争的胜利，为特委工作创造了良好条件。

二

特委开展工作的基本力量是便衣队。特委陆续发展的八支便衣队，配合主力红军，开展敌后斗争，遍及舒城、霍山、岳西、潜山、太湖、蕲春、宿松等几个县的广大山区。在大岗岭、凉亭坳、陶家河、宝带河一带建立了第一分队，由陈彩林任队长，宋清云任指导员；在鹞落坪、包家河、烧箕窝、桃花冲、青天畈一带建立了第二分队，由王子清任队长，徐海珊任副队长；在大化坪、马家河、白马尖、黄尾河地区建立了第三分队；在罗河、汪家大屋、汤池畈、石关、主薄、白果、沈家桥一带建立了第四分队，由陈明江任队长；在小河南、田头畈、五河、菖蒲、店前河一带建立了第五分队；在沙河村、黄花冲、羊河、马院、寨家河、阳冲一带建立了第六分队，由黄荣清任队长；在黄尾河、磨子潭一带建立了第七分队；在万山、水吼岭地区建立了第八分队，由夏云龙任指导员。此外，在太湖冶溪河、张家塝和宿松的罗汉尖及浠水县的三角山等地区都分别建立了便衣队。

每支便衣队都有十几至二十几个人，绝大多数是红二十八军指战员和原在苏区做过地方工作的干部，也有少数是在当地参加工作的党员。便衣队都建立了党支部，属特委领导。便衣队的工作做得很活跃，很有成绩，他们把宣传、发动、组织群众的工作放在首位，在敌人白色恐怖下，他们逐个村庄做工作，扎根在贫苦农民中，团结广大劳动人民，动员群众拥护共产党和红军，掩护便衣队，帮助便衣队开展工作。便衣队陆续在觉悟高的基本群众中发展党员，成立党支部。潜山、宿松等地方党组织恢复较快，而且有很大的发展，游击根据地不断得到发展和巩固。

1935 年初至 1937 年 2 月，特委领导下的皖西地区和与皖西交界的鄂东地区的几个县，革命形势非常好，特别是以大岗岭、鹞落坪为中心，纵横二三百里的几个便衣队和地方党的工作都连成了一片，广大劳动人民以及中、上阶层的进步人士，都发动组织起来了，掩护与支持特委和便衣队的斗争，支援红二十八军作战及送情报、抬担架、安置伤病员，妇女做鞋、缝衣服慰劳红军，那情景就像老苏区一样。一段时间，便衣队和地方党可以半公开活动，伤病员、红军指战员可以着军装公开单独行动。

在大岗岭、鹞落坪、小河南、将军山等地山林里，都设立了红军野战医院，如鹞落坪一座山林医院最多时曾安置了七八十个伤病员。还设有山林小型修械厂，可以修理一般枪支。后来在鹞落坪山里还建立了一个帐篷被服加工厂，专为红二十八军制做军服。缝纫机和布匹大都是打土豪缴获来的，也有便衣队通过关系从城市买来的。特委还不断为部队提供了大量胶底布面力士鞋和雨伞，手电筒、西药等军需物资。所有这些，有力地支持了红二十八军开展游击战争。

在特委的领导下，各支便衣队在分化争取敌人营垒的工作方面，卓有成效。他们对最反动的土豪劣绅、保长、联保主任和民团坚决予以消灭；对那些比较开明的地主、富农、保甲长、联保主任和民团，尽力争取为我们工作或者秘密地支持和帮助我们工作。这些人争取过来后，表面上仍然应付国民党，暗地里帮助共产党，经常掩护特委和便衣队，特别是为掩护红军伤病员创造了较好的条件。伤病员住在这些人的家里或碉堡里休息，既安全又能得到较好的照顾。1935 年 12 月，我在张家塝便衣队时，就经常住在一家姓余的地主兼保长的家里。1936 年 4 月，红二十八军通过舒城县境的沈家桥敌人封锁线的一座碉堡时，被我争取过来的民团队长，因受舒城县派来的一个反动分子监视，只好向空中开枪，敷衍一下，让我军顺利通过。

三

1935年5月，特委书记徐成基同皖西北白区党——中共皖西北特委取得联系。互相配合、支援，开展了一个时期的工作。徐成基几次带手枪队化装到合肥附近会见孙仲德，配合皖西北独立游击师打击地方反动势力；孙仲德也两次到舒城山区与徐成基商讨工作，还先后带来了四个连的兵员进行整训和协同作战。后来从这批兵员中调拨了一个连补充红二十八军，其余三个连仍回皖西北地区，在孙仲德领导下战斗。孙仲德要求皖西特委派一名副大队长去帮助他传授军事知识和训练部队，徐成基向高敬亭汇报后，从红八十二师抽调了一名副营长去任副师长，这位副师长后来牺牲了。

1935年5月14日，徐成基通过皖西北特委与党中央作过一次联系，就有关皖西特委和部队的情况向党中央写了一份工作报告。高敬亭于1935年7月16日写给中央的关于鄂豫皖敌我斗争形势和红二十八军战况的一份报告，也是请皖西北特委转送中央的。后来，因斗争形势起了变化，皖西特委与皖西北特委的联系也就中断了。

为了联合各方面的革命力量，粉碎国民党反动派的“清剿”，1935年夏季，特委在宿松县境的罗汉尖，争取和帮助一位反蒋爱国人士朱育琪，建立一支接受共产党领导和指挥的游击大队。这支队伍半年之内就由30几人发展到300余人，对外号称“大中华抗日救国军”，由朱超云任司令，朱育琪任副司令，陈启元被派去任党的书记。开始时，他们在罗汉尖屯集粮草，修筑工事，虎瞰长江，阻挡蒋军的进犯。1936年2月间，敌二十五路军一部和保安团以及当地猎户队分三路围攻罗汉尖，妄图消灭这支队伍。“救国军”勇战敌顽，但终因寡不敌众，处境十分危急，朱育琪带领队伍撤出罗汉尖，下山打游击。他烧毁山林的古庙和囤积的粮食，才带着队伍突围出来，后来撤退到蕲春县境江家村，改称为六路游击师。这支队伍作战很勇敢，不久在一次与敌二十五路军遭遇战斗中受到了损失。

徐成基同志在主持皖西特委工作中，充分发挥了他的聪明才智，表现出了极大的革命热情和高度的责任感，使特委的工作取得了很大的成绩。1936 年 3 月，他到湖北麻城县三河口向高敬亭汇报请示工作，由于当时“左”倾错误路线的影响，错误地把徐成基作为“肃反”对象，撤除了他的警卫员，缴了他随身带的枪，责令他检查交代问题，成基同志受到了极大的冤屈，但并没有动摇革命的信念，他手无寸铁，仍然坚持与敌人斗争，只身在英山县打死一联保主任和一反动分子，不幸在英山县附近被敌人杀害。徐成基同志是我们的好书记、好政委，他的牺牲使皖西地区的党政军民无不感到悲痛和深深地怀念。

徐成基同志牺牲后，特委工作中断了一段时间。1936 年 9 月由何耀榜同志继任特委书记，后改名为皖鄂边区特委。这时，斗争更加残酷了，特委的工作也进入了更加艰难的阶段。

选自《南方三年游击战争·鄂豫皖边游击区》，第215—219页。

便衣武装星罗棋布显神威

汪少川

在三年游击战争极端艰苦恶劣的环境中，为了有效地保存自己，适应对敌斗争需要，边区党组织把发展武装便衣工作队（以下简称便衣队）提高到战略地位，使之像雨后春笋一般生长起来。便衣队紧紧依靠具有光荣革命传统的鄂豫皖边区的人民群众，依托大别山的有利地形，紧密协同红二十八军主力和独立团、游击师、战斗营等地方武装，采取正确的方针政策和斗争策略，同敌人进行了长达三年之久的艰苦卓绝的斗争，粉碎了敌人的残酷“清剿”，基本上恢复了老区，开辟了更大的新的游击根据地和游击区，创造了丰富的斗争经验，锻炼出一大批忠诚坚定、英勇顽强、灵活机智、并善于巧妙运用公开斗争与秘密斗争、军事斗争与政治斗争相结合的斗争策略的骨干队伍，为革命作出了重大贡献。

一、便衣队星罗棋布，形成夹攻敌人的奇观

早在 1933 年秋，鄂豫皖边区便开始陆续地出现了便衣队的组织形式。李世焱、徐海珊、钱荣华等同志奉命插入敌占区，以虎塔山、杨台山为依托，联系群众，镇压反动派，是较早的便衣队之一。中共鄂豫皖

省委对此十分重视，认为便衣队是“极为适宜的一种游击武装的方式”，“要建立白旗下的群众工作与秘密组织工作，首先最有效的还是发展便衣队的组织”。1933 年 11 月 10 日，省委关于今后的斗争方针问题向中央所作的报告中明确提出：“现在最有发展希望及最重要的运动就是便衣队的运动。”

省委责成鄂东北道委在经扶县卡房举办便衣队训练班。1934 年春，道委派出三个便衣队，配合红二十五军开辟罗陂孝边区，取得了成功，在大小鸡笼山一带坚持下来了，成为罗陂孝特委所在地和鄂东北的新苏区。

1934 年 5 月，红二十五军政委吴焕先、军长徐海东根据省委决定，从部队派出以夏云龙（现名夏云）为队长，汪少川为指导员的一个 12 人的便衣队，在霍山县的团山、燕子河、白莲洞、董家河一带发动群众，发展党员，建立了一小块新苏区，组成了中共霍山县六区区委。在掩护伤病员、牵制打击敌人、收集情报、创造开辟新区经验等方面作出了成绩。后来便衣队发展到近 30 人，一直坚持到 1937 年 4 月以后。这是皖西北地区的第一个便衣队，具有试点的作用。

红二十五军战略转移后，中共鄂豫皖省委常委高敬亭统一领导边区党政军工作，继续坚持斗争。在斗争实践中认识到：便衣队是对敌斗争的一支坚强的重要力量，能完成主力部队不能完成的某些任务，已成为坚持老区、开辟新区的重要力量，是党和红军联系群众的桥梁，主力红军的得力助手，插向敌人心腹的利刃。组织便衣队是边区党组织和红二十八军坚持三年游击战争的一大创举，是粉碎敌人残酷“清剿”的重要法宝，在战略和策略上都取得了很大的成功。有计划、有目的地大批派出便衣队，首先从皖西开始。为了掩护伤病员和创造游击区、开展游击战争，壮大革命力量，1935 年 2 月，高敬亭决定成立皖西特委和二四六团，任命徐成基为皖西特委书记兼二四六团政委，统一领导皖西地区的便衣队和地方武装，谋求在舒城、霍山、潜山、太湖、英山、宿松县边界建立新的游击根据地。从 1935 年 2 月到 1936 年春，红二十八军和皖西特委先后派出 11 个便衣队，分布在以潜山县的鹞落坪、大岗岭为中心的马家河、羊心包、小河南、沙村河、妙道山、陈汉沟、万山、白塔寺、肖家动等几县交界地。每个便衣队数人至十余人，都是经过挑选的斗争坚决、具有独立工作能力、会打仗、会做群众工作、能够掌握政策的优秀指战员和优秀的地方干部、党员。他们开展工作的主要方法是：依靠地下党和革命群众，从单庄独户开始，立稳足后，再用亲连亲、邻连邻，由点到面开展工作，由山区到平原，由一点到多点，点面开花连成一片，由一个队到几个队，由秘密活动（组织秘密的农民小组、妇女小组、青年小组、发展地下党员）到建立隐蔽的游击根据地，逐步到公开建立小便衣队和游击队，成立党的领导机关，掌握基层政权，开设“山林医院”、被服厂、修械所，建设比较巩固的后方基地。在对敌斗争战略战术上，坚持歼灭反动民团、地主恶霸反动武装，摧毁敌人社会基础。有时一个便衣队力量不能奏效，就集中几个便衣队实施之；有时配合游击师、战斗营，选择对我危害最大的反动民团彻底歼灭之，或使其龟缩在据点中不敢轻举妄动，不敢死心塌地的与我为敌。对付敌人主力“清剿”时，采取“打圈子”战术，或插到敌人后方，或昼伏夜击，伺机歼灭敌人。同时大量争取可以争取并能为我所用的联保主任、保长、甲长、地主、资本家和民团，建立同情区，造成“两面政权”。不久，便衣队发展到皖鄂边界的英山、黄梅、蕲春、广济等县的山区甚至敌后平原。在舒城、霍山、潜山、太湖、英山、罗田、宿松等县边界，开辟了若干块新的游击根据地，组建了好几支游击队、战斗营。他们有的依托丛山峻岭在内线坚持，有的分布于“赤”、“白”之间，牵制敌人，掩护支援老区，有的隐蔽在敌人的重要据点附近，做敌军工作，搜集情报，收买枪支子弹，有的被派遣到敌占区发动组织群众，恢复和建立党组织，开辟新的游击根据地。

在鄂东北，老苏区、新苏区，光麻苏区、红安苏区普遍组织便衣队，是在 1935 年三四月份。基本上每个区都有，一般由区苏维埃主席或伤愈的红军干部任便衣队长，区委书记任指导员。有些区有好几个便衣队。1936 年 3 月中旬，方永乐率部队到黄冈大崎区地区，与黄冈地下党负责人漆先廷取得联系后，从部队中抽出九名同志组成便衣队，留在黄冈地区活动。5 月 28 日，高敬亭率部队到达大崎山，为加强这一地区的工作，又从部队中抽调十名骨干，组成黄冈便衣队（原来的便衣队部分同志调回部队），任命汪少川为队长，张建月为指导员。便衣队全部配备短枪，军政委当面给便衣队规定了任务，要求便衣队与地下党紧密合作，把黄冈建设成为红色地区。黄冈便衣队和地下党组织没有辜负党和人民的期望，经过 20 个月的艰苦奋斗，创建了以大崎山、杜皮嘴为中心，东到浠水，北抵麻城，南达长江，方圆 200 里的游击根据地，成立了中共黄冈中心县委。在人力、财力、物力上给予主力红军以很大的支持，成为红二十八军在鄂豫皖边区坚持游击战争的重要后方之一。由于便衣队的组织形式符合当时客观斗争形势的需要，由于红二十八军和地方各级党委极端重视、全力发展，到 1937 年春，鄂豫皖边区的便衣队已形成为燎原之烈火。据不完全统计，鄂豫皖边区共有 111 个便衣队、600 余人，分布在鄂豫皖边 20 多个县境，活动范围东迄霍山、潜山，西跨平汉铁路至应山，南抵蕲春、黄梅、广济和黄北达信阳、固始。便衣队星罗棋布，牢牢地在广大群众中扎下了根，它既是主力红军斗争的前哨，又是主力红军的后方。各便衣队都以自己的游击根据地为内线，而以其他便衣队的游击根据地为外线，形成很多夹攻敌人的战线，配合主力红军和地方部队展开了轰轰烈烈的人民游击战争。

二、党政军三位一体，承担了历史重任

在红二十八军处在频繁作战、不断流动、无固定后方、供应濒于

断绝的情况下，不断成长壮大的党政军三位一体的便衣队承担了历史重任。

便衣队的党支部一般都履行相当于区委、工委甚至于县委或中心县委的职责，实施党的集中统一领导，形成了团结的核心并担负起发展党员、建立党组织的任务，它又是苏维埃政权的代表和化身，“代表执行苏维埃的政纲法令”，运用正确的政策和斗争策略分化敌人营垒，建立“两面政权”，使敌人的统治地区变成我所控制的游击根据地；它更是全副武装的游击小分队，最善于避敌之长，击敌之短，英勇而巧妙地打击敌人。为此，他们作出了惊人的努力，展开了巨大的工作，进行了殊死的斗争，也作出了宝贵的牺牲。

（一）宣传群众，组织群众，武装群众

便衣队在“赤”、“白”之间或插入敌后，或选择省界或几县交界处，地形隐蔽、群众条件好、交通不便的地方立足，开辟游击根据地。便衣队关心群众疾苦，经常帮助缺少劳动力的穷苦人家挑水、耕种收割，以模范的遵纪爱民行动取得群众的信任，被视为知心朋友。便衣从运用唱歌、贴标语、忆苦等方法，揭露恶霸地主剥削农民的罪恶，启发群众的阶级觉悟。队员们演唱的《穷人苦》和《八评歌》，拨动了广大劳苦群众的心弦，激发出共鸣。从成立秘密农民小组入手，把群众组织起来，逐步发展成不脱产的小便衣队，然后再根据条件成立十几人，几十人的游击队。灵山便衣队两年多时间里，在灵山地区建立了一批农民小组、妇女小组、手工业小组、青年小组和五个小便衣队，先后组织过十几支小游击队。游击队员都是土生土长的，对本地的地情、人情、敌情十分熟悉，哪家地主有几支枪，都一清二楚。今天收缴几支，明天收缴几支，很快就武装起来了。他们配合便衣队行动，有时也单独袭击敌人，把敌人搞得晕头转向，便衣队的工作也得心应手。

便衣队经常从敌人那里夺取武器武装群众。霍山县马家河便衣队侦

察到马尾河街上驻扎一个连后，指导员刘定五同志化装成敌军官，带着几名"国军"夜入马尾河街上。见到敌兵酒后闲逛,毫无戒备,刘训斥说："你们连长呢？"敌兵答："连长睡觉了。"刘命令："各排到学校操场集合，营部来人训话。"不一会，敌兵齐集操场，刘宣布："红军大队已包围了你们，白军兄弟赶快放下武器，红军优待俘虏。"这时埋伏在四周的便衣队拉开枪栓，高喊："缴枪不杀！"敌兵乖乖地放下武器。便衣队背着武器，押着俘虏，胜利返回马家河。这个便衣队从主力部队放下时的十余人，以后发展到 30 余人。

便衣队还针对群众担心红军弱小而产生的疑虑，经常宣传主力红军的胜利，讲明斗争形势，坚定其斗争信念。有的便衣队还时常用"红二十八军政宣"名义张贴标语，宣传红军必胜、国民党军必败，使群众受到鼓舞。在开展宣传教育的同时，也想方设法解决群众的一些具体困难。潜山便衣队一次夜袭回龙庙，将保长抓来，筹粮 100 石，便衣队把这批粮食分给当地贫苦农民，解决了断炊之苦。鄂东北道委曾拨给黄安县便衣队银元 3000 元，秘密抚恤最困难的群众和红军家属。

（二）扩大游击区，建立新的游击根据地

红二十八军重建后，一直处于数十倍于己的敌人前堵后追的残酷"围剿"之中，给部队的兵员补充、伤员安置、后勤供应造成了严重困难，几次谋求用主力部队创建新的游击根据地，都没有取得如期的结果。便衣队隐蔽分散、灵活精干，便于联系和发动群众，容易避开敌人的"清剿"搜捕，能在当地立足生根，开辟出一块块小的游击根据地，然后逐步连成一片。1935 年冬，鄂东北独立团领导人陈守信在灵山冲放下一支以徐国顺为队长（继任者是张大耀、丁应厚），黄锦思为指导员的十个人的便衣队，在独立团、游击师、特务营的支持和协同配合下，经过一段艰苦的工作和多次胜利的战斗，在平汉铁路两旁的罗山、信阳、应山三县之间的地区，开辟出一片游击根据地；在人力、财力、

物力上给予主力红军和地方武装很大的支援。

正是由于遍及鄂豫皖边区22个县的100多个便衣队和更多的不脱产小便衣队的英勇战斗和苦心经营，使得红二十八军所到之处大都有小片游击根据地作为依托，进行掩护；使得红二十八军有了坚强的左膀右臂，今天在山区打碉堡，明天又在平原袭击集镇，声东击西，变幻莫测，打得敌人焦头烂额，丧魂落魄。1936年6月28日敌《申报》刊登的所谓“麻城民众请愿剿匪”惊呼：“查高俊亭股匪，全部精锐，不过千余人，在边区各县时集时散”，“现化整为零，部队‘追剿’向前，匪又忽焉在后，以故大军过去，皆目为无匪”，“最近匪以地方绝无抵抗实力，为久踞计，择地建设苏区”，“现在（麻城）县境以内，匪已明目张胆，四乡皆有组织”，“而切邻之黄冈、黄陂、礼山、黄安、商城、立煌等县，闻皆有一部分与麻城相同”。《申报》的这一报道，基本上反映了当时的斗争形势，暴露出敌人的惊恐万状与无可奈何。

（三）恢复和建立党的组织，形成坚强的领导核心

在地下党的协助下，经过便衣队的努力，把被打散的革命力量集聚起来，培养锻炼出一大批先进分子，为党的机体注入了新鲜血液，健全了在各地坚持游击战争的领导核心。1935年底，部分恢复了各个老区党的基层组织。1936年，又在新开辟的游击根据地，建立了党的许多组织。黄冈便衣队和地下党，发展了100多名党员，组织了十几个党支部，建立了四个区委，成立了中心县委，灵山便衣队发展了六个党支部。冶溪河便衣队在将军山、桐山冲地区发展党员，建立了几个党支部，成立了中心区委。以后中心区委统一领导皖鄂边界的十个便衣队，在当地形成了领导核心。党的基层组织的恢复和建立，各个新的游击根据地领导核心的形成，使得广大农村和新区有了党的坚强领导，并通过党员的先锋模范作用建成了一支以党员为骨干，以便衣队、游击队、战斗营为武装力量的保卫游击根据地的根基深厚的群众队伍。

（四）掩护红军伤病员，进行妥善安置和治疗

红二十五军战略转移后，敌人对苏区反复进行“搜剿”，红军医院先后遭到敌军包围袭击，受到严重损失，医疗单位被迫化整为零。一些医务人员分散隐蔽在老区和各游击区与便衣队结合，继续护理治疗。因此，在三年游击战争中，红军的伤病员基本上靠便衣队接收安置、医疗护理，甚至把安置和掩护在当地休养的伤病员作为便衣队的首要任务。主力红军在黄冈县陈家畈战斗的夜晚，便衣队从战场上火速将伤员抢出，到一个村庄刚安置好，碰巧敌军也进村驻扎，当时已来不及再转移了，只得把伤员藏在群众家中的床底下，嘱咐他们不要出声。床上就睡着敌军士兵，便衣队员彻夜未眠，为伤员的安全捏了一把汗，一直等到次日凌晨，敌人开拔了，便衣队立即将伤员转移到安全地带。有一次，灵山便衣队突然听到东北方向传来枪声，判断十有八九是红军同敌人发生了战斗。指导员和队长带着几个人，急忙下山接应，在一条小溪边遇到红二十八军二四四团一营，后面的敌人正在追赶。便衣队立即带一营上灵山隐蔽，但西面新集、北面杜集的敌人已包围上来，情况十分紧急。林维先营长说：“我们在这里目标太大，要赶快转移，你们赶快把余正喜副营长隐蔽起来。他是前天在麻城大界岭负伤的，军政委特别交待要把他安置在安全的地方，让他养好伤。”一营为了掩护便衣队，主动把敌人吸引过去。便衣队迅速把余正喜副营长隐蔽在密林里，后安置在离柳林六华里的杜家冲东山的农民小组成员张老汉家，养了两个多月。该便衣队在三年中共接收 70 多名伤病员，没有一个被敌人发现。

便衣队对伤病员的医疗护理是无微不至的。凡急需的药品，本地没有的，就派人外出采购。为了能迅速恢复健康，尽最大努力增加伤病员的营养。在敌人“清剿”搜山的严重时刻，便衣队员协助医护人员，拂晓前把伤员背上山分散隐蔽，天黑后再把伤员背下来吃东西，进行治疗，有时自己忍饥挨饿，冒着生命危险到伤员隐蔽地送吃喝、搞治疗。

伤员不便在山上隐蔽时，便衣队就把伤员抬到与我有关系的保长、联保主任、地主、富农家，责令其负责照顾，确保安全，从而避开了敌军的反复搜捕。黄冈便衣队为了使伤病员及时得到治疗，还筹办了一所临时医院，伤病员分散在群众家中，医护人员提着篮巡回送药送营养品。在皖西，便衣队一分队所在地岳西县大岗岭，因红军伤员较多，就因陋就简地于 1936 年办了一所红军“山林医院”，有一间大棚十多间小棚和一些零星床铺，两名医生负责治疗。采办药物由便衣队长陈彩林和当地居民胡汉美、沈家才负责，他们经常冒着生命危险，出入敌人占领的市镇采办伤员治疗急需药物和生活用品。便衣二分队在鹞落坪一带也安置了红军不少的伤员，山林中最多的时候有 20 个棚子，伤员七八十人。便衣队五分队所在的山林、住户也安置了很多伤员。在小河南有个小医院，经常有二三十名伤员，由女护士段志强等负责。五分队与以沙村河为活动中心的六分队联系比较密切，伤员多时互相帮助安置。1937 年六七月敌人进行大规模“清剿”时，便衣队灵活巧妙地把伤员迁移到外线分散隐蔽，没有受到损失。在皖鄂边界的将军山、桐山冲、陈汉沟一带的便衣队，也经常安置大批的伤员。在蕲春县的金家沟、仙人冲、白羊沟等地还办了医院。

由于大批伤员得到比较妥善的安置和治疗，痊愈后又一批批地重返主力部队，或成为组建独立团、游击师、战斗营和便衣队的骨干，从而大大地鼓舞了我军的士气，增强了我军的战斗力。

（五）筹款筹粮，提供物资供应

三年游击战争期间，便衣队通过打土豪或规定地主缴纳一定数目的现款等途径筹集经费，向红二十八军提供了大批现款和相当数量的粮食、布匹、鞋子、药品、雨伞、毛巾等物品，有力地支援了主力红军。

1936 年 3 月，罗山便衣队接到罗陂孝特委关于尽快给主力红军筹款筹粮的命令后，在靠近铁铺的一个乡党支部书记帮助下，抓到了国民党罗山县税务局长，筹款1000块大洋。有个农会会员到罗山县城粮行为红军购得200多斤大米，正在往独轮车上放时，两个警察阻拦追问：“你买这么多大米干什么？”“我家有六口人吃饭，去年受旱没收到粮食，小孩子在家饿得直哭，向朋友借了钱买点米回去。”警察不容分说，把他带进警察局，一口咬定他是“共匪”派来买粮的，严刑拷打，最后将他吊在树上打昏过去。他严守秘密，没有吐露一字。便衣队知道后，请乡支书找群众进城去保。保回后，便衣队指导员、队长专程去看望，送去白糖等东西表示慰问，还留下30块大洋作为养伤之用。这位农友感动得流着泪说：“共产党讲信义，有良心，就是死了也心甘情愿。”

灵山便衣队接到特委关于为红军筹粮过冬，并解决贫苦农民生活困难的指示后，为了加快筹粮，采用了新办法，将住户应交的租稻一半交地主，一半交红军。便衣队先找农民小组长去试试，把事先写好的字条交给农民蔡德新转交地主。字条上写着：“杨善清先生，我军需用大批粮食，今在你家佃户蔡德新名下征用你的租稻500斤，不得再向佃户索取，如若老老实实，我军保证你们安全，如若不老实，我军的政策，想来你是知道的。中国工农红军游击队。”过了几天，蔡德新高兴地对便衣队说：“成啦，这办法真管用。”便衣队就用这种办法很快搞到两万多斤粮食，一半上交，一半分给穷苦农民。

1936年黄冈便衣队在黄冈县新州镇抓到号称“百万富翁”的大土豪毛竹宇作人质，换了五万元。毛竹宇因有个儿子在国民党军当师长而横行乡邻，无恶不作，便衣队早就想找个机会教训他一下。一天夜里，便衣队上了毛家楼房，揭开瓦、锅断椽子，用绳子系队员下到屋中。从楼梯下去，直奔毛竹宇住房，用枪顶住他，用布堵住他的嘴，捆在担架上往山上抬。走出五里路，才被新州守敌发现，因搞不清是红军主力还是便衣队，不敢追击。这一下黄冈县政府乱作一团。毛少爷师长给县长下令：“老头如有不测，拿你脑袋是问。”县长托人找便衣队谈判：“要什么给什么，千万不能杀。”便衣队这次行动，一是为红军筹了款，二是震慑了新州守敌，使新州守敌有所收敛。

便衣队还在岳西包家河、青天畈、沈家桥等地设有红军地下商店，红军出钱群众办，经营红军需要的油、盐、布匹、电池、药品等。包家河的“万大兴号”经理徐诚证曾打入敌人内部，为红二十八军购买子弹等军用物资，后来被敌人发觉而英勇牺牲。

（六）利用敌人的基层政权为我服务

便衣队在三年游击战争中，实行了一套灵活的斗争策略，争取开明绅士中立或利用地主当联保主任、保长以及一些民团贪生怕死的心理，迫使国民党基层政权为我服务。有的联保壮丁还参加了我们的队伍，他们白天是国民党的壮丁队，晚上就变成跟便衣队向地富征粮的群众。

在便衣队控制下的光山、商城部分地区，地富收租多少，红军家属免租、村长保长的任免等，都要由便衣队决定。鄂东北道委特务队把许家冲黄家湾保长黄宗正争取过来，以后把这个关系交给了灵山便衣队，这个保长更加靠拢我们。一天夜晚，便衣队指导员带了两个人去保长家了解敌情，只见五个满脸凶相的家伙坐在那里，保长在一旁点烟、倒茶。指导员机智果断，先发制人地问：“你们是什么人，到这儿干什么来了，是不是红军的探子？”保长则上前满脸笑容地说:“都是自己人，别误会，有话好商量。”他指着便衣队说：“这三位是小河镇民团团长、联保主任付文凤派来查户口的。”又向便衣队介绍说：“他们五位是杨家岗国军派来侦察红军动向的。”便衣队员们见到是国民党军送上门的“舌头”，真是喜出望外，抓住那五个人以没有带证件为理由乘机缴了枪，将他们绑走去见“付主任”，三个便衣队员押着五个俘虏回到驻地后，从他们口中掏出有用的军事情报。

黄冈便衣队在总路咀附近的杜家湾争取了联保主任杜时孝，他是富农，是个知识分子，有些正义感。便衣队经过一段考察，并和地下党研究后，便同他建立了联系。有一次便衣队长带着人到他家住。便衣队来时惊动了狗，敌人闻狗叫声前来搜查，他叫便衣队上山躲藏，他从容地应付走了敌人。后来联保主任对便衣队说："你们要来，先告诉一声，你们出去最好顺着山走，不要惊动狗了。"这个联保主任，为掩护便衣队做了不少好事。国民党"围剿"时，封锁很严，别人出不来，就是他能出来，给我们传递消息，提供帮助。

（七）严惩坏人，给群众撑腰

随着斗争形势的发展，便衣队改变了"左"的政策，对国民党军政人员、地主豪绅区别对待：罪大恶极者坚决镇压，没收财产；对迫不得已给敌人做事者，则晓以大义，争取中立；对听命守法和为我做事者予以保护。黄安县的地主豪绅跟着敌军还乡，住在碉堡里经常出来威胁群众为非作歹，群众最痛恨的有两个。于是便衣队集合起来，在一天晚上袭击了那两户地主，捉走八人，没收全部财产，分给外村的群众和红军家属，吓得还乡倒算的地主武装躲在据点里或跑回城市，不敢下乡作恶。该县三区三乡的地主豪绅设下圈套，引诱青年去赶集，扣下十几个人，硬说他们是"便衣队"，要交出一两万元才能获释。恰好红二十八军一个营送伤员来安置，营长立即命令战士将碉堡围住并架起机枪，如不放人，马上开火，地主豪绅只得把十几个人放出。黄冈县许家山有一反动保长，勾结敌军，残害群众，民愤极大，群众纷纷要求处决，便衣队趁敌军撤防之机，在腊月二十四日那个反动保长回家过小年时，预先设下埋伏，他刚进门，立刻就被处决。商南便衣队和游击大队 1935 年 12 月在金岗台南十里歼灭高冲民团，打死匪首余剥皮。在熊家河活捉民团 30 余名，民团队长黄胖子被就地处决。1936 年 11 月镇压了汤家汇、伏山的告密犯和皂靴河的反动民团头子。灵山便衣队还根据道委指示分化瓦解了灵山一带的土匪数股，为当地人民除了一害。

（八）扰乱、牵制敌人，配合主力红军作战

便衣队经常破坏铁路，砍电线杆，散发传单，袭击敌人据点。皖西鹞落坪便衣队经常到敌人据点周围活动，一般五人一组或十人一组插到敌后，进行骚扰。有时打一枪，敌人机枪一夜不停；有时几个便衣队员能缠住敌军一个营打几个钟头，甚至能牵制敌军一个团的兵力。便衣队白天无影无踪，晚上摸岗打碉堡，声东击西，把敌人搞得惊恐万状，心神不安。

1936 年春，信阳县柳林附近联络员送来情报说，驻在柳林黄家湾车站的国民党一个营换防到信阳，接防的军队次日才能到达，民团都搬进车站附近的碉堡，替国民党军守车站去了。灵山便衣队决定抓住这个机会，烧掉柳林民团的碉堡，打击其反动气焰。晚上，便衣队指导员、队长和两名队员，带领 100 多农民小组组员，每人背着一捆干柴到柳林，果然见到民团五六个碉堡没有灯火，便衣队放出警戒哨，监视民团。农民小组的人，抱着柴禾，举着火把，见碉堡就烧，转眼功夫，柳林周围大火冲天。车站离柳林只有二里多路，但民团不敢出来，只是向外面乱打枪。便衣队在柳林街上缴获了四支步枪、两箱子弹、一部油印机和一部电话机。

1937 年 9 月，黄冈便衣队同红二四四团一营到七里坪集中，走到麻城县白果镇附近，遭到民团一个大队 200 余人尾追骚扰。营长下令消灭这股敌人，留下一个连和便衣队协同作战，由营政委指挥，在山岗附近隐蔽设伏。营长带三个连拉开距离继续前进，待民团进入我伏击地段时，营政委指挥部队突然发起攻击，毙伤民团数十人，其余人员当即溃散逃窜。便衣队长和两名队员追捕手持小旗、咀衔哨子的民团大队长，追了三里多路，终于把他击毙。

（九）搞侦察，送情报，掩护主力红军行动

便衣队对所在地区的敌情经常进行调查，有多少据点，有多少敌人，是国民党正规军还是民团、保安团、壮丁队等地方武装，战斗力如何，对红枪会、青红帮、反动豪绅、联保主任、保长的情况，都搞得一清二楚。红二十八军主力部队从便衣队活动地区经过时，走什么路线，住在什么地方，哪个据点可以打，便衣队都能提出切合实际的意见，使主力部队掌握了主动权，行动自如。

1936 年腊月二十六日，天下大雪，鄂东北九路游击师师长张凯带领部队到四望山一带，准备打下一个寨子后过年。便衣队向他介绍了磨盘寨的情况。磨盘寨子位于大庙畈西十余里，离四望山有十多里，孤立地坐落在一个磨盘形的小山头上，周围是平畈，寨子里住着 1000 多户穷苦农民。白天下寨劳动，夜晚回寨还要打更放哨，寨上的土豪修了四座炮楼，共有 40 多支长短枪，由 50 多个地痞流氓组成守寨队，300 多青年农民被迫组成红枪会、黄枪会，人手一支长矛或大刀，把守寨垛。对我们有利的条件是寨子孤立无援，没有水围子，容易接近寨墙，困难条件是没有内应。张师长听了上述介绍，立即召开连长、指导员会议，研究决定当夜就干，8 点出发，12 点攻寨，命令手枪队和便衣队组成突击队，准备三个梯子，各连长回去马上作战斗准备。按预定时间，三个梯子靠上寨墙，便衣队员杨定芝第一个登上寨子，徐路军跟着进去打开寨门，七八个队员很快解决了四个炮楼里的敌人，总共用了一小时 20 分钟就打掉了这个寨子，我军无一伤亡，敌人伤亡 30 多，寨子上 40 多条长短枪被我全部缴获。

有一次，军政委高敬亭带手枪团到黄冈活动，便衣队女交通员林育仙送来情报：“敌一〇三师的一个旅正向我运动，企图包抄红军主力。”高说：“你们上李家山侦察一下，如有敌人立刻开枪发信号，我们从李家山背后向浠水方向转移，你们随后跟上。”便衣队上李家山时，发现

李家山已被敌军一个营先行占领，便立即开枪，敌军以为是红军正规部队，便乱喊乱叫，疯狂还击。高率手枪团乘机向大崎山转移，把敌人甩掉了。

（十）组建游击队和战斗营，充实红军力量，补充红军兵员

1936 年秋，黄冈组建了战斗第一营。当时红八十二师特务营到黄冈，群众要求组织游击队，便衣队请营长艾明山同志帮助，艾拨给十来支枪和一些手榴弹，派了一名队长和五名班长，指导员由一伤员担任，一支 40 余人的游击队组织起来了，在李家山进行集训后，到大崎山一带活动。同年 9 月，林维先同志率领红八十二师一营到黄冈，次日敌人跟踪而来，并兵分两路向陈家畈运动。当时，只知敌人是保安团，为了打击敌军嚣张气焰，鼓舞群众斗志，营长立即命令部队展开迎击敌人，经激烈战斗，给敌以重创。经审问俘虏得知，沿李家坳进攻许陈上湾的是保安七团，向陈家畈迂回的是敌一〇三师的一个营。于是边打边撤出战斗，部队把缴获的枪支给了便衣队。有了武器，游击队很快发展到 200 多人，正式成立战斗第一营，后补充到红八十二师特务营。

1937 年春，黄冈又组建了战斗第二营。当时红二十八军二四五团团长梁从学在黄冈养伤，群众要求再建一支游击队，请他领导。很快就组织起 50 多人、十多支枪的第二支游击队。不久，贾庙反动民团队长熊瑞安画带领 40 余人从铁岭回贾庙，他们以为主力红军和便衣队都不在，所以敢于白天大摇大摆地出来。梁团长和汪队长决定消灭这股民团。便衣队带领游击队在铁岭、贾庙之间的关坳口附近的大石头后面埋伏，等到民团走近突然开枪，山上的同志听到枪声后吹响军号，便衣队带着游击队冲了下去，民团以为红军到了，一枪未放，拔腿就逃，有的丢枪，有的跪下求饶，便衣人一直追了有四里地，把民团队长熊瑞安打死。这一仗打胜后，群众情绪高涨，很多青年要求参军，游击队扩充到 300 多人，以后，这支部队改编为二四四团新二营。

在皖西，1935 年初，高敬亭在潜山县沙村河放下的以张作汉为队长的一个便衣队，与潜山地下党县委刘正北、叶朗清取得联系、组织发动群众，成立了皖潜游击大队，张作汉任大队长，刘正北任指导员，到 4 月份就发展到 180 多人，打了不少胜仗。5 月改编为皖潜独立营，7 月与四路游击师合并。黄梅县老祖寺便衣队以痊愈的伤病员为骨干组建了蕲黄广游击大队，以后发展到一百二三十人，所有这些便衣队、游击队，后来都陆续补入红二十八军。

在鄂东北的老苏区、新苏区、红安苏区、光麻苏区的便衣队，也为几次组建独立团、成立特务营、游击师提供了兵员，作出了贡献。

由于有便衣队的支持，有大批兵员和地方武装源源不断地补充主力红军，使红二十八军在三年游击战争中愈战愈勇，愈战愈强，威镇敌胆。

三、坚持斗争，粉碎“清剿”，依靠群众，渡过难关

三年游击战争中，便衣队依托有利地形，凭仗勇敢机智，在主力红军大力支持下，紧紧依靠群众，神出鬼没，出奇制胜，渡过了重重难关。

（一）破并村

敌人毁掉山间小村，把群众并入大村，在周围修碉筑堡、筑围寨、挖深沟，设吊桥、布岗哨，进出盘查搜腰，类似集中营。其目的是孤立便衣队，妄图把便衣队困死饿死。这一招虽比较厉害，但便衣队员却有妙计击破敌人的诡计。霍山县马家河便衣队带领群众大破“木城”的胜利，就是典型例子。敌军一个营把方圆 60 多里的民房拆毁，把群众集中到几个小村草棚里。外边用木桩和铁丝围住，四周修碉堡，派兵把守，晚上不准点灯，禁止小孩啼哭。群众称之为“木城”，对此深恶痛绝。在指导员刘定五领导下，30 多名便衣队员依靠群众，里应外合，巧用

计谋，打了一个粉碎“木城”的漂亮仗。便衣队取得“木城”之战的彻底胜利，深得群众拥护，威信越来越高，许多青年要求参加便衣队。

还有一些地区的便衣队，则在敌人还未修好并村的碉堡和围寨之前，发动群众，加以拆毁，破坏敌人的并村计划。光麻特委便衣队活动地区的西边，敌人强迫群众修一个大寨子，便衣队根据特委指示，对群众进行秘密访问和发动，在三路游击师的掩护下，几百名群众参加拔寨。敌人强迫群众两个月修好的移民寨子，在一个夜晚就给破坏了。

（二）破搜山

敌人进山搜捕“清剿”，经常动用几营兵力，分成两路：一路在山上往下滚石头，一路在山下包围放火烧，妄图将我烧死或逼我出来围而歼之。有矛就有盾，黄冈等县的便衣队将人员分散开，两人一组钻山洞，躲开敌军势头，半夜集合一次，如有群众通报新情况再集合一次，约定次日集合地点。有时一夜集散几次。罗山、黄陂、孝感等地便衣队，或在敌人放火之前就跳出来，到安全地带隐蔽，或待火烧到身边用行李包头滚出去。太湖、潜山县便衣队，掌握敌军见树林如惊弓之鸟不敢向前的弱点，当敌人从山上滚石头时，躲在大树背后蹲着，保证平安无事。光麻苏区的便衣队，为躲脱敌人搜捕，还总结了三条经验：一是住地勤转移，行动不留痕迹；二是学会烧饭不冒烟，夜间不露火光；三是做到行动走路不让狗听见。在反搜山斗争中，绝大多数便衣队没受到大的损失。

（三）破断路

敌人在我便衣队活动的主要道路上埋下大量手榴弹，既能对我杀伤，亦可作为报警信号。便衣队细心观察，或设法绕开，或将其轻轻取出，用来打击敌人。敌人经常在便衣队必经之路设下埋伏诱捕，有时寻找便衣队的脚印跟踪追捕。敌人见便衣队扫平脚印，就在路上放烂泥，便衣队则倒穿鞋，把敌人引向相反的方向去。雪天，便衣队就顺溪流走河床或摸着石头前进，不给敌人留下脚印。但出现叛徒后，对便衣队威胁很大，曾蒙受一些损失。

（四）破清乡

敌军经常派出成连的士兵进村查户口，搜捕便衣队。开始便衣和红军伤病员躲在群众房舍的楼上，因坏人告密，被敌人搜出，受到一些损失。后来群众就把伤病员和便衣队藏在夹墙里，既隐蔽安全，又进出方便，到夜间再转换地点。

光山、商城的敌人把叛徒编入别动队、“清剿”大队，利用我们的联络暗号，进行搜捕，起初有群众受骗而受到损失。后由便衣队长集中掌握联络暗号，并随时更换，把敌人变成聋子哑巴。有的便衣队和群众联络，早已不用叫门，而改为由群众在村口放个铁罐头（犁铧），横放表示村内平安无事，便衣可以进去，直放说明村内有坏人，便衣队迅速离开。敌人沿用叫门的老办法，群众一听就晓得是假的，于是一边放炮，一边大喊便衣队来了！敌人还以为老百姓是向着他们的呢！

（五）破坐探

敌人还在村中秘密物色暗探，侦察便衣队的行动。暗探通常是以小贩面目作掩护，侦察到便衣队动向后，迅速报告给国民党军队，敌大部队即来搜捕，这样的地头蛇对便衣队威胁很大。便衣队发动群众反敌侦探，群众发现坐探就向便衣队报告，便衣队立即将其除掉，以绝后患。

（六）破连坐

敌人大搞五户连坐法，一户通共，五户斩绝。针对敌人的这种残酷政策，便衣队采取三种办法击破之。如五户表现均差，便衣队就往每家派去一人住下，迫使他们户户自危，都不敢去告密。如五家中有两家结仇，便衣队就派人分住在这两家，把他们连在一起，谁家也别想去告密。如发现哪一家有告密的危险，便衣队就专门派人去住，使他们不能告密。但这些情况是较少的，就绝大多数群众来说，他们总是与便衣队患难与共，真心实意地掩护便衣队的行动的。

（七）破碉堡

敌人到处修筑碉堡，形成了横三竖四、纵横交错、能互相观察和火力控制的封锁网。便衣队发动并带领群众抢在碉堡没有修好前，在夜间就加以摧毁，或者在红二十八军和独立团、游击师的协助下，打碉堡、破围寨、横扫守堡敌军，或者运用统战政策，争取部分守碉堡的民团中立，便衣队来时不报警，安全通过后再乱放枪、胡指引。弄得敌苦心修筑的封锁网，支离破碎，名存实亡，对我行动影响不大。

到了1937年4月，卫立煌任“豫鄂皖边区督办公署”督办。为强化“清剿”的指挥，卫立煌到任后，即提出了“剿抚兼施”，“三分军事七分政治”的原则，强调对红军和便衣队应同时进行彻底“清剿”。为此，除抽调正规军、增加保安团外，还专门成立“搜剿”我便衣队的特务队、别动队、“清剿”大队和“铲共义勇队”、联保队，驱使各部队“进山扎寨”，并在大的山头和交通要道广筑碉堡。到5月底6月初，在我军经常活动和便衣队控制的天台山、老君山、大小鸡笼山、金南山、大崎山、龟峰山、三角山、将军山、鹞落坪、大岗岭、沙村河、金岗台等地，碉堡已密布成网。他们深入山区，并村筑寨、放火投毒、伐树断路、深夜袭击、半路埋伏、伪装假冒、软硬兼施、欺骗诱惑等，用尽一切残酷卑劣的手段，血腥屠杀我便衣队员和革命群众，妄图将我斩尽杀绝，连根拔除。

在这极端严重的情况下，便衣队建立的群众基础大部被摧毁，便衣队控制的地区基本被占领，便衣队大都处在敌人长期反复“搜剿”、缺衣少食、基本上与上级党委和人民群众失去联系的恶劣环境之中，一部分便衣队员英勇地献出了宝贵的生命。如：曾经作出过重要贡献的霍山县团山便衣队受到损失，绝大多数光荣殉职，革命群众百余人惨遭杀害。大崗岭一分队陈彩林队长、查副队长被敌人抓到太湖县城。先百般利诱，后施用各种毒刑，但未得到半点我党的秘密，最后他们高呼：“共产党万岁”英勇就义，表现了共产党人坚贞不屈的英勇气概。鹞落坪二分队小便衣队队长朱南荣在桃花冲战斗中光荣牺牲。沙村河五分队的小便衣队长刘方南、朱作善和不少革命群众被敌人杀害。光麻苏区的河口便衣队遭敌一〇三师一个连和民团一个中队的包围，终因寡不敌众，一位同志在战斗中牺牲，两位同志弹尽被捕，在敌严刑拷打下他们宁死不屈，始终未吐露半个字，在该地区活动的我地方干部、群众因此未受到任何损失。

广大便衣队员不屈不挠，英勇机智，依靠英勇的人民群众和主力红军，同敌人进行了坚持不懈的殊死斗争。有些便衣队发扬勇敢机智的战斗作风，利用敌人地方团队和正规军之间以及各部之间的矛盾和空隙，突破敌人的重重包围，打击了敌人，保存了自己。麻城杨家高山便衣队只有四五个人，因在荒山上无处隐蔽，一天拂晓转移到村庄上的一户人家休息。上午八九点钟，西张店的民团100多人得信前来，妄图活捉便衣队邀功领赏。便衣队员发现敌人后，立即叫醒大家作好战斗准备，便衣队首先击毙前来撞门的民团中队长，接着又打死了五六个敌人，然后逐户打通通向后山的墙壁，从墙洞内钻出，把警戒后山道路的敌人一个班打跑，安全突围。当时西张店驻有国民党一〇三师一个营，但民团想独捞头功，没有通知正规军，结果偷鸡不成蚀把米。一〇三师的营长知道此事后大为不满，说民团有意放走了便衣队，把剩下的几名队副、分队长统统关进了大牢。由于敌人占绝对优势，往往一处打响，四方合围，不能与敌硬拼，不少同志只能在敌人层层包围、日夜“搜剿”的大山中与敌周旋，依靠事先存积的一点粮食和人民群众、地下党冒着生命危险，陆续送来的一些饭食，靠山上的野菜，能吃的树叶和野果，一直坚持了几个月。但是，在很多地方，由于敌人严格控制群众上山，便衣队没有吃的，隐蔽不下去，就转移到丘陵地带和平畈地区。白天钻进排水沟或墓穴里躲藏，晚上悄悄地运动到围寨边上，使用暗号联络群众，解决吃饭问题。便衣队在原来活动的地区再无法隐蔽时，就转移到外线过去有些群众基础的地方隐蔽，或配合主力红军和游击师打击敌人。如：罗陂孝便衣队配合九路游击师先后攻下周党畈以北的罗家大寨、罗山三里店之大山寨和烧香尖。黄冈便衣队转移到麻城境内，配合红二十八军二四四团一营狠狠打击了追击的敌“清剿”大队。将军山便衣队转移到广济平原。岳西县大岗岭、鹞落坪、小河南等地的便衣队，除少数在原地坚持斗争，多数分别转移到霍山、潜山、太湖一带。卡房、天台山、老君山的便衣队转移时，还分别把在老区住的几百名伤员和工作人员陆续带了出来。人民群众把便衣队员分散安排在一定的地方隐蔽，白天在野外，晚上住到群众家里，搜得最厉害时，有些便衣队曾躲在池塘里头藏在荷叶底下，避开了敌人的搜捕。不少地区的便衣队，利用与我有统战关系的联保主任、保长、地主、富农、民团，带领伤员藏在他们家里，甚至住在与我有关系的民团碉堡里。因为他们既有“把柄”抓在便衣队手里，又怕敌正规军开拔后，我方将其镇压，因此不敢报告，还要负责掩护，保证安全。隐蔽在群众家里的便衣队，人民群众冒着生命危险，机智巧妙地对付敌人的清乡、查户口和特务别动队的搜查。他们把便衣队员和伤员藏在夹墙内，藏在未出嫁的姑娘床上，藏在马桶下石板盖着的地洞里……无论情况怎样艰险，宁愿献出自己和亲人的生命，也要保护好便衣队员和伤病员。正是紧紧地依靠大别山的广大人民群众，我便衣队才得以渡过这几个月“清剿”的难关。到黄安县七里坪集中时，便衣队还有五六百人，保存了大批革命种子。

在三年游击战争中，鄂豫皖边区的便衣队从小到大，由弱到强不断地发展壮大起来，使之成为党所领导的主力红军、地方武装、便衣队三大武装之一，这其中是有它独特的存在和发展的原因的。

首先，便衣队有党的正确领导。便衣队一直是在红二十八军军政委和地方各级党组织的直接领导下发展壮大起来。高敬亭特别重视发展便衣队，亲自挑选人员，配备武器，亲自派出便衣，亲自领导，亲自检查，并给予便衣队独立处理党政军大事的权利。在坚持敌后三年游击战争中，他多次将地方独立团、游击师、战斗营编入主力红军。同时又从红军中派出一批批干部、战士到各处发展便衣队。高敬亭和地方各级党组织充分认识到，便衣队是坚持老区、开辟新区的基本力量，便衣队开辟的新区，是掩护伤员、保证供应、扩大兵员的重要基地。因此，对便衣有明确的指导方针、坚强的组织领导和思想政治工作，经常讨论便衣队的工作，总结经验，提出任务，明确规定了保护群众利益，分化瓦解敌人，建立革命的统一战线等一系列重大政策，便衣队虽是十人左右的小分队，但设队长和指导员，多数建立了党支部，实际上在白色恐怖条件下起着中心区委、县委、工委甚至中心县委的作用，保证实现党的领导。便衣队员是经过挑选的，都是忠于党，忠于人民，守纪律，自愿英勇献身的党员、少共队员。他们胸怀党的奋斗目标，对革命坚定不移，不论是在白色恐怖中，还是在激烈的战斗时，始终如一地在党的领导下，紧紧依靠群众。一不怕苦，二不怕死，坚持敌后武装斗争，有不少同志把热血洒在鄂豫皖边的山地和平原。正因为有这样一批在党的领导下英勇的共产主义战士、独胆英雄和革命硬骨头，才有那可歌可泣的紧密配合红二十八军开创出人民游击战争新局面的光辉业绩。

其次有主力红军的支持。在坚持三年游击战争中，红二十八军是主力，是便衣队的主心骨和坚强后盾。有了红军的支持，才有便衣队的发展。往往红二十八军主力打击敌人，扫除敌之碉堡围寨后，便把便衣队放下去，站住脚跟，开辟新的游击根据地。正是由于这种斗争形势的需要，所以才有便衣队由小到大，由老区到新区、由山区到平原的发展。便衣队的发展，在 1935 年夏到 1936 年春出现了高潮，形成了 600 余人的队伍。以后虽然遭受到一些损失，但经过斗争锻炼，政治觉悟和斗争艺术有很大提高，在群众中扎根了，独立作战的能力相应增强。红军主力部队在外线作战，牵着敌人兜圈子相机歼其一股或数股，使便衣队有机会大显神通，开辟出一小片一小片的游击根据地，作为红军的依托。如果脱离开主力红军，孤立地靠十来个手持短枪的人，那是难以有所作为的。

敌军最害怕两条：一是便衣队同主力红军的密切配合，二是便衣队同群众的紧密结合。因此挖空心思，运用种种卑劣手段，企图破坏这两条，但最终还是失败了。其根本原因是主力红军、游击师、便衣队和广大群众已结成一体，在政治上坚定统一，在政策、策略上完全一致，并有随机应变的巧妙配合，所以粉碎了强敌的多次“清剿”，立于不败之地。这是站在反人民立场上的敌人所永远不能理解的。

第三是有人民群众的拥护。便衣队是代表群众利益的，它英勇地打击敌人，处处保护群众的利益，深深扎根于群众之中，深受群众的拥护和信任，这是便衣队得以发展的群众基础。便衣队十来个人，手持武器，短小精干，活动灵便，下到一个地方，就立即成为团结群众的核心，党、政、军、民、财、粮一起抓，便衣队把各方面革命力量组织起来形成拳头，在敌后配合红二十八军夹击敌人。群众把主力红军和便衣队看成是自己的命根子，真心实意地拥护。这是红军坚持三年游击战争和便衣队不断发展的根本力量所在，是任何反动力量所打不破的。

便衣队坚决执行红军的三大纪律八项注意，时时处处维护群众的利益，群众信得过，真心实意地拥护。鉴于便衣队是单独活动，因此对男女关系的纪律要求十分严格，因而群众一百个放心，甚至连地主、富农家的妇女也不怕便衣队，却躲国民党军。光山、商城一带，姑娘房子没人敢进，是当地的风俗习惯，但是便衣队员可以躺在姑娘床上躲藏，群众不仅谅解，而且坚持这样做。将军山便衣队安置红军伤病员在群众家中，群众一般是叫媳妇出来招呼，碰到民团清乡找到伤病员查问时，媳妇立即以“这是我的丈夫”进行掩护。当便衣队被困在山林时，当地妇女依然上山送饭，护理伤员。一次，在敌人大规模“清剿”时，潜山一个便衣队留下三人，当时正值青黄不接，便衣队没饭吃，只得爬到围子旁边，用砖头丢到群众房上，群众虽在敌人严密监视下，还是偷偷打开了窗子，用绳子把饭吊下来，给便衣队吃。光山夏青区一个村，敌人别动队明明看见便衣队进了村，就是搜查不到，原来是一个木匠把便衣队藏在他家床边马桶下的地洞里，别动队将村里 20 多人抓去，当场杀死三人，逼问便衣队在哪里，群众中大人、小孩都没说。

黄安三区便衣队在一户群众家中存放 100 多支枪和一些银元。一次，三个便衣队员在楼上休息，碰上两个叛徒带敌军来捉。群众家男的外出，回来碰见此事，挺身上前叫民团抓走，以保护便衣队。他老婆边哭边追，他用暗语告诉老婆赶快叫便衣队把银元和枪支拿走。还有的群众在掩护便衣队和伤员时，敌人来搜查，孩子惊哭了，为了便衣队的安全，含着泪水掐死了自己的孩子。人民的拥护支持，是取得斗争胜利的根本原因。

第四是实行了一套正确的政策和斗争策略。我们在安徽宿松县，于 1935 年底成功地与因不满蒋介石出卖东三省而被撤职的国民党旅长朱超云所领导的武装结成统一战线。朱超云被撤职回到家乡后，便衣与他多次接触，了解到他确有正义感，反蒋抗日要求十分强烈。在党的教育和影响下，朱卖掉家产，购买枪支，组织群众拉起 200 余人的队伍，积极在当地开展反蒋的武装斗争。他这支队伍又称抗日救国军，拖住了鄂东“剿匪”总司令程汝怀嫡系保安团的跟踪追击，从而减轻了对红军和便衣队的压力。因朱超云反蒋抗日，引起蒋军报复，抄了他的家，挖了祖坟，烧掉住宅，没收财产，朱超云并未因此而动摇，还是坚持反蒋武装斗争。便衣队长了解这一情况后，主动将其家属安置在罗汉尖山下一个村子里，并给了他们50块银元度日。事后，朱超云对便衣队十分感激。后来这支队伍成为六路游击师的基础，正式编入红二十八军。

便衣队对敌人实行分化瓦解、利用争取政策。一是对敌军进行宣传，开展政治攻势，争取哗变。驻平汉铁路黄家湾车站的东北军一个排长，跑到灵山冲老庙见和尚，要求找红军。和尚立即给便衣队送了信，便衣队配合特务队把这一排人接了过来。那位敌军排长拿着退了色的传单交给便衣队指导员，这个传单写着：“国军兄弟们，你们把枪背过来吧，愿跟红军干的就干不愿干的，红军发给路费可以回家和你们的父母妻儿团聚。”这个传单正是我便衣队散发的。二是争取联保主任、保长为我服务。将军山便衣队将一联保主任争取过来了，因他照顾红军伤病员比较好，红军路过他的管界时不打他，还给予保障。还有的联保主任被我争取过来后，将县政府的“剿匪命令”拿给便衣队看。罗田肖家坳便衣队利用敌人政权为我服务也做得好，敌“清剿”大队长和联保主任都是秘密农会的会员，由于得到了他们的掩护，避开了敌人的“清剿”。商南县委领导的便衣队因与群众关系密切，并做好了争取瓦解敌人的工作，掌握了西河桥、熊家河、桃树岭等地“两面政权”，了解敌情变化，在敌新的大“清剿”中，我们曾将女同志和小孩全部送到熊家河，有的还住在地主家的碉堡里，从而未受损失。三是对不告密的地主，允许其交钱纳粮保命。光山、商城的便衣队改变了过去那种不分青红皂白，“既要钱又要命”的“左”的政策，规定地主应交的粮款后，便衣队给他写个“不打土豪”的条子。东坊门村共有八户地主，其中有两户持有“不打土豪”的条子，我游击队进村后，对这两户地主秋毫无犯，而对另外六户地主则没收其财产，影响极大，许多地主纷纷找便衣队接头，认交钱粮要条子。以后，便衣队有选择地在地主家中安置红军伤病员，他们照顾得较好，又较安全。有一户地主因家中安置了红军伤病员，敌军杀掉其子，以示警告，便衣队抚恤了这户地主。四是对民团也要争取。只要民团对敌军采取应付，就不杀。黄安便衣队实行此项政策后，对争取民团有显著效果。潜山便衣队还进行“家访”，令其父母教育充当民团之子，不要作恶，不要同便衣队为敌，否则对他们不利。这样做起了分化瓦解作用，有些民团团丁跟便衣队的关系很好，同便衣队私下来往，关系密切，有的还参加了红军游击队。

三年游击战争中，由于便衣队实行正确政策，策略上有灵活性，分化瓦解了敌人，利用乡保长、地主来对付敌人，建立同情区，掩护便衣队开展群众工作，为便衣队行动自由创造了有利条件。便衣队控制了这些联保主任、保长，也就控制了他们所管辖的地区，这些地区实际上成为便衣队的游击根据地。

便衣队是在鄂豫皖边区遭受敌人严重破坏的特定历史条件下，在斗争实践中，独自摸索、总结产生出的党政军三位一体的组织。便衣队一方面掌握武装，而另一方面又隐蔽于群众之中开展工作。掌握武装是为了坚持斗争、镇压反动派、打击敌人。但他们又不同于主力部队和地方武装，他们是以群众工作为主的武装工作队。便衣队既代表党，又代表政府，这是鄂豫皖边区的党和红军在三年游击战争中斗争策略上的一大创举。武装便衣工作队在红二十八军和地方各级党组织领导下，在人民群众的大力支援下，配合红二十八军坚持三年游击战争，建立了不朽的功勋。

选自《南方三年游击战争·鄂豫皖边游击区》，第253—273页。

金岗台上的妇女排

史玉清

金岗台坐落在商南县东南部，纵横百余里，这里山高林密、崖陡。1934年11月，我红二十五军北上抗日，国民党反动派纠集了大批的正规军和地方民团以及土匪等反动武装，对我鄂豫皖苏区进行疯狂的“围剿”。提出“有民就有匪，民尽匪尽，鸡犬不留”的反动口号，到处移民并村，残酷屠杀革命者和无辜的群众。把根据地搞得土地荒芜，废墟遍地，人民生活在水深火热之中。在这种残酷的情况下，坚持皖西革命斗争的党政机关工作人员纷纷转移到金岗台上。上山后，商南县委决定将到金岗台来的女干部、红军家属、老弱病残以及革命干部的小孩共40余人，编为一个妇女排，由袁翠明任排长，我是县委委员，分工抓妇女排的工作。从此，我们就在商南县委的直接领导下，坚持在金岗台深山老林里同敌人进行艰苦卓绝的斗争。

宁死不屈

1934年11月，我们上了金岗台。不久敌人就跟上山来，把守了各山路口，随后就不断地上山“清剿”。

1935年春，我们在西河旁边的深山隐蔽。一天上午八九点钟，突然发现敌人搜山，敌人满山遍野，到处都是。当时我们刚上山不久，地形不熟，隐蔽的地方地形很不好，但这时已来不及转移。但由于同志们沉着应战，严守纪律，敌人什么也没有捞着，夹着尾巴滚下山去了。

一天下午，我和老肖、夏从贵到敌区西河去买粮食，便衣队员曾少甫的儿子（外号叫“小团长”）也跟我们一起下山。因为天还比较早，不敢马上就去河西，就在河沟里休息，同时商量如何完成这次任务。“小团长”一看到清清的河水，就欢天喜地地在河里玩起来，无忧无虑地在河边捉螃蟹。这时突然在小河的对面出现了一大群敌人，前队离我们只有几十丈远，敌人又来搜山了。我们顿时紧张起来。这时我灵机一动，大喊一声：“团长！”敌人一听到喊团长，误以为山上有埋伏，吓得就像掉了魂似的，嘴里嚷着：“红军，有红军。”就一窝蜂地向后退了好远。我们利用这点时间把“小团长”从河里拖了上来。老肖同志提起左轮枪沿东河跑去，目的是想把敌人引走，但目的并没有达到。狡猾的敌人只派了少数人追踪老肖，多数敌人听山上没有动静，就一拥而上，将我们妇女排包围起来。情况已经很清楚，这是敌人的一次大规模的搜山。

天黑了，敌人闹不清山上是否还有红军的便衣队，不敢夜间搜山，只是紧紧地守在沟外面，听到哪里有动静，就立即向哪里放枪。夜越来越深了，我们心急如焚，天亮以前不突围出去敌人就会将我们完全包围。当时我们的便衣队都在敌后活动，妇女排手无寸铁，难以对付全副武装的敌人，万一这些同志受损失，如何交待呢？我们必须在天亮以前突围出去！于是我和袁翠明召开了紧急会议，研究如何突围问题。这时一阵夜风吹得满山的树叶哗哗直响，敌人就乒乒乓乓地放起枪来，漫山遍野就像放鞭炮似的。这时候有几个同志灵机一动：“有了，你们看敌人打了这么多的枪，为什么打不着我们一个呢？因为山上树林密，子弹都被树挡住了。如果顺着地皮向外突围，敌人就难以阻挡。”大家觉得这个办法可行。我们把妇女排分成若干小组，指定了各小组组长，进行分散突围，这样目标小，便于行动。又规定了集合地点，如敌情有变化就到另一个集合点去集合。集合地点只有组长知道，要求大家一切行动听指挥，在隐蔽时不准自由行动，如果被敌人抓去，不得出卖组织和同志，组长要认真负责带领大家完成突围任务。零时左右，我们开始突围，敌人的子弹打得树叶纷纷直落，同志们冒着生命的危险，不断向外爬行，终于在拂晓前突出了这路敌人的包围。但是我们刚翻过一道山沟，又被另一路敌人发现，将我们包围起来。敌人排着队进行搜山，一个个端着枪，像恶狼一样向我们扑来。当时我们妇女排一无枪二无炮，只好和敌人在大山里周旋。

当敌人发现我们没有武器，一个敌人军官哈哈大笑，得意洋洋地叫道："弟兄们，不要打枪，捉活的，谁抓住这些娘们，就给谁做老婆，要大洋赏大洋，要升官就升官。"当兵的一听这个命令，真的就不打枪了，漫山遍野的敌人像疯狗似的向我们扑来。因为我们都是劳动妇女，平时穿起山林来，敌人是赶不上的。但我们现在连口凉水都喝不上，又渴又饿，累得精疲力尽。当天下午，林维先的爱人何道清因为脚小，加上小孩的拖累，被敌人抓去了。县委委员陆化红的五个月的男孩也落入敌人之手。太阳落山时，我们集合转移到另一座山上隐蔽，暂时避开了敌人。

在敌人搜山的第五天，我和陈宜清等四个同志被敌人冲散，与妇女排失去了联系。途中我又打摆子，烧得满嘴都是泡。到了搜山的第 11 天，我连病带饿，一点力气也没有了，我怕她们三个同志为照顾我而受连累，叫她们离开我，另找地方隐蔽，她们说什么也不肯离开我。"死，死在一块；活，活在一起。"在同志的阶级友爱精神鼓舞下，我忍着疾病的痛苦，和她们一起隐蔽。这天我们走到半山腰，都走不动了，就在几丈高的悬岩上的石缝里隐蔽。太阳当空时，发现对面山路上有敌人飞快地向我们包抄过来，我们又被包围了。同志们正在商量从哪里突围，话音未落，在我们头上又发现了敌人，我们不顾一切地从几丈高的光石板上溜下去，敌人顺着声音就追下来了。我连忙喊道："分头快跑，跑出一个是一个！”我攀着树枝跳到一个敌人想不到的乱石丛中。刚躲一会儿，就听到敌人喝问声："臭娘们！你们不是四个人吗？那一个到哪里去了？""我们就是三个人。"这是陈宜清等三个同志的声音。原来她们从石板上溜下去后，就往沟下突围，被一个一眼望不到底的深水潭挡住了去路，还没转过身来，敌人已冲到眼前了，就这样，陈宜清等同志落入敌人之手。没隔一会儿，山沟里又传来粗野的叫骂声："你们几个人？""就是我一个人！"这是一个老头的声音。"胡说，还有一个大姑娘、大辫子到哪儿去了？""没有，就是我一个人。要杀就杀，就是我一个人！"顿时听到一声高喊："共产党万岁！"紧接着"砰！砰！"两枪，这个老人就壮烈地牺牲了。

夜很寂静。偶尔，从山林深处传来野兽的嚎叫声，使我有些害怕，我怀着沉重不安的心情，走出了乱石丛，翻过一个又一个岩石。我一面走一面想着妇女排的同志们，当我走到我们突围的那条山沟时，突然发现前面有具尸体，头被敌人割去，肚子被剖开，看不清这具尸体是谁，我用手摸出一双粗糙的大脚，我断定是一个男同志，是我们自己的同志牺牲了。这时我只有仇和恨，而没有眼泪，我怀着对敌人的满腔怒火，捧了几捧沙，洒在死者的身上，聊尽我的心意。

在离这具尸体几丈远的深沟里又发现了一条黑影子，我想莫非又是一具尸体？我一边这样想，一边向前走去，到跟前仔细一看，原来是床破被单。从这床破被单上知道前面被敌人杀害的那个同志就是红军家属老李同志，这时我的泪水忍不住滚了下来。老李同志 60 多岁了，老伴死得早，儿子当红军长征去了。我拾起破被子，悲痛地向沟上老李默默望了一会，自言自语地说：老李同志，你为革命英勇牺牲了，我们一定要为你报仇！

告别了老李同志，来到另一个山岔路口，经过观察没有发现敌人。好几天来除了喝一点凉水外，没有吃过一点东西，四肢无力，手拉着茅草、小树爬上了另一座山。趁天还未亮，就在草稞里睡了一会儿。但是想到被杀、被抓、失散的战友就怎么也睡不着。那该死的山老鼠就从我身上跑来跑去，林中的岛儿已鸣叫，这时天快亮了，我又转移到树林茂密的大山沟里隐蔽。山上乌鸦很多，一群几百只，它们在山上靠吃死去的野兽或死人过日子，我躲进树林不到一小时，就被一群乌鸦发现了，几百只乌鸦低飞狂叫，它们以为我是死人。当它们低飞离我几尺高时，我就起来动一动，我怕敌人从这些该死的乌鸦叫声中找到目标，赶紧转移到另一个山林里隐蔽，但它们的嗅觉特别灵敏，我转移到哪里，它们就跟到哪里。就这样，和乌鸦周旋了一天。

太阳快落山时，我告别了乌鸦，向山上走去。上山途中，发现一棵洋桃，由于十几天没有吃东西，又渴又饿，水灵灵的洋桃真是一顿美餐。我把洋桃摘下来，用破被单包起来，准备带给妇女排的同志们吃。在山头上观察了一会儿，未发现敌人，这时天已快黑了，我背着洋桃包向沟下寻找妇女排。到了沟底我觉得全身发冷，头疼得很厉害，可能又是疟疾发了，再加上十几天没有吃东西，过分疲劳，实在支持不住，我就在深沟里的石板上休息。这时突然听到沟下有人在说话，而且声音很熟，好像是老肖、老曾的声音。一阵喜悦涌上心头，我不由得脱口而出，喊了一声："老肖！老曾！"他们俩听到我的喊声，向我跑来。当他们看见我时，有说不出的高兴。他俩扶我走出隐蔽的草丛。我问同志们还有多少人在，他们说大多数人都还在。我很高兴，我们又胜利了，敌人要把我们一举消灭的计划又破产了。这时我不由得想到老李和陈宜清等同志，控制不住内心难过，泪水夺眶而出。

这时我们还有30多人，大家和我一样，衣服被刮破了，身上是皮破肉烂，头发拉掉了。同志们告诉我："你和陈宜清等同志失散后，袁翠明同志和红军家属老李同志去找你们，他们找到了你们隐蔽的山沟时，被敌人发现了，老李同志被杀，陈宜清等三位同志被抓，袁翠明同志因为躲在石缝里敌人没有找到，敌人所说的大姑娘、大辫子就是指袁翠明同志。"

敌人这次搜山持续半月之久，最后实在捞不到更多的油水，只好垂头丧气地滚下山去。但是被敌人抓去的同志却受尽了敌人的折磨和摧残，他们坚贞不屈，没有一个人泄露党的机密。从这以后，敌人对金岗台的“搜剿”更加频繁了。并扬言“三个月消灭金岗台上的‘土匪’”。并由三个月“清剿”一次改为两个月一次，一个月一次，到后来就不定时了,随时上山“搜剿”。到了 1937 年,敌人将碉堡修到金岗台上,日夜“搜剿”。但是，敌人并没有能够将我们消灭，妇女排仍然活跃在金岗台上。

护理伤员

我们在金岗台的三年时间里，收容了红二十八军及便衣队的伤员大约数十人。我们当时是一无医，二无药，三没有治疗伤员的经验。在伤员中，伤势最重的要算县委委员陆化红同志、便衣队的小邢同志和妇女排的老肖同志。

陆化红是 1935 年秋带便衣队到敌占区去搞粮食时，途中与敌人遭遇，头部负重伤，因为无条件医治，头肿得像巴斗一样，疼痛难忍。他的伤口腐烂，臭味熏人，伤口里的臭水从口腔里流出，所以整个冬天，他嘴上经常挂着冰冻溜子。经过我们妇女排一冬一夏的精心护理，才基本上痊愈。

小邢是在 1936 年的夏天，便衣队上山时，遇到埋伏的敌人，在激战中下肢负重伤掉队，便衣队的同志连续几天都未曾找到。县委书记张泽礼严肃地对我们说：“你们一定要把小邢找回来，多一个人就多一份力量，也许小邢正忍着疼痛寻找我们呢！”我们翻山越岭，找遍了金岗台的深山密林，终于找到了小邢同志。他下肢肿得很厉害，不能行走，就用手掌和膝盖爬行寻找部队。当我们找到他时，因为伤势重，时间长，又是炎热夏天，伤口里面生了蛆虫，臭味难闻。我们妇女排把他抬回来，在无医无药的情况下，烧点开水洗伤口，涂点猪油，用旧棉花、破布消毒后包扎伤口。就这样，经过几个月的精心护理，小邢终于痊愈归队。

老肖负伤时，子弹在伤口里未取出来。我们就用妇女头上戴的银针和骨头针划开伤口，用手把子弹取出来。我们就这样克服种种困难，完成了县委交给我们治疗、护理伤员的任务。

难忘的冬天

1936 年冬天，金岗台下了一场历史上罕见的大雪，整整下了几天几夜。金岗台成了冰天雪地，碗口粗的大树都被雪压断。这时我们正隐蔽在马场一带的深山里。便衣队给我们的粮食，几次都因敌人阻挡送不上来。我们经常挨饿，只好在雪地里扒一些草根充饥。就在这时常少甫同志的爱人张敏同志又生了一个女孩。第六天早晨，她把女孩给捂死了。我们发现张敏同志露出伤悲的表情，问她，她一句话也不说，脸上挂满了泪水，叫我们快把孩子抱走。我们从她怀里接过已经僵硬的孩子，大家都不禁哭起来。我和袁翠明同志怀着对敌人的满腔仇恨，在雪地里挖了一个坑，掩埋了这个可怜的婴儿尸体。张敏同志是为了大家的安全才捂死了自己孩子的，因为敌人经常搜山，孩子的哭声，容易暴露目标。她舍己为人的精神，对我们教育很深。

大雪封山 20 多天，县委担心我们在山上饿死，派了三个便衣队员想方设法上山找我们。亲人重逢格外亲，三个同志倒下身上米袋里的米，又回便衣队去了。县委和便衣队得知我们还活着，他们都很高兴。但是，狡猾的敌人却因此发现了目标，跟着追上山来，于是，我们又在冰天雪地里同敌人周旋。

目标暴露了，我们又立即转移。天黑、路滑、风大，大家拉着手，一步一步地向前走。张富同志的爱人一脚踩滑，只听“哎呀”一声，就跌下了万丈悬崖，大家齐声呼喊着她的名字，可是哪有一点回音呢？！只有北风卷着喊声在峡谷里回响。张富的爱人出身很苦，从小当童养媳，参加革命后才得到解放，她就这样离开了人间，我们大家都为她难过，这更加激起了我们对敌人的仇恨。

经过一整天的奔波，大家都很疲劳，身上的烂衣服，一片搭一片的，很多人没有鞋，光着脚，脚都冻烂了。在一条深沟里，我们烧几堆火，同志们背靠着背休息。身下是刺骨的冰雪，前面被火烤焦了，后面还结着冰冻。因为天太冷，大家怎么都睡不着，同志们低声唱起了打商城的小调，革命必胜的决心和激情，使我们忘记了饥饿和寒冷。

没过多少天，便衣队又给我们送来了一点粮食，加上我们在雪地里拾了一些野菜和草根，凑合着度过了这个残酷的冬天。

从 1934 年冬到 1937 年秋的三年时间里，我们妇女排在金岗台上，吃野菜，吞野果，嚼草根，穿密林，淋风雨，卧冰雪，机智果敢地粉碎了敌人一次又一次的“搜剿”、“包剿”、“驻剿”，护理和治疗一批伤病员，给便衣队做鞋袜、缝衣服，有力地支援了鄂豫皖地区三年游击战争。我们妇女排在白色恐怖的日子里，不怕苦，不怕死，除了个别开小差外，未出现过叛徒，始终保持了坚强的革命意志，进行了艰苦卓绝、无比顽强的斗争，直到取得最后的胜利。

选自《南方三年游击战争·鄂豫皖边游击区》，第246—252页。

史玉清，女，1916 年生，安徽金寨人。1929 年参加革命，1931 年加入中国共产党。南方三年游击战争时，任中共商南县委委员，负责领导商南妇女排。新中国成立后，曾任安徽省卫生厅副科长、合肥市牙病防治所副所长等职。1986 年在合肥逝世。

大别山上举旗人

李世安　余启龙　吴英诚

1934年冬，红二十五军奉命实行战略转移后，高敬亭同志根据鄂豫皖省委的指示，把红二十五军留下来的零星部队、地方武装、党政人员集中起来，重建了红二十八军，肩负起党、政、军的领导重担，在与党中央和上级领导失去联系的情况下，坚持了大别山区的对敌斗争。对党对人民作出了重大的贡献。毛泽东同志对这段斗争给予了很高的评价，他在1937年对去新四军四支队工作的郑位三同志说，高敬亭同志和红二十八军坚持大别山三年游击战争是有功的，对中国革命事业作出了重要贡献。

（一）

高敬亭同志，是河南省新县董店人，1928年参加革命。他出身贫苦，祖祖辈辈给地主打活，饱受了地主、豪绅的欺压，跟反动统治者有血海深仇。他的父亲就曾参加过当地农民反抗地主残酷剥削的农民暴动。他少年时代，读过几年书，后来参加革命活动，经常与早就参加革命的梅光荣、傅梅臣一起写标语、散传单，宣传革命道理。有一天，马岗民团姓范的团长突然带人来逮捕傅梅臣，当他们询问傅的住处时，正好问的是傅梅臣本人，傅梅臣灵机一动，手向村子西头一指，“就住在那里。”当敌人奔向所指方向时，他随即就上山跑了。敌人没抓到傅梅臣，又来到董店高家，从高敬亭家里搜出一些革命标语、传单和党的文件。当时，他不在家，敌人就把他父亲抓走，给活活地打死了，并烧了他家的房子。敌人对他的家庭还进行了一系列的残酷迫害，不但逼死了他的前妻，抓走了他的儿子，并且扬言要挖他家的祖坟。在他的影响下，有十几个叔伯兄弟参加了革命，其中十人在战争中英勇牺牲。敌人的屠杀并没有使高敬亭畏缩，相反，他却斗志更坚，杀敌更勇敢。

在第二次国内革命战争时期，高敬亭先后担任豫东南、皖西北道委书记，鄂豫皖省委常委，中华苏维埃共和国中央执行委员，红二十五军七十五师政治委员、军政治部主任等职。

红二十五军战略转移后，国民党军队趁机对我根据地进行了惨绝人寰的血洗。军队经过处，尸骨遍野，火光冲天，田园屋舍，洗劫一空。其血腥的屠杀，令人发指，残酷的手段，古今罕见。我苏维埃政权基本被摧毁，大批干部、党员和群众骨干被屠杀，许多老根据地成了荒芜凄凉的无人区，整个鄂豫皖根据地，只剩皖西的赤城、赤南、六安和鄂东北老区这几小块了。在这安危存亡的重要关头，鄂东北少共书记方永乐，带着鄂东北独立团到皖西，给高敬亭送来了省委关于红二十五军战略转移西进后，要他留在大别山重建红二十八军，负责军队和地方的领导工作，坚持斗争的指示。

1935 年 2 月 3 日，高敬亭在安徽省太湖县凉亭坳主持召开会议，重建了红二十八军，年仅 27 岁的高敬亭同志担任红二十八军政委，肩负起统一领导鄂豫皖边区、红二十八军党政军的工作重担。

1935 年 2 月初，高敬亭正准备在皖西的太湖、潜山、黄梅、广济、舒城一带开展游击战，蒋介石就调集二十五路军、十一路军共十多万人，任命梁冠英为“剿共”总指挥，赶来“清剿”，还制定了一个“三个月清剿计划”，妄图在三个月内将我消灭。高敬亭政委和他的战友们吸取了长山冲、熊家河等战斗的经验教训，认为在敌强我弱、敌众我寡的情况下，若同敌人硬拼，无异于卵击巨石。而决定利用我军能打善走的特点，发扬我山熟、路熟，人民条件好的优点，避敌锋芒，在根据地里同敌人周旋，寻机歼敌。于是，高敬亭便率领部队离开凉亭坳，向霍山前进。部队走到霍山太阳镇，突然与敌人堵截部队的尖兵连遭遇了，我们探知敌大部队尚远，高政委就命令手枪团将这股敌人吃掉。手枪团一个冲锋，将敌全歼，待敌大部队赶到时，我们早已转移了。

中旬，我们住在舒（城）霍（山）大道上的白果镇。高政委正与师政委方永乐、军政治部主任熊大海研究下一步行动计划，侦察员跑来报告，曾代理过安徽省省长的余谊密，带 30 来名武装，从安庆回潜山官庄附近的王庄老窝过年，群众要求除掉这一霸。他与方、熊二位同志研究，决定消灭余谊密，为民除害。一天拂晓，我手枪团团长余雄化装成敌军司令，带着副官、护兵，大摇大摆，直捣敌巢，活捉了余谊密，回过头来，又同带部队冲上来的师政委一起，全歼了敌人。4 月中旬，我军至潜山，被敌二十五路军三十二师紧紧咬住不放。高政委决心拖住敌人向北疾进，牵着敌人转圈子，转了几天几夜，将敌诱至汤池畈附近的桃岭，利用那里山高坡陡、松林蔽日的好地形，打了一个漂亮的伏击战，一举歼敌三十二师九十五旅一九〇团两个营。打这样的运动、奇袭、速决的游击战，是我们红二十八军的拿手好戏。梁冠英的“三个月清剿”计划，就这样被我们击破了。

1935 年 4 月底，蒋介石急电梁冠英，严加训斥，限 6 月底完成“清剿”，否则以“纵匪论罪，以重军令”。梁冠英接到蒋介石的旨意，不敢怠慢，急忙策划了一个“两个月清剿”计划。敌人调集了 13 个师、一个独立旅共 61 个团的兵力，还有很多地方反动武装，分区设防；并以大部分兵力为“追剿”部队，不分界线，不分昼夜，跟踪穷追，追、堵并用，妄图吃掉我军。5 月 6 日，高政委在霍山县黄尾河召开会议，总结了粉碎敌人“三个月清剿”的经验，并重点研究了新的战斗部署。

针对敌人“清剿”重点在潜山、太湖、霍山、舒城的计划，会议决定主力部队跳出皖西，到鄂豫皖边界平汉路以西的桐柏山游击，并相机找红二十五军。

与敌“追剿”部队周旋过程中，击溃独五旅，就是我们运用摸索总结出来的游击战术,消灭敌人的突出战例。独五旅约万余人,装备精良，是专门对付我军的敌“追剿”部队。我前脚走，它后脚跟，我刚停下来休息做饭，它就在后面打起来了，使我军吃不上饭，睡不了觉，得不到休息。只有给这个强敌以沉重打击,才能使我军获得活动的自由。不然，我军就难以在大别山生存。于是，高政委和方永乐同志决心给独五旅以沉重的打击。我们把它从平汉路东拖到平汉路西的桐柏山，再从平汉路西拖到平汉路东的大别山。从 5 月拖到 6 月，拖得敌人疲惫不堪。桃花山激战，首创独五旅；赛山寨的“回马枪”，再次重创独五旅；殷家园的伏击战，将独五旅打得丢盔弃甲，溃不成军。

但是，在特殊情况下，利用我军有利条件，集中兵力给强敌以致命的打击，以获得战争的主动权，这不但是允许的，也是必要的。在桃花山战斗后，我们在光山县东南王园地区，歼灭了东北军一〇九师六二七团，生擒敌团副，缴步枪 500 余支，轻机枪 18 挺，迫击炮两门，子弹万余发。敌人苦心经营的新的“清剿”部署又一次被我们打破了。

高敬亭在战斗中特别注重领导全军总结经验。他经常召开各级干部会议，通过发扬军事民主，集中集体智慧，提出正确的决策。西进桐柏山后，高敬亭根据敌我双方的武器装备和战斗力的强弱等差异，提出了“拣弱敌打”的口号，就是拖垮二十五路军，相机打十一路和东北军，坚决打击保安团队，一切供给取之于敌。在这期间“四打四不打”的原则也提出来了。“四打”是:敌情要明,伤亡要小,地形有利,缴获要多。反之,就是“四不打”。这些,实际上成了当时红二十八军的作战原则。我们灵活运用这些原则，粉碎了敌人一次又一次的“清剿”。

1936 年春，蒋介石换马，卫立煌接替梁冠英任“剿共”总指挥。

卫立煌一上任,就策划了一个“五个月清剿”计划,并大吹特吹,说是“要在五个月内消灭豫鄂皖红军”。卫立煌把梁冠英的惨败归罪于部队不善山战,因而调来善于爬山的一〇二、一〇三师,以增强山地作战的能力。增加了封锁线,构成了严密的纵横交错的封锁网,移民并村,强化保甲,实行十户连坐法。采取“围、追、堵、驻、剿”紧密配合,妄图用“天罗地网”、“竭泽而渔”的办法,消灭我军。

1936 年 1 月,我部队在蕲春三角山会合,高政委召开会议,针对敌人新的部署,决定部队继续分散活动,到平原开展游击战。敌变我变,从集中到分散,从山区到平原,从内线作战到外线作战,从以根据地为中心的游击活动转到远离根据地的大范围的游击活动,是我红二十八军游击战术的重大发展。高政委说:“敌进我山区,我下敌平原,敌进我内线,我就化整为零,打到外线去,打到敌人后方去,捅它的老窝,砸烂它的坛坛罐罐!”敌上山,我下山,回过头来再把炮楼端。这是高政委对付卫立煌的堡垒政策的军事指导思想。按照这个指导思想,我军采取了三次大的分散活动,以营为单位插到敌人的后方。

2 月下旬,一营长林维先带一个加强连,到浠水、黄冈一带活动。他们采取伪装战术,长途奔袭,连拔敌据点,所战皆捷。

4 月初,我手枪团团长詹化雨带特务营和手枪团一个分队,从湖北麻城出发,到河南的潢川、固始等地的丘陵地带活动。一天,部队在潢川的李家庄宿营。潢川至固始的公路上有个桃林镇,镇上驻有敌河南省保安团一个营。据侦察,此地系东北军一〇八师防区,红二十五军走后,我军很少到这里来。因此,冒充东北军一〇八师某团到固始去,浩浩荡荡地开进桃林镇。敌人看见我们是“国军”,非常客气。敌营长听说来了“国军”,赶紧前来请求指示。詹团长故意问道:“最近,我师部获悉,山区有一股红军窜到这一带来,我团特奉命前来,不知道你们可得到红军活动的情报?”

“没有,没有,这一带平安无事。”敌营长说。接着,他请詹团长到营部休息，叫我部队分头到各连营房休息。

当我军进敌营房，正在接受殷勤招待的时候，突然响起了集合号，这就是规定的战斗信号。我军一齐动手，连枪都没响，就缴了全部敌人的械。敌人做梦没想到，我们这些“国军”就是红军。

在平原地区开展游击战，迫使敌人龟缩老巢，我则挥师回山，与地方武装、便衣队紧紧配合，端炮楼，拔据点，毁沟线，将敌人吹嘘的“天罗地网”砸个稀巴烂。就连强敌二十五路军也不得不承认，堡垒政策，对豫鄂皖游击队效果不大。

我们以营为单位分开活动，灵活轻便。在地方武装、便衣队的配合下，大踏步地转移，时而化整为零，时而集零为整。有时扮成国民党的正规军打地方杂牌，有时化装成国民党的“追剿”部队打敌“驻剿”部队。今天在山区攻碉堡，打据点，拔山寨，明天又在平原袭县城，破村寨，烧仓库，声东击西，指南打北，神出鬼没，变幻莫测，打得敌人焦头烂额，丧魂落魄，惊恐万状，疾呼“楚歌四面，无路可寻”。1936 年 6 月 28 日，《申报》透露：“查高俊（敬）亭股匪，全部精锐，不过千余人，在边区各县，时集时散……现化整为零，部队追剿向前，匪又忽在后，以故大军过去，皆目为无匪……”敌人对我咒骂，正暴露了他们惶恐不安与无可奈何的心理。

适应斗争的需要扩建便衣队。这是高敬亭根据游击战争的特点，在鄂豫皖再创的一种革命斗争的组织形式，也是他克敌制胜的一个重要策略。在红二十五军时，大别山已有零星的便衣队。红二十五军走后，老根据地已无法立足，必须开辟新的游击根据地。敌人天天跟着我主力部队，使我无安身立足之所。而这时，掩护伤病员的小便衣队，却能立足敌后，并且能开展群众工作。根据小便衣队的经验，高敬亭决定抽调部分部队和精减的老同志，去发展便衣队，开辟游击根据地。他不仅提出了要发展便衣队，而且指出便衣队的任务和斗争方法。便衣队，实际上是地方党、区乡苏维埃穿便衣的武装工作队，即游击战争情况下的苏维埃。便衣队，灵活轻便，组织精干，或三五人，或十来人，基本活动方式为隐蔽活动。成员多系本乡本土人，地形地貌，风土人情，样样都熟，穿着同当地群众一样。他们扎根于群众之中，出没于乡舍邻里，昼伏夜出，来去无踪。他们宣传、组织、武装群众，建立秘密苏维埃政权。扩大游击根据地，他们给红军做耳目，搞侦察，送情报，监视敌人活动。他们给红军当后勤，搞民运，提供物资供应，筹粮筹款，扩充兵员。他们联络失散红军，掩护伤病员，反奸除霸。他们从政治上瓦解敌人，分化敌军，从军事上扰乱、钳制敌人，配合主力红军作战。国民党豫鄂皖当局在检讨其“清剿”失败原因时供认：“皆缘此等赤匪，多为本地土著，所到之处，又有人从而勾引通窝，以致行动自由，飘忽无定，兵来匪去已成惯技。”《申报》也惊呼“匪已明目张胆，四乡皆有组织，匪区日见扩大，滋蔓难围”。我便衣队确实发展很快，到七里坪整编，已达 111 个，星罗棋布，遍及鄂豫皖 20 多个县。

（二）

高敬亭之所以能领导我们胜利地坚持三年游击战争，除了依靠红军将士的英勇奋战和正确运用游击战术以外，还由于他善于从实际出发，依靠我们党的政策和策略，执行了一条正确的统一战线政策。

根据新的斗争实际，为使红军站住脚跟，解决给养问题，高敬亭对当时鄂豫皖根据地实行的极左的对敌斗争政策作了重大改变。这就是，对豪绅地主，可杀可不杀的就不杀，改为罚粮罚款。如我们曾抓住顾敬之的侄子，就罚他一大笔粮款。对一般地主、富农，只要接受教育，遵守红军的政策法令，缴纳红军派的粮款，就给以生活出路。对敌基层政权人员，则进行教育改造，分化瓦解，争取为我服务。当然，实行上述政策，均是以武装作后盾的。他们的共同特点是怕死，饶他不死，就会接受我们的政策。有些保长、联保主任被捉住了，我们就给他们讲形势、讲政策，有时高政委还亲自讲。经过教育，不少被争取过来了，开始为我们办事，变成了两面政权，牌子是国民党的乡政府，实际上是我们的苏维埃，国民党军队来了应付一番，走了又把情况报告给我们。这些两面政权，给我们筹粮筹款，送子弹，搞情报，掩护伤病员。有时，我们把伤员安置在联保主任家里，或通过他们安置在民团碉堡里。情况紧急时，连便衣队也躲进民团碉堡里了。很多便衣队不好办或办不到的事情，通过他们就很容易办到了。这样，就孤立了少数，争取了多数，减少了阻力，特别是对开展便衣队工作（地方工作）起了很大作用。根据《大公报》透露，国民党对此特别恼火，严饬各县保甲长，如隐瞒匪情不报，或通匪，或供其食宿，或供其物资，或有赎票情事，将其就地枪决，并发出警告："勿得以身试法。"敌人的暴跳，恰恰说明我们政策的成功。

在俘虏政策上，高敬亭也有改变。过去对俘虏，缴枪不杀，给路费回家，但不补充红军。可是，在游击战争中，环境异常艰苦，部队伤亡大，兵员补充很难，而我们抓到的敌军俘虏，大都出生贫苦，被白军抓来，挨打受气，替反动地主老财卖命，本来就心不甘，被俘到红军，看到我们处处为穷人说话办事，官兵平等，亲如兄弟，就想当红军。高政委从这个实际出发，规定俘虏如自愿要求当红军的，我们欢迎。这样，有不少俘虏当了红军，解决了兵员不足的问题。这些俘虏当了红军，经过教育，他们打仗很勇敢，群众纪律也很好。有的不久就当了红二十八军的参谋人员，有不少光荣地加入中国共产党，有的在战斗中英勇牺牲，有些已成为我军的指战员。对释放回家的敌军俘虏，我们很注意做工作，并收到了很好的效果。

备遭摧残的大别山人民，由于国民党的反动宣传，一些人对革命前途悲观失望，信心不足，但更多的穷苦人民，把革命的火种埋在心底，盼星星盼月亮似地盼着红军和共产党，盼着有一天再点燃起革命的火种。在这种情况下，高敬亭政委和红二十八军其他领导同志特别重视军民关系，他们经常教育部队，要宣传、组织和武装群众，扩大红军的影响，要严格执行群众纪律，做到秋毫无犯，要视民如亲，造福人民，做人民的子弟兵。

每个连队都有民运组，每个战士，既是战斗员又是宣传员，还是组织员。我们走到哪里就宣传到哪里，标语、口号、传单贴到墙上、树上、石头上，悬崖峭壁上，到处都是。它告诉人民：共产党还在，红军还在，革命是镇压不了的。人民群众看了，点燃起心里革命的火种，斗争的热血又沸腾起来。

我军所到之处，军纪严明，秋毫无犯，以自己的实际行动向人民群众宣告：共产党领导的红军是人民群众自己的队伍，他是为了人民群众的利益而英勇奋战的。因而深受人民群众的拥护和欢迎。那时，红军战士人人都知道，群众利益神圣不可侵犯，谁违反了，轻则处分，重则杀头。高政委是丝毫不客气的。记得我们一次行军，时值初秋，秋老虎晒得大家汗流浃背，口干舌焦，路旁的大梨树，果实累累，伸手可得，但谁也不去摘一个解渴。在那时，军纪不严，就不能约束部队，就不能争取群众，就不能坚持斗争。国民党天天骂我们是"匪"，骂我们"杀人放火"、"共产共妻"，我们一不检点，就会中敌宣传，群众就不敢接近我们。我们打了三年游击，无论是三伏酷暑，还是数九寒天，大都是住在树林里，或是山洞里，很少住房子。那时有个顺口溜，叫作"树林是住房，茅草盖身上，石头当枕头，树皮野草是食粮"。我们的生活的确艰苦得很啊！经常吃草根树皮，有时吃得浑身发肿，有时吃得拉不出大便来。就这样，还天天行军，天天打仗。大家还都乐呵呵的，浑身有使不完的劲儿。我们每到一个村庄，放下背包，就给老乡打水扫院子，做到缸满院净。解手、洗澡，要避女人。大小便，要自己挖坑，走时还要埋好。买卖公平，借东西要还，损坏要赔偿。群众送水、送饭都给钱，到老乡家烧水做饭，由自己挑水，烧柴也给钱，而且要有礼貌，不准要态度。大家都很自觉，互相监督，不讲情面。临走，检查群众纪律很严格，班里查完连里查，有时高政委还亲自带人检查。

为群众谋福利，是红军区别于白军的显著标志。我们走到一个地方，就打土豪，分粮食，开仓济贫。老百姓一般不敢要，特别是衣服，就更不敢要。在新区，我们今天来了，明天又走了，群众怕报复，开了仓群众不敢来拿。我们就在晚上，偷偷地将粮食、衣物等给基本群众送到家，并宣传我们党的政策。对烈、军属，对骨干群众的家属，高政委很注意照顾，宁可自己忍饥挨饿，也要送东西给他们。我们有个副营长，战斗负伤，瞎了双眼，部队路过他家时，高政委总是去看望他，给钱给粮，问寒问暖，关心备至。群众对高政委很熟悉，他走到哪里，就有群众找他，不管多忙，他总抽时间接待，同他们亲切交谈，生活困难的，就予以照顾。所以，大别山人民，都叫我们“红福”，意思是说，红军给他们带来了幸福。

正因为这样，我们同人民建立了鱼水、骨肉般的关系。我们走到哪里，群众都欢迎我们，拥护我们，不论是大爷大娘，还是大哥大嫂，或者是小弟弟小妹妹，都把我们当作亲人。我们主力部队，就是靠人民群众的支持，才能胜利地开展游击战争；我们的便衣队，就是靠人民群众的掩护，才能昼伏夜出，神出鬼没地打击敌人；我们的伤病员，就是靠人民群众的掩护治疗，才得以重返战斗第一线。余启龙和邓少东、唐元田同志负了伤，隐藏在山上松树丛里，将军山的冬天，是很冷的，特别是夜间，山风一吹，更是透骨凉，当时，他们穿的都是单衣，伤口疼，肚子饿，真是饥寒交迫，疼痛难忍啊！第二天上午，有一位40多岁的大娘上山来了。她看到他们，就问他们干啥的。他们说，我们是红军，打仗负了伤，走不动了，请她给搞点吃的。大娘听了以后，立即回去提来了一个竹篮，篮底是稻草，上面放着一个砂锅，锅里盛着豆汁和鸡蛋。竹篮上蒙着一件黑大掛，另外还有一壶加了盐的开水，大娘亲切地说：山上很冷，稻草留着垫，大褂留着盖，盐水还可以洗洗伤口。大娘纯朴的言语，生动地表现出了人民群众爱护子弟兵的深情。一天，他们在一家独门独户的人家隐蔽，不知怎么被敌人发现了，前来搜捕，老乡就让他们钻进山芋洞里。敌人赶来向老乡要红军，老乡说没看见。敌人把老乡的全家绑了起来，严加拷打，但老乡始终没讲出我们的下落。要不是老乡拼死掩护我们，我们怎能活到现在呢！那时，类似这样可歌可泣的事迹，谁知有多少啊！在敌人的皮鞭和刺刀面前，母认子，妹认兄，年轻的妇女认丈夫，就是牺牲自己的生命，也不交出红军。余启龙同志说：我负伤多次，都是老乡给治好的。特别是那位烈属李大娘，她待我就像亲儿子，日夜守护着我，把全部心血都倾注在我的身上，把她家最好的东西给我吃，使我这个十几岁就离开家的孩子，饱享了母爱的温暖，她那慈祥的面容至今还浮现我眼前，她待我真是比亲娘还亲啊。在那三年里，白军那样残酷的“清剿”，人民群众遭受那么多苦难，我们又是那样弱小，但是，我们终究还是保存下来了，还发展了，就是因为我们有鱼水般的军民关系。蒋介石要“民尽匪绝”，“竭泽而渔”。但是，历史证明：人民是杀不尽的，泽是“竭”不了的。当然，也不可能把我们这些“鱼”都抓住吃掉。

高敬亭政委和其他领导同志也很重视官兵关系。他们与我们同吃树皮草根，同住荒山野岭，同是徒步行军，并肩激战突围，真是同甘共苦，同生共死，亲如手足，情同骨肉啊。他对下级、对战士很爱护，有人说他爱兵如命，一点也不夸张。他们对下面的指挥员很信任，放手让大家去干。那时，部队经常进行分散活动，高敬亭总是让林维先、方永乐等带部队单独活动，确实打了很多漂亮仗。詹化雨同志负了伤，他亲自安置养伤地点，组织救治；方永乐同志牺牲，他犹如断了手足，伤心地流下了眼泪。对战斗勇敢、打仗出色的干部、战士，也很关心，很爱护。高敬亭的记忆很好，对下面的情况很熟悉，谁有什么特长，他都一清二楚，甚至连干部、战士的外号，都能叫得出来，他对部属要求很严。如分散活动，预先规定有集合时间、地点，如期不到，就严肃处理，不容私情。对犯错误的干部，他既严格要求，又耐心教育，只要能改正，他还照样使用。

高敬亭政委和其他领导同志对伤病员特别关心。在战场上，他们十分强调，要不惜任何代价把伤员抢下来，包扎好，安置妥当。谁不照办，他知道后就毫不客气。当时，高政委的马经常让给伤病员骑，有一次，高政委正在打摆子，发高烧，他看到一位同志负了伤，就把担架让给伤员，他却蹒跚着步行。高敬亭不管多忙，每到一地，他总先去看看伤员，询问伤势，了解思想，帮助解决困难。对牺牲的烈士，他特别强调，不论在什么条件下，都不能抛弃烈士遗体，都要收殓安葬。高政委的言行，深深地教育了红军指战员，大家深深感到了红军大家庭的温暖，体会到无比深厚的阶级感情，鼓舞着我们为实现伟大的革命目标而英勇作战。

高敬亭政委爱大家，同志也很尊敬他，时时关心他的安危。在那艰苦战斗的岁月里，行军、打仗是家常便饭，有时激战突围，一口气要翻山越岭跑上几十里上百里，吃不上饭，睡不了觉，但部队一落脚，就派岗放哨，保卫他的安全，战斗转移，掩护军首长撤退。小分队经常冒着陷敌重围的危险打掩护，直到他安全转移。当他陷入敌军包围时（打游击，这种事是常有的），我们就不惜一切，营救他出险。在蕲州毛家嘴，我军突然被敌军包围，经过一阵拼杀，我大部分突出重围，师政委方永乐看到高政委没出来，就立即率手枪团再杀进去，接应高政委杀出重围。这场感人的战斗场面，我们至今仍记忆犹新。

（三）

高敬亭政委和其他领导同志，在日寇深入国土，民族矛盾上升为主要矛盾的时候，他们能根据时局的变化，以民族大义为重，主动向国民党豫鄂皖当局提出谈判、联合抗日的主张。

1937年，我们党中央同国民党建立起抗日民族统一战线。但是，蒋介石采取“北和南剿”的方针，命令卫立煌继续“清剿”鄂豫皖红军。在日寇深入国土、民族危亡的严重关头，高敬亭毅然向国民党豫皖边区督办公署卫立煌提出进行联合抗日的谈判。在谈判中，他表现了高度的原则性和警惕性，既不为其花言巧语所欺骗，又不为其高官厚禄所迷惑。正式谈判中，他指定皖鄂特委书记何耀榜作为我方代表参加，并要他坚持三条原则：一是坚持部队仍属共产党领导，保持独立自主；二是坚持部队番号暂定为抗日联军；三是坚持以七里坪、禹王城、黄陂站、宣化店一带为集中整编地点。这三条，就是坚持抗日、坚持共产党的领导、坚持我军的独立自主。这些条款都是他根据我党中央的指示精神提出的，并有他自己的独到见地。譬如要七里坪，就有几重意义：一是1933年我们花了很大气力没打下来，要来具有很大的政治意义。二是坪店一带驻防最稳妥，其北边一带大山为我老根据地，以西一带大山是我罗陂孝根据地，一旦发生情况，立即就能进入根据地。此外，离武汉中央长江局近，便于请示。七里坪人口稠密，便于发展武装。当时部队大多在皖西岳西活动，从岳西到七里坪，要经过几个县，行程数百里。卫立煌要我们走南线或北线，南线经英山、罗田、麻城、黄安，北线经霍山、六安、立煌、商城、经扶，并说沿线作了欢迎、慰问等准备。但是，高政委决定，不走南线，也不走北线，不经县城，翻山越岭走中线。他亲自部署侦察搜索，百十里内，便衣队不断，敌人动静，我即刻可知。就这样，他仍令全军采取分散行军，严防堕敌陷阱。

高敬亭是大别山的儿子，党和大别山区的人民还记着他，红二十八军的指战员还记着他。三年游击战争期间，在这远离党中央，失去上级领导的情况下，高敬亭依托大别山区人民的支持，依靠红二十八军全军将士顽强的战斗精神，驰骋于大别山的丛山峻岭，转战于鄂豫皖的峡谷、平原，穿梭于敌人的“围剿”堵截和“驻剿”部队之中，神出鬼没地打击敌人，粉碎了敌人近30万正规军、近20万地方反动民团武装的无数次梳篦式的“清剿”，高举起革命红旗，保卫和扩大了革命根据地，保存和发展了人民武装力量，培育了大批干部，有力地支援了中央红军北上，为日后组建新四军提供了基础力量。

选自《南方三年游击战争·鄂豫皖边游击区》，第346—356页。

余启龙，1914 年生，河南商城人。1932 年参加中国工农红军，同年加入中国共产主义青年团，同年转为中国共产党党员。南方三年游击战争时，任六安县第六区独立营第一连连长、红二十八军手枪团分队长等。新中国成立后，曾任中国人民解放军第四十七军一四一师副师长兼永顺军分区第二副司令员，海南军区榆林指挥部司令员、党委书记，广东省军区汕头军分区司令员，广州军区守备师师长、党委副书记，国防部第六研究院院务部部长，航空工业部第六研究院副院长、顾问等职。1993 年在北京逝世。

吴英诚，1916 年生，安徽金寨人。1930 年参加中国工农红军，1933 年加入中国共产党。南方三年游击战争时，任红军商城独立团排长、连长。新中国成立后，曾任中国人民解放军第四十四军后勤部副政治委员，海军南海舰队后勤部政治委员、北海舰队后勤部政治委员，海军军械装备部政治委员，交通部第一公路工程局党委书记，交通部海难救助打捞局局长、顾问等职。1988 年在北京逝世。

十五、鄂豫边游击区

鄂豫边区红军游击队的诞生和发展

周骏鸣

1934年秋，由于王明“左”倾冒险主义的错误领导，中央红军未能打破国民党军队的第五次“围剿”，被迫实行战略转移，革命由高潮暂时转入低潮。同年冬，中共河南省委遭受破坏，中共鄂豫边区工委也同党中央失去联系。在这一严峻形势下，两地党组织于1935年秋实行合并，建立中共鄂豫边区省委。尔后省委根据党中央和朱德总司令的指示，在桐柏山区发动了游击战争。

鄂豫边区红军游击队就是在这种形势和背景下诞生的。在边区省委领导下，游击队紧紧依靠人民群众，实行灵活的斗争策略和方针，历经艰险，顽强奋斗，从小到大，由弱变强，仅两年多就发展成为新四军正规团队，开赴了安徽抗日前线。从而在南方三年游击战争史上写下了光辉一页，为开创中原地区抗日战争的战略支撑点，作出了重要贡献。

一、红军游击队的诞生

1934年底到1935年初，中共河南省委和豫南党组织遭到破坏后，有的同志不幸遇难，有的锒铛入狱，有的被迫撤离河南。党的活动基本停止，革命处于危机之中。1935 年 3 月，中共河南省委委员王国华（绰号王老汉）和他弟弟王国平（王春义）从江西中央苏区接受游击战争训练回来，因没带组织关系，又得知河南省委已遭受破坏，他们便回到家乡确山县，开始了恢复豫南党组织的工作。我于 1934 年 8 月接任中共河南省委军委书记，因叛徒告密，于 1935 年 4 月被捕。在狱中，反动派诱我自首，还诱我参加由叛徒拼凑的假中共河南省委，这使我识破了他们妄图以假乱真，彻底破坏我地下党的罪恶阴谋。为了把这个重要情况尽快报告给党组织，经与狱中的其他省委负责同志商量，我假意答应敌人提出的条件，于 8 月离开国民党开封监狱，回到家乡确山县。我找到王国华同志后，向他报告了河南省委被破坏以及我个人被捕等情况，他分配我在豫南重新开辟工作。

但是，仅凭几个人的弱小力量，是难以对付当时的恶劣形势和危险处境的，为了集聚革命力量，积极贯彻上级关于开展游击战争的指示，1935 年 8 月间，我和王国华、王国平同去泌阳县寻找原鄂豫边区工委书记张星江同志。那时，鄂豫边区工委没有固定的机关，吃住、开会或接头均依靠群众掩护，泌阳县以东的侯庄、张楼和靳庄一带是工委的活动中心之一。侯庄有个侯太俊，张楼有个马长富，他们两家都是党的地下联络点，由于保密工作做得好，始终没有被敌人发觉。

我们三人在张楼村找到张星江等同志后，由张星江主持，大家聚到马长富家门前的高粱地头上开了一个会。我先把河南省地下党遭受破坏的情况作了汇报，建议在情况未弄清之前，断绝同河南省党组织的联系，以免使鄂豫边区党受到连累。张星江、王国华、王国平都曾到中央苏区参加过会议或学习过，他们传达了朱德总司令关于要抓住山区，抓住敌人“三不管”的地方建立游击区，进而生根、发芽、开花、结果的指示。尔后，大家从豫南的实际出发，商定以泌阳、确山、信阳、桐柏县交界的天目山为中心，开展游击战争。因为这里位于大别山脉和桐柏山脉的交叉处，山高林密，连绵起伏，是国民党统治薄弱、鞭长莫及的地方，便于隐蔽发展。讨论时同志们还谈到，国民党的苛捐杂税、抽丁拉夫年甚一年，加上土匪杆子经常骚扰打劫，把桐柏山区搞得民不聊生，群众如同晒得干巴巴的柴草一样容易点燃，易于接受革命主张。况且土匪能在这里聚众活动，国民党无奈他何，我们共产党人为什么不能在这里大干一场呢？对于游击战争一开始怎样发动的问题，大家也发表了个人意见。有的同志主张发动群众大干，我和王国平等同志根据过去的多次教训，主张有一支枪干一支枪的，有两三支枪干两三支枪的，再不能搞先群众斗争，后武装暴动那一套了。后来，这个意见被多数同志所接受。

这次会议很快就结束了。因那时情况复杂，每次开会都比较短，需要研究事情就聚到一起，商议过后就各回各处。当书记的主要是召集会议，提出问题让大家讨论。讨论问题也很实在，没有长篇大论，然后以民主集中制、少数服从多数作出决定。这次会议，实际上是开展游击战争的一次准备会，当时大家只有一个想法，就是尽快把群众发动起来，成立游击队，把反动分子干掉，在桐柏山区打出一个立足之地。

会议之后，我同王国华、王国平分头赶到信、桐、确、泌四县交界地区。我在信阳县吴家尖山开辟工作，住在王老庄一个叫吴元昌的穷亲戚家里。王国华、王国平在确山县石滚河东侧的焦老庄开辟工作，住在我四弟周春鸣家里。当时找一处掩护革命的人家很不容易，如果被反动派发现，抓去不是处死也得坐牢，往往搞得家破人亡。掩护革命的人甚至比被掩护的人遭殃更重。反动派的这一手很毒辣，给我们的工作造成很大困难。

吴元昌有两个儿子及儿媳，仅有的两间房子，一头住人，一头做饭。他在院子里临时搭了个草棚，把我安置在里头。白天，我帮助他家种地、砍柴，晚上开展活动。吴元昌的大儿子叫吴恒文，当时已参加革命；二儿子叫吴恒秀，也看不惯暗无天日的世道，夜里经常和我睡在一起，问这问那，我就讲一些历史上打富济贫的故事给他听，讲我在江西苏区的所见所闻。他对打土豪分田地的事很感兴趣，常问我：骏鸣哥，红军啥时候才能来咱这里？咱啥时候才能过上好日子呀？我看时机已经成熟，就吸收他参加了革命，并通过他弄清了附近村子有几家地主，哪个地主压迫穷人最狠，哪个稍次，群众最痛恨谁等情况。

吴恒文见我到处联络积极分子，向我推荐了一个叫汪心泰的人。他住在王老庄西北不远的小石岭村，家庭贫寒，曾在旧军队当过班长，被鄂豫皖红军俘虏过，受过教育，回家后对共产党和红军一直没有忘却，常念叨红军的好处。他父亲60岁上下，在村里颇有威望，群众很尊重他。这个老人对封建迷信、邪门歪道都不信，唯独相信共产党。这种家庭对我们发动群众是很有帮助的。我同汪心泰接触了几次，发现他乐意跟随共产党闹革命，就介绍他加入了中国共产党。随后，我又同大革命时期的共产党员、当时在吴家尖山教书的吴仁甫取得联系。有了这些党员，我们便在小石岭、王老庄建立了一个党支部，由汪心泰任支部书记。打这以后，这两个村子就成了鄂豫边区省委开展活动的重点，张星江、张旺午、王国华、王国平等同志经常到这里来，宣传发动群众，在一起吃住、开会，讨论建立游击队等问题。

王国华、王国平在石滚河一带开辟工作也很顺利，在我的老家焦老庄及附近村子建立了一个党支部，由周春鸣任支部书记。后来，王国华同志还与中共叶县工委取得联系，与李子健、兰德修、段永健等同志接上了头。

我们在吴家尖山和焦老庄的工作，为发动游击战争奠定了群众基础和组织基础。接着，我们便着手筹建游击队。当时的主要问题是缺乏枪支，大家就依靠这两个支部想办法，很快筹集到三支枪和两粒子弹。这三支枪一支是“撅把子”，是汪心泰用五块钱赊账买来的。一支小八音手枪，是吴仁甫借来的。一支七九汉阳造步枪，是我十叔周凤森的。

1936年1月4日（农历1935年腊月初十），张星江、王国华、王国平和我到王老庄吴元昌的家里开了个会，决定将小石岭村的反动保长汪心乐干掉，缴掉寨上的六七支长枪，把游击队拉起来。成立游击队，是关系着能否发展鄂豫边区革命斗争的一件大事，晚饭时，主人吴元昌特意给我们弄了一壶当地出的小曲酒，每人喝了两盅，既以此壮行色，又以此表庆贺。

饭后，天已完全黑下来，王国华留在王老庄，我和张星江、王国平一块去小石岭。我们一到汪心泰家，他就焦急地报告说：康春傍黑来他家集中时，在后门口遇到保长汪心乐扛着一支枪从寨上下来，进了隔壁人家，担心事情被察觉。听到这个意外情况，我们决定提前下手。这时人员已经到齐，有张星江、王国平、汪心泰、康春、老汪、吴恒山和我七个人。康春是地下党员；老汪是红二十五军留下来的伤员，现已治愈；吴恒山是本地青年农民，游击队成立的次日就脱离了队伍。这支游击队由省委书记张星江兼任指导员，我任队长，王国平任副队长，其他四人为队员。当时大家商议，由我和王国平、康春去干掉汪心乐，其他人留在汪心泰家等候。原来准备的三支枪，我使用“撅把子”，王国平使用八音手枪，康春使用七九汉阳造步枪。

保长汪心乐去的那个人家，和汪心泰家只隔一堵半截墙。我们三人依次翻墙而过，谁知王国平落地时踩住了一头猪，猪忽地一窜把他掀翻老远。这时，我和康春已接近北屋门口，即推门进去，照着正在烤火的汪心乐开了枪，他“哎呀”一声，欲躺未倒。因来不及装第二发子弹，我迅速跃到他身后，一手抓住他的枪，一手用枪把子砸他的头，就这样连打带砸，结果了汪心乐。清脆的枪声划破夜空，掀开了鄂豫边区武装斗争的新篇章。

打死汪心乐后，我和张星江、王国平、康春、老汪五个人带着缴获的一支步枪，及时转移到村东北约八九公里的小山顶上。山上有座小庙，住着胡老二一家，他掩护游击队安全地住了一夜。第二天，我们得到消息，汪心乐的亲戚带着一帮坏家伙来到小石岭，打伤了汪心泰，打死了他的老父亲。这不幸的消息使我们万分悲痛，暗暗发誓：这笔账一定要清算。汪心泰被捕后，关押在信阳监牢，不久以两家有私仇的理由取保释放。出狱后，他撇下年轻的老婆和刚学会走路的孩子，继续从事革命活动。从此他一直没有回过家，抗战时曾任新四军八团队营长，后来在江苏省仪征县同日军作战时英勇牺牲，仪征县人民为他建了纪念馆。

二、游击队的斗争方针和政策

鄂豫边区省委曾多次讨论过开展游击战争问题，但对游击队诞生后怎么办，并没有具体讨论过。所以，当我们打死汪心乐上了小山顶后，这些问题就摆到了面前。当时，我们的水平都不高，除了我和老汪是军人出身打过仗外，其他同志有的连盒子枪还不会用。因此，游击队怎样生存下去，怎样正确地开展斗争，就成为必须首先要解决的问题。我们五个人在小山顶庙里，讨论开了游击队的政策和策略。后来，这些方针政策经过在斗争实践中不断补充发展，逐步地完善起来，主要有以下几点：

秘密活动，隐蔽发展。游击队初创时力量弱小，我们摆脱过去“左”的一套办法，再不干有一点兵力就去盲目地组织暴动，扩大所谓政治影响，以致过早地向敌人暴露目标的蠢事了，而是采取昼伏夜出的斗争方式，白天在群众家里隐蔽起来，夜间进行活动。游击队所到之处，不贴标语，不撒传单，不喊口号，更不准吹牛。即便这样，游击队在夜间行军或宿营时，能保守住秘密也是很不容易的。那时各村的有钱人家大都养着狗，用来报警壮胆，防匪防盗。我们夜间经过村庄能不引起狗叫，不暴露目标，就是一篇很需要认真作一作的文章。我们通常是前边一个人发出口令，一个一个地小声传下去，轻手轻脚地越过村庄。如果夜间要在哪个村庄宿营，总是先派一个人秘密地到村里叫出一个老乡，请他通知各家各户把狗关起来，然后部队才进庄子。即使进了庄，也丝毫不放松警惕，总是先把进出村庄的地形看好，确定好哨位，规定好两三个应急集合点，这才在群众安排好的地方住下来。凡是游击队宿过营，作过宣传，也没有出过问题的村庄，我们习惯上叫它“公开的村子”。如果村子里有坏人,我们就叫“有钉子”。想办法把坏人干掉,叫“拔钉子”。因为这个做法执行得很严格，游击队来无影，去无踪，增强了活动的自主权，避免了不必要的损失。

游击队要发展，队员从哪里来呢？靠地方党组织选送贫苦农民。因为当时斗争艰苦、危险，生怕有意志薄弱者进来后挺不住，开小差或叛变投敌，使游击队遭受破坏。就是这样，在游击队最困难的时候，也有开小差的，不过，他们没有出卖游击队。

打坏货，拉土豪。“打土豪，分田地”是土地革命时期我党执行的一项基本政策，但我们没有这样提，因为提出来也实现不了，而是根据鄂豫边区的实际，变通地提出了“打坏货，拉土豪”的口号。其实这个口号也不是我们的发明，而是大革命时期由人民群众创造的。“坏货”指的是最坏的土豪劣绅以及他们的爪牙、狗腿子，这些家伙欺压残害百姓最甚，不仅穷苦百姓最痛恨，就是稍开明的绅士和本分一点的地主富农也忌恨他们。对坏货，我们采取坚决镇压的政策。打坏货为民除害，有利于发动群众和扩大游击队。“土豪”指的是那些有钱有粮，民愤不很大的地主富农。拉土豪的目的主要是筹粮筹款，以解决游击队的经费和群众的生活困难问题。我们在拉土豪罚款时，注意掌握哀而不伤的原则，所罚之款，既能使土豪出得起，又不致倾家荡产，成为我们的对立面。同时对拉来的土豪坚持不打不骂，不污辱人格，在生活上和游击队员一样平等对待。通过开导教育，讲国民党的假抗日和真卖国，讲共产党的抗日主张和政策，让他们顺顺当当地把钱粮交出来。实践证明，这个政策符合客观实际，是正确的，非常有效，经罚款后放回去的土豪，绝大多数不仅没有成为我们的敌人，有的还成了我们的朋友和义务宣传员。有两个地主家庭出身的知识分子被放回后，不久就加入了共产党，经过在革命队伍里锻炼，后来成为党的领导干部。

紧紧依靠人民群众。谁是坏货，谁是土豪，哪个惩办要严，哪个处罚从轻，只有人民群众最摸底。所以我们把谁是坏货、土豪的判定权交给群众，尔后游击队再根据群众的意愿执行。坏货和土豪大都住在围寨和碉堡里，仅靠我们的几条破枪和几个人、几十个人登梯子爬寨墙硬攻，是免不了要吃亏的，因此，我们不用这种蠢办法，而是依靠群众帮助进入围寨。这一招很厉害，能使土豪劣绅胆战心惊，有的吓得不敢出门，不敢赶集。有时候，他们躲在碉堡里不出来，当游击队把他们抓走或要了他们的命，他们仍糊里糊涂，闹不清是咋回事。因此，土豪劣绅对以人民群众作靠山的游击队害怕得很。群众说我们抓土豪如同抓瘟鸡子一样。尽管游击队人枪不多，但名气不小。后来，我们的三五个手枪队员大白天到集市上打坏货，只要大喊几声："老共打坏货的"，赶集的群众不仅不怕，而且高兴得很，纷纷说："咱们的队伍，咱们的队伍"。这是人民群众对游击队最亲切的称呼。

为了使群众真正了解游击队是自己的队伍，与国民党军队和土匪杆子有根本的不同，我们每到一处，只要住下来，就召集群众开会，宣传共产党的主张，讲游击队的政策。同时要求全体队员以身作则，严格遵守群众纪律，宁可睡牛屋，决不住群众住房，做到不拿群众一针一线，借东西要还，损坏东西要赔，一旦发现损害群众利益的，就严肃处理，坚决纠正。当打了坏货，拉了土豪后，对于没收的东西，游击队除留下一些必需品外，其他的全部分给群众。因此，凡是游击队开辟过的村子，人民群众和游击队真是亲如一家。游击队帮助群众生产，群众帮助游击队洗补衣服，购粮买菜，料理伤员，放哨警戒。就是有一个问题不好解决，一到下午四五点钟以后，敌人就不会来了，来了我们也不怕了。这时候有很多群众来看望游击队，有的还带来一些土特产。有段时间，游击队晚上这顿饭有肉吃，有些群众是来吃一顿的。在国民党蒋介石的反动统治下，穷乡僻壤的百姓每天能吃上粗菜淡饭都很难，吃一顿肉就更不容易了，所以，晚饭前的这一段时间，群众到的人数有时比游击队员还要多。不让大家吃顿饭，太小气了，是会脱离群众的。后来，我到延安曾就此事问过郑位三同志，他说只有很好地招待。

多交朋友，少树敌人。初期的游击队，人枪俱少，而且是处在敌人的夹缝中活动的。为了有效地保护自己，把更多的人拉向我们周围，改变斗争的环境，我们在"打坏货、拉土豪"的基础上，提出了"多交朋友，少树敌人"的政策。凡是不坚决反共、不是群众最痛恨的，无论国民党的联保主任、保甲长，还是地主富农、土匪杆子，我们都同他们"交朋友"，相信能通过努力把他们争取过来。后来的实践反复证明了这个政策的正确性。

1936年下半年的一天，游击队活动到信阳县吴家尖山西南约四公里的杨庄。这里位于信阳县和桐柏县的交界处，西边紧靠大山，西南不远就是桐柏、信阳两县的交通咽喉——石门沟。因地理位置不错，这个庄成了游击队活动的好场所。房东杨天才和地下党同志李虞侯（又名李守林，桐柏县杏树岗人）对我们说，当地几个有威望的人希望能同游击队的人拜为把兄弟。在"左"倾教条主义领导时期，是绝不允许这样做的，可我们不这样做就要脱离当时的实际，就不利于在特定历史条件下开展游击战争。为这件事，游击队党支部专门作了讨论，一致认为同这些人交朋友、拜把子，是在艰苦斗争环境中联系群众、宣传革命思想、开展武装斗争的灵活方式，对革命有利无弊，所以我们决定同他们"拜把子"。当时拜把子的共有八个人，除我和李虞侯、老汪是游击队和地下党同志外，其余五人都是地方上有威望的人物。这八个人中，我排为老大，杨天才排老二，李虞侯排老三，老汪只有20来岁，是小么，其他四人的名字已记不清了。那时，我没有干过拜把子这种事，还预先演练了一番。正式拜把子的时候，我作为老大跪在最前头，手里拿一把香火，叩个头，口里念道：我同某某几个人结拜为兄弟，为革命奋斗，有福同享，有祸同当，谁若三心二意，炮打穿心过。念过之后，再叩个头。尔后老二接着来，除换一个人名外，也是这番言语，依次类推。拜过把子后，感情马上就起了变化，再见到把兄弟家的男女老少，亲得如同一家人。后来，杨天才加入了共产党，为革命献出了宝贵生命。李虞侯由地方党转入新四军五师，任信、确指挥部参谋长。其他几个人的情况现已淡忘。

多交朋友，在当时还有一个怎样对待抽大烟的问题。鄂豫边区的中、上层人家，见了客人如果能把大烟枪拿出来，就是表示对客人的尊敬，你要是不抽，他会对你产生戒心，不会同你赤诚相见。为此，游击队战士委员会作出一项特别决定：为了便于开展工作，游击队负责人可以应酬一下，若缴获了土豪的大烟枪，再好也要砸掉，更不准携带。记得是 1937 年 7 月下旬，鄂豫皖边区红二十八军派一个营帮我们打下了蔡冲土围子。事隔一个月，当游击队二进蔡冲时，离蔡冲不远的一个庄上有个小地主请我们吃饭，开始，我们婉言谢绝，可他非请不可，我们估计他可能有什么事，为了摸摸底，也就去了。一进屋，他已把大烟枪摆好，我们装作不客气的样子，躺下就拿起大烟枪，这个小地主消除了顾虑，讲开了实话。他很亲近地贴着我的耳朵说："你们打蔡守恭，洋钱没有弄到，他都埋在地下啦！"洋钱，是群众对银元的俗称，从一串二铜制钱换一块银元起，银元只进不出，有钱人家都把它当成财宝埋在了地下。蔡守恭的老窝被端掉后，跑到明港去住，因银元带多了犯私，也没敢扒出来带走。根据小地主提供的情况，第二天天刚亮，我们就把少年先锋队的小青年们集合起来，作了一个动员，要大家到蔡守恭的家里扒银元去，并规定了纪律。一个上午，我们共挖出好几个大元宝和 4000 余块银元，一下子解决了游击队的经费紧张问题。从这件事上可以看出，具体问题具体对待，才符合马克思主义的基本原理，只讲原则，不讲灵活，那是货真价实的教条主义。

不打无把握之仗。打仗如同做买卖，本钱小的往往很谨慎，只能赚，不敢赔。我们游击队也提出，力争多打胜仗，不打败仗。要做到这一点，就要遇事三思而后行，不能拿着鸡蛋往石头上碰。当时我们就非常明确地提出，不仅不主动同敌人正规部队作战，而且不让他们知道我们的行踪去向。在相当长的时间内，我们游击队把打击或作战对象，只选择为个别的反动分子和孤立的地主武装。凡能通过伪装智取的就不强攻，凡能里应外合的就不单独行动。有一次，游击队在确山县石滚河以东的高庄宿营。吃罢早饭，我们发现一个连的国民党部队，在距离我们很近的地方路过。敌连长站在队前，两个背驳壳枪和大刀的护兵紧随其后，其他士兵都停在路上，把帽子摘下当扇子搧。这时，游击队如果来个突然袭击，可能有两种后果，或者把敌人打垮，缴一部分枪支；或者被敌人咬住，拼个鱼死网破。但无论哪种后果，都会危及庄上的乡亲们，所以我们主动放弃了这次战斗。事后，同志们为这件事还有争议，有的说该打，有的说不该打。1937 年夏，我在延安时曾就此事请教朱总司令，他说不该打，一是没有绝对把握打胜，二是打起来老百姓遭殃。

稳妥地做好匪运工作。豫南土匪之多，是远近闻名的。用老百姓的话说，这是官逼民反，民不得不反。老百姓叫国民党为“刮民党”，称蒋介石是“造匪总司令”，因为土匪都是他们刮取民脂民膏造出来的。有些土匪的口号是“打富济贫”，有相当的感召力，于是很多穷苦农民跟着参加，他们能聚众成千上万一点也不奇怪。至于小股土匪，十几个人、几十个人的就更多了，他们白天不敢露面，夜里出来绑票。总之，当时豫南的土匪多如牛毛，是个很大的力量。

根据有群众的地方就应该去做工作的道理，早在 1932 年前后，鄂豫边区党就曾派陈香斋等同志去做匪运工作。陈香斋是个青年学生，少年英俊，很有口才，他根据土匪讲哥们义气的特点，同一些土匪头子拜了“把兄弟”，做出了特殊成绩，使很多土匪都知道共产党和红军是解救穷人的救星。再者就是因为鄂豫边区同鄂豫皖苏区相邻，红军的所作所为对不少土匪产生了积极影响，他们一般不与共产党和红军为敌。但土匪毕竟是流寇，没有什么主义和明确目标，到处抢劫、流窜，而且喜怒无常，有时也会翻脸不认人，所以做匪运工作要比做群众工作艰苦、危险。陈香斋从事匪运工作时间较长，经常吃不好、休息不好，有一次他跟随土匪行动时，因身体有病掉了队，被追赶的国民党军队捉住。他临阵不慌，机智地说自己是被土匪拉的“肉票”，国民党军官看他像个青年学生，也就放了他，但他的腿从此跑坏了。红军游击队成立后，我们也十分重视做匪运工作，边区省委和游击队的许多同志，如张星江、王国华、吴仁甫、邓一飞和我都做过教育争取土匪的工作，成效也很明显。在相当长的时间内，土匪不拉游击队控制地区的群众，如果错拉了，游击队只要写个纸条送去，他们就会无条件放人。这一点可得到群众拥护了，同时也使游击队免除了腹背受敌之忧。

党的工作以武装斗争为中心。游击队诞生后，鄂豫边区党就把工作中心转到了游击队。开始时，省委领导只有王国华、仝中玉没有参加游击队，后来他们两人也先后担任过游击队的指导员。为了避开敌人的搜捕，省委开会一般都在游击队里开，边区党、政、军的一切问题，也几乎都在游击队里讨论决定。这是符合当时的特定环境的。边区省委领导下的各县、区党组织，当时的中心任务是组织群众配合游击队“打坏货、拉土豪”，为游击队输送骨干，协助建立游击根据地。因游击队流动性很大，干部缺乏，不可能做更细致的工作，每到一地宣传过党的政策后，只要群众表示拥护，我们就认为那里的群众同共产党是一家人了，群众也认为自己“随了共产党”。游击队开辟出新的区域后，就交给地方党组织管理。

三、游击队初期的斗争

初生的牛犊不怕虎。刚刚诞生的游击队，斗志旺盛，决定利用春节前后的有利时机，铲除几个恶贯满盈的联保主任和反动保长，发动群众，开辟游击区。

信阳以北的宋冲罗楼是保长张兆龙盘踞的一个反动围寨，内建一座碉堡，由几个保丁持枪保护。张兆龙弟兄俩坏事做尽，民愤极大。我们打听到这对狗兄弟喜欢打牌耍钱，有一天，事先安排了一个和张兆龙弟兄熟悉的群众去碉堡里同他们打纸牌，尔后，由两名群众带着游击队潜入围子，隐蔽到碉堡门口，静候里面的动静。不久，我们派进去打牌的人说了句“打完这一盘,我得去尿个尿”。这是行动的暗号。说话间，碉堡门已被打开，游击队员一拥而进，大声喊道“不准动！”紧接着就是两声枪响，结果了张兆龙弟兄俩的狗命，缴了他们的枪。尔后游击队召集群众分发张兆龙家的财物和粮食。这是游击队头一次分坏货的东西，到的群众虽不太多，但眼下已临年关，缺钱少粮的老百姓分到了粮食和财物，其喜悦心情可想而知，都夸游击队是穷人的队伍。这次行动所造成的影响同我们口头宣传的效果无法相比，群众宣传的力量比我们不知要大多少倍。在人民群众的大力支持下,游击队很快增加到十多人。

旧历大年三十夜里，家家户户祭祖先，都不关门闭户。我们决定利用这个机会，干掉确山县何大庙的联保主任何国祥。此人是个头上生疮，脚下流脓的坏家伙。1933 年我搞农民暴动失败后，他缴去了我们的枪，还把我们最勇敢的队员何国宝打死。因为他罪大恶极，怕遭暗算，行动非常诡秘，平时他不在家里，而是住在石滚河镇子上，深居简出。这年三十晚上他回家祭祖，还专门让他儿子带上一支汉阳造步枪做保镖。大约是夜间 11 点左右，我们由群众何大枝带路，悄悄摸到何国祥家的后门口，用手推推，门已经关闭，隔门缝可以看到他家的堂屋门还敞着，何国祥嘴叼旱烟袋，正坐在屋子里烤火。他儿子坐在他身后的地铺上打盹，双手紧紧地抓着枪。事不宜迟，我们当即翻墙跳进院子。何国祥听有声响，忙问是谁，这时我已跨进堂屋，抬手一枪，要了他的命。何国祥的儿子慌忙掂枪起来抵抗，我又对准他射击，但子弹瞎了火，忙赶前一步，抓住他的枪。他恶狠狠地朝我的手上咬，咬下一小块肉。这当儿，队员老汪赶上来，照头给他一“撅把子”，结果了这小子。这天下着大雪，群众待在家里闹不清发生了什么事，我们便大摇大摆地走出了庄子。

紧接着，我们又连夜赶向瓦岗镇北边的大桥凹，袭击联保主任湛才广。雪越下越大，遍地白茫茫的辨不清路径。我们深一脚浅一脚，不时地滑进雪窝里。等来到大桥凹村，天已放亮，不过多数老百姓屋里仍点着灯祭祖宗。因参加这次战斗的新队员多一些，多数不会放枪，心里毛毛的。为了给他们壮胆，我抢先接近联保主任的大门，一看门没关，乘机闪进院子。这时，湛才广正躺在屋里睡觉，他老婆坐在床上闭目养神，屋中间有一盆炭火，燃得旺旺的。这真是天赐良机，我冲进屋，一枪就把湛才广干掉了。接着，我发现他的驳壳枪挂在墙上，便高兴地取下来，兴致勃勃地告诉跟进来的队员：“驳壳枪搞到了！”当时驳壳枪也叫盒子枪，是我们最稀罕的宝贝玩意儿。与此同时，队员们又缴了其他屋里的三支长枪。等我们转出院子后，发现队员康春仍爬在大门口，嘴里空喊着：“不起来我还打。”我上前照着他的屁股踢了一脚，告诉他联保主任被打死了。

几次斗争尽管取得了胜利，但从中可以看出，游击队中的骨干太少了，把一个普通农民培养成合格的革命军人是多么不容易。我渐渐地感觉到，我们这支游击队先天不足，后天失调。先天失去了同党中央的联系，后天没有像样子的骨干补充，开展革命斗争是相当困难的。

刚刚学会走路的婴儿，总想离开母亲自己走一走，这就避免不了要跌跤子、摔跟头。游击队诞生后，经过几次斗争的胜利，很快发展到30多人，十多支枪。1936年3月初，游击队到老乐山以东、驻马店以西地区活动。王国华同志曾于1933年在这一带领导过抢粮斗争，很多群众起来响应，但斗争失败后，党组织没有派人去恢复工作。我们来这里的目的，主要是发动群众。这天，游击队刚来到老乐山东边的庙里，遇上了受共产党影响较深的土匪高殿卿。高部常在这一带活动，保安队对他无能为力。见面之后，他表示了欢迎之词，还买来酒肉请游击队吃饭。饭后，高殿卿把他的“二架子”（仅次于高的头目）张毛留下，他自己带着人马“打活”去了。夜里，游击队在杜庄村宿营。

杜庄村落分散，我们对这里的敌情和地形一概不了解。国民党遂平县保安队来摸高殿卿时，摸到了我们头上。夜间，我同张毛住在农民杜伟家的一间牛屋里，其他队员分散在老乡家里住。天将黎明时，杜伟起来喂牛，听到庄子北面狗叫的厉害，忙把我们叫起来。我同张毛往北侦察了一段，看看没啥动静，接着又往西侦察。就在这当儿，敌人从北面包抄过来。我们被迫折回村头，正焦急间，忽见放哨的康春跑过来，向我报告国民党军队来了，说完慌慌张张就跑。我低声训他往哪里跑，他不听。这时，一个拄着棍儿的敌人已摸到跟前。因我们夜里活动惯了，看东西就像猫头鹰的眼睛，我一发现他，连开几枪，把他打死。后面跟上来的一个敌兵朝我开了一枪，未打中，待我还击时，子弹卡了壳。这时，康春和张毛都已跑走好远，无奈，我也只好跟着他们往西山跑。我边跑心里边嘀咕：“完了，完了，都出不来了！”等我跑到西山上，看到张星江已带着一部分队员突围出来，心里这才踏实下来。

天亮之后，我们集合队伍清点人数，发觉少了张旺午、王国平、吴仁甫和柯骡、孙昌、红孩、吴狗、老兰等九人。后来查明，副队长王国平和队员柯骡当场牺牲。张旺午、吴仁甫被送到开封监狱（后来获释）。老兰被关到遂平监狱，下落不明。吴狗、红孩、孙昌等四人被送到确山后，惨遭反动派杀害。30多人的游击队，一下子损失了九人，其原因主要是由于康春放哨失职造成的。大家惦念失去的战友，无不伤心地抱头痛哭。随后，游击队召开全体队员大会，讨论对康春的处分。队员们踊跃发言，尖锐地批评康春放哨失职、临阵脱逃的严重错误，要求按军纪严肃处理。为了维护革命纪律，会议决定“大义灭亲”。同志们如同诸葛亮挥泪斩马谡一样，流着眼泪把康春处死了。

这次的挫折虽然很严重，但并没有把我们吓倒，没有使我们灰心丧气，失败是成功之母，挫折进一步激发了大家对反动派的刻骨仇恨，使我们提高了革命的警惕性，变得更加聪明起来。事后，边区几个县的党组织为了帮助游击队战胜挫折，积极动员党员和进步青年参军，省委也调陈香斋同志来游击队担任副队长，使游击队的力量得到加强。不到一个月的时间，游击队又恢复到 30 多人，有五支驳壳枪，14 支长枪。

1936 年 3 月下旬，为了贯彻由游击战争推动群众斗争的指导思想，边区省委决定利用平氏孤峰山起庙会的机会，组织游击队和进步群众到庙会上夺枪，以夺取敌人的武器武装自己，推动游击战争的开展。平氏镇位于桐柏县境内，镇西南不远处有座孤峰山，上面建有祖师庙，很是壮观。每年农历三月初三到初五日，这里都要举行盛大庙会。善男信女们成群结队，前来烧香拜佛。庙前广场、道路上更是热闹非常，有富商豪贾搭起的京货棚，还有两台大戏比着唱。有些土豪劣绅穿红戴绿，骑着马，坐着车，带着狗腿子来赶会。有枪的还要带着枪到会上逞威风。这个地方靠近山区，经常闹土匪，为了维护会场的秩序和安全，国民党桐柏县政府总要派出保安队守卫会场。名为守卫会场，实际上是保护土豪劣绅们的利益不受侵犯。

为了组织好夺枪斗争，庙会之前，张星江、王国华、陈香斋和我专门开了一次会，主要研究决定了以下几个问题：第一，鉴于游击队人枪较少，力量不足，由王国华负责到泌阳、桐柏等地，发动党员和群众参加这一斗争，由张星江、陈香斋和我负责游击队的行动；第二，为解决枪支不足的问题，由我负责向土匪高殿卿部借枪；第三，张星江对平氏地理环境熟悉，负责找隐蔽出发地点；第四，夺枪行动以鸣枪为号；第五，使用短枪的，每人后面跟一两个队员保护，防止坏人把枪抢走；第六，夺枪斗争在3月25日（农历三月初三）发起，参加人员要分别在行动的前一天到达指定地点。

会议之后，我们分头行动。我带游击队找高殿卿借短枪，结果没借到，以至耽误了两天时间，到3月27日（农历三月初五）凌晨才赶到平氏。虽然我们已连续行军了两个夜晚，但这会儿已顾不上休息，便胡乱扒了几口早饭，开始行动。为了不暴露目标，长枪队没有进会场，带短枪的和徒手队员都进入了会场。

尽管庙会到了最后一天，仍然人山人海，热闹非常。我们进入会场不久，不知从哪里钻出一个女人，在人群中大喊大叫:“有土匪呀！”一下子把会场搞炸了。保安队抓住她一问，原来是个疯女人，会场这才渐渐平静下来。这个突然情况，开始弄得我们很紧张，但对“镇会”的保安队也起到了麻痹作用。经过在会场上仔细观察，我们暗暗盯准了一些挂枪的京货棚和挎枪的坏货。俟到下午3点多钟,有些挎枪的“坏货”开始走了，我对张星江说：“下手吧，不然带枪的要走光了。”他吭了一声，我对准京货棚边的一个坏货开了枪。这家伙还真有点名堂，眨眼功夫已抓起了他的驳壳枪。跟在我身后的牛德胜手疾眼快，赶上前将其制服。枪声一响，会场上顿时大乱，如同开了滚油锅。保安队闹不清因从何起，“砰砰”、“叭叭”朝天上乱放枪，企图镇住局面，稳定会场。但他们已经做不到了。这次夺枪斗争我们取得了胜利，由于没有经验，仅夺得短枪四支，长枪五支，天近傍黑时，我们顺利地撤出会场，只有一个队员因迷失方向，在山上被人打死，丢了一支驳壳枪。

这次庙会夺枪，从进入会场到撤出，前后一整天，不少游击队员两天两夜没睡觉，都感到很疲劳。夜间走路，因地形不熟，也摸不准方向，当走到桐柏县安棚附近时，大家都说走不动了。我们照顾了大多数人的意见，找了一个没有寨墙的小庄子宿营。次日中午12点左右，匪首李合带着1000多名土匪，从游击队驻地经过，他是副队长陈香斋做匪运工作时的换贴“把兄弟”。李合告诉说后边有国民党军队追赶，要我们同他一起走。当时我们正在开午饭，想吃完饭再走。哪知敌人来得很快，李合他们刚过去，国民党军队就追到了，游击队被迫应战。我坐在地上向敌人射击，不料一颗子弹击中了我的大腿，好在没有伤筋骨，还能跑。接着，我把受伤之事告诉了张星江，并把我使用的汉阳造七九步枪交给他。此时，副队长陈香斋正带着队员向附近山上撤退，当地围寨内有枪人也出来帮助国民党军队把我们当土匪打，差不多形成了对游击队的四面包围。队员们快跑到山边了，又遭国民党前哨部队拦截阻击。在此危险时刻，陈香斋大声喊道：“同志们冲呀！往那边跑呀！不能让敌人抓活的！”他把哨子一吹，七八十个人喊着“冲啊！冲啊！”跟着他冲开一个口子上了山。于是敌人回过头来堵截张星江、老汪、牛德胜、朱凤昌和我。我们是在后面打掩护的，由于冲出去的队员把子弹打光了，无法接应，而我们五人已被敌人的火力隔开，在激烈的枪战中，张星江同志不幸中弹牺牲。我向逼到跟前的敌人连打几枪，拼命紧跑几步上了山。游击队只要一上山就是胜利，敌人也就没办法了。上了山，天已黑下来，队伍集合在一个山头上，当大家听到张星江同志牺牲后，无不失声痛哭。张星江同志是边区省委书记，是游击队的创始人之一，又是经过实践考验，群众公认的领袖。有他在，我们就感到有主心骨，什么敌人，什么艰难困苦都不怕。他的牺牲是鄂豫边区的一大损失。

这时，我忽然感觉受伤的腿疼痛难忍，连动一下都困难，同志们找来一块门板，把我抬下山。土匪李合就住在山下，他弄来些东西给我们吃，还交出一匹马，由马长富同志牵着，护送我到泌阳县城南菜园的熟人家里住了一夜。次日天明，马长富找来一辆土车，把我推到张楼他家里养伤。

张星江同志牺牲后，仝中玉接替了省委书记职务，并参与领导游击队。当时省委书记的调整很简单，不举行什么选举仪式，只是几个领导人在一起议论一下就成了。仝中玉是个老知识分子，1928 年的党员，有丰富的地下斗争经验，他上队不久，副队长陈香斋的腿病复发，需离队到驻马店治疗。临行前，他看到老仝没有领兵打过仗，怕他一人领导游击队有困难，就找老仝商量说："把老周找回来吧。"这时，我受伤的腿还没有好，也只有归队了。

张星江同志牺牲后，国民党军队从他的遗体上搜出了我党文件，发现我们并不是什么土匪，而是中国共产党领导的红军游击队，于是调集正规部队对我们进行"搜剿"。我上队后，敌人"搜剿"的势头还在逐步升级。当时游击队只剩下 20 名队员，面对日搜夜"剿"的敌人，随时都有全部覆没的危险。这时，我猛然回想起在江西瑞金时，朱总司令同我讲的几句话:遭敌人"围剿"而无法摆脱时,可把部队"化整为零"隐蔽于群众家中，和敌人捉迷藏。等摆脱了敌人的"围剿"，再"集零为整"，把部队集中起来活动。这些话使我眼前豁然亮堂起来，立即找仝中玉、王国华同志商量，建议把游击队"化整为零"，分散活动。他们一致同意。于是我们把游击队的 20 名队员分为三股,每股六支长枪，两支短枪。由于队上只有五支驳壳枪，我带的一股只要了一支，另外一支短枪是我用过的"撅把子"。当时议定的活动范围是：仝中玉同志带一股在泌阳县活动。邓一飞带一股到信阳县活动，邓一飞是四川人，大学生，眼睛高度近视，曾担任过共青团河南省工委书记。我带一股到确山县活动，我们还商定，以老仝为中心，每半月开一次碰头会。

游击队分开活动后，由于游击骨干少，有些同志缺乏经验，不大适应恶劣的斗争环境。邓一飞同志带的一股在春夏之交青黄不接时，六个队员都饿跑了，只剩下他光杆一人。仝中玉同志带的一股，先在泌阳县活动，因难以摆脱敌人的"搜剿"，又先后转移到了唐河县和新野县。到游击队"集零为整"时，他们受了损失，队员朱凤昌和阎文甫在新野县某地与民团遭遇，因无法隐蔽，只好奋起反击，结果两人壮烈牺牲。为这件事，老仝心里非常难过，加上感受风寒，患了一场大病。

我当兵出身，又是确山人，“化整为零”的当天晚上就带队干掉一个坏货，缴获一支枪和20元钱。接着又在一地洞里拉到一个土豪，罚他家出了150元。不久我们得知这家并不是土豪，拉人拉错了，待我们又拉到一个土豪后，主动把钱退还了这家。这件事虽然很小，影响却很大，使人民群众进一步认清了红军游击队的本质。与此同时，叶县工委的段永健、李子健也参加了游击队。不久，段永健出任确山县委书记，李子健任游击队秘书。还是在这一段时间，确山县群众协助国民党新五师的一个班起义，带他们参加了游击队。这样，在分开活动的时间里，我们这一股由七个人发展到20多人，终于在危难中挺了过来。由于我们采取了“化整为零”的游击战术，来无影，去无踪，搞得敌人疲于奔命，不久，国民党军队“搜剿”红军游击队的计划彻底破产。敌人撤走后，游击区就成了我们的天下，我们又“集零为整”活动。此时游击队发展到30多人，长短枪增至20余支。

在游击队“化整为零”活动期间，根据地方党组织的意见和要求，我们曾袭击过确山县石滚河的联保主任赵子敬，出现了一次不该发生的失误。

石滚河是一个大集镇，隔天逢集。镇子四面围寨高筑，同一个小城市差不多。镇联保主任赵子敬是我的亲姑父，是个地主知识分子，曾在永城县当过校长。我们俩的关系特别好，他非常相信我，1932年我从江西苏区回来后，把见到毛泽东主席、朱德总司令的情况讲给他听，向他说明“中国的出路只有革命”这一道理。赵子敬听后也表示赞同。我为了找党，打算在驻马店开个小店，他爽快地借给我80块银元。这说明他虽然当上了联保主任，骨子里并不坚决反共。但是，眼下地方党已把工作做好，安排赵子敬的两个护兵亲手将他干掉。在这种情况下，我冒出了私心杂念，没有站出来阻止这一行动，怕同志们说我袒护亲戚，是假革命。因为我的出身不好，在白军中当过团长，找党时，党组织还一度不敢接收我，所以在这个问题上，我没有大胆地陈述不同意见。

一天夜里，游击队悄悄摸到石滚河东门外，朝天放了一枪。赵子敬的两个护兵听到联络信号，以到外面看看情况为由骗过赵子敬，为游击队打开了寨门。他们出来时，赵子敬只穿个白裤头，斜躺在床上抽大烟。说来也巧，只是出来进去的工夫，一个替死鬼——最会拍马屁的痞子冯得一也穿个白裤头，摇摇摆摆地到赵子敬那里聊天。当两个护兵转回去干赵子敬时，由于心情紧张，从错开的门缝中一看屋里站着个穿白裤头的人，“叭叭”就是两枪，尔后转身走掉了。游击队也没有进去检查。

第二天天还没有大亮，不少群众找游击队报告说：“你们怎么搞的呀？打的不是赵子敬，是冯得一呀！”从此，赵子敬完全站到了反动派一边。他到确山县城请来保安队，在陈冲和我们打了一仗，造成我们牺牲三人，受伤三人的损失。地下党组织也接连遭到破坏，刚同游击队接上头的共青团汝南县委书记孔恰子，中共确山县委委员陈国典以及游击队员罗大云，被敌人抓住后在石滚河惨遭杀害。确山县委书记段永健和数名群众被捕后，遭到敌人严刑拷打，后来经进步群众做工作，由同情我党的保长周冠鸣等人取保释放。在抗战时期，赵子敬继续组织武装与共产党为敌，不知杀害了我们多少同志。这是我们不应该犯的一个错误，背离了自己制定的“多交朋友，少树敌人”的政策。但这次错误的主要责任应该由我来负。我当时若能大胆地把情况讲出来，说服大家改变计划，同志们很可能会赞同我的意见。如果不犯这个错误，当地无论哪个土豪劣绅也没有胆量组织反动武装或带着保安队打我们，因此，这次错误成为我的终生之憾，每当想起这件事，我就追悔莫及。

四、边区游击战争的发展

边区省委和游击队经过一年的顽强斗争，既有胜利之后的欢乐，又有遭受挫折的痛苦，经受了很大锻炼。由于总结和吸取了正反两个方面的经验教训，游击队逐渐变得成熟起来。特别对军队与老百姓之间的鱼水、血肉关系，认识更加深刻，日益认识到：游击队要生存，要壮大，游击区要巩固，要发展，就非得依靠群众、发动群众和武装群众不可。游击队什么时候脱离了群众，什么时候就要栽跟头，吃大亏，因此，1936 年 12 月，边区省委在泌阳县玉和寨召开会议，决定把开展游击战争的重点，放在全力发动群众和武装群众上。

鄂豫边区山多、水多、树多。山沟里种有稻田，山坡上植有药材和果树。穷人若没饭吃，上山砍担柴，挑到集市上卖掉就可以换回粮食。但自“刮民党”、“造匪司令”统治之后，刮得民不聊生，造得遍地是匪，于是这里又有“宝山饿城”之称。土豪劣绅们，一等的跑到城里去住，二等的跑到镇上去住，三等的就在家建上碉堡，派款买枪，强迫老百姓保护他。剩下最穷苦的百姓也商量着在山上修筑寨子防匪。土匪拉人、绑票，青红不分，无休无止，开始是拉大户，接着是拉中等户，最后拉急了也拉穷人及耕牛，只要能捞点买大烟土或纸烟的钱他就拉。被拉走的人活受罪，很多人暴死外地，连尸首也找不到。当时老百姓一见日落西山，就纷纷牵着牛，挑着锅碗瓢勺上山躲匪，天明之后，看看山下没有土匪时才敢下山生产。天长日久，这里的宝山变成了穷山沟，人民群众饱受土匪祸害，迫切希望游击队保护他们安心生产，睡上个安稳觉。但游击队到处游动，总不能常住在一个山沟里，不然，不仅不能为民除害，自己也会没有饭吃。在这种情况下，唯一的出路是把群众组织起来，武装起来，发动他们自己保护自己，除此之外，再无其他更好的办法。

开始，老百姓并不相信自己的力量能成大事，因为有些土豪劣绅通匪，把枪交给土匪拉人绑票，他坐地分赃。为了把群众的信心鼓起来，这时，负责省委工作的王国华、邓一飞和我，负责游击队工作的仝中玉和陈香斋都参加了这项工作。结果把群众说服了，组织起了农民抗日自卫会。参加自卫会的除有部分地下党员外，大都是本村年纪稍长、在群众中有点威望的人。在农民抗日自卫会之下，又进一步组织农民抗日自卫队，这就轮上年轻力壮、思想进步的青年参加了，他们的武器既有筹集起来的枪支，也有大刀长矛。我的家乡焦老庄自卫队，开始是农民自发组织的，我们帮助他们进一步做了健全和完善的工作。他们组织起来后，把一个经常给土匪通风报信的大烟鬼抓起来，召开群众大会，当场枪毙示众。不两天，又来了一股土匪，他们不知道庄上已建立起自卫队，结果被打得狼狈逃窜。有的土匪得知共产党帮助老百姓建立了自卫队，吓得不敢再对老百姓“挑棚子”（烧房子），有的还托人来赔礼道歉。这个可震动了整个游击区，其他村子的群众都到焦老庄打听寻问，摸消息，看焦老庄是怎么搞的，我们就让焦老庄农民抗日自卫队给来访的群众讲他们的道道，介绍建队的经验。

农民抗日自卫会和自卫队既不脱离生产，又能有效地对付土豪劣绅和土匪，深受广大群众欢迎。后来，成立这种组织变成了群众的自觉行动，发展非常快。各村召开成立大会时，纷纷要求我们派代表到会上讲话，给他们撑腰。王国华同志是边区农民运动的专家，他深谙民情，经常代表边区省委去讲话，所以在这个时期，国华的工作最忙，忙得不亦乐乎。有时他一天要参加几个成立大会，往往是在这个村的大会上讲一通，马上又出发到另一个村子讲一通。他没有什么文化，讲话不要稿子，但讲起来活灵活现，生动感人，农民听得喜笑颜开，频频点头称赞。王国华同志从此出了名，不仅边区群众知道他，国民党反动派也悬赏上千大洋捉拿他。后来，王国华在延安学习时，向中央组织部长陈云同志汇报工作，他连个日记本也不拿，就凭个嘴说，由于事情都是他亲身经历的，记忆力又强，讲起来就像讲故事，非常生动，同时，他还提出和回答了不少新鲜问题。这期间，毛泽东主席接见了王国华，对他的汇报也很感兴趣，于是告诉陈云同志，让国华同志给机关干部作报告，进行生动实际的教育。当时延安的机关干部差不多都听过国华的报告。抗日战争时期，延安大部分干部分赴全国各地工作，因此，国华这个不识字的农民在全国闻了名。

农民抗日自卫会和自卫队普遍建立之后，边区形势好得很，游击队在群众中最吃得开。不少村庄备好大米，买好肥猪，请红军游击队到他们村上住一天。别看住这么一天，老百姓可就觉得保险了，因为游击队可以镇住土豪劣绅和土匪，杀杀他们的威风，事实的确也是这样。有一次，一股土匪在我们的游击区歇脚，有两个匪徒口干舌燥，钻到老百姓的园子里拔甜杆吃，他们的头头得知后，立即丢下大烟枪，跑到地里狠狠地教训两个匪徒道："你们简直吃了豹子胆，知道这是什么地方吗？这是'老共'的地区，别他妈的不守规矩！"还有一次，一股上千人的土匪从我们刚刚建立起自卫队的地区经过，自卫队鸣锣集合，打着红旗，排成大队，很有气势地向他们吆喝："喂！这是'老共'的地区，不准从这儿过！"土匪只好绕道而行。由于游击区内普遍建立了农民抗日自卫会和自卫队，土豪劣绅从此威风扫地，再也不敢派款、派粮、拉壮丁；土匪杆子也不敢再明目张胆地拉人绑票和强奸妇女。人民群众终于告别了天黑上山过夜、天明下山生产的苦日子，开始安居乐业地建设家园。

除此以外，农民抗日自卫会和自卫队还兼管村民琐事，维持社会秩序和社会公德，把"大家庭"的样样事情都管理得有条有理。村子里出现品行不端的人，如发生小偷小摸、调戏妇女等不光彩的事，有人敢说，有人敢管，情节严重的还要受到惩处。这样一来，谁还敢以身试法，再做坏事！鄂豫边区是当时的一个新游击区，没有建立公开的苏维埃政权，但农民抗日自卫会、自卫队起到了这个作用，使不少村庄真正实现了夜不闭户，路无拾遗。在此以前的历史上，这块土地上还从来没有这么太平过。

群众运动轰轰烈烈的发展，从根本上壮大了边区的革命力量。农民抗日自卫队的队员们经过斗争锻炼，也成了红军游击队的后备力量和补充源泉。到 1937 年初，红军游击队发展到 130 多人，编成了三个队。一个是长枪队，人数最多；再一个是手枪队，其成员大部分是挑选出来的比较机智勇敢的战士，是游击队的骨干力量；还有一个少年先锋队，由十五六岁的小青年组成。游击队开始是不收小青年的，可他们就是缠着不走，非要参加不可。这些小青年又都是边区基本群众的子弟，游击队经常在他们家里住，情况也比较熟悉，也确实难以推辞，因此，才决定成立一个少年先锋队。记得确山县竹沟镇附近有个小青年，死了父母，又刚刚结婚，但他非要参加游击队不可。我们分析认为，如果他参了军，他年轻的老婆就保不住，但这个青年咋劝说都不行，硬是待在游击队不走，最后我们只好把他收下了。果然不出所料，他的老婆不久就被“坏货”卖掉了。这些小青年上队后，活跃得很，走到哪把革命歌曲唱到哪，很受边区人民欢迎，而且他们大都机智、勇敢、灵活，不少人后来成长为党和军队的干部。

五、游击队的胜利转折

1937 年 3 月间，我们接到中共北方局的一个指示，是北方局的徐子荣同志传过来的。徐子荣是确山县东北付楼村人，他哥哥徐中和是 20 年代末入党的党员，同我们有组织联系。我当时没见文字指示，是听李子健同志口头传达的。指示要求我们立即执行抗日民族统一战线政策，停止向国民党进攻，停止打坏货、拉土豪，同国民党谈判，把游击队改编为合法的地方武装。这个指示，是北方局个别人不了解当时鄂豫边区的实际情况而发出的。

当时的情况是，西安事变在我党的促成下，刚刚和平解决不久，国共两党正在谈判合作抗日。蒋介石反共之心不死，主力红军他消灭不了，同时也迫于全国的抗日形势，不得不暂时同共产党“和谈”。但是，他对分散在各省的力量不大的红军游击队，正在加紧消灭之。从当时鄂豫边区的实际情况看，国民党地方政府和土豪劣绅，根本不承认我红军游击队，还公开污蔑我们是土匪，每时每刻都想置我们于死地而后快。在这种情况下，我们同谁讲统一战线呢？又编成哪一家的地方民团呢？何况，当时游击队正在顺利发展，已有130多人枪，假如编为地方民团，岂不等于前功尽弃了吗？因此，对这个指示，我们觉得实在无法执行。

记得我们是在一户群众家里讨论北方局指示的，因为我思想不通，情绪很坏，就斜躺在老百姓的床铺上，一言不发。当时游击队的处境不容我说违心的话，对上级指示又不敢说不同意见，只可采取沉默不语的态度。大概因为我们没有明确表态，上级马上下来指示批评我们，并要我们派两个人去北平。

边区省委决定让我和邓一飞去。我们从明港车站乘火车出发，到北平后，在前门外打磨场一个小旅店住下。晚上，来了一个人和我们接头，接上头就走了。第二天来了个身材魁梧的人，鼻子蛮大，穿一件大氅，打扮得像个大商人，他通知我俩到天津某处开会。当时没有问姓名，后来才知道，先来的那个是徐子荣，后来的是柯庆施同志。我和邓一飞到达天津后，住了好几天，不知什么原因，会没有开成，我俩又接到返回北平的通知。

回到北平后，北方局的同志告诉我说，去党中央的交通员就要走，要我随交通员去延安。交通员是陕西人，他把我带到三原八路军办事处，让我转乘一辆大卡车，和一群青年学生直奔延安而去。这些学生得到了抗日的自由，情绪可激动了，汽车每经过一处城镇或村庄，他们都高唱抗日歌曲。当我听到“我的家在东北松花江上……”这首悲壮的歌子时，怎么也控制不住自己，在一边直掉眼泪。我们一到延安，我就听说了一件事，国民党反动派的特务在路上打周恩来副主席和一个外国友人乘坐的汽车，保卫人员在同特务对射中牺牲了，我还亲眼看到开车司机的脖子受了伤，用纱布包着。国民党反动派的阴谋没有得逞，丢尽了脸。

到延安后，我先是一个人住一个地方，有个叫不上名字的同志很热情地接待我，陪我吃了一顿饭，还向我介绍了延安和党中央的有关情况。我感到很亲切，如同到了自己家里一样。之后，中央组织部来了一个姓周的同志，他 30 多岁年纪，拿来一份上海《大公报》给我看。报上登载着“赤匪”某某等人，有十个游击大队，在某地活动，“杀人放火”，“共产共妻”……周同志问我，这篇攻击性报道，是不是指的你们游击队？我回答说，是倒是，不过我们没有十个游击大队，只有一个游击大队，130 多人。因为我们今天在这里游击，明天又到那里游击，敌人是无法摸清底细的。这篇报道替我们瞎吹，倒是从反面当了我们的义务宣传员。我还讲到，杀人之事确有，打坏货、拉土豪，搞了好长时间，把民愤极大的反动联保主任、保长和地主杀了四五十个，至于放火、共妻嘛，纯属污蔑。趁此机会，我把鄂豫边区省委和游击队的组织建设和对敌斗争情况，较为详细地向周同志作了汇报，后经他整理，报送了中央。我向中央的报告就是这样来的。

五一节之后，我先是参加了中央召开的白区工作会议。参加这个会议的，大部分是华北地区的同志，其余几省，河南是我，山东是郭子华，广东是方方。刘少奇同志当时领导党的地下工作，非常有经验，他在会上作了《关于白区的党与群众工作》的报告，总结了过去的经验教训，主要批评了“左”倾关门主义和冒险主义两种倾向，我越听越感到亲切，越喜欢听，因为我就亲受“左”倾关门主义之苦。宁都二十六路军起义后，我们到达瑞金的当天，红军就开会欢迎我们，毛泽东同志和朱德同志接见我们并讲了话。特别是朱总司令同我们接触最多，差不多每天晚上都到我们的住处谈天。多年来军阀混战，我找不到一个正确的归宿，这下子找到了，当然喜出望外。谁知“左”倾教条主义说白军军官不能用，把我们礼送出境了。当时，毛泽东同志、朱总司令对这种“左”的做法很不满意。在离开中央苏区之前，朱总司令亲切地对我说：中国的出路只有革命啊！我问他：“回家之后怎么干呢？”他笑着说：打土豪，分田地嘛！我接着问：“谁来领导我呢？”他说：你回去先搞起来，就有人找你了。回豫南后，我找党找了很久，也没有找到，急得没有办法，就自己发动农民搞暴动，把我的亲八叔，当地劣绅周凤德打死。暴动之后我才找到党。以后我做兵运工作时，上边还是规定，不准发展白军军官。所以，我对“左”倾教条主义有着切肤之痛，听了少奇同志的报告后，我觉得这一切他好像都看到了似的，不由茅塞顿开，心胸开阔多了。

不久，党的全国代表会议在延安召开，我也参加了。在这次会议上，毛主席作了《中国共产党在抗日时期的任务》的报告和《为争取千百万群众进入抗日民族统一战线而斗争》的会议总结。毛主席高瞻远瞩，讲话中十分强调坚持抗日民族统一战线中无产阶级领导权的重要性，句句都讲到了我的心坎上，使我佩服得五体投地。

会议期间，党中央对我们这些从全国四面八方来的代表十分优待，开会都安排在来宾席上，这使我有幸和朱总司令坐在一条凳子上。朱总司令的记性也真好，我 1932 年离开瑞金，距今已五年多了，他仍然认识我，高兴地对我说：我同伯承说过，中国的白军军官不同于资本主义国家的军官，他们的军官都是资产阶级出身，差不多都在军事学院受过训练。中国的军官大多数是行伍出身，家里很贫苦。可他们（指教条主义者）不听啊！看，现在你周骏鸣不是也来了吗！会间休息时，我想起了北方局给我们的那个指示，便问总司令：“大红军同国民党谈判成功了，我们小游击队怎么办？国民党还在加紧‘围剿’，非要消灭我们不可呀！”朱总司令不假思索地说道：是啊，他们是要消灭你们啊！怎么办呢？你们要猛烈地扩大，扩大到消灭不了你们时，他们就会同你们谈判的。当时，我的水平不高，但怎么干是对的，怎么干是不对的，还是能分辨的。听着朱总司令的这番话，如同干渴之人喝到了清泉水一样，我感觉浑身充满了力量。

我在延安虽然只停留了两三个月时间，但却深深地感到，党中央对鄂豫边区的工作，对红军游击队的发展是非常重视的。我暗暗发誓，回去后一定要把党中央的指示传达好，猛烈地扩大游击队，决不辜负毛主席、朱总司令以及其他中央领导同志的期望。

1937年7月间，党中央派一个老红军师的组织部长胡龙奎，同我一起返回鄂豫边区。我俩在泌阳县东部的碾盘沟找到了游击队，大家见面之后，都非常兴奋。这时游击队的情况已发生了很大变化，正处在极为困难的处境之中。我去延安时，游击队有130多人，由于停止打坏货、拉土豪，给养日益困难，队员们情绪低落，加上国民党反动派不停地向游击队进攻，人员一天天减少。现在全队只剩下五六十人。在边区和游击队威信很高、贡献很大的陈香斋队长牺牲了。游击队的创始人之一的手枪队队长老汪，看到游击队一天天缩小，悲观之下，也带着几个队员开了小差。这两件事，使我非常痛心，岂知我们游击队不打坏货，就势必脱离穷苦群众；不拉土豪，游击队最基本的开销也失去了来源，只好走到山穷水尽的地步。

为了尽快扭转被动局面，边区省委在碾盘沟召开会议，王国华、仝中玉、李子健、邓一飞、胡龙奎和我共六人参加，主要由胡龙奎和我传达党中央指示精神，具体研究我们的斗争任务和工作方法。在这次会议上，根据当时的形势和任务，边区省委和游击队的领导又做了一次调整，王国华由省委书记改为游击大队指导员，仝中玉由游击大队指导员改任省委书记，我继续担任游击大队队长。那个时候，同志们都没有什么地位观念，只要工作需要，就调换了，大家团结一致，根本不计较这些东西。

碾盘沟会议之后，游击队的士气很快就起来了，尽管当时还是很困难，但是大家总觉得游击队又有了希望。天气渐渐变冷了，队员们没有棉衣，穿的都是夏天的单衣，有的穿上两件，白天还好过，到了晚上就靠烤火，烤得每个人像挖煤的刚刚从煤窑里出来一样。睡觉时大家挤在一起睡，为了防敌偷袭，睡觉不脱衣服，也没有地方去洗个澡，时间长了，同志们身上生满了虱子，但从来没有人叫过苦，不光贫雇农出身的队员不叫苦，连知识分子、大学生出身的队员也不叫苦。有一天，上级来了一个同志，当时我们的条件太差了，对他也没有特别的招待，吃饭和游击队员一个样，晚上睡觉又和游击队员滚在一起挨冻，因此，我们游击队给他的印象不咋样。他回去后汇报说，我们不像共产党的队伍，跟土匪的模样差不多。他的话从表面上看，似乎并不错，因为我们还没有完全从困境中恢复过来，确实太“窝囊”了，但从本质上讲，他的话完全错了，因为我们是鄂豫边省委领导下的游击队，是在艰难困苦面前不退缩、不叫苦的英雄汉，是受到边区人民热烈拥护的人民子弟兵。这件事，是原河南省委组织部长林恺同志到边区工作后，当笑话讲给我们的。

1937 年 7 至 9 月，正当我们扭转被动局面的关键时刻，鄂豫皖边区红二十八军两次派部队来到桐柏山区支援我们，帮了我们的大忙，使游击队从极端困难的时期转变为顺利发展的时期。

第一次支援，是 7 月间由二四四团一营营长杨克志、政委曹玉福率领全营过来的，双方接上头后，他们满足了我们的要求，决定配合我们拔掉信阳西北最大的反动地主土围子——蔡冲。

蔡冲是大地主蔡守恭的老窝，围子很坚固，外面设有水围子、铁丝网两道障碍，里面有三个大碉堡，硬攻是不行的，必须智取。因为游击队都是便衣，一营的穿戴同国民党军队差不多，所以我们决定，由游击队扮做土匪，由一营冒充追赶土匪的国民党军队，迷惑蔡守恭上钩，尔后夺取蔡冲。

我们奔袭蔡冲的那天夜里下着暴雨，在山路上行军相当困难。一营的同志每人有个手电筒，还好一些，游击队连个电筒都没有，一路上不知摔了多少跤子，几乎每个人的腿脚上都有跌伤或划破的口子。天明前，我们来到游击队的诞生地——小石岭。原来待我们亲如一家的人民群众，因前一段时间我们奉命未打坏货，这次见面不太热情，但总算有点老感情，乡亲们还是给我们做了一顿饭，并安排部队在村里宿了营。行动开始后，因同志们太疲劳，睡得太死，集合时不少人是被一个个拉起来的。接着我给大家作了动员，讲只要拿下蔡冲，日子就好过了，就有衣裳穿，有饭吃，有子弹了。

拂晓时分，游击队的 50 多人扮成土匪，率先占领了蔡冲北面的山头。我们让蔡守恭的一个佃户给他送信，向他要钱要枪，要大米和猪肉做饭吃。不一会儿，蔡守恭派人送来回信，说出钱出枪，杀猪慰劳都可以，不过要我们用人头交换。他拉这种硬弓，早在我们的预料之中，因为土匪从来没有打下过这个土围子，他有恃无恐。于是，我们开枪向碉堡射击。一营的同志很有经验，一听枪响，不大一会儿，就从我们的对面开过来，并对天打起了轻机枪。围子里的地主武装见此情景，以为是“国军”打土匪，便纷纷跑出围子配合，他们边打边发议论：“蔡老爷真有福哇，土匪刚开枪，国军就赶到了！”接着他们毕恭毕敬地把“救命恩人”请进围子。营长杨克志见时机一到，迅速带人抢占碉堡，而后把集合号一吹，游击队就从山头上跑了下来，一个比一个跑得快，早忘了腿脚的疼痛。就这样，我们顺利地打下蔡冲，烧掉了碉堡，缴了反动武装的械。以后三天，我们在蔡冲开仓放粮，救济穷苦百姓。围子里的粮食很多，分了三天也没有分完。几个月来饥一餐饱一顿，没尝过肉味的游击队接连改善了三天生活。这次战斗，不仅把土豪劣绅的气焰打了下去，而且使更多的群众知道了游击队是为穷苦百姓闹翻身的队伍。一度对游击队游而不击有意见的群众，不满情绪也随之一扫而光。

9 月初，红二十八军又过来一个特务营。这个营的营长是二四四团副团长林维先兼任的，他很擅长打游击，在部队中威信很高，打仗时，只要有他在，部队就有勇气。我们改编为新四军四支队时，他任支队参谋长。同来的还有红二十八军政委的秘书胡继亭。经与林维先、胡继亭同志协商，他们帮助我们拔掉了泌阳县邓庄铺、马谷田这两个最反动的据点。这以后，特务营还在竹沟一带活动了一段时间，声援游击队的斗争。

由于我们正确地执行了党中央的方针政策，也由于红二十八军部队的两次支援，鄂豫边区的形势扭转很快，群众的情绪迅速高涨，边区子弟纷纷要求参军参战。根据朱总司令关于猛烈扩大游击队的指示，游击队趁势大力扩充队伍，到 9 月下旬，就发展到了 200 多人。为了配合全国日益高涨的抗日形势，边区省委决定，将游击队改编为豫南人民抗日军独立团。独立团的旗帜一树，八方呼应，前来参加的人络绎不绝。接着，我们在邓庄铺召开成立大会，宣布领导任职。我任团长，王国华任政治委员，文敏生任政治处副主任（后任主任），并设立了第一营，营长张文歧，政委张明河，下辖三个连。到年底，全团扩编到六个连，于是设立第二营，另外还有手枪队和少年先锋队。从此，游击队算是见了天日，大白天也可以排成大队，高举着绣有镰刀斧头的独立团大旗，威武雄壮、扬眉吐气地行军了。我们行军路过村庄时，村上的人都跑出来看，说："咱们的队伍抖起来了"，欢喜的很。这是我们两年多浴血奋战的结果。

队伍扩大以后，我们分成两部分活动。10 月间，王国华同志得到消息，泌阳县东北角的贾楼联保主任王太华，抓了 200 多个壮丁，正准备送走，他们立即决定打这个土围子。那时农民最怕抓壮丁，一旦抓去要想回来，家里就要花大钱顶"丁"。有些联保主任坏得很，为了发横财，故意把一些人抓起来，等其亲属凑钱把人弄出去。壮丁抓不齐不能送走，因此，谁先被抓去，谁就在那儿活受罪，有的甚至冻饿而死，所以，群众对王太华这伙人恨透了。尽管贾楼是一个设防很强的堡垒，由于部队士气正高，战士们非常勇敢，很快就把贾楼打下了，活捉并处决了罪大恶极的王太华，缴枪 20 多支，解救了全部壮丁。在打碉堡时，手枪队员王兆七牺牲。王兆七当时才十七八岁，是个很俊气的小青年，埋葬时给他找了一口很好的棺材，老百姓自动为他烧纸送葬，人到了很多，场面非常感人。这个场面告诉我们，为人民利益而牺牲，是多么值得和光荣。

打下蔡冲、邓庄铺、马谷田、贾楼之后，独立团又奇袭了信阳县的大梨园围寨。紧接着，竹沟农民在周庆鸣等同志的领导下举行暴动，杀死了联保主任徐景贤，一举拿下了竹沟镇。至此，以竹沟为中心，方圆五六十公里的根据地初步形成。

如前所述，鄂豫边的桐柏山区，是众多土匪杆子频繁出没的地方。游击队初创时期，由于力量弱小，为了全力打击最主要的敌人，同土匪杆子只能采取暂时妥协的态度和策略，教育和争取他们不与我为敌。随着边区游击战争的发展，游击队不断壮大，农民自卫队普遍建立，我们又先后对土匪杆子采取了“拉大股、打小股”以及尽量击溃中股和大股的斗争策略。到 1937 年底，游击区内的中小股土匪基本上被消灭。

1938 年初，边区省委和独立团的机关刚从邓庄铺、焦竹园搬到竹沟不久，有一股 1000 多人的土匪到竹沟西南一带村庄骚扰，因天降大雪，他们一住几天不走，要吃要烧，把老百姓折腾得叫苦连天，很多群众跑到竹沟，请求我们把土匪赶走。

当时独立团虽说有五六百人，但很多战士是刚刚扩充进来的，因此，对这股土匪打与不打，有不同意见。主张不打的理由是，土匪人数数倍于我，如果打不好，他们到处烧杀，群众会吃大亏；主张打的理由是，土匪人数虽多，却是乌合之众，况且现在是国共合作时期，土匪已成为打击对象，不打不仅脱离群众，在政治上也影响不好，何况我们有众多的农民自卫队，对土匪的情况也已了解清楚。经过激烈争论，最后多数人主张打。

2 月 9 日夜间，我们将农民自卫队秘密地调到土匪驻地附近的各个山头上埋伏下来。拂晓时，独立团特务连、手枪队和一营突然袭击土匪指挥部，打得他们死的死，逃的逃。天亮之后，土匪看到各个山头上都是自卫队，更是吓破了胆，纷纷狼狈逃窜。这次战斗，我们缴获了很多枪支、马匹，解救了 300 多名被土匪绑缚的穷苦百姓。这股土匪从此彻底溃散。

大败土匪后，我们马上给遭难的老百姓松绑，光绳子就解下了一大堆，绳子上的虱子成绺，看了就叫人心里难受。当时竹沟刚刚解放，我们经济还很困难，做了一些宣传工作之后，发给这300多人每人两角钱，用作途中饭费，让他们回家与家人团聚。他们非常感激，回家之后，很快派代表送来了“万民伞”感谢我们，场面十分动人，现在一想起来还令人鼓舞。

从此，鄂豫边区的土匪杆子基本上被扫光，有史以来匪患严重的桐柏山区，终于变成了人民群众能够安居乐业的地方。

六、和平谈判和整编东进

鄂豫边区斗争形势的发展，完全验证了朱总司令的预见：游击队要猛烈扩大，当扩大到国民党消灭不了时，他们就会主动找上门来谈判的。

1937年10月间，国民党信阳专员武旭如，率领一个装备较强的保安团和几个县的保安队，由确山、信阳、罗山等县县长陪同，来到信阳以北的邢集约我们“和谈”。群众告诉我们说：要小心呀，这些家伙没安好心，把电话都架好了，队伍也隐蔽着，完全像准备打仗的样子。到了下午，保安队拉到了我们驻地蔡冲以南，其岗哨隐约可见。根据上级关于谈判时游击队要远离，主要领导人不亲自出面，只派代表去谈判，以防意外的指示，我们派独立团政治处副主任文敏生作谈判代表，同武旭如等人谈判。与此同时，游击队连夜行军40余公里，开到了泌阳县的游击区隐蔽起来。由于我们采取了这些措施，武旭如欲借谈判之机消灭我独立团的阴谋没有得逞，谈判也就不了了之。

没有多长时间，武旭如又带着原班人马到竹沟“和谈”。边区省委派独立团一营政委张明河为我方谈判代表。张明河和文敏生一样，也是个知识分子，很有口才，平时总戴副眼镜，队员们都叫他“眼镜客”。这一次武旭如的招数又多了，不仅用武力要挟，还用请客办法，企图用酒把张明河灌醉，让他在酒后吐点真言。张明河早就提防着他们，将计就计，不醉装醉。武旭如等人以为他醉了，叽叽咕咕地议论开了。张明河听到了两句重要的话：一句是，看来用对付高敬亭的办法来对付周骏鸣不行了；另一句是，上次没认出高敬亭，让他溜掉了，真可惜。在张明河的巧妙应付下，武旭如这次假和谈阴谋最后又告失败。

不久，我们又派代表到开封同豫皖绥靖公署主任刘峙谈判。迫于当时的形势，刘峙客客气气地接待了我方代表刘子厚，尔后让河南抗日预备军总司令张钫具体和刘子厚谈判。张钫是豫西人，原系国民党第二十路军总指挥，有两个师的兵力，奉蒋介石之命开到鄂豫皖苏区“剿共”，结果全军覆没，变成了光杆司令，但他的家底还有一些。蒋介石为拉拢他，给了他个预备军总司令的空头衔。军阀都懂得没有部队是不行的，张钫急欲抓点力量做基础发展他的势力。当我方代表刘子厚同他谈判时，他恨不能马上收编我独立团，对我方提出的条件，几乎全盘接受。之后，张钫又设宴招待刘子厚，连他的太太、姨太太也参加了。酒席上，张钫笑眯眯地说：“共产主义我赞成，共妻我可不赞成，我有两个老婆呀。”谈判协议还没签字，张钫就委派一个姓孟的参议，带着3000元钱和1000套军装送给我们。我们在邓庄铺开了欢迎会，孟参议满意而归，临走时还告诉我们派人到开封领枪。可是，国民党的军令政令不统一，不久，豫西的地头蛇、13县民团司令别廷芳无视国共和谈大局，派了一个团进攻邓庄铺，把张钫给我们的军衣抢走了大半。

和谈改编情况很快发生了变化。刘子厚、张明河去开封谈判时，打听到武汉设有八路军办事处，张明河赶回边区汇报了这个情况，我们当即派他到武汉汇报请示。他在那里见到了周恩来副主席和项英同志。当时，国共双方最高当局已经谈妥，决定将留在南方坚持游击战争的我红军游击队全部编为国民革命军陆军新编第四军，所以，周恩来同志听了张明河的汇报后，当即决定将我独立团改编为新四军第四支队第八团队。后来，周副主席听说我们已同张钫谈妥，便委派河南省委组织部长林恺去见张钫，说明我们这支队伍仍编给他。张钫无可奈何地说："不行了，军政部已下达把江北红军游击队全部编入新四军的命令，不能再改变了。"这样，我鄂豫边区红军游击队便纳入了我主力部队的编制序列。

1938 年 2 月，党中央派八路军参谋处长、山西临汾八路军办事处主任彭雪枫，以及办事处参谋长张震带一个手枪班、一个冲锋枪排和一部电台来到竹沟，帮助我们训练，整编部队。

彭雪枫、张震都是久经考验的老红军，年轻有为，能文能武，他们来到后，除抓紧各项工作外，还积极开办抗日学校和训练班，训练了很多抗日救国的骨干。竹沟这块小革命根据地的名气也越来越大，四面八方的仁人志士、青年学生，背着行李，奔向竹沟参加革命。他们路过国民党统治区时，时刻都有被特务抓捕的危险，但一进入我游击区，沿途都有群众保护，招待吃住，指引路线，从未发生过问题。人来的多了，竹沟这个小镇就出现了"人满之患"。为了解决吃住问题，没有房子，我们就组织大家上山割草，把土匪曾经烧毁的房子重新盖起来。没有饭吃，王国华等同志就深入到各村镇，动员群众支持。他和群众说："竹沟来了很多抗日救国的人，现在没有饭吃了，请大家帮助。眼下没有钱，先记上账，等以后有了钱再还。"群众马上大车小车地把红薯、高粱送到竹沟。他在群众中说话这么灵，是他多年艰苦奋斗，联系群众，诚心诚意牺牲一切为人民服务换来的。尽管住草房，吃粗粮，当时却没有一个人叫苦。竹沟东门外，有一条水清如镜的沙河，是我们理想的"大洗脸盆"，每天早晨，成群结队的男女，来到河边洗脸刷牙，沙滩上下，欢歌笑语，一片欢腾。这些事实说明，找到抗日救国的光明大道，人们什么困难都不怕，根本不知道什么叫苦。这样好的局面，我还从来没有看到过。

彭雪枫、张震来后不久，我们做匪运工作的同志，争取了一股1000 多人的土匪接受我们改编，其头目叫安可祥、段永祥。这些土匪大都是国民党逼出来的穷苦百姓，整编时，段团住竹沟，由彭雪枫、张震两同志负责；安团由我和林恺、朱绍清同志负责，带到信阳县邢集进行。整编的方式是召开干部会，在会上将其头目缴械，进展得比较顺利。我们把不够参军条件的人员资遣回家，把条件较好的青壮年留下了300来人，除补充给八团二营一小部分外，其大部编为第三营。

1938年3月，八团队在信阳县邢集整编完毕。当时，全团三个营加一个特务连，约1300人。有一个营还穿着便衣，有部分战士仍扛着大刀长矛。枪支更是各式各样，差不多世界上不少的旧杂式枪支我们都有，因此，同志们开玩笑说，我们八团队是“世界武器库”。很多战士没有子弹袋，只有两三发子弹，就装到衣服兜里。3月的一天，我们在邢集的一块大场地上召开东征抗日誓师大会，周恩来副主席派原红军第九军团军团长罗炳辉从武汉办事处专程赶来欢送，他在会上讲了话，给干部战士很大鼓舞。会后，我们唱着抗日救亡歌曲，在群众的夹道欢送下，告别了桐柏山区的父老乡亲，途经信阳、商城等地，开赴安徽抗日前线。

七、几点认识

由于鄂豫边区在地理条件、社会环境、敌我态势等方面有着特殊的具体情况，因此，这里的游击战争在发生和发展的过程中，也就形成了它独有的几个特点。我认为主要有以下几个方面：

第一，土生土长的游击队。南方三年游击战争中，其他十几块根据地的游击队，大都是在1934年秋红军主力长征后，留下一部分红军作骨干组建的，而鄂豫边区红军游击队却没有留下的红军作骨干，而是土生土长发展起来的，是在白区工作不断受到挫折、地下党组织屡遭破坏的恶劣形势下，由一部分幸存的共产党员，经过总结经验教训和较长时间的酝酿准备，才于1936年初建立的。游击队创建之初，小得可怜，战士除地下党员外，多是当地贫雇农出身的进步青年，一副农民打扮，看上去土里土气。但是，游击队的一切都是按党的建军原则去做的。党支部建在队上，省委书记兼任支部书记，另外还建有战士委员会，实行军民一致，官兵一致的原则。并能严格按照“三大纪律，八项注意”办事，模范执行群众纪律，同人民群众建立了血肉相依的亲密关系。因此，尽管在西安事变以前，游击队几乎与世隔绝，成天钻山沟打游击，不知道山外发生过什么大事，但在同国民党反动派的多次较量中，这个弱小的革命火种不仅未被反动派扑灭，反而越烧越旺，最后终于发展成为一支1000多人的抗日劲旅。

第二，由匪区变成了红色根据地。桐柏山区是有名的匪区，众多的土匪杆子在这里频繁出没，然而，鄂豫边红军游击队却在这里开辟出方圆五六十公里的红色根据地。在这个问题上的成功，主要是由于边区省委和游击队对土匪产生的社会根源、阶级基础及其两重性作出了科学分析，采取了一系列正确的斗争策略。如果没有对土匪杆子的教育争取、分化瓦解和军事上的打击，游击队就不可能在桐柏山区生存，人民群众也不会安居乐业；没有对土匪武装的收编改造政策，也就没有第八团队的迅猛发展。国民党政府及其军队，多年来对土匪实行“剿抚”政策，由于他们本来就是兵匪一家，结果越“剿”土匪越多，越“抚”匪情越炽。但是，在桐柏山区消除匪患这件十分困难的事情，终于在我们共产党人的努力下实现了。少奇同志在竹沟时，曾赞扬鄂豫边区的匪运工作包含着马列主义，我认为这个见地是十分精辟和深刻的。

第三，基本上未受党内“左”倾错误的影响。由于河南地下党遭到大破坏，鄂豫边区党组织长时间同党中央失去联系，这对于我们来说，如同孩子离开了娘亲，有孤苦伶仃之感，是一件非常痛苦的事。也正因为如此，王明“左”倾错误未能对鄂豫边区的党和游击队发生影响。由于和党失去了联系，迫使我们自己动脑筋，想办法，坚持一切从实际出发，制定管用可行的斗争方针和政策。我们根据党在土地革命战争时期的政策，结合游击队力量弱小的实际，把中央苏区的“打土豪，分田地”变通为“打坏货，拉土豪，搞罚款”，后来又提出“多交朋友，少树敌人”，坚持对当地土豪绅士和土匪实行灵活的斗争策略，积极和他们发生统战关系。因此，当时的鄂豫边区没有搞反攻倒算的还乡团，也没有多少主动袭击游击队的地主武装。实践证明，我们这样做，既争取了一些中上层人士，缩小了对立面，最大限度地孤立了一小撮最反动的顽固势力，又得到了边区群众的理解和拥护，使弱小的红军游击队，不仅站稳了脚跟，求得了发展，而且在最大程度上保护了人民群众的利益，以较小的代价换取了较大的胜利。

第四，农民自卫会控制边区基层政权。南方三年游击战争时期，派往鄂豫边区“清剿”游击队的国民党正规军不算很多，但边区各县都驻有数百乃至千人的保安团队和反动民团，许多土豪劣绅为了保护切身利益，也纷纷组织反动武装，一方面构筑围寨、碉堡，加强防卫；一方面与反动民团、保安队、联保处相勾结，摧残革命力量。同时极力推行保甲联防制及户籍连坐法，严格限制人民群众与我党和游击队的联系。面对这种强大的地方反动势力，如果在边区建立公开的苏维埃政权，弊多利少，不仅容易暴露革命力量，而且还会祸及到穷苦百姓。针对这种情况，我们总结了群众创造的经验，发动边区各村庄，在抗日、防匪的口号下，普遍建立农民抗日自卫会和自卫队。整个边区，这样的组织前后建立了几千个。从此，土豪劣绅再也不敢横行乡里，土匪杆子再也不敢轻易骚扰，边区的社会秩序空前良好，尽管表面上没有红色政权，但实际上已为我党所控制。

第五，八团队兵新干部老。鄂豫边区游击队是创建两年就改编为新四军第八团队的。1937 年 7 月，游击队一度剩下 59 人，到 1938 年 3 月，仅半年多时间，就猛烈发展到 1000 多人。在猛烈发展时期，部队的干部战士大部分是来自边区的地下党员和贫雇农子弟，有一些农民出身的游击队骨干担任了连、排长，再就是来自各地的知识分子和青年学生，经过短期训练后，有的担任了连队政治指导员和文化教员。此外，就是整编土匪安、段团后留在部队的300来人，这些人大都没有经过革命战争的锻炼和考验，素质极差，因此上说，八团队成分很新，战士差不多是清一色的农民。党中央对这支队伍很重视，在彭雪枫同志的指导下，八团队东进安徽之前，对部队干部进行了调整和加强，把游击队土生土长的营连干部，抽调一部分到延安学习，同时从延安调来一批经过长征和残酷战争考验的老红军担任营以上干部和直属连队干部，而且大都是高职低就，团长当营长，营长当连长等等，其中团职干部降职使用的就有11人。整编后的八团队，除我继续担任团长外，政治委员林恺、参谋长赵启民、政治处主任徐祥亨，作战参谋张翼翔，一营长成钧、教导员李木生，二营长朱绍清、教导员王申霭，三营长朱国华、教导员祝世凤，以及特务连长褚学忠等，都是由延安派来的。这些干部尽管来自各个方面，且都有一定的资历，但他们到八团队之后，有很强的组织观念和全局观念，在工作分配上，哪里需要就到哪里去，根本不计较个人得失；在部队内部团结上，真正做到了搞“五湖四海”，互相尊重，互相支持，团结得如同一个大家庭一样。因此说八团队的干部老，也很棒。由于这些老红军军政素质好，有作战带兵的经验，这就有力地增强了八团队的战斗力，使八团队在抗日战争中打出了威风，打出了名气。

第六，小边区发挥了大作用。鄂豫边游击区在南方八省的游击区中，是最小的游击区之一。但是，以竹沟为中心的这块游击区，后来却成了中原地区抗日战争的战略支撑点，成为新四军成长壮大的兵员基地之一。八团队挺进安徽前线时，竹沟只留下一二百人的团队留守处，由王国华同志任留守处主任。不久，中共中原局和河南省委设在竹沟，刘少奇同志任中原局书记。少奇同志很早就看到竹沟在中原地区有战略意义，因此，他一到竹沟，就乘抗日高潮、国共合作的时机，大办教导队、训练班，猛烈地发展抗日队伍。新四军共有七个师，其中的第二、四、五师，都有部分人员是从竹沟输送出去的。1938 年初，我带第八团队开赴安徽抗日前线，同鄂豫皖边区高敬亭率领的红二十八军，合编为新四军第四支队，后改编为新四军第二师。不久，彭雪枫、张震从竹沟带一个游击支队开赴豫东，同豫东地方党领导的武装合编为第六支队，后发展为新四军第四师。过了不长时间，中原局军事部长李先念又从竹沟带走一个独立大队，后来成为新四军第五师的基本队伍。在仅仅一年多的时间里，从竹沟组织这么多部队开赴前线，充分说明鄂豫边区虽小，但对抗日战争做出了不小的贡献。

1987 年 3 月

选自中国人民解放军历史资料丛书编审委员会编:《南方三年游击战争·湘南游击区　鄂豫边游击区》,解放军出版社1994年4月第1版,第367—399页。

周骏鸣，1902 年生，河南确山人。1931 年参加宁都起义后编入中国工农红军第五军团，1933 年加入中国共产党。南方三年游击战争时，任中共鄂豫边省委委员、常委，鄂豫边红军游击队指导员、红军游击大队队长，豫南人民抗日军独立团团长等。新中国成立后，曾任华东军区副参谋长兼第三野战军副参谋长，国务院水利部副部长，林业部副部长，河南省政协副主席，政协第三、四届全国委员会特邀委员等职。2003 年在郑州逝世。

桐柏山区游击战争的胜利

全中玉

一

南阳地区党组织的创立，开始于土地革命战争时期的中后期，因没有暴露力量，所以第一次国共合作分裂以后，遭受破坏很少。经过两三年的发展，到 1930 年，已积蓄了相当可观的力量。这一年，我们先后发动了三次武装起义。桐柏起义，占领了县城；杨虎城部第一旅（冯钦哉旅）的起义，拉出了近 1000 人枪，成立了工农红军第九军；邓县农民起义，规模也不小。但由于敌强我弱，这些起义最后都失败了，结果使几个县的党组织惨遭破坏，此后，当地的革命形势逐渐转入了低潮。这里需要提及的是，湖北襄阳和枣阳地区的襄枣起义成功了，他们成立了红九军第二十六师，创建了鄂北革命根据地。1930 年 9 月，根据中央指示，南阳和襄阳两地区党组织合并，成立了中共鄂豫边区特委。1932 年初，鄂豫边区特委又改为鄂豫边区临时省委。到下半年，鄂北根据地在敌人“围剿”中失败，党、政、军、群组织荡然无存。鄂北根据地失去以后，临时省委主要负责人宋良猷、郝久亭返回南阳。

1932 年初夏的一个傍晚，我和刚由唐河县监狱里出狱的惠性善同志一起到临时省委去。我俩本想在天黑前赶到南阳，尽管一路匆匆，但走到南阳时城门已经关闭，只好在东关外找了一家小饭铺住下。第二天，我独个先到南阳中心县委机关联系。说是县委机关，实际上只有一所寥落的院子和一间小草屋。我从这个院子的东门进去，刚往前走了百来步，发现小草屋的窗户纸被撕烂了。我看到这个事先约定的警号，知道中心县委机关已遭到破坏，便马上从这院子里退出来，在街上犹豫了一阵，决定再到临时省委看看。临时省委机关设在城内北门大街路西一所瓦房院里，我到那里敲了敲门，里面有位老乡开了门，他阴沉着脸问我："你找谁的？"我说："找李师爷（李师爷是郝久亭公开的称呼）。"他说："你快走！李师爷刚被抓走。人家说谁找李师爷就把谁扣起来！"临时省委机关也被破坏了。没有等他说完，我转身就走，后悔自己不该这样冒失，幸亏敌人没有派人坐等，不然岂不也落入网中？

当时南阳城里，已没有我们自己的同志可问。不得已，我跑到城北一个同情人家里，托他进城打听，才知道这次破坏是叛徒王星阶告的密，临时省委负责人宋良猷、郝久亭和刚调到南阳中心县委工作的杨一平同志等都被捕了。

鄂豫边区临时省委遭受彻底破坏，是对边区革命斗争的一次沉重打击。这时边区只剩下唐河、泌阳、新野、镇子、方城等几个县的党组织，200多名党员。由于失去了领导机关，党的地下组织面临着瘫痪解体的危险。

为了恢复边区党的领导机构，继续领导各县党组织开展斗争，我决定去寻找这几县的负责同志，共商挽救危机之策。在唐河县，我找到了张星江同志；在方城县，我找到了刘毅然同志；在新野县，我找到了杨文彩、陶汉三、樊淑云、韩俊昌等同志；到泌阳县我还是第一次，在那里找到了张旺午、侯太俊、吕益炳、陶长荣等同志。就这样，我一直奔波了一个多月的时间，经过与这些同志商量，大家都同意由张星江、刘毅然、杨文彩、陶汉三、张旺午和我作为各县代表开一次紧急会议，将鄂豫边区党的领导机构恢复起来。

1933 年 7 月的一天，我们在新野县白河边的杨文彩家里会齐（张星江因记错时间没有到会），让杨文彩在村里找了一条船，准备在船上开会。可是，当我们在樊集镇北的一个村子旁上船时，引起当地地主豪绅的注意。他们集合了十多名团丁，一面咋呼，一面放枪，威胁我们下船接受检查。没办法，我们只好下来。经过一番搜查，他们什么东西也没有得到，这才放我们走了。后来得知这些人是把我们当成了贩卖大烟土的“土客”，想发我们的财，才这样大动干戈的。船上开不成会，我们决定在路上走着开，会议由我主持，大家走着商量着，讨论着，最后商定建立一个临时领导机构——中共鄂豫边区工作委员会，同时商定工委由五人组成，张星江同志任书记，我任组织部长，张旺午同志任宣传部长，陶汉三、杨文彩同志任委员。

为了使党组织得到巩固和发展，我们总结了过去的经验教训，认为必须把“从斗争中求发展”的方针改变为“从生存中求发展”的方针，“左”倾冒险主义几乎断送了革命，我们再不能搞那一套，再让党组织遭受破坏了。为此我们决定：把工作重点从城市转向农村；加强秘密工作，不搞群众斗争；不要固定的机关，工委领导成员分片包干，定期接头；开会一般不超过三个人，不作记录；指导工作不要文件。由于我们采取了这些方针和措施，使处在危机中的鄂豫边党得以度过危机，站稳脚步，并取得发展。1933 年秋，南召县开始建立党组织，新野县党组织在该县东南区开辟了新的工作区，其他各县党组织也都得到了较快发展。

二

各县党组织站稳脚步以后，下一步应该怎么搞呢？我们考虑必须走武装斗争的道路，组织游击队发动游击战争。正在这个时候，我们和上海中央局取得联系。1934 年 1 月，张星江同志经上海赴中央苏区，参加了党的六届五中全会和“二苏”代表大会。4 月间,他回到鄂豫边区，带回一封党中央给边区工委的指示信（即“三月指示”），信中要求我们发动群众斗争，开展城市工作，健全领导机构，建立机关，实行集体领导等。这个指示信实际上是不同意我们关于“从生存中求发展”的斗争方针。这一年夏天，工委召开会议，对领导分工作了调整，书记仍由张星江同志担任，张旺午同志改任组织部长，我改任宣传部长。此外，增补方德鑫、朱凤昌、郭同昌、李成仆等同志为工委委员。

8 月间，工委召集唐河、镇平、南召等县党的负责人，在桐柏山主峰太白顶开了一次扩大会议，由张星江同志传达中央苏区两次会议精神,布置各县发动武装斗争。这期间,我和张星江同志曾几次交换意见，认为伏牛山区很贫瘠，是宛西村治派别廷芳的势力范围，反动统治力量强大，游击队不易生存；而桐柏山区比较富足，又是个匪区，在这个地区开展游击战争比较合适。我俩都有这样一种看法：土匪不比谁高明多少，他们可以在桐柏山区长期出没，我们为什么就不能在那里生存发展呢？太白顶会议之后，工委派我去上海中央局汇报工作。我曾向和我接头的刘顺元同志汇报：“我们准备发动游击战争，已选定桐柏山区作为将来的游击根据地。”刘顺元同意了我们的这一设想。

此后，南召区委作过一次武装斗争的尝试，没有成功。张星江同志也曾找土匪头子李合，劝他弃旧图新，与我们合作。李合拒绝说:“干我的行当没人打，干红军人家打得凶。”

1934 年底，由于我们派往上海汇报工作的同志没有找到上海中央局，我们同党中央失去了联系。

在以后的一段时间里，工委领导同志就如何开展游击战争问题继续进行探讨，在思想上逐步形成了一个比较系统的想法。首先，我们觉得党的工作不能长期停留在秘密工作阶段，必须通过抓武装斗争壮大革命力量，达到推翻国民党政权的目的。那种片面强调群众斗争而忽视开展武装斗争的倾向无疑是错误的。我们几个同志还回顾议论了 1932 年泌阳县委领导抢粮斗争而遭受失败的教训，认为主要原因就是缺乏开展游击战争的思想。有人有枪，光抢粮，不向游击战争转变，结果失败了。至于那种试图从工人罢工、学生罢课中形成革命高潮并夺取国民党政权的设想，更属空谈。其次大家认为，我们的力量比较弱小，搞武装斗争不必从发动很有声势的武装暴动开始，而应该组织小型游击队，由小到大，逐步发展，积小胜为大胜，最后形成大规模的武装力量。搞武装斗争，必须选择国民党统治鞭长莫及的地方作为根据地。这一点我在前面已经谈过，桐柏山区的泌、确、信、桐数县之间，崇山峻岭，沟壑纵横，反动统治力量薄弱，正是开展游击战争的理想之地。我们还考虑到，将来在建立根据地时，必须尽量摧毁那里的国民党地方政权。至于革命政权则不必急于建立，让根据地表面上处于无政府状态，而实际上为我们所控制。在建军方面，我们认为不能搞虚张声势、自欺欺人那一套，只有一排一连的兵力，决不称什么营、团，只有一团兵力时，也决不称师称军。考虑到敌强我弱的局面，我们还认为要先把分散的个别的地主武装作为打击对象，避免与集中的强大的国民党军队作战。至于游击战术，其要领则是谨慎小心，机动灵活，反对粗心大意，机械呆板。

1935 年 7 月中旬，我按照事先的约定，由新野到唐河与张星江同志会面，适逢唐河、泌阳、新野三县的县委书记也在场，于是，我们商定召开一次会议，研究建立游击队，在桐柏山区开展游击战争的问题。因参加会议的人多，在村里召开怕暴露目标，经张星江同志提议，我们决定到桐柏县平氏镇西南约十公里的白莲洼开会。白莲洼只有几户人家，红二十八军十多名伤员在那里养伤。尽管大家仍顾虑恐有不测，但当时又选择不到更合适的地方，只好决定天黑时分头上山，一夜之间把会开完，黎明前离开。因为同志们情绪都十分高涨，开会时让红军连长先介绍游击战经验，这位红军连长一讲讲了一夜。第二天吃饭后，张星江同志接着传达中央六届五中全会决议，会议只好继续往下开。他讲了一天零半夜，同志们连续两夜不休息，实在瞌睡，也忘记了敌情，倒头就躺在稻草铺上睡熟了。结果，桐柏县第五区的反动民团于后半夜偷袭了我们。红军伤员和地下党同志 11 人被俘，我和张星江等五人脱险。本来，那位红军连长已突出敌人包围，由于他不是本地人，在山上隐蔽了一天后，晚上又返回原处央老乡带他下山找我们，不幸在敌人二次偷袭中壮烈牺牲。

在白莲洼会议以前，工委曾派张旺午同志去豫南确山县找党的关系，他在地下党员徐中和家里正巧遇上原河南省委委员王国华。从王国华同志那里得知，1934 年冬，河南省委代理书记张国诚叛变，全省地下党组织遭受严重破坏，此时，王国华同志正在家乡一带恢复党的组织。于是，张旺午带王国华到唐河县找到了张星江同志。王国华同张星江见面后，初步商定把豫南、鄂豫边地区的党组织合并，将鄂豫边工委改为鄂豫边省委。1935 年 8 月间，鄂豫边区省委正式成立，张星江同志任书记，我任组织部长，王国华同志任宣传部长。

九十月间，省委派周骏鸣同志去吴家尖山一带开展群众工作，为将来发动游击战争打基础。时间不久，他就做出了显著的成绩。1936 年 1 月 4 日，一支由鄂豫边区省委直接领导的红军游击队，在信阳县吴家尖山的小石岭村诞生了。参加游击队成立会议的有七个人，准备了三支枪。由省委书记张星江兼任指导员，周骏鸣同志任队长。游击队成立的当天晚上，就以果敢的行动，处决了小石岭村的反动保长汪心乐，为民除了一害，打响了我鄂豫边区游击战争的第一枪。

三

游击队成立以后，省委立即下达通知，要求各县党组织动员党员和群众参加游击队。一个多月后，游击队就发展到 20 多人。初创的游击队，主要任务是打击比较孤立的、民愤最大的反动分子。当时正值春节期间，游击队在群众的积极配合下，频频出击，接连打死了恶贯满盈的宋冲保长张兆龙，石滚河联保主任何国祥以及大桥凹联保主任湛才广，缴获了五六支长短枪。这几次战斗的胜利，大灭了反动分子的威风，大长了人民群众的志气，扩大了游击队的影响，队伍又逐渐扩大。建队不到两个月，队员便扩充到 30 多人，十多支枪。

这时的游击队，已有两个班的建制，我们学着中央红军的办法，在游击队建立了党支部，省委书记张星江亲自担任党支部书记。与此同时，游击队还成立了战士委员会，由牛德胜同志担任主席。在党支部的领导下，游击队开始对队员们进行以为谁扛枪打仗为中心内容的政治教育和以“三大纪律，八项注意”为主要内容的纪律教育。从此，游击队不论行军或宿营时，不经允许不进群众宅院；队上生活条件很差，有时没有饭吃，但肚子再饿也没有白吃过群众的东西。边区群众亲切地称呼游击队是“咱们的队伍”。

为了进一步开辟根据地，扩大游击战争，1936 年 3 月初，游击队活动到确山县西北的老乐山一带。有一天游击队在杜庄宿营，由于这里的群众还没有发动起来，情报不灵，加上放夜哨的康春同志临阵慌乱，没有鸣枪报警，致使游击队被遂平县保安队包围。经过一场夜战，张星江等同志带领部分队员突围，但王春义和另一名同志牺牲，另外七人被俘。这次损失，使游击队几乎丢掉半数人枪，遭受了建队以来的一次严重挫折。为了不使大家在危难中犹豫彷徨，在悲伤中失去斗志，突围的第二天，张星江、周骏鸣同志即把队员们召集起来开会，总结经验教训。为了严肃军纪，将负有直接责任的康春处死。游击队虽然在杜庄遭受了严重损失，但由于边区党和群众的支持，新参军的战士由各县接踵而来，不到一个月，队伍又恢复到 30 多人。

为了夺取敌人的武器武装自己，推动边区群众性武装斗争的开展，张星江同志召开会议，决定发动泌阳、唐河等县的党员和群众，配合游击队到桐柏县平氏镇孤峰山庙会上夺枪。这次夺枪斗争于 1936 年 3 月 27 日（农历三月初五）进行，是游击队的一次较大军事行动，共夺得长短枪八九支。但没有料到，游击队于次日转移至安棚东南的牛庄时，被一支追赶土匪的反动军队发现，经过一场激烈战斗，游击队突出了重围，但张星江同志不幸牺牲，周骏鸣同志也负了伤。张星江同志政治坚定，忠厚诚实，富有斗争经验，他的壮烈捐躯，使我鄂豫边区党和红军游击队失去了主要领导人，这是一个无法估量的损失。

张星江同志牺牲后，王国华同志捎信让我从新野立即赶到泌阳。1936 年 4 月的一天，我在泌阳县张楼村见到了王国华和周骏鸣同志。当时周骏鸣同志的枪伤还没有痊愈。我们三个人开会商量了一下，决定由我接替张星江同志的省委书记职务，王国华同志改任组织部长，宣传部长暂缺。

杜庄宿营时被敌偷袭，平氏夺枪后被敌包抄，队员们情绪低落，有些人向游击队副队长陈香斋请假要求回家。当时，我刚被推选为边区省委书记，就立即上队，做安定战士情绪工作。我在游击队住了十多天，与战士们进行了个别谈话，了解他们的思想问题，鼓励他们提高斗志，坚持革命。接着，游击队又组织了一次打土豪行动，打下了泌阳县出山王地主围寨，队员的情绪逐渐好起来。不久，周骏鸣同志的伤势好了些，即归队主持游击队的工作。

张星江同志牺牲后，敌人在他的遗体上发现了鄂豫边区省委的文件，得知我们是共产党，于是派出国民党正规军和保安团，疯狂“搜剿”我红军游击队。有一天，周骏鸣同志派人送信，要我到游击队去一趟。见面后，他告诉我说，现在形势很紧张，敌人用几个营的兵力来对付我们。前天部队在一个小村上宿营，白天只有一个卖盐的来过，晚上敌人就摸来了。幸而天色很黑，队员们手牵着手，从山前转到山后，才免为敌人包围。他说话时神情严肃，提议把游击队“化整为零”，由他带一个班到确山一带，邓一飞同志带一个班到信阳吴家尖山，我带一个班留在泌阳。

商定之后，游击队马上分成三股。我带的一个班，班长是朱凤昌，有二支盒子枪和六支步枪。为了对付敌人，我们昼伏夜出，巧妙地避开敌人锋芒，把活动范围限制在绝对可靠的村落里。这时党员、群众心情都很紧张，有些人劝我们说："现在敌人常利用夜间出来摸营，万一被摸着了，咱们大家都得完蛋。"由于泌阳山区是敌人"清剿"的重点，当时绝对可靠的村庄并不多，我们转来转去就那么几个村子，存在着被敌人一网打尽的可能性。面对这种情况，我反复考虑：眼下连生存都时时受到威胁，何以谈发展！与其置身于敌人包围之中，不如跳到敌人包围圈子之外，而唐河、新野的敌情缓和得多，我们何不转移到那里活动呢！这样考虑之后，我找王国华同志商量，对他说，等我们转移后，敌人找不到游击队的踪影，肯定会滚蛋的，到那时我们再返回来。王国华同志支持了这个意见，于是我们即进行安排，决定由我带朱凤昌等三人向唐河县转移，其余五名队员暂时分散隐蔽，并留下六支步枪交给地下党员马长富同志负责掩藏。安排好后，我们就跳出敌人的包围圈，到外线活动去了。

我们在唐河大约活动了一个月的时间，依靠当地党组织进行了四次战斗，其中两次夺枪，两次"打经济"。当地同志经常配合我们行动的有刘中兴、王清玉、王德崇、张国廷等。牛德胜同志在姬岭寨负伤后回唐河治疗，这期间也参加到队伍中来。记得两次夺枪行动，首次是打孙寨的一家地主，缴枪一支；第二次是夜袭古城联保处，因保丁都到古城寨外看戏去了，我们扑了空。

6 月间，经与王国华同志联系后，我们又由唐河转移到了新野。我们到达这里后，新野县委委员韩俊昌以及地下党员樊仲甫、阎文甫、张治发、赵富林等同志积极协助我们开展斗争。当地群众听说我们来这里打土豪，打反动分子，也都给予了有力支持。白天我们都隐蔽在群众家中，因为没有他们的掩护，游击队就无法躲过敌人的眼睛。就这样我们在新野县活动了两个多月，先后行动了十多次，打掉反动分子数人，缴枪七支。特别是在沙堰镇夺枪的有趣场面，我至今还记忆犹新。沙堰镇位于新野县城东北，是国民党一个区公所所在地。那天沙堰镇外唱大戏，戏名是《马胡驴换老婆》，看戏的人真多，民团中队出动了不少人，边看戏边维持秩序。这天晚上，我和朱凤昌、韩俊昌、阎文甫、樊仲甫等五人，装作看戏的来到戏台前。刚站下不久，我们发现敌中队长手里掂着盒子枪，在人群中转了两圈就匆匆地离开了。机不可失，朱凤昌、阎文甫当即尾随出了戏场，乘其不备，开枪结果了他的性命，夺得一支盒子枪。看戏的人听到枪响，顿时大乱。十多个团丁把步枪从肩上拿下来，摆开散兵线，吆喝着不让群众动。这时，我回头找和我一起的那个同志，发现他已被混乱的人群挤得无影无踪。我觉得不能迟疑，就绕到一个团丁背后，照着他的后心扣动了扳机，谁知手枪出了毛病，没打响。那个团丁扭转身朝我举起了枪。我顺势用左手抓住他的枪，右手握着手枪在他眼前边晃边说："你丢不丢！"他吓得连声说；"给！给！给！"就这样，我缴了他的枪，然后撤身脱离了险地。这次行动，我们打死了敌中队长，缴枪两支。我们在新野县的活动是很有意义的，打击了敌人，鼓舞了群众，扩大了革命影响。1937年初，游击队成倍发展扩大时，党员和群众参加最多的就是新野县。

8月间，我收到王国华同志的来信，说泌阳县的敌情已经缓和，让我带队回去集中。我找朱凤昌、阎文甫同志商量，打算马上转回泌阳去，但阎文甫提出要和朱凤昌、樊仲甫到他的家乡活动几天，让我先到泌阳接头，待回来后再一块去集中。这样，我只好一人去了泌阳，与王国华、周骏鸣和李子健等同志见了面。从他们的口中，我得知敌人已经撤走，周骏鸣带的一班发展到20多人。接着，我介绍了我带的一班人在唐河、新野的活动情况，大家听了都很高兴。停了两天，我即转回新野带人，但没有想到，朱凤昌、阎文甫、樊仲甫等人在新野县王寨附近与敌遭遇，在激烈的枪战中，朱凤昌、阎文甫壮烈牺牲，樊仲甫侥幸脱险。9月上旬，我怀着沉重的心情，带着樊仲甫、韩俊昌等几位同志，由新野转向唐河，并与牛德胜等同志会合。这时，我身上突发高烧，不能再上路了，只好让牛德胜、樊仲甫等同志携带全部枪支先回泌阳归队。我患病期间，曾派人与王国华同志联系，没见消息。直到12月中旬，我才在泌阳县玉和寨找到王国华和周骏鸣。我们三人和邓一飞、陈香斋、李子健同志在这里开了一次省委扩大会议，研究了工作。最后，会议决定对省委进行人事调整，由王国华同志任书记，周骏鸣同志任组织部长，邓一飞同志任宣传部长。我和陈香斋、李子健同志到游击队工作，由陈香斋同志任队长，我任指导员，李子健同志任秘书。

我和陈香斋同志上队后，拟定了个行动计划，决定在春节前的一个月，做发动群众工作，组织农民抗日自卫会，春节以后，带游击队到确山打土豪。计划确定以后，我们在泌阳邓庄铺以北建立三处农民抗日自卫会，这是我们根据地广泛发动群众的开始。农民抗日自卫会宗旨有三条：一是抗日，二是防匪，三是反抗反动势力的压迫和剥削。它的武装组织是农民抗日自卫队。但农民抗日自卫会的真正普及和大发展，是在七七事变以后。这时，我又担任了省委书记，住在泌阳，以主要精力抓发展农民抗日自卫会和自卫队的工作。在泌阳以东地区，农民抗日自卫会首先在高邑、王店一带开展起来，发展很快。不久，这个地区的多数村庄都建立了农民抗日自卫会。这一带的群众领袖是苏天广，他所居住的管邑村，成为这一带农民抗日自卫会的活动中心。稍后，在高邑以南的马谷田一带，农民抗日自卫会组织也普遍发展起来，主要领袖是张国兴。到1937年冬天，农民抗日自卫会发展到了县城附近各村庄。1938年初，我们进驻竹沟以后，确山、信阳两县的农民抗日自卫会也大发展起来。有一次，苏天广和张国兴组织他们所领导的两支自卫队到北山活动，集合有二三百支枪，回来经过王店寨西时，王店联保处的保丁在寨墙上放枪，打伤我一名队员。当农民抗日自卫队集合队伍找他们算账时，联保处的人吓得逃之夭夭，不敢露面。据估计，当时农民抗日自卫队所掌握的枪支大约有两三千支。这时，泌、确之间敌人的主要据点邓庄铺、竹沟已为我所攻占，国民党基层政权已被摧毁，或不起作用，真正称得起带有政权性质的组织就是农民抗日自卫会。至此，我们创建桐柏山区革命根据地的设想，终于得以完全实现。

1937 年春节后，我和陈香斋同志带游击队到确山县老乐山以东活动。我们利用春节期间地主豪绅疏于防范的机会，多次奇袭反动地主围寨。第一次，是打大地主兼资本家张庆岑的炮楼院子。队长陈香斋带一个队员，扮作从驻马店来谈生意的商人，顺利地进入张庆岑家内院，待张庆岑出来接待时，当即把他抓获。后面的队员则乘机占领炮楼，把里面的几支枪全部缴获。接着，我们利用夜战又打下一家地主庄院，缴了他的枪支。在此之前，我们还打开一个地主土围子。前后合计，共缴枪 10 多支，获款 4000 多元。这期间，边区各县党组织又积极动员党员、群众参军，游击队从原来的五六十人，迅速发展到一百二三十人。

正当游击队顺利发展，游击区日益扩大的时候，我们接到了中共北方局的一封指示信。大致精神是：要我们停止执行土地革命战争时期的各项政策，宣传抗日民族统一战线，停止向国民党政权进攻，同国民党进行合作谈判；部队可以改变番号，改编为合法性的地方武装。我和陈香斋看信后都没有吭声，感觉执行这个指示有困难。眼下敌人正加紧进攻我们，如果完全停止打土豪，游击队的发展壮大以及军需给养的筹备，都将无法解决。但是，既然是上级的指示，我们就没有权利抗拒，所以，我们当时采取的办法是：一方面希望省委向北方局请示，暂不执行这一指示；另一方面派出部分队员，配合地方同志以打汉奸的名义继续打坏货。不久，周骏鸣、邓一飞同志到北方局去了，后来周骏鸣同志又由北平去延安向党中央汇报工作。

1937 年 4 月，蒋介石命令东北军周福成师从陕西开进鄂豫边区“清剿”我红军游击队。周福成师师部设在泌阳县城，其主力部队部署在游击区边沿各集镇。这时，我们已知道发生了西安事变，并了解到周师官兵深怀国破家亡之恨，又受我陕北红军的影响很深，赞成停止内战，一致抗日。蒋介石把周师调到鄂豫边区，其用意就在于驱使周师进攻我红军游击队，造成两败俱伤。为了粉碎蒋介石这一阴谋，缓和边区紧张形势，省委决定利用这个时机，开展对东北军的统战工作。

有一天，我接到王国华同志的来信，信中说东北军周师要求同我红军进行谈判，并要我到驻高邑的王理环团团部去联系。于是，我和文敏生同志即前往高邑，见到了周师团长王理环。王理环对我们说，他们在陕北时就和红军交上朋友了，这次开进泌阳，实属被迫无奈。他的部队之所以驻在游击区的边沿，就是为了避免误会。他希望游击队的行动不要和他们的部队太靠近，万一双方遭遇，枪也要朝天上打。我们称赞了他的意见，表明了我们愿意团结抗日的态度。之后，李子健同志还同周师具体谈判过一次。由于双方态度诚恳，上述诺言他们基本上履行了。有一次，我游击队行军到泌阳县老君庙附近，和周师的一个营遇上了，相持了一天，他们没向我们进攻。

边区省委和游击队顺利地争取了周福成师，与他们建立了统战关系，引起国民党反动派的注意。不久，国民党豫皖绥靖公署主任刘峙责令周师立刻“进剿”我红军游击队，王理环又把这个消息派人通知了我们，为防不测，游击队转移到吴家尖山一带去了。

北方局指示下达以后，游击队军事行动减少，战士情绪逐渐低落。有的请假回家，也有的不辞而别。5 月间，又接连发生两次逃跑事件。头一次跑了三个人，带走三支枪，原因是一个队员和群众吵架，我严厉地批评了他，晚上，他就带另外两个队员逃跑当土匪去了。另一次是我们打开一个地主围寨，缴获了很多衣服，有个队员拣了一件衣服就走，我阻止了他。结果，他把衣服摔到我面前，愤愤地说：“谁穿你的！”他回去后串通手枪队长老汪和司务长小陈等人，带着几支盒子枪和游击队的部分现款逃跑了。这两起逃跑事件的发生，一是由于我们基本上停止向国民党进攻后，仍遭受国民党军队的“清剿”，引起部队思想混乱所致；二是由于我不善于做思想教育工作，是负有直接责任的。这两次事件发生之后，我们发现有人继续搞破坏活动，为了巩固部队，保存实力，经我和陈香斋同志商量并征得王国华同志的同意，决定对游击队暂时进行精简。有一天，游击队在龙窝宿营时，我们召开了全体战士会议。会上我讲了话，大意是：游击队基本上停止打土豪以后，部队逐渐陷入困境，士气不振，现款不多，生活难以长久维持，因此队伍需要紧缩，愿意回家的可以回家，等将来形势好转了可以再回来。开会以后，想走的队员陆续离开队伍。到了 7 月间，游击队从百余人减少到五六十人，70 多条枪。人数虽然减少了，但逃亡事件不再发生了，骨干保存下来，军民关系始终良好。

在游击队减员、缩编之前，省委接连遭受东北军周福成师某部的三次破坏。第一次是管邑村省委文印室被破坏，王泽民、刘荣业等四人被捕；第二次被破坏，邓一飞、姜宗仁、高大娃三人被捕；第三次是省委机关被破坏，有六人被捕，王国华同志外出，得以幸免。省委机关被破坏后，王国华同志即跟随游击队活动，省委工作陷于停顿。

6 月间，游击队在铜山沟附近活动时接到群众报告，邓庄铺联保主任王廷杰带几个人在冯庄派款。我们即派一个小分队去切断王的归路，其余队员奔袭冯庄。不料王廷杰已离开这一带往回走。我们尾追不放，打死一个敌人，当我们追至邓庄铺附近时，遭到守寨保丁的阻击。战斗中，陈香斋同志腹部中弹，不幸牺牲。

四

1937 年 7 月中旬，正当边区省委和游击队处境十分艰难之时，党中央派红二方面军某部组织部长胡龙奎随周骏鸣来到鄂豫边区。周骏鸣同志带回党中央关于在国共合作抗日实现之前，边区省委仍要执行土地革命战争时期的各项政策，并要猛烈地扩大红军游击队等指示。这样一来，游击队又有了光明的前途。于是，边区省委在泌阳县碾盘沟召开会议，研究今后工作，改选边区省委。参加会议的有王国华、周骏鸣、胡龙奎和我四个人。这次会议决定，由我重新担任省委书记，胡龙奎同志任组织部长，周骏鸣和王国华同志主要负责游击队的工作。会议之后不久，中共北方局派刘子厚同志来边区担任省委统战部部长。自此，游击队进入了迅猛发展时期。

同年 7 月和 9 月间，鄂豫皖边区红二十八军先后有两个营到桐柏山区，支援我们的斗争，帮助我们打下了蔡冲这个反动土围子，拿下了敌人的重要据点邓庄铺和马谷田，加速了我游击队的扩大和游击区的发展。在此后的一段时间里，邓庄铺成了游击队的后方基地。

到 9 月底，鄂豫边区红军游击队发展到了二三百人，在邓庄铺改编为豫南人民抗日军独立团，周骏鸣任团长，王国华任政治委员。团部以下设一个营的架子，编三个连队，另编了一个警卫班，还有团少年先锋队和宣传队等。

边区游击队发展成为独立团，群众打心眼里高兴，敌人则胆战心惊。10 月间，国民党信阳地区专员武旭如纠集几个县的保安队，约我独立团主要负责人进行“和谈”，企图借谈判之机消灭我独立团，因被我及时识破，其阴谋未能得逞。过了几天，武旭如又带原班人马找我们谈判了一次，双方达成停止敌对行动的初步协议，他们同意划泌阳县东部的高邑、王店、马谷田、邓庄铺等村镇为我方部队驻地。11 月间，我们派刘子厚、张明河去开封与刘峙及河南民军司令张钫谈判。在开封期间，他们得知武汉有我八路军办事处，张明河同志回边区汇报后被派往武汉汇报工作。周恩来副主席根据国共两党谈判结果，郑重宣布将我独立团编为新四军第四支队第八团队。从此，我鄂豫边红军游击队纳入了我军主力部队的序列。

1937 年 9 月，中共河南省委在开封市成立。12 月中旬，河南省委组织部长林凯同志到鄂豫边区传达中央指示，将鄂豫边区省委改为特委，隶属河南省委领导。这时特委的组成情况是，我继续任书记，王国华同志任组织部长，李子健同志任宣传部长，周骏鸣同志任军事部长，刘子厚同志任统战部长。1938 年 1 月，中共长江局调我去武汉学习，特委领导成员又做了一次调整。王国华接替了我的书记职务，王盛荣任副书记，胡龙奎接任组织部长，李子健、周骏鸣、刘子厚同志继续担任原职。

1938 年 2 月，我第八团队奉命开到信阳邢集镇整训。这时，我做匪运工作的同志，将各有六七百人的安可祥、段永祥两团土匪武装带到竹沟、邢集听编。彭雪枫、张震以及边区特委的领导同志都很重视做这两股绿林武装的整训工作。彭雪枫、王国华、王盛荣、刘子厚、李子健等同志亲自给他们上政治课，讲中国共产党和人民军队的性质、任务、纪律以及抗日的政治主张，提高他们的政治觉悟，增强其组织纪律性。后来，我们从安、段两团挑选了出身好、年纪轻、劣迹少的 300 来人，编入我新四军第八团队。

与此同时，边区特委又动员各县青年参军。牛德胜、苏天广领导的高邑北农民自卫大队以及周庆鸣组织的竹沟暴动队伍经过整训，也编入了第八团队。这样，到了 1938 年 3 月，全团扩充到一千三四百人，除留下 200 余人作为竹沟留守处的部队外，大队人马由团长周骏鸣、政委林凯带领，开赴了安徽抗日前线。

总之，没有中国共产党人坚韧不拔的奋斗，就没有鄂豫边区党的壮大和发展；没有坚持不懈的党的领导和政治工作，没有一切从实际出发的灵活的斗争方针、政策和策略，就不能赢得鄂豫边区游击战争的胜利。这就是我们亲身经历鄂豫边区三年游击战争所得出的基本结论。

1986 年 12 月

选自《南方三年游击战争·湘南游击区　鄂豫边游击区》，第400—413页。

全中玉，1908 年生，河南唐河人。1928 年加入中国共产党。南方三年游击战争时，任中共鄂豫边省委组织部部长、省委书记，鄂豫边红军游击大队指导员。新中国成立后，曾任中共南阳地委宣传部部长，陈留地委组织部部长，河南省委组织部副部长兼人事局长，河南省农委副主任，河南省政协副秘书长等职。1994 年逝世。

鄂豫边省委的成立与红军游击队的壮大 ①

王国华

一、河南省党组织遭受破坏与豫鄂边省委的成立

1934 年秋，河南省委书记王健叛变 ②，河南地下党的组织遭受大的破坏，而豫鄂边 ③ 工委没有受什么损失。豫鄂边工委辖地下党组织所以没有遭到破坏，原因是：豫鄂边工委和河南省委只有直接关系没有领导关系（是归上海党中央领导，但是豫鄂边工委去中央接头须有河南省委介绍信，否则中央不给豫鄂边工委接头），中央所有文件由河南省委送，同时认识豫鄂边工委负责同志的，只有河南省委一个交通，而这个交通在送文件时，被特务杀掉了，这样豫鄂边工委所管地下党的组织没遭破坏。

1935 年农历二月间，我从江西回河南，中央只给路费而没有给组织介绍信。五月间，我去唐河县找张星江同志（他是豫鄂边工委书记）。所以认识张星江同志，是因为张与我一同前去江西参加五中全会和二苏代表大会。找到张星江同志后，我们将豫鄂边工委改为豫鄂边省委（是

① 此文是王国华于1962年8月给新四军第五师战史编辑委员会写的材料，标题为编者所加。

② 应为1934年12月，河南省委书记张国诚（化名王文远）叛变。

③ 豫鄂边即鄂豫边，以下同。

在唐河县毕店村成立的），由张星江同志任书记，我任宣传部长，仝中玉同志任组织部长，（1936 年 3 月 5 日打平氏后，张星江同志在安棚牺牲，省委书记由仝中玉同志担任。1937 年初，我任省委书记）这时因敌人仍在捕杀我党党员，所以河南省委没有成立。豫鄂边省委共管 13 个县，即：新蔡、汝南、正阳、信阳（城内党组织被破坏了，农村没有破坏）、确山、桐柏、唐河、泌阳、南召、邓县、叶县、南阳、新野等，这是豫鄂边省委成立的经过。

二、游击根据地的建立与人民自卫团的扩大

1935 年六月间，周骏鸣同志出狱后[①]（他原是河南省军委负责同志，河南省委书记王健叛变后，他于漯河被捕），经豫鄂边省委研究，将其分配到信阳吴家尖山工作。同年 8 月间，我从汝南回唐河县参加省委会议，路经吴家尖山检查了骏鸣同志的工作。他在吴家尖山搞得很好，组织了三个支部，一个小组，党的外围组织是扁担会。这个地方三面靠山，是桐柏、泌阳、确山、信阳四县的交界处，又是匪区，人民生活艰苦，这与我在江西时朱总司令所说"游击根据地最好建立在两不管或三不管的地方"还多一不管，因此，可说是一个很好的游击根据地。我在省委会议上汇报了吴家尖山的情况后，省委认为这个地方利于工作，于是省委决定将省委迁到吴家尖山。省委迁去约三个月，即 1935 年十一月间[②]，便组织暴动，暴动时只有一根半枪，随后即打平氏、马谷田、邓庄铺等地，从而获得百余支枪，游击队也就得到大的发展。

1937 年春，省委派周骏鸣同志去天津找北方局，从此便与中央接上了关系。和北方局接上关系之后，第一次指示叫给国民党搞统一战线

① 据考证，周骏鸣出狱时间应为1935年农历七月，即公历1935年8月。

② 1935年十一月间，应为1935年十二月间，公历为1936年1月。

工作；第二次指示叫解散队伍；第三次指示（与第二封信相离 20 天的样子）又不叫解散队伍；第四次指示叫和国民党谈判。第一次谈判是给东北军；第二次是和确山、泌阳、桐柏、信阳四个县的县政府，在泌阳高邑谈。谈判结果，将游击队改为地方团队，进行剿灭土匪，并确定四个县每月给团队 1000 元钱。但会后，只有泌阳县给一点粮食，其他三个县什么也没给。第三次是由马致远（即刘子厚同志）去开封和张钫谈判，确定给我们 1000 元钱和 1000 套军装，谈判后算是勉强给了，但他们又考虑游击队虽名义上是编为团队，但游击队不会归其统制和改变游击队的性质，因此，就不再给了。

1937 年夏，蒋介石下命令：大股红军谈判，小股红军消灭。期间是一个月。这时国民党的三十二师，东北军及地方民团都开到了唐、泌、桐、确等游击根据地。在此情况下，游击队为了保存实力，即转移到淮河沿岸，脱离了游击区。一个月过后，国民党的军队都离开了游击区，游击队又回来了，并于 1937 年秋在泌阳王店成立人民自卫团①，团长周骏鸣，政委是胡龙奎。1938 年春，胡逃跑回家，政委由林凯同志担任②。1938 年初又在竹沟建立根据地，当时除消灭土匪扩大武装发展队伍外，并打土豪。1938 年春，确山地方士绅告我们通匪，蒋介石随即派三十二师去竹沟，意欲消灭我们部队。开到竹沟后，了解到我们是消灭土匪，于民除害，扩大部队去抗日，并非士绅所反映的情况，于是便将实情电告蒋介石，结果对我们不敢下手，这样我们便取得了合法地位。

据 1936 年调查，唐、桐、泌三县有 108 股土匪，在这遍地皆匪，群众日不聊生的情况下，省委便决定大力剿匪，于民除害，以安定社会秩序。在消灭土匪的策略上，主要是：在我们部队小的时候与土匪交朋

---

① 应为豫南人民抗日军独立团。

② 据考证，豫南人民抗日军独立团政委是王国华。独立团于1938年1月改编为新四军第四支队第八团队时，胡龙奎任政委。

友，游击队壮大的时候，即采取拉大股土匪消灭小股土匪，各个消灭的办法。到 1938 年底，土匪即已基本消灭。对俘虏的土匪，即进行阶级教育，使其提高阶级觉悟，愿参加游击队的即编到游击队中去；愿回家生产的即释放回家，从而使游击队得到了大的发展和壮大。

1938 年 4 月①间，河南省委迁到竹沟，原豫鄂边省委改为特委②，省委书记是朱理治，我任特委书记，王盛荣任副书记。竹沟部队 1938 年春，由周骏鸣与林凯同志带走 1030 名游击队员，另补充 100 余名干部去安徽前线抗日。同年农历八月间，彭雪枫同志去豫东带走 306 人，1938 年底，李先念带走一个连。同年秋刘子厚同志带走一个排，编为挺进支队去信阳，后编给先念同志了。确山赵进先同志组织一个营的地方游击武装，于 1939 年秋也给先念同志了。萧望东同志去豫东西华也带走一个连。郭述申同志带走一个排，去鄂豫皖找林凯同志。朱理治同志去湖北带走了两个连，另外陈少敏同志去湖北时也带有部队。竹沟事变后有五个半连也都给五师了。除部队外，竹沟兴办了三期教导队（一期学员 300 多，二期学员 500 多，三期多少记不清了），还举办了党校和培养了司号员、理发员。1940 年在延安时，朱理治同志与我算了下账，前后共给五师部队计有 3800 余人。以上是游击队的壮大与充实五师与其他师的简单情况。

三、竹沟事变的简单回忆

竹沟事变是 1939 年农历十月二日。没有事变前，少奇同志去竹沟指示说：敌人要打你们，打不会派正规军来，而是要纠合一些地方民团，

① 1938年4月为公历。

② 据考证，鄂豫边省委改为鄂豫边特委的时间应为1937年12月，书记仝中玉。1938年春，鄂豫边特委改为豫南特委，书记王国华。

可能会冒充送壮丁的混进寨内。并指示说,你们要阻着西门,死守竹沟。十月二日[1]晚，竹沟东瓦岗来群众报告说，他们那里有部队，声称是刘汝明的部队。正说着，泌阳也来群众报告说，他们那里有张虎臣带的两个大队的地方民团，还带着三天的口粮。从这两个报告即可确定敌人要打竹沟了。这时省委开了会，作了守围竹沟的具体计划。在我们的及早注意并坚决死守下，白天打退了敌人的进攻，当天晚上决定突围。突围后，第一个集合点是孤山，第二个集合点是龙窝。天明到龙窝后，检查部队与家属基本没有掉队，随后便开往四望山与五师汇合。

以上是我的简单回忆，因时间长了，难免没有错误，仅供参考。

选自《南方三年游击战争·湘南游击区　鄂豫边游击区》，第414—417页。

王国华，1890 年生，河南确山人。1926 年参加革命，1927 年参加确山农民起义，1932 年加入中国共产党。南方三年游击战争时，任中共鄂豫边省委宣传部部长、组织部部长、省委书记，鄂豫边红军游击大队指导员、豫南人民抗日军独立团政治委员等。新中国成立后，曾任信阳军分区司令员兼信阳市军管会主任，河南省农协副主席兼河南省土改委主任、河南省副省长，政协河南省第一届、二届、三届委员会副主席等职。1970 年在郑州逝世。

① 十月二日应为十月一日。

在鄂豫边区斗争的日日夜夜

李子健

岁月冲淡了青少年时代的一些记忆。然而，我在鄂豫边区的革命斗争经历却历历在目，难以忘怀。当年燃遍桐柏山区的革命烽火，游击队英勇战斗的身影和枪声……常使我心潮起伏，思绪难平。

在叶县工委

1932 年春，中共河南省委派我到上海做交通联络工作。由于完成任务较好，中共中央交通局把我留了下来，让我先后担任了中央至河南省委的交通员和交通站站长。1934 年 10 月，我离开上海，重又回到了河南叶县。

当时，革命正处于低潮，许多党组织遭到敌人破坏，没破坏的也与上级党失掉了联系。我回到叶县后，先同地下党员董锡之、崔慎三等同志取得联系，首先把廉村一带的党组织恢复起来，接着和相继从外地回来的段永健、兰德修等同志，研究成立了中共叶县工作委员会，段永健任书记，兰德修任组织部长，我任宣传部长，陈继尧、董锡之、崔慎三同志为委员。县工委一成立，我们就设法和上级党建立联系，恢复各级党组织，号召群众反对苛捐杂税和高利盘剥。经过一段时间的努力，廉村、龚店、刘店等 13 个村庄，在原“光蛋会”的基础上，相继恢复了党的组织，积极发展党员，建立了“红军之友社”，使革命的火焰重新燃烧了起来。

叶县党组织恢复起来后，县工委决定建立游击小组，用武装斗争的方式同敌人作斗争。为此，我们号召各村党组织，依靠群众，向敌人夺枪。1935 年 10 月的一天，在龚店大地主孙某家扛长工的齐柱来找我，说孙家既有钱又有枪，要我们去夺。那天，工委委员陈继尧正巧在场，我们就一起商量了夺枪的办法。下午，我和陈继尧化了装就出发了，天黑时进了龚店寨，住进齐柱喂牛的屋子里。等到半夜时，我们开始动手。夜黑得伸手不见五指，在齐柱的引导下，我们悄悄摸到地主住的房前，用刺刀撬开门，跃近床前，拿手电筒照住地主，厉声喝道：“不许动，动了就打死你！”他女人见势不妙，忙探出半个身子，发抖地说：“佛爷不要开枪，要啥快说。”这样，我们没费吹灰之力，就从他们的枕头底下缴获了一支驳壳枪，又摘下了挂在墙上的子弹。我们正要撤离，猛然想到这里住有民团，天这么黑，路又不熟，如何出去呢？正在为难时，屋里一个大铺柜提醒了我。我急中生智，命令他二人快起床，穿好衣服，然后又叫地主婆打开柜子，把地主捆起来，用棉花堵上嘴，锁进柜子里。这时，我对地主婆说：“我们要出寨，你给带路，如有一点差错，我这指头一动，你的命就没了。”她哆嗦着说：“请佛爷放心，要是有一点差错，你就把我崩了。”说罢，她就带着我俩出了门。龚店寨夺枪的成功，鼓舞了工委和各村的党员群众，许多地方，如二郎庙、湾张、新顾庄等村也先后开展了夺枪斗争，全县许多农民武装组织都有了枪支。

为了扩大党的影响，把革命烈火燃得更旺，我们很快转入了带领群众开展打土豪、锄奸霸的斗争。当时，叶县城里有一个“坏货”叫赵克俭，和县、区政府来往密切，专与共产党作对，十分反动，是工委开展活动的一大障碍。有一次，他发现我党地下组织的一些情况，跑到区公所告了密。这个区长是我们的同情分子，不但没有向上反映，而且还把这一情况转告了我们。同志们一致要求把这条恶狗除掉。一天夜里，工委组织了十多个进步农民，由已经成为共产党员的齐柱带领，深夜潜入赵克俭家，摸到他住的楼上。赵克俭听到动静，急忙起身摸枪，齐柱眼疾手快,“叭” 地就是一枪,赵克俭应声滚下床来,齐柱又上去补了两刀,然后他们带着缴获的枪撤离了。谁知赵克俭没死，被一个医生救活了。这一仗虽没把他处死，但也是一个胜利。接着，我们又除掉了万渡口等村的几个恶霸。在这同时，我们进一步发展党员，建立农村党支部，扩大游击小组，使叶县革命斗争又出现了一个新的高潮。

办“四方商店”

1935 年秋天，叶县、遂平县的革命斗争虽有较大发展，但由于党组织的力量还很弱小，我们的处境仍十分艰难，面临着被敌人袭击的危险。另外，随着各方面工作的开展，活动经费也成了一个急需解决的问题。在这种情况下，叶县工委决定，尽量利用可能利用的条件和社会关系，寻找掩护身份的社会职业，建立一个地下联络站，既能使同志们有个隐蔽之地，又能解决一些活动经费。

叶县工委经过反复研究，物色到一个合适的对象，这就是遂平县望族门第出身的知识分子魏秀亭。此人原是陈继尧的同学，曾在反对校当局压制学生运动的斗争中同陈继尧结为挚友。因他家境富裕，在本县声望较高，绅士们都不敢轻视他。于是，我们征得魏秀亭的支持，让他给我们拿出了 300 块钱，借用他家的空房子办起一个杂货铺，命名为“四方商店”。

“四方商店”的表面含义是为四面八方的群众服务，而真正的含义则是联络四面八方的党组织，接转四面八方的革命同志，掩护从四面八方来的难友。商店主人对外是魏秀亭，而实际上由陈继尧同志负责。“四方商店”经营的商品较多，除一般的生活日用品外，还有许多进步书刊，如《新生》、《世界新闻》等。我们对店里人员要求“勤业勤学、做啥像啥、白皮红心”，并按照在上海干交通时单线联系的工作方法进行革命活动。

1935 年冬天，国民党反动派对我遂平、叶县革命力量进行了一次搜捕，许多基层党组织面临威胁。在这种严重的形势面前，“四方商店”秘密进行组织联络，输送来往干部，掩护避难的同志，传递党的文件，寄转革命书刊，供应边区紧缺物资等，成为党的一个重要交通站。在此后的日子里，全国许多地方的领导干部到鄂豫边区，都是先介绍到这里，再由这里转送。北方局的刘子久、刘子厚等同志就是通过该店转送的。开封、洛阳等白区一批热血青年来投奔边区，由于路线不熟，敌人封锁严密，他们也来到“四方商店”接头，陈继尧派人护送，使他们安全地到了确山。由边区分派到外地的干部，为避免敌人的盘查，安全出境，也由这里输送出去。

在敌人严密封锁的环境里，传递文件十分困难。为保证安全，“四方商店”对携带机密文件过往的同志，就派人专送。从外地发往鄂豫边区的《新生周报》、《抗战三日刊》、《风雨周刊》等报刊，也是由“四方商店”收转的。特别是《新文字报》始终都是从北平寄到商店，再由商店分发和转给边区各地“四方商店”，为宣传党的政策和革命思想做出了积极贡献。

“四方商店”还为鄂豫边区提供了不少经济援助。那时，边区纸张奇缺，需用量又大，“四方商店”设法筹措。游击队需用一些军用品，在市场上不好买，也多是这里给予解决。1936 年 10 月以后，我受鄂豫边区省委的重托，三上平津向北方局汇报工作，路费多是这个商店提供的。还有一些需要暂时避难的同志，商店也负责他们的食宿和路费。记得有一次，吴芝圃同志派他的学生刘勃带一批青年到边区去，他们经叶县廉村、舞阳到达“四方商店”，路费已经用完，无法再走，陈继尧便把他们留在店里住了数日，然后把他们转送到了鄂豫边区。

“四方商店”就是这样不畏艰险、措置裕如地战斗着。她为加强边区同上级党组织的联络，为中原地区革命形势的发展，做出了很大成绩。她像一颗明珠，在鄂豫边区革命由低潮向高潮的转折中，始终闪烁着灿烂的光辉。

在游击队的日子里

1936 年 5 月，“四方商店”打开工作局面后，我便离开这里，前往桐柏山区参加红军游击队。经过几天的周折，在确山县杜李庄与鄂豫边省委组织部长王国华及游击队长周骏鸣会了面。开始，我在队上做政治工作和地方上的群众工作，不久，正式担任游击队秘书。

我来到游击队时，队里只有 20 多个人，十余条枪。人虽然少，但由于游击队实行“广交朋友，少树敌人”等符合实际的斗争方针，在面临国民党军队“清剿”和众多土匪武装袭扰的复杂情况下，依然站稳了脚跟。记得一天中午，我按照省委的指示，正在协助泌阳县一个村寨组建农民自卫队，忽闻报告说，有一大股土匪由东南方向朝寨子拥来，前哨已经逼近，情况十分紧急。我当即登上寨墙，理直气壮地向他们喊话，要他们派人进寨谈判，不多时，一个自称“司令”、名周寿臣的匪首骑着马，带着马弁来到寨前。我警告他说：“这是我们共产党的地方，讲朋友的，请绕道走……”匪首听说是“老共的地盘”，连连作揖，赔笑道歉，带着他的队伍绕过寨子走了。这件事充分说明边区省委和游击队实行的斗争方针是正确的，已经初步赢得了斗争的主动权。

贯彻灵活机动的战略战术，是保存自己、战胜敌人的法宝。因此，游击队在战斗中尽量注意保存力量，减少伤亡，不打无把握之仗。6 月间的一天下午，队伍来到确山县大磨山南麓的山涧宿营。队长周骏鸣信步爬上一座山包，朝四下瞭望。忽然，他发现远处有敌正规军向我驻地逼近，就忙以手帕招示队伍立即抢占附近山头。当游击队拉成一线占领山头时，被敌人发现，敌人用重机枪向我们猛烈射击。看到这种情况，周骏鸣同志说：我们不能沿敌人追击的方向前进，应该返回去，绕到敌人的后面宿营，这样比较保险，可以保证明天过个安稳日子。老周的话说得大家直点头。于是，我们绕到敌后，在天目山一个小村子宿营，果然很安全，同时也把敌人甩得更远了。

次日下午，游击队正在群众的院子里休息、擦枪，村口出现了两个穿便衣的陌生人。为首的是个麻子脸，他操着河北口音询问哨兵王保良此地有无红军，王保良回答说，离这儿几十里以外的地方有。接着，王保良乘这两个陌生人想喝水的当儿，抢先一步进院，向同志们递了个眼色。待两个陌生人刚一踏进院门,数名游击队员猛地扑上去,将其生擒，并从他们身上搜出了两支驳壳枪。经盘问，他们是国民党军第十师黄杰的部下，麻子脸是个营长，另一个是他的护兵。两个家伙已觉察出我们是红军游击队，忙赔着笑脸，假惺惺地说：“我们是来找红军投降的。”但大家岂能相信这种谎话，纷纷要求将他们处死。鉴于当时斗争形势复杂，周队长答应了大家的要求。

8 月的一天拂晓，游击队行军到泌阳县王店村西南的一架山梁上，由于太疲劳，队伍停下来，想休息一下再走。队员们刚在路边的茅草丛中坐下，便听到一阵兵马行进声。原来是国民党新五师的一个团从王店方向开过来，先头部队已接近我们休息地。这时，有的同志主张乘其不备，冲上去打他个鸟兽散，但被周队长制止了。待敌人开过去以后，周队长向大家解释了不能打的理由：第一，敌我力量悬殊太大，且我疲劳；第二，拂晓遭遇，会一整天地把力量暴露给敌人，利于敌而不利于我；第三,附近有村庄,若打起来,不仅我们吃亏,群众也要受害。大家听了，都佩服得直点头。

为了保存游击队的有生力量，我们十分注意斗争策略，即使在最危险的时候也不蛮干。还是8月的一天，游击队宿营在确山县石滚河西北小王庄的一个群众大院里。太阳刚偏西，国民党军的一个连突然窜进村子，游击队要撤离已经来不及了，只有准备应战。然而敌人并没有发现我们，看样子想原地休息。见此情况，有一些同志提出冲出去干他一场，但又被周队长阻止了。因为敌人是一个连，而我们仅30余人，敌众我寡。周队长沉思片刻，便和几位老乡商量起来。不一会儿，那几位老乡走到敌连长面前，讲了个假情况，敌连长信以为真，立即下达了开拔命令，带着队伍向村南疾驰而去。

游击队就是这样同敌人周旋着、战斗着。尽管我们长年饥肠辘辘，破衣烂衫，日夜辗转于荒山野岭，经受腥风血雨的侵袭，但始终保持着革命乐观主义精神，对未来充满美好的憧憬，坚信革命一定能取得胜利。记得一次行军时，走在排头的周队长指着后边长长的队伍对我说：“看，革命越闹越红火，咱们又有这么多的人了，多喜人啊！”旋即又指着前边的山峦说：“革命成功后，咱一定要在那儿修个大水库，那时不论山地、平川，到处都翻滚着稻菽、麦浪……”我也饶有兴趣地插言道：“到那时咱们可以解甲归田，再也用不着颠巴着两腿转山弯了！”说得周队长哈哈大笑。

游击队历尽艰险，受尽磨难，仍不断发展壮大，还在于它时时保持着革命军队的本色，始终遵守群众纪律，同人民群众建立了血肉联系。无论是队长、指导员还是战士，谁违犯了纪律，都同样受到处罚。并严格规定，在行军、战斗和宿营时，不经群众允许，即使刮狂风下暴雨，也决不进群众的院子和屋内。特别是有年轻妇女的地方，更要注意举止言行。队里生活条件很差，经常没有饭吃，但再饿也不白吃群众的东西。另外，对民间的风俗习惯也严格遵守，很少有非礼之举。我们的行动赢得了群众的拥护和爱戴，都亲热地称游击队为“咱的队伍”。

三上北方局

1936年10月间，边区省委派我到确山一带检查和发动群众支援队伍的工作。我在县城见到了地下党员田永禄，他高兴地对我说，徐中和的弟弟徐子荣从北平出狱了，现已回到确山付楼村，他同北方局有关系。我们长时间寻找党组织没寻到，听到这个消息，真是喜出望外。经省委研究，决定派我赴北平寻找北方局。数日后，我带着徐子荣的介绍信，来到北平沙滩北椅子胡同大学公寓，很快找到了我党的地下联络员、中国大学学生李锐同志。他把我安置在老胡同18号地下党员王云阁同志的家里。王云阁是河南泌阳县人，他的妻子韩子琛是“民族解放先锋队”队员。第二天一早，北方局派刘子久同志与我接上了关系。我把鄂豫边区红军游击队的诞生、发展，特别是在失掉同上级党联系的情况下，如何执行“广交朋友，少树敌人”、“打坏货、拉土豪”等政策的情况，向他作了汇报。刘子久同志听后很高兴，肯定了我们的做法，认为我们执行的政策基本上符合中央提出的抗日民族统一战线的精神。他还要我把情况写一写，主要写游击队的发展情况，如人是怎么组织起来的，枪是怎么搞来的等。我于是就写了《三条枪起义了，一把洋镢闹革命了》和《鄂豫边红军游击队诞生与发展》两篇文章，后来刊登在中共河北省委机关刊物《火线》杂志上。在北平期间，我学习了大量的上级文件和政策，同李锐、李谱、王云阁、韩子琛、郭以青、刘子厚等许多革命同志接触，从而了解到北平的学生运动以及刚刚开始的山西牺盟会的活动情况。另外，我在北平还刻苦学习新文字，并利用学会的新文字做宣传工作，向接触我的北平群众介绍鄂豫边区革命斗争的形势，讲述边区党和红军游击队为穷人闹翻身、求解放，同敌人英勇战斗的情景，以求得他们对我们的声援和支持。同时，又由我口述，由李锐同志记录整理了一篇歌颂鄂豫边游击队的长诗《铁流》，以“石龄”笔名，刊登在北平的一个文艺杂志上。我在北平住了十天左右，就满怀信心地带着北方局的指示和一些文件、杂志，回到了鄂豫边区。记得文件中有中共中央1935年《八一宣言》,《火线》杂志上面刊登着刘少奇同志写的《肃清关门主义、冒险主义》等文章。回来后，我先到叶县，给叶县工委传达了上级的指示，介绍了我在北方局的活动情况，尔后到泌阳找到了游击队。同志们听说我同上级党接上了关系，无不奔走相告，欢欣鼓舞。上级的指示犹如一阵春风吹到了鄂豫边区，各地迅速掀起了一个学习党的指示、宣传抗日思想的热潮。这时，我还向边区推广学到的新文字，借以更广泛地宣传党的政策，动员各地群众，把革命斗争更加深入地开展起来。

为能正确地贯彻执行党中央的方针政策，特别是党的统一战线政策，1936年12月7日，我又第二次去北平向北方局汇报。当时正值一二九运动一周年前夕，为预防不测，北方局派刘子久同志带我到天津商谈工作，住在天津皇后大戏院隔壁的一个公寓里。这期间，我和北方局的刘永天等同志见了面，有两个同志我叫不上名字，后来才知道一个叫柯庆施，另一个叫林枫。他们常常给我送文件看。12月中旬的一天清晨，我和刘子久同志外出，刚走进饭馆要了个“嘎巴菜”，忽听外面叫卖“号外”。我们买回一张《益世报》,只见上面写着醒目的大标题:《张学良劫持蒋委员长》，这就是震惊中外的西安事变。几天后，我由北方局的同志带领，在天津宁园受到了刘少奇同志的接见。我向他汇报了游击队的斗争情况和有关白区工作不好开展，有关门主义倾向等问题。少奇同志听完汇报后，先给我介绍了全国的抗战形势，指出当前要特别注意做好抗日民族统一战线工作，坚决反对和克服关门主义、冒险主义两种倾向。他说：人家靠近我们有啥不好呢？你们那里开展工作有困难，问题就在于关门主义。现在不光是你们那个地方有，许多地方都有。他还说：冒险主义就是我们稍微有一点力量，发展一些党员，就马上出去游行，把自己的力量暴露了，这不等于向敌人告密吗？最后，少奇同志还谈了我党对西安事变的态度，认为杀掉蒋介石会引起更严重的内战，在日军大举进攻的情况下，应该从全民族利益出发，不提“反蒋抗日”、而提“逼蒋抗日”的口号，放掉蒋介石。接见后不久，我便取道北平，回到了鄂豫边区。这一次，我又带回一些重要文件和几本《火线》杂志，如1936年第63期《火线》杂志刊登的中共中央关于“逼蒋抗日”、“对于目前的政治口号有如下改变”的指示。

为了经常与上级党保持联系，及时地把我们的斗争情况向上级汇报并受领上级的指示，大约在1937年一二月间，我第三次去北方局。这次和我同去的有田永禄同志，边区省委决定今后由他代替我做交通工作。到了天津后，我们仍住在“皇后大戏院”隔壁的公寓里，与北方局的高文华等同志取得了联系。我们向他汇报了情况，并要求上级派些干部去帮助工作，北方局同意了我们的要求。在此期间，我曾以“胡蝉”笔名写了一篇揭露国民党在河南抓派并虐待壮丁的文章，刊登在邹韬奋主办的《抗战三日刊》上，任务完成后，我们取道北平，又回到了鄂豫边区。

和周福成师谈判

我们鄂豫边省委和红军游击队所实行的“广交朋友，少树敌人”的政策，带有建立广泛的统一战线性质，这是在极端复杂的环境中，为了保存和壮大自己而必须实行的一个斗争方针。但更自觉地贯彻执行党的抗日民族统一战线政策，还是在我们与北方局建立关系之后。

1937年春，国民党东北军周福成师奉命开进鄂豫边区，“清剿”我边区党组织和红军游击队。该师师部及直属队驻泌阳县城，其精锐部队王理环团驻王店、高邑、马谷田一线，其团部及第一营驻高邑，第二营驻马谷田，第三营驻王店。

早在西安事变之前，我们就听说我党、我军同东北军发生统战关系的生动事迹，西安事变和平解决以后，我们又得知蒋介石自食其言，囚禁张学良，逼迫杨虎城去职，并对张、杨部队采取排斥、分化、瓦解的政策，把东北军、西北军分散到各地进行宰割。周福成师就是这样被迫开抵鄂豫边区的。蒋介石的阴谋是“一箭双雕”,通过逼东北军“进剿”红军游击队，而收两败俱伤之利。对此，鄂豫边省委及游击队的领导是十分明确的。

当时，我红军游击队已更名为鄂豫边区红军游击大队，大队长是陈香斋，指导员是仝中玉，队伍的活动中心是在泌阳县的邓庄铺、高邑、王店和确山县的石滚河、龙窝，还有信阳县的尖山、邢集、王岗一带。东北军来后的一天下午，王理环团第三营的一个排外出筹办给养时，将张楼村地下党员马长富的弟弟马长寅当作土匪抓起来严刑吊打。马并非红军战士，他被打得遍体鳞伤，认为自己反正也是一死，就豁出去说：“红军战士是不怕死的，随你们的便吧！”这句话一出口，站在他面前的士兵们彼此相望，惊愕不已，慌忙将他松绑，带到了营部。营长吕伟绩闻听抓来一名红军战士，就以道歉的口气说：“委屈你了。不过这个误会也好，终于把你们找到了。既然你是红军，就劳驾你回去请你们的首长派人来联络吧！”于是，马长寅回到张楼村，把这一情况向我党作了汇报。省委负责同志认真分析了东北军的处境和我党统战政策对他们的影响，认为有同该部建立统战关系的必要和可能，决定同他们接触，见机行事，进行谈判。

几天以后，该师主动派联络参谋田作舟来到张楼村，在马长富同志家里等候与我们接头。省委便派我作代表到张楼村与田作舟会面。田是辽宁抚顺人，30 多岁。见面后，他很激动，说他早就拥护红军，在西北是东北军中同红军接触最多的人之一。西安事变后，蒋介石分化、瓦解东北军，不料在这里又找到自家人了。当晚我们在马长富同志家里招待了他，吃的是高粱面窝窝头，睡的是牛屋草铺，我们肩挨肩地谈了一宿。次日，我换上一身粗布军衣，同田作舟一起，先到了王店，会见营长吕伟绩。吕也是东北人，有点知识分子的派头。一阵客气应酬后，吕伟绩派人护送我和田作舟到了高邑团部。

团长王理环带着师司令部来的人，这时正在村外迎候，他开门见山地对我说："我们是老朋友了！西安兵谏时，周恩来将军同我们谈过话，他真是一位了不起的政治家，实在令人仰慕，太佩服了！"我本着大方不拘，态度和蔼，礼而有节，不亢不卑的原则同他们接触，肩并肩地朝团部走去，沿街有不少乡亲好奇地出门观望，镇上顿时热闹了许多。

谈判是在"荞麦寺"进行的。周福成师首席代表是团长王理环。这位爱国少壮军官是辽宁省辽阳人，抗日情绪强烈，说话也干脆爽快。席间，周福成曾同王通过电话，大意是：此地红军是有人才的，不是"土包子"，更不是"流寇"。通话后，王理环就把我介绍给大家，说："这位是红军代表李同志，他们来的诚意用不着我说，西安兵谏和平解决早已说明了。"接着，他把东北军的布防情况，把如何对付蒋介石分化阴谋的对策，讲了一番。这次谈判共进行了一上午，经过双方协商，达成了五条协议：

（1）东北军负责向红军提供军事情报，对付豫皖绥靖公署主任刘峙及地方顽固势力的进攻。

（2）双方任何一方受到袭击，对方有协助反击的义务。

（3）必要时，东北军支援红军枪支弹药。

（4）东北军不侵犯群众利益，并有保护群众生命财产安全之义务。

（5）红军不封山，保证群众将粮、菜、肉、蛋、山货、柴草运到城镇，公买公卖，以解决东北军给养问题。

协议是在共同抗日的基本原则下达成的。最后，王理环表示，他的话是出口算数的。从这以后，田作舟不断到我们驻地来，王理环也曾派人来过。王国华、周骏鸣等同志的名字，也很快为他们所熟知，有时他们还带些上等烟酒等礼物赠送我们。

由于我们和东北军建立了统战关系，使得边区一度紧张的局势逐渐缓和。有些东北军官兵以能和红军打交道而深感骄傲，并主动协助我们做宣传工作。

记得有一天，侯庄和王庄的几个进步青年，带着一卷宣传抗日的红绿传单，到泌阳城及沿途大道上散发。当他们在二十里铺饭店休息时，忽见一群东北军士兵嘻嘻哈哈走过来。有个为首的士兵走上前，劈手把传单夺在手里，看也没看就说："躲藏个啥！那边墙上早贴上了。"话音未落，后边的士兵就七嘴八舌地嚷起来，有的说："我们也是红军。"有的说："抗日救国嘛，谁敢反对？"还有的说："我们就是要照着传单上说的，打回老家去。这支歌我们早就会唱了。"其中有三四个人竟开口唱起来。歌词大意是：

中国人不打中国人，
中国人不打中国人，
我们不给日寇做开路先锋，
枪口对外和日本鬼子们拼。
听吧！
爹娘兄弟在老家哭叫，
抗日的战士遍地怒号，
我们切不要自煎自熬，
叫敌人乐哈哈地拍手叫好。
兄弟们，
抗日军不打抗日军，
抗日军不打抗日军，
携起手来打回老家去，
携起手来打回老家去！

这些士兵唱着唱着都哭了。唱完后，夺走传单的那个士兵拨开人群，把传单撒到了大街上。当时过路的人熙熙攘攘，有不少人上前围观。

在建立统战关系的那段时间，东北军履行诺言，时常向我方透露情报。有一次王理环告知我们，反动派已觉察到这里发生的事，今后双方交往要秘密进行。自此，游击队警惕性高了，比如驻地每天转移一处或几处，使外人摸不着规律。但也有少数做地方工作的同志思想麻痹，开展工作仍坚持半公开状态。不久，王理环又紧急通知我们，说刘峙来电严厉训斥他们放弃职守，不“剿共”反而招抚共军，责令他们立刻向红军进攻，违者严惩不贷。王还说这是师长周福成让他通知的，建议我们把队伍拉进深山，隐蔽起来，地方工作人员也要谨慎行动，提防暗探耳目。他还表示，如果刘峙或哪个王八蛋敢来进攻你们，我师就抗击他。就在获得这个情报第三天的一个早上，王理环团第三营营长吕伟绩一反初衷，带着部队到处抓人，逮捕了我们的邓一飞、高大娃等同志，还在王庄和高邑各抓了几个人，破坏了边区省委设在管邑村的文印室。后来，据被捕的同志说，除邓一飞、高大娃被敌人押送到开封监狱外，被抓的其他人有的送师部后获释，有的经过我党做工作，取保释放。事件发生后不久，周师即被调往他地。游击队和他们虽然终止了联系，但“广交朋友，少树敌人”，建立广泛的统一战线的方针政策却给我们以很大的启发。在后来的斗争中，游击队进一步贯彻这一方针政策，缩小打击面，扩大团结面，逐渐壮大了自己的力量，不断地从胜利走向胜利。

1987年2月

选自《南方三年游击战争·湘南游击区　鄂豫边游击区》，第428—439页。

李子健，1906 年生，河南叶县人。1927 年参加革命，1931 年加入中国共产党。南方三年游击战争时，任中共叶县工委宣传部部长、鄂豫边红军游击队秘书、中共鄂豫边省委交通员等。新中国成立后，曾任四川省教育厅人事处处长，成都生物制品研究所党委书记，重庆医学专科学校校长、党委书记，重庆市第二精神病院副院长，重庆市政协常委等职。1997 年在重庆逝世。

鄂豫边红军游击队的政治工作

文敏生

鄂豫边红军游击队是在豫南革命处于低潮的情况下诞生的，又是在国民党军队反复“清剿”的恶劣环境中发展的，虽长时间与党中央失去联系，却一直高举着党的武装斗争旗帜；虽几经挫折，但都顽强奋斗而不溃散；虽生活艰辛，困苦不堪，但始终保持革命军队的光荣传统和本色，最终发展成为一支拥有 1300 多人的抗日武装，开辟了以竹沟为中心的中原抗日革命根据地。这一光辉的业绩，充分说明鄂豫边红军游击队不愧是一支用马列主义、毛泽东思想武装起来的，忠于党、忠于人民的部队，而用革命思想武装这支部队，靠的是一如既往的、坚强的思想政治工作。

一

土地革命战争时期，我军的政治工作十分活跃，建立了许多相应的组织，摸索出不少行之有效的方式方法，积累了相当丰富的经验。但就其总体而言，政治工作还没有形成完整的理论、制度和体系，仍处在初创阶段，而且在各地区、各部队的发展也不平衡，大都不很成熟。具体到鄂豫边游击区来说，情况更是如此。

鄂豫边红军游击队和南方各省其他游击区的红军游击队不同，他不是主力红军长征后留下来的部队，也没有一寸可以利用的革命根据地，完全是靠白手起家，从无到有发展起来的，无论是游击队领导人还是鄂豫边省委领导人，都没有参加过红军部队，均是长期坚持当地革命斗争的地下党员，所以对什么是我军的政治工作，以及政治工作都包括哪些内容，其地位和作用又是什么，思想上并不完全清楚。在这种情况下，开展游击队的政治工作似乎是不大可能的，然而事实却是：游击队建立才一个多月，就开始了自身的组织和思想建设，仿效红军部队的建军原则，建立了由省委书记张星江兼任支部书记的游击队党支部，同时建立了由牛德胜任主席的战士委员会，从组织上奠定了开展政治工作的基础，提供了可靠保证。那么，是什么原因促成了这两个组织的建立呢？我以为主要有三点：一是省委和游击队的主要领导人虽没有参加过红军，但大都到中央苏区学习过或参与过红军的活动，了解红军部队的政治工作；二是多数领导人有着丰富的地下斗争经验，懂得建立党组织和用革命思想教育人、武装人的重要性；三是个别游击队员系负伤留下来的红军战士，对红军部队的政治工作较为熟悉。由此可见，鄂豫边红军游击队的政治工作组织不是凭空产生的，亦非对红军政治工作的照抄照搬，而是省委和游击队领导人有意识、有目的建立的，尽管带有某种尝试的性质，还很不完善，但这样的组织一经建立，就不可能不发挥他的职能作用。

同任何事物的发生发展都需要经历一个过程那样，鄂豫边红军游击队的政治工作组织从建立到比较完善，也经历了一个发展过程。游击队党支部建立后，开初的工作任务主要体现在实行党的领导和对干部战士的思想教育上，引导大家坚定革命信念，战胜艰难困苦，顽强开展游击战争。后来经过在实践中不断总结提高，逐步走上了正规。建立了正常的党内生活制度，形成了以党员作骨干的战士集体，并不失时机地发展新党员，等等，使党支部的战斗堡垒作用得到了较为全面的发挥。战士委员会属于群众性组织，同红军部队中的“士兵委员会”差不多，其主要任务是协助党支部和队领导开展工作，实行民主管理、民主建军，维护游击队内部的团结和纪律，同时兼做一些群众工作。在游击队建立前期，战士委员会发挥了不小的作用，后来，由于形势的变化，人员的调整，虽然无人宣布将其解散，但实际上已不再作为一个独立的组织而存在。1936 年底，鄂豫边省委与中共北方局建立了联系，次年春，为了适应全国的抗日形势，省委在泌阳县管驿村建立了一个文印室，油印转发上级的有关文件、指示及宣传品，在全区范围内掀起了广泛的抗日宣传活动。游击队这时已发展到 130 多人，把十六七岁的年轻队员组织起来，建立了一个十多人的宣传队，并由我担任队长。宣传队不属文艺性质，不搞戏曲演唱，主要任务是利用接触群众的机会，或主动深入各村寨，以口头形式，向群众宣传抗日形势和我党的抗日主张，动员群众和各阶层人士有人出人，有钱出钱，有枪出枪，用实际行动投身到抗日救亡运动中来。这一组织的建立，标志着游击队的政治工作组织有了新的发展，但真正的大发展，还是在七七抗战之后。

1937 年 9 月，鄂豫边省委根据上级的指示精神，将游击队改编为豫南人民抗日军独立团，并在部队中建立起专门的政治工作机构，即团政治处，由我担任副主任，不久又升任主任。政治处以下还设立组织科、宣传科和民运科，分别由王斌吾、牛德胜、姜宗仁等同志担任科长。此外各连队也陆续建立起党支部和俱乐部，加上团宣传队，形成了初具规模的政治工作队伍和组织设施。1938 年初，独立团改编为新四军第四支队第八团队，在此前后，上级党陆续派遣一批军政领导干部和知识分子来到边区，直接参与八团队的整训和改编，使团里的政治工作得到进一步加强，不光增加了政工人员，而且素质较以前有了明显提高。团部宣传队已不再是原来意义的宣传队，开始吸收女同志参加，排练一些宣传抗日救亡的文艺节目，很受战士和群众的欢迎。各连队除建立党支部外，均配备了政治指导员，并有计划地开设政治课，围绕形势进行宣传教育，把政治工作推进到一个新的高度。与此同时，团部驻地竹沟也空前地活跃起来，军政教导大队办起来了，“列宁室”办起来了，各种抗日救亡组织应运而生，到处响彻着欢歌笑语，一个从未有过的政治工作新局面，开始在鄂豫边区的土地上生根、开花，茁壮地成长。

二

鄂豫边红军游击队的政治教育是在面临着许多困难的情况下开始的，从 1936 年 1 月游击队诞生到 1936 年 10 月这段时间里，由于同上级党断绝了联系，得不到指导，又没有现成的文件资料可供学习，政治教育完全处在一种自发的阶段上，究竟应该选择哪些教育内容，如何抓好教育效果的落实，不是靠哪个人随心所欲的决定，而主要取决于客观实际的需要，也可以说，针对不同的对象和不同的形势，是游击队安排政治教育内容的主要依据和出发点。

由于游击队的成员多是当地的农民，入伍前没有受过什么教育，虽浑厚、朴实，却带有浓厚的农民习气，如思想保守、自由散漫等等，直接影响到部队的建设和战斗任务的完成。针对这些问题，游击队建立不久即开始了以“三大纪律，八项注意”为中心内容的组织纪律教育。由于没有现成的本本可供参考，省委和游击队领导便凭着过去的所学，凭着记忆，一条一条地复述给战士们听，告诉大家这些条文是每一个革命战士所必须严格遵守的行动准则，是老红军部队的光荣传统和优良作风。执行不执行这些条文，是区别红军和国民党军队、革命队伍和土匪流寇的重要标志。为了提高教育效果，游击队在进行教育时，既要求每个战士条条牢记，条条落实在行动上，同时结合部队实际，突出强调了“一切行动听指挥”、“不拿群众一针线”、“一切缴获要归公”、“不许调戏妇女”，以及借东西要还、损坏群众东西要赔偿等条款。因为省委和游击队领导十分清楚，在当时敌强我弱的情况下，如果不把队伍培养成为步调一致、令行禁止的钢铁战斗集体，而是各自为政，一盘散沙，就不可能战胜凶恶的人。由于游击队处在国民党军和地方反动势力的四面威胁之中，如果不严格执行群众纪律，争取广泛的支持和掩护，就不能应付复杂多变的形势，就会像鱼儿离开水、幼儿离开娘那样，失去生存发展的基础。再者，游击队的主要斗争形式是“打坏货，拉土豪”，如果不强调“一切缴获要归公”，而是各取所需，中饱私囊，就会严重影响部队的给养来源和对穷苦百姓的援助，损坏游击队在群众中的形象，并会滋长自私自利、自由主义思想的抬头、蔓延，进而危及部队的内部团结和战斗力。

在进行“三大纪律，八项注意”教育的同时，游击队还针对不同的对象，不同的地点和环境，及时地进行了不怕流血牺牲，不怕艰难困苦，以及革命理想、革命乐观主义等方面的教育，帮助队员树立以苦为乐、以苦为荣的思想和誓为劳苦大众的翻身解放而献身的勇敢精神，使他们坚信红军主力一定能打回来，共产党必胜，国民党必败，革命一定会取得最后的胜利。1936 年 6 月，国民党新五师的一个班起义后加入了游击队，针对这部分新来的同志，游击队在摸清思想底子的基础上，有计划地对他们进行了“为什么人杠枪打仗”、“怎样做一个革命战士”等教育，并通过控诉国民党军队的不得人心以及社会的黑暗腐败，启发他们的政治觉悟，增强做一名革命战士的光荣感和责任心。

1936 年 10 月，鄂豫边省委同中共北方局建立了联系，党中央和北方局的一些文件、刊物陆续下发或传入边区，主要有《为抗日救国告全体同胞书》及《火线》杂志，等等。其内容大都涉及当时的抗日形势以及我党所持的态度、实行的策略方针等，尤其是《火线》杂志上的内容极为丰富，既刊有党中央的文件、指示，也刊有中央领导如刘少奇等同志的文章，还刊有各方人士对时局的分析和看法，不仅为省委和游击队指明了今后的努力方向，而且提供了大量的学习资料。从这时期开始，游击队的政治教育内容发生了明显变化，主要围绕上级的文件、刊物进行，先后开展了抗日救国教育，实行抗日民族统一战线教育，以及坚决贯彻执行党中央方针政策的教育等，而且这一内容的教育持续的时间较长，一直持续到1938年3月，即八团队出征抗日前线时为止。这期间，游击队根据情况的变化，还不失时机地穿插了一些学习内容，比如游击队改编为豫南人民抗日军独立团后，为了提高战士的文化素质，开展了认读新文字活动。针对部队陆续整编了一些土匪武装的实际,进行了“大敌当前,共赴国难”以及“怎样把自己锻炼成为合格革命军人”的教育。八团队出征抗日前夕，为了适应对日作战需要，又进行了宣传日军侵华暴行，肃清“日军不可战胜”等错误认识的教育，为部队顺利开赴抗日前线，打下了坚实的思想基础。

三

如前所述，鄂豫边红军游击队的政治教育内容的选择，取决于客观实际的需要，并且随着形势的变化有所不同，有所侧重，也可以说，这是由形势逼出来的。正因为如此，也就从根本上摆脱了教条主义和形式主义的影响，建立在有的放矢、灵活多样的基础之上，从而发挥出了应有的效力，收到了很好的效果。实际上，这也正是游击队政治工作的一大特点。除此之外，我认为还有以下几点是很有特色的。

一是把经常性的教育和应急性的教育相结合。经常性的教育是涉及立场、世界观等等方面的教育,是关系着要培养、塑造什么样人的教育,带有根本的性质；应急性的教育一般是针对某一问题、某一认识而进行的教育，以转变同志们的认识、看法为主要目的。所以游击队在实际教育过程中，无论从重视的程度上，还是时间安排的长短上，都有着明显的不同。比如游击队所进行的“三大纪律，八项注意”教育，誓为党的事业奋斗终生的教育以及不怕苦、不怕死的教育，等等，是从头至尾，贯穿始终的教育，不因形势的变化而变化，不依条件的改变而改变。而对有些教育，如为什么要建立抗日民族统一战线，为什么说日军是可以战胜的，等等，则是针对某些同志的思想问题提出来的，主要是为了疏通思想认识，只要问题得到了解决，教育也就随之告一段落。

二是寓教育于日常生活战斗之中，随时随地进行，把集中教育和分散教育相结合。由于斗争环境复杂，敌情变化莫测，游击队很长时间没有固定的宿营地，常常是打一仗换一个地方，有时一个晚上要变换几个住处。在无法集中时间、人员学习的情况下，游击队采取了分散教育的方法，亦即利用战斗间隙，行军途中或睡觉前的短暂时间，一有机会就给战士们讲上几句，或郑重其事地讲，或于说笑谈话间启发诱导，而且一次一般只讲一到两个问题，以达到使战士们听清楚、弄明白为目的。这种方法表面上看效果并不明显，但由于经常讲，反复讲，滴水穿石，时间一长，效果就显示出来了，且深深刻印在战士的心中，非常之牢固。与此同时，游击队还根据斗争形势的需要，不失时机地相对集中时间，先后进行过多次由全体队员参加的教育学习。其教育时机的选择，多在游击队遭受挫折、变故之后或有重大行动之前，亦或为了传达贯彻上级的重要指示，等等。如 1936 年 3 月间，游击队在确山县杜庄村遭敌袭击，蒙受严重损失后，第二天即转移到安全地带，集中数日时间，认真总结教训，克服了思想麻痹、纪律涣散等不良倾向，增强了队员的组织纪律观念。1938 年初，游击队改编为新四军第四支队第八团队之前，为了使战士们认识改编的意义，适应改编后的形势任务，游击队相对集中时间人员，进行了抗日时局教育，宣传红军主力已改编为八路军的新形势，使大家认识到游击队的改编是形势的需要，对今后鄂豫边区抗日活动的开展，必将起到重要的促进作用。

三是广开教育渠道，把对内教育和对外教育相结合。游击队的政治教育包括对内教育和对外教育两个方面，对内教育的对象主要是战士，目的是为了加强自身建设，解决部队中存在的有害倾向和问题；对外教育的对象主要是人民群众，也包括民主人士甚至国民党基层军政人员以及土匪，等等，目的是为了争取广泛的同情支持，改善生存环境，创造有利的斗争条件。关于对内教育前面已提到，这里不再重复，而主要谈谈对外教育的问题。游击队为了赢得人民群众的广泛拥护和支持，通常采取的办法是:每到一地，都坚持宣传党的方针和政策，今天在这个村，明天又到那个村，有时召开群众大会宣传动员，有时深入各家各户促膝谈心，久而久之，使所到之地的群众进一步认清了共产党和游击队的本质，把对游击队的支持变为了更加自觉的行动。在对国民党地方势力及军政人员的教育方面，游击队也想了许多办法，花费了很大力气。首先是通过调查了解，选准教育争取的对象，分清哪些地主豪绅、联保主任民愤最大，应坚决给予打击，哪些民愤较小或比较开明，有教育争取的可能；其次是通过各种渠道、关系，主动同那些可以争取的对象接触，或宣传党的政治主张，以政策攻心；或采取强硬态度，告诫其出路，争取他们逐步转变立场或起码保持中立，不再同游击队和人民群众作对；再次是有目的、有策略地让一些地主豪绅或联保主任帮游击队办事，使他们有所顾忌，在行动上制约、促进他们思想的转变。这些方式方法，有效地分化瓦解了游击区内的国民党基层政治势力，减弱了游击队开展斗争的难度。在对土匪武装的教育争取方面，游击队做得更为出色。针对桐柏山区土匪如麻，而多数土匪又是苦出身的实际，游击队慎重对待，先是确定好教育争取的对象，尔后分清主次，逐股教育挽救。只要与土匪碰头见面，都不忘开展政治宣传；只要听说有外来土匪武装开进了游击区，均派人要求他离开，或警告他们不许抢劫百姓。此外还先后派邓一飞、周国林等同志打入土匪队伍，专做匪运工作，为了争取他们同情革命，做匪运工作的同志学用土匪的黑话暗语对话，利用土匪的江湖义气，同他们换帖拜把子，结为生死兄弟，并经常向他们宣传“穷人为什么穷，富人为什么富”的道理，控诉国民党反动政府残酷剥削压榨穷人的罪行，使土匪认识到他们的处境同穷人一样，是国民党反动派造成的，从而提高了他们的阶级觉悟，改变了他们对穷苦人的救星——共产党、红军游击队的认识和态度。

四

由于游击队从实际出发，针对不同对象实施不同的教育内容，采取了灵活多样的教育方法，并有组织方面的保证，其政治教育的效果十分明显，取得了较大的成功，这里仅举几个例子来说明一下这个问题。

从对部队内部的教育看，主要效果是：（1）提高了队员的政治素质，使大家牢固树立了为劳苦大众的翻身解放而奋斗的崇高理想，无论条件再艰苦，处境再险恶，从没有一个人叛变投敌；（2）增进了部队内部和军政军民之间的团结，官兵一致，上下一心，保持发扬光荣的革命传统和优良作风，基本上没有发生过违犯群众纪律的现象；（3）提高了部队的战斗力，培养了队员的一往无前精神，打不垮，拖不烂，胜不骄，败不馁；（4）增强了队员的组织纪律观念，步调一致，令行禁止，以个人利益服从集体利益，从土里土气的老百姓变成了合格的红军战士；（5）促进了其他各项工作任务的完成。从对人民群众的宣传发动效果看，主要表现为赢得了人民群众的广泛拥护和支持。为了掩护游击队，人民群众主动站岗放哨、封锁消息和照料伤病员；为了支援游击队，人民群众节衣缩食，无偿地准备饭菜、安排住宿地，并积极动员亲友参军参战。在方圆六七十公里的游击区内，"赤色村庄"遍及各地，处处都有游击队的父老兄弟，村村都有游击队温暖的家。从对国民党地方势力及军政人员的教育效果看，部分地主豪绅和联保主任经教育争取后，逐步改变政治态度，由敌视游击队变为一定程度的同情和支持，或提供敌方情报，或收敛对穷苦人的剥削压榨，或捐赠款项资助游击战争。有的后来还入了党，参加了革命，个别人成长为党的高级干部。从对土匪的教育效果看，成效尤为突出，有十多股土匪武装先后与游击队建立了“朋友”关系，停止了对游击区的骚扰破坏，另有三四百人经教育后，编入了游击队和八团队的战斗序列，肩负起挽救中华民族危亡的重任，毅然地奔赴了抗日前线。

游击队的政治工作之所以能取得如此大的成就，除了以上所谈到的原因外，我认为还有如下几个方面的因素：一是鄂豫边省委的热情关怀和支持。游击战争期间，省委主要领导经常随游击队活动，加强政治指导，直接参与游击战争方针政策的制定，及时帮游击队排忧解难。如游击队诞生后，省委书记张星江亲自兼任了指导员并任党支部书记。由于他政治水平高，有着丰富的斗争经验，队里的政治工作主要靠他策划安排，尽管他在游击队的时间不长，但为游击队的政治工作奠定了良好基础，做出了突出贡献。再如 1936 年 3 月底，游击队于平氏夺枪后的转移途中，遭受国民党军队包围，省委书记张星江不幸牺牲，队长周骏鸣负伤，在队员情绪受到较大影响的情况下，新任省委书记全中玉及时上队，加强思想政治工作，带领队员们顺利地战胜了挫折。

二是党员干部的先锋模范作用。无论是省委或游击队领导，都始终保持普通一兵的本色，平时再艰苦，也坚持与战士同吃同住同要求，做到有福同享，有难同当。1937 年春，游击队曾养过一匹马，但没有一个干部骑，而是用来驮运物资和伤病员。战时或危险时刻，党员干部以身作则，身先士卒，冲锋在前，退却在后。他们用自己的实际行动和言行一致的作风，极大地教育影响了游击队员，促进了政治工作的落实。

三是实行了一系列严格的条例、规定和灵活的方针政策。为了教育争取国民党基层政治势力，游击队制定了“广交朋友，少树敌人”的政策；为了教育和争取土匪，游击队先后实行了拉大股和打小股相结合，游击队防匪和群众性自卫队防匪相结合以及改造收编和打击消灭相结合的斗争方针。1936 年 3 月，由于放哨执勤的某战士失职，致使游击队在确山县杜庄村遭敌袭击，造成二人牺牲、七人被捕的严重后果，为了严肃纪律，游击队对这个战士处以极刑，以教育其他同志引以为戒，认真汲取经验教训。这些严厉的做法和灵活的方针政策，对游击队政治工作的落实，无疑起到了促进和保障作用。

总之，鄂豫边红军游击队的政治工作是坚强有力、富有成效的，是有着自己的明显特点的，尽管还存在着许多不足，不那么全面、系统和完善，但就其所处的时代和主观上的努力来看，是十分难能可贵的，其中成功的经验，永远值得我们认真地总结、学习和借鉴。

1988 年 6 月

选自《南方三年游击战争·湘南游击区　鄂豫边游击区》，第562—570页。

文敏生，1915 年生，山西垣曲人。1936 年加入中国共产主义青年团，1937 年参加中国工农红军，同年转为中国共产党党员。南方三年游击战争时，任鄂豫边红军游击大队宣传队长、豫南人民抗日军独立团政治处主任等。新中国成立后，曾任中南军政委员会副秘书长、公安部副部长，中共中央华南分局常委、社会部部长，华南边防军政治委员，广东省副省长，中共广东省委书记，河南省省长，中共河南省委常务书记、第二书记、代理第一书记，中共黑龙江省委书记兼哈尔滨市委第一书记，国家邮电部部长、党组书记，中共中央顾问委员会委员等职。1997 年在北京逝世。

血肉相连　鱼水相依

范国章　王善甫

鄂豫边区省委，在土地革命战争时期的最后三年，一方面领导豫西南的镇平、新野、内乡、淅川、邓县、南阳、南召、方城、唐河、叶县和豫南的遂平、汝南、正阳等十多个县的白区党组织坚持地下斗争；另一方面创建和领导红军游击队，在豫南的泌阳、桐柏、确山、信阳四县交界地区，坚持游击战争。正是坚持了这两个方面的斗争，才为华中和中原地区的抗日战争，积蓄了革命力量，开辟了前进道路，奠定了斗争基础。而这两个方面斗争的进展，又是和人民群众的大力支持分不开的。回顾往事，使我们深切地体会到，那时地方党组织和红军游击队的关系是血肉相连、患难与共的关系，两者同人民群众的关系又是鱼和水不能分离的关系。红军游击队所以能不断地成长壮大，主要是靠地方党组织不断地输送队员及人民群众的大力支持和掩护；地方党组织的工作开展，人民群众的安居乐业，也离不开红军游击队的有力配合和保卫。

给游击队输送兵员

鄂豫边区红军游击队于 1936 年 1 月诞生时，只有七个人，到 2 月底发展到 30 余人；同年 3 月初，在确山县杜庄战斗中损失九名同志，后在短短个把月里，又发展到 30 多人；到 1938 年初，这支游击队猛增到 1000 多人。鄂豫边区红军游击队发展如此之快，即使是在受挫的严峻时刻，依然有许多热血青年踊跃加入游击队，投身于血与火的战斗中，主要原因就是有地方各级党组织和广大人民群众的支持。这些新发展的游击队员中，一部分是由游击区党组织领导的农民自卫队改编过来的，大部分是白区党组织输送来的青年农民和爱国学生。当时的新野、内乡、镇平、唐河、泌阳、确山以及洛阳、开封、偃师等县（市）的地下党组织输送得最多。1937 年初，中共北方局直接领导的宛属工委在内乡县组织武装暴动，使大部分地下党员的身份暴露。为了保存革命力量，支援红军游击队，宛属工委组织部长张明河亲自带着他发展的党员王勋、李宾初、李春元等同志，冒着敌人到处搜捕的危险，冲破白色恐怖，投奔到桐柏山腹地，参加了红军游击队。我们还清楚地记得，新野县委书记张志发同志曾多次亲自送新队员入伍。唐河县吕庄地下党员王清玉一人先后送去进步青年多批，达数十人之多，参加了红军游击队。

那时，从白区向游击队输送队员是十分危险的，途中一旦被敌人发现，就有被捕、杀头的危险，甚至还会祸及地下党组织。因此输送工作是极其慎重、极其秘密的。地下党组织送王善甫参加游击队时，就是经过了周密安排才谨慎行动的。1937 年 5 月，王善甫在内乡县回车县立第十二小学读书时，由地下党员张蕴略同志介绍，秘密加入了共产党。后来王善甫和杜光甫同志参加游击队，也是张蕴略同志介绍的。张对王、杜的安全非常负责。1937 年 8 月间，当王、杜向他告别时，他给鄂豫边区省委和红军游击队领导人写了一封信。为了安全，信写好后没有马上交出。当王善甫他们走到沙亮过路店附近一座静静的山岗时，他才赶上来把信交给他们，同时叮咛了许多话，要他们俩拿介绍信到什么地方、去找谁等。王、杜两人收藏好介绍信，先来到泌阳县高邑附近的马陟沟、宋庄，找省委秘密联络站的平原海同志和一个姓宋的。因平原海不在家，姓宋的同志热情接待了他们。当时正下大雨，王善甫和杜光甫住在老宋的一间小茅屋里，等了三天，老宋才送他俩到高邑附近的王庄油坊，见到了鄂豫边区省委书记仝中玉以及姜宗仁同志。仝中玉和他俩谈话后，派一个交通员把他们送到高邑东南十公里的焦庄参加了游击队。

由此可见，红军游击队队伍的扩大，是同地方党组织的支持分不开的，正是由于数十个、数百个这样的地下党组织和党员，冒着生命危险，源源不断地输送兵员，才使游击队由小到大，由弱到强，不断地成长壮大。特别是白区党组织送去的队员，由于受过党组织的教育和影响，受过白色恐怖的锻炼和考验，所以，质量都是很好的，后来大部分成了游击队的骨干。

配合游击队的战斗行动

鄂豫边区红军游击队创建初期，力量比较单薄，为了保存自己消灭敌人，常常采取昼伏夜行、避强击弱、隐蔽企图的办法进行活动。在夜间行军中，做到不暴露、不受阻，是至关重要的。人民群众深知这一点，都想方设法配合游击队进行秘密活动。特别是给游击队当向导的老百姓，除了选择安全路线带队行进外，在深更半夜走近村庄和农民联防自卫的围寨时，事先都对放哨的老乡打好招呼，让他们不要呼喊，并让他们通知各家各户，想办法防止鸡鸣狗叫，以确保游击队顺利通过。有一次，游击队从桐柏县榨楼出发，夜间去吴家尖山，由于来不及事前通知，途经一个山寨时，放哨的老乡听到动静，就大叫："谁？"接着还打了一枪。向导急忙回话："不要打枪，是老周（周骏鸣）的队伍。"对方听说是红军游击队，便鸦雀无声了。像这样的事是很多的，所以，我们的行动，敌人捉摸不住，而敌人则常常吃亏挨打。群众从其他方面配合游击队战斗的事情就更多了。在平氏孤峰山庙会战斗前，为了麻痹敌人，数十名群众和地下党员需要扮成香客前去赶会进香，但一时又找不到香包，地下党员马长富的爱人就连夜缝了30多个香包，保证了党员、群众按计划投入了战斗。游击队行军打仗，常常是宿营不定时、不定点，半夜三更转移、宿营是常有的事。每到一个地方，老百姓总是像接待自己的亲人一样，急忙起床点灯，让房子，腾锅灶，抱柴禾，铺稻草，为游击队宿营提供各种方便。有的全家老少勒紧腰带，把省下来的米面拿出来让给游击队员吃，那种感人的情景，真是令人难以忘怀。

关心和掩护游击队

游击队和群众结下了深厚的情谊，游击区的村村寨寨不仅是我们的宿营地，而且还是我们补充给养的“后勤部”和养伤治病的“家庭医院”。在作战中负伤的同志，都是随时托付给当地的地下党组织，安顿在群众家里养伤。群众对伤员就像对待自己的亲人一样，精心调治，细心护理。1936年3月底，游击队长周骏鸣同志在牛庄突围战斗中负伤，后来住在张楼马长富家里养伤。马长富夫妇见老周身子太虚弱，就东借西凑些钱，到集上买回来几个猪蹄子，给老周炖炖吃。经过精心调养，使周队长很快养好伤，回到了游击队。

1937年10月，王善甫在独立团三连当文书。有一次，周骏鸣团长带三连到信阳、桐柏活动，当到达桐柏县榨楼村时，王善甫得了重感冒。当时没有随连队行动的医生，部队又要急于离开，王善甫发高烧实在无法行走，只好留在榨楼一家大伯、大妈家里养病。两位老人热情周到地照料王善甫，比亲生父母还好。一日两餐，老人家尽量做可口的饭菜给王善甫吃。王善甫口中乏味，想吃点酸的，他们就跑到几十里以外的毛集镇去买醋。晚上他们怕王善甫住在家里不安全，连推带扶把王善甫送到有人值更放哨的山寨上，白天再接回家里。就这样，没有打针吃药，全靠土法治疗，饭食调养，住了半个多月，王善甫就完全恢复了健康，被游击队的侦察员接回了部队。榨楼这家大伯大妈和他们全家人的名字，可惜王善甫当时忘记询问，离开以后再也没有机会去过，但他们全家乃至全村的老百姓，不愧是桐柏人民热爱红军的典范，王善甫和游击队永远忘不了他们的恩情。

人民群众对游击队的支持还表现在，每当游击队遇到困难时，地下党组织和群众就送来了急需的物资和经费。遂平县地下党开办的“四方商店”，实际上就是一个积蓄资金、支援游击队开展武装斗争的“后勤部”。当游击队受到损失时和“化整为零”分散活动后，他们就及时派人送来游击队急需的钱以及其他物资、药品等，有力支援了游击队的活动。

1937 年夏，东北军一二九师某营撕毁停战协议，突然袭击我地下省委机关，把周围山头全部封锁起来，王国华同志被困在竹园沟，处境十分危险。这时，群众冒着生命危险，选择秘密小道，把他送到高乐山上一个山洞里隐蔽起来。后来，铜山沟的群众阎达三又冒险爬上山洞，把王国华同志秘密接到自己家里。铜山沟山高林密，荒僻闭塞，比较安全。阎达三一家对王国华同志精心照顾，直到没有危险了，才让他出山寻访，使王国华同志安全地回到了游击队。

1987 年 3 月

选自《南方三年游击战争·湘南游击区　鄂豫边游击区》，第543—546页。

范国章，1919 年生，河南新野人。1937 年参加红军，同年加入中国共产党。南方三年游击战争时，任鄂豫边红军游击队战士、班长、连长。新中国成立后，曾任公安军团长、坦克团团长，装甲兵学院院务部副部长，

沈阳军区装甲兵司令部副参谋长、顾问等职。1990 年在南京逝世。

王善甫，1920 年生，河南西峡人，1937 年加入中国共产党，南方三年游击战争时，任鄂豫边红军游击队战士。新中国成立后，曾任皖北军区后勤部政治委员，安徽省军区后勤部政治委员，南京军事学院系副主任、主任、政治委员，解放军通信兵政治部副主任，解放军总参谋部通信部政治部主任、总参谋部防化部政治委员等职。2006 年在北京逝世。

赴武汉向周副主席汇报

张明河

1937 年 12 月下旬的一天，天气寒冷，大雾弥漫，平汉线上，一列从广水开出的火车，正由北向南，风驰电掣般地呼啸飞奔。

露天车厢里，我和红二十八军政委高敬亭等四人，身着军服，盘腿坐在乌黑潮湿的煤堆上，前去武汉八路军办事处汇报工作。列车奔驰如飞，沉重而有节奏的车轮滚动声，不仅早把我们的心带到了敬爱的周副主席身边，而且也使我回想起了不久前同国民党谈判的情景。

卢沟桥事变以后，国内形势发生了很大变化，日军大举进攻华北，全国的抗日烽火迅速燃起。为了抗战，我党主动提出与国民党实行合作，把主力红军改编成了八路军。江南红军游击队也正要改编为新四军。在这种形势下，鄂豫边红军游击队改编为豫南人民抗日军独立团，并与国民党信阳专员武旭如等进行了数次谈判。但由于国民党方面玩弄和谈阴谋，妄图借谈判之机消灭我独立团，没有达成最终协议。12 月初，鄂豫边省委决定由统战部长刘子厚和我，赴开封同国民党豫皖绥靖公署主任刘峙继续谈判。我们到达开封后，了解到武汉设有我八路军办事处，刘子厚同志就和我商量，由我赶回鄂豫边区向省委汇报。省委听取汇报后，根据当时的形势，按照党中央向国民党提出划陕甘苏区为特区的做法，起草了一个划鄂豫边为小特区的文件。大致内容为：特区不受国民党管辖，独立团保持独立性。接着周骏鸣团长指示我和他的警卫员谭建林，到武汉汇报工作，并要我俩先绕道红二十八军，通知到那里领取服装的省委组织部长胡龙奎带人归队。为了途中安全，我俩把红五星军帽装进挂包里,戴上国民党的“青天白日”帽,在白区里走了几天，顺利地来到了二十八军军部驻地七里坪。在这里，我向胡龙奎转达了周团长的意见。他听后即吩咐来领取服装的战士们归队，他本人则和我一起，随同高敬亭政委，由广水登车到武汉来了。

八路军办事处设在武汉日租界中街 86 号。半月来，它成了我心中向往的地方。偏午，我们在大智门下了火车，迎着冷飕飕的东北风，沿街而行，不多时就来到了八路军办事处的大门外。顿时，一股暖流涌上大家的心头。是啊！这里同我们所见过的那冷冷落落的国民党军政办事处大不一样。只见街上车水马龙，八路军办事处门前宾客盈门，从楼里走出的人，个个春风满面，精神抖擞。瞧着这场面，我心里不由增添了一股对周恩来副主席的敬仰之情。大家站了片刻，确定让我先进去报告。我忙点点头，又正正帽檐，兴奋地向办事处里走去。那天周副主席十分繁忙，但听说我是鄂豫边区省委的代表，是豫南人民抗日军独立团团长周骏鸣派来的，马上答应和我见面。我刚要走进周副主席的办公室，他已迎到了门口。我不禁怔住了，忙立正敬礼。周副主席点点头，热情地和我握手，让坐，他那政治家的风度，热情的眼神，亲切的谈语，使我由衷敬仰。我两眼直直地望着他，激动得一时不知说什么好。待我稳定下情绪，说明了身份和来意后，周副主席说：我想你们省委的骏鸣同志早就该来的嘛！他没来，你来也行。没有电台真误事，你回去时带部电台去。

我忙说：“周副主席，高敬亭政委还在外边呢！”

周副主席一听，立刻笑着说：怎么不进来，快让高政委进来呀！说着就下了楼。

我抢先几步出了大门，对高敬亭政委说：“周副主席出来了。”

高敬亭政委惊讶地“啊”了一声，忙走上前去，刚要举手敬礼，就被周副主席拉住了。周副主席对他说："位老（指郑位三）来电报说你动身了，我正要派人去车站接，你就到了。"上楼后，周副主席又亲切地对我们说：你们就住在这里，休息一下，咱们明天再谈。

第二天的汇报会是在一个不大的会议室里进行的，主持会议的是周副主席，王明、博古分别坐在他的两边。会上，傅秋涛同志首先汇报，他讲的时间比较长。接下来是高敬亭同志汇报。他们讲的中心内容都是游击战争中，苏区被分割，与中央和上级失掉联系后的内部团结问题。轮到鄂豫边区汇报时，我请省委组织部长胡龙奎汇报，胡龙奎摆摆手说，他刚从延安到鄂豫边区，不了解情况。周副主席便两眼瞧着我，说：张同志，你讲吧！

我当时是独立团一营政委，在这种场合发言还是第一次，心情十分紧张，一时不知从何处开口。我静了静气，向周副主席汇报了鄂豫边区省委同国民党谈判的情况，还汇报了鄂豫边区红军游击队的发展壮大等情况。当我汇报到 1937 年 4 月间，东北军周福成部开到桐柏山区后，该师中的顽固派抓走我省委宣传部长邓一飞及高庄赤卫队队长高大娃，并把他俩押进开封反省院时，周副主席生气地说：你停一下。接着喊进来一个姓刘的年轻人，又指指我说：你再说一遍！

我有些诧异地望望周副主席，又望望刚进屋的小刘，接着说："东北军中的顽固派还逮捕了我王店区委书记姜宗仁，因找不到证据，后来姜宗仁被赤色群众平原海等保释了。"

周副主席听后大声问小刘：你不是对我说，桐柏山区没有红军游击队，只有零星的土匪吗？这就是你说的土匪吧？小刘红着脸，低下了头。

我看到小刘有些尴尬，忙打圆场说："我们的力量还很弱，也没有什么通信工具，主要是我们与上级联系汇报得不够。"

接着，我汇报了周骏鸣同志从陕北回来后，把鄂豫边红军游击大队改编为豫南人民抗日军独立团的情况。周副主席听到这里，立即直起了身子，对每个团、营干部都详细地询问了一遍。当我讲到国民党信阳专员武旭如企图让周骏鸣团长下山谈判，尔后将其扣留，逼迫独立团投降的阴谋没有得逞时，周副主席严肃地说：在江南他们占过便宜嘛，你们警惕性高，不然也会吃亏的。当我掏出带来的那份文件，汇报我们准备在鄂豫边搞个小特区时，周副主席把文件要过去看了看，笑着说：陕甘宁党中央所在地，国民党尚且迟迟不承认，你们只有一个团，也想搞个小特区，国民党怎么会承认呢？最后，当我讲到我和刘子厚到开封后，刘峙不出面谈判时，周副主席问，你离开开封有多少时间了？我回答说："有个把月的样子。"

周副主席点了点头，说：中央已有决定，大江南北的游击队，统一改编为国民革命军新编第四军。江北这两部分红军编为新四军第四支队，由高敬亭同志任支队司令员。豫南独立团改编为第四支队第八团队，由周骏鸣同志任团长。宣布决定之后，周副主席介绍我去找项英副军长解决通信装备问题。汇报会一直进行到中午才结束，我们与会代表一直很激动，心情久久不能平静。

晚上，叶挺军长在灯火辉煌的大厅里设宴招待各游击区赴武汉汇报的代表，气氛十分热烈活跃。宴会开始时，叶军长举杯说："我代表周副主席再次向大家问好！"顿时，全体起立，举杯以致谢意，我也禁不住流下了热泪。宴会后，项英副军长给我独立团发了一部电台和部分现款。1938 年 1 月初，我和上级派来的朱茂绪、贺德斌、褚学忠等带着长江局和周副主席的指示，回到了鄂豫边区，开始参加第八团队整编东进的准备工作。

1986 年 10 月

选自《南方三年游击战争·湘南游击区　鄂豫边游击区》，第518—521页。

张明河，1912 年生，河南内乡人。1930 年加入中国共产党。南方三年游击战争时，任中共宛属工作整理委员会组织部部长、鄂豫边省委宣传员、豫南人民抗日军独立团一营政治委员等。新中国成立后，曾任北京市公安局副局长，河北省人民政府副主席、副省长等职。1999 年在北京逝世。

碧血洒青山　英名垂千古
——忆鄂豫边区省委书记和红军游击队主要领导人张星江

仝中玉　张耀华

张星江是土地革命战争时期活动在鄂豫边区的一位杰出革命战士。他从投身革命到英勇牺牲的近十年间，先后担任中共唐河县张心一村党支部书记，中共鄂豫边特委委员，南阳中心县委书记，唐河县委书记，鄂豫边临时省委委员，鄂豫边工委书记，鄂豫边省委书记兼红军游击队指导员等职。他为坚持鄂豫边区的革命斗争，为桐柏山区游击根据地的创立，做出了卓越的贡献。

一

张星江，又名张振兴。1907 年生于河南省唐河县毕店乡张心一村的一个农民家庭里。他幼年丧父，勤劳俭朴，宽厚善良，终生不辍劳作。星江九岁时，在叔父的资助下就读于回龙寺小学。小学毕业后，因无力续读而辍学，不满 13 岁就下田干活，经受着艰苦劳动的磨炼。

星江的家乡地处唐、桐、泌边界地区，这里土地贫瘠，人民勤劳而强悍，反抗剥削压迫者的斗争从未间断过。相传从前曾有一支捻军活动在这一带，打富济贫，开仓放粮，深得老百姓拥护。星江十分羡慕这些英雄豪杰，立志长大像他们一样，除暴安良，报效国家。

1927 年初，随着中国革命形势的发展，唐河县一些在外地入党或入团的知识青年，先后回到家乡，宣传革命，发展党、团组织。怀有救国济民之志的张星江在其族叔张友辅（时任中共唐河县委委员）的启发教育下，接受了马克思主义。同年秋，经张友辅介绍，星江加入了中国共产主义青年团，1928 年春转为中共党员。从此，他开始了生命史上的光辉行程。

张星江遵照党的指示，首先在家乡秘密串连群众，传播革命思想，向贫苦人宣传为什么受苦的道理，启发他们跟着共产党闹革命。经他介绍，张心一村和外村的七八个积极分子加入中国共产党。1928 年春夏之际，张心一村建立了党小组，不久就发展成为唐河东部的第一个党支部，星江任支部书记。

1928 年秋，唐河县委为了加强基层党组织的领导，将全县划分为三个工作区。张星江担任唐东区负责人，经常活动在毕店、井楼、双河、马振扶一带，从事农运工作。为了在马振扶建立党的地下联络点，他卖掉自家的二亩地，买回一部轧面条机，让一个同志在马振扶街以轧面条为掩护，负责党的联络工作。

1930 年 10 月，根据中共中央的指示，鄂北和豫西南地区的党组织合并，成立了鄂豫边区特别委员会，张星江当选为特委委员。同年 11 月中旬，鄂豫边特委决定调鄂北红九军第二十六师北上豫西南地区作战，以开辟唐、桐、泌边区，进而与鄂北襄、枣、宜苏区连成一片，建立巩固的根据地。张星江在唐河东部毕店一带积极组织赤卫队，策应了红军的行动。11 月 30 日，红二十六师攻占唐河县城，并于次日建立了唐河县苏维埃政权。张星江动员一部分赤卫队员到县城参加了红军。12 月 5 日，红军挥师东进，横扫唐东反动势力。当红军占领毕店镇后，由于对该地民团头子王德方的反动本性估计不足，缺乏警惕，致使6日晚遭敌偷袭，红军受挫后撤回鄂北苏区。接着张星江被调离唐河县，到南阳中心县委担任书记。

二

1931年夏，国民党反动派加紧了对鄂北苏区的封锁，造成红军急需的子弹、药品、布匹等十分缺乏。为了解决部队的困难，上级调张星江给红军搞后勤供应工作。那时，敌人在通往苏区的要道上设置了许多关卡，严格盘查过往行人，而张星江却总是机智地闯过敌人的一道道封锁，把弹药物资送到红军那里，同时把党的指示带回白区。这期间张星江指示唐、桐、泌等县党组织，选派党员干部和积极分子到鄂北参加红军，为充实红军骨干队伍，提高部队的战斗力做出了贡献。

1932年3月，张星江受鄂豫边区党的派遣，到上海担任党中央的交通员，他深知自己担负职务的重要，凭着机智和勇敢，多次摆脱特务的跟踪，出色地完成了党交给的任务。

同年7月底，张星江从上海回到鄂豫边区，担任唐河县委书记。此时，鄂豫边临时省委针对边区连年灾荒，农民逃荒要饭的情况，指示各地区党组织，领导农民进行抢粮抗捐斗争。张星江积极发动群众，曾多次开展了抢粮斗争，但最终遭到挫折。

1933年6月，由于王星阶的叛变，鄂豫边临时省委及南阳中心县委遭到破坏，省委、中心县委负责人宋良猷、郝久亭、杨一平等被捕。边区几个县的党组织失去了领导机构和与党中央的联系，面临着继续遭受破坏的危险。为了挽救危亡，继续生存，张星江和仝中玉、张旺午串连商议，决定迅速建立新的领导机构，继续领导鄂豫边区的革命斗争。

7 月上旬，仝中玉和泌阳、新野、方城等县党的领导人在新野樊集去南阳的路上秘密开会，研究成立了鄂豫边区工作委员会，一致推举张星江担任工委书记。

边区工委建立后，在张星江同志的领导下，认真总结经验教训，决定把工作重点放到农村，加强秘密工作，在取得生存的基础上求发展。为了与党中央取得联系，张星江派宣传部长张旺午去豫南，通过确山县委，找到河南省工委。8 月，鄂豫边工委与上海中央局取得了联系。到 1933 年秋末冬初，唐河、泌阳、镇平、新野、方城的党组织不但度过了危机，而且有新的发展，为以后发动鄂豫边区的游击战争，打下了坚实的基础。

1934 年 1 月，张星江作为鄂豫边区的代表，到江西瑞金参加了中华苏维埃第二次全国代表大会，还列席了党的六届五中全会。在第二次苏维埃代表大会上，张星江当选为主席团成员，他和河南省委的代表王国华一起受到朱德总司令的亲切接见。朱总司令指示他们要抓住山区，抓住敌人统治薄弱的三不管地方，开展游击战，建立革命根据地。朱总司令的教导给张星江以很大的启发，使他坚定了走武装斗争道路的决心。

张星江从中央苏区返回后，召开了一次工委会议，调整了工委成员，补充了四个委员，张星江仍任书记。在 8 月召开的太白顶会议上，张星江号召各县开展武装斗争。他指出：我们不能长期停留在秘密工作阶段，必须建立武装，以武装斗争来打击敌人，壮大革命力量。会后，工委派仝中玉同志赴上海向中央局汇报工作，上海中央局完全同意鄂豫边工委把开展武装斗争作为今后主要发展方向的意见。

1934 年 11 月下旬，鄂豫皖边区红二十五军西征到达唐河县湖阳镇以东的韩庄地区。这时，国民党反动派在湖阳一带集结了重兵，妄图在此地夹击红军。张星江得知后立即前去与红二十五军联系，向红军领导人介绍了敌情和地形，然后担任向导，送红二十五军向豫西伏牛山区挺进。由于红军不断受到敌军的围追堵截，加之沿途山寨林立，地主武装经常凭险射击，严重干扰了红二十五军的行进速度。为减少前进路上的阻力，张星江积极协助红军与地方势力联络，将红二十五军送至豫陕边境的卢氏后，他才返回。临别时，红二十五军政治部主任郑位三同志送给他300多元活动经费，并将红二十五军和鄂豫皖边区红二十八军的联络任务，交给了鄂豫边工委。回到边区后，张星江曾多次派人到鄂豫皖和陕南地区联络，沟通了这两支红军部队的联系。

国民党反动派对张星江又恨又怕，到处通缉他，多次查封他的家，还把他妻子郭云抓去审讯。敌人的威胁恫吓和疯狂报复，并没有吓倒张星江，反而更加坚定了他对敌斗争的决心。

张星江和他的一家为革命付出了很大的代价。他先后卖掉了自家的全部土地、牲畜和农具，把钱用在革命活动上。为革命他无暇照管家中的一切，妻子郭云带着三个幼小的孩子，靠给邻居帮工度日，常常吃了上顿没有下顿，其长子就是在饥饿交迫中离开人世的。为了免除家庭拖累和防止被敌人斩草除根，张星江曾把妻子和孩子送到外出逃荒落户到山西绛县的岳父家中照看，他自己则把全部精力用在了革命事业上。

三

为了加紧武装斗争的准备工作，1935年7月13日，张星江、仝中玉和唐河、泌阳、新野等县负责人，在桐柏县白莲洼村召开了一次筹建游击队的重要会议。会上，在此地养伤的一位红军连长介绍了开展游击战争的经验，张星江再次传达了中央苏区会议精神。不料7月15日凌晨，与会人员遭桐柏县第五区反动民团包围，张星江、仝中玉等人冲了出去，其他同志全部被捕，红军连长被杀害，致使鄂豫边党在关键时刻，又遭到了一次严重损失。

张星江、仝中玉脱险后，在桐柏县李营村恰遇去陕南找红二十五军联系归来的张旺午同志。张带回一部分活动经费和二十五军首长给工委的信件。信中建议鄂豫边党开展游击战争，策应鄂豫皖边区红军。红二十五军领导的及时支持和建议，使工委负责同志受到极大鼓舞，决心战胜眼前挫折，继续进行武装斗争的准备工作。

还在白莲洼会议之前，原河南省委委员王国华同志，曾到唐河县和张星江见面，并初步议论了合并两地党组织等问题。白莲洼会议后，鄂豫边区省委正式成立，张星江任书记，仝中玉任组织部长，王国华任宣传部长，统一领导豫南、豫西南地区的革命斗争。从此，鄂豫边区的革命斗争进入了一个新阶段。

省委成立后，决定在信阳、桐柏、确山、泌阳四县交界的吴家尖山一带发动游击战争，张星江同志亲自组织和领导实施这项决定。1936 年 1 月，鄂豫边区的一支红军游击队在信阳吴家尖山以北的小石岭村诞生了，张星江兼任指导员，周骏鸣任队长，共有七个人、三支枪。

红军游击队成立的当天夜里，就在小石岭村打响第一枪，镇压了无恶不作的保长汪心乐，缴步枪一支，接着又连续袭击了宋冲、大桥凹、何大庙等地的反动分子，除掉了一批恶贯满盈的地霸、保长和联保主任，缴获了十多支长短枪。常在这一带骚扰群众的小股土匪，一时间销声匿迹，就连一些地主的寨围子，游击队也可以住进去了。游击队夺得的粮食和其他物资，就地分给了贫苦农民。群众的情绪高涨起来，都亲切地称红军游击队是“咱们的队伍”。

游击队诞生后，由于力量弱小，只能同一些孤立分散的地主武装进行较量。队伍白天隐蔽，夜间行动，时常顶风冒雪，翻山越岭。队员们没有行李，晴雨一身衣，稻草作铺盖，也没有津贴，有时一连几天吃不上油盐菜。身为省委书记兼指导员的张星江和战士们患难与共，经过一个多月的连续战斗，游击队发展到 30 多人，开辟了以天目山为中心的游击根据地。2 月底，游击队决定进行自身建设，学习主力红军的建军经验，建立了党支部和战士委员会，张星江兼党支部书记。为了加强政治、纪律教育，张星江以“三大纪律，八项注意”严格管理、教育部队，强调凡违反者，不论干部、战士都要严肃处理。

1936 年 3 月初，游击队到确山、遂平县交界的老乐山一带活动。6 日晚游击队在老乐山东边的杜庄宿营时，不幸遭到遂平县保安队的包围袭击。经过激战，游击队打死敌保安队长桑体振等以下数人。张星江和周骏鸣各带一部分队员冲了出去，但副队长王春义和一名队员壮烈牺牲，张旺午和吴仁甫等七人被俘，游击队遭受了严重损失。为此，张星江主动在全体党员会议上检讨自己，承担了作为领导者的责任。为了严肃军纪，使队员们接受教训，经游击队党支部和战士委员会研究，严厉惩处了负有直接责任的值勤哨兵。接着以张星江为首的省委号召各县党组织积极向游击队输送队员，并调泌阳县有斗争经验的陈香斋到游击队担任副队长，这样，游击队很快便得到补充，胜利地战胜了挫折。

四

1936 年 3 月间，为了推动边区武装斗争的开展，张星江同志提出利用桐柏县平氏孤峰山起庙会的机会，在庙会上发动夺枪斗争，并和同志们一起研究了夺枪行动计划。会后，张星江立刻去桐柏、唐河，王国华去泌阳，向这几个县的党组织传达会议精神，协助他们挑选参加夺枪斗争的党员和群众。

3 月 27 日（农历三月初五日）清晨，担负夺枪总指挥的张星江首先到达孤峰山，亲自察看了地形和进出庙会的道路，紧接着，由周骏鸣带领的手枪队和王国华等带领的泌阳、唐河、桐柏等县的近百名党员和群众，也先后到达。下午 4 时许，在张星江的统一指挥下，夺枪战斗打响。顿时，枪声四起，木棍飞舞，带枪赶会的土豪劣绅还没有弄清是怎么回事，就被打得东倒西歪，身上的枪也丢掉了。此次行动，我方大获全胜，游击队共夺得长短枪九支，胜利地撤出了会场。但是，当游击队于次日转移至桐柏县牛庄宿营时，遭到数倍于我的国民党军队的包围。张星江为掩护队伍突围，左腿负了重伤。牛德胜要背他，他却催同志们快走，自己仍坚持战斗。这时，敌人从姬岭寨南山沟里打来一排子弹，张星江的头部又中了一弹，他抬头看了看已突围上山的同志，便倒下了。当大家得知张星江牺牲的噩耗后，个个悲痛欲绝，泣不成声，沉痛悼念鄂豫边区人民的好儿子、优秀共产党员、鄂豫边省委书记兼红军游击队指导员张星江同志。张星江同志的血是不会白流的，后来，红军游击队在边区省委的领导下，转战于桐柏山区和豫西南平原，顽强地同国民党反动派和土顽势力进行搏斗，逐渐发展成为一支强大的革命武装力量，创建了鄂豫边游击根据地，在南方三年游击战争史上写下了光辉的一页。

新中国成立后，当地党组织和群众找到了张星江烈士的遗骨，于 1957 年春移葬于泌阳县烈士陵园。在张星江牺牲 50 周年之际，中华人民共和国主席李先念亲笔为唐河革命烈士事迹展览馆和“星江小学”题词。党和国家领导人程子华、黄火青、郭述申等也都题词和撰文，高度评价张星江对革命事业所做出的贡献，表达对他的深切怀念和崇仰之情。半个世纪过去了，张星江同志生前战斗过的桐柏山区发生了巨变，鄂豫两省发生了巨变，我们的国家发生了巨变，我们的党和人民正沿着社会主义的金光大道奋勇前进。

张星江同志可以含笑九泉了。

张星江同志无私无畏的献身精神，将永远鼓舞着我们为党的事业而奋斗。

1987年4月

选自《南方三年游击战争·湘南游击区　鄂豫边游击区》，第576—582页。

张耀华，南方三年游击战争时任鄂豫边区红军游击队战士。

农民领袖　人民功臣

——忆鄂豫边省委和红军游击队主要领导人王国华

李子健

王国华同志是鄂豫边区省委和红军游击队的主要领导人之一。在艰苦卓绝的南方三年游击战争时期，他以坚定的革命信念，百折不挠的革命毅力，在河南党遭到严重破坏和与党中央完全失掉联系的情况下，和张星江、仝中玉、周骏鸣等同志一起，恢复和重建豫南党的组织，创建了一支红军游击队，开辟了南方八省14个游击区之一的鄂豫边游击区，为坚持和发展鄂豫边区的革命斗争，为建立以竹沟为中心的中原抗日革命根据地，做出了重要贡献。毛泽东、刘少奇等中央领导同志曾给予他很高的评价，称赞他是河南的农民领袖。

我和王国华同志初相识于1932年。那时，我参加豫中中心县委领导的沙河修堤工人及许南公路修路工人的罢工斗争，同王国华参加的豫南农民运动遥相呼应，我们虽不在一个区活动，可谁也知道谁。1936年5月，我加入了鄂豫边红军游击队，和王国华共同战斗在鄂豫边区，相处数载，接触甚多，他的思想，他的为人，他的品格和才能，在我的记忆中留下了深刻的印象。虽然王国华同志离开我们已经17年了，但他的斗争业绩至今仍在豫南人民中广为传颂。

一

王国华祖籍河南省确山县大王庄村，生于 1890 年 10 月 21 日，旧历庚寅年“虎相”，幼名叫偎，大名洪武。1933 年冬，他去江西参加中共六届五中全会临走时，河南省工委书记吕文远给他取名王国华。他在青壮年时期，就喜欢留着长长的胡须，显得朴实稳健、老练持重，所以，被人们亲切地称为“王老汉”。木刻家刘岘曾给他刻有版像，在豫南广为流传。

王国华家世代勤劳、贫苦。从他的祖父起，就给地主当佃农。在他记事的时候，一家八口人，只有三亩薄地，主要靠租种地主的 20 多亩地糊口度日，每年除交纳租子外，还要交纳多如牛毛的苛捐杂税。地主官府的压榨，在他幼小的心灵深处播下了仇恨和反抗的种子。

他性情豁达、豪爽、倔犟。15 岁给地主当长工，会烧窑、酿酒、织席和编箩斗，赶车是个好把式，抬花轿是领杆……他酷爱结交穷苦朋友，穷人的苦难加深了他对地主豪绅的痛恨。大革命时期，确山的农民举行暴动，把革命的烈火烧遍豫南。生长在这块热土上的王国华深受革命的洗礼和锻炼，1930 年初，他参加了地下党员夏兴奎等人组织的“鞭杆会”，开始进行革命活动。实践中，他注意摸索总结斗争方法，很快成了“鞭杆会”里的“高参”。

1931 年，上级指示要确山县创造新苏区，王国华领导的中区闻风而动。中区成立“苏维埃”,王国华被推选为区苏维埃主席。这年秋天，确山一带受灾歉收，一些地主趁火打劫，刚收罢秋，就要解雇雇工，克扣工钱。夏兴奎和王国华便带领“鞭杆会”员在 20 多家地主的大门上贴通牒，警告他们不许苛刻穷人，否则严惩不殆，署名是“红军游击队、苏维埃政府”。地主们见后吓破了胆，大都乖乖地照办，唯独大土豪郭庆合抗拒不从，还煽动别的地主，秘密串连，图谋报复。一天夜里，王国华从“鞭杆会”挑选出 10 多名年轻、勇敢的会员，悄悄潜入郭庆合的宅院，出其不意地将郭除掉，并把事先写好的布告贴在郭庆合身上，上写:“坏货郭庆合，鱼肉乡里，罪有应得，乡间士绅，应以此人为戒。”地主们看了处决郭庆合的告示,吓得纷纷找到“鞭杆会”,请求高抬贵手。

1932 年春季，灾荒严重，贪心的地主们又翘起尾巴，乘机大放高利贷。王国华经与夏兴奎商议，决定以牙还牙，组织农民游击队开展抢粮分粮斗争,对地主搞经济上的制裁。尔后,他们组织了 200 多名群众，冲进一家姓薛的地主宅院，开仓放粮，同时贴出布告，要求其他地主开仓济贫，解民倒悬。张堂的地主想逃避分粮斗争，夜里偷偷用大车往驻马店运粮。王国华得到消息，就带领农民游击队埋伏在烧山脚下，等到粮车一到，大家一拥而上，截住粮车，把粮分了个一干二净。通过这次抢粮斗争，中区获得斗争果实一万公斤，王国华也进一步受到了锻炼。这时，上级党派小陈同志到中区检查工作，他看到大王庄一带农民群众扬眉吐气，高兴地说 :“怪不得你们选王老汉当主席，这里可真有点苏区的味道。”

不久，夏兴奎找王国华谈话说去 :“经过一年多的考验，证明你是一个对革命忠心耿耿的人，党组织决定发展你为中国共产党党员。”王国华激动地说:“我早就盼望这一天啦！”他宣誓时坚定地向党表示:“牺牲一切为革命。”

王国华入党后不久就担任了党的区委书记，半年后，任确山县委委员，继续带领农民游击队开展活动，先后除掉了恶霸地主张耀武、吴俊英、高少仁、徐桂荣及清乡队长边战堂，开创了确山中区、西区的新局面。此时，中西区一度合并，称西区，王国华兼任区委书记，共领导 40 个支部，200 名党员，群众积极分子达 500 人以上。由于王国华工作成绩显著，1933 年 5 月任中共河南省工委委员，分工负责确山、汝南、信阳和正阳等县的工作。从此，王国华从一个党的基层干部走上了领导岗位，并逐渐在斗争中成为群众公认的农民领袖，“王老汉”的名字也就从这个时候起，开始在群众中渐渐传开。

二

1933 年 9 月，王国华任河南省工委委员兼确山县委书记。10 月，省工委通知王国华、孔繁益、段永健、王保良、兰培杰、杨子奇等同志到江西苏区参加会议。王国华和鄂豫边工委书记张星江一路同行，于 10 月 18 日出发，不久就到了上海。当时，我在上海中央交通局工作，接送都由我负责，我通过党的地下交通线，把他们转送到江西苏区。1934 年 1 月 2 日，王国华和张星江到达瑞金黄土岭后，列席了在这里召开的中共六届五中全会。会上，王国华曾有声有色地向与会代表介绍了豫南农民运动情况，引起中央领导同志的重视。接着，两人又一同参加了中华苏维埃第二次全国代表大会，都当选为大会主席团成员。

会议期间，朱德总司令亲切接见河南和鄂豫边区的代表，详细地询问两地党组织的斗争情况。当总司令问到豫南农民游击队常在什么地方活动时，王国华回答说：“就在驻马店周围。夜里出来活动，白天各自回家。”总司令听了王国华的汇报，点点头说：你们夜聚明散的方法好，是个创造，但在驻马店周围不行，敌人还没发觉你们，要是发觉，一个团不行，用两个团来，总要想办法把你们消灭的。接着，朱总司令指示王国华应当把游击队拉到山里去，拉到敌人统治薄弱的“三不管”的地方去，生根、发展，建立根据地。

总司令的话凝结着多少血的教训啊！王国华把这些谆谆教导牢记心中。为了提高自己的思想水平和工作能力，会后他要求留在中央苏区学习。党批准了他的要求，分配他到苏区长胜县担任了一段时间的县委副书记。他处处虚心向苏区干部学习，积累经验，工作搞得相当出色。

当时的县委书记郑中平同志在回忆王国华时，很动感情地说："国华同志在长胜工作了半年，我们相处得非常好。"

接着，上级调王国华到中央党校学习。当时党校的课程安排是三分军事，七分政治。讲课的有罗迈、陈云、贾拓夫等领导同志。王国华虽然不识字，但他的记忆力很好。如讲游击战术时，他正患疟疾，坐不住，就躺下坚持听课，还能记得一清二楚，条条不忘。他说："我真想把这些游击战术的经验当经念。"在中央党校学习结业后，组织上又送他到红军大学学习。八个月的学习生活过去了，王国华不仅在政治修养上有了很大提高，而且学会了游击战术和如何创建革命根据地的知识。但是，学习刚结束，红军长征就开始了。这期间，陈云同志曾告诉王国华，河南省委又遭受了严重破坏，勉励他回到河南后，继续发动群众开展游击战，牵制敌人，配合南方红军进行长征。王国华还去看望了毛泽覃同志，讲了回河南去打游击的设想。毛泽覃说：河南地处中原，西有伏牛山，南有桐柏山、大别山，回旋余地很大，有希望，祝你们成功！领导的关心和同志的鼓励，更增加了王国华回河南开展游击战争的决心和信心。红军长征后，他在闽西打了一段时间的游击，尔后和段永健同志背上"叉口"、"钱搭"，装扮成过客，动身返回河南。

1935 年 3 月，王国华和段永健结伴回到河南后，由于河南省委已遭受破坏，无处可接关系，两人只好分头行动。分手时，王国华对段永健说：党员在任何情况下，都不能退却，现在寻找党的关系是头等大事。在没找到上级党组织之前，也不要等待，先干起来再说。分手后，王国华步行到确山县大王楼村。这个村的党支部是他一手建立的，由于没有和其他村支部发生横的关系，在敌人的大破坏中幸免于难，不过眼下已停止了活动。同志们一见王国华回来，有了主心骨，非常高兴。当谈到许多党组织遭到破坏时，有的同志竟痛心地哭起来。王国华鼓励大家说：1928 年，马尚德他们搞"光蛋会"，建立苏维埃。三次打韩庄后，国民党烧杀得比现在还厉害，从窑后烧到古城、洪沟庙，几十里没留一间房子，杀了那么多人，可是并没有吓倒老百姓。他们割了头茬，发出了二茬。天下是穷人多，地主少，少数人想压迫多数人，只要多数人“固把”，大家齐心干，革命迟早要成功，将来坐天下的，就是咱们穷人。经王国华做工作，这个村的党支部又开始发挥作用了。

为了寻找幸存的同志，联络失掉的关系，迅速恢复和重建豫南党的组织，王国华不顾从江西长途跋涉归来后的疲劳，也没有探望一下妻子、老母，就从这个村开始，日夜不停，四处奔波，往返于确山、汝南等县之间。村头上贴出通缉他的悬赏告示，他只是冷笑一声，毫不畏惧。好心的乡亲劝他暂时不要活动，或到外乡避一避，等形势好转了再说。他回答：“敌人通缉我，正说明他们害怕我们，说明我们干得好。不干就没有好形势，越是困难越得硬着头皮干才行。”就这样，经过一段时间的寻找，王国华终于和田永禄、肖章、孔恰子、康春、王春义等同志见了面，还恢复了设在确山县付楼村的地下联络点。之后，他召集大家在汝南县的薛台村开了个紧急会议，传达党的六届五中全会和第二次全国苏维埃代表大会精神，动员同志们认清形势，鼓足勇气，开展斗争。会议决定把确山、汝南、信阳、正阳等县作为工作的中心，恢复组织，积蓄力量，为将来开展武装斗争创造条件。

在恢复和发展党组织的同时，王国华曾到唐河县找鄂豫边工委书记张星江商议工作，并初步议论了合并两地党组织问题。1935 年初秋，两人再次见面后，正式商定将豫南、豫西两地区的党组织合并，成立鄂豫边区省委。并商定由张星江任省委书记、仝中玉任组织部长、王国华任宣传部长。新的省委成立后，王国华主要负责确山、信阳、汝南、正阳等县的工作，担负恢复组织，发动群众，选择游击据点的任务。1935 年 9 月间，原河南省军委书记周骏鸣出狱后来到豫南，并根据省委的指示到信阳吴家尖山开辟新区。不久，王国华去信阳吴家尖山视察，见周骏鸣在很短的时间内，建立了党的支部，在群众中初步形成了核心。又看到这一带山峦起伏，沟深林密，地形险要，处于信、确、桐、泌四县边沿，比朱总司令所说的“三不管”还多一个不管呢！于是，王国华将这一情况向省委书记张星江作了汇报。此后，张星江、王国华、王春义等同志经常到吴家尖山和周骏鸣秘密议论武装暴动问题，并于 1936 年 1 月成立了红军游击队，开始了鄂豫边区的游击战争。

四

在积极准备发动游击战争的同时，王国华还十分重视群众工作。1935 年秋，他以确山西部山区的焦老庄、大王庄、陈冲、孤山冲为基点发动群众，建立支部，工作搞得有声有色。他所建立的地下交通网点，每隔五七里路必有一个。如从焦老庄去泌阳的张楼，途中有雇庄、刺园、竹沟、陈楼沟等交通点。游击队成立后，这些交通网点成为最可靠的耳目，提供情报，传递消息，积极掩护游击队开展活动。

王国华为着游击队的生存和发展倾注了大量心血。1936 年 3 月间，游击队在杜庄和牛庄先后两次被国民党军队袭击，遭受重大损失。在这种情况下，他积极动员青年参军参战，帮游击队战胜挫折。1936 年 5 月，敌人对鄂豫边游击区发动疯狂“清剿”，游击队被迫“化整为零”活动，这期间，王国华及时赶到确山县，建立了确山县委和石滚河区委，发动群众支援游击战争，使游击队经受住了残酷的斗争考验，粉碎了敌人的“清剿”。后来，由于形势所迫和斗争的需要，鄂豫边省委领导基本上随游击队行动，王国华就紧紧围绕队伍的发展开展工作。他和其他领导同志一起，在带领群众和游击队不断打击土豪劣绅和反动武装的同时，还提出了“广交朋友，少树敌人，孤立和打击少数反动分子”的政策，改善了游击队的生存环境。后来，王国华根据党的抗日民族统一战线方针，积极团结和争取了一批开明绅士，与许多革命的支持者和同情者建立了密切联系。邓庄铺有个地主叫李耀堂，游击队在邓庄铺建立根据地时，有人提出先把李耀堂干掉。王国华和周骏鸣对此进行了调查，当地群众反映说："李耀堂人不劣，乡品好。"于是王国华和周骏鸣就改变主意，决定和他交朋友。经过王国华等同志多次做工作，使李耀堂走上了革命道路，加入了中国共产党。后来，李耀堂同志在李先念的新四军五师师部当副官，在一次对日作战中为革命捐躯。与此同时，王国华同志还亲自做了许多民团头目的工作，变消极因素为革命力量。泌阳县小陈庄民团队长陈子爵在王国华的教育开导下，建立了一个枪铺，为游击队修造枪械，帮游击队解决难题。

当时，在豫西南和红军游击队并存的还有许多绿林杆子武装，"趟匠"、"捻杆"遍地皆是，素称"大股、小股、一百零八股"，少则十人，多则数百人，乃至数千人。他们成分复杂，有不堪豪绅压迫揭竿而起的农民，也有惯匪。有反对国民党和地主豪绅的一面，也有骚扰群众、破坏生产的一面。对此，王国华和他的战友们创造了一套"打小股，拉大股"以及"听招呼者拉，不听招呼者打"的政策和斗争方法，积极做好匪运工作。有一个时期，活动在桐柏山区的"安团"、"段团"和外号"朱六排长"的杆子武装，被国民党军队打垮了。他们率领几百名残兵，来到泌阳高邑一带。王国华听说后，主动会见土匪头目段永祥等，向他们做工作说：我听说诸位兄弟吃了国民党的亏，特来看望大家。当初，我劝各位和红军游击队联合起来干，你们说干红军国民党不容。是这样吗？国民党你们手下留情没有？你们合起来2000多人，是股了不起的力量，怎么还没有红军游击队几十个人顶打呢？这为什么？要找出个道理来，你们也应学会总结总结。

一席话，使段永祥等人若有所悟。最后，他们表示待将来拉上三个团后，再回来投奔王老汉当红军。果然，1938年初，安可祥和段永祥在鄂豫边界发展了三个绿林杆子团，来投靠我红军游击队，但途中不幸遭到国民党军队的拦击，损失掉了"朱六排长"所带的一个团。安可祥、段永祥则突破包围，率众来到根据地。后经彭雪枫、王国华等做工作，对其整编改造，从中挑选了二三百人，编入新四军第八团队。刘少奇同志曾对王国华做匪运工作的经验和成绩给予了高度赞扬，称赞他是“改造土匪的博士”。

1937 年 4 月，蒋介石调东北军周福成师，开到豫南桐柏山区“清剿”我红军游击队，形势十分严重。当时，任省委书记的王国华，根据上级党传送的有关情报，对周师作了具体分析，认为周福成是张学良的老部下，西安事变时，态度积极，颇有爱国热忱，他的官兵都是东北人，对日军怀有很深的仇恨。周师“清剿”我游击区，实属被迫。蒋介石的目的是想让东北军和红军游击队在战斗中互相削弱，两败俱伤。王国华同志说：“咱们不能上这个当！”他指示红军游击队隐退山区，尽量避免和东北军作战，同时开展政治攻势，争取和周师发生统战关系。恰在这时，周师派联络参谋田作舟来泌阳县张楼村与我们接触，王国华立即派我接洽了他们。随即我和田前往他们的驻地高邑，与团长王理环进行了正式谈判。经过谈判，双方达成停战协议，一度建立了统战关系，缓和了游击区的形势。

1937 年秋，随着日军侵华步子的加快，民族矛盾上升为国内的主要矛盾。为了认真执行党中央关于抗日民族统一战线的指示，王国华倡议经上级批准，将鄂豫边红军游击队改编为“豫南人民抗日军独立团”，改编后的团旗，是由我根据王国华的指示，参照苏区中央红军和早年确山暴动、红军之友社的军旗式样，通过遂平县“四方商店”秘密制成的。旗上绣有镰刀、斧头的旗徽，十分鲜艳夺目。独立团成立后，党组织决定王国华担任团政委。为了迅速开创武装斗争的新局面，他和周骏鸣率独立团两次协同红二十八军作战，先后攻克了蔡冲、邓庄铺、马谷田等反动据点，给了敌人以沉重打击。10 月间，王国华和周骏鸣又率兵连克大梨园、贾楼等反动围寨，毙敌数人，缴枪多支，把纵横五六十公里的游击区连成一片。这一次次战斗，一个个胜利，是游击队员英勇战斗和广大人民群众积极支持的结果，同时，也显示了王国华等同志的指挥才能和勇于献身的革命精神。正是这一个个的胜利，扭转了鄂豫边区的斗争形势，使红军游击队从小到大，由弱到强，发展成为1300余人的革命武装。

五

1938年1月，豫南人民抗日军独立团正式改编为新四军第四支队第八团队，取得合法地位。2月，中央派彭雪枫来竹沟协助整训部队，同时还从延安和临汾八路军办事处派来一批老红军干部，充实到八团队和鄂豫边区党组织。这时彭雪枫通知王国华去武汉向周恩来副主席汇报工作。周副主席接见王国华时，对他在鄂豫边区的工作给予了充分肯定。周副主席说，竹沟在中原的战略意义非同一般。还说，讨饭人还有个打狗棍和竹篮子，我们共产党人要抗日，要革命，也要有人、有枪、有根据地，没有根据地，就没有依托，竹沟就是我们在中原的依托。你们开创了这块根据地，为党和人民作出了贡献，这个意义不可低估。目前，日军已占领华北、华东大片土地，八团就要出征敌后，竹沟要设留守处，将成为支前的大后方。你是当地人，很有威信，就担任留守处主任吧！这个工作也很重要。王国华激动地说："我是个共产党员，党需要我干啥就干啥。"不久，八团开赴皖中抗日前线去了，王国华任豫南特委书记兼新四军八团留守处主任，张震任参谋长，在竹沟设立了公开办事机构。从此，竹沟成了中原地区的战略支撑点和大后方，鄂、豫、苏、皖、鲁等省的进步青年，不远千里，纷纷奔赴竹沟，追求真理，参加革命。于是竹沟教导大队办起来了，"抗大"式的党校办起来了，医院办起来了，报纸办起来了，"列宁室"也办起来了。各种群众团体如雨后春笋，应运而生……各阶层人士也纷纷向竹沟靠拢。如叶县的开明绅士崔冠卿、西华县的胡晓初、扶沟县长魏凤楼等，都相继来竹沟联系，表示对我党的支持。竹沟的抗日救亡气氛日益浓厚，“小延安”之称的名字越来越响亮起来。

竹沟的巨大作用，引起当地反动派的恐慌和仇视，他们上书蒋介石，诬我发展武装，图谋不轨。1938 年夏初，蒋介石令六十八军师长兼信阳警备司令官王修身“彻查”竹沟，王修身即派所属一八八团团长夏华国带一个连，由桐柏县城向竹沟开来，企图挑起事端，将我留守处挤走或取缔。

彭雪枫、王国华闻讯后，立即召集紧急会议，商讨对策。为了发展抗日民族统一战线的大好形势，大家决定对夏团长来个热烈欢迎，以实际行动教育感化他。在研究“迎接”方案时，王国华对彭雪枫说：“你有十八集团军的少将参谋处长军衔，官高一级。夏团长进竹沟，你要有个架儿，只能他拜见你，不能你去迎接他。要不，他们会小看我们。”

彭雪枫笑着点了点头：我们要不卑不亢，来个热烈欢迎，合体统，以理服之，以情动之。我不出面去迎，但可以将自己的房间腾出来给夏团长住。出面欢迎，就由你王老汉去，你是留守处主任，这样符合礼节，不失尊严，也显得友好、团结。

王老汉说：“我是个大老粗，真动武，我不怯，要是在谈判桌上，只怕我这程咬金的斧子，难有个准头……”彭雪枫说：“今天就要看你这三斧子定乾坤呢！”

第三天上午，夏团长带了一个连的武装，在我联络员娄光奇的陪同下来到竹沟。王国华、张震、张旺午等率领竹沟军、民、商、学各界数百人，敲锣打鼓，夹道欢迎。中午杀猪宰羊招待夏团官兵。在和夏团长碰杯时，王国华说：我的名字叫国华，你的官号叫华国，颠倒过来，我们就是同名。国华，华国，这名字是告诉日军，我们是堂堂的中华男子，爱国军人！夏团长，咱俩交个知心朋友，人同名，心同力，抗日救国，荣辱共存，同舟共济！

夏团长是个爱国军官，颇为感动，忙回答说：“王主任肺腑之言，兄弟刻骨铭心。”

宴会上，彭雪枫同志对夏团长做了大量工作。然后，王国华陪同他们参观八团留守处及工作人员的食宿情况，介绍留守处和竹沟工、农、商、学及爱国士绅团结一致，恢复发展生产，支援前线抗日的情况。夏团长耳闻目睹竹沟的繁荣进步，很受教育，就向他的上司报告说，新四军竹沟留守处非常友好，并无不轨之行为。要求撤防。他们住了一个星期就走了。

为了扩大发展抗日武装，中共河南省委根据党中央的指示，于1938年5月在竹沟建立了招兵处，王国华同志亲自负责招募新兵工作，先后向敌后输送了七批基干队伍，新四军二师、四师、五师各一部都是从这里出发、会合各地党所领导的武装力量发展起来的。同年冬天，中共中央六届六中全会决定在竹沟成立中原局，刘少奇同志任书记，亲临竹沟主持工作。少奇同志视察了中原地区后，对王国华的工作成绩给予了很高的赞扬。王国华说：“我是个大老粗，斗大的字不识几个，不懂马列，是边闯边学。”

刘少奇同志说：不，我看竹沟这个小山沟里有马列，你们坚持游击战争，不比江南那些地方，人家是长征后留下来的队伍，你们是新创的，这么困难，这么复杂，你们却从小到大，慢慢站稳了脚，没有马列怎么行，你们把马列主义和当地的革命具体实践的结合是成功的。

听了少奇同志的话，王国华激动而又惭愧地说：“我们并不聪明，做的蠢事也不少。因为我们的水平低，干了也总结不出个道道来。”

少奇同志夸奖说：你们的道道已经不少了。看，在那种环境下，你们提出了多交朋友，少结仇敌；只打“坏货”，不分土地；只建农民自卫委员会，不打苏维埃的牌子；只脚踏实地发展武装，不搞飞行集会，乱撒传单；搞黄皮红心，两面政权，改造绿林杆子……这些都是你们成熟的表现。这些经验要好好总结总结嘛！它可以丰富我们的马列主义理论宝库。少奇同志还鼓励王国华说：缺文化可以补嘛！你要下决心攻攻文化关，组织上给你配个文化教员。

少奇同志的话给王国华以巨大鼓舞，从此，王国华同志边工作，边学习，提高很大。他在担任新四军八团队竹沟留守处主任的日日夜夜里，协助中原局和省委的主要领导同志，做了大量工作，为给新四军二、四、五师补充新生力量立下了大功，为支援中原敌后各抗日根据地作出了贡献。在国民党反共高潮到来之时，他和刘子久等河南省委的领导同志留守竹沟，坚持斗争。在国民党反动派背信弃义，突然发动竹沟事变时，他指挥竹沟军民，进行了英勇的抗击，粉碎了敌人阴谋，胜利突围，与李先念领导的新四军五师会师。

六

王国华同志在长期的战争环境中，出生入死，不怕牺牲，履行了“牺牲一切为革命”的誓言。为了革命，他的妻子、儿子、胞弟、弟媳和侄子等五位亲人惨遭敌人杀害。他把泪水咽到肚里，把仇恨记在心上，不低头，不后退，同敌人进行更顽强、更坚定的斗争，直到取得革命胜利。作出杰出贡献的他，在豫南人民群众的心目中享有崇高的威望，他无愧为“人民功臣”和“豫南农民的领袖”。

中华人民共和国成立后，他没因革命胜利而满足，没因年事已高而却步。他曾先后担任全国第一届政协委员、河南省农协副主席兼省土改委员会主任、中共河南省委监察委员会主任、河南省副省长等领导职务。为了社会主义革命和建设事业，他勤勤恳恳地工作，孜孜不倦地学习，始终保持战争年代那么一股劲，那么一股革命热情。他经常深入农村，调查研究，为群众排忧解难，做出了新的贡献。以致积劳成疾，患有高血压、心脏病、糖尿病等多种疾病。1963 年，他因脑溢血导致偏瘫后，周总理指示河南省委照顾他。邓颖超同志把自己写的《以坚强意志战胜疾病》一书馈赠他，并写信鼓励他顽强斗争，坚持革命，保持晚节。这些关怀，都给王国华同志以极大的鼓舞和鞭策。

不幸的是，一场浩劫到来了。“文化大革命”中，他被诬为“反革命修正主义分子、走资派、土匪头子”等，屡受揪斗，惨遭毒打，不幸于 1970 年 2 月 8 日含恨去世。

他在生命弥留之际，仍念念不忘革命。他对亲属留下遗言：“要继续革命啊！不革命不行。我死后你们要依靠党组织找毛主席、周总理、李先念、邓颖超同志，他们都了解我，把我的问题弄清楚，用我一生的革命历史教育子子孙孙，永远革命。”

十年浩劫过去了，王国华的沉冤终于昭雪了。王老汉这个光辉而亲切的名字，将永远留在河南人民的心上，他的革命精神将永远鼓舞我们沿着社会主义大道奋勇前进。

1987 年 1 月

选自《南方三年游击战争·湘南游击区　鄂豫边游击区》，第583—593页。

十六、琼崖游击区

挺作南天柱①

冯白驹

1932年秋，国民党陈汉光部向我们进攻，来势迅猛，且有飞机配合。首先向我们活动在琼澄地区（指西边）的二团进攻，二团被包围在羊山、儒郭山，奋战一个星期，无法突围，损失惨重，仅有200多人在突围中脱逃回到师部。接着反动军又集中力量向我们领导机关驻地琼东苏区进攻，经过两天战斗，给敌军一定杀伤后，我们领导机关（即特委、师部、琼苏）和一团主力即向母瑞山撤退，留一部分红军力量和娘子军在原地活动，展开游击战，牵制敌人。我们向母瑞山撤退后，不几天，敌人又进驻母瑞山外围地区。强迫山脚群众迁移，采取逐步围困我们的政策，企图消灭我们于母瑞山。我们一团主力和二团一部分力量，经过将近两个星期的战斗，感到难于打破敌人的逐步包围，且因粮弹二缺，就决定突围，分散活动，由师部带领部队突围。特委、琼苏和一个警卫连留在母瑞山后方活动。在部队突围中，被敌人追击，部队溃散。政委（冯国卿）英勇牺牲，师长（王文宇）带领一部分力量撤退到乐会万宁地区，配合原在该地活动的三团力量，进

① 此文系当年中共琼崖特委书记冯白驹在“文革”期间所写自述的一部分，曾收入中共海南区党委党史办公室编《冯白驹研究史料》（广东人民出版社1988年2月第1版）一书，摘编时作了个别文字上的校正，标题为编者所加。

行战斗。但在敌我力量悬殊的条件下,处处受"围剿"追击,师长被捕,壮烈牺牲,部队溃散。部队突围后,我们在母瑞山也天天和敌军周旋,那时主要是避免和敌军接触,隐蔽目标,因而过一个时间后,敌军向母瑞山的进攻,在一定程度上就放松了。但是,那时外边情况如何,我们均不知道。因此,我们为了和外边取得联系,就把警卫连分批分路派出去,探听外面的消息和取得联系。但是每次派出的武装和干部,均没有回来。经过几次的这样派出以后,全连武装仅存22人了。这样,我们就不敢再派了。我们几个干部和22名武装同志,就在母瑞山坚持了一年多一点时间,中间经过敌人几次袭击,牺牲两名武装同志。我们干部连武装同志一起,除身上带有一支枪和穿的一套衣服外,什么都没有了。吃的是地瓜和"革命菜"(是山上一种野生的东西,用清水煮起来,还可以吃,故我们命名"革命菜"),冬天季节,山上也非常寒冷,我们用香蕉叶做草席来睡,盖的也是香蕉叶。八个月多一点时间,没有吃过一粒米、一滴油和盐,肉等更不要说了。但是环境如何恶劣,生活如何困难,都丝毫不能动摇我们革命的决心和斗志,我们坚决相信,革命是一定要胜利的;只要我们坚持下去,黑暗是暂时的,光明总有一天会到来的。我们是革命的乐观主义者,对恶劣的环境,没有任何悲观失望。同时我们也认为老坚持在这个山上,也不是好办法,一定要下山去,到群众中去进行工作,迎接新的斗争到来。因此,大家经过研究,于1933年旧历年关,便下山到琼山飞地的新兴地方去。由一个在这个地方的女炊事员同志带路,经过两个夜间的行程,到达了该地。但到该地后,该女同志回村找同志时,就被坏人通知国民党乡丁来抓走了。我们随即在当天晚上离开该地,重回母瑞山。往何处去,是一个大问题,最后在无办法中决定回琼山我的老家去,然后再想办法找该县的同志。因为我过去在琼山工作过,我较熟悉。所以，我们又于 1933 年夏季[①]，采取日伏夜行，经过三天三夜的行程。20 个武装同志和五个干部〔符明经、王业熹、王惠周（女）、刘天佑和我〕一共 25 人，饿着肚子，顺利地到达我的老家。到达我老家后，一方面秘密地隐蔽在村边的山中，全靠我村中同志送吃的，另方面则派村中同志向各方面了解琼山县委何在和活动的地方。经过半个月时间，琼山县委的一些同志终被找到，结果在一个晚上我们向他们活动的地方会合了。这一会合，是胜利的会合，同志们固然喜出望外，但环境的恶劣，又是一件苦恼的事。我们这些人（有 30 人）的吃住问题如何解决，就是当时难于解决的问题。但是革命工作，总是在克服困难中前进的，任何困难都不会吓倒我们，终会被我们克服的。

当时琼山县仅存五位同志，就是李黎明、刘秋菊、朱克平、冯安全、李汉。环境非常恶劣，所有村庄都被敌人控制。敌人推行保甲制度，进行“五户联保”来压制群众，并且经常有搜山和逮捕、屠杀同志的事件发生。虽然如此，群众和同志总是好的，群众总是要革命的，在十分恶劣的环境中，还有一些同志和群众勇敢地接济我们，掩护我们。特别是一些女同志和老阿婆，在这时更起了作用，接济我们的吃用，替我们传达消息和信件，帮助我们工作，解决我们的困难。

这时我们和省委已中断联系，特委当时研究，现在的中心问题，是如何恢复工作的问题，并在恢复工作过程中，积累和准备力量，迎接新的斗争。这是我们当时的指导思想和我们总的要求，在这个指导思想和总的要求下，我们决定：（1）把 20 个武装同志组成四个小组，分散到各县去活动，白天埋伏在山中，夜间出来活动，找查有否存在工作同志，进行恢复工作，并寻机打杀反动派。同时，各组又要互相取得密切联系，哪里有机会就集中突出或分散活动来打击敌人。所以，当时我们

---

① 经查对，应为1933年4月。

虽仅20位武装同志，但有时在这个县化装突击敌人，有时又在那个县埋伏打击敌人。这样，使敌人看来，我们的力量到处都有，摸不到我们的底；（2）一些干部和同志，我们则利用职业化分配到琼崖西边的新区各个县去，进行公开活动，开展新区工作，组织了琼西南工作委员会，由符明经同志主持，领导新区工作。在工作过程中，虽然做了一些工作，但未能把新区恢复起来。因此，便解散了工委，新区工作另建县级的领导机关进行工作；（3）我们特委在短期内仅存我一人配合琼山县委，二、三位同志则留在琼山进行活动，恢复工作。当时我们几个人在琼山活动，也是采取白天分开找小山藏起来，夜间则集中起来，找与有联系的群众，或到和群众约定的地方去接头，交待任务，进行活动，恢复工作。吃饭也是同志们自己动手，在做饭时怕火冒烟升天，暴露目标，用被子把做饭的地方围盖起来。大家吃好饭后，就决定明晚的工作活动和明天分散藏身及明晚集中的地方。我们就是这样进行活动和恢复工作的；（4）在恢复工作过程中，注意在群众中组织地下武装队伍，看具体情况以村或联村为单位，组织班、排、连。在必要时也可调动参加打击国民党区乡反动武装的战斗。我们特委下山到琼山和琼山县委合作后，初步工作就是这样安排的。经过两年多时间的艰苦奋战，各县工作均逐步恢复起来，县、区、乡党的领导机关和支部也在逐步建立起来，到1936年的时候，工作则进一步恢复了，环境也逐步好转一些，我们工作同志有时也秘密住到村中同志们的家中去了。当时我们在琼东找到黄魂和肖焕辉，在万宁找到了王白伦，特委领导也充实起来了，黄魂、王白伦、肖焕辉三位同志参加特委常委①，不知在哪个时期（具体时间记不起），符明经同志则在琼山新马乡被敌人袭击而牺牲了。

在这个时期，特委和琼山县委几位同志，包括我在内，在进行工作

① 据1937年7月23日中共琼崖特委给南委的报告记载，当时特委常委为冯白驹、王白伦、黄魂三人。

活动中，也遭过敌人两次包围袭击，两次都是住在咸来乡的地区，一次是住在小山中被包围袭击，牺牲两位女同志，其他三位同志均突围脱险；一次是我和两位同志，住在一位同志家中被敌包围，我们坚持奋战，冒险冲出，均得脱险，但那两位同志受了轻伤。

在这个时期，从1931年后到1937年，我们是和上级失去联系的，找不到上级，在香港找不到省委，在上海找不到中央。我们曾派一位同志，名叫陈玉清，到上海住了一年多找不到中央。记得是1937年（具体时间记不起），才和省委取得联系，恢复了领导关系。

1937年七七卢沟桥事变后，全国处于全面抗日，团结抗战是当时党再度强调的政治主张，也是我党向全国不愿做亡国奴的军民和各党各派发出的战斗号令。当时（具体时间记不起），我们也从回乡侨胞中看到党的《八一宣言》，了解了当时党对抗日的政治主张。因此，特委为了达成海南的团结抗日，便向海南国民党当局写了一封信，提出谈判改编我们的部队，共同抗战，如果同意，请在报上答复我们。这个要求得到他们同意，在报上答复了我们，促我们派出代表谈判。当时经过特委讨论，决定派李黎明同志为代表，到海口和陈章师部的代表林序东进行谈判。但在谈判中，他们的阴谋是要通过谈判，吃掉我们的武装部队，否定我们提出的在政治上独立自主的原则。他们提出将琼崖红军改编为陈章师部下属的一个大队，结果谈不成。

1937年9月我不幸被捕，到11月被释放①。我被释放时，国民党海南当局提出要求，要我们继续派出代表和他们谈判，改编部队，共同抗战。这同样也是我们的主张。我回特委后，经特委讨论决定，派我为代表，和他们进行谈判。从1938年起，我就是负起这个任务，去府城和他们进行接触谈判。并在府城租了一间小屋子，有一位女同志名叫符顺莲同我一起住，她的任务既是搞一般杂工，也是负起通信联络工作。

① 这里说的9月、11月均为农历。

在谈判期间，我曾一度到广州八路军办事处，请示过这个谈判改编部队问题，得到上级指示：谈判改编队伍的根本问题是，要达到我们在政治上组织上独立自主的原则和要求，这个问题如果达不到，根本没有谈判的可能。我和国民党进行谈判，始终坚持这个原则和要求。当时，我方就是我一个，国民党方面是第十四统率区副司令杨永仁，参谋长吕承文和一两个随员。他们的目的，还是在搞阴谋，始终坚持否认我们在政治上组织上独立自主的原则和要求，提出要编为他们统率司令部领导下的一个大队，接受他们的直接领导，通过这样来吃掉或消灭我们。但我则据理力争，反驳他们的错误意见，和他们争论不休。他们虽知理屈，但是一味坚持不改，自然我也绝对不能向他们让步，坚持我们的原则和要求。这样，和他们谈了几次，问题终不能得到解决。但是客观形势是对我们存在有利的，一方面是广大人民群众和社会舆论的压力，迫切要求达成两党合作抗战；另方面是广州失陷后，情势非常吃紧，日本入侵海南迫在眉睫；再则，海南成立了守备司令部，由王毅任司令，海南又没有正规军，守备力量很薄弱，王毅急需和我们合作。当时，我找了王毅谈了这个问题，王毅在改编我们队伍上，同意我们的原则和要求。这个根本问题解决了，其他问题就迎刃而解了。经过将近一年时间的谈判，结果达成协议。协议大概是：1. 合作的目的，旨在共同抗日；2. 我们部队改编，在政治上组织上独立自主；3. 名称是广东省民众抗日自卫团第十四区独立队，后来简称海南人民抗日自卫团独立队；4. 成立一大队编制，下辖三个中队。以冯白驹为独立队队长；5. 独立队及下辖三个中队副职，由国民党选派，并经我们同意；6. 独立队队部设政训处或室，编制不超过十人，人员由共产党选派，设正副主任二人，当时正主任是李黎明，副主任是黄振亚；7. 供给按照一个营的编制发给。协议是经过我和杨永仁或吕承文（是杨永仁还是吕承文，记不起）签名的。协议，我大概记得这七条，其他是否还有，我现在回忆不起了。同样，协议也是经过特委同意的。

当时，国民党派来独立队队副是刘振汉，参谋一人姓吴的，名忘了，一中队派来中队副是符荣鼎、二、三中队没有派。我们的一中队长是黄大猷，二中队长是张兴、副是王天辅，三中队长是吴克之、副是朱克平①。独立队队部还有副官和书记，副官当时是谢李森，书记是谁记不起了。我们独立队共有 300 多人。

1938 年 12 月 5 日，在琼山县云龙墟（距县城约有 50 华里）成立独立队。在成立独立队的这一天，各地老百姓约有一万多人来观礼，并送了不少吃用的礼物慰劳我们。老百姓个个喜形于色，快乐异常。这天王毅也来参加，并讲了话，主要是一些勉励抗日救国的话。特委同志也有人去看热闹，但不露面。这一天成立独立队，可以说是海南人民革命斗争的转折点，也是个胜利的节日，是毛主席党中央领导的结果。独立队成立后，就驻营云龙墟和附近的村庄，当时的主要任务是加紧军政训练。在训练时间分配上，是三七开，军事三分，政治七分。军事训练，除了一般必要训练的基本操作外（由刘振汉负责），还演习夜间进攻战、袭击战、快决战和埋伏战与短兵肉搏战等（这些是我负责）。政治训练包括形势，讲时事，政治斗争，抗日战争，以及上党课等（这些主要由李黎明和我负责）。此外，部队在驻地参加劳动，帮助老百姓进行生产，做宣传、组织等工作。当时在生活上大家是一样，干部和战士一起就地坐席吃饭，我们干部的工资，除了吃饭和一些零用外，其余均交给党做工作活动经费。部队驻在云龙训练了两个月零五天。1939 年 2 月 10 日，日本帝国主义入侵海南，队伍就转入新的斗争任务了。

1968 年 6 月 25 日

① 据查，独立队队副还有马白山，张兴是政训室主任。二中队队长为黄天辅。三中队队长为张缵薪（后吴克之）。三个中队队副均为国民党委派，一中队符荣鼎（中共地下党员），二中队陈卓，三中队吴定中。朱克平是小队长。副官主任为谢李森，副官陈玉清。

选自中国人民解放军历史资料丛书编审委员会编:《南方三年游击战争·琼崖游击区》,解放军出版社1995年6月第1版,第71—76页。

冯白驹,1903 年生,海南琼山人。1926 年参加革命,同年加入中国共产党。南方三年游击战争时,任中共琼崖特委书记,是琼崖党组织、红军游击队主要领导人。新中国成立后,曾任中共海南区委第一书记,海南军区司令员兼政治委员,海南军政委员会副主席,海南行署主任,中共广东省委书记处书记,广东省副省长、浙江省副省长,中共中央中南局委员,华南分局常委、第四副书记,国防委员会委员,中共中央候补委员等职。1973 年在北京逝世。

红星闪烁

——忆琼崖第二次反“围剿”失败后的恢复工作

肖焕辉

琼崖革命根据地的存在和发展，引起了国民党反动派的极大仇视和恐慌。当蒋介石集中 50 万兵力向中央苏区发动第四次“围剿”的时候，广东军阀陈济棠为了扑灭琼崖地区革命烈火，巩固其在南部的统治，于 1932 年秋派出他的警卫旅和空军第二中队一个分队共 3000 多人，在旅长陈汉光的率领下，对琼崖革命根据地进行疯狂的反革命“围剿”。

面对来势凶猛的敌人，中共琼崖特委领导琼岛军民奋起抗击敌人的“围剿”。当时，红军独立师辖下的三个团和一个行营：一团随琼崖党政军领导机关驻琼东根据地，二团驻羊山根据地，三团驻乐万根据地，行营活动于琼山、澄迈交界地带。独立师的总兵力约 1000 多人，在这种敌我力量对比悬殊的情况下展开了反“围剿”斗争。

特委领导红军经过顽强抗击，终因伤亡过大，力量不及，未能阻止住敌人的进攻。琼崖几块主要根据地先后失守，红军独立师陷于解体，革命进入了低潮。但斗争并未止息，冯白驹、符明经、王业熹带领党政军领导机关部分干部及红军指战员 100 多人仍坚持在母瑞山上；还有琼文、乐万、琼东等县的党组织和少数红军干部战士在分散进行着异常艰苦的斗争。

一、脱围转移　会合琼山

冯白驹带领特委机关的干部战士，在母瑞山上一直坚持了八个月的斗争，处境非常艰难。但冯白驹是革命的乐观主义者，他并不因环境的险恶而悲观失望，他坚信：黑暗是暂时的现象，光明总有一天要到来；同时他也认为，长期被敌人围困在山上，对革命是不利的，一定要下山去发动群众，重新打开新局面。至 1933 年旧历年关前，冯白驹同符明经、王业熹等认真地分析了情况：敌人刚进山时，在重要部位和路口上部队密如篦梳，天天搜山，但因时日久远，再加上春节临近已有所放松，眼下敌军围而不搜，兵力部署的密度减低，这种情况有利于我方开展活动。于是他们下决心在夜间伺机潜行下山。

一天，太阳落山后，以冯白驹为首的 26 位干部战士，在夜幕的掩护下，悄悄地从敌军的接合部隐蔽下山。敌人疏于防备，他们成功地脱了围。下山后就近的目标是往新兴进发；女炊事员李月凤是新兴地方人，就由她充当向导。队伍一路上日伏夜行。这一带地方敌人控制颇严，白天一点也不能露影子。冯白驹等有时隐蔽在敌人驻地附近，待夜幕降临时再起程赶路。在酷热的野地里潜伏是相当难熬的，但大家还是忍受了。经过了两个晚上艰难的行程，终于进入了新兴地境。于是李月凤进村去找人接头，不料这一去就不复返了。原来，李月凤刚一进村，就被坏人察觉，乡丁把她抓走了。这一突如其来的变故，使情况变得严峻起来。眼看着同志被捕，大家很想挺身营救，但是理智告诉他们不能这么做，只要敌人一发现踪迹，这支仅剩下 25 人的队伍，便会立即陷入重围而难于自拔。

在这种情况下，冯白驹当机立断，带领队伍重返母瑞山，暂时潜伏下来。但大家心里还存着脱围的念头，问题是脱围之后向何处去？冯白驹经过反复思考，认定回琼山最合适。琼山是最早发动武装斗争的老根据地之一，眼下琼文县委可能还在当地活动。那里群众基础深厚，有半山区，有平原，有沿海，回旋余地大，又是冯白驹的故乡，情况熟悉，便于开展工作。当冯白驹把意见提出来后，立即得到符明经、王业熹等的支持。于是至同年夏季（因为当时山上没有日历，只能根据物候及刻在树干上的记号来推测时间），冯白驹等一行 25 人，再次隐蔽下山，白天潜伏，夜间行走，根本无法寻找食物，只能在潜伏地带嚼草根和野菜充饥。夏季里的海南岛，烈日当空，酷热难当，人们又饿又乏，步履艰难，行进的速度缓慢，每晚只走二三十公里，好不容易经过三天三夜的艰险路程，终于到达了冯白驹的故乡——大山乡长泰村。大家隐蔽在村外的山里边，到了深夜，白驹和一个叫三爹的战士悄悄摸索回村。天虽很黑，但白驹很快就找到了自己所熟悉的老家。老家的大屋已被烧毁，只剩下厨房和做牛栏的横屋。白驹找到了厨房，见到了自己阔别多年的母亲。接着，便去找村中的两位堂兄弟（均是党员）。他们见到白驹，有如喜从天降，互相庆幸党的领导人还存在着。随后在村中基本群众的掩护下，大家安然地在村外潜藏下来。白驹的母亲和村中的群众用各种巧办法给干部战士们送食物。白驹的两个堂兄弟，通过各种渠道探听琼文县委的消息。

琼文县委成立于 1931 年冬。那时特委根据情况的变化，决定成立琼澄和琼文两县委，原琼山县一分为二，位于南渡江西边的地区和澄迈县第二区归琼澄县管辖，冯夙仁任琼澄县委书记；位于南渡江东边的地区和文昌县北部归琼文县委管辖，李黎明（当时名为黎民）任琼文县委书记。

1932 年，国民党军陈汉光旅过琼后向羊山地区进攻，我红二团反“围剿”失利，红二团连长朱运泽带领十几名战士转移到琼山东部，同琼文县委取得了联系。当时情况比较严重，县委决定把长枪埋起来，部分人员“变灰”潜伏待命，留下短枪组成了一支十人左右的驳壳班。这样，在县委领导下，连同机关干部、勤杂人员和区、乡干部共20多人，主要活动在塘内、锦山、加丙、昌城等村庄。他们藏身山村，每人一支手枪，一张毯，一把伞，一条缠腰水布，避雨防风御寒，日伏夜出，忽东忽西，与敌周旋。李汉到琼山后，琼文县委得知母瑞山上的情况，推断冯白驹等必将脱围下山，也在不断打探情况迎接他们归来。

大约经过半个多月，双方终于取得了联系，约定了会合的时间和地点。冯白驹、符明经、玉业熹、王惠周等人和李黎明、李汉、朱运泽、冯安全（琼文县委委员、原琼山县苏维埃主席）、区干部刘秋菊、陈英等人在演丰乡会合。大家以无比欢快的心情祝冯白驹等脱围成功。会合之后，冯白驹同李黎明、朱运泽、刘秋菊等住在土桥的新云村朱运泽家乡一带，并逐渐在道崇、咸来等老区开展工作。符明经、王业熹同冯安全到树德乡塔昌村交通站隐蔽活动。冯白驹的爱人王惠周则由交通员符和益带到文昌县新桥乡古城村我党工作人员的家里立足。

这次胜利转移，在琼崖革命史上有着深刻的意义。首先是粉碎了敌人“围歼”我琼崖特委、琼崖苏维埃政府和琼崖红军领导核心的企图，敌人花费了重大的代价，但是他们的最终目的依然没有达到。第二，这次脱围转移成功，是红旗不倒的一个标志，它在群众中所产生的政治影响是巨大的。第三，也是最重要的一点，以冯白驹为首的琼崖党政军领导核心的存在，对以后琼崖革命斗争的恢复和发展是起决定作用的。

冯白驹一行与李黎明等人会合后，对形势进行了研究，认为当前的中心任务是恢复工作（当时叫收拾残局，恢复组织）聚焦和准备力量，迎接新的斗争。在这一思想的指导下，作出了四项决定。据冯白驹后来回忆，这四项决定主要是：“一、把20个武装同志组成四个小组，分散到各县去活动，采取白天埋伏在山中，夜间出来活动，找查有否存在工作同志，进行恢复工作，并找机打杀反动派，同时各组又要互相取得密切联系，哪里有机会就集中突击和分散活动来打击敌人”；“二、一些干部和同志，利用职业化分配到琼崖西边的新区各县去，发展新区工作……”；“三、我们特委在短期内仅存我一人配合琼山县委二三位同志仍留在琼山进行活动，恢复工作”；“四、在进行恢复工作过程中，应注意在群众中组织地方武装队伍，看具体情况以村或连村为单位，组织班、排、连，在必要时也可以调动参加打击国民党区乡反动武装的战斗。”①

冯白驹亲自领导琼文县委开展恢复工作。他和符明经、王业熹、冯安全等，主要在演丰、塔市、茄芮、三江、道崇、咸来、树德等乡村活动；李黎明主要在芳园、湖东等乡村活动；李汉、刘秋菊等主要在昌城、博罗、美兰、灵山、大林等地活动，寻找失散的同志，恢复党的组织。经过一番艰苦的努力，至 1933 年冬，琼文县先后恢复和建立了三个区委和 30 多个支部。

冯白驹在领导琼文恢复工作的同时，着眼全琼，不断派人寻访各县党组织，1933 年冬同特委委员王白伦和乐万临委接上了头，1934 年初同琼东县委取得联系。这样，当时全岛尚存的琼文、乐万、琼东三个县委便统一在特委的领导下，按照冯白驹等所部署的四项决定进一步开展恢复工作。

二、“姨母”与“堡垒户”事略

敌人在对红军和根据地进行残酷“围剿”后，叫嚣“共产党已被消灭”，实行欺骗宣传和反动政策，强迫移民并村和五家联保，修建堡垒拓点，派遣特务奸细，严密监视封锁重要地区和交通要道，到处充满了白色恐怖的阴森气氛。

在这种情况下，农村情况比较复杂，不同阶层的人有着不同的动

① 冯白驹：《我参加革命的历史情况》。

态。土豪劣绅、地痞流氓及在土地革命中受过打击的人趁机反扑，气焰嚣张，这些人是反动统治者在农村中的社会基础。在广大的农民群众中，有一部分人采取中立态度，他们经过土地革命高潮的影响，对共产党的宗旨和政策总的来说是拥护的，但是在敌人的高压下存在着这样那样的顾虑，对革命只能暗中同情而不能公开表露。另一部分人，他们多数是农村中的赤贫者、土地革命中的积极分子，尽管是处于革命的低潮时期，他们心里仍然向着共产党，肯为革命出力。但是，由于当时情况比较复杂，敌特和一些变节分子经常伪装成共产党、红军人员出现，使群众受骗而惨遭祸害。这样一来，真假难辨，群众不敢轻易与我方人员接触，给恢复工作造成不少困难。

面对这种情况，冯白驹经常教育大家要正确分析形势，理解目前农民群众的处境，坚信绝大多数人是拥护革命的。他常用形象的语言来比喻说：人民群众是革命者的真正靠山。为了加快恢复工作，必须把群众发动起来，特委强调全体党员、革命同志都要重视群众工作，并且派出得力的干部，深入到农户中去，耐心启发引导，把群众动员起来，依靠群众的支持，点点滴滴地聚集革命力量。当时，在冯白驹直接领导的琼文地区的恢复发展工作中，有一个表现突出的女同志，她就是后来扬名海内外的巾帼英雄刘秋菊。

刘秋菊当时的名声还没有那么大，但是作为女同志，她在土地革命高潮中已崭露头角，被群众称为“姨母”，关于“姨母”的一些传奇性故事，亦开始在群众中有所传闻。当然这些故事中未免有些夸张的成分，但是抹去那些传奇色彩，她确实是一个不平凡的女性，是海南妇女的杰出代表。

她是琼山塔市乡人，出身贫寒，早年因生活所迫，被父母嫁给一个贫苦盐民；不久丈夫病死，处境更加窘迫。1926 年农民运动席卷全琼时，她参加了乡村农会，成为农运骨干。1927 年“四二二”大屠杀后，她毅然投身革命，参加赤卫队，同年 11 月参加中国共产党，她担任过交通员，率领过妇女运输队，都圆满地完成组织上交给的任务。她的突出特点是密切联系群众，把根子深深扎在群众之中。她不管到哪里，都能和那里的农民结合在一起。她和农民一起犁田插秧，种瓜种菜，养鸡喂鸭，舂米劈柴，到了哪里，那里就成了她的家。贫苦农家的老老幼幼，都把她看成自己的亲人，“姨母”是群众对她的一种亲昵的称呼。

经陈汉光旅“围剿”后，革命转入低潮。但她的形象依然深深地影响着群众，贫苦农民暗中思念她、保护她，寄托着对党的期待和希望。而刘秋菊正是凭着这一点，能够在艰险的环境中有着较大的自由，并且在遇到危险时逢凶化吉，化险为夷。有一次，她和几个工作人员在迈联村活动，不慎被奸细发觉。20多名反动团丁立刻前来追捕。刘秋菊掩护其他工作人员撤退，自己退却在后。这时敌人已经逼近，她看到不远处有位怀抱婴儿的农妇，便立即走过去打了招呼，接过农妇手里的婴儿。那农妇见是“姨母”，后边又有追兵，会意地点点头。刘秋菊接过婴儿后，在婴儿的屁股上拧了一下，婴儿哇地哭了起来，当下她轻轻她哼着儿歌，撩起衣襟给婴儿喂奶。这时敌人已到了跟前，喝问道：“你们见几个人走过去了吗？”那农妇指着我工作人员撤退的相反方向，把敌人支应走了。

又有一次，刘秋菊在塔市乡活动，被反动民团发现后遭到追捕。当时正是插秧大忙季节，田间有许多妇女在插秧。刘秋菊机敏地跑进田里，脱下身上的黑衫踏进泥浆中。当敌人追过来时，只见秋菊的身上穿的是士林蓝布衫，手里正熟练地插着秧。敌人吆道：“一个穿黑衣的女人跑哪里去了？”秋菊不慌不忙，向西指了指说：“跑到那边了。”语音未落，敌人即循声跑去。刘秋菊就是这样凭着个人的机智和群众的掩护，出没于敌人鼻子底下而安然无恙，因而她的故事便越传越神，越传越奇了。

在恢复工作中，冯白驹对她很信任，放手让她去开展活动，联络同志，特别是在群众工作中，她的作用常常是别人所不及的。有一天黑夜，细雨蒙蒙，天气寒冷，她带领几个红军战士到了演丰圩附近的一个村庄。这里的贫苦农民一向是支持革命的，但是在革命低潮中坏人活动频繁，群众不能不有所戒备。当战士们去敲农家门的时候，里面总是不应，不肯开门。这时，只见秋菊隔着门缝轻声叫唤："我是姨母，我是姨母！"那门便"哇"地打开。主人见真是"姨母"，便热情地把同志们迎进屋里。当地群众就是这样，对刘秋菊充满了信任，而这种信任正是她战胜困难的力量源泉。

刘秋菊出了名，敌人对她的追捕不断升级。她在开展恢复工作中险象丛生，有时几乎陷入绝境，但她凭着自己的机智、勇敢和革命群众的掩护，终于又死里逃生，脱出险境。1934 年秋，刘秋菊和李玉梅、张宗程在潭康村活动。有一天下午，他们正在一间屋子里开会。不料被坏人出卖，国民党军的一个班把他们包围起来。在反击敌人的进攻中，李玉梅、张宗程不幸牺牲，刘秋菊凭借这间屋子的坚固和围墙，手持双枪，顽强地抵抗着敌人。敌人企图捉活她，便围而不攻，一直守到天黑。结果，刘秋菊在革命群众的接应下，从屋子的瓦顶上逃脱。后来敌人冲进屋里，发现瓦面开了天窗，惊呼刘秋菊"飞"走了。从此，刘秋菊飞檐走壁的美名便传扬四方。

不久，刘秋菊被派到南区开展新区工作。她的胆略、机智和密切联系群众的精神，经常得到特委和冯白驹表彰。后来，她在抗日战争和解放战争中又做出了卓越的贡献。她的英名和业绩，在海南人民心中立下了不可磨灭的心碑。

刘秋菊是个突出的典型。除她之外，当时琼文、琼东、乐万等县委派出去搞群众工作的人员不少。他们也都做了卓有成效的工作，取得了群众的信任。

正是由于群众工作的深入开展，不断密切了党与群众的关系，得到了群众的有力的帮助和支持。人民群众是一座"无形的大山"，正是在这座无形的大山的掩护下，我党的恢复工作才得以逐步展开。这里特别值得提出的是当时挺身而出的一批堡垒户、老屋主和革命母亲。在琼文、琼东、乐万等县，著名的代表人物有：云四婆、森简婆、泽瑞妈、山尾嫂、罗称姐、梁爱蓉、占民生、魏桂芳、陈恒和、卢茂花、陈俊彦、许远源等。这些堡垒户冒着生命危险在敌人眼皮底下掩护革命同志，尽心尽力找粮食、送医药、当向导、送情报，起着隐蔽所、救护所、供给站和交通站的作用。文北地区著名的云四婆，在恢复时期中曾经接待和掩护过上百名干部战士。她有一次曾冒死救护过六个伤员。这件事情在革命队伍中广为传扬。后来云四婆在抗日战争中为了掩护一位革命同志而牺牲了自己的一个儿子，其事迹更是感人肺腑。乐万地区著名的“红军妈”许远源，她丈夫王树俊于 1928 年参加了红军，从此许远源家就成了接待革命同志来往的堡垒户。后来由于叛徒的出卖，敌人两次烧了她家的房子，但她矢志不渝，干脆在六连岭脚下盖起草房住。在恢复工作中，她联络和掩护了不少革命工作人员。这座草房被称为“树俊寮”。许远源被人们亲切地叫作“红军妈”。

这些“堡垒户”是共产党、红军与人民群众血肉关系的一个缩影，它的存在是国民党反动派所无法理解的。反动派采取一切手段，企图完全切断群众同我党我军的联系。但是，抽刀断水水更流，他们的目的是永远也达不到的。

三、开辟琼西南新区

第二次反“围剿”后，琼崖特委处于不健全状态。1934 年 4 月冯白驹给中央的亲笔信中写道：特委本身“除肃反工作的关系及斗争中牺牲者外，仅存白驹、育才二同志。”育才即王白伦，在反“围剿”斗争中，白伦在乐万地区，实际上特委只剩冯白驹一人主持。当时是怎样决策的呢？特委后来在报告中写道：“那时所有工作的决定和执行，只由冯白驹同志商于明经同志的同意，用特委的名义来执行和领导一切工作。”①冯白驹等脱围至琼山后，为健全领导核心，决定“补充执委明经（在斗争中仅存他一人）同志及提拔黎民、运泽二同志共五人担任。”②1933年6月，特委在塔市乡茂山材召开会议，研究全琼革命局面的恢复发展问题。与会者从两次反“围剿”失败中看出一个很重要的问题，即琼崖革命发展不平衡，偏重于东、中路，而西南两路比较薄弱，因而在反“围剿”中回旋范围受限，易于为敌人各个击破。鉴于这一教训，决定在恢复东、中路老区的同时，要开拓西南路的新区，促进全琼革命局面的平衡发展。为此，会议决定成立中共琼西南临时工作委员会，开展儋（县）、昌（江）、感（恩）、崖（县）等地的发展工作。临委由符明经、王业熹、李汉、冯安全等组成，符明经为书记，李汉负责组织，王业熹负责宣传。

当年9月，符明经等化装成商人，经儋县新州、新英，然后到昌江、感恩，本拟往崖县找到陵崖县委会合后开展工作，当到了昌感等地找到杨启安、杨涤海、林克泽等失散的党员干部时，获悉陵崖县委已经解体，于是折回儋县召开临委会议。大家认为西南地区统治力量比较薄弱，这一带靠山临海，地理条件优越；在大革命时期受过革命思潮影响，有一批思想进步的青年知识分子；土地革命时期西南地区都发生过农民暴动，特别著名的是儋县的扑城暴动，建立过人民政权，有一批老党员和一定群众基础；这些都是开展工作的有利条件。会议经讨论后，决定从收集失散的同志入手，进而联络进步青年和知识分子，逐渐扩展到农村，发展组织，打开局面。符明经负责昌江，王业熹负责感恩，李汉、冯安全负责儋县的工作。根据临委的决定，各人以做生意、当裁缝、收购旧银等职业为掩护，在城乡走门串户，进行秘密活动。

① 见1937年3月《中共琼崖特委给南委的综合报告》，引文中黎民，系李黎明。

② 见1934年12月20日《冯白驹同志给中央亲笔信》。

西南临委的联络站设在儋县县城新州的月丰理发店。通过这个联络站，联络了大革命时期和土地革命时期失散的黄金容、黄振业等一批党员，继而在社会进步青年、教师和中学生中开展活动，发展组织。李汉在儋县峨蔓乡吸收了在当地有威望的进步青年蒲公才入党；再通过蒲公才发展了 20 余名党员，成立江北党支部，继而在白马井、南岸、新州、新英等地发展组织，成立江北区委。与此同时，临委还以儋县中学作为重要阵地开展工作，发展了谢风安、潘江汉等 20 多名党员，成立儋中党支部。至 1935 年春，儋县党组织已形成一定基础，经特委决定成立儋县工作委员会，李汉任书记，林克泽、符山为委员，属西南临委领导。

这时，西南临委、儋县工委和江北区委均设在峨蔓地区，各种秘密的半公开的活动在峨蔓有所发展。当地党组织带领群众做了几件较有影响的事：一是发动进步青年学生出面，借富裕户的钱到外地购粮，向农民平粜，打击奸商趁北岸地区大旱而抬高粮价的劣行，帮助群众度过粮荒。二是发动群众集会议决减免贫困户所欠“宜兴会”债务，取缔“宜兴会”高利贷剥削组织。三是发动学生反对吸毒，查禁鸦片烟馆，强缴鸦片和烟具，制止了毒品的泛滥。四是成立改良风俗会，开展有益的文体活动，抵制男女乱交的夜游旧习。通过这些活动，扩大了我党在峨蔓地区的影响。

西南临委经过一年多的工作，取得了初步成效，但特委认为他们的工作进展缓慢，而且发现几位领导人生活作风上出现一些问题，乃于 1935 年春夏间决定改组临委，对犯错误的工作人员给以党纪处分（当时这些人的错误事实被夸大，因而处分过重，后来经复查并改变了对他们的处分）。改组后的临委由杨启安任书记，刘秋菊、林茂松、陈克文为委员。临委的分工是杨启安、陈克文负责儋、昌、感地区，刘秋菊、林茂松负责崖县。

西南临委改组后，杨启安到昌江的新街活动。当时有许多琼山人在新街做生意、当伙计，杨启安利用老乡关系开展工作，成立新街店员工会，进而吸收党员，成立党支部。未几，杨启安把注意力转到了当时颇有影响的昌江第二小学。昌江二小是进步知识分子史丹在1926年创建的一所平民学校。这所学校以普及平民教育为方针，反对“读死书，死读书，读书死”的旧风，引导学生为救国救琼而努力学习，在传播新文化、新思想方面做了许多工作。1932年秋，共产党员马白山由沪杭返琼，经史丹介绍到二小任教。马白山到二小后，广交朋友，了解情况，传播革命思想，并与史丹共同发起组织进步青年成立“青年勉力社”，以公开合法形式进行活动，唱新歌曲，演时装戏，开展体育训练，团结了一批进步青年，在当地颇有影响。马白山与西南临委接上了关系后，在昌江二小发展党员。于1936年春成立党支部，继而由学校至农村，先后建立起英显、四更、新街等党支部。

接着杨启安、陈克文等把党的发展工作由昌江扩展至感恩地区，先后建立起感城、佛罗等党的基层组织。后来刘秋菊、林茂松等到崖县，以角头为立足点，以酿酒等职业作掩护，到莺歌海、崖城等地活动，恢复和建立了一批党支部和党的外围组织。这样，经过先后几年的努力，西南地区的发展工作，逐步打开了局面。

四、游击战争

琼崖红军和革命根据地诞生以后，国民党反动派的反革命“围剿”连续不断。敌人的“围剿”与红军的反“围剿”成为琼崖这一时期战争的基本形式。在“围剿”与反“围剿”的战争中，总的形势是敌强我弱，敌人的兵力、财力、物力都占有着巨大的优势，敌本对红军的“围剿”随着全国形势的变化而有所变化，但总的趋势是一次比一次更加残酷。在这种情况下，要能够以弱胜强，除了政治路线这个决定性因素外，必须有正确的战略思想和机动灵活的战术。在琼崖土地革命战争前期，战略战术问题还处于摸索阶段。那时由于受到“左”的冒险主义影响，当着革命高潮到来时，强调不停地进攻；当着敌人进行“围剿”的时候，始则缺乏战略退却的思想准备，继而进入消极防御的被动地位。在战术上，打阵地战、攻坚战、运动战，也打游击战，而且取得过一些突出的战果，但是在反“围剿”作战中，基本的战术是阵地战，同强敌拼消耗，没有发挥游击战的优势，结果招致了失败。

1933 年，冯白驹等从母瑞山脱围至琼山后，总结了经验教训，开始体会到琼崖革命战争的特点和游击战的重要性。当然，那时由于实践的局限，还不可能做出战略战术上的理论概括，但是，从冯白驹的言谈和特委所作出的一些决策来看，已经逐步认识到这样几个游击战争的原则问题：一是依靠人民群众的原则。冯白驹说：琼山没有大山，但有革命群众，我们能住下来，这就叫“山不藏人人藏人”。冯白驹的这句话，意在突出强调人比山重要，当然不是贬低或否定山的作用。在开展恢复工作中，特委要求把军事行动同发动群众结合起来，“注意在群众中组织地方武装队伍……参加打击国民党区乡反动武装的斗争”，反对脱离群众的单纯军事投机。二是避实击虚，消灭敌人，保存自己，发展自己的原则。不盲目地有仗就打，而是有目的地打，能扩大政治影响，能得到物质补充自己，能有取胜把握的仗就打；不同敌人死打硬拼消耗自己，“赔钱的生意不做”。三是机动灵活地使用兵力，队伍时而集中时而分散，“那里有机会就集中突击或分散活动来打击敌人”，“有时在这个县化装突击敌人，有时又在那个县埋伏打击敌人，这样使敌人看来，我们的力量到处都有，摸不到我们的底”①。

由于琼崖党组织对游击战争认识上的提高，各地在恢复工作中把发动群众和打游击战较好地结合起来，开始了战略上的转变，逐步变被动为主动，推动了形势的发展。

---

① 以上引文引自冯白驹《关于我参加革命过程的历史情况》（1968年6月25日）。

冯白驹亲自领导琼文县委开展恢复工作和打游击战。琼文邻近府（城）海（口），紧靠着敌人的政治、经济、军事中心，这一带敌人的控制是较严的，在这里活动，显然要冒着巨大的困难和艰险。他们当时过着“走山”的生活，白天藏身山林，夜间四出活动，用游击战打击敌人，当然也随时可能遭受敌人袭击。1934 年入夏时冯白驹、王白伦、朱运泽、李黎明、王惠周（冯白驹爱人）、五爱珠（李黎明爱人）等到琼山平原地区活动。有一天，他们在灌木林中隐蔽休息，不意被一个放牛娃看到，闹不清他们是做什么的，便报告了民团。冯白驹等未能及时察觉，结果遭到敌人突被袭击。他们边打边撤。王惠周、王爱珠等两位女同志不幸牺牲。但是，敌人的凶残丝毫不能动摇冯白驹的革命信念。他与特委其他成员认真总结了经验教训，把游击活动组织得更加严密，更加巧妙。他带领着一批干部战士，今天这里，明天那方，飘忽不定，叫敌人捉摸不到；看准了时机，就给敌人来一个措手不及。处处麻雀战，使敌人莫名其妙，几乎已经销声匿迹了的红军，突然之间又到处都出现了。

有一次，冯白驹他们打听到抱罗墟演海南戏，该乡的地头蛇都要去看。这是一个袭击敌人的好机会。但是内外有敌人武装警戒，怎样下手呢？冯白驹让武装人员化装成小贩之类，混入戏场，瞒过敌人耳目。当戏演至高潮，而敌人的警戒有所松懈时，忽然间，戏场周围响起一片枪声，战士们喊道：“我们是红军，专打反动派，大家不要慌！”戏场里的地头蛇和乡丁们还闹不清是怎么回事，就已经见阎王去了。待到敌人从外面赶来时，我们的工作人员已趁着混乱之机撤退得无踪无影了。又有一次，冯白驹指挥游击小组伏击咸来反动民团。一个组往咸来新云村佯攻反动团董老窝，另一组在咸来据点至新云村之间的石板路边埋伏。新云村打响后，咸来据点的民团前往救援，遭到我游击小组的袭击，毙伤敌人数名。

同样，在六连岭地区，乐万县委将红军干部战士编成若干游击小组，打了不少次小规模的游击战。1934 年夏，县委得到坡罗民团团董嫖娼、团丁赌钱和抽大烟、据点陈守松懈的情报，当机立断地布置游击小组前往袭击。游击小组设法弄了十几套国民党军服，化装成国民党军队，大摇大摆地进入坡罗据点。据点里的敌人见是正规军到来，连忙出迎。我红军战士迅速抢占敌岗楼。正在里面赌钱、抽大烟的团丁们只好乖乖向红军举手投降。战斗只用了十几分钟，就缴获十几支步枪和一批子弹。

这种战斗当然是有得有失，总的来讲是得多于失，积小胜为大胜。我红军的政治影响日益扩大了，使人民群众看到红旗没有倒，共产党和红军还存在着，并且到处在打击敌人，从而对革命增强了信念。许多失散各地的革命人员闻讯归来，还不断有一些群众要求参加队伍，革命力量由涓涓细流渐渐汇成了江河。

五、特委第五次扩大会议

自 1933 年初夏至 1936 年初夏，经过三年的恢复工作，形势不断有所发展。特委同琼文、乐万、琼东县委取得了联系，领导机构进行了调整、充实。1934 年春，王白伦返回特委；乐会县委书记冯甲牺牲后，特委派李黎明前往接任；1935 年春，原琼东县委书记黄魂调往特委，由肖焕辉接任县委书记。此后，特委由冯白驹、王白伦、黄魂坚持日常工作。至 1936 年春，除东路上述三个县外，恢复了文昌县委，黄一清任书记；在中路，建立了琼定、善集县委，分别由陈根、王白伦（兼）任书记；在西南，建立了西南临委，杨启安任书记；在西路，恢复了琼澄县委，陈玉清任书记；建立了临高工委，冯安全任书记。各县与特委的联系已经比较畅通，恢复工作的好消息不断传来，总的发展形势令人鼓舞。在这种情况下，特委于 1936 年 5 月在琼文县塔市乡下陈村召开第五次扩大会议。

这次特委扩大会议，是在冯白驹的主持下召开的。会议回顾了这几年的历史情况：在陈汉光旅的“围剿”下，我们进行了英勇顽强的反抗斗争，但是最终未能有效地打破敌人“围剿”，使我党、政、军组织和革命根据地遭受极为严重的破坏，革命陷入低潮。从这一点上讲，我们是暂时失败了，而且遭受的损失是空前的。至于失败的原因，从客观上看，敌我力量的对比悬殊甚大。当对敌兵力为一个旅和一个空军分队，共 3000 多人，全副武装，给养充足，武器精良，而红军虽号称三个团，但总共只有 1000 多人，千把支枪，给养不足，武器低劣。与此同时，我方在主观上也存在一些失误：一是各个根据地斗争发展不平衡，在全岛东、中、西、南四路中，偏向东、中两路，西、南两路比较薄弱，全岛各根据地未能及早连成一片，这就给敌人提供了对我进行分割，各个击破的便利条件。二是城市斗争得不得力，海口、三亚、加积等地的工作没有开展起来，未能在敌后起牵制敌人的作用。三是对白色村庄采取了错误的政策，把白村统统看成铁板一块，没有区别对待，一律采取严厉的惩办主义的做法，造成红、白村庄的对立，把白色村庄推到敌人方面去。四是军事指挥上的失当，面对强敌，没有采取避实击虚的方针，分散开展游击战争，而是在决策上消极防御，在战术上死打硬拼，结果招致惨重的伤亡。五是肃反扩大化，从内部大大削弱我党政军的战斗力，严重影响了党心、军心和民心，这是导致失败的一个重要原因。

会议对于反“围剿”失败原因的认真探讨，深化了与会者的认识。革命发展的道路不是笔直的，其间必会出现许多波澜起伏，有高潮就会有低潮，有胜利就会有失败。失败是暂时的，胜利则是必然的。在斗争中，胜利的经验和失败的教训都同样可贵，后者给革命者以教益，其价值并不次于前者。

会议接着分析了当时的形势。九一八事变后，日寇入侵我国，东北三省沦陷，中华民族面临危机，全国人民兴起抗日救亡运动。但是国民党反动派继续坚持卖国内战，越来越引起全国人民的反对。在琼崖，陈汉光旅撤走后，敌人仍继续向我根据地“进剿”，形势依然十分严峻。琼崖特委自1932年春同党中央失去联系后，曾多次派人渡海北上寻找中央和省委，直至1935年春夏方才得到中央的信息。中央曾向琼崖特委发来了抗日讨蒋的指示①。会议遵照中央的指示，从海南的实际出发，确定主要任务是：继续进行恢复和发展组织的工作，在此基础上注意开拓新区；开展抗日救亡宣传，号召群众起来抗日讨蒋，以群众武装自卫委员会组织名义来团结群众和领导群众斗争；扩大红军武装，开展游击战争。

“五扩”会议根据当时的情况，对特委领导机构进行了补选。冯白驹、王白伦、黄魂、肖焕辉、黄一青、朱运泽、陈根等七人为执行委员，冯白驹、王白伦、黄魂等组成常委会，冯白驹任书记，特委机构选出后，加强了领导力量。

为了进一步开展游击战争，会议决定成立琼崖红军游击队司令部，由朱运泽任司令，王白伦（兼）任政委。司令部下辖七个支队，朱运泽、林天德、王永信、陈美深、陈英、林天贵、黄大猷分别担任各支队长。每个支队有七八人或十余人。人数虽不多，但都是能打善战的战斗骨干。特委的意图是以此作为发展红军武装的基础。

游击队的成立，反映了琼崖党组织对游击战争认识上的深化。“五扩”以后，全琼各地的游击战进一步开展。红军游击队第一支队随特委在琼文活动，保护领导机关并相机打击敌人；二、三、四支队联合作战，奇袭山堀头炮楼，伏击清澜联防队；二、六支队联合袭击善集县加乐民团；五支队在琼澄县；七支队在乐万一带打击敌人，都不断取得战果，充实了队伍，扩大了声威。

① 不久琼崖党又与中央失去了联系。

六、抗日救亡运动的兴起

党中央和琼崖特委的联系，自1932年反“围剿”开始中断，至1935年春一度恢复，历时半年后再次中断。在这种情况下，琼崖特委犹如一时同母亲离散了的儿女，万分渴望着得到母亲的消息，听到母亲的声音。1936年春，特委派出去寻找党中央联系的陈玉清收到了上海（一说是东江）的来信，获得了寻找联系的线索。于是，陈玉清再次奉命北上。经过将近一年的努力，终于在1937年六七月间，同中共南方工作委员会取得了联系，恢复了党中央和上级党委对琼崖革命的直接领导。

在此之前，特委从华侨带回的报纸上看到了党中央1935年发表的《八一宣言》(即《为抗日救国告全体同胞书》）指出：东北沦陷之后，日本帝国主义得寸进尺,中华民族“已处在千钧一发生死攸关的关头”。号召同胞们快起来，团结一致，共赴国难。《八一宣言》呼吁：各党派各军队应有“兄弟阋于墙，外御其侮”的觉悟，停止内战，一致抗日。特委得到《八一宣言》后，通过各种渠道向各地传播党的政治主张，号召人民“有钱出钱”，“有力出力”，“救国救琼”。但是，抗日救亡运动受到了国民党反动派的压制，困难重重。特委后来的报告中曾讲到了当时的这种情形：国民党“政府对于反日运动还是取敌视态度，对于我们的行动特别注意，甚至如果发现下级群众中有抗日的行动和组织，就认为是我们的行动，一概加以摧残”。① 反动当局不断捕杀我方人员，囚禁“政治犯”，阻挠抗日救亡运动的开展。

琼崖特委在第五次扩大会议后，进一步加强了抗日宣传，对外出

① 见1937年7月23日《中共琼崖特委给南委的综合报告》。

版《救亡旬刊》，揭露日本帝国主义的侵华罪行。当时，特委机关通过华侨及商人从海内外带回的报刊中，得悉日本帝国主义企图侵占海南岛"以为南进基地"的言论（日本国内出版的报刊发表了许多赤裸裸的侵琼的言论），于是通过各种形式加以披露，唤醒琼崖人民起来投入抗日救亡运动中，逐步打破抗日救亡运动的沉寂气氛。

1936 年秋，为加强城市工作和抗日运动，特委决定成立以林诗耀为书记的中共海口市临时工作委员会，1937 年春改为中共海口市工委，林克泽为书记。林诗耀、林克泽等以月华鞋店为联络点，于府海一带恢复和建立起一批党的基层组织，其中有府城学生支部、府城脸狱支部、海口电报局支部、薛村和道客村等郊区农村支部，还有单线联系的党员多人。1937 年，特委在海口创办《救亡呼声》，宣传抗日。海口市工委利用暑假期间组织中学生步行宣传队，以《救亡呼声》等刊物为宣传资料，到各县进行抗日救亡宣传。

在琼东、乐会、万宁等县，也先后组织起学生抗日宣传队，有些地方还成立了青年抗日救国会，利用"闹军坡"（海南民间的一种习俗，类似北方的赶庙会）等机会向群众宣传抗日。乐会县的地下党员还发动青年向国民党当局请愿抗日。

在西南地区，我党组织积极开展统战工作，争取了儋县、昌江、感恩等县国民党上层人物对抗日运动的支持，特别是争取了当时担任国民党感恩县特派员的史丹。史丹是进步知识分子，在昌感一带颇有声望。史丹积极投入抗日救亡运动，带领学生进行街头宣传，亲自扮演《放下你的鞭子》一剧中的老头角色，利用各种机会作抗日演说，在群众中很有影响。在崖县，刘秋菊、林茂松等奔走于崖城、梅山至莺歌海等地，发动青年成立抗日救国会等组织，把抗日救亡呼声传到了天涯海角。

西安事变以后，我党中央于 1937 年 2 月致电国民党中央，提出停止内战，一致对外等五项国策。这时建立全国抗日统一战线的呼声甚高。琼崖特委从全岛人民的根本利益出发，致函琼崖国民党当局第九行政区督察专员黄强、第六十二军军长张达和一五二师师长陈章，提出进行谈判、共同抗日的倡议。不久，国民党当局为形势所迫，在《琼崖民国印报》发表声明，同意商谈，但是实际上仍未停止反共和压制抗日的行径。尽管如此，我方仍以积极姿态争取谈判，为建立琼崖抗日民族统一战线而努力。

在民族矛盾上升为主要矛盾的情况下，琼崖特委高举抗日救亡的旗帜，获得了各阶层人民的拥护和支持，各项工作的进行较前顺利，从而使革命力量的恢复和发展加快了步伐。

特委同南委取得联系后，于 1937 年 7 月间向南委作了一次综合报告，反映全岛工作初步打开局面，工作取得成果的情况：第一，党的组织方面，在全岛 13 个县（新划出的黎境三县除外）中，已先后恢复和建立起琼文、文昌、琼东、琼定、琼澄、善集、乐万等七个县委，陵水、临高两个工委，西南临委和海口市委，县一级单位共 11 个，区一级单位共 40 个，支部 50 个，党员 600 人。第二，团的组织方面，重建了团特委机构，成立了琼文、琼澄两个县团委。各县均派了团的特派员，每个区设置团的工作专员，已建立团支部 25 个，团员 100 余人。与此同时，组织了青年队、儿童队，人数近 1000 人。第三，群众工作方面，在基层成立“群众武装自卫委员会”，用以团结群众，领导群众工作，在一定程度上起着政权的作用。全琼建立了乡的群众组织即武装自卫委员会 350 个左右，人数 2500 人。自卫委员会下还编成年、青年、儿童、妇女等队。第四，红军方面，建立了琼崖红军游击队，与此同时，发动群众参加“在业红军”；全琼已组织“在业红军”200 人，并进行了政治军事训练。第五，在宣传教育方面，除运用口头鼓动、印发传单等形式外，对内还出版供县区干部阅读的半月刊《布尔什维克》和供党团员阅读的半月刊《党团生活》，对外出版《救亡旬报》，宣传党的政治主张，传达党的政治消息，给群众指明出路，这时，各根据地已逐渐恢复并出现回升现象。

就在特委与南委取得联系之时，举世震惊的七七卢沟桥事变发生。日本帝国主义开始了全面侵华，中华民族的抗日战争从此揭开了序幕。卢沟桥事变的第二天，7 月 8 日，我党中央发出《中国共产党为日军进攻卢沟桥通电》，号召："全国同胞、政府与军队团结起来，筑成民族统一的坚固长城，抵抗日寇的侵略！""驱逐日寇出中国！"

党中央的号召不久传到了海南岛，得到了爱国人民的热烈拥护和支持。抗日救亡运动在全琼各地进一步兴起。在人民群众抗日要求的压力下，国民党琼崖当局对革命根据地的"清剿"不得不有所收敛。在新的形势下，琼崖特委根据党中央和南委的指示，一面领导人民开展抗日运动；一面停止对国民党的武装斗争，敦促国民党琼崖当局接受谈判，建立统一战线，共同抗日救琼。国民党琼崖当局为形势所迫，不得不同意进行谈判。于是，我方派出代表李黎明赴海口谈判，但未能取得结果；嗣后，冯白驹亲自出面，同国民党当局谈判，展开了一场艰险、曲折的斗争。从此，琼崖特委高举抗日大旗，踏入了新的征程，琼崖革命根据地的斗争，进入了一个新的历史阶段。

中国共产党领导下创建的琼崖革命根据地，经历了十年土地革命战争的艰难历程。曾经由于敌人的两次"围剿"和党内"左"的错误的干扰，使革命遭受严重损失，濒临绝境，但琼崖特委毕竟是坚强的，领导人民进行了艰苦卓绝的斗争，终于在危难中化险为夷，并且推动革命形势不断发展。党中央曾给琼崖革命根据地以红旗不倒的极高的评价，这是海南的党组织和革命人民的莫大光荣。

1984 年

选自《南方三年游击战争·琼崖游击区》，第98—114页。

肖焕辉，1907 年生，海南琼海人。1927 年加入中国共产党。南方三

年游击战争时，任中共乐（会）万（宁）县委委员，中共琼东县委书记，中共琼崖特委委员，乐万、琼东地区红军游击队领导人等。新中国成立后，曾任中共海南区委常委、秘书长、副书记，海南行政公署副主任、主任，中共广东省委委员，广东省政协副主席，广东省人大常委会副主任，广东省顾问委员会副主任等职。1986 年在广州逝世。

艰难的历程

李汉

1932年秋，国民党陈汉光部队进攻东定、乐万革命根据地，红一、红二团跟敌人激战后，敌强我弱，独立师被迫撤上母瑞山。行营红军和独立师师部失去联系，粮弹供给中断，琼六区苏维埃政府收钱收粮支持部队。但琼六苏区是新开辟的，物质基础较差，不能长久支持我们。加上在“清社”、“清AB团”、“清改组派”运动时，我们在外面活动，回来后进行“补课”。一些领导骨干都被清掉了，留下的骨干薄弱。正在这时，澄迈县、琼山县国民党政府集中反动民团配合国民党一个营的正规军队，向我进攻。我方部队退回南古岭、南坤带，与红二团联系的交通路线被切断。那里又是叛徒王昭夷“部队”盘踞的地方，不能前进。于是，改向乐会八区往乐四方向去。一路上，由于敌人尾追，我们日夜兼程，连饭都做不成，只在沿途边走边采些野菜充饥解渴。由于饥饿、疾病，加上战斗频繁，造成伤亡、病故和掉队者很多，部队减员严重。1932年冬末，行营红军回到乐四时，只有200余人。当时找到了乐万县委的王白伦、黄魂和红三团政委冯甲等同志。我们便把部队交给他们，由红三团收编，行营到此宣告结束。

行营解散后，1932年底，我又重上母瑞山寻找党组织。到山上的头一天，我找到琼苏经委主任冯建亚同志，第二天，会见了冯白驹同志。我向他详细汇报行营解散的情况。冯白驹说：“上来就好了。革命失败是暂时的，琼崖各地还有党组织还有革命群众，全国革命还没有失败，革命胜利还是有希望的。”他停了片刻后又说：“不过，长期住在山上也不是办法。干革命光躲避敌人不行，要到群众中去，宣传群众，发动群众，依靠群众继续斗争。我们住在山里，远离群众，没有群众支持，革命斗争也不能迅速恢复起来。目前，敌人的凶焰已经减弱了，困难的时期即将过去，我们必须抓住这个机会到群众中去，重新组织和发动群众进行斗争。所以，特委准备回琼文去。”

为特委迁移先行

1933年春节前的一天，冯白驹派人通知我和冯健亚同志到他的住所。他住在一间小草寮里，我们在他身旁的石头上坐下，他对我俩说：“你们在行营的环境同样是艰苦的，大家经得起考验。但我们不能老躲在山上。现在敌人已经压在东四、乐四一带，放松对琼文地区的驻防。敌人满以为王文宇、冯国卿牺牲了，共产党的红军头头已经消灭，红军已经溃不成军，开始放松对母瑞山的包围。现在准备派你们回琼山做联系工作和筹备经济工作……”

遵照冯白驹同志的指示，我们稍做准备之后，就带十名驳壳班战士，从东部出山。头夜到东五中丛村找中丛妈。过去，我住她家时，她认我做干儿子。在残酷的斗争中，她掩护过我，是患难与共的同志。到了她家，我连叫了好几声，都没见人出来开门。好久，她听出是我的声音，才开门出来，请我进屋，并做饭给我们吃。她告诉我们，陈汉光来后强迫农民“十户联保”，“通共者十杀勿论”，等等。她说过去有些人是革命的，现在也变坏了。叫我们不要到别人家去住。这样，我们只好在中丛山住下。夜间在山中遇到东五区几个同志（以前是赤卫队），他们带我们到琼东、文昌交界的牛六村住。我们驳壳班有个战士是牛六村人，他叫妚六。他回家去叫母亲做饭，挑到山坡下给我们吃。我们吃过饭后，他母亲告诉我们说，她准备让妚六去南洋，他出洋后不会伤害我们的。说完，妚六把驳壳枪交给我们，就回家去了。

我们来到定安县城附近，又遇上冯裕深（团特委书记、冯白驹的胞弟）、曾昌銮（琼苏代表）、黄大猷（一团营长）和定安县委几个同志，从内洞山出来。他们也是特委派出做联系工作的。因为环境恶劣经两次派人出去没有回来了。冯裕深他们是第三次，我们是第四次了。我们在定安县委驻地住了几天。时值 1933 年春节，县委同志买了几斤猪肉招待我们过年。正月初二晚上，我们离开这里住琼山去。我们一行又增加了冯裕深、曾昌銮两个人。走不多久，天下了雨，交通员说天黑认不清路，叫我们暂时在附近的定安县和平圩过夜。我们催他继续前行，他勉强带我们到居丁交通站。冯裕深、曾昌銮住在交通站里，我们住在外面山坡上。不料，那个交通员叛变了，半夜带和平圩反动民团来袭击交通站，冯裕深、曾昌銮牺牲。我们听到枪声，移去金鸡岭，被仙沟等乡反动民团追击，一直追到琼山旧州，驳壳班妚章同志牺牲。

那个交通员叛变后，我们从定安县转往琼山县。因失去交通联系，路上七八天没有吃饭，饿得没有办法，只好夜里到农村找些剩饭吃。找不到剩饭时，随手抓些猪狗食的烂饭臭鱼，实在难以入口。有时遇上刚煮熟的蕃薯菜，就吃个饱肚。时近元宵，村里演戏，人多灯亮，不敢进村，往往饿着肚子。经过好几天，我们终于在元宵节前夕，回到演丰乡老家。

通过村中党组织，找到琼山县委书记李黎明、琼苏委员刘秋菊、县苏主席冯安全、县委干部吴任江、十一区区委书记陈忠诚等同志。我们向他们转达了特委的指示，为特委迁回琼山县做准备工作。

我们回琼山时有十个人。其中八个战士交由县委分配，我和冯建亚等待冯白驹同志回来分配工作。

同年 4 月，特委书记冯白驹、琼苏主席符明经、琼苏秘书长王业熹、冯白驹的爱人王惠周等人，也从母瑞山回到琼山县长泰村，住在村边的林里。不久，在演丰乡找到了李黎明、刘秋菊、冯安全、李汉、冯建亚等同志。我们向冯白驹汇报回琼山后的一些情况。冯白驹同志说，这次损失比上次严重。

我们回到琼山时，仅有县委、十一区委和山尾支部以及坡园、桂南、河潮湾、耦审、礼让等处的支部组织存在，其他各区乡组织情况如何，尚不清楚。全琼各县基本如此，或者还比此严重。我们粗算一下：第一次蔡廷锴部队“进剿”时，我们红军有1300多人，由于分散行动，还剩下130余人；这一次陈汉光部队“进剿”前，全琼13个县中九个县有党的县委，还有不少干部和红军1400多人，比蔡廷锴部队来琼时还要多，可是最后只剩下几十人。我们从母瑞山下来36人；琼山县委七至八人，琼山西几个人；琼东、乐万县委有黄魂、王白伦、冯甲、冯甲爱人和肖焕辉等约十余人；定安县有黄大猷、王乃策、符文祥等约十人，全琼就有这么70至80人。全琼九个县委只有琼山、乐万、琼东三个县委存在，其他县委都被破坏了。

这次损失严重，主要是军事上犯了盲动主义的错误。我们队伍太集中，容易被敌击破。其次是“清社”，大量优秀军事干部被清掉了，削弱了自己的力量，军心、党心、民心混乱。

恢复组织　扩大队伍

特委回到琼山不久，冯白驹同志在演丰乡召开一次会议，参加会议的有特委的同志，也有县委的同志，主要是研究恢复组织和派人联系上级党组织问题。会议以后，冯白驹兼管琼文县委工作，派李黎明去乐万接替冯甲的县委书记，我在琼文县委当宣传部长。并派欧照汉去香港与省委联络。为了尽快搞好党组织的恢复工作，特委、县委、区委的同志统一分成两组进行宣传发动工作。冯白驹、符明经、王业熹、冯建亚、冯安全在演东活动。演东活动的地方包括演丰、塔市、茄芮、三江、苏寻三、坡园、道崇等村庄。李汉、刘秋菊、陈忠诚、林天贵、妚香等同志在演西活动，活动的地方含昌城、博罗、排坡、礼让、大侃、茂山、迈德、美兰、灵山、大林等地村庄。工作任务主要是寻找失散的革命同志，恢复组织，扩大队伍，坚持斗争。因为环境恶劣，我们白天隐蔽，夜间活动，过“山猫”式的生活。

有一夜，我们下到礼让村找大革命时期的老屋主陈献丰。我们请他帮助做两件事：一是寻找失散同志，二是解决吃饭问题。他把消息传开后，第二夜，我们下到乡村，差不多每户都预先做好饭菜放在伙房里，等待我们去吃。我们进屋时，屋主他们在睡房里，说：“妚三妚四呀，饭菜放在吊箩里，你们自己拿下来吃吧。”这些话表面是对孩子说，实际是对我们说的。因为那时敌人常在夜里伪装进村侦察，老百姓怕中敌人奸计，不敢正面说话才这样说的。后来，敌人发生怀疑，抓老百姓去下毒刑，但老区的群众始终是支持我们的，如礼让妈，上午敌人给她下毒刑拷打，晚间回来又接洽我们。为了减少群众痛苦，我们尽量少进村。有时非进村不可，也要注意消除脚印，以免老百姓受罪。有一次刮大风，我回坡园村避风，反动民团把村包围起来。我逃脱了。他们抓走十多名群众去当人质，要村人交出我来，还出 5000 元大赏捉拿我。他们抓不到我，又去南排村搜查，刚好刘秋菊和林天贵在那里。敌人发现后一直追赶不放。刘秋菊机警拐了个弯，跑到蕃薯地里用蕃薯藤盖了起来，逃脱了敌人追捕。林天贵被追到仙园桥河边，过河溺水而死。他的尸体漂浮到河港村，被村人发现说是我的，叫我家人去认尸，我家人不敢认领。村里一位国民党的保长看后说是我，便叫人抬去埋掉。国民党反动派大放鞭炮庆祝，立即释放被捕群众。这件事发生后，我好久不敢进村，住在山坡上的树林里，有时捡些芋头到锦山一个老人家里去煮吃；有时老区人民也在夜里送饭来给我们；有时我们请群众代买食物，放在固定的地方，我们去取。就这样度过一段时间。

后来，敌人搜山，抓老百姓开路，用刺刀赶着，想用这样的办法，生擒我们。但是，我们有群众送情报，敌人搜这山，我们跑到那山，敌人搜山里，我们跑山外，这样来回和敌人捉“迷藏”。

还有一件事，说明老区群众对我们是很好的。

1933 年清明节那天，扫墓的人很多，我和李黎明、陈忠诚住在美银村灌木林的山洞里不敢出来。不巧，有一位老大妈烧山赶山猪，大火逼我们从洞里出来。那位老大妈看见我们，很难过，表示道歉。我向她作解释，叫她安心回家去。黄昏时，她带她的媳妇挑饭来给我们，说：“今天是过节，你们东西烧了，特地送来，快收下。”临走时，我们给她们一些钱，她硬是不肯要，还叫我们饿时到她的地里去挖蕃薯吃。

后来，我们请这位老大妈代买东西。但她不识字，买什么要作个记号，例如买几斤米，就用树叶包几粒米放在海棠树头；买几斤菜，就用树叶包几片草叶放在野菠萝丛里。她买回来后，放在特定地方，我们去取。以后，我们还通过这位老大妈做联络工作，找到后村、美养村的老党员。她还到博罗、大侃、茂山、迈德、高山等村找亲戚帮助恢复了这一带的党支部；争取了演丰乡的国民党乡长，给我们提供了许多情报。

仅三四个月的时间，我们东西两个组，就把茄芮、演丰、塔市、美兰、大林、三江、苏寻三、道崇、云龙等乡的党组织恢复起来。

冯白驹同志常对我们说，琼山没有大山，但有革命群众，我们能够住下来。这就叫作“山不藏人人藏人”。

建立琼西南临委　发展新区

1933 年 6 月，特委在琼山县演丰乡茂山村召开会议，研究如何恢复和发展全琼革命问题。为了恢复陵（水）崖（县）老区和发展儋（县）、昌（江）、感（恩）新区，特委决定成立琼西南临时工作委员会。由符明经任临委书记，我和王业熹、冯安全任委员。会后不久，我们化装成收购旧银商人，由交通员陈献书带路，从琼山经儋县新州、新英，然后到昌感找陵崖县委。一路上，我们以商人作掩护，骗过敌人。到达昌江新街时，才找到了杨涤海、杨启安、王琼福、杨桓平同志。他们是陈汉光“围剿”时从琼山县等地逃出来的我地下党员和进步青年。通过他们的帮助，我们在昌感新村坳找到林克泽同志。林克泽同志是以缝纫为掩护从事革命活动的。他告诉我们：陵崖县委已给打散了。张开泰、林诗耀已经返回老家。林豪同志准备去崖城找他的哥哥谋生计。这样，找陵崖县委的希望落空了，我们只好在新村坳暂时逗留。

大约半个月后，我们请林克泽同志带路返回昌江新街。当时住在新街的有冯安全、符明经和王业熹。我们以做小生意为掩护，秘密进行革命活动。新街做生意的有些是演丰人，他们认识我。为避免暴露目标，陈献书同志带我到乌烈，但乌烈、海尾一带也有些演丰人来做生意。因此，不久西南临委通知临委全体同志返回儋县开会，研究工作。

我们回儋县后，住在峨蔓下浦村。临委召开这次会议，主要是分析当前形势，讨论今后工作问题。大家认为西路各县敌人统治薄弱，环境比较好，有利于发展革命工作。但该怎样开展工作，还要请示特委。经特委指示，可以从上层知识分子中发展党员，推动工作。具体分工是：符明经去昌江，王业熹去感恩，我和冯安全、陈献书留在儋县活动。我和陈献书仍然是作“收旧银客”，冯安全则学习缝纫。临委例会，每月一次，有事集中，平时分散。集中地点在儋县峨蔓下浦村。我们这些收旧银“商人”，走村串户，收购金银首饰、光洋。我们到过新村坳、墩头、新街、白马井、新英、昌江、感城等县乡，广交朋友，物色骨干。为了同群众建立感情，群众家里有“红白大事”，我们表示关怀，他们也不把我们当外人。

琼西南临委与特委联络地点是旧儋县县城新州月丰理发店。联络站由吴矩同志负责，交通人员接头、传递信件以及其他往来工作问题均由月丰理发店代办。吴矩同志还帮助我们联系到大革命时期失散的党员骨干李友杜、林国柱等同志。通过他俩,我们又找到张兴、黄振亚、黄金容、郑里东同志(他们是大革命时期的共产党员，但张兴后来叛变)。联系接上后，我们便开始恢复组织和发展党员，主要是发展中学生、小学教师和社会进步青年。记得当时峨蔓乡有个青年叫蒲公才，他受九一八事变的影响，思想进步，肯接近我们，要求参加共产党。由于我们是做地下工作，不好露面，便叫白马井的潘云汉同志去发展他入党。后来，我们又通过蒲公才去发展其他进步青年，如许家桃、蒲国材、苏林英、林振亚等人。大约发展了 20 余名党员后，便成立儋县第一党支部——江北党支部，支部书记蒲公才。尔后，又在白马井、南岸、新州、新英等地发展一批新党员，在此基础上成立江北区委，区委书记蒲公才。到了 1935 年春，儋县党组织已有一定基础，特委决定成立儋县工作委员会，并决定我任儋县工委书记，林克泽、符山同志任工委委员。

这时，江北区委、儋县工委、琼西南临委均设在儋县峨蔓。峨蔓一时成为西路的中心。

1935 年年底，琼西南临委改组后，我调动工作。这时，新临委书记杨启安,委员刘秋菊、林茂松、陈克文。临委分工是:杨启安负责儋县,陈克文负责昌感，刘秋菊、林茂松负责陵崖方面工作。

新西南临委组成不久，便从峨蔓迁往新州，开设鞋店、洗衣店作为掩护，进行党的秘密活动。

1935 年底，我复任儋县工委书记，委员黄金容、黄振亚、蒲公才、章斌。1936 年春,儋县工委改为中共儋县委员会,我仍任儋县县委书记,委员不变。

中共儋县县委成立后，正面临着全国抗日救亡的新形势。为了团结抗日，当时县委做了几件事：

首先是打击奸商,救济贫人。当时,儋县大旱,粮荒严重。不法奸商,抢购粮食，高价出售，捞取暴利，剥削农民。县委发动区乡筹集经济，到外地购买粮食回来，平价售给农民度过灾荒。

其次是限制放债。有些富人，幸灾乐祸，提高利息，放债剥削。县委通知各区乡加以限制，废除利息，并允许缓期还本，得到群众的拥护。

第三，进行统战工作，积极争取党外爱国人士参加抗日。我们结合宣传《八一宣言》，组织抗日救亡运动。蒲公才、王怡亭、潘云汉负责学校师生的发动工作，组织进步师生走上街头，深入乡村，宣传抗日，结合捐献，把儋县中学和新州、新英的工商界组织起来，同农村一样，开展轰轰烈烈的抗日献枪活动。有钱出钱，有力出力，有枪出枪。有些妇女连自己心爱的玉锡、金银首饰都捐献出来。

经过各方面发动群众，在全县各界人士的支持下，全县收集了200多条枪，动员组织了200多名进步青年，在儋县道南村编成两个抗日中队，二中队长黄天辅，三中队长张缵薪。后来这两个队参加了“云龙改编”，投入了抗日战争的伟大洪流。

1984年

选自《南方三年游击战争·琼崖游击区》，第134—141页。

李汉，1904年生，海南琼山人。1926年加入中国共产主义青年团，1930年转为中国共产党党员。南方三年游击战争时，任中共琼西南临时工作委员会委员、组织部部长，儋县工作委员会（后改县委）书记。新中国成立后，曾任中共海南区委委员、组织部副部长，海南军政委员会交通处处长，海南公路局局长，肇庆地区公路局党委副书记、局长，肇庆地区行署顾问等职。1989年逝世。

我在红色娘子军第二连的一段经历

符仙

红色娘子军，即琼崖“中国工农红军第二独立师第三团女子军特务连”，于 1931 年 5 月在乐会县第四区成立。

女子军连建立之后，除了执行警卫任务之外，还参加了攻打文市、学道、中拜、分界等战斗。特别是在沙帽岭战斗中，配合主力部队歼敌“剿共”总指挥陈贵宛等 100 多人，缴枪 100 多支，使女子军连威扬全岛。琼东、乐会、万宁一带苏区的妇女受到鼓舞，更加积极要求参军参战。为了发挥琼崖妇女在革命斗争中的作用，中共琼崖特委和红军独立师决定，再增加一个女子特务连——第二连。

我参加女子军是经过两次争取才被接收的。当时，我老家在万宁县六连岭下的北埇村。这里是革命的老苏区，我是村里少年先锋队的队员。1931 年的一天，村里传说要建立一个女子军特务连，我听了高兴得跳起来。第二天，我和邻村的两名少先队员许珍帼、许大莲，到县苏政府去报名，要求参加女子军连。她俩经过眼测被吸收了，我却因为个子太小而被“淘汰”。那时，我虽然“落选”了，但当女子军的欲望越来越强烈。过了不久，传来了要成立女子军第二连的消息，我又一次赶紧去报名。这次，我被批准吸收为女子军特务连第二连的战士。我入伍后，经过短暂的训练便参加执勤，主要是给团部和县苏政府站岗放哨、看守犯人。

1932年秋，广东军阀陈济棠派其警卫旅旅长陈汉光，率所属部队和空军一个分队来琼，向苏区和红军发起猖狂进攻，展开了第二次大规模的“围剿”。当敌人向琼东、乐会苏区进攻时，特委决定，为避开敌人锋芒，只留少数部队在苏区坚持斗争，特委和琼苏政府领导机关及红军独立师师部，由女子军特务连及警卫部队掩护，向母瑞山地区撤退。当撤至定安县牛鞍岭时，敌人尾追上来，情况十分危急。女子军特务连和红一营奉命留下阻击敌人。战斗持续了三天三夜，打得极其艰苦。在完成阻击任务后，女子军特务连又留下第二班负责掩护阻击部队撤退。全班战士在弹药打尽的情况下，同敌人展开肉搏战，最后全部壮烈牺牲在阵地上，用自己的行动履行了“把一切献给革命”的誓言。

琼崖党政军机关转移到母瑞山地区后，敌人又步步为营，在飞机的配合下，向母瑞山根据地实施“围剿”。情况越来越严重，琼崖特委和红军独立师的领导人经研究之后，决定部分红军突围，向乐四区根据地转移。女子军特务连的部分战士亦跟随行动，突破了敌人的围堵，在乐四区的沙帽村与女子军特务连第二连会合。但敌人亦紧追不舍，其大部队又突袭了乐四区根据地，红军损失惨重。为了保存革命力量，根据上级的指示，连领导叫我们把枪支交给县苏政府埋藏，然后各自分散回家暂且隐蔽，女子军特务连也随之解体。琼崖革命再次转入了低潮。

女子军特务连虽然不存在了，但女战士们的革命精神尚存，继续在各地采用各种形式坚持着斗争。连长冯增敏回乡后遭敌人捕捉，在狱中不畏严刑拷打，坚贞不屈。出狱后找到党组织，又在战场上英勇战斗，直至琼崖解放。我在当时也回到了北埇老家，但家乡苏区已被敌人毁了，只好转移到船上去住。白天藏起来，晚上出来做群众工作。大约经过一年多之后，乐万地区的革命活动陆陆续续得到恢复。那时，我们在县委的领导下，常常去和乐、北龙、南山等地活动，向群众做宣传，筹集粮款，支持革命。1936年，我被安排到万宁县委机关当膳食，以后又让我当交通员、做看护（护士）。解放后在海口市粮食局工作。

女子军特务连作为一个战斗群体，虽然历时不长，但它是琼崖妇女追求解放，投身革命的一面旗帜，影响深远。红色娘子军的革命精神永存。

1995 年

选自《南方三年游击战争·琼崖游击区》，第149—150页。

符仙，女，海南万宁人。1931 年参加琼崖中国工农红军第二独立师第三团女子军特务连（即“红色娘子军”），任第二连战士。1936 年加入中国共产党。南方三年游击战争时（女子特务连已解散），在中共乐万县委领导下坚持斗争，任交通员、看护员等。新中国成立后，在海口市粮食局工作。

琼崖黎、苗族同胞在革命低潮中的贡献

林克泽　祝菊芬

琼崖黎、苗族同胞具有光荣的革命传统。自1926年中共琼崖地委成立时起，他们就在党的领导下投入了人民解放斗争。陵水、崖县、保亭等地一大批黎、苗族同胞响应革命号召，拿起刀枪，举行起义，配合琼崖红军打击反动派，参与反"围剿"，建立了不可磨灭的历史功绩。

1932年秋，广东国民党军警卫旅陈汉光部抵琼，他们纠合地方反动民团，在空军的配合下向琼崖苏区发起猖狂进攻。我红军独立师在英勇抵抗之后，队伍被打散，琼崖特委和琼苏领导机关也被迫分散转移至母瑞山区，处境十分险恶。就在琼崖革命遭受严重挫折的情况下，黎、苗族同胞没有被敌人的凶残所吓倒，他们帮助红军解决粮食，救护伤员，以及传递信息、输送物资等，使分散的红军得以生存。

陵水县仲田岭是革命老区，区内杂居着黎、苗、汉三族同胞。当国民党军和地方反动民团向这里进犯时，他们积极配合苏区党政机关工作人员和赤卫队员，先后打退敌人多次的进攻，与前来"围剿"的敌人周旋达三个月之久。

1933年春，中共崖西区委书记林克泽奉陵崖县委之命来到了冲田岭，在黎、苗族同胞的协助下，顺利地将被打散的苏区党、政、军人员转移到了崖西。并与在那里坚持斗争的游击队会合，正式成立红五连，由陈文光、陈世德分任正副连长，林豪任指导员。

红五连成立之后，依靠黎、苗族同胞的支持，以尖峰岭为基地，建起了战斗堡垒，并伺机打击敌人。但是，在国民党军的重重围困之下，红五连经过一段时间的战斗之后，伤病员增多，弹药和粮食都很困难，最后不得不分散隐蔽，靠黎、苗族同胞的掩护，转入地下斗争。

在革命处于低潮的日子里，陈汉光的“抚黎局”勾结地方一些上层反动头子，对各族人民在政治上肆意欺骗压迫，在经济上残酷掠夺剥削，反动政府和军队经常窜到黎村苗寨，无恶不作，闹得鸡犬不宁，村寨萧条，田园荒芜，民不聊生。反动政府规定，凡杀猪者一律上交百分之五十的猪肉。而稍有抵触和反抗，整个村寨就会遭烧杀之祸，人民挣扎在水深火热之中。

但是，他们并没有屈服于反动派的淫威，反抗压迫的斗争此伏彼起。这年春天，陵水县仲田岭（今三亚市林旺镇）的 30 多名黎族青年自动成立了赤卫队，利用粉枪、弓箭、砍刀等原始武器，在深山密林中与陈汉光警卫旅的队伍进行了殊死的斗争。先后打退 300 多名敌人的十多次进攻，有力地配合了琼崖红军游击队在母瑞山、六连岭等根据地的军事行动。后来,他们突破重围,到我乐万县六连岭根据地找到党组织，参加了红军。

为了尽快使革命斗争走出低谷，中共琼崖特委和冯白驹派一批党员骨干和游击武装到昌江、感恩、崖县、乐东一带的黎、苗、汉杂居区，开拓新区工作。从此，黎、苗族地区的革命力量又有了新的发展，为后来琼崖红军的改编、扩大队伍和全面抗战的开展准备了有利条件。同时，也进一步唤起了黎、苗族人民的政治觉醒，一些上层人士也开始向进步方面转变。他们逐步认识到，要求得民族的生存和解放，只有跟着共产党走。

1934 年初，琼崖国民党当局陈汉光的“抚黎局”，假意要白沙县红毛峒黎族峒长、大总管王政和选派65名黎族男女青年到广州“读书”，实际上是欺骗黎族同胞到大陆去当“不开化”的“野人”展览品。1935年，“抚黎局”又令王政和征集2000名黎、苗族青年到广州“读书”、“受训”，实际上是抓壮丁，把黎、苗族青年送至“剿共”前线当炮灰。王政和知道真情后，非常气愤。他不顾个人安危，向广大黎、苗同胞揭露了国民党当局的欺骗行为和罪恶阴谋，并且坚决抵制，反对为国民党当局征派人员。此举马上遭到国民党陈汉光“抚黎局”的镇压，王政和被逮捕，受到酷刑迫害。临终前嘱咐他的儿子王国兴说：“世上的军队只有共产党领导的红军最好，最爱惜老百姓。”王政和的临终嘱咐，对王国兴以后领导白沙起义，寻找共产党有着决定性的影响。

琼崖黎、苗族同胞与汉族同胞一起，在党领导下共同经受了琼崖革命斗争落入低谷的考验，同时也为恢复和发展琼崖革命事业做出了贡献，他们的光辉业绩，永垂史册。

1990年

选自《南方三年游击战争·琼崖游击区》，第306—308页。

林克泽，1908年生，海南琼山人。1927年加入中国共产党。南方三年游击战争时，任中共琼崖西南临时工作委员会委员、中共琼崖特委巡视员、中共海口市工委书记等。新中国成立后，曾任中共广州市委常委、秘书长，海南行政区财经委员会副主任，广东省人事厅副厅长，广东省人民政府副秘书长、秘书长，广东省物资厅副厅长、民政厅副厅长，中共广东省委组织部副部长，中共广东省顾问委员会常委等职。1995年在广州逝世。

祝菊芬，1911年生，海南文昌人。1926年加入中国共产主义青年团，次年转为中国共产党党员。1928年赴新加坡，在中共南洋临时工作委员会

领导下开展革命活动，后任马来亚共青团中央常委兼宣传部长、秘书长等，1935 年回国参加革命斗争。新中国成立后，曾任海口市人民政府秘书长，海口市政协副主席，广东省人民法院海南分院副院长兼审判长，中共中央华南分局统战部第四处副处长兼广东省华侨事务委员会党组成员和广州华侨补习学校校长，中共港澳工委办公室主任兼政策研究室主任，广东华侨中学校长，广州市教育学院副院长，广东省高等教育局办公室主任、党组成员等职。1991 年在广州逝世。

云龙改编

马白山

1936年底，由于西安事变的和平解决，全国抗日统一战线初步形成。在国共关系好转的情况下，根据党中央的方针政策和南委的指示，1937年7月，中共琼崖特委主动给琼崖国民党军政当局写了一封信，提出了琼崖国共两党应以民族利益为重，停止内战，团结抗日的主张；表示在团结抗日的前提下，愿意将琼崖红军改编，以致力于抗日保乡事业；建议双方派出代表进行谈判；要求国民党当局对琼崖特委的主张和要求在报纸上公开答复。

不久，琼崖国民党当局同意了我党提出的要求。琼崖特委于1937年8月派出乐万县委书记李黎明为我方谈判代表，前往琼山府城镇同国民党当局谈判。

谈判开始，我方代表首先表明琼崖特委坚决贯彻中共中央关于停止内战，一致对外的方针和决心，表明琼崖我党我军积极参加抗日卫国的殷切愿望，并提出了琼崖特委关于改编红军的条件。但琼崖国民党军政当局毫无谈判的诚意，采取威胁、利诱等手段，妄图吃掉琼崖红军，致使谈判时断时续，没有取得进展。

为了推动谈判，造成全岛的抗日声势，琼崖特委和各级党组织广泛开展了抗日救亡宣传，并对国民党中下层爱国官兵进行统一战线工作。当时，琼崖特委出版了《救亡呼声》(后改为《新琼崖》)，宣传我党停止内战，团结抗日，建立抗日民族统一战线的主张和开展抗日救亡运动的形势。各县委也派党员主办或支持出版各种刊物，发表抗日救亡文章，进行抗日宣传。各中学普遍利用校刊大造抗日救亡舆论。各种救亡刊物，及时反映当时轰轰烈烈的救亡运动，揭露日本帝国主义侵华的野心与暴行，诉说国破家亡之痛苦，赞扬共产党倡导抗日民族统一战线的主张，呼吁国民党以民族利益为重，停止内战，迅速达成国共合作团结抗日的谈判协议。特委宣传部门在海口市开办"大众书店"，爱国青年史中坚受我们影响，在昌江县新街墟开办"时代书店"，儋县的吴绍荣（吴浪渡）等人在儋县新州镇开办"大众书店"，推销进步书籍，为抗日救亡制造舆论和提供理论依据。府海地区各中学以及文昌中学、琼西中学、儋县中学、昌江各小学的爱国师生，在我党的领导下组织抗日救亡宣传队、剧团，广泛开展抗日救亡宣传活动，使广大城乡人民受到深刻的教育。有我党组织为核心的县、区，普遍成立抗日后援会和工人救国会、农民救国会、青年救国会等抗日救亡团体。一些爱国的国民党县、区、乡长在我党统一战线工作的影响下，也支持我党和群众团体开展抗日救亡运动。如临高县长吴宗泰受我党及其在延安抗大学习的胞弟吴宗汉的影响，安排共产党员担任三个区的区长和 23 个乡的乡长（全县共三个区 33 个乡），使全县抗日救亡运动轰轰烈烈地开展起来。儋县县长陈宗舜接受我党组织意见，支持抗日后援会和以共产党员领导的儋县中学宣传队，开展抗日救亡宣传活动。昌江县国民党部特派员林超宇经我统战工作，不仅自己支持爱国青年成立县抗日后援会，支持学生和人民群众开展抗日救亡运动，而且和感恩县国民党党部特派员史丹取得联系，共同宣传我党团结抗日的政治主张。史丹还亲自参与抗日救亡宣传队在街头的宣传活动，并支持他的胞弟史中坚开办"时代书店"，还把他在昌江创办的琼海中学琼西分校（简称琼西中学），作为培育抗日骨干的基地。

广大人民群众和爱国人士这种要求团结抗日的积极举动，对于琼崖国民党当局坚持“吞并”、“溶化”红军游击队的顽固立场，无疑是一股强大的压力。加上日本侵略者的魔爪这时已经开始伸向琼崖：1938 年 9 月 24 日，日本飞机轰炸海口、府城；9 月 30 日，日本军舰窜犯我榆林港。面对日本侵略军的逼近，国民党最高当局居然调走正规军，让地方保安部队来守卫琼崖。琼崖当局深感内受民众之责，外遇强敌之扰，不得不改变谈判态度，于 1938 年 10 月 11 日同我方达成团结抗战的协议。

协议的主要内容：一是琼崖国共合作的根本目的是为了抗日；二是琼崖红军改编为广东民众抗日自卫团第 14 区独立队，在政治上组织上保持独立自主；三是独立队为一个大队建制，下辖三个中队。独立队和三个中队的正职由我方派人担任，副职由国民党委派，但须经共产党同意；四是独立队队部设政训室，人员由共产党选派；五是国民党琼崖守备司令部按独立队编制，每月发给军饷 8000 元。

琼崖国共双方达成团结抗战的协议，表明琼崖抗日民族统一战线正式建立。中共琼崖特委本着协议的精神，积极做好红军改编的思想、组织准备。1938 年 11 月，特委讨论决定了改编的几个重要问题：一是按三个中队建制组建部队，以 200 多名红军为主体，以各县委掌握的民众武装加以补充。独立队共 300 多人枪，编成三个中队和一个短枪分队，每个中队辖三个小队，每个小队辖三个班，每班编制员额为九至 12 人。二是军政干部主要从老红军指战员和有军队工作经验的地方各级党政干部中选定，冯白驹为独立队队长，我为独立队队副，张兴为政训室主任，李黎明为政训员，谢李森、陈玉清为独立队副官，林国柱、叶连芳为医官，黄振亚为行政书记；黄大猷为一中队队长，黄天辅为二中队队长，陈缵薪（后吴克之）为三中队队长，陈克邱、林豪、莫逊分别任三个中队的司书，负责中队的党务和政治工作。黄云、林天德、王道显（王力征）、王永信、王治民、朱克平（朱运泽）、许克夫、冯振强、陈求光、欧邦禹等为小队长。此外，同意国民党派刘振汉为独立队队副，符荣鼎（中共地下党员）为一中队队副，陈卓为二中队队副，吴定中为三中队队副。三是决定以党组织较强、群众基础较好、有利于战时转入农村开展游击战争的琼山县云龙墟为改编地点和部队驻地。队部和二中队驻云龙墟，一中队驻儒来村，三中队驻多能村。

12 月 5 日上午 9 时，改编仪式在云龙墟六月婆庙隆重举行。全体官兵身穿灰色军服，全副武装，排成三列横队。队伍整齐威武，指战员们斗志昂扬。上万名群众和各界人士敲锣打鼓前来祝贺，院内慰劳品堆积如山，写着“抗日先锋”、“人民救星”、“人民先驱”、“人民子弟兵”的锦旗彩匾挂满庙堂；院外爆竹齐鸣，锣鼓喧天，口号声，此起彼落，充分显示出广大人民群众对子弟兵的拥护和支持，也充分体现了独立队和人民群众的密切关系。国民党琼崖守备司令王毅、副司令杨永仁前来参加改编仪式。王毅宣布广东民众抗日自卫团第 14 区独立队正式成立的命令，并向独立队队长冯白驹授军旗、印章，接着发表了讲话。冯白驹同志也代表独立队全体官兵讲了话，表示誓死保卫琼崖的决心，并带领全体官兵振臂高呼“坚决抗日，保卫琼崖”等口号。紧接着举行了庄严的检阅仪式，检阅时队伍由吴克之同志统一指挥。吴克之同志按照正规部队那一套来要求部队、指挥部队，操练起来步伐整齐、口号雄壮。王毅等人完全没料到，这支“草莽出身”的部队竟然这么训练有素。

的确，当时我们的操练是十分成功的。虽然我们的装备很差，都是那些汉阳造和土造单响步枪，但是指战员都有誓与日寇血战到底的决心和气概，具有任何困难都吓不倒的精神，更何况其中的五六十名骨干还是土地革命时期留下来的老同志。因此，整个部队的精神面貌很好，操练起来雄赳赳、气昂昂的，很有一股所向无敌的英雄气概。这就难怪王毅等国民党军政要人惊讶了。

看到我们的队伍那么雄壮威武，广大人民群众则十分高兴。看完检阅之后，塔市乡的一位德高望重的老绅士翘起大拇指啧啧称赞道:“唔！这才是克敌之军，国家和民族的栋梁呢！”

这次云龙改编意义是十分深远的。它既是改编的大会，也是抗日的誓师大会，它大大地鼓舞了琼崖人民团结抗日的信心和勇气，是琼崖人民革命斗争史上的新起点。

改编后，独立队在琼崖特委和冯白驹的领导下，争分夺秒地开展政治教育和军事训练，并派出抗日工作队，深入周围村镇发动群众。指战员牢固树立起抗日救国、勇为民族牺牲的思想，提高了作战能力，密切了军民关系。一支新型的人民军队出现在琼崖人民面前。

云龙改编建立起来的这支人民军队，在1939年2月10日日军侵占海南岛时，打响了琼崖抗战第一枪。后来，又在抗日烽火中不断发展壮大，先后扩编为独立总队、独立纵队，迎来了抗战胜利。在解放战争中，这支部队得到了更大的发展，改为中国人民解放军琼崖纵队，人数从云龙改编的300多人发展到两万多人，为海南岛的解放事业做出了卓越贡献。

1986年

选自《南方三年游击战争·琼崖游击区》，第271—274页。

马白山，1907年，海南澄迈人。1927年加入中国共产党。南方三年游击战争时，任中共昌感县委委员、琼崖民众抗日自卫团第十四区独立队副队长等。新中国成立后，曾任中共海南区委常委，海南军区副司令员、顾问等职。1955年被授予少将军衔。1992年在海口逝世。

坚韧不拔　百折不挠[①]

——缅怀琼崖游击战争年代的冯白驹同志

马白山　林克泽　吴之

冯白驹同志是海南省琼山县人，1905 年 5 月出生在一个石匠的家里。他 21 岁时，在上海大夏大学预科学习，受到俄国十月革命的影响，接受了进步思想。同时，因家境贫穷，没法接济他读书，便回家乡参加革命工作。他和其他领导同志领导海南人民坚持了 23 年革命武装斗争。周恩来同志赞誉海南革命斗争“红旗不倒”[②]，还称赞“冯白驹同志、是琼崖人民的一面旗帜”[③]。

冯白驹同志能够领导海南人民坚持长期武装斗争，保持“红旗不倒”，一个重要原因，是在他身上有一种坚韧不拔、百折不挠的钢铁意志和革命精神。他在琼崖游击战争年代的斗争史实，便生动地体现了这一高贵品质。

1932 年秋，国民党陈汉光旅，集中优势兵力，陆空配合，“围剿”我红军和苏区，红军遭到严重损失，苏区被严重摧残，琼崖基层党组织

---

① 本文根据马白山写的《冯白驹传略》及马白山、林克泽、吴之合写的《巍峨五指山，琼南顶天柱》一文综合整理而成，题目为编者所加。

② 1949年，周恩来在西柏坡接见北上汇报工作的中共琼崖区党委代表李独清时说：“海南的斗争，坚持了二十三年，红旗不倒，这是很大的成绩。”

③ 1940年5月，周恩来对从延安派回海南工作的庄田说：“冯白驹同志是琼崖人民的一面旗帜。”

大都被破坏，苏维埃各级组织解体，特委和省委、党中央的联系也中断了，许多党员和红军战士打散后隐蔽起来了。不少村庄被烧，不少劳动人民被逮捕杀头，这是琼崖革命斗争史上最低潮的时期。能让革命红旗倒下去吗？冯白驹同志的回答是：不。他带领特委机关、苏维埃政府和红军 100 多人上母瑞山坚持斗争，他坚信革命的火种一定会再燎原。

母瑞山山高林密，虽然便于隐蔽游击，但没吃没穿，天天被敌人“搜剿”追击。战友们有的战斗牺牲，有的病饿而死，最后只剩下 26 名坚强的干部、战士。他们在母瑞山辗转将近一年，过着大地为床，星月为灯，树叶为被，野菜生果充饥的原始人生活。在艰苦环境下，冯白驹同志依然坚定乐观，他利用敌人“搜剿”的空隙哼哼琼戏，请王业熹同志吹笛子，其他同志敲石头，借以伴奏，以活跃大家的情绪，鼓舞斗志。他还诙谐地对大家说：“敌人把我们关进了炼丹炉，我们都像孙大圣一样炼就金睛火眼，钢身铁骨，待日冲破炼丹炉，我们的神通就更广大了。”后来，冯白驹同志一次一次派人下山，摸清了敌情，带着这 25 名同志突破重围，回到琼山，找到了琼文县委书记李黎明同志，以及王白伦、黄魂、刘秋菊等同志。

在冯白驹同志的主持下，他们开个临时会议，分析了斗争形势，指出敌人是绝对消灭不了我们的革命力量，有群众的存在，就有我们的同志存在。眼下我们身边有 30 人，20 多支枪，我们要分散到各县去，以各种职业为掩护，联络自己的同志，重新恢复党的组织，建立红军游击队，积极打击敌人，用胜利的战斗去告诉人民，共产党和红军还有力量，敌人是消灭不了我们的。会议决定将王白伦、黄魂等同志调回特委直接领导琼文苏区工作。为恢复以六连岭苏区为中心的东部地区工作，派李黎明同志为乐万县委书记，开展对敌斗争。为加强南区（包括儋县、昌江、感恩、陵水、崖县）党的活动，派符明经、李汉、王业熹、冯安全四同志到南区，找到林克泽、张开泰、林诗耀、林豪等同志后以尖峰岭（即红五连所在地）为根据地加强儋、昌、感、陵、崖党的工作。

在以琼山为中心恢复重建党组织的工作中，冯白驹等同志在夜间活动，白天潜伏在山村中。每个人一把雨伞，一条布，一支枪，从一个村庄转移到另一个村庄，依靠一些革命老妈妈的帮助，从群众中得到一点点粮食接济，逐渐寻找失散在各乡村的党组织成员。经过半年的努力，大部分革命村庄都恢复了组织，广大人民群众又兴奋地、勇敢地支持革命。这时，一支精干的武装部队也组织了起来。红军游击队在冯白驹的指挥下，时而在东，时而到西，神出鬼没地伏击敌军，偷袭民团，弄得敌人草木皆兵，寝食不安，只听枪声响，不见红军影，以为红军到处都有。人民群众听到红军袭击敌人的枪声，则喜形于色，奔走相告："红军回来啦！到处都有。我们又有盼头了！"就这样，在冯白驹的领导下，经过三四年异常艰难的斗争，又健全了特委领导机构，恢复了各县党组织，并于 1936 年 5 月成立了琼崖红军游击队司令部。琼崖武装力量又得到了发展，红军游击队有 60 余人，分散在各县的"在业红军"约 200 人。琼崖武装斗争的旗帜，又高高擎起。

1937 年 7 月，冯白驹和特委根据党中央《抗日救国告全体同胞书》中关于建立抗日民族统一战线的政策精神，致函琼崖国民党当局及其驻军，提出停止内战，团结抗日，双方进行谈判的建议。他还在《救亡呼声》等公开刊物上发表文章，进行团结抗日救国的宣传。派出李黎明代表中共琼崖特委和琼崖红军，前去与国民党当局谈判。可是琼崖国民党当局毫无诚意，竟在谈判期间的 10 月的一天，于琼山县塔市乡演村逮捕了冯白驹同志和他的爱人曾惠予同志，强迫他交出工农红军。威逼显然不能使他屈服，敌人又对他封官许愿，这也只能使他轻蔑地一笑。在狱中，他一直义正词严地揭露国民党反动派不顾民族利益，阻挠国共谈判联合抗日的罪恶阴谋，因而得到了府城、海口地区广大爱国人士的同情和支持。同时经过党中央周恩来同志和叶剑英同志直接与国民党当局交涉，要国民党当局无条件释放冯白驹同志。敌人不得不释放了冯白驹同志和曾惠予同志。接着特委任命冯白驹同志为代表，继续与国民党当局谈判。由于国民党没有团结抗战的诚意，谈判拖延一年多。冯白驹同志始终按照党中央的指示，坚持我党我军在抗日民族统一战线中的独立自主原则，努力争取国民党中的爱国分子的同情和支持。特别是通过府城、海口地区党组织宣传发动群众，开展抗日救国的活动，集会游行示威。呼吁国共合作，给国民党当局施加压力，最后迫使国民党当局接受我党团结抗战的主张，于 1938 年 10 月达成了谈判协议，建立了琼崖抗日民族统一战线。

12 月 5 日，根据谈判协定，琼崖红军游击队在琼山县云龙墟，改编为“广东民众抗日自卫团第 14 区独立队”。冯白驹任队长，辖三个中队共 300 多人。冯白驹非常珍惜这支经过艰难奋斗建立起来的队伍，他把主要精力放在培育这支革命武装上，亲自给战士们上政治课，讲红军的优良传统作风，和战士们一起进行军事技术、战术训练，使这支武装的军政素质和作战能力不断提高，成了冲杀在琼崖人民抗战最前线的一面红旗。

坚定的无产阶级革命家，总是在革命的关键时刻显示出伟大的胆略和坚韧不拔的毅力，看清光明前途，认定前进的方向。回顾冯白驹同志在琼崖游击战争年代的征程，缅怀他坚韧不拔、百折不挠的革命精神，使人们时时想起南海之滨的天涯海角，有一巨石，基底深理，拔地而起，昂望高天，屹立于群岩峭壁之间，狂风撼道不动，恶浪打不移，果真是“南天一柱”。

选自《南方三年游击战争·琼崖游击区》，第279—282页。

吴之，1926 年生，海南琼山人。1939 年参加革命，1940 年加入中国共产党。1941 年参加琼崖民众抗日自卫团独立总队。新中国成立后，曾任《海南日报》编委、海南中医院院长、中国民间文艺家协会广东分会秘书长、中国解放区文学研究会副会长、广东琼崖革命史研究会会长等职。琼剧《红色娘子军》主要创作人之一。

十七、川滇黔边游击区

红军川滇黔边游击纵队成长史

刘复初

我回忆了红军川滇黔边区游击纵队的由来和发展历史，斗争事迹，组织情况……因这已是40多年前的事了，加以当时未有记载，难免忘却不少，兼受我的文化水平限制，反映和表达得也不全面，仅供参考。现分别叙述如下：

一、建立红军川滇黔边区游击纵队

毛主席领导的秋收起义，指出了武装夺取政权的道路，全国各地纷纷响应，相继发动工农群众，组织武装斗争。中共古宋县委，曾组织农民和士兵武装起义均未成功，在总结了失败的教训后，于1934年冬，叙永、古宋、兴文等地党组织又在川南组织了游击队。1935年2月中央红军在云南扎西整编中，毛主席指示：留下一些指战员同地方游击队合并，在敌后开展游击战争，创建革命根据地，牵制敌军以配合主力红军行动。因此，党中央于1935年2月，先后派了徐策、余泽鸿、何中舟①等同志率领少数干部和部分武装及一些伤病员来到川南游击队，正

① 何中舟，应为何宗舟——编者注。

式成立了红军川南游击纵队，并建立了红军游击纵队的领导核心——中共川南特委。1935 年三四月间，红军黔北游击队，红军川南游击支队，先后同红军川南游击纵队合队。中共川南特委为了适应革命形势发展的需要，将红军川南游击纵队改称红军川滇黔边区游击纵队，中共川南特委改称为中共川滇黔边区特委。我们的主要任务是：牵制敌军，配合中央红军长征北上，并逐步在川滇黔边建立革命根据地。

依据上述任务，红军川滇黔边区游击纵队，在敌后积极开展政治斗争和武装斗争，活跃在川滇黔边区的 20 多个县内和 40 多个场镇地区，武装工农群众，威胁敌军，扰乱敌后，增敌困难。拖住敌军的后腿，通过红军川滇黔游击纵队宣传党的路线和政策以及通过游击纵队的实际行动，不断扩大了党在群众中的政治影响和提高了红军游击纵队的威望，因而号召和策动了川滇黔边区的许多工农来当红军，部分绿林武装（即农民反抗地主、土豪的残酷剥削，自愿组织起来，拿起武器，走进深山老林与地主豪绅斗争的武装）来当红军，川滇白军部分士兵起义来当红军。与此同时，各地还纷纷建立了小游击队。川滇黔边区各民族也拥护共产党和热爱红军，党的政策在群众中发芽生根。由于游击纵队的不断壮大，在各地威胁军阀们的老巢，迫使川南敌军固守宜宾、泸州、重庆等城市，不敢再向前追击中央红军，而是以川滇黔三省兵力来“围剿”红军游击纵队。这正是红军游击纵队要达到的目的，即减少敌军追击中央红军的压力，使其能顺利地进行长征北上。我们完成了牵制敌军的任务。

1936 年，为了配合红二方面军长征和给建立川滇黔边区革命根据地创造条件，我们又总结了前阶段工作经验，使我部战士、干部更加坚定了斗争的信心和决心，直至我军 1950 年解放川滇黔边区时，红军游击纵队的同志和一些受其影响的群众皆积极战斗或协助剿匪。历史事实证明了毛主席在长征中播下的革命火种，在群众中生根结果了。

二、红军川滇黔边区游击纵队第一阶段的发展历史和斗争事迹（主要是牵制敌军配合主力红军长征）

（1）红军川南游击纵队的成立

1935 年 1 月，中央红军来到川滇黔边区，为了今后能更好地发展苏维埃运动和红军。决定在川滇黔边建立新根据地，以适合形势发展的需要。因此中央红军经黄坭嘴时，先留下何中舟（三军团某师团总支书记），陈盛才（三军团五师某团特派员）带来少数干部和部分武装及一些伤病员同原属泸县中心县委领导的王逸涛游击队筹建红军川南游击队，由王逸涛任司令员，何中舟任政委，陈盛才任政治部主任。游击队司令部下设三个大队。第一大队长周连山（红军干部团来的），第二大队长曾晋南（三军团四师某营的营长），第三大队长杨登高（绿林武装带队人），政治指导员贺东朝（红军干部团来的），以上三个大队共有 200 多人。在两河口、分水岭、朱家山、天堂坝、天棚寨等地宣传群众，发动群众打击国民党的保安部队，打土豪，分田地，镇压反革命……1935 年 2 月红军在扎西整编后，又根据毛主席的指示，党中央特派徐策（三军团六师政委），余泽鸿（干部团上干队政委，原粤赣军区政治部主任），率少数干部和保卫局第五连全体指战员及一些伤病员来川南游击队，正式成立红军川南游击纵队和中共川南特委。纵队司令员王逸涛，特委书记兼政委徐策，特委副书记兼政治部主任余泽鸿，特委委员兼参谋长曾龙鉴（三军团补充二师师长），特委委员兼宣传部长龙厚生（三军团某师特派员），特委委员兼特派员李青云（保卫局干部），群众工作组组长陈盛才①。新增第四、五两个大队。第四大队负责人张医生（这

① 徐策应为纵队政治委员兼政治部主任，曾春鉴应为副司令员，余泽鸿应为纵队政治部宣传部长，龙厚生应为特派员，纵队参谋长为刘干臣——编者注。

个大队主要是伤病员），第五大队长黄富山（保卫局五连来的），以上共有500多人（何中舟还带了重伤员50多人在地方休养），特委率领红军游击纵队以叙永、古蔺、古宋、兴文、长宁等县为中心，宣传党的抗日救国主张和路线政策。同时在敌后开展游击战争，袭击敌军要隘，阻击敌军运输，破坏敌军工事、电话、电台，活捉敌探、谍报员、收税官，扰乱敌后治安，牵制川南敌军。游击纵队用以上行动，配合中央红军甩开了川南敌军，由扎西折回东征，重占遵义、桐梓，主动消灭敌军，胜利地完成了声西击东的军事计划。

（2）红军川南游击支队的由来

1935年3月，红军川南游击纵队来到了兴文县建武城，这时我任中共宋兴特支书记（古宋、兴文两县简称），专程前去向中共川南特委汇报工作和敌情。首先由我介绍1934年冬在川南组织游击队的情况：最初，我们是以古宋县（现属叙永县）“红军之友社”的成员为骨干，发动群众参加游击队，由数人发展到数十人，拿起梭标、马刀，土炮去夺取地主武装，逐步地替换了新式武器。由中共宋兴特支书记刘复初兼任游击队政委，特支宣传委员郭平安兼任游击队长，由特支组织委员杨泽久兼任游击队联络员。在叙永、古宋、兴文、长宁、江安等县境内，宣传党的路线政策；发动干人兄弟（指工农群众）参加红军闹革命，打白军，打团保，打土豪，分粮食，打县政府和区，乡公所;抗税、抗租、抗债；反对为国民党军阀筹粮和军饷，反对围攻抗日救国的红军；反对拉民夫抓壮丁修筑碉堡，挖战壕;同时，又坚决镇压反革命和收税官吏。这些都是广大劳动群众所欢迎的。后来又组织了游击队第二队，这是以携抢起义的川军和绿林武装数十人组成的。由杨介中任大队长（川军携枪来的），王少章任队副（绿林武装带队人），刘复初兼政委，杨叔宽任副政委，在江安、长宁、纳溪等县境开展对敌斗争。以上两个队共有100多人。中共川南特委决定：这两支游击队合并称为红军川南游击支队，仍在原地开展游击战争，迷惑敌人，使之以为川南各地都有红军武装，协同红军川南游击纵队，在川南牵制敌军，配合中央红军行动。

（3）积极牵制敌军

为了配合中央红军甩开川滇黔敌军，便于长征北上，我们研究应当首先打击川军，经常威胁川军老巢（宜宾、泸州、重庆等重要城市），并在各地虚张声势，伪造番号名称（如:红军宜宾纵队，红军泸州纵队，红军重庆纵队，红军贵州纵队等），各队散发传单，迷惑敌军，造成红军主攻宜、泸、渝等地的声势，迫使川军重兵固守宜、泸、渝等城市，而不敢贸然追击中央红军；我们又向贵州开展游击战争，威胁桐梓、遵义、贵阳等城市，迫使贵州敌军不敢远离老巢，便于中央红军甩开这些敌军，安全渡过长江；如果云南和其他敌军追击中央红军，我们便随后攻击敌军，扰乱敌后，增加困难，使敌前后挨打，促敌折回老巢，不敢蠢动。我们威胁军阀的老巢，敌人必然要用重兵固守，如果军阀固守老巢或集中兵力“围剿”红军游击纵队，则达到我们牵制敌军之目的。为此，我们先打南六县，重点攻占筠连县城。打开筠连后，宜宾敌军果然以为红军要从宜宾北渡长江，便决心固守宜宾。同时红军游击纵队，好似雨后春笋在川南各地出现，敌人异常惊慌！

（4）红军川滇黔边区游击纵队的产生

1935 年 4 月，川军逮捕王逸涛的家属当人质，暗中动员王逸涛脱离革命，保证给予高官厚禄。王逸涛得知消息后，就于红军川南游击纵队到达叙永五龙山时，便和杨登高带了第三大队部分武装，私逃投敌叛变。川军委任王逸涛为“川南剿共特派员”，给予各种优待。从此王逸涛与敌人狼狈为奸，在军事上带领敌人不断“围剿”红军游击纵队，在政治上经常造谣污蔑我们，在组织上则在各地破坏我们，累抓我亲属刘洪恩等当人质和逼迫他们交代我们的情况。当王逸涛投敌不久，张宏光[①]、余得胜等同志却率领红军黔北游击队 200 来人到叙永分水岭同红

① 即张凤光——编者注。

军川南游击纵队合队，特委决定编成两个支队，把原来的五个大队编为第一支队，由刘干臣任支队长（干部团的干部），由胡宗权任政委（三军团四师某团政治处主任），红军黔北游击队编为第二支队，由张宏光任支队长（军委留的干部），由余得胜任政委（三军团四师某团特派员），司令员兼政委徐策，其他各部负责同志不动，这时又扩大了一些新战士，共有千数人之多，力量更雄厚了。全军精神振奋，在川滇黔边区，迅速开展了游击战争。后在长官司战斗中，敌军两个团居高临下，用机枪向我扫射，又从叙永县大坝镇增援一个团，四面包围我游击纵队，企图歼灭我部。游击纵队英勇反击，敌人的企图未能得逞。但是徐策同志当场受重伤牺牲；张宏光等同志亦在战斗中牺牲了；曾春鉴、胡宗权、余得胜等同志受重伤，红军游击纵队队一级干部多数伤亡。等到天明退到威信县簸箕坝时，红军游击纵队只剩 700 来人了。特委决定补充领导干部，由刘干臣任司令员，余泽鸿任特委书记兼政委，周达山任参谋。曾晋南任第一支队长，李青云任政委。黄富山任第二支队长，龙厚生任政委。特委并决定，令中共宋兴特支书记刘复初率领红军川南游击支队前来合队，编为红军川南游击纵队的第三支队，由胡志坚任支队长，刘复初兼政委，同时为了适应形势、任务和革命战争的发展的需要，红军川南游击纵队改称为红军川滇黔边区游击纵队；中共川南特委改称为中共川滇黔边区特委，特委书记余泽鸿，特委成员有刘干臣、刘复初、龙厚生、李青云等同志。余泽鸿兼政治部主任，刘复初任司令部参谋长，其他未变动。

（5）红军游击纵队转战于川滇黔边区

1935 年 5 月，红军川南游击支队（还有第二队留在南六县活动）同红军川滇黔游击纵队会合后，同志们斗志昂扬，革命歌声震动山河，大家都很活跃。特委为了粉碎敌人“围剿”，在兴文县八旺山研究作战方案。我们采取的战术是：钻敌空隙，打敌弱点，袭击要隘守敌，拔掉钉子，便于我们出入无阻；威胁军阀老巢，促敌固守城市，便于我们在广大农村活动；发动群众参加红军游击队，各地展开游击战争，从各方面制造川滇黔敌军的困难，以配合主力红军长征。因此，我们转战于川滇黔边区，曾经打到泸州对岸的兰田坝附近及纳溪的大州驿，以威胁泸州的敌军；有时又打到江安、长宁、庆符等县境内，威胁宜宾敌军；有时又到达合江、江津等县边境，散发传单，以威胁重庆敌军；有时又打到云南威信、镇雄、昭通等县境内，威胁云南敌军；有时还打到贵州的遵义、桐梓、毕节等县境内，威胁贵州敌军。总之，为了牵制敌人，配合主力红军长征，我们迫使川滇黔边区的敌军不得不用重兵固守大城市或全力对付红军游击纵队。因此，川滇黔边区有 20 多个县成了我们的游击区（即：川南的叙永、古宋、古蔺、兴文、长宁、江安、纳溪、高县、珙县、庆符、筠连、合江、江津;云南的威信、镇雄、昭通、彝良、盐津；贵州的赤水、习水、桐梓、遵义、毕节、赫章、仁怀等县。主要集中在四川川南、贵州西北、云南东北的边区活动）。这些县内，我们打开过 40 多个镇、场，也打了一些胜仗。例如，在一碗水镇战斗中，川军一团多人同我们战斗了半天，我们打死打伤敌军数十人，迫使敌军不敢向前追击。这时红军游击纵队发展到千数之多，声势浩大，同志们战胜敌军的信心更足了，打击敌人的勇气更强了。我军牵制敌军取得的胜利和逐步壮大起来的声势，使敌军难处增多，十分恐怖，因为我们经常威胁他们的老巢，扰乱他们后方的安宁，摧毁他们的基层政权，破坏他们的军事设施，阻碍他们的税收财源，煽动他们的士兵起义，同时还发动民众反对他们，揭穿了他们的丑恶，打乱了他们的一切部署。敌人说，红军游击纵队是最可恶最可恨最危险的敌人。他们把红军游击队视为心腹之患。因而敌军下决心，放弃追击主力红军，回戈“围剿”红军游击纵队。同时中央红军已经渡过金沙江北上,敌军也只得回守老巢(薛岳、周浑元、李弥等纵队仍回原省份）。他们举行了川滇黔三省联合会议，决定“围剿”红军川滇黔边区游击纵队。这样基本上实现了我们牵制敌军的目的，支援了中央红军长征。

（6）坚决战胜敌军“围剿”，争取革命胜利

1935年春开始，由于红军游击纵队不断地威胁军阀们的老巢，敌军决定组织川滇黔三省联合“围剿”，开始由川军进攻我部，只有几个团的兵力，随后逐步增强，黔、滇军共约20多个团，在各地围追堵击。敌军有：四川潘文华一个师，陈明谦一个师，郭勋祺一个师及川南保安队；贵州有杨森和周西成各一个师；云南有龙云一个师。敌军从春到冬主要采取堵住要隘，重重包围，跟踪追击，占据游击区（我家乡银矿坪只有十多家人，敌军驻了一个营，其他地方就可想而知了）各处堵截袭击，企图用分割蚕食的办法，来消灭红军游击纵队。同时敌人还残酷镇压革命群众，凡是当过红军，打过土豪分过浮财，或是为红军看护过伤病员者，他们都残酷镇压。我们同敌人迂回战斗坚持了四个季节，但敌多我少，敌强我弱，敌有政权，有后勤，支援不断；我们每天行军作战，难得休整机会，在战斗中愈打人员愈少，从春到冬川滇黔边区游击纵队，只剩百余人左右，伤亡很大。在四川长宁贾家湾，特委开会研究，把现有人员分成两个支队：第一支队长胡志坚，政委李青云，这个支队随纵队司令部活动，以叙永、古宋、兴文、长宁、江安等县为中心，在川南开展游击战争；第二支队长黄富山，政委龙厚生，这个支队以威信、镇雄、毕节等县为中心，在云贵边开展游击战争。以上二个支队互相配合进攻敌军。但是第二支队到兴文炭厂时暴露了目标，遭到炭厂守敌袭击，全队数十人全部被打散，而且有的被俘，并泄漏了我们的行动计划，因而长宁县梅洞场守敌立刻派重兵追击第一支队。第一支队独力难支，节节败退。敌人追击到古宋西区泥基槽，在危急时余泽鸿同志牺牲了。我部退到踏水桥山上，敌军又追到，打了半天，双方只隔30米左右，敌军高喊：“上刺刀。抓活的！”我们下令丢掉包袱，轻装前进，沉着应战，拼命杀敌。敌军见遍地都是包袱哈哈大笑，得意忘形，互相争抢，乘此机会，我们才甩开了敌军的追击。

特委在踏水桥山上召开紧急会议，提出：为了保存实力，争取革命

的胜利，游击队上连天山隐蔽整休，等敌撤回城后，再下山扩大红军游击队，继续同敌人斗争。因此一面安置重病的刘干臣同志隐蔽休养（古宋踏水桥高某家），一面煮饭吃并准备干粮，于黎明前登上连天山。这时清查游击队人数只有 17 人了，少数是干部，多数是战士。其中人员有刘复初、李青云、胡志坚、陈兴才、曾广胜、高良民、赖道林、刘求翰、刘金宝、钟明山等。为了工作需要，必须统一指挥，统一行动，特委决定由刘复初同志主持特委全盘工作。我们立即召开连天山上的群众座谈会；宣传红军是共产党领导的，红军游击纵队是毛主席留在川南为劳动人民打天下的；红军是劳动人民的子弟兵，红军和劳动人民心连心，帝国主义、国民党军阀、土豪劣绅是劳动人民的敌人。工农兵群众为了解放自己，应当参加红军，为红军保守秘密，报告敌情，采购粮食，介绍地方情况（土豪、团保、民团武装，反动分子……）。我们正向老百姓宣传时，突然发生地震，山摇地动起来。有个老汉说：红军上山就有地震，这说明将来是共产党的天下。过去什么朝代发生地震就出现皇帝、清官统一天下，人民安居乐业，因此中国一定是共产党的天下。老乡们听了这一席话，高兴得翘起大拇指说："就是，就是。"因此我们鼓动老乡们快快联合起来，在共产党领导下，为劳苦大众的解放而奋斗。第三天，敌军两个团包围了连天山下，敌人天天用机枪扫射，火力搜查，我们利用森林作天然屏障，每日同敌人转圈子，走相反的方向。但情况十分紧张。有一天早晨敌军上山来了，我们几乎碰上，幸好雾大，敌未发觉。我们赶快隐藏在路边草丛里。有个同志的脚背被敌人拐棍截了一下，忍痛不敢哼声，急得满头大汗，幸好敌人没有发现，盲目地过去了。可是严峻的考验继续来临，冬天寒风怒吼，同志们还穿着破单衣，赤脚踏雪，弹少粮缺……真是又冷又饿，日子难熬，在此情况下，游击队的干部有了穿的先给战士穿，有了吃的先给战士吃，带头放哨煮饭，侦察敌情，同志们深受感动，皆表示要坚持对敌斗争，不怕牺牲，不畏饥寒。经过一个多月的艰苦奋斗，敌军找不到我部目标，于是造谣：共匪消灭了，匪首阵亡。……因而敌人撤兵回城，我们才下山继续活动。我们白天休整和发动群众当红军，晚上秘密行军镇压反革命。各地对敌封锁消息，大力宣传和动员工农支援红军游击队，迅速发展红军游击队，继续打击国民党军阀和土豪劣绅，深受广大群众的欢迎。

三、红军川滇黔边区游击纵队第二阶段的发展历史和斗争事迹（主要组织力量建立革命根据地）

（1）扩大红军游击队继续战斗

1935年冬末，特委为了扩大红军游击纵队，决定回到老游击区发动工农群众参军。我们访问红军家属和贫苦农民，表示共产党对他们的关怀，老乡们好像见到了久别的亲人似的，高兴得流出热泪，大家奔步相告：红军回来了！群众纷纷前来看望，有的说同志们辛苦了，为穷人打天下，受尽艰险；有的说亲人啊！你们回来了，咱们心里乐开了花，千言万语说不完；有的说许多敌人“围剿”你们，很令人担忧，祝愿同志们平安无事；有的说红军来了老百姓很幸福，敌人返回咱们就遭殃了，你们不要走才好呀；有的说红军和穷人骨肉相连，敌人“围剿”红军就是屠杀穷人，因而咱们仇恨敌人，不仅如此，游击队到老乡家宿营，他们自动让房，烧茶、煮饭、送菜、送柴，真是军民一家。我们向老乡们宣传，红军为革命不怕牺牲流血，决心消灭敌人，彻底解放劳动人民，为争取革命胜利，欢迎青年参加红军游击队，保卫咱们的家乡。老百姓热情支持，动员青年参加红军，于是他们三三两两来报名参军。这说明群众是拥护共产党和热爱红军的，而且说明军民关系是亲密无间的，正如毛主席的教导“军民团结如一人，试看天下谁能敌”。由于我们紧紧同劳动人民联系在一起，所以就能在川滇黔边区扎根发展。

（2）绿柏林[①]会议，总结经验教训

1936年春初，红军游击队扩大了一批新战士，同时动员打散的或养伤的干部、战士归队。龙厚生、黄富山等同志也归队了，这时红军游击纵队发展到200来人。为了统一指挥和继续扩大游击队，特委决定编成两个大队，第一大队长高良民，政治战指导员兼支书陈兴才；第三大队长黄富山，政治指导员兼书支曾广胜；红军游击纵队长龙厚生，政委刘复初，特派员李青云，参谋胡志坚。我们决定在叙永的大坝、银矿坪，兴文县的五村、绿柏林，长宁县的梅洞沟等地休整，以加强政治教育和军事训练。同时为了总结工作和研究今后的发展，在绿柏林召开了特委扩大会。会上，首先由政委介绍红军游击队分散后的失败和重新发展的情况，而后正式选举刘复初为川滇黔边区特委书记兼游击纵队政委，龙厚生为特委委员兼纵队队长。同时，特委初步总结了一年来阶级斗争的经验教训。

〈甲〉过去我们没有认真创建革命根据地，只是孤军深入敌区开展游击战争，但未切实地组织群众，建立农村根据地和革命政权，彻底摧毁农村封建剥削制度，因而在敌人“围剿”中没有休整机会和后援，伤病员无处安置，敌情不能及时了解以致常遭敌人围追堵击，处处被动挨打，而使游击队失败了。

〈乙〉过去没有认真建立统一战线，紧紧依靠工农群众，团结一切可能团结的力量，不断壮大自己，孤立敌人，集中打击最凶恶的敌人——帝国主义、国民党军阀、土豪劣绅。如果打倒主要敌人，革命就能胜利；如果打击面过大，就会增强敌势，孤立自己，这不仅对革命不利，甚至会遭失败。过去有些同志只有敌人，没有朋友的观念，不会组织反帝反封建的同盟军，团结革命的知识分子、少数民族、白军士兵、绿林兄弟、爱国人士和志愿抗日的友军……共同打倒最凶恶的敌人。以上，应当引

① 应为洛柏林，下同——编者注。

为教训。

〈丙〉过去我们没有认真注意游击战争的特点，保存实力消灭敌人，以少胜多，以弱胜强。在游击中抓住敌军的弱点，速战速决，能胜就打，不胜就退，不能硬打，挨打。当敌军围追堵击时，应该设法甩开敌人，争取主动和休整时间；应该武装群众，开展人民革命战争，不断消灭敌人的有生力量；应该在各地播下革命火种，组织广大人民参战，用人民战争打倒阶级敌人，革命才能胜利。

〈丁〉过去我们没有认真开展建党工作，在部队中发展党员有些保守，对老党员的教育抓得不紧，在地方中没有建党，故无党组织做群众工作，这就影响了我们的发展。因此在战争中要注意发展新党员，并教育老党员带头完成战争中的各项任务，发挥党组织的作用，密切党群关系，保证党在部队中，地方中不断提高威信和扩大党的政治影响，团结广大群众，为革命争取胜利而艰苦奋斗。

会后，同志们皆信心百倍地投入新的战斗。

（3）打垮川南联合“剿共”军，配合红二方面军长征①

1936年春，红二方面军来到贵州边境，为了牵制敌军，配合红二方面军顺利通过黔滇边区，直渡金沙江，红军游击纵队在川南加紧对敌斗争，拖住敌军后腿，把敌军牵制在川南地区，便于红二方面军长征。等他们过了金沙江，我们才由川南开向滇黔境内。我部到兴文县建武城的附近，忽遇“川南联合剿匪军”的侦察队十多人，我们伪装白军巧妙地将这些人抓起来，才得知敌人来了两千多保安部队，专程前来“围剿”红军游击纵队。我们便立即组织出击，乘敌刚到半山时，我们突然发起攻击，敌出乎意外，顿时惊惶失措，向后迸窜，丢盔弃甲，喊爹叫娘，真是狼狈不堪。不到一小时敌军全部打散了，活捉敌人中队长、士兵数十人，缴获枪百余支和其他许多军用品。我们就地开了俘虏会，宣传党

---

① 时为红二、红六军团，1936年7月5日与红三十二军一起合编为红二方面军——编者注。

的俘虏政策和抗日救国的主张；坚决反对国民党军阀亲日卖国，制造分裂，镇压革命人民和反对他们进攻抗日救国的红军。欢迎白军起义前来当红军，共同驱逐帝国主义，收回祖国领土。经过教育，俘虏们表示拥护，愿回去转告部队官兵和各界爱国人士。我们把这些俘虏放回去后影响很大，“围剿”红军游击队的川军教导师堵在川边也不敢妄自行动。

（4）黔军兵变来当红军，游击队扩大千人①

1936年春天，我们经过各种活动，红军游击队发展到300多人，在川边打垮了川军进攻后，直向滇黔边区进军。我们到达威信县罗卜坳时，曾春鉴、旷善云、余得胜、曾晋南等同志前来归队。特委为了充实各级领导，决定曾春鉴任参谋长（胡志坚到建武养病去了），旷善云任参谋，曾晋南任第二大队长（黄富山受伤在绿柏林休养），余得胜任政治指导员，曾广胜任总支书记。快到云南省威信县②所属花郎坝，突然来了两个代表，一个是红二方面军留在阮俊臣部队工作的欧阳同志③，一个是黔军在毕节兵变出来找红军的代表。他们说阮俊臣领着红军小游击队（原是绿林武装，是我们的小游击队）同红二方面军会合，领导上派欧阳同志到阮俊臣部，要求他们在敌后坚持武装斗争。不久，贵州军住在毕节的第五旅兵变一营出来，同阮俊臣部队会合，约有600多人。因敌军不断追击他们，阮和兵变领导人陶树清商定，为了保证共产党的领导，要同红军川滇黔游击纵队合队行动。因此阮、陶二人派代表前来找我们。正在商量合队方案，黔军五旅柳际民部队赶来了，游击纵队准备阻击敌军，让阮陶部队撤退到威信县垣子场休整，特委决定：为了改造这支兵变部队和绿林武装，批准阮、陶二人带的武装同川滇黔游击纵队合队，编成三个支队。第一支队长阚某④（忘其姓名了），政委欧阳；

① 原文如此，根据上下文所述，游击队扩大到1000多人——编者注。

② 应为镇雄县——编者注。

③ 欧阳同志，即欧阳崇庭——编者注。

④ 阚某，为阚世芳——编者注。

第二支队长唐某①，政委旷善云；第三支队长龙厚生，政委刘复初。司令部司令员阮俊臣（新党员），副司令员陶树清，纵队总政委刘复初，参谋长曾春鉴。这支武装的领导权基本上是我们掌握，发展到 1000 多人。我们从政治上加强对新战士的阶级教育，争取多数人革命；从军事上加强训练，要求同红军游击队一样服从命令，做到统一指挥，统一行动；从组织上加强党的建设，发展新党员，健全党组织，加强党的领导作用；从纪律上加强三大纪律八项注意的教育。总之，从各方面教育改造，争取组成一支有阶级觉悟，有坚强意志有战斗能力的革命武装。经过以上工作，加强了党的领导作用，在各支部中已开始培养一些积极分子（有个别的入了党），人们的精神焕然一新，朝气蓬勃，证明改造白军和绿林武装是必要的，有效的。

（5）川军兵变来当红军，游击队扩大 600 多人②

1936 年夏末，特委为了创建革命根据地，开展白军兵变工作，红军游击队到了威信县罗卜坳场，老乡们说，四川边境上来了一支白军，是从川军起义出来的，沿途还有敌军追击。接着兵变部队派代表来了，说是川军教导师二旅在川边堵击红军游击纵队，但士兵们听老乡说：红军是为劳动人民打天下的，广大群众热烈拥护；红军官兵平等亲如兄弟，红军长官关心战士，战士回家还发给路费；红军欢迎白军起义当红军……士兵们听到这些宣传，认为自己是劳动人民，应该为劳动人民打天下，决不为军阀当炮灰。因此，住在珙县地洞铺的白军，由中士刘少成和排附蓝澄清等带头秘密活动，打死了营连长；带了 100 多人（机枪、迫击炮、新式步枪等装备）前来当红军。特委表示欢迎，请他们立即带队前来合队，在簸箕坝安排宿营，开联欢会，杀猪款待。领导同志还下连队慰问，开诉苦会，加强仇恨阶级敌人的思想，发动老战士帮助和爱护新战士，开座谈会宣传党的路线和政策。他们十分满意，感动得流泪，

① 唐某，为唐和中——编者注。

② 原文如此，根据上下文所述，游击队此时应为1000多人——编者注。

高呼“中国共产党万岁！中国工农红军万岁！”特委决定把他们编为第三大队，由刘少成任大队长，蓝澄清为副大队长，派曾广胜任大队政治指导员，这时除了增加的起义部队外还扩大了部分新战士，游击纵队发展到600多人。[①] 同志们说，游击队又兴旺起来了。因此同志们对争取白军起义更重视了，并耐心做教育工作。第三大队的同志反映：当了红军就像回到家里一样温暖，心情舒畅，真是革命的大家庭。在云南威信花郎坝附近，红军游击纵队同滇军补充二团作战，敌军相当顽固，刘少成自动请求支援前线，我们批准了他的请求。刘少成同战士宣誓：今天是咱们报仇杀敌的时候，必须坚决打垮白军！他们上刺刀立即冲到战场，英勇异常，杀得敌人慌忙逃散，真是一夫舍命，万夫难当，不一会就把敌军打垮了。同时刘少成，蓝澄清等在行军作战中积极请求入党，决心永远跟着共产党走。

（6）改造绿林武装

1936年秋，特委对绿林武装，实行教育改造政策，争取他们参加革命。游击纵队到达威信县郭家坟，殷禄才等人前来接洽，说他深受万恶的旧社会的压迫，穷途末路，才当了绿林兄弟。他们听说红军为被压迫的人民报仇，打富济贫，干人们热烈拥护，因此1935年秋曾同游击队联系。当时游击队领导人要他回乡闹革命，但他们很盲目，闹不起来，现在又来要求当红军，请求批准。特委为了争取绿林武装接受党的领导，要殷禄才等人随军学习，常以红军游击队的实际行动和革命道理教育他们。特委等待殷禄才有所进步，提高了阶级觉悟，并考察他确实坚决要求革命，就培养和吸收他入了党。临别时我们发给殷禄才一些武器，要他回乡成立游击队，动员工农群众和可以改造好的绿林武装参加革命，争取扩大成为红军云南游击支队，在敌后坚持对敌斗争，随时同中共川滇黔边区特委取得联系，必要时我们派同志去指导，希望他为革

① 原文如此，根据上下文所述，游击队此时应为1000多人——编者注。

命事业奋斗到底！殷禄才高兴地表示：一定不辜负党的教育和期望，一定完成党交给的任务。以后殷禄才干得很好，在敌后坚持斗争十多年，打击国民党卖国贼和土豪恶霸，为民除害，颇受群众欢迎。类似殷禄才的情况还有他人，这个事实证明绿林武装是可以改造的。因为他们多是被地主重租高利贷的剥削和国民党的苛捐杂税逼上梁山的。云贵川边区历来又是兵匪官绅残酷肆虐的地方，所以这种官逼民反的绿林武装相当多。根据以上实际情况，对绿林武装实行改造教育以壮大革命力量，孤立和打击敌人，是非常必要的。

（7）开展少数民族工作

1936年秋，特委准备创建革命根据地，开展少数民族工作，因为川滇黔边区少数民族特别多，其中百分之九十是贫雇农，受剥削压迫的痛苦很深。还有不少是土司官家的奴隶，他们每年种地所得绝大部分要向土司官家交地租，种大烟；养的牲畜要向土司官家纳贡；青壮年还要为官家当兵争地盘，打冤家卖命。每家都要为官家无偿当差一月，官家的红白喜事，每家要送礼和服义务徭役。如果他们一旦违反官家规定，轻者罚苦役或抓捕，重者皮鞭抽打以至杀头。总之官家所辖的农民都是牛马不如，要无代价为官家拼命、劳役、纳贡、交租……还要受到国民党军阀和大汉族主义的歧视压迫，虽然在少数民族中存在着统治被统治的关系，在官家的压迫下的农奴群众，是必然要革命的。但不注意策略，就会引起敌人造谣，污蔑我们搞民族分裂，制造民族摩擦，增加我们开展少数民族工作困难。因此我们很讲策略。特委还了解到少数民族官家之间的矛盾也是很尖锐的，即是大官家与小官家的矛盾。威信花郎坝有个寡妇官家，她的丈夫被大官家逼死了，请求我们支援她报仇。特委劝她要想解放自己，必须首先解放农民，团结农民，实行民族平等，取消农奴制度，减租减息，免除兵役、劳役、纳贡、送礼……解除农民负担，组织武装自卫，保卫家乡安全，群众就会积极主动，否则你更孤立更危险。若你愿听劝告，我们常来此地，会对你有好处的，寡妇官家相当开朗，热情表示同意。她送了我们一些粮食，我们送她少数大烟作交换，她很高兴建立友谊关系，欢迎红军常来指导。有一次我们路过花郎坝，敌人追来，正是寡妇官家的武装（农奴兄弟）守着前进路口，我们猛烈冲锋，他们高喊：红军是好朋友！请过关吧！果真枪往天上放，并且马上就撤了。否则我们就要吃亏，因少数民族善于打麻雀战。过去同少数民族武装打仗，我们是吃过亏的。可是这次却在地形对我们不利的情况下顺利通过了。这说明执行党的民族政策是十分重要的。

（8）开展工农群众工作

1936 年秋，特委为了创建和捍卫革命根据地，进一步开展群众工作，调查到有的地方，当红军游击队走了之后，土豪团保又回乡镇压革命群众，逼迫归还红军分给他们的粮物，实行反攻倒算，甚而严刑拷打，并公开限制工农活动，禁止同红军游击队接近。这对开展群众工作，创建和捍卫革命根据地的阻力很大。特委针对以上情况，开展反镇压的斗争。凡是杀害工农群众和反攻倒算的反革命分子，坚决予以镇压。我们行军到达镇雄地区（忘记地名了），老百姓密告：土豪保长陈某杀害劳苦群众，要求红军为他们报仇。因此我们下令要将陈保长抓起来公审。但这个反革命分子住在高山岩洞里，有炮台有武装，半山只有一条独路，岩洞附近的路掘断了，攻击困难。我们警告陈保长自动出来认罪，从宽处理。陈不理睬，我们用迫击炮轰击也无效。特委决定打开洞寨，枪毙反革命分子。于是组织力量带上木板搭桥，带上干草辣椒，夜间封锁炮台窗口，向内射击，迫使敌人无法开枪；然后点燃干草辣椒塞入洞里，让辣椒烟熏敌人。我们突然开枪，敌人只得退缩洞里。只听敌人喷嚏打个不停。我们便烧毁寨门，冲进岩洞外层，再向内开枪和熏烟，敌人更受不了，有的大叫救命。这时我们展开政治攻势，高喊：团丁是干人兄弟，不要为土豪卖命，把枪交出来吧！于是，从洞口丢出了枪支。我们又喊，谁是保长，站出来！团丁说保长还在洞里。我们带着俘虏去抓陈，陈在石洞里顽固抵抗，我们就开枪打死了这个民愤极大的反革命分子，并毁坏其炮台。老百姓得知这个消息，高兴得跳起来，真是大快人心！又有一次，我们到达威信垣子场上，刘某和苏某（忘其姓名）来密告：说他们是小游击队的负责人，有十多人和枪，来到垣子场附近，受了明团暗匪的胡队长（可能叫胡纯武）的欺骗，要求合作互助，结果没收了小游击队的武器，请求我们勒令其还枪。我们调查胡是垣子场的地头蛇，同国民党军阀伙在一起压迫人民，勾结土匪，抢劫行商的财物。现又没收小游击队的枪支，这个反革命应予镇压。为此，我们包围胡的住家，先动员团丁不要为土匪卖命，把胡纯武交出来受奖，后逼胡投降缴械。但他置之不理，反而在碉堡内开枪顽抗。我们就把碉楼靠近的燃料烧起来，又把辣椒洒在上面，这时烟雾沉沉，风一吹进了碉楼，敌人受不住直叫“救命！”“投降！”我们喊话：缴枪不杀！交出胡纯武受奖。敌人从碉内伸出白布并说胡纯武已被打伤了。我们又喊：放下武器开门出来，最后剩下胡纯武，不得不自杀了。我们把武器交给小游击队又离开了。垣子场的穷苦群众说：红军为民除害，群众心里痛快！我们镇压这些反革命，大灭敌人的威风，鼓舞工农的革命勇气，对于开展群众运动，进一步为组织、武装群众和建立革命根据地创造了有利条件。

四、红军川滇黔边区游击纵队第三阶段的失败和发展

（1）建立根据地的分歧

1936年冬，敌军加紧“围剿”我部，这是由于游击纵队的声势浩大，一年来曾发展到1000多人，不但击溃了川南联合“剿共”军的进攻，还击溃了云南部队安旅和贵州部队柳旅的进攻。同时还组织了部分川军和黔军起义兵变来当红军；教育了一些绿林武装主动投靠来参加红军；促使了各地方游击队的蓬勃兴起；影响了各地群众运动的迅猛发展；敌人的基层政权有些被打掉，敌驻军常受威胁……因此敌人深感恐惧，认

为红军游击队到处点火，越烧越大，后患不堪设想，故决心合力“围剿”，企图在川滇黔边区歼灭红军游击队。当时敌人分区作战，四川敌军教导师和保安队驻宜宾地区，川军第五师和保安队驻泸州地区，模范师和警卫大队驻重庆地区，云南敌军安恩甫旅，陇成尧带的独立营在云南东北地区；贵州敌军第五旅及杨汉雄师和保安队在贵州西北地区。以上敌军主要采取重重包围，跟踪追击，各地堵截袭击，促使我部处于被动挨打的境地。这时我提出，当前川南敌军较多，防御较严，暂时不能去川南，为了保存实力消灭敌人，应迅速转移山区休整，为建立革命根据地创造条件，否则将会重犯 1935 年冬深入敌军包围中而遭受失败的错误。但这时我患重病，每天发高烧，不能吃，行动困难。因而我的意见未被重视，结果各地碰壁，被动挨打。累遭敌军袭击，致使红军游击队被打散了。只剩下 20 多人上了大雪山。我亦因此被俘，囚于泸州监狱。直至 1937 年 11 月，国共合作，经党组织营救出狱，才前往武汉八路军办事处，重新安排工作。

（2）红军游击队坚持敌后斗争

1937 年红军游击队又活动起来了。听说 1936 年 12 月西安事变后，国共第三次合作，但游击队不知具体合作抗日的办法，只得等待党中央的消息。1937 年卢沟桥事变后，报上公布红军改编为国民革命军第八路军，并派叶剑英同志为代表在南京设立八路军办事处，红军游击队有的同志直接同过去的首长联系，回到延安了，有的同志回老家了，有的同志在红军小游击队工作。1938 年 1 月，我军驻武汉办事处的领导同志派我去川滇黔边了解红军游击队的情况。到川南以后，据说又是王逸涛向川军告密：“共匪刘复初来川组织残匪进攻川军……”因此川南伪军恐怖，企图暗杀我。党组织为了防止发生意外，调我速回延安。我原计划去川滇黔边找红军游击队，由于上述情况不能如愿了。组织上才改派原红军游击队三大队副队长蓝澄清带上一些当前的刊物去归队，并转告当时的抗日形势和共产党的主张，望游击队的同志们大力发动群众支援抗日，保卫后方，今后直接同我军驻武汉办事处联系，据说 1938 年后殷禄才、陈华久、金璲等同志组织的游击队在叙永后方坚持对敌斗争，发展到 500 多人，国民党军阀曾调伪七十六师、七十九师、预备二师、云南伪军不断“围剿”。所以 1947 年冬《参考消息》转载四川报导，赤匪刘复初率领残部在川滇黔边区煽动民众，扰乱治安，正被国军“围剿”中……敌人还认为我在那里指挥。1950 年我军解放川滇黔边区时，游击队的同志们和群众还协助肃清国民党残余部队。历史证明，红军川滇黔边区游击纵队的革命精神是充沛的，始终不懈的，为争取革命的胜利进行了艰苦的斗争。

五、结束语

红军川滇黔边区游击纵队的历史事实证明：毛主席播下的革命火种，好似星火燎原，越烧愈旺，燃遍了川滇黔边区。虽然前进中遭到摧残，暂时受到了一些挫折，但红军游击队斗争方向明确，始终奋勇前进，不断击败敌人为争取革命胜利而不懈努力。

红军游击队能基本完成党中央、毛主席赋予的在敌后牵制敌军配合主力红军长征的历史任务，是坚持党的领导、坚持武装斗争、团结革命群众、共同艰苦奋斗的结果，因而能战胜任何困难。红军游击队在斗争中所取得的成绩，是毛泽东思想的胜利。

在党的领导下，红军川滇黔边游击纵队在尖锐复杂的阶级斗争中成长壮大，在流血牺牲的英勇奋战的历程中总结了经验教训，并通过艰苦的考验，从无到有，从小到大，由少到多，由弱到强，坚决为劳动人民打天下，为民除害，保护劳动人民利益，争取劳动人民的生存和幸福，因而在川滇黔边区的劳动人民的心目中留下了永远难忘的好印象。

红军游击队在争取完成党中央赋予的牵制敌军的历史任务中，全体指战员为革命而饱尝了饥寒交迫的痛苦，有的同志为革命而贡献了宝贵的生命，有的同志为革命流出不少的血和汗，有的同志为革命而受伤残废，有的同志为革命而积劳成疾，……这些可歌可泣的革命业绩将永记史册，并在民众中发芽开花，从而发扬红军的革命传统和战斗精神，团结起来，为实现四个现代化而艰苦奋斗。

以上是 40 多年前的历史了，现在回忆起来，难免不无遗漏，还须当时曾参与战斗的同志们予以补充。

选自四川省叙永县文史资料工作委员会编:《叙永文史资料选辑》第1辑，1981年10月，第58—80页。

刘复初，1910 年生，四川古宋（今兴文）人。1926 年参加革命，1932 年加入中国共产党。南方三年游击战争时，任中共（古）宋兴（文）特支书记，红军四川南六（县）游击队政治委员，川滇黔边区游击纵队参谋长兼第三支队政治委员，中共川滇黔边区特委书记兼纵队政治委员、司令员等。新中国成立后，曾任中共满洲里市委书记兼市长，中共内蒙古自治区呼纳盟委常委兼秘书长，内蒙东部区党校党委书记、常务副校长，内蒙古畜牧兽医学院副院长，内蒙古林学院党委书记兼院长，中共内蒙古自治区顾问委员会委员等职。2000 年在呼和浩特逝世。

回忆在扎西的艰苦岁月

李桂英

我原在粤赣省委妇女部任副部长，后来，同我爱人戴元怀一起调到中央苏区工作。戴在红八军团任民运部长，我被分配到地方工作团（团长董必武）。由于当时党中央在军事领导上执行“左”倾路线，反对敌人五次“圈剿”的战斗越打越糟，中央红军（即中国工农红军第一方面军）被迫离开中央苏区，进行战略转移。从那时起，开始了举世闻名的二万五千里长征。

突围的战争开始，战斗打得很艰苦，虽然连续突破了敌人的几道封锁线，但部队伤亡损失严重。在到达湖南时，我由地方工作团调到卫生部（部长贺诚）担架连任指导员。行李多，任务重，走的很慢，有时掩护我们部队从后面朝天上放枪，哄我们说，敌人追来了，要我们快走，背着包袱日夜行军，苦累不说，最主要的是心里憋着气，不知要走到什么地方才算完事。

红军占领遵义，中共中央召开了政治局扩大会议，批判了军事领导上“左”的错误，确立了毛泽东主席在党中央的领导地位，这是我们中国革命历史的伟大转折。会议精神传达后，全军上下都十分满兴。党中央决计北渡长江，过赤水河进入川南，听说敌人沿江封锁过不去，红军即折向云南的扎西地域集结。

我记得过赤水河到扎西的这条路上，我们卫生部用八个人抬着一架

X光机行军。一天，遇着毛主席，主席问贺诚部长，你们抬着的是什么东西？贺诚回答：是X光机。毛主席接着说：你那个东西这么笨重，要抬到什么地方去，又在什么地方用啊？难怪前边和后边的部队都埋怨你们走得慢，是不是精简算了。后来部队在扎西回师时，贺诚就把这台机器寄藏在石坎子一家农民家里了。

我们到扎西住下来后，各军团的首长都到总部驻地来开会，什么内容不清楚，形势依然很紧张。休息两天，卫生部组织科的一位同志来通知我说，要在这里成立一支游击队，我爱人戴元怀已调到游击队去工作，要我也留下来，同他一起到游击队去。我找到戴元怀同志，他说：四川地下党的王逸涛来扎西向中央汇报，说他有一支队伍，要求跟中央红军一起走，中央没有同意。经过考虑，决定留下一些人在这里成立游击队，开展这个地区的工作。听到这个消息，当时我思想上是很痛苦的，要和红军主力的同志们分开，心里实在难舍难分。如果不是革命事业的需要和戴元怀同志一起留在这里工作，说什么我也是不愿意离开红军总部的。

过了一两天，在离总部不远的房子里，召开了一个有100多名干部参加的会议，戴元怀同志和我都参加了。到会后我才知到，参加开会的人员都是要留在游击队的。等了不久，周恩来（军委副主席）来了，大家情绪一下兴奋起来。周副主席给我们讲话，他讲了国内形势和我们当前的情况。他说：我们共产党就是要坚持抗战，不抗战就没有出路，我们的民族也就没有希望。我们的纲领①已经发了，我们要树立长期同敌人作战的思想。现在我们正面不能同敌人作战，我们目前有许多困难，蒋介石还在打内战，“围剿”我们，要消灭我们，我们一定要冲出去。可是，我们部队的机关庞大，包袱很重，不适合于机动作战。因此，中

① 1934年4月20日，由中国共产党提出，经宋庆龄、何香凝、李杜等1779人签名，发表了《中国人民对日作战的基本纲领》（简称纲领），呼吁中华民族武装自卫，把日本帝国主义驱逐出中国——编者注。

央决定，机关要精简，伤病员要安置，部队要轻装。并决定抽调你们在这里成立一支游击队，一要打击牵制敌人，配合红军主力作战；二要安置和保护伤病员；三要建立革命根据地。大家要服从中央的决定，高兴地在这里战斗，坚持斗争，直到革命的胜利。周副主席还要求我们，要团结可以团结的力量，开创新的局面。我们在这里暂时分开，将来是会见面的。我们川北有了根据地，你们在川南搞起来，我们的革命力量就大了。会上宣布了中央的决定，任命三军团六师政委徐策为川南游击队的政委，王逸涛为司令员，余泽鸿任宣传部长，戴元怀任组织部长，刘干臣任参谋长，龙厚生任特派员。

周副主席的讲话对我们教育很深，消除了一些不正确的想法，大家心情都很激动，表示要服从中央的分配，安下心来，坚持在这里好好战斗。

在扎西，中央决定建立了中共川南特委，当时没有宣布。后来戴元怀同志告诉我，徐策任书记，特委成员是余泽鸿、戴元怀等人。在扎西宣布成立游击队后，部队回师到石坎子，很多同志才来报到。还从国家政治保卫局抽来了一个连，共两三百人，随主力红军后边行进到了四川五龙山与王逸涛组织的队伍会合。在五龙山编队时，游击队共六七百人，分为五个大队。每个大队的干部都是徐策宣布任命的。一个大队建立一个党支部，指导员任支部书记。司令员王逸涛、政委徐策、宣传部长余泽鸿、组织部长戴元怀、参谋长刘干臣、副司令员曾春鉴、特派员龙厚生、供给主任杨德胜。司令部设立总支，阙思颖（女，又名阚士英）任总支书记兼司令部秘书。我是司令部这个支部的书记，兼做民运工作，任没收委员会主任。司令部还设立了供给处，成立了侦察排。侦察排的人都是经过挑选的，作战非常机智勇敢。还有两个参谋专门绘图，提供行军路线。

我们没收委员会，又称地方工作队，部队打到哪里，我们就在哪里宣传党的政策，宣传红军是工农的队伍，号召群众为自己的翻身解放而斗争。宣传中还要深入下去作调查，当时有个规定，打土豪要调查有七人都说是属于土豪，才报经政治部批准没收。没收的财物，一部分留作游击队的经费，大部分分给穷苦群众。一住下来，我们就写标语宣传，在威信和川南地区，我们写的标语是很多的。经过广泛的宣传和深入的群众工作，有许多穷苦民众找我们来了，积极要求参加红军游击队。在这些地区建立有地下组织，地方的同志还是经常来找特委联系。我知道梅洞场派了一个戴德昌，是老红军，湖南人。在马家坝也派的有人，罗卜坳曾春鉴参谋长在那里建立有支部。还和水田寨艾宗藩，大雪山吴锡州这些绿林武装搞过统战，还有许多是不公开的。

游击队和红军主力分开以后，就开展了轰轰烈烈的战斗，同国民党军队进行了许多次作战，到处游击，打了就走。在这个地方作战是非常艰苦的。这里是新区，群众不十分了解我们，地形又不熟悉，讲话群众也听不懂，总之困难较多。但是，为了牵制敌人，配合中央红军北上，司令部组织了许多次战斗。如大石盆那一仗，我的印象很深。开始我们计划在这里打敌人，但是，由于敌人先占领了有利地形，反而包围了我们，游击队只好组织突围。戴元怀同志带领通讯班在最后掩护大家撤退，大部队冲出去后，他还在后面阻击敌人。我亲眼看着他中弹倒下去，心里非常难过，拼命要冲上去看他，被几位通讯员把我拖了回来。这一次战斗，我们牺牲了一些好同志。过了一段时间，我们又来到这里，群众已将牺牲同志的尸体掩埋了。

那时，几乎每天都在打仗，国民党军追击中央红军追不上，就集中力量对付我们游击队。残酷的斗争，部队减员很大，又增加了不少伤病员，而我们还没有建立起根据地，供给也出现了困难。在这样极其艰苦的条件下，对我们的确是一个严峻的考验。王逸涛在这个时候叛变了革命，跑出去投降了敌人。杨登高的绿林武装也离开了我们。但是，我们从中央红军留下来的战士，没有被困难吓倒，仍然坚持继续斗争。过了不久，黔北游击队来到叙永朱家山与川南游击纵队会师，我们又壮大了力量。

红军游击纵队来到长官司同川敌周化成部遭遇，敌军有 1000 多人，而且占据了有利地形。战斗开始，火力很猛。游击队从早上打到下午，牺牲了不少同志，大队级的干部就死伤了好几个。政委徐策负了重伤，后来余泽鸿上去指挥，用担架抬着徐策撤退。到了罗卜坳，又同滇军打了起来，徐策就牺牲在这里。徐策政委牺牲后，由余泽鸿接替了他的职务，刘干臣任司令员，继续指挥部队同敌人打了许多仗，消灭了很多敌人，缴了许多武器，取得了不少胜利。同年冬，我因怀孕走不动了，阚思颖是半小脚也走不动，游击队就剩下我们两个女同志，余泽鸿就叫我们到他家乡去打埋伏。先住在长宁梅洞（洪洞场）佃农胡治国家，后又转到王三子家，我生的小孩交给胡治国家代为托养。产期后的第四天，戴德昌告诉我们，部队又过来了，我和阚思颖二人回到了部队。这时游击队只剩下几十个人了。在反对敌人三省“会剿”中，政委余泽鸿、司令员刘干臣也相继牺牲了。

洛柏林会议，保存下来的队员，选举刘复初当司令员，龙厚生当政委①，坚持同敌人战斗。游击队又从斗争中发展壮大，一直到 1936 年底。在国民党“中央军”和川、滇、黔军对游击队进行第二次三省“会剿”，司令员刘复初因病寄养，我们在大雪山突破敌人封锁，准备转移到水田寨，一天跑了 100 多里路，以为摆脱了敌人，岗哨放出去，在一家人家停下来休息，烧水洗脚煮饭。突然敌人（滇军安思浦派田富伍营）把房子包围起来了，大家冲出去突围，阚思颖同我走在一起，打着赤脚，雨天路滑，走不多远，脚被戳伤，两人一起被敌抓住，押送扎西，又从扎西解到昭通、重庆。途中阚思颖写信给老家南溪，被其父保释回去。我被送到重庆后，丢在监狱里，一直到国共合作释放政治犯，四川党员罗

① 1936年2月，中共川滇黔边区特委在兴文县洛柏林召开扩大会议，选举刘复初为特委书记兼游击纵队政治委员，龙厚生为特委委员兼纵队司令员。后刘复初任纵队司令员，龙厚生任政治委员——编者注。

世文、张署石把我营救出来，到了汉口找到董必武、邓颖超同志，才转到新四军工作。

在扎西地区的战斗岁月，是我永远忘怀不了的。因为在这里，有我的亲人和战友,为人民的解放事业英勇奋斗,流尽了最后一滴血。徐策、余泽鸿、戴元怀、刘干臣、龙厚生、曾春鉴、李青云、张凤光①、陈宏等游击纵队的主要负责人都相继牺牲在这里，他们都是身经百战的优秀指挥员。特别使我不能忘怀的是戴元怀同志，他是江西万载县人，童工出身，1928年参加革命，开始搞青年工作，任青工部长。后来到中央党校学习，结业后在粤赣省委任宣传部长。他对党忠诚，工作积极，作战勇敢,战斗中哪里有危险他就往哪里冲。在会昌、高都、门冷作战时，还受过毛主席的表扬。不管在哪里，都是吃苦在前，享受在后，严格地要求自己，充分体现了一个共产党员无私无畏的高尚品德，受到同志们的称赞。1932年我调到粤赣省委妇女部任副部长后，经常得到他的帮助，经组织批准，我们结了婚，婚后各自在自己的岗位上互相鼓励，努力工作。

长征以前，组织上将我俩一起调到中央，戴分到八军团任民运部长，因战斗频繁，我们很少见面。长征到达贵州遵义，我才见到了他，看他全身衣服破烂，显得又瘦又苍老，我心里很难过。他告诉我说，前方战斗得很激烈,八军团的人员已经剩下不多了。但仍然满怀信心地说：现在毛主席又回来领导我们了，革命是一定会胜利的。在扎西，我们一起留在游击队，开始，我的思想有些不愉快，成天闭着嘴不说话，他见到我就认真地帮助我说：李桂洪啊（那时我叫李桂洪），我们都是共产党员，党叫我们在哪里，我们就在哪里战斗，而且要高高兴兴地完成党交给的任务。你是指导员，要注意自己的影响，越是艰苦，越要发挥共产党员的模范作用！他的一席话，使我振奋了精神，努力和大家一起战

① 即张宏光——编者注。

胜艰苦的斗争生活。

1938 年我由重庆出狱后，到了汉口长江局，把川滇黔边区游击纵队坚持战斗的经过和英勇顽强的斗争精神，以及最后失败、人员牺牲的情况，全部向邓颖超同志作了汇报。邓大姐听了后说，战斗频繁，扎不下去，拖得太厉害了。烈士们的精神永存，将鼓舞更多的人民前进！（赵有伦、雷吉常整理）

选自威信县政协文史资料办公室编:《威信文史资料选辑》第4辑, 1987年12月第1版, 第14—21页。

李桂英，女，1907 年生，江西寻乌人。1929 年参加革命，1930 年加入中国共产党，1931 年参加中国工农红军。1934 年随中央红军参加长征，任总卫生部三连指导员。1935 年初至云南扎西时留在当地开展游击战争。南方三年游击战争时，任红军川滇黔边区游击纵队司令部指导员、党支部书记、没收委员会主任。新中国成立后，曾任华东军区军事工业工会组织部副部长、华东军区后勤部军需部直属政治处主任、中央卫生部青岛疗养院副院长等职。1997 年在南京逝世。

关于川滇黔边区游击纵队的回忆[①]

阚思颖

（一）

1935年四五月，游击队到镇雄关上区，川南特委决定掩护王区长的计策，命令王区长集中全区民团，待游击队路过区上时朝天鸣枪佯攻暗护，过后才向伪政府报告领发打红军的枪弹。当时王区长主要顾虑他的团队长中不一定齐心合力，一怕真打，二怕密告，感到没有把握，但时间条件不便反复研究，王仍照办。该区民团集中到区上，领发枪弹时手榴弹失火伤人，民团队长团丁纷纷表示不上火线，说："红军是天兵天将，打不得，还没有打，手榴弹失火伤人不吉祥，不能打。"游击队路过关上一枪不发。余泽鸿同志正在说"关上区为什么没有枪声"，司令部传来"就地休息"的命令，余泽鸿同志赶到司令部问明情况，回来就向我和李桂洪同志说："泸州中心县委书记特委委员邹风儿（邹风平）住在关上王区长家。特委开了一个晚上的会，决定王区长集中民团来假攻游击队，后才向敌人交差，王当时感到没有把握，又说：'晓得他们怎么搞起的啊？民团集中手榴弹失火，幸好没有死人，这样也好，就可

① 本文原由中共镇雄县委党史征集研究室录自《阚思颖档案》。文中个别地方有文字错漏，为保持文献原貌，编者对凡须改正的字用〔〕标出，脱漏的字用[　]标出，个别标点直接在文中改正。

以说了。'”从此之后，游击队每到大雪山，余策〔泽〕鸿同志都是叫我和李桂洪同志去找张师父，请张师父去请周老师来看病，张师父（1938年邹风平说张师父是党员，木匠）就去把邹风平叫来开会。……

1969年10月11日

（二）

第三个阶段是从1935年九十月到1936年2月止，反对敌人第一次三省“会剿”后，敌人欺骗群众说：“川滇黔游击队已全部消灭了”。游击队回到老游击区域，群众更加亲切，有些群众兴奋得流泪地说：“你们还在啊,听说你们死完了。”有的群众把他们家最好吃的都请我们吃，有的群众把娃娃抱来结干亲，要讨得我们一点小东西留作纪念。据我知道的李桂洪同志和我两人在分水岭、罗布〔卜〕坳、石碑口、关上、建武等地就给群众的小孩套了几十根红线，收为干儿子计六七十名。游击队到的地方的群众关门闭户，偷偷地看清是红军才开门出来，最大的标志就是[有]没有两个女红军,有两个女红军就是真红军,从第一次“会剿”后，两个女红军就成为红军的标志了，就能找到群众，否则群众拒绝接待，因此部队的指战员更加爱护我们，这说明群众还是拥护红军的……

1969年10月13日

（三）

冬月二十六日这一天天未明，从大雪山上转到扎西水田寨兰田坝[①]，大约130里，沿途没有群众，买不到一口饮食，以为脱离敌人追击后，才停在兰田坝煮饭，休息后继续前进。刚刚发起火烧热一锅水洗脚，就发现向导逃跑了，龙厚生政委下令找回来，指战员找到侦察参谋（责备他先私后公，顾嘴不顾工作）枪声就响了，前卫哨全部牺牲。敌人包围了这间民房，龙厚生就叫冲出来。我同李桂洪跟在龙厚生的后面冲出房子，天快黑了，上路就掉了队，岔路上迷失方向，咬紧牙关继续前进，敌人的火力集中射击，见势不对，偏头和低头，但未瞄准、放枪[②]。敌人摸到我们的枪筒是热的，枪柄不停地打在我身上，抢走上装，押走十多步的地方，李桂洪同志也被捆在路旁，次日押到扎西县……

1969年10月13日

（四）

镇雄县关上区的党组织问题，邹风平没有专门讲过，只是谈到游击队常到关上附近的一个镇子，就叫张师父传信时，邹风平说：“传信的两个师傅，一个木匠，一个瓦匠都是可靠的党员。”我说，“你们在关上还发展了党的组织吗？”邹说：“我们两人住在那里，又有条件，当然

① 应为镇雄花郎野腊溪——编者注。

② 原文如此。

好发展。”至于王区长的儿子王樵是否党员问题，邹只说：“地主儿子王樵要求入党哩！”说的不明显,可问抗战时期川大党员康乃尔可能知道。

1969 年 10 月 13 日

（五）

1936 年冬月二十六日，天未明，就在大雪山一个草棚内找出一个农民引路，走到兰田坝，看到地形很好，政委下令停下来休息买饭吃，部队的秩序也有些混乱，侦察参谋也忙着搞自己的吃食去了，引路的人不见了，大家也着慌了，一齐起来找向导，外面枪声响了，岗哨已被敌人消灭。政委下令冲出去，有的人正在洗脚，鞋子都没有穿上，就冲了出来，伤亡很大，我和李桂洪同志冲出来约一里来路前后被敌人俘虏。我们两人一直只承认是宣传员，冬月二十七日，敌人派少数几个兵把我们押到扎西。敌人的主力继续跟踪追击，搜山清野，大约有两三天听见敌兵在院内说：“龙厚生等全部被捉住了”。后来又说：龙厚生同志的头押在水田寨。又说，要拿来挂在扎西县。

我和李桂洪被俘虏后，押在扎西 20 多天，大约是腊月二十二或二十三日解到昭通，路过镇雄，距镇雄城的十多里路程一个山坡上，敌军突然停止前进，来了数人把我和李桂洪分开去问。有两个穿便衣的人问我，知道镇雄关上的王区长吗？我答，知道。又问：“王区长和游击队有什么关系？”我马上编一些来回答说：“川南游击队第一次到关上，王区长把民团集中到区上，想一下把游击队消灭在关上，他好大发洋财，又可以向你们报功受奖，但，癞蛤蟆想吃天鹅肉，费力不讨好，听说他的民团将集中，手榴弹失火伤人，团丁们认为不吉预兆，说红军是天兵天将，打不得，从此，王区长再也集中不了民团来打游击队了”。

他又问："你们游击队还和哪些地方有联系？"我说："像这些样的关系还多的。老百姓都知道，一问就知道。"镇雄出了这一事后，敌人就停在镇雄进行调查，我和李桂洪同志串通后，知道我们俩口供是一致的。

1968 年 10 月 24 日 ①

选自镇雄县委党史征集研究室编:《红旗卷起农奴戟》，1991年10月，第305—308页。

阚思颖，又名阚世英、甘棠，女，1910 年生，四川南溪人。1926 年加入中国共产主义青年团，同年转为中国共产党党员。1934 年随中央红军参加长征，任总政治部宣传科长。1935 年初至云南扎西时留在当地开展游击战争。南方三年游击战争时，任红军川滇黔边区游击队纵队司令部秘书、宣传队队长、党总支书记。新中国成立后，曾任中共重庆市委妇委书记兼重庆市政府委员，中华全国总工会西南办事处女工部副部长，中共中央西南局妇委副书记，四川省高等法院副院长、党组副书记等职。1971 年逝世。

---

① 似应为1969年——编者注。

忆与余泽鸿共同战斗的艰苦历程（摘录）

阚思颖

我在宜女中读书时参加了青年团。后来到上海认识了余泽鸿同志。他是长宁人，我是南溪人，是四川老乡。余泽鸿同志当时在上海搞学运工作，他原来的爱人叫吴静焘，是个大学生，是个很有才干的妇女，后来同余泽鸿一起到中央苏区工作，在福建省牺牲了。红军长征以后，我们到了川南地区，余泽鸿同志同李桂英结了婚，并生了一个小孩。解放后我在重庆工作，李桂英同志托我们打听她生的那个孩子的下落，才知道病死了。

余泽鸿同志在中央苏区工作时，担任过中心县委书记，红军大学教员。红军长征时任干部团政治科长、上干队政委。1934 年 10 月，我们从江西出发开始了二万五千里长征。1935 年 2 月，红军进入川南地区，准备渡过长江，同红四方面军会合，北上抗日。当时蒋介石和四川军阀刘湘，调动大批敌军封锁长江，毛主席和朱总司令分析了四川的敌情，强渡江不行就留在川滇黔三省边区开展游击战争，建立新的苏区。这样中央红军就转移到云南扎西休整。我们到达扎西后，党中央抽调 400 多名红军指战员组成红军川南游击纵队，以叙永、兴文、长宁、珙县、筠连等县为重点，开展游击战争。这时泸县中心县委书记邹风平和叙永县地方游击队领导人王逸涛到扎西，要求中革军委批准参加红军。当时王逸涛领导的地方游击队有几十人，中央批准同意他们参加红军川南游击纵队。红军游击纵队的领导人徐策是政委，王逸涛是司令员，余泽鸿是政治部主任，刘干臣是参谋长。为了加强党的领导，党中央还批准成立中共川南特委，特委成员是徐策任书记，余泽鸿任副书记兼宣传部长，戴元淮①任组织部长，邹风平、王逸涛是委员。我和李桂英在机关工作，负责搞宣传和发动群众。特委成立后，余泽鸿向我讲，川南特委直属中央领导，我们要抽出一些干部到叙永两河、长宁梅硐等地去建立党组织，把邓凯派到梅硐建立区委，负责长宁一带工作。邓凯又叫戴麻子，你们可能听说过这个人，他是湖南人，坚强勇敢，后来听说牺牲在洪硐场。我们红军川南游击纵队在扎西班子正式成立后，从扎西进入兴文县境时，受到敌川军的堵截，在云南与四川交界地方，发生了战斗，戴元怀同志在战斗中光荣牺牲了，我们又转回到扎西地区，后在长官司过去遭到敌滇军的伏击，又发生了战斗，这次战斗打得很激烈，双方都有损失，政委徐策身负重伤，后拾到罗卜坳牺牲了。余泽鸿接替徐策工作，担任特委书记和川南游击纵队政委。3 月份，我们到达红硐场余泽鸿的老家，余泽鸿的父母很热情安排生活招待我们红军游击队。余泽鸿回到他老家后，不顾行军打仗疲劳，还把家里的人找在一起，宣传党的政策，动员他家里的人积极参加革命斗争。我们离开时，他还把邓凯、周司和留在洪硐场，发动群众建立地方游击队伍。后来我们游击队又正式攻打洪硐场、观音堂（富兴乡），消灭了地方民团，缴获了敌人大批武器。余泽鸿在贾家湾召集邓凯等人开会，听取了邓凯有关发动群众等情况后，批准成立梅硐游击支队，由邓凯兼任政委，一个姓余的任支队长，同时把缴获敌人的武器，留下部分给梅硐游击队用。后又转战叙永、扎西一带。

1935 年冬，李桂英要生小孩了，余泽鸿要我留在梅硐场陪同李桂

---

① 即戴元怀——编者注。

英，他把我们安排后，又率领部队转战云南。我同邓凯、余素伯、余老七等人接触就更多了，我同邓凯摆谈到梅硐地区工作时，邓凯说在梅硐已发展了十多名党员。余素伯同我联系，谈到工作时，他说我们党、我们游击队如何发动群众，如何去争取地方进步势力。蒋介石和云贵川三省军阀，又调动大批敌军“围剿”我们红军游击队，王逸涛叛变投敌当上了国民党的特务，共同策划“围剿”红军游击队，革命受到很大挫折，有些刚建立起来的党组织受到了破坏，这个可恨的叛徒，解放后又组织土匪暴乱，被我人民政府镇压了，这是叛徒应得的下场。

1936 年春，我们向梅硐区提出归队，请他们帮助我们找红军游击队的主力。后来在邓凯和余素伯的帮助下，把我们送到云南找到了川南游击纵队的特派员龙厚生。我和李桂英归队后，才听说余泽鸿牺牲了。这时游击队的领导是龙厚生、刘复初。龙厚生是政委，刘复初是司令员，我们在川滇黔边境继续坚持战斗。龙厚生是中央红军留下来的干部。刘复初是古宋人，红军游击队到达叙永地区后，前来联系要求参加红军游击队，余泽鸿等领导同意他参加，叫他在古宋建立地方游击队，配合红军游击纵队主力行动。

1936 年冬，我们在云南水田寨，同敌滇军发生战斗，当时刘复初不在场，是龙厚生指挥战斗，由于敌众我寡，部队被打垮了，龙厚生等同志牺牲了，我和李挂英被俘。在水田寨打仗之前，听说刘复初就被敌人逮捕了。我和李桂英被俘后，经四川党组织营救，被保释出来到延安工作，李桂英到新四军工作。

我在川滇黔边区活动将近两年，对红军游击队如何宣传发动群众打土豪分财富，如何打击敌人等一两天是摆不完的。比如余泽鸿指挥攻打川南的一个主要县城筠连等重镇，我是亲自参加了的。这些地方都有我们写的标语。筠连县城，是宜宾通往云南的一个很重要的城镇，我们打下筠连以后，对敌人震动是很大的，扩大了红军的政治影响，那时我们红军游击队发展到 1000 多人，威风大震，革命斗争出现了一个新的高潮。今天我简单地摆到这里，以后有机会再谈。

1959 年 3 月 12 日

选自李言璋编著:《余泽鸿烈士》，2002年12月，第392—395页。

战斗在扎西地域的红军游击纵队（摘要）

曾广胜

在扎西部队整编后，我们行军到石坎子宿营。

在石坎子住下后，康克清指导员来找我谈，她说："总部决定要在这里成立一支游击队。你长途行军以来，身体不好又有病，跟着大部队走困难很多，我们考虑调你到游击工作，少走点路，也要方便些"。我说：我是参加红军的，死我也要跟着大部队，不到游击队去。因我当时害疟疾病，行军确有些困难，康指导员见我态度坚决，也就罢了。于是又从我们供给科抽了科员（专管供给的）杨德胜去游击队。

在石坎子动身经水田寨、白沙等地，渡过赤水河，到了贵州习水东皇殿即宿营。康指导员又来找我，这一次她严肃地说："曾广胜同志，现在总部又决定在这里建立一支游击队。几天来，你依然病着，行军作战很不方便，我们决定你到这支游击队当供给主任，这支游击队任政委的是第四科科长张凤光①，你和他很熟悉。关系也不错，去了好照顾疗养，你说行不行"。因为我当时病得厉害，行军又急，甚是困难，听说留下的是熟人，我便说，只要组织决定，我愿意接受这个任务。于是，便去东皇殿黔北游击队报到。

留在此地成立游击队的有 80 多人，张凤光召开会议宣布：奉军委

① 张凤光，即张宏光——编者注。

命令成立黔北游击队。任务是：掩护主力红军渡过赤水河。阻击追击红军的敌人；然后转移到山区打游击，建立根据地。任命陈宏为队长，张凤光为政治委员，王铮山为副队长，李青云为特派员，我任供给主任。

一天，黔北游击队发现有一支队伍跟在后面，便对这支队伍产生了怀疑，遂在路旁的山头上埋伏起来，等他们露上来准备反击。不多时他们来了，我们的特派员李青云上前喊话，问他们是什么队伍，为何跟追我们？他们那面有个特派员余得胜在军校认识李青云，就答话："你不是叫李青云吗？我是余得胜。我们是黔西（赤水河）游击队的，找你们几天了"。原来如此，都是中央红军留下的游击队，于是解除误会，队长胡方率100多人与我们合队，仍称黔北游击队，在黔北地区开展活动。

当中央红军由贵州进入云南渡过金沙江北上之后，游击队与总部失去了联系，武装斗争发展缓慢，处境困难。若突破乌江与二、六军团会合，人太少不可能；而在此地域发展，局限性大，一条乌江，一条赤水河，把游击队夹在中间，活动又展不开。于是提出：总部在扎西石坎子地域留下有川南游击纵队，人多且有轻重机枪，还有根锯地，不如到这个地方同纵队一起活动。经领导研究，事先派一个侦察员前去探询。不久回复报告，可在叙永分水岭一带找到这支队伍。

黔北游击队300多人，一个手枪班走在前头开路，经二郎滩过河，大约五六天到了叙永朱家山与川南游击纵队会合。当天晚上召开了干部会议。原川南游击纵队改为一支队，黔北游击队改为二支队，每个支队下设三个大队，干部作了调整。第二天大会宣布，两支游击队会师后，壮大了革命力量，统称川滇黔边区游击纵队，刘干臣任司令员，徐策任政委①，张凤光任副政委，余泽鸿任政治部主任，陈宏任参谋长，李青云任特派员，我在二支队任供给主任。

纵队在朱家山合队整编，敌人企图合围。大会后休息半天便开始行

① 徐策初任红军川滇黔边区游击纵队司令员兼政治委员，牺牲后，由刘干臣任司令员，余泽鸿任政治委员——编者注。

动，由朱家山出发行至田坝头时即与敌遭遇，一支队掩护二支队通过，打了三个多钟头，队伍全部过了，阻击部队才撤下来。第二天清晨，部队从山这边走，发现敌人从山那边走。游击运动两三天，经天蓬至长官司宿营，派一个排驻守金华山。当晚，刘干臣来到我们住地对大家说：长官司是威信老县城，过去川南游击纵队经常来这里活动。这次队伍发展了，力量也火了，打算选择一个地方扎下根来。第二天清晨，部队开饭后在城外集合准备出发，刚通过把军事哨撤下来，方发现敌人在后山运动。纵队迅即往石碑方向前进。刚到半山丛林地带，遭到敌人阻击。当下，徐策政委给指战员们说:这一仗，敌人占据制高点打，于我不利，不打，敌军控制着我方，很难安全撤出去。他命令部队夺取制高点，而川军周化成联团 1000 多人，凭借有利地形，将马尾手榴弹一批批投向我方，战士们抓起来又扔回去，加之敌人用机枪封锁，部队伤亡很大，几次冲锋不能取胜，伤员不断抬下去，先听说张风光副政委牺牲了，陈宏参谋长受伤被俘，接着徐策政委上前指挥，又受了重伤抬下来，当即余泽鸿接替徐策职务，继续战斗，夺取制高点，把伤员抬走，牺牲的安埋好，便开始撤退。后勤人员先头渡河，掩护撤下来的部队，敌人追到河边，又打了一仗，双方均有伤亡。

长官司这一仗，从早到午，约五六个小时，纵队牺牲了八九十人，光头部队撤到罗卜坳，没有搞到吃的，又遇着滇军和独立营的敌人便打起来。徐策胸部受伤，子弹打着肺部，伤势很严重，抬到罗卜坳碾子湾，遇着敌军追近，他不准抬着走了。他叫警卫员填枪，还说：我已经不能医治，不要管我，你们赶快投入战斗。警卫员坚决不填枪，仍抬着走，因为战斗激烈，将他抬到包谷地林内隐蔽起来，结果就牺牲在包谷地里。部队在碾子湾边打边撤，到小岭上天黑了，没有饭，搞了些洋芋煮着吃。这天从清早吃饭到傍晚，打仗行军饿得不行，吃了点洋芋，个个都叫头昏，幸亏敌人没有进来。到了簸箕坝，特委召开会议，在这里宿一夜，转移到大雪山。伤员便寄养在罗卜坳、簸箕坝等地。

纵队到了大雪山安尾坝，进行了整编。这里四面都是森林，比较安全。余泽鸿在休整时给指战员们说：今天我们在这里整编部队，把人员调整一下，每个大队建制不变，缺干部的补起来。这次长官司战斗打得不好，损失很大，伤亡较多，敌人损失更大，死亡更多。从今以后，要吸取教训，专打分散孤立之敌，为牺牲的烈士报仇。周化成队伍有1000多人，不能同他硬打，要打其弱点。接着宣布接替职务名单，余泽鸿继续任政委职务，因二支队第六大队大队长、指导员牺牲了，宣布要我任大队长兼指导员。

长官司这一仗受到损失，改变了打建武的计划。据说固化成队伍在长官司一仗后，了解到红军游击队很能打仗，也很勇敢，便把队伍收缩布防，不随便同游击队在野外打仗。余泽鸿召集支队负责人研究作战部署，认为要继续完成掩护中央红军北上抗日的任务。就要在川滇黔边区打出影响来，每个省打下一个县城。如筠连县是南方最大的县城，只有周化成的一个营防守，打下可能性大且有影响。大家同意余政委的意见，决定在四川攻打筠连县城，云南打镇雄，贵州打赫章。纵队插入筠连突袭了大乐瓦，活捉盖县绅粮田耀堂，进抵距县城几里路的关子卡，与周化成部激战，毙伤敌数十人，后折转大雪山。接着打扎西，我们从大雪山安尾坝下长安寺，走斑鸠沟过来，在斑鸠沟把从筠连抓来的田耀堂杀了。然后由柏香坪挺进扎西，进入扎西街坊时，独立营陇承尧将队伍集中退入狮子营，在营盘里胡乱放枪，不敢出来抵抗。因为陇部被我们的游击队打怕了，不敢出来与我们交火。在黔北游击队合队之前，徐策领导时曾率队打了扎西。据说我们川南游击纵队冲进去，占领了县城，陇的队伍待纵队撤离时才从狮子营出来追击。说滇军有了规矩，只要猛冲三次，冲不动就不再打了。陇的连队冲了第一次，徐策命令五大队回来，对他们进行了反冲锋，结果黄虎山带的五大队一直由小关口折转来冲上去，陇的队伍急忙龟缩在狮子营里不敢出来。从此陇承尧一直怕和游击队打仗了。

在游击纵队中最能打仗的是五大队，他们全数是国家保卫局下来的，黄虎山便是这个支队的负责人。后来最能打的又是侦察队，有30余人，刘金保任队长，钟品三任副队长，全数使用手枪。之后纵队开辟游击区，创建根据地，在余泽鸿、刘干臣的领导下，纵队发展到1200余人，进占赫章，打进筠连县城，进逼江安、纳溪、叙永，威胁泸州、宜宾，后进赤水、毕节、仁怀，达遵义、娄山关附近。扩大游击区方圆近千平方公里，纵横驰骋云贵川三省边区20余县地，确实在边区牵制了敌军，打出了影响，引起国民党军三省重兵“会剿”，常有数股敌军尾追，使纵队减员很大。由贵州入云南转到四川长宁贾家湾，余下300多人了。鉴于斗争形势紧张，游击队作战艰苦，余泽鸿对部队进行化整为零,分成两个支队单独行动。不久,一支队在梅硐桔子岭与敌人遭遇，发生激烈战斗，队伍被打散。余泽鸿、刘干臣在反“围剿”中牺牲。龙厚生、黄虎山带二支队在炭厂同敌人打了几仗，到和尚坪被敌打散。我只身突围到尖峰山，向庙里和尚寻路，正巧遇着刘求含，便一同到洛柏林见龙厚生、黄虎山等人。刚见面，龙厚生便问：有这个东西没有（比手枪的手式）？我就从腰间拔出手枪来。他接着说：有这个东西就好。于是，我同龙、黄、刘树高、蔡树勋、刘求含和两个福建籍的队员共八人，由金燧派人接去他家乡隐蔽，每到一地住两天又转移。这段时间，到处是冰天雪地，我们住在一个洞里头，冷得上牙碰下牙。就这样住了一两个月，敌人没有撤走还在到处搜查。一天，金燧派人来告诉说，游击队又来了一批人到洛柏林，于是一起去相见，原来是刘复初、李青云带着一支队剩下的20多人由连天山来到这里。大家见面后，有说不出的高兴，这天正好是腊月三十,一起过了旧历年。

在洛柏林，刘复初主持召开了特委扩大会议，因为人少，凡是共产党员都参加了会议。大家回顾了一年多来的工作，在军事、政治上都取得了胜利，威震川滇黔，完成了党交给的配合中央红军北上的任务。由于三省反动军队的“围剿”，使我们遭受挫折和损失。但是，队伍仍然保存下来，我们一定很好地坚持战斗下去。特别是保存了我们手枪队的 30 多人，这些人既是侦察队又是尖兵队，既机智又勇敢，是游击队中最能干的一部分人。接着分析形势说：目前在四川方面很难站住脚，因为反动民团甚多，一有风吹草动，就鸣枪报告，对开展斗争极为不利。云南方面到处有碉堡，对游击队活动是一个障碍。可是，保甲制比较松弛，民团难于集中，而且保与保之间以邻为壑，互相坐山观虎斗。加之我们搞联合，搞统战，实为游击队活动之可乘之隙。根据这样的情况，当前应向云南发展。接着讨论了特委组成和部队的建制，推举刘复初任特委书记兼纵队司令员，龙厚生任特委委员兼纵队政委，李青云为特委委员兼特派员。

选自李言璋编著：《余泽鸿烈士》，2002年12月，第395—400页。

曾广胜，1912 年生，江西兴国人。1928 年加入中国共产主义青年团，1930 年参加中国工农红军，1931 年转为中国共产党党员。1934 年随中央红军参加长征，任总司令部供给科科长。1935 年初至贵州习水时留在当地开展游击战争。南方三年游击战争时，任红军黔北游击队供给主任，川滇黔边区游击纵队第二支队供给主任、第二支队第六大队大队长兼指导员。新中国成立后在江西省兴国县崇贤公社崇胜大队梅石生产队。

回顾在扎西的战斗历程

陈彪

1935 年 1 月中旬，中央红军长征途中，党中央在贵州遵义举行政治局扩大会议，纠正了“左”倾冒险主义的错误，开始了以毛泽东同志为代表的新的中央领导。使党和红军得以在极其危急的情况下保存下来，并在以后能够战胜张国焘的分裂主义，胜利完成长征，打开中国革命的新局面。

遵义会议以后，中央决定红一方面军北渡长江与红四方面军会合，在成都之西北或西南实行总的反攻，争取四川赤化。当时我在三军团五师十五团任副特派员。在贵州土城同川军作战中，我右腿负伤，战士们用担架把我抬着走。渡过赤水河进入川南的古蔺、叙永，由于四川军阀沿长江布防，红军主力折向云南威信扎西地区前进。我们来到叙永天堂坝时，军团保卫局长张纯清找我说：现在形势很紧张，部队抬着你走，也很困难，决定暂时把你寄在这个地方养伤，待伤好后再来追赶部队。我本来不愿意离开大部队的，但想到大家抬着我走这么远的路，的确也很辛苦，所以我只好同意留下。

部队把我寄在天堂坝一位苗族家里。同时在这个寨子寄养的伤病员有一位营长和一些连排干部，共计十多人。还留下护理员和药品。我在这位苗族家里医治疗养了几天，能拄着棍子走路了，我就急于追赶部队。此时听说红军主力在扎西集结休整。这位苗族家只兄弟两人，对我很好，我赠送他两块大洋，临走时他弟弟还送我一程。

到分水岭，遇着五龙山游击队（即叙永特区游击队）。这支游击队是川南地下党员王逸涛组织起来的。加上我们红军伤病员共有180人。王任司令员，何宗舟（三军团五师十四团总支书记）任政委。分为三个中队：一二中队是红军留下的伤病员和身体较弱人员组成的；三中队是当地杨登高的绿林武装，有六七十人，多用土枪、马刀，战斗力弱。五龙山游击队，在五龙山、天堂坝、树坪、分水岭等地活动。何宗舟同志告诉我，要我不要回红军主力部队去了，就留在游击队，边养伤边工作。我同意了。何安排我做群众的宣传和组织武装工作。

1935年2月初，中央政治局在扎西召开了扩大会议。决定红军回师东进、二渡赤赤。缩编部队，精简机关，充实连队，扩大红军，开辟川滇黔边区革命根据地，组建中共川南特委和红军川南游击纵队。我到五龙山游击队不几天，三军团六师政委徐策、干部团上干队政委余泽鸿、八军团民运部长戴元怀、新编师师长刘干臣、三军团六师参谋长曾春鉴等带着一支大队伍过来了。当中有保卫局第五连。这个连人员整齐，装备精良，打仗勇敢，配备有四挺水机关枪和一部电台，共有400多人。

我们在树坪的庙门前迎接他们。部队到达后遂在一座瓦房里开会。徐策在会上宣布说，我们称为中国工农红军川南游击纵队，设有司令部、政治部、供给处，下编为五个大队。司令员王逸涛，副司令员曾春鉴，政治委员徐策，政治部宣传部长余泽鸿，组织部长戴元怀，参谋长刘干臣，特派员龙厚生，供给主任杨德胜，地方工作团主任张梅凤，秘书阚思颖，司令部指导员李桂洪，还有侦察排。这批人机智勇敢，都是经过挑选的。五个大队，即五龙山游击队的三个中队改编为三个大队，中央红军在扎西留下来的编为第四、第五两个大队。第五大队是国家保卫局第五连的原班人马。会后，党员中宣布在扎西成立的中共川南特委，徐策同志任书记，委员有王逸涛、余泽鸿、戴元怀等人。后来又增补刘干臣、曾春鉴。川南特委直属中央领导，经常用电台与中央联系。原五龙山游击队政委何宗舟因身体不好，没有安排其职务，仍留地方养病。

红军游击纵队，既是战斗队，又是工作队、宣传队。特委率领这支队伍在云贵川三省边区广泛开展游击战争，打击与牵制敌人，宣传组织武装群众，创建革命根据地。游击队成立初期，指挥有方，部队士气高昂，作战勇敢，声威大震。这段时间，为牵制敌人，配合中央红军渡江北上，采取灵活机动的战略战术，声东击西迷惑敌人，时而称川南游击纵队，时而称云南游击纵队，时而称贵州游击纵队，积极穿插，游击转战，奇袭敌人，战果累累。四川军阀刘湘惊慌失措，摸不清川南究竟有多少红军，急忙调兵遣将，防守红军北渡长江。滇军孙渡得悉黄泥咀还有一支红军，深恐乘隙入滇，派部回守滇境。与此同时，我红军游击纵队在木厂梁子击溃川军一个营，大石盘冲破川军一个团和汉安、兴文等四县保安队，水田寨赶走镇雄独立营，牵制了敌人一大部兵力。几次大的战斗，军事上都取得了胜利。一次，我们进攻筠连县城，敌军一营人驻守，闻听红军游击队来了，县长和敌军被吓得弃城而逃。我们占领县城，缴获不少物资和武器装备，打开监狱救出了 200 多名无辜群众。深受广大民众的欢迎。这段时间的地方工作也是有声有色的，在许多地方宣传群众，组织群众，建立了农会，有一些街子上建立了贫民会。还有的地方发展了党的组织，建立了地方武装，打土豪，将没收的财物分给贫苦的群众，广大民众也很拥护红军游击纵队。曾记得在威信的罗卜坳、斑鸠沟等地建立了贫民会，大雪山，郭家坟、马家坝、水田寨、簸箕坝、长官司等地建立过农会和发展了党员。这些地方的群众与游击队的关系是比较好的。

游击纵队第一次出击川南回来，王逸涛就借故逃跑投敌了。杨登高的绿林武装也随之离开我们。王叛变后，徐策在马家坝召开大会讲话说，王逸涛经不起革命斗争艰苦环境的考验，已经叛变投敌了。今后革命胜利了，一定要审判他，枪毙他。并在会上宣布开除了王的党籍，撤销他的职务。号召大家要坚定革命信心，坚持战斗，直到革命胜利。王的叛变，没有带着人走。杨登高的队伍离开我们，关系也不大。因为他们打仗不行，平时作战我们基本上没有要他们参加。对我们损失大的，是我们在农村建立的许多关系和一些组织，由于王的叛变，均被出卖和破坏了，给我们做群众工作带来了不少困难。游击纵队使用的电台，开始还经常同中央联系，大概过了两三个月，机器坏了，又没有汽油和电池，就在煤洞场把它埋了。

1935 年 7 月，中央红军在贵州留下的黔北游击队，由司令员陈宏、政委张凤光领队来到叙永朱家山与川南游击纵队会合。两队会合后，改称中国工农红军川滇黔边区游击纵队，特委也改为中共川黔边区特委。部队的建制是：司令员刘干臣、政委徐策、政治部主任余泽鸿、参谋长陈宏、特派员李青云、供给主任杨德胜、地方工作团主任钟昌涛、副主任陈兴才，龙厚生管组织，阚思颖管宣传①。司令部有侦察排、卫生队。司令部的指导员李桂洪。合队后有八九百人，编为两个支队。一支队原川南游击纵队，二支队原黔北游击队，两个支队各设三个大队，每个大队有 100 多人。在朱家山大地坡召开会师庆祝会，搭了戏台表演文艺节目。附近十多里地的群众都来观看。地方工作团还将没收来的谷子、衣物、猪肉等分给贫苦群众。从此，更加扩大游击纵队的政治影响，燃起了燎原烈火，三省军阀惶恐不安。

由于游击纵队声势浩大，活动频繁，给统治阶级造成极大威胁，三省军阀先后派出正规部队八九个团来“追剿”游击队。朱家山会师后，计划到南六②的兴文县。部队到达长官司稍事休整，第二天清早出发时受到川军一个团的阻击。敌人居高临下，我们与敌人死打硬拼，这一仗

① 徐策应为纵队司令员兼政治委员，牺牲后，由刘干臣任司令员，余泽鸿任政治委员；参谋长为曾春鉴，因伤由陈宏代理参谋长——编者注。

② 南六，即南六县，指四川高县、珙县、兴文、庆符（今属高县）、长宁、筠连六县——编者注。

打得很艰苦，从早上打到下午才撤出战斗。张凤光副政委在战地牺牲了，有的负伤后不知下落。伤亡人员大部未抬下来，直到晚上才转移到簸箕坝。在簸箕坝宿营时，余泽鸿召集会议，宣布由他担任特委书记兼游击纵队政委，刘干臣任司令员。大队一级干部调整补充，决定游击纵队到大雪山安尾坝休整。

部队经过整编，仍转到川南的高县、珙县边境，辗转活动，取道镇雄，进占赫章，打进筠连城，巧取叙蓬溪，威逼泸州、宜宾。1936年底，游击纵队由贵州地界转回云南再到四川。敌人集中兵力加紧“围剿”。余泽鸿在长宁贾家湾召开会议决定，将部队化整为零，分为两支活动。我在一支队跟随司令部，突出敌人包围后，只剩下四五十人了。在江安、古宋边境的一个地方宿营，余泽鸿政委便在这天晚上牺牲了。刘干臣因病寄养。我们在特派员李青云、参谋长刘复初的带领下，向连天山转移隐蔽。在连天山上坚持了近两个月，敌人今天搜这座山，我们转到那座山；明天搜那座山，我们又转到这座山。白天在山里转，晚上才摸到老百姓家求宿。有时一天只能吃上一餐饭，加之时值严冬，衣服穿的单薄，寒风刺骨，坚持一个多月，敌人搜不着我们，只好佯称游击队已被消灭，将队伍撤走。

1936年春，我们由连天山下来，又遇着二支队被打散的龙厚生、黄虎山等人，在古宋、长宁、兴文、珙县边境坚持游击战。此时得知红二、六军团已到达黔北。为配合红二、六军团作战，我们积极行动起来，赶跑了兴文炭厂守敌一个营。部队向滇黔边活动，又不断补充和发展起来。

纵队到达罗卜坳，曾春鉴参谋长原来在那里养伤，伤愈带回一些人到部队。养伤期间，曾还在那里建立有一个党支部，发展有几名党员。支部书记是一位小学教员，名叫叶培根。

1936年6月，红军游击纵队转移到镇雄花郎坝，有在毕节兵变的陶树清和贵州抗日救国军第三支队阮俊臣的队伍来找我们合队。阮、陶共有六七百人。在威信院子场商谈合队事宜。陶表示说：他们起义是为了革命，为求解放。于是将阮、陶的队伍编入纵队，统称中国工农红军川滇黔边区抗日先遣队，下设三个支部统一行动。这时游击纵队只有七八十人，编为第三支队。陶的部队是刚从国民党军队里起义过来，纪律性差些。我们同他们活动20来天，龙厚生等同志说他们不听我们做工作，还散布要收拾我们，提我们的枪。在这种情况下，我们没有耐心地做工作，就脱离了他们单独分开行动。不久，听说阮、陶的部队在国民党军队的“追剿”中被打散了。

离开阮、陶的队伍后，游击纵队转移到罗卜坳，有老乡前来报告：从四川来了川军100多人整装，住在对面山上。纵队即派人侦察，果然如实。还带回来两名代表要见红军司令，自称是川军起义的代表。红军游击纵队热情接待。原来他们是刘湘暂编第一师三团的一个连，在珙县底洞铺举行起义。听说红军是抗日救国之师，是为穷人打天下的军队，官兵平等，不打骂，团结友爱。他们打死连排长，由刘少成、蓝澄清带领前来投奔红军，请求参加革命队伍。他们将队伍带下了山，与红军游击纵队合编。这一连人佩有机枪和六〇炮，武器尚好。我们在簸箕坝开大会欢迎他们。人员扩大后，游击纵队改编为三个大队。一大队长高良民，指导员贺东朝；二大队长易德胜，指导员陈兴才；三大队长刘少成，副大队长蓝澄清，指导员曾广胜。此时纵队建制：司令员刘复初、政委龙厚生、参谋长曾春鉴、特派员李青云。

游击纵队迅速发展到三四百人，继续活动在川滇黔边区。曾在威信的烂泥坝击溃滇军补充团，在贵州燕子口截击军阀杨森商货100多挑。约在11月中旬，我因病发高烧，走不动路，纵队把我寄养在大雪山脚，后又转移到水田寨，躲避在艾宗藩部下一位张班长家。因滇军搜剿严密，又转到叙永分水岭沙家沟，在刘保长家里住了半年多。此时听说游击纵队在三省重兵的“会剿”中失利，多数领导人都先后牺牲了。

我来到扎西找到旷善云。旷是闽赣苏区青年团书记，长征时腿部受了重伤寄养在大河滩，1936年5月才到游击队里来的。在纵队任侦察参谋，与阮、陶部队合并时任二支队政委，参加特委为特委委员。纵队失利后，他来到扎西，找着县长李涤尘。因国共合作，李县长也有些进步，不杀红军。李向我们吹嘘：他是云南讲武堂毕业，曾参加护国军任营长，认识朱德。前期曾杀有红军，而今形势所迫，还收容了不少红军人员。我们在扎西为动员抗日力量上前线，将失散在扎西的红军游击队员组织起来，成立了一个临时党支部开展活动。我们这个支部有党员旷善云、贺东朝、高良民和我等人，旷善云任支部书记。这时，我们给延安李富春、彭雪枫写了信。给我们寄来了护照和路费。由于贺东朝等人不愿意走，想做点买卖营生留在扎西。1938 年 1 月，我同旷善云二人几经辗转到达武汉。经办事处介绍转赴延安，投身到党中央的怀抱。

至于郭家坟组织队伍的殷禄才、陈二排，我只听说过，郭家坟有人来与我们联系。陈二排是原来国家保卫局第五连的，在纵队中人称他二排长。1947 年我在东北，听说川南还有一支游击队在活动，我立刻感觉到我们留下的那批红军人员又干起来了，殊不知是陈二排、殷禄才的活动。在川滇黔边区我们还对许多绿林兄弟搞过统战，经了解可靠和信得过的发展为党员，支持一些武器，要他做好群众的发动工作，宣传组织，条件成熟了再来报告，批准建立政权。这方面的工作，我们地方工作团是做的比较多的，也就播下革命火种，让它发芽、长叶、开花、结果。

中国工农红军川滇黔边区游击纵队，远离党中央，孤军深入敌占区，在极其艰难困苦的条件下，独立地在云贵川三省边区进行了两年多的游击战争，开辟游击区，创建根据地，与数十倍的敌军周旋战斗，牵制国民党军队和 20 多个县团队的兵力，完成了党中央和中革军委赋予的光荣而艰巨的使命。同时打击反动区、乡政权，惩治贪官污吏、土豪劣绅，没收他们的粮食、浮财分给贫苦民众，深受广大群众的欢迎。当地群众仍然流传着歌谣：“红军到，干人笑，绅粮叫；白军到，干人叫，绅粮笑。要使绅粮天天叫，白军兄弟拖枪炮，拖了枪炮往回跑，打倒军阀妙！妙！妙！”红军游击纵队由于没能建立起巩固的革命根据地，长期得不到休整，供给无法保障，伤病员无处安置，致使在敌重兵的“围剿”下，主要领导人的牺牲，遭受了重大损失。但是，川滇黔边区的革命火种，如燎原烈火，熊熊燃烧。红军游击纵队发展的云南、贵州、川南游击支队仍然坚持战斗到 1947 年。回顾这段坎坷曲折的战斗历程，数百红军指战员的热血洒遍了这块土地，不少红军人员受伤致残流落他乡饱受饥寒。他们这种崇高的品德和献身精神，将鼓舞着我们今天活着的人们更加努力，奋勇前进！（雷吉常根据陈彪几次谈话记录和发表的文章整理，未经本人审阅）

选自威信县政协文史资料办公室编:《威信文史资料选辑》第5辑, 1988年8月, 第1—9页。

陈彪，原名陈兴才，1916 年生，江西寻乌人。1928 年参加革命，1931 年加入中国共产主义青年团，1932 年转为中国共产党党员。1934 年随中央红军参加长征，任红三军团第五师十五团副特派员。南方三年游击战争时，任红军川滇黔边区游击纵队地方工作团副主任、大队指导员。新中国成立后，曾任吉林省公安部队副政治委员，吉林省军区延边军分区副政治委员、政治委员，吉林省军区副政治委员、顾问等职。

在云南游击支队的战斗岁月

雷庭忠

我是罗布簸火花家坝人，父母早亡，少时帮人度日，1935 年红军长征过后不久，殷禄才组织起一支游击武装开始闹革命。那时，我因举目无亲，20 多岁还是独身。在殷禄才动员下，便参加了他的队伍。当时，队伍只有 20 多人，大多是殷禄才小时候的朋友，穷苦兄弟。我进殷禄才的队伍后，由于斗争坚决，作战勇敢，没过多久，殷禄才便叫我当第一班班长，还出面给我介绍了一个妹子，拿出一大笔钱帮我成婚。从此，我在殷禄才的队伍里一干就是十年。但在后来的几年里，殷帮我安家在中心场邓家河，就没有长期在身边，有事才到部队里来。1946 年 9 月，参加打五村乡公所时我负伤后，殷禄才把我安置在我的亲戚家养伤离开了部队。1947 年国民党七九师来“围剿”殷禄才领导的队伍，我伤未愈还没有归队免遭遇害。下面把我在云南游击支队中亲身参加的几次战斗情况回忆如下：

一、找到红军游击纵队

1936 年 4 月，殷禄才前去四川石碑、簸箕峡找过川滇黔边区游击纵队，以后，殷禄才又去一段时间才回来，一次他很高兴地对我们说：

这回有靠山了，纵队司令员刘复初送给我们十多支枪，叫我扩大队伍。从今以后，我们这支队伍的名称就叫云南游击支队，我任支队长，还要派来一位红军干部当政委，是打土豪分田地搞革命活动的。还说，我们都是穷苦贫民出身，要好好地干要为穷人打天下，今后大家都会有出头的日子。半月后，殷禄才率我们十多人去四川石碑运来了刘司令员送的16条枪。这样，又有一些人主动投奔支队，我们的队伍日渐壮大。

二、将计就计　除掉张发富

张发富，威信县长官司人，与顺河地霸张占云是远房叔侄，在张占云的指使下，曾到镇雄关上投靠绿林武装头目陈明飞。陈见张发富精明能干，委他一个小队长职务。张发富在陈除明飞部干了一段时间后与陈闹别扭，将陈部30余人枪拖走，自立门户，在大雪山拦路抢劫。之后，来与殷禄才联合，殷未应允，张发富厚着脸皮向殷借枪。为不伤绿林和气，殷禄才借了几支枪给张发富，还商定了还枪日期。谁知张发富一去就是一个老将不会面，殷禄才觉得张发富不守信用，很生气。几次派人去找他，他不但不还枪，连草鞋钱都不给一个。到3月间，一天，殷禄才派我带人去大雪山找张发富，把借去的枪要回来。我带了三人去找了好几个地方，终于在大雪山林中一家瓦房里找到了张的人，向张说殷队长要我们来拿几个伙食钱，张说没有，叫我们先回去给殷队长说些好话，他过几天就来郭家坟见殷禄才。过了一个多月，到1936年4月下旬，张发富果然来了，同时还带着二三十人枪，把队伍带来住在郭家坪上，先去顺河杜家湾、团田与张占云见面，叔侄密谋策划，利用假装前来投靠入伙的办法，妄图借机杀害殷禄才，接管其武装。殷禄才接到团田王家的人来透露这一情报后，决定将计就计，处决张发富，解除其武装。第二天，张发富带着张占云的人来到郭家坟，传话要见殷禄才，商谈投靠之事。按照殷禄才的布置，由殷禄申把张发富请到偏岩子杨金祥开的烟馆里吸鸦片，稳住张发富，其他几个随从被喊到街上一家酒店喝酒。张发富躺在烟床上，将快慢机手枪上膛摆在胸前吞云吐雾抽了一阵鸦片后，急切地问殷禄申："骡子来了没有，咱个还不来？"殷禄申趁机走到床前，挡住门口视线，对张发富说："稍等一下就来！"就在这时，勤务兵周仕奎轻轻从门外闯了进来，周的个子特别矮小，不易发觉，将手枪从殷禄申腋下伸去向张发富开了一枪，张受伤急忙抓起放在胸前铺上的手枪，殷禄申手急眼快将张发富的 20 响手枪夺了过来交给殷禄才，随同进来的周仕奎接着又补了一枪，张当场毙命。殷禄才见张确实已死，叫人将尸体拖了出来。我和殷崇科等几个人同时在酒店里也解除了张发富带来的人的武装，紧接着集队到坪上，把张发富弟兄住的房子包围起来，殷禄才亲自率领队员冲进屋内，用枪对着那些正在喝酒吃鸡的士兵，大喊一声："兄弟们，不许动！你们被包围了，你们赶快缴枪投降。"有一个家伙妄图举枪反抗，伸手去拿枪被周仕奎一枪击中手背，其余的人见大势已去，一个个举手投降交了枪，然后被押到院坝排成两行。殷禄才对这些人说：你们的队长张发富要暗害我，已经被我们处决了，你们都是穷苦人家出身，愿留下的跟我干，不愿留下的发给路费可以走。除两人要回家外，其余 20 多人都愿意留在支队。这次消灭张发富，共缴获长短枪 30 余支，又一次扩大了力量。

张占云的企图落空，偷鸡不成蚀把米。但他老奸巨猾，一计不成，又生一计，忙叫师爷写一密信派人送给陈明飞，阴谋挑拨陈明飞与殷禄才的关系，企图借陈的武装力量把殷禄才的武装吃掉。殷禄才得知这一情况后，派我去向陈明飞说明情况，同时转告了殷禄才愿把缴获张发富的枪支送还给他。陈明飞听后非常高兴，开怀大笑对我说："殷禄才够朋友，本来我早就想解决张发富的，感谢都还来不及呢。"陈明飞要我给殷禄才讲，收缴张发富的枪就不用还给他了，只希望得到其中"罗汉"20 响手枪。我回来给殷禄才说后，为了加强与绿林的团结，殷禄才慷慨地派我把两支手枪送到石碑交给了陈明飞，并转告了殷禄才对陈的问候，进一步密切了同绿林武装的关系。从而又一次击败了张占云的挑拨离间之计。

三、伏击杨伯仿的“保商队”

一天下午，殷禄才派出的侦察员罗学林从四川珙县地界回来说：王场乡长杨伯仿的保商队，有一个班多的人枪于第二天早上要护送一些商人去洛表。殷禄才听了这个消息很高兴，当天晚上便率领我们60多人从郭家坟出发，赶到从王场通往洛表的必经之路凉风坳埋伏。那时已经进入深秋，虽未下雨，但到半夜寒气袭来，大家衣着单薄，冷得发抖，但没有一个队员叫苦，一直坚持下来。到第二天早上杨伯仿的保商队果然护着一些商人从王场而来，当这些“保商队”一进入伏击圈，为了不伤着那些商人，采取短兵相接的办法，殷禄才的枪一响，我们突然冲出树林，有几名保商队的士兵一听枪响就像兔子一样没命地逃了，有几名见势不妙只好举手缴枪投降。商人们一听枪声，吓得趴在地上发抖。殷禄才对这些商人说：“大家不要怕，我们打的是王场乡长杨伯仿的保商队，你们是商人，我们不要你们一点东西，放心去做生意吧”。接着把被俘的保商队员教育一番之后全部释放。我们把缴获的六支枪和100多发子弹十枚手榴弹装好，很快离开伏击地点凉风坳，胜利返回郭家坟。

四、捣毁地霸杨培英兵工厂

杨培英乃是四川珙县中心场一大地霸，为了发家和压迫剥削劳苦人民，暗暗招请了一些造枪匠人，在司营铺的山上一个岩洞里办了一个兵工厂，专门制造步枪和手榴弹。这个消息被殷禄才知道后，派人多次侦察，就是搞不清造枪地点。事有凑巧，一天，殷禄才正为这事烦恼，一个乞丐装扮的人来到郭家坟街上询问要见殷禄才。周仕奎跑进内室转告，殷觉得事有蹊跷，便走出门外见了这人，和善地问有什么事。这人见殷禄才说话和气，态度忠厚很受感动。便说有要事相告。殷请这人入内。原来这个化装成乞丐的人，是杨培英请来造枪的匠人。因杨对匠人残酷剥削，生活待遇不好，还克扣工钱。这个匠人领头向杨培英提出意见，遭到杨一顿大骂，撵了出来。听说郭家坟的殷禄才讲义气，因此有意来投奔。殷禄才热情地接待了这个匠人。当晚，造枪匠人把兵工厂所在地绘图交给殷禄才后便仍乔装着走了。

殷禄才派人侦察后，在一个晚上，率领我们两班人，神速地向司营铺进发，一个多小时的急行军，摸到造枪洞口下，解决了暗哨，冲进洞内，缴获新造步枪 20 多支和一些步枪零件，手榴弹 40 余枚，并将其造枪用的机器砸烂丢在岩下。彻底捣毁了杨培英的兵工厂。

五、老鹰硐支队突围　麻柳山殷崇科被杀

殷禄才联系纵队之后，率领我们杀富济贫，专打恶霸和国民党区乡政权。同时率队配合纵队在斑竹山羊坝作战，击退川滇敌军。由于云南游击支队在郭家坟的兴起和壮大发展，造成了国民党基层政权和地霸势力的极大威胁。

1936 年 9 月下旬一天，顺河地霸张占云骑着马，带着几名家丁，伪装到郭家坟赶集。当天，支队派魏从金（外号魏老猫）率一个小队在郭家坟街上维持街场序秩。张占云到街上后见支队人少，借机故意挑起事端，趁小队长魏从金正理发时，开枪打伤魏从金，打死魏朝云。枪声一响，整个街场一片混乱。支队队员胡聪亮跑回老鹰硐向殷禄才

报告了情况。殷禄才听后十分气愤由老鹰硐率领30余名队员赶至街上，张占云怕吃亏，带着家丁边打边退回顺河场，因天色已晚支队没有再行追击。

第二天，张占云就请来镇雄独立营“围剿”郭家坟。殷禄才率领我们很快撤进麻凼湾老鹰硐，一面派殷崇科（殷禄才的叔叔）率十多人在洞外联络纵队接应。随后滇军田富伍营也开来一个连(卢连长)“围剿”。殷禄成的队伍住大硝洞，我们住老鹰硐。敌军将两个洞围得水泄不通。滇军田营派团丁逼迫老百姓砍树烧洞子，押带殷吉奎、殷绍三来洞外喊话，叫我们出洞投诚。由于石硐坚固、险要，又有充足的粮草，我们不予理睬。田营、独立营和张占云、王显州的团队围了20多天，把我们没办法，便施用毒计，扬言要拆郭家坟街上老百姓的住房烧洞，殷禄才和我们商议，为了不连累乡亲们，决定突围转移。在一个漆黑的夜晚，埋藏了一部分枪支，除留下一个队员看守洞子和照料家属外，殷禄才亲率主力三四十人突围转移到四川洛表腰蹬岩驻扎。在敌军围洞前派去联络纵队的殷崇科，因纵队也遭敌军“围剿”未联系上，便带十余人在麻柳山隐蔽活动。不几天，跟随殷崇科一道转移的殷禄才的舅舅杨青云，趁其他队员出外筹粮之机，杀害了殷崇科，抢走手枪两支逃往四川石碑等地打着殷禄才的旗号拦路抢劫作案。殷禄才听到这一消息，半天没说出话来，气怒过后，令王子明率一小队人马专门到石碑捉拿杨青云，经过查询，把杨青云捉拿归案。殷禄才召集全体队员开会，审判舅舅杨青云的罪行。这件事被殷禄才的母亲知道后，出面说情，反而被殷禄才说服。虽是母舅，但他杀害了队员，犯下了滔天罪行，如若不处决，我怎么向队员们交待，今后我怎能带好队伍，遂将杨青云处决。殷禄才大义灭亲，对支队队员影响很大。

六、夜袭杜家湾碉楼

1937 年夏初的一天，顺河地霸张占云指派其团丁周光伦，跑到四川腰蹬岩伪装前去投奔支队，借口他与张占云的女儿行为不轨，张占云要杀他。并说，他的哥哥周光华现在还在张占云那里，如果支队要去打张占云，他愿做内应。事隔不久，殷禄才收到一封周光华请人送来的信，内容大意是说张占云现患病卧床不起，正好下手。殷禄才觉得是个机会，但思想上仍有怀疑，经过准备，亲自率领支队 20 多人随同周光伦到郭家坟吃罢饭，天刚黑，摸到了顺河场，为防万一，殷禄才叫我带一个班的人同周光伦过河去先看看情况，临过河时，反复交待我说："庭忠老弟，我把这十几个队员交给你，你要见机行事，如果情况有变，赶快撤出，把大家带回来，我带着队伍在河边增援你们"。我率队过河摸到杜家湾张占云的住地，按周光华信中的安排，从马厩上碉楼。周光伦先入马蹬上了碉楼，接着放下一根绳子，准备把我们一个个拉上去，队员王德明在我前边步入马厩，刚伸手拉着绳子，突然碉楼内掷下一颗手榴弹，接着又一声枪响，王德明倒在血泊中。我冲进马厩，见王德明已死，知道中了计，忙抓过王德明用的步枪，迅速退出马厩。此时，碉楼内枪声大作。我命令伏在墙脚下的几名队员隐蔽撤退。我在后面阻击，边打边撤至河边。殷禄才讯问情况怎样？我回答中他们的诡计了。接着，张占云在碉楼内破口大骂："殷禄才你们有本事就上来嘛。"碉内又响起枪声，殷禄才在河对面放了几枪，接应我们过河。张占云一时搞不清支队有多少人，不敢来追，我们连夜撤回腰蹬岩。原来周光伦逃走后，张把周光华抓来审问，周怕受严刑拷打，说出了其弟已投靠殷禄才，奸诈狡猾的张占云逼着周光华写信给殷禄才，引殷上钩。可殷只到河边，不然就将有生命的危险。由于事情办得不好，张占云不久即收买人将周氏两兄弟杀害。

七、活捉顺河地霸张占云

1946年春，随着形势的不断发展，支队建立以郭家坟、水井坎为中心的游击基地，队伍发展到三四百人，而且还与一些地方绿林武装建立了联系。云南游击支队领导人研究：为了保证基地的安全，打击反动地霸的嚣张气焰，决定向长期与支队作对的顺河地霸自卫大队长张占云开刀。

6月16日（农业五月十三日），顺河码头帮会在顺河街上做“关刀会”。支队干部分析：张占云（系袍哥大爷），到时一定上街赴会，假充善人，口念慈悲。一清早，殷禄才和陈华久便秘密派出几名队员趁帮会做“关刀会”之机，进入顺河街上，隐蔽监视。随后，殷禄才亲率两个小队抵达赶场坝埋伏。又派殷禄坤率一个大队绕道从岩上下山。

9时左右，张占云由几名团丁保镖簇拥着过河来到街上，随即被“关刀会”管事张治盘迎进王税阶的店子，与王显州、张明清、王税阶四人打牌、抽大烟。这时，在街上隐蔽的队员前来报告，大队长杨世龙随即带警卫班队员吴树良、周仕奎、李国良等赶到王家店子外，守卫在店门口的团丁李树清看见支队来人，正要拔枪，被周仕奎一枪打死，随即几人同时冲进店内。张治金和张明清听到枪声，见势不妙，从后门逃走。没来得及逃走的张占云和王显州来不及躲避就被活捉。活捉了张占云，殷禄坤即率大队冲过河去进攻杜家湾张占云的碉堡。但由于碉堡围墙高，闸子门坚固，又加上固守的团丁顽固抵抗，加之长官司的团队听到信息又赶来增援。支队长殷禄才遂命令撤出战斗。返回时团队继续放枪，殷禄才就命令张占云给团队打招呼。张占云为了活命，对团队大声喊："不要打了，不要打了，再打我就没命了"。支队即押着张占云、王显州顺利返回水井坎基地。

选自中共威信县委党史征集研究室：《中国工农红军川滇黔边区游击纵队云南支队斗争史略》，1991年7月，第127—135页。

雷庭忠，云南威信人。南方三年游击战争时，任中国工农红军川滇黔边区游击纵队云南支队第一班班长。

十八、滇黔桂边游击区

在云南富州的革命斗争

黄松坚

红七军主力北上后，留下我们师①在右江地区坚持斗争。那时师长韦拔群，政委陈洪涛，我是副师长。后来，师长、政委被叛徒出卖牺牲了，革命遭到暂时的挫折。当时我在右江下游，为了开展新区工作，党委开会研究，滇黔桂边区那里情况比较复杂，存在各种错综复杂的政策性的问题，老区还有几百条枪，别人去不了，最后党委研究决定由我去，这样我就去执行任务了。

1934年7月9日，我带领12名干部和两名警卫员，从右江下游出发，共走了18天（其中在奉议县的五村停留一周，做地方实力人物崔伯韫的统战工作）才到云南省富州县七村地区。我们是白天休息，夜间走路，走一段，探一段。原六十二团②派到那里开辟新区的同志，派人到中途一座桥边接我们。沿途情况虽然很复杂，我们还是平安地到了那里。

我们到那里住在一个小山弄的村子里（即谷桃村），有十多间房子。当时，住在那里的还有几股已被争取过来的绿林武装。最大的一股是梁超武（梁振标）的队伍。他们不知道我的底细，只晓得我是红军的负责

① 红七军第二十一师，1931年1月正式成立，8月改编为红军独立第三师（亦称右江独立师），1932年底解体——编者注。

② 即红二十一师第六十二团——编者注。

人。当天下午，梁超武请我去吃饭，我不去。梁超武是绿林武装的头，但他愿和我们反对国民党，闹革命，在几股绿林武装中，他比别的稍好一点。他的绿林武装是打远不打近，打大不打小，在周围附近他人熟地熟，多少有点威信。他主要打大烟商，打一次可以吃几年，对一般群众危害不很大，在那里的老百姓大部分还信任他呢。他的队伍虽已编入抗日救国军，但我对他还不全了解，对他还有警惕。所以，他来请我吃饭，就对他说：我们以后相处的时间很长，吃饭的机会还多，今天我刚到，很疲劳要休息，等晚上随便弄点吃算了，就这样婉言谢绝了。当天晚上睡觉，我是不够安宁的，因为他们是绿林出身，对他们随时都要提高警惕。我带两支驳壳枪，还有两个警卫员，和十多个同志在一间房子里，前后门都放有岗哨，各股绿林武装也是各住各的，他们也有岗哨。我对梁超武说："我刚来，情况还很不了解，我还是要放哨，你莫见怪。"又对他说："我们自己的队伍和你们在一块，以后往哪个方向走，大家再作决定吧。"那晚上我和朱鹤云等几个人一块安全过了一夜。第二天有情报说桂军又有一个团来打我们。我们队伍刚到，住地又分散，他们原是绿林武装，要是桂军来进攻，怎么办？我找梁超武商量，研究对付的办法，要他们一起行动。商量后，决定召开几股武装的会议。我让他们自己说话，看他们敢打不敢打。他们都说要打，我也同意他们打。他们见我表示同意打，就决定打了。但问题又是由谁来指挥打仗呢？七八股武装，每股各有几十人，能不能统一行动呢？我还是要他们自己推选一人来指挥。我叫他们推梁超武指挥，但他们都不同意，梁超武本人也要我来指挥，我不得不同意了。我对他们说：大家要我当指挥，必须要坚决服从命令。他们也表示同意，我就带着他们去看地形。七村那个地方是石山多，又高又大，路子又窄，都是单边路，只能一人跟着一人走，依靠地利打仗，对我们都很有利。传说敌人来一个团，实际只来一个营，打先头走的是一个连。山路崎岖，他们是很难走的。桂军向来打仗是打不过我们的。看了地形后，我就作了战斗部署，摆布了兵力。并给他们交代了打法，向他们再一次强调：既推我当指挥，一定要坚决服从战斗部署，遵守命令，不然无法取胜。他们各股头头都向我表态，说绝对服从我的指挥。都按原来的安排，各人进入阵地。下午 2 点钟左右，敌人果真来了。我的指挥位置距前沿阵地约一里左右，当桂军进入阵地时，在我的统一指挥下，对敌开了两枪。桂军不经打，一听见枪声，不敢顽抗，就往后撤，我们趁胜追赶了好几里才收兵回来。仗是打胜了，回来吃饭问题就来了。这么多的人集中在一块，没有饭吃怎么办？桂军虽暂时退了，要是夜间偷袭又如何办？今天过了，明天、后天又怎么办？如此下去时间长了更难办。一系列困难问题都等着需要解决。我考虑到，第一，没有群众；第二，情况不明；第三没有粮食，吃饭是大问题，处于此种情况是很危险的。加上与桂军已打了一仗，目标已暴露了，要是敌人真的来一个团，那就更难对付。我把这些问题提出来找梁超武商量，并指出了这些问题的严重性。我对他说：我的队伍刚来，情况不熟悉，即使你们熟悉情况也不行，因你们是各股的，没有统一性，要是桂军再来打，无法指挥，各顾各的，非失败不可。我建议他立即召开会议，马上分散转移，不然要吃亏的。他同意我的意见，便找各股武装开会，大家都认为转移安全，没有反对的。当晚下着毛毛雨，大家都冒雨分散转移，而且分批行动。梁超武在前，我们第二，其他随后走，当夜都全部转移。

云南的山很高，空气稀薄，路小难走。加上下雨，泥滑路烂，天黑行军，经常摔跤。我那晚就摔了好几次，直到天亮才爬到山顶一个小村子。爬了一夜，只走了五六里路，住在那小村寨，还是不见一个老百姓。为了解决这么多人的吃饭问题，我还是要梁超武去解决。他的确人熟地熟，去找了玉米来吃。其他几股武装，让他们回自己的原地去减少我们的累赘。吃饭时我对梁超武说：“我们现在对敌情不了解，敌人的意图是什么也不大清楚。这么多人堆在一起，要是有个风吹草动，还能不能打仗？我建议，今后我和你的队伍合在一块，我是相信你的。其他的就叫他们自己分散，让他们从哪里来仍到哪里去，也就是要他们各回老家，使他们把这块地盘让出来给我们，主要是让给你。”他听了我的意见，十分赞成。当天就召开会议，叫找先讲，我讲了集中和分散的利弊关系，强调分散利多害少，集中是害多利少的道理。几股武装没有多大意见，会后就各股走各股的，回他们原地去了。剩下的就我们队伍几个人，梁超武的七八十人总共才 100 多人了。

其他股武装队伍走后，我们和梁超武的队伍还是继续转移。又到了一个山弄，我和梁超武商量，建议他开始搞政策宣传和组织群众的工作问题。他过去是绿林，只懂打烟商，根本不懂什么政治工作和群众工作。他说：要我搞情报可以，我不懂政治工作，怎么办？我说：这不难，我带来的人他们全会搞。我也可以亲自做。现在有两个办法，一、我负责抓政治工作，抓群众的组织工作，同时也协助你搞情报，你派人，我也派人，可到皈朝、剥隘、者桑、板伦、富州县城等地去，但你要派可靠的向导给我。二、这么多人在此做什么，你是否可以再派人去打烟商，筹备些经费，搞点枪支弹药来。他打烟商打惯了，所以他同意了。我又告诉他，这些地方你人熟，他们出去到各地了解，要你给写几张介绍信，给我们工作方便。他也满支持。这样，两支队伍分散隐蔽下来，我的队伍就专去各山弄做群众的宣传组织工作。那个时候的搞法是，管你是不是共产党，只要你是爱国的，拥护革命、反对国民党的，拥护打倒军阀、打倒帝国主义、打倒土豪劣绅的，我们都组织起来。如:“兄弟会”、“兄弟同盟会”、“同盟小组”、“革命农民”、“打老同”各种叫法，各种形式都有。很短时间，七村九弄一带，这些革命小组就有几十个，人数不等，有两三人的，有五至十人的，也有十几二十人，甚至几十人的都有。加上原先开辟的地方，我们在那里开始有了组织，有了群众，打下立足的工作基础。

我们经常派人去富州县城了解情况，我曾亲自去过一次。我和朱鹤云一块去主要是了解县城的情况。我们住在一个客店，那家女房东对我们还满好的，朱鹤云有个哥哥叫朱国臣，他主要是做生意。我们在那里住了一个晚上，第二天就出城了。回来后仍到农村搞群众工作，经过一番的宣传发动和组织，我们有了枪，又有了群众，工作算是打开了局面，开始有了个头绪。决定以七村九弄为中心，组织武装暴动。为了便于领导暴动，1934 年 11 月，开了党的会议，决定成立一个滇黔桂三省边临时党委，叫“中共滇黔桂边区临时委员会”，参加会议的人有 20 多人，都是我带上去的。由我任书记，还有黄德胜、韦纪、赵润兰共四人组成。接着又成立“滇黔桂边区劳农会”、“滇黔桂边区劳农游击队”①（联队司令是梁超武，我兼政委）。同时，还成立边区政府，叫作“滇黔桂边区革命委员会”，黄庆金当主席。并提出了“打倒国民党”、“打倒军阀”、“打倒帝国主义”、“打倒土豪劣绅”、“拥护共产党”、“拥护工农红军”的革命口号。这样就举行暴动了，举起革命红旗啦。滇黔桂边区根据地就是这样建立起来啦。

暴动一开始，我们就决定镇压一批土豪劣绅，先拿七村那个作恶多端、阻碍革命很大的地主韦英豪开刀。武装暴动后，在那一带也打了好多地主，缴了他们的枪，没收他们的财产分给群众。这样就大长了革命的志气，大灭了反动派的威风。1934 年 12 月，我们听说，中央红军从江西往贵州转移。为了大造革命声势，扩大革命影响，有力地配合红军北上，我们把部队拉出了七村，向前推进，到了皈朝的百油街地带，开展革命的宣传活动。为了更大地显示红军军威，我和梁超武亲自带了两个步枪连，有 200 多人，又一个手枪队 80 多人直接深入距富州县城八九十里的皈朝街（当时是国民党的区公所所在地，也是过去富州沈土司所在地），搞了一次规模较大的示威游行。当天，除我们部队 200 多人外，又有赤卫队和周围的群众一千几百人参加。据说距皈朝不远的者桑街的老百姓也来，而且来的人很多。我和梁超武亲自参加了示威游

① 此时成立劳农游击队第三联队——编者注。

行，还开了一个群众大会，我还讲了话。那次开会，讲话都很简单，主要宣传中央红军是为救国救民的，让老百姓懂得共产党是领导人民翻身求解放，是领导穷人打土豪劣绅，打倒国民党，打倒军阀，打倒贪官污吏的，是工农劳苦大众的救星。宣传了劳农会是农民自己的组织，宣传劳农游击队是自己的队伍，是工农子弟兵。提高群众对共产党、工农红军的认识，揭露云南军阀龙云反动集团对红军的诬蔑，揭穿他们欺压人民群众的罪行。这次示威游行，除开会外，还贴布告和标语，声势浩大，群众精神振奋，影响是很大的。当天，敌人也派了特务进来了解我们的情况，被我们抓到了一个桂军特务，他给上司的情报也被我们截获了。他的情报上写，说我们有手枪队三四百人，手枪几百杆，步枪也有好几百支。说我们手枪一队队，步枪一连连，特务是这样报告的。经教育后我们把他放了。我们把特务的报告给大家说了，也给老百姓讲了，说明了我们这次示威声势浩大，影响也很大。之后，贵州方面派人来和我接洽，我们也派人去昆明找中央红军，但没找到。这样一来，部队集中啦，壮大啦，政治影响大，各种组织都有，已经形成一个系统，敌人宣传就更厉害啦。当时云南、广西的反动报纸大版大版的报道了，说我是匪首。那时我的真名他们不知道，只有部分同志晓得。我在右江工作时，快 30 岁了还没有结婚，韦拔群问我：你是不是要做和尚？所以大家叫我和尚。我到右江下游的时候叫黄明春，但同志们还是叫我和尚。到云南来后，我就在和尚后面加一个“之”字。所以叫和尚之。敌人的报纸登的是把我的“和尚之”写成匪首何尚之。

我们队伍壮大了之后，云南军阀龙云得到报告也慌了，就派他的反动部队来“围剿”我们。那时，广富独立营是龙云派来压迫剥削滇东南老百姓的，广南接近我们广西的西林、西隆，距富州是那么近，过去广南是府，叫广南府。广富独立营就住在那里。龙汉斗当营长，龙云命令他率 400 多人来“围剿”我们。那个时候敌人 400 多人是了不起的，而又是第一次“围剿”，我们就开会讨论，研究对付敌人第一次“围剿”

的计策。论人、枪支，敌人比我们多，力量也比我们的大，并且还有他的社会基础，还有各地的土豪劣绅，他们可以随时监视我们的行动。再说，桂军一来，他们联在一起，我们就难得对付啰。我们党委开会作了研究后，最后决定打，不打不行。梁超武不是党员，但他是司令，我就同他商量。我说：龙云派人来打我们，情况你是了解的，他们来了，你说打不打？我们要用什么手段对付他们？他说：打。我也告诉他，我们党委决定也要打。这样我们的意见统一了。我又和他协商，由谁来指挥打仗。他说：我老，你年轻，又指挥过打仗，当然由你来指挥啰。他年纪大，又抽大烟，指挥打仗是不行的。这点我了解他，他表示要我指挥，我就负责指挥了。

九弄地形复杂、山势险要，我们的作战地点一边是上山坡，一边是石山，中间一条很大的深沟把两边分开。龙汉斗的部队在土山坡那边，我们的部队在石山这边，一半是陡坡，一半是山崖，互相对峙。我们除了部队，还动员了两三百赤卫队员参加，老百姓积极支持我们，当天杀了一头猪给我们吃。我鼓励部队和赤卫队说：有群众的支援，我们一定要打胜仗。又鼓励群众说：有了你们的大力支援，我们多杀敌人，用打胜仗来感谢你们。那时参加赤卫队的都是男的，妇女还没有很好发动起来，她们主要是搞后勤，帮助烧火煮饭。赤卫队的武器，也是土枪土炮，老百姓打猎用的。龙汉斗的部队的枪支也好不了多少，战斗力也不很强。我们吃过饭分别召开了部队、赤卫队的动员大会，作了战斗的布置，鼓励赤卫队英勇杀敌，保卫红色政权，保卫自己的家乡。同时召开劳农会，布置群众同心协力，共同杀敌。总之都做了战前的准备工作。

龙汉斗的部队所处的地势是三座土山，两侧较低，中间较高，他的指挥部就在那里。根据敌人的布置和安排，我们认定敌主力在中间的大山上，就确定了主攻方向。抓住敌阵地两侧的山是为次的，中间是为主的，就用两个步枪排各攻一侧，用赤卫队配合，牵制敌中间的主力。然后集中手枪队和四个步枪排，主攻敌指挥部的中间大山。布置就绪，部队和赤卫队都按部署，由他们的负责人带领出发。当时我们命令部队和赤卫队，任何时候都要听从指挥，不许随便开枪，决定不见敌人不开枪，不到时候不开枪，要开枪就要解决问题，大家都服从遵守。但奇怪的是，云南部队和我们广西兵不同。龙汉斗部队天一黑就开枪，每隔 10 至 20 分钟开一下，一直至深夜也是这样。此现象我们未碰到过，后经调查，分析研究，才知道是敌人虚弱的反映。他们怕，用打枪来壮胆。我们还了解到龙汉斗的兵是“双枪”部队，就是一支步枪，一杆大烟枪。他的兵都吸大烟，没有战斗力，经过打仗的实践，我们的估计是对的。

天亮前，我们的部队是隐蔽前进，一枪未发。部队利用地形地物，天亮前就摸到敌人的阵地前面。但时间不到，他们不敢放枪。直到战斗开始，手枪队上了赤卫队也上了，我们只开了两枪，敌人就夹着尾巴跑了。龙汉斗部队不经打，都是一些杂牌军，听到枪响就往后撤。我们部队趁势追赶了好几里，土山坡上都是尸体，到处是枪。我们在敌退的半路上，又布置了一些赤卫队打他们的埋伏，敌人更是惊弓之鸟，见到老百姓就投降，碰到妇女也缴械交枪。这一次群众得了好多枪，大部分都交给我们，缴获的枪都是旧的，子弹也很少。而且从敌尸体和伤员中没有得到什么文件之类的东西。这次龙汉斗没来，是他的营副侬志猛带队。他的部队伤亡惨重，至少有一二百人。从打仗看来，我们部队虽少，力量强，很有战斗力，从原红军部队留下的连级干部就有几十人。这次战斗，打得很顺利，真是旗开得胜。这次敌军的失败，给国民党反动派一次沉重的打击。第一次“围剿”和反“围剿”的较量，是我军获胜、敌人惨败而告结束。

敌人第一次“围剿”失败后，国民党反动派更加惊慌失措，坐卧不安。特别是反动军阀龙云更是气急败坏。他怕我们部队趁胜前进，打广南，又采取另一恶毒的手段来对付我们。当时龙云的主力部队调去阻拦红军长征去了，留在昆明只有一个警卫旅，战斗力很强，武器是从德国买来的，是他的王牌军。为了要消灭我们这支部队，他竟派了这个旅的一个团(有两个营),第二次"围剿"我们。警卫团是龙云的劲旅,武器好,而且穿一色的白军服,上下一身白,与杂牌部队截然不同。我们得了情报,也作了充分准备,采取先下手为强的办法。计划打他的埋伏,准备关门打狗,截住他的退路,消灭他的有生力量。我们的队伍开到百油街,那里有两条路,我们从一条路去,他们从另一条路来,可问题就坏在一条军犬上(一般的狗)。这条狗是我们缴获敌人的,当时我叫把狗杀掉,可那狗很可爱,同志们舍不得杀。在那天行军中,敌人先来一个营,走在前面的是一个连,加上道路难走,敌人队伍拉得长。在敌我距离相隔不远的地方,敌人发现了逃走的那条狗。他们有了戒备,越发把队伍距离拉开,相隔半里左右。由于敌人距离相隔远,我们不好打伏击,杀伤力也不大,两军相遇,打了一场遭遇仗。仗打得很激烈,这股敌人很能打,很有战斗力。虽然我们消灭了他好多人,但我们也牺牲了两同志,在我身边的警卫员和参谋都负了伤(这个参谋是富州人,他家在皈朝一带,说汉话,他当过兵,很勇敢,能带兵打仗。他参加了我们红军,就委托他当我们的参谋。他的名字现在记不清了)。还有我们手枪班班长黄胜开,他是红军留下来的,打仗很勇敢,能打仗,甲德人,在这次战斗中也牺牲了。我们原计划要绕到敌人后边打,要多消灭他一些人。但由于军犬坏事,与敌人打了遭遇仗,我们就付出了一定代价。但敌人伤亡惨重,死亡大约100来人。双方打到天黑才停火。敌人伤亡大,不敢再进攻。我们也因弹药少,不敢再坚持打。部队撤退时,我和黄德生、朱鹤云,还有我们白话叫拉拉响(即岑日新)的同志和没负伤的警卫员、五人打掩护,最后撤离阵地,我在后面观看敌人打扫战场。他们用了很长时间。因战场长十多里,说明他们伤亡之大。

经过激烈战斗,我们撤回九弄一带,梁超武还来接我们。队伍经过两次反"围剿",弹药消耗很多,又没有来源,为了部队休整和扩充弹药,我们采取分散隐蔽,继续做群众工作。另一方面,叫梁超武以他熟人的关系,派人去买子弹。决定之后,我们部队分散在好几个地方隐蔽下来,进行必要的休整。

我到七村不到一年时间，七村九弄中心根据地的工作进展较快。群众发动起来了，农会和队伍建立起来了，党委和政府也组织起来了。经过打仗，党和红军的威信很高，在滇黔桂边区影响很大。贵州派人来联系，同意他们准备组织第四联队。

我们计划在东凤搞第一联队，第二联队在右江下游组织起来。我们正在筹建期间，我接到中央来信，要我去汇报工作。行前，我召开临时党委会议，决定两件事：一是我去上海向中央汇报，我走后的领导工作由黄德胜、赵润兰两人负责。主要是黄德胜负责。二是扩大根据地，扩充队伍。

1935 年 5 月，我走时，路费是由我们在根据地买几担桐油、牛皮去龙州卖。我是以油老板的身份离开根据地，经龙州去香港，再由香港坐船去上海的。原计划去一两月就回来，可到上海找不到中央，后我患病住医院，又遭敌人逮捕，坐了近两年的监牢。1937 年 8 月 13 日日本侵略军进攻上海前夕，我才出了监，去延安中央党校学习，任班支部书记。半年后，又返回广西工作。（李贵恩、普凤坤记录，农武、陆诚整理）

选自中共广西百色地委党史办公室、中共云南文山州委党史研究室、中共广西南宁地委党史研究室、中共贵州黔西南州委党史研究室、中共贵州黔南州委党史研究室编：《滇黔桂边区革命根据地》，中共党史出版社1999年6月第1版，第467—476页。

黄松坚，原名黄明春，曾用名和尚之，1902 年生，广西凤山县盘阳福厚街（今属巴马县）人。1924 年参加革命，1929 年加入中国共产党，同年参加了百色起义。南方三年游击战争时任中共滇黔桂边区临时委员会书记、

滇黔桂边区革命委员会主席、滇黔桂边区劳农游击队第三联队政治委员。新中国成立后，曾任中共中央华南分局组织部副部长、分局纪律检查委员会副书记，中共中央中南局监察委员会委员，中共广西省委委员，广西省民政厅厅长，全国政协委员，广西壮族自治区政协副主席等职。1986 年在南宁逝世。

滇黔桂边区革命活动回忆片断

朱鹤云

我1912年出生于广西恩隆县（今田东县）乡村，1928年参加革命，1929年参加了著名的百色起义。下面我回忆百色起义后，深入滇黔桂边区进行革命活动的片断。

1930年冬，红七军主力北上后，国民党桂系军阀调兵遣将，纠集地方反动武装向右江革命根据地进行疯狂“围剿”。1933年3月，中共右江下游党委开会研究决定，调集红军游击队打出外线，开辟新区。我和韦纪等同志先后被委派到云南富州县剥隘、者桑、洞波、花甲等区乡，以行医、经商等为掩护，秘密进行发动群众工作。面对严峻的革命形势，我和韦纪等一如既往，从当时的实际情况出发，决定以举办农民夜校为突破口，向当地村民灌输革命道理。开始参加夜校只有十来个人，经过不断地宣传、发动，后来竟发展到七八十人，为培养革命骨干，壮大革命力量打下了良好的思想基础。

1934年7月，原红七军二十一师副师长黄松坚奉命到滇黔桂边区领导武装斗争。他到达云南富州七村谷桃屯后，我和韦纪等及时向他汇报了七村九弄的群众工作开展情况。我们接受他的指派，只身深入滇桂边交界的偏僻山区，继续开展发动群众和统战工作，争取收编绿林武装，壮大革命队伍。这里山高林密，交通闭塞，经济落后，人民生活很贫困，一些贫苦山民因生活所迫，落草为寇。当时那一带共聚集了好几股绿林武装，各自占山为王，每股一般三五十人。其中有一股较大的绿林武装，头目叫梁振标（即梁超武），手下共有七八十号人，他主要以打劫烟盐商帮为生，很少危害当地山民，因而获得一些山民的拥戴。因此，要想在这里站稳脚跟，就必须先得跟梁振标交手，争取收编、改选这支武装，扩大革命力量。经过党组织研究决定，由我单刀赴会，与梁振标接触。经过周密深入的调查，我了解到梁振标是一个豪爽的人，喜欢直来直去，讨厌别人阳一套阴一套，于是我决定与梁振标正面交手。经过认真的准备后，我化装成悠闲的逛山客，直闯梁振标的大本营。梁振标听手下传报说有一个姓朱的陌生人求见，开始有点不想见，但后来一想，陌生人上门求见，必有来头，说不定是哪位能人想投奔自己呢。于是让手下引我入见，吩咐手下看座，“敬客茶”。我接住茶碗一看，只见是一碗冷水，知道这是最厉害的无声下马威，当时我沉思片刻，决定以退为攻。于是我从容地放下茶碗，淡淡地笑了笑，起身冲他双手一抱拳：“后会有期！”说完转身就走。

“慢！”梁振标起身拦住了我，“怎么未喝茶就要走了呢？”

“人走茶凉！”我说，“现在茶水早已凉了我再赖着不走，岂不是太不知趣了吗？”

“朱老弟误会了，来人呀！快上热香茶！”

后来我才知道，梁振标是想用这个办法试一试我这不速之客是脓包还是山鬼，是脓包，就借让我喝冷水嘲弄一番，是山鬼精灵，就唇枪舌剑一试高低，然后收罗于门下。

香茶献上来了，热气腾腾，香气扑鼻。

“请！”

“请！”

我们互瞟了对方一眼，便低头呷茶。梁振标先耐不住性子了，他放下茶碗，冲我抱拳问道：“敢问朱老弟从何而来？此来有何贵干？”

“明人不打哑语，不瞒梁老兄说，我是一名打土豪救民于水火的红军战士。此次是慕名而来，我枪不带一支，人不带一个，梁老兄不至于摆下鸿门宴吧？”

“岂敢！岂敢！朱老弟光临，理应略备薄酒，痛饮一番，但愿是酒逢知己千杯少喽！”他一回头，“来人，上酒菜！”不一会，一个喽罗托出一只烧乳猪，另一个喽罗给我们各斟满了一大碗粳米酒。梁振标不冷不热地说：“朱老弟，山野樵夫，没啥好酒好菜，只好用这土产香猪表表心意，我想朱老弟也懂得这香猪宴怎么个吃法喽？”

“请指教！”

“不言而喻，要是对手，就要切香猪屁股让朱老弟尝尝，要是朋友嘛……”

“依梁老兄高见，我此来为何？”

梁振标诡谲地笑了笑：“不敢冒昧！不瞒朱老弟说，你们红军的所作所为，我也是佩服得很！只是现在你们的队伍七零八落，困难重重，朱老弟该不是混不下去了，想加入我一伙吧？”

我哈哈一笑，说道：“不敢高攀呀！梁老兄未曾开口就见喉咙，你老兄如此待我，无非是想拉我入伙，但我可以明白地告诉梁老兄，我和红军队伍绝对是分不开的。”

“为何？”

“理由很简单，因为梁老兄你仅仅有心踩黑线，无意抗拒祸国殃民的反动派，于民于己，红线与黑道是很难相提并论的。”

梁振标忽然沉下脸，他不能容忍别人这么小觑自己，厉声说道：“朱老弟翻山越岭来此，不仅仅是费口舌，来奚落梁某吧？”喽罗们也个个怒视着我。

我不动声色：“如果我不来，又怎知梁老兄是真假李逵呢？”

“现在你可看清了？”

“初来乍到，还不知庐山真面目。不过我刚才说过，我可是慕名而来，交个朋友怎样？”

“要是我不识抬举呢？”

“我当然不希望我们闹翻脸，希望我们能携手合作，共同讨伐强暴。如果梁老兄及众弟兄只恋钱财，不识大义，那我们只好各吹各的号，你们可以继续拦路劫财，我们继续干我们的大事，不用多久，你就可以看到：哪个得人民心，哪个遭人骂。当然喽，你如果打算一山不容二虎，想向我们动刀动枪，那又另当别论了。不信，你梁老兄可以试试看！”

梁振标听听也知红军惹不起，说道：“朱老弟，误会了，我并没有跟红军作对的意思。”

“我完全相信这一点，也佩服梁老兄的为人，不然……”

“不然怎样？”

“我就不会专程来拜访梁老兄了。”

梁振标知道对方看得起自己了，点了点头，问道：“不知朱老弟你们现在有何打算？”

“现在革命虽然陷入低潮，但是，我们是贫困百姓的队伍，是为老百姓打天下的，肯定会得到支持和拥戴的。古人说：得人心者得天下。梁老兄，你想想，你老兄要不是得到附近山民的拥戴，你也很难在这站稳脚跟的，是吧？”

梁振标点了点头，深思了一下，问道：“我想请教朱老弟一句，要是我们加入你们队伍，能有些什么好处呢？”

“当然不会亏待你的，当个头是少不了的，但是，想发大财是办不到的。不过可以使你发现自己能为劳苦大众做点好事，真正得到天下民众的拥护，让后人知道这里有个梁振标。梁老兄也是个有志气的汉子，不至于想在这深山老林里以打劫度过一生吧？”

“朱老弟真是豪气过人，如此看重本人，就像古人说的那样，什么来的……对了，就是：听老弟一席话，胜读十年书呀！来人，换上新酒菜！”

我伸手示意喽罗不要撤下香猪，顺手拿起尖刀，对准香猪耳根一刀切下，接着割下一块肋帮子脆肉交给梁振标。

“梁老兄，请！”

这种反客为主的举动，使在场的喽罗称赞不已，更令梁振标震服。

不久，梁振标按照与我达成的协议，接受改编，梁振标带领人马加入了红军游击队伍，他被任命为滇黔桂边红军劳农游击队第三联队司令员（又称总指挥）。这样，一支数百人的革命武装建立起来了，扩大了革命队伍，有力地促进了革命力量的迅速发展。

在争取收编梁振标部的同时，我和其他同志还利用农民夜校积极传播革命思想。我们以《工农识字读本》为基本教材，边教农民识字，边向青年农民宣传革命道理，边教他们唱《打倒列强》等革命歌曲。由于当时宣传组织工作得当，青年会、革命农民会、兄弟会、打老同等各种形式的革命组织纷纷建立起来。这些组织随着革命的发展，后来变成了劳农会和赤卫队，使革命力量迅速壮大。当时各村寨建立的农会有 20 来个，赤卫队 27 支，人数达 2000 多人。从此，以七村九弄为中心的边区革命根据地基本形成，为深入开展游击战打下了思想上、组织上的坚实基础。为了更好地领导武装斗争，有力地打击敌人，1934 年 11 月，边区先后成立了“中共滇黔桂边区临时委员会”、“滇黔桂边区革命委员会”，“滇黔桂边区红军劳农游击队第三联队”、“滇黔桂边区劳农会”等领导机构。我当时也被任命为滇黔桂边区红军劳农游击队第三联队第一大队第十一中队长（相当于现在的连长），组织和领导当地群众进行武装斗争，镇压了七村九弄地区无恶不作的大土豪和反动保长陶炳希、花甲区长汤焕文等。没收了他们的全部财产，分给贫苦农民，大大地增长了革命人民的志气。

正当革命火种顺利蔓延时，滇黔桂边区的反动派坐立不安，惊恐万状，他们纠集反动军队“进剿”七村九弄。我在边区游击司令部的指挥下，勇敢地参加了反“围剿”斗争。当时云南广富独立营副营长侬志猛带领所部兵力，凭借精良的武装，气势汹汹地向根据地恒村扑来，我和其他同志一方面率领部队和赤卫队迎头痛击敌人；另一方面，组织群众坚壁清野，运走粮食，带走猪牛羊，填平了水井，使得敌人占领恒村后，没有饭吃，没有水喝，寸步难行。正当敌人乱作一团，进退两难的时候，我们又组织部队对他们进行偷袭，搞得敌人晕头转向，不得不垂头丧气地大败而归。这时，为了扩大战果，我迅速指挥队伍在敌人的退路上设下了几道埋伏圈，将敌人切割分块，然后各个击破，最后歼灭敌军 200 多人，缴获了各种武器和弹药一大批。经此一战，滇黔桂边区七村九弄革命根据地更加巩固,也极大地震慑了滇桂反动当局。(朱仙鸾、欧家树整理)

选自《滇黔桂边区革命根据地》，第537—542页。

朱鹤云，1912 年生，广西恩隆（今田东）人。1929 年参加中国工农红军和百色起义，1930 年加入中国共产党。南方三年游击战争时，任红军滇黔桂边区劳农游击队第三联队中队长、滇黔桂边区革命游击队副参谋长兼第四大队大队长。新中国成立后，曾任解放军上海警备师师长，中国驻越南军事顾问团顾问，解放军第一战车编练基地司令员，南京军区装甲兵副司令员、司令员等职。1964 年被授予少将军衔。1992 年在南京逝世。

滇黔桂边区革命斗争的回忆

黄振庭

1931 年 7 月，我随县赤卫军总指挥黄庆金率领赤卫军骨干 100 多人枪，到靖西县武平乡贡屯一带活动。在那里，以同盟会的形式，发动群众组织革命团体。1932 年 7 月，黄庆金在贡屯成立右江下游赤卫军第三团。8 月，团部决定分三路（组）行动：第一路由黄庆金、黄德胜等人上云南省富州县九弄，对当地的绿林武装梁振标部进行争取改造工作；第二路由谭统南、吴坚等人前往恩隆县做国民革命军第二军军长周建人等人的策反工作；第三路由我、梁振兴等带领大多数人员在靖西县的安宁、平温一带，发动群众，借当地杨福昌为首的“神仙”集团名义组织“革命同盟”。

同年 9 月，黄庆金和黄德胜从富州县回到靖西安宁后，又派我和梁林前往同正（今属扶绥）县东京屯，找脱离桂军的韦高振联系。经做工作，韦高振带领其亲信 13 人枪到中越边安宁与第三团会合。10 月间，原属韦高振领导的绿林小头目黄保成、张之权，得知其上司韦高振已投红军游击队，就带领其在中越边活动的 30 余人枪来投红军游击队。

1933 年 3 月上旬，共产党员李德惠和梁振标带领原梁部的绿林武装 300 人枪，从九弄来到靖西龙邦百见村与第三团会合。为适应工作发展的需要，请示黄松坚同意，于 1934 年 6 月，黄庆金在靖西县坡豆乡福留村陇力屯成立中 × 边革命委员会，黄任主席，谭统南为副主席。

根据九一八事件后中共中央发表的“联合抗日宣言”的精神，为了搞好统战，扩大影响，经中共右江下游党委指令，1934 年 6 月中旬，黄庆金在靖西县龙邦乡百见村陇厚屯成立抗日救国军第十八军，军长梁振标，政委黄庆金，下设三个师：五十一师师长韦高振；五十二师师长韦日波；五十三师师长崔伯韫。赤卫军第三团和梁、韦的武装同编入第十八军。

抗日救国军第十八军成立几天后，6 月 19 日（农历五月初八日）上午，国民党靖西县龙邦对汛署一个中队向我部驻地的弄厚屯进犯，被我们在安宁东北边的叫开一带设阵伏击，打死敌副中队长一名，士兵一名，打伤数名。敌军逃回对汛署龙邦防地。约 20 分钟后，有一股走崎岖山路迟到的国民党靖西民团武装 50 余人，从弄厚屯后山坳上向我们部队进攻。我部队以一个组作正面阻击，以两个组分别迂回至敌后，打击敌人。战斗中，我部队打死了国民党靖西县民团参谋梁彤，打死打伤县民团丁 20 多人，敌残部狼狈逃窜。缴获手枪二支，步枪 20 余支。我军第二排长梁振合在与敌人拼搏中壮烈牺牲。不久，抗日救国军第十八军全部开赴富州七村九弄地区，开展游击活动。同年 8 月，黄庆金等在九弄谷拉村刘家华的家开会，决定组织一个锄奸队，回到广西向都、天保一带进行打击土豪、地霸。会上命梁振兴、韦高振为锄奸队正副队长。梁振兴和韦高振二人接受任务后，马上从各中队挑选 40 名战士，特别挑选天保、向都县籍的人员参加，我也被选为锄奸队队员。锄奸队组建后，即从谷拉出发，经过一个星期的昼宿夜行，秘密来到向都县把荷乡把荷街外围的紫徊屯后山岩洞宿营。当晚。梁振兴和韦高振把人员分为三个组：第一组十人，全配三八式步枪，在天亮前登上把荷街东面山观音庙设伏，控制住制高点，以远程火力布控把荷街四周；第二组十人，全配加拿大式冲锋枪，埋伏在把荷街外北面，准备接应长枪组和手枪组完成任务后撤出；第三组 20 人，全配 20 响快制驳壳手枪，穿便衣，随赶圩人群潜入圩场内，伺机进入地处把荷街中心的把荷乡公所院内，麻利地处死了极端反动的把荷乡乡长张楚形。接着，用几天时间，横扫附近的反动土豪、地霸。任务圆满完成后，即赶回滇桂边。

1934 年 11 月间，原红七军二十一师副师长、右江下游党委书记黄松坚，在富州县多立寨主持召开滇黔桂边区第一次党员会议，成立“中共滇黔桂边区临时委员会”，黄任书记，委员有黄德胜、赵润兰、韦纪。接着，边区临委在富州谷拉村召开边区劳农代表大会，成立“滇黔桂边区革命委员会”、“滇黔桂边区劳农会”、“滇黔桂边区红军劳农游击队第三联队”。黄庆金任边区革命委员会主席；黄松坚兼任边区劳农会主席和第三联队政委；梁振标任第三联队司令员。第三联队参谋长黄德胜、政治部主任黄振、经理股主任黄振庭，财政股主任周书谟，民运部主任陈勋。第三联队下辖五个大队，初时约 1000 人枪，不久，黄松坚率领第三联队和当地赤卫军，在富州县七村九弄一带举行武装暴动，镇压国民党反动乡村长和土豪、地霸，创建了滇黔桂边区革命根据地。

为了扩大革命根据地，于 1934 年底，第三联队领导人决定第一、三、五大队全部从富州开往中越边的靖西活动。我随第五大队和第一大队到靖西县壬庄一带开展工作。1935 年 1 月 12 日，我和梁林奉派到右江下游的弄法，向中共思果中心县委介绍黄松坚上滇桂边后的情况，并在那里活动一段时间。同年 4 月 5 日（农历三月初三日），在弄法，陆浩仁、滕国栋介绍我加入中国共产党。不久，我和梁林从弄法返回到靖西县的敏马，向在那里的黄德胜、梁振标、谭统南等领导人汇报右江下游的情况。此时，第三联队中，出现了个别人革命前途信心不足、有贪污腐化并策划叛变等行为。1936 年 1 月间，黄德胜、梁振标、谭统南等领导人经研究决定，成立一个锄奸小组，严惩这些贪污腐化和预谋叛变分子。在锄奸小组下，又组织两个执行小组，我参加其中的工作。后来，经过调查取证，处决了刘宝兴、易 × ×、姚 × ×、陆大爷等人。

1936 年春，第三联队大部队，从中越边回师富州那达地区，与边区临委等机关会合。路经洞华、莫古、七村、皈朝、洞坡到那达，我们在那达住几天后，就上去打八宝，是马振球、梁振标、黄德胜率队攻打的。打下八宝后，又攻那耶，由于那耶区长早就带民团逃跑了，没收一批物资后返回到那达。同年5月，滕静夫在富州县阿用区者兰乡磨桑屯，主持召开滇黔桂边区党的代表会议，成立边区党委，把边区革命委员会和劳农会合并为边区劳农会，红军劳农游击队第三联队改为革命游击队。我记得边区主要领导人是:党委书记滕静夫,并兼任劳农会主席、革命游击队政委；边区革命游击队司令员黄德胜、副司令员梁振标、参谋长李家祺、副参谋长朱鹤云、政治部主任赵润兰、副主任黄沙平、宣传部长谭统南，我在经理股工作。

1936年6月11日,我们集中近800人枪到九弄,攻打列村岩洞之敌。打了十多天没攻下来，因为有国民党桂系军阀增援，只得撤出战斗到九弄，经那表、者桑到洞波。7月间，黄德胜带领韦高振大队300多人枪前去攻打皈朝，俘获敌民团100多人，经教育后释放，缴获一批土枪。此战，我们牺牲了一名战士，名叫陆亚福。韦高振左手臂负伤，到那达的甘南村医治。

1936年9月30日（中秋节）上午，司令部接到地方赤卫队长傅少华、副队长汪富春的来信，请求司令部派29名手枪队支援，配合反“扫荡”战斗。司令部抽调十名手枪人员前往支援，他们是：队长黄沙平，队员是黄家犹、罗子德、何坚、黄强、何生川、李家祺和我等。当晚，我们十名手枪队员都住在黄家犹的干妈家里，深夜时被国民党云南警备旅十七团某营一个连的偷袭。在那拉屯,敌我双方没有伤亡。在甘南村，我第三大队干部汤二（向都县把荷街人）、李荣春、张阿田壮烈牺牲。过后不久，韦高振首先带领29多人枪回中越边的靖西安宁一带活动，我也随队前往。接着，属韦高振部的第一大队人马也由农安贞带队到中越边活动。

1937年10月间，中共桂西区特委书记黄桂南（黄德胜胞弟），派韩平波从百色到中越边，传达中共中央关于国共合作抗日的指示，动员边区革命游击队开赴前线，参加抗日。

接着，黄德胜、韦高振得到通知，从中越边到田东县开会，商讨国共合作抗日、与当局谈判和游击队改编等事宜；一个星期后回到中越边，传达上级有关指示，并组织人员，分头深入到各地发动群众，号召青年踊跃参加义勇军。当黄德胜和韦高振返回到中越边时，国民党百色民团指挥部也同时派韦渔生到靖西县古旁屯，找到国民党靖西县安宁乡长张玉宝，并通过张找到韦高振进行秘密洽谈。韦高振接受对方所提出的条件，但韦高振同对方所谈的内容，大家都不知晓，韦也没有透露。

当时，黄胜胜、马震球、谭统南等几位领导人开会研究游击队是否改编的问题。会上，韦高振积极主张改编，说不改编出去抗日，蹲在山沟是没有出路的；黄德胜也没有提出反对意见；谭统南等不同意改编。会后进行动员，去留自愿，各人报名。结果，报名参加改编的有韦高振、黄怀贞、黄焕章、梁振兴、农培基、杨茂祥、罗明远、农安贞、赵权忠等。志愿留下在中越边坚持革命活动的有谭统南、黄振庭、刘发生、黄植保等。不久，传来消息说，在滇桂省边的有滕静夫、梁振标、马震球、岑日新等均不参加改编。

1937 年 12 月间，滇黔桂边区革命游击队 1000 余人枪，按照国共百色谈判的精神，从中越边和云南富州县出发，到指定地点集中，准备改编，开赴前线抗日。

韦高振率部从中越边到达田阳县田州镇后就叛变了，首先，他把已察觉不妙，不同意改编的边区革命游击队司令员黄德胜杀害。接着，他为了防日后革命组织的清算，竟于 1938 年 1 月，组织一个暗杀队，由罗明远任队长，队员有杨茂祥、韦二十等十余人，潜回中越边，要暗杀留下坚持工作的同志。当时，我和刘发生住在靖西县龙邦乡古旁屯，我在邓朝香家。一日上午，突然有十多名武装人员包围古旁屯。情况紧急，好在得到邻居邓父乔通报，我迅即从后门出逃；刘发生住另一群众家中，闻讯也赶忙逃走。两人都逃脱了危险。到 3 月，韦高振暗杀队的计划没有实现，大部人马就开回田阳县田州镇。但还暗中留下蔡宝满、王安二人，企图继续暗杀我。不久，蔡、王二人又窜到越南找社团社长杨利章，要杨协助追捕我和谭统南等。这事，让越南革命负责人杨玉章（杨是越南朔江东安洞弄村人）晓得，立即把情况转告我们。并通过杨玉章和杨利章商量，约定蔡、王二人到杨利章家里洽谈有关事宜。按计划，当时杨玉章和我、黄宝珠、黄半点等四人，事先埋伏于杨利章家中。当蔡宝满、王安二人进屋未坐稳，就将其活捉了。通过审问，才知其二人是韦高振派来的暗杀队。后来，我们将蔡、黄二人押送陇代村交由谭统南处理，行至途中，出于气愤，就将他们处决了。

1938 年秋，滕静夫、岑日新、傅少华等十多名干部，从富州转移到靖西龙邦、安宁一带，与谭统南等会合，继续发动群众，重新组织革命队伍。当时，我们在中越边，自己开荒生产，并做桐油等生意，筹集经费，购买武器，准备组建地下武装。1940 年初，滕静夫、岑日新、谭统南等经过商量，决定分开活动，滕和傅少华回富宁，岑日新、谭统南等经过商量，决定分开活动，滕和傅少华回富宁，岑日新到靖西葛麻一带，谭统南和我在中越边。同年 5 月间，在靖西县安宁乡那凛街开会，决定成立中 × 边临时革命委员会，主席谭统南、军事委员会梁振兴（1937 年 12 月随队开赴抗日前线，途中被国民党改编后，他寻机逃回）、组织委员黄振庭、革委会军事参谋谭立国、秘书黄怀深、后勤周书谟。（黄初平整理）

选自《滇黔桂边区革命根据地》，第543—548页。

黄振庭，广西向都（今属天等县）人。1930 年参加农民赤卫军，1935 年加入中国共产党。南方三年游击战争时，任滇黔桂边区红军劳农游击队第三联队经理股主任、滇黔桂边区革命游击队经理股干部。

忆滇黔桂边区劳农游击队

梁学政

我是靖西魁圩乡平巷村人，原在该乡赖德任小学教师。1931年冬，谭统南等从中越边上富州县七村九弄活动，途经赖德时，动员我参加革命。我入伍后，就参加谭统南等人的革命活动。先后在靖西县的武平、化峒、岳圩、龙邦、地州、安宁、录峒、荣劳、泗梨、平稳、巴蒙、渠洋、魁圩、果乐、安德、南坡、惠仙、葛吞等乡，镇边县的平孟、百南、果凌、龙合、三逢、德华等乡，云南省富州县七村九弄等地组织发动群众。这个地方，南与越北高平龙平、苗王毗邻，北与西林、西隆到红河攀枝花（属贵州省），西是云贵高原，素有鸦片大王之称。我革命武装打击、罚没大烟帮商，成为革命根据地的重要经济来源。当时，广西宾阳芦圩、玉林、陆川、博白、钦州、防城、小董等地的商帮，从百色到剥隘、龙州到靖西孟麻、龙平、苗王沿线，经常往返贩运大烟，络绎不绝。

1934年7月，黄松坚从右江下游率领原红七军指战员黄德胜、岑日新、何松、梁敏才、何二叔、何沙平等同志，先到我家，后到云南富州县九弄谷留。同年11月，召开滇黔桂边区劳农代表大会，由谭统南、李家祺主持，斧头镰刀红旗迎风飘扬，《国际歌》的歌声嘹亮，黄松坚宣布滇黔桂边区红军劳农游击队第三联队成立，并宣读领导人名单，联队政治委员黄松坚、联队总指挥（又称司令员）梁振标、参谋长黄德胜、政治部主任赵敏、宣传部长（兼第五大队长）谭统南。我是在宣传部任宣传员兼飞行队（即特工队）联络员（当时以果乐大镜屯为中心站，上边联络九弄、谷拉、魁圩，下边联系龙临、峒平、荣劳、平稳、安宁）。联队下设五个大队，后来增加一个苗族大队。第二大队副大队长钟珍甫（1936 年在镇边的下野被汪仲连反动民团打死），第一大队中队长朱鹤云（现任南京军区装甲兵司令员）。接着，黄松坚等人率领第三联队和当地赤卫队，在七村九弄地区举行暴动，镇压反动的土豪劣绅和一些乡村长，没收他们的财产分给穷苦百姓，建立了滇黔桂边区革命根据地。云南军阀获悉，十分恐慌，于 1934 年 11 月底，派龙汉斗部配合广富守备大队长依志猛率一个营的兵力，由谷拉取程南下，进攻七村九弄地区。我军在黄松坚指挥下，用第五、第一大队，由谭统南、韦高振率领从百油、者桑迂回诱敌深入；我参加飞行队插入敌人后方，切断它的补给线。第二、三大队由朱鹤云、钟珍甫、蒙文廷（在富州时下来被打死）、凌少庭（在巴来战斗中死）等率领，从谷拉到恒村伏击，主攻敌人的主力部队。战斗发起后，我军英勇杀敌。这次打了个漂亮仗，共歼灭敌人 200 多人。

1934 年 12 月，中央红军从江西中央苏区向湖南、贵州进行战略转移。黄英伯奉命来到右江和九弄，传达中央红军战略转移的意义，向我们提出：打通国际路线，另造新的区域，配合中央红军，消灭滇贵军阀。为此，黄松坚等发动红军和群众，打击滇黔桂军阀，策应中央红军行动。

1935 年 5 月，黄松坚奉中央通知去上海汇报工作。行前布置第一、五大队韦高振、谭统南两部赴中越边开展革命活动，第二、三、四大队由岑日新、黄典伯、钟珍甫、凌少庭、蒙文庭、肖班等人留在七村九弄根据地进行整训，并发展新游击区，扩大武装斗争。同时，安排我到靖西安德街开一个小店，本钱由联队给了 500 块光银，以做洋纱、熟烟、布匹等生意为掩护，做地下联络工作，约搞半年。当时，由我用小店名义订购的香港《文汇报》、《海灯》、《大公报》等报纸，然后传递给联队领导人作参考。

1935 年 10 月，滕静夫到七村九弄接替黄松坚，负责第三联队的领导工作。1936 年 5 月在甘帮、龙燕召开党的代表会议，听取各地党员的工作汇报，总结根据地创建以来政治、军事、经济、民运的工作优缺点，指出联队各大队过去在工作上犯了李立三“左”倾冒险主义错误，搞冒险主义，在建军战略上犯王明“左”的路线错误，违反古田会议精神，给党和革命带来不可估量的损失。会议要求今后要克服和纠正这些重大的原则错误，决定大力扩大新区域，组织革命武装。会上，成立了新的党委，并把红军劳农游击队第三联队改为革命游击队，还在部队建立党的特支。会后不久，滕静夫派遣一个党小组由黄德胜负责，责成罗英做向导，有岑日新、陈勋、我及梁超武、何坚、包公等人，到西林县者利、平别、土黄、古壮、马蚌，西隆县苗冲金钟山一带，做争取地方势力的统战工作。我和罗英、陈勋到西隆县苗冲金钟山地区做争取黄育荣、黄育杰、穆运荣、欧老明、罗大炮的统战工作，秘密组织武装，等待时机成熟举行暴动。但欧、罗两霸在土黄、古障、马蚌一带为争收鸦片烟税，各据地盘，拥兵自卫，争权夺利，经常械斗，虽经我地下党组织的劝导，但贪财的本性使他们不能接受革命的主张，到了鸦片收获季节，他们又打起来了，统战工作功亏一篑。接着，我们又做争取苗族头领杨福荫的工作。时适阳春，芙蓉开花结实，苗冲金钟山地区素誉产鸦片富饶地。这地方具有天时地利人和的条件，有利我们建立游击区。而国民党政府却把它当作眼中钉、肉中刺，特务密探出没无常。他们探知我们在做杨福荫的工作时，即令桂系百色民团指挥官苏新民率一个团的兵力，前往克长、长发一带，借口奉命铲鸦片烟苗，实想扑灭苗族革命火种，拉杨福荫下台。当时我们和杨福荫指挥官誓盟结义，吸收他加入我们革命组织。我和杨福荫眼看来势不妙，分析情况，立刻采取措施，把苗族武装组织起来，这支队伍总共有 1000 多人枪，加上粉枪，比敌优势。为了深入发动群众，从思想上提高群众革命觉悟，我们把苏新民带领的反动队伍，一贯在右江沿岸各县镇压革命，屠杀人民，是个刽子手，欠下累累血债的全部罪恶底子讲给杨福荫和苗族群众，使他们家喻户晓，激发了苗族群众对敌人的仇恨。做好发动工作后，根据苗族群众居住分散和居住之地均系山高丛林，羊肠小道，周围隘口地形复杂的特点，杨福荫指挥官连夜火速下达紧急命令，各村各隘守卡，如发现敌人武装侵犯，立即全面开火射击，消灭来犯敌人。当敌兵进入各村屯关卡时，各村屯各自为战，把来犯之敌一一痛击。苗族同胞为了保卫自己可爱的家园不受破坏，队伍都十分团结，作战英勇，打枪射击又准确，经过五个昼夜激战，剩下的残敌狼狈逃窜。由于有别的任务，不久我们离开苗冲回富州工作。1937 年夏，中共南临委派来张凡等四位同志，传达西安事变及中共关于建立抗日民族统一战线的指示，还带有两担书籍给我们学习。同时召开指战员会议，传达中央的指示。会后不久，张凡不听劝阻，亲自出马，去富州县与国民党政府谈判，不幸的是，张凡被反动县长何自尧暗中杀害。我革命游击队司令部闻讯后，立刻命蒙文廷带 100 多人武装，夜袭富州县城。可是敌人很狡猾，诡计多端，不轻易出动。我军袭击一阵之后，旋即回巴来、甘邦、龙燕。南临委派来的其他代表转去右江。从这次血的教训中，认清了国民党反动派的真面目，他们是假合作真分裂、假抗日真反共。1937 年冬，国民党百色当局乘国共合作抗日谈判之机，派韦渔生作代表窜到中越边的根据地，拉拢收买韦高振。韦将根据地的游击队一个团，带到广西田州改编为国民革命军第八独立团，韦高振当团长。杀害了我游击队司令员黄德胜。在右江下游的一个团也被改编，后开赴抗日前线。桂系将我革命游击队编散。从此，滇黔桂边区革命斗争陷入低潮。（梁韶玫整理）

选自《滇黔桂边区革命根据地》，第549—552页。

梁学政，原名梁庆语，壮族，1916 年生，广西靖西人。中共党员。南方三年游击战争时，任滇黔桂边区劳农游击队第三联队宣传部宣传员兼飞行队（特工队）联络员。新中国成立后，曾在昆明第二野战军第四兵团、大理教导团军政科工作。1987 年在靖西县逝世。

从右江河畔到黔桂边区

赵世同

1932年秋冬，韦拔群、陈洪涛相继被叛徒谋害牺牲，右江特委解体，右江革命根据地基本丧失。在这革命紧急关头，黄松坚按照特委常委关于“一旦常委谁出了事，推活着谁就担负起领导整个右江地区的革命重担”的决定，1933年1月，在古芬后背山龙塘的“革命洋楼”召开临委扩大会议，决定把中共右江下游临委改为中共右江下游委员会，增加徐泽长、梁乃武为委员，其他领导成员不变。党委受两广省委领导，与中共上海中央执行局发生联系，下辖中共黔桂边委、中共凌云县委、中共恩隆县特支、中共果德县委、中共那马县总支，担负领导整个右江地区的革命斗争。

自红七军主力离开右江苏区北上后，桂军向右江革命根据地反扑，土豪劣绅反动武装复辟，各级苏维埃政权已被破坏殆尽，共产党的组织受到严重破坏，赤卫军亦被打散，群众害怕，干部悲观，有的甚至叛变投敌，革命进入低潮。右江下游党委成立后，面对如此严峻局势，确定了“以巩固求发展，相机消灭敌人”的工作方针，着重整顿恢复党组织，集中武装力量进行游击战争，深入发动群众，建立据点，伺机打击敌人。

1933年秋冬之交，党委分工，我和滕国栋到果德和镇结活动，在果德果化山区的龙何、龙感，培养何文兴、何凤安、何文英、阮明林等人入党，组建了中共果化山区小组，何文兴任组长；在镇结县生坡乡龙王屯，组织革命同盟会，建立交通联络站。后来，这些地方都是右江下游党委主要活动据点之一。

为了肃清内部败类和打击反动豪绅，以利于发动群众，右江下游党委决定组建了一个手枪队，我任队长，队员有黄振光、黄立逢等 20 多人，活动在右江下游地区。

1933 年 5 月 6 日（农历四月十二日）晚上，黄松坚和黄书祥到思林县那徐屯活动，开完会，黄松坚叫黄书祥回六务山宿营，黄书祥说还有一些事要办，让黄松坚先走，并约定天亮以前回到六务营地。但黄书祥办完事后，已是深夜，过于闲倦，故夜宿那徐。叛徒黄金镜得悉，连夜密告国民党思林县当局。7 日凌晨，思林县长何简章派遣警备队长陈祖仁率警兵、团丁 100 多人到那徐围捕。黄书祥突围出村，不幸中弹壮烈牺牲。残暴的敌人割下他的首级拿到思林县府报功，然后送至南宁领赏。事后，右江下游党委专门召开会议，决定以“果德县赤卫军常务营营本部”的名义发出第七号通告，说明事件的原因及血的教训，告诫全体党员、革命同志和群众，必须纯洁革命队伍，提高警惕，克服麻痹思想。同时决定由我指挥手枪队清除叛徒黄金镜。

黄金镜，思林县那料屯人，原任思林县苏维埃政府主席。他随红七军主力北上，在广东乐昌县战斗中被俘，经当地地下革命组织营救获释。回到乡里，提出要收回已分给群众耕种的黄家族田，变卖购买枪支，黄书祥执行右江下游党委的指示，对黄金镜进行劝说教育，不能要回已分给群众的田地。黄金镜不但不听劝告，反而痛恨至极，抽出驳壳枪对准黄书祥，瞪着血红的双眼说：“我要回我祖宗田，关你东兰人什么事！”黄书祥针锋相对，也拉出驳壳枪对准黄金镜，厉声喝道：“你这样干，是叛徒行为，你要命，还是要搞反革命？”在这一触即发时刻，在场的黄金荣等人急忙把黄金镜拉开，才避免了流血事件的发生。这是“5·6 那徐事件”的祸根。

1933 年 6 月的一个夜晚，我带领陈国团、黄立逢、黄振光等五个人到那料屯，准备干掉黄金镜。无奈，黄金镜的房子坚固，又有所提防，无从下手。后来，我们研究分析，黄金镜素好打牌，往日又与黄立逢相好，我们就决计让黄立逢去与黄金镜打牌，相机下手。至 9 月间，一个漆黑的夜晚，黄金镜、黄立逢、黄金沙、黄金仟等人在黄金镜家里打麻将。深夜，按原行动方案，黄立逢借口解便出来开门，我们立即冲进去将黄金镜打死。

1934 年 7 月中旬的一个夜晚，驻果化的桂军四十三师一二八团三营营长姚槐率部包围弄盎。幸好当时雷电交加，大雨倾盆，我们冒着雷雨突出重围，唯因仓猝，一些物资和“广西右江下游革命委员会”的长条印信落入敌手。

突围后，我们转移到田东、向都、镇结三县交界处的渌洪山里。这一带方圆数十里都是原始森林，树木参天，人迹罕见。我们在那里搭棚安营，开荒种粮种菜，解决生活的部分困难。当时，我们有 60 多人的武装队伍，平时少数留守本营、多数分散到外地游击。

1934 年 7 月初，黄松坚离开右江，到滇桂边开辟新区，撤销右江下游党委，成立中共思（林）果（德）中心县委，陆浩仁任书记，滕国栋、黄永祺为常委，梁乃武、韩平波、黄绍谦、赵世同、徐泽长、李凤彰、陈国团为委员。同时成立右江革命军事委员会，滕国栋任主席，委员由中心县委的委员兼任。思果中心县委负责右江下游各县的领导工作，军委会作为右江下游地区领导革命武装斗争的指挥机构。思果中心县委驻地在果德县三层更琴政屯附近的弄盎岩洞。

1935 年 5 月，我带领一支十多人的武装队伍，游击那马，配合李凤彰率领的那马武装，先后处决了什陇乡长黄元松、共和乡长唐钟虞，袭击武鸣县灵马乡公所，击毙乡长等多人。

1935 年 11 月，田东县国民党特种训练队 100 多人在林逢中山圩集训，中共渌扭支部书记黄家庭将情况向中心县委报告。接到情报后，我和滕国栋率领红军连队进行突袭，毙敌文书韦治安，打散了集训队。

1936年初，原思林县苏维埃政府文化委员凌广荣和跟随思果中心县委活动的阮生仁等人,暗中叛变投敌。7月13日下午,凌、阮两人策划，指使廖明照、李成德、李春明等人，以商讨工作为名，将陆浩仁、滕国栋和保卫员黄宝、黄锡建四人，从田东县的东隆村坡烟屯骗到果德县果化乡六孔村派班屯原搞地下联络的何增麟家。当晚，何增麟按原密谋杀狗杀鸡，“热情招待”。敌人预先把麻醉药蔓陀萝拌蜂蜜冲入酒里，陆、滕等四人酒后中毒，倒睡在床，不省人事。凶手李春明首先挥斧杀死黄宝，接着何增麟、廖明照也用斧头砍杀陆浩仁和滕国栋，李成德用木棍打死黄锡健。

在事件发生的前20多天，我也曾到过派班屯筹粮。那时，这伙叛徒也杀鸡“招待”，鸡肉还未吃完，他们又说去找狗来杀。我觉得气氛不对，就说有紧急任务在身，很快就离开那里。我回到“革命洋楼”住地后，将情况告诉陆浩仁和滕国栋，意在让他们警惕。但他们不信，还说我思想过于敏感，以致遭此不幸。

陆浩仁、滕国栋牺牲后，思果中心县委解体，其他委员分散活动。黄永祺去万冈、凤山，梁乃武到平治，我上黔桂边。

黔桂边根据地原是黄举平同志去开辟的。1932年春，在桂系军阀重兵“围剿”的险恶形势下，为适应形势，保存革命力量，中共右江特委、独立第三师党委决定，派右江革命委员会主席黄举平等一批干部和小部武装到黔桂边开辟新区。同年6月，黄举平在凌云县林佑屯主持召开党员会议，成立中共黔桂边委员会和黔桂边革命委员会，黄举平任边委书记和边区革委主席。边委和革委成立后，派员深入发动群众，扩大队伍，逐步向贵州境内的贞丰、紫云、罗甸、册亨等地发展，形成了黔桂边区的革命区域。韦拔群、陈洪涛牺牲后，黄举平回东兰主持工作，将边区的工作交由韦国英负责。

1936年秋末冬初，我与韦运祥到黔桂边区，先后在广西乐业县的雅长，贵州贞丰县的板陈等地活动。在雅长六望屯召开有300多人参加的群众同盟大会，组建了右江上游赤色游击队第一联队第一大队雅长中队，由岑永发任中队长。

1936 年 12 月，中共广西省工委巡视员林鹤逸到右江了解情况，并在田东县景福乡（今朔良乡）宝达村绿逢屯召开右江各地党组织负责人会议，我到会参加。会议传达了中共中央关于国共合作抗日的指示，决定建立中共桂西区特别委员会。次年 1 月，桂西区特委正式成立，黄桂南任书记，我和黄举平、韩平波、梁乃武为委员。自中共滇黔桂边区临时委员会书记黄松坚于 1935 年 5 月去上海向中央局汇报工作，在上海被捕后，右江的党组织一时失去统一的领导。桂西区特委的建立，使右江地区和滇黔桂边区党组织又有了统一的领导。

在黔桂边，经与韦国英商定，1937 年 1 月，我们在乐业县雅长乡六望屯召开中共黔桂边委员会扩大会，重建边委。我任边委书记，韦运祥、牙美元、牙永平、黄唤民、韦国英、黄伯尧、牙秀才、黄世新为委员。边委下属板陈、卡法、丰业三个支部。

1937 年 3 月 22 日，中共南方临时工作委员会致函桂西区特委，指示特委就桂西红军游击队与佳军合作抗日进行谈判。三四月间，黄桂南、徐泽长、朱鹤云代表桂西区到香港参加南临委办的培训班，学习在新形势下的斗争策略和方法，组织抗日民族统一战线。

黄桂南受训回来后，即提出与百色区民团指挥部进行合作抗日谈判。7 月，国民革命军第五路军总指挥部致百色区民团指挥部指挥官黄韬电，令其与桂西中共组织谈判，将桂西区红军游击队改编北上抗日。

9 月，南临委和广西省工委派来指导谈判的南临委军团书记尹林平、联络员高朗如，广西省军书记刘敦安、工作人员叶飘萍来到右江。10 月初，桂西区特委召集桂西各县干部代表在田东县那百乡那浪屯开会，我从乐业赶程前去参加。经过五天讨论，会议认为出去抗日是大局所需，但如何把部队带出去，如何取得合法地位和经费，这就需要进行谈判。会议于是决定：黄桂南、高朗如、徐泽长为谈判代表，同百色区民团指挥部谈判改编游击队的问题。当时提出改编游击队的条件——承认中共桂西区组织的合法地位，释放政治犯，停止对游击队的进攻，游击队改编后归八路军指挥，取消苛捐杂税，登报宣传国共合作的宗旨。会后，谈判代表赴百色，我和尹林平、刘敦安到百色城附近负责联络指导。

10 月中旬，百色国共合作抗日谈判正式进行，百色区民团指挥部指挥官黄韬、参谋长罗苏、政训组组员王廷业为国方代表参加谈判。由于国民党当局拒不接受我方提出改编游击队的条件，不承认我党的合法地位，谈判陷入僵局。我觉得国民党百色当局对谈判没有诚意，决定不参与这种谈判，便离开百色回黔桂边。后来，黄桂南拒不执行南临委关于立即停止谈判的指示，将两个团的游击队交给国民党改编，这些 1600 多人的队伍开到安徽抗日前线，即被国民党缴械肢解。这是一个极为沉痛的教训。

黔桂边是贵州地方实力派人士王海平的地盘。王海平，贞丰让板陈村人，拥有数千人武装，被贵州军阀委任为“贵州西路纵队司令”。但王海平只守辖区，听编不听调，与贵州军阀有矛盾。为了扩充实力与贵州军阀抗衡，1930 年 4 月，王海平容留红八军第一纵队 400 多人在蔗香休整。不久，一纵队出走与红七军会合，王海乎转而投靠广西军阀。1931 年 2 月，桂系军阀令王海平出兵右江“围剿”苏区，王海平派手下参谋长阮筱斋率所部两个团到凌云、凤山与红军作战。红军用离间计，说桂军谓黔军不是剿共，而是济共，要缴黔军枪械，使王海平的部队与桂军发生火拼，阮筱斋中弹身亡，李续炎、岑立国两团氏带残部间板陈。贵州军阀容不得，桂系军阀靠不得，玉海平左右为难。1933 年，边委书记黄举平、组织委员黄伯尧趁机到板陈做王海平的统战工作。王海平与红军有过接触，略知红军的为人，毅然合作对敌，让红军在他的辖区休整。我到黔桂边重建边委后，加强对王海平的统战工作，协助他创办学校，开设兵工厂。这些举动，使王海平对共产党和共产党领导的人民革命有较深刻的理解，他倾向革命，支持革命。为了不让两省之敌发现黔桂边有共产党的存在，王海平任命原红七军二十一师六十三团团长、边委委员韦国英为其警卫独立营营长，负责北盘江的护商任务。边委和在边区活动的其他人员，则安插在独立营护商队里。边委的活动，他从不干涉，并在经济方面给予支持。

在边区的活动较为顺利，我们有一个连队的武装120多人枪，在乐元组织有一支100多人的义勇军，许多地方建立了抗日救国会，抗日救亡运动在南、北盘江两岸蓬勃兴起。

1937年冬，中共广西省工委派刘敦安到黔桂边区视察指导。刘敦安回去后，1938年三四月间，省工委派韦敬礼、吴边到黔桂边区，加强边委的领导。

韦敬礼，武宣县人，早年参加革命，1935年加入中国共产党，后来被捕入狱。1938年2月出狱后，广西省工委立即派他到黔桂边区工作，改名韦荆丽。

吴边，宾阳县人，1930年参加革命，1932年入党，参加长征，在延安总参谋总第二局情报科工作。1937年12月，中共中央派他和张云逸等四人，从陕北分途到澳门、香港、广州活动。后来，张云逸等三人到广东东江组织新四军北上，吴边则由中共南方临时工作委员会介绍到广西找省工委联系。1938年初，吴边到南宁。4月，省工委介绍他到右江上黔桂边，组织武装，开展抗日斗争。

1938年5月，我和吴边、韦敬礼等在板陈开会，为适应新的斗争形势，决定将中共黔桂边区委员会改为中共黔桂边特区工作委员会，我任书记，吴边任组织委员，韦敬礼任宣传委员，韦运祥任军事委员，特委直属省工委领导。

当时，边区有简世奎三兄弟聚众为匪，出没于老王山、大观一带，敲诈勒索，拦路抢劫，谋财害命，搞得当地群众人心惶惶，而国民党当局却置若罔闻。1938年冬，群众纷纷联名告到板陈，边委决定派我党领导的武装配合王海平部进山剿匪。剿匪部队直捣简匪老巢，进行歼灭性的打击，使老王山、大观一带的群众得以安宁。

1939 年 2 月，中共广西省工委在灵川县雍田村举办广西党员干部学习班，我奉调前往参加学习。学习结束回来不久，离开黔桂边区，到那马出任中共那（马）武（鸣）特别支部书记。（方积凡整理）

选自《滇黔桂边区革命根据地》，第498—505页。

赵世同，曾化名黄造、李林，壮族，1901 年生，广西果德县果化州龙旧屯（今属平果县果化镇槐前村）人。1926 年参加革命，1929 年加入中国共产党，参加百色起义。南方三年游击战争时，任中共思（林）果（德）中心县委委员、右江革命军事委员会委员、中共桂西区特委委员、中共黔桂边委书记。新中国成立后，曾任中共百色地委常委、书记处书记，百色行署专员，中共广西壮族自治区监察委员会委员，广西自治区贫下中农协会副主席，全国人大民族事务委员会委员等职。1977 年在南宁逝世。

黔桂边委在黔西南的活动

黄唤民

（一）

1932年春夏，韦拔群同志派黄举平、黄鸿腾、王仕文、黄衡球、黄伯尧、韦仕英等人到贵州，化装为小贩在罗甸、贞丰一带开展工作，要求他们根据党在白区工作的方针，发动群众，分化敌人，争取同盟者，开展武装斗争，壮大我党的力量。

黔桂交界处是苗族、布依族、壮族聚居区。这里山高谷深，地处边远，交通闭塞，因此黔桂军阀统治者对这里鞭长莫及，无法控制。实力派各据一方，占山为王。罗甸的陈秀卿拥有几百人枪，控制罗甸、边阳一带；板陈的王海平也有几百上千实力，霸占贞丰、册亨等地；镇宁六马的王仲芳、惠水的王树芝，这就是当时所说的“四大天王、八大金刚”。但他们又都受广西、贵州军阀的欺压，与这些军阀有矛盾。这里国民党政权力量薄弱，加上各族人民曾受过百色起义的影响，有一定的觉悟，更有利于我们开展革命工作。

黄伯尧、黄衡球来到罗甸，这里是地方实力派陈秀卿的势力范围。1932年初黄伯尧、黄衡球到罗甸不久，就经常下乡做商贩，卖小烟斗、灯草，了解群众、发动群众。这时正值国民党某个团开进罗甸的边阳，侵犯了陈秀卿的利益，双方发生了冲突。陈秀卿有几百人被包围，他十分忧虑,四处求援。黄伯尧、黄衡球得知这一情况后,立即化装成游客,找到了陈秀卿，同陈进行了交谈。在交谈中，他们了解到陈虽然是地方一霸，但因为受军阀的欺压，同军阀有尖锐的矛盾，加上他现在正处于危难之中，亟需有人助他一臂之力，于是黄伯尧、黄衡球决定利用目前这个矛盾，争取这股地方势力，在贵州建立立脚点，当即向陈表示，愿为他出谋划策，帮助他解决目前燃眉之急，果然取得了陈的信任。

恰巧此时，广西东兰一个地方实力派韦万灵被桂军阀、白派部队围剿后，带着100多人逃到罗甸来，上贵州避难，派人与陈秀卿联系，要求容纳。陈秀卿问计于黄伯尧,黄建议利用韦的残余,充实自己的力量,来解那几百人被困之急。陈听计收容韦万灵部，并利用这部分兵力，出其不意地偷袭了包围边阳的国民党部队的后路，陈秀卿那几百人果然获救。陈对我们很信任，我们争取工作初步取得了成果。

随后，黄举平（化名黄浩凡）来到罗甸的蛮瓦，与黄伯尧、黄衡球等在贵州罗甸建立了边区秘密党支部，黄举平为书记，黄伯尧、黄衡球为委员，领导罗甸、贞丰一带的斗争。主要是争取陈秀师搞两面政权，利用陈的实力掩护我们的革命活动。陈对他们说 ：“你们自己活动你们的，不要把我的兵活动叛变就行了。你们的人你们指挥，我们的人我们指挥，你们不要搞我的鬼就行。”党支部作了分工 ：黄伯尧、黄衡球二人留在陈部当“参谋”；黄举平深入乡村开展革命活动，以贩卖火柴、针线、香烟、灯草等杂货扮作游商，走村串寨，调查了解社会状况。在原罗甸第一区附近村寨宣传，发动及组织群众，反对国民党统治，取消一切苛捐杂税、民族平等等政治主张，号召群众起来抗丁抗税。经过一段时间的宣传，群众的觉悟很快提高了，许多人不再向军阀豪强交纳捐税。反动统治者税收锐减，怀疑我们的人在底下煽动，急忙暗中侦查煽动者。一天，黄举平在平书活动，县政府警察到平书收款遇上他，对黄产生嫌疑，遂捉拿下狱，关押几个月。据说当时黄光扬的父亲也受到株连，同时被关在一个牢房里，黄举平同志被捆绑受刑多次，敌人得不到什么证据。后来黄光扬先获释，他去活动群众来证明黄举平是好人，没犯什么罪。国民党政府多次对黄举平审讯也拿不到什么证据，只好把他释放出狱。这说明，我们的工作是有成效的。

1932年冬巴暮区沦陷后，牙永平偕同韦国英部队上贵州卡法开荒，一面开展活动，并与边区党支部取得联系。黄举平出狱后，决定留黄衡球在蛮瓦继续活动外，便率黄伯尧、黄鸿腾等人分别分散在册亨、贞丰、兴仁一带进行革命活动。蛮瓦边区党支部也随同迁到了卡法，卡法便成了黔桂边乐业、罗甸一带的活动中心。韦国英、牙永平的队伍仍保留部队建制，进行地下活动，必要时与军阀作战。牙永平是天峨县人，1932年冬来到卡法，第二年韦国英才到。在卡法黄举平成立边委支部，右江领导人多数到过卡法。

当时，在贞丰纳夜的营脚寨的地方实力派韦明，手下有枪80多支，控制着当时贞丰的桑郎、麻山、武邑、大观等几个乡，与国民党桑郎乡乡长罗松柏相对抗。当时，我们缺少武器，韦国英等同志决定利用他们之间的矛盾，争取韦明，把他的武装改造成我党领导的武装力量。韦国英先带领部队协助韦明，把罗松柏赶出了桑郎，然后再做韦明的工作。韦明感激韦国英帮助他赶走罗松拍，就答应和韦国英合作。就这样，我们的武装力量得到了进一步的壮大。

罗松柏被赶出桑郎，对纳夜、乐元、蔗香、板陈等地影响很大。群众纷纷主动与我们接近，许多青年积极报名参加我们的队伍。一些较开明的国民党乡、保长也转向我们，我们就利用他们建立了两面政权，要他们在国民党统治的地方，以公开合法的身份开展我党领导的进步活动。

但罗松柏并不甘心于失败。不久便纠合贵州国民党当局一个团的兵力，包围了韦明部所在的营脚寨，经过几天的激战，终因敌众我寡，屡战不利，最后韦明率部转移到麻山，不幸被叛徒出卖，光荣牺牲。这支武装虽然失败了，但因为我们有可靠的群众基础，我地下党组织并没有暴露，在艰危的环境中，革命工作依然在推进。

（二）

我们在做争取同盟者的工作时，有意识地做了王海平的工作，取得了成绩。王海平这个人，我晓得他的历史，是个无产阶级出身，穷光蛋。初时为生活所迫，曾结伙抢劫过路的鸦片烟帮，抢大烟来买枪，逐步扩大，有点势力，并富裕起来。当时被称为“四大天王”之一，控制着贞丰、册亨、安龙等几个县的广大地区，并取得合法身份，负责征收南北盘江、红水河至小马场一带的鸦片烟税。这一带是贩运云贵烟土的必经之路，香港、广州、上海等地烟帮络绎于途。这些烟帮小者几个马驮，大者几十个甚至几百个马驮。过路烟帮纳税后即可通行无阻，否则定遭土匪洗劫，因此各地大烟帮都有赖于他。广西百色、柳州和广州、上海、香港的一些资本家，亦有邀他合伙经营的。他控制的这个地区，特别是他的根据地板陈成为商业中心，烟帮常带一些布匹、百货等到这里贩卖，市场相当繁荣，时人称板陈为“小香港”、“小租界”。王海平财力雄厚，武力充足，自封为“司令”，家中豢养着一个手枪排。排长廖庆春是他的亲信。还有数百支步枪散发在外，多由王海平的佃户使用，有事为兵，无事为农。王海平对佃户的态度是，按收成四六分租，你报多少收入，他收多少租；如受灾严重，他也不逼租。困难佃户向他借十元八元，过后不还，他也不在乎。王海平性格豪爽，广结人缘，家中坐客常满，一些被国民党政府通缉的人，往往隐藏在他家，得到庇护。由于王海平富有，被贵州军阀所垂涎，因而经常借故勒索王海平。王海平积怨日久，他感到孤立无援，进退维谷，十分苦闷。

正当王海平走投无路时，我右江地区革命委员会成立，遂派黄世新、牙秀才和我到卡法开展工作。我们到卡法，牙永平即向我们反映了当时王海平的处境。我们认为这正是争取王海平的机会，就化装成小贩，到板陈与王海平接触。我们向他宣传我党的政治主张，指出：蒋介石、军阀都是我们的敌人，依靠他们是没有出路的，唯一的出路只有跟着共产党走。王海平被我们的宣传所打动，一直谈到深夜。

王海平曾接待过红八军第一纵队司令员何家荣，对红军有所了解。经过我们对王海平的直接宣传，王海平的思想开始转变。他主动找黄世新、我和其他同志交谈，表示拥护红军，愿意跟着共产党走。我们对王海平的态度表示了热烈的欢迎。

此时，王海平接到贵州军阀的命令，要他带部队去定番堵截红军。王海平不但对这个命令置之不理，反而派了一个副官带几个人给红军带路。当时，我党领导下的卡法武装力量不断壮大，但缺少经费，王海平知道后，就把渡邑渡口的税收拨给我们作经费，同时还出钱支援右江革命委员会。王海平被争取过来以后，对周围地区产生了极大的影响，我们的工作也进展得更为顺利。

（三）

我们在黔桂边区站住脚后，右江根据地不断派人来指导工作。韦国英、牙秀才、韦运祥、赵世同、黄世新、荆丽（即韦敬礼）、黄家福、吴边（即吴元）等同志集会于板陈，根据上级党组织的指示，建立中共黔桂边委员会，属广西地下党组织领导。赵世同为书记，黄世新为副书记，韦国英，韦运祥、韦敬礼、吴边为委员，领导黔桂边革命活动。由于黔桂边是军阀割据地区，常受敌人的骚扰，边委研究决定，由王海平公开出面组织武装，并要以他司令的名誉，任命韦国英同志为营长、韦运祥为护商大队长，其他同志均在各地以公开合法的职业为掩护进行工作。王海平为了边委能顺利工作，在板陈建立了一所小学，请韦敬礼、黄家福等同志为教员，这所学校就成了我们边委活动的据点。

这段时间，边委开了一系列的会，讨论举行武装暴动问题。胡斌同志主张以王海平的名誉，发动一次武装起义，先取贞丰、册亨、安龙，进一步下兴义。如起义成功，立即着手建立黔西南根据地。黄伯尧、黄世新不同意，理由是：我们虽然有了武装队伍，但就当时形势来说，敌人还很强大，我们的弹药又少，每支枪大约只有三五十发子弹，枪又大多是土造的。起义一旦打响，广西、贵州的军阀以及国民党正规军就会合力派兵镇压，打一两仗还可以，但战事一持久，弹药无从补给，黔桂边就可能失守，我们便无立足之地，更谈不上在这一带坚持斗争了。我们要按照上级党委的指示，长期隐蔽，积蓄力量，以待时机，反对急躁冒进。如急于起义,我们和王海平都要暴露。边委对这个问题分歧较大，反复讨论了几次，最后，多数同志同意黄伯尧、黄世新的意见，没有举行武装暴动。

（四）

西安事变后，全国掀起了轰轰烈烈的抗日热潮，出现了抗日的新局面。我们接到上级的指示，现在国共合作，组织抗日义勇军，在国民党统治区要由国民党政府组织，我们从基层发动群众组织，你说是共产党组织，他就禁止或镇压。这时候我们有个经验：在广西，我们组织有抗日游击队，抗日义勇军，我们可以单独组织。在贵州，以我们的名义来搞就不行了，那敌人晓得你是共产党就要消灭你了。那时上级派人来西山传达中央的精神，并解释为什么要放蒋介石，要我们组织抗日战线，抗日义勇军和抗日救国会等。我们在西山时,右江组织起来后,出不去，有头无尾，为什么呢？只是你这个赤色区范围，敌人范围你组织不了。上级指示讲，要我们同志到敌人内部去发动他们的人来推动国民党政府抗战。上级给我们指示：要把野牛的鼻子穿紧，拉上抗日战线去。那时有三种口号，蒋介石的口号：抗日必须剿共；广西李、白的口号：抗日必须讨蒋；我们的口号：对内团结，对外抗战，不分地域党派。蒋介石抗日必须剿共，攘外必须安内；我们的口号对内团结，对外要抗战。这个口号影响很大。根据贞丰各派势力的条件来看，要组织抗日义勇军，推动他们自己去组织和扩大自己的组织，要发动他们自己人去组织。黔桂边委根据当时的形势，曾派王世文到乐元，配合当地上层人物黄吉昌、黄吉达等人，组织抗日义勇军，青年们踊跃报名参加，很快组成一支几千人的抗日队伍。我清楚记得乐元黄吉昌组织一部分义勇军上贞丰去，当时鲁共有韦安州、韦保州两弟兄，被党政府关在贞丰，红军路过把他们放了出来，由于红军救了他们，他们很同情革命，红军留下几十个人在那里，有个马队长在那块同韦安州住过，以那块作为据点向外发展。后来这几个人变心了，把马队长引到河边，讲去洗澡，趁机把马队长杀了。留下来的那部分红军还跟他们打，剩下一部分人到板陈找我们来了。那时，我们组织抗日义勇军，黄吉昌负责贞丰、乐元这一带，发展很快，群众一踊而起，个个都来参加。没有好久，消息传到国民党政府那里，他们说底下有共产党的领导，马上派兵镇压，群众就回家了。卡法有武邑乡有六个保，保长都是我们安排的两面政权，每保组织了两个分队，每个分队有枪 10 至 30 支不等。当时，我在牙永平连队担任指导员，我们也投入到组织抗日武装的运动中，在抗日热潮的推动下，黔桂边的一些上层人物，如然达的王建坤、王建目，伏开的张昌国、陆文斌，打易的何亮卿、何亮诚，乐旺的韦有珠、韦有瑞，岜赖的谭正邦、谭正明，麻山的罗老四、杨海诚，镇宁县的王仲芳，紫云的小罗山等，都派人来与我们联系，要求帮助组织抗日救国义勇军。当时考虑到麻山是苗族聚居区，我们就派懂一点苗语的黄德光同志到那里建立抗日组织，其他地方则根据他们各自的实际情况建立抗日组织。在边委的领导下,黔桂边的抗日救国会和义勇军组织如雨后春笋一般,纷纷建立起来。

乐元义勇军被镇压后，何亮卿被杀了，谭正邦也被杀了，这些人同我们比较密切。王建宏是反对我们的，他还带人来攻打过我们。黄景星到 1940 年支持我们的工作，那时我介绍他入党，后来赵世同讲这个人是小知识分子，慢一点，后来就没有吸收，他是比较进步的。这时，麻山的罗老四经不起顽固分子罗松柏的威胁利诱，投靠了国民党。一天，他在罗松柏的唆使下，带了 40 多个爪牙到卡法，企图杀害在那里进行革命活动的牙永平和牙秀才二同志。牙永平等事先已经侦悉他的阴谋，当罗老四等人来到卡法时，便摆下酒席为他“接风”。席间，牙永平出其不意，一枪结果了罗老四，并解除了他随从的武装，粉碎了罗松柏的阴谋。但罗松柏贼心不死，又纠合了国民党的一个团，开进黔桂边区的打易、乐旺一带，疯狂地残杀群众，向我进攻。

当时桑郎土司是王华甫。交步、冗郎、平和、打鸟这一带群众每一年都要送棉花税给他，每年按人头计算。16 岁以上每人要交三至五斤皮棉。麻山苗族每逢王华甫家有红白喜事，家家都要送好多柴火、好多的鸡鸭。王华甫手段毒辣高明，麻山农民来卖什么菜自己来收税，农民除负担国民党的税外，还负担土司这一份，农民受到双重剥削，困苦不堪。麻山人民痛恨国民党到了极点。韦明与麻山苗族人民有联系，我们通过韦明这个关系，到麻山做苗胞工作，提出反对地主阶级压迫，提倡民族平等，反对苛捐杂税。国民党要收一份，桑郎王华甫又要收一份，你土司要收就给我们免去国民党的税，如果你不免去国民党的税，这一份我们就不给。这个工作做得很有成绩。韦明与麻山苗胞有联系，赶走罗松柏，国民党又支援罗松柏四五百人来围攻韦明。韦明顶不住，附近的武装都回家了，只剩下韦明几个人。韦明冲出去跑上麻山，不知哪个叛变了，韦明被杀害，割下脑壳来给国民党。韦明死后，他的老婆改嫁给黄景光。1982 年 5 月 16 日我到纳夜的云脚寨去访问她，问韦明到底是谁杀害的？她病在床上，话都说不出来。

那时，牙永平根据韦拔群同志的指示，每到一个地区都要注意当地的情况和少数民族的风俗，注意对少数民族的政策。当时也晓得桂黔边区有苗族，除注意民族工作外，还注意山区工作。牙永平派黄德光同韦明打老庚，一同到麻山发动群众，杨吉武也是一个骨干分子。还有一个杨海诚，他当过保商大队长，熊亮臣在杨那里头扛过枪。熊亮臣到卡法与牙永平取得联系，他受革命影响和教育。那时杨海诚、熊亮臣都来过卡法。麻山苗族人民也受到卡法的革命影响。纳上还有一个王新民，我们利用他搞两面政权，也叫双边政策。王国安是直接同我们在一起的。

王海平同乐旺韦有瑞是亲戚，韦有瑞与岜赖的谭正邦、谭正明和燃达的王建坤都有密切关系。这些人来时我没有接触，都是赵世同、韦国英、韦运祥接洽的，因他们是领导人，是边委委员，我只是牙永平连的指导员。王仲芳同王海平找边委接头，后来我问王仲芳的儿子王由植，他说他那块也有人来组织，所以不光是望谟，贞丰、镇宁、紫云、惠永这片都影响到。赵世同到过紫云活动,组织群众,宣传群众反对国民党，组织有几百人，后来失败了。

当时，卡法连队组织一些地方武装，交赖有一个分队，陆某某为分队长，布依族；上伏开一个分队，张昌国为分队长，汉族；蛮结一个分队，王建目为分队长，布依族；伏开一个分队，陆文斌为分队长。每个分队 30 至 40 人，大体都受牙永平指挥。还有岜赖的谭正明、谭正邦，乐旺的韦有瑞、韦有珠，乐元的黄吉昌，打郎的黄福元，望谟的罗耀光等，这些都与牙永平常来往。当时他们比较进步，后来才反动的。比较密切的还有王泽州、黄景星。

（五）

1940 年，国民党贵州省政府为了进一步加强对这一地区的控制，在贞丰、紫云、罗甸交界的地方成立望谟县，派宋大为为县长。宋上任后，立即派了一个保警大队驻扎于望谟县城和桑郎一带，妄图消灭我革命力量。同时他还了解到王海平的情况，阴谋在 1941 年农历正月王海平的生日那天，以祝寿为名乘机杀害王海平。边委获悉这情报，立即决定送王海平同志到延安学习，同时边委转移到广西，留下农勤耕和我继续坚持斗争。部署就绪后，农历正月十八日下午，罗一农果然亲自率领一队化了装的县保警队，耍龙舞狮，敲锣打鼓，鸣放鞭炮，来到王海平家。他们在门口等了许久，不见王海平出来迎接，知道事已败露，罗一农急命保警队冲进王家，不见一人影。罗一农便命保警队搜索周围村寨，捉拿王海平，结果一无所获。

王海平到广西后，本拟从柳州坐火车转到延安，不料刚上火车，即被敌人发现逮捕，解送贵阳。我党组织百般营救无效，王海平同志终于被国民党杀害于花溪。

部队转移后，农勤耕去乐旺一带活动，我则先后到麻山、打郎一带活动。这两个地方比较偏僻，群众基础较好，我能够公开露面活动。不久，留在望谟的地下党员，在纳夜召开会议，讨论今后的工作。参加这个会的有农勤耕、黄福元、黄景星、王泽周、罗振华、王可钦和我。会上讨论了在望谟建立两面政权问题。大家一致认为，国民党望谟县目前正在选派乡、保政权负责人，我们一定发动群众推选同情我们的人来担任，搞两面政权，以利今后开展工作。会议还决定以武邑乡为试点，发动群众，自己选乡、保长。会后，我和罗振华、王可钦回广西天峨，向上级党组织汇报情况，其余同志在望谟领导群众工作。

我认为，王海平同志是同情、支持革命的，对革命作了重大贡献的。王海平是共产党的忠诚朋友。表现在：一是王海平收容红八军六个月，给红八军每个官长每天四角，每个战士每天两角的伙食费，并供给红八军办公用费，六个月共给红八军近两万元。二是王海平有什么事都征求红八军司令何家荣的意见，这说明王海平对共产党相信。三是王海平对红八军驻扎望谟蔗香欢迎，离开也不阻拦。这是一个方面。另一方面是，1934年以后，王海平帮助红七军牙永平连，并拨了渡邑渡口的税让牙永平部收，还拿钱给右江革委会作办公用费，每月二三百块法洋。什么人到他那个地方去都要听从王海平的指挥，但他也受我们边委领导，又是听我们指挥，他要做的事情，也通过我们许可才做。我们掩护他，他也掩护我们，他这个合法公开的地位，使边委在板陈的活动能进行下去。王海平是争取过来了。当时边委赵世同、韦运祥、韦国英研究认为王海平这个人过去打红军是错误的，但他承认“我们既上李、白的当，又得罪了红军”。后来经过各种工作，打消他的顾虑，我们向他宣传取消一切新仇旧恨，对内团结，对外抗战，共产党讲话是算数的，把他的顾虑解除，以后才能把我们二十一师零散的人收集到板陈，如赵世同、韦国英、黄家福、吴边等同志。吴边是上级派来的，是外省来的，不晓得由哪个地方派来，不是右江的人。

我在几个地方淡到王海平，我对他的评价：王海平是革命的诚实朋友。

二届边委成立是1936年，到1938年这几年活动，黔桂边区的领导是上游革命委员会，赵世同来来往往。右江上游革委是黄举平负责，边委是赵世同负责。西安事变后，国共合作抗日，张云逸来广西谈判，搞国共合作，划右江百色到贞丰这一带为特区，李、白不承认，他说韦拔群死后，广西没有共产党了，所有的是土匪。我们也不承认，谈判不行。国共谈判不行，桂西区特委书记黄桂南不听同志们的意见，擅自把韦高振这个部队拉到百色同黄韬去谈判，被国民党缴械了。黄桂南叛变以后，敌人就向西山进剿。

赵世同上贵州后，我到板陈，赵分配我到牙永平连队工作，当指导员。农勤耕当秘书，所以人家喊农勤耕为农司爷。群众到边委来告老王山的简世奎、简世举。边委决定让王海平亲自出兵带队去剿简氏兄弟。虽没有捉到简世奎、简世举，但影响很广。这个地区的国民党政府就注意我们了，他们讲王海平倾向共产党，活动比较猖狂。

打倒简家兄弟之后，国民党对贞丰板陈这块就重视了，就讲非消灭王海平不可，同时非消灭牙永平不可。这块是个边远地区，归贞丰县管。地区宽广，国民党要成立望谟县，目的是镇压边区革命，消灭王海平的势力。这个消息我是怎样得到呢？陆文宪跟牙永平好，陆文斌是陆文宪的哥，他与牙永平常来往，被关了很长一段时间，不知用好多挑银子去才放回来，以后他不敢同我们接触。在望谟起了一个房子住。陆文斌参加革命，陆文宪也受嫌疑。陆文宪是省参议员，参议长是平刚，国民党省政府的计划平刚晓得，平刚又给陆文宪讲，陆文宪又给我们讲。我晓得国民党这个消息是从这个关系来的。这就是两面政权的作用。

后我又到麻山去做群众工作。到麻山达寿杨通国家住一段。我不会讲苗话，走路时黄福元在前，我在后。我的话是广西口音，人家很熟悉，一讲就知道是牙永平的人。黄福元碰到人就讲话，我就不讲。我到麻山去做群众工作，宣传我党的政策，揭露国民党反动派的罪恶。到 7 月份，国民党兵已收回去了，农村稍微清静了，这时右江党委派黄可金、罗振华两同志到望谟来了解边区工作情况。他们是通过黄福元到麻山杨通国家找到我的。我们一起到打郎去，准备回广西。到广西还找不到上级，过往要有身份证，是哪个乡哪个村，要有乡长盖个印。我们要去哪里都困难，如果被敌人发觉就没有办法了。我们几个走路，一文钱都没有，找草鞋穿，讨饭来吃，大寨子不敢进，专走小寨子。

那时，贵州军阀杨森搞民族同化政策，少数民族妇女穿民族服装、

穿裙子的，杨森就剪头发、割裙子，引起少数民族特别是苗族妇女的反对。我们利用这个事件发动群众反对国民党。（肖礼洲整理）

中共黔西南州委党史研究室供稿。

选自《滇黔桂边区革命根据地》第477—489页。

黄唤民，壮族，1909 年生，广西巴马人。1925 年参加革命，1929 年加入中国共产党。南方三年游击战争时，任中共东兰中心县委组织委员，右江上游革命委员会统战委员、常委，东兰县革命委员会主席。新中国成立后，曾任贵州省紫云县第三区区长、紫云县县长，贵州省民族事务委员会副主任，贵州省人大常委会委员等职。1990 年在河池逝世。

右江上游、黔桂边革命斗争回忆

黄唤民

1933年春，桂系军阀的军队撤离东兰西山，国民党政府为巩固其反动统治，建立了五户连环保甲制度。这样一来，我们革命者变成没有户口的“黑人黑户”成为他们通缉追捕的对象。于是我们在西山又串联发动革命骨干，组织了有十多人枪的杀奸队（队长黄廷，副队长覃兴荣），打击国民党反动派。我们探知，恶霸陈继银（陈七）将在旧历三月到弄年洞与村长黄正规联络，我们便在大标坳上埋伏，杀了这个害人虫。

陈继银死后，国民党又派陈恒升（以到弄京上门为名搞坐探）和周同甫到西山侦探我革命活动。3月下旬，我们派黄春兰、黄恒超化装成卖木箱的商人，到凤山平乐六墨屯黄世新家，向黄汇报了西山革命活动情况。黄世新为了核实情况，他派黄正文、韦强两个随春兰、恒超回西山调查。约6月份，我们又派陈仕读、陈卜胞等三人上平乐找黄世新。黄世新得到黄举平同意后，回到西山，在黄唤民家开会，举行同盟。参加会议的有黄唤民、陈仕读、周继忠、牙文明、陈卜胞等十多人。大家表示决心继续革命。后黄唤民等人召开党员、骨干会，组成了三个暗杀队，大弄京为第一队，队长陈卜胞，20人，七支枪；弄冬为第二队，队长韦日忠，十多人，11支枪；巴平为第三队，队长黄廷，副队长覃兴荣，有枪12支，近20人。第三队处决了陈恒升和周同甫等一批叛徒和反动分子。

1933 年底黄世新离开西山去平乐。1934 年春他到边区向黄举平汇报西山恢复革命活动的情况。夏初，黄举平回到西山，黄世新、韦荣柏等也先后回西山。他们以弄京为据点，重新组织地下农民协会、青年革命同盟会，建立革命武装。接着，对西山原有的党组织进行整顿，先后恢复了一些支部。秋，黄举平派韦挺生、李汉平到下游与陆浩仁等联系。同年冬，右江下游先后派陈国团、梁乃武到西山帮助整顿党组织，并成立东兰县临时革命委员会，黄举平为负责人。冬天，听说中央红军长征队伍进入贵州，黄举平、黄世新派黄唤民、黄伯尧、牙秀才三人上贵州去找红军。不遇，回到板陈，与地方实力派王海平交谈，对他开展统战工作，他同意掩护我们工作。

1935 年 2 月，黄举平在西山弄盆召开党员会议，宣布成立中共东兰县委，书记黄举平，委员有黄世新、陈国团、黄唤民、王仕文、韦挺生。

县委成立后，各委员分赴各地区秘密宣传，组织地下农干会，建立群众武装，工作进展较快。根据黄松坚的指示和斗争的需要，1935 年 5 月，黄举平召开扩大会议，宣布撤销东兰县委，成立东兰中心县委。委员除原来的六名县委委员外，还增选韦运祥、梁乃武、韦鼎新、黄伯尧、韦荣柏。黄举平为书记，黄举平、黄世新、梁乃武、韦鼎新、黄伯尧为常委。中心县委负责领导东兰、凤山、万冈、都安、河池，南丹、凌云、乐业、天峨及贵州的册亨、贞丰、紫云、罗甸等县工作（万冈、乐业、天峨三县于 1935 年 1 月设置）。

1936 年春，革命形势发展较快，各地先后组织了农协会及群众武装。于是，黄举平等在西山弄成召开右江上游各县代表会，到会 50 多人，会议选举成立了右江上游革命委员会，主席黄举平。接着还成立了右江上游赤色游击队第一联队，联长黄世新，政治委员黄举平。联队下辖三个大队，共 300 多人。联队成立后，曾严惩了江平反动乡长梁承汉，甲篆乡原局董黄履端，坡月乡长黄裕昌等人。

由于形势发展快，工作任务也较繁重，黄举平建议成立东兰、万冈、都安、丹池边、凌凤边等县革命委员会。东兰县革委主席是我，委员有覃桂芬、陈仕读、黄维汉、陈卜胞等。

1937 年林鹤逸到西山，黄举平通知各县、乡骨干 60 多人在水酒开会。会上，林鹤逸传达了中共中央关于西安事变和平解决和国共合作、建立抗日民族统一战线等指示，学习了毛主席给章乃器、陶行知、邹韬奋、沈钧儒的信和致国民党书。我记得中央指示精神中有这么一句话："要把野牛鼻子穿紧，拉上抗日战线上去。"林鹤逸指示我们：把各级革命委员会改为抗日救国会，各地游击队改为抗日义勇军。这年上半年，我们抓紧在我们能活动的范围内进行宣传，除西山外，还到武篆、三都、坡月等一些地方组织了抗日救国分会和抗日义勇军。但是，广西国民党当局没有诚心，对和谈和抗日采取"上层（省级）宽怀，中层（专署）不理，下层（县级）防范，基层（乡村级）镇压"的手段。

8 月，林鹤逸等二次到西山，我们将中心县委半年来的工作向他汇报。他指示说：为了顾全抗日这个大局，停止宣传反对和打倒国民党的口号，停止和国民党政府的一切敌对行动，要求我们充分利用各种社会关系，打入国民党内部去搞两面政权和开展统战工作，以利于我党开展活动，在统战、谈判中要坚持独立自主、坚持原则，不是无原则的迁就、投降。过后不久，黄举平即派我和覃桂芬到丹池边，我们在那里工作了一段时间。

1937 年冬，我从丹池边回到西山，见到桂西区特委书记黄桂南在西山和赵世同、黄举平等谈关于百色谈判问题，并要我们把右江上游的游击队交出给他带到百色"和平改编"。我们表示坚决反对。我们认为，现在我们连赶武篆圩都不得，安全没有保障，还谈判什么。黄桂南见我们态度坚决，就回下游去了。（李邦本、蓝天、韩建猛整理）

选自《滇黔桂边区革命根据地》，第490—492页。

黄伯尧在黔桂边

李天心

1932 年 6 月，中共黔桂边委和黔桂边革命委员会成立后，同志们分别深入到各地开展宣传发动工作，通过各种不同渠道，打入当地国民党地方实力派内开展工作。如：黄伯尧、黄举平到贵州的蛮瓦，找到黄衡球（原凌云县金牙乡支部书记），通过深入了解后，秘密在那里建立了蛮瓦支部，黄举平任书记，黄伯尧、黄衡球为委员。尔后，黄举平到八达街一带活动，黄伯尧通过了解，注意到家住板陈的军阀王海平受编不受调，搞地方独立王国，养兵数千，称霸一方，为壮大自己势力，谁去投靠，他都收容，并了解到他有老祖坟在凌云县平乐平旺村后，黄伯尧就通过早年在王部担任武器仓库保管的家乡人王周七的关系，打入王部，互称兄弟。王海平见黄伯尧为人正直，办事果断，有胆略，对黄伯尧渐渐亲近和放心。黄伯尧乘机对他进行思想工作，取得他同情，同意我们在板陈建立护商独立营。独立营平时为他管理市杨，征收的税款交一部分给他，其余的用来维持本营武装人员的生活。

1934 年春，黄举平把黔桂边区的工作交由韦国英负责后，返回右江上游指导工作，黄伯尧随黄举平回右江。

黄伯尧从贵州回到家乡平乐后，与同志们住在高川密林中，并深入凌（云）凤（山）边的巴轩、牙里、久文、才劳、平乐、芝山等革命基础较好的山村寨屯，进行活动，宣传群众。凌凤边是右江上游和黔桂边的交通要道。黄举平为使右江上游党组织和黔桂边委的联系畅通，决定在平乐建立中共凌凤边委员会和凌凤边革委，指定黄伯尧负责筹备工作。

1935 年 4 月，黄举平派王仕文、韦运祥到平乐协助黄伯尧组建凌凤边委工作。6 月，在平乐海亭乡吊洞瑶族寨召开了 21 人的各地代表会议，正式成立中共凌凤边委员会和凌凤边革委，黄伯尧任边委书记，兼革委会主席，组委韦春芳、宣委廖熙瑶，军事委员李天心，财粮委员黄金焕。黄德昌、罗福宏、班述宏、黄仲明、陆海洋、黄有徽、黄正台、黄继隆等亦是委员。

凌凤边委成立后，在黄伯尧领导下，委员们分赴各地巩固原有基层组织，发动群众购买枪支，在八龙、郎里、板均、板隆、那烘、那老各村秘密建立自卫武装，建立从西山到黔桂边地下交通联络战。同时发动群众捐款 4.2 万多枚铜仙作为革命活动经费。

这期间建立的交通联络有两条线，一条从西山经巴莫、袍屯、海亭、洪力、中亭、更新、罗沙、幼朗、雅长、六旺到板陈。另一条从凤山的北区参里经、亭蒙、那爱、板隆、巴英、砦桂、孟巷、王母到贞丰。交通线的各站点都有负责人。各地还相继建立工农会，并举行 30 余次革命同盟宣誓活动，反对国民党的苛政抽丁、苛捐杂税。1936 年，平乐乡长陈毓凡率乡警十多人到海亭抓黄都成等人当壮丁，1937 年，谋轩乡长黄端谋带乡警到中亭抓罗玉廷、罗玉美等人去当兵，都没抓到，乡警在中亭将两位老人及一大嫂抓去做人质。当地群众手持爷头、棍棒、火枪等守住坳口包围乡警。敌人见势不妙，只得放了人，灰溜溜地逃走。

1937 年 8 月，广西省工委何云到右江，在西山水洞召集各县代表会议，传达中央关于国共合作、联合抗日的指示。右江上游革委提出，要乘此机会，派一批党员干部打入敌人内部进行统战工作。不久，黄伯尧经上级同意，向当地国民党政府作了“自新”。之后，他在学校当教师，后又到县里任参议员。这期间，他根据西山抗日救国分会主任黄举平的指示，以县政府征收员身份，到巴标各村屯“收税”，发动群众秘密建立了一支250多人枪的抗日武装。后来，由于叛徒出卖，1944年3月1日黄在巴标枪弄留屯被敌人杀害，时年49岁。（罗伟珑整理）

选自《滇黔桂边区革命根据地》，第527—529页。

李天心，壮族，1906年生，广西凌云人。1926年参加革命，1929年加入中国共产党。南方三年游击战争时，任中共凌凤边委军事委员、凌凤边革命委员会委员。新中国成立后，曾任凌云县公安局秘书，凌云县粮食购销组组长、粮站站长等职。2002年逝世。

忆西山——黔桂边地下联络通讯[①]

罗玉廷

1934年，我奉原中共凌云县党特支书记、中共黔桂边委负责人之一黄伯尧同志指令，担任从西山到黔桂边地下交通联络员。

1934年初，中共巴轩区党支部要我与陆海洋送一封密件到贵州板陈，交护商独立营营长韦春城（即韦国英）和黄伯尧。这是我们人生接受第一次重任，当时年仅20岁的我，心里在想:这是自己第一次远征，此路尚未走过，人生地不熟，要通过敌人一道道关卡，如携带不好，一旦被查出……我在思索，后我俩互相研究决定，化装作土医，一路卖药而上。于是，我们用桂花皮拌成药膏，再用几盒万金油（清凉油）与桂皮膏相匀后，用油光纸铺在地板上，将药膏倒入纸上，待凝结后，再剪成小块。同时还上山找来“十大功劳”、大血滕、小血滕、吹风滕、两面针、杜仲等中草药，切片、蒸好、晒干，然后包成了几十小包，信件我们放在药膏片的油纸中间层内，一切准备就绪，我们才开始挑担上路。一路上经更沙、磨里、甲里、鞋布、西马、乐业、右里等地，每到一个地方，我们都到圩场上去摆摊卖药，每个圩日也卖得200个铜仙，并在当地住下一两天，顺便了解一些情况。我们虽已成为一个药师之人，可是，敌人对我们外来这样一个陌生的人，是不放心的。不论是在

① 本文由罗玉廷口述，文中多有口语，为保持原貌，编者只对个别标点和文字略作修订，如不影响文意，尽量不作改动——编者注。

圩场上摆摊药和上路通过的关卡，都要受到严格的检查，他们从衣袖、衣领一直往下摸到裤脚，翻翻药物，始终查不出我的携带的信件。在访查中，我们得知罗川源是住在陇那屯，是我们上贵州去板陈途经之地，我们决定到罗川源（是地方实力派，通过我党组织作思想转化工作后，对我们较热忱，支持。这是组织告诉我们）处投宿。初到，我们双方互不相识，在交谈中，他性情开朗，比较稳重。他问："你们要到何处去？"我们说："去贵州，到独立营那里当兵去。"他又说："那你们先到营部后才定。"并告诉我们到板陈途径。我们休息二天后，第三天，离开陇那向百朗，顺红河边直上牙亭，过渡进蔗香上到板陈，经过一天的跋涉，信件安全地送到营部交给了营长韦春城（即韦国英和黄伯尧同志）。这次我在贵州停留了 20 天左右，这期间，我随黄伯尧、牙秀才、黄德光等同志到卡法、渡色一带去活动，有时还下到一些村屯去开会。将到月底了，营部领导和黄伯尧交给我一封机密信件带回广西西山给黄举平同志，和给巴轩区党支部书记罗福宏，这次返回右江陆海洋同志因工作需要留在板陈，我一个人返回，这一信件内容主要是汇报黔桂边开展工作、发展党员、建立支部的情况。

7 月间，巴轩区党支部书记罗福宏布置我到西山向黄举平领取密件，这次密件是黄举平同志亲手写给巴轩支部、洪力支部、还有板陈的护商独立营的三封密件。在我要离开西山时，举平特别吩咐，要留心，不能丢失。这次密件内容起初我是不知的，当我送到卡法连部，交给连长牙永平后，他们一张张地烤火，通过烤火反射，字迹即现了出来。他们整理成书面后，又交给我送去板陈营部，我才知其内情是：要求在黔桂边新区加强发动群众，扩大活动及组织范围，继续对地方实力派人员做思想转化工作。

年冬，根据黔桂边委书记黄举平的指示，要在凌云、凤山两县建立凌凤边委，要黄伯尧回来搞筹建工作。黄举平又给我顺便带信去护商独立营给韦春城同志，并通知黄伯尧同志回来。通过几个月的筹建，1935

年[①]中共凌凤边委正式成立。书记黄伯尧，让我继续搞通讯联络工作。

1935 年至 1936 年我两次送信件到王母（即现在的望谟县城）去找黄伯尧，每次我都在那里停留十多天，又回到独立营部停留十多天，这期间，我到打贯、伏开等地和不少的村屯去活动（村片名记不清）。

我自担任通讯联络工作后，一直来回奔行在西山——黔桂边，接送信件每年三到四次，一时难忆起一次次的时间和信件携带的方法方式了。但在我记忆中，信件的书写，基本上都要酸矾来写在烟纸上（即卷烟抽的小烟纸）。不管我们怎样化装，每次送信上下贵州都被敌人在各地关卡严密检查，都没发现我们信件，方法是灵活多变，有时化装成搞生意的人。由于多次来往熟识，还可进一些土豪家里，或住较富裕的家去投宿，谈谈生意，吹吹牛，能交朋友的就结交，久不久谈些自己对形势的看法，从某些角度上去感化他们。行途中，看情况定，一时从小路走一时从大路行，回想我在这条通讯线上，为党工作做了一些事，始终没有给党带来任何的损失。（*罗昭文整理*）

1987 年 7 月 28 日

原件存中共凤山县委党史办公室。

罗玉廷，1915 年生，广西凤山人。1947 年加入中国共产党。南方三年游击战争时，任黔桂边地下交通员。新中国成立后，曾任凤山县人民法院院长，凤山县人民政府县长，凤山县人大常委会主任等职。

---

① 应为1935年6月——编者注。

游击队在西林的兵工厂

罗志刚

1936 年 12 月中旬，滇黔桂边区革命游击队领导人把我叫去，交给我一个任务，就是建立兵工厂，修理枪械，说红七、红八军总指挥李明瑞攻打百色时，缴获敌人一批武器，能使用的武器部队都带走了，剩下 80 支十响手枪用棉布包扎后，秘密存放在百色。1934 年 11 月，边区红军劳农游击队第三联队成立后，黄松坚派人用商船把隐藏的手枪运到剥隘，然后叫七村九弄的游击队领来修理使用。因为这批枪支已残缺或损坏不能使用，急待着修理，武装游击队。游击队的领导人便决定创建兵工厂，对这些枪支进行修理。游击队领导人知道我是铁匠出身，就把建厂的任务交给我。

我接受任务后，立即奔走筹建，组织串连了本寨（即阿用）罗志仁、黄朝相、黄朝龙三人，由我做负责人，这样，兵工厂的架子很快地搭起来了。接着就选厂址，厂址设在哪里较为妥当？值得商量。有人主张设在那柳屯，但那柳屯地处西洋江边，云南军阀龙汉斗部经常在那一带骚扰，在那里设厂不安全。经游击队领导人研究，决定兵工厂设在广西西林县的良同寨较为适宜。因为良同寨位于滇桂交界的木隆村，地处偏僻，远离公所 50 多公里，属边远村屯，乡村偏道，过往行人很少。而且寨居峡谷，小村隐蔽在青山密林之中，30 余户居民，农牧自给，群众基础较好。就地理位置来讲，适应隐蔽修造活动和容易退回滇界应变；就敌情来说，与良同寨相连的木隆团防局局董王茂德及其长子王永祺（龙潭乡乡长）的敌财势力，已被我游击队拔除，所以，在良同建厂较为安全。

厂址落实后，1936 年 12 月 20 日，我便率领罗志仁、黄朝相、黄朝龙三人来到良同寨，以黄建功家作厂坊，一把八磅铁锤、一具风箱、一把钻头、一个铁钻、一把老虎钳、一把旧锉刀等，因陋就简，办起了兵工厂。我们认识到，兵工厂是为穷人自己的队伍建立的，所以，大家热情高涨，自己安装工具，挖窑烧炭，克服种种困难，在艰苦的环境中积极开展工作，日以继夜地抢修坏枪，及时输送给游击队。那时，我们生活很艰苦，没有饭吃，我们烧包谷充饥，挖山薯当粮。我们开展工作后不久，前线又派人送来一批待修的枪支和需要翻装的子弹壳，在人手少工作量大的情况下，为了早日把枪支弹药送给前线，支援游击队武装斗争，更多地消灭敌人，我吸收当地良同寨的进步青年黄老二参加兵工厂，一起修理枪械和翻装子弹。

正当兵工厂的工作顺利开展和逐步完成任务的时候，1937 年 3 月 3 日，被我游击队镇压的木隆团防局局董王茂德的侄儿王家积贿赂广西西林县龙潭乡新任乡长岑泽甫和龙汉斗及云南广南县上阿用区区长农旭甫，率滇军 200 余人，借口说王茂德被杀是由于平烘、良同寨群众串通游击队造成的，采取报复性的烧杀洗劫，拂晓包围平烘，边掠劫民财，边放火焚烧民房。寨内大乱，群众争相往村边两头的水沟里逃命，围兵向奔逃的群众疯狂地开枪射击，顿时，尸横山沟，血染遍地，群众被打死 72 人，民房被烧毁 36 间。平烘事件发生，枪声惊动了良同。我们得到报告后，采取了紧急措施，立即收拾好器械工具，在群众的帮助下，肩挑背扛，沿沟渡过西洋江，安全转移到云南广南县那柳后龙山，继续开展工作。我们撤出良同，顺利转移后，敌人当日到了良同，开枪打死群众 5 人，绑走群众 16 人（其中三人押到龙潭乡后杀害，其余押到西林县城定安监禁），烧毁民房 25 间，抢走两寨群众牛马 150 头（匹）。

滇黔桂边区革命游击队兵工厂从建立到转移，在西林县良同寨前后历时两个多月，我们白手起家，想了许多土办法，克服了许多困难，在艰苦的岁月里，在很短的时间内修理好了十响驳壳枪 80 多支，步枪数十支,翻装子弹近 1000 发。这些武器弹药在战场上发挥了较大的作用，为各族人民的解放事业作出了一定的贡献。（农忠泽整理）

选自《滇黔桂边区革命根据地》，第553—555页。

罗志刚，南方三年游击战争时，在滇黔桂边区革命游击队兵工厂负责枪械修理工作。